KLEINMAN EDITION

מדרש the MIDRASH רבה

MIDRASH RABBAH

WASSERMAN EDITION OF BEREISHIS / GENESIS

ספר בראשית

ויצא-וישלח

VAYEITZEI–VAYISHLACH

DEDICATED BY THE WEINFELD FAMILY

ArtScroll Series®

Rabbi Nosson Scherman / Rabbi Meir Zlotowitz
General Editors

A PROJECT OF THE

Mesorah Heritage Foundation

מדרש רבה

MIDRASH

WASSERMAN EDITION
OF BEREISHIS / GENESIS

בראשית
BEREISHIS / GENESIS

VOLUME III:

ויצא-וישלח

VAYEITZEI–VAYISHLACH

DEDICATED BY THE WEINFELD FAMILY

KLEINMAN EDITION

The

MIDRASH RABBAH

WITH AN ANNOTATED, INTERPRETIVE ELUCIDATION AND ADDITIONAL INSIGHTS

The Hebrew folios have been newly typeset, on a redesigned page that combines elements of the widely used Vilna and Warsaw editions

Published by
Mesorah Publications, ltd

We gratefully acknowledge the outstanding
Torah scholars who contributed to this volume:
Rabbi Chaim Malinowitz reviewed and commented on the manuscript,
with **Rabbi Avrohom Kleinkaufman** and **Rabbi Yosaif Asher Weiss.**

Rabbis Yehezkel Danziger, Avrohom Yitzchok Deutsch, Yoav Elan, Ben Tzion Gliksberg, Avrohom Greenwald, Aron Meir Goldstein, Tzvi Hebel, Eliezer Herzka, Dovid Kaiser, Nesanel Kasnett, Eliyahu Meir Klugman, Henoch Moshe Levin, Yosef Levinson, Yisroel Londinski, Gershon Meisels, Zev Meisels, Henoch Morris, Menachem Pheterson, Baruch Pomper, Kalman Redisch, Beryl Schiff, Yisrael Schneider, Leiby Schwarz, Shaul Shatzkes, Menachem Silber, Shlomo Silverman, Nahum Spirn, Yitzchok Stavsky, and **Feivel Wahl**
translated, elucidated, edited, and assisted in the production of this volume.

Rabbi Hillel Danziger and **Rabbi Yosaif Asher Weiss,**
assisted by **Rabbi Mordechai Sonnenschein,** Editorial Directors.

Designed by **Rabbi Sheah Brander**

We are also grateful to our proofreaders: Mrs. Mindy Stern, Mrs. Faigie Weinbaum, and Mrs. Judi Dick; our typesetters: Moishe Deutsch, Mordechai Gutman, Shloime Brander, Mrs. Chumie Lipschitz, Mrs. Sury Englard, Mrs. Esther Feierstein, Mrs. Toby Goldzweig, Mrs. Ahuva Weiss, Mrs. Estie Dicker, and Mrs. Miryam Stavsky

FIRST EDITION
First Impression . . . October 2011

Published and Distributed by
MESORAH PUBLICATIONS, Ltd.
4401 Second Avenue Brooklyn, New York 11232

Distributed in Europe by
LEHMANNS
Unit E, Viking Business Park
Rolling Mill Road
Jarrow, Tyne & Wear NE32 3DP
England

Distributed in Israel by
SIFRIATI / A. GITLER — BOOKS
6 Hayarkon Street
Bnei Brak 51127

Distributed in Australia & New Zealand by
GOLDS WORLD OF JUDAICA
3-13 William Street
Balaclava, Melbourne 3183
Victoria Australia

Distributed in South Africa by
KOLLEL BOOKSHOP
Ivy Common 105 William Road
Norwood 2192, Johannesburg, South Africa

THE ARTSCROLL SERIES® / KLEINMAN EDITION MIDRASH RABBAH
SEFER BEREISHIS / GENESIS VOL. III — VAYEITZEI–VAYISHLACH

ISBN 10: 1-4226-1139-6
ISBN 13: 978-1-4226-1139-5

Typography by CompuScribe at **ArtScroll Studios,** Ltd. / Custom bound by **Sefercraft, Inc.,** Brooklyn, N.Y.

Dedication of THIS VOLUME

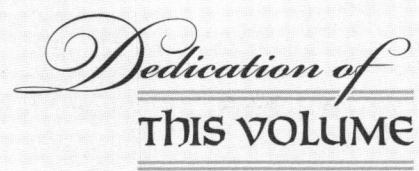

This volume is dedicated
to the countless people
it is intended to serve

אחינו בני ישראל
Our Jewish Brethren
wherever they are

Torah is our heritage. It defines us and unites us. The riches of the Midrash have been the basis for Mussar and Chassidus and our understanding of our mission on earth. This volume will immeasurably enrich our understanding of Midrash — and therefore of Hashem's expectations from us.

We are privileged to help bring this treasure to our people and thereby to help bring the people of Torah to the Giver of the Torah

Avrum and D'vorah Weinfeld

Flora **Efriam Mordechai** **Ariella**
Faige Ita **Shoshana Hinda**

(Chicago)

Dedication of
BEREISHIS / GENESIS

הָאָבוֹת עֲטָרָה לַבָּנִים, וְהַבָּנִים עֲטֶרֶת לָאָבוֹת
The parents are a crown for their children
and the children are a crown for their parents
(*Bereishis Rabbah* 63:2)

With gratitude to Hashem, we dedicate the
Book of Bereishis / Genesis
in this Edition of Midrash Rabbah
to our beloved children and grandchildren,

Alan and Svetlana Wasserman
Sasha, Jesse, Talya, Jacob, Bella, and Alden
Mark and Anne Wasserman
Joseph, Bailey, Erin, Rebeccah, and Jordyn
Neil and Yael Wasserman
Yeshayahu, Shiri, Yonatan, Ruth, and Aviva
Stuart and Rivka Berger
David, Gabrielle, and Jack

The inspiration behind the entire ArtScroll Series
was the recognition that the Torah and the Jewish people are one,
and that they are eternal. We are proud that the next two generations
of our family — and with God's help all future generations —
are loyal to the Torah and devoted to the nurturing of our heritage.

As the Midrash in this volume (63:2) declares,
our children are indeed our crown, and we are grateful.
Our prayer and blessing is that their offspring will give them
as much pride and nachas as they give us.

Stanley and Ellen Wasserman

Dedication of
KLEINMAN EDITION
מדרש רבה — the MIDRASH

This Edition of Midrash Rabbah is dedicated to the sacred memory of the *Kedoshim* of our families who were killed *al Kiddush Hashem* in the Holocaust, our own forebears whom we never had the privilege to know but whose memory and example continue to guide and inspire us.

קדושי משפחת קליינמאן־וייס, הי״ד

א״ז ר׳ אלכסנדר בן צבי אריה ז״ל

אמ״ז מרת סימא לאה בת אברהם ע״ה

אחיה משה בן אברהם ז״ל, ואחותה שרה רחל בת אברהם ע״ה

אחי אבינו ז״ל מרדכי בן אלכסנדר ז״ל, שמחה חיים בן אלכסנדר ז״ל

מסרו נפשם על קדושת ה׳ כ״ח אייר תש״ד

קדושי משפחת פישמאן, הי״ד

עטרת ראשינו א״ז מוה״ר אלימלך בן ישראל ז״ל

מחבר ספר ״לחם אבירים״ על התורה ונאמן ביתו של הרה״צ אדמו״ר שעיה׳לה מקערעסטור זי״ע

אמ״ז מרת יוטא ברכה בת אברהם ע״ה

מגזע אדמו״ר מרן חיים יוסף גאטליב מסטראפקוב זי״ע

מסרו נפשם באוישוויץ על קדושת ה׳ א׳ שבועות תש״ד

יחד עם בניהם ובנותיהם כולם אנשי שם ואנשי מופת המה

הר׳ ישראל בן אלימלך ז״ל, הר׳ מרדכי בן אלימלך ז״ל, הר׳ דוד בן אלימלך ז״ל,

מרת שרה בת אלימלך רויזינצווייג ע״ה, מרת מרים גיטל בת אלימלך קליין ע״ה

וזוגותיהם ו281 מיוצאי חלציהם

קדושי משפחת אינדיג, הי״ד

א״ז מרדכי שמואל בן יעקב יוסף ז״ל

אחי אבינו ז״ל חיים מאיר בן מרדכי שמואל ז״ל, ברוך יואל בן מרדכי שמואל ז״ל

חי׳ פעסיל בת מנחם דוד ע״ה, צבי אביגדור בן מנחם דוד ז״ל

and all the Six Million

יזכרם אלקינו לטובה עם שאר צדיקי עולם וינקום לעינינו נקמת דם עבדיו השפוך

תנצב״ה

These parshiyos tell the story of the Jewish family being built and surviving the spiritual danger of Laban and the physical threat of Esau. Yaakov Avinu returned to *Eretz Yisrael* with a young, perfect family, ready to build the Jewish future.

The Midrash delves into the essence of the story, into who and what our ancestors were. They were the genesis of Klal Yisrael. From them we inherited the spirit to survive and the strength to outlive our oppressors. So too, their heirs — the *Kedoshim* of the Holocaust were the genesis of our family and of today's thriving Torah communities all over the world.

They and their forebears kept Yiddishkeit alive through centuries of exile, persecution, and bloodshed. Their blood and tears watered and gave new life that nurtures and strengthens Jewish communities and a strong, vibrant Jewish way of life in all corners of the globe.

We thank Hashem for enabling us to support Torah life and the institutions that are the very soul of Klal Yisrael. The Gemara teaches that Yaakov Avinu did not die because his future generations still live. Thanks to monumental projects like this Midrash Rabbah, future generations will have the spiritual nourishment to produce new life in the service of Hashem Yisbarach.

Elly and Brochie Kleinman and their children

Deenie and Yitzy Schuss Yossie and Effie Kleinman Aliza and Lavey Freedman

and families

PATRONS OF THE CHUMASHIM AND MEGILLOS

Recognizing the need for the holy legacy of the Midrash
to be available to its heirs in their own language,
these generous and visionary patrons have each dedicated
the Chumashim and Megillos.

THE WASSERMAN EDITION OF BEREISHIS / GENESIS

is dedicated by

Stanley and Ellen Wasserman

to their beloved children and grandchildren

Alan and Svetlana Wasserman
Sasha, Jesse, Talya, Jacob, Bella, and Alden

Mark and Anne Wasserman
Joseph, Bailey, Erin, Rebeccah, and Jordyn

Neil and Yael Wasserman
Yeshayahu, Shiri, Yonatan, Ruth, and Aviva

Stuart and Rivka Berger
David, Gabrielle, and Jack

THE MILSTEIN EDITION OF BAMIDBAR / NUMBERS

is lovingly dedicated by

Elisha Shlomo Milstein

in memory of his grandparents

ז״ל Rabbi Elazar Kahanow — הגאון רבי אלעזר בן הגאון ר׳ אורי מאיר הכהן זצוק״ל
ע״ה Henrietta Milstein — מרת הינדא בת אברהם הלוי ע״ה

and his brother

ז״ל Betzalel Milstein — הילד בצלאל בנימין ז״ל ב״ר אליעזר פסח שליט״א

and in honor of his parents **Lazer and Ziporah Milstein שיחי׳**
his grandparents **Monroe and Judy Milstein שיחי׳ Rebbetzin Rochel Kahanow שיחי׳**

and in tribute to

Rabbi Jeff Seidel

THE MILSTEIN EDITION OF THE FIVE MEGILLOS

is lovingly dedicated by

Asher David Milstein

in memory of his grandparents

ז״ל Rabbi Elazar Kahanow — הגאון רבי אלעזר בן הגאון ר׳ אורי מאיר הכהן זצוק״ל
ע״ה Henrietta Milstein — מרת הינדא בת אברהם הלוי ע״ה

and his brother

ז״ל Betzalel Milstein — הילד בצלאל בנימין ז״ל ב״ר אליעזר פסח שליט״א

and in honor of his parents **Lazer and Ziporah Milstein שיחי׳**
his grandparents **Monroe and Judy Milstein שיחי׳ Rebbetzin Rochel Kahanow שיחי׳**

and in tribute to

Rabbi Jeff Seidel and Rabbi Yehoshua Bertram

PATRONS OF THE MIDRASH

With generosity, vision, and devotion to the perpetuation of Torah study,
the following patrons have dedicated individual volumes of The Midrash

BEREISHIS

BEREISHIS-NOACH

in memory of our beloved father
Jan Czuker ז״ל
ר׳ יוסף ב״ר מנחם מענדל ז״ל
נפ׳ פסח שני תש״ע
and יבל״ח in honor of our beloved mother
Mrs. Susanne Czuker שתחי׳
by their loving family
Los Angeles

LECH LECHA-TOLDOS

The Ringel Family
in memory of their uncle
יעקב זאב בן רב מרדכי ז״ל — Jack Ringel ז״ל
נפ׳ י׳ כסלו תשס״ט

VAYEITZEI-VAYISHLACH

Avrum and D'vorah Weinfeld (Chicago)
Flora Efriam Mordechai Ariella Faige Ita Shoshana Hinda
in honor of
Acheinu Bnei Yisrael

VAYEISHEV-VAYECHI

Shlomo Yehuda and Tamar Rechnitz
Yisroel Zev and Avigail Rechnitz
and families
in memory of their beloved grandparents
Morris and Regina Lapidus ז״ל
חיים משה בן ישראל זאב ז״ל
נפ׳ כ״ט אדר ב׳ תשמ״ו
רבקה בת ישראל הכהן ע״ה
נפ׳ ד׳ טבת תשכ״ז

DEVARIM

Mendel and Ariela Balk
Bayla and Itzik Haskel — Binyamin Shlomo
Yoel Daniel Aaron Jenelle Elan Arianna Max
in memory of their beloved father and grandfather
הרב יואל דוד ב״ר ישראל מיכל ז״ל — Rabbi Joel David Balk ז״ל
נפ׳ ז׳ שבט תשמ״ה
And in honor of their beloved parents שיחי׳ לאוי״ט
Mrs. Carole Balk
Rabbi Saul and Mrs. Peggy Weiss

MEGILLOS

SHIR HASHIRIM
[two volumes]

Robin and Warren Shimoff

RUTH — ESTHER

In loving memory of
Rabbi Isaac L. and Rebbetzin Ruth Swift זצ״ל
הרב יצחק יהודה בן הרב אברהם דב זצ״ל
נפ׳ י״א סיון תשנ״א
הרבנית רחל בת אברהם ע״ה
נפ׳ ב׳ אלול תשס״ה
Nathan and Pearl Sharfman ז״ל
נתן בן משה אליעזר ז״ל
נפ׳ כ״ד כסלו תשמ״ט
יוטא פערל בת יונה אליהו ע״ה
נפ׳ כ״ה תמוז תשמ״ז
Bern Sharfman ז״ל — ישראל דוב בן נתן ז״ל נפ׳ ט״ז אב תשס״ו
Sam and Martha Katz ז״ל
חיים יהושע בן נתן הכהן ז״ל
נפ׳ כ״ג שבט תשד״מ
מייטע בת יום טוב ליפא ע״ה
נפ׳ ט״ז אייר תשס״ד
Brenda Dreyer ע״ה — אסתר ברכה בת חיים יהושע הכהן ע״ה נפ׳ י׳ אלול תשס״ד
Alvin Heller ז״ל — אברהם צבי בן חיים יהודה ז״ל נפ׳ ט׳ תשרי תשס״א
and in honor of
Irma Heller שתחי׳

PATRONS OF THE MIDRASH

EICHAH **The Rosedale and Wilheim Families**

in memory of

Harry and Debby Levinson ז״ל

הרב צבי הירש בן הרב יוסף פינחס הלוי ז״ל
נפ׳ כ׳ אב תש״ע

דבורה שרה בת מאיר ע״ה
נפ׳ ט״ז אדר א׳ תשס״ח

KOHELES Reserved

Guardians of the Midrash

A society of visionary people who recognize the primacy of the Jewish people's commitment to the word of Hashem — and pursue it by presenting the inner meaning of the Torah, as expounded by the Midrash, in the language of today . . . for the generations of tomorrow.

This volume commemorates the loving memory of our father and zayde

Allen Gross ז״ל — חיים יהודה בן דוד ז״ל

נפ׳ כ״ט אלול תשס״ז

Rabbi Chanina ben Dosa used to say, "He who is pleasing to his fellow is pleasing to Hashem" (Pirkei Avos 3:13).

His kindness, love, humor and concern for others made him loved and admired by all who knew him. He selflessly dedicated his life to helping others by quietly supporting numerous individuals and Torah institutions. He devoted himself to his family, providing all of us with unconditional love and support. His greatest joy was his grandchildren, all of whom provided him with immeasurable nachas. He was a great father, zayde and role model.

We are honored to support the holy work of the Torah Scholars at ArtScroll / Mesorah. May their efforts and the Torah learned in this volume be a zechus for his neshamah. **תנצב״ה**

Ethan and Yael Gross
Shaina, Jacob and Simcha Mendel

Pillars of the Midrash

We wish to acknowledge in this volume the friendship of the following:

Roberto Fischmann

Joel Gedalius

Rachel Lee

In honor of

Binyomin and Shoshana Mashiyev

Rabbi and Mrs. Mordechai Neustadt

Thomas Rumfelt

Stuart and Nancy Schoenburg

Joseph Chaim and Nina Shenker

In memory of

הרב שלמה ב״ר קלונימוס הכהן ז״ל אופפנהיימר

Timothy R. Smith

R. Sterling Family Trust

Moshe and Judy Sukenik

שמואל קמנצקי
Rabbi S. Kamenetsky

2018 Upland Way
Philadelphia, Pa 19131

Home: 215-473-2798
Study: 215-473-1212

בס"ד
ח' ניסן ונרננה ונשמחה לפ"ק

לרומע"כ מכירי הנכבדים והמסורים בלו"נ למען הרבצת התורה וכבוד שמים ר' מאיר יעקב זלאטאוויץ שליט"א ור' נתן שערמאן שליט"א

שמחתי באומרים לי שאתם עומדים להוציא לאור ביאור רחב על מדרש רבה. שמעתי שאם הזוהר נקרא רזין שהם סודות נכבדים אז המדרש נקרא רזין דרזין שהם סודות נסתרים.

כבר נתחזק שחזקה שאין חבר מוציא דבר שאינו מתוקן אתם כבר מוחזקים להוציא פנינים ממצולות מאוצרות נעלמים.

תצליחו ותתברכו בכל טוב ובפרט שאתם מחזיקים הרבה בני תורה ועלי' שהם מתפרנסים על ידיכם

מלונ"ח בידידות נאמנה

שמואל קמנצקי

Rabbi Aaron M. Schechter אהרן משה שכטר
Mesivta Yeshiva Rabbi Chaim Berlin
1593 Coney Island Avenue
Brooklyn, N.Y. 11230

ב"ה

כ"ח תשרי תשע"א

כבוד הרבנים הנכבדים הרב מאיר זלאטאוויץ שליט"א והרב נתן שערמַן שליט"א, שזכו להעניק תורת חסד בדורנו, ללמד ולעשות ריבוי פנים חדשות של מבקשי דבר ה', גם באלו שמבלי פעולתם זו לא ידעו מה ואיך לבקש — נטלו חלקם בזריחת אור התורה אחר לקיחת האור מאתנו, והחושך של פזור יתירה של שארית ישראל בין הגוים, אשר ביניהם נכבש ונעלם עוד יותר הא דישראל ואורייתא חד הוא. —

והנה חוק ניתן באור דזריחתה נמשך הלאה ועולה ומאיר — ואחר ההארה הגדולה והנוראה של שימת תלמוד בבלי ותלמוד ירושלמי לפני אנשי דורנו אשר לשון הגמ' קשה בעדם — שימה יפה כפירוש רש"י (שמות כ"א א') להבינם טעמי הדבר ופירושו — פנו הרבנים הנ"ל לעשות כן במדרש רבה.

משרה גדולה נטלו על עצמם, רבת האחריות ורבת התועלת אם נזכה לכך.

בהקדמת רמח"ל למדרשי חז"ל מבואר גודל תוכן המדרש. — בפירוש הגר"א על משלי (כ"ד פסוק ל') מבואר הא דהלכה נקרא לחם ואגדה נקרא יין (גימטריא של סוד) שבה טמון הסוד. — והדברים נוראים ופושע אהיה אם לא אעתיק לשון אדוני מו"ר (אגרת נ"ד מאגרות פחד יצחק), שלשונו יועל בעדנו — וזה לשונו.

בדברים י"א פסוק כ"ב נאמר, לאהבה את השם אלקיכם ללכת בכל דרכיו ולדבקה בו. ואיתא על זה בספרי דורשי רשומות אומרים רצונך שתכיר את מי שאמר והיה העולם למוד הגדה שמתוך כך אתה מכיר את הקב"ה ומדביק בדרכיו. מדברי חז"ל הללו למדים אנו כי נתיחד מקום מסויים בתורה ללימוד דרכיו של מקום ולדבקה בו. מתוך יחיד זה נלמד כי גלוייה של תורה נתונים הם בשתי מערכות: א) גילוי ציוויו ית' וחקירת ענין זה מופיעה במערכת ההלכה ב) גילוי דרכיו והנהגותיו ית' וחקירת ענין זה מופיעה במערכת האגדה. ולא עוד אלא שחזינן כי העדיפות במערכת האגדה על גבי מערכת ההלכה היא בזה שהיא קרובה יותר אל הדביקות בו ית' — עכ"ל.

עול האחריות אשר בה נהגתם במה שהוצאתם עד עכשיו, הסייעתא דשמיא שזכיתם לה עד עכשיו לבחור בתלמידי חכמים מובהקים ששמו כל כחם ומעיינם בעבודת ה' הלזו, והעיון אחר עיון שסדרתם מתוך היראה שלא להוציא דבר שאינו מתוקן — יהא בעזרכם שתזכו כן גם בעבודה עדינה ואצולה זו של שימת המדרש רבה לפני קהל ישראל — יהי"ר שתהיה מעשיכם לנחת רוח לפניו ית', והוספת תוקף הקדושה בין בניו החביבים לו.

אהרן משה שכטר

דוד פיינשטיין
ר״מ תפארת ירושלים

Rabbi Dovid Feinstein
477 F.D.R. Drive
New York, N.Y. 10002

כבר איתמחי גברי בפירושם ותרגומם לאנגלית על כמה מספרי תורה שבכתב ובשל על פה ואינם צריכים עוד להסכמות על יתר מלאכתם בקודש אלא ברכה שעכשיו שארט-סקרול מסורה מגישים לתרגם ולפרש מדרש רבה יתברכו לברך על המוגמר ויתקבלו מלאכתם כמו שנתקבלו עד כה

נאום דוד פיינשטיין
פ׳ והיה ברכה תשע״א

יעקב פרלוב
קהל עדת יעקב נאוואמינסק
ישיבת נאוואמינסק - קול יהודא
ברוקלין, נ.י.

RABBI YAAKOV PERLOW
1569 - 47TH STREET
BROOKLYN N.Y. 11219

בס״ד
יום ב׳ כ״ו תשרי תשע״א

כבוד ידידי האהובים, קרני אורה לדור החדש, המפיצים תורת השם ויראתו לרבבות אלפי העם כש״ת הרה״ג ר׳ מאיר זלאטאוויץ שליט״א, וכש״ת הרה״ג ר׳ נתן שערמאן שליט״א, שפעת שלומים וישע רב.

בנועם קבלתי הידיעה על המפעל החדש שהנכם מתכוננים לקראתו, לתרגם ולבאר את המדרש רבה בהוצאה מחודשת, [ע״ש ידידי היקר מוה״ר אלי׳ קליינמאן שיחי׳] וגם ראיתי את הקונטרס לדוגמא על פרשת לך לך המצורף בהערות מאליפות ומאירות עינים.

כך יאה לכם יקירי, שלוחי ההשגחה בימינו, שהבאתם מקודם את הדגן של תורה לאוכלסי ישראל, בהוצאת המקרא והמשנה והגמרא של ארטסקרול, ועתה נגעתם אל התירוש להשקות את המעיינים ביין האגדה המשמחת לבו של אדם ומקרבו אל בוראו, וכדברי חכמינו ז״ל במדרש פ׳ תולדות על ברכות יצחק אל יעקב, ויתן לך האלקים מטל השמים זו מקרא ומשמני הארץ זו משנה דגן זו תלמוד, תירוש זה אגדה. אשרי חלקכם שנתרבה כבוד התורה וכבוד ישראל סבא על ידיכם, ותזכו לברך על המוגמר ולהשלים את העבודה ברוב פאר והדר שיביאו ברכה לבית ישראל, ויהי נועם ה׳ עליכם, ותתברכו ממעון הברכות בכל מעשה ידיכם לאורך ימים טובים כעתירת ידידכם עוז בלונ״ח הכותב לכבוד התורה ולומדיה

יעקב פרלוב

הסכמות ומכתבי ברכה

דוד קאהן
ביהמ״ד גבול יעבץ
ברוקלין, נוא יארק

בס״ד

לידידי עז הני תרי צנתרי דדהבא
רב מאיר זלוטוביץ שליט״א ורב נתן שרמן שליט״א

כשנודעתי שהנכם מתכוננים להוציא לאור מדרש רבה הרגשתי...

הנביא ישעיהו עומד וצווח ״כי הנה האדון ה׳ צבאו־ת מסיר מירושלים ומיהודה משען ומשענה כל משען לחם וכל משען מים״ (ג־א) ופירשו בחגיגה (יד, א) שמשען לחם אלו בעלי תלמוד שנאמר לכו לחמו בלחמי ושתו ביין מסכתי ומשען מים אלו בעלי אגדה שמושכין לבו של אדם כמים באגדה.

האדם צריך ללחם ולמים. אנשי חברה ארטסקרול־בעלי מסורה עוד נטויה ידיהם להחזיר העטרה של תורה ליושנה, ז״א להשימה על ראשי בני ישראל, השׂביעו וממשיכים להשׂביע לכלל ישראל במשען לחם דהיינו בתרגום וביאור של שני התלמודים — בבלי וירושלמי — ומכינים את עצמם לדלות מהבאר אשר חפרוה שׂרים שאפשר לדלות ממנה אך ורק על ידי תמיכה מנדיבי העם, להגיש משען מים — מדרשי אגדה — על ידי המחוקקים, אלו התלמידי חכמים המופלגים שאנו נהנים מעבודתם שמהפכים מדבר שממה לגן נהדר.

והנני תפילה שבכל אשר יפנו ישכילו להגדיל תורה ולהאדירה אכי״ר

החותם לכבוד מרביצי תורה

דוד קאהן

דוד קאהן
בין כסה לעשור תשע״א

הלל דייוויד
קהל
ישיבה שערי תורה

RABBI HILLEL DAVID
1118 East 12 Street
Brooklyn NY 11230

כבוד ידידי היקרים
הה״ג ר׳ מאיר זלאטאוויץ שליט״א
והה״ג ר׳ נתן שערמאן שליט״א

אחדשה״ט: כאשר נתבשרתי על רעיונכם החדש אמרתי אני רחש לבכם דבר טוב, לתרגם המדרשים, מדרש רבה, לשפה המדוברת לשון אנגלית ולפתוח להמון עם הצמאים לדעת בוראם ע״י לימוד אגדה, ספר שהי׳ אצלם עד עתה ספר חתום. מעשיכם למלך מ״ה הקב״ה.

ועכשיו שראיתי קונטרס מודפס (פ׳ לך לך — חיי שרה) ונתקיימה אצלכם חזקתכם הישנה שאין חברים מוציאים מחמת ידיהם דבר שאינו מתוקן־מתוקן כהלכה, מתוקן ביופיו ומתוקן בבהירותו וכו׳ גמרתי, לשונכם, שדברתם מכבר, הי׳ עט סופר מהיר.

וכאשר הנחיצות לסדר כזה, המתורגם עפ״י חבורה של ת״ח מופלגים וגם בקיאים בל׳ אנגלית, מובנת, וגם לרבות החשיבות המיוחדת לספר שגם נדפס בו פירוש עץ יוסף ופי׳ מהרז״ו ועוד ועוד בלה״ק כמקורם, אין מן הצורך להרבות דברים בזה.

ולכן אסיים פה בברכה מעומק הלב שיתן ה׳ שתזכו לסיים מפעל זה ולהתחיל ולסיים מפעלים אחרים ולהמשיך בעבודתכם הק׳ להרביץ תורה לאלפים הצמאים לדבר ה׳ עוד שנים ארוכות עם בריאות הגוף ונחת.

החותם באהבה וידידיות

הלל דייוויד

הלל דייוויד

אברהם חיים לוין

RABBI AVROHOM CHAIM LEVIN

5104 N. Drake Avenue • Chicago, IL 60625

ROSH HAYESHIVA/TELSHE-CHICAGO • ראש הישיבה\טלז-שיקגו

ב״ה

יום ב׳ לפ׳ נח תשע״א

לכבוד ידידי מזכי הרבים ומרביצי תורה לאלפים מנהלי וראשי המוסד ארטסקרול-מסורה הרב ר׳ מאיר יעקב זלאטאוויץ והרב ר׳ נתן שערמאן שליט״א.

הש״ס בבלי עם תרגום אנגלי שהוצאתם לאור עשה מהפכה ממש בלימוד התורה באמריקא, ובשנים האחרונות הוספתם להדפיס גם ש״ס ירושלמי עם תרגום אנגלי וזה נתן להרבה לומדים היכולת לפעם הראשונה ללמוד ולהתבונן בש״ס העמוק הזה.

ועכשיו דעתכם להפדיס מדרש רבה עם תרגום אנגלי עם הערות וביאורים עמוקים ונפלאים וזה יפתח פתח לפני מאות ואלפים להבין הלשון הקשה של כמה מדרשים ולהתעמק בהביאורים העמוקים מלוקטים מגדולי הראשונים ואחרונים להבין עמקות כונת חז״ל בדבריהם הקדושים שפעמים רבות הם סתומים ופעמים רבות יש איזה מילים שאינם מובנים היטיב גם לת״ח מובהקים.

ואמינא לפעלא טבא יישר ותזכו להוציא לאור עוד הרבה ספרים חדשים לתועלת הרבים להגדיל תורה ולהאדירה.

ובזכות לימוד התורה נזכה במהרה לביאת גואל צדק וכדברי הנביא האחרון במלאכי ג׳ זכרו תורת משה עבדי אשר צויתי אותו בחרב על כל ישראל חקים ומשפטים, הנה אנכי שולח לכם את אליה׳ הנביא לפני בא יום ה׳ הגדול והנורה

ידידכם

אברהם חיים הלוי לוין

ישיבה גדולה זכרון לימא ד׳לינדן

Yeshiva Gedolah Zichron Leyma of Linden

הרב אליעזר גינזבורג
הרב גרשון נוימאן
ראשי הישיבה

Harav Eliezer Ginsburg
Harav Gershon Neumann
Roshei Hayeshiva

בס״ד

לכבוד ידידים אהובים אלופים ומיודעים
הרב מאיר זלאטאוויץ שליט״א הרב נתן שערמאן שליט״א
הרב יעקב יהושע בראנדר שליט״א

מה מאד צריך לשמוח כמוצא שלל רב
בני יעקב וישראל סלה
כעת שיחידי סגולה, שעליהם שם ה׳ נקרא
ומלא אותם בחכמה ותבונה
לקבל על עצמם עבודה גדולה
להוציא לאור עולם בהסברה והבנה
לעשות חיל **במדרש רבה** שהיתה מכוסה וטמונה
הם הלכו בו כנמושות, לקוטי בתר לקוטי
ואספו מאוצרות של בעלי קבלה ובעלי מסורה,
ובררו וליבנו בשפה ברורה ונעימה בשפת המדינה
כדי שיוכל כל אחד ללקוט בשבלים ממדרשות התנאים.
ברור לנו כמאז כן עתה
שתתקיים ע״י זה ההתפשטות התורה,
וריבוי לומדיה ועוסקיה
להוריד השכינה ממעונה להיות בינינו שרויה
יהי רצון שתתקיים בנו ובהם וערבה לה׳ מנחתם ונסכם
ושיגיע העת שיאמר ליעקב ולישראל הכל פעל אל,
ובא בזכותם במהרה לציון גואל
מי יתן שיהא חלקי עמכם.

יום ב׳ פ׳ לך לך תשע״א

אליעזר גינזבורג

Publisher's Preface

We are proud to present this latest volume of the KLEINMAN EDITION OF MIDRASH RABBAH. This monumental project, with Hashem's help, will provide our people with an unprecedented understanding of the best-known and most widely used classic of Aggadic literature, which assembles several centuries of Tannaic and Amoraic teachings.

Midrash Rabbah is our richest lode of Aggadic comment and exposition on the Torah and the Five Megillos. The Talmud and the Midrash are both parts of the Oral Law, but their emphases are different. The primary emphasis of the Talmud is to expound upon and define the legal parameters of the Torah and the mitzvos. The Midrash delves into the spiritual essence of the revealed Torah, adds detail and information to the Torah's narrative, and provides the ethical tradition that was passed down orally from generation to generation until it was committed to writing. Midrash Rabbah is one of the primary sources of ethical discourse, Chassidic and Mussar teaching, and homiletic literature.

This 17-volume project follows the universally acclaimed approach of the Schottenstein Editions of the Talmud Bavli and Talmud Yerushalmi. It draws upon the classic commentaries to translate and elucidate the Midrash with clarity and accuracy. In addition, it presents "Insights," which elaborate on the lessons of the Midrash, as they were taught and expounded by a host of the great teachers and leaders of early and modern times.

A full Overview explaining the unique nature of the Midrash and how classic commentators understood and interpreted it will be included in the forthcoming Volume 1 of this series. Suffice it to say at this point that, in the words of the contemporary classic *Michtav MeEliyahu,* "In the study of halachah – the learning and in-depth study, the difficulties and the clarifications – all is based on the intellect. In the Aggadah, by contrast, everything depends on the level of one's heart. What is a mystery to one person will be obvious to another. What is difficult to one person will be clear to another, and even utter simplicity." Thus, the complete comprehension of the underlying messages of the Aggadah, not merely the recorded text, has rules of its own.

In this edition, the text of the Midrash and all the commentaries on the page have been newly typeset, for accuracy and ease of reading. The redesigned page combines elements of the widely used Vilna and Warsaw editions, and several special new features, explained below in detail.

This KLEINMAN EDITION OF THE MIDRASH is dedicated by our dear friends ELLY AND BROCHIE KLEINMAN, in tribute to the memory of the *Kedoshim* of their families and the Six Million who were killed in the Holocaust. The Kleinmans are renowned throughout the Torah world for their warmth, integrity, judgment, and generosity. In America and Israel, their names are synonymous with concern for the health of Torah institutions and projects. ArtScroll/Mesorah readers are grateful to them for their dedication of important and popular projects, including individual Talmud volumes, THE KLEINMAN EDITION OF KITZUR SHULCHAN ARUCH, the INTERACTIVE MISHKAN DVD and the beautiful, full-color books on THE MISHKAN, in both English and Hebrew editions, three series of the DAILY DOSE OF TORAH – and now, their most ambitious project of all, the KLEINMAN EDITION OF THE MIDRASH. Thanks to their generosity, a team of outstanding scholars and editors is producing a work that will stand for generations as the definitive treatment of this classic. To us, it is gratifying that these personal friends have become an integral part of our work.

This volume is dedicated by AVRUM AND D'VORAH WEINFELD and family. They are involved in every Torah institution in their native Chicago, from elementary schools through kollelim. Quietly and self-effacingly, they are devoted not only to institutions, but also to the needs of individuals. They express this concern simply and eloquently by dedicationg this volume to "our Jewish brethren wherever they are." We are honored that such a distinguished couple has joined the "ArtScroll / Mesorah family" of people who are bringing the treasures of Torah to countless thousands of Klal Yisrael.

ACKNOWLEDGMENTS

When the ArtScroll Series came into existence in 1976, it was quickly privileged to gain the warm approbation of the Roshei HaYeshivah and Gedolei Torah of the previous generation, such as the great GEONIM MARANAN VERABBANAN HARAV MOSHE FEINSTEIN, HARAV YAAKOV KAMENETSKY, HARAV GEDALIA SCHORR, and HARAV MORDECHAI GIFTER זצ״ל. They were unstintingly generous with their time, wisdom, and guidance from the inception of the ArtScroll Series thirty-four years ago. They recognized the need to make classic Torah literature available to today's Jews who, knowingly or subconsciously, wanted access to the eternity of Torah. Over the years, their warm expression of support was echoed by the next generation of American Torah leaders and by the eminent and revered Gedolei Torah of Eretz Yisrael, MARAN HAGAON HARAV SHLOMO ZALMAN AUERBACH זצ״ל and להבחל״ח MARAN HAGAON HARAV YOSEF SHOLOM ELIASHIV, MARAN HAGAON HARAV AHARON LEIB SHTEINMAN, MARAN HAGAON HARAV CHAIM KANIEVSKI, MARAN HAGAON HARAV SHMUEL AUERBACH, MARAN HAGAON HARAV MOSHE SHAPIRO, the ADMOR OF VIZHNITZ, and THE ADMOR OF BELZ שליט״א.

A vast investment of time and resources will be required to make this new KLEINMAN EDITION OF THE MIDRASH a reality. Only through the generous support of many people will it be possible not only to undertake and sustain such a huge and ambitious undertaking, but to keep the price of the volumes within reach of the average family and student.

The Trustees and Governors of the MESORAH HERITAGE FOUNDATION saw the need to support the scholarship and production of this and other outstanding works of Torah literature. Their names are listed on an earlier page.

JAY SCHOTTENSTEIN is chairman of the Board of Governors and has enlisted many others in support of several monumental projects. In addition, he and his wife JEANIE and family have dedicated the ENGLISH and HEBREW SCHOTTENSTEIN EDITIONS OF TALMUD BAVLI and YERUSHALMI, PEREK SHIRAH, the many liturgy volumes in THE SCHOTTENSTEIN INTERLINEAR SERIES and the recently published one-volume SCHOTTENSTEIN EDITION INTERLINEAR CHUMASH. The newest undertaking is the dedication of the multi-volume SEFER HACHINUCH / THE BOOK OF MITZVOS. These projects illuminate basic, essential classics that are at the very foundation of Jewish life and faith. In short, the Schottensteins are fostering a renaissance of Orthodox life and a revolutionary advance in Torah study — both *Torah Shebik'sav* and *Torah Sheb'al Peh* — and prayer.

JACOB M.M. AND PNINA (RAND) GRAFF have dedicated the popular-size GRAFF-RAND EDITION OF RAMBAN, in addition to their dedications of both the Hebrew and English editions of the GRAFF-RAND EDITION OF SEDER MOED of TALMUD YERUSHALMI in memory of their parents, who were unselfish builders of Torah life wherever they lived. Mr. and Mrs. Graff are justly respected pillars of the Los Angeles community, where they are renowned and admired supporters of Torah causes, following in the footsteps of their parents.

We are proud that STANLEY AND ELLEN WASSERMAN are the dedicators of SEFER BEREISHIS / GENESIS in this Midrash Series, in honor of their children and grandchildren. The Wassermans are people of uncommon warmth, sensitivity, generosity, and devotion to noble causes, public and private. They have dedicated numerous volumes of the Talmud Bavli and Yerushalmi, and they recently dedicated the new WASSERMAN EDITION COMPLETE ARTSCROLL SIDDUR, which will be the standard Siddur for decades to come. Over the years we have become more and more grateful for the privilege of their friendship.

We are proud that the CZUKER FAMILIES of Los Angeles are the dedicators of BEREISHIS / GENESIS VOL. I, BEREISHIS-NOACH of the MIDRASH SERIES. They have also dedicated a volume of Yerushalmi and the CZUKER ELUCIDATION OF THE TORAH'S OBLIGATIONS of SEFER HACHINUCH / THE BOOK OF MITZVOS. We are glad to welcome Ed Czuker to the Board of Governors.

HAGAON HARAV DAVID FEINSTEIN שליט״א has been a guide, mentor, and friend since the first day of the ArtScroll Series, and we are honored that he regards our work as an important contribution to *harbatzas Torah*. Although complex halachic matters come to the Rosh Yeshivah from across the world, he always makes himself available to us whenever we consult him. He is also a Founding Trustee of the Mesorah Heritage Foundation.

We are humbled and honored that this country's senior Roshei HaYeshivah have been so generous with their time and counsel. HAGAON HARAV ZELIK EPSTEIN זצ״ל was always a valued source of wisdom and counsel, as was HAGAON HARAV AVROHOM PAM זצ״ל. HAGAON HARAV SHIMON SCHWAB זצ״ל was a prime source of encouragement and guidance.

HAGAON HARAV SHMUEL KAMENETSKY שליט״א offers warm friendship and invaluable advice; HAGAON HARAV AHARON SCHECHTER שליט״א is unfailingly gracious and supportive; HAGAON HARAV AVROHOM CHAIM LEVIN שליט״א volunteers his friendship and support; the Novominsker Rebbe, HAGAON HARAV YAAKOV PERLOW שליט״א, is a wise counselor, good friend, and staunch supporter of our efforts for *harbatzas Torah*. We are grateful beyond words to them all.

HAGAON HARAV DAVID COHEN שליט״א has been a dear friend for nearly half a century; he places the treasury of his knowledge at our disposal whenever he is called upon, and has left his erudite mark on ArtScroll's projects from its inception. HAGAON HARAV HILLEL DAVID שליט״א is a valued friend, counselor, and source of comment and advice. HAGAON HARAV FEIVEL COHEN שליט״א is a dear friend who gladly interrupts his personal schedule whenever needed. HAGAON HARAV ELIEZER GINSBURG שליט״א has been a loyal friend at critical junctures.

We are deeply grateful to RABBI HESHIE BILLET, a distinguished rav, loyal and effective friend, and devoted servant of Klal Yisrael; RABBI RAPHAEL B. BUTLER, the dynamic founder of the Afikim Foundation; RABBI YISRAEL H. EIDELMAN, a dedicated servant of Torah; RABBI SHLOMO GERTZULIN, an invaluable asset to our people; RABBI MOSHE M. GLUSTEIN, an accomplished *marbitz Torah* and rosh yeshivah; RABBI BURTON JAFFA, who gives hope to children and their parents; RABBI MICHOEL LEVI, an accomplished educator; RABBI PINCHOS LIPSCHUTZ, a leader in Torah journalism; RABBI SHIMSHON SHERER, who inspires his congregation; RABBI DAVID WEINBERGER, who invigorates his community, and whose works we have the honor to publish; and RABBI HOWARD ZACK, who is making an enormous impact for good in Columbus.

We are deeply grateful to JAMES S. TISCH, a Founding Trustee of the Foundation, and THOMAS J. TISCH, who are a credit to their family tradition of community service; JOEL L. FLEISHMAN, Founding Trustee of the Foundation, whose sage advice and active intervention was a turning point in our work; BENJAMIN C. FISHOFF, patron of several volumes of the Talmud, and a respected friend and mentor who has enlisted others to support our work; and RABBI ZVI RYZMAN, who epitomizes the Jewish ideal of the man of commerce who is a *talmid chacham*, noted *maggid shiur*, dynamic force for Torah life, and a loyal, devoted friend who has dedicated many volumes.

ASHER MILSTEIN has joined our work as a dear friend and major supporter. He has dedicated the MILSTEIN EDITION OF THE FIVE MEGILLOS in Midrash Rabbah; the MILSTEIN EDITION OF THE LATER PROPHETS, which is now in preparation; and the MILSTEIN EDITION OF SEDER NASHIM in Talmud Yerushalmi. In addition, he is making it possible for his friend and mentor Rabbi Jeff Seidel to bring countless people closer to their heritage by distributing ArtScroll / Mesorah volumes free of charge. Through his vision and generosity Mr. Milstein is a significant force for Torah Judaism.

ELISHA SHLOMO MILSTEIN has joined our work as the dedicator of the MILSTEIN EDITION OF BAMIDBAR / NUMBERS in Midrash Rabbah; and the MILSTEIN EDITION OF SEDER TOHOROS in Talmud Yerushalmi.

Loyal friends who have been instrumental in the success of our work and to whom we owe a debt of gratitude are, in alphabetical order:

STEVE ADELSBERG, a governor, friend and dedicator in every edition of the Talmud; SAM ASTROF, a distinguished community leader; REUVEN DESSLER, a good friend and respected leader who adds luster to a distinguished family lineage; HOWARD TZVI FRIEDMAN, a dear friend and dedicator, who places his enormous reservoir of energy and good will at Klal Yisrael's disposal; ABRAHAM FRUCHTHANDLER, who has placed support for Torah institutions on a new plateau; HASHI HERZKA, the inaugural dedicator of a volume in the ARTSCROLL EDITION OF RAMBAN, and the dedicator of a volume in Talmud Yerushalmi; MALCOLM HOENLEIN, one of Jewry's truly great lay leaders, who generously makes time to offer guidance and counsel; SHIMMIE HORN, patron of the HORN EDITION OF SEDER MOED of Talmud Bavli, a self-effacing person to whom support of Torah is a priority; MOTTY KLEIN, dedicator of several volumes and of the OHEL SARAH WOMEN'S SIDDUR, a leader in his community and a force for Torah; MOSHE MARX, a very dear friend who is a respected supporter of Torah causes; RABBI MEYER H. MAY, who has been an invaluable friend at many junctures; ANDREW NEFF, dedicator of several history and Talmud volumes and a leader in his industry, who has made Mesorah his own cause; DR. ALAN NOVETSKY, the very first dedicator of an ArtScroll volume, who has continued his support and friendship over the years; SHLOMO SEGEV of Bank Leumi, who has been a responsible and effective friend; HESHE SEIF, a personal friend and the patron of the SEIF EDITION TRANSLITERATED PRAYER BOOKS, has added our work to his long list of important causes; JUDAH SEPTIMUS, a Founding Trustee and *talmid chacham,* who extends himself beyond belief on behalf of our work, and whose wise intervention has been essential at critical junctures; JOSEPH SHENKER, one of New York's preeminent attorneys, a good friend and Torah scholar in his own right; ELLIOT TANNENBAUM, a warm and gracious inaugural patron of several volumes, including the very popular *"Ner Naftali"* Eretz Yisrael Siddur, whose example has motivated many others; JOSEPH WEISS, a *talmid chacham,* dedicator, and astute reader; STEVEN WEISZ, whose infectious zeal and virtual daily contact has brought many others under our banner; and HIRSCH WOLF ז״ל, one of ArtScroll's earliest supporters, a fountain of encouragement and an energetic leader in many causes.

We are grateful, as well, to other friends who have come forward when their help was needed most: YERUCHAM LAX, RABBI YEHUDAH LEVI, RABBI ARTHUR SCHICK, WILLY WEISNER, and MENDY YARMISH.

Enough cannot be said about our dear friend and colleague RABBI SHEAH BRANDER, whose graphics genius sets the standard of excellence in Torah publishing. In addition, he is a *talmid chacham* of note who adds more than one dimension to the quality of every volume he touches. Reb Sheah is involved in every aspect of the project, from scholarship to production. He has earned the respect, trust, and affection of the entire staff, to the point where it is inconceivable to envision the past and future success and quality of the work without him.

We conclude with gratitude to Hashem Yisbarach for His infinite blessings and for the privilege of being the vehicle to disseminate His word. May this work continue so that all who thirst for His word may find what they seek in the refreshing words of the Torah.

Rabbi Nosson Scherman / Rabbi Meir Zlotowitz

Tishrei, 5772
October, 2011

About This Volume

This volume was written and edited by RABBIS YAAKOV BLINDER, YOAV ELAN, BEN TZION GLIKSBERG, AARON MEIR GOLDSTEIN, DOVID KAISER, NESANEL KASNETT, YOSEF LEVINSON, BARUCH POMPER, YISRAEL SCHNEIDER, SHAUL SHATZKES, SHLOMO SILVERMAN, NAHUM SPIRN, and YITZCHOK STAVSKY.

Special contributors and editors included RABBIS AVROHOM GREENWALD, TZVI HEBEL, ELIEZER HERZKA, ELIYAHU MEIR KLUGMAN, HENOCH MOSHE LEVIN, GERSHON MEISELS, HENOCH MORRIS, MENACHEM PHETERSON, LEIBY SCHWARZ, MORDECHAI SONNENSCHEIN and FEIVEL WAHL.

RABBIS AVROHOM KLEINKAUFMAN, BERYL SCHIFF, and KALMAN REDISCH identified the major part of the material incorporated into the Insights section of this work, providing sources with a remarkable range of breadth and content. The material they provided was carefully reviewed by RABBI ZEV MEISELS, with characteristic diligence and discrimination, who then selected the vast majority of pieces ultimately included as Insights in this volume.

The volume was reviewed by RABBI CHAIM MALINOWITZ, who was assisted by RABBI AVROHOM KLEINKAUFMAN, and RABBI YOSAIF ASHER WEISS.

RABBI HILLEL DANZIGER and RABBI YOSAIF ASHER WEISS served with great distinction as Editorial Directors.We specially acknowledge the pivotal role also played in this capacity by RABBI MORDECHAI SONNENSCHEIN, who coordinated many detailed and varied aspects of this volume with his hallmark intelligence, competence, and unassuming manner.

We thank RABBI YEHEZKEL DANZIGER and RABBI MENACHEM SILBER for their invaluable advice and suggestions.

MRS. AHUVA WEISS assisted skillfully in the editing.

RABBI MOISHE DEUTSCH paginated the beautiful new Hebrew Midrash;

RABBIS YAACOV BLINDER, AVROHOM YITZCHAK DEUTSCH, and YISROEL LONDINSKI reviewed and corrected the Hebrew text;

MRS. ESTIE DICKER, MRS. ESTHER FEIERSTEIN, MRS. TOBY GOLDZWEIG, and MRS. MIRYAM STAVSKY typed the manuscripts carefully and skillfully; MRS. RACHEL GROSSMAN of Jerusalem provided editorial expertise;

MRS. CHUMIE LIPSCHITZ, who is a key member of our staff, and SHLOIME BRANDER, and MRS. SURY ENGLARD paginated and entered corrections with extraordinary skill and diligence, often at great personal inconvenience;

MRS. MINDY STERN, MRS. FAIGIE WEINBAUM, and MRS. JUDI DICK proofread with great skill and judgment, making many important corrections. They all contributed immeasurably to the quality of this work.

RABBI YECHEZKEL SOCHACZEWSKI, ensured the accuracy of this volume, as he has for so many others, with skill and dedication.

SHMUEL BLITZ, director of our Jerusalem office, is always available, always incisive, always decisive. Distance does not impede his intimate involvement in our work.

GEDALIAH ZLOTOWITZ and his staff are responsible for the smooth, friendly, and efficient manner with which our works are made available to the public and the trade.

MRS. LEA BRAFMAN, as comptroller virtually since ArtScroll's creation, is indispensable to the efficient functioning of our work. She is ably assisted by MRS. SARALEA HOBERMAN and MRS. LEYA RABINOWITZ.

ELI KROEN designed the sculpted cover and endpapers. For many years, his innovative and prolific graphics skills have been a hallmark of ArtScroll/Mesorah volumes.

RABBI AVROHOM BIDERMAN does more than can be listed in a brief paragraph.

MENDY HERZBERG, with his customary efficiency, shepherded the production all the way through.

TWO EDITIONS OF MIDRASH RABBAH HAVE BEEN THE MOST WIDELY USED in recent generations. One is the Warsaw edition (1867) printed with the comprehensive commentary *Ein Chanoch* (comprising *Eitz Yosef, Anaf Yosef* and *Yad Yosef*) by *R' Chanoch Zundel* of Bialystok, and the much earlier commentary of *Matnos Kehunah.* The other is the Vilna edition of 1878-1887 (עם כל המפרשים) printed with many commentaries, including one attributed to *Rashi,* the commentaries of *Matnos Kehunah, Maharzu* and an abridgement of *Yefeh To'ar.* These two editions have minor differences in the Midrash text, but differ markedly in how each *Parashah* of Midrash is subdivided into sections. The section numbering system used in the Warsaw edition is the one used by many early commentators (such as *Yefeh To'ar*). The system found in the Vilna edition is the one used in many more recent works on Midrash, and the one which we have followed, as explained below. (A more thorough discussion of the various editions can be found in the Publisher's Preface to the first volume of *Bereishis Rabbah.*)

The Standard Midrash Texts

THE PRESENT HEBREW EDITION OF MIDRASH RABBAH has been completely reset and designed. It features the vowelized Midrash text, with *Rashi* underneath and flanked by the commentaries Fof *Eitz Yosef* (from the Warsaw edition) on the right, and of *Maharzu* (from the Vilna edition) on the left. Below them are the commentaries of *Matnos Kehunah, Nechmad LeMareh* (from the Vilna edition) and *Eshed HaNechalim* (the latter work has been out of print and difficult to obtain for many years). In the margins, we present *Chiddushei HaRadal* and *Chiddushei HaRashash* (from the Vilna edition) and *Anaf Yosef* (from the Warsaw edition), as well as *Mesoras HaMidrash,* which references parallels in other Talmudic and Midrashic sources. (The latter work is from the Vilna edition; as stated in the preface to that edition, it incorporates most of what is contained in *Yad Yosef.* To publish both on the page would be redundant, and we have therefore not included *Yad Yosef.*) We have also included in the margin a new section entitled *Eim LaMikrah,* which presents vowelized, and in full, every Scriptural verse cited in part by the Midrash (other than those verses that appear in the passage actually expounded by the Midrash).

The Hebrew Page

Since our elucidation of the Midrash adopts *Eitz Yosef* as our primary commentator (see next section), our Midrash text follows the text of the Warsaw edition, which included *Eitz Yosef.* Moreover, on the whole, the Warsaw text of the Midrash seems somewhat more accurate than the Vilna text. (The *Tiferes Tziyon* commentary on Midrash, published more than a century ago by *Rabbi Yitzchak Zev Yadler,* also uses a Midrash text that appears to be nearly identical to that of the Warsaw edition.)

Occasionally, our elucidation of the Midrash adopts a reading that differs from that of the Warsaw edition. In those cases, we have inserted a degree sign in the all-Hebrew text where the elucidated text diverges. The interested reader can quickly compare the two texts and see what has been changed. Such changes were usually based on one of the following sources: the editions of Constantinople 1512, Venice 1545 and Vilna 1878-1887; and the commentaries of *Os Emes, Matnos Kehunah, Yefeh To'ar, Radal* and *Rashash.* (On occasion, the Warsaw text has a printing error. In these cases, we correct the text according to the Vilna edition and mark the occurrence with an asterisk in the all-Hebrew text.) We have introduced a new marginal section (שינוי נוסחאות), which documents the source of the alternative readings we have followed in the Hebrew or elucidated text. (It should be noted that *Rashash* made emendations to the Vilna edition of 1843, and that some subsequent editions have already incorporated those emendations into the text. Similarly, some Midrash editions have already incorporated in their text some emendations of *Matnos Kehunah.*)

On occasion, the commentators maintain that one or more phrases of Midrash appear in the wrong place. In those cases, on the all-Hebrew page we leave the text as is, however we indicate the emendation of the commentators as follows: the text in question is enclosed by two asterisks and we place a double-asterisk at the point where the indicated text should appear.

The Midrash is separated into divisions (called *parashiyos*), which are further subdivided into sections. While the system of *parashah* divisions is essentially universal, the system of section divisions is not (as mentioned above). We have followed the Vilna convention with regard to numbering the sections both in the text and commentaries. Within the commentary of *Eitz Yosef* (which originally appeared in the Warsaw edition and according to that numbering system), we present both the Vilna numbers (in parentheses) and the Warsaw numbers (in brackets). When the notes reference such works as *Yefeh To'ar* and *Nezer HaKodesh* (which do not follow the Vilna section-numbers) we provide the *parashah* number and the heading of the paragraph in which the particular comment appears.

The recent Vagshal edition of Midrash Rabbah includes addenda to *Eitz Yosef* commentary. On occasion, we make mention of those addenda, referencing them as *"Eitz Yosef* as found in the Vagshal edition."

The Elucidated Commentary

ONE OF THE FIRST AND MOST COMPREHENSIVE COMMENTARIES written on *Bereishis Rabbah* is *Yefeh To'ar* by *R' Shmuel Jaffe Ashkenazi.* The full version of this commentary, last printed in Fuerth, 1692 (and recently reissued in facsimile edition by Wagshal Publishing Ltd.) covers more that one thousand pages. The commentary *Yefeh To'ar* printed in the standard Vilna edition is a much condensed abstract of this work. Our references in the notes to *Yefeh To'ar* are to the original *full* version. Similarly, the major commentary *Nezer HaKodesh* by *R' Yechiel Michel ben Uzziel,* printed in Jessnitz, 1719, covered more than one thousand pages. The commentary by that name printed in the back of the standard Vilna edition is a condensation of the full work, and our references in the notes are to the *full* version. (A more extensive discussion of the early, classic commentaries can be found in the Publisher's Preface to the first volume of *Bereishis Rabbah.*)

The comprehensive and widely used *Eitz Yosef* is primarily a digest of the earlier classic commentaries. In the elucidation we use it as our primary commentary, often attributing his comments only to him, even when they are taken from earlier sources, such as *Yefeh To'ar* and *Nezer HaKodesh.*

We have tried to keep our discussion of alternative interpretations to a minimum, so as not to overly interrupt the flow of the Midrashic narrative and exposition.

Although the Midrash is actually a *commentary* on the Scriptural text, it often cites only a fragment of the verse on which it comments. This leaves the reader without access to the entire verse or the context in which it appears, unless he uses a separate Chumash. To facilitate the reader's study of Midrash we present (in the elucidated text) before each Midrashic commentary of a verse the relevant verse or verses in their entirety and with translation. These verses are indented and in non-bold type, so that the reader can easily see that it is an interpolation and not part of the actual Midrash text. The verse or verse fragment that the Midrash *does* cite is set off in "heading" style, in which the Hebrew text is bolded (as are all the actual words of the Midrash) and the English translation is bolded *and* uppercased. Where we have supplied our own heading, the Hebrew and English text is *not* bolded.

The Insights

AN EXCLUSIVE FEATURE OF OUR ELUCIDATION OF THE MIDRASH is the special Insights section, which contains additional material that supplements the commentary or brings to the fore principles and lessons embedded in the Midrash. These insights have been adapted from a wide variety of sources, ranging from the *Rishonim* to the masters of *Chassidus* and of *Mussar,* the wealth of commentaries on the Midrash and on *Chumash,* as well as contemporary *roshei yeshivah,* authors and thinkers. These sources are duly attributed, and a bibliography of the lesser-known works can be found in back of the volume.

ויצא-וישלח

VAYEITZEI–VAYISHLACH

ויצא

VAYEITZEI

Chapter 68

וַיֵּצֵא יַעֲקֹב מִבְּאֵר שָׁבַע וַיֵּלֶךְ חָרָנָה.
Jacob departed from Beer-sheba and went toward Haran (28:10).

§1 **וַיֵּצֵא יַעֲקֹב מִבְּאֵר שָׁבַע וַיֵּלֶךְ חָרָנָה** – *JACOB DEPARTED FROM BEER-SHEBA AND WENT TOWARD HARAN.*

The verse cannot simply be informing us that Jacob set out on his journey to Laban's house, for this fact has been stated above: *So Isaac sent away Jacob and he went toward Paddan-aram, to Laban* (*Genesis* 28:5). The Midrash therefore presents a number of expositions that derive additional layers of meaning from our verse:[1]

רַבִּי פִּנְחָס בְּשֵׁם רַבִּי הוּנָא בַּר פַּפָּא פָּתַח – **R' Pinchas, in the name of R' Huna bar Pappa, began** his discourse on our verse with the following exposition: **״אָז תֵּלֵךְ לָבֶטַח דַּרְכֶּךָ . . . אִם תִּשְׁכַּב לֹא תִפְחָד״** – ***Then you will walk on your way securely,*** *and your foot will not stumble.* ***When you lie down you will not fear;*** *you will lie down and your sleep will be pleasant* (*Proverbs* 3:23-24). **״אָז תֵּלֵךְ לָבֶטַח״ זֶה יַעֲקֹב, דִּכְתִיב ״וַיֵּצֵא יַעֲקֹב״** – ***Then you will walk*** *on your way* ***securely*** – **this is** an allusion to **Jacob, as it states,** ***Jacob departed;***[2] **״אִם תִּשְׁכַּב לֹא תִפְחָד״ מֵעֵשָׂו וּמִלָּבָן** – ***When you lie down you will not fear*** – **from Esau and Laban;**[3] **״וְשָׁכַבְתָּ וְעָרְבָה שְׁנָתֶךָ״, ״וַיִּשְׁכַּב בַּמָּקוֹם הַהוּא״** – ***you will lie down and your sleep will be pleasant*** – this refers to Jacob, of whom it states, ***And he lay down in that place*** (*Genesis* 28:11).[4]

§2 [**וַיֵּצֵא יַעֲקֹב מִבְּאֵר שָׁבַע וַיֵּלֶךְ חָרָנָה** – *JACOB DEPARTED FROM BEER-SHEBA AND WENT TOWARD HARAN.*]

רַבִּי שְׁמוּאֵל בַּר נַחְמָן פָּתַח – **R' Shmuel bar Nachman began** his discourse with the following exposition: **״שִׁיר לַמַּעֲלוֹת אֶשָּׂא עֵינַי אֶל הֶהָרִים״, אֶשָּׂא עֵינַי אֶל הַהוֹרִים, לְמַלְּפָנַי וּלְמַעַבְּדָנַי** – ***A song to the ascents. I raise my eyes to the mountains*** [הֶהָרִים] (*Psalms* 121:1) – this was spoken by Jacob,[5] who meant: **"I raise my eyes to the mentors** [הַהוֹרִים] – i.e., **to my teachers and to my instructors in serving** God."[6] **״מֵאַיִן יָבֹא עֶזְרִי״, אֱלִיעֶזֶר בְּשָׁעָה שֶׁהָלַךְ לְהָבִיא אֶת רִבְקָה מַה כְּתִיב בֵּיהּ, ״וַיִּקַּח הָעֶבֶד עֲשָׂרָה גְמַלִּים וְגוֹ׳ ״** – Jacob continued: ***"Whence will come my help?*** (ibid.) **When Eliezer went to bring Rebecca** as a wife for Isaac, **what is written concerning him?** ***Then the servant took ten camels*** *of his master's camels and set out with all the bounty of his master in his hand* (above, 24:10),

NOTES

1. *Yefeh To'ar.*

2. Although Scripture states merely that Jacob *departed*, in truth he was fleeing for his life. The Midrash teaches that, even so, Jacob *walked securely* in the knowledge that God would not allow his enemies to harm him (*Eitz Yosef*, citing *Yefeh To'ar*). See Insight Ⓐ.

3. Jacob was confident of Divine protection against his enemies and so had no cause for fear. While he had not even met his future father-in-law, Laban, Jacob had heard enough about his deceitful reputation that there would have been grounds for apprehension (*Eitz Yosef*, citing *Yefeh To'ar*).

4. The Midrash indicates that when Jacob lay down to sleep on his way to Haran, God granted him a pleasant night's rest. This is quite the opposite of what we would expect, for those who are being pursued cannot afford to allow themselves to sleep, and even when they do – sleeping upon the hard ground with rocks as pillows, as Jacob did – it is certainly not a pleasant sleep (*Eitz Yosef*, citing *Yefeh To'ar*). Jacob merited this Divine protection on account of the fourteen years he spent learning Torah in the academy of Eber before journeying to Haran [see §5 below] (*Maharzu*) or because he complied with his parents' wishes that he leave home to seek a wife (*Radal*).

5. We will see below (end of §11) that the Midrash ascribes the fifteen Songs of Ascents in *Psalms* to Jacob (*Maharzu*). A further allusion that this particular Psalm refers to Jacob is that in v. 4 it speaks of *the Guardian of "Israel"* – another name for Jacob (*Eitz Yosef*).

6. R' Shmuel bar Nachman homiletically interprets הֶהָרִים (*the mountains*) as if it were written הַהוֹרִים (*the mentors*), a word related to הוֹרָאָה, *instruction* (*Eitz Yosef*, citing *Nezer HaKodesh*). This explanation interprets מַעַבְּדָנַי as being related to עֲבוֹדָה, "service [of God]." Alternatively, מַעַבְּדָנַי means "those who created me," i.e., my forebears, Abraham and Isaac. According to this explanation, R' Shmuel provides a dual meaning for הוֹרִים – "teachers" (from הוֹרָאָה) and "forebears" (from the root הרה, *to conceive*) (*Matnos Kehunah*).

INSIGHTS

Ⓐ **Fear and Trust** Jacob's mother had told him to "flee" from before Esau's wrath (above, 27:43). And indeed Scripture elsewhere (*Hosea* 12:13) characterizes Jacob's departure as: *Jacob "fled" to the field of Aram . . .* But here the verse says simply that *Jacob "departed" from Beer-sheba and "went" toward Haran*. There was no hint of the mortal danger from which he was fleeing, no trace of anxiety about the uncertain future he faced in the house of Laban. Jacob was the embodiment of the verse, *you will walk on your way securely . . . When you lie down you will not fear.* Fear and uncertainty did not disturb him. He gathered some stones and *he lay down in that place*. And he slept peacefully.

The early days of World War II found Warsaw under intense bombardment by the advancing German armies. The Brisker Rav, *R'Yitzchak Zev Soloveitchik,* was trapped in the city, and stayed at a particular home. Opinions swirled regarding the relative merits of residential homes versus bomb shelters. The residences offered less protection against the bombs. The shelters were fortified, but would become sealed tombs in the event of a direct hit. Deciding that one place was no safer than the other, the Rav stayed where he was. The house just a few feet away was reduced to a pile of rubble. The fear was palpable. Yet, to the amazement of his hosts, the Rav would lie down at night and sleep peacefully. "How is this possible?" they asked him. "Especially someone like you, who is known to agonize in your halachic decisions over even remote possibilities of danger to human life!"

The Rav replied, "You misunderstand those fears. They are not motivated by fear of dying. Rather, the Torah obligates me to take all necessary steps to preserve life, and I am always concerned that perhaps I have not been sufficiently careful in that regard. In the present situation, however, there is no possibility of escaping the danger. One place is no more secure than another. I know, then, that I have done whatever I am obligated to do. Shall I then be unsettled simply by fear of dying? Thus did King David say when being pursued by Absalom (*Psalms* 3:6), *I lay down and slept; I awoke, for HASHEM supports me*" (from *HaRav MiBrisk*, Vol. 2, pp. 392-393).

In his commentary to 43:6 below, *R' Samson Raphael Hirsch* makes a striking observation. From the time that Joseph disappears, the Torah refers to Jacob by that name (יַעֲקֹב) rather than by his later name, יִשְׂרָאֵל (Israel). יַעֲקֹב (from עָקֵב, *heel*) signifies someone who is "downtrodden" or "lagging." This describes Jacob's state during those long years of mourning for his son. Remarkably, though, the Torah shifts to the name יִשְׂרָאֵל precisely at the time that Jacob realizes that he must send his son Benjamin to Egypt and possibly to his doom (43:6). Should this not have been the *lowest* point in Jacob's life — the time more fitting than any other to refer to him as יַעֲקֹב?

Rav Hirsch explains: As long as Jacob was in *doubt* about what he was supposed to do — to send Benjamin or not to send — he was יַעֲקֹב. But once his path of action was clear, that Benjamin *must* go, then he was no longer יַעֲקֹב. He knows what God wants of him. The danger is great and the future is unknown, but "God directs" (יִשְׂרָאֵל).

As Jacob left for Haran, so did he send Benjamin with his brothers to Egypt so many decades later. He had done what he was required to do. The outcome was now in God's hands alone. And in those hands, our Patriarch was secure and serene.

סֵדֶר וַיֵּצֵא

פרשה סח

א [כח, י] "**וַיֵּצֵא יַעֲקֹב מִבְּאֵר שָׁבַע וַיֵּלֶךְ חָרָנָה**", [א]**רַבִּי פִּנְחָס בְּשֵׁם רַבִּי הוּנָא בַּר פַּפָּא פָּתַח:** (משלי ג, כג-כד) "**אָז תֵּלֵךְ לָבֶטַח דַּרְכֶּךָ ... אִם תִּשְׁכַּב לֹא תִפְחָד**", "**אָז תֵּלֵךְ לָבֶטַח**" **זֶה יַעֲקֹב, דִּכְתִיב** "**וַיֵּצֵא יַעֲקֹב**", "**אִם תִּשְׁכַּב לֹא תִפְחָד**" **מֵעֵשָׂו וּמִלָּבָן,** "**וְשָׁכַבְתָּ וְעָרְבָה שְׁנָתֶךָ**", "**וַיִּשְׁכַּב בַּמָּקוֹם הַהוּא**":

ב [ב]**רַבִּי שְׁמוּאֵל בַּר נַחְמָן פָּתַח:** (תהלים קכא א) "**שִׁיר לַמַּעֲלוֹת אֶשָּׂא עֵינַי אֶל הֶהָרִים**", **אֶשָּׂא עֵינַי אֶל הַהוֹרִים, לַמְּלַפְּנַי וּלְמְעַבְּדָנַי,** (שם) "**מֵאַיִן יָבֹא עֶזְרִי**", [ג]**אֱלִיעֶזֶר בְּשָׁעָה שֶׁהָלַךְ לְהָבִיא אֶת רִבְקָה מַה כְּתִיב בֵּיהּ,** (לעיל כד, י) "**וַיִּקַּח הָעֶבֶד עֲשָׂרָה גְמַלִּים וְגוֹ'**" **אֲנִי לֹא נֶזֶם אֶחָד וְלֹא צָמִיד אֶחָד, רַבִּי חֲנִינָא אָמַר: גְּדוּד שִׁלְּחוֹ, רַבִּי יְהוֹשֻׁעַ בֶּן לֵוִי אָמַר: שִׁילַּח עִמּוֹ אֶלָּא שֶׁעָמַד עֵשָׂו וּנְטָלָהּ מִמֶּנּוּ, חָזַר וְאָמַר: מָה אֲנָא מוֹבֵד סִבְרִי מִן בָּרְיִי, חַס וְשָׁלוֹם לֵית אֲנָא מוֹבֵד סִבְרִי מִן בָּרְיִי, אֶלָּא** (תהלים שם ב) "**עֶזְרִי מֵעִם ה'**", (שם שם ג-ד) "**אַל יִתֵּן לַמּוֹט רַגְלֶךָ אַל יָנוּם שׁוֹמְרֶךָ, הִנֵּה לֹא יָנוּם וְלֹא יִישָׁן וְגוֹ'**", (שם שם ז) "**ה' יִשְׁמָרְךָ מִכָּל רָע**" **מֵעֵשָׂו וּמִלָּבָן,** (שם) "**יִשְׁמֹר אֶת נַפְשֶׁךָ**" **מִמַּלְאַךְ הַמָּוֶת,** (שם שם ח) "**ה' יִשְׁמָר צֵאתְךָ וּבוֹאֶךָ**", [כח, י] "**וַיֵּצֵא יַעֲקֹב**":

עץ יוסף

(א) **אז תלך לבטח זה יעקב.** שנרדף וברח. וקאמר שהלך לבטח דרכו ולא נתן בנפש אויביו, ולא פחד מאויביו הרודפים אותו וערבה שנתו הפך הבורחים שלא יתנו שינה לעיניהם ואף כי ישנו קלת לא תערב שינתם, וכל שכן אם ישנו על גבי קרקע ואבנים מראשותיהם כיעקב (יפה תואר): **מעשו ומלבן.** אף על גב דאכתי לא נרדף מלבן, מכל מקום היה ראוי להיות מפוחד ממנו כי הולך הוא אליו וכבר נודע לו היותו רמאי (יפה תואר): **(ב) פתח שיר כו'.** דריש האי קרא ביעקב דסיים ביה ה' ישמור לאתך ולפיכך מיניה שילא בשלום והלך לבטח דרכו: **שיר למעלות.** דביעקב משתעי קרא כדכתיב שומר ישראל: **אל ההורים.** דריש הרים כמו הורים, כמאמר רז"ל (שמות רבה טו, ד) מדלג על ההרים אלו האבות: **למלפני.** כלומר לרבותי המלמדים אותי דרכי התורה: **ולמעבדני.** להמדריכים אותי בעבודת השם בשמירת מצותיו יתברך (נזר הקודש): **מאין יבא עזרי כו'.** כלומר כשאשא עיני להסתכל באבות ללמוד מדרכם אני זוכר עושרם כי אליעזר עבד אברהם כו', ולכן אני מתקשה מאין יבא עזרי זו האשה שנקראת עזר, כלומר על ידי איזה ממון תזדווג לי עזרי (יפה תואר). ואף על פי שסתם זיווג הוא מן השמים מכל מקום צריך גם כן סיוע בממון, והא ראיה [מ]אליעזר כשהלך להביא את רבקה עשה השתדלות אנושי ולקח כל טוב אדוניו בידו: **גדוד שלחו.** מלשון לא תתגודדו, פירוש שלחו גדוד וקרח וערום בלא דבר כדי שלא ירדוף עשו אחריו לאהבת הממון: **מה אנא מוביד סברי.** וכי אאביד ומייאש סברי ותקותי מבוראי: **מעשו ומלבן.** שלא יזיקוהו. כי גם פחד לבן היה לו כדלעיל. וגם שלא ילמוד ממעשיהם (יפה תואר): **ישמור את נפשך ממלאך המות.** לפי שהשטן מקטרג בשעת הסכנה לכן הבטיחו ממנו (יפה תואר), אי נמי הבטיחו שלא ימות על ידי מלאך המות אלא בנשיקה ובדביקות על דרך יעקב אבינו לא מת (תענית ה, ב): **ישמור צאתך ובואך ויצא יעקב.** כלומר שאין צריך לומר שישמור אותו מסכנת עשו ולבן אלא אף ממקרי הדרכים שיקרה בהם מאורעות כגון נגיפה וחולשה וכיוצא יהיה משומר מעת צאתו עד בואו (יפה תואר):

פירוש מהרז"ו

(א) **אז תלך.** כמו שכתב שם מקודם נצור תושיה ומזמה אז תלך וגו'. ויעקב נטמן בבית עבר י"ד שנה ולמד שם תורה כמו שאיתא להלן סימן ה' ואחר כך הלך לחרן: (ב) **שיר למעלות.** עיין לקמן (סימן יא) שהט"ו שיר המעלות יעקב אמרן: **ההורים.** להתבונן איך בא עזרם ואיך תבוא עזרתי. על פי מדה ט'. ועזר הוא אשה כמו שכתוב (בראשית ב, יח) עזר כנגדו. ועיין לקמן (ע, יב): **גדוד שלחו.** עיין כל זה אגדת בראשית (פרק מה): **ולא יישן.** שומר ישראל. ישראל סבא. עיין לקמן (סימן יא): **ממלאך המות.** כמו שמבואר תענית (ה, ב) עיין שם: **ישמר צאתך ויצא יעקב. ובואך. ויבא יעקב שלם.** כן הוא לקמן (עט, ב):

חידושי הרד"ל

[א] **אז תלך לבטח דרכך** זה יעקב שנאמר (כח, ז) וישמע יעקב אל אביו ואל אמו וילך כו' כן הובא בילקוט משלי (רמז תתקלה) וכן צריך לומר. ורצה לומר אז בשביל ששמע למצות אביו ואמו הגינה עליו שהלך לבטח דרכו:

חידושי הרש"ש

[ב] **מאין יבא עזרי אליעזר כו'.** דריש עזרי על האשה מלשון אעשה לו עזר (בראשית ב, יח):

אמרי יושר

[א] **אז.** הלך בקפילה מיד:

[ב] **עיני אל ההרים.** דרשו מלשון הריון וגם הוראה אשא עיני אל ההורים מאין יבא עזרי היא אשתי ואין לי עושר כהורי זהו מאין לא כלום ודרשו זה על יעקב כי כן נאמר שומר ישראל על יעקב והרגישו שכבר אמר וילך יעקב אלא חזר ואמרו להורות שילא יחידי בלי נכסים שהיה יצחק עני וכפלוגתא דרבי אברהם ן' עזרא והרמב"ן (בראשית כה לד). או להורות שילא הוא אחר אשתו לא כילחק אביו. ובהיותו בבית לבן בלילה חיבר ט"ו שירי שיר המעלות (לקמן אות יא). או חזר לומר ויצא לרמוז שעשה רושם יציאתו משם. או להורות שקפלה לו הארץ זהו ויצא וילך:

מסורת המדרש

א. ילקוט כאן כל הענין. וילקוט משלי רמז תתקל"ה:

ב. ילקוט תהלים רמז תתע"ח:

ג. לקמן פרשה ע':

אם למקרא

אָז תֵּלֵךְ לָבֶטַח דַּרְכֶּךָ וְרַגְלְךָ לֹא תִגּוֹף: אִם תִּשְׁכַּב לֹא תִפְחָד וְשָׁכַבְתָּ וְעָרְבָה שְׁנָתֶךָ:
(משלי ג:כג-כד)

שִׁיר לַמַּעֲלוֹת אֶשָּׂא עֵינַי אֶל הֶהָרִים מֵאַיִן יָבֹא עֶזְרִי: עֶזְרִי מֵעִם ה' עֹשֵׂה שָׁמַיִם וָאָרֶץ:
(תהלים קכא:א-ב)

אַל יִתֵּן לַמּוֹט רַגְלֶךָ אַל יָנוּם שֹׁמְרֶךָ: הִנֵּה לֹא יָנוּם וְלֹא יִישָׁן שׁוֹמֵר יִשְׂרָאֵל: ה' שֹׁמְרֶךָ ה' צִלְּךָ עַל יַד יְמִינֶךָ: יוֹמָם הַשֶּׁמֶשׁ לֹא יַכֶּכָּה וְיָרֵחַ בַּלָּיְלָה: ה' יִשְׁמָרְךָ מִכָּל רָע יִשְׁמֹר אֶת נַפְשֶׁךָ: ה' יִשְׁמָר צֵאתְךָ וּבוֹאֶךָ מֵעַתָּה וְעַד עוֹלָם:
(שם שם ח)

ידי משה

[א] **אם תשכב.** שהוא לשון ספק, לפיכך דרשו מעשו ולבן. פירוש אפילו אם תשכב לא יכול לעשות לך מאומה, אבל ושכבת דרשו על שכיבת הסולם כי שכב שם ונופל עליו לשון ושכבת ולא לשון אם תשכב כן נראה לי:

מתנות כהונה

[ב] **למלפני.** למלמדי: **למעבדני.** לעושי כלומר להוריי ודרש ההרים לשון הוראה לשון הריון: **גדוד.** מלשון לא תתגודדו גדוד וקרח שלחו כדי שלא ירדוף עשו אחריו לאהבת הממון: **מה אנא מוביד כו'.** וכי אאביד ומייאש סברי ותקותי מבוראי: ה"ג **מןברייי חס ושלום** והכי מוכח בילקוט סדר זה ובתהלים:

נחמד למראה

[א] **אם תשכב לא תפחד מעשו ומלבן.** כתב הרב ידי משה אם תשכב שהוא לשון ספק, לפיכך דרשו מעשו ומלבן פירוש אפילו אם תשכב לא יכולים לעשות לך מאומה, אבל ושכבת דרשו על שכיבת הסולם כי שכב שם ונופל עליו לשון ושכבת, ולא לשון אם תשכב עד כאן לשונו. ולעניות דעתי נראה דדייק שפיר קרא אם תשכב בלשון ספק דאיתא בפרק גיד הנשה (חולין צא, ב) כד מטא לחרן אמר אפשר עברתי על מקום שהתפללו בו אבותי ואני לא התפללתי בו יהב דעתיה למיהדר קפצה ליה ארעא, מיד ויפגע במקום, כד צלי בעא למיהדר, מיד אמר הקב"ה צדיק זה בא לבית מלוני ויפטר בלא לינה מיד בא השמש עד כאן, נמצא שיעקב אבינו לא היה בדעתו לשכב במקום ההוא, וכן דרשו (מדרש אגדה בראשית פכ"ח) ואנכי לא ידעתי שאילו ידעתי לא שכבתי אלא שמן השמים עכבוהו ושכב שם, ונפקא מינה שאם לא היה שוכב שם היה הולך ומתפחד מעשו ומלבן, אבל אחר ששכב שם והבטיחו השם יתברך ושמרתיך בכל אשר תלך והשיבותיך וגו' הלך לבטח דרכו, ומשום הכי קא דריש הך קרא על יעקב אבינו אם תשכב בלשון ספק לפי שהיה בדעתו של יעקב שלא לשכב, אמר לו אם תשכב לא תפחד מעשו ומלבן, אבל האמת שאני אעשה זאת שתשכב וערבה שנתך במראה הסולם ומה שאבטיחך. ודו"ק:

אשד הנחלים

[א] **אז תלך גו' זה יעקב כו'.** אחז בכתוב הזה כי הוא דוגמת יעקב ממש, להורות שלא על שכיבה פשוטה כִּיֵּן שלמה, כי אם על השכיבה ועריבות השינה מפני השביעו נפשו ממחזה שדי אשר יחזה, כי זוכה לרוח אלקי, כמו שהיה ביעקב שראה מראות הסולם בשינתו, אשר בנבואה זו בישר שלא יפחד מעשו ומלבן מאומה כי ה' בעזרו. [ב] **שיר למעלות גו' למלפני ולמעבדני.** שם הר הונח על הגובה והעיקר, אשר עיניו עליו יצפון מרוב גבהו, ולכן לפעמים הוא שם כינוי על כבוד ה' הרוממה אשר הוא מקימנו ועושינו ומלמדינו, ולכן רק לו נישא עין כי הוא מושיענו (עיין במתנות כהונה פירוש אחר). ואחז בכתוב הזה, כמאמרם (להלן עד, יא) שכל ט"ו שירי המעלות אמר יעקב בעת שהיה בבית לבן, ויפורש ענינו במקום אחר אי"ה: **חזר ואמר.** הוא כדמות מליצה שמשיב לנפשו השואלת בקרבו מאין יבוא עזרי, ומשיב לה עזרי מעם ה' אחר שהוא עושה שמים וארץ בודאי כל יכול ואיך אאביד בטחוני. ובעל אות אמת מחק תיבות חזר באין צורך. וכן משמע הלשון אלא עזרי. ודרש מכל רע המה הרעות הזמניות וחיי העוה"ז מעשו ולבן, וישמור את נפשך המשכלת שלא תמות ע"י מלאך המות, כי אם מיתתו בנשיקה ובדביקות [על דרך יעקב אבינו לא מת (תענית ה, ב)]. ויפורש ענינו במקומו. ואחז צאתו ובואו שהיה תחילה וסוף, להיות שהוא כדמות ראיה, אחר שה' שמר צאתו ובואו בודאי לא יקרנו רע מאומה לעולם, והבן זה:

אֲנִי לֹא נֶזֶם אֶחָד וְלֹא צָמִיד אֶחָד — but I have with me **not a single nose-ring or bracelet!"**[7]

Why indeed was Jacob penniless? Why would Isaac and Rebecca send him off to find a bride empty-handed? The Midrash digresses to explain:

רַבִּי חֲנִינָא אָמַר: גָּדוּד שִׁלְּחוֹ — R' Chanina said: [Isaac] sent [Jacob] stripped of any possessions.[8] **רַבִּי יְהוֹשֻׁעַ בֶּן לֵוִי אָמַר: שִׁילַּח עִמּוֹ אֶלָּא שֶׁעָמַד עֵשָׂו וּנְטָלָהּ מִמֶּנּוּ — R' Yehoshua ben Levi said, [Isaac] did send** money **with him, but Esau arose and took it from him,** leaving Jacob with nothing.

The Midrash resumes the exposition of the passage in *Psalms*:

חָזַר וְאָמַר: מָה אֲנָא מוֹבֵד סִבְרִי מִן בָּרְיִי, חַס וְשָׁלוֹם לֵית אֲנָא מוֹבֵד סִבְרִי מִן בָּרְיִי — But then **[Jacob] went on and said, "Why should I lose hope in my Creator? God forbid! I will not lose hope in my Creator;** אֶלָּא "עֶזְרִי מֵעִם ה' " — **rather,** ***My help is from*** ***HASHEM****, Maker of heaven and earth"* (*Psalms* 121:2). "אַל יִתֵּן לַמּוֹט רַגְלֶךָ אַל יָנוּם שׁוֹמְרֶךָ, הִנֵּה לֹא יָנוּם וְלֹא יִישָׁן וְגוֹ' " — The Psalm continues: ***He will not allow your foot to falter; your Guardian will not slumber. Behold, He neither slumbers nor sleeps****, the Guardian of Israel*[9] (ibid. vv. 3-4). "ה' יִשְׁמָרְךָ מִכָּל רָע" מֵעֵשָׂו וּמִלָּבָן — ***HASHEM will protect you from every evil*** (ibid., v. 7) — this refers to protection **from Esau and Laban.**[10] "יִשְׁמֹר אֶת נַפְשֶׁךָ" מִמַּלְאַךְ הַמָּוֶת — ***He will guard your soul*** (ibid.) — this refers to protection **from the Angel of Death.**[11] "ה' יִשְׁמָר צֵאתְךָ וּבוֹאֶךָ", "וַיֵּצֵא יַעֲקֹב" — ***HASHEM will guard your departure and your arrival*** (*Psalms* 121:8) — this refers to protection on his journey to Laban's house, as it states, ***Jacob departed*** (our verse).[12]

NOTES

7. Jacob was on his way to find a wife, and looked to the ways of Abraham and Isaac for guidance. When he did so he recalled how Eliezer took many camels laden with his master's wealth to bestow upon the girl who would marry Isaac. Jacob, on the other hand, had nothing to his name and feared that his chances of finding a suitable partner were therefore hampered, so he calls out: *Whence will come my help?* The word עֶזְרִי, *my help*, is an allusion to a wife, for Eve was called Adam's עֵזֶר, *helper* (*Genesis* 2:20). Jacob was thus asking, "Without any money, how will I attract a wife?" (*Eitz Yosef*). See Insight Ⓐ.

8. The word גָּדוּד is related to תִתְגֹּדְדוּ (*Deuteronomy* 14:1), *to cut oneself* (*Eitz Yosef*), which can denote cutting away or stripping something bare. Isaac sent Jacob away empty-handed intentionally, so that he could escape from Esau with the utmost haste (*Yefeh To'ar*) or so that Esau should not pursue him to steal his money (*Eitz Yosef*).

9. "Israel" here referring to Jacob (see note 5).

10. God's Divine protection kept Jacob from coming to harm at their hands, and also prevented him from being influenced by their evil ways (*Eitz Yosef*).

11. A person is particularly vulnerable to the Angel of Death when he is in a dangerous situation, so Jacob needed a special guarantee for protection as he set out on his current journey. Alternatively, God was assuring Jacob that he would be completely immune to the Angel of Death and would have his soul returned to Heaven by God Himself, as the Talmudic dictum indicates (*Taanis* 5b): Jacob did not die [a mortal death] (*Eitz Yosef*).

12. God guarded Jacob against the many possible mishaps associated with travel, such as sickness or weakness. This special protection was in effect from Jacob's departure until his arrival (some 14 years later) at Laban's house in Haran (*Eitz Yosef*, citing *Yefeh To'ar*). According to the Midrash below (79 §2), this protection extended until Jacob's safe arrival in Shechem 35 years later, as it states (below, 33:18), *Jacob arrived intact at the city of Shechem* (*Maharzu*).

INSIGHTS

Ⓐ **My Hope in My Creator** It seems implausible that our Patriarch Jacob faltered even for a moment in his belief in God's ability to provide for him. Surely his seemingly bleak prospects did not cause him to lose faith. How then are we to understand Jacob's internal struggle portrayed by the Midrash?

Ksav Sofer (beginning of *Vayeitzei*) explains that Jacob's despair stemmed not from a lack of faith in God's ability, but rather from the knowledge that God wishes that the world operate according to a natural order. From that perspective, Jacob's penniless state was certainly a setback (see *Sefer HaChinuch, Mitzvah* §546 and *R' Avraham ben HaRambam*, in the *sefer HaMaspik LeOvdei Hashem, HaBitachon,* p. 90).

Jacob learned this from the Patriarchs before him. Notwithstanding his total reliance on God, Abraham sent a gift-laden Eliezer on a mission to find a suitable wife for Isaac. Thus, when confronted with his own lack of material means, Jacob wondered: *From whence will come my "help"* — my wife? He was not in despair. He simply did not see how his mission could be fulfilled at this point.

In answer to his own question, Jacob immediately exclaimed: מָה אֲנָא מוֹבֵד סִבְרִי מִן בָּרְיִי, which on a plain level means simply: *Shall I lose my hope in my Creator?* The Midrash's particular choice of words, however, lends itself to a deeper shade of meaning: *What am I* [מָה אֲנָא] and my efforts worth even when I do have the ability to act? Even in that situation, *do I remove my hope from my Creator?* Of course not! *My help is from God* even when I do have the wherewithal to put forth my own effort. Even then a person's efforts are not the cause of the outcome. They are only the vehicle. It is God Who provides.

Jacob thus realized that, in fact, his situation did not constitute a setback. True, when natural means are available, one must use the resources at his disposal. But when all else is lost, when natural means are unavailable, when all one has left is his trust in God, God can, and will if He so wishes, come to his aid — without the need for conventional, natural means (see also *Sefer HaMaspik* ibid. and *Beis HaLevi, Kuntros Al Mitzvas HaBitachon*, p. 7). Jacob's mission was indeed one that might be fulfilled at any moment.

[For other approaches to this Midrash, see *Beis HaLevi*, end of *Vayeitzei*; *Shem MiShmuel, Vayeitzei*, pp. 349-350; and *Sifsei Chaim, Vayeitzei*, p. 332.]

סֵדֶר וַיֵּצֵא
פרשה סח

א [כח, י] "וַיֵּצֵא יַעֲקֹב מִבְּאֵר שָׁבַע וַיֵּלֶךְ חָרָנָה", ארַבִּי פִּנְחָס בְּשֵׁם רַבִּי הוּנָא בַּר פַּפָּא פָּתַח: (משלי ג, כג-כד) "אָז תֵּלֵךְ לָבֶטַח דַּרְכֶּךָ ... אִם תִּשְׁכַּב לֹא תִפְחָד", "אָז תֵּלֵךְ לָבֶטַח" זֶה יַעֲקֹב, דִּכְתִיב "וַיֵּצֵא יַעֲקֹב", "אִם תִּשְׁכַּב לֹא תִפְחָד" מֵעֵשָׂו וּמִלָּבָן, "וְשָׁכַבְתָּ וְעָרְבָה שְׁנָתֶךָ", "וַיִּשְׁכַּב בַּמָּקוֹם הַהוּא":

ב ברַבִּי שְׁמוּאֵל בַּר נַחְמָן פָּתַח: (תהלים קכא א) "שִׁיר לַמַּעֲלוֹת אֶשָּׂא עֵינַי אֶל הֶהָרִים", אֶשָּׂא עֵינַי אֶל הַהוֹרִים, לִמְלַפְּנַי וּלְמְעַבְּדָנַי, (שם) "מֵאַיִן יָבֹא עֶזְרִי", גאֱלִיעֶזֶר בְּשָׁעָה שֶׁהָלַךְ לְהָבִיא אֶת רִבְקָה מַה כְּתִיב בֵּיהּ, (לעיל כד, י) "וַיִּקַּח הָעֶבֶד עֲשָׂרָה גְמַלִּים וגו' " אֲנִי לֹא נֶזֶם אֶחָד וְלֹא צָמִיד אֶחָד, רַבִּי חֲנִינָא אָמַר: גָּדוּד שִׁלְּחוֹ, רַבִּי יְהוֹשֻׁעַ בֶּן לֵוִי אָמַר: שִׁילַּח עִמּוֹ אֶלָּא שֶׁעָמַד עֵשָׂו וּנְטָלָהּ מִמֶּנּוּ, חָזַר וְאָמַר: מָה אֲנָא מוֹבֵד סִבְרִי מִן בְּרִיִי, חַס וְשָׁלוֹם לֵית אֲנָא מוֹבֵד סִבְרִי מִן בְּרִיִי, אֶלָּא (תהלים שם ב) "עֶזְרִי מֵעִם ה' ", (שם שם ג-ד) "אַל יִתֵּן לַמּוֹט רַגְלֶךָ אַל יָנוּם שׁוֹמְרֶךָ, הִנֵּה לֹא יָנוּם וְלֹא יִישָׁן וגו' ", (שם שם ז) "ה' יִשְׁמָרְךָ מִכָּל רָע" מֵעֵשָׂו וּמִלָּבָן, (שם) "יִשְׁמֹר אֶת נַפְשֶׁךָ" מִמַּלְאַךְ הַמָּוֶת, (שם שם ח) "ה' יִשְׁמָר צֵאתְךָ וּבוֹאֶךָ", [כח, י] "וַיֵּצֵא יַעֲקֹב":

עץ יוסף

(א) **אז תלך לבטח זה יעקב.** שנרדף וברח. וקאמר שהלך לבטח דרכו ולא נתן בנפש אויביו, ולא פחד מאויביו הרודפים אותו וערבה שנתו הפך הבורחים שלא יתנו שינה לעיניהם ואף כי ישנו קלא לא תערב שינתם, וכל שכן אם ישנו על גבי קרקע ואבנים מראשותיהם כיעקב (יפה תואר): **מעשו ומלבן.** אף על גב דאכתי לא נרדף מלבן, מכל מקום היה ראוי להיות מפוחד ממנו כי הולך הוא אליו וכבר נודע לו היותו רמאי (יפה תואר): (ב) **פתח שיר כו'.** דריש האי קרא ביעקב דסיים ביה ה' ישמור צאתך ובואך מזה ילפינן מיניה שילא בשלום והלך לבטח דרכו: **שיר למעלות.** דביעקב משתעי קרא כדכתיב שומר ישראל: **אל ההורים.** דריש הרים כמו הורים, כמאמר רז"ל (שמות רבה טו, ד) מדלג על ההרים אלו האבות: **למלפני.** כלומר לרבותי המלמדים אותי דרכי התורה: **ולמעבדני.** להמדריכים אותי בעבודת השם בשמירת מצותיו יתברך (נזר הקודש): **מאין יבא עזרי כו'.** כלומר כשאשא עיני להסתכל באבות ללמוד מדרכם אני זוכר עושרם כי אליעזר עבד אברהם כו', ולכן אני מתקשה מאין יבא עזרי זו האשה שנקראת עזר, כלומר על ידי איזה ממון תזדווג לי עזרי (יפה תואר). ואף על פי שסתם זיווג הוא מן השמים מכל מקום צריך גם כן סיוע בממון, והא ראיה [מ]אליעזר כשהלך להביא את רבקה עשה השתדלות אנושי ולקח כל טוב אדוניו בידו: **גדוד שלחו.** מלשון לא תתגודדו, פירוש שלחו גדוד וקרח וערום בלא דבר כדי שלא ירדוף עשו אחריו לאהבת הממון: **מה אנא מוביד סברי.** וכי אאביד ומייאש סברי ותקותי מבוראי: **מעשו ומלבן.** שלא יזיקוהו. כי גם פחד לבן היה לו כדלעיל. וגם שלא ילמוד ממעשיהם (יפה תואר): **ישמור את נפשך ממלאך המות.** לפי שהשטן מקטרג בשעת הסכנה לכן הבטיחו ממנו (יפה תואר), אי נמי הבטיחו שלא ימות על ידי מלאך המות אלא בנשיקה ובדביקות על דרך יעקב אבינו לא מת (תענית ה, ב): **ישמור צאתך ובואך ויצא יעקב.** כלומר שאין צריך לומר שישמור אותו מסכנת עשו ולבן אלא אף ממקרי הדרכים שיקרה בהם מאורעות כגון נגיפה וחולשה וכיוצא יהיה משומר מעת צאתו עד בואו (יפה תואר):

פירוש מהרז"ו

(א) **אז תלך.** כמו שכתב שם מקודם נצור תושיה ומזמה אז תלך וגו'. ויעקב נטמן בבית עבר י"ד שנה ולמד שם תורה כמו שאיתא להלן סימן ה' ואחר כך הלך לחרן: (ב) **שיר למעלות.** עיין לקמן (סימן יא) שהט"ו שיר המעלות יעקב אמרן: **ההורים.** להתבונן איך בא עזרם ואיך תבוא עזרתי. על פי מדה ט'. ועזר הוא אשה כמו שכתוב (בראשית ב, יח) עזר כנגדו. ועיין לקמן (ע, יב): **גדוד שלחו.** עיין כל זה אגדת בראשית (פרק מה): **ולא יישן.** שומר ישראל. ישראל סבא. עיין לקמן (סימן יא): **ממלאך המות.** כמו שמבואר תענית (ה, ב) עיין שם: **ישמור צאתך ויצא יעקב. ובואך. ויבא יעקב שלם.** כן הוא לקמן (עט, ב):

מסורת המדרש

א. ילקוט כאן כל הענין. וילקוט משלי רמז תתקל"ה:
ב. ילקוט תהלים רמז תתע"ח:
ג. לקמן פרשה ע':

אם למקרא

אָז תֵּלֵךְ לָבֶטַח דַּרְכֶּךָ וְרַגְלְךָ לֹא תִגּוֹף: אִם תִּשְׁכַּב לֹא תִפְחָד וְשָׁכַבְתָּ וְעָרְבָה שְׁנָתֶךָ:
(משלי ג:כג-כד)

שִׁיר לַמַּעֲלוֹת אֶשָּׂא עֵינַי אֶל הֶהָרִים מֵאַיִן יָבֹא עֶזְרִי: עֶזְרִי מֵעִם ה' עֹשֵׂה שָׁמַיִם וָאָרֶץ:
(תהלים קכא:א-ב)

אַל יִתֵּן לַמּוֹט רַגְלֶךָ אַל יָנוּם שֹׁמְרֶךָ: הִנֵּה לֹא יָנוּם וְלֹא יִישָׁן שׁוֹמֵר יִשְׂרָאֵל: ה' שֹׁמְרֶךָ ה' צִלְּךָ עַל יַד יְמִינֶךָ: יוֹמָם הַשֶּׁמֶשׁ לֹא יַכֶּכָּה וְיָרֵחַ בַּלָּיְלָה: ה' יִשְׁמָרְךָ מִכָּל רָע יִשְׁמֹר אֶת נַפְשֶׁךָ: ה' יִשְׁמָר צֵאתְךָ וּבוֹאֶךָ מֵעַתָּה וְעַד עוֹלָם:
(שם שם ח)

ידי משה

[א] **אם תשכב.** שהוא לשון ספק, לפיכך דרשו מעשו ולבן. פירוש אפילו אם תשכב לא יכול לעשות לך מאומה, אבל ושכבת דרשו על שכיבת הסולם כי שכב שם ונופל עליו לשון ושכבת ולא לשון אם תשכב כן נראה לי:

חידושי הרד"ל

[א] **אז תלך לבטח דרכך** זה יעקב שנאמר (כח, ז) וישמע יעקב אל אביו ואל אמו וילך כו' כן הובא בילקוט משלי (רמז תתקלה) וכן צריך לומר. ורצה לומר אז בשביל ששמע למצות אביו ואמו הגינה עליו שהלך לבטח דרכו:

חידושי הרש"ש

[ב] **מאין יבא עזרי אליעזר כו'.** דריש עזרי על האשה מלשון אעשה לו עזר (בראשית ב, יח):

אמרי יושר

[א] **אז.** הלך בקפילה מיד:

[ב] **עיני אל ההרים.** דרשו מלשון הריון וגם הוראה אשא עיני אל ההורים מאין יבא עזרי היא אשתי ואין לי עושר כהורי זהו מאין לא כלום ודרשו זה על יעקב כי כן נאמר שומר ישראל על יעקב והרגישו שכבר אמר וילך יעקב אלא חזר ואמרו להורות שילא יחידי בלי נכסים שהיה יצחק עני וכפלוגתא דרבי אברהם ן' עזרא והרמב"ן (בראשית כה לד). או להורות שילא הוא אחר אשתו לא כיצחק אביו. ובהיותו בבית לבן בלילה חיבר ט"ו שירי שיר המעלות (לקמן אות יא). או חזר לומר וילא לרמוז שעשה רושם יציאתו משם. או להורות שקפלה לו הארץ זהו וילא וילך:

מתנות כהונה

[ב] **למלפני.** למלמדי: **למעבדני.** לעושי כלומר להוריי ודרש ההרים לשון הוראה לשון הריון: **גדוד.** מלשון לא תתגודדו גדוד וקרח שלחו כדי שלא ירדוף עשו אחריו לאהבת הממון: **מה אנא מוביד כו'.** וכי אאביד ומייאש סברי ותקותי מבוראי: ה"ג **מן בריי חס ושלום** והכי מוכח בילקוט סדר זה ובתהלים:

נחמד למראה

[א] **אם תשכב לא תפחד מעשו ומלבן.** כתב הרב ידי משה אם תשכב שהוא לשון ספק, לפיכך דרשו מעשו ומלבן פירוש אפילו אם תשכב לא יכולים לעשות לך מאומה, אבל ושכבת דרשו על שכיבת הסולם כי שכב שם ונופל עליו לשון ושכבת, ולא לשון אם תשכב עד כאן לשונו. ולעניות דעתי נראה דדייק שפיר קרא אם תשכב בלשון ספק דאיתא בפרק גיד הנשה (חולין צא, ב) כד מטא לחרן אמר אפשר עברתי על מקום שהתפללו בו אבותי ואני לא התפללתי בו יהב דעתיה למיהדר קפלה ליה ארעא, מיד ויפגע במקום, כד צלי בעא למיהדר, מיד אמר הקב"ה צדיק זה בא לבית מלוני ויפטר בלא לינה מיד בא השמש עד כאן, נמצא שיעקב אבינו לא היה בדעתו לשכב במקום ההוא, וכן דרשו (מדרש אגדה בראשית פכ"ח) ואנכי לא ידעתי שאילו ידעתי לא שכבתי אלא שמן השמים עכבוהו ושכב שם, ונפקא מינה שאם לא היה שוכב שם היה הולך ומתפחד מעשו ומלבן, אבל אחר ששכב שם והבטיחו השם יתברך ושמרתיך בכל אשר תלך והשיבותיך וגו' הלך לבטח דרכו, ומשום הכי קא דריש הך קרא על יעקב אבינו אם תשכב בלשון ספק לפי שהיה בדעתו של יעקב שלא לשכב, אמר לו אם תשכב לא תפחד מעשו ומלבן, אבל האמת שאני אעשה זאת שתשכב וערבה שנתך במראה הסולם ומה שאבטיחך. ודו"ק:

אשד הנחלים

[א] **אז תלך גו' זה יעקב כו'.** אחז בכתוב הזה כי הוא דוגמת יעקב ממש, להורות שלא על שכיבה פשוטה כִּיֵּן שלמה, כי אם על השכיבה ועריבות השינה מפני השביעו נפשו ממחזה שדי אשר יחזה, כי זוכה לרוח אלקי, כמו שהיה ביעקב שראה מראות הסולם בשינתו, אשר בנבואה זו בישר שלא יפחד מעשו ומלבן מאומה כי ה' בעזרו. [ב] **שיר למעלות גו' למלפני ולמעבדני.** שם הר הונח על הגובה והעיקר, אשר עיניו עליו יצפון מרוב גבהו, ולכן לפעמים הוא שם כינוי על כבוד ה' הרוממה אשר הוא מקימנו ועושינו ומלמדינו, ולכן רק לו נישא עין כי הוא מושיענו (עיין במתנות כהונה פירוש אחר). ואחז בכתוב הזה, כמאמרם (להלן עד, יא) שכל ט"ו שירי המעלות אמר יעקב בעת שהיה בבית לבן, ויפורש ענינו במקום אחר אי"ה: **חזר ואמר.** הוא כדמות מליצה שמשיב לנפשו השואלת בקרבו מאין יבוא עזרי, ומשיב לה עזרי מעם ה' אחר שהוא עושה שמים וארץ בודאי כל יכול ואיך אאביד בטחוני. ובעל אות אמת מחק תיבות חזר באין צורך. וכן משמע הלשון אלא עזרי. ודרש מכל רע המה הרעות הזמניות וחיי העוה"ז מעשו ולבן, וישמור את נפשך המשכלת שלא תמות ע"י מלאך המות, כי אם מיתתו בנשיקה ובדביקות [על דרך יעקב אבינו לא מת (תענית ה, ב)]. ויפורש ענינו במקומו. ואחז צאתו ובואו שהיה תחילה וסוף, להיות שהוא כדמות ראיה, אחר שה' שמר צאתו ובואו בודאי לא יקרנו רע מאומה לעולם, והבן זה:

§3 [וַיֵּצֵא יַעֲקֹב מִבְּאֵר שָׁבַע וַיֵּלֶךְ חָרָנָה — *JACOB DEPARTED FROM BEER-SHEBA AND WENT TOWARD HARAN.*]

Jacob set off on a lengthy journey to find a worthy wife. The Midrash discusses the topic of finding a marriage partner in general, and Jacob's case specifically:

רַבִּי אַבָּהוּ פָּתַח: "בַּיִת וָהוֹן נַחֲלַת אָבוֹת וּמֵה׳ אִשָּׁה מַשְׂכָּלֶת" — **R' Abahu began** his discourse on this passage with the following verse: ***A house and wealth are an inheritance from fathers, but a wise wife comes from HASHEM*** (*Proverbs* 19:14).[13] רַבִּי פִּנְחָס בְּשֵׁם רַבִּי אַבָּהוּ אָמַר: מָצִינוּ בַּתּוֹרָה בַּנְּבִיאִים וּבַכְּתוּבִים שֶׁאֵין זִיווּגוֹ שֶׁל אִישׁ אֶלָּא מִן הַקָּדוֹשׁ בָּרוּךְ הוּא — **R' Pinchas said in the name of R' Abahu: We find in the Pentateuch, in the Prophets, and in the Writings that** finding **a person's mate is** accomplished **through none but the Holy One, blessed is He.**[14] בַּתּוֹרָה מִנַּיִן — **From where in the Pentateuch** can we learn this matter? "וַיַּעַן לָבָן וּבְתוּאֵל וַיֹּאמְרוּ מֵה׳ יָצָא הַדָּבָר" — From the verse: ***Then Laban and Bethuel answered and said, "The matter stemmed from HASHEM"*** (*Genesis* 24:50).[15] בַּנְּבִיאִים — From where **in Prophets** can we learn this matter? "וְאָבִיו וְאִמּוֹ לֹא יָדְעוּ כִּי מֵה׳ הִיא" — From the verse: ***His father and mother did not know that it was from HASHEM*** (*Judges* 14:4).[16] בַּכְּתוּבִים — From where **in Writings** can we learn this matter? הַיְינוּ דִּכְתִיב "וּמֵה׳ אִשָּׁה מַשְׂכָּלֶת" — **As it is written, *but a wise wife comes from HASHEM*** (*Proverbs* ibid.).[17]

A related point about finding one's spouse:

יֵשׁ שֶׁהוּא הוֹלֵךְ אֵצֶל זִיווּגוֹ וְיֵשׁ שֶׁזִּיווּגוֹ בָּא אֶצְלוֹ — **Sometimes [a man] goes to find his mate, and sometimes his mate comes to him.** יִצְחָק זִיווּגוֹ בָּא אֶצְלוֹ, שֶׁנֶּאֱמַר "וַיַּרְא וְהִנֵּה גְמַלִּים בָּאִים וְגוֹ׳" — In the case **of Isaac, his mate came to him, as it states,** *Isaac went out to supplicate in the field toward evening and he raised his eyes* ***and saw, and behold! camels were coming, etc.*** *And Rebecca raised her eyes and saw Isaac; she inclined while upon the camel* (*Genesis* 24:63-64).[18] יַעֲקֹב הָלַךְ אֵצֶל זִיווּגוֹ, דִּכְתִיב "וַיֵּצֵא יַעֲקֹב" — **Jacob,** on the other hand, **went to find his mate, as it is written, *Jacob departed, etc.***[19]

§4 [וַיֵּצֵא יַעֲקֹב מִבְּאֵר שָׁבַע וַיֵּלֶךְ חָרָנָה — *JACOB DEPARTED FROM BEER-SHEBA AND WENT TOWARD HARAN.*]

The Midrash further explores God's hand in arranging marriages:

רַבִּי יְהוּדָה בַּר סִימוֹן פָּתַח: "אֱלֹהִים מוֹשִׁיב יְחִידִים בַּיְתָה" — **R' Yehudah bar Simone began** his discourse on our passage with the following verse: ***God settles the solitary into a family*** (*Psalms* 68:7).[20]

The Midrash records an incident that demonstrates how marriages are arranged through Divine Providence:

מַטְרוֹנָה שָׁאֲלָה אֶת רַבִּי יוֹסֵי בַּר חֲלַפְתָּא — A certain **matron posed a question to R' Yose bar Chalafta.** אָמְרָה לוֹ: לְכַמָּה יָמִים בָּרָא הַקָּדוֹשׁ בָּרוּךְ הוּא אֶת עוֹלָמוֹ — **She said to him, "In how many days did the Holy One, blessed is He, create His world?"**[21] אָמַר לָהּ: לְשִׁשָּׁה יָמִים, כְּדִכְתִיב "כִּי שֵׁשֶׁת יָמִים עָשָׂה ה׳ אֶת הַשָּׁמַיִם וְאֶת הָאָרֶץ" — **[R' Yose] said to her, "In six days, as it is written, *for in six days HASHEM made the heavens and the earth*"** (*Exodus* 20:11). אָמְרָה לוֹ: מַה הוּא עוֹשֶׂה מֵאוֹתָהּ שָׁעָה וְעַד עַכְשָׁיו — Whereupon **she said to him, "With what is He occupied from that time until now?"**[22] אָמַר לָהּ: הַקָּדוֹשׁ בָּרוּךְ הוּא יוֹשֵׁב וּמְזַוֵּוג זִיווּגִים — **[R' Yose] said to her, "The**

NOTES

13. Although finding a mate takes much effort and incentive, ultimately it is only God Who provides one with his appropriate mate, and it is therefore fitting to direct one's prayers to Him regarding this matter (*Eitz Yosef*).

14. R' Pinchas (citing R' Abahu) elaborates further on the earlier statement, showing that this concept is attested to in all three sections of Scripture.

15. This was the response of Laban and Bethuel to Eliezer's proposal that Rebecca marry Isaac. They recognized that they could do nothing to stop the marriage, since it was apparent that it was Divinely ordained.

16. Samson told his parents that he sought to marry a Philistine woman and they attempted to dissuade him (*Judges* 14:3), unaware of the fact that this union was part of the Divine plan to afflict the Philistines who were ruling Israel at the time (see further, *Judges* 15:1-16).

17. From this verse we also see that the quality of one's wife is itself determined by God. For a further treatment of these Scriptural verses see Insight Ⓐ.

18. With the words *behold! camels were coming* the verse intimates that Isaac registered surprise at the camels' arrival, for instead of following the main road, the camels had — apparently of their own volition — made their way into the field and were walking directly toward him. Thus, aside from the plain meaning of the Midrash that Rebecca traveled from her hometown to marry Isaac, we see that Isaac's match literally came right to the place where he was standing (*Eitz Yosef*).

19. Through the example of Jacob the Midrash demonstrates that even when man seeks out a wife himself, apparently in control of his own destiny, this does not contradict the belief that marriage is Divinely arranged. Ultimately it is God Who *establishes man's footsteps* (*Psalms* 37:23) and guides him to his partner (*Yefeh To'ar*).

20. The Midrash will expound this verse below.

21. The matron wished to question the concept of Divine Providence in the day-to-day operation of the world (*Radal*). She could not dispute the concept of a Creator, a God Who had, at one time, been intimately involved in every aspect of creating the world. The matron believed, however, that following the initial period of Creation, God allowed the world to run according to the laws of nature He had established at the outset, and that He felt no need to personally oversee the minutiae of its daily operation. To this end she first asked R' Yose to admit that the initial Creation had a fixed time (*Yefeh To'ar*).

22. Having established that Creation was a discrete event that happened long ago, she challenged R' Yose to demonstrate that Divine Providence was still at work in the post-Creation world (ibid.).

INSIGHTS

Ⓐ **Matches Made in Heaven** *Yefeh To'ar* presents a more elaborate approach to the question of why Scripture repeats this principle that marriage partners are chosen by God. He begins by categorizing marriages into the following four types: (1) Both the man and the woman are righteous; (2) the man is righteous and the woman is corrupt; (3) the woman is righteous and the man is corrupt; (4) both the man and the woman are corrupt. Each of the verses cited in our Midrash relate to one of these types of marriage and demonstrate that the union is prearranged in Heaven.

We first learn that when both the man and the woman are righteous, as was the case with Isaac and Rebecca, such a match is Divinely ordained. This much emerges from the admission of Rebecca's family that the proposed marriage *stemmed from HASHEM.* When the parents of the righteous Samson tried to prevent his marriage to the Philistine woman they were unsuccessful, for *it was from HASHEM,* showing that even in such a case God's hand directs the two people to each other. Finally, when a righteous woman (the *wise wife* of the verse in *Proverbs*) weds a corrupt man, this, too, *comes from HASHEM,* in the hope that she might impress upon her husband to abandon his evil ways. As for a marriage between two corrupt people, this is addressed by a fourth verse that states, *God settles the solitary into a family ... only the rebellious dwell in the thirsty land* (*Psalms* 68:7). Whereas God takes an active role in pairing men and women together for marriage by *settling the solitary into a family* (as the Midrash will state below), when the two individuals are resolutely *rebellious* then God, as it were, relegates them to a spiritual wasteland where marriages take place devoid of any Divine involvement.

See also Insight below (at note 30).

ג רַבִּי אַבָּהוּ פָּתַח: (משלי יט, יד) "בַּיִת וָהוֹן נַחֲלַת אָבוֹת וּמֵה' אִשָּׁה מַשְׂכָּלֶת", רַבִּי פִּנְחָס בְּשֵׁם רַבִּי אַבָּהוּ אָמַר: מָצִינוּ בַּתּוֹרָה בַּנְּבִיאִים וּבַכְּתוּבִים שֶׁאֵין זִיוּוּגוֹ שֶׁל אִישׁ אֶלָּא מִן הַקָּדוֹשׁ בָּרוּךְ הוּא, בַּתּוֹרָה מִנַּיִן, (לעיל כד, נ) "וַיַּעַן לָבָן וּבְתוּאֵל וַיֹּאמְרוּ מֵה' יָצָא הַדָּבָר", בַּנְּבִיאִים, (שופטים יד, ד) "וְאָבִיו וְאִמּוֹ לֹא יָדְעוּ כִּי מֵה' הִיא", בַּכְּתוּבִים, הַיְינוּ דִּכְתִיב (משלי שם) "וּמֵה' אִשָּׁה מַשְׂכָּלֶת". יֵשׁ שֶׁהוּא הוֹלֵךְ אֵצֶל זִיוּוּגוֹ וְיֵשׁ שֶׁזִּיוּוּגוֹ בָּא אֶצְלוֹ, יִצְחָק זִיוּוּגוֹ בָּא אֶצְלוֹ, שֶׁנֶּאֱמַר (לעיל כד סג) "וַיַּרְא וְהִנֵּה גְמַלִּים בָּאִים וְגוֹ'", יַעֲקֹב הָלַךְ אֵצֶל זִיוּוּגוֹ, דִּכְתִיב [כח, י] "וַיֵּצֵא יַעֲקֹב":

ד רַבִּי יְהוּדָה בַּר סִימוֹן פָּתַח: (תהלים סח, ז) "אֱלֹהִים מוֹשִׁיב יְחִידִים בַּיְתָה", הַמַּטְרוֹנָה שָׁאֲלָה אֶת רַבִּי יוֹסֵי בַּר חֲלַפְתָּא, אָמְרָה לוֹ: לְכַמָּה יָמִים בָּרָא הַקָּדוֹשׁ בָּרוּךְ הוּא אֶת עוֹלָמוֹ, אָמַר לָהּ: לְשִׁשָּׁה יָמִים, כְּדִכְתִיב (שמות כ, יא) "כִּי שֵׁשֶׁת יָמִים עָשָׂה ה' אֶת הַשָּׁמַיִם וְאֶת הָאָרֶץ", אָמְרָה לוֹ: מַה הוּא עוֹשֶׂה מֵאוֹתָהּ שָׁעָה וְעַד עַכְשָׁיו, אָמַר לָהּ: הַקָּדוֹשׁ בָּרוּךְ הוּא יוֹשֵׁב וּמְזַוֵּוג זִיוּוּגִים, בִּתּוֹ שֶׁל פְּלוֹנִי לִפְלוֹנִי, אִשְׁתּוֹ שֶׁל פְּלוֹנִי לִפְלוֹנִי, מָמוֹנוֹ שֶׁל פְּלוֹנִי לִפְלוֹנִי, אָמְרָה לוֹ: וְדָא הוּא אוּמָנוּתֵיהּ, אַף אֲנִי יְכוֹלָה לַעֲשׂוֹת כֵּן, כַּמָּה עֲבָדִים כַּמָּה שְׁפָחוֹת יֵשׁ לִי, לְשָׁעָה קַלָּה אֲנִי יְכוֹלָה לְזַוְּוגָן, אָמַר לָהּ: אִם קַלָּה הִיא בְּעֵינַיִךְ, קָשָׁה הִיא לִפְנֵי הַקָּדוֹשׁ בָּרוּךְ הוּא כִּקְרִיעַת יַם סוּף, הָלַךְ לוֹ רַבִּי יוֹסֵי בַּר חֲלַפְתָּא, מֶה עָשְׂתָה, נָטְלָה אֶלֶף עֲבָדִים וְאֶלֶף שְׁפָחוֹת וְהֶעֱמִידָה אוֹתָן שׁוּרוֹת שׁוּרוֹת, אָמְרָה: פְּלָן יִסַּב לִפְלוֹנִית וּפְלוֹנִית °תִּיסַּב לִפְלוֹנִי, וְזִיוְּוגָה אוֹתָם בְּלַיְלָה אַחַת, לְמָחָר אֲתוֹן לְגַבָּהּ, דֵּין מוֹחֵיהּ פְּצִיעַ, דֵּין עֵינֵיהּ שְׁמִיטָא, דֵּין רַגְלֵיהּ תְּבִירָא, אָמְרָה לְהוֹן: מַה לְּכוֹן, °דֵּין אָמְרָה: לֵית אֲנָא בָּעֵי לְדֵין, וְדֵין אָמַר: לֵית אֲנָא בָּעֵי לְדָא, מִיָּד שָׁלְחָה וְהֵבִיאָה אֶת רַבִּי יוֹסֵי בַּר חֲלַפְתָּא, אָמְרָה לוֹ: לֵית אֱלָהָא כֶּאֱלָהֲכוֹן, אֱמֶת הִיא תּוֹרַתְכוֹן, נָאָה וּמְשׁוּבַּחַת,

עץ יוסף

(ג) **פתח בית והון כו'.** לומר שאין הזיווג אלא מה'. ור' פנחס מפרש למילתיה דמן התורה והנביאים והכתובים איתא להך מילתא (יפה תואר), ובתלתא זימני הוי חזקה שכך הוא המדה תמיד: **ומה' אשה משכלת.** טובת האשה אינו במקרה אלא מה' הוא אשה משכלת, ונפקא מינה למיבעי רחמי: **וירא והנה גמלים.** בא ללמד שהגמלים בראותם את יצחק אז נטו מן הדרך הכבושה לרבים אשר הלכו בו עד עתה ובאו על פני השדה באמצע הבקעה אשר היה שם יצחק כמו שכתבו המפרשים, הרי שזיווגו בא אצלו: (ד) **יושב ומזווג זיווגים.** ענין הישיבה משל על המתינות והתישבות בדבר, לומר שלא יהיה הזווג אלא כראוי לכל אחד לפי מחשבתו יתברך (ועיין בנזר הקודש): **ממונו של פלוני לפלוני.** על פיסקא הנדוניא שאדם פוסק עם בתו: **קשה לפני הקדוש ברוך הוא כו'.** הקושי בחקו יתברך משני פנים האחד להטיב למי שאינו ראוי, לפי שמדת הדין מקטרגתו, והשני להזיק אפילו למי שעונו מחייבו כי השם יתברך הוא הטוב והמטיב ואינו רוצה בהשחתת שום נברא, אלא שלהיותו דיין אמת יתחייב להעניש החוטא, והשני פנים אלו יתיחס אללו קושי כקריעת ים סוף, אם במה שהטיב לישראל שלא היו ראוים לנס כזה להיות ביניהם פסל מיכה כמו שאמרו ז"ל, ואם במה שהזיק למצרים (יפה תואר): **פלן יסב לפלונית.** פירוש פלוני עבדי ישא לפלונית שפחתי: **ופלונית תינסב לפלוני.** כך צריך לומר, ופירושו אותה פלונית שזווגה בראשונה לפלוני שהוא יקח אותה, גזרה עכשיו גם עליה שהיא תנשא לו ולא תמאן בדבר (מתנות כהונה): **למחר אתון כו'.** למחר באו כל אותן עבדים ושפחות אללה זה מוחו נפצע וזה נשמט עינו וזה נשבר רגלו. אמרה להם מה אירע לכם. **דא אמרה כו'** זאת אומרת איני רוצה בזה, וזה אמר איני רוצה בזאת: **לית אלהא כו'.** אין אלוה כאלהיכם:

פירוש מהרז״ו

(ג) **ומה' אשה משכלת.** עיין מדרש תהלים מזמור ט: **היינו דכתיב** בילקוט שופטים י"ד (רמז ע) איתא בכתובים מנין ומה' אשה משכלת. וכאן שהתחיל רבי אבהו בפסוק הזה הוצרך לומר היינו דכתיב: **גמלים באים.** עם רבקה: (ד) **מטרונה כו'.** מדרש שמואל (סוף פרשה ה), ויקרא רבה (ח, א) במדבר רבה (ג, ו. כב, ח) תנחומא (מטות סימן ו): **קשה היא כו'.** סוטה (ב, א) סנהדרין (כב, א) מפסוק מוציא אסירים היינו ממצרים. עיין מועד קטן (יח, ב). ואצל הים בכו ואחר כך אמרו שירה, וזהו בכי ושירות, על כן אמר קשה לזווגם כקריעת ים סוף:

חידושי הרד״ל

[ד] **מה הוא עושה כו'.** היתה מכחשת בהשגחה פרטית בעולם השפל, והראה לה רבי יוסי מהזווגים ראיה:

אמרי יושר

[ג] **מה' אשה משכלת.** כי מהכתובים האחרים נראה דוקא אלו הזיווגים הפרטיים לבד:

[ד] **רבי יודן פתח אלהים מושיב יחידים ביתה.** אפשר שרלה על הזיווג והקדוש ברוך הוא זיווג ליעקב הנאותה לו:

מסורת המדרש

ד. מועד קטן דף י"ח. מדרש תהלים מזמור נ"ט. ילקוט שופטים רמז מ':

ה. ויקרא רבה פ' ח'. במד"ר פ' ג' ופכ"ב. מדרש שמואל פ' ה'. תנחומא סדר וישלח סימן יו"ד. וסדר כי תשא סימן ה'. וסדר מטות סימן ו'. ילקוט תהלים רמז תשל"ד ורמז תתי"ב:

אם למקרא

בַּיִת וָהוֹן נַחֲלַת אָבוֹת וּמֵה' אִשָּׁה מַשְׂכָּלֶת: (משלי יט:יד)

וַיַּעַן לָבָן וּבְתוּאֵל וַיֹּאמְרוּ מֵה' יָצָא הַדָּבָר לֹא נוּכַל דַּבֵּר אֵלֶיךָ רַע אוֹ טוֹב: (בראשית כד:נ)

וַיֵּצֵא יִצְחָק לָשׂוּחַ בַּשָּׂדֶה לִפְנוֹת עָרֶב וַיִּשָּׂא עֵינָיו וַיַּרְא וְהִנֵּה גְמַלִּים בָּאִים: (שם שם סג)

וְאָבִיו וְאִמּוֹ לֹא יָדְעוּ כִּי מֵה' הִיא כִּי תֹאֲנָה הוּא מְבַקֵּשׁ מִפְּלִשְׁתִּים וּבָעֵת הַהִיא פְּלִשְׁתִּים מֹשְׁלִים בְּיִשְׂרָאֵל: (שופטים יד:ד)

אֱלֹהִים מוֹשִׁיב יְחִידִים בַּיְתָה מוֹצִיא אֲסִירִים בַּכּוֹשָׁרוֹת אַךְ סוֹרְרִים שָׁכְנוּ צְחִיחָה: (תהלים סח:ז)

כִּי שֵׁשֶׁת יָמִים עָשָׂה ה' אֶת הַשָּׁמַיִם וְאֶת הָאָרֶץ אֶת הַיָּם וְאֶת כָּל אֲשֶׁר בָּם וַיָּנַח בַּיּוֹם הַשְּׁבִיעִי עַל כֵּן בֵּרַךְ ה' אֶת יוֹם הַשַּׁבָּת וַיְקַדְּשֵׁהוּ: (שמות כ:יא)

שינוי נוסחאות

(ד) **דין אמרה. לית אנא בעי לדין** כך איתא בכל הדפוסים, "דין (ל' זכר) אמרה", והוא כנראה ט"ס וצריך לומר "דא אמרה" (ל' נקבה), וכך הגיה רד"ל (אלא שהגהה זו חסרה מן הספר בדפוס וילנא תרמ"ז הנפוץ היום), ואף במתנות כהונה כתב "דא", ובדפוסי וילנא (תרמ"ז ותר"ג) תיקנו לשון המדרש בפנים:

רש״י

(ג) **בתורה בנביאים ובכתובים.** מלינו שהקב"ה מייחד שמו על ישראל:

מתנות כהונה

[ד] **ממונו של פלוני לפלוני.** נראה שאין כאן מקומו אע"ג דבויקרא רבה פ' ח' נמי גרס ליה ועיין לקמן ובמדבר רבה פ"ג ותמלא כי כן הוא: **פלן כו'.** ופלוני זה ישא פלונית זו: **ופלונית תינסב לפלוני גרסינן וה"ג ג"כ בבמדבר רבה פרשה ג'.** ופי' אותה פלונית שזווגה בראשונה לפלוני ואמר שהוא יקח אותה גזרה עכשיו גם עליה שהיא תינשא לו ולא תמאן בדבר: **אתון לגבה גרסינן.** פי' ומחר באו כל אותן עבדים ושפחות אללה זה מוחו נפצע וזה נשמט עינו וזה נשבר רגלו אמרה להם מה אירע לכם: **דא אמרה כו'.** זאת אומרה איני רוצה בזה: **לית אלוה כו'.** אין אלוה כאלהיכם:

אשד הנחלים

[ג] **אלא מן הקב"ה.** כלומר שאינו מועיל ההשתדלות והחיפוש בו כי אם בגזרה חרוצה משמים. רק מה שמצאנו שפעמים הוא צריך לבקשה ופעמים באה היא אליו, הוא ג"כ משמים שנגזר עליו ככה שיהיה צריך לבקשה בעמל אף שהיא נגזרת לו: [ד] **לכמה ימים כו'.** המעשה הזה מובא ג"כ במדרש שמואל ושם פירשתי. וזה לשוני שם יש להבין מה היתה שאלת המטרונא, ואם שאלתה שבלא עת הבריאה אינו פועל, א"כ למה לא שאלה מה עשה קודם הבריאה זמן רב בלתי בעל תכלית. גם מדוע אחזה דוקא בענין פעולת הזיווג. ובאמת החכמים בספריהם פרשו שלא על זיווג איש ואשתו מדבר כי אם על זיווג החומר והצורה והיא דימה כוונתו כפשוטו, אבל אינו משמע כן בדבריו שהשיב לה אם קלה היא בעיניך, קשה כקריעת ים סוף, שמורה שמדבר רק מזה. והנראה שהמטרונא לא היתה מבעלי אמונת החידוש, והיתה לפלא בעיניה שאם נאמר שהיה עת שברא ה' העולם א"כ עתה אין העולם צריך לו, כי חשבה שבריאת עולם הוא כמו המלאכה היוצא מהאומן עד שאינה צריכה המלאכה עוד לפועלה כמו כן אין העולם צריכה לעושה וכפרה בהשגחה, ולא ידעה ולא הבינה כי העולם צריך בכל עת ורגע לקיים ולחבר המורכבים ולקיים ההויה מההעדר הכרוך תמיד בהויה, ולכן שאלה ולהבא מה הוא עביד, כלומר מדוע תבקשו מאתו ותבטחו אליו, הלא כבר עשה עולמו, ועתה אינו עושה מאומה. והשיב לה ראה נא אף בדבר אחד, כלומר רצונות האדם איך גם המה עתה ביד ה', הוא המעורר והוא המניעם. ולקח לזה משל מענין הזיווג איך שלא יתכן בדעת אנושי לחברם יחד ולשקול בשכלו שזה ראוי לפלונית ופלונית לפלוני, רק ה' הוא המחבר למען ימצאו איש ואיש חן בעיני אחיהו. ומה שאמר כקריעת ים סוף להורות שגם הפעולות הטבעיות המה ניסים נסתרים כקריעת ים סוף שהיה נס נגלה והכל ביד ה'.

Holy One, blessed is He, sits and makes matches, declaring:[23] בִּתּוֹ שֶׁל פְּלוֹנִי לִפְלוֹנִי – **The daughter of So-and-so** is destined **for So-and-so,**[24] אִשְׁתּוֹ שֶׁל פְּלוֹנִי לִפְלוֹנִי – **the wife of So-and-so** is destined **for So-and-so,**[25] מָמוֹנוֹ שֶׁל פְּלוֹנִי לִפְלוֹנִי – **the money of So-and-so** is destined **for So-and-so."**[26] אָמְרָה לוֹ: וְדָא הוּא אוּמְנוּתֵיהּ, אַף אֲנִי יְכוֹלָה לַעֲשׂוֹת כֵּן – **She said to him, "Is this His craft? I can also do this!** כַּמָּה עֲבָדִים כַּמָּה שְׁפָחוֹת יֵשׁ לִי, לְשָׁעָה קַלָּה אֲנִי יְכוֹלָה לְזַוְּוגָן – **I have many slaves and many maidservants, and in a short time I can match them** together."[27] אָמַר לָהּ: אִם קַלָּה הִיא בְּעֵינַיִךְ, קָשָׁה הִיא לִפְנֵי הַקָּדוֹשׁ בָּרוּךְ הוּא כִּקְרִיעַת יַם סוּף – **[R' Yose] said to her, "Although it seems easy in your eyes,** know that **it is as difficult before the Holy One, blessed is He, as the splitting of the Sea of Reeds."**[28] הָלַךְ לוֹ רַבִּי יוֹסֵי בַּר חֲלַפְתָּא – **R' Yose bar Chalafta** then **left** her presence. מֶה עָשְׂתָה – **What did she do?** נָטְלָה אֶלֶף עֲבָדִים וְאֶלֶף שְׁפָחוֹת וְהֶעֱמִידָה אוֹתָן שׁוּרוֹת שׁוּרוֹת – **She took one thousand slaves and one thousand maidservants and stood them in rows,** אָמְרָה: פְּלָן יִסַּב לִפְלוֹנִית וּפְלוֹנִית תִּינְּסַב לִפְלוֹנִי – and **she said, "Such-and-such** slave **will marry such-and-such** maidservant, **and such-and-such** maidservant **will marry such-and-such** slave,"[29] וְזִיוְּוגָה אוֹתָם בְּלַיְלָה אַחַת – **and** thus **she matched them up in** just **one night.** לְמָחָר אֲתוֹן לְגַבָּהּ – **The following day they** all **came to her;** דֵּין מוֹחֵיהּ פְּצִיעַ – **this one's head was cracked,** דֵּין עֵינֵיהּ שְׁמִיטָא – **that one's eye was gouged out,** דֵּין רַגְלֵיהּ תְּבִירָא – and **another's leg was broken.** אָמְרָה לְהוֹן: מַה לְּכוֹן – **She said to them, "What** happened **to you?"** דָּא אָמְרָה: לֵית אֲנָא בָּעֵי לְדֵין, וְדֵין אָמַר: לֵית אֲנָא בָּעֵי לְדָא – **This [maidservant] said, "I do not desire that [slave]!" and that [slave] said, "I do not desire this [maidservant]!"** מִיַּד שָׁלְחָה וְהֵבִיאָה אֶת רַבִּי יוֹסֵי בַּר חֲלַפְתָּא – **Immediately she sent** a message **and brought R' Yose bar Chalafta** אָמְרָה לוֹ: לֵית אֱלָהָא כֶּאֱלָהֲכוֹן – **and she said to him, "There is no god like your God!** אֱמֶת הִיא תּוֹרַתְכוֹן, נָאָה וּמְשׁוּבַּחַת – **Your Torah is true,** both **beautiful and praiseworthy,**[30]

NOTES

23. [As described in *Sotah* 2a, God selects a spouse for each person at the time of his or her conception. The Midrash specifically states that God *sits* when He makes these matches to denote that this process is carried out deliberately, with God's supreme wisdom ensuring that each match is perfectly suitable (*Eitz Yosef*). Although God is involved in worldly affairs in so many ways, R' Yose chose the example of matrimony to prove that Divine Providence is very much in evidence. Unlike other living creatures that procreate indiscriminately, Man is the only species that chooses a partner based on more complex considerations such as personality traits and behavior. R' Yose argues that it would be nearly impossible for two like-minded people to find each other and marry without Divine Providence. Thus, the simple fact that human beings continue to procreate shows that God's Hand is still at work in the world (*Yefeh To'ar*).]

24. The Midrash refers to the woman by her father's name, not her own. This is because the man is typically older than his wife, so at the time of his conception (when the match is decided – *Sotah* 2a) she does not yet exist. She can therefore be identified only through her father (*Maharsha* to *Sotah* ibid.).

25. Although a man's ideal wife is selected for him at the time of his conception (see previous note), his actions over the course of his lifetime determine whether or not he will marry her. If the man turns out to be worthy then he marries the wife already chosen for him, but otherwise God gives his ideal spouse to a different man more worthy than he. Thus, "the wife of So-and-so for So-and-so" means that sometimes God matches the woman who *was supposed* to be the wife of one man with someone else (*Yefeh To'ar*).

26. This refers to the dowry that a father sets aside for his daughter. Through God's arranging of marriages, He also determines which man will receive this sum of money (*Eitz Yosef*).

27. The matron doubted R' Yose bar Chalafta's assertion that the pairing of human beings together is such a delicate matter as to require Divine Providence. On the contrary, she wished to show that any two people could be joined in a relationship regardless of their likes and dislikes, which would mean that the procreation of the human race is not inherently a proof of Divine Providence (*Yefeh To'ar*).

28. Obviously, it cannot be said that anything is "difficult" for God to do. *Yefeh To'ar* explains that the splitting of the sea is described as difficult in that it required God to contravene His standard practices, in that (i) He performed a miracle for the people of Israel although they were not deserving of such preferential treatment (see *Yalkut Shimoni* on *Beshalach*, §234) and (ii) He killed the Egyptians, and although they were deserving of punishment God does not relish bringing death to any of His creations (see *Megillah* 10b). See further, *She'arim Metzuyanim BaHalachah* (to *Sotah* loc. cit.) who discusses the term *difficult* as applied to the deeds of God.

[The Gemara (*Sotah* loc. cit.) concludes that this comparison of arranging marriages to the splitting of the Sea of Reeds applies only to a second marriage.]

29. That is, after commanding one of her slaves to marry a particular maidservant, she turned to that maidservant and decreed that she not reject the proposal (*Eitz Yosef*, citing *Matnos Kehunah*). This accounts for the apparent redundancy in this line of the Midrash.

30. [As part of the extended (and unrecorded) dialogue between R' Yose and the matron, they had undoubtedly discussed the Scriptural verses (cited in §3 above) that prove God's involvement in marriage. She felt that arranging marriages was easy and, in effect, denied the validity of these verses. Her failed attempts at matchmaking forced her to concede to R' Yose that first and foremost *there is no god like your God*, for uniting man and woman is a Divine, rather than a human, endeavor. She then retracted her dismissal of the verses and proclaimed that *your Torah is true*. If the Torah's underlying beliefs and principles are true, she concluded, its positive influence on the character traits of its adherents must also be *beautiful and praiseworthy* (*Yefeh To'ar*).] See Insight Ⓐ.

INSIGHTS

Ⓐ **He Sits and Makes Matches** That the Holy One, blessed is He, is the One Who arranges marriages is alluded to in the blessing recited on the occasion of every marriage: אֲשֶׁר יָצַר אֶת הָאָדָם בְּצַלְמוֹ, בְּצֶלֶם דְּמוּת תַּבְנִיתוֹ וְהִתְקִין לוֹ מִמֶּנּוּ בִּנְיַן עֲדֵי עַד, בָּרוּךְ אַתָּה ה׳ יוֹצֵר הָאָדָם, . . . *Who fashioned man in His image, in the image of the semblance of his likeness, and prepared for him — from himself — a building for eternity. Blessed are You, HASHEM, Who fashioned the Man.* The phrase *and prepared for him — from himself* refers to the fact that when Adam needed a mate, God created Eve from a part of Adam's own body. The result was *a building for eternity,* a united couple that was able to establish a family and populate the earth forever. We mention this at each wedding celebration in recognition of the fact that God creates a mate for every man and woman, so that together they too can establish their own "building for eternity."

The blessing's close, however, seems inconsistent with its earlier text. The text mentions two points: (a) God fashioned man in His image; (b) He prepared for him a "building for eternity" in the form of a wife. The closing, on the other hand, states only *Who fashioned the Man*. Why is the fact that God prepared for him a wife omitted here?

R' Yoel Kluft explains that there actually is no omission. Observing the world, we notice that each and every creature, from the loftiest angel to the lowliest worm, either is created mature and perfect, or attains that state automatically. The only exception is man. A human being is created with enormous *potential* but must spend his life developing that potential and honing it to perfection. Without supreme effort, man's potential remains untapped and his character undeveloped. Moreover, man is initially deficient even in his essence, for as long as he is single he lacks wholeness. The Gemara (*Yevamos* 63a) notes: *Any man who does not have a wife is not a [whole] man, as it is stated* (*Genesis* 5:2), *He created them male and female . . . and He called their name "Man."* Only collectively are man and woman referred to as "Man," for it is only together that a husband and wife can

ג רַבִּי אַבָּהוּ פָּתַח: (משלי יט, יד) "בַּיִת וָהוֹן נַחֲלַת אָבוֹת וּמֵה' אִשָּׁה מַשְׂכָּלֶת", רַבִּי פִּנְחָס בְּשֵׁם רַבִּי אַבָּהוּ אָמַר: ג)מָצִינוּ בַּתּוֹרָה בַּנְּבִיאִים וּבַכְּתוּבִים שֶׁאֵין זִוּוּגוֹ שֶׁל אִישׁ אֶלָּא מִן הַקָּדוֹשׁ בָּרוּךְ הוּא, בַּתּוֹרָה מִנַּיִן, (לעיל כד, נ) "וַיַּעַן לָבָן וּבְתוּאֵל וַיֹּאמְרוּ מֵה' יָצָא הַדָּבָר", בַּנְּבִיאִים, (שופטים יד, ד) "וְאָבִיו וְאִמּוֹ לֹא יָדְעוּ כִּי מֵה' הִיא", בַּכְּתוּבִים, הַיְינוּ דִּכְתִיב (משלי שם) "וּמֵה' אִשָּׁה מַשְׂכָּלֶת". יֵשׁ שֶׁהוּא הוֹלֵךְ אֵצֶל זִוּוּגוֹ וְיֵשׁ שֶׁזִּוּוּגוֹ בָּא אֶצְלוֹ, יִצְחָק זִוּוּגוֹ בָּא אֶצְלוֹ, שֶׁנֶּאֱמַר (לעיל כד סג) "וַיַּרְא וְהִנֵּה גְמַלִּים בָּאִים וְגוֹ'", יַעֲקֹב הָלַךְ אֵצֶל זִוּוּגוֹ, דִּכְתִיב [כח, י] "וַיֵּצֵא יַעֲקֹב":

ד רַבִּי יְהוּדָה בַּר סִימוֹן פָּתַח: (תהלים סח, ז) "אֱלֹהִים מוֹשִׁיב יְחִידִים בַּיְתָה", ה)מַטְרוֹנָה שָׁאֲלָה אֶת רַבִּי יוֹסֵי בַּר חֲלַפְתָּא, אָמְרָה לוֹ: לְכַמָּה יָמִים בָּרָא הַקָּדוֹשׁ בָּרוּךְ הוּא אֶת עוֹלָמוֹ, אָמַר לָהּ: לְשִׁשָּׁה יָמִים, כְּדִכְתִיב (שמות כ, יא) "כִּי שֵׁשֶׁת יָמִים עָשָׂה ה' אֶת הַשָּׁמַיִם וְאֶת הָאָרֶץ", אָמְרָה לוֹ: מַה הוּא עוֹשֶׂה מֵאוֹתָהּ שָׁעָה וְעַד עַכְשָׁיו, אָמַר לָהּ: הַקָּדוֹשׁ בָּרוּךְ הוּא יוֹשֵׁב וּמְזַוֵּוג זִוּוּגִים, בִּתּוֹ שֶׁל פְּלוֹנִי לִפְלוֹנִי, אִשְׁתּוֹ שֶׁל פְּלוֹנִי לִפְלוֹנִי, מָמוֹנוֹ שֶׁל פְּלוֹנִי לִפְלוֹנִי, אָמְרָה לוֹ: וְדָא הוּא אוּמָנוּתֵיהּ, אַף אֲנִי יְכוֹלָה לַעֲשׂוֹת כֵּן, כַּמָּה עֲבָדִים כַּמָּה שְׁפָחוֹת יֵשׁ לִי, לְשָׁעָה קַלָּה אֲנִי יְכוֹלָה לְזַוְּוגָן, אָמַר לָהּ: אִם קַלָּה הִיא בְּעֵינַיִךְ, קָשָׁה הִיא לִפְנֵי הַקָּדוֹשׁ בָּרוּךְ הוּא כִּקְרִיעַת יַם סוּף, הָלַךְ לוֹ רַבִּי יוֹסֵי בַּר חֲלַפְתָּא, מֶה עָשְׂתָה, נָטְלָה אֶלֶף עֲבָדִים וְאֶלֶף שְׁפָחוֹת וְהֶעֱמִידָה אוֹתָן שׁוּרוֹת שׁוּרוֹת, אָמְרָה: פְּלָן יִסַּב לִפְלוֹנִית וּפְלוֹנִית °תִּיסַּב לִפְלוֹנִי, וְזִוְּוגָה אוֹתָם בְּלַיְלָה אַחַת, לְמָחָר אֲתוֹן לְגַבָּהּ, דֵּין מוֹחֵיהּ פְּצִיעַ, דֵּין עֵינֵיהּ שְׁמִיטָא, דֵּין רַגְלֵיהּ תְּבִירָא, אָמְרָה לְהוֹן: מַה לְכוֹן, °דֵּין אָמְרָה: לֵית אֲנָא בָּעֵי לְדֵין, וְדֵין אָמַר: לֵית אֲנָא בָּעֵי לְדָא, מִיָּד שָׁלְחָה וְהֵבִיאָה אֶת רַבִּי יוֹסֵי בַּר חֲלַפְתָּא, אָמְרָה לוֹ: לֵית אֱלָהָא כֶּאֱלָהֲכוֹן, אֱמֶת הִיא תּוֹרַתְכוֹן, נָאָה וּמְשׁוּבַּחַת,

רש"י

(ג) **בתורה בנביאים ובכתובים.** מלינו שהקב"ה מייחד שמו על ישראל:

עץ יוסף

(ג) **פתח בית והון כו'.** לומר שאין הזיווג אלא מה'. ור' פנחס מפרש למילתיה דמן התורה והנביאים והכתובים איתא להך מילתא (יפה תואר), ובתלתא זימני הוי חזקה שכך הוא המדה תמיד: **ומה' אשה משכלת.** טובת האשה אינו במקרה אלא מה' הוא אשה משכלת, ונפקא מינה למיבעי רחמי: **וירא והנה גמלים.** בא ללמד שהגמלים בראותם את יצחק אז נטו מן הדרך הכבושה לרבים אשר הלכו בו עד עתה ובאו על פני השדה באמצע הבקעה אשר היה שם יצחק כמו שכתבו המפרשים, הרי שזיווגו בא אצלו: (ד) **יושב ומזווג זיווגים.** ענין הישיבה משל על המתינות והתישבות בדבר, לומר שלא יהיה הזווג אלא כראוי לכל אחד לפי מחשבתו יתברך (ועיין בנזר הקודש): **ממונו של פלוני לפלוני.** על פיסקא הנדוניא שאדם פוסק עם בתו: **קשה לפני הקדוש ברוך הוא כו'.** הקושי בחקו יתברך משני פנים האחד להטיב למי שאינו ראוי, לפי שמדת הדין מקטרגתו, והשני להזיק אפילו למי שעונו מחייבו כי השם יתברך הוא הטוב והמטיב ואינו רוצה בהשחתת שום נברא, אלא שלהיותו דיין אמת יתחייב להעניש החוטא, ושני פנים אלו יתיחס אללו קושי כקריעת ים סוף, אם במה שהטיב לישראל שלא היו ראוים לנס כזה להיות ביניהם פסל מיכה כמו שאמרו ז"ל, ואם במה שהזיק למצרים (יפה תואר): **פלן יסב לפלונית.** פירוש פלוני עבדי ישא לפלונית שפחתי: **ופלונית תינסב לפלוני.** כך צריך לומר, ופירושו אותה פלונית שזווגה בראשונה לפלוני שהוא יקח אותה, גזרה עכשיו גם עליה שהיא תנשא לו ולא תמאן בדבר (מתנות כהונה): **למחר אתון כו'.** למחר באו כל אותן עבדים ושפחות אללה זה מוחו נפלע וזה נשמט עינו וזה נשבר רגלו. אמרה להם מה אירע לכם. **דא אמרה כו'** זאת אומרת איני רוצה בזה, וזה אמר איני רוצה בזאת: **לית אלהא כו'.** אין אלוה כאלהיכם:

פירוש מהרז"ו

(ג) **ומה' אשה משכלת.** עיין מדרש תהלים מזמור ט: **היינו דכתיב** בילקוט שופטים י"ד (רמז ע) איתא בכתובים מנין ומה' אשה משכלת. וכאן שהתחיל רבי אבהו בפסוק הזה הוצרך לומר היינו דכתיב: **גמלים באים.** עם רבקה: (ד) **מטרונה כו'.** מדרש שמואל (סוף פרשה ה), ויקרא רבה (ח, א) במדבר רבה (ג, ו. כב, ח) תנחומא (מטות סימן ו): **קשה היא כו'.** סוטה (ב, א) סנהדרין (כב, א) מפסוק מוציא אסירים היינו ממצרים. עיין מועד קטן (יח, ב). ואצל הים בכו ואחר כך אמרו שירה, וזהו בכי ושירות, על כן אמר קשה לזווגם כקריעת ים סוף:

חידושי הרד"ל

[ד] **מה הוא עושה כו'.** היתה מכחשת בהשגחה פרטית בעולם השפל, והראה לה רבי יוסי מהזווגים ראיה:

אמרי יושר

[ג] **מה' אשה משכלת.** כי מהכתובים האחרים נראה דוקא אלו הזיווגים הפרטיים לבד:

[ד] **רבי יודן פתח אלהים מושיב יחידים ביתה.** אפשר שרלה על הזיווג והקדוש ברוך הוא זיווג ליעקב הנאותה לו:

מסורת המדרש

ד. מועד קטן דף י"ח. מדרש תהלים מזמור כ"ט. ילקוט שופטים רמז מ':

ה. ויקרא רבה פ' ח'. במד"ר פ' ג' ופכ"ב. מדרש שמואל פ' ה'. תנחומא סדר וישלח סימן יו"ד. וסדר כי תשא סימן ה'. וסדר מטות סימן ו'. ילקוט תהלים רמז תשכ"ד ורמז תתי"ב:

אם למקרא

בַּיִת וָהוֹן נַחֲלַת אָבוֹת וּמֵה' אִשָּׁה מַשְׂכָּלֶת: (משלי יט:יד)

וַיַּעַן לָבָן וּבְתוּאֵל וַיֹּאמְרוּ מֵה' יָצָא הַדָּבָר לֹא נוּכַל דַּבֵּר אֵלֶיךָ רַע אוֹ טוֹב: (בראשית כד:נ)

וַיֵּצֵא יִצְחָק לָשׂוּחַ בַּשָּׂדֶה לִפְנוֹת עָרֶב וַיִּשָּׂא עֵינָיו וַיַּרְא וְהִנֵּה גְמַלִּים בָּאִים: (שם שם סג)

וְאָבִיו וְאִמּוֹ לֹא יָדְעוּ כִּי מֵה' הִיא כִּי תֹאֲנָה הוּא מְבַקֵּשׁ מִפְּלִשְׁתִּים וּבָעֵת הַהִיא פְּלִשְׁתִּים מֹשְׁלִים בְּיִשְׂרָאֵל: (שופטים יד:ד)

אֱלֹהִים מוֹשִׁיב יְחִידִים בַּיְתָה מוֹצִיא אֲסִירִים בַּכּוֹשָׁרוֹת אַךְ סוֹרְרִים שָׁכְנוּ צְחִיחָה: (תהלים סח:ז)

כִּי שֵׁשֶׁת יָמִים עָשָׂה ה' אֶת הַשָּׁמַיִם וְאֶת הָאָרֶץ אֶת הַיָּם וְאֶת כָּל אֲשֶׁר בָּם וַיָּנַח בַּיּוֹם הַשְּׁבִיעִי עַל כֵּן בֵּרַךְ ה' אֶת יוֹם הַשַּׁבָּת וַיְקַדְּשֵׁהוּ: (שמות כ:יא)

שינוי נוסחאות

(ד) **דין אמרה. לית אנא בעי לדין** כך איתא בכל הדפוסים, "דין (ל' זכר) אמרה", והוא כנראה ט"ס וצריך לומר "דא אמרה" (ל' נקבה), וכך הגיה רד"ל (אלא שהגהה זו חסרה מן הספר בדפוס וילנא תרמ"ז הנפוץ היום), ואף במתנות כהונה כתב "דא", ובדפוסי וילנא (תרמ"ז ותר"ג) תיקנו לשון המדרש בפנים:

מתנות כהונה

[ד] **ממונו של פלוני לפלוני.** נראה שאין כאן מקומו אע"ג דבויקרא רבה פ' ח' נמי גרס ליה ועיין לקמן ובמדבר רבה פ"ג ותמלא כי כן הוא: **פלן כו'.** ופלוני זה ישא פלונית זו: **ופלונית תינסב לפלוני גרסינן וה"ג ג"כ בבמדבר רבה פרשה ג'.** ופי' אותה פלונית שזווגה בראשונה לפלוני ואמר שהוא יקח אותה גזרה עכשיו גם עליה שהיא תינשא לו ולא תמאן בדבר: **אתון לגבה גרסינן.** פי' ומחר באו כל אותן עבדים ושפחות אללה זה מוחו נפלע וזה נשמט עינו וזה נשבר רגלו אמרה להם מה אירע לכם: **דא אמרה כו'.** זאת אומרה איני רוצה בזה: **לית אלוה כו'.** אין אלוה כאלהיכם:

אשד הנחלים

[ג] **אלא מן הקב"ה.** כלומר שאינו מועיל ההשתדלות והחיפוש בו כי אם בגזרה חרוצה משמים. רק מה שמצאנו שפעמים הוא צריך לבקשה ופעמים באה היא אליו, הוא ג"כ משמים שנגזר עליו ככה שיהיה צריך לבקשה בעמל אף שהיא נגזרת לו: [ד] **לכמה ימים כו'.** המעשה הזה מובא ג"כ במדרש שמואל ושם פירשתי. וזה לשוני שם יש להבין מה היתה שאלת המטרונא, ואם שאלתה שבלא עת הבריאה אינו פועל, א"כ למה לא שאלה מה עשה קודם הבריאה זמן רב בלתי בעל תכלית. גם מדוע אחזה דוקא בענין פעולת הזיווג. ובאמת החכמים בספריהם פרשו שלא על זיווג איש ואשתו מדבר כי אם על זיווג החומר והצורה והיא דימה כוונתו כפשוטו, אבל אינו משמע כן בדבריו שהשיב לה אם קלה היא בעיניך, קשה כקריעת ים סוף, שמורה שמדבר רק מזה. והנראה שהמטרונא לא היתה מבעלי אמונת החידוש, והיתה לפלא בעיניה שאם נאמר שהיה עת שברא ה' העולם א"כ עתה אין העולם צריך לו, כי חשבה שבריאת עולם הוא כמו המלאכה היוצא מהאומן עד שאינה צריכה המלאכה עוד לפועלה כמו כן אין העולם צריכה לעושה וכפרה בהשגחה, ולא ידעה ולא הבינה כי העולם צריך בכל עת ורגע לקיים ולחבר המורכבים ולקיים ההויה מההעדר הכרוך תמיד בהויה, ולכן שאלה ולהבא מה הוא עביד, כלומר מדוע תבקשו מאתו ותבטחו אליו, הלא כבר עשה עולמו, ועתה אינו עושה מאומה. והשיב לה ראה נא אף בדבר אחד, כלומר רצונות האדם איך גם המה עתה ביד ה', הוא המעורר והוא המניעם. ולקח לזה משל מענין הזיווג איך שלא יתכן בדעת אנושי לחברם יחד ולשקול בשכלו שזה ראוי לפלונית ופלונית לפלוני, רק ה' הוא המחבר למען ימצאו איש ואיש חן בעיני אחיהו. ומה שאמר כקריעת ים סוף להורות שגם הפעולות הטבעיות המה ניסים נסתרים כקריעת ים סוף שהיה נס נגלה והכל ביד ה'.

INSIGHTS

build a home, in which they will truly develop their potential as they build for eternity. Separately, they cannot hope to accomplish as much, for each is only part of the creative unit that they become when united in marriage.

Accordingly, marriage is actually the final step in a man's *creation,* for it is what makes him whole. Thus, Rav Kluft explains, when the blessing concludes *Who fashioned the Man,* it actually refers to both steps in his formation — the initial fashioning of an individual in his state of singleness, and the subsequent fashioning of that individual into his state of wholeness through marriage. The blessing's conclusion encompasses both levels of creation explicitly mentioned in its opening: fashioning man in His image, and preparing for him, from himself, a building for eternity. The totality of these two steps represents the fashioning of Man.

This explains R' Yose ben Chalafta's statement in our Midrash that since the Six Days of Creation, God is occupied with making matches: Arranging marriages is an aspect of Creation that is ongoing. And this is why God is the One Who must arrange marriages; since none other has the ability to "create," none other can match to a man the lifemate that will make him whole and complete. None other can create the new entity of man and wife that collectively is "Man" (*Daas Yoel, Maamar* 15, pp. 43-44).

ג רַבִּי אַבָּהוּ פָּתַח: (משלי יט, יד) ״בַּיִת וָהוֹן נַחֲלַת אָבוֹת וּמֵה׳ אִשָּׁה מַשְׂכָּלֶת״, רַבִּי פִּנְחָס בְּשֵׁם רַבִּי אַבָּהוּ אָמַר: °מָצִינוּ בַּתּוֹרָה בַּנְּבִיאִים וּבַכְּתוּבִים שֶׁאֵין זִיוּוּגוֹ שֶׁל אִישׁ אֶלָּא מִן הַקָּדוֹשׁ בָּרוּךְ הוּא, בַּתּוֹרָה מִנַּיִן, (לעיל כד, נ) ״וַיַּעַן לָבָן וּבְתוּאֵל וַיֹּאמְרוּ מֵה׳ יָצָא הַדָּבָר״, בַּנְּבִיאִים, (שופטים יד, ד) ״וְאָבִיו וְאִמּוֹ לֹא יָדְעוּ כִּי מֵה׳ הִיא״, בַּכְּתוּבִים, הַיְינוּ דִּכְתִיב (משלי שם) ״וּמֵה׳ אִשָּׁה מַשְׂכָּלֶת״. יֵשׁ שֶׁהוּא הוֹלֵךְ אֵצֶל זִיווּגוֹ וְיֵשׁ שֶׁזִּיווּגוֹ בָּא אֶצְלוֹ, יִצְחָק זִיווּגוֹ בָּא אֶצְלוֹ, שֶׁנֶּאֱמַר (לעיל כד סג) ״וַיַּרְא וְהִנֵּה גְמַלִּים בָּאִים וְגוֹ׳ ״, יַעֲקֹב הָלַךְ אֵצֶל זִיווּגוֹ, דִּכְתִיב [כח, י] ״וַיֵּצֵא יַעֲקֹב״:

ד רַבִּי יְהוּדָה בַּר סִימוֹן פָּתַח: (תהלים סח, ז) ״אֱלֹהִים מוֹשִׁיב יְחִידִים בַּיְתָה״, °מַטְרוֹנָה שָׁאֲלָה אֶת רַבִּי יוֹסֵי בַּר חֲלַפְתָּא, אָמְרָה לוֹ: לְכַמָּה יָמִים בָּרָא הַקָּדוֹשׁ בָּרוּךְ הוּא אֶת עוֹלָמוֹ, אָמַר לָהּ: לְשִׁשָּׁה יָמִים, כִּדְכְתִיב (שמות כ, יא) ״כִּי שֵׁשֶׁת יָמִים עָשָׂה ה׳ אֶת הַשָּׁמַיִם וְאֶת הָאָרֶץ״, אָמְרָה לוֹ: מַה הוּא עוֹשֶׂה מֵאוֹתָהּ שָׁעָה וְעַד עַכְשָׁיו, אָמַר לָהּ: הַקָּדוֹשׁ בָּרוּךְ הוּא יוֹשֵׁב וּמְזַוֵּוג זִיווּגִים, בִּתּוֹ שֶׁל פְּלוֹנִי לִפְלוֹנִי, אִשְׁתּוֹ שֶׁל פְּלוֹנִי לִפְלוֹנִי, מָמוֹנוֹ שֶׁל פְּלוֹנִי לִפְלוֹנִי, אָמְרָה לוֹ: וְדָא הוּא אוּמָּנוּתֵיהּ, אַף אֲנִי יְכוֹלָה לַעֲשׂוֹת כֵּן, כַּמָּה עֲבָדִים כַּמָּה שְׁפָחוֹת יֵשׁ לִי, לְשָׁעָה קַלָּה אֲנִי יְכוֹלָה לְזַוְּוגָן, אָמַר לָהּ: אִם קַלָּה הִיא בְּעֵינַיִךְ, קָשָׁה הִיא לִפְנֵי הַקָּדוֹשׁ בָּרוּךְ הוּא כִּקְרִיעַת יַם סוּף, הָלַךְ לוֹ רַבִּי יוֹסֵי בַּר חֲלַפְתָּא, מֶה עָשְׂתָה, נָטְלָה אֶלֶף עֲבָדִים וְאֶלֶף שְׁפָחוֹת וְהֶעֱמִידָה אוֹתָן שׁוּרוֹת שׁוּרוֹת, אָמְרָה: פְּלָן יִסַּב לִפְלוֹנִית וּפְלוֹנִית °תִּיסַּב לִפְלוֹנִי, וְזִיוְּוגָה אוֹתָם בְּלַיְלָה אַחַת, לְמָחָר אֲתוֹן לְגַבָּהּ, דֵּין מוֹחֵיהּ פְּצִיעַ, דֵּין עֵינֵיהּ שְׁמִיטָא, דֵּין רַגְלֵיהּ תְּבִירָא, אָמְרָה לְהוֹן: מַה לְּכוֹן, °דֵּין אָמְרָה: לֵית אֲנָא בָּעֵי לְדֵין, וְדֵין אָמַר: לֵית אֲנָא בָּעֵי לְדָא, מִיָּד שָׁלְחָה וְהֵבִיאָה אֶת רַבִּי יוֹסֵי בַּר חֲלַפְתָּא, אָמְרָה לוֹ: לֵית אֱלָהָא כֶּאֱלָהֲכוֹן, אֱמֶת הִיא תּוֹרַתְכוֹן, נָאָה וּמְשׁוּבַּחַת,

רש״י

(ג) **בתורה בנביאים ובכתובים.** מלינו שהקב״ה מייחד שמו על ישראל:

עץ יוסף

(ג) **פתח בית והון כו׳.** לומר שאין הזיווג אלא מה׳. ור׳ פנחס מפרש למילתיה דמן התורה והנביאים והכתובים איתא להך מילתא (יפה תואר), ובתלתא זימני הוי חזקה שכך הוא המדה תמיד: **ומה׳ אשה משכלת.** טובת האשה אינו במקרה אלא מה׳ הוא אשה משכלת, ונפקא מינה למיבעי רחמי: **וירא והנה גמלים.** בא ללמד שהגמלים בראותם את יצחק אז נטו מן הדרך הכבושה לרבים אשר הלכו בו עד עתה ובאו על פני השדה באמצע הבקעה אשר היה שם יצחק כמו שכתבו המפרשים, הרי שזיווגו בא אצלו: (ד) **יושב ומזווג זיווגים.** ענין הישיבה משל על המתינות והתישבות בדבר, לומר שלא יהיה הזווג אלא כראוי לכל אחד לפי מחשבתו יתברך (ועיין בנזר הקודש): **ממונו של פלוני לפלוני.** על פיסקא הנדוניא שאדם פוסק עם בתו: **קשה לפני הקדוש ברוך הוא כו׳.** הקושי בחקו יתברך משני פנים האחד להטיב למי שאינו ראוי, לפי שמדת הדין מקטרגתו, והשני להזיק אפילו למי שעונו מחייבו כי השם יתברך הוא הטוב והמטיב ואינו רוצה בהשחתת שום נברא, אלא שלהיותו דיין אמת יחוייב להעניש החוטא, והשני פנים אלו יתיחס אללו קושי כקריעת ים סוף, אם במה שהטיב לישראל שלא היו ראוים לנס כזה להיות ביניהם פסל מיכה כמו שאמרו ז״ל, ואם במה שהזיק למצרים (יפה תואר): **פלן יסב לפלונית.** פירוש פלוני עבדי ישא לפלונית שפחתי: **ופלונית תינסב לפלוני.** כך צריך לומר, ופירושו אותה פלונית שזווגה בראשונה לפלוני שהוא יקח אותה, גזרה עכשיו גם עליה שהיא תנשא לו ולא תמאן בדבר (מתנות כהונה): **למחר אתון כו׳.** למחר באו כל אותן עבדים ושפחות אללה זה מוחו נפלע וזה נשמט עינו וזה נשבר רגלו. אמרה להם מה אירע לכם. **דא אמרה כו׳** זאת אומרת איני רוצה בזה, וזה אמר איני רוצה בזאת: **לית אלהא כו׳.** אין אלוה כאלהיכם:

פירוש מהרז״ו

(ג) **ומה׳ אשה משכלת.** עיין מדרש תהלים מזמור ט: **היינו דכתיב** בילקוט שופטים י״ד (רמז ע) איתא בכתובים מנין ומה׳ אשה משכלת. וכאן שהתחיל רבי אבהו בפסוק הזה הוצרך לומר היינו דכתיב: **גמלים באים.** עם רבקה: (ד) **מטרונה כו׳.** מדרש שמואל (סוף פרשה ה), ויקרא רבה (ח, א) במדבר רבה (ג, ו. כב, ח) תנחומא (מטות סימן ו): **קשה היא כו׳.** סוטה (ב, א) סנהדרין (כב, א) מפסוק מוציא אסירים היינו ממצרים. עיין מועד קטן (יח, ב). ואצל הים בכו ואחר כך אמרו שירה, וזהו בכי ושירות, על כן אמר קשה לזווגם כקריעת ים סוף:

מתנות כהונה

[ד] **ממונו של פלוני לפלוני.** נראה שאין כאן מקומו אע״ג דבויקרא רבה פ׳ ח׳ נמי גרס ליה ועיין לקמן ובמדבר רבה פ״ג ותמלא כי כן הוא: **פלן כו׳.** ופלוני זה ישא פלונית זו: **ופלונית תינסב לפלוני גרסינן וה״ג ג״כ בבמדבר רבה פרשה ג׳.** ופי׳ אותה פלונית שזווגה בראשונה לפלוני ואמר שהוא יקח אותה גזרה עכשיו גם עליה שהיא תינשא לו ולא תמאן בדבר: **אתון לגבה גרסינן.** פי׳ ומחר באו כל אותן עבדים ושפחות אללה זה מוחו נפלע וזה נשמט עינו וזה נשבר רגלו אמרה להם מה אירע לכם: **דא אמרה כו׳.** זאת אומרה איני רוצה בזה: **לית אלוה כו׳.** אין אלוה כאלהיכם:

אשד הנחלים

[ג] **אלא מן הקב״ה.** כלומר שאינו מועיל ההשתדלות והחיפוש בו כי אם בגזרה חרוצה משמים. רק מה שמצאנו שפעמים הוא צריך לבקשה ופעמים באה היא אליו, הוא ג״כ משמים שנגזר עליו ככה שיהיה צריך לבקשה בעמל אף שהיא נגזרת לו: [ד] **לכמה ימים כו׳.** המעשה הזה מובא ג״כ במדרש שמואל ושם פירשתי. וזה לשוני שם יש להבין מה היתה שאלת המטרונא, ואם שאלתה שבלא עת הבריאה אינו פועל, א״כ למה לא שאלה מה עשה קודם הבריאה זמן רב בלתי בעל תכלית. גם מדוע אחזה דוקא בענין פעולת הזיווג. ובאמת החכמים בספריהם פרשו שלא על זיווג איש ואשתו מדבר כי אם על זיווג החומר והצורה והיא דימה כוונתו כפשוטו, אבל אינו משמע כן בדבריו שהשיב לה אם קלה היא בעיניך, קשה כקריעת ים סוף, שמורה שמדבר רק מזה. והנראה שהמטרונא לא היתה מבעלי אמונת החידוש, והיתה לפלא בעיניה שאם נאמר שהיה עת שברא ה׳ העולם א״כ עתה אין העולם צריך לו, כי חשבה שבריאת עולם הוא כמו המלאכה היוצא מהאומן עד שאינה צריכה המלאכה עוד לפועלה כמו כן אין העולם צריכה לעושה וכפרה בהשגחה, ולא ידעה ולא הבינה כי העולם צריך בכל עת ורגע לקיים ולחבר המורכבים ולקיים ההויה מההעדר הכרוך תמיד בהויה, ולכן שאלה ולהבא מה הוא עביד, כלומר מדוע תבקשו מאתו ותבטחו אליו, הלא כבר עשה עולמו, ועתה אינו עושה מאומה. והשיב לה ראה נא אף בדבר אחד, כלומר רצונות האדם איך גם המה עתה ביד ה׳, הוא המעורר והוא המניעם. ולקח לזה משל מענין הזיווג איך שלא יתכן בדעת אנושי לחברם יחד ולשקול בשכלו שזה ראוי לפלונית ופלונית לפלוני, רק ה׳ הוא המחבר למען ימצאו איש ואיש חן בעיני אחיהו. ומה שאמר כקריעת ים סוף להורות שגם הפעולות הטבעיות המה ניסים נסתרים כקריעת ים סוף שהיה נס נגלה והכל ביד ה׳.

חידושי הרד״ל

[ד] **מה הוא עושה כו׳.** היתה מכחשת בהשגחה פרטית בעולם השפל, והראה לה רבי יוסי מהזווגים ראיה:

אמרי יושר

[ג] **מה׳ אשה משכלת.** כי מהכתובים האחרים נראה דוקא אלו הזיווגים הפרטיים לבד:

[ד] **רבי יודן פתח אלהים מושיב יחידים ביתה.** אפשר שרצה על הזיווג והקדוש ברוך הוא זיווג ליעקב הנאותה לו:

מסורת המדרש

ד. מועד קטן דף י״ח. מדרש תהלים מזמור כ״ט. ילקוט שופטים רמז מ׳:

ה. ויקרא רבה פ׳ ח׳. במד״ר פ׳ ג׳ ופכ״ב. מדרש שמואל פ׳ ה׳. תנחומא סדר וישלח סימן יו״ד. וסדר כי תשא סימן ה׳. וסדר מטות סימן ו׳. ילקוט תהלים רמז תשל״ד ורמז תתי״ב:

אם למקרא

בַּיִת וָהוֹן נַחֲלַת אָבוֹת וּמֵה׳ אִשָּׁה מַשְׂכָּלֶת: (משלי יט:יד)

וַיַּעַן לָבָן וּבְתוּאֵל וַיֹּאמְרוּ מֵה׳ יָצָא הַדָּבָר לֹא נוּכַל דַּבֵּר אֵלֶיךָ רַע אוֹ טוֹב: (בראשית כד:נ)

וַיֵּצֵא יִצְחָק לָשׂוּחַ בַּשָּׂדֶה לִפְנוֹת עָרֶב וַיִּשָּׂא עֵינָיו וַיַּרְא וְהִנֵּה גְמַלִּים בָּאִים: (שם שם סג)

וְאָבִיו וְאִמּוֹ לֹא יָדְעוּ כִּי מֵה׳ הִיא כִּי תֹאֲנָה הוּא מְבַקֵּשׁ מִפְּלִשְׁתִּים וּבָעֵת הַהִיא פְּלִשְׁתִּים מֹשְׁלִים בְּיִשְׂרָאֵל: (שופטים יד:ד)

אֱלֹהִים מוֹשִׁיב יְחִידִים בַּיְתָה מוֹצִיא אֲסִירִים בַּכּוֹשָׁרוֹת אַךְ סוֹרְרִים שָׁכְנוּ צְחִיחָה: (תהלים סח:ז)

כִּי שֵׁשֶׁת יָמִים עָשָׂה ה׳ אֶת הַשָּׁמַיִם וְאֶת הָאָרֶץ אֶת הַיָּם וְאֶת כָּל אֲשֶׁר בָּם וַיָּנַח בַּיּוֹם הַשְּׁבִיעִי עַל כֵּן בֵּרַךְ ה׳ אֶת יוֹם הַשַּׁבָּת וַיְקַדְּשֵׁהוּ: (שמות כ:יא)

שינוי נוסחאות

(ד) **דין אמרה. לית אנא בעי לדין** כך איתא בכל הדפוסים, ״דין (ל׳ זכר) אמרה״, והוא כנראה ט״ס וצריך לומר ״דא אמרה״ (ל׳ נקבה), וכך הגיה רד״ל (אלא שהגהה זו חסרה מן הספר בדפוס וילנא תרמ״ז הנפוץ היום), ואף במתנות כהונה כתב ״דא״, ובדפוסי וילנא (תרמ״ז ותר״ג) תיקנו לשון המדרש בפנים:

יָפֶה אָמַרְתְּ — and indeed **you have spoken well."** אָמַר לָהּ: לֹא כָךְ אָמַרְתִּי לָךְ, אִם קַלָּה הִיא בְּעֵינַיִךְ קָשָׁה הִיא לִפְנֵי הַקָּדוֹשׁ בָּרוּךְ הוּא כִּקְרִיעַת יַם סוּף — **He said to her, "Is that not what I told you, that although it seems easy in your eyes, it is as difficult before the Holy One, blessed is He, as the splitting of the Sea of Reeds?** הַקָּדוֹשׁ בָּרוּךְ הוּא מָה עוֹשֶׂה לָהֶם — **What does the Holy One, blessed is He, do for [unmarried men and women]?** מְזַוּוֹגָן בְּעַל כָּרְחָן שֶׁלֹּא בְּטוֹבָתָן — **He matches them together** even **against their will and** even **not** initially **to their liking,** הֲדָא הוּא דִכְתִיב ״אֱלֹהִים מוֹשִׁיב יְחִידִים בַּיְתָה מוֹצִיא אֲסִירִים בַּכּוֹשָׁרוֹת״ — **as it is written, *God settles the solitary into a family, He releases those bound in fetters*** [בַּכּוֹשָׁרוֹת]" (*Psalms* 68:7).[31] מַהוּ ״בַּכּוֹשָׁרוֹת״ בְּכִי וְשִׁירוֹת — **What is** meant by "בַּכּוֹשָׁרוֹת" (translated here as *fetters*)? It is an amalgam of the words **weeping** [בְּכִי] **and singing** [שִׁירוֹת], מַאן דְּבָעֵי אוֹמֵר שִׁירָה וּמַאן דְּלָא בָעֵי בָּכֵי — for **one who is pleased** with his mate **sings** in joy, **while one who is displeased** with his mate **weeps.**[32]

The Midrash presents an alternative version of R' Yose bar Chalafta's rejoinder to the inquiring matron:

אָמַר רַבִּי בֶּרֶכְיָה: כַּלָּשׁוֹן הַזֶּה הֱשִׁיבָהּ רַבִּי יוֹסֵי בַּר חֲלַפְתָּא — **R' Berechyah said: R' Yose bar Chalafta responded to [the matron] with the following words:**[33] הַקָּדוֹשׁ בָּרוּךְ הוּא יוֹשֵׁב וְעוֹשֶׂה סוּלָּמוֹת — **"The Holy One, blessed is He, sits and makes 'ladders'** מַשְׁפִּיל לָזֶה וּמֵרִים לָזֶה וּמוֹרִיד לָזֶה וּמַעֲלֶה לָזֶה — by which **He lowers** the social standing of **this one and raises** the social standing of **that one and brings down** the fortune of **this one and elevates** the fortune of **that one."**[34] הֱוֵי אוֹמֵר: ״אֱלֹהִים שֹׁפֵט זֶה יַשְׁפִּיל וְזֶה יָרִים״ — And this is the import of **that which it says, *For God is the Judge — He lowers this one and raises that one*** (*Psalms* 75:8).

The Midrash adds a final point regarding the concept that it is God and not man Who arranges marriages:

יֵשׁ שֶׁהוּא הוֹלֵךְ אֵצֶל זִוּוּגוֹ וְיֵשׁ שֶׁזִּוּוּגוֹ בָּא אֶצְלוֹ — **Sometimes [a man] goes to** find **his mate, and sometimes his mate comes to him.** יִצְחָק בָּא זִוּוּגוֹ אֶצְלוֹ, שֶׁנֶּאֱמַר ״וַיֵּצֵא יִצְחָק לָשׂוּחַ בַּשָּׂדֶה וְגוֹ׳״ — In the case **of Isaac, his mate came to him, as it states, *Isaac went out to supplicate in the field, etc.*** *[toward evening and he raised his eyes and saw, and behold! camels were coming]* (above, 24:63). יַעֲקֹב הָלַךְ אֵצֶל זִוּוּגוֹ, שֶׁנֶּאֱמַר ״וַיֵּצֵא יַעֲקֹב מִבְּאֵר שָׁבַע״ — **Jacob,** on the other hand, **went to** find **his mate, as it is stated, *Jacob departed from Beer-Sheba, etc.***[35]

§5 [וַיֵּצֵא יַעֲקֹב מִבְּאֵר שָׁבַע וַיֵּלֶךְ חָרָנָה] — *JACOB DEPARTED FROM BEER-SHEBA AND WENT TOWARD HARAN.*]

The Midrash calculates Jacob's age at the time of his marriage:

חִזְקִיָּה אָמַר: בֶּן ס״ג שָׁנִים הָיָה יַעֲקֹב אָבִינוּ בְּעֵת שֶׁנָּטַל אֶת הַבְּרָכוֹת — **Chizkiyah said: Our forefather Jacob was sixty-three years old at the time that he received the blessings** from his father Isaac;[36] עָשָׂה עוֹד י״ד שָׁנָה שֶׁנִּטְמַן בְּבֵית עֵבֶר — **he** subsequently **spent another fourteen years,** during **which he was secluded in the academy of Eber;**[37] עָשָׂה עוֹד שֶׁבַע שָׁנִים שֶׁעָבַד — and **he spent another seven years working** in Laban's house

NOTES

31. This verse is adduced for two purposes: (i) The juxtaposition of the two halves of the verse forms the basis for the comparison between the liberation of the Israelites from the pursuing Egyptians by splitting the sea (*He releases those bound in fetters*) and the task of joining single men and women together in matrimony (*God settles the solitary into a family*). [See *Sotah* 2a, *Vayikra Rabbah* 8 §1, etc.] (ii) The second half of the verse is also interpreted homiletically as a continuation of the theme of Divine Providence in the matchmaking process: He *removes* [מוֹצִיא] the unmarried individuals from their homes and binds them together [אֲסִירִים] even against their will, leading sometimes to situations of joy and sometimes to sadness [בַּכּוֹשָׁרוֹת], as the Midrash goes on to elaborate (*Eitz Yosef*).

32. *Eitz Yosef* (cf. *Yefeh Toar*). The weeping of the unhappy spouses mentioned here is only temporary, for God guarantees that He will eventually *settle them into a family* by fostering love between them, so that they begin to appreciate each other and live in harmony (*Imrei Yosher*).

33. After the matron proclaimed that *there is no god like your God*, R' Yose offered her an analogy that captures the essence of God's method for arranging marriages (*Eitz Yosef*).

34. According to R' Berechyah's version of the story, R' Yose's response to the matron's question about God's occupation since finishing Creation had nothing to do with matchmaking; rather, he answers that God occupies Himself with ensuring that people's stations in life are subject to change — for the better or for the worse — in accordance with their merit (*Yefeh To'ar*). Alternatively, R' Berechyah agrees that R' Yose's response was that God occupies Himself with matchmaking; however, he *added* the point that sometimes it is necessary for God to raise up or lower the station of one of the members of the couple in order for his or her Heavenly ordained match to succeed (*Eitz Yosef*).

35. This segment of the Midrash was taught above (end of §3) but is repeated here to emphasize the earlier point that marriages are ordained by Heaven even against the will of the people involved. A man may think that by taking the initiative and traveling to a faraway place in search of a wife he is exercising his free will; the truth is that the woman he ultimately marries is the one God had designated for him without his knowledge from the very beginning (*Yefeh To'ar*; cf. *Matnos Kehunah*).

36. This fact is derived from Scriptural verses in a Baraisa (see also *Seder Olam*, Ch. 2) cited in *Megillah* 17a and in Rashi's Torah commentary on 28:9.

37. Shem, the son of Noah, and Eber, Shem's great-grandson (see *Genesis* 10:24), founded a yeshivah for the study of Torah. This academy was originally named after both Shem and Eber (see above, 63 §6); however, Shem died in 2158, when Jacob was 50 years old, so that at this time only Eber was alive (see *Maharsha* to *Megillah* 16b). Jacob spent 14 years studying there prior to embarking for Haran (see Insight Ⓐ), so that he was 77 when he arrived there. [The fact that Jacob was 77 upon his arrival in Haran can be derived directly from Scriptural verses; see *Megillah* ibid. with *Rashi* there.]

INSIGHTS

Ⓐ **The Torah of Exile** The Gemara (*Megillah* 17a) teaches that because Jacob did not fulfill the mitzvah of honoring his parents for the 22 years he was with Laban, he was punished in that his own son, Joseph, was separated from him for that very same length of time. The Gemara also teaches that he was *not* punished for the additional 14 years he spent away from his parents in the yeshivah of Eber. Clearly, the years in Eber's yeshivah were so essential for his spiritual development that they overrode his obligation to honor his parents.

How are we to understand this? That same Gemara relates (as does the Midrash here) that Jacob was 63 years old when he left his parents. During that period he had studied Torah with his grandfather Abraham and with his father Isaac. Why, then, was it so essential for him to delay heeding his parents' instructions by studying another 14 years in the yeshivah of Eber? It is like a father who instructs his son to go buy him a certain item, and on his way to the store the son decides to study in a yeshivah first. Surely that son is delinquent in his duty to his father. Great as the mitzvah of Torah study is, the law is that it must be set aside for any mitzvah that cannot be performed by others.

This question is addressed by *R' Yaakov Kamenetsky* (*Emes LeYaakov* to *Genesis* 6:8, 28:11, 37:3). He explains that it is necessary to appreciate the unique nature of the Torah taught in the yeshivah of Eber. At home, Jacob had studied in a holy but sheltered environment. He was surrounded by *tzaddikim*, his grandfather Abraham, his father Isaac, their students, and his mother Rebecca. Now, however, that he would be proceeding to Haran and entering the house of Laban, he would find himself in the company of wicked men. He needed to learn a different kind of Torah, a Torah that would teach him how to dwell among cheats and scoundrels and still retain his wholesomeness. For this he needed the yeshivah of Eber, and that of Shem (where Jacob had studied earlier — see Midrash above, 63 §10). Shem had grown up in the Generation

יָפֶה אָמַרְתְּ, אָמַר לָהּ: לֹא כָךְ אָמַרְתִּי לָךְ, אִם קַלָּה הִיא בְּעֵינַיִךְ קָשָׁה הִיא לִפְנֵי הַקָּדוֹשׁ בָּרוּךְ הוּא כִּקְרִיעַת יַם סוּף, הַקָּדוֹשׁ בָּרוּךְ הוּא מָה עוֹשֶׂה לָהֶם, מְזַוְּוגָן בְּעַל כָּרְחָן שֶׁלֹּא בְּטוֹבָתָן, הָדָא הוּא דִכְתִיב (תהלים שם) "אֱלֹהִים מוֹשִׁיב יְחִידִים בַּיְתָה מוֹצִיא אֲסִירִים בַּכּוֹשָׁרוֹת", מַהוּ "בַּכּוֹשָׁרוֹת", בְּכִי וְשִׁירוֹת, מַאן דְּבָעֵי אוֹמֵר שִׁירָה וּמַאן דְּלָא בָעֵי בָּכֵי, אָמַר רַבִּי בֶּרֶכְיָה: כַּלָּשׁוֹן הַזֶּה הֱשִׁיבָהּ רַבִּי יוֹסֵי בַּר חֲלַפְתָּא: הַקָּדוֹשׁ בָּרוּךְ הוּא יוֹשֵׁב וְעוֹשֶׂה סוּלָּמוֹת, מַשְׁפִּיל לָזֶה וּמֵרִים לָזֶה וּמוֹרִיד לָזֶה וּמַעֲלֶה לָזֶה, הֱוֵי אוֹמֵר: (תהלים עה, ח) "אֱלֹהִים שֹׁפֵט זֶה יַשְׁפִּיל וְזֶה יָרִים". יֵשׁ שֶׁהוּא הוֹלֵךְ אֵצֶל זִיווּגוֹ וְיֵשׁ שֶׁזִּיווּגוֹ בָּא אֶצְלוֹ, יִצְחָק בָּא זִיווּגוֹ אֶצְלוֹ, שֶׁנֶּאֱמַר (לעיל כד, סג) "וַיֵּצֵא יִצְחָק לָשׂוּחַ בַּשָּׂדֶה וְגוֹ'", יַעֲקֹב הָלַךְ אֵצֶל זִיווּגוֹ, שֶׁנֶּאֱמַר [כח, י] "וַיֵּצֵא יַעֲקֹב מִבְּאֵר שָׁבַע":

ה חִזְקִיָּה אָמַר: ^ז^בֶּן ס״ג שָׁנִים הָיָה יַעֲקֹב אָבִינוּ בְּעֵת שֶׁנָּטַל אֶת הַבְּרָכוֹת, עָשָׂה עוֹד י״ד שָׁנָה שֶׁנִּטְמַן בְּבֵית עֵבֶר, עָשָׂה עוֹד שֶׁבַע שָׁנִים שֶׁעָבַד בְּרָחֵל, וְנִמְצָא נוֹשֵׂא אִשָּׁה בֶּן פ״ד שָׁנִים, וְעֵשָׂו בֶּן אַרְבָּעִים שָׁנָה, הָא לָמַדְנוּ שֶׁהַקָּדוֹשׁ בָּרוּךְ הוּא מַשְׁהֶה לַצַּדִּיקִים וּמַקְדִּים לָרְשָׁעִים. אָמַר רַבִּי הוֹשַׁעְיָא: כְּבָר כְּתִיב "וַיִּשְׁמַע אֶל אָבִיו וְאֶל אִמּוֹ" [כח, ז] וּמַה תַּלְמוּד לוֹמַר [כח, י] "וַיֵּצֵא יַעֲקֹב מִבְּאֵר שָׁבַע", אֶלָּא אָמַר: אַבָּא בְּשָׁעָה שֶׁבִּקֵּשׁ לָצֵאת לְחוּץ לָאָרֶץ מֵהֵיכָן הוּרְשָׁה, לֹא מִבְּאֵר שָׁבַע, אַף אֲנִי הֲרֵינִי הוֹלֵךְ לִבְאֵר שָׁבַע, אִם יִנָּתֵן לִי רְשׁוּת הֲרֵי אֲנִי יוֹצֵא וְאִם לָאו אֵינִי יוֹצֵא, לְפִיכָךְ צָרִיךְ הַכָּתוּב לוֹמַר "וַיֵּצֵא יַעֲקֹב מִבְּאֵר שָׁבַע":

עץ יוסף

מושיב יחידים ביתה. אדם יחיד ואשה יחידה והוא מזווגם יחד ומושיב אותן בית אחד. **מוציא אסירים בכושרות** שהוא מוציאן מבתיהם אסורים בעל כרחן ומזוגן: **מאן דבעי כו'.** מי שרוצה ונהנה מזיווגו אמר שירה ומי שאינו רוצה הוא בוכה: **בלשון הזה השיבה.** על מה שאמרה לו לית אלהא כאלהכון כו' שהקדוש ברוך הוא עושה סולמות כו'. ורצה לומר אותן המתעקשים מלהזדווג אל אשר נגזר להם קודם היצירה, שמגאון לבבם אינם יכולים להשוות רצונם אל רצון הבורא יתברך, מה הקדוש ברוך הוא עושה, משפיל לזה הגאון ומרים לזה השני, ומוריד לזה הגאון ומעשיר לזה השני, עד שזה שהיה מתגאה תחלה מצפה ומשתוקק למתי יבא המתרומם להזדווג לו ויקחנו באהבה רבה. משפיל ומרומם הוא ביחוס וכבוד, ומוריד ומעלה הוא בענין ממון ונכסים. ורב ברכיה מיירי נמי מענין הזיווגים, ושפיר שייך אחר זה מה שכתב המדרש יש שהוא הולך אצל זיווגו כו': (ה) **בן ששים ושלש היה אבינו כו'.** כדאיתא בפרק קמא דמגילה (יז, א). ועיין לעיל סוף הפרשה (אות יז): **ועשו בן ארבעים.** בתמיה: **משהה לצדיקים כו'.** שלעולם הדברים הפחותים נמצאים הרבה בעולם, והטובים קשי המציאה ומתאחרים לבא (עיין בנזר הקודש): [ו] **היכן הורשה.** כלומר מהיכן בקש ליטול רשות **לא מבאר שבע.** דיצחק היה אז בגרר, ובאר שבע היה בנחל גרר. ותלה לנתינת הרשות בבאר שבע לפי שעומדת על הגבול: **הריני הולך לבאר שבע.** סבירא ליה דיצחק היה מתגורר אז בחברון ומעשה הברכה בחברון היה, אבל באגדה הסמוכה משמע דסבירא ליה דגם יצחק היה אז בבאר שבע: **ואם לאו איני יוצא.** דהוה אפשר ליה להסתר ממנו במדרשו של עבר. ולא היה מצווה מאביו ואמו רק ליקח אשה משם, והיה יכול להביאה על ידי שליח (נזר הקודש): **לפיכך צריך הכתוב כו'.** לומר שלא הלך חרנה אלא כשיצא

פירוש מהרז״ו

(ה) **בן ס״ג.** מגילה (יז, א). עיין מה שכתבתי לעיל (סב, ה) החשבון: **י״ד שנה.** מפורש ברש״י סוף פרשת תולדות (כח, ט) עיין שם: **מהיכן הורשה לא מבאר שבע.** עיין מתנות כהונה שיצחק לא היה לו רשות לצאת מבאר שבע כמו שנאמר (כו, ב) שכון בארץ כו'. אך כשבא יעקב מפדן ארם לבית אביו נאמר (בראשית לה, כז) ויבא יעקב אל יצחק אביו וגו' חברון וגו', הרי שיצחק היה דר בחברון, וכן הקשה בילקוט כאן (רמז תרא), ועל כרחך צריך לומר שנאמר לו בבאר שבע שילך לחברון. והנה כאן שכתוב ויצא יעקב מבאר שבע קשה ממה נפשך, אם היה יצחק דר אז בבאר שבע מה תלמוד לומר שיצא מבאר שבע הלא כבר כתיב וישמע יעקב וגו', ואם נאמר שאז יצא יצחק כבר מבאר שבע לחברון אם כן לא יצא יעקב מבאר שבע רק מחברון, על כן דורש שבאמת היה יצחק דר אז בחברון על פי רשיון שניתן לו בבאר שבע אף שאין מפורש בכתוב. וכן מוכח בספר הישר שהיה יצחק אז בחברון עם בניו, ואחר הברכה ברח יעקב לבית עבר, ובא עוד הפעם לחברון ואז צוהו יצחק ורבקה לצאת לפדן ארם (ועיין שם עוד שסותר עצמו וצריך עיון), והוצרך יעקב ליטול רשות לצאת לחוץ לארץ, שהצווי גור בארץ ושכון בארץ נאמרו וודאי על יצחק ועל בניו, על כן הלך לבאר שבע ששם הורשה גם יצחק. וכן מצינו כשירד מחברון למצרים נסע מקודם לבאר שבע כמו שכתוב בפרשת ויגש (מו, א):

מתנות כהונה

מאן דבעי כו'. מי שרוצה ונהנה בזיווגו אמר שירה ומי שאינו רוצה הוא בוכה: **יש שהוא כו'.** וגם זה בכלל זה ישפיל וזה ירים: **לשוח בשדה וגו' גרסינן:** [ה] **משהה לצדיקים.** טובתן משהה להם כדאמרינן לעיל בפר' ט״ז הצדיקים תחלתן יסורין וסופן שלוה: **הורשה.** ניטל ממנו הרשות כד״א ודשנו שפירושו הסרת הדשן וכן רבים שהרי בבאר שבע ניטל ממנו הרשות שנאמר שכון

נחמד למראה

[ה] **אף אני הריני הולך לבאר שבע אם נותן לי רשות הרי אני יוצא וכו'.** כתב הרב יפה תואר ז״ל שהורשה שם ואף על פי שלא נתבאר בכתוב. וקצת קשה לי אם כן כל מה שבשרו הכתוב במקום הר המוריה למה לא בשרו מיד בבאר שבע כשהרשהו בהליכה וכו'. עיין שם שנדחק הרבה בזה. ולעניות דעתי נראה דהן אמת שיעקב היה רוצה להתעכב בבאר שבע עד שניתן לו רשות מאת ה', אבל חשב שאם ימתין עוד שם יהיה לו הפסד גדול ויצא משם בלי רשות כדדריש לקמן סמוך ונראה (אות ז), מבאר שבע מבארה של שבועה שלא יעמוד עלי אבימלך וכו', מבארה של בכורה שלא יעמוד עלי עשו וכו', מבארה של ברכות וכו', משום הכי יצא יעקב משם בלי רשות עד שבא להר המוריה לשם הורשה. ודו״ק היטב כי נכון הוא:

אשד הנחלים

ועושה סולמות. הוא על דרך מליצה כלומר אם נגזר להיות איש פלוני נושא אשה פלונית והם אינם שוים, למשל שזה עשיר והיא עניה וכדומה ולכן לא יחפצו להתחבר, ה' ב״ה או מעלה לזה או מוריד לזה הכל כפי הגזירה, וישתוו יחד ויתחברו: [ה] **אלא וכו' אף אני.** לא ידעתי פירושו, אם חזר לבאר שבע עד שנפקד עוד בנבואה שיצא, או שלהכי אמר כאן עוד מבאר שבע להורות שכאן מאותו מקום הורשה

אמרי יושר

הקדוש ברוך הוא מזווגן בעל כרחן. ולסוף הוא מיישב ביניהם ואוהבים זה לזה זהו מושיב: **אמר בלשון הזה.** אף על גב דלא שייך לומר כן בהקדוש ברוך הוא כביכול: **הקדוש ברוך הוא עושה סולמות.** זהו והנה סולם ושייך לענין זיווג כדאמרן עולה עמו ולא יורדת: [ה] **מהיכן הורשה.** כי נראה שהוא על אברהם וסוברים כי בחברון נתברך כדברי הרמב״ן (בראשית כח יז):

חידושי הרד״ל

[ה] **כבר כתיב כו'.** פשוטו מפני שיצחק היה שרוי אז בבאר שבע אחר שהעתיק עצמו מנחל גרר וחפר הבאר שבעה שכתוב שם (כו, לג) על כן קרא שם העיר באר שבע, לכן מקשה שהרי כבר כתיב שיצא משם, ודרש שהלך להתפלל במקום המסותר שם לתפלה לאבותינו. ועיין רמב״ן שפירש שכבר היה שרוי בחברון כמו שנאמר בפרשת וישלח (לה, כז) ויבא יעקב אל יצחק אביו ממרא וגו'. וצריך לומר לדבריו דמקשה כיון שכבר יצא ממקום יצחק מחברון שהיא בצפונה של יהודה והלך פדנה ארם שהיא במזרחית צפונית של ארץ ישראל, האיך הגיע לבאר שבע שהיא בדרומה של ארץ יהודה כמו שכתב רש״י בחומש (כח, יז), אלא ודאי שהלך לשם ליטול רשות: **אבא בשעה שבקש כו' לא מבאר שבע.** לא נתפרש זה במקרא, ואדרבה כתיב (כו, א) וילך יצחק גררה וירא כו' שכון בארץ הזאת כו' וישב יצחק בגרר (שם, ו). ולפי דברי רש״י והרמב״ן ריש פרשת חיי שרה שאברהם ובני ביתו היו דרים בבאר שבע (רק קודם פטירת שרה היתה נסבה מאת ה' שבאה לחברון ומתה שם כדי שתקבר שם במערת המכפלה, ולכן יצחק בזקנותו סמוך לפטירתו קבע מקומו שם בחברון), וכן יצחק היה שם אחרי מות אברהם ומשם הוא שרצה לילך לחוץ לארץ ושם הוזהר, אלא מלשון וילך יצחק גררה הכתוב שם משמע שתחלה לא היה בגרר, ואולי היה בסמוך לה ועתה הלך אל אבימלך גררה מפני הרעב, או ליטול רשות ממנו קודם יציאתו מארצו לחוץ לארץ כמו שהיה בדעתו: **אף אני כו'.** וזהו שקודם ירידת יעקב למצרים בא גם כן לבאר שבע לזבוח זבחים והיינו ליטול רשות. ויש לומר שזה שאמר שם (מו, א) לאלהי אביו יצחק (עיין לקמן לד, ה) כדהכא, שהלך יצחק לשם ליטול רשות:

מסורת המדרש

ו. סוטה דף ב'. סנהדרין כ״ב:
ז. מגילה דף י״ז. סדר עולם פרק ב':

אם למקרא

כִּי אֱלֹהִים שֹׁפֵט זֶה יַשְׁפִּיל וְזֶה יָרִים: (תהלים עה:ח)
וַיֵּצֵא יִצְחָק לָשׂוּחַ בַּשָּׂדֶה לִפְנוֹת עָרֶב וַיִּשָּׂא עֵינָיו וַיַּרְא וְהִנֵּה גְמַלִּים בָּאִים: (בראשית כד:סג)

חידושי הרש״ש

[ה] **אבא כו' מהיכי הורשה לא מבאר שבע אף אני הולך לבאר שבע.** אף דלכאורה משמע דיצחק היה גם כן גר עתה בבאר שבע כדכתיב (בראשית כו, כג) ויעל משם באר שבע וכתיב (שם לג) על כן שם העיר באר שבע. מכל מקום מצינו לקמן (נה, כח) ויבא יעקב כו' הוא חברון אשר גר שם אברהם ויצחק, הרי דבחברון היה דר וכן כתב הרמב״ן ז״ל, וכן ראיתי בילקוט כאן (רמז קיז) וזה לשונו ויצא יעקב מבאר שבע והלא בחברון היה שנאמר הוא חברון כו'. אבל מה שאמר אבא כו' מבאר שבע קשה דהא בגרר נאמר לו גור בארץ הזאת, בשלמא לדעת הרמב״ן בפסוק וישובו אל ארץ פלשתים (שם כא, לב) ובריש חיי שרה שבאר שבע היא בארץ פלשתים וכן משמע קצת דעת רש״י בפסוק וישב אברהם בבאר שבע (שם כב, יט) יש לעיין קצת. אבל לדעת הבאור שבאר שבע היא בארץ ישראל סמוך לחברון וכן משמע לקמן שאמר אלא הכא דהוה יצחק ורבקה וכן משמע קצת דעת רש״י בפסוק כי אם בית אלהים (ולכאורה סותר את עצמו) קשה:

ענף יוסף

(ה) [ו] **הריני הולך לבאר שבע כו'.** עיין מה שכתבתי בעץ בשם הנזר הקודש. ולי נראה דגם בעל אגדה זו סבירא ליה דיצחק היה בשעת הברכות בבאר שבע, ועשו חשב להרוג את יעקב, אז קרא יצחק אל יעקב ויברך אותו וצוהו לילך לפדן ארם וליקח אשה משם מבנות לבן, ויעקב לא הלך משם תיכף לחרן,

בְּרָחֵל — **for Rachel.**[38] וְנִמְצָא נוֹשֵׂא אִשָּׁה בֶּן פ״ד שָׁנִים — **It thus emerges that he** first **took a wife when he was eighty-four years old,**[39] וְעֵשָׂו בֶּן אַרְבָּעִים שָׁנָה — **and yet Esau** married **when he was forty years old!**[40] הָא לָמַדְנוּ שֶׁהַקָּדוֹשׁ בָּרוּךְ הוּא מַשְׁהֶה לַצַּדִּיקִים וּמַקְדִּים לָרְשָׁעִים — **Thus we learn that the Holy One, blessed is He, delays for the righteous and hastens for the wicked.**[41]

□ [וַיֵּצֵא יַעֲקֹב מִבְּאֵר שָׁבַע וַיֵּלֶךְ חָרָנָה] — *JACOB DEPARTED FROM BEER-SHEBA AND WENT TOWARD HARAN.*]

The Midrash returns to the text of our verse and again expounds the seemingly superfluous phrase *Jacob departed from Beer-sheba*:

אָמַר רַבִּי הוֹשַׁעְיָא: כְּבָר כְּתִיב ״וַיִּשְׁמַע אֶל אָבִיו וְאֶל אִמּוֹ״ — **R' Hoshaya said: It has already been written, *and Jacob obeyed his father and mother*** *and went toward Paddan-aram* (above, 28:7), וּמַה תַּלְמוּד לוֹמַר ״וַיֵּצֵא יַעֲקֹב מִבְּאֵר שָׁבַע״ — **so why does Scripture state** here, ***Jacob departed from Beer-sheba*** *and went toward Haran?*[42] אֶלָּא אָמַר: אַבָּא בְּשָׁעָה שֶׁבִּקֵּשׁ לָצֵאת לְחוּץ לָאָרֶץ מֵהֵיכָן הוּרְשָׁה, לֹא מִבְּאֵר שָׁבַע — **However,** the explanation is that **[Jacob] said, "When** my **father wished to leave the Land** of Israel **where did he seek permission**[43] to do so — **was it not at Beer-sheba?**[44] אַף אֲנִי הֲרֵינִי הוֹלֵךְ לִבְאֵר שָׁבַע — **I, too, will go to Beer-sheba** before departing the Land.[45] אִם יִנָּתֵן לִי רְשׁוּת הֲרֵי אֲנִי יוֹצֵא וְאִם לָאו אֵינִי יוֹצֵא — **If I am granted permission** by God **then I will leave,** and **if not** then **I will not leave."**[46] לְפִיכָךְ צָרִיךְ הַכָּתוּב לוֹמַר ״וַיֵּצֵא יַעֲקֹב מִבְּאֵר שָׁבַע״ — **Therefore, Scripture had to state, *Jacob departed from Beer-sheba.***[47]

NOTES

38. As related explicitly below, 29:20.

39. Starting from the age of 63, Jacob spent 14 years studying and 7 years working; thus he was 84 years old when he married.

40. As recorded above, 26:34. The Midrash is bothered by the fact that Jacob married so much later than his twin brother, the wicked Esau (see *Eitz Yosef*).

41. For the righteous suffer at first, and only later in life are granted tranquility [as above, 66 §4] (*Matnos Kehunah*). Alternatively, it is a general truth that objects of little consequence and worth are commonplace and easy to come by, whereas objects of value are rarer, harder to find, and take longer to produce (as above, 44 §23), so that it is understandable that the formation of Jacob's family was delayed longer than that of Esau's family (*Eitz Yosef*, from *Nezer HaKodesh*). Also, since the burden of starting a family at an early age can hinder the Torah study of the righteous (see *Kiddushin* 29b), God did not wish Jacob to marry at 40 years of age. Esau had no such concern, and thus could marry at a young age (*Yefeh To'ar*). [According to this last interpretation, the Midrash is referring specifically to "delaying" and "hastening" *marriage.*]

42. Haran, where Laban lived (above, 27:43), was in the region called Paddan-aram (see above, 28:2), so it is redundant to state that Jacob left Beer-sheba for Haran once we already know that he was on his way to Paddan-aram.

43. Literally, "From where was he granted permission to leave?" This cannot be understood literally, however, for Isaac was in fact denied permission to leave the Land (above, 26:2). We have therefore followed *Eitz Yosef's* explanation, that Isaac *sought* permission to leave.

44. Jacob refers to the incident in which a famine swept through the Land of Israel, forcing his father, Isaac, to consider relocating to Egypt just as Abraham had once done. When Isaac had traveled as far as Gerar, God appeared to him and commanded him to remain in the Land of Israel (above, ibid.). Although it was in Gerar that God spoke to Isaac, Beer-sheba is a city within the Gerar region, and since it is located on the border between "inside the Land" and "outside the Land," the Midrash assumes that it was in this particular city that God instructed Isaac not to leave the Land (*Eitz Yosef*).

45. This Midrash assumes that at the time of Isaac's blessings and Jacob's subsequent flight, the family was not living in Beer-sheba, so Jacob must have intentionally traveled to Beer-sheba before embarking on his trip. *Yalkut Shimoni* here states explicitly: *Jacob departed from Beer-sheba.* Now, was he not [living] in Hebron, as it is stated (below, 35:27), *that is Hebron, where Abraham and Isaac sojourned*? (*Yalkut Shimoni* §117). [However, we find above (26:23,33) that Isaac was living in Beer-sheba prior to the blessings incident, and indeed the next Midrash (§6; see note 54) implies that Isaac and Rebecca lived in Beer-sheba when Jacob left them (*Rashash, Eitz Yosef;* see also *Radal*).]

46. Jacob sought permission to leave *Eretz Yisrael* because he presumed that the command given to his father — *Do not descend to Egypt; dwell in the land that I shall indicate to you. Sojourn in this land . . .* (above, 26:2-3) — was binding upon him as well (*Maharzu*).

47. That is, Scripture must state that Jacob first stopped in Beer-sheba to ask permission of God, for otherwise we would not have known this (*Eitz Yosef*).

INSIGHTS

of the Flood, a society of degenerate people; Eber, too, had been born and lived in the Generation of the Dispersion, evil men who sought to build a tower up to the sky in order to rebel against God. Despite these morally destructive influences, Shem and Eber had remained righteous. Only they — and not Isaac — were capable of teaching Jacob the type of Torah he needed in order to remain pure in the impure surroundings he was about to enter.

His study in that yeshivah, then, was a necessary component in fulfilling the directive of his parents, who assuredly did not want him to become corrupted by the influences in Haran. By taking the time to absorb the Torah of Eber, he would fulfill his parents' instructions as they were intended. This is comparable to a father who asks his son to buy him a proper *lulav* and *esrog,* and the son first enters a yeshivah to review the laws of the Four Species. His study of those laws are themselves a fulfillment of his father's command. So too with Jacob. Without the preparation in the yeshivah of Shem and Eber, he could never have fulfilled his parents' instructions to enter Laban's milieu and emerge pure.

R' Yaakov further uses this concept to explain the Midrash below (84 §8, cited by *Rashi* to 37:3), which states that everything Jacob learned from Shem and Eber he passed on to Joseph. Why does the Midrash stress "what he learned from Shem and Eber," and not the Torah he had learned from his father and grandfather? Furthermore, didn't Jacob also pass on the Torah he had learned to his other sons as well? The answer is that Jacob certainly taught the Torah of his parental home to all his children. But he had a tradition from Abraham that Israel were destined to be aliens in a land not their own, and he understood the need to prepare his children for that exile. Since Joseph was destined to be thrust first into that degenerate land, he would need to withstand, all alone, the tests that environment would present to him. Furthermore, Joseph would be the one responsible for paving the way for his brothers and their families to enter that corrupt environment. Jacob therefore needed to pass on to him the unique "Torah of exile" that he had learned in the yeshivah of Shem and Eber. The brothers, who did not know why their father studied more Torah with Joseph than he did with them, were jealous of him. But the truth was that for them, the Torah of the Patriarchs sufficed. For Joseph, though, the Torah of Shem and Eber was vital. It was that Torah of exile that would sustain him and those who would follow him to Egypt, as it had sustained Jacob during his sojourn in Haran.

יָפֶה אָמַרְתָּ, אָמַר לָהּ: לֹא כָךְ אָמַרְתִּי לָךְ, אִם קַלָּה הִיא בְּעֵינַיִךְ קָשָׁה הִיא לִפְנֵי הַקָּדוֹשׁ בָּרוּךְ הוּא כִּקְרִיעַת יַם סוּף, הַקָּדוֹשׁ בָּרוּךְ הוּא מָה עוֹשֶׂה לָהֶם, מְזַוְּוגָן בְּעַל כָּרְחָן שֶׁלֹּא בְּטוֹבָתָן, הָדָא הוּא דִכְתִיב (תהלים שם) ״אֱלֹהִים מוֹשִׁיב יְחִידִים בַּיְתָה מוֹצִיא אֲסִירִים בַּכּוֹשָׁרוֹת״, מַהוּ ״בַּכּוֹשָׁרוֹת״, יִבְכִּי וְשִׁירוֹת, מַאן דְּבָעֵי אוֹמֵר שִׁירָה וּמַאן דְּלָא בָּעֵי בָּכֵי, אָמַר רַבִּי בֶּרֶכְיָה: כַּלָּשׁוֹן הַזֶּה הֱשִׁיבָהּ רַבִּי יוֹסֵי בַּר חֲלַפְתָּא: הַקָּדוֹשׁ בָּרוּךְ הוּא יוֹשֵׁב וְעוֹשֶׂה סוּלָּמוֹת, מַשְׁפִּיל לָזֶה וּמֵרִים לָזֶה וּמוֹרִיד לָזֶה וּמַעֲלֶה לָזֶה, הֱוֵי אוֹמֵר: (תהלים עה, ח) ״אֱלֹהִים שֹׁפֵט זֶה יַשְׁפִּיל וְזֶה יָרִים״. יֵשׁ שֶׁהוּא הוֹלֵךְ אֵצֶל זִוּוּגוֹ וְיֵשׁ שֶׁזִּוּוּגוֹ בָּא אֶצְלוֹ, יִצְחָק בָּא זִוּוּגוֹ אֶצְלוֹ, שֶׁנֶּאֱמַר (לעיל כד, סג) ״וַיֵּצֵא יִצְחָק לָשׂוּחַ בַּשָּׂדֶה וְגוֹ׳״, יַעֲקֹב הָלַךְ אֵצֶל זִוּוּגוֹ, שֶׁנֶּאֱמַר [כח, י] ״וַיֵּצֵא יַעֲקֹב מִבְּאֵר שָׁבַע״:

ה חִזְקִיָּה אָמַר: יבֶּן ס״ג שָׁנִים הָיָה יַעֲקֹב אָבִינוּ בְּעֵת שֶׁנָּטַל אֶת הַבְּרָכוֹת, עָשָׂה עוֹד י״ד שָׁנָה שֶׁנִּטְמַן בְּבֵית עֵבֶר, עָשָׂה עוֹד שֶׁבַע שָׁנִים שֶׁעָבַד בְּרָחֵל, וְנִמְצָא נוֹשֵׂא אִשָּׁה בֶּן פ״ד שָׁנִים, וְעֵשָׂו בֶּן אַרְבָּעִים שָׁנָה, הָא לָמַדְנוּ שֶׁהַקָּדוֹשׁ בָּרוּךְ הוּא מַשְׁהֶה לַצַּדִּיקִים וּמַקְדִּים לָרְשָׁעִים. אָמַר רַבִּי הוֹשַׁעְיָא: כְּבָר כְּתִיב ״וַיִּשְׁמַע אֶל אָבִיו וְאֶל אִמּוֹ״ וּמַה תַּלְמוּד לוֹמַר [כח, י] ״וַיֵּצֵא יַעֲקֹב מִבְּאֵר שָׁבַע״, אֶלָּא אָמַר: אַבָּא בְּשָׁעָה שֶׁבִּקֵּשׁ לָצֵאת לְחוּץ לָאָרֶץ מֵהֵיכָן הוּרְשָׁה, לֹא מִבְּאֵר שָׁבַע, אַף אֲנִי הֲרֵינִי הוֹלֵךְ לִבְאֵר שָׁבַע, אִם יִנָּתֶן לִי רְשׁוּת הֲרֵי אֲנִי יוֹצֵא וְאִם לָאו אֵינִי יוֹצֵא, לְפִיכָךְ צָרִיךְ הַכָּתוּב לוֹמַר ״וַיֵּצֵא יַעֲקֹב מִבְּאֵר שָׁבַע״:

עץ יוסף

מושיב יחידים ביתה. אדם יחיד ואשה יחידה והוא מזווגם יחד ומושיב מהן בית אחד. **מוציא אסירים בכושרות** שהוא מוציאן מבתיהם אסורים בעל כרחן ומזוגן: **מאן דבעי כו׳.** מי שרוצה ונהנה מזיווגו אמר שירה ומי שאינו רוצה הוא בוכה: **בלשון הזה השיבה.** על מה שאמרה לו לית אלהא כאלהכון כו׳ שהקדוש ברוך הוא עושה סולמות כו׳. ורצה לומר אותן המתעקשים מלהזדווג אל אשר נגזר להם קודם היצירה, שמגאון לבבם אינם יכולים להשוות רצונם אל רצון הבורא יתברך, מה הקדוש ברוך הוא עושה, **משפיל לזה** הגאון **ומרים לזה** השני, **ומוריד לזה** הגאון ומעשיר לזה השני, עד שזה שהיה מתגאה תחלה מלפה ומשתוקק למתי יבא המתרומם להזדווג לו ויקחנו באהבה רבה. משפיל ומרומם הוא ביחוס וכבוד, ומוריד ומעלה הוא בענין ממון ונכסים. ורב ברכיה מיירי נמי מענין הזיווגים, ושפיר שייך אחר זה מה שכתב המדרש יש שהוא הולך אצל זיווגו כו׳: **(ה) בן ששים ושלש היה אבינו כו׳.** כדאיתא בפרק קמא דמגילה (יז, א). ועיין לעיל סוף הפרשה (אות יז): **ועשו בן ארבעים.** בתמיה: **משהה לצדיקים כו׳.** שלעולם הדברים הפחותים נמצאים הרבה בעולם, והטובים קשי המציאה ומתאחרים לבא (עיין בנזר הקודש): **[ו] היכן הורשה.** כלומר מהיכן בקש ליטול רשות **לא מבאר שבע.** דיצחק היה אז בגרר, ובאר שבע היה בנחל גרר. ותלה לנתינת הרשות בבאר שבע לפי שעומדת על הגבול: **הריני הולך לבאר שבע.** סבירא ליה דיצחק היה מתגורר אז בחברון ומעשה הברכה בחברון היה, אבל באגדה הסמוכה משמע דסבירא ליה דגם יצחק היה אז בבאר שבע: **ואם לאו איני יוצא.** דהוה אפשר ליה להסתר ממנו במדרשו של עבר. ולא היה מצווה מאביו ואמו רק ליקח אשה משם, והיה יכול להביאה על ידי שליח (נזר הקודש): **לפיכך צריך הכתוב כו׳.** לומר שלא הלך חרנה אלא כשיצא

פירוש מהרז״ו

(ה) בן ס״ג. מגילה (יז, א). עיין מה שכתבתי לעיל (סב, ה) החשבון: **י״ד שנה.** מפורש ברש״י סוף פרשת תולדות (כח, ט) עיין שם: **מהיכן הורשה לא מבאר שבע.** עיין מתנות כהונה שיצחק לא היה לו רשות לצאת מבאר שבע כמו שנאמר (כו, ב) שכון בארץ כו׳. אך כשבא יעקב מפדן ארם לבית אביו נאמר (בראשית לה, כז) ויבא יעקב אל יצחק אביו וגו׳ חברון וגו׳, הרי שיצחק היה דר בחברון, וכן הקשה בילקוט כאן (רמז תרא), ועל כרחך צריך לומר שנאמר לו בבאר שבע שילך לחברון. והנה כאן שכתוב ויצא יעקב מבאר שבע קשה ממה נפשך, אם היה יצחק דר אז בבאר שבע מה תלמוד לומר שיצא מבאר שבע הלא כבר כתיב וישמע יעקב וגו׳, ואם נאמר שאז יצא יצחק כבר מבאר שבע לחברון אם כן לא יצא יעקב מבאר שבע רק מחברון, על כן דורש שבאמת היה יצחק דר אז בחברון על פי רשיון שניתן לו בבאר שבע אף שאין מפורש בכתוב. וכן מוכח בספר הישר שהיה יצחק אז בחברון עם בניו, ואחר הברכה ברח יעקב לבית עבר, ובא עוד הפעם לחברון ואז צווהו יצחק ורבקה לצאת לפדן ארם (ועיין שם עוד שסותר עצמו וצריך עיון), והוצרך יעקב ליטול רשות לצאת לחוץ לארץ, שהצווי גור בארץ ושכון בארץ נאמרו וודאי על יצחק ועל בניו, על כן הלך לבאר שבע ששם הורשה גם יצחק. וכן מצינו כשירד מחברון למצרים נסע מקודם לבאר שבע כמו שכתוב בפרשת ויגש (מו, א):

חידושי הרד״ל

[ה] כבר כתיב כו׳. פשוטו מפני שיצחק היה שרוי אז בבאר שבע אחר שהעתיק עצמו מנחל גרר וחפר הבאר שבעה שכתוב שם (כא, לא) על כן קרא שם העיר באר שבע, לכן מקשה שהרי כבר כתיב שיצא משם, ודרש שהלך להתפלל במקום המסותר שם לתפלה לאבותינו. ועיין רמב״ן שפירש שכבר היה שרוי בחברון כמו שנאמר בפרשת וישלח (לה, כז) ויבא יעקב אל יצחק אביו ממרא וגו׳. וצריך לומר לדבריו דמקשה כיון שכבר יצא ממקום יצחק מחברון שהיא בצפונה של יהודה והלך פדנה ארם שהיא במזרחית צפונית של ארץ ישראל, האיך הגיע לבאר שבע שהיא בדרומה של ארץ יהודה כמו שכתב רש״י בחומש (כח, יז), אלא ודאי שהלך לשם ליטול רשות: **אבא בשעה שבקש כו׳ לא מבאר שבע.** לא נתפרש זה במקרא, ואדרבה כתיב (כו, א) וילך יצחק גררה וירא כו׳ שכון בארץ הזאת כו׳ וישב יצחק בגרר (שם, ו). ולפי דברי רש״י והרמב״ן ריש פרשת חיי שרה שאברהם ובני ביתו היו דרים בבאר שבע (רק קודם פטירת שרה היתה נסבה מאת ה׳ שבאה לחברון ומתה שם כדי שתקבר שם במערת המכפלה, ולכן יצחק בזקנותו סמוך לפטירתו קבע מקומו שם בחברון), וכן יצחק היה שם אחרי מות אברהם ומשם הוא שרצה לילך לחוץ לארץ ושם הוזהר, אלא מלשון וילך יצחק גררה הכתוב שם משמע שתחלה לא היה בגרר, ואולי היה בסמוך לה ועתה הלך אל אבימלך גררה מפני הרעב, או ליטול רשות ממנו קודם יציאתו מארצו לחוץ לארץ כמו שהיה בדעתו: **אף אני כו׳.** וזהו שקודם ירידת יעקב למצרים בא גם כן לבאר שבע לזבוח זבחים והיינו ליטול רשות. ויש לומר שזה שאמר שם (מו, א) לאלהי אביו יצחק (עיין לקמן לד, ה) כדהכא, שהלך יצחק לשם ליטול רשות:

מסורת המדרש

ו. סוטה דף ב׳. סנהדרין כ״ב:
ז. מגילה דף י״ז. סדר עולם פרק ב׳:

אם למקרא

כִּי אֱלֹהִים שֹׁפֵט זֶה יַשְׁפִּיל וְזֶה יָרִים: (תהלים עה:ח)

וַיֵּצֵא יִצְחָק לָשׂוּחַ בַּשָּׂדֶה לִפְנוֹת עָרֶב וַיִּשָּׂא עֵינָיו וַיַּרְא וְהִנֵּה גְמַלִּים בָּאִים: (בראשית כד:סג)

חידושי הרש״ש

[ה] אבא כו׳ מהיכי הורשה לא מבאר שבע אף אני הולך לבאר שבע. אף דלכאורה משמע דיצחק היה גם כן גר עתה בבאר שבע כדכתיב (בראשית כו, כג) ויעל משם באר שבע וכתיב (שם לג) על כן שם העיר באר שבע. מכל מקום מצינו לקמן (נה, כח) ויבא יעקב כו׳ הוא חברון אשר גר שם אברהם ויצחק, הרי דבחברון היה דר וכן כתב הרמב״ן ז״ל, וכן ראיתי בילקוט כאן (רמז קיז) וזה לשונו ויצא יעקב מבאר שבע והלא בחברון היה שנאמר הוא חברון כו׳. אבל מה שאמר אבא כו׳ מבאר שבע קשה דהא בגרר נאמר לו גור בארץ הזאת, בשלמא לדעת הרמב״ן בפסוק וישובו אל ארץ פלשתים (שם כא, לב) ובריש חיי שרה שבאר שבע היא בארץ פלשתים וכן משמע קצת דעת רש״י בפסוק וישב אברהם בבאר שבע (שם כב, יט) יש לעיין קצת. אבל לדעת הבאור שבאר שבע היא בארץ ישראל סמוך לחברון וכן משמע לקמן שאמר אלא הכא דהוה יצחק ורבקה וכן משמע קצת דעת רש״י בפסוק כי אם בית אלהים (ולכאורה סותר את עצמו) קשה:

ענף יוסף

(ה) [ו] הריני הולך לבאר שבע כו׳. עיין מה שכתבתי בעץ בשם הנזר הקודש. ולי נראה דגם בעל אגדה זו סבירא ליה דיצחק היה בשעת הברכות בבאר שבע, ועשו חשב להרוג את יעקב, אז קרא יצחק אל יעקב ויברך אותו ויצוהו לילך לפדן ארם וליקח אשה משם מבנות לבן, ויעקב לא הלך משם תיכף לחרן,

מתנות כהונה

מאן דבעי כו׳. מי שרוצה ונהנה בזיווגו אמר שירה ומי שאינו רוצה הוא בוכה: **יש שהוא כו׳.** וגם זה בכלל זה ישפיל וזה ירים: **לשוח בשדה וגו׳ גרסינן: [ה] משהה לצדיקים.** טובתן משהה להם כדאמרינן לעיל בפר׳ ט״ז הצדיקים תחלתן יסורין וסופן שלוה: **הורשה.** ניטל ממנו הרשות כד״א ודשנו שפירושו הסרת הדשן וכן רבים שהרי בבאר שבע ניטל ממנו הרשות שנאמר שכון

נחמד למראה

[ה] אף אני הריני הולך לבאר שבע אם נותן לי רשות הרי אני יוצא וכו׳. כתב הרב יפה תואר ז״ל שהורשה שם ואף על פי שלא נתבאר בכתוב. וקצת קשה לי אם כן כל מה שבשרו הכתוב במקום הר המוריה למה לא בשרו מיד בבאר שבע כשהרשהו בהליכה וכו׳. עיין שם שנדחק הרבה בזה. ולעניות דעתי נראה דהן אמת שיעקב היה רוצה להתעכב בבאר שבע עד שניתן לו רשות מאת ה׳, אבל חשב שאם ימתין עוד שם יהיה לו הפסד גדול ויצא משם בלי רשות כדדריש לקמן סמוך ונראה (אות ז), מבאר שבע מבארה של שבועה שלא יעמוד עלי אבימלך וכו׳, מבארה של בכורה שלא יעמוד עלי עשו וכו׳, מבארה של ברכות וכו׳, משום הכי יצא יעקב משם בלי רשות עד שבא להר המוריה לשם הורשה. ודו״ק היטב כי נכון הוא:

אשד הנחלים

ועושה סולמות. הוא על דרך מליצה כלומר אם נגזר להיות איש פלוני נושא אשה פלונית והם אינם שוים, למשל שזה עשיר והיא עניה וכדומה ולכן לא יחפצו להתחבר, ה׳ ב״ה או מעלה לזה או מוריד לזה הכל כפי הגזירה, וישתוו יחד ויתחברו: **[ה] אלא וכו׳ אף אני.** לא ידעתי פירושו, אם חזר לבאר שבע עד שנפקד עוד בנבואה שיצא, או שלהכי אמר כאן עוד מבאר שבע להורות שכאן מאותו מקום הורשה

אמרי יושר

הקדוש ברוך הוא מזווגן בעל כרחן. ולסוף הוא מיישב ביניהם ואוהבים זה לזה זהו מושיב: **אמר בלשון הזה.** אף על גב דלא שייך לומר כן בהקדוש ברוך הוא כביכול: **הקדוש ברוך הוא עושה סולמות.** זהו והנה סולם ושייך לענין זיווג כדאמרן עולה עמו ולא יורדת: **[ה] מהיכן הורשה.** כי נראה שהוא על אברהם וסוברים כי בחברון נתברך כדברי הרמב״ן (בראשית כח יז):

§6 וַיֵּצֵא — *JACOB DEPARTED.*

The Midrash questions the need for this statement:[48]

וְכִי לֹא יָצָא מִשָּׁם אֶלָּא הוּא — **Did no one leave there other than he?!** וַהֲרֵי כַּמָּה חַמָּרִים וְכַמָּה גַּמָּלִים יָצְאוּ — **Why, many donkey-drivers departed** from Beer-sheba, and **many camel-drivers departed** from there, "וְאַתְּ אָמַר "וַיֵּצֵא יַעֲקֹב — **and** yet **you say, *Jacob departed!***[49]

The Midrash offers an explanation:

רַבִּי עֲזַרְיָה בְּשֵׁם רַבִּי יְהוּדָה בַּר סִימוֹן אָמַר: בִּזְמַן שֶׁהַצַּדִּיק בָּעִיר הוּא זִיוָהּ הוּא הֲדָרָהּ — **R' Azaryah said in the name of R' Yehudah bar Simone: When a righteous man is** residing **in a city, he is its splendor**[50] and **he is its glory.**[51] יָצָא מִשָּׁם פָּנָה זִיוָהּ פָּנָה הֲדָרָהּ — Consequently, after **he has left from there, its splendor has departed** and **its glory has departed.**[52]

The Midrash presents another, similar case:

וְדִכְוָתֵיהּ "וַתֵּצֵא מִן הַמָּקוֹם אֲשֶׁר הָיְתָה שָׁמָּה וגו' " — **And similar to** [**our verse**], it states regarding Naomi, ***She left the place where she had been*** (*Ruth* 1:7). "וְכִי לֹא יָצְאוּ מִן הַמָּקוֹם אֶלָּא הִיא ,"וַתֵּצֵא — Why does Scripture bother to mention that ***she left*** her place of departure? **Did no one leave that place other than she?** "וַהֲרֵי כַּמָּה חַמָּרִים וְכַמָּה גַּמָּלִים יָצְאוּ, וְאוֹמֵר "וַתֵּצֵא — **Why, many donkey-drivers departed** from Moab, and **many camel-drivers departed** from there, **and** yet **[Scripture] states, *She left,*** implying that it was only she who left. רַבִּי עֲזַרְיָה בְּשֵׁם רַבִּי יְהוּדָה בַּר סִימוֹן וְרַבִּי חָנִין בְּשֵׁם רַבִּי שְׁמוּאֵל בַּר רַבִּי יִצְחָק אָמַר — **R' Azaryah said in the name of R' Yehudah bar Simone, and R' Chanin said in the name of R' Shmuel bar R' Yitzchak:** כְּשֶׁהַצַּדִּיק בָּעִיר הוּא זִיוָהּ הוּא הֲדָרָהּ — **When a righteous person is** residing **in a city, he is its splendor** and **he is its glory.** יָצָא מִשָּׁם פָּנָה זִיוָהּ פָּנָה הֲדָרָהּ — Consequently, after **he** or she **has left from there, its splendor has departed** and **its glory has departed.** This is why Naomi's departure from Moab is mentioned by Scripture.

The Midrash contrasts these two cases:

נִיחָא דְּתַמָּן דְּלֹא הָיְתָה שָׁם אֶלָּא אוֹתָהּ הַצַּדֶּקֶת בִּלְבָד — **It is satisfactory** to explain the departure in this manner **there** in the case of Naomi, **since there was only that** one **righteous woman alone there** in Moab.[53] אֶלָּא הָכָא דַּהֲוָה יִצְחָק וְרִבְקָה — **However, here** in our case, the righteous couple **Isaac and Rebecca were** still **there** in Beer-sheba after Jacob departed![54] רַבִּי עֲזַרְיָה בְּשֵׁם רַבִּי סִימוֹן אָמַר: לֹא דוֹמָה זְכוּתוֹ שֶׁל צַדִּיק אֶחָד לִזְכוּתוֹ שֶׁל שְׁנֵי צַדִּיקִים — **R' Azaryah said in the name of R' Simone: The merit of one righteous person is not comparable to the merit of two righteous persons.**[55]

NOTES

48. There is no need to inform us that Jacob left Beer-sheba, since the only important thing for us to know is that he was traveling to Haran (*Eitz Yosef*, citing *Yefeh To'ar*).

49. I.e., just as there is no need for Scripture to record the departure of camel- and donkey-drivers, since it does not matter to us, so too there is no need to mention Jacob's departure, for it matters nothing to us (*Eitz Yosef*, citing *Yefeh To'ar*). Alternatively, the verse must be teaching us that Jacob's departure was noticeable. But how so? Why, many depart from Beer-sheba, and they do so inconspicuously! (see *Eitz Yosef* to *Ruth Rabbah* 2 §12, from *Rashi*).

50. The term זיו, *splendor*, refers to the radiant countenance of those who study the Torah, in line with what Scripture states (*Ecclesiastes* 8:1): *A man's wisdom lights up his face* (*Eitz Yosef*, citing *Yefeh To'ar*). When a righteous man lives in a town and imparts his Torah wisdom to the others who live there, there is an abundance of this "radiance," which diminishes and departs in his absence (*Yefeh To'ar*).

51. According to *Yefeh To'ar* this refers to the mutual respect that people who dwell in the righteous person's town show to one another as a result of the influence of the *tzaddik's* illustrious presence, as in the verse, *You shall honor* (וְהָדַרְתָּ) *the presence of an elder* (*Leviticus* 19:32).

52. Jacob was the righteous man of Beer-sheba and constituted its splendor and glory, and when he left, these qualities left with him. So while it was true that many people ("camel-drivers and donkey-drivers") were leaving the city all the time, only Jacob's departure carried such overwhelming significance to warrant mention by Scripture (*Eitz Yosef*, citing *Nezer HaKodesh*). [Regarding the palpable void left by the departure of a *tzaddik,* see Insight "The Unfilled Void" in the Kleinman edition of *Ruth Rabbah*, 2 §12.]

53. Hence, when Naomi left, the glories of Moab certainly left with her. [The Midrash considers Naomi to be the only "one righteous person" residing in Moab — disregarding Ruth, because it presumes that she did not convert to Judaism until she was en route to *Eretz Yisrael* (*Eitz Yosef*, citing *Yefeh To'ar*; further discussion of this contention can be found in the Kleinman edition of *Ruth Rabbah,* 2 §12, note 205).]

54. Certainly the merit of Isaac and Rebecca would have preserved the glories of Beer-sheba even after Jacob's departure!

The author of this Midrash maintains that both Jacob and his parents lived in Beer-sheba at this time. This stands in contrast to the previous Midrash (end of §5; see note 45 above), which understands that they were living in Hebron (*Eitz Yosef*, citing *Nezer HaKodesh*; cf. *Maharzu* here).

55. The number of *tzaddikim* in a town has a cumulative effect on the "splendor and glory" of the town, so that the spiritual diminishment caused by the departure of even one of several *tzaddikim* can also be felt.

ו [כח, י] "**וַיֵּצֵא**" **חוְכִי לֹא יָצָא מִשָּׁם אֶלָּא הוּא, וַהֲרֵי כַּמָּה חֲמֹרִים וְכַמָּה גְּמַלִּים יָצְאוּ, וְאַתְּ אָמַר "וַיֵּצֵא יַעֲקֹב", רַבִּי עֲזַרְיָה בְּשֵׁם רַבִּי יְהוּדָה בַּר סִימוֹן אָמַר: בִּזְמַן שֶׁהַצַּדִּיק בָּעִיר הוּא זִיוָהּ הוּא הֲדָרָהּ, יָצָא מִשָּׁם פָּנָה זִיוָהּ פָּנָה הֲדָרָהּ, וְדִכְוָתֵיהּ** (רות א, ז) **"וַתֵּצֵא מִן הַמָּקוֹם אֲשֶׁר הָיְתָה שָׁמָּה וְגוֹ'", "וַתֵּצֵא", וְכִי לֹא יָצְאוּ מִן הַמָּקוֹם אֶלָּא הִיא, וַהֲרֵי כַּמָּה חֲמֹרִים וְכַמָּה גְּמַלִּים יָצְאוּ, וְאוֹמֵר "וַתֵּצֵא", רַבִּי עֲזַרְיָה בְּשֵׁם רַבִּי יְהוּדָה בַּר סִימוֹן וְרַבִּי חָנִין בְּשֵׁם רַבִּי שְׁמוּאֵל בַּר רַבִּי יִצְחָק אָמַר: כְּשֶׁהַצַּדִּיק בָּעִיר הוּא זִיוָהּ הוּא הֲדָרָהּ, יָצָא מִשָּׁם פָּנָה זִיוָהּ פָּנָה הֲדָרָהּ, נִיחָא דְּתַמָּן דְּלֹא הָיְתָה שָׁם אֶלָּא אוֹתָהּ הַצַּדֶּקֶת בִּלְבַד אֶלָּא הָכָא דַּהֲוָה יִצְחָק וְרִבְקָה, רַבִּי עֲזַרְיָה בְּשֵׁם רַבִּי סִימוֹן אָמַר: לֹא דוֹמָה זְכוּתוֹ שֶׁל צַדִּיק אֶחָד לִזְכוּתוֹ שֶׁל שְׁנֵי צַדִּיקִים:**

עץ יוסף

מבאר שבע שהורשה שם ואף על פי שלא נתבאר בכתוב (יפה תואר): (ו) [ז] **וכי לא יצא משם.** פירוש מה צריך להזכיר יציאתו לא הוה ליה להזכיר רק הליכתו חרנה שהוא מה שצריך לנו לדעת לענינינו. ופירוש **כמה חמרים יצאו כו'** כמה מוליכי חמורים ומוליכי הגמלים יצאו משם. וכשם שאין צורך לנו בהזכרת יציאת כמה חמרים וכמה גמלים דלא איכפת לן מידי בזה, כן יציאת יעקב לא איכפת לן מידי ולא היה צריך להזכיר (יפה תואר): **רבי עזריה כו'.** רצה לומר דאיכא נפקותא מהזכרת היציאה לאשמועינן שיציאת צדיק עושה רושם. ובזה הוא כאילו יצא יעקב לבדו כי יציאת האחרים לא עשה רושם אלא יציאת יעקב (נזר הקודש): **הוא זיוה הוא הדרה.** זיוה כנגד למוד התורה והחכמה שנקראת זיו שחכמת אדם תאיר פניו. והדרה הוא הכבוד שמכבד כל אדם ומתכבדין בו כענין והדרת פני זקן (יפה תואר). ועיין מה שכתבתי ברות רבה: **דלא היתה שם כו'.** ולרות לא חשיב כלל שעדיין לא נתגיירה אלא בדרך לדעת רבנן ז"ל (יפה תואר): **דהוה יצחק ורבקה.** מהא משמע דסבירא ליה דיעקב ויצחק ורבקה היו דרים בבאר שבע, ופליג אמאן דאמר לעיל דיצחק היה דר בחברון ולא בבאר שבע (נזר הקודש). ועיין מה שכתבתי לעיל סימן ו' בענף:

פירוש מהרז"ו

(ו) **וכי לא יצא כו'.** דקשה ליה למה ליה למימר ויצא והיה לו לומר וילך מבאר שבע חרנה וכל ההולך יוצא ממקום שהוא. וכו הוא ברות רבה פרשת ותצא (ב, יב): **דהוי יצחק.** אף שהיו בחברון כנכתב לעיל, צריך לומר שאמר ויצא לפי שעיקר יציאתו ממקום שדר בקבע עם אבותיו בחברון היה ניכר יציאתו, ולא בבאר שבע שלא הלך שם רק לשעה:

מתנות כהונה

באר גור בארץ הזאת ונאמר להלן ויעל מבאר שבע וכן מצאתי פירושו באב"א: [ו] **חמרים וגמלים.** מוליכי חמורים וגמלים: **ניחא דתמן.** הניחא ותצא דהתם גבי רות שלא היתה שם אלא אותה הצדקת נעמי ואף היא יצאה ופנה הדרה וזיוה של עיר:

נחמד למראה

[ו] ויצא וכי לא יצא משם אלא הוא הרי כמה חמרים וכמה גמלים יצאו וכו', רבי זעירא בשם רבי יהודה בר סימון אמר בזמן שהצדיק בעיר הוא זיוה הוא הדרה יצא משם פנה זיוה פנה הדרה. ודכוותיה (רות א, ז) **ותצא מן המקום וגו' וכי לא יצאו מן המקום אלא הוא והרי כמה חמרים וכמה גמלים יצאו וכו' כשהצדיק בעיר הוא זיוה הוא הדרה וכו'.** במדרש רות (ב, יב) איתא ותצא מן המקום וגו' וכי לא יצאה משם אלא היא והלא כמה גמלים יצאו וכו' עד וכן את מוצא ביעקב אבינו כשיצא מבאר שבע וכו', יש מקשין במה שהמדרש מביא ראיה מהכא להתם ומהתם להכא. ועוד יש לדקדק בפירש"י בחומש וזה לשונו ויצא לא היה צריך לכתוב אלא וילך חרנה ולמה הזכיר יציאתו, אלא מגיד שיציאת צדיק מן המקום עושה רושם, שבזמן שהצדיק בעיר הוא הודה הוא זיוה הוא הדרה, יצא משם פנה הודה פנה זיוה פנה הדרה, וכן ותצא מן המקום האמור בנעמי ורות עכ"ל. והתם גבי נעמי ורות מפרש וז"ל ותצא מן המקום למה נאמר, והלא כבר נאמר ותשב משדי מואב ומהיכן תשוב אם לא תצא מן המקום שהיתה שם, אלא מגיד שיציאת צדיק מן המקום ניכרת ועושה רושם, פנה זיוה פנה הדרה פנה שבחה של עיר, וכן ויצא יעקב מבאר שבע עכ"ל. חדא יש להקשות על רש"י ז"ל אותה הקושיא עצמה שמקשין על המדרש במה שמביא ראיה מהכא להתם ומהתם להכא. ועוד יש לדקדק במה ששינה רש"י ז"ל לשונו בין הכא להתם, דהכא אמר שיציאת צדיק מן המקום עושה רושם, והתם מוסיף מלת ניכרת באמרו שיציאת צדיק מן המקום ניכרת ועושה רושם. ותו כאן במדרש לא הזכיר רק פנה זיוה פנה הדרה, ולא נזכר כאן פנה הודה גם לא נזכר כאן פנה שבחה, ורש"י הוסיף כאן פנה הודה והתם הוסיף פנה שבחה, והתם לא הזכיר פנה הודה כי הכא, והכא לא הזכיר פנה שבחה כי התם, וכל זה צריך טעמא. ונראה לי להיות שכבר התבאר שיש הבדל בין הוראת מלת מן ובין הוראת מ"ם המשמשת, והוא כי מלת מן מורה על הפלגת ענין, ומ"ם המשמשת מורה על קלות הענין, רצוני לומר על המקצת, וכאן אמר במדרש ניחא דתמן דלא היתה שם אלא אותה הצדקת אלא הכא דהוה יצחק ורבקה, רבי עזריה בשם רבי סימון אמר לא דומה זכותו של צדיק אחד לזכותם של שני צדיקים עד כאן. ואחשוב אני כי לטעם זה נאמר כאן ויצא יעקב מבאר שבע במ"ם המשמשת המורה על המקצת, להורות שלא פנה משם כל הזיו וההדר אלא חלק ממנו לפי שעדיין היו שם יצחק ורבקה, וגבי נעמי שלא נשאר בעיר שום צדיק לכך נאמר ותצא מן המקום לפי שפנה משם כל זיוה והודה, ובזה יכוונו גם דברי רש"י במה שאמר כאן בזמן שהצדיק בעיר, הוא הודה הוא זיוה הוא הדרה, רצונו לומר שאפילו אם יהיו בה צדיקים אחרים מכל מקום הוא מוסיף בה הוד והדר, וכאשר יצא משם פנה ההוד וההדר ההוא, ואולם גבי נעמי לא היה שם צדיק אחר אלא היא, לא היה שם הוד כל כך, על כן לא הזכיר רש"י שם מלת הוד, ואולם בעבור שאותה הצדקת לבדה היתה שם, הנה יציאתה עושה רושם גדול, לזה אמר התם שיציאת הצדיק מן המקום ניכרת ועושה רושם, לכך נאמר התם ותצא מן המקום להורות על הפלגת הרושם, ואולם כאן השמיט מלת ניכרת לפי שאין הרושם ניכר כל כך, לפי שהיו שם יצחק ורבקה, לכך נאמר כאן ויצא יעקב מבאר שבע במ"ם המשמשת להורות על המקצת, וזהו גם כן מה שאמר כאן פנה הודה פנה זיוה פנה הדרה, לפי שיש הוד והדר בשני צדיקים יותר מבצדיק אחד, ואמר התם פנה שבחה מה שלא אמר כאן, לפי שלא נשאר שם צדיק אחד, ואם כן בצאתה מן העיר פנה משם השבח שהעיר היתה נשתבחה בו, מה שאין כן הכא עם היות שפנה משם ההוד וההדר, מכל מקום השבח לא פנה משם כיון שעדיין נשארו שם יצחק ורבקה והבן זה. ואחרי שהתבאר שרש"י ז"ל היה מיישר דבריו הכא והתם לבאר היטב מה שנאמר כאן ויצא יעקב מבאר שבע במ"ם המשמשת, ומה שנאמר התם ותצא מן המקום, באופן שיש הפלגת ענין במלת מן וקלות ענין במ"ם המשמשת, על כן נכון הוא מה שאמר המדרש כאן ודכוותיה ותצא מן המקום, ובמדרש רות (ב, יב) אמר וכן אתה מוצא ביעקב אבינו כשיצא מבאר שבע, לפי שכוונת המדרש לבאר בשני מקומות האלה ההבדל שבין מלת מן ובין מ"ם המשמשת, ומבואר שהוראת הפלגת ענין שבמלת מן היא הוראה גדולה על קלות הענין שבמ"ם המשמשת, וכן בהיפך שהוראת קלות ענין שבמ"ם המשמשת היא הוראה גדולה על הפלגת הענין שבמלת מן, על כן נכון הוא מה שמביא המדרש וגם רש"י ז"ל ראיה מהכא להתם ומהתם להכא, וגם מה שאמר רש"י כאן וכן ותצא מן המקום, מה שאמר התם וכן ויצא יעקב מבאר שבע ודו"ק:

אשד הנחלים

ללכת, וזה יותר נכון: [ו] **וכמה גמלים כו'.** עיין ברש"י דמשמע דקושיתם דלא היה צריך לכתוב כי אם וילך. ועיין בשפתי חכמים שם מה שיישב שני מאמרים יחד. והנראה דשם הליכה מתואר כשהוא בכוונה למקום הנועד לחפצו ולתכליתו, לכן בבעלי חיים ההולכים לרגלי בעליהם באין כוונה מאומה אינם מתוארים בשם הליכה, כי אם בבחינת יציאה, בבחינת שיצאו ממקומם. ואולי מפני זה דייקו חז"ל (בראשית רבה נד, ד) אצל הפרות נושאי הארון שנאמר בהם (שמואל א' ו, יב) הלוך וגעו, שאמרו שירה, כאלו הולכים בכוונה ובדעת. והנה כאן שנאמר ויצא אם הכוונה בבחינת היציאה לבד, היה ג"כ הבעלי חיים ההולכים עמו מתוארים בשם זה, אלא ודאי משום דלהורות בא דהיציאה מהצדיק עושה רושם במקומו, משום דפנה זיוה, הוא אור החכמה והשפע השופע על העיר בסבתו, פנה הדרה, כי הצדיק מניח נימוסים מדיניים הנותן חן והדר לשוכניה, לכך כתיב מלת יציאה וק"ל:

ידי משה

[ו] **וכי לא יצא משם אלא הוא.** פירש רש"י מדכתיב ויצא ללא צורך שלא היה לו לכתוב אלא וילך חרנה. ולי נראה לפי שתיבת יעקב כתיב שלא לצורך, וכן גבי רות מדכתיב (א, ז) אשר היתה שמה קדרים. אי נמי מסתמא לא יצא יחידי לדרך כי לא היתה אמו מניחתו לילך יחידי, אלא להורות שעושה רושם. וקל להבין:

אמרי יושר

[ו] **והלא כמה גמלים יצאו.** ואמרו ויצא הוא להשמיענו פרטיות ואם הוא פרטיות גופו ולא אחר אין זה כי גמלים יצאו אלא על הרושם דהוא זיווה הוא רמז הפרטיות דאחר לא היה לומר זיו ודכוותה ותצא מן המקום אף על פי שהיא אשה גם דהרי כתיב ותשב ושני כלותיה עמה:

שנוי נוסחאות

(ו) **רבי עזריה בשם רבי יהודה בר סימון.** בכמה דפוסים מאוחרים כתבו "זעירא" בסוגריים אחר "עזריה", ובדפוס וארשא ליתיה:

מסורת המדרש

ח. רות רבה פרשה ב' ילקוט רות רמז תר"א:

אם למקרא

וַתֵּצֵא מִן הַמָּקוֹם אֲשֶׁר הָיְתָה שָׁמָּה וּשְׁתֵּי כַלֹּתֶיהָ עִמָּהּ וַתֵּלַכְנָה בַדֶּרֶךְ לָשׁוּב אֶל אֶרֶץ יְהוּדָה: (רות א:ז)

ענף יוסף

אלא הלך למקום שהיה שם ועבר ונטמן שם בבית מדרשו י"ד שנה, שבית עבר לא היה בבאר שבע, והא ראיה דכתיב (בראשית כה, יא) ויהי אחרי מות אברהם וגו' וישב יצחק עם באר לחי רואי, (ועיין רש"י שם כד, סב) וכתיב שם (פסוק כב) ויתרוצצו הבנים בקרבה ופירש רש"י כשהיתה עוברת על פתחי תורה של שם ועבר יעקב רץ ומפרכס לצאת כו', וגם כתיב שם ותלך לדרוש את ה' פירש רש"י לבית מדרשו של שם, הרי שהיו מדרשות של שם ועבר באותו מקום שהיה דר שם יצחק ורבקה אז, ויעקב כשיצא מבית עבר לילך לחרן הלך מתחלה לבאר שבע ליטול רשות כמו שעשה יצחק אביו: (ו) [ז] **ניחא דתמן דלא היתה כו'.** רצונו לומר שהמקשה ידע גם כן בודאי שאינו דומה זכות לדיק אחד לזכות שני לדיקים, אבל חשב שההפרש שביניהם הוא בכפלים לבד, ולכן מקשה דבשלמא תמן במואב לא הויא אלא היא, ברם הכא לא הוית יצחק ורבקה בתמיה, ואם כן לא ילדק אומרו פנה זיוה והדרה שאם פנה לא פנה אלא חצי זיוה והדרה. והשיב רבי עזריה לא דומה כו', רצונו לומר שאין הדבר כן אלא כך הוא שאם כשיש לדיק אחד בעיר יש למשל חמשים שיעורים של זיו והדר, כאשר יהיו שני לדיקים יעלה במדריגה גדולה לאלף אלפי שיעורים של זיו והדר, ולכן עתה כאשר יצא יעקב מבאר שבע כל אותה מעלת הזיו והדר פנה והלך לו ומה שנשאר אינה לערך לכלום לפי הערך שהיה לה עד עתה ויולדק באומרו פנה זיוה והדרה (אגרת שמואל):

§7 מִבְּאֵר שָׁבַע — *FROM BEER-SHEBA.*

The Midrash presents a homiletical interpretation for the words *Beer-sheba* (lit., "Well of Sheba" or "Well of the Oath"):[56] רַבִּי יוּדָן וְרַבִּי הוּנָא — **R' Yudan and R' Huna** each offered an interpretation: רַבִּי יוּדָן אָמַר: מִבְּאֵרָהּ שֶׁל שְׁבוּעָה — **R' Yudan said:** The verse means that Jacob departed **from the "well of the oath,"**[57] אָמַר: שֶׁלֹּא יַעֲמוֹד עָלַי אֲבִימֶלֶךְ וְיֹאמַר: הִשָּׁבְעָה לִי כְּשֵׁם שֶׁנִּשְׁבַּע לִי זְקֵנְךָ — **saying,** "Let me depart **so that Abimelech should not confront me and demand, 'Swear to me** a peace treaty **just as your grandfather** Abraham **swore to me!'**[58] וְנִמְצֵאתִי מַשְׁהֶה בְּשִׂמְחַת בָּנַי שִׁבְעָה דוֹרוֹת — and **I would** then **find myself delaying the happiness of my descendants** for **seven generations."**[59] רַבִּי הוּנָא אָמַר מִבְּאֵרָהּ שֶׁל בְּכוֹרָה — **R' Huna said:** The verse means that Jacob departed **from the "well of the birthright,"**[60] אָמַר: שֶׁלֹּא יַעֲמוֹד עָלַי עֵשָׂו וִיעַרְעֵר עַל הַבְּכוֹרָה — **saying,** "Let me depart **so that Esau should not confront me and protest** my possession of **the birthright** וְיֹאמַר לִי: כָּךְ הָיִיתָ מְרַמֶּה בִּי וְנוֹטֵל אֶת בְּכוֹרָתִי — **and say to me, 'You deceived me!' and take** back **my birthright** by force,[61] וְנִמְצֵאתִי מְאַבֵּד אוֹתָהּ שְׁבוּעָה שֶׁנֶּאֱמַר "הִשָּׁבְעָה לִּי כַּיּוֹם" — **and I would** then **find myself losing** the birthright that I obtained through **that oath," as it is stated,** *Jacob said,* ***"Swear to me as this day"****; [Esau] swore to him and sold his birthright to Jacob* (25:33).

❑ מִבְּאֵר שָׁבַע — *FROM BEER-SHEBA.*

The Midrash presents another interpretation of these words, along the lines of the previous ones:

רַבִּי בֶּרֶכְיָה אָמַר: מִבְּאֵרָהּ שֶׁל בְּרָכוֹת — **R' Berechyah said:** This means that Jacob departed **from the "well of the blessings"** that Isaac gave Jacob instead of Esau,[62] אָמַר: שֶׁלֹּא יַעֲמוֹד עָלַי עֵשָׂו וְיֹאמַר לִי: כָּךְ הָיִיתָ מְרַמֶּה בִּי וְנוֹטֵל אֶת הַבְּרָכוֹת — **saying,** "Let me depart **so that Esau should not confront me and say to me, 'You deceived me!' and take the blessings** for himself by force נִמְצֵאתִי מְאַבֵּד אוֹתָהּ יְגִיעָה שֶׁיָּגְעָה בִּי אִמִּי — and **I would** then **find myself wasting** all **the toil that my mother toiled on my behalf** to obtain those blessings for me."[63]

§8 וַיֵּלֶךְ חָרָנָה — *AND HE WENT TOWARD* (or *TO*) *HARAN.*

The words *and went to Haran* imply that Jacob arrived in Haran very shortly after he left Beer-sheba.[64] The Midrash explains:

רַבָּנָן אָמְרִי: בֶּן יוֹמוֹ — **The Rabbis said:** Jacob indeed arrived in Haran **on that same day.**[65]

NOTES

56. The reason the Midrash is prompted to veer from the plain meaning of the verse is that there seems to be no significance in naming the place from which Jacob left; the verse could have simply stated: *Jacob departed and went to Haran* (*Eitz Yosef*). Alternatively, this Midrash maintains that Jacob and his family were residing in Hebron at this time (see above, notes 45 and 54), and it was from *that* town that he departed, not from Beer-sheba (*Yefeh To'ar*).

57. According to R' Yudan the Torah's statement that Jacob *departed from "Beer-sheba"* alludes to the fact that Jacob wished to avoid the ramifications that would result from his taking a certain oath [שְׁבוּעָה]. Just as a well is dug deep into the ground, this oath contained within it deep and profound ramifications that would impact many generations (as will be explained below) and is thus referred to as a "well" (*Eitz Yosef; cf. Matnos Kehunah*).

58. In an oath with Abimelech, the king of the Philistines, Abraham agreed not to harm Abimelech's people (above, 21:22-27). Jacob was afraid that Abimelech would ask him to swear a similar oath and that it would be difficult for him to refuse.

59. The oath between Abraham and Abimelech stipulated that for a span of seven generations Abraham's descendants would not harm Abimelech's people (see further, Midrash above, 54 §2). Because of this oath, seven generations had to pass — Abraham, Isaac, Jacob, Levi, Kehath, Amram, and Moses — before the people of Israel, under the leadership of Joshua, could fight the Philistine armies and conquer the Land of Israel. If Jacob had taken a similar oath, it would have guaranteed the Philistines seven more generations of peace with Israel, further delaying the time when the Israelites could jubilantly enter their Land. By leaving *Eretz Yisrael* in his flight from Esau, Jacob also departed from Abimelech and his "well of oaths" (*Eitz Yosef*; *Matnos Kehunah*).

[Although the Midrash understands that the oath between Abraham and Abimelech was to last only seven generations, the Gemara (*Sotah* 10a) implies that the oath was meant to be everlasting. It states there that the Philistines respected the terms of the treaty for more than 700 years, until finally breaking the oath in the days of Samson when they began to attack Israel for the first time. Apparently, the views of the Gemara and the Midrash are in conflict (*Maharatz Chayes* to *Sotah* 10a; cf. *Maharsha* ad loc. who presents a different explanation of this Gemara).]

60. R' Huna agrees with R' Yudan that the word שָׁבַע in בְּאֵר שָׁבַע alludes to an oath [שְׁבוּעָה], but he maintains that it refers to the oath that Esau made to Jacob when he handed over the birthright. The matter of the birthright, too, is compared to a well (see above, note 57), because it was of profound significance, and the ramifications of this exchange would impact many generations.

61. By leaving *Eretz Yisrael* in his flight from Esau's wrath, Jacob also departed from his "well of oaths," i.e., from challenges to his right to firstborn status.

62. It is unclear what these blessings have to do with the word שָׁבַע; the commentators offer many possible explanations. Perhaps the simplest is that of *Yefeh To'ar* (cited by *Eitz Yosef*), that the Midrash is interpreting the word as if it were punctuated שָׂבָע, "satisfaction" or "tranquility," the hallmarks of true blessing. (See also *Matnos Kehunah, Yedei Moshe, Radal,* etc.)

[An alternative version of this Midrash found in *Tanchuma Yashan* states that Jacob said, "If Esau comes and says to me, 'Come and swear to me that you did not take the blessings (given by Isaac) by deceit,' what will I be able to do then? Rather, I will leave this place, which is prone to oaths." According to this version, the connection to שֶׁבַע is obvious.]

As in the earlier interpretations, the deep significance of the matter at hand prompts the Midrash to refer to it as a "well."

63. Esau was of course powerless to force God to bless him instead of Jacob (in contrast to the earlier interpretations, where Abimelech or Esau could have indeed forced a situation upon Jacob), for God blesses whomever He pleases; the Midrash therefore explains that Jacob's problem with Esau's "taking" the blessings was that his mother would feel that all her toil was in vain (*Eitz Yosef*).

64. *Yefeh To'ar.* [Alternatively, the Midrash is bothered by the seeming redundancy of these words (*and he went to Haran*), for the Torah has already stated above (v. 5) that *Isaac sent away Jacob and he went to Paddan-aram, to Laban* (*Eitz Yosef*, Vagshal edition).]

65. As the wording of the verse implies. [Alternatively: These extra words are expounded to teach that Jacob's trip to Paddan-Aram (Haran) was miraculously accomplished in one day (*Eitz Yosef*, Vagshal edition).] See Insight Ⓐ.

INSIGHTS

Ⓐ **Jacob's Trip** The Gemara (*Chullin* 91b) presents a slightly different version of this incident: After Jacob left Beer-sheba and then reached Haran he said to himself, "How could I have passed the place where my fathers prayed (Beth-el) and not have prayed there myself? I must go back and rectify this oversight!" As soon as he set his mind to return to *Eretz Yisrael* and pray at Beth-el the ground miraculously contracted and Jacob was immediately brought to Beth-el, where he prayed. When he finished praying, he sought to return to Haran; however, God declared, "This righteous man has come to My lodging place — shall he depart without spending a night? Certainly not!" A miracle occurred and the sun set prematurely, forcing Jacob to postpone his departure to Haran while he spent the night in Beth-el.

According to the Rabbis cited in our Midrash, not only is the entire incident of Jacob's return to Beth-el omitted from the narrative, but

ז [כח, י] "מִבְּאֵר שָׁבַע", רַבִּי יוּדָן וְרַבִּי הוּנָא, רַבִּי יוּדָן אָמַר: ^טמִבְּאֵרָהּ שֶׁל שְׁבוּעָה, אָמַר: שֶׁלֹּא יַעֲמוֹד עָלַי אֲבִימֶלֶךְ וְיֹאמַר: הִשָּׁבְעָה לִי כְּשֵׁם שֶׁנִּשְׁבַּע לִי זְקֵנְךָ, וְנִמְצֵאתִי מַשְׁהֶה בְּשִׂמְחַת בָּנַי שִׁבְעָה דוֹרוֹת, רַבִּי הוּנָא אָמַר מִבְּאֵרָהּ שֶׁל בְּכוֹרָה, אָמַר: שֶׁלֹּא יַעֲמוֹד עָלַי עֵשָׂו וִיעַרְעֵר עַל הַבְּכוֹרָה וְיֹאמַר לִי: כָּךְ הָיִיתָ מְרַמֶּה בִּי וְנוֹטֵל אֶת בְּכוֹרָתִי, וְנִמְצֵאתִי מְאַבֵּד אוֹתָהּ שְׁבוּעָה שֶׁנֶּאֱמַר (בראשית כה, לג) "הִשָּׁבְעָה לִי כַּיּוֹם". "מִבְּאֵר שָׁבַע", רַבִּי בֶּרֶכְיָה אָמַר: מִבְּאֵרָהּ שֶׁל בְּרָכוֹת, אָמַר: שֶׁלֹּא יַעֲמוֹד עָלַי עֵשָׂו וְיֹאמַר לִי: כָּךְ הָיִיתָ מְרַמֶּה בִּי וְנוֹטֵל אֶת הַבְּרָכוֹת, נִמְצֵאתִי מְאַבֵּד אוֹתָהּ יְגִיעָה שֶׁיָּגְעָה בִּי אִמִּי:

ח [כח, י] "וַיֵּלֶךְ חָרָנָה", רַבָּנָן אָמְרִי: ^יבֶּן יוֹמוֹ, רַבִּי בֶּרֶכְיָה בְּשֵׁם רַבִּי יִצְחָק אָמַר: כְּלִישָׁנְהוֹן דִּבְרִיָּיתָא הוּא: פְּלָן אֲזִיל לְקֵסָרִין וְעַד כַּדּוֹן הוּא עַל זְוָודַיָּא. [כח, י] "חָרָנָה", ^יאתָּנָא בְּשֵׁם רַבִּי נְחֶמְיָה:

עץ יוסף

(ז) [ח] **מבארה של שבועה כו'.** דמה לורך להשמיענו שהיאלה מבאר שבע, אלא דרמיז לענין השבועה. ועיין בילקוט: **מבארה של שבועה.** כלומר מפני עומק סוד השבועה וכנהו בלשון באר על ענין עומקו: **שלא יעמוד עלי כו'.** כלומר אגב אורחי מרווחנא שלא יעמוד עלי אבימלך.

והכי קאמר וילא יעקב מבאר שבע על ידי יליאתו נמלט מבארה של שבועה (יפה תואר): **ויאמר השבעה לי.** ומפני הבושה יזקק לו. ועוד כדי שלא יהיה אויב לו ומבקש רעתו **קשה לפני הקדוש ברוך הוא כו'.** הקושי בחקו יתברך משני פנים האחד להטיב למי שאינו ראוי, לפי שמדת הדין מקטרגתו, והשני להזיק אפילו למי שעונו מחייבו כי השם יתברך הוא הטוב והמטיב ואינו רולה בהשחתת שום נברא, אלא שלהיותו דיין אמת יתחייב להעניש החוטא, והשני פנים אלו יתיחס אללו קושי כקריעת ים סוף, אם במה שהטיב לישראל שלא היו ראוים לנס כזה להיות ביניהם פסל מיכה כמו שאמרו ז"ל, ואם במה שהזיק למצרים (יפה תואר): **שבע דורות כו'.** שבע דורות היה מאברהם עד יהושע שאז חלקו עיקר הארץ, אברהם יצחק יעקב לוי קהת עמרם משה, ואם ישבע גם הוא יעכבם עוד שבע דורות, ויצחק לא נשבע מחדש רק אמר ליה השבועה הקדומה שהיא בינותינו מאביך תהא בינותינו אל תפר אותה (עיין מתנות כהונה): **ונוטל את בכורתי.** בעל כרחי על ידי שילער אותי, אגב אונסי אגמור ואקיים לו בכורתו: **מאבד אותה השבועה.** פירוש שיאבד הבכורה, ולפי שעיקר קנייתה היתה על ידי השבועה קאמר מאבד אותה שבועה כלומר מה שקניתי בשבועה (יפה תואר): **מבארה.** וטעם באר שבע שהברכות שבע ושלוה (יפה תואר): **מאבד אותה יגיעה כו'.** כי לא היה חושש מהברכות כי ידע שה' יברכהו כראוי לו, אלא מיגיעת אמו היה חושש שלא תלטער אמו בחשבה שלריק יגעה (יפה תואר): (ח) [ט] **בן יומו.** וילך חרנה משמע מיד בלאתו מבאר שבע הלך חרנה מדלא קאמר וילך עד חרן, ודרשו רבנן שקפלה לו הדרך וביום היליאה הלך חרנה (יפה תואר): **רבי ברכיה כו'.** יש לומר שרבי ברכיה מתרץ דאין קפידא בזה דכך הוא לישנהון דברייתא כו' פירוש כלשון הבריות שאומרים פלוני זה הלך למקום קסרין ועדיין יש בידו הלידה שלקח לדרכו, ומה שאומר וילך חרנה, שילא ללכת לחרן: **בשם רבי נחמיה כו'.** דה"א בסופה במקום למ"ד בתחלתה, והוה כמו שהיה כתוב וילך לחרן. ועיין מה שכתבתי לעיל (פרשה ו, ד):

פירוש מהרז"ו

(ז) **רבי יודן ורבי הונא.** סבירא להו שילחק היה דר בחברון כמו שכתבתי לעיל בסימן ה', ומה שכתב מבאר שבע לדרשא, וכן הוא בילקוט. ומה שאמר שבעה דורות עיין לעיל (כד, ד): (ח) **בן יומו.** עיין חולין ריש פרק גיד הנשה על פסוק כי בא השמש והובא ברש"י, ולריך עיון: **תני בשם רבי נחמיה.** לעיל (נ, ג) סדומה. לקמן (פו, סס"ב) מלרימה:

רש"י

(ז) **נמצאתי משהה בשמחת בני שבעה דורות.** אברהם עכבן שלשה דורות:

מתנות כהונה

[ז] **מבארה של שבועה.** משרש ומקור מטעם השבועה כו'. דרש שבע ל' שבועה: **ויאמר השבעה גרסינן: שבעה דורות כו'.** שבעה דורות היו מאברהם עד יהושע שאז חלקו עיקר הארץ אברהם ילחק ויעקב לוי קהת עמרם משה ואם ישבע יעקב גם הוא יעכבם עוד ז' דורות וילחק לא נשבע מחדש רק אמר לו השבועה הקדומה שהיא בינותינו מאביך תהא בינותינו ואל תפר אותה וגם י"ל שמשבועת אברהם עד כבוש ארץ סיחון ועוג שגם הם בכלל כנען כדפי' רש"י בפר' בא אל פרעה ז' דורות משבועת ילחק עד כבוש יהושע גם המה ז' דורות: **יגיע שיגעה גרסינן: שיגעה בו'.** ואמרה עלי קללתך בני ואדור יש בו שבועה וכל"א בשבועת האלה: [ח] **בן יומו בו'.** בו ביום שילא בו ביום בא לחרן ודוגמתו דרשו לעיל גבי אליעזר: **כלישנהון דברייתא בו'.** כלשון הבריות שאומרין פלוני זה הלך למקום קסרין ועדיין יש בידו הלידה שלקח לדרכו: **ה"ג זוודיא: חרנה**

נחמד למראה

[ח] **וילך חרנה רבי ברכיה בשם רבי יצחק אמר כלישנהון דברייתא הוא פלן אזיל לקיסרין ועד כדון הוא על זוודיא.** זה לשון רש"י בחומש (כח, י) וילך חרנה ילא ללכת לחרן עכ"ל. וכתב הרא"ם וזה לשונו ילא ללכת לחרן, אינו רולה לומר שפירוש וילך ללכת, שלא מלינו בשום מקום עתיד או עבר במקום מקור, אלא הכי פירושו שההליכה הזאת היא העברייה, שדרך בני אדם לומר על מי שילא ממקומו ללכת למקום פלוני כבר הלך למקום פלוני, וכן אמרו בבראשית רבה רבי ברכיה בשם רבי ילחק אמר כלישנהון דברייתא וכו'. ולא שהלך

אשד הנחלים

[ז] **מבארה של שבועה.** כוונתם ליישב. דהרי כבר נאמר בפרשה הקודמת שעשה כדבר אביו וילך משם, ולמה כתיב כאן עוד הפעם. לזה באו ליישב שבא לרמוז גם את זאת, ויהיה המ"ם מם הסבה, מסבת באר השבועה. וחשבו ג' דברים, אחד מענין אבימלך שלא יכריח לכרות עמו ברית, הב' מסבת עשו שלא יטול הבכורה והברכות שנטלם ע"י שבועת עשו, כי גם הברכות נטל מכח זה כמו שאמרו לעיל (סז, ב) אחר ששמע יצחק מעשו שנטל הבכורה אז הסכים על ברכת יעקב: **ונמצאתי.** כצ"ל (אות אמת): [ח] **בן יומו.** כלומר דלהכי לא כתיב לחרן משום דתיכף באותו יום בא לשם, וכמעט בתחילת ההליכה בא לחרן. ודעת ר' ברכיה דכן דרך הלשון לכנות ההליכה על שם כוונת המכוון, אחר שכוונתו היה לבוא לחרן מכנה ההליכה עצמה על שם זה. ודעת ר' נחמיה דה' בסופה במקום למד בתחילתה, וא"כ אין צורך לכל זה.

משנת דר' אליעזר

[ז] **מבאר שבע רב הונא אמר מבארה של בכורה שלא יעמוד עלי עשו ויערער על הבכורה.** היינו לפי שכתיב לעיל מיניה (כח, ט) וילך עשו ויקח את מחלת וגו', לכך נתיירא יעקב שיחזור עשו ממכירת הבכורה. דבלא זה בוודאי יבחר עשו שיעקב יהיה בכור כדי שיגיע על חלקו שני חלקים משעבוד ארבע מאות שנה של מצרים שנתחייבו זרעו של אברהם מחמת שגרש את הגר, מה שאין כן לאחר שלקח את מחלת דנקראת כך על שם שמחל לו הקב"ה על עונותיו כדאיתא כהאי גוונא בספר אהבת ציון, על כן נתיירא שיחזור עשו ממכירת הבכורה, לכך וילא יעקב מבארה של בכורה:

חידושי הרד"ל

[ז] **מבארה של ברכות.** עיין ידי משה. ולכאורה היה נראה שהבראשית רבה מונה ברכות ילחק ליעקב לשבעה, שחושב טל השמים ומשמני הארץ לאחד, וכן דגן ותירוש וכו', אלא שבאמת בויקרא רבה (לד, טז) ודברים רבה (א, יח) איתא שעשר ברכות נתברך, וכן לקמן (פד, ו) כמו שכתבתי שם בהגהותי בסייעתא דשמיא, ועיין פרקי דרבי אליעזר (פרק לב) מה שכתבתי בבאורי שם בסייעתא דשמיא:

חידושי הרש"ש

[ז] **מבארה של ברכות כו'. שיגעה בי אמי.** עיין מתנות כהונה. ואולי יכוון גם כן לפרש באר שבע למספר שבעה, והוא כי הברכה העקרית היתה הוה גביר לאחיך (בראשית כז, כט) שהיא השביעית עיין לעיל (סז, ה) בפסוק הן גביר שמתיו לך, וכעין זה פירש הידי משה:

זרע אברהם

[ז] **מבארה של ברכות.** עיין מתנות כהונה שפירש שבע לשון שבועה. ולי נראה דהכי פירושו לפי דאיתא ברש"י בפסוק הן גביר שמתיו לך וגו' (בראשית כז לז ד"ה הן) מקשה רש"י והלא זו ברכה שביעית כו' אלא אמר ליה מה תועלת בברכות אם תקנת נכסים שלו הם מה שקנה עבד קנה רבו שהרי הוא גביר לך. ושבע שאמר כאן הוא פירוש ברכה שביעית שכולל כל הברכות וזה שאמר בארה של ברכות. וקל להבין:

אמרי יושר

[ז] **מבאר שבע.** הרגישו כי פשיטא. לזה פירשו מבארה של שבועה. או למעלה תירלו (לעיל אות ה) וסוברים שילחק לא היה יושב בבאר שבע רק בחברון והלך לבאר שבע ליטול רשות ליליאתו:

[ח] **בן יומו.** ולזה לא כתיב לחרן שהוא מורה הדרכה והגעה:

מסורת המדרש

ט. ילקוט כאן רמז קי"ז כל הענין:

י. סנהדרין דף צ"ה. תנחומא כאן סימן ג':

יא. יבמות דף י"ג. ירושלמי יבמות פ' א'. מדרש תהלים מזמור ט'. לעיל פ' נ'. לקמן פ' פ"ו. ילקוט תהלים רמז תרמ"ה:

אם למקרא

וַיֹּאמֶר יַעֲקֹב הִשָּׁבְעָה לִּי כַּיּוֹם וַיִּשָּׁבַע לוֹ וַיִּמְכֹּר אֶת בְּכֹרָתוֹ לְיַעֲקֹב: (בראשית כה:לג)

שנוי נוסחאות

(ח) **"חרנה", תנא בשם רבי נחמיה.** בדפוסים הישנים היה כתוב לפני זה "דבר אחר", ומחקה אב"א וגם מ"כ (כן צריך לומר במ"כ: <ה"ג: "זוודיא חרנה">, ורוצה לומר שיש למחוק "דבר אחר", כן היה כתוב בדפוסים ישנים, אבל נשתבשו דבריו בדפוסים של היום):

ידי משה

[ז] **ונמצאתי משהה בשמחת בני ז' דורות.** פירוש שהיה ירא שלא ישהה הקדוש ברוך הוא עוד ז' דורות כמו שאמר לעיל (כד, ד) אמר הקדוש ברוך הוא אתה נתת שבע כבשות חייך שאני משהה לבניך ז' דורות: **מבארה של ברכות.** עיין מתנות כהונה שפירש שבע לשון אלה. ולי נראה דהכי פירושו לפי שפירש רש"י בפסוק (לעיל כז, לג) הן גביר שמתיו לך והקשה רש"י והלא זו ברכה שביעית היא והוא עושה אותה ראשונה, אלא אמר לו מה תועלת לך בברכה אם תקנה נכסים שלו הם שהרי גביר שמתיו לך וכו', נמלא כל היום הוא זמן תפלה, מה שאין כן בלילה אומרים שירה אף שתפלת ערבית כל הלילה, מכל מקום הואיל ותפלת ערבית רשות היא ושירה של מלאכי השרת חובה, מה שאין כן למאן דאמר שתפלת ערבית חובה היא אם כן אינם יכולים לומר שירה אף בלילה ולפיכך אומרים שירה בעלות השחר, ואיתא בירושלמי (יומא פרק ג ב) ובמדרש רבה פרשת וירא (נ, י) גבי ויאילו המלאכים בלוט שמן עלות השחר עד זמן זריחת השמש הוא ח' מילין והוא ב' שעות, נמלא זכינו לדין שבכל יום זמן שיכולים מלאכי השרת לומר שירה הוא שיעור ב' שעות, רק הואיל ואותן ב' שעות ששקעה חמה שלא בעונתה בשביל יעקב, זרחה כאן קודם זמנה ב' שעות, אם כן לא היה זמן כאן לומר שירה, ואם כן היאך אמר הגיע פרקי לומר שירה, אלא על כרחך ששירה של מלאכי השרת הוא רק תיבה אחת כמו שאמר רבי חנינא שאומרים רק קדוש ולא יותר, ואם כן על כרחך שהיה זמן שקיעת השמש קודם זמנה על כל פנים לא פחות מב' שעות, דאם לא כן היה פנאי לומר שירה. ודו"ק היטב:

רַבִּי בֶּרֶכְיָה בְּשֵׁם רַבִּי יִצְחָק אָמַר: כִּלְישָׁנְהוֹן דִּבְרִיָּיתָא הוּא — **R' Berechyah said in the name of R' Yitzchak: [The verse] is** phrased **in the language** customarily **used by people,** פְּלָן אֲזַיל לְקֵסָרִין וְעַד כַּדּוּן הוּא עַל זְוָודַיָּא — for people will say, **"So-and-so went to Caesarea," while he is still holding the provisions** for his journey.[66]

☐ חָרָנָה — ***TOWARD*** (or *TO*) ***HARAN.***

The Midrash notes a grammatical convention used in Scripture:

תָּנָא בְּשֵׁם רַבִּי נְחֶמְיָה — **It was taught in the name of R' Nechemyah:**

NOTES

66. That is, it is a common mode of expression to say that someone "went" somewhere even though he has still not finished his provisions for the way, i.e., he has not yet completed his journey. As the Sages often note, the Torah frequently uses "common expressions" even when they may be technically inaccurate or loquacious. Thus, when our verse states that Jacob left Beer-sheba and "went" to Haran (in a short time span) it means that he *set out* to Haran. (This is indeed the basis for the translation "*toward* Haran" rather than "*to* Haran.") [Alternatively: When v. 5 stated that Jacob "went" to Paddan-aram it meant that Jacob *set out* for Paddan-aram; now it informs us that he arrived there — thus resolving the issue of redundancy (*Eitz Yosef*, Vagshal edition).]

INSIGHTS

the contraction of the land occurs from Beer-sheba to Haran instead of from Haran to Beth-el (see *Maharzu*). In reality, however, these two sources complement, rather than contradict, each other (as is often the case in Aggadic literature). The Rabbis agree that Jacob's detour to Beth-el did, in fact, take place; they do not mention it here because it is not the focus of the current Midrash. As for the discrepancy over where the contraction of the land occurred, there were actually *two* miraculous incidents: The first, recorded in our Midrash, allowed Jacob to travel from Beer-sheba to Haran, and another, described in the Gemara, then brought him from Haran back to Beth-el (*Yefeh To'ar*).

ז [כח, י] "מִבְּאֵר שָׁבַע", רַבִּי יוּדָן וְרַבִּי הוּנָא, רַבִּי יוּדָן אָמַר: [ט]מִבְּאֵרָהּ שֶׁל שְׁבוּעָה, אָמַר: שֶׁלֹּא יַעֲמוֹד עָלַי אֲבִימֶלֶךְ וְיֹאמַר: הַשְׁבְּעָה לִי כְּשֵׁם שֶׁנִּשְׁבַּע לִי זְקֵנְךָ, וְנִמְצֵאתִי מַשְׁהֶה בְּשִׂמְחַת בָּנַי שִׁבְעָה דוֹרוֹת, רַבִּי הוּנָא אָמַר מִבְּאֵרָהּ שֶׁל בְּכוֹרָה, אָמַר: שֶׁלֹּא יַעֲמוֹד עָלַי עֵשָׂו וְיִעַרְעֵר עַל הַבְּכוֹרָה וְיֹאמַר לִי: כָּךְ הָיִיתָ מְרַמֶּה בִּי וְנוֹטֵל אֶת בְּכוֹרָתִי, וְנִמְצֵאתִי מְאַבֵּד אוֹתָהּ שְׁבוּעָה שֶׁנֶּאֱמַר (בראשית כה, לג) "הִשָּׁבְעָה לִּי כַּיּוֹם". "מִבְּאֵר שָׁבַע", רַבִּי בֶּרֶכְיָה אָמַר: מִבְּאֵרָהּ שֶׁל בְּרָכוֹת, אָמַר: שֶׁלֹּא יַעֲמוֹד עָלַי עֵשָׂו וְיֹאמַר לִי: כָּךְ הָיִיתָ מְרַמֶּה בִּי וְנוֹטֵל אֶת הַבְּרָכוֹת, נִמְצֵאתִי מְאַבֵּד אוֹתָהּ יְגִיעָה שֶׁיָּגְעָה בִּי אִמִּי:

ח [כח, י] "וַיֵּלֶךְ חָרָנָה", רַבָּנָן אָמְרֵי: [י]בֶּן יוֹמוֹ, רַבִּי בֶּרֶכְיָה בְּשֵׁם רַבִּי יִצְחָק אָמַר: כְּלִישָׁנְהוֹן דִּבְרִיָּיתָא הוּא: פְּלָן אָזֵיל לְקֵסָרִין וְעַד כַּדּוֹן הוּא עַל זְוָודַיָּא. [כח, י] "חָרָנָה", [יא]תָּנָא בְּשֵׁם רַבִּי נְחֶמְיָה:

רש"י

(ז) **נמצאתי משהה בשמחת בני שבעה דורות.** אברהם עכבן שלשה דורות:

פירוש מהרז"ו

(ז) **רבי יודן ורבי הונא.** סבירא להו שיצחק היה דר בחברון כמו שכתבתי לעיל בסימן ה', ומה שכתב מבאר שבע לדרשה, וכן הוא בילקוט. ומה שאמר שבעה דורות עיין לעיל (נד, ד): (ח) **בן יומו.** עיין חולין ריש פרק גיד הנשה על פסוק כי בא השמש והובא ברש"י, וצריך עיון: **תני בשם רבי נחמיה.** לעיל (נ, ג) סדומה. לקמן (פו, סס"ב) מצרימה:

עץ יוסף

(ז) [ח] **מבארה של שבועה כו'.** דמה צורך להשמיענו שהילכה מבאר שבע, אלא דרמיז לענין השבועה. ועיין בילקוט: **מבארה של שבועה.** כלומר מפני עומק סוד השבועה וכנהו בלשון באר על ענין עומקו: **שלא יעמוד עלי כו'.** כלומר אגב אורחי מרווחנא שלא יעמוד עלי אבימלך. והכי קאמר ויצא יעקב מבאר שבע על ידי יציאתו נמלט מבארה של שבועה (יפה תואר): **ויאמר השבעה לי.** ומפני הבושה יזקק לו. ועוד כדי שלא יהיה אויב לו ומבקש רעתו **קשה לפני הקדוש ברוך הוא כו'.** הקושי בחקו יתברך משני פנים האחד להטיב למי שאינו ראוי, לפי שמדת הדין מקטרגתו, והשני להזיק אפילו למי שעונו מחייבו כי השם יתברך הוא הטוב והמטיב ואינו רוצה בהשחתת שום נברא, אלא שלהיותו דיין אמת יתחייב להעניש החוטא, והשני פנים אלו יתיחס אללו קושי כקריעת ים סוף, אם במה שהטיב לישראל שלא היו ראוים לנס כזה להיות ביניהם פסל מיכה כמו שאמרו ז"ל, ואם במה שהזיק למצרים (יפה תואר): **שבע דורות כו'.** שבע דורות היה מאברהם עד יהושע שאז חלקו עיקר הארץ, אברהם יצחק יעקב לוי קהת עמרם משה, ואם ישבע גם הוא יעכבם עוד שבע דורות, ויצחק לא נשבע מחדש רק אמר ליה השבועה הקדומה שהיא בינותינו מאביך תהא בינותינו אל תפר אותה (עיין מתנות כהונה): **ונוטל את בכורתי.** בעל כרחי על ידי שילטר אותי, אגב אונסי אגמור ואקיים לו בכורתו: **מאבד אותה השבועה.** פירוש שיאבד הבכורה, ולפי שעיקר קנייתה היתה על ידי השבועה קאמר מאבד אותה שבועה כלומר מה שקניתי בשבועה (יפה תואר): **מבארה.** וטעם באר שבע שהברכות שבע ושלוה (יפה תואר): **מאבד אותה יגיעה כו'.** כי לא היה חושש מהברכות כי ידע שה' יברכהו כראוי לו, אלא מיגיעת אמו היה חושש שלא תצטער אמו בחשבה שלריק יגעה (יפה תואר): (ח) [ט] **בן יומו.** וילך חרנה משמע מיד בצאתו מבאר שבע הלך חרנה מדלא קאמר וילך עד חרן, ודרשו רבנן שקפצה לו הדרך וביום היציאה הלך חרנה (יפה תואר): **רבי ברכיה כו'.** יש לומר שרבי ברכיה מתרץ דאין קפידא בזה דכך הוא לישנהון דברייתא כו' פירוש כלשון הבריות שאומרים פלוני זה הלך למקום קסרין ועדיין יש בידו הצידה שלקח לדרכו, ומה שאומר וילך חרנה, שיצא ללכת לחרן: **בשם רבי נחמיה כו'.** דה"א בסופה במקום למ"ד בתחלתה, והוה כמו שהיה כתוב וילך לחרן. ועיין מה שכתבתי לעיל (פרשה ו, ד):

מתנות כהונה

[ז] **מבארה של שבועה.** מדרש ומקור מטעם השבועה כו'. דרש שבע ל' שבועה: **ויאמר השבעה גרסינן: שבעה דורות כו'.** שבעה דורות היו מאברהם עד יהושע שאז חלקו עיקר הארץ אברהם יצחק ויעקב לוי קהת עמרם משה ואם ישבע יעקב גם הוא יעכבם עוד ז' דורות ויצחק לא נשבע מחדש רק אמר לו השבועה הקדומה שהיא בינותינו מאביך תהא בינותינו ואל תפר אותה וגם י"ל שמשבועת אברהם עד כבוש ארץ סיחון ועוג שגם הם בכלל כנען כדפי' רש"י בפר' בא אל פרעה ז' דורות משבועת יצחק עד כבוש יהושע גם המה ז' דורות: **יגיע שיגעה גרסינן: שיגעה בו'.** ואמרה עלי קללתך בני ואָרוּר יש בו שבועה וכד"א בשבועת האלה: [ח] **בן יומו בו'.** בו ביום שיצא בו ביום בא לחרן ודוגמתו דרשו לעיל גבי אליעזר: **כלישנהון דברייתא בו'.** כלשון הבריות שאומרין פלוני זה הלך למקום קסרין ועדיין יש בידו הצידה שלקח לדרכו: **ה"ג זוודיא: חרנה**

נחמד למראה

[ח] **וילך חרנה רבי ברכיה בשם רבי יצחק אמר כלישנהון דברייתא הוא פלן אזיל לקיסרין ועד כדון הוא על זוודיא.** זה לשון רש"י בחומש (כח, י) וילך חרנה יצא ללכת לחרן עכ"ל. וכתב הרא"ם וזה לשונו יצא ללכת לחרן, אינו רוצה לומר שפירוש וילך ללכת, שלא מצינו בשום מקום עתיד או עבר במקום מקור, אלא הכי פירושו שההליכה הזאת היא העברית, שדרך בני אדם לומר על מי שיצא ממקומו ללכת למקום פלוני כבר הלך למקום פלוני, וכן אמרו בבראשית רבה רבי ברכיה בשם רבי יצחק אמר כלישנהון דברייתא וכו'. ולא שהלך

אשד הנחלים

[ז] **מבארה של שבועה.** כוונתם ליישב. דהרי כבר נאמר בפרשה הקודמת שעשה כדבר אביו וילך משם, ולמה כתיב כאן עוד הפעם. לזה באו ליישב שבא לרמוז גם את זאת, ויהיה המ"ם מם הסבה, מסבת באר השבועה. וחשבו ג' דברים, אחד מענין אבימלך שלא יכריח לכרות עמו ברית, הב' מסבת עשו שלא יטול הבכורה והברכות שנטלם ע"י שבועת עשו, כי גם הברכות נטל מכח זה כמו שאמרו לעיל (סז, ב) אחר ששמע יצחק מעשו שנטל הבכורה אז הסכים על ברכת יעקב: **ונמצאתי.** כצ"ל (אות אמת): [ח] **בן יומו.** כלומר דלהכי לא כתיב לחרן משום דתיכף באותו יום בא לשם, וכמעט בתחילת ההליכה בא לחרן. ודעת ר' ברכיה דכן דרך הלשון לכנות ההליכה על שם כוונת המכוון, אחר שכוונתו היה לבוא לחרן מכנה ההליכה עצמה על שם זה. ודעת ר' נחמיה דה' בסופה במקום למד בתחילתה, וא"כ אין צורך לכל זה.

משנת דר' אליעזר

[ז] **מבאר שבע רב הונא אמר מבארה של בכורה שלא יעמוד עלי עשו ויערער על הבכורה.** היינו לפי שכתיב לעיל מיניה (כח, ט) וילך עשו ויקח את מחלת וגו', לכך נתיירא יעקב שיחזור עשו ממכירת הבכורה. דבלא זה בוודאי יבחר עשו שיעקב יהיה בכור כדי שיגיע על חלקו שני חלקים משעבוד ארבע מאות שנה של מצרים שנתחייבו זרעו של אברהם מחמת שגרש את הגר, מה שאין כן לאחר שלקח את מחלת דנקרא כך על שם שמחל לו הקב"ה על עונותיו כדאיתא כהאי גוונא בספר אהבת ציון, על כן נתיירא שיחזור עשו ממכירת הבכורה, לכך ויצא יעקב מבארה של בכורה:

חידושי הרד"ל

[ז] **מבארה של ברכות.** עיין ידי משה. ולכאורה היה נראה שהבראשית רבה מונה ברכות יצחק ליעקב לשבעה, שחושב טל השמים ומשמני הארץ לאחד, וכן דגן ותירוש וכו', אלא שבאמת בויקרא רבה (לד, טז) ודברים רבה (א, יח) איתא שעשר ברכות נתברך, וכן לקמן (פד, ו) כמו שכתבתי שם בהגהותי בסייעתא דשמיא, ועיין פרקי דרבי אליעזר (פרק לב) מה שכתבתי בבאורי שם בסייעתא דשמיא:

חידושי הרש"ש

[ז] **מבארה של ברכות כו'. שיגעה בי אמי.** עיין מתנות כהונה. ואולי יכוון גם כן לפרש באר שבע למספר שבעה, והוא כי הברכה העקרית היתה הוה גביר לאחיך (בראשית כז, לז) שהיא השביעית עיין לעיל (סז, ה) בפסוק הן גביר שמתיו לך, וכעין זה פירש הידי משה:

זרע אברהם

[ז] **מבארה של ברכות.** עיין מתנות כהונה שפירש שבע לשון שבועה. ולי נראה דהכי פירושו לפי דאיתא ברש"י בפסוק הן גביר שמתיו לך וגו' (בראשית כז לז ד"ה הן) מקשה רש"י והלא זו ברכה שביעית כו' אלא אמר ליה מה תועלת בברכות אם תקנת נכסים שלו הם מה שקנה עבד קנה רבו שהרי הוא גביר לך. ושבע שאמר כאן הוא פירוש ברכה שביעית שכולל כל הברכות וזה שאמר בארה של ברכות. וקל להבין:

אמרי יושר

[ז] **מבאר שבע.** הרגישו כי פשיטא. לזה פירשו מבארה של שבועה. או למעלה תירצו (לעיל אות ה) וסוברים שיצחק לא היה יושב בבאר שבע רק בחברון והלך לבאר שבע ליטול רשות ליציאתו: [ח] **בן יומו.** ולזה לא כתיב לחרן שהוא מורה הדרכה והגעה:

מסורת המדרש

ט. ילקוט כאן רמז קי"ז כל הענין: י. סנהדרין דף צ"ה. תנחומא כאן סימן ג': יא. יבמות דף י"ג. ירושלמי יבמות פ' א'. מדרש תהלים מזמור ט'. לעיל פ' נ'. לקמן פ' פ"ו. ילקוט תהלים רמז תרמ"ה:

אם למקרא

וַיֹּאמֶר יַעֲקֹב הִשָּׁבְעָה לִּי כַּיּוֹם וַיִּשָּׁבַע לוֹ וַיִּמְכֹּר אֶת בְּכֹרָתוֹ לְיַעֲקֹב: (בראשית כה:לג)

שנוי נוסחאות

(ח) "חרנה", **תנא בשם רבי נחמיה.** בדפוסים הישנים היה כתוב לפני זה "דבר אחר", ומחקה אב"א וגם מ"כ (כן צריך לומר במ"כ: <ה"ג: "זוודיא חרנה">, ורוצה לומר שיש למחוק "דבר אחר", כן היה כתוב בדפוסים ישנים, אבל נשתבשו דבריו בדפוסים של היום):

ידי משה

[ז] **ונמצאתי משהה בשמחת בני ז' דורות.** פירוש שהיה ירא שלא ישהה הקדוש ברוך הוא עוד ז' דורות כמו שאמר לעיל (נד, ד) אמר הקדוש ברוך הוא אתה נתת שבע כבשות חייך שאני משהה לבניך ז' דורות: **מבארה של ברכות.** עיין מתנות כהונה שפירש שבע לשון אלה. ולי נראה דהכי פירושו לפי שפירש רש"י בפסוק (לעיל כז, לג) הן גביר שמתיו לך והקשה רש"י והלא זו ברכה שביעית היא והוא עושה אותה ראשונה, אלא אמר לו מה תועלת לך בברכה אם תקנה נכסים שלו הם שהרי גביר שמתיו לך וכו', נמצא כל היום הוא זמן תפלה, מה שאין כן בלילה אומרים שירה אף שתפלת ערבית כל הלילה, מכל מקום הואיל ותפלת ערבית רשות היא ושירה של מלאכי השרת חובה, מה שאין כן למאן דאמר שתפלת ערבית חובה היא אם כן אינם יכולים לומר שירה אף בלילה ולפיכך אומרים שירה בעלות השחר, ואיתא בירושלמי (יומא פרק ג ב) ובמדרש רבה פרשת ויראו (כ, י) גבי ויאיצו המלאכים בלוט שמן עלות השחר עד זמן זריחת השמש הוא ח' מילין והוא ב' שעות, נמצא זכינו לדין שבכל יום זמן שיכולים מלאכי השרת לומר שירה הוא שיעור ב' שעות, רק הואיל ואותן ב' שעות ששקעה חמה שלא בעונתה בשביל יעקב, זרחה כאן קודם זמנה ב' שעות, אם כן לא היה זמן כאן לומר שירה, ואם כן היאך אמר הגיע פרקי לומר שירה, אלא על כרחך ששירה של מלאכי השרת הוא רק תיבה אחת כמו שאמר רבי חנינא שאומרים רק קדוש ולא יותר, ואם כן על כרחך שהיה זמן שקיעת השמש קודם זמנה על כל פנים לא פחות מב' שעות, דאם לא כן היה פנאי לומר שירה. ודו"ק היטב:

כָּל דָּבָר שֶׁהוּא צָרִיךְ לָמֶ״ד בִּתְחִלָּתוֹ נִיתַּן לָהּ הֵ״א בְּסוֹפָהּ — **Any word that requires** the Hebrew prefix ***lamed*** (meaning "to") **at its beginning is** sometimes **given** the Hebrew suffix ***hei*** **at its end** instead, to the same effect. ״סְדֹמָה״, ״שֵׂעִירָה״, ״מִצְרַיְמָה״, ״חָרָנָה״ — Examples of this rule include: ***Sodomah,*** meaning *to Sodom* (above, 18:22); ***Se'irah,*** meaning *to Se'ir* (below, 33:14); ***Mitzraimah,*** meaning *to Mitzrayim* (Egypt) (above, 12:10); and, in our verse, ***Haranah,*** meaning *to Haran*.

The Midrash raises an apparent contradiction to this rule:

אֵיתִיבֵיהּ: וְהָכְתִיב ״יָשׁוּבוּ רְשָׁעִים לִשְׁאוֹלָה״ — **[Someone] challenged [R' Nechemyah]: But is it not written** (*Psalms* 9:18), ***The wicked will return lish'olah*** *(to the grave)* — where the word is given *both* a ל prefix and a ה suffix![67] רַבִּי אַבָּא בֶּן זַבְדָּא אָמַר: לְאַמְבַּטִי הַתַּחְתּוֹנָה שֶׁבִּשְׁאוֹל — **R' Abba ben Zavda said:** This word means **"to the lowest level of the grave."**[68]

וַיִּפְגַּע בַּמָּקוֹם וַיָּלֶן שָׁם כִּי בָא הַשֶּׁמֶשׁ וַיִּקַּח מֵאַבְנֵי הַמָּקוֹם וַיָּשֶׂם מְרַאֲשֹׁתָיו וַיִּשְׁכַּב בַּמָּקוֹם הַהוּא.

He encountered the place and spent the night there because the sun had set; he took from the stones of the place, which he arranged around his head, and lay down in that place (28:11).

§9 **וַיִּפְגַּע בַּמָּקוֹם** — ***HE ENCOUNTERED THE PLACE.***

Although the literal interpretation of this phrase is that Jacob encountered *the place* called Beth-el as he traveled, the Midrash interprets בַּמָּקוֹם differently:[69]

רַבִּי הוּנָא בְּשֵׁם רַבִּי אַמִּי אָמַר: מִפְּנֵי מָה מְכַנִּין שְׁמוֹ שֶׁל הַקָּדוֹשׁ בָּרוּךְ הוּא וְקוֹרְאִין אוֹתוֹ: מָקוֹם — **R' Huna said in the name of R' Ami: Why do [the Sages]** occasionally **use a substitute for the name of the Holy One, blessed is He, calling Him "*Makom*"** (lit., "The Place")?[70] שֶׁהוּא מְקוֹמוֹ שֶׁל עוֹלָם וְאֵין עוֹלָמוֹ מְקוֹמוֹ — **Because He is the "place" of the world,**[71] **but His world is not His place.**[72] מִן מַה דִּכְתִיב ״הִנֵּה מָקוֹם אִתִּי״, הֱוֵי הַקָּדוֹשׁ בָּרוּךְ הוּא מְקוֹמוֹ שֶׁל עוֹלָם וְאֵין עוֹלָמוֹ מְקוֹמוֹ — **From that which is written,** *HASHEM said,* ***"Behold! there is a place*** [מָקוֹם] ***near Me;*** *you may stand on the rock"* (*Exodus* 33:21), **it follows that the Holy One, blessed is He, is the place of the world, but His world is not His place.**[73]

The Midrash brings an additional proof for this concept:

אָמַר רַבִּי יִצְחָק: כְּתִיב ״מְעֹנָה אֱלֹהֵי קֶדֶם״ — **R' Yitzchak said: It is written, *That is the abode [of] God immemorial*** (*Deuteronomy* 33:27). אֵין אָנוּ יוֹדְעִים אִם הַקָּדוֹשׁ בָּרוּךְ הוּא מְעוֹנוֹ שֶׁל עוֹלָמוֹ וְאִם עוֹלָמוֹ מְעוֹנוֹ — Now, **we do not know** from this verse **whether the Holy One, blessed is He, is the abode of His world or whether His world is His abode.**[74] מִן מַה דִּכְתִיב ״ה׳ מָעוֹן אַתָּה״, הֱוֵי הַקָּדוֹשׁ בָּרוּךְ הוּא מְעוֹנוֹ שֶׁל עוֹלָמוֹ וְאֵין עוֹלָמוֹ מְעוֹנוֹ — **From that which is written** elsewhere — ***O Lord, You have been an abode for us*** (*Psalms* 90:1) — **it follows that the Holy One, blessed is He, is the abode of His world, but His world is not His abode.**[75]

The Midrash presents an analogy that describes the relationship between God and His world:

אָמַר רַבִּי אַבָּא בַּר יוּדָן: לְגִבּוֹר שֶׁהוּא רוֹכֵב עַל הַסּוּס וְכֵלָיו מְשׁוּפָּעִים אֵילָךְ וְאֵילָךְ — **R' Abba bar Yudan said:** This may be compared **to a warrior who is riding a horse, his garments hanging down on both sides** of the horse. הַסּוּס טְפֵילָה לָרוֹכֵב וְאֵין הָרוֹכֵב טְפֵילָה לַסּוּס — **The horse is secondary to the rider, but the rider is not secondary to the horse,**[76]

NOTES

67. If the *hei* suffix is equivalent to the *lamed* prefix, as R' Nechemyah posits, it should be redundant to use both simultaneously.

68. שְׁאוֹל (translated here as "grave") sometimes means "the netherworld," i.e., Gehinnom (see *Rashi* and *Ibn Ezra* below, on 37:35). R' Abba ben Zavda explains that the *lamed* and the *hei* are both used for stress, to indicate "the lowest of the low," the netherworld of the netherworld (*Eitz Yosef* to 50 §3 above; cf. *Eitz Yosef* here and *Matnos Kehunah* above, ad loc.).

69. The Midrash is prompted to veer from the plain meaning because it would be unusual for Scripture to speak of "the place" — i.e., a specific, known place — without having previously identified that place (*Yefeh To'ar*).

70. The Midrash interprets מָקוֹם in our verse to be a reference to God — as the Sages often refer to Him (*Eitz Yosef,* citing *Yefeh To'ar*). It now seeks an explanation as to why indeed this word is used as a "substitute name" for God.

71. An object must have a place in which to exist; if it is not in any place it does not exist. So too, the world cannot exist without God. In this sense God is like the "place" of everything in the world (*Eitz Yosef,* from *Yefeh To'ar*).

72. He does not require the world in order to exist (*Yefeh To'ar*). See Insight Ⓐ.

73. The Midrash provides a Scriptural statement to the fact that God is the "place" of the world. When God is about to reveal Himself to Moses, He does not say, "I will be in that place," which would intimate that God can be found in, and contained by, a place in this physical world, but rather, "There is a place near Me," indicating that the place is subordinate to God (*Shemos Rabbah* 45 §6; *Eitz Yosef*).

74. For the verse can be understood in one of two ways (as indicated by the brackets around the word "of") — either it speaks of an abode of God (implying that there is a place where God is), or it means that God Himself *is* the abode.

75. In this verse it is clear that God is the abode in which we, and the entire world, exist (to be understood as above, notes 71-72).

76. Although the warrior is seated upon the horse, he is the one who guides the horse, which is totally subordinate to him. Similarly, although God's Presence is felt on earth, He controls the earth; He is not confined within it.

INSIGHTS

Ⓐ The Place of the World The word מָקוֹם ("place") can be seen as phonetically related to מְקַיֵּם ("one who sustains"). The existence of an object is often made possible by the place it occupies. For example, a glass bowl rests upon a shelf. Were the shelf to be removed, the bowl would fall to the ground and shatter. Thus, it is the shelf that sustains the bowl and enables its continued existence.

So too with respect to God and His relationship with the world. The world exists because God continually wills it into being. It is He Who sustains all creatures: each blade of grass, a bird, the ocean and skies, the stars above, humanity. All exist on His sufferance; all are sustained by His will. If God were to withdraw His support from His Creation, it would, upon the moment, crumble away into nothingness. All would cease to exist. Since it is He Who sustains all of Creation, He is referred to as הַמָּקוֹם, "the Place" of the world (see *Yefeh To'ar* and *Sefer HaIkkarim* 2:17).

R' Shimon Schwab notes that the Sages generally refer to God as הַמָּקוֹם in contexts where loss, tragedy, or suffering is involved. Thus, we find with regard to those who have sustained a financial loss — הַמָּקוֹם יְמַלֵּא חֶסְרוֹנְךָ, *May "the Place" replace your loss* (*Berachos* 16b); and with regard to comforting mourners — הַמָּקוֹם יְנַחֵם אֶתְכֶם, *May "the Place" console you;* and with regard to encouraging the sick — הַמָּקוֹם יְרַחֵם עָלֶיךָ, *May "the Place" have mercy on you* (*Shabbos* 12b). The reason is that in times of distress, there is a tendency to wonder how this could happen. And on some level, perhaps even to question whether God is involved. At such times we remind the sufferer that He is the "Place" of the world. Nothing at all exists or happens without Him. We are and we will be sustained by Him alone. It is He Who will comfort and restore (*Maayan Beis HaSho'evah,* p. 460).

עץ יוסף

לשאולה. שכתיב למ"ד בתחילתה אף שכתוב ה"א בסופה. ומיישב שהה"א הוא במקום ה"א הידיעה כלומר למקום הרע שבכולם: **לאמבטא.** פירוש למדור התחתון שבשאול שנקרא אבדון, ובשוחר טוב גרס ליוטי פירוש מדור: (ט) [י] **מפני מה מכנין כו'.** מפרש ויפגע לשון תפלה כדאמר בסמוך. ובמקום פירוש בהקדוש ברוך הוא שנקרא מקום (יפה תואר): **מקומו של עולם.** כמו שהמקום סובל ומחזיק את המתקומם בו, כן כביכול הוא מקום כל העולמות וסיבתם: **ואין עולמו מקומו.** דאף על גב שהוא יתברך נגלה במקום מיוחד כמו בבית המקדש וכאשר היה כאן, אין זה אלא על צד סוד הצמצום, אבל מכל מקום באמת הקדוש ברוך הוא מקומו של עולם ואין העולם מקומו: **הנה מקום אתי.** נראה שהוא מקומו של עולם. **ואין עולמו מקומו.** שהמקום טפל לו, ואין הוא טפל למקומו: **מעונה אלהי קדם כו'.** שהמקרא שקול שאפשר לפרש שהעולם מעונה של אלהי קדם: **ה' מעון אתה היית לנו כו'.** שכאן מפורש בהדיא שה' הוא המעון: **לגבור שהוא רוכב.** וכתיב רוכב שמים בעזרך: **וכליו משופעים כו'.** באופן שהוא מקיף הסוס הסוס טפילה לרוכב, והגבור מנהיג את הסוס למקום שחפץ, כן הקדוש ברוך הוא מנהיג את העולם ברצונו: **אילך ואילך.** כלומר הרוכב עליהם בהתלבשות מידות העליונות והוא יתברך מקיפן מכל צד, ולכך נקרא מעונו של עולם (נזר הקודש):

מדרש

כָּל דָּבָר שֶׁהוּא צָרִיךְ לָמֶ"ד בִּתְחִלָּתוֹ נִיתַּן לָהּ הֵ"א בְּסוֹפָהּ: (לעיל יח, כב) "סְדֹמָה", (לעיל לג, יד) "שֵׂעִירָה", (לעיל יב, י) "מִצְרַיְמָה", "חָרָנָה", אֵיתִיבֵיהּ: וְהָכְתִיב (תהלים ט, יח) "יָשׁוּבוּ רְשָׁעִים לִשְׁאוֹלָה", רַבִּי אַבָּא בֶּן זַבְדָּא אָמַר: לָאַמְבַּטִי הַתַּחְתּוֹנָה שֶׁבִּשְׁאוֹל:

ט [כח, יא] "וַיִּפְגַּע בַּמָּקוֹם", רַבִּי הוּנָא בְּשֵׁם רַבִּי אַמִּי אָמַר: יבמִפְּנֵי מָה מְכַנִּין שְׁמוֹ שֶׁל הַקָּדוֹשׁ בָּרוּךְ הוּא וְקוֹרְאִין אוֹתוֹ: מָקוֹם, שֶׁהוּא מְקוֹמוֹ שֶׁל עוֹלָם וְאֵין עוֹלָמוֹ מְקוֹמוֹ, מִן מַה דִּכְתִיב (שמות לג, כא) "הִנֵּה מָקוֹם אִתִּי", הֱוֵי הַקָּדוֹשׁ בָּרוּךְ הוּא מְקוֹמוֹ שֶׁל עוֹלָם וְאֵין עוֹלָמוֹ מְקוֹמוֹ, אָמַר רַבִּי יִצְחָק: כְּתִיב (דברים לג, כז) "מְעֹנָה אֱלֹהֵי קֶדֶם", אֵין אָנוּ יוֹדְעִים אִם הַקָּדוֹשׁ בָּרוּךְ הוּא מְעוֹנוֹ שֶׁל עוֹלָמוֹ וְאִם עוֹלָמוֹ מְעוֹנוֹ, מִן מַה דִּכְתִיב (תהלים צ, א) "ה' מָעוֹן אַתָּה", הֱוֵי הַקָּדוֹשׁ בָּרוּךְ הוּא מְעוֹנוֹ שֶׁל עוֹלָמוֹ וְאֵין עוֹלָמוֹ מְעוֹנוֹ, אָמַר רַבִּי אַבָּא בַּר יוּדָן: לְגִבּוֹר שֶׁהוּא רוֹכֵב עַל הַסּוּס וְכֵלָיו מְשׁוּפָּעִים אֵילָךְ וְאֵילָךְ, הַסּוּס טְפֵילָה לָרוֹכֵב וְאֵין הָרוֹכֵב טְפֵילָה לַסּוּס,

פירוש מהרז"ו

(ט) **מקום.** כמו בדברי רז"ל (סוכה לה, ב) המקום יהיה בעזרו וכדומה. ופירש ויפגע במקום התפלל להקב"ה. ועיין שמות רבה (מה, ו) הנה מקום אתי, ובשוחר טוב (מזמור צ) מעון כו':

רש"י

(ט) **לגבור רוכב על הסוס וכליו משופעין אילך ואילך הסוס טפלה לרוכב ואין הרוכב טפלה לסוס וכו':**

מתנות כהונה

שצריך למ"ד כו'. כמו כאן שהיה לו לכתוב לחרן: **לאמבטי.** לעיל בפר' מ"ח גרס לביטי ובשוחר טוב ובכמה מקומות גרס דיוטא וכולם ענין דירות וחדרים הם ועיין בערוך ערך אמבטי וערך אבט: [ט] **ה"ג בילקוט ואין עולמו מקומו א"ר יוסי בן חלפתא אין אנו יודעין אם הקב"ה מקומו של עולם או אם העולם מקומו מן מה בו'** וגירסת הירושלמי במסכת מכות סוף פר' אלו הן הגולין נוטה לגירסת הספר: **מן מה כו'.** כלומר מדכתיב הנה מקום אתי משמע המקום יש לו שכונה אתו ולא הוא במקום: **שהוא רוכב כו'.** וכתיב ורוכב בערבות רוכב שמים: **משופעים כו'.** רמז לקטרורות העולם וכל אשר בו טפילה לו. ובירושלמי גרס לא הסוס סובל את הגבור אלא הגבור סובל את הסוס ועיין מזה במדרש חזית בפסוק לסוסתי:

נחמד למראה

ממש דאם כן מאי ויפגע במקום והלא כשפגע בו קודם הגעתו לחרן היה, אלא על כרחך לומר שפירוש וילך בהליכה העברייה קמיירי ולא הליכה אמתית, שאין דרך המקרא לומר שהלך עד מקום פלוני ואחר כך ישוב לבאר המקרים שקרו לו בדרך קודם הגעתו שם, אלא כשיחזור הענין מתחלתו לומר ויהי בלכתו קרה לו כך וכך. והתימה על החכם אבן עזרא שאמר שהוא כמשמעו ושב לבאר מה שפגע בדרך. גם אי אפשר לפרש ויפגע וכבר פגע, מפני שפירוש וכבר פגע קודם הסיפור הנזכר למעלה שהוא היציאה והליכה, לא קודם ההליכה לבדה כי אין לשון וכבר נופל רק על קודם הסיפור הקודם בכללו עכ"ל. וכל דבריו אלה אינם אלא דברי תימה, כי מה שאמר בתחלת דבריו שלא מצינו בשום מקום עתיד או עבר במקום מקור, תמהני איך נעלם ממנו מה שכתב הוא עצמו בפרשת בראשית על שפירש רש"י שם וזה לשונו בראשית ברא אלהים (א, א) כמו בראשית ברוא עכ"ל. ופירש ברא"ם זה לשונו שיהיה ברא בקמץ כמו ברוא הבי"ת בשו"א והרי"ש בחול"ם כו' עכ"ל. הרי שיבוא לשון עבר במקום מקור היפך ממה שאמר כאן. גם מה שאמר בסוף דבריו שאין לשון וכבר נופל רק על קודם הסיפור הקודם בכללו, לאו מלתא היא שהרי הכתוב אומר ויט משה את ידו על הים וגו' וישם את הים לחרבה ויבקעו המים (שמות יד, כא) שפירושו וכבר נבקעו המים קודם וישם את הים לחרבה, היתכן לומר כן שיהיה לשון וכבר נופל על קודם הסיפור הקודם בכללו שהוא ויט משה את ידו על הים. ולי נראה כפי מה שהתבאר כבר כמה פעמים בהבדל בין מלת אל ובין למ"ד המשמשת, שמלת אל מורה על הנגיעה והדיבוק, ולמ"ד המשמשת מורה על הקירוב, ושהה"א שבסוף התיבה היא במקום למ"ד בתחלתה להורות על הקירוב ואינה במקום מלת אל המורה על הנגיעה והדיבוק, גם ככר אמרו המדקדקים כי כל וא"ו המהפכת העתיד לעבר תהפכו לעבר בלתי נשלם, על כן נכון הוא מה שפירש רש"י ז"ל וילך חרנה יצא ללכת לחרן כלומר היה עסוק בהליכתו ועדיין לא היה שם. ומה שאמרו כאן במדרש כלישנהון דברייתא הוא פלן אזל לקיסרין ועד כדון הוא על זוודיא, הייני לפי שהמכוון במלת וילך הוא שהתמיד בהליכתו לחרן ולא נתעכב בדרך, ואח"כ נאמר ויפגע במקום שנתעכב שם, ולזה אמרו לישנא דברייתא הוא. והא דאיתא בפרק גיד הנשה (שם) כתיב ויצא יעקב מבאר שבע וילך חרנה וכתיב ויפגע במקום כי מטא לחרן אמר אפשר עברתי על מקום שהתפללו בו אבותי ואני לא התפללתי, כד יהב דעתיה למיהדר קפלה ליה ארעא מיד ויפגע במקום כו', ופירש רש"י כתיב וילך חרנה דמשמע דמטא לחרן והדר כתיב ויפגע במקום דהיינו בית אל דאכתי לא מטא לחרן כו' עכ"ל, היינו נמי לפי שמלת וילך חרנה משמע שהתמיד הליכתו לחרן בלא עכוב, ואחר כך נאמר ויפגע במקום שנתעכב שם, לזה דרשו כי מטא לחרן יהיב דעתיה למיהדר, ומה שמפרש רש"י שם הוא כפי דרשת רבותינו ז"ל, ומה שפירש כאן הוא כפי פשטות המקרא והכל נכון:

אשד הנחלים

לשאולה. שכתיב למד בתחילתה אף שכתוב ה' בסופה. ומיישב שהה' הוא במקום ה' הידיעה, כלומר למקום האחרון הרע שבכולם הנודע ברעתו יותר מכולם וק"ל: **[ט] שהוא מקומו כו'.** כמו שהמקום סובל ומחזיק את המתקומם בו, כן כביכול הוא מקום כל העולמות וסבתם. **ואין עולמו מעונו.** ח"ו שידומה כפשוטו שהוא צריך לעולמו ולמקום עד שיוכרח להביא ראיה מהכתוב. גם לכאורה לפי המשל צריך על כל פנים לסוס לרכוב עליו. גם מהו המשל בכליו שהם משופעים. וגם אחר שקראו אלהי קדם איך ידומה כי העולם מעונו, ולפנים איה היה מעונו. והנראה מזה המשל שהכוונה על אופן אחר לפי שיש מן המדמים שסדור הבריאה ומערכתה ואופן החכמה אשר בה היא כמחוייבת מפני שהשכל מבין מעט מסדר הבריאה על פי חכמה המיוסדת בשכל, וא"כ לפי זה מדמים סדר טבע העולם הוא נמנע ההשתנות והיא מחוייבת מצד עצמותה וטבעה, וא"כ לפי דעתם ה' ב"ה סבתו רק על דרך החיוב, באין לו ח"ו יכולת ורצון לשנותם, וא"כ אין הוא מעון העולם וסבתו,

חידושי הרש"ש

[ח] {רבי אבא בר זבדא אמר לאמבטי התחתונה שבשאול. עיין לעיל פרשה כ:}

[ט] **ואין עולמו מקומו מן מה כו'.** עיין מתנות כהונה הגירסא מילקוט (רמז קיז), ויש בו טעות סופר וצריך לומר אמר רבי יוסי בן חלפתא אין אנו יודעין כו':

אמרי יושר

[ט] **ויפגע במקום.** הרגישו כי לא שייך פגיעה רק בשני אנשים מתנועעים זה לקראת זה. לזה אמרו שפירושו ויתפלל לאל. ונקרא שמו מקום העולם. לא שהוא מתקומם בעולם וכאשר המקום הוא נותן מציאות למתקומם. כן הקדוש ברוך הוא נותן קיום לעולם. והוא כגבור הרוכב על הסוס כי החלש צריך לסוס לא כן הגבור ולא ירכב אליו רק להנהיג הסוס. וכן האל רוכב שמים לתת הנהגה וקיום לעולם: **כליו שופעים.** מה שאתה רואה כח האל הוא. הדא הוא דכתיב כי תרכב על סוסיך. לא שאתה צריך להם רק אתה ישועה למרכבותיך תרכב עליהם ובא המשל לומר כי אף על פי שנאמר העולם מקומו אין חסרון ועם כל זה שללנוהו מהאל:

מסורת המדרש

יב. שמ"ר פ' מ"ה. מדרש תהלים מזמור צ'. פסיקתא רבתי פ' כ"א. תנחומא תשא סימן כ"ז. ילקוט סדר תשא רמז שצ"ה. ילקוט חבקוק רמז תקס"ג. וילקוט תהלים רמז תתמ"א:

אם למקרא

וַיִּפְנוּ מִשָּׁם הָאֲנָשִׁים וַיֵּלְכוּ סְדֹמָה וְאַבְרָהָם עוֹדֶנּוּ עֹמֵד לִפְנֵי ה': (בראשית יח:כב)

יַעֲבָר נָא אֲדֹנִי לִפְנֵי עַבְדּוֹ וַאֲנִי אֶתְנַהֲלָה לְאִטִּי לְרֶגֶל הַמְּלָאכָה אֲשֶׁר־לְפָנַי וּלְרֶגֶל הַיְלָדִים עַד אֲשֶׁר־אָבֹא אֶל־אֲדֹנִי שֵׂעִירָה: (שם לג:יד)

וַיְהִי רָעָב בָּאָרֶץ וַיֵּרֶד אַבְרָם מִצְרַיְמָה לָגוּר שָׁם כִּי־כָבֵד הָרָעָב בָּאָרֶץ: (שם יב:י)

יָשׁוּבוּ רְשָׁעִים לִשְׁאוֹלָה כָּל גּוֹיִם שְׁכֵחֵי אֱלֹהִים: (תהלים ט:יח)

וַיֹּאמֶר ה' הִנֵּה מָקוֹם אִתִּי וְנִצַּבְתָּ עַל הַצּוּר: (שמות לג:כא)

מְעֹנָה אֱלֹהֵי קֶדֶם וּמִתַּחַת זְרֹעֹת עוֹלָם וַיְגָרֶשׁ מִפָּנֶיךָ אוֹיֵב וַיֹּאמֶר הַשְׁמֵד: (דברים לג:כז)

תְּפִלָּה לְמֹשֶׁה אִישׁ הָאֱלֹהִים אֲדֹנָי מָעוֹן אַתָּה הָיִיתָ לָּנוּ בְּדֹר וָדֹר: (תהלים צ:א)

ענף יוסף

(ט) [י] **מפני מה מכנין כו'.** פירוש שאילו היה שם ממש לא היה מקום שאלה, כי כן נקרא הקדוש ברוך הוא בכמה שמות, ואין כח באדם להשיג ולידע סוד שמותיו יתברך, אבל בעבור שאינו שם ממש כי לא נמצא בכלל השמות, אלא הוא רק כינוי בעלמא, על זה אמר מפני מה מכנין שמו של הקדוש ברוך הוא וקוראין אותו מקום (נזר הקודש):

שֶׁנֶּאֱמַר ״כִּי תִרְכַּב עַל סוּסֶיךָ״ — and this applies to God as well, **as it is stated, *For You ride upon Your horses*** (*Habakkuk* 3:8).

The Midrash now presents a different interpretation of the words וַיִּפְגַּע בַּמָּקוֹם:

דָּבָר אַחֵר — **Another interpretation:** — מַהוּ ״וַיִּפְגַּע״, צַלִּי — **What is** the meaning of וַיִּפְגַּע (translated above as "he encountered")? **He prayed.**[77] ״בַּמָּקוֹם״ בְּבֵית הַמִּקְדָּשׁ — And what is the meaning of ***the place*? In the Holy Temple.**[78]

The Midrash elaborates on the theme of the three Patriarchs and their prayers:

אָמַר רַבִּי יְהוֹשֻׁעַ בֶּן לֵוִי: אָבוֹת הָרִאשׁוֹנִים הִתְקִינוּ שָׁלֹשׁ תְּפִלּוֹת — **R' Yehoshua ben Levi said: The Patriarchs of old instituted** the concept of **three** daily **prayers:** אַבְרָהָם תִּקֵּן תְּפִלַּת שַׁחֲרִית, שֶׁנֶּאֱמַר ״וַיַּשְׁכֵּם אַבְרָהָם בַּבֹּקֶר אֶל הַמָּקוֹם אֲשֶׁר עָמַד שָׁם וְגוֹ׳ ״ — **Abraham instituted the** concept of **morning prayer, as it states, *Abraham arose early in the morning to the place where he had stood*** *before HASHEM* (*Genesis* 19:27), וְאֵין עֲמִידָה אֶלָּא תְּפִלָּה, שֶׁנֶּאֱמַר ״וַיַּעֲמֹד פִּנְחָס וַיְפַלֵּל״ — **and** the expression **"standing" is none other than** a reference to **prayer,**[79] **as it states, *And Phinehas stood up and prayed*** (*Psalms* 106:30). יִצְחָק תִּקֵּן תְּפִלַּת מִנְחָה, שֶׁנֶּאֱמַר ״וַיֵּצֵא יִצְחָק לָשׂוּחַ בַּשָּׂדֶה״ — **Isaac instituted the** concept of **afternoon prayer, as it is stated, *Isaac went out to "speak" in the field*** *toward evening* (*Genesis* 24:63), וְאֵין שִׂיחָה אֶלָּא תְּפִלָּה, שֶׁנֶּאֱמַר ״אֶשְׁפֹּךְ לְפָנָיו שִׂיחִי״ — **and** the expression **"speaking"** here **is none other than** a reference to **prayer, as it states, *I pour out my speech before Him*** (*Psalms* 142:3).[80] יַעֲקֹב תִּקֵּן תְּפִלַּת עַרְבִית, שֶׁנֶּאֱמַר ״וַיִּפְגַּע בַּמָּקוֹם״ — **Jacob instituted the** concept of **evening prayer, as it is stated, *He "had an encounter" at the place*** *and spent the night there because the sun had set,* וְאֵין פְּגִיעָה אֶלָּא תְּפִלָּה, שֶׁנֶּאֱמַר ״וְאַל תִּשָּׂא בַעֲדָם וְגוֹ׳ וְאַל תִּפְגַּע בִּי״ — **and** the expression **"having an encounter" is none other than** a reference to **prayer, as it is stated** that God said to Jeremiah, *And you — do not pray for this people;* ***do not speak up for them . . . and do not entreat*** [תִּפְגַּע] ***Me*** (*Jeremiah* 7:16); וְכֵן הוּא אוֹמֵר ״וְאִם נְבִאִים הֵם וְאִם יֵשׁ דְּבַר ה׳ אִתָּם יִפְגְּעוּ נָא בַּה׳ צְבָאוֹת״ — **and similarly it states, *And if they are [really] prophets and if the word of HASHEM is [really] with them, let them now entreat*** [יִפְגְּעוּ] ***HASHEM, Master of Legions*** (ibid. 27:18).

A second view on the origins of the three daily prayers:

אָמַר רַבִּי שְׁמוּאֵל בַּר נַחְמָן: כְּנֶגֶד ג׳ פְּעָמִים שֶׁהַיּוֹם מִשְׁתַּנֶּה — **R' Shmuel bar Nachman said:** The three daily prayers are **in correspondence to the three times** of day **that the day changes.**[81] בְּעַרְבִית צָרִיךְ אָדָם לוֹמַר: יְהִי רָצוֹן מִלְּפָנֶיךָ ה׳ אֱלֹהַי שֶׁתּוֹצִיאֵנִי מֵאֲפֵלָה לְאוֹרָה — **In the evening one must say, "May it be Your will, HASHEM, my God, that You deliver me from darkness to light."**[82] בְּשַׁחֲרִית צָרִיךְ לוֹמַר: מוֹדֶה אֲנִי לְפָנֶיךָ ה׳ אֱלֹהַי שֶׁהוֹצֵאתַנִי מֵאֲפֵלָה לְאוֹרָה — **In the morning one must say, "I thank You, HASHEM, my God, for delivering me from darkness to light."** בְּמִנְחָה צָרִיךְ אָדָם לוֹמַר: יְהִי רָצוֹן מִלְּפָנֶיךָ ה׳ אֱלֹהַי שֶׁכְּשֵׁם שֶׁזִּכִּיתַנִי לִרְאוֹת חַמָּה בִּזְרִיחָתָהּ כָּךְ תְּזַכֵּנִי לִרְאוֹתָהּ בִּשְׁקִיעָתָהּ — **In the afternoon one must say, "May it be Your will, HASHEM, my God, that just as You privileged me to see the sun as it rose, so may You privilege me to see it as it sets."**[83]

A third view on the origins of the three daily prayers:

דָּבָר אַחֵר, ״וַיִּפְגַּע בַּמָּקוֹם״ — **Another interpretation** of ***he encountered the place*:**[84] רַבָּנָן אָמְרֵי: כְּנֶגֶד תְּמִידִים תִּקְנוּם — **The** other **Rabbis said: [The prayers] were instituted corresponding to the** daily **offerings** brought in the Temple:[85]

NOTES

77. The Midrash proves that the root פגע can mean "to pray" in the next paragraph.

78. According to this interpretation "*The* place" refers to the future location of the Temple, the location *par excellence* for prayer (*Matnos Kehunah*).

79. Thus, the verse about Abraham means (as the Midrash interprets it here) that he rose early in the morning to go to the place where he had stood (many times previously) in prayer before Hashem — to pray again, as was his custom.

80. [The question arises: By saying that Isaac established the afternoon prayer, the Gemara implies that until Isaac's time no one recited that prayer. However, the Gemara in *Yoma* (28b) states that Abraham did pray in the afternoon! Some answer that after Isaac established this prayer Abraham also recited it (*Tosafos* to *Berachos* 26b and *Tos. Yeshanim* to *Yoma* loc. cit.). Alternatively, while Abraham prayed the afternoon prayer on a voluntary basis, Isaac fixed it as an obligation (*Tos. Yeshanim* ibid.; cf. *Maharsha* to *Berachos* 26b in the name of *Sefer Yochasin*). In line with this last approach, *Eitz Yosef* (to *Bamidbar Rabbah* 2 §1) agrees that while all three Patriarchs recited the three daily prayers in their proper times, they each chose a different prayer to fix as an obligation for future generations, and these are the prayers that Scripture associates with them. See, however, Insight Ⓐ below.]

81. This view maintains that the daily prayers are not patterned after the examples of the Patriarchs but are based on the three distinct turning points in the daily cycle of light and darkness, when man is inspired to reflect upon the Divine favor that he has hitherto enjoyed and to pray for its continuation, as the Midrash goes on to explain. Since these turning points are when man is naturally reflective and seeks out a connection to his Creator, they were eventually established as times of formal prayer (*Eitz Yosef*).

82. As the day fades and the world is submerged in darkness, the terrors of the night — whether real or imagined — encroach upon one's thoughts, prompting him to pray that God allow him to see the morning light (*Eitz Yosef*, citing *Nezer HaKodesh*).

83. [*Beur Halachah* (§1) writes that it is proper to recite the prayers mentioned here daily, even nowadays.]

84. [This introductory clause seems to be out of place here, since the Midrash is simply continuing with a third view on the origin of the prayers, and does not discuss the words וַיִּפְגַּע בַּמָּקוֹם at all. Some versions of the Midrash indeed omit these words.]

85. The Torah requires that two lambs be sacrificed as burnt-offerings each day (the *tamid* offerings), one in the morning and one in the afternoon (see *Numbers* 28:1-8).

The Midrash does not mean here that the daily prayers were instituted *in lieu* of these offerings, for the daily prayers were established even before the destruction of the Temple, while the sacrificial service was still in practice. Rather, it means that the Sages patterned the appropriate times for daily prayer after the sacrificial service ordained by the Torah. See Insight Ⓐ.

INSIGHTS

Ⓐ **The Origin of the Prayers** In *Berachos* 26b the Gemara records a dispute between R' Yose son of R' Chanina and R' Yehoshua ben Levi over the origins of the three daily prayers. The former maintains that the prayers were established by the Patriarchs and the latter argues that they correspond to the sacrificial service. (The view that the prayers correspond to the changing times of the day does not appear there.) In response to a Baraisa that explicitly states that the prayers correspond to the sacrificial service, R' Yose son of R' Chanina clarifies that, in truth, the prayers were first instituted by the Patriarchs, and that the Sages later associated the daily prayers with the Temple offerings in order to make them obligatory (see *Ritva* ad loc.). This must be so, the Gemara continues, for the *Mussaf* prayer was not established by any of the Patriarchs, while it does correspond to the regular, communal offerings. Thus, from the Gemara it emerges that even the opinion that traces the daily prayers to the Patriarchs agrees that they are associated with the daily offerings as well.

As *Eitz Yosef* (ד״ה אמר ר׳ יהושע בן לוי) points out, in the Midrash's version here, R' Yehoshua ben Levi maintains that the prayers were established

שֶׁנֶּאֱמַר (חבקוק ג, ח) "כִּי תִרְכַּב עַל סוּסֶיךָ". דָּבָר אַחֵר, מַהוּ [כח, יא] "וַיִּפְגַּע", צַלִּי, "בַּמָּקוֹם" °צַלִּי בְּבֵית הַמִּקְדָּשׁ. אָמַר רַבִּי יְהוֹשֻׁעַ בֶּן לֵוִי: [יג]אָבוֹת הָרִאשׁוֹנִים הִתְקִינוּ שָׁלֹשׁ תְּפִלּוֹת, אַבְרָהָם תִּקֵּן תְּפִלַּת שַׁחֲרִית, שֶׁנֶּאֱמַר (בראשית יט, כז) "וַיַּשְׁכֵּם אַבְרָהָם בַּבֹּקֶר אֶל הַמָּקוֹם אֲשֶׁר עָמַד שָׁם וְגוֹ'", וְאֵין עֲמִידָה אֶלָּא תְּפִלָּה, שֶׁנֶּאֱמַר (תהלים קו, ל) "וַיַּעֲמֹד פִּנְחָס וַיְפַלֵּל", יִצְחָק תִּקֵּן תְּפִלַּת מִנְחָה, שֶׁנֶּאֱמַר (בראשית כד, סג) "וַיֵּצֵא יִצְחָק לָשׂוּחַ בַּשָּׂדֶה", וְאֵין שִׂיחָה אֶלָּא תְּפִלָּה, שֶׁנֶּאֱמַר (תהלים קמב, ג) "אֶשְׁפֹּךְ לְפָנָיו שִׂיחִי", יַעֲקֹב תִּקֵּן תְּפִלַּת עַרְבִית, שֶׁנֶּאֱמַר "וַיִּפְגַּע בַּמָּקוֹם", [יד]וְאֵין פְּגִיעָה אֶלָּא תְּפִלָּה, שֶׁנֶּאֱמַר (ירמיה ז, טז) "וְאַל תִּשָּׂא בַּעֲדָם וְגוֹ' וְאַל תִּפְגַּע בִּי", וְכֵן הוּא אוֹמֵר (שם כז, יח) "וְאִם נְבִאִים הֵם וְאִם יֵשׁ דְּבַר ה' אִתָּם יִפְגְּעוּ נָא בַּה' צְבָאוֹת", אָמַר רַבִּי שְׁמוּאֵל בַּר נַחְמָן: כְּנֶגֶד ג' פְּעָמִים שֶׁהַיּוֹם מִשְׁתַּנֶּה, בְּעַרְבִית צָרִיךְ אָדָם לוֹמַר: יְהִי רָצוֹן מִלְּפָנֶיךָ ה' אֱלֹהַי שֶׁתּוֹצִיאֵנִי מֵאֲפֵלָה לְאוֹרָה, בְּשַׁחֲרִית צָרִיךְ לוֹמַר: מוֹדֶה אֲנִי לְפָנֶיךָ ה' אֱלֹהַי שֶׁהוֹצֵאתַנִי מֵאֲפֵלָה לְאוֹרָה, בְּמִנְחָה צָרִיךְ אָדָם לוֹמַר: יְהִי רָצוֹן מִלְּפָנֶיךָ ה' אֱלֹהַי שֶׁכְּשֵׁם שֶׁזִּכִּיתַנִי לִרְאוֹת חַמָּה בִּזְרִיחָתָהּ כָּךְ תְּזַכֵּנִי לִרְאוֹתָהּ בִּשְׁקִיעָתָהּ. דָּבָר אַחֵר, "וַיִּפְגַּע בַּמָּקוֹם", רַבָּנָן אָמְרֵי: כְּנֶגֶד תְּמִידִים תִּקְנוּם, תְּפִלַּת הַשַּׁחַר כְּנֶגֶד תָּמִיד שֶׁל שַׁחַר, תְּפִלַּת מִנְחָה כְּנֶגֶד תָּמִיד שֶׁל בֵּין הָעַרְבַּיִם, תְּפִלַּת הָעֶרֶב אֵין לָהּ קֶבַע, אָמַר רַבִּי תַּנְחוּמָא: אֲפִילוּ תְּפִלַּת הָעֶרֶב יֵשׁ לָהּ קֶבַע, כְּנֶגֶד אֵבָרִים וּפְדָרִים שֶׁהָיוּ *מִתְאַכְּלִים בָּאוּר עַל הַמִּזְבֵּחַ:

י [כח, יא] "וַיִּפְגַּע בַּמָּקוֹם", בִּקֵּשׁ לַעֲבוֹר, וְנַעֲשָׂה הָעוֹלָם כּוּלוֹ כְּמִין כּוֹתֶל לְפָנָיו. [שם] "כִּי בָא הַשֶּׁמֶשׁ", רַבָּנָן אָמְרֵי: כִּיבָה הַשֶּׁמֶשׁ, [טו]מְלַמֵּד שֶׁהִשְׁקִיעַ הַקָּדוֹשׁ בָּרוּךְ הוּא גַּלְגַּל חַמָּה שֶׁלֹּא בְּעוֹנָתָהּ בִּשְׁבִיל לְדַבֵּר עִם יַעֲקֹב אָבִינוּ בְּצִינְעָה, מָשָׁל לְאוֹהֲבוֹ שֶׁל מֶלֶךְ שֶׁבָּא אֶצְלוֹ לִפְרָקִים, אָמַר הַמֶּלֶךְ: כַּבּוּ אֶת הַנֵּרוֹת כַּבּוּ הַפָּנָסִין, שֶׁאֲנִי מְבַקֵּשׁ לְדַבֵּר עִם אוֹהֲבִי בְּצִינְעָה,

עץ יוסף

[יא] **צלי במקום צלי כו'.** משום דהשתא מפרש במקום בבית המקדש ויש לפרש ויפגע לשון פגיעה, לכן אמר דאפילו הכי מפרשים לשון תפלה (יפה תואר). והאות אמת גרס דבר אחר ויפגע במקום צלי בבית המקדש: **אמר רבי יהושע בן לוי אבות הראשונים כו'.** בפרק תפילת השחר (ברכות כו, ב) אמר דר' יוסי ברבי חנינא הוא דקאמר הכי. ורבי יהושע בן לוי קאמר כנגד תמידים תקנום. אבל בתנחומא סדר חיי שרה (סימן ה) איתא כמו כאן ועיין שם: **כנגד שלש פעמים כו'.** פירוש כנגד זה תקנו מסדרי התפלות ולא קאי אאבות: **שהיום משתנה.** והשינוי מביא לידי התפעלות הלב להכיר חסדי ה': **בערבית צריך כו'.** ועל ידי שצריך להודות בזה הזמן תקנו תפלת שמונה עשרה בעת הזו: **במנחה צריך כו'.** גירסא שלפנינו מגומגם קצת. ובירושלמי גרס במנחה צריך לומר מודה אני לפניך כשם שזיכתני לראות החמה במזרח כך תזכני לראותו במערב, וממילא איכא שינוי, בערבית אפילה, ובשחרית אורה מן החמה במזרח, ובמנחה אורה מן החמה במערב. ומיהו בשחרית ומנחה דאיכא אורה שייך ביה לשון הודאה על הטובה, אבל בערבית דאיכא אפילה לא יתכן בו הודאה אלא לשון בקשה להוציאו מאפילה לאורה (נזר הקודש): **כנגד תמידים תיקנום.** כי התפלה שהיא שפיכת הנפש והורדת השפע היא דוגמת הקרבנות: **אין לה קבע.** כלומר שהיא רשות, לפי שלא מצאו במה לתלותה: **שהיו מתאכלים כו'.** וזמנם היה כל הלילה, וכן תפלת ערבית זמנה כל הלילה: (י) [יב] **בקש לעבור כו'.** השתא מפרש ויפגע לשון פגישה, שכל העולם נעשה ככותל לפניו והוי ליה כאילו פגע בכותל. והכוונה שאז שקעה חמה שלא בעונתה ובא לפניו עמוד חשך וערפל ככותל (נזר הקודש): **כיבה השמש.** דרש כי בא השמש כאילו אמר כיבא השמש ללמד שהשקיע הקדוש ברוך הוא גלגל חמה שלא בעונתה: **לדבר עם יעקב בצינעא.** בדרך חלום הבא בעת השינה בלילה. ולפיכך שקעה השמש שם שלא בעונתה כדי שילין שם במקום קדוש המוכן לרוח הקודש ונתגלה עליו שם בלילה במראות החלום. ומה שבאמת לא היה אז יעקב מוכן לנבואה בהקיץ, כבר פירש הטעם בזוהר לפי שעדיין לא היה נשוי אשה ואין השכינה שורה אלא בנשוי אשה (נזר הקודש): **פנסין.** פירוש לנטירנ"א:

פירוש מהרז"ו

(י) **כולו כמין כותל.** לפי שלא הזכיר שם המקום על כן דורש שכל העולם נעשה ככותל לפניו ולא יוכל לעבור על כן וילן שם: **כי בא השמש.** שהיה לו לומר ויבא השמש וילן שם, כי בא משמע דבר חדוש:

חידושי הרש"ש

{דבר אחר מהו ויפגע (צלי) במקום כו'. תיבת צלי מיותר:}

אמרי יושר

[י] **רבנן אמרי כיבה השמש.** הרגישו כי לא היה לו לומר רק וילן שם. אבל כי בא השמש מורה שהוא היה רוצה לעבור רק שבא השמש בלא עתו לדבר עמו בצינעא. כי טירון היה לנבואה ולא זכה עד עתה רק לדבר עמו בתנומות עלי משכב (איוב לג טו) בחלום נבואי: **אתא**

מסורת המדרש

יג. ברכות דף כ"ו. עבודת כוכבים דף ז'. ירושלמי ברכות פ' ד'. לעיל פ' ס'. במד"ר ריש פ' ב'. תנחומא חיי שרה סימן ה'. וסדר מקץ סימן ט'. שוח"ט מז' כ"ה. וק"ב. מדרש משלי פ' כ"ב. ילקוט וירא רמז פ"ז וק"ט. ילקוט תהלים רמז תשע"ב ותתכ"ה ילקוט משלי רמז תתק"ס:
יד. סנהדרין דף צ"ה וש"נ. אג"ב פ' מ"ה:
טו. חולין צ"א וש"נ:

אם למקרא

הֲבִנְהָרִים חָרָה ה' אִם בַּנְּהָרִים אַפֶּךָ אִם בַּיָּם עֶבְרָתֶךָ כִּי תִרְכַּב עַל סוּסֶיךָ מַרְכְּבֹתֶיךָ יְשׁוּעָה: (חבקוק ג:ח)

וַיַּשְׁכֵּם אַבְרָהָם בַּבֹּקֶר אֶל הַמָּקוֹם אֲשֶׁר עָמַד שָׁם אֶת פְּנֵי ה': (בראשית יט:כז)

וַיַּעֲמֹד פִּינְחָס וַיְפַלֵּל וַתֵּעָצַר הַמַּגֵּפָה: (תהלים קו:ל)

וַיֵּצֵא יִצְחָק לָשׂוּחַ בַּשָּׂדֶה לִפְנוֹת עָרֶב וַיִּשָּׂא עֵינָיו וַיַּרְא וְהִנֵּה גְמַלִּים בָּאִים: (בראשית כד:סג)

אֶשְׁפֹּךְ לְפָנָיו שִׂיחִי צָרָתִי לְפָנָיו אַגִּיד: (תהלים קמב:ג)

וְאַתָּה אַל תִּתְפַּלֵּל בְּעַד הָעָם הַזֶּה וְאַל תִּשָּׂא בַעֲדָם רִנָּה וּתְפִלָּה וְאַל תִּפְגַּע בִּי כִּי אֵינֶנִּי שֹׁמֵעַ אֹתָךְ: (ירמיה ז:טז)

וְאִם נְבִאִים הֵם וְאִם יֵשׁ דְּבַר ה' אִתָּם יִפְגְּעוּ נָא בַּה' צְבָאוֹת לְבִלְתִּי בֹאוּ הַכֵּלִים הַנּוֹתָרִים בְּבֵית ה' וּבֵית מֶלֶךְ יְהוּדָה וּבִירוּשָׁלַם בָּבֶלָה: (שם כז:יח)

שנוי נוסחאות

(ט) מהו ויפגע צלי, במקום, צלי בבית המקדש. באות אמת מחק "צלי" השני:

רש"י

ויפגע במקום. צלי במקום צלויי. בבית המקדש: (י) **אתא שמשא.** יעקב שנקרא שמש:

מתנות כהונה

ה"ג מהו ויפגע וגו': צלי כו'. התפלל במקום המיוחד לתפלה. יפגע דרש לשון תפלה כמו ואל תפגע בי ובמקום הבית פתוחה מורה על המקום הידוע והמיוחד לתפלה וזהו בב"ה ה"ג בפר' תפלת השחר ולקמן בפר' במדבר רבה פרשה ב' שנאמר תפלה לעני כי יעטוף ולפני ה' ישפוך שיחו: **אין לה קבע.** כלומר לא מצינו דבר שהוקבע כנגדו: **שהיו מתאכלים.** וזמנן היה כל הלילה וכן תפלת ערבית זמנו כל הלילה: [י] **פנסין.** פירש הערוך לנטירנא:

אשד הנחלים

רק העולם וסבת טבעו מעונו, כי הוא נימוס כל הנמצאות וטבעם. לזה אומר שלא כן, ולכן הביא המשל אף שהעולם מיוסד בענין טבע, הוא כרוכב ומנהיגו ברצונו לשנותו כפי חפצו, כמו שהגבור מנהיג הסוס למקום שחפץ. והמשל בכליו משופעים הוא כמו שהבגד מכסה הסוס עד שלא יתראה, כן יכונה באמת הרצון האלקי במציאות בכללו עד שכמעט נבטל המציאות כאילו איננו: **צלי במקום. צלי בבית המקדש.** האות אמת מוחק תיבות צלי, ואם כן באורו צלי במקום בית המקדש: **תפלת שחרית.** יש בזה הסבר מדוע אברהם תיקן דווקא תפלת שחרית ויצחק מנחה ויעקב ערבית. כי כל אחד כפי בחינתו קבע הזמן המיוחד. וכבר ידעת כי מדת אברהם חסד, כמו שכתוב (מיכה ז, כ) חסד לאברהם. ובבוקר מדת החסד שולט כמו שכתוב (תהילים צב, ג) להגיד בבוקר חסדך. ואמונה נובע ממדת האמת וזהו בחינת יעקב כמו שכתוב (מיכה שם) תתן אמת ליעקב. ואין להאריך. ועל המתבונן לצייר בזה כמה עניינים. ודרש שיחה, שהמה דברים היוצאים מן הלב ועל שיח שפתים, על התפילה שהיא עבודה שבלב הנובע על השפתים מרוב המיית תודה. ופגיעה, שע"י תפלתו הרי היא כאלו פוגע בבקשתו על דרך הכתוב (ישעיה סה, כד) והיה טרם יקראו ואני אענה. וכן עמידה, להיות התפלה צריכה להיות מעומד, ועוד שהוא כעומד לפני ה' ואין להאריך: **שהיום משתנה.** והשינוי מביא לידי התפעלות הלב להכיר חסדי ה'. וידוע כי היום הוא בחינת טוב ובלילה הפכו, כמו שכתוב (ישעיה מה, ז) יוצר אור ובורא חושך עושה שלום ובורא רע, הרי שמכוונים המה, ועל כן יש להודות על היום ולבקש על הלילה. ואמר עוד כנגד הקרבנות, כי התפלה שהוא שפיכת הנפש והורדת השפעה, הוא דוגמת הקרבנות: [י] **שלא בעונתה.** דאם לא

תְּפִלַּת הַשַּׁחַר כְּנֶגֶד תָּמִיד שֶׁל שַׁחַר, תְּפִלַּת מִנְחָה כְּנֶגֶד תָּמִיד שֶׁל בֵּין הָעַרְבַּיִם — **The morning prayer corresponds to the daily offering of the morning, the afternoon prayer corresponds to the daily offering of the afternoon.**[86] תְּפִלַּת הָעֶרֶב אֵין לָהּ קֶבַע — **The evening prayer,** however, **has nothing,** i.e., no corresponding offering, to which it was **fixed.**[87] אָמַר רַבִּי תַּנְחוּמָא: אֲפִילוּ תְּפִלַּת הָעֶרֶב יֵשׁ לָהּ קֶבַע — **R' Tanchuma said: The evening prayer as well has something** to which it was **fixed,** כְּנֶגֶד אֵבָרִים וּפְדָרִים שֶׁהָיוּ מִתְאַכְּלִים בָּאוּר עַל הַמִּזְבֵּחַ — for **it corresponds to the limbs and fats** of the offerings **that were consumed by the fire on the Altar** during the night.[88]

§10 וַיִּפְגַּע בַּמָּקוֹם — *HE ENCOUNTERED THE PLACE.*

The Midrash presents yet another interpretation of וַיִּפְגַּע:

בִּקֵּשׁ לַעֲבוֹר — **He wished to pass,** וְנַעֲשָׂה הָעוֹלָם כּוּלוֹ כְּמִין כּוֹתֶל לְפָנָיו — **but** he was unable to,[89] because **the entire world became like a kind of wall before him.**[90]

□ כִּי בָא הַשֶּׁמֶשׁ — *AND HE SPENT THE NIGHT THERE **BECAUSE THE SUN HAD SET.***

The Midrash presents a homiletical interpretation for the words כִּי בָא (*because . . . had set*):

רַבָּנָן אָמְרֵי: כִּיבָּה הַשֶּׁמֶשׁ — **The Rabbis said: [God] extinguished the** light of the **sun.**[91] מְלַמֵּד שֶׁהִשְׁקִיעַ הַקָּדוֹשׁ בָּרוּךְ הוּא גַּלְגַּל חַמָּה שֶׁלֹּא בְּעוֹנָתָהּ — **This teaches that the Holy One, blessed is He, caused the orb of the sun to set prematurely** בִּשְׁבִיל לְדַבֵּר עִם יַעֲקֹב אָבִינוּ בְּצִינְעָה — **in order to speak privately with our forefather Jacob.**[92] מָשָׁל לְאוֹהֲבוֹ שֶׁל מֶלֶךְ — **This may be compared to a king's close friend** שֶׁבָּא אֶצְלוֹ לִפְרָקִים — **who would visit him occasionally.** אָמַר הַמֶּלֶךְ: כַּבּוּ אֶת הַנֵּרוֹת כַּבּוּ הַפָּנָסִין — When he visited, **the king said** to his servants, **"Extinguish the lamps** and **extinguish the torches,** שֶׁאֲנִי מְבַקֵּשׁ לְדַבֵּר עִם אוֹהֲבִי בְּצִינְעָה — **for I wish to speak with my close friend privately."**[93]

NOTES

86. Just as the first *tamid* offering is brought in the morning hours and the second *tamid* offering is brought in the afternoon, the prayers of *Shacharis* and *Minchah* also must be recited at these same times (*Berachos* 26b; see further there regarding precisely when these prayers may be recited).

87. *Matnos Kehunah.* [*Eitz Yosef* (based on *Yefeh To'ar* and *Nezer HaKodesh*) renders: **The evening service is not fixed** as an obligation. I.e., since it does not correspond to any offering, it was not ordained as an obligatory prayer. (This assertion — that the evening prayer is voluntary — is a matter of dispute in *Berachos* 27b.) This latter interpretation of the phrase is given explicitly in the Talmud (*Berachos* ibid.), though there it appears in a different context.]

88. Although sacrifices may not be *offered* at night — i.e., they may not be slaughtered then, nor may their blood be placed on the Altar then — the limbs (in the case of a burnt-offering) or the fats (in the case of other offerings, whose meat is eaten) of sacrifices already offered during the day may be placed on the Altar's fire even after nightfall (*Berachos* ibid.; *Rashi* ad loc.). R' Tanchuma maintains that the evening prayer corresponds to this burning of fats and limbs, since this activity often took place at night.

89. Because God wanted him to lodge at this particular place; see below.

90. The Midrash now interprets the verb פגע in the sense of "to collide with, to strike," and explains that God placed a barrier that prevented Jacob from moving away from that place. *Eitz Yosef,* citing *Nezer HaKodesh,* explains that the "barrier" was brought about by the setting of the sun (which the verse goes on to mention); God made this barrier of darkness so intense and impenetrable that it was like a wall.

Yefeh To'ar explains that according to this interpretation the word בַּמָּקוֹם "in the place" would mean "everywhere," i.e., everywhere Jacob tried to go he encountered (פגע) this "barrier." [See note 69 above, where it was noted that use of the definite article "*the* place" is problematic here, since no particular place had yet been mentioned. The present interpretation alleviates this difficulty, since מָקוֹם indeed does not refer to any specific place, but to *every* place.]

91. The Rabbis homiletically combine the words כִּי בָא to form the word כִּיבָּה, *extinguished.* The reason the Midrash veers from the plain meaning of the verse is that it is obvious that the sun would have been setting when Jacob decided to stay there for the night (*Yefeh To'ar*). Alternatively, it is because of the issue raised by *Rashi* in his *Chumash* commentary here, namely, that the order of events in the narrative seems to be reversed; the verse should have stated first that the sun set and only after this (i.e., as a result of this) that Jacob decided to stay there for the night (ibid.).

92. God wished for Jacob to remain in Beth-el, a place whose sanctity would facilitate Jacob's receiving a communication from Him. Now, God could have prevented Jacob from leaving in any number of ways, but He specifically chose to extinguish the light of the sun so that Jacob should *sleep* there, and receive God's message in a dream.

93. Since the friend does not visit often, he might be intimidated by the king's majesty; the king therefore extinguishes the lights so that his presence is not so imposing. Similarly, if God had spoken to Jacob while he was awake, his physical senses would have interfered with the purity of the prophecy; hence it was necessary to cause him to sleep by "extinguishing" the sun (*Eshed HaNechalim*). Alternatively, it is not in keeping with the king's honor to expose his full majesty to this friend who comes only occasionally. So too, God did not wish to appear to Jacob and reveal Himself to him in a waking state; he therefore "extinguished" the sun and appeared to Him in a dream (*Yefeh To'ar*).

INSIGHTS

by the Patriarchs, whereas in the Gemara he states that the prayers correspond to the daily offerings. But this is not necessarily a contradiction, for as we have shown, even if R' Yehoshua ben Levi indeed maintains that the daily prayers originate with the Patriarchs (as the Midrash states), he must agree that they are associated with the offerings as well, as the Gemara cites him (*Mitzpeh Eisan* to *Berachos* loc. cit.).

שֶׁנֶּאֱמַר (חבקוק ג, ח) "כִּי תִרְכַּב עַל סוּסֶיךָ". דָּבָר אַחֵר, מַהוּ [כח, יא] "וַיִּפְגַּע", צַלִּי, "בַּמָּקוֹם" °צַלִּי בְּבֵית הַמִּקְדָּשׁ. אָמַר רַבִּי יְהוֹשֻׁעַ בֶּן לֵוִי: יגאָבוֹת הָרִאשׁוֹנִים הִתְקִינוּ שָׁלֹשׁ תְּפִלּוֹת, אַבְרָהָם תִּקֵּן תְּפִלַּת שַׁחֲרִית, שֶׁנֶּאֱמַר (בראשית יט, כז) "וַיַּשְׁכֵּם אַבְרָהָם בַּבֹּקֶר אֶל הַמָּקוֹם אֲשֶׁר עָמַד שָׁם וְגוֹ'", וְאֵין עֲמִידָה אֶלָּא תְּפִלָּה, שֶׁנֶּאֱמַר (תהלים קו, ל) "וַיַּעֲמֹד פִּנְחָס וַיְפַלֵּל", יִצְחָק תִּקֵּן תְּפִלַּת מִנְחָה, שֶׁנֶּאֱמַר (בראשית כד, סג) "וַיֵּצֵא יִצְחָק לָשׂוּחַ בַּשָּׂדֶה", וְאֵין שִׂיחָה אֶלָּא תְּפִלָּה, שֶׁנֶּאֱמַר (תהלים קמב, ג) "אֶשְׁפֹּךְ לְפָנָיו שִׂיחִי", יַעֲקֹב תִּקֵּן תְּפִלַּת עַרְבִית, שֶׁנֶּאֱמַר "וַיִּפְגַּע בַּמָּקוֹם", ידוְאֵין פְּגִיעָה אֶלָּא תְּפִלָּה, שֶׁנֶּאֱמַר (ירמיה ז, טז) "וְאַל תִּשָּׂא בַעֲדָם וְגוֹ' וְאַל תִּפְגַּע בִּי", וְכֵן הוּא אוֹמֵר (שם כז, יח) "וְאִם נְבִאִים הֵם וְאִם יֵשׁ דְּבַר ה' אִתָּם יִפְגְּעוּ נָא בַּה' צְבָאוֹת", אָמַר רַבִּי שְׁמוּאֵל בַּר נַחְמָן: כְּנֶגֶד ג' פְּעָמִים שֶׁהַיּוֹם מִשְׁתַּנֶּה, בְּעַרְבִית צָרִיךְ אָדָם לוֹמַר: יְהִי רָצוֹן מִלְּפָנֶיךָ ה' אֱלֹהַי שֶׁתּוֹצִיאֵנִי מֵאֲפֵלָה לְאוֹרָה, בְּשַׁחֲרִית צָרִיךְ לוֹמַר: מוֹדֶה אֲנִי לְפָנֶיךָ ה' אֱלֹהַי שֶׁהוֹצֵאתַנִי מֵאֲפֵלָה לְאוֹרָה, בְּמִנְחָה צָרִיךְ אָדָם לוֹמַר: יְהִי רָצוֹן מִלְּפָנֶיךָ ה' אֱלֹהַי שֶׁכְּשֵׁם שֶׁזִּכִּיתַנִי לִרְאוֹת חַמָּה בִּזְרִיחָתָהּ כָּךְ תְּזַכֵּנִי לִרְאוֹתָהּ בִּשְׁקִיעָתָהּ. דָּבָר אַחֵר, "וַיִּפְגַּע בַּמָּקוֹם", רַבָּנָן אָמְרֵי: כְּנֶגֶד תְּמִידִים תִּקְּנוּם, תְּפִלַּת הַשַּׁחַר כְּנֶגֶד תָּמִיד שֶׁל שַׁחַר, תְּפִלַּת מִנְחָה כְּנֶגֶד תָּמִיד שֶׁל בֵּין הָעַרְבַּיִם, תְּפִלַּת הָעֶרֶב אֵין לָהּ קֶבַע, אָמַר רַבִּי תַּנְחוּמָא: אֲפִילוּ תְּפִלַּת הָעֶרֶב יֵשׁ לָהּ קֶבַע, כְּנֶגֶד אֵבָרִים וּפְדָרִים שֶׁהָיוּ *מִתְאַכְּלִים בָּאוּר עַל הַמִּזְבֵּחַ:

י [כח, יא] "וַיִּפְגַּע בַּמָּקוֹם", בִּקֵּשׁ לַעֲבוֹר, וְנַעֲשָׂה הָעוֹלָם כּוּלּוֹ כְּמִין כּוֹתֶל לְפָנָיו. [שם] "כִּי בָא הַשֶּׁמֶשׁ", רַבָּנָן אָמְרֵי: כִּיבָּה הַשֶּׁמֶשׁ, טומְלַמֵּד שֶׁהִשְׁקִיעַ הַקָּדוֹשׁ בָּרוּךְ הוּא גַּלְגַּל חַמָּה שֶׁלֹּא בְּעוֹנָתָהּ בִּשְׁבִיל לְדַבֵּר עִם יַעֲקֹב אָבִינוּ בְּצִינְעָה, מָשָׁל לְאוֹהֲבוֹ שֶׁל מֶלֶךְ שֶׁבָּא אֶצְלוֹ לִפְרָקִים, אָמַר הַמֶּלֶךְ: כַּבּוּ אֶת הַנֵּרוֹת כַּבּוּ הַפָּנָסִין, שֶׁאֲנִי מְבַקֵּשׁ לְדַבֵּר עִם אוֹהֲבִי בְּצִינְעָה,

[יא] צלי במקום צלי כו'. משום דהשתא מפרש במקום בבית המקדש ויש לפרש ויפגע לשון פגיעה, לכן אמר דאפילו הכי מפרשים לשון תפלה (יפה תואר). והאות אמת גרס דבר אחר ויפגע במקום צלי בבית המקדש: **אמר רבי יהושע בן לוי אבות הראשונים כו'.** בפרק תפילת השחר (ברכות כו, ב) אמר דר' יוסי ברבי חנינא הוא דקאמר הכי. ורבי יהושע בן לוי קאמר כנגד תמידים תקנום. אבל בתנחומא סדר חיי שרה (סימן ה) איתא כמו כאן ועיין שם: **כנגד שלש פעמים כו'.** פירוש כנגד זה תקנו מסדרי התפלות ולא קאי אאבות: **שהיום משתנה.** והשינוי מביא לידי התפעלות הלב להכיר חסדי ה': **בערבית צריך כו'.** ועל ידי שצריך להודות בזה הזמן תקנו תפלת שמונה עשרה בעת הזו: **במנחה צריך כו'.** גירסא שלפנינו מגומגם קצת. ובירושלמי גרס במנחה צריך לומר מודה אני לפניך כשם שזיכתני לראות החמה במזרח כך תזכני לראותו במערב, וממילא איכא שינוי, בערבית אפילה, ובשחרית אורה מן החמה במזרח, ובמנחה אורה מן החמה במערב. ומיהו בשחרית ומנחה דאיכא אורה שייך ביה לשון הודאה על הטובה, אבל בערבית דאיכא אפילה לא יתכן בו הודאה אלא לשון בקשה להוציאו מאפילה לאורה (נזר הקודש): **כנגד תמידים תיקנום.** כי התפלה שהיא שפיכת הנפש והורדת השפע היא דוגמת הקרבנות: **אין לה קבע.** כלומר שהיא רשות, לפי שלא מצאו במה לתלותה: **שהיו מתאכלים כו'.** וזמנם היה כל הלילה, וכן תפלת ערבית זמנה כל הלילה: (י) **[יב] בקש לעבור כו'.** השתא מפרש ויפגע לשון פגישה, שכל העולם נעשה ככותל לפניו והוי ליה כאילו פגע בכותל. והכוונה שאז שקעה חמה שלא בעונתה ובא לפניו עמוד חשך וערפל ככותל (נזר הקודש): **כיבה השמש.** דרש כי בא השמש כאילו אמר כיבא השמש ללמד שהשקיע הקדוש ברוך הוא גלגל חמה שלא בעונתה: **לדבר עם יעקב בצינעא.** בדרך חלום הבא בעת השינה בלילה. ולפיכך שקעה השמש שם שלא בעונתה כדי שילין שם במקום קדוש המוכן לרוח הקודש ונתגלה עליו שם בלילה במראות החלום. ומה שבאמת לא היה אז יעקב מוכן לנבואה בהקיץ, כבר פירש הטעם בזוהר לפי שעדיין לא היה נשוי אשה ואין השכינה שורה אלא בנשוי אשה (נזר הקודש): **פנסין.** פירוש לנטירנ"א:

(י) **כולו כמין כותל.** לפי שלא הזכיר שם המקום על כן דורש שכל העולם נעשה ככותל לפניו ולא יוכל לעבור על כן וילן שם: **כי בא השמש.** שהיה לו לומר ויבא השמש וילן שם, כי בא משמע דבר חדוש:

רש"י

ויפגע במקום. צלי במקום צלויי. בבית המקדש: (י) **אתא שמשא.** יעקב שנקרא שמש:

מתנות כהונה

ה"ג מהו ויפגע וגו': צלי כו'. התפלל במקום המיוחד לתפלה. יפגע דרש לשון תפלה כמו ואל תפגע בי ובמקום הבית פתוחה מורה על המקום הידוע והמיוחד לתפלה וזהו בב"ה ה"ג בפר' תפלת השחר ולקמן בפר' במדבר רבה פרשה ב' שנאמר תפלה לעני כי יעטוף ולפני ה' ישפוך שיחו: **אין לה קבע.** כלומר לא מלינו דבר שהוקבע כנגדו: **שהיו מתאכלים.** וזמנן היה כל הלילה וכן תפלת ערבית זמנו כל הלילה: **[י] פנסין.** פירש הערוך לנטירנא:

אשד הנחלים

רק העולם וסבת טבעו מעונו, כי הוא נימוס כל הנמצאות וטבעם. לזה אומר שלא כן, ולכן הביא המשל אף שהעולם מיוסד בענין טבע, הוא כרוכב ומנהיגו ברצונו לשנותו כפי חפצו, כמו שהגבור מנהיג הסוס למקום שחפץ. והמשל בכליו משופעים הוא כמו שהבגד מכסה הסוס עד שלא יתראה, כן יכונה באמת הרצון האלקי במציאות בכללו עד שכמעט נבטל המציאות כאילו איננו: **צלי במקום. צלי בבית המקדש.** האות אמת מוחק תיבות צלי, ואם כן באורו צלי במקום בית המקדש: **תפלת שחרית.** יש בזה הסבר מדוע אברהם תיקן דווקא תפלת שחרית ויצחק מנחה ויעקב ערבית. כי כל אחד כפי בחינתו קבע הזמן המיוחד. וכבר ידעת כי מדת אברהם חסד, כמו שכתוב (מיכה ז, כ) חסד לאברהם. ובבוקר מדת החסד שולט כמו שכתוב (תהילים צב, ג) להגיד בבוקר חסדך. ואמונה נובע ממדת האמת וזהו בחינת יעקב כמו שכתוב (מיכה שם) תתן אמת ליעקב. ואין להאריך. ועל המתבונן לצייר בזה כמה עניינים. ודרש שיחה, שהמה דברים היוצאים מן הלב ועל שיח שפתים, על התפילה שהיא עבודה שבלב הנובע על השפתים מרוב המיית תודה. ופגיעה, שע"י תפלתו הרי היא כאלו פוגע בבקשתו על דרך הכתוב (ישעיה סה, כד) והיה טרם יקראו ואני אענה. וכן עמידה, להיות התפלה צריכה להיות מעומד, ועוד שהוא כעומד לפני ה' ואין להאריך: **שהיום משתנה.** והשינוי מביא לידי התפעלות הלב להכיר חסדי ה'. וידוע כי היום הוא בחינת טוב ובלילה הפכו, כמו שכתוב (ישעיה מה, ז) יוצר אור ובורא חושך עושה שלום ובורא רע, הרי שמכוונים המה, ועל כן יש להודות על היום ולבקש על הלילה. ואמר עוד כנגד הקרבנות, כי התפלה שהוא שפיכת הנפש והורדת השפעה, הוא דוגמת הקרבנות: **[י] שלא בעונתה.** דאם לא

חידושי הרש"ש

{דבר אחר מהו ויפגע (צלי) במקום כו'. תיבת צלי מיותר:}

אמרי יושר

[י] רבנן אמרי כיבה השמש. הרגישו כי לא היה לו לומר רק וילן שם. אבל כי בא השמש מורה שהוא היה רוצה לעבור רק שבא השמש בלא עתו לדבר עמו בצינעא. כי טירון היה לנבואה ולא זכה עד עתה רק לדבר עמו בתנומות עלי משכב (איוב לג טו) בחלום נבואיי: אתא

מסורת המדרש

יג. ברכות דף כ"ו. עבודת כוכבים דף ז'. ירושלמי ברכות פ' ד'. לעיל פ' ס'. במד"ר ריש פ' ב'. תנחומא חיי שרה סימן ה'. וסדר מקץ סימן ט'. שוח"ט מז' כ"ה. וק"ב. מדרש משלי פ' כ"ב. ילקוט וירא רמז פ"ז וק"ט. ילקוט תהלים רמז תשע"ב ותתכ"ה ילקוט משלי רמז תתק"ס:
יד. סנהדרין דף נ"ה וס"כ. חג"ב פ' מ"ה:
טו. חולין נ"א וס"כ:

אם למקרא

הֲבִנְהָרִים חָרָה ה' אִם בַּנְּהָרִים אַפֶּךָ אִם בַּיָּם עֶבְרָתֶךָ כִּי תִרְכַּב עַל סוּסֶיךָ מַרְכְּבֹתֶיךָ יְשׁוּעָה: (חבקוק ג:ח)

וַיַּשְׁכֵּם אַבְרָהָם בַּבֹּקֶר אֶל הַמָּקוֹם אֲשֶׁר עָמַד שָׁם אֶת פְּנֵי ה': (בראשית יט:כז)

וַיַּעֲמֹד פִּינְחָס וַיְפַלֵּל וַתֵּעָצַר הַמַּגֵּפָה: (תהלים קו:ל)

וַיֵּצֵא יִצְחָק לָשׂוּחַ בַּשָּׂדֶה לִפְנוֹת עָרֶב וַיִּשָּׂא עֵינָיו וַיַּרְא וְהִנֵּה גְמַלִּים בָּאִים: (בראשית כד:סג)

אֶשְׁפֹּךְ לְפָנָיו שִׂיחִי צָרָתִי לְפָנָיו אַגִּיד: (תהלים קמב:ג)

וְאַתָּה אַל תִּתְפַּלֵּל בְּעַד הָעָם הַזֶּה וְאַל תִּשָּׂא בַעֲדָם רִנָּה וּתְפִלָּה וְאַל תִּפְגַּע בִּי כִּי אֵינֶנִּי שֹׁמֵעַ אֹתָךְ: (ירמיה ז:טז)

וְאִם נְבִאִים הֵם וְאִם יֵשׁ דְּבַר ה' אִתָּם יִפְגְּעוּ נָא בַּה' צְבָאוֹת לְבִלְתִּי בֹאוּ הַכֵּלִים הַנּוֹתָרִים בְּבֵית ה' וּבֵית מֶלֶךְ יְהוּדָה וּבִירוּשָׁלַםִ בָּבֶלָה: (שם כז:יח)

שנוי נוסחאות

(ט) מהו ויפגע צלי, במקום, צלי בבית המקדש. באות אמת מחק "צלי" השני:

כָּךְ הִשְׁקִיעַ הַקָּדוֹשׁ בָּרוּךְ הוּא גַּלְגַּל חַמָּה שֶׁלֹּא בְעוֹנָתָהּ בִּשְׁבִיל לְדַבֵּר עִם יַעֲקֹב אָבִינוּ בְּצִנְעָה — **So too, the Holy One, blessed is He, caused the orb of the sun to set prematurely in order to speak with our father Jacob privately.**

An alternative interpretation of the words כִּי בָא הַשֶּׁמֶשׁ, *the sun has set* (or, more literally, "the sun has come"[94]):

רַבִּי פִּנְחָס בְּשֵׁם רַבִּי חָנִין דְּצִיפּוֹרִין אָמַר — **R' Pinchas said in the name of R' Chanin of Tzipporin:** שָׁמַע קוֹלָן שֶׁל מַלְאֲכֵי הַשָּׁרֵת אוֹמְרִים: — When Jacob arrived **he heard the voices of the ministering angels saying** about him, בָּא הַשֶּׁמֶשׁ בָּא הַשֶּׁמֶשׁ, אֲתָא שִׁמְשָׁא אֲתָא שִׁמְשָׁא — **"The sun has come! The sun has come!"** meaning to say, **"The sun has arrived! The sun has arrived!"**[95]

The Midrash supports the assertion that Jacob was called by the title "sun":

בְּשָׁעָה שֶׁאָמַר יוֹסֵף "וְהִנֵּה הַשֶּׁמֶשׁ וְהַיָּרֵחַ" — **When Joseph said,** in retelling his dream, ***"Behold! the sun, the moon,*** *and eleven stars were bowing down to me"* (*Genesis* 37:9), with *the sun* clearly alluding to his father, Jacob, אָמַר יַעֲקֹב: מִי גִּילָה לוֹ שֶׁשְּׁמִי שֶׁמֶשׁ — **Jacob said** to himself, **"Who revealed to him that my name is 'sun'?!"**[96]

The Midrash returns to address a final point with regard to the sun setting prematurely at Beth-el:

אוֹתָן שְׁתֵּי שָׁעוֹת שֶׁהִשְׁקִיעַ לוֹ הַקָּדוֹשׁ בָּרוּךְ הוּא חַמָּה בְּצֵאתוֹ מִבֵּית אָבִיו — **Those two hours**[97] of daylight lost **when the Holy One, blessed is He, caused the sun to set prematurely when [Jacob] left his father's house** on his way to Haran — אֵימָתַי הֶחֱזִירָן — **when did He restore them?** בַּחֲזִירָתוֹ לְבֵית אָבִיו — **Upon his return to his father's house,** הָדָא הוּא דִכְתִיב "וַיִּזְרַח לוֹ הַשֶּׁמֶשׁ" — **as it is written, *The sun rose "for him"*** *as he passed Penuel* (32:32).[98]

The Midrash elaborates on the symbolic significance of the sun's early setting and rising:

אָמַר לוֹ הַקָּדוֹשׁ בָּרוּךְ הוּא: אַתְּ סִימָן לְבָנֶיךָ — **The Holy One, blessed is He, said to [Jacob], "You are a symbol for your children.** מָה אַתָּה בְּצֵאתְךָ הִשְׁקַעְתִּי חַמָּה וּבַחֲזִירָתְךָ הֶחֱזַרְתִּי וְהִזְרַחְתִּי לְךָ גַּלְגַּל חַמָּה, — **Just as when you departed I caused the sun to set for you and when you returned I restored for you the orb of the sun, causing it to shine,** כָּךְ בָּנֶיךָ בְּצֵאתָם "אֻמְלְלָה יֹלֶדֶת הַשִּׁבְעָה וְגוֹ'" — **so too, when your children depart** into exile they will be described by the verse, ***She who gave birth to seven is distressed,*** *her soul is distraught; her sun set while it was still daytime* (*Jeremiah* 15:9),[99] וּבַחֲזִירָתָן "וְזָרְחָה לָכֶם יִרְאֵי שְׁמִי וְגוֹ'" — **and when they return** in Messianic times they will be described by the verse, ***But a sun of righteousness will shine for you who fear My Name,*** *with healing in its rays"* (*Malachi* 3:20).

NOTES

94. In Biblical Hebrew sunset is described as "the coming of the sun," for the sun appears to have come down from its zenith to meet the earth at the horizon. The Midrash here veers from the plain interpretation of the phrase as a reference to sunset, and interprets it homiletically.

95. At first the Midrash tells us these words: כִּי בָא הַשֶּׁמֶשׁ. Then, by translating the phrase into Aramaic, it eliminates the ambiguity of the Hebrew expression and makes it clear that the angels were announcing the *arrival* of the "sun" (Jacob; see below), and not the setting of the actual sun. [The Aramaic expression for "the sun has set" would be עַל שִׁמְשָׁא rather than אֲתָא שִׁמְשָׁא.] As the Midrash goes on to make clear, the angels were referring to Jacob when they said that the "sun" had arrived (*Yefeh To'ar*). They referred to Jacob as "the sun" either because his righteousness illuminated the world like the sun, or because he publicized the existence of God as effectively as the sun, which attests to the existence of its Creator through the precision of its daily movement through the sky (*Eitz Yosef,* citing *Yefeh To'ar*). Realizing that the gathering of angels at this place testified to its extraordinary holiness, Jacob decided to spend the night there in the hopes of receiving a communication from on High. Thus, the verse is rendered: *and Jacob spent the night there because [he heard the angels' words,] "The sun has come"* (ibid.). See further, Insight Ⓐ.

96. Jacob registered surprise when Joseph identified him as the sun of his dream. Feeling that Joseph could not have guessed this association on his own, Jacob concluded that the dream must be Divinely inspired and he therefore took it seriously, as it states (below, 37:11), *but his father kept the matter in mind* (*Eitz Yosef,* from *Yefeh To'ar*).

97. [See *Yefeh To'ar* and *Zera Avraham*, who attempt to find a Scriptural basis for the Midrash's figure of two hours.]

98. This took place after Jacob's encounter with the angel, on his way back home from Haran. The Gemara (*Chullin* 91b) explains the Sages' inference from this verse more clearly: *The sun rose "for him"* — Was it only for Jacob that the sun rose? Did it not rise for the entire world? R' Yitzchak said: The same sun that had set early on his account (at Beth-el) now rose early on his account (*Eitz Yosef*).

99. Jeremiah likens the multitudinous nation of Israel to a mother of seven children, and the distress she suffers is the anguish of exile (*Radak* ad loc.). Scripture often uses the fading light of sunset as a metaphor for a fall in stature or spiritual decline. Here too, Israel's rapid and premature decline is compared to the sun setting *while it was still daytime* (*Eitz Yosef*).

INSIGHTS

Ⓐ The Sun Has Come According to the Midrash's first interpretation, that כִּי בָא הַשֶּׁמֶשׁ means quite literally *because the sun had set,* it is understandable how that explains the preceding clause, *he spent the night there.* Night had fallen — suddenly and miraculously, according to the Midrash — so Jacob spent the night there. But according to R' Chanin of Tzipporin, who interprets כִּי בָא הַשֶּׁמֶשׁ to mean that Jacob heard the angels saying, "The sun (Jacob) has come!" there is a deeper connection between the angels' words and Jacob spending the night there.

R' Tzadok HaKohen explains that the angels called Jacob "the sun" because it is he who conveys the Divine light to the world, an awareness of God's presence and providence, in the same manner that the sun dispels the world's physical darkness. And while the other Patriarchs did so as well, it was Jacob who was the third "leg of the chair" and the third "thread" of the tripartite cord (see below, §12). It was Jacob who gave the patriarchal edifice stability and permanence. The angels revealed this special status to him when they declared, "The sun has come!" It is he who will illuminate the world.

As taught in the previous section of the Midrash, the Patriarchs instituted the three daily prayers. Abraham established the morning prayer and Isaac the prayer of the afternoon. Both those prayers, however, seek God in the light of day. Here at this juncture, Jacob instituted the evening prayer — the prayer that seeks out God in the darkness of night. This was Jacob's role. As the *Zohar* on our passage teaches: "Jacob is the pride of the Patriarchs and the one who encompasses them all; it is he who illuminates the moon, and that is why it was he who instituted the evening prayer."

Thus, our verse states that *he spent the night there because "the sun had come."* The angels had revealed to him that he was "the sun," the one to illuminate the darkness of night by illuminating the moon. For all who would pass through the darkness of night, of suffering, of a long and difficult exile, Jacob illuminated the way to "spend the night." It was through וַיִּפְגַּע בַּמָּקוֹם, through the evening prayer, through "cleaving to the Place" when all seems dark (see *Pri Tzaddik* on our verse).

This was the message revealed to Jacob as he embarked on his own journey of trouble and darkness: Even when all seems bleak, God is there and can be discerned. As the Psalmist (20:2) prays: יַעַנְךָ ה' בְּיוֹם צָרָה יְשַׂגֶּבְךָ שֵׁם אֱלֹהֵי יַעֲקֹב, *May God answer you on the day of your distress; may the Name of Jacob's God make you impregnable.* In times of darkness and distress, it is the God of Jacob upon Whom we call (see *Meshech Chochmah, Vayigash* 46:2). It is Jacob who called our attention to the shimmering moon in the dark sky, the moon that reflects to us the rays of the brilliant sun that will soon burst forth upon the horizon, dispelling the concealment of the One Who was there with us throughout the long night.

כָּךְ הִשְׁקִיעַ הַקָּדוֹשׁ בָּרוּךְ הוּא גַּלְגַּל חַמָּה שֶׁלֹּא בְּעוֹנָתָהּ בִּשְׁבִיל לְדַבֵּר עִם יַעֲקֹב אָבִינוּ בְּצִינְעָה, רַבִּי פִּנְחָס בְּשֵׁם רַבִּי חָנִין דְּצִיפּוֹרִין אָמַר: שָׁמַע קוֹלָן שֶׁל מַלְאֲכֵי הַשָּׁרֵת אוֹמְרִים: בָּא הַשֶּׁמֶשׁ בָּא הַשֶּׁמֶשׁ, אֲתָא שִׁימְשָׁא אֲתָא שִׁימְשָׁא, בְּשָׁעָה שֶׁאָמַר יוֹסֵף (לקמן לז, ט) "וְהִנֵּה הַשֶּׁמֶשׁ וְהַיָּרֵחַ" [טו]אָמַר יַעֲקֹב: מִי גִּילָּה לוֹ שֶׁשְּׁמִי שֶׁמֶשׁ. [יו]אוֹתָן שְׁתֵּי שָׁעוֹת שֶׁהִשְׁקִיעַ לוֹ הַקָּדוֹשׁ בָּרוּךְ הוּא חַמָּה בְּצֵאתוֹ מִבֵּית אָבִיו אֵימָתַי הֶחֱזִירָן, בַּחֲזִירָתוֹ לְבֵית אָבִיו, הָדָא הוּא דִכְתִיב (בראשית לב, לב) "וַיִּזְרַח לוֹ הַשֶּׁמֶשׁ", אָמַר לוֹ הַקָּדוֹשׁ בָּרוּךְ הוּא: אַתְּ סִימָן לְבָנֶיךָ, מָה אַתָּה בְּצֵאתְךָ הִשְׁקַעְתִּי חַמָּה וּבַחֲזִירָתְךָ הֶחֱזַרְתִּי ° לְךָ גַּלְגַּל חַמָּה, כָּךְ בָּנֶיךָ בְּצֵאתָם (ירמיה טו, ט) "אֻמְלְלָה יֹלֶדֶת הַשִּׁבְעָה וְגוֹ'", וּבַחֲזִירָתָן (מלאכי ג, כ) "וְזָרְחָה לָכֶם יִרְאֵי שְׁמִי וְגוֹ'":

אתא שמשא. כמו שאיתא לעיל (ב, ג) לאור יום זה יעקב: **ויזרח לו.** דקשה וכי לו לבדו זרח, אלא לו לצרכו ולטובתו (חולין צא, ב):

שמע קולן של מלאכי השרת כו'. שבא יעקב הנקרא שמש, ושמע קולן של מלאכי השרת האומרים כן, ולזה לן שם שהכיר במעלת המקום לראות אם יערה עליו רוח ממרום: **אתא שמשא.** במה שנקרא יעקב שמש להיותו מאיר לעולם כשמש. ויש אומרים שמלאכות ה' היה מתפרסם על ידו כמו שנתפרסם מהתנועה היומית, וזה דרך דרש (יפה תואר): **בשעה שאמר יוסף כו'.** כלומר ראיה לזה מה שאמר ביעקב ששמר דברי יוסף שאמר והנה השמש והירח וגו' לפי שידע ששמו שמש שת לבו לזאת: **אותן שני שעות כו'.** דכתיב ויזרח לו השמש וקשה וכי לו לבדו זרחה אלא שמש ששקעה בשבילו זרחה בשבילו כדאמר בפרק גיד הנשה (חולין צא, ב): **מה אתה בצאתך השקעתי חמה ובחזירתך החזרתי והזרחתי לך גלגל חמה.** כך צריך לומר (אות אמת): **כך בניך כו'.** כלומר שילטערו בגלותם שהוא כעין שקיעת החמה אגלם על דרך (מיכה ג, ו) וקדר עליהם היום, וזהו דכתיב **אומללה יולדת השבעה כי באה שמשה.** אמנם בבואם ששון ושמחה ישיגו וגו' (ישעיה לה, י) **וזרחה לכם וגו'** שמש צדקה:

מתנות כהונה

אתא שמשא. בא לכאן אותו ששמו שמש: **השבעה וגו'** גרסינן. וסיפיה דקרא נפחה נפשה באה שמשה:
ה"ג נטל אמר כך כו':

אשד הנחלים

כן למה ליה למימר כי בא השמש בודאי לינה הוא בלילה, אלא ודאי לרמוז שבא שלא בעונתה. והמשל בא להסביר להיות כי הנביאים [לבד משה שהיה מדריגתו פה אל פה ובתמידות] היה נבואתם לפרקים לא תמידים [לא כמו שנאמר במשה (דברים ה, כז) ואתה פה עמוד] והיה בחידות ולא במראה, ויש שהיה בחלום, ולכן הוא כדמות צנעה, עת הכחות הגופניות נרדמו, ואז השכל יעלה עוף ויתדבק למעלה. ולולי היה רואה תמיד לא לפרקים אז היה מדריגתו לראות אף ביום. והנמשל כמו שהמלך מצוה לכבות הפנסין בכדי שאוהבו לא יתבייש מפניו כן זה בכדי שלא יבטלו כחות גופו את הנבואה, והבן מאוד. ודעת ר' פנחס שכנוי השמש הוא על יעקב, כי הוא האור הגדול, והוא נתינת טעם מפני מה לן שם, כי שמע אומרים בא האור של יעקב ומזה הבין כי בוודאי יתדבק לנבואה אם יתנמנם שם, והבן גם זה מאוד: **השבעה.** וסופה גו' באה שמשה. **ובחזירתן וזרחה גו'.** ובהפכם בשובם כתוב וזרחה לכם יראי שמי שמש צדקה. ודע דעל צד הכוונה השניה הוא רמז על השגה הגדולה שיתרבה בלבם היפך הצרות המחשיך שכלם, וכל זה בזכות יעקב:

זרע אברהם

[י] ויפגע במקום יעקב תיקן תפלת ערבית עד וילן שם כי בא השמש רבנין אמרי כי בא השמש שקעה חמה שלא בעונתו וכו' רבי פנחס בשם אבא חנין דצפורין אמר שמע קולן של מלאכי השרת שהיו אומרים בא שמש בא שמש אתיא שמשא אתיא שמשא בשעה שאמר יוסף ליעקב הנה השמש וירח משתחוים לי אמר יעקב מי גילה לו ששמי שמש אותן שתי שעות היכן החזירן לו בחזירתו וכו'. המדרש זה אין לו שחר כלל. חדא מאן יימר זה ששקעה שלא בעונתה דילמא כפשוטא ששקעה בזמנה. ב' קשה למה כפל הלשון בא שמש אתיא שמשא ולמה בלשון תרגום. ג' קשה מאי נפקא מינה מי שגילה לו ששמו שמש. ד' קשה סמיכות הקושיא אותן שני שעות למה לא קשה זה כבר בלא דרש דלעיל. ונראה לי ליישב הכל בעזרת ה' בהערה אחת יתיישב הכל. ויתיישב גם כן למה תפלת ערבית רשות למה גרע תפלת יעקב שיהיה רשות ותפלת שחר אבות הם חוב. עוד [יתיישב הקושיא] שקשה למה תיקן יעקב עכשיו תפלת ערבית מה יום מיומים. בהקדים מה שהובא בטור או"ח סימן ק"ח (סעיף א) בשם הרמב"ם (הל' תפלה פ"ג ה"ט) וז"ל מי שלא התפלל מנחה בעוד זמנו מפני שסבר שיש עוד זמן ועבר הזמן נקרא אונס ומתפלל ערבית שתים ראשונה לחוב ושניה תשלומין עד כאן לשונו. ומעשה שהיה ביעקב היה גם כן כשבא להר המוריה בתחלת זמן מנחה ותיכף שקעה השמש והיה אונס על כן תיקן תפילת ערבית והתפלל שני פעמים אחת למעריב ואחת למנחה. וזהו שאמר ויפגע במקום כי בא השמש נתינת טעם למה התפלל ערבית לפי שעבר תפלת מנחה באונס על כן תיקן כאן תפלת ערבית ותיקן זה שהתפלל שתים ומנלן לומר זה. לזה מביא רב פפא ראייה לדברי רבנן שמע קולן של מלאכי השרת וכו' לפי דאיתא ב[תקוני] זוהר חדש (דף כד ב. מגלה עמוקות פרשת שלח באמצע ד"ה ע"ד האמת) תפלת ערבית מקבל אריה בזרועותיו שהוא מיכאל המלאך ותפלת מנחה מקבל שור בקרנותיו שהוא גבריאל המלאך וידוע מאמר חכמינו ז"ל (שבת יב ב ושם בתוס' ד"ה ושאין) שאין מלאכי השרת מכירין בלשון ארמי בלשון תרגום רק גבריאל וזה שאמר רבי פנחס שמע קולן של מלאכי השרת שהיה אומרים בא שמש זה היה מיכאל ואתיא שמשא זה היה גבריאל שמכיר לשון תרגום אם כן על כרחך שבא כח של מיכאל לקבל תפלת ערבית ואחר כך גבריאל לקבל תפלת מנחה אם כן על כרחך שאירע ליעקב שעבר תפלת מנחה בשוגג באונס הואיל ושקעה חמה שלא בעונתה כדי לדבר עמו בצנעא וכו' על כן התפלל שתים. תדע שהרי באו שני המלאכים לקבל שני התפלות. רק שקשה מאן יימר זה שבא [הוא] גבריאל גם כן דילמא לא בא רק מיכאל כמו שאמר הכתוב כי בא השמש ומגליה ששמע קול של גבריאל שהיה אומר אתיא שמשא לזה מסיק המדרש בשעה שסיפר יוסף החלום לאביו ואמר הנה השמש והירח משתחוים לי אמר יעקב מי גילה לו ששמי שמש וכו' פירש יפה תואר ורש"י זה שאמר ואביו שמר את הדבר הואיל והיה החלום על ידי מלאך מתקיים כדאיתא בפרק הרואה. ובזוהר אי' שחלום זה היה ע"י גבריאל שהוא ממונה על התבואה וז"ש והנה אנחנו מאלמים אלומים. א"כ ע"כ שגילה ליוסף בחלום ששמו שמש ש"מ שהיה גבריאל שם ואמר אתיא שמש על כן שמר יעקב הדבר לפי שהיה ע"י גבריאל א"כ מוכח להדיא ששמע מן מיכאל שהיה אומר בא שמש ומן גבריאל [שאמר ב]לשון תרגום אתיא שמשא אם כן על כרחך שהתפלל יעקב שתים שהואיל ותיקן יעקב ערבית מחמת תשלומין על כן הוא רשות ולא חובה וזה שמסיק אותן שתי שעות דאיתא ביפה תואר הא דקאמר שני שעות מגליה שהיה שתי שעות ומפרש דמוכח מכח התורה כדאיתא בפרק מי שהיה (פסחים צד א) שמן עלות השחר עד זריחת השמש הוא חמש מילין והואיל והוא יותר מן שעה אחת קורא אותן שתי שעות עד כאן לשונו. ולי נראה דשפיר מוכח שהיה שעה ורביע לפי שידוע שרבי יהודה סובר שתפלת המנחה עד פלג שהוא תשע שעות ומחצה עד י"א שעות פחות רביע שהיא חמש רביעי שעה אם כן על כרחך ששקעה חמה בהתחלת זמן תפלת מנחה שהוא עד פלג המנחה חמש רביעי שעה ושפיר מקשה אותן שתי שעות היכן החזירן שמוכח שעל כרחך ששקעה חמה חמש רביעית שעה מתחלת זמן מנחה עד פלג המנחה ודוק היטב. וזה פירש רש"י אכן יש ה' במקום הזה אכן השכינה שרויה במקום ולא הייתי יודע וברש"י וז"ל ואנכי לא ידעתי שאם ידעתי לא ישנתי במקום קדוש כזה עכ"ל. וקשה חדא שהרי ידע כבר. כמו שאמרו חכמינו ז"ל שנעקר הר המוריה וידע שפיר שהוא מקום קדוש. ועוד הרי השקיע הקדוש ברוך הוא שלא בעונתה כדי שילון שם. ועוד קשה לי והרי אברהם ויצחק התפללו במקום זה למה לא השקיע הקדוש ברוך הוא החמה גם כן בשבילם כדי שילינו שם. ונראה לי לפרש דהכי קאמר לפי שמצאתי קושיא זו בספר יפה עינים (פרשת וילא) שהקשה למה לא אירע דבר זה לאברהם ויצחק שאמר הקדוש ברוך הוא כן לדיק בא לבית מלוני ויפטר בלא לינה. ומשני לפי שהם התפללו בהר המוריה והיה היום עוד גדול שהיו יכולים לילך לביתם ללון בביתם שאברהם תיקן תפלה שחרית ויצחק תיקן תפלת מנחה מה שאין כן יעקב שתיקן תפלת ערבית ולא היה עוד זמן שהיה יכול לבא לחרן ללון שם והיה מוכרח ללון בשדה על כן השקיע הקדוש ברוך הוא החמה שילון כאן והיה לו שמירה שלקח אבני המקום שיהיה נשמר מחיות השדה עד כאן לשונו. ובגמרא דחולין בפרק גיד הנשה (צא ב) איתא כד מטא לחרן אמר אפשר עברתי על מקום שהתפללו אבותי ולא התפללתי יהיב דעתיה למיהדר קפלה לו הארץ כד צלי בעי למיהדר אמר הקדוש ברוך הוא צדיק זה בא לבית מלוני ויפטר בלא לינה מיד בא השמש עד כאן לשון הגמרא. ואם כן אם היה יעקב יודע בפעם הראשון שזה הוא הר המוריה מקום שהתפללו בו אבותיו היה מתפלל תפלת שחרית או מנחה ואז היה זמן שהיה יכול לבוא בעוד יום לחרן ללון שם מה שאין כן מחמת שלא ידע יעקב שזה הוא הר המוריה מקום שהתפללו שם אבותיו והלך לדרכו לחרן ושם הרהר בדעתו אפשר שעברתי וכו' וחזר לשם והתפלל שם ערבית ואז לא היה זמן שיכול לבא בעוד יום לחרן והיה מוכרח ללון בשדה על כן השקיע הקדוש ברוך הוא החמה כדי שילון שם ולא בשדה. וזה שאמר יעקב ואנכי לא ידעתי בפעם הראשון כשעברתי. שאם הייתי יודע תיכף הייתי מתפלל שם כמו אברהם ויצחק שהתפללו שם בעוד יום גדול והיו חוזרים לביתם ללון בביתם מה שאין כן אני על ידי שלא נתתי על לבי בפעם הראשון להתפלל שם בעוד יום גדול והתפללתי בפעם שניה שהיה קרוב ללילה שלא היה באפשרי לחזור אחר כך לחרן ללון שם אז היה הכרח שתשקע החמה ללון שם. ודוק היטב: **אותן שתי שעות ששקעה חמה וכו'.** פירש יפה תואר וקשה לי ואם תאמר מנלן דהוה זמן השקיעה שתי שעות ויש לומר משום שמש ששקעה בשבילו ומקמיה ויזרח לו השמש נאמר שלפני כי עלה השחר וזה זמן עלות השחר הנוהג ואי כיון דאמר הגיע זמני לומר שירה ואם כן מה שקדם לזרות השמש אינו אלא אותו זמן שמעלות השחר עד הנץ החמה שהוא מהלך ח' מילין כדאיתא בפרשת וירא בפסוק ויאיצו המלאכים וכו' והשמש יצא על הארץ ולוט בא צוערה ולדידי חזי האי אתריה והוא מהלך ד' מילין וכמו השחר מלאת דדמיא ליה אם כן הוא ד' מילין שהוא ב' שעות ואף שלפי החשבון הוא זמן יותר משני שעות מכל מקום לפי שאינו שלש שעות שלימות קורא אותן שני שעות עד כאן לשון היפה תואר. ובזה נבין הגמרא שפיר בפרק גיד הנשה (צא ב) שלחני כי עלה השחר מיום שנבראתי לא הגיע פרקי לומר שירה עד עכשיו מסייע ליה לרבי חננאל שאמר שלש כתות של מלאכי השרת אומרים שירה בכל יום אחת אומרת קדוש ואחת אומרת קדוש וכו' ומקשים התוספת (ד"ה מסייע) ואם תאמר מאי סייעתא הוא לרבי חננאל ויש ליישב בדוחק כשם שכל זמן שהמלאך בעולם אינו אומר שירה רק פעם אחת כך אין להם רשות להרבות בשירה והתירוץ ההוא דוחק מאוד ואין הדעת סובלת דאדרבא איפכא מסתברא הואיל ואומר רק פעם אחת שירה ראוי לומר זמן מה ולא דיבור אחד. ואני הקטן עפר רגליהם נראה ליישב דהכי קאמר לפי דאיתא במסכת חגיגה (יב ב) יומם יצוה ה' חסדו ובלילה שירה עמי אלו כתות של מלאכים שאומרות שירה בלילה ושותקות ביום מפני כבודן של ישראל פירש בחדושי מהרש"א (שם ד"ה מלאכי) לפי שכל יום זמן תפלה שתפלת השחר הוא עד חצות ומחצות ואילך זמן תפלת מנחה גדולה אם כן כל היום זמן תפלה של ישראל וזהו מפני כבודן של ישראל חשים. ואם תאמר והלא זמן תפלת ערבית הוא גם כן כל הלילה ויש לומר שתפלת ערבית רשות ומשום תפלת ישראל שהיא רשות לא חשים מלאכי השרת עד כאן לשון חדושי אגדות. ונראה לי זהו הטעם שאומרים מלאכי השרת שירה דווקא בזמן עלות השחר לפי שאז אין זמן תפלה כלל

מסורת המדרש

טז. לקמן פרשה פ"ד: **יז.** סנהדרין דף צ"ה. חולין דף צ"ב. אגדת בראשית פרק מ"ה:

אם למקרא

וַיִּזְרַח לוֹ הַשֶּׁמֶשׁ כַּאֲשֶׁר עָבַר אֶת פְּנוּאֵל וְהוּא צֹלֵעַ עַל יְרֵכוֹ:
(בראשית לב:לב)

אֻמְלְלָה יֹלֶדֶת הַשִּׁבְעָה נָפְחָה נַפְשָׁהּ בָּא שִׁמְשָׁהּ בְּעֹד יוֹמָם בּוֹשָׁה וְחָפֵרָה וּשְׁאֵרִיתָם לַחֶרֶב אֶתֵּן לִפְנֵי אֹיְבֵיהֶם נְאֻם ה':
(ירמיה טו:ט)

וְזָרְחָה לָכֶם יִרְאֵי שְׁמִי שֶׁמֶשׁ צְדָקָה וּמַרְפֵּא בִּכְנָפֶיהָ וִיצָאתֶם וּפִשְׁתֶּם כְּעֶגְלֵי מַרְבֵּק:
(מלאכי ג:כ)

משנת דרבי אליעזר

[י] רבי פנחס בשם רבי חנין אמר שמע קולן של מלאכי השרת אומרים בא השמש וכו'. לפי שעולים תרין, היינו הם שליוו אותו בחוצה לארץ סיפרו בלשון ארמי ואמרו כל אחד אתא שמשה, והיורדים הם של ארץ ישראל אמרו כל אחד בא השמש, רק שהמדרש הזכיר לשון הפסוק ברישא. וקצת מזה עיין בספר שמע שלמה:

אמרי יושר

שמשא. וזה הרגיש ונתעכב: **אתה סימן לבניך.** זהו ויזרח לו השמש לו זרח. והכוונה היה לבניו. או כמו שנאמר בפרשה הבאה (מדרש רבה פרשת וישלח עח ה) לו זרחה אבל לעשו וליהט אותם היום עצמו. ולצדיקים וזרחה לכם. לפי שהם יראי השם בשבועה כדאיתא במסכת נדרים (ח ב):

שינוי נוסחאות

(י) ובחזירתך החזרתי לך גלגל חמה. בדפוסים הישנים היה כתוב "... החזרתי הזרחתי לך גלגל חמה" והגיה אות אמת "והזרחתי" במקום "הזרחתי", אבל המילה נשתבשה בדפוס קראקא ומשם ואילך נעלמה לגמרי:

§11 **וַיִּקַּח מֵאַבְנֵי הַמָּקוֹם** — ***HE TOOK FROM THE STONES OF THE PLACE,*** *WHICH HE ARRANGED AROUND HIS HEAD.*

The Midrash discusses how many stones Jacob took and why he chose that number:

רַבִּי יְהוּדָה וְרַבִּי נְחֶמְיָה וְרַבָּנָן — **R' Yehudah, R' Nechemyah, and the** other **Rabbis** debated this matter. **רַבִּי יְהוּדָה אָמַר: שְׁנֵים עֶשְׂרֵה אֲבָנִים נָטַל** — **R' Yehudah said: He took twelve stones** to place around his head, **אָמַר: כָּךְ גָּזַר הַקָּדוֹשׁ בָּרוּךְ הוּא שֶׁהוּא מַעֲמִיד שְׁנֵים עָשָׂר שְׁבָטִים** — **saying, "So decreed the Holy One, blessed is He — that He is** going **to establish twelve tribes.**[100] **אַבְרָהָם לֹא הֶעֱמִידָן, יִצְחָק לֹא הֶעֱמִידָן** — Now, **Abraham did not establish them,** and **Isaac did not establish them.** **אֲנִי, אִם מִתְאַחוֹת הֵן שְׁנֵים עָשָׂר אֲבָנִים זוֹ לָזוֹ** — As for **me, if** I observe that **these twelve stones** miraculously **join together** into a single stone, **יוֹדֵעַ אֲנִי שֶׁאֲנִי מַעֲמִיד י״ב שְׁבָטִים** — **I** will then **know that I will** be the one to **establish the twelve tribes."**[101] **כֵּיוָן שֶׁנִּתְאַחוּ י״ב אֲבָנִים זוֹ לָזוֹ יָדַע שֶׁהוּא מַעֲמִיד י״ב שְׁבָטִים** — **Once the twelve stones did**, in fact, **join together** into a single stone, **he knew that he would establish the twelve tribes.**[102]

A second opinion:

רַבִּי נְחֶמְיָה אָמַר: נָטַל ג׳ אֲבָנִים — **R' Nechemyah said: [Jacob] took three stones,** **אָמַר: אַבְרָהָם יִחֵד הַקָּדוֹשׁ בָּרוּךְ הוּא שְׁמוֹ עָלָיו** — **saying, "The Holy One, blessed is He, conferred His Name upon Abraham,**[103] **יִצְחָק יִחֵד הַקָּדוֹשׁ בָּרוּךְ הוּא שְׁמוֹ עָלָיו** — and **the Holy One, blessed is He, conferred His Name upon Isaac.** **וַאֲנִי אִם מִתְאַחוֹת הֵן ג׳ אֲבָנִים זוֹ לָזוֹ יוֹדֵעַ אֲנִי שֶׁהַקָּדוֹשׁ בָּרוּךְ הוּא מְיַחֵד שְׁמוֹ עָלַי** — As for **me, if** I observe that **these three stones** miraculously **join one to the other, I know that the Holy One, blessed is He, will confer His Name upon me** as well."[104] **וְכֵיוָן שֶׁנִּתְאַחוּ יָדַע שֶׁהַקָּדוֹשׁ בָּרוּךְ הוּא מְיַחֵד שְׁמוֹ עָלָיו** — **Once [the stones] did**, in fact, **join together, he knew that the Holy One, blessed is He, would confer His Name upon him.**

A third opinion:

רַבָּנָן אָמְרֵי: מִיעוּט אֲבָנִים שְׁנַיִם — **The** other **Rabbis said: The least amount** implied by the word **"stones"** is **two**, so we must conclude that Jacob took only two stones.[105]

NOTES

100. The Patriarchs had a tradition that the nation of Israel would be made up of twelve tribes (see above, 63 §6), corresponding to the twelve constellations of the zodiac (*Eitz Yosef*).

101. See Insight Ⓐ.

102. As the Gemara (*Chullin* ibid.) notes, there is a seeming contradiction between our verse and verse 18; here it is written, *he took from the stones,* implying that he took more than one stone, whereas in the later verse it is written, *he took "the stone"* (singular) *that he placed around his head.* The Gemara explains that originally, when Jacob took them, there were several stones, but by the time he awoke from his dream they had miraculously been transformed into a single stone (see Insight Ⓑ). [The point of this miracle, explains *Yefeh To'ar* (citing from *Pirkei DeRabbi Eliezer,* Ch. 35), was to indicate that the twelve tribes are essentially one united nation, and in the Messianic future they will be reunited.]

103. I.e., God appeared to Abraham and communicated with him (*Eitz Yosef*, citing *Yefeh To'ar*). Others translate, "The Holy One, blessed is He, associated His Name with Abraham," i.e., He stated (above, 26:24), *I am the God of . . . Abraham.* As for Isaac, we find that Jacob said to him, (above, 27:20), *Because HASHEM, your God, arranged it for me*, and Jacob surely would not have associated God's Name with Isaac unless he knew that God had already done so (*Maharzu*).

104. The joining of the three stones would indicate that Jacob, the third Patriarch, was considered by God to be on the same level as his illustrious father and grandfather.

105. The Rabbis maintain that since Scripture uses the word *stones* without specifying how many, we must assume that Jacob took only two, the minimum implied by the plural form (in accordance with the rule תָּפַסְתָּ מְרוּבֶּה לֹא תָּפַסְתָּ — unless Scripture specifies otherwise, the minimum amount is always intended; see *Yoma* 80a and note 18 in ArtScroll's Schottenstein edition).

INSIGHTS

Ⓐ **Jacob's Request** It appears out of character for a righteous individual such as Jacob to request an outright miracle of God — that He should transform twelve stones into one, and all this simply to satisfy Jacob's curiosity about his fate. In response to this question, *Yefeh To'ar* proposes that Jacob made a far more subtle request: He would select twelve stones at random from the mountaintop at Beth-el and asked that if God would arrange matters so that all of the stones that came to his hand would be identical in size and shape, this would be a heavenly sign that Jacob shall be the one to establish the twelve tribes. According to this scheme, the phrase מִתְאַחוֹת ... זוֹ לָזוֹ is not interpreted as "joined together as one," but rather "identical to one another" (from the root אָח, *brother,* which is suggestive of shared physical characteristics).

Jacob's ploy with the stones seems to stand in contradiction to the Torah's prohibition against reading omens (*Deuteronomy* 18:10), i.e., making decisions based upon random events such as bread falling out of one's mouth or a deer blocking his path (*Rashi* ad loc.). *Yefeh To'ar* explains that Jacob in no way violated this prohibition, for he was not looking to change his future behavior based upon the results of this omen but only wanted to know what Heaven had in store for him. In recognition of his honest intentions God responded in a greater measure than He had been asked, performing an outright miracle and literally joining the stones together.

Ⓑ **Unified in God's Service** *R' Aharon Heller* (a late 19th-century Lithuanian Rav and *Maggid*) elaborates on why Jacob considered it so essential that the Jewish nation would be unified. Rabbi Heller begins by explaining why the totality of God's commandments is sometimes expressed in the plural [אֵלֶּה הַמִּצְוֺת, *these are the commandments* (see, for example, *Leviticus* 27:34)] and sometimes in the singular [כָּל הַמִּצְוָה, *the entire commandment* (see, for example, *Deuteronomy* 5:28)].

There are many levels of Divine service. The lowest level is עֲבוֹדָה מִיִּרְאָה (literally, *service out of fear*). One knows that Torah observance is the right thing to do, and commits to such observance for fear of punishment, or out of a sense of obligation. At this level, one struggles to obey the various commandments, fighting against personal desires that pull him in an opposite direction. And though even at this level, success in performing one mitzvah facilitates the performance of another mitzvah (*one mitzvah draws along another* — *Avos* 4:2), each struggle is essentially independent of the other. One mitzvah challenges a particular facet of one's personality, such as anger or arrogance, while a different mitzvah challenges a different aspect. Thus, the techniques one develops for success in one area do not necessarily aid him in conquering the challenges posed in another. Each commandment is separate. Even in their totality, they are plural: *These are the commandments.*

The highest level is עֲבוֹדָה מֵאַהֲבָה (literally, *service out of love*). At this level, one has already mastered his baser passions and ennobled himself. He rejoices in the service of God, and views each mitzvah as but a different opportunity to demonstrate his love and devotion. They are variations on the same theme: fulfilling the will of one's Creator. All the mitzvos are essentially the same: *The entire commandment.*

What is true for the individual is true for the nation. When the nation serves God out of love, individual dispositions and preferences fade into the background. The nation is as one. *And the nation camped there opposite the mountain* (*Exodus* 19:2) — like one man, with one heart (see *Rashi* ad loc.). *Who is like Your people, like Israel, one nation in the world* (*II Samuel* 7:23).

But when the nation is on a lower level, serving God out of obligation rather than love, their personal differences come to the fore. They are a collection of individuals rather than a unified whole. *"They" traveled . . . "they" camped* (*Exodus* 13:20; see *Pesikta DeRav Kahana* 12:14).

The nation Jacob wished to found was one predicated on love of God and devotion to His will. This unity of purpose would be reflected in the unity of the nation. Indeed, the stones that Jacob took joined as one. He would indeed found twelve tribes, each with its own traditions and its own strengths and talents, all unified as one in the love and service of God (see *Ohel Yehoshua, Derush* 1 §7).

יא [כח, יא] "**וַיִּקַּח מֵאַבְנֵי הַמָּקוֹם**", יח**רַבִּי יְהוּדָה וְרַבִּי נְחֶמְיָה וְרַבָּנָן, רַבִּי יְהוּדָה אָמַר: שְׁנֵים עֶשְׂרֵה אֲבָנִים נָטַל, אָמַר: כָּךְ גָּזַר הַקָּדוֹשׁ בָּרוּךְ הוּא שֶׁהוּא מַעֲמִיד שְׁנֵים עָשָׂר שְׁבָטִים, אַבְרָהָם לֹא הֶעֱמִידָן, יִצְחָק לֹא הֶעֱמִידָן, אֲנִי אִם מִתְאַחוֹת הֵן שְׁנֵים עָשָׂר אֲבָנִים זוֹ לָזוֹ יוֹדֵעַ אֲנִי שֶׁאֲנִי מַעֲמִיד י"ב שְׁבָטִים, כֵּיוָן** יט**שֶׁנִּתְאַחוּ י"ב אֲבָנִים זוֹ לָזוֹ יָדַע שֶׁהוּא מַעֲמִיד י"ב שְׁבָטִים, רַבִּי נְחֶמְיָה אָמַר: נָטַל ג' אֲבָנִים, אָמַר: אַבְרָהָם יִחֵד הַקָּדוֹשׁ בָּרוּךְ הוּא שְׁמוֹ עָלָיו, יִצְחָק יִחֵד הַקָּדוֹשׁ בָּרוּךְ הוּא שְׁמוֹ עָלָיו וַאֲנִי אִם מִתְאַחוֹת הֵן ג' אֲבָנִים זוֹ לָזוֹ יוֹדֵעַ אֲנִי שֶׁהַקָּדוֹשׁ בָּרוּךְ הוּא מְיַחֵד שְׁמוֹ עָלַי, וְכֵיוָן שֶׁנִּתְאַחוּ יָדַע שֶׁהַקָּדוֹשׁ בָּרוּךְ הוּא מְיַחֵד שְׁמוֹ עָלָיו, רַבָּנָן אָמְרֵי: מִיעוּט אֲבָנִים שְׁנַיִם, אַבְרָהָם יָצָא מִמֶּנּוּ פְּסוֹלֶת יִשְׁמָעֵאל וְכָל בְּנֵי קְטוּרָה, מִיִּצְחָק יָצָא עֵשָׂו וְכָל אַלּוּפָיו וַאֲנִי אִם מִתְאַחוֹת ב' אֲבָנִים זוֹ לָזוֹ יוֹדֵעַ אֲנִי שֶׁאֵינוֹ יוֹצֵא הֵימֶנִּי פְּסוֹלֶת,**

עץ יוסף

(יא) [יג] **ויקח מאבני המקום כו'.** משום דקשיא ליה דמאבני משמע רבות והדר כתיב ויקח את האבן, לכן דעתם ז"ל שנתאחו (פירוש שנתחברו) והיו לאחת. ופליגי בטעם האחוי: **שנים עשר אבנים נטל אמר כך גזר הקדוש ברוך הוא.** כך צריך לומר. ידע שכל מעשה האבות היה רק בכוונה מכוון לענין סודות נפלאות כדמות מעשי המצות שלנו: **שהוא מעמיד שנים עשר שבטים.** כך היו מקובלים דשנים עשר מזלות כנגד שנים עשר שבטים: **אם מתאחות כו'.** שלפי שעם היותם שנים עשר שבטים ראוי שיהיו לאחדים, לכן רמז זה שהשנים עשר אבנים ישובון לאבן אחת. והכי איתא בפרקי דרבי אליעזר (פרק לה) ונעשו כולם אבן אחת להודיע שכולנו עתידים להיות גוי אחד בארץ: **רב נחמן אמר נטל שלש אבנים.** דעתו שלקח לנסות אם הוא מחובר עם האבות, שבכללם המה ישלימו התכלית הנרצה, והוא שעל ידם יתייחד שמו של הקדוש ברוך הוא, והיא הופעת השכינה למטה: **ואני אם מתאחות כו'.** שהתאחדותם מורה על היות גם יעקב מתדמה לשני האבות: **וכיון שנתאחו ידע כו'.** רצונו לומר ידע שהקדוש ברוך הוא מיחד שמו עליו, היינו שידבר עמו בהקיץ גם כן (יפה תואר): **רבנין אמרי מיעוט כו'.** הם סבירא ליה שאדרבא יעקב כיון לחזות אם הוא נתעלה עוד יותר ממעלתן שיצא ממנו מטה שלימה בלי פסולת מאומה: **שאין יוצא ממנו פסולות.** שאחוי האבנים מורה על אחדות זרעו שלא יחלו לשני פניות, אי נמי על אחדותם עם האב ללכת בדרכיו, ולזה הספיק שני אבנים דאחוי מהם מספיק להודעה זו (יפה תואר):

פירוש מהרז"ו

(יא) **רבי יהודה ורבי נחמיה ורבנן.** פרקי דרבי אליעזר פרק ל"ה כרבי יהודה: **י"ב שבטים.** עיין מה שכתוב לעיל (מז, ה) י"ב נשיאים, ועיין פרשה כז סימן ג' גם היא. וכמו שכתב לעיל (סג, ו) למה זה אנכי. ועיין גם כן לעיל (כד סוף סימן ה) זה ספר, שהיה ראוי אדם להעמיד י"ב שבטים. ודרשתם על פי מדה ט"ו. בכמה מקומות כאן כתיב מאבני משמע רבים ואחר כך ויקח את האבן, וסובר רבי יהודה שהיו תחלה י"ב אבנים סימן לי"ב שבטים, וכמו שכתוב ביהושע (ד, ה) שצוה לקחת י"ב אבנים למספר שבטי בני ישראל, וכן באליהו (מלכים א' יח, לא) עין שם, וכן הובא בפרקי דרבי אליעזר (פרק ל"ה) לקח יעקב י"ב אבנים מאבני מזבח שנעקד עליו יצחק כו' עיין שם: **יחד הקב"ה שמו.** כמו שנאמר (בראשית כו, כד) אנכי אלהי אברהם אביך, ואליעזר אמר (שם כד, מב) ה' אלהי אדוני אברהם הרי גם בחייו, ויעקב אמר (שם כז, כ) ליצחק כי הקרה ה' אלהיך לפני, הרי ידע שייחד הקב"ה שמו על יצחק בחייו. ודעת רבי יהודה ורבנן לענין הבנים עיין אחר זה בדברי רבי ברכיה:

חידושי הרד"ל

[יא] **י"ב אבנים נטל אמר כך גזר כו'.** כן צריך לומר. וכן הובא בילקוט (רמז קיט) ועיין בשוחר טוב (תהילים מזמור לח): **אבנים שנים אמר אברהם כו'.** כן צריך לומר:

אמרי יושר

[יא] **יודע אני שהקדוש ברוך הוא ייחד שמו עלי.** רצונו לומר כיון שהשלשה נתאחדו אם כן גם אנו השלשה אבות נהיה שוים וכשם שייחד שמו על אברהם ויצחק כן ייחד שמו עלי שאני השלישי וכיון שכן ימשך גם להלאה וכאמרם (בבא מציעא פה א) לא ימושו מפיך ומפי זרעך ומפי זרע זרעך אני אלהי אביך אברהם ויצחק והנה אנכי עמך ופרצת גם יהיו צדיקים ונברכו בך:

מסורת המדרש

יח. מדרש תהלים מזמור ל"א. פרקי דרבי אליעזר פרק ל"ה. ילקוט כאן רמז קי"ט:
יט. חולין דף צ"א:

ידי משה

[יא] **אם מתאחות הן י"ב אבנים וכו'.** וקשה למה עשה סימן זה עכשיו ולא קודם לזה. ולי נראה לפי שאיתא (תנחומא ויחי סימן טו) שי"ב שעות ביום הוא נגד י"ב שבטים וכיון שראה יעקב ששקעה השמש שלא בזמנה אם כן לא היה י"ב שעות ביום, ואם כן עשה סימן אחר. וקל להבין:

מתנות כהונה

[יא] **מתאחות.** מתחברות:

אשד הנחלים

[יא] **י"ב אבנים.** כי כל מעשי אבות היה רק בכוונה, מכוון לענין סודות נפלאות, כדמות מעשי המצוות שלנו: **אם מתאחות.** לכאורה יקשה מדוע לא נכתב הנס בתורה שנתאחו האבנים. ולולא יראתי הייתי אומר שכל זה היה במראה הנבואה, שראה במראה שיתאחו, והבין שמרמז על זה. וכמו שכתוב בנביאים בירמיה (א, יא-יב) שאמר מקל שקד גו' כי שוקד. ובנבואת זכריה (א, ח). וענין האיחוי הוא ההתאחדות המורה שכולם מכוונים לענין אחד ולתכלית אחת, כן הי"ב שבטי יה כי המה כולם טובים ופונים לתכלית אחת להשלמת ישראל כמו שכתוב (דברים לג, ה) ויהי בישורון מלך בהתאסף ראשי עם יחד, דייקא. ודעת ר' נחמיה שלקח לנסות אם הוא בחוברת עם האבות, שבכללם המה ישלימו התכלית הנרצה. והוא שעל ידם יתייחד שמו של ה' ב"ה, והוא הופעת השכינה למטה. ודעת רבנן שאדרבא יעקב כיון לחזות אם הוא נתעלה עוד יותר ממעלתן שיצא ממנו מטה שלימה בלי פסולת מאומה. והדברים בפרט יש להם סודות חתומים אשר כוונו חכמים ברמיזתם על צד הכוונה שניה לבעלי סודות אלקית. אך בתנחומא משמע שנתאחו האבנים ממש בפועל מפני אש השכינה:

זרע אברהם

שתפלת ערבית הוא עד עלות השחר ותפלת השחר הוא עם זריחת השמש כדכתיב יראוך עם שמש כמו שאמרו חכמינו ז"ל ותיקין גומרים עם נץ החמה פירש הרא"ש גומרים הוא התחלה כמו גומרים את ההלל ואם כן בכל יום שיש זמן למלאכי השרת שאומרים שירה במשך שני שעות וכאן לא היה זמן לומר שירה רק זמן מועט בהיות שזרחה השמש שתי שעות קודם ולא נשאר זמן לומר שירה רק דבר קטן זמן מה. וזה כוונת הגמרא הואיל ואמרו חכמינו ז"ל שלחני כי עלה השחר הגיע פרקי לומר שירה וכו' ואיתא (חולין צב א) וישר אל מלאך בכה ויתחנן לו שהמלאך בכה ויתחנן לפני יעקב לשלחו כדי שיאמר שירה. וקשה הלא לא היה זמן לומר שירה רק זמן מה זמן מועט מעט מזעיר שהלא זרחה השמש בשבילו ב' שעות קודם ולא נשאר רק זמן מה שהוא פחות משני שעות ובאותו זמן מועט דיבר עמו וברכו ואם כן על כרחך לא נשאר זמן רק זמן מועט ומה היה המלאך יכול לומר שירה בזמן מועט כזה. לזה אמרו מסייע לרבי חננאל שאמר שלש כתות אומרים שירה אחת אומרת קדוש שאינם אומרים רק דבר מועט דיבור אחת שאי אפשר לשער ולזה היה לו זמן שאם לא כן כבר הפסיד זמנה ודוק היטב. והוצעתו דבר זה לפני כמה גדולים וקילסוהו: מהדורא בתרא בשנת תעח בהיותי באמשטרדם. בפרק גיד הנשה איתא וזה לשונם תנו רבנן שלחני כי עלה השחר הגיע פרקי לומר שירה מסייע לרבי חננאל דאמר שלש כתות של מלאכי השרת אומרים שירה בכל יום אחת אומרת קדוש ואחת אומרת קדוש ואחת אומרת קדוש ה' צבאות. ודחקו התוספות שהסייעתא הוא שכמו שאמר שמיום שנברא לא הגיע זמנו לומר שירה כמו כן אין להם רשות להרבות שירה והוא דוחק גדול. ונראה לי דהכי פירושו לפי דאיתא במסכת חגיגה יומם יצוה ה' חסדו ובלילה שירה עמי אלו כיתות של מלאכי השרת שחשות ביום מפני כבודן של ישראל ואומרים שירה בלילה. ופירש מהרש"א לפי שמן הנץ החמה מתחיל זמן תפלת השחר כמו שאמרו ז"ל ותיקין גומרים עם הנץ החמה וגומרים פירש הרי"ף מתחילין כמו גומרים את ההלל. וזמן תפלת השחר נמשך עד חצות ומחצות ואילך מתחיל זמן מנחה. נמצא כל היום תפלת ישראל ומפני כבודן חשים מלאכי השרת ואין אומרים שירה כל היום. ואם תאמר תפלת ערבית הוא כל הלילה ויש ליישב שתפילת ערבית הוא רשות. ונראה לי לרבן גמליאל דסבר שתפלת ערבית הוא חוב אם כן חשים מלאכי השרת מלומר שירה גם בלילה ואם כן זמן שירתם הוא מן עלות השחר עד הנץ החמה ובריש ברכות בירושלמי ובמדרש פרשת וירא איתא שמן עלות השחר עד נץ החמה הוא מהלך ח' מילין דכתיב וכמו השחר עלה ויאיצו המלאכים בלוט וגו' וכתיב ולוט בא צוערה והשמש יצא על הארץ ולדידי חזי והיה ד' מילין וכמו מלתא דדמי לה עוד ד' מילין נמצא היה ח' מילין הוא ב' שעות. ומלאתי קושית הרא"ד שמקשה והוא אמרו חכמינו ז"ל אותן שתי שעות ששקעה החמה בשבילו זרחה בשבילו בחזירתו דכתיב ויזרח לו השמש. ועם כן היה עלות השחר לתועלת בני אדם הולכי דרכים ואם כן על כרחך היה משמש זמן מה הזרחת כוכב השחר וזריחת השמש ב' שעות אם כן על כרחך שיש מן עלות השחר עד זריחת השמש יותר מן ב' שעות ומשני ויש לומר שעלות השחר היה רק שלא לשנות טבע ומנהג העולם ותיכף שקע כוכב השחר ולא שימש כלום. רק שלא לשנות מנהג בריאות העולם. ושקיעתה היא רק בהרף עין רגע כמימרא ואף שעל כרחך הרגע של שקיעתה היתה יותר מן ב' שעות לא קחשיב משום שהיא דבר מועט לא חש עד כאן לשונו. ואם כן היה מן השירה שתי שעות ומשהו אם כן מדאמר המלאך ליעקב שלחני כי עלה השחר הגיע פרקי לומר שירה אם כן על כרחך מוכח שאין להם רשות להרבות בשירה רק תיבה אחת שהיא שיעור רגע דאם לא כן קשה היאך אמר שלחני כי עלה השחר שלא לעבור זמן השירה. תיפוק ליה שכבר עבר זמן של השירה שהרי זרחה השמש שתי שעות שהוא זמן תפלת ישראל. ואם כן לא נשאר זמן שיאמר שירה רק רגע אחת. ומה יכול לומר ברגע זו אלא על כרחך ששירתם היא רק תיבה אחת. והיה יכול לומר ברגע זו קדוש. ודוק היטב:

אַבְרָהָם יָצָא מִמֶּנּוּ פְּסוֹלֶת, יִשְׁמָעֵאל וְכָל בְּנֵי קְטוּרָה — Jacob said, **"From Abraham emerged unworthy offspring**, namely **Ishmael and all the children of Keturah.**[106] מִיִּצְחָק יָצָא עֵשָׂו וְכָל אַלּוּפָיו — **From Isaac emerged Esau and all of his chiefs.**[107] וַאֲנִי אִם מִתְאַחוֹת ב׳ אֲבָנִים זוֹ לָזוֹ יוֹדֵעַ אֲנִי שֶׁאֵינוֹ יוֹצֵא הֵימֶנִּי פְּסוֹלֶת — **As for me, if** I observe that these **two stones** miraculously **join one to the other, I know that no unworthy offspring will emerge from me."**[108]

NOTES

106. Following the death of Sarah, Abraham married Keturah, who bore him six children (above, 25:2).

107. Among Esau's descendants the heads of families were called "chiefs" (see below, 36:15ff).

108. These other Rabbis maintain that Jacob wished to see if his spiritual stature would not just equal but *transcend* that of Abraham and Isaac, who fathered unworthy offspring in addition to their righteous children. If the two stones that Jacob had selected would miraculously join together, he could rest assured that his children would not follow divergent paths, some for good and some for evil, but would all be united in the pursuit of righteousness (*Eitz Yosef*, citing *Yefeh To'ar*). Alternatively, the joining of the stones demonstrates that two generations — Jacob and his children — would be as one, united in the service of God (ibid.).

יא [כח, יא] "וַיִּקַּח מֵאַבְנֵי הַמָּקוֹם", [יח]רַבִּי יְהוּדָה וְרַבִּי נְחֶמְיָה וְרַבָּנָן, רַבִּי יְהוּדָה אָמַר: שְׁנֵים עֶשְׂרֵה אֲבָנִים נָטַל, אָמַר: כָּךְ גָּזַר הַקָּדוֹשׁ בָּרוּךְ הוּא שֶׁהוּא מַעֲמִיד שְׁנֵים עָשָׂר שְׁבָטִים, אַבְרָהָם לֹא הֶעֱמִידָן, יִצְחָק לֹא הֶעֱמִידָן, אֲנִי אִם מִתְאַחוֹת הֵן שְׁנֵים עָשָׂר אֲבָנִים זוֹ לָזוֹ יוֹדֵעַ אֲנִי שֶׁאֲנִי מַעֲמִיד י"ב שְׁבָטִים, כֵּיוָן [יט]שֶׁנִּתְאַחוּ י"ב אֲבָנִים זוֹ לָזוֹ יָדַע שֶׁהוּא מַעֲמִיד י"ב שְׁבָטִים, רַבִּי נְחֶמְיָה אָמַר: נָטַל ג' אֲבָנִים, אָמַר: אַבְרָהָם יִחֵד הַקָּדוֹשׁ בָּרוּךְ הוּא שְׁמוֹ עָלָיו, יִצְחָק יִחֵד הַקָּדוֹשׁ בָּרוּךְ הוּא שְׁמוֹ עָלָיו וַאֲנִי אִם מִתְאַחוֹת הֵן ג' אֲבָנִים זוֹ לָזוֹ יוֹדֵעַ אֲנִי שֶׁהַקָּדוֹשׁ בָּרוּךְ הוּא מְיַחֵד שְׁמוֹ עָלַי, וְכֵיוָן שֶׁנִּתְאַחוּ יָדַע שֶׁהַקָּדוֹשׁ בָּרוּךְ הוּא מְיַחֵד שְׁמוֹ עָלָיו, רַבָּנָן אָמְרֵי: מִיעוּט אֲבָנִים שְׁנַיִם, אַבְרָהָם יָצָא מִמֶּנּוּ פְּסוֹלֶת יִשְׁמָעֵאל וְכָל בְּנֵי קְטוּרָה, מִיִּצְחָק יָצָא עֵשָׂו וְכָל אַלּוּפָיו וַאֲנִי אִם מִתְאַחוֹת ב' אֲבָנִים זוֹ לָזוֹ יוֹדֵעַ אֲנִי שֶׁאֵינוֹ יוֹצֵא הֵימֶנִּי פְּסוֹלֶת,

עץ יוסף

(יא) [יג] **ויקח מאבני המקום כו'.** משום דקשיא ליה דמאבני משמע רבות והדר כתיב ויקח את האבן, לכן דעתם ז"ל שנתאחו (פירוש שנתחברו) והיו לאחת. ופליגי בטעם האחוי: **שנים עשר אבנים נטל אמר כך גזר הקדוש ברוך הוא.** כך צריך לומר. ידע שכל מעשה האבות היה רק בכוונה מכוון לענין סודות נפלאות כדמות מעשי המצות שלנו: **שהוא מעמיד שנים עשר שבטים.** כך היו מקובלים דשנים עשר מזלות כנגד שנים עשר שבטים: **אם מתאחות כו'.** שלפי שעם היותם שנים עשר שבטים ראוי שיהיו לאחדים, לכן רמז זה שהשנים עשר אבנים ישובון לאבן אחת. והכי איתא בפרקי דרבי אליעזר (פרק לה) ונעשו כולם אבן אחת להודיע שכולנו עתידים להיות גוי אחד בארץ: **רב נחמן אמר נטל שלש אבנים.** דעתו שלקח לנסות אם הוא מחובר עם האבות, שבכללם המה ישלימו התכלית הנרצה, והוא שעל ידם יתייחד שמו של הקדוש ברוך הוא, והיא הופעת השכינה למטה: **ואני אם מתאחות כו'.** שהתאחדותם מורה על היות גם יעקב מתדמה לשני האבות: **וכיון שנתאחו ידע כו'.** רצונו לומר ידע שהקדוש ברוך הוא מיחד שמו עליו, היינו שידבר עמו בהקיץ גם כן (יפה תואר): **רבנין אמרי מיעוט כו'.** הם סבירא ליה שאדרבא יעקב כיון לחזות אם הוא נתעלה עוד יותר ממעלתן שיצא ממנו מטה שלימה בלי פסולת מאומה: **שאין יוצא ממנו פסולות.** שאחוי האבנים מורה על אחדות זרעו שלא יחלו לשני פניות, אי נמי על אחדותם עם האב ללכת בדרכיו, ולזה הספיק שני אבנים דאחוי מהם מספיק להודעה זו (יפה תואר):

פירוש מהרז"ו

(יא) **רבי יהודה ורבי נחמיה ורבנן.** פרקי דרבי אליעזר פרק ל"ה כרבי יהודה: **י"ב שבטים.** עיין מה שכתוב לעיל (מז, ה) י"ב נשיאים, ועיין פרשה נז סימן ג' גם היא. וכמו שנכתב לעיל (סג, ו) למה זה אנכי. ועיין גם כן לעיל (כד סוף סימן ה) זה ספר, שהיה ראוי אדם להעמיד י"ב שבטים. ודרשתם על פי מדה ט"ו. בכמה מקומות כאן כתיב מאבני משמע רבים ואחר כך ויקח את האבן, וסובר רבי יהודה שהיו תחלה י"ב אבנים סימן לי"ב שבטים, וכמו שכתוב ביהושע (ד, ה) שצוה לקחת י"ב אבנים למספר שבטי בני ישראל, וכן באליהו (מלכים א' יח, לא) עין שם, וכן הובא בפרקי דרבי אליעזר (פרק ל"ה) לקח יעקב י"ב אבנים מאבני מזבח שנעקד עליו יצחק כו' עיין שם: **יחד הקב"ה שמו.** כמו שנאמר (בראשית כו, כד) אנכי אלהי אברהם אביך, ואליעזר אמר (שם כד, מב) ה' אלהי אדוני אברהם הרי גם בחייו, ויעקב אמר (שם כז, כ) ליצחק כי הקרה ה' אלהיך לפני, הרי ידע שייחד הקב"ה שמו על יצחק בחייו. ודעת רבי יהודה ורבנן לענין הבנים עיין אחר זה בדברי רבי ברכיה:

חידושי הרד"ל

[יא] **י"ב אבנים נטל אמר כך גזר כו'.** כן צריך לומר. וכן הובא בילקוט (רמז קיט) ועיין בשוחר טוב (תהילים מזמור לא): **אבנים שנים אמר אברהם כו'.** כן צריך לומר:

אמרי יושר

[יא] **יודע אני שהקדוש ברוך הוא ייחד שמו עלי.** רצונו לומר כיון שהשלשה נתאחדו אם כן גם אנו השלשה אבות נהיה שוים וכשם שייחד שמו על אברהם ויצחק כן ייחד שמו עלי שאני השלישי וכיון שכן ימשך גם להלאה וכאמרם (בבא מציעא פה א) לא ימושו מפיך ומפי זרעך ומפי זרע זרעך אני אלהי אביך אברהם ויצחק והנה אנכי עמך ופרצת גם יהיו צדיקים ונברכו בך:

מסורת המדרש

יח. מדרש תהלים מזמור נ"א. פרקי דרבי אליעזר פרק ל"ה. ילקוט כאן רמז קי"ט:

יט. חולין דף צ"א:

ידי משה

[יא] **אם מתאחות הן י"ב אבנים וכו'.** וקשה למה עשה סימן זה עכשיו ולא קודם לזה. ולי נראה לפי שאיתא (תנחומא ויחי סימן טו) שי"ב שעות ביום הוא כנגד י"ב שבטים וכיון שראה יעקב ששקעה השמש שלא בזמנה אם כן לא היה י"ב שעות ביום, ואם כן עשה סימן אחר. וקל להבין:

מתנות כהונה

[יא] **מתאחות.** מתחברות:

אשד הנחלים

[יא] **י"ב אבנים.** כי כל מעשי אבות היה רק בכוונה, מכוון לענין סודות נפלאות, כדמות מעשי המצות שלנו: **אם מתאחות.** לכאורה יקשה מדוע לא נכתב הנס בתורה שנתאחו האבנים. ולולא יראתי הייתי אומר שכל זה היה במראה הנבואה, שראה במראה שיתאחו, והבין שמרמז על זה. וכמו שכתוב בנביאים בירמיה (א, יא-יב) שאמר מקל שקד גו' כי שוקד. ובנבואת זכריה (א, ח). וענין האיחוי הוא ההתאחדות המורה שכולם מכוונים לענין אחד ולתכלית אחת, כן הי"ב שבטי יה כי המה כולם טובים ופונים לתכלית אחת להשלמת ישראל כמו שכתוב (דברים לג, ה) ויהי בישורון מלך בהתאסף ראשי עם יחד, דייקא. ודעת ר' נחמיה שלקח לנסות אם הוא בחוברת עם האבות, שבכללם המה ישלימו התכלית הנרצה. והוא שעל ידם יתייחד שמו של ה' ב"ה, והוא הופעת השכינה למטה. ודעת רבנן שאדרבא יעקב כיון לחזות אם הוא נתעלה עוד יותר ממעלתן שיצא ממנו מטה שלימה בלי פסולת מאומה. והדברים בפרט יש להם סודות חתומים אשר כוונו חכמים ברמיזתם על צד הכוונה שניה לבעלי סודות אלקית. אך בתנחומא משמע שנתאחו האבנים ממש בפועל מפני אש השכינה:

זרע אברהם

שתפלת ערבית הוא עד עלות השחר ותפלת השחר הוא עם זריחת השמש כדכתיב ייראוך עם שמש כמו שאמרו חכמינו ז"ל ותיקין גומרים עם נץ החמה פירש הרא"ש גומרים הוא התחלה כמו גומרים את ההלל ואם כן בכל יום שיש זמן למלאכי השרת שאומרים שירה במשך שני שעות וכאן לא היה זמן לומר שירה רק זמן מועט בהיות שזרחה השמש שתי שעות קודם ולא נשאר זמן לומר שירה רק דבר קטן זמן מה. וזה כוונת הגמרא הואיל ואמרו חכמינו ז"ל שלחני כי עלה השחר הגיע פרקי לומר שירה וכו' ואיתא (חולין צב א) וישר אל מלאך בכה ויתחנן לו שהמלאך בכה ויתחנן לפני יעקב לשלחו כדי שיאמר שירה. וקשה הלא לא היה זמן לומר שירה רק זמן מה זמן מועט מעט מזעיר שהלא זרחה השמש בשבילו ב' שעות קודם ולא נשאר רק זמן מה שהוא פחות משני שעות ובאותו זמן מועט דיבר עמו וברכו ואם כן על כרחך לא נשאר זמן רק זמן מועט ומה היה המלאך יכול לומר שירה בזמן מועט כזה. לזה אמרו מסייע לרבי חננאל שאמר שלש כתות אומרים שירה אחת אומרת קדוש שאינם אומרים רק דבר מועט דיבור אחת שאי אפשר לשער ולזה היה לו זמן שאם לא כן כבר הפסיד זמנה ודוק היטב. והולעתו דבר זה לפני כמה גדולים וקילסוהו: מהדורא בתרא בשנת תפח בהיותי באמשטרדם. בפרק גיד הנשה איתא וזה לשונם תנו רבנן שלחני כי עלה השחר הגיע פרקי לומר שירה מסייע לרבי חננאל דאמר שלש כתות של מלאכי השרת אומרים שירה בכל יום אחת אומרת קדוש ואחת אומרת קדוש ואחת אומרת קדוש ה' צבאות. ודחקו התוספות שהסייעתא הוא שכמו שאמר שמיום שנבראו לא הגיע זמנו לומר שירה כמו כן אין להם רשות להרבות שירה והוא דוחק גדול. ונראה לי דהכי פירושו לפי דאיתא במסכת חגיגה יומם יצוה ה' חסדו ובלילה שירה עמי אלו כיתות של מלאכי השרת שחשות ביום מפני כבודן של ישראל ואומרים שירה בלילה. ופירש מהרש"א לפי שמן הנץ החמה מתחיל זמן תפלת השחר כמו שאמרו ז"ל ותיקין גומרים עם הנץ החמה וגומרים פירש הרי"ף מתחילין כמו גומרים את ההלל. וזמן תפלת השחר נמשך עד חצות ומחצות ואילך מתחיל זמן מנחה. נמצא כל היום תפלת ישראל ומפני כבודן חשים מלאכי השרת ואין אומרים שירה כל היום. ואם תאמר תפלת ערבית הוא כל הלילה ויש ליישב שתפילת ערבית הוא רשות. ונראה לי לרבן גמליאל דסבר שתפלת ערבית הוא חוב אם כן חשים מלאכי השרת מלומר שירה גם בלילה ואם כן זמן שירתם הוא מן עלות השחר עד הנץ החמה ובריש ברכות בירושלמי ובמדרש פרשת וירא איתא שמן עלות השחר עד נץ החמה הוא מהלך ה' מילין דכתיב וכמו השחר עלה ויאיצו המלאכים בלוט וגו' וכתיב ולוט בא צוערה והשמש יצא על הארץ ולדידי חזי והיה ד' מילין וכמו מלאה דדמי לה עוד ד' מילין נמצא היה ח' מילין הוא ב' שעות. ומצאתי קושית הרא"ד שמקשה והוא אמרו חכמינו ז"ל אותן שתי שעות ששקעה החמה בשבילו זרחה בשבילו בחזירתו דכתיב ויזרח לו השמש. ועם כן היה עלות השחר לתועלת בני אדם הולכי דרכים ואם כן על כרחך היה משמש זמן מה הזרחת כוכב השחר וזריחת השמש ב' שעות אם כן על כרחך שיש מן עלות השחר עד זריחת השמש יותר מן ב' שעות ומשני ויש לומר שעלות השחר היה רק שלא לשנות טבע ומנהג העולם ותיכף שקע כוכב השחר ולא שימש כלום. רק שלא לשנות מנהג בריאות העולם. ושקיעתה היא רק בהרף עין רגע כמימרא ואף שעל כרחך הרגע של שקיעתה היתה יותר מן ב' שעות לא קחשיב משום שהיא דבר מועט לא חש עד כאן לשונו. ואם כן היה מן השירה שתי שעות ומשהו אם כן מדאמר המלאך ליעקב שלחני כי עלה השחר הגיע פרקי לומר שירה אם כן על כרחך מוכח שאין להם רשות להרבות בשירה רק תיבה אחת שהיא שיעור רגע דאם לא כן קשה היאך אמר שלחני כי עלה השחר שלא לעבור זמן השירה. תיפוק ליה שכבר עבר זמן של השירה שהרי זרחה השמש שתי שעות שהוא זמן תפלת ישראל. ואם כן לא נשאר זמן שיאמר שירה רק רגע אחת. ומה יכול לומר ברגע זו אלא על כרחך ששירתם היא רק תיבה אחת. והיה יכול לומר ברגע זו קדוש. ודוק היטב:

Yet another opinion concerning the stones that Jacob took:

רַבִּי לֵוִי וְרַבִּי אֶלְעָזָר בְּשֵׁם רַבִּי יוֹסֵי בַּר זִימְרָא אָמַר — R' Levi and R' Elazar said in the name of R' Yose bar Zimra: **עֲשָׂאָן כְּמִין מַרְזֵב וּנְתָנָן תַּחַת רֹאשׁוֹ, שֶׁהָיָה מִתְיָירֵא מִן הַחַיּוֹת — [Jacob] arranged [the stones] like a gutterpipe[109] and placed them under his head[110] because he was afraid of wild animals.**[111]

The Midrash discusses the miracle of the stones joining together:

רַבִּי בֶּרֶכְיָה וְרַבִּי לֵוִי בְּשֵׁם רַבִּי חָמָא בַּר חֲנִינָא אָמַר — R' Berechyah and R' Levi said in the name of R' Chama bar Chanina: **כְּתִיב "כִּי הִנֵּה ה׳ יֹצֵא מִמְּקוֹמוֹ וְיָרַד וְדָרַךְ עַל בָּמֳתֵי אָרֶץ וְגוֹ׳ " — It is written,** ***For behold, HASHEM is going forth from His place; He will descend and trample the heights of the land.*** *The mountains will melt away under Him and the valleys will split open, like wax before a fire, like water flowing down a slope* (*Micah* 1:3-4), teaching that when God leaves His heavenly abode it causes mountains of stone to melt like wax.[112] **מִי שֶׁנִּגְלָה עָלָיו הַקָּדוֹשׁ בָּרוּךְ הוּא עַל אַחַת כַּמָּה וְכַמָּה** — So for **one to whom the Holy One, blessed is He, revealed Himself, how much more so** would we expect that stones should melt like wax![113]

The Midrash discusses further aspects of the miraculous joining together of the stones:

רַבִּי בֶּרֶכְיָה בְּשֵׁם רַבִּי לֵוִי אָמַר: אוֹתָן הָאֲבָנִים שֶׁנָּתַן יַעֲקֹב אָבִינוּ תַּחַת רֹאשׁוֹ נַעֲשׂוּ תַּחְתָּיו כְּמִטָּה וּכְפַרְנוֹס — R' Berechyah said in the name of R' Levi: Those stones that our forefather Jacob placed beneath his head became under him as soft as **a bed and a pillow.**[114] **מָה רְטִיבָה הִרְטִיב** — And **what fresh growth sprouted forth** from this soft bed of stones?[115] **"קוֹרוֹת בָּתֵּינוּ אֲרָזִים וְגוֹ׳ "** — That which is alluded to in the following verse: *even our couch is fresh;*[116] ***the beams of our House are cedar,*** *our panels are cypress* (*Song of Songs* 1:16-17), **צַדִּיקִים וְצַדִּיקוֹת נְבִיאִים וּנְבִיאוֹת שֶׁיָּצְאוּ מִמֶּנּוּ** — a metaphor referring to the **righteous men and women,**[117] **and prophets and prophetesses,**[118] **who emerged from him.**[119]

□ **וַיִּשְׁכַּב בַּמָּקוֹם הַהוּא** — ***AND HE LAY DOWN IN THAT PLACE.***

The words *in that place* seem unnecessary, as the verse could have stated briefly "and he lay down there." The Midrash therefore expounds the implication of these words:[120]

רַבִּי יְהוּדָה וְרַבִּי נְחֶמְיָה — R' Yehudah and R' Nechemyah commented on these words: **רַבִּי יְהוּדָה אָמַר: כָּאן שָׁכַב — R' Yehudah said:** The words *and lay down in that place* imply that ***here*** in Beth-el **he lay down** to sleep, **אֲבָל כָּל י״ד שָׁנָה שֶׁהָיָה טָמוּן בְּבֵית עֵבֶר לֹא שָׁכַב — but for all fourteen years that he was secluded in the academy of Eber he did not lie down** to sleep.[121] **וְרַבִּי נְחֶמְיָה אָמַר: כָּאן שָׁכַב אֲבָל כָּל כ׳ שָׁנָה שֶׁעָמַד בְּבֵיתוֹ שֶׁל לָבָן לֹא שָׁכַב — R' Nechemyah said:** ***Here*** **he lay down** to sleep, **but for all twenty years he spent in Laban's house he did not lie down** to sleep.[122] **וּמֶה הָיָה אוֹמֵר — And what would he recite?**[123]

NOTES

109. Jacob surrounded his head with stones (see next note) to protect against attack from dangerous animals during the night. His arrangement of these stones resembled a gutterpipe, which consists of a long trough open at one end — i.e., it has three walls (the fourth side is open) and a floor. Jacob arranged the stones around his head on three sides, thus resembling the shape of the walls of the gutterpipe, with another stone under his head resembling its floor (*Maharsha* to *Chullin* 91b). According to others (*Eitz Yosef*, citing *Nezer HaKodesh*), Jacob placed stones all around his body; apparently the comparison to the gutterpipe is that a gutter surrounds the roof on all four sides.

110. Many commentators emend the text to read סָבִיב רֹאשׁוֹ, "*around* his head," which is how Rashi cites the Midrash in his *Chumash* commentary. According to the opinion (see previous note) that the stones surrounded Jacob completely, the Midrash mentions the head specifically because it is the most important part of the body to protect (*Eitz Yosef*).

111. According to R' Yose bar Zimra, unlike the previous opinions, Jacob took an unspecified number of rocks, simply to surround his head (or his body) for protection. The single rock mentioned below in verse 18 is the one rock of the "gutterpipe" rocks that was closest to his head (*Mizrachi*), or it is a separate rock on which he lay his head (*Nezer HaKodesh*). It is not necessary, according to R' Yose bar Zimra, to assert that the several rocks of verse 11 were miraculously joined into the single rock mentioned in verse 18 (although Rashi on *Chumash* does so).

112. *Eitz Yosef.*

113. If God simply leaving His heavenly abode is enough to melt mountains on earth, then certainly the stones surrounding Jacob — to whom God had actually revealed Himself in a vision — would melt (and, in our case, join together) (*Eitz Yosef*).

114. In addition to the stones "melting" together into one, this process miraculously modified their physical characteristics, making them as soft as a pillow beneath Jacob's body (*Eitz Yosef*).

115. This miraculous aberration that caused the stones to become soft as a bed and pillow was surely a Divine sign intended to reveal to Jacob some part of his destiny (*Eitz Yosef*). The Midrash seeks to understand what this event foretold.

116. The Midrash interprets this phrase as a reference to Jacob's "fresh" (soft) bed. The verse goes on to describe the results that ultimately emanated from this bed — i.e., who Jacob's descendants would be.

117. The phrase *the beams of our House are cedars* is a reference to the righteous, who are metaphorically called cedars, as in (*Psalms* 92:13), *A righteous man will flourish like a date palm, like a cedar in the Lebanon he will grow tall* (*Eitz Yosef*). Specifically, these are the Twelve Tribes of Israel who will support the world through their righteousness, like strong beams that support the ceiling of a house (*Maharzu*).

118. *Our panels are cypress* alludes to the prophets who are metaphorically referred to as cypresses, as we see with regard to Deborah the Prophetess (*Judges* 4:5): *She would sit under the cypress* [תֹּמֶר] *of Deborah,* תֹּמֶר being equivalent (according to the *Zohar*) to רֹתֶם, which is itself associated with the word בְּרוֹתִים in the verse under discussion (*Matnos Kehunah; Eitz Yosef*). Furthermore, we find that Elijah rested under a רֹתֶם tree (*I Kings* 19:4-5). Alternatively, prophets are alluded to in the word רַהִיטֵנוּ (*our panels*), from the root רהט, "to run," for the prophets are God's fleet-footed messengers (*Maharzu*; *Yefeh To'ar,* second explanation).

119. The miraculous transformation of the stones into a soft bed occurred on the holy grounds of Mount Moriah, the future site of the Temple, to signify to Jacob that from his descendants there would emerge God-fearing, righteous children whose spiritual roots emanate from that holy place where God's Presence is manifest (*Eitz Yosef*, citing *Nezer HaKodesh*).

120. *Eitz Yosef.*

121. The verse emphasizes that Jacob slept in *that* place (Beth-el) to the exclusion of some other place where he did *not* sleep. This other place is the academy of Eber (see above, §5), where Jacob did not sleep [aside from short naps when physically necessary] so as not to interrupt his Torah study (*Eitz Yosef*).

122. R' Nechemyah agrees with R' Yehudah's premise that "in that place" implies "to the exclusion of another place." However, he maintains that the place where Jacob did not sleep was Laban's house, not the academy of Eber. Indeed, we find that Jacob tells Laban (below, 31:38-40), *These twenty years I have been with you . . . by day scorching heat consumed me and frost by night; my sleep drifted from my eyes* (*Eitz Yosef*).

123. According to the view that Jacob did not sleep while in Laban's house, the Midrash asks what he recited while awake all night. The Midrash does not ask what Jacob *did* while he was awake, since we know that he remained awake solely to guard Laban's flocks (see 31:38-40). Now, he could not have been engaged in Torah study, since this would have required too much concentration to allow him to properly carry out his primary task (*Yefeh To'ar*). The Midrash therefore concludes that he must have been *reciting*, for this is something that can be done without causing undue distraction (see *Eitz Yosef*; cf. *Matnos Kehunah*).

רַבִּי לֵוִי וְרַבִּי אֶלְעָזָר בְּשֵׁם רַבִּי יוֹסֵי בַּר זִימְרָא אָמַר: עֲשָׂאָן כְּמִין מַרְזֵב וּנְתָנָן תַּחַת רֹאשׁוֹ, שֶׁהָיָה מִתְיָירֵא מִן הַחַיּוֹת, רַבִּי בֶּרֶכְיָה וְרַבִּי לֵוִי בְּשֵׁם רַבִּי חָמָא בַּר חֲנִינָא אָמַר: כְּתִיב (מיכה א, ג) "כִּי הִנֵּה ה' יֹצֵא מִמְּקוֹמוֹ וְיָרַד וְדָרַךְ עַל בָּמֳתֵי אָרֶץ וְגוֹ'", מִי שֶׁנִּגְלָה עָלָיו הַקָּדוֹשׁ בָּרוּךְ הוּא עַל אַחַת כַּמָּה וְכַמָּה, רַבִּי בֶּרֶכְיָה בְּשֵׁם רַבִּי לֵוִי אָמַר: [כ]אוֹתָן הָאֲבָנִים שֶׁנָּתַן יַעֲקֹב אָבִינוּ תַּחַת רֹאשׁוֹ נַעֲשׂוּ תַּחְתָּיו כְּמִטָּה וּכְפַרְנוֹס מָה רְטִיבָה הִרְטִיב, (שיר השירים א, יז) "קוֹרוֹת בָּתֵּינוּ אֲרָזִים וְגוֹ'", צַדִּיקִים וְצַדִּיקוֹת נְבִיאִים וּנְבִיאוֹת שֶׁיָּצְאוּ מִמֶּנּוּ. [כח, יא] "וַיִּשְׁכַּב בַּמָּקוֹם הַהוּא", רַבִּי יְהוּדָה וְרַבִּי נְחֶמְיָה, [כא]רַבִּי יְהוּדָה אָמַר: כָּאן שָׁכַב אֲבָל כָּל י"ד שָׁנָה שֶׁהָיָה טָמוּן בְּבֵית עֵבֶר לֹא שָׁכַב, וְרַבִּי נְחֶמְיָה אָמַר: כָּאן שָׁכַב אֲבָל כָּל כ' שָׁנָה שֶׁעָמַד בְּבֵיתוֹ שֶׁל לָבָן לֹא שָׁכַב, וּמֶה הָיָה אוֹמֵר,

עץ יוסף

במין מרזב כו'. להקיף עצמו באבנים ולכן נטל הרבה, אלא דמכל מקום על אבן אחת סמך ראשו, על זה אמר ויקח האבן אשר שם מראשותיו. וצריך להיות הגירסא עשאן כמין מרזב ונתנן סביב ראשו, וכן העתיק רש"י בחומש. ובאמת נתנן סביב כל גופו, ומפני שהראש הוא עיקר כל הגוף אמר סביב ראשו, ועל אותו אבן שכנגד ראשו אמר ויקח את האבן (נזר הקודש): **ה' יוצא ממקומו.** כלומר אל תתמה מהמסת אבנים לאחד דהא כתיב כי ה' יוצא ממקומו, וכתיב בתריה ונמסו ההרים מתחתיו, אף ביציאתו ממקומו למעלה לבד נמסו הרים תחתיו, מי שנגלה עליו הקדוש ברוך הוא זה יעקב על אחת כמה וכמה שימסו האבנים תחתיו: **במטה וכפרנוס.** רש"י גרס פרכוס, ופירש בלשון כנען כסא. ובחזית סוף פרק א' כמטה וכפלוסא ופירש מוסף הערוך בערך פלוסא שהוא בלשון רומי נוצות עוף. והכוונה שעל ידי המסת האבנים נעשו רענן ורך עד שהיו תחתיו כמטה וכסא. ובהכי דריש הא דכתיב להלן ערשינו רעננה על ערש מטתו של יעקב. ועל זה אומרים **מה רטיבה הרטיב** כלומר מה הרחיב והתפשט מהן. **קורות בתינו ארזים** אלו **הצדיקים כו'** הנקראים ארזים כמה דאת אמר צדיק כתמר יפרח כארז בלבנון ישגה (תהילים צב, יג), כי לכך נעשו האבנים תחתיו כמטה במקום המקדש לסימן שתהא מטתו שלימה בבנים יראים ושלמים אשר שרשם ומלבם ממקום קדוש הוא בית המקדש (נזר הקודש): **נביאים ונביאות.** שכתיב רהיטנו ברותים, ונביאים ונביאות נקראו ברותים כדכתיב והיא יושבת תחת תומר דבורה (שופטים ד, ה) ותומר הוא רותם כדאיתא בזוהר כי תשא (קל, א), וכתיב (מלכים א' יט, ה) וישכב ויישן תחת רותם (מתנות כהונה): [יד] **כאן שכב.** במקום ההוא מיעוטא הוא: **ארבע עשר שנה שהיה כו'.** כדלעיל בפרקין (סימן ה) לא שכב אלא ישן שינת ערא"י שלא להתבטל מלמודו: **בביתו של לבן לא שכב.** כדכתיב ותדד שנתי מעיני: **ומה היה אומר.** בבית לבן היה משבח לה' ומספר תהלותיו כי בזה לא תתבטל שמירת הצאן:

פירוש מהרז"ו

יוצא ממקומו. וסיפיה דקרא ונמסו ההרים תחתיו, כאן שכתוב והנה ה' נצב עליו על אחת כמה וכמה שנמסו האבנים, ועיין מתנות כהונה: **וכפורנס.** עיין שיר השירים רבה (א, סז) פסוק קורות בתינו ארזים, ובפסוק הקודם אף ערשנו רעננה פירוש לחה ורטובה כמו שכתוב (ירמיה יז, ח) כעץ שתול על פלגי מים וגו' והיה עלהו רענן, ובשיר השירים רבה הגירסא וכפלומא, גם כן לשון לחות וכמו אבנים המפולמות (חגיגה יב, א), וזהו שאמר ומה הרטיבה הרטיב פירוש לאיזה ענין היתה רטובה ורעננה, והשיב מסיפיה דקרא קורות בתינו ארזים הם הישרים (עיין מתנות כהונה), והכוונה על י"ב השבטים שהם תקרת העולם וכמו שמבואר שמות רבה פ"א סוף סימן ו' וישראל מקוראי. ומה שאמר נביאים ונביאות מרומז במה שכתוב (שיר השירים א, יז) רהיטנו, רהט לשון רץ, שהם שלוחי השם יתברך כמו שנאמר (שמות ד, יג) שלח נא ביד תשלח, ובישעיה (ו, ח) את מי אשלח, באליהו וירץ לפני אחאב (מלכים א' יח, מו), וכן באלישע (מלכים א' יט, כ), בירמיה (יב, ה) כתיב כי את רגלים רצתה וכדומה: **כאן שכב.** דכיון דכתיב וילן שם אם כן וישכב כו' מיותר, אלא לדיוקא:

רש"י

(יא) עשאן במרזב. אחת מכאן ואחת מכאן ואחת על גביהן ונתנן כנגד ראשו שהיה מתיירא מחיה רעה: **מי שנגלה עליו הקב"ה על אחת כמה וכמה.** ויעקב נגלה עליו ותימר היה יכול לעמוד: **עשאן כמטה וכפרכוס.** פרכוס לשון כנען כסא: **מה רטיבה הרטיב שם. קורות בתינו ארזים:**

מתנות כהונה

במין מרזב. פירש"י א' מכאן וא' מכאן וא' על גביהן ונתנן נגד ראשו שהיה מתיירא מחיות רעות: וירד ודרך גרסינן: **עאכ"ו.** שימס כדונג ולפיכך נמסו כל י"ב אבנים ונעשו אבן אחת מפני אש השכינה כי ה' נצב עליו כן הוא בתנחומא בפר' זו: **וכפורנוס.** רש"י גרס פרכוס ופי' בלשון כנען כסא ובמדרש חזית גרס פולמוס ופי' בקעה ואגם ומים ובערוך גרס תרגוס ופי' בו כסא ועי' כ"ז במדרש חזית בפסוק קורות בתינו ארזים ובפסוק מי זאת הנשקפה: **מה רטיבה הרטיב.** מה הרחיב והתפשט מהן: **צדיקים כו'.** שנקראו ארזים כמו שנאמר צדיק כתמר יפרח וגו': **נביאים ונביאות כו'.** דכתיב רהיטנו ברותים וכתיב והיא יושבת תחת תומר ותומר הוא רותם כדאיתא בס' הזוהר פר' כי תשא וכתיב נמי וישכב ויישן תחת רותם: **ומה היה אומר.** בלילה כיון שלא

נחמד למראה

[יא] רבי לוי ורבי אלעזר בשם רבי יוסי בר זמרא אמר עשאן כמין מרזב ונתן תחת ראשו שהיה מתיירא מן החיה. ורש"י בחומש (בראשית כח, יא) כתב וזה לשונו עשאן כמין מרזב סביב לראשו שירא מפני חיות רעות, התחילו מריבות זו את זו זאת אומרת עלי יניח צדיק את ראשו, וזאת אומרת עלי יניח, מיד עשאן הקב"ה אבן אחת, וזהו שנאמר (שם יח) ויקח את האבן אשר שם מראשותיו עכ"ל. הרכיב שתי אגדות יחד, דהיינו האחת מה שכתוב כאן במדרש, והשניה מה דאיתא בפרק גיד הנשה (חולין צא, ב) כתיב ויקח מאבני המקום וכתיב ויקח את האבן אמר רב מלמד שנתקבצו כל אותן האבנים למקום אחד וכל אחת ואחת אומרת עלי יניח צדיק זה ראשו תנא וכולן נבלעו באחת, ופירש"י שם וז"ל מאבני המקום משמע טובא וכתיב ויקח את האבן עכ"ל. וזהו מה שאמר רבי לוי כאן עשאן כמין מרזב וכו' כלומר שאבנים הרבה לקח, דאי לאו הכי הוה ליה למימר ויקח אבן כדכתיב ויקחו אבן וישב עליה (שמות יז, יב). והתוספות כתבו בפרק גיד הנשה בד"ה כתיב ויקח מאבני המקום, וכתיב ויקח את האבן, לפי פשוטו יש לפרש שלקח אבן אחת מאבני המקום עכ"ל. ולכאורה פשטות המקרא סותר הדרש, וזה שאם לקח אבן מאבני המקום מנלן למדרש שכולן נבלעו באחת, ונראה שדרשו הכי מדלא כתיב ויקח אבן וישם מראשותיו, ומדכתיב ויקח מאבני המקום צריך לומר שהמכוון בו שלקח אבן אחת אשר היתה מחוברת ומורכבת מאבני המקום כי כולן נבלעו בה, וזהו מה דאמרינן בגמרא (חולין שם) כתיב ויקח מאבני המקום וכתיב ויקח את האבן כלומר דהוה ליה למימר נמי ויקח אבן וישם מראשותיו, כיון שכפי פשטות הענין לקח רק אבן אחת, ולזה אמרו כולן נבלעו באחת, לכך נאמר ויקח מאבני המקום כלומר ויקח אבן שהיתה מחוברת מאבני המקום כמו שהתבאר ודו"ק:

אשד הנחלים

במין מרזב כו'. יתכן על צד הכוונה שניה שהכוונה מן המקטריגים שהמה כדמות חיות הטורפות תפלת האדם ודיבוקו, והנה יעקב כיוון באבנים לתקן ענינו ועשאה כמין מרזב להגין מהחיות: **ומה רטיבה הרטיב.** כלומר מה יצא מכוונתו ופעולתו, שעל ידי זה הרטיב שיבנה בית המקדש לבניו על ידי כוונתו. ודעתם שזה היה כוונתו בסדור אבנים לתקן זה, כי מבנין אבניו נתקן בנין המקדש. ועוד דרש צדיקים וצדיקות שיעמדו ממנו, שהמה כדמות יסודות אבנים. על דרך (תהילים קיח, כב) אבן מאסו הבונים היתה לראש פנה:

חידושי הרד"ל

במטה וכפלומא. כן הובא בשיר השירים רבה (א, סז) כמו שכתב המתנות כהונה ופירושו נוצות בלשון רומי. וכן מוכח אחר כך במוסף ערוך. והא דכמטה נפקא ליה מדכתיב לקמיה דקרא דקורות בתינו דמייתי אף ערשנו רעננה, וכן מלשון רעננה דרש הא דהרטיב דלהלן דהיינו רענן ורטוב: **קורות בתינו ארזים רהיטנו ברותים צדיקים וצדיקות וכו'.** וכדמפרש בשיר השירים רבה (א, סז) שהברות הוא חלוש וכפוף ואין עושין ממנו קורות בין הארזים, רק רהיטי הבית עושין ממנו, לכן משל הנקבות בברותים ורהיטים, והזכרים בארזים וקורות. ועיין ידי משה:

חידושי הרש"ש

[יא] {**עשאן במין מרזב ונתן תחת ראשו.** צריך לומר סביב ראשו:}

זרע אברהם

[יא] מה רטיבא הרטיב קורות בתינו ארזים. פירושו על דרך דאיתא (לקמן פרשה סט ח) וזה לשונו אמר ר' אבא בר כהנא למה נקרא שמה לוז כל מי שנכנס בה הרטיב מצות ומעשים טובים כלוז. כך גרס רש"י וערוך. וזה שמסיק צדיקים וצדיקות נביאים ונביאות שיצאו ממנו פירוש רמז היה ששכב שם שמטתו יהיה שלימה להעמיד צדיקים כמו לוז שלוז היה שם העיר וקל להבין:

אמרי יושר

הנה ה' יוצא ממקומו. פלא הוא. זהו והנה ה' נצב עליו ולא במקומו. או פירושו שהוא הקדמה שמזה האבנים נמסו ונתאחדו וזהו הסברא שלהלן ופליג. דאין צריך שימור: **מה רטיבה הרטיב שם קורות בתינו ארזים צדיקים וצדיקות.** שהוא רמז שאין יוצא ממנו פסולת. וזהו אף ערשנו רעננה (שיר השירים א טז)

מסורת המדרש

כ. שיר השירים רבה סוף פרשה א':
כא. לקמן פרשה ע"ד. מדרש תהלים מזמור קכ"ד. ילקוט כאן רמז קי"ט וק"ל. ילקוט תהלים רמז תת"פ:

אם למקרא

כִּי הִנֵּה ה' יֹצֵא מִמְּקוֹמוֹ וְיָרַד וְדָרַךְ עַל בָּמֳתֵי אָרֶץ: (מיכה א:ג)

קֹרוֹת בָּתֵּינוּ אֲרָזִים רָהִיטֵנוּ בְּרוֹתִים: (שיר השירים א:יז)

ידי משה

ודרך על במתי ארץ וגו' ונמסו ההרים. כן צריך לומר. פירוש מה אם נמסו ההרים רק כשיצא ה' ממקומו מכל שכן כאן שהקדוש ברוך הוא היה נצב עליו שנמוסו האבנים: **רבי ברכיה בשם רבי לוי אמר.** עד מלת בתינו ארזים וגו' זה הוא סוף המאמר, וקודם מלת צדיקים צריך לומר דבר אחר. וכן הוא בהדיא בשיר השירים בפסוק (א, יז) קורות בתינו וגו'. וקשה מאד להבין פירוש המדרש זה ואין לו שחר כלל, ונראה לי ליישב שהוקשה למדרש מה שאמר ויקח מאבני המקום היה לו לומר ויקח אבנים וישם וגו', לזה אמר שהיה צריך לו אבנים ומקום פנוי שהיה תחת אבנים על דרך שאמרו חכמינו ז"ל שיודע היה יעקב שעתידין בניו לבנות בית המקדש ונטע ארזים ומסתמא היה נוטע אותן במקום טהור, לזה אמר רבי ברכיה מן האבנים עשה מטה ומהרטיבה והוא תיבה אחת פירוש מן הרטיבה דהיינו הקרקע שתחת אבנים כמו לשון ברטיבה שדיה גבי בלעם. קורות בתינו ארזים פירוש שנטע שם יעקב ארזים למשכן ואחר זה אמר המדרש דבר אחר צדיקים וצדיקות וכו', פירוש לפי דברי רבי ברכיה קאי קורות בתינו על המשכן, אבל לדברי רבי אלעזר אמר שלמה על עצמו וקורא הצדיקים ונביאים שיצאו ממנו עד משיח בן דוד ארזים כן נראה לי ועיין פירוש מתנות כהונה אם ייטיב לך:

רַבִּי יְהוֹשֻׁעַ בֶּן לֵוִי אָמַר: ט״ו שִׁיר הַמַּעֲלוֹת שֶׁבְּסֵפֶר תְּהִלִּים – **R' Yehoshua ben Levi said: The fifteen "songs of ascents" that are** found **in the Book of *Psalms*** (Psalms 120-134). מַאי טַעֲמֵיהּ – **What is his reason** for asserting this? ״שִׁיר הַמַּעֲלוֹת לְדָוִד לוּלֵי ה׳ שֶׁהָיָה לָנוּ יֹאמַר נָא יִשְׂרָאֵל״, יִשְׂרָאֵל סָבָא – Because it is stated there, ***A song of ascents, by David. Had not HASHEM been with us – let "Israel" declare it now!*** (*Psalms* 124:1), where "Israel" refers not to the people of Israel, but to **Israel the Elder,** i.e., Jacob.[124] רַבִּי שְׁמוּאֵל בַּר נַחְמָן אָמַר: כָּל סֵפֶר תְּהִלִּים הָיָה אוֹמֵר – **R' Shmuel bar Nachman said: He would recite the entire Book of *Psalms*.** מַה טַּעַם – **What is the reason** for him to assert this? ״וְאַתָּה קָדוֹשׁ יוֹשֵׁב תְּהִלּוֹת יִשְׂרָאֵל״, יִשְׂרָאֵל סָבָא – Because it is written, ***You are the Holy One, enthroned upon the praises of "Israel"*** (*Psalms* 22:4), where *Israel* refers to **Israel the Elder,** i.e., Jacob.[125]

וַיַּחֲלֹם וְהִנֵּה סֻלָּם מֻצָּב אַרְצָה וְרֹאשׁוֹ מַגִּיעַ הַשָּׁמָיְמָה וְהִנֵּה מַלְאֲכֵי אֱלֹהִים עֹלִים וְיֹרְדִים בּוֹ. וְהִנֵּה ה׳ נִצָּב עָלָיו וַיֹּאמַר אֲנִי ה׳ אֱלֹהֵי אַבְרָהָם אָבִיךָ וֵאלֹהֵי יִצְחָק הָאָרֶץ אֲשֶׁר אַתָּה שֹׁכֵב עָלֶיהָ לְךָ אֶתְּנֶנָּה וּלְזַרְעֶךָ.

And he dreamt, and behold! A ladder was set earthward and its top reached heavenward; and behold! angels of God were ascending and descending on it. And behold! HASHEM was standing over him, and He said, "I am HASHEM, God of Abraham your father and God of Isaac; the ground upon which you are lying, to you will I give it and to your descendants" (28:12-13).

§12 **וַיַּחֲלֹם וְהִנֵּה סֻלָּם** – ***AND HE DREAMT, AND BEHOLD! A LADDER*** *WAS SET EARTHWARD AND ITS TOP REACHED HEAVENWARD.*

The Midrash discusses the significance of dreams:

אָמַר רַבִּי אַבָּהוּ: דִּבְרֵי חֲלוֹמוֹת לֹא מַעֲלִין וְלֹא מוֹרִידִין – **R' Abahu said: The contents of dreams are meaningless.**[126]

The Midrash records an anecdote that supports R' Abahu's view:

חַד בַּר נָשׁ אֲזַל לְגַבֵּי רַבִּי יוֹסֵי בַּר חֲלַפְתָּא – **A certain person went to R' Yose bar Chalafta.** אֲמַר לֵיהּ: חֲמֵית בְּחֶלְמִי אָמְרִין לִי: זִיל סַב פּוּעֲלַיָּא דַּאֲבוּךְ מִן קַפּוֹדַקְיָא – **He said to [R' Yose], "In my dream I saw them saying to me, 'Go and take** the fruits of **your father's labors**, i.e., his money, **from Cappadocia.' "** אֲמַר לֵיהּ: אֲזַל אֲבוּךְ לְקַפּוֹדַקְיָא מִן יוֹמֵיהּ – **[R' Yose] said to him, "Did your father ever go to Cappadocia in his life?"** אֲמַר לֵיהּ: לָא – **"No," he answered him.** אֲמַר לֵיהּ: זִיל מְנֵי כ׳ שָׁרִיין בְּבָרְסָא דְבֵיתָךְ וְאַתְּ מַשְׁכַּח לֵיהּ – Thereupon **[the rabbi] told him,** "Then **go and count twenty beams in the inner chamber of your house and you shall find it."**[127] אֲמַר לֵיהּ: לֵית בֵּהּ כ׳ – **[The person] said to him, "There are not twenty** beams **there!"** אֲמַר לֵיהּ: וְאִי לֵית בֵּהּ כ׳ מְנֵי מִן רֵאשֵׁיהוֹן לְסוֹפֵיהוֹן וּמִן סוֹפֵיהוֹן לְרֵאשֵׁיהוֹן וְאַתְּ מַשְׁכַּח, – **[R' Yose] said to him, "If there are not twenty beams there** then **count from the first of [the** beams**] to the last of them and from the last of them to the first of them, and you shall find** it."[128] אֲזַל מְנָא וְאַשְׁכַּח כֵּן – **He went, counted** the beams, **and found it to be so,** that his father had concealed a treasure within that beam. וּמְנַיִן יָלִיף לָהּ רַבִּי יוֹסֵי בַּר חֲלַפְתָּא – **And how did R' Yose bar Chalafta deduce this?** מִן קַפּוֹדַקְיָא – **From** the word **"Cappadocia."**[129]

The Midrash cites a teaching that justifies its elaborate treatment of Jacob's dream:

תָּנֵי בַּר קַפָּרָא: לֵית חֲלוֹם שֶׁאֵין לוֹ פִּתְרוֹן – **Bar Kappara taught: There is no dream that does not have an interpretation.**[130]

NOTES

124. The word "Israel" appears scores of times in *Psalms*, yet R' Yehoshua ben Levi does not ascribe all these Psalms to Jacob. The verse cited here is different, however, because its unique expression לוּלֵי ה׳, *had not HASHEM*, was one used by Jacob (see 31:42); the Midrash therefore concludes that it was Jacob who recited this song of ascents (*Yefeh To'ar; Rashash*).

125. Jacob did not actually compose the Book of *Psalms*, nor did he author the fifteen songs of ascents. Rather, he recited the words of *Psalms* as revealed to him through prophecy (*Yefeh To'ar*).

126. Lit., "the words of dreams neither raise nor lower." R' Abahu maintains that dreams should not be understood in their literal sense, for their true interpretation is very often different from what the person actually saw in the dream, as the Midrash will demonstrate (*Eitz Yosef*). This dictum serves as an introduction to the forthcoming interpretations concerning Jacob's dream of the ladder (ibid., citing *Yefeh To'ar*). See Insight Ⓐ for a further discussion of how our Sages related to dreams.

127. Once R' Yose established that the dream could not be taken at face value (since the person's father never visited Cappadocia), he deduced that "Cappadocia" must be a verbal symbol representing "twenty ceiling beams." [How R' Yose bar Chalafta came to this conclusion is explained below in note 129.] He therefore told the man that the possessions of his father must be located in the twentieth beam of his house (*Eitz Yosef*).

128. Beginning with the first ceiling beam, the man should count toward the last beam and then back toward the first beam, back and forth, until the "twentieth" beam is reached. This is where the treasure will be found (*Eitz Yosef*).

129. "Cappadocia" (or "Kapodakia," as it is spelled in the Midrash) can be interpreted as a composite of the word *kappa*, the Greek letter representing *twenty*, and *dakia*, Greek for *beams* (*Eitz Yosef,* citing *Eichah Rabbah*). Alternatively, *kapo* means *beams* and *dakia* means *twenty* (*Rashi; Matnos Kehunah,* citing *Aruch* – but see below). Whichever the case, R' Yose bar Chalafta deduced the meaning of the dream – that the treasure of this man's father must be located in the twentieth beam of his house (*Eitz Yosef*).

An almost identical incident is recorded in *Berachos* 56b, but there the man who had the dream was told to locate the *tenth* beam (see also *Yerushalmi Maaser Sheni* loc. cit.). *Radal* notes this difference and concludes that the Gemara's version is the more accurate, since *dakia* resembles the Greek word for *ten* (*deka*), not *twenty* (*eikosi*). [Indeed, the first edition of *Rashi* and the *Aruch* (cited by *Matnos Kehunah*) both note that *deka* is *ten* (not twenty) in Greek. Perhaps, according to the Midrash, *dakia* is interpreted as a plural ("tens"), thus meaning twenty.]

130. Bar Kappara stresses that no dream can be taken at face value alone – even when (as in Jacob's dream) its meaning is explicit and

INSIGHTS

Ⓐ **Dreams and Their Meanings** At face value, R' Abahu's statement that "the contents of dreams are meaningless" would seem to dismiss anything seen in a dream as totally false. In fact, the Gemara (*Gittin* 52a) records an incident in which these words mean exactly that: There was once a certain administrator who unjustly sold orphans' lands and purchased slaves with the proceeds, and R' Meir did not allow him to violate the law in this matter. The Heavenly Court came to R' Meir in his dream and told him, "God desires to destroy and yet you attempt to build!?" indicating to him that God desired to harm the orphans through the administrator's ruinous management of their property and R' Meir was thwarting this plan. Even so, R' Meir did not pay attention to the dream and continued to oppose the administrator's actions, because R' Meir maintained that "the contents of dreams are meaningless." See also *Sanhedrin* 30a and *Horayos* 13b for other instances in which scholars ignored the contents of their dreams and treated them as meaningless.

Notwithstanding these sources, there are numerous counterexamples found throughout Scripture and the Talmudic literature that attest to the veracity of dreams. Famous among these are the dreams of Joseph that foretold his ascension to power (below, Ch. 37); the dreams of Pharaoh's attendants that accurately depicted their fates (below, Ch. 40); Pharaoh's dream regarding the future of Egypt (below, Ch. 41); Nebuchadnezzar's visions that portrayed his own destiny and that of his people (*Daniel* Chs. 2, 4). In fact, the Talmud itself states (*Berachos* 57b) that a dream is one sixtieth of prophecy. See *Maharzu* here for a resolution of these contradictory points of view. See also the lengthy discussion of *Tashbetz,* Vol. 2 §128.

רַבִּי יְהוֹשֻׁעַ בֶּן לֵוִי אָמַר: ט"ו שִׁיר הַמַּעֲלוֹת שֶׁבְּסֵפֶר תְּהִלִּים, מַאי טַעֲמֵיהּ (תהלים קכד, א) "שִׁיר הַמַּעֲלוֹת לְדָוִד לוּלֵי ה' שֶׁהָיָה לָנוּ יֹאמַר נָא יִשְׂרָאֵל", יִשְׂרָאֵל סָבָא, רַבִּי שְׁמוּאֵל בַּר נַחְמָן אָמַר: כָּל סֵפֶר תְּהִלִּים הָיָה אוֹמֵר, מַה טַּעַם (שם כב, ד) "וְאַתָּה קָדוֹשׁ יוֹשֵׁב תְּהִלּוֹת יִשְׂרָאֵל", יִשְׂרָאֵל סָבָא:

יב [כח, יב] "וַיַּחֲלֹם וְהִנֵּה סֻלָּם", אָמַר רַבִּי אַבָּהוּ: כבדִּבְרֵי חֲלוֹמוֹת לֹא מַעֲלִין וְלֹא מוֹרִידִין. חַד בַּר נָשׁ אֲזַל לְגַבֵּי רַבִּי יוֹסֵי בַּר חֲלַפְתָּא, אֲמַר לֵיהּ: חֲמֵית בְּחֶלְמִי אָמְרִין לִי: זִיל סַב פּוֹעֲלַיָּא דַּאֲבוּךְ מִן קַפּוֹדַקְיָא, כגאֲמַר לֵיהּ: אֲזַל אֲבוּךְ לְקַפּוֹדַקְיָא מִן יוֹמֵיהּ אֲמַר לֵיהּ: לָא, אֲמַר לֵיהּ: זִיל מְנֵי כ' שַׁרְיָין בְּכָרְסָא דְבֵיתָךְ °אַתְּ מַשְׁכַּח לֵיהּ, אֲמַר לֵיהּ: לֵית בֵּהּ כ', אֲמַר לֵיהּ: וְאִי לֵית בֵּהּ כ' מְנֵי מִן רֵאשֵׁיהוֹן לְסוֹפֵיהוֹן וּמִן סוֹפֵיהוֹן לְרֵאשֵׁיהוֹן וְאַתְּ מַשְׁכַּח, אֲזַל מְנָא וְאַשְׁכַּח כֵּן, וּמִנַּיִן יָלִיף לָהּ רַבִּי יוֹסֵי בַּר חֲלַפְתָּא, מִן קַפּוֹדַקְיָא. תָּנֵי בַּר קַפָּרָא: לֵית חֲלוֹם שֶׁאֵין לוֹ פִּתְרוֹן, [כח, יב] כד"וְהִנֵּה סֻלָּם", זֶה הַכֶּבֶשׁ, [שם] "מֻצָּב אַרְצָה", זֶה מִזְבֵּחַ, (שמות כ, כא) "מִזְבַּח אֲדָמָה תַּעֲשֶׂה לִּי", [כח, יב] "וְרֹאשׁוֹ מַגִּיעַ הַשָּׁמָיְמָה", אֵלּוּ הַקָּרְבָּנוֹת שֶׁרֵיחָן עוֹלֶה לַשָּׁמַיִם,

עץ יוסף

מאי טעמא. דרבי יהושע בן לוי ומנא ליה דיעקב אמרם: **ישראל סבא.** ומדקאמר מזמור זה מסתמא אמר כל החמש עשרה מזמורים של שיר המעלות משום דכל חמש עשרה שיר המעלות כחד הוו: **כל ספר תהלים.** כלומר כל עניני תהלים המיוסדים על תהלות ה' וחסדיו, ולכן נקרא ביחוד תהלות ישראל: **(יב) [טו] לא מעלין כו'.** שלפעמים יתפרשו הדברים בזולת מובנם לענין אחר כהאי עובדא דרבי יהושע בר חלפתא בסמוך, וכוונת ר' אבהו נגד חלום דסולם מולב ארצה כי לא יפורש כפשט הדברים אלא כפתרון הסולם זה סיני וכו' (יפה תואר): **חמית כו'.** ראיתי בחלומי שאמרו לי לך וקח נכסי אביך שעמל בהם מן קפודקיא. **ואמר ליה** רבי יהושע בר חלפתא דרך שאלה הלך אביך למקום קפודקיא מימיו: **זיל מני עשרים שריי בברסא דביתך.** פירוש בקרן זווית. והמוסף הערוך פירש בקרב ביתך. ופירושו לך ומנה עשרים קורות בתקרת הבית שהרלפה היתה על גביהם, ושם תמלא ממון אביך: **מן ראשיהן כו'.** תתחיל למנות מראשי הקורות עד סופן ותחזור חלילה עד אותה קורה שישלים לך מנין עשרים ושם תמלאנו: **מן קפודקיא.** באיכה רבתי מפרש קפדקיא כפא בלשון יון עשרים, דוקיא בלשון יון קורות. ועיין בפרק הרואה: **[טז] אין חלום בלא פתרון.** כלומר אין דברי החלום כמשמעו, אלא נאמר דרך משל וחידה וכן חלום הסולם רומז גם לדבר אחר: **זה הכבש.** שהיו עולים בו למזבח כבסולם: **אלו הקרבנות.** ופירושו וראשו עיקרו ותכליתו נוגע

פירוש מהרז"ו

ישראל. עיין לקמן פרשה ע"ד סימן י"א, שוחר טוב מזמור קכד: **(יב) דברי חלומות כו' מורידין.** לפי מה שאמר כאן בחלום של נבואה, איך אמר על זה שאין מעלים וכו', ואחר כך הביא מעשים לסתור שמפורש במעשים אלו שהיו מעלים ונתקיימו. אך האמת יורה דרכו שהמדרש הזה לקוח מהירושלמי מעשר שני (פ"ד ה"ו) וזה לשונו שם הרי שהיה מצטער על מעות אביו, נראה לו בחלומו כך וכך הם במקום פלוני הם, אתי עובדא קמי רבנן אמרין דברי חלומות לא מעלין ולא מורידין וכו'. רבי יונה בעי מצטער וחמי ואת אמרת הכין. אמר רבי יוסי מסתבר דלא מצטער וחמי. פירוש אימתי אנו אומרים שאין מעלים היכא דלא היה מצטער ורואה חלום בעצמו, אך אם מצטער ורואה וודאי מעלים, ועל זה הביא ראיה ממעשים אלו וכדומה, וכמו שאיתא במדרש איכה רבתי פסוק בגוים (א, יד – יח), ועיין לקמן (פט, ח). וכאן העתיק בקצור, על כן אינם מובנים: **בברסא דביתך.** פירש במוסף הערוך ערך כרס ב' בקרב ביתו. פירוש כמו הכרס שהוא באמצע הגוף:

חידושי הרד"ל

[יב] עשרים שריין בקריתא דביתך. כן צריך לומר. פירוש בקירוי הבית והגג: **מן קפודקיא.** עיין מתנות כהונה. עיין ברכות (נו, ב) ושם איתא עשרה, וכן נכון דעשרה היא דיקו בלשון רומי: **תני בר קפרא כו'.** ספרי פרשת קרח (פסקא קיט) משמיה דרבי אלעזר הקפר:

חידושי הרש"ש

לולי ה' שהיה לנו יאמר נא ישראל ישראל סבא. כי מצינו בו שאמר כעין זה בסוף הסדר (בראשית לא, מב) לולי אלהי גו' היה לי גו':

אמרי יושר

שהרטיבו האבנים זה רמז לקורות בתינו ארזים והיינו דכתיב (תהלים קמד יב) בנותינו כזויות בנינו כנטיעים וכדי שתירא החיה עשאן כמרזב לשמירה מחיות ולזה לקח אבנים אף על פי שהיה לו כסת:

מסורת המדרש

כב. גיטין דף נ"ב. סנהדרין דף ל'. הוריות דף י"ג: **כג.** ברכות דף נ"ו: **כד.** מדרש תהלים מזמור ע"ח. ילקוט כאן רמז קי"ט:

אם למקרא

שִׁיר הַמַּעֲלוֹת לְדָוִד לוּלֵי ה' שֶׁהָיָה לָנוּ יֹאמַר נָא יִשְׂרָאֵל: (תהלים קכד:א)

וְאַתָּה קָדוֹשׁ יוֹשֵׁב תְּהִלּוֹת יִשְׂרָאֵל: (שם כב:ד)

מִזְבַּח אֲדָמָה תַּעֲשֶׂה לִּי וְזָבַחְתָּ עָלָיו אֶת עֹלֹתֶיךָ וְאֶת שְׁלָמֶיךָ אֶת צֹאנְךָ וְאֶת בְּקָרֶךָ בְּכָל הַמָּקוֹם אֲשֶׁר אַזְכִּיר אֶת שְׁמִי אָבוֹא אֵלֶיךָ וּבֵרַכְתִּיךָ: (שמות כ:כא)

ידי משה

[יב] דברי חלומות לא מעלין ולא מורידין. בירושלמי מסכת מעשר שני (פ"ד ה"ו) ומקשה יפה מראה והלא מצינו גבי יוסף ונבוכדנצר שנתקיימו החלומות. ותירץ שרצה לומר כשיחלום לאדם איזו חלום רע אל יצטער את עצמו כי הדברים אינן כפשטן, אלא צריך לפתור כמו קפודקיא שהיה לכאורה שם המקום ורבי יוסי פתר אותו קורה עד כאן לשונו:

שנוי נוסחאות

(יב) זיל מני כ' שריין בכרסא דביתך את משכח ליה. מתנות כהונה הגיה "ואת" תחת "את":

רש"י

(יב) אזיל סב פועלא מן קפודקיא, אמר ליה ואזל אבוך לקפודקיא, אמר ליה לא, אמר לך זיל מני עשרין שרייא בכרסא דביתך ואת משכח, א"ל לית ביה עשרין שריין, אמר ליה אין לית ביה עשרין מני מן רישיהון לסופיהון ומן סופיהון לרישיהון ואת משכח. וזהו פירושו של דבר, אדם אחד היה רואה בחלומו שהיו אומרים לו לך וקח פקדון אביך בקפודקיא, למחר בא לפני רבי יוסי בר חלפתא וספר לו החלום, אמר ליה רבי יוסי כלום הלך אביך מימיו לקפודקיא, אמר ליה לאו, אמר ליה אם כן לך וספור עשרים קורות מכותל ביתך בכרסא דביתך, בקרן זוית שבביתך, ואתה מוצא מטמון שהטמין אביך שם, אמר ליה והלא כל הכותל אין שם עשרים קורות ואתה אומר לי מני עשרין שריין בכרסא דביתך. שריין הן קורות כמו שריתא ויהי האחד מפיל הקורה (מלכים ב, ו, ה) מתרגמינן מחי בשריתא. אמר ליה רבי יוסי בן חלפתא אם אין שם עשרים קורות תתחיל למנות מקורה התחתונה עד קורה העליונה וכשאתה מגיע לעליונה תחזור למנות מלמעלה למטה עד שתגיע לקורה העשרים, בקורה העשרים אתה מוצא המטמון: **קפא דקיא.** קורה עשרים, קפא היא קורה, דקיא היא במסכת מעשר שני בירושלמי וגם לשם הוא מפרש דקיא הוא עשרים:

מתנות כהונה

שכב ואמרינן במסכת אבות הניעור בלילה ומפנה לבו לבטלה הרי זה מתחייב בנפשו: **מאי טעמיה.** דריב"ל ומנא ליה דיעקב אמרה: **[יב] חמית כו'.** ראיתי בחלומי שאמרו לי לך וקח פעולות אביך כלומר ממונו ויגיע כפיו מן קפודקיא והוא שם מקום וא"ל ר' יוסי דרך שאלה הלך אביך למקום קפודקיא מימיו: **זיל מני כו'.** לך ומנה עשרים קורות בתקרת הבית שהרלפה היתה על גביהם ואתה תמלא ממון אביך: **בברסא.** הערוך לא פירשו ורש"י פי' בקרן זוית התחיל למנות ובמדרש איכה בפסוק רבתי בגוים לא גרס ליה ובירושלמי דמעשרות גרס גוביתך פירוש תוך ביתך ואולי בכרסא הוא כמו באמצע ובתוך: **ואת משכח גרסינן: מן ראשיהון כו'.** התחיל למנות מראש הקורות עד סופן ותחזור חלילה עד אותה קורה שישלימו לך מנין עשרים ושם תמלאנו והכי איתא במדרש איכה בהדיא: **מן קפודקיא.** פי' הערוך קפו הוא בלשון יון קורות דקיא בלשון יון עשרים ובמדרש איכה יש בהיפוך:

אשד הנחלים

ט"ו שירי המעלות. על דרך הדרוש להשוות כל ענין שיר המעלות עם כל הענינים שקרה ליעקב בבית לבן כבר הרבה המוסקאטי לחקור בזה באריכות עיי"ש (נפוצות יהודה דרוש ב). אבל עיקר כוונתם הוא עפ"י מאמרם ז"ל (סוכה נג, א-ב) שדוד אמרן בעת שחפר שיתין קפא תהומא, והוא מקום בית המקדש, אשר היה זה תיקון מקום לבית המקדש, ולא יציף העולם. והנה יעקב כל עיקר כוונתו היה לנטוע מקום לבניו שיזכו למקום בית המקדש, כמו שאמר לעיל מה הרטיבה הרטיב, לכן אמרו ט"ו שיר המעלות על זה הכוונה. זהו דרך כללות הענין, והפרטים המה נסתרים ונעלמים: **כל ספר תהלים.** כלומר כל עניני תהלים המיוסדים על תהלות ה' וחסדיו, כי תמיד מהלל לה' על נפלאותיו, ולכן נקרא ביחוד תהלת ישראל. ומפני כי שירי דוד בו כלול כל התהלות אחז בזה. **[יב] דברי חלומות כו' חד בר נש.** מעשה לסתור הוא, וחסר כאן כמה ענינים מדברי חלומות. ועיין במדרש איכה. ובפרק הרואה (ברכות נה נו). ועיין במתנות כהונה פרושו: **זה הכבש כו'.** ענין הדבר כמו שבארנו שכל מגמת יעקב לתקן מקום לבניו שיופיע שמה השכינה וזהו מקום בית המקדש. ולכן הראה לו במחזה כל אלה הרמזים. הסולם שעולים בו למעלה, הוא דוגמת הכבש שעולים בו למזבח המקודש, אשר הוא מוצב ארצה, כלומר אף שמוצב ארצה עם כל זה ראשו מגיע השמימה, כי הקרבנות הוא ענין גדול עושה רושם ע"י הכהנים בכוונתם הטהורה שעולים למזבח ויורדים ממנו תמיד:

The Midrash presents several interpretations of Jacob's dream. The first:

"וְהִנֵּה סֻלָּם", זֶה הַכֶּבֶשׁ – ***And behold! A ladder*** – **this is** an allusion to **the ramp** leading to the top of the Outer Altar;[131] "מֻצָּב אַרְצָה", זֶה מִזְבֵּחַ, "מִזְבַּח אֲדָמָה תַּעֲשֶׂה לִּי" – ***was set earthward*** – **this is** an allusion to **the** Outer **Altar,** of which it is written, ***An Altar of earth shall you make for Me*** (*Exodus* 20:21);[132] "וְרֹאשׁוֹ מַגִּיעַ הַשָּׁמָיְמָה", אֵלּוּ הַקָּרְבָּנוֹת שֶׁרֵיחָן עוֹלֶה לַשָּׁמַיִם – ***and its top reached heavenward*** – **this is** an allusion to **the offerings, whose aroma ascends to heaven;**[133]

NOTES

obvious – but rather, each dream requires interpretation to reveal the deeper meaning of its various details, which the Midrash now goes on to do (*Yefeh To'ar*). Although the Gemara (*Berachos* 55a) maintains that in every dream there is always at least some senseless material, that is true only of standard dreams. When the dream is a prophetic vision, as was the case with Jacob, every detail is imbued with meaning (ibid.).

131. The Outer Altar of both the Tabernacle and the Temple stood ten cubits tall and a long ramp provided access to its top. The Midrash compares the ladder of Jacob's dream to this ramp since the ramp, like a ladder, allowed the Kohanim to reach the top of the Altar high above the ground (*Eitz Yosef*).

132. The Outer Altar of both the Tabernacle and the Temple was referred to as an "Altar of earth" because it was required to be attached to solid ground, i.e., it could not be built over hollows or cavities within the earth (*Zevachim* 58a; see further, *Rashi* to *Exodus* loc. cit.). The fact that the ladder in Jacob's dream was set upon the earth hints to this Altar, which was also connected to the earth.

133. The ראש, *top* or *head*, of an object is indicative of its primary purpose; thus, the purpose of the Altar and ramp, represented by the ladder, is to "reach heavenward." They do so by facilitating the offering of sacrifices whose aroma – *a satisfying aroma to HASHEM* (*Leviticus* 1:9) – ascends, as it were, to God in Heaven (*Eitz Yosef*). Now, this "aroma" is not the fragrant smell of roasting meat emanating from the Altar fires; it is a metaphor suggestive of the satisfaction God feels when the sacrificial service is carried out in accordance with His wishes (see *Rashi* to *Leviticus* loc. cit.).

רַבִּי יְהוֹשֻׁעַ בֶּן לֵוִי אָמַר: ט"ו שִׁיר הַמַּעֲלוֹת שֶׁבְּסֵפֶר תְּהִלִּים, מַאי טַעֲמֵיהּ (תהלים קכד, א) "שִׁיר הַמַּעֲלוֹת לְדָוִד לוּלֵי ה' שֶׁהָיָה לָנוּ יֹאמַר נָא יִשְׂרָאֵל", יִשְׂרָאֵל סָבָא, רַבִּי שְׁמוּאֵל בַּר נַחְמָן אָמַר: כָּל סֵפֶר תְּהִלִּים הָיָה אוֹמֵר, מַה טַּעַם (שם כב, ד) "וְאַתָּה קָדוֹשׁ יוֹשֵׁב תְּהִלּוֹת יִשְׂרָאֵל", יִשְׂרָאֵל סָבָא:

יב [כח, יב] "וַיַּחֲלֹם וְהִנֵּה סֻלָּם", אָמַר רַבִּי אַבָּהוּ: [כב]דִּבְרֵי חֲלוֹמוֹת לֹא מַעֲלִין וְלֹא מוֹרִידִין. חַד בַּר נָשׁ אֲזַל לְגַבֵּי רַבִּי יוֹסֵי בַּר חֲלַפְתָּא, אֲמַר לֵיהּ: חֲמֵית בְּחֶלְמִי אָמְרִין לִי: זִיל סַב פּוֹעֲלַיָּא דַּאֲבוּךְ מִן קַפּוֹדְקְיָא, [כג]אֲמַר לֵיהּ: אֲזַל אֲבוּךְ לְקַפּוֹדְקְיָא מִן יוֹמֵיהּ אֲמַר לֵיהּ: לָא, אֲמַר לֵיהּ: זִיל מְנֵי כ' שַׁרְיָין בְּכָרְסָא דְבֵיתָךְ °אַתְּ מַשְׁכַּח לֵיהּ, אֲמַר לֵיהּ: לֵית בֵּהּ כ', אֲמַר לֵיהּ: וְאִי לֵית בֵּהּ כ' מְנֵי מִן רֵאשֵׁיהוֹן לְסוֹפֵיהוֹן וּמִן סוֹפֵיהוֹן לְרֵאשֵׁיהוֹן וְאַתְּ מַשְׁכַּח, אֲזַל מְנָא וְאַשְׁכַּח כֵּן, וּמְנַיִן יָלִיף לָהּ רַבִּי יוֹסֵי בַּר חֲלַפְתָּא, מִן קַפּוֹדְקְיָא. תָּנֵי בַּר קַפָּרָא: לֵית חֲלוֹם שֶׁאֵין לוֹ פִּתְרוֹן, [כח, יב] [כד]"וְהִנֵּה סֻלָּם", זֶה הַכֶּבֶשׁ, [שם] "מֻצָּב אַרְצָה", זֶה מִזְבֵּחַ, (שמות כ, כא) "מִזְבַּח אֲדָמָה תַּעֲשֶׂה לִּי", [כח, יב] "וְרֹאשׁוֹ מַגִּיעַ הַשָּׁמָיְמָה", אֵלּוּ הַקָּרְבָּנוֹת שֶׁרֵיחָן עוֹלֶה לַשָּׁמַיִם,

עץ יוסף

מאי טעמא. דרבי יהושע בן לוי ומנא ליה דיעקב אמרם: **ישראל סבא.** ומדקאמר מזמור זה מסתמא אמר כל החמש עשרה מזמורים של שיר המעלות משום דכל חמש עשרה שיר המעלות כחד הוו: **כל ספר תהלים.** כלומר כל עניני תהלים המיוסדים על תהלות ה' וחסדיו, ולכן נקרא ביחוד תהלות ישראל: **(יב) [טו] לא מעלין כו'.** שלפעמים יתפרשו הדברים בזולת מובנם לענין אחר כהאי עובדא דרבי יהושע בר חלפתא בסמוך, וכוונת ר' אבהו נגד חלום דסולם מוצב ארצה כי לא יפורש כפשט הדברים אלא כפתרון הסולם זה סיני וכו' (יפה תואר): **חמית כו'.** ראיתי בחלומי שאמרו לי לך וקח נכסי אביך שעמל בהם מן קפודקיא. **ואמר ליה** רבי יהושע בר חלפתא דרך שאלה הלך אביך למקום קפודקיא מימיו: **זיל מני עשרים שריי בכרסא דביתך.** פירוש בקרן זויות. והמוסף הערוך פירש בקרב ביתך. ופירושו לך ומנה עשרים קורות בתקרת הבית שהרלפה היתה על גביהם, ושם תמצא ממון אביך: **מן ראשיהן כו'.** תתחיל למנות מראשי הקורות עד סופן ותחזור חלילה עד אותה קורה שישלים לך מנין עשרים ושם תמצאנו: **מן קפודקיא.** באיכה רבתי מפרש קפדקיא כפא בלשון יון עשרים, דוקיא בלשון יון קורות. ועיין בפרק הרואה: **[טז] אין חלום בלא פתרון.** כלומר אין דברי החלום כמשמעו, אלא נאמר דרך משל וחידה וכן חלום הסולם רומז גם לדבר אחר: **זה הכבש.** שהיו עולים בו למזבח כבסולם: **אלו הקרבנות.** ופירושו וראשו עיקרו ותכליתו נוגע

פירוש מהרז"ו

ישראל. עיין לקמן פרשה ע"ד סימן י"א, שוחר טוב מזמור קכד: **(יב) דברי חלומות כו' מורידין.** לפי מה שאמר כאן בחלום של נבואה, איך אמר על זה שאין מעלים וכו', ואחר כך הביא מעשים לסתור שמפורש במעשים אלו שהיו מעלים ונתקיימו. אך האמת יורה דרכו שהמדרש הזה לקוח מהירושלמי מעשר שני (פ"ד ה"ו) וזה לשונו שם הרי שהיה מצטער על מעות אביו, נראה לו בחלומו כך וכך הם במקום פלוני הם, אתי עובדא קמי רבנן אמרין דברי חלומות לא מעלין ולא מורידין וכו'. רבי יונה בעי מצטער וחמי ואת אמרת הכין. אמר רבי יוסי מסתבר דלא מצטער וחמי. פירוש אימתי אנו אומרים שאין מעלים היכא דלא היה מצטער ורואה חלום בעצמו, אך אם מצטער ורואה וודאי מעלים, ועל זה הביא ראיה ממעשים אלו וכדומה, וכמו שאיתא במדרש איכה רבתי פסוק בגוים (א, יד - יח), ועיין לקמן (פט, ח). וכאן העתיק בקצור, על כן אינם מובנים: **בברסא דביתך.** פירש במוסף הערוך ערך כרם ב' בקרב ביתו. פירוש כמו הכרם שהוא באמצע הגוף:

רש"י

(יב) אזיל סב פועלא מן קפודקיא, אמר ליה ואזל אבוך לקפודקיא, אמר ליה לא, אמר לך זיל מני עשרין שרייא בכרסא דביתך ואת משכח, א"ל לית ביה עשרין שריין, אמר ליה אין לית ביה עשרין מני מן רישיהון לסופיהון ומן סופיהון לרישיהון ואת משכח. וזהו פירושו של דבר, אדם אחד היה רואה בחלומו שהיו אומרים לו לך וקח פקדון אביך בקפודקיא, למחר בא לפני רבי יוסי בר חלפתא וספר לו החלום, אמר ליה רבי יוסי כלום הלך אביך מימיו לקפודקיא, אמר ליה לאו, אמר ליה אם כן לך וספור עשרים קורות מכותל ביתך בכרסא דביתך, בקרן זוית שבביתך, ואתה מוצא מטמון שהטמין אביך שם, אמר ליה והלא כל הכותל אין שם עשרים קורות ואתה אומר לי מני עשרין שריין בכרסא דביתך. שריין הן קורות כמו שריתא ויהי האחד מפיל הקורה (מלכים ב, ו, ה) מתרגמינן מחי בשריתא. אמר ליה רבי יוסי בן חלפתא אם אין שם עשרים קורות תתחיל למנות מקורה התחתונה עד קורה העליונה וכשאתה מגיע לעליונה תחזור למנות מלמעלה למטה עד שתגיע לקורה העשרים, בקורה העשרים אתה מוצא המטמון: **קפא דקיא.** קורה עשרים, קפא היא קורה, דקיא היא במסכת מעשר שני בירושלמי וגם לשם הוא מפרש דקיא הוא עשרים:

מתנות כהונה

שכב ואמרינן במסכת אבות הניעור בלילה ומפנה לבו לבטלה הרי זה מתחייב בנפשו: **מאי טעמיה.** דריב"ל ומנא ליה דיעקב אמרה: **[יב] חמית כו'.** ראיתי בחלומי שאמרו לי לך וקח פעולות אביך כלומר ממונו ויגיע כפיו מן קפודקיא והוא שם מקום וא"ל ר' יוסי דרך שאלה הלך אביך למקום קפודקיא מימיו: **זיל מני כו'.** לך ומנה עשרים קורות בתקרת הבית שהרלפה היתה על גביהם ואתה תמצא ממון אביך: **בברסא.** הערוך לא פירשו ורש"י פי' בקרן זוית התחיל למנות ובמדרש איכה בפסוק רבתי בגוים לא גרס ליה ובירושלמי דמעשרות גרס גוביתך פירוש תוך ביתך ואולי בכרסא הוא כמו באמצע ובתוך: **ואת משכח גרסינן: מן ראשיהון כו'.** התחיל למנות מראש הקורות עד סופן ותחזור חלילה עד אותה קורה שישלימו לך מנין עשרים ושם תמצאנו והכי איתא במדרש איכה בהדיא: **מן קפודקיא.** פי' הערוך קפו הוא בלשון יון קורות דקיא בלשון יון עשרים ובמדרש איכה יש בהיפוך:

אשד הנחלים

ט"ו שירי המעלות. על דרך הדרוש להשוות כל ענין שיר המעלות עם כל הענינים שקרה ליעקב בבית לבן כבר הרבה המוסקאטי לחקור בזה באריכות עיי"ש (נפוצות יהודה דרוש ב). אבל עיקר כוונתם הוא עפ"י מאמרם ז"ל (סוכה נג, א-ב) שדוד אמרן בעת שחפר שיתין קפא תהומא, והוא מקום בית המקדש, אשר היה זה תיקון מקום לבית המקדש, ולא יציף העולם. והנה יעקב כל עיקר כוונתו היה לנטוע מקום לבניו שיזכו למקום בית המקדש, כמו שאמר לעיל מה הרטיבה הרטיב, לכן אמרו ט"ו שיר המעלות על זה הכוונה. זהו דרך כללות הענין, והפרטים המה נסתרים ונעלמים: **כל ספר תהלים.** כלומר כל עניני תהלים המיוסדים על תהלות ה' וחסדיו, כי תמיד מהלל לה' על נפלאותיו, ולכן נקרא ביחוד תהלת ישראל. ומפני כי שירי דוד בו כלול כל התהלות אחז בזה. **[יב] דברי חלומות כו' חד בר נש.** מעשה לסתור הוא, וחסר כאן כמה ענינים מדברי חלומות. ועיין במדרש איכה. ובפרק הרואה (ברכות נה נו). ועיין במתנות כהונה פרושו: **זה הכבש כו'.** ענין הדבר כמו שבארנו שכל מגמת יעקב לתקן מקום לבניו שיופיע שמה השכינה וזהו מקום בית המקדש. ולכן הראה לו במחזה כל אלה הרמזים. הסולם שעולים בו למעלה, הוא דוגמת הכבש שעולים בו למזבח המקודש, אשר הוא מוצב ארצה, כלומר אף שמוצב ארצה עם כל זה ראשו מגיע השמימה, כי הקרבנות הוא ענין גדול עושה רושם ע"י הכהנים בכוונתם הטהורה שעולים למזבח ויורדים ממנו תמיד:

חידושי הרד"ל

[יב] עשרים שריין בקריתא דביתך. כן צריך לומר. פירוש בקירוי הבית והגג: **מן קפודקיא.** עיין מתנות כהונה. עיין ברכות (נו, ב) ושם איתא עשרה, וכן נכון דעשרה היא דיקו בלשון רומי: **תני בר קפרא כו'.** ספרי פרשת קרח (פסקא קיט) משמיה דרבי אלעזר הקפר:

חידושי הרש"ש

לולי ה' שהיה לנו יאמר נא ישראל ישראל סבא. כי מצינו בו שאמר כעין זה בסוף הסדר (בראשית לא, מב) לולי אלהי גו' היה לי גו':

אמרי יושר

שהרטיבו האבנים זה רמז לקורות בתינו ארזים והיינו דכתיב (תהלים קמד יב) בנותינו כזויות בנינו כנטיעים וכדי שתירא החיה עשאן כמרזב לשמירה מחיות ולזה לקח אבנים אף על פי שהיה לו כסת:

מסורת המדרש

כב. גיטין דף נ"ב. סנהדרין דף ל'. הוריות דף י"ג: **כג.** ברכות דף נ"ו: **כד.** מדרש תהלים מזמור ע"ח. ילקוט כאן רמז קי"ט:

אם למקרא

שִׁיר הַמַּעֲלוֹת לְדָוִד לוּלֵי ה' שֶׁהָיָה לָנוּ יֹאמַר נָא יִשְׂרָאֵל: (תהלים קכד:א)

וְאַתָּה קָדוֹשׁ יוֹשֵׁב תְּהִלּוֹת יִשְׂרָאֵל: (שם כב:ד)

מִזְבַּח אֲדָמָה תַּעֲשֶׂה לִּי וְזָבַחְתָּ עָלָיו אֶת עֹלֹתֶיךָ וְאֶת שְׁלָמֶיךָ אֶת צֹאנְךָ וְאֶת בְּקָרֶךָ בְּכָל הַמָּקוֹם אֲשֶׁר אַזְכִּיר אֶת שְׁמִי אָבוֹא אֵלֶיךָ וּבֵרַכְתִּיךָ: (שמות כ:כא)

ידי משה

[יב] דברי חלומות לא מעלין ולא מורידין. בירושלמי מסכת מעשר שני (פ"ד ה"ו) ומקשה יפה מראה והלא מצינו גבי יוסף ונבוכדנצר שנתקיימו החלומות. ותירץ שרצה לומר כשיחלום לאדם איזו חלום רע אל יצטער את עצמו כי הדברים אינן כפשטן, אלא צריך לפתור כמו קפודקיא שהיה לכאורה שם המקום ורבי יוסי פתר אותו קורה עד כאן לשונו:

שנוי נוסחאות

(יב) זיל מני כ' שריין בכרסא דביתך את משכח ליה. מתנות כהונה הגיה "ואת" תחת "את":

"וְהִנֵּה מַלְאֲכֵי אֱלֹהִים", אֵלּוּ כֹּהֲנִים גְּדוֹלִים – ***and behold! angels of God*** **– this is** an allusion to **the Kohanim Gedolim;**[134] "עֹלִים וְיֹרְדִים בּוֹ", שֶׁהֵם עוֹלִים וְיוֹרְדִים בַּכֶּבֶשׁ – ***were ascending and descending on it*** **– for [the Kohanim] ascend and descend the ramp** as they perform the sacrificial service. "וְהִנֵּה ה׳ נִצָּב עָלָיו", "רָאִיתִי אֶת ה׳ נִצָּב עַל הַמִּזְבֵּחַ" – ***And behold! HASHEM was standing over him*** (v. 13) – this is an allusion to the verse: ***I saw the Lord standing upon the Altar*** (*Amos* 9:1).[135]

Another interpretation of Jacob's dream:

רַבָּנָן פָּתְרִין לֵיהּ בְּסִינַי – **The Rabbis interpreted [the dream] as relating to Sinai:**[136] "וַיַּחֲלֹם וְהִנֵּה סֻלָּם" זֶה סִינַי – ***And he dreamt, And behold! A ladder*** **– this is** an allusion to **Sinai;**[137] "מֻצָּב אַרְצָה", "וַיִּתְיַצְּבוּ בְּתַחְתִּית הָהָר" – ***was set*** [מֻצָּב] ***earthward*** – this is an allusion to the verse, ***And they stood*** [וַיִּתְיַצְּבוּ] ***at the bottom of the mountain*** (*Exodus* 19:17);[138] "וְרֹאשׁוֹ מַגִּיעַ הַשָּׁמָיְמָה", "וְהָהָר בֹּעֵר בָּאֵשׁ עַד לֵב הַשָּׁמַיִם" – ***and its top reached heavenward*** – this is an allusion to the verse, ***And the mountain was burning with fire up to the heart of heaven*** (*Deuteronomy* 4:11); "וְהִנֵּה מַלְאֲכֵי אֱלֹהִים", עַל שֵׁם "רֶכֶב אֱלֹהִים רִבֹּתַיִם אַלְפֵי שִׁנְאָן" – ***and behold! angels of God*** **– this corresponds to** the verse, ***God's entourage is twice ten thousand, thousands of angels;*** *the Lord is among them, at Sinai in holiness* (*Psalms* 68:18).[139]

Another interpretation of Jacob's dream, a variation on the preceding one:

דָּבָר אַחֵר, "וְהִנֵּה סֻלָּם" זֶה סִינַי, חוּשְׁבְּנָא דְדֵין כְּחוּשְׁבְּנָא דְדֵין – **Another interpretation:** ***And behold! A ladder*** **– this is** an allusion to **Sinai,** for **the numerical value of this** word סֻלָּם (*ladder*) **is equivalent to the numerical value of that** word סִינַי (*Sinai*);[140] "וְהִנֵּה מַלְאֲכֵי אֱלֹהִים" אֵלּוּ מֹשֶׁה וְאַהֲרֹן – ***and behold! angels of God*** **– this is** an allusion to **Moses and Aaron.** וּמִנַּיִן לַנְּבִיאִים שֶׁנִּקְרְאוּ מַלְאָכִים – And **from where** can it be learned **that prophets** such as Moses and Aaron **are called "angels"?** דִּכְתִיב "וַיֹּאמֶר חַגַּי מַלְאַךְ ה׳ בְּמַלְאֲכוּת ה׳ לָעָם" – **For it is written,** ***And Haggai, the agent*** [מַלְאַךְ] ***of HASHEM, in the agency*** [מַלְאֲכוּת] ***of HASHEM, spoke to the people*** (*Haggai* 1:13).[141] "עֹלִים", "וּמֹשֶׁה עָלָה אֶל הָאֱלֹהִים" – ***Were ascending*** – this is an allusion to the verse referring to Mount Sinai, ***Moses ascended to God*** (*Exodus* 19:3); "וְיוֹרְדִים" זֶה מֹשֶׁה, "וַיֵּרֶד מֹשֶׁה" – ***and descending*** – this, too, is an allusion to a verse concerning Mount Sinai, ***Moses descended*** *to the people* (ibid. v. 25).[142] "וְהִנֵּה ה׳ נִצָּב עָלָיו", "וַיֵּרֶד ה׳ עַל הַר סִינַי אֶל רֹאשׁ הָהָר" – ***And behold! HASHEM was standing over [the ladder]*** – this is an allusion to the verse, ***HASHEM descended upon Mount Sinai to the top of the mountain*** (ibid. 19:20).[143]

NOTES

134. The basis for comparing Kohanim Gedolim to angels is the verse (*Malachi* 2:7) that compares the Kohen to *an angel of HASHEM* (*Eitz Yosef*). The Midrash here refers to a Kohen Gadol – in contrast to an ordinary Kohen – as an angel because his spiritual stature far surpasses that of all other Kohanim (*Yefeh To'ar*, first explanation). Other opinions, though, maintain that since there is no requirement that the Kohen carrying out the sacrificial service be a Kohen Gadol, the word גְּדוֹלִים should be deleted from the text (*Maharzu*; *Eitz Yosef*, citing *Os Emes*; *Yefeh To'ar*, second explanation; see *Eshed HaNechalim*).

135. The words נִצָּב עַל, *standing over*, are used in the context of Jacob's dream as well as in another verse discussing the Altar, thus forming an additional parallel between Jacob's dream and the sacrificial service. The point of the dream, according to this interpretation, was to inform Jacob that in the future his children would merit to serve God by offering sacrifices to Him in the Temple (*Yefeh To'ar*).

136. In this dream God revealed to Jacob that his children would merit to stand at Mount Sinai and receive the Torah (*Eitz Yosef*).

137. Just as a ladder allows one to reach a higher physical plane, the study of the Torah elevates the soul (*Yefeh To'ar*, citing *Olas Shabbos*).

138. Our verse and the verse in *Exodus* both use verbs of the root יצב, *to set* or *to stand*, forming a parallel between Jacob's dream and Sinai (*Yefeh To'ar*).

139. This verse in *Psalms* indicates that at Sinai God was accompanied by thousands of angels. In Jacob's dream the angels who ascended and descended the ladder represented the angels who would descend with God upon Mount Sinai (see below) and then ascend with Him afterward (*Yefeh To'ar*).

140. The numerical values of each word according to the *gematria* system (which assigns each Hebrew letter a numerical value) is 130.

141. This verse refers to Haggai the Prophet as a מַלְאַךְ, which, though translated here as "agent," more usually means *angel*.

142. These two verses in *Exodus* teach that Moses ascended Mount Sinai to receive the Torah and then descended to deliver it to the people, reflecting the actions of the angels in Jacob's dream. Although the Midrash stated above that the angels also represented Aaron, and Aaron's ascent of Mount Sinai is recorded in *Exodus* 24:1, this verse is not cited here. The Midrash limits its discussion to Moses since both his ascent *and* descent are recorded in Scripture (*Eitz Yosef; cf. Matnos Kehunah*).

143. God's standing over the top of the ladder in Jacob's dream represented the fact that He would later stand over the top of Mount Sinai at the giving of the Torah. [Up to this point we have translated the phrase וְהִנֵּה ה׳ נִצָּב עָלָיו as *And behold! HASHEM was standing over him* (i.e., Jacob). According to an alternative understanding recorded in the Midrash below (69 §3), this verse should be translated as *And behold! HASHEM was standing over it* (i.e., the ladder), and this latter view is followed by the Midrash here.]

See Insight Ⓐ.

INSIGHTS

Ⓐ **The Ladder of Sinai** *R' Yitzchak Isaac Chaver* explains the analogy drawn by the Midrash between the ladder seen by Jacob in his dream and the revelation at Sinai. Israel's special status as God's nation, signified by God's resting of His Divine Presence upon Israel, cannot be achieved until all Jews are completely united in their devotion to God and His service. If a part of the nation does not share this dedication, the nation will not merit the Divine Presence.

This may be compared to the human body, which is made up of numerous limbs and parts, each essential in some way to the proper functioning of the whole, and sometimes to the person's very life. When all parts of the human body are operating as they should, the body is a fit receptacle for the force that animates it — that is, the soul. Where, however, there is discord among the limbs, and they do not fulfill their appointed tasks, the soul departs and the person's life comes to an end. The same is true of the Jewish nation, which includes millions of individuals, each created to serve a unique and vital need of the nation as a whole. As long as all parts of the nation work in concert for the common welfare, as long as each willingly performs the sacred task for which he or she is most suited, the nation is a fit receptacle for *its* "soul," the Divine Presence. If, however, the people of Israel lack unity, and work at cross-purposes, God's Presence cannot be expected to grace their assembly.

This special unity of Israel is the spiritual heritage of the Patriarch Jacob [whose particular attribute is identified in esoteric writings as תִּפְאֶרֶת, *glory*, which represents the ability to meld the disparate and contradictory forces of the spirit into a unified whole]. When Jews are united in the service of God, they evince the unique property of their forefather Jacob; thus, the Divine Presence is made manifest among them. Since the "soul" of the people derives from Jacob, the nation is given his name: יִשְׂרָאֵל, "Israel."

The idea that Jacob's connection to God's Divine Presence is affected by the unity, or lack thereof, of the Jewish people, is supported by the Rabbinic teaching that states that when the tribes sold their brother Joseph into slavery, the Divine Presence departed from Jacob (see *Targum Onkelos* and *Rashi* to *Genesis* 45:27). The act of the brothers shattered the unity of Israel, the source of Jacob's strength; in response, God withdrew His favor from Jacob.

Another indication that the Divine Presence comes only when Israel

[שם] "וְהִנֵּה מַלְאֲכֵי אֱלֹהִים", אֵלּוּ כֹּהֲנִים גְּדוֹלִים, [שם] "עֹלִים וְיֹרְדִים בּוֹ", שֶׁהֵם עוֹלִים וְיוֹרְדִים בַּכֶּבֶשׁ, [כח, יג] "וְהִנֵּה ה' נִצָּב עָלָיו", (עמוס ט, א) "רָאִיתִי אֶת ה' נִצָּב עַל הַמִּזְבֵּחַ". רַבָּנָן פָּתְרִין לֵיהּ בְּסִינַי: "וַיַּחֲלֹם וְהִנֵּה סֻלָּם" זֶה סִינַי, "מֻצָּב אַרְצָה", (שמות יט, יז) "וַיִּתְיַצְּבוּ בְּתַחְתִּית הָהָר", "וְרֹאשׁוֹ מַגִּיעַ הַשָּׁמָיְמָה", (דברים ד, יא) "וְהָהָר בֹּעֵר בָּאֵשׁ עַד לֵב הַשָּׁמַיִם" °. דָּבָר אַחֵר, "וְהִנֵּה סֻלָּם" זֶה סִינַי, חוּשְׁבְּנָא דְדֵין כְּחוּשְׁבְּנָא דְדֵין, "וְהִנֵּה מַלְאֲכֵי אֱלֹהִים" אֵלּוּ מֹשֶׁה וְאַהֲרֹן, כה וּמְנַיִן לַנְּבִיאִים שֶׁנִּקְרְאוּ מַלְאָכִים, דִּכְתִיב (חגי א, יג) "וַיֹּאמֶר חַגַּי מַלְאַךְ ה' בְּמַלְאֲכוּת ה' לָעָם", "עֹלִים" (שמות יט, ג) "וּמֹשֶׁה עָלָה אֶל הָאֱלֹהִים", "וְיוֹרְדִים" זֶה מֹשֶׁה, (שם שם כה) "וַיֵּרֶד מֹשֶׁה", "וְהִנֵּה ה' נִצָּב עָלָיו", (שם שם כ) "וַיֵּרֶד ה' עַל הַר סִינַי אֶל רֹאשׁ הָהָר". רַבִּי שַׁלְמוֹנִי בְּשֵׁם רֵישׁ לָקִישׁ אָמַר: תַּרְכּוּסָא שֶׁל ג' רַגְלַיִם הֶרְאָה לוֹ, רַבִּי יְהוֹשֻׁעַ דְּסִכְנִין בְּשֵׁם רַבִּי לֵוִי אָמַר: אַתְּ הוּא רֶגֶל שְׁלִישִׁי, הִיא דַעְתֵּיהּ דְּרַבִּי יְהוּדָה דְּסִכְנִין בְּשֵׁם רַבִּי לֵוִי: (דברים לב, ט) "כִּי חֵלֶק ה' עַמּוֹ יַעֲקֹב חֶבֶל נַחֲלָתוֹ", מָה הַחֶבֶל הַזֶּה פָּחוֹת מִג' אֵין מַפְקִיעִין אוֹתוֹ, כָּךְ הָאָבוֹת אֵין פָּחוֹת מִג',

רש"י

תרכוסא של שלשה רגלים. כסא של שלשה רגלים:

עץ יוסף

לשמים בקרבנות שריחן עולה לשמים ריח ניחוח לה': **אלו כהנים גדולים.** שנקראו מלאכים כדכתיב (מלאכי ב, ז) כי מלאך ה' צבאות הוא. והאות אמת מוחק תיבת גדולים: **ויורדים בכבש.** בזריזות לעשות עבודתן: **רבנין פתרין לה בסיני כו'.** הגירסא היא משובשת. וכן צריך לומר **והנה סולם זה סיני. מוצב ארצה ויתיצבו בתחתית ההר. וראשו מגיע השמימה וההר בוער באש עד לב השמים. והנה מלאכי אלהים אלו משה ואהרן. עולים ומשה עלה אל האלהים. ויורדים זה משה וירד משה. ולמדנו לנביאים שנקראו מלאכים דכתיב ויאמר חגי מלאך ה' במלאכות ה' לעם. והנה ה' נצב עליו וירד ה' על הר סיני אל ראש ההר** (יפה תואר). ובזה בשרו הקדוש ברוך הוא שיזכו בניו לקבל תורה בסיני אשר מזה יגיעו לתכלית השלימות: **עולים זה משה.** והוא הדין אהרן דכתיב (שמות כד, א) עלה אל ה' אתה ואהרן. ולפי שלא מצינו ירידה בו בפירוש לא הזכיר גם כן אהרן בכאן: [יז] **ר' שלמוני בשם רבי לוי אמר תרכוסא של שלש רגלים כו'. עד כי חלק ה' עמו.** מאמר זה הוא משובש מאד. וכן צריך להגיהו. **ר' שלמוני בשם רבי לוי אמר תרכוסא של שלש רגלים הראה לו אמר** פירוש הקדוש ברוך הוא אמר ליעקב **את הוא רגל שלישי. היא דעתיה דרבי יהושע דסכנין בשם רבי לוי דאמר כתיב כי חלק ה' עמו יעקב חבל נחלתו מה החבל כו'.** וכל הגירסא הנכתב לעיל הוא מוכרח ופשוט לכל מעיין: **תרבוסא.** כתב המתנות כהונה תרכוסא פירש הערוך ארגז. ולא אדע מה שייכות יש לארגז עם ענין המשל, גם סתם ארגז אין לו רגלים. ולא ראה שם בערך תרכוס שמביא מדרש זה וגורס כן, ופירושו כסא על רגלים. ורמז זה נאות מאד במראה זו, שמכוין בו שהעולם כולו הוא עומד על כסא של שלש רגלים, והן שלשה האבות והודיעו שהוא רגל שלישי, והוא מה שאמר והנה ה' נצב עליו (יפה תואר): **מה החבל הזה כו'.** דאי כפשוטו חבל פירוש חלק הא כבר אמר כי חלק ה' עמו: **אין מפקיעין.** פירוש אין גודלין חבל בלא שלשה נימין, שבפחות משלשה נימין אינו מתקיים, כך האבות אין פחות משלשה כי הוצרכו שלשה להיות רגלי המרכבה ולקיים העולם עליהם (יפה תואר):

פירוש מהרז"ו

כהנים גדולים. בספרים אחרים לא גרס גדולים וכן הובא כאן בילקוט (רמז קיט), כי כל הכהנים עולים בכבש לעבודה: **סלם זה סיני.** גימטריא של סלם חסר: **רכב אלהים.** וסיפיה דקרא ה' בם סיני בקדש, ועיין במדבר רבה ריש פרשה ד: **ולמדנו לנביאים.** דבר אחר הוא, שמה שכתוב מלאכי אלהים הם נביאים שנקראו מלאכים, כמו שמובא ויקרא רבה ריש פרשה א' ושם נבאר: **יעקב חבל נחלתו.** כמו שמובא בילקוט האזינו (סוף סימן תתקמב) בשם ספרי שם, על יצחק נאמר (קהלת ד, ט) טובים השנים, ועל יעקב נאמר (שם יב) והחוט המשולש:

מתנות כהונה

אותיות דדין כו'. כלומר חשבון אותיות של זה עולה לחשבון אותיות של זה ובילקוט ובעקידה גירסות חלוקות: **ולמדנו.** כמו ועוד למדנו ובילקוט תמצא הגי' יותר פשוטה וע"ש וכן הוא גי' בעל העקידה: **עולם זה משה כו'.** וכתיב נמי ועלית אתה ואהרן וה"ג בהדיא בעקידה: **תרבוסא.** פי' הערוך ארגז: **את הוא.** כך אמר הקב"ה ליעקב: **רגל שלישי גרסינן: ה"ג בשם ר' לוי דר' יהודה דסכנין בשם ר' לוי אמר: אין מפקיעין גרסינן.** ופי' אין גודלין חבל בלא שלשה נימין:

אשד הנחלים

גדולים. בעל אות אמת מחק זה באין צורך, כי הוא פירש על מלאכי אלהים. כי שם אל הוא מלשון חוזק כמו אילי הארץ, ומצד שכל מעשיהם שרצים תמיד בכבש למעלה ולמטה בזריזות ובחוזק גדול קראום כן. ולפי זה פירושו, מלאכי אלהים, שלוחי אלהים, להקריב קרבן ה': **בסיני.** כי גם זה היה כוונתו לתקן שיזכו ישראל לתורה האלוהית ונתראה לו, ואף שההר מוצב ארצה עם כל זה ראשו מגיע השמימה כי היו בו ענינים אלקים שמימיים נעלים מדרך טבע הארץ. והיה בו מדריגה גבוה מאוד כל כך עד שהמלאכים העליונים עלו וירדו בו כי נתקדש המקום מאוד אף שהיה בארץ. ודרשו על משה ואהרן, שהם היו המתעסקים בקבלת התורה ע"י זכותם ומדריגותם, ואף שהיה ע"י משה לבד כמו שמביא רק ממשה שעלה וירד, עם כל זה בצירוף חשב גם אהרן עמו כי הוא היה נביא גדול בבחינתו. ושם עליה וירידה הנאמר במשה מרומז לשני ענינים, אחד בענין העלייה להר כפשוטו, ועוד שעלה לנבואה להתבודדות עצומה וירד להודיע לישראל. וכן העליה והירידה הנאמר אצלו ית', הירידה הוא הופעת הנבואה, והעליה הוא הסתלקות: **ג' רגלים.** הוא ג' רגלי המרכבה, כי האבות הן הן המרכבה כידוע:

אמרי יושר

[יב] **והנה סולם כו' זה סיני.** סבר כי אין חלום בלי פתרון ולזה פתר אותו אבל רבי אבהו סבר שאמר קודם דברי חלומות לא מעלין ולא מורידין בין המחלוקת ככאן. או אפשר שגם על הפסוק הוא. והחלום נבואיי רק מה שלהלאה הנה אנכי עמך. אבל זה הקודם היה חלום משאר החלומות. או פירוש לא מעלין הדברים בעצמן שאף על פי שיהיה הפירוש והרמז בלתי מיושב ורחוק לית לן בה. או אפשר דהכא שאני דקאמר אין זה כי אם בית אלהים. הא במקום אחר אין להקפיד. וכוונת אמרו זה סיני כי ראוי היה יעקב לקבל התורה רק לפי שאין שם ששים רבוא: **והנה ה' נצב עליו.** על הסולם ההכרח הוא כיון שהתחיל והנה סולם דאי על יעקב למה הזכיר הסולם. ומאן דאמר על יעקב ההכרח הוא דלא מצינו קריאה יעקב יעקב למה לפי שהיה קרוב עליו. והקושיא שהקשינו למה הזכיר סולם היינו דאף על גב דהיה שם סולם חיבב יותר ליעקב ונצב עליו:

שנוי נוסחאות

רבנן פתרין ליה בסיני: "ויחלם והנה סלם" זה סיני, "מצב ארצה", ויתיצבו בתחתית ההר, "וראשו מגיע השמימה", וההר בער באש עד לב השמים. באות אמת הוסיף כאן עוד >"והנה מלאכי אלהים", על שם (תהלים סח, יח) "רכב אלהים רבתים אלפי שנאן"<. ומילים אלו היו כתובות למטה (אחרי "חושבנא דדין כחושבנא דדין") ברוב הדפוסים, ואות אמת הגיה שצריך למחקן משם ולהעבירן לכאן, ובדפוס וארשא עקרון משם (כדברי אות אמת) אבל והשמיטון גם כאן. **והנה מלאכי אלהים אלו משה ואהרן, ומנין לנביאים שנקראו מלאכים, דכתיב...** ברוב הדפוסים המילים "ומנין (או 'למדנו') לנביאים שנקראו מלאכים דכתיב ..." הן לפני "והנה מלאכי אלהים", אבל אות אמת הגיה כלפנינו, וכן כתוב בדפוס וארשא.

חידושי הרד"ל

שנאן. דבר אחר והנה מלאכי אלהים זה משה ואהרן כו'. וירד משה ולמדנו לנביאים כו' במלאכות ה' והנה ה' נצב. כן צריך לומר: **תרכוסא של שלש רגלים הראה לו, אמר ליה את חלק ה' כו'. הוא דעתיה דרבי יהושע דסכנין בשם רבי לוי דאמר רבי יהושע דסכנין בשם רבי לוי כי חלק ה' כו'.** כך צריך לומר, והא דאמר כאן של שלוש רגלים אפשר משום דפחות שבסולמים הוא שלוש שליבות, עיין עירובין (עז, ב) ובבא בתרא (נט, א):

חידושי הרש"ש

[יב] **והנה סלם. זה סיני, אותיות דדין הוא אותיות דדין.** כן צריך לומר כאן: **דבר אחר כו'.** עד דדין הב' מיותר, וצריך למחקם: **תרכוסא של שלשה רגלים הראה לו.** פירש המתנות כהונה בשם הערוך ארגז וזה אין ענין לכאן. אבל המתנות כהונה לא דק במחילת כבוד תורתו, כי זה אמת שבערך תרכוס פירש כן אבל לא על דהכא, כי פה היה גירסתו תרנוס והביאו בערך תרנס ופירש בו כסא. וכן הוא לשון הגמרא (ברכות לב, א) ומה כסא של שלשה רגלים כו' עיין שם: **מה החבל הזה פחות משלשה אין מפקיעין אותו.** עיין סוכה (יג, א) אגד שלשה שמיה אגד כו' וכן שם (לב, ב) היכי דמי עבות אמר רב יהודה והוא דקיימי תלתא תלתא טרפי בקינא. ולקמן בשמות רבה (ב, ה) הדס עושה שלש שנקרא ען עבות, ועיין רד"ק במיכה (ז, ג) מה שהביא בשם אביו ז"ל: והואיל דמילי דעבות אתי לידן אעתיק מה שכתבתי בזה בחדושי גמרא דבר נאות בס"ד ואומר עם לשון חז"ל סוכה (לד, ב): **אמר ליה שמואל להנהו דמזבני אסא אשוו זביני ואי לא דרישנא לכו כו'** עיין שם. והוא. גרסינן בגמרא סוכה (לב, ב) תנא ען עבות כשר ושאינו עבות פסול, היכי דמי עבות אמר רב יהודה

מסורת המדרש

כה. ויקרא רבה פ' א'. במדבר רבה ריש פרשה ט"ז. תנחומא סדר ויקרא סימן א'. וסדר שלח לך סימן א'. מסכת דרך ארץ פרק י"א:

אם למקרא

רָאִיתִי אֶת אֲדֹנָי נִצָּב עַל הַמִּזְבֵּחַ וַיֹּאמֶר הַךְ הַכַּפְתּוֹר וְיִרְעֲשׁוּ הַסִּפִּים וּבְצַעַם בְּרֹאשׁ כֻּלָּם וְאַחֲרִיתָם בַּחֶרֶב אֶהֱרֹג לֹא יָנוּס לָהֶם נָס וְלֹא יִמָּלֵט לָהֶם פָּלִיט: (עמוס ט:א)

וַיּוֹצֵא מֹשֶׁה אֶת הָעָם לִקְרַאת הָאֱלֹהִים מִן הַמַּחֲנֶה וַיִּתְיַצְּבוּ בְּתַחְתִּית הָהָר: (שמות יט:יז)

וַתִּקְרְבוּן וַתַּעַמְדוּן תַּחַת הָהָר וְהָהָר בֹּעֵר בָּאֵשׁ עַד לֵב הַשָּׁמַיִם חֹשֶׁךְ עָנָן וַעֲרָפֶל: (דברים ד:יא)

וַיֹּאמֶר חַגַּי מַלְאַךְ ה' בְּמַלְאֲכוּת ה' לָעָם לֵאמֹר אֲנִי אִתְּכֶם נְאֻם ה': (חגי א:יג)

וּמֹשֶׁה עָלָה אֶל הָאֱלֹהִים וַיִּקְרָא אֵלָיו ה' מִן הָהָר לֵאמֹר כֹּה תֹאמַר לְבֵית יַעֲקֹב וְתַגֵּיד לִבְנֵי יִשְׂרָאֵל: (שמות יט:ג)

וַיֵּרֶד ה' עַל הַר סִינַי אֶל רֹאשׁ הָהָר וַיִּקְרָא ה' לְמֹשֶׁה אֶל רֹאשׁ הָהָר וַיַּעַל מֹשֶׁה: (שם שם כ)

כִּי חֵלֶק ה' עַמּוֹ יַעֲקֹב חֶבֶל נַחֲלָתוֹ: (דברים לב:ט)

ידי משה

רבי שלמוני ורבי יהושע הוציאו דבריהם מן והנה ה' נצב עליו. פירוש שהיה רק שני רגלים דהיינו אברהם ויצחק והקדוש ברוך הוא היה רגל שלישי, ורבי יהושע אמר שהיה יעקב רגל שלישי והשלים הקדוש ברוך הוא רגל רביעי פירוש לפי שדוד יהיה רגל רביעי וביני לביני עד שיבא דוד לעולם הקדוש ברוך הוא נצב עליו:

Another interpretation of Jacob's dream:

רַבִּי שַׁלְמוֹנִי בְּשֵׁם רֵישׁ לָקִישׁ אָמַר: תַּרְכּוּסָא שֶׁל ג׳ רַגְלַיִם הֶרְאָה לוֹ — **R' Salmoni said in the name of Reish Lakish: [God] showed [Jacob]** a ladder that looked like **a three-legged chair.**[144] רַבִּי יְהוֹשֻׁעַ דְּסִכְנִין בְּשֵׁם רַבִּי לֵוִי אָמַר: אַתְּ הוּא רֶגֶל שְׁלִישִׁי — This idea is explained further by what **R' Yehoshua of Sichnin said in the name of R' Levi:** God said to Jacob, **"You are the third leg** of the ladder."[145] הִיא דַעְתֵּיהּ דְּרַבִּי יְהוּדָה דְּסִכְנִין בְּשֵׁם רַבִּי לֵוִי — **This** is consistent with **the opinion of R' Yehudah**[146] **of Sichnin in the name of R' Levi** found elsewhere: "כִּי חֵלֶק ה׳ עַמּוֹ יַעֲקֹב חֶבֶל נַחֲלָתוֹ" — It is written, ***For HASHEM's portion is His people; Jacob is the measure*** [חֶבֶל] ***of His inheritance*** (*Deuteronomy* 32:9).[147] מָה הַחֶבֶל הַזֶּה פָּחוֹת מִג׳ אֵין מַפְקִיעִין אוֹתוֹ — **Just as a cord** [חֶבֶל] **is not braided with less than three** strands, כָּךְ הָאָבוֹת אֵין פָּחוֹת מִג׳ — **so too, the Patriarchs cannot number less than three.**[148]

NOTES

144. The ladder in Jacob's dream stood upon three legs like a three-legged chair (*Yefeh To'ar*). God was intimating to Jacob that the entire world is metaphorically supported by a chair of three legs and these "legs" are the Patriarchs (*Eitz Yosef*). The significance of this vision will now be explained.

145. After first emphasizing the role of the Patriarchs in supporting the world, God then informed Jacob that he had been chosen as the third "leg" (*Eitz Yosef*, citing *Yefeh To'ar*).

146. [The Midrash manuscripts have יְהוֹשֻׁעַ (*Yehoshua*), which is probably the correct reading, although all the printed editions of the Midrash read *Yehudah*.]

147. In the context of this verse the word חֶבֶל (translated as "measure") denotes "portion," which appears to be redundant, for the first part of the verse already discussed God's "portion." R' Yehudah of Sichnin therefore presents a homiletical explanation in which the word חֶבֶל assumes its more literal meaning of *cord* (*Eitz Yosef*).

148. A cord is never braided with less than three strands because otherwise it would not last. Likewise, there must be three Patriarchs whose merit supports the entire world (*Eitz Yosef*, citing *Yefeh To'ar*). When the verse says that *Jacob is the measure* (or *cord*) *of His inheritance*, it is referring to the Patriarch Jacob (not to the people of Israel), and indicates Jacob's status as the third strand of the Patriarchal "cord."

INSIGHTS

is united is seen in the teaching of *Yoma* 9b, which places the blame for the destruction of the Holy Temple on the baseless hatred that divided the Jewish nation at that time. The hearts of the people were sundered from one another; therefore, they forfeited the blessing of the Divine Presence, which withdrew then from Israel and still has not returned. R' Yitzchak Isaac Chaver maintains that Jacob, on his deathbed, was granted foreknowledge of the disunity that would prevail following the time of the destruction. This explains a later Midrash (below, 98 §3; see *Rashi, Genesis* 49:1), which relates that when Jacob wished to communicate to his sons the time of the ultimate redemption, the Divine Presence suddenly abandoned him. Jacob feared that this occurred because there was disunity among his sons; they assured him that all were dedicated to God's service. What then caused the departure of the Divine Presence? R' Yitzchak Isaac Chaver explains that this resulted from the divisions that will prevail among Israel during the period of the ultimate redemption. In casting his sight toward that distant time, Jacob perceived, and was weakened by, the disunity that would then plague Israel; thus, the Divine Presence left him.

It was Jacob's focus on the solidarity of Israel that prompted him to perform the ceremony of the twelve stones. He journeyed to Haran to begin a historic task, that of laying the foundations of the nation for which the world was created, the people who would choose God and who would, in return, be chosen by Him. Jacob feared above all that there would be disharmony among his descendants, that some would wish to separate themselves from the monumental work that lay before them, and would not dedicate themselves to the nation and its cause. With the joining of the stones, God sent Jacob a sign that all twelve tribes would remain faithful. Their resolve would not falter; their unity would not be breached.

In Jacob's dream, God promised him that his descendants would be *as the dust of the earth* (*Genesis* 28:14). This promise too addressed Jacob's concerns regarding the future unity of Israel. A handful of earth is composed of myriad individual particles. With the addition of water, the separate particles adhere and become a single mass. By comparing Jacob's descendants to "dust," God informed Jacob that although a nation is composed of individuals, there will exist between the members of the nation of Israel an inherent unity, born of their common spiritual inheritance. Scripture compares the Torah to water (see *Isaiah* 55:1; *Taanis* 7a). When the "dust" that is Israel is "watered" by devotion to Torah, they are rendered a single mass, a unified whole, dedicated to serving God, and to furtherance of His glory.

This message of unity was driven home with the vision of a ladder that stretched to the heavens. The ladder symbolized the purpose of the nation of Israel, which is to achieve the spiritual elevation of the mundane world, and to bring God's Divine Presence and His sustenance to the world below. Its rungs were the individual souls of which the nation is composed. In the case of a ladder, each rung is essential to its utility. A single missing rung can sabotage one's ascent, making it impossible to continue. So too with regard to Israel: Each and every Jew is unique. Each has his own task to perform for the betterment of Creation, and it is one that can be accomplished only by that particular person. The rungs on Jacob's ladder are precisely numbered; every rung is necessary to complete the climb. If the Jewish people are divided, if they do not work harmoniously toward their Divinely mandated goal, if rungs are removed from Jacob's ladder, the task becomes impossible. It can be accomplished only if Israel is unified, if each person recognizes that he or she is essential to the process and commits sincerely to persevere in the cause.

It is now clear why the Midrash interprets the dream of the ladder as a reference to Sinai. In describing Israel's encampment before Mount Sinai, the verse employs the singular form. The Rabbis expound this to teach that Israel came to Sinai united in God's service: כְּאִישׁ אֶחָד בְּלֵב אֶחָד, *as one man, with one heart* (*Mechilta* to *Exodus* 19:2; see *Rashi* there). Their unity in approaching this momentous event brought into being a powerful connection between heaven and earth, one that served to elevate Israel and thus all of Creation, and to bring God's holy Torah down into this world. Because Jacob's descendants were in perfect harmony at this vital moment, they merited the Divine revelation of Sinai and they pledged themselves to God's service. God bestowed upon Jacob this sublime vision. Jacob witnessed the unity of his descendants, he saw the culmination of the holy work that he had begun and the marvelous fruit that it would bear, and his fears were laid to rest (see *Siach Yitzchak, Derashah L'Shabbos Parshas Shekalim*, pp. 333-337; see there for further insights regarding this Midrash; see also *Otzros R' Yitzchak Isaac Chaver, Derashah L'Shabbos HaGadol*, pp. 25-27).

[שם] "וְהִנֵּה מַלְאֲכֵי אֱלֹהִים", אֵלּוּ כֹּהֲנִים גְּדוֹלִים, [שם] "עֹלִים וְיֹרְדִים בּוֹ", שֶׁהֵם עוֹלִים וְיוֹרְדִים בַּכֶּבֶשׁ, [כח, יג] "וְהִנֵּה ה' נִצָּב עָלָיו", (עמוס ט, א) "רָאִיתִי אֶת ה' נִצָּב עַל הַמִּזְבֵּחַ". רַבָּנָן פָּתְרִין לֵיהּ בְּסִינַי: "וַיַּחֲלֹם וְהִנֵּה סֻלָּם" זֶה סִינַי, "מֻצָּב אַרְצָה", (שמות יט, יז) "וַיִּתְיַצְּבוּ בְּתַחְתִּית הָהָר", "וְרֹאשׁוֹ מַגִּיעַ הַשָּׁמָיְמָה", (דברים ד, יא) "וְהָהָר בֹּעֵר בָּאֵשׁ עַד לֵב הַשָּׁמַיִם" °. דָּבָר אַחֵר, "וְהִנֵּה סֻלָּם" זֶה סִינַי, חוּשְׁבְּנָא דְדֵין כְּחוּשְׁבְּנָא דְדֵין, "וְהִנֵּה מַלְאֲכֵי אֱלֹהִים" אֵלּוּ מֹשֶׁה וְאַהֲרֹן, כה וּמִנַּיִן לַנְּבִיאִים שֶׁנִּקְרְאוּ מַלְאָכִים, דִּכְתִיב (חגי א, יג) "וַיֹּאמֶר חַגַּי מַלְאַךְ ה' בְּמַלְאֲכוּת ה' לָעָם", "עֹלִים", (שמות יט, ג) "וּמֹשֶׁה עָלָה אֶל הָאֱלֹהִים", "וְיוֹרְדִים" זֶה מֹשֶׁה, (שם שם כה) "וַיֵּרֶד מֹשֶׁה", "וְהִנֵּה ה' נִצָּב עָלָיו", (שם שם כ) "וַיֵּרֶד ה' עַל הַר סִינַי אֶל רֹאשׁ הָהָר". רַבִּי שַׁלְמוֹנִי בְּשֵׁם רֵישׁ לָקִישׁ אָמַר: תַּרְכּוּסָא שֶׁל ג' רַגְלַיִם הֶרְאָה לוֹ, רַבִּי יְהוֹשֻׁעַ דְּסִכְנִין בְּשֵׁם רַבִּי לֵוִי אָמַר: אַתְּ הוּא רֶגֶל שְׁלִישִׁי, הִיא דַעְתֵּיהּ דְּרַבִּי יְהוּדָה דְּסִכְנִין בְּשֵׁם רַבִּי לֵוִי: (דברים לב, ט) "כִּי חֵלֶק ה' עַמּוֹ יַעֲקֹב חֶבֶל נַחֲלָתוֹ", מָה הַחֶבֶל הַזֶּה פָּחוֹת מִג' אֵין מַפְקִיעִין אוֹתוֹ, כָּךְ הָאָבוֹת אֵין פָּחוֹת מִג',

רש"י

תרכוסא של שלשה רגלים. כסא של שלשה רגלים:

עץ יוסף

לשמים בקרבנות שריחן עולה לשמים ריח ניחוח לה': **אלו כהנים גדולים.** שנקראו מלאכים כדכתיב (מלאכי ב, ז) כי מלאך ה' צבאות הוא. והאות אמת מוחק תיבת גדולים: **ויורדים בכבש.** בזריזות לעשות עבודתן: **רבנין פתרין לה בסיני כו'.** הגירסא היא משובשת. וכן צריך לומר **והנה סולם זה סיני. מוצב ארצה ויתיצבו בתחתית ההר. וראשו מגיע השמימה וההר בוער באש עד לב השמים. והנה מלאכי אלהים אלו משה ואהרן. עולים ומשה עלה אל האלהים. ויורדים זה משה וירד משה. ולמדנו לנביאים שנקראו מלאכים דכתיב ויאמר חגי מלאך ה' במלאכות ה' לעם. והנה ה' נצב עליו וירד ה' על הר סיני אל ראש ההר** (יפה תואר). ובזה בשרו הקדוש ברוך הוא שיזכו בניו לקבל תורה בסיני אשר מזה יגיעו לתכלית השלימות: **עולים זה משה.** והוא הדין אהרן דכתיב (שמות כד, א) עלה אל ה' אתה ואהרן. ולפי שלא מצינו ירידה בו בפירוש לא הזכיר גם כן אהרן בכאן: [יז] **ר' שלמוני בשם רבי לוי אמר תרכוסא של שלש רגלים כו'.** עד כי חלק ה' עמו. מאמר זה הוא משובש מאד. וכן צריך להגיהו. **ר' שלמוני בשם רבי לוי אמר תרכוסא של שלש רגלים הראה לו אמר** פירוש הקדוש ברוך הוא אמר ליעקב **את הוא רגל שלישי. היא דעתיה דרבי יהושע דסכנין בשם רבי לוי דאמר כתיב כי חלק ה' עמו יעקב חבל נחלתו מה החבל כו'.** וכל הגירסא הנכתב לעיל הוא מוכרח ופשוט לכל מעיין: **תרכוסא.** כתב המתנות כהונה תרכוסא פירש הערוך ארגז. ולא אדע מה שייכות יש לארגז עם ענין המשל, גם סתם ארגז אין לו רגלים. ולא ראה שם בערך תרגום שמביא מדרש זה וגורס כן, ופירושו כסא על רגלים. ורמז זה נאות מאד במראה זו, שמכוין בו שהעולם כולו הוא עומד על כסא של שלש רגלים, והן שלשה האבות והודיעו שהוא רגל שלישי, והוא מה שאמר והנה ה' נצב עליו (יפה תואר): **מה החבל הזה כו'.** דאי כפשוטו חבל פירוש חלק הא כבר אמר כי חלק ה' עמו: **אין מפקיעין.** פירוש אין גודלין חבל בלא שלשה נימין, שבפחות משלשה נימין אינו מתקיים, כך האבות אין פחות משלשה כי הוצרכו שלשה להיות רגלי המרכבה ולקיים העולם עליהם (יפה תואר):

פירוש מהרז"ו

כהנים גדולים. בספרים אחרים לא גרס גדולים וכן הובא כאן בילקוט (רמז קיט), כי כל הכהנים עולים בכבש לעבודה: **סלם זה סיני.** גימטריא של סלם חסר: **רכב אלהים.** וסיפיה דקרא ה' בם סיני בקדש, ועיין במדבר רבה ריש פרשה ז: **ולמדנו לנביאים.** דבר אחר הוא, שמה שכתוב מלאכי אלהים הם נביאים שנקראו מלאכים, כמו שמובא ויקרא רבה ריש פרשה א' ושם נבאר: **יעקב חבל נחלתו.** כמו שמובא בילקוט האזינו (סוף סימן תתקמב) בשם ספרי שם, על יצחק נאמר (קהלת ד, ט) טובים השנים, ועל יעקב נאמר (שם יב) והחוט המשולש:

מתנות כהונה

אותיות דדין כו'. כלומר חשבון אותיות של זה עולה לחשבון אותיות של זה ובילקוט ובעקידה גירסות חלוקות: **ולמדנו.** כמו ועוד למדנו ובילקוט תמלא הגי' יותר פשוטה וע"ש וכן הוא גי' בעל העקידה: **עולם זה משה כו'.** וכתיב כמי ועלית אתה ואהרן וה"ג בהדיא בעקידה: **תרכוסא.** פי' הערוך ארגז: **את הוא.** כך אמר הקב"ה ליעקב: **רגל שלישי גרסינן: ה"ג בשם ר' לוי דר' יהודה דסכנין בשם ר' לוי אמר: אין מפקיעין גרסינן.** ופי' אין גודלין חבל בלא שלשה נימין:

אשד הנחלים

גדולים. בעל אות אמת מחק זה באין צורך, כי הוא פירש על מלאכי אלהים. כי שם אל הוא מלשון חוזק כמו אילי הארץ, ומצד שכל מעשיהם שרצים תמיד בכבש למעלה ולמטה בזריזות ובחוזק גדול קראום כן. ולפי זה פירושו, מלאכי אלהים, שלוחי אלהים, להקריב קרבן ה': **בסיני.** כי גם זה היה כוונתו לתקן שיזכו ישראל לתורה האלוהית ונתראה לו, ואף שההר מוצב ארצה עם כל זה ראשו מגיע השמימה כי היו בו ענינים אלקים שמימיים נעלים מדרך טבע הארץ. והיה בו מדריגה גבוה מאוד כל כך עד שהמלאכים העליונים עלו וירדו בו כי נתקדש המקום מאוד אף שהיה בארץ. ודרשו על משה ואהרן, שהם היו המתעסקים בקבלת התורה ע"י זכותם ומדריגותם, ואף שהיה ע"י משה לבד כמו שמביא רק ממשה שעלה וירד, עם כל זה בצירוף חשב גם אהרן עמו כי הוא היה נביא גדול בבחינתו. ושם עליה וירידה הנאמר במשה מרומז לשני ענינים, אחד בענין העלייה להר כפשוטו, ועוד שעלה לנבואה להתבודדות עצומה וירד להודיע לישראל. וכן העליה והירידה הנאמר אצלו ית', הירידה הוא הופעת הנבואה, והעליה הוא הסתלקות: **ג' רגלים.** הוא ג' רגלי המרכבה, כי האבות הן הן המרכבה כידוע:

אמרי יושר

[יב] **והנה סולם כו' זה סיני.** סבר כי אין חלום בלי פתרון ולזה פתר אותו אבל רבי אבהו סבר שאמר קודם דברי חלומות לא מעלין ולא מורידין בין המחלוקת ככאן. או אפשר שגם על הפסוק הוא. והחלום נבואיי רק מה שלהלאה הנה אנכי עמך. אבל זה הקודם היה חלום משאר החלומות. או פירוש לא מעלין הדברים בעצמן שאף על פי שיהיה הפירוש והרמז בלתי מיושב ורחוק לית לן בה. או אפשר דהכא שאני דקאמר אין זה כי אם בית אלהים. הא במקום אחר אין להקפיד. וכוונת אמרו זה סיני כי ראוי היה יעקב לקבל התורה רק לפי שאין שם ששים רבוא: **והנה ה' נצב עליו.** על הסולם ההכרח הוא כיון שהתחיל והנה סולם דאי על יעקב למה הזכיר הסולם. ומאן דאמר על יעקב ההכרח הוא דלא מצינו קריאה יעקב יעקב למה לפי שהיה קרוב עליו. והקושיא שהקשינו למה הזכיר סולם היינו דאף על גב דהיה שם סולם חיבב יותר ליעקב ונצב עליו:

שנוי נוסחאות

רבנן פתרין ליה בסיני: "ויחלם והנה סלם" זה סיני, "מצב ארצה", ויתיצבו בתחתית ההר, "וראשו מגיע השמימה", וההר בער באש עד לב השמים. באות אמת הוסיף כאן עוד >"והנה מלאכי אלהים", על שם (תהלים סח, יח) "רכב אלהים רבתים אלפי שנאן"<. ומילים אלו היו כתובות למטה (אחרי "חושבנא דדין כחושבנא דדין") ברוב הדפוסים, ואות אמת הגיה שצריך למחקן משם ולהעבירן לכאן, ובדפוס וארשא עקרון משם (כדברי אות אמת) אבל והשמיטון גם כאן. **והנה מלאכי אלהים אלו משה ואהרן, ומנין לנביאים שנקראו מלאכים, דכתיב...** ברוב הדפוסים המילים "ומנין (או 'למדנו') לנביאים שנקראו מלאכים דכתיב ..." הן לפני "והנה מלאכי אלהים", אבל אות אמת הגיה כלפנינו, וכן כתוב בדפוס וארשא.

חידושי הרד"ל

שנאן. **דבר אחר והנה מלאכי אלהים זה משה ואהרן כו'. וירד משה ולמדנו לנביאים כו' במלאכות ה' והנה ה' נצב.** כן צריך לומר: **תרכוסא של שלש רגלים הראה לו, אמר ליה את חלק ה' כו'. הוא דעתיה דרבי יהושע דסכנין בשם רבי לוי דאמר רבי יהושע דסכנין בשם רבי לוי כי חלק ה' כו'.** כך צריך לומר, והא דאמר כאן של שלוש רגלים אפשר משום דפחות שבסולמים הוא שלוש שליבות, עיין עירובין (עז, ב) ובבא בתרא (נט, א):

חידושי הרש"ש

[יב] **והנה סלם. זה סיני, אותיות דדין הוא אותיות דדין.** כן צריך לומר כאן: **דבר אחר כו'.** עד דדין הב' מיותר, וצריך למחקם: **תרכוסא של שלשה רגלים הראה לו.** פירש המתנות כהונה בשם הערוך ארגז וזה אין ענין לכאן. אבל המתנות כהונה לא דק במחילת כבוד תורתו, כי זה אמת שבערך תרכוס פירש כן אבל לא על דהכא, כי פה היה גירסתו תרנוס והביאו בערך תרנס ופירש בו כסא. וכן הוא לשון הגמרא (ברכות לב, א) ומה כסא של שלשה רגלים כו' עיין שם: **מה החבל הזה פחות משלשה אין מפקיעין אותו.** עיין סוכה (יג, א) אגד שלשה שמיה אגד כו' וכן שם (לב, ב) היכי דמי עבות אמר רב יהודה והוא דקיימי תלתא תלתא טרפי בקינא. ולקמן בשמות רבה (ב, ה) הדס עושה שלש שנקרא ען עבות, ועיין רד"ק במיכה (ז, ג) מה שהביא בשם אביו ז"ל: והואיל דמילי דעבות אתי לידן אעתיק מה שכתבתי בזה בחדושי גמרא דבר נאות בס"ד ואומר עם לשון חז"ל סוכה (לד, ב): **אמר ליה שמואל להנהו דמזבני אסא אשוו זביני ואי לא דרישנא לכו כו'** עיין שם. והוא. גרסינן בגמרא סוכה (לב, ב) תנא ען עבות כשר ושאינו עבות פסול, היכי דמי עבות אמר רב יהודה

מסורת המדרש

כה. ויקרא רבה פ' א'. במדבר רבה ריש פרשה ט"ז. תנחומא סדר ויקרא סימן א'. וסדר שלח לך סימן א'. מסכת דרך ארץ פרק י"א:

אם למקרא

רָאִיתִי אֶת אֲדֹנָי נִצָּב עַל הַמִּזְבֵּחַ וַיֹּאמֶר הַךְ הַכַּפְתּוֹר וְיִרְעֲשׁוּ הַסִּפִּים וּבְצַעַם בְּרֹאשׁ כֻּלָּם וְאַחֲרִיתָם בַּחֶרֶב אֶהֱרֹג לֹא יָנוּס לָהֶם נָס וְלֹא יִמָּלֵט לָהֶם פָּלִיט: (עמוס ט:א)

וַיּוֹצֵא מֹשֶׁה אֶת הָעָם לִקְרַאת הָאֱלֹהִים מִן הַמַּחֲנֶה וַיִּתְיַצְּבוּ בְּתַחְתִּית הָהָר: (שמות יט:יז)

וַתִּקְרְבוּן וַתַּעַמְדוּן תַּחַת הָהָר וְהָהָר בֹּעֵר בָּאֵשׁ עַד לֵב הַשָּׁמַיִם חֹשֶׁךְ עָנָן וַעֲרָפֶל: (דברים ד:יא)

וַיֹּאמֶר חַגַּי מַלְאַךְ ה' בְּמַלְאֲכוּת ה' לָעָם לֵאמֹר אֲנִי אִתְּכֶם נְאֻם ה': (חגי א:יג)

וּמֹשֶׁה עָלָה אֶל הָאֱלֹהִים וַיִּקְרָא אֵלָיו ה' מִן הָהָר לֵאמֹר כֹּה תֹאמַר לְבֵית יַעֲקֹב וְתַגֵּיד לִבְנֵי יִשְׂרָאֵל: (שמות יט:ג)

וַיֵּרֶד ה' עַל הַר סִינַי אֶל רֹאשׁ הָהָר וַיִּקְרָא ה' לְמֹשֶׁה אֶל רֹאשׁ הָהָר וַיַּעַל מֹשֶׁה: (שם שם כ)

כִּי חֵלֶק ה' עַמּוֹ יַעֲקֹב חֶבֶל נַחֲלָתוֹ: (דברים לב:ט)

ידי משה

רבי שלמוני ורבי יהושע הוציאו דבריהם מן והנה ה' נצב עליו. פירוש שהיה רק שני רגלים דהיינו אברהם ויצחק והקדוש ברוך הוא היה רגל שלישי, ורבי יהושע אמר שהיה יעקב רגל שלישי והשלים הקדוש ברוך הוא רגל רביעי פירוש לפי שדוד יהיה רגל רביעי וביני לביני עד שיבא דוד לעולם הקדוש ברוך הוא נצב עליו:

The Midrash continues its exposition of the meaning of Jacob's vision:

רַבִּי בֶּרֶכְיָה אָמַר: עוֹלָם וּשְׁלִישׁ עוֹלָם הֶרְאָה לוֹ — **R' Berechyah said: [God] showed [Jacob] the world and a third of the world**, as follows: "עֹלִים" אֵין פָּחוֹת מִשְּׁנַיִם — The term ***were ascending*** (in the plural) **is** a reference to **no less than two** angels, "וְיֹרְדִים" שְׁנַיִם — **and** the term ***were descending*** (again in the plural) likewise refers to **two** angels.[149] וּמִנַּיִן שֶׁהַמַּלְאָךְ שְׁלִישׁוֹ שֶׁל עוֹלָם — **And from where** can it be derived **that an angel** comprises **a third of the world?** שֶׁנֶּאֱמַר "וּגְוִיָּתוֹ כְתַרְשִׁישׁ וּפָנָיו כְּמַרְאֵה בָרָק וְעֵינָיו כְּלַפִּידֵי אֵשׁ וּזְרֹעֹתָיו וּמַרְגְּלֹתָיו כְּעֵין נְחֹשֶׁת קָלָל" — **For it is written, *His body was like tarshish, his face like the appearance of lightning, his eyes like flaming torches, and his arms and legs like the color of burnished copper*** (*Daniel* 10:6).[150]

The Midrash continues to expound this passage:

רַבִּי חִיָּיא וְרַבִּי יַנַּאי — **R' Chiya and R' Yannai** discussed the meaning of our verse. חַד אָמַר: "עֹלִים וְיֹרְדִים" בַּסּוּלָם — **One said** that the angels were ***ascending and descending*** **upon the ladder;** וְחַד אָמַר: "עֹלִים וְיֹרְדִים" בְּיַעֲקֹב — **and** the other **one said** that the angels were ***ascending and descending*** **upon Jacob.**[151] מַאן דְּאָמַר "עֹלִים וְיֹרְדִים" בַּסּוּלָם נִיחָא — According to **the one who says that** the angels were ***ascending and descending*** **upon the ladder, there is no difficulty**, as this is the straightforward understanding of the verse. וּמַאן דְּאָמַר "עֹלִים וְיֹרְדִים" בְּיַעֲקֹב, מַעֲלִים בּוֹ וּמוֹרִידִים בּוֹ — **But according to the one who says** that they were ***ascending and descending*** **upon Jacob,** the verse must be understood metaphorically to mean that some of the angels were **promoting** him **and** some were **demoting him,**[152] אָפְזִים בּוֹ קָפְזִים בּוֹ סוֹנְטִים בּוֹ — by **pushing him, leaping on him,** and **taunting him.** שֶׁנֶּאֱמַר "יִשְׂרָאֵל אֲשֶׁר בְּךָ אֶתְפָּאָר", אַתְּ הוּא שֶׁאִיקוֹנִין שֶׁלְּךָ חֲקוּקָה לְמַעְלָה — And why did they treat him so contemptibly? **As it is stated, *Israel, in you I take glory*** (*Isaiah* 49:3), where God is saying to Israel (Jacob), **"You are the one whose image is engraved** in Heaven **above."**[153] "עֹלִים" לְמַעְלָה וְרוֹאִים אִיקוֹנִים שֶׁלּוֹ — The angels ***were ascending*** to heaven **above and seeing his image** engraved there, "וְיֹרְדִים" לְמַטָּה וּמוֹצְאִים אוֹתוֹ יָשֵׁן — ***and*** then ***descending*** to earth **below and finding him sleeping.**[154] מָשָׁל לְמֶלֶךְ שֶׁהָיָה יוֹשֵׁב וְדָן — **This may be compared to a king who was sitting and judging:** עוֹלִין לְבַסִּילְקִי וּמוֹצְאִים אוֹתוֹ דָּן — **People would ascend to the basilica and find him judging,**[155]

NOTES

149. Thus, the verse describes a total of four angels — two ascending and two descending. Since each angel comprises a third of a world (as the Midrash will soon show), it emerges that Jacob was shown the equivalent of one-and-a-third worlds (4 x ⅓ = 1⅓).

150. *Matnos Kehunah* (based on *Rashi*) explains the Midrash's proof as follows: Daniel describes the angel that appeared to him as having a body *like tarshish* — "*tarshish*" meaning "sea" (see *Rashi* to *Chullin* 91b). ["*Tarshish*" also refers to a kind of gemstone (see *Exodus* 28:20), which is so called because it resembles the sea (*Rashi* ibid.; see *Onkelos* on *Exodus* ibid.).] Now, the Sages teach that the world is comprised of one-third inhabited land, one-third wilderness, and one-third water (*Rashi* to *Isaiah* 40:12; *Tosafos* to *Pesachim* 94a; ultimate source *Midrash Konen*). Since an angel's body is as wide as the sea ("like tarshish"), it constitutes a full third of the world. Alternatively, *Rashash* suggests that the word תַּרְשִׁישׁ is interpreted as an amalgam of the words תְּרֵי שֵׁשׁ, *two-sixths*, i.e., one-third. [*Radak* to *Genesis* 28:13 cites this Midrash with the additional words וּגְמִירִי תַּרְשִׁישׁ הָוֵי שְׁלִישׁוֹ שֶׁל עוֹלָם — **and we know by tradition that "Tarshish" is a third of the world.**] See Insight Ⓐ for further discussion of the size of the earth.

151. The antecedent of the pronoun בּוֹ in the phrase עֹלִים וְיֹרְדִים בּוֹ, *[the angels] were ascending and descending on it*, is unclear. It can either mean *on it* (the ladder), or it can mean *on him*, a reference to Jacob.

152. I.e., some were praising him to God and some were condemning him (*Eitz Yosef*).

153. The prophet Ezekiel relates (*Ezekiel* 1:4-11) that in his vision of the Holy Chariot, he saw four *Chayos* angels bearing the Chariot. Each of the *Chayos* had four faces: a human face, the face of a lion, the face of an ox, and the face of an eagle. *Rashi* (to *Chullin* 91b) writes that the human face in the four *Chayos* was in the image of Jacob (see also *Yefeh To'ar*).

154. The angels could not fathom how one who is so esteemed by God as to have his image adorn the Heavenly Chariot could, at the same time, succumb to the frailty of sleep, which they perceived as indicative of spiritual weakness (*Matnos Kehunah*).

155. A basilica is a building where the king would meet with his advisers to adjudicate royal matters. Similarly, the Gemara (*Yoma* 25a) refers to the Chamber of Hewn Stone — the seat of the Great Sanhedrin court in the Holy Temple — as a basilica (*Eitz Yosef*).

INSIGHTS

Ⓐ The Size of the Earth The Gemara (*Chullin* 91b) explains the meaning of this verse in *Daniel* as follows: "Tarshish" is the name of a certain sea that measures 2,000 *parsaos* across, so it emerges that the body of an angel is also 2,000 *parsaos* wide (see also *Rashi* to *Daniel* loc. cit.). Since the earth is 6,000 *parsaos* in size (*Pesachim* 94a; see below), an angel therefore constitutes one-third of the world.

Regarding the statement by the Gemara that the world is 6,000 *parsaos, Rashi* presents two explanations. His second approach, which he rejects, is that this value refers to the circumference of the world. Interestingly, *Rambam* (in the Introduction to his *Commentary on the Mishnah,* s.v. אחר כן) writes that the circumference of the world is, in fact, 6,000 *parsaos* (see also *Maharal, Be'er HaGolah* §6).

Rashi's preferred explanation is that this value represents the distance the sun travels in its circuit across the world from sunrise to sunset. Now, between sunrise and sunset the sun traverses only half of the earth, thus 6,000 *parsaos* represents *half* of the earth's circumference. Opinions regarding the modern equivalent of a *parsah* range between 2.27 and 3.03 miles, so 6,000 *parsaos* may be estimated between 13,000 and 18,000 miles. If we assume the smaller value, it emerges that the Gemara's estimation squares reasonably well with contemporary measurements, which put half of the circumference of the earth at approximately 12,450 miles.

רַבִּי בֶּרֶכְיָה אָמַר: כועוֹלָם וּשְׁלִישׁ עוֹלָם הֶרְאָה לוֹ, "עֹלִים" אֵין פָּחוּת מִשְּׁנַיִם "וְיֹרְדִים" שְׁנַיִם, וּמִנַּיִן שֶׁהַמַּלְאָךְ שְׁלִישׁוֹ שֶׁל עוֹלָם, שֶׁנֶּאֱמַר (דניאל י, ו) "וּגְוִיָּתוֹ כְתַרְשִׁישׁ וּפָנָיו כְּמַרְאֵה בָרָק וְעֵינָיו כְּלַפִּידֵי אֵשׁ וּזְרֹעֹתָיו וּמַרְגְּלֹתָיו כְּעֵין נְחֹשֶׁת קָלָל". רַבִּי חִיָּיא וְרַבִּי יַנַּאי, חַד אָמַר: "עֹלִים וְיֹרְדִים" בַּסֻּלָּם, וְחַד אָמַר: "עֹלִים וְיֹרְדִים" בְּיַעֲקֹב, מַאן דְּאָמַר "עֹלִים וְיֹרְדִים" בַּסֻּלָּם נִיחָא, וּמַאן דְּאָמַר "עֹלִים וְיֹרְדִים" בְּיַעֲקֹב, מַעֲלִים וּמוֹרִידִים בּוֹ, אָפְזִים בּוֹ קָפְזִים בּוֹ °סוֹטְנִים בּוֹ, שֶׁנֶּאֱמַר (ישעיה מט, ג) "יִשְׂרָאֵל אֲשֶׁר בְּךָ אֶתְפָּאָר", אַתְּ הוּא שֶׁאִיקוֹנִין שֶׁלְּךָ חֲקוּקָה לְמַעְלָה, כז"עֹלִים" לְמַעְלָה וְרוֹאִים אִיקוֹנִים שֶׁלּוֹ "וְיֹרְדִים" לְמַטָּה וּמוֹצְאִים אוֹתוֹ יָשֵׁן, מָשָׁל לְמֶלֶךְ שֶׁהָיָה יוֹשֵׁב וְדָן עוֹלִין לְבַסִּילְקִי וּמוֹצְאִים אוֹתוֹ דָּן

רש"י

אין עולים פחות משנים ואין יורדים פחות משנים הרי ארבע מלאכים, **ומלאך** אחד הוא גדול **כשליש של עולם שנאמר (דניאל י, ו) וגויתו כתרשיש ברום ימא.** ויש הוא שלישו של עולם: **מעלין ומורידין.** פעמים מעלין בו: **אופזין בו.** כמו אופנים בו, דוחקין בו אפונא במסכת כלים: **קופצים בו סוטנים בו.** מקטרגים אותו, כמו שמפרש לפנינו (לקמן עח, ב) אפילו הגתיות מאחורי הקורייס היו סונטין: **בסילקי.** חצר המלך שהוא דן שם:

עץ יוסף

שלישו של עולם. ובמדרש במדבר רבה פרשה י"ב משמע שאין כל העולם מחזיקו: **וגויתו כתרשיש.** לשון המתנות כהונה כתרשיש פירש רש"י כרום ימא ויש הוא שלישו של עולם עד כאן לשונו. וכוונתו שרש"י בפירושו על המדרש פירש כי תרשיש הוא ים, כי תרגום אונקלוס ויונתן על מלת תרשיש (שמות כח, כ) כרום ימא. ומה שכתב המתנות כהונה שהים הוא שליש של עולם הוא מדקיימא לן (מדרש הובא בתוס' פסחים לד, א ד"ה כל הישוב) שהעולם שליש ישוב ושליש מדבר ושליש ים: [יח] **עולים ויורדים ביעקב.** מפרש בו ביעקב: **בסולם ניחא.** רצונו לומר ניחא על כל פנים ענין הכתוב, אבל למאן דאמר ביעקב מאי קאמר. ומתרץ שהיו מעלין ומורידין בו לזכות ולחובה, יש מיימינים ויש משמאילין: **אופזים בו.** פרש"י דוחקים בו: **קופזים בו.** פרש"י קופצים בו: **וסוטנים בו.** ומקטרגים עליו כמו לשטנו (זכריה ג, א). אבל המעריך גרס וסונטים בו. ופירושו לזות שפתים ולשון הרע בדברי חירוף ושחוק על מי שמשחקים עליו, או שמוליאים עליו שם רע: **סונטים בו שנאמר ישראל אשר בך אתפאר כו'.** הגירסא האמתית הוא ברבות כתב יד ישן **סוטנים בו את הוא שאיקונין שלך חקוקה למעלה שנאמר ישראל אשר בך אתפאר. ורואין איקונין שלו ויורדין למטה ומוצאים אותו ישן. משל למלך שעולה לבסילקי ומוצאים אותו יושב ודן ויוצאין לפרוזדור ומוצאים אותו ישן** כן הוא הגירסא שם ונכון מאד: **ורואים איקונים שלו.** הוא נשמת שורש יעקב לא ינום ולא יישן: **ויורדים למטה כו'.** רצונו לומר שלמטה גופו היה ישן: **לבסילקי.** היכל המלך אשר שם יושב ודן עם כל שריו. ביומא (כה, א) לשכת הגזית כמין בסילקי גדולה היתה:

פירוש מהרז"ו

עולם ושליש עולם. לקמן (נז, ד), ושם נסמן. שהעולם כלו שיתא אלפי פרסה כמו שמבואר בפסחים (לד, א) והסולם שליש יותר מהארץ: **וגויתו כתרשיש.** עיין חולין נא, ב: **רבי חייא ורבי ינאי.** לקמן (סט, ג) דאזלי לשיטתייהו בפירוש הפסוק גלב עליו: **שנאמר ישראל.** עיין שמות רבה (כח, ד). ועיין פרקי דרבי אליעזר (פרק ל"ה) ולקמן (פב, ב) ועיין במדבר רבה (ריש פרשה ד): **עולים לבסילקי.** גירסת הילקוט (רמז קיט) עולים לבסילקי ומוצאים אותו ישן, יורדים בפרוזד יושב ודן. וקרוב לגירסא זו בערוך ערך פרוזד. ובסילקי פירש הערוך פלטין, ובמוסף

מתנות כהונה

אין פחות משנים. שני מלאכים וכן יורדים הרי ד' מלאכים וכל א' הוא כשלישו של עולם הרי שליש עולם יותר משלשה שלישי העולם: **כתרשיש.** פירש"י כרום ימא ויש הוא שלישו של עולם וכ"פ רבינו סעדיה בפירוש דניאל בעומק וזה תרשיש תרי אלפי אמה ועיין שם טוב בפירושו לדניאל: **מעלים בו.** בו ובענינו כדמפרש ואזיל: **אפזים.** לשון שמחה וריקוד: **קפזים.** גם הוא לשון שמחה וריקוד כך פירש הערוך והוכיח כן בראיות ברורות ורש"י פי' לשון דוחק וכדמפרש ואזיל: **סנטים גרס'.** כן הוא לקמן פ' ע"א וכן גרס הערוך ופי' לשון לחוק וקינטור וכן לקמן פ' ע"א וכדאמר' בפ' גיד הנשה דבעי לסכוניה: **ומוצאים אותו ישן.** ולפיכך היו סוטנים בו ולועגים עליו ונלאה לפי שהשינה רמז לחולשת הכח המלאכיי ותרדמת השלימות מכח כח ההיולאני העומד לעומתו וכיוצא בזה פי' בעל עקידה במאמר נעשה

אשד הנחלים

שלישו של עולם. כלומר בהתראותו לנביא הוא מחזיק שליש העולם. ועל דרך הצורה נוכל לומר, לפי שהבריאה נחלק לג' חלקים, העולם השפל, ועולם הגלגלים, ועולם המלאכים, על כן המה שליש העולם, כלומר בתכלית ובכיון הבריאה המה נחשבין לשליש: **עולים ויורדים בסולם כו' ביעקב כו'.** המה דברים סתומים וחתומים רק ליודעי חן. וקצת ציור נוכל לחוות בה. כי הסולם מרמז לעליה, והנה ידוע שמעשי האדם מוסיפים כח למעלה להשפיע טוב למטה, ולכן עליתם וירידתם נמשך מהסולם המוצב ארצה במעשי בני אדם, עד שמגיע השמימה במעשיהם. ודעת השני שעולים ויורדים ביעקב עליה עם ירידה כאחד, עליה מצד איקונים של מעלה, וירידה מצד שישן הוא. וכלומר [עליה] מצד נפשו המשכלת הדביקה למעלה, וקצת ירידה לו ג"כ מצד גופו שישן הוא. לא כמשה שנתמרק גופו כמלאכי השרת באין מונע מאומה. וא"כ מלאכי אלהים הוא הזדקקות לנבואת יעקב, ועליה מצד דבוקו והירידה מצד שישן הוא. וזהו אפזים בו שהם משמחים אותו להשביע אותו מזיו הנבואה, והבן זה מאוד כי אין בכח לבאר יותר. ועיין בדרך הפתח להרב הגדול החכם ר' יעקב משה נכד הגאון מווילנא ג"כ כוונה נאותה בזה: **יושב ודן.** עיין באות אמת מה שתמה על זה. ואין זה קושיא, כי זהו דוגמא לפעולתו למעלה בהוספת הכח והבן:

אמרי יושר

מלאך שלישו של עולם. כי הוא נחלק לשלשה. עולם השפל. עולם התיכון. עולם המלאכים:

שנוי נוסחאות

אפזים בו קפזים בו סוטנים בו. בדפוס ראשון איתא "אופצים בו קוצפים בו סונטים בו", אבל בדפוס ויניציא שינו לכתוב כמו שכתוב לפנינו כאן, ומתנות כהונה הגיה "סונטים" (כמו שהיה בדפוס ראשון) תחת "סוטנים", וכן הוא ברוב הדפוסים שבאו אח"כ:

חידושי הרד"ל

ויוצאין בפירוורה. כן הוא גירסת הערוך ערך פרוור (והוא כמו פרבר בבי"ת הכתוב בדברי הימים (א' כו, יח) דמפרשים ליה פרק קמא דתמיד (כז, א) כלפי בר) פירוש מגרש וחצר החיצונה:

חידושי הרש"ש

והוא דקיימי תלתא תלתא טרפי בקינא וכו'. והנה מנהג ישראל מימים ימימה לאגד באותן הדסים המובאים מאיטליא אשר אין בהם רק תרי טרפי בקינא. ומהרי"ק ומהרי"א יצאו דחופים ליישב המנהג הביאם הרמ"א (אורח חיים סימן תרמ"ו) בקוצר, והגר"א ז"ל שם כתב דאין שום סמך בדבריהם, וכן הגאון חכם צבי (בתשובה קסא) פסלם לגמרי. ואנכי מצאתי בעזרת השם דרך נכון ליישב המנהג בטוב. והוא דקשה לי איך אמר רב יהודה כאן דעבות הוא בתלתא טרפי דוקא והא מעשה עבות (בפרשת תצוה) מתרגמינן עובד גדילו ובמנחות (לט, ב) אמרינן גדיל שנים עיין שם בפירש"י, ולכאורה קושיא עצומה היא. ונראה לענ"ד ליישב דרב יהודה כאן לשיטתיה במנחות (מא, ב) דפסק דשלשה חוטין נותן בציצית והוא כבית הלל שם לעיל בברייתא. והתוספות שם (ד"ה ב"ש הראשון) כתבו בשם ר"ת דטעמא דבית הלל הוא דגדיל הוא תרגום דעבות, ועבות סבירא להו דהיינו תלתא, והוא כדרב יהודה כאן עיין שם דזהו כוונתם, והא דאמרינן גדיל שנים כו' היינו כבית שמאי. וכיון דאנן פסקינן כבית שמאי כמו שאמר רב פפא שם הלכתא ארבעה כו', וכן שם (מב, א) מר בריה דרבינא עביד כדידן ופירש רש"י מכניס ארבעה חוטין וכסתמא דגמרא גדיל שנים, וכן פסקו כל הפוסקים, אם כן ממילא עבות דמתרגמינן גדילו די גם כן בתרי טרפי, ומר בר רבינא אמימר ואביי שם בסוכה גם כן סבירא להו כרב יהודה וכבית הלל ולית הלכתא כוותייהו וכדאמרן, כן נראה לי נכון. ועוד יש לומר דזה תליא נמי בפלוגתת רבי יוסי ורבנן בסוכה (יג, א) בשיעור אגודה דלרבי יוסי שלשה לעכב ולרבנן שלשה למצוה ושנים לעכב והלכתא כוותייהו, וכן פסק הרמב"ם (הלכות פרה פי"א ה"ד). והר"ן שכתב במשנת חבילי קש כו' (סוכה יב, א) ומוכחא בגמרא דלא מקריא חבילה כו' בפחות משלשה (וכן הראב"ד בהשגות (הלכות סוכה פ"ה ה"י) כתב שאפילו אגד שלשה שמיה אגד), לכאורה תמוה, דזהו אליבא דרבי יוסי דווקא אבל לרבנן משמע בגמרא דאפילו בשנים נקרא חבילה והלכתא כוותייהו דרבים נינהו. (עיין עירובין (פג, ב תוספות ד"ה שבעה). ובבכורות סוף פרק כל פסולי המוקדשים (לז, א) פריך סתמא דגמרא על רב דאמר אין הלכה כרבי יוסי, פשיטא יחיד ורבים הלכה כרבים). ונראה לי שכן גם דעת הרי"ף שלא הביא פלוגתתן, וצריך לומר שסמך על מה שכתב גבי אפקותא דדיקלא אגד דחד לא שמיה אגד דמשמע הא תרי הוה אגד, ומיושב תמיהת הרב המגיד שם. וכן יש לפרש דהרמב"ם סמך גם כן על מה שכתב שהאוגד עץ אחד אינו חבילה דמשמע הא שנים הוה חבילה, ודלא כהרב המגיד שכתב לדעתו דהגמרא מיירי לענין אגודת אזוב: שוב מצאתי בחידושי הרשב"א (סוכה יג, א) שכתב ואסיקנא דלרבנן מצות אזוב מן התורה לעכב בשלשה כו' עיין שם, ועל כרחך גירסא אחרת היה לפניו וכן לפני הר"ן והראב"ד. וראיתי להרע"ב שכתב בסוף פי"א דפרה מ"ט דהלכתא כרבי יוסי ותמוה. ונראה דנמשך אחרי הרמב"ם בפירושו אבל הוא ז"ל לא באר דפליגי בזה רבי יוסי ורבנן ופסק כוותייהו לענין שיריו וגרדומיו (עיין בחבורו ובכסף משנה), אבל הרע"ב שכתב תחילה דפליגי בזה ועל זה כתב דהלכה כרבי יוסי ודאי תמוה: **שהמלאך שלישו של עולם שנאמר וגויתו כתרשיש.** עיין מתנות כהונה, ועיין פסחים (לד, א) ובתוספות (ד"ה כל). ואולי תרשיש נוטריקון תרי שש רצה לומר שני ששיות דהיינו אחד שליש:

מסורת המדרש

כו. חולין דף נ"א. ילקוט סוף דניאל רמז אל"ף ס"ו:
כז. חולין דף נ"א. פרקי דרבי אליעזר פרק ל"ה:

אם למקרא

וּגְוִיָּתוֹ כְתַרְשִׁישׁ וּפָנָיו כְּמַרְאֵה בָרָק וְעֵינָיו כְּלַפִּידֵי אֵשׁ וּזְרֹעֹתָיו וּמַרְגְּלֹתָיו כְּעֵין נְחֹשֶׁת קָלָל וְקוֹל דְּבָרָיו כְּקוֹל הָמוֹן: (דניאל י:ו)

וַיֹּאמֶר לִי עַבְדִּי אָתָּה יִשְׂרָאֵל אֲשֶׁר בְּךָ אֶתְפָּאָר: (ישעיה מט:ג)

ענף יוסף

(יב) [יז] **עולם ושליש עולם הראה לו.** הכוונה שהראה לו עולם שלם רמז שיש לו עולם בפני עצמו דהיינו עולם הבא, ועוד שליש עולם מן עולם הזה והיינו שני אלפים ימות המשיח השליש מן ששת אלפים דהאי עלמא, אף על פי שעולם הבא על כל פנים ערכו יותר מערך העולם הזה מכל מקום רמזו בדרך הערה [זרע ברך שני (שלישי)]:

ידי משה

רבי ברכיה אמר עולם ושליש עולם הראת לו. ושמעתי בשם גדול אחד שזה שאמר יעקב אין זה כי אם בית אלהים לפי שמצינו בבית המקדש שעומדים צפופים ומשתחוים רווחים, ואם כן כאן גם כן אף שהמלאכים היו שליש יותר מן העולם והאיך היו יכולים לעמוד לזה אמר שעמדו בנס כמו בבית המקדש וזה מקום בית המקדש הוא עד כאן לשונו. דברי פי חכם חן:

משנת דרבי אליעזר

[יב] עולם ושליש בו'. היינו כמאן דאמר בפרק חלק (סנהדרין צז, א), ואף על פי דשית אלפי שני הוי עלמא ותרי חרוב (ראש השנה לא, א), והקב"ה יעשה לצדיקים כנפים כנשרים, ואיתא במפרשים שיהיה להם אז עונג גדול, וזהו שהראה לו עולם היינו שית אלפי, ושליש היינו תרי אלפי שכולו שבת:

וְיוֹצְאִין בַּפַּרְוָוד וּמוֹצְאִים אוֹתוֹ יָשֵׁן — **and then exit to the outer courtyard**[156] (i.e., the king's personal quarters) **and find him asleep.**

The Midrash presents another explanation of the ascending and descending angels:

דָּבָר אַחֵר — **Another interpretation:** לְמַעְלָן כָּל מִי שֶׁהוּא אוֹמֵר זְכוּתוֹ עוֹלֶה חוֹבָתוֹ יוֹרֵד — In heaven **above, whoever speaks favorably of [Israel] is elevated,** but whoever speaks **unfavorably of [Israel] is lowered.**[157] לְמַטָּן כָּל מִי שֶׁהוּא אוֹמֵר זְכוּתוֹ יוֹרֵד חוֹבָתוֹ עוֹלֶה — This is opposed to the situation on earth **below,** where **whoever speaks favorably of [Israel] is lowered** but whoever speaks **unfavorably of [Israel] is elevated!**

The Midrash presents another explanation of the ascending and descending angels:

דָּבָר אַחֵר — **Another interpretation:** מַלְאָכִים שֶׁהֵן מְלַוִּין אֶת הָאָדָם בְּאֶרֶץ יִשְׂרָאֵל אֵין מְלַוִּין אוֹתוֹ בְּחוּצָה לָאָרֶץ — The **angels who escort a person in the Land of Israel do not escort him outside the Land.**[158] "עֹלִים וְיֹרְדִים בּוֹ" — Hence, when the verse states ***ascending and descending on it***, it means as follows: "עֹלִים" אוֹתָם שֶׁלִּיווּ אוֹתוֹ בְּאֶרֶץ יִשְׂרָאֵל — ***Ascending*** refers to **those** angels **who escorted him in the Land of Israel,** "יֹרְדִים" אֵלּוּ שֶׁלִּיווּ אוֹתוֹ בְּחוּצָה לָאָרֶץ — and ***descending*** refers to **those who escorted him outside the Land.**

The Midrash now associates the angels in Jacob's vision to angels mentioned in an earlier incident:

רַבִּי לֵוִי בְּשֵׁם רַבִּי שְׁמוּאֵל בַּר נַחְמָן אָמַר — **R' Levi said in the name of R' Shmuel bar Nachman:** מַלְאֲכֵי הַשָּׁרֵת עַל יְדֵי שֶׁגִּלּוּ מִסְטִירִין שֶׁל הַקָּדוֹשׁ בָּרוּךְ הוּא נִדְחוּ מִמְּחִיצָתָן קל״ח שָׁנָה — **Because the ministering angels revealed a secret of the Holy One, blessed is He,**[159] **they were barred from their abode for one hundred thirty-eight years.**[160] רַבִּי תַּנְחוּמָא הֲוָה מַפִּיק לִישָּׁנָא קַלָּא — **R' Tanchuma expressed** the misdeed of the angels **in a more muted tone** by quoting the following teaching:[161] אָמַר רַבִּי חָמָא בַּר חֲנִינָא: עַל יְדֵי שֶׁנִּתְגָּאוּ וְאָמְרוּ: "כִּי מַשְׁחִתִים אֲנַחְנוּ אֶת הַמָּקוֹם הַזֶּה" — **R' Chama bar Chanina said:** The angels were punished **because they were overly prideful and said, *"For we are about to destroy this place"*** (above, 19:13).[162] הֵיכָן חָזְרוּ — **Where** do we find that **they** finally **returned** to their abode? כָּאן, "עֹלִים וְיֹרְדִים", עוֹלִים וְאַחַר כָּךְ יוֹרְדִים — **Here,** at the time of Jacob's dream, for the verse states that they were ***ascending and descending***, i.e., first **ascending** back to their abode **and afterward descending** to Jacob.[163]

§13 [וַיֵּצֵא יַעֲקֹב מִבְּאֵר שָׁבַע וַיֵּלֶךְ חָרָנָה וְגוֹ׳ — *JACOB DEPARTED FROM BEER-SHEBA AND WENT TOWARD HARAN, ETC.*]

The Midrash presents an additional interpretation of our passage, relating to events in the distant future, when the Jews were exiled from Jerusalem by Nebuchadnezzar:

רַבִּי יְהוֹשֻׁעַ בֶּן לֵוִי פָּתַר קְרָיָיה בַּגָּלוּת — **R' Yehoshua ben Levi interpreted the passage** here **regarding** the future **exile** of Israel.[164]

NOTES

156. *Matnos Kehunah; Rashi.*

157. According to the approach that the pronoun בּוֹ refers to Jacob, the verse teaches that the status of the angels in heaven "ascends" or "descends" *on account of him* (בּוֹ): If they praise him they are elevated but if they accuse him they are lowered (*Eitz Yosef*).

158. Every person has angels that accompany him for protection (see *Taanis* 11a, etc.), but the angels who perform this task within the boundaries of the Land of Israel are not permitted to leave the Land. Since Jacob was about to leave the Land of Israel for Haran, his local guardian angels ascended to heaven and were replaced by other angels who would accompany him for the remainder of his journey (*Eitz Yosef*). Although the angels who work within the boundaries of the Land of Israel may not leave, the angels who work outside the Land may enter, and therefore these latter angels were given the privilege of descending to Jacob now while he was still in Beth-el (*Yefeh To'ar*).

159. The secret that the angels divulged is that they were about to destroy the city of Sodom; see above, 50 §9. See *Yefeh To'ar* ad loc. for several suggestions as to why God did not want this fact to be known.

160. The angels were barred from returning to Heaven for 138 years, the span of time from the destruction of Sodom until Jacob's dream, as the Midrash explains below. See *Maharzu* and *Rashi* for an exact calculation of the 138 years from Sodom's destruction until Jacob's dream.

161. R' Tanchuma maintained that the angels' misdeed was not as egregious as revealing God's secrets, as R' Levi had taught, but that they were not careful with their words, as the Midrash will explain (*Eitz Yosef*). In fact, according to *Rashi* and *Yefeh To'ar* to 50 §9, above, the Midrash here is translated: **R' Tanchuma expressed** the misdeed of the angels as having to do with **careless speech.** [See *Yefeh To'ar* and *Radal* (to Midrash ad loc.) for yet another explanation of לִישָּׁנָא קַלָּא, based on the numerical value of the word קלה.]

162. The words used by the angels made it sound as though the decision to destroy Sodom and the power to do so was in their hands (*Eitz Yosef*). See Insight "Heights of Humility" in the Kleinman edition of *Bereishis Rabbah,* Vol. 2, 50 §10.

163. From the word *ascending* it is derived that those angels who had been barred from heaven in Abraham's time were now permitted to return there. [The Midrash understands that the verse refers to these specific angels because we do not find mention of any other angels descending to earth between the destruction of Sodom and Jacob's dream. While angels do appear in the Scriptural narratives, such as those who spoke to Hagar (21:17) and to Abraham (at the Binding of Isaac, 22:11), those angels never *descended* to earth but spoke from heaven (*Maharzu*).] As soon as the angels returned to heaven they were given their next mission: to descend and accompany Jacob on his journey to Haran (*Eitz Yosef,* citing *Yefeh To'ar*).

164. Using as his starting point the concept that everything that occurred to our forefathers is a sign for their children (see 54 §5 above), R' Yehoshua ben Levi demonstrates how all of the events surrounding Jacob's self-imposed exile were realized in the exile of his descendants following the destruction of the Temple (*Eitz Yosef*). See Insight Ⓐ.

INSIGHTS

Ⓐ **Journey to Exile** According to the *Beis HaLevi* (beginning of *Vayeitzei*), the Midrash's exposition of this passage as alluding to the exile of the Jews from the Land more than a millennium later highlights the principle that *Ramban* (in his commentary to 12:6 above) quotes from our Sages as: כָּל מַה שֶּׁאֵירַע לָאָבוֹת סִימָן לַבָּנִים, *Everything that happened to the Patriarchs is a portent for the children.* (See an elaboration of this principle in Insight "The Patriarchs: Fathers of Our History," in Kleinman edition of *Bereishis Rabbah,* Vol. 2, 40 §6.) Jacob's journey paved the way for the journey of his descendants to exile.

One can embark on a journey because he wishes to leave his present location, or he can do so because his destination beckons. Or, both motivations can be at work. Jacob had received dual parental commands. His mother had commanded him to "leave" in order to escape his brother Esau's wrath (above, 27:43). His father had commanded him to "go" to Haran in order to find a wife (above, 28:2). Our verse states that *Jacob "departed" from Beer-sheba and "went" toward Haran.* His journey served a dual purpose: to obey his mother and "leave" Beer-sheba and to obey his father and "go" to Haran.

The Midrash's exposition indicates that the Jews' exile, its trail blazed by Jacob, was also meant to accomplish that dual purpose: They had to "leave" *Eretz Yisrael,* and they had to "go" to the lands of the Diaspora.

They had to leave *Eretz Yisrael,* in the words of the verse cited by the Midrash, in order to *send them away from My Presence.* This was not so much in order to *punish* them but in order to *save* them from danger. *Eretz Yisrael* is in "God's Presence," and sin cannot be tolerated in His Presence. It is there that the curses of the *Tochachah* in *Leviticus* apply (see *Ramban* on *Leviticus* 26:16). In the lands of the Diaspora, however, the Jews will be able to endure despite their sins.

But they will indeed suffer there. As the verse cited by the Midrash says of their "going" to "Haran": *HASHEM has afflicted me on the day of*

וְיוֹצְאִין בַּפַּרְוָוד וּמוֹצְאִים אוֹתוֹ יָשֵׁן. דָּבָר אַחֵר, * לְמַעְלָן כָּל מִי שֶׁהוּא אוֹמֵר זְכוּתוֹ עוֹלֶה חוֹבָתוֹ יוֹרֵד, לְמַטָּן כָּל מִי שֶׁהוּא אוֹמֵר זְכוּתוֹ יוֹרֵד חוֹבָתוֹ עוֹלֶה. *דָּבָר אַחֵר, ° "עֹלִים וְיֹרְדִים בּוֹ", "עֹלִים" אוֹתָם שֶׁלִּיווּ אוֹתוֹ בְּאֶרֶץ יִשְׂרָאֵל, "יֹרְדִים" אֵלּוּ שֶׁלִּיווּ אוֹתוֹ בְּחוּצָה לָאָרֶץ, רַבִּי לֵוִי בְּשֵׁם רַבִּי שְׁמוּאֵל בַּר נַחְמָן אָמַר: [כח]מַלְאֲכֵי הַשָּׁרֵת עַל יְדֵי שֶׁגִּלּוּ מִסְטִירִין שֶׁל הַקָּדוֹשׁ בָּרוּךְ הוּא נִדְחוּ מִמְּחִיצָתָן קל״ח שָׁנָה, רַבִּי תַּנְחוּמָא הֲוָה מַפִּיק לִישָּׁנָא קָלָא, אָמַר רַבִּי חָמָא בַּר חֲנִינָא: עַל יְדֵי שֶׁנִּתְגָּאוּ וְאָמְרוּ: (לעיל יט, יג) "כִּי מַשְׁחִתִים אֲנַחְנוּ אֶת הַמָּקוֹם הַזֶּה", הֵיכָן חָזְרוּ, כָּאן, "עֹלִים וְיֹרְדִים", עוֹלִים וְאַחַר כָּךְ יוֹרְדִים:

יג [כט]רַבִּי יְהוֹשֻׁעַ בֶּן לֵוִי פָּתַר קְרָיָיה בַּגָּלוּת, [כח, י] "וַיֵּצֵא יַעֲקֹב מִבְּאֵר שָׁבַע", הֵיךְ מַה דְּאַתְּ אָמַר (ירמיה טו, א) "שַׁלַּח מֵעַל פָּנַי וְיֵצֵאוּ", "וַיֵּלֶךְ חָרָנָה", הֵיךְ מַה דְּאַתְּ אָמַר (איכה א, יב) "אֲשֶׁר הוֹגָה ה' בְּיוֹם חֲרוֹן אַפּוֹ", "וַיִּפְגַּע בַּמָּקוֹם" (ישעיה ה, ח) "עַד אֶפֶס מָקוֹם", "וַיָּלֶן שָׁם כִּי בָא הַשֶּׁמֶשׁ", (ירמיה טו, ט) אֻמְלְלָה יֹלֶדֶת הַשִּׁבְעָה וְגוֹ'", "וַיִּקַּח מֵאַבְנֵי הַמָּקוֹם", (איכה ד, א) "תִּשְׁתַּפֵּכְנָה אַבְנֵי קֹדֶשׁ בְּרֹאשׁ כָּל חוּצוֹת",

עץ יוסף

ויוצאין בפרווד ומוצאין אותו ישן. דבר אחר למעלן כל מי שהוא אומר זכותו עולה חובתו יורד למטן כל מי שהוא אומר זכותו יורד חובתו עולה. דבר אחר מלאכים שהיו מלוין את האדם בארץ ישראל אין מלוין אותו חוץ לארץ. עולים ויורדים בו עולים אותם שליוו אותו בארץ ישראל. כך צריך לומר (אות אמת ויפת תואר). ופירושו **למעלן** מי שמזכיר זכות ישראל הוא עולה והיפוך יורד, ולפיכך כתיב עולים ויורדים בו ובשבילו. ובעולם הזה המדבר טוב על ישראל יורד, והמיצר להם נעשה ראש: **המלאכים שליוו כו'.** ורצונו לומר שיש מלאכים מיוחדים לשמירת האדם, ומלאכי ארץ ישראל אין להם רשות לצאת חוץ לארץ, לכן אותן מלאכים שליוו אותו בארץ עלו, וירדו אותן שליוו אותו בחוץ לארץ לכן כתיב עולים ויורדים עולים תחלה ואחר כך יורדים: **מסטורין.** פירושו סוד: **שאמרו כי משחיתים.** ועיין לעיל פרשה נ' שם פרשתי: **לישנא קלא.** לשון קל, לכף זכות, שלא גילו מסתוריו של הקדוש ברוך הוא רק שתלו הגדולה בעצמם: **עולים ואחר כך יורדים.** דלכך נקט עולים תחילה כי אותם שכבר נדחו נתקרבו ונתקבלו וניתן להם רשות לעלות ושוב ירדו בשליחות ה' ללוות את יעקב (יפה תואר): **(יג) [יט] פתח קריה בגלות.** שכל מה שאירע לאבות סימן לבנים: **שלח מעל פני ויצאו.** ופירושו ויצא יעקב מבאר שבע מארץ ישראל שהוא מגור הטובה וההצלחות: **ביום חרון אפו.** ופירוש וילך חרנה שהלכו משם עד חרון אפו יתברך: **עד אפס מקום.** רצונו לומר ויפגע במקום מרמז למה שנאמר על זמן החורבן עד אפס מקום. והיינו כדדרש באיכה רבתי (פתיחתא כב) הוי מגיע בית בבית הגעתם חורבן ראשון לחורבן שני וכו' עד אפס מקום וכו' (נזר הקודש): **אותוי.** פירוש אותיות של זה הם אותיות של זה: **יולדת השבעה וגו'.** נפחה נפשה באה שמשה:

פירוש מהרז״ו

ערוך בלשון יוני ורומי היכל מלך ובית גדול מוכן לקהלת דיינים, ופרוור פירש בו מגרש של הערים וחצריה: **נדחו ממחיצתם קל״ח.** עיין לקמן (עח, ב) ולעיל (נ, ט) ושם נסמן ומבואר. והחשבון כי נ״ט שנה היה אברהם כשנתבשר על לידת יצחק ואז באו המלאכים לסדום ועוד שנה ללידת יצחק כשהיה בן מאה, וששים שנה היה יצחק בלדתו את בניו הרי ס״א, ועוד ס״ג כשבירך יצחק את יעקב הרי קכ״ד, וי״ד שנה שנטמן בבית עבר הרי קל״ח, ואז הלך לחרן וראה מלאכים עולים. והיינו על כרחך אותן המלאכים שהלכו לסדום, כי לא מצאנו מלאכים אחרים שירדו משמים ארץ מאז, ואף שכתוב אצל הגר ואצל העקדה מלאכים, מפורש שמה מן השמים, שלא ירדו לארץ. ולמה לא עלו, מצאו חז״ל שעל שדברו שלא כהוגן ונכשלו נענשו, על פי מדה ט' וי״ז: **(יג) שלח מעל פני.** בילקוט (רמז קיט) הגירסא ויצא מן בת ציון כל הדרה, מבאר שבע, נשבע ה' בגאון יעקב אם אשכח וגו' (עמוס ח, ז): **עד אפס מקום.** ישעיה (ה, ח), רצה לומר עד שלא יהיה להם מקום בארץ: **יולדת השבעה.** וסיפיה דקרא נפחה נפשה באה שמשה:

חידושי הרד״ל

[יג] **ויצא יעקב כמה דאת אמר מעל פני, ויצא מבאר שבע היך דאת אמר** (עמוס ח, ז) **נשבע ה' בגאון יעקב. וילך חרנה כו'.** כן הוצא בילקוט (רמז קיט) וכן צריך לומר:

אמרי יושר

בחצר מוצאין אותו ישן האיקונין. וכן כאן יעקב היה ישן: **למעלה כל מי שאומר זכותו עולה.** פירוש עולים ויורדים בעבורו ובדבר אחר בעצמו אם זכות אם חובה אם זכות עולים בעבורו למעלה: **ולמטה.** יורדים המבקשים זכותו והמלמדים חובתו עולים כי כל המיצר לישראל נעשה ראש (סנהדרין קד ב): **נדחו ממחיצתן.** ובזכותו עלו המלאכים שנדחו כי שמע אותם אומרים אתא שמשא שיעלנו ורצו ויצר אל מלאך וניתן לו רצונו: **מפיק לישנא.** רצונו לומר לישנא אחרינא או יש אומרים: **[יג] פתר קרייא בגלות.** כל מה שאירע לאבות סימן לבנים:

מסורת המדרש

כח. לעיל פרשה נ': כט. ילקוט כאן רמז קי״ט כל הענין:

אם למקרא

כִּי מַשְׁחִתִים אֲנַחְנוּ אֶת הַמָּקוֹם הַזֶּה כִּי גָדְלָה צַעֲקָתָם אֶת פְּנֵי ה' וַיְשַׁלְּחֵנוּ ה' לְשַׁחֲתָהּ: (בראשית יט:יג)

וַיֹּאמֶר ה' אֵלַי אִם יַעֲמֹד מֹשֶׁה וּשְׁמוּאֵל לְפָנַי אֵין נַפְשִׁי אֶל הָעָם הַזֶּה שַׁלַּח מֵעַל פָּנַי וְיֵצֵאוּ: (ירמיה טו:א)

לוֹא אֲלֵיכֶם כָּל עֹבְרֵי דֶרֶךְ הַבִּיטוּ וּרְאוּ אִם יֵשׁ מַכְאוֹב כְּמַכְאֹבִי אֲשֶׁר עוֹלַל לִי אֲשֶׁר הוֹגָה ה' בְּיוֹם חֲרוֹן אַפּוֹ: (איכה א:יב)

הוֹי מַגִּיעֵי בַיִת בְּבַיִת שָׂדֶה בְשָׂדֶה יַקְרִיבוּ עַד אֶפֶס מָקוֹם וְהוּשַׁבְתֶּם לְבַדְּכֶם בְּקֶרֶב הָאָרֶץ: (ישעיה ה:ח)

אֻמְלְלָה יֹלֶדֶת הַשִּׁבְעָה נָפְחָה נַפְשָׁהּ בָּא שִׁמְשָׁהּ בְּעֹד יוֹמָם בּוֹשָׁה וְחָפֵרָה וּשְׁאֵרִיתָם לַחֶרֶב אֶתֵּן לִפְנֵי אֹיְבֵיהֶם נְאֻם ה': (ירמיה טו:ט)

אֵיכָה יוּעַם זָהָב יִשְׁנֶא הַכֶּתֶם הַטּוֹב תִּשְׁתַּפֵּכְנָה אַבְנֵי קֹדֶשׁ בְּרֹאשׁ כָּל חוּצוֹת: (איכה ד:א)

שינוי נוסחאות

דבר אחר, למעלן כל מי שהוא אומר זכותו עולה חובתו יורד. בדפוסים הישנים היה כתוב אחר "דבר אחר" בזה הלשון: "מלאכים שהן מלוין את האדם בארץ ישראל אין מלוין אותו בחו״ל", ומחקוהו גם אות אמת וגם מתנות כהונה מכאן והעבירוהו למטה, וברוב הדפוסים השמיטוהו לגמרי במקום להעבירו להלן (וכן כתבנו כאן גם אנו), ובדפוס וארשא כתבוהו כאן, אבל ודאי צריך לכתבו להלן כמו שהסכימו אות אמת ומתנות כהונה:

רש״י

פרווד. הוא חצר החיצונה, את שדה העיר ואת חצריה (יהושע כא, יב) מתרגמינן ית חקל קרתא וית פרוודהא: **למעלה כל שהוא אומר זכותן של ישראל עולה.** עלייה היא לו שמלמד סניגוריא על ישראל: **חובתו יורד.** שכל המקטרג עליהם יורד, שמורידין אותו על שמקטרג על ישראל, אבל למטה כל מי שהוא מלמד עליהם זכות יורד אבל מי שמלמד עליהם חובה עולה: **עולים.** אלו שלוו אותו בארץ ויורדין ללוות אותו בחוצה לארץ: **מלאכי השרת על ידי שגלו מסטורין של הקב״ה נדחו ממחיצתם קל״ח שנה.** חשוב מאותה שנה שאמרו (בראשית יט, יג) כי משחיתים אנחנו לשנה אחרת נולד יצחק, וכתיב (שם כה, כו) ויצחק בן ששים שנה בלדת אותם ויעקב בן שישים ושלש כשנתברך, עשה עוד מוטמן בבית עבר ומשמשו י״ד שנה צרף חשבון זה לאחד הרי קל״ח, ושנה אחת קודם נדחו: **רבי תנחומא הוה מפיק ליה לישנא קלא.** לא ע״י שגילו, אלא על ידי שאמרו כי משחיתים אנחנו שלא תלו הגדולה בבעליה:

מתנות כהונה

לו העולם ככותל: **ה״ג יושב ודן עולים לבסילקי ומוציאים אותו יושב ודן ויוצאין בפרווד ומוציאים אותו ישן** וכן מצאתי בפירש״י ז״ל: **בסלקיא.** פירש״י והערוך פלטין גדולה ששם יושב המלך ודן: **פרווד.** פירש״י חצר החיצונה ואת חצריה תרגומו וית פרוודהא והוא כמו פרוזדור: **ה״ג ומוצאים אותו ישן למעלה כל מי שהוא אומר זכותו עולה חובתו יורד למטה כל מי שהוא אומר זכותו יורד חובתו עולה ד״א מלאכים שהן (מלוין את האדם בא״י אין מלוין אותו בח״ל עולים אותן) כו'** [כ״כ במדרש אשר עם היפ״ת והוא כתב דל״ג לה הכא אלא בתר חובתן עולה]: **למעלן.** בפמליא של מעלה. מי שמזכיר זכות ישראל הוא עולה והיפוך יורד לפיכך כתיב עולים ויורדים בו ובשבילו: **חובתו עולה.** כדאמרינן בעלמא כל המיצר לישראל נעשה ראש: **אותן שליוו כו'.** ולפיכך כתיב עולים תחלה ואח״כ יורדים: **מסטירין.** שאמרו כי משחיתים אנחנו ועיין לעיל בפרשה נ' וכן מצאתי בפירוש רש״י ובפירוש הראב״ד לספר יצירה: **לישנא קלא.** לשון קל לכף זכות שלא גילו מסתוריו של הקב״ה רק שתלו הגדולה בעצמם: [יג] **יולדות השבעה וגו' גרסינן.** וסיפיה דקרא נפחה נפשה בא שמשה:

אשד הנחלים

זכותו עולה. דרש יש מהם שעולים והם הפרקליטים הטובים, ויש מהם יורדים והם המלמדים חוב כי מלמד זכות גובר: **אותם שליוו.** ולכן כתיב העליה קודם הירידה. כי מלאכי א״י עלו ומלאכי חו״ל ירדו ללוותו. ולפי שאין מדריגת השמירה של א״י וחו״ל שוים, לכן המה נבדלים במלאכים שהם מנהיגי השגחה העליונה ג״כ. והבן: **נדחו ממחיצתן.** בדבר הזה יש לי עיון דק וכבר ביארתי אותו במקום אחר: **[יג] בגליות.** כי כוונתו היה לתקן קבוץ גליות, ועל כן נתראה לו זה במראה הנבואה. וכל מעשי אבות סימן לבנים, יעקב יצא מבאר שבע שהוא מקום המקודש, כמו כן בניו נאמר עליהם שיצאו. יעקב הלך חרנה, והוא שם למדת הדין השולט שמה, כן עליהם הי' מדת הדין גובר. ושמה יעקב פגע במקום, כלומר שהבין שיהא המקום חרב, כמו שכתוב (ישעיה ה, ח) הוי מגיעי בית בבית, מרוב הדוחק שהאויב מציק להם עד שכמעט יהיה באפס מקום להיות שמה. וכאשר ראה יעקב זאת אז לן שם לתקן זאת, כי ראה כי בא השמש לישראל ונכבה אורם: **ויקח מאבני המקום.** הוא דמות

"וַיֵּצֵא יַעֲקֹב מִבְּאֵר שָׁבַע", הֵיךְ מַה דְּאַתְּ אָמַר "שַׁלַּח מֵעַל פָּנַי וְיֵצֵאוּ" — ***Jacob "departed" from Beer-sheba*** — this is **comparable to that which is stated,** ***Send them away from My Presence and let them "depart"!*** (*Jeremiah* 15:1);[165] "וַיֵּלֶךְ חָרָנָה", הֵיךְ מַה דְּאַתְּ אָמַר "אֲשֶׁר הוֹגָה ה' בְּיוֹם חֲרוֹן אַפּוֹ" — ***and he went toward Haran*** [חָרָן] — this is **comparable to that which is stated** regarding the exile, *Behold and see, if there is any pain like my pain that befell me;* ***which HASHEM has afflicted me on the day of His burning*** [חֲרוֹן] ***wrath*** (*Lamentations* 1:12).[166] "וַיִּפְגַּע בַּמָּקוֹם", "עַד אֶפֶס מָקוֹם" — ***He encountered the "place"*** — this is comparable to the verse, *Woe to you who caused house to encroach against house, and make field approach field,* ***until there is no more "place"***[167] . . . *I swear that many houses, great and splendid ones, will be laid ruin, without inhabitant* (*Isaiah* 5:8-9); "וַיָּלֶן שָׁם כִּי בָא הַשֶּׁמֶשׁ", "אֻמְלְלָה יֹלֶדֶת הַשִּׁבְעָה וְגוֹ'" — ***and he spent the night there because "the sun had set"*** — this is comparable to the verse, ***She who gave birth to seven*** children ***is distressed,*** *her soul is distraught; her "sun has set" while it is still daytime* (*Jeremiah* 15:9);[168] "וַיִּקַּח מֵאַבְנֵי הַמָּקוֹם", "תִּשְׁתַּפֵּכְנָה אַבְנֵי קֹדֶשׁ בְּרֹאשׁ כָּל חוּצוֹת" — ***he took from the "stones of the place"*** — this is comparable to the verse, ***"Sacred stones" are scattered at the head of every street*** (*Lamentations* 4:1);

NOTES

165. Just as Jacob had to abandon the good Land of Israel, his children would also be forcibly removed from the Land (ibid.).

166. The word חָרָן (*Haran*) alludes to the חֲרוֹן (*burning wrath*), which would accompany the Jewish exile in Jeremiah's time.

167. *Yefeh To'ar* writes that our Midrash alludes to the interpretation of these words found in *Eichah Rabbah,* that *until there is no more place* means that the people worshiped idolatry in every house and field "until there was no place" left in the land that was not used for idolatry. The Midrash here, he explains, is interpreting וַיִּפְגַּע בַּמָּקוֹם to mean "he (Israel) committed offenses [וַיִּפְגַּע] against the Omnipresent [בַּמָּקוֹם]."

168. The sunset at Beth-el is taken as a foreshadowing of future exile, which is also described metaphorically as the "setting of the sun" (*Eitz Yosef*; see above, §10, and commentary).

INSIGHTS

His burning wrath. There is a purpose to our being in exile. And part of that purpose is suffering the wrath of God on account of our sins.

Our suffering in exile by Divine decree, though, has another aspect: God's "hand" is upon us — evidence that we are still His. The Gemara (*Chagigah* 5b) tells of the heretic who signaled R' Yehoshua ben Chananiah that the Jews are "a nation whose Master has turned His face away from it!" To which R' Yehoshua signaled in reply that "His hand is stretched out over us." Now, as *Maharsha* (ad loc.) points out, R' Yehoshua's reference seems to be to the various verses in *Isaiah* that state: *Yet still His wrath has not ceased and "His hand is still stretched out"* (5:25; 9:11,16,20; 10:4). Wouldn't R' Yehoshua's reply, then, serve to *reinforce* the heretic's claim that God has abandoned us?

Not so, says the *Beis HaLevi,* prefacing his answer with a halachic distinction. The *Tur* (*Choshen Mishpat* 261) rules that someone who deliberately leaves his object in a place where it is likely to be destroyed has effectively abandoned ownership and anyone may take it for himself. Yet we find *Bava Kamma* 26a discussing the liability of one who intercepts and breaks a vessel thrown by its owner from a roof! But hasn't the owner effectively abandoned it by throwing it from the roof? Why should the one who breaks it be liable? The distinction, says the *Beis HaLevi,* is as follows: In the *Tur's* case, the owner does not *care* what happens to his object. He has abandoned it. But in the Gemara's case, the owner casts his vessel from the roof *because he wishes to shatter it.* And until his purpose is accomplished, the vessel remains his.

This, then, is what R' Yehoshua signaled to the heretic. God has not *abandoned* us in exile; He wishes to *punish* us there. The fact that "His hand is stretched out over us" means that He has an interest in what happens to us; thus, we are still *His.*

Jacob's exile blazed the trail for our own. Like Jacob, we could not remain in the Land, and we *had* to be in "Haran." And like Jacob, we will eventually return home from "Haran" — laden with all the treasures we will have acquired there — when God will turn His face back toward us once again.

וְיוֹצְאִין בַּפַּרְוָוד וּמוֹצְאִים אוֹתוֹ יָשֵׁן. דָּבָר אַחֵר, * לְמַעְלָן כָּל מִי שֶׁהוּא אוֹמֵר זְכוּתוֹ עוֹלֶה חוֹבָתוֹ יוֹרֵד, לְמַטָּן כָּל מִי שֶׁהוּא אוֹמֵר זְכוּתוֹ יוֹרֵד חוֹבָתוֹ עוֹלֶה. *דָּבָר אַחֵר, ° "עֹלִים וְיֹרְדִים בּוֹ", "עֹלִים" אוֹתָם שֶׁלִּיווּ אוֹתוֹ בְּאֶרֶץ יִשְׂרָאֵל, "יֹרְדִים" אֵלּוּ שֶׁלִּיווּ אוֹתוֹ בְּחוּצָה לָאָרֶץ, רַבִּי לֵוִי בְּשֵׁם רַבִּי שְׁמוּאֵל בַּר נַחְמָן אָמַר: [כח]מַלְאֲכֵי הַשָּׁרֵת עַל יְדֵי שֶׁגִּלּוּ מִסְטִירִין שֶׁל הַקָּדוֹשׁ בָּרוּךְ הוּא נִדְחוּ מִמְּחִיצָתָן קל"ח שָׁנָה, רַבִּי תַּנְחוּמָא הֲוָה מַפִּיק לִישָּׁנָא קָלָא, אָמַר רַבִּי חָמָא בַּר חֲנִינָא: עַל יְדֵי שֶׁנִּתְגָּאוּ וְאָמְרוּ: (לעיל יט, יג) "כִּי מַשְׁחִתִים אֲנַחְנוּ אֶת הַמָּקוֹם הַזֶּה", הֵיכָן חָזְרוּ, כָּאן, "עֹלִים וְיֹרְדִים", עוֹלִים וְאַחַר כָּךְ יוֹרְדִים:

יג [כט]רַבִּי יְהוֹשֻׁעַ בֶּן לֵוִי פָּתַר קְרָיָיה בַּגָּלוּת, [כח, י] "וַיֵּצֵא יַעֲקֹב מִבְּאֵר שָׁבַע", הֵיךְ מַה דְּאַתְּ אָמַר (ירמיה טו, א) "שַׁלַּח מֵעַל פָּנַי וְיֵצֵאוּ", "וַיֵּלֶךְ חָרָנָה", הֵיךְ מַה דְּאַתְּ אָמַר (איכה א, יב) "אֲשֶׁר הוֹגָה ה' בְּיוֹם חֲרוֹן אַפּוֹ", "וַיִּפְגַּע בַּמָּקוֹם" (ישעיה ה, ח) "עַד אֶפֶס מָקוֹם", "וַיָּלֶן שָׁם כִּי בָא הַשֶּׁמֶשׁ", (ירמיה טו, ט) אֻמְלְלָה יֹלֶדֶת הַשִּׁבְעָה וְגוֹ'", "וַיִּקַּח מֵאַבְנֵי הַמָּקוֹם", (איכה ד, א) "תִּשְׁתַּפֵּכְנָה אַבְנֵי קֹדֶשׁ בְּרֹאשׁ כָּל חוּצוֹת",

עץ יוסף

ויוצאין בפרווד ומוצאין אותו ישן. דבר אחר למעלן כל מי שהוא אומר זכותו עולה חובתו יורד למטן כל מי שהוא אומר זכותו יורד חובתו עולה. דבר אחר מלאכים שהיו מלוין את האדם בארץ ישראל אין מלוין אותו חוץ לארץ. עולים ויורדים בו עולים אותם שליוו אותו בארץ ישראל. כך צריך לומר (אות אמת ויפת תואר). ופירושו **למעלן** מי שמזכיר זכות ישראל הוא עולה וההיפוך יורד, ולפיכך כתיב עולים ויורדים בו ובשבילו. ובעולם הזה המדבר טוב על ישראל יורד, והמיצר להם נעשה ראש: **המלאכים שליוו כו'.** ורצונו לומר שיש מלאכים מיוחדים לשמירת האדם, ומלאכי ארץ ישראל אין להם רשות לצאת חוץ לארץ, לכן אותן מלאכים שליוו אותו בארץ עלו, וירדו אותן שליוו אותו בחוץ לארץ לכן כתיב עולים ויורדים עולים תחלה ואחר כך יורדים: **מסטורין.** פירושו סוד: **שאמרו כי משחיתים.** ועיין לעיל פרשה נ' שם פרשתי: **לישנא קלא.** לשון קל, לכף זכות, שלא גילו מסתוריו של הקדוש ברוך הוא רק שתלו הגדולה בעצמם: **עולים ואחר כך יורדים.** דלכך נקט עולים תחילה כי אותם שכבר נדחו נתקרבו ונתקבלו וניתן להם רשות לעלות ושוב ירדו בשליחות ה' ללוות את יעקב (יפה תואר): **(יג) [יט] פתח קריה בגלות.** שכל מה שאירע לאבות סימן לבנים: **שלח מעל פני ויצאו.** ופירושו ויצא יעקב מבאר שבע מארץ ישראל שהוא מגור הטובה וההצלחות: **ביום חרון אפו.** ופירוש וילך חרנה שהלכו משם עד חרון אפו יתברך: **עד אפס מקום.** רצונו לומר ויפגע במקום מרמז למה שנאמר על זמן החורבן עד אפס מקום. והיינו כדדרש באיכה רבתי (פתיחתא כב) הוי מגיע בית בבית הגעתם חורבן ראשון לחורבן שני וכו' עד אפס מקום וכו' (נזר הקודש): **אותוי.** פירוש אותיות של זה הם אותיות של זה: **יולדת השבעה וגו'.** נפחה נפשה באה שמשה:

פירוש מהרז"ו

ערוך בלשון יוני ורומי היכל מלך ובית גדול מוכן לקהלת דייניס, ופרווד פירש בו מגרש של העריס ואלריה: **נדחו ממחיצתם קל"ח.** עיין לקמן (עח, ב) ולעיל (נ, ט) ושם נסמן ומבואר. והחשבון כי ל"ט שנה היה אברהם כשנתבשר על לידת יצחק ואז באו המלאכים לסדום ועוד שנה ללידת יצחק כשהיה בן מאה, וששים שנה היה יצחק בלדתו את בניו הרי ס"א, ועוד ס"ג כשבירך יצחק את יעקב הרי קכ"ד, וי"ד שנה שנטמן בבית עבר הרי קל"ח, ואז הלך לחרן וראה מלאכים עולים. והיינו על כרחך אותן המלאכים שהלכו לסדום, כי לא מצאנו מלאכים אחרים שירדו משמים ארץ מאז, ואף שכתוב אצל הגר ואצל העקדה מלאכים, מפורש שמה מן השמים, שלא ירדו לארץ. ולמה לא עלו, מצאו חז"ל שעל שדברו שלא כהוגן ונכשלו נענשו, על פי מדה ט' וי"ז: **(יג) שלח מעל פני.** בילקוט (רמז קיט) הגירסא ויצא מן בת ציון כל הדרה, מבאר שבע, נשבע ה' בגאון יעקב אם אשכח וגו' (עמוס ח, ז): **עד אפס מקום.** ישעיה (ה, ח), רצה לומר עד שלא יהיה להם מקום בארץ: **יולדת השבעה.** וסיפיה דקרא נפחה נפשה באה שמשה:

רש"י

פרווד. הוא אצר החיצונה, את שדה העיר ואת חצריה (יהושע כא, יב) מתרגמינן ית חקל קרתא וית פרוודהא: **למעלה כל שהוא אומר זכותן של ישראל עולה.** עלייה היא לו שמלמד סניגוריא על ישראל: **חובתו יורד.** שכל המקטרג עליהם יורד, שמורידין אותו על שמקטרג על ישראל, אבל למטה כל מי שהוא מלמד עליהם זכות יורד אבל מי שמלמד עליהם חובה עולה: **עולים.** אלו שלוו אותו בארץ ויורדין ללוות אותו בחוצה לארץ: **מלאכי השרת על ידי שגלו מסטורין של הקב"ה נדחו ממחיצתם קל"ח שנה.** חשוב מאותה שנה שאמרו (בראשית יט, יג) כי משחיתים אנחנו לשנה אחרת נולד יצחק, וכתיב (שם כה, כו) ויצחק בן ששים שנה בלדת אותם ויעקב בן ששים ושלש כשנתברך, עשה עוד מוטמן בבית עבר ומשמשו י"ד שנה צרף חשבון זה לאחד הרי קל"ח, ושנה אחת קודם כלחו: **רבי תנחומא הוה מפיק ליה לישנא קלא.** לא ע"י שגילו, אלא על ידי שאמרו כי משחיתים אנחנו שלא תלו הגדולה בבעליה:

מתנות כהונה

לו העולם כפותל: **ה"ג יושב ודן עולים לבסילקי ומוציאים אותו יושב ודן ויוצאין בפרווד ומוציאים אותו ישן** וכן מצאתי בפירש"י ז"ל: **בסלקיא.** פירש"י והערוך פלטין גדולה ששם יושב המלך ודן: **פרווד.** פירש"י אצר החיצונה ואת חצריה תרגומו וית פרוודהא והוא כמו פרוזדור: **ה"ג ומוצאים אותו ישן למעלה כל מי שהוא אומר זכותו עולה חובתו יורד למטה כל מי שהוא אומר זכותו יורד חובתו עולה ד"א מלאכים שהן (מלוין את האדם בא"י אין מלוין אותו בח"ל עולים אותן) כו'** [כ"כ במדרש אשר עם היפ"ת והוא כתב דל"ג לה הכא אלא בתר חובתן עולה]: **למעלן.** בפמליא של מעלה. מי שמזכיר זכות ישראל הוא עולה וההיפוך יורד לפיכך כתיב עולים ויורדים בו ובשבילו: **חובתו עולה.** כדאמרינן בעלמא כל המיצר לישראל נעשה ראש: **אותן שליוו כו'.** ולפיכך כתיב עולים תחלה ואח"כ יורדים: **מסטירין.** שאמרו כי משחיתים אנחנו ועיין לעיל בפרשה נ' וכן מצאתי בפירוש רש"י ובפירוש הראב"ד לספר יצירה: **לישנא קלא.** לשון קל לכף זכות שלא גילו מסתוריו של הקב"ה רק שתלו הגדולה בעצמם: **[יג] יולדות השבעה וגו' גרסינן.** וסיפיה דקרא נפחה נפשה בא שמשה:

אשד הנחלים

זכותו עולה. דרש יש מהם שעולים והם הפרקליטים הטובים, ויש מהם יורדים והם המלמדים חוב כי מלמד זכות גובר: **אותם שליוו.** ולכן כתיב העליה קודם הירידה. כי מלאכי א"י עלו ומלאכי חו"ל ירדו ללוותו. ולפי שאין מדריגת השמירה של א"י וחו"ל שוים, לכן המה נבדלים במלאכים שהם מנהיגי השגחה העליונה ג"כ. והבן: **נדחו ממחיצתן.** בדבר הזה יש לי עיון דק וכבר ביארתי אותו במקום אחר: **[יג] בגליות.** כי כוונתו היה לתקן קבוץ גליות, ועל כן נתראה לו זה במראה הנבואה. וכל מעשי אבות סימן לבנים, יעקב יצא מבאר שבע שהוא מקום המקודש, כמו כן בניו נאמר עליהם שיצאו. יעקב הלך חרנה, והוא שם למדת הדין השולט שמה, כן עליהם הי' מדת הדין גובר. ושמה יעקב פגע במקום, כלומר שהבין שיהא המקום חרב, כמו שכתוב (ישעיה ה, ח) הוי מגיעי בית בבית, מרוב הדוחק שהאויב מציק להם עד שכמעט יהיה באפס מקום להיות שמה. וכאשר ראה יעקב זאת אז לן שם לתקן זאת, כי ראה כי בא השמש לישראל ונכבה אורם: **ויקח מאבני המקום.** הוא דמות

חידושי הרד"ל

[יג] ויצא יעקב כמה דאת אמר מעל פני, ויצא מבאר שבע היך דאת אמר (עמוס ח, ז) נשבע ה' בגאון יעקב. וילך חרנה כו'. כן הוצא בילקוט (רמז קיט) וכן צריך לומר:

אמרי יושר

בחצר מוצאין אותו ישן האיקונין. וכן כאן יעקב היה ישן: **למעלה כל מי שאומר זכותו עולה.** פירוש עולים ויורדים בעבורו ובדבר אחר בעצמו אם זכות אם חובה אם זכות עולים בעבורו למעלה: **ולמטה.** יורדים המבקשים זכותו והמלמדים חובתו עולים כי כל המיצר לישראל נעשה ראש (סנהדרין קד ב): **נדחו ממחיצתן.** ובזכותו עלו המלאכים שנדחו כי שמע אותם אומרים אתא שמשא שיעלנו וחרזו ויצר אל מלאך וניתן לו רצונו: **מפיק לישנא.** רצונו לומר לישנא אחרינא או יש אומרים: **[יג] פתר קרייא בגלות.** כל מה שאירע לאבות סימן לבנים:

מסורת המדרש

כח. לעיל פרשה נ':
כט. ילקוט כאן רמז קי"ט כל הענין:

אם למקרא

כִּי מַשְׁחִתִים אֲנַחְנוּ אֶת הַמָּקוֹם הַזֶּה כִּי גָדְלָה צַעֲקָתָם אֶת פְּנֵי ה' וַיְשַׁלְּחֵנוּ ה' לְשַׁחֲתָהּ:
(בראשית יט:יג)

וַיֹּאמֶר ה' אֵלַי אִם יַעֲמֹד מֹשֶׁה וּשְׁמוּאֵל לְפָנַי אֵין נַפְשִׁי אֶל הָעָם הַזֶּה שַׁלַּח מֵעַל פָּנַי וְיֵצֵאוּ:
(ירמיה טו:א)

לוֹא אֲלֵיכֶם כָּל עֹבְרֵי דֶרֶךְ הַבִּיטוּ וּרְאוּ אִם יֵשׁ מַכְאוֹב כְּמַכְאֹבִי אֲשֶׁר עוֹלַל לִי אֲשֶׁר הוֹגָה ה' בְּיוֹם חֲרוֹן אַפּוֹ:
(איכה א:יב)

הוֹי מַגִּיעֵי בַיִת בְּבַיִת שָׂדֶה בְשָׂדֶה יַקְרִיבוּ עַד אֶפֶס מָקוֹם וְהוּשַׁבְתֶּם לְבַדְּכֶם בְּקֶרֶב הָאָרֶץ:
(ישעיה ה:ח)

אֻמְלְלָה יֹלֶדֶת הַשִּׁבְעָה נָפְחָה נַפְשָׁהּ בָּא שִׁמְשָׁהּ בְּעֹד יוֹמָם בּוֹשָׁה וְחָפֵרָה וּשְׁאֵרִיתָם לַחֶרֶב אֶתֵּן לִפְנֵי אֹיְבֵיהֶם נְאֻם ה':
(ירמיה טו:ט)

אֵיכָה יוּעַם זָהָב יִשְׁנֶא הַכֶּתֶם הַטּוֹב תִּשְׁתַּפֵּכְנָה אַבְנֵי קֹדֶשׁ בְּרֹאשׁ כָּל חוּצוֹת:
(איכה ד:א)

שינוי נוסחאות

דבר אחר, למעלן כל מי שהוא אומר זכותו עולה חובתו יורד. בדפוסים הישנים היה כתוב אחר "דבר אחר" בזה הלשון: "מלאכים שהן מלוין את האדם בארץ ישראל אין מלוין אותו בחו"ל", ומחקוהו גם אות אמת וגם מתנות כהונה מכאן והעבירוהו למטה, וברוב הדפוסים השמיטוהו לגמרי במקום להעבירו להלן (וכן כתבנו כאן גם אנו), ובדפוס וארשא כתבוהו כאן, אבל ודאי צריך לכתבו להלן כמו שהסכימו אות אמת ומתנות כהונה:

"וַיָּשֶׂם מְרַאֲשֹׁתָיו", "כִּי יָרַד מַרְאֲשׁוֹתֵיכֶם" — ***which he arranged around his head*** [מְרַאֲשֹׁתָיו] — this is comparable to the verse, ***For your dominions*** [מַרְאֲשׁוֹתֵיכֶם] ***have collapsed*** (*Jeremiah* 13:18);[169] "וַיִּשְׁכַּב בַּמָּקוֹם הַהוּא", "נִשְׁכְּבָה בְּבָשְׁתֵּנוּ וּתְכַסֵּנוּ כְּלִמָּתֵנוּ" — ***and he "lay down" in that place*** — this is comparable to the verse, ***We "lie down" in our shame and our humiliation covers us*** (ibid. 3:25). "וַיַּחֲלֹם", זֶה חֲלוֹמוֹ שֶׁל נְבוּכַדְנֶצַּר — ***And he dreamt*** — **this is** an allusion to **the dream of Nebuchadnezzar.**[170] "וְהִנֵּה סֻלָּם" זֶה צַלְמוֹ שֶׁל נְבוּכַדְנֶצַּר — ***And behold! A ladder*** — **this is** an allusion to **Nebuchadnezzar's statue,**[171] הוּא סֶמֶל הוּא סֻלָּם — for **"image"** is interchangeable with **"ladder,"** אוֹתִיּוֹת דְּדֵין הוּא אוֹתִיּוֹת דְּדֵין — as **the letters of this** word **are the** same as the **letters of that** word;[172] "מֻצָּב אַרְצָה", "אֲקִימֵהּ בְּבִקְעַת דּוּרָא" — ***was "set" earthward*** — this is comparable to the verse, ***[Nebuchadnezzar] "set up" [the statue] in the valley of Dura*** (*Daniel* 3:1); "וְרֹאשׁוֹ מַגִּיעַ הַשָּׁמָיְמָה", רוּמֵהּ אַמִּין שִׁתִּין פְּתָיֵהּ אַמִּין שֵׁת" — ***and its top reached heavenward*** — this is comparable to the verse's description of the statue: ***Its height was sixty cubits***[173] ***and its width six cubits*** (ibid.); "וְהִנֵּה מַלְאֲכֵי אֱלֹהִים", זֶה חֲנַנְיָה מִישָׁאֵל וַעֲזַרְיָה — ***and behold! angels of God*** — **this is** an allusion to **Hananiah, Mishael, and Azariah;**[174] "עֹלִים וְיֹרְדִים בּוֹ", מַעֲלִים בּוֹ וּמוֹרִידִים בּוֹ — ***were ascending and descending on it*** — this is an allusion to the fact that **they promoted through [the statue]**[175] **and they demoted through it,**[176] אַפְּזִים בּוֹ קַפְּזִים בּוֹ סוֹנְטִים בּוֹ — by figuratively **pushing** and **leaping on him** and **ridiculing him,**[177] "יְדִיעַ לֶהֱוֵא לָךְ מַלְכָּא דִּי לֵאלָהָךְ לָא אִיתַנָא פָּלְחִין וּלְצֶלֶם דַּהֲבָא דִּי הֲקֵימְתָּ לָא נִסְגֻּד" — for they told Nebuchadnezzar, ***Let it be known to you, O king, that we do not worship your god, and to the golden statue that you have set up we will not prostrate ourselves!*** (ibid., v. 18). "וְהִנֵּה ה' נִצָּב עָלָיו", אָמַר לָהֶם לַחֲנַנְיָה מִישָׁאֵל וַעֲזַרְיָה: "עַבְדוֹהִי דִּי אֱלָהָא עִלָּאָה פֻּקוּ וֶאֱתוֹ" — ***And behold! HASHEM was standing over him*** — this is an allusion to what **[Nebuchadnezzar] said to Hananiah, Mishael, and Azariah, *Servants of the Supreme God, step out and come here!*** (ibid., v. 26).[178]

The Midrash presents another explanation for the symbolism of the angels of Jacob's dream:

דָּבָר אַחֵר "וְהִנֵּה מַלְאֲכֵי אֱלֹהִים", זֶה דָּנִיֵּאל — **Another interpretation:** ***And behold! angels of God*** — **this is** an allusion to **Daniel;**[179] "עֹלִים וְיֹרְדִים בּוֹ", שֶׁעָלָה וְהוֹצִיא אֶת בִּלְעוֹ מִתּוֹךְ פִּיו — ***ascending and descending on it*** — this is an allusion to the fact that **[Daniel] went up and removed from its mouth what it had swallowed,**[180] הֲדָא הוּא דִכְתִיב "וּפָקַדְתִּי עַל בֵּל בְּבָבֶל וְהֹצֵאתִי אֶת בִּלְעוֹ מִפִּיו" — and **thus it is written, *I will deal with Bel***[181] ***in Babylonia, and I will remove from his mouth what he has swallowed*** (*Jeremiah* 51:44). שֶׁהָיָה לוֹ תַּנִּין אֶחָד לִנְבוּכַדְנֶצַּר וְהָיָה בּוֹלֵעַ כָּל מַה שֶּׁהָיוּ מַשְׁלִיכִין לְפָנָיו — A similar event is related concerning a snake,[182] **for Nebuchadnezzar had a certain snake that would swallow anything thrown before it.** אָמַר לֵיהּ נְבוּכַדְנֶצַּר לְדָנִיֵּאל: כַּמָּה כֹּחוֹ גָּדוֹל שֶׁבּוֹלֵעַ כָּל מַה שֶּׁמַּשְׁלִיכִין לְפָנָיו — **Nebuchadnezzar said to Daniel,** "See **how great is its power, in that it swallows anything thrown before it!"**[183] אָמַר לוֹ דָּנִיֵּאל: תֵּן לִי רְשׁוּת וַאֲנִי מַתִּישׁוֹ — **Daniel said to [Nebuchadnezzar], "Grant me permission and I will** show you that I can **weaken it."** נָתַן לוֹ רְשׁוּת — **[Nebuchadnezzar] gave him permission.** מֶה עָשָׂה, נָטַל תֶּבֶן וְהִטְמִין לְתוֹכוֹ מַסְמְרִים — **What did [Daniel] do? He took straw and concealed nails in it.** הִשְׁלִיךְ לְפָנָיו וְנִקְּבוּ מַסְמְרִים אֶת בְּנֵי מֵעָיו — **He threw it before [the snake],** which swallowed the straw, **and the nails punctured its innards** and killed it.[184] הֲדָא הוּא דִכְתִיב "וְהֹצֵאתִי אֶת בִּלְעוֹ מִפִּיו" — **Thus it is written, *And I will remove from his mouth what he has swallowed*** (ibid.).[185]

NOTES

169. Jacob's sleeping on the ground with stones around his head was emblematic of the harsh and precipitous decline of Israel's fortune. Thus, when he placed these stones beneath his *head* [מְרַאֲשֹׁתָיו] it alluded to the demise of the once-glorious Jewish *dominions* [מַרְאֲשׁוֹתֵיכֶם] at the time of their exile (ibid., citing *Yefeh To'ar*).

170. After the Jews were exiled to Babylonia (alluded to in the previous verse, *Jacob departed from Beer-sheba and went toward Haran,* as the Midrash has explained), the Babylonian king had a dream, which Daniel succeeded in interpreting (*Daniel,* Ch. 2). The Midrash compares this dream to Jacob's dream here. [Perhaps the comparison is that just as Jacob was reassured by God that he would return in peace to *Eretz Yisrael* one day, so did Nebuchadnezzar's dream foretell that Israel would one day throw off the shackles of their subjugating kingdoms and emerge victorious in Messianic times. Alternatively, just as Jacob was foretold through this dream that there would be four kingdoms to subjugate Israel in the future (see note 188 below) — as elaborated further in *Midrash Tanchuma* here — so was Nebuchadnezzar told of these four kingdoms in his dream (see *Maharzu*).]

171. Nebuchadnezzar erected a huge golden statue in the plain of Dura and required that all of his subjects bow down to it or be cast into a fiery furnace (*Daniel* 3:1-6). The Midrash now proceeds to explain how the ladder of Jacob's dream corresponded to this statue.

172. The word סֶמֶל (translated here as "image") in Scripture refers to a statue used for idol worship (see, for example, *Deuteronomy* 4:16, *Ezekiel* 8:3, *II Chronicles* 33:7). This allows the Midrash to create a connection between Jacob's ladder [סֻלָּם] and Nebuchadnezzar's statue [סֶמֶל] in that both words are comprised of the same three letters.

173. The statue was so tall it was as if it *reached heavenward* (*Eitz Yosef*).

174. Hananiah, Mishael, and Azariah were the three Jewish youths who defied Nebuchadnezzar's order to bow to the statue, and were cast into a fiery furnace. God protected them from the flames and they miraculously emerged unscathed (*Daniel* 3:8-27).

175. A difficult phrase. *Yefeh To'ar* explains that through the incident of the statue Hananiah et al. had an opportunity to praise ("promote") God and sanctify His Name by saying: *Behold, our God Whom we worship is able to save us; He will rescue from the fiery, burning furnace and from your hand, O king* (*Daniel* 3:17). Alternatively, it means that Hananiah et al. were promoted by Nebuchadnezzar to high positions as a result of the great miracle God had wrought for them (*Eitz Yosef,* from *Nezer HaKodesh*).

176. Through the incident of the statue they belittled ("demoted") Nebuchadnezzar, by defying his explicit orders (*Matnos Kehunah*), or they belittled the statue by demonstrating that it had no power or significance (*Eitz Yosef,* citing *Nezer HaKodesh*).

177. According to the second interpretation in the previous note, the translation would be: figuratively **pushing** and **leaping on *it*** and **ridiculing *it.***

178. God stood protectively over Jacob at Beth-el as a sign that He would similarly protect these righteous men in the future.

179. As opposed to Hananiah, Mishael, and Azariah, as above.

180. The Midrash is referring to an incident described more fully in *Shir HaShirim Rabbah* on 7:9, in which Daniel proved Nebuchadnezzar's statue to be worthless by climbing up the idol and neutralizing the power of the Kohen Gadol's *tzitz* (headplate) that Nebuchadnezzar had placed in its mouth — in effect "removing from its mouth what it had swallowed" (*Yefeh To'ar*).

181. Bel was the chief deity of Babylonia.

182. Following *Yefeh To'ar,* who explains that the snake story is a second, separate incident, related here in passing because of its similarity to the first incident of the statue.

183. Nebuchadnezzar mistook the unnatural power of this snake as an indication that it was a divine being (*Matnos Kehunah*) and he would bow down to it (*Eitz Yosef,* citing *Yosippon*).

184. *Eshed HaNechalim.*

185. I.e., I will put an end to the fearsome ability of the snake to swallow anything thrown before it (*Eitz Yosef*).

"וַיָּשֶׂם מְרַאֲשֹׁתָיו", (ירמיה יג, יח) "כִּי יָרַד מַרְאֲשׁוֹתֵיכֶם", "וַיִּשְׁכַּב בַּמָּקוֹם הַהוּא", (שם ג כה) "נִשְׁכְּבָה בְּבָשְׁתֵּנוּ וּתְכַסֵּנוּ כְּלִמָּתֵנוּ", "וַיַּחֲלֹם °וְהִנֵּה סֻלָּם°", זֶה חֲלוֹמוֹ שֶׁל נְבוּכַדְנֶצַּר, "וְהִנֵּה סֻלָּם" זֶה צַלְמוֹ שֶׁל נְבוּכַדְנֶצַּר, הוּא סֶמֶל הוּא סֻלָּם, אוֹתִוּי דְּדֵין הוּא אוֹתִוּי דְּדֵין, "מֻצָּב אַרְצָה", ל(דניאל ג, א) "אֲקִימֵהּ בְּבִקְעַת דּוּרָא", "וְרֹאשׁוֹ מַגִּיעַ הַשָּׁמָיְמָה", (שם) רוּמֵהּ אַמִּין שִׁתִּין פְּתָיֵהּ אַמִּין שִׁת", "וְהִנֵּה מַלְאֲכֵי אֱלֹהִים", זֶה חֲנַנְיָה מִישָׁאֵל וַעֲזַרְיָה, "עֹלִים וְיֹרְדִים בּוֹ", מַעֲלִים בּוֹ וּמוֹרִידִים בּוֹ, אָפְזִים בּוֹ קָפְזִים בּוֹ °שׁוֹטְנִים בּוֹ, (שם שם יח) "יְדִיעַ לֶהֱוֵא לָךְ מַלְכָּא דִּי לֵאלָהָךְ לָא אִיתָנָא פָלְחִין וּלְצֶלֶם דַּהֲבָא דִּי הֲקֵימְתָּ לָא נִסְגֻּד", "וְהִנֵּה ה' נִצָּב עָלָיו", אָמַר לָהֶם *לַחֲנַנְיָה מִישָׁאֵל וַעֲזַרְיָה: (שם שם כו) "עַבְדוֹהִי דִּי אֱלָהָא עִלָּאָה פֻּקוּ וֶאֱתוֹ". דָּבָר אַחֵר [כח, יב] "וְהִנֵּה מַלְאֲכֵי אֱלֹהִים", זֶה דָּנִיֵּאל, "עֹלִים וְיֹרְדִים בּוֹ", שֶׁעָלָה וְהוֹצִיא אֶת בִּלְעוֹ מִתּוֹךְ פִּיו, הָדָא הוּא דִכְתִיב (ירמיה נא, מד) "וּפָקַדְתִּי עַל בֵּל בְּבָבֶל וְהוֹצֵאתִי אֶת בִּלְעוֹ מִפִּיו", שֶׁהָיָה לוֹ תַּנִּין אֶחָד לִנְבוּכַדְנֶצַּר וְהָיָה בּוֹלֵעַ כָּל מַה שֶּׁהָיוּ מַשְׁלִיכִין לְפָנָיו, אָמַר לֵיהּ נְבוּכַדְנֶצַּר לְדָנִיֵּאל: כַּמָּה כֹּחוֹ גָּדוֹל שֶׁבּוֹלֵעַ כָּל מַה שֶּׁמַּשְׁלִיכִין לְפָנָיו, אָמַר לוֹ דָּנִיֵּאל: תֵּן לִי רְשׁוּת וַאֲנִי מַתִּישׁוֹ, נָתַן לוֹ רְשׁוּת, מֶה עָשָׂה, נָטַל תֶּבֶן וְהִטְמִין לְתוֹכוֹ מַסְמְרִים הִשְׁלִיךְ לְפָנָיו וְנִקְּבוּ מַסְמְרִים אֶת בְּנֵי מֵעָיו, הָדָא הוּא דִכְתִיב "וְהוֹצֵאתִי אֶת בִּלְעוֹ מִפִּיו":

יד דָּבָר אַחֵר, [כח, יב] "וְהִנֵּה סֻלָּם" לאזֶה חֲלוֹמוֹ שֶׁל נְבוּכַדְנֶצַּר, (דניאל ב, לא) "וַאֲלוּ צְלֵם חַד שַׂגִּיא וְגוֹ'", "מֻצָּב אַרְצָה", (שם) "וְזִיוֵהּ יַתִּיר קָאֵם לְקָבְלָךְ", "וְרֹאשׁוֹ מַגִּיעַ הַשָּׁמָיְמָה", (שם) "צַלְמָא דִּכֵּן רַב", "וְהִנֵּה מַלְאֲכֵי אֱלֹהִים עֹלִים" שְׁנַיִם "וְיֹרְדִים" שְׁנַיִם, אֵלּוּ שָׂרֵי אַרְבַּע מַלְכֻיּוֹת שֶׁשַּׁלְטָנוּתָן גּוֹמֶרֶת בָּהֶן, "עֹלִים וְיֹרְדִים", "יוֹרְדִים וְעוֹלִים" אֵין כְּתִיב כָּאן אֶלָּא "עֹלִים וְיֹרְדִים", עוֹלִים הֵם וַעֲלִיָּה תְּהֵא לָהֶם, אֶלָּא שֶׁכָּל אֶחָד יָרוּד מֵחֲבֵירוֹ, כְּתִיב (שם שם לב) "הוּא צַלְמָא רֵאשֵׁהּ דִּי דְהַב חֲדוֹהִי וּדְרָעוֹהִי דִּי כְסַף וְגוֹ'", בָּבֶל לְמַעְלָה מִכּוּלָּם כְּדִכְתִיב (שם שם לח) "אַנְתְּ הוּא רֵישָׁה דִּי דַהֲבָא", וּכְתִיב (שם שם לט) "וּבָתְרָךְ תְּקוּם מַלְכוּ אָחֳרִי אֲרַע מִנָּךְ" וּכְתִיב (שם) "וּמַלְכוּ תְלִיתָאָה אָחֳרִי דִּי נְחָשָׁא", וּכְתִיב בְּסֵיפָא (שם שם מב) "וְאֶצְבְּעָת רַגְלַיָּא מִנְּהֵין פַּרְזֶל וּמִנְּהֵין חֲסַף מִן קְצָת מַלְכוּתָא תֶּהֱוֵה תַקִּיפָה וּמִנַּהּ תֶּהֱוֵה תְבִירָא", "וְהִנֵּה ה' נִצָּב עָלָיו" כְּתִיב (שם שם מד) "וּבְיוֹמֵיהוֹן דִּי מַלְכַיָּא אִנּוּן יְקִים אֱלָהּ שְׁמַיָּא מַלְכוּ דִּי לְעָלְמִין וְגוֹ'":

עץ יוסף

כי ירד מראשותיכם. כי שימת האבנים מראשותיו רמז לירידה והשפלה (יפה תואר): רומיה אמין שתין. ועל היותו גבוה רמז באומר מגיע השמימה על דרך ערים גדולות ובצורות בשמים (יפה תואר): מעלים בו. כלומר שהיה להם על ידי זה עליה מעלת גדולה בצאתם מכבשן האש (נזר הקודש): ומורידים בו. פירוש לצלם ודמות שהעמיד, שעל ידם היה לו ירידה (נזר הקודש): אפזים בו. ורצונו לומר שנתגרו בו בצלם להשפיל מעלתו שהרי היה בידם לברוח ולא ברחו ודברו קשות בנבוכדנצר. כדלקמן במדרש ויקרא רבה פרשה ל"ג: והנה ה' נצב כו'. על יעקב לעשות הצלה לזרעו זרע קדש אלו חנניה מישאל ועזריה עד שנבוכדנצר בעצמו אמר להם לצאת מתוך כבשן האש (נזר הקודש): [כ] והנה מלאכי אלהים זה דניאל. והסולם הייתו צלמו של נבוכדנצר כדלעיל. ועיין עוד מזה בחזית פסוק אמרתי אעלה בתמר: והוצאתי את בלעו מפיו ואית דאמרי שהיה לו תנין. כך צריך לומר (יפה תואר), שאיידי דמייתי קרא מייתי נמי האי פירושא: שבלע כל מה כו'. והיה מאמין שיש בו צד אלהות והיה משתחוה לו כמו שסיפר בספר יוסף בן גוריון: הדא הוא דכתיב והוצאתי כו'. כלומר שנבטלה אותה הבליעה שהיה דרכו לבלוע תמיד: (יד) [כא] זה חלומו של נבוכדנצר. שרמז הקדוש ברוך הוא ליעקב בחלום הזה עליות וירידות הארבע מלכיות כאשר רמז לנבוכדנצר בחלום הצלם: יורדים ועולים אין כתיב כאן. כלומר כיון דאין מלכות נוגעת בחברתה על כרחך הראשון יורד תחלה ואחר כך האחרון עולה. אלא ללמד שעלייתן הוא דרך ירידה שכל אחד ירוד מחברו (נזר הקודש). ואף על פי שבבל אינו ירוד קאמר יורדים משום רובא (יפה תואר): וביומיהון די מלכיא כו'. ופירש עליו אלנו כמו ועליו מטה מנשה כי סמוך לארבע מלכיות יקים אלה שמיא מלכות המיוחד לו (יפה תואר):

חידושי הרד"ל

כלמתנו. דבר אחר ויחלום כו'. כן צריך לומר: פוקו ואתו וגו' די שלח מלאכיה ושיזיב לעבדוהי וכו'. כן צריך לומר. וזהו נצב עליו, עומד ומתקיים עליהם להצילם על ידי מלאכו שבא להיות עמהם בכבשן: [יד] דבר אחר ויחלום זה חלומו של נבוכדנצר. והנה סלם וארו גו'. סגיא. כן צריך לומר:

ידי משה

[יג] אומללה יולדת השבעה וגו'. בא שמשה: פוקו ואתו. כל זה הוא לשון הפסוק:

שנוי נוסחאות

(יג) ויחלם והנה סלם, זה חלומו של נבוכדנצר. תיבות "והנה חלום" אין להם ענין כאן, ומחקן רד"ל, ובאמת לינתנהו בת-א ובכל כי"י:

אפזים בו קפזים בו סוטנים בו. ע' מ"ש לעיל בפיסקא י"ב, והכל שייך לכאן גם כן (אלא שיש כאן שיבוש בדברי מתנות כהונה בספרינו):

פירוש מהרז"ו

כי ירד מראשותיכם. עטרת תפארתכם: זה חלומו. עיין בתנחומא ובויקרא רבה (כט, ב): והנה ה' נצב עליו. וכן לחנניה מישאל ועזריה עמד להם השם יתברך והצילם: (יד) דבר אחר כו' זה דניאל. שמלאכי אלהים רומז לארבע מלאכים. וחשיב שלשה חנניה מישאל ועזריה, ומוסיף הרביעי שהוא דניאל, שכולם היו כמלאכי אלהים. ועיין בחזית (שיר השירים רבה ז, יד) בפסוק (שם ז, ט) אמרתי אעלה בתמר. וכן הוא ביפה תואר:

מסורת המדרש

ל. תנחומא סדר נח סימן יו"ד. עיין תנחומא בהעלותך סימן ט'. ילקוט דניאל רמז אלף ס':

לא. שיר השירים פרשה ז' פסוק ט':

לב. ילקוט כאן רמז קי"ט. ילקוט תהלים רמז תשפ"ו:

לג. תענית דף ז'. ילקוט משלי רמז תתקס"א:

לד. לקמן פ' פ"ט. ילקוט מקץ רמז קמ"ז:

לה. ירושלמי ברכות פ' ד'. תנחומא וירא סי' א':

לו. חולין נ"א:

אם למקרא

אֱמֹר לַמֶּלֶךְ וְלַגְּבִירָה הַשְׁפִּילוּ שֵׁבוּ כִּי יָרַד מַרְאֲשׁוֹתֵיכֶם עֲטֶרֶת תִּפְאַרְתְּכֶם:
(ירמיה יג:יח)

נִשְׁכְּבָה בְּבָשְׁתֵּנוּ וּתְכַסֵּנוּ כְּלִמָּתֵנוּ כִּי לַה' אֱלֹהֵינוּ חָטָאנוּ אֲנַחְנוּ וַאֲבוֹתֵינוּ מִנְּעוּרֵינוּ וְעַד הַיּוֹם הַזֶּה וְלֹא שָׁמַעְנוּ בְּקוֹל ה' אֱלֹהֵינוּ:
(שם ג:כה)

נְבוּכַדְנֶצַּר מַלְכָּא עֲבַד צְלֵם דִּי דְהַב רוּמֵהּ אַמִּין שִׁתִּין פְּתָיֵהּ אַמִּין שִׁת אֲקִימֵהּ בְּבִקְעַת דּוּרָא בִּמְדִינַת בָּבֶל:
(דניאל ג:א)

וְהֵן לָא יְדִיעַ לֶהֱוֵא לָךְ מַלְכָּא דִּי לֵאלָהָךְ לָא אִיתָנָא פָלְחִין וּלְצֶלֶם דַּהֲבָא דִּי הֲקֵימְתָּ לָא נִסְגֻּד:
(שם שם יח)

בֵּאדַיִן קְרֵב נְבוּכַדְנֶצַּר לִתְרַע אַתּוּן נוּרָא יָקִדְתָּא עָנֵה וְאָמַר שַׁדְרַךְ מֵישַׁךְ וַעֲבֵד נְגוֹ עַבְדוֹהִי דִּי אֱלָהָא עִלָּאָה פֻּקוּ וֶאֱתוֹ בֵּאדַיִן נָפְקִין שַׁדְרַךְ מֵישַׁךְ וַעֲבֵד נְגוֹ מִן גּוֹא נוּרָא:
(שם שם כו)

וּפָקַדְתִּי עַל בֵּל בְּבָבֶל וְהֹצֵאתִי אֶת בִּלְעוֹ מִפִּיו וְלֹא יִנְהֲרוּ אֵלָיו עוֹד גּוֹיִם גַּם חוֹמַת בָּבֶל נָפָלָה:
(ירמיה נא:מד)

אַנְתְּ מַלְכָּא חָזֵה הֲוַיְתָ וַאֲלוּ צְלֵם חַד שַׂגִּיא צַלְמָא דִּכֵּן רַב וְזִיוֵהּ יַתִּיר קָאֵם לְקָבְלָךְ וְרֵוֵהּ דְּחִיל: הוּא צַלְמָא רֵאשֵׁהּ דִּי דְהַב טָב חֲדוֹהִי וּדְרָעוֹהִי דִּי כְסַף מְעוֹהִי וְיַרְכָתֵהּ דִּי נְחָשׁ:
(דניאל ב:לא-לב)

וּבְכָל דִּי דָאֲרִין בְּנֵי אֲנָשָׁא חֵיוַת בָּרָא וְעוֹף שְׁמַיָּא יְהַב בִּידָךְ וְהַשְׁלְטָךְ בְּכָלְּהוֹן אַנְתְּ הוּא רֵאשָׁה דִּי דַהֲבָא: וּבָתְרָךְ תְּקוּם מַלְכוּ אָחֳרִי אֲרַע מִנָּךְ וּמַלְכוּ תְלִיתָאָה אָחֳרִי דִּי נְחָשָׁא דִּי תִשְׁלַט בְּכָל אַרְעָא:
(שם שם לח-לט)

וְאֶצְבְּעָת רַגְלַיָּא מִנְּהֵין פַּרְזֶל וּמִנְּהֵין חֲסַף מִן קְצָת מַלְכוּתָא תֶּהֱוֵה תַקִּיפָה וּמִנַּהּ תֶּהֱוֵה תְבִירָה:
(שם שם מב)

רש"י

(יג) וראשו מגיע השמימה. אמין שתין: והנה מלאכי אלהים. זה חנניה מישאל ועזריה: עולים ויורדים. הן היו מעלין בו בנבוכדנצר ועבדיו, חנניה מישאל ועזריה, מורידין בו, ואופזין בו, קופלין בו, וסונטין בו:

מתנות כהונה

אותוי כו'. אותיות של זה הם אותיות של זה: אפזים כו'. היו מקנטרים ולועגים בנבוכדנצר שאמרו ידיע וגו': שוטנים בו גרסינן: ה"ג אמר להם לחנניה כו' וכן הוא בילקוט: ה"ג פוקו ואתו ד"א והנה מלאכי וגו': והוציא את בלעו. וזהו ויורדים שהורידו והוציאו את בלעו ועיין עוד מזה במדרש חזית בפסוק אמרתי אעלה בתמר: שבולע כל מה כו'. והיה מאמין שיש בו צד אלהות: [יד] ארבעה מלכיות. עיין בויקרא רבה פרשה כ"ט: ירוד. שפל וקטן ממלכות שלפניו: מנהון חסף גרסינן:

אשד הנחלים

ורמז לבנים הקדושים שישתפכו בראש כל חוצות. וישם מראשותיו, לזכור כי ירד מראשותו והוא המלך. וישכב, דמות צרותינו ושכיבתינו בבשתנו. ואז נתראה אליו מה שיהיה באחרית הימים. כי נבוכדנצר יחפוץ להעביר ישראל מדתם, כי יעמוד דבר בארץ עד שראשו מגיע שמימה לחירוף וגידוף ח"ו. אך מלאכי אלהים עולים ויורדים בו ולא יחושו לדבריו מאומה, עד שבשכר זאת ה' ניצב עליהם להצילם מאשו: דבר אחר כו' דניאל. דרש עולים על דניאל שנתעלה על ידי זה שהרג התנין, ועל ידי זה התנין ירד. שהיה נבוכדנצר מדמה שיש בו צד אלהות: [יד] דבר אחר כו' זה חלומו כו'. כי יעקב אבינו ראה בנבואתו ארבעה אומות הקדמוניות ששלטו על ישראל שהם עולים במעלה, אך באחרית והנה ה' נצב עליו להצילו מהם:

§14 [וַיַּחֲלֹם וְהִנֵּה סֻלָּם — *AND HE DREAMT, AND BEHOLD! A LADDER ETC.*]

A final exposition on the theme of Jacob's dream:

דָּבָר אַחֵר — **Another interpretation:** "וְהִנֵּה סֻלָּם" זֶה חֲלוֹמוֹ שֶׁל נְבוּכַדְנֶצַּר, "וַאֲלוּ צְלֵם חַד שַׂגִּיא וְגוֹ׳ " — ***And behold! a ladder*** — **this is** an allusion to **Nebuchadnezzar's dream,** which begins, ***And behold! a huge statue, etc.*** (*Daniel* 2:31); "מֻצָּב אַרְצָה" "וְזִיוֵהּ יַתִּיר קָאֵם לְקָבְלָךְ" — ***was "set" earthward*** — this is an allusion to the statue, which, Daniel reminded Nebuchadnezzar, "*was immense,* ***and whose brightness was extraordinary, was 'set up' opposite you***" (ibid.);[186] "וְרֹאשׁוֹ מַגִּיעַ הַשָּׁמָיְמָה", "צַלְמָא דִכֵּן רַב" — ***and its top reached heavenward*** — this is an allusion to the verse, ***This statue, which was immense*** (ibid.). "וְהִנֵּה מַלְאֲכֵי אֱלֹהִים עֹלִים" שְׁנַיִם "וְיֹרְדִים" שְׁנַיִם — ***And behold! angels of God were ascending*** — the plural (*angels*) indicates **two** angels, and ***descending*** (also in plural) indicates **two** further angels; אֵלּוּ שָׂרֵי אַרְבַּע מַלְכֻיּוֹת שֶׁשָּׁלְטָנוּתָן גּוֹמֶרֶת בָּהֶן — **these are the** celestial **ministers of the four kingdoms whose power is established through them.**[187] "עֹלִים וְיֹרְדִים", "יוֹרְדִים וְעוֹלִים" אֵין כְּתִיב כָּאן אֶלָּא "עֹלִים וְיֹרְדִים" — ***Ascending and descending*** — **It is not written here "descending and ascending," but rather *ascending and descending*,**[188] עוֹלִים הֵם וַעֲלִיָּה תְּהֵא לָהֶם — indicating that **[the four kingdoms] will ascend** to power, **and ascent will be theirs,** אֶלָּא שֶׁכָּל אֶחָד יָרוּד מֵחֲבֵירוֹ — **but each one will be inferior to its predecessor.**[189] כְּתִיב "הוּא צַלְמָא רֵאשֵׁהּ דִּי דְהַב טָב חֲדוֹהִי וּדְרָעוֹהִי דִּי כְסַף וְגוֹ׳ " — **It is written, *This statue: its head of fine gold; its breast and arms of silver,*** *its belly and thighs of copper; its legs of iron; and its feet, partly of iron and partly of earthenware* (ibid., vv. 32-33). בָּבֶל לְמַעְלָה מִכּוּלָּם כְּדִכְתִיב "אַנְתְּ הוּא רֵישָׁה דִּי דַהֲבָא" — **Babylonia,** the first of these kingdoms, **was elevated above the rest, as it is written, *You*** (Nebuchadnezzar) ***are the head of gold*** (ibid., v. 38).[190] וּכְתִיב "וּבָתְרָךְ תְּקוּם מַלְכוּ אָחֳרִי אֲרַע מִנָּךְ" — **And** afterward **it is written, *And after you will arise another kingdom inferior to you*** (ibid., v. 39);[191] וּכְתִיב "וּמַלְכוּ תְלִיתָאָה אָחֳרִי דִּי נְחָשָׁא" — **and** afterward **it is written, *and another, a third kingdom, of copper*** (ibid.);[192] וּכְתִיב בְּסֵיפָא "וְאֶצְבְּעָת רַגְלַיָּא מִנְּהֵין פַּרְזֶל וּמִנְּהֵין חֲסַף מִן קְצָת מַלְכוּתָא תֶּהֱוֵה תַקִּיפָה וּמִנַּהּ תֶּהֱוֵה תְבִירָה" — **and it is written at the end** of the description of the statue's symbolism, discussing the fourth kingdom,[193] ***as for the toes, partly of iron and partly of earthenware: Part of the kingdom will be powerful and part of it will be broken*** (ibid., v. 42). "וְהִנֵּה ה׳ נִצָּב עָלָיו", כְּתִיב "וּבְיוֹמֵיהוֹן דִּי מַלְכַיָּא אִנּוּן יְקִים אֱלָהּ שְׁמַיָּא מַלְכוּ דִּי לְעָלְמִין וְגוֹ׳ " — ***And behold! HASHEM was standing over him*** — this is an allusion to that which is **written** concerning Nebuchadnezzar's dream: ***Then, in the days of these kingdoms, the God of Heaven will establish a kingdom that will never*** *be destroyed,*[194] *nor will its sovereignty be left to another people; it will crumble and consume all these kingdoms, and it will stand forever* (ibid., v. 44).[195]

NOTES

186. Just as Nebuchadnezzar saw the statue standing opposite him, Jacob saw the ladder standing upon the ground.

187. Every nation has a corresponding angel that intercedes on its behalf in the Heavenly tribunal, and the nation's power and success is directly dependent upon the status of this angel (*Yefeh To'ar*). Thus, the four angels that Jacob saw in his dream were the ministering angels of the four kingdoms.

188. The Midrash points out that the order of the words in this verse is unlike what one would expect. Since it is axiomatic that two kingdoms cannot coexist simultaneously, as the Gemara states (*Taanis* 5b): *One reign may not encroach upon another even by a hairsbreadth*, perforce one kingdom must fall before the other rises. If so, the verse should have stated that the angels first *descended* and only then *ascended* (*Eitz Yosef*). The significance of this reversal is now explained.

189. The term *ascending* teaches that each kingdom will experience an ascent in that it will achieve total domination over its predecessor — but even so it will be inferior to its predecessor, as indicated by the word *descending* (*Eitz Yosef*, citing *Nezer HaKodesh*).

190. In Daniel's interpretation of the dream, the kingdom of Babylon is represented by the statue's golden head. Since the head is the highest part of the body and gold is the most precious material seen in the statue, it is evident that Babylon was the most powerful of the kingdoms (see *Rashi* to v. 39).

191. This refers to the kingdom of the Persians and Medes. Just as the chest is below the head and silver is of lesser value than gold, this kingdom will be inferior to Babylon (ibid.).

192. This represents the Greek empire (see ibid.).

193. The identity of the fourth kingdom is nowhere specified by Daniel, but the Sages identify it as Edom (Rome).

194. The Messianic kingdom.

195. After Jacob's vision of the angels on the ladder, interpreted by our Midrash with reference to the celestial ministers of the four empires, verse 13 begins, *And behold! HASHEM was standing over him,* which, in the context of the current interpretation, is taken to mean: "God stood near it" (as the word עָלָיו can be translated as "near," see *Numbers* 2:20); that is, in an allegoric sense, God stood near the statue that represented the four empires, and indeed stands poised to establish His eternal kingdom, which will be realized with the advent of the Messiah (*Yefeh To'ar*).

"וַיָּשֶׂם מְרַאֲשֹׁתָיו", (ירמיה יג, יח) "כִּי יָרַד מְרַאֲשׁוֹתֵיכֶם", "וַיִּשְׁכַּב בַּמָּקוֹם הַהוּא", (שם ג כה) "נִשְׁכְּבָה בְּבָשְׁתֵּנוּ וּתְכַסֵּנוּ כְּלִמָּתֵנוּ", "וַיַּחֲלֹם °וְהִנֵּה סֻלָּם°", זֶה חֲלוֹמוֹ שֶׁל נְבוּכַדְנֶצַּר, "וְהִנֵּה סֻלָּם" זֶה צַלְמוֹ שֶׁל נְבוּכַדְנֶצַּר, הוּא סֵמֶל הוּא סֻלָּם, אוֹתִיּוֹת דְּדֵין הוּא אוֹתִיּוֹת דְּדֵין, "מֻצָּב אַרְצָה", (דניאל ג, א) "אֲקִימֵהּ בְּבִקְעַת דּוּרָא", "וְרֹאשׁוֹ מַגִּיעַ הַשָּׁמָיְמָה", (שם) רוּמֵהּ אַמִּין שִׁתִּין פְּתָיֵהּ אַמִּין שִׁת", "וְהִנֵּה מַלְאֲכֵי אֱלֹהִים", זֶה חֲנַנְיָה מִישָׁאֵל וַעֲזַרְיָה, "עֹלִים וְיֹרְדִים בּוֹ", מַעֲלִים בּוֹ וּמוֹרִידִים בּוֹ, אַפְּזִים בּוֹ קַפְּזִים בּוֹ °שׁוֹטְנִים בּוֹ, (שם שם יח) "יְדִיעַ לֶהֱוֵא לָךְ מַלְכָּא דִּי לֵאלָהָךְ לָא אִיתַנָא פָלְחִין וּלְצֶלֶם דַּהֲבָא דִּי הֲקֵימְתָּ לָא נִסְגֻּד", "וְהִנֵּה ה' נִצָּב עָלָיו", אָמַר לָהֶם *לַחֲנַנְיָה מִישָׁאֵל וַעֲזַרְיָה: (שם שם כו) "עַבְדוֹהִי דִּי אֱלָהָא עִלָּאָה פֻּקוּ וֶאֱתוֹ". דָּבָר אַחֵר [כח, יב] "וְהִנֵּה מַלְאֲכֵי אֱלֹהִים", זֶה דָּנִיֵּאל, "עֹלִים וְיֹרְדִים בּוֹ", שֶׁעָלָה וְהוֹצִיא אֶת בִּלְעוֹ מִתּוֹךְ פִּיו, הֲדָא הוּא דִכְתִיב (ירמיה נא, מד) "וּפָקַדְתִּי עַל בֵּל בְּבָבֶל וְהֹצֵאתִי אֶת בִּלְעוֹ מִפִּיו", שֶׁהָיָה לוֹ תַּנִּין אֶחָד לִנְבוּכַדְנֶצַּר וְהָיָה בּוֹלֵעַ כָּל מַה שֶּׁהָיוּ מַשְׁלִיכִין לְפָנָיו, אָמַר לֵיהּ נְבוּכַדְנֶצַּר לְדָנִיֵּאל: כַּמָּה כֹּחוֹ גָּדוֹל שֶׁבּוֹלֵעַ כָּל מַה שֶּׁמַּשְׁלִיכִין לְפָנָיו, אָמַר לוֹ דָּנִיֵּאל: תֵּן לִי רְשׁוּת וַאֲנִי מַתִּישׁוֹ, נָתַן לוֹ רְשׁוּת, מֶה עָשָׂה, נָטַל תֶּבֶן וְהִטְמִין לְתוֹכוֹ מַסְמְרִים הִשְׁלִיךְ לְפָנָיו וְנִקְּבוּ מַסְמְרִים אֶת בְּנֵי מֵעָיו, הֲדָא הוּא דִכְתִיב "וְהֹצֵאתִי אֶת בִּלְעוֹ מִפִּיו":

יד דָּבָר אַחֵר, [כח, יב] "וְהִנֵּה סֻלָּם" [לא]זֶה חֲלוֹמוֹ שֶׁל נְבוּכַדְנֶצַּר, (דניאל ב, לא) "וַאֲלוּ צְלֵם חַד שַׂגִּיא וְגוֹ'", "מֻצָּב אַרְצָה", (שם) "וְזִיוֵהּ יַתִּיר קָאֵם לְקָבְלָךְ", "וְרֹאשׁוֹ מַגִּיעַ הַשָּׁמָיְמָה", (שם) "צַלְמָא דִכֵּן רַב", "וְהִנֵּה מַלְאֲכֵי אֱלֹהִים עֹלִים" שְׁנַיִם "וְיֹרְדִים" שְׁנַיִם, אֵלּוּ שָׂרֵי אַרְבַּע מַלְכֻיּוֹת שֶׁשַּׁלְטָנוּתָן גּוֹמֶרֶת בָּהֶן, "עֹלִים וְיֹרְדִים", "יוֹרְדִים וְעוֹלִים" אֵין כְּתִיב כָּאן אֶלָּא "עֹלִים וְיֹרְדִים", עוֹלִים הֵם וַעֲלִיָּה תְּהֵא לָהֶם, אֶלָּא שֶׁכָּל אֶחָד יָרוּד מֵחֲבֵירוֹ, כְּתִיב (שם שם לב) "הוּא צַלְמָא רֵאשֵׁהּ דִּי דְהַב טָב חֲדוֹהִי וּדְרָעוֹהִי דִּי כְסַף וְגוֹ'", בָּבֶל לְמַעְלָה מִכֻּלָּם כְּדִכְתִיב (שם שם לח) "אַנְתְּ הוּא רֵאשָׁה דִּי דַהֲבָא", וּכְתִיב (שם שם לט) "וּבָתְרָךְ תְּקוּם מַלְכוּ אָחֳרִי אֲרַע מִנָּךְ" וּכְתִיב (שם) "וּמַלְכוּ תְלִיתָאָה אָחֳרִי דִּי נְחָשָׁא", וּכְתִיב בְּסֵיפָא (שם שם מב) "וְאֶצְבְּעָת רַגְלַיָּא מִנְּהֵין פַּרְזֶל וּמִנְּהֵין חֲסַף מִן קְצָת מַלְכוּתָא תֶּהֱוֵה תַקִּיפָה וּמִנַּהּ תֶּהֱוֵה תְבִירָה", "וְהִנֵּה ה' נִצָּב עָלָיו" כְּתִיב (שם שם מד) "וּבְיוֹמֵיהוֹן דִּי מַלְכַיָּא אִנּוּן יְקִים אֱלָהּ שְׁמַיָּא מַלְכוּ דִּי לְעָלְמִין וְגוֹ'":

רש"י

(יג) וראשו מגיע השמימה. אמין שתין: **והנה מלאכי אלהים.** זה חנניה מישאל ועזריה: **עולים ויורדים.** הן היו מעלין בו בנבוכדנצר ועבדיו, חנניה מישאל ועזריה, מורידין בו, ואופזין בו, קופצין בו, וסוטנין בו:

עץ יוסף

כי ירד מראשותיכם. כי שימת האבנים מראשותיו רמז לירידה והשפלה (יפה תואר): **רומיה אמין שתין.** ועל היותו גבוה רמז באומר מגיע השמימה על דרך ערים גדולות ובצורות בשמים (יפה תואר): **מעלים בו.** כלומר שהיה להם על ידי זה עליה מעלה גדולה בלאחם מכבשן האש (נזר הקודש): **ומורידים בו.** פירוש לצלם ודמות שהעמיד, שעל ידם היה לו ירידה (נזר הקודש): **אפזים בו.** ורצונו לומר שנתגברו בו בגלם להשפיל מעלתו שסברי היה בידם לברוח ולא ברחו ודברו קשות בנבוכדנצר. כדלקמן במדרש ויקרא רבה פרשה ל"ג: **והנה ה' נצב כו'.** על יעקב לעשות הללה לזרעו זרע קדש אלו חנניה מישאל ועזריה עד שנבוכדנצר בעצמו אמר להם לצאת מתוך כבשן האש (נזר הקודש): **[כ] והנה מלאכי אלהים זה דניאל.** והסולם היינו צלמו של נבוכדנצר כדלעיל. ועיין עוד מזה בחזית פסוק אמרתי אעלה בתמר: **והוצאתי את בלעו מפיו ואית דאמרי שהיה לו תנין.** כך צריך לומר (יפה תואר), שאיידי דמייתי קרא מייתי נמי האי פירושא: **שבלע כל מה כו'.** והיה מאמין שיש בו צד אלהות והיה משתחוה לו כמו שסיפר בספר יוסף בן גוריון: **הדא הוא דכתיב והוצאתי כו'.** כלומר שנשלה אותה הבליעה שהיה דרכו לבלוע תמיד: **(יד) [כא] זה חלומו של נבוכדנצר.** שרמז הקדוש ברוך הוא ליעקב בחלום הזה עליות וירידות הארבע מלכיות כאשר רמז לנבוכדנצר בחלום הצלם: **יורדים ועולים אין כתיב כאן.** כלומר כיון דאין מלכות נוגעת בחברתה על כרחך הראשון יורד תחלה ואחר כך האחרון עולה. אלא ללמד שעלייתן הוא דרך ירידה שכל אחד ירוד מחברו (נזר הקודש). ואף על פי שבבבל אינו ירוד קאמר יורדים משום רובא (יפה תואר): **וביומיהון די מלכיא כו'.** ופירש עליו אלהו כמו ועליו מטה מנשה כי סמוך לארבע מלכיות יקים אלה שמיא מלכות המיוחד לו (יפה תואר):

פירוש מהרז"ו

כי ירד מראשותיכם. עטרת תפארתכם: **זה חלומו.** עיין בתנחומא ובויקרא רבה (כט, ב): **והנה ה' נצב עליו.** וכן לחנניה מישאל ועזריה עמד להם השם יתברך והצילם: **(יד) דבר אחר כו' זה דניאל.** שמלאכי אלהים רומז לארבע מלכיות. וחשיב שלשה חנניה מישאל ועזריה, ומוסיף הרביעי שהוא דניאל, שכולם היו כמלאכי אלהים. ועיין בחזית (שיר השירים רבה ז, יד) בפסוק (שם ז, ט) אמרתי אעלה בתמר. וכן הוא ביפה תואר:

חידושי הרד"ל

כלמתנו. דבר אחר **ויחלום כו'.** כן צריך לומר: **פוקו ואתו וגו' די שלח מלאכיה ושיזיב לעבדוהי וכו'.** כן צריך לומר. וזהו נצב עליו, עומד ומתקיים עליהם להצילם על ידי מלאכו שגלה להיות עמהם בכבשן: **[יד] דבר אחר ויחלום זה חלומו של נבוכדנצר. והנה סלם וארו גו'. סגיא.** כן צריך לומר:

ידי משה

[יג] אומללה יולדת השבעה וגו'. בא שמשה: **פוקו ואתו.** כל זה הוא לשון הפסוק:

שנוי נוסחאות

(יג) **ויחלם והנה סלם, זה חלומו של נבוכדנצר.** תיבות "והנה חלום" אין להם ענין כאן, ומחקן רד"ל, ובאמת לינתנהו בת-א ובכל כי"י: **אפזים בו קפזים בו סוטנים בו.** ע' מ"ש לעיל בפיסקא י"ב, והכל שייך לכאן גם כן (אלא שיש כאן שיבוש בדברי מתנות כהונה בספרינו):

מסורת המדרש

ל. תנחומא סדר נח סימן יו"ד. עיין תנחומא בהעלותך סימן ט'. ילקוט דניאל רמז תל"ף ס':
לא. שיר השירים פרשה ז' פסוק ט'.
לב. ילקוט כאן רמז קי"ט. ילקוט תהלים רמז תשפ"ו:
לג. תענית דף ז'. ילקוט משלי רמז תתקמ"ח:
לד. לקמן פ' פ"ט. ילקוט מקץ רמז קמ"ז:
לה. ירושלמי ברכות פ' ד'. תנחומא וירא סי' א':
לו. חולין נ"א:

אם למקרא

אֱמֹר לַמֶּלֶךְ וְלַגְּבִירָה הַשְׁפִּילוּ שֵׁבוּ כִּי יָרַד מַרְאֲשׁוֹתֵיכֶם עֲטֶרֶת תִּפְאַרְתְּכֶם: (ירמיה יג:יח)

נִשְׁכְּבָה בְּבָשְׁתֵּנוּ וּתְכַסֵּנוּ כְּלִמָּתֵנוּ כִּי לַה' אֱלֹהֵינוּ חָטָאנוּ אֲנַחְנוּ וַאֲבוֹתֵינוּ מִנְּעוּרֵינוּ וְעַד הַיּוֹם הַזֶּה וְלֹא שָׁמַעְנוּ בְּקוֹל ה' אֱלֹהֵינוּ: (שם ג:כה)

נְבוּכַדְנֶצַּר מַלְכָּא עֲבַד צְלֵם דִּי דְהַב רוּמֵהּ אַמִּין שִׁתִּין פְּתָיֵהּ אַמִּין שִׁת אֲקִימֵהּ בְּבִקְעַת דּוּרָא בִּמְדִינַת בָּבֶל: (דניאל ג:א)

וְהֵן לָא יְדִיעַ לֶהֱוֵא לָךְ מַלְכָּא דִּי לֵאלָהָךְ לָא אִיתַנָא פָלְחִין וּלְצֶלֶם דַּהֲבָא דִּי הֲקֵימְתָּ לָא נִסְגֻּד: (שם שם יח)

בֵּאדַיִן קְרֵב נְבוּכַדְנֶצַּר לִתְרַע אַתּוּן נוּרָא יָקִדְתָּא עָנֵה וְאָמַר שַׁדְרַךְ מֵישַׁךְ וַעֲבֵד נְגוֹ עַבְדוֹהִי דִּי אֱלָהָא עִלָּאָה פֻּקוּ וֶאֱתוֹ בֵּאדַיִן נָפְקִין שַׁדְרַךְ מֵישַׁךְ וַעֲבֵד נְגוֹ מִן גּוֹא נוּרָא: (שם שם כו)

וּפָקַדְתִּי עַל בֵּל בְּבָבֶל וְהֹצֵאתִי אֶת בִּלְעוֹ מִפִּיו וְלֹא יִנְהֲרוּ אֵלָיו עוֹד גּוֹיִם גַּם חוֹמַת בָּבֶל נָפָלָה: (ירמיה נא:מד)

אַנְתְּ מַלְכָּא חָזֵה הֲוַיְתָ וַאֲלוּ צְלֵם חַד שַׂגִּיא צַלְמָא דִכֵּן רַב וְזִיוֵהּ יַתִּיר קָאֵם לְקָבְלָךְ וְרֵוֵהּ דְּחִיל: הוּא צַלְמָא רֵאשֵׁהּ דִּי דְהַב טָב חֲדוֹהִי וּדְרָעוֹהִי דִּי כְסַף מְעוֹהִי וְיַרְכָתֵהּ דִּי נְחָשׁ: (דניאל ב:לא-לב)

וּבְכָל דִּי דָאְרִין בְּנֵי אֲנָשָׁא חֵיוַת בָּרָא וְעוֹף שְׁמַיָּא יְהַב בִּידָךְ וְהַשְׁלְטָךְ בְּכָלְּהוֹן אַנְתְּ הוּא רֵאשָׁה דִּי דַהֲבָא: וּבָתְרָךְ תְּקוּם מַלְכוּ אָחֳרִי אֲרַע מִנָּךְ וּמַלְכוּ תְלִיתָאָה אָחֳרִי דִּי נְחָשָׁא דִּי תִשְׁלַט בְּכָל אַרְעָא: (שם שם לח-לט)

וְאֶצְבְּעָת רַגְלַיָּא מִנְּהֵין פַּרְזֶל וּמִנְּהֵין חֲסַף מִן קְצָת מַלְכוּתָא תֶּהֱוֵה תַקִּיפָה וּמִנַּהּ תֶּהֱוֵה תְבִירָה: (שם שם מב)

מתנות כהונה

אותוי כו'. אותיות של זה הם אותיות של זה: **אפזים כו'.** היו מקנטרים ולועגים בנבוכדנצר שאמרו ידיע וגו': **שוטנים בו גרסינן: ה"ג אמר להם לחנניה כו' וכן הוא בילקוט: ה"ג פוקו ואתו ד"א והנה מלאכי וגו': והוציא את בלעו.** וזהו ויורדים שהורידו והוציאו את בלעו ועיין עוד מזה במדרש חזית בפסוק אמרתי אעלה בתמר: **שבולע כל מה כו'.** והיה מאמין שיש בו צד אלהות: **[יד] ארבעה מלכיות.** עיין בויקרא רבה פרשה כ"ט: **ירוד.** שפל וקטן ממלכות שלפניו: **מנהון חסף גרסינן:**

אשד הנחלים

ורמז לבנים הקדושים שישתפכו בראש כל חוצות. וישם מראשותיו, לזכור כי ירד מראשותו והוא המלך. וישכב, דמות צרותינו ושכיבתינו בבשתנו. ואז נתראה אליו מה שיהיה באחרית הימים. כי נבוכדנצר יחפוץ להעביר ישראל מדתם, כי יעמוד דבר בארץ עד שראשו מגיע שמימה לחירוף וגידוף ח"ו. אך מלאכי אלהים עולים ויורדים בו ולא יחושו לדבריו מאומה, עד שבשכר זאת ה' ניצב עליהם להצילם מאשו: **דבר אחר כו' דניאל.** דרש עולים על דניאל שנתעלה על ידי זה שהרג התנין, ועל ידי זה התנין ירד. שהיה נבוכדנצר מדמה שיש בו צד אלהות: **[יד] דבר אחר כו' זה חלומו כו'.** כי יעקב אבינו ראה בנבואתו ארבעה אומות הקדמוניות ששלטו על ישראל שהם עולים במעלה, אך באחרית והנה ה' נצב עליו להצילו מהם:

Chapter 69

וְהִנֵּה ה׳ נִצָּב עָלָיו וַיֹּאמַר אֲנִי ה׳ אֱלֹהֵי אַבְרָהָם אָבִיךָ וֵאלֹהֵי יִצְחָק הָאָרֶץ אֲשֶׁר אַתָּה שֹׁכֵב עָלֶיהָ לְךָ אֶתְּנֶנָּה וּלְזַרְעֶךָ.

And behold! HASHEM was standing over him, and He said, "I am HASHEM, God of Abraham your father and God of Isaac; the ground upon which you are lying, to you will I give it and to your descendants" (28:13).

§1 וְהִנֵּה ה׳ נִצָּב עָלָיו וַיֹּאמַר אֲנִי ה׳ וְגוֹ׳ — ***AND BEHOLD! HASHEM WAS STANDING OVER HIM AND HE SAID, "I AM HASHEM, ETC."***

The Midrash relates a verse from *Psalms* to our passage:

רַבִּי אֶלְעָזָר בְּשֵׁם רַבִּי יוֹסֵי בַּר זִימְרָא פָּתַח — **R' Elazar, in the name of R' Yose bar Zimra, opened** his discourse on our passage with an exposition of the following verse: "צָמְאָה לְךָ נַפְשִׁי כָּמַהּ לְךָ בְשָׂרִי" — ***My soul thirsts for You, my flesh longs (kamah) for You*** (*Psalms* 63:2).[1] The Midrash cites two interpretations of the uncommon word *"kamah"*:[2] אָמַר רַבִּי אֵיבוּ: כִּכְמֵהוֹת הַלָּלוּ שֶׁהֵן מְצַפִּין לְמַיִם — **R' Eivu said:** This word may be interpreted to mean, **like truffles (*kemeihos*) that await water.**[3] רַבָּנָן אָמְרִי: כְּשֵׁם שֶׁנַּפְשִׁי צָמְאָה לְךָ כֵּן רמ״ח אֵבָרִים שֶׁיֵּשׁ בִּי צְמֵאִים לְךָ — And **the Rabbis said:** The phrase is to be interpreted as follows: **Just as my soul thirsts for You, so do the two hundred and forty-eight limbs that are within me thirst for You.**[4] הֵיכָן, "בְּאֶרֶץ צִיָּה וְעָיֵף בְּלִי מָיִם" — And **where** did David feel this intense yearning for God? The verse from *Psalms* explains: ***in a parched and thirsty land with no water.***[5]

The Midrash weaves its approach into the next verse (*Psalms* 63:3):[6]

עַל כֵּן "בַּקֹּדֶשׁ חֲזִיתִיךָ", עַל כֵּן בִּקְדוּשָּׁה חֲזִיתִיךָ — **Therefore, *"ba-kodesh"*** [בַּקֹּדֶשׁ] ***I have beheld You,*** which is to be understood as: ***Therefore, in holiness*** [בִּקְדוּשָּׁה] ***I have beheld you,***[7] "לִרְאוֹת עֻזְּךָ" זוֹ פָּמַלְיָא שֶׁלְּךָ "וּכְבוֹדֶךָ" — ***to see Your might*** — **this is Your** (i.e., God's) **heavenly assembly**[8] — ***and Your glory.*** The Midrash notes that the phenomenon described by this verse from *Psalms* is demonstrated in the revelation described in our verse, which states, "וְהִנֵּה ה׳ נִצָּב עָלָיו" — *And he dreamt, and behold! A ladder was set earthward and its top reached heavenward; and behold! angels of God were ascending and descending on it.* ***And behold! HASHEM was standing over him.***[9]

NOTES

1. The verse cited here was spoken by David *in the wilderness of Judah* (*Psalms* 63:1) to which he had fled from King Saul (*Rashi* ad loc.).

[In their entirety, the two verses from *Psalms* that will be expounded here read as follows: צָמְאָה לְךָ נַפְשִׁי כָּמַהּ לְךָ בְשָׂרִי בְּאֶרֶץ צִיָּה וְעָיֵף בְּלִי מָיִם, *My soul thirsts for You, my flesh longs for You, in a parched and thirsty land without water.* כֵּן בַּקֹּדֶשׁ חֲזִיתִיךָ לִרְאוֹת עֻזְּךָ וּכְבוֹדֶךָ, *Thus, in holiness I have beheld You, to see Your might and Your glory.*]

2. [*Rashi* to the verse explains this word to connote *longing*, but concedes that there is no Scriptural precedent for that usage of the word (*Yefeh To'ar*, *Nezer HaKodesh*).]

3. Truffles (like other fungi) do not soak up liquid from the ground below, but rather absorb moisture through the air (see *Berachos* 40a with *Rashi* ad loc.), and [because of this difficulty in attaining moisture] are constantly thirsting for more. The verse therefore uses them to metaphorically describe the [consistent and powerful] yearning of the righteous to receive spiritual "nourishment" from God in Heaven. Thus, King David declared, *"My soul thirsts for You, my flesh* [looks toward You like] *a truffle* [that thirstily awaits hydration from above]" (see *Nezer HaKodesh*; see also *Eitz Yosef*; see *Maharzu* for a similar approach).

4. The Rabbis associate the word כָּמַהּ with כְּמוֹ, meaning *like*, so that David first stated, "*My soul thirsts for You*," and then added "כָּמַהּ לְךָ בְשָׂרִי — *likewise, my flesh* [i.e., all of my 248 limbs] thirst *for You*," for man's physical limbs possess a spiritual component, inasmuch as each limb corresponds to another of the Torah's 248 positive commandments (*Eitz Yosef, from Nezer HaKodesh*).

5. The Midrash understands the next words of the verse as an explanation of why the intense thirst for God, which is described at the verse's beginning, was apparently going unsated. For since בְּאֵר מַיִם חַיִּים, *a spring of water*, is used elsewhere as a metaphor for God's Divine Presence (compare *Jeremiah* 17:13, *Ramban* to 26:20 above), the words, *a parched and thirsty land with no water*, suggest a land devoid of the Divine Presence that rested in *Eretz Yisrael*. Thus, at a time when David found himself [outside of *Eretz Yisrael*] in a spiritual wasteland, he gave expression to his yearning for God and His holiness (*Nezer HaKodesh*, cited in large part by *Eitz Yosef*).

Alternatively, the Midrash is emphasizing that despite David's being in [literally] *a parched and thirsty land with no water*, his longing was not for the needs of his body, but for God (*Yefeh To'ar*, *Maharzu*).

6. *Psalms* 63:3 reads: כֵּן בַּקֹּדֶשׁ חֲזִיתִיךָ לִרְאוֹת עֻזְּךָ וּכְבוֹדֶךָ. [Note that the Biblical commentators explain this verse differently than the Midrash does here.]

7. The Midrash interprets the words כֵּן בַּקֹּדֶשׁ חֲזִיתִיךָ as "עַל" כֵּן בִּקְדוּשָּׁה חֲזִיתִיךָ. Thus, the psalmist declared that as a result of the earnest desire for God that he felt while in the wasteland, he merited to *behold God's might and His glory*. And since the events of the verse did not take place בַּקֹּדֶשׁ, *in the Sanctuary*, the Midrash understands בַּקֹּדֶשׁ as בִּקְדוּשָּׁה, so that the term describes the psalmist's personal *holiness* through which he merited that revelation (*Maharzu*; see also *Yefeh To'ar*; see *Eitz Yosef*, from *Nezer HaKodesh*, for another approach).

8. The ministering angels who comprise God's *heavenly assembly* are referred to as His *might*, because through them God performs mighty acts (*Yefeh To'ar*; see also *Eitz Yosef, from Nezer HaKodesh*).

9. According to our Midrash, it was only as a result of Jacob's powerful yearning for God that he merited his awesome dream, in which he *beheld* God's *heavenly assembly* ascending and descending the ladder and *God's glory* standing above him (*Maharzu*).

According to *Maharzu* (see also *Imrei Yosher*), citing *Yalkut Shimoni* (*Tehillim* §786 and above, 68 §11), the Midrash understands that Jacob actually spoke the cited words that would later be repeated by David and recorded in *Psalms*, in reference to this episode. From *Rashi* it appears that the verse merely describes Jacob's situation (compare below, 74 §1).

See Insight Ⓐ.

INSIGHTS

Ⓐ **Prepared for Prophecy** What do the Midrashic Sages mean to teach us by expounding these verses as an "opening" to our passage? *Shem MiShmuel* explains:

The Midrash is troubled by a difficulty. It is well known that, with the exception of Moses, a prophet generally must specially prepare and elevate himself to *receive* prophecy. Yet, in our passage, Jacob awakes from his dream and says (below, v. 16): אָכֵן יֵשׁ ה׳ בַּמָּקוֹם הַזֶּה וְאָנֹכִי לֹא יָדָעְתִּי, *Surely HASHEM is present in this place, and I did not know.* By this, Jacob meant that had he known beforehand, he would have prepared to receive this prophetic vision. Since, however, he did *not* know, he did *not* prepare himself for prophecy (*Sforno* ad loc.). The Midrash wonders how it was possible for Jacob to have received prophecy without having first undergone some sort of preparation. This is especially problematic in light of the fact that this was Jacob's *inaugural* prophecy! How could he receive such prophecy without any advance preparation?

The Midrash offers four approaches to understanding this phenomenon. [In our emended elucidated text, there are only three approaches, but *Shem MiShmuel* here follows the unemended Midrash text (see the facing all-Hebrew page of our Midrash).]

(a) According to R' Yose bar Zimra, the key to Jacob's natural preparedness is the phrase, כָּמַהּ לְךָ בְשָׂרִי בְּאֶרֶץ צִיָּה וְעָיֵף בְּלִי מָיִם, *my flesh longs for You, in a parched and thirsty land without water.*

(b) R' Elazar in the name of R' Yose bar Zimra adds the opening phrase: צָמְאָה לְךָ נַפְשִׁי, *My soul thirsts for You.*

פרשה סט

א [כח, יג] "וְהִנֵּה ה' נִצָּב עָלָיו וַיֹּאמַר אֲנִי ה' וְגוֹ' ", [א]רַבִּי יוֹסֵי בַּר זִמְרָא פָּתַח (תהלים סג, ב) "כָּמַהּ לְךָ בְשָׂרִי בְּאֶרֶץ צִיָּה וְעָיֵף בְּלִי מָיִם"°, רַבִּי אֶלְעָזָר בְּשֵׁם רַבִּי יוֹסֵי בַּר זִימְרָא °: (שם) "צָמְאָה לְךָ נַפְשִׁי כָּמַהּ לְךָ °", אָמַר רַבִּי אֵיבוּ: כַּבְּמֵהוֹת הַלָּלוּ שֶׁהֵן מְצַפִּין לְמַיִם, רַבָּנָן אָמְרֵי: כְּשֵׁם שֶׁנַּפְשִׁי צָמְאָה לְךָ כֵּן רמ"ח אֵבָרִים שֶׁיֵּשׁ בִּי צְמֵאִים לְךָ, הֵיכָן (שם) "בְּאֶרֶץ צִיָּה וְעָיֵף בְּלִי מָיִם", עַל כֵּן (שם ג) "בַּקֹּדֶשׁ חֲזִיתִיךָ", עַל כֵּן בִּקְדוּשָּׁה חֲזִיתִיךָ, (שם) "לִרְאוֹת עֻזְּךָ" זוֹ פָּמַלְיָא שֶׁלְּךָ, "וּכְבוֹדֶךָ", "וְהִנֵּה ה' נִצָּב עָלָיו":

ב רַבִּי חָמָא בַּר חֲנִינָא פָּתַח: (משלי כז, יז) "בַּרְזֶל בְּבַרְזֶל יָחַד" אָמַר רַבִּי חָמָא בַּר חֲנִינָא: [ב]אֵין סַכִּין מִתְחַדֶּדֶת אֶלָּא בְּיָרֵךְ שֶׁל חֲבֵירְתָּהּ, כָּךְ אֵין תַּלְמִיד חָכָם מִתְחַדֵּד אֶלָּא בַּחֲבֵירוֹ, "בַּרְזֶל בְּבַרְזֶל יָחַד וְאִישׁ יַחַד פְּנֵי רֵעֵהוּ", "אִישׁ" זֶה יַעֲקֹב, כֵּיוָן שֶׁעָמַד אָבִינוּ יַעֲקֹב

רש"י

סט (א) **כמה לך בשרי בארץ ציה ועיף בלי מים. אמר רבי איבו כבמהות הללו שהן מצפים למים.** כבמהות כמו כמהים ופטריות. בול"ז בלע"ז: **כשם שנפשי צמאה לך כך רמ"ח אברי צמאים לך, היכן בארץ ציה ועיף בלי מים.** בהיותו במדבר יהודה וכו' מדבר ביעקב: (ב) **אין סכין מתחדדת אלא בירכה של חברתיה. כך אין תלמיד חכם משביח אלא בחבירו, שנאמר ברזל בברזל יחד ואיש יחד פני רעהו. ואיש זה יעקב.** שנאמר (בראשית כה, כז) ויעקב איש תם, **כיון שעמד יעקב** שמה

עץ יוסף

סט (א) **והנה ה' נצב עליו ויאמר אני ה' וגו' רבי אלעזר בשם רבי יוסי בר זמרא פתח צמאה לך נפשי כמה לך בשרי אמר ר' אייבו כבמהות.** כך צריך לומר. פירוש צמאה לך נפשי כבמהות הללו שהן צמאים למים כי אין צמח שמתאוה כל כך למים כבמהות לפי שאין יונקים מן הארץ אלא מאוירא רבו לפיכך הם צריכים הרבה למים מלמעלה, וכן הצדיקים אין להם יניקה למטה אלא מלמעלה מאת ה' מן השמים: **רבנן אמרי בשם כו'.** דכמה הוא מלשון כמו הנאמר על הדוגמא והדמיון, ועל זה אומרים כשם שנפשם העליונה נפש המשכלת צמאה לך כמו כן צמאה לך בשרי הם הרמ"ח איברים שיש בי דהיינו רוח החיוני שבהם הם צמאים לך לקדושתך, כי גם הרמ"ח איברים הם מתוקנים בקדושה שהם מכוונים כלפי הרמ"ח מצות עשה שבתורה. ועל זה אמר היכן נפשי ובשרי צמאים לך כל כך, בארץ ציה ועיף בלי מים, באשר עתה נגרשתי מפניך מארץ ישראל אשר שם משכן השכינה אל ארץ ציה ועיף בלי מים הוא קדושת השכינה הנמשל לבאר מים חיים, ובהיותי רחוק ממקום קדושתך נפשי ובשרי צמאים לך ולקדושתך לקבל ממך שפע רוח הקודש. ועל זה אמר על כן בקודש חזיתיך בקדושה חזיתיך, כלומר על כן באתי לחזות מקום קדושתך המשכן ובית המקדש שהוא מקום קדושה כדי לראות שם עוזך זו פמליא שלך שנראה על ידם תוקף עוזך בעולם בשליחותם וכבודך החופף עליהם (נזר הקודש): (ב) **אין סכין כו'.** כי מצא מין את מינו לחדדו ולתקנו: **כך אין תלמיד חכם מתחדד אלא בחברו.** כך צריך לומר. ופשטות המקרא גם סופו ואיש יחד פני רעהו מוסב על תלמיד חכם כלומר כמו הברזלים מתחדדים זה מזה, כך תלמידי חכמים מחדדים זה את זה בתורה. ושנה המדרש והזכיר כל המקרא עוד הפעם לדורשו בחידוש נוסף על פשטותו. ודרש מלת יחד מענין התיחדות ודבקות איש לרעהו כמבואר. ואולי צריך להיות דבר אחר ברזל בברזל כו' (נזר הקודש):

פירוש מהרז"ו

סט (א) **רבי יוסי בן זמרא פתח.** כן צריך לומר ר' אלעזר בן **רבי יוסי בן זמרא פתח צמאה לך נפשי כמה לך בשרי בארץ ציה ועיף בלי מים, אמר רבי אייבו וכו'.** ומה שכתב עוד ר' אלעזר בשם רבי יוסי בן זמרא וכו' מיותר וטעות, ובילקוט (רמז קיט) ליתא. ובילקוט תהלים (רמז תשפו) הגירסא פתר קריה ביעקב. פירוש אף על פי שאמרו דוד, גם יעקב אמר כן שלא בחנם נראו לו השם עם המלאכים אלא כמו שמבואר לקמן (עה, סח) כי כי חשק וגו', על כן בבואו למקום הקדוש המוכן לזה נראה אליו ודבר עמו, וכמו שכתבתי לקמן (סח, יא) שיעקב אמר כל ספר תהלים: **כבמהות הללו.** כן הגירסא כאן בילקוט וכן הובא גירסת רש"י במדרש, ועיין בילקוט תהלים (רמז קיט) וצריך עיון. ודורש תיבת כמה על פי מדת ממעל, כבמהות בלשון משנה (ברכות מ, ב) כמהין ופטריות. ובערוך ערך כמהן שכן קורין בלשון ישמעאל כמהין כמא"ה עכ"ל וזהו כמה לך בשרי. והענין בזה שהכמהין אינם גדלים מהארץ אלא מהאויר כמו שמבואר ברכות (מ, ב), אך אינם גדלים בלי מים (וכמו שמבואר בתענית כג, א) שאחר שירדו גשמים מלאו השדה מלאים כמהות, וזה שאמר כבמהות וכו' בלא יניקה ואחיזה בארץ, כן גר אנכי בארץ, נודד ומטולטל ומצפה רק לרחמיך וחסדיך בארץ ציה ועיף, כן בדוד, וכן ביעקב שזכו לראות כבודו במקום הקודש: **היכן בארץ ציה.** ובגודל חשקו ודביקותו בה אין מחסורי הגוף מטרידים אותו כלל: **על כן בקודש.** תיבת על אינו בכתוב רק המדרש, מפרש מה שכתב כן בקודש שעל כן שהיה צמא באהבתו זכה לראות כבודו ועוזו: **בקדושה חזיתיך.** לפי הפשט שמדבר בדוד שהיה במדבר לא מקום קדוש ניחא שפירש בקדושה ולא כפשוטו במקום הקודש, אך ביעקב שהיה במקום קודש יתפרש כפשוטו: **עוזך זו פמליא.** כמו שכתוב (תהלים סח, לה) ועוזו בשחקים, היינו מה שכתוב מלאכי אלהים כו', וה' בעצמו כמו שכתוב והנה ה' וגו': (ב) **ברזל בברזל יחד.** מלשון חידוד כמשפשף סכין בסכין מתחדד ומשתבח, וכן התורה אין נקנית אלא בחבורה כמו שאמרו (אבות פ"א מ"ו) וקנה לך חבר, ועיין תענית ז, א: **איש זה יעקב.** עיין מתנות כהונה, וגם אברהם ויצחק נקראו איש. וכאן הכוונה שנקרא איש יחד שנתיחד עם השכינה, וכמו שכתבתי לעיל (סח, יג) יעקב חבל נחלתו

מתנות כהונה

[א] **כבמהות.** שגידולן הוא מליחת המים כדאיתא בפרק כילד מברכין ובילקוט תהלים גרס כאמבטות ופי' הערוך ערך אבט בריכות מים קטנות שבבית המרחץ וע"ש שוב: **כשם שנפשי כו'.** רישא דקרא למאה לך נפשי כמה לך וגו'. כשם שהנפש הנשמה נקראת נפש: **רמ"ח אברים כו'.** ולכן חזר ואמר בשרי: [ב] **כיון שעמד אבינו יעקב שמה יחד כו'.** ע"כ לשון רש"י: **איש.**

אשד הנחלים

[א] **כבהמות הללו כו'.** [כן גירסת הרי"מ ועיקר]. ויש להבין בזה מאי נפקא מינה שצמא כבהמה. והנראה לפי שהאדם מצד שהוא בעל שכל יכול להשבית תשוקתו אף שגובר עליו מאוד, אבל הבעלי חיים עת שיגבר עליהם תשוקתם אז הם באין מעצור מרוב המייתם וחפצם להשתיק צמאונם. כן דימה פה תשוקתו להתדבק בה'. ובאור הכתוב כל כך צמאה לך נפשי המשכלת עד שכמה לך בשרי, כמו הבעל בשר באין נפש משכלת. ודעת רבנן שמוסב כולו על האדם, ולהורות בא שאף הכחות הגופנים נתהפכו בו לטוב עד שכולם יצמאו רק לדביקות ה' כמו שנפשו חפיצה מטבעה לדבק בה', וזהו על דרך מאמרם ז"ל (ברכות נד, א) בכל לבבך בשני יצריך. [לדברי המתנות כהונה הגרסא כבמהות והוא לשון כמהין ופטריות]: **היכן בארץ ציה.** כלומר שדרש על יעקב על שיצא מארץ ישראל שרק שם מקום הנועד לקבלת שפע הנבואה, אבל בחו"ל הוא מקום ציה ושממה משפע. אבל כן היה כי גם שם בקודש ע"י הקדושה שנתקדש נפשו, או בעבור ארץ ישראל שהיא קודש לכן חזיתיך, שזכיתי לנבואה. לראות עוזך, כינוי למלאכים שהם מגידים עוזו של הקב"ה, וכבודך זה הקב"ה בעצמו כמו שכתוב והנה ה' נצב עליו: [ב] **אין סכין כו'.** כי מצא מין את מינו לחדדו ולתקנו, כן נפש הצדיק עת יזדכך יתדבק בשכינה, כי הנפש מסוגה:

חידושי הרד"ל

[א] **אני ה'. ר' אלעזר בשם רבי יוסי בן זמרא פתח צמאה לך נפשי כמה לך בשרי, אמר רבי אייבו בכמהות כו'.** כן צריך לומר: **פמליא שלך והנה מלאכי אלהים וגו'. וכבודך כו'.** כן צריך לומר:

חידושי הרש"ש

[א] **רבנן אמרו בשם כו' כן רמ"ח כו' צמאים לך.** נראה דדרשי כָּמַהּ כמו כָּמוֹהָ, ומלת למאה שֶׁבָּהּ גם כן על בשרי:

[ב] **כיון שעמד אבינו יעקב איש יחד כו'.** יתכן שדורש תיבת יחד למעלה ולמטה (ועיין מה שכתבתי לעיל (כב, ג). ופירושו ואיש יחד, יש לפרש יחידי, או יחד פני רעהו שנתייחדה כו':

זרע אברהם

[ב] **הנה ה' נצב עליו רבי חמא בר חנינא וכו' עד רבי חמא ורבי יוחנן חד אמר עליו על הסולם וחד אמר עליו על יעקב.** נראה לי דרבי חמא בר חנינא ורבי יוחנן אזלי לשיטתייהו דלעיל (פרשה מד כא) בפרשת לך לך איתא בפסוק ויהי השמש לבוא ועלטה היה וגו' ורבי יוחנן אומר ארבעה דברים הראה לו גיהנם ומלכיות ומתן תורה ובית המקדש בזמן שבניך עוסקים בשתים ניצולים ניצולים משתים אמר ליה במה אתה רוצה. שירדו בניך בגיהנם או במלכיות רבי חנינא בר פפא אומר אברהם בירר לו מלכיות. רבי חמא בר חנינא אומר [אברהם ברר לו גיהנם] [ו] הקדוש ברוך הוא

אמרי יושר

[א] **כשם שנפשי צמאה.** היינו כמה לך בשרי ואומר אחריו (פסוק ז) אם זכרתיך על יצועי: **בקודש חזיתיך בקדושה.** זה המאמר סובר כי בחוצה לארץ היה לזה פירש בקדש קדושת הגוף:

מסורת המדרש

א. תענית ז'. ב"ק י"ז. לעיל פ' מ"א. ילקוט ישעיה רמז של"ז:

ב. תענית דף ז'. ילקוט משלי רמז תתקסא:

אם למקרא

אֱלֹהִים אֵלִי אַתָּה אֲשַׁחֲרֶךָּ צָמְאָה לְךָ נַפְשִׁי כָּמַהּ לְךָ בְשָׂרִי בְּאֶרֶץ־צִיָּה וְעָיֵף בְּלִי־מָיִם: כֵּן בַּקֹּדֶשׁ חֲזִיתִיךָ לִרְאוֹת עֻזְּךָ וּכְבוֹדֶךָ:
(תהלים סג:ב-ג)

בַּרְזֶל בְּבַרְזֶל יָחַד וְאִישׁ יַחַד פְּנֵי־רֵעֵהוּ:
(משלי כז:יז)

ענף יוסף

(א) **בכמהות הללו שהן מצפין למים.** בעל מתנות כהונה מביא גירסת הילקוט תהלים שגורס כאמבטיאות הללו כו', ולא אדע לענין מה הביא גירסא זו האם היא טובה מגירסת כבמהות אשר הסתעפה ממלת כמה שכתוב וזה כל עיקר אסמכתות דרש זה, מה שאין כן מלת אמבטאות על מה יסמכו במקרא זה, ובלתי ספק טעות סופר הוא בילקוט תהלים וצריך לומר כבמהות, וכן הוא בילקוט תורה ד"ה והנה ה' נצב עליו עיין שם:

ידי משה

[א] **אמר רבי איבו במהיות הללו** כך צריך לומר. מלשון כמהין ופטריות וכך גירסת הילקוט ומלשון כמה הוציאו זה:

שינוי נוסחאות

(א) **רבי יוסי בר זמרא פתח כמה לך בשרי בארץ ציה ועיף בלי מים.** רד"ל ומהרז"ו מחקו כ"ז. **רבי אלעזר בשם רבי יוסי בר זימרא.** הוסיפו כאן רד"ל ומהרז"ו "פתח". **צמאה לך נפשי כמה לך.** הוסיפו כאן רד"ל ומהרז"ו "בשרי".

§2 רַבִּי חָמָא בַּר חֲנִינָא פָּתַח — **R' Chama bar Chanina opened** his discourse on our passage with an exposition of the following verse: "בַּרְזֶל בְּבַרְזֶל יָחַד" — ***As iron sharpens iron,*** *so a man sharpens his fellow* (*Proverbs* 27:17). אָמַר רַבִּי חָמָא בַּר חֲנִינָא: אֵין סַכִּין מִתְחַדֶּדֶת אֶלָּא בְּיָרֵךְ שֶׁל חֲבֵירְתָּהּ — **R' Chama bar Chanina said:** The plain meaning of the verse is as follows:[10] **An** iron **knife cannot be sharpened** on anything **other than on the side of another** iron knife,[11] כָּךְ אֵין תַּלְמִיד חָכָם מִתְחַדֵּד אֶלָּא בַּחֲבֵירוֹ — and **similarly,** the mind of **a Torah scholar cannot be sharpened** in any way **other than through** the challenges of **his fellow** Torah scholar.[12]

R' Chama bar Chanina though also presents a homiletical exposition of this verse:[13] "בַּרְזֶל בְּבַרְזֶל יָחַד וְאִישׁ יַחַד פְּנֵי רֵעֵהוּ" — ***As iron joins with iron, so a man joins together with his fellow.***[14] R' Chama bar Chanina explains: "אִישׁ" זֶה יַעֲקֹב — ***A man*** **is** an allusion to **Jacob.**[15] כֵּיוָן שֶׁעָמַד אָבִינוּ יַעֲקֹב — Thus, the verse teaches that **when our Patriarch Jacob stopped** on his journey,

NOTES

10. *Eitz Yosef.*

11. The word יָחַד is related to חִידּוּד, *sharpen.* When an iron knife is rubbed against another, it becomes sharper (*Maharzu*; see also *Ibn Ezra* on the verse).

12. Compare *Avos* 1:6 [and 6:6] and *Taanis* 7a (see *Maharzu*).

13. *Eitz Yosef,* from *Nezer HaKodesh.* [Indeed, *Eitz Yosef* contemplates inserting the words דָּבָר אַחֵר, *another interpretation,* into the text.]

It will emerge that this second exposition translates the word יָחַד in the verse homiletically as meaning "together," and this is the translation we will use from the outset.

14. Presumably, *iron joins with iron* through welding.

15. See 25:25: וְיַעֲקֹב "אִישׁ" תָּם, *and Jacob was a wholesome "man"* (*Matnos Kehunah*; see *Rashash* for another approach).

INSIGHTS

(c) R' Eivu expounds the word כָּמַהּ to draw a comparison between Jacob and the truffle.

(d) The Rabbis interpret the verse as saying, "Just as my soul thirsts for You, so do the 248 limbs that are within me thirst for You."

R' Yose bar Zimra understands that the primary preparation needed to ready oneself for prophecy is to master one's natural attraction to material pleasures, for it is such attractions that hold one back from attaining the sublime heights of prophetic revelation (see *Derashos HaRan, Derush* §2 s.v. עם שהענין זר בעצמו). And our forefather Jacob required no such preparation. To him, this material world was *a parched and thirsty land without water* — and "water" (according to *R' Chaim Vital*) is the "root" of physical pleasures. Jacob was a man of the spirit. He inhabited a "land" devoid of such attractions; his longing was only for God, never for physical things. He required no preparation for prophecy because, having completely mastered his physical desires, he was in a constant state of readiness for prophecy.

R' Elazar in the name of R' Yose bar Zimra takes a different approach. In his view, Jacob arrived at this lofty place not because he eschewed mundane things, but rather because of his unquenchable and boundless thirst for God. This thirst was like that of a man stranded in the desert, his tongue cleaving to a dry palate, every fiber of his being concentrated on the thought of water. So too Jacob, in his pursuit of a bond with the Almighty: his every thought was of God, his every desire was to know Him, all the strength he possessed and all of his will were mustered in the effort to approach Him. What readied him for prophecy was not so much his suppression of the physical, but rather his emphasis of the spiritual. Thus, R' Elazar adds the verse's first clause: צָמְאָה לְךָ נַפְשִׁי, *My soul thirsts for You,* with the thirst of a man בְּאֶרֶץ צִיָּה וְעָיֵף בְּלִי מָיִם, *in a parched and thirsty land without water.* Jacob's insatiable thirst for God swept aside all obstacles, and the way to prophecy was opened to him.

R' Eivu maintains that Jacob's preparedness for prophecy resulted from a combination of *both* factors. This is symbolized by the truffle, which draws nourishment from the air and *not* from the ground. This aptly describes Jacob, who drew his sustenance only from spiritual things, and *not* from earthly things. Because Jacob both *rejected* the mundane and *embraced* the life of the spirit, God granted him prophecy without preparation.

Finally, the Rabbis contend that in Jacob's case, it was not only his soul that thirsted for God, but also every limb in his body. Thus, the verse states that even *in a parched and thirsty land without water* — i.e., even when the mind was unclear, and the intellect did not hold sway — Jacob remained in a constant state of seeking. His very limbs burned for God; his body was drawn to Him no less than his soul. Jacob did not *reject* the physical; he *elevated* it. Jacob was thus imbued with קְדֻשָּׁה, *holiness,* a term used to refer to that which is designated *entirely* for sacred use. Accordingly, the verse concludes: כֵּן בַּקֹּדֶשׁ חֲזִיתִיךָ, *Thus, "in holiness" I have beheld You.* It describes a person wholly consecrated, body and soul, to God's service. To a holy person, physicality presents no barrier to a constant attachment to the Divine. On the contrary, even his physical acts are sacred. His eating is a sacrificial offering, and his drinking is a libation upon the Altar (see *Mesillas Yesharim* Ch. 26). Jacob excelled in the attribute of holiness. His every limb expressed his dedication to God. Even "unprepared," he was ready for prophecy (*Shem MiShmuel, Parashas Vayeitzei* תרע"ה).

פרשה סט

א [כח, יג] "וְהִנֵּה ה' נִצָּב עָלָיו וַיֹּאמַר אֲנִי ה' וְגוֹ' ", ארַבִּי יוֹסֵי בַּר זִמְרָא פָּתַח (תהלים סג, ב) "כָּמַהּ לְךָ בְשָׂרִי בְּאֶרֶץ צִיָּה וְעָיֵף בְּלִי מָיִם"°, רַבִּי אֶלְעָזָר בְּשֵׁם רַבִּי יוֹסֵי בַּר זִימְרָא °: (שם) "צָמְאָה לְךָ נַפְשִׁי כָּמַהּ לְךָ °", אָמַר רַבִּי אֵיבוּ: כִּבְמֵהוֹת הַלָּלוּ שֶׁהֵן מְצַפִּין לְמַיִם, רַבָּנָן אָמְרִי: כְּשֵׁם שֶׁנַּפְשִׁי צָמְאָה לְךָ כֵּן רמ"ח אֵבָרִים שֶׁיֵּשׁ בִּי צְמֵאִים לְךָ, הֵיכָן (שם) "בְּאֶרֶץ צִיָּה וְעָיֵף בְּלִי מָיִם", עַל כֵּן (שם ג) "בַּקֹּדֶשׁ חֲזִיתִיךָ", עַל כֵּן בִּקְדוּשָּׁה חֲזִיתִיךָ, (שם) "לִרְאוֹת עֻזְּךָ" זוֹ פַּמַלְיָא שֶׁלְּךָ, "וּכְבוֹדֶךָ", "וְהִנֵּה ה' נִצָּב עָלָיו":

ב רַבִּי חָמָא בַּר חֲנִינָא פָּתַח: (משלי כז, יז) "בַּרְזֶל בְּבַרְזֶל יָחַד", אָמַר רַבִּי חָמָא בַּר חֲנִינָא: באֵין סַכִּין מִתְחַדֶּדֶת אֶלָּא בְּיָרֵךְ שֶׁל חֲבֵירְתָּהּ, כָּךְ אֵין תַּלְמִיד חָכָם מִתְחַדֵּד אֶלָּא בַּחֲבֵירוֹ, "בַּרְזֶל בְּבַרְזֶל יָחַד וְאִישׁ יַחַד פְּנֵי רֵעֵהוּ", "אִישׁ" זֶה יַעֲקֹב, כֵּיוָן שֶׁעָמַד אָבִינוּ יַעֲקֹב

עץ יוסף

סט (א) והנה ה' נצב עליו ויאמר אני ה' וגו' רבי אלעזר בשם רבי יוסי בר זמרא פתח צמאה לך נפשי כמה לך בשרי אמר ר' אייבו כבמהות. כך צריך לומר. פירוש צמאה לך נפשי כבמהות הללו שהן צמאים למים כי אין צמח שמתאוה כל כך למים כבמהות לפי שאין יונקים מן הארץ אלא מאוירא רבו לפיכך הם צריכים הרבה למים מלמעלה, וכן הצדיקים אין להם יניקה למטה אלא מלמעלה מאת ה' מן השמים: **רבנן אמרי בשם כו'.** דכמה הוא מלשון כמו הנאמר על הדוגמא והדמיון, ועל זה אומרים כשם שנפשם העליונה נפש המשכלת צמאה לך כמו כן צמאה לך בשרי הם הרמ"ח איברים שיש בי דהיינו רוח החיוני שבהם הם צמאים לך לקדושתך, כי גם הרמ"ח איברים הם מתוקנים בקדושה שהם מכוונים כלפי הרמ"ח מצות עשה שבתורה. ועל זה אמר היכן נפשי ובשרי צמאים לך כל כך, בארץ ציה ועיף בלי מים, באשר עתה נגרשתי מפניך מארץ ישראל אשר שם משכן השכינה אל ארץ ציה ועיף בלי מים הוא קדושת השכינה הנמשל לבאר מים חיים, ובהיותי רחוק ממקום קדושתך נפשי ובשרי צמאים לך ולקדושתך לקבל ממך שפע רוח הקודש. ועל זה אמר על כן בקודש חזיתיך בקדושה חזיתיך, כלומר על כן באתי לחזות מקום קדושתך המשכן ובית המקדש שהוא מקום קדושה כדי לראות שם עוזך זו פמליא שלך שנראה על ידם תוקף עוזך בעולם בשליחותם וכבודך החופף עליהם (נזר הקודש): **(ב) אין סכין כו'.** כי מצא מין את מינו לחדדו ולתקנו: **כך אין תלמיד חכם מתחדד אלא בחברו.** כך צריך לומר. ופשטות המקרא גם סופו ואיש יחד פני רעהו מוסב על תלמיד חכם כלומר כמו הברזלים מתחדדים זה מזה, כך תלמידי חכמים מחדדים זה את זה בתורה. ושנה המדרש והזכיר כל המקרא עוד הפעם לדורשו בחידוש נוסף על פשטותו. ודרש מלת יחד מענין התיחדות ודבקות איש לרעהו כמבואר. ואולי צריך להיות דבר אחר ברזל בברזל כו' (נזר הקודש): **(ב) ברזל בברזל יחד.** מלשון חידוד כמשפשף סכין בסכין מתחדד ומשתבח, וכן התורה אין נקנית אלא בחבורה כמו שאמרו (אבות פ"ו מ"ו) וקנה לך חבר, ועיין תענית ז, א: **איש זה יעקב.** עיין מתנות כהונה, וגם אברהם ויצחק נקראו איש. וכאן הכוונה שנקרא איש יחד שנתיחד עם השכינה, וכמו שכתבתי לעיל (סח, יג) יעקב חבל נחלתו

פירוש מהרז"ו

סט (א) רבי יוסי בן זמרא פתח. כן צריך לומר **ר' אלעזר בן רבי יוסי בן זמרא פתח צמאה לך נפשי כמה לך בשרי בארץ ציה ועיף בלי מים, אמר רבי אייבו וכו'.** ומה שכתב עוד ר' אלעזר בשם רבי יוסי בן זמרא וכו' מיותר וטעות, ובילקוט (רמז קיט) ליתא. ובילקוט תהלים (רמז תשפו) הגירסא פתר קריה ביעקב. פירוש אף על פי שאמרו דוד, גם יעקב אמר כן שלא בחנם נראו לו השם עם המלאכים אלא כמו שמבואר לקמן (עה, סח) כי כי חשק וגו', על כן בבואו למקום הקדוש המוכן לזה נראה אליו ודבר עמו, וכמו שכתבתי לקמן (סח, יא) שיעקב אמר כל ספר תהלים: **כבמהות הללו.** כן הגירסא כאן בילקוט וכן הובא גירסת רש"י במדרש, ועיין בילקוט תהלים (רמז קיט) וצריך עיון. ודורש תיבת כמה על פי מדת ממעל, ככמהות בלשון משנה (ברכות מ, ב) כמהין ופטריות. ובערוך ערך כמהן שכן קורין בלשון ישמעאל כמהין כמא"ה עכ"ל וזהו כמה לך בשרי. והענין בזה שהכמהין אינם גדלים מהארץ אלא מהאויר כמו שמבואר ברכות (מ, ב), אך אינם גדלים בלי מים (וכמו שמבואר בתענית כג, א) שאחר שירדו גשמים מלאו השדה מלאים כמהות, וזה שאמר ככמהות וכו' בלא יניקה ואחיזה בארץ, כן גר אנכי בארץ, נודד ומטולטל ומצפה רק לרחמיך וחסדיך בארץ ציה ועיף, כן בדוד, וכן ביעקב שזכו לראות כבודו במקום הקודש: **היכן בארץ ציה.** ובגודל חשקו ודביקותו בה אין מחסורי הגוף מטרידים אותו כלל: **על כן בקודש.** תיבת על אינו בכתוב רק המדרש, מפרש מה שכתב כן בקודש שעל כן שהיה צמא באהבתו זכה לראות כבודו ועוזו: **בקדושה חזיתיך.** לפי הפשט שמדבר בדוד שהיה במדבר לא מקום קדוש ניחא שפירש בקדושה ולא כפשוטו במקום הקודש, אך ביעקב שהיה במקום קודש יתפרש כפשוטו: **עוזך זו פמליא.** כמו שכתוב (תהלים סח, לה) ועוזו בשחקים, היינו מה שכתוב מלאכי אלהים כו', וה' בעצמו כמו שכתוב והנה ה' וגו':

רש"י

סט (א) כמה לך בשרי בארץ ציה ועיף בלי מים. אמר רבי איבו כבמהות הללו שהן מצפים למים. ככמהות כמו כמהים ופטריות. בול"ן בלע"ז: **כשם שנפשי צמאה לך כך רמ"ח אברי צמאים לך, היכן בארץ ציה ועיף בלי מים.** בהיותו במדבר יהודה וכו' מדבר ביעקב: **(ב) אין סכין מתחדדת אלא בירכה של חברתיה. כך אין תלמיד חכם משביח אלא בחבירו, שנאמר ברזל בברזל יחד ואיש יחד פני רעהו. ואיש זה יעקב.** שנאמר (בראשית כה, כז) ויעקב איש תם, **ביון שעמד יעקב** שמה

מתנות כהונה

[א] בבמהות. שגידולן הוא מליחת המים כדאיתא בפרק כילד מברכין ובילקוט תהלים גרס כאמבטות ופי' הערוך ערך אבט בריכות מים קטנות שבבית המרחץ וע"ש שוב: **כשם שנפשי כו'.** רישא דקרא צמאה לך נפשי כמה לך וגו'. כשם שהנפש הנשמה נקראת נפש: **רמ"ח אברים כו'.** ולכן חזר ואמר בשרי: **[ב] ביון שעמד אבינו יעקב שמה יחד כו'.** ע"כ לשון רש"י: **איש.**

אשד הנחלים

[א] כבהמות הללו כו'. [כן גירסת הרי"מ ועיקר]. ויש להבין בזה מאי נפקא מינה שצמא כבהמה. והנראה לפי שהאדם מצד שהוא בעל שכל יכול להשבית תשוקתו אף שגובר עליו מאוד, אבל הבעלי חיים עת שיגבר עליהם תשוקתם אז הם באין מעצור מרוב המייתם וחפצם להשתיק צמאונם. כן דימה פה תשוקתו להתדבק בה'. ובאור הכתוב כל כך צמאה לך נפשי המשכלת עד שכמה לך בשרי, כמו הבעל בשר באין נפש משכלת. ודעת רבנן שמוסב כולו על האדם, ולהורות בא שאף הכחות הגופנים נתהפכו בו לטוב עד שכולם יצמאו רק לדביקות ה' כמו שנפשו חפיצה מטבעה לדבק בה', וזהו על דרך מאמרם ז"ל (ברכות נד, א) בכל לבבך בשני יצריך. [לדברי המתנות כהונה הגרסא ככמהות והוא לשון כמהין ופטריות]: **היכן בארץ ציה.** כלומר שדרש על יעקב על שיצא מארץ ישראל שרק שם מקום הנועד לקבלת שפע הנבואה, אבל בחו"ל הוא מקום ציה ושממה משפע. אבל כן היה כי גם שם בקודש ע"י הקדושה שנתקדש נפשו, או בעבור ארץ ישראל שהיא קודש לכן חזיתיך, שזכיתי לנבואה. לראות עוזך, כינוי למלאכים שהם מגידים עוזו של הקב"ה, וכבודך זה הקב"ה בעצמו כמו שכתוב והנה ה' נצב עליו: **[ב] אין סכין כו'.** כי מצא מין את מינו לחדדו ולתקנו, כן נפש הצדיק עת יזדכך יתדבק בשכינה, כי הנפש מסוגה:

חידושי הרד"ל

[א] אני ה'. ר' אלעזר בשם רבי יוסי בן זמרא פתח צמאה לך נפשי כמה לך בשרי, אמר רבי אייבו כבמהות כו'. כן צריך לומר: **פמליא שלך והנה מלאכי אלהים וגו'. וכבודך כו'.** כן צריך לומר:

חידושי הרש"ש

[א] רבנן אמרו בשם כו' כן רמ"ח כו' צמאים לך. נראה דדרשי כָּמַהּ כמו כָּמוֹהָ, ומלת צמאה שָׁבָה גם כן על בשרי:

[ב] ביון שעמד אבינו יעקב איש יחד כו'. יתכן שדורש תיבת יחד למעלה ולמטה (ועיין מה שכתבתי לעיל (כב, ג). ופירושו ואיש יחד, יש לפרש יחידי, או יחד פני רעהו שנתייחדה כו':

זרע אברהם

[ב] הנה ה' נצב עליו רבי חמא בר חנינא וכו' עד **רבי חמא ורבי יוחנן חד אמר עליו על הסולם וחד אמר עליו על יעקב.** נראה לי דרבי חמא בר חנינא ורבי יוחנן אזלי לשיטתייהו דלעיל (פרשה מד כא) בפרשת לך לך איתא בפסוק ויהי השמש לבוא ועלטה היה וגו' ורבי יוחנן אומר ארבעה דברים הראה לו גיהנם ומלכיות ומתן תורה ובית המקדש בזמן שבניך עוסקים בשתים ניצולים ניצולים משתים אמר ליה במה אתה רוצה. שירדו בניך בגיהנם או במלכיות רבי חנינא בר פפא אומר אברהם בירר לו מלכיות. רבי חמא בר חנינא אומר [אברהם ברר לו גיהנם] [ו] הקדוש ברוך הוא

אמרי יושר

[א] כשם שנפשי צמאה. היינו כמה לך בשרי ואומר אחריו (פסוק ז) אם זכרתיך על יצועי: **בקודש חזיתיך בקדושה.** זה המאמר סובר כי בחוצה לארץ היה לזה פירש בקדש קדושת הגוף:

מסורת המדרש

א. תענית ז'. ב"ק י"ז. לעיל פ' מ"ח. ילקוט ישעיה רמז של"ז:
ב. תענית דף ז'. ילקוט משלי רמז תתקסא:

אם למקרא

אֱלֹהִים אֵלִי אַתָּה אֲשַׁחֲרֶךָּ צָמְאָה לְךָ נַפְשִׁי כָּמַהּ לְךָ בְשָׂרִי בְּאֶרֶץ־צִיָּה וְעָיֵף בְּלִי־מָיִם: כֵּן בַּקֹּדֶשׁ חֲזִיתִיךָ לִרְאוֹת עֻזְּךָ וּכְבוֹדֶךָ:
(תהלים סג:ב-ג)
בַּרְזֶל בְּבַרְזֶל יָחַד וְאִישׁ יַחַד פְּנֵי־רֵעֵהוּ:
(משלי כז:יז)

ענף יוסף

(א) כבמהות הללו שהן מצפין למים. בעל מתנות כהונה מביא גירסת הילקוט תהלים שגורס כאמבטיאות הללו כו', ולא אדע לענין מה הביא גירסא זו האם היא טובה מגירסת ככמהות אשר הסתעפה ממלת כמה שכתוב וזה כל עיקר אסמכתות דרש זה, מה שאין כן מלת אמבטאות על מה יסמכו במקרא זה, ובלתי ספק טעות סופר הוא בילקוט תהלים וצריך לומר ככמהות, וכן הוא בילקוט תורה ד"ה והנה ה' נצב עליו עיין שם:

ידי משה

[א] אמר רבי איבו כמהיות הללו כך צריך לומר. מלשון כמהין ופטריות וכך גירסת הילקוט ומלשון כמה הוציאו זה:

שינוי נוסחאות

(א) רבי יוסי בר זמרא פתח כמה לך בשרי בארץ ציה ועיף בלי מים. רד"ל ומהרז"ו מחקו כ"ז. **רבי אלעזר בשם רבי יוסי בר זימרא.** הוסיפו כאן רד"ל ומהרז"ו "פתח". **צמאה לך נפשי כמה לך.** הוסיפו כאן רד"ל ומהרז"ו "בשרי".

״אִישׁ יַחַד פְּנֵי רֵעֵהוּ״, שֶׁנִּתְיַיחֲדָה עָלָיו הַשְּׁכִינָה — ***a man joins together with his fellow*** was realized, **for the Divine Presence joined with [Jacob].**[16] ״וְהִנֵּה ה׳ נִצָּב עָלָיו״ — Thus, Scripture states, ***And behold! HASHEM was standing over him.***[17]

§3 A parable for the events of verses 12 and 13:

אָמַר רַבִּי אַבָּהוּ — **R' Abahu said:**[18] מָשָׁל לְבֶן מְלָכִים שֶׁהָיָה יָשֵׁן עַל גַּבֵּי עֲרִיסָה וְהָיוּ זְבוּבִים שׁוֹכְנִים עָלָיו — This incident may be illustrated through **a parable to a son of royalty**[19] **who was sleeping upon a cradle and flies were settling on him,** וְכֵיוָן שֶׁבָּא מֵנִיקְתּוֹ שָׁחָה עָלָיו מֵנִיקְתּוֹ[20] וּבָרְחוּ מֵעָלָיו — and **when his wet-nurse came, she bent over him and [the flies] fled from upon him.** כָּךְ בַּתְּחִלָּה ״וְהִנֵּה מַלְאֲכֵי אֱלֹהִים עֹלִים וְיֹרְדִים בּוֹ״ — **Similarly, at first,** as Scripture states, ***And behold! Angels of God were ascending and descending on him,***[21] כֵּיוָן שֶׁנִּתְגַּלָּה עָלָיו הַקָּדוֹשׁ בָּרוּךְ הוּא בָּרְחוּ מֵעָלָיו — and **when the Holy One, blessed is He, revealed Himself upon him, [the angels] fled from upon him.**[22]

Two explanations of the opening phrase of verse 13:

רַבִּי חִיָּיא רַבָּה וְרַבִּי יַנַּאי חַד אָמַר ״עָלָיו״ עַל סוּלָּם וְחַד אָמַר ״עָלָיו״ עַל יַעֲקֹב — **R' Chiya the Great and R' Yannai** gave different explanations of the word *"alav"*: **One** of them **said: *"Alav"*** means **upon the ladder, and** the other **one said: *"Alav"*** means **upon Jacob.**[23]

The Midrash introduces a difficulty:

מַאן דְּאָמַר ״עָלָיו״ עַל הַסּוּלָּם נִיחָא — Now, according to **the one who said** that ***"alav"*** means **upon the ladder, it is satisfactory;**[24] אֶלָּא לְמַאן דְּאָמַר ״עָלָיו״ עַל יַעֲקֹב מִי מִתְקַיֵּים עָלָיו — **but** according to **the one who said** that ***"alav"*** means **upon Jacob, does [God] stand upon [Jacob]?!**[25]

The Midrash cites a statement as an answer to its question:

אָמַר רַבִּי יוֹחָנָן הָרְשָׁעִים מִתְקַיְּימִין עַל אֱלֹהֵיהֶם — **R' Yochanan said: The wicked** protectively **stand over their gods,**[26] ״וּפַרְעֹה חֹלֵם וְהִנֵּה עֹמֵד עַל הַיְאֹר״ — as is stated, ***Pharaoh was dreaming that behold! — he was standing over the*** (Nile) ***River*** (below, 41:1);[27] אֲבָל הַצַּדִּיקִים אֱלֹהֵיהֶם מִתְקַיֵּים עֲלֵיהֶם שֶׁנֶּאֱמַר ״וְהִנֵּה ה׳ נִצָּב עָלָיו וַיֹּאמֶר אֲנִי ה׳ אֱלֹהֵי אַבְרָהָם״ — **but the righteous, their God** protectively **stands over them, as is stated, *And behold HASHEM was standing over him and He said, "I am HASHEM, God of Abraham."***[28]

NOTES

16. *Eitz Yosef.*

Our Midrash understands the cited verse to mirror *Proverbs* 27:10, where God is referred to as a *friend* of the Jewish people (*Matnos Kehunah* et al.).

17. Apparently, the Midrash finds an indication in this phrase that at the moment it describes, Jacob enjoyed a particular closeness to the Divine Presence.

18. R' Abahu aims to reconcile v. 12, which has been explained above (in 68 §12, according to one sage) to teach that the angels were harming Jacob, with v. 13, which (according to one of two views cited in the coming section) states that God stood above him [protectively]. Additionally, the Midrash is troubled by the fact that the verse mentions the angels before God (*Yefeh To'ar*, cited in part by *Eitz Yosef*; see also *Yalkut Shimoni*, end of §119; *Matnos Kehunah*; *Imrei Yosher*).

19. Lit., *of kings*.

20. [Note that earlier versions of the Midrash read הֵינִיקָתוֹ, *she suckled him*.]

21. Note that we have translated the verse here in accordance with the view in 68 §12 which is accepted by this Midrash (see note 18 above).

22. Thus, the angels were *ascending and descending on*, i.e., attempting to harm, *[Jacob]* only before *HASHEM was standing over him*. With God's arrival, the angels immediately dispersed.

See Insight Ⓐ.

23. The word עָלָיו, *upon him/it*, may refer to either the ladder or Jacob, for both had been mentioned in the preceding verse.

[This dispute is interrelated with the very similar disagreement between these Sages that appeared in 68 §12 with respect to the clause וְהִנֵּה מַלְאֲכֵי אֱלֹהִים עֹלִים וְיֹרְדִים בּוֹ, *and behold! angels of God were ascending and descending on him/it* (*Maharzu*).]

24. I.e., the question that will be presented here does not pose a difficulty.

25. Could it be that the Almighty God was supported by a mortal being?! (see *Nezer Hakodesh*; see also *Eitz Yosef*; see *Matnos Kehunah* for another approach).

26. *Eitz Yosef*, from *Yefeh To'ar*.

27. That Pharaoh worshiped the Nile River is evident from *Ezekiel* 29:3 (*Eitz Yosef*; compare below, 87 §7; *Shemos Rabbah* 9 §8).

[Pharaoh dreamt that he *stood* (protectively) *over* the Nile because that was something he typically did (*Yefeh To'ar*, pointing to *Daniel* 2:29 as a source for the idea that one's daytime actions form the subject of his dreams).]

28. According to R' Yochanan, the expression ה׳ נִצָּב עָלָיו means *HASHEM was standing over [Jacob] to guard him* from harm. This understanding forms the basis for the contrast R' Yochanan draws between the way God protects *the righteous* and the way *the wicked* must protect their powerless pagan deities (*Eitz Yosef*, from *Yefeh To'ar*). Thus, the difficulty with the above expression, which the Midrash had previously accepted at face value, is resolved.

[It emerges that the crux of the Midrash's answer to the question it had posed — that נִצָּב connotes *protectively standing over* — is absent from its discussion. *Yefeh To'ar* explains that this may be because, as is apparent from its wording, this statement of R' Yochanan's was not originally made as a resolution to our Midrash's difficulty, but is rather quoted here because it evidences a satisfactory understanding of our verse. However, *Yefeh To'ar* believes it more likely that our version of the Midrash is flawed, and that, in truth, the Midrash never asked a question at all, but rather asserted that *according to the one who said that "alav" means upon Jacob,* (our verse means that) *God* (protectively) *stands above him*, and then proceeded to prove this from R' Yochanan's remarks (see also *Akeidas Yitzchak* and *Ohr HaSeichel*, both cited by *Matnos Kehunah*).]

See Insight Ⓑ.

INSIGHTS

Ⓐ The Prince and the Flies The Midrash's parable begs elaboration. Not only is it unclear why the participants in the episode of our verse are allegorically portrayed the way they are, but the question of what the parable adds to what appears to be a very simple point must also be addressed. *Yefeh To'ar* explains the analogy as follows:

The Midrash uses a prince to represent Jacob and flies to symbolize the angels, because a man who has perfected himself through Divine service, like Jacob, is as superior to angels as a human being is to flies, and because just as it is natural for flies to irritate nobility, so may angels cause difficulty to people by prosecuting them in heaven. However, when the Creator Himself appeared in order to bestow goodness upon Jacob — like the wet-nurse of the parable — Jacob became attached to God. In that state, Jacob dominated all of creation so that none could distress him. The angels were then forced to flee.

Ⓑ Above or Below? Another understanding of R' Yochanan's teaching is that the wicked place themselves, in a sense, over their gods, whereas the righteous place God over themselves. The wicked do not wish to be subservient to their gods. Wicked people choose how they wish to live and what they choose to believe, and then they fashion a philosophy to legitimate their desires. They are like a magnate who decides on an investment, or a ruler who decides on a policy, and tells his advisers and lawyers, "This is what we are doing. You make it legal." As long as the wicked succeed, they are happy with their idols. If their desires conflict with the dogma assigned to the idol, however, they will desert it and look for a more cooperative deity. In the words of the prophet, *When he will be hungry, he will be angry and curse his king and his gods* (*Isaiah* 8:21).

The wicked justify their way of life by proclaiming the praise of their god or ideology. But let their god fail them, and they will raise the banner of another faith that suits them better. They will create their new belief, or find it in some other deluded faith. They will then proceed to worship their new god, when in reality they are worshiping themselves. They place themselves *over* their gods, adhering to a belief because it gives *them* legitimacy.

The righteous are diametrically different. They place God above themselves, forever striving to raise themselves to *His* service and to the standards that *He* demands of them. The righteous man's God is always *above* him, and his face is always turned upward — hoping, yearning, and ascending (*R' Elyah Meir Bloch* in *Peninei Daas, Bereishis* p. 107).

"אִישׁ יַחַד פְּנֵי רֵעֵהוּ", שֶׁנִּתְיַחֲדָה עָלָיו הַשְּׁכִינָה, "וְהִנֵּה ה' נִצָּב עָלָיו":

ג אָמַר רַבִּי אַבָּהוּ: מָשָׁל לְבֶן מְלָכִים שֶׁהָיָה יָשֵׁן עַל גַּבֵּי עֲרִיסָה וְהָיוּ זְבוּבִים שׁוֹכְנִים עָלָיו, וְכֵיוָן שֶׁבָּא מֵנִיקְתּוֹ שָׁחָה עָלָיו מֵנִיקְתּוֹ וּבָרְחוּ מֵעָלָיו, כָּךְ בַּתְּחִלָּה "וְהִנֵּה מַלְאֲכֵי אֱלֹהִים עֹלִים וְיֹרְדִים בּוֹ" כֵּיוָן שֶׁנִּתְגַּלָּה עָלָיו הַקָּדוֹשׁ בָּרוּךְ הוּא בָּרְחוּ מֵעָלָיו. רַבִּי חִיָּא רַבָּה וְרַבִּי יַנַּאי, חַד אָמַר: "עָלָיו" עַל סוּלָּם, וְחַד אָמַר: "עָלָיו" עַל יַעֲקֹב, מַאן דְּאָמַר "עָלָיו" עַל הַסּוּלָּם נִיחָא, אֶלָּא לְמַאן דְּאָמַר "עָלָיו" עַל יַעֲקֹב מִי מִתְקַיֵּים עָלָיו, [ג]אָמַר רַבִּי יוֹחָנָן: הָרְשָׁעִים מִתְקַיְּימִין עַל אֱלֹהֵיהֶם (בראשית מא, א) "וּפַרְעֹה חֹלֵם וְהִנֵּה עֹמֵד עַל הַיְאֹר", אֲבָל הַצַּדִּיקִים אֱלֹהֵיהֶם מִתְקַיְּימִין עֲלֵיהֶם, שֶׁנֶּאֱמַר "וְהִנֵּה ה' נִצָּב עָלָיו וַיֹּאמַר אֲנִי ה' אֱלֹהֵי אַבְרָהָם":

רש"י

איש יחד פני רעהו, שנתייחדה עליו השכינה:

מתנות כהונה

יעקב נקרא איש תם: **רעהו**. השכינה נקרא ריע וחבר של ישראל שנאמר רעך וריע אביך אל תעזוב: [ג] **עולים ויורדים**. וקטרגו עליו ונחקו בו כדלעיל ועיין בעקידה בפ' זו ותנוח דעתך: **על סולם ניחא**. והוא כלשון בני אדם: **מי מתקיים עליו**. איך יפול על לשון בני אדם לומר שיתקומם עליו: **אלהיהם מתקיימין עליהם**. ע"ד שאמרו חז"ל בזמן שישראל עושין רצונו של מקום מוסיפין כח בגבורה של מעלה ובהפך כתיב צור ילדך תשי מלשון תשות כח כביכול וכענין זה פירשו בעקידה פרשה זו: **מי מתקיים**. בעקידה ואב"א גרס שהוא מתקיים בניחותא ולא בלשון תמיה והכוונה אחת היא:

נחמד למראה

[ג] **מי מתקיים עליו אמר רבי יוחנן הרשעים מתקיימים על אלהיהם ופרעה חולם והנה עומד על היאור וכו'**. עיין בפירוש מתנות כהונה. על פי מדרש זה ישבתי מה שקשה בענין חלומו של פרעה, שפרעה חלם שהיה עומד בעצמו על היאור (מא, א), וכשסיפר החלום ליוסף אמר (מא, יז) הנני עומד על שפת היאור, וקשה למה לא אמר על היאור כמו שחלם, אמנם לפי שהיאור היה אלוהו של פרעה והראו לו מן השמים סכלותו כי הוא הבל שאם הוא אלוה היאך הוא עומד על גבי אלוהו, לכן כאשר סיפר ליוסף לא אמר על היאור מפני הבושה, שיאמר לו יוסף למה אתה מחזיק אותו לאלוה מאחר שאתה עומד עליו, לכן שינה ואמר הנני עומד על שפת היאור:

אשד הנחלים

[ג] **ברחו מעליו**. כי כן מטבע הנבואה, עת כי יתדבק לנבואה גדולה אז המדריגות הקטנות יתפרדו ממנו אחר שדבוק בנעלה ממנו. וזהו בתחילה ראה רק מלאכי אלהים עולים ויורדים בו, ואח"כ הגיע למעלה רמה עד שה' ניצב עליו. ומה שדימו במשל לזבובים שהם מצערים לתנוק, הוא על דרך מאמרם לעיל אפזים בו, וכמו שפירש המתנות כהונה לעיל שהיו לועגים עליו ודוחקין אותו על שהוא ישן עיי"ש: **מתקיימין כו'**. עיין במתנות כהונה, וכלומר שלהורות בא שהשתנות הנהגה נמשך כפי מעשיו:

אמרי יושר

[ג] **זבובים שוכנים עליו**. משל לשרי האומות והנה מלאכי אלהים שוטנים בו כדלעיל (פרשה סח יג) והנה ה' נצב מתקיים עליו לשמרו ובזה נסתלקו וכאשר יפרש נצב עליו נגד המקטרגים עליו: **על סולם ניחא**. כדדרשינן לעיל (פרשה סח יב) זה סיני או על מזבח:

עץ יוסף

שנתיחדה עליו השכינה. שנקרא ריע כאומרו (משלי כז, י) ריעך וריע אביך אל תעזוב. ורצונו לומר שכמו שמתיחד ברזל עם ברזל, כן יעקב נתיחד עם השכינה והשכינה עמו: (ג) **משל לבן מלכים כו'**. סבירא ליה כמאן דאמר בסמוך עליו על יעקב, ולפי שלזה יקשה אם ה' נצב עליו איך היה מקום למלאכים לעלות ולרדת בו דהיינו לקטרגו ולהזיקו, לכן אמר משל לבן מלכים כו' דברישא לא ה' נצב עליו, וכשבא ה' ברחו המלאכים: [ב] **מי מתקיים עליו**. בתמיה, כי אין דרך לומר שה' נצב על אדם. ופירש רבי יוחנן שהתיצבות זו היא השגחה להצילו מכל נזק ופגע, וזה שאמר רבי יוחנן הרשעים צריכין לעמוד על אלהיהם לשמרם, אבל הצדיקים אלהיהם נצב עליהם לשמרם ולהצילם, ופירוש נצב עליו משגיח עליו (יפה תואר). והמתנות כהונה נטה בזה מפשטיותו: **והנה עומד על היאור**. שהיה אלוהו כמו שאמר (יחזקאל כט, ג) לי יאורי ואני עשיתני:

פירוש מהרז"ו

והחוט המשולש וכו' וכמו שכתוב (תהלים כא, ז) תחדהו בשמחה את פניך, וכמו שמבואר (שמות כז, א) שנקרא הקב"ה רעך ורע אביך, עיין שמות רבה (כז, א): (ג) **כך בתחלה והנה מלאכי**. עיין לעיל סוף פרשה ס"ח, ויקרא רבה (כט, ב) פרקי דרבי אליעזר (פרק לה) ועיין חולין (צב, א) שמות רבה (לב, ז): **רבי חייא ורבי ינאי**. וכמו שכתבתי לעיל (סח, יב) עולים ויורדים בו דאזלי לשיטתייהו: **על הסולם ניחא**. כמו שנאמר וראשו מגיע השמימה, ועל זה אמר והנה ה' נצב עליו על הסולם שעל השמים כבודו. אך למאן דאמר על יעקב ענינו שהוא מתקיים עליו להצילו מרעתו וכמו שאמר רבי יוחנן. ותיקון לשון המדרש אלא למאן דאמר על יעקב מה שנאמר והנה ה' נצב עליו, מתקיים עליו, כן נראה לי: **הרשעים מתקיימין**. לקמן פרשה פ"ט סימן ד':

חידושי הרד"ל

[ג] **על היאור**. עיין לקמן ריש פרשת מקץ (פט, ז):

זרע אברהם

בירר לו המלכות הדא הוא דכתיב אם לא כי צורם מכרם זה אברהם שנקרא צור כדכתיב הביטו אל צור חצבתם וה' הסגירם הקדוש ברוך הוא הסכים לדבריו. ובמדרש (רבה ויקרא כט ב) ובילקוט הובא גם בפסיקתא (כג אות ב) וז"ל בפסוק והנה מלאכי אלהים עולים ויורדים בו הראה לו הקדוש ברוך הוא ליעקב אבינו שרו של בבל עולה שבעין עווקין ויורד. שרו של מדי נ"ב עווקין ויורד. אמר ליה הקדוש ברוך הוא אף אתה עולה באותה שעה נתיירא יעקב ואמר תאמר כשם שיש לאלו ירידה כך אני יהיה לי ירידה אמר ליה הקדוש ברוך הוא אל תירא [עבדי יעקב] אם אתה עולה אין אתה יורד. ולא האמין יעקב ולא עלה. אמר ליה הקדוש ברוך הוא אילו האמנת ועלית לא היתה יורד עכשיו שלא האמנת יהיה בניך משועבדים בד' מלכיות. יכול לעולם תלמוד לומר אל תחת ישראל כי הנני מושיעך מרחוק מארץ שביים זה שאמר הכתוב בכל זאת חטאו ולא האמינו בנפלאותיו זה יעקב אבינו עד כאן לשון הפסיקתא ואם כן לדברי רבי חמא בר חנינא שהקדוש ברוך הוא בירר לו המלכיות אם כן היאך אמר הקדוש ברוך הוא אחר כך ליעקב שיעלה ושוב לא יהיה לו ירידה ולא ישתעבדו בניו בד' מלכיות הלא כבר בירר הקדוש ברוך הוא ד' מלכיות. לכן סובר רבי חמא בר חנינא עליו על יעקב ולא סבירא ליה שהיה מלאכים עולים ויורדים בסולם זה שרים של בבל ומדי. רק שקאי הכל על יעקב שמלאכים עלו וירדו בו משל לבן מלך וכו' והנה ה' נצב עליו על יעקב לשמרו. מה שאין כן מאן דאמר שאברהם בירר לעצמו מלכיות סובר כדדרש הפסיקתא שאף שאברהם בירר לו ד' מלכיות כשהיה יעקב עולה לא היו נשתעבדים בד' מלכיות שהיה ביד יעקב לשנות הברירה שברר אברהם ואם כן סובר עולים ויורדים קאי על הסולם כדדרש המדרש שם (פרשה סח יב) תרכוסה של שלש רגלים הראה לו עד יעקב חבל נחלתו. פירוש תעקר המרכבה היה יעקב לפי שהוא היה רגל שלישי של המרכבה ועד עכשיו היה שני רגלים ועכשיו על ידי יעקב נשלם המרכבה ונראה לי טעם מספיק לדברי חכמינו ז"ל שאמרו במסכת תענית יעקב אבינו לא מת לפי דאיתא בזוהר טעם על מאמר חכמינו ז"ל דוד היה נזהר שלא היה ישן יותר משיתין נשמין לפי שהיה רגל רביעי של מרכבה ותמן אתרא קדישא אתרא דחיי ושינה הוא חלק ששים ממיתה ואם כן יעקב שהיה רגל שלישי עיקר המרכבה אם כן על כרחך שלא מת ונראה לי ליישב על ידי זה גוף הגמרא דתענית פרק קמא (ה ב) אמר רב נחמן אמר רב יוחנן יעקב אבינו לא מת אמר ליה ר' יצחק וכי בכדי חנטו חנטייא וספדו ספדנייא. אמר ליה מקרא אני דורש ואתה אל תירא יעקב ואל תחת ישראל כי הנני מושיעך מרחוק וזרעך מארץ שביים מקיש הוא לזרעו מה זרעו בחיים וכו'. ותמוה אדא היאך דרש ענין תמוה שיעקב לא מת ולא הביא ראייה וטעם לדבריו ועוד קשה שהיה לו להביא תיכף מקרא זה. ועוד קשה מנליה ללמוד ההיקש זה. ולפי דברינו אתיא הכל שפיר שעל כרחך יש ראייה לדרש זה שיעקב לא מת וזיל קרי ביה רב מדכתיב והנה ה' נצב עליו שהיה יעקב עיקר המרכבה לשכינה שבלעדו לא היה המרכבה אם כן על כן לא מת ולא טעם כלל טעמיה דמותא כטעם הזוהר גבי דוד שהיה רק רגל ד' ויעקב שהיה עיקר המרכבה על כן לא מת רק שיש להקשות מנלן הא דילמא והנה ה' נצב עליו קאי כדדרש הפסיקתא דלעיל שהראה לו הקדוש ברוך הוא שרים של אומת עולים ויורדים ואמר ליעקב לעלות ולא רצה עד והנה ה' נצב עליו פירש שלא יהיה השעבוד לעולם זה שאמר לו וכי בכדי חנטו וכו'. בשלמא אם ה' נצב פירושו שהיה מרכבה על כרחך קרא דחוק ואוקים אנפשיה שהיה החניטה לנגד המצריים שסברו שמת ממש שהיה דומה להם שמת ועשה יוסף לכבוד לאביו לפני המצריים מה שאין כן הואיל ויש לומר דקרא והנה ה' נצב קאי לדרש הפסיקתא אם כן מנלן שיעקב לא מת ולהוציא המקרא מן הפשוטה והשיב לו מקרא אני דורש וכו' פי' שאף שתדרוש כפסיקתא מכל מקום ומוכח שיעקב לא מת. שהרי אמר ה' יעקב אל תירא הנני מושיעך מרחוק מבבל וזרעך מארץ שביים בשאר מלכיות אם כן על כרחך שיעקב לא מת והיה בגלות עם בניו בבבל. על דרך שאמרו חכמינו ז"ל עמו אנכי בצרה ואני בתוך הגולה בשלמא אם ה' נצב עליו פירושו שהיה יעקב מרכבה של שכינה. אם כן מה שאמר ירמיה בנבואתו אל תירא יעקב פירושו שכינה על ישראל שהיו בגלות בבל על אותו הדור וזרעך מארץ שביים מיירי בזרעם בבניהם שיהיו אחר כך בגלות מלכיות מדי ויון ואדום ולא קאי כלל איעקב גופא מה שאין כן אם ה' נצב עליו פירושו שדבר עם יעקב על שלא רצה לעלות יהיה בשעבוד ד' מלכיות. והבטיח הקדוש ברוך הוא ליעקב גופא שיושיעו מרחוק מגליות בבל הרי על כרחך מוכח שיעקב לא מת אף לפי דרש הפסיקתא אם כן תיתא מההיא תיתא אם הפירוש ה' נצב הוא כפסיקתא או כאידך פירושו שהיה מרכבה לשכינה מוכח שיעקב לא מת. ודוק היטב. עוד יש לומר דהכי פירושו בודאי כולי עלמא מוכרחים לומר שיעקב לא מת הואיל והוא עיקר מרכבה של שכינה כדאיתא בזוהר. רק מה שאמר ר' יצחק וכי בכדי חנטו וכו'. הכוונה על דרך שאמר רבי יהודה בן בתירא לרבי עקיבא שעתיד ליתן את הדין שדורש גזירה שוה שמקושש זה צלפחד ואמר ליה רבי יהודה בן בתירא עקיבא בין כך ובין כך עתיד אתה ליתן את הדין אם כדבריך התורה כיסתו ואתה מגלה. וכמו כן גבי דרש שדרש ר' יצחק כאן שיעקב אבינו לא מת שהוא כהעדר כבוד

מסורת המדרש

ג. לקמן פ' פ"ט. ילקוט מקץ רמז קמ"ז:

אם למקרא

וַיְהִי מִקֵּץ שְׁנָתַיִם יָמִים וּפַרְעֹה חֹלֵם וְהִנֵּה עֹמֵד עַל־הַיְאֹר: (בראשית מא:א)

ידי משה

[ג] **מי מתקיים עליו**. נראה לי פירושו כי לעיל במדרש (פרשה סח יג) פליגי נמי אותן ב' אמוראי דהיינו רבי חייא ורבי ינאי עיין שם, וגם שם הקשו זה הקושיא באמרם שאין שייך עלייה וירידה ביעקב כי כל חלום דרך הטבע כמו שאמרו חכמינו ז"ל (ברכות נה, ב) שאין מראין לאדם פילא בקופא דמחטא, משום זה פירשו לעיל למאן דאמר עולים ויורדים ביעקב לא ניחא, וכן כאן הוקשה להם זה בשלמא שהקדוש ברוך הוא נצב על הסולם ניחא שיוכל להיות לשבר את האוזן כמו יושב על כסא, אבל שיעמוד על יעקב זה דבר משולל ומניעה אפילו אדם על אדם, ואם כן אין בזה משום כדי לשבר את האוזן לזה אמר מי מתקיים עליו ואיך אפשר שיחלום זה והוא פילא בקופא דמחטא, לזה מתרץ רבי יוחנן ואמר שהכתוב משנה חלומו של יעקב מחלומו של פרעה ששם נאמר (מא, א) והנה עומד וכו' לפי זה מהפך הכתוב כאן והנה ה' נצב עליו, אבל לעולם אין פירושו עליו ממש על גביו אלא אצלו, ומשום זה לא היה ה' נצב עליו מן המנין של י"ח פעמים שהוזכרו האבות בתורה כי אין פירושו עליו ממש, לפיכך מייתי בתר הכי רבי חנינא בשם רבי פנחס ודוק היטב:

§4 A discussion related to our verse:[29]

רַבִּי חֲנִינָא בְּשֵׁם רַבִּי פִּנְחָס אָמַר – **R' Chanina said in the name of R' Pinchas:** שְׁמֹנֶה עֶשְׂרֵה פְּעָמִים מַזְכִּיר הָאָבוֹת בַּתּוֹרָה וּכְנֶגֶד כֵּן קָבְעוּ חֲכָמִים י״ח בְּרָכוֹת שֶׁבַּתְּפִלָּה – **[The Torah] mentions the Patriarchs eighteen times, and corresponding to this, the Sages instituted the eighteen blessings that are in the** *Amidah* **prayer.**[30] וְאִם יֹאמַר לְךָ אָדָם: תִּשְׁעָה עָשָׂר הֵם – **And if a person will say to you, "[The occurrences of the Patriarchs' names] are** actually **nineteen,"**[31] אֱמוֹר לוֹ ״וְהִנֵּה ה׳ נִצָּב עָלָיו״ לֵית הוּא מִן הַמִּנְיָן – **say to him,** "The verse, ***And behold! HASHEM was standing over him,*** **is not** counted as one **of the amount."**[32] וְאִם יֹאמַר לְךָ אָדָם י״ז הֵם – **And if a person will say to you, "[The occurrences of the Patriarchs' names] are** actually **seventeen,"** אֱמוֹר לוֹ ״וְיִקָּרֵא בָהֶם שְׁמִי וְשֵׁם אֲבֹתַי אַבְרָהָם וְיִצְחָק״ חַד מִנְּהוֹן – **say to him,** "The verse, ***and may my name be declared upon them and the names of my forefathers Abraham and Isaac*** (below, 48:16), **is one of [the eighteen verses]."**[33]

□ הָאָרֶץ אֲשֶׁר אַתָּה שֹׁכֵב עָלֶיהָ לְךָ אֶתְּנֶנָּה וּלְזַרְעֶךָ – ***THE GROUND UPON WHICH YOU ARE LYING, TO YOU WILL I GIVE IT AND TO YOUR DESCENDANTS.***

The Midrash explains God's promise of this verse:[34]

רַבִּי שִׁמְעוֹן מִשּׁוּם בַּר קַפָּרָא אָמַר קִפְּלָהּ כְּפִינְקָס וּנְתָנָהּ תַּחַת רֹאשׁוֹ – **R' Shimon said in the name of Bar Kappara: God folded [all of** ***Eretz Yisrael*****] like a ledger and placed it under [Jacob's] head,** כְּאֵינָשׁ דְּאָמַר מִן תְּחוֹת רֵישָׁךְ דִּידָךְ – **like a person who says, "Whatever is under your head is yours."**[35]

NOTES

29. Although we shall see that the actual teaching that follows is not related to our verse, it appears here because it relates to the names of the Patriarchs, which appear in our verse (*Maharzu*).

30. Because the Jewish practice of praying three times a day derives from the examples of the Patriarchs (see above, 68 §9; *Berachos* 26b), the *Amidah* [which is the primary component of each of these prayers] was designed so that the number of its blessings corresponds to the total number of times the names of the Patriarchs appear together in the Torah (*Eitz Yosef, from Abudraham* [end of שער ב׳]; *Korban HaEidah* to *Yerushalmi Taanis* 2:2). Alternatively, this relationship invokes the merit of the Patriarchs thereby causing our prayers to be accepted (*Yefeh To'ar, Nezer HaKodesh*; see *Yefeh To'ar* and *Maharzu* for additional approaches).

Lists of the eighteen verses that include the Patriarchs' names appear in *Shenos Eliyahu* to *Berachos* 4:3, *Amudei Yerushalayim Tinyana* to *Yerushalmi Berachos* 4:3, and *Torah Temimah* to our verse. [See the Schottenstein edition of *Talmud Yerushalmi, Berachos* 48b note 10, for a detailed discussion of which verses are included. See also *Berachos* 28b and *Yerushalmi* loc. cit. where additional reasons are given for the choice of eighteen blessings.]

[In its current form, the *Amidah* prayer actually comprises nineteen blessings. For although the the Men of the Great Assembly (אַנְשֵׁי כְּנֶסֶת הַגְּדוֹלָה) originally formulated this prayer with eighteen blessings (see *Berachos* 33a; *Megillah* 17b; *Rambam, Hil. Tefillah* 1:4), in the time of Rabban Gamliel, the blessing of וְלַמַּלְשִׁינִים, *And for slanderers* ... was added (see *Berachos* 28b; *Rambam, Hil. Tefillah* 2:1).]

31. I.e., if someone who counted the times that the Patriarchs' names appear in the Torah were to challenge the above statement based on his having found a 19th occurrence.

32. The stated number of verses considers only those in which the names of all three Patriarchs appear. Since Jacob's name does not appear in this verse, it is not included (*Yefeh To'ar*; *Eitz Yosef*; *Midrash Tanchuma, Vayeira* §1). [The questioner apparently included this verse in his calculation because it mentions Abraham and Isaac and it involves Jacob (see *Yefeh To'ar*).]

33. Although only Abraham and Isaac's names are mentioned explicitly in this verse, since Jacob, the speaker, said, "*my name*," it is counted among the eighteen verses in which all of the Patriarchs' names appear (*Eitz Yosef*; *P'nei Moshe* to *Yerushalmi* loc. cit.).

[Note that according to *Gra* (in *Shenos Eliyahu* loc. cit.), who emends the version of this discourse that appears in *Yerushalmi* (loc. cit.), our Midrash is likewise to be emended (*Maharzu*). *Gra*'s emendation is discussed at length in the Schottenstein edition of *Talmud Yerushalmi*, loc. cit., Variant C.]

See Insight Ⓐ.

34. The verse presents an obvious difficulty, for God's promise was certainly not limited to the small piece of earth upon which Jacob lay?! (*Imrei Yosher*; compare *Chullin* 91b with *Rashi* and *Eitz Yosef* ad loc.).

35. Just as what lies beneath one's head belongs to him, so did God fold all of *Eretz Yisrael* under Jacob's head in order to establish his ownership of it (*Radal*, followed by *Eitz Yosef*). Alternatively, the Midrash speaks figuratively, and means that God put the names of all of the Land of Israel's places — its cities, rivers, mountains, and valleys — into Jacob's *head*, i.e., his memory. Jacob prophetically saw each of these places as if he were actually there (*Maharzu*, who compares *Sifrei, Bamidbar* §135 and *Mechilta, Beshalach, Parashas Vayavo Amalek* §2, which teach of similar occurrences regarding Abraham and Moses; see *Eitz Yosef* for an additional approach).

See Insight Ⓑ.

INSIGHTS

Ⓐ Eighteen Blessings *Yefeh To'ar* finds difficulty in the implication that the *Amidah* would have differed if not for the fact that the Patriarchs' names appear eighteen times in the Torah; does the *Amidah* not contain prayers for everything that need be requested and for nothing that need not be? What, then, could have been different? *Nezer HaKodesh*, however, points to *Berachos* 16b-17a for a long list of requests that could potentially have been added to the *Amidah*. He also notes that the *Amidah's* eighteen requests could have been consolidated into a lesser number of blessings.

Nezer HaKodesh further points out that as taught here, while there are only eighteen verses in the Torah that contain the names of all three Patriarchs, there are *nineteen* verses that contain the names of Abraham and Isaac. He suggests that these correspond to the nineteen blessings of the amended form of the *Amidah* (compare *Berachos* 28b). *Nezer HaKodesh* explains that the added blessing, which regards evildoers, relates only to the first two Patriarchs, each of whom fathered a wicked son, and not to Jacob who bore only righteous offspring. (See *Roke'ach*, end of *Hil. Tefillah* §323, and *Yefeh Mareh* to *Yerushalmi* loc. cit. for additional discussion regarding the 19th blessing.)

[For an examination of the relationship between each of the eighteen verses and the corresponding blessing, see *Birchos HaTefillah*, by R' Zvi Natanzon, pp. 34-38.]

Ⓑ A Miraculous Land The Midrash states that God folded up *Eretz Yisrael* to fit beneath Jacob's head. Some commentators connect this teaching to that of the Gemara in *Gittin* (57a), which expounds the Scriptural description of *Eretz Yisrael* as אֶרֶץ הַצְּבִי, *the coveted land* (see *Jeremiah* 3:19 and *Daniel* 11:16), as meaning "the land of the deer." The Gemara there explains that a deer's hide, once removed, contracts in size, so that it can no longer contain the flesh it once covered. Similarly, the apparently small size of *Eretz Yisrael* today in times of our exile is not a true limitation, for the land expands when its inhabitants are many and shrinks when its inhabitants are few. Thus, these commentators explain, God's purpose in folding the land was to demonstrate to Jacob this miraculous property of the land he was being given (*R' Yonasan Eibeschutz* in *Tiferes Yonasan* to *Genesis* 28:13; *Be'er Yosef, Miluim* there).

Be'er Yosef explains that with this, God gave Jacob assurance that the land would be able to accommodate the great number of descendants that he was promised. The verse states, הָאָרֶץ אֲשֶׁר אַתָּה שֹׁכֵב עָלֶיהָ לְךָ אֶתְּנֶנָּה וּלְזַרְעֶךָ, *the land upon which you lie, to you I will give it and to your descendants*. According to this teaching of the Midrash, the phrase *the land upon which you lie* refers to the *entire* Land of Israel. The verse continues, וְהָיָה זַרְעֲךָ כַּעֲפַר הָאָרֶץ וּפָרַצְתָּ יָמָּה וָקֵדְמָה וְצָפֹנָה וָנֶגְבָּה, *and your descendants shall be as the dust of the earth, and you shall spread out to the west, to the east, to the north, and to the south*. In these verses, God

ד רַבִּי חֲנִינָא בְּשֵׁם רַבִּי פִּנְחָס אָמַר: דשְׁמוֹנֶה עֶשְׂרֵה פְּעָמִים מַזְכִּיר הָאָבוֹת בַּתּוֹרָה, וּכְנֶגֶד כֵּן קָבְעוּ חֲכָמִים י"ח בְּרָכוֹת שֶׁבַּתְּפִלָּה, וְאִם יֹאמַר לְךָ אָדָם: תִּשְׁעָה עָשָׂר הֵם, אֱמוֹר לוֹ: [כח, יג] "וְהִנֵּה ה' נִצָּב עָלָיו" לֵית הוּא מִן הַמִּנְיָן, וְאִם יֹאמַר לְךָ אָדָם: י"ז הֵם, אֱמוֹר לוֹ: (שם מח, טז) "וְיִקָּרֵא בָהֶם שְׁמִי וְשֵׁם אֲבֹתַי אַבְרָהָם וְיִצְחָק" חַד מִנְּהוֹן. [כח, יג] "הָאָרֶץ אֲשֶׁר אַתָּה שֹׁכֵב עָלֶיהָ לְךָ אֶתְּנֶנָּה וּלְזַרְעֶךָ", רַבִּי שִׁמְעוֹן מִשּׁוּם בַּר קַפָּרָא אָמַר: הקְפָלָהּ כְּפִינְקֵס וּנְתָנָהּ תַּחַת רֹאשׁוֹ כֶּאֱינָשׁ דְּאָמַר: מִן תְּחוֹת רֵישָׁךְ דִּידָךְ, רַבִּי הוּנָא בְּשֵׁם רַבִּי אֶלְעָזָר אָמַר: וּבִלְבַד שֶׁיְּהֵא נִקְבָּר עָלֶיהָ:

ה [כח, יד] "וְהָיָה זַרְעֲךָ כַּעֲפַר הָאָרֶץ", ומַה עֲפַר הָאָרֶץ אֵינוֹ מִתְבָּרֵךְ אֶלָּא בַּמַּיִם, כָּךְ בָּנֶיךָ אֵין מִתְבָּרְכִין אֶלָּא בִּזְכוּת הַתּוֹרָה זשֶׁנִּמְשְׁלָה לַמַּיִם, מָה עֲפַר הָאָרֶץ מְבַלֶּה אֶת כָּל כְּלֵי מַתָּכוֹת וְהוּא קַיָּם לְעוֹלָם, כָּךְ בָּנֶיךָ מְבַלִּים אֶת כָּל ° הָעוֹלָם וְהֵם קַיָּימִים לְעוֹלָם, וּמָה עָפָר עָשׂוּי דַּיִשׁ לַכֹּל, כָּךְ בָּנֶיךָ עֲשׂוּיִם דַּיִשׁ לַמַּלְכֻיּוֹת, הָדָא הוּא דִכְתִיב (ישעיה נא, כג) "וְשַׂמְתִּיהָ בְּיַד מוֹגַיִךְ", מַהוּ "מוֹגַיִךְ", אִלֵּין דִּמְמִיגִין מַכָּתִיךְ וּמְיַיסְּרִין אוֹתָךְ וּמַתִּישִׁין אֶת כּוֹחֵךְ, אֲפִילוּ כֵּן לְטוֹבָתֵךְ מְשַׁקְשְׁקִין וּמְמָרְקִין לָךְ מִן חוֹבִיךְ,

עץ יוסף

(ד) **וכנגד כן קבעו חכמים כו'.** כתב האבודרהם (שער השני תיקון התפלות) דלפי שהתפלות למדו אותן מן האבות שאברהם תיקן תפילת שחרית וכו' לכן אמר שנתקנו שמונה עשרה ברכות כנגד שמונה עשרה פעמים שנזכרו: **לית הוא מן המנין.** לפי שלא נזכר שם אלא אברהם ויצחק ולא יעקב ואנן בעינן שלשה אבות: **שבע עשרה הם.** שהרי בפסוק ויקרא בהם שמי ושם אבותי וגו' גם כן לא נזכר יעקב מפורש על זה אומרם דמכל מקום הוא חד מנהון, כי באומרו ויקרא בהם שמי הרי הוא כאילו נזכר גם שמו מפורש: [ג] **קפלה בפנקס.** כלומר במראה הנבואה נדמה כאילו הארץ מקופלת תחתיו להורות שיכבוש כולו. והטעם לפי שהמקום הלז הוא העיקרי לקדושה עד שכל הארץ עומד על ידה וכמו שאמרו (יומא כד, ב) אבן שתיה שממנה הושתת העולם: **ונתנה תחת ראשו.** ובילקוט משמע דגרסינן מאי דתחותא דידך. ולפי גירסתנו כאינש דאמר מן תחות רישא דידך, פירוש מה שתחת ראשו של אדם ודאי שלו, כן קפלה תחת ראשו להחזיקה שהיא שלו: **שיהא נקבר עליה.** רצונו לומר דתנאה קאמר דדוקא אם יהיה נקבר עליה תנתן הארץ ההיא לזרעו. וזהו הרמז אשר אתה שוכב עליה בתנאי אם תשכון עליה לאחר מיתה כי אז זכותך עומד עליהם. ואף על גב שאין זה ביד יעקב ובהחלט, מכל מקום היה מוטל עליו להשתדל ולטרוח בדבר בכל אשר היה לאל ידו כאשר מצינו שהשביע על זה יוסף בנו (נזר הקודש): (ה) **מה עפר כו'.** נתבאר לעיל (מא, יב): **דממיגין מכתיך.** ממסים מכתך: **משקשקין כו'.** פירוש שטושים אותך ריקם מטנופתיך:

פירוש מהרז"ו

(ד) **י"ח פעמים.** הוצא דרך אגב הזכרת שם האבות אף שאין שייך כאן כי אין זה מן המנין כדלקמן בסמוך, ולשון הירושלמי ברכות (פ"ד ה"ג) כנגד י"ח פעמים שהאבות כתובים בתורה אברהם יצחק ויעקב, ועל פי מדת מנגד, על שמלאו זכרון האבות שהם סימן רחמים על ישראל כנגד זה תקנו ח"י ברכות של תפלה ורחמים. והנה הראו לי בתנחומא ריש פרשת וירא (סימן א) וזה לשונו שנו רבותינו בכל יום אדם מתפלל י"ח ברכות, למה י"ח אמר רבי שמואל בר נחמן כנגד י"ח פעמים שהאבות כתובים בתורה. הראשון בסוף ויחי (נ, כד) ואלהים פקוד וגו' אשר נשבע לאברהם וליצחק וליעקב, והאחרון (דברים לד, ד) זאת הארץ אשר נשבעתי לאברהם ליצחק וליעקב, ואם יאמר לך אדם הרי י"ט הם שכך כתוב (כח, יג) אלהי אברהם אביך ואלהי יצחק אין זה מן המנין שאין יעקב נמנה עמהם עד כאן, פירוש שלא נזכר בשמו אלא בתיבת אתה. ועיין בספר שנות אליהו מהגר"א שמגיה בהירושלמי כמו בתנחומא. ואם כן מה שאמר כאן ואם יאמר לך אדם י"ז הם אמור לו ויקרא בהם שמי וגו' חד מנהון, דברי תימא הם כי יש ח"י פעמים מפורשים אברהם יצחק ויעקב, ועיין בשנות אליהו שם, על כן צריך להגיה כאן כמו שמגיה הגר"א בירושלמי: **ונתנה תחת ראשו.** וכן מה שאמר מן תחות רישא דידך מלמדנו שמה שאמר קפלה כפנקס, פירושו שהודיעו שמות כל מקומות הארץ הערים והנהרות וההרים והעמקים ושם אותם בכח זכרונו, ובכח מראה האלהית השיג את הכל כאלו היה שם וראה את הכל בעיניו, וכמו שנאמר אצל משה (דברים ג, כז) ויראהו ה' את כל הארץ כמפורש בספרי שם ובמכילתא סוף בשלח (מסכתא דעמלק פרשה ב) על משה ועל אברהם, וזהו כפנקס שהכל כתוב עליו, ולא אמר שקפלה כבגד שהיה משמשו על גוף הארץ: **נקבר עליה.** פירוש שיש בו רמז גם כפשוטו שיותן לו שם מקום קבר, וזה שאמרו(לה, יב) לך אתננה מקום קברו: (ה) **מה עפר הארץ** לעיל (מא, ט) במדבר רבה (ב, יב):

רש"י

(ד) **ואם יאמר לך אדם תשעה עשר הם, אמור לו והנה ה' נצב עליו.** ויאמר אני ה' אלהי אברהם אביך ואלהי יצחק **לית הוא מנהון, ואם יאמר לך אדם שבעה עשר הן, אמור לו ויקרא בהם שמי ושם אבותי אברהם ויצחק מנהון:** (ה) **מקשקשין לך.** כמו מקשקשת עיסתה במים (ירושלמי שבת פ"ב ה"ו): **מעבירין רודים עליהם.** מהריסה מעבירין עליהן:

מתנות כהונה

[ד] **תשעה עשר הם.** י"ט טעמים נזכרו האבות בתורה: **ה"ג נצב עליו וגו' לית הוא כו' והטעם שלא נזכר רק אברהם ויצחק: חד מנהון.** אחד מן אותן י"ט פעמים והטעם כיון דכתיב שמי כאילו כתיב יעקב בהדיא דמי: **מן תחות רישך כו'.** כלומר שיעור מה שתחת ראשך ומה שמונח תחתיו: **ובלבד שיהא כו'.** שיעקב יהא נקבר בארץ ולכן כתיב שוכב לשון שכיבה עם אבותיו וכאן הזהיר אותו שלא יקבר בח"ל: [ה] **דממיגין כו'.** נתבאר לעיל סוף פרשה מ"א: **מן חוביך.** שטושין אותך ריקם מטנופתיך:

אשד הנחלים

[ד] **י"ח ברכות.** צריך לבקש הסבר איך יתוכו שני העניינים יחד, וזה שייך לדרכי הדרוש: **קפלה כפנקס.** כלומר במראה הנבואה נדמה כאילו הארץ מקופלת תחתיו להורות שיכבוש כולו. והטעם לפי שהמקום הלז הוא העיקרי לקדושה עד שכל הארץ עומד על ידה וכמו שאמרו (יומא נד, ב) אבן שתיה שממנה הושתת העולם: **נקבר.** וזהו הרמז אשר אתה שוכן עליה בתנאי אם תשכון עליה אחר מיתה, כי אז זכותך עומד עליהם: [ה] **מה עפר.** כי בפרשה לך לך נאמר לענין הכמות אשר אם יוכל למנות גו' גם זרעך ימנה אבל כאן נאמר סתם, מכאן שמורה לענין הדמיון סתם. ומפרשים לבחינות אחרות, העפר מצד עצמו כל טובתו לגדל תבואתו שזה תכליתו, אבל אי אפשר רק עם מים כן בניו המה העקרים והתכליתיים, אבל בתנאי עם התורה המרוה לנפש כמים לעפר שמכין תכליתה. ועוד כמו העפר הוא היסוד פשוט ועל כן איננה נפסדת, כן הם אינם נפסדים וקיימים לעולם ועוסקים במצות ה' ב"ה. אכן אף שהעפר יש לה צד המעלה עם כל זה היא נתונה לדייש לכל, כן האומה הזאת היו נתונים בתחילה למרמס בגליות, כי זה צירוף וזיקוק להם, כמו שהצמח בתחילה מוכרח להתמוגג הרבה, ומההפסד הזה אז ישוב לצמוח, כי אין ההויה כי אם אחר ההפסד כן האומה הזאת, ולכן כינה צורפיהם בשם מוגיך על דרך ברביבים

חידושי הרד"ל

[ד] **מן תחות רישא דידך.** שזה שתחת ראשו של אדם ודאי שלו, [ל]כן קפלה תחת ראשו להחזיקה שהיא שלו. ולפי לשון הילקוט (רמז קכ) משמע דגרסינן מאי דתחותא דידך:

זרע אברהם

וגנאי לאבות אברהם ויצחק שמתו ויעקב לא מת והתורה כיסתו שהרי כתבה התורה ויחנטו אותו וגו' ואתה מגלה. והשיב לו ר' יצחק מקרא אני דורש. פירוש ולא כיסתו התורה. ואין לך גילוי גדול מזה דכתיב כה אמר ה' אל תירא יעקב וגו' מקיש הוא לזרעו וכמו שרבי עקיבא יליף גזירה שוה והוה גילוי גמור כך יליף ר' יצחק ולא כיסתו התורה ודוק:

אמרי יושר

[ד] **נצב עליו אינו מהמנין.** כי עדיין היה יצחק חי ואין הקדוש ברוך הוא מייחד שמו על החיים. וקשה שהיה סומא וחשוב כמת (נדרים סד ב). ואולי בעת מותו היה כאלו מת כבר וצריך עיון. והנכון לפי שלא נזכר כאן אלא שנים: **ויקרא בהם שמי.** שיהיה מהמנין והיה יעקב בעת מותו שלם וכן נתבשר אתה רגל שלישי: **הארץ אשר אתה שוכב עליה.** הרגישו מה זו מתנה ארבע אמות לזה אמרם קפלה תחתיו. רבי חנינא אמר שהוא תנאי הארץ אתן לך ובתנאי שתשכב עליה בקבורה ולזה השתדל יעקב להקבר בארץ והשביע בניו:

מסורת המדרש

ד. ירושלמי ברכות פ' ד'. תנחומא וירא סי' א':
ה. חולין נ"א:
ו. תענית ז'. ב"ק י"ז. לעיל פ' מ"א. ילקוט ישעיה רמז של"ז:
ז. ב"ק ד' ע"ז ופ"ב. עבודת כוכבים ה'. לעיל פ' ס"ו:

אם למקרא

הַמַּלְאָךְ הַגֹּאֵל אֹתִי מִכָּל־רָע יְבָרֵךְ אֶת־הַנְּעָרִים וְיִקָּרֵא בָהֶם שְׁמִי וְשֵׁם אֲבֹתַי אַבְרָהָם וְיִצְחָק וְיִדְגּוּ לָרֹב בְּקֶרֶב הָאָרֶץ: (בראשית מח:טז)

וְשַׂמְתִּיהָ בְּיַד־מוֹגַיִךְ אֲשֶׁר־אָמְרוּ לְנַפְשֵׁךְ שְׁחִי וְנַעֲבֹרָה וַתָּשִׂימִי כָאָרֶץ גֵּוֵךְ וְכַחוּץ לַעֹבְרִים: (ישעיה נא:כג)

שינוי נוסחאות

(ה) **מה עפר הארץ מבלה את כל כלי מתכות והוא קיים לעולם, כך בניך מבלים את כל העולם.** צ"ל "... את כל אומות העולם", כן הוא בספרים ישנים לעיל בפרשה מ"א (אמנם כאן ליתיה, אבל בת-א ובכי"י איתיה גם כאן), וכן הוא להלן בפיסקא זו בדפוסים ישנים:

Another exposition of our verse:[36]

רַבִּי הוּנָא בְּשֵׁם רַבִּי אֶלְעָזָר אָמַר וּבִלְבַד שֶׁיְּהֵא נִקְבָּר עָלֶיהָ — R' Huna said in the name of R' Elazar: Our verse suggests that God promised to give the land to Jacob's descendants only **provided that [Jacob] would be buried upon it.**[37]

> וְהָיָה זַרְעֲךָ כַּעֲפַר הָאָרֶץ וּפָרַצְתָּ יָמָּה וָקֵדְמָה וְצָפֹנָה וָנֶגְבָּה וְנִבְרְכוּ בְךָ כָּל מִשְׁפְּחֹת הָאֲדָמָה וּבְזַרְעֶךָ.
> *Your offspring shall be as the dust of the earth, and you shall spread out powerfully westward, eastward, northward, and southward; and all the families of the earth shall bless themselves by you and by your offspring* (28:14).

§5 **וְהָיָה זַרְעֲךָ כַּעֲפַר הָאָרֶץ** — ***YOUR OFFSPRING SHALL BE AS THE DUST OF THE EARTH.***

The Midrash analyzes the comparison of Abraham's descendants to *the dust of the earth* (i.e., soil):[38]

מַה עֲפַר הָאָרֶץ אֵינוֹ מִתְבָּרֵךְ אֶלָּא בַּמַּיִם — With this metaphor, God told Jacob, **"Just as soil is blessed** (i.e., it is productive) **only through** being mixed with **water,**[39] **כָּךְ בָּנֶיךָ אֵין מִתְבָּרְכִין אֶלָּא בִּזְכוּת הַתּוֹרָה שֶׁנִּמְשְׁלָה לַמַּיִם — so too your children are blessed only through the merit of the Torah, which is compared to water.**[40] **מָה עֲפַר הָאָרֶץ מְבַלֶּה אֶת כָּל כְּלֵי מַתָּכוֹת וְהוּא קַיָּים לְעוֹלָם** — And **just as soil outlasts**[41] **all metal vessels and it lasts forever, כָּךְ בָּנֶיךָ מְבַלִּים אֶת כָּל אוּמּוֹת**[42] **הָעוֹלָם וְהֵם קַיָּימִים לְעוֹלָם — so too your children will outlast all of the nations of the world and they** (the Jewish people) **will last forever. וּמָה עָפָר עָשׂוּי דַּיִשׁ לַכֹּל — And just as soil becomes something that is trampled by all, כָּךְ בָּנֶיךָ עֲשׂוּיִם דַּיִשׁ לַמַּלְכֻיּוֹת — so too will your children become something trampled by** various **kingdoms."** The Midrash proves this last statement from Scripture:[43] **הֲדָא הוּא דִכְתִיב "וְשַׂמְתִּיהָ בְּיַד מוֹגַיִךְ" — Thus it is written,** ***And I*** (God) ***will put [the cup of My fury] into the hand of your tormentors*** ("*mogayich,*") *those who have said to your soul, "Prostrate yourself so that we may pass over you"* (*Isaiah* 51:23). The Midrash examines the cited verse: **מַהוּ "מוֹגַיִךְ", אִלֵּין דִּמְמִיגִין מַכָּתִיךְ וּמְיַיסְּרִין אוֹתָךְ וּמַתִּישִׁין אֶת כּוֹחֵךְ — What is** meant by **"*mogayich*"** [מוֹגַיִךְ]? **Those who moisten** [דִּמְמִיגִין] **your wound,**[44] **and afflict you, and cause your strength to wane.** The Midrash reads additional meaning into the word "*mogayich*": **אֲפִילוּ כֵּן לְטוֹבָתֵךְ מְשַׁקְשְׁקִין וּמְמָרְקִין לָךְ מִן חוֹבִיךְ** — But **even so,** despite the suffering suggested by this word, it is **for your good,** for **[these afflictions] melt away and cleanse you of your sins,**[45]

NOTES

36. Like its predecessor, this explanation is prompted by the difficulty inherent in God's promise of our verse (*Yefeh To'ar*; *Imrei Yosher*).

37. According to R' Huna, the words אֲשֶׁר אַתָּה שֹׁכֵב עָלֶיהָ, *upon which you are lying*, are stated as a condition upon which the promise that follows was hinged. For only if Jacob were to *lie upon the land* in death would his merit enable his descendants to inherit *Eretz Yisrael* (*Eitz Yosef*, from *Nezer HaKodesh*, *Imrei Yosher*; see also *Matnos Kehunah*; *Maharzu*).

[Although Jacob could not guarantee where others would bury him, he was obliged to make every effort to ensure that his body would be brought to burial in the Holy Land, as he indeed did — see below, 47:20 (ibid.).]

38. Our verse does not state, as an earlier one (13:16) did, that the Jews would be as numerous *as the dust of the earth*. This suggests to the Midrash that God was indicating to Jacob a parallel between the Jews and soil that is *unrelated* to their numerousness (*Eshed HaNechalim*; compare *Eitz Yosef* to 41 §9, from *Yefeh To'ar*).

39. The primary function of soil is to produce crops, and it cannot do so without water (*Eshed HaNechalim*).

40. See *Isaiah* 55:1: *Ho, everyone who is thirsty, go to the water* [with *Bava Kamma* 17a et al.] (*Eitz Yosef* to 41 §9).

41. Lit., *wears out*. [Note that this usage appears repeatedly in the coming lines.]

42. We have emended the text in accordance with early manuscripts and printed editions.

43. See *Maharzu* to 41 §9.

According to *Yefeh To'ar* (to 41 §9), the Midrash cites this verse to explain why God would have pained Jacob by informing him that his progeny would be trampled. For as the Midrash will develop from this verse, God's comparison of the Jews to *soil* also alluded to their ultimate triumph over their oppressors.

44. Translation follows *Eitz Yosef* to 41 §9 above, who explains that the Midrash figuratively describes enemies who consistently induce suffering, like one who chafes a wound.

45. Translation is based on *Matnos Kehunah* and *Eitz Yosef* here and to 41 §9.

INSIGHTS

pledged that this entire land, which at that moment was shrunk to a size that could contain only Jacob, would one day contain all of Jacob's innumerable offspring, who would spread out in all directions, as many as the dust of the earth (*Be'er Yosef* ibid.).

R' Yitzchak Isaac Chaver (*Ohr HaTorah,* gloss §75 to *Sefer Maalos HaTorah*) elaborates upon the idea that the capacity of *Eretz Yisrael* is not fixed, but changes according to the number of its inhabitants. God's chosen land exists not only as a physical place of earth and stone, but occupies also another, extra-physical dimension, placing it outside the usual constraints of distance and space. This unique spiritual property of the Holy Land is contingent upon the Torah of its inhabitants. The Gemara teaches (*Berachos* 8a): *The Holy One, Blessed is He, has nothing in this world but the four amos of halachah.* When the people of Israel consecrate the land through the study and practice of Torah, the Land becomes God's place. It is thus elevated beyond the natural law, and its sacred properties are manifest.

The ability of the land to contain greater numbers than normally possible falls into the category of miracle known as מוּעָט מַחֲזִיק אֶת הַמְרוּבֶּה, *the small contains the numerous.* And that this miracle is invoked by the merit of Torah can be deduced from two, seemingly contradictory, Rabbinic teachings concerning such miracles. On the one hand, the Mishnah states (*Avos* 5:5) that during the pilgrimage festivals, when the inhabitants of *Eretz Yisrael* would converge upon Jerusalem in their hundreds of thousands, no person ever had cause to complain that *the place is too crowded for me to sleep in Jerusalem.* Rather, the city, whose usual population was relatively small, underwent a miraculous transformation, allowing all the innumerable pilgrims to be housed in comfort. On the other hand, that same Mishnah states that when the pilgrims worshiped in the Israelite section of the Temple Courtyard — a section that was only eleven *amos* deep — *they stood crowded close together, yet prostrated themselves in ample space.* These teachings would seem to be in conflict, for in the case of Jerusalem, there was no crowding at all, whereas in the case of the Temple Courtyard there was room only when they prostrated themselves, but they were crowded while standing!

R' Yitzchak Isaac Chaver resolves the conflict: The miraculous expansion varied according to the measure of Torah in each place. The city of Jerusalem was the gathering place of the scholars of Israel, the source from which Torah flowed to the entire land. Since this was the seat of Torah in the land, the miracle was greatest there; in Jerusalem, there was no crowding at all. Now, the eleven-*amah*-wide Israelite Courtyard was also an important center of Torah, for it contained the *Chamber of Hewn Stone,* which housed the Great Sanhedrin. Nevertheless, the presence of Torah there was less than in Jerusalem; accordingly, this place was, in some small measure, less removed from the physical than was the city of Jerusalem. The miracle that occurred there was thus of lesser magnitude, and there was indeed some crowding in the Temple Courtyard.

It is the Torah that elevates *Eretz Yisrael* above physical constraints. The land that contracted to fit under our exalted forefather will expand to accommodate any number of his numerous descendants loyal to their ancestral Torah.

ד רַבִּי חֲנִינָא בְּשֵׁם רַבִּי פִּנְחָס אָמַר: דשְׁמֹנֶה עֶשְׂרֵה פְּעָמִים מַזְכִּיר הָאָבוֹת בַּתּוֹרָה, וּכְנֶגֶד כֵּן קָבְעוּ חֲכָמִים י"ח בְּרָכוֹת שֶׁבַּתְּפִלָּה, וְאִם יֹאמַר לְךָ אָדָם: תִּשְׁעָה עָשָׂר הֵם, אֱמוֹר לוֹ: [כח, יג] "וְהִנֵּה ה' נִצָּב עָלָיו" לֵית הוּא מִן הַמִּנְיָן, וְאִם יֹאמַר לְךָ אָדָם: י"ז הֵם, אֱמוֹר לוֹ: (שם מח, טז) "וְיִקָּרֵא בָהֶם שְׁמִי וְשֵׁם אֲבֹתַי אַבְרָהָם וְיִצְחָק" חַד מִנְּהוֹן. [כח, יג] "הָאָרֶץ אֲשֶׁר אַתָּה שֹׁכֵב עָלֶיהָ לְךָ אֶתְּנֶנָּה וּלְזַרְעֶךָ", רַבִּי שִׁמְעוֹן מִשּׁוּם בַּר קַפָּרָא אָמַר: הקִפְּלָהּ כְּפִנְקָס וּנְתָנָהּ תַּחַת רֹאשׁוֹ כְּאֶינַשׁ דְּאָמַר: מִן תְּחוֹת רֵישָׁךְ דִּידָךְ, רַבִּי הוּנָא בְּשֵׁם רַבִּי אֶלְעָזָר אָמַר: וּבִלְבַד שֶׁיְּהֵא נִקְבָּר עָלֶיהָ:

ה [כח, יד] "וְהָיָה זַרְעֲךָ כַּעֲפַר הָאָרֶץ", ומַה עֲפַר הָאָרֶץ אֵינוֹ מִתְבָּרֵךְ אֶלָּא בַּמַּיִם, כָּךְ בָּנֶיךָ אֵין מִתְבָּרְכִין אֶלָּא בִּזְכוּת הַתּוֹרָה זשֶׁנִּמְשְׁלָה לַמַּיִם, מָה עֲפַר הָאָרֶץ מְבַלֶּה אֶת כָּל כְּלֵי מַתָּכוֹת וְהוּא קַיָּם לְעוֹלָם, כָּךְ בָּנֶיךָ מְבַלִּים אֶת כָּל ° הָעוֹלָם וְהֵם קַיָּמִים לְעוֹלָם, וּמָה עָפָר עָשׂוּי דַּיִשׁ לַכֹּל, כָּךְ בָּנֶיךָ עֲשׂוּיִם דַּיִשׁ לַמַּלְכֻיּוֹת, הָדָא הוּא דִכְתִיב (ישעיה נא, כג) "וְשַׂמְתִּיהָ בְּיַד מוֹגַיִךְ", מַהוּ "מוֹגַיִךְ", אִלֵּין דִּמְמִיגִין מַכָּתֵיךְ וּמְיַיסְּרִין אוֹתָךְ וּמַתִּישִׁין אֶת כּוֹחֵךְ, אֲפִילוּ כֵּן לְטוֹבָתֵךְ מְשַׁקְשְׁקִין וּמְמָרְקִין לָךְ מִן חוֹבִיךְ,

עץ יוסף

(ד) **וכנגד כן קבעו חכמים כו'.** כתב האבודרהם (שער השני תיקון התפלות) דלפי שהתפלות למדו אותן מן האבות שאברהם תיקן תפילת שחרית וכו' לכן אמר שנתקנו שמונה עשרה ברכות כנגד שמונה עשרה פעמים שנזכרו: **לית הוא מן המנין.** לפי שלא נזכר שם אלא אברהם ויצחק ולא יעקב ואנן בעינן שלשה אבות: **שבע עשרה הם.** שהרי בפסוק ויקרא בהם שמי ושם אבותי וגו' גם כן לא נזכר יעקב מפורש על זה אומרים דמכל מקום הוא חד מנהון, כי באומרו ויקרא בהם שמי הרי הוא כאילו נזכר גם שמו מפורש: [ג] **קפלה בפנקס.** כלומר במראה הנבואה נדמה כאילו הארץ מקופלת תחתיו להורות שיכבוש כולו. והטעם לפי שהמקום הלז הוא העיקרי לקדושה עד שכל הארץ עומד על ידה וכמו שאמרו (יומא נד, ב) אבן שתיה שממנה הושתת העולם: **ונתנה תחת ראשו.** ובילקוט משמע דגרסינן מאי דתחותא דידך. ולפי גירסתנו כאיניש דאמר מן תחות רישא דידך, פירוש מה שתחת ראשו של אדם ודאי שלו, כן קפלה תחת ראשו להחזיקה שהיא שלו: **שיהא נקבר עליה.** רצונו לומר דתנאה קאמר דדוקא אם יהיה נקבר עליה תנתן הארץ ההיא לזרעו. וזהו הרמז אשר אתה שוכב עליה בתנאי אם תשכון עליה לאחר מיתה כי אז זכותך עומד עליהם. ואף על גב שאין זה ביד יעקב ובהחלט, מכל מקום היה מוטל עליו להשתדל ולטרוח בדבר בכל אשר היה לאל ידו כאשר מצינו שהשביע על זה יוסף בנו (נזר הקודש): (ה) **מה עפר כו'.** נתבאר לעיל (מא, יב): **דממיגין מכתיך.** ממסים מכתך: **משקשקין כו'.** פירוש שטושים אותך ריקם מטנותיך:

פירוש מהרז"ו

(ד) **י"ח פעמים.** הוצא דרך אגב הזכרת שם האבות אף שאין שייך כאן כי אין זה מן המנין כדלקמן בסמוך, ולשון הירושלמי ברכות (פ"ד ה"ג) כנגד י"ח פעמים שהאבות כתובים בתורה אברהם יצחק ויעקב, ועל פי מדת מנגד, על שמלאו זכרון האבות שהם סימן רחמים על ישראל כנגד זה תקנו ח"י ברכות של תפלה ורחמים. והנה הראו לי בתנחומא ריש פרשת וירא (סימן א) וזה לשונו שנו רבותינו בכל יום אדם מתפלל י"ח ברכות, למה י"ח אמר רבי שמואל בר נחמן כנגד י"ח פעמים שהאבות כתובים בתורה. הראשון בסוף ויחי (נ, כד) ואלהים פקוד וגו' אשר נשבע לאברהם וליצחק וליעקב, והאחרון (דברים לד, ד) זאת הארץ אשר נשבעתי לאברהם ליצחק וליעקב, ואם יאמר לך אדם הרי י"ט הם שכך כתוב (כח, יג) אלהי אברהם אביך ואלהי יצחק אין זה מן המנין שאין יעקב נמנה עמהם עד כאן, פירוש שלא נזכר בשמו אלא בתיבת אתה. ועיין בספר שנות אליהו מהגר"א שמגיה בהירושלמי כמו בתנחומא. ואם כן מה שאמר כאן ואם יאמר לך אדם י"ז הם אמור לו ויקרא בהם שמי וגו' חד מנהון, דברי תימא הם כי יש ח"י פעמים מפורשים אברהם יצחק ויעקב, ועיין בשנות אליהו שם, על כן צריך להגיה כאן כמו שמגיה הגר"א בירושלמי: **ונתנה תחת ראשו.** וכן מה שאמר מן תחות רישא דידך מלמדנו שמה שאמר קפלה כפנקס, פירושו שהודיעו שמות כל מקומות הארץ הערים והנהרות וההרים והעמקים ושם אותם בכח זכרונו, ובכח מראה האלהית השיג את הכל כאלו היה שם וראה את הכל בעיניו, וכמו שנאמר אצל משה (דברים ג, כז) ויראהו ה' את כל הארץ כמפורש בספרי שם ובמכילתא סוף בשלח (מסכתא דעמלק פרשה ב) על משה ועל אברהם, וזהו כפנקס שהכל כתוב עליו, ולא אמר שקפלה כבגד שהיה משמעו על גוף הארץ: **נקבר עליה.** פירוש שיש בו רמז גם כפשוטו שיותן לו שם מקום קבר, וזה שאמר (לה, יב) לך אתננה מקום קברו: (ה) **מה עפר הארץ** לעיל (מא, ט) במדבר רבה (ב, יב):

רש"י

(ד) **ואם יאמר לך אדם תשעה עשר הם, אמר לו והנה ה' נצב עליו.** ויאמר אני ה' אלהי אברהם אביך ואלהי יצחק **לית הוא מנהון, ואם יאמר לך אדם שבעה עשר הן, אמור לו ויקרא בהם שמי ושם אבותי אברהם ויצחק מנהון:** (ה) **מקשקשין לך.** כמו מקשקשת עיסתה במים (ירושלמי שבת פ"ב ה"ו): **מעבירין רודים עליהם.** מחרישה מעבירין עליהן:

מתנות כהונה

[ד] **תשעה עשר הם.** י"ט טעמים נזכרו האבות בתורה: ה"ג **נצב עליו וגו' לית הוא כו' והטעם שלא נזכר רק אברהם ויצחק: חד מנהון.** אחד מן אותן י"ט פעמים והטעם כיון דכתיב שמי כאילו כתיב יעקב בהדיא דמי: **מן תחות רישך כו'.** כלומר שיעור מה שתחת ראשך ומה שמונח תחתיו: **ובלבד שיהא כו'.** שיעקב יהא נקבר בארץ ולכן כתיב שוכב לשון שכיבה עם אבותיו וכאן הזהיר אותו שלא יקבר בח"ל: [ה] **דממיגין כו'.** נתבאר לעיל סוף פרשה מ"א: **מן חוביך.** שעושין אותך ריקם מעונותיך:

אשד הנחלים

[ד] **י"ח ברכות.** צריך לבקש הסבר איך יתווכו שני העניינים יחד, וזה שייך לדרכי הדרוש: **קפלה כפנקס.** כלומר במראה הנבואה נדמה כאילו הארץ מקופלת תחתיו להורות שיכבוש כולו. והטעם לפי שהמקום הלז הוא העיקרי לקדושה עד שכל הארץ עומד על ידה וכמו שאמרו (יומא נד, ב) אבן שתיה שממנה הושתת העולם: **נקבר.** וזהו הרמז אשר אתה שוכב עליה בתנאי אם תשכון עליה אחר מיתה, כי אז זכותך עומד עליהם: [ה] **מה עפר.** כי בפרשה לך לך נאמר לענין הכמות אשר אם יוכל למנות גו' גם זרעך ימנה אבל כאן נאמר סתם, מכאן שמורה לענין הדמיון סתם. ומפרשים לבחינות אחרות, העפר מצד עצמו כל טובתו לגדל תבואתו שזה תכליתו, אבל אי אפשר רק עם מים כן בניו המה העקרים והתכליתיים, אבל בתנאי עם התורה המרוה לנפש כמים לעפר שמכין תכליתה. ועוד כמו העפר הוא היסוד פשוט ועל כן איננה נפסדת, כן הם אינם נפסדים וקיימים לעולם ועוסקים במצות ה' ב"ה. אכן אף שהעפר יש לה צד המעלה עם כל זה היא נתונה לדייש לכל, כן האומה הזאת היו נתונים בתחילה למרמס בגליות, כי זה צירוף וזיקוק להם, כמו שהצמח בתחילה מוכרח להתמוגג הרבה, ומההפסד הזה אז ישוב לצמוח, כי אין ההויה כי אם אחר ההפסד כן האומה הזאת, ולכן כינה צורפיהם בשם מוגיך על דרך ברביבים

חידושי הרד"ל

[ד] **מן תחות רישא דידך.** שזה שתחת ראשו של אדם ודאי שלו, [ל]כן קפלה תחת ראשו להחזיקה שהיא שלו. ולפי לשון הילקוט (רמז קכ) משמע דגרסינן מאי דתחותא דידך:

זרע אברהם

וגנאי לאבות אברהם ויצחק שמתו ויעקב לא מת והתורה כיסתו שהרי כתבה התורה ויחנטו אותו וגו' ואתה מגלה. והשיב לו ר' יצחק מקרא אני דורש. פירוש ולא כיסתו התורה. ואין לך גילוי גדול מזה דכתיב כה אמר ה' אל תירא יעקב וגו' מקיש הוא לזרעו וכמו שרבי עקיבא יליף גזירה שוה והוה גילוי גמור כך יליף ר' יצחק ולא כיסתו התורה ודוק:

אמרי יושר

[ד] **נצב עליו אינו מהמנין.** כי עדיין היה יצחק חי ואין הקדוש ברוך הוא מייחד שמו על החיים. וקשה שהיה סומא וחשוב כמת (נדרים סד ב). ואולי בעת מותו היה כאלו מת כבר וצריך עיון. והנכון לפי שלא נזכר כאן אלא שנים: **ויקרא בהם שמי.** שיהיה מהמנין והיה יעקב בעת מותו שלם וכן נתבשר אתה רגל שלישי: **הארץ אשר אתה שוכב עליה.** הרגישו מה זו מתנה ארבע אמות לזה אמרם קפלה תחתיו. רבי חנינא אמר שהוא תנאי הארץ אתן לך ובתנאי שתשכב עליה בקבורה ולזה השתדל יעקב להקבר בארץ והשביע בניו:

מסורת המדרש

ד. ירושלמי ברכות פ' ד'. תנחומא וירא סי' א':
ה. חולין נ"א:
ו. תענית ז'. ב"ק י"ז. לעיל פ' מ"א. ילקוט ישעיה רמז שכ"ז:
ז. ב"ק ד' ע"ז ופ"ב. עבודת כוכבים ה'. לעיל פ' ס"ו:

אם למקרא

הַמַּלְאָךְ הַגֹּאֵל אֹתִי מִכָּל־רָע יְבָרֵךְ אֶת־הַנְּעָרִים וְיִקָּרֵא בָהֶם שְׁמִי וְשֵׁם אֲבֹתַי אַבְרָהָם וְיִצְחָק וְיִדְגּוּ לָרֹב בְּקֶרֶב הָאָרֶץ:
(בראשית מח:טז)

וְשַׂמְתִּיהָ בְּיַד־מוֹגַיִךְ אֲשֶׁר־אָמְרוּ לְנַפְשֵׁךְ שְׁחִי וְנַעֲבֹרָה וַתָּשִׂימִי כָאָרֶץ גֵּוֵךְ וְכַחוּץ לַעֹבְרִים:
(ישעיה נא:כג)

שינוי נוסחאות

(ה) מה עפר הארץ מבלה את כל כלי מתכות והוא קיים לעולם, כך בניך מבלים את כל העולם. צ"ל "... את כל אומות העולם", כן הוא בספרים ישנים לעיל בפרשה מ"א (אמנם כאן ליתיה, אבל בת-א ובכי"י איתיה גם כאן), וכן הוא להלן בפיסקא זו בדפוסים ישנים:

כְּמָה דְתֵימָא "בִּרְבִיבִים תְּמֹגְגֶנָּה צִמְחָהּ תְּבָרֵךְ" — as is stated, ***with showers You*** (God) ***moisten [the earth]*** [תְּמֹגְגֶנָּה], ***You bless its growth*** (*Psalms* 65:11).[46]

The Midrash resumes its analysis of the *Isaiah* verse (51:23):

"אֲשֶׁר אָמְרוּ לְנַפְשֵׁךְ שְׁחִי וְנַעֲבֹרָה" — ***Those who have said to your soul, "Prostrate yourself so that we may pass over you,"*** *for whom you have made your body like the ground and like a street for passersby.*

The Midrash explains:

מֶה הָיוּ עוֹשִׂים לָהֶם, הָיוּ מַרְבִּיצִים אוֹתָן בְּפוֹלְטְרִיּוֹת וּמַעֲבִירִין רְדָיִם[47] * **עֲלֵיהֶם** — **What would [the speakers described by this verse] do to [their Jewish victims]? They would lay them down in the public squares**[48] **and pass their plows**[49] **over them.**[50]

רַבִּי עֲזַרְיָה בְּשֵׁם רַבִּי אַחָא אָמַר: הִיא סִימָן טוֹב — **R' Azariah** said **in the name of R' Acha: [The torture suggested by the verse]** actually **contains a good sign,** **מַה פְּלַטִירָה זוֹ מְבַלָּה אֶת הָעוֹבְרִים וְאֶת הַשָּׁבִים וְהִיא קַיֶּמֶת לְעוֹלָם** — for **just as this public square outlasts** all **those who pass back and forth** on it, **and it lasts forever,** **כָּךְ בָּנֶיךָ מְבַלִּים אֶת כָּל אוּמּוֹת הָעוֹלָם**[51] **וְהֵם קַיָּימִים לְעוֹלָם** — **so too will your** (Jacob's) **children outlast all the nations of the world, and they will last forever.**

☐ **"וּפָרַצְתָּ יָמָּה וָקֵדְמָה וְצָפֹנָה וָנֶגְבָּה"** — ***AND YOU SHALL SPREAD OUT POWERFULLY WESTWARD, EASTWARD, NORTHWARD, AND SOUTHWARD.***[52]

The Midrash expounds this clause:

אָמַר רַבִּי אַבָּא בַּר כָּהֲנָא אַתְּ הוּא תָּרְעָיָא דְיַמָּא — **R' Abba bar Kahana said:** With these words, God was intimating to Jacob, **"You are the one who breaks** open **the sea,"**[53] **כְּמָא דְאַתְּ אָמַר "עָלָה הַפֹּרֵץ לִפְנֵיהֶם"** — **as is stated, *The one who breaks forth has gone up before them*** (*Micah* 2:13).[54]

Another interpretation:

ר' יוֹסֵי בַּר חֲנִינָא אָמַר: אַף חֲלוּקֵי יְחֶזְקֵאל הֶרְאָה לוֹ — **R' Yose bar Chanina said:** Our verse teaches that **God showed [Jacob] even the divisions of Ezekiel.**[55]

The Midrash challenges R' Yose bar Chanina's approach:

וַהֲלֹא לֹא פֵּירַשׁ יְחֶזְקֵאל אֶלָּא מִן הַמִּזְרָח לַמַּעֲרָב — **But is it not** true **that Ezekiel only defined** the future borders **from the east** of *Eretz Yisrael* **to the west?**[56]

The Midrash answers:

בָּא יְשַׁעְיָה וּפֵירַשׁ "כִּי יָמִין וּשְׂמֹאול תִּפְרֹצִי וְגוֹ'" — **Isaiah came and explained: *For you will spread out powerfully to the right and to the left, etc.*** (*Isaiah* 54:3).[57]

וְהִנֵּה אָנֹכִי עִמָּךְ וּשְׁמַרְתִּיךָ בְּכֹל אֲשֶׁר תֵּלֵךְ וַהֲשִׁבֹתִיךָ אֶל הָאֲדָמָה הַזֹּאת כִּי לֹא אֶעֱזָבְךָ עַד אֲשֶׁר אִם עָשִׂיתִי אֵת אֲשֶׁר דִּבַּרְתִּי לָךְ.

"Behold, I am with you; I will guard you wherever you go, and I will return you to this soil; for I will not forsake you until I will have done what I have spoken about you" (28:15).

§6 **וְהִנֵּה אָנֹכִי עִמָּךְ וּשְׁמַרְתִּיךָ בְּכֹל אֲשֶׁר תֵּלֵךְ** — ***"BEHOLD, I AM WITH YOU; I WILL GUARD YOU WHEREVER YOU GO,*** *AND I WILL RETURN YOU TO THIS SOIL."*

The Midrash compares the assurances God gave Jacob with the requests Jacob made of God in vv. 20-21 below:[58]

רַבָּנָן אָמְרֵי עַל הַכֹּל הֱשִׁיבוֹ וְעַל הַפַּרְנָסָה לֹא הֱשִׁיבוֹ — **The Sages said: [God]**

NOTES

46. This verse, which associates the root מוג with rain — a source of blessing — demonstrates that the suffering suggested by the similar word found in the verse from *Isaiah* is also a blessing (*Eitz Yosef* to 41 §9). See Insight Ⓐ.

47. Our emendation is based on *Ohr HaSeichel*, cited by *Matnos Kehunah*, and *Os Emes*, cited by *Eitz Yosef*, and accords with 41 §9. [Note that according to *Eitz Yosef*, the prevalent version yields essentially the same meaning; cf. *Matnos Kehunah*; *Maharzu*.]

48. See *Rashi*, *Yedei Moshe*, *Eitz Yosef*.

49. *Rashi*, *Matnos Kehunah*, *Eitz Yosef*.

50. The verse from *Isaiah* thus justifies the Midrash's statement, *so too will your children be trampled by the kingdoms* (see *Maharzu* to 41 §9).

51. We have emended the text in accordance with early editions of the Midrash.

52. This translation represents the simple meaning of the verse. Our Midrash will expound it homiletically.

53. I.e., in your merit the sea will split for your descendants [following their exodus from Egypt] (*Rashi* et al.; see *Shemos Rabbah* 21 §8; *Eitz Yosef* references *Psalms* 114:3-7). [See also the related Midrash that appears in 92 §2 below (*Maharzu*).]

Scripture's use of the word וּפָרַצְתָּ as opposed to [the more common] וְחָזַקְתָּ, which has the same meaning, coupled with its placement of the word יָמָּה, *westward*, at the beginning of the list of directions, in contrast to *Genesis* 13:14, prompts the Midrash to explain the adjoining words וּפָרַצְתָּ יָמָּה, to mean, *And you shall break* [the boundary of] *the sea* (*Maharzu*).

54. [According to the simple explanation of this verse, *The one who breaks forth*, refers to either the Messiah or Elijah the Prophet, who will *go before* the Jews at the time of the final redemption (see commentators to verse).] Here, this phrase is understood as a reference to Jacob (*Eshed HaNechalim*, followed by *Eitz Yosef*; compare *Yalkut Shimoni* to *Micah* §551). This is based on the fact that the verse from *Micah* alludes to the idea that there was an individual who had previously been established as הַפֹּרֵץ, *the one who breaks*, and according to the preceding exposition, Jacob was indeed described this way (*Tiferes Tzion*).

55. The Midrash refers to the future tribal boundaries of *Eretz Yisrael* that are laid out in *Ezekiel* 47-48. R' Yose bar Chanina understands the word וּפָרַצְתָּ to suggest *open* [פְּרוּצָה] *from place to place* [and the directions that follow to indicate the specific boundaries that were shown to Jacob] (*Eitz Yosef*).

56. The verse from *Ezekiel* records only the eastern and western borders of each tribe's portion. How, then, can our verse, which speaks of all *four* directions, refer to those boundaries? (see *Eitz Yosef*).

57. *Right and left* are used as references for south and north respectively (*Matnos Kehunah*; *Eitz Yosef*; *Maharzu*, who references *Job* 23:9 and 52 §4 above; compare also *Rashi* to 35:18, who cites *Psalms* 89:13). Thus, the verse in *Isaiah* is stating that in the Messianic future each tribe will inhabit a strip of *Eretz Yisrael* that will extend from the north of the country all the way to its south (see *Yefeh To'ar*). And the boundaries recorded by Ezekiel, as well as those predicted by Isaiah, were shown to Jacob in the vision of our verse.

[Although Isaiah preceded Ezekiel chronologically, it is nonetheless possible that Isaiah would prophetically relate information that would serve to complement something Ezekiel would eventually say (*Anaf Yosef*).]

58. Our Midrash accords with the view cited in 70 §4 below, according to which the assurances of v. 15 were actually made after, and in response to, Jacob's requests that are recorded subsequently (*Matnos Kehunah*, *Maharzu*; see *Eitz Yosef*).

INSIGHTS

Ⓐ **The Growth Process** The process by which God *moistens* the earth as a precondition for His blessing *its growth* is described by the cited verse from *Psalms* with the root מוג. That root is therefore particularly appropriate as a reference to those who would bring suffering upon the Jewish people; just as a plant will sprout only after the seed has thoroughly putrified, so must the Jewish people endure the purification of suffering before their ultimate flourish, for growth is always preceded by decomposition (*Eshed HaNechalim*).

כְּמָה דְתֵימָא (תהלים סה, יא) "בִּרְבִיבִים תְּמֹגְגֶנָּה צִמְחָהּ תְּבָרֵךְ", (ישעיה שם שם) "אֲשֶׁר אָמְרוּ לְנַפְשֵׁךְ שְׁחִי וְנַעֲבֹרָה", מֶה הָיוּ עוֹשִׂים לָהֶם, הָיוּ מַרְבִּיצִים אוֹתָן בְּפוֹלְטְרִיּוֹת וּמַעֲבִירִין °כָּרִים עֲלֵיהֶם, רַבִּי עֲזַרְיָה בְּשֵׁם רַבִּי אַחָא אָמַר: הִיא סִימָן טוֹב, מַה פְּלָטִירָה זוֹ מְבַלָּה אֶת הָעוֹבְרִים וְאֶת הַשָּׁבִים וְהִיא קַיֶּמֶת לְעוֹלָם, כָּךְ בָּנֶיךָ מְבַלִּים אֶת כָּל °עוֹבְדֵי כוֹכָבִים° וְהֵם קַיָּמִים לְעוֹלָם. [כח, יד] "וּפָרַצְתָּ יָמָּה וָקֵדְמָה וְצָפֹנָה וָנֶגְבָּה", [ח]אָמַר רַבִּי אַבָּא בַּר כָּהֲנָא: אַתְּ הוּא תָּרַעֲיָּא דִּימָּא, כְּמָא דְאַתְּ אָמַר (מיכה ב, יג) "עָלָה הַפֹּרֵץ לִפְנֵיהֶם", [ט]ר' יוֹסֵי בַּר חֲנִינָא אָמַר: אַף חִלּוּקֵי יְחֶזְקֵאל הֶרְאָה לוֹ, וַהֲלֹא לֹא פֵּירַשׁ יְחֶזְקֵאל אֶלָּא מִן הַמִּזְרָח לַמַּעֲרָב, בָּא יְשַׁעְיָה וּפֵירַשׁ (ישעיה נד, ג) "כִּי יָמִין וּשְׂמֹאול תִּפְרֹצִי וְגוֹ'":

ו [כח, טו] "וְהִנֵּה אָנֹכִי עִמָּךְ וּשְׁמַרְתִּיךָ בְּכֹל אֲשֶׁר תֵּלֵךְ", [י]רַבָּנָן אָמְרִי: עַל הַכֹּל הֱשִׁיבוֹ וְעַל הַפַּרְנָסָה לֹא הֱשִׁיבוֹ: (לקמן פסוק כ) "אִם יִהְיֶה אֱלֹהִים עִמָּדִי", אָמַר לוֹ: "הִנֵּה אָנֹכִי עִמָּךְ", (שם) "וּשְׁמָרַנִי בַּדֶּרֶךְ הַזֶּה", אָמַר לוֹ: "וּשְׁמַרְתִּיךָ בְּכֹל אֲשֶׁר תֵּלֵךְ", (פסוק כא) "וְשַׁבְתִּי בְשָׁלוֹם אֶל בֵּית אָבִי", אָמַר לוֹ: "וַהֲשִׁבֹתִיךָ אֶל הָאֲדָמָה הַזֹּאת", וְעַל הַפַּרְנָסָה לֹא הֱשִׁיבוֹ, אָמַר רַבִּי אִיסִי: אַף עַל הַפַּרְנָסָה הֱשִׁיבוֹ, שֶׁנֶּאֱמַר "כִּי לֹא אֶעֱזָבְךָ", וְאֵין עֲזִיבָה אֶלָּא פַּרְנָסָה הֵיךְ מַה דְּאַתְּ אָמַר (תהלים לז, כה) "וְלֹא רָאִיתִי צַדִּיק נֶעֱזָב וְגוֹ'":

עץ יוסף

בפולטריות. פירוש בשווקים: **כרים.** שוורים עם כלי המחרישה וחרשו עליהם. ובאות אמת הגיה רדיה, פירוש כלי המחרישה: **סימן טוב.** וזהו ותשימי כארץ גוך כמו שהארץ מכלה והיא עומדת לעולם: **תרעייא דימא.** פירוש לשון שבירה וקריעה, תרגום פרץ ה' (שמואל ב' ו, ח) תרע ה'. ורצונו לומר אתה פורץ הים כלומר שבזכותך יקרע הים לעבור גאולים. וזה עלה הפורץ זה יעקב לפניהם ובזכותו נקרע כמו שנאמר (תהילים קיד, ה - ז) מה לך הים כי תנוס וגו' מלפני אלוה יעקב: **חלוקי יחזקאל.** זהו חלוקת ארץ ישראל לעתיד לבוא, שחלק את הארץ מפאת קדמה ועד פאת ימה לשלשה עשר חלקים לחלקן לשבטים לעתיד. ודרש ופרצת על החילוק שהיא פרוצה ממקום למקום: **אלא מן המזרח למערב.** והכא כתיב נמי לפונה ונגבה. ומשני שכבר פירש ישעיה נגבה ולפונה באומרו כי ימין ושמאל תפרוצי, וימין ושמאל הוא דרום ולפון: (ו) [ד] **על הכל השיבו.** שהבטחת ה' הם תשובות על שאלות יעקב (יפה תואר): **אם יהיה אלהים עמדי.** שיהיה כבוד ה' חונה תמיד עמו באהלו (נזר הקודש): **ועל הפרנסה לא השיבו.** והטעם מפורש בתנחומא שאמר הקדוש ברוך הוא אם אני מבטיחו על הלחם מהו מבקש ממני עוד, שמתאוה ה' לתפלת צדיקים ולזככם בכור עוני. רק הבטיחו שלא יגע בו שום רעה המונעו משלימותו. ודעת רבי איסי שאף על הפרנסה השיבו, כי עזיבה הוא כולל גם על זה, כי העדר הפרנסה מכונה בשם עזיבה:

פירוש מהרז"ו

כרים עליהם. כמו שנאמר (יחזקאל כא, כז) לשום כרים על שערים. או מיני בעלי חיים כמו שנאמר (תהלים סה, יד) כרים מלאן (ועיין מתנות כהונה). ועיין מדרש תהלים (מזמור קמז) ה' זוקף כפופים כו' כמו שאמר (ישעיה נא, כג) שחי ונעבורה: **תרעיה דימא.** שובר הים, וכמו שנאמר (דניאל ב, מ) תדוק ותרע ועיין לקמן (לב, ב) שמות רבה (כא, ח) ושם נבאר, ועיין לקמן (עג, יא). וממה שכתוב (כח, יד) ופרצת ולא וחזקת כמו תרגום אונקלוס ותתקף, דריש מענין פרילה ושבירה, ומה שאמר ימה דורש על הים דעל רוח מערב הוה ליה למימר כמו שנאמר (בראשית כח, יד) לפונה ונגבה קדמה וימה, אלא סמיך ימה אל ופרצת שיפרוץ גדרו של ים: **חלוקי יחזקאל.** יחזקאל (מח, ג) שאמר מפאת קדמה עד פאת ימה אצל כל הי"ב שבטים, וזהו שהתחיל כאן ימה וקדמה, וישעיה פירש לפון ודרום הם ימין ושמאל כן נראה לי כמו שנאמר איוב (כג, ח, ט) (וכן כתב היפה תואר). עיין לעיל (נב, ד): (ו) **על הכל השיבו** לקמן (ע, ד) ויקרא רבה (לה, ב). והוקשה להם כמו שתמהו לקמן (ע, ד) הקב"ה אמר לו והנה אנכי עמך, והוא אמר אם יהיה אלהים עמדי, ודורש על פי מדה ל"ב מוקדם שהוא מאוחר בפרשיות, שהקב"ה השיב לו על נדרו שהיה קודם ההבטחה: **ועל הפרנסה.** על מה שאמר ונתן לי לחם לאכול וגו', וכמו שאמרו לעיל (כ, ט) ושם נסמן, קשה היא הפרנסה כו'. ולשון התנחומא כאן (סימן ג) ולא השיבו על הפרנסה, אמר הקב"ה אם אני מבטיחו על הפרנסה, מה מבקש ממני עוד כו': **צדיק נעזב.** עיין ויקרא רבה (לה, ב) הדרשה ביתר ביאור:

אמרי יושר

[ה] **ופרצת וגו' את הוא תרועיא דימא.** הרגישו כי היה לו להזכיר תחלה מזרח כי הוא נגד פני האדם:
[ו] **על הכל השיבו.** כי לפי זה סובר אם יהיה אלהים עמדי הוא קודם והכתוב מסורס: **על הפרנסה לא השיבו.** כי אף עורב וכלב מפרנס:

ענף יוסף

(ה) [ג] **בא ישעיה ופירש.** אין תימא שיהיה ישעיה משלים מה שחסר יחזקאל אף שישעיה קדם ליחזקאל הרבה, מאחר שבנבואה מדברים ונאמר לו בנבואה כן להשלים מה שיחסר יחזקאל אחר זמנו:

מסורת המדרש

ח. ילקוט מיכה רמז תקנ"א:
ט. ילקוט ישעיה רמז שנ"ח
י. ויק"ר פרק לה תנחומא כאן סימן ג, ילקוט תהלים רמז תשל"א:

אם למקרא

תְּלָמֶיהָ רַוֵּה נַחֵת גְּדוּדֶהָ בִּרְבִיבִים תְּמֹגְגֶנָּה צִמְחָהּ תְּבָרֵךְ: (תהלים סה:יא)
עָלָה הַפֹּרֵץ לִפְנֵיהֶם פָּרְצוּ וַיַּעֲבֹרוּ שַׁעַר וַיֵּצְאוּ בוֹ וַיַּעֲבֹר מַלְכָּם לִפְנֵיהֶם וַה' בְּרֹאשָׁם: (מיכה ב:יג)
כִּי יָמִין וּשְׂמֹאול תִּפְרֹצִי וְזַרְעֵךְ גּוֹיִם יִירָשׁ וְעָרִים נְשַׁמּוֹת יוֹשִׁיבוּ: (ישעיה נד:ג)
נַעַר הָיִיתִי גַּם־זָקַנְתִּי וְלֹא־רָאִיתִי צַדִּיק נֶעֱזָב וְזַרְעוֹ מְבַקֶּשׁ־לָחֶם: (תהלים לז:כה)

ידי משה

[ה] **פלטרין.** כמו פלטיא במסכת שבת (ו, א) והיא רחבה גדולה מקום שעוברים שם בני אדם, ומלת ונעבורה קא דריש: **אף חלוקי יחזקאל וכו'.** פירוש חלוקי תחומין שחלק יחזקאל לעתיד לבא לשבטים:

שינוי נוסחאות

ומעבירין כרים עליהם. אות אמת הגיה "רדים" תחת "כרים", וכדלעיל בפרשה מ"א, וכן כתב באב"א. **כך בניך מבלים את כל עובדי כוכבים.** צ"ל "את כל אומות העולם", ע' לעיל בסמוך:

רש"י

פלטריות. רחבה. **מה פלטיה זו מכלה [מבלה] עוברים ושבים.** מה רחבה זו מכלה [מבלה] וכו': **ופרצת ימה. את הוא תרועייא דימא.** הוא קורע הים לפני ישראל. בזכותו של יעקב נקרע הים לבני ישראל, הדא הוא דכתיב (תהלים קיד, ה) מה לך הים כי תנוס הירדן תסוב לאחור. מלפני אדון חולי ארץ מלפני אלוה יעקב. ונתץ את הבית (ויקרא יד, מה) מתרגמינן ואתרע ית ביתא: **חלוקי יחזקאל הראה לו.** מפאת קדים עד פאת ימה יהודה אחד (יחזקאל מח, ז), והלא לא פירש יחזקאל אלא מן המערב למזרח, בא ישעיהו ופירש כי ימין ושמאל תפרוצי, לפון ודרום:

מתנות כהונה

כרים. לישב עליהם ולעיל פרשה מ"א גרס רדים פירוש כלי מחרישה לא תחרוש תרגומו לא תרדי וכן מצאתי כאן בא"ב"א ופירש כן: **תרעייא.** לשון שבירה וקריעה שנאמר מלפני אלוה יעקב הרי שבזכות יעקב נקרע וכן פירש רש"י ועיין בערוך ערך תרע: **מן המזרח למערב.** פירש רש"י שנאמר מפאת קדים עד פאת ימה יהודה א': **ימין ושמאל.** הרי לפון ודרום. **בדרך.** כלומר מה שאמר יעקב בדרך הזה א"ל הקב"ה בכל אשר תלך ועיין ריש פרשת בחוקותי הגירסא יותר נכונה ונ"ל דאתיא כמאן דאמר לקמן פרשה ע' מסורסת היא פרשה זו ויעקב אמר בראשונה אם יהיה אלהים עמדי וגו' והקב"ה השיבו עליהם הנה אנכי עמך וגו':

אשד הנחלים

תמוגגנה ואז צמחה אברך: **כרים.** באות אמת הגרסא רדים, כמו כלי המחרישה: **הוא סימן טוב.** וזהו ושמת כארץ גווך כמו שהארץ מכלה כל, והיא עומדת לעולם: **תרעייא.** כן גירסת האות אמת והוא מלשון פרץ על דרך רוע התרועע (ישעיה כד, יט), כלומר שבזכותך פרץ הים ויקרע. וזהו עלה הפורץ [זה יעקב] לפניהם ובזכותו נקרע. וזה כמו שכתוב (תהילים קיד, ה) מה לך הים כי תנוס גו' מלפני אלוה יעקב: **חלוקי יחזקאל.** זהו חלוקת ארץ ישראל לעתיד לבא: [ו] **ועל הפרנסה כו'.** כי אין זה תלוי בזכותו, כי אדרבא לפעמים הוא באה לצרף האדם יותר ולזככו בכור עוני, וא"כ הוא לטובתו, ורק הבטיחו עמו שלא יגע בו שום רעה המונעו משלימותו. וגם הבטיחו בעניינים נפשיים, שישיב אותו להאדמה הזאת מקום הנבואה והשראת השכינה. ודעת ר' איסי שאף על הפרנסה השיבו, כי מלת עזיבה הוא כולל גם על זה, כי העדר הפרנסה מכונה בשם עזיבה. ונ"ל בזה כי מלת עזיבה הוא מלשון התחזקות כמו עזוב תעזוב עמו (שמות כג, ה), וכן ויעזבו (את העיר) [ירושלים עד החומה] (נחמיה ג, ח), ולכן העדר הפרנסה שהוא לחזק את האדם ולזככו יותר שיוכל לעמוד בכור עוני נקרא עזיבה ג"כ, ואחר שכתוב כי לא אעזבך, מורה שלא ינסנו ויזקקנו בכור עוני. וק"ל:

answered [Jacob] regarding all of his requests, **but regarding** his request for **provisions, He did not answer him.** The Midrash elaborates: "אִם יִהְיֶה אֱלֹהִים עִמָּדִי" אָמַר לוֹ "הִנֵּה אָנֹכִי עִמָּךְ" — Jacob said, ***"If God will be with me"*** (v. 20), and **[God] answered him, *"Behold, I am with you"*;** "וּשְׁמָרַנִי בַּדֶּרֶךְ הַזֶּה" אָמַר לוֹ "וּשְׁמַרְתִּיךָ בְּכֹל אֲשֶׁר תֵּלֵךְ" — Jacob said, ***"[If God] will guard me on this way** that I am going"* (ibid.), and **[God] answered him, *"I will guard you wherever you go"*;** "וְשַׁבְתִּי בְשָׁלוֹם אֶל בֵּית אָבִי" אָמַר לוֹ "וַהֲשִׁבֹתִיךָ אֶל הָאֲדָמָה הַזֹּאת" — Jacob said, ***"and I will return in peace to my father's house"*** (ibid.), and **[God] answered him, *"and I will return you to this soil."*** וְעַל הַפַּרְנָסָה לֹא הֱשִׁיבוֹ — **But regarding** Jacob's request **for provisions** (*"and He will give me bread to eat and clothes to wear"* — ibid.), **[God] did not answer him.**[59] אָמַר רַבִּי אִיסִי אַף עַל הַפַּרְנָסָה הֱשִׁיבוֹ — **R' Issi** disagreed and **said: [God] even answered [Jacob's]** request **regarding provisions,** שֶׁנֶּאֱמַר "כִּי לֹא אֶעֱזָבְךָ" — **for it is stated, *"for I will not forsake you* [אֶעֱזָבְךָ],"** וְאֵין עֲזִיבָה אֶלָּא פַּרְנָסָה — **and** the term **"forsake" connotes nothing other than** a lack of sufficient **provisions,** הֵיךְ מָה דְאַתְּ אָמַר "וְלֹא רָאִיתִי צַדִּיק נֶעֱזָב וְגוֹ'" — **as is stated, *but I have not seen a righteous man forsaken* [נֶעֱזָב], *etc.*** *[and his children begging for bread]* (*Psalms* 37:25).[60]

NOTES

59. Scripture does not record a Divine response to Jacob's request for provisions, because God did not respond to it.

[*Tanchuma* (*Vayeitzei* §3, cited by *Maharzu* and *Eitz Yosef*) adds: *The Holy One, blessed is He, said, "If I will guarantee him regarding bread, what, then, will he request of Me?!"* Thus, since God craves the prayers of the righteous (*Yevamos* 64a), He refrained from assuring Jacob that he would have ample provisions (*Eitz Yosef*; see *Imrei Yosher* and Insight Ⓐ for further discussion).]

60. Thus, implicit in God's promise, *"for I will not forsake you,"* was a guarantee that Jacob would not want for food (*Eitz Yosef*).

See Insight Ⓐ.

INSIGHTS

Ⓐ **The Gift of Poverty** *Eshed HaNechalim* explains that in our verse, God assured Jacob of whatever he would need in his quest for perfection in the service of God. Thus, God promised to *guard* Jacob from any negative spiritual influences, and to *return* him to the holy soil of *Eretz Yisrael,* the place of prophecy and the Divine Presence. Furthermore, according to the Sages, God specifically did not tell Jacob that he would be provided with food and clothing because oftentimes, material goods are withheld from one who is worthy of receiving them, in consideration of the spiritual benefit that the experience of poverty will afford him.

כְּמָה דְתֵימָא (תהלים סה, יא) "בִּרְבִיבִים תְּמֹגְגֶנָּה צִמְחָהּ תְּבָרֵךְ", (ישעיה שם שם) "אֲשֶׁר אָמְרוּ לְנַפְשֵׁךְ שְׁחִי וְנַעֲבֹרָה", מֶה הָיוּ עוֹשִׂים לָהֶם, הָיוּ מַרְבִּיצִים אוֹתָן בְּפוּלְטְרִיּוֹת וּמַעֲבִירִין °כָּרִים עֲלֵיהֶם, רַבִּי עֲזַרְיָה בְּשֵׁם רַבִּי אַחָא אָמַר: הִיא סִימָן טוֹב, מַה פְּלַטִירָה זוֹ מְבַלָּה אֶת הָעוֹבְרִים וְאֶת הַשָּׁבִים וְהִיא קַיֶּימֶת לְעוֹלָם, כָּךְ בָּנֶיךָ מְבַלִּים אֶת כָּל °עוֹבְדֵי כוֹכָבִים° וְהֵם קַיָּימִים לְעוֹלָם. [כח, יד] "וּפָרַצְתָּ יָמָּה וָקֵדְמָה וְצָפֹנָה וָנֶגְבָּה", [ח]אָמַר רַבִּי אַבָּא בַּר כָּהֲנָא: אַתְּ הוּא תָּרַעְיָיא דְיַמָּא, כְּמָא דְאַתְּ אָמַר (מיכה ב, יג) "עָלָה הַפֹּרֵץ לִפְנֵיהֶם", [ט]ר' יוֹסֵי בַּר חֲנִינָא אָמַר: אַף חִלּוּקֵי יְחֶזְקֵאל הֶרְאָה לוֹ, וַהֲלֹא לֹא פֵּירַשׁ יְחֶזְקֵאל אֶלָּא מִן הַמִּזְרָח לַמַּעֲרָב, בָּא יְשַׁעְיָה וּפֵירַשׁ (ישעיה נד, ג) "כִּי יָמִין וּשְׂמֹאול תִּפְרֹצִי וְגוֹ'":

ו [כח, טו] "וְהִנֵּה אָנֹכִי עִמָּךְ וּשְׁמַרְתִּיךָ בְּכֹל אֲשֶׁר תֵּלֵךְ", [י]רַבָּנָן אָמְרֵי: עַל הַכֹּל הֱשִׁיבוֹ וְעַל הַפַּרְנָסָה לֹא הֱשִׁיבוֹ: (לקמן פסוק כ) "אִם יִהְיֶה אֱלֹהִים עִמָּדִי", אָמַר לוֹ: "הִנֵּה אָנֹכִי עִמָּךְ", (שם) "וּשְׁמָרַנִי בַּדֶּרֶךְ הַזֶּה", אָמַר לוֹ: "וּשְׁמַרְתִּיךָ בְּכֹל אֲשֶׁר תֵּלֵךְ", (פסוק כא) "וְשַׁבְתִּי בְשָׁלוֹם אֶל בֵּית אָבִי", אָמַר לוֹ: "וַהֲשִׁיבֹתִיךָ אֶל הָאֲדָמָה הַזֹּאת", וְעַל הַפַּרְנָסָה לֹא הֱשִׁיבוֹ, אָמַר רַבִּי אִיסִי: אַף עַל הַפַּרְנָסָה הֱשִׁיבוֹ, שֶׁנֶּאֱמַר "כִּי לֹא אֶעֱזָבְךָ", וְאֵין עֲזִיבָה אֶלָּא פַּרְנָסָה הֵיךְ מַה דְּאַתְּ אָמַר (תהלים לז, כה) "וְלֹא רָאִיתִי צַדִּיק נֶעֱזָב וְגוֹ'":

עץ יוסף

בפולטריות. פירוש בשווקים: **כרים.** שוורים עם כלי המחרישה וחרשו עליהם. ובאות אמת הגיה רדיה, פירוש כלי המחרישה: **סימן טוב.** וזהו ותשימי כארץ גוך כמו שהארץ מכלה והיא עומדת לעולם: **תרעייא דימא.** פירוש לשון שבירה וקריעה, תרגום פרץ ה' (שמואל ב' ו, ח) תרע ה'. ורצונו לומר אתה פורץ הים כלומר שבזכותך יקרע הים לעבור גאולים. וזה עלה הפורץ זה יעקב לפניהם ובזכותו נקרע כמו שנאמר (תהילים קיד, ה – ז) מה לך הים כי תנוס וגו' מלפני אלוה יעקב: **חלוקי יחזקאל.** זהו חלוקת ארץ ישראל לעתיד לבוא, שחלק את הארץ מפאת קדמה ועד פאת ימה לשלשה עשר חלקים לחלקן לשבטים לעתיד. ודרש ופרצת על החילוק שהיא פרוצה ממקום למקום: **אלא מן המזרח למערב.** והכא כתיב נמי לפונה ונגבה. ומשני שכבר פירש ישעיה נגבה ולפונה באומרו כי ימין ושמאל תפרוצי, וימין ושמאל הוא דרום ולפון: (ו) [ד] **על הכל השיבו.** שהבטחת ה' הם תשובות על שאלות יעקב (יפה תואר): **אם יהיה אלהים עמדי.** שיהיה כבוד ה' חונה תמיד עמו באהלו (נזר הקודש): **ועל הפרנסה לא השיבו.** והטעם מפורש בתנחומא שאמר הקדוש ברוך הוא אם אני מבטיחו על הלחם מהו מבקש ממני עוד, שמתאוה ה' לתפלת צדיקים ולזככם בכור עוני. רק הבטיחו שלא יגע בו שום רעה המונעו משלימותו. ודעת רבי איסי שאף על הפרנסה השיבו, כי עזיבה הוא כולל גם על זה, כי העדר הפרנסה מכונה בשם עזיבה:

פירוש מהרז"ו

כרים עליהם. כמו שנאמר (יחזקאל כא, כז) לשום כרים על שערים. או מיני בעלי חיים כמו שנאמר (תהלים סה, יד) כרים מלאן (ועיין מתנות כהונה). ועיין מדרש תהלים (מזמור קמז) ה' זוקף כפופים כו' כמו שאמר (ישעיה נא, כג) שחי ונעבורה: **תרעיה דימא.** שובר הים, וכמו שנאמר (דניאל ב, מ) תדוק ותרע ועיין לקמן (עב, ב) שמות רבה (כא, ח) ושם נבאר, ועיין לקמן (עג, יא). וממה שכתוב (כח, יד) ופרצת ולא וחזקת כמו תרגום אונקלוס ותתקף, דריש מענין פריצה ושבירה, ומה שאמר ימה דורש על הים דעל רוח מערב הוה ליה למימר כמו שנאמר (בראשית כח, יד) לפונה ונגבה קדמה וימה, אלא סמיך ימה אל ופרצת שיפרוץ גדרו של ים: **חלוקי יחזקאל.** יחזקאל (מח, ג) שאמר מפאת קדמה עד פאת ימה אצל כל הי"ב שבטים, וזהו שהתחיל כאן ימה וקדמה, וישעיה פירש לפון ודרום הם ימין ושמאל כן נראה לי כמו שנאמר איוב (כג, ח, ט) (וכן כתב היפה תואר). עיין לעיל (נב, ד): (ו) **על הכל השיבו** לקמן (ע, ד) ויקרא רבה (לה, ב). והוקשה להם כמו שתמהו לקמן (ע, ד) הקב"ה אמר לו והנה אנכי עמך, והוא אמר אם יהיה אלהים עמדי, ודורש על פי מדה ל"ב מוקדם שהוא מאוחר בפרשיות, שהקב"ה השיב לו על נדרו שהיה קודם ההבטחה: **ועל הפרנסה.** על מה שאמר ונתן לי לחם לאכול וגו', וכמו שאמרו לעיל (כ, ט) ושם נסמן, קשה היא הפרנסה כו'. ולשון התנחומא כאן (סימן ג) ולא השיבו על הפרנסה, אמר הקב"ה אם אני מבטיחו על הפרנסה, מה מבקש ממני עוד כו': **צדיק נעזב.** עיין ויקרא רבה (לה, ב) הדרשה ביתר ביאור:

אמרי יושר

[ה] **ופרצת וגו' את הוא תרועיא דימא.** הרגישו כי היה לו להזכיר תחלה מזרח כי הוא נגד פני האדם:

[ו] **על הכל השיבו.** כי לפי זה סובר אם יהיה אלהים עמדי הוא קודם והכתוב מסורס: **על הפרנסה לא השיבו.** כי אף טורב וכלב מפרנס:

ענף יוסף

(ה) [ג] **בא ישעיה ופירש.** אין תימא שיהיה ישעיה משלים מה שחסר יחזקאל אף שישעיה קדם ליחזקאל הרבה, מאחר שבנבואה מדברים ונאמר לו בנבואה כן להשלים מה שיחסר יחזקאל אחר זמנו:

מסורת המדרש

ח. ילקוט מיכה רמז תקנ"א:

ט. ילקוט ישעיה רמז של"ח

י. ויק"ר פרק לה תנחומא כאן סימן ג, ילקוט תהלים רמז תשל"א:

אם למקרא

תְּלָמֶיהָ רַוֵּה נַחֵת גְּדוּדֶהָ בִּרְבִיבִים תְּמֹגְגֶנָּה צִמְחָהּ תְּבָרֵךְ:
(תהלים סה:יא)

עָלָה הַפֹּרֵץ לִפְנֵיהֶם פָּרְצוּ וַיַּעֲבֹרוּ שַׁעַר וַיֵּצְאוּ בוֹ וַיַּעֲבֹר מַלְכָּם לִפְנֵיהֶם וַה' בְּרֹאשָׁם:
(מיכה ב:יג)

כִּי יָמִין וּשְׂמֹאול תִּפְרֹצִי וְזַרְעֵךְ גּוֹיִם יִירָשׁ וְעָרִים נְשַׁמּוֹת יוֹשִׁיבוּ:
(ישעיה נד:ג)

נַעַר הָיִיתִי גַּם־זָקַנְתִּי וְלֹא־רָאִיתִי צַדִּיק נֶעֱזָב וְזַרְעוֹ מְבַקֶּשׁ־לָחֶם:
(תהלים לז:כה)

ידי משה

[ה] **פלטרין.** כמו פלטיא במסכת שבת (ו, א) והיא רחבה גדולה מקום שעוברים שם בני אדם, ומלת ונעבורה קא דריש: **אף חלוקי יחזקאל וכו'.** פירוש חלוקי תחומין שחלק יחזקאל לעתיד לבא לשבטים:

שינוי נוסחאות

ומעבירין כרים עליהם. אות אמת הגיה "רדים" תחת "כרים", וכדלעיל בפרשה מ"א, וכן כתב באב"א. **כך בניך מבלים את כל עובדי כוכבים.** צ"ל "את כל אומות העולם", ע' לעיל בסמוך:

רש"י

פלטריות. רחבה. **מה פלטיה זו מכלה [מבלה] עוברים ושבים.** מה רחבה זו מכלה [מבלה] וכו': **ופרצת ימה. את הוא תרועייא דימא.** הוא קורע הים לפני ישראל. בזכותו של יעקב נקרע הים לבני ישראל, הדא הוא דכתיב (תהלים קיד, ה) מה לך הים כי תנוס הירדן תסוב לאחור. מלפני אדון חולי ארץ מלפני אלוה יעקב. ונתץ את הבית (ויקרא יד, מה) מתרגמינן ויתרע ית ביתא: **חלוקי יחזקאל הראה לו.** מפאת קדים עד פאת ימה יהודה אחד (יחזקאל מח, ז), והלא לא פירש יחזקאל אלא מן המערב למזרח, בא ישעיהו ופירש כי ימין ושמאל תפרוצי, לפון ודרום:

מתנות כהונה

כרים. לישב עליהם ולעיל פרשה מ"א גרס רדים פירוש כלי מחרישה לא תחרוש תרגומו לא תרדי וכן מצאתי כאן בא"ב"א ופירש כן: **תרעייא.** לשון שבירה וקריעה שנאמר מלפני אלוה יעקב הרי שבזכות יעקב נקרע וכן פירש רש"י ועיין בערוך ערך תרע: **מן המזרח למערב.** פירש רש"י שנאמר מפאת קדים עד פאת ימה יהודה א': **ימין ושמאל.** הרי לפון ודרום. **בדרך.** כלומר מה שאמר יעקב בדרך הזה א"ל הקב"ה בכל אשר תלך ועיין ריש פרשת בחוקותי הגירסא יותר נכונה וצ"ל דאתיא כמאן דאמר לקמן פרשה ע' מסורסת היא פרשה זו ויעקב אמר בראשונה אם יהיה אלהים עמדי וגו' והקב"ה השיבו עליהם הנה אנכי עמך וגו':

אשד הנחלים

תמוגגנה ואז צמחה אברך: **כרים.** באות אמת הגרסא רדים, כמו כלי המחרישה: **הוא סימן טוב.** וזהו ושמת כארץ גווך כמו שהארץ מכלה כל, והיא עומדת לעולם: **תרעייא.** כן גירסת האות אמת והוא מלשון פרץ על דרך רוע התרועע (ישעיה כד, יט), כלומר שבזכותך פרץ הים ויקרע. וזהו עלה הפורץ [זה יעקב] לפניהם ובזכותו נקרע. וזה כמו שכתוב (תהילים קיד, ה) מה לך הים כי תנוס גו' מלפני אלוה יעקב: **חלוקי יחזקאל.** זהו חלוקת ארץ ישראל לעתיד לבא: [ו] **ועל הפרנסה כו'.** כי אין זה תלוי בזכותו, כי אדרבא לפעמים הוא באה לצרף האדם יותר ולזככו בכור עוני, וא"כ הוא לטובתו, ורק הבטיחו עמו שלא יגע בו שום רעה המונעו משלימותו. וגם הבטיחו בעניינים נפשיים, שישיב אותו להאדמה הזאת מקום הנבואה והשראת השכינה. ודעת ר' איסי שאף על הפרנסה השיבו, כי מלת עזיבה הוא כולל גם על זה, כי העדר הפרנסה מכונה בשם עזיבה. ונ"ל בזה כי מלת עזיבה הוא מלשון התחזקות כמו עזוב תעזוב עמו (שמות כג, ה), וכן ויעזבו (את העיר) [ירושלים עד החומה] (נחמיה ג, ח), ולכן העדר הפרנסה שהוא לחזק את האדם ולזככו יותר שיוכל לעמוד בכור עוני נקרא עזיבה ג"כ, ואחר שכתוב כי לא אעזבך, מורה שלא ינסנו ויזקקנו בכור עוני. וק"ל:

וַיִּיקַץ יַעֲקֹב מִשְּׁנָתוֹ וַיֹּאמֶר אָכֵן יֵשׁ ה׳ בַּמָּקוֹם הַזֶּה וְאָנֹכִי לֹא יָדָעְתִּי. וַיִּירָא וַיֹּאמַר מַה נּוֹרָא הַמָּקוֹם הַזֶּה אֵין זֶה כִּי אִם בֵּית אֱלֹהִים וְזֶה שַׁעַר הַשָּׁמָיִם.

Jacob awoke from his sleep and said, "Surely HASHEM is present in this place and I did not know!" And he became frightened and said, "How awesome is this place! This is none other than the abode of God and this is the gate of the heavens" (28:16-17).

§7 וַיִּיקַץ יַעֲקֹב מִשְּׁנָתוֹ — ***JACOB AWOKE FROM HIS SLEEP.***[61]

The Midrash offers a homiletical approach to this verse:[62]

רַבִּי יוֹחָנָן אָמַר: מִמִּשְׁנָתוֹ — R' Yochanan said: The verse may be interpreted to mean that Jacob awoke **from his study.**[63]

□ **וַיֹּאמֶר אָכֵן יֵשׁ ה׳ בַּמָּקוֹם הַזֶּה וְאָנֹכִי לֹא יָדָעְתִּי** — ***AND HE SAID, "SURELY HASHEM IS PRESENT IN THIS PLACE AND I DID NOT KNOW!"***

The Midrash explains Jacob's statement:

אָכֵן הַשְּׁכִינָה שְׁרוּיָה בַּמָּקוֹם הַזֶּה וְלֹא הָיִיתִי יוֹדֵעַ — With this, Jacob was saying, **"Surely the Divine Presence dwells in this place, and I was unaware** of this!"[64]

□ **וַיִּירָא וַיֹּאמַר מַה נּוֹרָא הַמָּקוֹם הַזֶּה** — ***AND HE BECAME FRIGHTENED AND SAID, "HOW AWESOME IS THIS PLACE!"***

The Midrash discusses the site of Jacob's dream:

רַבִּי אֶלְעָזָר בְּשֵׁם רַבִּי יוֹסֵי בֶּן זִמְרָא אָמַר — R' Elazar said in the name of R' Yose ben Zimra: הַסּוּלָּם הַזֶּה עוֹמֵד בִּבְאֵר שֶׁבַע וְשִׁיפּוּעוֹ מַגִּיעַ עַד בֵּית הַמִּקְדָּשׁ — This ladder (of Jacob's dream) **was standing in Be'er-sheba and its incline reached until** the site of **the Temple.**[65]

מַה טַּעֲמֵיהּ — What is the source for this opinion?[66] "וַיֵּצֵא יַעֲקֹב מִבְּאֵר שָׁבַע . . . וַיַּחֲלֹם וְהִנֵּה סֻלָּם . . . וַיִּירָא וַיֹּאמַר מַה נּוֹרָא הַמָּקוֹם הַזֶּה" — The following verses: ***Jacob departed from Be'er-sheba . . . and he dreamt, and behold! A ladder . . . and he became frightened and said, "How awesome is this place!*** *This is none other than the abode of God, and this is the gate of the heavens"* (vv. 10,12,17).[67]

A second approach:

אָמַר רַבִּי יְהוּדָה בְּרַבִּי סִימוֹן — R' Yehudah son of R' Simone said: הַסּוּלָּם הַזֶּה עוֹמֵד בְּבֵית הַמִּקְדָּשׁ וְשִׁיפּוּעוֹ מַגִּיעַ עַד בֵּית אֵל — This ladder was standing on the site of **the Temple and its incline reached until Beth-el.**

NOTES

61. Here the verse has been translated according to its plain meaning. The Midrash will interpret it homiletically.

62. This approach is prompted by the seeming superfluousness of the word מִשְּׁנָתוֹ, *from his sleep* (*Maharzu*, who compares *Genesis* 41:7 and *I Kings* 3:15).

63. The word מִשְּׁנָתוֹ is understood as though it were written מִמִּשְׁנָתוֹ, *from his study.* The verse thus indicates that Jacob's soul had been studying [Torah] while he slept. For when the righteous sleep, their souls ascend to the heavenly academy and learn the secrets of Torah, thereby enhancing their daytime study (*Eitz Yosef*; compare above 61 §1, cited by *Radal*). Alternatively, the Midrash refers to Jacob's prophetic dream, in which he "saw" and spoke to God, as *study* (*Yefeh To'ar*; for additional approaches see *Matnos Kehunah* and *Radal*).

See Insight Ⓐ.

64. Elsewhere, the Sages indicate that Jacob knew of the holiness of the place where he slept and for that reason chose to pray specifically there (see above, 68 §9; *Chullin* 91b). This prompts our Midrash to explain that Jacob's dream did not merely convince him that he was in a holy place, but moreover, that it was a place where God's Divine Presence dwelled *with permanence* (*Nezer HaKodesh*, second approach; see also *Eitz Yosef*). [See the coming section for further identification of this place.]

65. See note 67.

66. Lit., *what is his reason?* [Note that this usage appears repeatedly in the coming lines.]

67. This Midrash accords with the opinion that appeared above (in 68 §5), according to which Jacob had been blessed by Isaac in Hebron and had then traveled to Be'er-sheba to receive God's permission to leave *Eretz Yisrael*. Thus, Jacob's dream, which contained that permission (*"I will guard you wherever you go, and I will return you to this soil"*), took place as he lay in Be'er-sheba, and it was on the ground of that city that the feet of the ladder stood. Our Midrash adds that the *opposite end* of the ladder's incline, which leaned up against heaven, and upon which God stood, was situated directly above the site of the Temple. It was this that led Jacob to declare, *"This* — i.e., the site of the Temple, where God stood — *is none other than the abode of God, and this* — i.e., Be'er-sheba, where his prayer had been answered — *is the gate of the heavens"* (*Ramban* to v. 17, cited in large part by *Eitz Yosef*; see also *Matnos Kehunah*). [Although the opening verse of *Parashas Vayeitzei* states that Jacob had left Be'er-sheba and gone to Haran, it is apparent that according to *Ramban*, the verses that follow provide a description of what happened *before* he undertook that journey. Thus, Jacob had not yet left Be'er-sheba at the time that he slept and dreamt (*Beis HaYayin* to *Ramban* ibid.).]

As it is presented by *Rashi* to v. 17, the opinion of R' Elazar in the name of R' Yose ben Zimra is that not the *top* but the *middle* of the ladder's incline lay opposite the site of the Temple, and its *top* was aligned with Beth-el. (See *Rashi* at length, *Ramban* ibid. who takes strong issue with *Rashi*'s approach, and *Mizrachi* to verse and *Yefeh To'ar,* who defend *Rashi*.)

INSIGHTS

Ⓐ **Nocturnal Study** The matter of the souls of the righteous studying while asleep is discussed in the *Gra's* commentary to the verse, יִרְאַת ה׳ לְחַיִּים וְשָׂבֵעַ יָלִין בַּל יִפָּקֵד רָע, *The fear of HASHEM brings life; he will rest sated and not be remembered for evil* (*Proverbs* 19:23). The *Gra* explains: Studying Torah with *the fear of HASHEM brings* one eternal *life,* allows him to *rest* at night while his soul is *sated* with even deeper Torah revelations, and ensures that he will *not be remembered for evil* when he awakes [as his Torah studies protect him from harm]. It thus follows that Jacob, the "dweller of tents" who devoted every free waking moment to Torah study, would merit the unveiling of its profound secrets during his sleep. [Indeed, it is stated elsewhere in the name of the *Gra* (foreword to *Sifra D'Tzniyusa*) and *Arizal* (foreword to *Imrei Binah* on *Orach Chaim*) that the primary reason that God created sleep was to allow the soul to become spiritually free and able to grasp the secrets of the Torah that it is unable to absorb when encumbered by its bodily constraints.]

Ksav Sofer (on our verse) offers a different understanding of R' Yochanan's teaching. The Mishnah teaches (*Avos* 2:12): *All your deeds shall be for the sake of Heaven.* As *Rambam* explains there, when one eats, sleeps, or engages in any other worldly activity, he should do so for the purpose of having the ability, strength, and energy to study Torah, understand its profound truths, and serve God. Thus, explains *Ksav Sofer,* when one sleeps for the purpose of being sufficiently rested and refreshed to study Torah with depth and understanding, the time that he sleeps is also deemed to be a time of Torah study. That was Jacob's "sleep." R' Yochanan is teaching us that we are not to understand the words *Jacob awoke from his "sleep"* in the ordinary sense of an ordinary man's "sleep." Rather, the sleep that he awoke from was the sleep meant to prepare him for even more Divine service. His awaking from that sleep was "waking from his study."

In this vein, *Ksav Sofer* explains the Gemara's exposition (*Chullin* 91b) of verses 12-13, that the angels, after *ascending and descending,* sought to harm Jacob, for they had ascended and seen Jacob's image inscribed on the Holy Chariot, and then descended and saw him sleeping; *but behold! HASHEM was standing over him* to protect him (see also our Midrash in §3 above). *Ksav Sofer* explains that the angels were struck by the contrast between the heavenly image of Jacob and that of its earthly counterpart asleep on the ground like an ordinary person. And they sought to harm Jacob for failing to measure up to his heavenly potential. But angels do not know what is in the heart of man. Only God could know the exalted purpose of Jacob's sleep. So it was God Who stood over him to protect him. Jacob's earthly activities were as exalted as the heavenly purpose for which he performed them.

Elsewhere (*Responsa Orach Chaim,* end of §29), *Ksav Sofer* adds that this might be the meaning of Jacob's vision of *a ladder set earthward and its top reached heavenward* (verse 12). A saintly man, too, engages in earthly activities; the ladder on which he ascends is indeed set earthward. But when he performs those earthly activities with the proper intent, they too soar upward, reaching to the highest heavens.

ז [כח, טז] "**וַיִּיקַץ יַעֲקֹב מִשְּׁנָתוֹ**", **רַבִּי יוֹחָנָן אָמַר: מִמִּשְׁנָתוֹ.** "**וַיֹּאמֶר אָכֵן יֵשׁ ה' בַּמָּקוֹם הַזֶּה**", **אָכֵן הַשְּׁכִינָה שְׁרוּיָה בַּמָּקוֹם הַזֶּה וְלֹא הָיִיתִי יוֹדֵעַ.** "**וַיִּירָא וַיֹּאמַר מַה נּוֹרָא הַמָּקוֹם הַזֶּה**", **רַבִּי אֶלְעָזָר בְּשֵׁם רַבִּי יוֹסֵי בֶּן זִמְרָא אָמַר: הַסּוּלָּם הַזֶּה עוֹמֵד בִּבְאֵר שֶׁבַע וְשִׁיפּוּעוֹ מַגִּיעַ עַד בֵּית הַמִּקְדָּשׁ, מַה טַּעֲמֵיהּ, "וַיֵּצֵא יַעֲקֹב מִבְּאֵר שָׁבַע ... וַיַּחֲלֹם וְהִנֵּה סֻלָּם ... וַיִּירָא וַיֹּאמַר מַה נּוֹרָא הַמָּקוֹם הַזֶּה", יאאָמַר רַבִּי יְהוּדָה בְּרַבִּי סִימוֹן: הַסּוּלָּם הַזֶּה עוֹמֵד בְּבֵית הַמִּקְדָּשׁ וְשִׁיפּוּעוֹ מַגִּיעַ עַד בֵּית אֵל,**

(ז) [ה] **ממשנתו.** שבא לרמוז בלשון משנתו ממשנתו שהיה נפשו שונה ולומד למעלה בשעת השינה כמו שאמרו חכמי האמת שהצדיקים וחכמים השלימים בשעת השינה נפשם עולה בישיבה של מעלה ולומדים רזי תורה אשר ממנו נעשים כמעין המתגבר ביום: **אכן השכינה שרויה במקום הזה.** השראה גמורה שהוא בקביעת קבוע וזה לא הייתי יודע: **עומד בבאר שבע.** סבירא ליה שיעקב בחברון נתברך ומה שאמר ויצא יעקב מבאר שבע שהלך שם ליטול רשות והוא המקום שלן בו וראה מראות אלהים. והסולם שראה לדעת רבי יוסי בן זמרא ראה שרגליו בבאר שבע במקום שהוא שוכב שם, וסוף שיפועו שהוא ראש הסולם הגיע עד כנגד בית המקדש נסמך בשמים, ולכן ידע שבאר שבע הוא שער השמים טוב לתפלה, ובית המקדש בית אלהים: **הסולם הזה עומד בבית המקדש כו'.** סבירא ליה כי ויפגע במקום הוא הר המוריה, וראה הסולם רגליו במקום ההוא ושיפועו שהוא ראשו מגיע עד כנגד בית אל וזה הוא עיר לוז, ואמר כי זה המקום בית אלהים ושיפוע הסולם שער השמים. והנה הר

(ז) **ממשנתו.** כי תיבת משנתו מיותר, וכמו שנאמר (מח, ד) ויקן פרעה, ויקן שלמה (מלכים א' ג, טו), ולא כתוב משנתו: **עומד בבאר שבע.** שכאן מפורש שתי מקומות באר שבע ובית המקדש היינו ויפגע במקום כמו שמבואר חולין (צא, ב) שנעקר הר המוריה ובא לבית אל. ועל ראשו שבשמים אמר מה נורא המקום הזה, היינו מה שאמר ויפגע במקום אם כן תחתיתו בבאר שבע. וזה שאמר המדרש מאי טעמא ויצא יעקב מבאר שבע וכו' המקום הזה. ורבי יהודה ברבי סימון סובר שיש בענין החלום עצמו שני מקומות לבד באר שבע שאינו בחלום, א' ויפגע במקום, בית המקדש, כמו שאמר מה נורא המקום הזה, ומה שאמר אין זה כי אם בית אלהים שעל שם זה קרא למקום בית אל, ואין זה מקום בית המקדש, הרי שני מקומות מקודשים לדורות לבד באר שבע שאינו מקודש לדורות, שבית אל היה גם כן מקום קדוש כמו שנאמר (שמואל א' י, ג) אל האלהים בית אל, ועל כן הגיע ראשו עד שם, ועיין רש"י בחומש גירסא אחרת:

מתנות כהונה

[ז] **ממשנתו.** מלימודו היה עולה למדרגת הנבואה להביט בהקיץ תמונת ה': **ושיפועו מגיע עד בית המקדש.** סוף שיפועו של הסולם דהיינו ראשו כך משמע פירושו ומייתי ראייה מדכתיב ויצא יעקב מבאר שבע מכלל שרגלי הסולם שם היו ומשם ירדו אליו מלאכי ה' לשמרו:

נחמד למראה

[ז] **ויאמר אכן יש ה' במקום הזה. אכן השכינה שרויה במקום הזה ולא הייתי יודע.** פירוש שאם ידעתי לא ישנתי, עיין מה שפירש הרב ידי משה. ולי נראה על פי מאי דקיימא לן (שולחן ערוך אורח חיים סימן קנא ס"ג) אסור לישן בבית הכנסת אפילו שינת עראי, וגם קיימא לן דמי שבנה בית סתם והקדישו אח"כ לבית הכנסת דינו כבית הכנסת, אבל אינו קדוש עד שיתפללו בו אפילו אם בנאוהו לבית הכנסת, וכיון שהתפללו בו אפילו אורחים וכו' כדאיתא בשולחן ערוך (אורח חיים סימן קנג ס"ח). והטעם משום דהזמנה לאו מלתא היא, ואם כן בבית הכנסת הזה שלא התפללו בו מותר לישן, וזאת היתה כוונת יעקב אבינו שאף על פי שהיה יודע שהמקום היה הר המוריה והיה מיוחד מאת השם שיבנה שמה בית המקדש היה חושב שעדיין השכינה לא שרתה באותו מקום כי אם כשיבנה לעתיד אז תשרה השכינה בה, והוי כדין בית הכנסת שלא התפללו בו עדיין שמותר לישן בו, על כן התיר לעצמו השינה, אבל כשראה בחלומו ששכינה היתה שרויה שם נתחרט על מה שישן שם. ועל פי זה יתפרש המדרש אכן השכינה שרויה במקום הזה ולא הייתי יודע שהיא אם הייתי יודע לא ישנתי, דמדינא היה אסור לי מקל וחומר מבית הכנסת שהתפללו בו. ודו"ק כי נכון הוא:

אשד הנחלים

[ז] **ממשנתו.** כי אחר שהיה מדובק לנבואה אין זה שינה כי אם שונה, שהיה טרוד שכלו בהשגת הנבואה על כן היה הגוף ישן ונרדם, והבן: **אבן וכו'.** כי אי אפשר לומר כפשוטו, כי ה' מלוא כל הארץ כבודו, רק מוסב על השכינה, כי פה מקום מוכן שתשרה השכינה על אנשיה: **ושופועו.** כי באר שבע אינו מקום המקדש, וכבר הערנו לעיל שיעקב זכה לנבואה אף שלא במקום המקודש, כיון שכל נבואתו היה בעבור ארץ ישראל, וזהו ושיפועו, ולכן היה שיפועו של סולם למעלה במקום המקודש, וזהו ואנכי לא ידעתי שישרה השכינה עלי במקום הזה דייקא.

אמרי יושר

[ז] **ויקץ יעקב משנתו רבי יוחנן אומר ממשנתו.** פירוש שהיה למוד להיות ער כל הלילה בלימוד ולזה וייקץ: [**עומד בבאר שבע**]. על באר שבע נאמר ויפגע רגליו בבאר שבע כי שם היה ויצא מחברון. או כי איקר המקום בדמיונו אשר בו היה רגיל לישב: **ושיפועו מגיע עד בית המקדש.** ורגליו בבאר שבע. לזה אמרם ויצא מבאר שבע. [ו]נחלקו אחד אומר כי שיפוע ראש הסולם היה בבית המקדש אשר היה עומד שם יעקב והאחר אמר כי שם התחיל הסולם ושם היו רגליו ושיפועו נמשך עד בית אל ודייקו זה וזה. וזה נוטה יותר לדעת הרמב"ן (בראשית כח יז) ולא לרש"י שפירש אמצע שיפועו:

חידושי הרד"ל

[ז] **ממשנתו.** לומר שהיה ישן מתוך דברי תורה ששנה. (ורחוק בעיני לפרש שבשינה היה שונה בחלומו בדברי [תורה] וכעין מה שכתב לעיל (סא, א) באברהם שהיו כליותיו מלמדות אותו תורה בלילה, דמשמע שהוא בחלום): **הסלם הזה וכו'.** נראה דדרש מוצב ארצה אל הארץ שיצא ממנו המוזכר תחלה שהוא באר שבע (ולכן הוא מקום לתפלה, וכדלעיל ריש פרשת סח [סימן ה]) והאי וזה שער השמים דהכא שנאמר על מקום שכיבת יעקב בלוז הוצרך רש"י לפרשו דראשו השני המגיע בשער השמימה הוא כאן, ושיפועו נגד בית המקדש הוא אמצע שיפועו. עיין רמב"ן שפירש שיעקב שכב בבאר שבע ובית אלהים שהקים בה המצבה היא ירושלים, ודחוק מאד דקראי משמע דמה נורא המקום הזה על מקום השכיבה אמר, וגם האבן ששם מראשותיו משמע ששם הקימו, ולדברי רמב"ן ז"ל צריך לומר שנשאו לירושלים, ועיין מה שכתבתי בפירושי לפרקי דרבי אליעזר (פרק לה) בסייעתא דשמיא:

זרע אברהם

[ז] **ויאמר אכן יש ה' במקום הזה אכן שכינה שרויה במקום הזה וכו'.** וברש"י איתא ואנכי לא ידעתי שאילו ידעתי לא ישנתי במקום קדוש כזה. בשם אדוני דודי הגאון מוהר"ר מן אשכנזי ז"ל שהיה אב"ד בק"ק פירדא שמעתי דהכי פירושו לפי דאיתא לעיל (פרשה סח יא) שנטל יעקב י"ב אבנים ועשה סימן שאם יתאחו להיות אבן אחד ידע שיעמיד י"ב שבטים ובמדרש תנחומא איתא אמר ר' אבהו כשראו האבנים כבודו של הקדוש ברוך הוא נמחו ונמסו ונתאחו מאימת השכינה. וזה שאמר יעקב שאילו הייתי יודע השכינה שורה במקום הזה ואם כן מה שנעשו י"ב האבנים אבן אחד אין ראייה שיעמיד י"ב שבטים. כי מאימת הקדוש ברוך הוא נתאחו ולא ישנתי במקום קדוש כזה רק הייתי ישן במקום אחר ואז היה שפיר סימן מובהק וקל להבין דברי פי חכם חן ושפתיו ישקהו. ואמנה אני חלקי וליישב גם כן קושיות ותלונת הרמב"ן והרא"ם על רש"י ז"ל. בד"ה ואנכי לא ידעתי וגו' פירש רש"י וזה לשונו אומר אני שנעקר הר המוריה ובא לבית אל. שראש של סולם היה בבית אל ושיפוע בירושלים וכו'. וזהו קפילת הארץ האמורה בחולין שבא בית המקדש לקראתו עד בית אל. ואם תאמר כשעבר על בית המקדש למה לא עכבהו שם. איהו לא יהיב על לבו להתפלל ומן השמים יעכבהו וכו'. מקשה הרמב"ן למה ברר לו רש"י דרך אחר נגד סתמא דגמרא דאיתא בגיד הנשה ובחלק דף צ"ו וזה לשונם שלשה קפצה להם הארץ אליעזר ויעקב שמע מינה דסבירא ליה לגמרא כן. ובמדרש רבה גם כן שקפצה לו הארץ כפשוטה כמו שאמרו חכמינו ז"ל כד מטא לחרן אמר אפשר עברתי על מקום שהתפללו אבותי בעי למהדר קפצה לו הארץ. פירש מן חרן עד הר המוריה ולא שנעקר הר המוריה ובא לבית אל. ועוד לפירוש רש"י קשה למה נעשה נס זה שלא על פי טבע היה לו לקפוץ הדרך שיבא להר המוריה ולא שיבא לקראתו ומי דחקו לרש"י לפרש כן. ולעקת הרמב"ן והרא"ם גדולה על רש"י ז"ל. ונראה לי ליישב דברי רש"י אשר על פיו אנו חיים והיה רבן של בני גולה. והכי פירושו וצריך להקדים הלשון דאיתא בחלק דף צ"ו וזה לשונם שלשה קפצה להם הארץ וקחשיב יעקב דכתיב ויצא יעקב מבאר שבע וילך חרנה וכתיב ויפגע במקום כד מטא לחרן אמר יעקב אפשר עברתי על מקום שהתפללו אבותי וכו' בעי למהדר כיון שהרהר בדעתו למהדר מיד קפצה לו הארץ וקשה חדא מאי לשון אפשר לשון שלילה. ב' קשה מאי לשון בעי פירוש שביקש והיה מחשב אם לחזור או לא. ועוד מאי לשון כיון שהרהר מה היה מהרהר בדעתו כאילו יש ספק בדבר. ועוד קשה מאי מיד קפצה הלא צריך על כל פנים לילך מתחלה ואחר כך בא הקפיצה. וכל הקושיות הללו היה דוחקים לרש"י לפרש שנעקר הר המוריה וכו'. ועל ידי זה מיושבים כל הקושיות. ועוד היה קשה לרש"י למה לא כיון יעקב דעתו להתפלל בעברו שם מתחלה היה לו לומר אפשר אני עובר מקום שהתפללו בו אבותי ולא אתפלל. וליישב כל זאת היה צריך רש"י לפרש שנעקר וכו' והכי פירושו לפי דאיתא במדרש פרשת וישלח בפסוק כי במקלי עברתי את הירדן אמר רבי לוי אתר הוא תמן מגווח ירדן בחמי טבריה. בבהלה נכנס יעקב לשם ונעל עשו בפניו ואתר לו הקדוש ברוך הוא תתירה ויצא משם. דכתיב כי תעבור במים אתך אני ונהרות לא ישטפוך. אם כן נראה לי הואיל והיה יעקב נכנס במים עזים כזה מכל שכן שלא נתן דעתו בעברו דרך הר המוריה להתעכב שם שהיה מתיירא בכל עת שיבא עשו שירדוף אחריו. על כן לא כיון דעתו כי הלך בפחד ואימה גדולה. רק כד מטא לחרן נפל בדעתו שעבר על הר המוריה מקום שהתפללו אבותיו. ומלשון שאמר אפשר בלשון ספק. הענין דאיתא באו"ח (סימן נ סעיף ה) ובגמרא דברכות פרק אין עומדין (לד ב) אמר רב כהנא חצוף עלי מאן דמצלי בבקעתא ובב"י וזה לשונו אסור להתפלל במקום פרוץ שבמקום צניעות אימת הקדוש ברוך הוא עליו ולבו נשבר. ומקשים התוספות (ד"ה חציף) והא כתיב ויצא יצחק לשוח בשדה. ויש לומר שזה היה הר המוריה. פירש הב"י הואיל ויבנה במקום זה אחר כך בית המקדש היה אימה ליצחק אף קודם שנבנה בית המקדש בזכרו שאחר כך יהיה בית המקדש נבנה כאן עד כאן לשונו. ובלבוש איתא קושיא זו ומתרץ תירוץ אחר לפי שנעקד שם וניצל ממות והיה אימה עליו אף במקום פרוץ עד כאן לשונו. ואם כן יעקב שלא ידע שיהיה בית המקדש נבנה בהר המריה כמו שאמר הכתוב ואנכי לא ידעתי ואמר וזה שער השמים שבית המקדש של מטה מכוון נגד בית המקדש של מעלה שמע מינה שעד עכשיו לא ידע אם כן היה קצת איסור להתפלל במקום פרוץ. וזה שאמר אפשר עברתי בלשון ספק. פירוש מקום שהתפללו בו אבותי. פירוש בשלמא אבי יצחק התפלל שם שהיה אימה במקום זה בזכרו שניצל ממיתה מה שאין כן אני. או דילמא מכל מקום מחויב אני להתפלל שם הואיל והתפללו אבותי. ובעי למהדר פירוש שהיה רוצה להדר מחמת ספק. אבל נתיירא מעשו שלא ישיגהו שם ברדפו אחריו. בשלמא אם היה יודע יעקב שיהיה כאן בית המקדש אם כן היה

מסורת המדרש

יא. ילקוט כאן רמז ק"כ כל הענין:

ענף יוסף

(ז) [ו] **אין בית המקדש של מעלן כו'.** כתב הרב אברהם בן אשר (בספרו אור השכל) וזה לשונו ואפשר לפרש כי עם היות הרקיע גבוה מן הארץ ת"ק שנה, למטה מן הרקיע יש יסוד אש, ולענין זה הוא נחשב בכלל הרקיע, מה שכנגד הבית המקדש של מעלה הוא מקום מקודש, והכל נקרא שער השמים לפי שהוא מקום פנוי לעלות התפלה למעלה בלי מעכב, וכל זה מי"ח מיל ולמעלה, אבל משם ולמטה הוא כשאר האויר שכנגד שאר מקומות שיש שם מעכבים ומקטריגים שמונעים התפלה והנשמה מלעלות למעלה (יפה תואר). ובספר תורת העולה פרק ראשון כתב וזה לשונו הנה לפי פשוטו הוא מאמר רחוק שהרי מן השמים לארץ מהלך ת"ק שנה, אלא שכיון לי"ח הגלגלים שכוללים המקדש של מעלה כי הגלגלים הם י"ח. ועיין שם בביאור:

ידי משה

[ז] **ולא הייתי יודע.** פירוש שאילו הייתי יודע לא ישנתי, דאיתא בזוהר (ויגש דף רז) שדוד היה נזהר שלא היה ישן שיתין נשמי בשביל שהיה רגל רביעי של מרכבה ותמן היא אתריה דחיי, ולעיל איתא שהראה לו הקדוש ברוך הוא שהוא רגל שלישי של מרכבה ואם כן אילו הייתי יודע שאני רגל שלישי של מרכבה לא ישנתי שאסור לישן כמו שהיה דוד נזהר ודו"ק:

מַה טַעֲמֵיהּ — **What is the source for this opinion?** The following verses: "וַיִּירָא וַיֹּאמַר מַה נּוֹרָא הַמָּקוֹם הַזֶּה . . . וַיִּקְרָא שֵׁם הַמָּקוֹם הַהוּא בֵּית אֵל" — ***And he became frightened and said, "How awesome is this place!*** *This is none other than the abode of God, and this is the gate of the heavens"* . . . ***And he named that place Beth-el*** (vv. 17,19).[68]

☐ אֵין זֶה כִּי אִם בֵּית אֱלֹהִים וְזֶה שַׁעַר הַשָּׁמָיִם — ***"THIS IS NONE OTHER THAN THE ABODE OF GOD AND THIS IS THE GATE OF THE HEAVENS."***

An additional approach to the end of this verse:

אָמַר רַבִּי אַחָא עָתִיד הַשַּׁעַר הַזֶּה לְהִפָּתַח לְהַרְבֵּה צַדִּיקִים כַּיּוֹצֵא בָּךְ — **R' Acha said:** God indicated to Jacob, **"This gate is destined to be opened for many righteous men like you."**[69]

The Midrash derives a lesson from this verse:

אָמַר רַבִּי שִׁמְעוֹן בֶּן יוֹחַאי — **R' Shimon ben Yochai said:** אֵין בֵּית הַמִּקְדָּשׁ שֶׁל מַעְלָן גָּבוֹהַּ מִבֵּית הַמִּקְדָּשׁ שֶׁל מַטָּן אֶלָּא י"ח מִיל — **The Temple on high is no more than eighteen** ***mil***[70] **higher than the Temple below.**[71] מַה טַעֲמֵיהּ — **What is the source for this opinion?** "וְזֶה שַׁעַר הַשָּׁמָיִם" מִנְיַן וְזֶ"ה — The following verse: *This is none other than the abode of God* ***"v'zeh shaar hashamayim,"*** eighteen being **the numerical value of** the word ***"v'zeh"*** [וְזֶה].[72]

Another exposition of our verse:

"וַיִּירָא וַיֹּאמַר מַה נּוֹרָא הַמָּקוֹם הַזֶּה אֵין זֶה כִּי אִם בֵּית אֱלֹהִים וְזֶה שַׁעַר הַשָּׁמָיִם" — ***And he became frightened and said, "How awesome is this place! This is none other than the abode of God and this is the gate of the heavens."*** דָּבָר אַחֵר — **Another insight** into this verse: מְלַמֵּד שֶׁהֶרְאָה הַקָּדוֹשׁ בָּרוּךְ הוּא לְיַעֲקֹב בֵּית הַמִּקְדָּשׁ בָּנוּי וְחָרֵב וּבָנוּי — **[This verse] teaches that the Holy One, blessed is He, showed Jacob** prophetic visions of **the Temple built, destroyed, and rebuilt.**[73] The Midrash explains: "וַיִּירָא וַיֹּאמַר מַה נּוֹרָא הַמָּקוֹם הַזֶּה" זֶה בָּנוּי — ***And he became frightened and said, "How awesome*** [נוֹרָא] ***is this place"*** — **this is** an allusion to the Temple while **built,** הֵיךְ מַה דְאַתְּ אָמַר "נוֹרָא אֱלֹהִים מִמִּקְדָּשֶׁיךָ" — **as is stated,** *You are awesome* [נוֹרָא], ***O God, from Your sanctuaries*** (*Psalms* 68:36); "אֵין זֶה" הֲרֵי חָרֵב — ***"This*** [זֶה] ***is none*** *other than"* — **here is** a reference to the Temple **destroyed,** כְּמָא דְאַתְּ אָמַר "עַל זֶה הָיָה דָוֶה לִבֵּנוּ עַל אֵלֶּה חָשְׁכוּ עֵינֵינוּ עַל הַר צִיּוֹן שֶׁשָּׁמֵם" — **as is stated,** ***For this*** [זֶה] ***our heart was faint, for these our eyes dimmed: For Mount Zion that lies desolate*** (*Lamentations* 5:17,18); "כִּי אִם בֵּית אֱלֹהִים", בָּנוּי וּמְשׁוּכְלָל לֶעָתִיד לָבֹא — *"none* ***other than the abode of God*** *and this is the gate* [שַׁעַר] *of the heavens"* — this is an allusion to the Temple **rebuilt and perfected in the future** time, כְּמָא דְאַתְּ אָמַר "כִּי חִזַּק בְּרִיחֵי שְׁעָרָיִךְ" — **as is stated,** ***for He has strengthened the bars of your gates*** [שְׁעָרָיִךְ] (*Psalms* 147:13).[74]

NOTES

68. R' Yehudah son of R' Simone maintains that the place that Jacob had *encountered* (in v. 11) and in which he slept, was Mount Moriah, the site of the Temple, in which God had specifically detained him (see *Chullin* 91b; compare above, 68 §9 and §10). Consequently, he places the feet of the ladder on the site of the Temple. And the verses cited here prove to him that the ladder's opposite end was aligned with Beth-el. Thus, Jacob referred to Mount Moriah as *"the abode of God"* because it was proven to be an auspicious place for prayer, and to Beth-el as *"the gate of the heavens"* because it too was established as a fitting place for Divine service (*Eitz Yosef,* from *Ramban* [ibid.]; see also *Matnos Kehunah*). [According to R' Yose ben Zimra, Beth-el is either another name for Jerusalem (*Ramban* ibid.) or the place opposite the *top* of the ladder (*Rashi* loc. cit.).]

69. According to R' Acha, Jacob said, *"This is the gate of the heavens,"* because he had been shown an actual *gate* in the firmament. R' Acha explains that God showed this to Jacob as a portent of what would happen to the righteous among his offspring. *Psalms* 118:20 speaks of a *gate to God* through which the *righteous enter*; this takes place while the righteous sleep as well as after their deaths, when their souls ascend to the upper spheres. It was this gate that Jacob perceived (*Nezer HaKodesh,* cited in part by *Eitz Yosef*).

In an alternative approach, *Matnos Kehunah* and *Maharzu* explain that the Midrash homiletically understands the end of this verse to have been spoken by God. Thus, after Jacob had deemed the place *"none other than the abode of God,"* God countered by stating that, in fact, the righteous too would utilize that place as a *gate*. (See *Matnos Kehunah* and *Yefeh To'ar* for additional discussion of the function of this *gate*.)

70. 1 *mil* = 2,000 *amos*.

71. The Midrash cannot be giving the distance *between* the two Temples, because the sky is clearly much farther from the earth than 18 *mil*, and the Gemara (*Chagigah* 13a) teaches that a vast distance lies between the earth and the fourth of the seven heavens, where the [heavenly] Temple is situated. Rather, the Midrash means that the *height* of the Temple on high is 18 *mil* greater than that of its earthly counterpart. Thus, whereas the [First] Temple stood 30 *amos* high (*I Kings* 6:2), the heavenly Temple measures 48 *mil* in height (*Yefeh To'ar*; see *Anaf Yosef* who cites the alternative approaches of *Ohr HaSeichel* and *Toras HaOlah*). [*Eitz Yosef* notes that *Mayim Yechezkel* discusses this measurement.]

72. ו = 6, ז = 7, ה = 5, totaling 18.

This Midrash [assumes that Jacob described a single location as both *the abode of God* and *the gate of the heavens*, and therefore it] is troubled by the apparent superfluousness of the word וְזֶה, *and this*, which divides the two descriptions. This prompts the Midrash to expound the words בֵּית אֱלֹהִים, *the abode of God*, as a reference to the heavenly Temple (compare *Rashi* to verse), the word וְזֶה to suggest *eighteen*, and the words שַׁעַר הַשָּׁמָיִם, to mean *the measure of the height*. (שַׁעַר is understood as if it were written שִׁיעוּר, *measurement*, and הַשָּׁמַיִם may indicate *height*; see, for example, *Pesachim* 8b: שְׁמֵי קוֹרָה, *the highest beam*.) Thus, the verse is rendered: *This is none other than the Temple on high, eighteen [mil] is the measure of [its] height* (*Yefeh To'ar*, first approach; see there for another approach that understands this Midrash in a more conceptual sense).

73. Jacob saw the First Temple while built and while in a state of destruction, as well as the Third Temple to be built in Messianic times. The Second Temple was not displayed because it was never truly *built*, since (as taught in *Yoma* 31b) it was lacking five significant elements (*Yefeh To'ar*; see also *Eitz Yosef* to 56 §10 above). Jacob was shown this vision to comfort him with the knowledge that the period of the Temple's destruction would only be temporary (*Yefeh To'ar*).

[Note that similar visions were shown to Abraham (see 56 §10 above) and to Isaac (see 65 §23 above); see *Sifrei, Devarim* §352, where this point is made.]

74. That this Psalm speaks of the Third Temple is evident from an earlier verse (147:2) that reads, בּוֹנֵה יְרוּשָׁלַםִ ה' נִדְחֵי יִשְׂרָאֵל יְכַנֵּס, *The Builder of Jerusalem is HASHEM; the outcast of Israel He will gather in* (*Eitz Yosef*).

The appearance of the root שער, meaning *gate*, in both the verse from *Psalms* and our verse indicates to the Midrash that, like that one, our verse alludes to the Third Temple (*Matnos Kehunah*, who cites *Yalkut Shimoni*, followed by *Eitz Yosef*; see *Maharzu* for an alternative approach).

מַה טַּעֲמֵיהּ, "וַיִּירָא וַיֹּאמַר מַה נּוֹרָא הַמָּקוֹם הַזֶּה ... וַיִּקְרָא שֵׁם הַמָּקוֹם הַהוּא בֵּית אֵל". "אֵין זֶה כִּי אִם בֵּית אֱלֹהִים וְזֶה שַׁעַר הַשָּׁמָיִם", אָמַר רַבִּי אַחָא: עָתִיד הַשַּׁעַר הַזֶּה לְהִפָּתַח לְהַרְבֵּה צַדִּיקִים כַּיּוֹצֵא בָּךְ, אָמַר רַבִּי שִׁמְעוֹן בֶּן יוֹחָאי: אֵין בֵּית הַמִּקְדָּשׁ שֶׁל מַעְלָן גָּבוֹהַּ מִבֵּית הַמִּקְדָּשׁ שֶׁל מַטָּן אֶלָּא י"ח מִיל, מַה טַּעֲמֵיהּ, "וְזֶה שַׁעַר הַשָּׁמָיִם", מִנְיַן וְזֶ"ה. דָּבָר אַחֵר, מְלַמֵּד שֶׁהֶרְאָה הַקָּדוֹשׁ בָּרוּךְ הוּא לְיַעֲקֹב בֵּית הַמִּקְדָּשׁ בָּנוּי וְחָרֵב וּבָנוּי, "וַיִּירָא וַיֹּאמַר מַה נּוֹרָא הַמָּקוֹם הַזֶּה" זֶה בָּנוּי, הֵיךְ מַה דְּאַתְּ אָמַר (תהלים סח, לו) "נוֹרָא אֱלֹהִים מִמִּקְדָּשֶׁיךָ", "אֵין זֶה" הֲרֵי חָרֵב, כְּמָא דְאַתְּ אָמַר (איכה ה, יז) "עַל זֶה הָיָה דָוֶה לִבֵּנוּ עַל אֵלֶּה חָשְׁכוּ עֵינֵינוּ", "כִּי אִם בֵּית אֱלֹהִים", בָּנוּי וּמְשׁוּכְלָל לֶעָתִיד לָבֹא, כְּמָא דְאַתְּ אָמַר (תהלים קמז, יג) "כִּי חִזַּק בְּרִיחֵי שְׁעָרָיִךְ":

עץ יוסף

המוריה טוב לתפלה, וגם בית אל מקום ראוי לעבוד שם אלהים, והקים מלבה בבית אל, כי לדעת כולם כנגד סוף שיפועו הקים אותה (רמב"ן): [ו] עתיד השער הזה כו'. שהראהו לו הקדוש ברוך הוא בזה סימן לדורות לומר עתיד השער הזה להפתח להרבה לדיקים כיולא בך, שבעת השינה נפש הלדיקים עולה ויורד דרך אותו השער (כזר הקודש): אין בית המקדש של מעלה כו'. ובספר מים יחזקאל כתב שפירושו שבית המקדש של מעלה גבוה יותר מבית המקדש של מטה שמונה עשרה מיל, ועיין שם החשבון: בנוי וחרב ובנוי. נתבאר לעיל פרשה נ"ו: כי אם בית אלהים. וגו' וזה שער השמים: כי חזק בריחי שעריך. והתם בבנין העתיד מיירי דבריש ההוא מזמור כתיב בונה ירושלים ה' נדחי ישראל יכנס, והכא נמי דכתיב שער מיירי בבית העתיד:

פירוש מהרז"ו

ביוצא בך. שיעקב אמר אין זה כי אם כו' משמע ולא דבר אחר, ואיך אמר וזה שער השמים. על כן דורש שהקב"ה השיב כן, וזה שער וגו': בנוי וחרב ובנוי. לעיל פרשה נו סוף סימן י': דוה לבנו. וסיפיה דקרא על הר ציון ששמם הרי אף בחורבנו מקודש, וכמו שאמרו (שיר השירים רבה ד, ו) אין לי אלא בבנינו בחורבנו מנין וכו' [עיין מגילה כח, א במשנה]. כי אם בית אלהים מורה על הבית שלעתיד כמו שנאמר (ישעיה ב, ב מיכה ד, א) נכון יהיה הר בית ה' וגו':

חידושי הרד"ל

מלמד שהראה כו'. עיין ספרי ברכה (פסקא שנב):

זרע אברהם

חוזר תיכף לפי דאיתא בגמרא דפסחים (ח ב) לא יתמוד איש ארלך בשעה שעולה לרגל לא יהיה ניזוק ששלוחי מלוה אינם נזוקים הן בהליכתן והן בחזירתן. רק הואיל והיה יעקב מסופק אם הוא מלוה מחויבת להתפלל שם על כן נתיירא לחזור. וכיון שהרהר בדעתו ספק זה אם לחזור או לא מיד קפלה לו הארץ פירוש שנעקר הר המוריה ממקומו ובא לקראתו לבית אל ואם כן ידע יעקב שהקדוש ברוך הוא רולה שיתפלל במקום אבותיו. ואם כן מלוה היה על כן הלך תיכף. ויפגע פירוש ראיה כמו דאיתא במסכת בבא מליעא דף ל"ג עמוד א' וזה לשונם. כתיב כי תראה שור אחיך. וכתיב כי תפגע. אי כתיב כי תראה הוי אמינא מרחוק תלמוד לומר כי תפגע. ואי כתיב כי תפגע הוי אמינא פגיעה ממש תלמוד לומר כי תראה ואיזהו ראיה שיש בו פגיעה ושיעורו חכמים ריס. ברש"י איתא ויפגע במקום הוא המקום דכתיב באברהם וירא את המקום מרחוק ובמדרש תנחומא מביא זה לגזירה שוה כתיב הכא מקום וכתיב התם וירא את המקום שמע מינה שיפגע דכתיב הכא פירושו שראה יעקב הר המוריה ועל כרחך שנעקר ממקומו ובא לבית אל דאם לא כן לא היה אפשרי לראות שהיה מהלך כמה ימים מן הר המוריה לבית אל. וזה שאמרו מיד ויפגע לו הארץ פירוש קודם שהתחיל לילך ראה הר המוריה. ומכח זה ידע יעקב שמחויב לחזור ולא יהיה ניזוק כלל. וזה כוונת רש"י שדחק לפרש שנעקר הר המוריה דעם כן לא היה יעקב חוזר מחמת מורא ופחד שישגהו עשו. וזה פרושו ברש"י ואם תאמר כשעבר יעקב על בית המקדש למה לא עכבהו שם. ומשני איהו לא יהיב על לבו. פירושו כדאיתא ברמב"ם שאסור להתפלל עד שיסיר כל טרדא מלבו ואם כן הואיל והיה יעקב טרוד ודואג שלא ישגיהו עשו אסור היה לו להתפלל. ובלילה שראה יעקב שזה שער השמים שיהיה כאן מקום בית המקדש אם כן לא היה לריך שיעקור הר המוריה. לפי שהיה הולך להר המוריה ולא היה מתיירא מעשו ששלוחי מלוה אינו נזוקים. ואם כן עשה לו הקדוש ברוך הוא נס בזה. ואיתא שראוי להתיירא מי שעושים לו נס לפי שמנכים לו מן הזכיות וזה שאמר הכתוב וירא יעקב ויאמר מה נורא מקום הזה פירוש שיש כאן אימה הואיל וזה שער השמים שיבנה בית המקדש כאן ואנכי לא ידעתי שאם הייתי יודע זה לא היה לריך הקדוש ברוך הוא לעשות נס כזה שיעקר הר המוריה ויבא לבית אל והיה מתיירא יעקב שינכה לו נס מזכיותיו כמו שאמר הכתוב בפרשת וישלח ויירא יעקב שהיה מתיירא שינכה לו מן הזכיות. ועכשיו ניישב לשון המדרש גם כן שאמר אכן שכינה שרויה וכו'. לפי דאיתא בחולין דף טו עמוד ב' אמר ר"י אמר שמואל תלוש ולבסוף חיברו כתלוש דמי לענין עבודה זרה דתנן המשתחוה לבית אסרו תיפוק ליה דכתיב אלהיהם על ההרים ולא הרים אלהיהם אלא שמע מינה דכתלוש דמיא. ובע"ז דף כ"ג איתא אמר רבא ישראל שזקף לבינה ובא כותי והשתחווה לה אסרה דמשעה דפלחו ישראל לעגל גליה דעתייהו דניחא להו וגוי שליחתייהו קעביד דאי לא תימא הכי אשריהן תשרפון באש אמר רחמנא וארץ ישראל ירושה מאבותיו ותיפוק ליה דאין אדם אוסר דבר שאינו שלו אלא על כרחך גוים שליחותייהו קעבדו. ואיתא במדרש רבה (בראשית נו י) ובמדרש ילקוט (תהלים תתיג) ויקרא ה' יראה אשר יאמר היום אמר רבא מתחלת בריאת עולם עשה לו הקדוש ברוך הוא שם סוכה והשרה שכינתו שם והתפלל בה יהיו רלון שאראה בבנין ביתו עד כאן לשונו. ואם כן זה שאמר יעקב אכן שכינה שרויה פירוש במדרש זה. ואמר זה בית אלהים פירושו שהקדוש ברוך הוא מתפלל בה דאם לא כן היאך יהיה בית המקדש נבנה שם והלא יעבדו עבודה זרה שכל הר וגבעה בידוע שיש שם עבודה זרע והר מוריה נעקר. ותלוש ולבסוף חיבור כתלוש דמי. אלא על כן שהשרויה שכינתו שם ואין אדם אוסר דבר שאינו שלו ואם כן אנכי לא ידעתי שאלו ידעתי לא ישנתי במקום קדוש כזה. ועוד נאלוה מילין לפרש כוונת רש"י ז"ל שפיר. שנעקר הר המוריה שיפה כיון רש"י. ומה שהקשה הרמב"ן על רש"י ז"ל שהרי אמרו חכמינו ז"ל בגיד הנשה ובחלק ז"ל שלשה קפלו להם הארץ וקחשיב יעקב וכו' שהיה רק קפילת ארץ ולא שנעקרה הר המוריה ובמדרש רבה איתא גם כן שנים שקפלו להם הארץ קחשיב אליעזר ויעקב שמע מינה דומיא דאליעזר דכתיב גבי ואבוא היום. היום ילאתי והיום באתי עד כאן לשון הרמב"ן. אבל רש"י מתרץ הכל וכך הוא כוונת רש"י לדעתי בהקדים לשון הגמרא בחלק וזה לשונו שלשה קפלה להם הארץ יעקב דכתיב ויבא יעקב מבאר שבע וילך חרנה כד מטא לחרן אמר אפשר עברתי על מקום שהתפללו בו אבותי ולא התפללתי בעי למהדר כיון דהרהר בדעתו למהדר מיד ויפגע במקום עד כאן לשונם. היה קשה לרש"י חדא למה לא יהיב דעתו להתפלל בהליכתו בשעה שעבר על הר המוריה. ב' קשה בעי למהדר לשון שלילה פירוש ביקש ולא ביקש כמסופק. ג' קשה הלשון כיון שהרהר בדעתו. מה היתה הרהור כמו מסופק בדעתו אלא על כרחך דהכי פרושו שהר המוריה היה מן הלד ולא באם הדרך רק מן הלד. ולא ראה הר המוריה ובהליכתו לחרן קפלה לו ארץ כמו דאיתא במדרש לעיל וזה לשונו ויצא יעקב שבע וילך חרנה רבנן אמרי בן יומו פירוש שמוכח מן פסוק זה שאמר וילך חרנה שתיכף שילא הלך לשם ובשעת הליכתו לחרן לא הרגיש שהר המוריה הוא מן הלד שילך שם להתפלל ולא ידע יעקב שקפלה לו הארץ מרוב הפחיזה ובהלה שהיה נחפז לילך לברוח מפני עשו. ומאחר שלא ראה הר המוריה לא הרגיש ולא שם על לבו. רק כשמטא לחרן ראה שקפלה לו ארץ. הואיל ואי אפשר לילך רחוק כל כך ביום אחד והוא ידע שבין באר שבע וחרן יש הר המוריה על כן בעי למיהדר וכיון שהרהר בדעתו למיהדר פירוש שהיה מסופק לפי דאיתא לקמן בפסוק ויוגד ללבן ביום השלישי כי ברח יעקב אמר רבי אבהו זה שהלך יעקב בשלשה ימים הלך לבן ליום אחד ואיתא בפסוק בפרשת וירא שהר המוריה היה מהלך שלש ימים מבאר שבע ואם כן היה יעקב מתיירא לחזור להר המוריה שעשו הרודף אותו ישיגו הואיל שעל ידי רדיפה יכול להשיג ביום אחד מה שהאדם הולך בשלשה ימים. מיד ויפגע במקום שבא הר המוריה לקראתו. ואם כן ילא מפחד זה שאי אפשר שישיג אותו עשו מאחר שהוא רחוק יותר מן שלשה ימים. ואם כן כוונת רש"י שקפלה לו הארץ בהליכתו כמו שאמרו חכמינו ז"ל ובמדרש רבה ואחר כך כשרלה לחזור מחרן להר המוריה נעקר הר המוריה מחמת שהיה יעקב מפחד לחזור להר המוריה שלא ישיגו עשו שם. וזה שמקשה רש"י למה לא עכבהו בהליכתו פירוש שהיה להר המוריה להתעקר ולבוא לאם הדרך. ומשני איהו לא יהיב על לבו לפי שרבי חייא רבה סבירא ליה (לקמן פרשה עד ו) שמה שהלך יעקב בשבעה ימים הלך לבן ביום אחד דכתיב וישם דרך שלשת ימים בינו ובין יעקב וכתיב ויוגד ללבן ביום השלישי שלישי לבריחה שנאמר ויקח את אחיו עמו וירדוף אחריו שבעת ימים ואם כן לדעת רבי חייא רבה יכולים לרדוף ביום אחד מה שאדם הולך בשבעה ימים ואם כן בהליכתו שהיה בהר המוריה היה רק איזו שעות על היום והיה יכול עשו להשיגו לדעת רבי חייא רבה. עם כן לא עכבוהו. וזה שאמר רש"י איהו לא יהיב על לבו להתפלל פירוש שהיה לבו טרוד בפחד שלא ישיגוהו עשו. וקל להבין: ואנכי לא ידעתי שאילו ידעתי לא ישנתי במקום קדוש כזה. וכן הוא ברש"י. נראה לי לפי דאיתא בזוהר וישב טעם שהיה דוד נזהר שלא היה ישן יותר מן שיתין נשמי לפי שהיה דוד רגל ד' במרכבה ותמן אתרא קדישא אתרא דחיי וליה בה מותא. ושינה הוא חלק ששים דמותא. ולכן היה נזהר משינה. ועוד איתא והנה ה' נלב עליו שהיה יעקב מרכבה לשכינה וכו'. ואם כן כשראה יעקב בחלום דבר זה שהוא רגל המרכבה כדאיתא במדרש רבה כאן (סח יב) וזה לשונו והנה ה' נלב עליו אמר רבי יהושע דסכנין אמר ליה הקדוש ברוך הוא אתה רגל שלישי. וזה לא ידע יעקב עד עכשיו: אין זה כי אם בית אלהים וזה שער השמים הראה לו מקום בית המקדש. שמעתי בשם הגאון שפתי כהן ז"ל דהכי פרושו. לפי שקיפל הקדוש ברוך הוא כל ארץ ישראל ונתן תחת מראשותיו. וידוע מאמר חכמינו ז"ל בעבודה זרה (נג עמוד א) ובחולין (יז עמוד א) שתלוש ולבסוף חיברו כתלוש דמי לענין עבודה זרה. ואם כן כל ארץ ישראל נעקר ונתקפל ונאסר למקום בית המקדש. מה שאין כן מקום זה ששכב עליו לא נעקר על כן אמר אין זה כי אם בית אלהים וזה שער השמים פירוש על כרחך כאן הוא מקום בית המקדש. וקל להבין. דברי פי חכם חן ושפתיו ישקהו:

אם למקרא

נוֹרָא אֱלֹהִים מִמִּקְדָּשֶׁיךָ אֵל יִשְׂרָאֵל הוּא נֹתֵן עֹז וְתַעֲצֻמוֹת לָעָם בָּרוּךְ אֱלֹהִים: (תהלים סח:לו)

עַל זֶה הָיָה דָוֶה לִבֵּנוּ עַל־אֵלֶּה חָשְׁכוּ עֵינֵינוּ: (איכה ה:יז)

כִּי־חִזַּק בְּרִיחֵי שְׁעָרָיִךְ בֵּרַךְ בָּנַיִךְ בְּקִרְבֵּךְ: (תהלים קמז:יג)

אמרי יושר

הראה לו בית המקדש חרב זהו מלאכי אלהים יורדים:

מתנות כהונה

ומה נורא וגו'. משמע שהיה מכוון נגד ב"ה שהוא בית אלהים וזה שער השמים מכוון כנגדו ור' יהודה סבר מדקרא למקום לוז בית אל שמע מיניה ששער השמים ששם ראש הסולם מכוון כנגדו ומדייחד המורא למקום ב"ה ששם היה שוכב שמע מיניה שלפחות רגלי הסולם היה שמה אכן רש"י פי' בפי' החומש שיפועו אמלע שיפוע וראיתי למהר"ר אליהו המזרחי שגם הוא היה תוכך בו ונקיתי אך הפעם: עתיד שער זה כו'. וזה שער השמים הוא דברי הקב"ה שיעקב אמר שאינו כ"א בית מיוחד לאלהים ואמר הקב"ה שהוא וכל הלדיקים כיולא בו יש להם ממשלה על שער זה שיהא נפתח בשבילם ולשמירתם: ה"ג בית אלהים וגו' בנוי ומשוכלל ודייק מסיפיה דקרא דכתיב וזה שער השמים וכתיב התם כי חזק בריחי שעריך והכי מוכח בילקוט בהדיא:

אשד הנחלים

ועיין במתנות כהונה מה שחקר בזה, ועיין רש"י בחומש: צדיקים כיוצא בך. אף שלא מצאנו שאמר ה' ככה כי אם מדברי יעקב, עם כל זה היה זאת בנבואה שהשיג כן, וא"כ זה דבר ה' בפיו, וכאומר שהשיג כן בנבואה. והכוונה כדפירשנו, שצדיקים כמותך יוכלו לזכות כן לנבואה אף שלא במקומם אם שיפועו מגיע בא"י: אלא י"ח מיל. אין בידינו להבין זאת איך יערך בדבר רוחני כבית המקדש של מעלה מדה ומיל. וכבר חקרו בזה רבים ונבונים. בנוי וחרב כו' ואין זה כו'. נ"ל דפרושו באמרו אין זה כאומר יש עת שאין זה נורא, מצד שחרב ונסתלקה השכינה למעלה. כי היראה הוא ע"י השראת השכינה, שאז נוראות ונפלאות בארץ ועל ידי זה ייראו שמו ית' בעולם. ודרש על דרך הרמז שזה כוונת הנביא (איכה ה, יז) על ז"ה היה דוה לבנו, על מלת ז"ה שרמז יעקב שעתיד להחרב וק"ל:

וַיַּשְׁכֵּם יַעֲקֹב בַּבֹּקֶר וַיִּקַּח אֶת הָאֶבֶן אֲשֶׁר שָׂם מְרַאֲשֹׁתָיו וַיָּשֶׂם אֹתָהּ מַצֵּבָה וַיִּצֹק שֶׁמֶן עַל רֹאשָׁהּ. וַיִּקְרָא אֶת שֵׁם הַמָּקוֹם הַהוּא בֵּית אֵל וְאוּלָם לוּז שֵׁם הָעִיר לָרִאשֹׁנָה.

Jacob arose early in the morning and took the stone that he placed around his head and set it up as a pillar, then he poured oil on its top. And he named that place Beth-El; however, Luz was the city's name originally (28:18-19).

§8 **וַיַּשְׁכֵּם יַעֲקֹב בַּבֹּקֶר וַיִּקַּח אֶת הָאֶבֶן וְגוֹ׳ וַיִּצֹק שֶׁמֶן עַל רֹאשָׁהּ** — ***JACOB AROSE EARLY IN THE MORNING AND TOOK THE STONE ETC. AND SET IT UP AS A PILLAR, THEN HE POURED OIL ON ITS TOP.***

The Midrash explains how Jacob obtained this oil:[75]

שׁוֹפֵעַ לוֹ מִן הַשָּׁמַיִם כִּמְלֹא פִּי הַפַּךְ — **[Anointing oil] was** miraculously **given in abundance to [Jacob] from Heaven as much as** the amount that **fills a flask opening.**[76]

□ **וְאוּלָם לוּז שֵׁם הָעִיר לָרִאשֹׁנָה** — ***HOWEVER, LUZ WAS THE CITY'S NAME ORIGINALLY.***

The Midrash describes the city of Luz:[77]

הִיא לוּז שֶׁצּוֹבְעִין בָּהּ אֶת הַתְּכֵלֶת — **This is** the **Luz in which they dye** ***techeiles;***[78] **הִיא לוּז שֶׁעָלָה סַנְחֵרִיב וְלֹא בִלְבְּלָהּ** — **this is** the **Luz that Sennacherib,** king of Assyria, **came** to **but did not disarrange,**[79] **נְבוּכַדְנֶאצַּר וְלֹא הֶחֱרִיבָהּ** — and which **Nebuchadnezzar,** king of Babylonia, came to, **but did not destroy;**[80] **הִיא לוּז שֶׁלֹּא שָׁלַט בָּהּ מַלְאַךְ הַמָּוֶת מֵעוֹלָם** — and **this is the Luz over which the Angel of Death never had any dominion.**[81] **הַזְּקֵנִים שֶׁבָּהּ מָה עוֹשִׂין לָהֶם** — **What do they with the elderly in [this city]?** **כֵּיוָן שֶׁהֵם זְקֵנִים הַרְבֵּה מוֹצִיאִין אוֹתָן חוּץ לַחוֹמָה וְהֵם מֵתִים** — **When they become very old, they are escorted outside the** city **wall and they die.**[82]

Explanations are offered for the significance of the name "Luz":[83]

אָמַר רַבִּי אַבָּא בַּר כָּהֲנָא: לָמָּה נִקְרָא שְׁמָהּ לוּז — **R' Abba bar Kahana said: Why was [the city] named "Luz"?** **כָּל מִי שֶׁנִּכְנַס בָּהּ הִטְרִיף הִפְרִיחַ מִצְוֹת וּמַעֲשִׂים טוֹבִים כְּלוּז** — For **whoever entered into [the city] blossomed forth with mitzvos and good deeds like a hazelnut (*luz*) tree.**[84] **וְרַבָּנָן אָמְרֵי: מַה לּוּז אֵין לָהּ פֶּה, כָּךְ לֹא הָיָה אָדָם יָכוֹל לַעֲמוֹד עַל פִּתְחָהּ שֶׁל עִיר** — **And the Sages said:** The city was called "Luz" because **just as a hazelnut has no opening, so too, no man could determine** the whereabouts of **the entrance** (i.e., the "opening") **of the city** of Luz.[85] The Midrash explains:

אָמַר רַבִּי סִימוֹן: לוּז הָיָה עוֹמֵד עַל פִּתְחָהּ שֶׁל עִיר — **R' Simone said: A hazelnut tree stood at the entrance of the city.**[86] **רַבִּי אֶלְעָזָר בְּשֵׁם רַבִּי פִּנְחָס בַּר חָמָא אָמַר: לוּז הָיָה עוֹמֵד עַל פִּתְחָהּ שֶׁל מְעָרָה** — And **R' Elazar said in the name of R' Pinchas bar Chama: A hazelnut tree stood at the entrance to a cave** near the city, **וְהָיָה לוּז חָלוּל וְהָיוּ נִכְנָסִין דֶּרֶךְ הַלּוּז לַמְּעָרָה דֶּרֶךְ הַמְּעָרָה לָעִיר** — and the **hazelnut tree was hollow, and [people] would enter the cave by way of the hazelnut tree and the city by way of the cave.**[87] **הֲדָא הוּא דִכְתִיב** — **Thus it is written,** **"וַיִּרְאוּ הַשֹּׁמְרִים אִישׁ יוֹצֵא מִן הָעִיר וַיֹּאמְרוּ לוֹ הַרְאֵנוּ נָא אֶת מְבוֹא הָעִיר וְגוֹ׳ "** — ***The lookouts saw a man leaving the city, and they said to him, "Show us the approach to the city, etc."*** (*Judges* 1:24).[88]

The Midrash comments on the verse that follows the above quote from *Judges*:[89]

"וַיַּכּוּ אֶת הָעִיר לְפִי חֶרֶב וְאֶת הָאִישׁ וְאֶת כָּל מִשְׁפַּחְתּוֹ שִׁלֵּחוּ" — Scripture states, ***And they struck down the city by the edge of the sword but they released the man and his entire family*** (*Judges* 1:25).[90]

NOTES

75. Jacob was in a desolate area where he would not have had access to oil. And he certainly did not have oil with him, for he was fleeing empty-handed [from Esau] (*Eitz Yosef, from Yefeh To'ar*; see also *Maharzu*; above, 68 §2; 32:11 with *Rashi* ad loc.).

76. [This does not seem to be an abundant amount of oil. Perhaps this should be rendered instead: *as much as a flask filled to the mouth*. Some Midrash manuscripts read instead: כְּמִיפֵּי הַפַּךְ, as if (poured) from the mouth of a flask.] The words וַיִּצֹק שֶׁמֶן, *then he poured oil*, indicate that Jacob released an abundance of oil (*Eitz Yosef*). The Midrash speaks specifically of a פַּךְ, *a flask*, of oil, because *I Samuel* 10:1 and *II Kings* 9:3 describe oil being poured from this type of utensil (*Maharzu*).

77. Scripture actually mentions three distinct cities in *Eretz Yisrael* named *Luz*. In addition to the one that Jacob renamed Beth-el, *Joshua* 16:3 describes a Luz that was situated in the tribe of Joseph's portion of *Eretz Yisrael*, and a third Luz is spoken of in *Judges* 1:26 (see below, at the end of this section). The Midrash therefore wishes to identify the city of Luz referred to by the verse (*Yefeh To'ar*).

However, the commentators note that the unique qualities of Luz that are mentioned here are actually ascribed by the Gemara (*Sotah* 46b) and by *Tanna DeVei Eliyahu Zuta* (at the end of Ch. 16) to the Luz of *Judges*, regarding which Scripture states (in *Judges* ibid.): וַיִּקְרָא שְׁמָהּ לוּז הוּא שְׁמָהּ עַד הַיּוֹם הַזֶּה, *and he called [the city] Luz; that is its name until this day*. *Maharzu* suggests that the correct placement of the coming lines is near the end of the present chapter, so that they are preceded by a section of Midrash that begins with the comments of R' Abba bar Kahana, and ends with the verse from *Judges* that relates to the founding of a different Luz.

78. [*Techeiles* is the bluish wool used for *tzitzis* and the clothing of the Kohanim.] The dye itself was processed by the Tribe of Zebulun (see *Megillah* 6a) who did not live near Luz; but the cloth was dyed in that city, whose climate was particularly suited for it (*Ben Yehoyada* to *Sotah* 46b).

79. Although Sennacherib *disarranged* all of the world [by exiling nations from their native countries] (see *II Kings* 17:24, *Yadayim* 4:4, *Berachos* 28b), he left the inhabitants of Luz in place (*Eitz Yosef, from Yefeh To'ar*).

80. When Nebuchadnezzar destroyed all of *Eretz Yisrael*, he did not do the same to the city of Luz (*Eitz Yosef, from Yefeh To'ar*).

81. See *Yefeh To'ar*.

82. The Gemara (loc. cit.) adds that they would do this בִּזְמַן שֶׁדַּעְתָּן קָצָה עֲלֵיהֶן, *when the minds [of the city's elderly] become weary* [of life and they wish to die].

[*Yefeh To'ar* suggests that "the Angel of Death" and "dying" are used by this Midrash as allegorical references to the evil inclination. See there at length.]

83. Our verse's inclusion of the name by which the city had formerly been called indicates that that name holds significance (*Yefeh To'ar*).

84. The hazelnut tree produces a large quantity of fruits (*Eitz Yosef*). The verse relates the city's original name because it is indicative of the city's great sanctity, which influenced people to perform wonderful deeds (*Eitz Yosef,* from *Yefeh To'ar*).

85. Unlike most fruits, the hazelnut has no holes in its skin (shell). Similarly, the city of Luz was completely surrounded by a wall that had no entranceway in it. Below, the Midrash will explain how people would enter it (*Eitz Yosef*).

86. In other words, the reason *no man could determine the entrance of the city* was that Luz's entrance was indiscernible due to the presence of a prominent hazelnut tree, through which one had to pass to enter the city, as will now be explained (*Eitz Yosef*; see also *Matnos Kehunah*; for an alternative approach, see *Rashi* and *Yefeh To'ar*).

87. The cave formed a tunnel under the city's wall (*Eitz Yosef* s.v. לא היה אדם).

88. [This verse is from Scripture's narrative of the efforts of the Tribes of Ephraim and Manasseh to capture the city of Beth-el, which had formerly been known as Luz.] The fact that the lookouts had to be shown *the approach to the city* supports the Midrash's assertion that its entrance was hidden from view (*Eitz Yosef*).

89. The comment that follows is based on the concept that the entrance to Luz was easily indicated. It is therefore related to the thought that appeared just above — that the entrance was merely concealed by a *luz* tree (*Yefeh To'ar*).

90. The preceding verse told of how the lookouts had coaxed the man they had seen into showing them the approach to the city by assuring

ח [כח, יח] "וַיַּשְׁכֵּם יַעֲקֹב בַּבֹּקֶר וַיִּקַּח אֶת הָאֶבֶן וְגוֹ' וַיִּצֹק שֶׁמֶן עַל רֹאשָׁהּ", שׁוֹפַע לוֹ מִן הַשָּׁמַיִם כִּמְלֹא פִּי הַפַּךְ. "וְאוּלָם לוּז", [יב] הִיא לוּז שֶׁצּוֹבְעִין בָּהּ אֶת הַתְּכֵלֶת, הִיא לוּז שֶׁעָלָה סַנְחֵרִיב וְלֹא בִּלְבְּלָהּ, נְבוּכַדְנֶצַּר וְלֹא הֶחֱרִיבָהּ, הִיא לוּז שֶׁלֹּא שָׁלַט בָּהּ מַלְאַךְ הַמָּוֶת מֵעוֹלָם, הַזְּקֵנִים שֶׁבָּהּ מָה עוֹשִׂין לָהֶם, כֵּיוָן שֶׁהֵם זְקֵנִים הַרְבֵּה מוֹצִיאִין אוֹתָן חוּץ לַחוֹמָה וְהֵם מֵתִים, אָמַר רַבִּי אַבָּא בַּר כָּהֲנָא: לָמָּה נִקְרָא שְׁמָהּ לוּז, כָּל מִי שֶׁנִּכְנַס בָּהּ [יג°] הִטְרִיף מִצְוֹת וּמַעֲשִׂים טוֹבִים כְּלוּז, וְרַבָּנָן אָמְרִי: מַה לּוּז אֵין לָהּ פֶּה, כָּךְ לֹא הָיָה אָדָם יָכוֹל לַעֲמוֹד עַל פִּתְחָהּ שֶׁל עִיר, אָמַר רַבִּי סִימוֹן: לוּז הָיָה עוֹמֵד עַל פִּתְחָהּ שֶׁל עִיר, רַבִּי אֶלְעָזָר בְּשֵׁם רַבִּי פִּנְחָס בַּר חָמָא אָמַר: לוּז הָיָה עוֹמֵד עַל פִּתְחָהּ שֶׁל מְעָרָה, וְהָיָה לוּז חָלוּל, וְהָיוּ נִכְנָסִין דֶּרֶךְ הַלּוּז לַמְּעָרָה דֶּרֶךְ הַמְּעָרָה לָעִיר, הָדָא הוּא דִכְתִיב (שופטים א, כד) "וַיִּרְאוּ הַשֹּׁמְרִים אִישׁ יוֹצֵא מִן הָעִיר וַיֹּאמְרוּ לוֹ הַרְאֵנוּ נָא אֶת מְבוֹא הָעִיר וְגוֹ'". (שם שם כה) "וַיַּכּוּ אֶת הָעִיר לְפִי חָרֶב וְאֶת הָאִישׁ וְאֶת כָּל מִשְׁפַּחְתּוֹ שִׁלֵּחוּ", רַבִּי יַנַּאי וְרַבִּי יִשְׁמָעֵאל עֲבַד לָהּ הַפְּטָרָה, מָה אִם זֶה שֶׁלֹּא הָלַךְ לֹא בְּיָדָיו וְלֹא בְּרַגְלָיו אֶלָּא עַל שֶׁהֶרְאָה לָהֶם בְּאֶצְבַּע נִיצּוֹל מִן הַפּוּרְעָנוּת, יִשְׂרָאֵל שֶׁעוֹשִׂים חֶסֶד עִם גְּדוֹלֵיהֶם בִּידֵיהֶם וּבְרַגְלֵיהֶם עַל אַחַת כַּמָּה וְכַמָּה:

רש"י

(ח) הרטיב מצות ומעשים טובים כלוז: עיין רש"י לקמן פא, ה:

עץ יוסף

(ח) [ז] שופע לו מן השמים כמלא פי הפך. כן לריך לומר, וכן הוא לקמן פרשה פ"ב. ורלה לומר שדריש וילוק הוא שופך בשופי, ואם לא מן השמים במקום שמם מנא ליה שמן, דודאי לא היה מוליך עמו שמן כי בורח הוא (יפה תואר): שצובעין בו כו'. עיין בענף: ולא בלבלה. אף על פי שבלבל כל העולם כדכתיב ואסיר גבולות עמים: ולא החריבה. אף על פי שהחריב כל ארץ ישראל, וקבלה היה בידם (יפה תואר): שלא שלט מלאך המות מעולם. עיין בזוהר הקדוש שהאריך: הטריף מצות ומעשים טובים. דרשה זו היא על לוז דכאן שאמר ואולם לוז וכו' ונקראה לוז דיעקב. ולשון הטריף מלות לא ידעתי מה ענינו ולקמן סוף פרשה פ"א גורס הרטיב מלות והוא לשון לחלוחית ורטיבות, כלומר שמפריח מלות כאילן לוז וכן בילקוט שופטים (סוף רמז לח) העתיק מדרש זה וכתוב שם בהדיא הפריח עיין שם: מצות ומעשים טובים כלוז. המוליא פירות הרבה. והודיע הכתוב שם העיר שהיא לוז לפי שמתייחס לענין המלות, שכל יושב בה מפני קדושת המקום מוכן להרבות מלות ומעשים טובים (יפה תואר): אין לה פה. שהוא סתום ואינו כרוב הפירות שיש בהם נקב מה כרימון ותפוח: לא היה אדם יכול כו'. שהיתה חומה מקפת אותה מכל סביבותיה ואין שום פתח בחומה אלא היו נכנסים מתחת לחומה דרך מערה כדלקמן: לוז היה עומד על פתחה של עיר. דהא דלא היה אדם יכול לעמוד על פתחה של עיר היינו משום דלוז היה עומד על פתחו וממנו היו נכנסים לעיר, והרואה שם הלוז לא היה סבור שהיה שם פתח וכדמפרש רבי אלעזר: הראנו נא מבוא העיר. ומדקבעו הראנו נא את מבוא העיר שמע מניה שלא היה הפתח ניכר: עביד לה הפטרה. בכבוד האכסניא דרש כשנפטר מהם וכדלעיל (ס, י) (יפה תואר): מה אם זה שלא הלך ברגליו ולא דיבר בפיו אלא על ידי שהראה. כן לריך לומר (נזר הקודש). וכן הוא בילקוט שופטים. דלא כתיב אלא ויראום, באלבעו או בעקימת שפתים (רש"י): ניצול מן הפורעניות. שהכו העיר לפי חרב ואת האיש שלחו. ועיין בפרק עגלה ערופה (סוטה מו, ב):

פירוש מהרז"ו

(ח) שופע לו מן השמים. שמנין היה ליעקב שמן במדבר, ושהלך ברגליו כמו שנאמר (כט, א) וישא יעקב רגליו וילך וכמו שאמרו לעיל (סח, ב) גדוד שלחו, אלא ששפע לו מן השמים, ומרומז בפסוקים שדרש (לעיל סימן ב) ושמן ימינו יקרא (משלי כז, טז), כשהיה את פני רעהו יחד ודו"ק, ומה שאמר כמלא הפך כמו שנאמר (שמואל א' י, א) ויקח שמואל את פך השמן וגו', וכן במלכים (ב' ט, ג) ולקחת פך השמן וילקת על ראשו, כן מה שכתב כאן וילק שמן על ראשה היה מן הפך, ועיין לקמן (פב, ו) גם כן כמו כאן: היא לוז וכו'. בתנא דבי אליהו (א"ב פט"ז) ושם הגירסא שלובעין בה תכלת לכל ישראל, והנה לפי מה שכתב כל זה כאן על לוז שנקראת בית אל לריך עיון גדול שלא יתכן כלל שהרי עתה היא חרבה ככל ערי יהודה, אך בסוטה (מו, ב) מפורש דכל זה שייך בשופטים (א, כו) וילך האיש ארץ החתים ויבן עיר ויקרא שמה לוז היא שמה עד היום הזה, והיא רחוקה מאוד ועליה ספרו כל דברים אלו, ועל כן לא העתיק הילקוט מאמר זה כאן רק בשופטים שם (רמז לח). והנה כאן בסוף הפרק הדא הוא דכתיב (שופטים א, כד) ויראו השומרים כו' הרי שכונת המדרש על פסוק הנכתב לעיל. ולעיקר פשט הכתוב כאן ואולם לוז שייך מה שאמר אמר רבי אבא בר כהנא וכו' ורבנן אמרי וכו' עד ואת כל משפחתו שלחו, ואחר כך לריך לומר היא לוז שלובעין בה כו'. ומה שאמר שלא החריבה היינו מה שכתוב עד היום הזה משמע שקיימת גם עתה. ועיין בסוכה (נג, א) מעשה דאליחורף ואחיה סופרים ששלחם שלמה אל לוז כו' עיין שם: למה נקרא שמה לוז. לקמן (פא, ד). ומה שאמר הרטיב פירושו לחלוחית היניקה של הגרעין שממלא הקליפה הקשה, וגירסת הטריף בקצת ספרים אולי מלשון טרף ומזון: אפטרה. לעיל (ס, ז) ושם נסמן ומבואר: שלא הלך לא בידיו כו'. פירוש שלא עשה מעשה בידיו ולא הלך ברגליו רק הראה ברמיזה. וגירסת הגמרא שם שלא דבר בפיו ולא הלך ברגליו: מן הפורעניות. בתנא דבי אליהו שם (אליהו זוטא פט"ז) גרס לו ולזרעו ולכל משפחתו הגלה עד סוף כל הדורות. וכעין זה בסוטה שם:

מתנות כהונה

[ח] הטריף. לקמן פרשה פ"א גרס הרטיב ושם גרסינן ליה מאמר זה רש"י וערוך: לוז היה עומד. אילן לוז היה עומד על פתחה ולפיכך לא ידע איש את מבוא העיר: הפטרה. סיום וסילוק הדרשה לכבוד האכסניא:

אשד הנחלים

[ח] שופע לו כו'. כלומר שלכן יצק שמן, כמדת נבואתו ששופע לו מן השמים, כי ע"י הפעולות למטה נתרבה עליו השפע מלמעלה כנודע מהקרבנות: היא לוז כו'. כלומר ולכן זכה בה לנבואה כי הרבה קדושה יש בה. והראיה שבה נמצא התכלת, והתכלת דומה לים ולכסא הכבוד כמאמרם ז"ל (מנחות מג, ב), ועוד שאין מלאך המות שולט בה. ולכן בצדק היא כמעט מכונה בית אלהים: הטריף. פירש האות אמת הפריח מצוות הרבה: על פתחה. כמו שמפרש שהיה פתח העיר דרך לוז חלול:

חידושי הרש"ש

[ח] הטריף מצות כו'. ובילקוט שופטים (רמז לח) הגירסא הפריח:

אמרי יושר

[ח] היא לוז. הנזכרת בספר שופטים (א כג):

מסורת המדרש

יב. סוטה מ"ו, תדא"ז פרשה ט"ז ילקוט שופטים רמז ל"ח כל הענין:
יג. לקמן פרשה פ"א:

אם למקרא

וַיִּרְאוּ הַשֹּׁמְרִים אִישׁ יוֹצֵא מִן הָעִיר וַיֹּאמְרוּ לוֹ הַרְאֵנוּ נָא אֶת מְבוֹא הָעִיר וְעָשִׂינוּ עִמְּךָ חָסֶד: וַיַּרְאֵם אֶת מְבוֹא הָעִיר וַיַּכּוּ אֶת הָעִיר לְפִי חָרֶב וְאֶת הָאִישׁ וְאֶת כָּל מִשְׁפַּחְתּוֹ שִׁלֵּחוּ:
(שופטים א:כד-כה)

ענף יוסף

(ח) [ז] היא לוז שצובעין בו את התכלת כו'. הוא תמוה מאד שדרש זה אינו על לוז שבכאן, אבל היא אותה לוז המבואר בספר שופטים (א, כו) וילך האיש ארץ החתים ויבן עיר ויקרא שמה לוז הוא שמה עד היום הזה, ועל לוז הזאת דרשו בש"ס סוטה (מו, ב) היא לוז שלובעין בה תכלת כו' עד אמר רבי אבא בר כהנא, ודיוק דרש זה ממלת הכתוב הוא שמה עד היום הזה, כלומר שלא היה בה שום שינוי מעולם לא בשמה ולא בחורבנה ולא בבלבול נבוכדנלר, אבל לוז דעניינא נהפוך הוא שנשתנה שמה אחר זה לשם בית אל, וכן בילקוט כאן אינו גורס כל מאמר זה. אך דרך המדרש הוא שכשיש לפעמים ב' פסוקים שוים במלותיהם בשני מקומות, או רק שני מלות שוות כמו הכא אז דרכו להחליף דרוש השייך לאחד לדורשו על האחר אף שהדרשא ההיא זר ומוזר לה רק שנשתבך ונתעה על ידי המעתיקים:

שינוי נוסחאות

(ח) כל מי שנכנס בה הטריף מצות. אות אמת הגיה "הפריח" תחת "הטריף, וברש"י גרס "הרטיב":

רַבִּי יַנַּאי וְרַבִּי יִשְׁמָעֵאל עֲבַד לָהּ הַפְטָרָה — **R' Yannai and R' Yishmael made of [this passage]** the following **parting remark:**[91] מָה אִם זֶה שֶׁלֹּא הָלַךְ לֹא בְּיָדָיו וְלֹא בְרַגְלָיו אֶלָּא עַל שֶׁהֶרְאָה לָהֶם בְּאֶצְבַּע נִיצוֹל מִן הַפּוּרְעָנוּת — **If this [man], who neither did** anything **with his hands nor walked with his feet,**[92] **but rather, because he** merely **showed them with his finger** where the approach to the city lay, **was saved from suffering,**[93] יִשְׂרָאֵל שֶׁעוֹשִׂים חֶסֶד עִם גְּדוֹלֵיהֶם בִּידֵיהֶם וּבְרַגְלֵיהֶם — the nation of **Israel, who do kindness with their great** people,[94] **with their hands and their feet,**[95] עַל אַחַת כַּמָּה וְכַמָּה — **how much more so** will they merit bountiful reward!

NOTES

him that he would be treated kindly for doing so. This verse relates the fulfillment of that promise. [The verse that follows this one teaches that the man went on to build another city, which he named "Luz" (see note 77 above).]

91. Upon leaving homes in which they had stayed as guests, each of the Sages would expound on a particular verse as a way of blessing his host. Here, the Midrash presents what R' Yannai and R' Yishmael would say (see *Yefeh To'ar* and *Maharzu* to 60 §7; see also *Eitz Yosef*). Alternatively, R' Yannai and R' Yishmael would mention this exposition at the end of their lectures, in parting from their audiences (*Rashi*, *Matnos Kehunah*).

92. *Maharzu*. [*Eitz Yosef*, citing *Nezer HaKodesh*, emends the Midrash to conform to the Gemara (loc. cit.) and *Yalkut Shimoni* (loc. cit.), which state only that the man neither *walked* nor *spoke*.]

93. According to the verse, when the Jews *struck down the city* of Luz, *they released the man* [as a result of the kindness he had performed with them] (*Eitz Yosef*).

The Gemara (loc. cit.) and *Tanna DeVei Eliyahu* (loc. cit.) add that not only did the man merit to be saved, but he also merited to allow his family and his future generations until the end of time to enjoy *salvation*. (See *Rashi* to the Gemara and *Yefeh To'ar* for further discussion.)

94. As it appears here, the Midrash refers specifically to kindness performed with Torah scholars. But note that the very similar expression that appears in 60 §7 reads: יִשְׂרָאֵל שֶׁעוֹשִׂים חֶסֶד עִם גְּדוֹלֵיהֶם וְעִם קְטַנֵּיהֶם, *the nation of Israel, who do kindness with their great and their simple, etc.*

95. By using their hands to assist scholars, and their feet to run before them as slaves would do in a display of honor (*Eitz Yosef* to 60 §7).

ח [כח, יח] "וַיַּשְׁכֵּם יַעֲקֹב בַּבֹּקֶר וַיִּקַּח אֶת הָאֶבֶן וְגוֹ' וַיִּצֹק שֶׁמֶן עַל רֹאשָׁהּ", שׁוֹפֵעַ לוֹ מִן הַשָּׁמַיִם כִּמְלֹא פִּי הַפָּךְ. "וְאוּלָם לוּז", [יב] הִיא לוּז שֶׁצּוֹבְעִין בָּהּ אֶת הַתְּכֵלֶת, הִיא לוּז שֶׁעָלָה סַנְחֵרִיב וְלֹא בִּלְבְּלָהּ, נְבוּכַדְנֶצַּר וְלֹא הֶחֱרִיבָהּ, הִיא לוּז שֶׁלֹּא שָׁלַט בָּהּ מַלְאַךְ הַמָּוֶת מֵעוֹלָם, הַזְּקֵנִים שֶׁבָּהּ מָה עוֹשִׂין לָהֶם, כֵּיוָן שֶׁהֵם זְקֵנִים הַרְבֵּה מוֹצִיאִין אוֹתָן חוּץ לַחוֹמָה וְהֵם מֵתִים, אָמַר רַבִּי אַבָּא בַּר כָּהֲנָא: לָמָּה נִקְרָא שְׁמָהּ לוּז, כָּל מִי שֶׁנִּכְנַס בָּהּ [יג°] הִטְרִיף מִצְוֹת וּמַעֲשִׂים טוֹבִים כְּלוּז, וְרַבָּנָן אָמְרִי: מַה לּוּז אֵין לָהּ פֶּה, כָּךְ לֹא הָיָה אָדָם יָכוֹל לַעֲמוֹד עַל פִּתְחָהּ שֶׁל עִיר, אָמַר רַבִּי סִימוֹן: לוּז הָיָה עוֹמֵד עַל פִּתְחָהּ שֶׁל עִיר, רַבִּי אֶלְעָזָר בְּשֵׁם רַבִּי פִּנְחָס בַּר חָמָא אָמַר: לוּז הָיָה עוֹמֵד עַל פִּתְחָהּ שֶׁל מְעָרָה, וְהָיָה לוּז חָלוּל, וְהָיוּ נִכְנָסִין דֶּרֶךְ הַלּוּז לַמְּעָרָה דֶּרֶךְ הַמְּעָרָה לָעִיר, הָדָא הוּא דִכְתִיב (שופטים א, כד) "וַיִּרְאוּ הַשֹּׁמְרִים אִישׁ יוֹצֵא מִן הָעִיר וַיֹּאמְרוּ לוֹ הַרְאֵנוּ נָא אֶת מְבוֹא הָעִיר וְגוֹ'". (שם שם כה) "וַיַּכּוּ אֶת הָעִיר לְפִי חָרֶב וְאֶת הָאִישׁ וְאֶת כָּל מִשְׁפַּחְתּוֹ שִׁלֵּחוּ", רַבִּי יַנַּאי וְרַבִּי יִשְׁמָעֵאל עֲבַד לָהּ הַפְּטָרָה, מָה אִם זֶה שֶׁלֹּא הָלַךְ לֹא בְּיָדָיו וְלֹא בְרַגְלָיו אֶלָּא עַל שֶׁהֶרְאָה לָהֶם בְּאֶצְבַּע נִיצּוֹל מִן הַפּוּרְעָנוּת, יִשְׂרָאֵל שֶׁעוֹשִׂים חֶסֶד עִם גְּדוֹלֵיהֶם בִּידֵיהֶם וּבְרַגְלֵיהֶם עַל אַחַת כַּמָּה וְכַמָּה:

רש"י

(ח) הרטיב מצות ומעשים טובים כלוז: עיין רש"י לקמן פח, ה:

עץ יוסף

(ח) [ז] שופע לו מן השמים כמלא פי הפך. כן לריך לומר, וכן הוא לקמן פרשה פ"ב. ורלה לומר שדריש ויצוק הוא שופך בשופי, ואם לא מן השמים במקום שמם מנא ליה שמן, דודאי לא היה מוליך עמו שמן כי בורח הוא (יפה תואר): שצובעין בו כו'. עיין בענף: ולא בלבלה. אף על פי שבלבל כל העולם כדכתיב ואסיר גבולות עמים: ולא החריבה. אף על פי שהחריב כל ארץ ישראל, וקבלה היה בידם (יפה תואר): שלא שלט מלאך המות מעולם. עיין בזוהר הקדוש שהאריך: הטריף מצות ומעשים טובים. דרשה זו היא על לוז דכאן שאמר ואולם לוז וכו' ונקראה לוז דיעקב. ולשון הטריף מלות לא ידעתי מה ענייני ולקמן סוף פרשה פ"א גורס הרטיב מלות והוא לשון לחלוחית ורטיבות, כלומר שמפריח מלות כאילן לוז וכן בילקוט שופטים (סוף רמז לח) העתיק מדרש זה וכתוב שם בהדיא הפריח עיין שם: מצות ומעשים טובים בלוז. המוליא פירות הרבה. והודיע הכתוב שם העיר שהיא לוז לפי שמתייחס לענין המלות, שכל יושב בה מפני קדושת המקום מוכן להרבות מלות ומעשים טובים (יפה תואר): אין לה פה. שהוא סתום ואינו כרוב הפירות שיש בהם נקב מה כרימון ותפוח: לא היה אדם יכול כו'. שהיתה חומה מקפת אותה מכל סביבותיה ואין שום פתח בחומה אלא היו נכנסים מתחת לחומה דרך מערה כדלקמן: לוז היה עומד על פתחה של עיר. דהא דלא היה אדם יכול לעמוד על פתחה של עיר היינו משום דלוז היה עומד על פתחו וממנו היו נכנסים לעיר, והרואה שם הלוז לא היה סבור שהיה שם פתח וכדמפרש רבי אלעזר: הראנו נא מבוא העיר. ומדקבעו הראנו נא את מבוא העיר שמע מניה שלא היה הפתח ניכר: עביד לה הפטרה. בכבוד האכסניא דרש כשנפטר מהם וכדלעיל (ס, י) (יפה תואר): מה אם זה שלא הלך ברגליו ולא דיבר בפיו אלא על ידי שהראה. כן לריך לומר (נזר הקודש). וכן הוא בילקוט שופטים. דלא כתיב אלא ויראום, באלבעו או בעקימת שפתים (רש"י): ניצול מן הפורעניות. שהכו העיר לפי חרב ואת האיש שלחו. ועיין בפרק עגלה ערופה (סוטה מו, ב):

פירוש מהרז"ו

(ח) שופע לו מן השמים. שמנין היה ליעקב שמן במדבר, ושהלך ברגליו כמו שנאמר (כט, א) וישא יעקב רגליו וילך וכמו שאמרו לעיל (סח, ב) גדול שלחו, אלא שפע לו מן השמים, ומרומז בפסוקים שדרש (לעיל סימן ג) ושמן ימינו יקרא (משלי כז, טז), כשהיה את פני רעהו יחד ודו"ק, ומה שאמר כמלא הפך כמו שנאמר (שמואל א' י, א) ויקח שמואל את פך השמן וגו', וכן במלכים (ב' ט, ג) ולקחת פך השמן וילקת על ראשו, כן מה שכתב כאן וילק שמן על ראשה היה מן הפך, ועיין לקמן (פב, ו) גם כן כמו כאן: היא לוז וכו'. בתנא דבי אליהו (ח"ב פט"ז) ושם הגירסא שלובעין בה תכלת לכל ישראל, והנה לפי מה שכתב כל זה כאן על לוז שנקראת בית אל לריך עיון גדול שלא יתכן כלל שהרי עתה היא חרבה ככל ערי יהודה, אך בסוטה (מו, ב) מפורש דכל זה שייך בשופטים (א, כו) וילך האיש ארץ החתים ויבן עיר ויקרא שמה לוז היא שמה עד היום הזה, והיא רחוקה מאוד ועליה ספרו כל דברים אלו, ועל כן לא העתיק הילקוט מאמר זה כאן רק בשופטים שם (רמז לח). והנה כאן בסוף הפרק הדא הוא דכתיב (שופטים א, כד) ויראו השומרים כו' הרי שכונת המדרש על פסוק הנכתב לעיל. ולעיקר פשט הכתוב כאן ואולם לוז שייך מה שאמר אמר רבי אבא בר כהנא וכו' ורבנן אמרי וכו' עד ואת כל משפחתו שלחו, ואחר כך לריך לומר היא לוז שלובעין בה כו'. ומה שאמר שלא החריבה היינו מה שכתוב עד היום הזה משמע שקיימת גם עתה. ועיין בסוכה (נג, א) מעשה דאליחורף ואחיה סופרים ששלחם שלמה אל לוז כו' עיין שם: למה נקרא שמה לוז. לקמן (פא, ד). ומה שאמר הרטיב פירושו לחלוחית היניקה של הגרעין שממלא הקליפה הקשה, וגירסת הטריף בקצת ספרים אולי מלשון טרף ומזון: אפטרה. לעיל (ס, ז) ושם נסמן ומבואר: שלא הלך לא בידיו בו'. פירוש שלא עשה מעשה בידיו ולא הלך ברגליו רק הראה ברמיזה. וגירסת הגמרא שם שלא דבר בפיו ולא הלך ברגליו: מן הפורעניות. בתנא דבי אליהו שם (אליהו זוטא פט"ז) גרס לו ולזרעו ולכל משפחתו הללה עד סוף כל הדורות. וכעין זה בסוטה שם:

חידושי הרש"ש

[ח] הטריף מצות כו'. ובילקוט שופטים (רמז לח) הגירסא הפריח:

אמרי יושר

[ח] היא לוז. הנזכרת בספר שופטים (א כג):

מסורת המדרש

יב. סוטה מ"ו, תדא"ז פרשה ט"ז ילקוט שופטים רמז ל"ח כל הענין:

יג. לקמן פרשה פ"א:

אם למקרא

וַיִּרְאוּ הַשֹּׁמְרִים אִישׁ יוֹצֵא מִן הָעִיר וַיֹּאמְרוּ לוֹ הַרְאֵנוּ נָא אֶת מְבוֹא הָעִיר וְעָשִׂינוּ עִמְּךָ חָסֶד: וַיַּרְאֵם אֶת מְבוֹא הָעִיר וַיַּכּוּ אֶת הָעִיר לְפִי חָרֶב וְאֶת הָאִישׁ וְאֶת כָּל מִשְׁפַּחְתּוֹ שִׁלֵּחוּ:

(שופטים א:כד-כה)

ענף יוסף

(ח) [ז] היא לוז שצובעין בו את התכלת כו'. הוא תמוה מאד שדרש זה אינו על לוז שבכאן, אבל היא אותה לוז המבואר בספר שופטים (א, כו) וילך האיש ארץ החתים ויבן עיר ויקרא שמה לוז הוא שמה עד היום הזה, ועל לוז הזאת דרשו בש"ס סוטה (מו, ב) היא לוז שלובעין בה תכלת כו' עד אמר רבי אבא בר כהנא, ודיוק דרש זה ממלת הכתוב הוא שמה עד היום הזה, כלומר שלא היה בה שום שינוי מעולם לא בשמה ולא בחורבנה ולא בבלבול נבוכדנלר, אבל לוז דעניננו נהפוך הוא שנשתנה שמה אחר זה לשם בית אל, וכן בילקוט כאן אינו גורס כל מאמר זה. אך דרך המדרש הוא שכשיש לפעמים ב' פסוקים שוים במלותיהם בשני מקומות, או רק שני מלות שוות כמו הכא אז דרכו להחליף דרוש השייך לאחד לדורשו על האחר אף שהדרשא היא זר ומוזר לה רק שנסתבך ונתעה על ידי המעתיקים:

מתנות כהונה

[ח] הטריף. לקמן פרשה פ"א גרס הרטיב ושם גרסינן ליה מאמר זה רש"י וערוך: לוז היה עומד. אילן לוז היה עומד על פתחה ולפיכך לא ידע איש את מבוא העיר: הפטרה. סיום וסילוק הדרשה לכבוד האכסניא:

שינוי נוסחאות

(ח) כל מי שנכנס בה הטריף מצות. אות אמת הגיה "הפריח" תחת "הטריף, וברש"י גרס "הרטיב":

אשד הנחלים

[ח] שופע לו כו'. כלומר שלכן יצק שמן, כמדת נבואתו ששופע לו מן השמים, כי ע"י הפעולות למטה נתרבה עליו השפע מלמעלה כנודע מהקרבנות: היא לוז כו'. כלומר ולכן זכה בה לנבואה כי הרבה קדושה יש בה. והראיה שבה נמצא התכלת, והתכלת דומה לים ולכסא הכבוד כמאמרם ז"ל (מנחות מג, ב), ועוד שאין מלאך המות שולט בה. ולכן בצדק היא כמעט מכונה בית אלהים: הטריף. פירש האות אמת הפריח מצוות הרבה: על פתחה. כמו שמפרש שהיה פתח העיר דרך לוז חלול:

Chapter 70

וַיִּדַּר יַעֲקֹב נֶדֶר לֵאמֹר אִם יִהְיֶה אֱלֹהִים עִמָּדִי וּשְׁמָרַנִי בַּדֶּרֶךְ הַזֶּה אֲשֶׁר אָנֹכִי הוֹלֵךְ וְנָתַן לִי לֶחֶם לֶאֱכֹל וּבֶגֶד לִלְבֹּשׁ. וְשַׁבְתִּי בְשָׁלוֹם אֶל בֵּית אָבִי וְהָיָה ה׳ לִי לֵאלֹהִים. וְהָאֶבֶן הַזֹּאת אֲשֶׁר שַׂמְתִּי מַצֵּבָה יִהְיֶה בֵּית אֱלֹהִים וְכֹל אֲשֶׁר תִּתֶּן לִי עַשֵּׂר אֲעַשְּׂרֶנּוּ לָךְ.

Then Jacob took a vow, saying, "If God will be with me, will guard me on this way that I am going; will give me bread to eat and clothes to wear; and I return in peace to my father's house, and HASHEM will be a God to me — then this stone that I have set up as a pillar shall become a house of God, and whatever You give me, I shall repeatedly tithe to You" (28:20-22).

§1 **וַיִּדַּר יַעֲקֹב נֶדֶר לֵאמֹר אִם יִהְיֶה אֱלֹהִים עִמָּדִי וְגוֹ׳ וְנָתַן לִי לֶחֶם לֶאֱכֹל** — ***THEN JACOB TOOK A VOW, SAYING, "IF GOD WILL BE WITH ME . . . WILL GIVE ME BREAD TO EAT."***

In introducing the topic of Jacob's vow, the Midrash begins by expounding a related verse in *Psalms*:

כְּתִיב "אֲשֶׁר פָּצוּ שְׂפָתָי וְדִבֶּר פִּי בַּצַּר לִי" — **It is written,** *I will fulfill to You my vows* ***that my lips uttered and my mouth spoke in my distress*** (*Psalms* 66:13-14). אָמַר ר׳ יִצְחָק הַבַּבְלִי — **R' Yitzchak the Babylonian said:** "וְדִבֶּר פִּי בַּצַּר לִי", שֶׁנָּדַר מִצְוָה בְּעֵת צָרָתוֹ — ***And my mouth spoke in my distress*** — this means **that in his time of distress he**[1] **vowed** that he would perform **a mitzvah**[2] when relieved of the distress.[3]

The Midrash now turns to our verse:

מַהוּ "לֵאמֹר" — **What is** meant by the term ***saying?***[4] לֵאמֹר לַדּוֹרוֹת כְּדֵי שֶׁיִּהְיוּ נוֹדְרִים בְּעֵת צָרָתָן — This means that Jacob's vow was intended **to be related to** future **generations, in order that they,** too, **will** emulate the practice of their progenitor and **take vows in their time of distress.**[5]

The Midrash exhorts those who take vows to ascribe credit for their vows to Jacob,[6] for he was the one who initiated the practice of taking a vow in times of distress:

יַעֲקֹב פָּתַח בַּנֶּדֶר תְּחִלָּה — **Jacob was the first to take a vow;** לְפִיכָךְ כָּל מִי שֶׁהוּא נוֹדֵר לֹא יְהֵא תּוֹלֶה אֶת הַנֶּדֶר אֶלָּא בוֹ — **therefore, whosoever takes a vow should ascribe** credit for **the vow only to him** (Jacob).[7]

The Midrash brings proof from Scripture for this exhortation:

אָמַר ר׳ אַבָּהוּ — **R' Abahu said:** כְּתִיב "אֲשֶׁר נִשְׁבַּע לַה׳ נָדַר לַאֲבִיר יַעֲקֹב" — **It is written,** *Remember unto David all his suffering.* ***How he swore to HASHEM, and vowed to the Strong One of Jacob,*** *"If I enter the tent of my home; if I go upon the bed . . . before I find a place for HASHEM"* (*Psalms* 132:1-5).[8] לַאֲבִיר אַבְרָהָם וְלַאֲבִיר יִצְחָק אֵין כְּתִיב כָּאן — **It is not written here** in this verse **"to the Strong One of Abraham" or "to the Strong One of Isaac";** אֶלָּא "נָדַר לַאֲבִיר יַעֲקֹב" — **rather,** it is written that he ***vowed to the Strong One "of Jacob";*** תָּלָה אֶת הַנֶּדֶר בְּמִי שֶׁפָּתַח בּוֹ תְּחִלָּה — **[David] ascribed the vow to the one who initiated [the practice of taking vows],** i.e., Jacob.[9]

§2 The Midrash adduces further Scriptural support from a verse in *I Chronicles* (29:10) for the idea of ascribing vows to Jacob. It begins by citing, and expounding, the preceding verse there:[10]

רַבִּי הוּנָא בְּשֵׁם רַבִּי אִידִי אָמַר — **R' Huna said in the name of R' Idi:**

NOTES

1. The speaker in the *Psalms* verse. Ostensibly, this is King David (the primary author of the Book of *Psalms*). *Maharzu* writes, however, that we find no record in Scripture of David taking such a vow in a time of distress [see, however, note 9 below]. *Maharzu* therefore suggests that the speaker in the *Psalms* verse is Jacob himself. See end of 68 §11 above, citing R' Shmuel bar Nachman, which states that Jacob [prophetically] recited the entire Book of *Psalms* (see, however, *Eitz Yosef* there). [See also *Bava Basra* 14b-15a, which states that parts of *Psalms* were written by others besides David, and according to a version of the Gemara cited by *Tosafos* (15a), Jacob was one of them.]

2. Translation follows *Eitz Yosef*. *Yefeh To'ar*, however, translates: "for (taking) a vow at a time of distress is a mitzvah" (reading שֶׁנֶּדֶר in place of שֶׁנָּדַר). See also *Midrash Shmuel* 2:2. In any event, the meaning is fundamentally the same. See next note.

3. One who finds himself in distress (i.e., danger) should vow that if and when he is saved from the danger he will do a mitzvah (such as giving charity or bringing an offering). Taking such a vow will enable him to trust that God will protect him from harm in the merit of the mitzvah that he undertook to perform (*Eitz Yosef*, citing *Yefeh To'ar*).

In general, Scripture strongly discourages the taking of vows (see *Deuteronomy* 23:22-24, *Ecclesiastes* 5:3-4), for the violation of a vow is a grave transgression. The Talmud cites various sages who held that one who takes a vow is called a sinner even if he *fulfilled* his vow (see *Nedarim* 9a,22a,77b; see similarly *Vayikra Rabbah* 37 §1) — and how much more so if he did not. Our Midrash begins by citing this passage in *Psalms* because it indicates that vowing is regarded as appropriate *only* when one does so in times of trouble, for the purpose of earning the merit necessary to be saved (*Eitz Yosef*, citing *Yefeh To'ar*). See further.

4. The term לֵאמֹר, *saying*, generally connotes an injunction to relate the quoted statement to another party. Why does our verse use that term instead of the term וַיֹּאמֶר, *and he said*, which Scripture uses in similar contexts elsewhere? [See e.g., *Numbers* 21:2, cited by the Midrash below, §2-3] (*Eitz Yosef*, citing *Yefeh To'ar*).

5. The *Psalms* verse teaches us that it is *only* the taking of vows in times of distress that is meritorious, and that Jacob's vow is to be related to future generations (as indicated by the word "saying") only because his vow was taken in such a time (*Yefeh To'ar*; see *Eitz Yosef*).

6. I.e., they should specifically swear in the name of "the God *of Jacob*," thus indicating that it is Jacob's actions that they are emulating (*Yefeh To'ar*).

7. *Yefeh To'ar* presents two reasons for this:

(1) In regard to *any* praiseworthy innovation in the service of God, it is proper to give credit where credit is due. Thus, for example, we find King Munbaz [and his mother, Queen Helene] being mentioned by name and singled out for praise by the Sages for their contributions in beautifying the Temple (see Mishnah *Yoma* 37a; see also Mishnah ibid. 38a).

(2) Whenever a person does an action which, despite its inherent propriety, may *appear* to contravene some established principle, he should publicize the authority upon which he is acting. Since taking a vow is generally regarded as improper (see above, note 3), a person who does so, even under circumstances when it is right and proper (i.e., in times of distress), may be viewed critically by the less informed public. He should therefore ascribe his action to the patriarch Jacob, an authority of impeccable credentials. [Ascribing his action to David would accomplish the same purpose, but Jacob was the originator of this practice, and David learned from *him* (*Yefeh To'ar*); see further.]

8. The verse refers to the vow taken by King David regarding the establishment of a place for God's Presence, i.e., the Temple. He vowed to abstain from rest until the precise location for the Temple site would be determined (*Rashi* to v. 5 there).

9. The precedent set by Jacob was to vow in times of distress. David's vow was also considered to have been make out of distress, because of *all his suffering* that he underwent in the process of finding an appropriate place for the Temple to be built (*Eitz Yosef*, citing *Yefeh To'ar*).

10. The preceding verse (*I Chronicles* 29:9) is not related to the topic of ascribing vows to Jacob; it is quoted here only in order to provide the background for 29:10. And in the manner of Midrashic literature, once the Midrash quotes 29:9, it expounds that verse as well (*Yefeh To'ar*).

פרשה ע

א [כח, כ] "וַיִּדַּר יַעֲקֹב נֶדֶר לֵאמֹר אִם יִהְיֶה אֱלֹהִים עִמָּדִי וְגוֹ' וְנָתַן לִי לֶחֶם לֶאֱכֹל", **כְּתִיב** (תהלים סו, יד) "אֲשֶׁר פָּצוּ שְׂפָתָי וְדִבֶּר פִּי בַּצַּר לִי", [א]אָמַר רַבִּי יִצְחָק הַבַּבְלִי: "וְדִבֶּר פִּי בַּצַּר לִי", שֶׁנָּדַר מִצְוָה בְּעֵת צָרָתוֹ, מַהוּ "לֵאמֹר", [ב]לֵאמֹר לַדּוֹרוֹת כְּדֵי שֶׁיִּהְיוּ נוֹדְרִים בְּעֵת צָרָתָן, יַעֲקֹב פָּתַח בְּנֶדֶר תְּחִלָּה, לְפִיכָךְ כָּל מִי שֶׁהוּא נוֹדֵר לֹא יִהְיֶה תּוֹלֶה אֶת הַנֶּדֶר אֶלָּא בּוֹ, אָמַר רַבִּי אַבָּהוּ: **כְּתִיב** (שם קלב, ב) "אֲשֶׁר נִשְׁבַּע לַה' נָדַר לַאֲבִיר יַעֲקֹב", "לַאֲבִיר אַבְרָהָם וְלַאֲבִיר יִצְחָק" אֵין כְּתִיב כָּאן, אֶלָּא "נָדַר לַאֲבִיר יַעֲקֹב", תָּלָה אֶת הַנֶּדֶר בְּמִי שֶׁפָּתַח בּוֹ תְּחִלָּה:

ב רַבִּי הוּנָא בְּשֵׁם רַבִּי אִידִי אָמַר: **כְּתִיב** (דברי הימים-א כט, ט) "וַיִּשְׂמְחוּ הָעָם עַל הִתְנַדְּבָם כִּי בְּלֵב שָׁלֵם הִתְנַדְּבוּ לַה', וְגַם דָּוִיד הַמֶּלֶךְ שָׂמַח שִׂמְחָה גְדוֹלָה", וּלְפִי שֶׁהָיוּ עֲסוּקִים בְּמִצְוַת נְדָבָה וְעָלָה בְּיָדָן לְפִיכָךְ שָׂמְחוּ, לְפִיכָךְ מָה אוֹמֵר, (שם שם י) "וַיְבָרֶךְ דָּוִיד אֶת ה' לְעֵינֵי כָּל הַקָּהָל וְגוֹ'", "אֱלֹהֵי אַבְרָהָם יִצְחָק וְיִשְׂרָאֵל" אֵינוֹ אוֹמֵר כָּאן, אֶלָּא "אֱלֹהֵי יִשְׂרָאֵל אָבִינוּ", תָּלָה אֶת הַנֶּדֶר בְּמִי שֶׁפָּתַח בּוֹ תְּחִלָּה, אָמַר רַבִּי יְהוּדָה: עוֹד מִן אַתְרָא לֵית הִיא חֲסֵירָה, "וַיִּדְּרוּ יִשְׂרָאֵל" אֵין כְּתִיב כָּאן, אֶלָּא (במדבר כא, ב) "וַיִּדַּר יִשְׂרָאֵל", יִשְׂרָאֵל סָבָא:

ג [ג]ד' הֵן שֶׁנָּדְרוּ, שְׁנַיִם נָדְרוּ וְהִפְסִידוּ, שְׁנַיִם נָדְרוּ וְנִשְׂתַּכְּרוּ, יַעֲקֹב נָדַר וְהִפְסִיד, יִפְתָּח נָדַר וְהִפְסִיד, חַנָּה נָדְרָה וְנִשְׂתַּכְּרָה, יִשְׂרָאֵל נָדְרוּ וְנִשְׂתַּכְּרוּ, שֶׁנֶּאֱמַר (שם) "וַיִּדַּר יִשְׂרָאֵל נֶדֶר וְגוֹ'":

ד [ד]רַבִּי אַבָּהוּ וְרַבִּי יוֹנָתָן, חַד אָמַר: מְסוֹרֶסֶת הִיא הַפָּרָשָׁה, וַאֲחֲרִינָא אָמַר: עַל הַסֵּדֶר נֶאֶמְרָה, מַאן דְּאָמַר מְסוֹרֶסֶת הִיא הַפָּרָשָׁה, שֶׁכְּבָר הִבְטִיחוֹ הַקָּדוֹשׁ בָּרוּךְ הוּא, שֶׁנֶּאֱמַר (לעיל פסוק טו) "וְהִנֵּה אָנֹכִי עִמָּךְ", וְהוּא אוֹמֵר [כח, כ] "אִם יִהְיֶה אֱלֹהִים עִמָּדִי",

עץ יוסף

ע (א) **שנדר מצוה בעת צרתו כו'.** דאף על גב דבעלמא הנודר נקרא חוטא אבל בעת צרה מצוה לידור דבר מצוה כדי שיגין עליו באותה שעה, והיינו דכתיב הכא וידר יעקב נדר לאמר, לאמר לדורות שיהיו נודרים בעת צרה להיות לבם נכון בטוח בה' בזכות המצוה (יפה תואר): **ולאביר יצחק אין כתיב אלא נדר לאביר יעקב תלה את הנדר.** כן צריך לומר (אות אמת). והיה נודר בעת צרה שהיה מצטער על מציאת המקום כמה שנאמר את כל ענותו (יפה תואר): (ב) **אלא אלהי ישראל כו' במי שפתח בו תחלה.** ובהילול זה, רצונו לומר תלה דברי ההילול והשבח על הנדר במי שפתח בו תחלה: **עוד מן אתרא כו'.** לפי שמקרא זה הוא בתורה שממנה נלמוד הדינין, קרי אתרא להאי קרא טפי מהראשונים (יפה תואר). או פירוש **מן אתרא כו'** כלומר ממקום שכתוב בו נדר ישראל בהדיא אין חסר להביא ראיה ממנו (מתנות כהונה): **ישראל סבא.** דאף על גב דהנודרים בהכרח בני ישראל הוו קאמר וידר ישראל סבא לפי שהם תלמידיו בדבר זה והוי ליה כאילו הוא הנודר שהדבר נקרא על שמו (יפה תואר): (ג) [ב] **ארבעה הן שנדרו כו'.** טובא אשכחן בקרא, אלא דחשיב הכא רק אותן שנעשה בהם רושם על ידי הנדר הן לטובה והן לרעה, שאלו נזהרו בו ונשתכרו להיות נענה מיד ואלו לא נזהרו והפסידו (נזר הקודש): **יעקב נדר והפסיד.** היינו על מה שנתאחר מלשלם נדרו נתבקרה פנקסו כדלקמן פרשה ע"ח, ובא לידי ג' עבירות, וקבר את אשתו כדלקמן במדרש ויקרא רבה פרשה ל"ז: **יפתח נדר והפסיד.** והיינו במה שילם נדרו והפסיד בתו, כי לפי הדין לא חייב לכל המרבה אלא הקדש דמים, ועוד שהוי ליה להתיר נדרו, ונענש עוד בניסול אברים כדלעיל פרשה ס'. וטעם הפסדו לפי שלא נדר כהוגן כדאיתא התם: **חנה נדרה ונשתכרה.** שנתן ה' שאלתה. ונשתכרה גם כן בקיום הנדר עצמו שיהיה בנה נתון לה' כל ימיו: **ישראל נדרו ונשתכרו.** שניתנה שאלתם: **וידר ישראל כו'.** לפי שמפורש נדרם ומה נדרם ומה שנשתכרו כתוב זה אלא זה מייתי קרא להא, אבל לשארא היה צריך להאריך להביא פסוקים רחוקים זה מזה, לכן לא האריך בהבאתם (יפה תואר): (ד) [ג] **מסורסת היא הפרשה.** דבתחילה נדר את נדרו אם יהיה אלהים עמדי ושמרני וכו' ושוב חלם ונענה בחלומו והנה אנכי עמך וגו', ואף על פי שנכתב וידר יעקב נדר בתר הכי, אין מוקדם ומאוחר בתורה:

פירוש מהרז"ו

ע (א) **וידר יעקב נדר.** כן צריך לומר. כל מה שכתוב בג' סימנים אלו הוא במדרש שמואל (ב, ב): **אשר פצו שפתי.** ולפני זה אשלם לך נדרי. ואצל דוד אינו מפורש שנדר בעת צרתו, ואצל יעקב מפורש, וכמו שאמרו לעיל (סח, יא) שיעקב אמר כל ספר תהלים: **שנדר מצוה בעת צרתו.** כן הובא גם בילקוט והלשון דחוק. ובמדרש שמואל (ב, ב) וילקוט כאן (רמז קכב) ותהלים (רמז תשנ) הגירסא כתיב וידר יעקב נדר לאמר, כל מאן דנדר עבד מצוה, מהו לאמר לאמר לדורות שיהיו נודרין בעת צרה. ומה שאמר מאן דנדר היינו בעת צרה, אבל בלאו הכי אסור כמו שנאמר (קהלת ה, ד) טוב אשר לא תדור: **לאביר יעקב.** על פי מדה ט"ז, מיוחד במקומו, דכאן יזכיר יעקב: (ב) **אלהי ישראל.** וכמפורש שם בדברי הימים (א' פרק כט) שנדרו ושלמו: **וידר ישראל.** במדבר (כא, ב) ולא אמר וידרו בני ישראל לרמוז שלמדו מישראל סבא: (ג) **יעקב נדר והפסיד.** שמתה רחל כמו שאמרו לקמן ריש פרשה פא: (ד) **מסורסת היא הפרשה** על פי מדה ל"ב כמו שכתבתי לעיל פרשה ס"ט סימן ו', ויקרא רבה (לה, ב):

חידושי הרד"ל

[א] **כתיב ואשלם לך נדרי אשר פצו שפתי.** כן צריך לומר: [ב] **אלא וידר ישראל** (במדבר כא, ב):

אמרי יושר

[א] **מאן דאמר על הסדר נאמרה מה מקיים אם יהיה אלהים עמדי.** ותירצו רבי אבהו ורבנן הקושיא שאינו אלא משל:

מסורת המדרש

א. אגדת שמואל רבתי פרשה ב'. ילקוט כאן רמז קכ"ב. ילקוט שמואל רמז ע"ח. ילקוט תהלים רמז תש"נ:
ב. עיין תוספות חולין דף ב' ד"ה אבל:
ג. אגדת שמואל רבתי פרשה ב'. ילקוט שופטים רמז ס"ח:
ד. ילקוט כאן רמז קכ"ב כל הענין:

אם למקרא

אֲשֶׁר פָּצוּ שְׂפָתָי וְדִבֶּר פִּי בַּצַּר לִי: (תהלים סו:יד)

אֲשֶׁר נִשְׁבַּע לַה' נָדַר לַאֲבִיר יַעֲקֹב: (שם קלב:ב)

וַיִּשְׂמְחוּ הָעָם עַל־הִתְנַדְּבָם כִּי בְּלֵב שָׁלֵם הִתְנַדְּבוּ לַה' וְגַם דָּוִיד הַמֶּלֶךְ שָׂמַח שִׂמְחָה גְדוֹלָה: וַיְבָרֶךְ דָּוִיד אֶת ה' לְעֵינֵי כָּל־הַקָּהָל וַיֹּאמֶר דָּוִיד בָּרוּךְ אַתָּה ה' אֱלֹהֵי יִשְׂרָאֵל אָבִינוּ מֵעוֹלָם וְעַד־עוֹלָם: (דברי הימים א כט:ט-י)

וַיִּדַּר יִשְׂרָאֵל נֶדֶר לַיהוָה וַיֹּאמַר אִם־נָתֹן תִּתֵּן אֶת־הָעָם הַזֶּה בְּיָדִי וְהַחֲרַמְתִּי אֶת־עָרֵיהֶם: (במדבר כא:ב)

ידי משה

[ג] **יעקב נדר והפסיד.** פירש שמתה רחל אשתו עבור הנדר שאיחר הנדר, חנה נשתכרה לשמואל, ישראל נשתכרו שכבשו מלך ערד שנאמר (במדבר כא, ב) וידר ישראל נדר וגו' וסמך ליה כבישת כנענים:

מתנות כהונה

[ב] **הכי גרסינן יצחק אינו אומר כאן: מן אתרא לית כו'.** כלומר ממקום שכתוב בו נדר ישראל בהדיא אין חסר להביא ראיה ממנו: [ג] **יעקב נדר והפסיד.** כדלקמן פרשה פ"א ובילמדנו פרשת מטות: **יפתח הפסיד.** בתו: **חנה נשכרה.** שמואל הנביא: **ישראל נשכרו.** הכנעני מלך ערד:

אשד הנחלים

[א] **בעת צרה.** דאל"כ טוב שלא תדור משתדור כמאמרם בחולין (ב, א) ובנדרים (ט, א). וזהו אשר דיבר פי רק בעת היצר לי מאוד, ואז התרתי בעצמי לנדור: [ב] **ולפי שהיו כו' לפיכך שמחו.** דאם לא כן אין ביאור לכתוב, רק הפירוש ששמחו שקיימו נדרם ולא שינו ולא חללו מוצא שפתם. ומפרש הכתוב שאינה ה' לידם שיקיימו, מצד שבלבב שלם התנדבו: **ישראל סבא.** כלומר שלכן התירו עצמן לנדור. ודייק מדכתיב בלשון יחיד: [ג] **ד' הן.** להורות באו שהנדר מצד עצמו אין בו טובה כל כך כי ח"ו יש שמפסידין ע"י נדרם, ולכן אין למהר בזה: [ד] **שכבר הבטיח.** והבטחה לטובה אינה חוזרת, אלא ודאי אמירתו היה קודם ההבטחה. ודעת מי שסובר שעל הסדר נאמרה שלא אמר יעקב כמסופק, רק שאמר מתי ובזמן שיקויים לי אז אקיים את נדרי, וכוונתו היה על הזמן לבד. ודעת ר' אבהו שכל יראתו מעצמו, פן יגרום חטאו ח"ו ויכשל ברעה, ועל כן ביקש שישמור נפשו מחטא. ודייק לשון הרע מדרך, שהונח לפעמים על לשון הרע שהלשון הוא מזיק

כְּתִיב ״וַיִּשְׂמְחוּ הָעָם עַל הִתְנַדְּבָם כִּי בְּלֵב שָׁלֵם הִתְנַדְּבוּ לַה׳ וְגַם דָּוִיד הַמֶּלֶךְ שָׂמַח שִׂמְחָה גְדוֹלָה״ — **It is written, *The people rejoiced in their donations, for they donated wholeheartedly to HASHEM; King David also rejoiced with great gladness*** (*I Chronicles* 29:9).[11] **וּלְפִי שֶׁהָיוּ עֲסוּקִים בְּמִצְוַת נְדָבָה וְעָלָה בְּיָדָן לְפִיכָךְ שָׂמְחוּ** — **Since they were occupied with the mitzvah of donating** material for the Temple, **and were successful** in this venture, **therefore they rejoiced.**[12]

The Midrash now cites the next verse and explains the ascribing of vows:

לְפִיכָךְ מַה אוֹמֵר ״וַיְבָרֶךְ דָּוִיד אֶת ה׳ לְעֵינֵי כָּל הַקָּהָל וְגוֹ׳״ — **Therefore,**[13] **what does [Scripture] state** in the following verse? ***And David blessed HASHEM in the presence of the entire congregation.*** *David said, "Blessed are You, HASHEM, God of Israel our forefather,* ***etc.*** (ibid., v. 10). **״אֱלֹהֵי אַבְרָהָם יִצְחָק וְיִשְׂרָאֵל״ אֵינוֹ אוֹמֵר כָּאן** — When referring to God, **it does not state here: "God of Abraham, Isaac, and Israel** (i.e., Jacob)." **אֶלָּא ״אֱלֹהֵי יִשְׂרָאֵל אָבִינוּ״** — **Rather,** it states: **"God of Israel our forefather,"** singling out only Jacob. **תָּלָה אֶת הַנֶּדֶר בְּמִי שֶׁפָּתַח בּוֹ תְּחִלָּה** — Thus, David **ascribed the vow to the one who initiated it.**[14]

The Midrash notes that there is another, even better Scriptural support for this idea:

אָמַר רַבִּי יְהוּדָה — **R' Yehudah said:** **עוֹד מִן אַתְרָא לֵית הִיא חֲסֵרָה** — **There is no lack** of opportunity to deduce **further** support **from the place** itself![15] **״וַיִּדְּרוּ יִשְׂרָאֵל״ אֵין כְּתִיב כָּאן אֶלָּא ״וַיִּדַּר יִשְׂרָאֵל״** — ***Israel vowed*** in the plural form (וַיִּדְּרוּ) **is not written here** (in *Numbers* 21:2); **rather *Israel vowed*** is written, in the singular form (וַיִּדַּר),[16] **יִשְׂרָאֵל סָבָא** — indicating that it was **Israel the Elder** who vowed.[17]

§3 The Midrash lists various Biblical figures who made vows, some with positive and some with negative consequences:

ד׳ הֵן שֶׁנָּדְרוּ — **There are four** Biblical figures **who vowed:**[18] **שְׁנַיִם נָדְרוּ וְהִפְסִידוּ** — **Two** of them **vowed and incurred a loss,**[19] **שְׁנַיִם נָדְרוּ וְנִשְׂתַּכְּרוּ** — and **two** of them **vowed and profited.**[20] **יַעֲקֹב נָדַר וְהִפְסִיד** — **Jacob vowed and incurred a loss,**[21] **יִפְתָּח נָדַר וְהִפְסִיד** — and **Jephtah vowed and incurred a loss.**[22]

NOTES

11. This verse immediately follows a detailed description of the gifts given by the people in response to King David's call for donations for the construction of the Temple.

12. The phrase *in their donations* is seemingly extraneous. The Midrash therefore expounds the verse as follows: *The people rejoiced in their donations* means that they gave their donations with a joyful and willing spirit; and, in addition, they rejoiced over their success in performing a mitzvah — a success they achieved in the merit of the fact that *they donated wholeheartedly to HASHEM* (ibid).

Alternatively: *Eshed HaNechalim* posits that the people had taken vows to donate to the Temple (see similarly Midrash further), and he explains that *the people rejoiced* over the fact that they had succeeded in fulfilling their vows and thus avoided serious transgression. The verse is accordingly to be understood as follows: *The people rejoiced* that *through their donations* they were spared from the transgression of violating a vow; and God enabled them to successfully fulfill their vows *because they donated wholeheartedly to HASHEM.*

13. *Yefeh To'ar* states that the word לְפִיכָךְ, *therefore*, is problematic, for in fact what follows is *not* a consequence of the preceding (see above, note 10). Following *Midrash Shmuel* 2:2, he deletes it from our text and replaces it with the phrase: מַה כְּתִיב בַּתְרֵיהּ — *What is written after it?*

14.The donations to the Temple were preceded by a vow to contribute (see *Eshed HaNechalim* cited in note 12). It was the presentation of these gifts — which constituted a fulfillment of the vow — that occasioned these words of praise and blessing. In these remarks of thanksgiving over the fulfillment of the vow, David makes attribution to Jacob (see *Maharzu, Eitz Yosef*).

Yefeh To'ar notes that this vow is also considered a "vow in time of distress" (see above, note 9), because the people had been distressed by the lack of a Temple.

15. That is: Instead of adducing support from passages in *Psalms* (as in §1 above) or *I Chronicles* (as above in this section), we should adduce support from the Torah itself. (R' Yehudah refers to the Torah as "the place" because it is the primary source of our laws) (*Eitz Yosef*, citing *Yefeh To'ar*).

Alternatively: Instead of adducing support from Scriptural passages that are *not* explicit, we should adduce support from "the place" that states explicitly that Jacob made a vow in times of distress (*Matnos Kehunah*, cited also by *Eitz Yosef*).

16. According to its plain sense, this verse recounts the vow taken by the Jewish people in connection with their battle with the Canaanites. However, the verse, somewhat anomalously, uses the singular form of the verb *vow* (וַיִּדַּר) instead of the plural (וַיִּדְּרוּ). [See *Yefeh To'ar* for explanation of our Midrash in light of the fact that such grammatical structure is in fact quite common in Scripture.]

17. That is: The subject of the verse is the individual named Israel (i.e., Jacob), not the nation that bears that name.

It is obvious from Scripture that it was the Children of Israel — Jacob's descendants — who actually made the vow mentioned here. (Indeed, Israel's war against the Canaanites occurred many years after Jacob's death.) However, since Jacob had originated the practice of making a vow in a time of distress, by adopting this practice the Israelites were acting in the role of Jacob's disciples, following in the footsteps of their predecessor. As such, Jacob is credited for their vow; the verse ascribes the vow to him because it is considered as if he had been the one to make it (*Eitz Yosef*, citing *Yefeh To'ar*). This verse thus serves as a clear example of a vow made in times of distress that is attributed to the initiator of such vows (Jacob).

18. There are certainly other instances of Biblical figures making vows besides these four [e.g., David (see §1 above); the people of Israel when they donated to the Temple (see §2 above); the sailors who accompanied the prophet Jonah (see *Jonah* 1:16)]. The reason the Midrash singled out specifically these four is because they were significantly impacted by their vows (*Eitz Yosef*, citing *Nezer HaKodesh*).

Alternatively, the vows of these four were unique in that they were made during a time of distress, in keeping with the theme of the preceding sections. [This is in contrast to the sailors' vows, which were made as a form of thanksgiving; and the author of our Midrash does not regard David's vow, and that of the people of Israel, as having been made in times of distress — see above, notes 9 and 14 (*Yefeh To'ar*).]

19. I.e., they were punished for acting improperly in regard to some aspect of their vows.

20. As reward for making praiseworthy vows, their personal requests were immediately fulfilled.

21. Jacob delayed the implementation of his vow to erect an altar and bring offerings in the location where he now stood (see *Rashi* and *Mussaf Rashi* to v. 22; see also 31:13 and 35:1 below, *Maharzu* to *Vayikra Rabbah* 37 §1, and *Eitz Yosef* to 81 §2 below). On account of this he was beset by various troubles: the death of his wife Rachel, the abduction of his daughter Dinah, the threats of Esau, and his injury in his fight with the angel. See *Midrash Tanchuma, Vayishlach* §8; and see *Vayikra Rabbah* 37 §1, cited in Insight A on note 40 below).

22. When Israel was about to go to war against the Ammonites, Jephthah, who was leading the Israelite army, vowed that if God would deliver the enemy into his hands, he would consecrate whatever emerged first from his door upon his return from victory, and sacrifice it to Him. Jephthah was indeed victorious in battle, and upon his return he was greeted first — to his shock and dismay — by his only daughter, through whom he proceeded to fulfill his vow (*Judges* 11:30-40).

[There is a debate in the commentaries as to *how* Jephtah fulfilled his vow. One approach states that his daughter remained celibate the rest of her life; the other approach holds that Jephtah actually sacrificed her. See 60 §3 above, note 46. According to the Midrash there, halachically speaking Jephtah's vow in fact required him to do neither; at most it required him to sanctify an amount of money equal to his daughter's value, and then use that money to purchase offerings; see ibid., note 42. In addition, the Midrash there teaches that he could have annulled his vow — but he did not; see ibid., note 48.]

While Jephthah was not at fault for failing to consider the unlikely possibility that he would be greeted by a human being (as in fact occurred), he nevertheless should have anticipated the very likely possibility that he would be greeted by an unclean animal, such as a donkey, dog, or cat,

פרשה ע

א [כח, כ] "וַיִּדַּר יַעֲקֹב נֶדֶר לֵאמֹר אִם יִהְיֶה אֱלֹהִים עִמָּדִי וְגוֹ' וְנָתַן לִי לֶחֶם לֶאֱכֹל", כְּתִיב (תהלים סו, יד) "אֲשֶׁר פָּצוּ שְׂפָתָי וְדִבֶּר פִּי בַּצַּר לִי", [א]אָמַר רַבִּי יִצְחָק הַבַּבְלִי: "וְדִבֶּר פִּי בַּצַּר לִי", שֶׁנָּדַר מִצְוָה בְּעֵת צָרָתוֹ, מַהוּ "לֵאמֹר", [ב]לֵאמֹר לַדּוֹרוֹת כְּדֵי שֶׁיִּהְיוּ נוֹדְרִים בְּעֵת צָרָתָן, יַעֲקֹב פָּתַח בְּנֶדֶר תְּחִלָּה, לְפִיכָךְ כָּל מִי שֶׁהוּא נוֹדֵר לֹא יִהְיֶה תּוֹלֶה אֶת הַנֶּדֶר אֶלָּא בּוֹ, אָמַר רַבִּי אַבָּהוּ: כְּתִיב (שם קלב, ב) "אֲשֶׁר נִשְׁבַּע לַה' נָדַר לַאֲבִיר יַעֲקֹב", "לַאֲבִיר אַבְרָהָם וְלַאֲבִיר יִצְחָק" אֵין כְּתִיב כָּאן, אֶלָּא "נָדַר לַאֲבִיר יַעֲקֹב", תָּלָה אֶת הַנֶּדֶר בְּמִי שֶׁפָּתַח בּוֹ תְּחִלָּה:

ב רַבִּי הוּנָא בְּשֵׁם רַבִּי אִידִי אָמַר: כְּתִיב (דברי הימים-א כט, ט) "וַיִּשְׂמְחוּ הָעָם עַל הִתְנַדְּבָם כִּי בְּלֵב שָׁלֵם הִתְנַדְּבוּ לַה', וְגַם דָּוִיד הַמֶּלֶךְ שָׂמַח שִׂמְחָה גְדוֹלָה", וּלְפִי שֶׁהָיוּ עֲסוּקִים בְּמִצְוַת נְדָבָה וְעָלָה בְּיָדָן לְפִיכָךְ שָׂמְחוּ, לְפִיכָךְ מָה אוֹמֵר, (שם שם י) "וַיְבָרֶךְ דָּוִיד אֶת ה' לְעֵינֵי כָּל הַקָּהָל וְגוֹ' ", "אֱלֹהֵי אַבְרָהָם יִצְחָק וְיִשְׂרָאֵל" אֵינוֹ אוֹמֵר כָּאן, אֶלָּא "אֱלֹהֵי יִשְׂרָאֵל אָבִינוּ", תָּלָה אֶת הַנֶּדֶר בְּמִי שֶׁפָּתַח בּוֹ תְּחִלָּה, אָמַר רַבִּי יְהוּדָה: עוֹד מִן אַתְרָא לֵית הִיא חֲסֵירָה, "וַיִּדְּרוּ יִשְׂרָאֵל" אֵין כְּתִיב כָּאן, אֶלָּא (במדבר כא, ב) "וַיִּדַּר יִשְׂרָאֵל", יִשְׂרָאֵל סָבָא:

ג [ג]ד' הֵן שֶׁנָּדְרוּ, שְׁנַיִם נָדְרוּ וְהִפְסִידוּ, שְׁנַיִם נָדְרוּ וְנִשְׂתַּכְּרוּ, יַעֲקֹב נָדַר וְהִפְסִיד, יִפְתָּח נָדַר וְהִפְסִיד, חַנָּה נָדְרָה וְנִשְׂתַּכְּרָה, יִשְׂרָאֵל נָדְרוּ וְנִשְׂתַּכְּרוּ, שֶׁנֶּאֱמַר (שם) "וַיִּדַּר יִשְׂרָאֵל נֶדֶר וְגוֹ' ":

ד [ד]רַבִּי אַבָּהוּ וְרַבִּי *יוֹנָתָן, חַד אֲמַר: מְסוֹרֶסֶת הִיא הַפָּרָשָׁה, וְאַחֲרִינָא אֲמַר: עַל הַסֵּדֶר נֶאֶמְרָה, מַאן דְּאָמַר מְסוֹרֶסֶת הִיא הַפָּרָשָׁה, שֶׁכְּבָר הִבְטִיחוֹ הַקָּדוֹשׁ בָּרוּךְ הוּא, שֶׁנֶּאֱמַר (לעיל פסוק טו) "וְהִנֵּה אָנֹכִי עִמָּךְ", וְהוּא אוֹמֵר [כח, כ] "אִם יִהְיֶה אֱלֹהִים עִמָּדִי",

עץ יוסף

ע (א) **שנדר מצוה בעת צרתו כו'.** דאף על גב דבעלמא הנודר נקרא חוטא אבל בעת צרה מצוה לידור דבר מצוה כדי שיגין עליו באותה שעה, והיינו דכתיב הכא וידר יעקב נדר לאמר, לאמר לדורות שיהיו נודרים בעת צרה להיות לנס נכון בטוח בה' בזכות המצוה (יפה תואר): **ולאביר יצחק אין כתיב אלא נדר לאביר יעקב תלה את הנדר.** כן צריך לומר (אות אמת). והיה נודר בעת צרה שהיה מצטער על מציאת המקום כמה שנאמר את כל ענותו (יפה תואר): (ב) **אלא אלהי ישראל כו' במי שפתח בו תחלה.** ובהילול זה, רצונו לומר תלה דברי ההילול והשבח על הנדר במי שפתח בו תחלה: **עוד מן אתרא כו'.** לפי שמקרא זה הוא בתורה שממנה נלמוד הדינין, קרי אתרא להאי קרא טפי מהראשונים (יפה תואר). או פירוש **מן אתרא כו'** כלומר ממקום שכתוב בו נדר ישראל בהדיא אין חסר להביא ראיה ממנו (מתנות כהונה): **ישראל סבא.** דאף על גב דהנודרים בהכרח בני ישראל הוו קאמר וידר ישראל סבא לפי שהם תלמידיו בדבר זה והוי ליה כאילו הוא הנודר שהדבר נקרא על שמו (יפה תואר): (ג) [ב] **ארבעה הן שנדרו כו'.** טובא אשכחן בקרא, אלא דחשיב הכא רק אותן שנעשה בהם רושם על ידי הנדר הן לטובה והן לרעה, שאלו נזהרו בו ונשתכרו להיות נענה מיד ואלו לא נזהרו והפסידו (נזר הקודש): **יעקב נדר והפסיד.** היינו על מה שנתאחר מלשלם נדרו נתבקרה פנקסו כדלקמן פרשה ע"א, ובא לידי ג' עבירות, וקבר את אשתו כדלקמן במדרש ויקרא רבה פרשה ל"ז: **יפתח נדר והפסיד.** והיינו במה שילם נדרו והפסיד בתו, כי לפי הדין לא חייב לכל המרבה אלא הקדש דמים, ועוד שהוי ליה להתיר נדרו, ונענש עוד בניטול אברים כדלעיל פרשה ס'. וטעם הפסדו לפי שלא נדר כהוגן כדאיתא התם: **חנה נדרה ונשתכרה.** שנתן ה' שאלתה. ונשתכרה גם כן בקיום הנדר עצמו שיהיה בנה נתון לה' כל ימיו: **ישראל נדרו ונשתכרו.** שניתנה שאלתם: **וידר ישראל כו'.** לפי שמפורש נדרם ומה שנשתכרו כתוב זה אצל זה מייתי קרא להא, אבל לשארא היה צריך להאריך להביא פסוקים רחוקים זה מזה, לכן לא האריך בהבאתם (יפה תואר): (ד) [ג] **מסורסת היא הפרשה.** דבתחילה נדר את נדרו אם יהיה אלהים עמדי ושמרני וכו' ושוב חלם ונענה בחלומו והנה אנכי עמך וגו', ואף על פי שנכתב וידר יעקב נדר בתר הכי, אין מוקדם ומאוחר בתורה:

פירוש מהרז"ו

ע (א) **וידר יעקב נדר.** כן צריך לומר. כל מה שכתוב בג' סימנים אלו הוא במדרש שמואל (ג, ג): **אשר פצו שפתי.** ולפני זה אשלם לך נדרי. ואצל דוד אינו מפורש שנדר בעת צרתו, ואצל יעקב מפורש, וכמו שאמרו לעיל (סח, יא) שיעקב אמר כל ספר תהלים: **שנדר מצוה בעת צרתו.** כן הובא גם בילקוט והלשון דחוק. ובמדרש שמואל (ג, ג) וילקוט כאן (רמז קכב) ותהלים (רמז תשנ) הגירסא כתיב וידר יעקב נדר לאמר, כל מאן דנדר עבד מצוה, מהו לאמר לאמר לדורות שיהיו נודרין בעת צרה. ומה שאמר מאן דנדר היינו בעת צרה, אבל בלאו הכי אסור כמו שנאמר (קהלת ה, ד) טוב אשר לא תדור: **לאביר יעקב.** על פי מדה ט"ז, מיוחד במקומו, דכאן יזכיר יעקב: (ב) **אלהי ישראל.** וכמפורש שם בדברי הימים (א' פרק כט) שנדרו ושלמו: **וידר ישראל.** במדבר (כא, ב) ולא אמר וידרו בני ישראל לרמוז שלמדו מישראל סבא: (ג) **יעקב נדר והפסיד.** שמתה רחל כמו שאמרו לקמן ריש פרשה פא: (ד) **מסורסת היא הפרשה** על פי מדה ל"ב כמו שכתבתי לעיל פרשה ס"ט סימן ו', ויקרא רבה (לה, ג):

חידושי הרד"ל

[א] כתיב ואשלם לך נדרי אשר פצו שפתי. כן צריך לומר: [ב] אלא וידר ישראל (במדבר כא, ב):

אמרי יושר

[א] מאן דאמר על הסדר נאמרה מה מקיים אם יהיה אלהים עמדי. ותירצו רבי אבהו ורבנן הקושיא שאינו אלא משל:

מסורת המדרש

א. אגדת שמואל רבתי פרשה ב'. ילקוט כאן רמז קכ"ב. ילקוט שמואל רמז ע"ח. ילקוט תהלים רמז תש"נ:
ב. עיין תוספות חולין דף ב' ד"ה אבל:
ג. אגדת שמואל רבתי פרשה ב'. ילקוט שופטים רמז ס"ח:
ד. ילקוט כאן רמז קכ"ב כל הענין:

אם למקרא

אֲשֶׁר פָּצוּ שְׂפָתָי וְדִבֶּר פִּי בַּצַּר לִי: (תהלים סו:יד)

אֲשֶׁר נִשְׁבַּע לַה' נָדַר לַאֲבִיר יַעֲקֹב: (שם קלב:ב)

וַיִּשְׂמְחוּ הָעָם עַל־הִתְנַדְּבָם כִּי בְּלֵב שָׁלֵם הִתְנַדְּבוּ לַה' וְגַם דָּוִיד הַמֶּלֶךְ שָׂמַח שִׂמְחָה גְדוֹלָה: וַיְבָרֶךְ דָּוִיד אֶת ה' לְעֵינֵי כָּל־הַקָּהָל וַיֹּאמֶר דָּוִיד בָּרוּךְ אַתָּה ה' אֱלֹהֵי יִשְׂרָאֵל אָבִינוּ מֵעוֹלָם וְעַד־עוֹלָם: (דברי הימים א כט:ט-י)

וַיִּדַּר יִשְׂרָאֵל נֶדֶר לַיהוה וַיֹּאמַר אִם־נָתֹן תִּתֵּן אֶת־הָעָם הַזֶּה בְּיָדִי וְהַחֲרַמְתִּי אֶת־עָרֵיהֶם: (במדבר כא:ב)

ידי משה

[ג] **יעקב נדר והפסיד.** פירש שמתה רחל אשתו עבור הנדר שאיחר הנדר, חנה נשתכרה לשמואל, ישראל נשתכרו שכבשו מלך ערד שנאמר (במדבר כא, ב) וידר ישראל נדר וגו' וסמך ליה כבישת כנענים:

מתנות כהונה

[ב] **הכי גרסינן יצחק אינו אומר כאן: מן אתרא לית כו'.** כלומר ממקום שכתוב בו נדר ישראל בהדיא אין חסר להביא ראיה ממנו: [ג] **יעקב נדר והפסיד.** כדלקמן פרשה פ"א ובילמדנו פרשת מטות: **יפתח הפסיד.** בתו: **חנה נשכרה.** שמואל הנביא: **ישראל נשכרו.** הכנעני מלך ערד:

אשד הנחלים

[א] **בעת צרה.** דאל"כ טוב שלא תדור משתדור כמאמרם בחולין (ב, א) ובנדרים (ט, א). וזהו אשר דיבר פי רק בעת היצר לי מאוד, ואז התרתי בעצמי לנדור: [ב] **ולפי שהיו כו' לפיכך שמחו.** דאם לא כן אין ביאור לכתוב, רק הפירוש ששמחו שקיימו נדרם ולא שינו ולא חללו מוצא שפתם. ומפרש הכתוב שאינה ה' לידם שיקיימו, מצד שבלב שלם התנדבו: **ישראל סבא.** כלומר שלכן התירו עצמן לנדור. ודייק מדכתיב בלשון יחיד: [ג] **ד' הן.** להורות באו שהנדר מצד עצמו אין בו טובה כל כך כי ח"ו יש שמפסידין ע"י נדרם, ולכן אין למהר בזה: [ד] **שכבר הבטיח.** והבטחה לטובה אינה חוזרת, אלא ודאי אמירתו היה קודם ההבטחה. ודעת מי שסובר שעל הסדר נאמרה שלא אמר יעקב כמסופק, רק שאמר מתי ובזמן שיקויים לי אז אקיים את נדרי, וכוונתו היה על הזמן לבד. ודעת ר' אבהו שכל יראתו מעצמו, פן יגרום חטאו ח"ו ויכשל ברעה, ועל כן ביקש שישמור נפשו מחטא. ודייק לשון הרע מדרך, שהונח לפעמים על לשון הרע שהלשון הוא מזיק

יִשְׂרָאֵל חַנָּה נָדְרָה וְנִשְׂתַּכְּרָה — Hannah vowed and profited,[23] נָדְרוּ וְנִשְׂתַּכְּרוּ שֶׁנֶּאֱמַר "וַיִּדַּר יִשְׂרָאֵל נֶדֶר וְגוֹ'" — and Israel vowed and profited,[24] as it is stated, *Israel made a vow to HASHEM and said, "If you will deliver this people into my hand, I will consecrate their cities." HASHEM heard the voice of Israel, and He delivered the Canaanite* (*Numbers* 21:2-3).[25]

§4 R' Abahu and R' Yonasan debate the chronological order of the events surrounding Jacob's vow:[26]

ר' אַבָּהוּ וְר' יוֹנָתָן — **R' Abahu and R' Yonasan** held opposing views on this matter. חַד אָמַר: מְסוֹרֶסֶת הִיא הַפָּרָשָׁה — **One** of them **said:** The events of **this Torah portion are inverted.**[27] וְאַחֲרִינָא אָמַר: עַל הַסֵּדֶר נֶאֶמְרָה — **And the other said:** The events **were recorded** in their proper chronological **order.** מַאן דְּאָמַר מְסוֹרֶסֶת הִיא הַפָּרָשָׁה — The **one who holds** that the events of **this Torah portion are inverted** reasoned as follows: שֶׁכְּבָר הִבְטִיחוֹ הַקָּדוֹשׁ בָּרוּךְ הוּא שֶׁנֶּאֱמַר "וְהִנֵּה אָנֹכִי עִמָּךְ" — If we assume that the events are written in chronological order, that means **that the Holy One, blessed is He, had already assured [Jacob]** that He would be with him, **as it states, "*Behold, I am with you;* I will guard you wherever you go, etc."** (v. 15),[28] וְהוּא אוֹמֵר "אִם יִהְיֶה אֱלֹהִים עִמָּדִי" — **and** then, following God's promise, **[Jacob] states** in his vow, ***"If God will be with me,*** *will guard me on this way that I am going, etc."* —

NOTES

which are unfit to be sacrificed. It is for this reason that the Midrash in 60 §3 above labels Jephtah's vow "improper" (*Eitz Yosef* ibid.). And it was as a consequence of this impropriety that he was punished, for, as just explained, halachically speaking he was *not* obligated to fulfill his vow in its literal sense (*Eitz Yosef* here). [*Eitz Yosef* notes that the Midrash (60 §3) states that Jephthah's vow bore other consequences as well: Jephthah was punished with a protracted and gruesome death that entailed the periodic shedding of his limbs.]

23. The barren Hannah, who yearned desperately for offspring, vowed that if she would be granted a male child, she would dedicate him to the service of God (*I Samuel* 1:11). She profited by being granted a son, the prophet Samuel (*Matnos Kehunah*). Additionally, her fulfillment of the vow — by dedicating his life to God's service — was itself considered an appreciable gain (*Eitz Yosef*).

24. When confronted by war with the Canaanite king of Arad (*Numbers* 21:1), Israel made the vow quoted here. They profited in that their request to vanquish the enemy was granted (*Matnos Kehunah, Eitz Yosef,*).

25. [The Midrash cites a Scriptural proof only in connection with the last of the four vows referred to here. This is because in the case of the Israelites' vow, the verses stating their vow and the resulting consequence (i.e., that they profited by vanquishing the enemy) are adjacent to each other; hence, the Midrash needs to cite just one body of text. By contrast, furnishing Scriptural proofs of the vows and consequences of the other three vows would necessitate citing various verses separated by some distance from one another (*Eitz Yosef*, citing *Yefeh To'ar*).]

26. The question being debated is which occurred first: Jacob's dream or Jacob's vow. Jacob's dream appears first in the narrative (above, 28:12-15); the vow appears afterward (vv. 20-22). The Sages debate whether or not this presentation in the Torah represents the actual chronological order of events. [There is a rule, אֵין מוּקְדָּם וּמְאוּחָר בַּתּוֹרָה, lit., *there is no before or after in the Torah,* which states that the Torah does not necessarily record events according to the chronological order in which they occurred. Hence it is possible that an event recorded earlier in the Torah actually occurred at a later date than an event that follows it in the narration. The present debate centers on the question of applying this rule to the events of *Genesis* Ch. 28.] See *Yefeh To'ar, Eitz Yosef.*

27. I.e., they are not written in chronological order. In the actual chronology, Jacob made his vow *prior* to the events of the dream (*Eitz Yosef*).

28. This constitutes part of God's communication to Jacob in his dream.

פרשה ע

א [כח, כ] ״וַיִּדַּר יַעֲקֹב נֶדֶר לֵאמֹר אִם יִהְיֶה אֱלֹהִים עִמָּדִי וְגוֹ׳ וְנָתַן לִי לֶחֶם לֶאֱכֹל״, כְּתִיב (תהלים סו, יד) ״אֲשֶׁר פָּצוּ שְׂפָתָי וְדִבֶּר פִּי בַּצַּר לִי״, [א]אָמַר רַבִּי יִצְחָק הַבַּבְלִי: ״וְדִבֶּר פִּי בַּצַּר לִי״, שֶׁנָּדַר מִצְוָה בְּעֵת צָרָתוֹ, מַהוּ ״לֵאמֹר״, [ב]לֵאמֹר לַדּוֹרוֹת כְּדֵי שֶׁיִּהְיוּ נוֹדְרִים בְּעֵת צָרָתָן, יַעֲקֹב פָּתַח בְּנֶדֶר תְּחִלָּה, לְפִיכָךְ כָּל מִי שֶׁהוּא נוֹדֵר לֹא יְהֵא תּוֹלֶה אֶת הַנֶּדֶר אֶלָּא בוֹ, אָמַר רַבִּי אַבָּהוּ: כְּתִיב (שם קלב, ב) ״אֲשֶׁר נִשְׁבַּע לַה׳ נָדַר לַאֲבִיר יַעֲקֹב״, ״לַאֲבִיר אַבְרָהָם וְלַאֲבִיר יִצְחָק״ אֵין כְּתִיב כָּאן, אֶלָּא ״נָדַר לַאֲבִיר יַעֲקֹב״, תָּלָה אֶת הַנֶּדֶר בְּמִי שֶׁפָּתַח בּוֹ תְּחִלָּה:

ב רַבִּי הוּנָא בְּשֵׁם רַבִּי אִידִי אָמַר: כְּתִיב (דברי הימים-א כט, ט) ״וַיִּשְׂמְחוּ הָעָם עַל הִתְנַדְּבָם כִּי בְּלֵב שָׁלֵם הִתְנַדְּבוּ לַה׳, וְגַם דָּוִיד הַמֶּלֶךְ שָׂמַח שִׂמְחָה גְדוֹלָה״, וּלְפִי שֶׁהָיוּ עֲסוּקִים בְּמִצְוַת נְדָבָה וְעָלָה בְּיָדָן לְפִיכָךְ שָׂמְחוּ, לְפִיכָךְ מָה אוֹמֵר, (שם שם י) ״וַיְבָרֶךְ דָּוִיד אֶת ה׳ לְעֵינֵי כָּל הַקָּהָל וְגוֹ׳ ״, ״אֱלֹהֵי אַבְרָהָם יִצְחָק וְיִשְׂרָאֵל״ אֵינוֹ אוֹמֵר כָּאן, אֶלָּא ״אֱלֹהֵי יִשְׂרָאֵל אָבִינוּ״, תָּלָה אֶת הַנֶּדֶר בְּמִי שֶׁפָּתַח בּוֹ תְּחִלָּה, אָמַר רַבִּי יְהוּדָה: עוֹד מִן אַתְרָא לֵית הִיא חֲסֵירָה, ״וַיִּדְּרוּ יִשְׂרָאֵל״ אֵין כְּתִיב כָּאן, אֶלָּא (במדבר כא, ב) ״וַיִּדַּר יִשְׂרָאֵל״, יִשְׂרָאֵל סָבָא:

ג [ג]ד׳ הֵן שֶׁנָּדְרוּ, שְׁנַיִם נָדְרוּ וְהִפְסִידוּ, שְׁנַיִם נָדְרוּ וְנִשְׂתַּכְּרוּ, יַעֲקֹב נָדַר וְהִפְסִיד, יִפְתָּח נָדַר וְהִפְסִיד, חַנָּה נָדְרָה וְנִשְׂתַּכְּרָה, יִשְׂרָאֵל נָדְרוּ וְנִשְׂתַּכְּרוּ, שֶׁנֶּאֱמַר (שם) ״וַיִּדַּר יִשְׂרָאֵל נֶדֶר וְגוֹ׳ ״:

ד [ד]רַבִּי אַבָּהוּ וְרַבִּי *יוֹנָתָן, חַד אֲמַר: מְסוֹרֶסֶת הִיא הַפָּרָשָׁה, וְאַחֲרִינָא אֲמַר: עַל הַסֵּדֶר נֶאֶמְרָה, מַאן דְּאָמַר מְסוֹרֶסֶת הִיא הַפָּרָשָׁה, שֶׁכְּבָר הִבְטִיחוֹ הַקָּדוֹשׁ בָּרוּךְ הוּא, שֶׁנֶּאֱמַר (לעיל פסוק טו) ״וְהִנֵּה אָנֹכִי עִמָּךְ״, וְהוּא אוֹמֵר [כח, כ] ״אִם יִהְיֶה אֱלֹהִים עִמָּדִי״,

עץ יוסף

ע (א) **שנדר מצוה בעת צרתו כו׳.** דאף על גב דבעלמא הנודר נקרא חוטא אבל בעת צרה מצוה לידור דבר מצוה כדי שיגין עליו באותה שעה, והיינו דכתיב הכא וידר יעקב נדר לאמר, לאמר לדורות שיהיו נודרים בעת צרה להיות לבם נכון בטוח בה׳ בזכות המצוה (יפה תואר): **ולאביר יצחק אין כתיב אלא נדר לאביר יעקב תלה את הנדר.** כן צריך לומר (אות אמת). והיה נודר בעת צרה שהיה מצטער על מציאת המקום כמה שנאמר את כל ענותו (יפה תואר): (ב) **אלא אלהי ישראל כו׳ במי שפתח בו תחלה.** ובהילול זה, רצונו לומר תלה דברי ההילול והשבח על הנדר במי שפתח בו תחלה: **עוד מן אתרא כו׳.** לפי שמקרא זה הוא בתורה שממנה נלמוד הדינין, קרי אתרא להאי קרא טפי מהראשונים (יפה תואר). או פירוש **מן אתרא כו׳** כלומר ממקום שכתוב בו נדר ישראל בהדיא אין חסר להביא ראיה ממנו (מתנות כהונה): **ישראל סבא.** דאף על גב דהנודרים בהכרח בני ישראל הוו קאמר וידר ישראל סבא לפי שהם תלמידיו בדבר זה והוי ליה כאילו הוא הנודר שהדבר נקרא על שמו (יפה תואר): (ג) [ב] **ארבעה הן שנדרו כו׳.** טובא אשכחן בקרא, אלא דחשיב הכא רק אותן שנעשה בהם רושם על ידי הנדר הן לטובה והן לרעה, שאלו נזהרו בו ונשתכרו להיות נענה מיד ואלו לא נזהרו והפסידו (נזר הקודש): **יעקב נדר והפסיד.** היינו על מה שנתאחר מלשלם נדרו נתבקרה פנקסו כדלקמן פרשה ע״ח, ובא לידי ג׳ עבירות, וקבר את אשתו כדלקמן במדרש ויקרא רבה פרשה ל״ז: **יפתח נדר והפסיד.** והיינו במה שקילס נדרו והפסיד בתו, כי לפי הדין לא חייב לכל המרבה אלא הקדש דמים, ועוד שהוי ליה להתיר נדרו, ונענש עוד בניטול אברים כדלעיל פרשה ס׳. וטעם הפסדו לפי שלא נדר כהוגן כדאיתא התם: **חנה נדרה ונשתכרה.** שנתן ה׳ שאלתה. ונשתכרה גם כן בקיום הנדר עצמו שיהיה בנה נתון לה׳ כל ימיו: **ישראל נדרו ונשתכרו.** שניתנה שאלתם: **וידר ישראל כו׳.** לפי שמפורש נדרם ומה נדרם ומה שנשתכרו כתוב זה אצל זה מייתי קרא להא, אבל לשארא היה צריך להאריך להביא פסוקים רחוקים זה מזה, לכן לא האריך בהבאתם (יפה תואר): (ד) [ג] **מסורסת היא הפרשה.** דבתחילה נדר את נדרו אם יהיה אלהים עמדי ושמרני וכו׳ ושוב חלם ונענה בחלומו והנה אנכי עמך וגו׳, ואף על פי שנכתב וידר יעקב נדר בתר הכי, אין מוקדם ומאוחר בתורה:

פירוש מהרז״ו

ע (א) **וידר יעקב נדר.** כן צריך לומר. כל מה שכתוב בג׳ סימנים אלו הוא במדרש שמואל (ב, ב): **אשר פצו שפתי.** ולפני זה אשלם לך נדרי. ואלא דוד אינו מפורש שנדר בעת צרתו, ואלא יעקב מפורש, וכמו שאמרו לעיל (סח, יא) שיעקב אמר כל ספר תהלים: **שנדר מצוה בעת צרתו.** כן הובא גם בילקוט והלשון דחוק. ובמדרש שמואל (ב, ב) וילקוט כאן (רמז קכב) ותהלים (רמז תשצ) הגירסא כתיב וידר יעקב נדר לאמר, כל מאן דנדר עבד מצוה, מהו לאמר לאמר לדורות שיהיו נודרין בעת צרה. ומה שאמר מאן דנדר היינו בעת צרה, אבל בלאו הכי אסור כמו שנאמר (קהלת ה, ד) טוב אשר לא תדור: **לאביר יעקב.** על פי מדה ט״ז, מיוחד במקומו, דכאן יזכיר יעקב: (ב) **אלהי ישראל.** וכמפורש שם בדברי הימים (א׳ פרק כט) שנדרו ושלמו: **וידר ישראל.** במדבר (כא, ב) ולא אמר וידרו בני ישראל לרמוז שלמדו מישראל סבא: (ג) **יעקב נדר והפסיד.** שמתה רחל כמו שאמרו לקמן ריש פרשה פא: (ד) **מסורסת היא הפרשה** על פי מדה ל״ב כמו שכתבתי לעיל פרשה ס״ט סימן ו׳, ויקרא רבה (לה, ב):

חידושי הרד״ל

[א] **כתיב ואשלם לך נדרי אשר פצו שפתי.** כן צריך לומר: [ב] **אלא וידר ישראל** (במדבר כא, ב):

אמרי יושר

[א] **מאן דאמר על הסדר נאמרה מה מקיים אם יהיה אלהים עמדי.** ותירצו רבי אבהו ורבנן הקושיא שאינו אלא משל:

מסורת המדרש

א. אגדת שמואל רבתי פרשה ב׳. ילקוט כאן רמז קכ״ב. ילקוט שמואל רמז ע״ח. ילקוט תהלים רמז תש״צ:
ב. עיין תוספות חולין דף ב׳ ד״ה אבל:
ג. אגדת שמואל רבתי פרשה ב׳. ילקוט שופטים רמז ס״ח:
ד. ילקוט כאן רמז קכ״ב כל הענין:

אם למקרא

אֲשֶׁר פָּצוּ שְׂפָתָי וְדִבֶּר פִּי בַּצַּר לִי: (תהלים סו:יד)

אֲשֶׁר נִשְׁבַּע לַה׳ נָדַר לַאֲבִיר יַעֲקֹב: (שם קלב:ב)

וַיִּשְׂמְחוּ הָעָם עַל־הִתְנַדְּבָם כִּי בְּלֵב שָׁלֵם הִתְנַדְּבוּ לַה׳ וְגַם דָּוִיד הַמֶּלֶךְ שָׂמַח שִׂמְחָה גְדוֹלָה: וַיְבָרֶךְ דָּוִיד אֶת ה׳ לְעֵינֵי כָּל־הַקָּהָל וַיֹּאמֶר דָּוִיד בָּרוּךְ אַתָּה ה׳ אֱלֹהֵי יִשְׂרָאֵל אָבִינוּ מֵעוֹלָם וְעַד־עוֹלָם: (דברי הימים א כט:ט-י)

וַיִּדַּר יִשְׂרָאֵל נֶדֶר לַיהוה וַיֹּאמַר אִם־נָתֹן תִּתֵּן אֶת־הָעָם הַזֶּה בְּיָדִי וְהַחֲרַמְתִּי אֶת־עָרֵיהֶם: (במדבר כא:ב)

ידי משה

[ג] **יעקב נדר והפסיד.** פירש שמתה רחל אשתו עבור הנדר שאיחר הנדר, חנה נשתכרה לשמואל, ישראל נשתכרו שכבשו מלך ערד שנאמר (במדבר כא, ב) וידר ישראל נדר וגו׳ וסמך ליה כבישת כנענים:

מתנות כהונה

[ב] **הכי גרסינן יצחק אינו אומר כאן: מן אתרא לית כו׳.** כלומר ממקום שכתוב בו נדר ישראל בהדיא אין חסר להביא ראיה ממנו: [ג] **יעקב נדר והפסיד.** כדלקמן פרשה פ״א ובילמדנו פרשת מטות: **יפתח הפסיד.** בתו: **חנה נשכרה.** שמואל הנביא: **ישראל נשכרו.** הכנעני מלך ערד:

אשד הנחלים

[א] **בעת צרה.** דאל״כ טוב שלא תדור משתדור כמאמרם בחולין (ב, א) ובנדרים (ט, א). וזהו אשר דיבר פי רק בעת היצר לי מאוד, ואז התרתי בעצמי לנדור: [ב] **ולפי שהיו כו׳ לפיכך שמחו.** דאם לא כן אין ביאור לכתוב, רק הפירוש ששמחו שקיימו נדרם ולא שינו ולא חללו מוצא שפתם. ומפרש הכתוב שאינה ה׳ לידם שיקיימו, מצד שבלב שלם התנדבו: **ישראל סבא.** כלומר שלכן התירו עצמן לנדור. ודייק מדכתיב בלשון יחיד: [ג] **ד׳ הן.** להורות באו שהנדר מצד עצמו אין בו טובה כל כך כי ח״ו יש שמפסידין ע״י נדרם, ולכן אין למהר בזה: [ד] **שכבר הבטיח.** והבטחה לטובה אינה חוזרת, אלא ודאי אמירתו היה קודם ההבטחה. ודעת מי שסובר שעל הסדר נאמרה שלא אמר יעקב כמסופק, רק שאמר מתי ובזמן שיקויים לי אז אקיים את נדרי, וכוונתו היה על הזמן לבד. ודעת ר׳ אבהו שכל יראתו מעצמו, פן יגרום חטאו ח״ו ויכשל ברעה, ועל כן ביקש שישמור נפשו מחטא. ודייק לשון הרע מדרך, שהונח לפעמים על לשון הרע שהלשון הוא מזיק

אִתְמְהָא — can it be?![29] מַאן דְּאָמַר עַל הַסֵּדֶר נֶאֶמְרָה — Regarding the **one who holds** that the events **were recorded** in their proper chronological **order,** מָה מְקַיֵּים "אִם יִהְיֶה אֱלֹהִים עִמָּדִי" — **how does he resolve** the issue arising from the verse, ***"If God will be with me"***?[30] אֶלָּא כָּךְ אָמַר יַעֲקֹב — **Rather, this is what Jacob** intended when he **said** those words: אִם יִתְקַיְּימוּ לִי הַתְּנָאִים שֶׁאָמַר לִי לִהְיוֹת עִמִּי וּלְשָׁמְרֵנִי אֲנִי אֲקַיֵּים אֶת נְדָרִי — **If the eventualities of which [God] informed me** — namely, **to be with me, and to guard me — will be fulfilled on my behalf,** then **I will fulfill my vow.**[31]

In his vow, Jacob invoked Divine assistance in a number of areas: *If God will be with me, will guard me on this way that I am going; will give me bread to eat and clothes to wear; and I return in peace to my father's house, and HASHEM will be a God to me* (28:20-21). The Midrash expounds this passage as a request for Divine aid in avoiding certain sins:[32]

רַבִּי אַבָּהוּ וְרַבָּנָן — **R' Abahu and the Sages** agreed that Jacob's request was a request for protection from certain sins,[33] but differed as to how these sins are alluded to in Jacob's words. רַבִּי אַבָּהוּ אָמַר — **R' Abahu said:** "אִם יִהְיֶה אֱלֹהִים עִמָּדִי וּשְׁמָרַנִי בַּדֶּרֶךְ הַזֶּה אֲשֶׁר אָנֹכִי הוֹלֵךְ", מִלָּשׁוֹן הָרָע — ***If God will be with me, will guard me on this way*** [בַּדֶּרֶךְ] ***that I am going*** — this refers to protection **from** the sin of **slander,**[34] הֵיךְ מָה דְּאַתְּ אָמַר "וַיַּדְרְכוּ אֶת לְשׁוֹנָם קַשְׁתָּם שֶׁקֶר" — **as it is stated, *They draw*** [וַיַּדְרְכוּ] ***their tongues, [but] their bow is falsehood*** (*Jeremiah* 9:2).[35] "וְנָתַן לִי לֶחֶם לֶאֱכֹל", מִגִּלּוּי עֲרָיוֹת — ***Will give me bread to eat*** — this refers to protection **from** the sin of **illicit relations,**[36] הֵיךְ מָה דְּאַתְּ אָמַר "וְלֹא יָדַע אִתּוֹ מְאוּמָה כִּי אִם הַלֶּחֶם אֲשֶׁר הוּא אוֹכֵל", לָשׁוֹן נְקִי — **as it is stated,** *He left all that he had in Joseph's custody* ***and with him present he concerned himself with nothing except for "the bread he ate"*** (below, 39:6),[37] the latter phrase being **a euphemism** for cohabitation.[38] "וְשַׁבְתִּי בְשָׁלוֹם אֶל בֵּית אָבִי" מִשְּׁפִיכוּת דָּמִים — ***And I return in peace to my father's house*** — this refers to protection **from** the sin of **murder.**[39] "וְהָיָה ה' לִי לֵאלֹהִים", מֵעֲבוֹדָה זָרָה — ***And HASHEM will be a God to me*** — this refers to protection **from** the sin of **idolatry.**[40]

NOTES

29. If the events are written in chronological order, that means that after God promised Jacob, *"Behold, I am with you, etc.,"* Jacob said, ***"If God will be with me, etc."*** — which implies that Jacob entertained the possibility that God may *not* fulfill His promise. But it is untenable to suggest that Jacob would doubt God's word. It is clear, then, that the events of our passage are *not* written in chronological order; the vow *preceded* the communication in the dream (*Matnos Kehunah, Eitz Yosef*).

30. Since he holds that the dream and its assurance actually preceded the vow, how does he explain the fact that Jacob seemed to be in doubt regarding God's promise?

31. Translation follows *Eitz Yosef*, who explains that God's statement to Jacob, *"I am with you; I will guard you wherever you go, etc."* was never intended as a guarantee. Rather, it was a conditional statement: "*If* I will be with you — that is, if you merit that I rest My Presence upon you — then (it follows that) I will guard you, etc. (i.e., you will automatically be protected)." Jacob, for his part, yearned for this privilege and the protection it would afford, and made his vow in the hope of attaining them. The substance of his vow, then, was: If I will indeed enjoy the fortune of having the Divine Presence rest on me and receiving its protection, then I will fulfill this vow. See also *Maharzu* (s.v. אם יתקיימו and s.v. ר' אבהו).

[*Matnos Kehunah*, however, maintains that God's communication *did* constitute a definitive promise. He explains that while Jacob did not doubt God's word, he worried that perhaps the promise would not be fulfilled on account of *his own shortcomings*. Perhaps he had committed a sin at some point after God's communication with him in the dream, the result of which would be a forfeiture of the right to have the Divine promise fulfilled (compare *Rashi* to 32:11 below).]

32. The phrase *will guard me, etc.* appears to be superfluous, for having asking God to *be with me*, it seems unnecessary to add a request to be "guarded" from harm. The Midrash therefore expounds the verse as referring to spiritual concerns. Indeed, we find the term "guarding" bearing the connotation of being protected from sin elsewhere in Scripture, in the verse, *He "guards" the steps of His devout ones* (*I Samuel* 2:9), as interpreted in *Yoma* 38b (see *Yefeh To'ar*).

33. They also agree that our passage is written in chronological order (*Maharzu*).

34. The Midrash is not suggesting that someone of Jacob's stature would be susceptible to perpetrating the sin of outright slander. Rather, Jacob was afraid of stumbling in the more mild and indirect form of this transgression known as *avak lashon hara* (lit., *dust of slander*). The Gemara *Bava Basra* 165a states that everyone is susceptible to this sin (*Maharzu*).

35. Jacob could have stated more simply: וּשְׁמָרַנִי בַּאֲשֶׁר אֵלֵךְ, *will guard me wherever I go.* His use of the phrase בַּדֶּרֶךְ הַזֶּה, *on this way*, leads the Midrash to link his request to the sin of slander, concerning which we find Scripture using a word of the same root, וַיַּדְרְכוּ, *They draw* (ibid.)

It is somewhat puzzling that the Midrash interprets *on this way that I am going* as referring to an *evil* way. Surely Jacob was not requesting God's protection while he embarks on a way of slander! *Maharzu* explains that Jacob's request is to be understood: *May God guard me on this [good] way [that it should not become a bad way].*

36. Here too, there was no real concern that Jacob would literally indulge in actual illicit relations. Rather, the reference is to behaviors that are peripherally associated with, or preliminaries to, forbidden relations, such as gazing at women, improper socializing, etc. (*Yefeh To'ar*).

37. The subject of this verse is Joseph's Egyptian master, Potiphar, who placed Joseph in charge of virtually all household matters with the exception of *the bread he ate* (see next note).

38. [See *Proverbs* 30:20 and *Yoma* 75a.] *The bread he ate* refers, then, to Potiphar's wife. And similarly, Jacob's request to be given *bread to eat* is to be understood as a reference to marriage. The ability to engage in marital relations would protect him from the lure of [anything associated with] promiscuous behavior (*Maharzu, Eitz Yosef*).

39. For the expression *in peace* implies being innocent of murder. *Matnos Kehunah* emends our text to include the additional statement that the word *peace* indeed appears in Scripture as the opposite of murder, in the verse: *I am peace; but when I speak, they are for war* (*Psalms* 120:7).

Again, it is not actual murder of which Jacob was afraid; rather, his concern was in regard to those acts that are deemed by the Sages to be *tantamount* to murder. An example of this is subjecting another person to public humiliation [thereby causing the blood to drain from his face, a form of murder; see *Bava Metzia* 58b] (*Yefeh To'ar*).

40. For the verse indicates: *HASHEM* (alone) *will be a God to me*, and no others.

Once again, it was not literally idolatry that posed a concern for Jacob, but rather more peripheral activities that may be considered to resemble this sin in some way. An example of this is the sin of "averting one's eyes from giving charity," regarded by the Sages (*Bava Basra* 10a) as tantamount to idolatry (*Yefeh To'ar*). See Insight Ⓐ.

INSIGHTS

Ⓐ **The Four Sins** The four sins that Jacob feared — slander, illicit relations, murder, and idolatry — are not a random assortment of transgressions; they are the most grievous transgressions in the Torah. The latter three comprise the well-known grouping of cardinal sins that may not be transgressed even under the threat of death (see *Sanhedrin* 74a et al.); and the Sages (*Arachin* 15b) equate the severity of slander with that of the other three. As explained in our notes (33,35,38,39), there was never really any consideration that the saintly Patriarch would fall prey to any of these sins in their primary, most severe, form. Rather, embarking as he was on his flight into exile, Jacob feared that the negative influences he would encounter would leave him susceptible to committing some subsidiary, milder forms of these sins.

Interestingly, Jacob's fears were borne out by later events. The Midrash (*Vayikra Rabbah* 37 §1) relates that, in one form or another, all of these transgressions were eventually perpetrated within Jacob's household. From the instruction issued by Jacob to *Discard the alien*

אֶתְמְהָא, מַאן דְּאָמַר עַל הַסֵּדֶר נֶאֶמְרָה, מַה מְקַיֵּים "אִם יִהְיֶה אֱלֹהִים עִמָּדִי", אֶלָּא כָּךְ אָמַר יַעֲקֹב: אִם יִתְקַיְּימוּ לִי הַתְּנָאִים שֶׁאָמַר לִי לִהְיוֹת עִמִּי וּלְשָׁמְרֵנִי אֲנִי אֲקַיֵּים אֶת נִדְרִי. רַבִּי אַבָּהוּ וְרַבָּנָן, רַבִּי אַבָּהוּ אָמַר: "אִם יִהְיֶה אֱלֹהִים עִמָּדִי וּשְׁמָרַנִי בַּדֶּרֶךְ הַזֶּה אֲשֶׁר אָנֹכִי הוֹלֵךְ", מִלָּשׁוֹן הָרַע הֵיךְ מָה דְּאַתְּ אָמַר (ירמיה ט, ב) **"וַיַּדְרְכוּ אֶת לְשׁוֹנָם קַשְׁתָּם שֶׁקֶר", "וְנָתַן לִי לֶחֶם לֶאֱכֹל", הַמִּגִּילּוּי עֲרָיוֹת, הֵיךְ מָה דְּאַתְּ אָמַר** (לקמן לט, ו) **"וְלֹא יָדַע אִתּוֹ מְאוּמָה כִּי אִם הַלֶּחֶם אֲשֶׁר הוּא אוֹכֵל", לָשׁוֹן נָקִי, "וְשַׁבְתִּי בְשָׁלוֹם אֶל בֵּית אָבִי", מִשְּׁפִיכוּת דָּמִים, "וְהָיָה ה' לִי לֵאלֹהִים", מֵעֲבוֹדָה זָרָה, רַבָּנָן פָּתְרִין לָהּ בְּכָל עִנְיָנָא: "אִם יִהְיֶה אֱלֹהִים עִמָּדִי וּשְׁמָרַנִי בַּדֶּרֶךְ הַזֶּה אֲשֶׁר אָנֹכִי הוֹלֵךְ", מֵעֲבוֹדָה זָרָה מִגִּילּוּי עֲרָיוֹת מִשְּׁפִיכוּת דָּמִים מִלָּשׁוֹן הָרַע, אֵין "דֶּרֶךְ" אֶלָּא עֲבוֹדָה זָרָה, כְּמָא דְּאַתְּ אָמַר** (עמוס ח, יד) **"הַנִּשְׁבָּעִים בְּאַשְׁמַת שׁוֹמְרוֹן וְאָמְרוּ חֵי אֱלֹהֶיךָ דָּן וְחֵי דֶּרֶךְ בְּאֵר שָׁבַע", וְאֵין "דֶּרֶךְ" אֶלָּא גִּילּוּי עֲרָיוֹת, שֶׁנֶּאֱמַר** (משלי ל, כ) **"כֵּן דֶּרֶךְ אִשָּׁה מְנָאָפֶת וְגוֹ' ", וְאֵין "דֶּרֶךְ" אֶלָּא שְׁפִיכוּת דָּמִים, שֶׁנֶּאֱמַר** (שם א, טו) **"בְּנִי אַל תֵּלֵךְ בְּדֶרֶךְ אִתָּם מְנַע רַגְלְךָ מִנְּתִיבָתָם וְגוֹ' ", וְאֵין "דֶּרֶךְ" אֶלָּא לָשׁוֹן הָרַע, שֶׁנֶּאֱמַר** (בראשית לא, א) **"°וַיִּשְׁמַע אֶת דִּבְרֵי בְנֵי לָבָן לֵאמֹר לָקַח יַעֲקֹב וְגוֹ'° ":**

ה [כח, כ] **"וְנָתַן לִי לֶחֶם לֶאֱכֹל וּבֶגֶד לִלְבֹּשׁ", יַעֲקִילַס הַגֵּר נִכְנַס אֵצֶל רַבִּי אֱלִיעֶזֶר, אָמַר לוֹ: הֲרֵי כָּל שִׁבְחוֹ שֶׁל גֵּר שֶׁאָמַר** (דברים י, יח) **"וְאֹהֵב גֵּר לָתֶת לוֹ לֶחֶם וְשִׂמְלָה", אָמַר לוֹ: וְכִי קַלָּה הִיא בְּעֵינֶיךָ דָּבָר שֶׁנִּתְחַבֵּט עָלָיו אוֹתוֹ זָקֵן, שֶׁנֶּאֱמַר "וְנָתַן לִי לֶחֶם לֶאֱכֹל וּבֶגֶד לִלְבֹּשׁ",**

עץ יוסף

אתמהא. בתמיה וכי היה מסופק בהבטחת ה', אלא הוא אמר כן בראשונה והקדוש ברוך הוא השיבו עליו הנה אנכי עמך וגו': **אם יתקיימו לי התנאים כו'.** דמאמר והנה אנכי עמך אינו הבטחה אלא תנאי, כלומר אם אנכי עמך שתזכה להשרות שכינתי עליך אז ושמרתיך בכל אשר תלך כי בהור פני מלך חיים: [ד] **מלשון הרע.** דריש שהשמירה מטון, על דרך (שמואל א' ב, ט) רגלי חסידיו ישמור, ובדרך דרש מלשון הרע שנמלא בו לשון דריכה. ואיידי דדרש בדרך בלשון הרע דרש נמי ונתן לי לחם וגו' בגילוי עריות ושפיכות דמים ועבודה זרה דהוו דומות ללשון הרע משום דלשון הרע שקול כנגד שלשתן כדדרשינן בערכין (יפה תואר): **מגילוי עריות.** והכי קאמר ונתן לי לחם כלומר אשה בהיתר ואהיה ניצול מזנות: **לשון נקי.** כדלקמן פרשה פ"ו שפירש הלחם אשר הוא אוכל היא אשתו: **פתרין לה בכל ענינא.** רצונו לומר הני תיבות בדרך הזה פירשוהו על כל ענינים האלו על גילוי עריות שפיכות דמים ועבודה זרה: **ואין דרך אלא לשון הרע שנאמר וידרכו את לשונם וגו'.** כך צריך לומר. ואגב שיטפא דמייתי לקמן במדרש ויקרא רבה פרשה ל"ז וישמע את דברי בני לבן גבי לשון הרע ביעקב כתבוה פה (יפה תואר): (ה) **הרי כל שבחו כו'.** דקא סלקא דעתיה שזהו כל עיקר שכרו להיות לו רק מזונות מצומצמים ועל זה אמר שזה הוא דבר קטן, וחשב שאין זה אלא לפי שהגר אינו חביב כל כך בעיני הקדוש ברוך הוא. אך רבי אליעזר העיר לבבו כי לקדושים אשר בארץ אשר כל מגמתם לדבק בה' וזה כל מאוים וחפצם, להם הבטחת דבר זה ההכרחי דבר גדול, שבא להם מיד ה' נרכם והמה ינוחו ויתעסקו בעבודת ה' באין טרדה ועמל:

פירוש מהרז״ו

אם יתקיימו. שתלה זמן הנדר בזמן שיקוים ההבטחה שבשעה שיהיה אלהים עמדי ושמרני וגו', אז עלי לקיים והאבן הזאת וגו' וכל אשר תתן לי וגו': **רבי אבהו ורבנן.** שניהם סוברים שאין הפרשה מסורסת, שמה שאמר יעקב אם יהיה אלהים עמדי, היינו בבחירתו ואין בזה הבטחה: **לחם לאכל מגילוי עריות.** עיין לקמן (לט, יב) מאשר שמנה לחמו: **כי אם הלחם אשר הוא אוכל.** עיין לקמן (פו, ו) שמות רבה (א, לב) ומה שכתבתי שם, ועל ידי אשה ינצל מחטא גילוי עריות: **חי אלהיך דן.** ושם דורש מה דן עבודת כוכבים, אף דרך באר שבע כן: **אל תלך בדרך אתם.** וכתיב שם (משלי א, יא) נארבה לדם כו' עד וימהרו לשפוך דם: **לשון הרע.** כמו שאמר בדברי רבי אבהו מפסוק (ירמיה ט, ב) וידרכו את לשונם, וכן הובא בילקוט כאן (רמז קכב). ומה שאמר מפסוק וישמע את דברי בני לבן אין לו שייכות לכאן, ועיקר מקומו בויקרא רבה (לז, א) ושם מביא ראיה שנכשל יעקב בלשון הרע ממה שאמר וישמע יעקב את דברי בני לבן. אך צריך עיון שדורש תיבת דרך על דרכים רעים, ואיך אומר אשר אנכי הולך, והענין שגם מעשה הטוב נקרא דרך כמו שנאמר (דברים כח, ט) והלכת בדרכיו וכדומה, ומה שאמר ושמרני בדרך הזה פירוש בדרך טוב שאני הולך תשמרני מדרך רע: (ה) **עקילס הגר.** קהלת רבה (ז, כ) פסוק טוב אחרית דבר, שמות רבה (יט, ד) במדבר רבה (ח, ט) בשינויים: **שנתחבט עליו אותו זקן.** ולעיל (סט, ו) מפורש שעל הפרנסה לא השיבו, וכאן מפורש שיתן לו לחם ושמלה:

חידושי הרד״ל

[ד] **אלא לשון הרע כמה דאת אמר** (ירמיה ט, ב) **וידרכו את לשונם.** כן צריך לומר. ואחר כך צריך לומר **אמר רבי שמואל בר נחמן כל מי שמשהא נדרו בא לידי כו'.** כל המאמר כדאיתא בויקרא רבה שם ריש הפרשה (לז, א) עד **לידי לשון הרע שנאמר וישמע את דברי בני לבן.** והשמיטוהו המעתיקים וסמכו על מה שכתב בויקרא רבה והניחו רק הפסוק האחרון דוישמע:

שינוי נוסחאות

(ד) **ואין "דרך" אלא לשון הרע, שנאמר וישמע את דברי בני לבן לאמר ...** לכאורה אין לפסוק זה ענין לכאן, ואות אמת הגיה במקומו <שנאמר "וידרכו את לשונם קשתם שקר"> (ירמיהו ט, ב), והוא מהילקוט, ואף מתנות כהונה הביאו ונראה שרוצה להגיה כך כאן, וכן נמצא במקצת דפוסים:

מסורת המדרש

ה. עיין סנהדרין דף ע"ה וברש"י. לקמן סוף פרשה פ"ו: ו. שמות רבה פרשה י"ט. במדבר רבה סוף פרשה ח'. קהלת רבה פרשה ז' פסוק ח'. תנחומא סדר לך לך סימן ו'. ילקוט כאן רמז קכ"ג כל הענין:

אם למקרא

וַיַּדְרְכוּ אֶת־לְשׁוֹנָם קַשְׁתָּם שֶׁקֶר וְלֹא לֶאֱמוּנָה גָּבְרוּ בָאָרֶץ כִּי מֵרָעָה אֶל־רָעָה יָצָאוּ וְאֹתִי לֹא־יָדָעוּ נְאֻם־יהוה: (ירמיה ט:ב)

וַיַּעֲזֹב כָּל־אֲשֶׁר־לוֹ בְּיַד־יוֹסֵף וְלֹא־יָדַע אִתּוֹ מְאוּמָה כִּי אִם־הַלֶּחֶם אֲשֶׁר־הוּא אוֹכֵל וַיְהִי יוֹסֵף יְפֵה־תֹאַר וִיפֵה מַרְאֶה: (בראשית לט:ו)

הַנִּשְׁבָּעִים בְּאַשְׁמַת שֹׁמְרוֹן וְאָמְרוּ חֵי אֱלֹהֶיךָ דָּן וְחֵי דֶּרֶךְ בְּאֵר־שָׁבַע וְנָפְלוּ וְלֹא־יָקוּמוּ עוֹד: (עמוס ח:יד)

כֵּן דֶּרֶךְ אִשָּׁה מְנָאָפֶת אָכְלָה וּמָחֲתָה פִיהָ וְאָמְרָה לֹא־פָעַלְתִּי אָוֶן: (משלי ל:כ)

בְּנִי אַל תֵּלֵךְ בְּדֶרֶךְ אִתָּם מְנַע רַגְלְךָ מִנְּתִיבָתָם: (שם א:טו)

וַיִּשְׁמַע אֶת־דִּבְרֵי בְנֵי־לָבָן לֵאמֹר לָקַח יַעֲקֹב אֵת כָּל־אֲשֶׁר לְאָבִינוּ וּמֵאֲשֶׁר לְאָבִינוּ עָשָׂה אֵת כָּל־הַכָּבֹד הַזֶּה: (בראשית לא:א)

עֹשֶׂה מִשְׁפַּט יָתוֹם וְאַלְמָנָה וְאֹהֵב גֵּר לָתֶת לוֹ לֶחֶם וְשִׂמְלָה: (דברים י:יח)

ידי משה

[ד] **וישמע את דברי בני לבן וגו'.** כולו כתב בטעות, וצריך לומר וידרכו את לשונם וכן היא הגירסא בילקוט (רמז קכב):

מתנות כהונה

[ד] **אתמהא.** בתמיה וכי היה מסופק בהבטחת הש"י אלא הוא אמר כן בראשונה והקב"ה השיבו עליו הנה אנכי וגו': **אם יתקיימו כו'.** שלא יגרס החטא כמו שפירש רש"י בחומש: **וידרכו.** וכאן הוא אומר בדרך הזה: **לשון נקי.** הלחם הוא כינוי אל אשתו אלא שהכתוב מדבר בלשון נקייה: **זה שפיכות דמים.** כמד"א אני שלום וכי אדבר המה למלחמה וכן הוא אומר דמי מלחמה בשלום ובילמדנו בפר' מטות הגירסא באופן אחרת ועיין שם: **פתרין לה.** אלו בדרך הזה פירשוהו על כל הענינים האלו על גילוי עריות ושפיכות דמים ועבודת כוכבים: **ה"ג בילקוט ואין דרך אלא לשון הרע שנאמר וידרכו את לשונם קשתם שקר:** [ה] **זקן.** אבינו יעקב: **בא זה.** הגר הזה והושיטה לו הקב"ה בקנה כלומר במתנת חנם ובקל:

אשד הנחלים

כדורך בקשת, ולחם כינוי לגילוי עריות, על דרך אכלה ומחתה פיה הנאמר במשלי (ל, כ) וכדומה, וכאומר ינתן לי בהיתר ולא באיסור ובתאוה ח"ו. ושבתי בשלום, שלא אצטרך לערוך מלחמה ולהיות משופכי דמים. והיה ה' לי לאלהים, שלא יעלה בלבי ח"ו דיעות נפסדות, שלא אתפתה אחרי אמונות שוא, אז והאבן הזאת. ודעת רבנן שממלת דרך הכל במשמע, כי מלת דרך הונח על ההנהגה, הן הנהגה טובה נקרא דרך טוב ולהיפך נקרא דרך רעה על דרך (ירמיה כא, ח) נתתי לפניך את דרך החיים ודרך המות. והנה להיות הדרך הוא המיצועי שעל ידו או שיבוא לתכלית ושלימות הטוב או ח"ו לרע בתכלית, לכן מביאים ראיה שכל אלה נקראים דרך בלשון הקודש, להורות שהם העקריים הרעים המביאים את האדם לתכלית רעה ואבדון. והנה יעקב היה מחשב בלבו על אלה הדרכים הרעים, וביקש מיד ה' שיציל נפשו מיד הדרכים ההם. והבן זה כי הוא דרך מליצה למתבונן היטב: **וישמע לבן.** האות אמת מחק זה. וצ"ל וידרכו את לשונם. ואולי מביא זה שהיה מתיירא שלא ישוט עליו לשון הרע, והראיה שבאמת כן הוא שבני לבן הלשינו עליו, וכן צריך לומר, וכמה דכתיב (ירמיה ט, ב) וידרכו גו' וכמו שכתוב וישמע גו': [ה] **הרי כל שבחו כו' דבר שנתחבט.** לפי הנראה מוויכוחם כי עקילס טרם שנתגייר חשב הצלחת האדם רק בקניינים הגופנים והזמנים להתענג בחיק החמודות ולהתגולל בטובה, ולכן שחק על המתנה שמבטיח

The Sages find the same list of sins alluded to in a single word in our verse:

רַבָּנָן פָּתְרִין לָהּ בְּכָל עִנְיָנָא – The Sages interpret [the word בַּדֶּרֶךְ, ***on the way*****]** as referring to **the whole matter,** i.e., to all four sins mentioned above.[41] **"אִם יִהְיֶה אֱלֹהִים עִמָּדִי וּשְׁמָרַנִי בַּדֶּרֶךְ הַזֶּה אֲשֶׁר אָנֹכִי הוֹלֵךְ", מֵעֲבוֹדָה זָרָה מִגִּלּוּי עֲרָיוֹת מִשְּׁפִיכוּת דָּמִים מִלָּשׁוֹן הָרָע – *If God will be with me, will guard me on this way that I am going*** – this refers to protection **from** all of the aforementioned sins: **idolatry, illicit relations, murder,** and **slander. אֵין "דֶּרֶךְ" אֶלָּא עֲבוֹדָה זָרָה** – The term ***way*** [דֶּרֶךְ] **refers to none other than** the sin of **idolatry, כְּמָא דְאַתְּ אָמַר "הַנִּשְׁבָּעִים בְּאַשְׁמַת שֹׁמְרוֹן וְאָמְרוּ חֵי אֱלֹהֶיךָ דָּן וְחֵי דֶּרֶךְ בְּאֵר שָׁבַע" – as it is stated, *Those who swear by the idol of Samaria and say, "By the life of your god, Dan," and "By the life of the*** *[idol to whom they travel by]* ***way*** [דֶּרֶךְ] ***of Beer-sheba"*** (*Amos* 8:14).[42] **וְאֵין "דֶּרֶךְ" אֶלָּא גִּלּוּי עֲרָיוֹת – And** we find further the term ***way*** **referring to none other than** the sin of **illicit relations, שֶׁנֶּאֱמַר "כֵּן דֶּרֶךְ אִשָּׁה מְנָאָפֶת וְגוֹ'" – as it is stated, *Such is the way*** [דֶּרֶךְ] ***of the adulterous woman, etc.*** (*Proverbs* 30:20). **וְאֵין "דֶּרֶךְ" אֶלָּא שְׁפִיכוּת דָּמִים – And** we find further the term ***way*** **referring to none other than** the sin of **murder, שֶׁנֶּאֱמַר "בְּנִי אַל תֵּלֵךְ בְּדֶרֶךְ אִתָּם מְנַע רַגְלְךָ מִנְּתִיבָתָם וְגוֹ'" – as it is stated, *My child, do not walk on the way*** [בְּדֶרֶךְ] ***with them; withhold your feet from their pathways.*** *For their feet run to evil and they hasten to spill blood* (ibid. 1:15-16). **וְאֵין "דֶּרֶךְ" אֶלָּא לָשׁוֹן הָרַע – And** we find further the term ***way*** **referring to none other than** the sin of **slander, שֶׁנֶּאֱמַר "וַיַּדְרְכוּ אֶת לְשׁוֹנָם קַשְׁתָּם שֶׁקֶר" – as it is stated, *They draw*** [וַיַּדְרְכוּ] ***their tongues, [but] their bow is falsehood*** (*Jeremiah* 8:2).[43]

§5 וְנָתַן לִי לֶחֶם לֶאֱכֹל וּבֶגֶד לִלְבֹּשׁ – *THEN JACOB TOOK A VOW, SAYING, "IF GOD . . .* ***WILL GIVE ME BREAD TO EAT AND CLOTHES TO WEAR."***

The Midrash now relates the experience of Akilas the proselyte, who approached R' Eliezer and later R' Yehoshua with a question. In the ensuing dialogue, Jacob's request for *bread . . . and clothes* is clarified further.

עֲקִילָס הַגֵּר נִכְנַס אֵצֶל ר' אֱלִיעֶזֶר – Akilas the proselyte[44] **approached R' Eliezer** with a question. **אָמַר לוֹ הֲרֵי כָּל שִׁבְחוֹ שֶׁל גֵּר שֶׁאָמַר – He asked him, "Is this** (the list of items in the upcoming verse) **the extent of the favor due a proselyte? For it states:**

NOTES

41. This is in contrast to R' Abahu, who saw in the word בַּדֶּרֶךְ an allusion only to the sin of slander.

42. Translation follows *Radak* ad loc. King Jeroboam had led the people astray by introducing idol worship throughout his kingdom. He fashioned two golden calves, placed one in Beth-el and one in Dan, and encouraged the people to make pilgrimages and bring sacrifices to those calves (see *I Kings* 12:28-30). The *idol of Samaria* refers to the calf in Beth-el; *the idol to whom they travel by way of Beer-sheba* refers to the calf in Dan (*Radak*; see, however, *Metzudas David*). The verse refers to idolaters who would make a point of swearing by these idols instead of swearing in the Name of God. In any event, we find the term דֶּרֶךְ used in connection with idolatry.

43. We have emended the text here, following many of the commentators (see similarly *Yalkut Shimoni* §122) who note that the verse quoted in most versions of our Midrash (below, 31:1) is actually out of place here and belongs in *Vayikra Rabbah* loc. cit.; see Insight A, on previous page. See, however, *Radal*, who writes that our Midrash should be emended to include the entire discussion from *Vayikra Rabbah*.

See Insight Ⓐ.

44. He was fabulously wealthy (as evidenced later in the Midrash), and a nephew of the emperor Hadrian (*Yefeh To'ar* below, s.v. כמה).

INSIGHTS

gods that are in your midst (below, 35:2), we see that some manifestation of idolatry found its way into his family. Immorality appeared as well, in the incident of Dinah's abduction at the hands of Shechem (ibid., Ch. 34). That act of immorality was followed by an act of bloodshed, viz., the slaughter of the city's residents at the hands of Jacob's sons (ibid., vv. 25-26). Finally, Jacob was put in a position where he had to hear and accept a form of slander, viz., the report that Laban's sons had spoken against him (ibid. 31:1; see *Eitz Yosef* to *Vayikra Rabbah* ibid., s.v. וישמע).

Vayikra Rabbah attributes Jacob's being associated with these sinful acts to Jacob's delay in fulfilling his vow to bring an offering in this place (see above, note 21). Apparently, then, these particular sins are occasioned by a failure to fulfill one's vow with proper haste; and it was for this reason that Jacob, as he pronounced his vow, was concerned specifically about the commission of these sins. Unfortunately — and despite his apparent concern for and cognizance of the issue — subsequent events proved his worries to be well founded (*Yefeh To'ar*). Jacob did not fulfill his vow until he returned from Laban's house, 22 years later (*Maharzu* to *Vayikra Rabbah* loc. cit.; see 81 §2 below, where the Midrash quotes God as castigating Jacob, "You have forgotten your vow"). [It should be emphasized, as *Eitz Yosef* writes in *Vayikra Rabbah*, that God does not cause people to sin as punishment for their wrongdoings. Rather, wrongdoing causes God to withdraw the special protection from sin that He affords His pious servants.]

For a different approach to why Jacob specifically feared these four sins, see Insight A below, "Jacob's Concern."

Ⓐ **Jacob's Concern** Why did Jacob pray specifically concerning these sins?

Bris Avraham (pp. 382-383 in *Yalkut Shimoni, HaMaor* ed.) explains that Jacob's prayer was motivated by the challenges he knew lay ahead of him. Esau's anger toward him was no secret. Esau had surely spread the word that Jacob had underhandedly taken the firstborn birthright, as well as Isaac's blessings that were reserved for Esau. Restoring his tarnished reputation — in order to secure a marriage partner — might have required Jacob to expose Esau's true disgraceful character. Wishing to avoid slandering his brother, he prayed to be protected from the sin of slander.

His next challenge would be dealing with Laban. Jacob knew that it was Rachel who was destined for him, while Leah was destined for Esau (see below, §16). But Jacob also knew that Laban was a master of deceit. Praying for success in his mission, Jacob implored God to *give me bread to eat* — i.e., allow me to marry Rachel alone and not be fooled into marrying two sisters (Leah and Rachel), an act that would be proscribed with the giving of the Torah.

Next, Jacob would be challenged upon leaving Laban to return home with meeting Esau. Fearing a violent encounter, in which he would be compelled to kill Esau, he beseeched God that *I return in peace to my father's house,* without a violent struggle with Esau.

Finally, he prayed that he soon merit to return to the Land of Israel, where *HASHEM will be a God to me*, for as the Gemara (*Kesubos* 110b), cited by *Ramban* to our verse, states: one who lives outside the Land of Israel is as if he has no God.

But Jacob's prayer was not only on his own behalf. It was also for the future of his children — the Jewish people. A fundamental concept in understanding the lives and events of the Patriarchs is that what happened to them portended events in the lives of their descendants (see below, note 67). The personal exile Jacob was about to experience was a harbinger for the Jewish nation's future exile. Jacob prayed that his children would have the fortitude to avoid the sins spawned by upheaval and dislocation — idolatry, immorality, bloodshed, and gratuitous hatred (reflected by speaking ill about one another) — the very sins that later caused the destruction of both Temples (see *Yoma* 9b, *Arachin* 15b, and *Avos* 5:9).

But Jacob also prayed that *this stone that I have set as a pillar shall become a house of God.* Should Jacob's descendants indeed stumble in these sins, they should repent. They would thereby merit that the stone set as a pillar would once again become the "house of God," when God will take His straying children back to home and Temple (based on *Be'er Moshe* to *Vayeitzei; Kli Yakar* 28:21; and *Yad Yosef [Tzarfati]* to *Vayeitzei*, end of *Derush Sheni*).

אֶתְמְהָא, מַאן דְּאָמַר עַל הַסֵּדֶר נֶאֶמְרָה, מַה מְקַיֵּים "אִם יִהְיֶה אֱלֹהִים עִמָּדִי", אֶלָּא כָּךְ אָמַר יַעֲקֹב: אִם יִתְקַיְּימוּ לִי הַתְּנָאִים שֶׁאָמַר לִי לִהְיוֹת עִמִּי וּלְשָׁמְרֵנִי אֲנִי אֲקַיֵּים אֶת נְדָרַי. רַבִּי אַבָּהוּ וְרַבָּנָן, רַבִּי אַבָּהוּ אָמַר: "אִם יִהְיֶה אֱלֹהִים עִמָּדִי וּשְׁמָרַנִי בַּדֶּרֶךְ הַזֶּה אֲשֶׁר אָנֹכִי הוֹלֵךְ", מִלָּשׁוֹן הָרָע הֵיךְ מָה דְּאַתְּ אָמַר (ירמיה ט, ב) "וַיַּדְרְכוּ אֶת לְשׁוֹנָם קַשְׁתָּם שֶׁקֶר", "וְנָתַן לִי לֶחֶם לֶאֱכֹל", הִמִּגִּילּוּי עֲרָיוֹת, הֵיךְ מַה דְּאַתְּ אָמַר (לקמן לט, ו) "וְלֹא יָדַע אִתּוֹ מְאוּמָה כִּי אִם הַלֶּחֶם אֲשֶׁר הוּא אוֹכֵל", לָשׁוֹן נָקִי, "וְשַׁבְתִּי בְשָׁלוֹם אֶל בֵּית אָבִי", מִשְּׁפִיכוּת דָּמִים, "וְהָיָה ה' לִי לֵאלֹהִים", מֵעֲבוֹדָה זָרָה, רַבָּנָן פָּתְרִין לָהּ בְּכָל עִנְיָינָא: "אִם יִהְיֶה אֱלֹהִים עִמָּדִי וּשְׁמָרַנִי בַּדֶּרֶךְ הַזֶּה אֲשֶׁר אָנֹכִי הוֹלֵךְ", מֵעֲבוֹדָה זָרָה מִגִּילּוּי עֲרָיוֹת מִשְּׁפִיכוּת דָּמִים מִלָּשׁוֹן הָרָע, אֵין "דֶּרֶךְ" אֶלָּא עֲבוֹדָה זָרָה, כְּמָא דְאַתְּ אָמַר (עמוס ח, יד) "הַנִּשְׁבָּעִים בְּאַשְׁמַת שׁוֹמְרוֹן וְאָמְרוּ חֵי אֱלֹהֶיךָ דָּן וְחֵי דֶּרֶךְ בְּאֵר שָׁבַע", וְאֵין "דֶּרֶךְ" אֶלָּא גִּילּוּי עֲרָיוֹת, שֶׁנֶּאֱמַר (משלי ל, כ) "כֵּן דֶּרֶךְ אִשָּׁה מְנָאָפֶת וְגוֹ'", וְאֵין "דֶּרֶךְ" אֶלָּא שְׁפִיכוּת דָּמִים, שֶׁנֶּאֱמַר (שם א, טו) "בְּנִי אַל תֵּלֵךְ בְּדֶרֶךְ אִתָּם מְנַע רַגְלְךָ מִנְּתִיבָתָם וְגוֹ'", וְאֵין "דֶּרֶךְ" אֶלָּא לְשׁוֹן הָרָע, שֶׁנֶּאֱמַר (בראשית לא, א) "°וַיִּשְׁמַע אֶת דִּבְרֵי בְנֵי לָבָן לֵאמֹר לָקַח יַעֲקֹב וְגוֹ'°":

ה [כח, כ] "וְנָתַן לִי לֶחֶם לֶאֱכֹל וּבֶגֶד לִלְבֹּשׁ", עֲקִילַס הַגֵּר נִכְנַס אֵצֶל רַבִּי אֱלִיעֶזֶר, אָמַר לוֹ: הֲרֵי כָּל שִׁבְחוֹ שֶׁל גֵּר שֶׁאָמַר (דברים י, יח) "וְאֹהֵב גֵּר לָתֶת לוֹ לֶחֶם וְשִׂמְלָה", אָמַר לוֹ: וְכִי קַלָּה הִיא בְּעֵינֶיךָ דָּבָר שֶׁנִּתְחַבֵּט עָלָיו אוֹתוֹ זָקֵן, שֶׁנֶּאֱמַר "וְנָתַן לִי לֶחֶם לֶאֱכֹל וּבֶגֶד לִלְבֹּשׁ",

עץ יוסף

אתמהא. בתמיה וכי היה מסופק בהבטחת ה', אלא הוא אמר כן בראשונה והקדוש ברוך הוא השיבו עליו הנה אנכי עמך וגו': **אם יתקיימו לי התנאים כו'.** דמאמר והנה אנכי עמך אינו הבטחה אלא תנאי, כלומר אם אנכי עמך שתזכה להשרות שכינתי עליך אז ושמרתיך בכל אשר תלך כי באור פני מלך חיים: [ד] **מלשון הרע.** דריש שהשמירה מעון, על דרך (שמואל א' ב, ט) רגלי חסידיו ישמור, ובדרך דרש מלשון הרע שנמצא בו לשון דריכה. ואיידי דדרש בדרך בלשון הרע דרש נמי ונתן לי לחם וגו' בגילוי עריות ושפיכות דמים ועבודה זרה דהוו דומות ללשון הרע משום דלשון הרע שקול כנגד שלשתן כדדרשינן בערכין (יפה תואר): **מגילוי עריות.** והכי קאמר ונתן לי לחם כלומר אשה בהיתר ואהיה ניצול מזנות: **לשון נקי.** כדלקמן פרשה פ"ו שפירש הלחם אשר הוא אוכל היא אשתו: **פתרין לה בכל ענינא.** רצונו לומר הכי תיבות בדרך הזה פירשוהו על כל ענינים האלו על גילוי עריות שפיכות דמים ועבודה זרה: **ואין דרך אלא לשון הרע שנאמר וידרכו את לשונם וגו'.** כך צריך לומר. ואגב שיטפא דמייתי לקמן במדרש ויקרא רבה פרשה ל"ז וישמע את דברי בני לבן גבי לשון הרע ביעקב כתבוה פה (יפה תואר): (ה) **הרי כל שבחו כו'.** דקא סלקא דעתיה שזהו כל עיקר שכרו להיות לו רק מזונות מלומלמים ועל זה אמר שזה הוא דבר קטן, וחשב שאין זה אלא לפי שהגר אינו חביב כל כך בעיני הקדוש ברוך הוא. אך רבי אליעזר העיר לבבו כי לקדושים אשר בארץ אשר כל מגמתם לדבק בה' וזה כל מאוים וחפצם, להם הבטחת דבר זה ההכרחי דבר גדול, שבא להם מיד ה' צרכם והמה ינוחו ויתעסקו בעבודת ה' באין טרדה ועמל:

פירוש מהרז"ו

אם יתקיימו. שתלה זמן הנדר בזמן שיקוים ההבטחה שבשעה שיהיה אלהים עמדי ושמרני וגו', אז עלי לקיים והאבן הזאת וגו' וכל אשר תתן לי וגו': **רבי אבהו ורבנן.** שניהם סוברים שאין הפרשה מסורסת, שמה שאמר יעקב אם יהיה אלהים עמדי, היינו בבחירתו ואין בזה הבטחה: **לחם לאכל מגילוי עריות.** עיין לקמן (לט, יב) מאשר שמנה לחמו: **כי אם הלחם אשר הוא אוכל.** עיין לקמן (פו, ו) שמות רבה (א, לב) ומה שכתבתי שם, ועל ידי אשה ינצל מחטא גילוי עריות: **חי אלהיך דן.** ושם דורש מה דן עבודת כוכבים, אף דרך באר שבע כן: **אל תלך בדרך אתם.** וכתיב שם (משלי א, יא) נארבה לדם כו' עד וימהרו לשפוך דם: **לשון הרע.** כמו שאמר בדברי רבי אבהו מפסוק (ירמיה ט, ב) וידרכו את לשונם, וכן הובא בילקוט כאן (רמז קכב). ומה שאמר מפסוק וישמע את דברי בני לבן אין לו שייכות לכאן, ועיקר מקומו בויקרא רבה (לז, א) ושם מביא ראיה שנכשל יעקב בלשון הרע ממה שאמר וישמע יעקב את דברי בני לבן. אך צריך עיון שדורש תיבת דרך על דרכים רעים, ואיך אומר אשר אנכי הולך, והענין שגם מעשה הטוב נקרא דרך כמו שנאמר (דברים כח, ט) והלכת בדרכיו וכדומה, ומה שאמר ושמרני בדרך הזה פירוש בדרך טוב שאני הולך תשמרני מדרך רע: (ה) **עקילס הגר.** קהלת רבה (ז, כ) פסוק טוב אחרית דבר, שמות רבה (יט, ד) במדבר רבה (ח, ט) בשינוים: **שנתחבט עליו אותו זקן.** ולעיל (סט, ו) מפורש שעל הפרנסה לא השיבו, וכאן מפורש שיתן לו לחם ושמלה:

מתנות כהונה

[ד] **אתמהא.** בתמיה וכי היה מסופק בהבטחת הש"י אלא הוא אמר כן בראשונה והקב"ה השיבו עליו הנה אנכי וגו': **אם יתקיימו כו'.** שלא יגרס החטא כמו שפירש רש"י בחומש: **וידרכו.** וכאן הוא אומר בדרך הזה: **לשון נקי.** הלחם הוא כינוי אל אשתו אלא שהכתוב מדבר בלשון נקייה: **זה שפיכות דמים.** כמד"א אני שלום וכי אדבר המה למלחמה וכן הוא אומר דמי מלחמה בשלום וכילמדנו בפר' מטות הגירסא באופן אחרת ועיין שם: **פתרין לה.** האי בדרך הזה פירשוהו על כל הענינים האלו על גילוי עריות ושפיכות דמים ועבודת כוכבים: **ה"ג בילקוט ואין דרך אלא לשון הרע שנאמר וידרכו את לשונם קשתם שקר:** [ה] **זקן.** אבינו יעקב: **בא זה.** הגר הזה והושיטה לו הקב"ה בקנה כלומר במתנת חנם ובקל:

אשד הנחלים

כדורך בקשת, ולחם כינוי לגילוי עריות, על דרך אכלה ומחתה פיה הנאמר במשלי (ל, כ) וכדומה, וכאומר ינתן לי בהיתר ולא באיסור ובתאוה ח"ו. ושבתי בשלום, שלא אצטרך לערוך מלחמה ולהיות משופכי דמים. והיה ה' לי לאלהים, שלא יעלה בלבי ח"ו דיעות נפסדות, שלא אתפתה אחרי אמונות שוא, אז והאבן הזאת. ודעת רבנן שממלת דרך הכל במשמע, כי מלת דרך הונח על ההנהגה, הן הנהגה טובה נקרא דרך טוב ולהיפך נקרא דרך רעה על דרך (ירמיה כא, ח) נתתי לפניך את דרך החיים ודרך המות. והנה להיות הדרך הוא המיצועי שעל ידו או שיבוא לתכלית ושלימות הטוב או ח"ו לרע בתכלית, לכן מביאים ראיה שכל אלה נקראים דרך בלשון הקודש, להורות שהם העקריים הרעים המביאים את האדם לתכלית רעה ואבדון. והנה יעקב היה מחשב בלבו על אלה הדרכים הרעים, וביקש מיד ה' שיציל נפשו מיד הדרכים ההם. והבן זה כי הוא דרך מליצה למתבונן היטב: **וישמע לבן.** האות אמת מחק זה. וצ"ל וידרכו את לשונם. ואולי מביא זה שהיה מתיירא שלא ישוט עליו לשון הרע, והראיה שבאמת כן הוא שבני לבן הלשינו עליו, וכן צריך לומר, וכמה דכתיב (ירמיה ט, ב) וידרכו גו' וכמו שכתוב וישמע גו': **[ה] הרי כל שבחו כו' דבר שנתחבט.** לפי הנראה מוויכוחם כי עקילס טרם שנתגייר חשב הצלחת האדם רק בקניינים הגופנים והזמנים להתענג בחיק החמודות ולהתגולל בטובה, ולכן שחק על המתנה שמבטיח

חידושי הרד"ל

[ד] **אלא לשון הרע כמה דאת אמר** (ירמיה ט, ב) **וידרכו את לשונם.** כן צריך לומר. ואחר כך צריך לומר **אמר רבי שמואל בר נחמן כל מי שמשהא נדרו בא לידי כו'.** כל המאמר כדאיתא בויקרא רבה שם ריש הפרשה (לז, א) עד **לידי לשון הרע שנאמר וישמע את דברי בני לבן.** והשמיטוהו המעתיקים וסמכו על מה שכתב בויקרא רבה והניחו רק הפסוק האחרון דוישמע:

שינוי נוסחאות

(ד) **ואין "דרך" אלא לשון הרע, שנאמר וישמע את דברי בני לבן לאמר ...** לכאורה אין לפסוק זה ענין לכאן, ואות אמת הגיה במקומו <שנאמר "וידרכו את לשונם קשתם שקר"< (ירמיהו ט, ב), והוא מהילקוט, ואף מתנות כהונה הביאו ונראה שרוצה להגיה כך כאן, וכן נמצא במקצת דפוסים:

מסורת המדרש

ה. עיין סנהדרין דף ע"ה וברש"י. לקמן סוף פרשה פ"ו:
ו. שמות רבה פרשה י"ט. במדבר רבה סוף פרשה ח'. קהלת רבה פרשה ז' פסוק ח'. תנחומא סדר לך לך סימן ו'. ילקוט כאן רמז קכ"ג כל הענין:

אם למקרא

וַיַּדְרְכוּ אֶת־לְשׁוֹנָם קַשְׁתָּם שֶׁקֶר וְלֹא לֶאֱמוּנָה גָּבְרוּ בָאָרֶץ כִּי מֵרָעָה אֶל־רָעָה יָצָאוּ וְאֹתִי לֹא־יָדָעוּ נְאֻם־יהוה: (ירמיה ט:ב)

וַיַּעֲזֹב כָּל־אֲשֶׁר־לוֹ בְּיַד־יוֹסֵף וְלֹא־יָדַע אִתּוֹ מְאוּמָה כִּי אִם־הַלֶּחֶם אֲשֶׁר־הוּא אוֹכֵל וַיְהִי יוֹסֵף יְפֵה־תֹאַר וִיפֵה מַרְאֶה: (בראשית לט:ו)

הַנִּשְׁבָּעִים בְּאַשְׁמַת שֹׁמְרוֹן וְאָמְרוּ חֵי אֱלֹהֶיךָ דָּן וְחֵי דֶּרֶךְ בְּאֵר־שָׁבַע וְנָפְלוּ וְלֹא־יָקוּמוּ עוֹד: (עמוס ח:יד)

כֵּן דֶּרֶךְ אִשָּׁה מְנָאָפֶת אָכְלָה וּמָחֲתָה פִיהָ וְאָמְרָה לֹא־פָעַלְתִּי אָוֶן: (משלי ל:כ)

בְּנִי אַל תֵּלֵךְ בְּדֶרֶךְ אִתָּם מְנַע רַגְלְךָ מִנְּתִיבָתָם: (שם א:טו)

וַיִּשְׁמַע אֶת־דִּבְרֵי בְנֵי־לָבָן לֵאמֹר לָקַח יַעֲקֹב אֵת כָּל־אֲשֶׁר לְאָבִינוּ וּמֵאֲשֶׁר לְאָבִינוּ עָשָׂה אֵת כָּל־הַכָּבֹד הַזֶּה: (בראשית לא:א)

עֹשֶׂה מִשְׁפַּט יָתוֹם וְאַלְמָנָה וְאֹהֵב גֵּר לָתֶת לוֹ לֶחֶם וְשִׂמְלָה: (דברים י:יח)

ידי משה

[ד] **וישמע את דברי בני לבן וגו'.** כולו כתב בטעות, וצריך לומר וידרכו את לשונם וכן היא הגירסא בילקוט (רמז קכב):

"וְאֹהֵב גֵּר לָתֶת לוֹ לֶחֶם וְשִׂמְלָה" — *God . . . **loves the proselyte to give him bread and garment**"* (*Deuteronomy* 10:18).[45] אָמַר לוֹ: וְכִי קַלָּה הִיא בְּעֵינֶיךָ דָּבָר שֶׁנִּתְחַבֵּט עָלָיו אוֹתוֹ זָקֵן — **[R' Eliezer] answered him, "Is the** very **thing for which 'that Elder'**[46] **struggled a small matter in your eyes,** שֶׁנֶּאֱמַר "וְנָתַן לִי לֶחֶם לֶאֱכֹל וּבֶגֶד לִלְבֹּשׁ" — **as it states,** *If God . . . **will give me bread to eat and clothes to wear***[47] —

NOTES

45. Is this all a convert is promised, his basic food and clothing? Akilas felt that a convert should be promised wealth, not just basic necessities (*Yefeh To'ar*, first approach).

[*Nechmad LeMareh* comments that Akilas would not have complained if the verse had written, *He loves the proselyte "and gives him" bread and garment*, for this would just mean that God loves the convert and supplies his basic necessities. But the formulation *He loves the proselyte "to give him" bread and garment* implies that supplying the convert's basic necessities represents the full manifestation of God's love for the convert. This Akilas could not accept.]

Alternatively: Akilas' question centered on a much deeper issue. It was not the paucity of material benefits promised by the verse that gave him pause. Rather, he was troubled by the fact that the verse seemed to focus solely on material matters. He expected and wished that the Torah's promise to proselytes would be spiritual in nature, guaranteeing them the same opportunities for spiritual achievement as those afforded native-born Jews (*Yefeh To'ar*, second approach). [*Yefeh To'ar* adds that while the Torah never speaks about spiritual reward, the native-born Jew *knows* he will receive it. However, the convert, seeing the *Deuteronomy* verse's exclusive mention of "bread and clothing," gets the sense that that is *all* he will receive.]

46. A reverent term referring to our forefather Jacob.

47. Jacob struggled (i.e., suffered) in that he had left his father's home without food or clothing, and now had to beseech God to supply him with these basic needs (ibid., second interpretation). Alternatively: Jacob suffered in that God did not respond to his request with the assurance that he sought; see above, 69 §6 (ibid., first interpretation; *Maharzu*). [*Yefeh To'ar* adds that even according to the conflicting opinion in 69 §6 that holds that God *did* respond to this request of Jacob's, His assurance was offered only in an indirect, hinting manner.]

אֶתְמְהָא, מַאן דְּאָמַר עַל הַסֵּדֶר נֶאֶמְרָה, מַה מְקַיֵּים "אִם יִהְיֶה אֱלֹהִים עִמָּדִי", אֶלָּא כָּךְ אָמַר יַעֲקֹב: אִם יִתְקַיְּימוּ לִי הַתְּנָאִים שֶׁאָמַר לִי לִהְיוֹת עִמִּי וּלְשָׁמְרֵנִי אֲנִי אֲקַיֵּים אֶת נִדְרִי. רַבִּי אַבָּהוּ וְרַבָּנָן, רַבִּי אַבָּהוּ אָמַר: "אִם יִהְיֶה אֱלֹהִים עִמָּדִי וּשְׁמָרַנִי בַּדֶּרֶךְ הַזֶּה אֲשֶׁר אָנֹכִי הוֹלֵךְ", מִלָּשׁוֹן הָרָע הֵיךְ מָה דְּאַתְּ אָמַר (ירמיה ט, ב) "וַיַּדְרְכוּ אֶת לְשׁוֹנָם קַשְׁתָּם שֶׁקֶר", "וְנָתַן לִי לֶחֶם לֶאֱכֹל", ^ה^מִגִּילּוּי עֲרָיוֹת, הֵיךְ מַה דְּאַתְּ אָמַר (לקמן לט, ו) "וְלֹא יָדַע אִתּוֹ מְאוּמָה כִּי אִם הַלֶּחֶם אֲשֶׁר הוּא אוֹכֵל", לָשׁוֹן נָקִי, "וְשַׁבְתִּי בְשָׁלוֹם אֶל בֵּית אָבִי", מִשְּׁפִיכוּת דָּמִים, "וְהָיָה ה' לִי לֵאלֹהִים", מֵעֲבוֹדָה זָרָה, רַבָּנָן פָּתְרִין לָהּ בְּכָל עִנְיָינָא: "אִם יִהְיֶה אֱלֹהִים עִמָּדִי וּשְׁמָרַנִי בַּדֶּרֶךְ הַזֶּה אֲשֶׁר אָנֹכִי הוֹלֵךְ", מֵעֲבוֹדָה זָרָה מִגִּילּוּי עֲרָיוֹת מִשְּׁפִיכוּת דָּמִים מִלָּשׁוֹן הָרָע, אֵין "דֶּרֶךְ" אֶלָּא עֲבוֹדָה זָרָה, כְּמָא דְאַתְּ אָמַר (עמוס ח, יד) "הַנִּשְׁבָּעִים בְּאַשְׁמַת שׁוֹמְרוֹן וְאָמְרוּ חֵי אֱלֹהֶיךָ דָּן וְחֵי דֶּרֶךְ בְּאֵר שָׁבַע", וְאֵין "דֶּרֶךְ" אֶלָּא גִּילּוּי עֲרָיוֹת, שֶׁנֶּאֱמַר (משלי ל, כ) "כֵּן דֶּרֶךְ אִשָּׁה מְנָאָפֶת וְגוֹ'", וְאֵין "דֶּרֶךְ" אֶלָּא שְׁפִיכוּת דָּמִים, שֶׁנֶּאֱמַר (שם א, טו) "בְּנִי אַל תֵּלֵךְ בְּדֶרֶךְ אִתָּם מְנַע רַגְלְךָ מִנְּתִיבָתָם וְגוֹ'", וְאֵין "דֶּרֶךְ" אֶלָּא לָשׁוֹן הָרָע, שֶׁנֶּאֱמַר (בראשית לא, א) "°וַיִּשְׁמַע אֶת דִּבְרֵי בְנֵי לָבָן לֵאמֹר לָקַח יַעֲקֹב וְגוֹ'°":

ה [כח, כ] "וְנָתַן לִי לֶחֶם לֶאֱכֹל וּבֶגֶד לִלְבֹּשׁ", יַעֲקִילַס הַגֵּר נִכְנַס אֵצֶל רַבִּי אֱלִיעֶזֶר, אָמַר לוֹ: הֲרֵי כָּל שִׁבְחוֹ שֶׁל גֵּר שֶׁאָמַר (דברים י, יח) "וְאֹהֵב גֵּר לָתֶת לוֹ לֶחֶם וְשִׂמְלָה", אָמַר לוֹ: וְכִי קַלָּה הִיא בְּעֵינֶיךָ דָּבָר שֶׁנִּתְחַבֵּט עָלָיו אוֹתוֹ זָקֵן, שֶׁנֶּאֱמַר "וְנָתַן לִי לֶחֶם לֶאֱכֹל וּבֶגֶד לִלְבֹּשׁ",

עץ יוסף

אתמהא. בתמיה וכי היה מסופק בהבטחת ה', אלא הוא אמר כן בראשונה והקדוש ברוך הוא השיבו עליו הנה אנכי עמך וגו': **אם יתקיימו לי התנאים כו'.** דמאמר והנה אנכי עמך אינו הבטחה אלא תנאי, כלומר אם אנכי עמך שתזכה להשרות שכינתי עליך אז ושמרתיך בכל אשר תלך כי באור פני מלך חיים: [ד] **מלשון הרע.** דריש שהשמירה מעון, על דרך (שמואל א' ב, ט) רגלי חסידיו ישמור, ובדרך דרש מלשון הרע שנמצא בו לשון דריכה. ואיידי דדרש בדרך בלשון הרע דרש נמי ונתן לי לחם וגו' בגילוי עריות ושפיכות דמים ועבודה זרה דהוו דומות ללשון הרע משום דלשון הרע שקול כנגד שלשתן כדדרשינן בערכין (יפה תואר): **מגילוי עריות.** והכי קאמר ונתן לי לחם כלומר אשה בהיתר ואהיה ניצול מזנות: **לשון נקי.** כדלקמן פרשה פ"ו שפירש הלחם אשר הוא אוכל היא אשתו: **פתרין לה בבל ענינא.** רצונו לומר הני תיבות בדרך הזה פירשוהו על כל עניינים האלו על גילוי עריות שפיכות דמים ועבודה זרה: **ואין דרך אלא לשון הרע שנאמר וידרכו את לשונם וגו'.** כך צריך לומר. ואגב שיטפא דמייתי לקמן במדרש ויקרא רבה פרשה ל"ז וישמע את דברי בני לבן גבי לשון הרע ביעקב כתבוה פה (יפה תואר): (ה) **הרי כל שבחו כו'.** דקא סלקא דעתיה שזהו כל עיקר שכרו להיות לו רק מזונות מצומצמים ועל זה אמר שזה הוא דבר קטן, וחשב שאין זה אלא לפי שהגר אינו חביב כל כך בעיני הקדוש ברוך הוא. אך רבי אליעזר העיר לבבו כי לקדושים אשר בארץ אשר כל מגמתם לדבק בה' וזה כל מאויים וחפצם, להם הבטחת דבר זה ההכרחי דבר גדול, שבא להם מיד ה' צרכם והמה ינוחו ויתעסקו בעבודת ה' באין טרדה ועמל:

פירוש מהרז״ו

אם יתקיימו. שתלה זמן הנדר בזמן שיקוים ההבטחה שבשעה שיהיה אלהים עמדי ושמרני וגו', אז עלי לקיים והאבן הזאת וגו' וכל אשר תתן לי וגו': **רבי אבהו ורבנן.** שניהם סוברים שאין הפרשה מסורסת, שמה שאמר יעקב אם יהיה אלהים עמדי, היינו בבחירתו ואין בזה הבטחה: **לחם לאבל מגילוי עריות.** עיין לקמן (לט, יב) מאשר שמנה לחמו: **כי אם הלחם אשר הוא אוכל.** עיין לקמן (פו, ו) שמות רבה (א, לב) ומה שכתבתי שם, ועל ידי אשה ינצל מחטא גילוי עריות: **חי אלהיך דן.** ושם דורש מה דן עבודת כוכבים, אף דרך באר שבע כן: **אל תלך בדרך אתם.** וכתיב שם (משלי א, יא) נארבה לדם כו' עד וימהרו לשפוך דם: **לשון הרע.** כמו שאמר בדברי רבי אבהו מפסוק (ירמיה ט, ב) וידרכו את לשונם, וכן הובא בילקוט כאן (רמז קכב). ומה שאמר מפסוק וישמע את דברי בני לבן אין לו שייכות לכאן, ועיקר מקומו בויקרא רבה (לז, א) ושם מביא ראיה שנכשל יעקב בלשון הרע ממה שאמר וישמע יעקב את דברי בני לבן. אך צריך עיון שדורש תיבת דרך על דרכים רעים, ואיך אומר אשר אנכי הולך, והענין שגם מעשה הטוב נקרא דרך כמו שנאמר (דברים כח, ט) והלכת בדרכיו וכדומה, ומה שאמר ושמרני בדרך הזה פירוש בדרך טוב שאני הולך תשמרני מדרך רע: (ה) **עקילס הגר.** קהלת רבה (ז, כ) פסוק טוב אחרית דבר, שמות רבה (יט, ד) במדבר רבה (ח, ט) בשינויים: **שנתחבט עליו אותו זקן.** ולעיל (סט, ו) מפורש שעל הפרנסה לא השיבו, וכאן מפורש שיתן לו לחם ושמלה:

חידושי הרד״ל

[ד] **אלא לשון הרע כמה דאת אמר** (ירמיה ט, ב) **וידרכו את לשונם.** כן צריך לומר. ואחר כך צריך לומר **אמר רבי שמואל בר נחמן כל מי שמשהא נדרו בא לידי כו'.** כל המאמר כדאיתא בויקרא רבה שם ריש הפרשה (לז, א) עד **לידי לשון הרע שנאמר וישמע את דברי בני לבן.** והשמיטוהו המעתיקים וסמכו על מה שכתב בויקרא רבה והניחו רק הפסוק האחרון דוישמע:

שינוי נוסחאות

(ד) ואין "דרך" אלא **לשון הרע, שנאמר וישמע את דברי בני לבן לאמר** ... לכאורה אין לפסוק זה ענין לכאן, ואות אמת הגיה במקומו >שנאמר "וידרכו את לשונם קשתם שקר"< (ירמיהו ט, ב), והוא מהילקוט, ואף מתנות כהונה הביאו ונראה שרוצה להגיה כך כאן, וכן נמצא במקצת דפוסים:

מסורת המדרש

ה. עיין סנהדרין דף ע"ה וברש"י. לקמן סוף פרשה פ"ו:
ו. שמות רבה פרשה י"ט. במדבר רבה סוף פרשה ח'. קהלת רבה פרשה ז' פסוק ח'. תנחומא סדר לך לך סימן ו'. ילקוט כאן רמז קכ"ג כל הענין:

אם למקרא

וַיַּדְרְכוּ אֶת־לְשׁוֹנָם קַשְׁתָּם שֶׁקֶר וְלֹא לֶאֱמוּנָה גָּבְרוּ בָאָרֶץ כִּי מֵרָעָה אֶל־רָעָה יָצָאוּ וְאֹתִי לֹא־יָדָעוּ נְאֻם־יהוה: (ירמיה ט:ב)

וַיַּעֲזֹב כָּל־אֲשֶׁר־לוֹ בְּיַד־יוֹסֵף וְלֹא־יָדַע אִתּוֹ מְאוּמָה כִּי אִם־הַלֶּחֶם אֲשֶׁר־הוּא אוֹכֵל וַיְהִי יוֹסֵף יְפֵה־תֹאַר וִיפֵה מַרְאֶה: (בראשית לט:ו)

הַנִּשְׁבָּעִים בְּאַשְׁמַת שֹׁמְרוֹן וְאָמְרוּ חֵי אֱלֹהֶיךָ דָּן וְחֵי דֶּרֶךְ בְּאֵר־שָׁבַע וְנָפְלוּ וְלֹא־יָקוּמוּ עוֹד: (עמוס ח:יד)

כֵּן דֶּרֶךְ אִשָּׁה מְנָאָפֶת אָכְלָה וּמָחֲתָה פִיהָ וְאָמְרָה לֹא־פָעַלְתִּי אָוֶן: (משלי ל:כ)

בְּנִי אַל תֵּלֵךְ בְּדֶרֶךְ אִתָּם מְנַע רַגְלְךָ מִנְּתִיבָתָם: (שם א:טו)

וַיִּשְׁמַע אֶת־דִּבְרֵי בְנֵי־לָבָן לֵאמֹר לָקַח יַעֲקֹב אֵת כָּל־אֲשֶׁר לְאָבִינוּ וּמֵאֲשֶׁר לְאָבִינוּ עָשָׂה אֵת כָּל־הַכָּבֹד הַזֶּה: (בראשית לא:א)

עֹשֶׂה מִשְׁפַּט יָתוֹם וְאַלְמָנָה וְאֹהֵב גֵּר לָתֶת לוֹ לֶחֶם וְשִׂמְלָה: (דברים י:יח)

ידי משה

[ד] **וישמע את דברי בני לבן וגו'.** כולו כתב בטעות, וצריך לומר וידרכו את לשונם וכן היא הגירסא בילקוט (רמז קכב):

מתנות כהונה

[ד] **אתמהא.** בתמיה וכי היה מסופק בהבטחת הש"י אלא הוא אמר כן בראשונה והקב"ה השיבו עליו הנה אנכי וגו': **אם יתקיימו כו'.** שלא יגרס החטא כמו שפירש רש"י בחומש: **וידרכו.** וכאן הוא אומר בדרך הזה: **לשון נקי.** הלחם הוא כינוי אל אשתו אלא שהכתוב מדבר בלשון נקייה: **זה שפיכות דמים.** כמד"א אני שלום וכי אדבר המה למלחמה וכן הוא אומר דמי מלחמה בשלום ובילמדנו בפר' מטות הגירסא באופן אחרת ועיין שם: **פתרין לה.** הא' בדרך הזה פירשוהו על כל הענינים האלו על גילוי עריות ושפיכות דמים ועבודת כוכבים: **ה"ג בילקוט ואין דרך אלא לשון הרע שנאמר וידרכו את לשונם קשתם שקר:** [ה] **זקן.** אבינו יעקב: **בא זה.** הגר הזה והושיטה לו הקב"ה בקנה כלומר במתנת חנם ובקל:

אשד הנחלים

כדורך בקשת, ולחם כינוי לגילוי עריות, על דרך אכלה ומחתה פיה הנאמר במשלי (ל, כ) וכדומה, וכאומר ינתן לי בהיתר ולא באיסור ובתאוה ח"ו. ושבתי בשלום, שלא אצטרך לערוך מלחמה ולהיות משופכי דמים. והיה ה' לי לאלהים, שלא יעלה בלבי ח"ו דיעות נפסדות, שלא אתפתה אחרי אמונות שוא, אז והאבן הזאת. ודעת רבנן שממלת דרך הכל במשמע, כי מלת דרך הונח על ההנהגה, הן הנהגה טובה נקרא דרך טוב ולהיפך נקרא דרך רעה על דרך (ירמיה כא, ח) נתתי לפניך את דרך החיים ודרך המות. והנה להיות הדרך הוא המיצועי שעל ידו או שיבוא לתכלית ושלימות הטוב או ח"ו לרע בתכלית, לכן מביאים ראיה שכל אלה נקראים דרך בלשון הקודש, להורות שהם העקריים הרעים המביאים את האדם לתכלית רעה ואבדון. והנה יעקב היה מחשב בלבו על אלה הדרכים הרעים, וביקש מיד ה' שיציל נפשו מיד הדרכים ההם. והבן זה כי הוא דרך מליצה למתבונן היטב: **וישמע לבן.** האות אמת מחק זה. וצ"ל וידרכו את לשונם. ואולי מביא זה שהיה מתיירא שלא ישוט עליו לשון הרע, והראיה שבאמת כן הוא שבני לבן הלשינו עליו, וכן צריך לומר, וכמה דכתיב (ירמיה ט, ב) וידרכו גו' וכמו שכתוב וישמע גו': [ה] **הרי כל שבחו כו' דבר שנתחבט.** לפי הנראה מוויכוחם כי עקילס טרם שנתגייר חשב הצלחת האדם רק בקניינים הגופנים והזמנים להתענג בחיק החמודות ולהתגולל בטובה, ולכן שחק על המתנה שמבטיח

וּבָא זֶה וְהוֹשִׁיטוֹ לוֹ בְּקָנֶה – and this proselyte is able to just **come** along, **and [God]** simply **extends it to him on a reed?!"**[48] **נִכְנַס אֵצֶל רַבִּי יְהוֹשֻׁעַ – [Akilas] approached R' Yehoshua . . .**

Before recounting R' Yehoshua's response to Akilas, the Midrash presents an alternate version of the preceding dialogue: **(נוּסְחָא אַחֲרִינָא: עֲקִילָס הַגֵּר בָּא וְשָׁאַל אֶת רַבִּי אֱלִיעֶזֶר – An alternate version: Akilas the proselyte came to R' Eliezer and asked** him a question. **אָמַר לוֹ: הֲרֵי חִיבָּה שֶׁחִיבֵּב הַקָּדוֹשׁ בָּרוּךְ הוּא אֶת הַגֵּר דִּכְתִיב "וְאֹהֵב גֵּר לָתֶת לוֹ לֶחֶם וְשִׂמְלָה" – [Akilas] asked him, "Is this** the extent of **the love** with **which the Holy One, blessed is He, loves the proselyte,** as demonstrated by that **which is written,** *God . . . **loves the proselyte to give him bread and garment***? **אֲפִילוּ עַבְדַּי לֹא מַשְׁגִּיחִין**[49] **כַּמָּה טַוָּוסִין אִית לִי כַּמָּה פּוּסְיָינֵי אִית לִי – I,** myself, **have so many peacocks and pheasants** that **even my servants pay** them **no heed!"**[50] **נְזַף בֵּיהּ – [R' Eliezer] rebuked him.**[51] **אָמְרוּ לוֹ תַּלְמִידָיו – [R' Eliezer's] disciples said to [R' Eliezer], רַבִּי, דָּבָר שֶׁנִּתְחַבֵּט עָלָיו אוֹתוֹ זָקֵן אַתְּ מוֹשִׁיטוֹ לָזֶה בְּקָנֶה – "Our Master!** Would it not have been more appropriate to have answered Akilas as follows:[52] **The** very **thing for which 'that Elder' struggled, You** (God) simply **extend it to this** proselyte **on a reed?"**[53] **וְאֲזִיל אֵצֶל רַבִּי יְהוֹשֻׁעַ – [Akilas] then approached R' Yehoshua** with his query . . .)

This concludes the alternate version of the Midrash. The narrative continues with R' Yehoshua's response to Akilas: **הִתְחִיל מְפַיְּיסוֹ בִּדְבָרִים – [R' Yehoshua] began to appease him with words** of encouragement:[54] **"לֶחֶם" זוֹ תּוֹרָה, דִּכְתִיב "לְכוּ לַחֲמוּ בְלַחֲמִי" – *Bread* refers to Torah,**[55] **as it is written,** *Come and **partake of My bread*** (*Proverbs* 9:5); **"שִׂמְלָה" זוֹ טַלִּית – *garment* refers to a** distinctive **cloak.**[56] **זָכָה אָדָם לְתוֹרָה זָכָה לְטַלִּית** – The combination of these two expositions yields the following: Once **a person has merited to** acquire **Torah, he** will subsequently **merit to** wear that **cloak.**

NOTES

48. That is: How can you make light of your promised *bread and garment*? The patriarch Jacob was worried about having enough food and clothing, yet to proselytes such as yourself it is readily offered, at no cost and without effort! (see *Matnos Kehunah*). Alternatively, R' Eliezer's reply is to be understood as follows: While the promised fare may appear somewhat meager, a guarantee of consistent sustenance is in fact an extremely valuable commodity. This is evidenced by the fact that Jacob yearned for it (*Yefeh To'ar*, first approach).

Alternatively (in line with the second approach presented in note 45), R' Eliezer's reply is to be understood as follows: A guarantee of consistent provisions actually affords tremendous opportunities for spiritual advancement, for it frees a person to immerse himself in spiritual pursuits, unfettered by the preoccupation with earning one's daily bread. Indeed, R' Eliezer tells Akilas, Jacob's purpose in asking God to be supplied with food and clothing was to advance spiritually and get closer to God, as we see from the language of his request: *If God . . . will give me bread to eat and clothes to wear . . . "and HASHEM will be a God to me."* His goals were spiritual; but he needed God to provide him with his material necessities so that he would be able to pursue them (*Yefeh To'ar*, second approach).

49. Text follows emendation of *Eitz Yosef*.

50. Akilas was describing the extent of his personal fortune. Delicacies were available in such abundance in Akilas' house that even his servants did not detect anything out of the ordinary when served such exotic dishes as peacock or pheasant. As such, Akilas asked R' Eliezer: Of what value to a man of such means as I possess are mere bread and garments? (*Yefeh To'ar*).

51. That is, in a display of stark disapproval, R' Eliezer discharged Akilas from his presence. He did so for two reasons: first, he simply felt that Akilas' question had no validity [for a promise of sustenance is in fact a great gift (*Yefeh To'ar*)]; second, from the tone of the question he got the sense that Akilas had converted for ulterior reasons — namely, in search of reward (*Eitz Yosef*). See Insight Ⓐ.

52. I.e., instead of dismissing him with a strong rebuke, would it not have been preferable to address his point with a gentle and logical reply? (*Yefeh To'ar, Eitz Yosef*).

53. See above, note 48. See also Insight Ⓑ.

54. For Akilas was upset at how R' Eliezer had dealt with him (see below, note 65).

R' Yehoshua addressed Akilas' concern (over the seemingly inadequate compensation offered to the proselyte) by demonstrating that, in reality, the proselyte's reward is great indeed. For the true intent of Jacob's request — and God's assurance to the proselyte — regarding bread and clothing goes far beyond the mere physical properties of these commodities. The terms *bread* and *garment* actually refer to great spiritual treasures, as the Midrash goes on to explain (*Eitz Yosef*).

55. For just as bread is the main source of sustenance for the body, the Torah provides the necessary spiritual sustenance for the soul (ibid.). See Insight Ⓒ.

Alternatively: *Yefeh To'ar* writes that according to R' Yehoshua, the word *bread* refers to *both* physical and spiritual sustenance (the former being the literal meaning of the word, and the latter being its homiletic meaning; alternatively, given that spiritual growth is dependent on physical sustenance, the term *bread* is legitimately used to refer to both).

[He points out as well (above in s.v. הרי) that R' Yehoshua's reply to the proselyte dovetails well with the second explanation of R' Eliezer's reply (see note 48). The main difference between them was the style in which the message was imparted: R' Eliezer rebuked Akilas for underestimating the true value of this gift, while R' Yehoshua took a more conciliatory, gentle approach, enlightening Akilas as to Scripture's true meaning. This distinction will be highlighted below by the Midrash itself.]

56. Translation follows *Yefeh To'ar*, who understands the Midrash to be referring to the unique cloak that was worn by ordained Torah scholars and that marked them as being authorized to decide matters of Torah law. Hence, "one who has merited Torah" (i.e., has attained sufficient erudition in Torah scholarship) will "merit to wear that cloak," reflecting his elevation to a position of communal leadership (ibid.). See also *Isaiah* 3:6, where the word שִׂמְלָה, *garment*, similarly refers to a garment signifying communal leadership (*Eitz Yosef*, Vagshal edition).

See, however, *Eitz Yosef*, who interprets the term "cloak" as a *spiritual* garment, one that is worn by the soul and that allows it to enter into the realm of eternal life. See Insight Ⓓ. [This is in line with his interpretation of the term "bread" as a purely spiritual entity; see note 55 above.]

INSIGHTS

Ⓐ **Akilas' Question** *Matnos Kehunah* has a different interpretation of Akilas' question and R' Eliezer's response: Akilas was challenging the verse itself. Pointing to his own vast wealth, he argued that in reality, a proselyte is rewarded much more handsomely than the verse's promise of mere bread and garments would suggest. In response, R. Eliezer rebuked Akilas, and told him that he was wrong: First of all, in promising לֶחֶם to the convert, Scripture did not mean bread alone; the word לֶחֶם encompasses all foods; see *Daniel* 5:1. Furthermore, even taking לֶחֶם literally as *bread*, one of the virtuous practices of the righteous is to "say little and do much" (see *Avos* 1:15), i.e., to promise little but deliver a lot. God, the Most Righteous, operates in like manner. He may promise only bread and garments, but this in no way precludes Him from providing much much more — including even peacocks and pheasants.

Ⓑ **The Disciples' Response** According to the approach of *Matnos Kehunah* (see preceding Insight), the disciples' response can be understood as follows: The verse's promise of bread and garments in fact represents a more handsome reward than Akilas' current wealth. For even if someone is blessed with plenty, fortunes may change and he may be left with nothing. The verse's promise that the proselyte would always have his basic necessities is actually of inestimable value.

Ⓒ **Torah — Food for the Soul** The idea of Torah as sustenance for the soul is elaborated on by the *Chofetz Chaim* (*Shem Olam, Shaar Hachzakas HaTorah*, Ch. 14). He explains that adherence to the Torah has the same effect on an individual as partaking from the Tree of Life of the Garden of Eden, whose fruit provides eternal life to the one who eats it. Likewise, one whose soul imbibes the light of Torah through its study and fulfillment is accorded eternal life.

Ⓓ **Heavenly Garments** The *Chofetz Chaim* (loc. cit.) elaborates

חידושי הרד"ל

[ה] מושיטו לזה בקנה (עד כאן הנוסחא אחרינא). **התחיל רבי יהושע מפייסו.** כן צריך לומר:

חידושי הרש"ש

[ה] {אפילו על עבדי לא משגיחין בהו. כן צריך לומר וכן מצאתי בספרים אחרים:} **{נזף ביה ואזיל לגבי רבי יהושע.** זה צריך לומר להלן אחר מושיטו לזה בקנה, וכן מוכח בספרים אחרים וכל זה הוא מנ"א:} **ומעלים עולות על גב המזבח לחם זה לחם הפנים כו'.** כן צריך לומר, ותיבות דבר אחר מיותרים, וכן בילקוט (רמז קכג) ליתנייהו:

עץ יוסף

ובא זה והושיטה. פירוש ובא זה הגר והושיטה לו הקדוש ברוך הוא בקנה כלומר בנקלה: **נכנס אצל רבי יהושע.** האות אמת מוחק זה: **טווסין.** מין עוף שמן: **פוסייני.** שליו והוא עוף שמן מאד: **אפילו עבדי לא משגיחין עליהן.** כן צריך לומר: **נזף ביה.** הוציאו בנזיפה ובגערה כי שאלו דבר של הבל, ועוד שנראה שהוא נתגייר על מנת לקבל פרס: **אמרו לו תלמידיו רבי כו'.** רצונו לומר שאמרו לו שלא הוי ליה לדחותו בדברי גערה לבד אלא לדבר על לבו דדבר שנתחבט בו הזקן הושיטה לזה בקנה ואם כן דבר גדול הבטיחו ה'. וכך צריך לומר בהנוסח אחר נזף ביה. **אמרו לו תלמידיו רבי דבר שנתחבט עליו אותו זקן את מושיטו לזה בקנה.** ועד כאן הנוסח אחר. ואחר כך צריך להיות **נכנס אצל רבי יהושע התחיל מפייסו כו': מפייסו בדברים.** ואמר ליה שלא היה כוונת יעקב כפשוטו על לחם לבד, כי אם עיקר בקשתו היה על עניינים נפשיים, שעל זה בקש בדרך רמז וקרא לתורה שהוא מזון הנפש בשם לחם שמשביע לנפש כלחם לגוף, וטלית הוא לבוש הנפש לזכות בחיים הנצחיים, וכן קרא בגד לבגדי כהונה, וזהו הבטחה שהבטיח ה' לגר גם כן שיזכה לשלימות הנפש עד למדי: **היה חוזר לסורו.** פירוש לאולתו וכסלותו על שלא רוה רבי אליעזר למאו בשאלתו וגער בו: **טוב ארך אפים מגבור.** טוב רבי יהושע שהשיב בארוכות אפים מרבי אליעזר שהשיבו בכעס כגבור ואיש מלחמות. בקהלת רבה (ז, כ) גרס טוב ארך רוח מגבה רוח (שם ז, ח) [גזר הקודש]: **(ו) נטל הקדוש ברוך הוא כו'.** דכל מה שאירע לאבות סימן לבנים:

וּבָא זֶה וְהוֹשִׁיטוֹ לוֹ בְּקָנֶה, נִכְנַס אֵצֶל רַבִּי יְהוֹשֻׁעַ {נ"א **עֲקִילַס הַגֵּר בָּא וְשָׁאַל אֶת רַבִּי אֱלִיעֶזֶר, אָמַר לוֹ: הֲרֵי חִיבָּה שֶׁחִיבֵּב הַקָּדוֹשׁ בָּרוּךְ הוּא אֶת הַגֵּר, דִּכְתִיב "וְאֹהֵב גֵּר לָתֶת לוֹ לֶחֶם וְשִׂמְלָה", כַּמָּה טַוָּוסִין אִית לִי כַּמָּה פּוּסְיָינֵי אִית לִי, אֲפִילוּ עַל עֲבָדַי לֹא מַשְׁגִּיחִין, נְזַף בֵּיהּ, אָמְרוּ לוֹ תַּלְמִידָיו: רַבִּי, דָּבָר שֶׁנִּתְחַבֵּט עָלָיו אוֹתוֹ זָקֵן אַתְּ מוֹשִׁיטוֹ לָזֶה בְּקָנֶה וַאֲזִיל לְגַבֵּי רַבִּי יְהוֹשֻׁעַ} הִתְחִיל מְפַיְּיסוֹ בִּדְבָרִים, "לֶחֶם" זוֹ תּוֹרָה, דִּכְתִיב** (משלי ט, ה) **"לַחֲמוּ בְלַחְמִי", "שִׂמְלָה" זוֹ טַלִּית, זָכָה אָדָם לְתוֹרָה זָכָה לְטַלִּית, וְלֹא עוֹד אֶלָּא שֶׁהֵן מַשִּׂיאִין אֶת בְּנוֹתֵיהֶם לַכְּהוּנָּה וְהָיוּ בְּנֵיהֶם כֹּהֲנִים גְּדוֹלִים וּמַעֲלִים עוֹלוֹת עַל גַּבֵּי הַמִּזְבֵּחַ, דָּבָר אַחֵר, "לֶחֶם" זֶה לֶחֶם הַפָּנִים, "וְשִׂמְלָה" אֵלּוּ בִּגְדֵי כְהוּנָּה, הֲרֵי בַּמִּקְדָּשׁ, אֲבָל בַּגְּבוּלִים "לֶחֶם" זוֹ חַלָּה, "וְשִׂמְלָה" זוֹ רֵאשִׁית הַגֵּז, אָמְרוּ: אִלּוּלֵא אֲרִיכוּת פָּנִים שֶׁהֶאֱרִיךְ רַבִּי יְהוֹשֻׁעַ עִם עֲקִילַס הָיָה חוֹזֵר לְסוּרוֹ, וְקָרָא עָלָיו** (שם טז, לב) **"טוֹב אֶרֶךְ אַפַּיִם מִגִּבּוֹר":**

ו [כח, כא] **"וְשַׁבְתִּי בְשָׁלוֹם אֶל בֵּית אָבִי", וְרַבִּי יְהוֹשֻׁעַ דְּסִכְנִין בְּשֵׁם רַבִּי לֵוִי: נָטַל הַקָּדוֹשׁ בָּרוּךְ הוּא שִׂיחָתָן שֶׁל אָבוֹת וַעֲשָׂאָן מַפְתֵּחַ לִגְאוּלָּתָן שֶׁל בָּנִים, אָמַר *לוֹ הַקָּדוֹשׁ בָּרוּךְ הוּא:**

פירוש מהרז"ו

זו תורה. בשמות רבה (יט, ד) דורש כן על יעקב: **זו טלית.** שמות רבה (כז, ט) ושם נסמן, והיינו בגד כבוד של תלמיד חכם: **הרי במקדש אבל בגבולין.** שמכ"ד מתנות כהונה מהם במקדש ומהם בגבולין היינו בכל ארץ ישראל. ועיין ויקרא רבה (ג, ה) חלקם בחיים אלו קדשי המזבח, ולפונך תמלא בטנם אלו קדשי הגבול, ועיין מה שכתבתי שם: **טוב ארך אפים.** בקהלת רבה (ז, יח) הגירסא טוב ארך רוח עיין שם:

מסורת המדרש

ז. ילקוט זכריה רמז תקפ"ה:

אם למקרא

לְכוּ לַחֲמוּ בְלַחְמִי וּשְׁתוּ בְּיַיִן מָסָכְתִּי: (משלי ט:ה)

טוֹב אֶרֶךְ אַפַּיִם מִגִּבּוֹר וּמֹשֵׁל בְּרוּחוֹ מִלֹּכֵד עִיר: (שם טז:לב)

ידי משה

[ה] אלא שהן משיאין בנותיהן לכהונה. וזה אתיא (כר"י) [כרבי אליעזר בן יעקב] בפרק עשרה יוחסין (קידושין עח, א). כי אם בתולה מזרע ישראל יקח עד דאיתא כל זרע מישראל, רבי אליעזר בן יעקב אומר אפילו מקצת זרע, מה שאין כן אליבא דתנא קמא שפוסל עד דאיתא דוקא כל זרע מישראל, ואם כן אינו רשאי לישא גיורת וקל להבין:

שינוי נוסחאות

(ה) נזף ביה. בכמעט כל הדפוסים כתוב כאן "ואזיל לגבי רבי יהושע", אבל אות אמת מחקו מכאן והעבירו להלן (אחר "בקנה"), וכן כתבו בדפוס וארשא:

מתנות כהונה

נ"א עקילס כו'. כן הוא במדרש קהלת בפסוק טוב אחרית דבר ועיין עוד בבמדבר רבה סוף פ"ח ועיין בשמות רבה פרשה י"ט ותמצא נחת במאמר זה: **טווסין.** מין עוף שקורין פפאוני: **פוסייני.** שליו והוא עוף שמן מאד כדאיתא בפרק יום הכפורים: **אפילו על עבדים כו'.** ופי' העבדים אינם משגיחים עליהם והכתוב לא אמר שיתן לו רק לחם ובגד לבד: **נזף ביה.** שלחם הוא שם כלל על כל מאכל אשר יאכל כד"א עבד לחם רב ועוד כי כן דרך הצדיקים אומרים מעט ועושין הרבה ואף כי צדיקו של עולם ב"ה ואין להרהר בזה אחר הכתוב: **את מושיטו כו'.** כלומר וכי זה הוא דבר קטן בעיניו שיהא מובטח כל ימיו בלחם ובגד ואע"פ שמצינו מי שיש לו הרבה מזה מ"מ אינו מובטח שלא יהא חוסר לחם ובגד כל ימיו: **לחם זו תורה.** שאם יתגייר יזכה לתורה שנקרא לחם אבל קודם שנתגייר אמרו חז"ל עובד כוכבים שעוסק בתורה חייב: **כהנים גדולים.** ובגד אלו בגדי כהונה ולחם אלו מתנות כהונה כד"א לחם אלהיו מקדשי הקדשים: **אבל בגבולים כו'.** שלא יהיה פתחון פה לגר לומר התינח בב"ה אבל בגבולין מאי רבותיה וכן ראשית הגז נוהג בין בפני הבית ושלא בפני הבית בארץ ובחוץ לארץ וכן כל מתנות כהונה כדאיתא במסכת חולין וכן חלה: **לסורו.** כלומר לאולתו ולכסלתו ועיין בערוך ערך סאר ועיין עוד במדרש קהלת בפסוק טוב אחרית:

נחמד למראה

[ה] ונתן לי לחם לאכול ובגד ללבוש. עקילס הגר נכנס אצל ר' אליעזר אמר לו כל שבחו של גר שאמר ואוהב גר לתת לו לחם ושמלה. נראה דדייק ליה עקילס הגר מדכתיב (דברים י, יח) ואוהב גר לתת לו לחם ושמלה, שהוה ליה למימר ואוהב גר ונותן לו לחם ושמלה, ומדכתיב לתת לו מורה שכל אהבה של הקב"ה עם הגר אינו אלא כי אם לתת לו לחם ושמלה לבד. והשיב לו רבי יהושע לחם זו תורה וכו'. ופשטיה דקרא נראה לי על פי מה דאיתא במדרש (ילקוט בא רמז ריג) שלשה מיני גרים הם, אחד שבא לשם שמים, ואחד שבא לשם פנייה כהנהו שלשה גרים דאתו לקמיה דשמאי והלל כדאיתא בפרק במה מדליקין (שבת לא, א), ואחד שבא משום עניות, מי שבא לשם פנייה הוא נמאס בעיני ה' ושנאוי, והשנים האחרים לא מיבעיא הראשון שבא לשם שמים בלי שום פנייה אחריתי שהקב"ה אוהבו, אלא אפילו השלישי שבא משום עניות לאכול לשבעה ולמכסה שהיה מקום לומר שלא יאהב אותו ה' דהרי בא לשם פנייה, אפילו הכי אוהב אותו הקב"ה, וזהו שאמר דכתיב ואוהב גר אף על פי שלא נתגייר אלא מפני שיתנו לו לחם ושמלה, ותיבת לתת מוסב על תיבת גר שלפניו ולא על תיבת ואוהב שלפני פניו, רצוני לומר ואוהב הקב"ה את הגר שבא כדי שיתנו לו הבריות לחם ושמלה ודו"ק:

אשד הנחלים

להגר שיתן לו צורכו ההכרחי לקיום גופו. אך ר' אליעזר העיר לבבו, וכי לקדושים אשר בארץ אשר כל מגמתם לדבק בה', וזה כל מאוים וחפצם, והם נזורים מחברת העולם ותענוגיה, להם הבטחת דבר זה ההכרח, דבר גדול, שבא להם מיד ה' צרכם, והמה ינוחו ויתעסקו בעבודת ה' באין טרדה ועמל: **נכנס אצל ר' יהושע.** האות אמת מחק זה: **א"ל תלמידיו דבר שנחבט.** כלומר תלמידיו של ר' אליעזר אמרו לר' אליעזר למה נזפת בו, ולא השבת לו מיעקב אבינו. ואח"כ מספר המדרש מה שהשיב **ר' יהושע** להגר שלא היה כוונת יעקב על לחם כפשוטו, כי אין זה מחפצי יעקב ומבוקשתו על עניינים גופנים, כי אם עיקר בקשתו היה על עניינים נפשיים, שעל זה ביקש בדרך הרמז. וקרא לתורה שהוא מזון הנפש בשם לחם, שמשביע לנפש כלחם לגוף, וטלית הוא לבוש הנפש לזכות בחיים הנצחיים ולהגין עליו מעונש כטלית המגין על הגוף. וכן קרא בגד לבגדי כהונה, כי על הרוב הונח שם בגד על בגדי תפארת שהם מתהדרים בעיני אלהים ואדם. וזהו ההבטחה שהבטיח ה' לגר ג"כ, שיזכה לשלימות הנפש עד למדי. ויותר היה נראה למחוק מלת ואזל לגבי **ר' יהושע**, כי הלשון משמע שהיה מפייס לו ר' אליעזר, בעצמו ורק הבעל אות אמת הגיה כאן מפני שמחק לעיל: **זה לחם הפנים.** כלומר אמת שכוונתו היה על לחם כפשוטו, אבל על אכילת קדשים שהם לחמי ה', וכן השמלה שזהו ראשית הגז שהם ענייני קדושה: **[ו] שיחתן כו'**

R' Yehoshua lists additional benefits that the verse promises to proselytes as a manifestation of God's love for them:

וְלֹא עוֹד אֶלָּא שֶׁהֵן מַשִּׂיאִין אֶת בְּנוֹתֵיהֶם לַכְּהֻנָּה – **And furthermore, [proselytes] may wed their daughters to** members of **the priesthood,** וְהָיוּ בְּנֵיהֶם כֹּהֲנִים גְּדוֹלִים וּמַעֲלִים עוֹלוֹת עַל גַּבֵּי הַמִּזְבֵּחַ – **and their male offspring may** thus **become High Priests**[57] **and will offer burnt-offerings on the Altar.** "לֶחֶם"[58] זֶה לֶחֶם הַפָּנִים – The verse's mention of *bread and garments* alludes to this ability of proselytes' descendants to become priests as well: ***bread*** **refers to the Show-bread;**[59] "וְשִׂמְלָה" אֵלּוּ בִּגְדֵי כְּהוּנָּה – ***and garment*** **refers to the priestly garments.**[60] הֲרֵי בַּמִּקְדָּשׁ, אֲבָל בַּגְּבוּלִים – The verse **thus** speaks of benefits that apply **in the Temple. But** what priestly benefits apply **in the provinces?**[61] "לֶחֶם" זוֹ חַלָּה "וְשִׂמְלָה" זוֹ רֵאשִׁית הַגֵּז – The verse can be expounded further to allude to other benefits as well: ***Bread*** **refers to** ***challah,***[62] and ***and garment*** **refers to the first shearing.**[63] This concludes R' Yehoshua's response to Akilas.

The Midrash compares the responses of R' Eliezer and R' Yehoshua:

אָמְרוּ אִילוּלֵא אֲרִיכוּת פָּנִים שֶׁהֶאֱרִיךְ רַבִּי יְהוֹשֻׁעַ עִם עֲקִילָס הָיָה חוֹזֵר לְסוּרוֹ – **They said: "Had it not been for the forbearance**[64] **that R' Yehoshua exhibited** in his dealings with **Akilas, he would have reverted to his** original **ways."**[65] וְקָרָא עָלָיו "טוֹב אֶרֶךְ אַפַּיִם מִגִּבּוֹר" – **The** following **verse was applied** to reflect the contrasting conduct displayed by the two sages in the above incident: ***He who is slow to anger is better than a strong man*** (*Proverbs* 16:32).[66]

§6 וְשַׁבְתִּי בְשָׁלוֹם אֶל בֵּית אָבִי – *"AND I RETURN IN PEACE TO MY FATHER'S HOUSE, AND HASHEM WILL BE* [וְהָיָה] *A GOD TO ME."*

The Midrash continues to expound Jacob's vow. It now demonstrates how Jacob's use of this word *vehayah* [וְהָיָה] impacted the future Redemption:[67]

רַבִּי יְהוֹשֻׁעַ דְּסִכְנִין בְּשֵׁם רַבִּי לֵוִי – **R' Yehoshua of Sichnin** said **in the name of R' Levi:** נָטַל הַקָּדוֹשׁ בָּרוּךְ הוּא שִׂיחָתָן שֶׁל אָבוֹת וַעֲשָׂאָן מַפְתֵּחַ לִגְאוּלָּתָן שֶׁל בָּנִים – **The Holy One, blessed is He, took the speech of the Patriarchs and transformed it** into **the key** that will usher in the future **Redemption of** their **descendants.** אָמַר לוֹ הַקָּדוֹשׁ בָּרוּךְ הוּא – Thus, **the Holy One, blessed is He, said to [Jacob],**

NOTES

57. That is: Although the proselyte himself may not perform the priestly duties in the Temple, there is nothing preventing his descendants from becoming priests (or even High Priests). For if a proselyte's daughter marries a Kohen, the son born of this union will be a Kohen, too, with all the attendant privileges (including the possibility of being elected to the office of Kohen Gadol). The proselyte is thus not less advantaged than any other Israelite (non-Kohen). [In parallel versions of this Midrash (*Shemos Rabbah* 19 §4, *Bamidbar Rabbah* 8 §9, *Koheles Rabbah* 7 §20, *Yalkut Shimoni* §123) the word גְּדוֹלִים ("High") does not appear, as one need not be a High Priest in order to bring offerings in the Temple.]

58. Text follows emendation of *Rashash*, who deletes the words דָּבָר אַחֵר – *Another interpretation,* from our passage. Indeed, these words do not appear in the parallel versions of our Midrash.

59. Twelve loaves (known as Show-bread, or *lechem hapanim*) were arranged each Sabbath on the *Shulchan* (Table) inside the Sanctuary, where they would remain until replacement the following Sabbath. The Kohanim would then partake of the loaves that had been replaced (*Leviticus* 24:5-9). The ability of a proselyte's descendant to partake of the Show-bread – a portion from God's own table, so to speak – is further display of God's great love for the proselyte (*Yefeh To'ar*).

60. The unique garments donned by officiating Kohanim, as described in *Exodus* Ch. 28.

61. [The term גְּבוּלִים, *provinces*, refers to all areas outside the Temple environs.] The proselyte may still wonder what benefits his Kohanic descendants will have outside the Temple environs, or when the Temple no longer stands (see *Matnos Kehunah*).

62. One who kneads a quantity of dough equal in volume to 43.2 eggs is obligated to set aside *challah*, a portion to be presented to the Kohen (see *Numbers* 15:17-21). This obligation is not confined to the Temple environs or to a time when the Temple stands (*Matnos Kehunah*.).

63. A portion of the wool yielded from the shearing of one's flock is presented to the Kohen (*Deuteronomy* 18:4). The obligation of the first shearing is also not confined to the Temple environs or to a time when the Temple stands (*Matnos Kehunah*).

64. Lit., *slowness to anger.*

65. That is, he would have abandoned Judaism altogether. So great was his frustration at having been rebuked and dismissed by R' Eliezer, Akilas could well have ended up regretting his decision to embrace the Jewish faith. He was sustained in his commitment by R' Yehoshua's patient and encouraging response (*Yefeh To'ar*).

66. R' Yehoshua was "slow to anger," replying in a calm manner until Akilas was satisfied. R' Eliezer, on the other hand, was impatiently dismissive of Akilas, conducting himself with a measure of anger as befits a warrior (*a strong man*) on the battlefield (*Yefeh To'ar*).

[In the parallel Midrash in *Koheles Rabbah* (7 §20), a different verse is cited at this point, one that contrasts patience with arrogance: *Patience is better than pride* (*Ecclesiastes* 7:8).]

67. The idea underlying this Midrash is that of מַעֲשֵׂה אָבוֹת סִימָן לְבָנִים, "that which happens to the Patriarchs is a portent of what will happen to their descendants" (see above, 40 §6). The Patriarchs possessed a unique power: they were able to shape the future Jewish nation and the course of its history through their individual actions [see *Ramban* to 12:6,10 above] (*Yefeh To'ar*).

INSIGHTS

this concept of "garments for the soul": Just as a person cannot go out and function in this world without appropriate clothing, so too the soul requires "proper attire" in order to access its eternal reward in the Next World. Through a person's fulfillment of the Torah's precepts in this world, special garments of spiritual splendor are fashioned and reserved for his soul. It is only with such garments that the soul is able to stand before the Divine Presence in the Afterlife.

וּבָא זֶה וְהוֹשִׁיטוֹ לוֹ בְּקָנֶה, נִכְנַס אֵצֶל רַבִּי יְהוֹשֻׁעַ {נ"א עֲקִילַס הַגֵּר בָּא וְשָׁאַל אֶת רַבִּי אֱלִיעֶזֶר, אָמַר לוֹ: הֲרֵי חִיבָּה שֶׁחִיבֵּב הַקָּדוֹשׁ בָּרוּךְ הוּא אֶת הַגֵּר, דִּכְתִיב "וְאֹהֵב גֵּר לָתֶת לוֹ לֶחֶם וְשִׂמְלָה", כַּמָּה טַוָּוסִין אִית לִי כַּמָּה פּוּסְיָינֵי אִית לִי, אֲפִילּוּ עַל עֲבָדַי לֹא מַשְׁגִּיחִין, נְזַף בֵּיהּ, אָמְרוּ לוֹ תַּלְמִידָיו: רַבִּי, דָּבָר שֶׁנִּתְחַבֵּט עָלָיו אוֹתוֹ זָקֵן אַתְּ מוֹשִׁיטוֹ לָזֶה בְּקָנֶה וַאֲזִיל לְגַבֵּי רַבִּי יְהוֹשֻׁעַ} הִתְחִיל מְפַיְּיסוֹ בִּדְבָרִים, "לֶחֶם" זוֹ תּוֹרָה, דִּכְתִיב (משלי ט, ה) "לַחֲמוּ בְלַחְמִי", "שִׂמְלָה" זוֹ טַלִּית, זָכָה אָדָם לְתוֹרָה זָכָה לְטַלִּית, וְלֹא עוֹד אֶלָּא שֶׁהֵן מַשִּׂיאִין אֶת בְּנוֹתֵיהֶם לַכְּהוּנָּה וְהָיוּ בְּנֵיהֶם כֹּהֲנִים גְּדוֹלִים וּמַעֲלִים עוֹלוֹת עַל גַּבֵּי הַמִּזְבֵּחַ, דָּבָר אַחֵר, "לֶחֶם" זֶה לֶחֶם הַפָּנִים, "וְשִׂמְלָה" אֵלּוּ בִּגְדֵי כְהוּנָּה, הֲרֵי בַּמִּקְדָּשׁ, אֲבָל בַּגְּבוּלִים "לֶחֶם" זוֹ חַלָּה, "וְשִׂמְלָה" זוֹ רֵאשִׁית הַגֵּז, אָמְרוּ: אִלּוּלֵא אֲרִיכוּת פָּנִים שֶׁהֶאֱרִיךְ רַבִּי יְהוֹשֻׁעַ עִם עֲקִילַס הָיָה חוֹזֵר לְסוּרוֹ, וְקָרָא עָלָיו (שם טז, לב) "טוֹב אֶרֶךְ אַפַּיִם מִגִּבּוֹר":

ו [כח, כא] "וְשַׁבְתִּי בְשָׁלוֹם אֶל בֵּית אָבִי", יְרַבִּי יְהוֹשֻׁעַ דְּסִכְנִין בְּשֵׁם רַבִּי לֵוִי: נָטַל הַקָּדוֹשׁ בָּרוּךְ הוּא שִׂיחָתָן שֶׁל אָבוֹת וַעֲשָׂאָן מַפְתֵּחַ לִגְאוּלָּתָן שֶׁל בָּנִים, אָמַר *לוֹ הַקָּדוֹשׁ בָּרוּךְ הוּא:

עץ יוסף

ובא זה והושיטה. פירוש ובא זה הגר והושיטה לו הקדוש ברוך הוא בקנה כלומר בקלה: **נכנס אצל רבי יהושע.** האות אמת מוחק זה: **טווסין.** מין עוף שמן: **פוסייני.** שליו והוא עוף שמן מאד: **אפילו עבדי לא משגיחין עליהן.** כן צריך לומר: **נזף ביה.** הוציאו בנזיפה ובגערה כי שאלו דבר של הבל, ועוד שנראה שהוא נתגייר על מנת לקבל פרס: **אמרו לו תלמידיו רבי כו'.** רצונו לומר שאמרו לו שלא הוי ליה לדחותו בדברי גערה לבד אלא לדבר על לבו דדבר שנתחבט בו הזקן הושיטה לזה בקנה ואם כן דבר גדול הבטיחו ה'. וכך צריך לומר בהנוסח אחר נזף ביה. **אמרו לו תלמידיו רבי דבר שנתחבט עליו אותו זקן את מושיטו לזה בקנה.** ועד כאן הנוסח אחר. ואחר כך צריך להיות **נכנס אצל רבי יהושע התחיל מפייסו כו': מפייסו בדברים.** ואמר ליה שלא היה כוונת יעקב כפשוטו על לחם לבד, כי אם עיקר בקשתו היה על עניינים נפשיים, שעל זה בקש בדרך רמז וקרא לתורה שהוא מזון הנפש בשם לחם שמשביע לנפש כלחם לגוף, וטלית הוא לבוש הנפש לזכות בחיים הנצחיים, וכן קרא בגד לבגדי כהונה, וזהו הבטחה שהבטיח ה' לגר גם כן שיזכה לשלימות הנפש עד למדי: **היה חוזר לסורו.** פירוש לאולתו וכסלותו על שלא רוה רבי אליעזר לנחו בשאלתו וגער בו: **טוב ארך אפים מגבור.** טוב רבי יהושע שהשיב בארכות אפים מרבי אליעזר שהשיבו בכעס כגבור ואיש מלחמות. בקהלת רבה (ז, כ) גרס טוב ארך רוח מגבה רוח (שם ז, ח) [נזר הקודש]: **(ו) נטל הקדוש ברוך הוא כו'.** דכל מה שאירע לאבות סימן לבנים:

פירוש מהרז"ו

זו תורה. בשמות רבה (יט, ד) דורש כן על יעקב: **זו טלית.** שמות רבה (כז, ט) ושם נסמן, והיינו בגד כבוד של תלמיד חכם: **הרי במקדש אבל בגבולין.** שמכ"ד מתנות כהונה מהם במקדש ומהם בגבולין היינו בכל ארץ ישראל. ועיין ויקרא רבה (ג, ה) חלקם בחיים אלו קדשי המזבח, וצפונך תמלא בטנם אלו קדשי הגבול, ועיין מה שכתבתי שם: **טוב ארך אפים.** בקהלת רבה (ז, יח) הגירסא טוב ארך רוח עיין שם:

מתנות כהונה

נ"א עקילס כו'. כן הוא במדרש קהלת בפסוק טוב אחרית דבר ועיין עוד בבמדבר רבה סוף פ"ח ועיין בשמות רבה פרשה י"ט ותמלא נחת במאמר זה: **טווסין.** מין עוף שקורין פפאוני: **פוסייני.** שליו והוא עוף שמן מאד כדאיתא בפרק יום הכפורים: **אפילו על עבדים כו'.** ופי' העבדים אינם משגיחים עליהם והכתוב לא אמר שיתן לו רק לחם ובגד לבד: **נזף ביה.** שלחם הוא שם כלל על כל מאכל אשר יאכל כד"א עבד לחם רב ועוד כי כן דרך הצדיקים אומרים מעט ועושין הרבה ואף כי צדיקו של עולם ב"ה ואין להרהר בזה אחר הכתוב: **את מושיטו כו'.** כלומר וכי זה הוא דבר קטן בעיניו שיהא מובטח כל ימיו בלחם ובגד ואע"פ שמצינו מי שיש לו הרבה מזה מ"מ אינו מובטח שלא יהא חוסר לחם ובגד כל ימיו: **לחם זו תורה.** שאם יתגייר יזכה לתורה שנקרא לחם אבל קודם שנתגייר אמרו חז"ל עובד כוכבים שעוסק בתורה חייב: **כהנים גדולים.** ובגד אלו בגדי כהונה ולחם אלו מתנות כהונה כד"א לחם אלהיו מקדשי הקדשים: **אבל בגבולים כו'.** שלא יהיה פתחון פה לגר לומר התינח בב"ה אבל בגבולין מאי רבותיה וכן ראשית הגז נוהג בין בפני הבית ושלא בפני הבית בארץ ובחוץ לארץ וכן כל מתנות כהונה כדאיתא במסכת חולין וכן חלה: **לסורו.** כלומר לאולתו ולכסלתו ועיין בערוך ערך סאר ועיין עוד במדרש קהלת בפסוק טוב אחרית:

נחמד למראה

[ה] ונתן לי לחם לאכול ובגד ללבוש. עקילס הגר נכנס אצל ר' אליעזר אמר לו כל שבחו של גר שאמר ואוהב גר לתת לו לחם ושמלה. נראה דדייק ליה עקילס הגר מדכתיב (דברים י, יח) ואוהב גר לתת לו לחם ושמלה, שהוה ליה למימר ואוהב גר ונותן לו לחם ושמלה, ומדכתיב לתת לו מורה שכל אהבה של הקב"ה עם הגר אינו אלא כי אם לתת לו לחם ושמלה לבד. והשיב לו רבי יהושע לחם זו תורה וכו'. ופשטיה דקרא נראה לי על פי מה דאיתא במדרש (ילקוט בא רמז ריג) שלשה מיני גרים הם, אחד שבא לשם שמים, ואחד שבא לשם פנייה כהנהו שלשה גרים דאתו לקמיה דשמאי והלל כדאיתא בפרק במה מדליקין (שבת לא, א), ואחד שבא משום עניות, מי שבא לשם פנייה הוא נמאס בעיני ה' ושנאוי, והשנים האחרים לא מיבעיא הראשון שבא לשם שמים בלי שום פנייה אחריתי שהקב"ה אוהבו, אלא אפילו השלישי שבא משום עניות לאכול לשבעה ולמכסה שהיה מקום לומר שלא יאהב אותו ה' דהרי בא לשם פנייה, אפילו הכי אוהב אותו הקב"ה, וזהו שאמר דכתיב ואוהב גר אף על פי שלא נתגייר אלא מפני שיתנו לו לחם ושמלה, ותיבת לתת מוסב על תיבת גר שלפניו ולא על תיבת ואוהב שלפני פניו, רצוני לומר ואוהב הקב"ה את הגר שבא כדי שיתנו לו הבריות לחם ושמלה ודו"ק:

אשד הנחלים

להגר שיתן לו צורכו ההכרחי לקיום גופו. אך ר' אליעזר העיר לבבו, וכי לקדושים אשר בארץ אשר כל מגמתם לדבק בה', וזה כל מאוים וחפצם, והם נזורים מחברת העולם ותענוגיה, להם הבטחת דבר זה ההכרח, דבר גדול, שבא להם מיד ה' צרכם, והמה ינוחו ויתעסקו בעבודת ה' באין טרדה ועמל: **נכנס אצל ר' יהושע.** האות אמת מחק זה: **א"ל תלמידיו דבר שנחבט.** כלומר תלמידיו של ר' אליעזר אמרו לר' אליעזר למה נזפת בו, ולא השבת לו מיעקב אבינו. ואח"כ מספר המדרש מה שהשיב **ר' יהושע** להגר שלא היה כוונת יעקב על לחם כפשוטו, כי אין זה מחפצי יעקב ומבוקשתו על עניינים גופנים, כי אם עיקר בקשתו היה על עניינים נפשיים, שעל זה ביקש בדרך הרמז. וקרא לתורה שהוא מזון הנפש בשם לחם, שמשביע לנפש כלחם לגוף, וטלית הוא לבוש הנפש לזכות בחיים הנצחיים ולהגין עליו מעונש כטלית המגין על הגוף. וכן קרא בגד לבגדי כהונה, כי על הרוב הונח שם בגד על בגדי תפארת שהם מתהדרים בעיני אלהים ואדם. וזהו ההבטחה שהבטיח ה' לגר ג"כ, שיזכה לשלימות הנפש עד למדי. ויותר היה נראה למחוק מלת ואזל לגבי **ר' יהושע**, כי הלשון משמע שהיה מפייס לו ר' אליעזר, בעצמו ורק הבעל אות אמת הגיה כאן מפני שמחק לעיל: **זה לחם הפנים.** כלומר אמת שכוונתו היה על לחם כפשוטו, אבל על אכילת קדשים שהם לחמי ה', וכן השמלה שזהו ראשית הגז שהם ענייני קדושה: **[ו] שיחתן כו'**

חידושי הרד"ל

[ה] מושיטו לזה בקנה (עד כאן הנוסחא אחרינא). **התחיל רבי יהושע מפייסו.** כן צריך לומר:

חידושי הרש"ש

[ה] {אפילו על עבדי לא משגיחין בהו. כן צריך לומר וכן מצאתי בספרים אחרים:} **{נזף ביה ואזיל לגבי רבי יהושע.** זה צריך לומר להלן אחר מושיטו לזה בקנה, וכן מוכח בספרים אחרים וכל זה הוא מנ"א:} **ומעלים עולות על גב המזבח לחם זה לחם הפנים כו'.** כן צריך לומר, ותיבות דבר אחר מיותרים, וכן בילקוט (רמז קכג) ליתנייהו:

מסורת המדרש

ז. ילקוט זכריה רמז תקפ"ה:

אם למקרא

לְכוּ לַחֲמוּ בְלַחְמִי וּשְׁתוּ בְּיַיִן מָסָכְתִּי: (משלי ט:ה)

טוֹב אֶרֶךְ אַפַּיִם מִגִּבּוֹר וּמֹשֵׁל בְּרוּחוֹ מִלֹּכֵד עִיר: (שם טז:לב)

ידי משה

[ה] אלא שהן משיאין בנותיהן לכהונה. וזה אתיא (כר"י) [כרבי אליעזר בן יעקב] בפרק עשרה יוחסין (קידושין עח, א). כי אם בתולה מזרע ישראל יקח עד דאיתא כל זרע מישראל, רבי אליעזר בן יעקב אומר אפילו מקצת זרע, מה שאין כן אליבא דתנא קמא שפוסל עד דאיתא דוקא כל זרע מישראל, ואם כן אינו רשאי לישא גיורת וקל להבין:

שינוי נוסחאות

(ה) **נזף ביה.** בכמעט כל הדפוסים כתוב כאן "ואזיל לגבי רבי יהושע", אבל אות אמת מחקו מכאן והעבירו להלן (אחר "בקנה"), וכן כתבו בדפוס וארשא:

אַתָּה אָמַרְתָּ "וְהָיָה ה' לִי לֵאלֹהִים" — **"You said, '. . . *and HASHEM will be* [וְהָיָה] *a God to me.'*** חַיֶּיךָ כָּל טוֹבוֹת וּבְרָכוֹת וְנֶחָמוֹת שֶׁאֲנִי נוֹתֵן לְבָנֶיךָ אֵינִי נוֹתֵן אֶלָּא בַּלָּשׁוֹן הַזֶּה — **By your life!** I swear that **all** of the **good things,** the **blessings and** the **consolations that I shall bestow upon your offspring, I will bestow** upon them **only** with use of **this** very **expression** (וְהָיָה)."[68] שֶׁנֶּאֱמַר "וְהָיָה בַּיּוֹם הַהוּא יֵצְאוּ מַיִם חַיִּים מִירוּשָׁלַיִם" — **As it states,** ***And it shall be*** [וְהָיָה] ***on that day, spring water will flow***[69] ***out of Jerusalem*** (*Zechariah* 14:8);[70] "וְהָיָה בַּיּוֹם הַהוּא יוֹסִיף ה' שֵׁנִית יָדוֹ לִקְנוֹת אֶת שְׁאָר עַמּוֹ" — ***It shall be*** [וְהָיָה] ***on that day that the Lord will once again show His hand, to acquire the remnant of His people*** . . . *He will raise a banner for the nations and assemble the castaways of Israel; and He will gather in the dispersed ones of Judah from the four corners of the earth* (*Isaiah* 11:11-12);[71] "וְהָיָה בַּיּוֹם הַהוּא יִטְּפוּ הֶהָרִים עָסִיס" — ***And it shall be on that day that the mountains will drip with wine*** (*Joel* 4:18);[72] "וְהָיָה בַּיּוֹם הַהוּא יִתָּקַע בְּשׁוֹפָר גָּדוֹל וְגוֹ'" — ***It shall be*** [וְהָיָה] ***on that day that a great shofar will be blown,*** *and those who are lost in the land of Assyria and those cast away in the land of Egypt will come [together], and they will prostrate themselves to HASHEM on the holy mountain in Jerusalem* (*Isaiah* 27:13).[73]

§7 **וְהָאֶבֶן הַזֹּאת אֲשֶׁר שַׂמְתִּי מַצֵּבָה יִהְיֶה בֵּית אֱלֹהִים וְכֹל אֲשֶׁר תִּתֶּן לִי עַשֵּׂר אֲעַשְּׂרֶנּוּ לָךְ** — ***"THEN THIS STONE THAT I HAVE SET UP AS A PILLAR SHALL BECOME A HOUSE OF GOD, AND WHATEVER YOU GIVE ME, I SHALL REPEATEDLY TITHE TO YOU."***

The Midrash relates a dialogue between a heretic and R' Meir concerning the law of redeeming a firstborn donkey:[74]

NOTES

68. In requesting of *HASHEM* to *be a God* to him, Jacob initiated his petition with the word וְהָיָה. Consequently, God promises to use this term as the opening phrase in various statements concerning aspects of the future Redemption (which the Midrash proceeds to cite). The word וְהָיָה would thus be employed by God to open the doors of salvation for the Jewish people (see *Yefeh To'ar*). See Insights Ⓐ and Ⓑ.

69. The verse refers to a remarkable innovation of the period of the Redemption: a great outpouring of Divine wisdom will engulf the world. The metaphor of a surge of water to connote the attainment of great stores of spiritual knowledge appears as well in Isaiah's prophetic vision of the Messianic era (*Isaiah* 11:9): *For the earth will be as filled with knowledge of HASHEM as water covering the seabed* (*Anaf Yosef*).

70. [The immediately following verse affirms God's Kingship and the universal acknowledgment of His Oneness in the age of the Redemption: *HASHEM will be* [וְהָיָה] *the King over all the land; on that day HASHEM will be One and His Name will be One* (*Zechariah* ibid., v. 9). It is possible that the Midrash means to include this verse in the present citation.]

71. This verse, too, refers to an unprecedented development, for the ingathering of the exiles described in these verses will be a wondrous manifestation of Divine intervention on a global scale — on a magnitude never before experienced in the history of the world (see *Anaf Yosef*).

72. This verse likewise refers to a new development: the rebirth and revitalization of the earth's soil, which had been cursed since the time of Adam's sin (see above, 3:17). At the time of the Redemption, the earth will be blessed with a newfound productivity (*Anaf Yosef*).

73. This verse, too, obviously speaks of the Redemption. [*Tosefta* (*Sanhedrin* Ch. 13) expounds this verse as referring to the fact that the Ten Lost Tribes, and the generation that had wandered the desert for forty years following the Exodus, would share in the privileges of the Next World (see Mishnah *Sanhedrin* 108a). Perhaps (in line with the approach of *Anaf Yosef* in the preceding notes) this is the "new development" of this verse that warrants its inclusion in our Midrash.]

74. Although this dialogue is not related to our passage, it is included here because of its similarity to the dialogue that follows it in the Midrash. That dialogue, which also involves R' Meir, does relate to our passage (*Yefeh To'ar*, cited by *Eitz Yosef*; *Maharzu, Eshed HaNechalim*). [It is also possible that the Midrash cites both dialogues here as further examples of the theme of §5 above, viz., the value of speaking to one's questioner in a thoughtful and patient manner. See below.]

INSIGHTS

Ⓐ **How Will It Be?** Our Midrash seems most puzzling. The word וְהָיָה appears hundreds of times in Scripture; why does R' Levi grant it so much importance in Jacob's statement? And what is the significance of the fact that Scriptural statements concerning the Redemption begin with this term? We present here two approaches from the commentators:

Yefeh To'ar observes that, of all the things that Jacob prays for (safe return, bread and clothing, etc.), he used the term וְהָיָה only in the context of his request that *HASHEM will be a God to me. Yefeh To'ar* explains that this term bears two connotations: joy (see 42 §3 above) and permanence. In using this term as he did, Jacob indicated that having Hashem as his God was the one item that would bring him the most joy and whose consistent fulfillment he deemed most critical (even more than the fulfillment of his basic needs like food and clothing). The Midrash is saying that Jacob would be justly compensated for the spiritual priorities he demonstrated: in the merit of his carefully choosing to use this term in this specific and exclusive context, God will usher in an era of permanent joy for Jacob's children. Alternatively, *Anaf Yosef* writes that the term וְהָיָה (literally, *it will be*) connotes the emergence of a new entity. While Jacob undoubtedly already possessed strong faith in God and in His Providence, his request that *HASHEM will be a God to me* was an expression of his hope to attain heightened levels of prophecy and of Divine Providence. He hoped to reach a level that would be beyond the natural order altogether. In recognition of the righteous nature of Jacob's request, God informed him that in the future his descendants would partake of life in a world that indeed functioned on a plane that was beyond the natural order.

See next Insight (B).

Ⓑ **Key to the Future** *Sfas Emes* (5658), as amplified by *Ohr Gedalyahu* (on our verse), explains the deeper significance in Jacob's expression "וְהָיָה" being the key to the ultimate redemption and to "all the good things, blessings and consolations" that it will bring.

וְהָיָה, *it will be*, is a past-tense form (הָיָה) transformed into the future tense by the prefix ו. Jacob chose his words carefully. "וְהָיָה ה' לִי לֵאלֹהִים" actually means: *and HASHEM "will have been" a God to me* (see Insight to *Ruth Rabbah,* beginning of *Pesichta* §7, "Past and Future"). He is saying: It is not simply that in the end God will redeem me. The end will show that God will have been a God for me *all along*. The sufferings and disappointments of the past will be revealed as essential building blocks of the glorious future. From the vantage point of the future, we will see the goodness of the past, a goodness that had been masked by the turmoil of the present.

This is what we mean when we call God the בַּעַל הַנֶּחָמוֹת, *Master of Consolations*. Consolation is more than a way of suppressing and forgetting the pain of the past. True consolation is changing our *perception* of that past. All that seemed bleak was goodness in disguise. God is the true Consoler, the Master of Consolations. It is He Who was with us all along, Who will say to us (*Isaiah* 51:12): *I, only I, am He Who consoles you.*

The ability to perceive this is a quality of Jacob, who is characterized by אֱמֶת, *truth* (see *Micah* 7:20), a word that spans the entire alphabet (א and ת at the beginning and end, and מ in the middle). In truth, *everything* that God does to us is good. And that may be a layer of meaning in Jacob's prayer that *HASHEM will be a God to me* "from beginning to end" (see *Rashi* on our verse; *Yalkut* on *Devarim* §833).

With this, *Ohr Gedalyahu* explains the verse in *Psalms* (126:1): *A song of ascents. When HASHEM will return the captivity of Zion, we will be like dreamers.* Under the searing light of truth at that time, our past perceptions of what we endured will be seen as no more than a dream.

In that shining future, Jacob's key will have unlocked the secrets of the past.

אַתָּה אָמַרְתָּ "וְהָיָה ה' לִי לֵאלֹהִים", חַיֶּיךָ כָּל טוֹבוֹת וּבְרָכוֹת וְנֶחָמוֹת שֶׁאֲנִי נוֹתֵן לְבָנֶיךָ אֵינִי נוֹתֵן אֶלָּא בַּלָּשׁוֹן הַזֶּה, שֶׁנֶּאֱמַר (זכריה יד, ח) "וְהָיָה בַּיּוֹם הַהוּא יֵצְאוּ מַיִם חַיִּים מִירוּשָׁלַיִם", (ישעיה יא, יא) "וְהָיָה בַּיּוֹם הַהוּא יוֹסִיף ה' שֵׁנִית יָדוֹ לִקְנוֹת אֶת שְׁאָר עַמּוֹ", (יואל ד, יח) "וְהָיָה בַּיּוֹם הַהוּא יִטְּפוּ הֶהָרִים עָסִיס" (ישעיה כז, יג) "וְהָיָה בַּיּוֹם הַהוּא יִתָּקַע בְּשׁוֹפָר גָּדוֹל וְגוֹ' ":

ז "וְהָאֶבֶן הַזֹּאת אֲשֶׁר שַׂמְתִּי מַצֵּבָה יִהְיֶה בֵּית אֱלֹהִים וְכֹל אֲשֶׁר תִּתֶּן לִי עַשֵּׂר אֲעַשְּׂרֶנּוּ לָךְ", חַד נָכְרִי שַׁאֲלֵיהּ לְרַבִּי מֵאִיר, אֲמַר לֵיהּ: פֶּטֶר חֲמוֹרְךָ בַּמֶּה הוּא נִפְדֶּה, אֲמַר לֵיהּ: בְּשֶׂה, דִּכְתִיב (שמות לד, כ) "וּפֶטֶר חֲמוֹר תִּפְדֶּה בְשֶׂה", אָמַר לוֹ: [ח]אֵין לוֹ שֶׂה, אָמַר לוֹ: בִּגְדִי, אֲמַר לֵיהּ: מְנָא לָךְ הָא, אֲמַר לֵיהּ: דִּכְתִיב (שם יב, ה) "מִן הַכְּבָשִׂים וּמִן הָעִזִּים תִּקָּחוּ", אֲמַר לֵיהּ: אֵלּוּ לְפֶסַח, אֲמַר לֵיהּ: אַף גְּדִי נִקְרָא שֶׂה, מְנָא לָךְ הָא, אֲמַר לֵיהּ: דִּכְתִיב (דברים יד, ד) "זֹאת הַבְּהֵמָה אֲשֶׁר תֹּאכֵלוּ, שׁוֹר שֵׂה כְבָשִׂים וְשֵׂה עִזִּים", עָמַד וּנְשָׁקוֹ עַל רֹאשׁוֹ. רַבִּי יְהוֹשֻׁעַ דְּסִכְנִין בְּשֵׁם רַבִּי לֵוִי אָמַר: [ט]כּוּתִי אֶחָד שָׁאַל אֶת רַבִּי מֵאִיר, אָמַר לוֹ: אֵין אַתֶּם אוֹמְרִים יַעֲקֹב אֲמִיתִּי, דִּכְתִיב (מיכה ז, כ) "תִּתֵּן אֱמֶת לְיַעֲקֹב", אָמַר לוֹ: הֵין, אָמַר לוֹ: וְלֹא כָךְ אָמַר: "וְכֹל אֲשֶׁר תִּתֶּן לִי עַשֵּׂר אֲעַשְּׂרֶנּוּ לָךְ", אָמַר לוֹ: הֵין, אָמַר לוֹ: הִפְרִישׁ שִׁבְטוֹ שֶׁל לֵוִי אֶחָד מֵעֲשָׂרָה, לָמָּה לֹא הִפְרִישׁ א' מִי' לִשְׁנַיִם שְׁבָטִים אֲחֵרִים, אָמַר לוֹ: וְכִי י"ב הֵן, וַהֲלֹא י"ד הֵן, (לקמן מח, ה) "אֶפְרַיִם וּמְנַשֶּׁה כִּרְאוּבֵן וְשִׁמְעוֹן יִהְיוּ לִי", אֲמַר לֵיהּ: כָּל שֶׁכֵּן, אוֹסִיפְתָּא מַיָּא אוֹסִיף קִמְחָא, אָמַר לוֹ: אֵין אַתְּ מוֹדֶה לִי שֶׁהֵם אַרְבַּע אִמָּהוֹת, אָמַר לוֹ: הֵין, אָמַר לוֹ: צֵא מֵהֶם ד' בְּכוֹרוֹת לְד' אִמָּהוֹת, הַבְּכוֹר קֹדֶשׁ וְאֵין קֹדֶשׁ מוֹצִיא קֹדֶשׁ, אָמַר לוֹ: אַשְׁרֶיךָ וְאַשְׁרֵי אוּמָּתְךָ שֶׁאַתְּ שָׁרוּי בְּתוֹכָהּ:

ח [כט, א] "וַיִּשָּׂא יַעֲקֹב רַגְלָיו", [י]אָמַר רַבִּי אַחָא: (משלי יד, ל) "חַיֵּי בְשָׂרִים לֵב מַרְפֵּא", כֵּיוָן שֶׁנִּתְבַּשֵּׂר בְּשׂוֹרָה טוֹבָה טָעִין לִיבֵּיהּ יַת רַגְלוֹהִי, הָדָא אָמְרָה כְּרֵיסָא טָעֲנָא רַגְלַיָּא. [כט, ב] "וַיַּרְא וְהִנֵּה בְאֵר בַּשָּׂדֶה", רַבִּי חָמָא בַּר חֲנִינָא פָּתַר בֵּיהּ שִׁית שִׁיטִּין:

עץ יוסף

(ז) נכרי אחד שאליה כו'. זה השואל היה מכת שאינם מאמינים בתורה שבעל פה אלא בתורה שבכתב לבד, ולזה בא לפקפק על קבלת החכמים האומרים שפדיון פטר חמור הוא אף בגדי, ובא רבי מאיר לברר לו הדבר מתוך הכתוב (נזר הקודש). ומייתי ליה הכא איידי דבעי לאתויי שאלת הכותי לרבי מאיר דבסמוך, לומר שדרכם היה לשאול לרבי מאיר שהיו תשובותיו חביבין בעיניהם (יפה תואר): **מן הכבשים ומן העזים.** רצונו לומר מכיון דכתיב תכוסו על השה שה תמים והדר כתיב מן הכבשים ומן העזים משמע דהיינו פירושא דשה. ודחי ליה השואל דדילמא לעולם אין שה אלא כבשים, ובפסח קאמר קרא דלאו דוקא שה אלא אפילו עזים (יפה תואר): **זאת הבהמה אשר תאכלו כו'.** ומתרגמינן תורין אמרין דרחלין וגדיין דעזים: **הפריש שבטו של לוי כו'.** שכך היה קבלה בידם וכמו, שאמרו שלא היו המצרים משתעבדין בהם כי יודעים היו שהם חלק ה' (נזר הקודש): **והלא ארבע עשר הם אפרים כו'.** ואף על גב דאפרים ומנשה הם במקום יוסף ואיך מנה יוסף וגם אפרים. יש לומר דסבירא ליה דכיון דכבר חל מתחלה חובת מעשר על יוסף קודם שהקדיש את אפרים ומנשה במנין השבטים, גם הוא לא נפיק ולא נפטר ממעשר אפילו לאחר הקדש מנשה ואפרים כי אין דין תמורה במעשר ולפיכך נכנסו שניהם בכלל חובת מעשר (נזר הקודש): **אוסיפתא מיא כו'. בלומר** מאחר שהגדיל הקושיא ראוי יותר לבקש תשובה: **ואין קודש בו'.** ונשארו עשרה והפריש מהם שבט לוי למעשר. והא דהפריש לוי ולא אחר מפני שראה שזה יותר מוכן לעבודת השמים: **(ח) חיי בשרים לב מרפא כיון כו'.** שפירש חיי הבשרים הלב מרפא, כי בשמחת הלב תלוים חיי הגוף, ולכן כיון שנתבשר וכו': **טעין ליביה כו'.** נושא לבו את רגליו, כי ההולך בלב עצב הוא כמוכרח על מעשהו, והרי זה כמו שרגליו מוליכין אותו, אבל ההולך ברצון הרי הרגלים הולכים כפי רצון הלב וכאילו לבו נושא את רגליו. וזהו שאומרים הבריות במשליהם הכרס נושא את הרגלים, אם כריסו מלא נפשו רחבה עליו וקל הוא ברגליו: **פתר בה שית שיטין.** כי קשה שהכתוב יבא רק

פירוש מהרז"ו

(ו) בלשון הזה שנאמר והיה. שתיבת והיה הוא לשון שמחה כמו שאיתא לעיל (מב, ג) ושם נסמן (יפה תואר): **(ז) חד עובד כוכבים שאליה לרבי מאיר.** זה הובא אגב מעשה שניה שייכה בכאן: **זאת הבהמה.** דברים (יד, ד), ועיין מכילתא בא פרשת פסח: **רבי יהושע דסכנין.** תנחומא סדר ראה (סימן יד): **ואין קדש מוציא קדש.** עיין במדבר רבה (ד, ט) שאין קדש צריך להוציא קדש אחר, ולא קדש אחר שיוציא אותו שהקדש מוציא עצמו. אך צריך עיון שהרי גם מנשה היה בכור, ואם כן אינה אלא תשעה ואינם חייבים במעשר, ויתכן שיעקב לא קרבם לאפרים ומנשה רק למנין עשרה, אבל לא לבכורת מנשה, ויוסף אמר לו כי הוא הבכור וגו' וכתיב וימאן יעקב, וכמו שביטל בכורת ראובן, וצריך עיון: **(ח) חיי בשרים.** לעיל (כז, א) ועיין מה שכתבתי שם. ודורש

מתנות כהונה

[ז] אלו לפסח. לענין קרבן פסח כבשים וגדיים שוים אבל לענין פטרי חמורים מנא לן שהם שוים: **ה"ג אשר תאכלו שור שה כשבים ושה עזים ופסוק הוא בפרשת ראה: אוסיפתא מיא כו'.** משל הוא אם אוספת מים תוסיף קמח ג"כ כך הוספת להקשות תוסיף לתרץ ולייشב: **ואין קדש בו'.** ונשארו עשרה והפריש מהם שבט לוי למעשר: **[ח] טעין לבא כו'.** נושא לבו את רגליו וז"ש הבריות במשליהם הכרס נושא את הרגלים אם כריסו מלא ונפשו רחבה עליו קל הוא ברגליו: **שיטין.** לשון שיטה כלומר דרכים:

אשד הנחלים

אמרת והיה. לכאורה מאי נפקא לן מינה במלת והיה ומה טובה בזו. והנראה דמלת והיה מורה על הויה חדשה מה שלא היה קודם, והנה בודאי היה מאמין קודם שה' הוא האלהים הוא שומרו ומשגיחו, ורק שביקש על השגחה חדשה עליונה מאוד למעלה מאוד מסדור הטבע, וכן ביקש על הופעת הנבואה הגדולה שיהיה הופעת אלהים עליו. ובזכותו נתבשרנו ג"כ לעתיד לבא להוויות חדשות, הן בהופעת אלקית, וזה (מצאנו) [יצאו] מים שהוא כינוי לשפע החכמה, על דרך (ישעיה יא, ט) כי מלאה הארץ דעה כמים לים מכסים, ועל דרך (ישעיה יב, ג) ושאבתם מים בששון. וכן בענין השגחה בנפלאות גדולות, שזהו הויה חדשה בסדור ההנהגה, כמו שכתוב יוסיף ה' שנית ידו גו', וכן שישתנה הארץ מהאדמה אשר ארה ה' מחטא אדם הראשון ואז יטפו ההרים עסיס, ודי בזה: **[ז] במה הוא נפדה.** מביא זה באגב שמביא אח"כ מכותי ששאל מר' מאיר מענין יעקב. **יעקב אמיתי.** נראה דקושייתו. אחר שמדתו של יעקב אמת, מסתמא התנהג על פי דת של תורה העתידה להנתן שהיא נקראת רק אמת, וא"כ למה לא נתן המעשר כדתה, אחת מבניו הי"ב: **[ח] טעין ליביה.** כי ההולך בלב עצב הוא

חידושי הרש"ש

[ז] דכתיב מן הכבשים ומן העזים תקחו. רצה לומר ולעיל מינה כתיב (שמות יב, ה) שה תמים:

אמרי יושר

[ז] צא מהן ד' בכורות. עיין חידושי צרפת (רבותינו בעלי התוספות פרשת ויצא ד"ה אם יהיה וספר הדר זקנים פרשת ויצא ד"ה וכל אשר). והנכון כי ראש החשבון מיהודה והטעם לפי שהוא מלך ובהסרת הבכורות לוי עשירי. וצריך לומר כי אפרים ומנשה לא היה בכור שום אחד מהם:

ענף יוסף

(ו) שיחתן כו' אמרת והיה כו'. לכאורה מאי נפקא לן מינה במלת והיה, ומה טובה בזו. והנראה דמלת והיה מורה על הויה חדשה מה שלא היה קודם, והנה בודאי היה מאמין קודם שה' הוא אלהים הוא שומרו ומשגיחו, ורק שביקש על השגחה חדשה עליונה מאד למעלה מסדור הטבע, וכן ביקש על הופעת הנבואה הגדולה שתהיה הופעת אלהים עליו, ובזכותו נתבשרנו גם כן לעתיד להוויות חדשות, הן בהופעת אלקות, וזה מלאנו מים שהוא כינוי לשפע החכמה על דרך (ישעיה יא, ט) כי מלאה הארץ דעה כמים לים מכסים, ועל דרך (ישעיה יב, ג) ושאבתם מים בששון. וכן בענין השגחה בנפלאות גדולות שזהו הויה חדשה בסדור ההנהגה כמו שנאמר יוסיף ה' שנית ידו וגו', כן שישתנה הארץ מהאדמה אשר אררה ה' מחטא אדם הראשון ואז יטפו ההרים עסים, ודי בזה:

אמרי יושר

[ח] חיי בשרים. הרגישו כי אין הבשר סבת מרפא הלב לזה פירשוהו לשון בשורה: **והנה באר.** דרשוהו. כי קשה מה לנו בזה:

מסורת המדרש

ח. עיין בכורות דף ט' ודף י"ב:
ט. פסיקתא דרב כהנא פסקא י"א. תנחומא סדר ראה סימן י"ד:
י. ילקוט כאן רמז קכ"ג כל הענין:

אם למקרא

וְהָיָה בַּיּוֹם הַהוּא יֵצְאוּ מַיִם־חַיִּים מִירוּשָׁלִַם חֶצְיָם אֶל־הַיָּם הַקַּדְמוֹנִי וְחֶצְיָם אֶל־הַיָּם הָאַחֲרוֹן בַּקַּיִץ וּבָחֹרֶף יִהְיֶה: (זכריה יד:ח)

וְהָיָה בַּיּוֹם הַהוּא יוֹסִיף אֲדֹנָי שֵׁנִית יָדוֹ לִקְנוֹת אֶת־שְׁאָר עַמּוֹ אֲשֶׁר יִשָּׁאֵר מֵאַשּׁוּר וּמִמִּצְרַיִם וּמִפַּתְרוֹס וּמִכּוּשׁ וּמֵעֵילָם וּמִשִּׁנְעָר וּמֵחֲמָת וּמֵאִיֵּי הַיָּם: (ישעיה יא:יא)

וְהָיָה בַּיּוֹם הַהוּא יִטְּפוּ הֶהָרִים עָסִיס וְהַגְּבָעוֹת תֵּלַכְנָה חָלָב וְכָל־אֲפִיקֵי יְהוּדָה יֵלְכוּ מָיִם וּמַעְיָן מִבֵּית ה' יֵצֵא וְהִשְׁקָה אֶת־נַחַל הַשִּׁטִּים: (יואל ד:יח)

וְהָיָה בַּיּוֹם הַהוּא יִתָּקַע בְּשׁוֹפָר גָּדוֹל וּבָאוּ הָאֹבְדִים בְּאֶרֶץ אַשּׁוּר וְהַנִּדָּחִים בְּאֶרֶץ מִצְרָיִם וְהִשְׁתַּחֲווּ לַיהוָה בְּהַר הַקֹּדֶשׁ בִּירוּשָׁלָםִ: (ישעיה כז:יג)

וּפֶטֶר חֲמוֹר תִּפְדֶּה בְשֶׂה וְאִם־לֹא תִפְדֶּה וַעֲרַפְתּוֹ כֹּל בְּכוֹר בָּנֶיךָ תִּפְדֶּה וְלֹא־יֵרָאוּ פָנַי רֵיקָם: (שמות לד:כ)

שֶׂה תָמִים זָכָר בֶּן־שָׁנָה יִהְיֶה לָכֶם מִן־הַכְּבָשִׂים וּמִן־הָעִזִּים תִּקָּחוּ: (שם יב:ה)

זֹאת הַבְּהֵמָה אֲשֶׁר תֹּאכֵלוּ שׁוֹר שֵׂה כְשָׂבִים וְשֵׂה עִזִּים: (דברים יד:ד)

תִּתֵּן אֱמֶת לְיַעֲקֹב חֶסֶד לְאַבְרָהָם אֲשֶׁר־נִשְׁבַּעְתָּ לַאֲבֹתֵינוּ מִימֵי קֶדֶם: (מיכה ז:כ)

וְעַתָּה שְׁנֵי בָנֶיךָ הַנּוֹלָדִים לְךָ בְּאֶרֶץ מִצְרַיִם עַד בֹּאִי אֵלֶיךָ מִצְרַיְמָה לִי הֵם אֶפְרַיִם וּמְנַשֶּׁה כִּרְאוּבֵן וְשִׁמְעוֹן יִהְיוּ לִי: (בראשית מח:ה)

חַיֵּי בְשָׂרִים לֵב מַרְפֵּא וּרְקַב עֲצָמוֹת קִנְאָה: (משלי יד:ל)

שינוי נוסחאות

(ו) אתה אמרת והיה ה' לי לאלהים. תיבת >ה'< חסרה בכל הדפוסים, אבל איתה בפסוק ובכי"י של בראשית רבה:

חַד נָכְרִי שָׁאֲלֵיהּ לְרַבִּי מֵאִיר — A certain heretic[75] posed the following question to R' Meir:[76] אֲמַר לֵיהּ: פֶּטֶר חֲמוֹרְךָ בַּמֶּה הוּא נִפְדֶּה — [The heretic] said to [R' Meir], "What animal is used to redeem the firstborn of your donkey?"[77] אֲמַר לֵיהּ: בְּשֶׂה, דִּכְתִיב "וּפֶטֶר חֲמוֹר תִּפְדֶּה בְשֶׂה" — [R' Meir] answered [the heretic], "It is redeemed with a lamb, as it is written, *The first issue of a donkey you redeem with a lamb*" (*Exodus* 34:20).[78] אֲמַר לוֹ: אֵין לוֹ שֶׂה — [The heretic] asked [R' Meir], "What should the owner use if he does not have a lamb?" אֲמַר לוֹ: בִּגְדִי — [R' Meir] answered [the heretic], "He should perform the redemption with a kid." אֲמַר לֵיהּ: מְנָא לָךְ הָא — [The heretic] asked [R' Meir], "From where do you know this?"[79] אֲמַר לֵיהּ: דִּכְתִיב "מִן הַכְּבָשִׂים וּמִן הָעִזִּים תִּקָּחוּ" — [R' Meir] answered [the heretic], "For it is written regarding the Passover sacrifice: *An unblemished 'seh' . . . from the sheep or goats shall you take it*" (ibid. 12:5).[80] אֲמַר לֵיהּ: אֵלּוּ לְפֶסַח — [The heretic] asked [R' Meir], "We find these two kinds of animals being acceptable only in regard to the Passover sacrifice! How does this verse prove that goats (and not just sheep) are acceptable for the redemption of a firstborn donkey?!" אֲמַר לֵיהּ: אַף גְּדִי נִקְרָא שֶׂה — [R' Meir] answered [the heretic], "A kid too is called a *seh*."[81] מְנָא לָךְ הָא — The heretic asked R' Meir, "From where do you know this?" אֲמַר לֵיהּ: דִּכְתִיב "זֹאת הַבְּהֵמָה אֲשֶׁר תֹּאכֵלוּ, שׁוֹר שֵׂה כְבָשִׂים וְשֵׂה עִזִּים" — [R' Meir] answered [the heretic], "It is written: *These are the animals that you may eat: the ox, sheep, and goat*" (*Deuteronomy* 14:4).[82] עָמַד וּנְשָׁקוֹ עַל רֹאשׁוֹ — The heretic was so taken by R' Meir's answer that he arose and kissed him on his head.

The Midrash relates another dialogue — this one relating to Jacob's vow — where a skeptical questioner emerges duly impressed with R' Meir's answer:

רַבִּי יְהוֹשֻׁעַ דְּסִכְנִין בְּשֵׁם רַבִּי לֵוִי אָמַר — R' Yehoshua of Sichnin said in the name of R' Levi: כּוּתִי אֶחָד שָׁאַל אֶת רַבִּי מֵאִיר — A certain Cuthean posed a question to R' Meir. אָמַר לוֹ: אֵין אַתֶּם אוֹמְרִים יַעֲקֹב אֲמִיתִּי דִּכְתִיב "תִּתֵּן אֱמֶת לְיַעֲקֹב" — He said to him, "Do you not contend that Jacob was truthful, as it is written, *Grant truth to Jacob?*" (*Micah* 7:20) אָמַר לוֹ: הֵין — [R' Meir] answered him, "Yes, of course." אָמַר לוֹ: וְלֹא כָּךְ אָמַר: "וְכֹל אֲשֶׁר תִּתֶּן לִי עַשֵּׂר אֲעַשְּׂרֶנּוּ לָךְ" — [The Cuthean] challenged [R' Meir], "But didn't Jacob state as follows, '*And whatever You give me, I shall repeatedly tithe to You*'?" (28:22). אָמַר לוֹ: הֵין — R' Meir] answered him, "Yes." אָמַר לוֹ: הִפְרִישׁ שִׁבְטוֹ שֶׁל לֵוִי אֶחָד מֵעֲשָׂרָה — [The Cuthean] asked [R' Meir], "[Jacob] set apart the tribe of Levi to serve God[83] in an apparent effort to fulfill the vow of consecrating one-tenth of all that God gives him. לָמָּה לֹא הִפְרִישׁ א׳ מִי׳ לִשְׁנֵים שְׁבָטִים אֲחֵרִים — But if he is indeed fully truthful, as you assert, why did he not also set apart one-tenth of his sons for the other two tribes?"[84] אָמַר לוֹ: וְכִי י״ב הֵן, וַהֲלֹא י״ד הֵן, "אֶפְרַיִם וּמְנַשֶּׁה כִּרְאוּבֵן וְשִׁמְעוֹן יִהְיוּ לִי" — R' Meir begins his reply by raising a further question: He said to [the Cuthean], "And do they, in fact, number only twelve tribes? Are they not actually fourteen in number, in accordance with Jacob's pronouncement to Joseph: *And now, your two sons who were born to you in the land of Egypt before my coming to you in Egypt shall be mine; Ephraim and Manasseh shall be mine like Reuben and Simeon?*" (below, 48:5).[85] אָמַר לֵיהּ: כָּל שֶׁכֵּן, אוֹסִיפְתָּא מַיָּא אוֹסִיף קִמְחָא — [The Cuthean] remarked to [R' Meir], "How much more so does my initial question beg for resolution! One who adds water to the dough must also add more flour to offset the added water!"[86] אָמַר לוֹ: אֵין אַתְּ מוֹדֶה לִי שֶׁהֵם אַרְבַּע אִמָּהוֹת — R' Meir proceeded to resolve the questions: He responded to [the Cuthean], "Do you not agree with me that there are four matriarchs who bore the tribes?"[87] אָמַר לוֹ: הֵין — [The Cuthean] responded to him, "Yes, of course." אָמַר לוֹ: צֵא מֵהֶם ד׳ בְּכוֹרוֹת לְד׳ אִמָּהוֹת — [R' Meir] said to [the Cuthean], "From [the total] of fourteen, subtract the four respective firstborn sons of the four mothers;[88]

NOTES

75. Lit., *foreigner*. The questioner was a member of a sect that rejected the authority of the Oral Law, ascribing validity only to Scripture (in the manner of the Sadducean heresy) (*Eitz Yosef*, citing *Nezer HaKodesh*).

76. The heretic intended to challenge R' Meir regarding a matter of Jewish law that he assumed to be a product of Rabbinic tradition. R' Meir, however, would demonstrate that the law in question is actually rooted in Scripture itself (ibid.).

77. The Torah instructs that the firstborn of a donkey must be redeemed through the substitution of a שֶׂה, *a lamb* (see *Exodus* 13:13 and 34:20). The lamb was given to a Kohen (*Rashi* ad loc.).

78. [It is highly unlikely that the heretic was unaware of this verse (see note 75). His opening question is presumably to be understood as introducing his next question, that follows.]

79. I.e., where does it say this in Scripture?

80. The end of the verse indicates that the term *seh* mentioned earlier includes both sheep and goats. And just as the term *seh* in the context of the Passover sacrifice includes not only sheep but goats as well, so too the term *seh* in the context of the redemption of the firstborn donkey includes not only sheep but goats as well (*Eitz Yosef*, citing *Yefeh To'ar*).

81. R' Meir abandons the attempt to prove his point from the Passover verse, and offered a different answer.

82. In the verse, which lists the kosher animals, the terms *sheep* and *goat* are each preceded by the appellation *seh*. The verse thus clearly shows that the term *seh* may be applied to both. See also *Targum* ad loc., cited by *Eitz Yosef*.

83. The commentators note a difficulty with our Midrash: Although the Tribe of Levi was indeed designated for Divine service (see *Numbers* 1:49ff, 3:6ff, 18:20, *Deuteronomy* 18:1ff), we do not find in Scripture that Jacob already designated Levi to fulfill that role. [The Midrash below, 98 §5, takes Jacob's statement in 49:7 below, *"I will separate them within Jacob,"* as referring to such a designation, but the Cuthean was certainly unaware of this exposition.]

In resolution of this difficulty they suggest that there was a well-known historical tradition that Jacob had sanctified Levi for Divine service. Indeed, the Tribe of Levi's exemption from servitude in Egypt (see *Shemos Rabbah* 5 §16) can be understood only by assuming that the Egyptians knew that Jacob had designated Levi as "God's portion" (*Yefeh To'ar*; *Nezer HaKodesh*, cited by *Eitz Yosef*).

84. That is: Jacob had twelve sons. The separation of the single tribe of Levi constituted 10 percent of *ten* sons; an additional 10 percent of two *more* tribes must be separated in order for Jacob to fulfill his vow completely.

85. The addition of Joseph's sons Manasseh and Ephraim to Jacob's twelve sons brings the total to fourteen. As such, Jacob should actually have set apart not 1.2 tribes, but 1.4!

[It seems somewhat puzzling that the Midrash includes Joseph *and* his sons to arrive at the number fourteen; conventionally, we speak of Manasseh and Ephraim *replacing* Joseph in the count of the tribes (which would bring the total to thirteen). *Nezer HaKodesh*, cited by *Eitz Yosef*, explains: Jacob's vow to give a tenth of what he had to God was made before he had any children. As each child was born (including Joseph), he became subject to that vow. The subsequent designation of Manasseh and Ephraim as Tribes of Israel did not exempt Jacob from tithing *all* of his other children (*Eitz Yosef*, citing *Nezer HaKodesh*).]

86. This is an expression emphasizing the heightened need for a proper resolution. The Cuthean was telling R' Meir: Now that you have made the dilemma yet *more* perplexing (see preceding note), you must surely provide a satisfactory answer! (*Matnos Kehunah, Eitz Yosef*).

87. Rachel, Leah, Bilhah, and Zilpah.

88. Joseph from Rachel, Reuben from Leah, Dan from Bilhah, and Gad from Zilpah. [It seems that Jacob did not count Joseph's firstborn son Manasseh as a (fifth) firstborn; see *Maharzu* and *Imrei Yosher* (see, however, *Yefeh To'ar*).]

אַתָּה אָמַרְתָּ "וְהָיָה ה׳ לִי לֵאלֹהִים", חַיֶּיךָ כָּל טוֹבוֹת וּבְרָכוֹת וְנֶחָמוֹת שֶׁאֲנִי נוֹתֵן לְבָנֶיךָ אֵינִי נוֹתֵן אֶלָּא בַּלָּשׁוֹן הַזֶּה, שֶׁנֶּאֱמַר (זכריה יד, ח) "וְהָיָה בַּיּוֹם הַהוּא יֵצְאוּ מַיִם חַיִּים מִירוּשָׁלַיִם", (ישעיה יא, יא) "וְהָיָה בַּיּוֹם הַהוּא יוֹסִיף ה׳ שֵׁנִית יָדוֹ לִקְנוֹת אֶת שְׁאָר עַמּוֹ", (יואל ד, יח) "וְהָיָה בַּיּוֹם הַהוּא יִטְּפוּ הֶהָרִים עָסִיס" (ישעיה כז, יג) "וְהָיָה בַּיּוֹם הַהוּא יִתָּקַע בְּשׁוֹפָר גָּדוֹל וְגוֹ׳ ":

ז "וְהָאֶבֶן הַזֹּאת אֲשֶׁר שַׂמְתִּי מַצֵּבָה יִהְיֶה בֵּית אֱלֹהִים וְכֹל אֲשֶׁר תִּתֶּן לִי עַשֵּׂר אֲעַשְּׂרֶנּוּ לָךְ", חַד נָכְרִי שַׁאֲלֵיהּ לְרַבִּי מֵאִיר, אֲמַר לֵיהּ: פֶּטֶר חֲמוֹרְךָ בַּמֶּה הוּא נִפְדֶּה, אֲמַר לֵיהּ: בְּשֶׂה, דִּכְתִיב (שמות לד, כ) "וּפֶטֶר חֲמוֹר תִּפְדֶּה בְשֶׂה", אָמַר לוֹ: [ח]אֵין לוֹ שֶׂה, אָמַר לוֹ: בִּגְדִי, אֲמַר לֵיהּ: מְנָא לָךְ הָא, אֲמַר לֵיהּ: דִּכְתִיב (שם יב, ה) "מִן הַכְּבָשִׂים וּמִן הָעִזִּים תִּקָּחוּ", אֲמַר לֵיהּ: אֵלּוּ לְפֶסַח, אֲמַר לֵיהּ: אַף גְּדִי נִקְרָא שֶׂה, מְנָא לָךְ הָא, אֲמַר לֵיהּ: דִּכְתִיב (דברים יד, ד) "זֹאת הַבְּהֵמָה אֲשֶׁר תֹּאכֵלוּ, שׁוֹר שֵׂה כְבָשִׂים וְשֵׂה עִזִּים", עָמַד וּנְשָׁקוֹ עַל רֹאשׁוֹ. רַבִּי יְהוֹשֻׁעַ דְּסִכְנִין בְּשֵׁם רַבִּי לֵוִי אָמַר: [ט]כּוּתִי אֶחָד שָׁאַל אֶת רַבִּי מֵאִיר, אָמַר לוֹ: אֵין אַתֶּם אוֹמְרִים יַעֲקֹב אֲמִיתִּי, דִּכְתִיב (מיכה ז, כ) "תִּתֵּן אֱמֶת לְיַעֲקֹב", אָמַר לוֹ: הֵין, אָמַר לוֹ: וְלֹא כָךְ אָמַר: "וְכֹל אֲשֶׁר תִּתֶּן לִי עַשֵּׂר אֲעַשְּׂרֶנּוּ לָךְ", אָמַר לוֹ: הֵין, אָמַר לוֹ: הִפְרִישׁ שִׁבְטוֹ שֶׁל לֵוִי אֶחָד מֵעֲשָׂרָה, לָמָּה לֹא הִפְרִישׁ א׳ מִי׳ לִשְׁנַיִם שְׁבָטִים אֲחֵרִים, אָמַר לוֹ: וְכִי י״ב הֵן, וַהֲלֹא י״ד הֵן, (לקמן מח, ה) "אֶפְרַיִם וּמְנַשֶּׁה כִּרְאוּבֵן וְשִׁמְעוֹן יִהְיוּ לִי", אֲמַר לֵיהּ: כָּל שֶׁכֵּן, אוֹסִיפְתָּא מַיָּא אוֹסֵיף קִמְחָא, אָמַר לוֹ: אֵין אַתְּ מוֹדֶה לִי שֶׁהֵם אַרְבַּע אִמָּהוֹת, אָמַר לוֹ: הֵין, אָמַר לוֹ: צֵא מֵהֶם ד׳ בְּכוֹרוֹת לְד׳ אִמָּהוֹת, הַבְּכוֹר קֹדֶשׁ וְאֵין קֹדֶשׁ מוֹצִיא קֹדֶשׁ, אָמַר לוֹ: אַשְׁרֶיךָ וְאַשְׁרֵי אוּמָּתְךָ שֶׁאַתְּ שָׁרוּי בְּתוֹכָהּ:

ח [כט, א] "וַיִּשָּׂא יַעֲקֹב רַגְלָיו", [י]אָמַר רַבִּי אַחָא: (משלי יד, ל) "חַיֵּי בְשָׂרִים לֵב מַרְפֵּא", כֵּיוָן שֶׁנִּתְבַּשֵּׂר בְּשׂוֹרָה טוֹבָה טָעִין לִיבֵּיהּ יַת רַגְלוֹהִי, הָדָא אָמְרָה כְּרֵיסָא טָעֲנָא רַגְלַיָּא. [כט, ב] "וַיַּרְא וְהִנֵּה בְאֵר בַּשָּׂדֶה", רַבִּי חָמָא בַּר חֲנִינָא פָּתַר בֵּיהּ שִׁית שִׁיטִין:

עץ יוסף

(ז) נכרי אחד שאליה כו׳. זה השואל היה מכת שאינם מאמינים בתורה שבעל פה אלא בתורה שבכתב לבד, ולזה בא לפקפק על קבלת החכמים האומרים שפדיון פטר חמור הוא אף בגדי, ובא רבי מאיר לברר לו הדבר מתוך הכתוב (נזר הקודש). ומייתי ליה הכא איידי דבעי לאתויי שאלת הכותי לרבי מאיר דבסמוך, לומר שדרכם היה לשאול לרבי מאיר שהיו תשובותיו חביבין בעיניהם (יפה תואר): **מן הכבשים ומן העזים.** רצונו לומר מכיון דכתיב תכוסו על השה שה תמים והדר כתיב מן הכבשים ומן העזים משמע דהיינו פירושא דשה. ודחי ליה השואל דדילמא לעולם אין שה אלא כבשים, ובפסח קאמר קרא דלאו דוקא שה אלא אפילו עזים (יפה תואר): **זאת הבהמה אשר תאכלו כו׳.** ומתרגמינן תורין אמרין דרחלין וגדיין דעזים: **הפריש שבטו של לוי כו׳.** שכך היה קבלה בידם וכמו, שאמרו שלא היו המצרים משתעבדין בהם כי יודעים היו שהם חלק ה׳ (נזר הקודש): **והלא ארבע עשר הם אפרים כו׳.** ואף על גב דאפרים ומנשה הם במקום יוסף ואיך מנה יוסף וגם אפרים. יש לומר דסבירא ליה דכיון דכבר חל מתחלה חובת מעשר על יוסף קודם שהקדיש את אפרים ומנשה במנין השבטים, גם הוא לא נפיק ולא נפטר ממעשר אפילו לאחר הקדש מנשה ואפרים כי אין דין תמורה במעשר ולפיכך נכנסו שניהם בכלל חובת מעשר (נזר הקודש): **אוסיפתא מיא כו׳. בלומר** מאחר שהגדיל הקושיא ראוי יותר לבקש תשובה: **ואין קודש כו׳.** ונשארו עשרה והפריש מהם שבט לוי למעשר. והא דהפריש לוי ולא אחר מפני שראה שזה יותר מוכן לעבודת השמים: **(ח) חיי בשרים לב מרפא כיון כו׳.** שפירש חיי הבשרים הלב מרפא, כי בשמחת הלב תלוים חיי הגוף, ולכן כיון שנתבשר וכו׳: **טעין לביה כו׳.** נושא לבו את רגליו, כי ההולך בלב עצב הוא כמוכרח על מעשהו, והרי זה כמו שרגליו מוליכין אותו, אבל ההולך ברצון הרי הרגלים הולכים כפי רצון הלב וכאילו לבו נושא את רגליו. וזהו שאומרים הבריות במשליהם הכרם נושא את הרגלים, אם כריסו מלא נפשו רחבה עליו וקל הוא ברגליו: **פתר בה שית שיטין.** כי קשה שהכתוב יבא רק

פירוש מהרז״ו

(ו) בלשון הזה שנאמר והיה. שתיבת והיה הוא לשון שמחה כמו שאיתא לעיל (מב, ג) ושם נסמן (יפה תואר): **(ז) חד עובד כוכבים שאליה לרבי מאיר.** זה הובא אגב מעשה שניה שייכה בכאן: **זאת הבהמה.** דברים (יד, ד), ועיין מכילתא בא פרשת פסח: **רבי יהושע דסכנין.** תנחומא סדר ראה (סימן יד): **ואין קדש מוציא קדש.** עיין במדבר רבה (ד, ט) שאין קדש צריך להוציא קדש אחר, ולא קדש אחר שיוציא אותו שהקדש מוציא עצמו. אך צריך עיון שהרי גם מנשה היה בכור, ואם כן אינה אלא תשעה ואינם חייבים במעשר, ויתכן שיעקב לא קרבם לאפרים ומנשה רק למנין עשרה, אבל לא לבכורת מנשה, ויוסף אמר לו כי הוא הבכור וגו׳ וכתיב וימאן יעקב, וכמו שביטל בכורת ראובן, וצריך עיון: **(ח) חיי בשרים.** לעיל (כז, א) ועיין מה שכתבתי שם. ודורש

מתנות כהונה

[ז] אלו לפסח. לענין קרבן פסח כבשים וגדיים שוים אבל לענין פטרי חמורים מנא לן שהם שוים: **ה״ג אשר תאכלו שור שה כשבים ושה עזים ופסוק הוא בפרשת ראה: אוסיפתא מיא כו׳.** משל הוא אם אוספת מים תוסיף קמח ג״כ כך הוספת להקשות תוסיף לתרץ וליישב: **ואין קדש כו׳.** ונשארו עשרה והפריש מהם שבט לוי למעשר: **[ח] טעין לבא כו׳.** נושא לבו את רגליו וז״ש הבריות במשליהם הכרם נושא את הרגלים אם כריסו מלא ונפשו רחבה עליו קל הוא ברגליו: **שיטין.** לשון שיטה כלומר דרכים:

אשד הנחלים

אמרת והיה. לכאורה מאי נפקא לן מינה במלת והיה ומה טובה בזו. והנראה דמלת והיה מורה על הויה חדשה מה שלא היה קודם, והנה בודאי היה מאמין קודם שה׳ הוא האלהים הוא שומרו ומשגיחו, ורק שביקש על השגחה חדשה עליונה מאוד למעלה מאוד מסדור הטבע, וכן ביקש על הופעת הנבואה הגדולה שיהיה הופעת אלהים עליו. ובזכותו נתבשרנו ג״כ לעתיד לבא להוויות חדשות, הן בהופעת אלקית, וזה (מצאנו) [יצאו] מים שהוא כינוי לשפע החכמה, על דרך (ישעיה יא, ט) כי מלאה הארץ דעה כמים לים מכסים, ועל דרך (ישעיה יב, ג) ושאבתם מים בששון. וכן בענין השגחה בנפלאות גדולות, שזהו הויה חדשה בסדור ההנהגה, כמו שכתוב יוסיף ה׳ שנית ידו גו׳, וכן שישתנה הארץ מהאדמה אשר אררה ה׳ מחטא אדם הראשון ואז יטפו ההרים עסיס, ודי בזה: **[ז] במה הוא נפדה.** מביא זה באגב שמביא אח״כ מכותי ששאל מר׳ מאיר מענין יעקב. **יעקב אמיתי.** נראה דקושייתו. אחר שמדתו של יעקב אמת, מסתמא התנהג על פי דת של תורה העתידה להנתן שהיא נקראת רק אמת, וא״כ למה לא נתן המעשר כדתה, אחת מבניו הי״ב: **[ח] טעין ליביה.** כי ההולך בלב עצב הוא

חידושי הרש״ש

[ז] דכתיב מן הכבשים ומן העזים תקחו. רצה לומר ולעיל מינה כתיב (שמות יב, ה) שה תמים:

אמרי יושר

[ז] צא מהן ד׳ בכורות. עיין חידושי צרפת (רבותינו בעלי התוספות פרשת ויצא ד״ה אם יהיה וספר הדר זקנים פרשת ויצא ד״ה וכל אשר). והנכון כי ראש החשבון מיהודה והטעם לפי שהוא מלך והסרת הבכורות לוי עשירי. וצריך לומר כי אפרים ומנשה לא היה בכור שום אחד מהם:

ענף יוסף

(ו) שיחתן כו׳ אמרת והיה כו׳. לכאורה מאי נפקא לן מינה במלת והיה, ומה טובה בזו. והנראה דמלת והיה מורה על הויה חדשה מה שלא היה קודם, והנה בודאי היה מאמין קודם שה׳ הוא אלהים הוא שומרו ומשגיחו, ורק שביקש על השגחה חדשה עליונה מאד למעלה מסדור הטבע, וכן ביקש על הופעת הנבואה הגדולה שתהיה הופעת אלהים עליו, ובזכותו נתבשרנו גם כן לעתיד להוויות חדשות, הן בהופעת אלקות, וזה מצאנו מים שהוא כינוי לשפע החכמה על דרך (ישעיה יא, ט) כי מלאה הארץ דעה כמים לים מכסים, ועל דרך (ישעיה יב, ג) ושאבתם מים בששון. וכן בענין השגחה בנפלאות גדולות שזהו הויה חדשה בסדור ההנהגה כמו שנאמר יוסיף ה׳ שנית ידו וגו׳, כן שישתנה הארץ מהאדמה אשר אררה ה׳ מחטא אדם הראשון ואז יטפו ההרים עסים, ודי בזה:

אמרי יושר

[ח] חיי בשרים. הרגישו כי אין הבשר סבת מרפא הלב לזה פירשוהו לשון בשורה: **והנה באר.** דרשוהו. כי קשה מה לנו בזה:

מסורת המדרש

ח. עיין בכורות דף ט׳ ודף י״ב:

ט. פסיקתא דרב כהנא פסקא י״א. תנחומא סדר ראה סימן י״ד:

י. ילקוט כאן רמז קכ״ג כל הענין:

אם למקרא

וְהָיָה בַּיּוֹם הַהוּא יֵצְאוּ מַיִם־חַיִּים מִירוּשָׁלַםִ חֶצְיָם אֶל־הַיָּם הַקַּדְמוֹנִי וְחֶצְיָם אֶל־הַיָּם הָאַחֲרוֹן בַּקַּיִץ וּבָחֹרֶף יִהְיֶה: (זכריה יד:ח)

וְהָיָה בַּיּוֹם הַהוּא יוֹסִיף אֲדֹנָי שֵׁנִית יָדוֹ לִקְנוֹת אֶת־שְׁאָר עַמּוֹ אֲשֶׁר יִשָּׁאֵר מֵאַשּׁוּר וּמִמִּצְרַיִם וּמִפַּתְרוֹס וּמִכּוּשׁ וּמֵעֵילָם וּמִשִּׁנְעָר וּמֵחֲמָת וּמֵאִיֵּי הַיָּם: (ישעיה יא:יא)

וְהָיָה בַיּוֹם הַהוּא יִטְּפוּ הֶהָרִים עָסִיס וְהַגְּבָעוֹת תֵּלַכְנָה חָלָב וְכָל־אֲפִיקֵי יְהוּדָה יֵלְכוּ מָיִם וּמַעְיָן מִבֵּית ה׳ יֵצֵא וְהִשְׁקָה אֶת־נַחַל הַשִּׁטִּים: (יואל ד:יח)

וְהָיָה בַּיּוֹם הַהוּא יִתָּקַע בְּשׁוֹפָר גָּדוֹל וּבָאוּ הָאֹבְדִים בְּאֶרֶץ אַשּׁוּר וְהַנִּדָּחִים בְּאֶרֶץ מִצְרָיִם וְהִשְׁתַּחֲווּ לַיהוָה בְּהַר הַקֹּדֶשׁ בִּירוּשָׁלָםִ: (ישעיה כז:יג)

וּפֶטֶר חֲמוֹר תִּפְדֶּה בְשֶׂה וְאִם־לֹא תִפְדֶּה וַעֲרַפְתּוֹ כֹּל בְּכוֹר בָּנֶיךָ תִּפְדֶּה וְלֹא־יֵרָאוּ פָנַי רֵיקָם: (שמות לד:כ)

שֶׂה תָמִים זָכָר בֶּן־שָׁנָה יִהְיֶה לָכֶם מִן־הַכְּבָשִׂים וּמִן־הָעִזִּים תִּקָּחוּ: (שם יב:ה)

זֹאת הַבְּהֵמָה אֲשֶׁר תֹּאכֵלוּ שׁוֹר שֵׂה כְשָׂבִים וְשֵׂה עִזִּים: (דברים יד:ד)

תִּתֵּן אֱמֶת לְיַעֲקֹב חֶסֶד לְאַבְרָהָם אֲשֶׁר־נִשְׁבַּעְתָּ לַאֲבֹתֵינוּ מִימֵי קֶדֶם: (מיכה ז:כ)

וְעַתָּה שְׁנֵי בָנֶיךָ הַנּוֹלָדִים לְךָ בְּאֶרֶץ מִצְרַיִם עַד בֹּאִי אֵלֶיךָ מִצְרַיְמָה לִי הֵם אֶפְרַיִם וּמְנַשֶּׁה כִּרְאוּבֵן וְשִׁמְעוֹן יִהְיוּ לִי: (בראשית מח:ה)

חַיֵּי בְשָׂרִים לֵב מַרְפֵּא וּרְקַב עֲצָמוֹת קִנְאָה: (משלי יד:ל)

שינוי נוסחאות

(ו) אתה אמרת והיה ה׳ לי לאלהים. תיבת >ה׳< חסרה בכל הדפוסים, אבל איתה בפסוק ובכי״י של בראשית רבה:

הַבְּכוֹר קֹדֶשׁ וְאֵין קֹדֶשׁ מוֹצִיא קֹדֶשׁ — these four are discounted from the total because **the firstborn is** himself **sanctified,**[89] **and** one who is **sanctified does not** need to **redeem** or to be redeemed by **one who is** also **sanctified.**[90] Thus, the relevant total is limited to ten tribes; Jacob's separation of Levi was accordingly a precise fulfillment of the tithe obligation." **אָמַר לוֹ: אַשְׁרֶיךָ וְאַשְׁרֵי אוּמָּתְךָ שֶׁאַתְּ שָׁרוּי בְּתוֹכָהּ** — Happy with the answer, **[the Cuthean] remarked to [R' Meir], "Fortunate are you! And fortunate is your nation among whom you reside!"**

וַיִּשָּׂא יַעֲקֹב רַגְלָיו וַיֵּלֶךְ אַרְצָה בְנֵי קֶדֶם. וַיַּרְא וְהִנֵּה בְאֵר בַּשָּׂדֶה וְהִנֵּה שָׁם שְׁלשָׁה עֶדְרֵי צֹאן רֹבְצִים עָלֶיהָ כִּי מִן הַבְּאֵר הַהִוא יַשְׁקוּ הָעֲדָרִים וְהָאֶבֶן גְּדֹלָה עַל פִּי הַבְּאֵר. וְנֶאֶסְפוּ שָׁמָּה כָל הָעֲדָרִים וְגָלְלוּ אֶת הָאֶבֶן מֵעַל פִּי הַבְּאֵר וְהִשְׁקוּ אֶת הַצֹּאן וְהֵשִׁיבוּ אֶת הָאֶבֶן עַל פִּי הַבְּאֵר לִמְקֹמָהּ.

So Jacob lifted his feet, and went toward the land of the easterners. He looked, and behold — a well in the field! And behold! three flocks of sheep lay there beside it, for from that well they would water the flocks, and the stone over the mouth of the well was large. When all the flocks would be assembled there they would roll the stone from the mouth of the well and water the sheep; then they would put back the stone over the mouth of the well, in its place (29:1-3).

§8 **וַיִּשָּׂא יַעֲקֹב רַגְלָיו** — ***SO JACOB LIFTED HIS FEET,*** *AND WENT TO THE LAND OF THE EASTERNERS.*

Instead of using the unusual expression *Jacob lifted his feet,* why does Scripture not state simply *Jacob arose?*[91] The Midrash expounds:

אָמַר רַבִּי אַחָא: "חַיֵּי בְשָׂרִים לֵב מַרְפֵּא" — **R' Acha said:** Scripture's use of this expression can be understood in light of the following verse, ***The well-being of the flesh is governed by the heart*** (*Proverbs* 14:30).[92] **כֵּיוָן שֶׁנִּתְבַּשֵּׂר בְּשׂוֹרָה טוֹבָה טָעֵין לִיבֵּיהּ יַת רַגְלוֹהִי** — In this case, **once Jacob was informed of good tidings his heart "carried" his feet.**[93] **הָדָא אָמְרָה כְּרֵיסָא טָעֲנָא רַגְלַיָּא** — **This** verse thus **proves** the popular expression: **"The** satiated **stomach carries the feet."**[94]

☐ **וַיַּרְא וְהִנֵּה בְאֵר בַּשָּׂדֶה** — ***HE LOOKED, AND BEHOLD — A WELL IN THE FIELD!***

רַבִּי חָמָא בַּר חֲנִינָא פָּתַר בֵּיהּ שִׁית שִׁיטִין — **R' Chama bar Chanina interpreted [this passage] with** the following **six expositions:**[95]

NOTES

89. Before the Tabernacle was built, all firstborn sons were sanctified from birth for Divine service; see above, 63 §13. [See *Numbers* 3:39-51, where the Torah describes how the Levites "redeemed" the firstborn of their sanctity, as they took their place in serving God.]

90. The four firstborn sons are exempt from the tithe, and are not included in the number of Jacob's sons who *did* have to be "tithed." [This is similar to the law regarding the tithing of animals (*Leviticus* 27:32-33), where we find that a firstborn animal is exempt and is thus not reckoned as part of the total number of animals included in the tithing obligation; see *Bechoros* 53b.] For since the firstborn sons are themselves sanctified to God, and that sanctity is not being "redeemed" (i.e., removed by transferring it onto others who will become sanctified in their place) but is remaining (see preceding note), there is no need to sanctify one of the other sons (or more precisely, 4 of one of the other sons) in order to "redeem" these four. The non-firstborn children numbered ten, resulting in a tithe obligation of exactly one. See *Maharzu* here, and *Radal* and *Maharzu* to *Pirkei DeRabbi Eliezer* Ch. 37.

It emerges that R' Meir's question serves to answer the heretic's: Since there were actually fourteen "tribes," not twelve, the subtraction of the (four) firstborn sons from the total leaves us with exactly ten. The designation of one son, Levi, for the Divine service thus represented precisely 10 percent of Jacob's children.

91. *Yefeh To'ar.*

92. This verse sets forth a general principle that the חַיֵּי בְשָׂרִים, *the life* (i.e., *well-being*) *of the flesh,* is governed by one's emotional state: a happy person is a healthy person (*Eitz Yosef*). Alternatively: The word בְּשָׂרִים connotes בְּשׂוֹרָה, *good tiding.* Accordingly, the verse means that good tidings heal the heart [and put one in a happy mood] (*Imrei Yosher*; see also *Maharzu*).

93. When one is in a positive frame of mind he walks with a bounce in his step, and it can be said figuratively that his heart is "carrying" his feet. Once Jacob had been informed by God that he would be guaranteed the Divine protection he had requested for his journey (above, 28:20-21; see *Rashi* to our verse) he was in good spirits and his heart *lifted his feet* as he walked (*Eitz Yosef*).

94. People enjoy peace of mind and are generally in a good mood after a satisfying meal. The contentment of a full stomach lightens their steps as if their stomach is carrying their feet (*Eitz Yosef*).

95. It is a fundamental principle that the narratives of the Torah are far more than just a record of historical events; they contain many additional layers of meaning. To demonstrate this, R' Chama bar Chanina shows how this one passage can be interpreted in six ways, with each exposition focusing on a different theme (*Eitz Yosef*). The six expositions presented here represent different versions of the prophecy shown to Jacob at this well. In this prophecy he sees how even the most pedestrian occurrences of his lifetime allude to significant events in the lives of his children (*Eshed HaNechalim*).

אַתָּה אָמַרְתָּ "וְהָיָה ה' לִי לֵאלֹהִים", חַיֶּיךָ כָּל טוֹבוֹת וּבְרָכוֹת וְנֶחָמוֹת שֶׁאֲנִי נוֹתֵן לְבָנֶיךָ אֵינִי נוֹתֵן אֶלָּא בַּלָּשׁוֹן הַזֶּה, שֶׁנֶּאֱמַר (זכריה יד, ח) "וְהָיָה בַּיּוֹם הַהוּא יֵצְאוּ מַיִם חַיִּים מִירוּשָׁלַיִם", (ישעיה יא, יא) "וְהָיָה בַּיּוֹם הַהוּא יוֹסִיף ה' שֵׁנִית יָדוֹ לִקְנוֹת אֶת שְׁאָר עַמּוֹ", (יואל ד, יח) "וְהָיָה בַּיּוֹם הַהוּא יִטְּפוּ הֶהָרִים עָסִיס" (ישעיה כז, יג) "וְהָיָה בַּיּוֹם הַהוּא יִתָּקַע בְּשׁוֹפָר גָּדוֹל וְגוֹ'":

ז "וְהָאֶבֶן הַזֹּאת אֲשֶׁר שַׂמְתִּי מַצֵּבָה יִהְיֶה בֵּית אֱלֹהִים וְכֹל אֲשֶׁר תִּתֶּן לִי עַשֵּׂר אֲעַשְּׂרֶנּוּ לָךְ", חַד נָכְרִי שַׁאֲלֵיהּ לְרַבִּי מֵאִיר, אֲמַר לֵיהּ: פֶּטֶר חֲמוֹרְךָ בַּמֶּה הוּא נִפְדֶּה, אֲמַר לֵיהּ: בְּשֶׂה, דִּכְתִיב (שמות לד, כ) "וּפֶטֶר חֲמוֹר תִּפְדֶּה בְשֶׂה", אָמַר לוֹ: [ח]אֵין לוֹ שֶׂה, אָמַר לוֹ: בִּגְדִי, אֲמַר לֵיהּ: מְנָא לָךְ הָא, אֲמַר לֵיהּ: דִּכְתִיב (שם יב, ה) "מִן הַכְּבָשִׂים וּמִן הָעִזִּים תִּקָּחוּ", אֲמַר לֵיהּ: אֵלּוּ לְפֶסַח, אֲמַר לֵיהּ: אַף גְּדִי נִקְרָא שֶׂה, מְנָא לָךְ הָא, אֲמַר לֵיהּ: דִּכְתִיב (דברים יד, ד) "זֹאת הַבְּהֵמָה אֲשֶׁר תֹּאכֵלוּ, שׁוֹר שֵׂה כְבָשִׂים וְשֵׂה עִזִּים", עָמַד וּנְשָׁקוֹ עַל רֹאשׁוֹ. רַבִּי יְהוֹשֻׁעַ דְּסִכְנִין בְּשֵׁם רַבִּי לֵוִי אָמַר: [ט]כּוּתִי אֶחָד שָׁאַל אֶת רַבִּי מֵאִיר, אָמַר לוֹ: אֵין אַתֶּם אוֹמְרִים יַעֲקֹב אֲמִיתִּי, דִּכְתִיב (מיכה ז, כ) "תִּתֵּן אֱמֶת לְיַעֲקֹב", אָמַר לוֹ: הֵין, אָמַר לוֹ: וְלֹא כָךְ אָמַר: "וְכֹל אֲשֶׁר תִּתֶּן לִי עַשֵּׂר אֲעַשְּׂרֶנּוּ לָךְ", אָמַר לוֹ: הֵין, אָמַר לוֹ: הִפְרִישׁ שִׁבְטוֹ שֶׁל לֵוִי אֶחָד מֵעֲשָׂרָה, לָמָּה לֹא הִפְרִישׁ א' מִי' לִשְׁנַיִם שְׁבָטִים אֲחֵרִים, אָמַר לוֹ: וְכִי י"ב הֵן, וַהֲלֹא י"ד הֵן, (לקמן מח, ה) "אֶפְרַיִם וּמְנַשֶּׁה כִּרְאוּבֵן וְשִׁמְעוֹן יִהְיוּ לִי", אֲמַר לֵיהּ: כָּל שֶׁכֵּן, אוֹסִיפְתָּא מַיָּא אוֹסֵיף קִמְחָא, אָמַר לוֹ: אֵין אַתְּ מוֹדֶה לִי שֶׁהֵם אַרְבַּע אִמָּהוֹת, אָמַר לוֹ: הֵין, אָמַר לוֹ: צֵא מֵהֶם ד' בְּכוֹרוֹת לְד' אִמָּהוֹת, הַבְּכוֹר קֹדֶשׁ וְאֵין קֹדֶשׁ מוֹצִיא קֹדֶשׁ, אָמַר לוֹ: אַשְׁרֶיךָ וְאַשְׁרֵי אוּמָּתְךָ שֶׁאַתְּ שָׁרוּי בְּתוֹכָהּ:

ח [כט, א] "וַיִּשָּׂא יַעֲקֹב רַגְלָיו", [י]אָמַר רַבִּי אַחָא: (משלי יד, ל) "חַיֵּי בְשָׂרִים לֵב מַרְפֵּא", כֵּיוָן שֶׁנִּתְבַּשֵּׂר בְּשׂוֹרָה טוֹבָה טָעֵין לִיבֵּיהּ יַת רַגְלוֹהִי, הָדָא אָמְרָה כְּרֵיסָא טָעֲנָא רַגְלַיָּא. [כט, ב] "וַיַּרְא וְהִנֵּה בְאֵר בַּשָּׂדֶה", רַבִּי חָמָא בַּר חֲנִינָא פָּתַר בֵּיהּ שִׁית שִׁיטִּין:

עץ יוסף

(ז) **נכרי אחד שאליה כו'.** זה השואל היה מכת שאינם מאמינים בתורה שבעל פה אלא בתורה שבכתב לבד, ולזה בא לפקפק על קבלת החכמים האומרים שפדיון פטר חמור הוא אף בגדי, ובא רבי מאיר לברר לו הדבר מתוך הכתוב (נזר הקודש). ומייתי ליה הכא איידי דבעי לאתויי שאלת הכותי לרבי מאיר דבסמוך, לומר שדרכם היה לשאול לרבי מאיר שהיו תשובותיו חביבין בעיניהם (יפה תואר): **מן הכבשים ומן העזים.** רצונו לומר מכיון דכתיב תכוסו על השה שה תמים והדר כתיב מן הכבשים ומן העזים משמע דהיינו פירושא דשה. ודחי ליה השואל דדילמא לעולם אין שה אלא כבשים, ובפסח קאמר קרא דלאו דוקא שה אלא אפילו עזים (יפה תואר): **זאת הבהמה אשר תאכלו כו'.** ומתרגמינן תורין אמרין דרחלין וגדיין דעזים: **הפריש שבטו של לוי כו'.** שכך היה קבלה בידם וכמו, שאמרו שלא היו המצרים משתעבדין בהם כי יודעים היו שהם חלק ה' (נזר הקודש): **והלא ארבע עשר הם אפרים כו'.** ואף על גב דאפרים ומנשה הם במקום יוסף ואיך מנה יוסף וגם אפרים. יש לומר דסבירא ליה דכיון דכבר חל מתחלה חובת מעשר על יוסף קודם שהקדיש את אפרים ומנשה במנין השבטים, גם הוא לא נפיק ולא נפטר ממעשר אפילו לאחר הקדש מנשה ואפרים כי אין דין תמורה במעשר ולפיכך נכנסו שניהם בכלל חובת מעשר (נזר הקודש): **אוסיפתא מיא כו'. כלומר** מאחר שהגדיל הקושיא ראוי יותר לבקש תשובה: **ואין קודש כו'.** ונשארו עשרה והפריש מהם שבט לוי למעשר. והא דהפריש לוי ולא אחר מפני שראה שזה יותר מוכן לעבודת השמים: (ח) **חיי בשרים לב מרפא כיון כו'.** שפירש חיי הבשרים הלב מרפא, כי בשמחת הלב תלוים חיי הגוף, ולכן כיון שנתבשר וכו': **טעין לביה כו'.** נושא לבו את רגליו, כי ההולך בלב עצב הוא כמוכרח על מעשהו, והרי זה כמו שרגליו מוליכין אותו, אבל ההולך ברצון הרי הרגלים הולכים כפי רצון הלב וכאילו לבו נושא את רגליו. וזהו שאומרים הבריות במשליהם הכרס נושא את הרגלים, אם כריסו מלא נפשו רחבה עליו וקל הוא ברגליו: **פתר בה שית שיטין.** כי קשה שהכתוב יצא רק

פירוש מהרז"ו

(ו) **בלשון הזה שנאמר והיה.** שתיבת והיה הוא לשון שמחה כמו שאיתא לעיל (מב, ג) ושם נסמן (יפה תואר): (ז) **חד עובד כוכבים שאליה לרבי מאיר.** זה הובא אגב מעשה שניה ששייכה בכאן: **זאת הבהמה.** דברים (יד, ד), ועיין מכילתא בא פרשת פסח: **רבי יהושע דסכנין.** תנחומא סדר ראה (סימן יד): **ואין קדש מוציא קדש.** עיין במדבר רבה (ד, ט) שאין קדש צריך להוציא קדש אחר, ולא קדש אחר שיוציא אותו שהקדש מוציא עצמו. אך צריך עיון שהרי גם מנשה היה בכור, ואם כן אינה אלא תשעה ואינם חייבים במעשר, ויתכן שיעקב לא קרבם לאפרים ומנשה רק למנין עשרה, אבל לא לבכורת מנשה, ויוסף אמר לו כי הוא הבכור וגו' וכתיב וימאן יעקב, וכמו שביטל בכורת ראובן, וצריך עיון: (ח) **חיי בשרים.** לעיל (כז, א) ועיין מה שכתבתי שם. ודורש

חידושי הרש"ש

[ז] **דכתיב מן הכבשים ומן העזים תקחו.** רצה לומר ולעיל מינה כתיב (שמות יב, ה) שה תמים:

אמרי יושר

[ז] **צא מהן ד' בכורות.** עיין חידושי הרפ"ת (רבותינו בעלי התוספות פרשת ויצא ד"ה אם יהיה וספר הדר זקנים פרשת ויצא ד"ה וכל אשר). והנכון כי ראש החשבון מיהודה והטעם לפי שהוא מלך ובהסרת הבכורות לוי עשירי. וצריך לומר כי אפרים ומנשה לא היה בכור שום אחד מהם:

ענף יוסף

(ו) **שיחתן כו' אמרת והיה כו'.** לכאורה מאי נפקא לן מינה במלת והיה, ומה טובה בזו. והנראה דמלת והיה מורה על הויה חדשה מה שלא היה קודם, והנה בודאי היה מאמין קודם שה' הוא אלהים הוא שומרו ומשגיחו, ורק שביקש על השגחה חדשה עליונה מאד למעלה מסדור הטבע, וכן ביקש על הופעת הנבואה הגדולה שתהיה הופעת אלהים עליו, ובזכותו נתבשרנו גם כן לעתיד להוויות חדשות, הן בהופעת אלקות, וזה מלאנו מים שהוא כינוי לשפע החכמה על דרך (ישעיה יא, ט) כי מלאה הארץ דעה כמים לים מכסים, ועל דרך (ישעיה יב, ג) ושאבתם מים בששון. וכן בענין השגחה בנפלאות גדולות שזהו הויה חדשה בסדור ההנהגה כמו שנאמר יוסיף ה' שנית ידו וגו', כן שישתנה הארץ מהאדמה אשר אררה ה' מחטא אדם הראשון ואז יטפו ההרים עסיס, ודי בזה:

אמרי יושר

[ח] **חיי בשרים.** הרגישו כי אין הבשר סבת מרפא הלב לזה פירשוהו לשון בשורה: **והנה באר.** דרשוהו. כי קשה מה לנו בזה:

מסורת המדרש

ח. עיין בכורות דף ט' ודף י"ב:

ט. פסיקתא דרב כהנא פסקא י"א. תנחומא סדר ראה סימן י"ד:

י. ילקוט כאן רמז קכ"ג כל הענין:

אם למקרא

וְהָיָה בַּיּוֹם הַהוּא יֵצְאוּ מַיִם־חַיִּים מִירוּשָׁלִַם חֶצְיָם אֶל־הַיָּם הַקַּדְמוֹנִי וְחֶצְיָם אֶל־הַיָּם הָאַחֲרוֹן בַּקַּיִץ וּבָחֹרֶף יִהְיֶה: (זכריה יד:ח)

וְהָיָה בַּיּוֹם הַהוּא יוֹסִיף אֲדֹנָי שֵׁנִית יָדוֹ לִקְנוֹת אֶת־שְׁאָר עַמּוֹ אֲשֶׁר יִשָּׁאֵר מֵאַשּׁוּר וּמִמִּצְרַיִם וּמִפַּתְרוֹס וּמִכּוּשׁ וּמֵעֵילָם וּמִשִּׁנְעָר וּמֵחֲמָת וּמֵאִיֵּי הַיָּם: (ישעיה יא:יא)

וְהָיָה בַיּוֹם הַהוּא יִטְּפוּ הֶהָרִים עָסִיס וְהַגְּבָעוֹת תֵּלַכְנָה חָלָב וְכָל־אֲפִיקֵי יְהוּדָה יֵלְכוּ מָיִם וּמַעְיָן מִבֵּית ה' יֵצֵא וְהִשְׁקָה אֶת־נַחַל הַשִּׁטִּים: (יואל ד:יח)

וְהָיָה בַּיּוֹם הַהוּא יִתָּקַע בְּשׁוֹפָר גָּדוֹל וּבָאוּ הָאֹבְדִים בְּאֶרֶץ אַשּׁוּר וְהַנִּדָּחִים בְּאֶרֶץ מִצְרָיִם וְהִשְׁתַּחֲווּ לַיהוָה בְּהַר הַקֹּדֶשׁ בִּירוּשָׁלִָם: (ישעיה כז:יג)

וּפֶטֶר חֲמוֹר תִּפְדֶּה בְשֶׂה וְאִם־לֹא תִפְדֶּה וַעֲרַפְתּוֹ כֹּל בְּכוֹר בָּנֶיךָ תִּפְדֶּה וְלֹא־יֵרָאוּ פָנַי רֵיקָם: (שמות לד:כ)

שֶׂה תָמִים זָכָר בֶּן־שָׁנָה יִהְיֶה לָכֶם מִן־הַכְּבָשִׂים וּמִן־הָעִזִּים תִּקָּחוּ: (שם יב:ה)

זֹאת הַבְּהֵמָה אֲשֶׁר תֹּאכֵלוּ שׁוֹר שֵׂה כְשָׂבִים וְשֵׂה עִזִּים: (דברים יד:ד)

תִּתֵּן אֱמֶת לְיַעֲקֹב חֶסֶד לְאַבְרָהָם אֲשֶׁר־נִשְׁבַּעְתָּ לַאֲבֹתֵינוּ מִימֵי קֶדֶם: (מיכה ז:כ)

וְעַתָּה שְׁנֵי בָנֶיךָ הַנּוֹלָדִים לְךָ בְּאֶרֶץ מִצְרַיִם עַד בֹּאִי אֵלֶיךָ מִצְרַיְמָה לִי הֵם אֶפְרַיִם וּמְנַשֶּׁה כִּרְאוּבֵן וְשִׁמְעוֹן יִהְיוּ לִי: (בראשית מח:ה)

חַיֵּי בְשָׂרִים לֵב מַרְפֵּא וּרְקַב עֲצָמוֹת קִנְאָה: (משלי יד:ל)

שינוי נוסחאות

(ו) **אתה אמרת והיה ה' לי לאלהים.** תיבת <ה'> חסרה בכל הדפוסים, אבל איתה בפסוק ובכי"י של בראשית רבה:

מתנות כהונה

[ז] **אלו לפסח.** לענין קרבן פסח כבשים וגדיים שוים אבל לענין פטרי חמורים מנא לן שהם שוים: **ה"ג אשר תאכלו שור שה כשבים ושה עזים ופסוק הוא בפרשת ראה: אוסיפתא מיא כו'.** משל הוא אם אוספת מים תוסיף קמח ג"כ כך הוספת להקשות תוסיף לתרץ וליישב: **ואין קדש כו'.** ונשארו עשרה והפריש מהם שבט לוי למעשר: [ח] **טעין לבא כו'.** נושא לבו את רגליו וז"ש הבריות במשליהם הכרס נושא את הרגלים אם כריסו מלא ונפשו רחבה עליו קל הוא ברגליו: **שיטין.** לשון שיטה כלומר דרכים:

אשד הנחלים

אמרת והיה. לכאורה מאי נפקא לן מינה במלת והיה ומה טובה בזו. והנראה דמלת והיה מורה על הויה חדשה מה שלא היה קודם, והנה בודאי היה מאמין קודם שה' הוא האלהים הוא שומרו ומשגיחו, ורק שביקש על השגחה חדשה עליונה מאוד למעלה מאוד מסדור הטבע, וכן ביקש על הופעת הנבואה הגדולה שיהיה הופעת אלהים עליו. ובזכותו נתבשרנו ג"כ לעתיד לבא להוויות חדשות, הן בהופעת אלקית, וזה (מצאנו) [יצאו] מים שהוא כינוי לשפע החכמה, על דרך (ישעיה יא, ט) כי מלאה הארץ דעה כמים לים מכסים, ועל דרך (ישעיה יב, ג) ושאבתם מים בששון. וכן בענין השגחה בנפלאות גדולות, שזהו הויה חדשה בסדור ההנהגה, כמו שכתוב יוסיף ה' שנית ידו גו', וכן שישתנה הארץ מהאדמה אשר אררה ה' מחטא אדם הראשון ואז יטפו ההרים עסיס, ודי בזה: [ז] **במה הוא נפדה.** מביא זה באגב שמביא אח"כ מכותי ששאל מר' מאיר מענין יעקב. **יעקב אמיתי.** נראה דקושייתו. אחר שמדתו של יעקב אמת, מסתמא התנהג על פי דת של תורה העתידה להנתן שהיא נקראת רק אמת, וא"כ למה לא נתן המעשר כדתה, אחת מבניו הי"ב: [ח] **טעין ליביה.** כי ההולך בלב עצב הוא

״וְהִנֵּה בְאֵר בַּשָּׂדֶה״ זוֹ הַבְּאֵר – (i) ***And behold – a well in the field!*** – **this is** an allusion to **the Well** of Miriam that traveled with the Jews in the Wilderness.[96] ״וְהִנֵּה שְׁלֹשָׁה עֶדְרֵי צֹאן״, מֹשֶׁה וְאַהֲרֹן וּמִרְיָם – ***And behold! three flocks of sheep*** – these are an allusion to **Moses, Aaron, and Miriam;**[97] ״כִּי מִן הַבְּאֵר הַהִיא יַשְׁקוּ הָעֲדָרִים״, שֶׁמִּשָּׁם כָּל אֶחָד וְאֶחָד מוֹשֵׁךְ מַיִם לְדִגְלוֹ וּלְשִׁבְטוֹ וּלְמִשְׁפַּחְתּוֹ – ***for from that well they would water the flocks*** – this alludes to the fact **that from [the Well of Miriam] each and every [leader] would pull water for his division,**[98] **for his tribe, and for his family;**[99] ״וְהָאֶבֶן גְּדֹלָה עַל פִּי הַבְּאֵר״, אָמַר רַבִּי חֲנִינָא: כִּמְלֹא פִּי כְבָרָה קְטַנָּה הָיָה בָהּ – ***and the stone over the mouth of the well was large*** – this alludes to what **R' Chanina said: [The Well of Miriam] had** a mouth (i.e., opening) **like the mouth of a small sieve.**[100] ״וְנֶאֶסְפוּ שָׁמָּה כָל הָעֲדָרִים וְגָלְלוּ״, בִּשְׁעַת הַמַּחֲנוֹת – ***When all the flocks would be assembled there they would roll*** *the stone* – this is an allusion to what happened **during the time of the encampments;**[101] ״וְהֵשִׁיבוּ אֶת הָאֶבֶן עַל פִּי הַבְּאֵר לִמְקֹמָהּ״, בִּשְׁעַת מַסָּעוֹת הָיְתָה חוֹזֶרֶת לְאֵיתָנָהּ – ***then they would put back the stone over the mouth of the well, in its place*** – this alludes to what happened **during the time of the journeys** when **[the Well of Miriam] would return to its natural state.**[102]

דָּבָר אַחֵר, ״וְהִנֵּה בְאֵר בַּשָּׂדֶה״ זוֹ צִיּוֹן – (ii) **Another interpretation:** ***And behold – a well in the field!*** – **this is** an allusion to **Zion.**[103] ״וְהִנֵּה שְׁלֹשָׁה עֶדְרֵי צֹאן״, אֵלּוּ שְׁלֹשָׁה רְגָלִים – ***And behold! three flocks of sheep*** – **these are** an allusion to **the three festivals;**[104] ״כִּי מִן הַבְּאֵר הַהִיא יַשְׁקוּ״, שֶׁמִּשָּׁם הָיוּ שׁוֹאֲבִים רוּחַ הַקּוֹדֶשׁ – ***for from that well they would water*** *the flocks* – this alludes to the fact **that from there they would draw Divine Inspiration;**[105]

NOTES

96. In this first interpretation, the well that Jacob encountered in the field represented the well of Miriam (see next note) which would provide water to the Jewish people during their sojourn in the Wilderness (*Eitz Yosef*).

97. The presence of the well was due to the merit of these three individuals. It was given to the people first in the merit of Miriam [hence it is referred to as the "Well of Miriam"]. After Miriam died it stopped giving water. [According to *Rashi* to *Taanis* 9a s.v. בארה של מרים, this is the very rock that was struck by Moses when its waters ceased to flow upon Miriam's death (see *Numbers* 20:1ff).] But it started giving water again in the merit of Moses and Aaron (*Taanis* 9a).

Although the verse mentions flocks of sheep, the Midrash takes this as a homiletic reference to the *shepherds* of those flocks, for we find that Scripture (*Zechariah* 11:8; see *Taanis* loc. cit.) refers to Moses, Aaron, and Miriam as *the three shepherds* (*Maharzu*).

98. In the Wilderness the twelve tribes were divided into four divisions of three tribes each; each division was assigned a place to the north, south, east, or west of the Tabernacle.

99. At every encampment in the Wilderness, the leaders of the divisions would pull one end of their staffs along the ground from the well to the place where their division was located. From there the princes of the individual tribes would pull a line to their tribe, and then the heads of the families within each tribe would pull a line to their families. The water would then flow along these lines to provide for each and every person (*Maharzu*; see further, *Anaf Yosef*, citing *Nezer HaKodesh*; for a different explanation see *Yefeh To'ar*). See also *Bamidbar Rabbah* 19 §26, commenting on *Numbers* 21:18 and *Midrash Tanchuma* ad loc. (see next note).

100. Based on the words *the mouth of the well*, the Midrash finds another connection between the two wells in that both had a *mouth*. The phrase "the *mouth* of the Well" [mentioned in the context of Miriam's well in *Avos* 5:6] implies narrowness; our Midrash is teaching that it had a diameter equal to that of a small sieve (*Yefeh To'ar*).

The two Midrashim on *Numbers* 21:18 cited in the preceding note state that the areas between the four divisions were so inundated with water from Miriam's well that women had to travel by boat to visit one another. Nevertheless, our Midrash is saying that the flow of water *initiated* from a very small opening (ibid.). Cf. *Tosefta Succah* 3:3 [as emended by Vilna Gaon ad loc.], where the Well of Miriam is described as "full of holes like a sieve" and producing an initial flow of water like that which issues from a jug.

For further description of the well, see *Numbers Rabbah* 1 §2 (see *Rashash* and *Eitz Yosef* there, and *Matnos Kehunah* and *Maharzu* here).

101. As the Jews arrived at each of their encampments in the Wilderness, the Well of Miriam would begin to give forth its water as if a stone that had been covering its mouth was now removed. This was hinted to by the fact that the well Jacob encountered could be accessed only after the large stone upon its opening had been rolled away (*Eitz Yosef*, citing *Yefeh To'ar*).

102. While the Jews were traveling through the Wilderness, the rock that housed the Well of Miriam returned to its natural (i.e., dry) state (*Maharzu*), as if a stone had been put over the mouth of the well and closed off the water supply (*Eitz Yosef*, citing *Yefeh To'ar*).

103. The theme of the current interpretation is the Celebration of the Place of the Water Drawing. [On the festival of Succos the people would gather in the Temple each night and rejoice until the morning. Near dawn a flask of water was drawn from the Shiloach, a freshwater spring located just outside Jerusalem (*Succah* 48a with *Rashi* s.v. מן השילוח), and this was poured onto the Altar as a libation following the daily morning offering (*Yoma* 26b).] In the phrase *a well in the field*, the *field* hints to Jerusalem (Zion), based on the verse (*Jeremiah* 26:18): *Zion will be plowed over like a field*, while the *well* represents the Shiloach (*Eitz Yosef*).

104. The gathering of the three flocks of sheep represents the three times of the year when the Jews would gather in Jerusalem: Pesach, Shavuos, and Succos. The Jewish people are referred to as God's sheep in *Ezekiel* 34:17 (*Eitz Yosef*).

105. The Celebration of the Place of the Water Drawing was a time of unparalleled joy and thus provided a catalyst for Divine Inspiration, which is visited only upon a person who is happy. See Insight Ⓐ.

INSIGHTS

Ⓐ The Wellspring of Divine Inspiration The *Talmud Yerushalmi* (*Succah* 5:1), cited by *Yefeh To'ar*, tells us that the prophet Jonah attained the gift of prophecy while attending the *Simchas Beis HaSho'eivah*, for that is when the Divine Inspiration came to rest upon him. *Yerushalmi* concludes: *This comes to teach you that Divine Inspiration does not rest except upon a joyous heart.* Surely, though, not every type of joy leads to Divine Inspiration; a gladness born of frivolity will not elevate a person to spiritual heights! Rather, as the Gemara (*Shabbos* 30b) elaborates: *The Shechinah does not come to rest upon a person except through the joy associated with a mitzvah.*

How does the joyous performance or celebration of a mitzvah lead to Divine Inspiration? Can this be a natural phenomenon? If it is joy that automatically triggers Divine Inspiration, then all types of joy should do so! *Meshech Chochmah* (*Exodus* 20:15) explains that it is not the joy per se that leads to *ruach hakodesh*. Rather, Divine Inspiration is a result of intimate closeness with God, and being joyously involved with a mitzvah is the surest manner of coming close to Him. Although each mitzvah involves performing or refraining from a *physical* act, it is a vehicle for attaining *spiritual* heights. This is because every one of the Torah's commandments provides an opportunity to subjugate one's own will to the Will of God, and by doing so one becomes attached to Him. When one does the mitzvah with delight, his inner essence is permeated with the closeness to God inherent in that act. This is the pinnacle of spirituality, and it leads to *ruach hakodesh*.

R' Avrohom of *Sochatchov*, in the Introduction to his *Eglei Tal*, quotes a related statement of the *Zohar* (see *Mikeitz* p. 202a): *Both the good inclination* (*yetzer uov*) *and the evil inclination* (*yetzer hara*) *grow stronger through joy. The good inclination grows stronger through joy in Torah matters, and the evil inclination grows stronger through joy in sinful matters.* The Sochatchover explains that when one finds delight in something, he becomes emotionally attached to it (see *Rashi, Sanhedrin* 58a s.v. ודבק). If his delight is in mitzvos, he becomes passionately connected with God, and this invigorates the good inclination,

"וְהִנֵּה בְאֵר בַּשָּׂדֶה" זוֹ הַבְּאֵר, "וְהִנֵּה שְׁלֹשָׁה עֶדְרֵי צֹאן", מֹשֶׁה וְאַהֲרֹן וּמִרְיָם, "כִּי מִן הַבְּאֵר הַהִיא יַשְׁקוּ הָעֲדָרִים", שֶׁמִּשָּׁם יאכָּל אֶחָד וְאֶחָד מוֹשֵׁךְ מַיִם לְדִגְלוֹ וּלְשִׁבְטוֹ וּלְמִשְׁפַּחְתּוֹ, "וְהָאֶבֶן גְּדֹלָה עַל פִּי הַבְּאֵר", יבאָמַר רַבִּי חֲנִינָא: כִּמְלֹא פִּי כְבָרָה קְטַנָּה הָיָה בָהּ, [כט, ג] "וְנֶאֶסְפוּ שָׁמָּה כָל הָעֲדָרִים וְגָלְלוּ", בִּשְׁעַת הַמַּחֲנוֹת, "וְהֵשִׁיבוּ אֶת הָאֶבֶן עַל פִּי הַבְּאֵר לִמְקֹמָהּ", בִּשְׁעַת מַסָּעוֹת הָיְתָה חוֹזֶרֶת לְאֵיתָנָהּ. דָּבָר אַחֵר, "וְהִנֵּה בְאֵר בַּשָּׂדֶה" זוֹ צִיּוֹן, "וְהִנֵּה שְׁלֹשָׁה עֶדְרֵי צֹאן", אֵלּוּ שְׁלֹשָׁה רְגָלִים, "כִּי מִן הַבְּאֵר הַהִיא יַשְׁקוּ", שֶׁמִּשָּׁם הָיוּ שׁוֹאֲבִים רוּחַ הַקּוֹדֶשׁ, "וְהָאֶבֶן גְּדֹלָה", זוֹ שִׂמְחַת בֵּית הַשּׁוֹאֵבָה, אָמַר רַבִּי הוֹשַׁעְיָא: לָמָּה הָיוּ קוֹרְאִים אוֹתוֹ בֵּית הַשּׁוֹאֵבָה, יגשֶׁמִּשָּׁם הָיוּ שׁוֹאֲבִים רוּחַ הַקּוֹדֶשׁ, "וְנֶאֶסְפוּ שָׁמָּה כָל הָעֲדָרִים", בָּאִים מִלְּבוֹא חֲמָת וְעַד נַחַל מִצְרָיִם, "וְגָלְלוּ אֶת הָאֶבֶן וְגוֹ'", שֶׁמִּשָּׁם הָיוּ שׁוֹאֲבִים רוּחַ הַקּוֹדֶשׁ, "וְהֵשִׁיבוּ אֶת הָאֶבֶן", מוּנָּח לָרֶגֶל הַבָּא. דָּבָר אַחֵר, "וַיַּרְא וְהִנֵּה בְאֵר בַּשָּׂדֶה", זוֹ צִיּוֹן, "וְהִנֵּה שְׁלֹשָׁה עֶדְרֵי צֹאן", אֵלּוּ שְׁלֹשָׁה בָּתֵּי דִינִים, דִּתְנַן: ידשְׁלֹשָׁה בָּתֵּי דִינִים הָיוּ שָׁם, אֶחָד בְּהַר הַבַּיִת וְאֶחָד בְּפֶתַח הָעֲזָרָה וְאֶחָד בְּלִשְׁכַּת הַגָּזִית, "כִּי מִן הַבְּאֵר הַהִיא וְגוֹ'", טושֶׁמִּשָּׁם הָיוּ שׁוֹמְעִין אֶת הַדִּין, "וְהָאֶבֶן גְּדֹלָה", זוֹ בֵּית דִּין הַגָּדוֹל שֶׁבְּלִשְׁכַּת הַגָּזִית,

עץ יוסף

להודיע ספור הדברים בענין הבאר דמאי דהוה הוה, וכבר הפליג בספר הזוהר בגנות החושב שהתורה באה לספר לנו ספורים אלא שיש בכולם רמזים: **זו הבאר**. דכתיב ביה עלי באר ענו לה, והוא הסלע שהיה מתגלגל והולך עם ישראל במדבר, והיינו והנה באר בשדה: **שלשה עדרי צאן משה כו'**. שראה במחזה נבואתו שיהיה באר עתיד להגלות לישראל על ידי זכות שלשה צדיקים כמו שאמרו בפרק קמא דתעניות (ט, א) שהבאר ניתן בזכות מרים וכשמתה נסתלק וחזר בזכות משה ואהרן: **כל אחד ואחד מושך כו'**. רצונו לומר שהיו הנשיאים עומדים על גבה ומושכין במטותיהם כל אחד ואחד לשבטו ולמשפחתו: **כמלא פי כברה**. כלומר מה שאמר פי הבאר דמשמע נרה לפי שעיקרו לא היה אלא כפי כברה (יפה תואר): **וגללו בשעת המסעות**. כלומר שהבאר היה מתכסה ומתגלגל עמהם כשנוסעים והוי ליה כאילו היה נסתם באבן, ובשעת המחנות שהיה נגלה ונותן מימיו הוה ליה כאילו גוללין האבן מעליו (יפה תואר): **באר בשדה זה ציון**. פירוש שדה זה ציון כמה דאת אמר (מיכה ג, יב) ציון שדה תחרש. והבאר הוא מי השלוח שמשם שואבים מים לנסוך המים: **אלו שלש רגלים**. ופירוש שלשה עדרי צאן שלשה זמנים של קבוץ ישראל הנקראים עדרי צאן: **היו שואבים רוח הקודש**. שעל ידי השמחה הנעשית בבית השואבה היתה רוח הקודש שורה עליהם: **בית השואבה**. שהיתה שמחה גדולה. ובדרך משל אמר על השמחה הגדולה והאבן גדולה שהיא חשובה כאבן יקרה מאד: **למה נקרא שמה כו'**. דכיון דעיקרה לנסוך המים מוטב שיקראו שמה על הנסוך ולא על השאובה שאינה אלא הכשר מצוה: **מונח לרגל הבא**. רוח הקודש כי אחר הסתלקם משם היה סר מהם רוח הקודש ומונח לרגל הבא, דאם לא כן יהיו כל ישראל בכל יום שורה עליהם רוח הקודש: **לרגל הבא**. היינו חג הבא, כי לא היה ענין בית השואבה אלא בימי החג. ומה שאמרו כאן אלו שלשה רגלים אינו לענין הבאר רק לענין ציון הזכיר קבוץ ישראל בג' הרגלים, ואמר כי באחד מהם הוא ענין השואבה (יפה תואר): **באר בשדה זו ציון**. כי שם הוא משכן השכינה הנקרא באר מים חיים אשר הוא מקור מעיין הנובע חכמה ותורה, וכענין שנאמר (ישעיה ב, ג) כי מציון תצא תורה: **שלשה בתי דינים**. שבציון שהם מנהיגי העם רועי צאן קדשים, והם היו רובצים על הבאר החכמה שבציון לקבל משם חכמה ותורה להורות לעם את הדרך אשר ישכון בה:

פירוש מהרז"ו

בשרים מלשון בשורה, כי בשר ממש לא מצינו בלשון רבים: **משה אהרן ומרים**. שתחלה ניתן הבאר בזכות מרים (תענית ט, א), מתה חזר בזכות משה ואהרן, מת אהרן היה בזכות משה כמו שאמר בסדר עולם (פרק י), במדבר רבה (א, ב) ושם נתבאר. ושלשתם רועים של ישראל היו כמו שנאמר (מיכה ו, ד) ואשלח לפניך משה אהרן ומרים, ועל זה כתב בזכריה (יא, ח) ואכחיד את שלשת הרועים בירח אחד כמו שאמר בסדר עולם שם, ומה שכתוב העדרים פירוש רועי העדרים: **לדגלו**. שכולל שלש שבטים ואחר כך נשיא השבט מושך לשבטו, ואחר כך ראשי בתי אבות של כל משפחה מושך למשפחתו [ועיין בתנחומא (חוקת סימן כא) על פסוק (במדבר כא, יח) במחוקק במשענותם. יפה תואר]: **כברה קטנה**. וכמו שמבואר בבמדבר רבה (א, ב) שהבאר היה סלע כמין כוורת ועל פיה היה סלע קטן כמין כברה חלולה שמשם יורדים המים, וכמו שאיתא באבות (פ"ה מ"ו) פי הבאר: **לאיתנה**. פירוש לטבעו, יבש כאבן, ועיין במדבר רבה (א, ב): **זו ציון**. כמה שנאמר (מיכה ג, יב) ציון שדה תחרש, כמו שאיתא לעיל (כב, ז): **שלשה רגלים**. הנקראים צאן כמו שנאמר (יחזקאל לד, יז) ואתנה צאני, באים לתוכה עדרים עדרים לעלות לרגל, ובזה היו זוכים לרוח הקדש: **שמחת בית השואבה**. ירושלמי סוכה (פ"ה ה"א). ומה שנאמר כל העדרים פירוש כל השבטים מכל עריהם, והביא מפסוק דברי הימים (ב' ז, ח): **דתנן**. סנהדרין פו, ב:

חידושי הרש"ש

[ח] ונאספו שמה כל העדרים באים מלבא חמת ועד נחל מצרים עד כאן. וכתב המתנות כהונה כך היה גבול ארץ ישראל, וכתב על זה בני הרב רבי מתתיהו נ"י. וז"ל: ומכאן סמך קצת שמחוץ לארץ לא היו עולין לרגל עיין תוספות ריש פסחים (ג, ב ד"ה מאליה) ובמשנה למלך (הלכות קרבן פסח פ"א ה"א). וראיתי זה מקרוב בספר קהלת יעקב [לר' יעקב אב"ד ור"מ קרלין] ריש פסחים שמביא גם כן ראיה לזה מירושלמי פרק כילד צולין (פ"ז ה"ו), דאיתא שם אמר רבי יהושע בן לוי לראיה הלכו מלבא חמת עד נחל מצרים, רבי תנחומא בשם רבי חונה טעמא דרבי יהושע בן לוי ויעש שלמה וכל ישראל עמו את החג מלבא חמת עד נחל מצרים (מלכים א' ח, סה), פירושו מבואר דמצות ראיה אינו רק על היושבים בארץ ישראל מדכתיב וכל ישראל עמו מלבא חמת עד נחל מצרים, משמע דהנהו מקרי כל ישראל, והיושבים בחוץ לארץ לא באו אף שהיו יכולין לבא כולן בימי שלמה, וזה כדברי התוספות ושיטתם דפסח תלוי בראיה. ובקרבן העדה דחק להגיה בירושלמי להוראה הלכו עיין שם ואין מהצורך עכ"ל. ואני תמה מאד על הגאון הזה איך דחה להגהת הקרבן העדה בשתי ידים והעמיד הגירסא הישנה כדי להביא ראיה לדברי התוספות, אשר אמנם באמת הגהת הקרבן העדה היא הנכונה, ויגיד על הירושלמי ריעו הבבלי, כי כן איתא להדיא בבבלי הוריות (ג, א) אמר רבי אסי ובהוראה הלך אחר כו', שנאמר ויעש שלמה בעת ההיא את החג וכל ישראל עמו קהל גדול מלבא חמת עד נחל מצרים כו', מכדי כתיב וכל ישראל עמו, קהל גדול מלבא חמת עד נחל מצרים למה לי, שמע מינה הני הוא דאקרי קהל אבל הנך לא אקרי קהל, עד כאן, ושם אין נכון בוודאי להגיה לראיה. והאמת יעיד על עצמו עכ"ל:

מסורת המדרש

יא. במדבר רבה פרשה י"ט. תנחומא סדר במדבר סימן ב':
יב. שבת דף ל"ה. ירושלמי כלאים פרק ט'. ויקרא רבה פרשה כ"ב. במדבר רבה פר' א' קהלת רבה פרשה ה' פסוק ח'. תוספתא סוכה פרק ג'. תנחומא סדר במדבר סימן ב':
יג. ירושלמי סוכה פרק ה'. פסיקתא רבתי פיסקא א':
יד. סנהדרין דף פ"ו ע"ב במשנה:
טו. סנהדרין דף ל"ז:

ענף יוסף

(ח) שמשם כל אחד ואחד מושך מים לדגלו ולשבטו ולמשפחתו. דקדק לומר הכא לדגלו ולשבטו ולמשפחתו לפי שהיו ארבע דגלים לארבע רוחות העולם, ובכן משך תחלה כל אחד מראשי הדגלים מימי הבאר לפאת צד הרוח שהוא כלפי דגלו, ובהיותו שמה שוב משך כל אחד משלשה נשיאי השבטים שבאותו הדגל המים לשבטו, ושוב משך כל אחד מנשיאי ראשי האבות של המשפחות המים למשפחת, כי נשיא ראש הדגל שהיה זכותו רב הספיק זכותו למשוך המים כלפי כל פאת רוח דגלו, ונשיא השבט הספיק זכותו לכל שבטו, ונשיא בית אב הספיק זכותו לכל משפחתו, ולפיכך בפרשת פנחס נמנו בכתוב גם המשפחות ובתי האבות בהיות לכל אחד חלק מיוחד בבאר על ידי נשיאו ומנהיגו (נזר הקודש):

שינוי נוסחאות

(ח) דבר אחר, וירא והנה באר זו ציון. בכמעט כל הספרים אחרי "דבר אחר" כתוב "והנה שלשה עדרי צאן", אבל אות אמת מחקו, וכך עשו בדפוס ווארשא ע"פ הגהתו:

מתנות כהונה

זו הבאר. שהלכה עם ישראל במדבר: **פי כברה כו'**. וסביבה היתה מכוסה כולה כמין כוורת הזה כדאיתא בפרשת במדבר והמים לא היו יכולין לזוב דרך אותו נקב כי קטן הוא: **וגללו בשעת המחנות**. כשחנו היו עומדים עליהם הנשיאים ואומרים עלי באר והיתה עולה כדאיתא בריש פרשת במדבר: **זו שמחת כו'**. כן הוא ג"כ גירסת הילקוט והרמז לחוזק השמחה וכן לקמן אמר שרמז לב"ד הגדול ולזכות אבות ולמופלא בב"ד ולשכינה: **מלבא חמת וגו'**. כך היה גבול ארץ ישראל:

אשד הנחלים

כמוכרח על מעשהו, והרי זה כמו שרגליו מוליכות אותו, אבל ההולך ברצון הרי הרגלים הולכים כפי רצון הלב וכאלו לבו נשא לרגליו: **זו הבאר כו' משה**. כבר ידוע שכל מעשי אבותינו היו דוגמת מה שקרה לנו, כי כל פעולותיהם היו הכל על צד הכוונה העליונה. והנה בבאר זה תיקן יעקב שיהיה הבאר עולה עת עלותינו ממצרים. והנה כאן אצל הבאר הזה ראה במחזה נבואתו שיהיה באר עתיד להגלות לישראל ע"י זכות ג' צדיקים, שהמה ג' עדרי צאן המה מנהיגי צאן קודש. וראה עוד שכל הי"ב שבטים עתידים למשוך מהבאר הזה, ויהיה הבאר הולך אתם באשר המה הולכים. וירמז עוד על צד הכוונה השניה על רוח הקודש שיזכו כולם, וכדמות באר הנובע מימיו, ושכולם יזכו לזה. וכן דרש על ירושלים שנקראת באר מים חיים שממנה יורד השפע רוח הקודש בעולם. ובג' רגלים הוקבע יום נועד להיות השפע מתדבק לאנשיה, עד שיהיו שואבים רוח הקודש כחפצם. אך יש אבן גדולה ע"פ הבאר המונע השפע שיושפע עליהם ברבוי. אך תקונה שיאספו כולם ואז אחד עוזר לרעהו, ואח"כ השיבו האבן שנסתם שפע רוח הקודש עד רגל הבא, כי אין רוח השפע דומה כל השנה כשפע הרגל. וכן דרשו על ג' בתי דינין שהם עמלים בחכמה [כי רוח הקודש הוא ממרום בעניני סודות האלקות וכאן מדבר מחכמות התורה ע"פ השכל] לדעת דיני התורה. ומשם גללו את האבן הסותם להידיעה האמתית כמו שכתוב (ישעיה ב, ג) כי מציון תצא תורה:

״וְהָאֶבֶן גְּדֹלָה״, זוֹ שִׂמְחַת בֵּית הַשּׁוֹאֵבָה — ***and the stone*** *over the mouth of the well* ***was large*** — **this is** an allusion to **the Celebration of the Place of the** Water **Drawing.**[106] אָמַר רַבִּי הוֹשַׁעְיָא: לָמָּה הָיוּ קוֹרְאִים אוֹתוֹ בֵּית הַשּׁוֹאֵבָה — Indeed, **R' Hoshaya said: Why did they call it the Place of the** Water **Drawing?**[107] שֶׁמִּשָּׁם הָיוּ שׁוֹאֲבִים רוּחַ הַקּוֹדֶשׁ — **Since from there they would draw Divine Inspiration.**[108] ״וְנֶאֶסְפוּ שָׁמָּה כָל הָעֲדָרִים״, בָּאִים מִלְּבוֹא חֲמָת וְעַד נַחַל מִצְרַיִם — ***When all the flocks would be assembled there*** — this alludes to the fact that the people who made the pilgrimage to Jerusalem **would come from** as far away as **the Approach of Hamath** all the way **until the Brook of Egypt;**[109] ״וְגָלְלוּ אֶת הָאֶבֶן וְגוֹ׳ ״, שֶׁמִּשָּׁם הָיוּ שׁוֹאֲבִים רוּחַ הַקּוֹדֶשׁ — ***they would roll the stone*** *from the mouth of the well and water the sheep* — this alludes to the fact **that from there they would draw Divine Inspiration;**[110] ״וְהֵשִׁיבוּ אֶת הָאֶבֶן״, מוּנָּח לָרֶגֶל הַבָּא — ***then they would put back the stone*** *over the mouth of the well* — this alludes to the fact that the Divine Inspiration **was left** in its place **until the following** Succos **festival.**[111]

דָּבָר אַחֵר, ״וַיַּרְא וְהִנֵּה בְאֵר בַּשָּׂדֶה״, זוֹ צִיּוֹן — (iii) **Another interpretation:** ***He looked and behold — a well in the field!*** — **this is** an allusion to **Zion.**[112] ״וְהִנֵּה שְׁלֹשָׁה עֶדְרֵי צֹאן״, אֵלּוּ שְׁלֹשָׁה בָּתֵּי דִינִים — ***And behold! three flocks of sheep*** — **these are** an allusion to **the three courts** that convene in Jerusalem,[113] דִּתְנַן: שְׁלֹשָׁה בָּתֵּי דִינִים הָיוּ שָׁם — as **it was taught in a Mishnah: Three courts were there** in Jerusalem, אֶחָד בְּהַר הַבַּיִת וְאֶחָד בְּפֶתַח הָעֲזָרָה וְאֶחָד בְּלִשְׁכַּת הַגָּזִית — **one on the Temple Mount, one at the entrance to the Courtyard, and one in the Chamber of Hewn Stone** (*Sanhedrin* 11:2);[114] ״כִּי מִן הַבְּאֵר הַהִיא וְגוֹ׳ ״, שֶׁמִּשָּׁם הָיוּ שׁוֹמְעִין אֶת הַדִּין — ***for from that well*** *they would water the flocks* — this alludes to the fact **that from there [the people] would hear the judgment** issued by the High Court;[115] ״וְהָאֶבֶן גְּדֹלָה״, זוֹ בֵּית דִּין הַגָּדוֹל שֶׁבְּלִשְׁכַּת הַגָּזִית — ***and the stone over the mouth of the well was large*** — **this is** an allusion to **the Great Court that is in the Chamber of Hewn Stone.**

NOTES

106. The "large stone" represents the Celebration of the Place of the Water Drawing, whose joy is as great and precious as a large gemstone (ibid., *Eitz Yosef*). As the Gemara (*Succah* 51a) describes: Whoever did not see the Celebration of the Place of the Water Drawing never saw rejoicing in his life (*Yefeh To'ar*).

107. Given that the water drawing was not performed for its own sake but rather for the purpose of pouring it on the Altar (see above, note 103), it would seemingly have been more appropriate to refer to this event as the Celebration of the Water Libation (ibid., *Eitz Yosef*).

108. That is, it was named for the water-drawing component in order to emphasize how the intense joy of the celebration allowed Divine Inspiration to be "drawn" from it — as readily as water is drawn (for the libation) from the Shiloach spring (see *Yefeh To'ar*).

109. As above, the assembled flocks of this verse refer to the Jewish people (see note 104). The expression *from the Approach of Hamath until the Brook of Egypt* [which is borrowed from *I Kings* 8:65 and *II Chronicles* 7:8] is used to denote the entirety of the Land of Israel (*Matnos Kehunah*). Hamath is a northern border city (see *Numbers* 34:8) and the Brook of Egypt marks the southwestern border (ibid. v. 5).

[Our Midrash appears to indicate that the pilgrimage obligation applied only to people residing in *Eretz Yisrael*. Indeed, this is the view of *Tosafos* to *Pesachim* 3b s.v. מאליה. See, however, *Mishneh LaMelech, Hil. Korban Pesach* 1:1 (*Rashash*). See also Responsa of *She'eilas Yaavetz* §127 and Responsa of *Chaim Sha'al* Vol. 1 §84.]

110. Although the Midrash has already stated that those at the Water Drawing merited Divine Inspiration, there it was referring to the Kohanim, who were the ones performing the service; here the Midrash is referring to all of Israel who came to participate "from as far away as the Approach of Hamath all the way until the Brook of Egypt" (*Yefeh To'ar*, second explanation).

111. Although many people were Divinely inspired over the course of the celebrations, this flow of Divine Inspiration was cut off at the conclusion of the festival (the way the flow of water from the well in our verse was cut off by the stone covering it). Furthermore, just as the waters of the well can be rendered accessible again by removing the stone, the store of Divine Inspiration that is tapped during the Celebration of the Place of the Water Drawing remains in waiting until the following Succos when it will be reopened once again (*Yefeh To'ar, Eitz Yosef*).

According to these commentators, our Midrash is saying that it was specifically the Celebration of the Water Drawing, which took place on Succos, that brought Divine Inspiration to the participants. Thus they write that it was only on Succos that this gift could be acquired. However, *Eshed HaNechalim* explains the Midrash differently: The feeling of camaraderie and community engendered by *any* of the three festivals is sufficient to bring forth Divine Inspiration. The Midrash's words מוּנָּח לָרֶגֶל הַבָּא mean that one need wait only until the next festival of the year to again have access to Divine Inspiration.

112. The theme of the current interpretation is the Rabbinic courts of Israel (who issue their rulings from Zion, as *Isaiah* 2:3 states, *For from Zion shall the Torah come forth, and the word of HASHEM from Jerusalem*; see *Berachos* 63b). The *well* refers to these courts, from whom judgments and wisdom "flow forth" (see *Yefeh To'ar*).

A parallel Midrash to our verse (*Midrash Yelamdeinu* [Mann ed.], *Bereishis* §134) states that the word בְּאֵר, *well*, here refers to Torah, which is referred to (in *Song of Songs* 4:15) as בְּאֵר מַיִם חַיִּים, *a well of fresh water*.

113. Just as the flocks come to the well to drink water, the three highest courts of the land (described below) are centered in Jerusalem so that they might absorb the Torah wisdom that emanates from that sacred location, and use this knowledge to better instruct the people (*Eitz Yosef*).

114. The first court was located on the eastern side of the Temple Mount just outside the Women's Courtyard. The second was located within the Women's Courtyard adjacent to the eastern gateway of the Courtyard. The third court met in the Chamber of Hewn Stone, a large room built into the northern wall of the Courtyard (*Rashi* to *Sanhedrin* 86b). The first two courts each consisted of twenty-three judges, while the third, comprising the High Court (the Sanhedrin), consisted of seventy-one judges. The Gemara (*Sanhedrin* 88b) explains that when a lower, provincial court did not know a ruling, they went to these three courts in Jerusalem, one after the other, until they were able to ascertain the correct ruling. See next note.

115. Difficult cases would make their way up through the other courts and eventually reached the High Court in the Chamber of Hewn Stone for a final decision (*Eitz Yosef*). The venerable sages of this court would adjudicate the matter and then disseminate their teachings to the people, like shepherds providing life-giving water to their flocks.

INSIGHTS

setting in motion an upward cycle that ultimately elevates him to spiritual heights unattainable in any other manner.

It is thus clear why the *Simchas Beis HaSho'eivah*, where the people celebrated the atonement achieved on Yom Kippur and the privilege of basking in the glow of the *Shechinah*, was a venue in which they drew freely from the wellsprings of Divine Inspiration. The joy of the mitzvah had brought them ever so closer to God. It opened the reservoirs of their hearts, and the inspiration from the wellsprings rushed in.

"וְהִנֵּה בְאֵר בַּשָּׂדֶה" זוֹ הַבְּאֵר, "וְהִנֵּה שְׁלֹשָׁה עֶדְרֵי צֹאן", מֹשֶׁה וְאַהֲרֹן וּמִרְיָם, "כִּי מִן הַבְּאֵר הַהִיא יַשְׁקוּ הָעֲדָרִים", שֶׁמִּשָּׁם [יא]כָּל אֶחָד וְאֶחָד מוֹשֵׁךְ מַיִם לְדִגְלוֹ וּלְשִׁבְטוֹ וּלְמִשְׁפַּחְתּוֹ, "וְהָאֶבֶן גְּדֹלָה עַל פִּי הַבְּאֵר", [יב]אָמַר רַבִּי חֲנִינָא: כִּמְלֹא פִּי כְבָרָה קְטַנָּה הָיָה בָּהּ, [כט, ג] "וְנֶאֶסְפוּ שָׁמָּה כָל הָעֲדָרִים וְגָלְלוּ", בִּשְׁעַת הַמַּחֲנוֹת, "וְהֵשִׁיבוּ אֶת הָאֶבֶן עַל פִּי הַבְּאֵר לִמְקֹמָהּ", בִּשְׁעַת מַסָּעוֹת הָיְתָה חוֹזֶרֶת לְאֵיתָנָהּ. דָּבָר אַחֵר, "וְהִנֵּה בְאֵר בַּשָּׂדֶה" זוֹ צִיּוֹן, "וְהִנֵּה שְׁלֹשָׁה עֶדְרֵי צֹאן", אֵלּוּ שְׁלֹשָׁה רְגָלִים, "כִּי מִן הַבְּאֵר הַהִיא יַשְׁקוּ", שֶׁמִּשָּׁם הָיוּ שׁוֹאֲבִים רוּחַ הַקּוֹדֶשׁ, "וְהָאֶבֶן גְּדֹלָה", זוֹ שִׂמְחַת בֵּית הַשּׁוֹאֵבָה, אָמַר רַבִּי הוֹשַׁעְיָא: לָמָּה הָיוּ קוֹרְאִים אוֹתוֹ בֵּית הַשּׁוֹאֵבָה, [יג]שֶׁמִּשָּׁם הָיוּ שׁוֹאֲבִים רוּחַ הַקּוֹדֶשׁ, "וְנֶאֶסְפוּ שָׁמָּה כָל הָעֲדָרִים", בָּאִים מִלְּבוֹא חֲמָת וְעַד נַחַל מִצְרָיִם, "וְגָלְלוּ אֶת הָאֶבֶן וְגוֹ'", שֶׁמִּשָּׁם הָיוּ שׁוֹאֲבִים רוּחַ הַקּוֹדֶשׁ, "וְהֵשִׁיבוּ אֶת הָאֶבֶן", מוּנָּח לָרֶגֶל הַבָּא. דָּבָר אַחֵר, "וַיַּרְא וְהִנֵּה בְאֵר בַּשָּׂדֶה", זוֹ צִיּוֹן, "וְהִנֵּה שְׁלֹשָׁה עֶדְרֵי צֹאן", אֵלּוּ שְׁלֹשָׁה בָּתֵּי דִינִים, דִּתְנַן: [יד]שְׁלֹשָׁה בָּתֵּי דִינִים הָיוּ שָׁם, אֶחָד בְּהַר הַבַּיִת וְאֶחָד בְּפֶתַח הָעֲזָרָה וְאֶחָד בְּלִשְׁכַּת הַגָּזִית, "כִּי מִן הַבְּאֵר הַהִיא וְגוֹ'", [טו]שֶׁמִּשָּׁם הָיוּ שׁוֹמְעִין אֶת הַדִּין, "וְהָאֶבֶן גְּדֹלָה", זוֹ בֵּית דִּין הַגָּדוֹל שֶׁבְּלִשְׁכַּת הַגָּזִית,

עץ יוסף

להודיע ספור הדברים בענין הבאר דמאי דהוה הוה, וכבר הפליג בספר הזוהר בגנות החושב שהתורה באה לספר לנו ספורים אלא שיש בכולם רמזים: **זו הבאר.** דכתיב ביה עלי באר ענו לה, והוא הסלע שהיה מתגלגל והולך עם ישראל במדבר, והיינו והנה באר בשדה: **שלשה עדרי צאן משה כו'.** שראה במחזה נבואתו שיהיה באר עתיד להגלות לישראל על ידי זכות שלשה צדיקים כמו שאמרו בפרק קמא דתעניות (ט, א) שהבאר ניתן בזכות מרים וכשמתה נסתלק וחזר בזכות משה ואהרן: **כל אחד ואחד מושך כו'.** רצונו לומר שהיו הנשיאים עומדים על גבה ומושכין במטותיהם כל אחד ואחד לשבטו ולמשפחתו: **כמלא פי כברה.** כלומר מה שאמר פי הבאר דמשמע נרה לפי שעיקרו לא היה אלא כפי כברה (יפה תואר): **וגללו בשעת המסעות.** כלומר שהבאר היה מתכסה ומתגלגל עמהם כשנוסעים והוי ליה כאילו היה נסתם באבן, ובשעת המחנות שהיה נגלה ונותן מימיו הוה ליה כאילו גוללין האבן מעליו (יפה תואר): **באר בשדה זה ציון.** פירוש שדה זה ציון כמה דאת אמר (מיכה ג, יב) ציון שדה תחרש. והבאר הוא מי השלוח שמשם שואבים מים לנסוך המים: **אלו שלש רגלים.** ופירוש שלשה עדרי צאן שלשה זמנים של קבוץ ישראל הנקראים עדרי צאן: **היו שואבים רוח הקודש.** שעל ידי השמחה הנעשית בבית השואבה היתה רוח הקודש שורה עליהם: **בית השואבה.** שהיתה שמחה גדולה. ובדרך משל אמר על השמחה הגדולה והאבן גדולה שהיא חשובה כאבן יקרה מאד: **למה נקרא שמה כו'.** דכיון דעיקרה לנסוך המים מוטב שיקראו שמה על הנסוך ולא על השאובה שאינה אלא הכשר מצוה: **מונח לרגל הבא.** רוח הקודש כי אחר הסתלקם משם היה סר מהם רוח הקודש ומונח לרגל הבא, דאם לא כן יהיו כל ישראל בכל יום שורה עליהם רוח הקודש: **לרגל הבא.** היינו חג הבא, כי לא היה ענין בית השואבה אלא בימי החג. ומה שאמרו כאן אלו שלשה רגלים אינו לענין הבאר רק לענין ציון הזכיר קבוץ ישראל בג' הרגלים, ואמר כי באחד מהם הוא ענין השואבה (יפה תואר): **באר בשדה זו ציון.** כי שם הוא משכן השכינה הנקרא באר מים חיים אשר הוא מקור מעיין הנובע חכמה ותורה, וכענין שנאמר (ישעיה ב, ג) כי מציון תצא תורה: **שלשה בתי דינים.** שבציון שהם מנהיגי העם רועי צאן קדשים, והם היו רובצים על הבאר החכמה שבציון לקבל משם חכמה ותורה להורות לעם את הדרך אשר ישכון בה:

פירוש מהרז"ו

בשרים מלשון בשורה, כי בשר ממש לא מצינו בלשון רבים: **משה אהרן ומרים.** שתחלה ניתן הבאר בזכות מרים (תענית ט, א), מתה חזר בזכות משה ואהרן, מת אהרן היה בזכות משה כמו שאמר בסדר עולם (פרק י), במדבר רבה (א, ב) ושם נתבאר. ושלשתם רועים של ישראל היו כמו שנאמר (מיכה ו, ד) ואשלח לפניך משה אהרן ומרים, ועל זה כתב בזכריה (יא, ח) ואכחיד את שלשת הרועים בירח אחד כמו שאמר בסדר עולם שם, ומה שכתוב העדרים פירוש רועי העדרים: **לדגלו.** שכולל שלש שבטים ואחר כך נשיא השבט מושך לשבטו, ואחר כך ראשי בתי אבות של כל משפחה מושך למשפחתו [ועיין בתנחומא (חוקת סימן כא) על פסוק (במדבר כא, יח) במחוקק במשענותם. יפה תואר]: **כברה קטנה.** וכמו שמבואר בבמדבר רבה (א, ב) שהבאר היה סלע כמין כוורת ועל פיה היה סלע קטן כמין כברה חלולה שמשם יורדים המים, וכמו שאיתא באבות (פ"ה מ"ו) פי הבאר: **לאיתנה.** פירוש לטבעו, יבש כאבן, ועיין במדבר רבה (א, ב): **זו ציון.** כמה שנאמר (מיכה ג, יב) ציון שדה תחרש, כמו שאיתא לעיל (כב, ז): **שלשה רגלים.** הנקראים צאן כמו שנאמר (יחזקאל לו, לח) ואתנה נאני, באים לתוכה עדרים עדרים לעלות לרגל, ובזה היו זוכים לרוח הקדש: **שמחת בית השואבה.** ירושלמי סוכה (פ"ה ה"א). ומה שנאמר כל העדרים פירוש כל השבטים מכל עריהם, והביא מפסוק דברי הימים (ב' ז, ח): **דתנן.** סנהדרין פו, ג:

מתנות כהונה

זו הבאר. שהלכה עם ישראל במדבר: **פי כברה כו'.** וסביבה היתה מכוסה כולה כמין כוורת הזה כדאיתא בפרשת במדבר והמים לא היו יכולין לזוב דרך אותו נקב כי קטן הוא: **וגללו בשעת המחנות.** כשחנו היו עומדים עליהם הנשיאים ואומרים עלי באר והיתה עולה כדאיתא בריש פרשת במדבר: **זו שמחת כו'.** כן הוא ג"כ גירסת הילקוט והרמז לחוזק השמחה וכן לקמן אמר שרמז לב"ד הגדול ולזכות אבות ולמופלא בב"ד ולשכינה: **מלבא חמת וגו'.** כך היה גבול ארץ ישראל:

אשד הנחלים

כמוכרח על מעשהו, והרי זה כמו שרגליו מוליכות אותו, אבל ההולך ברצון הרי הרגלים הולכים כפי רצון הלב וכאלו לבו נשא לרגליו: **זו הבאר כו' משה.** כבר ידוע שכל מעשי אבותינו היו דוגמת מה שקרה לנו, כי כל פעולותיהם היו הכל על צד הכוונה העליונה. והנה בבאר זה תיקן יעקב שיהיה הבאר עולה עת עלותינו ממצרים. והנה כאן אצל הבאר הזה ראה במחזה נבואתו שיהיה באר עתיד להגלות לישראל ע"י זכות ג' צדיקים, שהמה ג' עדרי צאן המה מנהיגי צאן קודש. וראה עוד שכל הי"ב שבטים עתידים למשוך מהבאר הזה, ויהיה הבאר הולך אתם באשר המה הולכים. וירמז עוד על צד הכוונה השניה על רוח הקודש שיזכו כולם, וכדמות באר הנובע מימיו, ושכולם יזכו לזה. וכן דרש על ירושלים שנקראת באר מים חיים שממנה יורד השפע רוח הקודש בעולם. ובג' רגלים הוקבע יום נועד להיות השפע מתדבק לאנשיה, עד שיהיו שואבים רוח הקודש כחפצם. אך יש אבן גדולה ע"פ הבאר המונע השפע שיושפע עליהם ברבוי. אך תקונה שיאספו כולם ואז אחד עוזר לרעהו, ואח"כ השיבו האבן שנסתם שפע רוח הקודש עד רגל הבא, כי אין רוח השפע דומה כל השנה כשפע הרגל. וכן דרשו על ג' בתי דינין שהם עמלים בחכמה [כי רוח הקודש הוא ממרום בעניני סודות האלקות וכאן מדבר מחכמות התורה ע"פ השכל] לדעת דיני התורה. ומשם גללו את האבן הסותם להידיעה האמתית כמו שכתוב (ישעיה ב, ג) כי מציון תצא תורה:

חידושי הרש"ש

[ח] **ונאספו שמה כל העדרים באים מלבא חמת ועד נחל מצרים עד כאן.** וכתב המתנות כהונה כך היה גבול ארץ ישראל, וכתב על זה בני הרב רבי מתתיהו נ"י. וז"ל: ומכאן סמך קצת שמחוץ לארץ לא היו עולין לרגל עיין תוספות ריש פסחים (ג, ב ד"ה מאליה) ובמשנה למלך (הלכות קרבן פסח פ"א ה"א). וראיתי זה מקרוב בספר קהלת יעקב [לר' יעקב אב"ד ור"מ קרלין] ריש פסחים שמביא גם כן ראיה לזה מירושלמי פרק כילד צולין (פ"ז ה"ו), דאיתא שם אמר רבי יהושע בן לוי לראיה הלכו מלבא חמת עד נחל מצרים, רבי תנחומא בשם רבי חונה טעמא דרבי יהושע בן לוי ויעש שלמה וכל ישראל עמו את החג מלבא חמת עד נחל מצרים (מלכים א' ח, סה), פירושו מבואר דמצות ראיה אינו רק על היושבים בארץ ישראל מדכתיב וכל ישראל עמו מלבא חמת עד נחל מצרים, משמע דהנהו מקרי כל ישראל, והיושבים בחוץ לארץ לא באו אף שהיו יכולין לבא כולן בימי שלמה, וזה כדברי התוספות ושיטתם דפסח תלוי בראיה. ובקרבן העדה דחק להגיה בירושלמי להוראה הלכו עיין שם ואין מהצורך עכ"ל. ואני תמה מאד על הגאון הזה איך דחה להגהת הקרבן העדה בשתי ידים והעמיד הגירסא הישנה כדי להביא ראיה לדברי התוספות, אשר אמנם באמת הגהת הקרבן העדה היא הנכונה, ויגיד על הירושלמי ריעו הבבלי, כי כן איתא להדיא בבבלי הוריות (ג, א) אמר רבי אסי ובהוראה הלך אחר כו', שנאמר ויעש שלמה בעת ההיא את החג וכל ישראל עמו קהל גדול מלבא חמת עד נחל מצרים כו', מכדי כתיב וכל ישראל עמו, קהל גדול מלבא חמת עד נחל מצרים למה לי, שמע מינה הני הוא דאקרי קהל אבל הנך לא אקרי קהל, עד כאן, ושם אין נכון בוודאי להגיה לראיה. והאמת יעיד על עצמו עכ"ל:

מסורת המדרש

יא. במדבר רבה פרשה י"ט. תנחומא סדר במדבר סימן ב':
יב. שבת דף ל"ה. ירושלמי כלאים פרק ט'. ויקרא רבה פרשה כ"ב. במדבר רבה פר' א' קהלת רבה פרשה ה' פסוק ח'. תוספתא סוכה פרק ג'. תנחומא סדר במדבר סימן ב':
יג. ירושלמי סוכה פרק ה'. פסיקתא רבתי פיסקא א':
יד. סנהדרין דף פ"ו ע"ב במשנה:
טו. סנהדרין דף ל"ז:

ענף יוסף

(ח) **שמשם כל אחד ואחד מושך מים לדגלו ולשבטו ולמשפחתו.** דקדק לומר הכא לדגלו ולשבטו ולמשפחתו לפי שהיו ארבע דגלים לארבע רוחות העולם, ובכן משך תחלה כל אחד מראשי הדגלים מימי הבאר לפאת צד הרוח שהוא כלפי דגלו, ובהיותו שמה שוב משך כל אחד משלשה נשיאי השבטים שבאותו הדגל המים לשבטו, ושוב משך כל אחד מנשיאי ראשי האבות של המשפחות המים למשפחת, כי נשיא ראש הדגל שהיה זכותו רב הספיק זכותו למשוך המים כלפי כל פאת רוח דגלו, ונשיא השבט הספיק זכותו לכל שבטו, ונשיא בית אב הספיק זכותו לכל משפחתו, ולפיכך בפרשת פנחס נמנו בכתוב גם המשפחות ובתי האבות בהיות לכל אחד חלק מיוחד בבאר על ידי נשיאו ומנהיגו (נזר הקודש):

שינוי נוסחאות

(ח) **דבר אחר, וירא והנה באר זו ציון.** בכמעט כל הספרים אחרי "דבר אחר" כתוב "והנה שלשה עדרי צאן", אבל אות אמת מחקו, וכך עשו בדפוס ווארשא ע"פ הגהתו:

״וְנֶאֶסְפוּ שָׁמָּה כָל הָעֲדָרִים״ אֵלּוּ בָּתֵּי דִינִין שֶׁבְּאֶרֶץ יִשְׂרָאֵל — ***When all the flocks would be assembled there*** — **these are** an allusion to **the** provincial **courts of the Land of Israel;**[116] ״וְגָלְלוּ אֶת הָאֶבֶן״, שֶׁמִּשָּׁם הָיוּ שׁוֹמְעִין אֶת הַדִּין — ***they would roll the stone*** *from the mouth of the well and water the sheep* — this alludes to the fact **that from there [the people] would hear the judgment** issued by the High Court;[117] ״וְהֵשִׁיבוּ אֶת הָאֶבֶן״, שֶׁהָיוּ נוֹשְׂאִים וְנוֹתְנִין בַּדִּין עַד שֶׁמַּעֲמִידִין אוֹתוֹ עַל בּוּרְיוֹ — ***then they would put back the stone*** — this alludes to the fact **that [the judges] would discuss the judgment until they established the truth of the matter.**[118]

דָּבָר אַחֵר, ״וַיַּרְא וְהִנֵּה בְאֵר״ זוֹ צִיּוֹן — (iv) **Another interpretation:** ***He looked and behold — a well*** *in the field!* — **this is** an allusion to **Zion.**[119] ״וְהִנֵּה שָׁם שְׁלֹשָׁה עֶדְרֵי צֹאן״ אֵלּוּ שְׁלֹשָׁה מַלְכֻיּוֹת רִאשׁוֹנוֹת — ***And behold! three flocks of sheep*** — **these are** an allusion to **the first three empires** that exerted control over Jerusalem;[120] ״כִּי מִן הַבְּאֵר הַהִיא יַשְׁקוּ הָעֲדָרִים״, שֶׁהֶעֱשִׁירוּ מִן הַהֶקְדֵּשׁוֹת הַצְּפוּנוֹת בַּלְּשָׁכוֹת — ***for from that well they would water the flocks*** — this alludes to the fact **that [these empires] became rich from the consecrated items hidden in the** Temple **chambers;**[121] ״וְהָאֶבֶן גְּדֹלָה עַל פִּי הַבְּאֵר״, זוֹ זְכוּת אָבוֹת — ***and the stone over the mouth of the well was large*** — **this is** an allusion to **the merit of** our righteous **forefathers,** Abraham, Isaac, and Jacob.[122] ״וְנֶאֶסְפוּ שָׁמָּה כָל הָעֲדָרִים״, זוֹ מַלְכוּת רוֹמִי שֶׁהִיא מַכְתֶּבֶת טִירוֹנְיָא מִכָּל אוּמּוֹת הָעוֹלָם — ***When all the flocks would be assembled there*** — **this is** an allusion to **the empire of Rome that** is so powerful that it **collects tribute from all of the nations of the world;**[123] ״וְגָלְלוּ אֶת הָאֶבֶן״, שֶׁהֶעֱשִׁירוּ מִן הַהֶקְדֵּשׁוֹת הַצְּפוּנוֹת בַּלְּשָׁכוֹת — ***they would roll the stone*** — this alludes to the fact **that [the Romans] became rich from the consecrated items hidden in the** Temple **chambers;**[124] ״וְהֵשִׁיבוּ אֶת הָאֶבֶן עַל פִּי הַבְּאֵר לִמְקֹמָהּ״, לֶעָתִיד לָבֹא זְכוּת אָבוֹת עוֹמֶדֶת — ***then they would put back the stone over the mouth of the well, in its place*** — this alludes to the fact **that in the Messianic future the merit of** our **forefathers will remain** in its place.[125]

NOTES

116. The assembling of the flocks at the well represents how the judges of the lower courts of the land would gather in the Temple when they brought their cases to the Chamber of Hewn Stone for a verdict (ibid.).

Although our version of the Midrash mentions only the provincial courts of the Land of Israel, some versions of the Midrash state *the [provincial] courts* **outside** *the Land of Israel*. Both versions have merit since, in truth, lower courts from *any* location were welcome to bring their cases to the Temple for resolution (*Maharzu*; see also *Rashash*).

117. The removal of the stone from the mouth of the well and watering the flock is a metaphor for the High Court's removal of whatever was blocking the determination of the halachah and imparting of their knowledge to the people.

118. The word וְהֵשִׁיבוּ, *then they would put back*, is cognate with תְּשׁוּבָה, *answer*, hinting to how the sages of the court would discuss the issue until a definitive answer was decided upon (*Eitz Yosef*).

119. That is, the *field* is an allusion to Jerusalem (Zion); see above, note 103.

120. The first three foreign powers to exert their control over Jerusalem were the Babylonians [who destroyed the First Temple and exiled the Jews], the Medes [who governed the exiled Jews and their land until the Second Temple was built], and the Greeks [who persecuted the Jews and defiled the Second Temple]. The three flocks of sheep represent these three eras in which the Jews (God's sheep — see note 104 above) were subjugated under three foreign shepherds (*Eitz Yosef*).

121. The Temple treasuries were filled with consecrated objects of great value, all of which were eventually plundered by the conquering nations. For example, Scripture states with regard to Nebuchadnezzar king of Babylonia (*II Kings* 24:13), *He also removed from there all the treasures of the Temple of HASHEM and the treasures of the king's palace, and he dismantled all the golden articles that Solomon king of Israel had made in the Sanctuary of HASHEM* (*Maharzu*).

122. The merit of the Patriarchs ensures that the Jewish people would always survive, even as their erstwhile conquerors would be lost to history. The "large stone" of our verse hints to this great merit, which serves as the "cornerstone" of Israel's security from the harmful intentions of the other nations (see *Eitz Yosef*). Indeed, we find Jacob referred to as *the stone of Israel* in 49:24 below; see *Rashi* ad loc., citing *Onkelos* (see *Maharzu*).

123. Translation follows *Eitz Yosef* [following *Aruch*]. Alternatively, מַכְתֶּבֶת טִירוֹנְיָא means *dictates [its] tyranny* (*Matnos Kehunah*). Rome ruled over the entire known world (*Eitz Yosef*), such that all the nations were "assembled," as it were, beneath its banner.

124. Rome destroyed the Second Temple and plundered its treasures, thus "rolling away the stone" (i.e., the merit of the Patriarchs) that protects the Jewish people (see note 121).

125. The Jewish people have suffered under the Roman exile for nearly 2,000 years (since the destruction of the Second Temple), giving rise to the misconception that the merit of our Patriarchs no longer defends us (*Yefeh To'ar*). In our verse we are taught that this merit will ultimately be remembered (the "stone" will be "put back in its place") and the Jews will be freed from their oppressors just as in the past (*Eitz Yosef*; see also *Matnos Kehunah* and *Yefeh To'ar*). See Insight Ⓐ.

INSIGHTS

Ⓐ The Stone on the Well The verses that tell the story of Jacob at the well contain rich allusions to the future of Israel. According to the present approach in our Midrash, the passage refers to the exile of the Jewish people from their homeland, and to the merit of the Patriarchs that will bring the redemption. A similar approach to this passage (though differing in many details) is adopted by the *Gra* (*Peirush al Kamma Aggados*, p. 142) to explain a cryptic exchange, recorded in *Bechoros* 8b, between R' Yehoshua ben Chananyah and the סָבֵי דְּבֵי אַתּוּנָא, *the elders of the academy of Athens*.

R' Yehoshua ben Chananyah faced the elders of Athens in a riddle challenge, with his life as the forfeit. In one exchange, the Athenians posed the following riddle: אִית לָן בֵּירָא בְּדַבְרָא עַיְּילֵהּ לְמָתָא, *We have a well in the field. Bring it into the city!* R' Yehoshua responded: אַפְשִׁילוּ לִי חַבְלֵי מִפָּארֵי וְאַעֲיְילֵיהּ, *Spin me ropes of bran* [with which to tow the well] *and I will bring it*.

According to the *Gra*, when the Athenians spoke of "a well in the field," they referred to the well mentioned in our verse: וְהִנֵּה בְאֵר בַּשָּׂדֶה, *and behold, there was a well in the field.* The well represents God, Who formerly made His abode in the Holy Temple in Jerusalem, but Whose Divine Presence has now, along with Israel, been exiled from the city and forced to reside "in the field," i.e., the dominion of Esau who is compared to a field (see above, 25:27). [See also *Jeremiah* 2:13, for a Scriptural source that employs the term "well" as a metaphor for God.]

In challenging R' Yehoshua ben Chananyah to return the well to the city, the elders of Athens mocked the Jews, who claimed a continued bond with God. If such a bond truly existed, the Athenians argued, there should be no difficulty in returning "the well to the city" — meaning, the Divine Presence to Jerusalem — and bringing Israel's exile to an end.

R' Yehoshua ben Chananyah responded that if the Athenians would spin ropes of bran [which is, of course, impossible,] he would tow the well back to the city. In explanation, the *Gra* makes reference to our passage, which continues: וְהִנֵּה שָׁם שְׁלֹשָׁה עֶדְרֵי צֹאן רֹבְצִים עָלֶיהָ... וְהָאֶבֶן גְּדֹלָה עַל פִּי הַבְּאֵר, *and behold, three flocks of sheep lay there beside it . . . and the stone over the mouth of the well was large.* וְנֶאֶסְפוּ שָׁמָּה כָל הָעֲדָרִים וְגָלְלוּ אֶת הָאֶבֶן מֵעַל פִּי הַבְּאֵר, *When all the flocks would be assembled there they would roll the stone from the mouth of the well.* The three flocks represent the three Patriarchs — Abraham, Isaac, and Jacob — in whose merit Israel will be redeemed (see *Leviticus* 26:42). The great stone is the Evil Inclination (see Midrash below), which Scripture describes elsewhere as לֵב הָאֶבֶן, *the heart of stone* (see below, note 137). As the stone blocks access to the well, so does the evil inclination block the redemption, by inciting Israel to sin and thereby preventing Israel from drinking of the waters of God's well. The stone cannot be rolled from the well, and the redemption cannot come, until *all* the flocks are assembled — meaning, until the influence of all three Patriarchs is brought to bear upon Israel.

The *Gra* explains why the collective influence of all three Patriarchs

"וְנֶאֶסְפוּ שָׁמָּה כָל הָעֲדָרִים" אֵלּוּ בָּתֵּי דִינִין שֶׁבְּאֶרֶץ יִשְׂרָאֵל, "וְגָלְלוּ אֶת הָאֶבֶן", שֶׁמִּשָּׁם הָיוּ שׁוֹמְעִין אֶת הַדִּין, "וְהֵשִׁיבוּ אֶת הָאֶבֶן", שֶׁהָיוּ נוֹשְׂאִים וְנוֹתְנִין בַּדִּין עַד שֶׁמַּעֲמִידִין אוֹתוֹ עַל בּוּרְיוֹ. דָּבָר אַחֵר, "וַיַּרְא וְהִנֵּה בְאֵר" זוֹ צִיּוֹן, "וְהִנֵּה שָׁם שְׁלֹשָׁה עֶדְרֵי צֹאן" אֵלּוּ שְׁלֹשָׁה מַלְכֻיּוֹת רִאשׁוֹנוֹת, "כִּי מִן הַבְּאֵר הַהִיא יַשְׁקוּ הָעֲדָרִים", שֶׁהֶעֱשִׁירוּ מִן הַהֶקְדֵּשׁוֹת הַצְּפוּנוֹת בַּלְּשָׁכוֹת, "וְהָאֶבֶן גְּדֹלָה עַל פִּי הַבְּאֵר", זוֹ זְכוּת אָבוֹת, "וְנֶאֶסְפוּ שָׁמָּה כָל הָעֲדָרִים", זוֹ מַלְכוּת רוֹמִי שֶׁהִיא מַכְתֶּבֶת טִירוֹנְיָא מִכָּל אוּמּוֹת הָעוֹלָם, "וְגָלְלוּ אֶת הָאֶבֶן", שֶׁהֶעֱשִׁירוּ מִן הַהֶקְדֵּשׁוֹת הַצְּפוּנוֹת בַּלְּשָׁכוֹת, "וְהֵשִׁיבוּ אֶת הָאֶבֶן עַל פִּי הַבְּאֵר לִמְקֹמָהּ", לֶעָתִיד לָבֹא זְכוּת אָבוֹת עוֹמֶדֶת. דָּבָר אַחֵר, "וְהִנֵּה בְאֵר בַּשָּׂדֶה" זוֹ סַנְהֶדְרִין, "וְהִנֵּה שָׁם שְׁלֹשָׁה עֶדְרֵי צֹאן", אֵלּוּ [טז]שָׁלֹשׁ שׁוּרוֹת שֶׁל תַּלְמִידֵי חֲכָמִים שֶׁהֵם יוֹשְׁבִים לִפְנֵיהֶם, "כִּי מִן הַבְּאֵר הַהִיא יַשְׁקוּ הָעֲדָרִים", שֶׁמִּשָּׁם הָיוּ שׁוֹמְעִין אֶת הַהֲלָכָה, "וְהָאֶבֶן גְּדוֹלָה עַל פִּי הַבְּאֵר", זֶה מוּפְלָא שֶׁבְּבֵית דִּין שֶׁהוּא מְסָרֵס אֶת הַהֲלָכָה, "וְנֶאֶסְפוּ שָׁמָּה כָל הָעֲדָרִים" אֵלּוּ תַּלְמִידֵי חֲכָמִים שֶׁבְּאֶרֶץ יִשְׂרָאֵל, "וְגָלְלוּ אֶת הָאֶבֶן" שֶׁמִּשָּׁם הָיוּ שׁוֹמְעִין אֶת הַהֲלָכָה, "וְהֵשִׁיבוּ אֶת הָאֶבֶן עַל פִּי הַבְּאֵר", שֶׁהָיוּ נוֹשְׂאִים וְנוֹתְנִים בַּהֲלָכָה עַד שֶׁמַּעֲמִידִים אוֹתָהּ עַל בּוּרְיָהּ. דָּבָר אַחֵר, "וַיַּרְא וְהִנֵּה בְאֵר בַּשָּׂדֶה", זוֹ בֵּית הַכְּנֶסֶת, "וְהִנֵּה שָׁם שְׁלֹשָׁה עֶדְרֵי צֹאן", אֵלּוּ [יז]שְׁלֹשָׁה קְרוּאִים, "כִּי מִן הַבְּאֵר וְגוֹ'", שֶׁמִּשָּׁם הָיוּ שׁוֹמְעִים אֶת הַתּוֹרָה, "וְהָאֶבֶן גְּדֹלָה" [יח]זֶה יֵצֶר הָרָע, "וְנֶאֶסְפוּ שָׁמָּה כָל הָעֲדָרִים" זֶה הַצִּבּוּר, "וְגָלְלוּ אֶת הָאֶבֶן", שֶׁמִּשָּׁם הָיוּ שׁוֹמְעִין אֶת הַתּוֹרָה, "וְהֵשִׁיבוּ אֶת הָאֶבֶן וְגוֹ'", שֶׁכֵּיוָן שֶׁהֵם יוֹצְאִים לָהֶם יֵצֶר הָרָע חוֹזֵר לִמְקוֹמוֹ:

עץ יוסף

היו שומעין את הדין. בהלכה למעשה בהיות דין קשה יביאון אל בית דין הגדול שבלשכת הגזית, ועל זה אמר והאבן גדולה על פי הבאר זה בית דין הגדול שבלשכת הגזית: **בתי דינים שבארץ ישראל.** שכשיפלא מהם דבר למשפט יתאספו לבית דין הגדול לברר להם הדין: **שהיו נושאין ונותנין.** ופירוש והשיבו לשון תשובה שהיו נושאין ונותנין עד שהיו מבררים האמת: **דבר אחר והנה באר בשדה זו ציון.** כי שם היא קדושת באר מים חיים של השכינה: **אלו שלשה מלכיות.** בבל מדי יון אשר ניתן להם שבט מושל על ישראל ונעשו רועים ומנהיגים לצאן קדש אלו ישראל באשר נכבש בידם ציון וירושלים אשר היא גאון עוזם של ישראל: **זו זכות אבות.** שהיו אבן הראשה שעמדה להם לישראל כנגד ג' מלכיות אלו שנאבדו מן העולם: **מכתבת טירוניא.** (פירוש מס) **מכל העולם.** שמושלת בכיפה. והם שוב **גללו את האבן** מעל פי הבאר **שהעשירו כו'.** וזה יהיה עד עת קץ הימין כי אז ישוב האבן על פי הבאר למקומה לזכור שוב חסדי אבות לבנים: **זו סנהדרין.** שנמשלו לבאר כי אתם הוא באר מים חיים הנובע ממקור החכמה וכל הענינים נעשים על פיהם ומצותם. והם בשדה הר המוריה זה ציון: **ג' עדרי צאן.** רועי מנהיגי צאן קדשים: **אלו שלשה שורות של תלמידי חכמים שהם יושבים לפניהם.** היינו מעשרים ושלשה עשרים ושלשה כדאיתא במסכת סנהדרין (לז, א) במשנה: **מסרס את ההלכה.** פירוש מלשון סרסהו ודרשהו. והיינו שמהפך ומפלפל בה מראשה לסופה ומסופה לראשה. עיין ערוך סוף ערך סרס ראשון: **זו בית הכנסת.** שבה באר מים חיים של קדושת השכינה השוכנת בבית הכנסת. ואמר בשדה לפי שבתי כנסיות שלהם היו בשדה כדמשמע בגמרא: **אלו שלשה קרואים.** שבתורה בשני ובחמישי כדי שלא ילכו בלא תורה שלשה ימים: **כל העדרים זה הצבור.** דנפישי זכותייהו טובא, ובכחם כי רב וגללו את האבן זו יצר הרע מעל פי הבאר של התורה שמשם בני הכנסת היו שומעים את התורה. אלא שמכל מקום אין זה אלא בזמן בית הכנסת אמנם אחר כך **והשיבו את האבן וגו' שכיון שהם יוצאים להם** ונתפרדה הקבילה ביניהם מיד **חזר היצר הרע למקומו:**

פירוש מהרז"ו

בתי דינין שבארץ ישראל. ובילקוט (רמז קכג) הגירסא שבחוץ לארץ, ושניהם אמת ומרבה מתיבת כל: **באר זו ציון,** כנכתב לעיל, ומה שאמר תחלה והנה שלשה עדרי צאן ודאי טעות סופר ובילקוט (רמז קכג) ליתא: **מן ההקדשות.** כמו שנאמר מלכים (ב' כד, יג) אצל נבוכדנצר ויוצא משם את כל אוצרות בית ה' וגו': **זו זכות אבות.** מלשון אבן ישראל: **זו סנהדרין.** שהתורה נקראת במשלי באר מים חיים, ונוזלים מתוך בארך (משלי ה, טו) וכמו שמבואר בבמדבר רבה (יט, כו), ושירת הבאר הוא על התורה עיין שם. ועיין שיר השירים רבה (ד, ל) פסוק מעין גנים מ"ח פעמים באר כנגד מ"ח דברים שהתורה נקנית בהם: **שלש שורות.** סנהדרין (לז, א) במשנה, לקמן (לח, יב): **מופלא שבבית דין.** עיין סנהדרין (פז, א) כי יפליא כו': **מסרס את ההלכה.** כמו שדרשו (ירושלמי פ"א ה"ב) על פסוק (מלכים ב' כה, יט) ומן העיר לקח סריס אחד זה מופלא כו', ופירוש מהפך ומשנה ומסרסה, על דרך מוחלפת השיטה, חסורי מחסרא: **זה יצר הרע.** שנקרא אבן דכתיב (יחזקאל לו, כו) והסירותי את לב האבן, עיין לקמן (פט, א) אבן אופל:

מתנות כהונה

טירוניא. ממשלה ועלילה וכח כדאמרינן אין הקב"ה בא בטרוניא על בריותיו והערוך פירשו לשון מס והנראה כתבתי: **זכות אבות גרסינן: עומדת.** והאבן המונח במקומו רמז לזכות אבות המונח וקיים לעדי עד: **שלשה קרואים.** הנקראים לספר תורה בימות החול והערוך ערך קר גרס קרויים ופי' בו שלשה ארונים שבבית הכנסת עכ"ל: **שמשם היו שומעין את התורה.** ובזה נגלל ונדחה יצה"ר כמו שאמרו חז"ל אי אזיל מוטב ואי לא יעסוק בתורה ובעקידה גורם כששומעין את התורה יצה"ר מתגלגל ומתפוצץ: [ט] **ה"ג הבאר ההיא וגו' שמשם שמעו עשרת הדברות: בגלות גרסינן:**

אשד הנחלים

ד"א והנה כו' אלו ג' גליות. דריש הבאר על ישראל שהם באר מים חיים וקדושים, אך ג' עדרי צאן רובצים עליה, כי כך נגזר עליה ג' גליות, וכל כך יכבדו עליהם. אכן יש אבן גדולה על פי הבאר מעכב לנגוע אליה הרבה, וזה זכות אברהם, ולכן יאספו כולם לגזור עליהם גזירות קשות, ועי"ז יכולים להם, וזהו מלכות ראמילוס שהיא היתה העיקר להעברת הדת. ואף שהמה יגללו, עם כל זה סוף שישיבו האבן, זהו הזכות, על פי הבאר, זהו שע"י זכותם יגאלו: **ד"א וכו' זו סנהדרין.** הא נמי כדלעיל, אלו בתי דינין, רק מפני שהסנהדרין הם ממונים על כל דבר בישראל, הן לדת ודין, והן להנהגת ישראל בעצה וגבורה למלחמה, וכל העניינים נעשים על פיהם ומצותם, והמה הבאר הגדול הנובע מקור חכמה לכולם. והאבן הגדולה, זהו המופלא שבב"ד, יש על הבאר, שידוע לו מה שנכסה מהם כאבן המכסה הבור, ועל ידו יגללו ויוודע להם, ואחר שיוודע להם אז השיבו האבן שהוא היסוד על פי הבאר. וזהו משל שהשכל שב עוד בכח, אחר שנתוודע לו דבר מזה ויצא אל הפועל: **ד"א כו' זה בית הכנסת.** כי גם זהו באר השופע אור התורה עליהם בזכות הקריאה, ועל ידי השלשה קרואים כהן לוי וישראל המברכין והעונין אמן. אכן יש אבן גדולה וזהו היצר הרע שמשים לבו כאבן מבלי לשמוע תורה, וע"י אסיפת

חידושי הרד"ל

[ח] **ג' קרואים.** עיין גירסת הערוך (במתנות כהונה) ועיין ירושלמי (מגילה פ"ג ה"ב). שלושה מבית הכנסת כבית הכנסת, משמע שהיה אצלם שלושה ממונים בבית הכנסת:

חידושי הרש"ש

{**ונאספו שמה כל העדרים אלו בתי דינין שבארץ ישראל.** ובילקוט הגירסא שבחוץ לארץ וכן לקמן בשיטה הה' וכ' הגירסא צריכין תלמוד: **דבר אחר והנה באר בשדה זו סנהדרין והנה שם שלשה עדרי צאן אלו שלשה שורות של תלמידי חכמים כו'.** היינו מכ"ג כ"ג כדאיתא בסנהדרין (לז, א) וברש"י שם, וכדמוכח שם (יז, ב), והידי מנה לא דק כלל. ולכאורה משמע מכאן דאף לפני סנהדרי גדולה היו השלשה שורות, וכן נראה מפשטא דמתניתין (שם לו, ב) היתה כחצי גורן כו' דזה מיירי בין בסנהדרי גדולה ובין בקטנה כדפירש רש"י שם וכן הרמב"ם שם, ובתר הכי תני ושלש שורות כו'. ואולי דחילוק דהרמב"ם מדתני שם הוצרכו לסמוך כו' בוררים להם עוד אחד מן הקהל כו', ובסנהדרי גדולה לכאורה היה צריך לבא אחד מבית דין של כ"ג היושב בפתח עזרה לשמה, ולא כן כתב הרמב"ם מהלכות סנהדרין (**שם**). **כי מן הבאר ההיא ישקו העדרים שמשם היו שומעים את ההלכה.** לעיל בשיטה הג' אמר את הדין, וכן בכולה ענינא במקום הלכה דכאן אמר שם דין דשם מיירי: **ונאספו שמה כל העדרים אלו תלמידי חכמים שבארץ ישראל.** בדברי ריבות בהלכה למעשה, ולכן מזכיר שם השלשה בתי דינין שכן הוא הדין, שבתחלה באים לבית דין שבהר הבית וכו' כדאיתא בפרק הנחנקין (סנהדרין פח, ב) והכא מיירי בספק הלכה שאינה למעשה:} **דבר אחר והנה באר בשדה זה בית הכנסת כו'.** כי בתי כנסיות שלהם היו בשדה, כמו שכתבו התוספות בברכות (ב, א ד"ה מברך) ובריש דף ו' (ע"א ד"ה המתפלל):

מסורת המדרש

טז. בבא קמא דף פ"ב:
יז. סוכה דף כ"ב:
יח. דברים רבה פרשה ז':

ידי משה

[ח] **אלו שלש שורות של סנהדרין.** כדאיתא במשנה במסכת סנהדרין (לז א וברש"י שם) שלש שורות היו שורה אחת של כ"ג ושנים של כ"ד: **והאבן גדולה על פי הבאר.** זה מופלא שבבית דין שהוא מסרס הלכה. פירוש שכוון המדרש למה שאמרו התוספות בפרק דיני ממונות (ג ב ד"ה רבי יהודה) שאליבא דרבי יהודה היה גם כן ע"א רק שהמופלא לא היה בחשבון ולא היה נמנה עמהם רק שהיה מפלפל ונושא ונותן בדין, והכי פירושו והאבן על פי הבאר וכו', פירוש שאליבא דכולי עלמא הם ע"א רק שאליבא דרבי יהודה היה גם כן ע"א רק מסרס ההלכה. ודוק היטב:

דָּבָר אַחֵר, "וְהִנֵּה בְאֵר בַּשָּׂדֶה" זוֹ סַנְהֶדְרִין — **Another interpretation:** (v) ***And behold — a well in the field!*** — **this is** an allusion to **the Sanhedrin.**[126] "וְהִנֵּה שָׁם שְׁלשָׁה עֶדְרֵי צֹאן", אֵלּוּ שָׁלשׁ שׁוּרוֹת שֶׁל תַּלְמִידֵי חֲכָמִים שֶׁהֵם יוֹשְׁבִים לִפְנֵיהֶם — ***And behold! three flocks of sheep*** — **these are** an allusion to **the three rows of disciples who sit before [the court];**[127] "כִּי מִן הַבְּאֵר הַהִיא יַשְׁקוּ הָעֲדָרִים", שֶׁמִּשָּׁם הָיוּ שׁוֹמְעִין אֶת הַהֲלָכָה — ***for from that well they would water the flocks*** — this alludes to the fact **that from there [the people] would hear the law** disseminated by the High Court;[128] "וְהָאֶבֶן גְּדוֹלָה עַל פִּי הַבְּאֵר", זֶה מוּפְלָא שֶׁבְּבֵית דִּין — ***and the stone over the mouth of the well was large*** — **this is** an allusion to the **most distinguished member of the court**[129] שֶׁהוּא מְסָרֵס אֶת הַהֲלָכָה — **who decides the law.**[130] "וְנֶאֶסְפוּ שָׁמָּה כָל הָעֲדָרִים", אֵלּוּ תַּלְמִידֵי חֲכָמִים שֶׁבְּאֶרֶץ יִשְׂרָאֵל — ***When all the flocks would be assembled there*** — **these are** an allusion to **the Sages of the Land of Israel;**[131] "וְגָלְלוּ אֶת הָאֶבֶן" שֶׁמִּשָּׁם הָיוּ שׁוֹמְעִין אֶת הַהֲלָכָה — ***they would roll the stone*** — this alludes to the fact **that from there [the people] would hear the law** as stated by the Court;[132] "וְהֵשִׁיבוּ אֶת הָאֶבֶן עַל פִּי הַבְּאֵר", שֶׁהָיוּ נוֹשְׂאִים וְנוֹתְנִים בַּהֲלָכָה עַד שֶׁמַּעֲמִידִים אוֹתָהּ עַל בּוּרְיָהּ — ***then they would put back the stone over the mouth of the well*** — this alludes to the fact **that [the judges] would discuss the law until they established the truth of the matter.**[133]

דָּבָר אַחֵר, "וַיַּרְא וְהִנֵּה בְאֵר בַּשָּׂדֶה", זוֹ בֵּית הַכְּנֶסֶת — (vi) **Another interpretation: *He looked and behold — a well in the field!* — this** is an allusion to **the synagogue.**[134] "וְהִנֵּה שָׁם שְׁלשָׁה עֶדְרֵי צֹאן", אֵלּוּ שְׁלשָׁה קְרוּאִים — ***And behold! three flocks of sheep*** — **these** are an allusion to **the three** men **who are called** to the Torah;[135]

NOTES

126. This refers to the Great Sanhedrin (the High Court) that met in the Chamber of Hewn Stone (as described above). In the earlier (third) interpretation, the Midrash was concerned with the role of the Court in rendering legal decisions, whereas here the Midrash will focus on the Court's broader responsibilities of clarifying the Torah's laws and teaching them to the people (*Yefeh To'ar* s.v. מסרס את ההלכה) and of serving as the people's leaders and advisers in all matters (*Eshed HaNechalim*, *Eitz Yosef*). In this sense the court is a "wellspring" of knowledge located in a *field*, i.e., in Jerusalem [as above, note 119] (*Eitz Yosef*).

127. There were three rows of twenty-three disciples each who sat in front of the Court. When the Court needed to ordain another judge (such as when one of its members died) they would select from these disciples (see Mishnah, *Sanhedrin* 4:4).

Although the verse mentions flocks of sheep, the Midrash takes this as a reference to the *shepherds* of those flocks, i.e., to the disciples of the Court who are themselves distinguished scholars and serve as spiritual shepherds to their communities (see *Eitz Yosef*; see, however, *Yefeh To'ar*).

128. See note 115. In this context the term הֲלָכָה, translated here as "law," is meant in the broad sense discussed in note 126.

129. This is evidently the presiding judge of the court, who was known as the *Rosh Yeshivah* [Head of the Academy] (*Rambam, Commentary* to *Horayos* 1:4; *Hil. Shegagos* 12:2) or, more commonly, as *Nasi* [President of the Court] (see *Rambam, Hil. Sanhedrin* 1:3). See, however, *Tosafos* to *Sanhedrin* 16b s.v. אחד.

[The question of whether this judge was himself a voting member of the Sanhedrin is dependent on the dispute between the Sages and R' Yehudah (*Sanhedrin* 2a) if there were 70 or 71 judges in the Sanhedrin (all agree that with the *Nasi* there were 71); see *Tosafos* to *Sanhedrin* 3b s.v. רבי יהודה and *Succah* 51b s.v. והיו בה, and *Yedei Moshe* here.]

The presiding judge is represented by a large stone that covers a well, for he understands [Torah laws] that are covered, i.e., hidden [from others], just as the stone covers [and hides] what is in the well (*Eshed HaNechalim*).

130. The expression מְסָרֵס אֶת הַהֲלָכָה (lit., *cuts the law*) conveys the fact that the most distinguished sage on the court uses his superior scholarship to dissect the law in order to analyze its every nuance and then provide the correct interpretation (*Yefeh To'ar*; see also *Eitz Yosef* to *Bamidbar Rabbah* 11 §3 s.v. זה מופלא).

[A similar explanation is given for why the chamber where the Sanhedrin meets is called "the Chamber of Hewn Stone," for it is in that chamber that the Sages חוֹתְכִין אֶת הַדִּין, *decide* (lit., *cut*) *the judgment* (*Rabbeinu Bachye* to *Deuteronomy* 1:17; however, other explanations for this name are given by *Ritva* to *Yoma* 19a).]

131. These "flocks" are the scholars of Israel who, when they do not know a "law" (see note128), "assemble at the well" by bringing the question to the Sanhedrin for resolution.

132. See note 117 above.

133. See note 118 above. See Insight Ⓐ.

134. The synagogue is referred to as a *well* because it is in the synagogue that Jews drink the waters of Torah [see *Isaiah* 55:1, cited below in note 138]. The synagogue is described as being *in the field* because it was standard practice in Talmudic times to construct synagogues out in the field (*Rashash*, *Yefeh To'ar*; see *Tosafos* to *Berachos* 2a s.v. מברך שתים and to *Berachos* 6a s.v. המתפלל; see also *Eitz Yosef*). Alternatively, it is described as being *in the field* because *the field* is a metaphor for exile, and ever since the Temple was destroyed and we were sent into exile, the synagogue takes the place, as it were, of the Temple; in fact, the synagogue is called a מִקְדָּשׁ מְעַט, *minor sanctuary*; see *Ezekiel* 11:16 and *Megillah* 29a (*Yefeh To'ar*).

135. There are always at least three men — a Kohen, a Levi, and a Yisrael — called to the Torah each time it is read in public (ibid.).

INSIGHTS

is required. Each successive patriarch represents a winnowing of the Abrahamic line, a removal of the undesirable elements from our heritage, so that only the pure and God-fearing remain to build the holy nation of Israel. Abraham fathered Isaac and Ishmael. The former represented the wheat, the latter the straw that is discarded at the harvest. Isaac fathered Jacob and Esau. The former represented the grain, the latter the chaff that is discarded on the threshing floor. The separation of straw and chaff from grain is relatively easy to accomplish. The final purification, however, requires that the bran be separated from the kernel. This is more difficult to accomplish, for the bran encloses the kernel tightly, and cannot easily be removed. This final sifting falls to Jacob, and requires the defeat of the evil inclination and the repentance or expulsion of those who follow its path. Until this is accomplished, and the Jewish people are purified of sin, the stone remains firmly affixed atop the well, and the final redemption must perforce be delayed.

This explains R' Yehoshua ben Chananyah's response to the elders of Athens. They challenged him to bring the well back to the city, the Divine Presence to Jerusalem. He answered, "Spin me ropes of bran, and I will bring it!" As long as Jacob's task has not been completed, as long as the bran of the sinners still clings to the kernel of Israel, the redemption will remain elusive. Once Jacob's work is done, once the bran is removed and the flour sifted, when the sinners have repented and the evil inclination been confounded, then we will indeed witness, at long last, the restoration of the well, the resurgence of the fresh spring that will flow forth from Jerusalem, the joy of God's Divine Presence returned to His holy city.

[See *Malbim* to our verse for another approach that also incorporates R' Yehoshua ben Chananyah's dispute with the elders of Athens.]

Ⓐ **Judgment and Law** We have explained the difference between the earlier (third) interpretation and current (fifth) interpretation to be that the former is discussing the Sanhedrin's role as the final judicial authority while the latter is discussing its role as teacher and adviser (see note 126). However, several commentators explain differently: The former is discussing actual cases that are being adjudicated by the lower, provincial courts, and regarding which those courts could not determine the correct legal ruling. The latter is discussing *theoretical halachah.* Indeed, one of the roles of the Sanhedrin is to determine what the halachah should be in any and all potential cases that could arise. Thus the former passage uses the word דִּין, *judgment,* i.e., the judgment of an actual case; the latter passage uses the word הֲלָכָה, which connotes an abstract matter of law. Additionally, the former passage mentions the three courts of Jerusalem (two plus the Great Sanhedrin) because when a lower court does not know a ruling, their procedure is to go to these courts, in order (see above, note 114); the latter passage does not because *only* the Great Sanhedrin was the arbiter of halachah in the abstract (*Nezer HaKodesh, Rashash*).

"וְנֶאֶסְפוּ שָׁמָּה כָל הָעֲדָרִים" אֵלּוּ בָּתֵּי דִינִין שֶׁבְּאֶרֶץ יִשְׂרָאֵל, "וְגָלְלוּ אֶת הָאֶבֶן", שֶׁמִּשָּׁם הָיוּ שׁוֹמְעִין אֶת הַדִּין, "וְהֵשִׁיבוּ אֶת הָאֶבֶן", שֶׁהָיוּ נוֹשְׂאִים וְנוֹתְנִין בַּדִּין עַד שֶׁמַּעֲמִידִין אוֹתוֹ עַל בּוּרְיוֹ. דָּבָר אַחֵר, "וַיַּרְא וְהִנֵּה בְאֵר" זוֹ צִיּוֹן, "וְהִנֵּה שָׁם שְׁלֹשָׁה עֶדְרֵי צֹאן" אֵלּוּ שְׁלֹשָׁה מַלְכֻיּוֹת רִאשׁוֹנוֹת, "כִּי מִן הַבְּאֵר הַהִיא יַשְׁקוּ הָעֲדָרִים", שֶׁהֶעֱשִׁירוּ מִן הַהֶקְדֵּשׁוֹת הַצְּפוּנוֹת בַּלְּשָׁכוֹת, "וְהָאֶבֶן גְּדֹלָה עַל פִּי הַבְּאֵר", זוֹ זְכוּת אָבוֹת, "וְנֶאֶסְפוּ שָׁמָּה כָל הָעֲדָרִים", זוֹ מַלְכוּת רוֹמִי שֶׁהִיא מַכְתֶּבֶת טִירוֹנְיָא מִכָּל אוּמּוֹת הָעוֹלָם, "וְגָלְלוּ אֶת הָאֶבֶן", שֶׁהֶעֱשִׁירוּ מִן הַהֶקְדֵּשׁוֹת הַצְּפוּנוֹת בַּלְּשָׁכוֹת, "וְהֵשִׁיבוּ אֶת הָאֶבֶן עַל פִּי הַבְּאֵר לִמְקֹמָהּ", לֶעָתִיד לָבֹא זְכוּת אָבוֹת עוֹמֶדֶת. דָּבָר אַחֵר, "וְהִנֵּה בְאֵר בַּשָּׂדֶה" זוֹ סַנְהֶדְרִין, "וְהִנֵּה שָׁם שְׁלֹשָׁה עֶדְרֵי צֹאן", אֵלּוּ [טז]שָׁלֹשׁ שׁוּרוֹת שֶׁל תַּלְמִידֵי חֲכָמִים שֶׁהֵם יוֹשְׁבִים לִפְנֵיהֶם, "כִּי מִן הַבְּאֵר הַהִיא יַשְׁקוּ הָעֲדָרִים", שֶׁמִּשָּׁם הָיוּ שׁוֹמְעִין אֶת הַהֲלָכָה, וְהָאֶבֶן גְּדוֹלָה עַל פִּי הַבְּאֵר", זֶה מוּפְלָא שֶׁבְּבֵית דִּין שֶׁהוּא מְסָרֵס אֶת הַהֲלָכָה, "וְנֶאֶסְפוּ שָׁמָּה כָל הָעֲדָרִים" אֵלּוּ תַּלְמִידֵי חֲכָמִים שֶׁבְּאֶרֶץ יִשְׂרָאֵל, "וְגָלְלוּ אֶת הָאֶבֶן" שֶׁמִּשָּׁם הָיוּ שׁוֹמְעִין אֶת הַהֲלָכָה, "וְהֵשִׁיבוּ אֶת הָאֶבֶן עַל פִּי הַבְּאֵר", שֶׁהָיוּ נוֹשְׂאִים וְנוֹתְנִים בַּהֲלָכָה עַד שֶׁמַּעֲמִידִים אוֹתָהּ עַל בּוּרְיָהּ. דָּבָר אַחֵר, "וַיַּרְא וְהִנֵּה בְאֵר בַּשָּׂדֶה", זוֹ בֵּית הַכְּנֶסֶת, "וְהִנֵּה שָׁם שְׁלֹשָׁה עֶדְרֵי צֹאן", אֵלּוּ [יז]שְׁלֹשָׁה קְרוּאִים, "כִּי מִן הַבְּאֵר וְגוֹ' ", שֶׁמִּשָּׁם הָיוּ שׁוֹמְעִים אֶת הַתּוֹרָה, "וְהָאֶבֶן גְּדֹלָה" [יח]זֶה יֵצֶר הָרָע, "וְנֶאֶסְפוּ שָׁמָּה כָל הָעֲדָרִים" זֶה הַצִּבּוּר, "וְגָלְלוּ אֶת הָאֶבֶן", שֶׁמִּשָּׁם הָיוּ שׁוֹמְעִין אֶת הַתּוֹרָה, "וְהֵשִׁיבוּ אֶת הָאֶבֶן וְגוֹ' ", שֶׁכֵּיוָן שֶׁהֵם יוֹצְאִים לָהֶם יֵצֶר הָרָע חוֹזֵר לִמְקוֹמוֹ:

עץ יוסף

היו שומעין את הדין. בהלכה למעשה בהיות דין קשה יביאון אל בית דין הגדול שבלשכת הגזית, ועל זה אמר והאבן גדולה על פי הבאר זה בית דין הגדול שבלשכת הגזית: **בתי דינים שבארץ ישראל.** שכשיפלא מהם דבר למשפט יתאספו לבית דין הגדול לברר להם הדין: **שהיו נושאין ונותנין.** ופירוש והשיבו לשון תשובה שהיו נושאין ונותנין עד שהיו מבררים האמת: **דבר אחר והנה באר בשדה זו ציון.** כי שם היא קדושת באר מים חיים של השכינה: **אלו שלשה מלכיות.** בבל מדי יון אשר ניתן להם שבט מושל על ישראל ונעשו רועים ומנהיגים לצאן קדש אלו ישראל באשר נכבש בידם ציון וירושלים אשר היא גאון עוזם של ישראל: **זו זכות אבות.** שהיו אבן הראשה שעמדה להם לישראל כנגד ג' מלכיות אלו שנאבדו מן העולם: **מכתבת טירוניא.** (פירוש מס) **מכל העולם.** שמושלת בכיפה. והם שוב **גללו את האבן** מעל פי הבאר **שהעשירו כו'.** וזה יהיה עד עת קץ הימין כי אז ישוב האבן על פי הבאר למקומה לזכור שוב חסדי אבות לבנים: **זו סנהדרין.** שנמשלו לבאר כי אתם הוא באר מים חיים הנובע ממקור החכמה וכל הענינים נעשים על פיהם ומאותם. והם בשדה הר המוריה זה ציון: **ג' עדרי צאן.** רועי מנהיגי צאן קדשים: **אלו שלשה שורות של תלמידי חכמים שהם יושבים לפניהם.** היינו מעשרים ושלשה עשרים ושלשה כדאיתא במסכת סנהדרין (לז, א) במשנה: **מסרס את ההלכה.** פירוש מלשון סרסהו ודרשהו. והיינו שמהפך ומפלפל בה מראשה לסופה ומסופה לראשה. עיין ערוך סוף ערך סרס ראשון: **זו בית הכנסת.** שבה באר מים חיים של קדושת השכינה השוכנת בבית הכנסת. ואמר בשדה לפי שבתי כנסיות שלהם היו בשדה כדמשמע בגמרא: **אלו שלשה קרואים.** שבתורה בשני ובחמישי כדי שלא ילכו בלא תורה שלשה ימים: **כל העדרים זה הצבור.** דנפישי זכותייהו טובא, ובכחם כי רב וגללו את האבן זו יצר הרע מעל פי הבאר של התורה שמשם בני הכנסת היו שומעים את התורה. אלא שמכל מקום אין זה אלא בזמן בית הכנסת אמנם אחר כך **והשיבו את האבן וגו' שכיון שהם יוצאים להם** ונתפרדה החבילה ביניהם מיד **חזר היצר הרע למקומו:**

פירוש מהרז"ו

בתי דינין שבארץ ישראל. ובילקוט (רמז קכג) הגירסא שבחוץ לארץ, ושניהם אמת ומרבה מתיבת כל: **באר זו ציון,** כנכתב לעיל, ומה שאמר תחלה והנה שלשה עדרי צאן ודאי טעות סופר ובילקוט (רמז קכג) ליתא: **מן ההקדשות.** כמו שנאמר מלכים (ב' כד, יג) אשר נבוכדנצר ויוצא משם את כל אוצרות בית ה' וגו': **זו זכות אבות.** מלשון אבן ישראל: **זו סנהדרין.** שהתורה נקראת במשלי באר מים חיים, ונוזלים מתוך בארך (משלי ה, טו) וכמו שמבואר בבמדבר רבה (יט, כו), ושירת הבאר הוא על התורה עיין שם. ועיין שיר השירים רבה (ד, ל) פסוק מעין גנים מ"ח פעמים באר כנגד מ"ח דברים שהתורה נקנית בהם: **שלש שורות.** סנהדרין (לז, א) במשנה, לקמן (לח, יב): **מופלא שבבית דין.** עיין סנהדרין (פז, א) כי יפליא כו': **מסרס את ההלכה.** כמו שדרשו (ירושלמי פ"א ה"ב) על פסוק (מלכים ב' כה, יט) ומן העיר לקח סרים אחד זה מופלא כו', ופירוש מהפך ומשנה ומסרסה, על דרך מוחלפת השיטה, חסורי מחסרא: **זה יצר הרע.** שנקרא אבן דכתיב (יחזקאל לו, כו) והסירותי את לב האבן, עיין לקמן (פט, א) אבן אופל:

חידושי הרד"ל

[ח] **ג' קרואים.** עיין גירסת הערוך (במתנות כהונה) ועיין ירושלמי (מגילה פ"ג ה"ב). שלושה מבית הכנסת כבית הכנסת, משמע שהיה אללם שלושה ממונים בבית הכנסת:

חידושי הרש"ש

{**ונאספו שמה כל העדרים אלו בתי דינין שבארץ ישראל.** ובילקוט הגירסא שבחוץ לארץ וכן לקמן בשיטה הה' וב' הגירסא צריכין תלמוד: **דבר אחר והנה באר בשדה זו סנהדרין והנה שם שלשה עדרי צאן אלו שלשה שורות של תלמידי חכמים כו'.** היינו מכ"ג כ"ג כדאיתא בסנהדרין (לז, א) וברש"י שם, וכדמוכח שם (יז, ב), והידי משה לא דק כלל. ולכאורה משמע מכאן דאף לפני סנהדרי גדולה היו השלשה שורות, וכן נראה מפשטא דמתניתין (שם לו, ב) היתה כחצי גורן כו' דזה מיירי בין בסנהדרי גדולה ובין בקטנה כדפירש רש"י שם וכן הרמב"ם שם, ובתר הכי תני ושלש שורות כו'. ואולי דחילוק דהרמב"ם מדתני שם הוצרכו לסמוך כו' בוררים להם עוד אחד מן הקהל כו', ובסנהדרי גדולה לכאורה היה צריך לבא אחד מבית דין של כ"ג היושב בפתח עזרה לשמה, ולא כן כתב הרמב"ם מהלכות סנהדרין (שם). **כי מן הבאר ההיא ישקו העדרים שמשם היו שומעים את ההלכה.** לעיל בשיטה הג' אמר את הדין, וכן בכולה עניא במקום הלכה דכאן אמר שם דין דשם מיירי: **ונאספו שמה כל העדרים אלו תלמידי חכמים שבארץ ישראל.** בדברי ריבות בהלכה למעשה, ולכן מזכיר שם השלשה בתי דינין שכן הוא הדין, שבתחלה באים לבית דין שבהר הבית וכו' כדאיתא בפרק הנחנקין (סנהדרין פח, ב) והכא מיירי בספק הלכה שאינה למעשה:} **דבר אחר והנה באר בשדה זה בית הכנסת כו'.** כי בתי כנסיות שלהם היו בשדה, כמו שכתבו התוספות בברכות (ג, א ד"ה מברך) ובריש דף ו' (ע"א ד"ה המתפלל):

מסורת המדרש

טז. בבא קמא דף פ"ב:
יז. סוכה דף כ"ב:
יח. דברים רבה פרשה ז':

ידי משה

[ח] **אלו שלש שורות של סנהדרין.** כדאיתא במשנה במסכת סנהדרין (לז א וברש"י שם) שלש שורות היו שורה אחת של כ"ג ושנים של כ"ד: **והאבן גדולה על פי הבאר.** זה מופלא שבבית דין שהוא מסרס הלכה. פירוש שכוון המדרש למה שאמרו התוספות בפרק דיני ממונות (ג ב ד"ה רבי יהודה) שאליבא דרבי יהודה היה גם כן ע"א רק שהמופלא לא היה בחשבון ולא היה נמנה עמהם רק שהיה מפלפל ונושא ונותן בדין, והכי פירושו והאבן על פי הבאר וכו', פירוש שאליבא דכולי עלמא הם ע"א רק שאליבא דרבי יהודה היה גם כן ע"א רק מסרס ההלכה. ודוק היטב:

מתנות כהונה

טירוניא. ממשלה ועלילה וכה כדאמרינן אין הקב"ה בא בטרוניא על בריותיו והערוך פירשו לשון מס והנראה כתבתי: **זכות אבות גרסינן: עומדת.** והאבן המונח במקומו רמז לזכות אבות המונח וקיים לעדי עד: **שלשה קרואים.** הנקראים לספר תורה בימות החול והערוך ערך קר גרס קרויים ופי' בו שלשה ארונים שבבית הכנסת עכ"ל: **שמשם היו שומעין את התורה.** ובזה נגלל ונדחה יצה"ר כמו שאמרו חז"ל אי אזיל מוטב ואי לא יעסוק בתורה ובעקידה גורם כששומעין את התורה יצה"ר מתגלגל ומתפוכן: [ט] **ה"ג הבאר ההיא וגו' שמשם שמעו עשרת הדברות: בגלות גרסינן:**

אשד הנחלים

ד"א והנה כו' אלו ג' גליות. דריש הבאר על ישראל שהם באר מים חיים וקדושים, אך ג' עדרי צאן רובצים עליה, כי כך נגזר עליה ג' גליות, וכל כך יכבדו עליהם. אכן יש אבן גדולה על פי הבאר מעכב לנגוע אליה הרבה, וזה זכות אברהם, ולכן יאספו כולם לגזור עליהם גזירות קשות, ועי"ז יכולים להם, וזהו מלכות ראמילוס שהיא היתה העיקר להעברת הדת. ואף שהמה יגללו, עם כל זה סוף שישיבו האבן, זהו הזכות, על פי הבאר, זהו שע"י זכותם יגאלו: **ד"א וכו' זו סנהדרין.** הא נמי כדלעיל, אלו בתי דינין, רק מפני שהסנהדרין הם ממונים על כל דבר בישראל, הן לדת ודין, והן להנהגת ישראל בעצה וגבורה למלחמה, וכל העניינים נעשים על פיהם ומצותם, והמה הבאר הגדול הנובע מקור חכמה לכולם. והאבן הגדולה, זהו המופלא שבב"ד, יש על הבאר, שידוע לו מה שנכסה מהם כאבן המכסה הבור, ועל ידו יגללו ויוודע להם, ואחר שיוודע להם אז השיבו האבן שהוא היסוד על פי הבאר. וזהו משל שהשכל שב עוד בכח, אחר שנתוודע לו דבר מזה ויצא אל הפועל: **ד"א כו' זה בית הכנסת.** כי גם זהו באר השופע אור התורה עליהם בזכות הקריאה, ועל ידי השלשה קרואים כהן לוי וישראל המברכין והעונין אמן. אכן יש אבן גדולה וזהו היצר הרע שמשים לבו כאבן מבלי לשמוע תורה, וע"י אסיפת

"כִּי מִן הַבְּאֵר וְגוֹ׳ ", שֶׁמִּשָּׁם הָיוּ שׁוֹמְעִים אֶת הַתּוֹרָה — ***for from that well they would water the flocks*** — this alludes to the fact **that from there [the people] would hear the Torah;**[136] "וְהָאֶבֶן גְּדֹלָה" זֶה יֵצֶר הָרַע — ***and the stone over the mouth of the well was large*** — **this is** an allusion to **the evil inclination.**[137] "וְנֶאֶסְפוּ שָׁמָּה כָל הָעֲדָרִים" זֶה הַצִּבּוּר — ***When all the flocks would be assembled there*** — **this is** an allusion to **the congregation;** "וְגָלְלוּ אֶת הָאֶבֶן", שֶׁמִּשָּׁם הָיוּ שׁוֹמְעִין אֶת הַתּוֹרָה — ***they would roll the stone*** — this alludes to the fact **that from there [the people] would hear the Torah;**[138] "וְהֵשִׁיבוּ אֶת הָאֶבֶן וְגוֹ׳ ", שֶׁכֵּיוָן שֶׁהֵם יוֹצְאִים לָהֶם יֵצֶר הָרַע חוֹזֵר לִמְקוֹמוֹ — ***then they would put back the stone*** *over the mouth of the well, in its place* — this alludes to the fact **that once [the people] exit** the synagogue **the evil inclination returns to its place.**[139]

NOTES

136. Just as sheep assemble at the well to drink its water, Jews assemble in the synagogue to partake of the life-giving waters of the Torah that is read there (see note 138).

137. The evil inclination is referred to as a stone in the verse (*Ezekiel* 11:19): *I will remove the heart of stone from their flesh* (*Maharzu*; *Eitz Yosef*, Vagshal ed., s.v. והאבן גדולה). It attempts to prevent us from accessing the Torah, like a large stone that blocks the mouth of a well (*Eitz Yosef*).

138. When all of the people come together as a congregation for the purpose of reading the Torah, their combined merits are so great that they have the power to vanquish the evil inclination, similar to how the combined strength of the shepherds was able to unseat the large stone from its place (*Eitz Yosef*).

Regarding the power of Torah to defeat the evil inclination, the Gemara teaches (*Kiddushin* 30b): If this repulsive one [the evil inclination] engages you, drag him into the study hall, and if he is like a stone he will dissolve, as it is stated (*Isaiah* 55:1): *Ho! All who are thirsty go to the waters [of Torah]*, and it is stated (*Job* 14:19): *Stones are worn away by water* (see *Yefeh To'ar*; see also *Berachos* 5a, cited by *Matnos Kehunah*).

139. Once the people leave the protective environs of the synagogue the spiritual strength of their numbers is diminished and the evil inclination takes his place in their hearts once again (*Eitz Yosef*). See Insight Ⓐ.

INSIGHTS

Ⓐ **Three Flocks at the Well** The Midrash has presented a series of interpretations, each seeing different allusions in the three flocks gathered at the well. In a moving exposition, *R' Moshe Avigdor Amiel* shows how the Midrash's expositions are arranged chronologically, each referring to a successive period in Jewish history, each describing how Jacob's descendants in the course of their long trek through history have imbibed the life-giving waters symbolized and foreshadowed by the water Jacob drew from the well.

The nascent nation, redeemed from the Egyptian bondage, found itself in a howling Wilderness. At their helm stood the three shepherds of the flock — Moses, Aaron, and Miriam — in whose merit a stone became a well. The tribes drew all the water they needed for their thirsting families. And the well would again turn to stone, until the next time they would need to draw forth its water.

The fledgling nation entered Zion. No longer were they led by the three shepherds of yore. But the people would flock to the place of the first Holy Temple on the Three Festivals. In those halcyon days, they would draw water as part of the Celebration of the Place of the Water Drawing, and with it Divine Inspiration. And the stone would be put back in its place, until the next festival when they would once again draw their inspiration.

The nation grew old and was exiled. They returned to a diminished Zion. During the era of the Second Temple, Divine Inspiration was no longer as widespread as in the First. But the nation still had the three great courts in Jerusalem, to which all uncertainties and confusions would be brought. And the High Court in the Chamber of Stone would issue its ruling — "the truth of the matter." And the people's thirst for true Torah would be slaked.

Zion continued to decline. This time, the three flocks that came to drink were alien. And they sucked the riches from the Temple chambers and impoverished the nation. But the stone would remain over the mouth of the well; they could not take from us the merit of our holy forefathers, which remains with us for all time.

The nation's glory faded even more. Its defining character was no longer Zion. But it still had its Sanhedrin with three rows of outstanding scholars. And the Torah they studied and disseminated would continue to nourish the nation.

And now, for nearly two millennia, we have been exiled throughout the world and are bereft of the Sanhedrin as well. But each synagogue is a well in the endless expanse. And the three flocks are the three congregants called to read from the Torah, which continues to water the parched flocks of Israel. That heavy stone of the evil inclination, so much more onerous in this time of God's hidden face, seeks to suppress the waters in the well. But the words of Torah read in the synagogue burst forth and unseat the stone. And as long as one remains in the protective shelter of the synagogues and study halls — spiritually if not physically — that stone cannot return to its place.

All this was foreseen by our patriarch Jacob, as he drew waters from the well to begin building his family and nation. Those waters would change over time. The nation would decline astonishingly. But even in the darkest of times, those with discerning eyes would be able to see the drops from the well still glistening. And those droplets of hope will yet again converge into a mighty torrent that will never again be stilled (*Hegyonos el Ami*, Vol. 2, pp. 176-177).

"וְנֶאֶסְפוּ שָׁמָּה כָל הָעֲדָרִים" אֵלּוּ בָּתֵּי דִינִין שֶׁבְּאֶרֶץ יִשְׂרָאֵל, "וְגָלְלוּ אֶת הָאֶבֶן", שֶׁמִּשָּׁם הָיוּ שׁוֹמְעִין אֶת הַדִּין, "וְהֵשִׁיבוּ אֶת הָאֶבֶן", שֶׁהָיוּ נוֹשְׂאִים וְנוֹתְנִין בַּדִּין עַד שֶׁמַּעֲמִידִין אוֹתוֹ עַל בּוּרְיוֹ. דָּבָר אַחֵר, "וַיַּרְא וְהִנֵּה בְאֵר" זוֹ צִיּוֹן, "וְהִנֵּה שָׁם שְׁלֹשָׁה עֶדְרֵי צֹאן" אֵלּוּ שְׁלֹשָׁה מַלְכֻיּוֹת רִאשׁוֹנוֹת, "כִּי מִן הַבְּאֵר הַהִיא יַשְׁקוּ הָעֲדָרִים", שֶׁהֶעֱשִׁירוּ מִן הַהֶקְדֵּשׁוֹת הַצְּפוּנוֹת בַּלְּשָׁכוֹת, "וְהָאֶבֶן גְּדֹלָה עַל פִּי הַבְּאֵר", זוֹ זְכוּת אָבוֹת, "וְנֶאֶסְפוּ שָׁמָּה כָל הָעֲדָרִים", זוֹ מַלְכוּת רוֹמִי שֶׁהִיא מַכְתֶּבֶת טִירוֹנְיָא מִכָּל אוּמּוֹת הָעוֹלָם, "וְגָלְלוּ אֶת הָאֶבֶן", שֶׁהֶעֱשִׁירוּ מִן הַהֶקְדֵּשׁוֹת הַצְּפוּנוֹת בַּלְּשָׁכוֹת, "וְהֵשִׁיבוּ אֶת הָאֶבֶן עַל פִּי הַבְּאֵר לִמְקֹמָהּ", לֶעָתִיד לָבֹא זְכוּת אָבוֹת עוֹמֶדֶת. דָּבָר אַחֵר, "וְהִנֵּה בְאֵר בַּשָּׂדֶה" זוֹ סַנְהֶדְרִין, "וְהִנֵּה שָׁם שְׁלֹשָׁה עֶדְרֵי צֹאן", אֵלּוּ [טז]שָׁלֹשׁ שׁוּרוֹת שֶׁל תַּלְמִידֵי חֲכָמִים שֶׁהֵם יוֹשְׁבִים לִפְנֵיהֶם, "כִּי מִן הַבְּאֵר הַהִיא יַשְׁקוּ הָעֲדָרִים", שֶׁמִּשָּׁם הָיוּ שׁוֹמְעִין אֶת הַהֲלָכָה, וְהָאֶבֶן גְּדוֹלָה עַל פִּי הַבְּאֵר", זֶה מוּפְלָא שֶׁבְּבֵית דִּין שֶׁהוּא מְסָרֵס אֶת הַהֲלָכָה, "וְנֶאֶסְפוּ שָׁמָּה כָל הָעֲדָרִים" אֵלּוּ תַּלְמִידֵי חֲכָמִים שֶׁבְּאֶרֶץ יִשְׂרָאֵל, "וְגָלְלוּ אֶת הָאֶבֶן" שֶׁמִּשָּׁם הָיוּ שׁוֹמְעִין אֶת הַהֲלָכָה, "וְהֵשִׁיבוּ אֶת הָאֶבֶן עַל פִּי הַבְּאֵר", שֶׁהָיוּ נוֹשְׂאִים וְנוֹתְנִים בַּהֲלָכָה עַד שֶׁמַּעֲמִידִים אוֹתָהּ עַל בּוּרְיָהּ. דָּבָר אַחֵר, "וַיַּרְא וְהִנֵּה בְאֵר בַּשָּׂדֶה", זוֹ בֵּית הַכְּנֶסֶת, "וְהִנֵּה שָׁם שְׁלֹשָׁה עֶדְרֵי צֹאן", אֵלּוּ [יז]שְׁלֹשָׁה קְרוּאִים, "כִּי מִן הַבְּאֵר וְגוֹ' ", שֶׁמִּשָּׁם הָיוּ שׁוֹמְעִים אֶת הַתּוֹרָה, "וְהָאֶבֶן גְּדֹלָה" [יח]זֶה יֵצֶר הָרָע, "וְנֶאֶסְפוּ שָׁמָּה כָל הָעֲדָרִים" זֶה הַצִּבּוּר, "וְגָלְלוּ אֶת הָאֶבֶן", שֶׁמִּשָּׁם הָיוּ שׁוֹמְעִין אֶת הַתּוֹרָה, "וְהֵשִׁיבוּ אֶת הָאֶבֶן וְגוֹ' ", שֶׁכֵּיוָן שֶׁהֵם יוֹצְאִים לָהֶם יֵצֶר הָרָע חוֹזֵר לִמְקוֹמוֹ:

עץ יוסף

היו שומעין את הדין. בהלכה למעשה בהיות דין קשה יביאון אל בית דין הגדול שבלשכת הגזית, ועל זה אמר והאבן גדולה על פי הבאר זה בית דין הגדול שבלשכת הגזית: **בתי דינים שבארץ ישראל.** שכשיפלא מהם דבר למשפט יתאספו לבית דין הגדול לברר להם הדין: **שהיו נושאין ונותנין.** ופירוש והשיבו לשון תשובה שהיו נושאין ונותנין עד שהיו מבררים האמת: **דבר אחר והנה באר בשדה זו ציון.** כי שם היא קדושת באר מים חיים של השכינה: **אלו שלשה מלכיות.** בבל מדי יון אשר ניתן להם שבט מושל על ישראל ונעשו רועים ומנהיגים לצאן קדש אלו ישראל באשר נכבש בידם ציון וירושלים אשר היא גאון עוזם של ישראל: **זו זכות אבות.** שהיו אבן הראשה שעמדה להם לישראל כנגד ג' מלכיות אלו שנאבדו מן העולם: **מכתבת טירוניא.** (פירוש מס) **מכל העולם.** שמושלת בכיפה. והם שוב **גללו את האבן** מעל פי הבאר **שהעשירו בו'.** וזה יהיה עד עת קץ הימין כי אז ישוב האבן על פי הבאר למקומה לזכור שוב חסדי אבות לבנים: **זו סנהדרין.** שנמשלו לבאר כי אתם הוא באר מים חיים הנובע ממקור החכמה וכל הענינים נעשים על פיהם ומלותם. והם בשדה הר המוריה זה ציון: **ג' עדרי צאן.** רועי מנהיגי צאן קדשים: **אלו שלשה שורות של תלמידי חכמים שהם יושבים לפניהם.** היינו מעשרים ושלשה עשרים ושלשה כדאיתא במסכת סנהדרין (לז, א) במשנה: **מסרס את ההלכה.** פירוש מלשון סרסהו ודרשהו. והיינו שמהפך ומפלפל בה מראשה לסופה ומסופה לראשה. עיין ערוך סוף ערך סרס ראשון: **זו בית הכנסת.** שבה באר מים חיים של קדושת השכינה השוכנת בבית הכנסת. ואמר בשדה לפי שבתי כנסיות שלהם היו בשדה כדמשמע בגמרא: **אלו שלשה קרואים.** שבתורה בשני ובחמישי כדי שלא ילכו בלא תורה שלשה ימים: **כל העדרים זה הצבור.** דנפישי זכותייהו טובא, ובכחם כי רב וגללו את האבן זו יצר הרע מעל פי הבאר של התורה שמשם בני הכנסת היו שומעים את התורה. אלא שמכל מקום אין זה אלא בזמן בית הכנסת אמנם אחר כך **והשיבו את האבן וגו' שכיון שהם יוצאים להם** ונתפרדה החבילה ביניהם מיד **חזר היצר הרע למקומו:**

פירוש מהרז"ו

בתי דינין שבארץ ישראל. ובילקוט (רמז קכג) הגירסא שבחוץ לארץ, ושניהם אמת ומרבה מתיבת כל: **באר זו ציון,** כנכתב לעיל, ומה שאמר תחלה והנה שלשה עדרי צאן ודאי טעות סופר ובילקוט (רמז קכג) ליתא: **מן ההקדשות.** כמו שנאמר מלכים (ב' כד, יג) אשר נבוכדנצר ויוצא משם את כל אוצרות בית ה' וגו': **זו זכות אבות.** מלשון אבן ישראל: **זו סנהדרין.** שהתורה נקראת במשלי באר מים חיים, ונוזלים מתוך בארך (משלי ה, טו) וכמו שמבואר בבמדבר רבה (יט, כו), ושירת הבאר הוא על התורה עיין שם. ועיין שיר השירים רבה (ד, ל) פסוק מעין גנים מ"ח פעמים באר כנגד מ"ח דברים שהתורה נקנית בהם: **שלש שורות.** סנהדרין (לז, א) במשנה, לקמן (נח, יב): **מופלא שבבית דין.** עיין סנהדרין (פז, א) כי יפלא כו': **מסרס את ההלכה.** כמו שדרשו (ירושלמי פ"א ה"ב) על פסוק (מלכים ב' כה, יט) ומן העיר לקח סרים אחד זה מופלא כו', ופירוש מהפך ומשנה ומסרסה, על דרך מוחלפת השיטה, חסורי מחסרא: **זה יצר הרע.** שנקרא אבן דכתיב (יחזקאל לו, כו) והסירותי את לב האבן, עיין לקמן (פט, א) אבן נופל:

מסורת המדרש

טז. בבא קמא דף פ"ב:
יז. סוכה דף נ"ב:
יח. דברים רבה פרשה ז':

ידי משה

[ח] **אלו שלש שורות של סנהדרין.** כדאיתא במשנה במסכת סנהדרין (לז א וברש"י שם) שלש שורות היו שורה אחת של כ"ג ושנים של כ"ד: **והאבן גדולה על פי הבאר.** זה מופלא שבבית דין שהוא מסרס הלכה. פירוש שכוון המדרש למה שאמרו התוספות בפרק דיני ממונות (ג ב ד"ה רבי יהודה) שאליבא דרבי יהודה היה גם כן ע"א רק שהמופלא לא היה בחשבון ולא היה נמנה עמהם רק שהיה מפלפל ונושא ונותן בדין, והכי פירושו והאבן על פי הבאר וכו', פירוש שאליבא דכולי עלמא הם ע"א רק שאליבא דרבי יהודה היה גם כן ע"א רק מסרס ההלכה. ודוק היטב:

חידושי הרד"ל

[ח] **ג' קרואים.** עיין גירסת הערוך (במתנות כהונה) ועיין ירושלמי (מגילה פ"ג ה"ב). שלושה מבית הכנסת כבית הכנסת, משמע שהיה אצלם שלושה ממונים בבית הכנסת:

חידושי הרש"ש

{**ונאספו שמה כל העדרים אלו בתי דינין שבארץ ישראל.** ובילקוט הגירסא שבחוץ לארץ וכן לקמן בשיטה הה' וב' הגירסא צריכין תלמוד: **דבר אחר והנה באר בשדה זו סנהדרין והנה שם שלשה עדרי צאן אלו שלשה שורות של תלמידי חכמים כו'.** היינו מכ"ג כ"ג כדאיתא בסנהדרין (לז, א) וברש"י שם, וכדמוכח שם (יז, ב), והידי משה לא דק כלל. ולכאורה משמע מכאן דאף לפני סנהדרי גדולה היו השלשה שורות, וכן נראה מפשטא דמתניתין (שם לו, ב) היתה כחצי גורן כו' דזה מיירי בין בסנהדרי גדולה ובין בקטנה כדפירש רש"י שם וכן הרמב"ם שם, ובתר הכי תני ושלש שורות כו'. ואולי דחילוק דהרמב"ם מדתני שם הוצרכו לסמוך כו' בוררים להם עוד אחד מן הקהל כו', ובסנהדרי גדולה לכאורה היה צריך לבא אחד מבית דין של כ"ג היושב בפתח עזרה לשמה, ולא כן כתב הרמב"ם מהלכות סנהדרין (שם). **כי מן הבאר ההיא ישקו העדרים שמשם היו שומעים את ההלכה.** לעיל בשיטה הג' אמר את הדין, וכן בכולה עניגא במקום הלכה דכאן אמר שם דין דשם מיירי: **ונאספו שמה כל העדרים אלו תלמידי חכמים שבארץ ישראל.** בדברי ריבות בהלכה למעשה, ולכן מזכיר שם השלשה בתי דינין שכן הוא הדין, שבתחלה באים לבית דין שבהר הבית וכו' כדאיתא בפרק הנחנקין (סנהדרין פח, ב) והכא מיירי בספק הלכה שאינה למעשה:} **דבר אחר והנה באר בשדה זה בית הכנסת כו'.** כי בתי כנסיות שלהם היו בשדה, כמו שכתבו התוספות בברכות (ג, א ד"ה מברך) ובריש דף ו' (ע"א ד"ה המתפלל):

מתנות כהונה

טירוניא. ממשלה ועלילה וכח כדאמרינן אין הקב"ה בא בטרוניא על בריותיו והערוך פירשו לשון מס והנראה כתבתי: **זכות אבות גרסינן: עומדת.** והאבן המונח במקומו רמז לזכות אבות המונח וקיים לעדי עד: **שלשה קרואים.** הנקראים לספר תורה בימות החול והערוך ערך קר גרס קרויים ופי' בו שלשה ארונים שבבית הכנסת עכ"ל: **שמשם היו שומעין את התורה.** ובזה נגלל ונדחה יצה"ר כמו שאמרו חז"ל אי אזיל מוטב ואי לא יעסוק בתורה ובעקידה גורם כששומעין את התורה יצה"ר מתגלגל ומתפוצץ: [ט] **ה"ג הבאר ההיא וגו' שמשם שמעו עשרת הדברות: בגלות גרסינן:**

אשד הנחלים

ד"א והנה כו' אלו ג' גליות. דריש הבאר על ישראל שהם באר מים חיים וקדושים, אך ג' עדרי צאן רובצים עליה, כי כך נגזר עליה ג' גליות, וכל כך יכבדו עליהם. אכן יש אבן גדולה על פי הבאר מעכב לנגוע אליה הרבה, וזה זכות אברהם, ולכן יאספו כולם לגזור עליהם גזירות קשות, ועי"ז יכולים להם, וזהו מלכות ראמילוס שהיא היתה העיקר להעברת הדת. ואף שהמה יגללו, עם כל זה סוף שישיבו האבן, זהו הזכות, על פי הבאר, זהו שע"י זכותם יגאלו: **ד"א וכו' זו סנהדרין.** הא נמי כדלעיל, אלו בתי דינין, רק מפני שהסנהדרין הם ממונים על כל דבר בישראל, הן לדת ודין, והן להנהגת ישראל בעצה וגבורה למלחמה, וכל העניינים נעשים על פיהם ומצותם, והמה הבאר הגדול הנובע מקור חכמה לכולם. והאבן הגדולה, זהו המופלא שבב"ד, יש על הבאר, שידוע לו מה שנכסה מהם כאבן המכסה הבור, ועל ידו יגללו ויוודע להם, ואחר שיוודע להם אז השיבו האבן שהוא היסוד על פי הבאר. וזהו משל שהשכל שב עוד בכח, אחר שנתוודע לו דבר מזה ויצא אל הפועל: **ד"א כו' זה בית הכנסת.** כי גם זהו באר השופע אור התורה עליהם בזכות הקריאה, ועל ידי השלשה קרואים כהן לוי וישראל המברכין והעונין אמן. אכן יש אבן גדולה וזהו היצר הרע שמשים לבו כאבן מבלי לשמוע תורה, וע"י אסיפת

§9 The Midrash cites another exposition of our passage:

רַבִּי יוֹחָנָן פְּתַר לָהּ בְּסִינַי — **R' Yochanan interpreted [our passage] as** a reference to the giving of the Torah that took place on Mount **Sinai:** "וַיַּרְא וְהִנֵּה בְאֵר" זֶה סִינַי — ***He looked and behold — a well*** *in the field!* — **this is Sinai.**[140] "וְהִנֵּה שָׁם שְׁלֹשָׁה וְגוֹ' ", כֹּהֲנִים לְוִיִּם וְיִשְׂרְאֵלִים — ***And behold! three*** *flocks of sheep* — these are an allusion to the **Kohanim, Leviim, and Yisraelim;**[141] "כִּי מִן הַבְּאֵר הַהִיא וְגוֹ'", שֶׁמִּשָּׁם שָׁמְעוּ עֲשֶׂרֶת הַדִּבְּרוֹת — ***for from that well*** *they would water the flocks* — this alludes to the fact **that from there,** i.e., from Mount Sinai, **[the people] heard the Ten Commandments;**[142] "וְהָאֶבֶן גְּדֹלָה" זוֹ שְׁכִינָה — ***and the stone over the mouth of the well was large*** — **this is** an allusion to **the Divine Presence.**[143] "וְנֶאֶסְפוּ שָׁמָּה כָל הָעֲדָרִים", רַבִּי שִׁמְעוֹן בֶּן יְהוּדָה אִישׁ כְּפַר עַכּוֹ אָמַר מִשּׁוּם רַבִּי שְׁמוּאֵל — ***When all the flocks would be assembled there*** — regarding this verse **R' Shimon ben Yehudah the leader of Kfar Acco said in the name of R' Shmuel:** שֶׁאִילּוּ הָיוּ יִשְׂרָאֵל חֲסֵרִים עוֹד אֶחָד לֹא הָיוּ מְקַבְּלִים אֶת הַתּוֹרָה — **If** the six hundred thousand **Israelites** gathered at Mount Sinai **had been lacking even one** person **they would not have received the Torah.**[144] "וְגָלְלוּ אֶת הָאֶבֶן", שֶׁמִּשָּׁם הָיוּ שׁוֹמְעִים אֶת הַקּוֹל וְשָׁמְעוּ עֲשֶׂרֶת הַדִּבְּרוֹת — ***They would roll the stone*** *from the mouth of the well* — this alludes to the fact **that from there,** i.e., from Mount Sinai, **[the people] heard the voice** of God **and they heard the Ten Commandments;**[145] "וְהֵשִׁיבוּ אֶת הָאֶבֶן", "אַתֶּם רְאִיתֶם כִּי מִן הַשָּׁמַיִם דִּבַּרְתִּי וְגוֹ' " — ***then they would put back the stone*** *over the mouth of the well, in its place* — this alludes to the fact that God's voice spoke to them from heaven, as the verse states, ***You have seen that I have spoken*** *to you* ***from Heaven*** (*Exodus* 20:19).[146]

> וַיֹּאמֶר לָהֶם יַעֲקֹב אַחַי מֵאַיִן אַתֶּם וַיֹּאמְרוּ מֵחָרָן אֲנָחְנוּ. וַיֹּאמֶר לָהֶם הַיְדַעְתֶּם אֶת לָבָן בֶּן נָחוֹר וַיֹּאמְרוּ יָדָעְנוּ. וַיֹּאמֶר לָהֶם הֲשָׁלוֹם לוֹ וַיֹּאמְרוּ שָׁלוֹם וְהִנֵּה רָחֵל בִּתּוֹ בָּאָה עִם הַצֹּאן.
> *Jacob said to them, "My brothers, where are you from?" And they said, "We are from Haran." He said to them, "Do you know Laban the son of Nahor?" And they said, "We know." Then he said to them, "Is it well with him?" They answered, "It is well; and see — his daughter Rachel is coming with the flock!"* (29:4-6).

§10 וַיֹּאמֶר לָהֶם יַעֲקֹב אַחַי וְגוֹ' — ***JACOB SAID TO THEM, "MY BROTHERS,*** *WHERE ARE YOU FROM?"*

The Midrash sees a deeper meaning in the exchange between Jacob and the shepherds:

רַבִּי יוֹסֵי בַּר חֲנִינָא פָּתַר קְרָיָא בְּגָלוּת — **R' Yose bar Chanina interpreted the verses as** a reference to **exile:**[147] "וַיֹּאמֶר לָהֶם יַעֲקֹב וְגוֹ' מֵחָרָן אֲנָחְנוּ", מֵחֲרוֹנוֹ שֶׁל הַקָּדוֹשׁ בָּרוּךְ הוּא אָנוּ בּוֹרְחִים — ***Jacob said to them,*** *"My brothers, where are you from?"*[148] *And they said,* ***"We are from Haran*** [חָרָן]" — i.e., **we are fleeing from the wrath** (חֲרוֹן) **of the Holy One, blessed is He.**[149] "וַיֹּאמֶר לָהֶם הַיְדַעְתֶּם אֶת לָבָן בֶּן נָחוֹר", הַיְדַעְתֶּם אֶת מִי שֶׁהוּא עָתִיד לְלַבֵּן עֲוֹנוֹתֵיכֶם כַּשֶּׁלֶג — ***He said to them, "Do you know Laban the son of Nahor?"*** — i.e., **do you know the One Who is destined to cleanse** (לְלַבֵּן) **your sins like snow?**[150]

NOTES

140. The *well* represents Mount Sinai from which the life-giving waters of the Torah entered this world; and the *field* represents the Wilderness where this mountain was located (*Yefeh To'ar*).

141. I.e., the three groups of Jews who stood at Sinai and received the Torah.

At first glance this exposition seems a bit forced, since at the time of the giving of the Torah, Kohanim and Leviim had not yet been formally designated. [This happened only later, in the aftermath of the sin of the Golden Calf, when the firstborn sons of Israel, who had until then served as the priests of Israel, sinned, while the tribe of Levi did not (see *Maharzu*, citing *Numbers* 3:40-51 and *Bamidbar Rabbah* 4 §6).] One possibility is that our verse nonetheless refers to the Jews at Sinai as *three flocks of sheep* because this is how they were *destined* to be divided (*Eitz Yosef*, citing *Yefeh To'ar*). Another possibility is that while the *formal* designation had not yet taken place, there were various references, as early as the days of Jacob, to the tribe of Levi being set apart from their brethren (see §7 above; and see *Mechilta, Yisro, BaChodesh, Parashah* 4, commenting on *Exodus* 19:22, which mentions Kohanim), and thus these familiar three divisions were, at least in general terms, known to the Jews at Sinai (see *Maharzu*).

142. I.e., the Jews heard the Ten Commandments emanating from Mount Sinai, not from heaven (*Eitz Yosef*). See further with note 146.

143. God lowered His Presence onto the mountain like a stone resting on top of a well (ibid.).

144. [The number 600,000 is the approximate tally of the Jewish people who left Egypt (see *Numbers* 1:46) and stood at Mount Sinai to receive the Torah.] Just as *all the flocks* assembled at the well, all 600,000 Jews had to be present at Sinai (*Maharzu*).

145. The large stone represents the voice of God (Who is the "cornerstone" of the world), and the well represents the heavens (*Eitz Yosef*, citing *Yefeh To'ar*). The stone's being moved from its place (i.e., the well) alludes to God's voice emanating to the people not from *its* usual place (i.e., heaven) but rather from the mountain, as Scripture states (*Exodus* 19:20): *HASHEM descended upon Mount Sinai* (cited by *Maharzu*; see next note).

146. The large stone being put back *in its place* represents how God's voice emanated from its usual place (i.e., from heaven).

These last two expositions highlight the contradiction between *Exodus* 19:20, which indicates that God spoke from the mountain, and ibid. 20:19, which indicates that God spoke from heaven. *Mechilta* (*Yisro, BaChodesh,* end of *Parashah* 9) explains that God "folded" the heavens and brought them down to the top of Mount Sinai so that He could speak from the mountaintop and from heaven at the same time (*Maharzu*; see also *Eitz Yosef* above, s.v. זו שכינה).

Alternatively: The Midrash is saying that while God spoke the Ten Commandments to Israel from the mountain, the Israelites afterward caused God's voice to retreat to its usual place in the heavens by telling Moses (*Exodus* 20:6), *"You speak to us and we shall hear; let God not speak to us lest we die"* [see also *Deuteronomy* 5:24] (*Eitz Yosef*).

147. The events in the lives of the Patriarchs symbolize what will eventually occur to their children (*Eitz Yosef*). In this passage, Jacob's encounter with the shepherds gathered at the well grants some insight into the exile that the Jewish nation would one day undergo. R' Yose bar Chanina expresses his teaching as a virtual dialogue between the Jewish people and their interlocutor.

148. The interlocutor observes the exiled Jewish people moving from country to country and asks in amazement, "Where are you from? Do you not have a homeland to call your own? Why do you wander so among the nations?" (*Yefeh To'ar, Eitz Yosef*). [*Yefeh To'ar* s.v. פתר קריא writes that R' Yose bar Chanina understands the prior verses in our chapter like the fourth interpretation presented by the Midrash in §8 above.]

149. I.e., we wander so, as people who must flee from place to place, *because of* God's wrath with us (*Yefeh To'ar*, second interpretation; see also *Eitz Yosef*).

Alternatively: Our exile is in fact for our benefit, for while in the Land of Israel we are held by God to a higher standard (see Insight to *Bereishis Rabbah* 46 §9, "Eretz Yisrael — God's Land"), but outside the Land we are judged more leniently. In addition, a person who has wronged another will be forgiven more quickly if he is *not* constantly in the other's presence. The phrase "we are fleeing from God's wrath" is to be understood: by leaving *Eretz Yisrael* (i.e., by being exiled and wandering from place to place), we hope to escape a measure of God's anger and achieve forgiveness more readily (*Yefeh To'ar*, first interpretation).

150. The interlocutor probes further, asking if amidst all the distraction and oppression of exile the Jewish people have continued to wait in hopeful expectation that [they would be cleansed of their sins and that] God would bring their ultimate redemption [see *Shabbos* 31a]. Israel's (unwritten) answer to this question is yes (ibid., first interpretation). Alternatively: The interlocutor's question is if Israel recognizes that God sent them into exile out of His love for them — i.e., He did not do this out of hatred, nor did the exile just occur by happenstance — for their own benefit, to cleanse them of sin and thus enable them to return to

חידושי הרד"ל

[י] כשלג. ויאמר להם השלום השלום ביניכם לבינו, ויאמרו שלום באיזה זכות כו' לאחריתך גו' ויאמרו שלום ואין פטטין כו'. כן לריך לומר:

עץ יוסף

(ט) **באר זה סיני.** שבו היה באר מים חיים של תורה, והוא היה בשדה במדבר: **כהנים לוים וישראלים.** ואף על גב דבמתן תורה עדיין לא נבדלו כהנים ולוים, מכל מקום קראם שלשה עדרי לאן על שם העתיד (יפה תואר): **שמשם עשרת הדברות.** ולא מן השמים: **זו שכינה.** שירדה למטה על ההר. כדאיתא במכילתא (יתרו מסכתא דבחדש פרשה ד ד"ה וירד ה') שהרכין שמים העליונים והתחתונים על ההר: **חסרים עד אחד.** מששים רבוא לא היו יכולים לקבל את התורה: **וגללו את האבן.** הראשה היא השכינה מעל השמים (יפה תואר): **אתם ראיתם כו'.** פירוש מה שאמרו דבר אתה עמנו ונשמעה ואל ידבר עמנו אלהים וגו' חזרה שכינה השמימה, ופירושו והשיבו את האבן (אשר) על פי הבאר למקומה (השמים): (י) [ט] **פתר קריא בגלות.** כי כל מה שאירע לאבות סימן לבנים: **מחרונו של הקדוש ברוך הוא כו'.** היינו שעל היותם נודדים מגוי אל גוי שואל מאין אתם, כלומר איזו מקומכם שאין לכם מנוחה במקום אחד. והתשובה כי אנו נודדים מפני חרונו שהוא עלינו: **הידעתם את מי כו'.** כלומר האם אתם מלפים לישועה בטרדת לרתכם. והתשובה שיש להם תקות שלום (יפה תואר): **קול ברמה נשמע כו'.** שכשעברו בגלות בדרך אפרת שרחל קבורה שם בקשה עליהם רחמים ובזכותה נדר ה' להושיעם וכדלקמן בפרשה פ"ב: (יא) [י] **השלום ביניכם לבינו.** וטעם שאלה זו לפי שהיה רמאי וקרוב שיהיה שנאוי מכולם: **ואם פוטטין את בעי.** ואם דברן אתה רולה. **והנה רחל בתו באה עם הצאן** ובה תמלא חפליך בדבור. **שהדבור מצוי בנשים: אם שומרי שכר אתם הן עוד היום גדול.** ולא השלמתם פעולתכם וחייבים אתם מן הדין לרעות עדיין, **ואם** הבהמות **שלכם** אף על פי כן **לא עת האסף המקנה:**

ט רַבִּי יוֹחָנָן פָּתַר לָהּ בְּסִינַי, [כט, ב] "וַיַּרְא וְהִנֵּה בְאֵר" זֶה סִינַי, "וְהִנֵּה שָׁם שְׁלֹשָׁה וְגוֹ'", כֹּהֲנִים לְוִיִּם וְיִשְׂרְאֵלִים, "כִּי מִן הַבְּאֵר הַהִיא וְגוֹ'", שֶׁמִּשָּׁם שָׁמְעוּ עֲשֶׂרֶת הַדִּבְּרוֹת, "וְהָאֶבֶן גְּדֹלָה" זוֹ שְׁכִינָה, "וְנֶאֶסְפוּ שָׁמָּה כָל הָעֲדָרִים", רַבִּי שִׁמְעוֹן בֶּן יְהוּדָה אִישׁ כְּפַר עַכּוֹ אָמַר מִשּׁוּם רַבִּי שְׁמוּאֵל: [יט]שֶׁאִילּוּ הָיוּ יִשְׂרָאֵל חֲסֵרִים עוֹד אֶחָד לֹא הָיוּ מְקַבְּלִים אֶת הַתּוֹרָה, "וְגָלְלוּ אֶת הָאֶבֶן", שֶׁמִּשָּׁם הָיוּ שׁוֹמְעִים אֶת הַקּוֹל וְשָׁמְעוּ עֲשֶׂרֶת הַדִּבְּרוֹת, "וְהֵשִׁיבוּ אֶת הָאֶבֶן", (שמות כ, יט) "אַתֶּם רְאִיתֶם כִּי מִן הַשָּׁמַיִם דִּבַּרְתִּי וְגוֹ'":

י [כט, ד] "וַיֹּאמֶר לָהֶם יַעֲקֹב אַחַי וְגוֹ'", [כ]רַבִּי יוֹסֵי בַּר חֲנִינָא פָּתַר קְרָיָא בְּגָלוּת, "וַיֹּאמֶר לָהֶם יַעֲקֹב וְגוֹ' מֵחָרָן אֲנָחְנוּ", מֵחֲרוֹנוֹ שֶׁל הַקָּדוֹשׁ בָּרוּךְ הוּא אָנוּ בּוֹרְחִים, "וַיֹּאמֶר לָהֶם הַיְדַעְתֶּם אֶת לָבָן בֶּן נָחוֹר", הַיְדַעְתֶּם אֶת מִי שֶׁהוּא עָתִיד לְלַבֵּן עֲוֹנוֹתֵיכֶם כַּשֶּׁלֶג, "וַיֹּאמֶר לָהֶם הֲשָׁלוֹם לוֹ וַיֹּאמְרוּ שָׁלוֹם", בְּאֵיזוֹ זְכוּת, "וְהִנֵּה רָחֵל בִּתּוֹ בָּאָה עִם הַצֹּאן", הָדָא הוּא דִכְתִיב (ירמיה לא, יד-טז) "כֹּה אָמַר ה' קוֹל בְּרָמָה נִשְׁמָע נְהִי בְּכִי תַמְרוּרִים רָחֵל מְבַכָּה עַל בָּנֶיהָ מֵאֲנָה לְהִנָּחֵם וְגוֹ' כֹּה אָמַר ה' מִנְעִי קוֹלֵךְ מִבֶּכִי וְגוֹ' וְיֵשׁ תִּקְוָה לְאַחֲרִיתֵךְ וְגוֹ'":

יא [כט, ו] "וַיֹּאמֶר הֲשָׁלוֹם לוֹ", הֲשָׁלוֹם בֵּינֵיכֶם לְבֵינוֹ, "וַיֹּאמְרוּ שָׁלוֹם", וְאֵין פּוֹטְטִין אֶת בְּעִי, "וְהִנֵּה רָחֵל בִּתּוֹ בָּאָה עִם הַצֹּאן", [כא]הָדָא אָמְרָה שֶׁהַדִּבּוּר מָצוּי בְּנָשִׁים. [כט, ז] "וַיֹּאמֶר הֵן עוֹד וְגוֹ'", אָמַר לָהֶם: אִם שׁוֹמְרֵי שָׂכָר אַתֶּם "הֵן עוֹד הַיּוֹם גָּדוֹל", וְאִם שֶׁלָּכֶם אַתֶּם רוֹעִים "לֹא עֵת הֵאָסֵף הַמִּקְנֶה". [כט, ט] "עוֹדֶנּוּ מְדַבֵּר עִמָּם וְרָחֵל בָּאָה",

פירוש מהרז"ו

(ט) **כהנים לוים וישראלים.** לריך עיון שהרי לא נבחרו כהנים ולוים עד אחר מעשה העגל שחטאו הבכורים כמו שאמרו (במדבר רבה (ד, ו) ושם נסמן, ובפרשת במדבר (ג, מה) מבואר איך לקח הלוים תחת בכורים, אכן עיין פרשה עז (סימן ז) כי לוי קדשו יעקב לה' בחייו, וגם בסיני כתיב (שמות יט, כב) הכהנים הנגשים אל ה', הרי שהיו אז כהנים, ובמכילתא (בשלח פרשה ו) איתא שהם נדב ואביהוא וכמו שנאמר (שמואל א' ב, כז) הנגלה נגליתי לבית אביך בהיותם במלרים וגו' לי לכהן, ולא נתקיימה הבטחה זו עד הקמת המשכן שאז נתפרש להם במה נתקדשו עבודתם ומשמרתם: **חסרים עוד אחד.** היינו מששים רבוא, עיין לקמן (עד, יז) מחנה אלהים, ובמכילתא יתרו (פרשה ד) פסוק וירד ה' לעיני כל ישראל עיין שם כל הענין, וזהו כל העדרים: **כי מן השמים.** וכמו שאמרו במכילתא (יתרו פרשה ד) וירד ה' על הר סיני וגו', מלמד שהרכין הקב"ה שמים התחתונים ושמי שמים העליונים על ראש ההר כו', ולזה כוון המדרש במה שאמר ששמעו הקול מסיני ומן השמים. וכמו שאיתא בריש תורת כהנים הביאו רש"י סוף פרשת יתרו, וזה לשונו כי מן השמים דברתי וכתוב אחד אומר (שמות יט, כ) וירד ה' על הר סיני בא הכתוב השלישי והכריע כו' דבר אחר הרכין כו' עיין שם: (י) **ויאמרו שלום.** כשישובו יתברכו בשלום בזכות ורחל בתו וגו', על פי מדה י"ז, שמפורש רחל מבכה על בניה כו' ושבו בנים וגו', וזהו עם הלאן שבזכותה ישובו הם, ועיין לקמן (פב, י): (יא) **ואין פטטין את בעי.** שלאיזה ענין אמרו והנה רחל בתו וגו', שלא שאל כלל על בנותיו, ויתכן שכוונת הרועים לקלר בדברים שלא לבטל ממלאכתם, וכענין אבא חלקיה שלא רלה להשיב שלום (תענית כג, א), ודעת יעקב שביטל אותם בדברים יען ראה שאוספים הלאן, והשיבו שאין רולים לבטל, והשיב אם כן לכו רעו:

מסורת המדרש

יט. ילקוט כאן רמז קכ"ג:
כ. ברכות דף מ"ח. ילקוט שמואל רמז ק"ח. לעיל פרשה י"ח ופרשה מ"ה. דברים רבה פ' ו'. תנחומא סדר וישב סימן ו'. ילקוט בראשית רמז כ"ד. ילקוט ישעיה רמז רס"ה:
כא. ילקוט תהלים רמז תש"כ:

אם למקרא

וַיֹּאמֶר ה' אֶל־מֹשֶׁה כֹּה תֹאמַר אֶל־בְּנֵי יִשְׂרָאֵל אַתֶּם רְאִיתֶם כִּי מִן־הַשָּׁמַיִם דִּבַּרְתִּי עִמָּכֶם:
(שמות כ:יט)

כֹּה אָמַר ה' קוֹל בְּרָמָה נִשְׁמָע נְהִי בְּכִי תַמְרוּרִים רָחֵל מְבַכָּה עַל־בָּנֶיהָ מֵאֲנָה לְהִנָּחֵם עַל־בָּנֶיהָ כִּי אֵינֶנּוּ: כֹּה אָמַר ה' מִנְעִי קוֹלֵךְ מִבֶּכִי וְעֵינַיִךְ מִדִּמְעָה כִּי יֵשׁ שָׂכָר לִפְעֻלָּתֵךְ נְאֻם ה' וְשָׁבוּ מֵאֶרֶץ אוֹיֵב: וְיֵשׁ־תִּקְוָה לְאַחֲרִיתֵךְ נְאֻם ה' וְשָׁבוּ בָנִים לִגְבוּלָם:
(ירמיה לא:יד-טז)

ידי משה

[ט] **שאלו היו ישראל חסרים עוד אחד לא היו מקבלים את התורה.** פירוש לפי דאיתא שאותיות התורה הם ששים ריבוא נגד ששים ריבוא נשמות ישראל, על כן היו לריכין להיות דוקא במילואו ששים רבוא וקל להבין: **והשיבו את האבן.** אתם ראיתם וגו' פירוש האבן קאי על השכינה כמו שאמר לעיל, אי נמי הואיל וכתיב בתריה ואם מזבח אבנים תעשה לי וגו':

רש"י

(יא) **ואין פטטין את בעי.** אם דברים אתה רולה **והנה רחל בתו, הדא אמרת שהדבור מצוי בנשים:**

מתנות כהונה

[י] **ה"ג כשלג וינחר לאומות ויאמרו ידענו ויאמר ביניכם לבינו:** [יא] **ואין פטטין כו'.** אם חפץ את במי שירבה דברים עמך והנה רחל וגו': הדא אמרה כו' מזה למדנו שהדיבור כו' שהרי אמרו לו אין פטטין כו': **פטטין.** דברן למי שיש תרגומו למאן פטטין כ"פ הערוך:

אשד הנחלים

כולם לשמוע תורה נגלל האבן מהלב, ואחרי כן ישוב למקומו. וזהו הערת מוסר לדבק בתורה, כי בהפרדו ממנה חוזר הרע המתעה אליו: [ט] **בסיני כו' כהנים כו'.** הסיני הוא באר השפע לישראל. וישראל בבחינתם המה ג' מדריגות זו למעלה מזו, לוים מעל ישראל, וכהנים מעל ללוים, וכל כך השפיע להם רב שפע עד ששמעו בעצמם עשרת הדברים בנבואה, כי האבן הגדולה היתה שם זו השכינה אשר מרוב מעלתה לא יוכל איש לחזות אותה, כמו האבן המכסה להבאר, אך מפני שהיו ס' ריבוא ישראל, שהם מספר מכוון דייקא להשראת השכינה אז גללו, ולכן שמעו הקול הנבואה הגדולה מאוד. ואח"כ השיבו האבן, כי אחרי שמיעתם שבו למדריגתם הראשונה, כי אין כחם להיות תמידים בנבואה: [י] **פתר קריא בגליות.** כי כל מעשי אבות סימן לבנים. וכל זה דרך דרש וסמך לבד, ולא יתכן להעטיף בה ציור שיהיה מתווך במעשים האלו, רק אולי על דרך חכמי אמת יתפרש: [יא] **ואין פוטטין.** דרש מלת והנה שאמרו הרועים, כלומר אם רוצה לדבר הרבה בזה, ראה הנה רחל בתו באה והיא תספר לך הכל, כי הדיבור מצויה בנשים: **אם שומרי שכר כו'.** כלומר ממה נפשך אם אתם שכורים אצל אחרים למה תאבדו היום, ואם שלכם, א"כ למה תאבדו המקנה, כי לא עת האסף המקנה:

"וַיֹּאמֶר לָהֶם הֲשָׁלוֹם לוֹ וַיֹּאמְרוּ שָׁלוֹם" — ***Then he said to them, "Is it well with him?" They answered, "It is well."***[151] בְּאֵיזוֹ זְכוּת, "וְהִנֵּה רָחֵל בִּתּוֹ בָּאָה עִם הַצֹּאן" — **Through which merit** will the exiled Jews return to their Land? Through that of Rachel, is it states, ***And see — his daughter Rachel is coming with the flock!***[152] הָדָא הוּא דִכְתִיב "כֹּה אָמַר ה' קוֹל בְּרָמָה נִשְׁמָע נְהִי בְּכִי תַמְרוּרִים רָחֵל מְבַכָּה עַל בָּנֶיהָ מֵאֲנָה לְהִנָּחֵם וְגוֹ' — **Thus it is written, *Thus said HASHEM: A voice is heard on high, wailing, bitter weeping, Rachel weeps for her children; she refuses to be consoled*** *for her children, for they are gone.* כֹּה אָמַר ה' מִנְעִי קוֹלֵךְ מִבֶּכִי וְגוֹ' וְיֵשׁ תִּקְוָה לְאַחֲרִיתֵךְ וְגוֹ' " — ***Thus said HASHEM: Restrain your voice from weeping*** *and your eyes from tears; for there is reward for your accomplishment — the word of HASHEM — and they will return from the enemy's land.* ***There is hope for your future*** *— the word of HASHEM — and your children will return to their border* (*Jeremiah* 31:14-16).[153]

§11 [וַיֹּאמֶר לָהֶם הֲשָׁלוֹם לוֹ — *THEN HE SAID TO THEM, "IS IT WELL WITH HIM?"*]

The Midrash presents an alternative explanation of our passage:

"וַיֹּאמֶר הֲשָׁלוֹם לוֹ", הֲשָׁלוֹם בֵּינֵיכֶם לְבֵינוֹ, "וַיֹּאמְרוּ שָׁלוֹם" — ***Then he said to them, "Is it well*** [הֲשָׁלוֹם] ***with him?"*** That is, Jacob was asking, **"Is there peace between you and him?"** ***They answered*** in the affirmative, ***"It is well."***[154] וְאִין פּוֹטְטִין אַתְּ בָּעֵי, "וְהִנֵּה רָחֵל בִּתּוֹ בָּאָה עִם הַצֹּאן" — The shepherds continued, **"And if it is a chatterer**[155] **that you seek,** then ***see — his daughter Rachel is coming with the flock!"***[156] הָדָא אָמְרָה שֶׁהַדִּבּוּר מָצוּי בְּנָשִׁים — **This teaches that talk is found among women.**[157]

וַיֹּאמֶר הֵן עוֹד הַיּוֹם גָּדוֹל לֹא עֵת הֵאָסֵף הַמִּקְנֶה הַשְׁקוּ הַצֹּאן וּלְכוּ רְעוּ. וַיֹּאמְרוּ לֹא נוּכַל עַד אֲשֶׁר יֵאָסְפוּ כָל הָעֲדָרִים וְגָלֲלוּ אֶת הָאֶבֶן מֵעַל פִּי הַבְּאֵר וְהִשְׁקִינוּ הַצֹּאן. עוֹדֶנּוּ מְדַבֵּר עִמָּם וְרָחֵל בָּאָה עִם הַצֹּאן אֲשֶׁר לְאָבִיהָ כִּי רֹעָה הִוא.

He said, "Look, the day is still long; it is not yet time to bring the livestock in; water the flock and go on grazing." But they said, "We will be unable to, until all the flocks will have been gathered and they will roll the stone off the mouth of the well; we will then water the flock." While he was still speaking with them, Rachel had arrived with her father's flock, for she was a shepherdess (29:7-9).

□ וַיֹּאמֶר הֵן עוֹד וְגוֹ' — ***HE SAID, "LOOK,*** *THE DAY IS* ***STILL*** *LONG; IT IS NOT YET TIME TO BRING THE LIVESTOCK IN; WATER THE FLOCK AND GO ON GRAZING."*

In saying that *the day is still long*, Jacob's intent seems clear enough; what was he adding by saying that *it is not yet time to bring the livestock in*? The Midrash explains:

אָמַר לָהֶם: אִם שׁוֹמְרֵי שָׂכָר אַתֶּם "הֵן עוֹד הַיּוֹם גָּדוֹל" — **[Jacob] said to [the shepherds], "If you are paid watchmen** over these flocks, then you are shirking your duties by bringing in the animals early since ***look, the day is still long;***[158] וְאִם שֶׁלָּכֶם אַתֶּם רוֹעִים "לֹא עֵת הֵאָסֵף הַמִּקְנֶה" — **and if you are shepherding your own** flocks, you should still not come in so early since ***it is not yet time to bring the livestock in."***[159]

□ עוֹדֶנּוּ מְדַבֵּר עִמָּם וְרָחֵל בָּאָה — ***WHILE HE WAS STILL SPEAKING WITH THEM, RACHEL HAD ARRIVED*** *WITH HER FATHER'S FLOCK, FOR SHE WAS A SHEPHERDESS.*

Once the verse informs us that *Rachel had arrived with her father's flock*, we can plainly deduce that she was a shepherdess; the phrase *she was a shepherdess* seems extraneous. The Midrash therefore expounds:[160]

NOTES

Eretz Yisrael; see *Lamentations* 4:22. Israel's (unwritten) answer to this question, again, is yes (ibid., second interpretation).

[The Midrash's exposition takes the word לָבָן, which literally means *white*, as a reference to the cleansing of sins, as in *Isaiah* 1:18: *If your sins are like scarlet they will become white* [יַלְבִּינוּ] *as snow* (*Yefeh To'ar*).]

151. The Midrash is silent on the meaning of this line, but the intent is as follows: The interlocutor continues his interrogation, pressing the Jewish people whether they expect to see peace between them and God ("Is it well with Him?") even as they are yet fleeing His wrath. Undeterred and ever hopeful, the people reply, "It is well"; we will one day enjoy an amicable relationship with God as in times past (ibid.) — this time in the framework of a *permanent* redemption (*Nezer HaKodesh*).

152. Rachel's coming with the flock symbolizes that it will be in her merit that God's flock — the Jewish people — will ultimately return from exile, as the Midrash goes on to demonstrate from Scripture (*Maharzu*).

153. When the Jews went into exile by way of Ephrath, where Rachel is buried (see below, 35:19), her soul pleaded for mercy on behalf of her children. As a result of her prayers God promised to redeem the Jews, as the verse cited here attests (*Eitz Yosef*; see further, *Bereishis Rabbah* 82 §10).

154. In Scripture an inquiry into another person's שָׁלוֹם (lit., *peace*) is almost always a question about his welfare; see, for example, 43:27 below (*Yefeh To'ar*). Here, though, the Midrash points out that Jacob was not interested in how Laban was faring but rather whether he was on good terms with these men; a fair question, considering that Laban's reputation as a cheat was well known (see ibid., followed by *Eitz Yosef*). [*Nezer HaKodesh* explains that Jacob wished to ascertain whether the shepherds would be a source of unbiased information about Laban. (Specifically, Jacob wanted to know if Laban deals forthrightly with members of his own family for if not, perhaps he should stay away and abandon his plans to marry Laban's daughter.) The shepherds did not understand Jacob's intent and took him to be talking just for talking's sake, as the Midrash goes on to say.]

155. *Matnos Kehunah, Eitz Yosef*. See *Targum* to *Proverbs* 23:29.

156. In response to Jacob's numerous and seemingly pointless questions, the shepherds informed him that if he wished to engage in long conversations he could do so with the girl (Rachel) who was now approaching with her father's sheep (*Eitz Yosef*); they, on the other hand, had work to do and could not waste any more time with idle chatter (*Maharzu*). Jacob, for his part, did not feel that he was keeping them from their task, for they appeared to be standing about idly, not pasturing the flocks, even though the workday was far from over [see v. 7] (ibid.).

The Midrash was prompted to offer this interpretation of the verse in order to explain why the shepherds pointed out Rachel to Jacob at this point; he had asked if they knew Laban (v. 5), not if they knew his daughters (ibid.). *Yefeh To'ar* explains that their pointing out Rachel *would* have been understandable if they had done so immediately after Jacob asked whether they knew Laban (either because pointing out Laban's daughter would indicate that they indeed knew Laban, or because by pointing her out to Jacob he could speak to her in lieu of her father). However, it is not clear why the shepherds should suddenly mention Rachel right after describing their amicable relationship with Laban. The Midrash explains that the shepherds' patience had been exhausted by Jacob's persistent questioning and, out of exasperation, they pointed him to Rachel, not because she was Laban's daughter but because she was a girl and would be a more willing partner for idle conversation.

157. The reason that the shepherds directed Jacob to Rachel is that women are generally more talkative than men, as the Gemara states (*Kiddushin* 49b): Ten measures of conversation descended to the world — women took nine of them [and the rest of the world took one].

158. If the shepherds were being paid for a full day's work, then it would be dishonest to bring in the flocks now because there were still more hours in the day (*Eitz Yosef*).

159. Even if the shepherds were tending their own animals it would still be in their best interest to allow the animals to graze longer in the fields (ibid.). There is no redundancy, then, for Jacob's second statement was addressed to a different circumstance than his first.

160. *Yefeh To'ar*. See below, note 163.

ט רַבִּי יוֹחָנָן פְּתַר לָהּ בְּסִינַי, [כט, ב] "וַיַּרְא וְהִנֵּה בְאֵר" זֶה סִינַי, "וְהִנֵּה שָׁם שְׁלֹשָׁה וְגוֹ'", כֹּהֲנִים לְוִיִּם וְיִשְׂרְאֵלִים, "כִּי מִן הַבְּאֵר הַהִיא וְגוֹ'", שֶׁמִּשָּׁם שָׁמְעוּ עֲשֶׂרֶת הַדִּבְּרוֹת, "וְהָאֶבֶן גְּדֹלָה" זוֹ שְׁכִינָה, "וְנֶאֶסְפוּ שָׁמָּה כָל הָעֲדָרִים", רַבִּי שִׁמְעוֹן בֶּן יְהוּדָה אִישׁ כְּפַר עַכּוֹ אָמַר מִשּׁוּם רַבִּי שְׁמוּאֵל: [יט]שֶׁאִילוּ הָיוּ יִשְׂרָאֵל חֲסֵרִים עוֹד אֶחָד לֹא הָיוּ מְקַבְּלִים אֶת הַתּוֹרָה, "וְגָלְלוּ אֶת הָאֶבֶן", שֶׁמִּשָּׁם הָיוּ שׁוֹמְעִים אֶת הַקּוֹל וְשָׁמְעוּ עֲשֶׂרֶת הַדִּבְּרוֹת, "וְהֵשִׁיבוּ אֶת הָאֶבֶן", (שמות כ, יט) "אַתֶּם רְאִיתֶם כִּי מִן הַשָּׁמַיִם דִּבַּרְתִּי וְגוֹ'":

י [כט, ד] "וַיֹּאמֶר לָהֶם יַעֲקֹב אַחַי וְגוֹ'", [כ]רַבִּי יוֹסֵי בַּר חֲנִינָא פָּתַר קְרָיָא בְּגָלוּת, "וַיֹּאמֶר לָהֶם יַעֲקֹב וְגוֹ' מֵחָרָן אֲנָחְנוּ", מֵחֲרוֹנוֹ שֶׁל הַקָּדוֹשׁ בָּרוּךְ הוּא אָנוּ בּוֹרְחִים, "וַיֹּאמֶר לָהֶם הַיְדַעְתֶּם אֶת לָבָן בֶּן נָחוֹר", הַיְדַעְתֶּם אֶת מִי שֶׁהוּא עָתִיד לְלַבֵּן עֲוֹנוֹתֵיכֶם כַּשֶּׁלֶג, "וַיֹּאמֶר לָהֶם הֲשָׁלוֹם לוֹ וַיֹּאמְרוּ שָׁלוֹם", בְּאֵיזוֹ זְכוּת, "וְהִנֵּה רָחֵל בִּתּוֹ בָּאָה עִם הַצֹּאן", הָדָא הוּא דִכְתִיב (ירמיה לא, יד-טז) "כֹּה אָמַר ה' קוֹל בְּרָמָה נִשְׁמָע נְהִי בְּכִי תַמְרוּרִים רָחֵל מְבַכָּה עַל בָּנֶיהָ מֵאֲנָה לְהִנָּחֵם וְגוֹ' כֹּה אָמַר ה' מִנְעִי קוֹלֵךְ מִבֶּכִי וְגוֹ' וְיֵשׁ תִּקְוָה לְאַחֲרִיתֵךְ וְגוֹ'":

יא [כט, ו] "וַיֹּאמֶר הֲשָׁלוֹם לוֹ", הֲשָׁלוֹם בֵּינֵיכֶם לְבֵינוֹ, "וַיֹּאמְרוּ שָׁלוֹם", וְאֵין פּוֹטְטִין אַתְּ בָּעֵי, "וְהִנֵּה רָחֵל בִּתּוֹ בָּאָה עִם הַצֹּאן", [כא]הָדָא אָמְרָה שֶׁהַדִּבּוּר מָצוּי בְּנָשִׁים. [כט, ז] "וַיֹּאמֶר הֵן עוֹד וְגוֹ'", אָמַר לָהֶם: אִם שׁוֹמְרֵי שָׂכָר אַתֶּם "הֵן עוֹד הַיּוֹם גָּדוֹל", וְאִם שֶׁלָּכֶם אַתֶּם רוֹעִים "לֹא עֵת הֵאָסֵף הַמִּקְנֶה". [כט, ט] "עוֹדֶנּוּ מְדַבֵּר עִמָּם וְרָחֵל בָּאָה",

רש"י

(יא) **ואין פטטין את בעי.** אם דברים אתה רוצה **והנה רחל בתו, הדא אמרת שהדבור מצוי בנשים:**

מתנות כהונה

[י] **ה"ג כשלג וינחר לאומות ויאמרו ידענו ויאמר ביניכם לבינו: [יא] ואין פטטין כו'.** אם חפץ את במי שירבה דברים עמך והנה רחל וגו': הדא אמרה כו' מזה למדנו שהדיבור כו' שהרי אמרו לו אין פטטין כו': **פטטין.** דברן למי שיש תרגומו למאן פטטין כ"פ הערוך:

אשד הנחלים

כולם לשמוע תורה נגלל האבן מהלב, ואחרי כן ישוב למקומו. וזהו הערת מוסר לדבק בתורה, כי בהפרדו ממנה חוזר הרע המתעה אליו: **[ט] בסיני כו' כהנים כו'.** הסיני הוא באר השפע לישראל. וישראל בבחינתם המה ג' מדריגות זו למעלה מזו, לוים מעל ישראל, וכהנים מעל ללוים, וכל כך השפיע להם רב שפע עד ששמעו בעצמם עשרת הדברים בנבואה, כי האבן הגדולה היתה שם זו השכינה אשר מרוב מעלתה לא יוכל איש לחזות אותה, כמו האבן המכסה להבאר, אך מפני שהיו ס' ריבוא ישראל, שהם מספר מכוון דייקא להשראת השכינה אז גללו, ולכן שמעו הקול הנבואה הגדולה מאוד. ואח"כ השיבו האבן, כי אחרי שמיעתם שבו למדריגתם הראשונה, כי אין כחם להיות תמידים בנבואה: **[י] פתר קריא בגליות.** כי כל מעשי אבות סימן לבנים. וכל זה דרך דרש וסמך לבד, ולא יתכן להעטיף בה ציור שיהיה מתווך במעשים האלו, רק אולי על דרך חכמי אמת יתפרש: **[יא] ואין פוטטין.** דרש מלת והנה שאמרו הרועים, כלומר אם רוצה לדבר הרבה בזה, ראה הנה רחל בתו באה והיא תספר לך הכל, כי הדיבור מצויה בנשים: **אם שומרי שכר כו'.** כלומר ממה נפשך אם אתם שכורים אצל אחרים למה תאבדו היום, ואם שלכם, א"כ למה תאבדו המקנה, כי לא עת האסף המקנה:

עץ יוסף

(ט) **באר זה סיני.** שבו היה באר מים חיים של תורה, והוא היה בשדה במדבר: **כהנים לוים וישראלים.** ואף על גב דבמתן תורה עדיין לא נבדלו כהנים ולוים, מכל מקום קראם שלשה עדרי צאן על שם העתיד (יפה תואר): **שמשם עשרת הדברות.** ולא מן השמים: **זו שכינה.** שירדה למטה על ההר. כדאיתא במכילתא (יתרו מסכתא דבחדש פרשה ד ד"ה וירד ה') שהרכין שמים העליונים והתחתונים על ההר: **חסרים עד אחד.** מששים רבוא לא היו יכולים לקבל את התורה: **וגללו את האבן.** הראשה היא השכינה מעל השמים (יפה תואר): **אתם ראיתם כו'.** פירוש מה שאמרו דבר אתה עמנו ונשמעה ואל ידבר עמנו אלהים וגו' חזרה שכינה השמימה, ופירושו והשיבו את האבן (אשר) על פי הבאר למקומה (השמים): (י) [ט] **פתר קריא בגלות.** כי כל מה שאירע לאבות סימן לבנים: **מחרונו של הקדוש ברוך הוא כו'.** היינו שעל היותם נודדים מגוי אל גוי שואל מאין אתם, כלומר איזו מקומכם שאין לכם מנוחה במקום אחד. והתשובה כי אנו נודדים מפני חרונו שהוא עלינו: **הידעתם את מי כו'.** כלומר האם אתם מצפים לישועה בטרדת צרתכם. והתשובה שיש להם תקות שלום (יפה תואר): **קול ברמה נשמע כו'.** שכשעברו בגלות בדרך אפרת שרחל קבורה שם בקשה עליהם רחמים ובזכותה נדר ה' להושיעם וכדלקמן בפרשה פ"ב: (יא) [י] **השלום ביניכם לבינו.** וטעם שאלה זו לפי שהיה רמאי וקרוב שיהיה שנאוי מכולם: **ואם פוטטין את בעי.** ואם דברן אתה רוצה. **והנה רחל בתו באה עם הצאן** ובה תמלא חפציך בדבור. **שהדבור מצוי בנשים: אם שומרי שכר אתם הן עוד היום גדול.** ולא השלמתם פעולתכם וחייבים אתם מן הדין לרעות עדיין, **ואם הבהמות שלכם** אף על פי כן **לא עת האסף המקנה:**

פירוש מהרז"ו

(ט) **כהנים לוים וישראלים.** צריך עיון שהרי לא נבחרו כהנים ולוים עד אחר מעשה העגל שחטאו הבכורים כמו שאמרו (במדבר רבה (ד, ו) ושם נסמן, ובפרשת במדבר (ג, מה) מבואר איך לקח הלוים תחת בכורים, אכן עיין פרשה עז (סימן ז) כי לוי קדשו יעקב לה' בחייו, וגם בסיני כתיב (שמות יט, כב) הכהנים הנגשים אל ה', הרי שהיו אז כהנים, ובמכילתא (בשלח פרשה ו) איתא שהם נדב ואביהוא וכמו שנאמר (שמואל א' ב, כז) הנגלה נגליתי לבית אביך בהיותם במצרים וגו' לי לכהן, ולא נתקיימה הבטחה זו עד הקמת המשכן שאז נתפרש להם במה נתקדשו עבודתם ומשמרתם: **חסרים עוד אחד.** היינו מששים רבוא, עיין לקמן (עד, יז) מחנה אלהים, ובמכילתא יתרו (פרשה ד) פסוק וירד ה' לעיני כל ישראל עיין שם כל הענין, וזהו כל העדרים: **כי מן השמים.** וכמו שאמרו במכילתא (יתרו פרשה ד) וירד ה' על הר סיני וגו', מלמד שהרכין הקב"ה שמים התחתונים ושמי שמים העליונים על ראש ההר כו', ולזה כוון המדרש במה שאמר ששמעו הקול מסיני ומן השמים. וכמו שאיתא בריש תורת כהנים הביאו רש"י סוף פרשת יתרו, וזה לשונו כי מן השמים דברתי וכתוב אחד אומר (שמות יט, כ) וירד ה' על הר סיני בא הכתוב השלישי והכריע כו' דבר אחר הרכין כו' עיין שם: (י) **ויאמרו שלום.** כשישובו יתברכו בשלום בזכות ורחל בתו וגו', על פי מדה י"ז, שמפורש רחל מבכה על בניה כו' ושבו בנים וגו', וזהו עם הגאן שבזכותה ישובו הם, ועיין לקמן (פב, י): (יא) **ואין פטטין את בעי.** שלאיזה ענין אמרו והנה רחל בתו וגו', שלא שאל כלל על בנותיו, ויתכן שכוונת הרועים לקצר בדברים שלא לבטל ממלאכתם, וכענין אבא חלקיה שלא רצה להשיב שלום (תענית כג, א), ודעת יעקב שביטל אותם בדברים יען ראה שאוספים הצאן, והשיבו שאין רוצים לבטל, והשיב אם כן לכו רעו:

חידושי הרד"ל

[י] **כשלג. ויאמר להם השלום השלום ביניכם לבינו, ויאמרו שלום באיזה זכות כו' לאחריתך גו' ויאמרו שלום ואין פטטין כו'.** כן צריך לומר:

מסורת המדרש

יט. ילקוט כאן רמז קכ"ג:
כ. ברכות דף מ"ח. ילקוט שמואל רמז ק"ח. לעיל פרשה י"ח ופרשה מ"ה. דברים רבה פ' ו'. תנחומא סדר וישב סימן ו'. ילקוט בראשית רמז כ"ד. ילקוט ישעיה רמז רס"ה:
כא. ילקוט תהלים רמז תש"כ:

אם למקרא

וַיֹּאמֶר ה' אֶל־מֹשֶׁה כֹּה תֹאמַר אֶל־בְּנֵי יִשְׂרָאֵל אַתֶּם רְאִיתֶם כִּי מִן־הַשָּׁמַיִם דִּבַּרְתִּי עִמָּכֶם:
(שמות כ:יט)

כֹּה אָמַר ה' קוֹל בְּרָמָה נִשְׁמָע נְהִי בְּכִי תַמְרוּרִים רָחֵל מְבַכָּה עַל־בָּנֶיהָ מֵאֲנָה לְהִנָּחֵם עַל־בָּנֶיהָ כִּי אֵינֶנּוּ: כֹּה אָמַר ה' מִנְעִי קוֹלֵךְ מִבֶּכִי וְעֵינַיִךְ מִדִּמְעָה כִּי יֵשׁ שָׂכָר לִפְעֻלָּתֵךְ נְאֻם ה' וְשָׁבוּ מֵאֶרֶץ אוֹיֵב: וְיֵשׁ־תִּקְוָה לְאַחֲרִיתֵךְ נְאֻם ה' וְשָׁבוּ בָנִים לִגְבוּלָם:
(ירמיה לא:יד-טז)

ידי משה

[ט] **שאלו היו ישראל חסרים עוד אחד לא היו מקבלים את התורה.** פירוש לפי דאיתא שאותיות התורה הם ששים ריבוא נגד ששים ריבוא נשמות ישראל, על כן היו צריכין להיות דוקא במילואו ששים רבוא וקל להבין: **והשיבו את האבן.** אתם ראיתם וגו' פירוש האבן קאי על השכינה כמו שאמר לעיל, אי נמי הואיל וכתיב בתריה ואם מזבח אבנים תעשה לי וגו':

בֹּא וּרְאֵה כַּמָּה בֵּין שְׁכוּנוֹת לִשְׁכוּנוֹת — **Come and see how much** of a difference there is **between neighborhoods** of good people **and neighborhoods** of evil people:[161] **לְהַלָּן ז׳ הָיוּ וּבִקְּשׁוּ הָרוֹעִים לְהִזְדַּוֵּוג לָהֶן, הָדָא הוּא דִכְתִיב ״וַיָּבֹאוּ הָרֹעִים וַיְגָרְשׁוּם״** — **Later,** in the Book of *Exodus,* regarding the daughters of Jethro, we see that **they were seven** (i.e., many) in number **and** still **the** other **shepherds sought to harm them, as it is written, *The shepherds came and drove them away*** (*Exodus* 2:17);[162] **בְּרַם הָכָא אַחַת הָיְתָה וְלֹא נָגַע בָּהּ בְּרִיָּה** — **whereas here, [Rachel] was** but **one** young woman **and yet no creature touched her.**[163] **עַל שֵׁם ״חֹנֶה מַלְאַךְ ה׳ סָבִיב לִירֵאָיו וַיְחַלְּצֵם״, לְסוֹבְבִים לִירֵאָיו** — This is **based upon** the principle stated in the verse, ***The angel of HASHEM encamps*** [חֹנֶה] ***around*** [סָבִיב] ***His reverent ones and he releases them*** (*Psalms* 34:8), where the expression *releases "them"* refers **to those who surround** (לְסוֹבְבִים) **His reverent ones.**[164]

וַיְהִי כַּאֲשֶׁר רָאָה יַעֲקֹב אֶת רָחֵל בַּת לָבָן אֲחִי אִמּוֹ וְאֶת צֹאן לָבָן אֲחִי אִמּוֹ וַיִּגַּשׁ יַעֲקֹב וַיָּגֶל אֶת הָאֶבֶן מֵעַל פִּי הַבְּאֵר וַיַּשְׁקְ אֶת צֹאן לָבָן אֲחִי אִמּוֹ. וַיִּשַּׁק יַעֲקֹב לְרָחֵל וַיִּשָּׂא אֶת קֹלוֹ וַיֵּבְךְּ.

And it was, when Jacob saw Rachel, daughter of Laban his mother's brother, and the flock of Laban his mother's brother, Jacob came forward and rolled the stone off the mouth of the well and watered the sheep of Laban his mother's brother. Then Jacob kissed Rachel; and he raised his voice and wept (29:10-11).

§12 **וַיְהִי כַּאֲשֶׁר רָאָה יַעֲקֹב . . . וַיִּגַּשׁ יַעֲקֹב וַיָּגֶל אֶת הָאֶבֶן** — ***AND IT WAS, WHEN JACOB SAW*** *RACHEL, DAUGHTER OF LABAN HIS MOTHER'S BROTHER, AND THE FLOCK OF LABAN HIS MOTHER'S BROTHER,* ***JACOB CAME FORWARD AND ROLLED THE STONE*** *OFF THE MOUTH OF THE WELL.*

אָמַר רַבִּי יוֹחָנָן: כָּזֶה שֶׁהוּא מַעֲבִיר פְּקָק מֵעַל פִּי צְלוֹחִית — **R' Yochanan said:** Jacob rolled the stone as easily **as one who removes a stopper from the mouth of a flask.**[165]

□ **וַיִּשַּׁק יַעֲקֹב לְרָחֵל** — ***THEN JACOB KISSED RACHEL.***

The Midrash discusses when kissing is appropriate:

כָּל נְשִׁיקָה שֶׁל תִּפְלוּת בַּר מִן תְּלַת — **All kissing is folly except for three** types: **נְשִׁיקָה שֶׁל גְּדוּלָּה** — **The kiss of high rank,**[166]

NOTES

161. *Matnos Kehunah, Eitz Yosef.*

162. Jethro was excommunicated by the people of Midian for giving up idol worship, and consequently none of the shepherds would agree to tend his flocks (*Shemos Rabbah* 1 §32). As a result his seven daughters had to become shepherdesses. While the decree of excommunication required the local people to shun Jethro and his family, the malicious attempt to harm his daughters was uncalled for and thus indicative of the evil nature of the people in that locale (*Yefeh To'ar*). [Regarding the question of *how* the other shepherds sought to harm Jethro's daughters, the Midrash loc. cit. says that either they approached these women for immoral purposes, or they attempted to drown them (*Eitz Yosef*).]

163. Laban had no sons (prior to Jacob's arrival), and this is why his daughter Rachel was charged with tending his flocks (*Rashi* to 30:27 below). The verse's statement that *she was a shepherdess* implies that she alone carried out her work, without anyone else's aid or protection, and yet even so no other shepherds attempted to harm her in any way (*Eitz Yosef* s.v. בא וראה). The Midrash attributes this to the civility and mutual respect exhibited by the people of Haran, qualities they surely absorbed from one of that city's illustrious former residents: Abraham (see *Matnos Kehunah* below, s.v. לסובבים ליראיו). Thus we see that a community of good people is vastly different from a community of evil people.

164. This verse describes how the angel of God protects the righteous from harm: by granting the righteous a measure of grace (חֵן — cognate to חֹנֶה) in the eyes of the populace, the angel diffuses any potential hostility that might arise between them and their neighbors. In this way it "releases" these neighbors (i.e., "those who surround God's reverent ones") from sinning by ensuring that they have no pretext for harming God's people. Thus the righteous Rachel was shielded from danger (*Eitz Yosef*).

Alternatively: The phrase "those who surround (לְסוֹבְבִים) His reverent ones" refers to the wives of the righteous — based on the verse, *the woman will court* (lit., *surround*) [תְּסוֹבֵב] *the man* (*Jeremiah* 31:21). The verse is saying that the wives of the righteous merit the angel's protection from those who would harm them. Since Rachel was destined to marry Jacob, she was protected from danger (ibid.). [And although one of Jethro's daughters, namely Zipporah, was destined to marry Moses, there were six other daughters present for whom Zipporah's merit did not suffice; see *Yalkut Shimoni, Va'eschanan* §824 and *Maharzu* (see, however, Insight Ⓐ below). Alternatively: God specifically *withdrew* the angel's protection from Zipporah so that Moshe would have to become involved to rescue her and her sisters, and come thereby to marry Zipporah; see *Exodus* 2:17ff (*Nechmad LeMareh*).]

The Midrash has thus presented two contradictory explanations for why no harm befell Rachel: either because her neighbors were good people, or because God's angel protected her. See Insight Ⓐ.

165. Jacob possessed great physical strength and was able to roll the stone from the mouth of the well effortlessly. [The Midrash derives this from the word וַיָּגֶל. For explanations of how it does so, see *Matnos Kehunah, Nechmad LeMareh,* and *Eitz Yosef.*] See Insight Ⓑ.

166. The function of kissing is to allow one person's spirit to cleave to another's. Accordingly, when someone ascends to a high office for which he is unworthy, he needs the kiss of a prophet in order to partake of the latter's spirit and succeed in office. Such was the case of Saul, whose

INSIGHTS

Ⓐ **Two Protections** *Yefeh To'ar* expresses the difficulty with our Midrash this way: If Rachel was kept from harm on account of her good neighbors, as the Midrash initially suggests, then there is no need to attribute her safety to Divine protection. On the other hand, if it was truly the angel of God dispatched to protect the righteous that kept her safe, we would expect Zipporah to have benefited from the same level of security, since she was destined to be the wife of Moses, and yet she did not. So it seems that it was indeed the goodness of her neighbors that saved Rachel, and not an angel!

Yefeh To'ar explains that *both* factors — the civility of the society and a protective angel — played a role, for they provide different types of protection. Society and the interactions it fosters are guided primarily by the moral character of the people who live in that society, and not by heaven. In fact, God purposely does *not* normally intervene in affairs between man and his fellow, since doing so would impinge upon man's free will. Therefore, when it comes to interpersonal relationships — and conflicts — angels do not generally protect one person from another. We must conclude that the kindly treatment of Rachel was due solely to the good nature of the people of Haran, while the abuse of Jethro's daughters, including Zipporah, can be blamed on the Midianites' lack of moral compass.

Man's interaction with the forces of the natural world are more prone to Divine intervention. In the case of Rachel, this was demonstrated by the fact that this young girl who tended her father's sheep out in the fields by herself never suffered any mishap at the hands of a wild animal or other natural danger inherent to the shepherd's trade. This was not due to luck or skill on her part, but rather to her righteousness, which ensured that she literally had an angel watching over her. Both types of protection are hinted to here in the Midrash's words *no creature touched [Rachel],* which means that no *people* harmed her (because of their civility), and no *animal* harmed her (because of the angel).

See *Yefeh To'ar* further for an alternative approach.

Ⓑ **Jacob's Strength** The Midrash here depicts Jacob as a man of great physical strength. Lifting the stone from the mouth of the well normally required the combined strength of many men. Yet Jacob accomplished this singlehandedly and effortlessly, as one uncorks a flask. What was the source of this great strength?

The *Alter of Slabodka* (*Ohr HaTzafun,* Vol. 1, p. 3) finds the answer

כב בָּא וּרְאֵה כַּמָּה בֵּין שְׁכוּנוֹת לִשְׁכוּנוֹת, לְהַלָּן ז' הָיוּ וּבִקְּשׁוּ הָרוֹעִים לְהִזְדַּוֵּג לָהֶן, הָדָא הוּא דִכְתִיב (שמות ב, יז) "וַיָּבֹאוּ הָרֹעִים וַיְגָרְשׁוּם", בְּרַם הָכָא אַחַת הָיְתָה וְלֹא נָגַע בָּהּ בְּרִיָּה, עַל שֵׁם (תהלים לד, ח) "חֹנֶה מַלְאַךְ ה' סָבִיב לִירֵאָיו וַיְחַלְּצֵם", לְסוֹבְבִים לִירֵאָיו:

יב [כט, י] "וַיְהִי כַּאֲשֶׁר רָאָה יַעֲקֹב ... וַיִּגַּשׁ יַעֲקֹב וַיָּגֶל אֶת הָאֶבֶן", כג אָמַר רַבִּי יוֹחָנָן: כָּזֶה שֶׁהוּא מַעֲבִיר פְּקַק מֵעַל פִּי צְלוֹחִית. [כט, יא] "וַיִּשַּׁק יַעֲקֹב לְרָחֵל", כד כָּל נְשִׁיקָה שֶׁל תִּפְלוּת בַּר מִן תְּלָת, נְשִׁיקָה שֶׁל גְּדוּלָּה, נְשִׁיקָה שֶׁל פְּרָקִים, נְשִׁיקָה שֶׁל פְּרִישׁוּת, נְשִׁיקָה שֶׁל גְּדוּלָּה, (שמואל-א י, א) "וַיִּקַּח שְׁמוּאֵל אֶת פַּךְ הַשֶּׁמֶן וַיִּצֹק עַל רֹאשׁוֹ וַיִּשָּׁקֵהוּ", נְשִׁיקָה שֶׁל פְּרָקִים, (שמות ד, כז) "וַיֵּלֶךְ וַיִּפְגְּשֵׁהוּ בְּהַר הָאֱלֹהִים וַיִּשַּׁק לוֹ", נְשִׁיקָה שֶׁל פְּרִישׁוּת, (רות א, יד) "וַתִּשַּׁק עָרְפָּה לַחֲמוֹתָהּ וְרוּת דָּבְקָה בָּהּ", רַבִּי תַּנְחוּמָא אָמַר: כה אַף נְשִׁיקָה שֶׁל קְרִיבוּת, שֶׁנֶּאֱמַר "וַיִּשַּׁק יַעֲקֹב לְרָחֵל", שֶׁהָיְתָה קְרוֹבָתוֹ. [כט, יא] "וַיִּשָּׂא אֶת קֹלוֹ וַיֵּבְךְּ", לָמָּה בָּכָה, אָמַר: *אֱלִיעֶזֶר בְּשָׁעָה שֶׁהָלַךְ לְהָבִיא אֶת רִבְקָה מַה כְּתִיב בֵּיהּ,

עץ יוסף

בא וראה כמה כו'. עם היות רועה היא לבדה דייקא ואין עמה שום איש לא הכלימוה ולא נזדווגו הרועים להרע לה. ולשון הזדווגו נאמר גם כן על התחברות להזיק למי: **בין שכונות לשכונות.** פירוש בין שכונות בני אדם טובים ובין שכונה של בני אדם רעים: **להלן שבע.** אלא בנות יתרו שבע היו: **ויבואו הרועים ויגרשום וגו'.** ויקם ויושיען ואין ויושיען אלא מגילוי עריות כדכתיב (דברים כב, כז) צעקה הנערה המאורסה ואין מושיע לה, או אין ויושיען אלא הצלה ממים, כמה דאת אמר (תהילים סט, ב) הושיעני אלהים כי באו מים עד נפש, וכדאיתא בשמות רבה (א, לב) פסוק הנ"ל: **ויחלצם לסובבים ליראיו.** כלומר חונה מלאך ה' על הסובבים ליראיו דהיינו שכנים הסובבים אותן ליתן חן יראיו בעיניהם שיאהבם, ועל ידם יחלצם מן החטא לבל יפגעו ביראיו: **(יב) שהוא מעביר פקק כו'.** שהעבירו בנקלה כמעביר כיסוי הצלוחית בלי טורח גלגול (יפה תואר): **[יא] כל נשיקה של תפלות.** מייתי הך אגדתא דלרבי תנחומא נשיקה של קריבות כזה אין בה תפלות, ולתנא קמא היינו בכלל נשיקה של פרקים דהא דמי לה: **של תפלות.** שוא ותפל. כי פועל הנשיקה וסבתה נמשך מרוב האהבה והחשק הבוער בלב להתחבר אתו עד שׂשפתותיו משיקות איש אל אחיהו: **[יב] למה בכה.** ואף על גב שדרך הקרובים כשנמצאים זה עם זה לבכות מרוב שמחתן זהו בקרובים שהיו מכירים זה את זה: **אמר אליעזר בשעה שהלך.** כן צריך לומר:

פירוש מהרז"ו

בא וראה כמה. בילקוט כאן (רמז קכד) ותהלים (רמז שכ) הגירסא אמר רבן שמעון בן גמליאל בא כו': **להזדווג.** להרע להם, וכן הובא לשון המדרש בכמה מקומות עיין לעיל (מג, ג) ושם נסמן, וכן לקמן (סג, ה) נזדווג לו, וכן לקמן (לא, טו). ועיין עוד שמות רבה (א, לב): **לסובבים ליראיו.** שהיה לו לומר עם יראיו, על כן דורש סביב על האשה הסוככת לו על דרך (ירמיה לא, כא) נקבה תסובב גבר, ורחל על שהיתה יחידה ומוכנת ליעקב שמרה המלאך, אך משבע בנות יתרו לא היתה רק אחת למשה, ועיין שמות רבה (א, לב): **(יב) פקק.** עיין קהלת רבה (ט, יא) פסוק שבתי וראה: **כל נשיקה.** שמות רבה (ה, א), מדרש רות (ב, כ) פסוק ותשאנה קולן: **אליעזר בשעה שהלך.** לעיל (סח, ב):

ידי משה

[יא] לסובבים ליראיו. עיין מתנות כהונה. ונראה לי דדברים כפשטן לסובבים ליראיו היינו שכנים של רחל שהיו טובים משכנים של יתרו. וקל להבין: **[יב] נשיקה של פרקים.** היינו כשיפגע אדם בחבירו בפתאום: **נשיקה של פרישות.** פירוש שלא רוצה לראותו עוד כמו גבי רות:

אמרי יושר

[יא] מה בין שכונות לשכונות. דקדקו כי רועה היא לבד[ה] ועם כל זה לא ניזוקה. בעבור היותה רחל מאמהות וה' חונה לסובבים ליראיו שהם שכונים וקרובים להם שהם צדיקים גם כן: **[יב] אף נשיקה של קריבות.** אף על פי שתוכל לומר כי זהו של פרישות. או שלא היתה נשיקה בפה. או שהיתה קטנה:

שינוי נוסחאות

(יב) למה בכה, אמר: אליעזר בשעה שהלך. בכמעט כל הספרים איתא "למה בכה, אמר רבי אליעזר ...", ובדפוס וילנא השמיטו "רבי" כמו שצריך, וכן כתבנו אנו:

מסורת המדרש

כב. קהלת רבה פרשה ט' פסוק י"א. ילקוט קהלת רמז תתקע"ט:
כג. שמות רבה ריש פרשה ה'. רות רבה פרשה ב'. מדרש שמואל פר' י"ד. ילקוט שמואל רמז ק"ח. ילקוט כאן רמז קכ"ד כל הענין:
כד. עיין שבת דף י"ג:
כה. לקמן פ' ע"ב:

אם למקרא

וַיָּבֹאוּ הָרֹעִים וַיְגָרְשׁוּם וַיָּקָם מֹשֶׁה וַיּוֹשִׁעָן וַיַּשְׁקְ אֶת־צֹאנָם: (שמות ב:יז)

חֹנֶה מַלְאַךְ ה' סָבִיב לִירֵאָיו וַיְחַלְּצֵם: (תהלים לד:ח).

וַיִּקַּח שְׁמוּאֵל אֶת־פַּךְ הַשֶּׁמֶן וַיִּצֹק עַל־רֹאשׁוֹ וַיִּשָּׁקֵהוּ וַיֹּאמֶר הֲלוֹא כִּי־מְשָׁחֲךָ יהוה עַל־נַחֲלָתוֹ לְנָגִיד: (שמואל א י:א)

וַיֹּאמֶר יהוה אֶל־אַהֲרֹן לֵךְ לִקְרַאת מֹשֶׁה הַמִּדְבָּרָה וַיֵּלֶךְ וַיִּפְגְּשֵׁהוּ בְּהַר הָאֱלֹהִים וַיִּשַּׁק־לוֹ: (שמות ד:כז)

וַתִּשֶּׂנָה קוֹלָן וַתִּבְכֶּינָה עוֹד וַתִּשַּׁק עָרְפָּה לַחֲמוֹתָהּ וְרוּת דָּבְקָה בָּהּ: (רות א:יד)

משנת דרבי אליעזר

[יב] רבי תנחומא אמר אף נשיקות של קריבות שנאמר וישק יעקב לרחל. קשה דלמא היא משום של פרקים, וגם ממשה קשה איפכא דלמא של קריבות היה, והיה לו להביא של פרקים מיעקב שהוא מוקדם בתורה, ועיין במדרש רות (ב, כא) בפסוק ותשאנה קולן ותבכינה: **למה בכה שראה שאינו נכנס עמה לקבורה.** עיין מה שכתבתי לעיל (סה, כב):

רש"י

(יב) ויגל. את האבן כזה שמעביר את הפקק מעל גב הצלוחית:

מתנות כהונה

בין שכונות כו'. בין שכינות שבני אדם הדרים בו טובים וישרים או בין שכונה שבני אדם הדרים שם הם רעים: **להלן שבעה.** אלל בנות יתרו: הכא אחת גרסינן: **לסובבים ליראיו.** החונה סביב וקרוב ליראי הש"י יש גם בו רוח דעת ויראת אל ופי' הא"ב וכן אברהם היה דר בחרן ולמדו ממנו יראת האל: **[יב] שמעביר פקק.** כיסוי מפי הצלוחית ופירש מהר"ר אליהו מזרחי ז"ל דיליף מדכתיב ויגל מלשון גילוי ולא כתיב ויגלגל מלשון גלגול: **לתפלות.** כלומר דרך פריצות ושוא וטפל: **שהיתה קרובתו.** ולפיכך לא

נחמד למראה

[יא] על שם חונה מלאך ה' סביב ליראיו ויחלצם לסובבים ליראיו. כתב הרב יפה תואר וזה לשונו ואם תאמר דצפורה נמי חסידה היתה, וילדק בה נמי חונה מלאך ה' ועם כל זאת בקשו להזיקה, ועל כרחך צריך לומר דרוע השכונה גרם, אם כן מאי מייתי חונה מלאך ה' סביב לרחל, הא לא מהני זה אלא חסידות השכונה. ושמא יש לומר דלא נגע בה בריה דקאמר רוצה לומר לא אדם ולא חיה רעה וכו' עיין שם שנדחק הרבה בתירוץ קושיא זו. ואני קודם ראות דבריו ז"ל הוקשה לי באופן זה דלמה לרחל הועילה צדקתה וזכות יעקב להיות חונה מלאך ה' סביב לה ולא נגע בה אדם, ובצפורה שהיתה צדקת למה לא היה חונה מלאך ה' סביב לה בעבור צדקתה ובזכות בעלה כי מי לנו גדול ממשה, ואיך היו מזדווגים לה הרועים, והנראה אצלי בזה דגבי צפורה סילק הקב"ה ממנה השגחת המלאך והניחה למקרה הרועים כדי שע"י זה יקום משה להושיע אותן, והיא היתה הסבה שאמר אביהן קראן לו ויאכל לחם (שמות ב, כ), ומשם נמשך שנשא משה לצפורה שהיתה צדקת, דאלו היה מלאך ה' סביב לה לא היה מקום למשה להיטיב עמהן ולא היה נכנס כלל לבית יתרו ולא היה נושא אותה, מה שאין כן ביעקב ורחל דבלאו הכי יעקב הולך לבית לבן, ועל כן היתה השגחת אלהים על רחל ולא על צפורה בעבורה צדקתה ולדקת משה ודו"ק: **[יב] ויגש יעקב ויגל את האבן. אמר רבי יוחנן כזה שהוא מעביר פקק מעל פי צלוחית.** כתב הרב יפה תואר שהוציאו זה מדכתיב ויגל מלשון גלוי ולא ויגלגל מלשון גלגול, וכן כתב הרא"ם עיין שם. ולא נהירא כי בלשון גלוי ראוי שתהיה יו"ד האית"ן בשו"א כמו וַיְגַל ה' את עיני בלעם (במדבר כב, לא) מה שאין כן הכא שיו"ד האית"ן בקמ"ץ. ולי נראה כי כבר מבואר כי לשון הקודש מיוסד להקל על המבטא כפי מה שאפשר, לכן מנהג לשון הקודש שתחסר אות משתי אותיות הדומות בגזרת הכפולים, ודגש השנית יורה על חסרונה לפי שקשה לבטא שתי אותיות דומות רצופות, ואולם כדי להורות על הפלגת הענין נכתבו שתיהן, כי עיקר גדול בטבע הלשון שקושי המבטא יורה על הפלגת הענין, וכן כיוצא באלו יש בו דרש אצל רז"ל כדאיתא בפרק הרואה (ברכות נד, א) בכל לבבך בשני יצרך ביצר טוב וביצר הרע, ובבראשית רבה (מח, יא) אמר רבי אחא וסעדו לבבכם אין כתיב כאן אלא וסעדו לבכם הדא אמרת שאין יצר הרע שולט במלאכים, הוא דעתיה דרבי חייא דאמר רבי חייא שיתו לבבכם לחילה אין כתיב כאן אלא לבכם, הדא אמרת שאין יצר הרע שולט לעתיד לבא עד כאן, ובפסיקתא זוטרתא פרשת שלח ולא תתורו אחרי לבבכם

אשד הנחלים

על שם חונה כו' לסובבים. ובאורו חונה מלאך ה' אף לאנשים שהמה סביב היראים, כי ע"י היראים לומדים גם הסובבים לעשות כמעשיהם, וע"כ חונה מלאך ה' לעזרם. ועיין במתנות כהונה: **[יב] פקק.** כי מלת גלילה הונח על דבר קל מאוד, כי העגול בטבע בנגיעה קלה נגלל מעצמו: **לתפלות כו'.** כי פועל הנשיקה וסבתה נמשך מרוב האהבה והחשק הבוער בלב להתחבר אתו עד ששפתותיו משיקות איש אל אחיהו. והנה מלבד אלה הג' שהם נובעים מצד אהבת הנפש, כי נפשו אוהבת את נפש רעהו עד יתדבק דעתו בדעתו, וה' ציוה על אהבת האדם לאדם כי כן הוא הראוי, ומדרך אלה הג' הענינים שמעוררים לנפש להדבק עם רעהו, עת שרואהו לפרקים, אז תתעורר האהבה העזה בלב, וכן אם רעהו עולה לגדולה, וכן עת יתפרד מעליו, כי קשה עליו פרידתו מאוד, [אמר] שגם אצל הקרובים [כן הוא] מצד שנפשותן בטבע מתאחדות, וזה היה נשיקת יעקב לא מפני דבר אחר ח"ו:

נְשִׁיקָה שֶׁל פְּרָקִים, נְשִׁיקָה שֶׁל פְּרִישׁוּת – **the kiss of** reuniting **those** who have been **apart,**[167] **and the kiss of separating.**[168]

The Midrash cites sources for each of the three types:

נְשִׁיקָה שֶׁל גְּדוּלָּה, "וַיִּקַּח שְׁמוּאֵל אֶת פַּךְ הַשֶּׁמֶן וַיִּצֹק עַל רֹאשׁוֹ וַיִּשָּׁקֵהוּ" – **The kiss of high rank**, as it states, ***Then Samuel took a flask of oil and poured some onto [Saul's] head, and he kissed him*** (*I Samuel* 10:1). נְשִׁיקָה שֶׁל פְּרָקִים, "וַיֵּלֶךְ וַיִּפְגְּשֵׁהוּ בְּהַר הָאֱלֹהִים וַיִּשַּׁק לוֹ" – **The kiss of** reuniting **those apart**, as it states, *HASHEM said to Aaron, "Go to meet Moses, to the Wilderness."* ***So he went and encountered him at the mountain of God, and he kissed him*** (*Exodus* 4:27).[169] נְשִׁיקָה שֶׁל פְּרִישׁוּת, "וַתִּשַּׁק עָרְפָּה לַחֲמוֹתָהּ וְרוּת דָּבְקָה בָּהּ" – **The kiss of separating**, as it states, *They raised their voice and wept again.* ***Orpah kissed her mother-in-law, but Ruth clung to her*** (*Ruth* 1:14).[170]

The Midrash condones another type of kiss:[171]

רַבִּי תַּנְחוּמָא אָמַר: אַף נְשִׁיקָה שֶׁל קְרֵיבוּת – **R' Tanchuma said: Also the kiss of kinship,** שֶׁנֶּאֱמַר "וַיִּשַּׁק יַעֲקֹב לְרָחֵל", שֶׁהָיְתָה קְרוֹבָתוֹ – **as it is stated, *Then Jacob kissed Rachel*** (our verse), **for she was his relative.**[172]

□ וַיִּשָּׂא אֶת קֹלוֹ וַיֵּבְךְּ – ***AND HE RAISED HIS VOICE AND WEPT.***

The Midrash discusses why Jacob cried:[173]

לָמָּה בָּכָה – **Why did [Jacob] weep?** אָמַר: אֱלִיעֶזֶר בְּשָׁעָה שֶׁהָלַךְ לְהָבִיא אֶת רִבְקָה מַה כְּתִיב בֵּיהּ – **He lamented** to himself, "Regarding Abraham's servant **Eliezer, at the time that he went to bring Rebecca** as a wife for Isaac, **what is written about him?**

NOTES

very name (שָׁאוּל, *borrowed*) indicates that his monarchy was only borrowed from the House of David, as it says: *The scepter shall not depart from Judah* (below, 49:10). [David was from the tribe of Judah; Saul was from the tribe of Benjamin.] It was therefore necessary for the prophet Samuel to kiss Saul when he anointed Saul king. This was not the case when Samuel later anointed David, since as a scion of the tribe of Judah, David was eminently qualified for the kingship (*Eitz Yosef* to *Ruth Rabbah* 2 §21, from *Iggeres Shmuel*). See Insight Ⓐ.

167. The same objective of causing one person's spirit to cleave to another's applies in this case as well, for how better to reunite two individuals who have been distant and apart than by creating in them a common spirit effected by a kiss? (ibid.).

168. A kiss of farewell allows two people to retain their connection even when they must part from each other (for it gives each of them a means whereby to remember his fellow). [Compare to the Talmudic dictum (*Berachos* 31a, *Eruvin* 64a): "A person should not take leave of his friend except with a word of Torah law, for by doing this he will remember him" (*Eitz Yosef* to *Ruth Rabban* 2 §21, from *Iggeres Shmuel*).]

169. The verse speaks of Aaron meeting his brother Moses after a lengthy separation.

170. Before taking leave of her mother-in-law (Naomi) who was returning to the Land of Israel, Orpah kissed her.

171. The statement of R' Tanchuma cited next by the Midrash is not in conflict with the preceding; the Sages who stated that there are only three examples of acceptable kissing hold that R' Tanchuma's example is similar to "the kiss of reuniting those apart" (*Eitz Yosef*).

172. [Rachel was Jacob's first cousin.] Relatives hug and kiss out of pure love and affection, and this is not considered inappropriate (*Matnos Kehunah*).

173. Although it is common for relatives to cry tears of joy upon meeting, this is only when they already know each other and are now reuniting; this was not true of Jacob and Rachel (*Yefeh To'ar, Eitz Yosef*). The Midrash therefore seeks another explanation for Jacob's weeping.

INSIGHTS

in the *piyyut* of the Prayer for Rain recited on *Shemini Atzeres,* which states concerning our forefather Jacob: יִחֵד לֵב וְגָל אֶבֶן מִפִּי בְּאֵר מַיִם, כְּנֶאֱבַק לוֹ שַׂר בָּלוּל מֵאֵשׁ וּמִמַּיִם, *He dedicated his heart and rolled a stone off the mouth of a well of water, as when he was wrestled by an angel composed of fire and water.* The source of both feats is one and the same.

Surely, Jacob's power to triumph over Esau's angel was spiritual in nature. Physical prowess is of little consequence in vanquishing a celestial being! And what was this power? The *payyetan* tells us: *He dedicated his heart and rolled a stone off the mouth of a well of water.* It was Jacob's יִחוּד הַלֵּב, *dedication of heart.* It was his absolute devotion to emulate His Maker in the attribute of kindness and provide water for the thirsty flocks and assembled shepherds. Kindness is the hidden force that underlies all of creation (see *Psalms* 89:3). Jacob dedicated his heart to bring that hidden force to the fore. And his dedication of the heart and spirit produced superhuman accomplishment.

King David declared, שָׂשׂ אָנֹכִי עַל אִמְרָתֶךָ כְּמוֹצֵא שָׁלָל רָב, *I rejoice over Your word, like one who finds abundant spoils* (ibid. 119:162). The *Chofetz Chaim* explains: If one would know that a great treasure lies buried in a particular spot and that he is given but a limited time to unearth it, he would allow himself no rest and spare no effort in obtaining it. That is how King David viewed the words of God's Torah. His enthusiasm for God's word knew no bounds, and thus did he toil in Torah study and good deeds (cited in *Yalkut Lekach Tov* on 28:11).

The *Zohar* (*Shemos, Parashas Terumah,* p. 162b) teaches: כָּל מִילִין דְּעָלְמָא לָא תַּלְיָין אֶלָּא בִּרְעוּתָא, *all matters of the world depend on nothing other than will.* It takes determination, focus, and dedication. Everyone possesses hidden spiritual reserves. If properly tapped and harnessed, they can lead him to accomplish great things beyond imagination.

Ⓐ **The Kiss of Greatness** Various commentators suggest different possible functions of a "kiss of high rank" (as when Samuel kissed Saul). *R' Yaakov Kamenetsky* states simply that the appointment of a king included several protocols (e.g., anointment with the holy anointing oil), one of which was kissing. According to this, a king's appointment actually took effect when he was kissed, and Samuel thus kissed Saul to formalize the latter's appointment as a monarch (*Emes LeYaakov, Bereishis* 29:11, citing *Rambam, Hil. Melachim* 1:7 as support for his view).

Malbim disagrees, stating that Saul's appointment took effect as soon as he was anointed with oil. But Samuel (who was a prophet) wanted not only to appoint Saul king but also to imbue him with the power of prophecy. He therefore kissed Saul, causing their spirits to cleave together, and through this connection conveyed the power of prophecy to Saul (*Malbim* to *I Samuel* 10:1).

R' Chaim Shmulevitz amplifies the *Malbim's* thought. In his opinion, a person who receives any blessing from God can in turn serve as a conduit to transmit that blessing to others (see *Megillah* 27b). Joining his spirit to someone through "a kiss of high rank" is a way for him to pass the blessing. Accordingly, the purpose of Samuel's kiss was to pass on to Saul both the position of Jewish leadership and also the Divine blessing that Samuel himself possessed (*Sichos Mussar,* Essay 41; our commentary in note 166 reflects this view).

R' Chaim adds that the transmission of Torah knowledge from teacher to disciple occurs in a similar manner. For the teacher is a repository of Torah knowledge received from his mentor in an unbroken chain extending back to Moses, who received the Torah from God Himself. And when a teacher takes his disciple under his wing, he creates a spiritual bond with his disciple; a bond so strong that it empowers the disciple to absorb the teacher's Divine Torah knowledge at a level far beyond his natural abilities. Hence, students with more modest intellectual capabilities can become great Torah scholars when they allow themselves to be spiritually influenced by their teachers.

One's rebbi is not simply a living book of Torah knowledge. He is one's link to the original transmission of the Torah to the world at Sinai.

כב בֹּא וּרְאֵה כַּמָּה בֵּין שְׁכוּנוֹת לִשְׁכוּנוֹת, לְהַלָּן ז׳ הָיוּ וּבִקְּשׁוּ הָרוֹעִים לְהִזְדַּוֵּג לָהֶן, הָדָא הוּא דִכְתִיב (שמות ב, יז) ״וַיָּבֹאוּ הָרֹעִים וַיְגָרְשׁוּם״, בְּרַם הָכָא אַחַת הָיְתָה וְלֹא נָגַע בָּהּ בְּרִיָּה, עַל שֵׁם (תהלים לד, ח) ״חֹנֶה מַלְאַךְ ה׳ סָבִיב לִירֵאָיו וַיְחַלְּצֵם״, לְסוֹבְבִים לִירֵאָיו:

יב [כט, י] ״וַיְהִי כַּאֲשֶׁר רָאָה יַעֲקֹב ... וַיִּגַּשׁ יַעֲקֹב וַיָּגֶל אֶת הָאֶבֶן״, כגאָמַר רַבִּי יוֹחָנָן: כָּזֶה שֶׁהוּא מַעֲבִיר פְּקַק מֵעַל פִּי צְלוֹחִית. [כט, יא] ״וַיִּשַּׁק יַעֲקֹב לְרָחֵל״, כדכָּל נְשִׁיקָה שֶׁל תִּפְלוּת בַּר מִן תְּלָת, נְשִׁיקָה שֶׁל גְּדוּלָּה, נְשִׁיקָה שֶׁל פְּרָקִים, נְשִׁיקָה שֶׁל פְּרִישׁוּת, נְשִׁיקָה שֶׁל גְּדוּלָּה, (שמואל-א י, א) ״וַיִּקַּח שְׁמוּאֵל אֶת פַּךְ הַשֶּׁמֶן וַיִּצֹק עַל רֹאשׁוֹ וַיִּשָּׁקֵהוּ״, נְשִׁיקָה שֶׁל פְּרָקִים, (שמות ד, כז) ״וַיֵּלֶךְ וַיִּפְגְּשֵׁהוּ בְּהַר הָאֱלֹהִים וַיִּשַּׁק לוֹ״, נְשִׁיקָה שֶׁל פְּרִישׁוּת, (רות א, יד) ״וַתִּשַּׁק עָרְפָּה לַחֲמוֹתָהּ וְרוּת דָּבְקָה בָּהּ״, רַבִּי תַּנְחוּמָא אָמַר: כהאַף נְשִׁיקָה שֶׁל קְרֵיבוּת, שֶׁנֶּאֱמַר ״וַיִּשַּׁק יַעֲקֹב לְרָחֵל״, שֶׁהָיְתָה קְרוֹבָתוֹ. [כט, יא] ״וַיִּשָּׂא אֶת קוֹלוֹ וַיֵּבְךְּ״, לָמָּה בָּכָה, אָמַר: *אֱלִיעֶזֶר בְּשָׁעָה שֶׁהָלַךְ לְהָבִיא אֶת רִבְקָה מַה כְּתִיב בֵּיהּ,

עץ יוסף

בא וראה כמה כו׳. עם היות רועה היא לבדה דייקא ואין עמה שום איש לא הכלימוה ולא נזדווגו הרועים להרע לה. ולשון הזדווגו נאמר גם כן על התחברות להזיק למי: **בין שכונות לשכונות.** פירוש בין שכונות בני אדם טובים ובין שכונה של בני אדם רעים: **להלן שבע.** אלא בנות יתרו שבע היו: **ויבואו הרועים ויגרשום וגו׳.** ויקם ויושיען ואין ויושיען אלא מגילוי עריות כדכתיב (דברים כב, כז) צעקה הנערה המאורסה ואין מושיע לה, או אין ויושיען אלא הצלה ממים, כמה דאת אמר (תהילים סט, ב) הושיעני אלהים כי באו מים עד נפש, וכדאיתא בשמות רבה (א, לב) פסוק הנ״ל: **ויחלצם לסובבים ליראיו.** כלומר חונה מלאך ה׳ על הסובבים ליראיו דהיינו שכנים הסובבים אותן ליתן חן יראיו בעיניהם שיאהבם, ועל ידם יחלצם מן החטא לבל יפגעו ביראיו: **(יב) שהוא מעביר פקק כו׳.** שהעבירו בנקלה כמעביר כיסוי הצלוחית בלי טורח גלגול (יפה תואר): **[יא] כל נשיקה של תפלות.** מייתי הך אגדתא דלרבי תנחומא נשיקה של קריבות כזה אין בה תפלות, ולתנא קמא היינו בכלל נשיקה של פרקים דהא דמי לה: **של תפלות.** שוא ותפל. כי פועל הנשיקה וסבתה נמשך מרוב האהבה והחשק הבוער בלב להתחבר אתו עד ששפתותיו משיקות איש אל אחיהו: **[יב] למה בכה.** ואף על גב שדרך הקרובים כשנמצאים זה עם זה לבכות מרוב שמחתן זהו בקרובים שהיו מכירים זה את זה: **אמר אליעזר בשעה שהלך.** כן צריך לומר:

פירוש מהרז״ו

בא וראה במה. בילקוט כאן (רמז קכד) ותהלים (רמז שכ) הגירסא אמר רבן שמעון בן גמליאל בא כו׳: **להזדווג.** להרע להם, וכן הוצא לשון המדרש בכמה מקומות עיין לעיל (מב, ג) ושם נסמן, וכן לקמן (סג, ה) נזדווג לו, וכן לקמן (לח, טו). ועיין עוד שמות רבה (א, לב): **לסובבים ליראיו.** שהיה לו לומר עם יראיו, על כן דורש סביב על האשה הסוככת לו על דרך (ירמיה לא, כא) נקבה תסובב גבר, ורחל על שהיתה יחידה ומוכנת ליעקב שמרה המלאך, אך משבע בנות יתרו לא היתה רק אחת למשה, ועיין שמות רבה (א, לב): **(יב) פקק.** עיין קהלת רבה (ט, יא) פסוק שבתי וראה: **כל נשיקה.** שמות רבה (ה, א), מדרש רות (ב, כ) פסוק ותשאנה קולן: **אליעזר בשעה שהלך.** לעיל (סח, ב):

רש״י

(יב) ויגל. את האבן כזה שמעביר את הפקק מעל גב הצלוחית:

מתנות כהונה

בין שכונות כו׳. בין שכינות שבני אדם הדרים בו טובים וישרים או בין שכונה שבני אדם הדרים שם הם רעים: **להלן שבעה.** אלא בנות יתרו: הכא אחת גרסינן: **לסובבים ליראיו.** החונה סביב וקרוב ליראי השם יש גם בו רוח דעת ויראת אל ופי׳ האב״א וכן אברהם היה דר בחברון ולמדו ממנו יראת האל: **[יב] שמעביר פקק.** כיסוי מפי הצלוחית ופירש מהר״ר אליהו מזרחי ז״ל דיליף מדכתיב ויגל מלשון גילוי ולא כתיב ויגלגל מלשון גלגול: **לתפלות.** כלומר דרך פריצות ושוא וטפל: **שהיתה קרובתו.** ולפיכך לא

נחמד למראה

[יא] על שם חונה מלאך ה׳ סביב ליראיו ויחלצם לסובבים ליראיו. כתב הרב יפה תואר וזה לשונו ואם תאמר דצפורה נמי חסידה היתה, וילדק בה נמי חונה מלאך ה׳ ועם כל זאת בקשו להזיקה, ועל כרחך צריך לומר דרוע השכונה גרם, אם כן מאי מייתי חונה מלאך ה׳ סביב לרחל, הא לא מהני זה אלא חסידות השכונה. ושמא יש לומר דלא נגע בה בריה דקאמר רוצה לומר לא אדם ולא חיה רעה וכו׳ עיין שם שנדחק הרבה בתירוץ קושיא זו. ואני קודם ראות דבריו ז״ל הוקשה לי באופן זה דלמה לרחל הועילה צדקתה וזכות יעקב להיות חונה מלאך ה׳ סביב לה ולא נגע בה אדם, ובצפורה שהיתה צדקת למה לא היה חונה מלאך ה׳ סביב לה בעבור צדקתה ובזכות בעלה כי מי לנו גדול ממשה, ואיך היו מזדווגים לה הרועים, והנראה אלי בזה דגבי צפורה סילק הקב״ה ממנה השגחת המלאך והניחה למקרה הרועים כדי שעל ידי זה יקום משה להושיע אותן, והיא היתה הסבה שאמר אביהן קראן לו ויאכל לחם (שמות ב, כ), ומשם נמשך שנשא משה לצפורה שהיתה צדקת, דאלו היה מלאך ה׳ סביב לה לא היה מקום למשה להיטיב עמהן ולא היה נכנס כלל לבית יתרו ולא היה נושא אותה, מה שאין כן ביעקב ורחל דבלאו הכי יעקב הולך לבית לבן, ועל כן היתה השגחת אלהים על רחל ולא על צפורה בעבור צדקתה וצדקת משה ודו״ק: **[יב] ויגש יעקב ויגל את האבן. אמר רבי יוחנן כזה שהוא מעביר פקק מעל פי צלוחית.** כתב הרב יפה תואר שהוציאו זה מדכתיב ויגל מלשון גלוי ולא ויגלגל מלשון גלגול, וכן כתב הרא״ם עיין שם. ולא נהירא כי בלשון גלוי ראוי שתהיה יו״ד האית״ן בשוא כמו וַיְגַל ה׳ את עיני בלעם (במדבר כב, לא) מה שאין כן הכא שיו״ד האית״ן בקמ״ץ. ולי נראה כי כבר מבואר כי לשון הקודש מיוסד להקל על המבטא כפי מה שאפשר, לכן מנהג לשון הקודש שתחסר אות משתי אותיות הדומות בגזרת הכפולים, ודגש השנית יורה על חסרונה לפי שקשה לבטא שתי אותיות דומות רצופות, ואולם כדי להורות על הפלגת הענין נכתבו שתיהן, כי עיקר גדול בטבע הלשון שקושי המבטא יורה על הפלגת הענין, וכן כיוצא באלו יש בו דרש אצל רז״ל כדאיתא בפרק הרואה (ברכות נד, א) בכל לבבך בשני יצריך ביצר טוב וביצר הרע, ובבראשית רבה (מח, יא) אמר רבי אחא וסעדו לבבכם אין כתיב כאן אלא וסעדו לבכם הדא אמרת שאין יצר הרע שולט במלאכים, הוא דעתיה דרבי חייא דאמר רבי חייא שיתו לבבכם לחילה אין כתיב כאן אלא לבכם, הדא אמרת שאין יצר הרע שולט לעתיד לבא עד כאן, ובפסיקתא זוטרתא פרשת שלח ולא תתורו אחרי לבבכם

אשד הנחלים

על שם חונה כו׳ לסובבים. ובאורו חונה מלאך ה׳ אף לאנשים שהמה סביב היראים, כי ע״י היראים לומדים גם הסובבים לעשות כמעשיהם, וע״כ חונה מלאך ה׳ לעזרם. ועיין במתנות כהונה: **[יב] פקק.** כי מלת גלילה הונח על דבר קל מאוד, כי העגול בטבע בנגיעה קלה נגלל מעצמו: **לתפלות כו׳.** כי פועל הנשיקה וסבתה נמשך מרוב האהבה והחשק הבוער בלב להתחבר אתו עד ששפתותיו משיקות איש אל אחיהו. והנה מלבד אלה הג׳ שהם נובעים מצד אהבת הנפש, כי נפשו אוהבת את נפש רעהו עד יתדבק דעתו בדעתו, וה׳ ציוה על אהבת האדם לאדם כי כן הוא הראוי, ומדרך אלה הג׳ הענינים שמעוררים לנפש להדבק עם רעהו, עת שרואהו לפרקים, אז תתעורר האהבה העזה בלב, וכן אם רעהו עולה לגדולה, וכן עת יתפרד מעליו, כי קשה עליו פרידתו מאוד, [אמר] שגם אצל הקרובים [כן הוא] מצד שנפשותן בטבע מתאחדות, וזה היה נשיקת יעקב לא מפני דבר אחר ח״ו:

ידי משה

[יא] לסובבים ליראיו. עיין מתנות כהונה. ונראה לי דדברים כפשטן לסובבים ליראיו היינו שכנים של רחל שהיו טובים משכנים של יתרו. וקל להבין: **[יב] נשיקה של פרקים.** היינו כשיפגע אדם בחבירו בפתאום: **נשיקה של פרישות.** פירוש שלא רוצה לראותו עוד כמו גבי רות:

אמרי יושר

[יא] מה בין שכונות לשכונות. דקדקו כי רועה היא לבד[ה] ועם כל זה לא ניזוקה. בעבור היותה רחל מאמהות וה׳ חונה לסובבים ליראיו שהם שכנים וקרובים להם שהם צדיקים גם כן: **[יב] אף נשיקה של קריבות.** אף על פי שתוכל לומר כי זהו של פרישות. או שלא היתה נשיקה בפה. או שהיתה קטנה:

שינוי נוסחאות

(יב) **למה בכה, אמר: אליעזר בשעה שהלך.** בכמעט כל הספרים איתא ״למה בכה, אמר רבי אליעזר ...״, ובדפוס וילנא השמיטו ״רבי״ כמו שצריך, וכן כתבנו אנו:

מסורת המדרש

כב. קהלת רבה פרשה ט׳ פסוק י״א. ילקוט קהלת רמז תתקע״ט:
כג. שמות רבה ריש פרשה ה׳. רות רבה פרשה ב׳. מדרש שמואל פר׳ י״ד. ילקוט שמואל רמז ק״ח. ילקוט כאן רמז קכ״ד כל הענין:
כד. עיין שבת דף י״ג:
כה. לקמן פ׳ ע״ב:

אם למקרא

וַיָּבֹאוּ הָרֹעִים וַיְגָרְשׁוּם וַיָּקָם מֹשֶׁה וַיּוֹשִׁעָן וַיַּשְׁקְ אֶת־צֹאנָם: (שמות ב:יז)

חֹנֶה מַלְאַךְ ה׳ סָבִיב לִירֵאָיו וַיְחַלְּצֵם: (תהלים לד:ח).

וַיִּקַּח שְׁמוּאֵל אֶת־פַּךְ הַשֶּׁמֶן וַיִּצֹק עַל־רֹאשׁוֹ וַיִּשָּׁקֵהוּ וַיֹּאמֶר הֲלוֹא כִּי־מְשָׁחֲךָ יהוה עַל־נַחֲלָתוֹ לְנָגִיד: (שמואל א י:א)

וַיֹּאמֶר יהוה אֶל־אַהֲרֹן לֵךְ לִקְרַאת מֹשֶׁה הַמִּדְבָּרָה וַיֵּלֶךְ וַיִּפְגְּשֵׁהוּ בְּהַר הָאֱלֹהִים וַיִּשַּׁק־לוֹ: (שמות ד:כז)

וַתִּשֶּׂנָה קוֹלָן וַתִּבְכֶּינָה עוֹד וַתִּשַּׁק עָרְפָּה לַחֲמוֹתָהּ וְרוּת דָּבְקָה בָּהּ: (רות א:יד)

משנת דרבי אליעזר

[יב] רבי תנחומא אמר אף נשיקות של קריבות שנאמר וישק יעקב לרחל. קשה דלמא היא משום של פרקים, וגם ממשה קשה איפכא דלמא של קריבות היה, והיה לו להביא של פרקים מיעקב שהוא מוקדם בתורה, ועיין במדרש רות (ב, כא) בפסוק ותשאנה קולן ותבכינה: **למה בכה שראה שאינו נכנס עמה לקבורה.** עיין מה שכתבתי לעיל (סה, כב):

"וַיִּקַּח הָעֶבֶד עֲשָׂרָה גְמַלִּים וְגוֹ'" — ***Then the servant took ten camels*** *of his master's camels and set out with all the bounty of his master in his hand* (above, 24:10). **וַאֲנִי לֹא נֶזֶם אֶחָד וְלֹא צָמִיד אֶחָד — Yet** I possess **not a single nose ring nor a single bracelet** to give to Rachel!"[174]

דָּבָר אַחֵר — Another interpretation: לָמָּה בָּכָה, שֶׁרָאָה שֶׁאֵינָהּ נִכְנֶסֶת עִמּוֹ לִקְבוּרָה — Why did he weep? He foresaw that [Rachel] would not enter with him for burial.[175] **הָדָא הוּא דְהִיא אָמְרָה לָהּ: "לָכֵן יִשְׁכַּב עִמָּךְ הַלַּיְלָה" — This is** what is meant by **what [Rachel]** later **said to [Leah],** ***Therefore, he shall lie with you tonight*** (below, 30:15). **אָמְרָה לָהּ: עִמָּךְ הוּא דָמֵיךְ, עִמִּי לֵית הוּא דָמֵיךְ** — What **[Rachel]** actually **intimated to [Leah]** was that, **"[Jacob] shall be with you in death, but he shall not be with me in death."**[176]

דָּבָר אַחֵר — Another interpretation: לָמָּה בָּכָה, שֶׁרָאָה הָאֲנָשִׁים מְלַחֲשִׁים אֵלּוּ לְאֵלּוּ מִפְּנֵי שֶׁנְּשָׁקָהּ — Why did he weep? He saw the people whispering to one another because he kissed [Rachel].[177] **מַה בָּא זֶה לְחַדֵּשׁ לָנוּ דְּבַר עֶרְוָה** — They were saying of Jacob's apparently lewd behavior, **"Why has this man come to reveal to us an immoral practice?" שֶׁמִּשָּׁעָה שֶׁלָּקָה הָעוֹלָם בְּדוֹר הַמַּבּוּל עָמְדוּ כָּל הָאוּמּוֹת וְגָדְרוּ עַצְמָן מִן הָעֶרְוָה — For from the time that the world was smitten during the Generation of the Flood all the nations rose up and,** by common agreement, **restrained themselves from** engaging in **immorality.**[178] **הָדָא אָמְרָה שֶׁאַנְשֵׁי מִזְרָח גְּדוּרִים מִן הָעֶרְוָה** — The Midrash concludes: **This teaches that the people of the East are restrained from** engaging in **immorality.**[179]

וַיַּגֵּד יַעֲקֹב לְרָחֵל כִּי אֲחִי אָבִיהָ הוּא וְכִי בֶן רִבְקָה הוּא וַתָּרָץ וַתַּגֵּד לְאָבִיהָ. וַיְהִי כִשְׁמֹעַ לָבָן אֶת שֵׁמַע יַעֲקֹב בֶּן אֲחֹתוֹ וַיָּרָץ לִקְרָאתוֹ וַיְחַבֶּק לוֹ וַיְנַשֶּׁק לוֹ וַיְבִיאֵהוּ אֶל בֵּיתוֹ וַיְסַפֵּר לְלָבָן אֵת כָּל הַדְּבָרִים הָאֵלֶּה.

Jacob told Rachel that he was her father's relative, and that he was Rebecca's son; then she ran and told her father. And it was, when Laban heard the news of Jacob his sister's son, he ran toward him, embraced him, kissed him, and took him to his house; he recounted to Laban all these events (29:12-13).

§13 וַיַּגֵּד יַעֲקֹב לְרָחֵל כִּי אֲחִי וְגוֹ' וְכִי בֶן רִבְקָה — *JACOB TOLD* ***RACHEL THAT*** *HE WAS HER FATHER'S* ***RELATIVE, AND THAT*** *HE WAS* ***REBECCA'S SON.***

Once Jacob tells Rachel that he is Rebecca's son, it is obvious that he is also a relative of Laban's. What is Jacob's purpose in making *both* statements?[180] The Midrash expounds: **אִם לְרַמָּאוּת "כִּי אֲחִי אָבִיהָ הוּא"** — Jacob tells Rachel that **if** Laban attempts to deal with him **with deception** then she should know

NOTES

174. Jacob recalled how Eliezer had given a nose ring and bracelets to his mother Rebecca when he met her at the well. Jacob, though, had no such treasures to offer Rachel, having been robbed by Eliphaz of all his wealth soon after he began his journey to Haran (see *Rashi* to 29:11 above). On account of this, Jacob wept, not over his poverty per se, but rather as a way of sharing his story with Rachel so that she not suspect him of willfully acting in an unrefined manner, coming empty-handed (*Yefeh To'ar*).

175. The Patriarchs derived a measure of satisfaction knowing that the spouse with whom they spent their lives would be together with them in death (see *Bava Basra* 58a regarding Abraham and Sarah). It was therefore a source of anguish for Jacob when he foresaw that he and Rachel — the dearest of his four wives — would not be buried together (*Yefeh To'ar, Eitz Yosef*). [Rachel was buried in Bethlehem (below, 35:19), while Jacob was buried in the cave of Machpelah in Hebron (below, 50:13).] See Insight Ⓐ.

Alternatively, Jacob was weeping not because he and Rachel would be separated in death, but because her death would be untimely. Not only would she pass away at a relatively young age, but it would occur while Jacob was traveling and he would have to bury her at the side of the road (*Maharzu*). For a different interpretation, see *Imrei Yosher*.

176. In the verse cited here Rachel unwittingly foretold the future. Although she used the term יִשְׁכַּב, *he will lie*, in its literal sense, the same term is also used to describe death, as in וְשָׁכַבְתִּי עִם אֲבֹתַי, *and I will lie down with my fathers* (below, 47:30). Thus, Rachel prophesies that Leah will "be with Jacob in death" by being buried at his side in the cave of Machpelah (*Eitz Yosef*). See further, 72 §3 below.

177. Jacob realized that people were wrongly accusing him of engaging in improper behavior (see further), and this caused him to weep. [*Rashash* notes that Jacob's weeping was thus similar to that of the Kohen Gadol, who was obliged to take an oath before Yom Kippur that he would conduct the Temple service properly; upon taking the oath he would weep (Mishnah *Yoma* 1:5) because the court suspected him of being a Sadducee who would perform the service incorrectly (*Yoma* 19b).]

Yedei Moshe adds that Jacob did not weep simply as a reaction to public opinion, but rather as a way of redefining his actions in their eyes. A man does not accompany a dishonorable kiss with weeping; the fact that Jacob did so demonstrated to the people that his motivation was virtuous.

178. One of the sins for which God brought the Flood was immorality (*Rashi* to 6:11 above). Since that time the nations of the world (with some exceptions — see *Maharzu* here and to 80 §6) had chosen to restrain themselves from such behavior.

179. This refers to the inhabitants of Haran, for Haran is referred to as *the land of the easterners* [above, 29:1] (*Eitz Yosef*). Since they were so careful to avoid immorality, it is understandable that they were shocked by Jacob's public display of affection.

180. *Yefeh To'ar*.

INSIGHTS

Ⓐ **Jacob Wept** The Midrash explains why, upon seeing Rachel, Jacob raised his voice and wept; he foresaw, with Divine Inspiration, that Rachel was destined to be buried not alongside himself in the Cave of Machpelah, but alone, on the roadside near Bethlehem.

Be'er Yosef (on verse 11) explains that the source of Jacob's pain was not merely God's decree that they be buried separately; rather, his copious tears were related to the *purpose* of this decree. Jacob foresaw that Israel would eventually be forced into exile by Nebuzaradan. At that time, the forlorn exiles would pass Rachel's burial site, where their bitter plight would arouse Rachel to come to their aid. She would ascend before God and plead poignantly and eloquently for her children. As the verse states, קוֹל בְּרָמָה נִשְׁמָע נְהִי בְּכִי תַמְרוּרִים רָחֵל מְבַכָּה עַל בָּנֶיהָ, *a voice is heard on high, wailing, bitter weeping, Rachel weeps for her children* (*Jeremiah* 31:14). *Ramban* (below, 35:16) explains the words קוֹל בְּרָמָה, *a voice on high,* to mean that Rachel cries בְּקוֹל רָם, *in a loud voice,* wailing and begging God to act mercifully toward her children.

When Jacob foresaw the loud voice with which Rachel would beseech God on behalf of their exiled descendants, וַיִּשָּׂא אֶת קֹלוֹ וַיֵּבְךְּ — he too raised his voice and wept loudly. He cried for the pain of his children, and he cried for the pain Rachel would feel at seeing her children's suffering.

In any event, this reason the Midrash gives for Jacob's tears would seem to be worlds apart from the motivation ascribed by the previous interpretation of the Midrash; that he bemoaned his current empty-handedness and his inability to give his future wife any gifts. The current reason deals with lofty matters of future and purpose, while the previous one seems so mundane. *Be'er Yosef* suggests otherwise. The two reasons may be complementary: The first one is what he told Rachel, and the second is what really prompted the tears. In truth, he cried because of the pain of the prophecy he beheld: their separation in death and the separation of their children from their holy land. But there was no reason to now burden his young bride-to-be with that painful vision of the future. And so, he gave a prosaic explanation for his tears. The pain would come when it came.

(לעיל כד, י) "וַיִּקַּח הָעֶבֶד עֲשָׂרָה גְמַלִּים וְגוֹ'", וַאֲנִי לֹא נֶזֶם אֶחָד וְלֹא צָמִיד אֶחָד. דָּבָר אַחֵר, לָמָּה בָּכָה, שֶׁרָאָה שֶׁאֵינָהּ נִכְנֶסֶת עִמּוֹ לִקְבוּרָה, הָדָא הוּא דְהִיא אָמְרָה לָהּ: (לקמן ל, טו) "לָכֵן יִשְׁכַּב עִמָּךְ הַלַּיְלָה", אָמְרָה לָהּ: עִמָּךְ הוּא דָּמֵיךְ, עִמִּי לֵית הוּא דָּמֵיךְ. דָּבָר אַחֵר, °לָמָּה בָּכָה, שֶׁרָאָה הָאֲנָשִׁים מְלַחֲשִׁים אֵלּוּ לְאֵלּוּ מִפְּנֵי שֶׁנְּשָׁקָהּ: מַה בָּא זֶה לְחַדֵּשׁ לָנוּ דְּבַר עֶרְוָה, שֶׁמִּשָּׁעָה שֶׁלָּקָה הָעוֹלָם בְּדוֹר הַמַּבּוּל עָמְדוּ °כָּל הָאוּמּוֹת וְגָדְרוּ עַצְמָן מִן הָעֶרְוָה, הָדָא °אָמְרַת שֶׁאַנְשֵׁי מִזְרָח גְּדוּרִים מִן הָעֶרְוָה:

יג [כט, יב] "וַיַּגֵּד יַעֲקֹב לְרָחֵל כִּי אֲחִי וְגוֹ' וְכִי בֶן רִבְקָה", °אִם לְרַמָּאוּת "כִּי אֲחִי אָבִיהָ הוּא", וְאִם לְצֶדֶק, "וְכִי בֶן רִבְקָה הוּא". [שם] "וַתָּרָץ וַתַּגֵּד לְאָבִיהָ", אָמַר רַבִּי יוֹחָנָן: לְעוֹלָם אֵין הָאִשָּׁה רְגִילָה אֶלָּא לְבֵית אִמָּהּ, אֵיתִיבֵיהּ: וְהָא כְתִיב "וַתָּרָץ וַתַּגֵּד לְאָבִיהָ", אָמַר לוֹ: שֶׁמֵּתָה אִמָּהּ, וּלְמִי הָיָה לָהּ לְהַגִּיד, לֹא לְאָבִיהָ. [כט, יג] "וַיְהִי כִשְׁמֹעַ לָבָן וְגוֹ'", אָמַר: אֱלִיעֶזֶר פְּסוּל הַבַּיִת הָיָה, וּכְתִיב (לעיל כד י) "וַיִּקַּח הָעֶבֶד עֲשָׂרָה גְמַלִּים", זֶה שֶׁהוּא אֲהוּבוֹ שֶׁל בַּיִת עַל אַחַת כַּמָּה וְכַמָּה, וְכֵיוָן דְּלָא חֲמֵי אֲפִילּוּ אֲפִיסְתְּקִיתֵי, "וַיְחַבֶּק לוֹ", אָמַר: דִּנָרִין אִינּוּן וְאִינּוּן בְּחַרְצֵיהּ, וְכֵיוָן דְּלָא אַשְׁכַּח כְּלוּם, "וַיְנַשֶּׁק לוֹ", אָמַר: דִּלְמָא מַרְגָּלִיּוֹת אִינּוּן וְאִינּוּן בְּפוּמֵיהּ, וְכֵיוָן דְּלָא חֲמָא כְּלוּם, אָמַר לוֹ יַעֲקֹב: מָה אַתָּה סָבוּר, מָמוֹן אֲתֵית טְעִין, לָא אֲתֵית טְעִין אֶלָּא מִילִּין, "וַיְסַפֵּר לְלָבָן וְגוֹ'":

יד [כט, יד] "וַיֹּאמֶר לוֹ לָבָן אַךְ עַצְמִי וּבְשָׂרִי וְגוֹ'", אָמַר לוֹ: מֶלֶךְ הָיִיתִי סָבוּר לַעֲשׂוֹתְךָ עָלַי, °וּכְדֵין דְּלֵית גַּבָּךְ כְּלוּם "אַךְ עַצְמִי וּבְשָׂרִי אָתָּה", כְּהָדֵין גַּרְמָא אֲנָא מְחַלֵּק לָךְ. [שם]

עץ יוסף

הדא היא דהיא אמרה ללאה לבן. כן צריך לומר: **שאינה נכנסת עמו בקבורה.** והיתה קורת רוח לאבות להיות נקברים עם בת זוגם, ולהיות רחל עיקר בת זוגו היה מצטער על שאינה נקברת עמו: **דמיך.** מת. ודרך ישכב לשון שכיבה עם אבותי, גבאה ולא ידעה מה נבאה: **מלחשים.** על פי דאיתא ביומא (יט, ב) הוא פורש ובוכה שחשדוהו לדוקי (הרש"ש): **אנשי מזרח.** הם אנשי ארץ לבן דכתיב ארצה בני קדם: **(יג) אם לרמאות כו'.** פירוש כי אחי אביה הוא כלומר דומה לו או מתייחס אחריו שהוא רמאי כקרובו. ועיין בסוף פרק קמא דמגילה (יג, ב): **אין האשה רגילה כו'.** פירשתי לעיל פרשה ס': **[יג] פסול הבית כו'.** דרשו ענין לבן לגנאי ולא לשבח שלא מחמת שמחתו ביעקב רץ לקראתו וחבקו ונשקו, מדכתיב ויחבק לו וישק לו דמשמע לו להנאתו ולטובתו (מתנות כהונה): **זה שהוא אהובו כו'.** שכבר נודע לו שהוא קבל הברכות ונודע לאביו מדרגת עשו (יפה תואר): **אפיסתקיתי.** פרש"י פרגמטיא: **דנרין אינון כו'.** דנרים הוא שהביא והם בחיקו סביב למתניו: **ממון אתית כו'.** ממון באתי טעון, לא באתי טעון ונושא **אלא מילין,** סיפור דברים מה שקרה לי, שאני בורח ונטלו ממוני: **(יד) מלך הייתי סבור כו'.** דמדקאמר אך משמע שהיה בדעתו בענין אחר וחזר בו ואמר לא אעשה אך את הדבר הזה, ודריש שהיה כוונתו לגדלו ולכבדו מאד. ולא שאמר בפירוש כן אלא שהמובן מדבריו שכוונתו היה כן: **כהדין גרמא.** פרש"י שהוא חלק שאין בו בשר ועצמי קדייק:

פירוש מהרז"ו

לכן ישכב עמך. רחל אמרה ללאה עיין לקמן (עב, ג). ובכה על שתמות בדרך ובקולר שניס: **שראה האנשים מתלחשים.** וכמה שמבואר ביומא במשנה (פ"א מ"ה) הוא פורש ובוכה על שחשדוהו, ועיין לקמן (ק, ח) ויבך יוסף וכן כאן: **שמשעה שלקה העולם.** לקמן (פ, ו): **וגדרו עצמם.** מלבד סדום: **מזרח.** שארס לצד מזרח של ארץ ישראל כמה שנאמר (ישעיה ט, יא) ארס מקדס, וכאן כתוב (כט, א) וילך ארצה בני קדס: **(יג) אמר רבי יוחנן.** לעיל (ס, ז): **פסול הבית.** לקמן (עה, ד) אליעזר עבדו של בית וכו', זה שהוא אוהבו וכו': **אוהבו של בית.** בילקוט (רמז קכד) הוסיף וזה לשונו ויצחק ירש את אברהם וכתיב עד כי גדל מאד. ופירושו כמו שאמר כאן על אחת כמה וכמה שיש אתו הון עתק מבית יצחק: **בחריציה.** פירוש בכפלי בגדיו, ובילקוט (רמז קכד) הגירסא בחרציה פירוש במתניו: **(יד) שר הייתי סבור.** שלשון אך להפך ענין

רש"י

(יג) **כיון דלא חמי אפיסטיקתיה.** פרגמטיא: (יד) **כהדין גרמא אני מחליק לך.** כעצם שהוא חלק שאין בו בשר:

מתנות כהונה

הדא היא דהיא אמרה גרסינן: דמיך. מת דריש ישכב לשון שכיבה עם אבותיו דאל"כ ובא אליך מבעי ליה: **אמרה גרסינן: [יג] אם לרמאות כו'.** דאל"כ תרתי למה לי: ה"ג מהר"ר אליהו מזרחי **אמר להם שמתה אמה: פסול הבית.** כלומר הטפל או הפסול באמת כי כנען היה: **אפיסתקתי'.** פירש רש"י פרגמטיא והערוך פיר' בלע"ז היה פרילות בדבר זה כי קרוב הוא: אפלינליקיו: **דינרין הם.** שהביא והם בחיקו סביב למתניו ודייק מדהוה ליה למכתב וחבקהו ונשקהו וכתב ויחבק לו וינשק לו משמע להנאתו ועצמו ומלת לו שב על לבן: ה"ג **וכיון דלא חמא כלום א"ל יעקב מה: ממון אתית כו'.** ממון באתי וטוען לא באתי ונושא אלא הדברים: **[יד] וכדון כו'.** ועתה שאין בידך מאומה כעצם הזה אני מחליק אותך כעצם הזה שהוא חלק בלי בשר וכן

נחמד למראה

(במדבר טו, לט) מלמד ששני לבבות יש לו לאדם יצר טוב ויצר הרע, אבל לעתיד לא יהיה אלא יצר הטוב בלבד שנאמר (ישעיה סו, יד) וראיתם ושש לבכם, ובמגילה (טז, א) וחמת המלך שככה (אסתר ז, י) שתי שכיכות למה אחת של מלכו של עולם ואחת של אחשורוש, ודרשי הכי מדלא כתיב וחמת המלך שָׁכָה כמו וַיָּשֹׁכּוּ המים (בראשית ח, א) ומדכתיב שככה בשתי כפי"ן שלא כמנהג דרשו מיניה שתי שכיכות, וביבמות (ג, ב) אין לי אלא היא צרתה מנין תלמוד לומר (ויקרא יח, יח) לצרור, ואין לי אלא צרתה צרת צרתה מנין תלמוד לומר לצרור ולא לצור עד כאן, הרי שדרשו צרת

אשד הנחלים

לכן ישכב. בשכר הדודאים. וכל זה רמזה בנבואה מה שיהיה באחרית, כי רק לאה יקבר עמו במערה, ויעקב במראה נבואתו ראה זאת ובכה: **מלחשים.** אבל כיון שראו שהוא בוכה אז הבינו שאין פעולתו מצד התאוה, כי מי יבכה בזה, (אכן) [אם] לא לכוונה אחרת: **[יג] אם לרמאות כו'.** כי מסתמא דיבר יעקב עם רחל והגיד חפצו שחפץ להיות בבית לבן, ולכן הגיד לה שיתנהג עם לבן כאשר יתנהג הוא עמו: **פסול הבית.** כלומר מה אליעזר שהוא היה פסול הבית כי הוא היה כנעני, ועם כל זה הביא עשרה חמורים טעונים כל טוב, ואף כי יעקב שהוא אהובו של בית בודאי יש לו כל, ולכן רץ אליו באהבה מחמדת הממון. וכיון שראה שהוא בא לבדו ויחבק לו אולי הוא טוען דינרים והמה בכיסו, ואולי מרגליות ואבנים טובות והוא נושאם בפיו, ולכן סיפר לו יעקב שנמלט מחמת אחיו ושנטל ממנו כל, כן פרש"י בחומש: **[יד] כהדין גרמא.** כי בודאי כל דבורי לבן היה אך לרע ולרמאות, ולכן דרשו שכך אמר וכיַּן, שישב עמו כי עצמו ובשרו הוא, שיפיק ממנו תועלת כי ימצוץ דמו ועצמיו, כי יכבד עליו עול העבודה. ולכן בא מלת אך שהוא למעט הקודם, שבתחילה רץ אליו באהבה

חידושי הרד"ל

[יב] הדא היא דהיא אמרה ללאה לבן כו'. כן צריך לומר, ורצה לומר הרי שרחל ידעה שלא תבא עמו לקבורה, והיינו מבכיה שבכה יעקב כדהכא: **[יג] פסול הבית היה וכתיב כו'.** כן צריך לומר:

חידושי הרש"ש

[יב] דבר אחר למה בכה שראה האנשים מלחשים כו'. עיין ידי משה. ולי נראה לפרש על פי דאיתא ביומא (יט, ב) הוא פורש ובוכה שחשדוהו לדוקי. ועיין לקמן סוף ויחי (ק, ח) בפסוקויבך יוסף בדברם אליו (בראשית נ, יז) אמר כך אחי חושדין אותי, ובידי משה שם:

אמרי יושר

שאינה נכנסת עמו לקבורה. זהו וישק יעקב לרחל ולפי שהנשיקה רומזת לקבורה כדרשם לעיל (פרשת תולדות סה כב) ושקה לי בני. ומה שאין הנשיקה גמורה בכה: **[יג] כי אחי אביה הוא.** אם אחי אביה הוא אינו בן רבקה ואם בן רבקה אינו אחי אביה לזה דרשוהו לגלדין:

אם למקרא

וַיִּקַּח הָעֶבֶד עֲשָׂרָה גְמַלִּים מִגְּמַלֵּי אֲדֹנָיו וַיֵּלֶךְ וְכָל טוּב אֲדֹנָיו בְּיָדוֹ וַיָּקָם וַיֵּלֶךְ אֶל־אֲרַם נַהֲרַיִם אֶל עִיר נָחוֹר: (בראשית כד:י)

מסורת המדרש

כו. מגילה דף י"ג. בבא בתרא דף קכ"ג: **כז.** ילקוט כאן רמז קכ"ה כל הענין:

ענף יוסף

(יג) אפיסתקיתי. פירש המתנות כהונה בשם רש"י פרקמטיא. ואולי פירש כן לפי הענין ולא לפי אמיתית הוראת מלה זו. ומצאתי שהיא מלה יונית מורכבת מן אופ"ס (רוכב) תק"ס (תיק) והוראתו תיק של רוכבים ובל"א (מאנטעל זאק) והוא ביאור נכון:

ידי משה

שראה אנשים מלחשים וכו'. רצה לומר שחשדו אותו שהנשיקה זו של זנות חלילה, לכן הראה להם בבכיה זו שאינו של זנות: **[יג] ואינון בחרציה.** פירוש כי תרגום של מתניכם חגורים (שמות יב, יא), חרציכם אסורין:

שינוי נוסחאות

הדא אמרת. בדפוסים הישנים היה כתוב "הדא אמר'" בקיצור, וכנראה שצ"ל "הדא אמרה" (=זאת אומרת), כדאיתא במאות מקומות במדרשים ובירושלמי, אבל בדפוס קראקא מילאו את הקיצור וכתבו "אמרת" וכך הועתק לכל הדפוסים אח"כ: **(יד) וכדין דלית גבך כלום** – צ"ל "וכדון ..." (=כיון), כן היה בכל הספרים חדשים גם ישנים עד דפוס לבוב תק"ע:

that he was her father's relative,[181] וְאִם לְצֶדֶק, "וְכִי בֶּן רִבְקָה הוּא" — **and if** Laban wishes to deal with him **with honesty** then she should know ***that he was Rebecca's son.***[182]

□ **וַתָּרָץ וַתַּגֵּד לְאָבִיהָ** — ***THEN SHE RAN AND TOLD HER FATHER.***

The Midrash discusses the fact that Rachel told her *father*:

אָמַר רַבִּי יוֹחָנָן: לְעוֹלָם אֵין הָאִשָּׁה רְגִילָה אֶלָּא לְבֵית אִמָּהּ — **R' Yochanan said: A woman frequents only her mother's house.**[183] אֵיתִיבֵיהּ: וְהָא כְּתִיב "וַתָּרָץ וַתַּגֵּד לְאָבִיהָ" — **[One of the other sages] objected to him: But it is written** in our verse that ***[Rachel] ran and told her father***, indicating that women sometimes frequent their father's houses! אָמַר לוֹ: שֶׁמֵּתָה אִמָּהּ, וּלְמִי הָיָה לָהּ לְהַגִּיד, לֹא לְאָבִיהָ — **[R' Yochanan] said to [the sage]: [Rachel's] mother had died, so whom did she have to tell** if **not her father?**[184]

□ **וַיְהִי כִשְׁמֹעַ לָבָן וְגוֹ'** — ***AND IT WAS, WHEN LABAN HEARD*** *THE NEWS OF JACOB . . . HE RAN TOWARD HIM, EMBRACED HIM, KISSED HIM,* ***ETC.***

From the plain reading of Scripture one might think that Laban was eager to greet Jacob and to give him the type of heartfelt welcome that is due such a close and honored family member. The Midrash, though, interprets his actions as nothing more than a selfish pretext:[185]

אָמַר: אֱלִיעֶזֶר פְּסוּל הַבַּיִת הָיָה, וּכְתִיב "וַיִּקַּח הָעֶבֶד עֲשָׂרָה גְמַלִּים" — **[Laban] said, "Eliezer was the lowest of the house**[186] of Abraham, **and yet it is written** about him, ***Then the servant took ten camels*** *of his master's camels and set out with all the bounty of his master in his hand* (above, 24:10).[187] זֶה שֶׁהוּא אֲהוּבוֹ שֶׁל בַּיִת עַל אַחַת כַּמָּה וְכַמָּה — So **this one,** Jacob, **who is the most beloved of the house** of Isaac, **how much more so** must he be bearing great wealth!"[188] וְכֵיוָן דְּלָא חֲמֵי אֲפִילוּ אֲפִיסְתְּקִיתֵי, "וַיְחַבֵּק לוֹ" — **But when [Laban] did not see** Jacob carrying **even a satchel**[189] then ***[Laban] embraced him,*** אָמַר: דִּנָרִין אִינּוּן וְאִינּוּן בְּחַרְצֵיהּ — for **he said** to himself, "Jacob must have **dinar coins** concealed **here and there** within the folds of the garment **around his loins,**[190] which I will feel when I embrace him." וְכֵיוָן דְּלָא אַשְׁכַּח כְּלוּם, "וַיְנַשֶּׁק לוֹ" — **When [Laban] did not find anything** within Jacob's garment, ***he kissed him,*** אָמַר: דִּלְמָא מַרְגָּלִיּוֹת אִינּוּן וְאִינּוּן בְּפוּמֵיהּ — for **he said** to himself, **"Perhaps there are pearls** concealed **here and there within his mouth,** which I will feel when I kiss him."[191] וְכֵיוָן דְּלָא חֲמָא כְּלוּם, אָמַר לוֹ יַעֲקֹב: מָה אַתָּה סָבוּר, מָמוֹן אֲתֵית טְעִין — **After [Laban] did not find anything** at all, **Jacob said to him, "What do you think,** that **I have come bearing money?** לָא אֲתֵית טְעִין אֶלָּא מִילִּין, "וַיְסַפֵּר לְלָבָן וְגוֹ'" — **I have not come bearing anything except words!"** as the verse continues, ***he recounted to Laban*** *all these events.*[192]

וַיֹּאמֶר לוֹ לָבָן אַךְ עַצְמִי וּבְשָׂרִי אָתָּה וַיֵּשֶׁב עִמּוֹ חֹדֶשׁ יָמִים.
וַיֹּאמֶר לָבָן לְיַעֲקֹב הֲכִי אָחִי אַתָּה וַעֲבַדְתַּנִי חִנָּם הַגִּידָה לִּי מַה מַּשְׂכֻּרְתֶּךָ.

Then Laban said to him, "But you are my bone and my flesh!" And he stayed with him a month's time. Then Laban said to Jacob, "Just because you are my relative, should you work for me for nothing? Tell me: What are your wages?" (29:14-15).

§14 **וַיֹּאמֶר לוֹ לָבָן אַךְ עַצְמִי וּבְשָׂרִי וְגוֹ'** — ***THEN LABAN SAID TO HIM, "BUT*** *YOU* ***ARE 'ATZMI U'VESARI'*** (lit., *MY BONE AND MY FLESH*), ***ETC."***

The word אַךְ, *but*, implies a change of heart on Laban's part.[193] But it is not at all clear from the plain reading of Scripture how

NOTES

181. I.e., he is Laban's *relative* (lit., *brother*) in the metaphorical sense that both are cut from the same cloth; any deception that Laban could deliver, Jacob could counter (*Eitz Yosef*). See Insight Ⓐ.

Gur Aryeh wonders why Jacob spoke this way to Rachel. He suggests that Rachel was so afraid that her father would deceive Jacob that she hesitated [to even attempt] to marry him (see *Megillah* 13b). Jacob spoke as he did in order to reassure her that that he was equal to the challenge. See *Yefeh To'ar* for a different answer.

182. Should Laban choose the path of forthrightness Jacob would respond in kind, for he was the son of the righteous Rebecca.

183. In Biblical times, women would have houses for themselves in which they would tend to their work (*Rashi* to 24:28 above).

184. R' Yochanan maintains that his principle is true, but in the case of Rachel she had no one else to tell save her father. See Midrash above, 60 §7, where the identical argument was made in the case of Rebecca.

185. While a simple reading of this passage casts Laban in a favorable light, a grammatical hint in our verse reveals his true intentions. When Laban hugs and kisses Jacob, the verse does not write וַיְחַבֵּק אוֹתוֹ וַיְנַשֵּׁק אוֹתוֹ (*Eitz Yosef*, Vagshal edition, s.v. ויחבק לו) or וַיְחַבְּקֵהוּ וַיְנַשְּׁקֵהוּ (*Matnos Kehunah*, Cracow ed.), both of which clearly mean *and he embraced him and kissed him*. Rather the verse writes וַיְחַבֶּק לוֹ וַיְנַשֶּׁק לוֹ, which literally means *and he embraced "for him" and kissed "for him,"* i.e., for Laban's own benefit (*Matnos Kehunah, Eitz Yosef*; for alternative explanations see *Yefeh To'ar* and *Nezer HaKodesh*).

186. In this context the term פְּסוּל likely means *the lowest ranking member of* the house. However, it could also assume its literal translation of *disqualified*, for Eliezer was a Canaanite slave and thus disqualified from marrying into the house of Abraham (see *Matnos Kehunah*).

187. This verse tells us that when Eliezer had come to Bethuel's (Laban's father's) house to take Rebecca as a wife for Isaac, he had come bearing lavish gifts.

188. Laban was aware that Jacob had received the blessings from Isaac and that Isaac had by then realized Esau's true (evil) nature. He therefore referred to Jacob as "the most beloved of Isaac's house" (*Eitz Yosef*, citing *Yefeh To'ar*). Given Isaac's great wealth (see above, 26:13), Jacob's wealth — as Isaac's heir — was assured (see *Maharzu*).

189. Translation follows *Anaf Yosef*, who explains that the term אֲפִיסְתְּקִיתֵי is a Greek word denoting a bag used by riders. *Rashi*, however, cited by *Matnos Kehunah* and *Eitz Yosef*, translates the term as *wares*.

190. See *Maharzu* and *Eitz Yosef*. The word חַרְצֵיהּ is Aramaic for *his loins*; see *Targum* to *Exodus* 12:11 (*Yedei Moshe*).

191. Travelers would sometimes conceal pearls within their mouths as they entered a city to avoid being charged a tax (*Eitz Yosef*, Vagshal edition), so Laban surmised that Jacob might have done the same.

192. Jacob told Laban how his wealth had been stolen, forcing him to arrive empty-handed [see above, note 174] (*Eitz Yosef*).

193. *Yefeh To'ar.*

INSIGHTS

Ⓐ **Laban the Deceiver** Our Midrash teaches that Jacob was touting himself as Laban's equal in deception. "I am Laban's brother in deception," he told Rachel. "I can counter any deception he can devise."

The fact is, however, that things didn't quite turn out that way. After agreeing to allow Rachel to marry Jacob, Laban successfully substituted Leah at the last minute, in spite of Jacob's best efforts to prevent the deception. True, Jacob did outwit Laban when the latter tried to cheat him out of his wages. But when Jacob claimed to be Laban's "brother in deception," he was primarily trying to reassure Rachel that he could stop her father from cheating them out of marriage (*Megillah* 13b). If Jacob was so sure that he would not be deceived by Laban, why *did* Laban ultimately outwit him?

There is a more fundamental question as well. Jacob is described as a *wholesome man*, someone who means what he says and says what he means (above, 25:27 with *Rashi*). Why, then, would Jacob have even tried to be as deceptive as Laban? The Gemara (ibid.) tells us that when asked this very question by Rachel, Jacob responded: *With the trustworthy act trustingly and with the crooked act perversely* (a principle

(לעיל כד, י) "וַיִּקַּח הָעֶבֶד עֲשָׂרָה גְמַלִּים וְגוֹ'", וַאֲנִי לֹא נֶזֶם אֶחָד וְלֹא צָמִיד אֶחָד. דָּבָר אַחֵר, לָמָּה בָּכָה, שֶׁרָאָה שֶׁאֵינָהּ נִכְנֶסֶת עִמּוֹ לִקְבוּרָה, הָדָא הוּא דְהִיא אָמְרָה לָהּ: (לקמן ל, טו) "לָכֵן יִשְׁכַּב עִמָּךְ הַלַּיְלָה", אָמְרָה לָהּ: עִמָּךְ הוּא דָּמֵיךְ, עִמִּי לֵית הוּא דָּמֵיךְ. דָּבָר אַחֵר, כֹּילָמָּה בָּכָה, שֶׁרָאָה הָאֲנָשִׁים מְלַחֲשִׁים אֵלּוּ לְאֵלּוּ מִפְּנֵי שֶׁנִּשְּׁקָהּ: מַה בָּא זֶה לְחַדֵּשׁ לָנוּ דְּבַר עֶרְוָה, שֶׁמִּשָּׁעָה שֶׁלָּקָה הָעוֹלָם בְּדוֹר הַמַּבּוּל עָמְדוּ °כָּל הָאוּמּוֹת וְגָדְרוּ עַצְמָן מִן הָעֶרְוָה, הָדָא °אָמְרַת שֶׁאַנְשֵׁי מִזְרָח גְּדוּרִים מִן הָעֶרְוָה:

יג [כט, יב] "וַיַּגֵּד יַעֲקֹב לְרָחֵל כִּי אֲחִי וְגוֹ' וְכִי בֶן רִבְקָה", כּזאִם לְרַמָּאוּת "כִּי אֲחִי אָבִיהָ הוּא", וְאִם לְצֶדֶק, "וְכִי בֶן רִבְקָה הוּא". [שם] "וַתָּרָץ וַתַּגֵּד לְאָבִיהָ", אָמַר רַבִּי יוֹחָנָן: לְעוֹלָם אֵין הָאִשָּׁה רְגִילָה אֶלָּא לְבֵית אִמָּהּ, אֵיתִיבֵיהּ: וְהָא כְתִיב "וַתָּרָץ וַתַּגֵּד לְאָבִיהָ", אָמַר לוֹ: שֶׁמֵּתָה אִמָּהּ, וּלְמִי הָיָה לָהּ לְהַגִּיד, לֹא לְאָבִיהָ. [כט, יג] "וַיְהִי כִשְׁמֹעַ לָבָן וְגוֹ'", אָמַר: אֱלִיעֶזֶר פְּסוּל הַבַּיִת הָיָה, וּכְתִיב (לעיל כד י) "וַיִּקַּח הָעֶבֶד עֲשָׂרָה גְמַלִּים", זֶה שֶׁהוּא אֲהוּבוֹ שֶׁל בַּיִת עַל אַחַת כַּמָּה וְכַמָּה, וְכֵיוָן דְּלָא חֲמֵי אֲפִילּוּ אֲפִיסְתְּקִיתֵי, "וַיְחַבֶּק לוֹ", אָמַר: דִּינָרִין אִינּוּן וְאִינּוּן בְּחַרְצֵיהּ, וְכֵיוָן דְּלָא אַשְׁכַּח כְּלוּם, "וַיְנַשֶּׁק לוֹ", אָמַר: דִּלְמָא מַרְגָּלִיּוֹת אִינּוּן וְאִינּוּן בְּפוּמֵיהּ, וְכֵיוָן דְּלָא חֲמָא כְּלוּם, אָמַר לוֹ יַעֲקֹב: מָה אַתָּה סָבוּר, מָמוֹן אֲתֵית טְעִין, לָא אֲתֵית טְעִין אֶלָּא מִילִּין, "וַיְסַפֵּר לְלָבָן וְגוֹ'":

יד [כט, יד] "וַיֹּאמֶר לוֹ לָבָן אַךְ עַצְמִי וּבְשָׂרִי וְגוֹ'", אָמַר לוֹ: מֶלֶךְ הָיִיתִי סָבוּר לַעֲשׂוֹתְךָ עָלַי, °וּכְדֵין דְּלֵית גַּבָּךְ כְּלוּם "אַךְ עַצְמִי וּבְשָׂרִי אָתָּה", כְּהָדֵין גַּרְמָא אֲנָא מְחַלֵּק לָךְ. [שם]

עץ יוסף

הדא היא דהיא אמרה ללאה לבן. כן צריך לומר: **שאינה נכנסת עמו בקבורה**. והיתה קורא רוח לאבות להיות נקברים עם בת זוגם, ולהיות רחל עיקר בת זוגו היה מצטער על שאינה נקברת עמו: **דמיך**. מת. ודרך ישכב לשון שכיבה עם אבותי, נבאה ולא ידעה מה נבאה: **מלחשים**. על פי דאיתא ביומא (יט, ב) הוא פורש ובוכה שחשדוהו לצדוקי (הרש"ש): **אנשי מזרח**. הם אנשי ארץ לבן דכתיב ארצה בני קדם: **(יג) אם לרמאות כו'**. פירוש כי אחי אביה הוא כלומר דומה לו או מתייחס אחריו שהוא רמאי כקרובו. ועיין בסוף פרק קמא דמגילה (יג, ב): **אין האשה רגילה כו'**. פירשתי לעיל פרשה ס': **[יג] פסול הבית כו'**. דרשו ענין לבן לגנאי ולא לשבח שלא מחמת שמחתו ביעקב רץ לקראתו וחבקו ונשקו, מדכתיב ויחבק לו וישק לו דמשמע לו להנאתו ולטובתו (מתנות כהונה): **זה שהוא אהובו כו'**. שכבר נודע לו שהוא קבל הברכות ונודע לאביו מדרגת עשו (יפה תואר): **אפיסתקיתי**. פרש"י פרגמטיא: **דנרין אינון כו'**. דנרים הוא שהביא והם בחיקו סביב למתניו: **ממון אתית כו'**. ממון באתי טעון, לא באתי טעון ונושא **אלא מילין**, סיפור דברים מה שקרה לי, שאני בורח ונטלו ממוני: **(יד) מלך הייתי סבור כו'**. דמדקאמר אך משמע שהיה בדעתו בענין אחר וחזר בו ואמר לא תעשה אך את הדבר הזה, ודריש שהיה כוונתו לגדלו ולכבדו מאד. ולא שאמר בפירוש כן אלא שהמובן מדבריו שכוונתו היה כן: **בהדין גרמא**. פרש"י שהוא חלק שאין בו בשר ועצמי קדייק:

פירוש מהרז"ו

לבן ישכב עמך. רחל אמרה ללאה עיין לקמן (עב, ג). ובכה על שתמות בדרך ובקולר שניס: **שראה האנשים מתלחשים**. וכמה שמבואר ביומא במשנה (פ"א מ"ה) הוא פורש ובוכה על שחשדוהו, ועיין לקמן (ק, ח) ויבך יוסף וכן כאן: **שמשעה שלקה העולם**. לקמן (פ, ו): **וגדרו עצמם**. מלבד סדום: **מזרח**. שארם לצד מזרח של ארץ ישראל כמה שנאמר (ישעיה ט, יא) ארם מקדם, וכאן כתוב (כט, א) וילך ארצה בני קדם: **(יג) אמר רבי יוחנן**. לעיל (ס, ז): **פסול הבית**. לקמן (עה, ד) אליעזר עבדו של בית וכו', זה שהוא אוהבו וכו': **אוהבו של בית**. בילקוט (רמז קכד) הוסיף וזה לשונו ויצחק ירש את אברהם וכתיב עד כי גדל מאד. ופירושו כמו שאמר כאן על אחת כמה וכמה שיש אתו הון עתק מבית יצחק: **בחריציה**. פירוש בכפלי בגדיו, ובילקוט (רמז קכד) הגירסא בחרציה פירוש במתניו: **(יד) שר הייתי סבור**. שלשון אך להפך ענין

רש"י

(יג) **כיון דלא חמי אפיסטיקתיה**. פרגמטיא: (יד) **בהדין גרמא אני מחליק לך**. כעצם שהוא חלק שאין בו בשר:

מתנות כהונה

היה פריצות בדבר זה כי קרוב הוא: **הדא היא דהיא אמרה גרסינן: דמיך**. מת דריש ישכב לשון שכיבה עם אבותיו דאל"כ ובא אליך מבעי ליה: **אמרה גרסינן: [יג] אם לרמאות כו'**. דאל"כ תרתי למה לי: ה"ג מהר"ר אליהו מזרחי **אמר להם שמתה אמה: פסול הבית**. כלומר הטפל או הפסול באמת כי כנען היה: **אפיסתקתי'**. פירש רש"י פרגמטיא והערוך פיר' בלע"ז אפלינגליקיו: **דינרין הם**. שהביא והם בחיקו סביב למתניו ודייק מדהוה ליה למכתב וחבקהו ונשקהו וכתב ויחבק לו וינשק לו משמע להנאתו ועצמו ומלת לו שב על לבן: ה"ג **וכיון דלא חמא כלום א"ל יעקב מה: ממון אתית כו'**. ממון באתי וטוען לא באתי ונושא אלא הדברים: **[יד] וכדון כו'**. ועתה שאין בידך מאומה כעצם הזה אני מחליק אותך כעצם הזה שהוא חלק בלי בשר וכן

נחמד למראה

(במדבר טו, לט) מלמד ששני לבבות יש לו לאדם יצר טוב ויצר הרע, אבל לעתיד לא יהיה אלא יצר הטוב בלבד שנאמר (ישעיה סו, יד) וראיתם ושש לבכם, ובמגילה (טז, א) וחמת המלך שככה (אסתר ז, י) שתי שכיכות למה אחת של מלכו של עולם ואחת של אחשורוש, ודרשי הכי מדלא כתיב וחמת המלך שָׁכָה כמו וַיָּשֹׁכּוּ המים (בראשית ח, א) ומדכתיב שככה בשתי כפי"ן שלא כמנהג דרשו מיניה שתי שכיכות, וביבמות (ג, ב) אין לי אלא היא ערתה מנין תלמוד לומר (ויקרא יח, יח) לצרור, ואין לי אלא צרתה צרת צרתה מנין תלמוד לומר לצרור ולא לצור עד כאן, הרי שדרשו צרת

אשד הנחלים

לבן ישכב. בשכר הדודאים. וכל זה רמזה בנבואה מה שיהיה באחרית, כי רק לאה יקבר עמו במערה, ויעקב במראה נבואתו ראה זאת ובכה: **מלחשים**. אבל כיון שראו שהוא בוכה אז הבינו שאין פעולתו מצד התאוה, כי מי יבכה בזה, (אכן) [אם] לא לכוונה אחרת: **[יג] אם לרמאות כו'**. כי מסתמא דיבר יעקב עם רחל והגיד חפצו שחפץ להיות בבית לבן, ולכן הגיד לה שיתנהג עם לבן כאשר יתנהג הוא עמו: **פסול הבית**. כלומר מה אליעזר שהוא היה פסול הבית כי הוא היה כנעני, ועם כל זה הביא עשרה חמורים טעונים כל טוב, ואף כי יעקב שהוא אהובו של בית בודאי יש לו כל, ולכן רץ אליו באהבה מחמדת הממון. וכיון שראה שהוא בא לבדו ויחבק לו אולי הוא טוען דינרים והמה בכיסו, ואולי מרגליות ואבנים טובות והוא נושאם בפיו, ולכן סיפר לו יעקב שנמלט מחמת אחיו ושנטל ממנו כל, כן פרש"י בחומש: **[יד] כהדין גרמא**. כי בודאי כל דבורי לבן היה אך לרע ולרמאות, ולכן דרשו שכך אמר וכיוַן, שישב עמו כי עצמו ובשרו הוא, שיפיק ממנו תועלת כי ימצוץ דמו ועצמיו, כי יכבד עליו עול העבודה. ולכן בא מלת אך שהוא למעט הקודם, שבתחילה רץ אליו באהבה

חידושי הרד"ל

[יב] הדא היא דהיא אמרה ללאה לבן כו'. כן צריך לומר, ורצה לומר הרי שרחל ידעה שלא תבא עמו לקבורה, והיינו מבכיה שבכה יעקב כדהכא:

[יג] פסול הבית היה וכתיב כו'. כן צריך לומר:

חידושי הרש"ש

[יב] דבר אחר למה בכה שראה האנשים מלחשים כו'. עיין ידי משה. ולי נראה לפרש על פי דאיתא ביומא (יט, ב) הוא פורש ובוכה שחשדוהו לצדוקי. ועיין לקמן סוף ויחי (ק, ח) בפסוקי ויבך יוסף בדברם אליו (בראשית נ, יז) אמר כך אחי חושדין אותי, ובידי משה שם:

אמרי יושר

שאינה נכנסת עמו לקבורה. זהו וישק יעקב לרחל ולפי שהנשיקה רומזת לקבורה כדרשם לעיל (פרשת תולדות סה כב) ושקה לי בני. ומה שאין הנשיקה גמורה בכה:

[יג] כי אחי אביה הוא. אם אחי אביה הוא אינו בן רבקה ואם בן רבקה אינו אחי אביה לזה דרשוהו לצדדין:

אם למקרא

וַיִּקַּח הָעֶבֶד עֲשָׂרָה גְמַלִּים מִגְּמַלֵּי אֲדֹנָיו וַיֵּלֶךְ וְכָל טוּב אֲדֹנָיו בְּיָדוֹ וַיָּקָם וַיֵּלֶךְ אֶל־אֲרַם נַהֲרַיִם אֶל עִיר נָחוֹר: (בראשית כד:י)

מסורת המדרש

כו. מגילה דף י"ג. בבא בתרא דף קכ"ג: כז. ילקוט כאן רמז קכ"ה כל הענין:

ענף יוסף

(יג) **אפיסתקיתי**. פירש המתנות כהונה בשם רש"י פרקמטיא. ואולי פירש כן לפי הענין ולא לפי אמיתית הוראת מלה זו. ומצאתי שהיא מלה יונית מורכבת מן אופ"ס (רוכב) תק"ס (תיק) והוראתו תיק של רוכבים ובל"א (מאנטעל זאק) והוא ביאור נכון:

ידי משה

שראה אנשים מלחשים וכו'. רצה לומר שחשדו אותו שהנשיקה זו של זנות חלילה, לכן הראה להם בבכיה זו שאינו של זנות:

[יג] ואינון בחרציה. פירוש כי תרגום של מתניכם חגורין (שמות יב, יא), חרציכם אסורין:

שינוי נוסחאות

הדא אמרת. בדפוסים הישנים היה כתוב "הדא אמר" בקיצור, וכנראה שצ"ל "הדא אמרה" (=זאת אומרת), כדאיתא במאות מקומות במדרשים ובירושלמי, אבל בדפוס קראקא מילאו את הקיצור וכתבו "אמרת" וכך הועתק לכל הדפוסים אח"כ: (יד) **וכדין דלית גבך כלום** – צ"ל "וכדון ..." (=כיון), כן היה בכל הספרים חדשים גם ישנים עד דפוס לבוב תק"ע:

this word is appropriate in our passage: The Midrash therefore explains:

אָמַר לוֹ: מֶלֶךְ הָיִיתִי סָבוּר לַעֲשׂוֹתְךָ עָלַי — [Laban] said to [Jacob],[194] "Initially, when I thought that you had brought riches for me,[195] **I intended to make you a king over me.**[196] **וּכְדוֹן דְּלֵית גַּבָּךְ כְּלוּם — But now that** I see that **you have** brought **nothing with you —** "אַךְ עַצְמִי וּבְשָׂרִי אָתָּה" — that **'you are but bone and flesh,'**[197] — **כְּהָדֵין גַּרְמָא אֲנָא מְחַלֵּק לָךְ — I will strip you** bare **like a bone** that has been stripped of its meat."[198]

NOTES

194. He did not actually say this outright, for the message being conveyed here, as we shall see, is quite brazen. The Midrash means that Laban *hinted* the message that follows (*Yefeh To'ar*; see also *Eitz Yosef*).

195. See end of preceding section (§13).

196. I.e., I intended to treat you royally and accord you great honor (see *Eitz Yosef*). [*Eitz Yosef* (Vagshal ed.), however, writes that the word מֶלֶךְ here means officer, or ruler, rather than king; see *Tosafos* to *Bava Basra* 164b s.v. בשנת פלוני.]

197. The *yuds* in the words עַצְמִי and בְשָׂרִי, which denote *"my" bone* and *"my" flesh*, are to be interpreted as mere poetic flourishes, as we find occasionally in Scripture (see, e.g., *Psalms* 123:1, where the expression הַיֹּשְׁבִי בַּשָּׁמָיִם means *O You Who dwell* [as if written הַיֹּשֵׁב] *in the heavens*). Our verse, then, is rendered as if it were written, אַךְ עֶצֶם וּבָשָׂר אָתָּה, *you are but bone and flesh* (*Eitz Yosef*, Vagshal ed.).

198. I.e., because you did not bring me any gifts ("You are but bone" — i.e., you arrived bare of gifts, like a bone that is bare), I will repay you in kind: I will see to it that you remain bare of all possessions, like a bone that has been stripped of its meat (see *Rashi, Matnos Kehunah*). See Insight Ⓐ for alternative explanations.

INSIGHTS

found in *Psalms* 18:28). In other words, Jacob replied that it is perfectly fair to prevent deception through trickery, and that he was clever enough to beat Laban at his own game. What Jacob did not anticipate, however, was that he was dealing with a more evil strain of deception than he thought.

The Torah refers to Laban as לָבָן הָאֲרַמִּי, literally, *Laban the Aramean* (see, for example, above, 25:20). But it seems strange that the Torah would bother mentioning Laban's nationality, an insignificant detail. The Midrash (70 §17) therefore understands the term אֲרַמִּי to be labeling Laban as a "deceiver," the only Biblical personality thus characterized. [Linguistically אֲרַמִּי is related to רַמַּאי, *deceiver*.] Moreover, our Sages label Laban "the patriarch of deceivers" (see *Midrash Tanchuma*, beginning of *Vayishlach*). Based on this, *R' Shalom Schwadron* (*Lev Shalom, Vayeitzei*, pp. 251-252) concludes that Laban's core personality trait was "deception." Worse yet, he cheated not only others but also deceived himself. When he saw something he wanted, he would convince himself with convoluted reasoning that it was rightfully his, and would then swindle it from its rightful owner. This is illustrated in one of his early conversations with Jacob about wages.

Laban realized from the outset that he would profit handsomely from Jacob's honest and loyal work. Having decided that it was in his best interest to employ Jacob for as long as possible, he asked Jacob to propose terms of employment. When Jacob forthrightly asked for Rachel's hand in marriage as payment for seven years of work, Laban cryptically replied, *Better that I "give her" to you than that I give her to another man; remain with me.* What Laban meant, Rav Schwadron posits, was that it is not fair to count the marriage of his daughter, whom he needed to marry off anyway, as payment for the seven years of work. Rather, he will give Rachel in marriage as a gift and he will provide room and board as payment for Jacob's work. Now if Rachel's marriage is a gift, Laban reasoned, it will be subject not to the terms of Jacob's employment but rather to local custom, which dictates that an older daughter *must* be given in marriage before the younger. Driven by the urge to keep Jacob as an employee for seven extra years, he fooled himself into believing that justice demanded marrying Leah off first, and then deceived his family and guests in order to make it happen. No wonder the Torah considers Laban the deceiver par excellence, *the patriarch of deceivers*!

Unfortunately, self-deception is far more destructive than ordinary swindling. An ordinary swindler, who knows that he is taking what is not rightfully his, feels guilty on some level. He may back down out of fear of being caught or return the stolen goods later, and he surely feels humiliated if he is caught. But when someone fools himself into believing that truth is on his side, he will stand up to criticism and never back down; in fact, he will rebuke others for not seeing things his way. Thus, when Laban is accused of deceit, he self-righteously responds without any remorse: What's wrong with *you*? You surely know how wrong it would have been to give Rachel in marriage before Leah!

This, Rav Schwadron explains, is why Jacob initially believed that he could outwit Laban but proved unable to do so. For Jacob had reasonably assumed that Laban was simply a master swindler: cold, shrewd, and more proficient at deceiving others than the average swindler. And since it is permitted to use trickery to protect oneself from a crooked person, Jacob was willing to do so, confident that he was clever enough to succeed. In truth, however, he was dealing with a self-deceptive rogue who viewed himself as a crusader for justice. And a wholesome, honest person simply cannot contend with someone who has such a warped view of truth. (See also Insight below on 74 §5, "Rachel's Intent.")

Ⓐ **Like a Bone** *Tiferes Tzion* explains Laban's remarks differently: "Because you did not bring me any gifts, I will strip you down to the bone; you will have no flesh left on your body." Laban was telling Jacob that he would be worked like a slave. Indeed, the words אַךְ עַצְמִי וּבְשָׂרִי אָתָּה, *you are my bone and flesh*, are to be understood: I *own* you (like a slave). And Jacob would have no choice but to comply with Laban's demands because he was dependent on Laban to protect him from Esau (which was the reason Rebecca sent Jacob to Laban's house in the first place — see above, 27:43-35). See also *Eshed HaNechalim*.

Yefeh To'ar has a completely different interpretation of Laban's concluding comment, כְּהָדֵין גַּרְמָא אֲנָא מְחַלֵּק לָךְ, rendering it: *"I shall give you* (lit., *distribute to you*) a little something, *like this bone* that one tosses to a dog." [Laban indeed carried out this threat when he offered him minimal wages for his work (see Midrash further in this section, in explanation of Laban's question, *"Should you work for me for nothing?"*).] *Yefeh To'ar* adds that the Midrash derives this from the word עַצְמִי, for it is otherwise seemingly unnecessary. [The phrase אַךְ עַצְמִי וּבְשָׂרִי אָתָּה, *you are but bone and flesh*, is thus to be understood as follows: "You are but flesh" — you have brought no gifts; and therefore "you are (i.e., you shall have) but bone" — that is all you will receive from me.]

(לעיל כד, י) "וַיִּקַּח הָעֶבֶד עֲשָׂרָה גְמַלִּים וְגוֹ'", וַאֲנִי לֹא נֶזֶם אֶחָד וְלֹא צָמִיד אֶחָד. דָּבָר אַחֵר, לָמָּה בָּכָה, שֶׁרָאָה שֶׁאֵינָהּ נִכְנֶסֶת עִמּוֹ לִקְבוּרָה, הָדָא הוּא דְּהִיא אָמְרָה לָהּ: (לקמן ל, טו) "לָכֵן יִשְׁכַּב עִמָּךְ הַלַּיְלָה", אָמְרָה לָהּ: עִמָּךְ הוּא דָּמֵיךְ, עִמִּי לֵית הוּא דָּמֵיךְ. דָּבָר אַחֵר, כּ"לָמָּה בָּכָה, שֶׁרָאָה הָאֲנָשִׁים מְלַחֲשִׁים אֵלּוּ לְאֵלּוּ מִפְּנֵי שֶׁנְּשָׁקָהּ: מַה בָּא זֶה לְחַדֵּשׁ לָנוּ דְּבַר עֶרְוָה, שֶׁמִּשָּׁעָה שֶׁלָּקָה הָעוֹלָם בְּדוֹר הַמַּבּוּל עָמְדוּ °כָּל הָאוּמוֹת וְגָדְרוּ עַצְמָן מִן הָעֶרְוָה, הָדָא °אָמְרַת שֶׁאַנְשֵׁי מִזְרָח גְּדוּרִים מִן הָעֶרְוָה:

יג [כט, יב] "וַיַּגֵּד יַעֲקֹב לְרָחֵל כִּי אֲחִי וְגוֹ' וְכִי בֶן רִבְקָה", כּ"אִם לְרַמָּאוּת "כִּי אֲחִי אָבִיהָ הוּא", וְאִם לְצֶדֶק, "וְכִי בֶן רִבְקָה הוּא". [שם] "וַתָּרָץ וַתַּגֵּד לְאָבִיהָ", אָמַר רַבִּי יוֹחָנָן: לְעוֹלָם אֵין הָאִשָּׁה רְגִילָה אֶלָּא לְבֵית אִמָּהּ, אֵיתִיבֵיהּ: וְהָא כְתִיב "וַתָּרָץ וַתַּגֵּד לְאָבִיהָ", אָמַר לוֹ: שֶׁמֵּתָה אִמָּהּ, וּלְמִי הָיָה לָהּ לְהַגִּיד, לֹא לְאָבִיהָ. [כט, יג] "וַיְהִי כִשְׁמֹעַ לָבָן וְגוֹ'", אָמַר: אֱלִיעֶזֶר פְּסוּל הַבַּיִת הָיָה, וּכְתִיב (לעיל כד י) "וַיִּקַּח הָעֶבֶד עֲשָׂרָה גְמַלִּים", זֶה שֶׁהוּא אֲהוּבוֹ שֶׁל בַּיִת עַל אַחַת כַּמָּה וְכַמָּה, וְכֵיוָן דְּלָא חָמֵי אֲפִילוּ אֲפִיסְתְּקִיתֵי, "וַיְחַבֶּק לוֹ", אָמַר: דִּנָרִין אִינּוּן וְאִינּוּן בְּחַרְצֵיהּ, וְכֵיוָן דְּלָא אַשְׁכַּח כְּלוּם, "וַיְנַשֶּׁק לוֹ", אָמַר: דִּלְמָא מַרְגָּלִיּוֹת אִינּוּן וְאִינּוּן בְּפוּמֵיהּ, וְכֵיוָן דְּלָא חָמָא כְּלוּם, אָמַר לוֹ יַעֲקֹב: מָה אַתָּה סָבוּר, מָמוֹן אֲתֵית טְעִין, לָא אֲתֵית טְעִין אֶלָּא מִילִּין, "וַיְסַפֵּר לְלָבָן וְגוֹ'":

יד [כט, יד] "וַיֹּאמֶר לוֹ לָבָן אַךְ עַצְמִי וּבְשָׂרִי וְגוֹ'", אָמַר לוֹ: מֶלֶךְ הָיִיתִי סָבוּר לַעֲשׂוֹתְךָ עָלַי, °וּכְדֵין דְּלֵית גַּבָּךְ כְּלוּם "אַךְ עַצְמִי וּבְשָׂרִי אָתָּה", כְּהָדֵין גַּרְמָא אֲנָא מְחַלֵּק לָךְ. [שם]

עץ יוסף

הדא היא דהיא אמרה ללאה לבן. כן לריך לומר: **שאינה נכנסת עמו בקבורה.** והיתה קורת רוח לאבות להיות נקברים עם בת זוגם, ולהיות רחל עיקר בת זוגו היה מלטער על שאינה נקברת עמו: **דמיך.** מת. ודרך ישכב לשון שכיבה עם אבותי, נבאה ולא ידעה מה נבאה: **מלחשים.** על פי דאיתא ביומא (יט, ב) הוא פורש ובוכה שחשדוהו לדוקי (הרש"ש): **אנשי מזרח.** הם אנשי ארץ לבן דכתיב ארצה בני קדם: **(יג) אם לרמאות כו'.** פירוש כי אחי אביה הוא כלומר דומה לו או מתייחס אחריו שהוא רמאי כקרובו. ועיין בסוף פרק קמא דמגילה (יג, ב): **אין האשה רגילה כו'.** פירשתי לעיל פרשה ס': **[יג] פסול הבית כו'.** דרשו ענין לבן לגנאי ולא לשבח שלא מחמת שמחתו ביעקב רץ לקראתו וחבקו ונשקו, מדכתיב ויחבק לו וישק לו דמשמע לו להנאתו ולטובתו (מתנות כהונה): **זה שהוא אהובו כו'.** שכבר נודע לו שהוא קבל הברכות ונודע לאביו מדרגת עשו (יפה תואר): **אפיסתקיתי.** פרש"י פרגמטיא: **דנרין אינון כו'.** דנרים הוא שהביא והם בחיקו סביב למתניו: **ממון אתית כו'.** ממון באתי טעון, לא באתי טעון ונושא **אלא מילין,** סיפור דברים מה שקרה לי, שאני בורח ונטלו ממוני: **(יד) מלך הייתי סבור כו'.** דמדקאמר אך משמע שהיה בדעתו בענין אחר וחזר בו ואמר לא אעשה אך את הדבר הזה, ודריש שהיה כוונתו לגדלו ולכבדו מאד. ולא שאמר בפירוש כן אלא שהמובן מדבריו שכוונתו היה כן: **כהדין גרמא.** פרש"י שהוא חלק שאין בו בשר ועצמי קדייק:

פירוש מהרז"ו

לכן ישכב עמך. רחל אמרה ללאה עיין לקמן (עב, ג). ובכה על שתמות בדרך ובקולר שנים: **שראה האנשים מתלחשים.** וכמה שמבואר ביומא במשנה (פ"א מ"ה) הוא פורש ובוכה על שחשדוהו, ועיין לקמן (ק, ח) ויבך יוסף וכן כאן: **שמשעה שלקה העולם.** לקמן (פ, ו): **וגדרו עצמם.** מלבד סדום: **מזרח.** שארם לצד מזרח של ארץ ישראל כמה שנאמר (ישעיה ט, יא) ארם מקדם, וכאן כתוב (כט, א) וילך ארצה בני קדם: **(יג) אמר רבי יוחנן.** לעיל (ס, ז): **פסול הבית.** לקמן (עה, ד) אליעזר עבדו של בית וכו', זה שהוא אוהבו וכו': **אוהבו של בית.** בילקוט (רמז קכד) הוסיף וזה לשונו ויצחק ירש את אברהם וכתיב עד כי גדל מאד. ופירושו כמו שאמר כאן על אחת כמה וכמה שיש אתו הון עתק מבית יצחק: **בחריציה.** פירוש בכפלי בגדיו, ובילקוט (רמז קכד) הגירסא בחרציה פירוש במתניו: **(יד) שר הייתי סבור.** שלשון אך להפך ענין

רש"י

(יג) **ביון דלא חמי אפיסטיקתיה.** פרגמטיא: (יד) **כהדין גרמא אני מחליק לך.** כעלם שהוא חלק שאין בו בשר:

מתנות כהונה

היה פריצות בדבר זה כי קרוב הוא: **הדא היא דהיא אמרה גרסינן: דמיך.** מת דריש ישכב לשון שכיבה עם אבותיו דאל"כ ובא אליך מבעי ליה: **אמרה גרסינן: [יג] אם לרמאות כו'.** דאל"כ תרתי למה לי: ה"ג מהר"ר אליהו מזרחי **אמר להם שמתה אמה: פסול הבית.** כלומר הטפל או הפסול באמת כי כנען היה: **אפיסתקתי'.** פירש רש"י פרגמטיא והערוך פיר' בלע"ז אפלינליקיו: **דינרין הם.** שהביא והם בחיקו סביב למתניו ודייק מדהוה ליה למכתב וחבקהו ונשקהו וכתב ויחבק לו וינשק לו משמע להנאתו ועלמו ומלת לו שב על לבן: ה"ג **וכיון דלא חמא כלום א"ל יעקב מה: ממון אתית כו'.** ממון באתי וטוען לא באתי ונושא אלא הדברים: **[יד] וכדון כו'.** ועתה שאין בידך מאומה כעלם הזה אני מחליק אותך כעלם הזה שהוא חלק בלי בשר וכן

נחמד למראה

(במדבר טו, לט) מלמד ששני לבבות יש לו לאדם יצר טוב ויצר הרע, אבל לעתיד לא יהיה אלא יצר הטוב בלבד שנאמר (ישעיה סו, יד) וראיתם ושש לבכם, ובמגילה (טז, א) וחמת המלך שככה (אסתר ז, י) שתי שכיכות למה אחת של מלכו של עולם ואחת של אחשורוש, ודרשי הכי מדלא כתיב וחמת המלך שָׁכָה כמו וַיָּשֹׁכּוּ המים (בראשית ח, א) ומדכתיב שככה בשתי כפי"ן שלא כמנהג דרשו מיניה שתי שכיכות, וביבמות (ג, ב) אין לי אלא היא צרתה מנין תלמוד לומר (ויקרא יח, יח) לצרור, ואין לי אלא צרתה צרת צרתה מנין תלמוד לומר לצרור ולא לצור עד כאן, הרי שדרשו צרת

אשד הנחלים

לכן ישכב. בשכר הדודאים. וכל זה רמזה בנבואה מה שיהיה באחרית, כי רק לאה יקבר עמו במערה, ויעקב במראה נבואתו ראה זאת ובכה: **מלחשים.** אבל כיון שראו שהוא בוכה אז הבינו שאין פעולתו מצד התאוה, כי מי יבכה בזה, (אכן) [אם] לא לכוונה אחרת: **[יג] אם לרמאות כו'.** כי מסתמא דיבר יעקב עם רחל והגיד חפצו שחפץ להיות בבית לבן, ולכן הגיד לה שיתנהג עם לבן כאשר יתנהג הוא עמו: **פסול הבית.** כלומר מה אליעזר שהוא היה פסול הבית כי הוא היה כנעני, ועם כל זה הביא עשרה חמורים טעונים כל טוב, ואף כי יעקב שהוא אהובו של בית בודאי יש לו כל, ולכן רץ אליו באהבה מחמדת הממון. וכיון שראה שהוא בא לבדו ויחבק לו אולי הוא טוען דינרים והמה בכיסו, ואולי מרגליות ואבנים טובות והוא נושאם בפיו, ולכן סיפר לו יעקב שנמלט מחמת אחיו ושנטל ממנו כל, כן פרש"י בחומש: **[יד] כהדין גרמא.** כי בודאי כל דבורי לבן היה אך לרע ולרמאות, ולכן דרשו שכך אמר וכיון, שישב עמו כי עצמו ובשרו הוא, שיפיק ממנו תועלת כי ימצוץ דמו ועצמיו, כי יכבד עליו עול העבודה. ולכן בא מלת אך שהוא למעט הקודם, שבתחילה רץ אליו באהבה

חידושי הרד"ל

[יב] הדא היא דהיא אמרה ללאה לבן כו'. כן לריך לומר, ורלה לומר הרי שרחל ידעה שלא תבא עמו לקבורה, והיינו מבכיה שבכה יעקב כדהכא: **[יג] פסול הבית היה וכתיב כו'.** כן לריך לומר:

חידושי הרש"ש

[יב] דבר אחר למה בכה שראה האנשים מלחשים כו'. עיין ידי משה. ולי נראה לפרש על פי דאיתא ביומא (יט, ב) הוא פורש ובוכה שחשדוהו לדוקי. ועיין לקמן סוף ויחי (ק, ח) בפסוקי ויבך יוסף בדברם אליו (בראשית נ, יז) אמר כך אחי חושדין אותי, ובידי משה שם:

אמרי יושר

שאינה נכנסת עמו לקבורה. זהו וישק יעקב לרחל ולפי שהנשיקה רומזת לקבורה כדרשם לעיל (פרשת תולדות סה כב) ושקה לי בני. ומה שאין הנשיקה גמורה בכה:
[יג] כי אחי אביה הוא. אם אחי אביה הוא איננו בן רבקה ואם בן רבקה איננו אחי אביה לזה דרשוהו לגדרין:

אם למקרא

וַיִּקַּח הָעֶבֶד עֲשָׂרָה גְמַלִּים מִגְּמַלֵּי אֲדֹנָיו וַיֵּלֶךְ וְכָל טוּב אֲדֹנָיו בְּיָדוֹ וַיָּקָם וַיֵּלֶךְ אֶל־אֲרַם נַהֲרַיִם אֶל עִיר נָחוֹר:
(בראשית כד:י)

מסורת המדרש

כו. מגילה דף י"ג. בבא בתרא דף קכ"ג: כז. ילקוט כאן רמז קכ"ה כל הענין:

ענף יוסף

(יג) אפיסתקיתי. פירש המתנות כהונה בשם רש"י פרקמטיא. ואולי פירש כן לפי הענין ולא לפי אמיתית הוראת מלה זו. ומצאתי שהיא מלה יונית מורכבת מן אופ"ס (רוכב) תק"ס (תיק) והוראתו תיק של רוכבים ובל"א (מאנטעל זאק) והוא ביאור נכון:

ידי משה

שראה אנשים מלחשים וכו'. רצה לומר שחשדו אותו שהנשיקה זו של זנות חלילה, לכן הראה להם בבכיה זו שאינו של זנות:
[יג] ואינון בחרציה. פירוש כי תרגום של מתניכם חגורין (שמות יב, יא), חרציכם אסורין:

שינוי נוסחאות

הדא אמרת. בדפוסים הישנים היה כתוב "הדא אמר'" בקיצור, וכנראה שצ"ל "הדא אמרה" (=זאת אומרת), כדאיתא במאות מקומות במדרשים ובירושלמי, אבל בדפוס קראקא מילאו את הקיצור וכתבו "אמרת" וכך הועתק לכל הדפוסים אח"כ:
(יד) **וכדין דלית גבך כלום** – צ"ל "וכדון ..." (=כיון), כן היה בכל הספרים חדשים גם ישנים עד דפוס לבוב תק"ע:

□ וַיֵּשֶׁב עִמּוֹ חֹדֶשׁ יָמִים — *AND HE STAYED WITH HIM A MONTH'S TIME.*

The Midrash extracts a lesson in proper etiquette from our verse:

אָמַר רַבִּי אַמִּי: לִמְּדָתְךָ תּוֹרָה דֶּרֶךְ אֶרֶץ — **R' Ami said: The Torah is teaching you proper etiquette** עַד הֵיכָן צָרִיךְ אָדָם לְהִטַּפֵּל בִּקְרוֹבָיו — with regard to **how long a person should care for his relatives** for free. עַד חֹדֶשׁ יָמִים — From our verse we learn that the answer is: **up to one month.**[199]

□ וַיֹּאמֶר לָבָן לְיַעֲקֹב הֲכִי וגו׳ וַעֲבַדְתַּנִי חִנָּם — *THEN LABAN SAID TO JACOB, "JUST BECAUSE* YOU ARE *MY RELATIVE, SHOULD YOU WORK FOR ME FOR NOTHING?"*

Laban's rhetorical question, *"Should you work for me for nothing?"* indicates that Laban intended to pay Jacob for his work. The Midrash analyzes Laban's motivation:

אֶפְשָׁר כֵּן — **Is it possible** that Laban was so righteous as to want to compensate Jacob for his work?[200] Surely not! אֶלָּא אִין הֲוָת פּוֹעֲלָה בַּעֲשָׂרָה פּוֹלָרִין הֲוָה יָהִיב לֵיהּ חֲמִשָּׁה פּוֹלָרִין — **Rather,** his offer is to be understood as follows: **If a worker** was generally hired **for ten coins,** Laban stipulated that **he would give [Jacob] five coins;**[201] וְאִם הֲוָת מוֹבִילוֹתֵיהּ בְּו׳ פּוֹלָרִין הֲוָה יָהִיב לֵיהּ בְּג׳ פּוֹלָרִין — **if [a worker's] transportation** of items **was** generally compensated **with six coins,** Laban stipulated that **he would give him three coins.** אָמַר לוֹ — **[Jacob] said to [Laban],** מָה אַתְּ סָבוּר, מָמוֹן אֲתֵית בָּעֵי מִינָּךְ — **"What do you think,** that **I have come to you** in order **to request money from you?** לָא אֲתֵית אֶלָּא בְּגִין תַּרְתֵּין טַלְיָיתָךְ — **I have come** to you **only because of your two maidens,** in order to choose one of them as a wife."[202]

וּלְלָבָן שְׁתֵּי בָנוֹת שֵׁם הַגְּדֹלָה לֵאָה וְשֵׁם הַקְּטַנָּה רָחֵל.

Laban had two daughters. The name of the older one was Leah and the name of the younger one was Rachel (29:15).

§15 וּלְלָבָן שְׁתֵּי בָנוֹת — *LABAN HAD TWO DAUGHTERS* [בָּנוֹת].

The Midrash expounds our verse as alluding to a key function played in the world by Leah and Rachel:

כְּב׳ קוֹרוֹת מְפוּלָּשׁוֹת מִסּוֹף הָעוֹלָם וְעַד סוֹפוֹ — **[Laban's two daughters] are likened to two beams that extend from one end of the world to the other.**[203]

The Midrash cites ten similarities between Lean and Rachel, to show that they fulfilled this function *equally*.[204] The first similarity:

זוֹ הֶעֱמִידָה אַלּוּפִים וְזוֹ הֶעֱמִידָה אַלּוּפִים — **[Leah] produced chiefs**[205] **and [Rachel] produced chiefs.**[206]

The second similarity:

זוֹ הֶעֱמִידָה מְלָכִים וְזוֹ הֶעֱמִידָה מְלָכִים — **[Leah] produced kings**[207] **and [Rachel] produced kings.**[208]

The third similarity:

מִזּוֹ עָמְדוּ הוֹרְגֵי אֲרָיוֹת וּמִזּוֹ עָמְדוּ הוֹרְגֵי אֲרָיוֹת — **From [Leah] there emerged killers of lions**[209] **and from [Rachel] there emerged killers of lions.**[210]

The fourth similarity:

מִזּוֹ עָמְדוּ נְבִיאִים וּמִזּוֹ עָמְדוּ נְבִיאִים — **From [Leah] there emerged prophets**[211] **and from [Rachel] there emerged prophets.**[212]

NOTES

199. The Midrash presumes that Jacob *stayed with [Laban] for a month* because this was what Laban had offered (*Mizrachi*). And even though Laban offered Jacob *free* lodging for that period of time, Jacob refused this offer, and he grazed Laban's sheep during that month [in return for Laban's hospitality] (*Rashi* to verse 14; see verse 15). From Laban's offer, we learn what is proper etiquette (*Yefeh To'ar*).

One might ask: Perhaps Laban was unusually stingy; perhaps proper etiquette is to offer *more* than a month? The answer is that the fact that Scripture chose to record Laban's offer tells us that the length of time he offered indeed represents what is proper and correct (ibid.). [For other examples of learning Jewish practice from Laban, see Midrash below, end of §19 with note 275; see also note 257; and see *Rashbam* to *Bava Basra* 120a s.v. להלן and *Shach, Yoreh Deah* 244:13.]

200. *Eitz Yosef.* For an alternative interpretation, see *Rashash*.

201. And if Jacob would not agree, Laban would not allow him to remain in his house (*Eitz Yosef*). [Laban was careful to make his stipulation of a greatly reduced compensation *before* Jacob performed work for him because otherwise Jacob would have had the legal right, after doing work for Laban, to demand equitable compensation for that work; see *Choshen Mishpat* Ch. 332 (*Rashash*).]

Laban's offer to compensate Jacob for his work was thus anything but pious. Rather, it was a devious attempt on the part of Laban to legally avoid paying Jacob fairly. Indeed, even Laban's *words* to Jacob were devious, for when he asked Jacob rhetorically, *"Should you serve me for nothing?"* what he meant was that Jacob should not work for *no* wages — but he *should* work for extremely *low* wages (*Eshed HaNechalim, Eitz Yosef*).

202. *Nezer HaKodesh, Eitz Yosef.* Alternatively, Jacob planned on marrying *both* of Laban's daughters. Although Jacob told Laban, *"I will work for you seven years, for Rachel your younger daughter"* (below, 29:18), he in fact planned on negotiating with Laban at a later date to marry Leah as well (*Yefeh To'ar*).

203. The Midrash expounds the word בָּנוֹת, *daughters*, as if it were written בּוֹנוֹת, *builders*, and is saying that the entire edifice of the world rests upon Leah and Rachel (*Yefeh To'ar, Eitz Yosef*; see similarly *Shemos Rabbah* 1 §6, end). The basis for this exposition is the fact that given that Bilhah and Zilpah were also daughters of Laban (Midrash below, 74 §13; see *Rashi* to 31:50 below), our verse should have stated that Laban had *four* daughters instead of *two*. The Midrash therefore explains that Laban had but *two* daughters whose righteousness sustained the world (*Yefeh To'ar*, second interpretation; for a different explanation see *Maharzu*).

204. The fact that they were equals is alluded to by the expression שְׁתֵּי בָנוֹת, *two daughters* (*Matnos Kehunah, Maharzu*). Indeed, we find the Sages expounding similarly in other contexts. See *Yalkut Shimoni, Bereishis* §8 regarding the expression שְׁנֵי הַמְּאֹרֹת הַגְּדֹלִים, *the two great luminaries* (above, 1:16); *Yalkut Shimoni, Vayikra* §443, and Mishnah *Yoma* 6:1 regarding the expression שְׁנֵי הַשְּׂעִירִם, *the two he-goats* (*Leviticus* 16:7); and *Bamidbar Rabbah* 13 §13 regarding the expression שְׁנֵיהֶם מְלֵאִים, *both of them filled* (*Numbers* 7:13) (*Maharzu*). See *Yefeh To'ar* for a lengthy discussion of why the Midrash cites these ten similarities and does not suffice with just a few.

205. As it states regarding Leah's descendants from Judah, *He will be like a master* [כְּאַלֻּף] *in Judah* (*Zechariah* 9:7), and *Then the captains* [אַלּוּפֵי] *of Judah will say, etc.* (ibid. 12:5) (*Eitz Yosef*).

206. As it states with regard to Rachel's descendants from Manasseh, *Behold, my thousand* [אַלְפִּי] *is the most impoverished of Manasseh* (*Judges* 6:15), and *and the thousands* [אַלְפֵי] *of Manasseh* (*Deuteronomy* 33:17) (*Eitz Yosef*).

207. Viz., David and his descendants, who were from the Tribe of Judah (ibid.).

208. Viz., Saul, Ish-bosheth, Jeroboam, Ahab, and Jehu and his sons (ibid.), who were from the Tribe of Ephraim.

209. Leah's descendant David killed a lion (*I Samuel* 17:36), as did her descendant Benaiah son of Jehoiada [who was a Kohen (*I Chronicles* 27:5) and thus from the Tribe of Levi] (*II Samuel* 23:20) (*Eitz Yosef*).

210. Samson from the Tribe of Dan killed a lion (*Judges* 14:5-6) (*Eitz Yosef*). [Although Dan was the son of Rachel's maidservant Bilhah, Rachel considered him as her own son, as it states, *Then Rachel said, "God has judged me, He has also heard my voice and has given 'me' a son." She therefore called his name Dan* (below, 30:6).]

211. Namely, Moses, who was from the Tribe of Levi (see *Exodus* 6:16-20); Samuel, who was also from the Tribe of Levi [Samuel's father Elkanah was a Levite — see *I Chronicles* 6:8 and *Ralbag* to *I Samuel* 1:1]; and Isaiah, who was from the Tribe of Judah [see *Megillah* 10b] (*Eitz Yosef*).

212. Namely, Joshua, who was from the Tribe of Ephraim (*Numbers* 13:8), and Elijah, who was from the Tribe of Benjamin [see 71 §9 below] (*Eitz Yosef*).

"וַיֵּשֶׁב עִמּוֹ חֹדֶשׁ יָמִים", אָמַר רַבִּי אַמִּי: לִמֶּדְתְךָ תּוֹרָה דֶּרֶךְ אֶרֶץ, עַד הֵיכָן צָרִיךְ אָדָם לְהִטַּפֵּל בִּקְרוֹבָיו, עַד חֹדֶשׁ יָמִים. [כט, טו] "וַיֹּאמֶר לָבָן לְיַעֲקֹב הֲכִי וְגוֹ' וַעֲבַדְתַּנִי חִנָּם", אֶפְשָׁר כֵּן, אֶלָּא אִין הֲוַת פּוֹעֲלָה בַּעֲשָׂרָה פּוֹלָרִין הֲוָה *יָהֵיב לֵיהּ חֲמִשָּׁה פּוֹלָרִין, וְאִם הֲוַת מוֹבִילוּתֵיהּ בְּו' פּוֹלָרִין הֲוָה *יָהֵיב לֵיהּ בְּג' פּוֹלָרִין, אָמַר לוֹ: מָה אַתְּ סָבוּר, מָמוֹן אֲתֵית בָּעֵי מִינָּךְ, לָא אֲתֵית אֶלָּא בְּגִין תַּרְתֵּין טַלְיָיתָךְ:

טו [כט, טז] "וּלְלָבָן שְׁתֵּי בָנוֹת", כְּבִ' קוֹרוֹת מְפוּלָּשׁוֹת מִסּוֹף הָעוֹלָם וְעַד סוֹפוֹ, זוֹ הֶעֱמִידָה אַלּוּפִים וְזוֹ הֶעֱמִידָה אַלּוּפִים, זוֹ הֶעֱמִידָה מְלָכִים וְזוֹ הֶעֱמִידָה מְלָכִים, מִזּוֹ עָמְדוּ הוֹרְגֵי אֲרָיוֹת וּמִזּוֹ עָמְדוּ הוֹרְגֵי אֲרָיוֹת, מִזּוֹ עָמְדוּ נְבִיאִים וּמִזּוֹ עָמְדוּ נְבִיאִים, מִזּוֹ עָמְדוּ שׁוֹפְטִים וּמִזּוֹ עָמְדוּ שׁוֹפְטִים, מִזּוֹ עָמְדוּ מְכַבְּשֵׁי אֲרָצוֹת וּמִזּוֹ עָמְדוּ מְכַבְּשֵׁי אֲרָצוֹת, מִזּוֹ עָמְדוּ מְחַלְּקֵי אֲרָצוֹת וּמִזּוֹ עָמְדוּ מְחַלְּקֵי אֲרָצוֹת, קָרְבַּן בְּנָהּ שֶׁל זוֹ דּוֹחֶה שַׁבָּת, וְקָרְבַּן בְּנָהּ שֶׁל זוֹ דּוֹחֶה שַׁבָּת, מִלְחֶמֶת בְּנָהּ שֶׁל זוֹ דּוֹחָה שַׁבָּת, וּמִלְחֶמֶת בְּנָהּ שֶׁל זוֹ דּוֹחָה אֶת הַשַּׁבָּת, לָזוֹ נִיתַּן שְׁתֵּי לֵילוֹת וְלָזוֹ נִיתַּן שְׁתֵּי לֵילוֹת, לֵילוֹ שֶׁל פַּרְעֹה וְלֵילוֹ שֶׁל סַנְחֵרִיב לְלֵאָה, לֵילוֹ שֶׁל גִּדְעוֹן וְלֵילוֹ שֶׁל מָרְדְּכַי לְרָחֵל,

עץ יוסף

אפשר כן. שהיה לבן לדיק. ומשני שכל דבריו היו ברמאות ומה שאמר שלא יעבדהו חנם במלת חנם הורה לו שחנם לגמרי לא רלה אבל בפחות מערכו רלה וזולת זה אינו רולה לאספו הביתה: **פולרין.** פירוש פרוטות בלשון תוגרמי (מעריך): **בגין תרתין טלייתא.** בשביל שתי הנערות שלך לבחור לי אחת מהן אשר תיטב בעיני: (טו) [יד] **בשני קורות.** דרש בנות כמו בונות. ועל זה אמר כשני קורות וכו' שכל בנין העולם סמוך עליהם: **העמידה אלופים כו'.** בבני יהודה מלינו אלופים טובא. והיה כאלוף ביהודה (זכריה ט, ז). ואמרו אלופי יהודה (שם יב, ה). וברחל כתיב (שופטים ו, טו) הנה אלפי הדל במנשה. וכתיב (דברים לג, יז) והם אלפי מנשה: **העמידה מלכים.** מלאה דוד וכל מלכי יהודה. ומרחל יוסף ושאול ואיש בושת וירבעם ואחאב ויהוא ובניו: **עמדו הורגי אריות.** שמשון מבני רחל הרג כפיר אריות. ודוד מלאה הרג הארי, גם בניהו בן יהוידע הכה את הארי בתוך הבור: **עמדו נביאים.** דמשה רבינו עליו השלום מלוי וכן שמואל וישעיהו בן אמוץ מיהודה. ויהושע מיוסף ואליהו מבנימין כדלקמן פרשה ע"א: **עמדו שופטים.** דעתניאל בן קנז מיהודה, ותולע בן פואה מיששכר, ואבלן זה בועז מיהודה, ואילון מזבולן, ועלי הכהן מלוי, הרי כל אלה עמדו מלאה. ואהוד מבנימין וגדעון ממנשה, וכן יאיר ויפתח ועבדון מאפרים: **עמדו מכבשי ארצות.** משה ודוד מלאה. יהושע ושאול מרחל. ורבים מהמלכים הנזכרים כבשו ארצות וחלקום: **וקרבן בנה של זו דוחה שבת.** שבחנוכת המזבח שבמשכן הקריב אפרים בשבת הרי קרבן בנה של רחל דוחה שבת. ובנה של לאה היינו שלמה שהקריב כמה זבחים לחנוכת בית המקדש ודחה שבת כדכתיב (דברי הימים ב' ז, ט) ויעשו ביום השמיני עלרת כי חנוכת המזבח עשו שבעת ימים (יפה תואר): **מלחמת בנה של זו דוחה שבת.** מלחמת יהושע ביריחו אחז"ל שהיה בשבת. ומלחמת דוד שהוא מלאה דחה שבת כדאיתא בפרק ד' דעירובין (מה, א) גבי מלחמת דוד בקעילה שהיה דוחה שבת (נזר הקודש): **ולזו ניתן שתי לילות. ללאה לילו של פרעה ולילו של סנחריב. לרחל לילו של גדעון ולילו של מרדכי.** כן לריך לומר (אות אמת יפת תואר). והכי פירושו דבמשה שהוא מלאה כתיב (שמות יב, כט) ויהי בחלי הלילה וגו'. ובחזקיה כתיב (מלכים ב' יט, לה) ויהי בלילה ההוא וילא מלאך ה' ויך במחנה

פירוש מהרז"ו

כמו (ויקרא יא, ב) זאת החיה אשר תאכלו וגו' אך את זה לא תאכלו וגו', וכן כאן אך עלמי ובשרי אתה, לא כמו שהייתי סבור בתחלה שתהיה שר העיר: **למדך תורה דרך ארץ.** במה שספרה מעשה זו, ועיין בספרי מדרש תנאים מדה ז': **חמשה.** וחנם פירושו כמו בחנם, בחצי שכר: (טו) **בשתי קורות.** הוקשה לו מה שאמר שתי בנות משמע שוות, כמו שנאמר (א, טז) שני המאורות, ואיתא בפרקי דרבי אליעזר (ריש פרק ו) לא זה גדול מזה כו', וכן דרשו על מה שאמר שני שעירים, שניהם מלאים, ביומא (לז, א), ובבמדבר רבה (יג, יג). ודרשו כן כי תיבת שני מיותר, ששתם מאורות שנים שעירים שנים, וכן בנות שתים, אלא להורות ששוות. ואחר כך כתב שם הגדולה ושם הקטנה והוי ב' כתובים מכחישים, על כן דורש בנות כמו בונות שהן תקרת העולם כמו שמבואר שמות רבה (א, ו), וכמו שנאמר (ישעיה מח, יב) יעקב מקוראי:

רש"י

אם היה פועלא בעשרה פולרין. אם היה נותן לפועל אחד עשרה פרוטות היה נותן לו חמשה פרוטות: **ואם הות מובלתיה בששה פולרין הוה יהיב שלשה פולרין.** אם היה נותן לבני אדם אחרים לישא משוי ששה פרוטות מאותה משוי לא היה נותן לו כי אם שלשה: **אמר ליה יעקב היא מה את סבור ממון אתיתי בעי ממך, לא אתיתי אלא בגין תרתין טלייתא:** (טו) **וללבן שתי בנות** (בראשית כט, טז):

מתנות כהונה

פי' רש"י ובילקוט גרס מהדק לך: **אפשר כן.** שעבד עמו בחנם לגמרי: **פולרין.** מין מטבע: **אין הוה כו'.** אם היה פועל אחר עושה בעשרה פולרין ליום היה יעקב עושה עמו בחמשה ואם היה משא עלים או שום דבר בששה פולרין היה נותן לו שלשה פולרין: **א"ל יעקב מה את סבור שאני באתי אצלך בשביל ממון.** לא באתי בשבילך אלא בשביל שתי בנותיך: **טלייתך.** נערותך: [טו] **מפולשות.** פתוחות ומגיעות מסוף העולם ועד סופו ודייק מדכתיב שתי בנות משמע שמתיהן שוות: **הורגי אריות.** דוד מלאה ושמשון מרחל: **קרבן בנה של זו כו'.** עיין בסדר נשא פרשה י"ד: **ה"ג לילו של גדעון ולילו של מרדכי לרחל בלילה כו':**

נחמד למראה

נראה מדכתיב לגרור בשני רישי"ן שלא כמנהג הלשון לפי שהיה ראוי לכתוב בגזרת הכפולים לגור באחד רי"ש, הכי נמי בנדון דידן וַיָּגֶל מגזרת הכפולים הוא בחסרון אות הכפל, וגבי הרועים נאמרו וגללו את האבן בשתי למדי"ן, והיינו לפי שהיה קשה עליהם לגלול את האבן, וגבי יעקב נאמר ויגל את האבן לפי שהיה נקל לו לעשותו, וזהו מה שאמר רבי יוחנן כזה שהוא מעביר פקק מעל פי צלוחית ודו"ק:

אשד הנחלים

מאוד כעבד לפני המלך, ואח"כ אך על כל פנים עצמי ובשרי אתה ועל כל פנים יהיה לי תועלת ממך: **אפשר כן.** כי כל דבריו היה ברמאות שאמר בלשון טוב שלא יעבדהו חינם רק ישלם לו, אבל במלת חינם הורה לו שישלם רק מעט רק שלא יהיה חינם, ולכן היה תיכף שואל ממנו לדעת מה חפץ בשכרו, כי היה חפץ לשוכרו בחינם, אך יעקב גילה לו שאין לו חפץ בהון רק בבנותיו: [טו] **וללבן שתי בנות.** דעתם שהכתוב מרמז איכות שתי בנות במעלתן, שבאמת היו שתיהם שוות במעלה והן שניהן עקריים בעולם, וכל מה שיצא מזו יצא מזו, רק עם כל זה לאה היא הגדולה, כי יהיה טובתה לזמן רב. וחשב כמה מיני מעלות הן בגבורה והן בחכמה ובנבואה ובהעלאת הקרבנות ובניסים ובנפלאות שניהן שוים, שמה שיקרה לבניה של זו יקרה לזו, רק של לאה ימשוך ביותר, ולכן נקראת גדולה, שאף ששוים המה באיכות, עם כל זה תהיה גדולה בכמות הזמן: **ללאה לילו של פרעה ולילו של סנחרב. לרחל לילו של גדעון.** כן הגיה האות אמת. כי משה

חידושי הרד"ל

[טו] **בנות. בשתי קורות כו'.** קרי ביה בונות, כרחל וכלאה אשר בנו שתיהן וגו' (רות ד, יא): **מחלקי ארצות.** משה מלאה, ויהושע מרחל. ועיין במדבר רבה (יד, ב) קרבן נשיא של אפרים בשבת: **מלחמת כו'.** מלינו מלחמת יהושע ביריחו שהיתה בשבת כמו שמבואר בירושלמי (פרק קמא דשבת ה"ז) ובבמדבר רבה (יד, ב) ופרשת מסעי (כג, ו), אבל מבני לאה לא מלאתי (ובמלחמת קעילה בדוד לסלקא דעתיה דהש"ס בעירובין (מה, א) היתה בשבת אבל לא קאי במסקנא הכי עיין שם בתוספות, וכמדומה שראיתי שמלחמת עמלק בימי משה היה בשבת (וסמך לדבר יש לי מדילפינן (תנחומא כי תלא סימן ז) זכור את אשר עשה לך עמלק מזכור את יום השבת, ועל דרך זה בשבת (פו, ב) לענין יום מתן תורה עיין שם), ומלחמת משה עם עוג דכתיב (במדבר כא, לד) אל תירא אותו, שמן אות שבת שהיה אז נתיירא משה לחללו, ולריך עיון:

חידושי הרש"ש

[יד] **ועבדתני חנם אפשר כן כו'.** יתכן לפרש שתמה על לבן שהרי הוכיחו יעקב וענה בפניו לולי כו' ריקם שלחתני ועתה אומר שאיננו חפץ בעבודת חנם רק שיקבול לו משכורתו. לזה השיב אלא אי הוה פועלה כו' ורלה לומר שרלונו היה לשוכרו בפחות, ואלו לא התנה עמו היה יכול יעקב לתבעו מה שההנהו או כדרך שאר פועלי העיר, עיין בטור ושולחן ערוך חושן משפט (סימן שלב): [טו] **העמידה אלופים כו'.** עיין לעיל (ס, יג) בפסוק אחותנו את הי' לאלפי רבבה: **מזו עמדו נביאים כו' שופטים כו'.** עיין סוכה (כז, ב): **קרבן בנה של זו דוחה שבת כו'.** עיין ידי משה שפירש זה קרבן יום הכפורים כו' שהוא חמור כמו בשבת. וכוונתו על פר ואיל של כהן גדול. (וכהאי גוונא מביא הגמרא ראיה (ביומא מו, א) מיום הכפורים לשבת עיין שם ברש"י

ידי משה

[טו] **קרבן בנה דוחה שבת.** זה קרבן חנוכת המזבח שהקריב אפרים בשבת, וזה דוחה שבת זה קרבן יום כיפורים שדוחה יום כפור שהוא חמור כמו שבת. וקל להבין:

משנת דרבי אליעזר

[טו] **וללבן שתי בנות בשתי קורות מפולשות וכו'.** דקשה דלמה לו לומר בנות, גם קשה הלא בלהה וזלפה היו גם כן בנותיו ולמה מיחס אותן באומרו שתי, אלא שתי בנות לענין כשתי קורות וכו', וכדמפרש ואזיל כל המעלות רק של בני שתי האמהות אלו, ולא של שאר שבטים שילאו מבלהה וזלפה:

אמרי יושר

[יד] **להטפל בקרובו.** לעשות מלאכתו חנם. או כיון שעתה אומר לו מה משכורתך נראה כי קודם שכרו היה טפול שהיה מוטפל בו לזונו אבל עכשו שאינו חייב מה שכרך. נראה שפירשו ועבדתני חנם בניחותא: [טו] **זו העמידה כו' וזו כו'.** דרשו מלת שתי להשואה. כמו שתי השעירים במסכת יומא (סב ב): **קרבן של זו דוחה.** לוי כהן גדול מלאה. אפרים בחנוכת המזבח משל רחל:

The fifth similarity:

מִזּוֹ עָמְדוּ שׁוֹפְטִים וּמִזּוֹ עָמְדוּ שׁוֹפְטִים – **From [Leah] there emerged judges[213] and from [Rachel] there emerged judges.[214]**

The sixth similarity:

מִזּוֹ עָמְדוּ מְכַבְּשֵׁי אֲרָצוֹת וּמִזּוֹ עָמְדוּ מְכַבְּשֵׁי אֲרָצוֹת – **From [Leah] there emerged conquerors of lands[215] and from [Rachel] there emerged conquerors of lands.[216]**

The seventh similarity:

מִזּוֹ עָמְדוּ מְחַלְּקֵי אֲרָצוֹת וּמִזּוֹ עָמְדוּ מְחַלְּקֵי אֲרָצוֹת – **From [Leah] there emerged dividers of lands and from [Rachel] there emerged dividers of lands.[217]**

The eighth similarity:

קָרְבַּן בְּנָהּ שֶׁל זוֹ דּוֹחֶה שַׁבָּת, וְקָרְבַּן בְּנָהּ שֶׁל זוֹ דּוֹחֶה שַׁבָּת – **The sacrifice of [Leah's] son would override the Sabbath[218] and the sacrifice of [Rachel's] son would override the Sabbath.[219]**

The ninth similarity:

מִלְחֶמֶת בְּנָהּ שֶׁל זוֹ דּוֹחָה שַׁבָּת, וּמִלְחֶמֶת בְּנָהּ שֶׁל זוֹ דּוֹחָה אֶת הַשַּׁבָּת – **The war waged by [Leah's] son would override the Sabbath[220] and the war waged by [Rachel's] son would override the Sabbath.[221]**

The tenth and last similarity:

לָזוֹ נִיתַּן שְׁתֵּי לֵילוֹת וְלָזוֹ נִיתַּן שְׁתֵּי לֵילוֹת – **[Leah] was given two nights** of victories, **and [Rachel] was given two nights** of victories.[222] לֵילוֹ שֶׁל פַּרְעֹה וְלֵילוֹ שֶׁל סַנְחֵרִיב לְלֵאָה – **The night involving Pharaoh[223] and the night involving Sennacherib,** king of Assyria,[224] were given **to Leah;** לֵילוֹ שֶׁל גִּדְעוֹן וְלֵילוֹ שֶׁל מָרְדְּכַי לְרָחֵל – **the night involving Gideon[225] and the night involving Mordechai and Esther[226]** were given **to Rachel,**

NOTES

213. These include Othniel son of Kenaz from the Tribe of Judah (see *I Chronicles* 4:1,13); Tola son of Puah from the Tribe of Issachar (see *Judges* 10:1); Ibzan of Beth-lehem from Judah (ibid. 12:8); Elon from the Tribe of Zebulun (ibid., v. 11); and Eli the Priest from the Tribe of Levi (see *I Samuel* 2:11) (*Eitz Yosef*).

214. Including Ehud from the Tribe of Benjamin (see *Judges* 3:15); Gideon, a descendant of Manasseh (ibid. 6:15); Jair the Gileadite (see ibid. 10:3) and Jephthah the Gileadite (ibid. 11:1), both also descendants of Manasseh (*Numbers* 32:40); and Abdon, a descendant of Ephraim (*Judges* 12:13,15) (*Eitz Yosef*).

215. Such as Moses and David, in addition to others (ibid.); see note 217.

216. Such as Joshua and Saul, in addition to others (ibid.); see next note.

217. Many of the kings mentioned in notes 207-208 conquered lands and divided them among the people (ibid.).

218. The Midrash is referring to Solomon, a descendant of Judah who, at the time of the dedication of the Temple, offered sacrifices on the Altar for seven consecutive days, which included the Sabbath (see *II Chronicles* 7:9) (*Eitz Yosef*, from *Yefeh To'ar*).

219. For it was the Tribe of Ephraim (Rachel's son) that brought sacrifices on the seventh day of the dedication of the Altar in the Tabernacle (*Numbers* 7:48) – a day that fell out on the Sabbath, as stated in *Bamidbar Rabbah* 14 §2 (*Eitz Yosef*, from *Yefeh To'ar*).

220. This refers to the battle that David waged against the Philistines in order to save the city of Ke'ilah (see *I Samuel* Ch. 23). According to the Gemara *Eruvin* 45a, this battle was fought on the Sabbath (*Eitz Yosef*, from *Nezer HaKodesh*). See, however, *Radal*, who questions this explanation. The *Aderes* (*Seder Parashiyos*, Vol. 1, p. 237) cites Yossipon, who records that the Hasmoneans (descendants of Leah) fought on the Sabbath.

221. This refers to Joshua's battle against the city of Jericho (see *Joshua* Ch. 6), which took place on the Sabbath, as stated in *Bereishis Rabbah* 47 §10 (*Eitz Yosef*, from *Nezer HaKodesh*).

222. Although God also granted other victories and salvations to Leah and Rachel's descendants that took place by day, the Midrash speaks about those that occurred by night because it was specifically in regard to nighttime victories that Leah and Rachel were equal (*Yefeh To'ar*, first answer). Alternatively, the victories mentioned here were unique in that they occurred through completely miraculous means, without the Israelites themselves having to actually fight (ibid., third answer).

223. That is, the night of the Exodus, regarding which Scripture states, *It was at midnight that HASHEM smote every firstborn in the land of Egypt* (*Exodus* 12:29). That night was given to Moses, a descendant of Leah, to victoriously take the Israelites out of Egypt (*Eitz Yosef*).

224. The war of Sennacherib, king of Assyria, against Jerusalem is recounted in *II Kings* 18:17-19:37. It was on account of the prayer of King Hezekiah, a descendant of Judah (see *II Kings* 18:1), that God sent an angel to smite the army of Sennacherib, as it states (ibid. 19:35), *And it was that [very] night: An angel of Hashem went out and struck down one hundred eighty-five thousand [people] of the Assyrian camp* (*Eitz Yosef*).

225. The battle of Gideon, a descendant of Rachel (see above, note 214), against Midian is recounted in *Judges* Ch. 7. With God's help, Gideon smote Midian at night, as it states (ibid., v. 19), *Gideon and the hundred men with him arrived at the edge of the camp at the beginning of the middle watch* (*Eitz Yosef*).

226. Mordechai was a Benjamite (see *Esther* 2:5) and was thus a descendant of Rachel. See next note.

"וַיֵּשֶׁב עִמּוֹ חֹדֶשׁ יָמִים", אָמַר רַבִּי אַמִּי: לִמְּדָתְךָ תּוֹרָה דֶּרֶךְ אֶרֶץ, עַד הֵיכָן צָרִיךְ אָדָם לְהִטַּפֵּל בִּקְרוֹבָיו, עַד חֹדֶשׁ יָמִים. [כט, טו] "וַיֹּאמֶר לָבָן לְיַעֲקֹב הֲכִי וְגוֹ' וַעֲבַדְתַּנִי חִנָּם", אֶפְשָׁר כֵּן, אֶלָּא אִין הֲוַת פּוֹעֲלָה בַּעֲשָׂרָה פּוֹלָרִין הֲוָה *יָהֵיב לֵיהּ חֲמִשָּׁה פּוֹלָרִין, וְאִם הֲוַת מוֹבִילוּתֵיהּ בְּו' פּוֹלָרִין הֲוָה *יָהֵיב לֵיהּ בְּג' פּוֹלָרִין, אָמַר לוֹ: מָה אַתְּ סָבוּר, מָמוֹן אֲתֵית בָּעֵי מִינָּךְ, לָא אֲתֵית אֶלָּא בְּגִין תַּרְתֵּין טַלְיָיתָךְ:

טו [כט, טז] "וּלְלָבָן שְׁתֵּי בָנוֹת", כְּב' קוֹרוֹת מְפֻלָּשׁוֹת מִסּוֹף הָעוֹלָם וְעַד סוֹפוֹ, זוֹ הֶעֱמִידָה אַלּוּפִים וְזוֹ הֶעֱמִידָה אַלּוּפִים, זוֹ הֶעֱמִידָה מְלָכִים וְזוֹ הֶעֱמִידָה מְלָכִים, מִזּוֹ עָמְדוּ הוֹרְגֵי אֲרָיוֹת וּמִזּוֹ עָמְדוּ הוֹרְגֵי אֲרָיוֹת, מִזּוֹ עָמְדוּ נְבִיאִים וּמִזּוֹ עָמְדוּ נְבִיאִים, מִזּוֹ עָמְדוּ שׁוֹפְטִים וּמִזּוֹ עָמְדוּ שׁוֹפְטִים, מִזּוֹ עָמְדוּ מְכַבְּשֵׁי אֲרָצוֹת וּמִזּוֹ עָמְדוּ מְכַבְּשֵׁי אֲרָצוֹת, מִזּוֹ עָמְדוּ מְחַלְּקֵי אֲרָצוֹת וּמִזּוֹ עָמְדוּ מְחַלְּקֵי אֲרָצוֹת, קָרְבַּן בְּנָהּ שֶׁל זוֹ דּוֹחֶה שַׁבָּת, וְקָרְבַּן בְּנָהּ שֶׁל זוֹ דּוֹחֶה שַׁבָּת, מִלְחֶמֶת בְּנָהּ שֶׁל זוֹ דּוֹחָה שַׁבָּת, וּמִלְחֶמֶת בְּנָהּ שֶׁל זוֹ דּוֹחָה אֶת הַשַּׁבָּת, לָזוֹ נִיתַּן שְׁתֵּי לֵילוֹת וְלָזוֹ נִיתַּן שְׁתֵּי לֵילוֹת, לֵילוֹ שֶׁל פַּרְעֹה וְלֵילוֹ שֶׁל סַנְחֵרִיב לְלֵאָה, לֵילוֹ שֶׁל גִּדְעוֹן וְלֵילוֹ שֶׁל מָרְדְּכַי לְרָחֵל,

עץ יוסף

אפשר בן. שהיה לבן לדיק. ומשני שכל דבריו היו ברמאות ומה שאמר שלא יעבדהו חנם במלת חנם הורה לו שחנם לגמרי לא רצה אבל בפחות מערכו רצה וזולת זה אינו רוצה לאספו הביתה: **פולרין.** פירוש פרוטות בלשון תוגרמי (מעריך): **בגין תרתין טלייתא.** בשביל שתי הנערות שלך לבחור לי אחת מהן אשר תיטב בעיני: (טו) [יד] **בשני קורות.** דרש בנות כמו בונות. ועל זה אמר כשני קורות וכו' שכל בנין העולם סמוך עליהם: **העמידה אלופים כו'.** דבני יהודה מצינו אלופים טובא. והיה כאלוף ביהודה (זכריה ט, ז). ואמרו אלופי יהודה (שם יב, ה). וברחל כתיב (שופטים ו, טו) הנה אלפי הדל במנשה. וכתיב (דברים לג, יז) והם אלפי מנשה: **העמידה מלכים.** מלאה דוד וכל מלכי יהודה. ומרחל יוסף ושאול ואיש בושת וירבעם ואחאב ויהוא ובניו: **עמדו הורגי אריות.** שמשון מבני רחל הרג כפיר אריות. ודוד מלאה הרג הארי, גם בניהו בן יהוידע הכה את הארי בתוך הבור: **עמדו נביאים.** דמשה רבינו עליו השלום מלוי וכן שמואל וישעיהו בן אמוץ מיהודה. ויהושע מיוסף ואליהו מבנימין כדלקמן פרשה ע"א: **עמדו שופטים.** דעתניאל בן קנז מיהודה, ותולע בן פואה מיששכר, ואבצן זה בועז מיהודה, ואילון מזבולן, ועלי הכהן מלוי, הרי כל אלה עמדו מלאה. ואהוד מבנימין וגדעון ממנשה, וכן יאיר ויפתח ועבדון מאפרים: **עמדו מכבשי ארצות.** משה ודוד מלאה. יהושע ושאול מרחל. ורבים מהמלכים הנזכרים כבשו ארצות וחלקום:

וקרבן בנה של זו דוחה שבת. שבחנוכת המזבח שבמשכן הקריב אפרים בשבת הרי קרבן בנה של רחל דוחה שבת. ובנה של לאה היינו שלמה שהקריב כמה זבחים לחנוכת בית המקדש ודחה שבת כדכתיב (דברי הימים ב' ז, ט) ויעשו ביום השמיני עצרת כי חנוכת המזבח עשו שבעת ימים (יפה תואר): **מלחמת בנה של זו דוחה שבת.** מלחמת יהושע ביריחו אחז"ל שהיה בשבת. ומלחמת דוד שהוא מלאה דחה שבת כדאיתא בפרק ד' דעירובין (מה, א) גבי מלחמת דוד בקעילה שהיה דוחה שבת (נזר הקודש): **ולזו ניתן שתי לילות. ללאה לילו של פרעה ולילו של סנחריב. לרחל לילו של גדעון ולילו של מרדכי.** כן צריך לומר (אות אמת יפת תואר). והכי פירושו דבמשה שהוא מלאה כתיב (שמות יב, כט) ויהי בחצי הלילה וגו'. ובחזקיה כתיב (מלכים ב' יט, לה) ויהי בלילה ההוא ויצא מלאך ה' ויך במחנה

פירוש מהרז"ו

כמו (ויקרא יא, ב) זאת החיה אשר תאכלו וגו' אך את זה לא תאכלו וגו', וכן כאן אך עצמי ובשרי אתה, לא כמו שהייתי סבור בתחלה שתהיה שר העיר: **למדך תורה דרך ארץ.** במה שספרה מעשה זו, ועיין בספרי מדרש תנאים מדה ז': **חמשה.** וחנם פירושו כמו בחנם, בלא שכר: (טו) **בשתי קורות.** הוקשה לו מה שאמר שתי בנות משמע שוות, כמו שנאמר (א, טז) שני המאורות, ואיתא בפרקי דרבי אליעזר (ריש פרק ו) לא זה גדול מזה כו', וכן דרשו על מה שאמר שני שעירים, שניהם שוים, ביומא (לז, א), ובבמדבר רבה (יג, יג). ודרשו כן כי תיבת שני מיותר, שסתם מאורות שנים שעירים שנים, וכן בנות שתים, אלא להורות ששוות. ואחר כך כתב שם הגדולה ושם הקטנה והוי ב' כתובים מכחישים, על כן דורש בנות כמו בונות שהן תקרת העולם כמו שמבואר שמות רבה (א, ו), וכמו שנאמר (ישעיה מח, יב) יעקב מקוראי:

חידושי הרד"ל

[טו] **בנות. בשתי קורות כו'.** קרי ביה בונות, כרחל וכלאה אשר בנו שתיהן וגו' (רות ד, יא):

מחלקי ארצות. משה מלאה, ויהושע מרחל. ועיין במדבר רבה (יד, ב) קרבן נשיא של אפרים בשבת:

מלחמת כו'. מצינו מלחמת יהושע ביריחו שהיתה בשבת כמו שמבואר בירושלמי (פרק קמא דשבת ה"ז) ובבמדבר רבה (יד, ב) ופרשת מסעי (כג, ו), אבל מבני לאה לא מצאתי (ובמלחמת קעילה בדוד לסלקא דעתיה דהש"ס בעירובין (מה, א) היתה בשבת אבל לא קאי במסקנא הכי עיין שם בתוספות, וכמדומה שראיתי שמלחמת עמלק בימי משה היה בשבת (וסמך לדבר יש לי מדלפינן (תנחומא כי תצא סימן ז) זכור את אשר עשה לך עמלק מזכור את יום השבת, ועל דרך זה בשבת (פו, ב) לענין יום מתן תורה עיין שם), ומלחמת משה עם עוג דכתיב (במדבר כא, לד) אל תירא אותו, שמן אות שבת שהיה אז נתיירא משה לחללו, וצריך עיון:

חידושי הרש"ש

[יד] **ועבדתני חנם אפשר בן כו'.** יתכן לפרש שמתמה על לבן שהרי הוכיחו יעקב וענה בפניו לולי כו' ריקם שלחתני ועתה אומר שאיננו חפץ בעבודת חנם רק שיקצוב לו משכורתו. לזה השיב אלא אי הוה פועלה כו' ורצה לומר שרצונו היה לשוכרו בפחות, ואלו לא התנה עמו היה יכול יעקב לתבעו מה שההגהו או כדרך שאר פועלי העיר, עיין בטור ושולחן ערוך חושן משפט (סימן שלב):

[טו] **העמידה אלופים כו'.** עיין לעיל (ס, יג) בפסוק אחותנו את היי לאלפי רבבה: **מזו עמדו נביאים כו' שופטים כו'.** עיין סוכה (כז, ב): **קרבן בנה של זו דוחה שבת כו'.** עיין ידי משה שפירש זה קרבן יום הכפורים כו' שהוא חמור כמו בשבת. וכוונתו על פר ואיל של כהן גדול. (וכהאי גוונא מביא הגמרא ראיה (ביומא מו, א) מיום הכפורים לשבת עיין שם ברש"י

ידי משה

[טו] **קרבן בנה דוחה שבת.** זה קרבן חנוכת המזבח שהקריב אפרים בשבת, וזה דוחה שבת זה קרבן יום כיפורים שדוחה יום כפור שהוא חמור כמו שבת. וקל להבין:

משנת דרבי אליעזר

[טו] **וללבן שתי בנות בשתי קורות מפולשות וכו'.** דקשה דלמה לו לומר בנות, גם קשה הלא בלהה וזלפה היו גם כן בנותיו ולמה מיחס אותן באומרו שתי, אלא שתי בנות לענין כשתי קורות וכו', וכדמפרש ואזיל כל המעלות רק של בני שתי האמהות אלו, ולא של שאר שבטים שיצאו מבלהה וזלפה:

אמרי יושר

[יד] **להטפל בקרובו.** לעשות מלאכתו חנם. או כיון שעתה אומר לו מה משכורתך נראה כי קודם שכרו היה טפול שהיה מוטפל בו לזונו אבל עכשו שאינו חייב מה שכרך. נראה שפירשו ועבדתני חנם בניחותא:

[טו] **זו העמידה כו' וזו כו'.** דרשו מלת שתי להשואה. כמו שתי השעירים במסכת יומא (סב ב): **קרבן של זו דוחה.** לוי כהן גדול מלאה. אפרים בחנוכת המזבח משל רחל:

רש"י

אם היה פועלא בעשרה פולרין. אם היה נותן לפועל אחד עשרה פרוטות היה נותן לו חמשה פרוטות: **ואם הות מובלתיה בששה פולרין הוה יהיב שלשה פולרין.** אם היה נותן לבני אדם אחרים לישא משוי ששה פרוטות מאותה משוי לא היה נותן לו כי אם שלשה: **אמר ליה יעקב היא מה את סבור ממון אתיתי בעי ממך, לא אתיתי אלא בגין תרתין טלייתא:** (טו) **וללבן שתי בנות** (בראשית כט, טז):

מתנות כהונה

פי' רש"י וילקוט גרס מהדק לך: **אפשר כן.** שעבד עמו בחנם לגמרי: **פולרין.** מין מטבע: **אין הוה כו'.** אם היה פועל אחר עושה בעשרה פולרין ליום היה יעקב עושה עמו בחמשה ואם היה משא עליס או שום דבר בששה פולרין היה נותן לו שלשה פולרין: **א"ל יעקב מה את סבור שאני באתי אצלך בשביל ממון.** לא באתי בשבילך אלא בשביל שתי בנותיך: **טלייתך.** נערותך: [טו] **מפולשות.** פתוחות ומגיעות מסוף העולם ועד סופו ודייק מדכתיב שתי בנות משמע ששתיהן שוות: **הורגי אריות.** דוד מלאה ושמשון מרחל: **קרבן בנה של זו כו'.** עיין בסדר נשא פרשה י"ד: **ה"ג לילו של גדעון ולילו של מרדכי לרחל בלילה כו':**

נחמד למראה

נראה מדכתיב לגרור בשני רישי"ן שלא כמנהג הלשון לפי שהיה ראוי לכתוב בגזרת הכפולים לגור בחד רי"ש, הכי נמי בנדון דידן וַיָּגֶל מגזרת הכפולים הוא בחסרון אות הכפל, וגבי הרועים נאמרו וגללו את האבן בשתי למדי"ן, והיינו לפי שהיה קשה עליהם לגלול את האבן, וגבי יעקב נאמר ויגל את האבן לפי שהיה נקל לו לעשותו, וזהו מה שאמר רבי יוחנן כזה שהוא מעביר פקק מעל פי צלוחית ודו"ק:

אשד הנחלים

מאוד כעבד לפני המלך, ואח"כ אך על כל פנים עצמי ובשרי אתה ועל כל פנים יהיה לי תועלת ממך: **אפשר כן.** כי כל דבריו היה ברמאות שאמר בלשון טוב שלא יעבדהו חינם רק ישלם לו, אבל במלת חינם הורה לו שישלם רק מעט רק שלא יהיה חינם, ולכן היה תיכף שואל ממנו לדעת מה חפץ בשכרו, כי היה חפץ לשוכרו בחינם, אך יעקב גילה לו שאין לו חפץ בהון רק בבנותיו: [טו] **וללבן שתי בנות.** דעתם שהכתוב מרמז איכות שתי בנות במעלתן, שבאמת היו שתיהם שוות במעלה והן שניהן עקריים בעולם, וכל מה שיצא מזו יצא מזו, רק עם כל זה לאה היא הגדולה, כי יהיה טובתה לזמן רב. וחשב כמה מיני מעלות הן בגבורה והן בחכמה ובנבואה ובהעלאת הקרבנות ובניסים ובנפלאות שניהן שוים, שמה שיקרה לבניה של זו יקרה לזו, רק של לאה ימשוך ביותר, ולכן נקראת גדולה, שאף ששוים המה באיכות, עם כל זה תהיה גדולה בכמות הזמן: **ללאה לילו של פרעה ולילו של סנחרב. לרחל לילו של גדעון.** כן הגיה האות אמת. כי משה

"בַּלַּיְלָה הַהוּא נָדְדָה שְׁנַת הַמֶּלֶךְ" — as it states regarding the latter, ***That night the king's sleep was disturbed*** (*Esther* 6:1).[227]

□ שֵׁם הַגְּדֹלָה לֵאָה — *THE NAME OF THE "GEDOLAH"* [הַגְּדֹלָה] *WAS LEAH AND THE NAME OF THE "KETANAH"* [הַקְּטַנָּה] *WAS RACHEL.*

The Midrash expounds the terms הַגְּדֹלָה and הַקְּטַנָּה:[228]

גְּדוֹלָה בְּמַתְּנוֹתֶיהָ — The term *ha'gedolah* [הַגְּדֹלָה] refers to the fact that **[Leah] was greater** than Rachel **with respect to the gifts she received.**[229] כְּהוּנָּה לְעוֹלָם — For she received **the priesthood forever,**[230] וּמַלְכוּת לְעוֹלָם — **and kingship forever,**[231] יְרוּשָׁלַיִם לְעוֹלָם — and **Jerusalem forever;**[232] דִּכְתִיב "וִיהוּדָה לְעוֹלָם תֵּשֵׁב וגו' " — **for it is written** with regard to Jerusalem, ***Judah will exist forever** and Jerusalem from generation to generation . . . when HASHEM dwells in Zion* (*Joel* 4:20-21). וּכְתִיב "זֹאת מְנוּחָתִי עֲדֵי עַד" — Furthermore, **it is written** with regard to Jerusalem, ***This is My resting place for ever and ever*** (*Psalms* 132:14).

The Midrash contrasts these permanent acquisitions of Leah with the impermanent acquisitions of Rachel:

וְשֵׁם הַקְּטַנָּה רָחֵל — ***And the name of the younger one was Rachel.*** קְטַנָּה בְּמַתְּנוֹתֶיהָ — The term *ha'ketanah* [הַקְּטַנָּה] refers to the fact that **[Rachel] was smaller** than Leah **with respect to the gifts she received:** יוֹסֵף לְשָׁעָה שָׁאוּל לְשָׁעָה — In regard to kingship, Rachel's descendant **Joseph** reigned (over Egypt) only **temporarily,** and her descendant **Saul** reigned (over Israel) only **temporarily;** וְשִׁילֹה לְשָׁעָה — and similarly, the Tabernacle in **Shiloh,** which was located in the portion of Joseph, stood only **temporarily.**[233] "וַיִּמְאַס בְּאֹהֶל יוֹסֵף וּבְשֵׁבֶט אֶפְרַיִם לֹא בָחָר" — Thus it states, ***He** (God) **rejected the tent of Joseph and did not choose the tribe of Ephraim*** (ibid. 78:67).[234]

וְעֵינֵי לֵאָה רַכּוֹת וְרָחֵל הָיְתָה יְפַת תֹּאַר וִיפַת מַרְאֶה.

Leah's eyes were tender, while Rachel was beautiful of form and beautiful of appearance (29:17).

§16 וְעֵינֵי לֵאָה רַכּוֹת — *LEAH'S EYES WERE TENDER* [רַכּוֹת].

The Midrash explains the word רַכּוֹת:

אֲמוֹרָאֵיהּ דְּרַבִּי יוֹחָנָן תִּרְגֵּם קוֹדְמוֹי — **The speaker**[235] **of R' Yochanan interpreted** our verse **before [R' Yochanan]** as follows: וְעֵינֵי לֵאָה הֲווֹ רַכִּיכָן — **Leah's eyes were weak.**[236] אֲמַר לֵיהּ: עֵינוֹהִי דְאִימָּךְ הֲווֹ רַכִּיכָן — **[R' Yochanan]** objected to this interpretation[237] and **retorted to [the speaker], "Your mother's eyes were weak!"**[238] רַכּוֹת וּמַהוּ "רַכּוֹת" — Rather, **what is meant by *rakkos*** [רַכּוֹת]? מִבְּכִיָּה — Her eyes were **tender from crying,** שֶׁהָיוּ אוֹמְרִים: כָּךְ הָיוּ הַתְּנָאִים — **for people were saying: Such were the stipulations** in regard to the children of Rebecca and her brother Laban:[239] הַגְּדוֹלָה לַגָּדוֹל וְהַקְּטַנָּה לַקָּטָן — **The older** daughter (Leah) is **to** be married to **the older** son (Esau), **and the younger** daughter (Rachel) is **to** be married to the **younger** son (Jacob). וְהָיְתָה בּוֹכָה וְאוֹמֶרֶת: יְהִי רָצוֹן שֶׁלֹּא אֶפּוֹל בְּגוֹרָלוֹ שֶׁל רָשָׁע — As a result, **[Leah] would cry and say, "May it be the will** of God **that I should not fall into the lot of** the **wicked** Esau!" אָמַר רַבִּי הוּנָא — **R' Huna said:** קָשָׁה הִיא הַתְּפִלָּה שֶׁבִּטְּלָה אֶת הַגְּזֵירָה — **Strong is** the power of **prayer, for [Leah's prayer]** successfully **nullified the decree** that she would marry Esau;[240] וְלֹא עוֹד אֶלָּא שֶׁקָּדְמָה לַאֲחוֹתָהּ — **and not only** that, **but** because of her prayers **she** even **preceded her sister** Rachel in marrying Jacob.[241]

□ וְרָחֵל הָיְתָה יְפַת תֹּאַר — *WHILE RACHEL WAS BEAUTIFUL OF FORM AND BEAUTIFUL OF APPEARANCE.*

עִיקַּר סִמָּנֶיהָ שֶׁל רָחֵל לֹא הָיְתָה אֶלָּא נָאָה — **The main** distinguishing **feature of Rachel was only that she was beautiful.**[242] "וְרָחֵל הָיְתָה וגו' " — Hence the verse states, ***while Rachel was** beautiful of form, **etc.***[243]

NOTES

227. While the Midrash did not cite any verses in support of its statements about Pharaoh, Sennacherib, and Gideon being victorious at night, it does cite one here in support of its statement about Mordechai. This is because while the veracity of the former statements is obvious from explicit and clear verses (see preceding notes), the veracity of the latter statement is not. In fact, Mordechai's actual victory over Haman did *not* occur at night; the Midrash means rather that it was Mordechai's *ascent to power* over Haman that *commenced* at night. And it is this fact that the Midrash proves from the passage that begins: *That night the king's sleep was disturbed*; see *Esther* Ch. 6 (*Yefeh To'ar*, cited by *Eitz Yosef*).

228. The Midrash will expound the verse's reference to הַגְּדֹלָה and הַקְּטַנָּה as referring not to age but to level of greatness. It is led to this exposition by the fact that Scripture here uses the terms הַגְּדֹלָה and הַקְּטַנָּה, lit., *the big* and *the small*, in place of the terms הַבְּכִירָה and הַצְּעִירָה, *the elder* and *the younger* [that are used in 29:26 below] (*Matnos Kehunah*; for alternative explanations see *Yefeh To'ar*).

229. Even though the Midrash has just recounted (in the preceding segment) ten ways in which Leah and Rachel were equal, nevertheless Leah had certain greater, more lasting successes than Rachel (*Yefeh To'ar, Eitz Yosef*).

230. Through her son Levi, the forebear of all priests and Levites.

[Even though Rachel did not receive the priesthood *at all*, and the Midrash could therefore have described Leah's "greater gift" of the priesthood without mentioning that she had it "forever," the Midrash wished to emphasize the contrast between the two sisters: not only did Leah get the priesthood, but she got it *forever* (*Yefeh To'ar*, cited by *Eitz Yosef*).]

231. Through her descendant King David (who came from Judah).

232. The Midrash is referring to the sanctity of the Temple complex — the majority of which stood on land belonging to the Tribe of Judah (see *Yoma* 12a and Midrash below, 99 §1 with note 21) — which lasted forever. The Midrash goes on to cite verses that prove that even after Jerusalem was destroyed, the Divine Presence never left it; the sanctity of the Temple, and of Jerusalem as a whole, never departed (*Yefeh To'ar*; see also *Eitz Yosef*). See *Rambam, Hil. Beis HaBechirah* 6:14-15.

233. The Tabernacle stood in Shiloh for a long time, 369 years. Nevertheless, once it was destroyed it was never rebuilt; its sanctity was gone forever (see *Eitz Yosef*).

234. This verse refers to the fact that the Divine Presence did not rest permanently in the portion of Joseph (as it did in the portion of Judah — see note 232).

235. In Talmudic times, a lecturer who spoke to a large audience was assisted by a "speaker." The lecturer sat and whispered his address to the "speaker," who then projected it loudly to the entire assemblage (*Eitz Yosef*; see *Rashi* to *Sotah* 40a s.v. אמוריה).

236. I.e., her vision was poor (*Matnos Kehunah, Eitz Yosef*).

237. Scripture means to speak in *praise* of Leah, not the opposite! (see *Yalkut Shimoni* §125 and see *Yefeh To'ar*).

238. Alternatively: R' Yochanan's response is to be interpreted: "You are saying that your mother's eyes (i.e., Leah's eyes) were weak?!" (*Midrash HaMevo'ar*).

239. These stipulations were decreed from heaven [for Abraham and Isaac, too, had married members of this family: Abraham's wife Sarah was Laban's great-aunt, and Isaac's wife was Laban's sister Rebecca] (see *Maharzu*; see also Dubno Maggid, quoted in Insight Ⓐ cited in note 241). Alternatively, these stipulations were made by Rebecca and Laban (*Matnos Kehunah, Eitz Yosef*; see *Midrash Tanchuma* [Buber], *Vayeitzei* §12).

240. [See *Yefeh To'ar* who wonders at R' Huna's use of the word "decree" here; see there for his suggested explanations (see also *Eitz Yosef*). According to *Maharzu's* interpretation in the previous note, however, it is readily understandable.]

241. Laban's success in switching Leah for Rachel without Jacob realizing (see below, 29:22-26) came from God, Who orchestrated events in response to Leah's prayers (see *Yefeh To'ar, Eitz Yosef*).

See Insight Ⓐ, following note 273 below.

242. I.e., if one wanted to refer specifically to Rachel [from among all of Laban's daughters (*Yefeh To'ar*) — see above, note 203], he would describe her as *the "beautiful" daughter of Laban*, for it was her attribute of beauty that clearly set her apart from the others (*Eitz Yosef*).

243. The Midrash derives its exposition from the seemingly extraneous

(אסתר ו א) "בַּלַּיְלָה הַהוּא נָדְדָה שְׁנַת הַמֶּלֶךְ". [כט, טז] "(ו)שֵׁם הַגְּדֹלָה לֵאָה", גְּדוֹלָה בְּמַתְּנוֹתֶיהָ, כְּהוּנָּה לְעוֹלָם וּמַלְכוּת לְעוֹלָם, דִּכְתִיב (יואל ד, כ) "וִיהוּדָה לְעוֹלָם תֵּשֵׁב", וּכְתִיב (תהלים קלב, יד) "זֹאת מְנוּחָתִי עֲדֵי עַד". [כט, טז] "וְשֵׁם הַקְּטַנָּה רָחֵל", קְטַנָּה בְּמַתְּנוֹתֶיהָ, יוֹסֵף לְשָׁעָה שָׁאוּל לְשָׁעָה וְשִׁילֹה לְשָׁעָה, (שם עח, סז) "וַיִּמְאַס בְּאֹהֶל יוֹסֵף וּבְשֵׁבֶט אֶפְרַיִם לֹא בָחָר":

טז [כט, יז] "וְעֵינֵי לֵאָה רַכּוֹת", [כח]אֲמוֹרָאֵיהּ דְּרַבִּי יוֹחָנָן תִּרְגֵּם קוֹדְמוֹי: וְעֵינֵי לֵאָה הֲווֹ °רַכִּיכִין, אֲמַר לֵיהּ: עֵינוֹהִי דְּאִימָּךְ הֲווֹ °רַכִּיכִין, וּמַהוּ "רַכּוֹת", רַכּוֹת מִבְּכִיָּה, שֶׁהָיוּ אוֹמְרִים: כָּךְ הָיוּ הַתְּנָאִים, הַגְּדוֹלָה לַגָּדוֹל וְהַקְּטַנָּה לַקָּטָן, וְהָיְתָה בּוֹכָה וְאוֹמֶרֶת: יְהִי רָצוֹן שֶׁלֹּא אֶפּוֹל בְּגוֹרָלוֹ שֶׁל רָשָׁע, אָמַר רַבִּי הוּנָא: קָשָׁה הִיא [כט]הַתְּפִלָּה שֶׁבִּטְּלָה אֶת הַגְּזֵירָה, וְלֹא עוֹד אֶלָּא שֶׁקָּדְמָה לַאֲחוֹתָהּ. [שם] "וְרָחֵל הָיְתָה יְפַת תֹּאַר", עִיקַּר סִמָּנֶיהָ שֶׁל רָחֵל לֹא הָיְתָה אֶלָּא נָאָה, "וְרָחֵל הָיְתָה וְגוֹ'":

יז [כט, יח] "וַיֶּאֱהַב יַעֲקֹב אֶת רָחֵל", ° בְּגִין דַּאֲנָא יָדַע דְּאַנְשֵׁי מְקוֹמָךְ רַמָּאִין, לְפִיכָךְ אֲנִי מְבָרֵר עִסְקִי עִמָּךְ, "וַיֹּאמֶר אֶעֱבָדְךָ ... בְּרָחֵל בִּתְּךָ", "בְּרָחֵל" וְלֹא בְּלֵאָה, "בִּתְּךָ" שֶׁלֹּא תָבִיא אַחֶרֶת מִן הַשּׁוּק וּשְׁמָהּ רָחֵל, "קְטַנָּה" שֶׁלֹּא תַחֲלִיף שְׁמוֹתָן זוֹ בָּזוֹ, אֲפִילּוּ אַתְּ נוֹתֵן אֶת הָרָשָׁע בַּחֲמוֹר שֶׁל חָרָשִׁים אֵין אַתְּ מוֹעִיל מִמֶּנּוּ כְּלוּם.

עץ יוסף

אשור וגו'. ובגדעון שהוא מרחל כתיב (שופטים ז, יט) ויבא גדעון כו' בקצה המחנה ראש האשמורת התיכונה וגו'. ובמרדכי גם כן שהוא מבניה של רחל כתיב בלילה ההוא נדדה שנת המלך וגו'. ולא הוצרך להביא ראיה רק לשל מרדכי שאינה כל כך מפורש, שלא הצליח בלילה ממש אלא שהוכנה מעלתו בלילה (יפה תואר): [טו] **גדולה במתנותיה כו'.** שאף על פי שמשתיהן נבנה העולם וכדאמר לעיל שהיו שני קורות, מכל מקום לאה הצליחה יותר: **כהונה לעולם.** לרבותא נקט דלא מיבעי שהיתה יתירה בכהונה אלא שהיתה עולמית (יפה תואר): **ומלכות לעולם. ירושלים לעולם דכתיב ויהודה לעולם תשב וירושלים לדור ודור.** כן צריך לומר. ולפי שירושלים נחרבה מייתי וירושלים וגו', וה' שוכן בציון, שלעולם הקדושה שם אפילו בחורבנה וכדכתיב זאת מנוחתי עדי עד (יפה תואר): **יוסף לשעה.** שלא נמשכה מלכותו לדורות וכן שאול. ואף על פי שהיו גם כן מלכים אחרים מבניה כירבעם ואחאב לא זכרם, כי אלו אינם נחשבים ממתנותיה לרשעתם (יפה תואר): **ושילה לשעה.** שמשכן שילה שבחלק יוסף היה לשעה שלבסוף נחרב ושוב אינו חוזר: (טז) **אמוראיה דרבי יוחנן.** דרכם היה להיות להם מתורגמן להשמיע לרבים דרשתם ונקרא אמורא שלו: **ועיני לאה רכיכין.** והיה מפרש רכות כמשמעו רך, שראייה שלה לא היתה עזה ובהירה. ואמר ליה עיני אמך היו רכים, ודרך רוגז אמר כן. והאות אמת גרס **אמר ליה עינוהי דאמך הוו רכיכין לא בא הכתוב אלא לספר בשבחה ומהו רכות שהיו רכות מבכיה.** וזהו שבחה: **שהיו אומרים.** ההמון היו אומרים כי תנאים היו בין רבקה ללבן ששני בניה ישאו שני בנותיו הגדולה לגדול והקטנה לקטן, ונתיראה שמא יתקיימו הדברים: **שבטלה את הגזירה.** שמכיון דרובא דעלמא היו אומרים כן מסתמא הגזירה כך היתה: **שקדמה לאחותה.** דמה שהצליח לבן ברמאותיו להחליף לאה ברחל היה מהקדוש ברוך הוא: **עיקר סימניה כו'.** שהרוצה לרמוז עליה היה אומר בת לבן הנאה, שהיופי היה סימן מובהק לה: (יז) [טז] **ויאהב יעקב את רחל אמר בגין.** כן צריך לומר: **בגין דאנא ידע כו'.** משום דמפריז על תנאו לומר ברחל ולא בלאה כו' כדבסמוך ואין זה מדרך ארץ, לכן אמר שתלה הדבר באנשי מקומו שהם רמאים: **אעבדך ברחל ולא בלאה.** כן צריך לומר. ותיבת בתך מיותרת כאן (אות אמת): **שלא להחליף שמותן.** לקרוא הגדולה רחל ותטעון שעליה היה התנאי (ועיין ביפה תואר): **אפילו אתה נותן כו'.** דבר הספר הן: **בחמור של חרשים.** פרש"י ספסלים של דף עבה שמגררים בו הנסרים: **אין אתה מועיל.** אין אתה מולא תועלת ממנו כלום:

פירוש מהרז"ו

גדולה במתנותיה. בבא בתרא (קכג, א) כהונה ברית מלח עולם, ועיין דברי הימים (ב' יג ה): **באהל יוסף.** היינו שילה בחלקו של יוסף: (טז) **הוו רכיכין.** משמע מתולדתה וכמו שנאמר ברחל יפת תואר בתולדתה ועיין שמות רבה (א, כד) והנה נער: **שכך היו התנאים.** הבריות היו משערין שכך נגזרו התנאים מהקב"ה מתולדתם, כי גם אברהם נשא ממשפחה זו בת אחיו, וכן יצחק, ובני יצחק, וכמו שאמרו בתנחומא כאן (סימן ד) ביתר באור עיין שם היטב. ואיתא בסדר עולם (פרק ב) שרחל ולאה תאומות היו ונולדו בעת שנתברך יעקב מיצחק, ולכך נטמן בבית עבר עד שהיו בנות י"ד שנה: (יז) **בחמור של חרשים.** עיין לעיל (סה, כב), ועל דרך שכתוב (משלי כז, כב) אם תכתוש את האויל במכתש כו':

רש"י

(יז) **אפילו אתה נותן את הרשעים בחמור של חרשים.** שמחליקין בו את הנסרים אין אתה מועיל:

מתנות כהונה

גדולה במתנותיה. דייק דהל"ל הבכירה וכתב הגדולה רמז על מתנותיה הגדולים בלי הפסק: [טז] **אמוראי כו'.** אמורא שהיה עומד לפניו ומפרש הדרשא לרבים והיה מפרש רכות כמשמעו רך שראייה שלה לא היה עזה ובהיר רק רך וכהה וא"ל ר"י עיני אמך היו רכים ודרך רוגז אמר כן על מה שפירשו דרך גנות: **התנאים.** בין רבקה ללבן: **והיתה בוכה.** עיין בפ' יש נוחלין: **ה"ג אמר בגין כו'.** כך אמר יעקב בלבו בשביל שיודע אני שאנשי מקומך רמאים אברר עסקי עמך שיהא ברור בלא חלוקים: **ה"ג ברחל ולא בלאה:** [יז] **ושמה רחל.** כלומר ששמה רחל: **אפילו אתה נותן כו'.** דברי הספר הם: **בחמור של חרשים.** עיין פרשה כ"ה:

אשד הנחלים

לוי היה, וגדעון מיוסף משבט מנשה, כמו שכתוב (שופטים ו, טו) הנה אלפי הדל במנשה ואנכי הצעיר בבית אבי, ומרדכי מבנימין בן רחל. ומלת לרחל נמחק. וכן צ"ל של מרדכי, בלילה גו'. וחשב הלילות ביחוד, שהיו הניסים בלילה, וכן נס גדעון היה בלילה כמו שכתוב (שופטים ו, כה) ויהי בלילה ההוא: [טז] **רכות מבכיה.** כלומר שהיתה בטבע רכת הלב מאוד ועל כן בכתה תמיד, ולכן תלה הריכוך בעינים לפי שמבכייתה נראה רכות לבבה, אבל לא שהיו עיניה רכות ובלתי בהירות, כן נראה לי. ועיין במתנות כהונה: **לגדול.** זה עשו שהיה בכור. **לא בא הכתוב אלא לספר בשבחה.** כן גרס האות אמת. ולפירושו הוא כמו שמפרש המתנות כהונה, שלא בא הכתוב לספר גנותה כי היו עניה רכות וא"כ זה גנות בתולדתה, וכי רק מקרה לה מצד בכייתה, וא"כ זה שבחה שבכתה שלא תפול בגורלו של עשו. וכן הוא הנכון דאז יהיה ההפך ורחל היתה יפת תואר, לא נשתנית מיופיה כי לא בכתה: **עיקר סימניה.** כלומר שלא בא הכתוב לומר שע"כ אהבה יעקב מצד שהיתה יפה מאוד, וא"כ זהו ח"ו מצד התאוה והגנות, רק שסימן התואר הטוב מורה על מעלות חמודות ונאות שיש בה ולכן אהבה, וזה עיקר סימניה לא היה אלא נאה, כלומר שתוארה היה סימן על מעלתה כי נאה היא במעלותיה: [יז] **ויאהב גו' ויאמר גו' אמר בגין כן.** כצ"ל [אות אמת]. כלומר שלכן התנה כל התנאים עמו דווקא בשם רחל ובבתו דווקא ובקטנה, שלא יחליף שמותם ושניהם הם בנותיו: **אפילו אתה נותן כו'.** זהו מאמר המדרש עצמו, כלומר ועם כל זה לא הועיל לו כי לבסוף הונה אותו לתת לו את לאה:

חידושי הרש"ש

ד"ה תניא, וכן שם (סו, ב) זאת אומרת עירוב והוצאה לשבת ואין כו' ליום הכפורים עיין שם בפירש"י. ויותר נראה דהכוונה כאן על חביתי כהן גדול שקריבין בכל יום אפילו בשבת. וגם לפירושו לא היה צריך לומר שהוא חמור כו' אלא דאף אם יום הכפורים בשבת דוחה: **כהונה לעולם כו'.** נראה דחסר כאן ראיה לזה מהא דכתיב ברית מלח עולם היא כו' בפרשת קרח (במדבר יח, יט). וחסר עוד ירושלים לעולם ועל זה מביא ראיה לקרא דזאת מנוחתי עדי עד:

אמרי יושר

[טז] **רכות בבכיה.** שהיו אומרים שתנשא לעשו. ואם כן בשבח לאה הכתוב מדבר ולא מטבעה. אבל ברחל כתיב היתה מטבעה (עיין בספרו נוף דבש ויצא ד"ה ויפת מראה):

משנת דרבי אליעזר

[טז] **עיקר סימנים של רחל היתה וכו'.** דיוקו דמלת היתה מיותר, אלא בא להורות שעיקר סימנים בין לאה לרחל לא היתה רק נאה במראה, וזולת זה מחובר למעלה ורחל היתה בהוויתה כמו לאה, לכך לא הכירה בשינוי הצורות, ודלא כמאן דאמר (מגילה יג, ב) שהוצרכה לימסר סימניה ללאה:

מסורת המדרש

כח. בבא בתרא דף קכ"ג. תנחומא כאן סימן ד':
כט. ראש השנה דף ט"ז:

אם למקרא

בַּלַּיְלָה הַהוּא נָדְדָה שְׁנַת הַמֶּלֶךְ וַיֹּאמֶר לְהָבִיא אֶת־סֵפֶר הַזִּכְרֹנוֹת דִּבְרֵי הַיָּמִים וַיִּהְיוּ נִקְרָאִים לִפְנֵי הַמֶּלֶךְ: (אסתר ו:א)

וִיהוּדָה לְעוֹלָם תֵּשֵׁב וִירוּשָׁלַם לְדוֹר וָדוֹר: (יואל ד:כ)

זֹאת מְנוּחָתִי עֲדֵי עַד פֹּה אֵשֵׁב כִּי אִוִּתִיהָ: (תהלים קלב:יד)

וַיִּמְאַס בְּאֹהֶל יוֹסֵף וּבְשֵׁבֶט אֶפְרַיִם לֹא בָחָר: (שם עח:סז)

ידי משה

[טז] **ולא עוד אלא שקדמה.** פירוש לבן הקדימה ללאה להשיאה קודם רחל וכל זה עשתה התפלה. וקל להבין: **עיקר סימניה לא היתה אלא נאה.** פירוש עיקר סימנים זו עיניה כידוע (תענית כד, א) כל אשה שעיניה יפות כל גופה אין צריך בדיקה, וזה היפך של ועיני לאה רכות, ולפי זה לא קאי מלת היתה על רחל אלא הסימנים ודו"ק:

שינוי נוסחאות

(טז) **ועיני לאה הוו רכיכין.** צ"ל "רכיכן", שתיבת "עיני" היא ל' נקבה, וכן באמת היה כתוב בספרים הישנים:
(יז) **"ויאהב יעקב את רחל", בגין דאנא.** צ"ל "אמר בגין דאנא", כן הגיהו גם אות אמת וגם מתנות כהונה, וכ"ה בת-א:

וַיֶּאֱהַב יַעֲקֹב אֶת רָחֵל וַיֹּאמֶר אֶעֱבָדְךָ שֶׁבַע שָׁנִים בְּרָחֵל בִּתְּךָ הַקְּטַנָּה. וַיֹּאמֶר לָבָן טוֹב תִּתִּי אֹתָהּ לָךְ מִתִּתִּי אֹתָהּ לְאִישׁ אַחֵר שְׁבָה עִמָּדִי.

Jacob loved Rachel, so he said, "I will work for you seven years, for Rachel your younger daughter." Laban said, "It is better that I give her to you than that I give her to another man; remain with me" (29:18-19).

§17 **וַיֶּאֱהַב יַעֲקֹב אֶת רָחֵל** — *JACOB LOVED RACHEL, SO HE SAID, "I WILL WORK FOR YOU SEVEN YEARS, FOR RACHEL YOUR YOUNGER DAUGHTER."*

Why did Jacob describe Rachel at such length?[244] The Midrash explains:

אָמַר: בְּגִין דַּאֲנָא יָדַע דְּאַנְשֵׁי מְקוֹמָךְ רַמָּאִין — **[Jacob] said** to Laban, **"Since I know that the people of your place are frauds, לְפִיכָךְ אֲנִי מְבָרֵר עִסְקִי עִמָּךְ — therefore I am clarifying my dealings with you."**[245] "וַיֹּאמֶר אֶעֱבָדְךָ ... בְּרָחֵל בִּתְּךָ" — Thus, the verse states, ***So he said, "I will work for you . . . for Rachel your younger daughter."*** Jacob thus made himself very clear: **"בְּרָחֵל" וְלֹא בְּלֵאָה** — ***for Rachel*** — **not for Leah; "בִּתְּךָ" שֶׁלֹּא תָבִיא אַחֶרֶת מִן הַשּׁוּק וּשְׁמָהּ רָחֵל** — ***your daughter*** — meaning **that you should not bring a different woman from the marketplace whose name is** also **Rachel; "קְטַנָּה" שֶׁלֹּא תַחֲלִיף שְׁמוֹתָן זוֹ בְּזוֹ** — and finally, *your **younger** daughter* — meaning **that you should not exchange [Leah and Rachel's] names for each other.**[246]

Despite Jacob's clarifications, Laban was *still* able to rationalize giving him Leah in place of Rachel. The Midrash comments on Laban's temerity:[247]

אֲפִילוּ אַתְּ נוֹתֵן אֶת הָרָשָׁע בַּחֲמוֹר שֶׁל חָרָשִׁים אֵין אַתְּ מוֹעִיל מִמֶּנּוּ כְּלוּם — **Even were you to place the wicked individual on a carpenter's bench**[248] and proceed to saw his body, **you cannot make anything useful out of him.**[249]

NOTES

words וִיפַת מַרְאֶה, *and beautiful of appearance.* The word מַרְאֶה connotes "showing [to others]" (*Yefeh To'ar*, first explanation).

An alternative approach to our Midrash is taken by *Eshed HaNechalim*, who explains the Midrash to be saying that Jacob wanted to marry Rachel not because of her external beauty but because of the inner qualities that were bespoken by her physical appearance.

244. It would seem that merely mentioning Rachel by name should have been sufficient. Yet, not only did Jacob specify that she was Laban's daughter, he specified that she was the *younger* daughter (see *Yefeh To'ar*).

245. As the Midrash will go on to explain, Jacob described Rachel as he did in order to prevent Laban from cheating him and giving him Leah instead of Rachel. However, it would be rude to speak to Laban in a manner that, in effect, accuses him of being a deceitful person! Jacob therefore prefaced his stipulations with the statement that it is the dishonest people among whom Laban lives that he is concerned about, for they might advise Laban to cheat him. Jacob tells Laban that he intends to make his proposal in such a way that Laban's neighbors will not be able to devise a way to cheat him (*Yefeh To'ar*; see also *Eitz Yosef*).

246. I.e., you should not call the older one (Leah) "Rachel" and then give her to me in place of her younger sister with the claim that it was *that* "Rachel" about whom we spoke (*Yefeh To'ar, Eitz Yosef*).

As to why Jacob could not just say "your younger daughter," and not mention Rachel's name altogether, if Jacob had done so Laban could have given him Bilhah or Zilpah, who were younger than Leah and Rachel; see above, note 203 (*Yefeh To'ar*; see there further).

247. See ibid.

248. This was a thick bench on which beams would be scraped (*Eitz Yosef*, from *Rashi* to *Bereishis Rabbah* 65 §22).

249. I.e., even great sufferings will have no effect on him. Surely, then, mere stipulations such as those advanced by Jacob will be ignored (*Yefeh To'ar*).

(אסתר ו א) "בַּלַּיְלָה הַהוּא נָדְדָה שְׁנַת הַמֶּלֶךְ". [כט, טז] "(ו)שֵׁם הַגְּדֹלָה לֵאָה", גְּדוֹלָה בְּמַתְּנוֹתֶיהָ, כְּהוּנָּה לְעוֹלָם וּמַלְכוּת לְעוֹלָם, דִּכְתִיב (יואל ד, כ) "וִיהוּדָה לְעוֹלָם תֵּשֵׁב", וּכְתִיב (תהלים קלב, יד) "זֹאת מְנוּחָתִי עֲדֵי עַד". [כט, טז] "וְשֵׁם הַקְּטַנָּה רָחֵל", קְטַנָּה בְּמַתְּנוֹתֶיהָ, יוֹסֵף לְשָׁעָה שָׁאוּל לְשָׁעָה וְשִׁילֹה לְשָׁעָה, (שם עח, סז) "וַיִּמְאַס בְּאֹהֶל יוֹסֵף וּבְשֵׁבֶט אֶפְרַיִם לֹא בָחָר":

טז [כט, יז] "וְעֵינֵי לֵאָה רַכּוֹת", [כח]אֲמוֹרָאֵיהּ דְּרַבִּי יוֹחָנָן תִּרְגֵּם קוֹדְמוֹי: וְעֵינֵי לֵאָה הֲווֹ °רַכִּיכִין, אֲמַר לֵיהּ: עֵינוֹהִי דְּאִימָּךְ הֲווֹ °רַכִּיכִין, וּמַהוּ "רַכּוֹת", רַכּוֹת מִבְּכִיָּה, שֶׁהָיוּ אוֹמְרִים: כָּךְ הָיוּ הַתְּנָאִים, הַגְּדוֹלָה לַגָּדוֹל וְהַקְּטַנָּה לַקָּטָן, וְהָיְתָה בּוֹכָה וְאוֹמֶרֶת: יְהִי רָצוֹן שֶׁלֹּא אֶפּוֹל בְּגוֹרָלוֹ שֶׁל רָשָׁע, אָמַר רַבִּי הוּנָא: קָשָׁה הִיא [כט]הַתְּפִלָּה שֶׁבִּטְּלָה אֶת הַגְּזֵירָה, וְלֹא עוֹד אֶלָּא שֶׁקָּדְמָה לַאֲחוֹתָהּ. [שם] "וְרָחֵל הָיְתָה יְפַת תֹּאַר", עִיקַּר סִמָּנֶיהָ שֶׁל רָחֵל לֹא הָיְתָה אֶלָּא נָאָה, "וְרָחֵל הָיְתָה וְגוֹ'":

יז [כט, יח] "וַיֶּאֱהַב יַעֲקֹב אֶת רָחֵל", ° בְּגִין דַּאֲנָא יָדַע דְּאַנְשֵׁי מְקוֹמָךְ רַמָּאִין, לְפִיכָךְ אֲנִי מְבָרֵר עִסְקֵי עִמָּךְ, "וַיֹּאמֶר אֶעֱבָדְךָ ... בְּרָחֵל בִּתְּךָ", "בְּרָחֵל" וְלֹא בְּלֵאָה, "בִּתְּךָ" שֶׁלֹּא תָבִיא אַחֶרֶת מִן הַשּׁוּק וּשְׁמָהּ רָחֵל, "קְטַנָּה" שֶׁלֹּא תַחֲלִיף שְׁמוֹתָן זוֹ בָּזוֹ, אֲפִילוּ אַתְּ נוֹתֵן אֶת הָרָשָׁע בַּחֲמוֹר שֶׁל חָרָשִׁים אֵין אַתְּ מוֹעִיל מִמֶּנּוּ כְּלוּם.

עץ יוסף

אשור וגו'. ובגדעון שהוא מרחל כתיב (שופטים ז, יט) ויבא גדעון כו' בקצה המחנה ראש האשמורת התיכונה וגו'. ובמרדכי גם כן שהוא מבניה של רחל כתיב בלילה ההוא נדדה שנת המלך וגו'. ולא הוצרך להביא ראיה רק לשל מרדכי שאינה כל כך מפורש, שלא הגליא בלילה ממש אלא שהוכנה מעלתו בלילה (יפה תואר): **[טו] גדולה במתנותיה כו'.** שאף על פי שמשתיהן נבנה העולם וכדאמר לעיל שהיו שני קורות, מכל מקום לאה הגליחה יותר: **כהונה לעולם.** לרבותא נקט דלא מיבעי שהיתה יתירה בכהונה אלא שהיתה עולמית (יפה תואר): **ומלכות לעולם. ירושלים לעולם דכתיב ויהודה לעולם תשב וירושלים לדור ודור.** כן צריך לומר. ולפי שירושלים נחרבה מייתי וירושלים וגו', וה' שוכן בציון, שלעולם הקדושה שם אפילו בחורבנה וכדכתיב זאת מנוחתי עדי עד (יפה תואר): **יוסף לשעה.** שלא נמשכה מלכותו לדורות וכן שאול. ואף על פי שהיו גם כן מלכים אחרים מבניה כירבעם ואחאב לא זכרם, כי אלו אינם נחשבים ממתנותיה לרשעתם (יפה תואר): **ושילה לשעה.** שמשכן שילה שבחלק יוסף היה לשעה שלבסוף נחרב ושוב אינו חוזר: **(טז) אמוראיה דרבי יוחנן.** דרכם היה להיות להם מתורגמן להשמיע לרבים דרשתם ונקרא אמורא שלו: **ועיני לאה רכיכין.** והיה מפרש רכות כמשמעו רך, שראייה שלה לא היתה עזה ובהירה. ואמר ליה עיני אמך היו רכים, ודרך רוגז אמר כן. והאות אמת גרס **אמר ליה עינוהי דאמך הוו רכיכין לא בא הכתוב אלא לספר בשבחה ומהו רכות שהיו רכות מבכיה.** וזהו שבחה: **שהיו אומרים.** ההמון היו אומרים כי תנאים היו בין רבקה ללבן ששני בניה ישאו שני בנותיו הגדולה לגדול והקטנה לקטן, ונתיראה שמא יתקיימו הדברים: **שבטלה את הגזירה.** שמכיון דרובא דעלמא היו אומרים כן מסתמא הגזירה כך היתה: **שקדמה לאחותה.** דמה שהגליא לבן ברמאותיו להחליף לאה ברחל היה מהקדוש ברוך הוא: **עיקר סימניה כו'.** שהרוצה לרמוז עליה היה אומר בת לבן הנאה, שהיופי היה סימן מובהק לה: **(יז) [טז] ויאהב יעקב את רחל אמר בגין.** כן צריך לומר: **בגין דאנא ידע כו'.** משום דמפריז על תנאו לומר ברחל ולא בלאה כו' כדבסמוך ואין זה מדרך ארץ, לכן אמר שתלה הדבר באנשי מקומו שהם רמאים: **אעבדך ברחל ולא בלאה.** כן צריך לומר. ותיבת בתך מיותרת כאן (אות אמת): **שלא להחליף שמותן.** לקרוא הגדולה רחל ותטעון שעליה היה התנאי (ועיין ביפה תואר): **אפילו אתה נותן כו'.** דבר הספר הן: **בחמור של חרשים.** פרש"י ספסלים של דף עבה שמגררים בו הנסרים: **אין אתה מועיל.** אין אתה מוצא תועלת ממנו כלום:

פירוש מהרז"ו

גדולה במתנותיה. בבא בתרא (קכג, א) כהונה ברית מלח עולם, ועיין דברי הימים (ב' יג ה): **באהל יוסף.** היינו שילה בחלקו של יוסף: **(טז) הוו רכיכין.** משמע מתולדתה וכמו שנאמר ברחל יפת תואר בתולדתה ועיין שמות רבה (א, כד) והנה נער: **שכך היו התנאים.** הבריות היו מסערין שכך נגזרו התנאים מהקב"ה מתולדתם, כי גם אברהם נשא ממשפחה זו בת אחיו, וכן יצחק, ובני יצחק, וכמו שאמרו בתנחומא כאן (סימן ד) ביתר באור עיין שם היטב. ואיתא בסדר עולם (פרק ב) שרחל ולאה תאומות היו ונולדו בעת שנתברך יעקב מיצחק, ולכך נטמן בבית עבר עד שהיו בנות י"ד שנה: **(יז) בחמור של חרשים.** עיין לעיל (סה, כב), ועל דרך שכתוב (משלי כז, כב) אם תכתוש את האויל במכתש כו':

רש"י

(יז) אפילו אתה נותן את הרשעים בחמור של חרשים. שמחליקין בו את הנסרים אין אתה מועיל:

מתנות כהונה

גדולה במתנותיה. דייק דהל"ל הבכירה וכתב הגדולה רמז על מתנותיה הגדולים בלי הפסק: **[טז] אמוראי כו'.** אמורא שהיה עומד לפניו ומפרש הדרשא לרבים והיה מפרש רכות כמשמעו רך שראייה שלה לא היה עזה ובהיר רק רך וכהה וא"ל ר"י עיני אמך היו רכים ודרך רוגז אמר כן על מה שפירשו דרך גנות: **התנאים.** בין רבקה ללבן: **והיתה בוכה.** עיין בפ' יש נוחלין: **ה"ג אמר בגין כו'.** כך אמר יעקב בלבו בשביל שיודע אנכי שאנשי מקומך רמאים אברר עסקי עמך שיהא ברור בלא חלוקים: **ה"ג ברחל ולא בלאה:** **[יז] ושמה רחל.** כלומר ששמה רחל: **אפילו אתה נותן כו'.** דברי הספר הם: **בחמור של חרשים.** עיין פרשה כ"ה:

אשד הנחלים

לוי היה, וגדעון מיוסף משבט מנשה, כמו שכתוב (שופטים ו, טו) הנה אלפי הדל במנשה ואנכי הצעיר בבית אבי, ומרדכי מבנימין בן רחל. ומלת לרחל נמחק. וכן צ"ל של מרדכי, בלילה גו'. וחשב הלילות ביחוד, שהיו הניסים בלילה, וכן נס גדעון היה בלילה כמו שכתוב (שופטים ו, כה) ויהי בלילה ההוא: **[טז] רכות מבכיה.** כלומר שהיתה בטבע רכת הלב מאוד ועל כן בכתה תמיד, ולכן תלה הריכוך בעינים לפי שמבכייתה נראה רכות לבבה, אבל לא שהיו עיניה רכות ובלתי בהירות, כן נראה לי. ועיין במתנות כהונה: **לגדול.** זה עשו שהיה בכור. **לא בא הכתוב אלא לספר בשבחה.** כן גרס האות אמת. ולפירושו הוא כמו שמפרש המתנות כהונה, שלא בא הכתוב לספר גנותה כי היו עניה רכות וא"כ זה גנות בתולדתה, וכי רק מקרה לה מצד בכייתה, וא"כ זה שבחה שבכתה שלא תפול בגורלו של עשו. וכן הוא הנכון דאז יהיה ההפך ורחל היתה יפת תואר, לא נשתנית מיופיה כי לא בכתה: **עיקר סימניה.** כלומר שלא בא הכתוב לומר שע"כ אהבה יעקב מצד שהיתה יפה מאוד, וא"כ זהו ח"ו מצד התאוה והגנות, רק שסימן התואר הטוב מורה על מעלות חמודות ונאות שיש בה ולכן אהבה, וזה עיקר סימניה לא היה אלא נאה, כלומר שתוארה היה סימן על מעלתה כי נאה היא במעלותיה: **[יז] ויאהב גו' ויאמר גו' אמר בגין כן.** כצ"ל [אות אמת]. כלומר שלכן התנה כל התנאים עמו דווקא בשם רחל ובבתו דווקא ובקטנה, שלא יחליף שמותם ושניהם הם בנותיו: **אפילו אתה נותן כו'.** זהו מאמר המדרש עצמו, כלומר ועם כל זה לא הועיל לו כי לבסוף הונה אותו לתת לו את לאה:

חידושי הרש"ש

ד"ה תנינא, וכן שם (סו, ב) זאת אומרת עירוב והוצאה לשבת ואין כו' ליום הכפורים עיין שם בפירש"י. ויותר נראה דהכוונה כאן על חביתי כהן גדול שקריבין בכל יום אפילו בשבת. וגם לפירושו לא היה צריך לומר שהוא חמור כו' אלא דאף אם יום הכפורים בשבת דוחה: **כהונה לעולם כו'.** נראה דחסר כאן ראיה לזה מהא דכתיב ברית מלח עולם היא כו' בפרשת קרח (במדבר יח, יט). וחסר עוד ירושלים לעולם ועל זה מביא ראיה לקרא דזאת מנוחתי עדי עד:

אמרי יושר

[טז] רכות בבכיה. שהיו אומרים שתנשא לעשו. ואם כן בשבח לאה הכתוב מדבר ולא מטבעה. אבל ברחל כתיב היתה מטבעה (עיין בספרו נוף דבש ויגא ד"ה ויפת מראה):

משנת דרבי אליעזר

[טז] עיקר סימנים של רחל היתה וכו'. דיוקו דמלת היתה מיותר, אלא בא להורות שעיקר סימנים בין לאה לרחל לא היתה רק נאה במראה, וזולת זה מחובר למעלה ורחל היתה בהוויתה כמו לאה, לכך לא הכירה בשינוי הצורות, ודלא כמאן דאמר (מגילה יג, ב) שהוצרכה לימסר סימניה ללאה:

מסורת המדרש

כח. בבא בתרא דף קכ"ג. תנחומא כאן סימן ד':

כט. ראש השנה דף ט"ז:

אם למקרא

בַּלַּיְלָה הַהוּא נָדְדָה שְׁנַת הַמֶּלֶךְ וַיֹּאמֶר לְהָבִיא אֶת־סֵפֶר הַזִּכְרֹנוֹת דִּבְרֵי הַיָּמִים וַיִּהְיוּ נִקְרָאִים לִפְנֵי הַמֶּלֶךְ: (אסתר ו:א)

וִיהוּדָה לְעוֹלָם תֵּשֵׁב וִירוּשָׁלַםִ לְדוֹר וָדוֹר: (יואל ד:כ)

זֹאת מְנוּחָתִי עֲדֵי עַד פֹּה אֵשֵׁב כִּי אִוִּתִיהָ: (תהלים קלב:יד)

וַיִּמְאַס בְּאֹהֶל יוֹסֵף וּבְשֵׁבֶט אֶפְרַיִם לֹא בָחָר: (שם עח:סז)

ידי משה

[טז] ולא עוד אלא שקדמה. פירוש לבן הקדימה ללאה להשיאה קודם רחל וכל זה עשתה התפלה. וקל להבין: **עיקר סימניה לא היתה אלא נאה.** פירוש עיקר סימנים זו עיניה כידוע (תענית כד, א) כל אשה שעיניה יפות כל גופה אין צריך בדיקה, וזה היפך של ועיני לאה רכות, ולפי זה לא קאי מלת היתה על רחל אלא הסימנים ודו"ק:

שינוי נוסחאות

(טז) ועיני לאה הוו רכיכין. צ"ל "רכיכן", שתיבת "עיני" היא ל' נקבה, וכן באמת היה כתוב בספרים הישנים:

(יז) "ויאהב יעקב את רחל", בגין דאנא. צ"ל "אמר בגין דאנא", כן הגיהו גם אות אמת וגם מתנות כהונה, וכ"ה בת-א:

וַיֹּאמֶר לָבָן טוֹב תִּתִּי אוֹתָהּ לָךְ וְגוֹ׳ — Thus it states, ***Laban said, "It is better that I give her to you, etc.*** *[than that I give her to another man; remain with me]."*[250]

וַיַּעֲבֹד יַעֲקֹב בְּרָחֵל שֶׁבַע שָׁנִים וַיִּהְיוּ בְעֵינָיו כְּיָמִים אֲחָדִים בְּאַהֲבָתוֹ אֹתָהּ.

So Jacob worked seven years for Rachel and they seemed to him a few days because of his love for her (29:20).

□ וַיַּעֲבוֹד יַעֲקֹב בְּרָחֵל וְגוֹ׳ — ***SO JACOB WORKED*** *SEVEN YEARS* ***FOR RACHEL*** *AND THEY SEEMED TO HIM A FEW* [אֲחָדִים] *DAYS BECAUSE OF HIS LOVE FOR HER.*

When Jacob's mother Rebecca told him to flee to Laban in order to be safe from his brother Esau, she told him to remain with Laban *a few days* (27:44 above). Yet our verse states that Jacob worked for Laban for seven years, in apparent violation of his mother's instructions! The Midrash addresses this difficulty:[251]

אָמַר רַבִּי חֲנִינָא בַּר פָּזִי: נֶאֱמַר לְהַלָּן "אֲחָדִים", "וְיָשַׁבְתָּ עִמּוֹ יָמִים אֲחָדִים" — **R' Chanina bar Pazi said: It states** ***a few*** [אֲחָדִים] *days* **there** (in 27:44 above): ***"And remain with him a few*** [אֲחָדִים] ***days,"*** וְנֶאֱמַר כָּאן "אֲחָדִים" — **and it states** ***a few*** [אֲחָדִים] *days* **here** (in our verse). מַה כָּאן שֶׁבַע שָׁנִים, אַף לְהַלָּן שֶׁבַע שָׁנִים — **Just as here** the expression *a few days* is used in reference to a period of **seven years, so too there** it refers to a period of **seven years.**[252]

וַיֹּאמֶר יַעֲקֹב אֶל לָבָן הָבָה אֶת אִשְׁתִּי כִּי מָלְאוּ יָמָי וְאָבוֹאָה אֵלֶיהָ.

Jacob said to Laban, "Deliver my wife for my term is fulfilled, and I will consort with her" (29:21).

§18 וַיֹּאמֶר יַעֲקֹב אֶל לָבָן הָבָה אֶת אִשְׁתִּי — ***JACOB SAID TO LABAN, "DELIVER MY WIFE . . .*** *AND I WILL CONSORT WITH HER."*

The Midrash explains Jacob's seemingly crude statement:

אָמַר רַבִּי אֵיבוּ — **R' Eivu said:** אֲפִילוּ אָדָם פָּרוּץ אֵינוֹ אוֹמֵר כַּלָּשׁוֹן הַזֶּה — **Even** the most **vulgar individual does not speak such words,** כָּךְ הָיָה יַעֲקֹב אוֹמֵר "הָבָה אֶת אִשְׁתִּי . . . וְאָבוֹאָה אֵלֶיהָ" — and the righteous **Jacob should say, *"Deliver my wife . . . and I will consort with her"*?** אֶלָּא כָּךְ אָמַר לוֹ — **Rather, this is what** [Jacob] **said to** [Laban], אָמַר לִי הַקָּדוֹשׁ בָּרוּךְ הוּא שֶׁאֲנִי מַעֲמִיד י״ב שְׁבָטִים — **"The Holy One, blessed is He, said to me that I will produce twelve tribes,**[253] עַכְשָׁיו הֲרֵי אֲנִי כְּבֶן שְׁמוֹנִים וְד׳ שָׁנִים — **and now I am approximately eighty-four years old;**[254] וְאִם אֵין אֲנִי מַעֲמִידָן עַכְשָׁיו אֵימָתַי אֲנִי מַעֲמִידָן — **if I do not produce them now, when will I** be able **to produce them?"**[255] לְפִיכָךְ הִצְרִיךְ הַכָּתוּב לוֹמַר "וַיֹּאמֶר יַעֲקֹב אֶל לָבָן הָבָה אֶת אִשְׁתִּי וְגוֹ׳" — **Therefore the verse needed to say, *Jacob said to Laban, "Deliver my wife, etc."***[256]

וַיֶּאֱסֹף לָבָן אֶת כָּל אַנְשֵׁי הַמָּקוֹם וַיַּעַשׂ מִשְׁתֶּה. וַיְהִי בָעֶרֶב וַיִּקַּח אֶת לֵאָה בִתּוֹ וַיָּבֵא אֹתָהּ אֵלָיו וַיָּבֹא אֵלֶיהָ. וַיִּתֵּן לָבָן לָהּ אֶת זִלְפָּה שִׁפְחָתוֹ לְלֵאָה בִתּוֹ שִׁפְחָה. וַיְהִי בַבֹּקֶר וְהִנֵּה הִוא לֵאָה וַיֹּאמֶר אֶל לָבָן מַה זֹּאת עָשִׂיתָ לִּי הֲלֹא בְרָחֵל עָבַדְתִּי עִמָּךְ וְלָמָּה רִמִּיתָנִי. וַיֹּאמֶר לָבָן לֹא יֵעָשֶׂה כֵן בִּמְקוֹמֵנוּ לָתֵת הַצְּעִירָה לִפְנֵי הַבְּכִירָה. מַלֵּא שְׁבֻעַ זֹאת וְנִתְּנָה לְךָ גַּם אֶת זֹאת בַּעֲבֹדָה אֲשֶׁר תַּעֲבֹד עִמָּדִי עוֹד שֶׁבַע שָׁנִים אֲחֵרוֹת.

So Laban gathered all the people of the place and made a feast. And it was in the evening, that he took Leah his daughter and brought her to him; and he consorted with her. And Laban gave her Zilpah his maidservant — a maidservant to Leah his daughter. And it was, in the morning, that behold it was Leah! So he said to Laban, "What is this you have done to me? Was it not for Rachel that I worked for you? Why have you deceived me?" Laban said, "Such is not done in our place, to give the younger before the elder. Complete the week of this one and we will give you the other one too, for the work which you will perform for me yet another seven years" (29:22-27).

§19 וַיֶּאֱסֹף לָבָן אֶת כָּל אַנְשֵׁי הַמָּקוֹם וַיַּעַשׂ מִשְׁתֶּה — ***SO LABAN GATHERED ALL THE PEOPLE OF THE PLACE AND MADE A FEAST,*** *ETC.*

What was Scripture's purpose in mentioning this feast?[257] The Midrash explains:

כִּינֵּס כָּל אַנְשֵׁי מְקוֹמוֹ — **[Laban] gathered together all the people of his place,** אָמַר לָהֶם — and **he said to them** the following,

NOTES

250. Laban worded his statement this way in order to be able to justify his trickery after the fact: He will argue that he never explicitly told Jacob that he would marry Rachel to him, only that he would *prefer* to marry her off to him than to someone else — and in the end he decided not to marry her off to *anyone* (*Eitz Yosef*, Vagshal ed., citing R' Yitzchak Volozhiner; for a similar approach, see *Nezer HaKodesh*).

251. *Matnos Kehunah, Eitz Yosef.*

252. That is, Rebecca did not mean that a stay of a few days (literally) with Laban would necessarily be sufficient. Rather, she referred even to a prolonged stay of seven years as *a few days*, for under the right conditions even a seven-year period can be considered "a few days" — as in fact was subsequently the case with Jacob, whose seven years of labor *seemed to him a few days* because of his great love for Rachel (*Yefeh To'ar* to *Bereishis Rabbah* 67 §10; see note 131 there).

Accordingly, the Midrash is saying that by offering to work for Laban for seven years Jacob did not violate his mother's instructions, because this was precisely the time frame she had in mind when she sent him to Laban (*Matnos Kehunah, Eitz Yosef*). [The commentators do not discuss the fact that Jacob then worked thirteen *more* years for Laban: seven in exchange for being allowed to marry Rachel (after he was tricked into marrying Leah) and six in exchange for his wages (see below, 31:44). It is possible, however, that it is only the first seven years that need to be explained, for Jacob *offered* to work those years in exchange for Rachel (v. 18). By contrast, as stated in v. 29 below, it was Laban who insisted Jacob work the *additional* seven years in exchange for marrying Rachel. Similarly, it is possible that Jacob's working in order to support his family — as Scripture records in 30:30 — would not be regarded as a violation of his mother's wishes.]

253. This occurred when God caused the twelve stones with which Jacob had surrounded his head to become fused together into a single stone; see above, 68 §11 (*Eitz Yosef*).

254. For Jacob was 63 years old when he received Isaac's blessings; he then spent 14 years in the house of study of Eber. If we add the 7 years that he worked in order to marry Rachel, the total comes to 84 years (*Eitz Yosef*; see *Rashi* to 28:9 above).

255. Jacob was making the point that since he was 84, he has already reached old age, and as stated in *Pirkei Avos* 1:14, "if not now, when?" (*Eitz Yosef*, Vagshal ed.). Jacob was not embarrassed to speak this way because his intentions were for the sake of heaven (*Eitz Yosef*).

256. Jacob's argument (as explained by the Midrash) is alluded to in his words הָבָה אֶת אִשְׁתִּי, lit., *Deliver my wife*. For the numerical value of the letters of the word הָבָה is 12, suggestive of the twelve tribes that Jacob was destined to produce. And the words "אֶת" אִשְׁתִּי may be interpreted *"from" my wife*, as in the Scriptural expression (*Exodus* 9:29), כְּצֵאתִי "אֶת" הָעִיר, which means: *When I go forth "from" the city* (*Eitz Yosef*, Vagshal ed.).

257. *Yefeh To'ar* asks: It would seem that there is indeed a great purpose served by Scripture here, for the law of *Sheva Berachos* (the seven-day period of rejoicing after marriage) is derived from our verse in *Pirkei DeRabbi Eliezer* (Hager) Ch. 16! (see below, note 274). *Yefeh To'ar* answers that our passage is not essential in order to learn about *Sheva Berachos*, for *Pirkei DeRabbi Eliezer* brings an *additional* source, namely the actions of Samson after *he* got married (see *Judges* 14:11); in fact, that source is more authoritative for us since it is written *after* the Giving of the Torah.

For an alternative explanation of the difficulty our Midrash seeks to address, see note 262 below.

[כט, יט-כ] "וַיֹּאמֶר לָבָן טוֹב תִּתִּי אוֹתָהּ לָךְ וְגוֹ' וַיַּעֲבוֹד יַעֲקֹב בְּרָחֵל וְגוֹ'", אָמַר רַבִּי חֲנִינָא בַּר פָּזִי: נֶאֱמַר [ל]°כָּאן "אֲחָדִים", (לעיל כז, מד) "וְיָשַׁבְתָּ עִמּוֹ יָמִים אֲחָדִים", וְנֶאֱמַר °לְהַלָּן "אֲחָדִים", מַה כָּאן שֶׁבַע שָׁנִים, אַף לְהַלָּן שֶׁבַע שָׁנִים:

יח [כט, כא] "וַיֹּאמֶר יַעֲקֹב אֶל לָבָן הָבָה אֶת אִשְׁתִּי", [לא]אָמַר רַבִּי אֵייבוּ: אֲפִילוּ אָדָם פָּרוּץ אֵינוֹ אוֹמֵר כַּלָּשׁוֹן הַזֶּה, כָּךְ הָיָה יַעֲקֹב אוֹמֵר "הָבָה אֶת אִשְׁתִּי ... וְאָבוֹאָה אֵלֶיהָ", אֶלָּא כָּךְ אָמַר לוֹ: אָמַר לִי הַקָּדוֹשׁ בָּרוּךְ הוּא שֶׁאֲנִי מַעֲמִיד י"ב שְׁבָטִים, עַכְשָׁיו הֲרֵי אֲנִי כְּבֶן שְׁמוֹנִים וְד' שָׁנִים, וְאִם אֵין אֲנִי מַעֲמִידָן עַכְשָׁיו אֵימָתַי אֲנִי מַעֲמִידָן, לְפִיכָךְ הִצְרִיךְ הַכָּתוּב לוֹמַר "וַיֹּאמֶר יַעֲקֹב אֶל לָבָן הָבָה אֶת אִשְׁתִּי וְגוֹ'":

יט [כט, כב] "וַיֶּאֱסֹף לָבָן אֶת כָּל אַנְשֵׁי הַמָּקוֹם וַיַּעַשׂ מִשְׁתֶּה", כִּינֵּס כָּל אַנְשֵׁי מְקוֹמוֹ, אָמַר לָהֶם: יוֹדְעִים אַתֶּם שֶׁהָיִינוּ דְּחוּקִים לַמַּיִם, וְכֵיוָן שֶׁבָּא הַצַּדִּיק הַזֶּה לְכָאן נִתְבָּרְכוּ הַמַּיִם, אָמְרִין לֵיהּ: וּמָה אַהֲנֵי לָךְ, אָמַר לְהוֹן: אִין בָּעֲיִין אַתּוּן אֲנָא מְרַמֵּי בֵיהּ וְיָהֵב לֵיהּ לֵאָה, דְּהוּא רָחֵים לְהָדָא רָחֵל סַגֵּי, וְהוּא עָבֵד הָכָא גַּבְּכוֹן שִׁבְעָה שְׁנִין אוֹחֲרָנִין, אָמְרִין לֵיהּ: עֲבֵיד מַה דְּאַהֲנֵי לָךְ, אֲמַר לְהוֹן: הָבוּ לִי מַשְׁכּוֹן דְּלֵית חַד מִנְּכוֹן מְפַרְסֵם, וִיַהֲבוּן לֵיהּ מַשְׁכּוֹנִין, וַאֲזַל וְאַיְיתֵי עֲלֵיהוֹן חֲמַר מְשַׁח וְקוּפָר, הֱוֵי לָמָּה נִקְרָא שְׁמוֹ לָבָן הָאֲרַמִּי, שֶׁרִימָּה בְּאַנְשֵׁי מְקוֹמוֹ, וְכוּלֵּי יוֹמָא הֲווֹ מְכַלְּלִין בֵּיהּ, וְכֵיוָן דְּעָל בְּרַמְשָׁא אֲמַר לְהוֹן: מָה הוּא כְּדֵין, אָמְרִין לֵיהּ: אַתְּ גָּמַלְתְּ חֶסֶד בִּזְכוּתָךְ, וְהָווּ מְקַלְּסִין קוֹדָמוֹי וְאָמְרִין: הָא לַיָּא הָא לַיָּא, הִיא לֵאָה הִיא לֵאָה, בְּרַמְשָׁא אֲתוֹן מַעֲלָתָא וּטְפוֹן בּוֹצִינַיָּא,

רש"י

(יט) **למה נקרא שמו לבן הארמי.** **שרימה** אפילו כל אנשי מקומו: **כל ההוא יומא הוו מכללין ביה. כיון דעל רמשא אמר להון מהו כדין אמרין ליה את גמיל חסד בזכותך והיו מקלסין קמיה ואמרין הא ליא הא ליא היא לאה היא לאה. ברמשא אתון מעלתא.** באו להכניסה: **וטפון בוצינא**

עץ יוסף

נאמר כאן אחדים ונאמר להלן אחדים וישבת עמו ימים אחדים מה כאן. כך צריך לומר (אות אמת): **אף להלן שבע שנים.** ולא תאמר שעבר יעקב על צווי אמו: (יח) [יז] **אלא כך א"ל הקדוש ברוך הוא.** צריך לומר **אלא אמר כך אמר לי הקדוש ברוך הוא** (אות אמת): **שאני מעמיד שנים עשר שבטים.** זה נודע לו מתוך התאחדות האבנים כדלעיל פרשה ס"ח: **הריני כבן שמונים וארבע.** שהרי בן ששים ושלש היה כשנתברך וישב עוד ארבע עשרה בבית עבר כדלעיל פרשה ס"ח, שמונה שעבד ברחל הרי שמונים וארבע שנה, שכבר הגיעו ימי הזקנה. וזה נרמז באומרו כי מלאו ימי ונערותי, לפיכך לא נתבייש בכוונתו לשם שמים: (יט) **כינס את כל אנשי כו'.** והרמז לזה דכתיב ויאסוף לבן כו' אנשי המקום ויעש משתה, שמתחילה אספם ולקח משכונם ומזה עשה משתה: **דחוקים למים.** שבעבור זה לא היו יכולים להשקות עד האספו כל העדרים: **מאי אהנו לך.** לפי שכוונתו לומר שמעתה ילך לו אמרו מה בידך לעשות על זה ומה הנאה יש ברצונך לעשות ואנחנו עלמנו נסייע אותך. אמר להם אם אתם רוצים אני מרמה אותו ואתן לו לאה. ומפני שהוא אוהב רחל הזאת הוא יעשה וישהה פה עוד ז' שנים אחרים. ואמרו עשה מה שהוא הנאה וטוב בעיניך. אמר להם תנו לי כל אחד מכם משכון שלא יפרסם לי אחד מכם. ונתנו לו משכנות. והלך והביא על המשכנות יין ושמן ובשר. ואחר כך מי שחפץ במשכון שלו היה צריך לפדות מן החנוני: **וכולא יומא כו'.** כל אותו יום היו מכינים לו צרכי החופה כמו שאמרו (מגילה כז, ב). איכלל בריה. והיו משבחים ומזמרים בשמחה לכבוד חתן וכלה. וכיון שנכנס לעתותי ערב ועוד הם מזמרים ומחנגין לפניו. אמר להם יעקב מהו כזאת כלומר למה אתם גומלים עמי חסד כולי האי: **אמרין ליה את גמלת חסד בזכותך גם אנו נגמול חסד עמך והיו מקלסין קדמוהי.** כך צריך לומר (אות אמת) ופירושו אתה גמלת חסד עמנו בזכותך שנתברכו המים לרגליך: **והיו מקלסין קדמו כו'.** פי' שהיו מקלסין לפניו ואמרו בקול שמחה הא ליא הא ליא לרמוז לו הערמה. והני תיבות היא לאה היא לאה הוא פירוש להא ליא הא ליא. והוא מתומתו לא הרגיש בזה: **אתון מעלתא.** באו להכניס הכלה: **וטפון כו'.** פירוש וכבו הנרות:

פירוש מהרז"ו

נאמר כאן אחדים. לעיל (סז, י) וכאן מפורש ושם סתום, ודורש גזרה שוה, וכן צריך לומר מה להלן אחדים ז' שנים אף כאן אחדים ז' שנים, וכן הוא לעיל כי שם מקומו, וכאן דרך אגב: (יח) **אמר לי הקב"ה.** כוונת המדרש על מה שאיתא לעיל (סח, יא), ובכל המקומות שציינתי שם יתבאר שהקב"ה הבטיח על זה, אלא שעל ידי האבנים נודע ליעקב שהוא יעמידם לי"ב שבטים: (יט) **שרימה כו'.** דרש מדכתיב ויאסוף כו' ואחר כך ויעש משתה והיה לו לומר בהיפוך:

מתנות כהונה

ה"ג **נאמר להלן אחדים וישבת עמו וגו' ונאמר כאן אחדים מה כאן: אף להלן כו'.** ולא תאמר שעבר יעקב על צווי אמו ועיין לעיל פס"ז (סז, י): [יח] ה"ג **אלא כך א"ל אמר לי הקב"ה:** עכשיו אימתי גרסי': ה"ג **את אשתי וגו':** [יט] **מה אהני לך כו'.** מה הנאה יש ברצונך לעשות ואנחנו עצמנו נסייע אותך אמר להם אם רוצים אתם אני מרמה אותו ונותן לו לאה מפני שהוא אוהב רחל הזאת מאד והוא יעשה וישהה פה עוד שבעה שנים אחרים ואמרו עשה מה שהוא הנאה והטוב בעיניך אמר להם תנו לי כל אחד מכם משכון שלא יפרסם לו אחד מכם ונתנו לו משכונות והלך והביא עליהם על אותן משכונות יין ושמן ובשר ואחר כך מי שחפץ במשכון שלו היה צריך לפדותו מן החנוני: **למה כו' וכולי יומי כו'.** כל אותו יום היו משבחין ומזמרים בשמחה לכבוד חתן וכלה וכיון שנכנס לעתותי ערב ועוד הם מזמרים ומחגגים לפניו אמר להם יעקב מה הוא כזאת כלומר למה אתם גומלים עמי חסד כולי האי ואמרו לו גם אתה גמלת חסד עמנו בזכותך שנתברכו המים לרגלך והיו מקלסין לפניו ואמרו בקול שמחה הא ליא היא לאה לרמז לו הערמה והוא בתומתו לא הרגיש: **אתון מעלתא.** פיר' רש"י באו להכניס הכלה ובילקוט גרס אתון מטלייתא. פיר' באו הנערים וכבו כו': **וחפון כו'.** וכבו הנרות אמר להם יעקב מהו זאת למה אתם מכבין הנרות ואמרו לו מה אתה רוצה:

אשד הנחלים

להלן אחדים. עיין לעיל בפרשה ס"ז שם פרשתי. ועיין במתנות כהונה שהסביר שלא יעבור על צווי אמו ואין צורך בזה [יח] **י"ב שבטים.** כלומר שלא היו כוונתו למלאות תאוותו, כי אם באו ימיו להעמיד זרע שבטי יה, לבנות התכלית העקרי לבית ישראל, כי כבר מלאו ימי ברוב שנים, ואיך אעמידם אם לא עתה: [יט] **ואזיל כו' חמר וקופר.** ודייק מדכתיב תחילה ויאסוף לבן כו' אנשי המקום [ואח"כ] ויעש משתה. הלא הכנת המשתה הוא תחילה וקודם לאסיפה, אלא בא לרמז שבתחילה אספם לביתו ולקח משכונם, ומזה עשה משתה.

חידושי הרד"ל

[יט] **גמלת חסד בזכותך. אנו נגמול חסד והיו מקלסין כו'.** כן הובא בילקוט (רמז קכה): **מעלתא. וטפין בוצינא.** כן צריך לומר:

חידושי הרש"ש

[יז] **{אמר רבי חנינא בר פזי נאמר כאן אחדים ונאמר להלן אחדים וישבת עמו ימים אחדים.** כן צריך לומר:}

אמרי יושר

[יח] **הבה.** מנייתו י"ב שבטים. שאם לא עכשיו אימתי:
[יט] **בינס כל אנשי מקומו.** דייק כי בתחלה עושים משתה ואחר יקראו הקרואים לזה אמרם שבהפך היה כי משלהם היה:

מסורת המדרש

ל. לעיל פרשה ס"ז: לא. ילקוט כאן רמז קכ"ה כל הענין:

אם למקרא

וְיָשַׁבְתָּ עִמּוֹ יָמִים אֲחָדִים עַד אֲשֶׁר תָּשׁוּב חֲמַת אָחִיךָ: (בראשית כז:מד)

שינוי נוסחאות

אמר רבי חנינא בר פזי: נאמר כאן "אחדים" ... ונאמר להלן. צריך להפוך "כאן" ו"להלן", כן הגיה מתנות כהונה, ואף אות אמת הגיה כענין זה אבל בסגנון אחר:

יוֹדְעִים אַתֶּם שֶׁהָיִינוּ דְחוּקִים לַמַּיִם — "You all **know that we were pressed for water,**[258] **וְכֵיוָן שֶׁבָּא הַצַּדִּיק הַזֶּה לְכָאן נִתְבָּרְכוּ הַמַּיִם — and that when the righteous [Jacob] came here, the waters were blessed!"**[259] **אָמְרִין לֵיהּ: וּמָה אַהֲנֵי לָךְ — [The people] said to [Laban],** "Let us know **what would help you** get Jacob to stay, and we are willing to assist you in doing it."[260] **אָמַר לְהוֹן: אִין בָּעֲיִין אַתּוּן אֲנָא מְרַמֵּי בֵיהּ וְיָהֵב לֵיהּ לֵאָה — [Laban] said to them, "If you would like, I will deceive [Jacob] and give him Leah** as a wife instead of Rachel, **דְּהוּא רָחֵים לְהָדָא רָחֵל סַגִּי** — and since **he loves Rachel greatly, וְהוּא עֲבַד הָכָא גַּבְּכוֹן שִׁבְעָה שְׁנִין אוֹחֲרָנִין — he will** then agree to **work here in your midst for an additional seven years** in order to marry Rachel as well." **אָמְרִין לֵיהּ: עֲבִיד מַה דְּאַהֲנֵי לָךְ — [The people of Laban's place] replied to [Laban], "Do what** you think **would help you** get him to stay!" **אָמַר לְהוֹן: הָבוּ לִי מַשְׁכּוֹן דְּלֵית חַד מִנְּכוֹן מְפַרְסֵם — [Laban] said to them,** "Each of you **give me a security** to ensure **that none of you will reveal** our plan to Jacob"; **וִיהֲבוּן לֵיהּ מַשְׁכּוֹנִין** — and **they** all **gave him securities. וַאֲזַל וְאַיְיתֵי עֲלֵיהוֹן חֲמַר מְשַׁח וְקוּפָּר — [Laban] then went and in exchange for them he brought back wine, oil, and meat** for Jacob's wedding feast.[261] **הֲוֵי לָמָּה נִקְרָא שְׁמוֹ לָבָן הָאֲרַמִּי — This** explains **why [Laban] was called by the name *Laban the Aramean*** [הָאֲרַמִּי], **שֶׁרִימָּה בְּאַנְשֵׁי מְקוֹמוֹ — for he deceived** (רִימָּה) **the people of his** own **place.**[262]

The Midrash describes what took place on the day of Jacob's marriage:

וְכוּלֵּי יוֹמָא הֲווּ מְכַלְּלִין בֵּיהּ — All day long [the people of Laban's place] helped to prepare for [Jacob's] wedding, and sang continuous, joyous praises in honor of the bride and groom.[263] **וְכֵיוָן דְּעַל בְּרַמְשָׁא — When evening arrived** and there was no letup in the praises being sung,[264] **אֲמַר לְהוֹן: מָה הוּא כְּדֵין — [Jacob] said to them, "What is [the reason for all these praises]?" אָמְרִין לֵיהּ: אַתְּ גְּמַלְתְּ חֶסֶד בִּזְכוּתָךְ — [The people] replied to [Jacob], "You bestowed kindness** upon us, for **in your merit** the waters were blessed, so too we wish to bestow kindness upon you!"[265] **וַהֲווּ מְקַלְּסִין קוֹדָמוֹי וְאָמְרִין: הָא לַיָּא הָא לַיָּא הִיא לֵאָה הִיא לֵאָה** — And so **they** continued **offering praises before him, saying: "Ha laya, ha laya,"** by which they meant to convey to Jacob, **"She is Leah, she is Leah."**[266] **בְּרַמְשָׁא אֲתוֹן מַעֲלָתָא וּטְפוֹן בּוֹצִינַיָּא — In the evening, they prepared** (lit., came) **to bring in [the bride] and extinguished the candles.**

NOTES

258. This is evidenced by the fact that the shepherds could not water the sheep until they had all gathered together to remove the large stone that covered it (see above, 29:3). [It was only because water was scarce that they had to conserve and protect it, which they did by covering it with a stone so heavy that no individual shepherd would be able to take water without his peers being present] (*Yefeh To'ar, Eitz Yosef*).

259. And this type of Divine assistance that Jacob's presence afforded us is about to terminate, because Jacob is planning to leave once he marries Rachel (ibid.).

260. *Matnos Kehunah, Eitz Yosef.*

261. Anyone who wanted his security returned to him had to now go and purchase it back from the merchant who had taken it from Laban as payment for the wedding provisions (*Eitz Yosef*).

262. [Even though Laban was from Aram, the Midrash takes the word הָאֲרַמִּי, *the Aramean*, to be superfluous and therefore it interprets it homiletically (see *Yefeh To'ar* here and to *Bereishis Rabbah* 63 §4).]

That the exchange recounted here (between Laban and his neighbors) took place was a tradition of the Sages, and it serves as a further example of Laban's deceitfulness. Scripture's purpose in telling us that *Laban gathered all the people of the place and made a feast* (see introduction to this section) was to provide us with a textual allusion to this tradition, for the verse hints that it was the gathering of the people to that place that enabled Laban to make the feast (*Yefeh To'ar*).

Alternatively: [The Midrash is not coming to explain the purpose of this verse. Rather,] it is coming to resolve an anomaly within the verse; namely, one would have expected Laban to first make the feast and only *then* to gather the people, rather than to first gather the people and only afterward to make the feast. The Midrash therefore expounds that Laban gathered the people in order to extract from them the means with which to make the feast in the first place (*Eshed HaNechalim*).

263. *Matnos Kehunah, Eitz Yosef.*

264. Ibid.

265. Ibid., based on *Yalkut Shimoni* §125.

266. The phrase הָא לַיָּא הָא לַיָּא appears to have been a song or a cheer of that time. The people at the wedding chose that cheer because of its clear similarity to the words הִיא לֵאָה הִיא לֵאָה, *she is Leah, she is Leah*, for they were trying to warn him that he was about to marry the wrong woman. However, Jacob, in his innocence, did not pick up their hint (*Matnos Kehunah, Eitz Yosef*).

[As to why the people sought to convey this warning to Jacob, *Yefeh To'ar* writes that even though they were party to Laban's plan to deceive Jacob, they were seeking a way to escape blame when Jacob would discover how he had been deceived; they would now be able to claim that they tried to warn him.]

[כט, יט-כ] "וַיֹּאמֶר לָבָן טוֹב תִּתִּי אֹתָהּ לָךְ וְגוֹ' וַיַּעֲבוֹד יַעֲקֹב בְּרָחֵל וְגוֹ' ", אָמַר רַבִּי חֲנִינָא בַּר פָּזִי: נֶאֱמַר [ל]°כָּאן "אֲחָדִים", (לעיל כז, מד) "וְיָשַׁבְתָּ עִמּוֹ יָמִים אֲחָדִים", וְנֶאֱמַר °לְהַלָּן "אֲחָדִים", מַה כָּאן שֶׁבַע שָׁנִים, אַף לְהַלָּן שֶׁבַע שָׁנִים:

יח [כט, כא] "וַיֹּאמֶר יַעֲקֹב אֶל לָבָן הָבָה אֶת אִשְׁתִּי", [לא]אָמַר רַבִּי אֵייבוּ: אֲפִילוּ אָדָם פָּרוּץ אֵינוֹ אוֹמֵר כַּלָּשׁוֹן הַזֶּה, כָּךְ הָיָה יַעֲקֹב אוֹמֵר "הָבָה אֶת אִשְׁתִּי ... וְאָבוֹאָה אֵלֶיהָ", אֶלָּא כָּךְ אָמַר לוֹ: אָמַר לִי הַקָּדוֹשׁ בָּרוּךְ הוּא שֶׁאֲנִי מַעֲמִיד י"ב שְׁבָטִים, עַכְשָׁיו הֲרֵי אֲנִי כְּבֶן שְׁמוֹנִים וְד' שָׁנִים, וְאִם אֵין אֲנִי מַעֲמִידָן עַכְשָׁיו אֵימָתַי אֲנִי מַעֲמִידָן, לְפִיכָךְ הִצְרִיךְ הַכָּתוּב לוֹמַר "וַיֹּאמֶר יַעֲקֹב אֶל לָבָן הָבָה אֶת אִשְׁתִּי וְגוֹ' ":

יט [כט, כב] "וַיֶּאֱסֹף לָבָן אֶת כָּל אַנְשֵׁי הַמָּקוֹם וַיַּעַשׂ מִשְׁתֶּה", כִּינֵּס כָּל אַנְשֵׁי מְקוֹמוֹ, אָמַר לָהֶם: יוֹדְעִים אַתֶּם שֶׁהָיִינוּ דְּחוּקִים לַמַּיִם, וְכֵיוָן שֶׁבָּא הַצַּדִּיק הַזֶּה לְכָאן נִתְבָּרְכוּ הַמַּיִם, אָמְרִין לֵיהּ: וּמָה אַהֲנֵי לָךְ, אָמַר לְהוֹן: אִין בָּעֵיין אַתּוּן אֲנָא מְרַמֵּי בֵּיהּ וְיָהֵב לֵיהּ לֵאָה, דְּהוּא רָחֵים לְהָדָא רָחֵל סַגִּי, וְהוּא עָבֵד הָכָא גַּבְּכוֹן שִׁבְעָה שְׁנִין אוֹחֲרָנִין, אָמְרִין לֵיהּ: עֲבֵיד מַה דְּאַהֲנֵי לָךְ, אֲמַר לְהוֹן: הָבוּ לִי מַשְׁכּוֹן דְּלֵית חַד מִנְּכוֹן מְפַרְסֵם, וִיהָבוּן לֵיהּ מַשְׁכּוֹנִין, וַאֲזַל וְאַיְיתֵי עֲלֵיהוֹן חֲמַר מְשַׁח וְקוּפָּר, הֱוֵי לָמָּה נִקְרָא שְׁמוֹ לָבָן הָאֲרַמִּי, שֶׁרִימָּה בְּאַנְשֵׁי מְקוֹמוֹ, וְכוּלֵּי יוֹמָא הֲווֹ מְכַלְּלִין בֵּיהּ, וְכֵיוָן דְּעָל בְּרַמְשָׁא אֲמַר לְהוֹן: מָה הוּא כְּדֵין, אָמְרִין לֵיהּ: אַתְּ גְּמַלְתְּ חֶסֶד בִּזְכוּתָךְ, וְהָיוּ מְקַלְּסִין קוֹדְמוֹי וְאָמְרִין: הָא לַיָא הָא לַיָא, הִיא לֵאָה הִיא לֵאָה, בְּרַמְשָׁא אֲתוֹן מַעֲלָתָא וּטְפוֹן בּוֹצִינַיָּא,

רש"י

(יט) **למה נקרא שמו לבן הארמי. שרימה** אפילו כל אנשי מקומו: **כל ההוא יומא הוו מכללין ביה. כיון דעל רמשא אמר להון מהו כדין אמרין ליה את גמיל חסד בזוכתך והיו מקלסין קמיה ואמרין הא ליא הא ליא היא לאה היא לאה. ברמשא אתון מעלתא.** באו להכניסה: **וטפון בוצינא**

עץ יוסף

נאמר כאן אחדים ונאמר להלן אחדים וישבת עמו ימים אחדים מה כאן. כך צריך לומר (אות אמת): **אף להלן שבע שנים.** ולא תאמר שעבר יעקב על צווי אמו: (יח) [יז] **אלא כך א"ל הקדוש ברוך הוא.** צריך לומר **אלא אמר כך אמר לי הקדוש ברוך הוא** (אות אמת): **שאני מעמיד שנים עשר שבטים.** זה נודע לו מתוך התאחדות האבנים כדלעיל פרשה ס"ח: **הריני כבן שמונים וארבע.** שהרי בן ששים ושלש היה כשנתברך וישב עוד ארבע עשרה בבית עבר כדלעיל פרשה ס"ח, שמונה שעבד ברחל הרי שמונים וארבע שנה, שכבר הגיעו ימי הזקנה. וזה נרמז באומרו כי מלאו ימי ונערותי, לפיכך לא נתבייש בכוונתו לשם שמים: (יט) **בינס את כל אנשי כו'.** והרמז לזה דכתיב ויאסוף לבן כו' אנשי המקום ויעש משתה, שמתחילה אספם ולקח משכונם ומזה עשה משתה: **דחוקים למים.** שבעבור זה לא היו יכולים להשקות עד האספו כל העדרים: **מאי אהנו לך.** לפי שכוונתו לומר שמעתה ילך לו אמרו מה בידך לעשות על זה ומה הנאה יש ברצונך לעשות ואנחנו עצמנו נסייע אותך. אמר להם אם אתם רוצים אני מרמה אותו ואתן לו לאה. ומפני שהוא אוהב רחל הזאת הוא יעשה וישהה פה עוד ז' שנים אחרים. ואמרו עשה מה שהוא הנאה וטוב בעיניך. אמר להם תנו לי כל אחד מכם משכון שלא יפרסם לי אחד מכם. ונתנו לו משכנות. והלך והביא על המשכנות יין ושמן ובשר. ואחר כך מי שחפץ במשכון שלו היה צריך לפדות מן החנוני: **וכולא יומא כו'.** כל אותו יום היו מכינים לו צרכי החופה כמו שאמרו (מגילה כז, ב). איכלל בריה. והיו משבחים ומזמרים בשמחה לכבוד חתן וכלה. וכיון שנכנס לעתותי ערב ועוד הם מזמרים ומחנגין לפניו. אמר להם יעקב מהו כזאת כלומר למה אתם גומלים עמי חסד כולי האי: **אמרין ליה את גמלת חסד בזכותך גם אנו נגמול חסד עמך והיו מקלסין קדמוהי.** כך צריך לומר (אות אמת) ופירושו אתה גמלת חסד עמנו בזכותך שנתברכו המים לרגליך: **והיו מקלסין קדמו כו'.** פי' שהיו מקלסין לפניו ואמרו בקול שמחה הא ליא הא ליא לרמוז לו הטרמה. והכי תיבות היא לאה היא לאה הוא פירוש להא ליא הא ליא. והוא מתומתו לא הרגיש בזה: **אתון מעלתא.** באו להכניס הכלה: **וטפון כו'.** פירוש וכבו הנרות:

פירוש מהרז"ו

נאמר כאן אחדים. לעיל (סז, י) וכאן מפורש ושם סתום, ודורש גזרה שוה, וכן צריך לומר מה להלן אחדים ז' שנים אף כאן אחדים ז' שנים, וכן הוא לעיל כי שם מקומו, וכאן דרך אגב: (יח) **אמר לי הקב"ה.** כוונת המדרש על מה שאיתא לעיל (סח, יא), ובכל המקומות שציינתי שם יתבאר שהקב"ה הבטיח על זה, אלא שעל ידי האבנים נודע ליעקב שהוא יעמידם לי"ב שבטים: (יט) **שרימה כו'.** דרש מדכתיב ויאסוף כו' ואחר כך ויעש משתה והיה לו לומר בהיפוך:

חידושי הרד"ל

[יט] **גמלת חסד בזכותך. אנו נגמול חסד והיו מקלסין כו'.** כן הוצא בילקוט (רמז קכה): **מעלתא. וטפין בוצינא.** כן צריך לומר:

חידושי הרש"ש

[יז] {**אמר רבי חנינא בר פזי נאמר כאן אחדים ונאמר להלן אחדים וישבת עמו ימים אחדים.** כן צריך לומר:}

אמרי יושר

[יח] **הבה.** מנייני י"ב שבטים. שאם לא עכשיו אימתי:
[יט] **בינס כל אנשי מקומו.** דייק כי בתחלה עושים משתה ואחר יקראו הקרואים לזה אמרם שבהפך היה כי משלהם היה:

מסורת המדרש

ל. לעיל פרשה ס"ז:
לא. ילקוט כאן רמז קכ"ה כל הענין:

אם למקרא

וְיָשַׁבְתָּ עִמּוֹ יָמִים אֲחָדִים עַד אֲשֶׁר תָּשׁוּב חֲמַת אָחִיךָ: (בראשית כז:מד)

שינוי נוסחאות

אמר רבי חנינא בר פזי: נאמר כאן "אחדים" ... ונאמר להלן. צריך להפוך "כאן" ו"להלן", כן הגיה מתנות כהונה, ואף אות אמת הגיה כענין זה אבל בסגנון אחר:

מתנות כהונה

ה"ג נאמר להלן אחדים וישבת עמו וגו' ונאמר כאן אחדים מה כאן: אף להלן כו'. ולא תאמר שעבר יעקב על צווי אמו ועיין לעיל פמ"ז (סז, י): [יח] **ה"ג אלא כך א"ל אמר לי הקב"ה:** עכשיו אימתי גרסי': **ה"ג את אשתי וגו':** [יט] **מה אהני לך כו'.** מה הנאה יש ברצונך לעשות ואנחנו עצמנו נסייע אותך אמר להם אם רוצים אתם אני מרמה אותו ונותן לו לאה מפני שהוא אוהב רחל הזאת מאד והוא יעשה וישהה פה עוד שבעה שנים אחרים ואמרו עשה מה שהוא הנאה והטוב בעיניך אמר להם תנו לי כל אחד מכם משכון שלא יפרסם לו אחד מכם ונתנו לו משכונות והלך והביא עליהם על אותן משכונות יין ושמן ובשר ואחר כך מי שחפץ במשכון שלו היה צריך לפדותו מן החנוני: **למה כו' וכולי יומי כו'.** כל אותו יום היו משבחין ומזמרים בשמחה לכבוד חתן וכלה וכיון שנכנס לעתותי ערב ועוד הם מזמרים ומחגגים לפניו אמר להם יעקב מה הוא כזאת כלומר למה אתם גומלים עמי חסד כולי האי ואמרו לו גם אתה גמלת חסד עמנו בזכותך שנתברכו המים לרגלך והיו מקלסין לפניו ואמרו בקול שמחה הא ליא היא לאה לרמז לו הטרמה והוא בתומתו לא הרגיש: **אתון מעלתא.** פיר' רש"י באו להכנים הכלה ובילקוט גרס אתון מטלייתא. פיר' באו הנערים וכבו כו': **וחפון כו'.** וכבו הנרות אמר להם יעקב מהו זאת למה אתם מכבין הנרות ואמרו לו מה אתה רוצה:

אשד הנחלים

להלן אחדים. עיין לעיל בפרשה ס"ז שם פרשתי. ועיין במתנות כהונה שהסביר שלא יעבור על צווי אמו ואין צורך בזה [יח] **י"ב שבטים.** כלומר שלא היו כוונתו למלאות תאוותו, כי אם באו ימיו להעמיד זרע שבטי יה, לבנות התכלית העקרי לבית ישראל, כי כבר מלאו ימי ברוב שנים, ואיך אעמידם אם לא עתה: [יט] **ואזיל כו' חמר וקופר.** ודייק מדכתיב תחילה ויאסוף לבן כו' אנשי המקום [ואח"כ] ויעש משתה. הלא הכנת המשתה הוא תחילה וקודם לאסיפה, אלא בא לרמז שבתחילה אספם לביתו ולקח משכונם, ומזה עשה משתה.

אָמַר לְהֶן מַהוּ כְּדֵין — **[Jacob] said to them, "What is this** that you are doing, extinguishing the candles when there are men and women present together? This will encourage inappropriate behavior!"[267] אָמְרֵי לֵיהּ: מָה אַתְּ סָבוּר דַּאֲנַן דִּכְרִין דִּכְוָותְכוֹן — **[The people] replied to [Jacob], "What do you think, that we are** as licentious **as rams, like yourselves?**[268] We are not extinguishing the candles in order to act with licentiousness; to the contrary, we are doing so in order to enable the bride and groom to cohabit with modesty!"[269]

The Midrash describes what took place the night after the wedding:

וְכָל הַהוּא לֵילְיָא הֲוָה צָווַח לָהּ רָחֵל וְהִיא עָנְיָא לֵיהּ — **That entire night [Jacob] called out to her,** calling her **"Rachel," and she responded** as if she were Rachel. "בְּצַפְרָא "וְהִנֵּה הִיא לֵאָה — Thus, it is only **in the morning** that Jacob realized who it was, as it states, *And it was, in the morning,* ***that behold it was Leah!***[270] אָמַר לָהּ: מַאי רַמָּיְיתָא בַּת רַמָּאָה — **[Jacob]** then **said to her, "What! A deceitful woman, the daughter of a deceitful man!** לָאו בְּלֵילְיָא הֲוָה קָרֵינָא רָחֵל וְאַתְּ עָנֵית לִי — **For did I not call** you **'Rachel,' and you answered me** as if you were Rachel?" אָמְרָה לֵיהּ: אִית סָפַר דְּלֵית לֵיהּ תַּלְמִידִים — **[Leah] responded to [Jacob], "Is there a Torah scholar**[271] **that does not have students?** לֹא כָּךְ הֲוָה צָוַח לָךְ אֲבוּךְ עֵשָׂו וְאַתְּ עָנֵית לֵיהּ — When you came to your father (Isaac) to receive his blessings, **did not your father call out to you** by the name **'Esau,'**[272] **and you answered him** as if you were indeed Esau? I am following your example!"[273]

□ וַיֹּאמֶר אֶל לָבָן מַה זֹּאת עָשִׂיתָ לִי וְגוֹ׳ וַיֹּאמֶר לָבָן לֹא יֵעָשֶׂה כֵן וְגוֹ׳ מַלֵּא שְׁבֻעַ זֹאת וְגוֹ׳ — ***SO HE SAID TO LABAN, "WHAT IS THIS YOU HAVE DONE TO ME? ETC. LABAN SAID, "SUCH IS NOT DONE, ETC. COMPLETE THE WEEK OF THIS ONE, ETC."***

The Midrash derives a lesson from our passage:

אָמַר רַבִּי יַעֲקֹב בַּר אַחָא — **R' Acha bar Yaakov said:** מִכָּאן שֶׁאֵין מְעָרְבִין שִׂמְחָה בְּשִׂמְחָה — **From here** we learn that **we do not intermingle** one **joyous** occasion **with** another **joyous** occasion. "אֶלָּא "מַלֵּא שְׁבֻעַ זֹאת וְגוֹ׳ — **Rather, *"Complete the week of this one,***[274] ***etc.*** *[and we will give you the other one, too]."*[275]

וַיָּבֹא גַּם אֶל רָחֵל וַיֶּאֱהַב גַּם אֶת רָחֵל מִלֵּאָה וַיַּעֲבֹד עִמּוֹ עוֹד שֶׁבַע שָׁנִים אֲחֵרוֹת.

He consorted also with Rachel and loved Rachel even more than Leah; and he worked for him further, another seven years (29:30).

§20 וַיָּבֹא גַּם אֶל רָחֵל וַיֶּאֱהַב גַּם אֶת רָחֵל מִלֵּאָה וְגוֹ׳ — ***HE CONSORTED ALSO WITH RACHEL AND LOVED RACHEL EVEN MORE THAN LEAH, ETC., AND HE WORKED FOR HIM FURTHER, ANOTHER*** [אֲחֵרוֹת] ***SEVEN YEARS.***

The word *another* seems redundant.[276] The Midrash expounds: אָמַר רַבִּי יְהוּדָה בַּר סִימוֹן — **R' Yehudah bar Simone said:**

NOTES

267. *Yefeh To'ar*; see *Eitz Yosef.*

268. Laban's townsmen accused Jacob, and the residents of the land from which he came, of cohabiting by candlelight (*Rashi, Matnos Kehunah*).

269. *Yefeh To'ar, Eitz Yosef.* As the Midrash stated above (end of §12), after the Great Flood the nations of the world accepted upon themselves to restrain themselves from immorality (*Yefeh To'ar*); in fact, the Midrash says there that Laban's townsmen accused Jacob of immodest behavior when he kissed Rachel upon meeting her! According to our Midrash, the people defended themselves against Jacob's accusation that they were encouraging inappropriate behavior by asserting that it is not *they* who are licentious, but rather Jacob and the residents of the land from which he came.

270. In the morning *it was Leah* — but not at night; for during the night, for all intents and purposes it was Rachel, not Leah, since she answered to the name "Rachel" (*Yefeh To'ar, Eitz Yosef*; see also *Matnos Kehunah*).

271. *Eitz Yosef*; see *Maharzu*. For a different interpretation, see *Matnos Kehunah.*

272. See above, 27:24.

273. That is: "You deceived your father in order to fulfill your mother's wish that you acquire his special blessings (that he wished to bestow upon Esau) and thus come closer to spiritual perfection. Well, I had similar motivations, viz., to honor my father's wish that I marry you in Rachel's place and to come closer to spiritual perfection by bearing your children." The permissibility of lying under such circumstances may be derived from the Gemara's teaching (*Yevamos* 65b) that it is permissible to lie for the sake of peace (*Yefeh To'ar, Eitz Yosef*).

Yefeh To'ar writes that Leah did not speak to Jacob this way in an insolent or contentious manner; she was simply stating that based on what she had learned from Jacob himself, she had acted appropriately. See, however, *Aggadas Bereshis* [Buber] Ch. 49, which states that Leah was indeed rebuking Jacob here; see *Maharzu*. See further, Insight Ⓐ.

274. I.e., the seven days of festivities (*Sheva Berachos*) following Jacob's marriage to Leah (*Eitz Yosef*).

275. From the fact that Jacob had to postpone marrying Rachel until the conclusion of the seven days of festivities of his marriage to Leah, we see that we do not mix one celebration with another. The Gemara *Moed Katan* 8b states that for the same reason we do not get married on Chol HaMoed, so as not to mix the celebration of the holiday with the celebration of the marriage (*Eitz Yosef*).

276. For the verse's expression עוֹד שֶׁבַע שָׁנִים by itself already means "another seven years," without adding the word אֲחֵרוֹת. See *Mizrachi* and *Sifsei Chachamim* to our verse; see, however, *Yefeh To'ar* s.v. מה.

INSIGHTS

Ⓐ The Real Firstborn The Midrash (above, §16 and below, 71 §2) states that a stipulation was made in heaven that "[Laban's] older daughter is to be married to [Rebecca's] older son, and [Laban's] younger daughter is to be married to [Rebecca's] younger son"; but that Leah prayed that she (the older daughter) not fall into the hands of Esau (the older son). The *Dubno Maggid* asks why Leah would think she would be able to avert a Divine stipulation.

To answer this question, the Dubno Maggid examines Jacob's response to his father Isaac when the latter, before giving him the blessings he wished to bestow upon his firstborn son, asked him, "Who are you?" Jacob answered: אָנֹכִי עֵשָׂו בְּכֹרֶךָ, *I am Esau your firstborn* (above, 27:18-19). Did Jacob utter a lie? The Dubno Maggid explains that he did not. "Whoever I really am," Jacob was saying, "*insofar as birthright issues are concerned,* I am Esau," for I purchased the birthright from Esau (above, 25:33).

The decree regarding the marriage of Laban's daughters to Rebecca's sons stated that "the older daughter is to be married to the older son, etc." It did not name names; it did not state that Leah must marry Esau. It stated only that whoever is the older daughter (Leah) shall marry *whoever is truly* the older son. And it was not clear who was "the older son." Was it Esau, because he was biologically older? Or was it Jacob, because he had legally acquired the birthright? Leah did not pray to change God's stipulation; she was praying that Jacob should be regarded as "the older son," such that she would be able to marry Jacob and not Esau. The Midrash (loc. cit.) concludes that her prayer was effective; in regard to Leah's marriage, Jacob was considered "the older son." But Rachel's "right" to marry Jacob (the younger daughter marrying the "younger" son) was not taken away; because of her righteousness, Rachel's marrying Jacob was construed as the younger daughter marrying the *younger* son.

And this explains Leah's statement to Jacob in our Midrash, "Is there a Torah scholar who does not have students? When you came to your father (Isaac) to receive his blessings, did not your father call out to you by the name 'Esau,' and you answered him as if you were indeed Esau? I learned from you!" Leah was not speaking in an insolent way. She was saying that it was because Jacob told Isaac that he was Esau — and he was not lying but telling the truth — she, Leah, was *also* telling the truth when she said she was Rachel: "Whoever I really am," Leah was saying, "*insofar as whom I am to marry* is concerned, I am Rachel. I am *supposed* to marry you; for you are 'the older son' of Rebecca, and I am the older daughter of Laban" (*Ohel Yaakov* to verse 31 below).

חידושי הרד"ל

דאנן דכרן דכוותך. אפשר שצריך לומר דרכון דכוותך, כלומר שאין דרכנו כמנהגכם שלא בצניעות:

[כ] רחל מלאה וגו'. שבע שנים אחרות אמר רבי יהודה ברבי סימון. כן צריך לומר, ומן שבע שנים אחרות דריש, מקיש אחרונים לראשונים:

אמרי יושר

[כ] ומשנשא אשה. והיינו ובאשה. כשהיה באשה עבד אף אתם. והיה אומר להם הנביא לישראל הלא תהיו כיעקב שהוא דוגמא לכם:

עץ יוסף

אמר להם. יעקב מה היא זאת, למה אתם מכבים הנרות, ולהיותם אנשים ונשים מעורבין. ולזה השיבו מה את סבור שאנו פרוצים וחשודים על הערוה שאתה חושדנו בכך ודרך צניעות אנו עושין שתהיה הכנסת כלה בצנעה (יפה תואר): **דברין.** פירוש פרוצים כאילים: **וכל ההוא לילא כו'.** כל אותו הלילה היה יעקב קורא אותה רחל והיא עונתה. ולכן כתיב בבוקר והנה היא לאה משמע דבלילה לא היתה לאה. לפי שהיתה עונה אותו כרחל ממש: **אית ספר כו'.** אם יש חכם שאין לו תלמידים כלומר כי היכי דלאו שקרת כדי לקיים מצות אמך ולהקריב אליך השלימות דמותר לשנות מפני שלום, גם אני למדתי ממך לעשות כן לקיים מצות אבי ולהקריב השלימות לי להבנות ממך: **[יח] שאין מערבין שמחה.** דאין נושאין נשים במועד שלא לערב שמחת חופה בשמחת החג, כי היכי דלא ערב שמחת חופה זו בזו: **מלא שבוע זאת.** דהיינו ז' ימי המשתה. דשבוע זאת דבוק הוא שבוע של זאת: **(כ) בנוהג שבעולם כו'.** שדרך כל פועל אפילו שאין לו שום סיבה להתעצל ואף שאינו אלא יום אחד דרכו להתעצל בתוך זמנו, ויעקב אף שזמנו ארוך וברמאות מכל מקום מתנהג באמונה (יפה תואר): **אמר להם הנביא לישראל דוגמא.** כך צריך לומר (מתנות כהונה). פירוש שהם דומים ליעקב שכמו שנשתעבד הוא קודם שנשא אשה, וגם אחרי נשואתה, אף על פי שהיה ראוי שכשנשא אשה ינוח מרגזו, כן בניו אף על פי שנולד הגואל נשתעבדו קצת זמן בתחילה שאחר שנולד משה ואף אחר שבא לגאלם נשתעבדו ואז כבדה העבודה. וכן אנו אף על פי שכבר נולד הגואל ביום שנחרב הבית כדאיתא באיכה רבתי, מכל מקום אנו משועבדים:

פירוש מהרז"ו

דכרנין דכוותבון. כמו שאיתא לעיל (סימן יב) שאנשי מזרח היו גדורים מעריות. ויתכן שבאו לרמוז על מה שכתב לעיל (סד, ה) וזהו הרמז של דכרא. ומה שאמר למה נקרא שמו לבן הארמי כו', כוונתו למה שאמר ריש תולדות בת בתואל הארמי מפדן ארם אחות לבן הארמי שלא הוצרך עוד לומר הארמי אלא כו'. ועיין לעיל (סג, ד) : **אית ספר.** צריך לומר סופר או ספרא, ופירושו חכם רב ומורה שיש לו תלמידים. ובאגדת בראשית (סוף פרק מח) איתא שאמרה לו את לא רמית באביך כו', מתוך דברים הללו התחיל שונאה אמר הקב"ה אין רפואתה של זו, אלא אם יהיו לה בנים כו' עיין שם וזה על פי מדה ט' וי"ז: **(כ) ויבא גם אל רחל.** וסיפיה דקרא ויעבוד עמו עוד שבע שנים אחרות וכמו שנאמר (לא, ו) ואתנה ידעתן כי בכל כחי עבדתי וגו', ובראשונות אין חידוש דאם לא כן לא יתן לו בנותיו, אך אפילו אחרונות באמונה:

אָמַר לָהֶן מַהוּ כְּדֵין, אָמְרִי לֵיהּ: מָה אַתְּ *צָבֵי דַּאֲנַן דִּכְרִין דִּכְוָותְכוֹן, וְכָל הַהוּא לֵילְיָא הֲוָה צָוַוח לָהּ רָחֵל וְהִיא עָנְיָא לֵיהּ, בְּצַפְרָא [כט, כה] "וְהִנֵּה הִיא לֵאָה", אָמַר לָהּ: [לג]מַאי רַמָּיְיתָא בַּת רַמָּאָה, לָאו בְּלֵילְיָא הֲוָה קָרֵינָא רָחֵל וְאַתְּ עֲנֵית לִי, אָמְרָה לֵיהּ: אִית סָפַר דְּלֵית לֵיהּ תַּלְמִידִים, לֹא כָּךְ הֲוָה צָוַח לָךְ אֲבוּךְ עֵשָׂו וְאַתְּ עֲנֵית לֵיהּ. [כט, כה-כז] "וַיֹּאמֶר אֶל לָבָן מַה זֹּאת עָשִׂיתָ לִי וְגוֹ', וַיֹּאמֶר לָבָן לֹא יֵעָשֶׂה כֵן וְגוֹ', מַלֵּא שְׁבוּעַ זֹאת וְגוֹ' ", אָמַר רַבִּי יַעֲקֹב בַּר אַחָא: [לג]מִכָּאן שֶׁאֵין מְעָרְבִין שִׂמְחָה בְּשִׂמְחָה, אֶלָּא "מַלֵּא שְׁבוּעַ זֹאת וְגוֹ' ":

כ [כט, ל] "וַיָּבֹא גַּם אֶל רָחֵל וַיֶּאֱהַב גַּם אֶת רָחֵל מִלֵּאָה וְגוֹ' ", אָמַר רַבִּי יְהוּדָה בַּר סִימוֹן: [לד]בְּנוֹהַג שֶׁבָּעוֹלָם פּוֹעֵל עוֹשֶׂה מְלָאכָה עִם בַּעַל הַבַּיִת שְׁתַּיִם וְשָׁלֹשׁ שָׁעוֹת בֶּאֱמוּנָה וּבַסּוֹף הוּא מִתְעַצֵּל בִּמְלַאכְתּוֹ, בְּרַם הָכָא מָה הָרִאשׁוֹנוֹת שְׁלֵימוֹת אַף הָאַחֲרוֹנוֹת שְׁלֵימוֹת, מָה הָרִאשׁוֹנוֹת בֶּאֱמוּנָה אַף הָאַחֲרוֹנוֹת בֶּאֱמוּנָה. [לה]אָמַר רַבִּי יוֹחָנָן: כְּתִיב (הושע יב, יג) "וַיִּבְרַח יַעֲקֹב שְׂדֵה אֲרָם וַיַּעֲבֹד יִשְׂרָאֵל בְּאִשָּׁה וְגוֹ' ", אָמַר לָהֶם: דּוּגְמָא שֶׁלָּכֶם דּוֹמֶה לְיַעֲקֹב אֲבִיכֶם, מַה יַּעֲקֹב אֲבִיכֶם עַד שֶׁלֹּא נָשָׂא אִשָּׁה נִשְׁתַּעְבֵּד, מִשֶּׁנָּשָׂא אִשָּׁה נִשְׁתַּעְבֵּד, אַף אַתֶּם מִשֶּׁלֹּא נוֹלַד גּוֹאֵל נִשְׁתַּעְבַּדְתֶּם, מִשֶּׁנּוֹלַד גּוֹאֵל אַתֶּם מִשְׁתַּעְבְּדִים:

מסורת המדרש

לב. אגדת בראשית סוף פרק מ"ח:
לג. מועד קטן דף ה'. ירושלמי מועד קטן פרק א':
לד. ילקוט כאן רמז קכ"ה:
לה. ילקוט הושע רמז תקכ"ט:

אם למקרא

וַיִּבְרַח יַעֲקֹב שְׂדֵה אֲרָם וַיַּעֲבֹד יִשְׂרָאֵל בְּאִשָּׁה וּבְאִשָּׁה שָׁמָר: (הושע יב:יג)

שינוי נוסחאות

(יט) **מה את צבי, דאנן דכרין דכוותכון.** א"א הגיה: "מה את סבור, אנן דבזויי כוותכון". אבל בדפוסים לא כתבו לפי הגהתו, חוץ מכמה דפוסים (וביניהם וילנא) שכתבו "סבור" במקום "צבי":

רש"י

אמר להן מהו כדין. אמרו לו מה את צבי דאנן דיכרנין דכוותכון. וכי סבור אתה שאנו פרוצים כל כך ככם לשמש לנר: **(כ) אמר רבי יוחנן כתיב ויברח יעקב שדה ארם ויעבד ישראל באשה, אמר להן דוגמא דידכון דומה ליעקב אבוכון מה יעקב עד שלא נשא אשה נשתעבד ומשנשא אשה נשתעבד אף אתם וכו':**

מתנות כהונה

דאנן דכרנין. ה"ג רש"י ופירש וכי אתה סבור שאנחנו פרוצים כמו אתם בארצכם לשמש לאור הנר: **דכרנין.** פרוצים כאילים ותיישים אילים ת"א דכרין ובילקוט גרס דאנן בזויין דכוותכון והיא היא: **וכל ההוא ליליא. כו'.** וכל אותו לילה היה יעקב קורא אותה רחל והיא ענתה ולכן כתיב בבוקר והנה היא לאה ואמר לה מה זאת רמאיתא בת רמאי כו' ואמרה וכי יש ספר אומן בלן המספר את הבריות ובקל יכול להתל בבריות ולקלקל דמות תבניתם וכן אתה רמאי וממך למדתי: את רחל גרסינן: **[כ] אמר להם.** הנביא לישראל דוגמא כו':

אשד הנחלים

ופירוש כל המעשה עיין במתנות כהונה: **דלית ליה תלמידים.** כלומר היתכן שלא ימצא תלמיד בעולם שלא ילמוד ממנו הנהגה מה, וכן אנכי למדתי ממך שגם אתה עשית כאשר הוצרכת לתועלת, כי מותר לשנות מפני דרכי שלום: **אין מערבין.** ולכן אמר שימתין שבעת ימי המשתה וישמח עמה תחילה, כי עירוב שמחה בשמחה מביא שלא ישמח שמחה שלימה בשמחתו, אחר שרעיוניו טרודים על השנית: **[כ] בנוהג שבעולם.** ואולי באו לבאר מלת גם יתירה, שפרושו ויבוא גם אל רחל ויאהב גם את רחל, ועם כל זה ויעבוד עמו עוד שבע שנים, כלומר שלא טרדו אותו אהבת נשיו מעבודתו ולא התעצל מעבודתו. ומלת גם כמו אע"פ שבלשון הש"ס: **שלימות.** שלא ביטל זמן מה. ובאמונה, שמלאכתו היתה בשלימות בהשגחה רבה ובלי עצלות: **דוגמא שלכם כו'.** באו בזה לבאר דברי הנביא להסמיך ויברח יעקב גו', ובנביא העלה ה' את ישראל ממצרים, מה שייכים הדברים אלו לאלו, לזה אומר שמגמת הנביא לומר כמו יעקב אף שנשא נשיו עם כל זה היה עבד ללבן, כן אתם אף שבנביא העלה ה' אתכם ממצרים ונשמרתם בהשגחה נפלאה עם כל זה אתם מוכרחין להיות עודנה בגולה, כי כל מעשי אבות סימן לבנים. ודי בזה:

בְּנוֹהַג שֶׁבָּעוֹלָם פּוֹעֵל עוֹשֶׂה מְלָאכָה עִם בַּעַל הַבַּיִת שְׁתַּיִם וְשָׁלֹשׁ שָׁעוֹת בֶּאֱמוּנָה — **It is the way of the world that a worker performs two or three hours of dedicated work for the owner,** וּבַסּוֹף הוּא מִתְעַצֵּל בִּמְלַאכְתּוֹ — **and in the end he becomes lax in his work.**[277] בְּרַם הָכָא מָה הָרִאשׁוֹנוֹת שְׁלֵימוֹת אַף הָאַחֲרוֹנוֹת שְׁלֵימוֹת — **However, here** in the case of Jacob, **just as the first** seven years of work **were complete** years, **so too the latter** seven years of work **were complete** years; מָה הָרִאשׁוֹנוֹת בֶּאֱמוּנָה אַף הָאַחֲרוֹנוֹת בֶּאֱמוּנָה — furthermore, **just as the first** seven years of work were carried out **in good faith, so too the latter** set of seven years of work were carried out **in good faith.**[278]

The Midrash concludes our chapter by explaining a verse from *Hosea* that discusses Jacob's working for Laban and drawing a lesson from it for Israel's future:

אָמַר רַבִּי יוֹחָנָן: כְּתִיב "וַיִּבְרַח יַעֲקֹב שְׂדֵה אֲרָם וַיַּעֲבֹד יִשְׂרָאֵל בְּאִשָּׁה וְגוֹ׳" — **R' Yochanan said: It is written,** ***Jacob fled to the field of Aram; Israel worked for a wife, etc.*** *[and for a wife he guarded sheep]* (*Hosea* 12:13). אָמַר לָהֶם: דּוּגְמָא שֶׁלָּכֶם דּוֹמֶה לְיַעֲקֹב אֲבִיכֶם — **[The prophet] said to [Israel]: Your model** of what will befall you in the future **is your father Jacob.** מָה יַעֲקֹב אֲבִיכֶם עַד שֶׁלֹּא נָשָׂא אִשָּׁה נִשְׁתַּעְבֵּד — For **just as your father Jacob was oppressed** by work **before he got married,**[279] מִשֶּׁנָּשָׂא אִשָּׁה נִשְׁתַּעְבֵּד — and **was** similarly **oppressed** by work **after he got married,**[280] אַף אַתֶּם מִשֶּׁלֹּא נוֹלַד גּוֹאֵל נִשְׁתַּעְבַּדְתֶּם — **you too were subjugated before the redeemer was born,** מִשֶּׁנּוֹלַד גּוֹאֵל אַתֶּם מִשְׁתַּעְבְּדִים — and **you will be subjugated** even **after the redeemer is born.**[281]

NOTES

277. And does not work as hard. This is true even if there is no particular reason for him to become lax in his work, and even if he is only working for a single day (*Eitz Yosef*, from *Yefeh To'ar*).

278. The word אֲחֵרוֹת, *another [seven years]*, is written here to indicate a comparison between the second set of seven years and the first (*Rashi* to our verse). The Midrash is saying that even though Jacob *had* reasons to be lax in his work, viz., Laban's deceit, as well as the length of his term of service, nevertheless he worked the "complete" seven years (taking no days off) and he worked "in good faith" (working hard the whole time). [In describing the average worker ("the way of the world") the Midrash mentioned only the worker's tendency to work less hard after working a number of hours, but it did not say anything about his actually taking time off from work, for a day laborer is closely monitored by his employer and would surely not be able to do this. But Jacob, as a long-term worker, was often left on his own, and had opportunity to take off whole days as well] (*Yefeh To'ar*).

Jacob worked hard the entire fourteen years (see 31:6 below); but his doing so during the first seven years did not bespeak any particular righteousness, for if he had not worked hard during those years Laban would not have given him his daughter to marry. The point of the comparison of the two sets of years is that Jacob worked just as hard the *second* seven years, even though he could have done less (*Maharzu*). Jacob's working that hard the second seven years was even more noteworthy in that he did not allow his love for his wives (mentioned in the first half of our verse) to hold him back from working diligently (see *Eshed HaNechalim*). See Insight Ⓐ.

279. I.e., he worked seven years for Laban in order to marry Rachel (and then he was given Leah instead).

280. Even though marriage to a supportive wife generally brings with it a state of *less* unrest and agitation, this was not Jacob's lot; he continued to be oppressed by his work after his marriage to Leah (see *Yefeh To'ar* and *Eitz Yosef*). Alternatively: Jacob undertook to work for a specific amount of time in order to gain a wife. Upon gaining her, then, he should not have been obliged to work further. Nevertheless, even after Jacob's marriage to Leah he was compelled to continue working (in order to gain Rachel).

The repetitive phrasing of the *Hosea* verse, *Israel worked for a wife, and for a wife he guarded [sheep]*, alludes to Jacob's being subjected to work both before and after getting married.

281. The Midrash is referring to the Messiah, who was born the day the Temple was destroyed (see *Eichah Rabbah* 1 §51; *Esther Rabbah*, end of *Pesichta* §11; *Midrash Zuta, Eichah* [Buber] *Nusach* 2; *Midrash Panim Acheiros* on *Esther* [Buber], *Nusach* 2, *Parashah* 6; and *Yerushalmi Berachos* 2:4; see also *Beis Yosef, Orach Chaim* 554:25). The Midrash is saying that Israel was subjugated before the Messiah was born, and would continue to be subjugated for a period of time even *after* he was born (i.e., after the destruction of the Temple) — just as Jacob was compelled to work even after he got married (*Eitz Yosef*).

Indeed, the Israelites' experience in Egypt was similar: they suffered both before Moses the redeemer was born and after he was born. (In fact, *Exodus* 5:22-23 records that the suffering intensified after Moses intervened to save the people) (*Eitz Yosef*).

INSIGHTS

Ⓐ **Dealing Faithfully** Jacob's good faith and diligence in his work for Laban are not simply testimonials to the exceptional greatness one would expect of our Patriarch. They are models of integrity to which we must all aspire and adhere.

Rambam writes at the end of *Hilchos Sechirus* (13:7) that an employee is "obligated to do his work with all his might, for we see that Jacob, the Righteous, said (below, 31:6): *Now you have known that it was with all my might that I served your father.*" The exalted Jacob, chosen of the Patriarchs! *He* rises above all the deceit and machinations of his onerous employer and responds with undiminished integrity, returning every ounce of effort for every kind of unfairness. And that sets the standard for *us*!

We are taught in *Tanna D'Vei Eliyahu Rabbah* §25: שֶׁכָּל אֶחָד וְאֶחָד מִיִּשְׂרָאֵל חַיָּיב לוֹמַר מָתַי יַגִּיעוּ מַעֲשַׂי לְמַעֲשֵׂי אֲבוֹתַי אַבְרָהָם יִצְחָק וְיַעֲקֹב שֶׁלֹּא קָנוּ הָאָבוֹת הָעוה"ז וְהָעוה"ב וִימוֹת בֶּן דָּוִד אֶלָּא בִּשְׁבִיל מַעֲשֵׂיהֶם הַטּוֹבִים וְתַלְמוּד תּוֹרָה, *Each and every Jew is obligated to say, "When will my deeds compare to the deeds of my forefathers Abraham, Isaac, and Jacob." For the Patriarchs acquired this world and the next and days of the Messiah only because of their good deeds and Torah study.* We learn from our forefathers not only grand lessons of self-sacrifice and world outlook; we must learn from them lessons in daily living as well. Even in how we work in our mundane jobs, we must strive to emulate their deeds and their dedication.

The Gemara teaches in *Shabbos* 31a that the very first question asked of a person at the time of his Final Judgment is, נָשָׂאתָ וְנָתַתָּ בֶּאֱמוּנָה, *Were you faithful in your business dealings?* and only then is he asked, "Did you set fixed times for Torah study?" The Gemara elsewhere (*Kiddushin* 40b, *Sanhedrin* 7b), however, states that at the time of Final Judgment, the first thing a person is punished for is for his insufficiencies in Torah study. *Tosafos* (*Kiddushin* ad loc. s.v. אין תחילת דינו) point out this apparent contradiction, and answer that while a person will be *asked* first about his faithfulness in business, he will be *punished* first for the matter of Torah study. But why is this so? If one is asked first about faithfulness in money matters, why is he not punished first for that as well?

R' Avraham Pam explains: One is punished first for lack of Torah study because that is the *cause* of improprieties in business. The Torah's laws of business are no less important and numerous than those governing *kashrus*. Those laws must be studied, and mastered, and internalized, and applied.

Rav Pam cites the famous story of the *shochet* who approached R' Yisrael Salanter and told him that he no longer wished to be a *shochet*; the responsibility of ensuring the *kashrus* of his meat was simply too daunting. "How then will you support yourself?" R' Yisrael asked. "I'll open a small store," was the reply. R' Yisrael was incredulous. "You are afraid of violating the one prohibition against *neveilah*, but are not afraid of violating the numerous positive and negative commandments governing business?!"

Why is the question regarding one's business dealings asked in terms of whether one dealt בֶּאֱמוּנָה, *faithfully*? Why not whether he dealt בְּצֶדֶק, *righteously*, or בְּמִשְׁפָּט, *with justice*, or כְּדִין, *lawfully*? Perhaps, says Rav Pam, it is because בֶּאֱמוּנָה, *faithfully*, is also suggestive of "faith *in God*." One who adheres in all minute details to the laws of business because of his faith in God, because he thereby adheres to the Will of God, will be punctilious about every aspect of his dealings. He will indeed deal "faithfully" with all (*Atarah LaMelech*, p. 105ff). The place of business is a place of Divine service no less than the kitchen or the synagogue. Ultimately, we are dealing faithfully with Him.

Whether or not we approach the exalted level of our Patriarchs, we must aspire to it. We must hold up *their good deeds and Torah study.* That is how they acquired their exalted status in this world and the next. And that is how we can acquire ours.

אָמַר לָהֶן מַהוּ כְּדֵין, אָמְרֵי לֵיהּ: מָה אַתְּ *צָבֵי דַּאֲנַן דִּכְרִין דִּכְוָתְכוֹן, וְכָל הַהוּא לֵילְיָא הֲוָה צָוַוח לָהּ רָחֵל וְהִיא עָנְיָא לֵיהּ, בְּצַפְרָא [כט, כה] "וְהִנֵּה הִיא לֵאָה", אָמַר לָהּ: [לב]מַאי רַמָּיְיתָא בַּת רַמָּאָה, לָאו בְּלֵילְיָא הֲוָה קָרֵינָא רָחֵל וְאַתְּ עֲנֵית לִי, אָמְרָה לֵיהּ: אִית סָפַר דְּלֵית לֵיהּ תַּלְמִידִים, לֹא כָךְ הֲוָה צָוַח לָךְ אֲבוּךְ עֵשָׂו וְאַתְּ עֲנֵית לֵיהּ. [כט, כה-כז] "וַיֹּאמֶר אֶל לָבָן מַה זֹּאת עָשִׂיתָ לִי וְגוֹ', וַיֹּאמֶר לָבָן לֹא יֵעָשֶׂה כֵן וְגוֹ', מַלֵּא שְׁבֻעַ זֹאת וְגוֹ' ", אָמַר רַבִּי יַעֲקֹב בַּר אַחָא: [לג]מִכָּאן שֶׁאֵין מְעָרְבִין שִׂמְחָה בְּשִׂמְחָה, אֶלָּא "מַלֵּא שְׁבֻעַ זֹאת וְגוֹ' ":

ב [כט, ל] "וַיָּבֹא גַּם אֶל רָחֵל וַיֶּאֱהַב גַּם אֶת רָחֵל מִלֵּאָה וְגוֹ' ", אָמַר רַבִּי יְהוּדָה בַּר סִימוֹן: [לד]בְּנוֹהַג שֶׁבָּעוֹלָם פּוֹעֵל עוֹשֶׂה מְלָאכָה עִם בַּעַל הַבַּיִת שְׁתַּיִם וְשָׁלֹשׁ שָׁעוֹת בֶּאֱמוּנָה וּבַסּוֹף הוּא מִתְעַצֵּל בִּמְלַאכְתּוֹ, בְּרַם הָכָא מָה הָרִאשׁוֹנוֹת שְׁלֵימוֹת אַף הָאַחֲרוֹנוֹת שְׁלֵימוֹת, מָה הָרִאשׁוֹנוֹת בֶּאֱמוּנָה אַף הָאַחֲרוֹנוֹת בֶּאֱמוּנָה. [לה]אָמַר רַבִּי יוֹחָנָן: כְּתִיב (הושע יב, יג) "וַיִּבְרַח יַעֲקֹב שְׂדֵה אֲרָם וַיַּעֲבֹד יִשְׂרָאֵל בְּאִשָּׁה וְגוֹ' ", אָמַר לָהֶם: דּוּגְמָא שֶׁלָּכֶם דּוֹמֶה לְיַעֲקֹב אֲבִיכֶם, מַה יַּעֲקֹב אֲבִיכֶם עַד שֶׁלֹּא נָשָׂא אִשָּׁה נִשְׁתַּעְבֵּד, מִשֶּׁנָּשָׂא אִשָּׁה נִשְׁתַּעְבֵּד, אַף אַתֶּם מִשֶּׁלֹּא נוֹלַד גּוֹאֵל נִשְׁתַּעְבַּדְתֶּם, מִשֶּׁנּוֹלַד גּוֹאֵל אַתֶּם מִשְׁתַּעְבְּדִים:

עץ יוסף

אמר להם. יעקב מה היא זאת, למה אתם מכבים הנרות, ולהיותם אנשים ונשים מטורדין. ולזה השיבו מה את סבור שאנו פרוצים וחשודים על הערוה שאתה חושדנו בכך ודרך צניעות אנו עושין שתהיה הכנסת כלה בצנעה (יפה תואר): **דכרין.** פירוש פרוצים כאילים: **וכל ההוא לילא כו'.** כל אותו הלילה היה יעקב קורא אותה רחל והיא עונתה. ולכן כתיב בבוקר והנה היא לאה משמע דבלילה לא היתה לאה. לפי שהיתה עונה אותו כרחל ממש: **אית ספר כו'.** אם יש חכם שאין לו תלמידים כלומר כי היכי דאת שקרת כדי לקיים מצות אמך ולהקריב אליך השלימות דמותר לשנות מפני שלום, גם אני למדתי ממך לעשות כן לקיים מצות אבי ולהקריב השלימות לי להכנות ממך: **[יח] שאין מערבין שמחה.** דאין נושאין נשים במועד שלא לערב שמחת חופה בשמחת החג, כי היכי דלא ערב שמחת חופה זו בזו: **מלא שבוע זאת.** דהיינו ז' ימי המשתה. דשבוע זאת דבוק הוא שבוע של זאת: **(ב) בנוהג שבעולם כו'.** שדרך כל פועל אפילו שאין לו שום סיבה להתעצל ואף שאינו אלא יום אחד דרכו להתעצל בתוך זמנו, ויעקב אף שזמנו ארוך וברמאות מכל מקום מתנהג באמונה (יפה תואר): **אמר להם הנביא לישראל דוגמא.** כך צריך לומר (מתנות כהונה). פירוש שהם דומים ליעקב שכמו שנשתעבד הוא קודם שנשא אשה, וגם אחרי נשואתה, אף על פי שהיה ראוי שכשנשא אשה ינוח מרגזו, כן בניו אף על פי שנולד הגואל נשתעבדו קצת זמן בתחילה שאחר שנולד משה ואף אחר שבא לגאלם נשתעבדו ואז כבדה העבודה. וכן אנו אף על פי שכבר נולד הגואל ביום שנחרב הבית כדאיתא באיכה רבתי, מכל מקום אנו משועבדים:

פירוש מהרז"ו

דכרנין דכוותכון. כמו שאיתא לעיל (סימן יב) שאנשי מזרח היו גדורים מעריות. ויתכן שבאו לרמוז על מה שכתב לעיל (סד, ה) וזהו הרמז של דכרא. ומה שאמר למה נקרא שמו לבן הארמי כו', כוונתו למה שאמר ריש תולדות בת בתואל הארמי מפדן ארם אחות לבן הארמי שלא הוצרך עוד לומר הארמי אלא כו'. ועיין לעיל (סג, ד) : **אית ספר.** צריך לומר סופר או ספרא, ופירושו חכם רב ומורה שיש לו תלמידים. ובאגדת בראשית (סוף פרק מח) איתא שאמרה לו את לא רמית באביך כו', מתוך דברים הללו התחיל שונאה אמר הקב"ה אין רפואתה של זו, אלא אם יהיו לה בנים כו' עיין שם וזה על פי מדה ט' וי"ז: **(ב) ויבא גם אל רחל.** וסיפיה דקרא ויעבוד עמו עוד שבע שנים אחרות וכמו שנאמר (לא, ו) ואתנה ידעתן כי בכל כחי עבדתי וגו', ובראשונות אין חידוש דאם לא כן לא יתן לו בנותיו, אך אפילו אחרונות באמונה:

חידושי הרד"ל

דאנן דכרן דכוותך. אפשר שצריך לומר דכרון דכוותך, כלומר שאין דרכנו כמנהגכם שלא בצניעות:

[ב] רחל מלאה וגו'. שבע שנים אחרות אמר רבי יהודה ברבי סימון. כן צריך לומר, ומן שבע שנים אחרות דריש, מקיש אחרונים לראשונים:

אמרי יושר

[ב] ומשנשא אשה. והיינו ובאשה. כשהיה באשה עבד אף אתם. והיה אומר להם הנביא לישראל הלא תהיו כיעקב שהוא דוגמא לכם:

מסורת המדרש

לב. אגדת בראשית סוף פרק מ"ח:
לג. מועד קטן דף ה'. ירושלמי מועד קטן פרק א':
לד. ילקוט כאן רמז קכ"ה:
לה. ילקוט הושע רמז תקכ"ט:

אם למקרא

וַיִּבְרַח יַעֲקֹב שְׂדֵה אֲרָם וַיַּעֲבֹד יִשְׂרָאֵל בְּאִשָּׁה וּבְאִשָּׁה שָׁמָר: (הושע יב:יג)

שינוי נוסחאות

(יט) **מה את צבי, דאנן דכרין דכוותכון.** א"א הגיה: "מה את סבור, אנן דבזויי כוותכון". אבל בדפוסים לא כתבו לפי הגהתו, חוץ מכמה דפוסים (וביניהם וילנא) שכתבו "סבור" במקום "צבי":

רש"י

אמר להן מהו כדין. אמרו לו מה את צבי דאנן דיכרנין דכוותכון. וכי סבור אתה שאנו פרוצים כל כך ככם לשמש לנר: (ב) **אמר רבי יוחנן כתיב ויברח יעקב שדה ארם ויעבד ישראל באשה, אמר להן דוגמא דידכון דומה ליעקב אבוכון מה יעקב עד שלא נשא אשה נשתעבד ומשנשא אשה נשתעבד אף אתם וכו':**

מתנות כהונה

דאנן דכרנין. ה"ג רש"י ופירש וכי אתה סבור שאנחנו פרוצים כמו אתם בארצכם לשמש לאור הנר: **דכרנין.** פרוצים כאילים ותיישים אילים ת"א דכרין ובילקוט גרס דאנן בזויין דכוותכון והיא היא: **וכל ההוא ליליא.** כו'. וכל אותו לילה היה יעקב קורא אותה רחל והיא ענתה ולכן כתיב בבוקר והנה היא לאה ואמר לה מה זאת רמאיתא בת רמאי כו' ואמרה וכי יש ספר אומן בלן המספר את הבריות ובקל יכול להאל בבריות ולקלקל דמות תבניתם וכן אתה רמאי וממך למדתי: את רחל גרסינן: **[ב] אמר להם.** הנביא לישראל דוגמא כו':

אשר הנחלים

ופירוש כל המעשה עיין במתנות כהונה: **דלית ליה תלמידים.** כלומר היתכן שלא ימצא תלמיד בעולם שלא ילמוד ממנו הנהגה מה, וכן אנכי למדתי ממך שגם אתה עשית כאשר הוצרכת לתועלת, כי מותר לשנות מפני דרכי שלום: **אין מערבין.** ולכן אמר שימתין שבעת ימי המשתה וישמח עמה תחילה, כי עירוב שמחה בשמחה מביא שלא ישמח שמחה שלימה בשמחתו, אחר שרעיוניו טרודים על השנית: **[ב] בנוהג שבעולם.** ואולי באו לבאר מלת גם יתירה, שפרושו ויבוא גם אל רחל ויאהב גם את רחל, ועם כל זה ויעבוד עמו עוד שבע שנים, כלומר שלא טרדו אותו אהבת נשיו מעבודתו ולא התעצל מעבודתו. ומלת גם כמו אע"פ שבלשון הש"ס: **שלימות.** שלא ביטל זמן מה. ובאמונה, שמלאכתו היתה בשלימות בהשגחה רבה ובלי עצלות: **דוגמא שלכם כו'.** באו בזה לבאר דברי הנביא להסמיך ויברח יעקב גו', ובנביא העלה ה' את ישראל ממצרים, מה שייכים הדברים אלו לאלו, לזה אומר שמגמת הנביא לומר כמו יעקב אף שנשא נשיו עם כל זה היה עבד ללבן, כן אתם אף שבנביא העלה ה' אתכם ממצרים ונשמרתם בהשגחה נפלאה עם כל זה אתם מוכרחין להיות עודנה בגולה, כי כל מעשי אבות סימן לבנים. ודי בזה:

Chapter 71

וַיַּרְא ה׳ כִּי שְׂנוּאָה לֵאָה וַיִּפְתַּח אֶת רַחְמָהּ וְרָחֵל עֲקָרָה.
HASHEM saw that Leah was hated, so He opened her womb; but Rachel remained barren (29:31).

§1 וַיַּרְא ה׳ כִּי שְׂנוּאָה לֵאָה וגו׳ — ***HASHEM SAW THAT LEAH WAS HATED, ETC.*** *[SO HE OPENED HER WOMB].*

The plain meaning of the verse is that Jacob hated Leah. It is inconceivable, however, that the righteous Jacob actually hated his wife.[1] The Midrash therefore seeks to derive an alternative interpretation of the term שְׂנוּאָה, from an exposition of a verse in *Psalms*:

״כִּי שֹׁמֵעַ אֶל אֶבְיוֹנִים ה׳ וְאֶת אֲסִירָיו לֹא בָזָה״ — The verse states, ***For HASHEM hearkens to the destitute, and has not despised His prisoners*** (*Psalms* 69:34). אָמַר רַבִּי בִּנְיָמִין בֶּן לֵוִי: לֹא רֹאשׁוֹ שֶׁל פָּסוּק הַזֶּה סוֹפוֹ, וְלֹא סוֹפוֹ רֹאשׁוֹ — **R' Binyamin ben Levi said: The beginning of the verse does not** agree with **its ending, nor does its ending** agree with **its beginning,** לֹא הָיָה צָרִיךְ קְרָא לְמֵימַר אֶלָּא ״כִּי שֹׁמֵעַ אֶל אֶבְיוֹנִים וְאֶת אֲסִירִים לֹא בָזָה״ — **for Scripture did not have to say anything other than** either, ***For HASHEM hearkens to "the" destitute, and has not despised "the" prisoners,*** אוֹ ״כִּי שֹׁמֵעַ אֶל אֶבְיוֹנָיו ה׳ וְאֶת אֲסִירָיו וגו׳״ — **or, *For HASHEM hearkens to "His" destitute, and has not despised "His" prisoners.***[2] אֶלָּא ״כִּי שֹׁמֵעַ אֶל אֶבְיוֹנִים ה׳״ אֵלּוּ יִשְׂרָאֵל — **Rather,** the phrase, ***For HASHEM hearkens to the destitute,* refers to** the poor of **Israel.** דְּאָמַר רַבִּי יוֹחָנָן בְּכָל מָקוֹם שֶׁנֶּאֱמַר ״דַּל״ ״עָנִי״ ״אֶבְיוֹן״, בְּיִשְׂרָאֵל הַכָּתוּב מְדַבֵּר — **As R' Yochanan said: Wherever it states** in Scripture the expression, ***needy, poor,* or *destitute,* the verse is referring to Israel;**[3] ״וְאֶת אֲסִירָיו לֹא בָזָה״, אֵלּוּ הָעֲקָרוֹת, שֶׁהֵן אֲסוּרוֹת בְּתוֹךְ בָּתֵּיהֶן וַעֲלוּבוֹת — whereas the verse's expression, ***and has not despised His prisoners,* refers to infertile women, who are confined to their homes and are downtrodden.**[4] וְכֵיוָן שֶׁהַקָּדוֹשׁ בָּרוּךְ הוּא פּוֹקְדָן בְּבָנִים הֵן נִזְקָפוֹת — **But once the Holy One, blessed is He, remembers them,** bestowing **children** upon them, **they stand upright.**[5] Since an infertile woman is forlorn and remains confined to her home, it is appropriate to use the term שְׂנוּאָה, meaning *despised*, to describe her. Thus our verse may be rendered, *HASHEM saw that Leah was "barren," so He opened her womb.*[6] תֵּדַע לָךְ — **You should know** that this is so, viz., that an infertile woman who is remembered by God stands upright, שֶׁכֵּן לֵאָה שְׂנוּאַת הַבַּיִת הָיְתָה — **because Leah was the "despised" one of** Jacob's **house** since she was barren, וְכֵיוָן שֶׁפְּקָדָהּ הַקָּדוֹשׁ בָּרוּךְ הוּא נִזְקְפָה — **but once the Holy One, blessed is He, remembered her** and bestowed children upon her, **she stood upright.** הֲדָא הוּא דִכְתִיב ״וַיַּרְא ה׳ כִּי שְׂנוּאָה לֵאָה״ — **Thus it is written, *HASHEM saw that Leah was "barren,"*** *so He opened her womb.*[7]

§2 דָּבָר אַחֵר, ״סוֹמֵךְ ה׳ לְכָל הַנֹּפְלִים״ — **Alternatively,** we may derive that the term שְׂנוּאָה may be used to describe the infertile — and thus render our verse *HASHEM saw that Leah was "barren"* — from an exposition of the following verse,[8] ***HASHEM supports all the fallen ones*** (*Psalms* 145:14); אֵלּוּ הָעֲקָרוֹת שֶׁהֵם נוֹפְלִין בְּתוֹךְ בָּתֵּיהֶם — **this refers to the infertile women who dwell** and remain confined **to their homes.** The verse states that God lends them moral support, allowing them to endure their bitter lot.[9] ״וְזוֹקֵף לְכָל הַכְּפוּפִים״ — The verse continues, ***and [He] straightens all the bent,*** alluding to the fact that כֵּיוָן שֶׁהַקָּדוֹשׁ בָּרוּךְ הוּא פּוֹקְדָן בְּבָנִים הֵן נִזְקָפוֹת — **once the Holy One, blessed is He, remembers them** and bestows **children** upon them, **they stand upright.**[10]

NOTES

1. If Jacob truly bore enmity toward Leah, it would have been forbidden for him to have relations with her, and any child born from such a union would have been regarded as degenerate (*Nedarim* 20b). Moreover, even if it were true, it would certainly be disgraceful to both him and her for the verse to mention this (see *Bava Basra* 123a). Indeed, the preceding verse, which states, *and [he] loved Rachel even more than Leah*, implies that Jacob did in fact love Leah, but he loved Rachel even more (*Yefeh To'ar*).

2. The terms אֲסִירָיו and אֶבְיוֹנִים in this verse are not in agreement: אֲסִירָיו contains the possessive suffix יו, *His* (and refers to God, i.e., *God's prisoners*), whereas אֶבְיוֹנִים does not (*the destitute*). The Midrash thus means to ask why the prisoners in this verse are regarded as God's, while the destitute are not (see *Eitz Yosef*).

[If the reason the verse says "*His* prisoners" is that it refers only to prisoners that are Jews, who are His people, why, then, did it not also state "*His* destitute"? "*The* destitute" implies *all* poor people, including those of the other nations (*Yefeh To'ar*).]

3. I.e., during a time of exile. Jews suffering exile are considered poor because they cannot eat the food of their captors. In contrast, non-Jews who have been exiled may eat the food of their captors, and thus are not truly destitute. [Since it is understood that the verse refers to the Jewish poor, there is no need to append the suffix "his" to the word "destitute" (*Yefeh To'ar*, based on *Eichah Rabbah* 1:28).]

4. Infertile women are essentially prisoners in their own homes, since they are embarrassed to venture out and mingle among the "glad mothers of children" (*Eitz Yosef*; see *Psalms* 113:9).

The verse refers to all infertile women. The reason they are considered *God's* prisoners is that, unlike ordinary prisoners who are incarcerated by human captors, infertile women endure their self-imposed incarceration only because God did not bless them with the capacity to conceive (ibid.). Furthermore, only God can free them from their imprisonment, for only He holds the keys to childbirth, as taught in the Midrash below [73 §4] (*Matnos Kehunah*).

5. The phrase וְאֶת אֲסִירָיו לֹא בָזָה may thus be rendered: *and [Hashem] has not "caused embarrassment" to His prisoners*, i.e., for God saved them from their previous state of embarrassment and dejection (*Eitz Yosef; Yefeh To'ar*).

6. That Leah was infertile may be derived from the words *He opened her womb*. If she had been fertile, it would have been unnecessary for God to open her womb! Although both Leah and Rachel were barren, God opened only Leah's womb, while, as the verse concludes, *Rachel remained barren*. Perhaps, this is because Leah prayed more fervently than did her sister (see *Yefeh To'ar*).

7. The Midrash brings proof from Leah that a woman who was barren but was subsequently blessed by God with children becomes even more elevated than she would have been had she not been infertile in the first place! For Leah became the main matriarch of Israel, leading Rachel to become envious of her [see above, 30:1, and below, §6] (*Yefeh To'ar*).

8. *Maharzu; Yefeh To'ar*.

9. *Eitz Yosef*; see next note. In this context, נוֹפֵל means *dwelt*, as in the verse, עַל פְּנֵי כָל אֶחָיו נָפָל, *over all his brothers he dwelt* (above, 25:18). I.e., they are confined to their homes since they are too ashamed to be seen in public, as taught in the preceding section (*Eitz Yosef*, Wagshal ed.). Alternatively, נוֹפֵל may mean *inferior* or *downtrodden*, as in the verse, לֹא נֹפֵל אָנֹכִי מִכֶּם, *I am not inferior to you* [*Job* 12:3] (*Matnos Kehunah; Eitz Yosef*).

10. I.e., they stand erect, no longer lowering their heads in shame. Although God lends moral support to the infertile (as indicated by the preceding clause), He bestows children only on those with sufficient merit (*Eitz Yosef*).

Yefeh To'ar explains the flow of the verse: God first *supports* the infertile (*downtrodden*), enabling them to endure their condition, though He does not raise them up. They may thus be described as *bent*. God then remembers the infertile women that He deems worthy, and raises them up, endowing them with children.

Although this Midrash appears simply to be repeating the lesson taught in the preceding section, it may be suggested that the Midrash wished to derive this teaching from a verse that uses the term וְזוֹקֵף, *He straightens*, explicitly (*Yefeh To'ar*).

פרשה עא

א [כט, לא] "**וַיַּרְא ה' כִּי שְׂנוּאָה לֵאָה וְגוֹ'**", (תהלים סט, לד) "**כִּי שֹׁמֵעַ אֶל אֶבְיוֹנִים ה' וְאֶת אֲסִירָיו לֹא בָזָה**", [א]**אָמַר רַבִּי בִּנְיָמִין בֶּן לֵוִי: לֹא רֹאשׁוֹ שֶׁל פָּסוּק הַזֶּה סוֹפוֹ, וְלֹא סוֹפוֹ רֹאשׁוֹ, לֹא הָיָה צָרִיךְ קְרָא לְמֵימַר אֶלָּא "כִּי שֹׁמֵעַ אֶל אֶבְיוֹנִים וְאֶת אֲסִירִים לֹא בָזָה" אוֹ "כִּי שֹׁמֵעַ אֶל אֶבְיוֹנָיו ה' וְאֶת אֲסִירָיו וְגוֹ'", אֶלָּא "כִּי שֹׁמֵעַ אֶל אֶבְיוֹנִים ה'" אֵלּוּ יִשְׂרָאֵל, [ב]דְּאָמַר רַבִּי יוֹחָנָן בְּכָל מָקוֹם שֶׁנֶּאֱמַר "דַּל" "עָנִי" וְ"אֶבְיוֹן", בְּיִשְׂרָאֵל הַכָּתוּב מְדַבֵּר, "וְאֶת אֲסִירָיו לֹא בָזָה", אֵלּוּ הָעֲקָרוֹת, שֶׁהֵן אֲסוּרוֹת בְּתוֹךְ בָּתֵּיהֶן וַעֲלוּבוֹת, וְכֵיוָן שֶׁהַקָּדוֹשׁ בָּרוּךְ הוּא פּוֹקְדָן בְּבָנִים הֵן נִזְקָפוֹת, תֵּדַע לְךָ שֶׁכֵּן לֵאָה שְׂנוּאַת הַבַּיִת הָיְתָה, וְכֵיוָן שֶׁפְּקָדָהּ הַקָּדוֹשׁ בָּרוּךְ הוּא נִזְקָפָה, הָדָא הוּא דִכְתִיב "וַיַּרְא ה' כִּי שְׂנוּאָה לֵאָה":**

ב **דָּבָר אַחֵר,** (שם קמה, יד) **"סוֹמֵךְ ה' לְכָל הַנֹּפְלִים", [ג]אֵלּוּ הָעֲקָרוֹת שֶׁהֵם נוֹפְלִין בְּתוֹךְ בָּתֵּיהֶם, "וְזוֹקֵף לְכָל הַכְּפוּפִים", כֵּיוָן שֶׁהַקָּדוֹשׁ בָּרוּךְ הוּא פּוֹקְדָן בְּבָנִים הֵן נִזְקָפוֹת, תֵּדַע לְךָ שֶׁכֵּן לֵאָה שְׂנוּאַת הַבַּיִת הָיְתָה וְכֵיוָן שֶׁפְּקָדָהּ הַקָּדוֹשׁ בָּרוּךְ הוּא נִזְקָפָה, הָדָא הוּא דִכְתִיב "וַיַּרְא ה' כִּי שְׂנוּאָה לֵאָה".** [כט, לא] **"כִּי שְׂנוּאָה לֵאָה", שֶׁעָשְׂתָה כְּמַעֲשֵׂה הַשְּׂנוּאִים, שֶׁהָיְתָה אוֹמֶרֶת לְהִנָּשֵׂא לַשּׂוֹנֵא, {נוּסַח אַחֵר: שֶׁהָיְתָה אֲמוּדָה לַשּׂוֹנֵא}, [ד]שֶׁכָּךְ הָיוּ הַתְּנָאִים, שֶׁיְּהֵא גָּדוֹל נוֹשֵׂא לַגְּדוֹלָה וְהַקָּטָן נוֹשֵׂא לַקְּטַנָּה וְהָיְתָה בּוֹכָה וְאוֹמֶרֶת: יְהִי רָצוֹן שֶׁלֹּא אֶפּוֹל בְּחֶלְקוֹ שֶׁל רָשָׁע, אָמַר רַבִּי הוּנָא: [ה]קָשָׁה הִיא הַתְּפִלָּה שֶׁבִּיטְּלָה אֶת הַגְּזֵירָה, וְלֹא עוֹד אֶלָּא שֶׁקָּדְמָה לַאֲחוֹתָהּ, וְהָיוּ הַכֹּל סוֹנְטִין בָּהּ, מְפָרְשֵׁי יַמִּים הָיוּ סוֹנְטִין בָּהּ, מְהַלְּכֵי דְרָכִים הָיוּ סוֹנְטִין בָּהּ, אַף הַגִּתִּיּוֹת מֵאֲחוֹרֵי הַקּוֹרִים הָיוּ סוֹנְטִין בָּהּ,**

עץ יוסף

(א) **כי שומע אל אביונים כו'.** משום דקשה אם שנאה איך נזקק לה אחר כך להוליד בני גרושת הלב. לכן פירש דשנואה היינו היותה עקרה, ולפי שדרך העקרות להיות עלובות ואסורות בבית ושנואות ולכן נקראת שנואה, ולהכי מייתי קרא דשומע אל אביונים כו' לומר דעקרות איקרו אסורות ועלובות, ומזה נדק לקרותן שנואות כדפירשתי (יפה תואר): **לא ראשו של פסוק כו'.** כלומר הלשון אינו מכוון דברישא כתיב בלא כינוי אביונים ובסיפא כתיב אסיריו בכינוי: **אלו ישראל.** שהם אביונים בזמן הגלות: **שהן אסורין בתוך בתיהן.** כי יבושו לצאת החוצה בתוך אמות הבנים השמחות וכאומר (תהלים קיג, ט) מושיבי עקרת הבית אם הבנים שמחה. ו[ל]כן כתיב אסיריו שאינם אסורים על ידי בשר ודם בבית האסורים כשאר אסורים, אלא שהקדוש ברוך הוא אסרם עם היותם בבתיהם על ידי שסגר רחמם, שמחמת זה יבושו לצאת החוצה: **הן נזקפות.** והיינו דקאמר לא בזה, שנגאלות מהבזיון והעלבון שהיה להן: (ב) **שהם נופלים.** שפלים ונבזים שהקדוש ברוך הוא סומכן קצת שלא ימותו בצרתן, ואחר כך אם יזכו ה' פוקדן בבנים והויא זקיפה גמורה מכפיפתן: [ב] **שעשתה כמעשה השנואים.** הגירסא משובשת. והכי גרסינן **כי שנואה לאה שהיתה אמודה להנשא לשונא שכך היו התנאים כו'** עד **קשה היא התפלה. דבר אחר שעשת כמעשה השנואים והיו הכל סונטין בה והיו אומרים כו': אמודה לינשא לשונה.** ורצונו לומר שנקראת כן על שחשבה שתנשא לשונא זה עשו. על דרך (ישעיה ח, ג) ואקרב אל הנביאה שהוא תואר לאשת הנביא. ולדבר אחר נקראת שנואה על שעשת כמעשה השונאים שרמתה לאחותה: **הכל סונטין בה.** פירוש נדברים בה (מעריך), או פירושו מלחקים בה (מוסף הערוך): **קשה היא התפלה.** כלומר כדבר הקשה העומד לשבר כל דבר שכנגדה: **הגתיות מאחורי הקורים.** יש בזה ב' פירושים, אחד הנשים הדורכות בגת, ולפי זה גתיות מלשון (איכה א, טו) גת דרך ה', וקורים הקורות שדורכין בהם. השני לפי גירסת הערוך **הנשים מאחורי הקוריים.** ופירושו מאחורי כלי האריגה:

פירוש מהרז"ו

(א) **כי שומע אל אביונים.** בילקוט (רמז קכה) הגירסא רבי שמואל בר נחמן פתח כי שומע אל אביונים אמר רבי בנימין בר יפת לא ראשו כו', ועיין ילקוט תהלים (סוף מזמור סט רמז תתצב), וכדוגמא זה ויקרא רבה (ל, ג) פנה אל תפלת וגו': **דאמר רבי יוחנן.** עיין שמות רבה (לא, ה) ומי הם עמך כו', וכמו שנאמר (תהלים יח, כח) עם עני (ואביון) תושיע, ודרשו בשוחר טוב שם עיין שם, ועיין בילקוט (רמז תשכג): **שכן לאה.** שגם היא היתה עקרה בתולדתה, כמו שנאמר (כט, לא) ויפתח את רחמה, וכמו שאמרו באגדת בראשית (פרק נב) שבע עקרות שהיו בעולם כנגד שבע ימים שרה רבקה כו': **נזקפות כו' נזקפה.** אמר בלשון הדרשה שאחר זה על פסוק וזוקף לכל הכפופים (תהלים קמה, יד): (ב) **דבר אחר סומך ה'.** פירוש דבר אחר וירא ה' כי שנואה לאה הדא הוא דכתיב סומך ה' וגו': **כמעשה השנואים.** שרימתה את יעקב, ודרש מדלא אמר כי שנאה יעקב אלא שנואה סתם: **שהיתה אמורה.** וכמו שאמרו לעיל (ע, טז) אמורה הייתי להנשא עיין מה שכתבתי שם, ומה שאמרו שהיתה אומרת פירוש שהיתה חושבת שכן יהיה. ועיין לעיל שם (סימן טז) שהיו אומרים כך היו התנאים, וכן גירסא אמודה פירוש שאמדו ושיערו כן: **מאחורי הקורים.** עיין מתנות כהונה, ועיין מדרש אסתר (ג, יב)

חידושי הרש"ש

[א] **אלא כי שומע אל אביונים ואת אסירים לא בזה כו'.** כן צריך לומר:

אמרי יושר

[א] **ואין אסיריו לא בזה.** אף כי הן בזויות ונופלות כדדרשינן על ותעמוד מלדת. ופירוש אסיריו שהקדוש ברוך הוא אוסר אותם כי בידו מפתח עקרות והטעם אמרו כדי שיתפלל וזהו ויעתר יצחק כי עקרה היא ובזה התפלל ולולי זה לא היה מתפלל ואם כן הקדוש ברוך הוא ידע מה שעשה:

[ב] **שנואה.** שהיה גזור שתהיה נשואה לשונא. עשו. ניתן לה בנים להפטר לגמרי מעשו והיא היתה בוכה. זהו שנואה תאר כמו השכוני באהלים (שופטים ח יא). או שקלה בחייה:

מסורת המדרש

א. ילקוט כאן רמז קכ"ה כל הענין. ילקוט תהלים רמז תת"צ. ועיין מדרש תהלים מזמור ע"ח:

ב. מדרש שם מזמור ה':

ג. אגדת בראשית פרק מ"ח. ילקוט תהלים מזמור קמ"ה:

ד. בבא בתרא דף קכ"ג. לעיל פ' ע'. תנחומא כאן סימן ד':

ה. ראש השנה דף ט"ז:

אם למקרא

כִּי שֹׁמֵעַ אֶל אֶבְיוֹנִים ה' וְאֶת אֲסִירָיו לֹא בָזָה: (תהלים סט:לד)

סוֹמֵךְ ה' לְכָל הַנֹּפְלִים וְזוֹקֵף לְכָל הַכְּפוּפִים: (תהלים קמה:יד)

ידי משה

[ב] **שעשתה במעשה השנואים.** פירוש שרימאה באחותה, ועל זה מביא רב הונא דבריו שהיו משחקים בה ואמרו אילו היתה צדקת לא היתה מרמה באחותה ופירושו כן שלא לפרש שיעקב היה חלילה שונא ללאה, ואם כן יהיה ראובן חלילה בן שנואה כן נראה לי, ועל זה מביא ראיה רבי חנן שהיה יעקב רוצה לגרשה בשביל מעשה זה שרימאה באחותה:

רש"י

(ב) **סומך ה' לכל הנופלים.** אלו עקרות שהן נפולות בבתיהן: **וירא ה' כי שנואה שעשתה כמעשה שנואים.** שהיתה אמודה להנשא לשונא: **אף הגתיות מאחורי הקוריים היו סונטין בה.** נשים האורגות אחרי קוריהן שדורכות אחרי הגת:

מתנות כהונה

[א] **שהן אסורות כו'.** ולכן כתיב אסיריו שאין מי שמתיר אסוריהן אלא הקב"ה שמפתח ההריון אין נמסר לשליח: [ב] **נופלים.** שפלים ונבזים כמו שנאמר לא נופל אנכי מכם: **שעשת במעשה שנואים.** ה"ג רש"י ופירושו שלא ילדה במהרה וקרובה היא ליפול בגורלו של עשו: **שהיתה אמודה לשונה.** כך היא גירסת רש"י וילקוט: **סונטים כו'.** מליזים אחריה ומקטרגים עליה וכדמפרש ואזיל ועיין לעיל פר' ס"ח: **הגתיות כו'.** נשים הדורכות בגת אחורי הקורות של בית הבד. ובערוך ערך קר גורס הנשים מאחורי הקוריים

אשד הנחלים

[א] **לא היה כו' אל אביונים ואת אסיריו [אסירים] כצ"ל.** קושייתו מדוע באסירים אמר במלת כינוי הוא"ו. ולכן דרש שהכינוי מוסב שהם אסירים של אביונים האמור למעלה. וקראם לישראל אביונים מפני שהיו בגולה דלים ומרודים, וגם מפני ענוותן ונמיכת רוחן כעני ואביון, ולכן שמע תפלתן, ואת אסיריו (הנמצא) אינו מניח אותן שישארו בזוים ועלובות בתוך בתיהם, כי אם פוקדן בבנים. והוכרח לזה, דמלת שמיעה משמע טובה גדולה, והעדר הבזיון הוא רק הסרת הרע לא טוב בפועל, ולכן מפרש שמסיר בזיונם וממילא הם נזקפות, ולהורות בא שהשגחת ה' על דרך נס לפקדם בבנים: [ב] **שנעשית כמעשה השנואים.** כן גרסת האות אמת, והוא כפי נוסחת אמודה. ופירושו כי הוא סבת הטעם שלכן פקדה. כי לולא זאת היא קרובה לפול בגורלו של שנוא זה עשו: **קשה היא.** כלומר כדבר הקשה העומד לשבר כל דבר שכנגדה:

Since an infertile woman remains confined to her home, we may use the term שְׂנוּאָה, meaning *despised*, to describe her. Thus our verse may be rendered: *HASHEM saw that Leah was "barren," so He opened her womb.* תֵּדַע לָךְ — **You should know** that this is so, שֶׁבֵּן לֵאָה שְׂנוּאַת הַבַּיִת הָיְתָה — for **Leah was the "despised" one in the house** of Jacob, since she was infertile. וְכֵיוָן שֶׁפְּקָדָהּ הַקָּדוֹשׁ בָּרוּךְ הוּא נִזְקְפָה — **But once the Holy One, blessed is He, remembered her** and bestowed children upon her, **she stood upright.** הָדָא הוּא דִכְתִיב "וַיַּרְא ה׳ כִּי שְׂנוּאָה לֵאָה" — **Thus it is written, *HASHEM saw that Leah was "barren,"*** *so He opened her womb.*[11]

The Midrash will now present other interpretations of the term שְׂנוּאָה, each of which retains the literal meaning of *hated*:

"כִּי שְׂנוּאָה לֵאָה" — The phrase ***that Leah was hated*** means שֶׁעָשְׂתָה כְּמַעֲשֵׂה הַשְּׂנוּאִים — **that [Leah] behaved like those who hate** themselves, by crying and bemoaning her fate,[12] שֶׁהָיְתָה אוֹמֶרֶת לְהִנָּשֵׂא לְשׂוֹנֵא {נוּסַח אַחֵר: שֶׁהָיְתָה אֲמוּדָה לְשׂוֹנֵא} — **for she said** to herself that she is destined **to marry** Esau, **who is hated** due to his sinful behavior. **[An alternative reading is: for she was destined** as a wife **for the enemy** Esau.][13] שֶׁכָּךְ הָיוּ הַתְּנָאִים, שֶׁיְּהֵא גָּדוֹל נוֹשֵׂא לַגְּדוֹלָה — Leah knew that she was destined to marry the wicked Esau, leading her to cry and bemoan her fate, **for there was a stipulation that the older** son of Isaac (Esau) **will marry the older** daughter of Laban (Leah), וְהַקָּטָן נוֹשֵׂא לַקְּטַנָּה — **and the younger** son **(Jacob) will marry the younger** daughter (Rachel).[14] וְהָיְתָה בוֹכָה וְאוֹמֶרֶת: יְהִי רָצוֹן שֶׁלֹּא אֶפּוֹל בְּחֶלְקוֹ שֶׁל רָשָׁע — And **[Leah] would cry** profusely **and say** in prayer, **May it be the will** of God **that I should not fall into the portion of the wicked** Esau![15]

The Midrash makes an observation concerning the power of prayer:

אָמַר רַבִּי הוּנָא: קָשָׁה הִיא הַתְּפִלָּה שֶׁבִּיטְּלָה אֶת הַגְּזֵירָה — **R' Huna said: Prayer** is so **powerful that it nullified the decree** that Leah was destined to be Esau's wife.[16] וְלֹא עוֹד אֶלָּא שֶׁקָּדְמָה לַאֲחוֹתָהּ — **Moreover,** she even **took precedence over her sister** Rachel, by being the first to marry Jacob.[17]

The Midrash presents another understanding of the phrase *that Leah was hated;* namely, Leah was hated by the masses because of her perceived misdeed:[18]

וְהָיוּ הַכֹּל סוֹנְטִין בָּהּ — **Everyone would malign [Leah]** for taking Rachel's place and marrying Jacob;[19] מְפָרְשֵׁי יַמִּים הָיוּ סוֹנְטִין בָּהּ — **sea travelers would malign her;** מְהַלְּכֵי דְרָכִים הָיוּ סוֹנְטִין בָּהּ — **wayfarers would malign her;** אַף הַגִּתִּיּוֹת מֵאֲחוֹרֵי הַקּוֹרִים הָיוּ סוֹנְטִין בָּהּ — **even the women who tread in the winepress behind the beams** of the press **would malign her.**[20]

NOTES

11. See above, §1 notes 6-7.

12. I.e., she cried and bemoaned her fate, like a person who is depressed and hates himself (*Yefeh To'ar*). Others, including *Eitz Yosef* and *Nezer HaKodesh*, interpret this phrase differently. *Eitz Yosef* and *Nezer HaKodesh*, however, emend the text, shifting the words שֶׁעָשְׂתָה כְּמַעֲשֵׂה הַשְּׂנוּאִים to a later point in the Midrash; see below, note 18.

13. [There is no substantive difference in intent between these two readings.]

Yefeh To'ar suggests that the Midrash here is actually presenting two different interpretations of the verse's usage of the word שְׂנוּאָה, *hated*. According to the first, Leah acted like one who hates *herself* (since she did not want to marry Esau). According to the second, Leah is called *hated* because she was destined to be the wife of the hated Esau.

14. See *Yefeh To'ar*. It was commonly assumed that Rebecca and Laban had made a pact that Isaac and Rebecca's two sons would marry their uncle Laban's two daughters, Leah and Rachel. Logically, this would mean that the older son would marry the older daughter, and the younger son the younger daughter (*Eitz Yosef; Yefeh To'ar* to 70 §16).

15. This practice of Leah is also mentioned in the Gemara (*Bava Basra* 123a), though it renders the phrase *and Hashem saw that Leah was hated* differently, as follows: Hashem saw that Esau's behavior was *hated* by Leah, and, as a reward, He opened her womb.

16. Literally, קָשָׁה means *hard*. I.e., it is as strong as a hard object that is capable of smashing anything in its way (*Eitz Yosef*).

17. *Yefeh To'ar*; *Eitz Yosef* above, 70 §16. See our commentary there.

18. *Yefeh To'ar;* see below, note 21. *Eitz Yosef* adds the words דָּבָר אַחֵר, *another interpretation,* and then inserts the phrase that he omitted above, שֶׁעָשְׂתָה כְּמַעֲשֵׂה הַשְּׂנוּאִים, which he renders: *She acted like those that are hated.* I.e., Leah acted in the manner of a swindler (by taking Rachel's place), who is hated by everyone.

19. *Eitz Yosef,* from *Aruch*. Alternatively, סוֹנְטִין בָּהּ means everyone *ridiculed* her (ibid.).

20. *Matnos Kehunah; Eitz Yosef.* According to an alternative reading, the Midrash refers to weavers who stand behind the weaving beams (*Yefeh To'ar*; *Matnos Kehunah* and *Eitz Yosef,* from *Aruch*).

It is understandable that the lowly women who tread grapes or weave material would malign Leah, for they are accustomed to gossip and speak derogatorily about others. However, why would specifically sea travelers and wayfarers malign her? *Yefeh To'ar* suggests that whenever these people would face danger in their travels, they would pray in the name of the righteous that they be spared. Should one invoke the merit of Leah, his fellow travelers would scoff, saying that she was not truly righteous.

פרשה עא

א [כט, לא] **"וַיַּרְא ה' כִּי שְׂנוּאָה לֵאָה וְגוֹ'",** (תהלים סט, לד) **"כִּי שֹׁמֵעַ אֶל אֶבְיוֹנִים ה' וְאֶת אֲסִירָיו לֹא בָזָה", [א]אָמַר רַבִּי בִּנְיָמִין בֶּן לֵוִי: לֹא רֹאשׁוֹ שֶׁל פָּסוּק הַזֶּה סוֹפוֹ, וְלֹא סוֹפוֹ רֹאשׁוֹ, לֹא הָיָה צָרִיךְ קְרָא לְמֵימַר אֶלָּא "כִּי שֹׁמֵעַ אֶל אֶבְיוֹנִים וְאֶת אֲסִירִים לֹא בָזָה" אוֹ "כִּי שֹׁמֵעַ אֶל אֶבְיוֹנָיו ה' וְאֶת אֲסִירָיו וְגוֹ'", אֶלָּא "כִּי שֹׁמֵעַ אֶל אֶבְיוֹנִים ה'" אֵלּוּ יִשְׂרָאֵל, [ב]דְּאָמַר רַבִּי יוֹחָנָן בְּכָל מָקוֹם שֶׁנֶּאֱמַר "דַּל" "עָנִי" וְ"אֶבְיוֹן", בְּיִשְׂרָאֵל הַכָּתוּב מְדַבֵּר, "וְאֶת אֲסִירָיו לֹא בָזָה", אֵלּוּ הָעֲקָרוֹת, שֶׁהֵן אֲסוּרוֹת בְּתוֹךְ בָּתֵּיהֶן וַעֲלוּבוֹת, וְכֵיוָן שֶׁהַקָּדוֹשׁ בָּרוּךְ הוּא פּוֹקְדָן בְּבָנִים הֵן נִזְקָפוֹת, תֵּדַע לְךָ שֶׁכֵּן לֵאָה שְׂנוּאַת הַבַּיִת הָיְתָה, וְכֵיוָן שֶׁפְּקָדָהּ הַקָּדוֹשׁ בָּרוּךְ הוּא נִזְקָפָה, הָדָא הוּא דִכְתִיב "וַיַּרְא ה' כִּי שְׂנוּאָה לֵאָה":**

ב **דָּבָר אַחֵר,** (שם קמה, יד) **"סוֹמֵךְ ה' לְכָל הַנֹּפְלִים", [ג]אֵלּוּ הָעֲקָרוֹת שֶׁהֵם נוֹפְלִין בְּתוֹךְ בָּתֵּיהֶם, "וְזוֹקֵף לְכָל הַכְּפוּפִים", כֵּיוָן שֶׁהַקָּדוֹשׁ בָּרוּךְ הוּא פּוֹקְדָן בְּבָנִים הֵן נִזְקָפוֹת, תֵּדַע לְךָ שֶׁכֵּן לֵאָה שְׂנוּאַת הַבַּיִת הָיְתָה וְכֵיוָן שֶׁפְּקָדָהּ הַקָּדוֹשׁ בָּרוּךְ הוּא נִזְקָפָה, הָדָא הוּא דִכְתִיב "וַיַּרְא ה' כִּי שְׂנוּאָה לֵאָה".** [כט, לא] **"כִּי שְׂנוּאָה לֵאָה", שֶׁעָשְׂתָה כְּמַעֲשֵׂה הַשְּׂנוּאִים, שֶׁהָיְתָה אוֹמֶרֶת לְהִנָּשֵׂא לַשּׂוֹנֵא, {נוֹסַח אַחֵר: שֶׁהָיְתָה אֲמוּדָה לַשּׂוֹנֵא}, [ד]שֶׁכָּךְ הָיוּ הַתְּנָאִים, שֶׁיְּהֵא גָּדוֹל נוֹשֵׂא לַגְּדוֹלָה וְהַקָּטָן נוֹשֵׂא לַקְּטַנָּה וְהָיְתָה בּוֹכָה וְאוֹמֶרֶת: יְהִי רָצוֹן שֶׁלֹּא אֶפּוֹל בְּחֶלְקוֹ שֶׁל רָשָׁע, אָמַר רַבִּי הוּנָא: [ה]קָשָׁה הִיא הַתְּפִלָּה שֶׁבִּיטְּלָה אֶת הַגְּזֵירָה, וְלֹא עוֹד אֶלָּא שֶׁקָּדְמָה לַאֲחוֹתָהּ, וְהָיוּ הַכֹּל סוֹנְטִין בָּהּ, מִפָּרְשֵׁי יַמִּים הָיוּ סוֹנְטִין בָּהּ, מֵהַלְּכֵי דְרָכִים הָיוּ סוֹנְטִין בָּהּ, אַף הַגִּתִּיּוֹת מֵאֲחוֹרֵי הַקּוֹרִים הָיוּ סוֹנְטִין בָּהּ,**

עץ יוסף

(א) **כי שומע אל אביונים כו'.** משום דקשה אם שנאה איך נזקק לה אחר כך להוליד בני גרושת הלב. לכן פירש דשנואה היינו היותה עקרה, ולפי שדרך העקרות להיות עלובות ואסורות בבית ושנואות ולכן נקראת שנואה, ולהכי מייתי קרא דשומע אל אביונים כו' לומר דעקרות איקרו אסורות ועלובות, ומזה לדק לקרותן שנואות כדפירשתי (יפה תואר): **לא ראשו של פסוק כו'.** כלומר הלשון אינו מכוון דברישא כתיב בלא כינוי אביונים ובסיפא כתיב אסיריו בכינוי: **אלו ישראל.** שהם אביונים בזמן הגלות: **שהן אסורין בתוך בתיהן.** כי יבושו לצאת החוצה בתוך אמות הבנים השמחות וכאומר (תהילים קיג, ט) מושיבי עקרת הבית אם הבנים שמחה. ו[ל]כן כתיב אסיריו שאינם אסורים על ידי בשר ודם בבית האסורים כשאר אסורים, אלא שהקדוש ברוך הוא אסרם עם היותם בבתיהם על ידי שסגר רחמם, שמחמת זה יבושו לצאת החוצה: **הן נזקפות.** והיינו דקאמר לא בזה, שנגאלות מהבזיון והעלבון שהיה להן: (ב) **שהם נופלים.** שפלים ונבזים שהקדוש ברוך הוא סומכן קצת שלא ימותו בצרתן, ואחר כך אם יזכו ה' פוקדן בבנים והויא זקיפה גמורה מכפיפתן: [ב] **שעשתה במעשה השנואים.** הגירסא משובשת. והכי גרסינן **כי שנואה לאה שהיתה אמודה להנשא לשונא שכך היו התנאים כו'** עד **קשה היא התפלה. דבר אחר שעשת במעשה השנואים והיו הכל סונטין בה והיו אומרים כו': אמודה לינשא לשונה.** ורצונו לומר שנקראת כן על שחשבה שתנשא לשונא זה עשו. על דרך (ישעיה ח, ג) ואקרב אל הנביאה שהוא תואר לאשת הנביא. ולדבר אחר נקראת שנואה על שעשת כמעשה השונאים שרמתה לאחותה: **הכל סונטין בה.** פירוש נדברים בה (מעריך), או פירושו מלחקים בה (מוסף הערוך): **קשה היא התפלה.** כלומר כדבר הקשה העומד לשבר כל דבר שכנגדה: **הגתיות מאחורי הקורים.** יש בזה ב' פירושים, אחד הנשים הדורכות בגת, ולפי זה גתיות מלשון (איכה א, טו) גת דרך ה', וקורים הקורות שדורכין בהם. השני לפי גירסת הערוך **הנשים מאחורי הקוריים.** ופירושו מאחורי כלי האריגה:

פירוש מהרז"ו

(א) **כי שומע אל אביונים.** בילקוט (רמז קכה) הגירסא רבי שמואל בר נחמן פתח כי שומע אל אביונים אמר רבי בנימין בר יפת לא ראשו כו', ועיין ילקוט תהלים (סוף מזמור סט רמז תתע), וכדוגמא זה ויקרא רבה (ל, ג) פנה אל תפלת וגו': **דאמר רבי יוחנן.** עיין שמות רבה (לא, ה) ומי הם עמך כו', וכמו שנאמר (תהלים יח, כח) עם עני (ואביון) תושיע, ודרשו בשוחר טוב שם עיין שם, ועיין בילקוט (רמז תשכג): **שכן לאה.** שגם היא היתה עקרה בתולדתה, כמו שנאמר (כט, לא) ויפתח את רחמה, וכמו שאמרו באגדת בראשית (פרק נב) שבע עקרות שהיו בעולם כנגד שבע ימים שרה רבקה כו': **נזקפות כו' נזקפה.** אמר בלשון הדרשה שאחר זה על פסוק וזוקף לכל הכפופים (תהלים קמה, יד): (ב) **דבר אחר סומך ה'.** פירוש דבר אחר וירא ה' כי שנואה לאה הדא הוא דכתיב סומך ה' וגו': **במעשה השנואים.** שרימתה את יעקב, ודרש מדלא אמר כי שנאה יעקב אלא שנואה סתם: **שהיתה אמורה.** וכמו שאמרו לעיל (ע, טז) אמורה הייתי להנשא עיין מה שכתבתי שם, ומה שאמרו שהיתה אומרת פירוש שהיתה חושבת שכן יהיה. ועיין לעיל שם (סימן טז) שהיו אומרים כך היו התנאים, וכן גירסא אמודה פירוש שאמדו ושיערו כן: **מאחורי הקורים.** עיין מתנות כהונה, ועיין מדרש אסתר (ג, יב)

רש"י

(ב) **סומך ה' לכל הנופלים.** אלו עקרות שהן נפולות בבתיהן: **וירא ה' כי שנואה שעשתה כמעשה שנואים.** שהיתה אמודה להנשא לשונא: **אף הגתיות מאחורי הקוריים היו סונטין בה.** נשים האורגות אחרי קוריהן שדורכות אחרי הגת:

מתנות כהונה

[א] **שהן אסורות כו'.** ולכן כתיב אסיריו שאין מי שמתיר אסוריהן אלא הקב"ה שמפתח ההריון אין נמסר לשליח: [ב] **נופלים.** שפלים ונבזים כמו שנאמר לא נופל אנכי מכם: **שעשת במעשה שנואים.** ה"ג רש"י ופירושו שלא ילדה במהרה וקרובה היא ליפול בגורלו של עשו: **שהיתה אמודה לשונה.** כך היא גירסת רש"י וילקוט: **סונטים כו'.** מליזים אחריה ומקטרגים עליה וכדמפרש ואזיל ועיין לעיל פר' ס"ח: **הגתיות כו'.** נשים הדורכות בגת אחורי הקורות של בית הבד. ובערוך ערך קר גורס הנשים מאחורי הקוריים

אשד הנחלים

[א] **לא היה כו' אל אביונים ואת אסיריו [אסירים] בצ"ל.** קושייתו מדוע באסירים אמר במלת כינוי הוא"ו. ולכן דרש שהכינוי מוסב שהם אסירים של אביונים האמור למעלה. וקראם לישראל אביונים מפני שהיו בגולה דלים ומרודים, וגם מפני ענוותן ונמיכת רוחן כעני ואביון, ולכן שמע תפלתן, ואת אסיריו (הנמצא) אינו מניח אותן שישארו בזוים ועלובות בתוך בתיהם, כי אם פוקדן בבנים. והוכרח לזה, דמלת שמיעה משמע טובה גדולה, והעדר הבזיון הוא רק הסרת הרע לא טוב בפועל, ולכן מפרש שמסיר בזיונם וממילא הם נזקפות, ולהורות בא שהשגחת ה' על דרך נס לפקדם בבנים: [ב] **שנעשית במעשה השנואים.** כן גרסת האות אמת, והוא כפי נוסחת אמודה. ופירושו כי הוא סבת הטעם שלכן פקדה. כי לולא זאת היא קרובה לפול בגורלו של שנוא זה עשו: **קשה היא.** כלומר כדבר הקשה העומד לשבר כל דבר שכנגדה:

חידושי הרש"ש

[א] **אלא כי שומע אל אביונים ואת אסירים לא בזה כו'.** כן צריך לומר:

אמרי יושר

[א] **ואין אסיריו לא בזה.** אף כי הן בזויות ונופלות כדדרשינן על ותעמוד מלדת. ופירוש אסיריו שהקדוש ברוך הוא אוסר אותם כי בידו מפתח עקרות והטעם אמרו כדי שיתפלל וזהו ויעתר יצחק כי עקרה היא ובזה התפלל ולולי זה לא היה מתפלל ואם כן הקדוש ברוך הוא ידע מה שעשה:

[ב] **שנואה.** שהיה גזור שתהיה נשואה לשונא. עשו. ניתן לה בנים להפטר לגמרי מעשו והיא היתה בוכה. זהו שנואה תאר כמו השכוני באהלים (שופטים ח יא). או שקנה בחייה:

מסורת המדרש

א. ילקוט כאן רמז קכ"ה כל הענין. ילקוט תהלים רמז תת"ב. ועיין מדרש תהלים מזמור ע"ח:

ב. מדרש שם מזמור ה':

ג. אגדת בראשית פרק מ"ח. ילקוט תהלים מזמור קמ"ה:

ד. בבא בתרא דף קכ"ג. לעיל פ' ע'. תנחומא כאן סימן ד':

ה. ראש השנה דף ט"ז:

אם למקרא

כִּי שֹׁמֵעַ אֶל אֶבְיוֹנִים ה' וְאֶת אֲסִירָיו לֹא בָזָה: (תהלים סט:לד)

סוֹמֵךְ ה' לְכָל הַנֹּפְלִים וְזוֹקֵף לְכָל הַכְּפוּפִים: (תהלים קמה:יד)

ידי משה

[ב] **שעשתה במעשה השנואים.** פירוש שרימאה באחותה, ועל זה מביא רב הונא דבריו שהיו משחקים בה ואמרו אילו היתה צדקת לא היתה מרמה באחותה ופירושו כן שלא לפרש שיעקב היה חלילה שונא ללאה, ואם כן יהיה ראובן חלילה בן שנואה כן נראה לי, ועל זה מביא ראיה רבי חנן שהיה יעקב רוצה לגרשה בשביל מעשה זה שרימאה באחותה:

וְהָיוּ אוֹמְרִים: לֵאָה זוֹ אֵין סִתְרָהּ כְּגִלּוּיָהּ — **They would say, "This woman Leah, her** behavior when she **is secluded is not the same as her** behavior **when** she **is in the open;** נִרְאֵת צַדֶּקֶת וְאֵינָהּ צַדֶּקֶת — **she appears to be righteous, but** in actuality **she is not righteous.** אִילּוּ הָיְתָה צַדֶּקֶת לֹא הָיְתָה מְרַמָּה בַּאֲחוֹתָהּ — **For if she were** truly **a righteous woman, she would not have deceived her sister** by marrying Jacob in her stead."[21] When Hashem saw that she was maligned by everyone, He blessed her with children, demonstrating to them that she was in fact truly righteous.[22]

Yet another interpretation of the phrase *HASHEM saw that Leah was hated*:

רַבִּי חָנִין בְּשֵׁם רַבִּי שְׁמוּאֵל בַּר רַבִּי יִצְחָק אָמַר — **R' Chanin said in the name of R' Shmuel bar R' Yitzchak:** כֵּיוָן שֶׁרָאָה יַעֲקֹב אָבִינוּ מַעֲשִׂים שֶׁרִימַּת לֵאָה בַּאֲחוֹתָהּ נָתַן דַּעְתּוֹ לְגָרְשָׁהּ — **When our father Jacob saw Leah's deeds, that she deceived her sister,** marrying him in Rachel's stead, **he set his mind to divorcing her.** Accordingly, our verse may be understood simply — that Jacob hated Leah.[23] וְכֵיוָן שֶׁפְּקָדָהּ הַקָּדוֹשׁ בָּרוּךְ הוּא בְּבָנִים — **But once the Holy One, blessed is He, remembered [Leah],** and bestowed **children** upon her, אָמַר: לְאִמָּן שֶׁל אֵלּוּ אֲנִי מְגָרֵשׁ — **[Jacob] said, "How can I divorce the mother of these** children?!"[24] וּבַסּוֹף הוּא מוֹדֶה עַל הַדָּבָר — Furthermore, **at the end** of his life **[Jacob] gave thanks** to God **over the matter** of his marriage to Leah. הָדָא הוּא דִכְתִיב "וַיִּשְׁתַּחוּ יִשְׂרָאֵל עַל רֹאשׁ הַמִּטָּה" — **Thus it is written** before Jacob's passing, after Joseph promised to bring Jacob to the Land of Israel and to bury him in the Cave of Machpelah, ***then Israel prostrated himself toward the head of the bed*** (below, 47:31). This is interpreted: *Israel prostrated himself [in thanks to God] "regarding" the head of the bed.* מִי הָיָה רֹאשׁ מִטָּתוֹ שֶׁל יַעֲקֹב אָבִינוּ — **Who was the head of Jacob's bed,** i.e., the wife who bore most of his children? לֹא לֵאָה — **Was it not Leah?** Indeed it was![25]

□ וְרָחֵל עֲקָרָה — ***BUT RACHEL REMAINED BARREN.***

Why does the Torah mention Rachel's barrenness here?[26] אָמַר רַבִּי יִצְחָק: רָחֵל הָיְתָה עִיקָּרוֹ שֶׁל בַּיִת — **R' Yitzchak said: [Rachel] was the principal of [Jacob's] household,** כְּמָה שֶׁנֶּאֱמַר "וְרָחֵל עֲקָרָה" — **as it states, *but Rachel was barren* (*akarah*)** [עֲקָרָה]; עִיקָּרָה רָחֵל — this means that although Leah was the first to bear Jacob children, having as many as all the other wives combined, nonetheless, **Rachel** remained **the principal (*ikarah*)** [עִקָּרָה] of Jacob's household.[27]

NOTES

21. Although Rachel herself had given Leah the prearranged signs that Jacob had conveyed to her (see *Bava Basra* 123a), this was unknown to the public at large, who maligned her for her perceived misdeed. Hence, our verse describes Leah as *hated* (see *Yefeh To'ar*).

22. *Yefeh To'ar*.

23. *Eitz Yosef*, from *Yefeh To'ar*. Jacob did not bear enmity toward Leah for personal reasons, but, rather, for her act of deceiving Rachel. It cannot be said that Leah was just obeying her father, for she still could have hinted to Jacob that she was Leah. Certainly, she should not have pretended to be Rachel the entire night, replying when Jacob called for Rachel (as Jacob did not realize she was Leah until he saw her in the morning; see above, Midrash 70 §19). Jacob thus had a legitimate reason for bearing enmity toward her: He considered Leah a sinner [whom one is permitted to hate (*Pesachim* 113b)], for robbing Rachel of her right to marry him (*Eitz Yosef; Yefeh To'ar*; see also *Ramban*, 29:31 above).

[This interpretation does not agree with the Gemara cited in note 21 that Rachel had conveyed any prearranged signs to Leah; rather, R' Shmuel bar Yitzchak maintains that Leah had simply deceived Rachel and Jacob (see *Yefeh To'ar*). And Jacob felt it was not prudent to divorce her immediately, while he was living with Laban; his intention was to divorce after he left Laban's house (*Eitz Yosef*).

A difficulty with R' Shmuel bar Yitzchak's interpretation is that a man may not have relations with his wife if he hates her (see above, §1 note 1). Similarly, one may not cohabit with his wife after he has made up his mind to divorce her. A child born from either of these unions is regarded as degenerate (*Nedarim* 20b). How, then, was Jacob permitted to cohabit with Leah? For possible resolutions to these difficulties, see *Yefeh To'ar*; *Maharsha, Bava Basra* 123a; *Raavad, Baalei HaNefesh, Shaar HaKedushah*.]

24. [God had mercy on Leah, blessing her with children, for He knew she had acted in this manner only in order to be married to the righteous Jacob.] Jacob felt that he could not divorce the mother of his children, for as the saying goes: How can a water hole (i.e., a mother) be hated, while its waters (i.e., her children) be loved? Furthermore, the fact that Leah begot most of his children provided Jacob with proof that she was truly an appropriate marriage partner for him (*Eitz Yosef*).

25. The reason Jacob thanked God at this particular moment for his marriage to Leah was that when Joseph promised to bring Jacob to the Land of Israel and to bury him in the Cave of Machpelah together with Leah, it became clear to Jacob that Leah truly was his proper life partner, to the extent that even in death they would remain together (*Eitz Yosef*).

26. See *Matnos Kehunah*.

27. The Midrash expounds the word עקרה, *barren*, as if it were vowelized עִקָּרָה, *principal (person)*. This teaches that although Leah bore children before Rachel, Rachel remained the mainstay of Jacob's household. This was because Jacob stayed at Laban's house and agreed to work for him in the first place only so that he could marry Rachel (see *Eitz Yosef*). See Insight Ⓐ.

INSIGHTS

Ⓐ The Matriarch of Silence *R' Aharon Kotler* sees a deeper meaning in the Midrash's characterization of Rachel as Jacob's "principal" wife. Each of the Patriarchs — while great in all areas of Divine service — embodied a particular characteristic that he strove to perfect. Each honed *his* particular characteristic to such an extent that it became part of the spiritual genome of the nation. Thus, Abraham is the patriarch of חֶסֶד, *kindness;* Issac is the patriarch of עֲבוֹדָה, *devotion;* and Jacob is the patriarch of תּוֹרָה, *Torah* (see *Ramban* on 17:26 above).

Now, the primary characteristic of man in general is his ability to speak. It is this ability that most distinguishes man from the animal (see *Targum Onkelos* on 2:7 above). It should come as no surprise, then, that Jacob — the *perfect man* (25:27) — was distinguished from his brother by his voice, as Isaac said (27:23), *The voice is the voice of Jacob*. Jacob's mission was to attain human perfection through articulating the wisdom of the Torah.

But human speech is not perfected through the proper *act* of speech alone. The *passive* characteristic of speech — *silence* — is of equal importance. King David says (*Psalms* 58:2), הַאֻמְנָם אֵלֶם צֶדֶק תְּדַבֵּרוּן, *Is there indeed silence when you should speak righteousness?* But these very words, which according to their simple meaning criticize silence when speech is in order, are expounded homiletically by the Gemara (*Chullin* 89a) to extol *silence* when speech is *out* of order. Relating the word הַאֻמְנָם to the word אֻמָּנוּת, *vocation,* the Gemara expounds: What is man's *vocation* in this world? To maintain *silence*. To be silent at a time of provocation (see *Meiri* ad loc.). However, the Gemara continues, expounding the next words of the verse: *You should speak righteousness* — in matters of "righteousness," i.e., Torah, you *must* speak.

A person's calling is to perfect his defining human characteristic, his speech, through proper *speech* and through proper *silence*. It was Jacob who personified the *active* component of proper speech. But it was Rachel who personified the *passive* component — silence. As the Midrash below (§5) teaches: *Rachel held the spindle of silence*; this was *her* defining character, and the one that *she* bequeathed to *her* descendants (see Midrash there).

Rachel's capacity of *silence* was the necessary complement to Jacob's capacity of *speech*. Thus, she was Jacob's principal wife because her *silence* complemented his *voice*. They were partners in the same mission. Jacob, the patriarch of Torah, and Rachel, the matriarch of silence, united to become the *perfect person* (*Mishnas Rav Aharon* III, *Shaar Asiri, Chinuch*, pp. 177-178).

וְהָיוּ אוֹמְרִים: לֵאָה זוֹ אֵין סִתְרָהּ כְּגָלוּיָהּ, נִרְאֵת צַדֶּקֶת וְאֵינָהּ צַדֶּקֶת, אִילוּ הָיְתָה צַדֶּקֶת לֹא הָיְתָה מְרַמָּה בַּאֲחוֹתָהּ, רַבִּי חָנִין בְּשֵׁם רַבִּי שְׁמוּאֵל בַּר רַבִּי יִצְחָק אָמַר: כֵּיוָן שֶׁרָאָה יַעֲקֹב אָבִינוּ מַעֲשִׂים °שֶׁרִימָּה לֵאָה בַּאֲחוֹתָהּ נָתַן דַּעְתּוֹ לְגָרְשָׁהּ, וְכֵיוָן שֶׁפְּקָדָהּ הַקָּדוֹשׁ בָּרוּךְ הוּא בְּבָנִים אָמַר: לְאִמָּן שֶׁל אֵלּוּ אֲנִי מְגָרֵשׁ, וּבַסּוֹף הוּא מוֹדֶה עַל הַדָּבָר, הָדָא הוּא דִכְתִיב (לקמן מז, לא) "וַיִּשְׁתַּחוּ יִשְׂרָאֵל עַל רֹאשׁ הַמִּטָּה", מִי הָיָה רֹאשׁ מִטָּתוֹ שֶׁל יַעֲקֹב אָבִינוּ, לֹא לֵאָה. [כט, לא] "וְרָחֵל עֲקָרָה", אָמַר רַבִּי יִצְחָק: רָחֵל הָיְתָה עִיקָּרוֹ שֶׁל בַּיִת, כְּמָה שֶׁנֶּאֱמַר "וְרָחֵל עֲקָרָה", עִיקָּרָה רָחֵל, אָמַר רַבִּי אַבָּא בַּר כָּהֲנָא רוֹב מְסוּבִּין עִיקָּר שֶׁל לֵאָה הָיוּ, לְפִיכָךְ עוֹשִׂים רָחֵל עִיקָּר, "וְרָחֵל עֲקָרָה", רָחֵל הָיְתָה עִיקָּרוֹ שֶׁל בַּיִת. ז תָּאנֵי רַבִּי שִׁמְעוֹן בֶּן יוֹחָאי: לְפִי שֶׁכָּל הַדְּבָרִים תְּלוּיִן בְּרָחֵל לְפִיכָךְ נִקְרְאוּ יִשְׂרָאֵל עַל שְׁמָהּ, ° (ירמיה לא, יד) "רָחֵל מְבַכָּה עַל בָּנֶיהָ", וְלֹא סוֹף דָּבָר לִשְׁמָהּ אֶלָּא לְשֵׁם בְּנָהּ, (עמוס ה, טו) "אוּלַי יֶחֱנַן ה' צְבָאוֹת שְׁאֵרִית יוֹסֵף", וְלֹא סוֹף דָּבָר לְשֵׁם בְּנָהּ אֶלָּא לְשֵׁם בֶּן בְּנָהּ, שֶׁנֶּאֱמַר (ירמיה לא, יט) "הֲבֵן יַקִּיר לִי אֶפְרַיִם":

ג [כט, לב] "וַתַּהַר לֵאָה וַתֵּלֶד בֵּן", ח אָמַר רַבִּי יוֹסֵי בַּר חֲנִינָא: אַרְבַּע מִדּוֹת נֶאֶמְרוּ בְּשֵׁמוֹת, יֵשׁ שֶׁשְּׁמוֹתֵיהֶם נָאִים וּמַעֲשֵׂיהֶם נָאִים, יֵשׁ שֶׁשְּׁמוֹתֵיהֶם כְּעוּרִים וּמַעֲשֵׂיהֶם כְּעוּרִים, יֵשׁ שֶׁשְּׁמוֹתֵיהֶם כְּעוּרִים וּמַעֲשֵׂיהֶם נָאִים, וְיֵשׁ שֶׁשְּׁמוֹתֵיהֶם נָאִים וּמַעֲשֵׂיהֶם כְּעוּרִים,

עץ יוסף

כיון שראה אבינו יעקב כו'. מפרש שנואה כמשמעו שנואה מיעקב, אלא שמפרש שלא היה זה שנאה עצמיית אלא מצד מעשיה בענין רמיות אחותה מותר לשנאות חבירו על דבר עבירה כדאיתא בפרק ערבי פסחים (קיג, ב) (יפה תואר וזרע הקודש). ואף שבמצות אביה עשתה, לא היה לה להתנכר ולענות כשהוא היה קורא לה רחל, ואם כן עבירה עשתה שגזלה זכות רחל, ולכן נתן דעתו לגרשה, אלא שלא היה יכול לגרשה מיד בהיותו עוד בביתו של לבן, ולפיכך לא נתן יעקב דעתו לגרשה אלא בצאתו מביתו, אלא כיון דביני וביני פקדה ה' בבנים, ואז ממילא נהפכה דעתו באומרו לאמן של אלו אני מגרש כי איך תהיה הבור שנואה ומימיה חביבין, וגם בראותו שהיה עיקר רוב בניו מלאה ידע נאמנה כי היא בת זוגו הראויה אליו: וישתחו ישראל על ראש המטה. רומז על לאה שהיתה ראש מטתו. כי באשר אז נשבע לו יוסף להעלותו לארץ הקדושה ולקברו בקבורת אבותיו במערת המכפלה אשר נקברה שם גם לאה ידע נאמנה כי היתה גם כן בת זוגו הראויה אליו עד אשר גם במותם לא נתפרדו, ולפיכך נתן אז תודה לה' על דבר ראש מטתו היא לאה (זרע הקודש): [ג] עקרה עיקרה רחל. דרשו עקרה מלשון עיקר, והכי קאמר אף על פי שנפתח רחם לאה להוליד תחלה רוב הבנים אף על פי כן ורחל עיקרה של בית לפי שלא הלך יעקב אצל לבן אלא עבור רחל (זרע הקודש): רוב מסובים של לאה היו. פירוש רוב המסובין והחשובין שבאותו מעמד מבני לאה היו, דבועז ובית דינו מבית לחם יהודה משבט יהודה היו, ואף על פי כן הודו על רחל שהיתה עיקרו של בית והקדימו רחל ללאה, ואמרו (רות ד, יא) יתן ה' את האשה הבאה אל ביתך כרחל וכלאה: שכל הדברים תלוים ברחל. שלא הלך יעקב אצל לבן ולא עבד אלא בשביל רחל ועל ידי זה נתגלגלו נשואי לאה נמצא שרחל סיבת כל התולדות: רחל מבכה על בניה. דהיינו הגליות שעברו דרך קבורתה כדלקמן פרשה פ"ב ולא היו כולם מזרעה אלא הכל נקראו על שמה: לשם בנה. שכל התולדות לא באו אלא בשבילו כדלקמן פרשה פ"ב: אולי יחנן ה' כו'. ופשיטא שלא על זרע יוסף לבד יחנן ה'. וכן מה שאמר הבן יקיר לי אפרים כנגד כל ישראל ידבר שעל כולם בא לבשר כמבואר בעניינו, ועוד מה נשתנו אלו מאלו: (ג) [ד] יש ששמותם נאים. וכן שמות רוב הצדיקים (יפה תואר):

פירוש מהרז"ו

פסוק ביום השביעי ומה שכתבתי שם, ועיין לעיל ריש פרשה מ"ט ודברים רבה (ז, יא), ומה שכתבתי שם בשם מוסף ערוך: רוב מסובין. פירוש רוב המסובין בשולחן יעקב, וגירסת הילקוט אף על פי כן עושין את רחל עיקר: תלויים ברחל. עיין לעיל (ע, כ) לקמן (פב, י) מדרש רות (ז, יג) פסוק (ד, יא) ויאמר כל העם ועיין מדרש תהלים (קיט, קלו) פסוק פלגי מים (מזמור קיט) שהנביאים גם כן נקראו על שמה: (ג) ששמותיהם נאים. במדבר רבה (טז, י), ותנחומא שמות (סימן ב), ותנחומא שלח (סימן ו):

חידושי הרד"ל

[ב] רוב מסובין של לאה היו. ואף על פי כן עושין רחל עיקר. כן הובא בילקוט (רמז קכה) וכן צריך לומר. ופירוש דקאי אקרא דרות [ד, יא] (ואיתיה שם סוף פרשה ז גם כן עיין שם) כרחל וכלאה אשר בנו שתיהן וגו', והרי רוב מסובין שהיו שם בועז והזקנים מיהודה מלאה היו, דזקנים נמי סנהדרין אמרינן בבראשית רבה (צח, ח, ורות רבה פ"א) דרובן משבט יהודה. וביומא (כו, א) אמרינן דלא אשכחן צורבא מדרבנן דמורי אלא מיהודה ויששכר ושניהם מלאה, ואף על פי כן הקדימו רחל ללאה לומר שהיא עיקר:

אמרי יושר

על ראש המטה היא לאה. אף על פי שהעיקר עתה יוסף שהוא מלך: רוב מסובין משל לאה. זהו ויפתח רחמה והיו לה בנים ועם כל זה הם עצמם אומרים שרחל עיקר הבית. ועיקרה של לאה כאלו היה במפיק כמו ושערה לא הפך לבן:

מסורת המדרש

ו. במדבר רבה פרשה י"ד סימן ח'. רות רבה פרשה ז':

ז. לקמן פרשה פ"ב. ילקוט ירמיה רמז שט"ו. ילקוט עמוס רמז תקמ"ד:

ח. ילקוט כאן רמז קכ"ו. ילקוט עזרא רמז אל"ף ס"ז:

אם למקרא

וַיֹּאמֶר הִשָּׁבְעָה לִי וַיִּשָּׁבַע לוֹ וַיִּשְׁתַּחוּ יִשְׂרָאֵל עַל רֹאשׁ הַמִּטָּה: (בראשית מז:לא)

כֹּה אָמַר ה' קוֹל בְּרָמָה נִשְׁמָע נְהִי בְּכִי תַמְרוּרִים רָחֵל מְבַכָּה עַל בָּנֶיהָ מֵאֲנָה לְהִנָּחֵם עַל בָּנֶיהָ כִּי אֵינֶנּוּ: (ירמיה לא:יד)

שִׂנְאוּ רָע וְאֶהֱבוּ טוֹב וְהַצִּיגוּ בַשַּׁעַר מִשְׁפָּט אוּלַי יֶחֱנַן ה' אֱלֹהֵי צְבָאוֹת שְׁאֵרִית יוֹסֵף: (עמוס ה:טו)

הֲבֵן יַקִּיר לִי אֶפְרַיִם אִם יֶלֶד שַׁעֲשֻׁעִים כִּי מִדֵּי דַבְּרִי בּוֹ זָכֹר אֶזְכְּרֶנּוּ עוֹד עַל כֵּן הָמוּ מֵעַי לוֹ רַחֵם אֲרַחֲמֶנּוּ נְאֻם ה': (ירמיה לא:יט)

שינוי נוסחאות

(ב) כיון שראה יעקב אבינו מעשים שרימה לאה. בספרים הישנים היה כתוב "... שרימת לאה" בל' נקבה, אבל נשתבש בדפוס קראקא ומשם הועתק לשאר הדפוסים. **לפיכך נקראו ישראל על שמה, רחל מבכה על בניה.** הגיה מתנות כהונה שצ"ל "שנאמר" לפני "רחל מבכה":

מתנות כהונה

ופי' מאחורי כלי האריגה היתד והמסכת ועיין לעיל ריש פרשה מ"ט ודוגמתו איתא בירושלמי דפסחים בפ' אלו דברים וז"ל יונתן בן שאול אמר אפי' נשים מאחורי הקוריין יודעות שדוד עתיד למלוך: **לאמן כו'.** וכי לאמם של בני אלו אנכי מגרש בתמיה: **ורחל עקרה עיקרה רחל.** דאל"כ ורחל עקרה למה לי לשתוק מיניה: **רוב מסובין כו'.** פי' הערוך חשובין: **לפיכך היו עושין כו'.** לפי שכל החשובים היו מלאה כדי שלא לבייש את רחל היו עושין אותה עיקר ע"ד והאלהים יבקש את נרדף וה"ג במדרש רות לפי שאמרו דברים כנגד רחל לפיכך נראו כו'. וה"ג ג"כ שם לפיכך היו עושין כו' ובתחלת המחשבה היה נ"ל להגיה אפי' כך היו עושין כו'. וכך מצאתי בספר אות אמת אבל לפי האמת אין צורך וגירסת הערוך אלא שהיו עושין נוטה קצת לזה: **תלויין ברחל כו'.** שהיא היתה עיקרת הבית וגם היא גרמה שנישאת לאה ליעקב ובסוף מדרש רות יש גירסא אחרת וע"ש: **ה"ג על שמה שנא' רחל: ולא סוף דבר.** בלשון תלמוד ירושלמי הוא כמו לאו דוקא בתלמודא דידן: **שארית יוסף.** הרי שכל ישראל נקראו על שם יוסף וכן אפרים:

אשד הנחלים

ובסוף הוא מודה. הענין אינו כפשוטו. רק הכוונה כי יעקב דימה שלאה איננה במדריגה גדולה שישרה עליה רוח הקודש עד שתזכה לבני אל חי, אך בסוף טרם מותו שראה ששרתה עליו שכינה, כי מטתו מטה שלימה, אז השתחוה מול השכינה והודה על ראשו של מטה שהוא לאה שהיא ג"כ זכה וראויה, לא כמו שדימה מתחילה: **עיקרה רחל.** דייק דאם לא כן לא הוה ליה למימר כאן ורחל עקרה, אלא להורות בא שראה ה' ששנואה לאה ואף שרחל עקרה היא עם כל זה היתה נחשבת לעיקרה של בית, ועל כן פתח את רחמה. ולפ"ז צריך לגרוס כגרסת האות אמת, ואעפ"כ, שאז לא יהיה רחוק מפשוטו ואין צריך לדרוש עקרה מלשון עיקר. **תלוים ברחל כו' מבכה.** והדבר הזה מובן על יסודי חכמי אמת הנותנים בחינות עליונות לאמהות, בחינת רחל גבוה מבחינת לאה והיא עיקר של בית ישראל, ולכן המדה העליונה המכונה ומכוונת למול רחל היא מבכה על בניה, ובזכותה המה נפדים: [ג] **יש ששמותיהם נאים.** הענין כי המולידים לפי בחינתם בהילד מה שיהיה ממנו הם מכנים שמו כן, אך באמת האדם יראה לעינים ולא ידע אחריתו שידע איך לכנותו כפי בחינתו אם לטוב או לרע, כי אין בכח המולידים לכנות אותו כי אם כפי מה שמבינים מטבעו ותכונתו, אבל עם כל זה באחרית הבחירה בידו, אם להפך דרכו לטוב או להפכו. ודרש עשו מלשון מעשה שיעשה טוב, כי אין עשיית הרשעים נקרא מעשה, אחר שאינן עושין טוב. וישמעאל דרש מלשון ישמע אל שישמע ויעשה רצון ה: **ששמותיהן נאים ומעשיהם נאים.** כי האמהות הקדושות בכח נבואתם היו יודעים מה שיהיה

Further proof that Rachel was the primary wife of Jacob: אָמַר רַבִּי אַבָּא בַּר כָּהֲנָא רוֹב מְסוּבִּין עִיקַּר שֶׁל לֵאָה הָיוּ – **R' Abba bar Kahana said:** Although **most of the dignitaries** assembled at Boaz's wedding to Ruth were descendents **of Leah**, they agreed that Rachel was the mainstay of the household. לְפִיכָךְ עוֹשִׂים רָחֵל עִיקָּר – **Therefore, [these dignitaries] made Rachel the principal** matriarch by putting Rachel ahead of Leah, for as Scripture states, they gave the following blessing at the wedding: *May HASHEM make the woman who is coming into your house like Rachel and like Leah, both of whom built up the House of Israel* (*Ruth* 4:11).[28] "וְרָחֵל עֲקָרָה" – **This** is in keeping with our exposition of the verse, ***but Rachel was barren (akarah)*** [עֲקָרָה], רָחֵל הָיְתָה עִיקָּרוֹ שֶׁל בַּיִת – i.e., **Rachel was the principal (*ikaro*)** [עִקָּרוֹ] **of the house** of Jacob.

A related teaching:

תָּאנֵי רַבִּי שִׁמְעוֹן בֶּן יוֹחָאי – **R' Shimon ben Yochai taught in a Baraisa:** לְפִי שֶׁכָּל הַדְּבָרִים תְּלוּיִן בְּרָחֵל – **Since everything** that occurred to Jacob **was on account of Rachel,**[29] לְפִיכָךְ נִקְרְאוּ יִשְׂרָאֵל עַל שְׁמָהּ – **therefore,** all of **Israel is called by her name,** i.e., she is considered the matriarch of all the Jewish people, שֶׁנֶּאֱמַר "רָחֵל מְבַכָּה עַל בָּנֶיהָ" – **as it states, *Rachel weeps for her children*** (*Jeremiah* 31:14).[30] וְלֹא סוֹף דָּבָר לִשְׁמָהּ אֶלָּא לְשֵׁם בְּנָהּ – **And not only** is all of Israel called **by her name, but** they are even called **by the name of her son** Joseph, "אוּלַי יֶחֱנַן ה' צְבָאוֹת שְׁאֵרִית יוֹסֵף" – as it states, *Despise evil and love good, and establish justice by the gate; **then perhaps HASHEM, God of Legions, will grant favor to the remnant of Joseph*** (*Amos* 5:15).[31] וְלֹא סוֹף דָּבָר לְשֵׁם בְּנָהּ אֶלָּא לְשֵׁם בֶּן בְּנָהּ – **Nor is** all of Israel called only **by her son's name, but** they are even called **by the name of her grandson** Ephraim, שֶׁנֶּאֱמַר "הֲבֵן יַקִּיר לִי אֶפְרַיִם" – **as it states, *Is Ephraim My favorite son?*** (*Jeremiah* 31:19).[32]

וַתַּהַר לֵאָה וַתֵּלֶד בֵּן וַתִּקְרָא שְׁמוֹ רְאוּבֵן כִּי אָמְרָה כִּי רָאָה ה' בְּעָנְיִי כִּי עַתָּה יֶאֱהָבַנִי אִישִׁי.

Leah conceived and bore a son, and she called his name Reuben, as she had declared, "Because HASHEM has discerned my humiliation, for now my husband will love me" (29:32).

§3 וַתַּהַר לֵאָה וַתֵּלֶד בֵּן – *LEAH CONCEIVED AND BORE A SON, AND SHE CALLED HIS NAME REUBEN, ETC.*

The Midrash will expound the names of Leah's sons. First, however, it delineates the general principles guiding the relationship between a person's name and his character:[33]

אָמַר רַבִּי יוֹסֵי בַּר חֲנִינָא: אַרְבַּע מִדּוֹת נֶאֶמְרוּ בְּשֵׁמוֹת – **R' Yose bar Chanina said: Four categories were mentioned regarding names** of people: יֵשׁ שֶׁשְּׁמוֹתֵיהֶם נָאִים וּמַעֲשֵׂיהֶם נָאִים – **(1) There are** those **whose names are admirable and their actions are admirable;** יֵשׁ שֶׁשְּׁמוֹתֵיהֶם כְּעוּרִים וּמַעֲשֵׂיהֶם כְּעוּרִים – **(2) there are** others **whose names are loathsome and their actions are loathsome;** יֵשׁ שֶׁשְּׁמוֹתֵיהֶם כְּעוּרִים וּמַעֲשֵׂיהֶם נָאִים – **(3) there are** those **whose names are loathsome but whose actions are admirable;** וְיֵשׁ שֶׁשְּׁמוֹתֵיהֶם נָאִים וּמַעֲשֵׂיהֶם כְּעוּרִים – **(4) and there are** others **whose names are admirable but their actions are loathsome.**[34]

NOTES

28. [Translation of מְסוּבִּין as "dignitaries" is based on *Matnos Kehunah*, from *Aruch*.] Boaz and the members of his court in Bethlehem, in the territory of Judah, were from the tribe of Judah, son of Leah (*Eitz Yosef*). It would have been only natural for them to put their own matriarch Leah ahead of Rachel when giving their blessing. Their placement of Rachel first demonstrates that they agreed that Rachel was the mainstay of Jacob's household (*Yefeh To'ar*, from *Rashi* to *Ruth* ad loc.; *Eitz Yosef*).

Some suggest replacing the word לְפִיכָךְ, *Therefore*, with וְאַף עַל פִּי כֵן, *Nonetheless* (see *Yefeh To'ar; Radal*). This emendation makes for a simpler reading of the text, without altering the substance of the Midrash.

29. I.e., it was Jacob's agreement to work for Laban in order to marry Rachel that ultimately led to his marriage to Leah. Hence, all of Jacob's children were born only as a consequence of his desire to marry Rachel (*Eitz Yosef*).

30. I.e., Rachel weeps for the Jews who pass her grave while going into exile, regardless of their tribal affiliation. Evidently, she is considered the matriarch of the entire nation (*Eitz Yosef; Yefeh To'ar*, based on Midrash below, 82 §10).

31. Clearly, God will "grant favor" not only to the descendants of Joseph, but to the entire nation! Rather, all the Jewish people are considered children of Joseph, who, as Rachel's oldest son, was the primary son, while the others were born only as a result of Jacob's desired marriage to Rachel (see *Eitz Yosef*, from Midrash below, 84 §5). Alternatively, Joseph is considered the father of all of Israel, since he sustained them in Egypt during the famine (*Rashi, Metzudos* to verse).

32. This verse is the climax of a prophecy in which God promises to redeem the Jewish people. Referring to all of Israel, God exclaims His love for Ephraim in the form of a rhetorical question. This reference to Ephraim is an indication that he too is regarded as a patriarch of the nation (*Eitz Yosef; Yefeh To'ar*).

33. The Gemara (*Berachos* 7b) teaches that a person's name influences his future actions. This is based on the principle that a person's given name expresses his essence, and is derived from the verse (*Psalms* 46:9): לְכוּ חֲזוּ מִפְעֲלוֹת ה' אֲשֶׁר שָׂם שַׁמּוֹת בָּאָרֶץ, *Go and see the works of Hashem, Who has wrought devastations in the land.* The word *shamos* [שַׁמּוֹת], *devastations,* is expounded as if it were pronounced *sheimos* [שֵׁמוֹת], *names.* Consequently, the verse means: Go and see the works of God, Who has placed names in the land; i.e., God acts in this world in accordance with the names He has devised for the participants (*Berachos* ibid. with *Maharsha*). *HaKoseiv* (to *Ein Yaakov* ad loc. s.v. אמרה לאה ראו כו') clarifies: A parent naming a child does not receive a prophecy. However, God inspires him or her to select a particular name that has significance unbeknown to the parent. Many years later, the aptness of the name may become apparent to all (see *Maharal, Chidushei Aggados* to *Sotah* 34b; see *Yoma* 83b; see further next note, which explains how this notion can be reconciled with the concept of free will).

34. The Midrash wishes to demonstrate that a name does not *determine* one's actions; a name does not preclude free will. Indeed, we find some people with admirable names whose deeds were loathsome, and others with loathsome names whose deeds were admirable. For although one's nature may be inclined in a certain direction, as indicated by his name, a person can exercise free will and control his impulses. Alternatively, he can channel his drive to other pursuits. For this reason – although people usually act in accordance with their predisposition, those with admirable names will be virtuous and those with unseemly ones will be wicked – we should not presume a person with a virtuous name to be righteous; nor may we presume someone with an unseemly name to be wicked. [Nonetheless, one may take caution when dealing with someone with an unseemly name; see *Yoma* 83b] (*Yefeh To'ar; Nezer HaKodesh*).

וְהָיוּ אוֹמְרִים: לֵאָה זוֹ אֵין סִתְרָהּ בְּגָלוּיָהּ, נִרְאֵת צַדֶּקֶת וְאֵינָהּ צַדֶּקֶת, אִילּוּ הָיְתָה צַדֶּקֶת לֹא הָיְתָה מְרַמָּה בַּאֲחוֹתָהּ, רַבִּי חָנִין בְּשֵׁם רַבִּי שְׁמוּאֵל בַּר רַבִּי יִצְחָק אָמַר: כֵּיוָן שֶׁרָאָה יַעֲקֹב אָבִינוּ מַעֲשִׂים °שֶׁרִימָּה לֵאָה בַּאֲחוֹתָהּ נָתַן דַּעְתּוֹ לְגָרְשָׁהּ, וְכֵיוָן שֶׁפְּקָדָהּ הַקָּדוֹשׁ בָּרוּךְ הוּא בְּבָנִים אָמַר: לְאִמָּן שֶׁל אֵלּוּ אֲנִי מְגָרֵשׁ, וּבַסּוֹף הוּא מוֹדֶה עַל הַדָּבָר, הָדָא הוּא דִכְתִיב (לקמן מז, לא) "וַיִּשְׁתַּחוּ יִשְׂרָאֵל עַל רֹאשׁ הַמִּטָּה", מִי הָיָה רֹאשׁ מִטָּתוֹ שֶׁל יַעֲקֹב אָבִינוּ, לֹא לֵאָה.

[כט, לא] "וְרָחֵל עֲקָרָה", אָמַר רַבִּי יִצְחָק: [ו]רָחֵל הָיְתָה עִיקָּרוֹ שֶׁל בַּיִת, כְּמָה שֶׁנֶּאֱמַר "וְרָחֵל עֲקָרָה", עִיקָּרָה רָחֵל, אָמַר רַבִּי אַבָּא בַּר כָּהֲנָא רוֹב מְסוּבִּין עִיקָּר שֶׁל לֵאָה הָיוּ, לְפִיכָךְ עוֹשִׂים רָחֵל עִיקָּר, "וְרָחֵל עֲקָרָה", רָחֵל הָיְתָה עִיקָּרוֹ שֶׁל בַּיִת. [ז]תָּאנֵי רַבִּי שִׁמְעוֹן בֶּן יוֹחָאי: לְפִי שֶׁכָּל הַדְּבָרִים תְּלוּיִן בְּרָחֵל לְפִיכָךְ נִקְרְאוּ יִשְׂרָאֵל עַל שְׁמָהּ, ° (ירמיה לא, יד) "רָחֵל מְבַכָּה עַל בָּנֶיהָ", וְלֹא סוֹף דָּבָר לִשְׁמָהּ אֶלָּא לְשֵׁם בְּנָהּ, (עמוס ה, טו) "אוּלַי יֶחֱנַן ה' צְבָאוֹת שְׁאֵרִית יוֹסֵף", וְלֹא סוֹף דָּבָר לְשֵׁם בְּנָהּ אֶלָּא לְשֵׁם בֶּן בְּנָהּ, שֶׁנֶּאֱמַר (ירמיה לא, יט) "הֲבֵן יַקִּיר לִי אֶפְרַיִם":

ג [כט, לב] "וַתַּהַר לֵאָה וַתֵּלֶד בֵּן", [ח]אָמַר רַבִּי יוֹסֵי בַּר חֲנִינָא: אַרְבַּע מִדּוֹת נֶאֶמְרוּ בְּשֵׁמוֹת, יֵשׁ שֶׁשְּׁמוֹתֵיהֶם נָאִים וּמַעֲשֵׂיהֶם נָאִים, יֵשׁ שֶׁשְּׁמוֹתֵיהֶם כְּעוּרִים וּמַעֲשֵׂיהֶם כְּעוּרִים, יֵשׁ שֶׁשְּׁמוֹתֵיהֶם כְּעוּרִים וּמַעֲשֵׂיהֶם נָאִים, וְיֵשׁ שֶׁשְּׁמוֹתֵיהֶם נָאִים וּמַעֲשֵׂיהֶם כְּעוּרִים,

עץ יוסף

כיון שראה אבינו יעקב כו'. מפרש שנואה כמשמעו שנואה מיעקב, אלא שמפרש שלא היה זה שנאה עצמיית אלא מצד מעשיה בענין רמיות אחותה מותר לשנאות חבירו על דבר עבירה כדאיתא בפרק ערבי פסחים (קיג, ב) (יפה תואר וזר הקודש). ואף שבמצות אביה עשתה, לא היה לה להתנכר ולענות כשהוא היה קורא לה רחל, ואם כן עבירה עשתה שגזלה זכות רחל, ולכן נתן דעתו לגרשה, אלא שלא היה יכול לגרשה מיד בהיותו עוד בביתו של לבן, ולפיכך לא נתן יעקב דעתו לגרשה אלא בצאתו מביתו, אלא כיון דביני וביני פקדה ה' בבנים, ואז ממילא נהפכה דעתו באומרו לאמן של אלו אני מגרש כי איך תהיה הבור שנואה ומימיה חביבין, וגם בראותו שהיה עיקר רוב בניו מלאה ידע נאמנה כי היא בת זוגו הראויה אליו: **וישתחו ישראל על ראש המטה.** רומז על לאה שהיתה ראש מטתו. כי באשר אז נשבע לו יוסף להעלותו לארץ הקדושה ולקברו בקבורת אבותיו במערת המכפלה אשר נקברה שם גם לאה ידע נאמנה כי היתה גם כן בת זוגו הראויה אליו עד אשר גם במותם לא נתפרדו, ולפיכך נתן אז תודה לה' על דבר ראש מטתו היא לאה (זר הקודש): [ג] **עקרה עיקרה רחל.** דרשו עקרה מלשון עיקר, והכי קאמר אף על פי שנפתח רחם לאה להוליד תחלה רוב הבנים אף על פי כן ורחל עיקרה של בית לפי שלא הלך יעקב אצל לבן אלא עבור רחל (זר הקודש): **רוב מסובים של לאה היו.** פירוש רוב המסובין והחשובין שבאותו מעמד מבני לאה היו, דבועז ובית דינו מבית לחם יהודה משבט יהודה היו, ואף על פי כן הודו על רחל שהיתה עיקרו של בית והקדימו רחל ללאה, ואמרו (רות ד, יא) יתן ה' את האשה הבאה אל ביתך כרחל וכלאה: **שכל הדברים תלוים ברחל.** שלא הלך יעקב אצל לבן ולא עבד אלא בשביל רחל ועל ידי זה נתגלגלו נשואי לאה נמצא שרחל סיבת כל התולדות: **רחל מבכה על בניה.** דהיינו הגליות שעברו דרך קבורתה כדלקמן פרשה פ"ב ולא היו כולם מזרעה אלא הכל נקראו על שמה: **לשם בנה.** שכל התולדות לא באו אלא בשבילו כדלקמן פרשה פ"ב: **אולי יחנן ה' כו'.** ופשיטא שלא על זרע יוסף לבד יחנן ה'. וכן מה שאמר הבן יקיר לי אפרים כנגד כל ישראל ידבר שעל כולם בא לבשר כמבואר בענינו, ועוד מה נשתנו אלו מאלו: (ג) [ד] **יש ששמותם נאים.** וכן שמות רוב הצדיקים (יפה תואר):

פירוש מהרז"ו

פסוק ביום השביעי ומה שכתבתי שם, ועיין לעיל ריש פרשה מ"ט ודברים רבה (ז, יא), ומה שכתבתי שם בשם מוסף ערוך: **רוב מסובין.** פירוש רוב המסובין בשולחן יעקב, וגירסת הילקוט אף על פי כן עושין את רחל עיקר: **תלויים ברחל.** עיין לעיל (ע, כ) לקמן (פב, י) מדרש רות (ז, יג) פסוק (ד, יא) ויאמר כל העם ועיין מדרש תהלים (קיט, קלו) פסוק פלגי מים (מזמור קיט) שהנביאים גם כן נקראו על שמה: (ג) **ששמותיהם נאים.** במדבר רבה (טז, י), ותנחומא שמות (סימן ב), ותנחומא שלח (סימן ו):

חידושי הרד"ל

[ב] **רוב מסובין של לאה היו. ואף על פי כן עושין רחל עיקר.** כן הובא בילקוט (רמז קכה) וכן צריך לומר. ופירוש דקאי אקרא דרות [ד, יא] (ואיתיה שם סוף פרשה ז גם כן עיין שם) כרחל וכלאה אשר בנו שתיהן וגו', והרי רוב מסובין שהיו שם בועז והזקנים מיהודה מלאה היו, דזקנים נמי סנהדרין אמרינן בבראשית רבה (נא, ח, ורות רבה פ"א) דרובן משבט יהודה. וביומא (כו, א) אמרינן דלא אשכחן צורבא מדרבנן דמורי אלא מיהודה ויששכר ושניהם מלאה, ואף על פי כן הקדימו רחל ללאה לומר שהיא עיקר:

אמרי יושר

על ראש המטה היא לאה. אף על פי שהעיקר עתה יוסף שהוא מלך: **רוב מסובין משל לאה.** זהו ויפתח רחמה והיו לה בנים ועם כל זה הם עצמם אומרים שרחל עיקר הבית. ועיקרה של לאה כאלו היה במפיק כמו ושערה לא הפך לבן:

מסורת המדרש

ו. במדבר רבה פרשה י"ד סימן ח'. רות רבה פרשה ז':
ז. לקמן פרשה פ"ב. ילקוט ירמיה רמז שט"ו. ילקוט עמוס רמז תקמ"ד:
ח. ילקוט כאן רמז קכ"ו. ילקוט עזרא רמז אל"ף ס"ז:

אם למקרא

וַיֹּאמֶר הִשָּׁבְעָה לִי וַיִּשָּׁבַע לוֹ וַיִּשְׁתַּחוּ יִשְׂרָאֵל עַל רֹאשׁ הַמִּטָּה: (בראשית מז:לא)

כֹּה אָמַר ה' קוֹל בְּרָמָה נִשְׁמָע נְהִי בְּכִי תַמְרוּרִים רָחֵל מְבַכָּה עַל בָּנֶיהָ מֵאֲנָה לְהִנָּחֵם עַל בָּנֶיהָ כִּי אֵינֶנּוּ: (ירמיה לא:יד)

שִׂנְאוּ רָע וְאֶהֱבוּ טוֹב וְהַצִּיגוּ בַשַּׁעַר מִשְׁפָּט אוּלַי יֶחֱנַן ה' אֱלֹהֵי צְבָאוֹת שְׁאֵרִית יוֹסֵף: (עמוס ה:טו)

הֲבֵן יַקִּיר לִי אֶפְרַיִם אִם יֶלֶד שַׁעֲשֻׁעִים כִּי מִדֵּי דַבְּרִי בּוֹ זָכֹר אֶזְכְּרֶנּוּ עוֹד עַל כֵּן הָמוּ מֵעַי לוֹ רַחֵם אֲרַחֲמֶנּוּ נְאֻם ה': (ירמיה לא:יט)

שינוי נוסחאות

(ב) **כיון שראה יעקב אבינו מעשים שרימה לאה.** בספרים הישנים היה כתוב "... שרימת לאה" בל' נקבה, אבל נשתבש בדפוס קראקא ומשם הועתק לשאר הדפוסים. **לפיכך נקראו ישראל על שמה, רחל מבכה על בניה.** הגיה מתנות כהונה שצ"ל "שנאמר" לפני "רחל מבכה":

מתנות כהונה

ופי' מאחורי כלי האריגה היתד והמסכת ועיין לעיל ריש פרשה מ"ט ודוגמתו איתא בירושלמי דפסחים בפ' אלו דברים וז"ל יונתן בן שאול אמר אפי' נשים מאחורי הקוריין יודעות שדוד עתיד למלוך: **לאמן כו'.** וכי לאמם של בני אלו אנכי מגרש בתמיה: **ורחל עקרה עיקרה רחל.** דאל"כ ורחל עקרה למה לי לשתוק מיניה: **רוב מסובין כו'.** פי' הערוך חשובין: **לפיכך היו עושין כו'.** לפי שכל החשובים היו מלאה כדי שלא לבייש את רחל היו עושין אותה עיקר ע"ד והאלהים יבקש את נרדף וה"ג במדרש רות לפי שאמרו דברים כנגד רחל לפיכך נראו כו'. וה"ג ג"כ שם לפיכך היו עושין כו' ובתחלת המחשבה היה נ"ל להגיה אפי' כך היו עושין כו'. וכך מצאתי בספר אות אמת אבל לפי האמת אין צורך וגירסת הערוך אלא שהיו עושין נוטה קצת לזה: **תלויין ברחל כו'.** שהיא היתה עיקרת הבית וגם היא גרמה שניסאת לאה ליעקב ובסוף מדרש רות יש גירסא אחרת וע"ש: ה"ג **על שמה שנא' רחל: ולא סוף דבר.** בלשון תלמוד ירושלמי הוא כמו לאו דוקא בתלמודא דידן: **שארית יוסף.** הרי שכל ישראל נקראו על שם יוסף וכן אפרים:

אשד הנחלים

ובסוף הוא מודה. הענין אינו כפשוטו. רק הכוונה כי יעקב דימה שלאה איננה במדריגה גדולה שישרה עליה רוח הקודש עד שתזכה לבני אל חי, אך בסוף טרם מותו שראה ששרתה עליו שכינה, כי מטתו מטה שלימה, אז השתחוה מול השכינה והודה על ראשו של מטה שהוא לאה שהיא ג"כ זכה וראויה, לא כמו שדימה מתחילה: **עיקרה רחל.** דייק דאם לא כן לא הוה ליה למימר כאן ורחל עקרה, אלא להורות בא שראה ה' ששנואה לאה ואף שרחל עקרה היא עם כל זה היתה נחשבת לעיקרה של בית, ועל כן פתח את רחמה. ולפ"ז צריך לגרוס כגרסת האות אמת, ואעפ"כ, שאז לא יהיה רחוק מפשוטו ואין צריך לדרוש עקרה מלשון עיקר. **תלוים ברחל כו' מבכה.** והדבר הזה מובן על יסודי חכמי אמת הנותנים בחינות עליונות לאמהות, בחינת רחל גבוה מבחינת לאה והיא עיקר של בית ישראל, ולכן המדה העליונה המכונה ומכוונת למול רחל היא מבכה על בניה, ובזכותה המה נפדים: [ג] **יש ששמותיהם נאים.** הענין כי המולידים לפי בחינתם בהילד מה שיהיה ממנו הם מכנים שמו כן, אך באמת האדם יראה לעינים ולא ידע אחריתו שידע איך לכנותו כפי בחינתו אם לטוב או לרע, כי אין בכח המולידים לכנות אותו כי אם כפי מה שמבינים מטבעו ותכונתו, אבל עם כל זה באחרית הבחירה בידו, אם להפך דרכו לטוב או להפכו. ודרש עשו מלשון מעשה שיעשה טוב, כי אין עשיית הרשעים נקרא מעשה, אחר שאינן עושין טוב. וישמעאל דרש מלשון ישמע אל שישמע ויעשה רצון ה: **ששמותיהן נאים ומעשיהם נאים.** כי האמהות הקדושות בכח נבואתם היו יודעים מה שיהיה

The Midrash gives examples for each of these categories: שְׁמוֹתֵיהֶם נָאִים וּמַעֲשֵׂיהֶם כְּעוּרִים – The category of those **whose names are admirable but whose actions are loathsome** includes עֵשָׂו – **Esau,** שְׁמוֹ, עֵשָׂו – whose **name** is related to the word עשו (*aso*), meaning one **who performs** good deeds (*oseh*) [עוֹשֶׂה], וְאֵינוֹ עוֹשֶׂה – **but** in actuality **he did not perform** good deeds;[35] יִשְׁמָעֵאל – and **Ishmael,** שְׁמוֹ, שׁוֹמֵעַ – whose **name** connotes **one who obeys** God (*Yishma-El*), וְאֵינוֹ שׁוֹמֵעַ – but in actuality **he did not obey** Him.[36]

שְׁמוֹתֵיהֶן כְּעוּרִים וּמַעֲשֵׂיהֶן נָאִים – The next category is those **whose names are loathsome but whose actions are admirable.** אֵלּוּ בְּנֵי הַגּוֹלָה – **This refers to the** Babylonian **exiles,** "בְּנֵי בַקְבּוּק בְּנֵי חֲקוּפָא בְּנֵי חַרְחוּר" – for example, ***the children of Bakbuk, the children of Hakupha, the children of Harhur*** (*Ezra* 2:51), וְזָכוּ וְעָלוּ וּבָנוּ בֵּית הַמִּקְדָּשׁ – **who merited to ascend** from Babylon to the Land of Israel **and build the Temple.**[37]

שְׁמוֹתֵיהֶן כְּעוּרִין וּמַעֲשֵׂיהֶם כְּעוּרִים – The third category is those **whose names are loathsome and whose actions are loathsome.** אֵלּוּ הַמְרַגְּלִים – **This refers to** the **spies** sent by Moses to explore the land of Israel, who came back with a false report. For example, "סְתוּר" – **Sethur** son of Michael (*Numbers* 13:13), בֶּן סְתוּרִים – whose name Sethur (*Sesur*) [סְתוּר] alludes that **he** caused **destruction (*s'tirah*)** [סְתִירָה],[38] "גַּדִּי" – and **Gaddi** son of Susi (ibid., v. 11), גְּרָדִים וּמוֹרְדִין – whose name Gaddi signifies that he caused **great anguish and suffering.**[39]

שְׁמוֹתֵיהֶן נָאִים וּמַעֲשֵׂיהֶן נָאִים – The last category is those **whose names are admirable and whose actions are admirable.** אֵלּוּ הַשְּׁבָטִים – **This refers to the** Twelve **Tribes.** "רְאוּבֵן" – **For example, Reuben,** רְאוּ בֵּן בֵּין הַבָּנִים – whose name connotes, **"See** (*re'u*) [רְאוּ] the difference between this **son** (*ben*) [בֵּן] **and** other **sons,"**[40]

NOTES

35. *Matnos Kehunah.* His name is not seen as an allusion to the performance of *bad* deeds, for Scripture would not dignify such deeds by referring to them as "deeds" (ibid.). *Eitz Yosef* and *Yefeh To'ar* (based on *Bamidbar Rabbah* 16:10) emend the text to read: שְׁמוֹ עוֹשֶׂה רְצוֹן עוֹשֵׂיו, i.e., *his name* alludes to *his Maker,* and signifies that he was predisposed *to perform the will of his Maker.*

36. יִשְׁמָעֵאל is a contraction of יִשְׁמַע, *he listens,* and אֵל, *(to) God.* [*Eitz Yosef* and *Yefeh To'ar* (based on *Bamidbar Rabbah* ibid.) assert that the word אֵל should actually be inserted into the text.] Although Ishmael was older than Esau, the Midrash lists Esau first as he is a clearer example of one with an admirable name whose deeds were loathsome, since his misdeeds are explicitly mentioned in Scripture. It is not clear from Scripture that Ishmael did not obey the will of God. And [at least according to some opinions] Ishmael repented sometime before his death (*Yefeh To'ar*).

Nezer HaKodesh adds that, as children of the Patriarchs, Ishmael and Esau had a predisposition toward virtue (as well as the perfect role models for parents). Nonetheless, they exercised free will and went against their nature, as indicated by their names (and ignored the positive influences of their parents), to rebel against God. As such, they were more deserving of punishment than an ordinary person who sins.

37. *Bakbuk* is associated with *pikpuk,* meaning *contradiction* or *obstruction* (*Eitz Yosef; Matnos Kehunah*); or it means a *vessel* empty of content (*Rashash*). *Hakupha* is derived from *takof, attacking* or *assailing* (*Matnos Kehunah*); or from *kof,* the *ape* (*Maharzu*). *Harhur* denotes *instigation* or *incitement of strife* (*Matnos Kehunah*).

Thus, the exiles' evil-sounding names — strife, emptiness, and beastliness — imply a natural tendency toward wickedness. [These exiles also possessed a further impediment: They were Nethinites, descendants of the Gibeonites, who deceived Joshua into accepting them as proselytes (see *Joshua* Ch. 9) and were prohibited to intermarry with Jews of untainted pedigree.] Nonetheless, the actions of the children of Bakbuk, Hakupha, and Harhur belied the meaning of their names. They conquered their wicked inclinations and acted meritoriously by ascending to Jerusalem and building the Temple. For overcoming the obstacles in their path, they were doubly rewarded from Heaven (*Nezer HaKodesh*).

38. Sethur, son of Michael, represented the tribe of Asher. The name Sethur is related to the word סְתִירָה, *destruction* (*Yefeh To'ar; Matnos Kehunah*), for his false report regarding the land of Canaan was the cause of much destruction; the false report demoralized the people, who wept over their "sorry fate." As a result, the entire generation was condemned to die. Moreover, God declared, "They indulged in weeping without a cause; I will establish [this night] for them [as a time of] weeping throughout the generations." That night was Tishah B'Av [the Ninth of Av], the date on which both Temples would be destroyed and many other tragedies would take place throughout Jewish history (*Rashi* to *Psalms* 106:27).

Alternatively, he was named Sethur (*Sesur*) because he *denied* (*sasar*) the deeds of the Holy One, blessed is He. I.e., he contradicted the words of God, in effect calling Him a liar (based on *Sotah* 34b with *Rashi*). [God stated that it is *a land flowing with milk and honey* (*Exodus* 3:17), and *a goodly . . . land* (ibid. 3:8). In contrast, the spies stated: *It is a land that devours its inhabitants* (*Numbers* 13:32).] See Insight Ⓐ.

39. Gaddi son of Susi represented the tribe of Manasseh. Gaddi's misleading information to Israel about the land of Canaan caused them substantial pain and suffering [גְּרָדִים] (*Eitz Yosef*; see preceding note). Alternatively, *Gaddi* is related to the word גִּיד, *a bitter herb,* i.e., he caused the people bitterness (*Matnos Kehunah*).

[The Gemara (ibid.) records a tradition that the evil performed by the spies is foreshadowed in all their names; see *Midrash Tanchuma* (*Haazinu* §8), which expounds the names of all the spies.]

40. This is a play on the word רְאוּבֵן; namely רְאוּ, *see,* בֵּן, *the son.* The commentators (based on *Berachos* 7b) explain that in this prophetic declaration, Leah intended to compare Reuben with Esau, the son of her father-in-law (Isaac): Although Esau voluntarily sold his right of the firstborn to Jacob (see above, 25:33), Scripture states that *Esau harbored hatred toward Jacob* (ibid. 27:41). By contrast, although Reuben's right of the firstborn was taken from him against his will and given to Joseph (see *I Chronicles* 5:1), nonetheless, Reuben was not jealous of Joseph. Moreover, he even tried to save Joseph's life (see below, 37:21; see *Bava Basra* 123a).

The Midrash does not (necessarily) mean that Leah herself was aware of all the future events to which Reuben's name alludes. Rather, the prophetic meaning was known to God and He planted this name in her mind. She gave her firstborn son the name Reuben based on the reason the Torah identifies; however, the name characterized him in ways beyond her understanding (*Eitz Yosef*; see below, Insight to §4 (at note 49) concerning whether the Matriarchs were prophetesses).

Ben Yehoyada suggests that Leah herself, in naming her son Reuben, indeed meant to make the statement: See the difference between my son and my father-in-law's son. However, by this she meant merely that

INSIGHTS

Ⓐ **Names of the Spies** Alternatively, סָתַר (*sasar*) means "concealed." The spies concealed all the signs and miracles that God performed for the Jews from the day they left Egypt. They acted as though they knew nothing of them. Accordingly, they stated (*Numbers* 13:31): *We cannot ascend to* [fight] *that nation, for it is stronger than we,* pretending that the One Who performed so many miracles is unable to overcome the Canaanites (*Maharsha* to Gemara, ibid.; see also *Bamidbar Rabbah* 16 §10).

We may ask, if the spies had a predisposition toward sin, to which their names alluded, why, then, did Moses select them for this mission, which was fraught with spiritual danger? *Yefeh To'ar* suggests that one may not presume that someone with an unseemly name is wicked, since every person enjoys free will. Furthermore, at the time of their selection, all of the spies were righteous (see *Tanchuma, Shelach* 4). Thus, Moses had no reason to suspect that such righteous people would lead the people astray.

Nezer HaKodesh, however, suggests that the fact that they possessed evil-sounding names actually *led* Moses to select them: Since they had already overcome their inclination toward sin, thus demonstrating their fortitude, Moses assumed that this strength would stand them in good stead when they explored the land and returned to report to their fellow Jews. Moses' mistake was that he did not realize that they could still revert back to their innate nature.

שְׁמוֹתֵיהֶם נָאִים וּמַעֲשֵׂיהֶם כְּעוּרִים: עֵשָׂו שְׁמוֹ, עֵשָׂו וְאֵינוֹ עוֹשֶׂה, *יִשְׁמָעֵאל שְׁמוֹ, שׁוֹמֵעַ וְאֵינוֹ שׁוֹמֵעַ, שְׁמוֹתֵיהֶן כְּעוּרִים וּמַעֲשֵׂיהֶן נָאִים, אֵלּוּ בְּנֵי הַגּוֹלָה: (עזרא ב, נא) "בְּנֵי בַקְבּוּק בְּנֵי חֲקוּפָא בְּנֵי חַרְחוּר", וְזָכוּ וְעָלוּ וּבָנוּ בֵּית הַמִּקְדָּשׁ, שְׁמוֹתֵיהֶן כְּעוּרִין וּמַעֲשֵׂיהֶם כְּעוּרִים, אֵלּוּ הַמְרַגְּלִים: (במדבר יג, יג) ט"סְתוּר" בֶּן פְּתוּרִין, (שם שם יא) "גַּדִּי", °גְּרָדִים °וּמוֹרְדִין, °אָמַר רַבִּי יוֹסֵי בַּר חֲנִינָא°: שְׁמוֹתֵיהֶן נָאִים וּמַעֲשֵׂיהֶן נָאִים אֵלּוּ הַשְּׁבָטִים, "רְאוּבֵן" רְאוּ בֵן בֵּין הַבָּנִים, "שִׁמְעוֹן" שׁוֹמֵעַ בְּקוֹל אָבִיו שֶׁבַּשָּׁמַיִם, אָמַר רַבִּי יוֹסֵי בַּר חֲנִינָא: אֵין שְׁמוֹתָם שֶׁל שְׁבָטִים עָכוּר לָהֶם אֶלָּא חָפוּת לָהֶם:

ד [כט, לג] "וַתַּהַר עוֹד וַתֵּלֶד בֵּן וַתֹּאמֶר כִּי שָׁמַע ה' כִּי שְׂנוּאָה אָנֹכִי וַיִּתֶּן לִי גַּם אֶת זֶה וַתִּקְרָא שְׁמוֹ שִׁמְעוֹן", יזֶה עָתִיד לְהַעֲמִיד שׂוֹנֵא, וּמִי מְרַפֵּא מַכָּתוֹ, "גַּם אֶת זֶה", פִּינְחָס שֶׁהוּא עָתִיד לַעֲמוֹד מִלֵּוִי. [כט, לד] "וַתַּהַר עוֹד וַתֵּלֶד בֵּן וְגוֹ' עַל כֵּן קָרָא שְׁמוֹ לֵוִי", רַבִּי יוּדָן אָמַר: "לֵוִי", זֶה עָתִיד לְלַוּוֹת אֶת הַבָּנִים לַאֲבִיהֶן שֶׁבַּשָּׁמַיִם. [שם] "עַל כֵּן קָרָא שְׁמוֹ", בְּכָל מָקוֹם שֶׁנֶּאֱמַר "עַל כֵּן" מְרוּבֶּה בְּאוּכְלֻסִין.

עץ יוסף

עשו שמו עושה רצון עושיו. כן צריך לומר (יפה תואר): **ישמעאל שמו שומע אל ואינו שומע.** כן צריך לומר (יפה תואר): **בקבוק חקופה חרחור.** לשון פקפוק והכאה וגירוי מדון (מתנות כהונה): **סתור בן סתורין.** כן צריך לומר (יפה תואר). ובסדר שלא איתא סתור שסתרו מן העולם ובפרק אלו נאמרין (סוטה לד, ב) אמר סתור שסתר מעשיו של הקדוש ברוך הוא: **גידי גידיו ומרדון.** כן צריך לומר. והוא ענין צער ויסורין קשים. ובתנחומא מייתי תו נחביא שהחביא דבריו של הקדוש ברוך הוא. ופסי שפסע על מדותיו של הקדוש ברוך הוא כדאיתא בפרק אלו נאמרין. ואיתא שם עוד מיכאל שעשה עצמו מך: **ראו בן בין הבנים כו'.** כי לפי טעם המפורש בדברי לאה הוי לה למימר ראה בן לא ראו בלשון רבים. וכן בשמעון שמע מיבעי ליה. אלא צריך לומר שנרמז בלשונם גם כן ענינים העתידים שהיה בכח ולא בפועל כנזכר כאן, ונבאה ולא ידעה מה נבאה (נזר הקודש): **ראו בן בין הבנים.** היינו כדאמרינן בפרק קמא דברכות (ז, ב) ראו מה בין בני לבן חמי כו'. וזהו דקאמר הכא ראו בן בין הבנים כלומר ראו בן שלי כמה משונה בכל האנשים לשבח והעדר הקנאה (יפה תואר ונזר הקודש): **אין שמותן של שבטים כו'.** פירוש אין שמותן מבולבל כמו ליעכר מותך דפרק הגוזל (בבא קמא לט, ב). והכוונה כי רוב דרך השמות הוא להיות בהם קצת מהבלבול ואינם צודקים במכוון על טעם השם, כענין נח זה ינחמנו כו', הוי ליה למימר מנחם, וכן משה כי מן המים משיתיהו הוי ליה למימר משוי, וכן שמואל לפי טעמו כי מה' שאלתיו. אבל שמות השבטים אינם מבולבלים: **חפות להם.** פי' שלם ומולדק בצמצום מכוונים לגמרי לפי ענינם בלי עודף וחסרון: (ד) [ה] **עתיד להעמיד שונא כו'.** שנצנצה רוח הקודש בפיה ולהזכיר בזה לשון שנאה לרמוז על העתיד שעתיד זה להעמיד שונא למקום. וכן זה נרמז באומרה ויתן לי גם את זה לרבות בו מי שיבא אחריו שירפא שנאתו של זה והוא פנחס שריפא מחלתו של זמרי (נזר הקודש): **עתיד ללות את כו'.** משום דהכא לא כתיב קראה או ותקרא אלא קרא ודרשינן שהקדוש ברוך הוא קרא לו שם זה. על זה אמר הטעם מפני שעתיד ללות הבנים לאביהם שבשמים ויבא לתקן כבוד שמים, לפיכך הקדוש ברוך הוא בעצמו קרא לו השם לכבודו (נזר הקודש): **זה עתיד ללות כו'.** זה פנחס שהיה מלוי שהשיב חרון אף ה' וחמתו מעל בני ישראל במעשה זמרי ורילה את הבנים לאביהם שבשמים. אי נמי אסתם בני לוי קאי, כי הם היו נאמנים תמיד בעבודת ה' ולא נשתתפו עם ישראל במעשה העגל ושאר החטאים והיו שומרים תמיד משמרת ה' במשכן ובמקדש, וכן לדורות נאמר (דברים לג, י) יורו משפטיך ליעקב וגו': **בכל מקום שנאמר על כן מרובה באוכלוסין.** דריש על מלשון עילוי וחשיבות: **מרובה באוכלסין.** דהיינו שבט יהודה ודן שנמצאו מרובים משאר השבטים, כי שום שבט לא עלה סכומו אלא עד חמשים אלף ויהודה

פירוש מהרז"ו

בקבוק חקופה. כמו שכתוב (ירמיה יט, א) בקבוק יוצר חרש, חקופה מלשון קוף, וחרחר מלשון לחרחר ריב, או ובחרחור פרשת תבוא (דברים כח, כב): **בן סתורים.** עיין מתנות כהונה, ועיין תנחומא סוף פרשת האזינו (סימן ז) כל שמות המרגלים בשם רבי משה הדרשן באופן אחר: **ראובן ראו בן.** ברכות פרק קמא (ז, ב), דאי משום כי ראה בעניי היה לה לקרותו ראו בען: **חפות.** הוא בית יד של בגד בלשון ישמעאל, כמו שאיתא לקמן (עה, ה) יהבתיה בחפתי, (פ, ח), ועיין ערוך ערך חפת ועיין מדרש שמואל (ריש פרשה כא) נמצאו חפותין כו' והוא מענין תכשיט, ומה שאמר שלא תאמר שהוא עכור, היינו על שמזכיר העוני והשנאה, אך הוא לשבחם כמה שמבואר שמות רבה (א, ה) באריכות עיין שם: (ד) **מרובה באוכלסין.** בפרשה במדבר (ג, לט) מפורש שבט לוי לפחות שבשבטים, אך הכוונה על דורות הבאים, כמו בימי דוד ושלמה שעשה מהם כ"ד משמרות כהונה ולויה, וכמו שמבואר באיכה רבתי (א, ב) רבתי עם הרבוי המופלג של הכהנים בימי שלמה:

רש"י

(ד) **כי שנואה אנכי.** אמרה שמעון **עתיד להעמיד שונא** זה זמרי: **ומי מרפא מכתו ויתן לי גם את זה.** זה פנחס העומד מלוי:

מתנות כהונה

[ג] **ה"ג ולא סוף דבר לשם בנה כו': ה"ג בילקוט שמו עושה לשון מעשה ואינו עושה ומעשה רשעים לא מקרי מעשה: ואינו שומע.** להקב"ה כדכתיב ישמעאל: **בקבוק חקופא חרחור.** ל' פקפוק והכאה וגירוי מדון: **ה"ג בילקוט סתור בן מסתורין גדי בגידין מררין: מסתורין.** לשון סתירה ופרצה: **בגידין.** עשב מר שמו גיד: **ה"ג גדי בגידין מררין שמותיהן כו': חפות.** חפוי וכסוי של כבוד בכולן ולאו דוקא בראובן ושמעון לבד: [ד] **להעמיד שונא.** זה זמרי בן סלוא נשיא בית אב לשמעוני ודייק מדאמר סיפיה דקרא גם את זה לרבות בן מי שיבא אחריו שירפא שנאתו של זה והוא פנחס שרפא מחלת זמרי: **ללות כו'.** לרצות אותם להקב"ה וכן עשה במעשה זמרי או ר"ל ע"י העבודה שהיתה ע"י הכהנים והלוים משבט לוי: **מרובה באוכלסין.** על כן משמע יותר על השיעור הנכון ובמקום אחר אמרינן חוץ משבט לוי שהארון מכלה בהם:

אשד הנחלים

באחריתם ועל שם זה נתכנו: **ראו בן.** זהו כמו שאמרו בברכות (ז, ב) ראו מה בין בני לבן חמי, וראתה בנבואה מה שיקרה לו מלקיחת הבכורה. ואף שהכתוב אומר טעם כי ראה בעניי, אין זה מספיק, דא"כ היה לה לקרותו ראו בני, אלא ודאי לרמוז גם את זה. וכן בשמעון אף שאמר הכתוב כי שמע ה', עם כל זה אחר שמכנהו בשם מקור ולא קרא אותו שמע, לרמוז כי הוא יהא איש אשר ישמע בקול ה': **אלא חפות להם.** לא ידעתי מה הוסיף בזה. ואולי לפי שאומר להלן שלאה רמזה ג"כ בשמעון מה שיעשה באחרית רעה, שיעמיד שונא, עם כל זה חיפה וכסתה הקלון וקראה אותו בשם הטוב: **[ד] שונא כו' פנחס.** דהוקשה להם מדוע בראובן היה בתחילה קריאת השם ואח"כ פירש הסבה, ובשמעון להיפך נתנה תחילה הסבה ואח"כ השם. אלא ודאי להורות בא שימצא במעשיו כמדת השנואין, אך בצירוף כי שמע ה' גו' ויתן לי גם את זה, שראתה שיוולד לוי וממנו יצא פנחס שיכפר עליו ולכן קראה אותו בשם שמעון להורות על טובו, כי מעשיו הרעים יהיה מי שיכפר עליהם ויעביר עוונו בקנאתו: **זה עתיד ללוות.** ועל כן קראה אותו בשם מקור להורות על פעולתו. וזהו ע"י הקרבנות שיקריבו באחרית, שעל ידי זה יקרבו לישראל לה', ולהשראת השכינה ג"כ: **באוכלסין.** כי מלת על כן הוא שפת יתר, ובראובן ושמעון לא נאמר רק ותקרא סתם, אלא ודאי יש בו עוד טעם פנימי שלא הגיד הכתוב שעל כן קרא שמו לוי. ומפרש מפני שלוי היה הארון מכלה בהם ובקשה שֶׁיִּלָּוֶה

חידושי הרש"ש

[ג] **בני בקבוק.** עיין מתנות כהונה. ויש לפרש שהוא שם כלי חרש בירמיה (יט, א) והוא לשון ריקות כמו שאמר שם פסוק ז' בפתרונו ובקותי את עצת כו': **אמר רבי יוסי בר חנינא אין שמותם של שבטים עכור להם אלא חפות להם עד כאן.** (זה לשון בני הרב רבי מתתיהו נ"י). עכור. כן הביא הגירסא ביפה תואר והרב אברהם בן אשר. אבל במדרש דפוס אמשטרדם (תקל"ז) ראיתי נדפס עבוד בדלי"ת, ונראה לי שהיא גירסא נכונה, והכוונה פשוטה ששמות השבטים אלה ראובן שמעון כו' לא חידשו אותם האמהות בעצמן על בניהם לקרוא להם שם חדש מחמת הטעם שכתוב בתורה, שאם כן היו הבודים שמות אלו, הלא בנקל היו יכולין לבדות שמות שמכוונים בצמצום ובדיוק לפי טעם השם, על דרך משל בשם ראובן אין מבואר בו רעיון "ה' בעניי" ואליו השני "בן" אין לו שום רמז בטעם הכתוב (ולכן דרשו חז"ל (ברכות ז, ב) מצואם טעם אחר "ראו בן", וגם כן לפי הפשט יכולני לומר שהעין נבלע ושיעורו "ראובען" (כמו רבי זירא תחת רבי זעירא) ובען ירמוז על בעניי), וכן בשם שמעון כו'. ועיין לעיל (כה, ב) לא המדרש הוא השם וכו', אלא באמת שכל אלה השמות היו נהוגים מקודם, ומחמת שהאמהות מצאו אותם מכוונים קצת לפי המאורעות שרצו לעשות להן זכרון, קראו את בניהם בשמות אלה, אף שהם אינם מצומצמים ומכוונים כל כך לפי הטעמים שלהן, לא דקדקו בזה, וזה שאמר רבי יוסי בר חנינא אין שמותם של שבטים עבוד להם, רצונו לומר אין השמות האלה כמו הבגדים שיעשה לכתחלה כפי מדת רחבו וארכו של האיש אשר בעבורו נעבד הבגד שאז יעשה מצומצם בלי יתרון וחסרון כלל, אלא חפות להם (כמו בפרגוד חפות (שקלים פ"ג מ"ב ויבמות (קב, ב) שפירושו בבגד רחב שיש בו כפל). ובמדרש שמואל ריש פרשה כא (סימן א) צריך לומר לא חפותין, כמו שביאר

מסורת המדרש

ט. עיין סוטה דף ל"ד:
י. ילקוט כאן רמז קכ"ו:

אם למקרא

בְּנֵי בַקְבּוּק בְּנֵי חֲקוּפָא בְּנֵי חַרְחוּר: (עזרא ב:נא)
לְמַטֵּה אָשֵׁר סְתוּר בֶּן מִיכָאֵל: (במדבר יג:יג)
לְמַטֵּה יוֹסֵף לְמַטֵּה מְנַשֶּׁה גַּדִּי בֶּן־סוּסִי: (שם שם יא)

ידי משה

[ג] **ראו בן בין הבנים.** פירוש על דרך שאמרו חז"ל (ברכות ז, ב) ראו מה בין בני לבן חמי:

אמרי יושר

[ג] **ראובן ראו בן בין הבנים.** כדאיתא במסכת ברכות (ז ב) ולא שמר משטמה ולזה קרא אותו ראובן. כי אם אין שם כוונה רק למה שאמר הכתוב היה לו לומר ראה בן: **חפות ודאי להם.** כי הם צדיקים ונאים לשם והשם נאה להם: **[ד] להעמיד שונא.** זמרי ויתן לה גם זה לוי לרפאות מכתו ולייסרו: **כל מקום שנאמר על כן רב באוכלוסין.** שהוא לשון יתר. וקשה שהרי שבט לוי מועט. יש לומר שלוי הארון שמכלה בהם היו רבים. ולזה נקט זה ואמרו בשבט לוי לא ביהודה שנאמר בו גם כן על כן אף על פי שילוה אישי ידבק בשכינה ויהיה רב:

שינוי נוסחאות

(ג) **סתור בן סתורין.** בספרים הישנים (עד אמשט' תפ"ה) היה כתוב "בן פתורין", וכן הוא בד' וארשא, אבל בהרבה דפוסים (ביניהם וילנא) כתוב "... בן סתורין", וכן הוא בת-א, וכן נראה נכון:
גדי, גרדים ומורדין. מתנות כהונה הגיה "גדי, כגידין מררין":
אמר רבי יוסי בר חנינא שמותיהן נאים. מחק מתנות כהונה "אמר ריב"ח", דמיותר הוא:
(ד) **בבל מקום שנאמר על כן מרובה באוכלסין.** באות אמת הוסיף כאן "חוץ מלוי שהארון היה מכלה בהם", ואף מתנות כהונה הזכיר ענין זה, ובכמה דפוסים הכניסו זה לפנים במדרש:

"שִׁמְעוֹן" — and **Simeon** (*Shimon*), שׁוֹמֵעַ בְּקוֹל אָבִיו שֶׁבַּשָּׁמַיִם — whose name connotes, "**He listens** (שׁוֹמֵעַ) **to the voice of his Father** in heaven."[41] אָמַר רַבִּי יוֹסֵי בַּר חֲנִינָא: אֵין שְׁמוֹתָם שֶׁל שְׁבָטִים עִכּוּר לָהֶם אֶלָּא חֲפוּת לָהֶם — **R' Yose bar Chanina said: The names of the** Twelve **Tribes are not loathsome for them, but rather, are a covering** of honor **for them.**[42]

וַתַּהַר עוֹד וַתֵּלֶד בֵּן וַתֹּאמֶר כִּי שָׁמַע ה׳ כִּי שְׂנוּאָה אָנֹכִי וַיִּתֶּן לִי גַּם אֶת זֶה וַתִּקְרָא שְׁמוֹ שִׁמְעוֹן.

And she conceived again and bore a son and declared, "Because HASHEM has heard that I am hated, He has given me this one also," and she called his name Simeon (29:33).

§4 וַתַּהַר עוֹד וַתֵּלֶד בֵּן וַתֹּאמֶר כִּי שָׁמַע ה׳ כִּי שְׂנוּאָה אָנֹכִי וַיִּתֶּן לִי גַּם אֶת זֶה וַתִּקְרָא שְׁמוֹ שִׁמְעוֹן — ***AND SHE CONCEIVED AGAIN AND BORE A SON AND DECLARED, "BECAUSE HASHEM HAS HEARD THAT I AM HATED, HE HAS GIVEN ME THIS ONE ALSO," AND SHE CALLED HIS NAME SIMEON.***

The Midrash expounds Leah's declaration, with the understanding that it relates to her future descendants:

זֶה עָתִיד לְהַעֲמִיד שׂוֹנֵא — Leah's use of the term *hated* in connection with Simeon's name alludes that **[Simeon] in the future would bear** a descendant who was **an enemy** of God; namely, Zimri.[43] וּמִי מְרַפֵּא מַכָּתוֹ — **And who will heal the plague that [Zimri] caused?** "גַּם אֶת זֶה" — The answer to this question is alluded to in the phrase, *He has given me* ***this one also;*** פִּינְחָס שֶׁהוּא עָתִיד לַעֲמוֹד מִלֵּוִי — namely, **Phinehas, who in the future would be raised from Levi.**[44]

וַתַּהַר עוֹד וַתֵּלֶד בֵּן וַתֹּאמֶר עַתָּה הַפַּעַם יִלָּוֶה אִישִׁי אֵלַי כִּי יָלַדְתִּי לוֹ שְׁלֹשָׁה בָנִים עַל כֵּן קָרָא שְׁמוֹ לֵוִי.

Again she conceived, and bore a son and declared, "This time my husband will become attached to me for I have borne him three sons"; therefore He called his name Levi (29:34).

□ וַתַּהַר עוֹד וַתֵּלֶד בֵּן וְגוֹ׳ עַל כֵּן קָרָא שְׁמוֹ לֵוִי — ***AGAIN SHE CONCEIVED, AND BORE A SON, ETC. THEREFORE HE CALLED HIS NAME LEVI.***

The Midrash expounds Levi's name as pertaining to his future descendants:

רַבִּי יוּדָן אָמַר: "לֵוִי" — **R' Yudan said:** Levi's name signifies that זֶה עָתִיד לְלַוּוֹת אֶת הַבָּנִים לַאֲבִיהֶן שֶׁבַּשָּׁמַיִם — **[his descendant] in the future will escort the Children** of Israel **to their Father in Heaven.**[45]

The Midrash continues its exposition of the verse recording Levi's birth:

"עַל כֵּן קָרָא שְׁמוֹ" — The verse continues: ***therefore he called his name*** *Levi:* בְּכָל מָקוֹם שֶׁנֶּאֱמַר "עַל כֵּן" מְרוּבָּה בְּאוּכְלְסִין — **Wherever it is stated *therefore*** [עַל כֵּן] in regard to any of the Twelve Tribes, that particular tribe **was numerous in population.**[46]

NOTES

Reuben would take after his father, Jacob, and be righteous (whereas Esau did not take after his father, Isaac); she did not intend anything more specific. However, God intended a deeper meaning in her statement.

Verse 29:32 states a different reason behind the name רְאוּבֵן (Reuben): כִּי רָאָה ה׳ בְּעָנְיִי, *because HASHEM has discerned (ra'ah) my humiliation*. The Sages, however, perceived deeper significance in this name: According to the reason stated, she should have named him *re'ei*, in the singular form. Her use of the plural *re'u* implies that there was another reason why it was appropriate to name him Reuben. [Alternatively, the verse's reason explains only why *re'u* is part of the name, but it does not explain why "בֵּן", *ben* is part of it. Rather, Leah should have called him רְאוּ עֹנִי, with an "ע," thereby alluding to her affliction. The reason now offered by the Midrash explains both parts of the name (*Maharzu*; see also *Maharsha, HaKoseiv*, loc. cit.; *Torah Temimah* to verse).]

41. The reason stated in the verse, *Because Hashem has heard* (שָׁמַע) *that I am hated* (29:33), explains only why שָׁמַע, *(Hashem) heard*, is part of the name, but it does not explain why וֹן, *on*, is part of it (*Eitz Yosef; Yefeh To'ar*). The reason now offered by the Midrash — He listens (שׁוֹמֵעַ) to the voice of his Father in heaven (מָעוֹן is another name for heaven; *Deuteronomy* 26:15) — explains both parts of the name. [The letters מ and ע perform double duty, serving both as the end of the word שָׁמַע and as the beginning of the word מָעוֹן.]

42. I.e., not only the names of Reuben and Simeon, but the names of *all* the tribes are admirable (*Matnos Kehunah*). According to *Maharzu*, the names of the tribes serve as *adornments*: The fact that Scripture mentions unpleasant things regarding their names, e.g., affliction (with Reuben) and hatred (with Simeon) does not detract from the beauty of their names.

Alternatively, the names of the tribes are like *fitted garments*, i.e., their admirable names suit them perfectly. Although it would *seem* that the tribes acted improperly at times (e.g., Reuben moved his father's bed, Simeon and Levi killed the inhabitants of Shechem, and almost all the brothers were involved in the sale of Joseph), this does not reflect negatively on them. For their intentions in all such instances were noble (*Yefeh To'ar; Nezer HaKodesh*).

43. Zimri, the son of Salu, was a leader of the tribe of Simeon toward the end of the Jews' sojourn in the Wilderness. As the Jewish people approached the land of Moab at that time, the women of Moab and Midian attempted to seduce Jewish men. Many men succumbed to temptation and much idolatry and debauchery ensued. In a shocking exhibit of brazenness, Zimri brought his paramour directly to Moses and the Elders and sinned with full public knowledge. The sins of Zimri and the Jewish people in this incident provoked God's wrath, resulting in a plague that killed 24,000 people (see *Numbers* 25:1-9 and *Sanhedrin* 82a-b,106a).

According to each of the various explanations above (§1-2) of why Leah was called "hated" (v. 31), this term no longer applied to her after she gave birth to her first son. Why, then, does she refer to herself at the time of her second son's birth as "hated"? Furthermore, why did Leah use this expression specifically after Simeon's birth and not after Reuben's? To the contrary, after the birth of Reuben she had declared that her husband will *love* her (*Yefeh To'ar*). The Midrash thus explains that the term "hated" is used here again because a future descendant of this son was destined to be an enemy of God. A spirit of Divine Inspiration thus rested upon Leah, causing her to utter this declaration, alluding to this future descendant (see *Eitz Yosef; Nezer HaKodesh*).

44. The superfluous expression גַּם, *also*, comes to teach that a descendant of Leah's next son, Levi, would halt the devastating plague unleashed by God on the nation. This refers to Phinehas, son of Elazar and grandson of Aaron the Kohen, who avenged God's honor by killing Zimri and his paramour (ibid.), thereby saving the nation from further calamity.

45. Although Leah gave a different reason for Levi's name, viz., "this time my husband will become attached to me for I have borne him three sons," since the verse concludes *therefore* ***he*** *named him Levi*, instead of *therefore* ***she*** *named him Levi*, the Midrash understands that Levi was actually named by God. The Midrash thus seeks to explain God's reason for giving this name. [According to the simple explanation, the verse means that *Jacob* named him Levi (see *Radak, Rashbam, Malbim* to verse).]

The Midrash may, in a continuation of the preceding statement, be referring to Phinehas specifically: By avenging God's honor and quelling His anger at the Jewish people, Phinehas "escorted" the Jewish people back to God.

Alternatively, the Midrash refers to *all* of the descendants of Levi. The Levites were always loyal servants of God. They did not participate in the sin of the Golden Calf or in any other national sin. Likewise they served diligently in the Tabernacle and in the Temple, thereby enabling the Jewish people to come closer to God. Furthermore, they brought the Jews closer to God by teaching them Torah, the Word of God (*Eitz Yosef; Eshed HaNechalim*).

46. The word עַל is related to the word עִילּוּי, *to raise up*, or *significant*. Hence, any tribe of whom it was said עַל כֵּן, *therefore*, became extremely

שְׁמוֹתֵיהֶם נָאִים וּמַעֲשֵׂיהֶם כְּעוּרִים: עֵשָׂו שְׁמוֹ, עֵשָׂו וְאֵינוֹ עוֹשֶׂה, *יִשְׁמָעֵאל שְׁמוֹ, שׁוֹמֵעַ וְאֵינוֹ שׁוֹמֵעַ, שְׁמוֹתֵיהֶן כְּעוּרִים וּמַעֲשֵׂיהֶן נָאִים, אֵלּוּ בְּנֵי הַגּוֹלָה: (עזרא ב, נא) "בְּנֵי בַקְבּוּק בְּנֵי חֲקוּפָא בְּנֵי חַרְחוּר", וְזָכוּ וְעָלוּ וּבָנוּ בֵּית הַמִּקְדָּשׁ, שְׁמוֹתֵיהֶן כְּעוּרִין וּמַעֲשֵׂיהֶם כְּעוּרִים, אֵלּוּ הַמְרַגְּלִים: (במדבר יג, יג) [ט]"סְתוּר" בֶּן פְּתוּרִין, (שם שם יא) "גַּדִּי", °גְּרָדִים °וּמוֹרְדִין, °אָמַר רַבִּי יוֹסֵי בַּר חֲנִינָא°: שְׁמוֹתֵיהֶן נָאִים וּמַעֲשֵׂיהֶן נָאִים אֵלּוּ הַשְּׁבָטִים, "רְאוּבֵן" רְאוּ בֵן בֵּין הַבָּנִים, "שִׁמְעוֹן" שׁוֹמֵעַ בְּקוֹל אָבִיו שֶׁבַּשָּׁמַיִם, אָמַר רַבִּי יוֹסֵי בַּר חֲנִינָא: אֵין שְׁמוֹתָם שֶׁל שְׁבָטִים עָכוּר לָהֶם אֶלָּא חָפוּת לָהֶם:

ד [כט, לג] "וַתַּהַר עוֹד וַתֵּלֶד בֵּן וַתֹּאמֶר כִּי שָׁמַע ה' כִּי שְׂנוּאָה אָנֹכִי וַיִּתֶּן לִי גַּם אֶת זֶה וַתִּקְרָא שְׁמוֹ שִׁמְעוֹן", [י]זֶה עָתִיד לְהַעֲמִיד שׂוֹנֵא, וּמִי מְרַפֵּא מַכָּתוֹ, "גַּם אֶת זֶה", פִּינְחָס שֶׁהוּא עָתִיד לַעֲמוֹד מִלֵּוִי. [כט, לד] "וַתַּהַר עוֹד וַתֵּלֶד בֵּן וְגוֹ' עַל כֵּן קָרָא שְׁמוֹ לֵוִי", רַבִּי יוּדָן אָמַר: "לֵוִי", זֶה עָתִיד לְלַוּוֹת אֶת הַבָּנִים לַאֲבִיהֶן שֶׁבַּשָּׁמַיִם. [שם] "עַל כֵּן קָרָא שְׁמוֹ", בְּכָל מָקוֹם שֶׁנֶּאֱמַר "עַל כֵּן" מְרוּבֶּה בְּאוּכְלְסִין.

רש"י

(ד) **כי שנואה אנבי.** אמרה שמעון **עתיד להעמיד שונא** זה זמרי: **ומי מרפא מכתו ויתן לי גם את זה.** זה פנחס העומד מלוי:

עץ יוסף

עשו שמו עושה רצון עושיו. כן צריך לומר (יפה תואר): **ישמעאל שמו שומע אל ואינו שומע.** כן צריך לומר (יפה תואר): **בקבוק חקופה חרחור.** לשון פקפוק והכאה וגירוי מדון (מתנות כהונה): **סתור בן סתורין.** כן צריך לומר (יפה תואר). ובסדר שלא איתא סתור שסתרו מן העולם ובפרק אלו נאמרין (סוטה לד, ב) אמר סתור שסתר מעשיו של הקדוש ברוך הוא: **גידי גידיו ומרדון.** כן צריך לומר. והוא ענין צער ויסורין קשים. ובתנחומא מייתי תו נחביא שהחביא דבריו של הקדוש ברוך הוא. ופסי שפסע על מדותיו של הקדוש ברוך הוא כדאיתא בפרק אלו נאמרין. ואיתא שם עוד מיכאל שעשה שונאו של הקדוש ברוך הוא מך: **ראו בן בין הבנים כו'.** כי לפי טעם המפורש בדברי לאה הוי לה למימר ראה בן לא ראו בלשון רבים. וכן בשמעון שמע מיבעי ליה. אלא צריך לומר שנרמז בלשונם גם כן ענינים העתידים שהיה בכח ולא בפועל כנזכר כאן, ונבאה ולא ידעה מה נבאה (נזר הקודש): **ראו בן בין הבנים.** היינו כדאמרינן בפרק קמא דברכות (ז, ב) ראו מה בין בני לבן חמי כו'. וזהו דקאמר הכא ראו בן בין הבנים כלומר ראו בן שלי כמה משונה בכל האנשים לשבח והעדר הקנאה (יפה תואר ונזר הקודש): **אין שמותן של שבטים כו'.** פירוש אין שמותן מבולבל כמו ליעכר מותך דפרק הגוזל (בבא קמא לט, ב). והכוונה כי רוב דרך השמות הוא להיות בהם קצת מהבלבול ואינם מודקים במכוון על טעם השם, כענין נח זה ינחמנו כו', הוי ליה למימר מנחם, וכן משה כי מן המים משיתיהו הוי ליה למימר משוי, וכן שמואל לפי טעמו כי מה' שאלתיו. אבל שמות השבטים אינם מבולבלים: **חפות להם.** פי' שלם ומודקק בנמצום מכוונים לגמרי לפי ענינם בלי עודף וחסרון:(ד) [ה] **עתיד להעמיד שונא כו'.** שנגלה רוח הקודש בפיה ולהזכיר בזה לשון שנאה לרמוז על העתיד שעתיד זה להעמיד שונא למקום. וכן זה נרמז באומרה ויתן לי גם את זה לרבות בו מי שיבא אחריו שירפא שנאתו של זה והוא פנחס שריפא מחלתו של זמרי (נזר הקודש): **עתיד ללות את כו'.** משום דהכא לא כתיב קראה או ותקרא אלא קרא ודרשינן שהקדוש ברוך הוא קרא לו שם זה. על זה אמר הטעם מפני שעתיד ללות הבנים לאביהם שבשמים ויבא לתקן כבוד שמים, לפיכך הקדוש ברוך הוא בעצמו קרא לו השם לכבודו (נזר הקודש): **זה עתיד ללות כו'.** זה פנחס שהיה מלוי שהשיב חרון אף ה' וחמתו מעל בני ישראל במעשה זמרי ורילה את הבנים לאביהם שבשמים. אי נמי אפשר בני לוי קאי, כי הם היו נאמנים תמיד בעבודת ה' ולא נשתתפו עם ישראל במעשה העגל ושאר החטאים והיו שומרים תמיד משמרת ה' במשכן ובמקדש, וכן לדורות נאמר (דברים לג, י) יורו משפטיך ליעקב וגו': **בכל מקום שנאמר על כן מרובה באוכלוסין.** דריש על מלשון עילוי וחשיבות: **מרובה באוכלסין.** דהיינו שבט יהודה ודן שנמצאו מרובים משאר השבטים, כי שום שבט לא עלה סכומו אלא עד חמשים אלף ויהודה

פירוש מהרז"ו

בקבוק חקופה. כמו שכתוב (ירמיה יט, א) בקבוק יוצר חרש, חקופה מלשון קוף, וחרחר מלשון לחרחר ריב, או ובחרחור פרשת תבוא (דברים כח, כב): **בן סתורים.** עיין מתנות כהונה, ועיין תנחומא סוף פרשת האזינו (סימן ז) כל שמות המרגלים בשם רבי משה הדרשן באופן אחר: **ראובן ראו בן.** ברכות פרק קמא (ז, ב), דאי משום כי ראה בעניי היה לה לקרותו ראו בען: **חפות.** הוא בית יד של בגד בלשון ישמעאל, כמו שאיתא לקמן (עה, ה) יהבתיה בחפתי, (פ, ח), ועיין ערוך עיין חפת ועיין מדרש שמואל (ריש פרשה כא) כמלאו חפותין כו' והוא מענין תכשיט, ומה שאמר שלא תאמר שהוא עכור, היינו על שמזכיר העוני והשנאה, אך הוא לשבחם כמה שמבואר שמות רבה (א, ה) באריכות עיין שם: (ד) **מרובה באוכלסין.** בפרשה במדבר (ג, לט) מפורש שבט לוי לפחות שבשבטים, אך הכוונה על דורות הבאים, כמו בימי דוד ושלמה שעשה מהם כ"ד משמרות כהונה ולויה, וכמו שמבואר באיכה רבתי (א, ב) רבתי עם הרבוי המופלג של הכהנים בימי שלמה:

מתנות כהונה

[ג] **ה"ג ולא סוף דבר לשם בנה כו': ה"ג בילקוט שמו עושה לשון מעשה ואינו עושה ומעשה רשעים לא מקרי מעשה: ואינו שומע.** להקב"ה כדכתיב ישמעאל: **בקבוק חקופא חרחור.** ל' פקפוק והכאה וגירוי מדון: **ה"ג בילקוט סתור בן מסתורין גדי בגידין מררין: מסתורין.** לשון סתירה ופרצה: **בגידין.** עשב מר שמו גיד: **ה"ג גדי בגידין מררין שמותיהן כו': חפות.** חפוי וכסוי של כבוד בכולן ולאו דוקא בראובן ושמעון לבד: [ד] **להעמיד שונא.** זה זמרי בן סלוא נשיא בית אב לשמעוני ודייק מדאמר סיפיה דקרא גם את זה לרבות בן מי שיבא אחריו שירפא שנאתו של זה והוא פנחס שרפא מחלת זמרי: **ללות כו'.** לרצות אותם להקב"ה וכן עשה במעשה זמרי או ר"ל ע"י העבודה שהיתה ע"י הכהנים והלוים משבט לוי: **מרובה באוכלסין.** על כן משמע יותר על השיעור הנכון ובמקום אחר אמרינן חוץ משבט לוי שהארון מכלה בהם:

אשד הנחלים

באחריתם ועל שם זה נתכנו: **ראו בן.** זהו כמו שאמרו בברכות (ז, ב) ראו מה בין בני לבן חמי, וראתה בנבואה מה שיקרה לו מלקיחת הבכורה. ואף שהכתוב אומר טעם כי ראה בעניי, אין זה מספיק, דא"כ היה לה לקרותו ראו בני, אלא ודאי לרמוז גם את זה. וכן בשמעון אף שאמר הכתוב כי שמע ה', עם כל זה אחר שמכנהו בשם מקור ולא קרא אותו שמע, לרמוז כי הוא יהא איש אשר ישמע בקול ה': **אלא חפות להם.** לא ידעתי מה הוסיף בזה. ואולי לפי שאומר להלן שלאה רמזה ג"כ בשמעון מה שיעשה באחרית רעה, שיעמיד שונא, עם כל זה חיפה וכסתה הקלון וקראה אותו בשם הטוב: [ד] **שונא כו' פנחס.** דהוקשה להם מדוע בראובן היה בתחילה קריאת השם ואח"כ פירש הסבה, ובשמעון להיפך נתנה תחילה הסבה ואח"כ השם. אלא ודאי להורות בא שימצא במעשיו כמדת השנואין, אך בצירוף כי שמע ה' גו' ויתן לי גם את זה, שראתה שיוולד לוי וממנו יצא פנחס שיכפר עליו ולכן קראה אותו בשם שמעון להורות על טובו, כי מעשיו הרעים יהיה מי שיכפר עליהם ויעביר עוונו בקנאתו: **זה עתיד ללוות.** ועל כן קראה אותו בשם מקור להורות על פעולתו. וזהו ע"י הקרבנות שיקריבו באחרית, שעל ידי זה יקרבו לישראל לה', ולהשראת השכינה ג"כ: **באוכלסין.** כי מלת על כן הוא שפת יתר, ובראובן ושמעון לא נאמר רק ותקרא סתם, אלא ודאי יש בו עוד טעם פנימי שלא הגיד הכתוב שעל כן קרא שמו לוי. ומפרש מפני שלוי היה הארון מכלה בהם ובקשה שֶׁיִּלָּוֶה

חידושי הרש"ש

[ג] **בני בקבוק.** עיין מתנות כהונה. ויש לפרש שהוא שם כלי חרש בירמיה (יט, א) והוא לשון ריקות כמו שאמר שם פסוק ז' בפתרונו ובקותי את עצת כו': **אמר רבי יוסי בר חנינא אין שמותם של שבטים עכור להם אלא חפות להם עד כאן.** (זה לשון בני הרב רבי מתתיהו נ"י). עכור. כן הביא הגירסא ביפה תואר והרב אברהם בן אשר. אבל במדרש דפוס אמשטרדם (תקל"ז) ראיתי נדפס עבור בדלי"ת, ונראה לי שהיא גירסא נכונה, והכוונה פשוטה ששמות השבטים אלה ראובן שמעון כו' לא חידשו אותם האמהות בעצמן על בניהם לקרוא להם שם חדש מחמת הטעם שכתוב בתורה, שאם כן היו הבודים שמות אלו, הלא בנקל היו יכולין לבדות שמות שמכוונים בצמצום ובדיוק לפי טעם השם, על דרך משל בשם ראובן אין מבואר בו רעיון "ה' בעניי" ואליו השני "בן" אין לו שום רמז בטעם הכתוב (ולכן דרשו חז"ל (ברכות ז, ב) מעצמם טעם אחר "ראו בן", וגם כן לפי הפשט יכולני לומר שהעין נבלע ושיעורו "ראובען" (כמו רבי זירא תחת רבי זעירא) ובען ירמוז על בעניי), וכן בשם שמעון כו'. ועיין לעיל (כה, ב) לא המדרש הוא השם וכו', אלא באמת שכל אלה השמות היו נהוגים מקודם, ומחמת שהאמהות מצאו אותם מכוונים קצת לפי המאורעות שרצו לעשות להן זכרון, קראו את בניהם בשמות אלה, אף שהם אינם מצומצמים ומכוונים כל כך לפי הטעמים שלהן, לא דקדקו בזה, וזה שאמר רבי יוסי בר חנינא אין שמותם של שבטים עבוד להם, רצונו לומר אין השמות האלה כמו הבגדים שיעשה לכתחלה כפי מדת רחבו וארכו של האיש אשר בעבורו נעבד הבגד שאז יעשה מצומצם בלי יתרון וחסרון כלל, אלא חפות להם (כמו בפרגוד חפות (שקלים פ"ג מ"ב ויבמות (קב, ב) שפירושו בבגד רחב שיש בו כפל). ובמדרש שמואל ריש פרשה כא (סימן א) צריך לומר לא חפותין, כמו שביאר

מסורת המדרש

ט. עיין סוטה דף ל"ד:
י. ילקוט כאן רמז קכ"ו:

אם למקרא

בְּנֵי בַקְבּוּק בְּנֵי חֲקוּפָא בְּנֵי חַרְחוּר: (עזרא ב:נא)
לְמַטֵּה אָשֵׁר סְתוּר בֶּן מִיכָאֵל: (במדבר יג:יג)
לְמַטֵּה יוֹסֵף לְמַטֵּה מְנַשֶּׁה גַּדִּי בֶּן־סוּסִי: (שם שם יא)

ידי משה

[ג] **ראו בן בין הבנים.** פירוש על דרך שאמרו חז"ל (ברכות ז, ב) ראו מה בין בני לבן חמי:

אמרי יושר

[ג] **ראובן ראו בן בין הבנים.** כדאיתא במסכת ברכות (ז ב) ולא שמר משטמה ולזה קרא אותו ראובן. כי אם אין שם כוונה רק למה שאמר הכתוב היה לו לומר ראה בן: **חפות ודאי להם.** כי הם לדיקים ונאים לשם והשם נאה להם: [ד] **להעמיד שונא.** זמרי ויתן לה גם זה לוי לרפאות מכתו ולייסרו: **כל מקום שנאמר על כן רב באוכלוסין.** שהוא לשון יתר. וקשה שהרי שבט לוי מועט. יש לומר שלולי הארון שמכלה בהם היו רבים. ולזה נקט זה ואמרו בשבט לוי לא ביהודה שנאמר בו גם כן על כן אף על פי שילוה אישי ידבק בשכינה ויהיה רב:

שינוי נוסחאות

(ג) סתור בן סתורין. בספרים הישנים (עד אמשט' תפ"ה) היה כתוב "בן פתורין", וכן הוא בד' וארשא, אבל בהרבה דפוסים (ביניהם וילנא) כתוב "... בן סתורין", וכן הוא בת-א, וכן נראה נכון:
גדי, גרדים ומורדין. מתנות כהונה הגיה "גדי, כגידין מררין":
אמר רבי יוסי בר חנינא שמותיהן נאים. מחק מתנות כהונה "אמר ריב"ח", דמיותר הוא:
(ד) בבל מקום שנאמר על כן מרובה באוכלסין. באות אמת הוסיף כאן "חוץ מלוי שהארון היה מכלה בהם", ואף מתנות כהונה הזכיר ענין זה, ובכמה דפוסים הכניסו זה לפנים במדרש:

NOTES

populous. [Alternatively, כֵּן refers to a set measure or boundary. Hence, עַל כֵּן means *over* or *more than* the set measure or boundary (*Matnos Kehunah; Gur Aryeh*).]

This expression is found in regard to three tribes: Levi (our verse), Judah (v. 35), and Dan (30:6). Judah and Dan were, indeed, the most populous of the tribes: In the first census in the Wilderness, Judah numbered 74,600 and Dan 62,700, while in the second census, Judah numbered 76,500 and Dan 64,400. No other tribe reached 60,000. [Although Simeon had a population of 59,300 during the first census, it lost more than half its population by the time of the second census, dropping to 22,200.] Although the expression עַל כֵּן, *therefore*, is also used in connection with Levi, Levi was an exception because the Levites were entrusted with caring for the Ark. Many Levites would die because they would inadvertently treat it without the proper respect (see also *II Samuel* Ch. 6). [Presumably, had they not had to care for the Ark, they, too, would have been numerous] (*Eitz Yosef; Rashi* to 29:34; some versions of the Midrash actually state: חוּץ מִלֵּוִי שֶׁהָאָרוֹן הָיָה מְכַלֶּה אוֹתָם, except for Levi, for the Ark would decimate them).

A difficulty with this explanation is that the tribe of Levi was actually extraordinarily fewer in number than any of the other tribes at the time of the first census, which was *before* they began to carry the Ark. Some explain that the large populations of the other tribes were a miracle, for, as the Torah states, the more the Egyptians oppressed them, the more God made them fruitful (*Exodus* 1:12). The Levites, however, were spared the suffering of servitude, so they did not enjoy the compensatory blessing. Rather, their numbers increased at a normal rate (*Ramban, Numbers* 3:14; *Gur Aryeh, Genesis* 29:34). Moreover, in the times of David and Solomon, when the Ark no longer traveled, the tribe of Levi did grow populous, necessitating the establishment of twenty-four watches (*Maharzu; Tiferes Tzion*). See Insight Ⓐ.

INSIGHTS

Ⓐ **Levi's Name** Alternatively, the reason it says עַל כֵּן, *therefore,* in regard to the Levites is that although the Levites were few in *number,* they were significant *qualitatively,* for Moses, a descendant of Levi, was considered equal to the entire nation. The same can also be said of his brother Aaron, who was considered Moses' equal (*Tiferes Tzion*).

שְׁמוֹתֵיהֶם נָאִים וּמַעֲשֵׂיהֶם כְּעוּרִים: עֵשָׂו שְׁמוֹ, עֵשָׂו וְאֵינוֹ עוֹשֶׂה, *יִשְׁמָעֵאל שְׁמוֹ, שׁוֹמֵעַ וְאֵינוֹ שׁוֹמֵעַ, שְׁמוֹתֵיהֶן כְּעוּרִים וּמַעֲשֵׂיהֶן נָאִים, אֵלּוּ בְּנֵי הַגּוֹלָה: (עזרא ב, נא) "בְּנֵי בַקְבּוּק בְּנֵי חֲקוּפָא בְּנֵי חַרְחוּר", וְזָכוּ וְעָלוּ וּבָנוּ בֵּית הַמִּקְדָּשׁ, שְׁמוֹתֵיהֶן כְּעוּרִין וּמַעֲשֵׂיהֶם כְּעוּרִים, אֵלּוּ הַמְרַגְּלִים: (במדבר יג, יג) ט"סְתוּר" בֶּן פְּתוּרִין, (שם שם יא) "גַּדִּי", °גְּרָדִים °וּמוֹרְדִין, °אָמַר רַבִּי יוֹסֵי בַּר חֲנִינָא°: שְׁמוֹתֵיהֶן נָאִים וּמַעֲשֵׂיהֶן נָאִים אֵלּוּ הַשְּׁבָטִים, "רְאוּבֵן" רְאוּ בֵן בֵּין הַבָּנִים, "שִׁמְעוֹן" שׁוֹמֵעַ בְּקוֹל אָבִיו שֶׁבַּשָּׁמַיִם, אָמַר רַבִּי יוֹסֵי בַּר חֲנִינָא: אֵין שְׁמוֹתָם שֶׁל שְׁבָטִים עָכוּר לָהֶם אֶלָּא חָפוּת לָהֶם:

ד [כט, לג] "וַתַּהַר עוֹד וַתֵּלֶד בֵּן וַתֹּאמֶר כִּי שָׁמַע ה' כִּי שְׂנוּאָה אָנֹכִי וַיִּתֶּן לִי גַּם אֶת זֶה וַתִּקְרָא שְׁמוֹ שִׁמְעוֹן", יזֶה עָתִיד לְהַעֲמִיד שׂוֹנֵא, וּמִי מְרַפֵּא מַכָּתוֹ, "גַּם אֶת זֶה", פִּינְחָס שֶׁהוּא עָתִיד לַעֲמוֹד מִלֵּוִי. [כט, לד] "וַתַּהַר עוֹד וַתֵּלֶד בֵּן וְגוֹ' עַל כֵּן קָרָא שְׁמוֹ לֵוִי", רַבִּי יוּדָן אָמַר: "לֵוִי", זֶה עָתִיד לְלַוּוֹת אֶת הַבָּנִים לַאֲבִיהֶן שֶׁבַּשָּׁמַיִם. [שם] "עַל כֵּן קָרָא שְׁמוֹ", בְּכָל מָקוֹם שֶׁנֶּאֱמַר "עַל כֵּן" מְרוּבֶּה בְּאוּכְלְסִין.

רש"י

(ד) **כי שנואה אנכי.** אמרה שמעון עתיד להעמיד שונא זה זמרי: **ומי מרפא מכתו ויתן לי גם את זה.** זה פנחס העומד מלוי:

עץ יוסף

עשו שמו עושה רצון עושיו. כן צריך לומר (יפה תואר): **ישמעאל שמו שומע אל ואינו שומע.** כן צריך לומר (יפה תואר): **בקבוק חקופה חרחור.** לשון פקפוק והכאה וגירוי מדון (מתנות כהונה): **סתור בן סתורין.** כן צריך לומר (יפה תואר). ובסדר שלא איתא סתור שסתרו מן העולם ובפרק אלו נאמרין (סוטה לד, ב) אמר סתור שסתר מעשיו של הקדוש ברוך הוא: **גידי גידיו ומרדון.** כן צריך לומר. והוא ענין לער ויסורין קשים. ובתנחומא מייתי תו נתביא שהחביא דבריו של הקדוש ברוך הוא. ופסי שפסע על מדותיו של הקדוש ברוך הוא כדאיתא בפרק אלו נאמרין. ואיתא שם עוד מיכאל שעשה שונאו של הקדוש ברוך הוא מך: **ראו בן בין הבנים כו'.** כי לפי טעם המפורש בדברי לאה הוי לה למימר ראה בן לא ראו בלשון רבים. וכן בשמעון שמע מיבעי ליה. אלא צריך לומר שנרמז בלשונם גם כן ענינים העתידים שהיה בכח ולא בפועל כנזכר כאן, ונבאה ולא ידעה מה נבאה (נזר הקודש): **ראו בן בין הבנים.** היינו כדאמרינן בפרק קמא דברכות (ז, ב) ראו מה בין בני לבן חמי כו'. וזהו דקאמר הכא ראו בן בין הבנים כלומר ראו בן שלי כמה משונה בכל האנשים לשבח והעדר הקנאה (יפה תואר ונזר הקודש): **אין שמותן של שבטים כו'.** פירוש אין שמותן מבולבל כמו ליעכר מוחך דפרק הגוזל (בבא קמא לט, ב). והכוונה כי רוב דרך השמות הוא להיות בהם קלת מהבלבול ואינם מדוקים במכוון על טעם השם, כענין נח זה ינחמנו כו', הוי ליה למימר מנחם, וכן משה כי מן המים משיתיהו הוי ליה למימר משוי, וכן שמואל לפי טעמו כי מה' שאלתיו. אבל שמות השבטים אינם מבולבלים: **חפות להם.** פי' שלם ומולדק בצמצום מכוונים לגמרי לפי ענינם בלי עודף וחסרון:(ד) [ה] **עתיד להעמיד שונא כו'.** שנגלגה רוח הקודש בפיה ולהזכיר בזה לשון שנאה לרמוז על העתיד שעתיד זה להעמיד שונא למקום. וכן זה נרמז באומרה ויתן לי גם את זה לרבות בו מי שיבא אחריו שירפא שנאתו של זה והוא פנחס שריפא מחלתו של זמרי (נזר הקודש): **עתיד ללות את בו'.** משום דהכא לא כתיב קראה או ותקרא אלא קרא ודרשינן שהקדוש ברוך הוא קרא לו שם זה. על זה אמר הטעם מפני שעתיד ללות הבנים לאביהם שבשמים ויבא לתקן כבוד שמים, לפיכך הקדוש ברוך הוא בעצמו קרא לו השם לכבודו (נזר הקודש): **זה עתיד ללות בו'.** זה פנחס שהיה מלוי שהשיב חרון אף ה' וחמתו מעל בני ישראל במעשה זמרי ורילה את הבנים לאביהם שבשמים. אי נמי אסתם בני לוי קאי, כי הם היו נאמנים תמיד בעבודת ה' ולא נשתתפו עם ישראל במעשה העגל ושאר החטאים והיו שומרים תמיד משמרת ה' במשכן ובמקדש, וכן לדורות נאמר (דברים לג, י) יורו משפטיך ליעקב וגו': **בבל מקום שנאמר על כן מרובה באוכלוסין.** דריש על מלשון עילוי וחשיבות: **מרובה באוכלסין.** דהיינו שבט יהודה ודן שנמלאו מרובים משאר השבטים, כי שום שבט לא עלה סכומו אלא עד חמשים אלף ויהודה

מתנות כהונה

[ג] **ה"ג ולא סוף דבר לשם בנה כו': ה"ג בילקוט שמו עושה לשון מעשה ואינו עושה ומעשה רשעים לא מקרי מעשה: ואינו שומע.** להקב"ה כדכתיב ישמעאל: **בקבוק חקופא חרחור.** ל' פקפוק והכאה וגירוי מדון: **ה"ג בילקוט סתור בן מסתורין גדי בגידין מררין: מסתורין.** לשון סתירה ופרלה: **בגידין.** עשב מר שמו גיד: **ה"ג גדי בגידין מררין שמותיהן כו': חפות.** חפוי וכסוי של כבוד בכולן ולאו דוקא ברֹאובן ושמעון לבד: [ד] **להעמיד שונא.** זה זמרי בן סלוא נשיא בית אב לשמעוני ודייק מדאמר סיפיה דקרא גם את זה לרבות בן מי שיבא אחריו שירפא שנאתו של זה והוא פנחס שרפא מחלת זמרי: **ללות בו'.** לרלות אותם להקב"ה וכן עשה במעשה זמרי או ר"ל ע"י העבודה שהיתה ע"י הכהנים והלוים משבט לוי: **מרובה באוכלסין.** על כן משמע יותר על השיעור הנכון ובמקום אחר אמרינן חוץ משבט לוי שהארון מכלה בהם:

אשד הנחלים

באחריתם ועל שם זה נתכנו: **ראו בן.** זהו כמו שאמרו בברכות (ז, ב) ראו מה בין בני לבן חמי, וראתה בנבואה מה שיקרה לו מלקיחת הבכורה. ואף שהכתוב אומר טעם כי ראה בעניי, אין זה מספיק, דא"כ היה לה לקרותו ראו בני, אלא ודאי לרמוז גם את זה. וכן בשמעון אף שאמר הכתוב כי שמע ה', עם כל זה אחר שמכנהו בשם מקור ולא קרא אותו שמע, לרמוז כי הוא יהא איש אשר ישמע בקול ה': **אלא חפות להם.** לא ידעתי מה הוסיף בזה. ואולי לפי שאומר להלן שלאה רמזה ג"כ בשמעון מה שיעשה באחרית רעה, שיעמיד שונא, עם כל זה חיפה וכסתה הקלון וקראה אותו בשם הטוב: [ד] **שונא כו' פנחס.** דהוקשה להם מדוע בראובן היה בתחילה קריאת השם ואח"כ פירש הסבה, ובשמעון להיפך נתנה תחילה הסבה ואח"כ השם. אלא ודאי להורות בא שימצא במעשיו כמדת השנואין, אך בצירוף כי שמע ה' גו' ויתן לי גם את זה, שראתה שיוולד לוי וממנו יצא פנחס שיכפר עליו ולכן קראה אותו בשם שמעון להורות על טובו, כי מעשיו הרעים יהיה מי שיכפר עליהם ויעביר עוונו בקנאתו: **זה עתיד ללוות.** ועל כן קראה אותו בשם מקור להורות על פעולתו. וזהו ע"י הקרבנות שיקריבו באחרית, שעל ידי זה יקרבו לישראל לה', ולהשראת השכינה ג"כ: **באוכלסין.** כי מלת על כן הוא שפת יתר, ובראובן ושמעון לא נאמר רק ותקרא סתם, אלא ודאי יש בו עוד טעם פנימי שלא הגיד הכתוב שעל כן קרא שמו לוי. ומפרש מפני שלוי היה הארון מכלה בהם ובקשה שֶׁיִּלָּוֶה

פירוש מהרז"ו

בקבוק חקופה. כמו שכתוב (ירמיה יט, א) בקבוק יוצר חרש, חקופה מלשון קוף, וחרחר מלשון לחרחר ריב, או ובחרחור פרשת תבוא (דברים כח, כב): **בן סתורים.** עיין מתנות כהונה, ועיין תנחומא סוף פרשת האזינו (סימן ז) כל שמות המרגלים בשם רבי משה הדרשן באופן אחר: **ראובן ראו בן.** ברכות פרק קמא (ז, ב), דאי משום כי ראה בעניי היה לה לקרותו ראו בטן: **חפות.** הוא בית יד של בגד בלשון ישמעאל, כמו שאיתא לקמן (עה, ה) יהבתיה בחפתי, (פ, ח), ועיין ערוך ערך חפת ועיין מדרש שמואל (ריש פרשה כא) כמלאו חפותין כו' והוא מענין תכשיט, ומה שאמר שלא תאמר שהוא עכור, היינו על שמזכיר העוני והשנאה, אך הוא לשבחם כמה שמבואר שמות רבה (א, ה) באריכות עיין שם: (ד) **מרובה באוכלסין.** בפרשה במדבר (ג, לט) מפורש שבט לוי לפחות שבשבטים, אך הכוונה על דורות הבאים, כמו בימי דוד ושלמה שעשה מהם כ"ד משמרות כהונה ולויה, וכמו שמבואר באיכה רבתי (א, ב) רבתי עם הרבוי המופלג של הכהנים בימי שלמה:

חידושי הרש"ש

[ג] **בני בקבוק.** עיין מתנות כהונה. ויש לפרש שהוא שם כלי חרש בירמיה (יט, א) והוא לשון ריקות כמו שאמר שם פסוק ז' בפתרונו ובקותי את עלת כו': **אמר רבי יוסי בר חנינא אין שמותם של שבטים עכור להם אלא חפות להם עד כאן.** (זה לשון בני הרב רבי מתתיהו נ"י). עכור. כן הביא הגירסא ביפה תואר והרב אברהם בן אשר. אבל במדרש דפוס אמשטרדם (תקל"ז) ראיתי נדפס עבוד בדלי"ת, ונראה לי שהיא גירסא נכונה, והכוונה פשוטה ששמות השבטים אלה ראובן שמעון כו' לא חידשו אותם האמהות בעצמן על בניהם לקרוא להם שם חדש מחמת הטעם שכתוב בתורה, שאם הן היו הבודים שמות אלו, הלא בנקל היו יכולין לבדות שמות שמכוונים בצמצום ובדיוק לפי טעם השם, על דרך משל בשם ראובן אין מבואר בו רעיון "ה' בעניי" ואליו השני "בן" אין לו שום רמז בטעם הכתוב (ולכן דרשו חז"ל (ברכות ז, ב) מצמצם טעם אחר "ראו בן", וגם כן לפי הפשט יכולני לומר שהעין נבלע ושיעורו "ראובען" (כמו רבי זירא תחת רבי זעירא) ובען ירמוז על בעניי), וכן בשם שמעון כו'. ועיין לעיל (כה, ב) לא המדרש הוא השם וכו', אלא באמת שכל אלה השמות היו נהוגים מקודם, ומחמת שהאמהות מצאו אותם מכוונים קצת לפי המאורעות שרצו לעשות להן זכרון, קראו את בניהם בשמות אלה, אף שהם אינם מצומצמים ומכוונים כל כך לפי הטעמים שלהן, לא דקדקו בזה, וזה שאמר רבי יוסי בר חנינא אין שמותם של שבטים עבוד להם, רצונו לומר אין השמות האלה כמו הבגדים שעשה לכתחלה כפי מדת רחבו וארכו של האיש אשר בעבורו נעבד הבגד שאז יעשה מצומצם בלי יתרון וחסרון כלל, אלא חפות להם (כמו בפרגוד חפות (שקלים פ"ג מ"ב ויבמות (קב, [illegible]) שפירושו בבגד רחב ש[illegible] בו כפל). ובמדרש שמו[illegible] ריש פרשה כא (סימן [illegible]) צריך לומר לא חפותין, [illegible]מו שביאר

מסורת המדרש

ט. עיין סוטה דף ל"ד: י. ילקוט כאן רמז קכ"ו:

אם למקרא

בְּנֵי בַקְבּוּק בְּנֵי חֲקוּפָא בְּנֵי חַרְחוּר: (עזרא ב:נא)

לְמַטֵּה אָשֵׁר סְתוּר בֶּן מִיכָאֵל: (במדבר יג:יג)

לְמַטֵּה יוֹסֵף לְמַטֵּה מְנַשֶּׁה גַּדִּי בֶּן־סוּסִי: (שם שם יא)

ידי משה

[ג] **ראו בן בין הבנים.** פירוש על דרך שאמרו חז"ל (ברכות ז, ב) ראו מה בין בני לבן חמי:

אמרי יושר

[ג] **ראובן ראו בן בין הבנים.** כדאיתא במסכת ברכות (ז ב) ולא שמר משטמה ולזה קרא אותו ראובן. כי אם אין שם כוונה רק למה שאמר הכתוב היה לו לומר ראה בן: **חפות ודאי להם.** כי הם נדיקים ונאים לשם והשם נאה להם: [ד] **להעמיד שונא.** זמרי ויתן לה גם זה לוי לרפאות מכתו ולייסרו: **כל מקום שנאמר על כן רב באוכלוסין.** שהוא לשון יתר. וקשה שהרי שבט לוי מועט. יש לומר שלולי הארון שמכלה בהם היו רבים. ולזה נקט זה ואמרו בשבט לוי לא ביהודה שנאמר בו גם כן על כן אף על פי שילוה אישי ידבק בשכינה ויהיה רב:

שינוי נוסחאות

(ג) **סתור בן סתורין.** בספרים הישנים (עד אמשט' תפ"ה) היה כתוב "בן פתורין", וכן הוא בד' ווארשא, אבל בהרבה דפוסים (ביניהם ווילנא) כתוב "... בן סתורין", וכן הוא בת-א, וכן נראה נכון:

גדי, גרדים ומורדין. מתנות כהונה הגיה "גדי, כגידין מררין":

אמר רבי יוסי בר חנינא שמותיהן נאים. מחק מתנות כהונה "אמר ריב"ח", דמיותר הוא:

(ד) **בבל מקום שנאמר על כן מרובה באוכלסין.** באות אמת הוסיף כאן "חוץ מלוי שהארון היה מכלה בהם", ואף מתנות כהונה הזכיר ענין זה, ובכמה דפוסים הכניסו זה לפנים במדרש:

וַתַּהַר עוֹד וַתֵּלֶד בֵּן וַתֹּאמֶר הַפַּעַם אוֹדֶה אֶת ה׳ עַל כֵּן קָרְאָה שְׁמוֹ יְהוּדָה וַתַּעֲמֹד מִלֶּדֶת.

She conceived again, and bore a son and declared, "This time let me gratefully praise HASHEM"; therefore she called his name Judah; then she stopped giving birth (29:35).

☐ **וַתַּהַר עוֹד וַתֵּלֶד בֵּן וַתֹּאמֶר הַפַּעַם אוֹדֶה אֶת ה׳** — ***SHE CONCEIVED AGAIN, AND BORE A SON AND DECLARED, "THIS TIME LET ME GRATEFULLY PRAISE HASHEM."***

By means of a parable, the Midrash explains why Leah praised God only after the birth of her fourth child:

רַבִּי בֶּרֶכְיָה בְּשֵׁם רַבִּי לֵוִי: לְכֹהֵן שֶׁיָּרַד לַגּוֹרֶן — **R' Berechyah** said **in the name of R' Levi**: Leah may be compared to a **Kohen who went down to a granary** to collect tithes. **נָתַן לוֹ א׳ כּוֹר שֶׁל מַעֲשֵׂר וְלֹא הֶחֱזִיק לוֹ טוֹבָה** — **One [proprietor] gave him a** ***kor*** measure of wheat ***maaser*****, and [the Kohen] did not express his gratitude to him,**[47] **וְאֶחָד נָתַן לוֹ קוֹמֶץ שֶׁל חוּלִּין וְהֶחֱזִיק לוֹ טוֹבָה** — **while another person gave him** only **a handful of ordinary** grain [which had already been tithed] **and [the Kohen] expressed his gratitude to him. אָמַר לֵיהּ: אֲדוֹנִי הַכֹּהֵן** — Whereupon **[the first proprietor] said to [the Kohen], "My master the Kohen! אֲנִי נָתַתִּי לְךָ כּוֹר וְזֶה לֹא נָתַן לְךָ אֶלָּא קוֹמֶץ** — **I gave you a** whole ***kor*** of grain, **and [the other person] gave you only a handful** of grain, **וְאַתָּה מַחֲזִיק לוֹ טוֹבָה** — **yet you thanked him** but not me?" **אָמַר לֵיהּ: אַתְּ מֵחֶלְקִי נָתַתָּ לִי** — **[The Kohen] replied to him, "You gave me from my own portion,**[48] **אֲבָל זֶה נָתַן לִי מִשֶּׁלוֹ** — **but [the other individual] gave me from his own property, לְפִיכָךְ אֲנִי מַחֲזִיק לוֹ טוֹבָה** — **therefore I thanked him!" כָּךְ לְפִי שֶׁהָיוּ אִמָּהוֹת סְבוּרוֹת שֶׁזּוֹ מַעֲמֶדֶת שְׁלֹשָׁה** — **Similarly, the Matriarchs thought that [this wife of Jacob] would bear three** sons, **וְזוֹ מַעֲמֶדֶת שְׁלֹשָׁה** — **and [that wife of Jacob] would bear three** sons, i.e., each of Jacob's wives would bear three sons.[49] **וְכֵיוָן שֶׁיָּלְדָה לֵאָה בֵּן ד׳** — **Therefore, once Leah gave birth to a fourth son, אָמְרָה: "הַפַּעַם אוֹדֶה אֶת ה׳"** — **she declared, *"This time let me gratefully praise HASHEM."***[50]

§5 The Midrash presents two expositions of a verse in *Numbers*. From the second exposition we can infer another explanation as to why Leah gave praise to God only after Judah's birth:[51]

הָדָא הוּא דִכְתִיב "וְקַח מֵאִתָּם מַטֶּה מַטֶּה לְבֵית אָב" — **This is what is written,** *HASHEM spoke to Moses, saying, "Speak to the Children of Israel* ***and take from them one staff for each father's house,***

NOTES

47. I.e., the owner gave the Kohen an extremely large measure of *maaser rishon*, the first tithe. [A *kor* is equal to 4,320 egg volumes.]

Actually, the Torah dictates that *terumah* be given to Kohanim and *maaser rishon* (first tithe) be given to the Levites. *Maharzu*, however, explains that the Midrash is speaking of the Second Temple period. Ezra penalized the Levites for not returning to Jerusalem at the time of the rebuilding of the Second Temple, at which time he took away from them the privilege of receiving *maaser rishon* and gave that privilege to the Kohanim (see *Yevamos* 86a).

48. I.e. *maaser*, which must be transferred to a Kohen or Levi. Since the Torah awarded tithes to Kohanim and Levites, it is considered their property.

49. The Matriarchs were prophetesses and knew that Jacob would marry four wives from whom he would beget twelve sons. Thus, each wife would be expected to give birth to three sons (see *Eitz Yosef,* based on a previous Midrash, 67 §9). See Insight Ⓐ.

50. When Leah gave birth to her fourth son she extended her gratitude to God for the extra measure she received over the share that was coming to her, like the Kohen in the above analogy (*Rashi* to verse; *Berachos* 7b). She thus named him יְהוּדָה, *Yehudah* (which is cognate to הוֹדָאָה, *hodaah,* thankfulness; God's Name [שם הוי״ה] is also contained in the name יְהוּדָה). See Insight Ⓑ.

51. *Eitz Yosef; Yefeh To'ar.*

INSIGHTS

Ⓐ **Prophecies of the Matriarchs** That the Matriarchs were prophetesses is stated explicitly in the Midrash above (67 §9), as well as in various other places (e.g., *Sotah* 13a; *Yerushalmi Berachos* 9:3). This, however, conflicts with the list of prophetesses recorded in *Megillah* 14a, where the only matriarch mentioned is Sarah. *Maharsha* (to *Sotah* ad loc.; *Berachos* 7b) thus explains that Leah herself was *not* aware of the future events to which her words alluded. Rather, the prophetic meaning was known to God and He planted this name in her mind. Others, however, explain that the omission of the Matriarchs from the list in *Megillah* is not a contradiction. That list includes only those who were prophetesses to the nation. There were many others, however — among them the Matriarchs — who prophesied in matters that concerned themselves and their families (*Gur Aryeh* to verse). It is also possible that the Gemara in *Megillah* argues with the Midrash (*Torah Temimah* ad loc.).

Sfas Emes (*Megillah* 14a) suggests that the reason the Matriarchs are not listed by the Gemara as prophetesses is that they achieved prophecy only in the merit of their husbands, the Patriarchs. The only exception was Sarah, who achieved prophecy even before she married Abraham, as the Gemara derives from the verse *and the father of Iscah* (above, 11:29). Iscah refers to Sarah. She was called Iscah, meaning *see*, because she could "see" the future through prophecy. Since this name was given to her by her father, it is apparent that she was a prophetess even before she married Abraham.

Maharal (*Gur Aryeh* on 11:29 above) adds that a woman has two missions in life: the first from birth as an individual, and the second when she marries and enters a joint mission with her husband. Sarah's two names indicate her two missions. Iscah, indicating her personal greatness, reflects her own mission, while Sarah, indicating her Abrahamitic mission, is used exclusively from the time of her marriage.

Ⓑ **True Gratitude** In his *Commentary on Aggados* (*Berachos* 7b), *Rashba* uses our Midrash and its parable to illuminate the meaning of the Gemara there, which teaches that "from the day the Holy One, blessed is He, created His world, there was no person who offered thanks to the Holy One, blessed is He, until Leah came and thanked Him, as it is stated, *This time let me gratefully praise Hashem.*"

As pointed out by *Riaf* to *Ein Yaakov* (ad loc.), the difficulty with the Gemara's statement is obvious: Surely, there were earlier great men and women who expressed their gratitude to God. In what way was Leah's gratitude the first of its kind?

While *Rashba* does not ask this question directly, his explanation of the Gemara anticipates and resolves it. *Rashba* explains that the meaning lies in the parable of the granary. A person's appreciation for what he has received from a benefactor is diminished in some measure when he feels that what he has received is in some way his due. This is true even if it is his due only because God has already decreed it. The person then receives what is already "his."

Leah knew that she was destined to bear three of the twelve tribes of Israel. Surely she rejoiced and was grateful when that destiny was fulfilled with the birth of her first three sons. The birth of her fourth son, however, was a gift of a different order. She had received a gift that had been destined for a *different* matriarch, and thus clearly not her *own* due. She had borne Jacob a *fourth* tribe. This was a surfeit of bounty that none before her had experienced with such clarity. And thus her expression of thanks was unprecedented. *This time let me gratefully praise HASHEM.*

The *Sifri* on *Deuteronomy* 6:4 teaches that we are to love God with all our heart as Abraham did, and with all our soul as Isaac (who allowed himself to be offered at the *Akeidah*) did, and we are to thank Him as Jacob did, for Jacob declared (below, 32:10), *I am unworthy of all the kindness and all the truth that You have done for Your servant.* The hallmark of true gratitude is the feeling that we are unworthy, and God's kindness to us is undeserved. It was this supreme gratitude that Leah introduced to the world (*Be'er HaTorah, Parashas Bo,* pp. 132-133).

[כט, לה] "וַתַּהַר עוֹד וַתֵּלֶד בֵּן וַתֹּאמֶר הַפַּעַם אוֹדֶה אֶת ה'", רַבִּי בֶּרֶכְיָה בְּשֵׁם רַבִּי לֵוִי: יאלְכֹהֵן שֶׁיָּרַד לַגּוֹרֶן, נָתַן לוֹ א' כּוֹר שֶׁל מַעֲשֵׂר וְלֹא הֶחֱזִיק לוֹ טוֹבָה, וְאֶחָד נָתַן לוֹ קוֹמֶץ שֶׁל חוּלִּין וְהֶחֱזִיק לוֹ טוֹבָה, אֲמַר לֵיהּ: אֲדוֹנִי הַכֹּהֵן, אֲנִי נָתַתִּי לְךָ כּוֹר וְזֶה לֹא נָתַן לְךָ אֶלָּא קוֹמֶץ וְאַתָּה מַחֲזִיק לוֹ טוֹבָה, אֲמַר לֵיהּ: אַתְּ מֵחֶלְקִי נָתַתָּ לִי אֲבָל זֶה נָתַן לִי מִשֶּׁלּוֹ, לְפִיכָךְ אֲנִי מַחֲזִיק לוֹ טוֹבָה, כָּךְ לְפִי שֶׁהָיוּ אִמָּהוֹת סְבוּרוֹת שֶׁזּוֹ מַעֲמֶדֶת שְׁלֹשָׁה וְזוֹ מַעֲמֶדֶת שְׁלֹשָׁה, וְכֵיוָן שֶׁיָּלְדָה לֵאָה בֵּן ד' אָמְרָה: "הַפַּעַם אוֹדֶה אֶת ה'":

ה הֲדָא הוּא דִכְתִיב (במדבר יז, יז) "וְקַח מֵאִתָּם מַטֶּה מַטֶּה לְבֵית אָב", רַבִּי יִצְחָק אָמַר: מַטּוֹ מַטּוֹ בָנַי, מַטּוֹ בָּעֵגֶל מַטּוֹ בַּמְרַגְּלִים, רַבִּי לֵוִי אָמַר: עָלוּ בָהֶם שְׁנֵי שְׁבָטִים, שֵׁבֶט כְּהוּנָּה וְשֵׁבֶט מַלְכוּת, אַתְּ מוֹצֵא שֶׁכָּל מַה שֶּׁכָּתוּב בָּזֶה כָּתוּב בָּזֶה, בָּזֶה מְשִׁיחָה וּבָזֶה מְשִׁיחָה, בָּזֶה מַטֶּה וּבָזֶה מַטֶּה, בָּזֶה בְּרִית מֶלַח וּבָזֶה בְּרִית מֶלַח, בָּזֶה פַּעַם וּבָזֶה פַּעַם, בָּזֶה נֵזֶר וּבָזֶה נֵזֶר, בָּזֶה קְרִיבָה וּבָזֶה קְרִיבָה,

רש"י

אתה נתת לי מחלקי. לפיכך לא החזקתי לך טובה, כך לפי שהיו סבורות שכל אחת מהן מעמדת שלשה וכו':

עץ יוסף

עלה לשבטים ודן לנשים, אף שבלוי נאמר על כן ומלינו בהם אוכלוסין מועטים הארון, היה מכלה בהם: [ו] **לכהן שירד לגורן כו'.** הענין מבואר שנתן טעם למה לא הודית לה' אלא בבן הרביעי: **אמהות סבורות.** שהאמהות נביאות היו וידעו דארבע נשים ישא ויוליד שנים עשר בנים, אבל לא ידעו עדיין כמה תלד כל אחת ולזה חשבה שכל אחת תלד שלשה, אבל אחר שראתה שנוסף לה על חלקה נתנה לב שמא יוסיפו לה עוד ונתנה הדודאים כדי שיבא יעקב אליה: (ה) [ז] **וקח מאתם.** מילתא באנפי נפשה היא, דיהיב טעמא למה שהודית ברביעי טפי מבראשונים, דהיינו מפני שזכתה לשבט כהונה ושבט מלכות, שהן ב' מעלות מיוחדות לב' שבטים. ומתחילה כשזכתה בלוי לא הודית, שחשבה ששבט המלכות יצא מאחותה והיא שוה לה, ולכן אין לה חיוב הודאה טפי מאחותה, אבל עתה שראתה שילדה את יהודה שממנו יצא המלכות, הודית על טוב חלקה כי נעים מאד: **מטה מטה לבית אב.** דריש שבא לרמוז במטה לשון מטי דהיינו נטיה והמעדת רגל, כלומר שנטו ישראל מדרך האמת והישר שני פעמים, במעשה העגל ובמעשה המרגלים, ובשניהם היו הלוים מנוקים מן העון לפיכך נבחרו הלוים לעבודת המקדש יותר מכל ישראל שבעבור זה פרח שם מטה אהרן לבית לוי. ואף על גב דמשחטאו בעגל נדחו הבכורים. יש לומר דאי לאו חטא המרגלים לא היו נדחים אלא לפי שעה והיו ראוים להתקרב שוב לדורות, ומשחטאו גם במרגלים נתמלא סאתם ונחתם גזר דינם (נזר הקודש): **עלו בהם שני שבטים.** שלכך דקדק לומר מטה מטה לרמוז מה שעלו בהם בעליית מעלה שני שבטים שבט כהונה לבית לוי ושבט מלכות לבית יהודה. ואף על גב דהתם לא הוי אלא מטה אהרן לבית לוי ולא נודעת אלא מעלת לוי. הא אמרינן במדרש במדבר רבה פרשה י"ח דמטה אהרן הוא המטה אשר היה ביד יהודה, והוא היה ביד כל מלך ומלך עד שחרב בית המקדש, ועתיד להיות ביד מלך המשיח, ולפיכך היה זכרון אחד עולה לשניהם, ולפיכך הוציא פרח ויצץ ציץ לרמוז שניהם (נזר הקודש): **בזה משיחה.** דכתיב (שמות כח, מא) ומשחת אותם וגו' וכהנו לי. ובזה משיחה (שמואל א' טז, יג) וימשח אותו בקרב אחיו: **בזה מטה.** פרח מטה אהרן (במדבר יז, כג). ובזה (תהלים קי, ב) מטה עוזך ישלח ה' מציון: **בזה ברית מלח.** דכתיב (במדבר יח, יט) ברית מלח עולם היא לפני ה' לך ולזרעך אתך. ובזה ברית מלח דכתיב באביה (דברי הימים ב' יג, ה) הלא לכם לדעת כי ה' אלהים נתן ממלכה לדוד על ישראל לעולם לו ולבניו ברית מלח: **בזה פעם.** הפעם ילוה אישי אלי (כט, לד). ובזה פעם (כט, לה) הפעם אודה את ה'. כלומר שלכך דקדקה לאה לומר באלו ב' השבטים לשון הפעם להורות שהם שקולים: **בזה נזר.** ונתת את נזר הקודש על המצנפת (שמות כט, ו). ובזה נזר (מלכים ב' יא, יב) ויוציא את בן המלך ויתן עליו את הנזר: **בזה קריבה.** ואתה הקרב אליך את אהרן אחיך וגו' וכהנו לי (שמות כח, א ושם שם מא). ובזה קריבה (ירמיה ל, כא) והיה אדירו ממנו ומושלו מקרבו יצא והקרבתיו ונגש אלי:

פירוש מהרז"ו

לכהן שירד לגורן. עיין תנחומא (סוף סימן ט) ביתר באור והמשל באופן אחר. ומה שאמרו נתן לכהן כור של מעשר הנה בתורה מפורש שהתרומה לכהן והמעשר ללוים, אך בנחמיה (י, לט) כתיב והיה הכהן בן אהרן עם הלוים בעשר הלוים, פירוש שגם הכהן יקח מעשר עם הלוי כי קנסו את הלוים: **שהיו אמהות סבורות.** כי נביאות היו וידעו שיהיו לו עוד שתי נשים: (ה) **הדא הוא דכתיב וקח מאתם.** הוא דבר אחר על מה שאמרה הפעם אודה הפעם ילוה, ואגב זה מביא מה שדומים בעניניהם והקדים פרשת קח מאתם מטה מטה קרי ביה מטו: **בלוי משיחה.** כמו שנאמר (ויקרא ו, טו) והכהן המשיח, וכן במלכי יהודה דוד ושלמה. בלוי מטה אהרן (במדבר יז, כג) ביהודה מטה עוזך ישלח ה' (תהלים קי, ב) בכהן גדול כתיב (ויקרא כא, יב) נזר שמן משחת אלהיו עליו, בדברי הימים (ב' כג, יא) ויתן עליו את הנזר, וכתיב (תהלים קלב, יח) ועליו יציץ נזרו. **בזה קריבה ובזה קריבה.** כמו שאמרו במדבר רבה (ג, ב) באורך, ובאהרן ואתה הקרב אליך את אהרן (שמות כח, א), וכתיב (במדבר ג, ו) הקרב את מטה לוי, ואצל זרע דוד והקרבתיו ונגש אלי (ירמיה ל, כא). בכהן גדול ועשית ציץ (שמות כח, לו), ובדוד לא מפורש אך יש לומר שהמדרש סמך על מה שנאמר (תהלים קלב, יח) ועליו יציץ נזרו:

חידושי הרש"ש

המפרש רצונו לומר כבגד רחב שלובש אדם לפעמים אף שלא כמדתו. ומצאתי בפירוש הרב עובדיה ספורנו על פסוק (כט, לה) על כן קראה שמו יהודה הדברים האלה כהוויתם ושמחתי מאד שלפי פירושי מכוונים המה בדברי רבי יוסי בר חנינא וזה לשונו: ונראה שהיו כל אלה שמות של קדמונים כמו שמצינו קודם לזה יהודית בת בארי (לעיל כו, לד), וכן שמואל בן עמיהוד (במדבר לד, כ) קודם לשמואל הנביא והיו בוחרים מהשמות הקודמים את הנופלים על לשון המאורע עכ"ל:

אמרי יושר

[ה] **שבט כהונה ומלכות.** כי מטה אהרן היה של יהודה ונבחנו שניהם גם כן כי נצולו לוי ויהודה מהמרגלים כי לא היו שם נשיאיהם גם בעגל חור הרגוהו:

מסורת המדרש

יא. תנחומא כאן סימן ט':

אם למקרא

דַּבֵּר אֶל בְּנֵי יִשְׂרָאֵל וְקַח מֵאִתָּם מַטֶּה מַטֶּה לְבֵית אָב מֵאֵת כָּל נְשִׂיאֵהֶם לְבֵית אֲבֹתָם שְׁנֵים עָשָׂר מַטּוֹת אִישׁ אֶת שְׁמוֹ תִּכְתֹּב עַל מַטֵּהוּ: (במדבר יז:יז)

מתנות כהונה

ה"ג נתן לו אחר קומץ: ה"ג לך כור ולא החזקת לי טובה וזה: סבורות. בנבואה כמו שפי' רש"י בחומש: **בן ד'.** הרי אחד יותר מהראוי לחלקה: [ה] **מטו.** לשון נטייה והמעדת רגל מדרך האמת שבשניהם סרו מאחרי ה': **עלו בהם.** נתעלו בשני המעשים בעגל ויאספו אליו כל בני לוי וחגרו איש חרבו על ירכו ומלאו ידיהם קודש ובמרגלים ויהם כלב נשיא לשבט יהודה ודרש מטה לשון מטה עוז וגדולה ולכן כתוב בשניהם הפעם שבשניהם היו לאחדים שוים בגדולתם: **ברית מלח.** כתיב גבי שבט לוי וכתוב בדוד כי ה' נתן הממלכה לדוד ברית מלח:

אשד הנחלים

לה' בקדושה עד שלא יהיה הארון מכלה בהם, כי הכילוי בא מהעדר שמירת הקדושה: **לכהן.** כי מלת הודאה מורת על קבלת ריבוי הטובה, ולכן אמרה הפעם, שהוסיף לה טובה יותר מדאי: [ה] **מטו מטו בני.** דרש על דרך הרמז שהכתוב כוון לרמוז עוד בזה שהוא עשאום למטות חשובות, והם מטים מאמונתם, ולכן קח מטותם, שע"י פריחת מטה אהרן אז יסור תלונתם, כי טבעם שהם מטים לרעה. ודעת ר' לוי לרמוז על מטה לוי ויהודה שהם שני מטות החשובים שנדמו בגדולה. וכאומר הם התלוננו על המלוכה והכהונה מדוע דווקא אלו יזכו לזה ולא אנו, ולזה הראה להם אות שרק מטה מטה לבית אבותם, כלומר שמכל השבטים המה השני עקרים והחשובים מכולם: **ברית מלח.** רומז על קדושתם שהיא עולמית נצחית ונזר במלוכה. **וקריבה.** זה הוא קדושה הנפשית שהמה קרובים לקדושת ה', והמה מיוחסים, שאבותיהם ואמותיהם רק טובים, והכתוב מספר יחוסם. וכן הציץ סימן הגדולה והקדושה ביחד:

from all their leaders according to their father's house, twelve staffs, etc." (*Numbers* 17:17).[52]

The Midrash expounds the verse's double mention of the word מַטֶּה, *staff*:

רַבִּי יִצְחָק אָמַר: מָטוּ מָטוּ בָּנַי — **R' Yitzchak said:** The double expression מַטֶּה מַטֶּה should be understood as a complaint by God: **[My children] have deviated** from the true path (***matu***) [מָטוּ], **My children have deviated** from the true path, i.e., they deviated twice; מָטוּ בָּעֵגֶל מָטוּ בַּמְרַגְּלִים — **they deviated** once with the sin of **the** Golden **Calf,** and **they deviated** a second time with the sin of the **Spies.**[53]

Another interpretation of the double expression מַטֶּה מַטֶּה, which relates to Leah's giving praise to God:

רַבִּי לֵוִי אָמַר: עָלוּ בָּהֶם שְׁנֵי שְׁבָטִים, שֵׁבֶט כְּהוּנָּה וְשֵׁבֶט מַלְכוּת — **R' Levi said:** The double expression מַטֶּה מַטֶּה denotes **that from [all the tribes] two tribes rose** in prominence, **the tribe of priesthood** from Levi **and the tribe of kingship** from Judah.[54] Leah praised God after Judah's birth since she then realized that she merited that both of these lofty positions would belong to her descendants.[55]

The Midrash delineates a number of attributes that the priesthood and monarchy both enjoy, demonstrating that they are of equal prominence:[56]

אַתְּ מוֹצֵא שֶׁכָּל מַה שֶּׁכָּתוּב בָּזֶה כָּתוּב בָּזֶה — **You find that whatever** form of prominence **is written regarding one** position (the priesthood) **is** also **written regarding the other** position (the kingship of Judah): בָּזֶה מְשִׁיחָה וּבָזֶה מְשִׁיחָה — **Regarding [the priesthood]** Scripture refers to **anointment** with sacred oil, **and regarding [the kingship of Judah]** Scripture also refers to **anointment** with sacred oil.[57] בָּזֶה מַטֶּה וּבָזֶה מַטֶּה — **Regarding [the priesthood]** Scripture refers to a ***staff,* and regarding [the kingship of Judah]** it refers to a ***staff.***[58] בָּזֶה בְּרִית מֶלַח וּבָזֶה בְּרִית מֶלַח — **Regarding [the priesthood]** Scripture refers to a ***saltlike covenant,* and regarding [the kingship of Judah]** it refers to a ***saltlike covenant.***[59] בָּזֶה פַּעַם וּבָזֶה פַּעַם — **Regarding [Levi]** Scripture states the expression ***this time,* and regarding [Judah]** Scripture states the expression ***this time.***[60] בָּזֶה נֵזֶר וּבָזֶה נֵזֶר — **Regarding [the priesthood]** Scripture refers to a ***crown,* and regarding [the kingship of Judah]** it refers to a ***crown.***[61]

NOTES

52. After the catastrophe of Korah's failed rebellion in the Wilderness (see *Numbers* Ch. 16), God called for a test to firmly convince the nation that He (and not Moses) had selected Aaron to be the Kohen Gadol and the tribe of Levi to replace the firstborn as His servants in the Sanctuary and the Temple (see ibid. 17:16-24; see *Ramban* ad loc.). God commanded Moses to take a staff from the leader of each tribe, with Aaron representing the entire tribe of Levi, and inscribe the leader's name on his tribal staff. The twelve staffs were then placed before the Holy Ark, and God declared, *It shall be that the man whom I shall choose — his staff will blossom.* The next day Moses entered the Tabernacle and saw that Aaron's staff had miraculously blossomed and produced almonds. Moses brought out all the staffs and the Children of Israel themselves witnessed the Divine selection of Aaron and the Levites. Afterward, God commanded that Aaron's staff be returned to the Holy of Holies, where it would remain in bloom for centuries. The staff, with its almonds and blossoms, would be a sign for all who would rebel against Aaron's selection or the selection of the Levites, and put an end to their complaining (see ibid. v. 25 with *Rashi*).

53. R' Yitzchak expounds the word מַטֶּה as if it were written מָטִי, meaning *deviate*. The verse's repetition of the word thus alludes to the reason the tribe of Levi merited to be His servants, viz., whereas all the other tribes deviated twice from the correct path, with the sin of the Golden Calf (see *Exodus* Ch. 32) and the sin of the Spies (see *Numbers* Chs. 13-14), Levi refrained from both of these sins.

Seemingly, the tribe of Levi was selected to replace the firstborn as His servants immediately after the sin of the Golden Calf. Why, then, does the verse allude to the sin of the spies at all? *Eitz Yosef* (from *Nezer HaKodesh*) suggests that had the nation not sinned again by accepting the report of the spies, only the firstborn of that generation would have been displaced by the Levites. In future generations, however, the rights of the firstborn to be His servants would have been restored. But when the people sinned again during the incident of the spies, the displacement of the firstborn became permanent.

54. A staff is a symbol of prominence and grandeur. The verse's double mention of a staff is thus seen as an allusion to two tribes that rose to prominence: the tribe of Levi, from whom the priests who served in the Tabernacle and Temple emerged, and the tribe of Judah, from whom the kings of Israel descended.

Although out of all the staffs only the staff of Levi blossomed, and not Judah's, seemingly indicating only Levi's prominence, nonetheless, the Midrash elsewhere (*Bamidbar Rabbah* 18 §23) teaches that Aaron's staff was in fact originally in Judah's possession (see below, 38:18). Similarly, Aaron's staff was subsequently used by King David and each king of David's dynasty, until close to the destruction of the Temple, when it was hidden. In the future it will be revealed to the Messiah (who will also be descendant from David). Another indication that *two* tribes were destined for greatness, suggests *Eitz Yosef*, was the fact that the staff not only *blossomed*, but also *sprouted a bud* (see *Numbers* 17:23).

55. The Torah's allusion to these two lofty positions in this verse teaches that the priesthood and the monarchy are of equal prominence. With this exposition the Midrash seeks to convey another explanation as to why Leah praised God after Judah's birth: As explained in the preceding Midrash, *hodaah*, praise, is borne out of a recognition that one has received excessive benefit, beyond what one thinks he deserves. There Leah praised God after Judah's birth since she had received more than her share of *children*. In our Midrash Leah praises God after Judah's birth because she received more than her share of *lofty positions*. After Levi's birth Leah had assumed that while she was rewarded with the priesthood, her sister Rachel would merit the kingship. Leah therefore did not offer special praise to God at that time. Only with the birth of Judah, when it became apparent that she in fact merited both these institutions did she feel the need to show extra appreciation to God (*Eitz Yosef*).

56. *Yefeh To'ar*.

57. Before becoming Kohanim, Aaron and his sons had to be anointed with special oil, as it states, *You [i.e., Moses] shall anoint [Aaron and his sons], inaugurate them and sanctify them, and they shall minister to Me* (*Exodus* 28:41). Likewise, all future Kohanim Gedolim had to be anointed with this oil. Similarly, kings of Judah were anointed with the special oil, as we find regarding David, *Samuel took the horn of oil and anointed [David] in the midst of his brothers* (*I Samuel* 16:13). This requirement demonstrates that one elevated to either of these positions is imbued with sanctity and that his ascension was authorized by God (*Nezer HaKodesh; Yefeh To'ar*).

58. A staff is a symbol of prominence and grandeur. Aaron's staff is mentioned in the passage of the test confirming his right to the priesthood, *the staff of Aaron of the house of Levi had blossomed* (*Numbers* 17:23), while the staff of King David is mentioned in the verse, *Hashem will dispatch the staff of your strength from Zion* (*Psalms* 110:2).

59. Regarding the Kohanim it states, *It is an eternal saltlike covenant before HASHEM, for you and your offspring with you* (*Numbers* 18:19); regarding the Davidic dynasty it is written, *HASHEM, God of Israel, gave kingship over Israel to David forever, to him and his children for a saltlike covenant* (*II Chronicles* 13:5). Salt, which never spoils, is a symbol of indestructibility. Thus God tells the Kohanim and King David that His covenant with them is eternal, as if it had been sealed with salt.

60. When Levi was born Leah declared, *This time my husband will become attached to me* (above, 29:34), and when Judah was born she said, *This time let me gratefully praise Hashem* (ibid., v. 35). By using the same expression — which connotes something very dear — regarding these two sons Leah indicated that they were equal to each other (*Eitz Yosef*).

Alternatively, the Hebrew term פַּעַם, lit., *time*, alludes to Divine Inspiration that the holder of either of these positions merits, as we find this term used by Scripture regarding the prophecy that Samson received (*Judges* 13:25): וַתָּחֶל רוּחַ ה׳ לְפַעֲמוֹ, *The spirit of Hashem began to "resound" in him* (*Nezer HaKodesh*).

61. A crown is a sign of glory and honor. Indeed, the Mishnah (*Pirkei Avos* 4:13) refers to the elevated status of the priesthood and kingship as the crown of priesthood and the crown of kingship, respectively (see *Yefeh To'ar*). It is written regarding the Kohen Gadol, *You shall place*

[כט, לה] ״וַתַּהַר עוֹד וַתֵּלֶד בֵּן וַתֹּאמֶר הַפַּעַם אוֹדֶה אֶת ה׳ ״, רַבִּי בֶּרֶכְיָה בְּשֵׁם רַבִּי לֵוִי: יאלְכֹהֵן שֶׁיָּרַד לַגּוֹרֶן, נָתַן לוֹ א׳ כּוֹר שֶׁל מַעֲשֵׂר וְלֹא הֶחֱזִיק לוֹ טוֹבָה, וְאֶחָד נָתַן לוֹ קוֹמֶץ שֶׁל חוּלִּין וְהֶחֱזִיק לוֹ טוֹבָה, אָמַר לֵיהּ: אֲדֹנִי הַכֹּהֵן, אֲנִי נָתַתִּי לְךָ כּוֹר וְזֶה לֹא נָתַן לְךָ אֶלָּא קוֹמֶץ וְאַתָּה מַחֲזִיק לוֹ טוֹבָה, אָמַר לֵיהּ: אַתְּ מֵחֶלְקִי נָתַתָּ לִי אֲבָל זֶה נָתַן לִי מִשֶּׁלּוֹ, לְפִיכָךְ אֲנִי מַחֲזִיק לוֹ טוֹבָה, כָּךְ לְפִי שֶׁהָיוּ אִמָּהוֹת סְבוּרוֹת שֶׁזּוֹ מַעֲמֶדֶת שְׁלֹשָׁה וְזוֹ מַעֲמֶדֶת שְׁלֹשָׁה, וְכֵיוָן שֶׁיָּלְדָה לֵאָה בֵּן ד׳ אָמְרָה: ״הַפַּעַם אוֹדֶה אֶת ה׳ ״:

ה הָדָא הוּא דִכְתִיב (במדבר יז, יז) ״וְקַח מֵאִתָּם מַטֶּה מַטֶּה לְבֵית אָב״, רַבִּי יִצְחָק אָמַר: מָטוּ מָטוּ בָנַי, מָטוּ בָעֵגֶל מָטוּ בַּמְרַגְּלִים, רַבִּי לֵוִי אָמַר: עָלוּ בָהֶם שְׁנֵי שְׁבָטִים, שֵׁבֶט כְּהוּנָּה וְשֵׁבֶט מַלְכוּת, אַתְּ מוֹצֵא שֶׁכָּל מַה שֶּׁכָּתוּב בָּזֶה כָּתוּב בָּזֶה, בָּזֶה מְשִׁיחָה וּבָזֶה מְשִׁיחָה, בָּזֶה מַטֶּה וּבָזֶה מַטֶּה, בָּזֶה בְּרִית מֶלַח וּבָזֶה בְּרִית מֶלַח, בָּזֶה פַּעַם וּבָזֶה פַּעַם, בָּזֶה נֵזֶר וּבָזֶה נֵזֶר, בָּזֶה קְרֵיבָה וּבָזֶה קְרֵיבָה,

רש״י

אתה נתת לי מחלקי. לפיכך לא החזקתי לך טובה, כך לפי שהיו סבורות שכל אחת מהן מעמדת שלשה וכו׳:

עץ יוסף

עלה לשבטים ודן לששים, אף שבלוי נאמר על כן ומלינו בהם אוכלוסין מועטים הארון, היה מכלה בהם: [ו] **לכהן שירד לגורן כו׳.** הענין מבואר שנתן טעם למה לא הודית לה׳ אלא בבן הרביעי: **אמהות סבורות.** שהאמהות נביאות היו וידעו דארבע נשים ישא ויוליד שנים עשר בנים, אבל לא ידעו עדיין כמה תלד כל אחת ולזה חשבה שכל אחת תלד שלשה, אבל אחר שראתה שנוסף לה על חלקה נתנה לב שמא יוסיפו לה עוד ונתנה הדודאים כדי שיבא יעקב אליה: (ה) [ז] **וקח מאתם.** מילתא באנפי נפשה היא, דיהיב טעמא למה שהודית ברביעי טפי מבראשונים, דהיינו מפני שזכתה לשבט כהונה ושבט מלכות, שהן ב׳ מעלות מיוחדות לב׳ שבטים. ומתחילה כשזכתה בלוי לא הודית, שחשבה ששבט המלכות יצא מאחותה והיא שוה לה, ולכן אין לה חיוב הודאה טפי מאחותה, אבל עתה שראתה שילדה את יהודה שממנו יצא המלכות, הודית על טוב חלקה כי נעים מאד: **מטה מטה לבית אב.** דריש שבא לרמוז במטה לשון מטי דהיינו נטיה והמעדת רגל, כלומר שנטו ישראל מדרך האמת והישר שני פעמים, במעשה העגל ובמעשה המרגלים, ובשניהם היו הלוים מנוקים מן העון לפיכך נבחרו הלוים לעבודת המקדש יותר מכל ישראל שבעבור זה פרח שם מטה אהרן לבית לוי. ואף על גב דמשחטאו בעגל נדחו הבכורים. יש לומר דאי לאו חטא המרגלים לא היו נדחים אלא לפי שעה והיו ראוים להתקרב שוב לדורות, ומשחטאו גם במרגלים נתמלא סאתם ונחתם גזר דינם (נזר הקודש): **עלו בהם שני שבטים.** שלכך דקדק לומר מטה מטה לרמוז מה שעלו בהם בעליית מעלה שני שבטים שבט כהונה לבית לוי ושבט מלכות לבית יהודה. ואף על גב דהתם לא הוי אלא מטה אהרן לבית לוי ולא נודעת אלא מעלת לוי. הא אמרינן במדרש במדבר רבה פרשה י״ח דמטה אהרן הוא המטה אשר היה ביד יהודה, והוא היה ביד כל מלך ומלך עד שחרב בית המקדש, ועתיד להיות ביד מלך המשיח, ולפיכך היה זכרון אחד עולה לשניהם, ולפיכך הוציא פרח ויצץ ציץ לרמוז שניהם (נזר הקודש): **בזה משיחה.** דכתיב (שמות כח, מא) ומשחת אותם וגו׳ וכהנו לי. ובזה משיחה (שמואל א׳ טז, יג) וימשח אותו בקרב אחיו: **בזה מטה.** פרח מטה אהרן (במדבר יז, כג). ובזה (תהלים קי, ב) מטה עוזך ישלח ה׳ מציון: **בזה ברית מלח.** דכתיב (במדבר יח, יט) ברית מלח עולם היא לפני ה׳ לך ולזרעך אתך. ובזה ברית מלח דכתיב באביה (דברי הימים ב׳ יג, ה) הלא לכם לדעת כי ה׳ אלהים נתן ממלכה לדוד על ישראל לעולם לו ולבניו ברית מלח: **בזה פעם.** הפעם ילוה אישי אלי (כט, לד). ובזה פעם (כט, לה) הפעם אודה את ה׳. כלומר שלכך דקדקה לאה לומר באלו ב׳ השבטים לשון הפעם להורות שהם שקולים: **בזה נזר.** ונתת את נזר הקודש על המצנפת (שמות כט, ו). ובזה נזר (מלכים ב׳ יא, יב) ויוציא את בן המלך ויתן עליו את הנזר: **בזה קריבה.** ואתה הקרב אליך את אהרן אחיך וגו׳ וכהנו לי (שמות כח, א ושם שם מא). ובזה קריבה (ירמיה ל, כא) והיה אדירו ממנו ומושלו מקרבו יצא והקרבתיו ונגש אלי:

פירוש מהרז״ו

לכהן שירד לגורן. עיין תנחומא (סוף סימן ט) ביתר באור והמשל באופן אחר. ומה שאמרו נתן לכהן כור של מעשר הנה בתורה מפורש שהתרומה לכהן והמעשר ללוים, אך בנחמיה (י, לט) כתיב והיה הכהן בן אהרן עם הלוים בעשר הלוים, פירוש שגם הכהן יקח מעשר עם הלוי כי קנסו את הלוים: **שהיו אמהות סבורות.** כי נביאות היו וידעו שיהיו לו עוד שתי נשים: (ה) **הדא הוא דכתיב וקח מאתם.** הוא דבר אחר על מה שאמרה הפעם אודה הפעם ילוה, ואגב זה מביא מה שדומים בעניניהם והקדים פרשת קח מאתם מטה מטה קרי ביה מטו: **בלוי משיחה.** כמו שנאמר (ויקרא ו, טו) והכהן המשיח, וכן במלכי יהודה דוד ושלמה. בלוי מטה אהרן (במדבר יז, כג) ביהודה מטה עוזך ישלח ה׳ (תהלים קי, ב) בכהן גדול כתיב (ויקרא כא, יב) כי נזר שמן משחת אלהיו עליו, בדברי הימים (ב׳ כג, יא) ויתן עליו את הנזר, וכתיב (תהלים קלב, יח) ועליו יציץ נזרו. **בזה קריבה ובזה קריבה.** כמו שאמרו במדבר רבה (ג, ב) באורך, ובאהרן ואתה הקרב אליך את אהרן (שמות כח, א), וכתיב (במדבר ג, ו) הקרב את מטה לוי, ואצל זרע דוד והקרבתיו ונגש אלי (ירמיה ל, כא). בכהן גדול ועשית ציץ (שמות כח, לו), ובדוד לא מפורש אך יש לומר שהמדרש סמך על מה שנאמר (תהלים קלב, יח) ועליו יציץ נזרו:

חידושי הרש״ש

המפרש רצונו לומר כבגד רחב שלובש אדם לפעמים אף שלא כמדתו. ומצאתי בפירוש הרב עובדיה ספורנו על פסוק (כט, לה) על כן קראה שמו יהודה הדברים האלה כהויתם ושמחתי מאד שלפי פירושי מכוונים המה בדברי רבי יוסי בר חנינא וזה לשונו: ונראה שהיו כל אלה שמות של קדמונים כמו שמצינו קודם לזה יהודית בת בארי (לעיל כו, לד), וכן שמואל בן עמיהוד (במדבר לד, כ) קודם לשמואל הנביא והיו בוחרים מהשמות הקודמים את הנופלים על לשון המאורע עכ״ל:

אמרי יושר

[ה] **שבט כהונה ומלכות.** כי מטה אהרן היה של יהודה ונבחנו שניהם גם כן כי נצולו לוי ויהודה מהמרגלים כי לא היו שם נשיאיהם גם בעגל חור הרגוהו:

מסורת המדרש

יא. תנחומא כאן סימן ט׳:

אם למקרא

דַּבֵּר אֶל בְּנֵי יִשְׂרָאֵל וְקַח מֵאִתָּם מַטֶּה מַטֶּה לְבֵית אָב מֵאֵת כָּל נְשִׂיאֵהֶם לְבֵית אֲבֹתָם שְׁנֵים עָשָׂר מַטּוֹת אִישׁ אֶת שְׁמוֹ תִּכְתֹּב עַל מַטֵּהוּ: (במדבר יז:יז)

מתנות כהונה

ה״ג נתן לו אחר קומץ: **ה״ג לך כור ולא החזקת לי טובה וזה:** **סבורות.** בנבואה כמו שפי׳ רש״י בחומש: **בן ד׳.** הרי אחד יותר מהראוי לחלקה: [ה] **מטו.** לשון נטייה והמעדת רגל מדרך האמת שבשניהם סרו מאחרי ה׳: **עלו בהם.** נתעלו בשני המעשים בעגל ויאספו אליו כל בני לוי ותגרו איש חרבו על יריכו ומלאו ידיהם קודש ובמרגלים ויהם כלב נשיא לשבט יהודה ודרש מטה לשון מטה עוז וגדולה ולכן כתוב בשניהם הפעם ששניהם היו לאחדים שוים בגדולתם: **ברית מלח.** כתיב גבי שבט לוי וכתוב בדוד כי ה׳ נתן הממלכה לדוד ברית מלח:

אשד הנחלים

להׂ בקדושה עד שלא יהיה הארון מכלה בהם, כי הכילוי בא מהעדר שמירת הקדושה: **לכהן.** כי מלת הודאה מורת על קבלת ריבוי הטובה, ולכן אמרה הפעם, שהוסיף לה טובה יותר מדאי: [ה] **מטו מטו בני.** דרש על דרך הרמז שהכתוב כוון לרמוז עוד בזה שהוא עשאום למטות חשובות, והם מטים מאמונתם, ולכן קח מטותם, שע״י פריחת מטה אהרן אז יסור תלונתם, כי טבעם שהם מטים לרעה. ודעת ר׳ לוי לרמוז על מטה לוי ויהודה שהם שני מטות החשובים שנדמו בגדולה. וכאומר הם התלוננו על המלוכה והכהונה מדוע דווקא אלו יזכו לזה ולא אנו, ולזה הראה להם אות שרק מטה מטה לבית אבותם, כלומר שמכל השבטים המה השני עקרים והחשובים מכולם: **ברית מלח.** רומז על קדושתם שהיא עולמית נצחית ונזר במלוכה. **וקריבה.** זה הוא קדושה הנפשית שהמה קרובים לקדושת ה׳, והמה מיוחסים, שאבותיהם ואמותיהם רק טובים, והכתוב מספר יחוסם. וכן הציץ סימן הגדולה והקדושה ביחד:

בָּזֶה קְרִיבָה וּבָזֶה קְרִיבָה – **Regarding [the priesthood]** Scripture uses an expression of ***bringing near,*** **and regarding [Judah's descendant King Messiah]** it uses an expression of ***bringing near.***[62]

NOTES

the Turban on his head and place the crown of sanctity over the Turban (*Exodus* 28:6); regarding Joash son of Ahaziah, a descendant of David, it states, *Then [Jehoiada] brought out the king's son and placed the crown and the Divine testimony upon him* (*II Kings* 11:12).

[Moreover, King David possessed a special crown that fit only his descendants who were fit to be king, and no one else (see *Avodah Zarah* 44a).]

62. In regard to Aaron and his sons God declared, *Now you, bring near to yourself Aaron your brother, and his sons with him ... to minister to Me* (*Exodus* 28:1); regarding the Messiah, a descendant of David, it states, *His leader will be from his midst and his ruler will emerge from within him. I will bring him close and then he will be able to approach Me* (*Jeremiah* 30:21). Scripture thus attests to the close relationship a Kohen Gadol or king enjoys with God (see *Yefeh To'ar*).

[כט, לה] "ותהר עוד ותלד בן ותאמר הפעם אודה את ה'", רבי ברכיה בשם רבי לוי: יאלכהן שירד לגורן, נתן לו א' כור של מעשר ולא החזיק לו טובה, ואחד נתן לו קומץ של חולין והחזיק לו טובה, אמר ליה: אדני הכהן, אני נתתי לך כור וזה לא נתן לך אלא קומץ ואתה מחזיק לו טובה, אמר ליה: את מחלקי נתת לי אבל זה נתן לי משלו, לפיכך אני מחזיק לו טובה, כך לפי שהיו אמהות סבורות שזו מעמדת שלשה וזו מעמדת שלשה, וכיון שילדה לאה בן ד' אמרה: "הפעם אודה את ה'":

ה הדא הוא דכתיב (במדבר יז, יז) "וקח מאתם מטה מטה לבית אב", רבי יצחק אמר: מטו מטו בני, מטו בעגל מטו במרגלים, רבי לוי אמר: עלו בהם שני שבטים, שבט כהונה ושבט מלכות, את מוצא שכל מה שכתוב בזה כתוב בזה, בזה משיחה ובזה משיחה, בזה מטה ובזה מטה, בזה ברית מלח ובזה ברית מלח, בזה פעם ובזה פעם, בזה נזר ובזה נזר, בזה קריבה ובזה קריבה,

חידושי הרש"ש

המפרש רצונו לומר כבגד רחב שלובש אדם לפעמים אף שלא כמדתו. ומצאתי בפירוש הרב עובדיה ספורנו על פסוק (כט, לה) על כן קראה שמו יהודה הדברים האלה כהוייתם ושמחתי מאד שלפי פירושי מכוונים המה בדברי רבי יוסי בר חנינא וזה לשונו: ונראה שהיו כל אלה שמות של קדמונים כמו שמצינו קודם לזה יהודית בת בארי (לעיל כו, לד), וכן שמואל בן עמיהוד (במדבר לד, כ) קודם לשמואל הנביא והיו בוחרים מהשמות הקודמים את הנופלים על לשון המאורע עכ"ל:

אמרי יושר

[ה] **שבט כהונה ומלכות.** כי מטה אהרן היה של יהודה ונבחרו שניהם גם כן כי ניצולו לוי ויהודה מהמרגלים כי לא היו שם נשיאיהם גם בעגל חור הרגוהו:

עץ יוסף

עלה לשבטים ודן לששים, אף שבלוי נאמר על כן ונמנעו בהם אוכלוסין מוטעים הארון, היא מכלה בהם: [ו] **לכהן שירד לגורן כו'.** הענין מבואר שנתן טעם למה לא הודית לה' אלא בבן הרביעי: **אמהות סבורות.** שהאמהות נביאות היו וידעו דלארבע נשים ישא ויוליד שנים עשר בנים, אבל לא ידעו עדיין כמה תלד כל אחת ולזה חשבה שכל אחת תלד שלשה, אבל אחר שראתה שנוסף לה על חלקה נתנה לב שמא יוסיפו לה עוד ונתנה הודאות כדי שיבא יעקב אליה: (ה) [ז] **וקח מאתם.** מילתא באנפי נפשה היא, דהיב טעמא למה שהודית ברביעי טפי מבראשונים, דהיינו מפני שזכתה לשבט כהונה ושבט מלכות, שהן ב' מעלות מיוחדות לב' שבטים. ומתחילה כשזכתה בלוי לא הודית, שחשבה שבט המלכות יצא מאחותה והיא שוה לה, ולכן אין לה חיוב הודאה טפי מאחותה, אבל עתה שראתה שילדה את יהודה שממנו יצא המלכות, הודית על טוב חלקה כי נעים מאד: **מטה מטה לבית אב.** דריש שבא לרמוז במטה לשון מטי דהיינו נטיה והמעדת רגל, כלומר שנטו ישראל מדרך האמת והישר שני פעמים, במעשה העגל ובמעשה המרגלים, ובשניהם היו הלוים מנוקים מן העון ולפיכך נבחרו הלוים לעבודת המקדש יותר מכל ישראל שבעבור זה פרח שם מטה אהרן לבית לוי. ואף על גב דמשחטאו בעגל נדחו הבכורים. יש לומר דאי לאו חטא המרגלים לא היו נדחים אלא לפי שעה והיו ראוים להתקרב שוב לדורות, ומשחטאו גם במרגלים נתמלא סאתם ונחתם גזר דינם (נזר הקודש): **עלו בהם שני שבטים.** שלכך דקדק לומר מטה מטה לרמוז מה שעלו בהם בעליית מעלה שני שבטים שבט כהונה לבית לוי ושבט מלכות לבית יהודה. ואף על גב דהתם לא הוי אלא מטה אהרן לבית לוי ולא נודעת אלא מעלת לוי. הא אמרינן במדרש במדבר רבה פרשה י"ח דמטה אהרן הוא המטה אשר היה ביד יהודה, והוא היה ביד כל מלך ומלך עד שחרב בית המקדש, ועתיד להיות ביד מלך המשיח, ולפיכך היה זכרון אחד עולה לשניהם, ולפיכך הוציא פרח ויצץ ציץ לרמוז שניהם (נזר הקודש): **בזה משיחה.** דכתיב (שמות כח, מא) ומשחת אותם וגו' וכהנו לי. ובזה משיחה (שמואל א' טז, יג) וימשח אותו בקרב אחיו: **בזה מטה.** פרח מטה אהרן (במדבר יז, כג). ובזה (תהלים קי, ב) מטה עוזך ישלח ה' מציון: **בזה ברית מלח.** דכתיב (במדבר יח, יט) ברית מלח עולם היא לפני ה' לך ולזרעך אתך. ובזה ברית מלח דכתיב באביה (דברי הימים ב' יג, ה) הלא לכם לדעת כי ה' אלהים נתן ממלכה לדוד על ישראל לעולם לו ולבניו ברית מלח: **בזה פעם.** הפעם ילוה אישי אלי (כט, לד). ובזה פעם (כט, לה) הפעם אודה את ה'. כלומר שלכך דקדקה לאה לומר באלו ב' השבטים לשון הפעם להורות שהם שקולים: **בזה נזר.** ונתת את נזר הקודש על המצנפת (שמות כט, ו). ובזה נזר (מלכים ב' יא, יב) ויוצא את בן המלך ויתן עליו את הנזר: **בזה קריבה.** ואתה הקרב אליך את אהרן אחיך וגו' וכהנו לי (שמות כח, א ושם שם מא). ובזה קריבה (ירמיה ל, כא) והיה אדירו ממנו ומושלו מקרבו יצא והקרבתיו ונגש אלי:

פירוש מהרז"ו

לכהן שירד לגורן. עיין תנחומא (סוף סימן ט) ביתר באור והמשל באופן אחר. ומה שאמרו נתן לכהן כור של מעשר הנה בתורה מפורש שהתרומה לכהן והמעשר ללוים, אך בנחמיה (י, לט) כתיב והיה הכהן בן אהרן עם הלוים בעשר הלוים, פירוש שגם הכהן יקח מעשר עם הלוי כי קנסו את הלוים: **שהיו אמהות סבורות.** כי נביאות היו וידעו שיהיו לו עוד שתי נשים: (ה) **הדא הוא דכתיב וקח מאתם.** הוא דבר אחר על מה שאמרה הפעם אודה הפעם ילוה, ואגב זה מביא מה שדומים בעניניהם והקדים פרשת קח מאתם מטה מטה קרי ביה מטו: **בלוי משיחה.** כמו שנאמר (ויקרא ו, טו) והכהן המשיח, וכן במלכי יהודה דוד ושלמה. בלוי מטה אהרן (במדבר יז, כג) ביהודה מטה עוזך ישלח ה' (תהלים קי, ב) בכהן גדול כתיב (ויקרא כא, יב) נזר שמן משחת אלהיו עליו, בדברי הימים (ב' כג, יא) ויתן עליו את הנזר, וכתיב (תהלים קלב, יח) ועליו יציץ נזרו. **בזה קריבה ובזה קריבה.** כמו שאמרו במדבר רבה (ג, ב) באורך, ובאהרן ואתה הקרב אליך את אהרן (שמות כח, א), וכתיב (במדבר ג, ו) הקרב את מטה לוי, ואצל זרע דוד והקרבתיו ונגש אלי (ירמיה ל, כא). בכהן גדול ועשית ציץ (שמות כח, לו), ובדוד לא מפורש אך יש לומר שהמדרש סמך על מה שנאמר (תהלים קלב, יח) ועליו יציץ נזרו:

מסורת המדרש

יא. תנחומא כאן סימן ט':

אם למקרא

דבר אל בני ישראל וקח מאתם מטה מטה לבית אב מאת כל נשיאהם לבית אבתם שנים עשר מטות איש את שמו תכתב על מטהו: (במדבר יז:יז)

רש"י

אתה נתת לי מחלקי. לפיכך לא החזקתי לך טובה, כך לפי שהיו סבורות שכל אחת מהן מעמדת שלשה וכו':

מתנות כהונה

ה"ג נתן לו אחר קומץ: ה"ג **לך כור ולא החזקת לי טובה וזה: סבורות.** בנבואה כמו שפי' רש"י בחומש: **בן ד'.** הרי אחד יותר מהראוי לחלקה: [ה] **מטו.** לשון נטייה והמעדת רגל מדרך האמת שבשניהם סרו מאחרי ה': **עלו בהם.** נתעלו בשני המעשים בעגל ויאספו אליו כל בני לוי והרגו איש חרבו על ירכו ומלאו ידיהם קודש ובמרגלים ויהס כלב נשיא לשבט יהודה ודרש מטה לשון מטה עוז וגדולה ולכן כתוב בשניהם הפעם שבשניהם היו לאחדים שוים בגדולתם: **ברית מלח.** כתיב גבי שבט לוי וכתוב בדוד כי ה' נתן הממלכה לדוד ברית מלח:

אשד הנחלים

לה' בקדושה עד שלא יהיה הארון מכלה בהם, כי הכילוי בא מהעדר שמירת הקדושה: **לכהן.** כי מלת הודאה מורת על קבלת ריבוי הטובה, ולכן אמרה הפעם, שהוסיף לה טובה יותר מדאי: **[ה] מטו מטו בני.** דרש על דרך הרמז שהכתוב כוון לרמוז עוד בזה שהוא עשאום למטות חשובות, והם מטים מאמונתם, ולכן קח מטותם, שע"י פריחת מטה אהרן אז יסור תלונתם, כי טבעם שהם מטים לרעה. ודעת ר' לוי לרמוז על מטה לוי ויהודה שהם שני מטות החשובים שנדמו בגדולה. וכאומר הם התלוננו על המלוכה והכהונה מדוע דווקא אלו יזכו לזה ולא אנו, ולזה הראה להם אות שרק מטה מטה לבית אבותם, כלומר שמכל השבטים המה השני עקרים והחשובים מכולם: **ברית מלח.** רומז על קדושתם שהיא עולמית נצחית ונזר במלוכה. **וקריבה.** זה הוא קדושה הנפשית שהמה קרובים לקדושת ה', והמה מיוחסים, שאבותיהם ואמותיהם רק טובים, והכתוב מספר יחוסם. וכן הציץ סימן הגדולה והקדושה ביחד:

בָּזֶה שַׁלְשֶׁלֶת יוֹחֲסִין וּבָזֶה שַׁלְשֶׁלֶת יוֹחֲסִין — **Regarding [the priesthood]** Scripture lists their **lineage, and regarding [Judah's descendant King David]** it traces his **lineage.**[63] **בָּזֶה צִיץ וּבָזֶה צִיץ** — **Regarding [the priesthood]** Scripture refers to the ***tzitz*, and regarding [the kingship of Judah]** it refers to ***tzitz*.**[64] The Midrash thus demonstrates that the priesthood and monarchy are equal in prominence.

The Midrash expounds a verse in *Job* regarding the righteous, which it relates to Leah (and then Rachel):[65]

אָמַר רַבִּי לֵוִי: "לֹא יִגְרַע מִצַּדִּיק עֵינָיו" — **R' Levi said:** It is written, ***He will not remove His eyes from a righteous man*** (*Job* 36:7). **עֵינוֹהִי, דּוּגְמָא דִּידֵיהּ** — The simple meaning of the Hebrew term עֵינָיו is *His eyes* (referring to God, Who looks after the righteous). This term, however, like the parallel Aramaic term for ***his eyes*** [עֵינוֹהִי] is understood by the Midrash as **his (i.e., the righteous person's) resemblance;** that is, God will reward a righteous man by ensuring that his descendants will follow in his virtuous ways, **כְּאֱנָשׁ דְּאָמַר: עֵינוֹהִי דְּפֵירַיָּה** — **just as a person says: a likeness** [עֵינוֹהִי] (i.e., a sample) **of the produce.**[66]

The Midrash observes that Leah, who gave praise to God, and her offspring from Judah illustrate this idea that the children of the righteous will follow in the ways of their righteous forebear: **לֵאָה תָּפְסָה פֶּלֶךְ הוֹדָיָה** — **Leah held the spindle of** thankful **acknowledgment.**[67] **וְעָמְדוּ הֵימֶנָּה בַּעֲלֵי הוֹדָיָה** — **Similarly, [the offspring] that arose from her were masters of acknowledgment.**

The Midrash proceeds to elaborate concerning the trait of acknowledgment of Leah's descendants:

"יְהוּדָה, וַיַּכֵּר יְהוּדָה וַיֹּאמֶר "צָדְקָה מִמֶּנִּי — Her son **Judah** employed this trait, as it states, ***Judah recognized; and he said, "She is right; it is from me, etc."*** (below, 38:26).[68] **דָּוִד אָמַר "הוֹדוּ לַה' כִּי טוֹב"** — Likewise her descendant **David** employed this trait, for he **declared, *Give thanks to HASHEM, for He is good*** (*Psalms* 107:1). **דָּנִיֵּאל אָמַר "לָךְ אֱלָהּ אֲבָהָתִי מְהוֹדֵא וּמְשַׁבַּח אֲנָה"** — Similarly **Daniel,** a descendant of David's royal family,[69] employed this trait, for he **declared, *To You, O God of my forefathers, I give thanks and praise*** (*Daniel* 2:23).

Like Leah, Rachel acquired an attribute and merited that her children adopted her noble trait, in fulfillment of the Midrash's exposition of the verse from *Job*:[70]

רָחֵל תָּפְסָה פֶּלֶךְ שְׁתִיקָה — **Rachel held the spindle of silence.**[71] **וְעָמְדוּ כָּל בָּנֶיהָ בַּעֲלֵי מִסְטִירִין** — Similarly **all of her descendants arose to be masters of secrecy.**[72]

NOTES

63. Regarding Aaron Scripture states, *These are the offspring of Aaron and Moses* (*Numbers* 3:1), and then continues to list Aaron's children by name. [The verse lists only the children of Aaron; see commentary to verse.] And Scripture (*Ruth* 4:18-22) traces David's lineage back to Judah's son Perez (*Matnos Kehunah*, cited by *Eitz Yosef*).

Alternatively, the Midrash is referring to the right of a qualified son to succeed his father as Kohen Gadol and a son of a king to inherit his father's monarchy, even if there are others who are more qualified for the position. The Midrash in effect is saying that both kings of Judah and Kohanim Gedolim form a dynasty, which is passed on from generation to generation (*Eitz Yosef,* from *Yefeh To'ar*).

64. Regarding the Kohen Gadol's *tzitz* or golden head-plate, it states, *He put the Turban upon his head; and upon the Turban, toward his face, he placed the golden head-plate* (*Leviticus* 8:9); and regarding King David it is written, *but upon him, his crown will shine* [יָצִיץ] (*Psalms* 132:18).

65. *Eitz Yosef,* from *Yefeh To'ar.*

66. A grain merchant seeking to sell a large quantity of grain will take a handful of grain, as a sample or preview to show potential buyers. Thus we see the word עֵינוֹהִי used to denote a semblance. Similarly, God ensures that a righteous man's children follow in his ways, thereby bearing a resemblance to him (see *Yefeh To'ar; Eitz Yosef*).

67. The Midrash metaphorically describes Leah's expression of praise as a spindle that she is holding, as if to say that just as it is the norm for women to hold spindles, so too it was the norm for Leah to express her thanks, constantly and continuously (see *Eitz Yosef*, citing *Yefeh To'ar*). Alternatively, the word פֶּלֶךְ, lit., *spindle*, is to be rendered here "craft." [The Midrash accordingly means that Leah practiced the craft of praising God] (*Matnos Kehunah*).

It is assumed that Leah was accustomed to giving thanks to God (as she did upon the birth of Judah) since we find her progeny also possessed this trait. We reason that Leah herself must have excelled in this area, and, in fulfillment of our Midrash's interpretation of the verse from *Job*, she was rewarded with descendants who adopted her practices. Moreover, since after Judah's birth Leah said, lit., *I will thank*, in the future tense, she implied that she will always praise God for His kindness to her (*Eitz Yosef; Yefeh To'ar*).

68. This refers to Judah's confession, despite the shame he would surely have to endure, that he was the father of Tamar's twin babies.

There is an obvious difficulty with this Midrash: How can the Midrash make a connection between Leah's praise of Hashem and Judah's confession concerning his wrongdoing? The words for confessing and offering thanks indeed share the same root, *hodaah*, but in terms of meaning they are apparently totally unrelated. *Yefeh To'ar* suggests that there is in fact a connection between Judah's confession and his mother's praise of God, for Leah's expression of thanks emanated from her *acknowledgment* and recognition of the tremendous kindness God bestowed upon her. See Insight Ⓐ.

69. See *Daniel* 1:3,6.

70. [Based on *Eitz Yosef* above; see note 67.] Thus, her persistence in this regard merited Rachel that her descendants would carry on her *likeness* (i.e., her laudable quality of remaining silent).

71. When Laban substituted Leah for her on the night of the wedding, Rachel remained silent and did not warn Jacob, so that Leah would not be shamed (see *Eitz Yosef; Yefeh To'ar*).

72. I.e., they had the ability to keep secrets to themselves.

[*Matnos Kehunah* (based on *Midrash Shmuel* 28) has a version of the

INSIGHTS

Ⓐ Confessions of Gratitude *R' Yitzchak Hutner* and *R' Moshe Chevroni* expand on the theme touched upon by *Yefeh To'ar.* The root of all gratitude is acknowledgment that our benefactor has done us a benefit — and concomitantly that *we* were incapable of procuring that benefit on our own.

There is a fundamental human desire to be self-sufficient, to be masters of our own destinies, to consider our accomplishments our own. The Torah warns against saying in our hearts, *My strength and the might of my hand made me all this wealth!* (*Deuteronomy* 8:17). "Gratitude" — even to God — requires us to overcome that desire, to acknowledge our dependence on others.

This requires honesty — and humility. Humility allows us to acknowledge and accept our insufficiencies. And that in turn paves the way to see things as they really are, without fear of the personal implications. Judah had this humility. He was able to publicly acknowledge the truth of his association with Tamar. Self-image and public humiliation did not stand in the way of his honesty, of his commitment to the truth. This was the trait of his mother Leah, who "held the spindle of acknowledgment," the humility to honestly acknowledge her debt to others for the kindness bestowed upon her (*Pachad Yitzchak, Chanukah* pp. 32-33; *Masas Moshe* §48, pp. 177-178).

Rav Hutner uses this concept to explain the similar but slightly different expressions of *hodaah* in the *Modim* prayer of every *Shemoneh Esreh.* We begin with מוֹדִים אֲנַחְנוּ לָךְ "שָׁ"אַתָּה הוּא ה' אֱלֹקֵינוּ . . . , *We acknowledge to You "that" You are HASHEM our God . . . ,* and proceed to say נוֹדֶה לְּךָ וּנְסַפֵּר תְּהִלָּתֶךָ "עַל" חַיֵּינוּ הַמְּסוּרִים בְּיָדֶךָ . . . , *we acknowledge You and tell Your praise "for" our lives that are in Your hand . . .* The first step is to acknowledge "that" — to acknowledge the *fact,* the fact that *You* are our God and that we are absolutely dependent upon You. Only then can we acknowledge "for" — to give genuine and sincere thanks to You for our very lives and for all that You give us (*Pachad Yitzchak,* ibid.).

בָּזֶה שַׁלְשֶׁלֶת יוֹחֲסִין וּבָזֶה שַׁלְשֶׁלֶת יוֹחֲסִין, בָּזֶה צִיץ וּבָזֶה צִיץ. אָמַר רַבִּי לֵוִי: (איוב לו, ז) "לֹא יִגְרַע מִצַּדִּיק עֵינָיו", עֵינוֹהִי, דּוּגְמָא דִידֵיהּ, כְּאֱינָשׁ דְּאָמַר: עֵינוֹהִי דְּפוּרְיָה, (שם) °"וְאֶת מְלָכִים לַכִּסֵּא"°, יבלֵאָה תָּפְסָה פֶּלֶךְ הוֹדָיָה וְעָמְדוּ הֵימֶנָּה בַּעֲלֵי הוֹדָיָה, יְהוּדָה, (לקמן לח, כו) וַיַּכֵּר יְהוּדָה וַיֹּאמֶר צָדְקָה מִמֶּנִּי", דָּוִד אָמַר (תהלים קז, א) "הוֹדוּ לַה' כִּי טוֹב", דָּנִיֵּאל אָמַר (דניאל ב, כג) "לָךְ אֱלָהּ אֲבָהָתִי מְהוֹדֵא וּמְשַׁבַּח אֲנָה", יגרָחֵל תָּפְסָה פֶּלֶךְ שְׁתִיקָה וְעָמְדוּ כָּל בָּנֶיהָ בַּעֲלֵי מִסְטִירִין, בִּנְיָמִין, (שמות כח, כ) "יָשְׁפֵה", יֵשׁ פֶּה, יוֹדֵעַ בִּמְכִירָתוֹ שֶׁל יוֹסֵף וְאֵינוֹ מַגִּיד, שָׁאוּל, (שמואל-א י, טז) "וְאֶת דְּבַר הַמְּלוּכָה לֹא הִגִּיד לוֹ", אֶסְתֵּר, (אסתר ב, כ) "אֵין אֶסְתֵּר מַגֶּדֶת מוֹלַדְתָּהּ וְאֶת עַמָּהּ". [כט, לה] "עַל כֵּן קָרְאָה שְׁמוֹ יְהוּדָה", בְּכָל מָקוֹם שֶׁנֶּאֱמַר "עַל כֵּן" מְרוּבֶּה בְּאוֹכְלֻסִין. [שם] "וַתַּעֲמֹד מִלֶּדֶת", אָמַר רַבִּי אַמִּי: מִי מַעֲמִיד רַגְלָהּ שֶׁל אִשָּׁה בְּתוֹךְ בֵּיתָהּ, בָּנֶיהָ:

ו [ל, א] "וַתֵּרֶא רָחֵל כִּי לֹא יָלְדָה וְגוֹ' וַתְּקַנֵּא רָחֵל בַּאֲחֹתָהּ", ידאָמַר רַבִּי יִצְחָק: כְּתִיב (משלי כג, יז) "אַל יְקַנֵּא לִבְּךָ בַּחַטָּאִים כִּי אִם בְּיִרְאַת ה' כָּל הַיּוֹם", וְאַתְּ אָמְרַתְּ "וַתְּקַנֵּא רָחֵל בַּאֲחֹתָהּ", אֶלָּא מְלַמֵּד שֶׁקִּנְּאַתָּה בְּמַעֲשֶׂיהָ הַטּוֹבִים, אָמְרָה: אִילּוּלֵא שֶׁהִיא צַדֶּקֶת לֹא הָיְתָה יוֹלֶדֶת. [ל, א] "וַתֹּאמֶר אֶל יַעֲקֹב הָבָה לִי בָנִים וְאִם אַיִן מֵתָה אָנֹכִי", אָמַר רַבִּי שְׁמוּאֵל: טוד' חֲשׁוּבִים כְּמֵתִים:

עץ יוסף

שלשלת יוחסין. שהכהונה הגדולה נשארת מאב לבנו כשראוי למלא מקומו. וכן המלכות בשלשלת יוחסין שהבן מולך תחת אביו לעולם אף על פי שיהיו אחרים מבית דוד ראוים למלוכה (יפה תואר). או פירושו בזה שלשלת יוחסין יחוס דוד בסוף רות. ובזה שלשלת יוחסין דכתיב (במדבר ג, א) ואלה תולדות אהרן ומשה (מתנות כהונה): **בזה ציץ.** ויהא על המלכפת אל מול פניו את הציץ (ויקרא ח, ט). ובזה ציץ דכתיב (תהלים קלב, יח) ועליו יציץ נזרו: [ח] **לא יגרע מצדיק כו'.** כדמפרש מדאשכחן שבניה בעלי הודאה נראה שכן היא היה מנהגה (יפה תואר): **עינוהי דפוריה.** פירוש מראית הפירות. מנהג העולם מי שיש לו אוצר חטים למכור לוקח מהם חופן ומראה לקונים, וזה נקרא עינוהי דפוריה, מואיסטר"ה בלע"ז (מעריך). וכך צריך לומר **עינוהי דפוריה, לאה תפסה** ואת מלכים לכסא מיותר (מתנות כהונה ויפה תואר): **תפסה פלך הודיה.** כלומר אומנות ומעשה ההודאה (מתנות כהונה). ולפי שדרך האשה לתמוך ידה בפלך לזה אמר תפסה פלך הודיה (יפה תואר): **פלך שתיקה.** ששתקה על רמאות לבן: **בנימין ישפה.** אבנו בחשן המשפט ישפה לרמוז יש פה: **ויודע במכירתו של יוסף.** דילאק ידע בדבר כדלקמן פרשה פ"ד והוא גילה לבנימין (יפה תואר), או אפשר שבנימין ידע זה הדבר בנבואה: **אסתר.** שהיא מבנימין דכתיב איש ימיני והיא בת דודו: **אין אסתר מגדת.** דלא צותה מרדכי אלא מתחילה כדי שלא ישאנה אחשורוש כשידע שהיא בת מלכים, אבל אחר שנשאה מה תועלת יש בהסתרת יחוסה: **על כן מרובה באוכלסין.** שעל כן משמע יותר על השיעור הנכון (מתנות כהונה). ועיין מה שכתבתי לעיל (עח, ה): **מי מעמיד רגלה כו'.** שהבנים גורמים לאשה חבה אצל בעלה, והכי נמי אמרינן לעיל שנתן יעקב דעתו לגרשה ועל ידי הבנים נסוג אחור (מתנות כהונה): (ו) [ט] **ארבעה חשובים כמתים.** ונפקא מינה למבעי עלייהו רחמים (תוספות נדרים סד, ב): **כמתים כו'.** על כן אמרה ואם אין מתה אנכי, הריני כמתה:

פירוש מהרז"ו

עינוהון דפוריה. ובערוך ערך דגס בשם ילמדנו פרשת פקודי לא יגרע מצדיק עיניו דגמטרין שלו, כאדם המבקש למכור פירות והוא אומר לו הראני את העץ, והכוונה שיראה אם ידמה הפרי לשרשו וזה שאמר עינוהי דפוריא מראה הפירות דומה לשלו. ועיין כל המאמר במדרש שמואל (פרק כח). ועיין במדבר רבה (ו, ב): **פלך הודיה.** לשון פלך שייך באשה, וכפיה תמכו פלך (משלי לא, יט): **צדקה ממני.** הרי שהודה ולא כפר, ואם כן אין ההודאות דומים אלא בלשון על פי מדת ממעל ולא בענין, אך במדרש שמואל (פרק כח) גורס יהודה אתה יודוך אחיך הודו לה' כי טוב עיין שם, ואם כן דומה ממש ללאה: **בנימין ישפה.** שם במדרש שמואל, ירושלמי (קדושין פ"א ה"ז, ופאה פ"א ה"א), פסיקתא רבתי (פיסקא כג), שמות רבה (לח, ח), ועיין במדבר רבה (ב, ז): **אין אסתר מגדת.** עיין אסתר רבתי (ו, יב) פסוק זה: **ותעמוד מלדת.** על דרך מה שכתב לקמן (פז, י) ה' זוקף כפופים וזהו ותעמוד מכפיפותה על ידי לידתה. וכמו שאמרו לעיל (נח, ח) ויקם שדה עפרון, וכן לעיל (לה, ד) ויעמוד השמש: (ו) **ארבעה חשובים כמתים.** נדרים (סד, ב), שמות רבה (ה, ד) ועיין לעיל (מה, ב): **מתה אנכי.** משמע עתה בחייה מתה חשובה:

רש"י

(ה) **מי מעמיד רגליה של אשה בתוך ביתה בניה.** שאין מגרשה עוד:

מתנות כהונה

שלשלת יוחסין. יחוס דוד בסוף רות וכתיב ואלה תולדות אהרן ומשה ועי' בסדר במדבר רבה פרשה ב' והאחרים קלים על המעיין: **עינוהי.** דוגמא שלו ומראיתו כמה דאת אמר ועינו כעין הבדולח והכי איתא בהדיא ריש פרשת נשא: **עינוהי דפוריא.** כאדם האומר דוגמא של הפרי הוא דומה לזו מפני שהוא כעין מינה כך נראה ועיין בערוך ערך אפריא וברים מגילת רות ובב"ר פרשה ל"ה וברמב"ן בפ' הקשת ובמדרש שמואל גרס עינייהו קפיריהי ולא מצאתי פירושו: **ה"ג דפוריא לאה תפסה.** והכי מוכח בילקוט פ' זו ובאיוב: **פלך הודיה.** כלומר אומנות ומעשה ההודאה: **מסתירין.** לשון סתר: **בנימין ישפה.** לפיכך היה קבוע בחשן אבנו אבן ישפה נוטריקון יש פה שהיה לו פה לגלות מכירת יוסף ולא עשה לפי שראה שהסכים הקב"ה עם מכירתם שהרי הוא ית' לא גלה ליעקב: **אסתר.** משבט בנימין היתה: **מי מעמיד בו'.** שלא יגרשנה בעלה וכן אירע ללאה שקודם שילדה נתן יעקב דעתו לגרשה ואח"כ אמר לאמן של אלו אנכי מגרש כדאיתא ריש פרשה זו ודריש ותעמוד מלדת עמידה היתה לה מחמת לידתה: [ו] **שהיא צדקת.** ממני:

אשד הנחלים

לא יגרע גו' דוגמא דידיה גו'. הוא מלשון הנגע עמד בעיניו שפירושו במדריגתו הראשון וכמתכונתו. ופירושו לא יחסיר מצדיק דוגמתו, שע"י מעשיהם הטובים יזכו שגם בניהם יהיו דוגמתם, כי ינטעו בהם המדות החמודות האלו. כי מדת לאה שהיתה חזקה בהתפעלות להודות לשם ה', על כן זכתה שבניה המה בתכונות טובות האלו, ומרבים הודאה ותודה לה' ברוב התפעלות לבם הטוב, וכן רחל היתה מטבעה שותקת ועוצרת בדבריה, וכן בניה כמוה: **דפוריא לאה.** כצ"ל. ויהיה א"כ פרושו ואת מלכים לכסא כלומר אפילו המלכים שיצאו ממנה וינשאו על הכסא לא יסיר המלוכה את לבבם הטובה, כדוד, שעם כל גדולתו ומלכותו נכנע מלפני ה' והודה לו על כל הטובה. **מעמיד רגלה.** ודרש ותעמוד, סיבת עמידתה ותקומתה, היה מסבת לידתה: [ו] **כי אם ביראת ה'.** כי אי אפשר לומר שיקנא אותם וישנאם, כי אם שיקנא ויחר על עצמו שאינני עושה כמעשיהם. וכן כאן היתה קנאתה על מעשיה, וחרה לה על עצמה שאין לה מעשים טובים כמוה: **כמתים.** כי המיתה הוא השבתת פעולת החיים, אשר כחה שמחה. והעני שחייו חיי צער, או

חידושי הרש"ש

[ה] **לא יגרע מצדיק עיניו עינוהי דוגמת דידיה כו'.** כאן מבואר כמו שפירש המהרש"א בחידושי אגדות במגילה (יג, ב) ושלא כפירש"י שם וחכם עדיף מנביא. ועיין פירש"י בברכה (לג, כח) על עין יעקב והוא לשון חז"ל בכמה דוכתי מעין העולם הבא (ב"ב טז, א), מעין שופריה כו' (שם נח, א) ועוד הרבה: **רחל תפסה פלך שתיקה.** פירוש שלא גלתה ליעקב שרולה לבן להחליף את לאה תחתיה. וזהו גם כן כוונת הגמרא (מגילה יג, ב) בשכר צניעות שהיתה בה ברחל (ודלא כפירש"י שם) והוה דומיא דצניעות שאול ואסתר דהווין גם כן ע"י שתיקה. (וגם קשה לפירש"י דהרי הגמרא שם אומרת טעם מסירתה הסימנים הוא בכדי שלא תכסף לאה ולא משום צניעות):

אמרי יושר

ותעמוד כו' בתוך ביתה. מסיבת הלידה. כי היא מ"ס הסבה כמו מה' יצא הדבר. כי למעלה אמר (אות ב) שהיה בלבו לגרשה כי היתה שנואה. אבל מי העמידה בתוך ביתה כי פתח ה' את רחמה וילדה וזה שאמרה ילוה אישי אלי דפחדה פחד הגירושין: [ו] **ואת אמרת ותקנא.** והלא כתיב אל תקנא כי אם ביראת אלהים תירץ ביראה היתה מקנאה ולא שלל הכתוב לגמרי הקנאה. ופירושו כי אם קנא ביראה:

ידי משה

[ו] **אמרה אלולי שהיא צדקת לא היתה יולדת וכו'.** וקשה והלא אמרו חז"ל (זהר ויצא דף קפא) בני חיי ומזוני לאו בזכותא תליא מלתא, ועוד מאי אמרה ואם אין מתה אנכי ונראה לפרש בן המחבר דהכי פירושו לפי דאיתא לקמן (ויקרא רבה פרשה ל י) שארבע מינים שבלולב הם נגד ארבע אמהות קחשיב שם ענף עץ עבות כנגד לאה מה הדס זה עליו חופין את עלו כך היתה לאה חפופה בבנים, וערבי נחל כנגד רחל

מסורת המדרש

יב. מדרש שמואל פרשה כ"ח. תנחומא כאן סימן ו'. ילקוט כאן רמז קכ"ו. ילקוט איוב רמז תתקכ"כ:
יג. מגילה דף י"ג. אסתר רבה סוף פרשה ו'. ילקוט שמואל רמז ק"י:
יד. אגדת בראשית פרק כ"א:
טו. נדרים דף ס"ד. עבודת כוכבים דף ה'. ירושלמי נדרים פרק ר"א. שמות רבה ריש פרשה ה'. איכה רבתי ריש פרשה ג'. תנחומא סדר נו סימן י"ג. ילקוט כאן רמז קכ"ז. וסדר בהעלותך רמז תשמ"ב. עיין בר"ן נדרים דף ז' ע"ב:

אם למקרא

לֹא יִגְרַע מִצַּדִּיק עֵינָיו וְאֶת מְלָכִים לַכִּסֵּא וַיֹּשִׁיבֵם לָנֶצַח וַיִּגְבָּהוּ: (איוב לו:ז)

וַיַּכֵּר יְהוּדָה וַיֹּאמֶר צָדְקָה מִמֶּנִּי כִּי עַל כֵּן לֹא נְתַתִּיהָ לְשֵׁלָה בְנִי וְלֹא יָסַף עוֹד לְדַעְתָּהּ: (בראשית לח:כו)

הֹדוּ לַה' כִּי טוֹב כִּי לְעוֹלָם חַסְדּוֹ: (תהלים קז:א)

לָךְ אֱלָהּ אֲבָהָתִי מְהוֹדֵא וּמְשַׁבַּח אֲנָה דִּי חָכְמְתָא וּגְבוּרְתָא יְהַבְתְּ לִי וּכְעַן הוֹדַעְתַּנִי דִּי בְעֵינָא מִנָּךְ דִּי מִלַּת מַלְכָּא הוֹדַעְתֶּנָא: (דניאל ב:כג)

וְהַטּוּר הָרְבִיעִי תַּרְשִׁישׁ וְשֹׁהַם וְיָשְׁפֵה מְשֻׁבָּצִים זָהָב יִהְיוּ בְּמִלּוּאֹתָם: (שמות כח:כ)

וַיֹּאמֶר שָׁאוּל אֶל דּוֹדוֹ הַגֵּד הִגִּיד לָנוּ כִּי נִמְצְאוּ הָאֲתֹנוֹת וְאֶת דְּבַר הַמְּלוּכָה לֹא הִגִּיד לוֹ אֲשֶׁר אָמַר שְׁמוּאֵל: (שמואל א י:טז)

אֵין אֶסְתֵּר מַגֶּדֶת מוֹלַדְתָּהּ וְאֶת עַמָּהּ כַּאֲשֶׁר צִוָּה עָלֶיהָ מָרְדֳּכָי וְאֶת מַאֲמַר מָרְדֳּכַי אֶסְתֵּר עֹשָׂה כַּאֲשֶׁר הָיְתָה בְאָמְנָה אִתּוֹ: (אסתר ב:כ)

אַל יְקַנֵּא לִבְּךָ בַּחַטָּאִים כִּי אִם בְּיִרְאַת ה' כָּל הַיּוֹם: (משלי כג:יז)

שינוי נוסחאות

(ה) **עינוהי דפוריה ואת מלכים לכסא.** מתנות כהונה ויפה תואר כתבו שצריך למחוק "ואת מלכים לכסא":

וַתֵּרֶא רָחֵל כִּי לֹא יָלְדָה לְיַעֲקֹב וַתְּקַנֵּא רָחֵל בַּאֲחֹתָהּ וַתֹּאמֶר אֶל יַעֲקֹב הָבָה לִּי בָנִים וְאִם אַיִן מֵתָה אָנֹכִי.

Rachel saw that she had not borne children to Jacob, so Rachel became envious of her sister; she said to Jacob, "Give me children, otherwise I am dead" (30:1).

The Midrash proceeds to elaborate concerning the silence of Rachel's descendants:

בִּנְיָמִין — Her son **Benjamin** acquired the attribute of silence. "יָשְׁפֵה" יֵשׁ פֶּה — This is indicated by the stone ***yashfeh***, which was Benjamin's stone in the Kohen Gadol's breastplate. *Yashfeh* (יָשְׁפֵה) means יֵשׁ פֶּה, **there is a mouth,** but it was silent.[73] יוֹדֵעַ בִּמְכִירָתוֹ שֶׁל יוֹסֵף וְאֵינוֹ מַגִּיד — This indicates that **[Benjamin] was aware of the sale of Joseph** by his brothers **but** nevertheless **did not tell** his father Jacob about it.[74]

שָׁאוּל "וְאֶת דְּבַר הַמְּלוּכָה לֹא הִגִּיד לוֹ" — Likewise **Saul,** a descendant of Rachel, also employed the trait of silence, as Scripture states, *Saul answered his uncle, "He told us that the donkeys had been found,"* ***but he did not tell him about the matter of the kingship*** *of which Samuel had spoken* (*I Samuel* 10:16).[75] אֶסְתֵּר "אֵין אֶסְתֵּר מַגֶּדֶת מוֹלַדְתָּהּ וְאֶת עַמָּהּ" — Similarly, **Esther** employed the trait of silence, as Scripture states, ***Esther still told nothing of her kindred or her people,*** *as Mordechai had instructed her* (*Esther* 2:20).[76]

The Midrash continues to expound our verse:

"עַל כֵּן קָרְאָה שְׁמוֹ יְהוּדָה" — ***Therefore she called his name Judah.*** בְּכָל מָקוֹם שֶׁנֶּאֱמַר "עַל כֵּן" מְרוּבֶּה בְּאוֹכְלְסִין — **Wherever it is stated** ***therefore*** [עַל כֵּן] in regard to any of the Twelve Tribes, that particular tribe **was numerous in population.**[77]

The Midrash expounds the verse's concluding words:

"וַתַּעֲמֹד מִלֶּדֶת" — ***Then she stopped giving birth.*** A more literal translation of the word וַתַּעֲמֹד is *and she stood up.* אָמַר רַבִּי אַמִּי: מִי מַעֲמִיד רַגְלָהּ שֶׁל אִשָּׁה בְּתוֹךְ בֵּיתָהּ — **R' Ami said:** We may infer a rule from Scripture's use of this word: **Who upholds the footing of a woman in the house**, ensuring her husband's love for her? בָּנֶיהָ — **Her children.**[78]

§6 וַתֵּרֶא רָחֵל כִּי לֹא יָלְדָה וגו׳ וַתְּקַנֵּא רָחֵל בַּאֲחֹתָהּ — ***RACHEL SAW THAT SHE HAD NOT BORNE CHILDREN, ETC. SO RACHEL BECAME ENVIOUS OF HER SISTER.***

The Midrash clarifies the reason for Rachel's jealousy of Leah:

אָמַר רַבִּי יִצְחָק: כְּתִיב "אַל יְקַנֵּא לִבְּךָ בַּחַטָּאִים כִּי אִם בְּיִרְאַת ה׳ כָּל הַיּוֹם" — **R' Yitzchak said: It is written,** ***Let your heart not envy sinners, rather those who revere HASHEM all the day*** (*Proverbs* 23:17). The verse teaches that one should not envy the material successes of the wicked or of anyone else. Rather, the only permissible form of envy is envy of another's fear of God. וְאַתְּ אָמְרַתְּ "וַתְּקַנֵּא רָחֵל בַּאֲחֹתָהּ" — **And yet you** (i.e., our verse) **say:** ***so Rachel became envious of her sister***, which, according to the simple explanation, means she was envious of her sister's having children.[79] אֶלָּא מְלַמֵּד שֶׁקִּנְּאַתָּה בְּמַעֲשֶׂיהָ הַטּוֹבִים — **Rather, this** verse **teaches that [Rachel] envied [Leah's] good deeds.** אָמְרָה: אִילוּלָא שֶׁהִיא צַדֶּקֶת לֹא הָיְתָה יוֹלֶדֶת — **[Rachel] said, "Were she not a** more **righteous woman** than I, **she would not have** been worthy **of giving birth!"**[80]

□ וַתֹּאמֶר אֶל יַעֲקֹב הָבָה לִּי בָנִים וְאִם אַיִן מֵתָה אָנֹכִי — ***SHE SAID TO JACOB, "GIVE ME CHILDREN, OTHERWISE I AM DEAD."***

The Midrash cites a teaching to help explain the meaning of Rachel's outcry *"otherwise I am dead"*:

אָמַר רַבִּי שְׁמוּאֵל: ד׳ חֲשׁוּבִים כְּמֵתִים — **R' Shmuel said: Four** individuals **are considered as dead.** They are:

NOTES

Midrash that replaces the word מַסְטִירִין with the word מסתורין, the root of which is the word סתר, which means *to hide.*]

73. Each of the twelve tribes had its name inscribed on one of the twelve stones of the Breastplate (*Exodus* 28:21). Benjamin, the youngest of the sons of Jacob, had his name inscribed on the final stone, the *yashfeh* (*Shemos Rabbah* 38 §9).

74. That is, יָשְׁפֵה is a contraction of the words יֵשׁ פֶּה, *there is a mouth,* denoting that although Benjamin was silent to his father concerning what his brothers had done with Joseph, it was not because he was unable to speak (i.e., because he himself was ignorant); rather, he was able to speak, for he knew what had happened, yet nevertheless he was silent. *Matnos Kehunah* explains that he reasoned that since God had not revealed the matter to Jacob, he too should not say anything; see also below, 84 §21.

There does not appear to be any other Scriptural source for the idea that Benjamin was aware of his brothers' sale of Joseph. Rather, the Midrash means that the word יָשְׁפֵה itself indicates that Benjamin was aware but was nonetheless silent (*Yefeh To'ar*). [The Midrash does not explain *how* Benjamin became aware of his brothers' deed, for presumably he was not with them when they sold Joseph. *Eitz Yosef* suggests that Isaac, who knew about the sale (see below, 84 §21), had told Benjamin although he had not told Jacob. Alternatively, it was revealed to him through prophecy (ibid.).]

75. [As stated in *I Samuel* 9:1-2, Saul was from the tribe of Rachel's son Benjamin.] Saul did not tell his uncle that Samuel had said that he, Saul, would be the future king of Israel, his reticence being due to his profound modesty; see *Eitz Yosef, Esther Rabbah* loc. cit.

76. Esther, like her paternal cousin Mordechai, was from the tribe of Benjamin (see *Esther* 2:5) and thus a descendant of Rachel (*Eitz Yosef*). Similarly, like Mordechai, Esther was also a descendant of Saul. See *Targum Sheni* (to *Esther* 2:5), which traces Mordechai's lineage back to Saul.

Eitz Yosef, following *Yefeh To'ar*, explains that in accordance with Mordechai's instructions, Esther had been silent when first brought to Ahasuerus' harem (*Esther* 2:10), out of fear that were she to reveal that she was descended from King Saul, Ahasuerus would be impressed by such noble lineage and would definitely keep her as his wife (see *Rashi, Esther* loc. cit.). As such, that silence had been utilitarian and did not represent an essential facet of her character. However, now that she had been made queen anyway, that reason was no longer relevant. Her present silence was due to her reluctance to boast in any sense about her illustrious ancestry, and was therefore evidence of her inherent reticence and modesty. [Although the verse cited by the Midrash describes her silence now with the words, *as Mordechai had instructed her*, that means only that she continued the same silence that he had previously instructed her to keep, but not that she was still being silent because he had so instructed her.]

77. As stated above (§4), the word עַל is related to the word עִילוּי, *to raise up,* or *significant*. Hence, any tribe of whom it was said עַל כֵּן, *therefore,* became extremely populous. Indeed, Judah was the most populous of the tribes (see above, note 46).

78. Having children endears a wife to her husband, thus making her marriage more secure. As seen above (§2), according to one Midrashic interpretation, Jacob was originally prepared to divorce Leah, but refrained from doing so after God granted her children. Jacob then said, "Shall I divorce the mother of these children?" (*Eitz Yosef*). According to our Midrash, the verse should be understood, *and she arose (in Jacob's house) because she gave birth*, i.e., her marriage to Jacob was secure because she had given birth (*Eitz Yosef; Matnos Kehunah*).

79. The conclusion of the *Proverbs* verse, *rather those who revere Hashem all the day*, implies that all forms of jealousy are forbidden, not only jealousy of sinners. The only permissible form of envy is jealousy of another's fear of Hashem. This will lead him to emulate the righteous person and improve his ways. However, envying another person's success, be it his wealth or children, is forbidden. How, then, could someone as righteous as Rachel have envied her sister's good fortune? (*Nezer HaKodesh*).

80. Rachel was in fact envious of her sister's righteousness. Hence, Rachel's envy was wholesome and laudable.

Yefeh To'ar interprets the Midrash differently. The Midrash had originally assumed that *all* forms of jealousy are prohibited, even jealousy of another's fear of Heaven. According to this assumption, the verse means *Let your heart not envy sinners, rather [it should seek to engage in] fear of Hashem all the day.* The Midrash in essence uses the example of the righteous Rachel to prove that it *is* permissible to envy another's virtue.

בָּזֶה שַׁלְשֶׁלֶת יוֹחֲסִין וּבָזֶה שַׁלְשֶׁלֶת יוֹחֲסִין, בָּזֶה צִיץ וּבָזֶה צִיץ. אָמַר רַבִּי לֵוִי: (איוב לו, ז) "לֹא יִגְרַע מִצַּדִּיק עֵינָיו", עֵינוֹהִי, דּוּגְמָא דִּידֵיהּ, כְּאֱינָשׁ דְּאָמַר: עֵינוֹהִי דְּפוּרְיָה, (שם) °"וְאֶת מְלָכִים לַכִּסֵּא"°, [יב] לֵאָה תָּפְסָה פֶּלֶךְ הוֹדָיָה וְעָמְדוּ הֵימֶנָּה בַּעֲלֵי הוֹדָיָה, יְהוּדָה, (לקמן לח, כו) "וַיַּכֵּר יְהוּדָה וַיֹּאמֶר צָדְקָה מִמֶּנִּי", דָּוִד אָמַר (תהלים קז, א) "הוֹדוּ לַה' כִּי טוֹב", דָּנִיֵּאל אָמַר (דניאל ב, כג) "לָךְ אֱלָהּ אֲבָהָתִי מְהוֹדֵא וּמְשַׁבַּח אֲנָה", [יג] רָחֵל תָּפְסָה פֶּלֶךְ שְׁתִיקָה וְעָמְדוּ כָּל בָּנֶיהָ בַּעֲלֵי מִסְטִירִין, בִּנְיָמִין, (שמות כח, כ) "יָשְׁפֵה", יֵשׁ פֶּה, יוֹדֵעַ בִּמְכִירָתוֹ שֶׁל יוֹסֵף וְאֵינוֹ מַגִּיד, שָׁאוּל, (שמואל-א י, טז) "וְאֶת דְּבַר הַמְּלוּכָה לֹא הִגִּיד לוֹ", אֶסְתֵּר, (אסתר ב, כ) "אֵין אֶסְתֵּר מַגֶּדֶת מוֹלַדְתָּהּ וְאֶת עַמָּהּ". [כט, לה] "עַל כֵּן קָרְאָה שְׁמוֹ יְהוּדָה", בְּכָל מָקוֹם שֶׁנֶּאֱמַר "עַל כֵּן" מְרוּבֶּה בְּאוֹכְלֻסִין. [שם] "וַתַּעֲמֹד מִלֶּדֶת", אָמַר רַבִּי אָמִי: מִי מַעֲמִיד רַגְלָהּ שֶׁל אִשָּׁה בְּתוֹךְ בֵּיתָהּ, בָּנֶיהָ:

ו [ל, א] "וַתֵּרֶא רָחֵל כִּי לֹא יָלְדָה וְגוֹ' וַתְּקַנֵּא רָחֵל בַּאֲחֹתָהּ", [יד] אָמַר רַבִּי יִצְחָק: כְּתִיב (משלי כג, יז) "אַל יְקַנֵּא לִבְּךָ בַּחַטָּאִים כִּי אִם בְּיִרְאַת ה' כָּל הַיּוֹם", וְאַתְּ אֲמַרְתְּ "וַתְּקַנֵּא רָחֵל בַּאֲחֹתָהּ", אֶלָּא מְלַמֵּד שֶׁקִּנְּאַתָּה בְּמַעֲשֶׂיהָ הַטּוֹבִים, אָמְרָה: אִילּוּלֵא שֶׁהִיא צַדֶּקֶת לֹא הָיְתָה יוֹלֶדֶת. [ל, א] "וַתֹּאמֶר אֶל יַעֲקֹב הָבָה לִּי בָנִים וְאִם אַיִן מֵתָה אָנֹכִי", אָמַר רַבִּי שְׁמוּאֵל: [טו] ד' חֲשׁוּבִים כְּמֵתִים:

עץ יוסף

שלשלת יוחסין. שהכהונה הגדולה נשארת מאב לבנו כשראוי למלא מקומו. וכן המלכות בשלשלת יוחסין שהבן מולך תחת אביו לעולם אף על פי שיהיו אחרים מבית דוד ראוים למלוכה (יפה תואר). או פירושו בזה שלשלת יוחסין יחוס דוד בסוף רות. ובזה שלשלת יוחסין דכתיב (במדבר ג, א) ואלה תולדות אהרן ומשה (מתנות כהונה): **בזה ציץ.** ויעש על המצנפת אל מול פניו את הציץ (ויקרא ח, ט). ובזה ציץ דכתיב (תהלים קלב, יח) ועליו יציץ נזרו: [ח] **לא יגרע מצדיק כו'.** כדמפרש מדאשכחן שבניה בעלי הודאה נראה שכן היא היה מנהגה (יפה תואר): **עינוהי דפוריה.** פירוש מראית הפירות. מנהג העולם מי שיש לו אוצר חטים למכור לוקח מהם חופן ומראה לקונים, וזה נקרא עינוהי דפוריה, מוא״סטר״ה בלע״ז (מעריך). וכך צריך לומר **עינוהי דפוריה, לאה תפסה** ואת מלכים לכסא מיותר (מתנות כהונה ויפה תואר): **תפסה פלך הודיה.** כלומר אומנות ומעשה ההודאה (מתנות כהונה). ולפי שדרך האשה לתמוך ידה בפלך לזה אמר תפסה פלך הודיה (יפה תואר): **פלך שתיקה.** ששתקה על רמאות לבן: **בנימין ישפה.** אבנו בחשן המשפט ישפה לרמוז יש פה: **ויודע במכירתו של יוסף.** דיצחק ידע בדבר כדלקמן פרשה פ"ד והוא גילה לבנימין (יפה תואר), או אפשר שבנימין ידע זה הדבר בנבואה: **אסתר.** שהיא מבנימין דכתיב איש ימיני והיא בת דודו: **אין אסתר מגדת.** דלא צוה מרדכי אלא מתחילה כדי שלא ישאנה אחשורוש כשידע שהיא בת מלכים, אבל אחר שנשאה מה תועלת יש בהסתרת יחוסה: **על כן מרובה באוכלסין.** שעל כן משמע יותר על השיעור הנכון (מתנות כהונה). ועיין מה שכתבתי לעיל (עא, ה): **מי מעמיד רגלה כו'.** שהבנים גורמים לאשה חבה אצל בעלה, והכי נמי אמרינן לעיל שנתן יעקב דעתו לגרשה ועל ידי הבנים נסוג אחור (מתנות כהונה): (ו) [ט] **ארבעה חשובים כמתים.** ונפקא מינה למבעי עלייהו רחמים (תוספות נדרים סד, ב): **כמתים כו'.** על כן אמרה ואם אין מתה אנכי, הריני כמתה:

פירוש מהרז"ו

עיניהון דפוריה. ובערוך ערך דגם בשם ילמדנו פרשת פקודי לא יגרע מצדיק עיניו דגמטרין שלו, כאדם המבקש למכור פירות והוא אומר לו הראני את הטען, והכוונה שיראה אם ידמה הפרי לשרשו וזה שאמר עינוהי דפוריא מראה הפירות דומה לטעו. ועיין כל המאמר במדרש שמואל (פרק כח). ועיין במדבר רבה (ו, ב): **פלך הודיה.** לשון פלך שייך באשה, וכפיה תמכו פלך (משלי לא, יט): **צדקה ממני.** הרי שהודה ולא כפר, ואם כן אין ההודאות דומים אלא בלשון על פי מדת ממטל ולא בענין, אך במדרש שמואל (פרק כח) גורס יהודה אתה יודוך אחיך הודו לה' כי טוב עיין שם, ואם כן דומה ממש ללאה: **בנימין ישפה.** שם במדרש שמואל, ירושלמי (קדושין פ"א ה"ז, ופאה פ"א ה"א), פסיקתא רבתי (פיסקא כג), שמות רבה (לח, ח), ועיין במדבר רבה (ב, ז): **אין אסתר מגדת.** עיין אסתר רבתי (ו, יב) פסוק זה: **ותעמוד מלדת.** על דרך מה שכתב לקמן (פז, י) ה' זוקף כפופים וזהו ותעמוד מכפיפותה על ידי לידתה. וכמו שאמרו לעיל (נח, ח) ויקם שדה עפרון, וכן לעיל (לה, ד) ויעמוד השמש: (ו) **ארבעה חשובים כמתים.** נדרים (סד, ב), שמות רבה (ה, ד) ועיין לעיל (מה, ב): **מתה אנכי.** משמע עתה בחייה מתה חשובה:

חידושי הרש"ש

[ה] **לא יגרע מצדיק עיניו עינוהי דוגמת דידיה כו'.** כאן מבואר כמו שפירש המהרש"א בחידושי אגדות במגילה (יג, ב) ושלא כפירש"י שם וחכם עדיף מנביא. ועיין פירש"י בברכה (לג, כח) על עין יעקב והוא לשון חז"ל בכמה דוכתי מעין העולם הבא (ב"ב טז, א), מעין שופריה כו' (שם נח, א) ועוד הרבה: **רחל תפסה פלך שתיקה.** פירוש שלא גלתה ליעקב שרוצה לבן להחליף את לאה תחתיה. וזהו גם כן כוונת הגמרא (מגילה יג, ב) בשכר צניעות שהיתה בה ברחל (ודלא כפירש"י שם) והוא דומיא דצניעות שאול ואסתר דהווין גם כן ע"י שתיקה. (וגם קשה לפירש"י דהרי הגמרא שם אומרת טעם מסירתה הסימנים הוא בכדי שלא תכסף לאה ולא משום צניעות):

אמרי יושר

ותעמוד כו' בתוך ביתה. מסיבת הלידה. כי היא מ"ס הסבה כמו מה' יצא הדבר. כי למעלה אמר (אות ב) שהיה בלבו לגרשה כי היתה שנואה. אבל מי העמידה בתוך ביתה כי פתח ה' את רחמה וילדה וזה שאמרה ילוה אישי אלי דפחדה פחד הגירושין: [ו] **ואת אמרת ותקנא.** והלא כתיב אל תקנא כי אם ביראת אלהים תירץ ביראה היתה מקנאה ולא שלל הכתוב לגמרי הקנאה. ופירושו כי אם קנא ביראה:

מסורת המדרש

יב. מדרש שמואל פרשה כ"ח. תנחומא כאן סימן ו'. ילקוט כאן רמז קכ"ו. ילקוט איוב רמז תתק"כ:
יג. מגילה דף י"ג. אסתר רבה סוף פרשה ו'. ילקוט שמואל רמז ק"י:
יד. אגדת בראשית פרק נ"א:
טו. נדרים דף ס"ד. עבודת כוכבים דף ה'. ירושלמי נדרים פרק ר"א. שמות רבה ריש פרשה ה'. איכה רבתי ריש פרשה ג'. תנחומא סדר נו סימן י"ג. ילקוט כאן רמז קכ"ז. וסדר בהעלותך רמז תשמ"ב. עיין בר"ן נדרים דף ז' ע"ב:

אם למקרא

לֹא יִגְרַע מִצַּדִּיק עֵינָיו וְאֶת מְלָכִים לַכִּסֵּא וַיֹּשִׁיבֵם לָנֶצַח וַיִּגְבָּהוּ: (איוב לו:ז)

וַיַּכֵּר יְהוּדָה וַיֹּאמֶר צָדְקָה מִמֶּנִּי כִּי עַל כֵּן לֹא נְתַתִּיהָ לְשֵׁלָה בְנִי וְלֹא יָסַף עוֹד לְדַעְתָּהּ: (בראשית לח:כו)

הֹדוּ לַה' כִּי טוֹב כִּי לְעוֹלָם חַסְדּוֹ: (תהלים קז:א)

לָךְ אֱלָהּ אֲבָהָתִי מְהוֹדֵא וּמְשַׁבַּח אֲנָה דִּי חָכְמְתָא וּגְבוּרְתָא יְהַבְתְּ לִי וּכְעַן הוֹדַעְתַּנִי דִּי בְעֵינָא מִנָּךְ דִּי מִלַּת מַלְכָּא הוֹדַעְתֶּנָא: (דניאל ב:כג)

וְהַטּוּר הָרְבִיעִי תַּרְשִׁישׁ וְשֹׁהַם וְיָשְׁפֵה מְשֻׁבָּצִים זָהָב יִהְיוּ בְּמִלּוּאֹתָם: (שמות כח:כ)

וַיֹּאמֶר שָׁאוּל אֶל דּוֹדוֹ הַגֵּד הִגִּיד לָנוּ כִּי נִמְצְאוּ הָאֲתֹנוֹת וְאֶת דְּבַר הַמְּלוּכָה לֹא הִגִּיד לוֹ אֲשֶׁר אָמַר שְׁמוּאֵל: (שמואל א י:טז)

אֵין אֶסְתֵּר מַגֶּדֶת מוֹלַדְתָּהּ וְאֶת עַמָּהּ כַּאֲשֶׁר צִוָּה עָלֶיהָ מָרְדֳּכָי וְאֶת מַאֲמַר מָרְדֳּכַי אֶסְתֵּר עֹשָׂה כַּאֲשֶׁר הָיְתָה בְאָמְנָה אִתּוֹ: (אסתר ב:כ)

אַל יְקַנֵּא לִבְּךָ בַּחַטָּאִים כִּי אִם בְּיִרְאַת ה' כָּל הַיּוֹם: (משלי כג:יז)

רש"י

(ה) **מי מעמיד רגליה של אשה בתוך ביתה בניה.** שאין מגרשה עוד:

מתנות כהונה

שלשלת יוחסין. יחוס דוד בסוף רות וכתיב ואלה תולדות אהרן ומשה ועי' בסדר במדבר רבה פרשה ב' והאחרים קלים על המעיין: **עינוהי.** דוגמא שלו ומראיתו כמה דאת אמר ועינו כעין הבדולח והכי איתא בהדיא ריש פרשת נשא: **עינוהי דפוריא.** כאדם האומר דוגמא של הפרי הוא דומה לזו מפני שהוא כעין מינה כך נראה ועיין בערוך ערך אפריא ובריש מגילת רות ובב"ר פרשה ל"ה וברמב"ן בפ' הקשת ובמדרש שמואל גרס עינייהו קפיריהי ולא מצאתי פירושו: **ה"ג דפוריא לאה תפסה.** והכי מוכח בילקוט פ' זו ובאיוב: **פלך הודיה.** כלומר אומנות ומעשה ההודאה: **מסתירין.** לשון סתר: **בנימין ישפה.** לפיכך היה קבוע בחשן אבנו אבן ישפה נוטריקון יש פה שהיה לו פה לגלות מכירת יוסף ולא עשה לפי שראה שהסכים הקב"ה עם מכירתם שהרי הוא ית' לא גלה ליעקב: **אסתר.** משבט בנימין היתה: **מי מעמיד כו'.** שלא יגרשנה בעלה וכן אירע ללאה שקודם שילדה נתן יעקב דעתו לגרשה ואח"כ אמר לאמן של אלו אני מגרש כדאיתא ריש פרשה זו ודריש ותעמוד מלדת עמידה היתה לה מחמת לידתה: [ו] **שהיא צדקת.** ממני:

ידי משה

[ו] **אמרה אלולי שהיא צדקת לא היתה יולדת וכו'.** וקשה והלא אמרו חז"ל (זהר ויצא דף קפא) בני חיי ומזוני לאו בזכותא תליא מלתא, ועוד מאי אמרה ואם אין מתה אנכי ונראה לפרש בן המחבר דהכי פירושו לפי דאיתא לקמן (ויקרא רבה פרשה ל י) שארבע מינים שבלולב הם נגד ארבע אמהות קחשיב שם ענף עץ עבות כנגד לאה מה הדס זה עליו חופין את עצו כך היתה לאה חפופה בבנים, וערבי נחל כנגד רחל

אשד הנחלים

לא יגרע גו' דוגמא דידיה גו'. הוא מלשון הנגע עמד בעיניו שפירושו במדריגתו הראשון וכמתכונתו. ופירושו לא יחסיר מצדיק דוגמתו, שע"י מעשיהם הטובים יזכו שגם בניהם יהיו דוגמתם, כי ינטעו בהם המדות החמודות האלו. כי מדת לאה שהיתה חזקה בהתפעלות להודות לשם ה', על כן זכתה שבניה המה בתכונות טובות האלו, ומרבים הודאה ותודה לה' ברוב התפעלות לבם הטוב, וכן רחל היתה מטבעה שותקת ועוצרת בדבריה, וכן בניה כמוה: **דפוריא לאה.** כצ"ל. ויהיה א"כ פרושו ואת מלכים לכסא כלומר אפילו המלכים שיצאו ממנה וינשאו על הכסא לא יסיר המלוכה את לבבם הטובה, כדוד, שעם כל גדולתו ומלכותו נכנע מלפני ה' והודה לו על כל הטובה. **מעמיד רגלה.** ודרש ותעמוד, סיבת עמידתה ותקומתה, היה מסבת לידתה: [ו] **כי אם ביראת ה'.** כי אי אפשר לומר שיקנא אותם וישנאם, כי אם שיקנא ויחר על עצמו שאינני עושה כמעשיהם. וכן כאן היתה קנאתה על מעשיה, וחרה לה על עצמה שאין לה מעשים טובים כמוה: **כמתים.** כי המיתה הוא השבתת פעולת החיים, אשר כחה שמחה. והעני שחייו חיי צער, או

שינוי נוסחאות

(ה) **עינוהי דפוריה ואת מלכים לכסא.** מתנות כהונה ויפה תואר כתבו שצריך למחוק "ואת מלכים לכסא":

מְצוֹרָע — A *metzora*,[81] וְסוּמָא — a blind person, וּמִי שֶׁאֵין לוֹ בָּנִים — one who is without children,[82] וּמִי שֶׁיָּרַד מִנְּכָסָיו — and one who has become bereft of his possessions.[83]

The Midrash provides sources:

מְצוֹרָע מִנַּיִן — From where do we know that **a *metzora*** is regarded as dead? דִּכְתִיב "אַל נָא תְהִי כַּמֵּת" — For when Miriam was stricken with *tzaraas,* **it is written** that Aaron uttered the following prayer, ***Let her not be like a corpse*** (*Numbers* 12:12).[84]

סוּמָא מִנַּיִן — From where do we know that **a blind man** is regarded as dead? דִּכְתִיב "בְּמַחֲשַׁכִּים הוֹשִׁיבַנִי כְּמֵתֵי עוֹלָם" — **For it is written,** ***He has placed me in darkness, like the dead of the world*** (*Lamentations* 3:6).[85]

מִי שֶׁאֵין לוֹ בָּנִים מִנַּיִן — From where do we know that one who is without children is regarded as dead? שֶׁנֶּאֱמַר "הָבָה לִי בָנִים וְאִם אַיִן מֵתָה וגו׳ " — **For it states** in our verse, ***Give me children, otherwise I am dead.***[86]

וּמִי שֶׁיָּרַד מִנְּכָסָיו מִנַּיִן — And from where do we know that one who becomes bereft from his possessions is likened to a deceased person? שֶׁנֶּאֱמַר "כִּי מֵתוּ כָּל הָאֲנָשִׁים הַמְבַקְשִׁים אֶת נַפְשֶׁךָ" — **For it states,** *HASHEM said to Moses in Midian, "Go, return to Egypt, **for all the people who seek your life have died**"* (*Exodus* 4:19). וְכִי מֵתִים הָיוּ — Now, **were they** actually **dead?** וַהֲלֹא דָּתָן וַאֲבִירָם הָיוּ — **Why, they** [i.e., the enemies of Moses to which this verse refers] **were Dathan and Abiram**, who were still alive![87] אֶלָּא שֶׁיָּרְדוּ מִנִּכְסֵיהֶן — Rather, when God stated that Moses' enemies were dead, He meant **that they had become bereft of their possessions,** which is the equivalent of death. Being poor, they were without influence; therefore, it was safe for Moses to return.[88]

וַיִּחַר אַף יַעֲקֹב בְּרָחֵל וַיֹּאמֶר הֲתַחַת אֱלֹהִים אָנֹכִי אֲשֶׁר מָנַע מִמֵּךְ פְּרִי בָטֶן. וַתֹּאמֶר הִנֵּה אֲמָתִי בִלְהָה בֹּא אֵלֶיהָ וְתֵלֵד עַל בִּרְכַּי וְאִבָּנֶה גַם אָנֹכִי מִמֶּנָּה.

Jacob's anger flared up at Rachel, and he said, "Am I instead of God Who has withheld from you fruit of the womb?" She said, "Here is my maid Bilhah, consort with her, that she may bear upon my knees and I too may be built up through her" (30:2-3).

§7 וַיִּחַר אַף יַעֲקֹב בְּרָחֵל — ***JACOB'S ANGER FLARED UP AT RACHEL.***

The Midrash relates a verse in *Job* to our verse:

NOTES

81. A *metzora* is one stricken with *tzaraas,* a skin condition described in *Leviticus* Ch. 13.

82. Hence, Rachel regarded herself as if she were dead; see below, note 86.

83. The point of this teaching is to inform people of the depth of the suffering of people who are found in one of these situations, so that people will pray for them (*Eitz Yosef,* citing *Tosafos* to *Nedarim* 64b).

84. This verse concerns the incident in which Miriam spoke critically of Moses and was punished with *tzaraas.* Aaron beseeched Moses to pray for her, saying, *Let her not be like a corpse.* We see that a *metzora* is like one who is dead.

Our Midrash uses the comparison between a *metzora* and a corpse to comment on the quality of a *metzora's* life. The difficulty of his existence is such that it is as though he is without life. The same holds true for all four conditions that the Midrash compares to death.

[The comparison between a *metzora* and a corpse also resonates in the halachic realm, for there is a similarity between the *tumah* of a *metzora* and that of a corpse (as detailed in *Rashi* to this verse).]

85. The verse tells us that a person who cannot see because he was placed in darkness is as one who is dead. Thus, one who is blind is as if dead (*Eitz Yosef,* from *Rashi* to *Nedarim* ibid.).

86. This is derived from the verse's use of "I am dead" rather than "I *will* die" (*Eitz Yosef,* Wagshal ed.; see *Mizrachi* and *Sifsei Chachamim* ad loc.). Rachel's intention in making this remark was to stir Jacob's compassion for her so that he would pray for her (*Eitz Yosef,* from *Nezer HaKodesh*; see below §7).

87. The Gemara (*Nedarim* 64b) derives that Moses' enemies were Dathan and Abiram as follows: After Moses killed the Egyptian, the Torah relates that he encountered two Jews quarreling. When he rebuked them, they alluded threateningly to the dead Egyptian. Eventually, they reported the killing to Pharaoh, and Moses was forced to flee (see *Exodus* 2:11-15 with *Rashi*). The Torah does not identify these two men by name, but simply states (v. 13), וַיֵּצֵא בַּיּוֹם הַשֵּׁנִי וְהִנֵּה שְׁנֵי אֲנָשִׁים עִבְרִים נִצִּים, *And he* (i.e. Moses) *went out on the second day, and behold! two men, Hebrews, were quarreling* (*nitzim*). The Gemara (ibid.) asserts that whenever the term "quarreling" (*nitzim*) appears in a verse speaking of Moses' enemies, it refers to Dathan and Abiram. [The source linking *nitzim* to Dathan and Abiram is the following verse (*Numbers* 26:9), הוּא דָתָן וַאֲבִירָם קְרִיאֵי הָעֵדָה אֲשֶׁר הִצּוּ עַל מֹשֶׁה וְעַל אַהֲרֹן בַּעֲדַת קֹרַח, *the same Dathan and Abiram who were summoned [on all matters of importance] to the assembly, who caused [Israel] to quarrel with Moses and Aaron in the gathering of Korach.* הִצּוּ, *caused to quarrel,* is of the same root as נִצִּים, *quarreled.* This indicates that *nitzim* refers to these two men (*Rosh* ad loc.).]

Thus, when God told Moses that the people who seek your life had died, it refers to Dathan and Abiram, who had reported Moses to the authorities and had forced him to flee.

We find that Dathan and Abiram were still alive long after God spoke to Moses in Midian, for they are mentioned in *Numbers* (Ch. 16) as supporters of Korach's rebellion against Moses in the Wilderness. Clearly, our verse does not really mean to say that they died (see *Nedarim* ibid. with *Ran* there).

88. *Rosh* ibid. [Our Midrash's use of the term "one who became bereft of his possessions" implies that it refers specifically to a wealthy person who lost his wealth, for he experiences more suffering than one who had been poor his entire life. In other places where this teaching appears, however, it does refer simply to a poor person, i.e., anyone who is poor (*Eitz Yosef*).] See Insight Ⓐ.

INSIGHTS

Ⓐ **Four Without Life** One might ask: The Midrash demonstrated that the verse that states that Dathan and Abiram died is not meant literally. Rather, the verse means that they became poor, for poverty is equivalent to death. But we have now learned that three other conditions are also equivalent to death. Perhaps Dathan and Abiram were afflicted with one of these three, and not with poverty! The answer is that the verse cannot mean that they became *metzoraim,* for people who suffer from this condition must leave the main encampment, and we find that Dathan and Abiram were stationed within the camp [see *Numbers* 16:1,2,12] (*Tosafos* to *Avodah Zarah* 5a s.v. אלא). Also, this would not have ended their influence at Pharaoh's court, and they would still have constituted a threat to Moses (*Rosh* to *Nedarim* ibid.). The verse cannot mean that they became blind, for it is stated regarding them (*Numbers* 16:14), הַעֵינֵי הָאֲנָשִׁים הָהֵם תְּנַקֵּר, *Even if you will gouge out the eyes of these men.* This implies that their eyes were healthy (*Tosafos* ibid.). Finally, the verse cannot mean that they had no children, because the Torah states explicitly (in *Numbers* 16:27) that they *did* have children (*Rosh* ibid.). Besides, childlessness would not have diminished their influence with Pharaoh (*Tosafos* ibid.). Perforce, the verse means that they were stricken with poverty. See also *Ran* to *Nedarim* 7b s.v. שנאמר, and see *Maharatz Chayes* thereon; *Tosafos* to *Nedarim* 7b s.v. עניות כמיתה.

[*R' Chaim Shmulevitz* (in his *Sichos Mussar* 5732 §31) maintains that in equating the sufferings of these four and death, the Midrash is identifying a tribulation common to them all. To wit, all these four suffer from being cut off from other human beings. A blind person cannot perceive others; a *metzora* is banished from the camp; a poor person cannot bestow largesse upon others; one without children has no one to nurture. Being separated from the society of others, and being unable to benefit others, is the equivalent of death, for the only life worth living is a life of sharing and giving. See *Sichos Mussar* for further elucidation.]

מְצוֹרָע, וְסוּמָא, וּמִי שֶׁאֵין לוֹ בָנִים, וּמִי שֶׁיָּרַד מִנְּכָסָיו, מְצוֹרָע מִנַּיִן, דִּכְתִיב (במדבר יב, יב) "אַל נָא תְהִי כַּמֵּת", סוּמָא מִנַּיִן, דִּכְתִיב (איכה ג, ו) "בְּמַחֲשַׁכִּים הוֹשִׁיבַנִי כְּמֵתֵי עוֹלָם", מִי שֶׁאֵין לוֹ בָנִים מִנַּיִן, שֶׁנֶּאֱמַר "הָבָה לִי בָנִים וְאִם אַיִן מֵתָה וְגוֹ'", וּמִי שֶׁיָּרַד מִנְּכָסָיו מִנַּיִן, שֶׁנֶּאֱמַר (שמות ד, יט) [טז] "כִּי מֵתוּ כָּל הָאֲנָשִׁים הַמְבַקְשִׁים אֶת נַפְשֶׁךָ", וְכִי מֵתִים הָיוּ, וַהֲלֹא דָּתָן וַאֲבִירָם הָיוּ, אֶלָּא שֶׁיָּרְדוּ מִנִּכְסֵיהֶן:

ז [ל, ב] "וַיִּחַר אַף יַעֲקֹב בְּרָחֵל", [יז] רַבָּנָן דִּדְרוֹמָאָה בְּשֵׁם רַבִּי אֲלֶכְּסַנְדְּרִי בְּשֵׁם רַבִּי יוֹחָנָן אָמַר: (איוב טו, ב) "הֶחָכָם יַעֲנֶה דַעַת רוּחַ", זֶה אַבְרָהָם, (בראשית טז, ב) "וַיִּשְׁמַע אַבְרָם לְקוֹל שָׂרָי", (איוב שם) "וִימַלֵּא קָדִים בִּטְנוֹ", זֶה יַעֲקֹב, "וַיִּחַר אַף יַעֲקֹב בְּרָחֵל וַיֹּאמֶר וְגוֹ'", אָמַר לוֹ הַקָּדוֹשׁ בָּרוּךְ הוּא: כָּךְ עוֹנִים אֶת הַמְעִיקוֹת, חַיֶּיךָ שֶׁבָּנֶיךָ עֲתִידִים לַעֲמוֹד לִפְנֵי בְנָהּ וְיֹאמַר: (לקמן נ, יט) "הֲתַחַת אֱלֹהִים אָנִי". [ל, ב] "אֲשֶׁר מָנַע מִמֵּךְ פְּרִי בָטֶן", מִמֵּךְ מָנַע מִמֶּנִּי לֹא מָנַע, [יח] אָמְרָה לוֹ: כָּךְ עָשָׂה אָבִיךָ לְאִמְּךָ, לֹא חָגַר מָתְנָיו כְּנֶגְדָּהּ, אָמַר לָהּ: אוֹתוֹ לֹא הָיָה לוֹ בָנִים אֲבָל אֲנִי יֵשׁ לִי בָנִים, אָמְרָה לוֹ: וּזְקֵינְךָ לֹא הָיָה לוֹ בָנִים וְחָגַר מָתְנָיו כְּנֶגֶד שָׂרָה, אָמַר לָהּ: יְכוֹלָה אַתְּ לַעֲשׂוֹת כְּשֵׁם שֶׁעָשְׂתָה זְקֶנְתִּי, אָמְרָה לוֹ: מֶה עָשְׂתָה, אָמַר לָהּ: הִכְנִיסָה צָרָתָהּ לְתוֹךְ בֵּיתָהּ, אָמְרָה לוֹ: אִם הַדָּבָר הַזֶּה מְעַכֵּב [ל, ג] "הִנֵּה אֲמָתִי בִלְהָה בֹּא אֵלֶיהָ וְאִבָּנֶה גַם אָנֹכִי", מַה זּוֹ נִבְנֵית עַל יְדֵי צָרָתָהּ אַף זוֹ נִבְנֵית עַל יְדֵי צָרָתָהּ.

רש"י

(ז) כך עונין את המעיקות חייך שבניך עתידין לעמוד לפני בנה. יוסף:

עץ יוסף

סומא מנין כו'. בנדרים פרש"י במחשכים הושיבני שכשאדם נתון בחשך ואינו רואה חשוב כמת: **מי שאין לו בנים כו'.** רצונו לומר הא דקאמרה מתה אנכי על כרחך פירושו אני כבר כמת מעכשיו, ואמרה כן כדי לעורר רחמי יעקב שיתפלל עליה (נזר הקודש): **ומי שירד מנכסיו.** מלשון זה משמע דוקא שהיה עשיר מתחילה שמרגיש יותר בצער העניות. אבל במסכת נדרים ועבודה זרה (ה, א) דמייתי להך תוספתא וכן לקמן שמות רבה (ה, ד) גרסינן עני משמע כל מין עני: **והלא דתן כו'.** פירשתי בשמות רבה (ה, ד) עיין שם: **(ז) [י] זה אברהם.** שלא שת לבו לכוונת שרה, דמסתמא כוונתה היתה שיתמלא אברהם רחמים עליה שלא תצטרך לעשות שפחתה צרה לה ויתפלל עליה שתתעבר, והוא עשה עצמו כאילו לא הבין ונשא שפחתה: **וימלא קדים בטנו.** זה ילדק ביעקב שבפירוש אמרה לו שיתפלל עליה, ועל כל זה לא די שלא נשמע לה אלא שהשיבה בחרון אף: **המעיקות.** כן צריך לומר (אות אמת). פירוש בתמיה, וכי כך עונים את העקרות המצירות: **לעמוד לפני בנה ויאמר.** (בראשית נ, יט) **התחת אלהים אני.** כן צריך לומר, וכן הוא באגדת בראשית פרק כ"ח. רצונו לומר שיוסף בנה של רחל יאמר לשאר אחיו בניו של יעקב התחת אלהים אני: **אמר לה אבי לא היה לו בנים.** כן צריך לומר (אות אמת): **בנגד שרה.** היינו כשקבלה שרה על הגר ונתנה ברשותה אז חגר מתניו להתפלל שיפקוד ה' את שרה, ולכן לא חש לזרע הגר (יפה תואר): **מה זו נבנית.** רצונו לומר מה שרה נבנית בבן על ידי שהכניסה צרתה לביתה, אף רחל נבנית בזכות הכנסת צרתה (יפה תואר):

פירוש מהרז"ו

דתן ואבירם. עיין שמות רבה (א, כט) ושם נסמן: **(ז) החכם יענה.** הוא מענה אליפז לאיוב, וממה שאמר אחר כך (שם טו, ג) אף אתה תפר יראה משמע שמתחלה דבר כנגד אחרים זה אברהם הכי ענה דעת רוח, אבל יעקב וימלא קדים, משל על הכעס, בטנו, על מה שאמר אשר מנע ממך פרי בטן, ועל זה אמר אף אתה וגו', וכמו באיוב (סוף פרק ג) שדימה עצמו ליעקב, עיין מה שכתבתי לקמן (פד, ג): **ויאמר התחת אלהים אנכי.** מפורש באגדת בראשית (פרק כא) וזה לשונו אמר ליה הקב"ה כך אתה מחסד אותה ואומר לה התחת אלהים, חייך שאני מעמיד ממנה בן שיאמר לאחיו כי התחת אלהים אני (והוא מקרא בסוף ויחי נ, יט). ומה שאמר במדרש ויאמר רצונו לומר שיוסף יאמר, ומלת אנכי טעות סופר וצריך לומר אני, ומה שאמר אשר מנע ממך הוא ציון בפני עצמו: **לא חגר מתניו.** כמו שנאמר (כה, כא) לנכח אשתו, וכמו שאמרו לעיל (סג, ה) אפילו שהיא היתה העקרה. וחגורת מתנים משל על התחזקות וכמו שאמרו (שמות רבה (סג, א) התחיל חוגר בתפלה: **גם אנכי.** עיין באגדת בראשית (פרק נב):

חידושי הרש"ש

[ז] {**ויאמר התחת אלהים אנכי.** צריך להיות אני. והכוונה על מה שאמר יוסף לאחיו (לקמן נ, יט):}

אמרי יושר

[ז] **החכם יענה דעת.** רוח הקדש של שרה כדרשם (מדרש בראשית רבה פרשה מה ב) לקול שרי לקול נביאות שבה: **ואבנה גם אנכי.** פירוש גם בערך שרה:

ידי משה

מה ערבה יבישה לפני שלשה מינים כך מתה רחל לפני אחותה, ואם כן רחל שהיא סוברת שהיא כנגד ההדם אם כן ראויה לצאת ממנה רוב הבנים, על כן אמרה הבה לי בנים שהיא כנגד ההדם וידוע לכל שההדם הוא בנמשל לצדיק כדכתיב (זכריה א, ח) והנה הוא עומד בין ההדסים, ולכך קנאתה ואמרה אלולי שהיא צדקת פירוש הואיל והיא כנגד ההדם על כרחך שהיא צדקת, ולפיכך אמרה ואם אין מתה אנכי פירוש שאם כן אין אני כנגד ההדם רק נגד הערבה אם כן מוכרחת אני למות קודם אחותי ודו"ק:

מסורת המדרש

טז. פדר"א פרק מ':
יז. ילקוט כאן רמז קכ"ז. ילקוט איוב רמז תתק"ז:
יח. אגדת בראשית פרק כ"א:

אם למקרא

אַל נָא תְהִי כַּמֵּת אֲשֶׁר בְּצֵאתוֹ מֵרֶחֶם אִמּוֹ וַיֵּאָכֵל חֲצִי בְשָׂרוֹ:
(במדבר יב:יב)

בְּמַחֲשַׁכִּים הוֹשִׁיבַנִי כְּמֵתֵי עוֹלָם:
(איכה ג:ו)

וַיֹּאמֶר ה' אֶל מֹשֶׁה בְּמִדְיָן לֵךְ שֻׁב מִצְרָיִם כִּי מֵתוּ כָּל הָאֲנָשִׁים הַמְבַקְשִׁים אֶת נַפְשֶׁךָ:
(שמות ד:יט)

הֶחָכָם יַעֲנֶה דַעַת רוּחַ וִימַלֵּא קָדִים בִּטְנוֹ:
(איוב טו:ב)

וַתֹּאמֶר שָׂרַי אֶל אַבְרָם הִנֵּה נָא עֲצָרַנִי ה' מִלֶּדֶת בֹּא נָא אֶל שִׁפְחָתִי אוּלַי אִבָּנֶה מִמֶּנָּה וַיִּשְׁמַע אַבְרָם לְקוֹל שָׂרָי:
(בראשית טז:ב)

וַיֹּאמֶר אֲלֵהֶם יוֹסֵף אַל־תִּירָאוּ כִּי הֲתַחַת אֱלֹהִים אָנִי:
(שם נ:יט)

שינוי נוסחאות

(ז) כך עונים את המעיקות. בדפוסים הישנים היה כתוב "... את המניקות", והגיהו גם אות אמת וגם מתנות כהונה שצ"ל "המעוקות", וכן כתבו בכמה דפוסים, וברוב הדפוסים המאוחרים כתבו "מעיקות", וכ"ה בת-א:

מתנות כהונה

דתן ואבירם. כמ"ש חז"ל דהאי אנשים דתן ואבירם היו: **[ז] קדים.** שהוא רוח קשה כד"א ברוח קדים עזה הגה ברוחו הקשה ביום קדים: **ה"ג בילקוט איוב ובפי' רש"י כך עונים את המעיקות והוא לשון צרה ועקא כלומר העקרות המצירות: לפני בנה.** זה יוסף: **ממני לא מנע.** ולכן אין עלי מה לעשות: **כך עשה.** בתמיה: **לא היו לו בנים.** והלא הגר ילדה לו ישמעאל: **יכולה את כו'.** דייק מדעגתה ואמרה ואבנה גם אנכי ממנה וכדלקמן: **מה זו כו'.** דברי הספר הם ולא דברי רחל והכי מוכח בילקוט:

אשד הנחלים

המצורע והסומא שאינם נהנין מחייהן, כי אינם רואים התבל ואנשיה המשמח החיים [חשובים כמתים]. וכן העדר ההולדה, כי קיום התבל הוא החיים הנשארים בתבל, כי ע"י הבנים הרי זה כאילו הם חיים בעולם, ובהעדרם נקראים מתים אחר שמוכרחים לצאת ממנה. והכלל כל העדר נקרא מת כי נעדר פעולתו, על כן אמרה ואם אין מתה אנכי, הריני כמתה, ודי בזה: **[ז] החכם גו' זה אברהם כו' זה יעקב כו'.** כי שם רוח מורה על דיבור החפזי המשיב מרוב המיה וכעס, כי רוחו אלצתו לדבר כל העולה על רוחו. אכן איש הדעת לא ילך אחרי רוחו וכעסו, ולא ימלא רוח קדים המציק לו כרוח בלי הפוגות. לזה אומר על דרך התמיה היתכן שהחכם יענה דעת כפי רוחו, וכאומר שור נא אברהם שהיה חכם לא חרה אפו בשרה, אכן יש אשר מלא קדים בטנו, כי לא יכול לעצור רוחו מרוב כעסו. וזה ציור מוסרי לוטה על דרך אסמכתא במליצת הכתוב. **המעוקות.** כן צ"ל. אות אמת: **עתידים לעמוד.** על דרך אשר העצבת אותה בדבריך, תזכה לכזה שבנה יעציב לבניך: **ממני לא מנע.** כאומר הלא ממך מנע ולא ממני ומה תבקש ממני. ועיין ברש"י ובש"ח שם: **הכניסה צרתה.** הענין כי מטבע הלב בעת יצר לו אז מתנחם בצרת רעהו, ואינו חפץ בטוב זולתו, כי צרת רבים חצי נחמה, וזה אינו מדה טובה, וכשיגבר בטוב אז אות הוא שמרחם על הזולת, ואז מרחמין גם עליו מן השמים: **מה זו.** מלת גם קדייק, כמו שנבנה שרה גם אנכי אולי אבנה. ומכל אלה מוכח שדברו מאברהם ושרה תחילה, ולכן הזכירה עתה סתם כיון שהזכירה תחילה בדבריה:

רַבָּנָן דְּרוֹמָאָה בְּשֵׁם רַבִּי אֲלֶכְּסַנְדְּרִי בְּשֵׁם רַבִּי יוֹחָנָן אָמַר — **The Roman Sages** said **in the name of R' Alexandri,** who, **in the name of R' Yochanan, said:** "הֶחָכָם יַעֲנֶה דַעַת רוּחַ" — It is written, ***Should a wise man respond with blustery knowledge*** (*Job* 15:2), i.e., should a wise man answer his questioner before discerning the questioner's true intent? זֶה אַבְרָהָם — **This** phrase alludes to **Abraham,** regarding whom it states, "וַיִּשְׁמַע אַבְרָם לְקוֹל שָׂרָי" — *And Sarai said to Abram, "See, now, HASHEM has restrained me from bearing; consort, now, with my maidservant, perhaps I will be built up through her."* ***And Abram heeded the voice of Sarai*** (above, 16:2). That is, although Abraham complied with her explicit request, taking her maidservant Hagar as a wife, he did not discern her true desire; namely, that he pray for her that she herself may conceive, thereby obviating any need for him to take her maidservant as a second wife.[89] "וִימַלֵּא קָדִים בִּטְנוֹ" — The verse in *Job* continues, ***or [should the wise man] fill his belly with the east wind?*** זֶה יַעֲקֹב — **This** alludes to **Jacob,** regarding whom it states in our verse, "וַיִּחַר אַף יַעֲקֹב בְּרָחֵל וַיֹּאמֶר וְגוֹ׳" — ***Jacob's anger flared up at Rachel, and he said, etc.*** *"Am I instead of God Who has withheld from you fruit of the womb?"* It was obvious that Rachel wanted Jacob to pray for her. But not only did he disregard her clear wishes, he also answered her in anger.[90]

The Midrash chastises Jacob for his sharp response to Rachel: אָמַר לוֹ הַקָּדוֹשׁ בָּרוּךְ הוּא — **The Holy One, blessed is He, said to [Jacob],** כָּךְ עוֹנִים אֶת הַמְּעִיקוֹת — **"Is this how one responds to women in distress?** חַיֶּיךָ שֶׁבָּנֶיךָ עֲתִידִים לַעֲמוֹד לִפְנֵי בְּנָהּ וְיֹאמַר — **By your life,** I swear **that your sons** from your other wives **will one day stand at** the mercy of **[Rachel's] son** Joseph, **and he will say** to them, "הֲתַחַת אֱלֹהִים אָנִי" — *'Fear not,* ***for am I instead of God?'*** "[91]

The Midrash records the ensuing dialogue between Jacob and Rachel, beginning with Jacob's reply to her: "אֲשֶׁר מָנַע מִמֵּךְ פְּרִי בָטֶן" — *And [Jacob] said, "Am I instead of God* ***Who has withheld from you fruit of the womb?"*** מִמֵּךְ מָנַע מִמֶּנִּי לֹא מָנַע — Jacob, in effect, said to Rachel, **"From you [God] withheld** children, but **from me [God] did not withhold** children."

The Midrash discusses what Rachel said that prompted this response from Jacob: אָמְרָה לוֹ: כָּךְ עָשָׂה אָבִיךָ לְאִמְּךָ — **[Rachel] said to [Jacob], "Is this the way your father acted toward your mother?** לֹא חָגַר מָתְנָיו כְּנֶגְדָּהּ — **Did he not gird his loins** in prayer **opposite her?"**[92] אָמַר לָהּ: אוֹתוֹ לֹא הָיָה לוֹ בָנִים — **[Jacob] replied to [Rachel],** "I am not like my father. **[My father] did not have** any **sons;** אֲבָל אֲנִי יֵשׁ לִי בָנִים — **but I do have sons!"**[93]

NOTES

89. Although Sarah (Sarai in the verse) suggested that Abraham (Abram in the verse) marry her maidservant, it should have been self-evident to Abraham that Sarah's true intention was that he pray for her that she should have children. Abraham, however, acted as if he did not understand her implicit request, and proceeded to marry the maidservant. Consequently, the verse faults Abraham for responding to Sarah with *blustery knowledge,* i.e., without forethought (*Eitz Yosef*). See Insight Ⓐ for an alternative approach.

90. The east wind is the most powerful and harmful of the four winds (*Matnos Kehunah,* based on *Exodus* 14:21; see *Rashi* there). The Midrash therefore expounds this phrase as a rebuke to Jacob for his angry reply to Rachel. Now, Abraham had simply disregarded an implied request of Sarah. By contrast, not only did Jacob disregard Rachel's explicit request, he answered her angrily (*Eitz Yosef*). [Rachel's request, "Give me children" (v. 1), was obviously a request that Jacob pray for her. She could not have demanded that Jacob actually give her sons, for that was not in his power (see Midrash's next statement). Her cry is thus regarded as an explicit request.]

91. [Emendation follows a number of commentators, who, based on *Aggadas Bereishis,* explain that the Midrash here concludes this teaching by citing Joseph's response to his brothers (see *Eitz Yosef, Maharzu,* and *Rashash*). According to the standard Vilna ed., the Midrash here introduces a new teaching by citing Jacob's response to Rachel.] That is, your sons borne by your other wives will stand at the mercy of Rachel's son Joseph to seek his forgiveness for selling him as a slave. Joseph tells them not to fear because, הֲתַחַת אֱלֹהִים אָנִי, *Am I instead of God?* (below, 50:19), which is very similar to the phrase that Jacob used to chastise Rachel (*Eitz Yosef*).

92. That is, did he not pray with great intensity? (*Maharzu*). [Rachel's cry, "Give me children" (v. 1), was a request that he pray for her (*Mizrachi* to verse 1); see, above, note 90.] See also Insight Ⓑ

93. This is the meaning of Jacob's statement, "From you [God] withheld children." Jacob said this to answer why he did not pray for her, just as Isaac had prayed for his wife Rebecca when she was barren. Wishing to point out to Rachel the difference between their situation and that of his father Isaac, Jacob implied that from *him* God had not withheld children. I.e., but when his father Isaac prayed for Rebecca to bear children, he himself did not have any children.

[The Midrash appears to be teaching that Jacob *refused* to pray for Rachel. This in fact seems to be *Rashi's* understanding of the Midrash (see *Rashi,* 30:2). *Ramban,* however, wonders: Do not the righteous pray on behalf of others? Why, Elijah and Elisha prayed for women who were not even related to them [*I Kings* 18:2; *II Kings* 4:33]. Hence, even if Rachel's childlessness was not Jacob's fault, this would not justify his refusal to pray for her!

Maskil LeDavid (to verse) explains that Jacob did not pray that

INSIGHTS

Ⓐ **Abraham's Action** Some, however, understand the Midrash here to be *praising* Abraham: The word רוּחַ in the verse does not mean *wind* (i.e., bluster), but *spirit,* i.e., Abraham heeded the Divine spirit that Sarah possessed, as the Midrash taught above (45 §2). That is, he married Hagar to fulfill his wife's request that she may merit her own children for her unselfish act of bringing a rival wife into her home. This is in contrast to Jacob's behavior in our verse, where he became angry at Rachel (*Nezer HaKodesh*).

Ⓑ **Rachel's Dilemma** We have explained above (§6) that Rachel's jealousy of Leah was laudable since Rachel was not envious of Leah's children, but of her good deeds. In that case, why did she demand that Jacob pray for her? She should have striven to emulate her sister's good traits, in the merit of which she too would have children. Why, the very reason it is permitted to be jealous of another's Torah learning and virtuous achievements is that it motivates one to be more diligent in his learning and to improve his character, resulting in an increase in Torah and good deeds!

Be'er Yosef posits that it was not possible for Rachel to follow in her sister's footsteps: As seen above (§2), Rebecca's two sons were to marry Laban's two daughters. Leah, the older daughter, would be married to the elder Esau, while the younger Rachel was destined to marry the younger Jacob. Leah wept constantly in prayer that she not have to marry Esau. Leah's prayer not only brought about the annulment of the decree that she marry Esau, but it even allowed her to be the first to marry Jacob and have children with him. Rachel could not duplicate her sister's actions, for she had no fear of having to marry Esau; she had always been destined for Jacob.

Ironically, Jacob's angry response to Rachel actually led her to fear that he might divorce her on account of her barrenness and that she would then have to marry Esau. This led Rachel to pray fervently on her own behalf and she was eventually blessed with children.

Why was it necessary for Leah and Rachel to pray that they not have to marry Esau in order for them to conceive? *Be'er Yosef* explains that unlike Abraham, who had an Ishmael, and Isaac, who had an Esau, all of Jacob's children were to be righteous. Although Rachel and Leah were both virtuous, since they grew up in the house of the wicked Laban, they had to eradicate any connection to their father and family to ensure that they have no impact on Rachel and Leah's children. This was achieved by their prayers that they not fall in the hands of Esau, purging them of any vestiges of attachment to their father and his family.

מְצוֹרָע, וְסוּמָא, וּמִי שֶׁאֵין לוֹ בָנִים, וּמִי שֶׁיָּרַד מִנְּכָסָיו, מְצוֹרָע מִנַּיִן, דִּכְתִיב (במדבר יב, יב) "אַל נָא תְהִי כַּמֵּת", סוּמָא מִנַּיִן, דִּכְתִיב (איכה ג, ו) "בְּמַחֲשַׁכִּים הוֹשִׁיבַנִי כְּמֵתֵי עוֹלָם", מִי שֶׁאֵין לוֹ בָנִים מִנַּיִן, שֶׁנֶּאֱמַר "הָבָה לִי בָנִים וְאִם אַיִן מֵתָה וְגוֹ' ", וּמִי שֶׁיָּרַד מִנְּכָסָיו מִנַּיִן, שֶׁנֶּאֱמַר (שמות ד, יט) [טז]"כִּי מֵתוּ כָּל הָאֲנָשִׁים הַמְבַקְשִׁים אֶת נַפְשֶׁךָ, וְכִי מֵתִים הָיוּ, וַהֲלֹא דָּתָן וַאֲבִירָם הָיוּ, אֶלָּא שֶׁיָּרְדוּ מִנִּכְסֵיהֶן:

ז [ל, ב] "וַיִּחַר אַף יַעֲקֹב בְּרָחֵל", [יז]רַבָּנָן דִּדְרוֹמָאָה בְּשֵׁם רַבִּי אֲלֶכְּסַנְדְּרִי בְּשֵׁם רַבִּי יוֹחָנָן אָמַר: (איוב טו, ב) "הֶחָכָם יַעֲנֶה דַעַת רוּחַ", זֶה אַבְרָהָם, (בראשית טז, ב) "וַיִּשְׁמַע אַבְרָם לְקוֹל שָׂרָי", (איוב שם) "וִימַלֵּא קָדִים בִּטְנוֹ", זֶה יַעֲקֹב, "וַיִּחַר אַף יַעֲקֹב בְּרָחֵל וַיֹּאמֶר וְגוֹ' ", אָמַר לוֹ הַקָּדוֹשׁ בָּרוּךְ הוּא: כָּךְ עוֹנִים אֶת הַמְעִיקוֹת, חַיֶּיךָ שֶׁבָּנֶיךָ עֲתִידִים לַעֲמוֹד לִפְנֵי בְנָהּ וְיֹאמַר: (לקמן נ, יט) "הֲתַחַת אֱלֹהִים אָנִי". [ל, ב] "אֲשֶׁר מָנַע מִמֵּךְ פְּרִי בָטֶן", מִמֵּךְ מָנַע מִמֶּנִּי לֹא מָנַע, [יח]אָמְרָה לוֹ: כָּךְ עָשָׂה אָבִיךָ לְאִמְּךָ, לֹא חָגַר מָתְנָיו כְּנֶגְדָּהּ, אָמַר לָהּ: אוֹתוֹ לֹא הָיָה לוֹ בָנִים אֲבָל אֲנִי יֵשׁ לִי בָנִים, אָמְרָה לוֹ: וּזְקֵנְךָ לֹא הָיָה לוֹ בָנִים וְחָגַר מָתְנָיו כְּנֶגֶד שָׂרָה, אָמַר לָהּ: יְכוֹלָה אַתְּ לַעֲשׂוֹת כְּשֵׁם שֶׁעָשְׂתָה זְקֶנְתִּי, אָמְרָה לוֹ: מֶה עָשְׂתָה, אָמַר לָהּ: הִכְנִיסָה צָרָתָהּ לְתוֹךְ בֵּיתָהּ, אָמְרָה לוֹ: אִם הַדָּבָר הַזֶּה מְעַכֵּב [ל, ג] "הִנֵּה אֲמָתִי בִלְהָה בֹּא אֵלֶיהָ וְאִבָּנֶה גַּם אָנֹכִי", מַה זּוֹ נִבְנֵית עַל יְדֵי צָרָתָהּ אַף זוֹ נִבְנֵית עַל יְדֵי צָרָתָהּ.

עץ יוסף

סומא מנין כו'. בנדרים פרש"י במחשכים הושיבני שכשאדם נתון בחשך ואינו רואה חשוב כמת: **מי שאין לו בנים כו'.** רצונו לומר הא דקאמרה מתה אנכי על כרחך פירושו אני כבר כמת מעכשיו, ואמרה כן כדי לעורר רחמי יעקב שיתפלל עליה (נזר הקודש): **ומי שירד מנכסיו.** מלשון זה משמע דוקא שהיה עשיר מתחילה שמרגיש יותר בצער העניות. אבל במסכת נדרים ועבודה זרה (ה, א) דמייתי להך תוספתא וכן לקמן שמות רבה (ה, ד) גרסינן עני משמע כל מין עני: **והלא דתן כו'.** פירשתי בשמות רבה (ה, ד) עיין שם: (ז) [י] **זה אברהם.** שלא שת לבו לכוונת שרה, דמסתמא כוונתה היתה שיתמלא אברהם רחמים עליה שלא תצטרך לעשות שפחתה צרה לה ויתפלל עליה שתתעבר, והוא עשה עצמו כאילו לא הבין ונשא שפחתה: **וימלא קדים בטנו.** זה ילדק ביעקב שבפירוש אמרה לו שיתפלל עליה, ועל כל זה לא די שלא נשמע לה אלא שהשיבה בחרון אף: **המעיקות.** כן צריך לומר (אות אמת). פירוש בתמיה, וכי כך עונים את העקרות המצירות: **לעמוד לפני בנה ויאמר.** (בראשית נ, יט) **התחת אלהים אני.** כן צריך לומר, וכן הוא באגדת בראשית פרק נ"א. רצונו לומר שיוסף בנה של רחל יאמר לשאר אחיו בניו של יעקב התחת אלהים אני: **אמר לה אבי לא היה לו בנים.** כן צריך לומר (אות אמת): **בנגד שרה.** היינו כשקבלה שרה על הגר ונתנה ברשותה אז חגר מתניו להתפלל שיפקוד ה' את שרה, ולכן לא חש לזרע הגר (יפה תואר): **מה זו נבנית.** רצונו לומר מה שרה נבנית בבן על ידי שהכניסה צרתה לביתה, אף רחל נבנית בזכות הכנסת צרתה (יפה תואר):

חידושי הרש"ש

[ז] {**ויאמר התחת אלהים אנכי.** צריך להיות אני. והכוונה על מה שאמר יוסף לאחיו (לקמן נ, יט):}

אמרי יושר

[ז] **החכם יענה דעת.** רוח הקדש של שרה כדרשם (מדרש בראשית רבה פרשה מה ב) לקול שרי לקול נביאות שבה: **ואבנה גם אנכי.** פירוש גם בערך שרה:

ידי משה

מה ערבה יבישה לפני שלשה מינים כך מתה רחל לפני אחותה, ואם כן רחל שהיא סוברת שהיא כנגד ההדס אם כן ראויה לצאת ממנה רוב הבנים, על כן אמרה הבה לי בנים שהיא כנגד ההדס וידוע לכל שההדס הוא בנמשל לצדיק כדכתיב (זכריה א, ח) והנה הוא עומד בין ההדסים, ולכך קנאתה ואמרה אולי שהיא צדקת פירוש הואיל והיא כנגד ההדס על כרחך שהיא צדקת, ולפיכך אמרה ואם אין מתה אנכי פירוש שאם כן אין אני כנגד ההדס רק נגד הערבה אם כן מוכרחת אני למות קודם אחותי ודו"ק:

פירוש מהרז"ו

דתן ואבירם. עיין שמות רבה (א, כט) ושם נסמן: **(ז) החכם יענה.** הוא מענה אליפז לאיוב, וממה שאמר אחר כך (שם טו, ג) אף אתה תפר יראה משמע שמתחלה דבר כנגד אחרים זה אברהם הכי ענה דעת רוח, אבל יעקב וימלא קדים, משל על הכעס, בטנו, על מה שאמר אשר מנע ממך פרי בטן, ועל זה אמר אף אתה וגו', וכמו באיוב (סוף פרק ג) שדימה עצמו ליעקב, עיין מה שכתבתי לקמן (פד, ג): **ויאמר התחת אלהים אנכי.** מפורש באגדת בראשית (פרק נא) וזה לשונו אמר ליה הקב"ה כך אתה מחסד אותה ואומר לה התחת אלהים, חייך שאני מעמיד ממנה בן שיאמר לאחיו כי התחת אלהים אני (והוא מקרא בסוף ויחי נ, יט). ומה שאמר במדרש ויאמר רצונו לומר שיוסף יאמר, ומלת אנכי טעות סופר וצריך לומר אני, ומה שאמר אשר מנע ממך הוא ציון בפני עצמו: **לא חגר מתניו.** כמו שנאמר (כה, כא) לנכח אשתו, וכמו שאמרו לעיל (סג, ה) אפילו שהיא היתה העקרה. וחגורת מתנים משל על התחזקות וכמו שאמרו (שמות רבה (סג, א) התחיל חוגר בתפלה: **גם אנכי.** עיין באגדת בראשית (פרק נב):

מסורת המדרש

טז. פדר"א פרק מ':
יז. ילקוט כאן רמז קכ"ו. ילקוט איוב רמז תתקי"ז:
יח. אגדת בראשית פרק נ"א:

אם למקרא

אַל נָא תְהִי כַּמֵּת אֲשֶׁר בְּצֵאתוֹ מֵרֶחֶם אִמּוֹ וַיֵּאָכֵל חֲצִי בְשָׂרוֹ: (במדבר יב:יב)

בְּמַחֲשַׁכִּים הוֹשִׁיבַנִי כְּמֵתֵי עוֹלָם: (איכה ג:ו)

וַיֹּאמֶר ה' אֶל מֹשֶׁה בְּמִדְיָן לֵךְ שֻׁב מִצְרָיִם כִּי מֵתוּ כָּל הָאֲנָשִׁים הַמְבַקְשִׁים אֶת נַפְשֶׁךָ: (שמות ד:יט)

הֶחָכָם יַעֲנֶה דַעַת רוּחַ וִימַלֵּא קָדִים בִּטְנוֹ: (איוב טו:ב)

וַתֹּאמֶר שָׂרַי אֶל אַבְרָם הִנֵּה נָא עֲצָרַנִי ה' מִלֶּדֶת בֹּא נָא אֶל שִׁפְחָתִי אוּלַי אִבָּנֶה מִמֶּנָּה וַיִּשְׁמַע אַבְרָם לְקוֹל שָׂרָי: (בראשית טז:ב)

וַיֹּאמֶר אֲלֵהֶם יוֹסֵף אַל־תִּירָאוּ כִּי הֲתַחַת אֱלֹהִים אָנִי: (שם נ:יט)

שינוי נוסחאות

(ז) כך עונים את המעיקות. בדפוסים הישנים היה כתוב "... את המניקות", והגיהו גם אות אמת וגם מתנות כהונה שצ"ל "המעוקות", וכן כתבו בכמה דפוסים, וברוב הדפוסים המאוחרים כתבו "מעיקות", וכ"ה בת-א:

רש"י

(ז) כך עונין את המעיקות חייך שבניך עתידין לעמוד לפני בנה. יוסף:

מתנות כהונה

דתן ואבירם. כמ"ש חז"ל דהאי אנשים דתן ואבירם היו: [ז] **קדים.** שהוא רוח קשה כד"א ברוח קדים עזה הגה ברוחו הקשה ביום קדים: **ה"ג בילקוט איוב ובפי' רש"י כך עונים את המעיקות והוא לשון צרה ועקא כלומר העקרות המצירות: לפני בנה.** זה יוסף: **ממני לא מנע.** ולכן אין עלי מה לעשות: **כך עשה.** בתמיה: **לא היו לו בנים.** והלא הגר ילדה לו ישמעאל: **יכולה את כו'.** דייק מדענתה ואמרה ואבנה גם אנכי ממנה וכדלקמן: **מה זו כו'.** דברי הספר הם ולא דברי רחל והכי מוכח בילקוט:

אשד הנחלים

המצורע והסומא שאינם נהנין מחייהן, כי אינם רואים התבל ואנשיה המשמח החיים [חשובים כמתים]. וכן העדר ההולדה, כי קיום התבל הוא החיים הנשארים בתבל, כי ע"י הבנים הרי זה כאילו הם חיים בעולם, ובהעדרם נקראים מתים אחר שמוכרחים לצאת ממנה. והכלל כל העדר נקרא מת כי נעדר פעולתו, על כן אמרה ואם אין מתה אנכי, הריני כמתה, ודי בזה: [ז] **החכם גו' זה אברהם כו' זה יעקב כו'.** כי שם רוח מורה על דיבור החפזי המשיב מרוב המיה וכעס, כי רוחו אלצתו לדבר כל העולה על רוחו. אכן איש הדעת לא ילך אחרי רוחו וכעסו, ולא ימלא רוח קדים המציק לו כרוח בלי הפוגות. לזה אומר על דרך התמיה היתכן שהחכם יענה דעת כפי רוחו, וכאומר שור נא אברהם שהיה חכם לא חרה אפו בשרה, אכן יש אשר מלא קדים בטנו, כי לא יכול לעצור רוחו מרוב כעסו. וזה ציור מוסרי לוטה על דרך אסמכתא במליצת הכתוב. **המעוקות.** כן צ"ל. אות אמת: **עתידים לעמוד.** על דרך אשר העצבת אותה בדבריך, תזכה לכזה שבנה יעציב לבניך: **ממני לא מנע.** כאומר הלא ממך מנע ולא ממני ומה תבקש ממני. ועיין ברש"י ובש"ח שם: **הכניסה צרתה.** הענין כי מטבע הלב בעת יצר לו אז מתנחם בצרת רעהו, ואינו חפץ בטוב זולתו, כי צרת רבים חצי נחמה, וזה אינו מדה טובה, וכשיגבר בטוב אז אות הוא שמרחם על הזולת, ואז מרחמין גם עליו מן השמים: **מה זו.** מלת גם קדייק, כמו שנבנה שרה גם אנכי אולי אבנה. ומכל אלה מוכח שדברו מאברהם ושרה תחילה, ולכן הזכירה עתה סתם כיון שהזכירה תחילה בדבריה:

אָמְרָה לוֹ: וּזְקֵינְךָ לֹא הָיָה לוֹ בָנִים — **She** then **said to him, "But did your grandfather** Abraham **not have sons** from Hagar, וְחָגַר מָתְנָיו כְּנֶגֶד שָׂרָה — **and** yet **he girded his loins** in prayer **opposite Sarah!"**[94] אָמַר לָהּ: יְכוֹלָה אַתְּ לַעֲשׂוֹת כְּשֵׁם שֶׁעָשְׂתָה זְקֶנְתִּי — **[Jacob] replied to [Rachel], "Can you do what my grandmother** Sarah **did?"** אָמְרָה לוֹ: מֶה עָשְׂתָה — **She said to him,** "And **what did she do?"** אָמַר לָהּ: הִכְנִיסָה צָרָתָהּ לְתוֹךְ בֵּיתָהּ — **[Jacob] replied to [Rachel], "[My grandmother] brought her rival wife into the house."** אָמְרָה לוֹ: אִם הַדָּבָר הַזֶּה מְעַכֵּב — **[Rachel] said to [Jacob], "If this thing is preventing** my bearing children, then, "הִנֵּה אֲמָתִי בִלְהָה בֹּא אֵלֶיהָ וְאִבָּנֶה גַם אָנֹכִי" — ***Here is my maid Bilhah, consort with her, that she may bear upon my knees and I 'too' may be built up through her"*** (30:3). מַה זוֹ נִבְנֵית עַל יְדֵי צָרָתָהּ — The expression *I "too" may be built up through her* means: **Just as [Sarah] became built up** and bore her own child **by** bringing **her rival wife** into her house, אַף זוֹ נִבְנֵית עַל יְדֵי צָרָתָהּ — **so too, [Rachel] will become built up,** bearing her own children, **by** bringing **her rival wife** into her house.[95]

NOTES

Rachel bear children because she was by nature sterile; praying for her to bear children would have been improper, for one does not pray for a miracle for his own benefit. However, one may pray even for a miracle on behalf of another person, which was the case with Elijah and Elisha. Rachel cited the example of Isaac, who prayed for Rebecca although she was sterile. Jacob countered that Isaac was an exceptional case, for he had not yet fulfilled the commandment to procreate. Therefore, he was allowed to pray even for a miracle to fulfill that commandment. Since Jacob already had children (from Leah), he was not allowed to pray that Rachel bear children. See Insight Ⓐ for other possible answers to the difficulty raised by *Ramban*, as well as *Ramban's* own interpretation of the Midrash.

94. Rachel argued that Abraham prayed that Sarah bear children although he was already the father of Ishmael. Jacob responded that that case was exceptional, for Sarah had the unusual merit of having brought a rival wife into her household to bear children for her husband (*Maskil LeDavid*).

Actually, nowhere is it explicitly mentioned that Abraham prayed for a child through Sarah after Ishmael was born. To the contrary, when given the news that the covenant would be maintained by the son whom Sarah would bear, Abraham exclaimed, "O that Ishmael might live before you!" [above, 17:16-31] (*Eitz Yosef; Yefeh To'ar*; see there for their resolution).

Gur Aryeh suggests that it is axiomatic that the righteous Abraham prayed for such a son, since God would not have granted such an unsolicited favor. If God granted him a son through Sarah, perforce, Abraham must have strongly desired this and prayed for it, though it is not recorded in Scripture.

According to *Nachalas Yaakov*, however, Rachel *assumed* that Abraham must have prayed for Sarah, and it was in that merit that she bore Isaac. Jacob answered that he in fact did *not* pray for Sarah. Rather, Sarah was granted a child *solely* in the merit of her bringing a rival wife into her house.

95. "Too" thus implies "in addition to *Sarah*." Indeed, that Jacob and Rachel had this very discussion is inferred from her use of the word "too" (*Eitz Yosef,* from *Yefeh To'ar*; *Matnos Kehunah*).

INSIGHTS

Ⓐ **The Most Effective Prayer** Various other answers are offered to *Ramban's* difficulty. *Maaravi* (on *Rashi's Chumash* commentary) answers that Jacob knew prophetically that he would have a total of twelve sons no matter who their mothers would be. For him to pray that *Rachel* have children would be, in effect, a request that the privilege of giving birth to them should be taken away from other potential mothers. It is improper to pray for one person at the expense of another. See also the answers of *Sifsei Chaim* (*Vayeitzei*, p. 386) and *Chochmah VaDaas* on our verse.

Ramban himself interprets the Midrash differently: Jacob surely prayed for his beloved wife, but his prayer had gone unanswered. Rachel then complained that he should pray with more intensity until she would be granted children, just as Isaac prayed for his wife and was answered. Jacob became angry at that point because whether or not one's prayer is accepted is in God's hand, not in one's own hand. Jacob's "anger" was meant to admonish her for her outburst, and to emphasize that the righteous have no *absolute* power that their prayers will be answered, regardless of any other considerations. Accordingly, it was not in *his* power to grant her children, but in God's, since *He* had withheld children from her. Moreover, Jacob wanted to stress that her reference to Isaac's prayer was inappropriate; Isaac's prayer had to be heard because God had foreordained that he would have children. Jacob, however, already had children. He was not promised that he would have children through Rachel.

מצורע, וסומא, ומי שאין לו בנים, ומי שירד מנכסיו, מצורע מנין, דכתיב (במדבר יב, יב) **"אל נא תהי כמת", סומא מנין, דכתיב** (איכה ג, ו) **"במחשכים הושיבני כמתי עולם", מי שאין לו בנים מנין, שנאמר "הבה לי בנים ואם אין מתה וגו'", ומי שירד מנכסיו מנין, שנאמר** (שמות ד, יט) **טז"כי מתו כל האנשים המבקשים את נפשך, וכי מתים היו, והלא דתן ואבירם היו, אלא שירדו מנכסיהן:**

ז [ל, ב] **"ויחר אף יעקב ברחל", יזרבנן דדרומאה בשם רבי אלכסנדרי בשם רבי יוחנן אמר:** (איוב טו, ב) **"החכם יענה דעת רוח", זה אברהם,** (בראשית טז, ב) **"וישמע אברם לקול שרי",** (איוב שם) **"וימלא קדים בטנו", זה יעקב, "ויחר אף יעקב ברחל ויאמר וגו'", אמר לו הקדוש ברוך הוא: כך עונים את המעיקות, חייך שבניך עתידים לעמוד לפני בנה ויאמר:** (לקמן נ, יט) **"התחת אלהים אני". [ל, ב] "אשר מנע ממך פרי בטן", ממך מנע ממני לא מנע, יחאמרה לו: כך עשה אביך לאמך, לא חגר מתניו כנגדה, אמר לה: אותו לא היה לו בנים אבל אני יש לי בנים, אמרה לו: וזקינך לא היה לו בנים וחגר מתניו כנגד שרה, אמר לה: יכולה את לעשות כשם שעשת זקנתי, אמרה לו: מה עשתה, אמר לה: הכניסה צרתה לתוך ביתה, אמרה לו: אם הדבר הזה מעכב [ל, ג] "הנה אמתי בלהה בא אליה ואבנה גם אנכי", מה זו נבנית על ידי צרתה אף זו נבנית על ידי צרתה.**

עץ יוסף

סומא מנין כו'. בנדרים פרש"י במחשכים הושיבני שכשאדם נתון בחשך ואינו רואה חשוב כמת: **מי שאין לו בנים כו'.** רצונו לומר הא דקאמרה מתה אנכי על כרחך פירושו אני כבר כמת מעכשיו, ואמרה כן כדי לעורר רחמי יעקב שיתפלל עליה (נזר הקודש): **ומי שירד מנכסיו.** מלשון זה משמע דוקא שהיה עשיר מתחילה שמרגיש יותר בצער העניות. אבל במסכת נדרים ועבודה זרה (ה, א) דמייתי להך תוספתא וכן לקמן שמות רבה (ה, ד) גרסינן עני משמע כל מין עני: **והלא דתן כו'.** פירשתי בשמות רבה (ה, ד) עיין שם: (ז) [י] **זה אברהם.** שלא שת לבו לכוונת שרה, דמסתמא כוונתה היתה שיתמלא אברהם רחמים עליה שלא תצטרך לעשות שפחתה צרה לה ויתפלל עליה שתתעבר, והוא עשה עצמו כאילו לא הבין ונשא שפחתה: **וימלא קדים בטנו.** זה ילדק ביעקב שבפירוש אמרה לו שיתפלל עליה, ועל כל זה לא די שלא נשמע לה אלא שהשיבה בחרון אף: **המעיקות.** כן צריך לומר (אות אמת). פירוש בתמיה, וכי כך עונים את העקרות המצירות: **לעמוד לפני בנה ויאמר.** (בראשית נ, יט) **התחת אלהים אני.** כן צריך לומר, וכן הוא באגדת בראשית פרק כ"א. רצונו לומר שיוסף בנה של רחל יאמר לשאר אחיו בניו של יעקב התחת אלהים אני: **אמר לה אבי לא היה לו בנים.** כן צריך לומר (אות אמת): **כנגד שרה.** הייני כשקבלה שרה על הגר ונתנה ברשותה אז חגר מתניו להתפלל שיפקוד ה' את שרה, ולכן לא חש לזרע הגר (יפה תואר): **מה זו נבנית.** רצונו לומר מה שרה נבנית בבן על ידי שהכניסה צרתה לביתה, אף רחל נבנית בזכות הכנסת צרתה (יפה תואר):

פירוש מהרז"ו

דתן ואבירם. עיין שמות רבה (א, כט) ושם נסמן: (ז) **החכם יענה.** הוא מענה אליפז לאיוב, וממה שאמר אחר כך (שם טו, ג) אף אתה תפר יראה משמע שמתחלה דבר כנגד אחרים זה אברהם הכי ענה דעת רוח, אבל יעקב וימלא קדים, משל על הכעס, בטנו, על מה שאמר אשר מנע ממך פרי בטן, ועל זה אמר אף אתה וגו', וכמו באיוב (סוף פרק ג) שדימה עצמו ליעקב, עיין מה שכתבתי לקמן (פד, ג): **ויאמר התחת אלהים אנכי.** מפורש באגדת בראשית (פרק נא) וזה לשונו אמר ליה הקב"ה כך אתה מחסד אותה ואומר לה התחת אלהים, חייך שאני מעמיד ממנה בן שיאמר לאחיו כי התחת אלהים אני (והוא מקרא בסוף ויחי נ, יט). ומה שאמר במדרש ויאמר רצונו לומר שיוסף יאמר, ומלת אנכי טעות סופר וצריך לומר אני, ומה שאמר אשר מנע ממך הוא ציון בפני עצמו: **לא חגר מתניו.** כמו שנאמר (כה, כא) לנכח אשתו, וכמו שאמרו לעיל (סג, ה) אפילו שהיא היתה העקרה. וחגורת מתנים משל על התחזקות וכמו שאמרו (שמות רבה (סג, א) התחיל חוגר בתפלה: **גם אנכי.** עיין באגדת בראשית (פרק נב):

חידושי הרש"ש

[ז] {**ויאמר התחת אלהים אנכי.** צריך להיות אני. והכוונה על מה שאמר יוסף לאחיו (לקמן נ, יט):}

אמרי יושר

[ז] **החכם יענה דעת.** רוח הקדש של שרה כדרשם (מדרש בראשית רבה פרשה מה ב) לקול שרי לקול נביאות שבה: **ואבנה גם אנכי.** פירוש גם בערך שרה:

ידי משה

מה ערבה יבשה לפני שלשה מינים כך מתה רחל לפני אחותה, ואם כן רחל שהיא סוברת שהיא כנגד ההדס אם כן ראויה לצאת ממנה רוב הבנים, על כן אמרה הבה לי בנים שהיא כנגד ההדס וידוע לכל שההדס הוא בנמשל לצדיק כדכתיב (זכריה א, ח) והנה הוא עומד בין ההדסים, ולכך קנאתה ואמרה אלולי שהיא צדקת פירוש הואיל והיא כנגד ההדס על כרחך שהיא צדקת, ולפיכך אמרה ואם אין מתה אנכי פירוש שאם כן אין אני כנגד ההדס רק נגד הערבה אם כן מוכרחת אני למות קודם אחותי ודו"ק:

מסורת המדרש

טז. פדר"א פרק מ': **יז.** ילקוט כאן רמז קכ"ז. ילקוט איוב רמז תתק"ז: **יח.** אגדת בראשית פרק נ"א:

אם למקרא

אַל נָא תְהִי כַּמֵּת אֲשֶׁר בְּצֵאתוֹ מֵרֶחֶם אִמּוֹ וַיֵּאָכֵל חֲצִי בְשָׂרוֹ: (במדבר יב:יב)

בְּמַחֲשַׁכִּים הוֹשִׁיבַנִי כְּמֵתֵי עוֹלָם: (איכה ג:ו)

וַיֹּאמֶר ה' אֶל מֹשֶׁה בְּמִדְיָן לֵךְ שֻׁב מִצְרָיִם כִּי מֵתוּ כָּל הָאֲנָשִׁים הַמְבַקְשִׁים אֶת נַפְשֶׁךָ: (שמות ד:יט)

הֶחָכָם יַעֲנֶה דַעַת רוּחַ וִימַלֵּא קָדִים בִּטְנוֹ: (איוב טו:ב)

וַתֹּאמֶר שָׂרַי אֶל אַבְרָם הִנֵּה נָא עֲצָרַנִי ה' מִלֶּדֶת בֹּא נָא אֶל שִׁפְחָתִי אוּלַי אִבָּנֶה מִמֶּנָּה וַיִּשְׁמַע אַבְרָם לְקוֹל שָׂרָי: (בראשית טז:ב)

וַיֹּאמֶר אֲלֵהֶם יוֹסֵף אַל־תִּירָאוּ כִּי הֲתַחַת אֱלֹהִים אָנִי: (שם נ:יט)

שינוי נוסחאות

(ז) **כך עונים את המעיקות.** בדפוסים הישנים היה כתוב "... את המניקות", והגיהו גם אות אמת וגם מתנות כהונה שצ"ל "המעוקות", וכן כתבו בכמה דפוסים, וברוב הדפוסים המאוחרים כתבו "מעיקות", וכ"ה בת-א:

רש"י

(ז) כך עונין את המעיקות חייך שבניך עתידין לעמוד לפני בנה. יוסף:

מתנות כהונה

דתן ואבירם. כמ"ש חז"ל דהאי אנשים דתן ואבירם היו: [ז] **קדים.** שהוא רוח קשה כד"א ברוח קדים עזה הגה ברוחו הקשה ביום קדים: **ה"ג בילקוט איוב ובפי' רש"י כך עונים את המעיקות והוא לשון צרה ועקא כלומר העקרות המצירות: לפני בנה.** זה יוסף: **ממני לא מנע.** ולכן אין עלי מה לעשות: **כך עשה.** בתמיה: **לא היו לו בנים.** והלא הגר ילדה לו ישמעאל: **יכולה את כו'.** דייק מדענתה ואמרה ואבנה גם אנכי ממנה וכדלקמן: **מה זו כו'.** דברי הספר הם ולא דברי רחל והכי מוכח בילקוט:

אשד הנחלים

המצורע והסומא שאינם נהנין מחייהן, כי אינם רואים התבל ואנשיה המשמח החיים [חשובים כמתים]. וכן העדר ההולדה, כי קיום התבל הוא החיים הנשארים בתבל, כי ע"י הבנים הרי זה כאילו הם חיים בעולם, ובהעדרם נקראים מתים אחר שמוכרחים לצאת ממנה. והכלל כל העדר נקרא מת כי נעדר פעולתו, על כן אמרה ואם אין מתה אנכי, הריני כמתה, ודי בזה: [ז] **החכם גו' זה אברהם כו' זה יעקב כו'.** כי שם רוח מורה על דיבור החפזי המשיב מרוב המיה וכעס, כי רוחו אלצתו לדבר כל העולה על רוחו. אכן איש הדעת לא ילך אחרי רוחו וכעסו, ולא ימלא רוח קדים המציק לו כרוח בלי הפוגות. לזה אומר על דרך התמיה היתכן שהחכם יענה דעת כפי רוחו, וכאומר שוּר נא אברהם שהיה חכם לא חרה אפו בשרה, אכן יש אשר מלא קדים בטנו, כי לא יכול לעצור רוחו מרוב כעסו. וזה ציור מוסרי לוטה על דרך אסמכתא במליצת הכתוב. **המעוקות.** כן צ"ל. אות אמת: **עתידים לעמוד.** על דרך אשר העצבת אותה בדבריך, תזכה לכזה שבנה יעציב לבניך: **ממני לא מנע.** כאומר הלא ממך מנע ולא ממני ומה תבקש ממני. ועיין ברש"י ובש"ח שם: **הכניסה צרתה.** הענין כי מטבע הלב בעת יצר לו אז מתנחם בצרת רעהו, ואינו חפץ בטוב זולתו, כי צרת רבים חצי נחמה, וזה אינו מדה טובה, וכשיגבר בטוב אז אות הוא שמרחם על הזולת, ואז מרחמין גם עליו מן השמים: **מה זו.** מלת גם קדייק, כמו שנבנה שרה גם אנכי אולי אבנה. ומכל אלה מוכח שדברו מאברהם ושרה תחילה, ולכן הזכירה עתה סתם כיון שהזכירה תחילה בדבריה:

וַתֹּאמֶר רָחֵל דָּנַנִּי אֱלֹהִים וְגַם שָׁמַע בְּקֹלִי וַיִּתֶּן לִי בֵּן עַל כֵּן קָרְאָה שְׁמוֹ דָּן.

Then Rachel said, "God has judged me, He has also heard my voice and has given me a son." She therefore called his name Dan (30:6).

☐ **וַתֹּאמֶר רָחֵל דָּנַנִּי אֱלֹהִים** — *THEN RACHEL SAID, "GOD HAS JUDGED ME, HE HAS ALSO HEARD MY VOICE.*

The Midrash clarifies Rachel's declaration:

דָּנַנִּי וְחִיְּיבַנִי — Rachel meant to say, **"[God] has judged me and found me guilty, דָּנַנִּי וְזִכַּנִי — and He has judged me and acquitted me."**[96] **דָּנַנִּי וְחִיְּיבַנִי שֶׁנֶּאֱמַר "וְרָחֵל עֲקָרָה"** — **[God] judged me and found me guilty, as it states,** ***but Rachel remained barren*** (above, 29:31); **דָּנַנִּי וְזִכַּנִי שֶׁנֶּאֱמַר "וַיִּתֶּן לִי בֵּן"** — and **[God] judged me and acquitted me, as it states,** ***and [He] has given me a son.***[97]

☐ **עַל כֵּן קָרְאָה שְׁמוֹ דָּן** — *SHE THEREFORE CALLED HIS NAME DAN.*

The Midrash relates the significance of this phrase:

בְּכָל מָקוֹם שֶׁנֶּאֱמַר "עַל כֵּן" מְרוּבָּה בְּאוּכְלוּסִין — **Wherever it is stated** ***therefore*** [עַל כֵּן] in regard to any of the Twelve Tribes, that particular tribe **was numerous in population.**[98]

וַתֹּאמֶר רָחֵל נַפְתּוּלֵי אֱלֹהִים נִפְתַּלְתִּי עִם אֲחֹתִי גַּם יָכֹלְתִּי וַתִּקְרָא שְׁמוֹ נַפְתָּלִי.

And Rachel said, "Sacred schemes have I maneuvered to equal my sister, and I have also prevailed!" And she called his name Naphtali (30:8).

§8 **וַתֹּאמֶר רָחֵל נַפְתּוּלֵי אֱלֹהִים נִפְתַּלְתִּי וגו׳** — *AND RACHEL SAID, "SACRED SCHEMES HAVE I MANEUVERED, ETC."*

The Midrash expounds the name Naphtali, explaining the connotation of the unusual word נִפְתַּלְתִּי:

נוֹפַתִּי — By this declaration Rachel meant to say, **"I have perfumed** (*nofti*) [נוֹפַתִּי] and beautified myself in expectation of my forthcoming wedding to Jacob;[99] **פִּתִּיתִי — I have been persuaded** (*pitisi*) [פִּתִּיתִי] by my father to allow Leah to marry Jacob;[100] **תָּלִיתִי אֲחוֹתִי עָלַי — I have raised** (*talisi*) [תָּלִיתִי] **my sister above me** by remaining silent and allowing her to marry Jacob in my stead."[101]

Another exposition of the word נִפְתַּלְתִּי:

אָמַר רַבִּי יוֹחָנָן: נִינְפָה הָיָה לִי לַעֲשׂוֹת לִפְנֵי אֲחוֹתִי — **R' Yochanan said:** By using the word נִפְתַּלְתִּי Rachel said, in effect, **"I should have been the bride (*ninfah*)** [נִינְפָה] **in place of my sister.**[102] **אִילּוּ שָׁלַחְתִּי וְאָמַרְתִּי לוֹ תֵּן דַּעְתְּךָ שֶׁהֵם מְרַמִּים בְּךָ** — **Had I sent** a message **to Jacob** before the wedding **saying to him, 'Take heed for they are fooling you,** substituting Leah in my stead,' **לֹא הָיָה פּוֹרֵשׁ — would he not have refrained** from marrying Leah, marrying me first instead? **אֶלָּא אָמַרְתִּי אִם אֵין אֲנִי כְּדַאי שֶׁיִּבָּנֶה הָעוֹלָם מִמֶּנִּי — However, I said** to myself, **'If I am not worthy that the world should build up through me, יִבָּנֶה מֵאֲחוֹתִי — then** at least **let it build up through my sister.' "**[103]

Another exposition:

דָּבָר אַחֵר, "נַפְתּוּלֵי" פִּיתוּלַיָּיה לָא דִידִי הֲוַיִין — **Alternatively:** By using the term **"Naftulei"** [נַפְתּוּלֵי], Rachel said, in effect, "Was all of **[Jacob's] knotted** ornaments and jewelry that he sent to my father **not meant for me?**[104] **כְּלוּם הָלַךְ יַעֲקֹב אֵצֶל לָבָן אֶלָּא בִּשְׁבִילִי — Did Jacob not go to Laban only** for **my sake** (i.e., in order to marry me)?"

A final exposition of our verse:

דָּבָר אַחֵר, נוֹפֶת עַצְמוֹ לֹא שֶׁלִּי הִיא — Alternatively: By using the term נַפְתָּלִי Rachel meant to say, **"Are the** honey **drippings** (*nofes*) [נֹפֶת] **themselves not mine (*li*)** [לִי]**?"**[105] **דִּבְרֵי תוֹרָה** — This refers to the **words of Torah,** which are compared to honey drippings, **שֶׁנֶּאֱמַר בָּהֶם "וְנֹפֶת צוּפִים"** — **as it states regarding [the Torah],** ***drippings from the [honey]combs*** (*Psalms* 19:11), **יִהְיוּ נֶאֱמָרִים בְּחֶלְקוֹ שֶׁל נַפְתָּלִי** — **and which are destined to be recited in the portion** of land **belonging to Naphtali.**[106]

NOTES

96. Rachel's statement, "*God has judged me, He has also heard my voice,*" alludes to two judgments: דָּן often connotes judgment accompanied by punishment, e.g., 49:16 below (see *Rashi* there; *Sefer Zikaron*), while *He has also heard my voice* implies a favorable judgment (*Eitz Yosef,* from *Yefeh To'ar*).

97. Although it was not actually her child, by caring for him and raising him, he is regarded as her child (*Eitz Yosef*).

98. As stated above (§4), the word עַל is related to the word עִילוּי, *to raise up,* or *significant.* Hence, any tribe of whom it was said עַל כֵּן, *therefore,* became extremely populous. Indeed, after the tribe of Judah, Dan was the most populous of the tribes (see above, note 46).

99. The Midrash regards the word נִפְתַּלְתִּי as a contraction of the words נוֹפַתִּי [נפ] פִּתִּיתִי [פת] and תָּלִיתִי [תלתי]. The word נוֹפַתִּי means *perfumed* (see *Proverbs* 7:17). Alternatively, נוֹפַתִּי is related to the word נִינְפָה, *bride,* mentioned below (see note 102); i.e., *I have prepared myself to be a bride.* According to either explanation, Rachel was alluding that she had made all the necessary preparations for her anticipated wedding to Jacob, but was then cast aside (*Eitz Yosef,* from *Yefeh To'ar*).

100. Ibid. Alternatively, Rachel persuaded *Leah.* Leah was afraid to listen to her father, lest Jacob discover the ruse, bringing shame upon herself. Rachel revealed to Leah her prearranged signs, thereby preventing her humiliation, and convinced her to marry Jacob and take advantage of the opportunity to be a mother of the tribes (*Matnos Kehunah; Yedei Moshe*).

101. I.e., in the merit of Rachel keeping quiet, despite her many preparations and her anticipation to marry Jacob, she was deemed worthy of having this child (*Eitz Yosef,* from *Nezer HaKodesh*).

102. נִפְתַּלְתִּי is related to the word נִינְפִי, *bride.* [The word *ninfi* (נִינְפִי) resembles the Greek word *nimphe,* which means a young bride] (*Eitz Yosef*).

103. [The Matriarchs Rachel and Leah knew that Jacob would sire twelve sons, corresponding to the twelve constellations (*Eitz Yosef*).] By alluding to her right to be Jacob's first bride, Rachel meant to say that in the merit of her remaining silent and not protesting Leah's marriage, Rachel was rewarded with the birth of Naphtali through her maid Bilhah (*Eitz Yosef; Yefeh To'ar*).

104. [I.e., ornaments or jewelry that a woman ties onto herself, such as those stated in the verse (*Isaiah* 3:20), *the bonnets, the leg bands, the hair-ties* (*Eitz Yosef*).]

I.e., the jewelry and gifts that Jacob sent for Rachel, his intended bride, Laban gave to Leah instead (*Eitz Yosef*). When Rachel saw that the gifts had been given to her sister, she understood her father's intentions, but, nevertheless, kept silent. As reward for her silence, she was granted Naphtali (*Eitz Yosef,* from *Yefeh To'ar*).

Alternatively, פִּיתוּלַיָּה means *knots* or *ropes* (see *Menachos* 39b). I.e., all the twists and turns that Jacob experienced, which led him to Laban's house, were orchestrated by God for the sole purpose of his marrying Rachel (*Rashi; Matnos Kehunah*). [The terms *knots* and *ropes* are used by Scripture to describe a loving relationship, as in the verse (*Hosea* 11:4), בַּעֲבֹתוֹת אַהֲבָה, *with bonds of love* (see *Yefeh To'ar*).]

105. The word נַפְתָּלִי is seen as a contraction of the phrase נֹפֶת לִי, *"the [honey] drippings are mine"* (*Matnos Kehunah*).

106. I.e., Rachel was offering her praise and gratitude for the significant share in Torah learning that she merited with Naphtali's birth. That the descendants of Naphtali would be known for their eloquence in Torah knowledge is derived from the verse, *[Naphtali] delivers beautiful sayings* (below, 49:21), which refers to words of Torah (*Eitz Yosef,* from *Nezer HaKodesh; Matnos Kehunah*). Specifically, this refers to the city of Tiberias located in Naphtali's portion, where the Great Sanhedrin convened in the time of R' Yehudah HaNasi (*Nezer HaKodesh; Radal*).

[ל, ו] "וַתֹּאמֶר רָחֵל דָּנַנִּי אֱלֹהִים", דָּנַנִּי וְחִיְּבַנִי דָּנַנִּי וְזִכַּנִי, דָּנַנִּי וְחִיְּבַנִי שֶׁנֶּאֱמַר (לעיל כט, לא) "וְרָחֵל עֲקָרָה", דָּנַנִּי וְזִכַּנִי שֶׁנֶּאֱמַר [ל, ו] "וַיִּתֶּן לִי בֵּן". [שם] "עַל כֵּן קָרְאָה שְׁמוֹ דָּן", בְּכָל מָקוֹם שֶׁנֶּאֱמַר "עַל כֵּן" מְרוּבֶּה בְּאוּכְלוּסִין:

ח [ל, ח] "וַתֹּאמֶר רָחֵל נַפְתּוּלֵי אֱלֹהִים נִפְתַּלְתִּי וְגוֹ'", נוֹפְתִּי פְּתִיתִי תְּלִיתִי אֲחוֹתִי עָלַי, אָמַר רַבִּי יוֹחָנָן: נִינְפָה הָיָה לִי לַעֲשׂוֹת לִפְנֵי אֲחוֹתִי, אִילּוּ שָׁלַחְתִּי וְאָמַרְתִּי לוֹ תֵּן דַּעְתְּךָ שֶׁהֵם מְרַמִּים בְּךָ לֹא הָיָה פּוֹרֵשׁ, אֶלָּא אָמַרְתִּי אִם אֵין אֲנִי כְּדַאי שֶׁיִּבָּנֶה הָעוֹלָם מִמֶּנִּי יִבָּנֶה מֵאֲחוֹתִי. דָּבָר אַחֵר, "נַפְתּוּלֵי" פִּיתוּלַיָּיה לָא דִידִי הַוְיָין, כְּלוּם הָלַךְ יַעֲקֹב אֵצֶל לָבָן אֶלָּא בִּשְׁבִילִי. דָּבָר אַחֵר, נוֹפֶת עַצְמוֹ לֹא שֶׁלִּי הִיא, דִּבְרֵי תוֹרָה, שֶׁנֶּאֱמַר בָּהֶם (תהלים יט, יא) "וְנֹפֶת צוּפִים", יִהְיוּ נֶאֱמָרִים בְּחֶלְקוֹ שֶׁל נַפְתָּלִי:

עץ יוסף

[יא] דנני וחייבני. דקאמר דנני אלהים וגם שמע בקולי משמע דתרתי מילי נינהו דין לחובה ודין שני לשמוע בקולי (יפה תואר): ויתן לי בן. כי בהיותו נולד על ברכי הוא נחשב לי כבן: (ח) נופתי פתיתי כו'. דרש מנפתלתי כל הני נוטריקון נופתי מלשון נפתי משכבי, או לשון נינפה דבסמוך, והכוונה שהוכנה להיות כלה ותקנה משכבה להכנס עם יעקב לחופה ונדחית. ופירוש פתיתי שנתפייסתי לאבי להשמע בקולו. ופירוש תליתי אחותי עלי שהגדלתי לאחותי עלי ששתקתי שתנשא היא תחלה ליעקב (כדמתרגם בירושלמי קול רם קול תלי), וזכות זה הוא עומד לי עכשיו בפקידת בן זה הנולד על ברכי (יפה תואר): נינפה היה לי כו'. פי' כלה היה לי להעשות קודם אחותי, שאילו הזהרתי את יעקב היה פורש ממנה ונושא אותי תחלה ובזכות שתיקתי זכרני אלהים. ובמסכת ראש השנה (כו, א) איתא שבכרכי הים קורין לכלה נינפי מאי קרא יפה נוף משוש כל הארץ. ופירושו בלשון יוני ורומיי כלה וארוסה (מוסף הערוך): לא היה פורש. בתמיה: שיבנה העולם. כי יודעות היו שהעולם יבנה מיעקב שיוליד שנים עשר שבטים כנגד שנים עשר מזלות: פיתולייה. כלומר קשורי תכשיטין, כמו הפארים והצעדות והקשורים בספר ישעיה (ג, כ): לא דידי הוויין. לא שלי היתה. שיעקב שלחם לי אלא שאבי לקחם ונתנם ללאה ואני שתקתי ובזכות זה נפקדתי עתה בבן זה הנולד על ברכי (יפה תואר). והמוסף הערוך כתב פיתולייה בלשון יוני הולדה והזרע: דבר אחר נופת עצמו כו'. כלומר דברי תורה הנמשלים לנופת צופים אשר נתגדל בהם יעקב עד כי זכה לבניו אחריו הממלאים מקומו בתורה, הנה עתה שלי הם שיש לי חלק בהם בבן זה הנולד על ברכי, כי עתידים דברי תורה שיהיו נאמרים

פירוש מהרז"ו

(ח) ננפי. כלה כמו שאמרו שמות רבה (לו, א) ושם נסמן: נפת עצמי. פירוש הנופת העקרי והעצמי, ודורש תיבת נפתלי. עיין שמות רבה (א, ה):

רש"י

(ח) פתיתי. לשון פיוס, כלום נתפייס לבא בכאן אלא בשבילי. דבר אחר לשון קשר כל הקשרים שקשר יעקב ונתגלגל לבא בכאן לא היה אלא בשבילי, כהדא דתנינן (מנחות לט, ב) אלא עושהו גדיל ופותלהו מתוכו, ומקרא מלא הוא כמו בחבלי אדם אמשכם בעבותות אהבה (הושע יא, ד): נינפי היה לי לעשות לפני אחותי. שכך קורין בכרכי הים לכלה נינפי (תנחומא כי תשא סימן יח): אלו שלחתי ואמרתי לו תן דעתך שהן מרמין לך לא היה פורש. אלא אמרתי אם איני כדאי שיבנה העולם ממני יבנה מאחותי: פיתולייא לאו דידי הוויין. כלום הלך יעקב אצל לבן אלא בשבילי: נפת עצמו דידי הוא דברי תורה:

מתנות כהונה

דנני וחייבני. דרש דנני שני דינין: [ח] ה"ג בילקוט נסיתי לשון הסתה שהיתה מפתה ומרצה ללאה ומסרה לה הסימנים שמסר לה יעקב ודריש נפתלתי נוטריקון נינפה. חופתי שכן בכרכי הים קורין לכלה נינפי: תן דעתך גרסינן: פותילייה. כל סבות וגלגולי יעקב שנתפתל ונתגלגל לבא לכאן לא היה אלא בשבילי ובפי' רש"י מלאתי פיתולייה לשון חבלים והם הסבות שלהם נמשך בעבותות אהבתה ובא לו ללבן: נופת. זאת התורה שנקראת נופת צופים ודרש נפתלי נוטריקון נופת לי: בחלקו של נפתלי. כמה שנאמר הנותן אמרי שפר: [ט] גדא דביתא. גדא דעלמא. פירש הערוך מזל הבית ומזל של כל העולם: לגדד

נחמד למראה

[ז] ותאמר רחל דנני אלהים. דנני וחייבני, דנני וזיכני, דנני וחייבני שנאמר ורחל עקרה, דנני וזיכני שנאמר ויתן לי בן. כתב הרב יפה תואר וזה לשונו דנני וחייבני דנני וזיכני, דמדלא קאמר דנני אלהים ושמע בקולי אלא וגם שמע, צריך לומר דתרתי מילי נינהו דין לחובה ודין שני לשמוע בקולי. וליכא לפרש דנני וחייבני אבל עתה שמע בקולי ברחמים ולא בדין, כי מה ענין להזכיר עכשיו הדין שהיה לשעבר אם לא לענין ההווה לומר שכמו שנתחייבה בדין, גם כן עתה זכתה בדין עכ"ל. הנה פירוש זה הוא כפי מה שגורס רש"י ז"ל (ל, ו) וזה לשונו דנני וחייבני וזיכני, אך לפי לשון המדרש שאמר דנני וחייבני דנני וזיכני משמע ששניהם ממלת דנני דרשו. לכך נראה לי שדרשו הכי לפי שהנו"ן היא דגושה במלת דָּנַנִּי ואינו לצורך לגמרי, כמו שכתב יהב"י הנקדן בספר עין הקורא פרשת וילא וזה לשונו דָּנַנִּי אלהים הנו"ן דגושה כנו"ן בְּעוֹדֶנִּי חי (דברים לא, כז) יסר יִסְּרַנִּי (תהלים קיח, יח) פרחון עכ"ל. וכן כתב החכם אבן עזרא וז"ל דָּנַנִּי דגשות הנו"ן לחסרון נו"ן הנוסף עכ"ל. ולכאורה אין נכון להיות דגש להורות על חסרון נו"ן הנוספת דכיון שאינה לצורך שורש ולא לצורך שימוש מי יבקש תשלומה, איברא מכל מקום נכון הוא שתהיה נוספת לצורך דרש, ולזה אמרו דנני וחייבני דנני וזיכני, ואף על גב דלא דרשינן ביה תרתי אלא אם כן כאשר שתי אותיות הדומות תהיינה במכתב, אבל כאשר תהיה אחת מהדומות מובלעת בדגש לא דרשינן ביה אלא חדא כמו שהתבאר לעיל (ע, יב) עיין שם, היינו דוקא התם ששתי אותיות הדומות לצורך שורש הן, לכן כאשר שתיהן במכתב דרשינן ביה תרתי וכאשר תחסר אחת מהן והיא מובלעת בדגש לא דרשינן ביה אלא חדא, כיון שהדגש הוא נכון כפי מנהג הלשון, מה שאין כן בנידון דידן שהנו"ן המובלעת בדגש אינה לצורך שורש ולא לצורך שימוש אבל היא נוספת לגמרי, ואם כן גם הדגש אשר יורה על חסרונה הוא נוסף כיון שהוא יורה על חסרון תוספת נו"ן, ולא נכתבה הנו"ן עצמה משום דלא אפשר, כי יסוד מוסד בטבע הלשון כל שתי אותיות דומות והראשונה בשו"א ותהיה הנגינה באות שלפני שתי אותיות הדומות אזי בהכרח תחסר אחת מהדומות ודגש השנית יורה על חסרונה והטעם מבואר במקום אחר, לכן בנדון דידן כיון שהדגש עצמו הוא נוסף, דרשינן ביה תרתי כאלו הנו"ן כתובה, ומכל שכן אם אי אפשר שתהיה הנו"ן עצמה כתובה: [ח] ותאמר רחל נפתולי אלהים נפתלתי וגו' נסיתי פתיתי תליתי אחותי עלי אמר רבי יוחנן וכו'. יש לתמוה הרבה שכל אלו הדברים שדברה רחל בלידת הבן השני הוא נפתלי היו צודקים יותר בלידת דן הוא הבן הראשון. והנראה אצלי שיובן בהקדים מה שתרגמו אונקלוס ויונתן בן עוזיאל בפסוק זה (ל, ח) ותאמר רחל נפתולי אלהים נפתלתי עם אחותי, דיהא לי ולד כאחתי, דתקשי נמי עלייהו דבבן הראשון דהיינו דן הוה

אשד הנחלים

דנני חייבני וזכני. כאומר אמת שדנני אלהים במדת דין, שזה שם אלהים, וחיבני מבלי להוליד, אבל עם כל זה זכני ג"כ, וגם שמע מעט בקולי, כי נתן לי בן שיקרא על שמי קצת, אחר שנתתי שפחתי לו: [ח] נפתלתי פתיתי. כן גרסת רש"י. ולפירושו הוא מלשון נפתל שע"י טוב לבי שחמלתי על לאה נפתלתי ונעקשתי, כלומר נהפך עלי לרעה כי היא יש לה בנים ולי אין. ופירוש אחר פירוש רש"י מלשון קשר, על דרך בעבותות אהבה, כלומר כל הקשרים שקשר יעקב ונתגלגל לבוא לכאן לא היה רק בשבילי. עיין באות אמת ובמתנות כהונה. וכאומר הלא ראוי אנכי שירחם עלי בשביל טובתו, ולכן נתן לי על כל פנים משפחתי: פתולייא. זה הוא כפירוש רש"י בדבר אחר, והד"א הוא פירש לזה, כן נ"ל: נופת עצמו. כלומר שכיונה ברוח קדשה לרמוז מה שיהיה ממנה באחרית. ודרש נוטריקון נופת לי בשבילי, כי אני גרמתי שיולד, והתורה המתוקה תהיה בחלקו ובכחו כמו שכתוב (בראשית מט, כא) הנותן אמרי שפר, כי יהיה

חידושי הרד"ל

[ח] בחלקו של נפתלי. עיין מתנות כהונה. ורמזו לטבריה שבחלקו של נפתלי שבה היו סנהדרין בימיהן:

אמרי יושר

דנני אלהים וחייבני. שהיה בלבי רע על לאה ואחר כך וגם שמע בקולי וזיכני: [ח] נפתולי אלהים נפתלתי וגו'. פירוש נפתלתי עם אחותי. מלשון נינפי. פירוש כלה הייתי ליעשות עם אחותי גם יכולתי ועלה בידי לערבב שמחתה. וזה זכר הקדוש ברוך הוא וכן פירוש להלאה על ויזכור אלהים את רחל (פרשה עג ד). או יכולתי על יצרי ונתגברתי:

אם למקרא

הַנֶּחֱמָדִים מִזָּהָב וּמִפַּז רָב וּמְתוּקִים מִדְּבַשׁ וְנֹפֶת צוּפִים: (תהלים יט:יא)

ידי משה

[ז] על כן קרא שמו דן. בכל מקום שנאמר על כן הוא מלוי מרובה באוכלוסין. פירוש לפי שעל כן מורה על שאמרו מצרים פן ירבה ורוח הקדש אמרה כן ירבה (שמות רבה א, יא) והנה כל השבטים היו בגזרת השעבוד מה שאין כן שבט לוי לא היה בשעבוד מצרים, והכתוב אומר (שמות א, יב) כאשר יענו כן ירבה פירוש שהם ענו אותם בעבודה כדי שלא יהו פרים ורבים והקדוש ברוך הוא עשה מדה כנגד מדה, מה שאין כן בשבט לוי רק שקשה שילא שכרו בהפסדו למה היא זאת, אדרבה היה להקב"ה לעשות שגם לוי יהיה בענוי השעבוד, לזה מסיק רש"י לפי שהיה הארון מכלה פירוש דאיתא לפי שהם לגיוניו של מלך שישאו את הארון, לכך לא היה בשעבוד ודו"ק היטב: [ח] [נופתי פתיתי וכו'] נינפי היה לי לעשות. בתמיה וכי היה צריך לי לעשות חופה לאחותי וכו' אלא אמרתי וכו'. פתיתי פירושו שלאה לא רצתה לרמות את יעקב שלא תבא לידי בזיון, ופתה אותה רחל לשם שמים אם לא ילאו השבטים ממני ילאו ממנה:

וַתֵּלֶד זִלְפָּה שִׁפְחַת לֵאָה לְיַעֲקֹב בֵּן.
Zilpah, Leah's maidservant, bore Jacob a son (30:10).

§9 וַתֵּלֶד זִלְפָּה שִׁפְחַת לֵאָה — ***ZILPAH, LEAH'S MAIDSERVANT, BORE*** *JACOB A SON.*

בְּכוּלָּם כְּתִיב "וַתַּהַר", וְכָאן "וַתֵּלֶד" — **About all of [Jacob's wives] it is written, *she conceived*** and *she bore,* **but here** regarding Zilpah it is only written, ***she bore.*** **אֶלָּא בַּחוּרָה הָיְתָה** — **Rather, [Zilpah] was a young girl,** **וְלֹא הָיְתָה נִיכֶּרֶת בְּעִיבּוּרָהּ** — **and** therefore **it was not noticeable that she was pregnant.**[107]

וַתֹּאמֶר לֵאָה בָּגָד [בָּא גָד] וַתִּקְרָא אֶת שְׁמוֹ גָּד.
And Leah declared, "Good luck has come!" So she called his name Gad (30:11).

□ **וַתֹּאמֶר לֵאָה בָּא גָד** — ***AND LEAH DECLARED, "GOOD LUCK HAS COME!"***

The Midrash interprets the expression בָּגָד, which is read as two words, בָּא גָד:

אֲתָא גַּדָּא דְּבֵיתָא אֲתָא גַּדָּא דְעָלְמָא — The expression *bagad* [בָּא גָד] signifies that with the birth of this child, **good luck has come to the home, good luck has come to the world.**[108]

An alternate interpretation of בָּגָד:

בָּא מִי שֶׁעָתִיד לְגַדֵּד מַשְׁתִּיתָן שֶׁל אוּמּוֹת הָעוֹלָם — The phrase בָּגָד suggests that with the birth of Gad, **the one who is destined to chop down the foundations of the** idolatrous **nations of the world has come.**[109] **וּמַנּוּ** — **And who is this** referring to? **אֵלִיָּהוּ** — **Elijah** the prophet.[110]

According to the preceding teaching, Elijah the prophet is a descendant of Gad. This Midrash cites a dispute regarding Elijah's tribal origins:

אֵלִיָּהוּ מִשֶּׁל מִי — **From which** tribe **is Elijah** a descendant? **רַבִּי אֶלְעָזָר אָמַר: מִשֶּׁל בִּנְיָמִין** — **R' Elazar said:**[111] **[Elijah] is from** the tribe of **Benjamin,** **דִּכְתִיב "וְיַעֲרֶשְׁיָה וְאֵלִיָּה וְזִכְרִי בְּנֵי יְרֹחָם . . . כָּל אֵלֶּה מִבְּנֵי בִנְיָמִין"** — **as it is written, *Jaaresiah, Eliah, and Zichri were the sons of Jeroham . . . All these were among the sons of Benjamin*** (*I Chronicles* 8:27, 40).[112] **רַבִּי נְהוֹרַאי אָמַר: מִשֶּׁל גָּד הָיָה** — However, **R' Nehorai said: [Eliyahu] is from** the tribe of **Gad,** **הָדָא הוּא דִכְתִיב "וַיֹּאמֶר אֵלִיָּהוּ הַתִּשְׁבִּי מִתֹּשָׁבֵי גִלְעָד"** — **as it is written, *Elijah the Tishbite, a resident of Gilead, said*** *to Ahab* (*I Kings* 17:1).[113]

The Midrash challenges this proof:

אָמַר רַבִּי פְלִיפִּי בַּר נְהוֹרַאי: מַאי חָזִית לְמֵימַר כֵּן — **R' Philipi bar Nehorai said to R' Nehorai,**[114] **"What did you see that prompted you to say this?"**[115] **אָמַר לֵיהּ: דִּכְתִיב "וַיְהִי לָהֶם הַגְּבוּל יַעְזֵר וְכָל עָרֵי הַגִּלְעָד"** — **[R' Nehorai] replied to [R' Philipi], "Because it is written,** *Moses also gave to the tribe of Gad . . .* ***Their border was Jazer, and all the cities of Gilead"*** (*Joshua* 13:24-25).[116]

NOTES

107. Zilpah, the youngest of all Jacob's wives, was still in her puberty, so that her menses were not yet regular. Thus, she incorrectly attributed the cessation of her menses to her youth rather than to pregnancy (*Eitz Yosef; Yefeh To'ar*).

[That Laban gave Leah the younger maidservant Zilpah, and not the older Bilhah, was part of his ruse to trick Jacob into thinking that he was really marrying Rachel. For the custom was to give the elder maidservant to the elder daughter and the younger maidservant to the younger daughter (*Eitz Yosef*).]

108. I.e., the Midrash interprets בָּגָד as two words, בָּא, *come,* and גָּד, *good luck* (based on *Shabbos* 67b, see *Rashi* there s.v. האומר), as it is read. Gad's birth was considered to portend good luck because Leah foresaw through Divine Inspiration that the tribe of Gad would emerge victorious in all its battles, as alluded to in the verse (below, 49:19): גָּד גְּדוּד יְגוּדֶנּוּ וְהוּא יָגֻד עָקֵב, *Gad will recruit a regiment and it will retreat on its heel* (see *Yerushalmi Sotah* 8:10; *Bereishis Rabbah* 88 §21). Since Gad's successes on the battlefield would benefit the entire Jewish nation, the Midrash adds that the birth of Gad portends good luck for the entire world, i.e., the Jewish people (*Eitz Yosef,* from *Yefeh To'ar*).

109. I.e., a descendant of Gad will one day destroy the wicked. According to this understanding, as well, בָּגָד is interpreted as two words, viz., בָּא, *come*, and גָּד, *chop down* [as in *Daniel* 4:11, גֹּדּוּ אִילָנָא, *chop down the tree*; see also *Targum Yonason* to the current verse] (*Eitz Yosef,* from *Matnos Kehunah*).

110. This is based on the view of R' Nehorai, cited by the Midrash shortly, that Elijah was a descendant of Gad (*Eitz Yosef*). The prophet Elijah will eliminate the wicked from the land in preparation for the Messianic era (*Maharzu,* based on *Malachi* 3:1; see *Radak* ad loc.).

111. Emendation of the text from R' Eliezer to R' Elazar reflects the version found in various editions of the Midrash (including *Yefeh To'ar, Nezer HaKodesh,* and an early manuscript ed. from Constantinople, 5272) and is consistent with the Midrash below, which refers to this same sage as R' Elazar. [See, however, the parallel Midrash in *Yalkut Shimoni* (*Vayeitzei* §127), which reads (both here and below) R' Eliezer and not R' Elazar.]

112. I.e., R' Elazar identifies the Eliah of this verse, a descendant of Benjamin, as Elijah the prophet.

113. Since Gilead is located in the tribal portion of Gad (see *Joshua* 13:24-25), R' Nehorai reasons that Elijah must be a member of the tribe of Gad (*Eitz Yosef*).

114. [Elucidation based on *Mesoras HaMidrash* (whose reading is לְרַב נְהוֹרַאי), which notes that the Midrash cannot be referring to R' Philipi "bar" Nehorai, for R' Philipi was *not* the son of R' Nehorai. The emended version also conforms with the reading of a parallel Midrash in *Yalkut Shimoni* (*I Kings* §208).]

115. *Eitz Yosef* (from *Yefeh To'ar*) explains R' Philipi's question: I.e., the tribe of Gad received only half of the territory of Gilead. For the Torah states elsewhere (see *Deuteronomy* 3:12-13; *Joshua* 13:29-31) that Moses gave the other half of Gilead to the tribe of Manasseh. R' Philipi thus asks how does the fact that Elijah resided in Gilead prove that he was a descendant of Gad? Perhaps Elijah resided in the part of Gilead that was allocated to Manasseh and was actually a member of the tribe of Manasseh!

116. I.e., R' Nehorai answered that the portion of Gilead allocated to Manasseh was a mountainous region (see *Deuteronomy* ibid.), whereas the portion of Gilead allocated to the tribe of Gad were its *cities*. Perforce, as a resident of Gilead, Elijah must have been a descendant of Gad (*Eitz Yosef,* from *Yefeh To'ar*).

ט [ל, י] "וַתֵּלֶד זִלְפָּה שִׁפְחַת לֵאָה", בְּכוּלָּם כְּתִיב "וַתַּהַר", וְכָאן "וַתֵּלֶד", אֶלָּא בַּחוּרָה הָיְתָה וְלֹא הָיְתָה נִיכֶּרֶת בְּעִיבּוּרָהּ. [ל, יא] [יט]"וַתֹּאמֶר לֵאָה בָּא גָד", אֲתָא גַּדָּא דְּבֵיתָא אֲתָא גַּדָּא דְּעָלְמָא, בָּא מִי שֶׁעָתִיד לְגַדֵּד מַשְׁתִּיתָן שֶׁל °עוֹבְדֵי כוֹכָבִים, וּמַנּוּ, אֵלִיָּהוּ. [כ]אֵלִיָּהוּ מִשֶּׁל מִי, רַבִּי אֶלְעָזָר אָמַר: מִשֶּׁל בִּנְיָמִין, דִּכְתִיב (דברי הימים-א ח, כז-מ) "וְיַעֲרֶשְׁיָה וְאֵלִיָּה וְזִכְרִי בְּנֵי יְרֹחָם ... כָּל אֵלֶּה מִבְּנֵי בִנְיָמִין", רַבִּי נְהוֹרַאי אָמַר: מִשֶּׁל גָּד הָיָה, הָדָא הוּא דִכְתִיב (מלכים-א יז, א) "וַיֹּאמֶר אֵלִיָּהוּ הַתִּשְׁבִּי מִתֹּשָׁבֵי גִלְעָד", אָמַר רַבִּי פְלִיפִּי בַּר נְהוֹרַאי: מַאי חָזֵית לְמֵימַר כֵּן, אֲמַר לֵיהּ: דִּכְתִיב (יהושע יג, כה) "וַיְהִי לָהֶם הַגְּבוּל יַעְזֵר וְכָל עָרֵי הַגִּלְעָד",

רש"י

(ט) בא גד אתיא גדא דביתא אתיא גדא דעלמא. ומי שהוא עתיד לגדד משתיתן של אומות העולם, ומנו אליהו: מאי חזית למימר כן. עדיין אין אנו יודעין בזה אם הוא משל גד. **אמר להם דכתיב ויהי להם הגבול יעזר וכל ערי הגלעד:**

עץ יוסף

בחלקו של נפתלי. ויליף לה מדכתיב (בראשית מט, כא) ביה הנותן אמרי שפר דהיינו דברים המשופרים, אלו דברי תורה (כזר הקודש): **(ט) בחורה היתה.** פרש"י לפי שהיתה בחורה מכולן ותינוקת בשנים אין הריון ניכר בה, וכדי לרמות ליעקב נתנה לבן ללאה שלא יבין שמכניסים לו את לאה שכך מנהג ליתן שפחה הגדולה לגדולה והקטנה לקטנה: **[יב] אתא גדא דביתא.** דפירוש בגד בשני מלות בא גד. ופירוש גד מזל טוב. שראתה לאה ברוח הקודש מה שיהיה נוצח בכל מלחמותיו כמו שאמרו חז"ל גבי . ולפי שעל ידי נצחונו במלחמה יהיה עזר לכל ישראל אמר עוד אתא גדא דעלמא (יפה תואר): **לגדד משתיתן.** דריש גד לשון כריתה כמו גודו אילנא. וכן תרגם יונתן למגדעא משתייהון (מתנות כהונה). ופירוש משתיתן יסודותיהם מלשון (תהלים יא, ג) כי השתות יהרסון. או פירושו שמחתן והצלחתן, כמו דאכיל פרוטגמיא אכיל משתיתא (ילקוט משלי תתקמד) ופירש הערוך דאכיל סחורתו בעולם הזה אכל משתה שלו שהיה מזומן לו לעתיד לבוא (יפה תואר): **ומנו אליהו.** דאתי מגד כדר' נהוראי דבסמוך: **מתושבי גלעד.** וגלעד הוא מגד: **מאן חזית כו'.** מה ראית ראיה מפסוק זה שהוא משל גד, ואם משום שהיה מגלעד, הא לאו כל הגלעד היה מגד שחציו ניתן לחצי שבט המנשה ככתוב בסדר דברים ובספר יהושע. ומשני דכתיב בגד ויהי להם הגבול יעזר וכל ערי הגלעד, משמע דכל ערי הגלעד ניתנו לגד, וחצי הגלעד שניתנה למנשה היינו חצי ההר, הלכך מתושבי גלעד היינו גד שניתנו לו הערים (יפה תואר):

פירוש מהרז"ו

(ט) בא מי כו'. כמה שנאמר (מלאכי ג, כג) (הנני) [הנה אנכי] שולח וגו', הנה בא, ואליהו הוא מלאך הברית כמו שנאמר (מלכים א' יט, י) קנא קנאתי גו' כי עזבו בריתך. (וכמו שנאמר בסוף מלאכי הנני שולח וגו') ועיין לקמן (עט, יא) והוא יגוד, ועיין במדבר רבה (טז, יא): **משל מי.** שמות רבה (מ, ד) ושם נסמן: **משל גד.** בשביל דעה זו הובא המאמר לכאן, עיין לקמן (עט, יא): **לשכת הגזית.** עיין במדבר רבה (יג, טז) לישוב אין ישוב אלא בתי דינין, וזהו מתושבי, ובשיר השירים רבה (א, סב) סוף פסוק הנך יפה כו' בשם מכילתא וספרי:

מתנות כהונה

משתיתן גרסינן. ופירושו לשון כריתה כד"א גודו אילנא ועי' ערוך ערך גד וכן ת"י דעתיד למיגדעה משתייהון: **משתיתן.** יסודן: **ה"ג אליהו אליהו משל מי: מאי חזית כו'.** מה ראית ראייה מפסוק זה שהוא משל גד: **ויהי להם וגו'.** בשבט גד קמיירי

נחמד למראה

לה למימר הכי דמקודם לא היה לה בן וניתן לה כאחותה לא כן בבן שני, ועוד דפירוש נפתולי פירש רש"י תחלה שהוא לשון חבור, ואח"כ פירש שהוא לשון עקש ופתלתול נתעקשתי והפצרתי פצירות ונפתולים הרבה להיות כאחותי יעויין שם, גם זה קשה דלמה הוצרכה להתעקש ולהפציר בזה יותר מן הראשון דהיינו דן, ובפרט למה שתרגם יונתן בן עוזיאל ואמרה רחל מרחקא רחיקא קדם ה' בצלו ברם קבל בעותי דיהא לי בר כאחותי, דלמה זה היתה רחוקה מלשמוע תפלתה וגמירי (יבמות סד, א) דהקב"ה מתאוה לתפלתן של צדיקים. הביאור עם מאי דאיתא במדרש תנחומא (סימן ה) וזה לשונו וירא ה' כי שנואה לאה. זה שאמר הכתוב (איוב יא, יא) כי הוא ידע מתי שוא וירא און ולא יתבונן, מדבר בלאה כשבקש הקב"ה ליתן בנים ללאה אמרו מלאכי השרת לפני הקב"ה לזו אתה נותן בנים שעל ידי זמרי בן בנה יפלו ארבעה ועשרים אלף, אמר להו הקב"ה עכשיו זאת הצדקת אינה מקפחת מן הבנים הוי אומר כי הוא ידע מתי שוא, לכך נאמר וירא ה' כי שנואה לאה עכ"ל. אמור מעתה דאם יצא יצא בן שאינו הגון יש קטרוג למעלה דמוטב שלא יברא וצדקת הצדקת היא תכריח שיולד, והנה בענין נפתלי איתא במדרש לקמן (לד, ח) וזה לשונו ובני נפתלי שהן מופתלין על שבעים ושנים ניר שהיו פוסלין את עבודת הניר, יתאצל שחיצו אלהות בידן והן מצוחצחין בשיניהם ומלעיגים בשפתותיהם, וגוני שהיו מגוגים בלשונם, ויצר שהיה יצרן קשה מכל בני אדם, ושלם שהיו משלמין ליצרם ומשלמין רעה תחת טובה עכ"ל. וזה לשון המתנות כהונה מצאתי בהרב אברהם בן אשר (בס' אור השכל) שהיו בקיאין במעשה הפרוכת שהיה נארג על שבעים ושתים נירין, ולי נראה בהיפך שהיו אורגין אריגות לעבודת כוכבים ככתוב במלכים (ב' כג, ז) וכדמפרש והולך, ואי לאו דמסתפינא אמינא דהכי גרסינן נפתלי שהיו פוסלין את עבודת הניר שהן הפוסלין של שבעים ושתים נירין, פירוש במה שעובדין עבודת כוכבים ואורגין בתים לעבודת כוכבים היו פוסלין ומחללין עבודת פרוכת הקודש שהיא נארגת על שבעים ושתים נירין כדאיתא בסוף מסכת שקלים (פ"ח ה"ב) והוא בעיני כפתור ופרח עכ"ל. הא קמן שהרעו לעשות בני נפתלי יותר מבני שמעון, ואם כן הדברים קל וחומר אם בעבור שמעון היו מקטרגים שלא תלד לאה, כל שכן בשביל נפתלי שהיו מקטרגים שלא תלד בלהה, אלא דכמו דצדקת לאה הועילה ובטלה את המעוררין, כמו כן צדקת רחל ותפלתה הועילה. מעתה קום קרא הוא הדבר אשר אמרה רחל בלידת נפתלי דוקא, דעל דידיה היה הדין נותן שלא יצא לאויר העולם מפני זרעו שלא יהיו מהוגנים, וזהו שאמרה רחל נפתולי אלהים נפתלתי, אף שיהיה זרעו עקש גם פתלתול כאחותי שקרה לה כן בשמעון גם יכולתי ע"י ששפכתי תפלות בעושר, ועל פי זה ממילא יובן תרגום יונתן בן עוזיאל. ועל פי הדברים האלה יתיישב מה שהקשינו על מדרש זה דכל הדברים שדברה רחל הם נודקים בלידת נפתלי ולא בלידת דן. ודו"ק היטב כי נכון הוא:

אשד הנחלים

בכחו להבין התורה ולבארה באמרים מתוקים ונעימים: **[ט] ומנו אליהו.** כי הוא יגיד על עובדי כוכבים כמו שנאמר בכתוב (מלאכי ג, כג) הנה אנכי שולח לכם את אליהו הנביא לפני בוא יום ה' הגדול והנורא:

חידושי הרש"ש

[ט] מאן חזית למימר בן. נראה דקשה ליה דהא גם לחצי שבט המנשה ניתן מגלעד לנחלה כדכתיב (במדבר לב, מ) (דברים ג, טו) (יהושע יג, לא). לזה השיב לו מדכתיב ויהי להם (פירוש למטה גד) כו' ערי הגלעד, ובחלק המנשה כתיב הגלעד סתם (רצה לומר בלא מלת ערי) ועל כרחך פירושו דאותו החלק מהגלעד שהיה מיושב בערים היה לבני גד. וכן אצל אליהו כתיב מתושבי גלעד, דרצה לומר מחלק הישובי דגלעד. ועיין תענית (ג, א תוס' ד"ה ויאמר) כוונה אחרת במתושבי גלעד:

זרע אברהם

[ט] אתא גדא דביתה אתא גדא דעלמא וכו'. שמעתי פירוש המדרש זה מגיסי הגאון אב"ד דק"ק אמשטרדם על פי דאיתא בירושלמי פרק ה' דמעשר [שני] (פרק ד ד) וז"ל ודם ענב תשתה חמר הדא דאמרת בנין בית המקדש קודם מלכות בית דוד. ובמדרש תנחומא (מגילה יז ב) איתא איפכא שקיבוץ גליותיהם קודם בנין בית המקדש ונראה דיהיה מחולקים בפירוש קרא זה דאיתא הנה אנכי שולח את אליה לפני בא וגו' לפי שמעמידין מלך על פי נביא דווקא עם כן יבוא אליהו להקים מלך ואין מלך בלא עם ומצינו כשנכנסו לארץ נצטווה למנות מלך תחילה ואחר כך לבנות בית המקדש אם כן כמו כן הכא. ודיעה אחרת בשם המקובל האלקי מהרח"ו שמשיח היה להכרית הקליפות כדכתיב וכל קרני רשעים אגדע תרוממנה קרנות צדיק פירוש משיח יכרית הקליפות. ואיתא בתוספות בגמרא (קיד ב תוס' ד"ה מהו) וז"ל מה שאמר אליהו שתעשה לו האשה עוגה לרמז שתינוק זה היה משיח בן יוסף והוא יבוא קודם שיבוא משיח בן דוד (ערובין מג ב תוס' ד"ה ואסור תוס' רבינו פרץ ד"ה הא) רק שדיעה אחת כפשוטא לפי שהיה אליהו כהן לכך ליווה לעשות לו חלה והשתא אתי שפיר והכי קאמר שכוונת המדרש לומר אתא גדא דביתא אתא גדא דעלמא. פירוש מתחילה יבנה בית המקדש ואחר כך קיבוץ גליות רק שתקשה והלא למנות מלך הוא קודם לבית המקדש והואיל ויבוא אליהו כדי למנות מלך ואין מלך בלא עם על כן יהיה מתחילה מניית מלך בן דוד ואחר כך בנין בית המקדש. לזה אמר אליהו משל מי רבי אליעזר אומר משל בנימין וכו'. ואם כן על כרחך לאו כהן היה. ולמה ליוה לעשות לו עוגה אלא על כרחך שיבא קודם משיח בן יוסף ולא קודם מלך המשיח שהוא מלכות בית דוד ואם כן עיקר ביאתו היה רק להכרית הקליפות ואם כן שפיר מוכח שבית המקדש יהיה קודם עד כאן דברי פי חכם חן ושפתים ישק. ולי נראה דבהא קמפלגי דאיתא בפרק עשרה יוחסין (קדושין עא א). רבי חמא בר חנינא סובר שעתיד הקדוש ברוך הוא לטהר כל השבטים ושבט לוי בתחילה דכתיב וישב מצרף ומטהר את בני לוי וגו'. ורבי יהושע בן לוי פליג עליו וסבירא ליה שמה שנטמע נטמע ומקשה הגמרא מאי והיה לה' מגישי מנחה כצדקה צדקה עשה הקדוש ברוך הוא שמשפחה שנטמע נטמע. פירש [מהרש"א] בחדושי אגדות הא דמקשה על דרש רבי יהושע בן לוי מאי מגישי מנחה בצדקה ולמה לא מקשה על רבי חמא בר חנינא. ופירושו לפי שלדברי רבי חמא שיבדילו הפסולים לעתיד כמו שמצינו בבית שני וישאו ידם להוציא נשותהן ואיל לאן אשמם. וידוע מאמר חכמינו ז"ל (סנהדרין לז א) אין בן דוד בא עד שיכלה פרוטה מן הכיס. ואם כן לרבי חמא בר חנינא מוכרחים לעתיד להביא קרבן מנחה כמו דלי דלות שמביא מנחה. ואם כן אמר קרא והיה לה' מגישי מנחה שכשיבדילו הפסולים יביאו מנחה מה שאין כן רבי חמא בר חנינא דסבירא ליה שמשפחה שנטמעו נטמעו ולא יבדילו שיהיו טהורים. אם כן שפיר מקשה והיה לה' מגישי מנחה בצדקה שהרי אינם צריכים לקרבן וידוע מאמר חכמינו ז"ל בפרק הנ"ל (קידושין עו א) שאין בודקין מן המזבחות ואף מי שכתוב באסטרטיא של מלך. פירוש מי שיוצא במלחמה שעל כן מיוחס הוא ואם כן לרבי חמא על כרחך יהיה בנין בית המקדש קודם מלכות בית דוד פירוש קודם המלחמה שבאסטרטיא של מלך שיצאו למלחמה על כן יהיה מיוחסים וכבר יהיו מובדלים הפסולים. ואם כן על כרחך הביאו קרבנם מנחה ואין מנחה בבמה. אם כן על כרחך יבנה

מסורת המדרש

יט. ילקוט כאן רמז קכ"ח:

כ. עיין בבא מציעא דף קי"ד ובתוד"ה מהו. תדא"ר פ' י"ח. ותדא"ז פ' ט"ו. ילקוט מלכים רמז ר"ח:

אם למקרא

וְיַעֲרֶשְׁיָה וְאֵלִיָּה וְזִכְרִי בְּנֵי יְרֹחָם:
(דברי הימים א ח:כז)

וַיֹּאמֶר אֵלִיָּהוּ הַתִּשְׁבִּי מִתֹּשָׁבֵי גִלְעָד אֶל אַחְאָב חַי ה' אֱלֹהֵי יִשְׂרָאֵל אֲשֶׁר עָמַדְתִּי לְפָנָיו אִם יִהְיֶה הַשָּׁנִים הָאֵלֶּה טַל וּמָטָר כִּי אִם לְפִי דְבָרִי:
(מלכים א יז:א)

וַיְהִי לָהֶם הַגְּבוּל יַעְזֵר וְכָל עָרֵי הַגִּלְעָד וַחֲצִי אֶרֶץ בְּנֵי עַמּוֹן עַד עֲרוֹעֵר אֲשֶׁר עַל פְּנֵי רַבָּה:
(יהושע יג:כה)

שינוי נוסחאות

(ט) מאי חזית למימר כן. בכמעט כל הדפוסים כתוב "מאן חזית ...", אבל במתנות כהונה איתא "מאי", וכן כתבו בדפוס ווארשא, וכ"ה בת-א:

R' Elazar presents his own interpretation of R' Nehorai's proof verse:

מַה מְקַיֵּים רַבִּי אֶלְעָזָר קְרָא דְּרַבִּי נְהוֹרַאי "מִתֹּשָׁבֵי גִלְעָד" — **How does R' Elazar** uphold (i.e., interpret) **the** proof **verse of R' Nehorai,** *Elijah the Tishbite, **a resident of Gilead**?* מִיּוֹשְׁבֵי לִשְׁכַּת הַגָּזִית הֲוָה — This verse comes to teach that **[Elijah] was from those who sat in the chamber of Hewn Stone,** i.e., the Great Sanhedrin.[117]

R' Nehorai offers his own interpretation of R' Elazar's proof verse:

וּמַה מְקַיֵּים רַבִּי נְהוֹרַאי קְרָא דְּרַבִּי אֶלְעָזָר "וְיַעֲרֶשְׁיָה וְאֵלִיָּה" — **And how does R' Nehorai** uphold (i.e., interpret) **the** proof **verse of R' Elazar,** ***Jaaresiah, Eliah,*** *and Zichri were the sons of Jeroham . . . All these were among the sons of Benjamin?* אֶלָּא מִדְרָשׁוֹת הֵן — **Rather, [these names]** were recorded in *Chronicles* for purposes of homiletic **expositions,** as allusions to Elijah.[118]

The Midrash expounds the names listed in the above verse in *Chronicles*:

בְּשָׁעָה שֶׁהָיָה הַקָּדוֹשׁ בָּרוּךְ הוּא מַרְעִישׁ עוֹלָמוֹ — **When the Holy One, blessed is He,** intends to **cause (*mar'ish*)** [מַרְעִישׁ] **upheaval to the world,** הָיָה אֵלִיָּהוּ מַזְכִּיר זְכוּת אָבוֹת — **[Elijah] would** seek mercy by **mentioning (*mazkir*)** [מַזְכִּיר] **the merits of the Patriarchs** before God, "בְּנֵי יְרֹחָם" — so that He should have **mercy (*yerucham*)** [יְרוּחַם] **on** His **children.**[119] וְהַקָּדוֹשׁ בָּרוּךְ הוּא מִתְמַלֵּא רַחֲמִים עַל עוֹלָמוֹ — **The Holy One, blessed is He, would** then **become filled with mercy on His world.**

The Midrash concludes its discussion regarding Elijah's tribal identity:

פַּעַם אַחַת נֶחְלְקוּ רַבּוֹתֵינוּ בַּדָּבָר — **One time our Rabbis disagreed regarding this matter:** אֵלּוּ אוֹמְרִים מִשֶּׁל גָּד — **These** Rabbis **said** Elijah descended **from Gad,** וְאֵלּוּ אוֹמְרִים מִשֶּׁל בִּנְיָמִין — **and these** Rabbis **said** he descended **from Benjamin.** בָּא וְעָמַד לִפְנֵיהֶם — Whereupon **[Elijah]** himself **came and stood before them.** אָמַר לָהֶם: רַבּוֹתַי — He **said to them, "Our Rabbis!** מָה אַתֶּם נֶחֱלָקִים עָלַי — **Why are you arguing over me?** אֲנִי מִבְּנֵי בָנֶיהָ שֶׁל רָחֵל אֲנִי — Why, **I am a descendant of Rachel!"**[120]

וַתֹּאמֶר לֵאָה בְּאָשְׁרִי כִּי אִשְּׁרוּנִי בָּנוֹת וַתִּקְרָא אֶת שְׁמוֹ אָשֵׁר.

Leah declared, "In my good fortune! For women have deemed me fortunate!" So she called his name Asher (30:13).

§10 וַתֹּאמֶר לֵאָה בְּאָשְׁרִי כִּי אִשְּׁרוּנִי בָּנוֹת — ***LEAH DECLARED, "IN MY GOOD FORTUNE! FOR WOMEN HAVE DEEMED ME FORTUNATE!"***

The Midrash expounds Asher's name:

לוֹמַר אַשְׁרֵי מִי שֶׁזָּכָה לְכָךְ — With this declaration Leah **meant to say, "Fortunate is the one who has merited such** a son like Asher, who is blessed with good fortune!"[121]

NOTES

117. I.e., Elijah was a member of the Great Sanhedrin (High Court), which convened in the Chamber of Hewn Stone in the Temple.

According to R' Elazar, גִּלְעָד is a compound of the words גִּיל, *joy,* and עֵד, *witness.* The Sanhedrin brings *joy* to the world through the words of Torah and justice that emanate from their lips. Furthermore, the Sanhedrin serves as *testimony* that the Divine Presence dwells among the Jewish people (*Eitz Yosef;* see *Matnos Kehunah* for an alternate interpretation of this compound word).

118. I.e., the four names mentioned in this verse all refer to Elijah (see *Shemos Rabbah* 40 §4; *Tanchuma, Ki Sisa* §13), as will be explained shortly. R' Nehorai's interpretation is consistent with the teaching (see *Vayikra Rabbah* 1 §3) that the names found in the Book of *Chronicles* were recorded for purposes of exposition (*Eitz Yosef*).

119. Thus, the name יַעֲרֶשְׁיָה is regarded as a contraction of the words יַרְעִישׁ יָהּ, *God causes an upheaval*; Eliah is another form of the name Elijah; זִכְרִי is related to זָכַר, *remember* or *remind*; while the root of יְרֹחָם is *mercy*, i.e., He should have mercy on His children.

Seemingly, R' Nehorai could have answered simply that the verse in *Chronicles* refers to a different person named Eliah, who was descended from Benjamin, whereas Elijah the prophet descended from Gad. *Yefeh To'ar* suggests that since there is no other explicit mention in Scripture of Elijah's genealogy, if the verse in *Chronicles* were in fact referring to another person with the name Eliah, it should have altered this individual's name, so as to prevent confusion over whether it was referring to the prophet Elijah. The fact that *Chronicles* did not alter this name signifies that the verse *does* allude to Elijah (and should thus be expounded). It is quite possible, however, that at least according to its simple meaning, the verse does refer to another person named Eliah. Alternatively, although Elijah was a member of the tribe of Gad, his mother was a member of the tribe of Benjamin and the verse traces his lineage to Benjamin, based on his maternal descent. Although Scripture usually lists people in accordance with their paternal descent, the verse includes him in the list of Benjamin's descendants for purposes of homiletic exposition (*Nezer HaKodesh*).

120. Our Midrash cites two opinions regarding Elijah's origin: He was either from the tribe of Benjamin or from the tribe of Gad. There is a third view, according to which he was a Kohen (see *Bava Metzia* 114b; *Yalkut Shimoni, Proverbs* §944). Indeed, some identify him as Phinehas, the grandson of Aaron (*Pirkei DeRabbi Eliezer* §47; *Targum Yonasan, Exodus* 6:18; *Zohar, Exodus, Ki Sisa* p.190a). It should be pointed out that although our Midrash concludes with Elijah's own testimony that he was a descendant of Benjamin, *Tosafos* (*Bava Metzia* ad loc. s.v. מהו) assert that this is inconclusive. For elsewhere (*Bava Metzia* 114b; *Yalkut Shimoni, Proverbs* §944) Elijah is quoted as acknowledging that he is a Kohen. See further, Insight Ⓐ.

121. *Eitz Yosef.* The verse might have been rendered *For women have deemed me **praiseworthy***, that is, they praised her for her good deeds.

INSIGHTS

Ⓐ The Lineage of Elijah As noted, there are three opinions regarding the tribal descent of Elijah: He was a Gadite, a Benjaminite, or a Kohen. This last view is consistent with the various sources cited above that identify Elijah as Phinehas. *Radak* (*I Kings* 17:1) concludes that there is no conclusive evidence to substantiate any of these views. *Ralbag* (ibid.), however, contends that the similarities that Elijah and Phinehas share would seem to indicate that they are in fact one and the same:

❑ Phinehas, with whom God had made a covenant of peace (*Numbers* 25:12; see also *Micah* 2:5), merited extreme longevity. He was the Kohen Gadol at the time of the incident of the concubine in Gibeah (*Judges* 20:28), and Phinehas is found in the times of Gideon (ibid., 6:8; see *Ralbag* there) and King David (*I Chronicles* 9:20). Similarly, Scripture records that Elijah ascended to Heaven alive; it does not state that he died. We find after his ascension (*II Chronicles* 21:12) that a letter was sent by Elijah to the Judean king, Jehoram, chastising him for his evil ways; and according to tradition, Elijah lives forever.

❑ We also find that both Phinehas and Elijah resembled angels. Phinehas appeared as an angel of God in the Book of *Joshua* (see there 2:4, with *Rashi*). *Judges* 2:1 speaks of a *malach Hashem*, who is identified as Phinehas. [However, the commentators all explain that in that context *malach* means a prophet of God and not an angel.] Likewise, a Godly spirit would often lift them, carrying them on missions to distant lands (see also *Ralbag* to *Judges* 6:8).

Accordingly, *Ralbag* posits that it is more reasonable to assume that Phinehas and Elijah were really the same person than to say that there were two such unusual people who merited such longevity.

Some commentators (see *Nezer HaKodesh* at length; *R' Tzadok HaKohen, Bereishis, Chanukah* s.v. ופסוק גוי) suggest that *all* of these opinions are correct! They explain that Elijah's soul was a composite of various souls from different tribes. Possibly, the various opinions argue as to which tribe is the dominant one. I.e., each tribe inherited a unique attribute from its tribal forebear. The question our Midrash seeks to answer is which tribe does Elijah, who acts as a defender and advocate for the Jewish people (as our Midrash derived from *I Chronicles* 8:27), come from. His answer was that this trait came from Rachel — the Matriarch who *weeps for her children* (*Jeremiah* 31:14) as they go into exile.

מַה מְקַיֵּים רַבִּי אֶלְעָזָר קְרָא דְּרַבִּי נְהוֹרַאי "מִתֹּשָׁבֵי גִלְעָד", מִיּוֹשְׁבֵי לִשְׁכַּת הַגָּזִית הֲוָה, וּמַה מְקַיֵּים רַבִּי נְהוֹרַאי קְרָא דְּרַבִּי אֶלְעָזָר "וְיַעֲרֶשְׁיָה וְאֵלִיָּה", אֶלָּא מִדְרָשׁוֹת הֵן, בְּשָׁעָה שֶׁהָיָה הַקָּדוֹשׁ בָּרוּךְ הוּא מַרְעִישׁ עוֹלָמוֹ הָיָה אֵלִיָּהוּ מַזְכִּיר זְכוּת אָבוֹת, "בְּנֵי יְרֹחָם" וְהַקָּדוֹשׁ בָּרוּךְ הוּא מִתְמַלֵּא רַחֲמִים עַל עוֹלָמוֹ, פַּעַם אַחַת נֶחְלְקוּ רַבּוֹתֵינוּ בַּדָּבָר, אֵלּוּ אוֹמְרִים מִשֶּׁל גָּד וְאֵלּוּ אוֹמְרִים מִשֶּׁל בִּנְיָמִין, בָּא וְעָמַד לִפְנֵיהֶם, אָמַר לָהֶם: רַבּוֹתַי, מָה אַתֶּם נֶחֱלָקִים עָלַי, אֲנִי מִבְּנֵי בָּנֶיהָ שֶׁל רָחֵל אָנִי:

י [ל, יג] "וַתֹּאמֶר לֵאָה בְּאָשְׁרִי כִּי אִשְּׁרוּנִי בָּנוֹת", לוֹמַר אַשְׁרֵי מִי שֶׁזָּכָה לְכָךְ, אָמַר רַבִּי לֵוִי: לֹא לָן אָשֵׁר בְּאַכְסַנְיָא מִיָּמָיו, יָרַשׁ אָשֵׁר גָּבְהֵי פַּלַטְרִיּוֹת, מַה שֶּׁלֹּא יָרַשׁ יְהוּדָה אֲרָצוֹת, הֲדָא הוּא דִכְתִיב (דברי הימים-א ז, ל-לא) "בְּנֵי אָשֵׁר יִמְנָה וְיִשְׁוָה וְיִשְׁוִי וּבְרִיעָה וְשֶׂרַח אֲחוֹתָם ... הוּא אֲבִי בִרְזָיִת", רַבִּי לֵוִי וְרַבִּי סִימוֹן, רַבִּי לֵוִי אָמַר: [כא] שֶׁהָיוּ בְּנוֹתֵיהֶם נָאִים וְהָיוּ נְשׂוּאוֹת לְכֹהֲנִים שֶׁנִּמְשְׁחוּ בְּשֶׁמֶן הַמִּשְׁחָה שֶׁמֶן זַיִת, רַבִּי סִימוֹן אָמַר: שֶׁהָיוּ נְשׂוּאוֹת לִמְלָכִים שֶׁנִּמְשְׁחוּ בְּשֶׁמֶן זַיִת:

עץ יוסף

מיושבי לשבת הגזית. מהסנהדרין היושבים שם. ודרשו גלעד לשון גיל עד שמשם גילה יוצאה לעולם על ידי התורה והמשפט היוצא משם, והוא עדות לישראל ששכינה שורה בישראל: **מדרשות הן.** השמות האלה להדרש נכתבו כדמפרש, וכדאיתא ברות רבה (ב, א) לא ניתן דברי הימים אלא להידרש: **משל גד.** זולת סברות אלו יש מאמר חז"ל בפרקי דרבי אליעזר שאליהו הוא פנחס ואם כן משל לוי הוה, וכן בפרק המקבל (בבא מציעא קיד, א-ב) אשכחיה רבה בר אבוה לאליהו דקאי כו' אמר ליה לאו כהן הוא מר כו'. וכן כשהיה קובר את רבי עקיבא אמר ליה מר לאו כהן. ועיין שם בתוספות: **מבני בניה של רחל.** בתנא דבי אליהו (רבה פרק יח) איתא דאמרו לו תן סימן לדבריך. אמר להם ויערשיה ואליה וזכרי: (י) [יג] **אשרי מי שזכה לכך.** כמו שזכתה היא, דהיינו על הבן הזה שנולד לה שהוא מאושר כדמפרש ואזיל: **לא לן אשר באכסניא מימיו.** שהיה עשיר ושקט ושלו במקומו ולא היה צריך לנסוע ממקום למקום לסחורה. ונראה דדריש באשרי כי אשרוני מלשון דריכת הרגל כמו (תהלים לז, לא) לא תמעד אשוריו: **ירש אשר כו'.** דריש כי אשרוני בנות על יופי עיירותיו, וזה שאמר ירש אשר גבהי פלטריות רצונו לומר שהיו לו מגדלים ומיני פלטין גבוהים ומעולים יותר מארצות יהודה אף על פי שהיה מלך והיה ארצו יפה ונאה (יפה תואר): **הדא הוא דכתיב ובני אשר כו' הוא אבי ברזות.** דדריש ברזות ברזית לשון שמן זית, ומפרש רבי לוי שהיו בנותיהם נאים והיו נשואות לכהנים שנמשחו בשמן המשחה דהיינו כהן גדול, ואפילו כהן גדול בן כהן גדול טעון משיחה. ורבי סימון מוסיף אף מלכים ויליף לה מדכתיב והוא יתן מעדני מלך וכדמפרש לה לקמן סוף פרשה צ"ט שבנותיו ראויות למלכות שנאמר (שמואל ב' א, כד) המלבישכם שני עם עדנים (נזר הקודש):

פירוש מהרז"ו

פעם אחת נחלקו. תנא דבי אליהו (ח"ב פט"ו) וילקוט (רמז קכח): (י) **בנותיהם נאות.** ועיין לקמן (לח, יח) שעל ידי כן זכה כו' עיין שם: **באכסניא.** ובאשרי לשון חניה שתרגם אונקלוס ויחנו ושרי, וזהו כי אשרוני (ל, יג), שהשרו אותי בחניה של בנות, מלשון חלריה ובנותיה, ועיין לקמן (עח, ג) כי שרית: **ובני אשר וגו'.** כן הוא בראשית (מו, יז), אך כוונת הבראשית רבה על מה שכתוב בדברי הימים (א' ז, ל) בני אשר וגו' אבי ברזות והקרי בִּרְזָיִת, ולפי הכתיב בחילוף בומ"ף כמו פרזות, עיין מתנות כהונה, ועיין לקמן (לט, יב):

רש"י

(י) **כי אשרוני בנות. אשרי מי שזוכה לכך: לא לן אשר באכסניא מימיו. ירש אשר פלטריות מה שלא ירש יהודה ארצות, הדא הוא דכתיב (דברי הימים א, ז, ל לא) ובני אשר ימנה וישוה וגו' הוא אבי ברזות.** ברזות כתיב וברזית קרי, זה דורש את הכתב ברזות כמו פרזות, פלטריות הרבה: **שהיו בנותיהן נשואות לכהונה שנמשחו בשמן זית.** ברזית דורש כמו הקרי:

מתנות כהונה

בספר יהושע: **מלשכת הגזית כו'.** גלעד דרש נוטריקון גל עד שלשכת הגזית היה גל ותל שהכל פונים להוראה שיוצאה משם והיא היתה עדות על השכינה ששורה בישראל כדאיתא במדרש חזית: **אלא מדרשות כו'.** שמות אלו אינן שמות בני אדם אלא נקראו כן על שם זכות אבות וכדמפרש ואזיל: בשעה שהקב"ה גרסינן: **ה"ג עולמו אליהו מזכיר כו'.** וכ"ה בילקוט פר' זו ובמלכים ועיין בתנחומא בפרשת כי תשא בשעה שהשי"ת בא להרעיש את עולמו אליהו מזכיר זכות אבות בני ירוחם הקב"ה מרחם על עולמו והכי מוכח בילקוט: **משל גד.** בא אליהו: **בניה של רחל.** בילקוט סוף פר' נצבים גורס מזרע של לאה אבל בפ' זו גרס גם כן של רחל: **ה"ג בפירוש רש"י ובילקוט לא לן אשר באכסניא מימיו ירש אשר פלטריאות כו': [י] ברזית.** פירש רש"י ברזות כתיב כלומר פרזות וזהו פלטריאות וקרינן ברזית על שם הזית כדמפרש ואזיל:

אשד הנחלים

אליהו מזכיר. כן צ"ל אות אמת. וכאומר בעת הרעש אז אליהו בא לבקש רחמים על ישראל ואז הם בני ירוחם, כי ירחם ה' את עמו ויאהבם: **פעם אחת.** המעשה הזה הובא בתנדב"א (אליהו רבה פרק יח) ובילקוט (סוף פרשת נצבים) הגרסא מבני בניו של לאה וא"כ הוא מכוון לדרשתם לעיל: [י] **באכסניא.** שהוא בית דירה קטנה כי אם ירש פלטריות. וזהו מלת אושר דבר המפואר ומאושר בפי כל מרוב יפיו, והשאר מבואר. ועיין במתנות כהונה פירושו על דרך סופו: **המשחה שהוא שמן זית.** כצ"ל אות אמת:

זרע אברהם

בית המקדש תחילה. מה שאין כן למדרש תנחומא לא סבירא ליה כרבי חמא רק כרבי יהושע בן לוי שלא יבדלו הפסולים שיטהרו. אם כן לא יצטרכו להביא מנחה ואם כן שפיר יהיה מלכות בית דוד תחלה פירוש בקבוץ גליות ואחר כך בית המקדש ככ"ל. והוצעתי דברים אלו לפני גאונים וקלסהו:

אמרי יושר

[י] **ירש גבהי פלטריות.** וקרקעות הרבה היו לו בכל מקום שהיה הולך. והיינו הוא אבי ברזית דכתיב ברזות והיינו פרזות. כמו על גבי שהוא על גפי (משלי ט ג. רמב"ן שמות טו י). ודרשה אחרת דרשו ברזית והיינו טובל בשמן רגלו במי שנמשח בשמן המשחה יש לו מגע יד וחלק:

מסורת המדרש

כא. לקמן פרשה צ"ט:

אם למקרא

בְּנֵי אָשֵׁר יִמְנָה וְיִשְׁוָה וְיִשְׁוִי וּבְרִיעָה וְשֶׂרַח אֲחוֹתָם: וּבְנֵי בְרִיעָה חֶבֶר וּמַלְכִּיאֵל הוּא אֲבִי בִרְזָיִת:
(דברי הימים א ז:ל-לא)

ידי משה

[י] **לא לן אשר באכסניא מימיו.** פירוש שלא היה אחד עם חבירו בבית אחד שכל אחד היה לו פלטרין בפני עצמו כדקא מפרש ואזיל, וזה אשרוני בנות (לקמן ל, יג) מלשון נוה שאנן, ואשרוני בנות פירושו בנוה לשון דירה:

שינוי נוסחאות

היה אליהו מזכיר זכות אבות. מתנות כהונה מחק "היה". ברוב הדפוסים "אליהו" חסר, אבל גם אות אמת וגם מתנות כהונה הגיהו שצריך להכניסו, וכן כתבו בדפוס וארשא: (י) **ירש אשר גבהי פלטריות.** תיבת "אשר" ליתא ברוב דפוסים, והיא הגהת אות אמת, וכתבוה בפנים המדרש בדפוס וארשא:

The Midrash explains why Asher was deemed fortunate: אָמַר רַבִּי לֵוִי: לֹא לָן אָשֵׁר בְּאַכְסַנְיָא מִיָּמָיו — **R' Levi said: Asher never** needed to **lodge in an inn in his entire lifetime.**[122] יָרַשׁ אָשֵׁר גָּבְהֵי פַּלְטֵרִיּוֹת, מַה שֶּׁלֹּא יָרַשׁ יְהוּדָה אֲרָצוֹת — Furthermore, **Asher inherited** (i.e., possessed) **tall palaces that** even **Judah** in his **lands did not inherit** (i.e., possess).[123]

An alternate interpretation of why Asher was considered so fortunate:

הָדָא הוּא דִכְתִיב "בְּנֵי אָשֵׁר יִמְנָה וְיִשְׁוָה וְיִשְׁוִי וּבְרִיעָה וְשֶׂרַח אֲחוֹתָם . . . הוּא אֲבִי בִרְזָיִת" — **Concerning this [i.e., Asher's good fortune] it is written,** ***The sons of Asher: Imnah, Ishvah, Ishvi, and Beriah, and Serah their sister.*** *The sons of Beriah: Heber and Malchiel,* ***who was the father of Birzaith*** (*I Chronicles* 7:30-31). In Hebrew the name *Birzaith* is written בִּרְזָוֻת but read בִּרְזָיִת. The Midrash expounds this word as it is read, בִּרְזָיִת, and understands it as a compound of the words בַּר זַיִת, *son of an olive*, i.e., olive oil, the olive's by-product (or "son"). The Midrash further interprets the phrase כִּי אִשְּׁרוּנִי בָּנוֹת as *for I am deemed fortunate for my daughters,*[124] and understands that their good fortune is related to the olive oil alluded to in the *Chronicles* verse, as will now be explained.[125] רַבִּי לֵוִי וְרַבִּי סִימוֹן — **R' Levi and R' Simone** dispute the exact relationship between the good fortune of Asher's daughters and the olive oil alluded to in the *Chronicles* verse: רַבִּי לֵוִי אָמַר: שֶׁהָיוּ בְּנוֹתֵיהֶם נָאִים — **R' Levi said: The daughters of [the tribe of Asher] were beautiful** וְהָיוּ נְשׂוּאוֹת לְכֹהֲנִים שֶׁנִּמְשְׁחוּ בְּשֶׁמֶן הַמִּשְׁחָה שֶׁמֶן זַיִת — and they were thus **married to** High **Priests, who were anointed with the oil of anointment,** made with **olive oil.**[126] רַבִּי סִימוֹן אָמַר: שֶׁהָיוּ נְשׂוּאוֹת לִמְלָכִים שֶׁנִּמְשְׁחוּ בְּשֶׁמֶן זַיִת — **R' Simone said: [The daughters of the tribe of Asher] were** beautiful and were **married** even **to kings, who were anointed with olive oil.**[127]

NOTES

Our Midrash rejects this interpretation, for the righteous Leah would certainly not succumb to such haughtiness (*Yefeh To'ar*).

122. I.e., Asher was exceedingly wealthy, and thus never had need to travel away from home on business, which would have necessitated lodging in an inn. According to this interpretation, the phrase בְּאָשְׁרִי כִּי אִשְּׁרוּנִי denotes *traversing by foot*, as in the verse, לֹא תִמְעַד אֲשֻׁרָיו, *his footsteps* (אֲשֻׁרָיו) *will not falter* (*Psalms* 37:31), thus alluding to Asher's lack of travel (*Eitz Yosef*). Alternatively, the word בָּנוֹת in our verse refers to *cities*, as in the verse בְּחֶשְׁבּוֹן וּבִבְנוֹתֶיהָ, *Heshbon and its suburbs* (*Judges* 11:26). Thus the phrase אִשְּׁרוּנִי בָּנוֹת means that they were fortunate that they possessed beautiful cities and had no need to travel (*Yefeh To'ar*).

123. The term אִשְּׁרוּנִי בָּנוֹת signifies that Asher was blessed with beautiful cities, as explained in the preceding note. I.e., Asher's land contained more tall, stately, edifices and palaces, than even did the land of Judah, the seat of the king, which was known for its splendor and beauty (*Eitz Yosef,* from *Yefeh To'ar*).

124. According to the current Midrash, the term בָּנוֹת is interpreted literally as *daughters*, with Leah exclaiming her good fortune of being blessed with the daughters of Asher (*Yefeh To'ar*).

125. According to the simple explanation, *Birzaith* is either the name of a person [whose father was Malchiel] (*Yefeh To'ar*) or the name of a city that was ruled by Malchiel [i.e., its "father"] (*Rashi* to *Chronicles*). As we have seen, however, the names in *Chronicles* were recorded for purposes of exposition (*Yefeh To'ar*).

According to *Rashi*, the Midrash here is actually expounding the written form of *Birzaith*, בִּרְזָוֻת, replacing the ב with a פ — פְּרָזוֹת, *cities that are scattered*. The Midrash cites this verse here as a proof to the preceding teaching regarding Asher's majestic cities; see there. *Rashi*, however, would agree that the upcoming dispute between R' Levi and R' Simon is based on the exposition of *Birzaith* as it is read.

126. The Midrash refers specifically to Kohanim Gedolim, each of whom must be personally anointed with the oil of anointment in order to assume his position [see above, 71 §5 with note 57] (*Eitz Yosef*). According to R' Levi, the daughters of Asher were deemed fortunate by our verse since they were highly sought after because of their beauty, and they would marry the most prominent members of the nation, such as the Kohanim Gedolim, as implied by the *Chronicles* verse's allusion to olive oil (*Yefeh To'ar*). *Rashi* (to *Chronicles* ad loc.) adds that the daughters of Asher were particularly beautiful because the abundance of olive oil in their territory (see below, 49:20 with *Rashi*) made it possible to treat their skin in a most becoming manner. See Insight Ⓐ.

127. R' Simone adds that, because of their beauty, the daughters of Asher were sought even by the kings of Judah, who were anointed with olive oil (*Eitz Yosef*). [The kings of the rest of Israel, however, were anointed with a different type of oil (see *Horayos* 11b).] This is derived from Jacob's blessing to Asher, *and he will provide kingly delicacies* (below, 49:20), which the Midrash below (89 §12) understands as an intimation that the kings would take their queens from the tribe of Asher (*Eitz Yosef,* from *Nezer HaKodesh*).

Yefeh To'ar suggests that R' Levi referred only to Kohanim Gedolim, but not to kings, because most kings of Judah were not anointed with oil. For a son who succeeds his father as king would not be anointed with oil unless there was a dispute regarding who should ascend the throne (see *Horayos* 11b). *Every* Kohen Gadol, however, was anointed with olive oil. Nonetheless, R' Simon maintains that since at least some kings were anointed with olive oil, they can be included in this exposition.

INSIGHTS

Ⓐ **A Contrast in Beauty** The Gemara in *Megillah* (12b) teaches that when God wanted to punish the Jews in the Persian empire for partaking of Ahasuerus' feast, the angels rose to their defense and noted all the offerings and services that the Jews, and no other nation, had performed before God in the Temple. The Gemara infers this from the verse: *those closest to him — Carshena, Shethar, Admatha, Tarshish, Meres, Marsena, and Memucan* (*Esther* 1:14), interpreting the verse's mention of *Tarshish* as an allusion to the *tarshish* stone that was one of the twelve precious stones embedded in the Breastplate worn by the Kohen Gadol (see *Exodus* 28:20).

The Gemara does not say why, of all the stones on the Breastplate, *tarshish* was singled out in this allusion. But based on our Midrash, *Meshech Chochmah* offers an incisive explanation.

The Divine indictment against the Jews was that they had joined the nations at Ahasuerus' feast, breaking the barriers that God had set for His chosen nation. The angels pointed to the *tarshish* in defense of the Jews. *Tarshish* was the tenth stone on the Breastplate, representing the tenth tribe — Asher. And our Midrash here teaches that the tribe of Asher produced beautiful daughters who married Kohanim Gedolim.

There is beauty among the nations and beauty among the Jews. What purpose did beauty serve the nations at Ahasuerus' feast? The basest of purposes. The Persian king ordered his queen to appear in an indecent manner before the teeming crowd, to display her great beauty to all (*Esther* 1:11).

What became of the beautiful daughters of Asher? They married Kohanim Gedolim! The Kohen Gadol's choice of a wife is restricted to one with the highest standard of purity (*Leviticus* 21:13ff). Among the Jewish people, even the most beautiful daughters are raised with such modesty and sanctity that they are fitting wives for the holiest of its men. The same beauty that is misused and demeaned by the nations of the world is used by God's chosen for the noblest of purposes. This was the message of the *tarshish* with which the angels defended the Jewish nation. Whatever their shortcomings, the Jewish people are still a nation apart (*Meshech Chochmah* on *Exodus* 28:20).

מַה מְקַיֵּים רַבִּי אֶלְעָזָר קְרָא דְּרַבִּי נְהוֹרַאי "מִתֹּשָׁבֵי גִלְעָד", מִיּוֹשְׁבֵי לִשְׁכַּת הַגָּזִית הֲוָה, וּמַה מְקַיֵּים רַבִּי נְהוֹרַאי קְרָא דְּרַבִּי אֶלְעָזָר "וְיַעֲרֶשְׁיָה וְאֵלִיָּה", אֶלָּא מִדְרָשׁוֹת הֵן, בְּשָׁעָה שֶׁהָיָה הַקָּדוֹשׁ בָּרוּךְ הוּא מַרְעִישׁ עוֹלָמוֹ הָיָה אֵלִיָּהוּ מַזְכִּיר זְכוּת אָבוֹת, "בְּנֵי יְרֹחָם" וְהַקָּדוֹשׁ בָּרוּךְ הוּא מִתְמַלֵּא רַחֲמִים עַל עוֹלָמוֹ, פַּעַם אַחַת נֶחְלְקוּ רַבּוֹתֵינוּ בַּדָּבָר, אֵלּוּ אוֹמְרִים מִשֶּׁל גָּד וְאֵלּוּ אוֹמְרִים מִשֶּׁל בִּנְיָמִין, בָּא וְעָמַד לִפְנֵיהֶם, אָמַר לָהֶם: רַבּוֹתַי, מָה אַתֶּם נֶחֱלָקִים עָלַי, אֲנִי מִבְּנֵי בָנֶיהָ שֶׁל רָחֵל אָנִי:

י [ל, יג] "וַתֹּאמֶר לֵאָה בְּאָשְׁרִי כִּי אִשְּׁרוּנִי בָּנוֹת", לוֹמַר אַשְׁרֵי מִי שֶׁזָּכָה לְכָךְ, אָמַר רַבִּי לֵוִי: לֹא לָן אָשֵׁר בְּאַכְסַנְיָא מִיָּמָיו, יָרַשׁ אָשֵׁר גָּבְהֵי פְּלַטְרִיּוֹת, מַה שֶּׁלֹּא יָרַשׁ יְהוּדָה אֲרָצוֹת, הָדָא הוּא דִכְתִיב (דברי הימים-א ז, ל-לא) "בְּנֵי אָשֵׁר יִמְנָה וְיִשְׁוָה וְיִשְׁוִי וּבְרִיעָה וְשֶׂרַח אֲחוֹתָם ... הוּא אֲבִי בִרְזָיִת", רַבִּי לֵוִי וְרַבִּי סִימוֹן, רַבִּי לֵוִי אָמַר: [כא] שֶׁהָיוּ בְּנוֹתֵיהֶם נָאִים וְהָיוּ נְשׂוּאוֹת לְכֹהֲנִים שֶׁנִּמְשְׁחוּ בְּשֶׁמֶן הַמִּשְׁחָה שֶׁמֶן זַיִת, רַבִּי סִימוֹן אָמַר: שֶׁהָיוּ נְשׂוּאוֹת לִמְלָכִים שֶׁנִּמְשְׁחוּ בְּשֶׁמֶן זַיִת:

עץ יוסף

מיושבי לשבת הגזית. מהסנהדרין היושבים שם. ודרשו גלעד לשון גיל עד שמשם גילה יוצאה לעולם על ידי התורה והמשפט היוצא משם, והוא עדות לישראל ששכינה שורה בישראל: **מדרשות הן.** השמות האלה להדרש נכתבו כדמפרש, וכדאיתא ברות רבה (ב, א) לא ניתן דברי הימים אלא להידרש: **משל גד.** זולת סברות אלו יש מאמר חז"ל בפרקי דרבי אליעזר שאליהו הוא פנחס ואם כן משל לוי הוה, וכן בפרק המקבל (בבא מציעא קיד, א-ב) אשכחיה רבה בר אבוה לאליהו דקאי כו' אמר ליה לאו כהן הוא מר כו'. וכן כשהיה קובר את רבי עקיבא אמר ליה מר לאו כהן. ועיין שם בתוספות: **מבני בניה של רחל.** בתנא דבי אליהו (רבה פרק יח) איתא דאמרו לו תן סימן לדבריך. אמר להם ויערשיה ואליה וזכרי: (י) [יג] **אשרי מי שזוכה לכך.** כמו שזכתה היא, דהיינו על הבן הזה שנולד לה שהוא מאושר כדמפרש ואזיל: **לא לן אשר באבסניא מימיו.** שהיה עשיר ושקט ושלו במקומו ולא היה צריך לנסוע ממקום למקום לסחורה. ונראה דדריש באשרי כי אשרוני מלשון דריכת הרגל כמו (תהלים לז, לא) לא תמעד אשוריו: **ירש אשר כו'.** דריש כי אשרוני בנות על יופי עיירותיו, וזה שאמר ירש אשר גבהי פלטריות רצונו לומר שהיו לו מגדלים ומיני פלטין גבוהים ומעולים יותר מארצות יהודה אף על פי שהיה מלך והיה ארצו יפה ונאה (יפה תואר): **הדא הוא דכתיב ובני אשר כו' הוא אבי ברזות.** דדריש ברזות ברזית לשון שמן זית, ומפרש רבי לוי שהיו בנותיהם נאים והיו נשואות לכהנים שנמשחו בשמן המשחה דהיינו כהן גדול, ואפילו כהן גדול בן כהן גדול טעון משיחה. ורבי סימון מוסיף אף מלכים ויליף לה מדכתיב והוא יתן מעדני מלך וכדמפרש לה לקמן סוף פרשה צ"ט שבנותיו ראויות למלכות שנאמר (שמואל ב' א, כד) המלבישכם שני עם עדנים (נזר הקודש):

פירוש מהרז"ו

פעם אחת נחלקו. תנא דבי אליהו (א"ב פט"ו) וילקוט (רמז קכח): (י) **בנותיהם נאות.** ועיין לקמן (לח, יח) שעל ידי כן זכה כו' עיין שם: **באבסניא.** ובאשרי לשון חניה שתרגם אונקלוס ויחנו ושרי, וזהו כי אשרוני (ל, יג), שהשרו אותי בחניה של בנות, מלשון אלריה ובנותיה, ועיין לקמן (עח, ג) כי שרית: **ובני אשר וגו'.** כן הוא בראשית (מו, יז), אך כוונת הבראשית רבה על מה שכתוב בדברי הימים (א' ז, ל) בני אשר וגו' אבי ברזות והקרי בִּרְזָיִת, ולפי הכתיב בחילוף בומ"ף כמו פרזות, עיין מתנות כהונה, ועיין לקמן (לט, יב):

רש"י

(י) **כי אשרוני בנות. אשרי מי שזוכה לכך: לא לן אשר באבסניא מימיו. ירש אשר פלטריות מה שלא ירש יהודה ארצות, הדא הוא דכתיב (דברי הימים א, ז, ל לא) ובני אשר ימנה וישוה וגו' הוא אבי ברזות.** ברזות כתיב וברזית קרי, זה דורש את הכתב ברזות כמו פרזות, פלטריות הרבה: **שהיו בנותיהן נשואות לכהונה שנמשחו בשמן זית.** ברזית דורש כמו הקרי:

מתנות כהונה

בספר יהושע: **מלשכת הגזית כו'.** גלעד דרש נוטריקון גל עד שלשכת הגזית היה גל ותל שהכל פונים להוראה שיוצאה משם והיא היתה עדות על השכינה ששורה בישראל כדאיתא במדרש חזית: **אלא מדרשות כו'.** שמות אלו אינן שמות בני אדם אלא נקראו כן על שם זכות אבות וכדמפרש ואזיל: בשעה שהקב"ה גרסינן: **ה"ג עולמו אליהו מזכיר כו'.** וכ"ה בילקוט פר' זו ובמלכים ועיין בתנחומא בפרשת כי תשא בשעה שהשי"ת בא להרעיש את עולמו אליהו מזכיר זכות אבות בני ירוחם הקב"ה מרחם על עולמו והכי מוכח בילקוט: **משל גד.** בא אליהו: **בניה של רחל.** בילקוט סוף פר' נצבים גורס מזרע של לאה אבל בפ' זו גרס גם כן של רחל: **ה"ג בפירוש רש"י ובילקוט לא לן אשר באבסניא מימיו ירש אשר פלטריאות כו':** [י] **ברזית.** פירש רש"י ברזות כתיב כלומר פרזות וזהו פלטריאות וקרינן ברזית על שם הזית כדמפרש ואזיל:

אשד הנחלים

אליהו מזכיר. כן צ"ל אות אמת. וכאומר בעת הרעש אז אליהו בא לבקש רחמים על ישראל ואז הם בני ירוחם, כי ירחם ה' את עמו ויאהבם: **פעם אחת.** המעשה הזה הובא בתנדב"א (אליהו רבה פרק יח) ובילקוט (סוף פרשת נצבים) הגרסא מבני בניו של לאה וא"כ הוא מכוון לדרשתם לעיל: [י] **באבסניא.** שהוא בית דירה קטנה כי אם ירש פלטריות. וזהו מלת אושר דבר המפואר ומאושר בפי כל מרוב יפיו, והשאר מבואר. ועיין במתנות כהונה פירושו על דרך סופו: **המשחה שהוא שמן זית.** כצ"ל אות אמת:

זרע אברהם

בית המקדש תחילה. מה שאין כן למדרש תנחומא לא סבירא ליה כרבי חמא רק כרבי יהושע בן לוי שלא יבדלו הפסולים שיטהרו. אם כן לא יצטרכו להביא מנחה ואם כן שפיר יהיה מלכות בית דוד תחלה פירוש בקבוץ גליות ואחר כך בית המקדש ככ"ל. והוצעתי דברים אלו לפני גאונים וקלסהו:

אמרי יושר

[י] **ירש גבהי פלטריות.** וקרקעות הרבה היו לו בכל מקום שהיה הולך. והיינו הוא אבי ברזית דכתיב ברזות והיינו פרזות. כמו על גבי שהוא על גפי (משלי ט ג. רמב"ן שמות טו י). ודרשה אחרת דרשו ברזית והיינו טובל בשמן רגלו במי שנמשח בשמן המשחה יש לו מגע יד וחלק:

מסורת המדרש

כא. לקמן פרשה צ"ט:

אם למקרא

בְּנֵי אָשֵׁר יִמְנָה וְיִשְׁוָה וְיִשְׁוִי וּבְרִיעָה וְשֶׂרַח אֲחוֹתָם: וּבְנֵי בְרִיעָה חֶבֶר וּמַלְכִּיאֵל הוּא אֲבִי בִרְזָיִת: (דברי הימים א ז:ל-לא)

ידי משה

[י] **לא לן אשר באבסניא מימיו.** פירוש שלא היה אחד עם חבירו בבית אחד שכל אחד היה לו פלטרין בפני עצמו כדקא מפרש ואזיל, וזה אשרוני בנות (לקמן ל, יג) מלשון נוה שאנן, ואשרוני בנות פירושו בנוה לשון דירה:

שינוי נוסחאות

היה אליהו מזכיר זכות אבות. מתנות כהונה מחק "היה". ברוב הדפוסים "אליהו" חסר, אבל גם אות אמת וגם מתנות כהונה הגיהו שצריך להכניסו, וכן כתבו בדפוס וארשא: (י) **ירש אשר גבהי פלטריות.** תיבת "אשר" ליתא ברוב דפוסים, והיא הגהת אות אמת, וכתבוה בפנים המדרש בדפוס וארשא:

Chapter 72

וַיֵּלֶךְ רְאוּבֵן בִּימֵי קְצִיר חִטִּים וַיִּמְצָא דוּדָאִים בַּשָּׂדֶה וַיָּבֵא אֹתָם אֶל לֵאָה אִמּוֹ וַתֹּאמֶר רָחֵל אֶל לֵאָה תְּנִי נָא לִי מִדּוּדָאֵי בְּנֵךְ.

Reuben went out in the days of the wheat harvest; he found dudaim in the field and brought them to Leah his mother; Rachel said to Leah, "Please give me some of your son's dudaim" (30:14).

§1 וַיֵּלֶךְ רְאוּבֵן בִּימֵי קְצִיר חִטִּים — ***REUBEN WENT OUT IN THE DAYS OF THE WHEAT HARVEST;*** *HE FOUND DUDAIM IN THE FIELD.*

The Midrash begins an elaboration of the incident of the *dudaim* (the identity of which will be discussed below, §2), one of the most puzzling incidents in the Torah. The Midrash first addresses why the Torah relates that Reuben found the *dudaim* at the time of the wheat harvest, a seemingly minor detail. The Midrash below (§2) demonstrates that this verse actually contains an important message: Namely, Reuben was careful to take only from that which was ownerless, lest he be guilty of theft. Expanding on this, the Midrash here cites a verse in *Proverbs* in order to reveal another important lesson that may be derived from Reuben's conduct in this episode:[1]

"חֲנֹךְ לַנַּעַר עַל פִּי דַרְכּוֹ גַּם כִּי יַזְקִין לֹא יָסוּר מִמֶּנָּה" — Scripture states, ***Train the youth according to his way; even when he grows old, he will not swerve from it*** (*Proverbs* 22:6). This verse alludes to Reuben and his descendants of the generation that entered the Holy Land, who, like Reuben in his youth, were careful to avoid theft. "יֻתַּן אֶת הָאָרֶץ הַזֹּאת לַעֲבָדֶיךָ וְגוֹ' " — For the tribe of Reuben said to Moses and the leaders of the nation, " . . . ***let this land be given to your servants*** *as a heritage; do not bring us across the Jordan"* (*Numbers* 32:5). They requested a portion of land with sufficient grazing area for their flocks so that their animals would not graze on other peoples' property.[2]

The Midrash expounds a verse in *I Samuel* (2:5) as alluding to Leah and Rachel's conduct in this episode:

"שְׂבֵעִים בַּלֶּחֶם נִשְׂכָּרוּ וּרְעֵבִים חָדֵלּוּ עַד עֲקָרָה יָלְדָה שִׁבְעָה וְרַבַּת בָּנִים אֻמְלָלָה" — Scripture states, ***The sated ones are hired out for bread, while the hungry ones cease to be so; while the barren woman bears seven, the one with many children becomes bereft*** (*I Samuel* 2:5).[3] "שְׂבֵעִים בַּלֶּחֶם נִשְׂכָּרוּ" זוֹ לֵאָה — ***The sated ones "balechem niskaru"*** — **this is** a reference to **Leah,** שֶׁהָיְתָה שְׂבֵעָה בְּבָנִים וְנִשְׂכָּרָה — **who was sated with** four **children, but** nevertheless **was rewarded (*nis'karah*)** [נִשְׂכָּרָה] with more children;[4] "וּרְעֵבִים חָדֵלּוּ" זוֹ רָחֵל — ***while the hungry "chadeilu"*** — **this is** a reference to **Rachel,** שֶׁהָיְתָה רְעֵבָה לְבָנִים — **who was hungry for children,** חָדֵלָה — but **was** left **lacking (*chadeilah*)** children.[5] "עַד עֲקָרָה יָלְדָה שִׁבְעָה" זוֹ לֵאָה — The verse continues, ***while the barren woman bears seven*** — **this is** a reference to **Leah,** שֶׁהָיְתָה עֲקוּרָה מִבַּיִת "יָלְדָה שִׁבְעָה" — **who was** destined to be **removed from (*akurah*)** Jacob's **house,** yet she remained and **bore** him **seven** children;[6] "וְרַבַּת בָּנִים אֻמְלָלָה" זוֹ רָחֵל — ***the one with many children becomes bereft*** — **this is** a reference to **Rachel,** שֶׁהָיְתָה רְאוּיָה שֶׁיַּעַמְדוּ מִמֶּנָּה רוּבָּן שֶׁל בָּנִים "אֻמְלָלָה" — **from whom it was fitting that the majority of** Jacob's **children be raised up,** yet she **was bereft** of children.[7]

NOTES

1. *Yefeh To'ar*; see next note. See *Radal*, who suggests that this Midrash is misplaced and its proper place is below in §2, after the teaching that Reuben was careful not to steal.

2. As they possessed sizable flocks, the members of the tribe of Reuben (along with Gad) requested that they receive their portion of land in the lands of Sihon and Og, since they were ideal for grazing. They were concerned that if they would live on the west bank of the Jordan (in Israel proper), there would be insufficient pasture for their flocks, and, as a result, their animals would wander off onto other people's land to graze. [Indeed, the Rabbis prohibited raising small cattle in the Land of Israel, lest the cattle graze in strange fields (*Bava Kamma* 79b).] The Midrash reveals that in making this request they were emulating their forebear Reuben, who was careful to take *dudaim*, which were ownerless [see below, §2] (*Eitz Yosef,* citing *Yefeh To'ar; Radal; Maharzu*).

According to this Midrash, Scripture records the incident of the *dudaim* to illustrate the concept that training one's child has a lasting effect, as taught in the *Proverbs* verse: Reuben at the time of the episode of the *dudaim* could not have been any older than 4 or 5. That he was so careful to avoid taking property that might belong to another attests to the training he received from his father Jacob. Reuben's training affected even future generations, as we find that his descendants who inherited the Land of Israel remained steadfast in avoiding anything that might lead to theft (*Yefeh To'ar; Tiferes Tzion*). See *Rashi, Matnos Kehunah,* and *Yedei Moshe* for a completely different interpretation of this Midrash.

3. This translation reflects the simple explanation of the verse, according to which Hannah, expressing her gratitude to God for her son Samuel, praised God Who reverses the fortunes of the arrogant and humble: Those who were so prosperous and *sated* that they had no need to work will suffer such sharp setbacks that they will be forced to be *hired out for bread,* while those who had been hungry and had to struggle to keep from starving will no longer even have to work. [Similarly, God would bless a barren woman (referring to herself) with many children, while a mother of many children (her rival Peninah) would suffer the loss of her children.] The Midrash proceeds to interpret the verse differently.

4. Leah already had four children, which she realized was more than her share of children (since Jacob was destined to have twelve sons with his four wives; see above, 71 §4). נִשְׂכָּרוּ can mean either "hired," or, as interpreted here, "rewarded." The word לֶחֶם, *bread,* which can be a euphemism for a *wife* or intimacy (see, for example, above, 70 §4; from 39:6 below), is understood as a reference to bearing children, or marital relations (*Eitz Yosef,* Wagshal ed.). According to the Midrash, the verse should be interpreted: *The ones who are sated with children (balechem) are rewarded with more children* (see *Eitz Yosef; Rashi*). See further below, note 7.

5. חָדֵלּוּ can mean "cease" or, as rendered here, "lacking."

6. The Midrash expounds עֲקָרָה as if it were vowelized עֲקוּרָה, *removed.* Based on one interpretation found in the Midrash above (71 §2), Jacob had intended to divorce Leah because he felt that by pretending to be Rachel, Leah had deceived him and Rachel. He changed his mind only because God blessed her with children (since He knew that Leah's intentions were pure). Leah ultimately had seven children, six sons and one daughter. Our text and elucidation follow *Eitz Yosef.*

Other versions read: עֲקוּרָה מִבַּיִת וְלָדָה, [Leah] was *barren,* lacking even a uterus (lit., *housing for a fetus*). I.e., although she lacked the organs to bear children, God wrought a miracle and blessed her with seven children (*Yedei Moshe*; see Insight A to next note for another approach).

7. By right, Rachel should have had a majority of the twelve tribes, since Jacob had agreed to work for Laban only so that he could marry Rachel (*Matnos Kehunah*).

[According to the above interpretation, the verse's first reference to Leah and Rachel contrasts Leah's good fortune with Rachel's plight: Although Leah was sated with children, she was rewarded with more children, whereas Rachel desired children, but nonetheless remained childless. And the verse's second reference to them stresses how their fates had been reversed: Leah had been destined to be divorced, but God blessed her with seven children, more than the children of Jacob's other wives combined, whereas Rachel deservedly should have had the majority of Jacob's children, but yet she remained (at this point in time) without children. The verse makes no mention of *why* Leah merited so many children or *why* Rachel was made to suffer. Presumably, though, in the context of this Midrash, Leah was rewarded with additional children since she displayed an intense desire to be in Jacob's company and to have more children with him. Conversely, Rachel was punished because she gave up the opportunity to be in Jacob's company [see Midrash

חידושי הרד"ל

[א] **בימי קציר חטים וימצא דודאים.** צריך לומר כאן תחלת הפרשה הא דלהלן רבי חייא בר אבא אמר יברוחין כו' עד שמורים מכל הגזל, ואחר כך צריך לומר הא דחנוך לנער עד לעבדיך. ורצה לומר כמו שאיתא בקהלת רבה (א, לג) שבט ראובן וגד שהרחיקו עצמן מן הגזל, לפיכך נתן להם הקב"ה נחלה במקום שאין בו גזל, שנאמר (במדבר לב, א) והנה המקום מקום מקנה, ממהיר, שהוא ט"ז מיל על ט"ז מיל, והוא שם מדבר בעבר הירדן, ומפני שאין מגדלין בהמה דקה בארץ ישראל מפני גזל ויישוב ארץ ישראל, ורק אמרו מרעין בחורשין אמרו בירושלמי (סוף פ"ז דב"ק ה"ז) דכגון ממהיר. וט"ז מיל היינו כמו שמבואר בבכורות (כד, ב) דעד ט"ז מיל שלטא עיניה דרועה ולכן בקשוהו שהוא מקום ראוי למקנה בלא גזל, כמו שבילדותו מלא דודאים הרחוק מן הגזל, כן נתחנכו בניו אחריו: **שבעים בלחם כו'.** גם זה אין כאן מקומו, וצריך לאומרו להלן סוף הפרשה אחר לידת דינה שילדה לאה כבר שבעה ורחל חדלה: **ה' ממית ומחיה.** כמו שנאמר (ל, א) ואם אין מתה אנכי, וכדלעיל (עא, ו) שחשוב כמת:

אמרי יושר

[א] **גם כי יזקין גו'.** או הוא על להיטה אחר השדה ועבודת האדמה. או הוא על פרישה מהגזל והיינו יותן הארץ הזאת: **שבעים בלחם נשכרו זו לאה שהיתה שבעה בבנים.** ועם כל זה החשיבה משכב הצדיק ונשכרה השכיר יעקב וכאמרם נשתכרה שבטים וקבורה. ורחל נשתכרה בכורה. תני נא לי מדודאי בנך ממעלת ובכורת בנך. ורעבים חדלו במשכב הצדיק אף על פי שהיתה רעבה בבנים. לזה עקרה ילדה שבעה ורבת בנים אומללה:

[ב] **רבי יצחק אמר שעורים.** פירוש דודאים סלים מלאים שעורים או שעורים מדבריות: **משאר גזל על אחת כמה וכמה.** אם בשל גוים זהיר כל שכן בשל ישראל. או דבר שגדל בארץ בחנם הוא קל יותר. כי מברכת שמים הוא ולא בטובת אדם: **שלא טעמן.** והיינו אותם:

עץ יוסף

(א) **חנוך לנער כו'.** שכמו שבנערותו נשמר מן הגזל כן לבסוף בקש הארץ שבעבר הירדן כדי להרחיק עצמו מן הגזל, שאילו יכנסו לארץ ישראל שהוריש יהושע שאין המקום נאות למקנה ילטרכו לרעות במקום גזל (יפה תואר): **שבעים בלחם כו'.** שהוא משל על לאה שכבר היתה שבעה בבנים ואף על פי כן נשכרה עוד בבנים להוליד גם את יששכר וזבולן. **ורעבים חדלו זו רחל שהיתה רעבה לבנים חדלה** ולא הולידה. **מי עשה כן ה' ממית ומחיה כו': עקורה מבית.** רצונו לומר שהיתה ראויה להיות עקורה מביתו של יעקב שרצה לגרשה כדלעיל (עא, ב). (ב) **יברוחין.** כתרגומו. ויש להם ריח טוב. וכן כתיב (שיר השירים ז, יד) הדודאים נתנו ריח. והן על צורת בן אדם כי יש להם דמות ראש וידים. ויש אומרים כי יועילו להריון. ועיין ביפה תואר: **מיישין.** פירש בערוך פרי של אילן ששמו מייש: **למאן דאמר שעורים כו'.** ולמאן דאומר יברוחין מיישין פשיטא דהפקר הוו, אלא אפילו למאן דאמר שעורים נמי הפקר הוי אז שהיה בימי קציר חטים שאין דרך להניח השעורים בשדה עד הזמן ההוא, ולהכי כתיב וימצא דודאים להורות שהיה הפקר ולא שמור כמציאה: **תדע לך.** כלומר אין צריך לומר שהדודאים לא היו מן הגזל אלא עוד נדע מזה שהיו רחוקים מן הגזל, שהרי לא הביא אלא דודאים עם היות ימי קציר חטים והימים ימי בכורי כל מיני פירות והיה יכול להביא מפירות אחרים מהאילנות הנמצאים בארץ: **בשעת ביכור כל מיני איפורייא.** והערוך גרס בשעת בירור כל מיני איפורייא. ומפרש איפורייא פירות: **היו שמורים מגזל הארץ.** שדרך האנשים בעלי האילנות שלא להקפיד כל כך במי שיפשוט ידו ויקח קצת מהפירות, וכל שכן שנזהרו מכל שאר גזל כו[ב]ענין משא ומתן: **להודיעך עד היכן כו'.** שלא תאמר ספור זה שלא לצורך: **שלא טעמן.** סבירא ליה כמאן דאמר מיישין: **עד שהביאם לאמו.** ולאביו לא חש כי הולך בשדה כמוהו וימצא רבים כאלה (יפה תואר):

פרשה עב

א [ל, יד] **"וילך ראובן בימי קציר חטים",** א(משלי כב, ו) **"חנך לנער על פי דרכו גם כי יזקין לא יסור ממנה",** (במדבר לב, ה) **"יתן את הארץ הזאת לעבדיך וגו'".** (שמואל-א ב, ה) **"שבעים בלחם נשכרו ורעבים חדלו עד עקרה ילדה שבעה ורבת בנים אמללה",** ב**"שבעים בלחם נשכרו", זו לאה שהיתה שבעה בבנים ונשכרה, "ורעבים חדלו", זו רחל שהיתה רעבה לבנים, חדלה, "עד עקרה ילדה שבעה", זו לאה שהיתה עקורה מבית, "ילדה שבעה", "ורבת בנים אמללה", זו רחל שהיתה ראויה שיעמדו ממנה רובן של בנים, "אמללה", ומי עשה כן,** (שם) **"ה' ממית ומחיה":**

ב [ל, יד] **"וילך ראובן בימי קציר חטים וימצא דודאים", רבי חייא בר אבא אמר: יברוחין, רבי יצחק אמר: שעורין, רבי יהודה ברבי סימון אמר: מיישין, בין לדברי אלו ובין לדברי אלו הכל מודים שלא הביא אלא מן ההפקר, למאן דאמר שעורים, שעורים בימי קציר חטים בשדה של הפקר הן, לפי שכבר כלה הקציר של שעורים, תדע לך שהלך בשעת הקציר בשעת בכור כל מיני איפוריא ולא הביא אלא דבר שהוא מן המופקר, להודיעך שהיו שמורים מגזל הארץ, ואם כך היו שמורים מגזל הארץ על אחת כמה וכמה שהיו שמורים מכל הגזל.** [שם] **"ויבא אתם אל לאה אמו", להודיעך עד היכן היתה כבודה של אמו עליו, שלא טעמן עד שהביאם אל אמו:**

פירוש מהרז"ו

(א) **חנוך לנער.** פירוש כמו ראובן בילדותו ששמר את עצמו מן הגזל כדלקמן, וכן בניו שהיה להם מקנה רב ואסור לגדל בהמה דקה בארץ ישראל (ב"ק פ"ז מ"ז), על כן בקשו נחלתם במקום מרעה במדבר, ועיין קהלת רבתי (א, לג) בפסוק ונתתי את לבי, ובפסוק ראיתי את כל הענין, וכן הובא בילקוט כאן (רמז קכח) (ועיין רד"ל): **שבעים בלחם נשכרו.** במדרש שמואל (פרק ה) רבי אלעזר ברבי יוסי פתר קרייה באמהות וכו' עד עקרה לאה שהיתה עקורה מן בית ילדה שבעה, ובילקוט כאן (רמז קכט) ושם (תהלים רמז תתעג) הגירסא עקרה, וכמו שכתבתי לעיל (עא, א) שלאה היתה גם כן עקרה, אבל גירסא שבכאן עקרת הבית צריך עיון שהרי לעיל (סא, ב) שרחל עיקרה של בית, ועיין מתנות כהונה: (ב) **יברוחין.** סנהדרין (לט, ב). וכתב הערוך שכן הוא בלשון ישמעאל: **הפקר.** שקציר שעורים הוא בימי פסח, וחטים בעצרת, והשעורים כבר הפקר הן אז: **אפוריא.** שארי מיני פירות גם כן בסיון בזמן קציר חטים וכמו שנאמר (במדבר יג, כ) והימים ימי בכורי ענבים, וכמו שאיתא בסדר עולם (פרק ח) שהלכו המרגלים בכ"ט בסיון: **ואם כך** עיין לקמן (נח, ג):

רש"י

(א) **חנוך לנער על פי דרכו גם כי יזקין וגו' יותן את הארץ הזאת וגו'.** כלומר דרך שתפס ראובן תפסו בניו אחריו הוא תפס דבר שהיה מצוי לו יותר דודאים, וכן בניו תפסו דבר שהוא מצוי להם יותר בעבר הירדן, אף על פי שהיתה ארץ ישראל טובה הימנה: **שבעים בלחם נשכרו.** לאה היתה שבעה בבנים ונשתכרה שכר טוב: (ב) **מישון.** פרי אותו אילן שקורין מייש: **הכל מודין שלא הביא.** אלא דבר שהוא מן ההפקר: **למאן דאמר שעורין.** שעדיין בימי קציר חטים של שדה, ושל הפקר הן שכבר כלה קציר השעורים: **איפורייא.** בלשון יון פרי:

מתנות כהונה

[א] **יותן את הארץ וגו'.** פי' רש"י ראובן תפס דבר שהיה מצוי לו ביותר כך בניו תפסו בעבר הירדן שהיה מצוי להם ראשונה אע"פ שארץ ישראל היתה טובה הימנה: **ונשכרה.** שכר טוב וכן פי' רש"י: ה"ג בילקוט סדר זה ובספר שמואל **לאה שהיתה עקרה ילדה שבעה: שהיתה ראויה כו'.** שכל עצמו של יעקב לא כוון אלא לרחל: [ב] **יברוחין.** כן ת"א מין עשב שנקרא כן: **מיישין.** פי' רש"י מן אילן שנקרא מייש: **איפוריא.** פי' רש"י והערוך בלשון יון פרי: **מגזל הארץ.** ממה שגדל על הארץ:

אשד הנחלים

[א] **וילך גו' יותן את הארץ.** עיין מ"כ מה שהביא בשם רש"י. ויתכן עוד משום דמזה נצמח תכונת ראובן שאהב מקום שדה ודודאי וצמחי שדה, ועל כן גם בניו שהם דומים לו בתכונתו אהבו מקום זה ובחרו בעבר הירדן למושב, לפי שהוא מקום שדות למרעה טוב. והוא דוגמת הכתוב חנוך לנער, כי הבנים יורשים ג"כ תכונת אבותיהם מסבת ההרגל ג"כ: **שבעים גו' ונשכרו.** פירש המתנות כהונה מלשון שכר טוב, ואינו מוכרח כי נוכל לומר שהוא מלשון שכירות כפשוטו, כי ע"י הדודאים שנתנה לאה לרחל נשכרה ליעקב לשכב עמו. ובאור הכתוב ראה כמה תשוקת הנשים עזה להוליד, עד ששבעים נשכרו ע"י לחם, אף שהיה לה ששה בנים עם כל זה היה חפצה להוליד עוד בן שביעי, אף שהיתה עתה עיקרה של בית כי רוב הבנים היו שלה מכל (זה) [מקום] רצתה בזה. ועקרה מכל חדלה, אומללה, אף שהיתה ראויה שממנה יהיו רובם. אך אין להפלא ע"ז, כי מעשה ה' הוא אשר בידו כל ואין להרהר אחריו: [ב] **הכל מודים.** לא מיבעי מאן דאמר יברוחים שהוא מין שגדל מעצמו והוי הפקר, אלא אפילו מאן דאמר שעורים, כתיב מציאה, להורות שהיה הפקר ולא שמור, כמציאה: **להודיעך.** כלומר מכאן נוכל להוציא תוכחת מוסר עד כמה כחה של כבוד אם:

מסורת המדרש

א. ילקוט כאן רמז קכ"ט. ילקוט משלי רמז תתקס"ס:

ב. מדרש שמואל פרשה ה'. ילקוט שמואל רמז פ"ד:

אם למקרא

חֲנֹךְ לַנַּעַר עַל פִּי דַרְכּוֹ גַּם כִּי יַזְקִין לֹא יָסוּר מִמֶּנָּה: (משלי כב:ו)

וַיֹּאמְרוּ אִם מָצָאנוּ חֵן בְּעֵינֶיךָ יֻתַּן אֶת הָאָרֶץ הַזֹּאת לַעֲבָדֶיךָ לַאֲחֻזָּה אַל תַּעֲבִרֵנוּ אֶת הַיַּרְדֵּן: (במדבר לב:ה)

שְׂבֵעִים בַּלֶּחֶם נִשְׂכָּרוּ וּרְעֵבִים חָדֵלּוּ עַד עֲקָרָה יָלְדָה שִׁבְעָה וְרַבַּת בָּנִים אֻמְלָלָה: (שמואל א ב:ה)

ידי משה

[א] **חנוך לנער וגו'.** פירש רש"י שאמר הכתוב שהיה קציר חטים לאו לצורך, אלא רמז הכתוב שהלך בימי קציר חטים ומלא דודאים קודם החטים וחזר לביתו, כמו כן עשה לסוף שהלך לכבוש ארץ ישראל ולקח חלקו מעבר הירדן הקודם. כן נראה לי: **לאה שהיתה עקרה ילדה שבעה.** כן גירסת הילקוט (רמז קכט) כי לא היתה עקרת הבית אלא רחל כדלעיל, אי נמי יש לומר דהכי גרסינן שהיתה נעקרת מבית פירוש אפילו בית ולד לא היה לה וילדה שבעה: **ומי עשה כן ה' ממית ומחיה.** פירוש על דרך שכתבתי לעיל (פרשה עא ז) שלפי שלאה היתה כנגד ההדס שענפיו חופין את עלו לכך היתה לאה חפופה בבנים, ורחל היתה כנגד ערבה לכך מתה לפני לאה, וזה שאמר כאן ה' ממית ומחיה (שמואל א, ב, ו):

[ב] **להודיעך עד היכן היתה כבודה של אמו.** והוציאו זה מדכתיב אותם שלא לצורך, אלא שהביאן כהווייתן:

שינוי נוסחאות

(א) **זו לאה שהיתה עקורה מבית.** כמעט בכל הדפוסים איתא "... שהיתה עיקרה של בית", והגיה אות אמת "שהיתה עקורה מבית ולדה", ובנזה"ק הגיה (ממדרש שמואל) "שהיתה עקורה מבית", וכן כתבו בדפוס יעסניץ ובדפוס ווארשא:

וּמִי עָשָׂה כֵן — **And who wrought this?** "ה' מֵמִית וּמְחַיֶּה" — ***HASHEM*** Who ***brings death and gives life*** (ibid., v. 6).[8]

§2 וַיֵּלֶךְ רְאוּבֵן בִּימֵי קְצִיר חִטִּים וַיִּמְצָא דוּדָאִים — ***REUBEN WENT OUT IN THE DAYS OF THE WHEAT HARVEST; HE FOUND DUDAIM.***

The Midrash now explains what *dudaim* are, citing three opinions:

רַבִּי חִיָּיא בַּר אַבָּא אָמַר — **R' Chiya bar Abba said:** יַבְרוּחִין — *Dudaim* are ***yavruchin.***[9] רַבִּי יִצְחָק אָמַר — **R' Yitzchak said:** שְׂעוֹרִין — *Dudaim* are **barleycorns.** רַבִּי יְהוּדָה בְּרַבִּי סִימוֹן אָמַר — **R' Yehudah the son of R' Simone said:** מַיְישִׁין — *Dudaim* are fruits of the ***mayish*** tree.[10]

The Midrash derives a lesson from the verse's mention that Reuben found the *dudaim* at the time of the wheat harvest:

בֵּין לְדִבְרֵי אֵלּוּ וּבֵין לְדִבְרֵי אֵלּוּ — **Both** according **to the words of these and** according **to the words of these,** i.e., according to all three opinions, הַכֹּל מוֹדִים שֶׁלֹּא הֵבִיא אֶלָּא מִן הַהֶפְקֵר — **all agree that [Reuben] brought** his mother **only from that which was ownerless.** לְמַאן דְּאָמַר שְׂעוֹרִים — This is true *even* **according to the one who said** *dudaim* are **barleycorns,** שְׂעוֹרִים בִּימֵי קְצִיר חִטִּים בְּשָׂדֶה שֶׁל הֶפְקֵר הֵן — for **barleycorns** found **in a field in the days of the wheat harvest are ownerless,** לְפִי שֶׁכְּבָר כָּלָה הַקָּצִיר שֶׁל שְׂעוֹרִים — **since the barley harvest has already ended.**[11] תֵּדַע לָךְ — **You should know** how careful the children of Jacob were in avoiding theft, שֶׁהָלַךְ בִּשְׁעַת הַקָּצִיר — **for [Reuben] went** out **during the harvest time,** בִּשְׁעַת בִּכּוּר כָּל מִינֵי אִיפּוֹרְיָא — **at the time when all types of fruit ripen,** וְלֹא הֵבִיא אֶלָּא דָּבָר שֶׁהוּא מִן הַמּוּפְקָר — **and** yet **he brought** his mother **only something that was ownerless.**[12] לְהוֹדִיעֲךָ שֶׁהָיוּ שְׁמוּרִים מִגֶּזֶל הָאָרֶץ — This **informs you that [the children of Jacob] were careful to avoid robbery of** that which grows on **the land.**[13] וְאִם כָּךְ הָיוּ שְׁמוּרִים מִגֶּזֶל הָאָרֶץ — **And if this is how careful [the children of Jacob] were to avoid robbery of** that which grows on **the land,** עַל אַחַת כַּמָּה וְכַמָּה שֶׁהָיוּ שְׁמוּרִים מִכָּל הַגָּזֵל — then **how much more so were [the children of Jacob] careful to avoid all** other forms of **robbery.**[14]

□ וַיָּבֵא אֹתָם אֶל לֵאָה אִמּוֹ — ***AND [HE] BROUGHT THEM TO LEAH HIS MOTHER.***

The Midrash draws another lesson from this verse:

לְהוֹדִיעֲךָ עַד הֵיכָן הָיְתָה כְּבוּדָהּ שֶׁל אִמּוֹ עָלָיו — This **informs you how far [Reuben's] esteem for his mother** extended, שֶׁלֹּא טְעָמָן עַד שֶׁהֱבִיאָם אֶל אִמּוֹ — **that he did not** even **taste [the *dudaim*] until he brought** *all* **of them to his mother.**[15]

NOTES

below, §3] (see *Tiferes Tzion*). See Insight Ⓐ for a different interpretation of the verse in *Samuel*.

8. This is the next verse in *Samuel*. I.e., as expounded above (71 §6), one who is childless is regarded as dead. Thus, in this context, the verse is understood to mean that God is the One Who makes people childless and Who bestows children upon them (see *Radal*).

9. It is commonly assumed that *yavruchin* are identified as *mandrakes*. *Ibn Ezra* writes that they have a pleasant fragrance (see *Song of Songs* 7:14); they have the likeness of a head and two hands, thus resembling the shape of a human being; and, according to some, they are effective for facilitating conception (see *Zohar* I 156b-157b). [*Ibn Ezra* himself, and *Ramban*, however, are skeptical about the last point; see there.] Some explain that the term *dudaim* is related to *dodim*, love, because their fragrance increases a man's desire for his wife (*Eitz Yosef*, Wagshal ed.; see *Midrash Sechel Tov* to 30:14).

10. *Eitz Yosef*, from *Aruch*; *Matnos Kehunah*, from *Rashi*. We do not know which species of tree this is (*Rabbeinu Gershom* to *Tamid* 29b). *Tiferes Tzion* surmises that barleycorns and fruits of the *mayish* tree, like *yavruchin*, facilitate conception and increase a man's desire for his wife.

11. The Midrash focuses on barley since *yavruchin* (mandrakes) and *mayish* trees grow wild, and therefore *yavruchin* and fruits of the *mayish* tree may certainly be considered ownerless. The Midrash thus explains that although barley is cultivated privately, at the time of the wheat harvest even barley is considered ownerless. The wheat harvest takes place after the barley harvest, at which time people no longer leave their barley in the fields. Therefore, any barley then remaining in the field is considered ownerless. Scripture states that Reuben "found" *dudaim* to emphasize that Reuben took only that which was ownerless, i.e., they were ownerless and left unguarded, like a lost object (whose owner gave up hope of recovering it) (*Eitz Yosef; Eshed HaNechalim*).

12. This is another indication of how careful Reuben was not to take from the property of another: Although there were many types of fruit available to Reuben, he brought his mother only *dudaim* (*Eitz Yosef*).

13. Farmers usually do not mind if a passerby picks a few stalks or fruit. Nevertheless, Reuben was careful to take only from that which was ownerless (*Eitz Yosef*).

14. For example, in their business dealings. The Midrash teaches that Scripture records this incident to praise the tribes for the great care they took to avoid theft and for their honesty and integrity in regard to money matters (*Eitz Yosef*).

15. The word אֹתָם, *them,* is redundant (for the verse could have said וַיְבִיאֵם), and implies that Reuben brought *all* the *dudaim* to his mother, refraining from taking any for himself. As the Midrash explains, this demonstrates the high regard he had for his mother (*Nezer HaKodesh; Yedei Moshe*). Reuben serves as an example of how one should honor his parents (*Eshed HaNechalim*).

This teaching follows the view that identifies *dudaim* as fruits of the *mayish* tree, for mandrakes and (raw) barley are inedible (*Eitz Yosef; Yefeh To'ar*).

The reason Reuben brought *dudaim* only for his mother and not for his father is that Jacob worked in the fields himself, where *dudaim* can easily be found; had Jacob wanted, he surely would have brought some himself (*Eitz Yosef,* citing *Yefeh To'ar*). *Nezer HaKodesh* adds that according to the explanation above that *dudaim* facilitate conception [or desire in man], it is understandable why his mother specifically would have wanted them.

INSIGHTS

Ⓐ **Sated, Yet Hungry** *Yefeh To'ar* offers an alternative approach, which retains the verse's basic meaning, and, in the verse's first contrast also, contains the reason for Leah and Rachel's respective fortunes: *The sated ones are hired out for bread* means that although Leah was sated with four children, nevertheless, she was *hired out* (*nis'karah*) [נִשְׂכָּרָה], i.e., she paid for the right to Jacob's company, to have more children. In contrast, *while the hungry ones cease to be so* means that although Rachel was hungry for children, *she ceased to be so*, i.e., by exchanging the opportunity of Jacob's company for Leah's *dudaim*, she showed a lack of regard for the company of her righteous husband. The verse continues with the consequences: since Leah displayed an intense desire for the righteous Jacob's company and to have more children with him, Leah became the mainstay of Jacob's household by bearing him seven children. [*Yefeh To'ar's* text read, עִיקָּרָהּ שֶׁל בַּיִת, *mainstay of the household.* Although Jacob's primary wife was actually Rachel — as the Midrash itself implies in the very next sentence — by bearing most of Jacob's children, Leah in a real sense became the mainstay.] By contrast, since Rachel gave up the opportunity for Jacob's company, although it was fitting that the majority of Jacob's children be raised up through her, she was bereft of children.

What does the Midrash mean that Rachel should have borne the "majority" of Jacob's children? Seemingly, if he would have married only Rachel, she would have been the mother of *all* his children, while if he would have still taken other wives, it is quite possible that Rachel would *not* have had a majority. *Yefeh To'ar* suggests that had Jacob married Rachel first, as he had intended, he still would have married Leah, for it was decreed in Heaven that he marry both sisters. In such a scenario, *Yefeh To'ar* reasons that Rachel would have conceived first and given birth to a majority, as there would have been no need for Leah to give birth first, since Jacob would have married her willingly. He also would not have married the maidservants; he married them only because Rachel was barren.

פרשה עב

א [ל, יד] **"וַיֵּלֶךְ רְאוּבֵן בִּימֵי קְצִיר חִטִּים"**, א(משלי כב, ו) **"חֲנֹךְ לַנַּעַר עַל פִּי דַרְכּוֹ גַּם כִּי יַזְקִין לֹא יָסוּר מִמֶּנָּה"**, (במדבר לב, ה) **"יֻתַּן אֶת הָאָרֶץ הַזֹּאת לַעֲבָדֶיךָ וְגוֹ'"**. (שמואל-א ב, ה) **"שְׂבֵעִים בַּלֶּחֶם נִשְׂכָּרוּ וּרְעֵבִים חָדֵלּוּ עַד עֲקָרָה יָלְדָה שִׁבְעָה וְרַבַּת בָּנִים אֻמְלָלָה"**, ב**"שְׂבֵעִים בַּלֶּחֶם נִשְׂכָּרוּ"**, זוֹ לֵאָה שֶׁהָיְתָה שְׂבֵעָה בְּבָנִים וְנִשְׂכָּרָה, **"וּרְעֵבִים חָדֵלּוּ"**, זוֹ רָחֵל שֶׁהָיְתָה רְעֵבָה לְבָנִים, חָדֵלָה, **"עַד עֲקָרָה יָלְדָה שִׁבְעָה"**, זוֹ לֵאָה שֶׁהָיְתָה עֲקוּרָה מִבַּיִת, **"יָלְדָה שִׁבְעָה"**, **"וְרַבַּת בָּנִים אֻמְלָלָה"**, זוֹ רָחֵל שֶׁהָיְתָה רְאוּיָה שֶׁיַּעַמְדוּ מִמֶּנָּה רוּבָּן שֶׁל בָּנִים, **"אֻמְלָלָה"**, וּמִי עָשָׂה כֵן, (שם) **"ה' מֵמִית וּמְחַיֶּה"**:

ב [ל, יד] **"וַיֵּלֶךְ רְאוּבֵן בִּימֵי קְצִיר חִטִּים וַיִּמְצָא דוּדָאִים"**, רַבִּי חִיָּיא בַּר אַבָּא אָמַר: יַבְרוּחִין, רַבִּי יִצְחָק אָמַר: שְׂעוֹרִין, רַבִּי יְהוּדָה בְּרַבִּי סִימוֹן אָמַר: מַיְישִׁין, בֵּין לְדִבְרֵי אֵלּוּ וּבֵין לְדִבְרֵי אֵלּוּ הַכֹּל מוֹדִים שֶׁלֹּא הֵבִיא אֶלָּא מִן הַהֶפְקֵר, לְמַאן דְּאָמַר שְׂעוֹרִים, שְׂעוֹרִים בִּימֵי קְצִיר חִטִּים בְּשָׂדֶה שֶׁל הֶפְקֵר הֵן, לְפִי שֶׁכְּבָר כָּלָה הַקָּצִיר שֶׁל שְׂעוֹרִים, תֵּדַע לְךָ שֶׁהָלַךְ בִּשְׁעַת הַקָּצִיר בִּשְׁעַת בִּכּוּר כָּל מִינֵי אִיפוֹרְיָא וְלֹא הֵבִיא אֶלָּא דָּבָר שֶׁהוּא מִן הַמּוּפְקָר, לְהוֹדִיעֲךָ שֶׁהָיוּ שְׁמוּרִים מִגֶּזֶל הָאָרֶץ, וְאִם כָּךְ הָיוּ שְׁמוּרִים מִגֶּזֶל הָאָרֶץ עַל אַחַת כַּמָּה וְכַמָּה שֶׁהָיוּ שְׁמוּרִים מִכָּל הַגָּזֵל. [שם] **"וַיָּבֵא אֹתָם אֶל לֵאָה אִמּוֹ"**, לְהוֹדִיעֲךָ עַד הֵיכָן הָיְתָה כְּבוּדָהּ שֶׁל אִמּוֹ עָלָיו, שֶׁלֹּא טְעָמָן עַד שֶׁהֱבִיאָם אֶל אִמּוֹ:

עץ יוסף

(א) חנוך לנער כו'. שכמו שבנערותו נשמר מן הגזל כן לבסוף בקש הארץ שבעבר הירדן כדי להרחיק עצמו מן הגזל, שאילו יכנסו לארץ ישראל שהורישׁ יהושע שאין המקום נאות למקנה ילטרכו לרעות במקום גזל (יפה תואר): **שבעים בלחם כו'.** שהוא משל על לאה שכבר היתה שבעה בבנים ואף על פי כן נשכרה עוד בבנים להוליד גם את יששכר וזבולן. **ורעבים חדלו זו רחל שהיתה רעבה לבנים חדלה** ולא הולידה. **מי עשה כן ה' ממית ומחיה כו': עקורה מבית.** רלונו לומר שהיתה ראויה להיות עקורה מביתו של יעקב שרלה לגרשה כדלעיל (עא, ג). **(ב) יברוחין.** כתרגומו. ויש להם ריח טוב. וכן כתיב (שיר השירים ז, יד) הדודאים נתנו ריח. והן על לורת בן אדם כי יש להם דמות ראש וידים. ויש אומרים כי יועילו להריון. ועיין ביפה תואר: **מיישין.** פירש בערוך פרי של אילן ששמו מייש: **למאן דאמר שעורים כו'.** ולמאן דאומר יברוחין מיישין פשיטא דהפקר הוו, אלא אפילו למאן דאמר שעורים נמי הפקר הוי אז שהיה בימי קציר חטים שאין דרך להניח השעורים בשדה עד הזמן ההוא, ולהכי כתיב וימלא דודאים להורות שהיה הפקר ולא שמור כמליאה: **תדע לך.** כלומר אין לריך לומר שהדודאים לא היו מן הגזל אלא עוד נדע מזה שהיו רחוקים מן הגזל, שהרי לא הביא אלא דודאים עם היות ימי קציר חטים והימים ימי בכורי כל מיני פירות והיה יכול להביא מפירות אחרים מהאילנות הנמלאים בארץ: **בשעת ביכור כל מיני איפורייא.** והערוך גרס בשעת בירור כל מיני איפוריית. ומפרש איפוריית פירות: **היו שמורים מגזל הארץ.** שדרך האנשים בעלי האילנות שלא להקפיד כל כך במי שיפשוט ידו ויקח קלת מהפירות, וכל שכן שנזהרו מכל שאר גזל כ[ב]ענין משא ומתן: **להודיעך עד היכן כו'.** שלא תאמר ספור זה שלא ללורך: **שלא טעמן.** סבירא ליה כמאן דאמר מיישין: **עד שהביאם לאמו.** ולאביו לא חש כי הולך בשדה כמוהו וימלא רבים כאלה (יפה תואר):

פירוש מהרז"ו

(א) חנוך לנער. פירוש כמו ראובן בילדותו שמר את עצמו מן הגזל כדלקמן, וכן בניו שהיה להם מקנה רב ואסור לגדל בהמה דקה בארץ ישראל (ב"ק פ"ז מ"ז), על כן בקשו נחלתם במקום מרעה במדבר, ועיין קהלת רבתי (א, לג) בפסוק ונתתי את לבי, ובפסוק ראיתי את כל הענין, וכן הובא בילקוט כאן (רמז קכח) (עיין רד"ל): **שבעים בלחם נשכרו.** במדרש שמואל (פרק ה) רבי אלעזר ברבי יוסי פתר קרייה באמהות וכו' עד עקרה לאה שהיתה עקורה מן בית ילדה שבעה, ובילקוט כאן (רמז קכט) ושם (תהלים רמז תתעג) הגירסא עקרה, וכמו שכתבתי לעיל (עא, א) שלאה היתה גם כן עקרה, אבל גירסא שבכאן עקרת הבית לריך עיון שהרי לעיל (סא, ב) שרחל עיקרה של בית, ועיין מתנות כהונה: **(ב) יברוחין.** סנהדרין (לט, ב). וכתב הערוך שכן הוא בלשון ישמעאל: **הפקר.** שקליר שעורים הוא בימי פסח, וחטים בעלרת, והשעורים כבר הפקר הן אז: **אפוריא.** שארי מיני פירות גם כן בסיון בזמן קליר חטים וכמו שנאמר (במדבר יג, כ) והימים ימי בכורי ענבים, וכמו שאיתא בסדר עולם (פרק ח) שהלכו המרגלים בכ"ט בסיון: **ואם כך** עיין לקמן (לח, ג):

רש"י

(א) חנוך לנער על פי דרכו גם כי יזקין וגו' יותן את הארץ הזאת וגו'. כלומר דרך שתפס ראובן תפסו בניו אחריו הוא תפס דבר שהיה מלוי לו יותר דודאים, וכן בניו תפסו דבר שהוא מלוי להם יותר בעבר הירדן, אף על פי שהיתה ארץ ישראל טובה הימנה: **שבעים בלחם נשכרו.** לאה היתה שבעה בבנים ונשתכרה שכר טוב: **(ב) מישון.** פרי אותו אילן שקורין מייש: **הכל מודין שלא הביא.** אלא דבר שהוא מן ההפקר: **למאן דאמר שעורין.** שעדיין בימי קליר חטים של שדה, ושל הפקר הן שכבר כלה קליר השעורים: **איפורייא.** בלשון יון פרי:

מתנות כהונה

[א] יותן את הארץ וגו'. פי' רש"י ראובן תפס דבר שהיה מלוי לו ביותר כך בניו תפסו בעבר הירדן שהיה מלוי להם ראשונה אע"פ שארץ ישראל היתה טובה הימנה: **ונשכרה.** שכר טוב וכן פי' רש"י: ה"ג בילקוט סדר זה ובספר שמואל **לאה שהיתה עקרה ילדה שבעה: שהיתה ראויה כו'.** שכל עלמו של יעקב לא כוון אלא לרחל: **[ב] יברוחין.** כן ת"א מין עשב שנקרא כן: **מיישין.** פי' רש"י מן אילן שנקרא מייש: **איפוריא.** פי' רש"י והערוך בלשון יון פרי: **מגזל הארץ.** ממה שגדל על הארץ:

אשד הנחלים

[א] וילך גו' יותן את הארץ. עיין מ"כ מה שהביא בשם רש"י. ויתכן עוד משום דמזה נצמח תכונת ראובן שאהב מקום שדה ודודאי וצמחי שדה, ועל כן גם בניו שהם דומים לו בתכונתו אהבו מקום זה ובחרו בעבר הירדן למושב, לפי שהוא מקום שדות למרעה טוב. והוא דוגמת הכתוב חנוך לנער, כי הבנים יורשים ג"כ תכונת אבותיהם מסבת ההרגל ג"כ: **שבעים גו' ונשכרו.** פירש המתנות כהונה מלשון שכר טוב, ואינו מוכרח כי נוכל לומר שהוא מלשון שכירות כפשוטו, כי ע"י הדודאים שנתנה לאה לרחל נשכרה ליעקב לשכב עמו. ובאור הכתוב ראה כמה תשוקת הנשים עזה להוליד, עד ששבעים נשכרו ע"י לחם, אף שהיה לה ששה בנים עם כל זה היה חפצה להוליד עוד בן שביעי, אף שהיתה עתה עיקרה של בית כי רוב הבנים היו שלה מכל (זה) [מקום] רצתה בזה. ועקרה מכל חדלה, אומללה, אף שהיתה ראויה שממנה יהיו רובם. אך אין להפלא ע"ז, כי מעשה ה' הוא אשר בידו כל ואין להרהר אחריו: **[ב] הכל מודים.** לא מיבעי מאן דאמר יברוחים שהוא מין שגדל מעצמו והוי הפקר, אלא אפילו מאן דאמר שעורים, כתיב מציאה, להורות שהיה הפקר ולא שמור, כמציאה: **להודיעך.** כלומר מכאן נוכל להוציא תוכחת מוסר עד כמה כחה של כבוד אם:

חידושי הרד"ל

[א] בימי קציר חטים וימצא דודאים. לריך לומר כאן תחלת הפרשה הא דלהלן רבי חייא בר אבא אמר יברוחין כו' עד שמורים מכל הגזל, ואחר כך לריך לומר הא דחנוך לנער עד לעבדיך. ורלה לומר כמו שאיתא בקהלת רבה (א, לג) שבט ראובן וגד שהרחיקו עלמן מן הגזל, לפיכך נתן להם הקב"ה נחלה במקום שאין בו גזל, שנאמר (במדבר לב, א) והנה המקום מקום מקנה, ממהיר, שהוא ט"ז מיל על ט"ז מיל, והוא שם מדבר בעבר הירדן, ומפני שאין מגדלין בהמה דקה בארץ ישראל מפני גזל וישוב ארץ ישראל, ורק אמרו מרעין בחורשין אמרו בירושלמי (סוף פ"ז דב"ק ה"ז) דכגון ממהיר. וט"ז מיל היינו כמו שמבואר בבכורות (נד, ב) דעד ט"ז מיל שלטא עיניה דרועה ולכן בקשוהו שהוא מקום ראוי למקנה בלא גזל, כמו שבילדותו מלא דודאים הרחוק מן הגזל, כן נתחנכו בניו אחריו: **שבעים בלחם כו'.** גם זה אין כאן מקומו, ולריך לאומרו להלן סוף הפרשה אחר לידת דינה שילדה לאה כבר שבעה ורחל חדלה: **ה' ממית ומחיה.** כמו שנאמר (ל, א) ואם אין מתה אנכי, וכדלעיל (עא, ו) שחשוב כמת:

אמרי יושר

[א] גם כי יזקין גו'. או הוא על להיטה אחר השדה ועבודת האדמה. או הוא על פרישה מהגזל והיינו יותן הארץ הזאת: **שבעים בלחם נשכרו זו לאה שהיתה שבעה בבנים.** ועם כל זה החשיבה משכב הלדיק ונשכרה השכיר יעקב וכאמרם נשתכרה שבטים וקבורה. ורחל נשתכרה בכורה. תני נא לי מדודאי בנך ממעלת ובכורת בנך. ורעבים חדלו במשכב הלדיק אף על פי שהיתה רעבה בבנים. לזה עקרה ילדה שבעה ורבת בנים אומללה: **[ב] רבי יצחק אמר שעורים.** פירוש דודאים סלים מלאים שעורים או שעורים מדבריות: **משאר גזל על אחת כמה וכמה.** אם בשל גוים זהיר כל שכן בשל ישראל. או דבר שגדל בארץ בחנם הוא קל יותר. כי מברכת שמים הוא ולא בטובת אדם: **שלא טעמן.** והיינו אותם:

מסורת המדרש

א. ילקוט כאן רמז קכ"ט. ילקוט משלי רמז תתק"ס:
ב. מדרש שמואל פרשה ה'. ילקוט שמואל רמז פ"ד:

אם למקרא

חֲנֹךְ לַנַּעַר עַל פִּי דַרְכּוֹ גַּם כִּי יַזְקִין לֹא יָסוּר מִמֶּנָּה: (משלי כב:ו)

וַיֹּאמְרוּ אִם מָצָאנוּ חֵן בְּעֵינֶיךָ יֻתַּן אֶת הָאָרֶץ הַזֹּאת לַעֲבָדֶיךָ לַאֲחֻזָּה אַל תַּעֲבִרֵנוּ אֶת הַיַּרְדֵּן: (במדבר לב:ה)

שְׂבֵעִים בַּלֶּחֶם נִשְׂכָּרוּ וּרְעֵבִים חָדֵלּוּ עַד עֲקָרָה יָלְדָה שִׁבְעָה וְרַבַּת בָּנִים אֻמְלָלָה: (שמואל א ב:ה)

ידי משה

[א] חנוך לנער וגו'. פירש רש"י שאמר הכתוב שהיה קליר חטים ללא לורך, אלא רמז הכתוב שהלך בימי קליר חטים ומלא דודאים קודם החטים וחזר לביתו, כמו כן עשה לסוף שהלך לכבוש ארץ ישראל ולקח חלקו מעבר הירדן הקודם. כן נראה לי: **לאה שהיתה עקרה ילדה שבעה.** כן גירסת הילקוט (רמז קכט) כי לא היתה עקרת הבית אלא רחל כדלעיל, אי נמי יש לומר דהכי גרסינן שהיתה נעקרת מבית פירוש אפילו בית ולד לא היה לה וילדה שבעה: **ומי עשה כן ה' ממית ומחיה.** פירוש על דרך שכתבתי לעיל (פרשה עא ז) שלפי שלאה היתה כנגד ההדס שענפיו חופין את עלו לכך היתה לאה חפופה בבנים, ורחל היתה נגד ערבה לכך מתה לפני לאה, וזה שאמר כאן ה' ממית ומחיה (שמואל א, ב, ו): **[ב] להודיעך עד היכן היתה כבודה של אמו.** והוליאו זה מדכתיב אותם ללא לורך, אלא שהביאן כהווייתן:

שינוי נוסחאות

(א) זו לאה שהיתה עקורה מבית. כמעט בכל הדפוסים איתא "... שהיתה עיקרה של בית", והגיה אות אמת "שהיתה עקורה מבית ולדה", ובנזה"ק הגיה (ממדרש שמואל) "שהיתה עקורה מבית", וכן כתבו בדפוס יעסניץ ובדפוס ווארשא:

וַתֹּאמֶר רָחֵל אֶל לֵאָה תְּנִי נָא לִי מִדּוּדָאֵי בְּנֵךְ. וַתֹּאמֶר לָהּ הַמְעַט קַחְתֵּךְ אֶת אִישִׁי וְלָקַחַת גַּם אֶת דּוּדָאֵי בְּנִי וַתֹּאמֶר רָחֵל לָכֵן יִשְׁכַּב עִמָּךְ הַלַּיְלָה תַּחַת דּוּדָאֵי בְּנֵךְ.

Rachel said to Leah, "Please give me some of your son's dudaim." But she said to her, "Was your taking my husband insignificant? — And now to take even my son's dudaim!" Rachel said, "Therefore, he shall lie with you tonight in return for your son's dudaim" (30:14-15).

§3 וַתֹּאמֶר רָחֵל אֶל לֵאָה תְּנִי נָא לִי מִדּוּדָאֵי בְּנֵךְ . . . הַמְעַט קַחְתֵּךְ אֶת אִישִׁי — *RACHEL SAID TO LEAH, "PLEASE GIVE ME SOME OF YOUR SON'S DUDAIM." BUT SHE SAID TO HER, "WAS YOUR TAKING MY HUSBAND INSIGNIFICANT? — AND NOW TO TAKE EVEN MY SON'S DUDAIM!"*

The Midrash explains the meaning of Leah's grievance: **הֲנֵיאַת לְסָבִי מִן דִּיקְנִי** — Leah, in effect, said, **"You are pleasing my old man** (i.e., Jacob) with hair **from my beard."**[16]

☐ [וַתֹּאמֶר רָחֵל לָכֵן יִשְׁכַּב עִמָּךְ הַלַּיְלָה תַּחַת דּוּדָאֵי בְּנֵךְ — *RACHEL SAID, "THEREFORE, HE SHALL LIE WITH YOU TONIGHT IN RETURN FOR YOUR SON'S DUDAIM."*]

The Midrash explains the consequences of Rachel's response: **תָּאנֵי רַבִּי שִׁמְעוֹן — R' Shimon taught** (in a *Baraisa*): **לְפִי שֶׁזִּלְזְלָה בַּצַּדִּיק לְפִיכָךְ אֵינָהּ נִכְנֶסֶת עִמּוֹ בִּקְבוּרָה — Since [Rachel] belittled** her association with **the righteous man** (Jacob) by giving up her right to his company in exchange for the *dudaim*, **she would not enter with him to burial,** i.e., she would not be buried with him.[17] **הוּא דְהִיא אָמְרָה לָהּ — Thus it is that [Rachel] said to [Leah],** "**לָכֵן יִשְׁכַּב עִמָּךְ הַלַּיְלָה**" — ***"Therefore, he shall lie with you tonight."*** **אָמְרָה לָהּ — [Rachel]** in effect **said to [Leah],** **עִמָּךְ הוּא דָמֵיךְ — "With you [Jacob] will lie** in the grave, **עִמִּי לֵית הוּא דָמֵיךְ — with me [Jacob] will not lie** in the grave."[18]

The Midrash continues to explain the consequences of Rachel and Leah's actions: **אָמַר רַבִּי אֶלְעָזָר — R' Elazar said: זוּ הִפְסִידָה וְזוּ הִפְסִידָה — This one,** i.e., Leah, **lost** on account of her actions, **and that one,** i.e., Rachel, **lost** on account of her actions. **זוּ נִשְׂתַּכְּרָה וְזוּ נִשְׂתַּכְּרָה — This one,** i.e., Leah, **gained** on account of actions, **and that one,** i.e., Rachel, **gained** on account of her actions. **לֵאָה הִפְסִידָה דוּדָאִים וְנִשְׂתַּכְּרָה ב׳ שְׁבָטִים וּבְכוֹרָה — Leah lost** only ***dudaim,*** but **gained two tribes and the birthright of the firstborn,** **וְרָחֵל נִשְׂתַּכְּרָה דוּדָאִים וְהִפְסִידָה ב׳ שְׁבָטִים וּבְכוֹרָה — while Rachel gained** only ***dudaim,* but lost two tribes, and the birthright of the firstborn.**[19]

NOTES

16. *Eitz Yosef; Rashi; Matnos Kehunah.* [Leah referred to Jacob as her "old man," either because this was an expression used by wives to refer to their husbands, or because Jacob was in fact an old man (*Yefeh To'ar*).] This is a proverbial statement (Leah obviously did not have a beard!): I.e., not only did you take my husband from me, but you wish to entice him with *my dudaim*! For, as mentioned above (see note 9), *dudaim* serve as an aid for fertility or as an aphrodisiac (*Eitz Yosef*). See *Yefeh To'ar* and *Nezer HaKodesh*.

Alternatively, דִּיקְנִי means *injustice*. Leah thus said, "You wish to entice my husband, doing me an injustice" (*Yefeh To'ar*).

17. Both Rachel and Leah could not both be buried with Jacob in the Cave of Machpelah, as it would not be becoming for Jacob to be buried together with two sisters. However, as Jacob's primary wife, Rachel should have been the one to be buried with Jacob, and Leah should have been the one to be excluded. Since, however, Rachel belittled the value of Jacob's companionship, she lost the privilege to be buried with him (*Eitz Yosef*). See Insight Ⓐ.

18. Rachel should have said *he should "come" to you* or *you shall "take" him*. Her use of *he shall "lie"* implies *death* and burial. Rachel prophesied this without realizing. God inspired her to use the word יִשְׁכַּב, *lie*, hinting that Leah, and not she, would be the one to lie in the grave with Jacob. Had she realized the hidden meaning of her words, she obviously would not have agreed to exchange her privilege for the *dudaim* (*Eitz Yosef; Yefeh To'ar*).

19. [Both views presented here base their interpretation on the following verse, כִּי שָׂכֹר שְׂכַרְתִּיךָ בְּדוּדָאֵי בְּנִי, *for I have clearly hired you with my son's dudaim*. The double use of the expression שָׂכַר, which can also mean *reward*, implies a double reward, i.e., that they both gained from this transaction. The Midrash states that they both also suffered a loss because each sister's gain was the other sister's loss (*Yefeh To'ar*).]

At the time of this incident Jacob was destined to have four more sons. As Jacob's primary spouse, Rachel should really have borne all four, thereby matching Leah who already had four sons of her own. God, however, saw Leah's pure intentions to establish more tribes and thus rewarded her with two more, Issachar and Zebulun, thus taking away what had been destined for Rachel (see Midrash below, §5) (*Eitz Yosef*).

As stated here, Leah acquired the firstborn when she agreed to give up the *dudaim* in exchange for Jacob's company. This statement is quite difficult to fathom, however, for her son Reuben, Jacob's firstborn son, would have acquired that right at his birth! Moreover, this right was subsequently taken from him — when he moved Jacob's couch from Bilhah's tent to the tent of his mother after Rachel's death (see below, 35:22; 49:4; *I Chronicles* 5:1) — and given to Joseph. Many commentators therefore emend the text to read לֵאָה הִפְסִידָה דוּדָאִים וּבְכוֹרָה וְנִשְׂתַּכְּרָה ב׳ שְׁבָטִים, וְרָחֵל נִשְׂתַּכְּרָה דוּדָאִים וּבְכוֹרָה וְהִפְסִידָה שְׁבָטִים — **"Leah lost *dudaim* and the birthright of the firstborn,** but **gained two tribes, while Rachel gained *dudaim* and the birthright of the firstborn,** but **lost** two **tribes."** Although Leah did not actually lose the right to the firstborn at this time, the Midrash speaks of her losing it and Rachel's gain because while Reuben's act of moving Jacob's couch caused him to lose the right to the firstborn, it did not earn Joseph the right to it over the other brothers; it could have passed to one of Leah's other sons. Rather, Rachel merited the firstborn (when it would subsequently be taken from Reuben) by acquiring the *dudaim*. Rachel endeavored to acquire the *dudaim* so she could entice her husband. Alternatively, she wanted the *dudaim* since they help promote conception, thus demonstrating her desire for children. By seeking means to heal herself, she merited the firstborn (*Eitz Yosef* to *Shir HaShirim Rabbah* 7 §18; *Yefeh To'ar*).

[Alternatively, the incident of Reuben moving his father's couch actually occurred at this time: After Rachel consented to relinquish her right to Jacob's company in exchange for the *dudaim*, Reuben went and moved Jacob's bed from Rachel's tent to his mother's tent. Although Rachel consented, it is disrespectful for a child himself to get involved in his father's personal affairs and move his father's bed (*Eitz Yosef*, here and to *Shir HaShirim Rabbah* 7 §18; *Nezer HaKodesh*, from *Yefeh To'ar* to Midrash below, 99 §6).] See below, note 35, with Insight Ⓑ, where is is explained why Leah merited *two* sons for her role in this affair, and not just one.

See Insight Ⓑ.

INSIGHTS

Ⓐ **Rachel's Burial Place** The Midrash below (82 §10) gives a different reason as to why Rachel was not buried with Jacob: Rachel was buried on the roadside where her descendants were destined to pass on their way to Babylonian exile after the Temple's destruction. When they passed her tomb, her soul would beseech God for mercy upon them, and He would respond with the reassurance that they would one day return to their land. If so, her failure to be buried in the Cave of Machpelah was not a punishment, but a Divine Manifestation of mercy for the future exiles.

The commentators explain that these two reasons are not contradictory, but complementary. It is true that the choice of her resting place in Bethlehem was for the sake of prayers for Israel, but had she not belittled the company of the righteous Jacob, she would have had the even greater privilege of being buried with him (*Mizrachi; Gur Aryeh*). [In that event, God would have provided another source of mercy for the exiles.] See also Insight Ⓑ.

Ⓑ **The Birthright of the Firstborn** According to the emended version

ג [ל, יד-טו] "וַתֹּאמֶר רָחֵל אֶל לֵאָה תְּנִי נָא לִי מִדּוּדָאֵי בְּנֵךְ ... הַמְעַט קַחְתֵּךְ אֶת אִישִׁי", הַנִּיאַת לְסָבִי מִן דִּיקְנִי. תָּאנֵי רַבִּי שִׁמְעוֹן: לְפִי שֶׁזִּלְזְלָה בַּצַּדִּיק לְפִיכָךְ אֵינָהּ נִכְנֶסֶת עִמּוֹ בִּקְבוּרָה, גהוּא דְהִיא אָמְרָה לָהּ: [ל, טו] "לָכֵן יִשְׁכַּב עִמָּךְ הַלַּיְלָה", אָמְרָה לָהּ: עִמָּךְ הוּא דָמֵיךְ, עִמִּי לֵית הוּא דָמֵיךְ. אָמַר רַבִּי אֶלְעָזָר: דזוֹ הִפְסִידָה וְזוֹ הִפְסִידָה, זוֹ נִשְׂתַּכְּרָה וְזוֹ נִשְׂתַּכְּרָה, לֵאָה הִפְסִידָה דוּדָאִים וְנִשְׂתַּכְּרָה ב' שְׁבָטִים וּבְכוֹרָה, וְרָחֵל נִשְׂתַּכְּרָה דוּדָאִים וְהִפְסִידָה ב' שְׁבָטִים וּבְכוֹרָה, רַבִּי שְׁמוּאֵל בַּר נַחְמָן אָמַר: זוֹ הִפְסִידָה דוּדָאִים וְנִשְׂתַּכְּרָה שְׁבָטִים וּקְבוּרָה עִמּוֹ, רָחֵל נִשְׂתַּכְּרָה דוּדָאִים וְהִפְסִידָה שְׁבָטִים וּקְבוּרָה:

ד [ל, טז] "וַיָּבֹא יַעֲקֹב מִן הַשָּׂדֶה בָּעֶרֶב", תַּמָּן תְּנֵינַן: ההַשּׂוֹכֵר אֶת הַפּוֹעֲלִים וּפָסַק עִמָּהֶם לְהַשְׁכִּים וּלְהַעֲרִיב, מָקוֹם שֶׁנָּהֲגוּ שֶׁלֹּא לְהַשְׁכִּים וּלְהַעֲרִיב אֵינוֹ יָכוֹל לְכוֹפָן, אָמַר רַבִּי מוּנָא: מָקוֹם שֶׁאֵין מִנְהָג, תְּנַאי בֵּית דִּין הַגָּדוֹל הוּא שֶׁתְּהֵא הוֹצָאָה מִשֶּׁל בַּעַל הַבַּיִת וְהַכְנָסָה מִשֶּׁל פּוֹעֵל, הוֹצָאָה מִשֶּׁל בַּעַל הַבַּיִת מִנַּיִן, שֶׁנֶּאֱמַר (תהלים קד, כב) "תִּזְרַח הַשֶּׁמֶשׁ יֵאָסֵפוּן", מִכָּאן וָאֵילָךְ (שם שם כג) "יֵצֵא אָדָם לְפָעֳלוֹ", הַכְנָסָה מִשֶּׁל פּוֹעֵל מִנַּיִן, (שם) "וְלַעֲבֹדָתוֹ עֲדֵי עָרֶב",

רש"י

(ג) **קחתך את אישי הניאת לסבי מן דיקני.** משל הוא שאומרים מהנה את לזקן שלי מזקן שלי, כלומר לא די לך קחתך את אישי, אלא שאת רוצה להנאותו משלי ולא משלך: **לפי שזלזלה בזקן.** שאמרה לכן ישכב עמך הלילה עמך הוא דמיך ולא עמי: **רבי אליעזר אמר זו הפסידה וזו הפסידה זו נשתכרה וזו נשתכרה, לאה הפסידה דודאים ונשתכרה שני שבטים, ורחל נשתכרה דודאים והפסידה שבטים:** (ד) **שתהא הוצאה משל בעל הבית.** כלומר משלו הוא נותן לפועל: **הכנסה משל פועל.** משלו נותן לבעל הבית: **הוצאה משל בעל הבית שנאמר תזרח השמש יאספון מכאן ואילך יצא אדם לפעלו: הכנסה משל פועל מנא לן ולעבודתו עדי ערב (שם כג),**

(ג) **שזלזלה** עיין לעיל (ע, יב): **אמר רבי אלעזר** עיין שיר השירים רבה (ז, יח) פסוק הדודאים: **שני שבטים ובכורה.** צריך עיון איזה בכורה נשתכרה שהרי יששכר וזבולן לא היו בכורים, וגם גירסת המתנות כהונה צריך עיון איך הפסידה עתה בכורה בדודאים, אך מפורש לקמן (צט, ו) וזה לשונו כי עלית משכבי אביך והיתה אמך אומרת לאחותה המעט קחתך את אישי את עלית משכבי וחללת יצועי כו', שראובן נענש ע"י שהיה הגורם בדבר, ולכן נטל ממנו הבכורה ורחל נשתכרה הבכורה (כגירסא המתנות כהונה) שנתנה ליוסף, וגירסא שבכאן הפסידה שבטים ובכורה לא יתכן: (ד) **תמן תנינן** בבא מציעא (פג, א): **הוצאה משל בעל הבית.** עיין מדרש תהלים (מזמור קד):

(ג) **הניאת לסבי כו'.** פרש"י משל הוא שאומרים מהנה אתה לזקן שלי משערות זקני. כלומר לא די שלקחת בעלי אלא שאתה רוצה להנאותו משלי ולא משלך. שהדודאים היה מטבעם לעזר ההולדה ולהרבות התשוקה. ועיין בנזר הקודש: **לפיכך אינה נכנסת כו'.** כי לולא זה מאחר שהיא אשתו העיקרית היה ראוי שתכנס עמו לקבורה כמו שכל האבות נקברו שם עם בת זוגם, ואם מפני שאין ראוי שיכנסו עמו ב' אחיות לקבורה, היה ראוי שתדחה לאה: **לכן ישכב כו'.** רמז לשכיבת המיתה. וזה ענין נבואה שנזרקה בה בלי ידיעתה (יפה תואר): **זו הפסידה כו'.** עיקר מימרא דרבי אלעזר ור' שמואל בר נחמן נראה דקיימי אקרא דכי שכור שכרתיך דמפרשי לה לשון שכר וריוח, ומריבוי דרשי שכר לזו ולזו. ועל זה אמרו זו נשתכרה וזו נשתכרה. ולפי שמה שהיה שכר לזו הוא הפסד לזו אמר גם כן וזו הפסידה וזו הפסידה (יפה תואר): **לאה הפסידה דודאים ובכורה ונשתכרה ב' שבטים. ורחל נשתכרה דודאים ובכורה והפסידה ב' שבטים.** כן צריך לומר וכן הוא בחזית (שיר השירים רבה ז, יח [על פסוק יד]). ויבואר על פי דאיתא לקמן פרשה צ"ט כי עלית משכבי אביך בשעה שהבאת דודאים והיתה אמך אומרת לאחותה המעט קחתך את אישי אז עלית משכבי וחללת יצועי, ואז ניטלה ממנו הבכורה וניתנה ליוסף שהוא מבני רחל, והיינו דקאמר לאה הפסידה דודאים ובכורה, ורחל נשתכרה דודאים ובכורה (נזר הקודש): **שני שבטים.** שראויה היתה שתלד רחל ארבעה כלאה אלא בשכר בקשתה ליזקק לבעלה זכתה לאה ליששכר וזבולן כמו שמבואר בסמוך: **שבטים וקבורה עמו.** כדלעיל. אבל בכורה סבירא ליה דחילול יצועי אביו לא הוה אלא במעשה בלהה. ורבי אלעזר לא קאמר קבורה דסבירא ליה שמאחר שאינו ראוי שיהיו שני אחיות קבורות עמו זכתה לאה כי היא הנשואה בראשונה: (ד) [ג] **תמן תנינן כו'.** דאיכפל קרא לומר שביאת יעקב מן השדה היה בערב לאשמועינן אגב אורחיה דפועל זמן כניסתו בערב ממש דהיינו חשיכה: **ופסק עמהם.** צריך לומר **ואמר להם וכו'** (רש"ש). כתב היפה תואר אינו יכול לכופן בששכרן סתמא, אבל אם התנה מעיקרא הכל לפי תנאו: **אינו יכול לכופן.** ובגמרא (בבא מציעא פג, א) פריך פשיטא, ומהדר לא צריכא דטפי להו אאגרייהו כו' ע"ש: **מקום שאין מנהג.** כגון עיר חדשה ואנשיה נתלקטו ממקומות הרבה: **תנאי בית דין הגדול.** הן סנהדרי גדולה שבירושלים שהיו בימי דוד או קודם לו, דהא מקרא יליף לה ולא משמע שהוא אסמכתא (יפה תואר): **היציאה משל בעל הבית.** פירוש יציאתם למלאכתם על בעל הבית לוותר עם הפועלים ולא יצאו אלא אחר זריחת השמש, והכנסה לבית הפועל מוותר עם בעל הבית ולא יכנוס אלא אחר שחשכה: **תזרח השמש יאספון וגו'.** החיות. **יצא אדם לפעלו.** הרי שאחר זריחת השמש יצא לשדה:

מתנות כהונה

[ג] **הניאת לסבי כו'.** פי' רש"י משל הוא שאומרין מהנה אתה לזקן שלי משערות זקני כלומר לא די לך שלקחת בעלי אלא שאתה רוצה להנאותו משלי ולא משלך: **לפי שזלזלה.** סיפיה דקרא קדריש לכן ישכב וגו': **הוא דהיא כו'.** זהו שהיא אמרה כו' לכן ישכב גו' שהיה לה לומר לכן יבא כו' ואמרה ישכב לשון שכיבה עם אבותיו: **שני שבטים.** יששכר וזבולון: ה"ג מדרש חזית בפסוק הדודאים נתנו ריח **שבטים והפסידה הבכורה ורחל כו' שבטים ונשכרה הבכורה** ופי' שבכורתו של ראובן נתנה ליוסף הנולד אח"כ וכתב הר"י בן שועיב כי רחל היתה ראויה לארבעה שבטים לפי שהיא היתה עקרת הבית: [ד] **הוצאה.** יציאתו למלאכתו על בעל הבית לוותר עם הפועל ולא יצא אלא אחר זריחת השמש ובהכנסתו לבית הפועל יוותר עם בעל בית ולא יכנס אלא אחר שחשכה ועיין בזה

אשד הנחלים

[ג] **הניאת לסבא.** עיין מ"כ, ועיין באות אמת גרסא אחרת. והנראה עוד לפי דעת המפרשים שהדודאים היו מטבעם לעזר ההולדה ולהרבות התשוקה, וזה משל לא די שלקחת אותו ממני, חפצת גם לקחת הדודאים שלי העוזרים לזה, וזה יהיה ג"כ סבה שלא יפרד ממך: **שזילזלה כו' עמך הוא דמיך.** כלומר לכן נזרקה הנבואה הזאת מפיה, לרמוז על עונשה שלא תשכב עמו בקבורת המכפלה. **הפסידה הדודאים.** כלומר הפסידה תועלת הדודאים לפי באורינו לעיל עפ"י המפרשים: [ד] **עדי ערב לומר עד חשיכה.** כי מלת עדי ביוד משמע בתוך ערב, ועד משמע עד ביאת הערב שהוא סמוך לחשיכה מעט:

אמרי יושר

[ג] **זו הפסידה וזו הפסידה.** כי לאה טעת[ה] באמרה קחתך את אישי כיון שהיא היתה לו בערמה לאשה. וגם אמרה לקחת את דודאי בני. או יש בחינת זכות באמרה רחל ישכב עמך הלילה ולא קנאה בלאה. ורחל כוונתה להיות מוכנת לעיבור. [ו] גם רחל טעת[ה] זילזול הצדיק. לזה בא הפסידה ונשתכרה. ונראה שהוא מסולקת אם אותו העיבור היה ראוי בלי מילוע דודאים או בעבור הדודאים:

[ד] **שתהא הוצאה שהיא השכמה משל בעל הבית ולהפסידו.** כלומר שאין צריך הפועל להשכים:

מסורת המדרש

ג. לעיל פרשה ע':
ד. שיר השירים רבה פרשה ז' פסוק י"ד:
ה. בבא מציעא דף פ"ג. ירושלמי בבא מציעא פרק ז'. מדרש תהלים מזמור ק"ד. ילקוט תהלים רמז תתס"ב:

אם למקרא

תִּזְרַח הַשֶּׁמֶשׁ יֵאָסֵפוּן וְאֶל מְעוֹנֹתָם יִרְבָּצוּן: יֵצֵא אָדָם לְפָעֳלוֹ וְלַעֲבֹדָתוֹ עֲדֵי עָרֶב: (תהלים קד:כב-כג)

שינוי נוסחאות

(ג) **לאה הפסידה דודאים ונשתכרה ב' שבטים ובכורה, ורחל נשתכרה דודאים והפסידה שבטים ובכורה.** בהרבה מפרשים (מ"כ ויפ"ת ועוד) הגיהו להחשיב את הבכורה להפסד של לאה ושכר של רחל, וגורסים "לאה הפסידה דודאים ובכורה, ונשתכרה ב' שבטים, ורחל נשתכרה דודאים ובכורה והפסידה שבטים":

רַבִּי שְׁמוּאֵל בַּר נַחְמָן אָמַר — R' Shmuel bar Nachman said: **זוֹ הִפְסִידָה דוּדָאִים וְנִשְׂתַּכְּרָה שְׁבָטִים וּקְבוּרָה עִמּוֹ — This one,** i.e., Leah, **lost** only ***dudaim*,** but **gained** two **tribes and** the right to be **buried with [Jacob].** **רָחֵל נִשְׂתַּכְּרָה דוּדָאִים וְהִפְסִידָה שְׁבָטִים וּקְבוּרָה — Rachel gained** only ***dudaim*,** but **lost** two **tribes and** the right to be **buried** with Jacob.[20]

וַיָּבֹא יַעֲקֹב מִן הַשָּׂדֶה בָּעֶרֶב וַתֵּצֵא לֵאָה לִקְרָאתוֹ וַתֹּאמֶר אֵלַי תָּבוֹא כִּי שָׂכֹר שְׂכַרְתִּיךָ בְּדוּדָאֵי בְּנִי וַיִּשְׁכַּב עִמָּהּ בַּלַּיְלָה הוּא.

When Jacob came from the field in the evening, Leah went out to meet him and said, "It is to me that you must come for I have clearly hired you with my son's dudaim." So he lay with her that night (30:16).

§4 **וַיָּבֹא יַעֲקֹב מִן הַשָּׂדֶה בָּעֶרֶב** — ***WHEN JACOB CAME FROM THE FIELD IN THE EVENING.***

The Midrash presents a halachic discussion regarding how late a day-laborer is obligated to work, eventually bringing support for the law from our verse. The Midrash begins the discussion by citing a Mishnah:

תַּמָּן תְּנֵינַן — We learned there in a Mishnah: **הַשּׂוֹכֵר אֶת הַפּוֹעֲלִים — If one hires** day-**laborers,** **וּפָסַק עִמָּהֶם לְהַשְׁכִּים וּלְהַעֲרִיב — and** subsequently **stipulates with them to arise early** for work **and to remain** at work **until dark,** the law is as follows: **מָקוֹם שֶׁנָּהֲגוּ שֶׁלֹּא לְהַשְׁכִּים וּלְהַעֲרִיב —** If they live in **a place where [the laborers] are accustomed not to arise early** for work **nor to remain until dark,** **אֵינוֹ יָכוֹל לְכוֹפָן — he has no right to compel them** to do so (*Bava Metzia* 83a).[21]

The Midrash cites an Amoraic ruling concerning a place with no established custom:

אָמַר רַבִּי מוּנָא — R' Muna said: **מָקוֹם שֶׁאֵין מִנְהָג —** In **a place where there is no custom,**[22] **תְּנַאי בֵּית דִּין הַגָּדוֹל הוּא — it is a stipulation of the Great Court**[23] **שֶׁתְּהֵא הוֹצָאָה מִשֶּׁל בַּעַל הַבַּיִת — that** the laborer's **departure** from his city, i.e., at the beginning of his workday, **must be** yielded **from the employer's** time. Thus, the laborer does not have to go to work earlier than dawn.

NOTES

20. R' Shmuel bar Nachman follows the view of R' Shimon in the Midrash above, that Rachel lost the right to be buried with Jacob by belittling her association with him. R' Elazar, however, holds that Rachel could not have "lost" the privilege of being buried with Jacob, as this right always belonged to Leah, by virtue of her being Jacob's first wife.

R' Shmuel bar Nachman, contrary to the view of R' Elazar, maintains that Rachel did not earn the right to the firstborn by her acquisition of the *dudaim*, but rather, by her modesty in revealing Jacob's prearranged signs to Leah so that Leah should not be embarrassed (see *Bava Basra* 123a) (*Yefeh To'ar*). According to the alternative approach in the preceding note, Reuben did *not* move Jacob's bed to his mother's tent at this time, but did so later, after Rachel's death (*Eitz Yosef*).

21. Actually, when a person hires workers, he may make any stipulations he wishes. In the Mishnah's case, however, one originally hired workers *without* making any specific stipulations and only *later* instructed them to come early and leave late (*Eitz Yosef; Rabbeinu Chananel, Tosafos, Bava Metzia* 83a s.v. השוכר).

Since he hired the workers without making any specific stipulations, it should be obvious that he cannot compel them to labor longer than is customary. The Mishnah, however, is speaking where he initially promised them a higher wage than was customary. Although the employer pays these workers more than the going wage, he cannot claim that he had intended that they should work longer hours by coming before sunrise and leaving sometime after sunset. The Gemara (ad loc.) explains that the workers may reply that they had accepted the higher wage with the intention of doing exceptionally good work.

22. For example, in a new town, peopled by emigrants from different towns with varying customs (and thus no single custom is automatically followed), and where no custom has yet been established (*Eitz Yosef*, citing Gemara ibid. 83b).

23. This refers to the Great Court in Jerusalem in the times of King David (if not an earlier time). From the Gemara it would seem that the following ruling is actually Biblical in nature (*Eitz Yosef; Yefeh To'ar*).

INSIGHTS

of R' Elazar's teaching, it emerges that R' Elazar and R' Shimon dispute the propriety of Rachel's actions in the matter of the *dudaim*. According to R' Shimon, Rachel behaved improperly. By trading away the companionship of Jacob, she showed that she did not properly esteem her relationship with this righteous man. Therefore, she was punished. According to R' Elazar, however, this was a virtuous act, for it served to demonstrate the lengths to which Rachel would go to participate in the establishment of God's holy nation. If, through the *dudaim*, her chances of bearing Jacob's child would be even slightly increased, Rachel was prepared even to give up part of her relationship with her husband. Therefore, she was rewarded with the birthright of the firstborn [although Leah received the extra two sons as a result of the time with Jacob that Rachel had traded to her].

Parashas Derachim (*Derush* §26) observes that this dispute sheds light upon a puzzling exchange between Jacob and Joseph, recorded at the end of *Genesis*. Scripture relates (below, 47:28-31) that when Jacob lay on his deathbed, he summoned Joseph and had him swear that he would transport Jacob's body to Hebron for burial with his forefathers in the Cave of Machpelah. The Torah then states (48:1-7) that Joseph again visited Jacob at a later date. Jacob then blessed Joseph, acknowledged his sons' place among the tribes, and stated: *But as for me, when I came from Paddan, Rachel died on me in the land of Canaan on the road, while there was still a stretch of land before reaching Ephrath, and I buried her there on the road to Ephrath, which is Bethlehem.* The Sages explain (see *Rashi* ad loc., based on *Pesikta Rabbasi* §3) that Jacob was concerned that Joseph might harbor resentment toward him for failing to transport Rachel's body the short distance to Hebron, so that she might be buried in the place where Jacob himself would one day be laid to rest. Jacob dealt with this complaint by explaining that he had acted in this matter by Divine command. For at the time the Jews were to be exiled to Babylon, Rachel's descendants would pass by her tomb, and she would petition God on their behalf. Rachel was buried alongside the road in preparation for that day.

Parashas Derachim notes an obvious difficulty: The most appropriate time for Jacob to have addressed Joseph's concerns regarding his treatment of Rachel would have been upon Joseph's first visit, when Jacob requested that Joseph transport his body to Hebron for burial. Jacob should then have explained why he had not done the same for Rachel, Joseph's mother. Instead, he remained silent then, and raised the subject only later, after assuring Joseph that his sons would be numbered among the tribes. What prompted Jacob to suddenly address the matter at this point?

Parashas Derachim uses our Midrash to explain this puzzle. Initially, Joseph harbored no resentment toward Jacob whatsoever, for he assumed, like R' Shimon of our Midrash, that Rachel had sinned in the matter of the *dudaim*, and was punished by not being buried alongside Jacob. Now, however, Jacob had bestowed upon Joseph's sons the gift of independent tribal status, which meant that he, Joseph, had been granted the birthright of the firstborn. He wondered why Jacob elected to remove this honor from the children of Leah and transfer it to those of Rachel, and concluded, in accordance with R' Elazar's view in our Midrash, that Rachel had in fact *not* sinned regarding the *dudaim*, and the birthright was actually a *reward* for her self-sacrifice! This in turn caused him to question Jacob's failure to bury Rachel in Hebron; for if indeed she had behaved virtuously in the matter of the *dudaim*, she was not liable to any penalty, and so should have been buried in the Cave of Machpelah, where Jacob himself would eventually be laid to rest. Jacob was therefore compelled at that point to explain to Joseph the reason behind his roadside burial of Rachel. Thus, the verses are illuminated by the debate between R' Shimon and R' Elazar, whose views represent the evolution in Joseph's understanding of Rachel's choice regarding the *dudaim*.

ג [ל, יד-טו] "וַתֹּאמֶר רָחֵל אֶל לֵאָה תְּנִי נָא לִי מִדּוּדָאֵי בְּנֵךְ ... הַמְעַט קַחְתֵּךְ אֶת אִישִׁי", הַנֵּיאַת לְסָבִי מִן דִּיקְנִי. תָּאנֵי רַבִּי שִׁמְעוֹן: לְפִי שֶׁזִּלְזְלָה בַּצַּדִּיק לְפִיכָךְ אֵינָהּ נִכְנֶסֶת עִמּוֹ בִּקְבוּרָה, [ג]הוּא דְהִיא אָמְרָה לָהּ: [ל, טו] "לָכֵן יִשְׁכַּב עִמָּךְ הַלַּיְלָה", אָמְרָה לָהּ: עִמָּךְ הוּא דָּמֵיךְ, עִמִּי לֵית הוּא דָּמֵיךְ. אָמַר רַבִּי אֶלְעָזָר: [ד]זוֹ הִפְסִידָה וְזוֹ הִפְסִידָה, זוֹ נִשְׂתַּכְּרָה וְזוֹ נִשְׂתַּכְּרָה, לֵאָה הִפְסִידָה דוּדָאִים וְנִשְׂתַּכְּרָה ב' שְׁבָטִים וּבְכוֹרָה, וְרָחֵל נִשְׂתַּכְּרָה דוּדָאִים וְהִפְסִידָה ב' שְׁבָטִים וּבְכוֹרָה, רַבִּי שְׁמוּאֵל בַּר נַחְמָן אָמַר: זוֹ הִפְסִידָה דוּדָאִים וְנִשְׂתַּכְּרָה שְׁבָטִים וּקְבוּרָה עִמּוֹ, רָחֵל נִשְׂתַּכְּרָה דוּדָאִים וְהִפְסִידָה שְׁבָטִים וּקְבוּרָה:

ד [ל, טז] "וַיָּבֹא יַעֲקֹב מִן הַשָּׂדֶה בָּעֶרֶב", תַּמָּן תְּנֵינַן: [ה]הַשּׂוֹכֵר אֶת הַפּוֹעֲלִים וּפָסַק עִמָּהֶם לְהַשְׁכִּים וּלְהַעֲרִיב, מָקוֹם שֶׁנָּהֲגוּ שֶׁלֹּא לְהַשְׁכִּים וּלְהַעֲרִיב אֵינוֹ יָכוֹל לְכוֹפָן, אָמַר רַבִּי מוּנָא: מָקוֹם שֶׁאֵין מִנְהָג, תְּנַאי בֵּית דִּין הַגָּדוֹל הוּא שֶׁתְּהֵא הוֹצָאָה מִשֶּׁל בַּעַל הַבַּיִת וְהַכְנָסָה מִשֶּׁל פּוֹעֵל, הוֹצָאָה מִשֶּׁל בַּעַל הַבַּיִת מִנַּיִן, שֶׁנֶּאֱמַר (תהלים קד, כב) "תִּזְרַח הַשֶּׁמֶשׁ יֵאָסֵפוּן", מִכָּאן וָאֵילָךְ (שם שם כג) "יֵצֵא אָדָם לְפָעֳלוֹ", הַכְנָסָה מִשֶּׁל פּוֹעֵל מִנַּיִן, (שם) "וְלַעֲבֹדָתוֹ עֲדֵי עָרֶב",

רש"י

(ג) **קחתך את אישי הניאת לסבי מן דיקני.** משל הוא שאומרים מהנה את לזקן שלי מזקן שלי, כלומר לא די לך קחתך את אישי, אלא שאת רוצה להנאותו משלי ולא משלך: **לפי שזלזלה בזקן.** שאמרה לכן ישכב עמך הלילה עמך הוא דמיך ולא עמי: **רבי אליעזר אמר זו הפסידה וזו הפסידה זו נשתכרה וזו נשתכרה, לאה הפסידה דודאים ונשתכרה שני שבטים, ורחל נשתכרה דודאים והפסידה שבטים:** (ד) **שתהא הוצאה משל בעל הבית.** כלומר משלו הוא נותן לפועל: **הכנסה משל פועל.** משלו נותן לבעל הבית: **הוצאה משל בעל הבית שנאמר תזרח השמש יאספון מכאן ואילך יצא אדם לפעלו: הכנסה משל פועל מנא לן ולעבודתו עדי ערב** (שם כג),

עץ יוסף

(ג) **הניאת לסבי כו'.** פרש"י משל הוא שאומרים מהנה אתה לזקן שלי משערות זקני. כלומר לא די שלקחת בעלי אלא שאתה רוצה להנאותו משלי ולא משלך. שהדודאים היה מטעם לעזר ההולדה ולהרבות התשוקה. ועיין בנזר הקודש: **לפיכך אינה נכנסת כו'.** כי לולא זה מאחר שהיא אשתו העיקרית היה ראוי שתכנס עמו לקבורה כמו שכל האבות נקברו שם עם בת זוגם, ואם מפני שאין ראוי שיכנסו עמו ב' אחיות לקבורה, היה ראוי שתדחה לאה: **לכן ישכב כו'.** רמז לשכיבת המיתה. וזה ענין נבואה שנזרקה בה בלי ידיעתה (יפה תואר): **זו הפסידה כו'.** עיקר מימרא דרבי אלעזר ור' שמואל בר נחמן נראה דקיימי אקרא דכי שכור שכרתיך דמפרשי לה לשון שכר וריוח, ומריבוי דרשי שכר לזו ולזו. ועל זה אמרו זו נשתכרה וזו נשתכרה. ולפי שמה שהיה שכר לזו הוא הפסד לזו אמר גם כן וזו הפסידה וזו הפסידה (יפה תואר): **לאה הפסידה דודאים ובכורה ונשתכרה ב' שבטים. ורחל נשתכרה דודאים ובכורה והפסידה ב' שבטים.** כן צריך לומר וכן הוא בחזית (שיר השירים רבה ז, יח [על פסוק יד]). ויבואר על פי דאיתא לקמן פרשה צ"ט כי עלית משכבי אביך בשעה שהבאת דודאים והיתה אמך אומרת לאחותה המעט קחתך את אישי אז עלית משכבי וחללת יצועי, ואז ניטלה ממנו הבכורה וניתנה ליוסף שהוא מבני רחל, והיינו דקאמר לאה הפסידה דודאים ובכורה, ורחל נשתכרה דודאים ובכורה (נזר הקודש): **שני שבטים.** שראויה היתה שתלד רחל ארבעה כלאה אלא בשכר בקשתה ליזקק לבעלה זכתה לאה ליששכר וזבולן כמו שמבואר בסמוך: **שבטים וקבורה עמו.** כדלעיל. אבל בכורה סבירא ליה דחילול יצועי אביו לא הוה אלא במעשה בלהה. ורבי אלעזר לא קאמר קבורה דסבירא ליה שמאחר שאינו ראוי שיהיו שני אחיות קבורות עמו זכתה לאה כי היא הנשואה בראשונה: (ד) [ג] **תמן תנינן כו'.** דאיכפל קרא לומר שביאת יעקב מן השדה היה בערב לאשמועינן אגב אורחיה דפועל זמן כניסתו בערב ממש דהיינו חשיכה: **ופסק עמהם.** צריך לומר **ואמר להם וכו'** (רש"ש). כתב היפה תואר אינו יכול לכופן בשכרן סתמא, אבל אם התנה מעיקרא הכל לפי תנאו: **אינו יכול לכופן.** ובגמרא (בבא מציעא פג, א) פריך פשיטא, ומהדר לא צריכא דטפי להו אאגרייהו כו' ע"ש: **מקום שאין מנהג.** כגון עיר חדשה ואנשיה נתלקטו ממקומות הרבה: **תנאי בית דין הגדול.** הן סנהדרי גדולה שבירושלים שהיו בימי דוד או קודם לו, דהא מקרא יליף לה ולא משמע שהוא אסמכתא (יפה תואר): **היציאה משל בעל הבית.** פירוש יציאתם למלאכתם על בעל הבית לוותר עם הפועלים ולא יצאו אלא אחר זריחת השמש, והכנסה לבית הפועל מוותר עם בעל הבית ולא יכנוס אלא אחר שחשכה: **תזרח השמש יאספון וגו'.** החיות. **יצא אדם לפעלו.** הרי שאחר זריחת השמש יצא לשדה:

פירוש מהרז"ו

(ג) **שזלזלה** עיין לעיל (ע, יב): **אמר רבי אלעזר** עיין שיר השירים רבה (ז, יח) פסוק הדודאים: **שני שבטים ובבורה.** צריך עיון איזה בכורה נשתכרה שהרי יששכר וזבולן לא היו בכורים, וגם גירסת המתנות כהונה צריך עיון איך הפסידה עתה בכורה בדודאים, אך מפורש לקמן (צט, ו) וזה לשונו כי עלית משכבי אביך והיתה אמך אומרת לאחותה המעט קחתך את אישי את עלית משכבי וחללת יצועי כו', שראובן נענש ע"י שהיה הגורם בדבר, ולכן נטל ממנו הבכורה ורחל נשתכרה הבכורה (כגירסא המתנות כהונה) שנתנה ליוסף, וגירסא שבכאן הפסידה שבטים ובכורה לא יתכן: (ד) **תמן תנינן** בבא מציעא (פג, א): **הוצאה משל בעל הבית.** עיין מדרש תהלים (מזמור קד):

אמרי יושר

[ג] **זו הפסידה וזו הפסידה.** כי לאה טעת[ה] באמרה קחתך את אישי כיון שהיא היתה לו בערמה לאשה. וגם אמרה לקחת את דודאי בני. או יש בחינת זכות באמרה רחל ישכב עמך הלילה ולא קנאה בלאה. ורחל כוונתה להיות מוכנת לעיבור. [ו] גם רחל טעת[ה] זילזול הצדיק. לזה בא הפסידה ונשתכרה. ונראה שהוא מסופקת אם אותו העיבור היה ראוי בלי מילוע דודאים או בעבור הדודאים:

[ד] **שתהא הוצאה שהיא השכמה משל בעל הבית ולהפסידו.** כלומר שאין צריך הפועל להשכים:

מסורת המדרש

ג. לעיל פרשה ע':
ד. שיר השירים רבה פרשה ז' פסוק י"ד:
ה. בבא מציעא דף פ"ג. ירושלמי בבא מציעא פרק ז'. מדרש תהלים מזמור ק"ד. ילקוט תהלים רמז תתס"ב:

אם למקרא

תִּזְרַח הַשֶּׁמֶשׁ יֵאָסֵפוּן וְאֶל מְעוֹנֹתָם יִרְבָּצוּן: יֵצֵא אָדָם לְפָעֳלוֹ וְלַעֲבֹדָתוֹ עֲדֵי עָרֶב: (תהלים קד:כב-כג)

שינוי נוסחאות

(ג) **לאה הפסידה דודאים ונשתכרה ב' שבטים ובכורה, ורחל נשתכרה דודאים והפסידה שבטים ובכורה.** בהרבה מפרשים (מ"כ ויפ"ת ועוד) הגיהו להחשיב את הבכורה להפסד של לאה ושכר של רחל, וגורסים "לאה הפסידה דודאים ובכורה, ונשתכרה ב' שבטים, ורחל נשתכרה דודאים ובכורה והפסידה שבטים":

מתנות כהונה

[ג] **הניאת לסבי כו'.** פי' רש"י משל הוא שאומרין מהנה אתה לזקן שלי משערות זקני כלומר לא די לך שלקחת בעלי אלא שאתה רוצה להנאותו משלי ולא משלך: **לפי שזלזלה.** סיפיה דקרא קדריש לכן ישכב וגו': **הוא דהיא כו'.** זהו שהיא אמרה כו' לכן ישכב גו' שהיה לה לומר לכן יבא כו' ואמרה ישכב לשון שכיבה עם אבותיו: **שני שבטים.** יששכר וזבולון: ה"ג מדרש חזית בפסוק הדודאים נתנו ריח **שבטים והפסידה הבכורה ורחל כו' שבטים ונשכרה הבכורה** ופי' שבכורתו של ראובן נתנה ליוסף הנולד אח"כ וכתב הר"י בן שועיב כי רחל היתה ראויה לארבעה שבטים לפי שהיא היתה עקרת הבית: [ד] **הוצאה.** יציאתו למלאכתו על בעל הבית לוותר עם הפועל ולא יצא אלא אחר זריחת השמש ובהכנסתו לבית הפועל יוותר עם בעל בית ולא יכנס אלא אחר שחשכה ועיין בזה

אשד הנחלים

[ג] **הניאת לסבא.** עיין מ"כ, ועיין באות אמת גרסא אחרת. והנראה עוד לפי דעת המפרשים שהדודאים היו מטבעם לעזר ההולדה ולהרבות התשוקה, וזה משל לא די שלקחת אותו ממני, חפצת גם לקחת הדודאים שלי העוזרים לזה, וזה יהיה ג"כ סבה שלא יפרד ממך: **שזילזלה כו' עמך הוא דמיך.** כלומר לכן נזרקה הנבואה הזאת מפיה, לרמוז על עונשה שלא תשכב עמו בקבורת המכפלה. **הפסידה הדודאים.** כלומר הפסידה תועלת הדודאים לפי באורינו לעיל עפ"י המפרשים: [ד] **עדי ערב לומר עד חשיכה.** כי מלת עדי ביוד משמע בתוך ערב, ועד משמע עד ביאת הערב שהוא סמוך לחשיכה מעט:

וְהַכְּנָסָה מִשֶּׁל פּוֹעֵל – **But** the laborer's **return** to the city, i.e., to his home at the end of the workday, must be yielded **from the laborer's** time. He must therefore continue working until the stars appear.[24] הוֹצָאָה מִשֶּׁל בַּעַל הַבַּיִת מִנַּיִן – **From where** is it derived **that** the laborer's **departure** from his city to go to work at the beginning of the workday must be yielded **from the employer's** time? שֶׁנֶּאֱמַר "תִּזְרַח הַשֶּׁמֶשׁ יֵאָסֵפוּן" – **As it states,** *You make darkness and it is night, in it every forest beast stirs ... **The sun rises and they are gathered in,** and in their dens they crouch* (*Psalms* 104:20, 22);[25] מִכָּאן וְאֵילָךְ "יֵצֵא אָדָם לְפָעֳלוֹ" – **from this point on** (when the sun rises), Scripture continues, ***man goes forth to his work*** (ibid., v. 23).[26] הַכְּנָסָה מִשֶּׁל פּוֹעֵל מִנַּיִן – **From where** is it derived **that** the laborer's **return** to the city must be yielded **from the laborer's** time? "וְלַעֲבֹדָתוֹ עֲדֵי עָרֶב" – From the latter part of this verse, which states, ***and to his labor until*** (*aday*) ***evening.***

NOTES

24. *Eitz Yosef*; *Matnos Kehunah*. *Tosafos* ad loc. s.v. פועל explain that the workday begins at dawn and ends when the stars appear. Since the laborer's commute from his home to the workplace is for his employer's needs, he may make the trip on his employer's time. At the end of the day, however, he must actually remain at work until the stars appear, since his commute home is not for his employer's benefit but rather his own (*Tosafos*; see there).

25. I.e., when the night ends and daylight emerges, the wild beasts (referred to in the preceding verses) go back to their caves to hide from men (referred to in the next verse) (see *Eitz Yosef*; *Rashi* and *Radak* to *Psalms* verse).

26. I.e., *When the sun rises* at dawn *man* first *goes forth to his work* (see *Eitz Yosef*).

ג [ל, יד-טו] "**וַתֹּאמֶר רָחֵל אֶל לֵאָה תְּנִי נָא לִי מִדּוּדָאֵי בְּנֵךְ ... הַמְעַט קַחְתֵּךְ אֶת אִישִׁי**", **הַנֵּיאַת לְסָבִי מִן דִּיקְנִי. תָּאנֵי רַבִּי שִׁמְעוֹן: לְפִי שֶׁזִּלְזְלָה בַּצַּדִּיק לְפִיכָךְ אֵינָהּ נִכְנֶסֶת עִמּוֹ בִּקְבוּרָה, [ג]הוּא דְּהִיא אָמְרָה לָהּ:** [ל, טו] "**לָכֵן יִשְׁכַּב עִמָּךְ הַלַּיְלָה**", **אָמְרָה לָהּ: עִמָּךְ הוּא דָּמֵיךְ, עִמִּי לֵית הוּא דָּמֵיךְ. אָמַר רַבִּי אֶלְעָזָר: [ד]זוֹ הִפְסִידָה וְזוֹ הִפְסִידָה, זוֹ נִשְׂתַּכְּרָה וְזוֹ נִשְׂתַּכְּרָה, לֵאָה הִפְסִידָה דּוּדָאִים וְנִשְׂתַּכְּרָה ב' שְׁבָטִים וּבְכוֹרָה, וְרָחֵל נִשְׂתַּכְּרָה דּוּדָאִים וְהִפְסִידָה ב' שְׁבָטִים וּבְכוֹרָה, רַבִּי שְׁמוּאֵל בַּר נַחְמָן אָמַר: זוֹ הִפְסִידָה דּוּדָאִים וְנִשְׂתַּכְּרָה שְׁבָטִים וּקְבוּרָה עִמּוֹ, רָחֵל נִשְׂתַּכְּרָה דּוּדָאִים וְהִפְסִידָה שְׁבָטִים וּקְבוּרָה:**

ד [ל, טז] "**וַיָּבֹא יַעֲקֹב מִן הַשָּׂדֶה בָּעֶרֶב**", **תַּמָּן תְּנֵינַן: [ה]הַשּׂוֹכֵר אֶת הַפּוֹעֲלִים וּפָסַק עִמָּהֶם לְהַשְׁכִּים וּלְהַעֲרִיב, מָקוֹם שֶׁנָּהֲגוּ שֶׁלֹּא לְהַשְׁכִּים וּלְהַעֲרִיב אֵינוֹ יָכוֹל לְכוֹפָן, אָמַר רַבִּי מוּנָא: מָקוֹם שֶׁאֵין מִנְהָג, תְּנַאי בֵּית דִּין הַגָּדוֹל הוּא שֶׁתְּהֵא הוֹצָאָה מִשֶּׁל בַּעַל הַבַּיִת וְהַכְנָסָה מִשֶּׁל פּוֹעֵל, הוֹצָאָה מִשֶּׁל בַּעַל הַבַּיִת מִנַּיִן, שֶׁנֶּאֱמַר** (תהלים קד, כב) "**תִּזְרַח הַשֶּׁמֶשׁ יֵאָסֵפוּן**", **מִכָּאן וָאֵילָךְ** (שם שם כג) "**יֵצֵא אָדָם לְפָעֳלוֹ**", **הַכְנָסָה מִשֶּׁל פּוֹעֵל מִנַּיִן,** (שם) "**וְלַעֲבֹדָתוֹ עֲדֵי עָרֶב**",

רש"י

(ג) **קחתך את אישי הניאת לסבי מן דיקני.** משל הוא שאומרים מהנה את לזקן שלי מזקן שלי, כלומר לא די לך קחתך את אישי, אלא שאת רוצה להנאותו משלי ולא משלך: **לפי שזלזלה בזקן.** שאמרה לכן ישכב עמך הלילה עמך הוא דמיך ולא עמי: **רבי אליעזר אמר זו הפסידה וזו הפסידה זו נשתכרה וזו נשתכרה, לאה הפסידה דודאים ונשתכרה שני שבטים, ורחל נשתכרה דודאים והפסידה שבטים:** (ד) **שתהא הוצאה משל בעל הבית.** כלומר משלו הוא נותן לפועל: **הכנסה משל פועל.** משלו נותן לבעל הבית: **הוצאה משל בעל הבית שנאמר תזרח השמש יאספון מכאן ואילך יצא אדם לפעלו: הכנסה משל פועל מנא לן ולעבודתו עדי ערב (שם כג):**

עץ יוסף

(ג) **הניאת לסבי כו'.** פרש"י משל הוא שאומרים מהנה אתה לזקן שלי משערות זקני. כלומר לא די שלקחת בעלי אלא שאתה רוצה להנאותו משלי ולא משלך. שהדודאים היה מטבעם לעזר ההולדה ולהרבות התשוקה. ועיין בנזר הקודש: **לפיכך אינה נכנסת כו'.** כי לולא זה מאחר שהיא אשתו העיקרית היה ראוי שתכנס עמו לקבורה כמו שכל האבות נקברו שם עם בת זוגם, ואם מפני שאין ראוי שיכנסו עמו ב' אחיות לקבורה, היה ראוי שתדחה לאה: **לכן ישכב כו'.** רמז לשכיבת המיתה. וזה ענין נבואה שנזרקה בה בלי ידיעתה (יפה תואר): **זו הפסידה כו'.** עיקר מימרא דרבי אלעזר ור' שמואל בר נחמן נראה דקיימי אקרא דכי שכור שכרתיך דמפרשי לה לשון שכר וריוח, ומריבוי דרשי שכר לזו ולזו. ועל זה אמרו זו נשתכרה וזו נשתכרה. ולפי שמה שהיה שכר לזו הוא הפסד לזו אמר גם כן וזו הפסידה וזו הפסידה (יפה תואר): **לאה הפסידה דודאים ובכורה ונשתכרה ב' שבטים. ורחל נשתכרה דודאים ובכורה והפסידה ב' שבטים.** כן צריך לומר וכן הוא בחזית (שיר השירים רבה ז, יח [על פסוק יד]). ויבואר על פי דאיתא לקמן פרשה צ"ט כי עלית משכבי אביך בשעה שהבאת דודאים והיתה אמך אומרת לאחותה המעט קחתך את אישי אז עלית משכבי וחללת יצועי, ואז ניטלה ממנו הבכורה וניתנה ליוסף שהוא מבני רחל, והיינו דקאמר לאה הפסידה דודאים ובכורה, ורחל נשתכרה דודאים ובכורה (נזר הקודש): **שני שבטים.** שראויה היתה שתלד רחל ארבעה כלאה אלא בשכר בקשתה ליזקק לבעלה זכתה לאה ליששכר וזבולן כמו שמבואר בסמוך: **שבטים וקבורה עמו.** כדלעיל. אבל בכורה סבירא ליה דחילול יצועי אביו לא הוה אלא במעשה בלהה. ורבי אלעזר לא קאמר קבורה דסבירא ליה שמאחר שאינו ראוי שיהיו שני אחיות קבורות עמו זכתה לאה כי היא הנשואה בראשונה: (ד) [ג] **תמן תנינן כו'.** דאיכפל קרא לומר שביאת יעקב מן השדה היה בערב לאשמועינן אגב אורחיה דפועל זמן כניסתו בערב ממש דהיינו חשיכה: **ופסק עמהם.** צריך לומר **ואמר להם וכו'** (רש"ש). כתב היפה תואר אינו יכול לכופן בשכרן סתמא, אבל אם התנה מעיקרא הכל לפי תנאו: **אינו יכול לכופן.** ובגמרא (בבא מציעא פג, א) פריך פשיטא, ומהדר לא צריכא דטפי להו אאגרייהו כו' ע"ש: **מקום שאין מנהג.** כגון עיר חדשה ואנשיה נתלקטו ממקומות הרבה: **תנאי בית דין הגדול.** הן סנהדרי גדולה שבירושלים שהיו בימי דוד או קודם לו, דהא מקרא יליף לה ולא משמע שהוא אסמכתא (יפה תואר): **היציאה משל בעל הבית.** פירוש יציאתם למלאכתם על בעל הבית לוותר עם הפועלים ולא יצאו אלא אחר זריחת השמש, והכנסה לבית הפועל מוותר עם בעל הבית ולא יכנוס אלא אחר שחשכה: **תזרח השמש יאספון וגו'.** החיות. **יצא אדם לפעלו.** הרי שאחר זריחת השמש יצא לשדה:

פירוש מהרז"ו

(ג) **שזלזלה** עיין לעיל (ע, יב): **אמר רבי אלעזר** עיין שיר השירים רבה (ז, יח) פסוק הדודאים: **שני שבטים ובבורה.** צריך עיון איזה בכורה נשתכרה שהרי יששכר וזבולן לא היו בכורים, וגם גירסת המתנות כהונה צריך עיון איך הפסידה עתה בכורה בדודאים, אך מפורש לקמן (צט, ו) וזה לשונו כי עלית משכבי אביך והיתה אמך אומרת לאחותה המעט קחתך את אישי את עלית משכבי וחללת יצועי כו', שראובן נענש ע"י שהיה הגורם בדבר, ולכן נטל ממנו הבכורה ורחל נשתכרה הבכורה (כגירסא המתנות כהונה) שנתנה ליוסף, וגירסא שבכאן הפסידה שבטים ובכורה לא יתכן: (ד) **תמן תנינן** בבא מציעא (פג, א): **הוצאה משל בעל הבית.** עיין מדרש תהלים (מזמור קד):

אמרי יושר

[ג] **זו הפסידה וזו הפסידה.** כי לאה טעת[ה] באמרה קחתך את אישי כיון שהיא היתה לו בערמה לאשה. וגם אמרה לקחת את דודאי בני. או יש בחינת זכות באמרה רחל ישכב עמך הלילה ולא קנאה בלאה. ורחל כוונתה להיות מוכנת לעיבור. [ו] גם רחל טעת[ה] זילזול הצדיק. לזה בא הפסידה ונשתכרה. ונראה שהוא מסלוקת אם אותו העיבור היה ראוי בלי מילוע דודאים או בעבור הדודאים:

[ד] **שתהא הוצאה שהיא השכמה משל בעל הבית ולהפסידו.** כלומר שאין צריך הפועל להשכים:

מסורת המדרש

ג. לעיל פרשה ע':
ד. שיר השירים רבה פרשה ז' פסוק י"ד:
ה. בבא מציעא דף פ"ג. ירושלמי בבא מציעא פרק ז'. מדרש תהלים מזמור ק"ד. ילקוט תהלים רמז תתס"ב:

אם למקרא

תִּזְרַח הַשֶּׁמֶשׁ יֵאָסֵפוּן וְאֶל מְעוֹנֹתָם יִרְבָּצוּן: יֵצֵא אָדָם לְפָעֳלוֹ וְלַעֲבֹדָתוֹ עֲדֵי עָרֶב: (תהלים קד:כב-כג)

שינוי נוסחאות

(ג) **לאה הפסידה דודאים ונשתכרה ב' שבטים ובכורה, ורחל נשתכרה דודאים והפסידה שבטים ובכורה.** בהרבה מפרשים (מ"כ ויפ"ת ועוד) הגיהו להחשיב את הבכורה להפסד של לאה ושכר של רחל, וגורסים "לאה הפסידה דודאים ובכורה, ונשתכרה ב' שבטים, ורחל נשתכרה דודאים ובכורה והפסידה שבטים":

מתנות כהונה

[ג] **הניאת לסבי כו'.** פי' רש"י משל הוא שאומרין מהנה אתה לזקן שלי משערות זקני כלומר לא די לך שלקחת בעלי אלא שאתה רוצה להנאותו משלי ולא משלך: **לפי שזלזלה.** סיפיה דקרא קדריש לכן ישכב וגו': **הוא דהיא כו'.** זהו שהיא אמרה כו' לכן ישכב גו' שהיה לה לומר לכן יבא כו' ואמרה ישכב לשון שכיבה עם אבותיו: **שני שבטים.** יששכר וזבולון: **ה"ג** מדרש חזית בפסוק הדודאים נתנו ריח **שבטים והפסידה הבכורה ורחל כו' שבטים ונשכרה הבכורה** ופי' שבכורתו של ראובן נתנה ליוסף הנולד אח"כ וכתב הר"י בן שועיב כי רחל היתה ראויה לארבעה שבטים לפי שהיא היתה עקרת הבית: [ד] **הוצאה.** יציאתו למלאכתו על בעל הבית לוותר עם הפועל ולא יצא אלא אחר זריחת השמש ובהכנסתו לבית הפועל יוותר עם בעל בית ולא יכנס אלא אחר שחשכה ועיין בזה

אשד הנחלים

[ג] **הניאת לסבא.** עיין מ"כ, ועיין באות אמת גרסא אחרת. והנראה עוד לפי דעת המפרשים שהדודאים היו מטבעם לעזר ההולדה ולהרבות התשוקה, וזה משל לא די שלקחת אותו ממני, חפצת גם לקחת הדודאים שלי העוזרים לזה, וזה יהיה ג"כ סבה שלא יפרד ממך: **שזילזלה כו' עמך הוא דמיך.** כלומר לכן נזרקה הנבואה הזאת מפיה, לרמוז על עונשה שלא תשכב עמו בקבורת המכפלה. **הפסידה הדודאים.** כלומר הפסידה תועלת הדודאים לפי באורינו לעיל עפ"י המפרשים: [ד] **עדי ערב לומר עד חשיכה.** כי מלת עדי ביוד משמע בתוך ערב, ועד משמע עד ביאת הערב שהוא סמוך לחשיכה מעט:

"עַד עֶרֶב" לֹא נֶאֱמַר — This verse **does not state, *ad*** (until) [עַד] **evening,**[27] אֶלָּא "עֲדֵי עָרֶב" — **but rather *aday*** (until) [עֲדֵי] **evening,** לוֹמַר עַד חֲשֵׁיכָה — **to teach** that a laborer must work **until dark,** i.e., until the stars come out, כְּמָא דְאַתְּ אָמַר "עֲדֵי נָשֶׁף" — **like that which is stated** elsewhere in Scripture, ***until*** (*aday*) ***darkness*** [עֲדֵי] (*Job* 7:4).[28]

The Midrash cites a ruling regarding how late a laborer must work on the eve of the Sabbath (Friday):

רַבִּי אַמִּי בְּשֵׁם רֵישׁ לָקִישׁ אָמַר — **R' Ami said in the name of Reish Lakish:** הִטְרִיחוּ עַל בַּעַל הַבַּיִת — **[The Sages] placed an** additional **burden on the employer:** שֶׁאִם הָיְתָה עֶרֶב שַׁבָּת — **that if it was the eve of the Sabbath,** תְּהֵא הַכְנָסָה מִשֶּׁלּוֹ — the laborer's **return** to the city at the end of the workday **must be** yielded **from his,** i.e., the employer's, time.[29] עַד הֵיכָן — **How much** time must he yield? עַד שֶׁיְּהֵא כָּל אֶחָד וְאֶחָד מְמַלֵּא לוֹ חָבִית שֶׁל מַיִם — **Enough** time **that each one can fill for himself a barrel of water,** וְצוֹלֶה לוֹ דָּג — **grill for himself a fish,** וּמַדְלִיק נֵר — **and kindle a light** מִבְּעוֹד יוֹם — **while it is still day,** מִשּׁוּם כְּבוֹד שַׁבָּת — **on account of honoring the Sabbath,** i.e., in order to honor the Sabbath.

The Midrash returns to our verse, *When Jacob came from the field in the evening*, using it as a proof regarding the law on a weekday, in a place where there is no established custom:[30]

שֶׁנֶּאֱמַר "וַיָּבֹא יַעֲקֹב מִן הַשָּׂדֶה בָּעֶרֶב" — That a laborer must work on a weekday until night may also be learned from the verse regarding Jacob, **as it states, *When Jacob came from the field in the evening***, i.e., at night.[31] הֲדָא הוּא דִכְתִיב "וְלַעֲבֹדָתוֹ עֲדֵי עָרֶב" — **Thus it is written, *and to his labor until evening*** (*Psalms* 104:23), which refers to nightfall, as derived above.[32]

וַיָּבֹא יַעֲקֹב מִן הַשָּׂדֶה בָּעֶרֶב וַתֵּצֵא לֵאָה לִקְרָאתוֹ וַתֹּאמֶר אֵלַי תָּבוֹא כִּי שָׂכֹר שְׂכַרְתִּיךָ בְּדוּדָאֵי בְּנִי וַיִּשְׁכַּב עִמָּהּ בַּלַּיְלָה הוּא. וַיִּשְׁמַע אֱלֹהִים אֶל לֵאָה וַתַּהַר וַתֵּלֶד לְיַעֲקֹב בֵּן חֲמִישִׁי. וַתֹּאמֶר לֵאָה נָתַן אֱלֹהִים שְׂכָרִי אֲשֶׁר נָתַתִּי שִׁפְחָתִי לְאִישִׁי וַתִּקְרָא שְׁמוֹ יִשָּׂשכָר.

When Jacob came from the field in the evening, Leah went out to meet him and said, "It is to me that you must come for I have clearly hired you with my son's dudaim." So he lay with her that night. God hearkened to Leah; and she conceived and bore Jacob a fifth son. And Leah declared, "God has granted me my reward because I gave my maidservant to my husband." So she called his name Issachar (30:16-18).

§5 וַתֵּצֵא לֵאָה לִקְרָאתוֹ — ***LEAH WENT OUT TO MEET HIM.***

The Midrash explains the significance of Leah's action:

מְלַמֵּד שֶׁלֹּא הִנִּיחָה אוֹתוֹ לִרְחוֹץ רַגְלָיו — **This teaches that [Leah] did not let [Jacob]** even **wash his feet** in Rachel's tent, for she went to meet him before he even entered Rachel's tent.[33]

□ וַתֹּאמֶר אֵלַי תָּבֹא — ***AND [SHE] SAID, "IT IS TO ME THAT YOU MUST COME** FOR I HAVE CLEARLY HIRED YOU WITH MY SON'S DUDAIM."*

The Midrash explains Leah's motives in making what would appear to be an immodest statement:

אָמַר רַבִּי אַבָּהוּ — **R' Abahu said:** צָפָה הַקָּדוֹשׁ בָּרוּךְ הוּא — **The Holy One, blessed is He, discerned** שֶׁלֹּא הָיְתָה כַּוָּנָתָהּ אֶלָּא לְשֵׁם שָׁמַיִם — **that [Leah's] intent was only for the sake of Heaven,** לְהַעֲמִיד שְׁבָטִים — **to establish** more **tribes,** i.e., to bear more sons who would be the progenitors of the Tribes of Israel. לְפִיכָךְ הִצְרִיךְ הַכָּתוּב לוֹמַר "וַיִּשְׁמַע אֱלֹהִים אֶל לֵאָה" — **Therefore,** in order to make this known, **Scripture,** in the next verse, **had to state, *God hearkened to Leah*** (30:17), i.e., He *understood* that her intentions were pure.[34]

NOTES

27. The phrase עַד עֶרֶב (until evening) is ambiguous and may refer to either sunset or nightfall (*Eitz Yosef*).

28. The Midrash derives from a *gezeirah shavah* between the word עֲדֵי in our verse and the word עֲדֵי in the *Job* verse that the phrase עֲדֵי עָרֶב refers to nightfall. For the *Job* verse uses the expression עֲדֵי נָשֶׁף, which certainly means *until darkness* (see *Proverbs* 7:9) (*Eitz Yosef*).

29. So that the laborer can honor the Sabbath properly (*Matnos Kehunah*). It is obvious that a laborer must leave work early on Friday, lest he desecrate the Sabbath. To satisfy Biblical law, however, it would suffice if an employer allowed his worker to leave so that he could arrive home a few minutes before the onset of the Sabbath. The Rabbis, however, decreed that the employer must give him sufficient time to also make preparations for the Sabbath. Furthermore, if not for the Rabbinic decree, the employer could insist that the worker either arrive earlier on Friday to make up for the time he will miss by leaving early, or accept a deduction in pay since he does not work a full day. The Rabbis, however, decreed that the employer cannot make the worker arrive earlier on Friday, nor can he deduct anything from the worker's wages (*Yefeh To'ar*).

30. *Eitz Yosef*, citing *Yefeh To'ar*.

31. The word בָּעֶרֶב, with the ב punctuated with a *kamatz*, means *in "the" evening*, implying when it was clearly evening, i.e., nightfall. In other words, Jacob did not return from the field until after dark (*Eitz Yosef*, citing *Matnos Kehunah*). Alternatively, the phrase *when Jacob came "from the field" in the evening* implies that he first *left* the field in the evening, not that he arrived home then (*Yefeh To'ar*). The verse comes to teach this law and to illustrate Jacob's honesty; although Laban had deceived him, he would not leave his job early, but remained in the field until nightfall (*Yefeh To'ar*).

32. See Insight Ⓐ.

33. Since Jacob had no idea what transpired between Leah and Rachel, he intended to go to his primary residence in Rachel's tent, where he was to have spent the night. The Midrash teaches that Leah went out to intercept him *before* he even reached Rachel's tent and washed his tired feet after an entire day of work. Had he first entered Rachel's tent and washed his feet, it would have been unbecoming to ask him to leave her tent and go to Leah's. Moreover, this saved Rachel the embarrassment of having to inform Jacob that she gave up his company for the sake of some *dudaim* (*Eitz Yosef; Nezer HaKodesh*).

According to *Yefeh To'ar*, the Midrash means that Leah did not let Jacob wash his feet *himself*; the reason she intercepted Jacob was that *she* wanted the honor of washing his feet herself. *Tiferes Tzion* adds that Leah washed them for him as a sign of affection, to endear herself to him; see *Kesubos* 61a.

34. God's "hearkening" usually connotes acceptance of prayer. But we do not find Leah praying here. Rather, explains the Midrash, *hearkening* here means *discerning* her pure intentions of bearing more sons. The Midrash concludes that the very reason Scripture records this statement is to attest to her pure intentions (*Nezer HaKodesh*).

INSIGHTS

Ⓐ **Friday Workday** Our elucidation reflects the view of most commentators. From a simple reading of the Midrash, however, it would seem that the Midrash seeks to prove from Jacob that a laborer may leave work early on Friday. The commentators did not interpret the Midrash in this fashion since it is unclear how this may be derived from Jacob. Indeed, there is no indication that he was returning home on a Friday! Nonetheless, *Tiferes Tzion* preserves the simple reading: Since the verse states, ***when Jacob came "from the field" in the evening***, meaning he *arrived* home when it was evening, it is obvious that he left work *before* it was evening. But it is unfathomable that the exceedingly honest Jacob would leave work before it was permitted. Perforce, we deduce that this particular day was a Friday and Jacob was allowed to leave work early [so that he could prepare for the Sabbath].

"עַד עֶרֶב" לֹא נֶאֱמַר אֶלָּא "עֲדֵי עָרֶב", לוֹמַר עַד חֲשֵׁיכָה, כְּמָא דְאַתְּ אָמַר (איוב ז, ד) "עֲדֵי נָשֶׁף", רַבִּי אַמִּי בְּשֵׁם רֵישׁ לָקִישׁ אָמַר: הִטְרִיחוּ עַל בַּעַל הַבַּיִת שֶׁאִם הָיְתָה עֶרֶב שַׁבָּת תְּהֵא הַכְּנָסָה מִשֶּׁלּוֹ, עַד הֵיכָן, עַד שֶׁיְּהֵא כָּל אֶחָד וְאֶחָד מְמַלֵּא לוֹ חָבִית שֶׁל מַיִם וְצוֹלֶה לוֹ דָּג ° מִבְּעוֹד יוֹם מִשּׁוּם כְּבוֹד שַׁבָּת °וּמַדְלִיק נֵר°, שֶׁנֶּאֱמַר "וַיָּבֹא יַעֲקֹב מִן הַשָּׂדֶה בָּעֶרֶב", הָדָא הוּא דִכְתִיב "וְלַעֲבוֹדָתוֹ עֲדֵי עָרֶב":

ה [ל, טז] "וַתֵּצֵא לֵאָה לִקְרָאתוֹ", מְלַמֵּד שֶׁלֹּא הִנִּיחָה אוֹתוֹ לִרְחוֹץ רַגְלָיו. [שם] "וַתֹּאמֶר אֵלַי תָּבֹא", אָמַר רַבִּי אַבָּהוּ: יָצְפָה הַקָּדוֹשׁ בָּרוּךְ הוּא שֶׁלֹּא הָיְתָה כַּוָּונָתָהּ אֶלָּא לְשֵׁם שָׁמַיִם לְהַעֲמִיד שְׁבָטִים, לְפִיכָךְ הִצְרִיךְ הַכָּתוּב לוֹמַר [ל, יז] "וַיִּשְׁמַע אֱלֹהִים אֶל לֵאָה". [ל, טז] "וַתֹּאמֶר אֵלַי תָּבֹא", אָמַר רַבִּי לֵוִי: יָבֹא וְרְאֵה מַה יָּפָה הָיְתָה סַרְסָרוּתָן שֶׁל דּוּדָאִים לִפְנֵי מִי שֶׁאָמַר וְהָיָה הָעוֹלָם, שֶׁעַל יְדֵי הַדּוּדָאִים עָמְדוּ שְׁנֵי שְׁבָטִים גְּדוֹלִים בְּיִשְׂרָאֵל, יִשָּׂשכָר וּזְבוּלֻן, יִשָּׂשכָר יוֹשֵׁב וְעוֹסֵק בַּתּוֹרָה, וּזְבוּלֻן יוֹצֵא בַּיַּמִּים וּבָא וְנוֹתֵן לְתוֹךְ פִּיו שֶׁל יִשָּׂשכָר וְהַתּוֹרָה רַבָּה בְּיִשְׂרָאֵל, (שיר השירים ז, יד) וְ"הַדּוּדָאִים נָתְנוּ רֵיחַ". [ל, יח] "וַתֹּאמֶר לֵאָה נָתַן אֱלֹהִים שְׂכָרִי וְגוֹ' וַתִּקְרָא שְׁמוֹ יִשָּׂשכָר", יִשָּׂשכָר תְּשִׁיעִי לַשְּׁבָטִים וְהוּא הִקְרִיב שֵׁנִי לַמֶּלֶךְ, הָדָא הוּא דִכְתִיב (במדבר ז, יח) "בַּיּוֹם הַשֵּׁנִי הִקְרִיב נְתַנְאֵל בֶּן צוּעָר נְשִׂיא יִשָּׂשכָר", מִפְּנֵי מָה, מִפְּנֵי שֶׁהָיָה בֶּן תּוֹרָה, הָדָא הוּא דִכְתִיב (דברי הימים-א יב, לג) ח"וּמִבְּנֵי יִשָּׂשכָר יוֹדְעֵי בִינָה לָעִתִּים", מַהוּ "לָעִתִּים", רַבִּי תַּנְחוּמָא אָמַר: °לְקוּרְנִיסִין, רַבִּי יוֹסֵי בֶּן קוּצְרִי אָמַר: לְעִבּוּרִים, (שם) "רָאשֵׁיהֶם מָאתַיִם וְכָל אֲחֵיהֶם עַל פִּיהֶם", מָאתַיִם רָאשֵׁי סַנְהֶדְרָאוֹת הָיָה יִשָּׂשכָר מַעֲמִיד, וְכָל אֲחֵיהֶם מַסְכִּימִים הֲלָכָה עַל פִּיהֶם, וְהוּא מֵשִׁיב לָהֶם הֲלָכָה כַּהֲלָכָה לְמֹשֶׁה מִסִּינַי,

רש"י

עד ערב לא נאמר אלא עדי ערב לומר עד שחשכה כמא דאת אמר עדי נשף:

פירוש מהרז"ו

(ה) **לרחוץ רגליו.** כמה שאמר בשיר השירים פשטתי וגו' רחצתי את רגלי וגו'. וכתיב באביגיל (שמואל א' כה, מא) אמתך לשפחה לרחוץ רגלי עבדי אדוני: **יששכר יושב.** לקמן (צט, ט) ויקרא רבה (כה, א) במדבר רבה (יג, יז) עיין שיר השירים רבה (ז, יח) פסוק הדודאים: **הקריב שני.** כדלעיל (עא, ה) ובמדבר רבה שם, נחשון כו': **מאתים כו'** לקמן (צח, יב) ושם נסמן:

עץ יוסף

עד ערב לא נאמר כו'. דעד ערב אפשר מיד בשקיעת החמה, כמו (ויקרא יא, כה) וטמא עד הערב דהיינו שקיעת החמה, אבל עדי ערב יליף בגזירה שוה מעדי נשף דנשף היינו ערב ממש כדכתיב (משלי ז, ט) בנשף בערב יום באישון לילה: **מבעוד יום ומדליק נר משום כבוד שבת.** כן צריך לומר (מתנות כהונה): **ויבא יעקב מן השדה בערב.** אהכנסה משל פועל קאי, שעל כן אמר מן השדה בערב שכניסתו משלו (יפה תואר). ודייק מדכתיב בערב בקמ"ץ משמע המבורר שהוא ערב (מתנות כהונה): (ה) [ד] **שלא הניחה כו'.** כלומר לרחוץ רגליו באהל רחל שהיה רגיל שם, שאילו כבר נכנס שמה לא היה מחק המוסר להוציאו משם (נזר הקודש): **להעמיד שבטים.** שהם לדיקי יסודי עולם: **הוצרך הכתוב לומר וישמע כו'.** כי על טוב כוונתה לשם שמים נאמר וישמע אלהים אל לאה (נזר הקודש): **סרסרותן של דודאים כו'.** לפי שהיתה כוונתה לשם שמים ואלמלא לא היה הכוונה לשם שמים לא זכתה לכך: **שעל ידי הדודאים כו'.** אף על פי שלאה אמרה נתן אלהים שכרי אשר נתתי שפחתי לאישי. אפשר על ידי מעשה הדודאים הגליחו ב' שבטים אלו מאד בתורה, וכדאמרינן בפרק ב' דנדרים (כ, ב) כל אדם שאשתו תובעתו לדבר מצוה הוה ליה בנים נבונים, ויליף לה מלאה (נזר הקודש): **והדודאים נתנו ריח.** לרמוז על דודאים הללו שנתנו ריח טוב בעולם על ידי שני שבטים הללו שעסקו בתורה: [ה] **יששכר תשיעי כו'.** דרשא דלעיל קא מסיק, דבני יששכר היו גדולים בתורה: **לקורניסין.** גירסת הערוך לקרסין. וכן הוא לקמן במדרש במדבר רבה פרשה י"ג. ופירש באות אמת דהיינו לפרקים. כלומר שהם יודעים בחכמתם וביניתן עתי וזמני השנה קודם בואם מה יפול בהם השעות ושינוים. וזה על פי חכמתם בידיעת הילוך הכוכבים ומזלות ותקופות חמה ולבנה לפי מלבם ומעמדם: **לעיבורין.** פירוש לעבר שנים: **ראשי סנהדראות.** משבטו היה יכול להמלא חכמים ראוים להיות ראשי סנהדראות עד שכולם יתנהגו להלכה רק על פי וכפי דבריהם, כי היה כחם לכוין שמעתתא אליבא דהלכתא: **והוא משיב.** פירוש כל אחד מראשיהם משיב כהלכה למשה מסיני (יפה תואר):

מתנות כהונה

בתוספות בפ' השוכר את הפועלים: **הכנסה שלו.** שצריך לוותר לפועל למהר ביאתו מפני כבוד השבת: **ה"ג מבעוד יום ומדליק נר משום כבוד שבת שנאמר ה"ג בירושלמי שנאמר וגו'.** אדלעיל קאי שאמר שזמן הכנסת הפועל הוא עד חשכה ודייק מדכתיב בערב בקמץ משמע המבואר שהוא ערב: [ה] **לפיכך הצריך כו'.** אע"פ שלא מצינו שהתפללה: **סרסרותן.** עיין במדרש חזית הדין ג' ויותר נכונה: **והדודאים וגו'.** לישנא מעליא נקט לישנא דקרא כלומר אותן דודאים נתנו ריח טוב: **הקריב.** בחנוכת המזבח: **שני למלך.** שני ליהודה: **לקורסין גרסינן.** ופי' הערוך לעתים ומועדים ועיין במדרש בפסוק יפה את כתרצה:

אשד הנחלים

ויבוא יעקב. זה שייך לעיל לראיה שההכנסה משל פועל (מ"כ). ודייק מדכתיב בערב משמע בתוך הערב קצת ואז בא לביתו: [ה] **לרחוץ כו' אלא לש"ש כו'.** שכל כך מיהרה לקרוא לו למען התועלת, שראתה ברוח קדשה שיוולדו ממנה שני שבטים, והתשוקה הטובה הזאת אלצתה מאוד, מפני שהיה לשם שמים היתה זריזה במצוה. ולכן כתיב ששמע ה' אליה, להיות שהיה בה כוונה אלקית: **והתורה רבה בישראל.** זהו תורה ודרך ארץ יחדיו, וע"י כן נתרבה התורה כי אם אין קמח אין תורה: **נתנו ריח.** זהו רמז במקרא שזהו כוונת הכתוב שהדודאים נתנו ריח טוב להיות לריח נחוח, מזכרת לפני ה' להטיב לה שיוולד ממנה עוד שני שבטים גדולים: **שני למלך.** מביאים זה באגב ממעלת יששכר עד שזכה להיות מעלה השניה מהמלך, ולכן קראה זאת שכר ששכרה יותר מדאי, שנעלה מעל כל הבנים במעלה מפני כחו בתורה: **וזבולון יוצא.** זהו יששכר כי יש שכר. כי טרפו יהיה מזומן בלא עמל ועל כן יחכם: **לקורנסין.** אות אמת גרס לקריסין. ופירושו לפרקים, שהיא דיעת העתים והמועדות: **לעיבורים.** מתי יתעבר החודש והשנה, וזה מחכמת התקופות: **מאתים ראשי סנהדראות.** משבטו היה יכול להמצא חכמים ראוים לסנהדרין, עד שכולם יתנהגו להלכה רק על פיהם וכפי דבריהם. כי היה כחם לכוין שמעתתא אליבא דהלכתא, שזה ענין סגולה אלקית מסגולת הנפש המקושרת בתורה העליונה, כמו שאמרו (עירובין נג, א) במעלת דוד עליו השלום

חידושי הרד"ל

[ה] **והוא מיישב להם ההלכה כהלכה למשה מסיני כו'.** כן צריך לומר, ועל פיהם דרשו כמו על פי ה' ביד משה (במדבר ט, כג):

אמרי יושר

[ה] **לא הנחתו לרחוץ.** והיינו אלי תבא לרחוץ רגליך: **וישמע אלהים.** הבין דעת לאה וכוונתה הטובה: **נתן אלהים שכרי.** לזה הבן הילוד. בעבור היות עוסק בתורה: **שהקרב שני למלך.** בגמרא אמרו (ברכות ס א) שלאה נתעוררה לא תהא רחל כאמתה. וכאן אמרו מתפילתה של רחל וככתוב הוא מאוחר התפילה:

ידי משה

[ד] **ומדליק נר לכבוד שבת.** כן צריך לומר, ומה שנכתב בספר שנאמר ויבא יעקב וגו' יתיר הוא ושייך לעיל קודם דברי רב אמי וכן הוא בירושלמי (ב"מ פ"ז ה"א):

[ה] **שעל ידי הדודאים עמדו שני שבטים יששכר וזבולן.** פירוש לפי שעל ידי יששכר היה קיום לזבולן שהיה מצליח בעסקיו וקל להבין. לזה אמר הדודאים נתנו ריח: **יששכר הוא ט' לשבטים והוא הקריב שני לשבטים מפני מה מפני שהיה בן תורה וכו'.** עד וכשבא משה לברך את השבטים הקדים ברכת זבולן לברכת יששכר וכו', וקשה אם כן היה מן הראוי להקדימו בחנוכת המזבח גם כן מהאי טעמיה ויש לומר הואיל על ידי ברכת זבולן יששכר עוסק בתורה ולא סגי בלאו הכי, על כן ברכת זבולן קודם. ודוק:

מסורת המדרש

ו. ירושלמי סוטה פרק ט':
ז. שה"ש רבה פרשה ז' פסוק י"ד:
ח. במדבר רבה פרשה י"ג. אסתר רבה ריש פרשה ד'. שה"ש פרשה ו' פסוק ד'. ילקוט דה"י רמז אל"ף ע"ט. ועיין מגילה י"ב. ילקוט כאן רמז קס"ט:

אם למקרא

אִם שָׁכַבְתִּי וְאָמַרְתִּי מָתַי אָקוּם וּמִדַּד עָרֶב וְשָׂבַעְתִּי נְדֻדִים עֲדֵי נָשֶׁף: (איוב ז:ד)

הַדּוּדָאִים נָתְנוּ רֵיחַ וְעַל פְּתָחֵינוּ כָּל מְגָדִים חֲדָשִׁים גַּם יְשָׁנִים דּוֹדִי צָפַנְתִּי לָךְ: (שיר השירים ז:יד)

בַּיּוֹם הַשֵּׁנִי הִקְרִיב נְתַנְאֵל בֶּן צוּעָר נְשִׂיא יִשָּׂשכָר: (במדבר ז:יח)

וּמִבְּנֵי יִשָּׂשכָר יוֹדְעֵי בִינָה לָעִתִּים לָדַעַת מַה יַּעֲשֶׂה יִשְׂרָאֵל רָאשֵׁיהֶם מָאתַיִם וְכָל אֲחֵיהֶם עַל פִּיהֶם: (דברי הימים א יב:לג)

שינוי נוסחאות

(ד) **וצולה לו דג מבעוד יום משום כבוד שבת ומדליק נר.** במתנות כהונה כתב שצריך למחוק מכאן תיבות "ומדליק נר" ולהעבירן לעיל אחרי תיבת "דג":

(ה) **לקורניסין.** כתב אות אמת דבערוך ורבינו בחיי איתא "לקרסין", ומתנות כהונה הגיה (ג"כ בשם הערוך) "לקורסין" (ובערוך שלנו "לקירסין"), אבל המדפיסים המשיכו לכתוב "לקורניסין":

ענף יוסף

(ד) [ג] **הטריחו על בעל הבית כו'.** ואם תאמר מאי הטריחו דמשמע מדרבנן הא לא אפשר שיעבוד הפועל עד חשיכה דצריך להוסיף מחול על הקודש. ויש לומר דלא נימא ליה הואיל הכנסה משלו תהא יציאה משלך, או יגרע מקצת משכרו. וכן אמרו בירושלמי ערב שבת בין השכמה ובין הערבה משל בעל הבית (יפה תואר):

(ה) **מפני שהיה בן תורה.** לכאורה נראה דהא פליגא אמאן דאמר במדבר רבה פרשה י"ג מפני שזכה בעצת הנשיאים. אבל רש"י בחומש (במדבר ז, יח) פירש דתרווייהו איתנהו, וזה לשונו ומהו הקריב הקריב שני פעמים שבשביל שני דברים זכה להקריב שני לשבטים אחת שהיו יודעים בתורה שנאמר ומבני יששכר יודעי בינה לעתים, ואחת שהם נתנו עצה לנשיאים להתנדב קרבנות הללו:

□ וַתֹּאמֶר אֵלַי תָּבֹא — *AND [SHE] SAID, "IT IS TO ME THAT YOU MUST COME . . ."*

The Midrash elaborates on the great reward Leah received for her actions in this incident:

אָמַר רַבִּי לֵוִי — **R' Levi said:** בֹּא וּרְאֵה מַה יָּפָה הָיְתָה סַרְסָרוּתָן שֶׁל הַדּוּדָאִים לִפְנֵי מִי שֶׁאָמַר וְהָיָה הָעוֹלָם — **Come and see how beneficial was the intermediacy of the *dudaim* before He Who spoke and the world came into being,** i.e., God, שֶׁעַל יְדֵי הַדּוּדָאִים עָמְדוּ שְׁנֵי שְׁבָטִים גְּדוֹלִים בְּיִשְׂרָאֵל — **for through the *dudaim*, two great tribes arose in Israel,** יִשָּׂשכָר וּזְבוּלֻן — **Issachar and Zebulun.**[35] יִשָּׂשכָר יוֹשֵׁב וְעוֹסֵק בַּתּוֹרָה — **Issachar would sit and engage** in the study of **Torah,** וּזְבוּלֻן יוֹצֵא בַּיַּמִּים — **and Zebulun would go out to sea** to engage in commerce וּבָא וְנוֹתֵן לְתוֹךְ פִּיו שֶׁל יִשָּׂשכָר — **and come and place** food **into Issachar's mouth,** i.e., provide him with food, וְהַתּוֹרָה רַבָּה בְּיִשְׂרָאֵל — **and the Torah increased in Israel.** וְ"הַדּוּדָאִים נָתְנוּ רֵיחַ" — Regarding this it is written in Scripture, ***The dudaim emit a fragrance*** (*Song of Songs* 7:14). This verse alludes to the *dudaim* that Leah gave Rachel in exchange for the right to Jacob's company, which resulted in the birth of Issachar and Zebulun, whose partnership filled the world with the fragrance of Torah.[36]

□ וַתֹּאמֶר לֵאָה נָתַן אֱלֹהִים שְׂכָרִי וְגוֹ׳ וַתִּקְרָא שְׁמוֹ יִשָּׂשכָר — *AND LEAH DECLARED, "GOD HAS GRANTED ME MY REWARD ETC." SO SHE CALLED HIS NAME ISSACHAR.*

The Midrash demonstrates that the tribe of Issachar possessed outstanding Torah scholars:

יִשָּׂשכָר תְּשִׁיעִי לַשְּׁבָטִים — **Issachar was the ninth of the tribes** to be born, וְהוּא הִקְרִיב שֵׁנִי לַמֶּלֶךְ — **and** yet at the dedication of the Tabernacle **he brought** his **offerings second** only to **the** tribe of the **king,** i.e., Nahshon son of Amminadab, the leader of the tribe of Judah,[37] הֲדָא הוּא דִכְתִיב "בַּיּוֹם הַשֵּׁנִי הִקְרִיב נְתַנְאֵל בֶּן צוּעָר נְשִׂיא יִשָּׂשכָר" — **as it is written, *On the second day, Nethanel son of Zuar offered, the leader of Issachar*** (*Numbers* 7:18).

NOTES

35. This is further proof that Leah's intentions were pure. Had she acted with unworthy intentions, she surely would not have been rewarded with Issachar and Zebulun (*Eitz Yosef*, from *Nezer HaKodesh*).

The Midrash here and also above (§2) teaches that for exchanging the right to Jacob's companionship for the *dudaim* Leah was rewarded with Issachar and Zebulun. Actually, only Issachar was born of the union that resulted from this exchange. *Yefeh To'ar*, however, offers two explanations as to why the Midrash attributes also Zebulun's birth to this exchange: One, after Judah's birth Leah lost the ability to conceive and only in the merit of exchanging of the *dudaim*, by which she demonstrated her strong desire for more children, was she able to conceive again. Thus the *dudaim* were the cause for both births. Two, since Leah merited that exceptional Torah scholars would emerge from Issachar, it was also necessary that they have material support, which Zebulun provided, as the Midrash soon elaborates. Hence, because of her conduct in this affair it was necessary that she beget both Issachar and Zebulun (see also *Yedei Moshe*). See further, Insight Ⓐ.

In 30:18 Leah states that she merited Issachar as a reward for giving her maidservant to Jacob as a wife. Yet this Midrash insists that she was blessed with Issachar as a reward for her role in the episode of the *dudaim*. *Eitz Yosef* (citing *Nezer HaKodesh*) suggests that for giving her maidservant to Jacob she merited only to have children. That she merited two sons with such a great share in Torah was reward for her actions in this affair, which were solely for the sake of Heaven. Indeed, the Gemara in *Nedarim* (20b) deduces from this incident of Leah and the *dudaim* that if one's wife petitions him for marital relations, they will merit descendants whose caliber of Torah scholarship would be higher than even the members of Moses' generation (for the Midrash soon demonstrates that Issachar's level of scholarship was greater than that of Moses' generation) (*Eitz Yosef,* citing *Nezer HaKodesh*). See Insight Ⓑ.

36. [That Issachar devoted himself to the study of Torah is derived from *I Chronicles* 12:33, cited shortly by the Midrash.] The *dudaim* caused the good fragrance of Torah to fill the world, through both the tribe of Issachar and the tribe of Zebulun (*Eitz Yosef*). See *Avos* 3:17, which states that if one does not have what to eat, he will not be able to engage in Torah study. Therefore, it was only through the efforts of both tribes that Torah was made great in Israel.

37. *Matnos Kehunah*; see *Bamidbar Rabbah* 13 §17.

On the day the Tabernacle was dedicated, the leaders of the twelve

INSIGHTS

Ⓐ **Issachar and Zebulun** Many commentators indeed adopt this second approach. But there is a question left unanswered. Granted that the birth of an Issachar required the birth of a Zebulun to be his partner. But why did Issachar's partner have to be born from the same mother? Why did the need for Issachar's partner necessitate Leah being granted *two* sons more than her allotted share? Why couldn't Rachel be the one to bear Zebulun?

R' Zalman Sorotzkin, the Lutzker Rav, explains that the answer cuts to the core of the relationship between the scholars of Issachar and the businessmen of Zebulun. Issachar and Zebulun form more than a simple partnership, each making his contribution to the success of the shared enterprise. They are a *union,* born for a joint and sacred purpose: the proliferation of Torah in Israel. The studies of Issachar and the ventures of Zebulun are dual aspects of an inseparable whole. The one tribe cannot exist without the other; this is by Divine design.

Zebulun was not meant simply to obtain merit from his support of Issachar. The symbiosis was meant to forge a *connection* between the two. Just as one "cleaves to the *Shechinah* through marrying his daughter to a Torah scholar" (*Kesubos* 111b), so too was it meant for Zebulun's *life* to be infused with Torah through his intimate connection to Issachar. For this to happen, there had to be a sense of love and brotherhood between the two. And this was best fostered by their being born of the same father *and* mother. They had to be as close as two brothers could be. Once Leah bore Issachar to Jacob, she had to bear him Zebulun as well.

It should not be easy for Zebulun to give half his earnings to the scholar who has taken none of the risks involved. It should be difficult for Issachar to share completely the Torah he has amassed with the businessman who did not suffer the scholar's privation and sacrifice. This can be done only when there is a bond of love between them — when they view each other as fully united in the pursuit of a common goal. There is no duality. They are an organic whole. "Issachar-Zebulun" studies Torah, and "Issachar-Zebulun" works for a living. The body that eats and sleeps and that plies a trade is the same body that toils in learning.

This is the model for the combination of the sacred and mundane in our lives and our nation. When the mundane is performed for the purpose of supporting and promoting the sacred, then it is all sacred. Both are born from the same womb. Both live for the same ideal. Both are destined for the same reward (abstracted from the lengthy exposition *Issachar and Zebulun* in *HaDe'ah VeHaDibbur* Vol. 1, pp. 27-43).

Ⓑ **Issachar's Name** That she merited Issachar as reward for both giving her handmaid to Jacob and for *hiring* the right to Jacob's company with the *dudaim* is alluded to in Issachar's name: The two letters ש in his name intimate a double *sachar.* [The word *sachar* means *reward* as well as *hire*] (*Rashbam*). *Baalei HaTosafos* add that since one letter ש has an uncomplimentary connotation, referring to Leah's statement *I have clearly "hired" you,* it is silent and not pronounced. [Thus the name is pronounced *Yissachar* and not *Yissas'char.*]

According to *Kedushas Levi*, Leah was rewarded mainly for exchanging the *dudaim* for the right to Jacob's company because of her great desire to bear more children. From this act alone it was unclear, however, whether her true intentions were in fact to have more children, or whether she was motivated by less noble reasons. For this reason, Leah stated that God rewarded her *"because I gave my maidservant to my husband."* This act makes clear that her sole motivation was to have more children. No woman would want her husband to take another wife, certainly not a woman vying for her husband's attention. Rather, Leah gave her maidservant to Jacob so that the majority of children would be from her and her maidservant, who was subject to her. This also served to demonstrate that her intentions for exchanging the *dudaim* for the right to Jacob's company were pure, and she was worthy of her reward.

"עַד עֶרֶב" לֹא נֶאֱמַר אֶלָּא "עֲדֵי עָרֶב", לוֹמַר עַד חֲשֵׁיכָה, כְּמָא דְאַתְּ אָמַר (איוב ז, ד) "עֲדֵי נָשֶׁף", רַבִּי אַמִּי בְּשֵׁם רֵישׁ לָקִישׁ אָמַר: הִטְרִיחוּ עַל בַּעַל הַבַּיִת שֶׁאִם הָיְתָה עֶרֶב שַׁבָּת תְּהֵא הַכְנָסָה מִשֶּׁלּוֹ, עַד הֵיכָן, עַד שֶׁיְּהֵא כָּל אֶחָד וְאֶחָד מְמַלֵּא לוֹ חָבִית שֶׁל מַיִם וְצוֹלֶה לוֹ דָּג °מִבְּעוֹד יוֹם מִשּׁוּם כְּבוֹד שַׁבָּת °וּמַדְלִיק נֵר°, שֶׁנֶּאֱמַר "וַיָּבֹא יַעֲקֹב מִן הַשָּׂדֶה בָּעֶרֶב", הָדָא הוּא דִכְתִיב "וְלַעֲבֹדָתוֹ עֲדֵי עָרֶב":

ה [ל, טז] "וַתֵּצֵא לֵאָה לִקְרָאתוֹ", מְלַמֵּד שֶׁלֹּא הִנִּיחָה אוֹתוֹ לִרְחוֹץ רַגְלָיו. [שם] "וַתֹּאמֶר אֵלַי תָּבֹא", אָמַר רַבִּי אַבָּהוּ: יָצְפָה הַקָּדוֹשׁ בָּרוּךְ הוּא שֶׁלֹּא הָיְתָה כַּוָּונָתָהּ אֶלָּא לְשֵׁם שָׁמַיִם לְהַעֲמִיד שְׁבָטִים, לְפִיכָךְ הִצְרִיךְ הַכָּתוּב לוֹמַר [ל, יז] "וַיִּשְׁמַע אֱלֹהִים אֶל לֵאָה". [ל, טז] "וַתֹּאמֶר אֵלַי תָּבֹא", אָמַר רַבִּי לֵוִי: בֹּא וּרְאֵה מַה יָּפָה הָיְתָה סַרְסָרוּתָן שֶׁל דּוּדָאִים לִפְנֵי מִי שֶׁאָמַר וְהָיָה הָעוֹלָם, שֶׁעַל יְדֵי הַדּוּדָאִים עָמְדוּ שְׁנֵי שְׁבָטִים גְּדוֹלִים בְּיִשְׂרָאֵל, יִשָּׂשכָר וּזְבוּלֻן, יִשָּׂשכָר יוֹשֵׁב וְעוֹסֵק בַּתּוֹרָה, וּזְבוּלֻן יוֹצֵא בַּיַּמִּים וּבָא וְנוֹתֵן לְתוֹךְ פִּיו שֶׁל יִשָּׂשכָר וְהַתּוֹרָה רַבָּה בְּיִשְׂרָאֵל, (שיר השירים ז, יד) "הַדּוּדָאִים נָתְנוּ רֵיחַ". [ל, יח] "וַתֹּאמֶר לֵאָה נָתַן אֱלֹהִים שְׂכָרִי וְגוֹ' וַתִּקְרָא שְׁמוֹ יִשָּׂשכָר", יִשָּׂשכָר תְּשִׁיעִי לַשְּׁבָטִים וְהוּא הִקְרִיב שֵׁנִי לַמֶּלֶךְ, הָדָא הוּא דִכְתִיב (במדבר ז, יח) "בַּיּוֹם הַשֵּׁנִי הִקְרִיב נְתַנְאֵל בֶּן צוּעָר נְשִׂיא יִשָּׂשכָר", מִפְּנֵי מָה, מִפְּנֵי שֶׁהָיָה בֶּן תּוֹרָה, הָדָא הוּא דִכְתִיב (דברי הימים-א יב, לג) ח"וּמִבְּנֵי יִשָּׂשכָר יוֹדְעֵי בִינָה לָעִתִּים", מַהוּ "לָעִתִּים", רַבִּי תַּנְחוּמָא אָמַר: °לְקוּרְנִיסִין, רַבִּי יוֹסֵי בֶּן קוֹצְרִי אָמַר: לְעִבּוּרִים, (שם) "רָאשֵׁיהֶם מָאתַיִם וְכָל אֲחֵיהֶם עַל פִּיהֶם", מָאתַיִם רָאשֵׁי סַנְהֶדְרָאוֹת הָיָה יִשָּׂשכָר מַעֲמִיד, וְכָל אֲחֵיהֶם מַסְכִּימִים הֲלָכָה עַל פִּיהֶם, וְהוּא מֵשִׁיב לָהֶם הֲלָכָה כַּהֲלָכָה לְמשֶׁה מִסִּינַי.

רש"י

עד ערב לא נאמר אלא עדי ערב לומר עד שחשכה כמא דאת אמר עדי נשף:

פירוש מהרז"ו

עד ערב לא נאמר כו'. דעד ערב אפשר מיד בשקיעת החמה, כמו (ויקרא יא, כה) וטמא עד הערב דהיינו שקיעת החמה, אבל עדי ערב יליף בגזירה שוה מעדי נשף דנשף היינו ערב ממש כדכתיב (משלי ז, ט) בנשף בערב יום באישון לילה: מבעוד יום ומדליק נר משום כבוד שבת. כן צריך לומר (מתנות כהונה): ויבא יעקב מן השדה בערב. אהכנסה משל פועל קאי, שעל כן אמר מן השדה בערב שהכניסתו משלו (יפה תואר). ודייק מדכתיב בערב בקמ"ץ משמע המבורר שהוא ערב (מתנות כהונה): (ה) [ד] שלא הניחה כו'. כלומר לרחוץ רגליו כאשר רחל שהיה רגיל בה, שאילו כבר נכנס שמה לא היה מחק המוסר להוליאו משם (נזר הקודש): להעמיד שבטים. שהם לדיקי יסודי עולם: הוצרך הכתוב לומר וישמע כו'. כי על טוב כוונתה לשם שמים נאמר וישמע אלהים אל לאה (נזר הקודש): סרסרותן של דודאים כו'. לפי שהיתה כוונתה לשם שמים ואלמלא לא היה הכוונה לשם שמים לא זכתה לכך: שעל ידי הדודאים כו'. אף על פי שלאה אמרה נתן אלהים שכרי אשר נתתי שפחתי לאישי. אפשר על ידי מעשה הדודאים הגליהו ב' שבטים אלו אחד בתורה, וכדאמרינן בפרק ב' דנדרים (כ, ב) כל אדם שאשתו תובעתו לדבר מצוה הוה ליה בנים מגונים, ויליף לה מלאה (נזר הקודש): והדודאים נתנו ריח. לרמוז על דודאים הללו שנתנו ריח טוב בעולם על ידי שני שבטים הללו שעסקו בתורה: [ה] יששכר תשיעי כו'. דרשא דלעיל קא מסיק, דבני יששכר היו גדולים בתורה: לקורניסין. גירסת הערוך לקרסין. וכן הוא לקמן במדרש במדבר רבה פרשה י"ג. ופירש באמת אמת דהיינו לפרקים. כלומר שהם יודעים בחכמתם ובינתם עתי וזמני השנה קודם בואם מה יפול בהם השנוי והשינויים. וזה על פי חכמתם בידיעת הילוך הכוכבים ומזלות ותקופות חמה ולבנה לפי אלגס ומעמדם: לעיבורין. פירוש לעבר שנים: ראשי סנהדראות. משבטו היה יכול להמצא חכמים ראוים להיות ראשי סנהדראות עד שכולם יתנהגו להלכה רק על פי וכפי דבריהם, כי היה כחם לכוין שמעתתא אליבא דהלכתא: והוא משיב. פירוש כל אחד מראשיהם משיב כהלכה למשה מסיני (יפה תואר):

(ה) לרחוץ רגליו. כמה שאמר בשיר השירים פשטתי וגו' רחצתי את רגלי וגו'. וכתיב באביגיל (שמואל א' כה, מא) אמתך לשפחה לרחוץ רגלי עבדי אדוני: יששכר יושב. לקמן (עט, ט) ויקרא רבה (כה, א) במדבר רבה (יג, יז) עיין שיר השירים רבה (ז, יח) פסוק הדודאים: הקריב שני. כדלעיל (עח, ה) ובמדבר רבה שם, נחשון כו' מאתים כו' לקמן (לח, יב) ושם נסמן:

מתנות כהונה

בתוספות בפ' השוכר את הפועלים: הכנסה שלו. שצריך לוותר לפועל למהר ביאתו מפני כבוד השבת: ה"ג מבעוד יום ומדליק נר משום כבוד שבת שנאמר ה"ג בירושלמי שנאמר וגו'. אדלעיל קאי שאמר שזמן הכנסת הפועל הוא עד חשכה ודייק מדכתיב בערב בקמץ משמע המבורר שהוא ערב: [ה] לפיכך הצריך כו'. אע"פ שלא מצינו שהתפללה: סרסרותן. עיין במדרש חזית הדין ג' ויותר נכונה: והדודאים וגו'. ליסנא מעליא נקט ליסנא דקרא כלומר אותן דודאים נתנו ריח טוב: הקריב. בחנוכת המזבח: שני למלך. שני ליהודה: לקורסין גרסינן. ופי' הערוך לעתים ומועדים ועיין במדרש בפסוק יפה את כתרלה:

אשד הנחלים

ויבוא יעקב. זה שייך לעיל לראיה שההכנסה משל פועל (מ"כ). ודייק מדכתיב בערב משמע בתוך הערב קצת ואז בא לביתו: [ה] לרחוץ כו' אלא לש"ש כו'. שכל כך מיהרה לקרוא לו למען התועלת, שראתה ברוח קדשה שיולדו ממנה שני שבטים, והתשוקה הטובה הזאת אלצתה מאוד, מפני שהיה לשם שמים היתה זריזה במצוה. ולכן כתיב שמשמע ה' אליה, להיות שהיה בה כוונה אלקית: והתורה רבה בישראל. זהו תורה ודרך ארץ יחדיו, וע"י כן נתרבה התורה כי אם אין קמח אין תורה: נתנו ריח. זהו רמז במקרא שזהו כוונת הכתוב שהדודאים נתנו ריח טוב להיות לריח נחוח, מזכרת לפני ה' להטיב לה שיולד ממנה עוד שני שבטים גדולים: שני למלך. מביאים זה באגב ממעלת יששכר עד שזכה להיות מעלה השניה מהמלך, ולכן קראה זאת שכר ששכרה יותר מדאי, שנעלה מעל כל הבנים במעלה מפני כחו בתורה: וזבולון יוצא. זהו יששכר כי יש שכר. כי טרפו יהיה מזומן בלא עמל ועל כן יחכם: לקורנסין. אות אמת גרס לקריסין. ופירושו לפרקים, שהיא דיעת העתים והמועדות: לעיבורים. מתי יתעבר החודש והשנה, וזה מחכמת התקופות: מאתים ראשי סנהדראות. משבטו היה יכול להמצא חכמים ראוים לסנהדרין, עד שכולם יתנהגו להלכה רק על פיהם וכפי דבריהם. כי היה כחם לכוין שמעתתא אליבא דהלכתא, שזה ענין סגולה אלקית מסגולת הנפש המקושרת בתורה העליונה, כמו שאמרו (עירובין נג, א) במעלת דוד עליו השלום דאמר בבמדבר רבה פרשה י"ג מפני שזכה בעלת הנשיאים. אבל רש"י בחומש (במדבר ז, יח) פירש דתרווייהו איתנהו, וזה לשונו והוא הקריב הקריב שני פעמים שבשביל שני דברים זכה להקריב שני לשבטים אחת שהיו יודעים בתורה שנאמר ומבני יששכר יודעי בינה לעתים, ואחת שהם נתנו עצה לנשיאים להתנדב קרבנות הללו:

חידושי הרד"ל

[ה] והוא מיישב להם ההלכה כהלכה למשה מסיני כו'. כן צריך לומר, ועל פיהם דרשו כמו על פי ה' ביד משה (במדבר ט, כג).

אמרי יושר

[ה] לא הנחתו לרחוץ. והיינו אלי תבא לרחוץ רגליך: וישמע אלהים. הבין דעת לאה וכוונתה הטובה: נתן אלהים שכרי. לזה כבן הילוד. בעבור היות עוסק בתורה: שהקרב שני למלך. בגמרא אמרו (ברכות ס, א) שלאה נתעוררה לא תהא רחל כאחתה. וכאן אמרו מתפילתה של רחל ובכתוב הוא מאוחר התפילה:

ידי משה

[ד] ומדליק נר לכבוד שבת. כן צריך לומר, ומה שנכתב בספר שנאמר ויבא יעקב וגו' יתיר הוא ושייך לעיל קודם דברי רב אמי וכן הוא בירושלמי (ב"מ פ"ז ה"א):

[ה] שעל ידי הדודאים עמדו שני שבטים יששכר וזבולן. פירוש לפי שעל ידי יששכר היה קיום לזבולן שהיה מצליח בעסקיו וקל להבין. לזה אמר הדודאים נתנו ריח: יששכר הוא ט' לשבטים והוא הקריב שני לשבטים מפני מה מפני שהיה בן תורה וכו'. עד וכשבא משה לברך את השבטים הקדים ברכת זבולן לברכת יששכר וכו', וקשה אם כן היה מן הראוי להקדימו בחנוכת המזבח גם כן מהאי טעמיה ויש לומר הואיל על ידי ברכת זבולן יששכר עוסק בתורה ולא שני בלאו הכי, על כן ברכת זבולן קודם. ודוק:

מסורת המדרש

ו. ירושלמי סוטה פרק ט'.
ז. שה"ש רבה פרשה ז' פסוק י"ד.
ח. במדבר רבה פרשה י"ג. אסתר רבה ריש פרשה ד'. שה"ש פרשה ו' פסוק ד'. ילקוט דה"י רמז תתל"ח ע"ט. ועיין מגילה י"ב. ילקוט כאן רמז קס"ט.

אם למקרא

אִם שָׁכַבְתִּי וְאָמַרְתִּי מָתַי אָקוּם וּמִדַּד עָרֶב וְשָׂבַעְתִּי נְדֻדִים עֲדֵי נָשֶׁף: (איוב ז:ד)

הַדּוּדָאִים נָתְנוּ רֵיחַ וְעַל פְּתָחֵינוּ כָּל מְגָדִים חֲדָשִׁים גַּם יְשָׁנִים דּוֹדִי צָפַנְתִּי לָךְ: (שיר השירים ז:יד)

בַּיּוֹם הַשֵּׁנִי הִקְרִיב נְתַנְאֵל בֶּן צוּעָר נְשִׂיא יִשָּׂשכָר: (במדבר ז:יח)

וּמִבְּנֵי יִשָּׂשכָר יוֹדְעֵי בִינָה לָעִתִּים לָדַעַת מַה יַּעֲשֶׂה יִשְׂרָאֵל רָאשֵׁיהֶם מָאתַיִם וְכָל אֲחֵיהֶם עַל פִּיהֶם: (דברי הימים א יב:לג)

שינוי נוסחאות

(ד) וצולה לו דג מבעוד יום משום כבוד שבת ומדליק נר. במתנות כהונה כתב שצריך למחוק מכאן תיבות "ומדליק נר" ולהעבירן לעיל אחרי תיבת "דג".

(ה) לקורניסין. כתב אות אמת דבערוך ורבינו בחיי איתא "לקרסין", ומתנות כהונה הגיה (ג"כ בשם הערוך) "לקורסין" (ובערוך שלנו "לקירסין"), אבל המדפיסים המשיכו לכתוב "לקורניסין".

ענף יוסף

(ד) [ג] הטריחו על בעל הבית כו'. ולא תאמר מאי הטריחו דמשמע מדרבנן הא לא אפשר שיעבוד הפועל עד חשיכה דצריך להוסיף מחול על הקודש. ויש לומר דלא נימא ליה הואיל הכנסה משלו תהא יוליה משלך, או יגרע מקצת משכרו. וכן אמרו בירושלמי ערב שבת בין השמשות ובין הטרחה מכל משל בעל הבית (יפה תואר):

(ה) מפני שהיה בן תורה. לכאורה קשה דהא פליגא אמאן

מִפְּנֵי מָה — **For what [reason]?** מִפְּנֵי שֶׁהָיָה בֶּן תּוֹרָה — This was **because he was a Torah scholar,**[38] הָדָא הוּא דִכְתִיב "וּמִבְּנֵי יִשָּׂשכָר יוֹדְעֵי בִינָה לָעִתִּים" — **as it is written,** ***Of the children of Issachar, men with understanding for the times*** *to know what Israel should do, etc. [two hundred chiefs, with all of their kinsmen following their counsel]* (*I Chronicles* 12:33).[39]

The Midrash expounds the *Chronicles* verse's description of Issachar:

מַהוּ "לָעִתִּים" — **What is** the meaning of the phrase, "*men with understanding* ***for the times***"? רַבִּי תַּנְחוּמָא אָמַר — **R' Tanchuma said:** לְקָרְסִין — This phrase suggests that the members of the tribe of Issachar had a keen understanding **of** when to establish **the holidays.**[40] רַבִּי יוֹסֵי בֶּן קוּצְרִי אָמַר — **R' Yose ben Kutzri said:** לְעִבּוּרִים — They possessed knowledge **of intercalated years.**[41] "רָאשֵׁיהֶם מָאתַיִם וְכָל אֲחֵיהֶם עַל פִּיהֶם" — The *Chronicles* verse continues, ***two hundred chiefs, with all of their kinsmen following their counsel.*** מָאתַיִם רָאשֵׁי סַנְהֶדְרָאוֹת הָיָה יִשָּׂשכָר מַעֲמִיד — This refers to the **two hundred leaders of Sanhedrin** that **Issachar's** tribe **established,** וְכָל אֲחֵיהֶם מַסְכִּימִים הֲלָכָה עַל פִּיהֶם — **and all of their kinsmen accepted the halachah as determined by [the sages of Issachar],** וְהוּא מֵשִׁיב לָהֶם הֲלָכָה כַּהֲלָכָה לְמֹשֶׁה מִסִּינַי — **and each one** of these Sanhedrin leaders **responded to [their kinsmen's]** legal queries with a determination of **the law as though it were the halachah** that was handed **to Moses at Sinai.**[42]

NOTES

tribes brought their own offerings in honor of the occasion. God ordered that each leader bring his offering on a different day. On the first day, Nahshon son of Amminadab, representing the tribe of Judah, the tribe of kingship, brought his offering. On the second day, Nethanel son of Zuar, the leader of the tribe of Issachar, brought his offering. See *Numbers* Chapter 7. The Midrash asks how Issachar earned the right to offer second; seemingly, that right should have gone to Reuben, the oldest of the tribes (see *Rashi* to *Numbers* ad loc.). See Insight Ⓐ.

38. Literally, *son of Torah.*

39. Although the *Chronicles* verse states explicitly that the tribe of Issachar possessed distinguished scholars, the Midrash also infers from the *Numbers* verse that Issachar possessed eminent Torah scholars to illustrate that the tribe of Issachar was not just prominent for their Torah scholarship in the times of King David, but that they were distinguished for their Torah scholarship in other times as well (*Yefeh To'ar*).

40. Translation of קָרְסִין as *holidays* follows *Aruch* (s.v. קורטין and קורסין), cited by *Matnos Kehunah* and *Eitz Yosef. Mussaf HeAruch* (ad loc.) adds that the word is Greek for *time*. [The Sages are empowered to adjust the calendar so that the holidays should not fall on problematic days; e.g., so that Yom Kippur not take place on Friday or Sunday (see *Rosh Hashanah* 20a.). Apparently, the tribe of Issachar was well-versed in the movements of the heavenly bodies, knowledge of which is required in order to properly arrange the calendar (compare *Megillah* 12b and *Rambam, Hil. Kiddush HaChodesh* 1:6).]

41. The sages of Issachar applied their expertise in the field of astronomy to the subject of periodically adding an extra month to the year in order to balance the lunar and solar calendars. [For a discussion of intercalating years, see *Sanhedrin* 11b.]

42. The tribe of Issachar produced scholars whose exceptional ability to reach accurate halachic conclusions caused their rulings to be held in such high regard as to form the basis for *their kinsmen*'s conduct (*Eitz Yosef*). *Tiferes Tzion* adds that their rulings were accepted without their even having to explain their reasoning, as if it were a halachah handed to Moses at Sinai, for which no reasons were given.

INSIGHTS

Ⓐ **Nethanel's Merits** *Bamidbar Rabbah* (13:15-16) gives a different reason as to why Issachar was worthy of offering second among the tribes, viz., it was Nethanel ben Zuar who advised the princes to bring offerings in honor of the dedication. *Rashi* (to *Numbers* ad loc.) suggests that the verse alludes to both of these reasons. The Torah uses the term *offered* twice regarding the tribe of Issachar, but not at all regarding any of the other tribes. *Rashi* explains that this is because there were two reasons Issachar merited being the second to bring these offerings: one because they were great in Torah, and two because Issachar gave the princes the idea to bring these offerings (*Anaf Yosef*).

"עַד עֶרֶב" לֹא נֶאֱמַר אֶלָּא "עֲדֵי עָרֶב", לוֹמַר עַד חֲשֵׁיכָה, כְּמָא דְאַתְּ אָמַר (איוב ז, ד) "עֲדֵי נָשֶׁף", רַבִּי אַמִּי בְּשֵׁם רֵישׁ לָקִישׁ אָמַר: הִטְרִיחוּ עַל בַּעַל הַבַּיִת שֶׁאִם הָיְתָה עֶרֶב שַׁבָּת תְּהֵא הַכְנָסָה מִשֶּׁלּוֹ, עַד הֵיכָן, עַד שֶׁיְּהֵא כָּל אֶחָד וְאֶחָד מְמַלֵּא לוֹ חָבִית שֶׁל מַיִם וְצוֹלֶה לוֹ דָּג ° מִבְּעוֹד יוֹם מִשּׁוּם כְּבוֹד שַׁבָּת °וּמַדְלִיק נֵר°, שֶׁנֶּאֱמַר "וַיָּבֹא יַעֲקֹב מִן הַשָּׂדֶה בָּעֶרֶב", הָדָא הוּא דִכְתִיב "וְלַעֲבוֹדָתוֹ עֲדֵי עָרֶב":

ה [ל, טז] "וַתֵּצֵא לֵאָה לִקְרָאתוֹ", מְלַמֵּד שֶׁלֹּא הִנִּיחָה אוֹתוֹ לִרְחוֹץ רַגְלָיו. [שם] "וַתֹּאמֶר אֵלַי תָּבֹא", אָמַר רַבִּי אַבָּהוּ: יְצַפָּה הַקָּדוֹשׁ בָּרוּךְ הוּא שֶׁלֹּא הָיְתָה כַּוָּונָתָהּ אֶלָּא לְשֵׁם שָׁמַיִם לְהַעֲמִיד שְׁבָטִים, לְפִיכָךְ הִצְרִיךְ הַכָּתוּב לוֹמַר [ל, יז] "וַיִּשְׁמַע אֱלֹהִים אֶל לֵאָה". [ל, טז] "וַתֹּאמֶר אֵלַי תָּבֹא", אָמַר רַבִּי לֵוִי: יָבֹא וְרָאֵה מַה יָּפָה הָיְתָה סַרְסָרוּתָן שֶׁל דּוּדָאִים לִפְנֵי מִי שֶׁאָמַר וְהָיָה הָעוֹלָם, שֶׁעַל יְדֵי הַדּוּדָאִים עָמְדוּ שְׁנֵי שְׁבָטִים גְּדוֹלִים בְּיִשְׂרָאֵל, יִשָּׂשכָר וּזְבוּלֻן, יִשָּׂשכָר יוֹשֵׁב וְעוֹסֵק בַּתּוֹרָה, וּזְבוּלֻן יוֹצֵא בַּיַּמִּים וּבָא וְנוֹתֵן לְתוֹךְ פִּיו שֶׁל יִשָּׂשכָר וְהַתּוֹרָה רַבָּה בְּיִשְׂרָאֵל, (שיר השירים ז, יד) וְ"הַדּוּדָאִים נָתְנוּ רֵיחַ". [ל, יח] "וַתֹּאמֶר לֵאָה נָתַן אֱלֹהִים שְׂכָרִי וְגוֹ' וַתִּקְרָא שְׁמוֹ יִשָּׂשכָר", יִשָּׂשכָר תְּשִׁיעִי לַשְּׁבָטִים וְהוּא הִקְרִיב שֵׁנִי לַמֶּלֶךְ, הָדָא הוּא דִכְתִיב (במדבר ז, יח) "בַּיּוֹם הַשֵּׁנִי הִקְרִיב נְתַנְאֵל בֶּן צוּעָר נְשִׂיא יִשָּׂשכָר", מִפְּנֵי מָה, מִפְּנֵי שֶׁהָיָה בֶּן תּוֹרָה, הָדָא הוּא דִכְתִיב (דברי הימים-א יב, לג) ח"וּמִבְּנֵי יִשָּׂשכָר יוֹדְעֵי בִינָה לָעִתִּים", מַהוּ "לָעִתִּים", רַבִּי תַּנְחוּמָא אָמַר: °לְקוּרְנִיסִין, רַבִּי יוֹסֵי בֶּן קוּצְרִי אָמַר: לְעִבּוּרִים, (שם) "רָאשֵׁיהֶם מָאתַיִם וְכָל אֲחֵיהֶם עַל פִּיהֶם", מָאתַיִם רָאשֵׁי סַנְהֶדְרָאוֹת הָיָה יִשָּׂשכָר מַעֲמִיד, וְכָל אֲחֵיהֶם מַסְכִּימִים הֲלָכָה עַל פִּיהֶם, וְהוּא מֵשִׁיב לָהֶם הֲלָכָה כַּהֲלָכָה לְמֹשֶׁה מִסִּינַי,

רש"י

עד ערב לא נאמר אלא עדי ערב לומר עד שחשכה כמא דאת אמר עדי נשף:

עץ יוסף

עד ערב לא נאמר כו'. דעד ערב אפשר מיד בשקיעת החמה, כמו (ויקרא יא, כה) וטמא עד הערב דהיינו שקיעת החמה, אבל עדי ערב יליף בגזירה שוה מעדי נשף דנשף היינו ערב ממש כדכתיב (משלי ז, ט) בנשף בערב יום באישון לילה: **מבעוד יום ומדליק נר משום כבוד שבת.** כן צריך לומר (מתנות כהונה): **ויבא יעקב מן השדה בערב.** אהכנסה משל פועל קאי, שעל כן אמר מן השדה בערב שכניסתו משלו (יפה תואר). ודייק מדכתיב בערב בקמ"ץ משמע המבורר שהוא ערב (מתנות כהונה): (ה) [ד] **שלא הניחה כו'.** כלומר לרחוץ רגליו באהל רחל שהיה רגיל שם, שאילו כבר נכנס שמה לא היה מחק המוסר להוציאו משם (נזר הקודש): **להעמיד שבטים.** שהם צדיקי יסודי עולם: **הוצרך הכתוב לומר וישמע כו'.** כי על טוב כוונתה לשם שמים נאמר וישמע אלהים אל לאה (נזר הקודש): **סרסרותן של דודאים כו'.** לפי שהיתה כוונתה לשם שמים ואלמלא לא היה הכוונה לשם שמים לא זכתה לכך: **שעל ידי הדודאים כו'.** אף על פי שלאה אמרה נתן אלהים שכרי אשר נתתי שפחתי לאישי. אפשר על ידי מעשה הדודאים הצליחו ב' שבטים אלו מאד בתורה, וכדאמרינן בפרק ב' דנדרים (כ, ב) כל אדם שאשתו תובעתו לדבר מצוה הוה ליה בנים נבונים, ויליף לה מלאה (נזר הקודש): **והדודאים נתנו ריח.** לרמוז על דודאים הללו שנתנו ריח טוב בעולם על ידי שני שבטים הללו שעסקו בתורה: [ה] **יששכר תשיעי כו'.** דרשא דלעיל קא מסיק, דבני יששכר היו גדולים בתורה: **לקורניסין.** גירסת הערוך לקרסין. וכן הוא לקמן במדרש במדבר רבה פרשה י"ג. ופירש באות אמת דהיינו לפרקים. כלומר שהם יודעים בחכמתם ובינתן עתי וזמני השנה קודם בואם מה יפול בהם השעות ושינוים. וזה על פי חכמתם בידיעת הילוך הכוכבים ומזלות ותקופות חמה ולבנה לפי מצבם ומעמדם: **לעיבורין.** פירוש לעבר שנים: **ראשי סנהדראות.** משבטו היה יכול להמצא חכמים ראוים להיות ראשי סנהדראות עד שכולם יתנהגו להלכה רק על פי וכפי דבריהם, כי היה כחם לכוין שמעתתא אליבא דהלכתא: **והוא משיב.** פירוש כל אחד מראשיהם משיב כהלכה למשה מסיני (יפה תואר):

פירוש מהרז"ו

(ה) **לרחוץ רגליו.** כמה שאמר בשיר השירים פשטתי וגו' רחצתי את רגלי וגו'. וכתיב באביגיל (שמואל א' כה, מא) אמתך לשפחה לרחוץ רגלי עבדי אדוני: **יששכר יושב.** לקמן (צט, ט) ויקרא רבה (כה, א) במדבר רבה (יג, יז) עיין שיר השירים רבה (ז, יח) פסוק הדודאים: **הקריב שני.** כדלעיל (עא, ה) ובמדבר רבה שם, נחשון כו': **מאתים כו'** לקמן (עח, יב) ושם נסמן:

מתנות כהונה

בתוספות בפ' השוכר את הפועלים: **הכנסה שלו.** שצריך לוותר לפועל למהר ביאתו מפני כבוד השבת: **ה"ג מבעוד יום ומדליק נר משום כבוד שבת שנאמר ה"ג בירושלמי שנאמר וגו'.** אדלעיל קאי שאמר שזמן הכנסת הפועל הוא עד חשכה ודייק מדכתיב בערב בקמץ משמע המבואר שהוא ערב: [ה] **לפיכך הצריך כו'.** אע"פ שלא מצינו שהתפללה: **סרסרותן.** עיין במדרש חזית הדין ג' ויותר נכונה: **והדודאים וגו'.** לישנא מעליא נקט לישנא דקרא כלומר אותן דודאים נתנו ריח טוב: **הקריב.** בחנוכת המזבח: **שני למלך.** שני ליהודה: **לקורסין גרסינן.** ופי' הערוך לעתים ומועדים ועיין במדרש בפסוק יפה את כתרצה:

אשד הנחלים

ויבוא יעקב. זה שייך לעיל לראיה שההכנסה משל פועל (מ"כ). ודייק מדכתיב בערב משמע בתוך הערב קצת ואז בא לביתו: [ה] **לרחוץ כו' אלא לש"ש כו'.** שכל כך מיהרה לקרוא לו למען התועלת, שראתה ברוח קדשה שיולדו ממנה שני שבטים, והתשוקה הטובה הזאת אלצתה מאוד, מפני שהיה לשם שמים היתה זריזה במצוה. ולכן כתיב ששמע ה' אליה, להיות שהיה בה כוונה אלקית: **והתורה רבה בישראל.** זהו תורה ודרך ארץ יחדיו, וע"י כן נתרבה התורה כי אם אין קמח אין תורה: **נתנו ריח.** זהו רמז במקרא שזהו כוונת הכתוב שהדודאים נתנו ריח טוב להיות לריח נחוח, מזכרת לפני ה' להטיב לה שיולד ממנה עוד שני שבטים גדולים: **שני למלך.** מביאים זה באגב ממעלת יששכר עד שזכה להיות מעלה השניה מהמלך, ולכן קראה זאת שכר ששכרה יותר מדאי, שנעלה מעל כל הבנים במעלה מפני כחו בתורה: **וזבולון יוצא.** זהו יששכר כי יש שכר. כי טרפו יהיה מזומן בלא עמל ועל כן יחכם: **לקורנסין.** אות אמת גרס לקריסין. ופירושו לפרקים, שהיא דיעת העתים והמועדות: **לעיבורים.** מתי יתעבר החודש והשנה, וזה מחכמת התקופות: **מאתים ראשי סנהדראות.** משבטו היה יכול להמצא חכמים ראוים לסנהדרין, עד שכולם יתנהגו להלכה רק על פיהם וכפי דבריהם. כי היה כחם לכוין שמעתתא אליבא דהלכתא, שזה ענין סגולה אלקית מסגולת הנפש המקושרת בתורה העליונה, כמו שאמרו (עירובין נג, א) במעלת דוד עליו השלום

חידושי הרד"ל

[ה] **והוא מיישב להם ההלכה כהלכה למשה מסיני כו'.** כן צריך לומר, ועל פיהם דרשו כמו על פי ה' ביד משה (במדבר ט, כג):

אמרי יושר

[ה] **לא הנחתו לרחוץ.** והיינו אלי תבא לרחוץ רגליך: **וישמע אלהים.** הבין דעת לאה וכוונתה הטובה: **נתן אלהים שכרי.** לזה הבן הילוד. בעבור היות עוסק בתורה: **שהקרב שני למלך.** בגמרא אמרו (ברכות ס א) שלאה נתעוררה לא תהא רחל כאמתה. וכאן אמרו מתפילתה של רחל וככתוב הוא מאוחר התפילה:

ידי משה

[ד] **ומדליק נר לכבוד שבת.** כן צריך לומר, ומה שנכתב בספר שנאמר ויבא יעקב וגו' יתיר הוא ושייך לעיל קודם דברי רב אמי וכן הוא בירושלמי (ב"מ פ"ז ה"א):

[ה] **שעל ידי הדודאים עמדו שני שבטים יששכר וזבולן.** פירוש לפי שעל ידי יששכר היה קיום לזבולן שהיה מצליח בעסקיו וקל להבין. לזה אמר הדודאים נתנו ריח:

יששכר הוא ט' לשבטים והוא הקריב שני לשבטים מפני מה מפני שהיה בן תורה וכו'. עד וכשבא משה לברך את השבטים הקדים ברכת זבולן לברכת יששכר וכו', וקשה אם כן היה מן הראוי להקדימו בחנוכת המזבח גם כן מהאי טעמיה ויש לומר הואיל על ידי ברכת זבולן יששכר עוסק בתורה ולא סגי בלאו הכי, על כן ברכת זבולן קודם. ודוק:

מסורת המדרש

ו. ירושלמי סוטה פרק ט':

ז. שה"ש רבה פרשה ז' פסוק י"ד:

ח. במדבר רבה פרשה י"ג. אסתר רבה ריש פרשה ד'. שה"ש פרשה ו' פסוק ד'. ילקוט דה"י רמז אל"ף ע"ט. ועיין מגילה י"ב. ילקוט כאן רמז קס"ט:

אם למקרא

אִם שָׁכַבְתִּי וְאָמַרְתִּי מָתַי אָקוּם וּמִדַּד עָרֶב וְשָׂבַעְתִּי נְדֻדִים עֲדֵי נָשֶׁף:
(איוב ז:ד)

הַדּוּדָאִים נָתְנוּ רֵיחַ וְעַל פְּתָחֵינוּ כָּל מְגָדִים חֲדָשִׁים גַּם יְשָׁנִים דּוֹדִי צָפַנְתִּי לָךְ:
(שיר השירים ז:יד)

בַּיּוֹם הַשֵּׁנִי הִקְרִיב נְתַנְאֵל בֶּן צוּעָר נְשִׂיא יִשָּׂשכָר:
(במדבר ז:יח)

וּמִבְּנֵי יִשָּׂשכָר יוֹדְעֵי בִינָה לָעִתִּים לָדַעַת מַה יַּעֲשֶׂה יִשְׂרָאֵל רָאשֵׁיהֶם מָאתַיִם וְכָל אֲחֵיהֶם עַל פִּיהֶם:
(דברי הימים א יב:לג)

שינוי נוסחאות

(ד) **וצולה לו דג מבעוד יום משום כבוד שבת ומדליק נר.** במתנות כהונה כתב שצריך למחוק מכאן תיבות "ומדליק נר" ולהעבירן לעיל אחרי תיבת "דג":

(ה) **לקורניסין.** כתב אות אמת דבערוך ורבינו בחיי איתא "לקרסין", ומתנות כהונה הגיה (ג"כ בשם הערוך) "לקורסין" (ובערוך שלנו "לקירסין"), אבל המדפיסים המשיכו לכתוב "לקורניסין":

ענף יוסף

(ד) [ג] **הטריחו על בעל הבית כו'.** ואם תאמר מאי הטריחו דמשמע מדרבנן הא לא אפשר שיעבוד הפועל עד חשיכה דצריך להוסיף מחול על הקודש. ויש לומר דלא נימא ליה הואיל הכנסה משלו תהא יציאה משלך, או יגרע מקצת משכרו. וכן אמרו בירושלמי ערב שבת בין השכמה ובין הערבה משל בעל הבית (יפה תואר):

(ה) **מפני שהיה בן תורה.** לכאורה נראה דהא פליגא אמאן דאמר במדבר רבה פרשה י"ג מפני שזכה בעצת הנשיאים. אבל רש"י בחומש (במדבר ז, יח) פירש דתרווייהו איתנהו, וזה לשונו ומהו הקריב הקריב שני פעמים שבשביל שני דברים זכה להקריב שני לשבטים אחת שהיו יודעים בתורה שנאמר ומבני יששכר יודעי בינה לעתים, ואחת שהם נתנו עצה לנשיאים להתנדב קרבנות הללו:

The Midrash discusses the partnership between Issachar and Zebulun:

וְכָל הַשֶּׁבַח הַזֶּה מִנַּיִן הָיָה לוֹ לְיִשָּׂשכָר — **And from where did Issachar obtain all this praise?**[43] מִשֶּׁל זְבוּלֻן — Issachar obtained all this **from Zebulun,** שֶׁהָיָה עוֹסֵק בִּפְרַקְמַטְיָא שֶׁלּוֹ — **who would engage in his business** וּמַאֲכִיל אֶת יִשָּׂשכָר שֶׁהָיָה בֶּן תּוֹרָה — **and feed Issachar, since he was a Torah scholar.** הָדָא הוּא דִכְתִיב "זְבוּלֻן לְחוֹף יַמִּים יִשְׁכֹּן" — **Thus it is written** regarding Jacob's blessings to his sons before his passing, ***Zebulun shall settle by seashores.*** *He shall be at the ship's harbor, and his last border will reach Zidon. Issachar is a strong-boned donkey* . . . (below, 49:13-14).[44] וּכְשֶׁבָּא מֹשֶׁה לְבָרֵךְ אֶת הַשְּׁבָטִים — **Similarly, when Moses came to bless the tribes,** הִקְדִּים בִּרְכַּת זְבוּלֻן לְבִרְכַּת יִשָּׂשכָר — **[Moses] placed Zebulun's blessing ahead of Issachar's blessing,** "שְׂמַח זְבוּלֻן בְּצֵאתֶךָ וְיִשָּׂשכָר בְּאֹהָלֶיךָ" — as the verse states, ***Rejoice, O Zebulun, in your excursions, and Issachar in your tents*** (*Deuteronomy* 33:18). "שְׂמַח זְבוּלֻן בְּצֵאתֶךָ" מִמַּה שֶׁ"יִשָּׂשכָר בְּאֹהָלֶיךָ" — This means, ***Rejoice, O Zebulun, in your excursions*** for you will surely be successful in your business dealings, **since *Issachar*** is ***in your tents***, i.e., because you provide the means for Issachar to remain in the tent, or study hall of Torah.[45] וְיֵשׁ אוֹמְרִים — **And some say** יֵשׁ שָׂכָר בְּאָהֳלֵי זְבוּלֻן — that this verse means **there is reward** (*yeish sachar*) [יֵשׁ שָׂכָר] received for Issachar's study of Torah **in the tents of Zebulun,** through Zebulun's support of Issachar's Torah learning.[46]

NOTES

43. Although the members of Issachar were blessed with the capacity to become great in Torah, they would be unable to do so without material necessities, as the Sages said (*Avos* 3:17): "If there is no flour there is no Torah" (*Eitz Yosef*).

44. Although Issachar was older, both Jacob and Moses gave precedence to Zebulun, blessing him first, because Issachar's Torah learning was made possible by Zebulun, who engaged in commerce and supported Issachar (see *Eitz Yosef* and *Yedei Moshe*). See Midrash below, 99 §9. This does not necessarily mean, however, that Zebulun's merit is greater than Issachar's merit. Why, if Zebulun's merit was truly greater, Zebulun should have been the second tribe to bring offerings during the Tabernacle dedication, not Issachar! Nonetheless, since Issachar's ability to learn Torah is dependent on Zebulun's success, in fulfillment of Jacob's and Moses' blessings to Zebulun, it is only proper that Zebulun be blessed first (see *Yedei Moshe*).

By giving precedence to Zebulun over Issachar, the Torah teaches that when one assists his friend by providing his needs so that he can study Torah, as Zebulun did, the service of God performed through the efforts of the scholar will be attributed to both of them. Similarly, one reason why the Torah instructed Israel to give gifts to Kohanim and Levites is so that the entire nation could have a share in those who uphold the Torah — for the Kohanim and Levites have a responsibility to study and teach Torah. Thereby all Jews will earn a share of the World to Come, as it is taught (*Sanhedrin* 90b), *All Israel has a share in the World to Come* (*Sforno* below, 49:13).

45. *Eitz Yosef*; see there for an alternative explanation. Usually, one who sets out on a business trip or engages in commerce cannot rejoice, for he is unsure whether he will see success. The verse assures Zebulun that he has no need to worry, for he will surely be successful in the merit of his support of Issachar's Torah learning (*Tiferes Tzion*; see also *Ohr HaChaim* to *Deuteronomy* ad loc.). According to this (and the following) explanation, the phrase *and Issachar in your tents* is understood to be the conclusion of Zebulun's blessing, and not a new blessing for Issachar. The basis for this interpretation is that the verse does not introduce Issachar's blessing with the phrase *Of Issachar [Moses] said*. Nonetheless, this is not meant to contradict the verse's plain meaning as a blessing for Issachar, for a Scriptural exposition is not intended to supplant the verse's simple meaning (*Yefeh To'ar*). See Insight Ⓐ.

46. According to this explanation, the name יִשָּׂשכָר is expounded as if it were a compound of the words יֵשׁ and שָׂכָר, meaning "there is reward." [This helps explain why Issachar's name contains a double ש (*Yefeh To'ar*; see also above, Insight to note 35)] (*Eitz Yosef* and *Matnos Kehunah*). *Tiferes Tzion* adds that one who embarks on a business trip might be disappointed that he will have less time to devote to Torah study and other mitzvos. The verse thus promises Zebulun that even when he is engaged in commerce he can rejoice, for he earns reward even while engaged in business, since he supports Issachar's Torah learning. See Insight Ⓑ.

INSIGHTS

Ⓐ **A Partnership of Mutual Gain** In support of its contention that the people of Issachar, who toiled in Torah, were supported by those of Zebulun, who engaged in commerce, the Midrash expounds the following verse (*Deuteronomy* 33:18): שְׂמַח זְבוּלֻן בְּצֵאתֶךָ וְיִשָּׂשכָר בְּאֹהָלֶיךָ, *Rejoice, O Zebulun, in your excursions, and Issachar in your tents.*

R' Yaakov Kagan (*Ahavas Chesed* to *Rus,* Introduction, pp. 5-6) infers from the verse that *both* Issachar *and* Zebulun will rejoice in the partnership. He finds this difficult to comprehend. It is understandable, he argues, that Zebulun rejoices, for they profit greatly by the exchange, trading the transitory things of this world for the eternal merit and joy of the next. Issachar, however, has little reason to rejoice. What they give up is golden: the reward of Torah study, transcendent and eternal, and in exchange they receive the dross of material commodities, insubstantial and of fleeting worth. This would seem, from Issachar's side, an ill-advised partnership, and certainly no reason for celebration.

He questions further the very purpose of this union. Does it not demean the people of Issachar to be made dependent upon Zebulun's goodwill for their every need? Is it proper for those of Zebulun to refrain from Torah study, leaving it entirely to the scholars of Issachar? Would both tribes not be better served by engaging in both Torah *and* commerce, as the Rabbis recommend in Tractate *Avos* (2:2, 3:17)?

Rav Kagan explains as follows: In fact, the tribe of Zebulun was not devoid of Torah. To the contrary, they toiled mightily in Torah, while still attending to their commercial pursuits. As the Midrash states elsewhere (*Bamidbar Rabbah* 3 §12): *[The tribes of] Judah, Issachar, and Zebulun were all great in Torah.* Now, the people of Issachar too could have made the choice of combining work and study. However, it occurred to the Zebulunites that if every tribe were to take this path of self-sufficiency, the practice of *chesed,* "loving-kindness," would well-nigh disappear from Israel, for there would remain few indeed who would require aid of their fellows. The decline of *chesed* would in turn weaken the study of Torah, whose purpose is to teach the ways of *chesed,* and so requires for its fullest expression the practice of *chesed* between Jews (see *Sotah* 14a, R' Samlai's teaching; *Maharal, Chidushei Aggados* there). To safeguard the Torah, they forged this partnership with Issachar, whereby the latter refrained from all work and was supported by the *chesed* of Zebulun.

Furthermore, the tribes realized that the weakening of *chesed* would threaten not only the study of Torah, but the very existence of Creation. The Mishnah teaches (*Avos* 1:2): *The world stands on three things: on Torah, on prayer, and on loving-kindness.* Their partnership, which established *chesed* as a way of life for these two great tribes, strengthened the very pillars that support all of Creation.

Finally, they recognized that although dividing one's time between work and Torah is the correct path for the majority of people, it is vital that there always be among the nation of Israel those who devote themselves only and utterly to the study of Torah (see *Nefesh HaChaim* 1:8). Without a cohort of full-time Torah scholars, free of the distraction of earning a livelihood, the Torah is in danger of being forgotten. By designating Issachar as a tribe dedicated to Torah study, they ensured that this calamity would never come to pass.

It emerges that the partnership of Issachar and Zebulun is indeed necessary. Zebulun makes possible the all-consuming and essential Torah of Issachar, whose people immerse themselves in its study without surcease. Issachar facilitates the *chesed* of Zebulun, which is indispensable to the continuance of Torah and the preservation of the world. Both tribes receive equal shares in the reward apportioned for their Torah and *chesed.*

The people of Issachar, no less than those of Zebulun, may rejoice, for their payment too consists of the eternal and otherworldly. They need suffer no shame for their dependence upon Zebulun, for their entry into the partnership — for the sake of God, His Torah, and all of Creation — was purely altruistic, and is thus rightly a source not of shame but of utmost pride.

Ⓑ **Supporting Torah.** We have mentioned the concept that one who

וְכָל הַשֶּׁבַח הַזֶּה מִנַּיִן הָיָה לוֹ לְיִשָּׂשכָר, [ט]מְשֶׁל זְבוּלֻן שֶׁהָיָה עוֹסֵק בִּפְרַקְמַטְיָא שֶׁלּוֹ וּמַאֲכִיל אֶת יִשָּׂשכָר שֶׁהָיָה בֶּן תּוֹרָה, הָדָא הוּא דִכְתִיב (לקמן מט, יג) "זְבוּלֻן לְחוֹף יַמִּים יִשְׁכֹּן", וּכְשֶׁבָּא מֹשֶׁה לְבָרֵךְ אֶת הַשְּׁבָטִים הִקְדִּים בִּרְכַּת זְבוּלֻן לְבִרְכַּת יִשָּׂשכָר, (דברים לג, יח) "שְׂמַח זְבוּלֻן בְּצֵאתֶךָ וְיִשָּׂשכָר בְּאֹהָלֶיךָ", "שְׂמַח זְבוּלֻן בְּצֵאתֶךָ" מִמַּה שֶׁ"יִּשָּׂשכָר בְּאֹהָלֶיךָ", וְיֵשׁ אוֹמְרִים: יֵשׁ שָׂכָר בְּאָהֳלֵי זְבוּלֻן:

ו [ל, כ] "זְבָדַנִי אֱלֹהִים אֹתִי זֶבֶד טוֹב", הַשָּׂדֶה הַזּוֹ כָּל זְמַן שֶׁאַתָּה מְזַבְּלָהּ וּמְעַדְּרָהּ הִיא עוֹשָׂה פֵּירוֹת. [ל, כא] "וְאַחַר יָלְדָה בַּת", תְּנֵינָא: [י]כֵּיצַד, הָיְתָה אִשְׁתּוֹ מְעוּבֶּרֶת וְאָמַר: יְהִי רָצוֹן שֶׁתֵּלֵד אִשְׁתִּי זָכָר, הֲרֵי זוֹ תְּפִלַּת שָׁוְא, דְּבֵי רַבִּי יַנַּאי אָמְרִי: בְּיוֹשֶׁבֶת עַל הַמַּשְׁבֵּר הָדָא מַתְנִיתָא, אָמַר רַבִּי יְהוּדָה בֶּן פָּזִי אַף עַל הַיּוֹשֶׁבֶת עַל הַמַּשְׁבֵּר יָכוֹל לְהִשְׁתַּנּוֹת, הָדָא הוּא דִכְתִיב (ירמיה יח, ו) "הֲכַיּוֹצֵר הַזֶּה לֹא אוּכַל לַעֲשׂוֹת לָכֶם בֵּית יִשְׂרָאֵל, הִנֵּה כַחֹמֶר בְּיַד הַיּוֹצֵר כֵּן אַתֶּם בְּיָדִי בֵּית יִשְׂרָאֵל", מַה יּוֹצֵר הַזֶּה לְאַחַר שֶׁיָּצַר אֶת הַכַּד שׁוֹבְרוֹ וְעוֹשֶׂה אַחֵר אַף אֲנִי עוֹשֶׂה כֵּן אֲפִילוּ עַל הַמַּשְׁבֵּר, אֵיתִיבֵיהּ: וְהָכְתִיב וְאַחַר יָלְדָה בַּת,

רש"י

(ו) **ביושבת על המשבר היא מתניתא. איתיבון** לרבי ינאי **והא כתיב ואחר ילדה בת,**

עץ יוסף

מנין היה לו. אף שהיה כחם לזה מכל מקום אם היו צריכים לעסוק במזונותם היתה הטרדה מונעתם, אך זבולן היה עוזרם בטרף בכדי שינוחו ולא יטרדו: **זבולן לחוף ימים.** דאקדים זבולן ליששכר מפני שעסק בפרקמטיא ומאכיל ליששכר וכמו שעשה משה בברכתו: **הקדים ברכת זבולן.** כי הוא הסבה, והסבה קודם למסובב: **שמח זבולן בצאתך.** להצליח בדרכיך בפרקמטיא, בזכות מה שיששכר באהליך אהל של תורה, בהיותו מחזיק ידו לתורה. או ביאורו כי אסיפת ההון אם לא ישרת לתכלית טוב אז איננה שמחה אמיתית רק תשמח במה שעל ידי זה יעסוק יששכר בשלימותו: **יש שכר באהלי זבולן.** פירוש יש שכר תורה באהלי זבולן על ידי שמחזיק ידי יששכר לתורה: (ו) **השדה הזו כו'.** אסיפא דקרא קאי הפעם יזבלני אישי, ודריש יזבלני לשון זבל. ובא להורות בזה שלא השתדלה בחיבור בעלה אלא לשם שמים עבור עשיית פירות דהיינו להעמיד תולדות הגוים מאותו הצדיק (נזר הקודש): [ו] **תנינן כיצד כו'.** במתניתין (ברכות נד, א) הצועק לשעבר הרי זו תפלת שוא. **כיצד היתה אשתו מעוברת ואמר יהי רצון שתלד אשתי זכר הרי זו תפלת שוא.** ואתא **רבי ינאי** למימר דדוקא **ביושבת על המשבר.** אבל מקמי הכי יתפלל, דמדכתיב הנה כחומר ביד היוצר וגו' משמע שאפילו אחר שנגמר צורתו יתהפך לצורה אחרת כדרך היוצר שאחר שגמר צורת הכלי כשירצה משחיתו ועושה כלי אחר, ומכל מקום ביושבת על המשבר הוי תפלת שוא שהרי הוא כנוצר: **אמר רבי יהודה בן פזי כו'.** סבירא ליה שיפה תפלה לעולם דקרא דקאמר (ירמיה יח, ד) ושב ויעשהו כלי אחר, אפילו ביושבת על המשבר מיירי, ופליג אמתניתין דתני הרי זו תפלת שוא. ואף על גב דרבי יהודה בן פזי היה אמורא אין קושיא שיחלוק על התנאים במילתא דדרשא (יפה תואר): **ואחר ילדה בת.** משמע אחר שנגמר יצירת ובריאת הזכר לגמרי ולא היה חסר אלא יציאתו לעולם, וקשה לרבי ינאי דאמר

פירוש מהרז"ו

(ו) **שאתה מזבלה.** סמיך על סיפיה דקרא יזבלני אישי וכן הובא בילקוט (רמז קל), ואשה דומה לשדה כמה שאמר פרקי דרבי אליעזר (ריש פרק כא) עיין שם: **והכתיב ואחר ילדה בת.** ומשמע שנהפך בשעת לידה לבת וכמו שאמרו חז"ל (סוטה יב, א) על פסוק אשר ילדה אותה ללוי במצרים, לידתה במצרים ולא עיבורה, ועל כן לא כתב בדינה ותהר רק ילדה, ותירץ שמתפללתה של רחל כו' וזה שאמר ואחר, ממה שאמרה רחל יוסף וגו' בן אחר ילדה לאה בת, ועיין תנחומא (סימן ח) באריכות, ואם כן בהכרח שדינה נולדה אחר לידת יוסף, ואף שבכתוב מקדים לידתה לפקידת רחל (והוא על פי מדה ל"א), ולפי זה צריך לומר גם כן שדינה נולדה ממש ביום אחד עם יוסף שלאה ישבה על המשבר עם זכר ואז ילדה רחל את יוסף ואמרה יוסף ה' לי בן אחר, ועל ידי כן ואחר ילדה לאה בת ועיין לקמן (עג, ט) כי לא תדע מה ילד יום ומה שכתבתי שם ותבין כאן ודוק:

חידושי הרד"ל

[ו] **זבד טוב וגו'. יזבלני אישי השדה הזו כו'.** כן צריך לומר, ובתנס דחק המתנות כהונה להחליף האותיות:

מסורת המדרש

ט. לקמן פרשה צ"ט. ויק"ר פרשה כ"ה. אגדת בראשית פרק פ"ב. ילקוט סדר ויחי רמז קס"א. ילקוט משלי סוף רמז תתקל"ד:

י. ברכות נ"ד. ירושלמי ברכות פרק ט'. תנחומא כאן סימן ח'. ילקוט כאן רמז ק"ל. ילקוט ירמיה רמז רל"ט:

אם למקרא

זְבוּלֻן לְחוֹף יַמִּים יִשְׁכֹּן וְהוּא לְחוֹף אֳנִיֹּת וְיַרְכָתוֹ עַל צִידֹן: (בראשית מט:יג)

וְלִזְבוּלֻן אָמַר שְׂמַח זְבוּלֻן בְּצֵאתֶךָ וְיִשָּׂשכָר בְּאֹהָלֶיךָ: (דברים לג:יח)

הֲכַיּוֹצֵר הַזֶּה לֹא אוּכַל לַעֲשׂוֹת לָכֶם בֵּית יִשְׂרָאֵל נְאֻם ה' הִנֵּה כַחֹמֶר בְּיַד הַיּוֹצֵר כֵּן אַתֶּם בְּיָדִי בֵּית יִשְׂרָאֵל: (ירמיה יח:ו)

מתנות כהונה

ממה שיששכר כו'. מפני שישיבת יששכר הוא ע"י יציאתו לסחורה: **יש שכר.** יששכר נוטריקון קדריש על זבולון: [ו] **מזבלה כו'.** דרש זבדני כמו זבלני לשון זבל בחילוף אותיות דטלנ"ת וכמו שפי' בעל העקידה כלומר לעולם יעשה האדם את אשר ימצא בידו לעשות ועל ה' ישליך יהבו והוא יגמור בעדו כמו שראינו בלאה שזריזותה והשתדלותה עמדה לה: **תניינא כו'.** בפ' הרואה תנן הצועק על מה שעבר הרי זה תפלת שוא כיצד כו': **תפלת שוא.** מפני שיצירת הולד כבר נגמרה למ' יום: **ביושבת.** אז היא תפלת שוא אבל מקודם לזה אינה תפלת שוא: **הדא מתנית'.** משנה זו שאמרה כיצד היא תפלת שוא איירי ביושבת על המשבר כן הוא בהדיא בירושלמי דפ' הרואה: **ואחר ילדה בת.** משמע אחר שנגמר יצירת ובריאת הזכר לגמרי ולא היה חסר אלא

נחמד למראה

[ה] **וכשבא משה לברך את השבטים הקדים ברכת זבולן לברכת יששכר וכו'.** הקשה הרב ידי משה למה לא הקדים גם כן בחנוכת המזבח, ועיין מה שתירץ. ולי נראה דהטעם משום דהקרבת הקרבן היה צריך לכוונות גדולות וזה היה יודע לכוין יששכר יותר מזבולן, שהוא היה עוסק בתורה ויודע סתריה לכן הוא קודם למעשה הזה, אבל לענין ברכת השבטים בירך משה תחלה לזבולן מפני שהיה נושא ונותן, אליו שייך הברכה במעשה ידיו כדי לפרנס את יששכר:

אשד הנחלים

דגלי מסכת. והדברים ארוכים למתבונן היטב בגדר הזה: **מנין היה לו.** אף שהיה כחם לזה, מ"מ אם היו צריכים לעסוק בהבאת טרפם היתה הטרדה מונעתם, אך זבולון היה עוזרם בטרף בכדי שינוחו ולא יטרדו: **הקדים.** כי היא הסבה והסבה קודם למסובב, אף שהמסובב גדול במעלה מהסבה עם כל זה אחר שהמסובב אי אפשר להמצא בלתי הסבה אם כן בבחינה זו הסבה גדולה ומוקדמת: **ממה שיששכר.** כלומר שע"י כן תזכה שתשמח, כי יעזור לך ה' בזכות יששכר. או ביאורו כי אסיפת ההון אם לא ישרת לתכלית טוב אז איננה שמחה אמיתית כי אם מדומה והבל, רק תשמח במה שעל ידי זה יעסוק יששכר בשלימותו: **יש שכר באהלי.** כלומר אף שאתה תעסוק במשא ומתן עם כל זה ינתן לך שכר כעוסק בתורה ע"י שתעזור לעוסקי תורה. או באורו שתשכיר ולא תפסיד בסחורתך. [ו] **מזבלה כו'.** דאם לא כן הוה לה לקרותו זבד, אלא ודאי שרמזה גם לזה ודטלנ"ת מתחלפין. ועיין במתנות כהונה בשם בעל העקידה שאמרה זאת על עצמה והשתדלותה. ויתכן עוד משום שראתה בנבואה שזבולון יהיה עוסקי בסחורה, רק מפני שעל ידי זה יהיה עוזר לישכר לעסוק בחכמה, על כן קראה בשם [זה] להורות כמו שהשדה לא יגמור בלי זבל, וא"כ הזבל בבחינת זו הוא עזר וטובה גדולה, כן עסקו בסחורה, אף שמצד עצמו הוא כאין, עם כל זה טוב הוא, שיהיה לעזר לישכר. וא"כ יהיה פירושו זבדני מלשון חיבור, כפשוטו, שהוא חיבור ושותפות טובה לישכר, והרי זו כמו הזבל המוכרח לשדה להוצאת הפרי: **יכול להשתנות.** אין הכונה ח"ו שחוקרים אם השם ב"ה יכול לשנותו, דזה

וַתַּהַר עוֹד לֵאָה וַתֵּלֶד בֵּן שִׁשִּׁי לְיַעֲקֹב: וַתֹּאמֶר לֵאָה זְבָדַנִי אֱלֹהִים אֹתִי זֵבֶד טוֹב הַפַּעַם יִזְבְּלֵנִי אִישִׁי כִּי יָלַדְתִּי לוֹ שִׁשָּׁה בָנִים וַתִּקְרָא אֶת שְׁמוֹ זְבֻלוּן.

Then Leah conceived again and bore Jacob a sixth son. Leah said, "God has endowed me with a good endowment; now my husband will make his permanent home with me, for I have borne him six sons." So she called his name Zebulun (30:19-20).

§6 **זְבָדַנִי אֱלֹהִים אֹתִי זֵבֶד טוֹב** — ***GOD HAS ENDOWED ME WITH A GOOD ENDOWMENT;*** *NOW MY HUSBAND WILL MAKE HIS PERMANENT HOME WITH ME (yizbeleini), FOR I HAVE BORNE HIM SIX SONS.*

The Midrash expounds the word יִזְבְּלֵנִי in the phrase הַפַּעַם יִזְבְּלֵנִי אִישִׁי כִּי יָלַדְתִּי לוֹ שִׁשָּׁה בָנִים, *Now my husband will make his permanent home with me (yizbeleini), for I have borne him six sons:*[47]

What Leah meant was: **הַשָּׂדֶה הַזּוּ — This field, כָּל זְמַן שֶׁאַתָּה מְזַבְּלָהּ וּמְעַדְּרָהּ — as long as you fertilize** (*mezablah*) **and hoe it, הִיא עוֹשָׂה פֵּירוֹת — it yields produce.** Similarly, if a woman strives to have relations with her husband so that she may conceive more children, she indeed will be rewarded with children.[48]

וְאַחַר יָלְדָה בַּת וַתִּקְרָא אֶת שְׁמָהּ דִּינָה.

Afterward, she bore a daughter and she called her name Dinah (30:21).

□ **וְאַחַר יָלְדָה בַּת** — ***AFTERWARD, SHE BORE A DAUGHTER.***

As the Midrash will soon relate, the original conception of Dinah was as a male, but the fetus was transformed into a female through prayer. The Midrash thus cites a Mishnah regarding praying that the child should be of a specific gender:

תְּנֵינָא — We have been taught in a Mishnah: If one cries out in prayer for that which is past, this is a prayer uttered in vain (for that which has already occurred cannot be changed). **כֵּיצַד — How so? הָיְתָה אִשְׁתּוֹ מְעוּבֶּרֶת — For example: If his wife was expecting, וְאָמַר: יְהִי רָצוֹן שֶׁתֵּלֵד אִשְׁתִּי זָכָר — and he said, "May it be** Your **will that my wife give birth to a male," הֲרֵי זוֹ תְּפִלַּת שָׁוְא — this is a prayer** uttered **in vain** (*Berachos* 9:3).[49]

The Midrash cites a dispute regarding this ruling:

דְּבֵי רַבִּי יַנַּאי אָמְרֵי — [The members] of the academy of R' Yannai say: בְּיוֹשֶׁבֶת עַל הַמַּשְׁבֵּר הָדָא מַתְנִיתָא — This Mishnah is speaking of **a woman sitting on the birthing stool,** about to give birth. At that point, one may no longer pray that the child be of a specific gender. But one may pray before that point that the child should be of a specific gender.[50] **אָמַר רַבִּי יְהוּדָה בֶּן פָּזִי — R' Yehudah ben Pazi said: אַף עַל הַיּוֹשֶׁבֶת עַל הַמַּשְׁבֵּר יָכוֹל לְהִשְׁתַּנּוֹת — Even** in the case **of the woman sitting on the birthing stool,** about to give birth, the gender of the child **can be changed.** Thus, one may pray that the child be of a specific gender even at that point.[51] **הָדָא הוּא דִכְתִיב "הֲכַיּוֹצֵר הַזֶּה לֹא אוּכַל לַעֲשׂוֹת לָכֶם בֵּית יִשְׂרָאֵל, הִנֵּה כַחֹמֶר בְּיַד הַיּוֹצֵר כֵּן אַתֶּם בְּיָדִי בֵּית יִשְׂרָאֵל" — This is** the meaning of **what is written, *Can I not do to you, O House of Israel, what this potter does? — the word of HASHEM. Behold, just as clay is in the hand of the potter, so are you in My hand, O House of Israel*** (*Jeremiah* 18:6). **מַה יּוֹצֵר הַזֶּה לְאַחַר שֶׁיָּצַר אֶת הַכַּד שׁוֹבְרוֹ וְעוֹשֶׂה אַחֵר** — God forms and shapes man, as the potter does clay: **Just as this potter** can **break a jug** even **after he has created it, and make** from its fragments **another, אַף אֲנִי עוֹשֶׂה כֵּן אֲפִילּוּ עַל הַמַּשְׁבֵּר — "So too,"** God says, "**I can do so** with a fetus **even** when a woman is sitting **on the birthing stool,** about to give birth." Thus, God is certainly able, should He so desire, to alter the gender of even a fully formed fetus about

NOTES

47. *Eitz Yosef*, from *Nezer HaKodesh*; *Radal; Maharzu*. According to the simple explanation, יִזְבְּלֵנִי is related to זְבוּל, meaning *residence;* i.e., Leah meant, "Since I have presented him with as many children as the rest of his wives combined, his *primary* residence will be with me" (see *Rashi* to verse). The Midrash, however, interprets the word differently.

48. According to the Midrash, יִזְבְּלֵנִי is cognate to זֶבֶל, *fertilizer*. This alludes that just as a field that has yielded produce will continue to yield produce as long as it is fertilized and worked, so too although a woman already has children, if she makes an effort to have relations with her husband, she will see results, and be blessed with even more children. [See *Pirkei DeRabbi Eliezer* §21 where a woman is similarly compared to a garden.] This comes to teach that Leah's efforts to be in her husband's company were for the sake of heaven, to beget more righteous children from her husband [see Midrash above, § 5] (*Eitz Yosef,* citing *Nezer HaKodesh*).

49. I.e., it is an inefficacious prayer (*Berachos* 60a), since the child's gender has already been fixed and cannot be changed.

50. See below, note 52, for the reason.

51. Several commentators point out that according to R' Yehudah ben Pazi there is *no* point in the pregnancy at which a person cannot pray regarding the child's gender. They ask that this appears to contradict the ruling of the Mishnah. *Eitz Yosef* (citing *Yefeh To'ar*) suggests that although an Amora (like R' Yehudah ben Pazi) cannot, as a rule, dispute a Tanna, the rule does not apply to exegeses in matters of Aggadah. [See also *Midrash Tanchuma* [*Vayeitzei* §8], which states explicitly that the Mishnah's ruling is disputed.]

INSIGHTS

supports Torah scholars is rewarded even while engaged in commerce, since he enables the Torah scholar to devote himself to his studies.

The *Chofetz Chaim* writes in several places and at great length regarding the extraordinary merit of supporting Torah scholars and yeshivos (see, for example, *Shemiras HaLashon, Shaar HaTorah* §5-6; *Maamar Torah Ohr* §11; *Chomas HaDas, Chasimas HaSefer*). In *Shem Olam* (*Shaar Hachzakas HaTorah* §15), the Chofetz Chaim writes that whatever merit and quality a Torah scholar attains, the same merit and quality is attained by the person who supports him. Thus, the same scholarship that will enable the student to participate in the Heavenly Academy will enable the supporter to do so. [Similarly, the same Torah study that atones for the sins of the student will atone for the sins of the supporter. And the same light of the Torah that will resurrect the student will resurrect the supporter. Nevertheless, it appears that there is an advantage to being a Torah scholar over a supporter of Torah scholars, because the Gemara says elsewhere (*Berachos* 34b): All the prophets prophesied only about the reward for one who marries his daughter to a Torah scholar, or who engages in business on behalf of Torah scholars, or who benefits Torah scholars with his possessions, *but the reward for Torah scholars themselves, no eye except Yours, O God, has seen* (*Isaiah* 64:3).]

R' Aharon Kotler (*Mishnas Rav Aharon* Vol. 1, p. 48) suggests that we may derive that Torah supporters gain the capacity to comprehend the Torah from the verse under discussion, as expounded by *Sifre*: In the merit of Zebulun's support of Torah study, he will *rejoice* when he leaves *this world.* The *Vilna Gaon* maintained that the ultimate joy comes when one attains a higher level of understanding. Thus, when supporters of Torah depart the world, they will rejoice, for they will not only be rewarded for their charity, but they will gain the privilege of knowing and understanding all the Torah learning that they made possible with their generosity.

Although Torah knowledge is acquired only through great toil and complete devotion to it (see *Berachos* 63b), if a businessman commits himself to support Torah learning, he satisfies this requirement by engaging in his business (see *Emes LeYaakov, Deuteronomy* 33:18).

וְכָל הַשֶּׁבַח הַזֶּה מִנַּיִן הָיָה לוֹ לְיִשָּׂשכָר, ט מִשֶּׁל זְבוּלֻן שֶׁהָיָה עוֹסֵק בִּפְרַקְמַטְיָא שֶׁלּוֹ וּמַאֲכִיל אֶת יִשָּׂשכָר שֶׁהָיָה בֶּן תּוֹרָה, הָדָא הוּא דִכְתִיב (לקמן מט, יג) "זְבוּלֻן לְחוֹף יַמִּים יִשְׁכֹּן", וּכְשֶׁבָּא מֹשֶׁה לְבָרֵךְ אֶת הַשְּׁבָטִים הִקְדִּים בִּרְכַּת זְבוּלֻן לְבִרְכַּת יִשָּׂשכָר, (דברים לג, יח) "שְׂמַח זְבוּלֻן בְּצֵאתֶךָ וְיִשָּׂשכָר בְּאֹהָלֶיךָ", "שְׂמַח זְבוּלֻן בְּצֵאתֶךָ" מִמַּה שֶּׁ"יִּשָּׂשכָר בְּאֹהָלֶיךָ", וְיֵשׁ אוֹמְרִים: יֵשׁ שָׂכָר בְּאָהֳלֵי זְבוּלֻן:

ו [ל, כ] "זְבָדַנִי אֱלֹהִים אֹתִי זֶבֶד טוֹב", הַשָּׂדֶה הַזּוֹ כָּל זְמַן שֶׁאַתָּה מְזַבְּלָהּ וּמְעַדְּרָהּ הִיא עוֹשָׂה פֵּירוֹת. [ל, כא] "וְאַחַר יָלְדָה בַּת", תְּנֵינָא: יכֵּיצַד, הָיְתָה אִשְׁתּוֹ מְעוּבֶּרֶת וְאָמַר: יְהִי רָצוֹן שֶׁתֵּלֵד אִשְׁתִּי זָכָר, הֲרֵי זוֹ תְּפִלַּת שָׁוְא, דְּבֵי רַבִּי יַנַּאי אָמְרֵי: בְּיוֹשֶׁבֶת עַל הַמַּשְׁבֵּר הָדָא מַתְנִיתָא, אָמַר רַבִּי יְהוּדָה בֶּן פָּזִי אַף עַל הַיּוֹשֶׁבֶת עַל הַמַּשְׁבֵּר יָכוֹל לְהִשְׁתַּנּוֹת, הָדָא הוּא דִכְתִיב (ירמיה יח, ו) "הֲכַיּוֹצֵר הַזֶּה לֹא אוּכַל לַעֲשׂוֹת לָכֶם בֵּית יִשְׂרָאֵל, הִנֵּה כַחֹמֶר בְּיַד הַיּוֹצֵר כֵּן אַתֶּם בְּיָדִי בֵּית יִשְׂרָאֵל", מַה יּוֹצֵר הַזֶּה לְאַחַר שֶׁיָּצַר אֶת הַכַּד שׁוֹבְרוֹ וְעוֹשֶׂה אַחֵר אַף אֲנִי עוֹשֶׂה כֵּן אֲפִילוּ עַל הַמַּשְׁבֵּר, אֵיתִיבֵיהּ: וְהָכְתִיב וְאַחַר יָלְדָה בַּת,

רש"י

(ו) **ביושבת על המשבר היא מתניתא. איתיבון** לרבי ינאי **והא כתיב ואחר ילדה בת,**

חידושי הרד"ל

[ו] זבד טוב וגו'. יזבלני אישי השדה הזו כו'. כן צריך לומר, ובחנם דחק המתנות כהונה להחליף האותיות:

עץ יוסף

מנין היה לו. אף שהיה כחם לזה מכל מקום אם היו צריכים לעסוק במזונותם היתה הטרדה מונעתם, אך זבולון היה עוזרם בטרף בכדי שינוחו ולא יטרדו: **זבולן לחוף ימים.** דאקדים זבולן ליששכר מפני שעסק בפרקמטיא ומאכיל ליששכר וכמו שעשה משה בברכתו: **הקדים ברכת זבולן.** כי הוא הסבה, והסבה קודם למסובב: **שמח זבולן בצאתך.** להצליח בדרכיך בפרקמטיא, בזכות מה שיששכר באהליך אהל של תורה, בהיותו מחזיק ידו לתורה. או ביאורו כי אסיפת ההון אם לא ישרת לתכלית טוב אז איננה שמחה אמיתית רק תשמח במה שעל ידי זה יעסוק יששכר בשלימותו: **יש שכר באהלי זבולן.** פירוש יש שכר תורה באהלי זבולן על ידי שמחזיק ידי יששכר לתורה: (ו) **השדה הזו כו'.** אסיפא דקרא קאי הפעם יזבלני אישי, ודריש יזבלני לשון זבל. ובא להורות בזה שלא השתדלה בחיבור בעלה אלא לשם שמים עבור עשיית פירות דהיינו להעמיד תולדות הגונים מאותו הצדיק (נזר הקודש): **[ו] תנינן כיצד כו'.** במתניתין (ברכות נד, א) הצועק לשעבר הרי זו תפלת שוא. **ביצד היתה אשתו מעוברת ואמר יהי רצון שתלד אשתי זכר הרי זו תפלת שוא.** ואתא **רבי ינאי** למימר דדוקא **ביושבת על המשבר.** אבל מקמי הכי יתפלל, דמדכתיב הנה כחומר ביד היוצר וגו' משמע שאפילו אחר שנגמר צורתו יתהפך לצורה אחרת כדרך היוצר שאחר שגמר צורת הכלי כשירצה משחיתו ועושה כלי אחר, ומכל מקום ביושבת על המשבר הוי תפלת שוא שהרי הוא כנוצר: **אמר רבי יהודה בן פזי כו'.** סבירא ליה שיפה תפלה לעולם דקרא דקאמר (ירמיה יח, ד) ושב ויעשהו כלי אחר, אפילו ביושבת על המשבר מיירי, ופליג אמתניתין דתני הרי זו תפלת שוא. ואף על גב דרבי יהודה בן פזי היה אמורא אין קושיא שיחלוק על התנאים במילתא דדרשא (יפה תואר): **ואחר ילדה בת.** משמע אחר שנגמר יצירת ובריאת הזכר לגמרי ולא היה חסר אלא יציאתו לעולם, וקשה לרבי ינאי דאמר

פירוש מהרז"ו

(ו) **שאתה מזבלה.** סמיך על סיפיה דקרא יזבלני אישי וכן הובא בילקוט (רמז קל), ואשה דומה לשדה כמה שאמר פרקי דרבי אליעזר (ריש פרק כא) עיין שם: **והכתיב ואחר ילדה בת.** ומשמע שנהפך בשעת לידה לבת וכמו שאמרו חז"ל (סוטה יב, א) על פסוק אשר ילדה אותה ללוי במצרים, לידתה במצרים ולא עיבורה, ועל כן לא כתב בדינה ותהר רק ילדה, ותירץ שמתפללתה של רחל כו' וזה שאמר ואחר, ממה שאמרה רחל יוסף וגו' בן אחר ילדה לאה בת, ועיין תנחומא (סימן ח) באריכות, ואם כן בהכרח שדינה נולדה אחר לידת יוסף, ואף שבכתוב מקדים לידתה לפקידת רחל (והוא על פי מדה ל"א), ולפי זה צריך לומר גם כן שדינה נולדה ממש ביום אחד עם יוסף שלאה ישבה על המשבר עם זכר ואז ילדה רחל את יוסף ואמרה יוסף ה' לי בן אחר, ועל ידי כן ואחר ילדה לאה בת ועיין לקמן (עג, ט) כי לא תדע מה ילד יום ומה שכתבתי שם ותבין כאן ודוק:

מסורת המדרש

ט. לקמן פרשה צ"ט. ויק"ר פרשה כ"ה. אגדת בראשית פרק פ"ב. ילקוט סדר ויחי רמז קס"א. ילקוט משלי סוף רמז תתקל"ד:

י. ברכות נ"ד. ירושלמי ברכות פרק ט'. תנחומא כאן סימן ח'. ילקוט כאן רמז ק"ל. ילקוט ירמיה רמז רנ"ט:

אם למקרא

זְבוּלֻן לְחוֹף יַמִּים יִשְׁכֹּן וְהוּא לְחוֹף אֳנִיֹּת וְיַרְכָתוֹ עַל צִידֹן: (בראשית מט:יג)

וְלִזְבוּלֻן אָמַר שְׂמַח זְבוּלֻן בְּצֵאתֶךָ וְיִשָּׂשכָר בְּאֹהָלֶיךָ: (דברים לג:יח)

הֲכַיּוֹצֵר הַזֶּה לֹא אוּכַל לַעֲשׂוֹת לָכֶם בֵּית יִשְׂרָאֵל נְאֻם ה' הִנֵּה כַחֹמֶר בְּיַד הַיּוֹצֵר כֵּן אַתֶּם בְּיָדִי בֵּית יִשְׂרָאֵל: (ירמיה יח:ו)

מתנות כהונה

ממה שיששכר כו'. מפני שישיבת יששכר הוא ע"י יציאתו לסחורה: **יש שכר.** יששכר נוטריקון קדריש על זבולון: **[ו] מזבלה כו'.** דרש זבדני כמו זבלני לשון זבל בחילוף אותיות דטלנ"ת וכמו שפי' בעל העקידה כלומר לעולם יעשה האדם את אשר ימצא בידו לעשות ועל ה' ישליך יהבו והוא יגמור בעדו כמו שראינו בלאה שזריזותה והשתדלותה עמדה לה: **תניינא כו'.** בפ' הרואה תנן הצועק על מה שעבר הרי זה תפלת שוא כיצד כו': **תפלת שוא.** מפני שיצירת הולד כבר נגמרה למ' יום: **ביושבת.** אז היא תפלת שוא אבל מקודם לזה אינה תפלת שוא: **הדא מתנית'.** משנה זו שאמרה כיצד היא תפלת שוא איירי ביושבת על המשבר כן הוא בהדיא בירושלמי דפ' הרואה: **ואחר ילדה בת.** משמע אחר שנגמר יצירת ובריאת הזכר לגמרי ולא היה חסר אלא

נחמד למראה

[ה] **וכשבא משה לברך את השבטים הקדים ברכת זבולן לברכת יששכר וכו'.** הקשה הרב ידי משה למה לא הקדים גם כן בחנוכת המזבח, ועיין מה שתירץ. ולי נראה דהטעם משום דהקרבת הקרבן היה צריך לכוונות גדולות וזה היה יודע לכוין יששכר יותר מזבולן, שהוא היה עוסק בתורה ויודע סתריה לכן הוא קודם למעשה הזה, אבל לענין ברכת השבטים בירך משה תחלה לזבולן מפני שהיה נושא ונותן, אליו שייך הברכה במעשה ידיו כדי לפרנס את יששכר:

אשד הנחלים

דגלי מסכת. והדברים ארוכים למתבונן היטב בגדר הזה: **מנין היה לו.** אף שהיה כחם לזה, מ"מ אם היו צריכים לעסוק בהבאת טרפם היתה הטרדה מונעתם, אך זבולון היה עוזרם בטרף בכדי שינוחו ולא יטרדו: **הקדים.** כי היא הסבה והסבה קודם למסובב, אף שהמסובב גדול במעלה מהסבה עם כל זה אחר שהמסובב אי אפשר להמצא בלתי הסבה אם כן בבחינה זו הסבה גדולה ומוקדמת: **ממה שיששכר.** כלומר שע"י כן תזכה שתשמח, כי יעזור לך ה' בזכות יששכר. או ביאורו כי אסיפת ההון אם לא ישרת לתכלית טוב אז איננה שמחה אמיתית כי אם מדומה והבל, רק תשמח במה שעל ידי זה יעסוק יששכר בשלימותו: **יש שכר באהלי.** כלומר אף שאתה תעסוק במשא ומתן עם כל זה ינתן לך שכר כעוסק בתורה ע"י שתעזור לעוסקי תורה. או באורו שתשכיר ולא תפסיד בסחורתך. **[ו] מזבלה כו'.** דאם לא כן הוה לה לקרותו זבד, אלא ודאי שרמזה גם לזה ודטלנ"ת מתחלפין. ועיין במתנות כהונה בשם בעל העקידה שאמרה זאת על עצמה והשתדלותה. ויתכן עוד משום שראתה בנבואה שזבולון יהיה עוסקי בסחורה, רק מפני שעל ידי זה יהיה עוזר לישכר לעסוק בחכמה, על כן קראה בשם [זה] להורות כמו שהשדה לא יגמור בלי זבל, וא"כ הזבל בבחינת זו הוא עזר וטובה גדולה, כן עסקו בסחורה, אף שמצד עצמו הוא כאין, עם כל זה טוב הוא, שיהיה לעזר לישכר. וא"כ יהיה פירושו זבדני מלשון חיבור, כפשוטו, שהוא חיבור ושותפות טובה לישכר, והרי זו כמו הזבל המוכרח לשדה להוצאת הפרי: **יכול להשתנות.** אין הכונה ח"ו שחוקרים אם השם ב"ה יכול לשנותו, דזה

to be born. Because this is possible, it is not a prayer uttered in vain.[52]

The Midrash cites a challenge:

אֵיתִיבֵיהּ – [R' Yehudah ben Pazi] raised a question to [R' Yannai]: **וְהָכְתִיב ״וְאַחַר יָלְדָה בַּת״ – But is it not written** in Scripture, ***Afterward, she bore a daughter,*** i.e., after the fetus was fully formed and Leah was about to give birth? Since Leah's fetus was transformed into a female right before she gave birth, it should be permissible to pray that a fetus' gender be transformed even when a woman is on the birthing stool![53]

NOTES

52. The comparison to *clay in the hand of the potter* tells us that even when the fetus is fully formed, it can still be transformed. Just as a potter who is unsatisfied with a vessel he has completed destroys it and then recreates it as a new vessel, so too can God take even a fully formed fetus and transform it into something entirely new. R' Yehudah ben Pazi thus derives from here that even while a woman is actually sitting on the birthing stool, about to give birth, the fetus can be transformed.

R' Yannai agrees that the comparison to *clay in the hand of the potter* tells us that even when the fetus is fully formed, it can still be transformed. He argues, however, that once the woman is sitting on the birthing stool, it is as if the child has already been born. [Although God is certainly *able* to transform the child even then,] it is not His way to perform open miracles. Therefore, at that point, one may not pray for the gender to change (*Eitz Yosef; Yefeh To'ar*).

53. The birth of Dinah is one of several births enumerated in this Scriptural passage. The other births mentioned in the passage are all introduced with the words וַתַּהַר, *and she conceived.* The formula varies only with the birth of Dinah, which alone among all the others is introduced with the word וְאַחַר יָלְדָה, *and afterward she gave birth.* The Midrash interprets this to mean that the fetus became "a daughter" only *after* it was completely formed and Leah was about to give birth. Since the fetus was transformed after she was sitting on the birthing stool, it should be permitted to pray even at that point for the fetus' gender to change, contrary to the view of R' Yannai (*Eitz Yosef; Matnos Kehunah*; see *Daas Zekeinim MiBaalei HaTosafos* to 30:21; *Maharsha* to *Berachos, Bavli* ibid.).

וְכָל הַשֶּׁבַח הַזֶּה מִנַּיִן הָיָה לוֹ לְיִשָּׂשכָר, [ט]מְשֶׁל זְבוּלֻן שֶׁהָיָה עוֹסֵק בְּפְרַקְמַטְיָא שֶׁלּוֹ וּמַאֲכִיל אֶת יִשָּׂשכָר שֶׁהָיָה בֶּן תּוֹרָה, הָדָא הוּא דִכְתִיב (לקמן מט, יג) "זְבוּלֻן לְחוֹף יַמִּים יִשְׁכֹּן", וּכְשֶׁבָּא מֹשֶׁה לְבָרֵךְ אֶת הַשְּׁבָטִים הִקְדִּים בִּרְכַּת זְבוּלֻן לְבִרְכַּת יִשָּׂשכָר, (דברים לג, יח) "שְׂמַח זְבוּלֻן בְּצֵאתֶךָ וְיִשָּׂשכָר בְּאֹהָלֶיךָ", "שְׂמַח זְבוּלֻן בְּצֵאתֶךָ" מִמַּה שֶׁ"יִּשָּׂשכָר בְּאֹהָלֶיךָ", וְיֵשׁ אוֹמְרִים: יֵשׁ שָׂכָר בְּאָהֳלֵי זְבוּלֻן:

ו [ל, כ] "זְבָדַנִי אֱלֹהִים אֹתִי זֶבֶד טוֹב", הַשָּׂדֶה הַזּוֹ כָּל זְמַן שֶׁאַתָּה מְזַבְּלָהּ וּמְעַדְּרָהּ הִיא עוֹשָׂה פֵּירוֹת. [ל, כא] "וְאַחַר יָלְדָה בַּת", תְּנֵינָא: [י]כֵּיצַד, הָיְתָה אִשְׁתּוֹ מְעוּבֶּרֶת וְאָמַר: יְהִי רָצוֹן שֶׁתֵּלֵד אִשְׁתִּי זָכָר, הֲרֵי זוֹ תְּפִלַּת שָׁוְא, דְּבֵי רַבִּי יַנַּאי אָמְרֵי: בְּיוֹשֶׁבֶת עַל הַמַּשְׁבֵּר הָדָא מַתְנִיתָא, אָמַר רַבִּי יְהוּדָה בֶּן פָּזִי אַף עַל הַיּוֹשֶׁבֶת עַל הַמַּשְׁבֵּר יָכוֹל לְהִשְׁתַּנּוֹת, הָדָא הוּא דִכְתִיב (ירמיה יח, ו) "הֲכַיּוֹצֵר הַזֶּה לֹא אוּכַל לַעֲשׂוֹת לָכֶם בֵּית יִשְׂרָאֵל, הִנֵּה כַחֹמֶר בְּיַד הַיּוֹצֵר כֵּן אַתֶּם בְּיָדִי בֵּית יִשְׂרָאֵל", מַה יּוֹצֵר הַזֶּה לְאַחַר שֶׁיָּצַר אֶת הַכַּד שׁוֹבְרוֹ וְעוֹשֶׂה אַחֵר אַף אֲנִי עוֹשֶׂה כֵּן אֲפִילוּ עַל הַמַּשְׁבֵּר, אֵיתִיבֵיהּ: וְהָכְתִיב וְאַחַר יָלְדָה בַּת,

רש"י

(ו) ביושבת על המשבר היא מתניתא. איתיבון לרבי ינאי והא כתיב ואחר ילדה בת,

עץ יוסף

מנין היה לו. אף שהיה כחם לזה מכל מקום אם היו צריכים לעסוק במזונותם היתה הטרדה מונעתם, אך זבולן היה עוזרם בטרף בכדי שינוחו ולא יטרדו: זבולן לחוף ימים. דאקדים זבולן ליששכר מפני שעסק בפרקמטיא ומאכיל ליששכר וכמו שעשה משה בברכתו: הקדים ברכת זבולן. כי הוא הסבה, והסבה קודם למסובב: שמח זבולן בצאתך. להצליח בדרכיך בפרקמטיא, בזכות מה שיששכר באהליך אהל של תורה, בהיותו מחזיק ידו לתורה. או ביאורו כי אסיפת ההון אם לא ישרת לתכלית טוב אז איננה שמחה אמיתית רק תשמח במה שעל ידי זה יעסוק יששכר בשלימותו: יש שכר באהלי זבולן. פירוש יש שכר תורה באהלי זבולן על ידי שמחזיק ידי יששכר לתורה: (ו) השדה הזו כו'. אסיפא דקרא קאי הפעם יזבלני אישי, ודריש יזבלני לשון זבל. ובא להורות בזה שלא השתדלה בחיבור בעלה אלא לשם שמים עבור עשיית פירות דהיינו להעמיד תולדות הגוגים מאותו הצדיק (נזר הקודש): [ו] תנינן כיצד כו'. במתניתין (ברכות נד, א) הצועק לשעבר הרי זו תפלת שוא. כיצד היתה אשתו מעוברת ואמר יהי רצון שתלד אשתי זכר הרי זו תפלת שוא. ואתא רבי ינאי למימר דדוקא ביושבת על המשבר. אבל מקמי הכי יתפלל, דמדכתיב הנה כחומר ביד היוצר וגו' משמע שאפילו אחר שנגמר צורתו יתהפך לצורה אחרת כדרך היוצר שאחר שגמר צורת הכלי כשירצה משחיתו ועושה כלי אחר, ומכל מקום ביושבת על המשבר הוי תפלת שוא שהרי הוא כנוצר: אמר רבי יהודה בן פזי כו'. סבירא ליה שיפה תפלה לעולם דקרא דקאמר (ירמיה יח, ד) ושב ויעשהו כלי אחר, אפילו ביושבת על המשבר מיירי, ופליג אמתניתין דתני הרי זו תפלת שוא. ואף על גב דרבי יהודה בן פזי היה אמורא אין קושיא שיחלוק על התנאים במילתא דדרשא (יפה תואר): ואחר ילדה בת. משמע אחר שנגמר יצירת ובריאת הזכר לגמרי ולא היה חסר אלא יציאתו לעולם, וקשה לרבי ינאי דאמר

פירוש מהרז"ו

(ו) שאתה מזבלה. סמיך על סיפיה דקרא יזבלני אישי וכן הובא בילקוט (רמז קל), ואשה דומה לשדה כמה שאמר פרקי דרבי אליעזר (ריש פרק כא) עיין שם: והכתיב ואחר ילדה בת. ומשמע שנהפך בשעת לידה לבת וכמו שאמרו חז"ל (סוטה יב, א) על פסוק אשר ילדה אותה ללוי במצרים, לידתה במצרים ולא עיבורה, ועל כן לא כתב בדינה ותהר רק ילדה, ותירץ שמתפלתה של רחל כו' וזה שאמר ואחר, ממה שאמרה רחל יוסף וגו' בן אחר ילדה לאה בת, ועיין תנחומא (סימן ח) באריכות, ואם כן בהכרח שדינה נולדה אחר לידת יוסף, ואף שבכתוב מקדים לידתה לפקידת רחל (והוא על פי מדה ל"א), ולפי זה צריך לומר גם כן שדינה נולדה ממש ביום אחד עם יוסף שלאה ישבה על המשבר עם זכר ואז ילדה רחל את יוסף ואמרה יוסף ה' לי בן אחר, ועל ידי כן ואחר ילדה לאה בת ועיין לקמן (עג, ט) כי לא תדע מה ילד יום ומה שכתבתי שם ותבין כאן ודוק:

חידושי הרד"ל

[ו] זבד טוב וגו'. יזבלני אישי השדה הזו כו'. כן צריך לומר, ונכנס דחק המתנות כהונה להחליף האותיות:

מסורת המדרש

ט. לקמן פרשה צ"ט. ויק"ר פרשה כ"ה. אגדת בראשית פרק פ"ב. ילקוט סדר ויחי רמז קס"א. ילקוט משלי סוף רמז תתקל"ד:

י. ברכות כ"ד. ירושלמי ברכות פרק ט'. תנחומא כאן סימן ח'. ילקוט כאן רמז ק"ל. ילקוט ירמיה רמז רל"ט:

אם למקרא

זְבוּלֻן לְחוֹף יַמִּים יִשְׁכֹּן וְהוּא לְחוֹף אֳנִיֹּת וְיַרְכָתוֹ עַל צִידֹן: (בראשית מט:יג)

וְלִזְבוּלֻן אָמַר שְׂמַח זְבוּלֻן בְּצֵאתֶךָ וְיִשָּׂשכָר בְּאֹהָלֶיךָ: (דברים לג:יח)

הֲכַיּוֹצֵר הַזֶּה לֹא אוּכַל לַעֲשׂוֹת לָכֶם בֵּית יִשְׂרָאֵל נְאֻם ה' הִנֵּה כַחֹמֶר בְּיַד הַיּוֹצֵר כֵּן אַתֶּם בְּיָדִי בֵּית יִשְׂרָאֵל: (ירמיה יח:ו)

מתנות כהונה

ממה שיששכר כו'. מפני שישיבת יששכר הוא ע"י יציאתו לסחורה: יש שכר. יששכר נוטריקון קדריש על זבולון: [ו] מזבלה כו'. דרש זבדני כמו זבלני לשון זבל בחילוף אותיות דטלנ"ת וכמו שפי' בעל העקידה כלומר לעולם יעשה האדם את אשר ימצא בידו לעשות ועל ה' ישליך יהבו והוא יגמור בעדו כמו שראינו בלאה שזריזותה והשתדלותה עמדה לה: תניינא כו'. בפ' הרואה תנן הצועק על מה שעבר הרי זה תפלת שוא כיצד כו': תפלת שוא. מפני שיצירת הולד כבר נגמרה למ' יום: ביושבת. אז היא תפלת שוא אבל מקודם לזה אינה תפלת שוא: הדא מתנית'. משנה זו שאמרה כיצד היא תפלת שוא איירי ביושבת על המשבר כן הוא בהדיא בירושלמי דפ' הרואה: ואחר ילדה בת. משמע אחר שנגמר יצירת ובריאת הזכר לגמרי ולא היה חסר אלא

נחמד למראה

[ה] וכשבא משה לברך את השבטים הקדים ברכת זבולן לברכת יששכר וכו'. הקשה הרב ידי משה למה לא הקדים גם כן בחנוכת המזבח, ועיין מה שתירץ. ולי נראה דהטעם משום דהקרבת הקרבן היה צריך לכוונות גדולות וזה היה יודע לכוין יששכר יותר מזבולן, שהוא היה עוסק בתורה ויודע סתריה לכן הוא קודם למעשה הזה, אבל לענין ברכת השבטים בירך משה תחלה לזבולן מפני שהיה נושא ונותן, אליו שייך הברכה במעשה ידיו כדי לפרנס את יששכר:

אשד הנחלים

דגלי מסכת. והדברים ארוכים למתבונן היטב בגדר הזה: מנין היה לו. אף שהיה כחם לזה, מ"מ אם היו צריכים לעסוק בהבאת טרפם היתה הטרדה מונעתם, אך זבולון היה עוזרם בטרף בכדי שינוחו ולא יטרדו: הקדים. כי היא הסבה והסבה קודם למסובב, אף שהמסובב גדול במעלה מהסבה עם כל זה אחר שהמסובב אי אפשר להמצא בלתי הסבה אם כן בבחינה זו הסבה גדולה ומוקדמת: ממה שיששכר. כלומר שע"י כן תזכה שתשמח, כי יעזור לך ה' בזכות יששכר. או ביאורו כי אסיפת ההון אם לא ישרת לתכלית טוב אז איננה שמחה אמיתית כי אם מדומה והבל, רק תשמח במה שעל ידי זה יעסוק יששכר בשלימותו: יש שכר באהלי. כלומר אף שאתה תעסוק במשא ומתן עם כל זה ינתן לך שכר כעוסק בתורה ע"י שתעזור לעוסקי תורה. או באורו שתשכיר ולא תפסיד בסחורתך. [ו] מזבלה כו'. דאם לא כן הוה לה לקרותו זבד, אלא ודאי שרמזה גם לזה ודטלנ"ת מתחלפין. ועיין במתנות כהונה בשם בעל העקידה שאמרה זאת על עצמה והשתדלותה. ויתכן עוד משום שראתה בנבואה שזבולון יהיה עוסקי בסחורה, רק מפני שעל ידי זה יהיה עוזר לישכר לעסוק בחכמה, על כן קראה בשם [זה] להורות כמו שהשדה לא יגמור בלי זבל, וא"כ הזבל בבחינת זו הוא עזר וטובה גדולה, כן עסקו בסחורה, אף שמצד עצמו הוא כאין, עם כל זה טוב הוא, שיהיה לעזר לישכר. וא"כ יהיה פירושו זבדני מלשון חיבור, כפשוטו, שהוא חיבור ושותפות טובה לישכר, והרי זו כמו הזבל המוכרח לשדה להוצאת הפרי: יכול להשתנות. אין הכונה ח"ו שחוקרים אם השם ב"ה יכול לשנותו, דזה

אָמַר לוֹ – [R' Yannai] said to [R' Yehudah ben Pazi]: עִיקַּר בְּרִיָּיתָהּ זָכָר הָיְתָה – [The fetus'] original formation was as a male וּמִתְּפִלָּתָהּ שֶׁל רָחֵל שֶׁאָמְרָה "יֹסֵף ה' לִי בֵּן אַחֵר" נַעֲשָׂה נְקֵבָה – but, as a result of Rachel's prayer that she uttered *before* Leah sat on the birthing stool, ***May HASHEM add on for me another son*** (30:24), **[the fetus] was transformed into a female.**[54]

The Midrash examines Rachel's prayer, ***May HASHEM add on for me another son***:

אָמַר רַבִּי חֲנִינָא בֶּן פָּזִי – **R' Chanina ben Pazi said:** אִמָּהוֹת נְבִיאוֹת הָיוּ – **The Matriarchs,** Sarah, Rebecca, Rachel, and Leah, **were prophetesses,** וְרָחֵל מִן הָאִמָּהוֹת – **and Rachel was** one **of the Matriarchs.**[55] Thus she knew through prophecy that Jacob was destined to raise only twelve tribes and therefore prayed only for another son. "יֹסֵף ה' לִי בָּנִים אֲחֵרִים" אֵין כְּתִיב כָּאן – For **it is not written here, *May HASHEM add on for me* "other sons,"** in the plural, אֶלָּא "בֵּן אַחֵר" – but **rather, *another "son,"*** singular. אָמְרָה – **[Rachel],** in effect, **said,** עוֹד אֶחָד הוּא עָתִיד לְהַעֲמִיד – **"[Jacob] is destined to raise one more** son, הַלְוַאי יִהְיֶה מִמֶּנִּי – **if only [that son] would be from me!"**[56]

A related teaching:

NOTES

54. R' Yannai interprets the phrase *Afterward she bore a daughter* to mean that the fetus was transformed from male to female, becoming "a daughter," *after* the prayer of Rachel, but *before* Leah was ready to give birth. [As such, there is no proof that God would transform the gender of a child after a woman is sitting on the birthing stool. To the contrary, since (in R' Yannai's opinion) once the woman is sitting on the birthing stool it is as if the child has already been born, one may no longer pray for the gender to change] (*Eitz Yosef*; *Rashi*; *Matnos Kehunah*; see *Tiferes Tzion*).

After Rachel gave birth to Joseph, she uttered the following prayer (below, 30:24): יֹסֵף ה' לִי בֵּן אַחֵר, *May Hashem add on for me another son.* Had Dinah remained a male, Rachel would not have achieved her desire, since after the birth of Joseph (who was the eleventh of Jacob's twelve sons) there remained only one more son to complete the twelve tribes. To fulfill Rachel's prayer, God changed the gender of Leah's fetus from male to female (*Eitz Yosef; Matnos Kehunah; Rashi;* see below).

Now, the sequence of the verses in this passage places the birth of Dinah (v. 21) before that of Joseph (v. 24). This implies that Dinah's birth *preceded* Rachel's prayer, in which case this prayer could not have caused Dinah's transformation. *Yefeh To'ar*, however, explains that Dinah's birth actually occurred *after* the prayer. It appears earlier in the passage because the Torah is listing all of Leah's births together. Only after enumerating all of Leah's children does the Torah move on to Rachel's children. [See, however, end of Insight Ⓐ.]

55. The term "Matriarchs" refers to Sarah, Rebecca, Rachel, and Leah (*Yefeh To'ar*, from *Berachos* 16b with *Rashi* ad loc.; but see below, note 57).

56. Rachel knew through prophecy that Jacob was destined to have only twelve sons. Since Joseph was Jacob's eleventh son, she asked for only one more (*Eshed HaNechalim*).

INSIGHTS

Ⓐ **Dinah's Transformation** There are many difficulties with this Midrash: It seems rather obvious that R' Yannai could have answered that Dinah's transformation occurred before Leah sat on the birthing stool. Indeed, *Yerushalmi* (at least according to some readings) cites this incident as proof to R' Yannai's view that a fetus can be changed only until its mother sits on the birthing stool! Therefore, *Eitz Yosef* and *Matnos Kehunah* emend the text (based on a somewhat similar discussion in *Bavli Berachos* 60a). According to the emended reading, the Midrash's question is not directed at R' Yannai, but rather, at a different view, espoused in the Gemara (loc. cit.) that one may pray for a boy only until 40 days after conception. The Midrash's answer to this difficulty is contained in the subsequent statement of R' Chanina: The Matriarchs were prophetesses. Rachel thus knew through prophecy that Jacob was destined to raise only twelve tribes and therefore prayed only for one more son ... I.e., Dinah's transformation was a miracle, and no proof can be brought from an open miracle. This answer is also found in the Gemara (but see below). [Although God can abrogate any law of nature at will, a person should not request of Him that He do so on his behalf. The exception to this rule is a perfectly righteous individual (such as Rachel). Such exalted persons may pray for miracles and have their prayers answered. However, the Mishnah teaches the law for the vast majority of people (*Cheifetz Hashem, Berachos* ad loc.).]

There is a significant distinction between the Midrash and the parallel *Bavli* (ibid.). The Gemara cites this prayer as having originated not with Rachel but with Leah, who rendered a judgment (*din*) concerning herself and prayed for the transformation of her own child, so that her sister Rachel should not be left with only one son while the other wives each had at least two. [According to this version, Dinah's name alludes to this "judgment" (see *Maharsha* ad loc.).] Another major difference between the two versions is that according to the Midrash, the incident of Dinah's transformation, and, obviously, her birth, occurred *after* the birth of Joseph (and Rachel's prayer). However, *Bavli* clearly understands the incident to have occurred *before* the birth of Joseph.

* * *

According to another version of the Midrash's teaching, the miracle was *not* simply that Leah's fetus was transformed into a female. Rather, Rachel originally conceived a female and Leah a male. The fetuses were miraculously switched, so that Rachel gave birth to Joseph, and Leah to Dinah (see *Targum Yonasan*, 30:21 below; *Maharsha, Niddah* 31a; *Mareh HaPanim* to *Yerushalmi Berachos* 9:3 [92a in the Schottenstein edition]).

R' Eliezer Yehudah Waldenberg (*Teshuvos Tzitz Eliezer* 19:40) cites this version of the teaching to resolve a halachic question regarding surrogate motherhood, in which a fetus is extracted from the womb of one woman and implanted into the womb of another, who carries the child to term and gives birth to it. Rav Waldenberg dealt with an inquiry regarding which of the two women involved in this process is legally regarded as the child's mother. He responded with this version of the Midrash's teaching, which indicates that Leah's daughter Dinah resided originally in the womb of Rachel, while Rachel's son Joseph resided in Leah's womb. Yet, it is Leah who is considered to be the mother of Dinah, and Rachel who is the mother of Joseph. This exchange of fetuses parallels the modern technique of implanting one woman's fetus into the womb of another. It follows that in the case of surrogate motherhood too, the woman who *bore* the child is legally regarded as its mother, not the woman in whose body it was conceived (see also R' Moshe Hirschler's *Halachah U'Refuah*, pp. 319-320).

R' Moshe Shternbuch (*Peshat V'Iyun* to *Berachos* 60a §949) suggests this same approach to the question, but dismisses it. He maintains that the legal status of "mother" falls to, or is at least shared by, the woman who conceived the child, for it is she [along with the father] who passes on to the child its genetic inheritance [referred to by R' Shternbuch as its שֵׂכֶל וָטֶבַע, *intellect and nature*]. As for the miraculous incident discussed in the Midrash, it is of no relevance, for it is altogether possible that the miracle was not limited to the relocation of each fetus, but included as well a transformation of its essential nature, so that its genetic inheritance conformed to that of its birth mother, and not to that of the woman in whose body it was conceived. Accordingly, unlike the products of surrogate motherhood, Dinah and Joseph were, in respect to both birth *and* nature, the offspring of their birth mothers; therefore, it was they who enjoyed legal status as the mothers of these children. This sort of miraculous transformation does *not* occur in the case of a child born through surrogacy; therefore, the legal mother of such a child is not the birth mother, but the woman in whose body the child was conceived. In the words of Rav Shternbuch: אֵין לְמֵידִין מִמַּעֲשֵׂה נִסִּים, *We cannot derive [the law of the mundane] from a supernatural occurrence.*

יא **אָמַר לוֹ: עִיקַּר בְּרִיָּיתָהּ זָכָר הָיְתָה וּמִתְפַּלָּתָהּ שֶׁל רָחֵל שֶׁאָמְרָה** (לקמן פסוק כד) **"יֹסֵף ה' לִי בֵּן אַחֵר" נַעֲשָׂה נְקֵבָה, אָמַר רַבִּי חֲנִינָא בֶּן פָּזִי: אִמָּהוֹת נְבִיאוֹת הָיוּ, וְרָחֵל מִן הָאִמָּהוֹת, "יֹסֵף ה' לִי בָּנִים אֲחֵרִים" אֵין כְּתִיב כָּאן, אֶלָּא "בֵּן אַחֵר" אָמְרָה: עוֹד אֶחָד הוּא עָתִיד לְהַעֲמִיד, הַלְוַאי יִהְיֶה מִמֶּנִּי, אָמַר רַבִּי חֲנִינָא: נִתְכַּנְּסוּ כָּל הָאִמָּהוֹת וְאָמְרוּ: דַּיֵּינוּ זְכָרִים תִּפָּקֵד עוֹד זֹאת:**

רש"י

אמר ליה עיקר ברייתא של דינה זכר היה ומתפלתה של רחל שאמרה יוסף ה' לי בן אחר נעשית נקבה. כלומר מקודם לכן נהפכה: **נתכנסו כל האמהות ואמרו דיינו זכרים תפקד עוד זאת.** רחל:

עץ יוסף

שבשעה שיושבת על המשבר אי אפשר להשתנות. ומשני עיקר **ברייתו זכר היה** כמו שאמרת, **ומתפלתה של רחל** נהפך מיד לנקבה, כלומר מקודם לכן וכן פירש"י. ובסוף פרק הרואה (שם ס, א) משמע דהכי גרסינן והכתיב ואחר ילדה בת ואמר רבי אבא עיקר ברייתו כו'. וקשה לכל הני תנאי דלעיל דסברי דלא מהני ללותא אחר מ' יום. ומשני **אמר ר' חנינא האמהות נביאות היו,** והיה עמהם דרך נס ושנוי טבע. והכי משני נמי בפרק הרואה והכי סליק שפיר טפי: **ומתפלתה של רחל.** ובגמרא דידן אמרו תפלת לאה גרמה, וכן הוא בתנחומא. אבל בירושלמי (ברכות פ"ט ה"ג) איתא כמו כאן: **נעשית נקבה.** דשנים עשר שבטים הוי ליה להוליד ותו לא: **נעשית נקבה.** והתרגום יונתן כתב ושמיע קדם ה' צלותא דלאה ואתחלפו עוברין במעיהון כו', וכך מצינו ביולר א' דראש השנה עובר להמיר בבטן אחות וכו': **נביאות היו.** כדילפינן לעיל בפרשה ס"ז. ולכאורה נעלם זה מהמהרש"א בחדושי אגדות ברכות פרק הרואה (ס, א ד"ה י"ב): **נתכנסו כו'.** טעם הכנוס מפני שהתפלה יותר נשמעת בכנוס דזכות הרבים עדיף. ואף על פי שאין רמז בכתוב לזה, מסברא קאמר שהתפללו באופן יותר נאות שאפשר (יפה תואר):

פירוש מהרז"ו

אמר רבי חנינא בר פזי. שייך למטה למה שכתוב אמרה עוד א' כו' וכמו שאמרו בירושלמי שם (ברכות פ"ט ה"ג), לזה הקדים שהיתה מן האמהות, שהרי זה ידוע שהאמהות נביאות היו כמו שאמרו לעיל (סז, ט), והוא בסדר עולם (פרק כא) ובמדרש תהלים (מזמור קה) ובנביאי אל תרעו (שם קה, טו) אלו האמהות כו': **נתכנסו.** התפללו שהתפלה בלשון מדרש כניסה, וכמו שאמרו (פד, א) כנוסו וכנוס בניו עיין מה שכתבתי שם:

מתנות כהונה

יליאתו לעולם וקשה לרבי ינאי שאמר שבשעה שיושבת על המשבר אי אפשר להשתנות ומשני עיקר ברייתו זכר היה כמו שאמרה ומתפלתה של רחל נהפך מיד לנקבה וכן פי' רש"י ובסוף פרק הרואה משמע דה"ג והכתיב ואחר ילדה בת ואמר ר' אבא עיקר ברייתו כו'. וקשה לכל הני תנאי דלעיל דסברי דלא מהני ללותא אחר ארבעים יום ומשני אמר רבי חנינא האמהות נביאות היו והיה עמהם דרך נס ושנוי טבע והכי משני נמי בפרק הרואה. והכי סליק שפיר טפי: **עוד זאת.** רחל עיקר:

אשד הנחלים

ודאי דהוא כל יכול, רק אם יקרה זה שיהיה מחפץ ה' לשנות בשביל האדם זה. ובזה פליגי, כי גם הניסים יש להם גבול מיוחד. ועיין במתנות כהונה הגרסא האמיתית. ועיין בירושלמי בפרק הרואה: **מן האמהות.** ולהם יתכן שהיה נס גדול נעלה מדרך טבע הנסים הפשוטים: **עוד אחד.** כי ידעה בנבואה שרק י"ב יעמיד ובקשה שיוסיף לה שיהיה זה ממנה. ודעת ר' חנינא שכל האמהות בקשו ג"כ על זה, ואולי יש רמז לזה בכתוב, וזהו כמו שאמרו בפרשיות הקודמות למה ז"ה בגימטריא י"ב:

חידושי הרד"ל

תפקד עוד זאת. כאן צריך להיות דרשה דשבטים בלחם שבראש הפרשה, כמו שכתבתי לעיל בסייעתא דשמיא:

חידושי הרש"ש

[ו] {איתיביה **והכתיב ואחר ילדה בת וכו' שאמרה יוסף ה' לי בן אחר.** אולי סבר דפירוש ואחר וגו' היינו לאחר לידת רחל את יוסף, וכמאן דאמר אחר מופלג לעיל (מד, ה):} **דאמרו דיינו זכרים.** נראה דדריש זה משם דינה:

אמרי יושר

[ו] **אמהות נביאות היו.** ואם כן יוסף ה' לי בן אחר היא גזירה [ו]לא תפילה:

מסורת המדרש

יא. ברכות ס':

ענף יוסף

(ו) **נתכנסו כל האמהות.** אין לשון אמהות זה כלשון אמהות דרבי חנינא דלעיל דהכא על כרחך אלאה ובלהה וזלפה קאמר, אלא דאין לשון אמהות דוקא (יפה תואר):

אָמַר רַבִּי חֲנִינָא – **R' Chanina said:** נִתְכַּנְּסוּ כָּל הָאִמָּהוֹת וְאָמְרוּ – **All the Matriarchs,** i.e., Leah, Bilhah, and Zilpah, **gathered** in prayer,[57] **and said,** דַּיֵּינוּ זְכָרִים תִּפָּקֵד עוֹד זֹאת – **"We have sufficient** ***(dayeinu)*** **[**דַּיֵּינוּ**] male** children; **let this one,** i.e., Rachel, **be remembered once more** with a son."[58]

NOTES

57. We explained above (note 55) that the term "Matriarchs" refers to Sarah, Rebecca, Rachel, and Leah. Nonetheless, it is apparent that the Midrash here uses the term "Matriarchs" loosely, to refer to all of Jacob's wives (*Anaf Yosef*, citing *Yefeh To'ar*).

It is assumed that they prayed as a group, for the merits of a group are stronger than those of an individual. Hence, a group's prayers are more readily answered than an individual's prayers (*Eitz Yosef*, citing *Yefeh To'ar*).

58. *Eshed HaNechalim*. *Yefeh To'ar* explains that the verse וְאַחַר יָלְדָה בַּת, *afterward, she bore a daughter,* means that Dinah was transformed into a female *after* the prayer of *all* of Jacob's wives, not just Rachel's prayer.

According to this exposition, Dinah is cognate to the word דַּי or דַּיֵּינוּ, meaning *enough* (*Rashash*; *Yefeh To'ar*).

יא אָמַר לוֹ: עִיקַּר בְּרִיָּיתָהּ זָכָר הָיְתָה וּמִתְּפִלָּתָהּ שֶׁל רָחֵל שֶׁאָמְרָה (לקמן פסוק כד) "יֹסֵף ה' לִי בֵּן אַחֵר" נַעֲשָׂה נְקֵבָה, אָמַר רַבִּי חֲנִינָא בֶּן פָּזִי: אִמָּהוֹת נְבִיאוֹת הָיוּ, וְרָחֵל מִן הָאִמָּהוֹת, "יֹסֵף ה' לִי בָּנִים אֲחֵרִים" אֵין כְּתִיב כָּאן, אֶלָּא "בֵּן אַחֵר" אָמְרָה: עוֹד אֶחָד הוּא עָתִיד לְהַעֲמִיד, הַלְוַאי יִהְיֶה מִמֶּנִּי, אָמַר רַבִּי חֲנִינָא: נִתְכַּנְּסוּ כָּל הָאִמָּהוֹת וְאָמְרוּ: דַּיֵּינוּ זְכָרִים תִּפָּקֵד עוֹד זֹאת:

רש"י

אמר ליה עיקר ברייתא של דינה זכר היה ומתפלתה של רחל שאמרה יוסף ה' לי בן אחר נעשית נקבה. כלומר מקודם לכן נהפכה: **נתכנסו כל האמהות ואמרו דיינו זכרים תפקד עוד זאת.** רחל:

עץ יוסף

שבשעה שיושבת על המשבר אי אפשר להשתנות. ומשני **עיקר ברייתו זכר היה** כמו שאמרת, **ומתפלתה של רחל** נהפך מיד **לנקבה**, כלומר מקודם לכן וכן פירש"י. ובסוף פרק הרואה (שם ס, א) משמע דהכי גרסינן והכתיב ואחר ילדה בת ואמר רבי אבא עיקר ברייתו כו'. וקשה לכל הני תנאי דלעיל דסברי דלא מהני צלותא אחר מ' יום. ומשני **אמר ר' חנינא האמהות נביאות היו**, והיה עמהם דרך נס ושנוי טבע. והכי משני נמי בפרק הרואה והכי סליק שפיר טפי: **ומתפלתה של רחל.** ובגמרא דידן אמרו תפלת לאה גרמה, וכן הוא בתנחומא. אבל בירושלמי (ברכות פ"ט ה"ג) איתא כמו כאן: **נעשית נקבה.** דשנים עשר שבטים הוי ליה להוליד ותו לא: **נעשית נקבה.** והתרגום יונתן כתב ושמיע קדם ה' צלותא דלאה ואתחלפי עוברין במעיהון כו', וכך מלינו ביוצר א' דראש השנה עובר להמיר בבטן אחות וכו': **נביאות היו.** כדילפינן לעיל בפרשה ס"ז. ולכאורה נעלם זה מהמהרש"א בחדושי אגדות ברכות פרק הרואה (ס, א ד"ה י"ב): **נתכנסו כו'.** טעם הכנוס מפני שהתפלה יותר נשמעת בכנוס דזכות הרבים עדיף. ואף על פי שאין רמז בכתוב לזה, מסברא קאמר שהתפללו באופן יותר נאות שאפשר (יפה תואר):

פירוש מהרז"ו

אמר רבי חנינא בר פזי. שייך למטה למה שכתוב אמרה עוד א' כו' וכמו שאמרו בירושלמי שם (ברכות פ"ט ה"ג), לזה הקדים שהיתה מן האמהות, שהרי זה ידוע שהאמהות נביאות היו כמו שאמרו לעיל (סז, ט), והוא בסדר עולם (פרק כא) ובמדרש תהלים (מזמור קה) ובנביאי אל תרעו (שם קה, טו) אלו האמהות כו': **נתכנסו.** התפללו שהתפלה בלשון מדרש כניסה, וכמו שאמרו (פד, א) כנוסו וכנוס בניו עיין מה שכתבתי שם:

חידושי הרד"ל

תפקד עוד זאת. כאן צריך להיות דרשה דשבטים בלחם שבראש הפרשה, כמו שכתבתי לעיל בסייעתא דשמיא:

חידושי הרש"ש

[ו] {**איתיביה והכתיב ואחר ילדה בת וכו' שאמרה יוסף ה' לי בן אחר.** אולי סבר דפירוש ואחר וגו' היינו לאחר לידת רחל את יוסף, וכמאן דאמר אחר מופלג לעיל (מד, ה):} **דאמרו דיינו זכרים.** נראה דדריש זה משם דינה:

אמרי יושר

[ו] **אמהות נביאות היו.** ואם כן יוסף ה' לי בן אחר היא גזירה [ו]לא תפילה:

מסורת המדרש

יא. ברכות ס':

ענף יוסף

(ו) **נתכנסו כל האמהות.** אין לשון אמהות זה כלשון אמהות דרבי חנינא דלעיל דהכא על כרחך אלאה ובלהה וזלפה קאמר, אלא דאין לשון אמהות דוקא (יפה תואר):

מתנות כהונה

יליאתו לעולם וקשה לרבי ינאי שאמר שבשעה שיושבת על המשבר אי אפשר להשתנות ומשני עיקר ברייתו זכר היה כמו שאמרה ומתפלתה של רחל נהפך מיד לנקבה וכן פי' רש"י ובסוף פרק הרואה משמע דה"ג והכתיב ואחר ילדה בת ואמר ר' אבא עיקר ברייתו כו'. וקשה לכל הני תנאי דלעיל דסברי דלא מהני צלותא אחר ארבעים יום ומשני אמר רבי חנינא האמהות נביאות היו והיה עמהם דרך נס ושנוי טבע והכי משני נמי בפרק הרואה. והכי סליק שפיר טפי: **עוד זאת.** רחל עיקר:

אשד הנחלים

ודאי דהוא כל יכול, רק אם יקרה זה שיהיה מחפץ ה' לשנות בשביל האדם זה. ובזה פליגי, כי גם הניסים יש להם גבול מיוחד. ועיין במתנות כהונה הגרסא האמיתית. ועיין בירושלמי בפרק הרואה: **מן האמהות.** ולהם יתכן שהיה נס גדול נעלה מדרך טבע הנסים הפשוטים: **עוד אחד.** כי ידעה בנבואה שרק י"ב יעמיד ובקשה שיוסיף לה שיהיה זה ממנה. ודעת ר' חנינא שכל האמהות בקשו ג"כ על זה, ואולי יש רמז לזה בכתוב, וזהו כמו שאמרו בפרשיות הקודמות למה ז"ה בגימטריא י"ב:

Chapter 73

וַיִּזְכֹּר אֱלֹהִים אֶת רָחֵל וַיִּשְׁמַע אֵלֶיהָ אֱלֹהִים וַיִּפְתַּח אֶת רַחְמָהּ.
God remembered Rachel; God hearkened to her and He opened her womb (30:22).

§1 וַיִּזְכֹּר אֱלֹהִים אֶת רָחֵל — *GOD REMEMBERED RACHEL . . . AND HE OPENED HER WOMB.*

The Midrash expounds a verse from *Psalms* as referring to God's remembering Rachel:

"זָכְרֵנִי ה׳ בִּרְצוֹן עַמֶּךָ פָּקְדֵנִי בִּישׁוּעָתֶךָ" — ***Remember me, HASHEM, when You show Your people favor; recall me with Your salvation*** (*Psalms* 106:4). אָמַר רַבִּי אֶלְעָזָר: בְּרֹאשׁ הַשָּׁנָה נִפְקְדָה שָׂרָה רָחֵל וְחַנָּה — **R' Elazar said:** It was **on Rosh Hashanah** that **Sarah, Rachel, and Hannah were remembered** by God and it was decreed that they would bear children.[1]

§2 וַיִּזְכֹּר אֱלֹהִים אֶת רָחֵל — *GOD REMEMBERED RACHEL.*

The Midrash expounds a verse from *Psalms* as indicating that God remembered Rachel in the merit of Abraham and Jacob: "זָכַר חַסְדּוֹ וֶאֱמוּנָתוֹ לְבֵית יִשְׂרָאֵל רָאוּ כָל אַפְסֵי אָרֶץ אֵת יְשׁוּעַת אֱלֹהֵינוּ" — ***He recalled his kindness and his faithfulness to the house of Israel; all ends of the earth have seen the salvation of our God*** (*Psalms* 98:3). "זָכַר חַסְדּוֹ" זֶה אַבְרָהָם — ***He recalled "his" kindness*** — **this** refers to **Abraham,**[2] whose defining character trait was kindness, שֶׁנֶּאֱמַר "חֶסֶד לְאַבְרָהָם" — **as it states, *kindness to Abraham*** (*Micah* 7:20); "וֶאֱמוּנָתוֹ" זֶה יַעֲקֹב — ***and "his" faithfulness*** — **this** refers to **Jacob,** whose defining character trait was faithfulness, שֶׁנֶּאֱמַר "תִּתֵּן אֱמֶת לְיַעֲקֹב" — **as it states, *Grant truth to Jacob*** (ibid.); "לְבֵית יִשְׂרָאֵל" יִשְׂרָאֵל סָבָא — ***to the house of Israel*** — *Israel* here is a reference to **Israel the Elder,** i.e., Jacob; מִי הָיָה בֵּיתוֹ שֶׁל אָבִינוּ יַעֲקֹב, לֹא רָחֵל — and **who was the** ***house** of Israel*, i.e., the main wife **of our father Jacob**[3] — was it **not Rachel?!** Indeed, it was Rachel.[4]

The Midrash proves that Rachel was Jacob's primary wife: בְּכוּלָּם כְּתִיב "בְּנֵי לֵאָה בְּכוֹר יַעֲקֹב רְאוּבֵן" — **Regarding all of [Jacob's other wives] it is written, *the sons of Leah: Jacob's firstborn, Reuben, etc.*** (below, 35:23), "וּבְנֵי זִלְפָּה שִׁפְחַת לֵאָה גָּד וְאָשֵׁר" — ***and the sons of Zilpah, maidservant of Leah: Gad and Asher*** (ibid., v. 26), "וּבְנֵי בִלְהָה שִׁפְחַת רָחֵל דָּן וְנַפְתָּלִי" — ***and the sons of Bilhah, maidservant of Rachel: Dan and Naphtali*** (ibid., v. 25). All the other wives (Leah, Zilpah, and Bilhah) are mentioned without reference to their husband, Jacob. וּבְרָחֵל כְּתִיב "בְּנֵי רָחֵל אֵשֶׁת יַעֲקֹב" — However, **regarding Rachel it is written, *The sons of Rachel, Jacob's wife:*** *Joseph and Benjamin* (ibid. 46:19). Only Rachel is called *Jacob's wife*, which indicates that she was Jacob's primary wife.

NOTES

1. Rosh Hashanah is considered a time when God "shows His people favor," for as a nation we are confident that we will be judged favorably by God (see *Vayikra Rabbah* 29 §7-10, et al.). The Psalmist is saying that God should *remember* him and *recall* him *on Rosh Hashanah*, when He "remembers" all of Israel favorably — for the merits of the community are greater than those of the individual. Our Midrash is saying that Rachel was "remembered" on Rosh Hashanah (*Eitz Yosef*, from *Yefeh To'ar*). *Eitz Yosef* (Vagshal edition) explains that once it became a day of merit for the Matriarchs (Sarah and Rachel), God established Rosh Hashanah as a day of favorable remembrance for the Jewish people for eternity. This is in keeping with the idea of מַעֲשֵׂי אָבוֹת סִימָן לְבָנִים — that which happens to the Patriarchs (and Matriarchs) serves as a harbinger for what will happen to their descendants.

[The concept that one's prayers are answered more readily, and that one is judged more favorably, as part of the larger community is reflected in Jewish law. See *Kitzur Shulchan Aruch* 12:7 and *Mishnah Berurah* 591:14.]

See Insight Ⓐ.

2. I.e., the verse means that God remembered Abraham's kindness. [The Midrashic interpretation of this verse thus differs from its plain meaning, according to which חַסְדּוֹ וֶאֱמוּנָתוֹ refer to *God's* kindness and faithfulness (see *Radak* and *Metzudas David* ad loc.); see further.]

3. The term *house* is used by the Sages to refer to a wife, who is the mainstay of the home. See e.g., *Rus Rabbah* 2 §8, *Shabbos* 118b. Our Midrash takes the word *house* in the *Psalms* verse in the same vein.

4. The *Psalms* verse thus tells us that God recalled Abraham's kindness and Jacob's faithfulness, and applied those merits to Rachel. [The verse contains no reference to Isaac, for his defining characteristic was strict justice, and the application of that trait would not likely be instrumental in bringing salvation to one in need (*Eitz Yosef* s.v. ואמונתו).]

INSIGHTS

Ⓐ **Remembered on Rosh Hashanah** The Midrash commentators quoted above take the "remembrances" of Sarah, Rachel, and Hannah — namely, that they should conceive — merely as an example (or model) of God's general remembering of our prayers and merits on this day. However, in his *Toras HaMinchah* (Vol. 2, *LeRosh Hashanah, Derashah* 77, p. 699), *R' Yaakov Sakali*, a disciple of *Rashba*, links specifically the "remembrance" of conception to Rosh Hashanah. When Adam and Eve sinned, their punishments — which for Eve included, *I will greatly increase your suffering and your childbearing; in pain shall you bear children* (above, 3:16) — were issued on Rosh Hashanah (*Vayikra Rabbah* 29 §1). Therefore, the verdicts regarding the conception and birth of all their descendants, especially long-suffering barren women, are issued on this day. [The Midrash highlights this aspect of Rosh Hashanah by mentioning three famous examples thereof.]

A much more recent author, *R' Yitzchak Kosovsky*, in an elaborate exposition of this Midrash, proposes that it wishes to emphasize that these three great women in particular were "remembered" on this day. Rosh Hashanah is the day we proclaim our renewed allegiance to God's Kingship, solemnly resolving to perform His will under all circumstances. As will be demonstrated, the children of these three women — Isaac, Joseph, and Samuel — played pivotal roles in establishing this level of acceptance of God's Kingship among the people of Israel; hence, their mothers were "remembered" on Rosh Hashanah.

The heroic ability of Jews throughout the ages to adhere to the will of God even at the expense of their lives was inherited from our forefather Isaac, who was prepared to die at the *Akeidah* for the sake of God. His mother, Sarah, was "remembered" on Rosh Hashanah.

The life of the righteous Joseph encompassed the entire historical gamut of the Jewish experience. He was the first Jew to be taken from his family and home and sent into exile and slavery in a foreign country. He was imprisoned on a false charge, and eventually rose to rule the land. And throughout, he maintained his humble nature, his proud identity as a "Hebrew" who faithfully observed his religion, and remained holy and pure amid the immorality of Egypt, unwavering in his faith in God. He was the model for all future Jews as to how to remain loyal to God in both times of despair and exaltedness. His mother Rachel was "remembered" on Rosh Hashanah.

God's sovereignty over Israel is inextricably linked to our recognition that we cannot have a human king in the mold of all other nations, to further his own aims and his own glory. The role of the Jewish king is to enforce the laws of the Torah, to teach the Jewish people the path of justice and righteousness, and to fortify the Kingship of God among them. It was Samuel who stood in the breach when the people petitioned him to *appoint for us a king to judge us "like all the nations"* (*I Samuel* 8:5). It was he who rebuked them with the clear declaration that *HASHEM your God is your King* (ibid. 12:12). It was he who instilled in the people the realization of the true nature of the Jewish king. His mother Hannah was "remembered" on Rosh Hashanah (*Shabbos U'Moed* II, *Rosh Hashanah*: Essay 3, pp. 184-194). The seeds of God's Kingship in our nation — and in our own lives — are sown on Rosh Hashanah.

פרשה עג

א [ל, כב] **"וַיִּזְכֹּר אֱלֹהִים אֶת רָחֵל"**, (תהלים קו, ד) **"זָכְרֵנִי ה' בִּרְצוֹן עַמֶּךָ פָּקְדֵנִי בִּישׁוּעָתֶךָ"**, [א]**אָמַר רַבִּי אֶלְעָזָר: בְּרֹאשׁ הַשָּׁנָה נִפְקְדָה שָׂרָה רָחֵל וְחַנָּה:**

ב [ל, כב] **"וַיִּזְכֹּר אֱלֹהִים אֶת רָחֵל**, (תהלים צח, ג) [ב]**"זָכַר חַסְדּוֹ וֶאֱמוּנָתוֹ לְבֵית יִשְׂרָאֵל רָאוּ כָל אַפְסֵי אָרֶץ אֵת יְשׁוּעַת אֱלֹהֵינוּ", "זָכַר חַסְדּוֹ" זֶה אַבְרָהָם, שֶׁנֶּאֱמַר** (מיכה ז, כ) **"חֶסֶד לְאַבְרָהָם", "וֶאֱמוּנָתוֹ" זֶה יַעֲקֹב, שֶׁנֶּאֱמַר** (שם) **"תִּתֵּן אֱמֶת לְיַעֲקֹב", "לְבֵית יִשְׂרָאֵל", יִשְׂרָאֵל סָבָא, מִי הָיָה בֵּיתוֹ שֶׁל אָבִינוּ יַעֲקֹב, לֹא רָחֵל, בְּכוּלָּם כְּתִיב** (לקמן לה, כג) **"בְּנֵי לֵאָה בְּכוֹר יַעֲקֹב רְאוּבֵן",** (שם שם כו) **"וּבְנֵי זִלְפָּה שִׁפְחַת לֵאָה גָּד וְאָשֵׁר",** (שם שם כה) **"וּבְנֵי בִלְהָה שִׁפְחַת רָחֵל דָּן וְנַפְתָּלִי", וּבְרָחֵל כְּתִיב** (לקמן מו, יט) **"בְּנֵי רָחֵל אֵשֶׁת יַעֲקֹב". °דָּבָר אַחֵר°,** (תהלים צח, ג) **"זָכַר חַסְדּוֹ וֶאֱמוּנָתוֹ לְבֵית יִשְׂרָאֵל", "וַיִּזְכֹּר אֱלֹהִים אֶת רָחֵל וַיִּשְׁמַע אֵלֶיהָ":**

ג (תהלים נה, יט) **"פָּדָה בְשָׁלוֹם נַפְשִׁי מִקְּרָב לִי כִּי בְרַבִּים הָיוּ עִמָּדִי", [ג]זֶה יַעֲקֹב, "מִקְּרָב לִי", שֶׁלֹּא תִקְרַב לִי עֲצָתוֹ שֶׁל רָשָׁע, שֶׁלֹּא יֹאמַר: זוֹ שֶׁיָּלְדָה יִטְּלֶנָּה עִמּוֹ וְזוֹ שֶׁלֹּא יָלְדָה אַל יִטְּלֶנָּה עִמּוֹ. °דְּאָמַר רַבִּי יוּדָן בְּשֵׁם רַבִּי אֵייבוּ: בְּהַרְבֵּה תְּפִלּוֹת נִפְקְדָה רָחֵל שֶׁנֶּאֱמַר "וַיִּזְכֹּר אֱלֹהִים אֶת רָחֵל", רָחֵל בִּזְכוּתָהּ, "אֶת רָחֵל" בִּזְכוּת אֲחוֹתָהּ, "וַיִּשְׁמַע אֵלֶיהָ אֱלֹהִים", בִּזְכוּת יַעֲקֹב, "וַיִּפְתַּח" בִּזְכוּת הָאִמָּהוֹת. אָמַר רַבִּי שְׁמוּאֵל בַּר נַחְמָן: [ד]אוֹי לָהֶם לָרְשָׁעִים שֶׁהֵם מְהַפְּכִין מִדַּת רַחֲמִים לְמִדַּת הַדִּין, בְּכָל מָקוֹם שֶׁנֶּאֱמַר "ה'" מִדַּת רַחֲמִים, שֶׁנֶּאֱמַר** (שמות לד, ו) **"ה' ה' אֵל רַחוּם וְחַנּוּן אֶרֶךְ אַפַּיִם וְרַב חֶסֶד", וּכְתִיב** (לעיל ו, ה-ז) **"וַיַּרְא ה' כִּי רַבָּה רָעַת הָאָדָם בָּאָרֶץ ... וַיִּנָּחֶם ה' ... וַיֹּאמֶר ה' אֶמְחֶה", וְאַשְׁרֵיהֶם הַצַּדִּיקִים שֶׁהֵם הוֹפְכִין מִדַּת הַדִּין לְמִדַּת רַחֲמִים, בְּכָל מָקוֹם שֶׁנֶּאֱמַר "אֱלֹהִים" הוּא מִדַּת הַדִּין,**

עץ יוסף

(א) **ויזכור אלהים את רחל כו'.** שכשירלה ה' את עמו דהיינו ברחש השנה שמובטחים שהם נזכרים לטובה כמו שאמר לקמן במדרש ויקרא רבה פרשה כ"ט ובירושלמי פרק קמא דראש השנה (ה"ג), יזכרהו ה' עמהם דזכות הרבים עדיף. והיינו נמי פקדני בישועתך (יפה תואר): **בראש השנה נפקדה.** פירוש בא זכרונן לטובה ונגזר עליהן הריון (רש"י): **זכר חסדו כו'.** דריש ויזכור אלהים את רחל על ידי זכות אבות על דרך זכור לאברהם. והביא סמך לזה מקרא זכר חסדו וגו': **זה אברהם.** שמדתו חסד שנאמר חסד לאברהם: **זה יעקב.** שמדתו אמת שנאמר תתן אמת ליעקב. ולא נזכר פה גם יצחק כי מדתו הוא גבורה ודין הנקרא פחד כדכתיב (בראשית לא, מב) ופחד יצחק, ובמדת הדין לא תהיה לנו תקומה חס ושלום ועבור זה לא נזכר יצחק בפסוק כי אתה אבינו וכדמפרש לעיל (פרשה סז, ו): **ישראל סבא כו'.** משום שהיא המבקשת על הישועה והנעתרת בזה כאומר (ירמיה לא, יד) רחל מבכה על בניה, ואמר שרחל נענתה אז בזכות האבות. ודייק זה דלבית ישראל מיירי ברחל אשת ישראל סבא, דבית זו אשה: **דבר אחר זכר חסדו כו'.** דריש על דרך הרמז על רחל שזכר הקדוש ברוך הוא מדת חסד של אברהם ומדת האמת של יעקב לבית ישראל זו רחל שפקדה בבנים: (ג) **פדה בשלום כו'.** שבהרבה תפלות נפקדה כדמסיק, ועל קבלת התפלה ילדק לשון זכירה שעל ידי התפלה הם כמזכירים עצמם לפני ה' ובכן יעלה זכרונם לפניו, על דרך (ראש השנה טז, א) אמרו לפני זכרונות כדי שיבא זכרוניכם לפני לטובה (יפה תואר): **זה יעקב.** דריש ליה ביעקב כי ילדק עניינו גם כן ביעקב. אבל קשה דהוי לי למימר זה רחל כי היא הנפדית מיד עשו. לכן נראה דגירסת הילקוט עיקר דגרס זה רחל דפירוש של רשע זה עשו (נזר הקודש): **של רשע.** הוא לבן (מתנות כהונה): **דאמר רבי יודן כו'.** ופירושו כי בזכות רבים שהיה עמי נפדתי (יפה תואר): **רחל בזכותה.** שהכניסה צרתה לביתה: **בזכות אחותה.** דאתין וגמין רבוין וריבה את אחותה שהתפללה עליה כדאמר בגמרא (ברכות ס, א) גבי ואחר ילדה בת (יפה תואר). או פירוש בזכות אחותה שתיקתה לאחותה: **בזכות יעקב.** דאם לא כן וישמע אליה אלהים למה לי בויזכור אלהים את רחל סגי (יפה תואר): **בזכות האמהות.** שכולן התפללו עליה כדלעיל סוף פרשה ע"ב:

פירוש מהרז"ו

(א) **זכרני ה'.** עיין לקמן (פט, ב): (ב) **ויזכור אלהים את רחל.** ושואל להלן (ריש סימן ד) מה זכירה זכר לה, וזה שאמר כאן זכר חסדו לבית ישראל וביתו זו אשתו: **דבר אחר זכר חסדו** טעות סופר, וצריך לומר הוי זכר חסדו, ובילקוט (רמז קל) הגירסא וכן זכר חסדו סיום הדרשה הנ"ל: (ג) **פדה בשלום נפשי.** עיין לעיל (סח, יא) שכל ספר תהלים אמרו יעקב, ולשון הילקוט תהלים (רמז תשעב) דבר אחר פדה בשלום נפשי על רחל נאמר, ומה שאמר כאן זה יעקב רצה לומר שהוא אמר זה אודות רחל. והרמז שבכאן על רחל אולי מלשון עמדי, כמו שאמרו לעיל (יט, יב) באדם ובאיוב עיין שם: **אוי להם.** לעיל (לג, ג), ושם גם כן רבי שמואל בר נחמן:

[ב] **אוי להם לרשעים כו'.** לעיל בפרשה ל"ג ושם פירשתי:

חידושי הרש"ש

[ב] {**וברחל כתיב בני רחל אשת יעקב דבר אחר זכר חסדו ואמונתו כו'.** ובילקוט הגירסא (רמז קל) לכך כתיב זכר כו' וכן צריך לומר:} [ג] {**פדה בשלום נפשי מקרב לי כי ברבים היו עמדי זה יעקב.** אולי צריך לומר רחל:} **פדה בשלום נפשי כו'. וזו שלא ילדה כו'.** נראה לפרש על פי הכתוב (תהלים קכח, ו) וראה בנים לבניך שלום וגו':

ידי משה

[ג] **זו שילדה יטלנה עמו.** קאי על עשו על דרך שאמרו חכמינו ז"ל (בראשית רבה ע, טז) ועיני לאה רכות שהיו אומרים הגדולה לגדול וכו' והיה מתיירא שלא יטלנה עשו לרחל, והכי פירושו שלא יאמר זו שילדה יטלנה עמו פירש לאה שילדה יטלנו עמו פירש אף שהיא מזומנת לו, וזו שלא ילדה אל יטלנה עמו ויקח עשו אותה ודוק, אי נמי שלא יאמר זו שילדה יטלנה וכו' פירוש שלא יקח לבן את רחל ממנו מתוך שלא ילדה לו. וקל להבין:

שינוי נוסחאות

(ב) **דבר אחר, זכר חסדו ואמונתו.** מתנות כהונה הגיה בשם ילקוט דצ"ל "לכך כתיב" במקום "דבר אחר", (כן איתא בילקוט דפוס ישן, אבל בילקוט של היום כתוב כמו לפנינו כאן):

(ג) **דאמר רבי יודן בשם רבי אייבו בהרבה תפלות.** לפני "דאמר" צ"ל "כי ברבים וגו'", כן הגיה מתנות כהונה, וכן הוא בת-א:

מסורת המדרש

א. ר"ה י':
ב. ילקוט תהלים רמז תתכ"ב:
ג. מדרש תהלים מזמור כ"ה. ילקוט תהלים רמז תשע"ב:
ד. לעיל פ' ל"ג. ילקוט סדר נח רמז כ"ז:

אם למקרא

זָכְרֵנִי ה' בִּרְצוֹן עַמֶּךָ פָּקְדֵנִי בִּישׁוּעָתֶךָ: (תהלים קו:ד)

תִּתֵּן אֱמֶת לְיַעֲקֹב חֶסֶד לְאַבְרָהָם אֲשֶׁר נִשְׁבַּעְתָּ לַאֲבֹתֵינוּ מִימֵי קֶדֶם: (מיכה ז:כ)

זָכַר חַסְדּוֹ וֶאֱמוּנָתוֹ לְבֵית יִשְׂרָאֵל רָאוּ כָל־אַפְסֵי אָרֶץ אֵת יְשׁוּעַת אֱלֹהֵינוּ: (תהלים צח:ג)

בְּנֵי לֵאָה בְּכוֹר יַעֲקֹב רְאוּבֵן וְשִׁמְעוֹן וְלֵוִי וִיהוּדָה וְיִשָּׂשכָר וּזְבֻלוּן: (בראשית לה:כג)

וּבְנֵי בִלְהָה שִׁפְחַת רָחֵל דָּן וְנַפְתָּלִי: וּבְנֵי זִלְפָּה שִׁפְחַת לֵאָה גָּד וְאָשֵׁר אֵלֶּה בְּנֵי יַעֲקֹב אֲשֶׁר יֻלַּד לוֹ בְּפַדַּן אֲרָם: (שם שם כה-כו)

בְּנֵי רָחֵל אֵשֶׁת יַעֲקֹב יוֹסֵף וּבִנְיָמִן: (שם מו:יט)

פָּדָה בְשָׁלוֹם נַפְשִׁי מִקְּרָב לִי כִּי בְרַבִּים הָיוּ עִמָּדִי: (תהלים נה:יט)

וַיַּעֲבֹר ה' עַל פָּנָיו וַיִּקְרָא ה' ה' אֵל רַחוּם וְחַנּוּן אֶרֶךְ אַפַּיִם וְרַב חֶסֶד וֶאֱמֶת: (שמות לד:ו)

וַיַּרְא ה' כִּי רַבָּה רָעַת הָאָדָם בָּאָרֶץ וְכָל יֵצֶר מַחְשְׁבֹת לִבּוֹ רַק רַע כָּל הַיּוֹם: וַיִּנָּחֶם ה' כִּי עָשָׂה אֶת הָאָדָם בָּאָרֶץ וַיִּתְעַצֵּב אֶל לִבּוֹ: וַיֹּאמֶר ה' אֶמְחֶה אֶת הָאָדָם אֲשֶׁר בָּרָאתִי מֵעַל פְּנֵי הָאֲדָמָה מֵאָדָם עַד בְּהֵמָה עַד רֶמֶשׂ וְעַד עוֹף הַשָּׁמָיִם כִּי נִחַמְתִּי כִּי עֲשִׂיתִם: (בראשית ו:ה-ז)

רש"י

(ג) **פדה בשלום נפשי.** זה יעקב. **מקרב לי שלא תקרב לי עצתו של רשע שלא יאמר זו שילדה יטלנו עמו. וזו שלא ילדה לא יטלנו עמו. כי ברבים היו עמדי. בהרבה תפלות נפקדה:**

מתנות כהונה

[א] **ויזכור אלהים.** ראש השנה נקרא יום הזכרון: [ב] **ביתו.** עיקר ביתו: הכי גרסינן בילקוט סדר זה ובתהלים אשת יעקב לכך כתיב זכר וגו': [ג] **של רשע.** לבן: **ה"ג אל יטלנה עמו כי ברבים וגו' דאמר:**

אשד הנחלים

[א] **זכרני גו' נפקדה שרה.** שם פקידה הונח על השגחה הנסית וכן שם זכירה, כמו שזוכר הדבר השכוח כן מכונה הדבר אשר בטבע לא היה נפקד בטובה ההוא, רק נזכר לפקדו בהשגחה לטובה. והנה ראש השנה הוא יום נועד להשגחה ולפקידה לטוב לטובים. וזהו שביקש דוד שיזכר גם הוא בתוך הנפקדים לטובה בעת שיפקדו גם הם: [ב] **זכר חסדו.** זהו דרוש אחר: **זה אברהם.** כי תכונתו היה חסד, ועל כן לעומתו מדת החסד מלמעלה היה גובר, כי המדות העליונות מתעוררים למעלה כפי הפעולות למטה. ומדת האמת שהוא האמונה שהוא מלשון קיום, כדבר האמת וקיים לעד, על דרך (ישעיה כב, כג) ותקעתיו יתד במקום נאמן. ואמר לביתו זה עיקרו ויסודו של ישראל זהו רחל, ולה היה זכירה לטובה לפקדה בהשגחה טובה בבנים: [ג] **עצתו של רשע.** זה עשו שלא יגרש יעקב לרחל מפני שהיא עקרה ויקחנה עשו (ידי משה): **בהרבה.** וזהו כי ברבים, כלומר בשביל תפלות הרבה, למענו ולמענה ולמען אחותה. ולכן כתיב כאן לשונות הרבה של פקידה וזכירה ופתיחה, להורות שהרבה סבות של פקידה היה: **למדת הדין כו'.** כלומר הצדיקים בזכות מעשיהם הטובים גם שורת הדין מסכים שהם ראוים להשגה הנסיית ולפוקדם לטובה, ולכן נאמר ויפקוד אלהים זהו מדת הדין, ולהיפך ברשעים

The Midrash summarizes its exposition:

לְכָךְ כְּתִיב "זָכַר חַסְדּוֹ וֶאֱמוּנָתוֹ לְבֵית יִשְׂרָאֵל" — **Therefore it is written, *He recalled his kindness and his faithfulness to the house of Israel*** (*Psalms* 98:3). "וַיִּזְכֹּר אֱלֹהִים אֶת רָחֵל וַיִּשְׁמַע אֵלֶיהָ" — This verse serves to explain our verse's statement that ***God remembered Rachel; God hearkened to her*** *and He opened her womb.*

§3 The Midrash expounds yet another verse from *Psalms* as relating to God's remembering Rachel:

"פָּדָה בְשָׁלוֹם נַפְשִׁי מִקְּרָב לִי כִּי בְרַבִּים הָיוּ עִמָּדִי" — ***He*** **(God)** ***redeemed my soul in peace from battles against me, for through many they were with me*** (*Psalms* 55:19) — זֶה יַעֲקֹב — **this is** a reference to **Jacob;**[5] "מִקְּרָב לִי" שֶׁלֹּא תִקְרַב לִי עֲצָתוֹ שֶׁל רָשָׁע — the phrase ***from battles*** [מִקְּרָב] ***against me*** means **that the plan of the wicked one**[6] **should not come near** (תִקְרַב) **me,** שֶׁלֹּא יֹאמַר: זוֹ שֶׁיָּלְדָה יִטְּלֶנָּה עִמּוֹ — i.e., **that he should not say, "This** woman **who has borne children,** i.e., Leah, **[Jacob] should** be allowed to **take her with him** to *Eretz Yisrael;* וְזוֹ שֶׁלֹּא יָלְדָה אַל יִטְּלֶנָּה עִמּוֹ — **and this** woman **who has not borne children,** i.e., Rachel, **[Jacob] should not** be allowed to **take her with him** to *Eretz Yisrael.*"[7]

The Midrash continues to expound the *Psalms* verse as related to God remembering Rachel:

"כִּי בְרַבִּים וגו'" — ***For through many*** *they were with me.* דְּאָמַר רַבִּי יוּדָן בְּשֵׁם רַבִּי אַיְיבוּ: בְּהַרְבֵּה תְּפִלּוֹת נִפְקְדָה רָחֵל — **As R' Yudan said in the name of R' Eivu: Through many prayers,** and the merits generated thereby, **Rachel was remembered** by God and given the ability to bear children.[8] שֶׁנֶּאֱמַר "וַיִּזְכֹּר אֱלֹהִים אֶת רָחֵל" רָחֵל בִּזְכוּתָהּ — The Midrash shows that our verse alludes to the many people in whose merit Rachel became able to conceive. **For it states, *God remembered Rachel*** — this means that **Rachel** was remembered **in her own merit.**[9] "אֶת רָחֵל" בִּזְכוּת אֲחוֹתָהּ — *God remembered* ***"es"*** [אֶת] ***Rachel*** — this means that Rachel was remembered **in the merit of her sister,** Leah.[10] "וַיִּשְׁמַע אֵלֶיהָ אֱלֹהִים" בִּזְכוּת יַעֲקֹב — ***God hearkened to her*** — this occurred **in the merit of Jacob.**[11] "וַיִּפְתַּח" בִּזְכוּת הָאִמָּהוֹת — ***And He opened*** *her womb* — this occurred **in the merit of the Matriarchs.**[12]

The Midrash comments on how the actions of the wicked affect the way God interacts with His creations:

אָמַר רַבִּי שְׁמוּאֵל בַּר נַחְמָן: אוֹי לָהֶם לָרְשָׁעִים — **R' Shmuel bar Nachman said: Woe to the wicked!** שֶׁהֵם מְהַפְּכִין מִדַּת רַחֲמִים לְמִדַּת הַדִּין — **For they convert** God's **Attribute of Mercy to the Attribute of Strict Justice.**

The Midrash proves this idea:

בְּכָל מָקוֹם שֶׁנֶּאֱמַר "ה'" מִדַּת רַחֲמִים — **In every place** in Scripture **that it states *HASHEM,***[13] that Name represents the Divine **Attribute of Mercy,** שֶׁנֶּאֱמַר "ה' ה' אֵל רַחוּם וְחַנּוּן אֶרֶךְ אַפַּיִם וְרַב חֶסֶד" — **as it states, *HASHEM, HASHEM, God, Merciful and Gracious, Slow to Anger, and Abundant in Kindness*** *and Truth* (*Exodus* 34:6).[14] וּכְתִיב "וַיַּרְא ה' כִּי רַבָּה רָעַת הָאָדָם בָּאָרֶץ . . . וַיִּנָּחֶם ה' . . . וַיֹּאמֶר ה' אֶמְחֶה" — **Yet it is written** in regard to the prelude to the Flood, ***HASHEM saw that the wickedness of Man was great upon the earth,*** *and that every product of the thoughts of his heart was but evil always.* ***And HASHEM reconsidered*** *having made Man on earth, and He had heartfelt sadness.* ***And HASHEM said, "I will blot out*** *Man whom I created, etc."* (*Genesis* 6:5-7).[15]

The Midrash comments on how the actions of the righteous affect the way God interacts with His creations:

וְאַשְׁרֵיהֶם הַצַּדִּיקִים — **And** by contrast, **praiseworthy are the righteous!** שֶׁהֵם הוֹפְכִין מִדַּת הַדִּין לְמִדַּת רַחֲמִים — **For they convert** God's **Attribute of Strict Justice to the Attribute of Mercy.**

The Midrash proves this idea:

בְּכָל מָקוֹם שֶׁנֶּאֱמַר "אֱלֹהִים" הוּא מִדַּת הַדִּין — **In every place** in Scripture **that it states *ELOHIM*** [אֱלֹהִים], **that** Name **represents the** Divine **Attribute of Strict Justice,**

NOTES

5. I.e., Jacob is the speaker in this verse — see R' Shmuel bar Nachman's statement at the end of 68 §11 above (*Maharzu*). Alternatively: While David is certainly the speaker in this verse, the Midrash expounds it as relevant to Jacob as well (*Yefeh To'ar*).

In the parallel Midrash in *Yalkut Shimoni* (*Psalms* §772), the words זֶה יַעֲקֹב are replaced by the words: עַל רָחֵל נֶאֱמַר — **it was said about Rachel.** *Nezer HaKodesh,* cited by *Eitz Yosef,* emends our text accordingly; see also *Rashash.* See note 8.

6. I.e., Esau (*Nezer HaKodesh*; *Yedei Moshe,* first interpretation). For another explanation, see end of next note.

7. *Nezer HaKodesh* explains: The Midrash in 70 §16 above states that it was expected that Isaac's sons Esau and Jacob would marry Laban's daughters Leah and Rachel — the older son Esau marrying the older daughter Leah, and the younger son Jacob marrying the younger daughter Rachel. Now, Jacob married *both* sisters. But when Rachel did not bear children, Esau claimed that this proved that she was in fact supposed to be *his* wife. [In addition, he argued that since he had sold the birthright to Jacob, *he* had the status of the younger son.] Our Midrash is saying that Rachel, the speaker in the *Psalms* verse (according to *Nezer HaKodesh* cited in note 6), was redeemed from Esau's plan to have Jacob divorce her so that he (Esau) could marry her.

Alternatively: *Yefeh To'ar* explains that it was *Jacob* who was redeemed from Esau's plan (see note 6). [See ibid. for his elaboration of Esau's argument that Jacob must divorce Rachel.]

A third alternative: According to some commentators (*Matnos Kehunah*; *Yedei Moshe,* second interpretation), "the wicked one" mentioned in the Midrash is not Esau, but Laban. Accordingly, the Midrash is saying that Jacob was redeemed from *Laban's* plan to take Rachel back and not allow her to accompany him (Jacob) back to *Eretz Yisrael.*

8. The Midrash understands כִּי בְרַבִּים הָיוּ עִמָּדִי as *for through [the] many [prayers that] were with me [I was redeemed]* (*Yefeh To'ar,* cited by *Eitz Yosef*). [*Yefeh To'ar* agrees that *this* part of the verse refers to a redemption experienced by *Rachel.* According to *Nezer HaKodesh,* the Midrash was discussing Rachel all along (and it is saying here that Rachel's ability to have children would save her from Esau). See notes 6 and 8.]

9. I.e., in the merit of bringing a rival wife (Bilhah) into her house to marry Jacob (*Eitz Yosef*).

10. The Hebrew word אֶת is used to indicate a direct object and is generally not translatable. But it is often expounded as coming to include something (see *Pesachim* 22b) [perhaps because it can also mean *with*]. In our verse the phrase "אֶת רָחֵל" comes to include Leah. The Midrash means that the merit of Leah's prayers helped Rachel to be remembered by God; see *Berachos* 60a (*Eitz Yosef,* first interpretation, from *Yefeh To'ar*). Alternatively, in writing of "the merit of her sister," the Midrash is referring to Rachel's merit in remaining silent when her sister Leah was given to Jacob in her stead (*Eitz Yosef,* second interpretation; see §4 below).

11. Since the verse already stated, *God remembered Rachel,* the phrase *God hearkened to her* is extraneous. The Midrash thus expounds this phrase to include Jacob's merit as a contributing factor to God remembering Rachel (*Eitz Yosef,* from *Yefeh To'ar*).

12. The Midrash views the phrase *and He opened her womb* as extraneous, for it is self-evident in light of the next verse, *She conceived and bore a son* (*Yefeh To'ar*). [Indeed, when Scripture states that God remembered Sarah (above, 21:1-2) and Hannah (*I Samuel* 2:21) to be able to bear children, no such phrase appears.] The Midrash therefore expounds this phrase to include the Matriarchs' prayers as a contributing factor to God's remembering Rachel (*Eitz Yosef,* citing 72 §6 above; see note 57 there).

13. I.e., the Four-Letter Name of Hashem, spelled י-ה-ו-ה and pronounced *Adonai.* (Although the Midrash uses the abbreviation ה', *HASHEM,* it is actually the Name *Adonai* of which it is speaking. The Name *Adonai* appears as well in the verses cited next by the Midrash.)

14. The juxtaposition of the name *HASHEM* (i.e., *Adonai*) to Merciful indicates that this Name represents the Divine Attribute of Mercy.

15. Man's evil behavior caused God's Attribute of Mercy (represented by the Name *HASHEM,* i.e., *Adonai*) to interact with the world with strict justice.

פרשה עג

א [ל, כב] **"וַיִּזְכֹּר אֱלֹהִים אֶת רָחֵל"**, (תהלים קו, ד) **"זָכְרֵנִי ה' בִּרְצוֹן עַמֶּךָ פָּקְדֵנִי בִּישׁוּעָתֶךָ"**, **אאָמַר רַבִּי אֶלְעָזָר: בְּרֹאשׁ הַשָּׁנָה נִפְקְדָה שָׂרָה רָחֵל וְחַנָּה:**

ב [ל, כב] **"וַיִּזְכֹּר אֱלֹהִים אֶת רָחֵל**, (תהלים צח, ג) **ב"זָכַר חַסְדּוֹ וֶאֱמוּנָתוֹ לְבֵית יִשְׂרָאֵל רָאוּ כָל אַפְסֵי אָרֶץ אֵת יְשׁוּעַת אֱלֹהֵינוּ"**, **"זָכַר חַסְדּוֹ" זֶה אַבְרָהָם, שֶׁנֶּאֱמַר** (מיכה ז, כ) **"חֶסֶד לְאַבְרָהָם"**, **"וֶאֱמוּנָתוֹ" זֶה יַעֲקֹב, שֶׁנֶּאֱמַר** (שם) **"תִּתֵּן אֱמֶת לְיַעֲקֹב"**, **"לְבֵית יִשְׂרָאֵל"**, **יִשְׂרָאֵל סָבָא, מִי הָיָה בֵּיתוֹ שֶׁל אָבִינוּ יַעֲקֹב, לֹא רָחֵל, בְּכוּלָּם כְּתִיב** (לקמן לה, כג) **"בְּנֵי לֵאָה בְּכוֹר יַעֲקֹב רְאוּבֵן"**, (שם שם כו) **"וּבְנֵי זִלְפָּה שִׁפְחַת לֵאָה גָּד וְאָשֵׁר"**, (שם שם כה) **"וּבְנֵי בִלְהָה שִׁפְחַת רָחֵל דָּן וְנַפְתָּלִי"**, **וּבְרָחֵל כְּתִיב** (לקמן מו, יט) **"בְּנֵי רָחֵל אֵשֶׁת יַעֲקֹב"**. **°דָּבָר אַחֵר°**, (תהלים צח, ג) **"זָכַר חַסְדּוֹ וֶאֱמוּנָתוֹ לְבֵית יִשְׂרָאֵל"**, **"וַיִּזְכֹּר אֱלֹהִים אֶת רָחֵל וַיִּשְׁמַע אֵלֶיהָ":**

ג (תהלים נה, יט) **"פָּדָה בְשָׁלוֹם נַפְשִׁי מִקְּרָב לִי כִּי בְרַבִּים הָיוּ עִמָּדִי"**, **גזֶה יַעֲקֹב, "מִקְּרָב לִי", שֶׁלֹּא תִקְרַב לִי עֲצָתוֹ שֶׁל רָשָׁע, שֶׁלֹּא יֹאמַר: זוֹ שֶׁיָּלְדָה יִטְלֶנָּה עִמּוֹ וְזוֹ שֶׁלֹּא יָלְדָה אַל יִטְלֶנָּה עִמּוֹ, ° דְּאָמַר רַבִּי יוּדָן בְּשֵׁם רַבִּי אַיְבוּ: בְּהַרְבֵּה תְּפִלּוֹת נִפְקְדָה רָחֵל שֶׁנֶּאֱמַר "וַיִּזְכֹּר אֱלֹהִים אֶת רָחֵל", רָחֵל בִּזְכוּתָהּ, "אֶת רָחֵל" בִּזְכוּת אֲחוֹתָהּ, "וַיִּשְׁמַע אֵלֶיהָ אֱלֹהִים", בִּזְכוּת יַעֲקֹב, "וַיִּפְתַּח" בִּזְכוּת הָאִמָּהוֹת. אָמַר רַבִּי שְׁמוּאֵל בַּר נַחְמָן: דאוֹי לָהֶם לָרְשָׁעִים שֶׁהֵם מְהַפְּכִין מִדַּת רַחֲמִים לְמִדַּת הַדִּין, בְּכָל מָקוֹם שֶׁנֶּאֱמַר "ה'" מִדַּת רַחֲמִים, שֶׁנֶּאֱמַר** (שמות לד, ו) **"ה' ה' אֵל רַחוּם וְחַנּוּן אֶרֶךְ אַפַּיִם וְרַב חֶסֶד"**, **וּכְתִיב** (לעיל ו, ה-ז) **"וַיַּרְא ה' כִּי רַבָּה רָעַת הָאָדָם בָּאָרֶץ ... וַיִּנָּחֶם ה' ... וַיֹּאמֶר ה' אֶמְחֶה", וְאַשְׁרֵיהֶם הַצַּדִּיקִים שֶׁהֵם הוֹפְכִין מִדַּת הַדִּין לְמִדַּת רַחֲמִים, בְּכָל מָקוֹם שֶׁנֶּאֱמַר "אֱלֹהִים" הוּא מִדַּת הַדִּין,**

עץ יוסף

(א) **ויזכור אלהים את רחל כו'.** שכשירצה ה' את עמו דהיינו בראש השנה שמובטחים שהם נזכרים לטובה כמו שאמר לקמן במדרש ויקרא רבה פרשה כ"ט ובירושלמי פרק קמא דראש השנה (ה"ג), יזכרהו ה' עמהם דזכות הרבים עדיף. והיינו נמי פקדני בישועתך (יפה תואר): **בראש השנה נפקדה.** פירוש בא זכרונן לטובה ונגזר עליהן הריון (רש"י): **זכר חסדו כו'.** דריש ויזכור אלהים את רחל על ידי זכות אבות על דרך זכור לאברהם. והביא סמך לזה מקרא זכר חסדו וגו': **זה אברהם.** שמדתו חסד שנאמר חסד לאברהם: **זה יעקב.** שמדתו אמת שנאמר תתן אמת ליעקב. ולא נזכר פה גם יצחק כי מדתו הוא גבורה ודין הנקרא פחד כדכתיב (בראשית לא, מב) ופחד יצחק, ובמדת הדין לא תהיה לנו תקומה חס ושלום ועבור זה לא נזכר יצחק בפסוק כי אתה אבינו וכדמפרש לעיל (פרשה סז, ו): **ישראל סבא כו'.** משום שהיא המבקשת על הישועה והנעתרת בזה כאומר (ירמיה לא, יד) רחל מבכה על בניה, ואמר שרחל נענתה אז בזכות האבות. ודייק זה דלבית ישראל מיירי ברחל אשת ישראל סבא, דבית זו אשה: **דבר אחר זכר חסדו כו'.** דריש על דרך הרמז על רחל שזכר הקדוש ברוך הוא מדת חסד של אברהם ומדת האמת של יעקב לבית ישראל זו רחל שפקדה בבנים: (ג) **פדה בשלום כו'.** שבהרבה תפלות נפקדה כדמסיק, ועל קבלת התפלה ילדק לשון זכירה שעל ידי התפלה הם כמזכירים עצמם לפני ה' ובכן יעלה זכרונם לפניו, על דרך (ראש השנה טז, א) אמרו לפני זכרונות כדי שיבא זכרוניכם לפני לטובה (יפה תואר): **זה יעקב.** דריש ליה ביעקב כי ילדק ענינו גם כן ביעקב. אבל קשה דהוי לי למימר זה רחל כי היא הנפדית מיד עשו. לכן נראה דגירסת הילקוט עיקר דגרס זה רחל דפירוש של רשע זה עשו (נזר הקודש): **של רשע.** הוא לבן (מתנות כהונה): **דאמר רבי יודן כו'.** ופירושו כי בזכות רבים שהיה עמי נפדתי (יפה תואר): **רחל בזכותה.** שהכניסה צרתה לביתה: **בזכות אחותה.** דאתין וגמין רבויין וריבה את אחותה שהתפללה עליה כדאמר בגמרא (ברכות ס, א) גבי ואחר ילדה בת (יפה תואר). או פירוש בזכות אחותה שתיקתה לאחותה: **בזכות יעקב.** דאם לא כן וישמע אליה אלהים למה לי בויזכור אלהים את רחל סגי (יפה תואר): **בזכות האמהות.** שכולן התפללו עליה כדלעיל סוף פרשה ע"ב: [ב] **אוי להם לרשעים כו'.** לעיל בפרשה ל"ג ושם פירשתי:

פירוש מהרז"ו

(א) **זכרני ה'.** עיין לקמן (פט, ב): (ב) **ויזכור אלהים את רחל.** ושואל להלן (ריש סימן ד) מה זכירה זכר לה, וזה שאמר כאן זכר חסדו לבית ישראל וביתו זו אשתו: **דבר אחר זכר חסדו** טעות סופר, וצריך לומר הוי זכר חסדו, ובילקוט (רמז קל) הגירסא וכן זכר חסדו סיום הדרשה הנ"ל: (ג) **פדה בשלום נפשי.** עיין לעיל (סח, יא) שכל ספר תהלים אמרו יעקב, ולשון הילקוט תהלים (רמז תשעב) דבר אחר פדה בשלום נפשי על רחל נאמר, ומה שאמר כאן זה יעקב רצה לומר שהוא אמר זה אודות רחל. והרמז שבכאן על רחל אולי מלשון עמדי, כמו שאמרו לעיל (יט, יב) באדם ובאיוב עיין שם: **אוי להם.** לעיל (לג, ג), ושם גם כן רבי שמואל בר נחמן:

חידושי הרש"ש

[ב] {וברחל כתיב בני רחל אשת יעקב דבר אחר זכר חסדו ואמונתו כו'. ובילקוט הגירסא (רמז קל) לכך כתיב זכר כו' וכן צריך לומר:}

[ג] {פדה בשלום נפשי מקרב לי כי ברבים היו עמדי זה יעקב. אולי צריך לומר רחל:} **פדה בשלום נפשי כו'. וזו שלא ילדה כו'.** נראה לפרש על פי הכתוב (תהלים קכח, ו) וראה בנים לבניך שלום וגו':

ידי משה

[ג] **זו שילדה יטלנה עמו.** קאי על עשו על דרך שאמרו חכמינו ז"ל (בראשית רבה ע, טז) ועיני לאה רכות שהיו אומרים הגדולה לגדול וכו' והיה מתיירא שלא יטלנה עשו לרחל, והכי פירושו שלא יאמר זו שילדה יטלנה עמו פירש לאה שילדה יטלנו עמו פירש אף שהיא מזומנת לו, וזו שלא ילדה אל יטלנה עמו וישא עשו אותה ודוק, אי נמי שלא יאמר זו שילדה יטלנה וכו' פירוש שלא יקח לבן את רחל ממנו מתוך שלא ילדה לו. וקל להבין:

שינוי נוסחאות

(ב) **דבר אחר, זכר חסדו ואמונתו.** מתנות כהונה הגיה בשם ילקוט דצ"ל "לכך כתיב" במקום "דבר אחר", (כן איתא בילקוט דפוס ישן, אבל בילקוט של היום כתוב כמו לפנינו כאן):

(ג) **דאמר רבי יודן בשם רבי איבו בהרבה תפלות.** לפני "דאמר" צ"ל "כי ברבים וגו'", כן הגיה מתנות כהונה, וכן הוא בת-א:

מסורת המדרש

א. ר"ה י':

ב. ילקוט תהלים רמז תתנ"ב:

ג. מדרש תהלים מזמור כ"ה. ילקוט תהלים רמז תשע"ב:

ד. לעיל פ' ל"ג. ילקוט סדר נח רמז כ"ז:

אם למקרא

זָכְרֵנִי ה' בִּרְצוֹן עַמֶּךָ פָּקְדֵנִי בִּישׁוּעָתֶךָ: (תהלים קו:ד)

תִּתֵּן אֱמֶת לְיַעֲקֹב חֶסֶד לְאַבְרָהָם אֲשֶׁר נִשְׁבַּעְתָּ לַאֲבֹתֵינוּ מִימֵי קֶדֶם: (מיכה ז:כ)

זָכַר חַסְדּוֹ וֶאֱמוּנָתוֹ לְבֵית יִשְׂרָאֵל רָאוּ כָל־אַפְסֵי אָרֶץ אֵת יְשׁוּעַת אֱלֹהֵינוּ: (תהלים צח:ג)

בְּנֵי לֵאָה בְּכוֹר יַעֲקֹב רְאוּבֵן וְשִׁמְעוֹן וְלֵוִי וִיהוּדָה וְיִשָּׂשכָר וּזְבֻלוּן: (בראשית לה:כג)

וּבְנֵי בִלְהָה שִׁפְחַת רָחֵל דָּן וְנַפְתָּלִי: וּבְנֵי זִלְפָּה שִׁפְחַת לֵאָה גָּד וְאָשֵׁר אֵלֶּה בְּנֵי יַעֲקֹב אֲשֶׁר יֻלַּד לוֹ בְּפַדַּן אֲרָם: (שם שם כה-כו)

בְּנֵי רָחֵל אֵשֶׁת יַעֲקֹב יוֹסֵף וּבִנְיָמִן: (שם מו:יט)

פָּדָה בְשָׁלוֹם נַפְשִׁי מִקְּרָב לִי כִּי בְרַבִּים הָיוּ עִמָּדִי: (תהלים נה:יט)

וַיַּעֲבֹר ה' עַל פָּנָיו וַיִּקְרָא ה' ה' אֵל רַחוּם וְחַנּוּן אֶרֶךְ אַפַּיִם וְרַב חֶסֶד וֶאֱמֶת: (שמות לד:ו)

וַיַּרְא ה' כִּי רַבָּה רָעַת הָאָדָם בָּאָרֶץ וְכָל יֵצֶר מַחְשְׁבֹת לִבּוֹ רַק רַע כָּל הַיּוֹם: וַיִּנָּחֶם ה' כִּי עָשָׂה אֶת הָאָדָם בָּאָרֶץ וַיִּתְעַצֵּב אֶל לִבּוֹ: וַיֹּאמֶר ה' אֶמְחֶה אֶת הָאָדָם אֲשֶׁר בָּרָאתִי מֵעַל פְּנֵי הָאֲדָמָה מֵאָדָם עַד בְּהֵמָה עַד רֶמֶשׂ וְעַד עוֹף הַשָּׁמָיִם כִּי נִחַמְתִּי כִּי עֲשִׂיתִם: (בראשית ו:ה-ז)

רש"י

(ג) **פדה בשלום נפשי.** זה יעקב. **מקרב לי שלא תקרב לי עצתו של רשע שלא יאמר זו שילדה יטלנו עמו. וזו שלא ילדה לא יטלנו עמו. כי ברבים היו עמדי. בהרבה תפלות נפקדה:**

מתנות כהונה

[א] **ויזכור אלהים.** ראש השנה נקרא יום הזכרון: [ב] **ביתו.** עיקר ביתו: הכי גרסינן בילקוט סדר זה ובתהלים אשת יעקב לכך כתיב זכר וגו': [ג] **של רשע.** לבן: **ה"ג אל יטלנה עמו כי ברבים וגו' דאמר:**

אשד הנחלים

[א] **זכרני גו' נפקדה שרה.** שם פקידה הונח על השגחה הנסית וכן שם זכירה, כמו שזוכר הדבר השכוח כן מכונה הדבר אשר בטבע לא היה נפקד בטובה ההוא, רק נזכר לפקדו בהשגחה לטובה. והנה ראש השנה הוא יום נועד להשגחה ולפקידה לטוב לטובים. וזהו שביקש דוד שיזכר גם הוא בתוך הנפקדים לטובה בעת שיפקדו גם הם: [ב] **זכר חסדו.** זהו דרוש אחר: **זה אברהם.** כי תכונתו היה חסד, ועל כן לעומתו מדת החסד מלמעלה היה גובר, כי המדות העליונות מתעוררים למעלה כפי הפעולות למטה. ומדת האמת שהוא האמונה שהוא מלשון קיום, כדבר האמת וקיים לעד, על דרך (ישעיה כב, כג) ותקעתיו יתד במקום נאמן. ואמר לביתו זה עיקרו ויסודו של ישראל זהו רחל, ולה היה זכירה לטובה לפקדה בהשגחה טובה בבנים: [ג] **עצתו של רשע.** זה עשו שלא יגרש יעקב לרחל מפני שהיא עקרה ויקחנה עשו (ידי משה): **בהרבה.** וזהו כי ברבים, כלומר בשביל תפלות הרבה, למענו ולמענה ולמען אחותה. ולכן כתיב כאן לשונות הרבה של פקידה וזכירה ופתיחה, להורות שהרבה סבות של פקידה היה: **למדת הדין כו'.** כלומר הצדיקים בזכות מעשיהם הטובים גם שורת הדין מסכים שהם ראוים להשגה הנסיית ולפוקדם לטובה, ולכן נאמר ויפקוד אלהים זהו מדת הדין, ולהיפך ברשעים

"אֱלֹהִים לֹא תְקַלֵּל" — as it states, ***You shall not curse Elohim*** [אֱלֹהִים][16] (*Exodus* 22:27), "עַד הָאֱלֹהִים יָבֹא דְּבַר שְׁנֵיהֶם" — and ***to the court*** [אֱלֹהִים] ***shall come both their claims*** (ibid., v. 8). "וַיִּשְׁמַע אֱלֹהִים אֶל לֵאָה" — Yet it is written, ***God*** [אֱלֹהִים] ***hearkened to Leah*** *and she conceived and bore Jacob a fifth son* (above, 30:17).[17] "וַיִּשְׁמַע אֱלֹהִים אֶת נַאֲקָתָם" — And it is also written, ***God*** [אֱלֹהִים] ***heard their moaning*** *and God remembered His covenant with Abraham, with Isaac, and with Jacob* (*Exodus* 2:24).[18] "וַיִּזְכֹּר אֱלֹהִים אֶת נֹחַ" — And it is also written in connection with the Flood: ***God*** [אֱלֹהִים] ***remembered Noah,*** *etc., and the water subsided* (above, 8:1).[19]

§4 וַיִּזְכֹּר אֱלֹהִים אֶת רָחֵל — *GOD REMEMBERED RACHEL; GOD HEARKENED TO HER AND HE OPENED HER WOMB.*

The Midrash gives another explanation of how Rachel merited to conceive:

מַה זְּכִירָה זָכַר לָהּ — What remembrance did [God] remember for her[20] that caused her to conceive? **שְׁתִיקָתָהּ לַאֲחוֹתָהּ** — God remembered **her silence on behalf of her sister.** What was this silence? **בְּשָׁעָה שֶׁהָיוּ נוֹתְנִין לוֹ אֶת לֵאָה — At the time that they gave Leah to [Jacob]** as a wife in place of Rachel, **הָיְתָה יוֹדַעַת וְשׁוֹתֶקֶת — [Rachel] knew, and** yet **remained silent** so as not to embarrass Leah.

The Midrash proffers a different explanation of Rachel's merit — one that serves to explain also the verse's use of the Name *Elohim*:[21]

וְהַדִּין "וַיִּזְכֹּר אֱלֹהִים אֶת רָחֵל" — ***God*** [אֱלֹהִים] ***remembered Rachel.*** **נוֹתֵן שֶׁהִכְנִיסָה צָרָתָהּ לְבֵיתָהּ — Indeed, justice dictates** that God should remember Rachel, **for she brought a rival wife** (Bilhah) **into her house** to marry Jacob.[22]

The Midrash expounds a verse in *I Chronicles* as providing proof that the merit of bringing a rival wife (Bilhah) into her house was what caused God to "remember" her:

רַבִּי הוּנָא וְרַבִּי אַחָא בְּשֵׁם רַבִּי סִימוֹן אָמַר: "דָּן יוֹסֵף וּבִנְיָמִן" — R' Huna and R' Acha said in the name of R' Simone: Scripture states, ***Dan, Joseph, Benjamin,*** *etc.* (*I Chronicles* 2:2). **בִּזְכוּת דָּן נִפְקְדָה רָחֵל** — This verse is to be expounded to mean that **in the merit of** the birth of **Dan** to Bilhah, **Rachel was remembered** by God; **בִּזְכוּת דָּן עָמַד יוֹסֵף וּבִנְיָמִין** — in other words, it was **in the merit of** the birth of **Dan** that **Joseph and Benjamin** — Rachel's two children — **came into being.**[23]

□ וַיִּפְתַּח אֶת רַחְמָהּ — *AND HE OPENED HER WOMB.*

The Midrash discusses three facets of nature that are subject to God's direct control. It uses our verse to demonstrate His direct control of one of these facets:

רַבִּי תַּנְחוּמָא בְּשֵׁם רַבִּי בִּיבִי אָמַר: שְׁלֹשָׁה מַפְתְּחוֹת בְּיַד הַקָּדוֹשׁ בָּרוּךְ הוּא — R' Tanchuma said in the name of R' Bivi: Three keys are solely **in the possession of the Holy One, blessed is He,** and are not entrusted to an agent.[24] **מַפְתֵּחַ שֶׁל קְבוּרָה, וּמַפְתֵּחַ שֶׁל גְּשָׁמִים, וּמַפְתֵּחַ שֶׁל רֶחֶם** — They are: **the key of burial** (i.e., Revivification of the Dead), **and the key of rain, and the key of** the **womb** (i.e., fertility).[25]

NOTES

16. The Talmud (*Sanhedrin* 66a) interprets אֱלֹהִים in this verse as meaning both "God" and "a judge." The Name אֱלֹהִים thus represents Justice. The next verse quoted by the Midrash, which uses אֱלֹהִים as a reference to a court, indicates the same.

17. This verse shows us that the prayers of the righteous Leah caused God's Attribute of Justice (אֱלֹהִים) to act with mercy toward her.

18. This verse, written in the context of the prelude to the salvation from Egypt, indicates that the merit of the Patriarchs caused God's Attribute of Justice (אֱלֹהִים) to interact with the Israelites with mercy and redeem them from slavery.

19. Here too, Noah's righteousness caused God's Attribute of Justice (אֱלֹהִים) to act with mercy and end the Flood.

20. I.e., what merit of hers did God "remember"? (*Eitz Yosef*).

21. As explained by the Midrash in the preceding section, the Name *Elohim* represents God's Attribute of Strict Justice. As such, it would seem inapt in our context, which is an expression of God's *mercy* (enabling Rachel to conceive).

22. The Name *Elohim* is in fact aptly used here, because the Attribute of Justice itself dictates that Rachel deserved to be remembered. In effect, the Attribute of Justice was transformed into the Attribute of Mercy (see preceding section) because Rachel performed the highly meritorious deed of bringing a rival wife into her house to marry Jacob (*Eitz Yosef*, from *Yefeh To'ar*; see also above, 71 §7). [It is not fully clear why Rachel's act of bringing Bilhah into Jacob's household should be considered a more meritorious act — capable of causing the Attribute of Justice to act in the manner of the Attribute of Mercy — than her act of remaining silent so as not to embarrass Leah. See further.]

23. This verse (and the previous one) in *I Chronicles* lists the twelve tribes. However, the order in which they are mentioned is peculiar, for it follows neither their birth order nor their order of importance. The Midrash therefore expounds the verse to be teaching us the lesson stated here. [The Midrash does not mention Bilhah's second son, Naphtali, because the merit of a single additional Tribe of Israel (Dan) was already sufficient cause for Rachel to be remembered by God] (*Eitz Yosef*, from *Yefeh To'ar*).

24. *Eitz Yosef*, citing *Taanis* 2a.

25. *Yefeh To'ar* discusses why specifically these three keys are in God's sole possession. See Insight Ⓐ.

INSIGHTS

Ⓐ **Who Holds the Keys?** There are various Scriptural passages that indicate that in fact, these keys were at different times entrusted to agents. For example, Elijah and Elisha were both granted the ability to revive the dead (see *I Kings* 17:19-23 and *II Kings* 4:32-35). Elijah halted the fall of rain for many years (see *I Kings* 17:1). Elisha was granted the ability to make the previously barren Shunamite woman fertile (see *II Kings* 4:14-17).

The teaching of our Midrash appears also in *Taanis* 2a. The commentators (here and there) offer several approaches to resolve the apparent contradictions. *Rashi* explains that what the Gemara means is that the three keys will not *all* be entrusted to an agent *at the same time.* However, there are instances when *one* of the keys can be individually entrusted to an agent. *Tosafos* suggest that what the Gemara means is that none of the three keys can be entrusted to an agent *forever.* But God *will* entrust these keys to various agents on a temporary basis.

A third approach, quoted by *Ein Yaakov* from *Tosafos* in the name of *Raavad*, is that Elijah and Elisha did not receive any keys at all. When they revivified the dead, they wielded no power that had been vouchsafed them, but accomplished all through prayer. They did nothing more than beseech God to perform the miracle; their prayer was accepted, but He alone executed the deed. *Yefeh To'ar* favors this approach, and explains further that Elijah and Elisha were not God's *agents* in the performance of these miracles, for they did nothing but pray to *Him* to perform them. When the Sages stated that these keys were never entrusted to an agent, they were referring to the angels, who serve as God's emissaries in the world (see e.g., 50 §2 above, where the Midrash describes the role of Gabriel in overturning Sodom). The Midrash is saying that God will never entrust the angels with control over these three aspects of life. Indeed, the parallel text in *Devarim Rabbah* (7 §6) reads: שְׁלֹשָׁה מַפְתְּחוֹת בְּיָדוֹ שֶׁל הַקָּדוֹשׁ בָּרוּךְ הוּא, *Three keys are solely in the possession of the Holy One, blessed is He;* לֹא מַלְאָךְ וְלֹא שָׂרָף, *not in the possession of an angel and not in the possession of a Seraph.*

However, this approach falters in explaining Elijah's decree that there would be no rain, which was preceded by no prayer, but only by an oath proclaimed before Ahab the king (*I Kings* 17:1): *As* HASHEM, *God of Israel, lives — before Whom I stand — [I swear that] there will not be dew nor rain during these years, except by my word.* This implies that Elijah possessed the ability to control the fall of rain. Indeed,

(שמות כב, כז) ״אֱלֹהִים לֹא תְקַלֵּל״, (שם שם ח) ״עַד הָאֱלֹהִים יָבֹא דְּבַר שְׁנֵיהֶם״, (לקמן פסוק יז) ״וַיִּשְׁמַע אֱלֹהִים אֶל לֵאָה״, (שמות ב, כד) ״וַיִּשְׁמַע אֱלֹהִים אֶת נַאֲקָתָם״, (לעיל ח, א) ״וַיִּזְכֹּר אֱלֹהִים אֶת נֹחַ״:

ד [ל, כב] ״וַיִּזְכֹּר אֱלֹהִים אֶת רָחֵל״, מַה זְּכִירָה זָכַר לָהּ, שְׁתִיקָתָהּ לַאֲחוֹתָהּ, בְּשָׁעָה שֶׁהָיוּ נוֹתְנִין לוֹ אֶת לֵאָה הָיְתָה יוֹדַעַת וְשׁוֹתֶקֶת, ״וַיִּזְכֹּר אֱלֹהִים אֶת רָחֵל״, וְהַדִּין נוֹתֵן, שֶׁהִכְנִיסָה צָרָתָהּ לְבֵיתָהּ. רַבִּי הוּנָא וְרַבִּי אַחָא בְּשֵׁם רַבִּי סִימוֹן אָמַר: (דברי הימים-א ב, ב) ״דָּן יוֹסֵף וּבִנְיָמִן״, בִּזְכוּת דָּן נִפְקְדָה רָחֵל, בִּזְכוּת דָּן עָמַד יוֹסֵף וּבִנְיָמִין. [ל, כב] ״וַיִּפְתַּח אֶת רַחְמָהּ״, רַבִּי תַּנְחוּמָא בְּשֵׁם רַבִּי בִּיבִי אָמַר: שְׁלֹשָׁה מַפְתְּחוֹת בְּיַד הַקָּדוֹשׁ בָּרוּךְ הוּא, מַפְתֵּחַ שֶׁל קְבוּרָה, וּמַפְתֵּחַ שֶׁל גְּשָׁמִים, וּמַפְתֵּחַ שֶׁל רֶחֶם, מַפְתֵּחַ שֶׁל קְבוּרָה מִנַּיִן, שֶׁנֶּאֱמַר (יחזקאל לז, יב) ״הִנֵּה אֲנִי פֹתֵחַ אֶת קִבְרוֹתֵיכֶם וְהַעֲלֵיתִי אֶתְכֶם מִקִּבְרוֹתֵיכֶם״, מַפְתֵּחַ שֶׁל גְּשָׁמִים מִנַּיִן, (דברים כח, יב) ״יִפְתַּח ה׳ לְךָ וְגוֹ׳ לָתֵת מְטַר וְגוֹ׳״, מַפְתֵּחַ שֶׁל רֶחֶם מִנַּיִן, שֶׁנֶּאֱמַר ״וַיִּפְתַּח אֶת רַחְמָהּ״, וְיֵשׁ אוֹמְרִים אַף מַפְתֵּחַ שֶׁל פַּרְנָסָה, שֶׁנֶּאֱמַר (תהלים קמה, טז) ״פּוֹתֵחַ אֶת יָדֶךָ וְגוֹ׳״:

ה [ל, כג] ״וַתַּהַר וַתֵּלֶד בֵּן וַתֹּאמֶר אָסַף אֱלֹהִים אֶת חֶרְפָּתִי״, אָמַר רַבִּי לֵוִי בַּר זְכַרְיָה: עַד שֶׁלֹּא תֵּלֵד הָאִשָּׁה הַסִּרְחוֹן נִתְלֶה בָּהּ, לְאַחַר שֶׁתֵּלֵד תָּלוּי בִּבְנָהּ: מַאן אֲכַל הָדָא מְקַמְתָּא, בְּרָךְ, מַאן תְּבַר הָדָא מְקַמְתָּא, אֶלָּא בְּרָךְ. [שם] ״אָסַף אֱלֹהִים אֶת חֶרְפָּתִי״ בְּפִלֶּגֶשׁ בַּגִּבְעָה, (שופטים כא, יח) ״אָרוּר נֹתֵן אִשָּׁה לְבִנְיָמִן״.

עץ יוסף

(ד) **מה זכירה זכר לה.** דלשון זכירה נופל יפה על זכירת הזכות כדלעיל: **והדין נותן.** מדקאמר ויזכור אלהים דהיינו שמידת הדין נהפך לה לרחמים ולכן אמר זה שהכניסה צרתה לביתה שנתנה שפחתה לו לאשה כי זה זכות יותר גדול. ולכן נפקדה כדלעיל בפרשה ע״א (יפה תואר): **דן יוסף ובנימין.** מקרא הוא בדברי הימים דחשיב להו הכי ראובן שמעון לוי ויהודה יששכר וזבולן דן יוסף ובנימין נפתלי גד ואשר. ומדלא חשיב להו כסדר תולדותם ולא כסדר חשיבותם לדרשא אתא, לומר בזכות דן נפקדה רחל שילדה יוסף ובנימין, דהיינו בזכות שהכניסה צרתה לביתה שילדה את דן. ולא הזכירה את נפתלי, שאפילו לא ילדה את נפתלי היה מספיק שתזכה רחל מאחר שהעמידה שבט בישראל (יפה תואר): [ג] **ג׳ מפתחות ביד הקדוש ברוך הוא.** שאין מסורות לאחר. ובפרק קמא דתעניות (ב, א) גרסינן ג׳ מפתחות לא נמסרו ביד שליח. ויש שפירשו שלא נמסרו לשליח אחד ביחד. ובתוספות כתבו שלא נמסרו לשליח להיות לעולם ממונה עליהם. והיפה תואר הרבה להקשות על כל הפירושים עיין שם בארוכות: **מפתח של קבורה.** היינו תחיה, אלא נקט לישנא דקרא: **ומפתח של רחם.** היינו פקידת עקרות כלישנא דקרא, ועיין דברים רבה פרשה ז׳. אבל גירסת הגמרא מפתח של חיה ומשמע דעת לידת כל יולדת קאמר כי יש בפתיחת רחמה דבר פלא שיפתח כדי שיצא הולד: **פותח את ידך.** ולא שליח (רש״י). ולמאן דלא חשיב פרנסה כבר תירצו בגמרא אמר לך גשמים נמי היינו פרנסה. ופרש״י שזורעים ופירות גדלים מהם לפרנסת העולם:

פירוש מהרז״ו

(ד) **מה זכירה זכר.** וכן הוא לעיל (לג, ג נא, ה) ובמדבר רבה (ט, כד) ובכמה מקומות שכתיב ויזכור שואל מה זכירה זכר דלא בא הכתוב לסתום אלא לפרש: **והדין נותן.** שגם מדת הדין הסכים על זה, ועיין במדבר רבה (כא, א) בדין הוא כו׳: **דן יוסף ובנימין.** דברי הימים (א׳ ב, ב), ואין זה כסדר תולדותן על כן דורש על זה וכן כתב היפה תואר: **שלשה מפתחות.** תענית (ב, א), דברים רבה (ז, ו): **ויש אומרים.** ומי שחושב רק שלשה סבירא ליה דגשמים היינו פרנסה (תענית שם ב, ב): (ה) **בפלגש בגבעה.** שנאמר יוסף ה׳ לי בן אחר, היינו בנימין והחרפה שאמרו [שאררו] לכל מי שיתן אשה לבנימין, ואחר כך אסף חרפתי כשהתירו הדבר כמו שביאר רש״י במדרש: **בימי**

(ה) [ד] **עד שלא תלד כו׳.** וזה שאמרה אסף אלהים את חרפתי דהיינו סורחני אם יקרה שישבר איזה כלי שיש לי לתלות בבני: **הא מקמתא.** מלאכת רעהו תרגום יונתן מקמתא דחבריה (מוסף הערוך). אבל אין בתרגום יונתן שלפנינו כי תרגם עיסקא דחבריה. ורש״י במדרש פירש מקמתא שם דבר ורצונו לומר איזה דבר שיהיה הן מאכל או כלי נקרא כן (בל״א טעוואהא איין זאך) ואולי כן הוא: **ברך.** בנך: **מאן תבר כו׳.** מי שבר כלי זה: **אסף אלהים את כו׳.** מרבויא דאת דריש שדברה גם כן על העתיד בנבואתה. וכן מה שאמר בימי ירבעם, דשוות הן הדרשות ויבואו שתיהן: **בפלגש בגבעה שאמרו כו׳.** ונסתלקה חרפה זו על ידי בנות יוסף, והן בנות שילה המחוללות

רש״י

(ד) ויזכור אלהים את רחל. והדין נותן שהכניסה צרתה לביתה. אלהים דורש: **(ה) עד שלא תלד האשה הסרחון נתלה בה.** משתלד הסרחון תלוי בבנה: **הדא מקמתא.** שום דבר: **אסף אלהים את חרפתי בפלגש בגבעה, ארור נותן אשה לבנימין.** שהתירו לו החרם:

מתנות כהונה

[ד] **והדין נותן.** לכן כתיב אלהים לשון דין: **דן יוסף ובנימין.** פסוק הוא בד״ה: **בזכות דן.** בן בלהה צרת רחל: **שלשה מפתחות כו׳.** שאינם נמסרים ביד השליח כדאיתא במסכת תענית פ״ק: [ה] **מקמתא.** פי׳ הערוך מלאכה זו: **ברך.** בנך: **מאן תבר כו׳.** מי שבר מלאכה וכלי זה: **ה״ג בילקוט מקמתא ברך: ארור נותן וגו׳.** וסוף שאלו על הנדר:

אשד הנחלים

שגם מדת הרחמים החומל על האדם מתהפך לרעה: **[ד] מה זכירה.** כי ענין הזכירה על מה שנשכח מכבר, בודאי יש סבה שעל ידי זה נזכר הנשכח, וכמו כן כביכול אצלו ית׳, עת שיתעורר סבה עליונה לרחם על האדם יש בה טעם מפני מה התעורר עתה. ואולי זה כוונתם לעיל את רחל בזכות אחותה, מפני ששתקה למען טובת לאה: **בזכות דן.** ולכן כתיב את רחל, את לרבות, מסבת בלהה שהכניסה צרתה ליעקב, ועל כן חשבו הפסוק אצל יוסף ובנימין. **ג׳ מפתחות ביד הקב״ה.** שם מפתח הושאל על דבר שעל ידו יפתח הסתום מה שאי אפשר בלתו להפתח, כן מכונה הדבר שעל פי הטבע המיוסד היה הדבר בלתי אפשר להעשות, רק פקידת השגחה העליונה עושה זאת, והרי זה כפותח דבר הסגור. וחשב ההולדה שאין הפתיחה ענין טבעי, וזהו דוגמת תחיית המתים שנאמר בהם פתיחה. וכן הגשמים שיבואו בזמנן ובמועדן כפי שיפיקו תועלת לשדה, איננו כפי הטבע רק בהשגחה ולכן מכונה בשם פתיחה, והפתיחה ביד ה׳. וי״א אף מפתח של פרנסה. וזה תלוי במחלוקת אם חיי בני ומזוני בזכותא תליא מילתא או במזלא. והדברים ארוכים למי שיחפוץ לחקור בזה דרך פרט. ומה שאחז במליצתו רק על המפתח שהוא ביד ה׳, ולא אמר סתם שהוא ביד ה׳. לפי שבאמת גם האלה הג׳ הם נערכים לפי מרוצת הטבע שהטביע ה׳ ב״ה, אך התחלתן ועיקרן אינו ביד הטבע כי אם הפכיות כל הטבע הנהוגה. והבן זה מאוד וינעם לך, וזהו מחקר דק למתבונן: **[ה] תלוי בבנה.** הוא דרך צחות, כאומרת עד עתה כל שקרה בביתי היה לי לחרפה ולדיראון, ועתה יש לי על מי לתלות, ונאסף חרפתי מה שמדרך הנשים ובני הבית לחרף איש אשתו: **אשה לבנימין.** לכאורה הא כאן ביוסף מדבר. ואולי לפי שראתה בנבואה שבנה השני יהיה

חידושי הרד״ל

[ה] **מאן אכל הדא תאנתא ברך.** כן הוא בפירוש רש״י בחומש:

חידושי הרש״ש

[ד] **זכר לה שתיקתה לאחותה.** (זה לשון בני הרב רבי מתתיהו נ״י. אולי סמיך הדרש על שם רחל, על דרך הכתוב (ישעיה נג, ז) וכרחל לפני גוזזיה נאלמה ולא יפתח פיו): **שהכניסה צרתה לביתה.** נראה דהכוונה על בלהה: **מפתח של קבורה כו׳. הנה אני פותח כו׳.** ובגמרא ריש תענית (ב, ב) מביא קרא דבתריה (יחזקאל לז, יג) וידעתם כי אני ה׳ בפתחי את קברותיכם עיין שם. ונראה לי משום דאיתא במכילתא פרשת בא (מסכתא דפסחא פרשה יג) והכיתי שומע אני ע״י מלאך כו׳ תלמוד לומר וה׳ הכה כל בכור לא ע״י מלאך כו׳ עיין שם במפרש: [ה] **אסף אלהים את חרפתי בפלגש בגבעה ארור כו׳.** פירוש ובסוף לקחו להם נשים מיושבי יבש גלעד (שופטים כא) אשר אולי היתה מחלק חצי המנשי (ועיין מה שכתבתי לעיל סוף פרשה עא) ומבנות שילה אשר היתה לאפרים:

אמרי יושר

[ד] **הכניסה צרתה לביתה.** זו בלהה: **דן יוסף ובנימין.** בדין הוא להעמיד יוסף ובנימין: [ה] **אסף אלהים את חרפתי בימי פלגש בגבעה.** כי כן אמרה יוסף ה׳ לי בן אחר שהוא בנימין ובאותו בן אסף חרפתי שהתירו הנדר. או דרשוהו בימי ירבעם בן יואש כי אסף חרפתי ירבעם הבא מיוסף כשמת אביה כדלעיל (פרשה סה כ):

מסורת המדרש

ה. ילקוט כאן רמז ק״ל:
ו. תענית דף ב׳. דברים רבה פרשה ז׳. מדרש תהלים מזמור ע״ח:

אם למקרא

אֱלֹהִים לֹא תְקַלֵּל וְנָשִׂיא בְעַמְּךָ לֹא תָאֹר: (שמות כב:כז)

עַל כָּל דְּבַר פֶּשַׁע עַל שׁוֹר עַל חֲמוֹר עַל שֶׂה עַל שַׂלְמָה עַל כָּל אֲבֵדָה אֲשֶׁר יֹאמַר כִּי הוּא זֶה עַד הָאֱלֹהִים יָבֹא דְּבַר שְׁנֵיהֶם אֲשֶׁר יַרְשִׁיעֻן אֱלֹהִים יְשַׁלֵּם שְׁנַיִם לְרֵעֵהוּ: (שם שם ח)

וַיִּשְׁמַע אֱלֹהִים אֶת נַאֲקָתָם וַיִּזְכֹּר אֱלֹהִים אֶת בְּרִיתוֹ אֶת אַבְרָהָם אֶת יִצְחָק וְאֶת יַעֲקֹב: (שם ב:כד)

וַיִּזְכֹּר אֱלֹהִים אֶת נֹחַ וְאֵת כָּל הַחַיָּה וְאֶת כָּל הַבְּהֵמָה אֲשֶׁר אִתּוֹ בַּתֵּבָה וַיַּעֲבֵר אֱלֹהִים רוּחַ עַל הָאָרֶץ וַיָּשֹׁכּוּ הַמָּיִם: (בראשית ח:א)

דָּן יוֹסֵף וּבִנְיָמִן נַפְתָּלִי גָּד וְאָשֵׁר: (דברי הימים א ב:ב)

לָכֵן הִנָּבֵא וְאָמַרְתָּ אֲלֵיהֶם כֹּה אָמַר אֲדֹנָי ה׳ הִנֵּה אֲנִי פֹתֵחַ אֶת קִבְרוֹתֵיכֶם וְהַעֲלֵיתִי אֶתְכֶם מִקִּבְרוֹתֵיכֶם עַמִּי וְהֵבֵאתִי אֶתְכֶם אֶל אַדְמַת יִשְׂרָאֵל: (יחזקאל לז:יב)

יִפְתַּח ה׳ לְךָ אֶת אוֹצָרוֹ הַטּוֹב אֶת הַשָּׁמַיִם לָתֵת מְטַר אַרְצְךָ בְּעִתּוֹ וּלְבָרֵךְ אֵת כָּל מַעֲשֵׂה יָדֶךָ וְהִלְוִיתָ גּוֹיִם רַבִּים וְאַתָּה לֹא תִלְוֶה: (דברים כח:יב)

פּוֹתֵחַ אֶת יָדֶךָ וּמַשְׂבִּיעַ לְכָל חַי רָצוֹן: (תהלים קמה:טז)

וַאֲנַחְנוּ לֹא נוּכַל לָתֵת לָהֶם נָשִׁים מִבְּנוֹתֵינוּ כִּי נִשְׁבְּעוּ בְנֵי יִשְׂרָאֵל לֵאמֹר אָרוּר נֹתֵן אִשָּׁה לְבִנְיָמִן: (שופטים כא:יח)

The Midrash cites Scriptural sources to proof that these three keys are solely in God's possession:

מַפְתֵּחַ שֶׁל קְבוּרָה מִנַּיִן — **From where** do we derive that **the key of burial** (i.e., Revivification of the Dead) is solely in God's possession? שֶׁנֶּאֱמַר "הִנֵּה אֲנִי פֹתֵחַ אֶת קִבְרוֹתֵיכֶם וְהַעֲלֵיתִי אֶתְכֶם מִקִּבְרוֹתֵיכֶם" — **For it states,** *Therefore, prophesy and say to them: Thus said the Lord HASHEM/ELOHIM:* ***Behold, I am opening your graves and raising you up from your graves,*** *etc.* (*Ezekiel* 37:12). This verse states that God Himself is raising the dead. מַפְתֵּחַ שֶׁל גְּשָׁמִים מִנַּיִן — **From where** do we derive that **the key of rain** is solely in God's possession? "יִפְתַּח ה׳ לְךָ וְגוֹ׳ לָתֵת מְטַר וְגוֹ׳" — For it states, ***HASHEM shall open for you*** *His storehouse of goodness, the heavens,* ***to provide rain, etc.*** (*Deuteronomy* 28:12). This verse states that God Himself provides rain. מַפְתֵּחַ שֶׁל רֶחֶם מִנַּיִן — And **from where** do we derive that **the key of** the **womb** (i.e., fertility) is solely in God's possession? שֶׁנֶּאֱמַר "וַיִּפְתַּח אֶת רַחְמָהּ" — **For it states** (in our verse), ***and He opened her womb***. The verse states that God Himself opened her womb.

The Midrash cites other sages who add a fourth key:

וְיֵשׁ אוֹמְרִים אַף מַפְתֵּחַ שֶׁל פַּרְנָסָה — **And others say** that **even the key of livelihood** is solely in God's possession and not entrusted to an agent, שֶׁנֶּאֱמַר "פּוֹתֵחַ אֶת יָדֶךָ וְגוֹ׳" — **for it states, *You open Your hand*** *and satisfy the desire of every living thing* (*Psalms* 145:16). This verse states that God Himself opens His hand, as it were, to feed all living beings.[26]

וַתַּהַר וַתֵּלֶד בֵּן וַתֹּאמֶר אָסַף אֱלֹהִים אֶת חֶרְפָּתִי.
She conceived and bore a son, and said, "God has taken away my disgrace" (30:23).

§5 **וַתַּהַר וַתֵּלֶד בֵּן וַתֹּאמֶר אָסַף אֱלֹהִים אֶת חֶרְפָּתִי** — ***SHE CONCEIVED AND BORE A SON, AND SAID, "GOD HAS TAKEN AWAY MY DISGRACE."***

The Midrash elaborates on what Rachel meant by her disgrace being "taken away":

אָמַר רַבִּי לֵוִי בַּר זְכַרְיָה: עַד שֶׁלֹּא תֵּלֵד הָאִשָּׁה הַסִּרְחוֹן נִתְלֶה בָּהּ — **R' Levi bar Zechariah said: Until a woman gives birth, the** blame for any **misdeed is hung upon her.** לְאַחַר שֶׁתֵּלֵד תָּלוּי בִּבְנָהּ — However, **after she has given birth,** the blame **is hung upon her son.** מַאן אֲכַל הָדָא מְקַמְתָא — For example, if her husband should ask, **"Who ate this item?"** בְּרָךְ — she can answer, **"Your son."** מַאן תְּבַר הָדָא מְקַמְתָא — Similarly, if her husband asks, **"Who broke this item?"** אֶלָּא בְּרָךְ — she can answer, "None **but your son."**[27]

NOTES

26. Although the first opinion also agrees that God has sole control over the key of livelihood, he does not count "livelihood" as a separate key because he considers it to be included in "rain" (*Taanis* 2b). As *Rashi* there explains, [a farmer's] livelihood is attained from the crops, and rain causes the crops to grow (*Yefeh To'ar, Maharzu,* and *Eitz Yosef*).

27. Translation follows *Rashi*; see *Eitz Yosef.* See Insight Ⓐ.

INSIGHTS

the Gemara states explicitly (*Sanhedrin* 113a) that from this incident we learn that Elijah was entrusted with the key of rain. To resolve this difficulty, *Raavad* (ibid.) explains that the key granted Elijah was merely the ability to *prevent* rainfall; the Midrash, however, refers to the key to *generate* rainfall, which is entrusted to no one, but remains always in God's possession. This idea is supported by God's command to Elijah at the resumption of the rains (*I Kings* 18:1): *Go, appear to Ahab, and "I" shall send rain upon the face of the land.* From this verse we see that it was not Elijah who accomplished the deed, but the Almighty Himself.

Yefeh To'ar and others reject *Raavad's* explanation. In their view, the ability to prevent rainfall, too, is given only to one who possesses "the key of rain." To resolve the difficulty posed by Elijah's decree, *Parashas Derachim* (*Derech* §5, *Derush* §21) offers the following explanation: R' Chisda teaches (*Bava Basra* 25b) that from the day the Temple was destroyed, the rains have not descended *from God's storehouse of goodness,* for this rain is reserved for a time when the people of Israel "do the will of God and live in their Land." The source for this teaching is the same verse from which the Midrash derives that the key of rain is solely in God's possession: *HASHEM will open up for you His storehouse of goodness, the heavens, to provide rain for your Land* (*Deuteronomy* 28:12). *Parashas Derachim* infers that there are two types of rain: the bountiful rain of God's storehouse, which falls only in *Eretz Yisrael* and only when Israel is deserving, and ordinary rain, which falls also upon other lands, and upon *Eretz Yisrael* when Israel is either absent or undeserving. The key that controls the rain of God's storehouse of goodness remains always in His possession. The key for ordinary rain, however, is sometimes entrusted to God's agents. When Elijah decreed that the rains would cease to fall, the Jews were enmeshed in the coils of idolatry, and were thus undeserving of God's special rains. The only rain that could fall then was of the ordinary sort. Its key was given to Elijah, who prevented it from falling. Later, when God commanded that the rains resume, it was because He foresaw that Elijah would succeed in cleansing the Land of idolatry and bringing Israel to repentance. Thus, Israel was again deserving of the generous rains of God's storehouse of goodness; therefore, God declared that He Himself would send the rains, for the key to this special rainfall is held only by Him.

With this, *Parashas Derachim* explains also the section of the liturgy (recited on *Shemini Atzeres*) that identifies אַף בְּרִי, *Af-bri,* as the angel of rain, which would seem to imply — unlike our Midrash — that the key of rain was in the keeping of this angel. *Tosafos* (*Niddah* 16b s.v. מלאך) resolve this difficulty by saying that the angel can do nothing without God's permission. *Parashas Derachim* protests that the same is true of all angels, who are nevertheless given authority over various functions. In what way does the angel Af-bri differ from others? *Parashas Derachim* therefore explains that Af-bri's authority is limited to ordinary rainfall. The rains of God's storehouse of goodness, however, are dispensed solely by God Himself. [See *Pri Megadim, Mishbetzos Zahav* 114:9 for a defense of *Tosafos'* approach.]

Ⓐ **Saved From Disgrace** This Midrash is perplexing. Rachel had been so distraught concerning her failure to bear any of the twelve tribes to Jacob that she cried out, *"Give me children — otherwise I am dead."* Yet on the joyous occasion of her first birth, she articulates her immense gratitude with a name for her newborn that means that she will no longer be blamed by her husband for a broken item or some missing food?!

R' Chaim Shmulevitz contends that broken dishes and the like are not petty concerns at all. Such matters seem trivial to us because we expect more significant grievances in even the most successful marriage. However, the level of peace and tranquility that existed between our holy patriarch and matriarch was so extraordinary that even the slightest grievance was deemed unacceptable. Therefore, Rachel celebrated the fact that the birth of Joseph would eliminate even such minor grievances, and absolute peace would reign in their household (*Sichos Mussar,* 5762 edition, *Maamar* 10).

R' Simcha Zissel Broide explains this Midrash differently, based on remarks of the Alter of Slabodka. The Alter notes that in the series of blessings we say each morning — thanking God for the critical gifts that make human life possible — we also bless Him for "giving a rooster the wisdom to discern between day and night." Why, he asks, is this seemingly minor "wisdom" so important to us that we must praise God for it each morning? In explanation, the Alter cites *Berachos* 59b, which states that one must thank God for "each and every drop" of rain that He sends us. This teaches us an important lesson in character: Even when God gives us a gift of colossal proportions, we should not neglect to thank Him for that gift's smallest benefits. God bestowed upon this world the dazzling gift of intelligence, a gift that pervades the entire experience of humanity. While we must certainly praise God for this great gift, we must simultaneously praise Him for "each and every drop"

ד [ל, כב] "וַיִּזְכֹּר אֱלֹהִים אֶת רָחֵל", הּמַה זְכִירָה זָכַר לָהּ, שְׁתִיקָתָהּ לַאֲחוֹתָהּ, בְּשָׁעָה שֶׁהָיוּ נוֹתְנִין לוֹ אֶת לֵאָה הָיְתָה יוֹדַעַת וְשׁוֹתֶקֶת, "וַיִּזְכֹּר אֱלֹהִים אֶת רָחֵל", וְהַדִּין נוֹתֵן, שֶׁהִכְנִיסָה צָרָתָהּ לְבֵיתָהּ. רַבִּי הוּנָא וְרַבִּי אַחָא בְּשֵׁם רַבִּי סִימוֹן אָמַר: (דברי הימים־א ב, ב) "דָּן יוֹסֵף וּבִנְיָמִן", בִּזְכוּת דָּן נִפְקְדָה רָחֵל, בִּזְכוּת דָּן עָמַד יוֹסֵף וּבִנְיָמִין. [ל, כב] "וַיִּפְתַּח אֶת רַחְמָהּ", רַבִּי תַּנְחוּמָא בְּשֵׁם רַבִּי בֵּיבַי אָמַר: ישְׁלֹשָׁה מַפְתְּחוֹת בְּיַד הַקָּדוֹשׁ בָּרוּךְ הוּא, מַפְתֵּחַ שֶׁל קְבוּרָה, וּמַפְתֵּחַ שֶׁל גְּשָׁמִים, וּמַפְתֵּחַ שֶׁל רֶחֶם, מַפְתֵּחַ שֶׁל קְבוּרָה מִנַּיִן, שֶׁנֶּאֱמַר (יחזקאל לז, יב) "הִנֵּה אֲנִי פֹתֵחַ אֶת קִבְרוֹתֵיכֶם וְהַעֲלֵיתִי אֶתְכֶם מִקִּבְרוֹתֵיכֶם", מַפְתֵּחַ שֶׁל גְּשָׁמִים מִנַּיִן, (דברים כח, יב) "יִפְתַּח ה' לְךָ וְגוֹ' לָתֵת מְטַר וְגוֹ' ", מַפְתֵּחַ שֶׁל רֶחֶם מִנַּיִן, שֶׁנֶּאֱמַר "וַיִּפְתַּח אֶת רַחְמָהּ", וְיֵשׁ אוֹמְרִים אַף מַפְתֵּחַ שֶׁל פַּרְנָסָה, שֶׁנֶּאֱמַר (תהלים קמה, טז) "פּוֹתֵחַ אֶת יָדֶךָ וְגוֹ' ":

ה [ל, כג] "וַתַּהַר וַתֵּלֶד בֵּן וַתֹּאמֶר אָסַף אֱלֹהִים אֶת חֶרְפָּתִי", אָמַר רַבִּי לֵוִי בַּר זְכַרְיָה: עַד שֶׁלֹּא תֵּלֵד הָאִשָּׁה הַסַּרְחוֹן נִתְלֶה בָּהּ, לְאַחַר שֶׁתֵּלֵד תָּלוּי בִּבְנָהּ: מַאן אֲכַל הָדָא מְקַמְתָא, בְּרָךְ, מַאן תְּבַר הָדָא מְקַמְתָא, אֶלָּא בְּרָךְ. [שם] "אָסַף אֱלֹהִים אֶת חֶרְפָּתִי" בְּפִלֶּגֶשׁ בַּגִּבְעָה, (שופטים כא, יח) "אָרוּר נֹתֵן אִשָּׁה לְבִנְיָמִן",

(שמות כב, כז) "אֱלֹהִים לֹא תְקַלֵּל", (שם שם ח) "עַד הָאֱלֹהִים יָבֹא דְּבַר שְׁנֵיהֶם", (לקמן פסוק יז) "וַיִּשְׁמַע אֱלֹהִים אֶל לֵאָה", (שמות ב, כד) "וַיִּשְׁמַע אֱלֹהִים אֶת נַאֲקָתָם", (לעיל ח, א) "וַיִּזְכֹּר אֱלֹהִים אֶת נֹחַ":

עץ יוסף

(ד) **מה זכירה זכר לה.** דלשון זכירה נופל יפה על זכירת הזכות כדאיתא לעיל: **והדין נותן.** מדקאמר ויזכור אלהים דהיינו שמידת הדין נהפך לה לרחמים ולכן אמר זה שהכניסה צרתה לביתה שנתנה שפחתה לו לאשה כי זה זכות יותר גדול. ולכן נפקדה כדלעיל בפרשה ע"א (יפה תואר): **דן יוסף ובנימין.** מקרא הוא בדברי הימים דחשיב להו הכי ראובן שמעון לוי ויהודה יששכר וזבולן דן יוסף ובנימין נפתלי גד ואשר. ומדלא חשיב להו כסדר תולדותם ולא כסדר חשיבותם לדרשא אתא, לומר בזכות דן נפקדה רחל שילדה יוסף ובנימין, דהיינו בזכות שהכניסה צרתה לביתה שילדה את דן. ולא הזכירה את נפתלי, שאפילו לא ילדה את נפתלי היה מספיק שתזכה רחל מאחר שהעמידה שבט בישראל (יפה תואר): [ג] **ג' מפתחות ביד הקדוש ברוך הוא.** שאין מסורות לאחר. ובפרק קמא דתעניות (ב, א) גרסינן ג' מפתחות לא נמסרו ביד שליח. ויש שפירשו שלא נמסרו לשליח אחד ביחד. ובתוספות כתבו שלא נמסרו לשליח להיות לעולם ממונה עליהם. והיפה תואר הרבה להקשות על כל הפירושים עיין שם באריכות: **מפתח של קבורה.** היינו תחיה, אלא נקט לישנא דקרא: **ומפתח של רחם.** היינו פקידת עקרות כלישנא דקרא, ועיין דברים רבה פרשה ז'. אבל גירסת הגמרא מפתח של חיה ומשמע דעת לידת כל יולדת קאמר כי יש בפתיחת רחמה דבר פלא שיפתח כדי שיצא הולד: **פותח את ידך.** ולא שליח (רש"י). ולמאן דלא חשיב פרנסה כבר תירצו בגמרא אמר לך גשמים נמי היינו פרנסה. ופרש"י שזורעים ופירות גדלים מהם לפרנסת העולם:

(ה) [ד] **עד שלא תלד כו'.** וזה שאמרה אסף אלהים את חרפתי דהיינו סורחני אם יקרה שישבר איזה כלי שיש לי לתלות בבני: **הא מקמתא.** מלאכת רעהו תרגום יונתן מקמתא דחבריה (מוסף הערוך). אבל אין בתרגום יונתן שלפנינו כי תרגם עיסקא דחבריה. ורש"י במדרש פירש מקמתא שם דבר ורצונו לומר איזה דבר שיהיה הן מאכל או כלי נקרא כן (בל"א עטוואש איין זאך) ואולי כן הוא: **ברך.** בנך: **מאן תבר כו'.** מי שבר כלי זה: **אסף אלהים את כו'.** מרבויא דאת דריש שדברה גם כן על העתיד בנבואתה. וכן מה שאמר בימי ירבעם, דשוות הן הדרשות ויבואו שתיהן: **בפלגש בגבעה שאמרו כו'.** ונסתלקה חרפה זו על ידי בנות יוסף, והן בנות שילה המחוללות

פירוש מהרז"ו

(ד) **מה זכירה זכר.** וכן הוא לעיל (לג, ג נא, ה) ובמדבר רבה (ט, כד) ובכמה מקומות שכתיב ויזכור שואל מה זכירה זכר דלא בא הכתוב לסתום אלא לפרש: **והדין נותן.** שגם מדת הדין הסכים על זה, ועיין במדבר רבה (כא, א) בדין הוא כו': **דן יוסף ובנימין.** דברי הימים (א' ב, ב), ואין זה כסדר תולדותן על כן דורש על זה וכן כתב היפה תואר: **שלשה מפתחות.** תענית (ב, א), דברים רבה (ז, ו): **ויש אומרים.** ומי שחושב רק שלשה סבירא ליה דגשמים היינו פרנסה (תענית שם ב, ב): (ה) **בפלגש בגבעה.** שנאמר יוסף ה' לי בן אחר, היינו בנימין והחרפה שאמרו [שארררו] לכל מי שיתן אשה לבנימין, ואחר כך אסף חרפתי כשהתירו הדבר כמו שביאר רש"י במדרש: **בימי**

רש"י

(ד) **ויזכור אלהים את רחל. והדין נותן שהכניסה צרתה לביתה.** אלהים דורש: (ה) **עד שלא תלד האשה הסרחון נתלה בה.** משתלד הסרחון תלוי בבנה: **הדא מקמתא.** שום דבר: **אסף אלהים את חרפתי בפלגש בגבעה, ארור נותן אשה לבנימין.** שהתירו לו החרם:

מתנות כהונה

[ד] **והדין נותן.** לכן כתיב אלהים לשון דין: **דן יוסף ובנימין.** פסוק הוא בד"ה: **בזכות דן.** בן בלהה צרת רחל: **שלשה מפתחות כו'.** שאינם נמסרים ביד השליח כדאיתא במסכת תענית פ"ק: [ה] **מקמתא.** פי' הערוך מלאכה זו: **ברך.** בנך: **מאן תבר כו'.** מי שבר מלאכה וכלי זה: **ה"ג בילקוט מקמתא ברך: ארור נותן וגו'.** וסוף שאלו על הנדר:

אשד הנחלים

שגם מדת הרחמים החומל על האדם מתהפך לרעה: [ד] **מה זכירה.** כי ענין הזכירה על מה שנשכח מכבר, בודאי יש סבה שעל ידי זה נזכר הנשכח, וכמו כן כביכול אצלו ית', עת שיתעורר סבה עליונה לרחם על האדם יש בה טעם מפני מה התעורר עתה. ואולי זה כוונתם לעיל את רחל בזכות אחותה, מפני ששתקה למען טובת לאה: **בזכות דן.** ולכן כתיב את רחל, את לרבות, מסבת בלהה שהכניסה צרתה ליעקב, ועל כן חשבו הפסוק אצל יוסף ובנימין. **ג' מפתחות ביד הקב"ה.** שם מפתח הושאל על דבר שעל ידו יפתח הסתום מה שאי אפשר בלתו להפתח, כן מכונה הדבר שעל פי הטבע המיוסד היה הדבר בלתי אפשר להעשות, רק פקידת השגחה העליונה עושה זאת, והרי זה כפותח דבר הסגור. וחשב ההולדה שאין הפתיחה ענין טבעי, וזהו דוגמת תחיית המתים שנאמר בהם פתיחה. וכן הגשמים שיבואו בזמנן ובמועדן כפי שיפיקו תועלת לשדה, איננו כפי הטבע רק בהשגחה ולכן מכונה בשם פתיחה, והפתיחה ביד ה'. וי"א אף מפתח של פרנסה. וזה תלוי במחלוקת אם חיי בני ומזוני בזכותא תליא מילתא או במזלא. והדברים ארוכים למי שיחפוץ לחקור בזה דרך פרט. ומה שאחז במליצתו רק על המפתח שהוא ביד ה', ולא אמר סתם שהוא ביד ה'. לפי שבאמת גם האלה הג' הם נערכים לפי מרוצת הטבע שהטביע ה' ב"ה, אך התחלתן ועיקרן אינו ביד הטבע כי אם הפכיות כל הטבע הנהוגה. והבן זה מאוד וינעם לך, וזהו מחקר דק למתבונן: [ה] **תלוי בבנה.** הוא דרך צחות, כאומרת עד עתה כל שקרה בביתי היה לי לחרפה ולדיראון, ועתה יש לי על מי לתלות, ונאסף חרפתי מה שמדרך הנשים ובני הבית לחרף איש אשתו: **אשה לבנימין.** לכאורה הא כאן ביוסף מדבר. ואולי לפי שראתה בנבואה שבנה השני יהיה

חידושי הרד"ל

[ה] **מאן אכל הדא תאנתא ברך.** כן הוא בפירוש רש"י בחומש:

חידושי הרש"ש

[ד] **זכר לה שתיקתה לאחותה.** (זה לשון בני הרב רבי מתתיהו נ"י. אולי סמיך הדרש על שם רחל, על דרך הכתוב (ישעיה נג, ז) וכרחל לפני גוזזיה נאלמה ולא יפתח פיו): **שהכניסה צרתה לביתה.** נראה דהכוונה על בלהה: **מפתח של קבורה כו'. הנה אני פותח כו'.** ובגמרא ריש תענית (ב, ב) מביא קרא דבתריה (יחזקאל לז, יג) וידעתם כי אני ה' בפתחי את קברותיכם עיין שם. ונראה לי משום דאיתא במכילתא פרשת בא (מסכתא דפסחא פרשה יג) והכיתי שומע אני ע"י מלאך כו' תלמוד לומר וה' הכה כל בכור לא ע"י מלאך כו' עיין שם במפרש: [ה] **אסף אלהים את חרפתי בפלגש בגבעה ארור כו'.** פירוש ובסוף לקחו להם נשים מיושבי יבש גלעד (שופטים כא) אשר אולי היתה מחלק חצי המנשי (ועיין מה שכתבתי לעיל סוף פרשה עא) ומבנות שילה אשר היתה לאפרים:

אמרי יושר

[ד] **הכניסה צרתה לביתה.** זו בלהה: **דין יוסף ובנימין.** בדין זכתה להעמיד יוסף ובנימין: [ה] **אסף אלהים את חרפתי בימי פלגש בגבעה.** כי כן אמרה יוסף ה' לי בן אחר שהוא בנימין ובלאותו בן אסף חרפתי שהתירו הנדר. או דרשוהו בימי ירבעם בן יואש כי אסף חרפתי ירבעם הבא מיוסף כשמת אֲבִיָּה כדלעיל (פרשה סה כ):

מסורת המדרש

ה. ילקוט כאן רמז ק"ל:
ו. תענית דף ב'. דברים רבה פרשה ז'. מדרש תהלים מזמור ע"ח:

אם למקרא

אֱלֹהִים לֹא תְקַלֵּל וְנָשִׂיא בְעַמְּךָ לֹא תָאֹר: (שמות כב:כז)

עַל כָּל דְּבַר פֶּשַׁע עַל שׁוֹר עַל חֲמוֹר עַל שֶׂה עַל שַׂלְמָה עַל כָּל אֲבֵדָה אֲשֶׁר יֹאמַר כִּי הוּא זֶה עַד הָאֱלֹהִים יָבֹא דְּבַר שְׁנֵיהֶם אֲשֶׁר יַרְשִׁיעֻן אֱלֹהִים יְשַׁלֵּם שְׁנַיִם לְרֵעֵהוּ: (שם שם ח)

וַיִּשְׁמַע אֱלֹהִים אֶת נַאֲקָתָם וַיִּזְכֹּר אֱלֹהִים אֶת בְּרִיתוֹ אֶת אַבְרָהָם אֶת יִצְחָק וְאֶת יַעֲקֹב: (שם ב:כד)

וַיִּזְכֹּר אֱלֹהִים אֶת נֹחַ וְאֵת כָּל הַחַיָּה וְאֶת כָּל הַבְּהֵמָה אֲשֶׁר אִתּוֹ בַּתֵּבָה וַיַּעֲבֵר אֱלֹהִים רוּחַ עַל הָאָרֶץ וַיָּשֹׁכּוּ הַמָּיִם: (בראשית ח:א)

דָּן יוֹסֵף וּבִנְיָמִן נַפְתָּלִי גָּד וְאָשֵׁר: (דברי הימים א ב:ב)

לָכֵן הִנָּבֵא וְאָמַרְתָּ אֲלֵיהֶם כֹּה אָמַר אֲדֹנָי ה' הִנֵּה אֲנִי פֹתֵחַ אֶת קִבְרוֹתֵיכֶם וְהַעֲלֵיתִי אֶתְכֶם מִקִּבְרוֹתֵיכֶם עַמִּי וְהֵבֵאתִי אֶתְכֶם אֶל אַדְמַת יִשְׂרָאֵל: (יחזקאל לז:יב)

יִפְתַּח ה' לְךָ אֶת אוֹצָרוֹ הַטּוֹב אֶת הַשָּׁמַיִם לָתֵת מְטַר אַרְצְךָ בְּעִתּוֹ וּלְבָרֵךְ אֵת כָּל מַעֲשֵׂה יָדֶךָ וְהִלְוִיתָ גּוֹיִם רַבִּים וְאַתָּה לֹא תִלְוֶה: (דברים כח:יב)

פּוֹתֵחַ אֶת יָדֶךָ וּמַשְׂבִּיעַ לְכָל חַי רָצוֹן: (תהלים קמה:טז)

וַאֲנַחְנוּ לֹא נוּכַל לָתֵת לָהֶם נָשִׁים מִבְּנוֹתֵינוּ כִּי נִשְׁבְּעוּ בְנֵי יִשְׂרָאֵל לֵאמֹר אָרוּר נֹתֵן אִשָּׁה לְבִנְיָמִן: (שופטים כא:יח)

The Midrash adds two more things to which Rachel was referring when she said that her disgrace would be "taken away" by the birth of Joseph:[28]

"אָסַף אֱלֹהִים אֶת חֶרְפָּתִי" — ***"God has taken away my disgrace"*** — בְּפִלֶגֶשׁ בַּגִּבְעָה — this alludes to the incident **of the concubine at Gibeah,**[29] "אָרוּר נֹתֵן אִשָּׁה לְבִנְיָמִן" — regarding which Scripture states, ***Cursed be whoever gives a woman to Benjamin*** (*Judges* 21:18).[30]

NOTES

28. The Midrash is expounding the word אֶת (see above, note 12) as indicating that Rachel was referring to additional disgraces that would be removed in the future (*Yefeh To'ar, Eitz Yosef*).

29. This tragic story is told in *Judges* Chs. 19-21. It began when a concubine was attacked by residents of the city of Gibeah, who belonged to the tribe of Benjamin. Outraged, the other tribes initiated a war with Benjamin and forbade all men to give their daughters in marriage to members of that tribe. However, when concern developed that the dwindled tribe would vanish, the elders instructed the 200 remaining men of Benjamin to wait in hiding near Shiloh and seize women who emerged from that city to take home as wives. In this way, women would not have been *given* to members of Benjamin, but rather *taken* by them.

This incident was a disgrace to Rachel, for the tribe of Benjamin was descended from her.

30. Shiloh (see preceding note) was a city inhabited by the progeny of Joseph. In this manner, Joseph (through his descendants) would take away this disgrace from Rachel (*Eitz Yosef*, from *Yefeh To'ar*).

INSIGHTS

of intelligence that He instilled in the world, including the relatively minimal amount given to a rooster to recognize the arrival of day. Thus, argues Rav Broide, Rachel certainly was full of gratitude to God for the wonderful gift of having given birth to her first child, one of the twelve tribes. However, even at this moment of her greatest joy, she did not fail to praise God for a benefit of lesser consequence that resulted from Joseph's birth; namely, that it would eliminate the potential for even minor friction with her husband (*Sahm Derech, Vayeitzei*).

R' Shimon Schwab suggests a third approach according to which this Midrash in fact alludes to more fundamental matters. When Adam and Eve ate from the Tree of Knowledge, the stain of their sins remained with humankind for all ages. Women, as a gender, were given the opportunity to rectify Eve's part in the sin through bearing and raising children, with all the travails these entail. However, as long as a woman has no children, she simply does not have the means to fulfill her feminine role in rectifying the world. It is the removal of this "disgrace" to which the Midrash hints: The broken vessel is a metaphor for the original, perfect world that the woman's sin had damaged; the eaten dates refer to the fruit of the Tree of Knowledge, which was a fig tree according to one Talmudic view (*Sanhedrin* 70b). Now that Rachel had a child, this "disgrace" would no longer attach to her, since she would be doing her share to rectify it (*Maayan Beis HaSho'evah, Genesis* 30:22).

"אֱלֹהִים לֹא תְקַלֵּל", (שמות כב, כז) "עַד הָאֱלֹהִים יָבֹא דְּבַר שְׁנֵיהֶם", (שם שם ח) "וַיִּשְׁמַע אֱלֹהִים אֶל לֵאָה", (לקמן פסוק יז) "וַיִּשְׁמַע אֱלֹהִים אֶת נַאֲקָתָם", (שמות ב, כד) "וַיִּזְכֹּר אֱלֹהִים אֶת נֹחַ": (לעיל ח, א)

ד [ל, כב] "וַיִּזְכֹּר אֱלֹהִים אֶת רָחֵל", מַה זְּכִירָה זָכַר לָהּ, שְׁתִיקָתָהּ לַאֲחוֹתָהּ, בְּשָׁעָה שֶׁהָיוּ נוֹתְנִין לוֹ אֶת לֵאָה הָיְתָה יוֹדַעַת וְשׁוֹתֶקֶת, "וַיִּזְכֹּר אֱלֹהִים אֶת רָחֵל", וְהַדִּין נוֹתֵן, שֶׁהִכְנִיסָה צָרָתָהּ לְבֵיתָהּ. רַבִּי הוּנָא וְרַבִּי אַחָא בְּשֵׁם רַבִּי סִימוֹן אָמַר: (דברי הימים-א ב, ב) "דָּן יוֹסֵף וּבִנְיָמִן", בִּזְכוּת דָּן נִפְקְדָה רָחֵל, בִּזְכוּת דָּן עָמַד יוֹסֵף וּבִנְיָמִין. [ל, כב] "וַיִּפְתַּח אֶת רַחְמָהּ", רַבִּי תַּנְחוּמָא בְּשֵׁם רַבִּי בֵּיבַי אָמַר: שְׁלֹשָׁה מַפְתְּחוֹת בְּיַד הַקָּדוֹשׁ בָּרוּךְ הוּא, מַפְתֵּחַ שֶׁל קְבוּרָה, וּמַפְתֵּחַ שֶׁל גְּשָׁמִים, וּמַפְתֵּחַ שֶׁל רֶחֶם, מַפְתֵּחַ שֶׁל קְבוּרָה מִנַּיִן, שֶׁנֶּאֱמַר (יחזקאל לז, יב) "הִנֵּה אֲנִי פֹתֵחַ אֶת קִבְרוֹתֵיכֶם וְהַעֲלֵיתִי אֶתְכֶם מִקִּבְרוֹתֵיכֶם", מַפְתֵּחַ שֶׁל גְּשָׁמִים מִנַּיִן, (דברים כח, יב) "יִפְתַּח ה' לְךָ וְגוֹ' לָתֵת מְטַר וְגוֹ'", מַפְתֵּחַ שֶׁל רֶחֶם מִנַּיִן, שֶׁנֶּאֱמַר "וַיִּפְתַּח אֶת רַחְמָהּ", וְיֵשׁ אוֹמְרִים אַף מַפְתֵּחַ שֶׁל פַּרְנָסָה, שֶׁנֶּאֱמַר (תהלים קמה, טז) "פּוֹתֵחַ אֶת יָדֶךָ וְגוֹ'":

ה [ל, כג] "וַתַּהַר וַתֵּלֶד בֵּן וַתֹּאמֶר אָסַף אֱלֹהִים אֶת חֶרְפָּתִי", אָמַר רַבִּי לֵוִי בַּר זְכַרְיָה: עַד שֶׁלֹּא תֵּלֵד הָאִשָּׁה הַסִּרְחוֹן נִתְלֶה בָּהּ, לְאַחַר שֶׁתֵּלֵד תָּלוּי בִּבְנָהּ: מַאן אֲכַל הָדָא מְקַמְתָּא, בְּרָךְ, מַאן תְּבַר הָדָא מְקַמְתָּא, אֶלָּא בְּרָךְ. [שם] "אָסַף אֱלֹהִים אֶת חֶרְפָּתִי" בְּפִלֶּגֶשׁ בַּגִּבְעָה, (שופטים כא, יח) "אָרוּר נֹתֵן אִשָּׁה לְבִנְיָמִן",

עץ יוסף

(ד) **מה זכירה זכר לה.** דלשון זכירה נופל יפה על זכירת הזכות כדאיתא לעיל: **והדין נותן.** מדקאמר ויזכור אלהים דהיינו שמידת הדין נהפך לה לרחמים ולכן אמר זה שהכניסה צרתה לביתה שנתנה שפחתה לו לאשה כי זה זכות יותר גדול. ולכן נפקדה כדלעיל בפרשה ע"א (יפה תואר): **דן יוסף ובנימין.** מקרא הוא בדברי הימים דחשיב להו הכי ראובן שמעון לוי ויהודה יששכר וזבולן דן יוסף ובנימין נפתלי גד ואשר. ומדלא חשיב להו כסדר תולדותם ולא כסדר חשיבותם לדרשא אתא, לומר בזכות דן נפקדה רחל שילדה יוסף ובנימין, דהיינו בזכות שהכניסה צרתה לביתה שילדה את דן. ולא הזכירה את נפתלי, שאפילו לא ילדה את נפתלי היה מספיק שתזכה רחל מאחר שהעמידה שבט בישראל (יפה תואר): [ג] **ג' מפתחות ביד הקדוש ברוך הוא.** שאין מסורות לאחר. ובפרק קמא דתעניות (ב, א) גרסינן ג' מפתחות לא נמסרו ביד שליח. ויש שפירשו שלא נמסרו לשליח אחד ביחד. ובתוספות כתבו שלא נמסרו לשליח להיות לעולם ממונה עליהם. והיפה תואר הרבה להקשות על כל הפירושים עיין שם באריכות: **מפתח של קבורה.** היינו תחיה, אלא נקט לישנא דקרא: **ומפתח של רחם.** היינו פקידת עקרות כלישנא דקרא, ועיין דברים רבה פרשה ז'. אבל גירסת הגמרא מפתח של חיה ומשמע דעת לידת כל יולדת קאמר כי יש בפתיחת רחמה דבר פלא שיפתח כדי שיצא הולד: **פותח את ידך.** ולא שליח (רש"י). ולמאן דלא חשיב פרנסה כבר תירצו בגמרא אמר לך גשמים נמי היינו פרנסה. ופרש"י שזורעים ופירות גדלים מהם לפרנסת העולם:

(ה) [ד] **עד שלא תלד כו'.** וזה שאמרה אסף אלהים את חרפתי דהיינו סורחני אם יקרה שישבר איזה כלי שיש לי לתלות בבני: **הא מקמתא.** מלאכת רעהו תרגום יונתן מקמתא דחבריה (מוסף הערוך). אבל אין בתרגום יונתן שלפנינו כי תרגם עיסקא דחבריה. ורש"י במדרש פירש מקמתא שם דבר ורצונו לומר איזה דבר שיהיה הן מאכל או כלי נקרא כן (בל"א עטוואש איין זאך) ואולי כן הוא: **ברך.** בנך: **מאן תבר כו'.** מי שבר כלי זה: **אסף אלהים את כו'.** מרבויא דאת דריש שדברה גם כן על העתיד בנבואתה. וכן מה שאמר בימי ירבעם, דשוות הן הדרשות ויבואו שתיהן: **בפלגש בגבעה שאמרו כו'.** ונסתלקה חרפה זו על ידי בנות יוסף, והן בנות שילה המחוללות

פירוש מהרז"ו

(ד) **מה זכירה זכר.** וכן הוא לעיל (לג, ג נא, ה) ובמדבר רבה (ט, כד) ובכמה מקומות שכתיב ויזכור שואל מה זכירה זכר דלא בא הכתוב לסתום אלא לפרש: **והדין נותן.** שגם מדת הדין הסכים על זה, ועיין במדבר רבה (כא, א) בדין הוא כו': **דן יוסף ובנימין.** דברי הימים (א' ב, ב), ואין זה כסדר תולדותן על כן דורש על זה וכן כתב היפה תואר: **שלשה מפתחות.** תענית (ב, א), דברים רבה (ז, ו): **ויש אומרים.** ומי שחושב רק שלשה סבירא ליה דגשמים היינו פרנסה (תענית שם ב, ב): (ה) **בפלגש בגבעה.** שנאמר יוסף ה' לי בן אחר, היינו בנימין והחרפה שאמרו [שאררו] לכל מי שיתן אשה לבנימין, ואחר כך אסף חרפתי כשהתירו הדבר כמו שביאר רש"י במדרש: **בימי**

רש"י

(ד) **ויזכור אלהים את רחל. והדין נותן שהכניסה צרתה לביתה.** אלהים דורש: (ה) **עד שלא תלד האשה הסרחון נתלה בה.** משתלד הסרחון תלוי בבנה. שום דבר: **הדא מקמתא. אסף אלהים את חרפתי בפלגש בגבעה, ארור נותן אשה לבנימין.** שהתירו לו החרם:

מתנות כהונה

[ד] **והדין נותן.** לכן כתיב אלהים לשון דין: **דן יוסף ובנימין.** פסוק הוא בד"ה: **בזכות דן.** בן בלהה צרת רחל: **שלשה מפתחות כו'.** שאינם נמסרים ביד השליח כדאיתא במסכת תענית פ"ק: [ה] **מקמתא.** פי' הערוך מלאכה זו: **ברך.** בנך: **מאן תבר כו'.** מי שבר מלאכה וכלי זה: **ה"ג בילקוט מקמתא ברך: ארור נותן וגו'.** וסוף שאלו על הנדר:

אשד הנחלים

שגם מדת הרחמים החומל על האדם מתהפך לרעה: [ד] **מה זכירה.** כי ענין הזכירה על מה שנשכח מכבר, בודאי יש סבה שעל ידי זה נזכר הנשכח, וכמו כן כביכול אצלו ית', עת שיתעורר סבה עליונה לרחם על האדם יש בה טעם מפני מה התעורר עתה. ואולי זה כוונתם לעיל את רחל בזכות אחותה, מפני ששתקה למען טובת לאה: **בזכות דן.** ולכן כתיב את רחל, את לרבות, מסבת בלהה שהכניסה צרתה ליעקב, ועל כן חשבו הפסוק אצל יוסף ובנימין. **ג' מפתחות ביד הקב"ה.** שם מפתח הושאל על דבר שעל ידו יפתח הסתום מה שאי אפשר בלתו להפתח, כן מכונה הדבר שעל פי הטבע המיוסד היה הדבר בלתי אפשר להעשות, רק פקידת השגחה העליונה עושה זאת, והרי זה כפותח דבר הסגור. וחשב ההולדה שאין הפתיחה ענין טבעי, וזהו דוגמת תחיית המתים שנאמר בהם פתיחה. וכן הגשמים שיבואו בזמנן ובמועדן כפי שיפיקו תועלת לשדה, איננו כפי הטבע רק בהשגחה ולכן מכונה בשם פתיחה, והפתיחה ביד ה'. וי"א אף מפתח של פרנסה. וזה תלוי במחלוקת אם חיי בני ומזוני בזכותא תליא מילתא או במזלא. והדברים ארוכים למי שיחפוץ לחקור בזה דרך פרט. ומה שאחז במליצתו רק על המפתח שהוא ביד ה', ולא אמר סתם שהוא ביד ה'. לפי שבאמת גם האלה הג' הם נערכים לפי מרוצת הטבע שהטביע ה' ב"ה, אך התחלתן ועיקרן אינו ביד הטבע כי אם הפכיות כל הטבע הנהוגה. והבן זה מאוד וינעם לך, וזהו מחקר דק למתבונן: [ה] **תלוי בבנה.** הוא דרך צחות, כאומרת עד עתה כל שקרה בביתי היה לי לחרפה ולדיראון, ועתה יש לי על מי לתלות, ונאסף חרפתי מה שמדרך הנשים ובני הבית לחרף איש אשתו: **אשה לבנימין.** לכאורה הא כאן ביוסף מדבר. ואולי לפי שראתה בנבואה שבנה השני יהיה

חידושי הרד"ל

[ה] **מאן אבל הדא תאנתא ברך.** כן הוא בפירוש רש"י בחומש:

חידושי הרש"ש

[ד] **זכר לה שתיקתה לאחותה.** (זה לשון בני הרב רבי מתתיהו נ"י. אולי סמיך הדרש על שם רחל, על דרך הכתוב (ישעיה נג, ז) וכרחל לפני גוזזיה נאלמה ולא יפתח פיו): **שהכניסה צרתה לביתה.** נראה דהכוונה על בלהה: **מפתח של קבורה כו'. הנה אני פותח כו'.** ובגמרא ריש תענית (ב, ב) מביא קרא דבתריה (יחזקאל לז, יג) וידעתם כי אני ה' בפתחי את קברותיכם עיין שם. ונראה לי משום דאיתא במכילתא פרשת בא (מסכתא דפסחא פרשה יג) והכיתי שומע אני ע"י מלאך כו' תלמוד לומר וה' הכה כל בכור לא ע"י מלאך כו' עיין שם במפרש: [ה] **אסף אלהים את חרפתי בפלגש בגבעה ארור כו'.** פירוש ובסוף לקחו להם נשים מיושבי יבש גלעד (שופטים כא) אשר אולי היתה מחלק חצי המנשי (ועיין מה שכתבתי לעיל סוף פרשה עא) ומבנות שילה אשר היתה לאפרים:

אמרי יושר

[ד] **הכניסה צרתה לביתה.** זו בלהה: **דין יוסף ובנימין.** בדין זכתה להעמיד יוסף ובנימין: [ה] **אסף אלהים את חרפתי בימי פלגש בגבעה.** כי כן אמרה יוסף ה' לי בן אחר שהוא בנימין ובאותו בן אסף חרפתי שהתירו הנדר. או דרשוהו בימי ירבעם בן יואש כי אסף חרפתי ירבעם הבא מיוסף כשמת אֲבִיָּה כדלעיל (פרשה סה כ):

מסורת המדרש

ה. ילקוט כאן רמז ק"ל:
ו. תענית דף ב'. דברים רבה פרשה ז'. מדרש תהלים מזמור ע"ח:

אם למקרא

אֱלֹהִים לֹא תְקַלֵּל וְנָשִׂיא בְעַמְּךָ לֹא תָאֹר: (שמות כב:כז)

עַל כָּל דְּבַר פֶּשַׁע עַל שׁוֹר עַל חֲמוֹר עַל שֶׂה עַל שַׂלְמָה עַל כָּל אֲבֵדָה אֲשֶׁר יֹאמַר כִּי הוּא זֶה עַד הָאֱלֹהִים יָבֹא דְּבַר שְׁנֵיהֶם אֲשֶׁר יַרְשִׁיעֻן אֱלֹהִים יְשַׁלֵּם שְׁנַיִם לְרֵעֵהוּ: (שם שם ח)

וַיִּשְׁמַע אֱלֹהִים אֶת נַאֲקָתָם וַיִּזְכֹּר אֱלֹהִים אֶת בְּרִיתוֹ אֶת אַבְרָהָם אֶת יִצְחָק וְאֶת יַעֲקֹב: (שם ב:כד)

וַיִּזְכֹּר אֱלֹהִים אֶת נֹחַ וְאֵת כָּל הַחַיָּה וְאֶת כָּל הַבְּהֵמָה אֲשֶׁר אִתּוֹ בַּתֵּבָה וַיַּעֲבֵר אֱלֹהִים רוּחַ עַל הָאָרֶץ וַיָּשֹׁכּוּ הַמָּיִם: (בראשית ח:א)

דָּן יוֹסֵף וּבִנְיָמִן נַפְתָּלִי גָּד וְאָשֵׁר: (דברי הימים א ב:ב)

לָכֵן הִנָּבֵא וְאָמַרְתָּ אֲלֵיהֶם כֹּה אָמַר אֲדֹנָי ה' הִנֵּה אֲנִי פֹתֵחַ אֶת קִבְרוֹתֵיכֶם וְהַעֲלֵיתִי אֶתְכֶם מִקִּבְרוֹתֵיכֶם עַמִּי וְהֵבֵאתִי אֶתְכֶם אֶל אַדְמַת יִשְׂרָאֵל: (יחזקאל לז:יב)

יִפְתַּח ה' לְךָ אֶת אוֹצָרוֹ הַטּוֹב אֶת הַשָּׁמַיִם לָתֵת מְטַר אַרְצְךָ בְּעִתּוֹ וּלְבָרֵךְ אֵת כָּל מַעֲשֵׂה יָדֶךָ וְהִלְוִיתָ גּוֹיִם רַבִּים וְאַתָּה לֹא תִלְוֶה: (דברים כח:יב)

פּוֹתֵחַ אֶת יָדֶךָ וּמַשְׂבִּיעַ לְכָל חַי רָצוֹן: (תהלים קמה:טז)

וַאֲנַחְנוּ לֹא נוּכַל לָתֶת לָהֶם נָשִׁים מִבְּנוֹתֵינוּ כִּי נִשְׁבְּעוּ בְנֵי יִשְׂרָאֵל לֵאמֹר אָרוּר נֹתֵן אִשָּׁה לְבִנְיָמִן: (שופטים כא:יח)

"אָסַף אֱלֹהִים אֶת חֶרְפָּתִי" — ***"God has taken away my disgrace"*** — בִּימֵי יָרָבְעָם — this alludes to what took place **in the days of Jeroboam,** "וְלֹא עָצַר כֹּחַ יָרָבְעָם עוֹד בִּימֵי אֲבִיָּהוּ וַיִּגְּפֵהוּ ה׳ וַיָּמֹת" — regarding which Scripture states, ***Jeroboam did not again muster strength in the days of Abijah; HASHEM struck him and he died*** (*II Chronicles* 13:20).[31]

The Midrash analyzes the verse from *Chronicles*:[32]

אָמַר רַבִּי שְׁמוּאֵל בַּר נַחְמָן — **R' Shmuel bar Nachman said:** אַתְּ סָבוּר יָרָבְעָם הוּא שֶׁנִּיגּוֹף — Do **you think** this verse means that **Jeroboam was stricken?**[33] לֹא נִיגּוֹף אֶלָּא אֲבִיָּה — Why, **it was only Abijah who was stricken by God** in the aftermath of his battle with Jeroboam. וְלָמָּה נִיגּוֹף — **And why was he stricken** by God?[34] רַבִּי אַבָּא בַּר כָּהֲנָא אָמַר — The Midrash will cite several answers to this question: (i) **R' Abba bar Kahana said:** עַל שֶׁהֶעֱבִיר הַכָּרַת פְּנֵיהֶם שֶׁל יִשְׂרָאֵל — It was **because he removed the "identifiable countenance"** (i.e., he cut off the noses)[35] **of the** fallen soldiers of the kingdom of **Israel.**[36] דִּכְתִיב "הַכָּרַת פְּנֵיהֶם עָנְתָה בָּם" — **As it is written,**[37] ***Their identifiable countenance testifies against them*** (*Isaiah* 3:9). רַבִּי לֵוִי אָמַר שֶׁהוֹשִׁיב עֲלֵיהֶם שׁוֹמְרִים שְׁלֹשָׁה יָמִים עַד שֶׁנִּשְׁתַּנָּה צוּרָתָן — **R' Levi said that he posted guards over [the corpses] for three days, until their forms became distorted.**[38] דִּתְנַן — **For we learned in a Mishnah:**[39] אֵין מְעִידִין אֶלָּא עַל פַּרְצוּף פָּנִים עִם הַחוֹטֶם — **They may not testify** to the identity of a dead man, so as to permit his wife to remarry, **except upon** seeing **the form of the** dead man's **face with the nose.** וְאַף עַל פִּי שֶׁיֵּשׁ סִימָנִים בְּגוּפוֹ וּבְכֵלָיו — Lacking such observation, **they may not testify even though there are identifying marks on [the dead man's] body and on his garments.** וְאֵין מְעִידִים אֶלָּא עַד ג׳ יָמִים — **And they may not testify** to a dead man's identity on the basis of recognition **unless** they saw the corpse **within three days** of the man's death (*Yevamos* 120a). (ii) רַבִּי יוֹחָנָן אָמַר — **R' Yochanan said:** עַל שֶׁחִסְּדָם בָּרַבִּים — It was **because he degraded the masses**[40] (i.e., Jeroboam's men), שֶׁנֶּאֱמַר "וְעַתָּה אַתֶּם אֹמְרִים לְהִתְחַזֵּק לִפְנֵי מַמְלֶכֶת ה׳ וְגוֹ׳ וְעִמָּכֶם עֶגְלֵי זָהָב אֲשֶׁר עָשָׂה לָכֶם יָרָבְעָם לֵאלֹהִים" — **as it is written, *And now you intend to stand defiantly before the kingdom of HASHEM, etc.*** *You are a great multitude,* ***and with you are the golden calves that Jeroboam has made for you as gods*** (*II Chronicles* 13:8).[41] (iii) רֵישׁ לָקִישׁ אָמַר — **Reish Lakish said:**[42] עַל שֶׁבִּזָּה לַאֲחִיָּה הַשִּׁילוֹנִי — It was **because he disgraced Ahijah HaShiloni,**[43] שֶׁנֶּאֱמַר "וַיִּקָּבְצוּ עָלָיו אֲנָשִׁים רֵקִים בְּנֵי בְלִיַּעַל" — **as it is written, *Worthless, lawless people gathered around [Jeroboam]*** (ibid., v. 7). קָרָא לַאֲחִיָּה הַשִּׁילוֹנִי בְּלִיַּעַל — In this statement of Abijah's, **he called Ahijah HaShiloni *lawless.***[44] (iv) רַבָּנָן אָמְרִין — **And the** other **Sages said:** עַל שֶׁבָּאת עֲבוֹדָה זָרָה לְתוֹךְ יָדוֹ וְלֹא בִּעֲרָהּ — **Because idolatry came into [Abijah's] hands and he did not destroy it.** הָדָא הוּא דִכְתִיב "וַיִּלְכֹּד מִמֶּנּוּ עָרִים אֶת בֵּית אֵל וְאֶת בְּנוֹתֶיהָ" — **Thus it is written,** *Abijah pursued Jeroboam* ***and captured several cities from him — Beth-el and its villages . . .*** (ibid., v. 19), וּכְתִיב "וַיָּשֶׂם אֶת הָאֶחָד בְּבֵית אֵל וְגוֹ׳" — **and it is written: *[Jeroboam] placed the one [golden calf] in Beth-el*** (*I Kings* 12:29).[45]

The Midrash extracts a lesson from Abijah's punishment:

וַהֲלֹא דְבָרִים קַל וָחוֹמֶר — **Is the matter not a *kal vachomer*:** וּמָה אִם הַמֶּלֶךְ שֶׁהוֹנָה אֶת הַמֶּלֶךְ כָּמוֹהוּ נִיגַּף — **If a king** (Abijah) **was punished by Scripture and stricken because he taunted a fellow king** (Jeroboam), הֶדְיוֹט שֶׁהוּא מוֹנֶה אֶת הֶדְיוֹט עַל אַחַת כַּמָּה וְכַמָּה — **a commoner who taunts a** fellow **commoner, how much more** so will he be punished![46]

NOTES

31. The reference is to the painful episode (related in *II Chronicles* Ch. 13) in which a war was waged between the kingdom of Judah (comprised of the tribes of Judah and Benjamin), led by Abijah, and the kingdom of Israel (comprised of the other ten tribes), under the wicked Jeroboam. 500,000 of Jeroboam's soldiers were killed in a stunning defeat.

While the first part of the verse cited here refers to *Jeroboam's* defeat, the Midrash understands the latter part of the verse as referring to the death of *Abijah*. God struck down Abijah because he disgraced Jeroboam (see Midrash further, citing R' Yochanan). Since Jeroboam was a descendant of Joseph, God's killing Abijah was also an example of Rachel's disgrace being taken away (*Eitz Yosef*, from *Yefeh To'ar*).

32. [The text from here until the end of this section (§5) appears in almost identical form in *Bereishis Rabbah* 65 §20. The commentators cited in the notes that follow are from that Midrash unless stated otherwise.]

33. The verse just cited appears to describe Jeroboam's being struck by God immediately after his defeat by Abijah. However, it cannot mean that, because that would be chronologically inaccurate (*Matnos Kehunah, Yefeh To'ar*; cf. *Eitz Yosef*). [Jeroboam's rule spanned 22 years (*I Kings* 14:20), and Abijah ascended his throne in its 18th year (*II Chronicles* 13:1). Abijah died after only three years (see ibid., vv. 1,23) — whereupon his son Asa inherited his kingdom, during Jeroboam's rule (*I Kings* 15:9). Thus, Jeroboam outlived Abijah, and he could not have died immediately after their war, while Abijah still lived (*Rashi* with *Matnos Kehunah*; *Yefeh To'ar*).]

34. Although *I Kings* 15:3 states that Abijah *went in [the ways of] all the sins of his father*, the verse in *Chronicles* implies that his execution was somehow linked to his interaction with Jeroboam (*Yefeh To'ar*).

35. See *Yerushalmi Yevamos* 16:3, cited by *Matnos Kehunah* and *Eitz Yosef*.

36. That Abijah's army did this is derived in *Yerushalmi* (ibid.) from that which is written, *Abijah and his people inflicted "a very great blow" against [the army of Israel]* (*I Chronicles* 13:17). Abijah's army wished for it to be impossible to testify to the fallen soldiers' deaths (see the Mishnah cited just below), so that their wives would be perpetually unable to remarry (*Eitz Yosef*; see further, *Chidushei Chasam Sofer* to *Yerushalmi* ad loc.).

37. This verse is offered as proof that a man may be recognized and identified only through his facial features. The nose is the most prominent of these (*Eitz Yosef*).

38. According to R' Levi, Abijah did not actually mutilate the slain soldiers, but rather prevented their burial for three days, until their faces had become distorted beyond recognition (*Maharzu* to *Vayikra Rabbah* 33 §5).

39. The Midrash will prove from a Mishnah that the passage of three days would have had the effect of making it impossible to testify to the deaths of the soldiers.

40. Translation follows *Eitz Yosef*.

41. [Although Abijah's criticisms were accurate, he erred in speaking the way he did to so large a gathering of Jews.] One must always deal respectfully with the public (*Eitz Yosef*). Alternatively: It was wrong of Abijah to speak this way because Israel as a whole is righteous [and he should not have presumed that all of Jeroboam's men were wicked] (*Eitz Yosef* here).

The statement quoted in the verse cited here (as well as in the verse that will be cited momentarily by Reish Lakish) was made by Abijah in a plea to Jeroboam's soldiers to abandon their leader, immediately before war broke out between the two kings.

42. It should be noted that in *Bereishis Rabbah* 65 §20, the opinions of R' Yochanan (preceding) and Reish Lakish are reversed.

43. [Ahijah was a righteous prophet who had prophesied to Jeroboam that his revolt against Rehoboam king of Judah would be successful, and that his rule would endure as long as he was faithful to God (see *I Kings* 11:29ff).]

44. Abijah collectively labeled as *lawless* all of Jeroboam's followers. This included Ahijah (*Rashi*), who had originally supported Jeroboam [before he became wicked] (*Eitz Yosef*).

45. The cited verses prove that Jeroboam had placed an idolatrous calf in Beth-el, and that Beth-el fell under Abijah's control (see *Rashi*). That Abijah failed to destroy the golden calf is known to the Midrash from another, unrelated verse, which indicates that it was in existence at a later date (see *Yefeh To'ar*, who cites *Hosea* 10:5; *Eitz Yosef*, Vagshal ed., cites *II Kings* 10:29). For a different approach, see *Eitz Yosef* here.

46. When a king is at war, he must do whatever he needs to do to ensure the success of his campaign. If Abijah was punished so severely for

"אָסַף אֱלֹהִים אֶת חֶרְפָּתִי" בִּימֵי יָרָבְעָם, (דברי הימים־ב יג, כ) ז"וְלֹא עָצַר כֹּחַ יָרָבְעָם עוֹד בִּימֵי אֲבִיָּהוּ וַיִּגְּפֵהוּ ה׳ וַיָּמֹת", אָמַר רַבִּי שְׁמוּאֵל בַּר נַחְמָן: אַתְּ סָבוּר יָרָבְעָם הוּא שֶׁנִּיגּוֹף, לֹא נִיגּוֹף אֶלָּא אֲבִיָּה, וְלָמָּה נִיגּוֹף, רַבִּי אַבָּא בַּר כָּהֲנָא אָמַר: עַל שֶׁהֶעֱבִיר הַכָּרַת פְּנֵיהֶם שֶׁל יִשְׂרָאֵל, דִּכְתִיב (ישעיה ג, ט) "הַכָּרַת פְּנֵיהֶם עָנְתָה בָּם", רַבִּי לֵוִי אָמַר: שֶׁהוֹשִׁיב עֲלֵיהֶם שׁוֹמְרִים שְׁלֹשָׁה יָמִים עַד שֶׁנִּשְׁתַּנָּה צוּרָתָן, דִּתְנַן: חאֵין מְעִידִין אֶלָּא עַל פַּרְצוּף פָּנִים עִם הַחוֹטֶם וְאַף עַל פִּי שֶׁיֵּשׁ סִימָנִים בְּגוּפוֹ וּבְכֵלָיו, וְאֵין מְעִידִים אֶלָּא עַד ג׳ יָמִים, רַבִּי יוֹחָנָן אָמַר: עַל שֶׁחִסְּדָם בָּרַבִּים, שֶׁנֶּאֱמַר (דברי הימים־ב יג, ח) "וְעַתָּה אַתֶּם אֹמְרִים לְהִתְחַזֵּק לִפְנֵי מַמְלֶכֶת ה׳ וְגוֹ׳ וְעִמָּכֶם עֶגְלֵי זָהָב אֲשֶׁר עָשָׂה לָכֶם יָרָבְעָם לֵאלֹהִים", רֵישׁ לָקִישׁ אָמַר: עַל שֶׁבִּזָּה לַאֲחִיָּה הַשִּׁילוֹנִי, שֶׁנֶּאֱמַר (שם שם ז) "וַיִּקָּבְצוּ עָלָיו אֲנָשִׁים רֵקִים בְּנֵי בְלִיַּעַל", *קָרָא לַאֲחִיָּה הַשִּׁילוֹנִי בְּלִיַּעַל, רַבָּנָן אָמְרִין: עַל שֶׁבָּאת עֲבוֹדָה זָרָה לְתוֹךְ יָדוֹ וְלֹא בִעֲרָהּ, הָדָא הוּא דִכְתִיב (שם שם יט) "וַיִּלְכֹּד מִמֶּנּוּ עָרִים אֶת בֵּית אֵל וְאֶת בְּנוֹתֶיהָ", וּכְתִיב (מלכים־א יב, כט) "וַיָּשֶׂם אֶת הָאֶחָד בְּבֵית אֵל וְגוֹ׳ ", וַהֲלֹא דְּבָרִים קַל וָחוֹמֶר, וּמָה אִם הַמֶּלֶךְ שֶׁהוֹנָה אֶת הַמֶּלֶךְ כָּמוֹהוּ נִיגַּף, הֶדְיוֹט שֶׁהוּא מוֹנֶה אֶת הֶדְיוֹט עַל אַחַת כַּמָּה וְכַמָּה:

ו [ל, כד] "וַתִּקְרָא שְׁמוֹ יוֹסֵף לֵאמֹר יֹסֵף ה׳ לִי בֵּן אַחֵר", "אַחֵר" לְגָלוּת, אָמַר רַבִּי יְהוּדָה בַּר רַבִּי סִימוֹן: לֹא לַמָּקוֹם שֶׁגָּלוּ עֲשֶׂרֶת הַשְּׁבָטִים גָּלָה שֵׁבֶט יְהוּדָה וּבִנְיָמִין, עֲשֶׂרֶת הַשְּׁבָטִים גָּלוּ לִפְנִים מִן נְהַר סַמְבַּטְיוֹן, שֵׁבֶט יְהוּדָה וּבִנְיָמִין מְפוּזָּרִים בְּכָל הָאֲרָצוֹת, "בֵּן אַחֵר" לְמַחֲלוֹקֶת, אָמַר רַבִּי פִּנְחָס: מִתְּפִלָּתָהּ שֶׁל רָחֵל לֹא חָלַק שֵׁבֶט יְהוּדָה וּבִנְיָמִין עִם עֲשֶׂרֶת הַשְּׁבָטִים, "אַחֵר", שֶׁעָשָׂה מַעֲשֶׂה אֲחֵרִים כְּגוֹן יָרָבְעָם וַחֲבֵירָיו:

עץ יוסף

שחטפו לנשים וידוע שיושבי שילה מיוסף היו. והכי קאמר על ידי בן זה אסף אלהים את חרפתי מבנימין. ואמרה כן להזכיר חיבת הבן הנולד לה (יפה תואר): **אסף אלהים את חרפתי בימי ירבעם.** אמרה כן לומר שחבה יתירה נודעת לה שה׳ קנא קנאתו והמית את אביה מפני שביזה את ירבעם שהוא מיוסף ואסף חרפתו. ולהכי מייתי הכא פירושא דויגפהו ה׳ (יפה תואר). ועיין לעיל (סה, טז): **ולמה ניגוף כו׳.** הנה חשב ארבע סבות, אחד מפני שהרג לישראל והעביר צורתן, השני על שחרפם ברבים ולא זכר כי ישראל בכלל המה טובים, השלישי מפני שתלה ממלכת ירבעם (שהיה באמת על פי ה׳ על ידי אחיה השלוני) בהתחזקות רקים ובבני בליעל המתפרצים, וכן על שלא ביער עבודה זרה מביתו, כי אחר כך כתיב שאחריו אסא ביערם: **קל וחומר.** זה ציור מוסרי לקחת ממנו מוסר השכל: (ו) [ה] **בן אחר לגלות.** דאחר משמע לחלק, ומה שאמר כי שת לי אלהים זרע אחר נדרש לעיל (יפה תואר): **אחר לגלות.** שלא גלה בנימין למקום שגלו עשרת השבטים שנקראו בשם יוסף ואפרים בשתם. וזכר זה אגב לידתם לרמז שהנולד עוד יהיה משובח מהראשון שיזכה שלא יגלה למרחוק (יפה תואר): **למחלוקת.** שנבדל מיוסף ולא חלק על מלכות בית דוד עם ירבעם הבא מיוסף. וזכר זה אגב לידתם לרמז שיהיה משובח יותר מהראשון ולא יהיה מבעלי המחלוקת (יפה תואר): **מתפלתה של רחל כו׳.** נראה דהכי פירושו מתפלתה של רחל לא חלק יהודה ובנימן זה מזה להיות בנימן עם עשרת השבטים, אלא יהודה ובנימין שניהם היו באגודה אחת. וכך צריך לומר **לא נחלק שבט בנימן מיהודה להיות עם עשרת השבטים** (אלא נתחברו באגודה אחת). ומה שאמר אחר שעשה מעשים, רצונו לומר לפי שזרע בן הראשון עשה מעשים אחרים כירבעם וחביריו. וזרע בן השני הוא בנימין נבדלו מהם לכך נקרא אחר לגבי בן הראשון שלא תפס דרכו:

פירוש מהרז״ו

ירבעם. שאביה חרפו, ועיין לעיל (סה, כ), ואסף חרפתי במה שנאמר (דברי הימים ב׳ יג, כ) ויגפהו: (ו) **אחר.** שהיה לה לומר בן שני, על כן דורש אחר כו׳, ועיין לעיל (כג, ה) זרע אחר. שיוסף הוא י׳ שבטים ובנימין עם שבט יהודה, ומה שאמר לפנים מנהר כו׳ עיין במדבר רבה (טז, כה) ושם נסמן: **למחלוקת.** פירוש בשעה שנחלקו ירבעם מיוסף ורחבעם מיהודה לשתי ממלכות, ומה שאמר לא חלק פירוש שלא לקח חלקו עם יוסף אלא עם יהודה: **מעשה אחרים.** על דרך שנקרא אלישע אחר, אך תימא הרי ירבעם מיוסף ואם כן תיבת אחר על יוסף, וזה שלא כפשט הכתוב, ואולי הכוונה על בנימין בפלגש בגבעה שנעשו כירבעם וצריך עיון:

רש״י

אסף אלהים את חרפתי בימי ירבעם. שניגף אביה: (ו) **יוסף ה׳ לי בן אחר. אחר למחלוקת דאמר רבי פנחס מתפלת רחל לא חלק יהודה ובנימין עם עשרת השבטים: אחר, שעשה מעשה אחר.** זה ירבעם שעבד לאל אחר:

מתנות כהונה

ולא עצר וגו׳. נתבאר לעיל פ׳ ס״ה: **ה״ג אין מעידין אלא על פרצוף פנים עם החוטם כו׳ עד ואין מעידין אלא עד שלשה ימים:** שחסדם גרס׳: **ה״ג השילוני שנאמר ויקבצו עליו וגו׳:** [ו] **עם י׳ השבטים.** כלומר לא נשתתפו עמהם במחלוקתם על מלכות בית דוד: ואלכה **אל מקומי גרסינן:**

אשד הנחלים

לחרפה במה שלא יתנו לו אשה, ולכן התנחמה במה שיתנו לה גם את זה. וזה שאמר הכתוב ותאמר אסף גו׳, ותאמר יוסף לי בן אחר, וכאומר ידעתי שמבן אחר יהיה לי חרפה באחרית, אבל זה אסף חרפתי. וכן דרשו על אביה שהיתה אמו מגבעה ומבנימין. ודרש ויגפהו אינו מוסב על ירבעם כי אם על אביה, ואף שנאמר אחר כך ויתחזק אביה אין מוקדם ומאוחר, כי הכתוב מבאר הסבה שעל כן ניגף באחרית, מפני שהכה לישראל מכה רבה באין חמלה כמו שמפורש שם. וחשב ד׳ סבות, אחד מפני שהרג לישראל הרבה והעביר צורתן, הב׳ על שחרפם ברבים ולא זכר כי ישראל בכלל המה טובים ואף שהפרט רע, הג׳ מפני שתלה ממלכת ירבעם [שהיה באמת ע״פ ה׳ ע״י אחיה השילוני כמ״ש בקרא] בהתחזקות ריקים, ובבני בליעל המתפרצים, ולא זכר כי יד ה׳ עשתה זאת, וכן על שלא ביער העבודת כוכבים מביתו, כי אח״כ כתיב שאחריו אסא ביערם, כמו שנאמר בכתוב: **ק״ו.** זהו ציור מוסרי לקחת ממנו מוסר השכל: [ו] **אחר לגלות.** כי מלת אחר מורה על שהוא נבדל במינו מזולתו ובמקריו שיקרה לו. וחשב הגלות, לפי שדי בזיון וחרפה למפוזר ומפורד בכל העמים, אבל יוסף לא גלה כי אם במקום אחד ואין בזה חרפה כל כך, ולכן אמרה אסף אלהים חרפתי על כל פנים, כי ידעתי שיוסיף לי בן אחר והוא יהיה בגלות לחרפה כי יתפזר בכל פנות: **למחלוקת.** על מחלוקת. וזהו כי ראתה שמיוסף יעמוד מלכות ישראל מאפרים שיריב עם מלכות יהודה. ולכן בקשה שינתן לה בן אחר שלא יריב עם יהודה, וזהו אחר, אינו דומה ליוסף בתכונתו:

חידושי הרש״ש

רבי יוחנן אמר על שחשדם כו׳. ריש לקיש אמר על שבזה כו׳. וכן הוא בויקרא (לג, ה), אבל לעיל (סה, כ) הגירסא להיפך ועיין שם:

אמרי יושר

[ו] **מתפלתה של רחל לא חלק שבט יהודה ובנימין.** כשנחלקה מלכות דוד וזהו אסף חרפת מלחמה כשיהא לי בן אחר. בנימין. שלא יעשו מלחמה בעת החלקם לשני ממלכות: **אחר שנעשה אחר לאחיו.** ונדבק עם יהודה. וזה בין בגלות בין במחלקות:

מסורת המדרש

ז. לעיל פרשה ס״ה. ירושלמי יבמות פרק ט״ו. ויקרא רבה פרשה ל״ג. רות רבה פרשה ז׳. אגדת שמואל פרשה י״ח. סדר עולם פרק י״ז. ילקוט מלכים רמז ר״ה:

ח. יבמות דף ק״כ. בבא מציעא דף כ״ז. בכורות דף מ״ו:

אם למקרא

וַיִּרְדֹּף אֲבִיָּה אַחֲרֵי יָרָבְעָם וַיִּלְכֹּד מִמֶּנּוּ עָרִים אֶת בֵּית אֵל וְאֶת בְּנוֹתֶיהָ וְאֶת יְשָׁנָה וְאֶת בְּנוֹתֶיהָ וְאֶת עֶפְרַיִן וּבְנֹתֶיהָ: וְלֹא עָצַר כֹּחַ יָרָבְעָם עוֹד בִּימֵי אֲבִיָּהוּ וַיִּגְּפֵהוּ ה׳ וַיָּמֹת: (דברי הימים ב יג:יט-כ)

הַכָּרַת פְּנֵיהֶם עָנְתָה בָּם וְחַטָּאתָם כִּסְדֹם הִגִּידוּ לֹא כִחֵדוּ אוֹי לְנַפְשָׁם כִּי גָמְלוּ לָהֶם רָעָה: (ישעיה ג:ט)

וַיִּקָּבְצוּ עָלָיו אֲנָשִׁים רֵקִים בְּנֵי בְלִיַּעַל וַיִּתְאַמְּצוּ עַל רְחַבְעָם בֶּן שְׁלֹמֹה וּרְחַבְעָם הָיָה נַעַר וְרַךְ לֵבָב וְלֹא הִתְחַזַּק לִפְנֵיהֶם: וְעַתָּה אַתֶּם אֹמְרִים לְהִתְחַזֵּק לִפְנֵי מַמְלֶכֶת ה׳ בְּיַד בְּנֵי דָוִיד וְאַתֶּם הָמוֹן רָב וְעִמָּכֶם עֶגְלֵי זָהָב אֲשֶׁר עָשָׂה לָכֶם יָרָבְעָם לֵאלֹהִים: (דברי הימים ב יג:ז-ח)

וַיִּרְדֹּף אֲבִיָּה אַחֲרֵי יָרָבְעָם וַיִּלְכֹּד מִמֶּנּוּ עָרִים אֶת בֵּית אֵל וְאֶת בְּנוֹתֶיהָ וְאֶת יְשָׁנָה וְאֶת בְּנוֹתֶיהָ וְאֶת עֶפְרַיִן וּבְנֹתֶיהָ: (שם שם יט)

וַיָּשֶׂם אֶת הָאֶחָד בְּבֵית אֵל וְאֶת הָאֶחָד נָתַן בְּדָן: (מלכים א יב:כט)

ידי משה

[ה] **בימי ירבעם.** שניגף אביה שהיה משבט יוסף וכדאמר רבי שמעון בר נחמני וכו׳ ולמה ניגוף עד סוף המאמר עיין לעיל (סה, כ) ותמצא כל פירוש זה המאמר מה שכתבתי שם: **ומה אם מלך שהונה את המלך וכו׳.** וקשה מאי קל וחומר זה, ויש לומר דהכי פירושו לפי דאיתא (ע״ז כה, א) כלום מתקנא אלא מלך במלך חכם בחכם ואם כן מלך המקנא במלך אינו כל כך עון ודוק:

וַתִּקְרָא אֶת שְׁמוֹ יוֹסֵף לֵאמֹר יֹסֵף ה׳ לִי בֵּן אַחֵר.
So she called his name Joseph, saying, "May HASHEM add on for me another son" (30:24).

§6 **וַתִּקְרָא אֶת שְׁמוֹ יוֹסֵף לֵאמֹר יֹסֵף ה׳ לִי בֵּן אַחֵר** — ***SO SHE CALLED HIS NAME JOSEPH, SAYING, "MAY HASHEM ADD ON FOR ME ANOTHER SON."***

The Midrash will offer three interpretations of the word אַחֵר, *another*:[47]

״אַחֵר״ לְגָלוּת — Rachel prayed that the next son (i.e., Benjamin) should be ***another***, i.e., different from Joseph, in regard **to exile.** **אָמַר רַבִּי יְהוּדָה בַּר רַבִּי סִימוֹן: לֹא לַמָּקוֹם שֶׁגָּלוּ עֲשֶׂרֶת הַשְּׁבָטִים גָּלָה שֵׁבֶט יְהוּדָה וּבִנְיָמִין** — **R' Yehudah bar R' Simone explained: The tribes of Judah and Benjamin were not exiled to the same location to which the Ten Tribes were exiled.** **עֲשֶׂרֶת הַשְּׁבָטִים גָּלוּ לִפְנִים מִן נְהַר סַמְבַּטְיוֹן** — **The Ten Tribes,** which included Joseph, **were exiled beyond the Sambatyon River,**[48] **שֵׁבֶט יְהוּדָה וּבִנְיָמִין מְפוּזָּרִים בְּכָל הָאֲרָצוֹת** — whereas **the tribes of Judah and Benjamin** were **spread throughout all the** inhabited **lands** of the world.[49]

The second interpretation of אַחֵר, *another*:

״בֵּן אַחֵר״ לְמַחְלוֹקֶת — ***Another son*** — the next son (i.e., Benjamin) should be *another*, i.e., different from Joseph, in regard **to separation.**[50] **אָמַר רַבִּי פִּנְחָס: מִתְּפִלָּתָהּ שֶׁל רָחֵל לֹא חָלַק שֵׁבֶט יְהוּדָה וּבִנְיָמִין עִם עֲשֶׂרֶת הַשְּׁבָטִים** — **R' Pinchas explained: Because of the prayer of Rachel, the tribes of Judah and Benjamin did not take a portion with** Joseph and **the** rest of the **Ten Tribes.**[51]

The third interpretation of אַחֵר, *another*:

״אַחֵר״ שֶׁעָשָׂה מַעֲשֶׂה אֲחֵרִים — The next son should be ***another***, i.e., different from Joseph, **for [Joseph]** (i.e., Joseph's descendants) **did "other"** (i.e., sinful) **actions.**[52] **כְּגוֹן יָרָבְעָם וַחֲבֵירָיו** — Who were these sinful descendants? **For example, Jeroboam and his colleagues.**[53]

NOTES

disparaging remarks he made about Jeroboam in an attempt to gain the support of Jeroboam's men, then certainly punishment will be meted out to one who inexcusably causes another person to suffer (*Or HaSeichel*; see also *Yefeh To'ar* and *Eitz Yosef*, who cites *Kli Yakar* to *Chronicles* ad loc.).

47. The word אַחֵר, *another*, can also be translated "different." It thus implies that there would be a difference between this future son and Joseph, the son already born. If Rachel meant only to express her wish for another son, she would have used the more common phrase בֵּן שֵׁנִי, *a second son* (*Yefeh To'ar, Maharzu*).

48. I.e., to the ends of the earth (see *Bamidbar Rabbah* 16 §25, and see further).

The River Sambatyon is full of stones and it rushes along turbulently throughout the week [violently hurling the stones about], but on the Sabbath it subsides (*Rashi* to *Sanhedrin* 65b, based on *Bereishis Rabbah* 11 §5). In the Gemara in *Sanhedrin* it is called Sabbatyon.

49. I.e., they were exiled to closer countries. Rachel's referring to her hoped-for next son as *another child* serves as an allusion to the fact that Benjamin would be distinguished (superior) over Joseph, in that the lands to which he would be exiled would not be as distant as those to which Joseph would be exiled (see *Eitz Yosef*, from *Yefeh To'ar*; for a diametrically opposite interpretation, see *Eshed HaNechalim*).

50. I.e., in regard to the splitting of Israel and Judah into two kingdoms. [Israel's secession from Judah (the Davidic monarchy) was led by Jeroboam, who descended from Joseph] (*Maharzu*). See next note.

51. Rather, they remained part of the Davidic kingdom (ibid.).

Alternatively, the Midrash is to be understood: ***Another son*** — the next son (i.e., Benjamin) should be *another*, i.e., different from Joseph, in regard **to *contention* or *dispute*. R' Pinchas explained: Because of the prayer of Rachel, the tribes of Judah and Benjamin did not *contest*** the Davidic monarchy **along with Jeroboam** (see *Yefeh To'ar*, cited by *Eitz Yosef*; see also *Matnos Kehunah*). [For a third interpretation see *Eitz Yosef* s.v. מתפלתה.]

The words *another child* thus serve as an allusion to the fact that Benjamin would be distinguished (superior) to Joseph in that his tribe, unlike Joseph's, would remain loyal to the Davidic kingdom; and the Midrash is saying that this occurred because of Rachel's prayer.

[*Eitz Yosef* (Vagshal edition, end of this section) notes that of all the tribes, one would have thought that Benjamin would be the *first* to rebel against the kingship of Judah, for the first king (Saul) was from their tribe, but he lost his kingdom to David. As a result of Rachel's prayer, however, Benjamin remained with Judah.]

52. *Eitz Yosef.*

53. Who separated from the Davidic monarchy; see notes 31 and 43.

[*Yefeh To'ar* and *Maharzu* read the Midrash differently: ״אַחֵר״ שֶׁעָשָׂה ״מַעֲשֶׂה״ אֲחֵרִים — This son (Joseph) is ***another*, for he** (i.e., his descendants) **did the deeds of others**, i.e., of evil people (*Maharzu*), or of idolaters (*Yefeh To'ar*). While this third approach (according to either reading) has the advantage that it is a plainer reading of the Midrash, it presents a difficulty, for it takes אַחֵר, *another*, as a description of Joseph rather than of Benjamin — against the plain meaning of our verse. These commentators therefore suggest alternate interpretations, either of our verse (*Yefeh To'ar*) or of the Midrash (*Maharzu*).]

"אָסַף אֱלֹהִים אֶת חֶרְפָּתִי" בִּימֵי יָרָבְעָם, (דברי הימים-ב יג, כ) ז"וְלֹא עָצַר כֹּחַ יָרָבְעָם עוֹד בִּימֵי אֲבִיָּהוּ וַיִּגְּפֵהוּ ה' וַיָּמֹת", אָמַר רַבִּי שְׁמוּאֵל בַּר נַחְמָן: אַתְּ סָבוּר יָרָבְעָם הוּא שֶׁנִּיגּוֹף, לֹא נִיגּוֹף אֶלָּא אֲבִיָּה, וְלָמָּה נִיגּוֹף, רַבִּי אַבָּא בַּר כָּהֲנָא אָמַר: עַל שֶׁהֶעֱבִיר הַכָּרַת פְּנֵיהֶם שֶׁל יִשְׂרָאֵל, דִּכְתִיב (ישעיה ג, ט) "הַכָּרַת פְּנֵיהֶם עָנְתָה בָּם", רַבִּי לֵוִי אָמַר: שֶׁהוֹשִׁיב עֲלֵיהֶם שׁוֹמְרִים שְׁלֹשָׁה יָמִים עַד שֶׁנִּשְׁתַּנָּה צוּרָתָן, דִּתְנַן: חאֵין מְעִידִין אֶלָּא עַל פַּרְצוּף פָּנִים עִם הַחוֹטֶם וְאַף עַל פִּי שֶׁיֵּשׁ סִימָנִים בְּגוּפוֹ וּבְכֵלָיו, וְאֵין מְעִידִים אֶלָּא עַד ג' יָמִים, רַבִּי יוֹחָנָן אָמַר: עַל שֶׁחִסְּדָם בָּרַבִּים, שֶׁנֶּאֱמַר (דברי הימים-ב יג, ח) "וְעַתָּה אַתֶּם אֹמְרִים לְהִתְחַזֵּק לִפְנֵי מַמְלֶכֶת ה' וְגוֹ' וְעִמָּכֶם עֶגְלֵי זָהָב אֲשֶׁר עָשָׂה לָכֶם יָרָבְעָם לֵאלֹהִים", רֵישׁ לָקִישׁ אָמַר: עַל שֶׁבִּזָּה לַאֲחִיָּה הַשִּׁילוֹנִי, שֶׁנֶּאֱמַר (שם שם ז) "וַיִּקָּבְצוּ עָלָיו אֲנָשִׁים רֵקִים בְּנֵי בְלִיַּעַל", *קָרָא לַאֲחִיָּה הַשִּׁילוֹנִי בְּלִיַּעַל, רַבָּנָן אָמְרִין: עַל שֶׁבָּאת עֲבוֹדָה זָרָה לְתוֹךְ יָדוֹ וְלֹא בִּעֲרָהּ, הָדָא הוּא דִכְתִיב (שם שם יט) "וַיִּלְכֹּד מִמֶּנּוּ עָרִים אֶת בֵּית אֵל וְאֶת בְּנוֹתֶיהָ", וּכְתִיב (מלכים-א יב, כט) "וַיָּשֶׂם אֶת הָאֶחָד בְּבֵית אֵל וְגוֹ'", וַהֲלֹא דְּבָרִים קַל וָחוֹמֶר, וּמָה אִם הַמֶּלֶךְ שֶׁהוֹנָה אֶת הַמֶּלֶךְ כָּמוֹהוּ נִיגַּף, הֶדְיוֹט שֶׁהוּא מוֹנֶה אֶת הֶדְיוֹט עַל אַחַת כַּמָּה וְכַמָּה:

ו [ל, כד] "וַתִּקְרָא שְׁמוֹ יוֹסֵף לֵאמֹר יֹסֵף ה' לִי בֵּן אַחֵר", "אַחֵר" לְגָלוּת, אָמַר רַבִּי יְהוּדָה בַּר רַבִּי סִימוֹן: לֹא לַמָּקוֹם שֶׁגָּלוּ עֲשֶׂרֶת הַשְּׁבָטִים גָּלָה שֵׁבֶט יְהוּדָה וּבִנְיָמִין, עֲשֶׂרֶת הַשְּׁבָטִים גָּלוּ לִפְנִים מִן נְהַר סַמְבַּטְיוֹן, שֵׁבֶט יְהוּדָה וּבִנְיָמִין מְפוּזָּרִים בְּכָל הָאֲרָצוֹת, "בֵּן אַחֵר" לְמַחֲלוֹקֶת, אָמַר רַבִּי פִּנְחָס: מִתְּפִלָּתָהּ שֶׁל רָחֵל לֹא חָלַק שֵׁבֶט יְהוּדָה וּבִנְיָמִין עִם עֲשֶׂרֶת הַשְּׁבָטִים, "אַחֵר", שֶׁעָשָׂה מַעֲשֶׂה אֲחֵרִים כְּגוֹן יָרָבְעָם וַחֲבֵירָיו:

עץ יוסף

שחטפו לנשים וידוע שיושבי שילה מיוסף היו. והכי קאמר על ידי בן זה אסף אלהים את חרפתי מבנימין. ואמרה כן להזכיר חיבת הבן הנולד לה (יפה תואר): **אסף אלהים את חרפתי בימי ירבעם.** אמרה כן לומר שחבה יתירה נודעת לה שה' קנא קנאתו והמית את אביה מפני שביזה את ירבעם שהוא מיוסף ואסף חרפתו. ולהכי מייתי הכא פירושא דויגפהו ה' (יפה תואר). ועיין לעיל (סה, טז): **ולמה ניגוף כו'.** הנה חשב ארבע סבות, אחד מפני שהרג לישראל והעביר צורתן, השני על שחרפם ברבים ולא זכר כי ישראל בכלל המה טובים, השלישי מפני שתלה ממלכת ירבעם (שהיה באמת על פי ה' על ידי אחיה השלוני) בהתחזקות רקים ובבני בליעל המתפרצים, וכן על שלא ביער עבודה זרה מביתו, כי אחר כך כתיב שאחריו אסא ביערם: **קל וחומר.** זה ציור מוסרי לקחת ממנו מוסר השכל: (ו) [ה] **בן אחר לגלות.** דאחר משמע לחלק, ומה שאמר כי שת לי אלהים זרע אחר נדרש לעיל (יפה תואר): **אחר לגלות.** שלא גלה בנימין למקום שגלו עשרת השבטים שנקראו בשם יוסף ואפרים בשתם. וזכר זה אצל לידתם לרמז שהנולד עוד יהיה משובח מהראשון שיזכה שלא יגלה למרחוק (יפה תואר): **למחלוקת.** שנבדל מיוסף ולא חלק על מלכות בית דוד עם ירבעם הבא מיוסף. וזכר זה אצל לידתם לרמז שיהיה משובח יותר מהראשון ולא יהיה מבעלי המחלוקת (יפה תואר): **מתפלתה של רחל כו'.** נראה דהכי פירושו מתפלתה של רחל לא חלק יהודה ובנימן זה מזה להיות בנימן עם עשרת השבטים, אלא יהודה ובנימין שניהם היו באגודה אחת. וכך צריך לומר **לא נחלק שבט בנימן מיהודה להיות עם עשרת השבטים** (אלא נתחברו באגודה אחת). ומה שאמר אחר שעשה מעשים, רצונו לומר לפי שזרע בן הראשון עשה מעשים אחרים כירבעם וחביריו. וזרע בן השני הוא בנימין נבדלו מהם לכך נקרא אחר לגבי בן הראשון שלא תפס דרכו:

פירוש מהרז"ו

ירבעם. שאביה חרפו, ועיין לעיל (סה, כ), ואסף חרפתי במה שנאמר (דברי הימים ב' יג, כ) ויגפהו: (ו) **אחר.** שהיה לה לומר בן שני, על כן דורש אחר כו', ועיין לעיל (כג, ה) זרע אחר. שיוסף הוא י' שבטים ובנימין עם שבט יהודה, ומה שאמר לפנים מנהר כו' עיין במדבר רבה (טז, כה) ושם נסמן: **למחלוקת.** פירוש בשעה שנחלקו ירבעם מיוסף ורחבעם מיהודה לשתי ממלכות, ומה שאמר לא חלק פירוש שלא לקח חלקו עם יוסף אלא עם יהודה: **מעשה אחרים.** על דרך שנקרא אלישע אחר, אך תימא הרי ירבעם מיוסף ואם כן תיבת אחר על יוסף, וזה שלא כפשט הכתוב, ואולי הכוונה על בנימין בפלגש בגבעה שנעשו כירבעם וצריך עיון:

חידושי הרש"ש

רבי יוחנן אמר על שחשדם כו'. ריש לקיש אמר על שבזה כו'. וכן הוא בויקרא (לג, ה), אבל לעיל (סה, כ) הגירסא להיפך ועיין שם:

אמרי יושר

[ו] **מתפלתה של רחל לא חלק שבט יהודה ובנימין.** כשנחלקה מלכות דוד וזהו אסף חרפת מלחמה כשיהא לי בן אחר. בנימין. שלא יעשו מלחמה בעת החלקם לשני ממלכות: **אחר שנעשה אחר לאחיו.** ונדבק עם יהודה. וזה בין בגלות בין במחלוקות:

מסורת המדרש

ז. לעיל פרשה ס"ה. ירושלמי יבמות פרק ט"ו. ויקרא רבה פרשה ל"ג. רות רבה פרשה ז'. אגדת שמואל פרשה י"ח. סדר עולם פרק י"ז. ילקוט מלכים רמז ר"ה:

ח. יבמות דף ק"כ. בבא מציעא דף כ"ז. בכורות דף מ"ו:

אם למקרא

וַיִּרְדֹּף אֲבִיָּה אַחֲרֵי יָרָבְעָם וַיִּלְכֹּד מִמֶּנּוּ עָרִים אֶת בֵּית אֵל וְאֶת בְּנוֹתֶיהָ וְאֶת יְשָׁנָה וְאֶת בְּנוֹתֶיהָ וְאֶת עֶפְרַיִן וּבְנֹתֶיהָ: וְלֹא עָצַר כֹּחַ יָרָבְעָם עוֹד בִּימֵי אֲבִיָּהוּ וַיִּגְּפֵהוּ ה' וַיָּמֹת: (דברי הימים ב יג:יט-כ)

הַכָּרַת פְּנֵיהֶם עָנְתָה בָּם וְחַטָּאתָם כִּסְדֹם הִגִּידוּ לֹא כִחֵדוּ אוֹי לְנַפְשָׁם כִּי גָמְלוּ לָהֶם רָעָה: (ישעיה ג:ט)

וַיִּקָּבְצוּ עָלָיו אֲנָשִׁים רֵקִים בְּנֵי בְלִיַּעַל וַיִּתְאַמְּצוּ עַל רְחַבְעָם בֶּן שְׁלֹמֹה וּרְחַבְעָם הָיָה נַעַר וְרַךְ לֵבָב וְלֹא הִתְחַזַּק לִפְנֵיהֶם: וְעַתָּה אַתֶּם אֹמְרִים לְהִתְחַזֵּק לִפְנֵי מַמְלֶכֶת ה' בְּיַד בְּנֵי דָוִיד וְאַתֶּם הָמוֹן רָב וְעִמָּכֶם עֶגְלֵי זָהָב אֲשֶׁר עָשָׂה לָכֶם יָרָבְעָם לֵאלֹהִים: (דברי הימים ב יג:ז-ח)

וַיִּרְדֹּף אֲבִיָּה אַחֲרֵי יָרָבְעָם וַיִּלְכֹּד מִמֶּנּוּ עָרִים אֶת בֵּית אֵל וְאֶת בְּנוֹתֶיהָ וְאֶת יְשָׁנָה וְאֶת בְּנוֹתֶיהָ וְאֶת עֶפְרַיִן וּבְנֹתֶיהָ: (שם שם יט)

וַיָּשֶׂם אֶת הָאֶחָד בְּבֵית אֵל וְאֶת הָאֶחָד נָתַן בְּדָן: (מלכים א יב:כט)

ידי משה

[ה] **בימי ירבעם.** שניגף אביה שהיה משבט יוסף וכדאמר רבי שמעון בר נחמני וכו' ולמה ניגוף עד סוף המאמר עיין לעיל (סה, כ) ותמצא כל פירוש זה המאמר מה שכתבתי שם: **ומה אם מלך שהונה את המלך וכו'.** וקשה מאי קל וחומר זה, ויש לומר דהכי פירושו לפי דאיתא (ע"ז כה, א) כלום מתקנא אלא מלך במלך חכם בחכם ואם כן מלך המקנא במלך אינו כל כך עון ודוק:

רש"י

אסף אלהים את חרפתי בימי ירבעם. שניגף אביה: (ו) **יוסף ה' לי בן אחר. אחר למחלוקת דאמר רבי פנחס מתפלת רחל לא חלק יהודה ובנימין עם עשרת השבטים: אחר, שעשה מעשה אחר.** זה ירבעם שעבד לאל אחר:

מתנות כהונה

ולא עצר וגו'. נתבאר לעיל פ' ס"ה: ה"ג **אין מעידין אלא על פרצוף פנים עם החוטם כו' עד ואין מעידין אלא עד שלשה ימים:** שחסדם גרס': ה"ג **השילוני שנאמר ויקבצו עליו וגו':** [ו] **עם י' השבטים.** כלומר לא נשתתפו עמהם במחלוקתם על מלכות בית דוד: ואלכה **אל מקומי** גרסינן:

אשד הנחלים

לחרפה במה שלא יתנו לו אשה, ולכן התנחמה במה שיתנו לה גם את זה. וזה שאמר הכתוב ותאמר אסף גו', ותאמר יוסף לי בן אחר, וכאומר ידעתי שמבן אחר יהיה לי חרפה באחרית, אבל זה אסף חרפתי. וכן דרשו על אביה שהיתה אמו מגבעה ומבנימין. ודרש ויגפהו אינו מוסב על ירבעם כי אם על אביה, ואף שנאמר אחר כך ויתחזק אביה אין מוקדם ומאוחר, כי הכתוב מבאר הסבה שעל כן ניגף באחרית, מפני שהכה לישראל מכה רבה באין חמלה כמו שמפורש שם. וחשב ד' סבות, אחד מפני שהרג לישראל הרבה והעביר צורתן, הב' על שחרפם ברבים ולא זכר כי ישראל בכלל המה טובים ואף שהפרט רע, הג' מפני שתלה ממלכת ירבעם [שהיה באמת ע"פ ה' ע"י אחיה השילוני כמ"ש בקרא] בהתחזקות ריקים, ובבני בליעל המתפרצים, ולא זכר כי יד ה' עשתה זאת, וכן על שלא ביער העבודת כוכבים מביתו, כי אח"כ כתיב שאחריו אסא ביערם, כמו שנאמר בכתוב: **ק"ו.** זהו ציור מוסרי לקחת ממנו מוסר השכל: [ו] **אחר לגלות.** כי מלת אחר מורה על שהוא נבדל במינו מזולתו ובמקריו שיקרה לו. וחשב הגלות, לפי שדי בזיון וחרפה למפוזר ומפורד בכל העמים, אבל יוסף לא גלה כי אם במקום אחד ואין בזה חרפה כל כך, ולכן אמרה אסף אלהים חרפתי על כל פנים, כי ידעתי שיוסיף לי בן אחר והוא יהיה בגלות לחרפה כי יתפזר בכל פנות: **למחלוקת.** על מחלוקת. וזהו כי ראתה שמיוסף יעמוד מלכות ישראל מאפרים שיריב עם מלכות יהודה. ולכן בקשה שינתן לה בן אחר שלא יריב עם יהודה, וזהו אחר, אינו דומה ליוסף בתכונתו:

וַיְהִי כַּאֲשֶׁר יָלְדָה רָחֵל אֶת יוֹסֵף וַיֹּאמֶר יַעֲקֹב אֶל לָבָן שַׁלְּחֵנִי וְאֵלְכָה אֶל מְקוֹמִי וּלְאַרְצִי.

And it was, when Rachel had given birth to Joseph, Jacob said to Laban, "Grant me leave that I may go to my place and to my land" (30:25).

§7 **וַיְהִי כַּאֲשֶׁר יָלְדָה רָחֵל אֶת יוֹסֵף** — *AND IT WAS, WHEN RACHEL HAD GIVEN BIRTH TO JOSEPH, JACOB SAID TO LABAN, "GRANT ME LEAVE THAT I MAY GO TO MY PLACE AND TO MY LAND."*

The Midrash explains why Jacob *now* chose to ask Laban to grant him permission to leave:

כֵּיוָן שֶׁנּוֹלַד יוֹסֵף נוֹלַד שִׂטְנוֹ שֶׁל עֵשָׂו — When Joseph was born, the nemesis of Esau was born; Jacob therefore had nothing to fear, and chose to return home, **שֶׁנֶּאֱמַר "וַיֹּאמֶר יַעֲקֹב אֶל לָבָן שַׁלְּחֵנִי וְאֵלְכָה אֶל מְקוֹמִי וּלְאַרְצִי" — for it states,** ***Jacob said to Laban, "Grant me leave that I may go to my place and to my land."*** **דְּאָמַר רַבִּי פִּנְחָס בְּשֵׁם רַבִּי שְׁמוּאֵל בַּר נַחְמָן** — We know further that Joseph is capable of defeating Esau, **for R' Pinchas said in the name of R' Shmuel bar Nachman: מְסוֹרֶת הִיא שֶׁאֵין עֵשָׂו נוֹפֵל אֶלָּא בְּיַד בָּנֶיהָ שֶׁל רָחֵל — It is** known through **a tradition that Esau** and his descendants **will fall only by the hand of the children of Rachel.**[54] **הֲדָא הוּא דִכְתִיב "אִם לֹא יִסְחָבוּם צְעִירֵי הַצֹּאן" — Thus it is written,** *Therefore, hear the counsel of HASHEM that He has devised against Edom*[55] *...* ***the youngest of the flock will indeed drag them off;*** *he will indeed devastate their pasture* (*Jeremiah* 49:20).[56] **וְלָמָּה הוּא קוֹרֵא אוֹתָן "צְעִירֵי הַצֹּאן" — Why does [Jeremiah] call them** ***the youngest of the flock?*** **שֶׁהֵם צְעִירִים שֶׁבַּשְּׁבָטִים — For they are the youngest among the tribes.**[57]

וַיֹּאמֶר אֵלָיו לָבָן אִם נָא מָצָאתִי חֵן בְּעֵינֶיךָ נִחַשְׁתִּי וַיְבָרְכֵנִי ה׳ בִּגְלָלֶךָ. וַיֹּאמַר נָקְבָה שְׂכָרְךָ עָלַי וְאֶתֵּנָה. וַיֹּאמֶר אֵלָיו אַתָּה יָדַעְתָּ אֵת אֲשֶׁר עֲבַדְתִּיךָ וְאֵת אֲשֶׁר הָיָה מִקְנְךָ אִתִּי. כִּי מְעַט אֲשֶׁר הָיָה לְךָ לְפָנַי וַיִּפְרֹץ לָרֹב וַיְבָרֶךְ ה׳ אֹתְךָ לְרַגְלִי וְעַתָּה מָתַי אֶעֱשֶׂה גַם אָנֹכִי לְבֵיתִי.

But Laban said to him, "If I have found favor in your eyes! — I have learned by divination that HASHEM has blessed me on account of you." And he said, "Specify your wage to me and I will give it." But he said to him, "You know how I served you and what your livestock were with me. For the few that you had before I came have expanded substantially as HASHEM has blessed you with my coming; and now, when will I also do something for my own house?" (30:27-30).

§8 **וַיֹּאמֶר ... לָבָן אִם נָא מָצָאתִי חֵן בְּעֵינֶיךָ וגו׳ ...** — *BUT LABAN SAID TO HIM, "IF I HAVE FOUND FAVOR IN YOUR EYES! ETC. ["NICHASHTI" THAT HASHEM HAS BLESSED ME ON ACCOUNT OF YOU"].*

The Midrash explains the word *nichashti* [נִחַשְׁתִּי]:

NOTES

54. I.e., Joseph and his progeny. (See, however, note 57).

55. Edom is another name for Esau (see below, 36:1).

56. R' Shmuel bar Nachman sees in this verse support for the tradition he cited, interpreting *the youngest of the flock* as a reference to the Tribe of Joseph who will succeed *against Edom* (Esau). [Israel is called God's "flock" throughout *Ezekiel* Ch. 34. See also above, 65 §14.] See next note.

57. Manasseh and Ephraim (Joseph's children), who are counted among the Twelve Tribes, were born after Benjamin. The Tribe of Joseph (i.e., Manasseh and Ephraim) was thus the youngest of the Tribes (*Eshed HaNechalim, Eitz Yosef*). This verse thus supports the tradition that it would specifically be Joseph who would defeat Esau.

Alternatively: *Yefeh To'ar* (s.v. כיון) notes that R' Shmuel bar Nachman does not say "Joseph"; he says "the children of Rachel," which includes Benjamin. The *Jeremiah* verse's reference to *the youngest of the flock* accordingly refers to *both* of Rachel's children. While it is true that *Joseph* was Esau's nemesis — the Midrash proves this from our verse, which tells us that when Joseph was born Jacob already felt secure enough to leave Laban's house (even before Benjamin was born) — *both* children of Rachel, Joseph *and* Benjamin, were capable of defeating Esau. Thus we find not only that Joshua, from the Tribe of Ephraim (Joseph), defeats Amalek, Esau's grandson (see *Exodus* 17:13), but we find also Benjamin's descendants doing the same: King Saul defeated Amalek (see *I Samuel* Ch. 15), and Mordechai defeated Haman (as recorded in the Book of *Esther*).

Nevertheless, the final victory over Esau that will occur at the End of Days will come about exclusively through the descendants of Joseph (*Yefeh To'ar* s.v. בניה). Thus, when Scripture states, וְהָיָה בֵית יַעֲקֹב אֵשׁ וּבֵית יוֹסֵף לֶהָבָה וּבֵית עֵשָׂו לְקַשׁ וְדָלְקוּ בָהֶם וַאֲכָלוּם, *The house of Jacob will be fire, the house of Joseph a flame, and the house of Esau for straw; and they will ignite them and devour them* (*Obadiah* 1:18) — referring specifically to Joseph — it is referring to the End of Days. See Insight Ⓐ.

INSIGHTS

Ⓐ The Power of Esau's Nemesis What is the special power of Rachel's children against Esau and his heirs? *R' Aharon Kotler* cites *Yalkut Shimoni* (*Shoftim* §51), which explains that only Joseph and Benjamin have the moral standing to visit justice upon Esau. If the other children of Jacob would confront Esau and ask him, "Why did you persecute your brother?" Esau would answer them, "Why did *you* persecute Joseph, *your* brother?! You are no better than I." However, when Joseph asks Esau, "Why did you persecute your brother?" Esau has no retort. Joseph continues, "If you will say that you persecuted him because he wronged you, my brothers wronged me as well, but I paid them back with kindness." Esau can only be silent. It is therefore only Joseph, the victim, and Benjamin, who had no part in the sale of Joseph, who are morally empowered to take Esau to task. Similarly, the Midrash elsewhere intimates that Esau's success in threatening the Jewish people lies in their guilt for the sale of Joseph. For it is to this that *Esther Rabbah* 7:25 attributes the initial success of Haman — the scion of Amalek and Esau — in his plot to eradicate the Jews. (See also *Yalkut Shimoni, Esther* §1056.)

The essential conflict between Esau and Jacob has nothing to do with the sale of Joseph; Rebecca was already notified about the eternal seesaw battle between Jacob and Esau before they were born (see *Megillah* 6a). Rather, the descendants of Esau and his grandson Amalek are invested in fighting against the recognition of God's sovereignty in this world. Jacob's descendants are devoted to the revelation of that sovereignty — the highest expression of which is found in the Holy Temple in Jerusalem. The two cannot coexist. When one rises, the other falls (see *Megillah* ibid.).

All of Jacob's descendants must battle Amalek and all that he stands for. Most of them, however, are hampered by their complicity in betraying the ties of brotherhood in the matter of Joseph's sale. Rachel's descendants, however, had no part in that betrayal; thus, it is to them that Esau will be delivered. It is they who will bring down Amalek, and concomitantly raise high the banner of God's sovereignty — in the Temple and in the world.

Thus we find the building of the Sanctuary preceded by the defeat of Amalek by one of Rachel's descendants. Amalek's initial attack on the Children of Israel was defeated by Joshua, from the tribe of Ephraim (*Exodus* 17:13); only then was the Sanctuary in the Wilderness built. The First Temple in Jerusalem was built after King Saul, from the tribe of Benjamin, had decimated Amalek. The Second Temple was completed after the defeat of Haman through Mordechai and Esther, from the tribe of Benjamin.

This explains the statement of *Sifri* (*Deuteronomy* §352) that the *Shechinah* and Temple reside in the portion of Benjamin because he had no part in Joseph's sale. The connection, explains R' Aharon, is that the *Shechinah* resides where Amalek has been suppressed, and it is Benjamin, who had no part in Joseph's sale, that can suppress Amalek.

R' Aharon uses the above analysis to explain the later statement in *Yalkut Shimoni* (*Esther* §1058), that Haman's wife and advisers foresaw

ז [ל, כה] "וַיְהִי כַּאֲשֶׁר יָלְדָה רָחֵל אֶת יוֹסֵף", כֵּיוָן שֶׁנּוֹלַד יוֹסֵף נוֹלַד שִׂטְנוֹ שֶׁל עֵשָׂו, שֶׁנֶּאֱמַר (בראשית ל, כה) "וַיֹּאמֶר יַעֲקֹב אֶל לָבָן שַׁלְּחֵנִי וְאֵלְכָה אֶל מְקוֹמִי וּלְאַרְצִי", דְּאָמַר רַבִּי פִּנְחָס בְּשֵׁם רַבִּי שְׁמוּאֵל בַּר נַחְמָן: [ט]מָסוֹרֶת הִיא שֶׁאֵין עֵשָׂו נוֹפֵל אֶלָּא בְּיַד בָּנֶיהָ שֶׁל רָחֵל, הָדָא הוּא דִכְתִיב (ירמיה מט, כ) "אִם לֹא יִסְחָבוּם צְעִירֵי הַצֹּאן", וְלָמָּה הוּא קוֹרֵא אוֹתָן "צְעִירֵי הַצֹּאן", שֶׁהֵם צְעִירִים שֶׁבַּשְּׁבָטִים:

ח [ל, כז] "וַיֹּאמֶר ... לָבָן אִם נָא מָצָאתִי חֵן בְּעֵינֶיךָ וְגוֹ'", נִסִּיתִי וּבָדַקְתִּי "וַיְבָרְכֵנִי ה' בִּגְלָלֶךָ". [ל, כח] "וַיֹּאמַר נָקְבָה שְׂכָרְךָ עָלַי", סְכוּם קַטַּע פָּרֵישׁ (אֱמוֹר הַסְּכוּם, קְצוֹב וּפָרֵשׁ מַה שְּׂכָרְךָ). [ל, כט-ל] "וַיֹּאמֶר אֵלָיו אַתָּה יָדַעְתָּ וְגוֹ' כִּי מְעַט אֲשֶׁר הָיָה לְךָ וְגוֹ' וַיִּפְרֹץ לָרֹב", רַבִּי יְהוּדָה בְּשֵׁם רַבִּי סִימוֹן בְּשֵׁם רַבִּי חִזְקִיָּה אָמַר: "מְעַט" שִׁבְעִים נֶפֶשׁ, נֶאֱמַר כָּאן "מְעַט" וְנֶאֱמַר לְהַלָּן "מְעַט", (דברים כו, ה) "בִּמְתֵי מְעָט", מַה לְּהַלָּן בְּע' נֶפֶשׁ, אַף כָּאן ע'. [ל, ל] "וַיְבָרֶךְ ה' אֹתְךָ לְרַגְלִי", [י]כָּל מָקוֹם שֶׁהַצַּדִּיקִים הוֹלְכִים בְּרָכָה מִשְׁתַּלַּחַת, יָרַד יִצְחָק לִגְרָר בָּאת בְּרָכָה לְרַגְלוֹ, שֶׁנֶּאֱמַר (לעיל כו, יב) "וַיִּזְרַע יִצְחָק בָּאָרֶץ הַהִיא וַיִּמְצָא בַּשָּׁנָה וְגוֹ'", יָרַד יַעֲקֹב אֵצֶל לָבָן וּבָאת בְּרָכָה לְרַגְלוֹ, שֶׁנֶּאֱמַר "וַיְבָרֶךְ ה' אֹתְךָ לְרַגְלִי", יוֹסֵף יָרַד אֵצֶל פּוֹטִיפַר בָּאת בְּרָכָה לְרַגְלוֹ, שֶׁנֶּאֱמַר (שם לט, ה) "וַיְבָרֶךְ ה' אֶת בֵּית הַמִּצְרִי". [ל, ל] "וְעַתָּה מָתַי אֶעֱשֶׂה גַּם אָנֹכִי לְבֵיתִי", רְאוּבֵן בָּעֵי בִי וְשִׁמְעוֹן בָּעֵי בִי:

ט [ל, לג] "וְעָנְתָה בִּי צִדְקָתִי בְּיוֹם מָחָר", רַבִּי יְהוּדָה בַּר סִימוֹן אָמַר: כְּתִיב (משלי כז, א) [יא]"אַל תִּתְהַלֵּל בְּיוֹם מָחָר", אַתָּה אָמַרְתָּ "וְעָנְתָה בִּי צִדְקָתִי בְּיוֹם מָחָר", לְמָחָר בְּתוֹךְ יוֹצֵאת וּמִתְעַנָּה, שֶׁנֶּאֱמַר (בראשית לד, א) "וַתֵּצֵא דִינָה בַּת לֵאָה". [ל, לד] "וַיֹּאמֶר לָבָן הֵן לוּ יְהִי כִדְבָרֶךָ",

עץ יוסף

(ז) כיון שנולד יוסף נולד שטנו של עשו שנאמר כו' אמר רבי פנחס כו'. גירסת הילקוט יותר מחוור דגרים דאמר רבי פנחס בשם כו' (וכן הוא בקצת מדרשים), ולפי זה בא לתת טעם מאי שנא דווקא אחר שנולד יוסף בקש ללכת לבית אביו, ואמר לפי שנולד שטנו של עשו שהוא ירא ממנו, ומייתי ראיה דיוסף הוא שטנו מדכתיב אם לא יסחבום צעירי הצאן, ומצינו שעמלק נפל ביד יהושע וביד שאול והמן ביד מרדכי: צעירים שבשבטים. שנקראו צאן שנאמר (יחזקאל לד, לא) ואתן צאני צאן מרעיתי. ואפרים ומנשה שהם בחשבון השבטים נולדו גם אחרי בנימין והמה אחרונים: (ח) [ו] נסיתי ובדקתי. כדמתרגמינן נחשתי נסיתי, והוא נחש ינחש (בראשית מד, ה) מתרגמינן והוא בדקא מבדק. ורצונו לומר נסיתי ובדקתי בניחוש שלי וכמו דפרש"י בחומש, וכן כתב הרמב"ן שכל ניחוש נסיון: סכום קטע פרש. כלומר פרש לי סכום קצוב. והא דמסיק אמור הסכום כו' אין זה מלשון המדרש אלא מדברי המבאר בגליון (מתנות כהונה): שבעים נפש. מלת נפש הוא מיותר כאן כי אין הכוונה על שבעים נפש אדם, דפשטיה דקרא לא משמע אלא מיעוט המקנה מבהמתו, וכן אינו מסיים רק אף כאן שבעים: ברכה משתלחת. ואין להקשות מאברהם שקדמו רעבון כשבא לארץ כנען, כי זה היה אחד מהעשרה נסיונות (יפה תואר): ברכה משתלחת. הוא ציור והתבוננות להתבונן במעשה הצדיקים איך שמצליחים בכל דרכיהם. וקרי התעסקם ופעולתם רק רגל להיותם כל עיקר פניותם רק בעבודת ה' והגיונם רק בחכמה, רק באגב רגליהם מוליכות אותם לפעול מעט בארץ: ויזרע יצחק בארץ ההיא. מיתורא דהארץ ההיא דריש כי לכל הארץ הועיל בזריעתו שנתברכו בגללו (יפה תואר): ראובן בעי בי. כלומר מבקש ממני ספוק צרכו, וכן שמעון וכל בני מבקשים ממני עזר וסיוע ולא ממך: (ט) למחר בתך כו'. כלומר לאחר זמן וכמוהו הרבה במקרא: יוצאה ומתענה. כמו דאת אמר (בראשית לד, ב) וישכב אותה ויענה, והוא נגד לשון וענתה בי. ולולי שהיה לו חטא מעט לא אירע זה, כי חונה מלאך ה' סביב ליראיו:

פירוש מהרז"ו

(ז) מסורת היא. לקמן (עה, ה פד, ה לט, ב) פסיקתא רבתי (פרק יב סימן ו) בארוכות: הצאן. עיין לעיל (סה, יד): (ח) נסיתי ובדקתי. דנחשתי עם ויברכני הוה שני דברים סותרים, על כן דורש נוטריקון נסיתי וחשתי והחושש בודק, וסמך לדבר משנה דאין חוששין כו' (פסחים ט, א): כל מקום. סנהדרין (לט, ב) ולקמן (פו, ו): (ט) מחר בתך יוצאה. אמיתת הענין בזה שדורש סיפיה דקרא כי לא תדע מה ילד יום, היינו דינה שנולדה ביום שאמר יעקב וענתה בי צדקתי ביום מחר, והשיבה לו רוח הקדש איך יודע מה יהיה סוף של אותה שנולדה היום שלא תתהלל בה, וכמו שכתבתי לעיל בסוף פרשה ע"ב שביום שנולד יוסף בסוף הז' שנים אז נולדה דינה עיין שם הכרח

חידושי הרד"ל

[ח] בעיניך. נחשתי נסיתי ובדקתי. כן צריך להיות, ולא מפרש ניחוש ממש שלא היה מזכיר זה ליעקב שכבר ידע כי לא נחש ביעקב (במדבר כג, כג): מעט שבעים. נאמר כאן כו'. כן הובא בילקוט (רמז קל), וכך צריך לומר. וגירסא דהכא שבעים נפש צריך לומר דנפש בהמה במשמע: ראובן בעי בי ושמעון בעי בי. ובילקוט (רמז קל) הגירסא בעי בית, וכן מוכח קצת בפרש"י בחומש, אבל אין נראה, שהרי קטנים היו עדיין, והגדול שבהן בן שש שנה כמו שכתב הרמב"ן: [ט] ומתענה כמה דאת אמר (לד, ב) וישכב אותה ויענה והוא נגד לשון וענתה בי (ל, לג), ויעקב היה לא גרם בענין דינה כמו שכתוב לקמן (פ, ד) עיין שם:

חידושי הרש"ש

[ז] {ויהי כאשר ילדה רחל את יוסף כיון שנולד יוסף נולד שטנו של עשו שנאמר והיה בית יעקב אש ובית יוסף להבה ובית עשו לקש וגו' ויאמר יעקב וגו'. כן צריך לומר. עיין ב"ב (קכג, ב) ובפירש"י על התורה:}

[ח] סכום קטע פרש. אמור הסכום קצוב וכו'. (וזה לשון בני הרב רבי מתתיהו נ"י. נראה לי שצריך לומר פרש אגר או אגרך. וכן תרגם אונקלוס (בראשית ל, כח) פרש אגרך. ויהיה תיבות "הסכום קצוב" ביאור מה שאמר "סכום קטע" ותיבות "פרש מה שכרך" ביאור למה שאמר "פרש אגר"):

מתנות כהונה

[ח] סכום קטע כו'. סכום קבוע ונכרת פרש לי ובילקוט גרס סכום קבוע: אמור כו'. אינו מדברי הספר אלא מבאר א' כתבה בפנים: בעי בי. רוצה בי וחפץ ממני צרכו: [ט] הן לו. קרי ביה הן לא כלומר מתחלה הן ואח"כ לא וכתיב ותחלף את

אשד הנחלים

[ז] שטנו כו'. לא ידעתי מה רצו בזה, ואיפה מרומז זאת בכתוב. ואולי מפני שכל מקום שנאמר ויהי אינו אלא צרה, ודרש צרה היא שנגזר שיפול ביד בני יוסף. ואולי עוד לפי שכל זמן שראה יעקב בנבואה שעודנה לא נשלם בשלימות בניו עד שיוכל לעמוד נגד עשו אחיו פחד גם מלבן שהוא נגדיות לו, אך אחר שראה שנשלם בכל בניו שיוכלו לעמוד נגד הרעים המעותדים אליו אז אמר שלחני. והבן: צעירים שבשבטים. כי אפרים ומנשה נולדו גם אחרי בנימין והמה אחרונים: [ח] נסיתי ובדקתי. הנסיון הוא דבר שאינו ידוע סבת הדברים בטבע רק ידוע מצד הנסיון שניסה כמה פעמים שככה הוא, והרי זה כדמות נחוש שהוא ההקש חוץ לטבע רק על צד הנסיון: פרש ואמור. גרסת אות אמת. ופרושו נקוב ופרש לי מה שכרך. וקטע מלשון קצבה, שידע סכום קצוב. ואולי להיות כי עתה לבן ביקשו שיתעכב אצלו, פחד אולי באחרית יבקש יעקב שכר טרחא הרבה, ולכן אמר לו שעתה יקצוב שכרו מה ירצה ממנו: הסכום קצוב. לא גרסינן בפנים, והוא כתוב בצידו באור על הגליון: מעט בשבעים נפשות. הוקשה להם על מלת לפני דמשמע לפני יעקב ובענין יעקב, ולכן באו לומר שנרמז בזה ענין יעקב, דרמז לו שעת לו להלוך מאתו, כי יבא עת שיפרוץ לרוב בבניו ואין כחו להכיל זאת, כי לעת עתה יש לפני מעט רק ע' נפשות, ואך דע נא כי יפרוצו אי"ה לרוב בברכת ה' עלי: ברכה משתלחת. הוא ציור והתבוננות להתבונן במעשי הצדיקים איך שמצליחים בכל דרכיהם. וקרא התעסקם ופעולתם רק רגל, להיות כל עיקר פניותם רק בעבודת ה' והגיונם רק בחכמה, רק באגב רגליהם מוליכות אותם לפעול מעט בארץ בלא העמקת השכל, כי אם עוזרים בעניינם בלי טורח רק בהליכה לבד: בעי בי. כלומר הגיע עת שאטפל באנשי ביתי כי הם צריכים לעזרתי ולטפולי: [ט] למחר בתך. לכאורה הלא מעשה דינה היה אחר שש שנים, וגם מה חטא בזה במה שיענה בזה צדקו ואמונת לבו בעבודתו אותו. והנראה כי יעקב ברוב בטחונו בה' דימה כי הנקודים והברודים יבראו ברגע אחת וביום אחת, אך באמת אל יסמוך האדם על צדקתו שיעשה לו נס מהר, ולכן חטא בזה ולא עלתה לו. וכאילו הוא ציור מוסרי, ראה נא כי תבטח על טובת מחר מהר, ולא תראה ההיפך איך הרעה יקרב למחר, כלומר תיכף ביציאתך מבית לבן. וכאילו אומר למה תחפוץ ללכת עד שתחפוץ שיעשה הנס

אמרי יושר

[ט] וענתה בי צדקתי וגו' כתיב אל תתהלל. ויעקב עשה ערמת המקלות. לזה נתקלקל שגנבו מאתו את דינה בתו:

מסורת המדרש

ט. בבא בתרא דף קכ"ג. לקמן פרשה ע"ה ול"ט. פסיקתא רבתי פסקא י"ב:

י. עיין ברכות דף מ"ב. סנהדרין ל"ט. ספרי פרשה עקב פסקא ל"ח. ילקוט עקב רמז תתכ"ד. ילקוט שמואל רמז קמ"ג. ילקוט מלכים רמז ר"י:

יא. ילקוט משלי רמז תתקס"א. לקמן פרשה ע"ד. תנחומא כאן סימן י"א:

אם למקרא

וַיְהִי כַּאֲשֶׁר יָלְדָה רָחֵל אֶת יוֹסֵף וַיֹּאמֶר יַעֲקֹב אֶל לָבָן שַׁלְּחֵנִי וְאֵלְכָה אֶל מְקוֹמִי וּלְאַרְצִי: (בראשית ל:כה)

לָכֵן שִׁמְעוּ עֲצַת ה' אֲשֶׁר יָעַץ אֶל אֱדוֹם וּמַחְשְׁבוֹתָיו אֲשֶׁר חָשַׁב אֶל יֹשְׁבֵי תֵימָן אִם לוֹא יִסְחָבוּם צְעִירֵי הַצֹּאן אִם לֹא יַשִּׁים עֲלֵיהֶם נְוֵהֶם: (ירמיה מט:כ)

וְעָנִיתָ וְאָמַרְתָּ לִפְנֵי ה' אֱלֹהֶיךָ אֲרַמִּי אֹבֵד אָבִי וַיֵּרֶד מִצְרַיְמָה וַיָּגָר שָׁם בִּמְתֵי מְעָט וַיְהִי שָׁם לְגוֹי גָּדוֹל עָצוּם וָרָב: (דברים כו:ה)

וַיִּזְרַע יִצְחָק בָּאָרֶץ הַהִוא וַיִּמְצָא בַּשָּׁנָה הַהִוא מֵאָה שְׁעָרִים וַיְבָרְכֵהוּ ה': (בראשית כו:יב)

וַיְהִי מֵאָז הִפְקִיד אֹתוֹ בְּבֵיתוֹ וְעַל כָּל אֲשֶׁר יֶשׁ לוֹ וַיְבָרֶךְ ה' אֶת בֵּית הַמִּצְרִי בִּגְלַל יוֹסֵף וַיְהִי בִּרְכַּת ה' בְּכָל אֲשֶׁר יֶשׁ לוֹ בַּבַּיִת וּבַשָּׂדֶה: (שם לט:ה)

אַל תִּתְהַלֵּל בְּיוֹם מָחָר כִּי לֹא תֵדַע מַה יֵּלֶד יוֹם: (משלי כז:א)

וַתֵּצֵא דִינָה בַּת לֵאָה אֲשֶׁר יָלְדָה לְיַעֲקֹב לִרְאוֹת בִּבְנוֹת הָאָרֶץ: (בראשית לד:א)

נִסִּיתִי וּבְדַקְתִּי — Laban was saying to Jacob, **"I have tested and I have examined**[58] through divination, "וַיְבָרְכֵנִי ה׳ בִּגְלָלֶךָ" — and I have concluded *that HASHEM has blessed me on account of you."*

□ וַיֹּאמַר נָקְבָה שְׂכָרְךָ עָלַי — ***AND HE SAID, "NAKVAH" YOUR WAGE TO ME*** *AND I WILL GIVE IT."*

The Midrash explains the word *nakvah* [נָקְבָה] in our verse:

סְכוּם קֶטַע פָּרִישׁ — Laban was saying to Jacob, **"Specify** to me **an exact amount** that I owe you." (אֱמוֹר הַסְּכוּם, קְצוֹב וּפָרֵשׁ מַה שְּׂכָרְךָ — (In other words: **"State the amount; determine and specify what is your wage."**)[59]

□ וַיֹּאמֶר אֵלָיו אַתָּה יָדַעְתָּ וְגוֹ׳ כִּי מְעַט אֲשֶׁר הָיָה לְךָ וְגוֹ׳ וַיִּפְרֹץ לָרֹב — ***BUT HE SAID TO HIM, "YOU KNOW, ETC.*** *[HOW I SERVED YOU AND WHAT YOUR LIVESTOCK WERE WITH ME].* ***FOR THE FEW THAT YOU HAD*** *BEFORE I CAME* ***HAVE EXPANDED SUBSTANTIALLY*** *AS HASHEM HAS BLESSED YOU WITH MY COMING, ETC."*

Jacob claimed that Laban only had a *few* [מְעַט] livestock before Jacob arrived. The Midrash clarifies the exact number:

רַבִּי יְהוּדָה בְּשֵׁם רַבִּי סִימוֹן בְּשֵׁם רַבִּי חִזְקִיָּה אָמַר: "מְעַט" שִׁבְעִים נֶפֶשׁ — **R' Yehudah said in the name of R' Simone** who said **in the name of R' Chizkiyah:** ***The few*** refers to **seventy souls** (i.e., animals).[60] נֶאֱמַר כָּאן "מְעַט" — How is this derived? **It states *the few* here,** וְנֶאֱמַר לְהַלָּן "מְעַט", "בִּמְתֵי מְעָט" — **and it states *few* further on:** *[Jacob] descended to Egypt and sojourned there,* ***few*** [מְעָט] ***in number,*** *etc.* (*Deuteronomy* 26:5). מַה לְּהַלָּן בְּע׳ נֶפֶשׁ, אַף כָּאן ע׳ — **Just as there** *few* means **with seventy souls** (see below, 46:27), **so too here,** in our verse, *the few* refers to **seventy** animals.

□ וַיְבָרֶךְ ה׳ אֹתְךָ לְרַגְלִי — ***"AS HASHEM HAS BLESSED YOU WITH MY COMING."***

Jacob stated that blessing had come to Laban since his arrival. The Midrash lists examples of blessing accompanying the arrival of the righteous:

כָּל מָקוֹם שֶׁהַצַּדִּיקִים הוֹלְכִים בְּרָכָה מִשְׁתַּלַּחַת — **Every place that the righteous go, blessing is sent** there by God. יָרַד יִצְחָק לִגְרָר בָּאת בְּרָכָה לְרַגְלוֹ — Some examples: **Isaac descended to Gerar** and **blessing arrived with his coming,** שֶׁנֶּאֱמַר "וַיִּזְרַע יִצְחָק בָּאָרֶץ הַהִוא וַיִּמְצָא בַּשָּׁנָה וְגוֹ׳ " — **as it states,** ***Isaac sowed in that land, and in*** *that* ***year he reaped*** *a hundredfold; thus had HASHEM blessed him* (above, 26:12).[61] יָרַד יַעֲקֹב אֵצֶל לָבָן וּבָאת בְּרָכָה לְרַגְלוֹ — **Jacob descended to Laban's** house **and blessing arrived with his coming,** שֶׁנֶּאֱמַר "וַיְבָרֶךְ ה׳ אֹתְךָ לְרַגְלִי" — **as it states** here, ***as HASHEM has blessed you with my coming.*** יוֹסֵף יָרַד אֵצֶל פּוֹטִיפַר בָּאת בְּרָכָה לְרַגְלוֹ — **Joseph descended to Potiphar's** house and **blessing arrived with his coming,** שֶׁנֶּאֱמַר "וַיְבָרֶךְ ה׳ אֶת בֵּית הַמִּצְרִי" — **as it states,** ***HASHEM blessed the Egyptian's*** *(Potiphar's)* ***house*** *on Joseph's account, etc.* (below, 39:5).[62]

□ וְעַתָּה מָתַי אֶעֱשֶׂה גַם אָנֹכִי לְבֵיתִי — ***"AND NOW, WHEN WILL I ALSO DO SOMETHING FOR MY OWN HOUSE?"***

The Midrash explains what Jacob meant here:

רְאוּבֵן בָּעֵי בִי וְשִׁמְעוֹן בָּעֵי בִי — Jacob said to Laban, **"Reuben is asking me,** and not you, to provide for him; **and Simeon is asking me,** and not you, to provide for him;[63] and the same is true for the rest of my children!"[64]

וְעָנְתָה בִּי צִדְקָתִי בְּיוֹם מָחָר כִּי תָבוֹא עַל שְׂכָרִי לְפָנֶיךָ כֹּל
אֲשֶׁר אֵינֶנּוּ נָקֹד וְטָלוּא בָּעִזִּים וְחוּם בַּכְּשָׂבִים גָּנוּב הוּא אִתִּי.
וַיֹּאמֶר לָבָן הֵן לוּ יְהִי כִדְבָרֶךָ.

"Let my integrity testify for me in the future when it comes before you regarding my wage; any among the goats that is not speckled or spotted, or among the sheep that is not brownish, is stolen, if in my possession." And Laban said, "Agreed! If only it will be as you say" (30:33-34).

§9 וְעָנְתָה בִּי צִדְקָתִי בְּיוֹם מָחָר — ***"LET MY INTEGRITY TESTIFY FOR ME IN THE FUTURE,*** *ETC."*

The Midrash explains that Jacob's statement here was the cause of a tragedy that later befell his family:[65]

רַבִּי יְהוּדָה בַּר סִימוֹן אָמַר: כְּתִיב "אַל תִּתְהַלֵּל בְּיוֹם מָחָר" — **R' Yehudah bar Simone said: It is written,** ***Do not boast about tomorrow,*** *for you know not what a day may bring* (*Proverbs* 27:1).

NOTES

58. This is how *Targum Onkelos* translates the word נַחֲשְׁתִּי (see here and to 44:5 below). See similarly *Rashi* and *Ramban* (*Eitz Yosef*).

59. This line is a gloss, added by a commentator in order to explain the preceding sentence (*Matnos Kehunah, Yefeh To'ar, Eitz Yosef*). It is for this reason that later editions of the Midrash have placed this comment in parentheses.

60. *Eitz Yosef* writes that the word נֶפֶשׁ, *souls*, is extraneous here.

61. The Midrash sees the seemingly extraneous words *in that land* as coming to teach that all of Gerar, not just Isaac's personal property, was blessed with a hundredfold crop (*Eitz Yosef*, citing *Yefeh To'ar*).

62. [The fact that Abraham's arrival in Canaan was accompanied by famine and *not* blessing (see above, 12:6,10) does not contradict our Midrash, for that famine was one of the ten trials with which God tested Abraham (*Eitz Yosef*, from *Yefeh To'ar*).]

63. *Eitz Yosef*. (*Matnos Kehunah* translates בָּעֵי as "wants." The meaning of the Midrash remains unchanged.)

64. *Matnos Kehunah, Eitz Yosef.*

[*Yefeh To'ar* (second explanation) suggests that the correct reading is: רְאוּבֵן בָּעֵי בֵּי וְשִׁמְעוֹן בָּעֵי בֵּי (replacing בִי with בֵּי) — **Reuben needs a house** (i.e., a wife) **and Simeon needs a house** (i.e., a wife), and therefore I need to earn money to help support them. *Radal* quotes a version of *Yalkut Shimoni* that actually uses the word בַּיִת, *house.* (*Radal* himself rejects this reading, pointing out that, as *Ramban* ad loc. notes, the oldest of Jacob's children was but six years old at this time.)]

65. The plain meaning of Jacob's statement is that his righteousness would be made evident by the fact that no sheep would be found in his possession that were not rightfully his according to his stipulation with Laban. But the Midrash takes Jacob's statement to mean that the righteousness with which he served Laban would be made evident in the abundance of speckled and spotted livestock that God would cause to be born in reward for his integrity. There was thus an element of boastfulness in Jacob's statement (unlike according to the plain interpretation); and this is why the Midrash cites the following verse from *Proverbs* (*Yefeh To'ar*).

INSIGHTS

his demise only if Mordechai was from the tribes of Judah, Ephraim, Manasseh, or Benjamin. Now, we understand the mention of Ephraim, Manasseh, and Benjamin, who were all descended from Rachel. But why Judah? Expanding on the remarks of *Amudei Ohr* (§121), R' Aharon explains that while the tribe of Judah could not initiate a war against Amalek, it did have the power to complete a war begun by the descendants of Rachel. For although Judah also had a hand in the sale of Joseph, it was he who initiated Joseph's rescue by convincing the brothers to sell rather than kill him (below, 37:26), and it was he who offered himself in place of his brother Benjamin when the latter was accused of thievery by Joseph. Judah thereby restored in part the bond of brotherly loyalty that he had sundered. Thus, Haman's wife and advisers speak of him being powerless against Mordechai *before whom you have "begun" to fall* (*Esther* 6:13). Once the fall of Amalek has begun, even Judah has the power to complete the defeat (see *Mishnas R' Aharon*, Vol. IV, pp. 136-145 at length).

ז [ל, כה] "וַיְהִי כַּאֲשֶׁר יָלְדָה רָחֵל אֶת יוֹסֵף", כֵּיוָן שֶׁנּוֹלַד יוֹסֵף נוֹלַד שִׂטְנוֹ שֶׁל עֵשָׂו, שֶׁנֶּאֱמַר (בראשית ל, כה) "וַיֹּאמֶר יַעֲקֹב אֶל לָבָן שַׁלְּחֵנִי וְאֵלְכָה אֶל מְקוֹמִי וּלְאַרְצִי", דְּאָמַר רַבִּי פִּנְחָס בְּשֵׁם רַבִּי שְׁמוּאֵל בַּר נַחְמָן: [ט] מָסוֹרֶת הִיא שֶׁאֵין עֵשָׂו נוֹפֵל אֶלָּא בְּיַד בָּנֶיהָ שֶׁל רָחֵל, הָדָא הוּא דִכְתִיב (ירמיה מט, כ) "אִם לֹא יִסְחָבוּם צְעִירֵי הַצֹּאן", וְלָמָּה הוּא קוֹרֵא אוֹתָן "צְעִירֵי הַצֹּאן", שֶׁהֵם צְעִירִים שֶׁבַּשְּׁבָטִים:

ח [ל, כז] "וַיֹּאמֶר ... לָבָן אִם נָא מָצָאתִי חֵן בְּעֵינֶיךָ וְגוֹ'", נִסִּיתִי וּבָדַקְתִּי "וַיְבָרְכֵנִי ה' בִּגְלָלֶךָ". [ל, כח] "וַיֹּאמַר נָקְבָה שְׂכָרְךָ עָלַי", סְכוּם קַטַע פָּרֵישׁ (אֱמוֹר הַסְּכוּם, קְצוֹב וּפָרֵשׁ מַה שְּׂכָרְךָ). [ל, כט-ל] "וַיֹּאמֶר אֵלָיו אַתָּה יָדַעְתָּ וְגוֹ' כִּי מְעַט אֲשֶׁר הָיָה לְךָ וְגוֹ' וַיִּפְרֹץ לָרֹב", רַבִּי יְהוּדָה בְּשֵׁם רַבִּי סִימוֹן בְּשֵׁם רַבִּי חִזְקִיָּה אָמַר: "מְעַט" שִׁבְעִים נֶפֶשׁ, נֶאֱמַר כָּאן "מְעַט" וְנֶאֱמַר לְהַלָּן "מְעַט", (דברים כו, ה) "בִּמְתֵי מְעָט", מַה לְּהַלָּן בְּע' נֶפֶשׁ, אַף כָּאן ע'. [ל, ל] "וַיְבָרֶךְ ה' אֹתְךָ לְרַגְלִי", [י] כָּל מָקוֹם שֶׁהַצַּדִּיקִים הוֹלְכִים בְּרָכָה מִשְׁתַּלַּחַת, יָרַד יִצְחָק לִגְרָר בָּאת בְּרָכָה לְרַגְלוֹ, שֶׁנֶּאֱמַר (לעיל כו, יב) "וַיִּזְרַע יִצְחָק בָּאָרֶץ הַהִיא וַיִּמְצָא בַּשָּׁנָה וְגוֹ'", יָרַד יַעֲקֹב אֵצֶל לָבָן וּבָאת בְּרָכָה לְרַגְלוֹ, שֶׁנֶּאֱמַר "וַיְבָרֶךְ ה' אֹתְךָ לְרַגְלִי", יוֹסֵף יָרַד אֵצֶל פּוֹטִיפַר בָּאת בְּרָכָה לְרַגְלוֹ, שֶׁנֶּאֱמַר (שם לט, ה) "וַיְבָרֶךְ ה' אֶת בֵּית הַמִּצְרִי". [ל, ל] "וְעַתָּה מָתַי אֶעֱשֶׂה גַּם אָנֹכִי לְבֵיתִי", רְאוּבֵן בָּעֵי בִי וְשִׁמְעוֹן בָּעֵי בִי:

ט [ל, לג] "וְעָנְתָה בִּי צִדְקָתִי בְּיוֹם מָחָר", רַבִּי יְהוּדָה בַּר סִימוֹן אָמַר: כְּתִיב (משלי כז, א) [יא] "אַל תִּתְהַלֵּל בְּיוֹם מָחָר", אַתָּה אָמַרְתָּ "וְעָנְתָה בִּי צִדְקָתִי בְּיוֹם מָחָר", לְמָחָר בִּתְּךָ יוֹצֵאת וּמִתְעַנָּה, שֶׁנֶּאֱמַר (בראשית לד, א) "וַתֵּצֵא דִינָה בַּת לֵאָה". [ל, לד] "וַיֹּאמֶר לָבָן הֵן לוּ יְהִי כִדְבָרֶךָ",

עץ יוסף

(ז) כיון שנולד יוסף נולד שטנו של עשו שנאמר כו' אמר רבי פנחס כו'. גירסת הילקוט יותר מחוור דגרים דאמר רבי פנחס בשם כו' (וכן הוא בקצת מדרשים), ולפי זה בא לתת טעם מאי שנא דווקא אחר שנולד יוסף בקש ללכת לבית אביו, ואמר לפי שנולד שטנו של עשו שהוא ירא ממנו, ומייתי ראיה דיוסף הוא שטנו מדכתיב אם לא יסחבום צעירי הצאן, ומצינו שעמלק נפל ביד יהושע וביד שאול והמן ביד מרדכי: **צעירים שבשבטים.** שנקראו צאן שנאמר (יחזקאל לד, לא) ואתן צאני צאן מרעיתי. ואפרים ומנשה שהם בחשבון השבטים נולדו גם אחרי בנימין והמה אחרונים: **(ח) [ו] נסיתי ובדקתי.** כדמתרגמינן נחשתי נסיתי, והוא נחש ינחש (בראשית מד, ה) מתרגמינן והוא בדקא מבדק. ורצונו לומר נסיתי ובדקתי בניחוש שלי וכמו דפרש"י בחומש, וכן כתב הרמב"ן שכל ניחוש נסיון: **סכום קטע פרש.** כלומר פרש לי סכום קצוב. והא דמסיק אמור הסכום כו' אין זה מלשון המדרש אלא מדברי המבאר בגליון (מתנות כהונה): **שבעים נפש.** מלת נפש הוא מיותר כאן כי אין הכוונה על שבעים נפש אדם, דפשטיה דקרא לא משמע אלא מיעוט המקנה מבהמתו, וכן אינו מסיים רק אף כאן שבעים: **ברכה משתלחת.** ואין להקשות מאברהם שקדמו רעבון כשבא לארץ כנען, כי זה היה אחד מהעשרה נסיונות (יפה תואר): **ברכה משתלחת.** הוא ציור והתבוננות להתבונן במעשה הצדיקים איך שמצליחים בכל דרכיהם. וקרי התעסקם ופעולתם רק רגל להיותם כל עיקר פניותם רק בעבודת ה' והגיונם רק בחכמה, רק באגב רגליהם מוליכות אותם לפעול מעט בארץ: **ויזרע יצחק בארץ ההיא.** מיותרא דארץ ההיא דריש כי לכל הארץ הועיל בזריעתו שנתברכו בגללו (יפה תואר): **ראובן בעי בי.** כלומר מבקש ממני ספוק צרכו, וכן שמעון וכל בני מבקשים ממני עזר וסיוע ולא ממך: **(ט) למחר בתך כו'.** כלומר לאחר זמן וכמוהו הרבה במקרא: **יוצאה ומתענה.** כמו דאת אמר (בראשית לד, ב) וישכב אותה ויענה, והוא נגד לשון וענתה בי. ולולי שהיה לו חטא מעט לא אירע זה, כי חונה מלאך ה' סביב ליראיו:

פירוש מהרז"ו

(ז) מסורת היא. לקמן (עה, ה פד, ה לט, ב) פסיקתא רבתי (פרק יב סימן ו) בארוכות: **הצאן.** עיין לעיל (סה, יד): **(ח) נסיתי ובדקתי.** דנחשתי עם ויברכני הוה שני דברים סותרים, על כן דורש נוטריקון נסיתי וחשתי והחושש בודק, וסמך לדבר משנה דאין חוששין כו' (פסחים ט, א): **כל מקום.** סנהדרין (לט, ב) ולקמן (פו, ו): **(ט) מחר בתך יוצאה.** אמיתת הענין בזה שדורש סיפיה דקרא כי לא תדע מה ילד יום, היינו דינה שנולדה ביום שאמר יעקב וענתה בי צדקתי ביום מחר, והשיבה לו רוח הקדש אינך יודע מה יהיה סוף של אותה שנולדה היום שלא תתהלל בה, וכמו שכתבתי לעיל בסוף פרשה ע"ב שביום שנולד יוסף בסוף הז' שנים אז נולדה דינה עיין שם הכרח

חידושי הרד"ל

[ח] בעיניך. נחשתי נסיתי ובדקתי. כן צריך להיות, ולא מפרש ניחוש ממש שלא היה מזכיר זה ליעקב שכבר ידע כי לא נחש ביעקב (במדבר כג, כג): **מעט שבעים. נאמר כאן כו'.** כן הובא בילקוט (רמז קל), וכך צריך לומר. וגירסא דהכא שבעים נפש צריך לומר דנפש בהמה במשמע: **ראובן בעי בי ושמעון בעי בי.** ובילקוט (רמז קל) הגירסא בעי בית, וכן מוכח קצת בפרש"י בחומש, אבל אין נראה, שהרי קטנים היו עדיין, והגדול שבהן בן שש שנה כמו שכתב הרמב"ן:

[ט] ומתענה כמה דאת אמר (לד, ב) וישכב אותה ויענה והוא נגד לשון וענתה בי (ל, לג), ויעקב היה לו גרם בענין דינה כמו שכתוב לקמן (פ, ד) עיין שם:

חידושי הרש"ש

[ז] {**ויהי כאשר ילדה רחל את יוסף כיון שנולד יוסף נולד שטנו של עשו שנאמר והיה בית יעקב אש ובית יוסף להבה ובית עשו לקש וגו' ויאמר יעקב וגו'.** כן צריך לומר. עיין ב"ב (קכג, ב) ובפירש"י על התורה:}

[ח] סכום קטע פרש. אמור הסכום קצוב וכו'. (וזה לשון בני הרב רבי מתתיהו נ"י. נראה לי שצריך לומר פרש אגר או אגרך. וכן תרגם אונקלוס (בראשית ל, כח) פרש אגרך. ויהיה תיבות "הסכום קצוב" ביאור מה שאמר "סכום קטע" ותיבות "פרש מה שכרך" ביאור למה שאמר "פרש אגר"):

אמרי יושר

[ט] וענתה בי צדקתי וגו' כתיב אל תתהלל. ויעקב עשה ערמת המקלות. לזה נתקלקל שגנבו מאתו את דינה בתו:

מסורת המדרש

ט. בבא בתרא דף קכ"ג. לקמן פרשה ע"ה וצ"ט. פסיקתא רבתי פסקא י"ב:

י. עיין ברכות דף מ"ב. סנהדרין ל"ט. ספרי פרשה עקב פסקא ל"ח. ילקוט עקב רמז תתנ"ד. ילקוט שמואל רמז קמ"ג. ילקוט מלכים רמז ר"י:

יא. ילקוט משלי רמז תתקס"א. לקמן פרשה ע"ד. תנחומא כאן סימן י"א:

אם למקרא

וַיְהִי כַּאֲשֶׁר יָלְדָה רָחֵל אֶת יוֹסֵף וַיֹּאמֶר יַעֲקֹב אֶל לָבָן שַׁלְּחֵנִי וְאֵלְכָה אֶל מְקוֹמִי וּלְאַרְצִי: (בראשית ל:כה)

לָכֵן שִׁמְעוּ עֲצַת ה' אֲשֶׁר יָעַץ אֶל אֱדוֹם וּמַחְשְׁבוֹתָיו אֲשֶׁר חָשַׁב אֶל יֹשְׁבֵי תֵימָן אִם לוֹא יִסְחָבוּם צְעִירֵי הַצֹּאן אִם לֹא יַשִּׁים עֲלֵיהֶם נְוֵהֶם: (ירמיה מט:כ)

וְעָנִיתָ וְאָמַרְתָּ לִפְנֵי ה' אֱלֹהֶיךָ אֲרַמִּי אֹבֵד אָבִי וַיֵּרֶד מִצְרַיְמָה וַיָּגָר שָׁם בִּמְתֵי מְעָט וַיְהִי שָׁם לְגוֹי גָּדוֹל עָצוּם וָרָב: (דברים כו:ה)

וַיִּזְרַע יִצְחָק בָּאָרֶץ הַהִוא וַיִּמְצָא בַּשָּׁנָה הַהִוא מֵאָה שְׁעָרִים וַיְבָרְכֵהוּ ה': (בראשית כו:יב)

וַיְהִי מֵאָז הִפְקִיד אֹתוֹ בְּבֵיתוֹ וְעַל כָּל אֲשֶׁר יֶשׁ לוֹ וַיְבָרֶךְ ה' אֶת בֵּית הַמִּצְרִי בִּגְלַל יוֹסֵף וַיְהִי בִּרְכַּת ה' בְּכָל אֲשֶׁר יֶשׁ לוֹ בַּבַּיִת וּבַשָּׂדֶה: (שם לט:ה)

אַל תִּתְהַלֵּל בְּיוֹם מָחָר כִּי לֹא תֵדַע מַה יֵּלֶד יוֹם: (משלי כז:א)

וַתֵּצֵא דִינָה בַּת לֵאָה אֲשֶׁר יָלְדָה לְיַעֲקֹב לִרְאוֹת בִּבְנוֹת הָאָרֶץ: (בראשית לד:א)

מתנות כהונה

[ח] סכום קטע כו'. סכום קבוע ונכרת פרש לי ובילקוט גרס סכום קבוע: **אמור כו'.** אינו מדברי הספר אלא מבאר א' כתבה בפנים: **בעי בי.** רוצה בי וחפץ ממני צרכו: **[ט] הן לו.** קרי ביה הן לא כלומר מתחלה הן ואח"כ לא וכתיב ותחלף את

אשד הנחלים

[ז] שטנו כו'. לא ידעתי מה רצו בזה, ואיפה מרומז זאת בכתוב. ואולי מפני שכל מקום שנאמר ויהי אינו אלא צרה, ודרש צרה היא שנגזר שיפול ביד בני יוסף. ואולי עוד לפי שכל זמן שראה יעקב בנבואה שעודנה לא נשלם בשלימות בניו עד שיוכל לעמוד נגד עשו אחיו פחד גם מלבן שהוא נגדיות לו, אך אחר שראה שנשלם בכל בניו שיוכלו לעמוד נגד הרעים המעותדים אליו אז אמר שלחני. והבן: **צעירים שבשבטים.** כי אפרים ומנשה נולדו גם אחרי בנימין והמה אחרונים: **[ח] נסיתי ובדקתי.** הנסיון הוא דבר שאינו ידוע סבת הדברים בטבע רק ידוע מצד הנסיון שניסה כמה פעמים שככה הוא, והרי זה כדמות נחוש שהוא ההקש חוץ לטבע רק על צד הנסיון: **פרש ואמור.** גרסת אות אמת. ופרושו נקוב ופרש לי מה שכרך. וקטע מלשון קצבה, שידע סכום קצוב. ואולי להיות כי עתה לבן ביקשו שיתעכב אצלו, פחד אולי באחרית יבקש יעקב שכר טרחא הרבה, ולכן אמר לו שעתה יקצוב שכרו מה ירצה ממנו: **הסכום קצוב.** לא גרסינן בפנים, והוא כתוב בצידו באור על הגליון: **מעט בשבעים נפשות.** הוקשה להם על מלת לפני דמשמע לפני יעקב ובענין יעקב, ולכן באו לומר שנרמז בזה ענין יעקב, דרמז לו שעת לו להלוך מאתו, כי יבא עת שיפרוץ לרוב בבניו ואין כחו להכיל זאת, כי לעת עתה יש לפני מעט רק ע' נפשות, ואך דע נא כי יפרוצו אי"ה לרוב בברכת ה' עלי: **ברכה משתלחת.** הוא ציור והתבוננות להתבונן במעשי הצדיקים איך שמצליחים בכל דרכיהם. וקרא התעסקם ופעולתם רק רגל, להיות כל עיקר פניותם רק בעבודת ה' והגיונם רק בחכמה, רק באגב רגליהם מוליכות אותם לפעול מעט בארץ בלא העמקת השכל, כי אם עוזרים בעניינם בלי טורח רק בהליכה לבד: **בעי בי.** כלומר הגיע עת שאטפל באנשי ביתי כי הם צריכים לעזרתי ולטפולי: **[ט] למחר בתך.** לכאורה הלא מעשה דינה היה אחר שש שנים, וגם מה חטא בזה במה שיענה בזה צדקו ואמונת לבו בעבודתו אותו. והנראה כי יעקב ברוב בטחונו בה' דימה כי הנקודים והברודים יבראו ברגע אחת וביום אחת, אך באמת אל יסמוך האדם על צדקתו שיעשה לו נס מהר, ולכן חטא בזה ולא עלתה לו. וכאילו הוא ציור מוסרי, ראה נא כי תבטח על טובת מחר מהר, ולא תראה ההיפך איך הרעה יקרב למחר, כלומר תיכף ביציאתך מבית לבן. וכאילו אומר למה תחפוץ ללכת עד שתחפוץ שיעשה הנס

אַתְּה אָמַרְתְּ "וְעָנְתָה בִּי צִדְקָתִי בְּיוֹם מָחָר" — God said to Jacob, **"You said, '*Let my integrity testify* [וְעָנְתָה] *for me in the future*';** לְמָחָר בִּתְּךָ יוֹצֵאת וּמִתְעַנָּה — **in the future,** as a result of this statement, **your daughter will go out and be violated** (וּמִתְעַנָּה)," שֶׁנֶּאֱמַר "וַתֵּצֵא דִינָה בַּת לֵאָה" — **as it states,** ***Now Dinah — the daughter of Leah,*** *whom she had borne to Jacob* — ***went out . . .*** *Shechem . . . saw her; he took her, lay with her, and violated her* [וַיְעַנֶּהָ] (below, 34:1-2).[66]

□ וַיֹּאמֶר לָבָן הֵן לוּ יְהִי כִדְבָרֶךָ — ***AND LABAN SAID, "AGREED! "LU"*** [לוּ] ***IT WILL BE AS YOU SAY."***

The Midrash describes Laban's trickery toward Jacob:

NOTES

66. It is unfeasible that the tragedy affecting Dinah would have occurred to Jacob's family unless he had sinned in some way (*Eitz Yosef*). The Midrash links the tragedy of Dinah's violation to Jacob's slight boast through the similarity in the language used by Scripture in the two contexts (וַיְעַנֶּהָ in the former and וְעָנְתָה in the latter) (ibid., *Radal*).

ז [ל, כה] "וַיְהִי כַּאֲשֶׁר יָלְדָה רָחֵל אֶת יוֹסֵף", כֵּיוָן שֶׁנּוֹלַד יוֹסֵף נוֹלַד שִׂטְנוֹ שֶׁל עֵשָׂו, שֶׁנֶּאֱמַר (בראשית ל, כה) "וַיֹּאמֶר יַעֲקֹב אֶל לָבָן שַׁלְּחֵנִי וְאֵלְכָה אֶל מְקוֹמִי וּלְאַרְצִי", דְּאָמַר רַבִּי פִּנְחָס בְּשֵׁם רַבִּי שְׁמוּאֵל בַּר נַחְמָן: ‏[ט]מְסוֹרֶת הִיא שֶׁאֵין עֵשָׂו נוֹפֵל אֶלָּא בְּיַד בָּנֶיהָ שֶׁל רָחֵל, הָדָא הוּא דִכְתִיב (ירמיה מט, כ) "אִם לֹא יִסְחָבוּם צְעִירֵי הַצֹּאן", וְלָמָּה הוּא קוֹרֵא אוֹתָן "צְעִירֵי הַצֹּאן", שֶׁהֵם צְעִירִים שֶׁבַּשְּׁבָטִים:

ח [ל, כז] "וַיֹּאמֶר ... לָבָן אִם נָא מָצָאתִי חֵן בְּעֵינֶיךָ וְגוֹ'", נִסִּיתִי וּבָדַקְתִּי "וַיְבָרְכֵנִי ה' בִּגְלָלֶךָ". [ל, כח] "וַיֹּאמַר נָקְבָה שְׂכָרְךָ עָלַי", סְכוּם קַטַּע פָּרִישׁ (אֱמוֹר הַסְּכוּם, קְצוֹב וּפָרֵשׁ מַה שְּׂכָרְךָ). [ל, כט-ל] "וַיֹּאמֶר אֵלָיו אַתָּה יָדַעְתָּ וְגוֹ' כִּי מְעַט אֲשֶׁר הָיָה לְךָ וְגוֹ' וַיִּפְרֹץ לָרֹב", רַבִּי יְהוּדָה בְּשֵׁם רַבִּי סִימוֹן בְּשֵׁם רַבִּי חִזְקִיָּה אָמַר: "מְעַט" שִׁבְעִים נֶפֶשׁ, נֶאֱמַר כָּאן "מְעַט" וְנֶאֱמַר לְהַלָּן "מְעַט", (דברים כו, ה) "בִּמְתֵי מְעָט", מַה לְּהַלָּן בְּע' נֶפֶשׁ, אַף כָּאן ע'. [ל, ל] "וַיְבָרֶךְ ה' אֹתְךָ לְרַגְלִי", ‏[י]כָּל מָקוֹם שֶׁהַצַּדִּיקִים הוֹלְכִים בְּרָכָה מִשְׁתַּלַּחַת, יָרַד יִצְחָק לִגְרָר בָּאת בְּרָכָה לְרַגְלוֹ, שֶׁנֶּאֱמַר (לעיל כו, יב) "וַיִּזְרַע יִצְחָק בָּאָרֶץ הַהִיא וַיִּמְצָא בַּשָּׁנָה וְגוֹ'", יָרַד יַעֲקֹב אֵצֶל לָבָן וּבָאת בְּרָכָה לְרַגְלוֹ, שֶׁנֶּאֱמַר "וַיְבָרֶךְ ה' אֹתְךָ לְרַגְלִי", יוֹסֵף יָרַד אֵצֶל פּוֹטִיפַר בָּאת בְּרָכָה לְרַגְלוֹ, שֶׁנֶּאֱמַר (שם לט, ה) "וַיְבָרֶךְ ה' אֶת בֵּית הַמִּצְרִי". [ל, ל] "וְעַתָּה מָתַי אֶעֱשֶׂה גַם אָנֹכִי לְבֵיתִי", רְאוּבֵן בָּעֵי בִּי וְשִׁמְעוֹן בָּעֵי בִּי:

ט [ל, לג] "וְעָנְתָה בִּי צִדְקָתִי בְּיוֹם מָחָר", רַבִּי יְהוּדָה בַּר סִימוֹן אָמַר: כְּתִיב (משלי כז, א) ‏[יא]"אַל תִּתְהַלֵּל בְּיוֹם מָחָר", אַתָּה אָמַרְתָּ "וְעָנְתָה בִּי צִדְקָתִי בְּיוֹם מָחָר", לְמָחָר בִּתְּךָ יוֹצֵאת וּמִתְעַנָּה, שֶׁנֶּאֱמַר (בראשית לד, א) "וַתֵּצֵא דִינָה בַּת לֵאָה". [ל, לד] "וַיֹּאמֶר לָבָן הֵן לוּ יְהִי כִדְבָרֶךָ".

עץ יוסף

(ז) כיון שנולד יוסף נולד שטנו של עשו שנאמר כו' אמר רבי פנחס כו'. גירסת הילקוט יותר מחוור דגרים דאמר רבי פנחס בשם כו' (וכן הוא בקצת מדרשים), ולפי זה בא לתת טעם מאי שנא דווקא אחר שנולד יוסף בקש ללכת לבית אביו, ואמר לפי שנולד שטנו של עשו שהוא ירא ממנו, ומייתי ראיה דיוסף הוא שטנו מדכתיב אם לא יסחבום צעירי הצאן, ומצינו שעמלק נפל ביד יהושע וביד שאול והמן ביד מרדכי: צעירים שבשבטים. שנקראו צאן שנאמר (יחזקאל לד, לא) ואתן צאני צאן מרעיתי. ואפרים ומנשה שהם בחשבון השבטים נולדו גם אחרי בנימין והמה אחרונים: (ח) [ו] נסיתי ובדקתי. כדמתרגמינן נחשתי נסיתי, והוא נחש ינחש (בראשית מד, ה) מתרגמינן והוא בדקא מבדק. ורצונו לומר נסיתי ובדקתי בניחוש שלי וכמו דפרש"י בחומש, וכן כתב הרמב"ן שכל ניחוש נסיון: סכום קטע פרש. כלומר פרש לי סכום קצוב. והא דמסיק אמור הסכום כו' אין זה מלשון המדרש אלא מדברי המבאר בגליון (מתנות כהונה): שבעים נפש. מלת נפש הוא מיותר כאן כי אין הכוונה על שבעים נפש אדם, דפשטיה דקרא לא משמע אלא מיעוט המקנה מבהמתו, וכן אינו מסיים רק אף כאן שבעים: ברכה משלחת. ואין להקשות מאברהם שקדמו רעבון כשבא לארץ כנען, כי זה היה אחד מהעשרה נסיונות (יפה תואר): ברכה משלחת. הוא ציור והתבוננות להתבונן במעשה הצדיקים איך שמצליחים בכל דרכיהם. וקרי התעסקם ופעולתם רק רגל להיותם כל עיקר פניותם רק בעבודת ה' והגיונם רק בחכמה, רק באגב רגליהם מוליכות אותם לפעול מעט בארץ: ויזרע יצחק בארץ ההיא. מיתורא דארץ ההיא דריש כי לכל הארץ הועיל בזריעתו שנתברכו בגללו (יפה תואר): ראובן בעי בי. כלומר מבקש ממני ספוק צרכו, וכן שמעון וכל בני מבקשים ממני עזר וסיוע ולא ממך: (ט) למחר בתך כו'. כלומר לאחר זמן וכמוהו הרבה במקרא: יוצאה ומתענה. כמו דאת אמר (בראשית לד, ב) וישכב אותה ויענה, והוא נגד לשון וענתה בי. ולולי שהיה לו חטא מעט לא אירע זה, כי חונה מלאך ה' סביב ליראיו:

פירוש מהרז"ו

(ז) מסורת היא. לקמן (עה, ה פד, ה לט, ב) פסיקתא רבתי (פרק יב סימן ו) באריכות: הצאן. עיין לעיל (סה, יד): (ח) נסיתי ובדקתי. דנחשתי עם ויברכני הוה שני דברים סותרים, על כן דורש נוטריקון נסיתי וחשתי והחושש בודק, וסמך לדבר משנה דאין חוששין כו' (פסחים ט, א): כל מקום. סנהדרין (לט, ב) ולקמן (פו, ו): (ט) מחר בתך יוצאה. אמיתת הענין בזה שדורש סיפיה דקרא כי לא תדע מה ילד יום, היינו דינה שנולדה ביום שאמר יעקב וענתה בי צדקתי ביום מחר, והשיבה לו רוח הקדש אינך יודע מה יהיה סוף של אותה שנולדה היום שלא תתהלל בה, וכמו שכתבתי לעיל בסוף פרשה ע"ב שביום שנולד יוסף בסוף הז' שנים אז נולדה דינה עיין שם הכרח

מתנות כהונה

[ח] סכום קטע כו'. סכום קצוב ונכרת פרש לי ובילקוט גרס סכום קצוב: אמור כו'. אינו מדברי הספר אלא מבאר א' כתבה בפנים: בעי בי. רוצה בי וחפץ ממני צרכו: [ט] הן לו. קרי ביה הן לא כלומר מתחלה הן ואח"כ לא וכתיב ותחלף את

אשד הנחלים

[ז] שטנו כו'. לא ידעתי מה רצו בזה, ואיפה מרומז זאת בכתוב. ואולי מפני שכל מקום שנאמר ויהי אינו אלא צרה, ודרש צרה היא שנגזר שיפול ביד בני יוסף. ואולי עוד לפי שכל זמן שראה יעקב בנבואה שעודנה לא נשלם בשלימות בניו עד שיוכל לעמוד נגד עשו אחיו פחד גם מלבן שהוא נגדיות לו, אך אחר שראה שנשלם בכל בניו שיוכלו לעמוד נגד הרעים המעותדים אליו אז אמר שלחני. והבן: צעירים שבשבטים. כי אפרים ומנשה נולדו גם אחרי בנימין והמה אחרונים: [ח] נסיתי ובדקתי. הנסיון הוא דבר שאינו ידוע סבת הדברים בטבע רק ידוע מצד הנסיון שניסה כמה פעמים שככה הוא, והרי זה כדמות נחוש שהוא ההקש חוץ לטבע רק על צד הנסיון: פרש ואמור. גרסת אות אמת. ופרושו נקוב ופרש לי מה שכרך. וקטע מלשון קצבה, שידע סכום קצוב. ואולי להיות כי עתה לבן ביקשו שיתעכב אצלו, פחד אולי באחרית יבקש יעקב שכר טרחא הרבה, ולכן אמר לו שעתה יקצוב שכרו מה ירצה ממנו: הסכום קצוב. לא גרסינן בפנים, והוא כתוב בצידו באור על הגליון: מעט בשבעים נפשות. הוקשה להם על מלת לפני דמשמע לפני יעקב ובענין יעקב, ולכן באו לומר שנרמז בזה ענין יעקב, דרמז לו שעת לו להלוך מאתו, כי יבא עת שיפרוץ לרוב בבניו ואין כחו להכיל זאת, כי לעת עתה יש לפני מעט רק ע' נפשות, ואך דע נא כי יפרוצו אי"ה לרוב בברכת ה' עלי: ברכה משלחת. הוא ציור והתבוננות להתבונן במעשי הצדיקים איך שמצליחים בכל דרכיהם. וקרא התעסקם ופעולתם רק רגל, להיות כל עיקר פניותם רק בעבודת ה' והגיונם רק בחכמה, רק באגב רגליהם מוליכות אותם לפעול מעט בארץ בלא העמקת השכל, כי אם עוזרים בעניינם בלי טורח רק בהליכה לבד: בעי בי. כלומר הגיע עת שאטפל באנשי ביתי כי הם צריכים לעזרתי ולטפולי: [ט] למחר בתך. לכאורה הלא מעשה דינה היה אחר שש שנים, וגם מה חטא בזה במה שיענה בזה צדקו ואמונת לבו בעבודתו אותו. והנראה כי יעקב ברוב בטחונו בה' דימה כי הנקודים וברודים יבראו ברגע אחת וביום אחת, אך באמת אל יסמוך האדם על צדקתו שיעשה לו נס מהר, ולכן חטא בזה ולא עלתה לו. וכאילו הוא ציור מוסרי, ראה נא כי תבטח על טובת מחר מהר, ולא תראה ההיפך איך הרעה יקרב למחר, כלומר תיכף ביציאתך מבית לבן. וכאילו אומר למה תחפוץ ללכת עד שתחפוץ שיעשה הנס

חידושי הרד"ל

[ח] בעיניך. נחשתי נסיתי ובדקתי. כן צריך להיות, ולא מפרש ניחוש ממש שלא היה מזכיר זה ליעקב שכבר ידע כי לא נחש ביעקב (במדבר כג, כג): מעט שבעים. נאמר כאן כו'. כן הובא בילקוט (רמז קל), וכך צריך לומר. וגירסא דהכא שבעים נפש צריך לומר דנפש בהמה במשמע: ראובן בעי בי ושמעון בעי בי. ובילקוט (רמז קל) הגירסא בעי בית, וכן מוכח קצת בפרש"י בחומש, אבל אין נראה, שהרי קטנים היו עדיין, והגדול שבהן בן שש שנה כמו שכתב הרמב"ן:

[ט] ומתענה כמה דאת אמר (לד, ב) וישכב אותה ויענה והוא נגד לשון וענתה בי (ל, לג), ויעקב היה לו גרם בענין דינה כמו שכתוב לקמן (פ, ד) עיין שם:

חידושי הרש"ש

[ז] {ויהי כאשר ילדה רחל את יוסף כיון שנולד יוסף נולד שטנו של עשו שנאמר והיה בית יעקב אש ובית יוסף להבה ובית עשו לקש וגו' ויאמר יעקב וגו'. כן צריך לומר. עיין ב"ב (קכג, ב) ובפירש"י על התורה:}

[ח] סכום קטע פרש. אמור הסכום קצוב וכו'. (וזה לשון בני הרב רבי מתתיהו נ"י. נראה לי שצריך לומר פרש אגר או אגרך. וכן תרגם אונקלוס (בראשית ל, כח) פרש אגרך. ויהיה תיבות "הסכום קצוב" ביאור מה שאמר "סכום קטע" ותיבות "פרש מה שכרך" ביאור למה שאמר "פרש אגר"):

אמרי יושר

[ט] וענתה בי צדקתי וגו' כתיב אל תתהלל. ויעקב עשה ערמת המקלות. לזה נתקלקל שגנבו מאתו את דינה בתו:

מסורת המדרש

ט. בבא בתרא דף קכ"ג. לקמן פרשה ע"ה וצ"ט. פסיקתא רבתי פסקא י"ב:

י. עיין ברכות דף מ"ב. סנהדרין ל"ט. ספרי פרשה עקב פסקא ל"ח. ילקוט עקב רמז תתנ"ד. ילקוט שמואל רמז קמ"ג. ילקוט מלכים רמז ר"י:

יא. ילקוט משלי רמז תתקס"א. לקמן פרשה ע"ד. תנחומא כאן סימן י"א:

אם למקרא

וַיְהִי כַּאֲשֶׁר יָלְדָה רָחֵל אֶת יוֹסֵף וַיֹּאמֶר יַעֲקֹב אֶל לָבָן שַׁלְּחֵנִי וְאֵלְכָה אֶל מְקוֹמִי וּלְאַרְצִי: (בראשית ל:כה)

לָכֵן שִׁמְעוּ עֲצַת ה' אֲשֶׁר יָעַץ אֶל אֱדוֹם וּמַחְשְׁבוֹתָיו אֲשֶׁר חָשַׁב אֶל יֹשְׁבֵי תֵימָן אִם לֹא יִסְחָבוּם צְעִירֵי הַצֹּאן אִם לֹא יַשִּׁים עֲלֵיהֶם נְוֵהֶם: (ירמיה מט:כ)

וְעָנִיתָ וְאָמַרְתָּ לִפְנֵי ה' אֱלֹהֶיךָ אֲרַמִּי אֹבֵד אָבִי וַיֵּרֶד מִצְרַיְמָה וַיָּגָר שָׁם בִּמְתֵי מְעָט וַיְהִי שָׁם לְגוֹי גָּדוֹל עָצוּם וָרָב: (דברים כו:ה)

וַיִּזְרַע יִצְחָק בָּאָרֶץ הַהִוא וַיִּמְצָא בַּשָּׁנָה הַהִוא מֵאָה שְׁעָרִים וַיְבָרְכֵהוּ ה': (בראשית כו:יב)

וַיְהִי מֵאָז הִפְקִיד אֹתוֹ בְּבֵיתוֹ וְעַל כָּל אֲשֶׁר יֶשׁ לוֹ וַיְבָרֶךְ ה' אֶת בֵּית הַמִּצְרִי בִּגְלַל יוֹסֵף וַיְהִי בִּרְכַּת ה' בְּכָל אֲשֶׁר יֶשׁ לוֹ בַּבַּיִת וּבַשָּׂדֶה: (שם לט:ה)

אַל תִּתְהַלֵּל בְּיוֹם מָחָר כִּי לֹא תֵדַע מַה יֵּלֶד יוֹם: (משלי כז:א)

וַתֵּצֵא דִינָה בַּת לֵאָה אֲשֶׁר יָלְדָה לְיַעֲקֹב לִרְאוֹת בִּבְנוֹת הָאָרֶץ: (בראשית לד:א)

אָמַר רַבִּי חִיָּיא רַבָּה: כָּל דָּבָר וְדָבָר שֶׁהָיָה לָבָן מַתְנֶה עִם יַעֲקֹב — **R' Chiya the Great said:** Regarding **each and every aspect that Laban stipulated with Jacob,** הָיָה חוֹזֵר בּוֹ י׳ פְּעָמִים לְמַפְרֵעַ — **he would change his mind ten times to nullify [it],**[67] שֶׁנֶּאֱמַר ״הֵן לוּ״ — **as it states,** ***Agreed! Perhaps*** [לוּ], *etc.*[68] וְרַבָּנָן אָמְרֵי: מֵאָה פְּעָמִים — **And the Sages said:** Laban retracted not ten but **a hundred times,** שֶׁנֶּאֱמַר ״וַאֲבִיכֶן הֵתֶל בִּי וְהֶחֱלִף אֶת מַשְׂכֻּרְתִּי עֲשֶׂרֶת מֹנִים״ — **as it states** later, ***yet your father mocked me and changed my wage ten counts*** [מוֹנִים] (ibid. 31:7), י׳ פְּעָמִים י׳ — a phrase that means **ten times ten,** דְּאֵין מִנְיָן פָּחוֹת מֵעֲשָׂרָה — **for a count** (מִנְיָן) **is never less than ten.**[69] Ten *counts* thus equals one hundred.

וַיָּשֶׂם דֶּרֶךְ שְׁלֹשֶׁת יָמִים בֵּינוֹ וּבֵין יַעֲקֹב וְיַעֲקֹב רֹעֶה אֶת צֹאן לָבָן הַנּוֹתָרֹת.

And he put a distance of three days between himself and Jacob; and Jacob tended Laban's remaining flock (30:36).

☐ וַיָּשֶׂם דֶּרֶךְ שְׁלֹשֶׁת יָמִים וגו׳, וְיַעֲקֹב רֹעֶה אֶת צֹאן לָבָן הַנּוֹתָרֹת — ***AND HE PUT A DISTANCE OF THREE DAYS ETC. [BETWEEN HIMSELF AND JACOB]; AND JACOB TENDED LABAN'S REMAINING FLOCK.***

The Midrash explains what kind of sheep comprised *Laban's remaining flock*:

רֵישׁ לָקִישׁ אָמַר: ״נוֹתָרֹת״ — **Reish Lakish said:** The term ***remaining*** indicates that מִנְּהוֹן בִּישִׁין — some **of [the sheep]** were **poor quality** (lit., *bad*),[70] מִנְּהוֹן עַקְרָן — some **of them** were **sterile,** מִנְּהוֹן קְווּסְרִין — and some **of them** were **diseased.**[71]

The Midrash presents a further exposition of the word הַנּוֹתָרֹת that points to the flock's poor quality:[72]

״נֹתָרֹת״ כְּתִיב — The word ***nosaros*** [נֹתָרֹת] **is written** without a *vav*.[73]

NOTES

67. Translation follows *Yefeh To'ar*, cited by *Eitz Yosef*, who takes the word לְמַפְרֵעַ as if written לְהַפְרִיעַ (lit., "to disturb"), i.e., to nullify and retract. R' Chiya the Great interprets verse 31:7 (cited shortly by the Midrash) to mean that Laban retracted this way ten times. His opinion accords with *Targum Onkelos* to the verse, who understands עֲשֶׂרֶת מֹנִים to mean *ten times* (*Maharzu*).

See Insight Ⓐ for another interpretation.

68. In this verse, Laban was responding to that which Jacob had suggested, *"every brownish lamb among the sheep and the spotted or speckled among the goats — that will be my wage"* (30:32). According to the plain meaning of Scripture, Laban's response, הֵן לוּ יְהִי כִדְבָרֶךָ, means: *Agreed! If only* [לוּ] *it will be as you say* (see *Rashi* ad loc.). But the Midrash does not take it that way. [*Yefeh To'ar* explains that this is because it was Jacob himself who had proposed the terms described in verse 32 and, as such, once Laban agreed, there would be no need for Laban to express the hope: *If only it will be as you say.*] Rather, the Midrash takes לוּ to mean *perhaps* (as it is used in 50:15 below). Accordingly, Laban's statement הֵן לוּ יְהִי כִדְבָרֶךָ indicates a change of heart: first he said, "Yes (הֵן), agreed!" but then he said, "*Perhaps* it will be as you say [and perhaps not]" (*Yefeh To'ar*, cited by *Eitz Yosef*; see also *Matnos Kehunah*, second interpretation).

Alternatively, לוּ is to be read as לֹא, *no*. Accordingly, Laban went from saying, "Agreed!" to saying, "No!" (*Matnos Kehunah*, first interpretation).

[See *Eitz Yosef* for yet another interpretation, one that upholds the translation of לוּ as *if only*. (According to that interpretation, each of Laban's four words הֵן לוּ יְהִי כִדְבָרֶךָ is a different response to Jacob.)]

69. The Midrash expounds the word מוֹנִים as cognate to מִנְיָנִים (lit., *counts*). In our numeric system (base 10), "ten" represents one complete "count." (*Maharzu*; see also *Eitz Yosef*; for an alternate approach see *Gur Aryeh* to verse).

See Insight Ⓑ.

70. The Midrash is saying that the word *remaining* indicates "leftovers," i.e., the poorest quality sheep; see *Rashi* ad loc. (*Matnos Kehunah*).

71. Translation follows *Rashi*; see also *Matnos Kehunah* and *Mussaf HeAruch*, cited by *Eitz Yosef.*

Laban left Jacob with diseased sheep, for they are much more difficult to tend to [and harder to mate]; indeed, diseased sheep normally do not give birth altogether [thus resulting in fewer animals born for Jacob] (*Eitz Yosef*, citing *Yefeh To'ar*).

Yefeh To'ar explains: The arrangement was that Jacob would receive as his payment only the sheep that were speckled or spotted. Laban gave all such sheep to his sons, leaving only the white ones — which were far less likely to produce speckled or spotted sheep — for Jacob. To make it even less likely that Jacob would receive much of a payment, Laban did not even give him healthy white sheep, but only sickly ones.

72. [See, however, *Eitz Yosef*, who understood the coming lines to be the Midrash's sole source for its assertion that the "remaining" sheep were of the poorest quality.]

73. The Midrash is saying that the word נֹתָרֹת is written without the first *vav* (between the *nun* and the *saf*); see further. In the Masoretic text, however, this *vav* appears. See next note.

INSIGHTS

Ⓐ **Ten Times What?** *Rashash* has a completely different interpretation of R' Chiya the Great's statement: The Midrash's addition of the word לְמַפְרֵעַ, *retroactively* or *backward*, serves to change the meaning of י׳ פְּעָמִים, "ten times [as much]," to "one-tenth [as much]." The Midrash is thus telling us that each time Laban changed the terms of the agreement, he offered one-tenth as much as in the preceding agreement. (According to this interpretation, R' Chiya is saying nothing about how many times Laban changed his terms.)

Ⓑ **The Combinations of Deception** A complicated business proposal with numerous attached conditions provides many avenues for a dishonest partner to swindle his counterpart. Jacob's proposal, however, seems rather straightforward. His share of Laban's flocks would include only those newborn sheep or goats that had specific external features. Yet according to the Midrash, Laban managed to turn this simple agreement into a hundred "counts" of fraud. How was this possible?

R' Yehoshua Leib Diskin offers an ingenious explanation as to how the Midrash arrives at this number. In Scripture's description of this incident and Jacob's later recounting thereof, a total of five external criteria are mentioned as the identifying characteristics of Jacob's share: ringed, speckled, spotted, checkered, or brownish. They are sometimes mentioned separately and sometimes as paired conditions. Moreover, while all his animals are generally mentioned jointly as "the flock," Scripture mentions that *Jacob separated the sheep* (below, 30:40), and on several occasions refers separately to the sheep and the goats. R' Yehoshua Leib therefore suggests that under Jacob's initial proposal, any sheep or goat that was born with any one of these five criteria would belong to him. Since it was ordinarily rare for any of these types to be born, Laban agreed. However, he soon realized that Jacob was benefiting from Divine assistance and, as mentioned in the verse, *if he would stipulate: "Speckled ones shall be your wages," then the entire flock bore speckled ones* (below, 31:8). Laban therefore revised Jacob's share to include only those offspring that featured a combination of two of these characteristics. He also set separate dual criteria for both the sheep and the goats, and insisted that both combinations be satisfied in unison. That is, if the sheep had to be, say, "ringed and brownish," and the goats, say, "speckled and checkered," Jacob would receive neither unless both of these combinations were born simultaneously. And Laban repeatedly "revised" the specified conditions once the unfavorable results became evident.

Now, the number of unique pairs that can be created from a set of five items (a, b, c, d, e) is ten: {ab, ac, ad, ae, bc, bd, be, cd, ce, de}. Thus, by repeatedly revising the identifying characteristics of Jacob's flock, Laban was able to specify ten pairs of goats and ten pairs of sheep. Moreover, since Jacob gained ownership only if the specified types of sheep and goats were born simultaneously (with one of the ten goat-combinations being matched with one of the ten sheep-combinations), Laban could specify a total of 10x10 combinations. Thus, he kept changing the criteria until every possibility was exhausted. This is how the Midrash could see Jacob's simple wage criteria (one of any of the five discolorations) subsequently being changed *ten counts*, or 100 times (*Maharil Diskin, Vayeitzei*).

אָמַר רַבִּי חִיָּיא רַבָּה: כָּל דָּבָר וְדָבָר שֶׁהָיָה לָבָן מַתְנֶה עִם יַעֲקֹב הָיָה חוֹזֵר בּוֹ י' פְּעָמִים לְמַפְרֵעַ, שֶׁנֶּאֱמַר "הֵן לוּ", וְרַבָּנָן אָמְרֵי: [יב]מֵאָה פְּעָמִים, שֶׁנֶּאֱמַר (לקמן לא, ז) "וַאֲבִיכֶן הֵתֶל בִּי וְהֶחֱלִף אֶת מַשְׂכֻּרְתִּי עֲשֶׂרֶת מֹנִים", י' פְּעָמִים י', דְּאֵין מִנְיָן פָּחוֹת מֵעֲשָׂרָה. [ל, לו] "וַיָּשֶׂם דֶּרֶךְ שְׁלֹשֶׁת יָמִים וְגוֹ', וְיַעֲקֹב רֹעֶה אֶת צֹאן לָבָן הַנּוֹתָרֹת", רֵישׁ לָקִישׁ אָמַר: "נוֹתָרֹת" מְנַהוֹן בִּישִׁין מְנַהוֹן °עַקְרוֹן מְנַהוֹן קְוָוסְרִין, "נֹתָרֹת" כְּתִיב, כְּמָא דְאַתְּ אָמַר (חולין נט:) [יג]"וְנָתוּר כַּבֵּיהּ וְשִׁינֵּיהּ" דְּקֵיסָר.

י [ל, לז] "וַיִּקַּח לוֹ יַעֲקֹב מַקַּל לִבְנֶה לַח וְלוּז וְעַרְמוֹן", [יד]"חוֹטֵר חִיוָּר דְּלוּז וְדִדְלוּף, כָּךְ הָיָה יַעֲקֹב אָבִינוּ נוֹתֵן אֶת הַמַּקְלוֹת בְּשִׁקֲתוֹת הַמַּיִם, וְהָיְתָה בְּהֵמָה בָּאָה לִשְׁתּוֹת וְרוֹאָה אֶת הַמַּקְלוֹת וְנִרְתַּעַת לַאֲחוֹרֶיהָ, וְהַזָּכָר רוֹבְעָהּ וְהָיְתָה יוֹלֶדֶת כַּיּוֹצֵא בּוֹ, אָמַר רַבִּי הוֹשַׁעְיָה: נַעֲשׂוּ הַמַּיִם זֶרַע בְּתוֹךְ מְעֵיהֶם וְלֹא הָיוּ חֲסֵירוֹת אֶלָּא צוּרַת הַוָּלָד בִּלְבָד. מַעֲשֶׂה בְּכוּשִׁי אֶחָד שֶׁנָּשָׂא לְכוּשִׁית אַחַת וְהוֹלִיד מִמֶּנָּה בֵּן לָבָן, תָּפַס הָאָב לַבֵּן וּבָא לוֹ אֵצֶל רַבִּי, אָמַר לוֹ: שֶׁמָּא אֵינוֹ בְּנִי, אָמַר לוֹ: הָיָה לְךָ מַרְאוֹת בְּתוֹךְ בֵּיתְךָ, אָמַר לוֹ: הֵין,

רש"י

(ט) **רבנן אמרי מאה פעמים.** דכתיב והחליף את משכורתי עשרת מונים ואין מנין פחות מעשרה: **נתרת כתיב. מנהון קווסרן.** חולות. קווסר כדקאיר ורמי בערסיה. קאירי ומריעי:

פירוש מהרז"ו

הלימוד, ועיין רד"ל שעל שאמר יעקב ועתה נענש במה שנאמר (בראשית לד, ב) בשכם ויענה, וזה על פי מדה ממעל ומנגד, ולזה גם כן כוון המדרש דממה שאמר ילד יוס לבד היה אפשר לומר על יוסף שנולד ביום זה. ועיין לקמן (פ, ד) ועיין סוף מסכת סופרים: **עשר פעמים.** עשרת מונים תרגם אונקלוס עשר זמנין: **פחות מעשרה.** כי כל המספרים בנויים על מנין עשרה עד עשר יחידות עד עשר עשיריות מאות וכו', על כן סתם מנין עשרה, ותפסת מועט תפסת: **קווסרין.** במוסף ערוך פירוש בלשון יוני ורומי חלשין מפני חולי פנימית: (י) **חוטר חיור דדלוז.** ומלת לבנה תאר כמו לח, ומוסב על לוז וערמון, אבל אונקלוס תרגם חוטרין דלבן רטיבין דדלוז ודדלוף, ולפי דבריו לבנה מין עץ וכן פירוש רש"י, וכמו שכתוב אלה ולבנה: **המים היו נעשים.** וזהו (ל, לח) ויחמנה בבואן לשתות:

עץ יוסף

[ז] **חוזר בו עשרה פעמים למפרע.** כלומר היה חוזר להפריע ולבטל להפך דברו. ומפרש ותחלף את משכורתי עשרת מונים הייתי משנה תנאי שבינינו מנקוד לטלוא ומעקודים לברודים עשרה פעמים, ומביא ראיה מהן לו יהי כדברך, דלשון הן הוא קבלת דבריו והודאה עליהן, ומלת לו היינו לשון שמא כמו לו ישטמנו יוסף, ואם כן הן תשובות סותרות שבתחלה הודה ואמר הן ושוב חזר בו ואמר שמא יהי כדברך, ומהשתא שמעינן דותחלף את משכורתי היינו חזרה מהתנאי היה עשרה מונים דהיינו פעמים (יפה תואר). או דייק כן משום דהמתרצה לאיזה דבר מספיק לתשובת הן, או בתשובת לו פירוש הלואי תהיה כמו שאמרת, או בתיבת יהיה, או במאמר כדבריך, ולמה נאמר ארבע תשובות כאחד, אלא על כרחך שהיה חזרה למפרע בין כל תשובה ותשובה (הרי"מ): **עשרה פעמים.** ומפורש בזוהר ויש"ל הטעם מפני שיש עשרה מדרגות בטומאה ובכל המדרגות עמד לבן כלפי יעקב ולא היה יכול לו: **מאה פעמים.** דעשרת מונים היינו מאה פעמים דמונים פירוש מניינים ומספרים, שהמספר הכולל הוא העשרה שאז הוא נכנס בגדר המנין: **מנהון בישין.** פירוש מהם רעים: **מנהון עקרין.** פירוש מהם עקרות: **מנהון קווסרין.** פירוש עקומות כקשת הנקרא בערבי קווס (מעריך). והמוסף הערוך כתב שפירושו בלשון רומיי חלשים מפני חולי פנימי והולכים ודלים, ויש בהם טורח גדול לרעותן, ועוד שהחולות אין דרכם ללדת. ודייק זאת מדכתיב הנותרות חסר וא"ו לכן דרשינן ליה לשון נפילה כמו נתר ככיה כו' במסכת חולין (נט, ב). ופירושו שם שנפלו שניו הגדולים והקטנים: (י) **חוטר חיור דלוז ודדלוף.** הכי גרסינן בספרים המדויקים חוטר חיור ולוז ודלוף, כלומר מקל לבנה היינו חוטר חיור פירוש לבן, וכן מקל לוז, וכן ערמון שהוא דלוף. ואם כן הא דכתיב ויפצל בהם פצלות לבנות קאי אלוז וערמון, אבל במקל לבנה דרישא מתרגם יונתן חוטר דפרח לבן, כלומר חוטר שיש עליו קלת פרחים לבנים בעודו לח, וממילא היה נראה כמנומר גם בלא פיצול פצלות (נזר הקודש): **כך היה אבינו יעקב עושה נותן את המקלות.** כן צריך לומר (יפה תואר): **ונרתעת לאחוריה.** מפחד המקלות והזכר רובעה ויולדת כיוצא בו והיו עקודים וטלואים ממראה המקלות המפוצלות. שעל ידי הרתעתן ממראיתן נשאר המראה בדמיון בעת ההרבעה ועל ידי זה נוצר הולד עקוד וטלוא שהדמיון פועל בעת ההריון וכמעשה הכושי דבסמוך: **נעשו המים זרע כו'.** וזהו דכתיב ויחמנה בבואן לשתות דמשמע שהשתיה לבד היתה סיבה החמימות שהיה הולד נוצר מהם ומראהו כמראה המקלות שראו בעת ההשקאה. ומכל מקום יעקב לא כיוון לזה דמנא ליה שיעשה לו נס כזה, אבל כוונתו היתה שישאר מראה המקלות בדמיונם בעת רביעתם (יפה תואר):

מתנות כהונה

משכורתי עשרת מונים או דרש לו לשון מסופק וחרטה: **מנין.** וזהו מונים לשון מנין: **נותרות.** משמע שנותרו מחמת גריעותן כמו שפירש רש"י בסדר זה: **מנהון כו'.** מהם רעים מהם עקרים: **קווסרים.** הערוך הביא ערך קווסר וערך נתר ולא פירשו ולפי הענין פירושו ענין חולי וכן פי' רש"י: **נתרת כתיב.** הנפולים והגרועים: **ונתור כו'.** במסכת חולין פרק אלו טרפות ופירש ונפלו שני הגדולים והקטנים: [י] **ודדליף.** כן ת"א ומין אילן הוא:

נחמד למראה

[י] **והיתה בהמה באה לשתות ורואה את המקלות ונרתעת לאחוריה והזכר רובעה והיתה יולדת כיוצא בו. אמר רבי הושעיא נעשו המים זרע בתוך מעיהם ולא היו חסרות אלא צורת הולד בלבד** עד כאן. וכן כתב רש"י בפירוש החומש (בראשית ל, לח) ומסיים וזהו ויחמנה עכ"ל. ונראה לי לפי שמלת ויחמנה היא חד מתלת אנדרוגינוס כדאיתא במסורת. רצוני לומר שהיא מורכבת מן ויחמו ומן ותחמנה, לזה אמר הבהמה רואה את המקלות כו', ירצה שבתחלה היו הנקבות מתחממות מהמקלות עד שהיו נרתעות לאחוריהן, והזכרים אשר היו אחרי הנקבות היו מתחממין מן הנקבות בראותם שהיו נרתעות לאחוריהן כאלו הנקבות היו פועלות במה שהיו ממציאות עצמן לגבי הזכרים והיו מרביעין אותן וזהו ויחמנה, ולדעת רבי הושעיא היו המים מתחממין במעיהן בדרך נס כדמיון זרע אחרי שהן היו מתחממות מהמקלות, וזהו ויחמנה כלומר שהן היו פועלות ומקבלות, לכך נאמר ויחמנה במלת אנדרוגינוס, כאילו כתוב ויחמו גם ותחמנה:

אשד הנחלים

מהר, הלא רעה מעותדת לך למחר מיום צאתך. והבן זה: **יו"ד פעמים.** דרש עשרת מונים כמו עשרה פעמים. ולדעת רבנן עשרת מספרים, והמספר הכולל הוא העשרה, שאז הוא נכנס בגדר המנין: **קווסרן.** בגרסת רש"י קוצרין, מלשון קצירי ומריעי, שהוא לשון חולה. **ונתור כבי.** אינו מגוף הספר כי אם גליון על פירש נתרי. ופירוש נותרות קא מפרש: [י] **ונרתעת.** אולי מצד כי ימצא בקרבה חמימות התאוה להתאוות לזכר ולכן מהר תהרנה מהזכר מהדמיון המקלות: **המים זרע.** כלומר שלא היו צריכים להתעורר שיתקבץ בהם הזרע,

חידושי הרש"ש

[ט] **היה חוזר בו עשר פעמים למפרע.** נראה לי דרלה לומר דהחלוק בין תנאי הראשון להחזרה היה בעשרה פעמים, רצוני דתנאי הראשון היה עולה ליעקב עשר פעמים נגד תנאי החזרה. כי פירוש עשר פעמים (בלתי מלת למפרע) מתפרש כפול עשרה פעמים, אבל עם מלת למפרע מתפרש בהיפך דהיינו חלק עשירית. וכן בחלק (סנהדרין קו, א) זקינה אומרת בשוה וילדה אומרת לו בפחות שתים ושלש פעמים, דרלה לומר החצי או שליש משויו שאמרה הזקנה: **ריש לקיש אמר נותרות מנהון בישין כו' נתרת כתיב כמה דאת אמר כו'.** עיין מנחת שי שהוא מלא עפ"י מסורה. ולי נראה דטעות סופר בכאן וצריך לומר נותרות כתיב. והכוונה מדלא כתיב הנשארות נוכל לומר שהוא בינוני פועל מגזרת חפ"נ ובא כאן הנח באותיות או"י חלוף הדגוש כמו תיעשה (שמות כה, לא):

ענף יוסף

(י) [ז] **נותן את המקלות בשקתות המים כו'.** דכמו שרימה לבן אותו כך הוא רימה את לבן בהצגת המקלות ויצא זה כנגד זה, ולכן גם המלאכי השרת הביאו לו מאן לבן דרך נס להורות כי מעשיו רצוים לפני ה' ויפה עשה לשלם לעושה רע כרשעתו (נזר הקודש):

שינוי נוסחאות

(ט) **נתרת כתיב, כמא דאת אמר ונתור כביה ושיניה דקיסר.** כל זה נראה שהוא הוספה למדרש ע"י תלמיד או מעתיק אחד, וליתא בשום כתב יד של מדרש:

מסורת המדרש

יב. עיין מ"ש בשפתי חכמים הארוך בפסוק זה:
יג. חולין דף נ"ט. ילקוט עמוס רמז תקמ"א:
יד. ילקוט כאן רמז ק"ל כה"ע:

ידי משה

[ט] **ויאמר לבן הן לו יהי כדבריך אמר רבי חייא וכו'. עד היה חוזר עשר פעמים שנאמר הן לו.** עיין פירוש מתנות כהונה. אך קשה והלא כתיב בהדיא ותחלף עשרה מונים, ונראה לי לפי שמצינו שבחמשה פעמים היה ליעקב תנאי עם לבן, שנים ברחל ולאה, ופעם אחת בצאן, ושתי פעמים כאן דכתיב אם כה יאמר וגו' ואם כה יאמר וגו' נמצא שסך הכל היה לו תנאי עמו חמשה פעמים ובכל פעם חזר עשרה פעמים, נמצא שבחמשה פעמים חזר חמישים פעמים, לזה רמז הכתוב במלת הן דקא יתיר שהיה לו לכתוב רק לו יהיה כדבריך, אלא ברמז במילת הן שמחמשה פעמים נעשה נו"ן נמצא שחזר חמשים פעמים, ורבנן אמרי מאה פעמים. כן נראה לי. דאי לא תימא הכי קשה טובא, וגם איך פליגי רבי חייא ורבנן פלוגתא רחוקה כזו שרבי חייא יאמר עשר פעמים ורבנן יאמרו מאה פעמים, אבל לפי דרכנו אתי שפיר שרבי חייא אומר עשרה פעמים עבר על חמשה תנאים שהתנה, ורבנן אמרי עשרים פעמים דהיינו על ה' תנאים עבר עשרים פעמים סך הכל מאה פעמים ודוק: **ונתור כביה ושיניה.** בפרק אלו טרפות (חולין נט, ב) האי קיסר שרצה לראות אריה דבי עלאה ושאג האריה ונשמע קולו שלש מאות פרסה ונשרו הלחיים והשינים של קיסר:

כְּמָא דְאַתְּ אָמַר "וְנָתוּר כַּבֵּיהּ וְשִׁינֵּיהּ" דְּקֵיסָר — The word is thus expounded to mean "fallen" (i.e., poor quality), from the root נתר, **as it is stated** in *Chullin* (59b) **in the context of Caesar, "and his molars and front teeth fell out"** (וְנָתוּר).[74]

וַיִּקַּח לוֹ יַעֲקֹב מַקַּל לִבְנֶה לַח וְלוּז וְעַרְמוֹן וַיְפַצֵּל בָּהֵן פְּצָלוֹת לְבָנוֹת מַחְשֹׂף הַלָּבָן אֲשֶׁר עַל הַמַּקְלוֹת. וַיַּצֵּג אֶת הַמַּקְלוֹת אֲשֶׁר פִּצֵּל בָּרְהָטִים בְּשִׁקְתוֹת הַמָּיִם אֲשֶׁר תָּבֹאןָ הַצֹּאן לִשְׁתּוֹת לְנֹכַח הַצֹּאן וַיֵּחַמְנָה בְּבֹאָן לִשְׁתּוֹת. וַיֶּחֱמוּ הַצֹּאן אֶל הַמַּקְלוֹת וַתֵּלַדְןָ הַצֹּאן עֲקֻדִּים נְקֻדִּים וּטְלֻאִים.

Jacob then took for himself fresh rods of poplar and hazel and chestnut. He peeled white streaks in them, laying bare the white of the rods. And he set up the rods that he had peeled, in the runnels — in the watering receptacles to which the flocks came to drink — facing the flocks, so they would become stimulated when they came to drink. Then the flocks became stimulated by the rods and the flocks gave birth to ringed ones, speckled ones, and spotted ones (30:37-39).

§10 **וַיִּקַּח לוֹ יַעֲקֹב מַקַּל לִבְנֶה לַח וְלוּז וְעַרְמוֹן** — ***JACOB THEN TOOK FOR HIMSELF FRESH RODS OF POPLAR AND HAZEL AND CHESTNUT,*** *ETC.*

The Midrash will present several explanations of how Jacob's flock bore ringed, speckled, and spotted offspring, in light of the fact that Laban had removed all such livestock (v. 35). The first explanation:

חוֹטֶר חִיוָּר דְּלוּז וְדִדְלוּף — Jacob took **rods of poplar** and **of hazel and of chestnut,** and peeled off strips of bark, partially exposing the white wood underneath.[75] **כָּךְ הָיָה יַעֲקֹב אָבִינוּ נוֹתֵן אֶת הַמַּקְלוֹת בְּשִׁקְתוֹת הַמַּיִם** — **Thus did our forefather Jacob** do: He would **place the rods in the watering receptacles,** **וְהָיְתָה בְּהֵמָה בָּאָה לִשְׁתּוֹת וְרוֹאָה אֶת הַמַּקְלוֹת** — **and a** female **animal would come to drink and it would see the rods,** **וְנִרְתַּעַת לַאֲחוֹרֶיהָ** — **and it would jump back** from fear[76] at the sight of the rods, **וְהַזָּכָר רוֹבְעָהּ** — **and the male** animal **would copulate** with **it,**[77] **וְהָיְתָה יוֹלֶדֶת כַּיּוֹצֵא בּוֹ** — **and [the female] would bear children that resembled [the peeled stick that it saw].**[78]

A second explanation:

אָמַר רַבִּי הוֹשַׁעְיָה: נַעֲשׂוּ הַמַּיִם זֶרַע בְּתוֹךְ מְעֵיהֶם — **R' Hoshayah said: The water** from the watering receptacles **became semen in their innards,** **וְלֹא הָיוּ חֲסֵירוֹת אֶלָּא צוּרַת הַוָּלָד בִּלְבָד** — **and they were only lacking the form of the fetus,** which developed in resemblance to the spotted rods.[79]

The Midrash records an incident that proves that the imagery in one's head at the time of conception affects the appearance of one's offspring:

מַעֲשֶׂה בְּכוּשִׁי אֶחָד שֶׁנָּשָׂא לְכוּשִׁית אַחַת — **There was an incident with a certain Cushite man who married a certain Cushite woman**[80] **וְהוֹלִיד מִמֶּנָּה בֵּן לָבָן** — **and begot from her a white child**, i.e., a child with light complexion. **תָּפַס הָאָב לַבֵּן וּבָא לוֹ אֵצֶל רַבִּי** — **The** Cushite **father grabbed the child and came to Rebbi** **אָמַר לוֹ: שֶׁמָּא אֵינוֹ בְּנִי** — and **said to him, "Perhaps this is not my child?"** **אָמַר לוֹ: הָיָה לְךָ מַרְאוֹת בְּתוֹךְ בֵּיתְךָ** — **[Rebbi] said to [the Cushite]** in response, **"Do you have portraits inside your house?"** **אָמַר לוֹ: הֵין** — **[The Cushite] answered [Rebbi], "Yes,** I do have portraits."

NOTES

74. [The Gemara is describing the greatness of a certain "lion of Bei I'lai." It states that this lion was so powerful that when it roared from 300 *parsahs* away, men's teeth fell out (presumably including Caesar's) and Caesar fell from his throne.]

[This whole citation seems peculiar, for it is uncharacteristic of the Midrash to refer to a short phrase from the Babylonian Talmud as if it were a well-known citation. It seems that this subsection is not part of the actual text of the Midrash, but is rather a gloss added by a later commentator that then crept into the text of the Midrash itself. Indeed, it does not appear in the Midrash manuscripts, and is absent from the parallel version in *Yalkut Shimoni.*]

75. Jacob peeled the bark only from the hazel and chestnut rods; the fresh poplar has white blossoms and thus did not need to have its bark peeled in order to create the "speckled" or spotted" effect (*Eitz Yosef*, from *Nezer HaKodesh*).

76. *Yefeh To'ar*, cited by *Eitz Yosef.*

77. [It seems that there was a miraculous element in how the female animals conceived. See note 83 below.]

78. For the image in one's mind at the time of conception has an effect on the appearance of the offspring born (*Yefeh To'ar, Eitz Yosef*).

79. R' Hoshayah interprets the phrase *they would become stimulated when they came to drink* literally: the drinking itself stimulated the animals. According to R' Hoshayah, a miracle occurred and the female animals conceived via the water, without the need for male animals. However, he agrees that the physical appearance of their offspring was a result of the image of the speckled/spotted rods at the time of conception. Jacob did not intend this miracle to happen, for he could not have known that it would occur; his intention was merely that a speckled/spotted image should be implanted in the female animals' minds at the time they conceived (*Eitz Yosef*, from *Yefeh To'ar*).

80. Cushites were noted for their dark skin complexion (see e.g., *Rashi* to *Numbers* 12:1).

אָמַר רַבִּי חִיָּיא רַבָּה: כָּל דָּבָר וְדָבָר שֶׁהָיָה לָבָן מַתְנֶה עִם יַעֲקֹב הָיָה חוֹזֵר בּוֹ י' פְּעָמִים לְמַפְרֵעַ, שֶׁנֶּאֱמַר "הֵן לוּ", וְרַבָּנָן אָמְרִי: יבמֵאָה פְּעָמִים, שֶׁנֶּאֱמַר (לקמן לא, ז) "וַאֲבִיכֶן הֵתֶל בִּי וְהֶחֱלִף אֶת מַשְׂכֻּרְתִּי עֲשֶׂרֶת מֹנִים", י' פְּעָמִים י', דְּאֵין מִנְיָן פָּחוֹת מֵעֲשָׂרָה. [ל, לו] "וַיָּשֶׂם דֶּרֶךְ שְׁלֹשֶׁת יָמִים וְגוֹ', וְיַעֲקֹב רֹעֶה אֶת צֹאן לָבָן הַנּוֹתָרֹת", רֵישׁ לָקִישׁ אָמַר: "נוֹתָרֹת" מִנְּהוֹן בִּישִׁין מִנְּהוֹן °עַקְרוֹן מִנְּהוֹן קַוְוסָרִין, "נֹתָרֹת" כְּתִיב, כְּמָא דְאַתְּ אָמַר (חולין נט:) יג"וְנָתוּר כַּכֵּיהּ וְשִׁינֵּיהּ" דְּקֵיסָר.

י [ל, לז] "וַיִּקַּח לוֹ יַעֲקֹב מַקַּל לִבְנֶה לַח וְלוּז וְעַרְמוֹן", ידחוֹטֶר חִיוָּר דְּלוּז וְדִדְלוּף, כָּךְ הָיָה יַעֲקֹב אָבִינוּ נוֹתֵן אֶת הַמַּקְלוֹת בְּשִׁקֲתוֹת הַמַּיִם, וְהָיְתָה בְּהֵמָה בָּאָה לִשְׁתּוֹת וְרוֹאָה אֶת הַמַּקְלוֹת וְנִרְתַּעַת לַאֲחוֹרֶיהָ, וְהַזָּכָר רוֹבְעָהּ וְהָיְתָה יוֹלֶדֶת כַּיּוֹצֵא בּוֹ, אָמַר רַבִּי הוֹשַׁעְיָה: נַעֲשׂוּ הַמַּיִם זֶרַע בְּתוֹךְ מְעֵיהֶם וְלֹא הָיוּ חֲסֵירוֹת אֶלָּא צוּרַת הַוָּלָד בִּלְבָד. מַעֲשֶׂה בְּכוּשִׁי אֶחָד שֶׁנָּשָׂא לְכוּשִׁית אַחַת וְהוֹלִיד מִמֶּנָּה בֵּן לָבָן, תָּפַס הָאָב לַבֵּן וּבָא לוֹ אֵצֶל רַבִּי, אָמַר לוֹ: שֶׁמָּא אֵינוֹ בְּנִי, אָמַר לוֹ: הָיָה לְךָ מַרְאוֹת בְּתוֹךְ בֵּיתְךָ, אָמַר לוֹ: הֵין,

רש"י

(ט) **רבנן אמרי מאה פעמים.** דכתיב והחליף את משכורתי עשרת מונים ואין מנין פחות מעשרה: **נתרת כתיב. מנהון קווסרן.** חולות. קווסר כדקליר ורמי בערסיה. קלירי ומריעי:

עץ יוסף

[ז] חוזר בו עשרה פעמים למפרע. כלומר היה חוזר להפריע ולבטל להפך דברו. ומפרש ותחלף את משכורתי עשרת מונים הייתי משנה תנאי שבינינו מנקוד לטלוא ומעקודים לברודים עשרה פעמים, ומביא ראיה מהן לו יהי כדברך, דלשון הן הוא קבלת דבריו והודאה עליהן, ומלת לו היינו לשון שמא כמו לו ישטמנו יוסף, ואם כן הן תשובות סותרות שבתחלה הודה ואמר הן ושוב חזר בו ואמר שמא יהי כדברך, ומהשתא שמעינן דותחלף את משכורתי היינו חזרה מהתנאי היה עשרה מונים דהיינו פעמים (יפה תואר). או דייק כן משום דהמתרצה לאיזה דבר מספיק לתשובת הן, או בתשובת לו פירוש הלואי תהיה כמו שאמרת, או בתיבת יהיה, או במאמר כדבריך, ולמה נאמר ארבע תשובות כאחד, אלא על כרחך שהיה חזרה למפרע בין כל תשובה ותשובה (הרי"מ): **עשרה פעמים.** ומפורש בזוהר ויצא הטעם מפני שיש עשרה מדרגות בטומאה ובכל המדרגות עמד לבן כלפי יעקב ולא היה יכול לו: **מאה פעמים.** דעשרת מונים היינו מאה פעמים דמונים פירוש מניינים ומספרים, שהמספר הכולל הוא העשרה שאז הוא נכנס בגדר המנין: **מנהון בישין.** פירוש מהם רעים: **מנהון עקרין.** פירוש מהם עקרות: **מנהון קווסרין.** פירוש עקומות כקשת הנקרא בערבי קווס (מעריך). והמוסף הערוך כתב שפירושו בלשון רומיי חלשים מפני חולי פנימי והולכים ודלים, ויש בהם טורח גדול לרעותן, ועוד שהחולות אין דרכם ללדת. ודייק זאת מדכתיב הנותרות חסר וא"ו לכן דרשינן ליה לשון נפילה כמו נתר ככיה כו' במסכת חולין (נט, ב). ופירושו שם שנפלו שניו הגדולים והקטנים: **(י) חוטר חיור דלוז ודדלוף.** הכי גרסינן בספרים המדויקים חוטר חיור ולוז ודלוף, כלומר מקל לבנה היינו חוטר חיור פירוש לבן, וכן מקל לוז, וכן ערמון שהוא דלוף. ואם כן הא דכתיב ויפצל בהם פצלות לבנות קאי אלוז וערמון, אבל במקל לבנה דרישא מתרגם יונתן חוטר דפרח לבן, כלומר חוטר שיש עליו קצת פרחים לבנים בעודו לח, וממילא היה נראה כמנומר גם בלא פילול פצלות (נזר הקודש): **כך היה אבינו יעקב עושה נותן את המקלות.** כן לריך לומר (יפה תואר): **ונרתעת לאחוריה.** מפחד המקלות והזכר רובעה ויולדת כיוצא בו והיו עקודים וטלואים ממראה המקלות המפוצלות. שעל ידי הרתעתן ממראיתן נשאר המראה בדמיון בעת ההרבעה ועל ידי זה נולד הולד עקוד וטלוא שהדמיון פועל בעת ההריון וכמעשה הכושי דבסמוך: **נעשו המים זרע בו'.** וזהו דכתיב ויחמנה בבואן לשתות דמשמע שהשתיה לבד היתה סיבה החמימות שהיה הולד נולר מהם ומראהו כמראה המקלות שראו בעת ההשקאה. ומכל מקום יעקב לא כיוון לזה דמנא ליה שיעשה לו נס כזה, אבל כוונתו היתה שישאר מראה המקלות בדמיונם בעת רביעתם (יפה תואר):

פירוש מהרז"ו

הלימוד, ועיין רד"ל שעל שאמר יעקב וענתה נענש במה שנאמר (בראשית לד, ב) בשכם ויענה, וזה על פי מדה ממעל ומנגד, ולזה גם כן כוון המדרש דממה שאמר ילד יום לבד היה אפשר לומר על יוסף שנולד ביום זה. ועיין לקמן (פ, ד) ועיין סוף מסכת סופרים: **עשר פעמים.** עשרת מונים תרגם אונקלוס עשר זמנין: **פחות מעשרה.** כי כל המספרים בנויים על מנין עשרה עד עשר יחידות עד עשר עשיריות מאות וכו', על כן סתם מנין עשרה, ותפסת מועט תפסת: **קווסרין.** במוסף ערוך פירוש בלשון יוני ורומי חלשין מפני חולי פנימית: **(י) חוטר חיור דדלוז.** ומלת לבנה תאר כמו לח, ומוסב על לוז וערמון, אבל אונקלוס תרגם חוטרין דלבן רטיבין דדלוז ודדלוף, ולפי דבריו לבנה מין עץ וכן פירוש רש"י, וכמו שכתוב אלה ולבנה: **המים היו נעשים.** וזהו (ל, לח) ויחמנה בבואן לשתות:

חידושי הרש"ש

[ט] היה חוזר בו עשר פעמים למפרע. נראה לי דרלה לומר דהחלוק בין תנאי הראשון להחזרה היה בעשרה פעמים, רלוני דתנאי הראשון היה עולה ליעקב עשר פעמים נגד תנאי החזרה. כי פירוש עשר פעמים (בלתי מלת למפרע) מתפרש כפול עשרה פעמים, אבל עם מלת למפרע מתפרש בהיפך דהיינו חלק עשירית. וכן בחלק (סנהדרין קו, א) זקינה אומרת בשוה וילדה אומרת לו בפחות שתים ושלש פעמים, דרלה לומר החצי או שליש משויו שאמרה הזקנה: **ריש לקיש אמר נותרות מנהון בישין כו' נתרת כתיב כמה דאת אמר כו'.** עיין מנחת שי שהוא מלא עפ"י מסורה. ולי נראה דטעות סופר בכאן ולריך לומר נותרות כתיב. והכוונה מדלא כתיב הנשארות נוכל לומר שהוא בינוני פועל מגזרת חפ"נ ובא כאן הנח באותיות או"י חלוף הדגוש כמו תיעשה (שמות כה, לא):

ענף יוסף

(י) [ז] **נותן את המקלות בשקתות המים כו'.** דכמו שרימה לבן אותו כך הוא רימה את לבן בהנהגת המקלות ויצא זה כנגד זה, ולכן גם המלאכי השרת הביאו לו מצאן לבן דרך נס להורות כי מעשיו רצוים לפני ה' ויפה עשה לשלם לעושה רע כרשעתו (נזר הקודש):

שינוי נוסחאות

(ט) נתרת כתיב, כמא דאת אמר ונתור כביה ושיניה דקיסר. כל זה נראה שהוא הוספה למדרש ע"י תלמיד או מעתיק אחד, וליתא בשום כתב יד של מדרש:

מסורת המדרש

יב. עיין מ"ש בשפתי חכמים האריך בפסוק זה:
יג. חולין דף נ"ט. ילקוט עמוס רמז תקמ"א:
יד. ילקוט כאן רמז ק"ל כה"ע:

ידי משה

[ט] ויאמר לבן הן לו יהי כדבריך אמר רבי חייא וכו'. עד היה חוזר עשר פעמים שנאמר הן לו. עיין פירוש מתנות כהונה. אך קשה והלא כתיב בהדיא ותחלף עשרה מונים, ונראה לי לפי שמצינו שבחמשה פעמים היה ליעקב תנאי עם לבן, שנים ברחל ולאה, ופעם אחת בצאן, ושתי פעמים כאן דכתיב אם כה יאמר וגו' ואם כה יאמר וגו' נמצא שסך הכל היה לו תנאי עמו חמשה פעמים ובכל פעם חזר עשרה פעמים, נמצא שבחמשה פעמים חזר חמשים פעמים, לזה רמז הכתוב במלת הן דקא יתיר שהיה לו לכתוב רק לו יהיה כדבריך, אלא ברמז במילת הן שמחמשה פעמים נעשה נו"ן נמצא שחזר חמשים פעמים, ורבנן אמרי מאה פעמים. כן נראה לי. דאי לא תימא הכי קשה טובא, וגם איך פליגי רבי חייא ורבנן פלוגתא רחוקה כזו שרבי חייא יאמר עשר פעמים ורבנן יאמרו מאה פעמים, אבל לפי דרכנו אתי שפיר שרבי חייא אומר עשרה פעמים עבר על חמשה תנאים שהתנה, ורבנן אמרי עשרים פעמים דהיינו על ה' תנאים עבר עשרים פעמים סך הכל מאה פעמים ודוק: **ונתור כביה ושיניה.** בפרק אלו טרפות (חולין נט, ב) האי קיסר שרצה לראות אריה דבי עלאה ושאג האריה ונשמע קולו שלש מאות פרסה ונשרו הלחיים והשינים של קיסר:

מתנות כהונה

משכורתי עשרת מונים או דרש לו לשון מסופק וחרטה: **מנין.** וזהו מונים לשון מנין: **נותרות.** משמע שנותרו מחמת גריעותן כמו שפירש רש"י בסדר זה: **מנהון בו'.** מהם רעים מהם עקרים: **קווסרים.** הערוך הביא ערך קווסר וערך נתר ולא פירשו ולפי הענין פירושו ענין חולי וכן פי' רש"י: **נתרת כתיב.** הנפולים והגרועים: **ונתור בו'.** במסכת חולין פרק אלו טרפות ופירש ונפלו שני הגדולים והקטנים: **[י] ודדליף.** כן ת"א ומין אילן הוא:

נחמד למראה

[י] והיתה בהמה באה לשתות ורואה את המקלות ונרתעת לאחוריה והזכר רובעה והיתה יולדת כיוצא בו. אמר רבי הושעיא נעשו המים זרע בתוך מעיהם ולא היו חסרות אלא צורת הולד בלבד עד כאן. וכן כתב רש"י בפירוש החומש (בראשית ל, לח) ומסיים וזהו ויחמנה עכ"ל. ונראה לי לפי שמלת ויחמנה היא חד מתלת אנדרוגינוס כדאיתא במסורת. רצוני לומר שהיא מורכבת מן ויחמו ומן ותחמנה, לזה אמר הבהמה רואה את המקלות כו', ירצה שבתחלה היו הנקבות מתחממות מהמקלות עד שהיו נרתעות לאחוריהן, והזכרים אשר היו אחרי הנקבות היו מתחממין מן הנקבות ברואתם שהיו נרתעות לאחוריהן כאלו הנקבות היו פועלות במה שהיו ממציאות עצמן לגבי הזכרים והיו מרביעין אותן וזהו ויחמנה, ולדעת רבי הושעיא היו המים מתחממין במעיהן בדרך נס כדמיון זרע אחרי שהן היו מתחממות מהמקלות, וזהו ויחמנה כלומר שהן היו פועלות ומקבלות, לכך נאמר ויחמנה במלת אנדרוגינוס, כאילו כתוב ויחמו גם ותחמנה:

אשד הנחלים

מהר, הלא רעה מעותדת לך למחר מיום צאתך. והבן זה: **יו"ד פעמים.** דרש עשרת מונים כמו עשרה פעמים. ולדעת רבנן עשרת מספרים, והמספר הכולל הוא העשרה, שאז הוא נכנס בגדר המנין: **קווסרן.** בגרסת רש"י קוצרין, מלשון קצירי ומריעי, שהוא לשון חולה. **ונתור כבי.** אינו מגוף הספר כי אם גליון על פירש נתרי. ופירוש נותרות קא מפרש: **[י] ונרתעת.** אולי מצד כי ימצא בקרבה חמימות התאוה להתאוות לזכר ולכן מהר תהרנה מהזכר מהדמיון המקלות: **המים זרע.** כלומר שלא היו צריכים להתעורר שיתקבץ בהם הזרע,

אָמַר לוֹ: שְׁחוֹרוֹת אוֹ לְבָנוֹת — **[Rebbi] said to him,** "Are the portraits **black or white?"** אָמַר לוֹ: לְבָנוֹת — **He answered [Rebbi],** "They are **white."** אָמַר לוֹ: מִיכָּן הָיָה לְךָ בֵּן לָבָן — **[Rebbi] said to [the Cushite], "Thus** (lit., *from here*) **you had a white child!"**[81]

A third explanation of how Jacob's flock bore ringed, speckled, and spotted offspring:

אָמַר רַבִּי הוּנָא דְּבֵית חוֹרוֹן: מַלְאֲכֵי הַשָּׁרֵת הָיוּ טוֹעֲנִים מִתּוֹךְ צֹאנוֹ שֶׁל לָבָן — **R' Huna of Beis Choron said: The ministering angels would lift** ringed, etc., livestock **from among the flock of Laban,** **וּבָאִים וְנוֹתְנִים בְּתוֹךְ צֹאנוֹ שֶׁל יַעֲקֹב** — **and come and place** them **in the midst of Jacob's flock.**[82] **הָדָא הוּא דִכְתִיב "שָׂא נָא עֵינֶיךָ וּרְאֵה כָּל הָעַתֻּדִים הָעֹלִים עַל הַצֹּאן"** — **Thus it is written,** ***Raise your eyes, if you please, and see that all the he-goats that are mounting the flocks*** *are ringed, speckled, and checkered* (below, 31:12); **"עֹלִים עַל הַצֹּאן" אֵין כְּתִיב כָּאן** — ***"are mounting"*** [עֹלִים] ***the flocks*** **is not written here;** **אֶלָּא "הָעֹלִים", מֵאֲלֵיהֶם הָיוּ עוֹלִים** — **rather, *"that are mounting"*** [הָעֹלִים] is written — i.e., **[the he-goats] were mounting on their own.**[83]

The Midrash offers two more possibilities as to how Laban's spotted/streaked livestock were lifted and placed among Jacob's flock:

רַבִּי תַּנְחוּמָא אָמַר: שֶׁטֶף שֶׁל גְּשָׁמִים — **R' Tanchuma said: A torrent of rain** brought those livestock to Jacob's flock.[84] **רַבָּנָן אָמְרֵי: עַנְנֵי כָבוֹד** — **The Rabbis said: Clouds of Glory** brought them.[85]

> וּבְהַעֲטִיף הַצֹּאן לֹא יָשִׂים וְהָיָה הָעֲטֻפִים לְלָבָן וְהַקְּשֻׁרִים לְיַעֲקֹב.
>
> *But when the sheep were late bearing he would not emplace; thus, the late-bearing ones went to Laban and the early-bearing ones to Jacob* (30:42).

□ **וּבְהַעֲטִיף הַצֹּאן לֹא יָשִׂים וְהָיוּ הָעֲטֻפִים לְלָבָן** — ***BUT "B'HAATIF" THE SHEEP HE WOULD NOT EMPLACE; THUS, THE "ATUFIM" WENT TO LABAN, AND THE "KESHURIM" TO JACOB.***

The Midrash cites two ways to understand this verse:

רַבִּי יוֹחָנָן וְרֵישׁ לָקִישׁ — **R' Yochanan and Reish Lakish** explained the verse in opposite ways: **רַבִּי יוֹחָנָן אָמַר: בַּכִּירַיָּא דְלָבָן** — **R' Yochanan said: The early-bearing [animals] were Laban's** while the late-bearing animals were Jacob's.[86] **רֵישׁ לָקִישׁ אָמַר: לַקִּישַׁיָּא דְלָבָן** — **Reish Lakish said: The late-bearing [animals] were Laban's,** while the early-bearing animals were Jacob's.[87]

> וַיִּפְרֹץ הָאִישׁ מְאֹד מְאֹד וַיְהִי לוֹ צֹאן רַבּוֹת וּשְׁפָחוֹת וַעֲבָדִים וּגְמַלִּים וַחֲמֹרִים.
>
> *The man became exceedingly prosperous and he attained fecund flocks, maidservants and servants, camels and donkeys* (30:43).

§11 **וַיִּפְרֹץ הָאִישׁ** — ***THE MAN BECAME*** *EXCEEDINGLY* ***PROSPEROUS*** [וַיִּפְרֹץ], *ETC.*

The Midrash elaborates on the great levels of prosperity that Jacob achieved:

רַבִּי שִׁמְעוֹן בַּר אַבָּא אָמַר: מְלַמֵּד שֶׁנִּפְרְצָה לוֹ פִּרְצָה מֵעֵין דּוּגְמָא שֶׁל עוֹלָם הַבָּא — **R' Shimon bar Abba said: This** verse **teaches that an opening** (פִּרְצָה) **was opened for him that resembled a sample of the Next World,**[88] **הֵיךְ מָה דְאַתְּ אָמַר "עָלָה הַפֹּרֵץ לִפְנֵיהֶם"** — **as it is stated, *The one who breaks forth*** [הַפֹּרֵץ] ***will go before them*** (*Micah* 2:13).[89] **רַבִּי אַבָּא בַּר כַּהֲנָא אָמַר: מְאָה וְתַרְתֵּין רִבּוֹא וְשִׁבְעַת אַלְפִּים וּמְאתָן עֶדְרִין הֲווּ לֵיהּ לְיַעֲקֹב אָבִינוּ** — **R' Abba bar Kahana said: Our forefather Jacob had 1,207,100 herds** of livestock.[90]

NOTES

81. For your wife looked at those white portraits at the time of conception (*Yefeh To'ar, Eitz Yosef*).

82. In order to mate and sire ringed, speckled, and spotted offspring; and also, perhaps, for Jacob to keep those livestock themselves.

83. In the cited verse, an angel appeared to Jacob in a dream and showed him that ringed, speckled, and checkered he-goats were mounting the female goats of the flock in his care — despite the fact that Laban had previously removed all such he-goats from the flock he had entrusted to Jacob (see v. 35). It is evident, as R' Huna of Beis Choron said, that these he-goats had been miraculously transported to the midst of Jacob's flock.

But was the manner in which Jacob's sheep conceived also miraculous? R' Huna argues that if the conception were also miraculous, the verse should have stated, *and see, all the he-goats "are mounting"* [עֹלִים] *the flocks, etc.* (for the mounting was part of the miracle). But the verse states, *and see, all the he-goats "that are mounting"* [הָעֹלִים] *the flocks*. This indicates that the only miracle being shown to Jacob was that the particular he-goats *that were mounting the flock* were of the *ringed, speckled, and checkered* varieties — even though Jacob had no such animals. But the he-goats' mounting of the females was a natural occurrence; they did so "on their own" (*Yefeh To'ar*, preferred explanation). [R' Huna thus disagrees with the opinions cited above that hold that the animals' conceiving was also miraculous (see note 77 and see R' Hoshayah's opinion cited by the Midrash thereafter).]

[For a different interpretation of the Midrash's exposition here, see *Tiferes Tzion*.]

84. From the similarity between the word הָעֹלִים in our context (below, 31:12) and the word יַעֲלֶה in the verse *a mist ascended* [יַעֲלֶה] *from the earth* (above, 2:6), R' Tanchuma learns that here too it was water that caused the he-goats to ascend from Laban's flock (*Matnos Kehunah, Eitz Yosef*).

85. From the similarity between the word הָעֹלִים in our context and the word וּבְהֵעָלוֹת in the verse *when the cloud was raised up* [וּבְהֵעָלוֹת] (*Exodus* 40:36), the Rabbis learn that here too a Cloud of Glory caused the he-goats to ascend from Laban's flock (*Matnos Kehunah, Eitz Yosef.*).

86. R' Yochanan takes the root עטף in our verse to mean *cloaking themselves* (a euphemism for the mounting of an animal), based on *Psalms* 65:14, which states: וַעֲמָקִים יַעַטְפוּ בָר, *the valleys cloak themselves* [יַעַטְפוּ] *with fodder*. Accordingly, our verse means that the stronger animals that conceived first ("early bearing") belonged to Laban, while the weaker animals ("late bearing") belonged to Jacob (see *Rashi, Matnos Kehunah, Eitz Yosef*). For the etymology of the word *keshurim* according to R' Yochanan (who takes it to mean "late-bearing animals"), see *Yefeh To'ar*.

[Why would Jacob have taken steps to assure that the *weaker* animals were his?! *Yefeh To'ar* suggests that by this time, he had already accumulated a lot of sheep, sufficient to serve as fair wages; he now took steps to assure that most of the sheep yet to be born would belong to Laban, so that Laban not be envious of him.]

87. Reish Lakish takes the root עטף in our verse to mean *weak and tired*, as in *Jonah* 2:8, which states "בְּהִתְעַטֵּף עָלַי נַפְשִׁי", *When my soul was faint within me*, and in *Isaiah* 57:16, which states "כִּי רוּחַ מִלְּפָנַי יַעֲטוֹף", *the spirit shall faint before Me*. Accordingly, our verse means that the weak, tired animals, that do not readily conceive [and are thus "late bearing"], were Laban's, while the healthy, strong animals [that conceive readily and are thus "early bearing"] were Jacob's (*Rashi, Matnos Kehunah, Eitz Yosef*). For the etymology of the word *keshurim* according to Reish Lakish (who takes it to mean "early-bearing animals"), see *Yefeh To'ar*.

88. I.e., he was blessed with such tremendous prosperity that it could only be compared to a sampling of the blessings that will be enjoyed in the Next World (*Eitz Yosef*, from *Yefeh To'ar*). *Maharzu* states that Jacob's livestock would conceive and give birth on the same day — resulting in extremely abundant offspring, as the Midrash momentarily says.

89. This verse speaks of the Future World, when the Redeemer will "break through the barriers" of the natural order (see *Rashi* and *Metzudas David* ad loc.). From the context and connotation of the root פרץ in the *Micah* verse, the Midrash derives that the word וַיִּפְרֹץ in our verse connotes a bursting forth of blessing similar to that which will be experienced in the Messianic era (*Eitz Yosef*, from *Yefeh To'ar*).

90. Scripture states about the Israelites in Egypt: וַיִּרֶב הָעָם וַיַּעַצְמוּ מְאֹד, *and the people increased and became very* [מְאֹד] *strong* (*Exodus* 1:20) — to the point that they totaled 603,550 men (see *Numbers* 1:46). Now our verse states that Jacob *became exceedingly* [מְאֹד מְאֹד] *prosperous*. The double usage of the word מְאֹד teaches that Jacob's flock was double the number of Israelites in Egypt (where the word מְאֹד is used but once) — viz., 1,207,100 herds of livestock (*Rashi* et al.).

אָמַר לוֹ: שְׁחוֹרוֹת אוֹ לְבָנוֹת אָמַר לוֹ: לְבָנוֹת, אָמַר לוֹ: מִיכָּן הָיָה לְךָ בֵּן לָבָן, אָמַר רַבִּי הוּנָא דְּבֵית חוֹרוֹן: מַלְאֲכֵי הַשָּׁרֵת הָיוּ טוֹעֲנִים מִתּוֹךְ צֹאנוֹ שֶׁל לָבָן וּבָאִים וְנוֹתְנִים בְּתוֹךְ צֹאנוֹ שֶׁל יַעֲקֹב, [טו]הָדָא הוּא דִכְתִיב (לקמן לא, יב) "שָׂא נָא עֵינֶיךָ וּרְאֵה כָּל הָעַתֻּדִים הָעֹלִים עַל הַצֹּאן", "עֹלִים עַל הַצֹּאן" אֵין כְּתִיב כָּאן אֶלָּא "הָעֹלִים", מֵאֲלֵיהֶם הָיוּ עוֹלִים, רַבִּי תַּנְחוּמָא אָמַר: שֶׁטֶף שֶׁל גְּשָׁמִים, רַבָּנָן אָמְרֵי: עַנְנֵי כָבוֹד. [ל, מב] "וּבְהַעֲטִיף הַצֹּאן לֹא יָשִׂים וְהָיוּ הָעֲטֻפִים לְלָבָן", רַבִּי יוֹחָנָן וְרֵישׁ לָקִישׁ, רַבִּי יוֹחָנָן אָמַר: בַּבִּירַיָּיא דְּלָבָן, רֵישׁ לָקִישׁ אָמַר: לַקִּישַׁיָּא דְּלָבָן:

יא [ל, מג] "וַיִּפְרֹץ הָאִישׁ", רַבִּי שִׁמְעוֹן בַּר אַבָּא אָמַר: [טז]מְלַמֵּד שֶׁנִּפְרְצָה לוֹ פִּרְצָה מֵעֵין דּוּגְמָא שֶׁל עוֹלָם הַבָּא, הֵיךְ מָה דְאַתְּ אָמַר (מיכה ב, יג) "עָלָה הַפֹּרֵץ לִפְנֵיהֶם". רַבִּי אַבָּא בַּר כָּהֲנָא אָמַר: מֵאָה וְתַרְתֵּין רִבּוֹא °שִׁבְעָה אֲלָפִים וּמָאתָן עֶדְרִין הֲווֹ לֵיהּ לְיַעֲקֹב אָבִינוּ,

רש"י

(י) **רבי תנחומא אומר ברודים שטף של גשמים.** לשון ברד גשמים: **רבי יוחנן אמר בבירייא של לבן. ריש לקיש אמר לקישייא דלבן.** רבי יהודה דורש העטופים כמו ועמקים יעטפו בר (תהלים סה, יד), ריש לקיש דרש כמו בהתעטף עלי נפשי (יונה ב, ח), וכמו כי רוח מלפני יעטוף (ישעיה נז, טז) ומתרגמינן משלהי ולאי, כלומר אותן שהיו יגעין ועייפין ולא היה כאן יפה לקבל הריון מהרה כמו הבריאות: (יא) **ויפרוץ האיש. נפרצה לו פרצה מעין העולם הבא.**

עץ יוסף

מכאן היה לך בן לבן. שבשעת תשמיש נסתכלה באותם הגזורות שהם לבנים ונולד הולד בדמותן: **עולים על הצאן אין כתיב באן.** דהוה משמע כפשטיה דרך עיבור, אלא העולים דמשמע מאליהן היו עולים והיינו על ידי מלאכי השרת. ובאשר יעקב מתחלה לא ידע סיבת הריבוי גלה לו הקדוש ברוך הוא בחלום כי הוא נס על ידי מלאכי השרת (נזר הקודש): **שטף של גשמים.** הביאו אותן העתודים מעדר לבן לעדר יעקב, כמה דאת אמר (בראשית ב, ו) ואד יעלה וכאן וכתיב העולים (מתנות כהונה): **ענני בבוד כמו דאת אמר ובהעלות הענן.** ורלונו לומר דענני כבוד היו מביאים הצאן כמו שהיו נושאים את ישראל במדבר ממקום למקום כמאמר חז"ל: [ח] **בביריא דלבן.** מפרש העטופים כמה דאת אמר (תהלים סה, יד) ועמקים יעטפו בר, כלומר שנתקשרו ליזקק בזכר ראשונה. ופירוש בביריא שנולדו ראשון: **לקישא דלבן.** המאוחרות דלבן כמו דאת אמר (יונה ב, ח) בהתעטף עלי נפשי, לשון יגיעה ועייפות ולא היה בהן כח לקבל הריון מהרה (מתנות כהונה): (יא) **פרץ לו פרצה בו'.** שכל לשון פרץ לרבנן מלשון פריצת גדר. והכוונה שנפתח לו פתח מעין עולם הבא שיתברכו מאד שלא כמנהג העולם. והביא דוגמא לזה עלה הפורץ לפניהם המדבר לעתיד שפירושו שיפרוץ גדרו של עולם (יפה תואר): **מאה ותרתין רבוא שבעת אלפים ומאתן עדרין.** רש"י כתב מאד מאד דריש כפלים כדגלים. ונראה דגרים מאה ועשרים רבוא ושבעת אלפים ומאה כסכום

פירוש מהרז"ו

מלאבי השרת בו'. שהכתובים מכחישים זה את זה שכאן כתיב (ל, לט) ויחמו הצאן אל המקלות ותלדנה, ושם כתיב (לא, יא) ויאמר אלי מלאך כו' וראה כל העתודים העולים, וכתיב עוד (לא, ט) ויצל אלהים את מקנה אביכם ויתן לי, ומכריע שמלאכי השרת כו', ומה שכתוב ויצל אלהים דורש אחר זה: **העולים מאליהם.** וכן הובא לקמן (עד, ג), ובילקוט (רמז קל) והעולים משמע שיש חדוש בעלייתן כו', וזה נקרא מאליהן וכמו שאמרו ריש שיר השירים רבה באבני בית המקדש: **שטף של גשמים.** לקמן (עד, ג): **לקישיא.** כמו שכתב בתרגום אונקלוס, וכמו שאמרו ויקרא רבה (ל, ג) ובעבודה זרה (ז, א), מדרש תהלים (מזמור קב) שמה שנאמר (תהלים קב, א) תפלה לעני כי יעטוף פירוש מתאחר: (יא) **פרצה מעין דוגמא.** הרה ויולדת ביום אחד כתרנגולת יולדת הבילים, ועיין ילקוט (מיכה רמז תקנא), ולעיל (סט, ה): **מאה ותרתין רבוא בו'.** מצאתי בילקוט (רמז תקנא) על פסוק (מיכה ב, יג) עלה הפורץ, מדבר ביעקב שכתוב בו (ל,

חידושי הרד"ל

[י] **שטף של גשמים.** עיין לעיל (יג, ו) כשהמטר יורד בהמה מבקשת תפקידה עיין שם:

אמרי יושר

היו טוענין. וזהו ויצל אלהים את מקנה אביכן ויתן לי. דאם לא כן מאין הנקודים בעדר יעקב וסבירא ליה כמאן דאמר העולים ענני כבוד. **מלאבי השרת טוענין.** זהו העולים עולים ויורדים או סברא אחרת ששטף גשמים הליפם. או ענני כבוד כמו דאת אמר וביום העלות הענן. או פירוש שמה שהראוהו היה שטף גשמים כצורת העתודים נקודים. או סברא אחרת ענני כבוד כצורת עתודים עיין ר' אליה [מזרחי] (בראשית לא י): [יא] **[ויפרוץ האיש וגו'].** כיון דכתיב מאד כפלים כיוצאי מצרים: **שבעת אלפים ומאה** כפל למנין הדגלים:

מסורת המדרש

טו. לקמן פרשה ע"ד: טז. בבא בתרא דף ע"ז. קהלת רבה פרשה ט' פסוק י"א:

אם למקרא

וַיֹּאמֶר שָׂא נָא עֵינֶיךָ וּרְאֵה כָּל הָעַתֻּדִים הָעֹלִים עַל הַצֹּאן עֲקֻדִּים נְקֻדִּים וּבְרֻדִּים כִּי רָאִיתִי אֵת כָּל אֲשֶׁר לָבָן עֹשֶׂה לָּךְ: (בראשית לא: יב)

עָלָה הַפֹּרֵץ לִפְנֵיהֶם פָּרְצוּ וַיַּעֲבֹרוּ שַׁעַר וַיֵּצְאוּ בוֹ וַיַּעֲבֹר מַלְכָּם לִפְנֵיהֶם וה' בְּרֹאשָׁם: (מיכה ב:יג)

ידי משה

[יא] **מאה ותרתין ריבוא ושבעה אלפין ומאתן.** פירוש מדכתיב מאד מאד והיה כפל ממנין דכתיב בפרשת במדבר (ב, לב) כל פקודי המחנות שש מאות אלף ושלשת אלפים וחמש מאות וחמשים, והכפל של מנין זה עולה מאה רבוי ותרתין רבוי ומאתן. וקל להבין. ובזוהר איתא (ויצא דף קסא) בפסוק (ל, ל) כי מעט אשר היה לפני ויפרוץ לרוב ברכה של הקב"ה לא פחות מאלף ואכן האלף על כל דבר מאה פעמים, ואיתא בגמרא דסוטה (יא, א) בשם התוספתא שמדה טובה מרובה ממדת פורענות על אחת חמש מאות כמלא המדה הפשוטה היה ת"ר אלף הואיל והחליף לו תנאי מאה פעמים ועל כל פעם ראוי ליתן לו שכר אלף שברכתו של הקדוש ברוך הוא לא פחות מאלף ומדה טובה מרובה חמש מאות כמלא הוא ת"ר אלף, וכתיב מאד מאד אם כן שהיה עוד ת"ר אלף ודוק:

מתנות כהונה

שטף של גשמים. והביאו אותן העתודים מעדר לבן לעדר יעקב כד"א ואד יעלה וכאן כתיב העולים: **ענני בבוד.** כד"א ובהעלות הענן: **בביריא.** שנולדו ראשון פי' רש"י דדריש העטופים כמד"א ועמקים יעטפו בר כלומר שנתקשרו ליזקק בזכר ראשונה: **לקישיא.** המאוחרות כד"א בהתעטף עלי נפשי לשון יגיעה ועייפות ולא היה כח בהן לקבל ההריון מהרה: **[יא] מעין עולם הבא.** עיין במדרש קהלת בפסוק שבתי וראה: **ושבעת אלפים** גרסינן ופי' רש"י שהם כפלים בדגלים ודייק מאד מאד:

נחמד למראה

אמר רב הונא דבית חורון מלאבי השרת היו טעונים מתוך צאנו של לבן באים ונותנין בתוך צאנו של יעקב הדא הוא דכתיב שא נא עיניך וראה כל העתודים העולים על הצאן. עולים על הצאן אין כתיב באן אלא העולים, מאליהן היו עולים. ביאור דבריהם נראה לי כפי מה שהונח בטבע הלשון כי כאשר תהיינה שתים או שלש מלות רצופות בה"א הידיעה, אזי תהיינה כולן מתכונת הנושא או כולן מתכונת הנשוא כמו כל הַדָּבָר הַגָּדֹל יביאו אליך (שמות יח, כב), והקימותי את הַדָּבָר הַטּוֹב (ירמיה לג, יד), ואולם אם המלה שאחרי ה"א הידיעה היא בזולת ה"א הידיעה, אזי תהיה המלה שהיא בה"א הידיעה היא מתכונת הנושא, והמלה שהיא בלא ה"א הידיעה היא מתכונת הנשוא, כמו הן עוד היום גדול (בראשית כט, ז), וזהב הארץ ההיא טוב (שם ב, יב), וזהו שאמר רב הונא עולים על הצאן אין כתיב כאן, לפי שאז היה מתכונת הנשוא, וכפי זה אומרו עקודים נקודים וברודים לא על העתודים הוא חוזר, אבל רצה לומר עם היות שהעתודים עצמן לא היו עקודים נקודים וברודים, עם כל זאת עולים על הצאן ונולדים מהם עקודים נקודים וברודים. השתא דכתיב העתודים העולים על הצאן עקודים נקודים וברודים, ואם כן העתודים העולים שניהם מתכונת נושא המאמר הם, ויתחייב מזה כי אמרו עקודים נקודים וברודים על העתודים הוא חוזר שהם היו עקודים נקודים וברודים, ולכאורה לא יתכן זה שהרי כבר נאמר (שם ל, לה) ויסר ביום ההוא את התישים העקודים והטלואים וגו' ויתן ביד בניו, ולזה אמר רב הונא שהמלאכים היו טוענים מתוך צאנו של לבן ונותנים בתוך צאנו של יעקב, ומה שאמר מאליהם היו עולים היינו מדכתיב העתודים העולים ולא כתיב העתודים אשר העלום, על כן אמר מאליהם היו עולים:

אשד הנחלים

כי אם לא היו חסרים רק לחבר עם זרע הזכר ולכן הרו במהירות. **מיכן היה לך.** אולי מראות שלהם לא היו מראים תמונות הדבר כפיהם ממש, כי אם יש מהם לבן ויש מהם שחור: **מלאבי השרת.** כלומר על דרך נס ולא שהיה נס בצאן יעקב ברבוי מופלג, כי זהו נס גדול למאוד, כי אם נס שהובא מהצאן מלבן ליעקב, וא"כ הנס היה בבחינת השתנות המקום. והוכרח לומר כן דהיה ע"י מלאך, דכן סיפר יעקב לנשיו דהיה ע"י מלאך: **מאליהם.** כי באו מעצמן מעדר לבן לעדר יעקב: **שטף של גשמים בו'.** על דרך הפשט הוא קשה המובן מה צריך לשטף ולענני כבוד. ואולי להיות כי הכתוב מספר שהיה הענין ע"י חלום נבואיי כמו שכתוב ואראה בחלום. והיה הענין הנבואי בענייני התגלות ומראות עליונות וכוונות רוחניות למרבה, והשפע המרובה זה כינוי לשטף של גשמים ולענני כבוד, כמו העננים שהם נושאי המים הנותנים חיים על פני האדמה, כן מכונה מרכבת נושא השפע, ומזה ימשך למטה בפועל עננים והגשם השוטף בידוע שזה לעומת זה, ולעומת השפע הרבה למעלה, נמשך ג"כ השפע ברכה למטה בגופניות וברבוי. וזה שאמר להלן, שהיתה ברכתו מעין דוגמת העוה"ב, אשר שפעתו למרבה עד שפרץ גבול הטבעי הנהוג ביסודו של עולם. ודי בזה להערה מעטה למתבונן: **[יא] מאה ותרתין.** המספר הוא בודאי מכוון לענין נעלה כפי הכוונה העליונה אשר משפע שלמעלה נמשך למטה, על כן היה המספר הזה דווקא.

רַבִּי לֵוִי אָמַר: שִׁשִּׁים רִבּוֹא כְּלָבִים — **R' Levi said:** He had **600,000** herding **dogs.** רַבָּנָן אָמְרֵי: מֵאָה וְעֶשְׂרִין רִבּוֹא — **The Rabbis said:** He had **1,200,000** herding dogs. וְלָא פְּלִיגֵי — **Now [R' Levi and the Rabbis] do not argue** with each other; they both hold that Jacob had 600,000 herds of livestock:[91] מַאן דְּאָמַר שִׁשִּׁים רִבּוֹא לְכָל עֵדֶר וְעֵדֶר חַד כֶּלֶב — **the one who states** that he had **600,000** herding dogs maintains that Jacob had **one** herding **dog for each and every herd,** מַאן דְּאָמַר מֵאָה וְעֶשְׂרִים רִבּוֹא לְכָל עֵדֶר תְּרֵין כַּלְבִּין — **and the one who states** that he had **1,200,000** herding dogs maintains that Jacob had **two** herding **dogs for** each and **every herd.**

וַיִּשְׁמַע אֶת דִּבְרֵי בְנֵי לָבָן לֵאמֹר לָקַח יַעֲקֹב אֵת כָּל אֲשֶׁר לְאָבִינוּ וּמֵאֲשֶׁר לְאָבִינוּ עָשָׂה אֵת כָּל הַכָּבֹד הַזֶּה. וַיַּרְא יַעֲקֹב אֶת פְּנֵי לָבָן וְהִנֵּה אֵינֶנּוּ עִמּוֹ כִּתְמוֹל שִׁלְשׁוֹם. וַיֹּאמֶר ה׳ אֶל יַעֲקֹב שׁוּב אֶל אֶרֶץ אֲבוֹתֶיךָ וּלְמוֹלַדְתֶּךָ וְאֶהְיֶה עִמָּךְ.

Then he heard the words of Laban's sons, saying, "Jacob has taken all that belonged to our father, and from that which belonged to our father he amassed all his wealth." Jacob also noticed Laban's disposition and behold, he was not toward him as in earlier days. And HASHEM said to Jacob, "Return to the land of your fathers and to your native land, and I will be with you" (31:1-3).

§12 וַיִּשְׁמַע אֶת דִּבְרֵי בְנֵי לָבָן — *THEN HE HEARD THE WORDS OF LABAN'S SONS.*

The Midrash comments on the verse's mention of Laban's sons: חִזְקִיָּה אָמַר: עַד שֶׁלֹּא יָרַד יַעֲקֹב אָבִינוּ לְשָׁם לֹא נִפְקַד בִּזְכָרִים — **Chizkiyah said: As long as Jacob, our forefather, had not yet descended there** (i.e., to Laban's household), **[Laban] was not remembered** and blessed **with male** children;[92] וְכֵיוָן שֶׁיָּרַד יַעֲקֹב אָבִינוּ לְשָׁם נִפְקַד בִּזְכָרִים — **but once Jacob, our forefather, descended to there, [Laban] was remembered** and blessed **with male** children.[93] הֲדָא הוּא דִכְתִיב "וַיִּשְׁמַע אֶת דִּבְרֵי בְנֵי לָבָן" — **Thus it is written,** ***Then he heard the words of Laban's sons.***

▭ אֵת כָּל הַכָּבוֹד הַזֶּה — *ALL HIS WEALTH* [הַכָּבוֹד].

The Midrash expounds the word *kavod* [כָּבוֹד]:

רַבִּי יְהוֹשֻׁעַ דְּסִכְנִין בְּשֵׁם רַבִּי לֵוִי אָמַר: אֵין "כָּבוֹד" אֶלָּא כֶּסֶף וְזָהָב — **R' Yehoshua of Sichnin said in the name of R' Levi:** The word ***kavod*** [כָּבוֹד] **can only be** a reference to **silver and gold,** הֵיךְ מַה דְּאַתְּ אָמַר "בֹּזּוּ כֶסֶף בֹּזּוּ זָהָב וְאֵין קֵצֶה לַתְּכוּנָה כָּבֹד מִכֹּל כְּלִי חֶמְדָּה" — **as it is stated,** ***Plunder silver, plunder gold; the amount is limitless! [Plunder] wealth*** [כָּבֹד] ***from every precious vessel!*** (*Nahum* 2:10).[94]

▭ וַיַּרְא יַעֲקֹב אֶת פְּנֵי לָבָן — *JACOB ALSO NOTICED LABAN'S DISPOSITION* [פְּנֵי] *AND BEHOLD, HE WAS NOT TOWARD HIM AS IN EARLIER DAYS.*

The Midrash cites a quote from the Book of *Ben Sira*[95] and expounds it as relevant to our verse:

בַּר סִירָא אָמַר: "לֵב אָדָם יְשַׁנֶּה פָּנָיו בֵּין לְטוֹב וּבֵין לְרָע" — **Bar Sira said: A person's heart will alter his facial expression** (פָּנִים) **either for good or for bad.**[96] אָמַר לוֹ הַקָּדוֹשׁ בָּרוּךְ הוּא: חָמִיךְ אֵינוֹ מַסְבִּיר לָךְ פָּנִים וְאַתְּ יוֹשֵׁב כָּאן — God admonishes Jacob: **The Holy One, blessed is He, said to [Jacob], "Your father-in-law is not showing a** hospitable **disposition toward you** as in earlier days **and** yet **you** continue to **settle here?** "שׁוּב אֶל אֶרֶץ אֲבוֹתֶיךָ . . . וְאֶהְיֶה עִמָּךְ" — ***Return to the land of your fathers, etc., and I will be with you.***"[97]

NOTES

91. In disagreement with R' Abba bar Kahane, R' Levi and the Rabbis maintain that Jacob had a number of herds equal to the number of Israelites that left Egypt (i.e., 603,550, rounded off by the Midrash to 600,000). They derive this from the fact that Scripture describes the Israelites in Egypt attaining that number with the words: וַיַּעַצְמוּ בִּמְאֹד מְאֹד, *and they became strong — very, very much so* (*Exodus* 1:7). The double expression מְאֹד מְאֹד refers to 600,000; the same expression appearing in our verse tells us that Jacob's herds equaled that number (*Matnos Kehunah*).

92. For if Laban had sons, he would not have sent out his daughter, Rachel, to tend to his flocks in their stead; see above, 29:6 (*Rashi* ad loc., *Eitz Yosef*).

93. *Maharzu* and *Eitz Yosef* cite *Sefer HaYashar* (a Midrashic work) that states that Laban's wife gave birth to three sons in the fourth year that Jacob was in Laban's household.

94. כָּבוֹד in our verse cannot mean simply *honor* (as per its literal meaning), for we do not find that Jacob carried himself with additional honor or authority after acquiring Laban's livestock. Rather, it refers to the wealth that Jacob amassed as a result of selling his large amounts of livestock. [Wealth is referred to as כָּבוֹד because a person attains honor through his wealth] (*Eitz Yosef*, from *Yefeh To'ar*). *Sefer HaYashar* states that Jacob's flocks were of such high quality that people were willing to pay any price for them (see *Maharzu*).

95. [Ben Sira was a writer who flourished during the Second Temple era. (See *Chelkas Mechokeik, Even HaEzer* 1:8 and *Mishneh LaMelech, Hil. Ishus* 15:4 regarding his birth.) The Book of *Ben Sira*, a collection of his proverbs, is one of the books of the Apocrypha. Although the Gemara (*Sanhedrin* 100b) states that the Book of *Ben Sira* should not be read because of certain objectionable passages it contains, the Gemara adds that its "good things" may be expounded upon in public, and both *Bavli* and *Yerushalmi* quote from this work in several places. (Some of the passages they cite from the Book of *Ben Sira* do not appear in the Apocryphal *Ben Sira*. However, the original Hebrew version of the book was lost over the course of centuries [although parts have been rediscovered in the last century], and the version included in the Apocrypha is based on the Greek translation of the original by Ben Sira's grandson, who lived in Egypt. For further discussion of this matter, see *Binu Shenos Dor VaDor* by *R' Nosson Dovid Rabinovich*.) For differing opinions regarding the precise Talmudic attitude toward this book, see *Teshuvos HaRashba* 1:414, *Ritva* to *Bava Basra* 98b, and *Yad Ramah* to *Sanhedrin* 100b. See also *Yerushalmi Sanhedrin* 10:1 (50a in Vilna ed.; but see *Be'er Sheva* to *Bavli Sanhedrin* ibid.), *Rashi* to *Sanhedrin* 100b s.v. רב יוסף, *Tosafos* to *Eruvin* 65a s.v. בצר and to *Bava Kamma* 92b s.v. משולש בכתובים, and *Tzidkas HaTzadik* §125.]

96. I.e., even if a person is trying to hide what he is feeling, a discerning individual will be able to see that person's true feelings reflected in his face (*Eitz Yosef*). [We translated the expression פְּנֵי לָבָן in the verse as "the disposition of Laban." The Midrash, taking פְּנֵי literally as "face of," states that Laban's face reflected his inner disposition toward Jacob.]

97. As long as Laban was hospitable and opened his home to Jacob, Jacob could remain with him and forgo his obligation of honoring his father and mother, as *Shemos Rabbah* 4 §2 states: "If one opens his home to his fellow, the latter is obligated to honor him more than he is obligated toward his father and mother." But since Laban had now ceased to show Jacob hospitality, God told Jacob that he should return home and fulfill the obligation of honoring his parents (*Eitz Yosef*).

רַבִּי לֵוִי אָמַר: שִׁשִּׁים רִבּוֹא כְּלָבִים, רַבָּנָן אָמְרֵי: מֵאָה וְעֶשְׂרִין רִבּוֹא, וְלָא פְּלִיגֵי, מַאן דְּאָמַר שִׁשִּׁים רִבּוֹא לְכָל עֵדֶר וְעֵדֶר חַד כֶּלֶב, מַאן דְּאָמַר מֵאָה וְעֶשְׂרִים רִבּוֹא לְכָל עֵדֶר תְּרֵין כַּלְבִּין:

יב [לא, א] "וַיִּשְׁמַע אֶת דִּבְרֵי בְנֵי לָבָן", חִזְקִיָּה אָמַר: "עַד שֶׁלֹּא יָרַד יַעֲקֹב אָבִינוּ לְשָׁם לֹא נִפְקַד בִּזְכָרִים, וְכֵיוָן שֶׁיָּרַד יַעֲקֹב אָבִינוּ לְשָׁם נִפְקַד בִּזְכָרִים, הָדָא הוּא דִכְתִיב "וַיִּשְׁמַע אֶת דִּבְרֵי בְנֵי לָבָן". [שם] "אֵת כָּל הַכָּבוֹד הַזֶּה", רַבִּי יְהוֹשֻׁעַ דְּסִכְנִין בְּשֵׁם רַבִּי לֵוִי אָמַר: אֵין "כָּבוֹד" אֶלָּא כֶּסֶף וְזָהָב, הֵיךְ מַה דְּאַתְּ אָמַר (נחום ב, י) "בֹּזּוּ כֶסֶף בֹּזּוּ זָהָב וְאֵין קֵצֶה לַתְּכוּנָה כָּבֹד מִכֹּל כְּלִי חֶמְדָּה". [לא, ב] "וַיַּרְא יַעֲקֹב אֶת פְּנֵי לָבָן", בַּר סִירָא אָמַר: "לֵב אָדָם יְשַׁנֶּה פָּנָיו בֵּין לְטוֹב וּבֵין לְרָע", אָמַר לוֹ הַקָּדוֹשׁ בָּרוּךְ הוּא: חָמִיךְ אֵינוֹ מַסְבִּיר לְךָ פָּנִים וְאַתְּ יוֹשֵׁב כָּאן, [לא, ג] "שׁוּב אֶל אֶרֶץ אֲבוֹתֶיךָ ... וְאֶהְיֶה עִמָּךְ":

רש"י

ק"ב ריבוא צאן היה לו ליעקב אבינו. ומפרש בתנחומא (ויצא סימן כד) נאמר במצרים וירב העם ויעצמו מאד והיו ששים ריבוא וכאן כתיב מאד מאד ב' פעמים לומר שהיו ק"כ: **רבי תנחומא. מאה ותרתין ריבוא ושבעת אלפין ומאה עאנים הוו ליה ליעקב.** מאד מאד דורש כפלים בדגלים:

עץ יוסף

הדגלים תר"ג אלף ותק"ן אנשים הוו (יפה תואר). בילקוט [על הפסוק] עלה הפורץ (מיכה ב רמז תקנא) איתא עלה הפורץ מדבר ביעקב שכתוב בו ויפרוץ האיש מאד מאד. רבי תנחומא בר אבא אמר מאה ועשרים רבוא שכתוב וירב העם ויעצמו מאד ושם היו ששים רבוא וכאן שני פעמים מאד בכפלים. ובספר הישר איתא שהיה לו מאתים עדרי צאן. ובפרקי דרבי אליעזר פרק ל"ז איתא שהוי ליה חמשה אלפים וחמשה מאות, שהמנחה ששלח היה מעשר מכל צאנו: **ולא פליגי.** רבי לוי ורבנן במנין העדרים דלתרווייהו ששים רבוא עדרים היו הצאן, אלא דלמר היה מספיק לכל עדר כלב אחד, ולמר לכל עדר ב' כלבים אחד מלפניו ואחד מאחריו (יפה תואר): (יב) **לא נפקד בזכרים.** שאילו היה לו בנים לא היה שולח בתו עם הצאן כמו דפרש"י, ועיין במדבר רבה פרשה כ'. ובספר הישר איתא שבשנה רביעית שבא יעקב ילדה עדינה אשת לבן שלשה בנים: **אלא כסף וזהב.** דאי אפשר לפרש כבוד ושררה כפשט לשון כבוד, כי לא הלך יעקב בגדולות ושררות, אלא על כרחך כבוד דהכא הוא כסף וזהב כלומר הון ועושר: **היך מה דאת אמר בוזו כסף כו' כבוד מכל כלי חמדה.** ונקרא העושר כבוד כי בו יתכבד האדם (יפה תואר): **לב אדם ישנה פניו.** כלומר אף שרוצה להתנכר לבו ישנה פניו בין לטוב ובין לרע, והבקי יכיר מתוך פני האדם מה שבלבו. ואמר זה לאשמועינן שפירש וירא יעקב את פני לבן שהכיר משנוי פניו כי לבבו לא נכון עמו, לא שהיה מראה לו פנים זועפים ממש דאם כן והנה אינם עמו מיבעי ליה: **אמר ליה הקדוש ברוך הוא חמיך כו'.** פירוש שאינו מסביר לו פנים כבתחילה כי לבו משנה פניו: **ואת יושב באן.** דכשהסביר לך פנים נדחה כבוד אביך מפני כבוד חמיך משום שהפותח פתח לחבירו נפשו חייב לו וחייב בכבודו יותר מאביו ואמו כדאיתא בשמות רבה (ד, ג):

פירוש מהרז"ו

מג) ויפרוץ האיש מאד מאד. רבי תנחומא בר אבא אמר מאה ועשרים רבוא שכתוב (שמות א, ז) וירב העם ויעצמו מאד ושם היה ששים רבוא, וכאן ב' פעמים מאד בכפלים (וכן כתב היפה תואר), ובספר הישר איתא שהיה לו מאתיים עדרי צאן. ובפרקי דרבי אליעזר (פרק לז) איתא שהיה לו חמשת אלפים וחמש מאות, שהמנחה ששלח היה מעשר מכל צאנו: (יב) **לא נפקד בזכרים.** כמו שאמרו בבמדבר רבה (כ, יט). ובספר הישר איתא שבשנה ד' שבא יעקב ילדה עדינה אשת לבן שלשה בנים: **אלא כסף.** כמו שכתב בספר הישר שהיו צאנו משונים בגידולם, ומוכרם ביוקר גדול וכו' עיין שם. ובאבות (פ"ו מ"ג) ואין כבוד אלא תורה, כי כבוד שכתוב בחכמים למוד מעניינו שמדבר בתורה, וכבוד שבבני לבן למוד מעניינו שמדבר בכסף וזהב: **אמר ליה הקב"ה.** וברש פרשה הסמוכה איתא שאמר לו שוב על שהתפלל, וגם זה אמת רק שעתה נתקבלה תפלתו:

מתנות כהונה

לכל עדר ועדר חד כלב. וסבירא ליה שהיו לו עדרים כיוצאי מצרים ודייק ויפרץ האיש מאד מאד וביוצאי מצרים כתיב ויעצמו במאד מאד: **[יב] ההי"ד וישמע את בני לבן.** ואלו לפני בואו כתיב ורחל באה עם הצאן כמו שפי' רש"י בסדר זה: **לב אדם ישנה כו'.** כשלבו שלם עמו גם הסברת פניו ענתה בו וכן בהיפוך:

אשד הנחלים

והמה מתעלומות חכמה הנודעים רק לחכמי אמת היודעים דבר על מכונו: **ששים רבוא כלבים.** לפי דברינו גם המה מכוונים בענין נעלה. להיות הצד הרע מכוון לעומת הטוב כידוע, והכלבים מצידם כנודע, ע"פ מאמרם (בבא קמא ס, ב) כלבים צועקים מלאך המות בעיר, ויעקב בפעולתו היה מכניע אותם, ובהכנעתו למטה עלה ההכנעה גם למעלה. וטעם האומרים ק"ך רבוא הוא תלוי בפלוגתא בענין מלאכי חבלה בעת שנטלו עדים מעל ישראל, וגם שם יש שתי דיעות, י"א ששים רבוא וי"א ק"ך רבוא מלאכי חבלה (עיין שבת פח, א ובתוס' שם), והענין ידוע ליודעי חן. ואנכי פרשתי זאת בחזית על דרך ציור קצת: **[יב] בזכרים.** כי לא נמצא בכתוב זכר לבני לבן עד עתה, וכאילו הפליג בגנותם לומר אף שהמה נולדו בזכותו עם כל זה דברו עליו תועה: **אלא כסף.** כי בני לבן היו רעי עין כתכונת אביהם. כאומר לא שקנאו על הצלחת יעקב בבניו הקדושים, כי אם על הכסף, כי זה כל מאווים: **חמיך אינו.** כאילו רמיזת הכתוב לומר וירא יעקב פני לבן זועפות ותיכף בא לו ההתגלות שיפרד משם אחר שאינו עמו באהבה:

חידושי הרש"ש

[יא] {ריש לוי אמר ששים רבוא כלבים רבנן אמרי כו' ולא פליגי. רצה לומר דלא פליגי אהדדי במנין העדרים דלתרווייהון היו ששים רבוא:}

אמרי יושר

[יב] אין כבוד אלא כסף וזהב. דאי צאן ומקנה כבר נזכר:

מסורת המדרש

יז. לעיל פרשה כ"ז. במדבר רבה פרשה כ'. תנחומא סדר בלק סימן י"ב:

אם למקרא

בֹּזּוּ כֶסֶף בֹּזּוּ זָהָב וְאֵין קֵצֶה לַתְּכוּנָה כָּבֹד מִכֹּל כְּלִי חֶמְדָּה: (נחום ב:י)

Chapter 74

וַיֹּאמֶר ה׳ אֶל יַעֲקֹב שׁוּב אֶל אֶרֶץ אֲבוֹתֶיךָ וּלְמוֹלַדְתֶּךָ וְאֶהְיֶה עִמָּךְ.

And HASHEM said to Jacob, "Return to the land of your fathers and to your native land, and I will be with you" (31:3).

§1 וַיֹּאמֶר ה׳ אֶל יַעֲקֹב שׁוּב אֶל אֶרֶץ אֲבוֹתֶיךָ וּלְמוֹלַדְתֶּךָ — ***AND HASHEM SAID TO JACOB, "RETURN TO THE LAND OF YOUR FATHERS AND TO YOUR NATIVE LAND,*** *AND I WILL BE WITH YOU."*

The Midrash relates a verse from *Psalms* to this passage:[1] כְּתִיב "זָעַקְתִּי אֵלֶיךָ ה׳ אָמַרְתִּי אַתָּה מַחְסִי חֶלְקִי בְּאֶרֶץ הַחַיִּים" — **It is written, *I have cried out to You, HASHEM; I have said, "You are my refuge, my portion in the land of the living"*** (*Psalms* 142:6).[2] The Midrash digresses to examine the verse's description of *Eretz Yisrael* as *the land of the living*:[3] וַהֲלֹא אֵין אֶרֶץ הַחַיִּים אֶלָּא צוֹר וַחֲבְרוֹתֶיהָ, תַּמָּן שׁוֹבְעָא תַּמָּן זוֹלָא — **But is not *the land of the living* only Tyre and the like,**[4] for **there** there **is plenty** and **there** things are **inexpensive?** וְאַתְּ אֲמַרְתְּ "חֶלְקִי בְּאֶרֶץ הַחַיִּים" — **And** yet **you say, *my portion in the land of the living*,** with respect to *Eretz Yisrael*?![5] אֶלָּא אֶרֶץ שֶׁמֵּתֶיהָ חַיִּים תְּחִלָּה לִימוֹת הַמָּשִׁיחַ — **Rather,** *the land of the living* connotes the land **whose dead will be revivified first in the days of the Messiah.**[6] רֵישׁ לָקִישׁ בְּשֵׁם בַּר קַפָּרָא מַיְיתֵי לָהּ מֵהָכָא — **Reish Lakish, in the name of Bar Kappara, derived [this lesson] from here:**[7] "נֹתֵן נְשָׁמָה לָעָם עָלֶיהָ וְרוּחַ לַהֹלְכִים בָּהּ" — ***Who gives a soul to the people upon it, and a spirit to those who walk on it*** (*Isaiah* 42:5).[8]

The Midrash resumes its relation of the *Psalms* verse to ours: אָמַר לוֹ הַקָּדוֹשׁ בָּרוּךְ הוּא: אַתָּה אָמַרְתָּ "חֶלְקִי בְּאֶרֶץ הַחַיִּים", "שׁוּב אֶל אֶרֶץ אֲבוֹתֶיךָ" — **The Holy One, blessed is He, said to [Jacob], "You said, '*my portion in the land of the living*,'** therefore, ***return to the land of your fathers.***[9] אָבִיךָ מְצַפֶּה לְךָ, אִמְּךָ מְצַפָּה לְךָ, אֲנִי בְּעַצְמִי מְצַפֶּה לְךָ — Furthermore, **your father is awaiting you, your mother is awaiting you, and I Myself am awaiting you."**[10]

An alternative interpretation of God's concluding expression, "*and I will be with you*":[11] רַבִּי אַמִּי בְּשֵׁם רֵישׁ לָקִישׁ אָמַר: — **R' Ami said in the name of Reish Lakish:** נִכְסֵי חוּצָה לָאָרֶץ אֵין בָּהֶם בְּרָכָה, אֶלָּא מִשֶּׁתָּשׁוּב "אֶל אֶרֶץ אֲבוֹתֶיךָ" "אֶהְיֶה עִמָּךְ" — In stating, "*and I will be with you*," God was in effect saying to Jacob, "The **possessions** you acquired **outside of the land** of Israel **do not have blessing. Rather, when you return to *the land of your fathers*,** then ***I will be with you.***"[12]

NOTES

1. The Midrash is troubled by the seemingly unnecessary words contained in God's directive to Jacob to return to his land (*Yefeh To'ar*; see below at notes 9 and 10 with *Radal* and *Maharzu*). To address this, the Midrash will introduce and explain a verse from *Psalms*.

2. Our Midrash accords with *Yalkut Shimoni* (*Tehillim* §888), which teaches that the words of this verse were spoken by Jacob in reference to the prayer he had uttered as he set out for Laban's house (above, 28:20-21). According to *Yalkut*, the words, *I have cried out to You, HASHEM*, allude to that which Jacob had stated, *If God will be with me*; the phrase, *I have said, "You are my refuge,"* corresponds to Jacob's, "*. . . will guard me on this way that I am going*"; and the expression, "*. . . my portion in the land of the living,*" suggests Jacob's plea to "*. . . return in peace to my father's house* [in *Eretz Yisrael*]." *Yalkut* concludes by stating that our verse, in which God instructed Jacob to leave Laban's house in order to return to *Eretz Yisrael*, represents God's response to Jacob's having stated that he would not depart from Laban's house without God's permission to do so (*Eitz Yosef*; the commentators point also to §11 below, which teaches that Jacob recited all of *Psalms*).

3. See *Yefeh To'ar*.

4. Lit., *Tyre and her friends*.

5. In other words, the Psalmist certainly did not refer to *Eretz Yisrael* as *the land of the living* in consideration of its ability to provide a man with material pleasures, for in this regard, the description would be better suited to [the ancient Phoenician seaport and business center of] Tyre (*Eitz Yosef*). See Insight Ⓐ.

6. In expressing his longing for *Eretz Yisrael*, the Psalmist referred to it as *the land of the living*, because although its residents die as all people do, at the end of time, the revivification will begin with those deceased who lie in *Eretz Yisrael* (*Eitz Yosef*).

[*Yefeh To'ar* explains that since, as taught below, in 96 §5, bodies buried in other lands will roll to *Eretz Yisrael* before being revivified, their revivification will be delayed.]

7. Reish Lakish presented an alternative source for the idea that those buried in *Eretz Yisrael* will be revivified before those buried abroad.

8. According to its plain meaning, this verse describes God as the One Who *gave* life to all the inhabitants of the world. However, the verse's repetition of this concept leads the Midrash to interpret it as referring to the future revivification (נֹתֵן is understood not as *gave* but as *gives*) and as stating that God will first give back the souls of those buried in *Eretz Yisrael*, and only afterward revivify the dead of the rest of the world. לָעָם עָלֶיהָ, *to the people upon it*, connotes those interred in *Eretz Yisrael*, because (as taught in *Zevachim* 54b et al.) that land is higher than the rest of the world (*Yefeh To'ar*, cited in part by *Eitz Yosef*).

9. It was because Jacob had expressed a longing for the sanctity that is unique to *Eretz Yisrael* — *the land of the living*, that God granted him permission to return to that *land* (*Yefeh To'ar*, see discussion in note 2 above; see also *Eitz Yosef*, from *Nezer HaKodesh*).

10. [The Midrash is interpreting each of the three expressions with which God told Jacob to return to *Eretz Yisrael* as another consideration given by God for Jacob to return:] אֶל אֶרֶץ אֲבוֹתֶיךָ, *to the land of your fathers*, is seen as an allusion to the fact that Jacob's *father awaited him*; וּלְמוֹלַדְתֶּךָ, *and to your native land* (lit., *to the land of your birth*), suggests, *your mother is awaiting you*; and וְאֶהְיֶה עִמָּךְ, *and I will be with you*, connotes, *and I Myself am awaiting you* (*Yefeh To'ar*, second approach; *Radal*; *Imrei Yosher*; see also *Nezer HaKodesh*, cited by *Eitz Yosef*; *Maharzu*). When Jacob would be in *Eretz Yisrael* God would *be with* him, for there it would be easier for Jacob to achieve prophecy (*Yefeh To'ar*; see *Nezer HaKodesh*, cited by *Eitz Yosef* for another approach).

11. This phrase is puzzling because it implies that previously, while Jacob was in Laban's home, God had not been *with* him and that God's being *with* Jacob was somehow connected to his return to *Eretz Yisrael* (*Yefeh To'ar*; see there for an explanation of why the Midrash is dissatisfied with the previous interpretation of these words).

12. God was telling Jacob that although he had prospered outside of

INSIGHTS

Ⓐ ***Eretz Yisrael* and Tyre** *Yefeh To'ar* finds difficulty with our Midrash's assertion that Tyre and other cities have more to offer in terms of material benefit than does *Eretz Yisrael*, the land God described as, *a land flowing with milk and honey* (*Exodus* 3:8 et al.). He points to *Kesubos* 111b-112a, where descriptions are given of the phenomenal bounty that could once be found in *Eretz Yisrael*. And although, as noted there, this bounty diminished with the destruction of the Temple and the exile of the Jews, the verse from *Psalms* under discussion here was spoken well before that time!

To resolve this difficulty, *Nezer HaKodesh* cites *Rashi* to 27:28. *Rashi* there explains (from *Tanchuma Yashan*, *Toldos* §14) that while Isaac's blessing of material success for the Jewish people was made contingent on their adherence to Torah, the descendants of Esau were blessed with wealth regardless of their conduct. Thus, it is only *Tyre and the like* who enjoy consistent material success. For this reason, our Midrash is justified in stating that *Eretz Yisrael*, despite all of its bounty, cannot be described as *the land of the living* based on what it provides its inhabitants in this world (see *Yefeh To'ar* and *Nezer HaKodesh* for additional discussion).

פרשה עד

א [לא, ג] "**וַיֹּאמֶר ה' אֶל יַעֲקֹב שׁוּב אֶל אֶרֶץ אֲבוֹתֶיךָ וּלְמוֹלַדְתֶּךָ**", כְּתִיב (תהלים קמב, ו) "זָעַקְתִּי אֵלֶיךָ ה' אָמַרְתִּי אַתָּה מַחְסִי חֶלְקִי בְּאֶרֶץ הַחַיִּים", א'וַהֲלֹא אֵין אֶרֶץ הַחַיִּים אֶלָּא צוֹר וְחַבְרוֹתֶיהָ, תַּמָּן שׂוֹבְעָא תַּמָּן זוֹלָא, וְאַתְּ אֲמַרְתְּ "חֶלְקִי בְּאֶרֶץ הַחַיִּים", אֶלָּא אֶרֶץ שֶׁמֵּתֶיהָ חַיִּים תְּחִלָּה לִימוֹת הַמָּשִׁיחַ, רֵישׁ לָקִישׁ בְּשֵׁם *בַּר קַפָּרָא מַיְיתֵי לַהּ מֵהָכָא, (ישעיה מב, ה) "נֹתֵן נְשָׁמָה לָעָם עָלֶיהָ וְרוּחַ לַהֹלְכִים בָּהּ", אָמַר לוֹ הַקָּדוֹשׁ בָּרוּךְ הוּא: אַתָּה אָמַרְתָּ "חֶלְקִי בְּאֶרֶץ הַחַיִּים", "שׁוּב אֶל אֶרֶץ אֲבוֹתֶיךָ", אָבִיךָ מְצַפֶּה לָךְ, אִמְּךָ מְצַפָּה לָךְ, אֲנִי בְּעַצְמִי מְצַפֶּה לָךְ, רַבִּי אַמִּי בְּשֵׁם רֵישׁ לָקִישׁ אָמַר: נִכְסֵי חוּצָה לָאָרֶץ אֵין בָּהֶם בְּרָכָה, אֶלָּא מִשֶּׁתָּשׁוּב "אֶל אֶרֶץ אֲבוֹתֶיךָ", "אֶהְיֶה עִמָּךְ". הָכָא אַתְּ אָמַר ב'"וְאֶהְיֶה עִמָּךְ" וּלְהַלָּן אַתְּ אָמַר (שמואל-ב ז, ט) "וָאֶהְיֶה עִמְּךָ בְּכֹל אֲשֶׁר הָלַכְתָּ", אֶלָּא דָּוִד עַל יְדֵי שֶׁהוּא מְפַרְנֵס אֶת יִשְׂרָאֵל הָיָה אוֹמֵר לוֹ "וָאֶהְיֶה עִמְּךָ בְּכֹל אֲשֶׁר הָלַכְתָּ", אֲבָל יַעֲקֹב עַל יְדֵי שֶׁהוּא מְפַרְנֵס אֶת בֵּיתוֹ הוּא אוֹמֵר לוֹ "שׁוּב אֶל אֶרֶץ אֲבוֹתֶיךָ וְגוֹ'":

ב [לא, ד] "**וַיִּשְׁלַח יַעֲקֹב וַיִּקְרָא לְרָחֵל וּלְלֵאָה וְגוֹ'**", אָמַר רַבִּי שִׁמְעוֹן בֶּן גַּמְלִיאֵל: ג'בג' דְּבָרִים אֲנִי אוֹהֵב אֶת בְּנֵי הַמִּזְרָח: שֶׁאֵינָן נוֹשְׁכִין וְאוֹכְלִין אֶלָּא חוֹתְכִין וְאוֹכְלִין, וְאֵין חוֹתְכִין בָּשָׂר אֶלָּא עַל גַּבֵּי הַשֻּׁלְחָן, וְאֵין נוֹשְׁקִין אֶלָּא בַּיָּד, וְאֵין נוֹטְלִין עֵצָה אֶלָּא בְּמָקוֹם רֶוַח, כְּעִנְיָן שֶׁנֶּאֱמַר "וַיִּשְׁלַח יַעֲקֹב וַיִּקְרָא לְרָחֵל וּלְלֵאָה":

רש"י

(א) **תמן שובעא תמן זולא.** נכסי חוצה לארץ אינן בכלל ברכה, אלא משתשוב אל ארץ אבותיך ואהיה עמך, ולהלן הוא אומר אנכי עמך ושמרתיך בכל אשר תלך. אפילו בחוצה לארץ: **יהיה עמדי.** עמודי. סומכי:

מתנות כהונה

[א] **תמן שובעה כו'.** שם השובע ושם הזול ועיין זה בירושלמי דסוף כלאים ובפ' הנושא במסכת כתובות ולקמן פרשה נ"ז: [ב] **במקום רווח.** בשדה כדי שירא שאין שם בני אדם ששומעין סודותיהם כדאיתא בפ"ק דברכות:

אשד הנחלים

[א] **תמן שובעא כו' אלא כו'.** כלומר היתכן שחשקו ומגמתו וחפצו היה בחמודות העוה"ז ותענוגיה ולזה קרא חיים, דבזה צור וחברותיה משובחים ממנה, רק מגמתו היה על חיים הנצחיים הנפשיים, וקראה ארץ החיים אף שגם פה המיתה שולטת, עם כל זה באחרית הימים יתנוצץ שמה התחיה תחילה וראשונה: **אתה אמרת.** אף שלא מצאנו זאת ביעקב, עם כל זה אחז בזה הכתוב לדוגמא. לפי שמצינו שיעקב מתחילה רצה ללכת מבית לבן לארץ ישראל כי אמר מתי אעשה גם אנכי לביתי, שארץ ישראל שם ביתו האמיתי וזה כל מאויו להיות במקום המקודש, לכן בא לו ההתגלות שישוב אל הארץ הזאת, כי רק שם הברכה מצויה על דרך נס, כי עיני ה' בארץ הזאת: **אביך כו' אמך כו'.** כלומר שהם קבורים שמה ומבקשים שתבוא למקומם, ואנכי מצפה לך כלומר שרק שם הופעת השכינה מצפה על האדם, והרי זה כאילו השכינה מצפה לו שיבוא למקומה ולדיבוקה. ודייק שאביו ואמו מצפים לו מדאמר לו לארץ אבותיך, ואבותיו כבר אינם בעולם: [ב] **השולחן.** לא על גב היד משום קלקול סעודה או סכנה: **אלא ביד.** משום ריח הפה: **רווח.** שאין בני אדם יכולים לשמוע:

עץ יוסף

(א) **כתיב זעקתי כו'.** בילקוט (תהלים קמב) מבואר יותר וזה לשונו מדבר ביעקב זעקתי אליך ה' אם יהיה אלהים עמדי. אמרתי אתה מחסי ושמרני בדרך הזה. חלקי בארץ החיים ושבתי בשלום אל בית אבי. אמר יעקב איני יוצא אלא ברשות. אמר ליה הקדוש ברוך הוא כו' הרי לך רשות שוב וגו' עד כאן: **תמן שובעא כו'.** כלומר היתכן שחשקו ומגמתו וחפצו היה בחמודות העולם הזה ותענוגיה ולזה קרא חיים, דבזה צור וחברותיה משובחים ממנה, רק מגמתו היה על חיים הנצחיים הנפשיים וקראה ארץ החיים אף שגם המיתה שולטת, עם כל זה באחרית הימים יתנוצץ שמה התחיה תחלה וראשונה: **נותן נשמה לעם.** היינו מתי ארץ ישראל, ורוח להולכים בה היינו של שאר ארצות. ורצונו לומר שמתחלה נותן נשמה לעם עליה, ואחר כך ורוח להולכים בה (יפה תואר): **חלקי בארץ החיים.** דרשינן ליה ביעקב שיעקב הוא שאמר כן כדאיתא לקמן (סימן יא) שיעקב אמר כל ספר תהלים, ודוד התפלל אחר כך כמוהו כדאיתא בילקוט הנ"ל (יפה תואר): **שוב אל ארץ אבותיך.** שמפני שכל עיקר מגמת יעקב היה מגד קדושת הארץ לפיכך גם ה' אמר ליה שוב אל ארץ אבותיך שתשוב אל קדושת הארץ ארץ החיים. ולמולדתך דריש אביך מצפה לך אמך מצפה לך. ואהיה עמך דריש אני בעצמי מצפה לך כדי שאהיה עמך בקביעות קבע להיות נעשה לו מרכבה שאין זה אלא בארץ הקדושה (נזר הקודש): **אין בהם ברכה.** שאפילו שהצליח בחוץ לארץ אין ברכה בנכסי חוץ לארץ כי לבסוף לא יעמדו, אבל עתה שילך לארץ ישראל יתקיימו בידו (יפה תואר): **ואהיה עמך.** בתר שוב אל ארץ אבותיך דמשמע שלא יהיה עמו אלא שם אבל אם יצא משם אחר כך לא יהיה עמו. **ולהלן** בדוד הוא אומר **ואהיה עמך בכל אשר הלכת** דמשמע אפילו כשיצא מארץ ישראל לחוץ לארץ. ומשני **דדוד שהיה מפרנס לישראל** היה צריך ללכת בחוץ לארץ ללחום מלחמותיהם ולזה היה ה' עושה לו נס אפילו בחוץ לארץ, **אבל יעקב** שלא היה **מפרנס** אלא **ביתו** ולא היה צריך ללכת חוץ לארץ אם לא ברשות ה': (ב) **אני אוהב.** מנהגם, כי טוב: **שאינן נושכין כו' ואין חותכין.** חדא מילתא היא דכולה בענין האכילה. ומיהו בגמרא (ברכות ח, ב) לא מייתי הא דאין נושכין (יפה תואר): **שאין נושכין.** בבשר ובלחם מפרוסה גדולה דמחזי כרעבתנות, ועוד דמאיס מילתא: **אלא על גבי השולחן.** הבשר המבושל אין חותכין אותו בקערה קודם שיביאו בשולחן כי דרך כבוד להביא החתיכה שלמה בשולחן, ועוד דמאיס קצת כשיביאוה חתוכה חתיכות קטנות (יפה תואר). עוד יש לפרש אלא על גבי השולחן ולא על גב היד, משום קלקול סעודה או סכנה: **ואין נושקין אלא ביד.** פרש"י בגמרא את יד חברו הוא נושק ודרך חשיבות הוא זה מפני הרוק: **אלא במקום רווח.** כגון שדה שיראו מכל הצדדים שאין שומע: **בענין שנאמר וישלח יעקב.** דאם לא כן מה צריך לומר שהיתה הקריאה בשדה, אלא על כרחך לאשמועינן דבר אחר:

פירוש מהרז"ו

(א) **כתיב זעקתי.** כמו שאמרו לעיל (סח, יא) שיעקב אמר ספר תהלים, ובילקוט תהלים (רמז תתרנז) מבואר יותר וזה לשונו מדבר ביעקב זעקתי אליך ה' אם יהיה אלהים עמדי, אמרתי אתה מחסי ושמרני בדרך הזה, חלקי בארץ החיים ושבתי בשלום אל בית אבי, אמר יעקב איני יוצא אלא ברשות אמר ליה הקב"ה כו' הרי לך רשות שוב וגו' עד כאן: **שמתיה חיים.** פסיקתא (פסיקתא א סימן ד) לקמן (נו, ו), שמות רבה (לב, ג) כתובות (קיא, ב) ירושלמי (כלאים פ"ט ה"ג) ילקוט כאן (רמז קל) ויחזקאל (רמז שסו): **לעם עליה.** ועיין דברים רבה (ה, טו) באופן אחר: **אל ארץ אבותיך.** שהיה לו לומר שוב אל חברון, על כן דרש שאבותיך הם יצחק ורבקה מצפים לך (ועיין רד"ל וכן כתב היפה תואר):

חידושי הרד"ל

[א] **אתה אמרת חלקי בארץ החיים.** לגירסת הספרים צריך לומר שזהו מה שאמר יעקב ושבתי בשלום אל בית אבי, גם מה שאמר אחר כך בעת מיתתו ונשאתני ממצרים (מז, ל). אך לגירסא זו אין במקרא זה דזעקתי שום שייכות לדרשה דהכא, דמה שמשיים אמר ליה הקב"ה שוב אל ארץ אבותיך אין רמז במקרא. על כן כמדומני שצריך לומר אתה אמרת אתה מחסי חלקי בארץ החיים שוב אל ארץ אבותיך ואהיה עמך, ורצה לומר אתה בטחת בי והיית מתפלל תמיד שאהיה למחסה לך, וכמו שנאמר שם אם יהיה אלהים עמדי ושמרני, והשיב לו על זה חלקי בארץ החיים, כלומר אימתי תהיה לחלקי כשתהיה בארץ החיים, והוא כלשון המקרא (זכריה ב, טז) ונחל ה' את יהודה חלקו על אדמת הקודש, ומייתי לי לפרש שוב אל ארץ אבותיך ולא כאן: **אביך מצפה כו' אמך כו' אני בעצמי כו'.** דרש אל ארץ אבותיך שאביך מצפה, ולמולדתך שאמך זו ילדתך מצפה, ואהיה עמך שאני מצפה להיות עמך שם: **אין בהם ברכה כו'. אל ארץ אבותיך אהיה עמך.** רצה לומר ואברכך שם. ויליף הא' ואהיה עמך מן ואהיה עמך ואברכך הכתוב ביצחק בריש פרשת תולדות (כו, ג):

[ב] **בג' דברים.** ומונה והולך ארבע, ובקהלת רבה (ז, מה) לא גרס להא דאין חותכין בשר כו' וכן הוא בילקוט כאן (רמז קל), ומן הש"ס דברכות (ח, ב) הוסיפו כאן:

מסורת המדרש

א. עי' כתובות קי"א. וירושלמי כלאים פרק ט' וירושלמי כתובות פרק י"ב הלכה ג'. ועי' שמ"ר פרשה ל"ב. פסיקתא רבתי פסקא א' ס"ד. ותנחומא סדר ויחי סי' ג'. ילקוט כאן רמז קל"ו. ילקוט תהלים רמז תתפ"ח. ועיין ילקוט ישעיה רמז שס"ו:
ב. מדרש שמואל פרשה כ"ו:
ג. ברכות דף ח'. קה"ר פרשה ז' פסוק כ"ג. תנחומא סדר חוקת סי' ו'. פסיקתא דרב כהנא פסקא ד'. ילקוט כאן רמז ק"ל. ילקוט מלכים רמז קע"ו:

אם למקרא

זָעַקְתִּי אֵלֶיךָ ה' אָמַרְתִּי אַתָּה מַחְסִי חֶלְקִי בְּאֶרֶץ הַחַיִּים: (תהלים קמב:ו)

כֹּה אָמַר הָאֵל ה' בּוֹרֵא הַשָּׁמַיִם וְנוֹטֵיהֶם רֹקַע הָאָרֶץ וְצֶאֱצָאֶיהָ נֹתֵן נְשָׁמָה לָעָם עָלֶיהָ וְרוּחַ לַהֹלְכִים בָּהּ: (ישעיה מב:ה)

וָאֶהְיֶה עִמְּךָ בְּכֹל אֲשֶׁר הָלַכְתָּ וָאַכְרִתָה אֶת כָּל אֹיְבֶיךָ מִפָּנֶיךָ וְעָשִׂתִי לְךָ שֵׁם גָּדוֹל כְּשֵׁם הַגְּדֹלִים אֲשֶׁר בָּאָרֶץ: (שמואל ב ז:ט)

אמרי יושר

[א] **אביך מצפה לך.** היינו ארץ אבותיך: **אמך מצפה לך.** היינו ולמולדתך: **אני מצפה לך.** והיינו ואהיה עמך:

[ב] **השדה אל צאנו.** הרגיש כי יותר נקל היה לבוא אליהן ולא שיבואו שתיהן אללו. לזה אמר כי לא ראוי העצה בשדה שלא היה שם אלא הגלון ולא אדם:

חידושי הרש"ש

[א] **אמר ליה הקב"ה אתה אמרת חלקי בארץ החיים.** עיין לעיל (סח, יא) כל ספר תהלים היה אומר וכו' וכן הובא לקמן בזו הפרשה:

The Midrash draws a contrast between Jacob and David with regard to their treatment by God:

הָכָא אַתְּ אָמַר "וְאֶהְיֶה עִמָּךְ" וּלְהַלָּן אַתְּ אָמַר "וָאֶהְיֶה עִמְּךָ בְּכֹל אֲשֶׁר הָלַכְתָּ" — **Here** (in v. 3) **Scripture states,**[13] *"Return to the land of your fathers and to your native land,* ***and I will be with you,"*** **while elsewhere Scripture states, "*I*** (God) ***was with you*** (David) ***wherever you went"*** (*II Samuel* 7:9)![14] אֶלָּא דָוִד עַל יְדֵי שֶׁהוּא מְפַרְנֵס אֶת יִשְׂרָאֵל הָיָה אוֹמֵר לוֹ "וָאֶהְיֶה עִמְּךָ בְּכֹל אֲשֶׁר הָלַכְתָּ" — **But** the explanation for the discrepancy is that with regard to **David, because he provided for** the nation of **Israel, [God] said to him, "*I was with you wherever you went,"***[15] אֲבָל יַעֲקֹב עַל יְדֵי שֶׁהוּא מְפַרְנֵס אֶת בֵּיתוֹ הוּא אוֹמֵר לוֹ "שׁוּב אֶל אֶרֶץ אֲבוֹתֶיךָ וְגוֹ'" — **but** with regard to **Jacob, because he provided for his household** alone, **[God] said to him, *"Return to the land of your fathers, etc.*** *[and to your native land, and I will be with you]."*[16]

וַיִּשְׁלַח יַעֲקֹב וַיִּקְרָא לְרָחֵל וּלְלֵאָה הַשָּׂדֶה אֶל צֹאנוֹ.

Jacob sent and summoned Rachel and Leah to the field, to his flock (31:4).

§2 **וַיִּשְׁלַח יַעֲקֹב וַיִּקְרָא לְרָחֵל וּלְלֵאָה** — ***JACOB SENT AND SUMMONED RACHEL AND LEAH TO THE FIELD.***

The Midrash quotes a Tannaic statement that relates to this verse:

אָמַר רַבִּי שִׁמְעוֹן בֶּן גַּמְלִיאֵל: בְּג' דְּבָרִים אֲנִי אוֹהֵב אֶת בְּנֵי הַמִּזְרָח — **R' Shimon ben Gamliel said: There are three things that I like about the the residents of the east:**[17] שֶׁאֵינָן נוֹשְׁכִין וְאוֹכְלִין אֶלָּא חוֹתְכִין וְאוֹכְלִין — (i) **They do not bite** into a large piece of food **and eat, but rather, they cut** off a small piece **and eat** it.[18] וְאֵין חוֹתְכִין בָּשָׂר אֶלָּא עַל גַּבֵּי הַשֻּׁלְחָן — **And,** furthermore, **they cut meat only on the table.**[19] וְאֵין נוֹשְׁקִין אֶלָּא בַּיָּד — (ii) **They do not kiss** anywhere **other than on the hand.**[20] וְאֵין נוֹטְלִין עֵצָה אֶלָּא בְּמָקוֹם רוֹוֵחַ — (iii) **They do not receive counsel** anywhere **other than in a spacious area,**[21] כָּעִנְיָן שֶׁנֶּאֱמַר "וַיִּשְׁלַח יַעֲקֹב וַיִּקְרָא לְרָחֵל וּלְלֵאָה", — **in the manner which is stated, *Jacob sent and summoned Rachel and Leah*** *to the field* —

NOTES

Eretz Yisrael, what he had acquired there would be lost over time. However, what he was to amass after entering *Eretz Yisrael* would remain with him (*Eitz Yosef*, from *Yefeh To'ar*).

The Midrash infers that God's promise of "וְאֶהְיֶה עִמָּךְ, *and I will be with you*" relates to material *blessing*, by means of a *gezeirah shavah* to 26:3 above, in which God assured Isaac, "וְאֶהְיֶה עִמְּךָ וַאֲבָרְכֶךָּ, *and I will be with you and I will bless you*" (*Radal*).

13. Lit., *you say*. [This usage repeats itself immediately below.]

14. Whereas Jacob was assured that God would *be with* him only while he was in *Eretz Yisrael*, God was *with* King David *wherever* he traveled (*Yefeh To'ar*, *Eitz Yosef*).

15. Since, as a national leader, David had need to travel abroad in order to fight wars on behalf of the Jewish people, God was *with* him wherever he went (ibid.).

16. Unlike David, Jacob bore responsibility only for his own family and therefore did not need to leave *Eretz Yisrael* (ibid.).

Alternatively, because David *provided for the nation of Israel*, the merit of the community (זְכוּת הָרַבִּים) allowed him to enjoy God's being *with* him even beyond the borders of *Eretz Yisrael*, in contrast to Jacob, who provided only for his family (*Yefeh To'ar*, *Nezer HaKodesh*).

[Actually, in an earlier verse (28:15), God had told Jacob (as he was setting out for Laban's house), "וְהִנֵּה אָנֹכִי עִמָּךְ וּשְׁמַרְתִּיךָ בְּכֹל אֲשֶׁר תֵּלֵךְ, *Behold, I am with you; I will guard you wherever you go.*" However, that assurance related specifically to God's protection, in contrast to the assurance of our verse regarding material blessing (*Yefeh To'ar*, second approach; see also *Nezer HaKodesh*).]

17. See *Eitz Yosef*.

[Note that *Berachos* 8b records a very similar statement that was made by R' Akiva regarding the *Medes*. This leads *Yefeh To'ar* to assert that it is the *Medes* to whom our Midrash refers as *the residents of the east*.]

18. The *residents of the east* would not bite into a large piece of meat or bread. To do so appears gluttonous and is repugnant (*Eitz Yosef*; compare *Derech Eretz Rabbah*, Ch. 6, with *Beis Yosef* to *Orach Chaim* 170 s.v. לא יאכל אדם פרוסה כביצה וכו').

19. Meat that had been cooked was sliced only after being brought to the table. This is a more dignified means of serving food and, additionally, the meat could be slightly unappetizing if presented in small pieces (*Eitz Yosef*, from *Yefeh To'ar*). Alternatively, the *residents of the east* cut meat on *the table* as opposed to in their hand, so as to avoid ruining the food and injuring themselves by accidentally slicing into their hands (*Eitz Yosef*; compare *Berachos* 8b).

The Midrash counts these two customs as one, because both are related to eating (*Eitz Yosef*, from *Yefeh To'ar*). [The commentaries note, however, that this discourse appears elsewhere (*Berachos* loc. cit., *Koheles Rabbah* to 7:23), including only one of these two customs, which may indicate that the other was added here in error (see *Eitz Yosef*, from *Yefeh To'ar*, *Radal*).]

20. They would kiss their friends' hands [as opposed to their faces], which is a more respectable way to kiss, since a kiss may leave traces of saliva (*Eitz Yosef*, from *Rashi* to *Berachos* loc. cit.; see *Maharsha* to *Berachos* loc. cit. s.v. אלא ע"ג היד for further insight).

21. I.e., in an area such as a field, where one has a clear view of the surrounding area and can determine that no one will overhear him (*Eitz Yosef*; see *Matnos Kehunah*). [Compare *Vayikra Rabbah* 32:2: אָמַר ר' לֵוִי אָזְנַיִם לַדֶּרֶךְ אָזְנַיִם לַכּוֹתֶל, *R' Levi said: The path has ears; the wall has ears.*]

פרשה עד

א [לא, ג] **"וַיֹּאמֶר ה' אֶל יַעֲקֹב שׁוּב אֶל אֶרֶץ אֲבוֹתֶיךָ וּלְמוֹלַדְתֶּךָ", כְּתִיב** (תהלים קמב, ו) **"זָעַקְתִּי אֵלֶיךָ ה' אָמַרְתִּי אַתָּה מַחְסִי חֶלְקִי בְּאֶרֶץ הַחַיִּים", אוַהֲלֹא אֵין אֶרֶץ הַחַיִּים אֶלָּא צוֹר וַחֲבֵרוֹתֶיהָ, תַּמָּן שׁוֹבְעָא תַּמָּן זוֹלָא, וְאַתְּ אֲמַרְתְּ "חֶלְקִי בְּאֶרֶץ הַחַיִּים", אֶלָּא אֶרֶץ שֶׁמֵּתֶיהָ חַיִּים תְּחִלָּה לִימוֹת הַמָּשִׁיחַ, רֵישׁ לָקִישׁ בְּשֵׁם *בַּר קַפָּרָא מַיְיתֵי לָהּ מֵהָכָא,** (ישעיה מב, ה) **"נֹתֵן נְשָׁמָה לָעָם עָלֶיהָ וְרוּחַ לַהֹלְכִים בָּהּ", אָמַר לוֹ הַקָּדוֹשׁ בָּרוּךְ הוּא: אַתָּה אָמַרְתָּ "חֶלְקִי בְּאֶרֶץ הַחַיִּים", "שׁוּב אֶל אֶרֶץ אֲבוֹתֶיךָ", אָבִיךָ מְצַפֶּה לְךָ, אִמְּךָ מְצַפָּה לְךָ, אֲנִי בְּעַצְמִי מְצַפֶּה לְךָ, רַבִּי אַמִּי בְּשֵׁם רֵישׁ לָקִישׁ אָמַר: נִכְסֵי חוּצָה לָאָרֶץ אֵין בָּהֶם בְּרָכָה, אֶלָּא מִשֶּׁתָּשׁוּב "אֶל אֶרֶץ אֲבוֹתֶיךָ", "אֶהְיֶה עִמָּךְ". הָכָא אַתְּ אָמַר** ב**"וְאֶהְיֶה עִמָּךְ" וּלְהַלָּן אַתְּ אָמַר** (שמואל-ב ז, ט) **"וָאֶהְיֶה עִמְּךָ בְּכֹל אֲשֶׁר הָלַכְתָּ", אֶלָּא דָּוִד עַל יְדֵי שֶׁהוּא מְפַרְנֵס אֶת יִשְׂרָאֵל הָיָה אוֹמֵר לוֹ "וָאֶהְיֶה עִמְּךָ בְּכֹל אֲשֶׁר הָלַכְתָּ", אֲבָל יַעֲקֹב עַל יְדֵי שֶׁהוּא מְפַרְנֵס אֶת בֵּיתוֹ הוּא אוֹמֵר לוֹ "שׁוּב אֶל אֶרֶץ אֲבוֹתֶיךָ וְגוֹ' ":**

ב [לא, ד] **"וַיִּשְׁלַח יַעֲקֹב וַיִּקְרָא לְרָחֵל וּלְלֵאָה וְגוֹ' ", אָמַר רַבִּי שִׁמְעוֹן בֶּן גַּמְלִיאֵל:** ג**בְּג' דְּבָרִים אֲנִי אוֹהֵב אֶת בְּנֵי הַמִּזְרָח: שֶׁאֵינָן נוֹשְׁכִין וְאוֹכְלִין אֶלָּא חוֹתְכִין וְאוֹכְלִין, וְאֵין חוֹתְכִין בָּשָׂר אֶלָּא עַל גַּבֵּי הַשֻּׁלְחָן, וְאֵין נוֹשְׁקִין אֶלָּא בַּיָּד, וְאֵין נוֹטְלִין עֵצָה אֶלָּא בְּמָקוֹם רוֹוֵחַ, כָּעִנְיָן שֶׁנֶּאֱמַר "וַיִּשְׁלַח יַעֲקֹב וַיִּקְרָא לְרָחֵל וּלְלֵאָה",**

רש"י

(א) תמן שובעא תמן זולא. נכסי חוצה לארץ אינן בכלל ברכה, אלא משתשוב אל ארץ אבותיך ואהיה עמך, ולהלן הוא אומר אנכי עמך ושמרתיך בכל אשר תלך.

עץ יוסף

(א) כתיב זעקתי כו'. בילקוט (תהלים קמב) מבואר יותר וזה לשונו מדבר ביעקב זעקתי אליך ה' אם יהיה אלהים עמדי. אמרתי אתה מחסי ושמרני בדרך הזה. חלקי בארץ החיים ושבתי בשלום אל בית אבי. אמר יעקב איני יוצא אלא ברשות. אמר ליה הקדוש ברוך הוא כו' הרי לך רשות שוב וגו' עד כאן: **תמן שובעא כו'.** כלומר היתכן שחשקו ומגמתו וחפצו היה בחמודות העולם הזה ותענוגיה ולזה קרא חיים, דבזה צור וחברותיה משובחים ממנה, רק מגמתו היה על חיים הנצחיים הנפשיים וקראה ארץ החיים אף שגם המיתה שולטת, עם כל זה באחרית הימים יתנוצץ שמה התחיה תחלה וראשונה: **נותן נשמה לעם.** היינו מתי ארץ ישראל, ורוח להולכים בה היינו של שאר ארצות. ורצונו לומר שמתחלה נותן נשמה לעם עליה, ואחר כך ורוח להולכים בה (יפה תואר): **חלקי בארץ החיים.** דרשינן ליה ביעקב שיעקב הוא שאמר כן כדאיתא לקמן (סימן יא) שיעקב אמר כל ספר תהלים, ודוד התפלל אחר כך כמוהו כדאיתא בילקוט הנ"ל (יפה תואר): **שוב אל ארץ אבותיך.** שמפני שכל עיקר מגמת יעקב היה מגד קדושת הארץ לפיכך גם ה' אמר ליה שוב אל ארץ אבותיך שתשוב אל קדושת הארץ ארץ החיים. ולמולדתך דריש אביך מצפה לך אמך מצפה לך. ואהיה עמך דריש אני בעצמי מצפה לך כדי שאהיה עמך בקביעות קבע להיות נעשה לו מרכבה שאין זה אלא בארץ הקדושה (נזר הקודש): **אין בהם ברכה.** שאפילו שהצליח בחוץ לארץ אין ברכה בנכסי חוץ לארץ כי לבסוף לא יעמדו, אבל עתה שילך לארץ ישראל יתקיימו בידו (יפה תואר): **ואהיה עמך.** בתר שוב אל ארץ אבותיך דמשמע שלא יהיה עמו אלא שם אבל אם יצא משם אחר כך לא יהיה עמו. **ולהלן** בדוד הוא אומר **ואהיה עמך בכל אשר הלכת** דמשמע אפילו כשיצא מארץ ישראל לחוץ לארץ. ומשני דדוד **שהיה מפרנס לישראל** היה צריך ללכת בחוץ לארץ ללחום מלחמותיהם ולזה היה ה' עושה לו נס אפילו בחוץ לארץ, **אבל יעקב** שלא היה **מפרנס** אלא **ביתו** ולא היה צריך ללכת חוץ לארץ אם לא ברשות ה':

(ב) אני אוהב. מנהגם, כי טוב: **שאינן נושכין כו' ואין חותכין.** חדא מילתא היא דכולה בענין האכילה. ומיהו בגמרא (ברכות ח, ב) לא מייתי הא דאין נושכין (יפה תואר): **שאין נושכין.** בבשר ובלחם מפרוסה גדולה דמחזי כרעבתנות, ועוד דמאיסא מילתא: **אלא על גבי השולחן.** הבשר המבושל אין חותכין אותו בקערה קודם שיביאו בשולחן כי דרך כבוד להביא החתיכה שלמה בשולחן, ועוד דמאיס קצת כשיביאוה חתוכה חתיכות קטנות (יפה תואר). עוד יש לפרש אלא על גבי השולחן ולא על גב יד, משום קלקול סעודה או סכנה: **ואין נושקין אלא ביד.** פרש"י בגמרא את יד חברו הוא נושק ודרך חשיבות הוא זה מפני הרוק: **אלא במקום רווח.** כגון שדה שיראו מכל הצדדים שאין שומע: **בענין שנאמר וישלח יעקב.** דאם לא כן מה צריך לומר שהיתה הקריאה בשדה, אלא על כרחך לאשמועינן דבר אחר:

פירוש מהרז"ו

(א) כתיב זעקתי. כמו שאמרו לעיל (סח, יא) שיעקב אמר ספר תהלים, ובילקוט תהלים (רמז תרלז) מבואר יותר וזה לשונו מדבר ביעקב זעקתי אליך ה' אם יהיה אלהים עמדי, אמרתי אתה מחסי ושמרני בדרך הזה, חלקי בארץ החיים ושבתי בשלום אל בית אבי, אמר יעקב איני יוצא אלא ברשות אמר ליה הקב"ה כו' הרי לך רשות שוב וגו' עד כאן: **שמתיה חיים.** פסיקתא (פיסקא א סימן ד) לקמן (צו, ו), שמות רבה (לב, ב) כתובות (קיא, ב) ירושלמי (כלאים פ"ט ה"ג) ילקוט כאן (רמז קל) ויחזקאל (רמז שסו): **לעם עליה.** ועיין דברים רבה (ה, טו) באופן אחר: **אל ארץ אבותיך.** שהיה לו לומר שוב אל חברון, על כן דרש שאבותיך הם יצחק ורבקה מצפים לך (ועיין רד"ל וכן כתב היפה תואר):

חידושי הרד"ל

[א] **אתה אמרת חלקי בארץ החיים.** לגירסת הספרים צריך לומר שזהו מה שאמר יעקב ושבתי בשלום אל בית אבי, גם מה שאמר אחר כך בעת מיתתו ונשאתני ממצרים (מז, ל). אך לגירסא זו אין במקרא זה דזעקתי שום שייכות לדרשא דהכא, דמה שמסיים אמר ליה הקב"ה שוב אל ארץ אבותיך אין רמז במקרא. על כן כמדומני שצריך לומר אתה אמרת אתה מחסי חלקי בארץ החיים שוב אל ארץ אבותיך ואהיה עמך, ורצה לומר אתה בטחת בי והיית מתפלל תמיד שאהיה למחסה לך, וכמו שנאמר שם אם יהיה אלהים עמדי ושמרני, והשיב לו על זה חלקי בארץ החיים, כלומר אימתי תהיה לחלקי כשתהיה בארץ החיים, והוא כלשון המקרא (זכריה ב, טז) ונחל ה' את יהודה חלקו על אדמת הקדש, ומייתי לי לפרש שוב אל ארץ אבותיך ולא כאן: **אביך מצפה כו' אמך כו' אני בעצמי כו'.** דרש אל ארץ אבותיך שאביך מצפה, ולמולדתך שאמך זו ילדתך מצפה, ואהיה עמך שאני מצפה להיות עמך שם: **אין בהם ברכה כו'. אל ארץ אבותיך אהיה עמך.** רצה לומר ואברכך שם. ויליף האי ואהיה עמך מן ואהיה עמך ואברכך הכתוב ביצחק בריש פרשת תולדות (כו, טו):

[ב] **בג' דברים.** ומונה והולך ארבע, ובקהלת רבה (ז, מח) לא גרס להא דאין חותכין בשר כו' וכן הוא בילקוט כאן (רמז קל), ומן הש"ס דברכות (ט, ב) הוסיפו כאן:

מסורת המדרש

א. עי' כתובות קי"א. וירושלמי כלאים פרק ט' וירושלמי כתובות פרק י"ב הלכה ג'. וע' שמ"ר פרשה ל"ב. פסיקתא רבתי פסקא א' ס"ד. ותנחומא סדר ויחי סי' ג'. ילקוט כאן רמז קל"ו. ילקוט תהלים רמז תתפ"ח. ועיין ילקוט ישעיה רמז שט"ו:

ב. מדרש שמואל פרשה כ"ו:

ג. ברכות דף ח'. קה"ר פרשה ז' פסוק כ"ג. תנחומא סדר חוקת סי' ו'. פסיקתא דרב כהנא פסקא ד'. ילקוט כאן רמז ק"ל. ילקוט מלכים רמז קע"ז:

אם למקרא

זָעַקְתִּי אֵלֶיךָ ה' אָמַרְתִּי אַתָּה מַחְסִי חֶלְקִי בְּאֶרֶץ הַחַיִּים: (תהלים קמב:ו)

כֹּה אָמַר הָאֵל ה' בּוֹרֵא הַשָּׁמַיִם וְנוֹטֵיהֶם רֹקַע הָאָרֶץ וְצֶאֱצָאֶיהָ נֹתֵן נְשָׁמָה לָעָם עָלֶיהָ וְרוּחַ לַהֹלְכִים בָּהּ: (ישעיה מב:ה)

וָאֶהְיֶה עִמְּךָ בְּכֹל אֲשֶׁר הָלַכְתָּ וָאַכְרִתָה אֶת כָּל אֹיְבֶיךָ מִפָּנֶיךָ וְעָשִׂתִי לְךָ שֵׁם גָּדוֹל כְּשֵׁם הַגְּדֹלִים אֲשֶׁר בָּאָרֶץ: (שמואל ב ז:ט)

אמרי יושר

[א] **אביך מצפה לך.** היינו ארץ אבותיך: **אמך מצפה לך.** היינו ולמולדתך: **אני מצפה לך.** והיינו אהיה עמך:

[ב] **השדה אל צאנו.** הרגיש כי יותר נקל היה לבוא אליהן ולא שיצאו שתיהן אצלו. לזה אמר כי כן ראוי הטלה בשדה שלא היה שם אלא הצאן ולא אדם:

מתנות כהונה

[א] **תמן שובעה כו'.** שם השובע ושם הזול ועיין זה בירושלמי דסוף כלאים ובפ' הנושא במסכת כתובות ולקמן פרשה צ"ו: [ב] **במקום רווח.** בשדה כדי שיראו שאין שם בני אדם ששומעין סודותיהם כדאיתא בפ"ק דברכות:

אשד הנחלים

[א] **תמן שובעא כו' אלא כו'.** כלומר היתכן שחשקו ומגמתו וחפצו היה בחמודות העוה"ז ותענוגיה ולזה קרא חיים, דבזה צור וחברותיה משובחים ממנה, רק מגמתו היה על חיים הנצחיים הנפשיים, וקראה ארץ החיים אף שגם פה המיתה שולטת, עם כל זה באחרית הימים יתנוצץ שמה התחיה תחילה וראשונה: **אתה אמרת.** אף שלא מצאנו זאת ביעקב, עם כל זה אחז בזה הכתוב לדוגמא. לפי שמצינו שיעקב מתחילה רצה ללכת מבית לבן לארץ ישראל כי אמר מתי אעשה גם אנכי לביתי, שארץ ישראל שם ביתו האמיתי וזה כל מאויו להיות במקום המקודש, לכן בא לו ההתגלות שישוב אל הארץ הזאת, כי רק שם הברכה מצויה על דרך נס, כי עיני ה' בארץ הזאת: **אביך כו' אמך כו'.** כלומר שהם קבורים שמה ומבקשים שתבוא למקומם, ואנכי מצפה לך כלומר שרק שם הופעת השכינה מצפה על האדם, והרי זה כאילו השכינה מצפה לו שיבוא למקומה ולדיבוקה. ודייק שאביו ואמו מצפים לו מדאמר לו לארץ אבותיך, ואבותיו כבר אינם בעולם: [ב] **השולחן.** לא על גב היד משום קלקול סעודה או סכנה: **אלא ביד.** משום ריח הפה: **רווח.** שאין בני אדם יכולים לשמוע:

חידושי הרש"ש

[א] {**אמר ליה הקב"ה אתה אמרת חלקי בארץ החיים.** עיין לעיל (סח, יא) כל ספר תהלים היה אומר וכו' וכן הובא לקמן בזו הפרשה:}

אָמַר רַבִּי חִיָּיא רַבָּה: כָּל דָּבָר וְדָבָר שֶׁהָיָה מַתְנֶה עִם יַעֲקֹב אָבִינוּ — **R' Chiya the Great said:** Regarding **each and every aspect that [Laban] stipulated with Jacob, our patriarch,** הָיָה חוֹזֵר בּוֹ י׳ פְּעָמִים לִמְפָרֵעַ — **he would change his mind ten times to nullify [it],** שֶׁנֶּאֱמַר ״הֵן לוּ״ — **as is stated,** ***"Agreed! perhaps, etc."*** (above, 30:34). רַבָּנָן אָמְרֵי: ק׳ פְּעָמִים — And **the Sages said:** Laban retracted not ten but **a hundred times,** שֶׁנֶּאֱמַר ״וַאֲבִיכֶן הֵתֶל בִּי וְהֶחֱלִף אֶת מַשְׂכֻּרְתִּי עֲשֶׂרֶת מֹנִים״ — **as is stated,** ***yet your father mocked me and changed my wage ten counts*** [מוֹנִים], וְאֵין מִנְיָן פָּחוֹת מֵעֲשָׂרָה — **for a count** (מִנְיָן) **is never less than ten.** Ten *counts* thus equals one hundred.

□ אִם כֹּה יֹאמַר נְקֻדִּים יִהְיֶה שְׂכָרֶךָ וְיָלְדוּ כָל הַצֹּאן — ***"IF HE WOULD STIPULATE, 'SPECKLED ONES SHALL BE YOUR WAGES,' THEN THE ENTIRE FLOCK BORE*** *SPECKLED ONES; AND IF HE WOULD STIPULATE, 'RINGED ONES SHALL BE YOUR WAGES,' THEN THE ENTIRE FLOCK BORE RINGED ONES, ETC."*

The Midrash reads deeper meaning into this verse:

רַבִּי בֶּרֶכְיָה בְּשֵׁם רַבִּי חֲנִינָא — **R' Berechyah** said **in the name of R' Chanina:** צָפָה הַקָּדוֹשׁ בָּרוּךְ הוּא מַה לָבָן עָתִיד לַעֲשׂוֹת עִם יַעֲקֹב אָבִינוּ וְהָיָה צָר צוּרָה כַּיּוֹצֵא בָהּ — **The Holy One, blessed is He, foresaw what Laban would do to Jacob, our patriarch, and He would form the features** of the sheep **accordingly.**[25] The Midrash proves this from our verse: ״אִם כֹּה יֹאמַר״ — ***"If he would stipulate,*** *'Speckled ones shall be your wages,' then the entire flock bore speckled ones; and if he would stipulate, 'Ringed ones shall be your wages,' then the entire flock bore ringed ones"* — ״אָמַר״ אֵין כְּתִיב כָּאן אֶלָּא ״יֹאמַר״ — ***"he stipulated"*** [אָמַר] **is not written here** (in the past tense), **but rather, *"he would stipulate"*** [יֹאמַר] is written (in the future tense).[26]

A similar inference:

רַבִּי יוּדָן וְרַבִּי אֵיבוּ אָמְרוּ — **R' Yudan and R' Eivu said** regarding v. 12:[27] ״כִּי רָאִיתִי אֵת כָּל אֲשֶׁר עָשָׂה לְךָ לָבָן״ אֵין כְּתִיב כָּאן, אֶלָּא ״אֵת כָּל אֲשֶׁר לָבָן עֹשֶׂה לָּךְ״ — ***"For I have seen all that Laban has done*** [עָשָׂה] ***to you"*** **is not written here, but rather, *"for I have seen all that Laban is doing*** [עֹשֶׂה] ***to you"*** is written.[28]

□ וַיֹּאמֶר אֵלַי מַלְאַךְ הָאֱלֹהִים בַּחֲלֹם וגו׳ — ***"AND AN ANGEL OF GOD SAID TO ME IN THE DREAM, ETC."***

The Midrash presumes that the angel called out Jacob's name twice, and explains the significance of this:[29]

מַתְלָא אוֹמֵר: בַּחֲקַל דְּאִית בָּהּ — בְּמָקוֹם רוֹוֵחַ — **in a spacious area.**[22] אִיזְגְּדִין לָא תֵימַר מִלָּה דְמִסְטִירִין — **As the proverb states: In a field in which there are spies, do not speak secrets.**[23]

וַיֹּאמֶר לָהֶן רֹאֶה אָנֹכִי אֶת פְּנֵי אֲבִיכֶן כִּי אֵינֶנּוּ אֵלַי כִּתְמֹל שִׁלְשֹׁם וֵאלֹהֵי אָבִי הָיָה עִמָּדִי. וְאַתֵּנָה יְדַעְתֶּן כִּי בְּכָל כֹּחִי עָבַדְתִּי אֶת אֲבִיכֶן. וַאֲבִיכֶן הֵתֶל בִּי וְהֶחֱלִף אֶת מַשְׂכֻּרְתִּי עֲשֶׂרֶת מֹנִים וְלֹא נְתָנוֹ אֱלֹהִים לְהָרַע עִמָּדִי. אִם כֹּה יֹאמַר נְקֻדִּים יִהְיֶה שְׂכָרֶךָ וְיָלְדוּ כָל הַצֹּאן נְקֻדִּים וְאִם כֹּה יֹאמַר עֲקֻדִּים יִהְיֶה שְׂכָרֶךָ וְיָלְדוּ כָל הַצֹּאן עֲקֻדִּים. וַיַּצֵּל אֱלֹהִים אֶת מִקְנֵה אֲבִיכֶם וַיִּתֶּן לִי. וַיְהִי בְּעֵת יַחֵם הַצֹּאן וָאֶשָּׂא עֵינַי וָאֵרֶא בַּחֲלוֹם וְהִנֵּה הָעַתֻּדִים הָעֹלִים עַל הַצֹּאן עֲקֻדִּים נְקֻדִּים וּבְרֻדִּים. וַיֹּאמֶר אֵלַי מַלְאַךְ הָאֱלֹהִים בַּחֲלוֹם יַעֲקֹב וָאֹמַר הִנֵּנִי. וַיֹּאמֶר שָׂא נָא עֵינֶיךָ וּרְאֵה כָּל הָעַתֻּדִים הָעֹלִים עַל הַצֹּאן עֲקֻדִּים נְקֻדִּים וּבְרֻדִּים כִּי רָאִיתִי אֵת כָּל אֲשֶׁר לָבָן עֹשֶׂה לָּךְ.

And he said to them, "I have noticed that your father's disposition is not toward me as in earlier days; but the God of my father was with me. Now you have known that it was with all my might that I served your father, yet your father mocked me and changed my wage ten counts; but God did not permit him to harm me. If he would stipulate, 'Speckled ones shall be your wages,' then the entire flock bore speckled ones; and if he would stipulate, 'Ringed ones shall be your wages,' then the entire flock bore ringed ones. Thus, God took away your father's livestock, and gave them to me. It once happened at the mating time of the flock that I raised my eyes and saw in a dream — Behold! The he-goats that mounted the flock were ringed, speckled, and checkered. And an angel of God said to me in the dream, 'Jacob!' And I said, 'Here I am.' And he said, 'Raise your eyes, if you please, and see that all the he-goats that are mounting the flocks are ringed, speckled, and checkered, for I have seen all that Laban is doing to you'" (31:5-12).

§3 וַיֹּאמֶר לָהֶן רֹאֶה אָנֹכִי וגו׳ וַאֲבִיכֶן הֵתֶל בִּי — ***AND HE SAID TO THEM, "I HAVE NOTICED, ETC. YET YOUR FATHER MOCKED ME,*** *AND CHANGED MY WAGE TEN COUNTS, ETC."*

The Midrash explains what it was that Laban had done to Jacob:[24]

NOTES

22. Where Jacob spoke to his wives seems to be irrelevant. This prompts the Midrash to view the verse as instructive of the proper way to relate private information (*Eitz Yosef*; see *Maharsha* loc. cit.; see *Imrei Yosher* for another approach).

23. Translation follows *Yefeh To'ar*, cited by *Eitz Yosef*, who references *Targum Onkelos* to 32:4; also see *Maharzu*.

The proverb advises that even in an uninhabited *field*, if there are people walking about, one should not tell secrets (see *Eitz Yosef*).

[Several commentators prefer alternative versions of the Midrash; see *Matnos Kehunah*, citing *Ohr HaSeichel*, and *Anaf Yosef*.]

24. The coming lines appeared almost verbatim above, in 73 §9. See there for commentary.

25. Upon realizing that God was causing his animals to bear offspring of the specific type (e.g., *speckled*) that he had agreed to give Jacob, Laban would abruptly abandon his commitment, hoping to thereby save for himself those animals that had already been formed in accordance with the original specifications, but had yet to be born. However, God foresaw Laban's trickery and caused the flock to bear offspring with the features that would *eventually* be stipulated by Laban as criteria for Jacob's payment (*Eitz Yosef*; see *Yedei Moshe*).

26. This seemingly misplaced usage of the future tense suggests to the Midrash that God caused the formation of the offspring to satisfy Laban's *future* stipulation, rather than his present stipulation. Accordingly, the verse means, *If [Laban] was destined to stipulate, "Speckled ones shall be your wages," then the entire flock conceived in such a way as to eventually bear speckled ones, etc.* (*Eitz Yosef*; see *Eshed HaNechalim* for another approach).

27. In this verse, Jacob describes a dream in which God indicated to him (through an angel) that at the time when the sheep were conceived, he was being miraculously provided for in consideration of his victimization at the hands of Laban.

28. Since the word רָאִיתִי, *I have seen*, is in the past tense, it would seem appropriate for the verse to refer to something that Laban had already *done* (*Maharzu*). The phrase אֲשֶׁר לָבָן עֹשֶׂה, *all that Laban is doing*, indicates that God was acting [at the time that the animals were being formed (*Yefeh To'ar*)] based on His knowledge of what Laban was scheming to eventually do (*Matnos Kehunah*, followed by *Eitz Yosef*; see also *Rashi*, *Maharzu*).

29. *Maharzu*, referencing *Yalkut Shimoni* (§130 s.v. וישלח יעקב). *Maharzu* notes that according to *Bamidbar Rabbah* 14 §35, since we find in *Exodus* 3:4 that God repeated Moses' name while calling him, we may infer that God did this whenever he called Moses. He suggests that our Midrash may be taking a similar position with respect to Jacob, based on 46:2 below, in which God called, "*Jacob, Jacob!*" (See *Imrei Yosher* for additional explanations; also see *Os Emes*, cited by *Eitz Yosef*, and *Matnos Kehunah*, who feel that this exposition appears here in error and in fact belongs on 46:2 below.)

בְּמָקוֹם רוֹוֵחַ, מַתְלָא אוֹמֵר: בַּחֲקַל דְּאִית בָּהּ אִיזְגָּדִין לָא תֵימַר מִלָּה דְמִסְטִירִין:

ג [לא, ה-ז] "וַיֹּאמֶר לָהֶן רֹאֶה אָנֹכִי וְגוֹ' וַאֲבִיכֶן הֵתֶל בִּי", אָמַר רַבִּי חִיָּיא רַבָּה: כָּל דָּבָר וְדָבָר שֶׁהָיָה מַתְנֶה עִם יַעֲקֹב אָבִינוּ הָיָה חוֹזֵר בּוֹ י' פְּעָמִים לְמַפְרֵעַ, שֶׁנֶּאֱמַר (לעיל ל, לד) "הֵן לוּ", רַבָּנָן אָמְרֵי: ק' פְּעָמִים, שֶׁנֶּאֱמַר "וַאֲבִיכֶן הֵתֶל בִּי וְהֶחֱלִיף אֶת מַשְׂכֻּרְתִּי עֲשֶׂרֶת מֹנִים", וְאֵין מִנְיָן פָּחוֹת מֵעֲשָׂרָה. [לא, ח] "אִם כֹּה יֹאמַר נְקֻדִּים יִהְיֶה שְׂכָרֶךָ וְיָלְדוּ כָל הַצֹּאן", רַבִּי בֶּרֶכְיָה בְּשֵׁם רַבִּי חֲנִינָא: צָפָה הַקָּדוֹשׁ בָּרוּךְ הוּא מַה לָּבָן עָתִיד לַעֲשׂוֹת עִם יַעֲקֹב אָבִינוּ וְהָיָה צָר צוּרָה כַּיּוֹצֵא בָּהּ, "אִם כֹּה יֹאמַר", "אָמַר" אֵין כְּתִיב כָּאן אֶלָּא "יֹאמַר", רַבִּי יוּדָן וְרַבִּי אֵייבוּ אָמְרוּ: "כִּי רָאִיתִי אֵת כָּל אֲשֶׁר עֹשֶׂה לְּךָ לָבָן" אֵין כְּתִיב כָּאן, אֶלָּא (לקמן פסוק יב) "אֵת כָּל אֲשֶׁר לָבָן עֹשֶׂה לָּךְ". [לא, יא] "וַיֹּאמֶר אֵלַי מַלְאַךְ הָאֱלֹהִים בַּחֲלוֹם וְגוֹ'", רַבִּי אֶלְעָזָר בֶּן יַעֲקֹב אָמַר: לוֹ וּלְדוֹרוֹתָיו, הֵאֵין דּוֹר שֶׁאֵין בּוֹ כְּאַבְרָהָם, וְאֵין דּוֹר שֶׁאֵין בּוֹ כְּיַעֲקֹב, וְאֵין דּוֹר שֶׁאֵין בּוֹ כִּשְׁמוּאֵל. [לא, יב] "וַיֹּאמֶר שָׂא נָא עֵינֶיךָ וּרְאֵה כָּל הָעַתֻּדִים הָעֹלִים עַל הַצֹּאן עֲקֻדִּים נְקֻדִּים וּבְרֻדִּים", אָמַר רַבִּי הוּנָא דְּבֵית חוֹרוֹן: ו"עֹלִים" אֵין כְּתִיב כָּאן אֶלָּא "הָעֹלִים", מֵאֵילֵיהֶן הָיוּ עוֹלִין, רַבִּי תַּנְחוּמָא אָמַר: שֶׁטֶף שֶׁל גְּשָׁמִים, רַבָּנָן אָמְרֵי: עַנְנֵי כָבוֹד. [לא, ט] "וַיַּצֵּל אֱלֹהִים אֶת מִקְנֵה אֲבִיכֶם וַיִּתֶּן לִי", כָּזֶה שֶׁהוּא מַצִּיל מִן הַנְּצוֹלֶת:

ד [לא, יד] "וַתַּעַן רָחֵל וְלֵאָה וַתֹּאמַרְנָה לוֹ", לָמָּה מֵתָה רָחֵל תְּחִלָּה, רַבִּי יוּדָן וְרַבִּי יוֹסֵי: רַבִּי יוּדָן אָמַר: שֶׁדִּבְּרָה בִּפְנֵי אֲחוֹתָהּ,

עץ יוסף

איזגדין. בדל"ת, וכן הוא הגירסא במדרשים שעם היפה תואר וכזר הקודש. והם מפרשים איזגדין מרגלים העוברים ושבים הנה והנה על פי השדות, וכן הוא תרגום של וישלח יעקב מלאכים איזגדין, וכן (משלי יג, יז) וציר אמונים איזגדא מהימנא, כי השליח והמרגל ענין אחד להם בבחינת ההליכה והנסיעה אנה ואנה. ופירושו במקום שהולכים בני אדם לא תאמר דבר של סוד: **(ג) שנאמר הן לו.** כבר פירשתי לעיל (פרשה עג, ז) עיין שם: **צפה הקדוש ברוך הוא מה שלבן כו'.** שכשראה לבן שהקדוש ברוך הוא עושה רצון יעקב שיולדות הצאן כפי מה שהיה התנאי ביניהם, היה מרמה לשנות תנאו אחר שהיו הצאן מעוברות, והקדוש ברוך הוא לא נר נורתם אלא כפי התנאי האחרון שהיה נופה שהיה לבן מבקש: **אמר אין כתיב כאן אלא יאמר.** בלשון עתיד, נראה כפי מה שהיה עתיד לומר. ואף על גב דקרא בלידה קמיירי והלידה לעולם אחר כל התנאים היתה, הכי קאמר אם עתיד לאמור עקודים יהיה שכרך היו מלטיירים הולדות באופן שאחר כך ילדו עקודים: **עושה.** משמע עכשיו במחשבתו אשר הוא חושב עליך (מתנות כהונה): **לו ולדורותיו כו'.** מימרא זו נפלה כאן בטעות מפני שאין כתוב יעקב כאן כי אם פעם אחת, והיתה ראויה לכתוב בפרשה ויגש כי שם ביתה כדכתיב לעיל בפרשת העקידה (אות אמת): **עולים אין כתיב באן.** פירשתי לעיל (פרשה עג, ז): **מן הנצולת.** פירוש מן המגולה (על דרך נגולה שאין בה דגה כגירסת קצת ספרים ופירושו מגולה כמו שכתב הערוך ערך נגל), והכוונה שהיה זה ליעקב אחר היאוש, שמתוך תחבולותיו של לבן היה יעקב מתייאש משכרו, והיה אחר כך כמציל מזוטו של ים ומשלוליתו של נהר דחשיב יאוש (יפה תואר): **(ד) [ג] למה מתה רחל תחלה.** חתר לבקש טעם מתוך המקרא מה צד קטרוג היה בה (נזר הקודש): **שדברה בפני אחותה הגדולה ממנה.** ואף שבקריאה גם כן רחל קודמת עם כל זה היא היתה ראויה לחלוק כבוד ללאה שהיא גדולה ממנה. והכוונה שזה אות שתכונתה היתה מגבהת על אחותה, ולכן מתה תחלה אף שהיא קטנה ממנה:

פירוש מהרז"ו

(ב) איזגרן. יתכן שצריך לומר אזגדין פירוש שלוחים, אף על פי שהולכים בשליחותם ואינם עומדים [הגהתו לא טובה כי המשל בקש לדבר בחרוז. וביפה תואר כתב כי איזגרין הוא מרגלים]: **(ג) אמר רבי חייא רבה.** לעיל (מג, ט) ולקמן פרשה זו (סימן יא): **עתיד לעשות.** שעתיד לשנות לו שכרו ועשה לו השם יתברך כאשר יאמר בעת השינוי: **כל אשר לבן עושה.** ראיתי הוא עבר ועושה הוה, ופירושו ראיתי בעת ההבטחה מכבר מה שעושה עתה בעת השינוי: **אין דור כו'.** בסוף מדרש שמואל (פרשה ט) תני רבי חייא אברהם אברהם, יעקב יעקב, משה משה, שמואל שמואל, לשון חיבה לשון זירוז, רבי אלעזר אומר (וכן כאן רבי אלעזר) אין דור שאין בו כאברהם כו' כיעקב כמשה כשמואל עד כאן (וזה על פי מדה יו"ד), ועיין מתנות כהונה. ויתכן שסובר כאן כמו שכתוב בבמדבר רבה (יד, כא) במשה שעל שכתוב בסנה שהקריאה היתה משה משה, כך בכל הקריאות של משה על פי בנין אב, ואם כן גם כאן היה הקריאה יעקב יעקב, ולשון הילקוט (רמז קל) ויאמר אלי מלאך האלהים יעקב יעקב יתכן שכוון לזה: **העולים כו' מן הנצולת.** עיין לעיל (עג, ט, י), ועיין לעיל (סז, ד) הלא אגלת:

חידושי הרד"ל

[ג] הנצולת. כאן יש לפרש לשון כמציל מן הארי שהן שלו, ורצה לומר שלא כמו שאמר לבן הצאן צאני כו', שהיו ראוים לאיבוד כמו שאיתא לקמן בפרשה זו (סימן יא) כך גזר הקב"ה לארי שיהיה טורף כו', ואם תאמר שהיה רועה אחר מצלן כו' רק יעקב בעל הבית הצילן. אבל לשון נצולת דלעיל (סז, ד) ודאי פירושו כדברי המתנות כהונה, וכן בערוך הביא שניהם יחדיו ופירש כן:

חידושי הרש"ש

[ג] מן הנצלות. יתכן שהכוונה מאותן אשר נגללו במים, והוא לראיה לרבי תנחומא שאמר שטף של גשמים. ובזה מיושב היטב מה שמסדר דרשה דקרא דויגלגל כו' הכתוב מוקדם אחר פלוגתתן בקרא דהעולים כו' הכתוב אחריו:

אמרי יושר

[ג] אלא את כל אשר לבן עושה לך. נראה שעוד היום הוא מריע עמו ואמרו הלא מפויסים היו שניהם בתנאי שעשו. אלא שהיה חוזר בו ונעשה תנאי אחר הפכפך: **אין דור שאין ביוצא בו.** נראה שפירושו הנני בכל מקום ובכל זמן הנני קיים. כי לרוב הצדיקים דוגמא בדורות הבאים ובכל דור ודור הנני. או דרשו כאלו היה כפול שאמר ויאמר אלי וחזר ואמר יעקב: **מאליהן היו עולין.** חולקין עם האומר (לעיל פרשה עג י) שהמלאכים הביאום אבל מאליהן עלו. ואין הכם אלא שהיו נקודים וברודים: **[ד] מפני שדיברה בפני אחותה.** או הסבה האחרת בלאת נפשה כי כבר מתה בשכבר בעבור הסבות האלה:

מסורת המדרש

ד. לעיל פרשה ע"ג. תנחומא כאן סימן י"א:
ה. לעיל פרשה כ"ז:
ו. לעיל פרשה ע"ג:

ענף יוסף

(ב) בחקל דאית ביה איזגדין כו'. ויש ספרים דגרסי איזגרין ברי"ש. וכן הוא במדרש [הרב] אברהם בן אשר (ספר אור השכל דפוס ויניציא ובדפוס בנבשתי. ופירשוהו שם ובמתנות כהונה בשדה שיש בו גלים ועיים, תל גבוה של אבנים. אולם בערוך הביא ערך איזגדין שני פעמים זה אחר זה, ובראשון פירשו מענין שליחות כנ"ל, ובשני הביא מדרש זה בחקלא דאית ביה איזגדין פי' גלים עכ"ל, ובודאי באיזה מקום הוא ט"ס. אולם מה שאחזה אנכי שטעות נפל בכל המדרשים במילת אזגרין, וצריך להיות איגורין, כי כן הוא תרגום של תל אבנים או חומה המקובצת מאבנים איגר, ויעשו גל (בראשית לא, מו) תרגום יונתן ועבדו איגר, וכן תרגום ושמתי שומרון לעי השדה (מיכה א, ו) לאגירי חקלא, וכן צריך לומר כאן בחקלא דאית ביה אגורין או איגורין, ומלה זו נוהג הרבה מאד בתרגומי תנ"ך מה שאין כן איזגרין בתוספת זיי"ן אין לו חבר בשום מקום (מהמופלג מורנו הרב משה חייקלס מווילנא):

ידי משה

[ג] צפה הקדוש ברוך הוא וכו'. והיה צר צורה כיוצא בה. פירוש דקאי על רבי חייא ורבנן שאמרו ששינה לבן על כל דבר עשרה או מאה פעמים, אם כן איך אמר יעקב אם כה יאמר נקודים יהיה שכרך וילדו כל הצאן וגו' דלמא בשעת לידה יחזיר ויאמר עקודים יהיה שכרך ואז אי אפשר לשנות כי הטלאים יהיו נגמרים בשעת לידה כבר, לזה אמר רבי ברכיה שצפה הקדוש ברוך הוא רצה לומר הקדוש ברוך הוא היה יודע מה שיאמר לבן בפעם האחרון וכך היה מצייר הכבשים, ולזה מביא ראיה רבי יודן ורבי איבו שהיה הקדוש ברוך הוא צופה מה שיאמר באחרונה ודו"ק:

רש"י

(ג) כל דבר ודבר שהיה לבן מתנה עם יעקב אבינו היה חוזר בו עשרה פעמים למפרע שנאמר הן לו: שנאמר עשרת מונים ואין מנין פחות מעשרה: צפה הקדוש ברוך הוא מה לבן עתיד לעשות ליעקב אבינו והיה צר צורה כיוצא בה: אם כה אמר אין כתיב כאן אלא אם כה יאמר. לעתיד עושה לך לעתיד לו ולדורות: **ויצל אלהים. כזה שהוא מציל את הנצולות.** כזה שהוא מפריש את הריקנות:

מתנות כהונה

איזגרין. מצאתי בא"ב שפי' ענין גלים ועיים והביא ראייה לדבר ופירושו בשדה שיש שם גלים וגבשושיות אל תאמר בו דברי סתר פן יש טמון שם שום אדם וישמע קולך: **[ג] שנאמר הן לו.** נתבאר לעיל: **מה לבן עתיד כו'.** באיזה אופן יקבע לו שכרו: **ה"ג אם כה אמר אין כתיב כאן: עושה.** משמע עושה עכשיו במחשבתו אשר הוא חושב עליך: **ויאמר אלי גרסינן: לו ולדורות.** לעיל בפרשה כ"ו דרש כן על אברהם אברהם ואע"ג דכאן לא כתיב יעקב כי אם פעם אחת מכל מקום מצינו בפרשת ויגש יעקב יעקב שתי פעמים ואולי כי שם עיקר מקומו: **ה"ג שא נא עיניך וראה: מאליהן כו'.** כדלעיל: **הניצולות.** פי' הערוך הגרועות:

אשד הנחלים

איזגדין. עיין במתנות כהונה. ולדעתי הוא מלשון שלוחים כלומר בשדה שבני אדם מצויים שם [צ"ל איזגדין בד']: **[ג] כיוצא בה.** היפך ממה שהתנה בה לבן: **יאמר.** משמע מלשון ספק שלא היינו יודעים מה מחשבתו, כי היפך כמה פעמים לומר שכיון כך ולא כך, י' פעמים היפך מחשבתו. וכן דייק מלשון עושה שהוא בינוני ולא עשה בעבר: **לו ולדורותיו.** עיין במתנות כהונה ובאות אמת שדעתם שאין כאן מקומו: **של גשמים.** עיין בפרשה הקודמת ציור לזה: **הניצולת.** כי מלת הצלה מורה שהיה הדבר אבוד בהחלט לולא ההצלה: **[ד] בפני אחותה.** אף שבקרא ג"כ רחל קודמת, עם כל זה היא היתה ראויה לחלוק כבוד ללאה שהיא גדולה ממנה. והכוונה שזה אות שתכונתה

רַבִּי אֶלְעָזָר בֶּן יַעֲקֹב אָמַר: לוֹ וּלְדוֹרוֹתָיו — **R' Elazar ben Yaakov said:** God stated Jacob's name once **for him, and** a second time **for his** future **generations.** The Midrash elaborates: אֵין דּוֹר שֶׁאֵין בּוֹ כְּאַבְרָהָם — The repetition of specific Biblical figures' names indicates that **there is no generation that does not have** someone **in it like Abraham,** אֵין דּוֹר שֶׁאֵין בּוֹ כְּיַעֲקֹב — **there is no generation that does not have** someone **in it like Jacob,** וְאֵין דּוֹר שֶׁאֵין בּוֹ כִּשְׁמוּאֵל — **and there is no generation that does not have** someone **in it like Samuel.**[30]

□ וַיֹּאמֶר שָׂא נָא עֵינֶיךָ וּרְאֵה כָּל הָעַתֻּדִים הָעֹלִים עַל הַצֹּאן עֲקֻדִּים נְקֻדִּים וּבְרֻדִּים — ***"AND HE SAID, 'RAISE YOUR EYES, IF YOU PLEASE, AND SEE THAT ALL THE HE-GOATS THAT ARE MOUNTING THE FLOCKS ARE RINGED, SPECKLED, AND CHECKERED,' ETC."***

The Midrash presents three views of the miracle of which Jacob was advised in this verse:[31]

אָמַר רַבִּי הוּנָא דְּבֵית חוֹרוֹן — **R' Huna of Beis Choron said:** "עלים" אֵין כְּתִיב כָּאן אֶלָּא "הָעֹלִים" — The ministering angels merely lifted *ringed, speckled, and checkered he-goats* from Laban's flock and deposited them among Jacob's.[32] Thus, ***"are mounting"*** [עֹלִים] **is not written here, but rather, *"that are mounting"*** [הָעֹלִים] is written — מֵאֵילֵיהֶן הָיוּ עוֹלִין — i.e., **[the he-goats] were mounting on their own.** רַבִּי תַּנְחוּמָא אָמַר: שֶׁטֶף שֶׁל גְּשָׁמִים — **R' Tanchuma said: A torrent of rain** brought those livestock to Jacob's flock. רַבָּנָן אָמְרֵי: עֲנָנֵי כָבוֹד — **The Rabbis said: Clouds of Glory** brought them.

The Midrash expounds another verse that describes God's transfer of Laban's sheep to Jacob:

"וַיַּצֵּל אֱלֹהִים אֶת מִקְנֵה אֲבִיכֶם וַיִּתֶּן לִי" — Scripture states, ***"Thus, God took away*** [וַיַּצֵּל] ***your father's livestock, and gave them to me"*** (v. 9). כְּזֶה שֶׁהוּא מַצִּיל מִן הַנְּצוּלֶת — With this, Jacob indicated: **like one who saves** (מַצִּיל) **from the depths** (הַנְּצוּלֶת) of the sea.[33]

וַתַּעַן רָחֵל וְלֵאָה וַתֹּאמַרְנָה לוֹ הַעוֹד לָנוּ חֵלֶק וְנַחֲלָה בְּבֵית אָבִינוּ. הֲלוֹא נָכְרִיּוֹת נֶחְשַׁבְנוּ לוֹ כִּי מְכָרָנוּ וַיֹּאכַל גַּם אָכוֹל אֶת כַּסְפֵּנוּ.

Then Rachel and Leah replied and said to him, "Have we then still a share and an inheritance in our father's house? Are we not considered by him as strangers? For he has sold us and even totally consumed our money!" (31:14-15).

§4 וַתַּעַן רָחֵל וְלֵאָה וַתֹּאמַרְנָה לוֹ — ***THEN RACHEL AND LEAH REPLIED AND SAID TO HIM.***

The Midrash takes note of the implication that Rachel spoke before Leah did:

לָמָּה מֵתָה רָחֵל תְּחִלָּה, רַבִּי יוּדָן וְרַבִּי יוֹסֵי — **Why did Rachel die before** her older sister **Leah?** It is a matter of dispute between **R' Yudan and R' Yose:** רַבִּי יוּדָן אָמַר: שֶׁדִּבְּרָה בִּפְנֵי אֲחוֹתָהּ — **R' Yudan said: Because she spoke before her** older **sister.**[34]

NOTES

30. There is Scriptural record of God's having repeated each of these great men's names while calling them. (Abraham in 22:11 above, Jacob in 46:2 below, and Samuel in *I Samuel* 3:10.) According to our Midrash, God repeated these names as an indication that throughout the generations there would emerge others who were comparable to these men (*Yefeh To'ar, Maharzu*, and *Eitz Yosef* to 56 §7 above). [Note that Moses' name is added to this list (based on *Exodus* 3:4) in the parallel Midrash of 56 §7.] See Insight Ⓐ.

31. In this verse, Jacob was shown a vision of uniquely marked he-goats that had been miraculously brought from elsewhere and were mounting the flock in his care. The three descriptions of this miracle that appear here were cited in the preceding chapter, in §10, where they were explained in our commentary.

32. Based on 73 §10.

33. Translation follows *Eitz Yosef*, from *Yefeh To'ar*, who references *Berachos* 9b with *Aruch* s.v. נצל (see also *Eshed HaNechalim*). He explains that the Midrash is inferring from the wording of the verse that God had transferred Laban's livestock to Jacob after Jacob had given up on ever being paid by the wily Laban. This is suggested by the verse's connotation of *the depths* because (according to *Bava Metzia* 22b) one who saves an object that has been lost to humanity may keep it, as though it were known that the owner had abandoned all hope of retrieving it. [Alternative approaches are presented by *Rashi, Matnos Kehunah, Radal*, and *Rashash*.]

34. Although Jacob had summoned Rachel to their meeting before he summoned Leah, as v. 4 states: וַיִּשְׁלַח יַעֲקֹב וַיִּקְרָא לְרָחֵל וּלְלֵאָה הַשָּׂדֶה אֶל צֹאנוֹ, *Jacob sent and summoned Rachel and Leah to the field, to his flock* (see *Rashi* ad loc.), Rachel still should have honored her older sister by allowing her to respond to Jacob first. The fact that Rachel spoke first demonstrates that she felt superior to her older sister, and as a result, she was the first of the pair to die (*Eitz Yosef*). See Insight Ⓑ.

INSIGHTS

Ⓐ **In Every Generation** *Yefeh To'ar* (to 56 §7) questions the Midrash's inference from the repetition of these great men's names that there would be giants such as them in *each* subsequent generation. It would seem more logical that the *single* extra mention of, for example, Abraham's name, be taken as proof that there would emerge *one* additional Abraham. He answers (in the first of two approaches) that the Torah cannot be indicating that another man such as Abraham would appear at some undefined point in time, because there would be no reason for the Torah to convey that information. If, on the other hand, we may infer that God took care to distribute the righteous throughout history so that each and every generation would be blessed with men of the caliber of Abraham, Jacob, Moses, and Samuel, in order to ensure that the world always be provided with the spiritual support it needs, then we will have learned a valuable lesson about God's infinite kindness.

Citing *Abarbanel, Yefeh To'ar* asserts that our Midrash does not mean to say that there will always be men who will attain the unfathomable spiritual greatness of these giants. What is meant is rather that commensurate with the stature of the specific era into which they are born, there will always be great men capable of protecting their own generations.

[See *Yefeh To'ar* further for a lengthy discussion of why specifically righteous men such as these four must always exist. Note that an additional Insight into R' Eliezer ben Yaakov's statement appeared in the Kleinman edition of Midrash Rabbah, on 56 §7 above.]

Ⓑ **Honoring an Older Sister** The Gemara (*Kesubos* 103a) derives from the letter ו (of the word וְאֶת) in the phrase כַּבֵּד אֶת אָבִיךָ וְאֶת אִמֶּךָ, *Honor your father and your mother* (*Exodus* 20:12, *Deuteronomy* 5:16), that one must honor his older brother. When asked whether or not a similar obligation exists with regard to an older *sister*, the author of *Shevus Yaakov* (Vol. I §76) surmised that our Midrash, which attributes Rachel's premature death to her having spoken before Leah, may have prompted the thought that there might be such a requirement. Nevertheless, he asserts that in fact there is no such requirement. That which Rachel should not have spoken before Leah is simply a reflection of the teaching (*Avos* 5:9) that one should never speak before another who is older, even if the two are not related.

However, *Torah Temimah* (*Yisro* §86) insists that the implication of our Midrash is that one is actually obligated to act respectfully toward an older sister. He therefore cites this Midrash in support of the view of *Chida* (*Birkei Yosef, Yoreh Deah* 240:17), who writes that an older sister must be honored no less than an older brother.

[For further discussion, the reader is referred to *The Fifth Commandment* (ArtScroll/Mesorah Publ.), p. 165.]

במקום רווח, מתלא אומר: בחקל דאית בה איזגדין לא תימר מלה דמסטירין:

ג [לא, ה-ז] "ויאמר להן ראה אנכי וגו' ואביכן התל בי", אמר רבי חייא רבה: כל דבר ודבר שהיה מתנה עם יעקב אבינו היה חוזר בו י' פעמים למפרע, שנאמר (לעיל ל, לד) "הן לו", רבנן אמרי: ק' פעמים, שנאמר "ואביכן התל בי והחליף את משכרתי עשרת מנים", ואין מנין פחות מעשרה. [לא, ח] "אם כה יאמר נקדים יהיה שכרך וילדו כל הצאן", רבי ברכיה בשם רבי חנינא: צפה הקדוש ברוך הוא מה לבן עתיד לעשות עם יעקב אבינו והיה צר צורה כיוצא בה, "אם כה יאמר", "אמר" אין כתיב כאן אלא "יאמר", רבי יודן ורבי איבו אמרו: "כי ראיתי את כל אשר עשה לך לבן" אין כתיב כאן, אלא (לקמן פסוק יב) "את כל אשר לבן עשה לך". [לא, יא] "ויאמר אלי מלאך האלהים בחלם וגו'", רבי אלעזר בן יעקב אמר: לו ולדורותיו, האין דור שאין בו כאברהם, ואין דור שאין בו כיעקב, ואין דור שאין בו כשמואל. [לא, יב] "ויאמר שא נא עיניך וראה כל העתדים העולים על הצאן עקדים נקדים וברדים", אמר רבי הונא דבית חורון: ו"עלים" אין כתיב כאן אלא "העלים", מאיליהן היו עולין, רבי תנחומא אמר: שטף של גשמים, רבנן אמרי: ענני כבוד. [לא, ט] "ויצל אלהים את מקנה אביכם ויתן לי", כזה שהוא מציל מן הנצולת:

ד [לא, יד] "ותען רחל ולאה ותאמרנה לו", למה מתה רחל תחלה, רבי יודן ורבי יוסי: רבי יודן אמר: שדברה בפני אחותה,

עץ יוסף

איזגדין. בדל"ת, וכן הוא הגירסא במדרשים שעם היפה תואר ונזר הקודש. והם מפרשים איזגדין מרגלים העוברים ושבים הנה והנה על פי השדות, וכן הוא תרגום של וישלח יעקב מלאכים איזגדין, וכן (משלי יג, יז) וציר אמונים איזגדא מהימנא, כי השליח והמרגל ענין אחד להם בבחינת ההליכה והנסיעה הנה והנה. ופירושו במקום שהולכים בני אדם לא תאמר דבר של סוד: (ג) **שנאמר הן לו.** כבר פירשתי לעיל (פרשה עג, ז) עיין שם: **צפה הקדוש ברוך הוא מה שלבן בו'.** שכשראה לבן שהקדוש ברוך הוא עושה רצון יעקב שיולדות הצאן כפי מה שהיה התנאי ביניהם, היה מרמה לשנות תנאו אחר שהיו הצאן מעוברות, והקדוש ברוך הוא לא צר צורתם אלא כפי התנאי האחרון שהיה צופה שהיה לבן מבקש: **אמר אין כתיב כאן אלא יאמר.** בלשון עתיד, נראה כפי מה שהיה עתיד לומר. ואף על גב דקרא בלידה קמיירי והלידה לעולם אחר כל התנאים היתה, הכי קאמר אם עתיד לאמור עקודים יהיה שכרך היו מצטיירים הולדות באופן שאחר כך ילדו עקודים: **עושה.** משמע עכשיו במחשבתו אשר הוא חושב עליך (מתנות כהונה): **לו ולדורותיו בו'.** מימרא זו נפלה כאן בטעות מפני שאין כתוב יעקב כאן כי אם פעם אחת, והיתה ראויה לכתוב בפרשה ויגש כי שם ביתה כדכתיב לעיל בפרשת העקידה (אות אמת): **עולים אין כתיב כאן.** פירשתי לעיל (פרשה עג, ז): **מן הנצולת.** פירוש מן המצולה (על דרך נצולה שאין בה דגה כגירסת קצת ספרים ופירושו מצולה כמו שכתב הערוך ערך נצל), והכוונה שהיה זה ליעקב אחר היאוש, שמתוך תחבולותיו של לבן היה יעקב מתייאש משכרו, והיה אחר כך כמציל מזוטו של ים ומשבוליתו של נהר דחשיב יאוש (יפה תואר): (ד) [ג] **למה מתה רחל תחלה.** חתר לבקש טעם מתוך המקרא מה צד קטרוג היה בה (נזר הקודש): **שדברה בפני אחותה הגדולה ממנה.** ואף שבקריאה גם כן רחל קודמת עם כל זה היא היתה ראויה לחלוק כבוד ללאה שהיא גדולה ממנה. והכוונה שזה אות שתכונתה היתה מגבהת על אחותה, ולכן מתה תחלה אף שהיא קטנה ממנה:

פירוש מהרז"ו

(ב) **איזגרן.** יתכן שצריך לומר אזגדין פירוש שלוחים, אף על פי שהולכים בשליחותם ואינם עומדים [הגהתו לא טובה כי המשל בקש לדבר בחרוז. וביפה תואר כתב כי איזגרין הוא מרגלים]: (ג) **אמר רבי חייא רבה.** לעיל (מג, ט) ולקמן פרשה זו (סימן יח): **עתיד לעשות.** שעתיד לשנות לו שכרו ועשה לו השם יתברך כאשר יאמר בעת השינוי: **כל אשר לבן עושה.** ראיתי הוא עבר ועושה הוה, ופירושו ראיתי בעת ההבטחה מכבר מה שעושה עתה בעת השינוי: **אין דור בו'.** בסוף מדרש שמואל (פרשה ט) תני רבי חייא אברהם אברהם, יעקב יעקב, משה משה, שמואל שמואל, לשון חיבה לשון זירוז, רבי אלעזר אומר (וכן כאן רבי אלעזר) אין דור שאין בו כאברהם כו' כיעקב כמשה כשמואל עד כאן (וזה על פי מדה יו"ד), ועיין מתנות כהונה. ויתכן שסובר כאן כמו שכתוב בבמדבר רבה (יד, כא) במשה שעל שכתוב בסנה שהקריאה היתה משה משה, כך בכל הקריאות של משה על פי בנין אב, ואם כן גם כאן היה הקריאה יעקב יעקב, ולשון הילקוט (רמז קל) ויאמר אלי מלאך האלהים יעקב יעקב יתכן שכוון לזה: **העולים בו' מן הנצולת.** עיין לעיל (עג, ט, י), ועיין לעיל (סז, ד) הלא אגלת:

חידושי הרד"ל

[ג] **הנצולת.** כאן יש לפרש לשון כמציל מן הארי שהן שלו, ורצה לומר שלא כמו שאמר לבן הצאן צאני כו', שהיו ראוים לאיבוד כמו שאיתא לקמן בפרשה זו (סימן יח) כך גזר הקב"ה לארי שיהיה טורף כו', ואם תאמר שהיה רועה אחר מצילן כו' רק יעקב בעל הבית הצילן. אבל לשון נצולת דלעיל (סז, ד) ודאי פירושו כדברי המתנות כהונה, וכן בערוך הביא שניהם יחדיו ופירש כן:

חידושי הרש"ש

[ג] **מן הנצלות.** יתכן שהכוונה מאותן אשר נגללו במים, והוא לראיה לרבי תנחומא שאמר שטף של גשמים. ובזה מיושב היטב מה שמסדר דרשה דקרא דויגזל כו' הכתוב מוקדם אחר פלוגתתן בקרא דהעולים כו' הכתוב אחריו:

אמרי יושר

[ג] **אלא את כל אשר לבן עושה לך.** נראה שעוד היום הוא מריע עמו ואמרו הלא מפוייסים היו שניהם בתנאי שעשו. אלא שהיה חוזר בו ונעשה תנאי אחר הפכפך: **אין דור שאין ביוצא בו.** נראה שפירושו הנני בכל מקום ובכל זמן הנני קיים. כי לרוב הצדיקים דוגמא בדורות הבאים ובכל דור ודור הנני. או דרשו כאלו היה כפול שאמר ויאמר אלי וחזר ואמר יעקב: **מאליהן היו עולין.** חולקין עם האומר (לעיל פרשה עג י) שהמלאכים הביאום אבל מאליהן עלו. ואין הנם אלא שהיו נקודים וברודים:
[ד] **מפני שדיברה בפני אחותה.** או הסבה האחרת בצאת נפשה כי כבר מתה בשכבר בעבור הסבות האלה:

מסורת המדרש

ד. לעיל פרשה ע"ג. תנחומא כאן סימן י"א:
ה. לעיל פרשה כ"ז:
ו. לעיל פרשה ע"ג:

ענף יוסף

(ב) **בחקל דאית ביה איזגדין כו'.** ויש ספרים דגרסי איזגרין ברי"ש. וכן הוא במדרש [הרב] אברהם בן אשר (ספר אור השכל דפוס ויניציא ובדפוס בנבשתי. ופירשוהו שם ובמתנות כהונה בשדה שיש בו גלים ועיים, תל גבוה של אבנים. אולם בערוך הביא ערך איזגדין שני פעמים זה אחר זה, ובראשון פירשו מענין שליחות כנ"ל, ובשני הביא מדרש זה בחקלא דאית ביה איזגדין פי' גלים עכ"ל, ובודאי באיזה מקום הוא ט"ס. אולם מה שאחזה אנכי שטעות נפל בכל המדרשים במלת אזגרין, וצריך להיות איגורין, כי כן הוא תרגום של תל אבנים או חומה המקובצת מאבנים איגר, ויעשו גל (בראשית לא, מו) תרגום יונתן ועבדו איגר, וכן תרגום ושמתי שומרון לעי השדה (מיכה א, ו) לאגירי חקלא, וכן צריך לומר כאן בחקלא דאית ביה אגורין או איגורין, ומלה זו נוהג הרבה מאד בתרגומי תנ"ך מה שאין כן איזגרין בתוספת זיי"ן אין לו חבר בשום מקום (מהמופלג מורנו הרב משה חייקלס מווילנא):

ידי משה

[ג] **צפה הקדוש ברוך הוא וכו'. והיה צר צורה כיוצא בה.** פירוש דקאי על רבי חייא ורבנן שאמרו ששינה לבן על כל דבר עשרה או מאה פעמים, אם כן איך אמר יעקב אם כה יאמר נקודים יהיה שכרך וילדו כל הצאן וגו' דלמא בשעת לידה יחזיר ויאמר עקודים יהיה שכרך ואז אי אפשר לשנות כי הטלאים יהיו נגמרים בשעת לידה כבר, לזה אמר רבי ברכיה שצפה הקדוש ברוך הוא רצה לומר הקדוש ברוך הוא היה יודע מה שיאמר לבן בפעם האחרון וכך היה מצייר הכבשים, ולזה מביא ראיה רבי יודן ורבי איבו שהיה הקדוש ברוך הוא צופה מה שיאמר באחרונה ודו"ק:

רש"י

(ג) **כל דבר ודבר שהיה לבן מתנה עם יעקב אבינו היה חוזר בו עשרה פעמים למפרע שנאמר הן לו: שנאמר עשרת מונים ואין מנין פחות מעשרה: צפה הקדוש ברוך הוא מה לבן עתיד לעשות ליעקב אבינו והיה צר צורה כיוצא בה: אם כה אמר אין כתיב כאן אלא אם כה יאמר.** לעתיד עושה לך לעתיד לו ולדורות: **ויצל אלהים. כזה שהוא מציל את הנצולות.** כזה שהוא מפריש את הריקנות:

מתנות כהונה

איזגרין. מצאתי בא"א שפי' ענין גלים ועיים והביא ראייה לדבר ופירושו בשדה שיש שם גלים וגבשושיות אל תאמר בו דברי סתר פן יש טמון שם שום אדם וישמע קולך: [ג] **שנאמר הן לו.** נתבאר לעיל: **מה לבן עתיד כו'.** באיזה אופן יקבע לו שכרו: **ה"ג אם כה אמר אין כתיב כאן: עושה.** משמע עושה עכשיו במחשבתו אשר הוא חושב עליך: **ויאמר אלי גרסינן: לו ולדורות.** לעיל בפרשה כ"ו דרש כן על אברהם אברהם ואע"ג דכאן לא כתיב יעקב כי אם פעם אחת מכל מקום מצינו בפרשת ויגש יעקב יעקב שתי פעמים ואולי כי שם עיקר מקומו: **ה"ג שא נא עיניך וראה: מאליהן כו'.** כדלעיל: **הניצולות.** פי' הערוך הגרועות:

אשד הנחלים

איזגדין. עיין במתנות כהונה. ולדעתי הוא מלשון שלוחים כלומר בשדה שבני אדם מצויים שם [צ"ל איזגדין בד']: [ג] **כיוצא בה.** היפך ממה שהתנה בה לבן: **יאמר.** משמע מלשון ספק שלא היינו יודעים מה מחשבתו, כי היפך כמה פעמים לומר שכיון כך ולא כך, י' פעמים היפך מחשבתו. וכן דייק מלשון עושה שהוא בינוני ולא עשה בעבר: **לו ולדורותיו.** עיין במתנות כהונה ובאות אמת שדעתם שאין כאן מקומו: **של גשמים.** עיין בפרשה הקודמת ציור לזה: **הניצולת.** כי מלת הצלה מורה שהיה הדבר אבוד בהחלט לולא ההצלה: [ד] **בפני אחותה.** אף שבקרא ג"כ רחל קודמת, עם כל זה היא היתה ראויה לחלוק כבוד ללאה שהיא גדולה ממנה. והכוונה שזה אות שתכונתה

אֲמַר לֵיהּ רַבִּי יוֹסֵי: רָאִיתָ מִיָּמֶיךָ אָדָם קוֹרֵא רְאוּבֵן, וְשִׁמְעוֹן עוֹנֶה אוֹתוֹ – **R' Yose said to him, "Have you ever in your life seen** it happen that **a person calls, 'Reuven!' and Shimon answers him?!** Of course not! וַהֲלֹא לְרָחֵל קָרָא וְרָחֵל עָנְתָה אוֹתוֹ – **And did not [Jacob] call to Rachel?! So** naturally, **Rachel answered him!"**[35]

The Midrash returns to the issue with which this discussion began:

עַל דַּעְתֵּיהּ דְּרַבִּי יְהוּדָה נִיחָא – **According to R' Yehudah it is satisfactory.**[36] עַל דַּעְתֵּיהּ דְּרַבִּי יוֹסֵי לֹא מֵתָה אֶלָּא מִקִּלְלָתוֹ שֶׁל זָקֵן – But **according to R' Yose,** we must conclude that **[Rachel] did not die** before her older sister for any reason **other than due to the curse of the elder** (Jacob). שֶׁנֶּאֱמַר "עִם אֲשֶׁר תִּמְצָא אֶת אֱלֹהֶיךָ לֹא יִחְיֶה" וַהֲוָה "כִּשְׁגָגָה שֶׁיּוֹצְאָה מִלִּפְנֵי הַשַּׁלִּיט" – **For it is stated** that Jacob declared, ***"With whomever you find your gods, he shall not live"*** (v. 32). **And it was *like an error proceeding from the ruler*** (*Ecclesiastes* 10:5),[37] "וַתִּגְנֹב רָחֵל וְגוֹ'" "וַתָּמָת רָחֵל וְגוֹ'" – as Scripture states, ***and Rachel stole, etc.*** *[the teraphim that belonged to her father]* (v. 19), and, ***Thus Rachel died, etc.*** (35:19).[38]

☐ הֲלוֹא נָכְרִיּוֹת נֶחְשַׁבְנוּ לוֹ כִּי מְכָרָנוּ וְגוֹ' – ***"ARE WE NOT CONSIDERED BY HIM AS STRANGERS? FOR HE HAS SOLD US, ETC.*** *[AND EVEN TOTALLY CONSUMED OUR MONEY!"].*

The Midrash examines this description of Laban's crookedness:

אֶפְשָׁר כֵּן – **Could it be so?!**[39] אֶלָּא אִם הֲוָה קֻוקְיָא טָבָא הֲוָה נָסֵיב לָהּ, פַּטִילִיקִין טָב הֲוָה נָסֵיב לֵיהּ – **Rather,** the verse means that **if there was a fine flock,**[40] **[Laban] would take it,** and if there was a **fine calf,**[41] **[Laban] would take it.**[42]

כִּי כָל הָעֹשֶׁר אֲשֶׁר הִצִּיל אֱלֹהִים מֵאָבִינוּ לָנוּ הוּא וּלְבָנֵינוּ וְעַתָּה כֹּל אֲשֶׁר אָמַר אֱלֹהִים אֵלֶיךָ עֲשֵׂה. וַיָּקָם יַעֲקֹב וַיִּשָּׂא אֶת בָּנָיו וְאֶת נָשָׁיו עַל הַגְּמַלִּים. וַיִּנְהַג אֶת כָּל מִקְנֵהוּ וְאֶת כָּל רְכֻשׁוֹ אֲשֶׁר רָכָשׁ מִקְנֵה קִנְיָנוֹ אֲשֶׁר רָכַשׁ בְּפַדַּן אֲרָם לָבוֹא אֶל יִצְחָק אָבִיו אַרְצָה כְּנָעַן. וְלָבָן הָלַךְ לִגְזֹז אֶת צֹאנוֹ וַתִּגְנֹב רָחֵל אֶת הַתְּרָפִים אֲשֶׁר לְאָבִיהָ.

"But, all the wealth that God has taken away from our father belongs to us and to our children; so now, whatever God has said to you, do." Jacob arose and lifted his sons and his wives onto the camels. He led away all his livestock and all the wealth that he had amassed — the acquisition of his property that he had amassed in Paddan-aram — to come to his father Isaac, to the land of Canaan. Laban had gone to shear his sheep, and Rachel stole the teraphim that belonged to her father (31:16-19).

§5 כִּי כָל הָעֹשֶׁר אֲשֶׁר הִצִּיל אֱלֹהִים מֵאָבִינוּ וְגוֹ', וַיָּקָם יַעֲקֹב וַיִּשָּׂא אֶת בָּנָיו – ***"BUT, ALL THE WEALTH THAT GOD HAS TAKEN AWAY FROM OUR FATHER, ETC." . . . JACOB AROSE AND LIFTED HIS SONS AND HIS WIVES ONTO THE CAMELS.***

The Midrash relates a verse from *Ecclesiates* to our verse:

אָמַר רַבִּי יוֹחָנָן: כְּתִיב "לֵב חָכָם לִימִינוֹ וְלֵב כְּסִיל לִשְׂמֹאלוֹ" – **R' Yochanan said: It is written,** ***A wise man's mind [tends] to his right, while a fool's mind [tends] to his left*** (*Ecclesiastes* 10:2).[43] R' Yochanan expounds: "לֵב חָכָם לִימִינוֹ" זֶה יַעֲקֹב, שֶׁנֶּאֱמַר "וַיָּקָם יַעֲקֹב וַיִּשָּׂא אֶת בָּנָיו" וְאַחַר כָּךְ "וְאֶת נָשָׁיו" – ***A wise man's mind [tends] to his right*** – **this is** an allusion to **Jacob, as is stated, *Jacob arose and lifted his sons,*** and only **afterward** – ***and his wives;***[44] "וְלֵב כְּסִיל לִשְׂמֹאלוֹ" זֶה עֵשָׂו, "וַיִּקַּח עֵשָׂו אֶת נָשָׁיו" וְאַחַר כָּךְ "וְאֶת בָּנָיו וְאֶת בְּנֹתָיו" – ***while a fool's mind [tends] to his left*** – **this is** an allusion to **Esau,** as is stated, ***Esau took his wives*****, and afterward,** ***and his sons and his daughters*** (below, 36:6).[45]

NOTES

35. Apparently, the Midrash understands the verse that was cited in the preceding note to teach that Jacob had first summoned Rachel and spoken to her, and had later held a separate meeting with Leah, and the Torah merely abbreviated its description of the episode. The Midrash may see the verse's use of the words לְרָחֵל וּלְלֵאָה, lit., *to Rachel and to Leah*, as opposed to לְרָחֵל וְלֵאָה, *to Rachel and Leah*, without the second ל, as an indication that Jacob first called *to Rachel* and then separately *to Leah*. [Jacob may have done this to avoid detection of his plans to flee by the members of Laban's household.] Thus, R' Yose argues that since Rachel had conversed with Jacob alone, there was no reason for anyone else to have answered him before she did (*Eitz Yosef*).

36. I.e., according to R' Yehudah, it has been satisfactorily explained why Rachel died before her sister.

37. [The verses that describe Rachel's theft of her father's *teraphim* and Jacob's uttering the cited proclamation without knowing that his beloved wife had taken them, will be cited and discussed by the Midrash in the coming sections.]

Jacob's statement was not intended as a curse upon whoever had taken the *teraphim*, but rather as a prediction that [the thief's worship of the] *teraphim* would surely bring about his death. However, just as the exact decree of a monarch will be carried out even if it was made in error and produces a result that is undesirable, so did the words Jacob spoke have an effect in heaven and lead to Rachel's premature death (*Eitz Yosef*, from *Yefeh To'ar*).

38. In other words, because Rachel had stolen her father's *teraphim* and Jacob had stated that whoever had them would not live, Rachel died shortly thereafter (*Eitz Yosef*; see *Yedei Moshe*; see *Matnos Kehunah* for another approach).

39. [Taken literally, the end of Rachel and Leah's statement: וַיֹּאכַל גַּם אָכוֹל אֶת כַּסְפֵּנוּ, translates to: *and [Laban] even totally ate our money!*] The Midrash wonders how Laban could have *eaten* currency (*Maharzu*, *Eitz Yosef*; see note 42 and *Matnos Kehunah* for additional approaches).

40. *Matnos Kehunah* and *Eitz Yosef*, Vagshal ed., from *Aruch*.

41. *Radal* and *Eitz Yosef*, from *Mussaf HeAruch*, based on a Greek term; see *Matnos Kehunah* for another explanation.

42. If among the animals that were to be paid to Jacob, Laban would find animals of superior quality, he would take them for his own use and give Jacob inferior ones (*Eitz Yosef*).

Since Laban would *eat* of these higher-quality livestock, this insight serves to explain the wording of our verse.

In an alternative approach, *Yefeh To'ar* (followed in part by *Eitz Yosef*) explains that the Midrash was originally troubled with how Laban could have been so brazen as to flagrantly *consume* his daughters' money. In answer, the Midrash is teaching that Laban would substitute for specific animals and defend himself by claiming that he had the right to do so.

43. In Scripture, *right* indicates primacy and *left* suggests lesser significance (compare *Proverbs* 3:16 with *Shabbos* 63a, cited in *Rashi* to the verse). Accordingly, this verse means that whereas a wise person assigns the most significance to those things that are truly important, a fool overvalues the trivial (*Yefeh To'ar*; see *Eitz Yosef*).

44. In appreciation of his sons' prominence, Jacob cared for them first (*Yefeh To'ar*, *Eitz Yosef*; see *Yitav Lev*, cited in *Eitz Yosef*, Vagshal ed., for another approach).

45. Because he was steeped in licentiousness, Esau's first concern was his wives (*Yefeh To'ar*, from *Mizrachi*; *Eitz Yosef*; see *Nezer HaKodesh*, cited in *Eitz Yosef*, Vagshal ed., for another, Kabbalistic approach to this Midrash). See Insight Ⓐ.

INSIGHTS

Ⓐ **Family Values** The Midrash compares, to Esau's detriment, the attitudes of Esau and Jacob toward their wives and children. Esau placed wives above offspring; Jacob did the opposite. *Afikei Yehudah* (by *R' Yehudah Eidel*, a disciple of *Gra*) explains that the comparison illustrates a fundamental and significant difference in the way each perceived the purpose of marriage, and, by extension, the very purpose of life itself.

The righteous and unrighteous perform identical physical acts; both

אָמַר לֵיהּ רַבִּי יוֹסֵי: רָאִיתָ מִיָּמֶיךָ אָדָם קוֹרֵא רְאוּבֵן, וְשִׁמְעוֹן עוֹנֶה אוֹתוֹ, וַהֲלֹא לְרָחֵל קָרָא וְרָחֵל עָנְתָה אוֹתוֹ, עַל דַּעְתֵּיהּ דְּרַבִּי יְהוּדָה נִיחָא, עַל דַּעְתֵּיהּ דְּרַבִּי יוֹסֵי לֹא מֵתָה אֶלָּא מִקְּלָלָתוֹ שֶׁל זָקֵן, שֶׁנֶּאֱמַר (לקמן פסוק לב) "עִם אֲשֶׁר תִּמְצָא אֶת אֱלֹהֶיךָ לֹא יִחְיֶה", וַהֲוָה כִּשְׁגָגָה שֶׁיּוֹצְאָה מִלִּפְנֵי הַשַּׁלִּיט, (לקמן פסוק יט) "וַתִּגְנֹב רָחֵל וְגוֹ'" (לקמן לה, יט) "וַתָּמָת רָחֵל וְגוֹ'". [לא, טו] "הֲלוֹא נָכְרִיּוֹת נֶחְשַׁבְנוּ לוֹ כִּי מְכָרָנוּ וְגוֹ'", אֶפְשָׁר כֵּן, אֶלָּא אִם הֲוָה קְוַקְיָא טָבָא הֲוָה נָסֵיב לָהּ, °פַּטִּיקְלִין טָב הֲוָה נָסֵיב לֵיהּ:

ה [לא, טז-יז] "כִּי כָל הָעֹשֶׁר אֲשֶׁר הִצִּיל אֱלֹהִים מֵאָבִינוּ וְגוֹ', וַיָּקָם יַעֲקֹב וַיִּשָּׂא אֶת בָּנָיו", אָמַר רַבִּי יוֹחָנָן: כְּתִיב (קהלת י ב) "לֵב חָכָם לִימִינוֹ וְלֵב כְּסִיל לִשְׂמֹאלוֹ", ח"לֵב חָכָם לִימִינוֹ" זֶה יַעֲקֹב, שֶׁנֶּאֱמַר "וַיָּקָם יַעֲקֹב וַיִּשָּׂא אֶת בָּנָיו" וְאַחַר כָּךְ "וְאֶת נָשָׁיו", "וְלֵב כְּסִיל לִשְׂמֹאלוֹ" זֶה עֵשָׂו, (לקמן לו, ו) "וַיִּקַּח עֵשָׂו אֶת נָשָׁיו" וְאַחַר כָּךְ "וְאֶת בָּנָיו וְאֶת בְּנֹתָיו". [לא, יח] "וַיִּנְהַג אֶת כָּל מִקְנֵהוּ וְאֶת כָּל רְכֻשׁוֹ אֲשֶׁר רָכַשׁ מִקְנֵה קִנְיָנוֹ", מַה שֶּׁקָּנָה מִקִּנְיָנוֹ שֶׁל לָבָן. [לא, יט] "וְלָבָן הָלַךְ לִגְזֹז אֶת צֹאנוֹ", טבְּכָל מָקוֹם שֶׁנֶּאֱמַר גְּזִיזָה עוֹשֶׂה רוֹשֶׁם. [שם] "וַתִּגְנֹב רָחֵל אֶת הַתְּרָפִים אֲשֶׁר לְאָבִיהָ", יוְהִיא לֹא נִתְכַּוְּנָה אֶלָּא לְשֵׁם שָׁמַיִם, אָמְרָה: מָה אֲנָא מֵיזִיל לִי וְנִשְׁבּוֹק הָדֵין סָבָא בְּקִלְקוּלֵיהּ, לְפִיכָךְ הוּצְרַךְ הַכָּתוּב לוֹמַר "וַתִּגְנֹב רָחֵל אֶת הַתְּרָפִים אֲשֶׁר לְאָבִיהָ":

ו [לא, כב] "וַיֻּגַּד לְלָבָן בַּיּוֹם הַשְּׁלִישִׁי", אָמַר רַבִּי אַבָּהוּ: מַה שֶּׁהָלַךְ יַעֲקֹב אָבִינוּ לְג' יָמִים הָלַךְ לָבָן לְיוֹם אֶחָד, "וַיֻּגַּד לְלָבָן בַּיּוֹם הַשְּׁלִישִׁי",

עץ יוסף

ראית מימיך אדם קורא כו׳. תימא מה ענין זה לזה כי לא קרא לרחל לבדה. ויש לומר דדייק מדלא כתיב לרחל ולאה אלא וללאה שלא קראן בפעם אחת שלא ירגישו בני הבית בזה. ותחלה קרא לרחל להגיע דבריו לפניה, ואחר כך קרא ללאה והגיע גם כן דבריו בפניה אך הכתוב כלל דברי שניהם במאמר אחד כדי לקצר, והשתא שפיר ראית אדם קורא ראובן ושמעון עונה אותו הלא לרחל קרא תחלה ורחל ענתה אותו: **בשגגה היוצאת כו׳.** שמתקיימת שלא מדעתו וכן יעקב לא נתכוון לקללה אלא שיומת על ידם, ומכל מקום אחר שיצא מפיו לא יחיה נתקיים, כי הדבור עושה רושם למעלה (יפה תואר): **ותגנוב רחל וגו׳ ותמת רחל וגו׳.** אחז בלשון הכתובים, וכלומר שלכן מתה מפני שגנבה: **אפשר כן.** ואיך אוכלין כסף: **אם היה קוקיא כו׳.** אם הגיע ליעקב בדמי שכר פעולתו קוקיא (המעריך פירש כלי טוב), היה לבן לוקח לו ונתן לו ליעקב אחרת תמורתו הגרוע ממנו, ובזה הוי ליה ללבן קצת התנצלות לומר שאין קפידא בדבר שבידו ליתן בשכר פעולתו איזה קוקיא שירצה: **פטיקלין.** הערוך הביאו ולא פירשו וגרס פטיליקין. ולפי הענין הוא מנה יפה ונחמד כדמוכח בחזית סוף פסוק ישקני (מתנות כהונה). והמוסף ערוך בערך פטיליקין פירש פטלין בלשון יוני עגל. ובנוסחאות כתב פטקלין: **(ה) [ד] לב חכם לימינו זה יעקב.** שעושה את העיקר עיקר, שהקדים הבנים לנשים שהבנים עיקר, ועשו הקדים הנשים ועשה הטפל עיקר שהנשים חביבות לו יותר: **מה שקנה מקנינו של לבן.** פי׳ מה שקנה מלאכו עבדים ושפחות וגמלים וחמורים שהיה מוכר מלאכו לוקח כל אלה: **עושה רושם.** משום דבגזיזה היו עושים שמחה וגיל והיה השטן מרקד ביניהם ובא צרה על ידו, כי גם מפלת נבל על ידי גזיזת צאנו שהעיז בדוד וניגף והיה מפלתו: **לשם שמים ולא לגנבה.** והוציאו זה מיתורא דאשר לאביה: **הדין סבא.** זה הזקן: **(ו) מה שהלך יעקב לשלשה ימים כו׳.** שהרי ביום שלישי לבריחה הוגד ללבן, ובאותן שלשה ימים היה יעקב הולך לדרכו, והוא היה תחלה רחוק מלבן דרך שלשת ימים כדלקמן, נמצא ביום האגדה רחוק ממנו ששה ימים ויעקב לא הלך בדרך רק שלשה ימים, ולמחרת יום הבשורה רדף לבן אחריו ממקום גיזת צאנו, ובאותו יום שרדף לבן אחריו נסע יעקב עוד לדרכו, והשיגו לבן ביום ההוא כדכתיב וירדוף אחריו דרך שבעת ימים, פירוש ממקום גיזת לבן עד הגלעד. והוה מצי למימר מה שהלך יעקב לארבעה ימים אלא דימים שלמים חשיב להליכת יעקב (יפה תואר):

פירוש מהרז"ו

(ד) בשגגה. קהלת רבה (י, ז), ועיין להלן (סימן ט), ובאגדת בראשית (פרק נא): **אפשר כן.** איך אוכלים כסף. ומה שאמר קווקיא עיין לעיל (סד, ז) מהערוך: **(ה) לב חכם לימינו.** לקמן (פב, יג), במדבר רבה (כב, ט). ומה שאמר ואחר כך את בנותיו, תיבת ואחר כך מיותר וטעות סופר: **גזיזה עושה רושם.** לקמן (פה, ו) וכן אצל נבל שמואל (א׳ כה) ואצל אבשלום שמואל (ב׳ יג): **(ו) אמר רבי אבהו וכו׳ לשלשה ימים וכו׳.** וצריך עיון שהרי מפורש כתוב וירדף אחריו דרך שבעת ימים וכתיב ויוגד ללבן ביום השלישי כי ברח הרי כבר הלך שלושה ימים קודם שרדפו והיה צריך לומר מה שהלך יעקב לשבעה ימים הלך לבן לארבעה ימים, ובילקוט כאן לא גרס בדברי רבי אבהו ויוגד ללבן ביום השלישי שלישי לבריחה, כי אם גורסו בדברי רבי חייא, ובזה מיושב היטב שיתכן לדעת רבי אלעזר שלא הלך יעקב קודם שרדפו לבן, כי מאחר שהיה צאן יעקב הרבה מאד היו מפוזרות והיה צריך לאספם שלשה ימים וביום השלישי הוגד ללבן שיעקב מאסף צאנו ורכושו שממקום יעקב עד מקום צאן לבן שלשה ימים, והמבשר התחיל לילך מיד כשהתחיל לאסוף לצורך הבריחה, ועל זה כתיב ויוגד ללבן ביום השלישי כי ברח יעקב שדרך שלשה ימים היה

מתנות כהונה

[ד] ניחא. שמתה תחלה: **ותגנוב וגו׳.** כעין גזירה שוה קדריש: **אפשר כן.** שיעקב נתן ללבן מאומה בעד בנותיו שאמרו מכרנו: **קוקיא.** פי׳ הערוך עדר: **ופטיקלין.** הערוך הביאו ולא פירשו וגרס פטיליקין ולפי הענין הוא מנה יפה ונחמד וכן מוכח בהדיא באיכה רבה בפסוק ויגרס ובמדרש חזית סוף פסוק ישקני מנשיקות: **ה״ג את נשיו ואח״כ את בניו: [ה] מקנינו של לבן.** בעד צאנו שלקח מלבן בעבודתו קנה עבדים ושפחות ושאר נכסים: **עושה רושם.** עיין לקמן פרשה פ״ה וכאן הרושם שע״י זה מתה רחל מקללתו של יעקב כדלקמן: **מה אנא כו׳.** כלומר איך אלך ואניח זקן זה בקלקול עבודת כוכבים ופי׳ מהר״ר אליהו מזרחי

אשד הנחלים

היתה שהיתה מגבהת על אחותה, ולכן מתה תחילה אף שהיתה קטנה ממנה. אך דעת ר׳ יוסי כיון שקרא לרחל תחילה היה מדרך ארץ שהיא תענה תחילה, רק מתה מקללתו של יעקב אף שהיה בשגגה, כי הדבור עושה רושם למעלה: **ותגנוב ותמת.** אחז בלשון הכתובים, וכלומר שלכן מתה מפני שגנבה: **נסיב לה.** כלומר כל דבר המובחר היה לוקח רק לעצמו ולא לנו: **[ה] ואח״כ את נשיו.** כי העיקר המה הבנים ואגבן המה הנשים כשמאל שהוא טפל לימין, אבל בעשו שכל מגמתו התאוה, היו הנשים עיקר והבנים טפל: **מקנינו של לבן.** עיין במתנות כהונה: **רושם.** כי גם מפלת נבל ע״י גזיזת צאנו, שהעיז בדוד וניגף והיה מפלתו. ודע דחכמי אמת האירו לנו שנבל אותיות לבן והוא היה משורשו, ועל כן קרה לו כמוהו וכמתכונתו, וזה רמיזת דבריהם כאן ע״פ הציור: **לשם שמים.** כי חרה לה שאביה ישאר באוולתו תמיד. ומלת אשר הוא נתינת טעם, מפני שהיה של אביה ולכן חמלה עליו להצילו מפתיותו: **[ו] ליום אחד.** וזה אות שרץ בכעס ובחרון גדול:

חידושי הרד"ל

[ד] והלא לרחל קרא תחלה ורחל עונה. כן צריך לומר: **פטילקין טב.** פירוש במוסף ערוך עגל בלשון יוני:

חידושי הרש"ש

[ו] מה שהלך אבינו יעקב לשלשה ימים כו׳. רבי אבהו סובר דביום השלישי היינו בתחילתו ולא מפני שהיה רחוק מעירו דרך שלשה ימים אלא שאז (רצה לומר בתחלת יום השלישי) חזר לעירו בגמר גיזתו והוגד לו ומיד רדף אחריו והשיגו בו ביום בערב, ומה שכתוב דרך שבעת ימים היינו בהלוך בינוני, אבל יעקב מיהר דרכו כדרך הבורחים והלכן בשלשה ימים ולבן מיהר עוד יותר והלכן ביום אחד. (וקצת מזה בידי משה):

אמרי יושר

[ה] ותגנוב רחל את התרפים. וזהו אינו רק אשר לאביה. דרך תשובה לאביה שלא יטעה בעבודה זרה:
מה שהלך יעקב בשבעת ימים הלך לבן ביום אחד. כי הוא היה רחוק דרך שלשת ימים. ועד שהגיעה לו השמועה שלשה ימים אחרים. ואם נתאחר יותר מיום אחד איך אמר דרך שבעת ימים הלא יעקב לא היה עושה אלא נוסע והולך. אם כן יותר היה. לזה אמרם שהלך ביום אחד יום אחד וששה קודמים הרי שבעה:

מסורת המדרש

ז. מועד קטן דף י״ח וש״נ:
ח. קהלת רבה פרשה י׳ד פסוק ב׳:
ט. לקמן פרשה פ״ה. אגדת שמואל פרשה כ״ג. ילקוט שמואל רמז קל״ד:
י. תנחומא כאן סימן י״ב. פרקי דרבי אליעזר פרק ל״ו:

אם למקרא

עִם אֲשֶׁר תִּמְצָא אֶת אֱלֹהֶיךָ לֹא יִחְיֶה נֶגֶד אַחֵינוּ הַכֶּר לְךָ מָה עִמָּדִי וְקַח לָךְ וְלֹא יָדַע יַעֲקֹב כִּי רָחֵל גְּנָבָתַם: (בראשית לא:לב)
וַתָּמָת רָחֵל וַתִּקָּבֵר בְּדֶרֶךְ אֶפְרָתָה הִוא בֵּית לָחֶם: (שם לה:יט)
לֵב חָכָם לִימִינוֹ וְלֵב כְּסִיל לִשְׂמֹאלוֹ: (קהלת י:ב)
וַיִּקַּח עֵשָׂו אֶת נָשָׁיו וְאֶת בָּנָיו וְאֶת בְּנֹתָיו וְאֶת כָּל נַפְשׁוֹת בֵּיתוֹ וְאֶת מִקְנֵהוּ וְאֶת כָּל בְּהֶמְתּוֹ וְאֵת כָּל קִנְיָנוֹ אֲשֶׁר רָכַשׁ בְּאֶרֶץ כְּנָעַן וַיֵּלֶךְ אֶל אֶרֶץ מִפְּנֵי יַעֲקֹב אָחִיו: (בראשית לו:ו)

ענף יוסף

(ה) [ד] הדין סבא. דאפילו למאן דאמר דרבקה נשאת ליצחק בת שלש שנים ובן ארבעים שנה יצחק בקחתו את רבקה, ויצחק בן ששים שנה בלדת יעקב, הרי היה לרבקה כ״ג שנים כשנולד יעקב, וכשנתברך יעקב היה בן ס״ג כדלעיל וי״ד שנה נטמן בבית עבר וכ׳ שנה נשתהה בבית לבן. נמצא בשוב יעקב לארצו היו לרבקה ק״כ שנה, ולבן גדול ממנה כמו שאמרו בנישואיה ויען לבן ובתואל:

ידי משה

[ד] והלא לרחל קרא. הכי גרסינן. לרחל וללאה קרא שנאמר ויקרא לרחל וללאה:

שינוי נוסחאות

(ד) פטיקלין טב הוה נסיב ליה. בכמה מפרשים הביאו שבערוך איתא "פטיליקין":

☐ וַיִּנְהַג אֶת כָּל מִקְנֵהוּ וְאֶת כָּל רְכֻשׁוֹ אֲשֶׁר רָכָשׁ מִקְנֵה קִנְיָנוֹ — ***HE LED AWAY ALL HIS LIVESTOCK AND ALL THE WEALTH THAT HE HAD AMASSED***

THE ACQUISITION OF HIS PROPERTY.

The Midrash expounds the expression מִקְנֵה קִנְיָנוֹ:

מַה שֶּׁקָּנָה מִקִּנְיָנוֹ שֶׁל לָבָן — This phrase means **that which he purchased with that which he had acquired from Laban.**[46]

☐ וְלָבָן הָלַךְ לִגְזֹז אֶת צֹאנוֹ — ***LABAN HAD GONE TO SHEAR HIS SHEEP***, *AND RACHEL STOLE THE TERAPHIM THAT BELONGED TO HER FATHER.*

The Midrash makes an observation:

בְּכָל מָקוֹם שֶׁנֶּאֱמַר גְּזִיזָה עוֹשָׂה רוֹשֶׁם — Wherever *shearing* is stated in Scripture, **it makes a lasting mark.**[47]

☐ וַתִּגְנֹב רָחֵל אֶת הַתְּרָפִים אֲשֶׁר לְאָבִיהָ — ***AND RACHEL STOLE THE TERAPHIM THAT BELONGED TO HER FATHER.***

The Midrash explains why Rachel did this:

וְהִיא לֹא נִתְכַּוְּונָה אֶלָּא לְשֵׁם שָׁמַיִם — **But [Rachel] had no intention** in stealing the *teraphim* **other than for the sake of Heaven.** The Midrash elaborates: אָמְרָה: מָה אֲנָא מֵיזִיל לִי וְנִשְׁבּוּק הָדֵין סָבָא בְּקִלְקוּלֵיהּ — **[Rachel] said** to herself, **"How can I depart and leave this elderly man** (Laban) **with his corruption** of idolatry?!"[48] לְפִיכָךְ הוּצְרַךְ הַכָּתוּב לוֹמַר "וַתִּגְנֹב רָחֵל אֶת הַתְּרָפִים אֲשֶׁר לְאָבִיהָ" — **Therefore, the verse had to state, *Rachel stole the teraphim that belonged to her father.***[49]

NOTES

46. With the livestock that he had received from Laban as wages, Jacob had bought slaves, slavewomen, camels, and donkeys (*Yefeh To'ar*, *Eitz Yosef*; see also *Matnos Kehunah*; *Rashi* to verse). It is these items that our verse describes as מִקְנֵה קִנְיָנוֹ, *the acquisition of his property*.

47. The time when people would shear the wool from their sheep was one of great joy. The excessive, unbridled celebration that could result was potentially a cause for distress (see *Eitz Yosef*; *Maharzu* to 85 §6; *Yedei Moshe*, first approach; compare above, 38 §7; see *Yedei Moshe* for another explanation and *Nezer HaKodesh*, who presents a Kabbalistic approach based on the writings of *Arizal*). Thus, in our verse, it was when Laban *had gone to shear his sheep* that *Rachel stole* his *teraphim*, thereby starting the chain of events that would end with her tragic death (*Matnos Kehunah*).

[Below, in 85 §6, the Midrash will reference additional examples of tragedies that are associated with the word *shearing*.]

48. *Matnos Kehunah*.

That Laban practiced idolatry with his *teraphim* appears plain from v. 30, in which Laban referred to them as אֱלֹהָי, *my gods*. [For discussion of exactly what the *teraphim* were, see *Targum Yonasan ben Uziel*, *Ibn Ezra*, *Ramban*, and *Rabbeinu Bachya* to verse.]

[Regarding the reference to Laban as סָבָא, *an elderly man*, see *Anaf Yosef*, who proves that Laban was older than 120 years of age at the time of the events of our verse, and *Maharzu* to §8 below, who proves that he was considerably older.]

49. Since the verse is discussing Laban, it could have concluded by stating that Rachel stole אֶת תְּרָפָיו, *his teraphim*, and it would have been evident that the *teraphim* belonged to Laban, who was Rachel's father. According to our Midrash, the addition of the words, אֲשֶׁר לְאָבִיהָ, *that belonged to her father*, was necessary in order to indicate that Rachel did not steal the *teraphim* for her own benefit, but rather to protect her father (*Mizrachi* [to verse] with *Yefeh To'ar*; see also *Matnos Kehunah*; *Eitz Yosef*). Thus, לְאָבִיהָ is understood to suggest, *for her father*, i.e., for his own sake (*Imrei Yosher*).

Alternatively, our Midrash's citation of the verse is intended to discredit an approach taken in *Tanchuma*, *Vayeitzei* §12 and in *Pirkei DeRabbi Eliezer* §36, where it is asserted that Rachel stole the *teraphim* because they had the ability to speak and she was afraid that they would inform Laban that Jacob had fled with his family. Thus, after teaching that Rachel's motives were, in fact, entirely altruistic, our Midrash concludes by stating that we may now understand why the Torah saw fit to recount the episode of Rachel's having taken the *teraphim*. In the view of our Midrash, it would have been pointless for Scripture to record the theft if Rachel had merely been acting in the interest of self-preservation (*Yefeh To'ar*). See Insight Ⓐ.

INSIGHTS

eat, both sleep, both marry. Often, what divides them are not the acts themselves, but the intentions that underlie those acts. A righteous person intends his physical activities to serve a higher purpose; one who is unrighteous is motivated solely by the pleasure these activities afford. For example, an unrefined person seeks a mate to indulge his physical desires. A God-fearing man, by contrast, marries to fulfill the obligation to produce righteous offspring pledged to God's service (see further, *Rabbeinu Bachya, Genesis* 1:28). For such a man, the union of husband and wife is fundamentally a preparatory act, one necessary to build a family. It is not an end in and of itself. For both the righteous and the unrighteous, the physical act is the same, but in their intentions, they are worlds apart.

These differing views of marriage are made manifest in one's attitude toward one's children. If the very purpose of marriage is to raise offspring to serve God, if this is what a person holds most dear, then the family becomes the focus of his existence. His every concern is for the well-being and development of his children; he finds his utmost joy in their success. If, however, the purpose of marriage is nothing more than indulgence, and one's children are simply the by-product of that indulgence, then their development is of no concern to him. His attention is reserved entirely for his mate, for it is she who fulfills his desires. He has none to spare for the well-being of his children; he is content to let them wander where they will.

Because these attitudes are accurate indicators of one's level of righteousness, the Midrash employs the contrasting behavior of Jacob and Esau in this area to illustrate the vast divide between them. Esau lived his life in lustful pursuits; therefore, he most valued his wives, and saw first to their needs. Jacob, by contrast, lived to serve God. His marriage was primarily a means to that end. He, unlike Esau, did not confuse the means and the end, but understood that a primary *purpose* of the marital union is to produce righteous offspring. This was Jacob's fondest hope, and the dream that lay closest to his heart. Naturally, then, the needs of his children were uppermost in his mind (*Afikei Yehudah, Arvei Nachal* §3 to *Derush* §33).

Ⓐ **Rachel's Intent** Why would Rachel think that by stealing her father's idols she would alter his lifelong practice of idolatry? Could Laban realistically be expected to change course and adopt an entirely different faith simply because his idols had disappeared? Was he not more likely to simply replace them with new idols, or as actually occurred, to conduct an all-out search for the missing ones? *Nezer HaKodesh* (cited by *Eitz Yosef*; see note 85 below; see also *Midrash Tanchuma, Nitzavim*, end of §3) implies that Laban ought to have drawn a lesson from the fact that his favored idols were stolen: If they were powerless to protect *themselves* from theft, how could they have the power to protect *him*? This might have caused him to reconsider the virtue of worshiping idols at all.

Another approach is offered by the contemporary work *Shalmei Simchah*. One of the secrets of success, whether in spiritual or material endeavors, is to occasionally pause and reflect, to contemplate whether there is room for improvement or cause for redirection. A person who rushes headlong on his way and never stops to think is likely to eventually discover — often when it is too late — that he has lost his way. He has been overwhelmed by the whirlwind of life.

Indeed, *R' Moshe Chaim Luzzatto* teaches in *Mesillas Yesharim* (Ch. 2) that one of the tactics of the *yetzer hara* (evil inclination) is to keep a person constantly occupied with all sorts of activities, so that he will not have the opportunity to re-examine his path in life. In this vein, when Moses initially came before Pharaoh and demanded that he release the Jewish people, Pharaoh declared (*Exodus* 5:9): *Let the work be heavier upon the men . . . and let them not pay attention to false words.* Pharaoh wished to overload them so as to deny them time to even *think* about their plight or *recognize* their predicament. This is precisely how the *yetzer hara* operates. And the

עץ יוסף

ראית מימיך אדם קורא כו'. תימא מה ענין זה לזה כי לא קרא לרחל לבדה. ויש לומר דדייק מדלא כתיב לרחל ולאה אלא וללאה שלא קראן בפעם אחת שלא ירגישו בני הבית בזה. ותחלה קרא לרחל להציע דבריו לפניה, ואחר כך קרא ללאה והציע גם כן דבריו בפניה אך הכתוב כלל דברי שניהם במאמר אחד כדי לקצר, והשתא שפיר ראית אדם קורא ראובן ושמעון עונה אותו הלא לרחל קרא תחלה ורחל ענתה אותו: **בשגגה היוצאת כו'.** שמתקיימת שלא מדעתו וכן יעקב לא נתכוון לקללה אלא שיומת על ידם, ומכל מקום אחר שיצא מפיו לא יהיה נתקיים, כי הדבור עושה רושם למעלה (יפה תואר): **ותגנוב רחל וגו' ותמת רחל וגו'.** אחז בלשון הכתובים, וכלומר שלכן מתה מפני שגנבה: **אפשר כן.** ואיך אוכלין כסף: **אם היה קוקיא כו'.** אם הגיע ליעקב בדמי שכר פעולתו קוקיא (המעריך פירש כלי טוב), היה לבן לוקח לו ונתן לו ליעקב אחרת תמורתו הגרוע ממנו, ובזה הוי ליה ללבן קצת התנצלות לומר שאין קפידא בדבר שבידו ליתן בשכר פעולתו איזה קוקיא שירצה: **פטיקלין.** הערוך הביאו ולא פירשו וגרס פטיליקין. ולפי הענין הוא מנה יפה ונחמד כדמוכח בחזית סוף פסוק ישקני (מתנות כהונה). והמוסף ערוך בערך פטיליקין פירש פטלין בלשון יוני עגל. ובנוסחאות כתב פטקלין: **(ה) [ד] לב חכם לימינו זה יעקב.** שעושה את העיקר עיקר, שהקדים הבנים לנשים שהבנים עיקר, ועשו הקדים הנשים ועשה הטפל עיקר שהנשים חביבות לו יותר: **מה שקנה מקנינו של לבן.** פי' מה שקנה מלאכו עבדים ושפחות וגמלים וחמורים שהיה מוכר מלאכו לוקח כל אלה: **עושה רושם.** משום דבגזיזה היו עושים שמחה וגיל והיה השטן מרקד ביניהם ובא צרה על ידו, כי גם מפלת נבל על ידי גזיזת לאנו שהעיז בדוד וניגף והיה מפלתו: **לשם שמים ולא לגנבה.** והוליאו זה מיתורא דאשר לאביה: **הדין סבא.** זה הזקן: **(ו) מה שהלך יעקב לשלשה ימים כו'.** שהרי ביום שלישי לבריחה הוגד ללבן, ובאותן שלשה ימים היה יעקב הולך לדרכו, והוא היה תחלה רחוק מלבן דרך שלשת ימים כדלקמן, נמצא ביום האגדה רחוק ממנו ששה ימים ויעקב לא הלך בדרך רק שלשה ימים, ולמחרת יום הבשורה רדף לבן אחריו ממקום גיזת לאנו, ובאותו יום שרדף לבן אחריו נסע יעקב עוד לדרכו, והשיגו לבן ביום ההוא כדכתיב וירדוף אחריו דרך שבעת ימים, פירוש ממקום גיזת לבן עד הגלעד. והוה מצי למימר מה שהלך יעקב לארבעה ימים אלא דימים שלמים חשיב להליכת יעקב (יפה תואר):

מדרש

אֲמַר לֵיהּ רַבִּי יוֹסֵי: רָאִיתָ מִיָּמֶיךָ אָדָם קוֹרֵא רְאוּבֵן, וְשִׁמְעוֹן עוֹנֶה אוֹתוֹ, וַהֲלֹא לְרָחֵל קָרָא וְרָחֵל עָנְתָה אוֹתוֹ, עַל דַּעְתֵּיהּ דְּרַבִּי יְהוּדָה נִיחָא, עַל דַּעְתֵּיהּ דְּרַבִּי יוֹסֵי לֹא מֵתָה אֶלָּא מִקְּלָלָתוֹ שֶׁל זָקֵן, שֶׁנֶּאֱמַר (לקמן פסוק לב) "עִם אֲשֶׁר תִּמְצָא אֶת אֱלֹהֶיךָ לֹא יִחְיֶה", [י]וַהֲוָה כִּשְׁגָגָה שֶׁיּוֹצְאָה מִלִּפְנֵי הַשַּׁלִּיט, (לקמן פסוק יט) "וַתִּגְנֹב רָחֵל וְגוֹ'" (לקמן לה, יט) "וַתָּמָת רָחֵל וְגוֹ'". [לא, טו] "הֲלוֹא נָכְרִיּוֹת נֶחְשַׁבְנוּ לוֹ כִּי מְכָרָנוּ וְגוֹ'", אֶפְשָׁר כֵּן, אֶלָּא אִם הֲוָה קֻוקְיָא טָבָא הֲוָה נָסֵיב לָהּ, °פַּטִּיקְלִין טָב הֲוָה נָסֵיב לֵיהּ:

ה [לא, טז-יז] "כִּי כָל הָעֹשֶׁר אֲשֶׁר הִצִּיל אֱלֹהִים מֵאָבִינוּ וְגוֹ', וַיָּקָם יַעֲקֹב וַיִּשָּׂא אֶת בָּנָיו", אָמַר רַבִּי יוֹחָנָן: כְּתִיב (קהלת י ב) "לֵב חָכָם לִימִינוֹ וְלֵב כְּסִיל לִשְׂמֹאלוֹ", [ח]"לֵב חָכָם לִימִינוֹ" זֶה יַעֲקֹב, שֶׁנֶּאֱמַר "וַיָּקָם יַעֲקֹב וַיִּשָּׂא אֶת בָּנָיו" וְאַחַר כָּךְ "וְאֶת נָשָׁיו", "וְלֵב כְּסִיל לִשְׂמֹאלוֹ" זֶה עֵשָׂו, (לקמן לו, ו) "וַיִּקַּח עֵשָׂו אֶת נָשָׁיו" וְאַחַר כָּךְ "וְאֶת בָּנָיו וְאֶת בְּנֹתָיו". [לא, יח] "וַיִּנְהַג אֶת כָּל מִקְנֵהוּ וְאֶת כָּל רְכֻשׁוֹ אֲשֶׁר רָכָשׁ מִקְנֵה קִנְיָנוֹ", מַה שֶּׁקָּנָה מִקִּנְיָנוֹ שֶׁל לָבָן. [לא, יט] "וְלָבָן הָלַךְ לִגְזֹז אֶת צֹאנוֹ", [ט]בְּכָל מָקוֹם שֶׁנֶּאֱמַר גְּזִיזָה עוֹשָׂה רוֹשֶׁם. [שם] "וַתִּגְנֹב רָחֵל אֶת הַתְּרָפִים אֲשֶׁר לְאָבִיהָ", וְהִיא לֹא נִתְכַּוְּונָה אֶלָּא לְשֵׁם שָׁמַיִם, אָמְרָה: מָה אֲנָא מֵיזִיל לִי וְנִשְׁבּוֹק הָדֵין סָבָא בְּקִלְקוּלֵיהּ, לְפִיכָךְ הוּצְרַךְ הַכָּתוּב לוֹמַר "וַתִּגְנֹב רָחֵל אֶת הַתְּרָפִים אֲשֶׁר לְאָבִיהָ":

ו [לא, כב] "וַיֻּגַּד לְלָבָן בַּיּוֹם הַשְּׁלִישִׁי", אָמַר רַבִּי אַבָּהוּ: מַה שֶּׁהָלַךְ יַעֲקֹב אָבִינוּ לְג' יָמִים הָלַךְ לָבָן לְיוֹם אֶחָד, "וַיֻּגַּד לְלָבָן בַּיּוֹם הַשְּׁלִישִׁי",

פירוש מהרז"ו

(ד) בשגגה. קהלת רבה (י, ז), ועיין להלן (סימן ט), ובאגדת בראשית (פרק נא): **אפשר בן.** איך אוכלים כסף. ומה שאמר קווקיא עיין לעיל (סד, ז) מהערוך: **(ה) לב חכם לימינו.** לקמן (פב, יג), במדבר רבה (כב, ט). ומה שאמר ואחר כך את בנותיו, תיבת ואחר כך מיותר וטעות סופר: **גזיזה עושה רושם.** לקמן (פה, ו) וכן אצל נבל שמואל (א' כה) ואצל אבשלום שמואל (ב' יג): **(ו) אמר רבי אבהו וכו' לשלשה ימים וכו'.** וצריך עיון שהרי מפורש כתוב וירדף אחריו דרך שבעת ימים וכתיב ויוגד ללבן ביום השלישי כי ברח הרי כבר הלך שלושה ימים קודם שרדפו והיה צריך לומר מה שהלך יעקב לשבעה ימים הלך לבן לארבעה ימים, ובילקוט כאן לא גרס בדברי רבי אבהו ויוגד ללבן ביום השלישי שלישי לבריחה, כי אם גורסו בדברי רבי חייא, ובזה מיושב היטב שיתכן לדעת רבי אלעזר שלא הלך יעקב קודם שרדפו לבן, כי מאחר שהיה צאן יעקב הרבה מאד היו מפוזרות והיה צריך לאספם שלשה ימים וביום השלישי הוגד ללבן שיעקב מאסף צאנו ורכושו שממקום יעקב עד מקום צאן לבן שלשה ימים, והמבשר התחיל לילך מיד כשהתחיל לאסוף לצורך הבריחה, ועל זה כתיב ויוגד ללבן ביום השלישי כי ברח יעקב שדרך שלשה ימים היה

חידושי הרד"ל

[ד] **והלא לרחל קרא תחלה ורחל עונה.** כן צריך לומר: **פטילקין טב.** פירוש במוסף ערוך עגל בלשון יוני:

חידושי הרש"ש

[ו] **מה שהלך אבינו יעקב לשלשה ימים בו'.** רבי אבהו סובר דביום השלישי היינו בתחילתו ולא מפני שהיה רחוק מעירו דרך שלשה ימים אלא שאז (רצה לומר בתחלת יום השלישי) חזר לעירו בגמר גיזתו והוגד לו ומיד רדף אחריו והשיגו בו ביום בערב, ומה שכתוב דרך שבעת ימים היינו בהלוך בינוני, אבל יעקב מיהר דרכו כדרך הבורחים והלכן בשלשה ימים ולבן מיהר עוד יותר והלכן ביום אחד. (וקצת מזה בידי משה):

אמרי יושר

[ה] **ותגנוב רחל את התרפים.** וזהו אינו רק אשר לאביה. דרך תשובה לאביה שלא יטעה בעבודה זרה:

מה שהלך יעקב בשבעת ימים הלך לבן ביום אחד. כי הוא היה רחוק דרך שלשת ימים. ועד שהגיעה לו השמועה שלשה ימים אחרים. ואם נתאחר יותר מיום אחד איך אמר דרך שבעת ימים הלא יעקב לא היה עושה אלא נוסע והולך. אם כן יותר היה. לזה אמרם שהלך ביום אחד יום אחד וששה קודמים הרי שבעה:

מסורת המדרש

ז. מועד קטן דף י"ח וש"כ:
ח. קהלת רבה פרשה יו"ד פסוק ב':
ט. לקמן פרשה פ"ה. אגדת שמואל פרשה כ"ג. ילקוט שמואל רמז קל"ד:
י. תנחומא כאן סימן י"ב. פרקי דרבי אליעזר פרק ל"ו:

אם למקרא

עִם אֲשֶׁר תִּמְצָא אֶת אֱלֹהֶיךָ לֹא יִחְיֶה נֶגֶד אַחֵינוּ הַכֶּר לְךָ מָה עִמָּדִי וְקַח לָךְ וְלֹא יָדַע יַעֲקֹב כִּי רָחֵל גְּנָבָתַם:
(בראשית לא:לב)

וַתָּמָת רָחֵל וַתִּקָּבֵר בְּדֶרֶךְ אֶפְרָתָה הִוא בֵּית לָחֶם:
(שם לה:יט)

לֵב חָכָם לִימִינוֹ וְלֵב כְּסִיל לִשְׂמֹאלוֹ:
(קהלת י:ב)

וַיִּקַּח עֵשָׂו אֶת־נָשָׁיו וְאֶת בָּנָיו וְאֶת בְּנֹתָיו וְאֶת כָּל נַפְשׁוֹת בֵּיתוֹ וְאֶת מִקְנֵהוּ וְאֶת כָּל בְּהֶמְתּוֹ וְאֵת כָּל קִנְיָנוֹ אֲשֶׁר רָכַשׁ בְּאֶרֶץ כְּנָעַן וַיֵּלֶךְ אֶל־אֶרֶץ מִפְּנֵי יַעֲקֹב אָחִיו:
(בראשית לו:ו)

ענף יוסף

(ה) [ד] **הדין סבא.** דאפילו למאן דאמר דרבקה נשאת ליצחק בת שלש שנים ובן ארבעים שנה יצחק בקחתו את רבקה, ויצחק בן ששים שנה בלדת יעקב, הרי היה לרבקה כ"ג שנים כשנולד יעקב, וכשנתברך יעקב היה בן ס"ג כדלעיל וי"ד שנה נטמן בבית עבר וכ' שנה ששהה בבית לבן. נמצא בשוב יעקב לארצו היו לרבקה ק"כ שנה, ולבן גדול ממנה כמו שאמרו בנישואיה ויען לבן ובתואל:

ידי משה

[ד] **והלא לרחל קרא.** הכי גרסינן. לרחל וללאה קרא שנאמר ויקרא לרחל וללאה:

שינוי נוסחאות

(ד) **פטיקלין טב הוה נסיב ליה.** בכמה מפרשים הביאו שבערוך איתא "פטיליקין":

מתנות כהונה

[ד] **ניחא.** שמתה תחלה: **ותגנוב וגו'.** כעין גזירה שוה קדריש: **אפשר כן.** שיעקב נתן ללבן מאומה בעד בנותיו שאמרו מכרנו: **קוקיא.** פי' הערוך עדר: **ופטיקלין.** הערוך הביאו ולא פירשו וגרס פטיליקין ולפי הענין הוא מנה יפה ונחמד וכן מוכח בהדיא באיכה רבה בפסוק ויגרס ובמדרש חזית סוף פסוק ישקני מנשיקות: **ה"ג את נשיו ואח"כ את בניו:** [ה] **מקנינו של לבן.** בעד צאנו שלקח מלבן בעבודתו קנה עבדים ושפחות ושאר נכסים: **עושה רושם.** עיין לקמן פרשה פ"ה וכאן הרושם שע"י זה מתה רחל מקללתו של יעקב כדלקמן: **מה אנא בו'.** כלומר איך אלך ואניח זקן זה בקלקול עבודת כוכבים ופי' מהר"ר אליהו מזרחי

אשד הנחלים

היתה שהיתה מגבהת על אחותה, ולכן מתה תחילה אף שהיתה קטנה ממנה. אך דעת ר' יוסי כיון שקרא לרחל תחילה היה מדרך ארץ שהיא תענה תחילה, רק מתה מקללתו של יעקב אף שהיה בשגגה, כי הדבור עושה רושם למעלה: **ותגנוב ותמת.** אחז בלשון הכתובים, וכלומר שלכן מתה מפני שגנבה: **נסיב לה.** כלומר כל דבר המובחר היה לוקח רק לעצמו ולא לנו: [ה] **ואח"כ את נשיו.** כי העיקר המה הבנים ואבגן המה הנשים כשמאל שהוא טפל לימין, אבל בעשו שכל מגמתו התאוה, היו הנשים עיקר והבנים טפל: **מקנינו של לבן.** עיין במתנות כהונה: **רושם.** כי גם מפלת נבל ע"י גזיזת צאנו, שהעיז בדוד וניגף והיה מפלתו. ודע דחכמי אמת האירו לנו שנבל אותיות לבן והוא היה משורשו, ועל כן קרה לו כמוהו וכמתכונתו, וזה רמיזת דבריהם כאן ע"פ הציור: **לשם שמים.** כי חרה לה שאביה ישאר באוולתו תמיד. ומלת אשר הוא נתינת טעם, מפני שהיה של אביה ולכן חמלה עליו להצילו מפתיותו: [ו] **ליום אחד.** וזה אות שרץ בכעס ובחרון גדול:

וַיֻּגַּד לְלָבָן בַּיּוֹם הַשְּׁלִישִׁי כִּי בָרַח יַעֲקֹב. וַיִּקַּח אֶת אֶחָיו עִמּוֹ וַיִּרְדֹּף אַחֲרָיו דֶּרֶךְ שִׁבְעַת יָמִים וַיַּדְבֵּק אֹתוֹ בְּהַר הַגִּלְעָד.
It was told to Laban on the third day that Jacob had fled. So he took his kinsmen with him and pursued him a distance of seven days, catching up with him on Mount Gilead (31:22-23).

§6 **וַיֻּגַּד לְלָבָן בַּיּוֹם הַשְּׁלִישִׁי** — ***IT WAS TOLD TO LABAN ON THE THIRD DAY.***

The Midrash compares the speed of Jacob's journey with that of Laban's:

אָמַר רַבִּי אַבָּהוּ: מַה שֶּׁהָלַךְ יַעֲקֹב אָבִינוּ לְג׳ יָמִים הָלַךְ לָבָן לְיוֹם אֶחָד — **R' Abahu said:** The distance **that Jacob, our patriarch, traveled in three days, Laban traveled in one day,** for it is written, **"וַיֻּגַּד לְלָבָן בַּיּוֹם הַשְּׁלִישִׁי"** — ***It was told to Laban on the third day,*** meaning,

INSIGHTS

first step in combating it is to establish regular times to pause for reflection.

Rachel understood that her father would not abandon his lifelong practice of idolatry simply because his idols were missing. But she sought to *interrupt* his worship — if only briefly — so that he might pause to reflect upon his devotion to idolatry. Her hope was that an interlude of sincere contemplation, without the immediate availability of his cherished idols, would lead him to recognition of his error and to repentance.

A prerequisite of genuine and productive introspection, however, is sincerity of character, which Laban sorely lacked. Thus, the disappearance of his idols elicited only the knee-jerk reaction, "Why did you steal my gods?" And by rushing to rescue his idols, which had proven powerless to defend their own selves, he publicly displayed the foolishness of his belief that these "gods" could protect him from harm. As his grandsons — Jacob's sons — remarked (below, end of §8): "We are embarrassed of you, our mother's father, for even in your old age you say, *'Why did you steal my gods!'* " (*R' Shlomo Asulin* in *Shalmei Simchah*, Vol. 1, pp. 120-121).

Rachel had given her father another chance at eternity. But the master of deceit had been deceived again — by his own flawed character — adding another resounding failure to a lifetime of missed opportunities.

אֲמַר לֵיהּ רַבִּי יוֹסֵי: רָאִיתָ מִיָּמֶיךָ אָדָם קוֹרֵא רְאוּבֵן, וְשִׁמְעוֹן עוֹנֶה אוֹתוֹ, וַהֲלֹא לְרָחֵל קָרָא וְרָחֵל עָנְתָה אוֹתוֹ, עַל דַּעְתֵּיהּ דְּרַבִּי יְהוּדָה נִיחָא, עַל דַּעְתֵּיהּ דְּרַבִּי יוֹסֵי לֹא מֵתָה אֶלָּא מִקִּלְלָתוֹ שֶׁל זָקֵן, שֶׁנֶּאֱמַר (לקמן פסוק לב) **"עִם אֲשֶׁר תִּמְצָא אֶת אֱלֹהֶיךָ לֹא יִחְיֶה", וַהֲוָה כִּשְׁגָגָה שֶׁיּוֹצְאָה מִלִּפְנֵי הַשַּׁלִּיט,** (לקמן פסוק יט) **"וַתִּגְנֹב רָחֵל וְגוֹ'"** (לקמן לה, יט) **"וַתָּמָת רָחֵל וְגוֹ'". [לא, טו] "הֲלוֹא נָכְרִיּוֹת נֶחְשַׁבְנוּ לוֹ כִּי מְכָרָנוּ וְגוֹ'", אֶפְשָׁר כֵּן, אֶלָּא אִם הֲוָה קוּקְיָא טָבָא הֲוָה נָסֵיב לָהּ, °פַּטִּיקְלִין טָב הֲוָה נָסֵיב לֵיהּ:**

ה [לא, טז-יז] **"כִּי כָל הָעֹשֶׁר אֲשֶׁר הִצִּיל אֱלֹהִים מֵאָבִינוּ וְגוֹ', וַיָּקָם יַעֲקֹב וַיִּשָּׂא אֶת בָּנָיו", אָמַר רַבִּי יוֹחָנָן: כְּתִיב** (קהלת י ב) **"לֵב חָכָם לִימִינוֹ וְלֵב כְּסִיל לִשְׂמֹאלוֹ",** [ח] **"לֵב חָכָם לִימִינוֹ" זֶה יַעֲקֹב, שֶׁנֶּאֱמַר "וַיָּקָם יַעֲקֹב וַיִּשָּׂא אֶת בָּנָיו" וְאַחַר כָּךְ "וְאֶת נָשָׁיו", "וְלֵב כְּסִיל לִשְׂמֹאלוֹ" זֶה עֵשָׂו,** (לקמן לו, ו) **"וַיִּקַּח עֵשָׂו אֶת נָשָׁיו" וְאַחַר כָּךְ "וְאֶת בָּנָיו וְאֶת בְּנֹתָיו". [לא, יח] "וַיִּנְהַג אֶת כָּל מִקְנֵהוּ וְאֶת כָּל רְכֻשׁוֹ אֲשֶׁר רָכָשׁ מִקְנֵה קִנְיָנוֹ", מַה שֶּׁקָּנָה מִקִּנְיָנוֹ שֶׁל לָבָן. [לא, יט] "וְלָבָן הָלַךְ לִגְזֹז אֶת צֹאנוֹ",** [ט] **בְּכָל מָקוֹם שֶׁנֶּאֱמַר גְּזִיזָה עוֹשָׂה רוֹשֶׁם. [שם] "וַתִּגְנֹב רָחֵל אֶת הַתְּרָפִים אֲשֶׁר לְאָבִיהָ", וְהִיא לֹא נִתְכַּוְּונָה אֶלָּא לְשֵׁם שָׁמַיִם, אָמְרָה: מָה אֲנָא מֵיזִיל לִי וְנִשְׁבּוּק הָדֵין סָבָא בְּקִלְקוּלֵיהּ, לְפִיכָךְ הוּצְרַךְ הַכָּתוּב לוֹמַר "וַתִּגְנֹב רָחֵל אֶת הַתְּרָפִים אֲשֶׁר לְאָבִיהָ":**

ו [לא, כב] **"וַיֻּגַּד לְלָבָן בַּיּוֹם הַשְּׁלִישִׁי", אָמַר רַבִּי אַבָּהוּ: מַה שֶּׁהָלַךְ יַעֲקֹב אָבִינוּ לְג' יָמִים הָלַךְ לָבָן לְיוֹם אֶחָד, "וַיֻּגַּד לְלָבָן בַּיּוֹם הַשְּׁלִישִׁי",**

עץ יוסף

ראית מימיך אדם קורא כו'. תימא מה ענין זה לזה כי לא קרא לרחל לבדה. ויש לומר דדייק מדלא כתיב לרחל ולאה אלא וללאה שלא קראן בפעם אחת שלא ירגישו בני הבית בזה. ותחלה קרא לרחל להגיע דבריו לפניה, ואחר כך קרא ללאה והגיע גם כן דבריו בפניה אך הכתוב כלל דברי שניהם במאמר אחד כדי לקצר, והשתא שפיר ראית אדם קורא ראובן ושמעון עונה אותו הלא לרחל קרא תחלה ורחל ענתה אותו: **בשגגה היוצאת כו'.** שמתקיימת שלא מדעתו וכן יעקב לא נתכוון לקללה אלא שיומת על ידם, ומכל מקום אחר שיצא מפיו לא יהיה נתקיים, כי הדבור עושה רושם למעלה (יפה תואר): **ותגנוב רחל וגו' ותמת רחל וגו'.** אחז בלשון הכתובים, וכלומר שלכן מתה מפני שגנבה: **אפשר בן.** ואיך אוכלין כסף: **אם היה קוקיא כו'.** אם הגיע ליעקב בדמי שכר פעולתו קוקיא (המעריך פירש כלי טוב), היה לבן לוקח לו ונתן לו ליעקב אחרת תמורתו הגרוע ממנו, ובזה הוי ליה ללבן קלת התגללות לומר שאין קפידא בדבר שבידו ליתן בשכר פעולתו איזה קוקיא שירצה: **פטיקלין.** הערוך הביאו ולא פירשו וגרס פטיליקין. ולפי הענין הוא מנה יפה ונחמד כדמוכח בחזית סוף פסוק ישקני (מתנות כהונה). והמוסף ערוך בערך פטיליקין פירש פטלין בלשון יוני עגל. ובנוסחאות כתב פטקלין: (ה) [ד] **לב חכם לימינו זה יעקב.** שעושה את העיקר עיקר, שהקדים הבנים לנשים שהבנים עיקר, ועשו הקדים הנשים ועשה הטפל עיקר שהנשים חביבות לו יותר: **מה שקנה מקנינו של לבן.** פי' מה שקנה מאתו עבדים ושפחות וגמלים וחמורים שהיה מוכר מאתו לוקח כל אלה: **עושה רושם.** משום דבגזיזה היו עושים שמחה וגיל והיה השטן מרקד ביניהם ובא צרה על ידו, כי גם מפלת נבל על ידי גזיזת צאנו שהעיז בדוד וניגף והיה מפלתו: **לשם שמים ולא לגנבה.** והוציאו זה מיתורא דאשר לאביה: **הדין סבא.** זה הזקן: (ו) **מה שהלך יעקב לשלשה ימים כו'.** שהרי ביום שלישי לבריחה הוגד ללבן, ובאותן שלשה ימים היה יעקב הולך לדרכו, והוא היה תחלה רחוק מלבן דרך שלשת ימים כדלקמן, נמצא ביום האגדה רחוק ממנו ששה ימים ויעקב לא הלך בדרך רק שלשה ימים, ולמחרת יום הבשורה רדף לבן אחריו ממקום גיזת צאנו, ובאותו יום שרדף לבן אחריו נסע יעקב עוד לדרכו, והשיגו לבן ביום ההוא כדכתיב וירדוף אחריו דרך שבעת ימים, פירוש ממקום גיזת לבן עד הגלעד. והוה מצי למימר מה שהלך יעקב לארבעה ימים אלא דימים שלמים חשיב להליכת יעקב (יפה תואר):

פירוש מהרז״ו

(ד) **בשגגה.** קהלת רבה (י, ז), ועיין להלן (סימן ט), ובאגדת בראשית (פרק נא): **אפשר בן.** איך אוכלים כסף. ומה שאמר קווקיא עיין לעיל (סד, ז) מהערוך: (ה) **לב חכם לימינו.** לקמן (פב, יג), במדבר רבה (כב, ט). ומה שאמר ואחר כך את בנותיו, תיבת ואחר כך מיותר וטעות סופר: **גזיזה עושה רושם.** לקמן (פה, ו) וכן אצל נבל שמואל (א' כה) ואצל אבשלום שמואל (ב' יג): (ו) **אמר רבי אבהו וכו' לשלשה ימים וכו'.** וצריך עיון שהרי מפורש כתוב וירדף אחריו דרך שבעת ימים וכתיב ויוגד ללבן ביום השלישי כי ברח הרי כבר הלך שלושה ימים קודם שרדפו והיה צריך לומר מה שהלך יעקב לשבעה ימים הלך לבן לארבעה ימים, ובילקוט כאן לא גרס בדברי רבי אבהו ויוגד ללבן ביום השלישי שלישי לבריחה, כי אם גורסו בדברי רבי חייא, ובזה מיושב היטב שיתכן לדעת רבי אלעזר שלא הלך יעקב קודם שרדפו לבן, כי מאחר שהיה צאן יעקב הרבה מאד היו מפוזרות והיה צריך לאספם שלשה ימים וביום השלישי הוגד ללבן שיעקב מאסף צאנו ורכושו שממקום יעקב עד מקום צאן לבן שלשה ימים, והמאסף התחיל לילך מיד כשהתחיל לאסוף לצורך הבריחה, ועל זה כתיב ויוגד ללבן ביום השלישי כי ברח יעקב שדרך שלשה ימים היה

חידושי הרד״ל

[ד] **והלא לרחל קרא תחלה ורחל עונה.** כן צריך לומר: **פטילקין טב.** פירוש במוסף ערוך עגל בלשון יוני:

חידושי הרש״ש

[ו] **מה שהלך אבינו יעקב לשלשה ימים כו'.** רבי אבהו סובר דביום השלישי היינו בתחילתו ולא מפני שהיה רחוק מעירו דרך שלשה ימים אלא שאז (רצה לומר בתחלת יום השלישי) חזר לעירו בגמר גיזתו והוגד לו ומיד רדף אחריו והשיגו בו ביום בערב, ומה שכתוב דרך שבעת ימים היינו בהלוך בינוני, אבל יעקב מיהר דרכו כדרך הבורחים והלכן בשלשה ימים ולבן מיהר עוד יותר והלכן ביום אחד. (וקצת מזה בידי משה):

אמרי יושר

[ה] **ותגנוב רחל את התרפים.** וזהו אינו רק אשר לאביה. דרך תשובה לאביה שלא יטעה בעבודה זרה:

מה שהלך יעקב בשבעת ימים הלך לבן ביום אחד. כי הוא היה רחוק דרך שלשת ימים. ועד שהגיעה לו השמועה שלשה ימים אחרים. ואם נתאחר יותר מיום אחד איך אמר דרך שבעת ימים הלא יעקב לא היה עושה אלא נוסע והולך. אם כן יותר היה. לזה אמרם שהלך ביום אחד יום אחד וששה קודמים הרי שבעה:

מסורת המדרש

ז. מועד קטן דף י״ח וש״נ:
ח. קהלת רבה פרשה יו״ד פסוק ב':
ט. לקמן פרשה פ״ה. אגדת שמואל פרשה כ״ג. ילקוט שמואל רמז קל״ד:
י. תנחומא כאן סימן י״ב. פרקי דרבי אליעזר פרק ל״ו:

אם למקרא

עִם אֲשֶׁר תִּמְצָא אֶת אֱלֹהֶיךָ לֹא יִחְיֶה נֶגֶד אַחֵינוּ הַכֶּר לְךָ מָה עִמָּדִי וְקַח לָךְ וְלֹא יָדַע יַעֲקֹב כִּי רָחֵל גְּנָבָתַם:
(בראשית לא:לב)

וַתָּמָת רָחֵל וַתִּקָּבֵר בְּדֶרֶךְ אֶפְרָתָה הִוא בֵּית לָחֶם:
(שם לה:יט)

לֵב חָכָם לִימִינוֹ וְלֵב כְּסִיל לִשְׂמֹאלוֹ:
(קהלת י:ב)

וַיִּקַּח עֵשָׂו אֶת־נָשָׁיו וְאֶת בָּנָיו וְאֶת בְּנֹתָיו וְאֶת כָּל נַפְשׁוֹת בֵּיתוֹ וְאֶת מִקְנֵהוּ וְאֶת כָּל בְּהֶמְתּוֹ וְאֵת כָּל קִנְיָנוֹ אֲשֶׁר רָכַשׁ בְּאֶרֶץ כְּנָעַן וַיֵּלֶךְ אֶל־אֶרֶץ מִפְּנֵי יַעֲקֹב אָחִיו:
(בראשית לו:ו)

ענף יוסף

(ה) [ד] **הדין סבא.** דאפילו למאן דאמר דרבקה נשאת ליצחק בת שלש שנים ובן ארבעים שנה יצחק בקחתו את רבקה, ויצחק בן ששים שנה בלדת יעקב, הרי היה לרבקה כ״ג שנים כשנולד יעקב, וכשנתברך יעקב היה בן ס״ג כדלעיל וי״ד שנה נטמן בבית עבר וכ' שנה נשתהה בבית לבן. נמצא בשוב יעקב לארצו היו לרבקה ק״כ שנה, ולבן גדול ממנה כמו שאמרו בנישואיה ויען לבן ובתואל:

ידי משה

[ד] **והלא לרחל קרא.** הכי גרסינן. לרחל וללאה קרא שנאמר ויקרא לרחל וללאה:

שינוי נוסחאות

(ד) **פטיקלין טב הוה נסיב ליה.** בכמה מפרשים הביאו שבערוך איתא "פטיליקין":

מתנות כהונה

[ד] **ניחא.** שמתה תחלה: **ותגנוב וגו'.** כעין גזירה שוה קדריש: **אפשר בן.** שיעקב נתן ללבן מאומה בעד בנותיו שאמרו מכרנו: **קוקיא.** פי' הערוך עדר: **ופטיקלין.** הערוך הביאו ולא פירשו וגרס פטיליקין ולפי הענין הוא מנה יפה ונחמד וכן מוכח בהדיא באיכה רבה בפסוק ויגרס ובמדרש חזית סוף פסוק ישקני מנשיקות: **ה״ג את נשיו ואח״כ את בניו:** [ה] **מקנינו של לבן.** בעד צאנו שלקח מלבן בעבודתו קנה עבדים ושפחות ושאר נכסים: **עושה רושם.** עיין לקמן פרשה פ״ה וכאן הרושם שע״י זה מתה רחל מקללתו של יעקב כדלקמן: **מה אנא כו'.** כלומר איך אלך ואניח זקן זה בקלקול עבודת כוכבים ופי' מהר״ר אליהו מזרחי

אשד הנחלים

היתה שהיתה מגבהת על אחותה, ולכן מתה תחילה אף שהיתה קטנה ממנה. אך דעת ר' יוסי כיון שקרא לרחל תחילה היה מדרך ארץ שהיא תענה תחילה, רק מתה מקללתו של יעקב אף שהיה בשגגה, כי הדבור עושה רושם למעלה: **ותגנוב ותמת.** אחז בלשון הכתובים, וכלומר שלכן מתה מפני שגנבה: **נסיב לה.** כלומר כל דבר המובחר היה לוקח רק לעצמו ולא לנו: [ה] **ואח״כ את נשיו.** כי העיקר המה הבנים ואגבן המה הנשים כשמאל שהוא טפל לימין, אבל בעשו שכל מגמתו התאוה, היו הנשים עיקר והבנים טפל: **מקנינו של לבן.** עיין במתנות כהונה: **רושם.** כי גם מפלת נבל ע״י גזיזת צאנו, שהעיז בדוד וניגף והיה מפלתו. ודע דחכמי אמת האירו לנו שנבל אותיות לבן והוא היה משורשו, ועל כן קרה לו כמוהו וכמתכונתו, וזה רמיזת דבריהם כאן ע״פ הציור: **לשם שמים.** כי חרה לה שאביה ישאר באוולתו תמיד. ומלת אשר הוא נתינת טעם, מפני שהיה של אביה ולכן חמלה עליו להצילו מפתיותו: [ו] **ליום אחד.** וזה אות שרץ בכעס ובחרון גדול:

שְׁלִישִׁי לַבְּרִיחָה — the **third** day **of** Jacob's **flight.**[50] אָמַר רַבִּי חִיָּיא רַבָּה: מַה שֶׁהָלַךְ אָבִינוּ יַעֲקֹב לְז׳ יָמִים הָלַךְ לָבָן בְּיוֹם אֶחָד — And **R' Chiya the Great said:** The distance **that our patriarch, Jacob, traveled in seven days, Laban traveled in one day.**[51] R' Chiya proves his statement: מִמָּה נַפְשָׁךְ, רוֹצֶה וְלֹא רוֹצֶה — **For whichever** way **you wish,** whether **you want** to accept this idea **or** whether **you do not want** to, its basis is compelling.[52] כְּבָר כְּתִיב ״וַיָּשֶׂם דֶּרֶךְ שְׁלֹשֶׁת יָמִים בֵּינוֹ וּבֵין יַעֲקֹב״ — For **it is already written,** ***And [Laban] put a distance of three days between himself and Jacob*** (above, 30:36),[53] וּכְתִיב ״וַיֻּגַּד לְלָבָן בַּיּוֹם הַשְּׁלִישִׁי״, שְׁלִישִׁי לַבְּרִיחָה — **and it is** also **written,** ***It was told to Laban on the third day*** *that Jacob had fled*, referring to the **third day of** Jacob's **flight.**[54] שֶׁנֶּאֱמַר ״וַיִּקַּח אֶת אֶחָיו עִמּוֹ וַיִּרְדֹּף אַחֲרָיו דֶּרֶךְ שִׁבְעַת יָמִים״ — And since **it is stated,** ***So he took his kinsmen with him and pursued him a distance of seven days,*** יוֹמָא דַהֲווֹ קָיְימִין בֵּיהּ — we may infer that Laban undertook this pursuit on **the very same day** that he caught up with Jacob.[55] הֲוֵי מַה שֶׁהָלַךְ יַעֲקֹב בְּז׳ יָמִים הָלַךְ לָבָן לְיוֹם אֶחָד — **Thus,** it emerges that the distance **that Jacob traveled in seven days, Laban traveled in one day.**

וַיָּבֹא אֱלֹהִים אֶל לָבָן הָאֲרַמִּי בַּחֲלֹם הַלָּיְלָה וַיֹּאמֶר לוֹ הִשָּׁמֶר לְךָ פֶּן תְּדַבֵּר עִם יַעֲקֹב מִטּוֹב עַד רָע.

But God had come to Laban the Aramean in a dream by night and said to him, "Beware lest you speak with Jacob either good or bad" (31:24).

§7 וַיָּבֹא אֱלֹהִים אֶל לָבָן הָאֲרַמִּי בַּחֲלֹם הַלָּיְלָה — ***BUT GOD HAD COME TO LABAN THE ARAMEAN IN A DREAM BY NIGHT.***

The Midrash contrasts God's communication with Jewish and non-Jewish prophets:[56]

מַה בֵּין נְבִיאֵי אוּמּוֹת הָעוֹלָם לִנְבִיאֵי יִשְׂרָאֵל — **What is** the difference **between the prophets of the nations of the world and the prophets of Israel?** רַבִּי חָמָא בַּר חֲנִינָא וְרַבִּי יִשָּׂשכָר דִּכְפַר מַנְדִּי — **R' Chama bar Chanina and R' Yissachar of Kfar Mandi** discussed this issue: רַבִּי חָמָא בַּר חֲנִינָא אָמַר: אֵין הַקָּדוֹשׁ בָּרוּךְ הוּא נִגְלֶה לִנְבִיאֵי אוּמּוֹת הָעוֹלָם אֶלָּא בַּחֲצִי דִיבּוּר — **R' Chama bar Chanina said: The Holy One, blessed is He, does not appear to the prophets of the nations of the world** in any manner **other than with half-speech,**[57] דִּכְתִיב ״וַיִּקָּר אֱלֹהִים אֶל בִּלְעָם״ — **as it is written,** ***God happened*** [וַיִּקָּר] ***upon Balaam*** (*Numbers* 23:4).[58] רַבִּי יִשָּׂשכָר דִּכְפַר מַנְדִּי אָמַר: אֵין הַלָּשׁוֹן הַזֶּה ״וַיִּקָּר״ אֶלָּא לְשׁוֹן טוּמְאָה — And **R' Yissachar of Kfar Mandi said: This expression, *vayikar* [וַיִּקָּר], is nothing other than an expression of impurity,**[59]

NOTES

50. At the time Jacob had fled from Laban, he and Laban were with the flocks in their respective cares, which were separated by a distance of three days (see 30:36 above, cited just below). And since Laban was only informed of Jacob's flight [in the opposite direction] sometime on its third day, by the time Laban set out to pursue him, Jacob had placed six days between the two of them, and was beginning to add a seventh day. [Since it would have taken the informer three complete days to reach Laban, Laban must have begun his chase on the fourth morning (*Yefeh To'ar*).] Now, it is apparent from v. 23 (also cited just below), which describes the amount Laban traveled before catching up with Jacob as *a distance of seven days*, that Laban completed his trip on its first day [for had he traveled more than one day, Jacob would have by then added an eighth day's distance (*Yefeh To'ar*)]. R' Abahu thus teaches that the entire distance that Jacob traveled in his *three* complete days of flight — as well as the amount that he covered in the fourth, partial day [and the three days' journey that had originally separated him from his father-in-law (*Yefeh To'ar*)] — Laban managed to traverse in a single (partial) day of pursuit (*Eitz Yosef*; see also *Yefeh To'ar*).

The Midrash points out the speed of Laban's journey because it serves to indicate the fury with which he pursued Jacob (*Eitz Yosef*; see also *Ramban* and *Rashbam* to verse).

51. R' Chiya the Great maintains that [Jacob began his flight from Laban's home (compare *Ramban* to verse) and that] three days later, when Laban, who had been away from home shearing his sheep (see v. 19), was first informed of that development, Laban did not immediately give chase, opting instead to spend three days traveling to his home in the city of Haran. R' Chiya assumes that Laban would have had to do this in order to assemble his *kinsmen* with whom (as taught in v. 23) he would pursue Jacob (compare *Ramban* to verse, citing *Pirkei DeRabbi Eliezer* §36) and who would probably not have accompanied him when he went to shear his sheep. It thus emerges that Jacob had already traveled for six days before Laban began to follow him (*Eitz Yosef*). In the coming lines, R' Chiya will cite Scriptural proof for his view.

According to R' Chiya, Laban was able to travel so much more quickly than Jacob did because the latter was slowed down by the livestock and the children with whom he walked (compare 33:14 below). For this reason, R' Chiya accepts that to traverse the distance between his flock and his home took Laban no less time than it took the informer, who we may assume was also hurried, and yet the remainder of Laban's journey took him a fraction of the time it took Jacob (*Yefeh To'ar*, cited in part by *Eitz Yosef*; see also *Rashbam* to verse).

[Although one of the seven days would have been the Sabbath, and Jacob, who kept all of the Sabbath restrictions (see above, 11 §8), would not travel extensively on that day, it is possible that on the Sabbath, Jacob traveled only a permissible amount (*Eitz Yosef*, from *Yefeh To'ar*).]

(A number of alternative approaches appear in the various commentators, who struggle to explain both our Midrash and *Rashi* to our verse, where it is paraphrased in part.)

52. *Matnos Kehunah*, *Eitz Yosef*.

53. Our Midrash may understand this verse to mean that Jacob had remained with his flock in Haran while Laban and his flock had traveled three days to another location (cf. *Ramban* to verse). Consequently, this verse serves to prove that Laban could not have left Haran to pursue Jacob before the latter had been gone for six days.

54. Since after someone had arrived from Haran to inform Laban of Jacob's flight, Laban then returned to Haran, this verse, which indicates that the trip from Haran to where Laban was shearing his flock took three days, proves to the Midrash that Laban could not have begun his pursuit before the seventh day (*Eitz Yosef*).

55. Lit., *the day on which they are standing*.

In light of the Scriptural proof that Laban did not pursue Jacob for the first six days, the fact that he caught up to him after Jacob had traveled *a distance of seven days* makes plain that Laban completed his entire journey in a single day. For if it would have taken Laban an amount of time greater than one day to reach him, Jacob would have been traveling for more than seven days at that point (*Yefeh To'ar*).

56. [Note that much of this Aggadah appears above in 52 §5, and again in *Vayikra Rabbah* 1 §13, and that our references to *Vayikra Rabbah* that follow below are to that location. Note also that many of the ideas that will appear in this section are of an esoteric nature. See *Nezer HaKodesh* to 52 §5, cited in part by *Eitz Yosef* ad loc. and to *Vayikra Rabbah*, who explains this Midrash Kabbalistically, following the premise that all of the comments that follow are aimed at explaining the surprising concept of a less-than-righteous individual receiving Divine communication. See also *Moreh Nevuchim*, Vol. II Ch. 41, who asserts that Laban's dream of our verse, like similar dreams experienced by wicked people, was not a *prophecy* at all, but merely an awareness brought about by God. But see *Yefeh To'ar* to 52 §5, who discusses the issue at length and argues, among other things, that our Midrash indicates that those visions were indeed prophetic.]

57. God finds it unpleasant, as it were, to speak with these prophets at length. And just as one cannot properly appreciate what he is told incompletely by another man, these prophets do not fully comprehend God's abbreviated messages (*Eitz Yosef* to *Vayikra Rabbah*).

58. The word וַיִּקָּר is a shortened form ("half") of the word וַיִּקְרָא, *and He called,* that is typically found in Scripture with regard to Jewish prophets (see, e.g., *Exodus* 3:4). Scripture's use of this truncated term in connection with the non-Jewish Balaam alludes to the brief, incomplete nature of God's communication with him.

59. R' Yissachar of Kfar Mandi maintains that the prophets of the nations are undeserving of hearing even half-speech from God (*Vayikra*

שְׁלִישִׁי לַבְּרִיחָה, אָמַר רַבִּי חִיָּיא רַבָּה: מַה שֶּׁהָלַךְ אָבִינוּ יַעֲקֹב לְז' יָמִים הָלַךְ לָבָן בְּיוֹם אֶחָד, מִמַּה נַּפְשָׁךְ, רוֹצֶה וְלֹא רוֹצֶה, כְּבָר כְּתִיב "וַיָּשֶׂם דֶּרֶךְ שְׁלֹשֶׁת יָמִים בֵּינוֹ וּבֵין יַעֲקֹב", וּכְתִיב "וַיֻּגַּד לְלָבָן בַּיּוֹם הַשְּׁלִישִׁי", שְׁלִישִׁי לַבְּרִיחָה, שֶׁנֶּאֱמַר [לא, כג] "וַיִּקַּח אֶת אֶחָיו עִמּוֹ וַיִּרְדֹּף אַחֲרָיו דֶּרֶךְ שִׁבְעַת יָמִים", יוֹמָא דַּהֲווֹ קָיְימִין בֵּיהּ, הֱוֵי מַה שֶּׁהָלַךְ יַעֲקֹב בְּז' יָמִים הָלַךְ לָבָן לְיוֹם אֶחָד:

ז [לא, כד] יא"וַיָּבֹא אֱלֹהִים אֶל לָבָן הָאֲרַמִּי בַּחֲלֹם הַלָּיְלָה", מַה בֵּין נְבִיאֵי °עוֹבְדֵי כוֹכָבִים° לִנְבִיאֵי יִשְׂרָאֵל, רַבִּי חָמָא בַּר חֲנִינָא וְרַבִּי יִשָּׂשכָר דִּכְפַר מַנְדִּי, רַבִּי חָמָא בַּר חֲנִינָא אָמַר: אֵין הַקָּדוֹשׁ בָּרוּךְ הוּא נִגְלֶה לִנְבִיאֵי °עוֹבְדֵי כוֹכָבִים° אֶלָּא בַּחֲצִי דִיבּוּר, דִּכְתִיב (במדבר כג, ד) "וַיִּקָּר אֱלֹהִים אֶל בִּלְעָם", רַבִּי יִשָּׂשכָר דִּכְפַר מַנְדִּי אָמַר: אֵין הַלָּשׁוֹן הַזֶּה "וַיִּקָּר" אֶלָּא לְשׁוֹן טוּמְאָה, הֵיךְ מַה דְּאַתְּ אָמַר (דברים כג, יא) "כִּי יִהְיֶה בְךָ אִישׁ אֲשֶׁר לֹא יִהְיֶה טָהוֹר מִקְּרֵה לָיְלָה", אֲבָל לִנְבִיאֵי יִשְׂרָאֵל בְּדִבּוּר שָׁלֵם, בִּלְשׁוֹן חִיבָּה, בִּלְשׁוֹן קְדוּשָּׁה, בְּלָשׁוֹן שֶׁמַּלְאֲכֵי הַשָּׁרֵת מְקַלְּסִין אוֹתוֹ, (ישעיהו ו, ג) "וְקָרָא זֶה אֶל זֶה וְאָמַר קָדוֹשׁ", רַבִּי יוֹסֵי בַּר חֲנִינָא אָמַר: אֵין הַקָּדוֹשׁ בָּרוּךְ הוּא נִגְלֶה לִנְבִיאֵי °עוֹבְדֵי כוֹכָבִים° אֶלָּא בְּשָׁעָה שֶׁדֶּרֶךְ בְּנֵי אָדָם לִפְרוֹשׁ אֵלּוּ מֵאֵלּוּ, דִּכְתִיב (איוב ד יג) "בִּשְׂעִפִּים מֵחֶזְיוֹנוֹת לָיְלָה בִּנְפֹל תַּרְדֵּמָה עַל אֲנָשִׁים וְגוֹ'" (שם שם יב) "וְאֵלַי דָּבָר יְגֻנָּב וְגוֹ'", אָמַר רַבִּי אֶלְעָזָר בַּר רַבִּי מְנַחֵם: (משלי טו, כט) "רָחוֹק ה' מֵרְשָׁעִים", אֵלּוּ נְבִיאֵי עוֹבְדֵי כוֹכָבִים, "וּתְפִלַּת צַדִּיקִים יִשְׁמָע", אֵלּוּ נְבִיאֵי יִשְׂרָאֵל, מַה בֵּין נְבִיאֵי יִשְׂרָאֵל לִנְבִיאֵי °עוֹבְדֵי כוֹכָבִים°, רַבִּי חֲנִינָא בַּר פָּפָּא וְרַבִּי סִימוֹן, רַבִּי חֲנִינָא בַּר פָּפָּא אָמַר: לְמֶלֶךְ וְאוֹהֲבוֹ שֶׁהָיוּ נְתוּנִים בִּטְרַקְלִין, כָּל שָׁעָה שֶׁהוּא מְבַקֵּשׁ הוּא מְדַבֵּר עִם אוֹהֲבוֹ, {נ"א לְמֶלֶךְ וְאוֹהֲבוֹ שֶׁהָיוּ נְתוּנִים בִּטְרַקְלִין וּבֵינֵיהֶם וִילוֹן, כָּל שָׁעָה שֶׁהוּא מְבַקֵּשׁ לְדַבֵּר עִם אוֹהֲבוֹ מְקַפֵּל אֶת הַוִּילוֹן וּמְדַבֵּר עִם אוֹהֲבוֹ}, רַבִּי סִימוֹן אָמַר: לְמֶלֶךְ שֶׁהָיָה לוֹ אִשָּׁה וּפִילֶגֶשׁ,

רש"י

(ו) מה שהלך יעקב לשבעת ימים הלך לבן ליום אחד: מה נפשך רוצה או אינו רוצה כבר כתיב וישם דרך שלשת ימים בינו ובין יעקב ויוגד ללבן ביום השלישי שלישי לבריחה: דרך שבעת ימים. יומא דהוו קיימין ביה:

עץ יוסף

לשבעת ימים כו'. סבירא ליה דהא דכתיב וירדוף אחריו דרך שבעת ימים לאו ממקום גיזת לבן הוא, דהא כתיב ויקח את אחיו עמו דהיינו קרוביו ומיודעיו ומסתמא לא היו עמו במקום הגיזה שלו אלא במקומו עיר חרן, וכן כתב הרמב"ן בשם פרקי דרבי אליעזר כי לבן שב לעירו ומשם לקח כל גבור חיל ורדף אחריו משם דרך שבעת ימים, ובכל השבעה ימים הלך יעקב לדרכו, אלא שלא היה כסתם דרך שהולכי דרכים אלא דרך של מקנה לאן וילדים, לכן זה הדרך היה יכול לבן להלוך ביום אחד לפי שהלך בזריזות גדול. וזה **רוצה ואינו רוצה** כלומר על כרחך אתה לריך להודות שהרי **כבר כתיב וישם דרך שלשת ימים בינו ובין יעקב, וכתיב ויוגד ללבן ביום השלישי שלישי לבריחה.** שלא היה יכול להגיע למקום לבן עד יום השלישי וכן לא הגיע לבן משם לביתו גם כן עד שלשה ימים, ומשם רדף אחריו **דרך שבעת ימים. יומא דהוו קיימין ביה.** רלונו לומר היום עלמו שעומדים בו כשהדביק בו באותו היום הוא שהלך דרך כל השבעה ימים: **הוי מה שהלך יעקב בשבעה ימים.** ואף שיעקב שמר את השבת כדלעיל פרשה י"א אפשר לומר שגם ביום שבת הלך כשיעור שמותר להלוך (יפה תואר): **ליום אחד.** וזה אות שרץ בכעס ובחרון גדול: **(ז) [ה] מה בין נביאי כו'.** פירשתי לעיל (ג, ז) עיין שם כל המאמר:

פירוש מהרז"ו

בין יעקב ללבן, ואז הלך לבן למקום הבריחה שלשה ימים, ובאותן שלשה הלך יעקב הרי ששה ימים וביום הששי הגיע לבן למקום הבריחה והשיגו ביום השביעי הרי מה שהלך יעקב בשלשה ימים הלך לבן ביום אחד. ורבי חייא סובר שמה שאמר כי ברח כפשוטו שהלך יעקב שלשה ימים מה שהלך המבשר ממקום הבריחה למקום לאן לבן, ולבן הלך ממקומו עד מקום הבריחה שלשה ימים הרי ששה ימים, וביום השביעי השיגו, הרי מה שהלך יעקב לשבעה ימים הלך לבן ביום אחד. ומה שאמר כאן רבי חייא רבה הוא טעות סופר וצריך לומר רבי חייא בר אבא שהיה בדור אחד עם רבי אבהו ושניהם היו תלמידי רבי יוחנן, וכן הגירסא בילקוט רבי חייא בר אבא: **(ז) מה בין.** לעיל (נב, ה) ושם נסמן:

מסורת המדרש

יא. לעיל פ' נ"ב. ויקרא רבה פרשה א'. ילקוט סדר וירא רמז פ"ח. ילקוט משלי רמז תתקנ"ג. ילקוט איוב רמז תתצ"ג:

אם למקרא

וַיִּקָּר אֱלֹהִים אֶל בִּלְעָם וַיֹּאמֶר אֵלָיו אֶת שִׁבְעַת הַמִּזְבְּחֹת עָרַכְתִּי וָאַעַל פָּר וָאַיִל בַּמִּזְבֵּחַ: (במדבר כג:ד)

כִּי יִהְיֶה בְךָ אִישׁ אֲשֶׁר לֹא יִהְיֶה טָהוֹר מִקְּרֵה לָיְלָה וְיָצָא אֶל מִחוּץ לַמַּחֲנֶה לֹא יָבֹא אֶל תּוֹךְ הַמַּחֲנֶה: (דברים כג:יא)

וְקָרָא זֶה אֶל זֶה וְאָמַר קָדוֹשׁ קָדוֹשׁ קָדוֹשׁ ה' צְבָאוֹת מְלֹא כָל הָאָרֶץ כְּבוֹדוֹ: (ישעיה ו:ג)

וְאֵלַי דָּבָר יְגֻנָּב וַתִּקַּח אָזְנִי שֵׁמֶץ מֶנְהוּ: בִּשְׂעִפִּים מֵחֶזְיֹנוֹת לָיְלָה בִּנְפֹל תַּרְדֵּמָה עַל אֲנָשִׁים: (איוב ד:יב-יג)

רָחוֹק ה' מֵרְשָׁעִים וּתְפִלַּת צַדִּיקִים יִשְׁמָע: (משלי טו:כט)

מתנות כהונה

דדייק מדכתיב אשר לאביה: [ו] **רוצה כו'.** כלומר על כרחך לריך אתה להודות בין ברלון בין שלא ברלון: **וישם דרך וגו'.** וא"כ אותן מהלך שלשה ימים היו לגד א"י שאל"כ ירגיש בו לבן בעברו דרך עירו ועוד ג' ימים הלך לו משם וביום השלישי הוגד ללבן וביום הד' רדף אחריו והשיגו הרי מהלך כו'. שאותן דרך שלשה ימים שמם היו בינו ובין יעקב לכל הפחות כמהלכו של יעקב ונוסף עליהם דרך ד' ימים או יהיה פי' מה שהלך מה שהיה ראוי לילך ועיין עוד ברמב"ן: **דהוו קיימין כו'.** באותו יום שהם עומדים בו כלומר באותו יום שרדפו אחריו באותו יום עלמו השיגוהו: לבן יום גרסינן: [ז] **בחצי דיבור.** עיין לעיל פרשה נ"ב ובויקרא רבה פ"א: השמר לך וגו'

אשד הנחלים

רוצה ולא רוצה. עיין במתנות כהונה. ומפני שבאמת הוא דבר תמוה שרץ ביום אחד נגד ז' ימים, על כן אמר שעל כרחנו מוכרחים אנחנו לומר כן אף שהוא דוחק גדול, כיון שמוכח דברי הכתובים כן: [ז] **בחצי דיבור כו' שלם כו' חיבה.** הדבר הזה הוא ענין רחב בגדר הנבואה. והכלל שהדיבור היוצא מפי הנביא אינו דיבורו ורצונו כי אם רוח ממרום מדבר בו, ובמקום ששריית הנבואה יתדבק ברצון טוב כי האדם מוכן לזה ואז מתחבר מין במינו, אז ממילא הדבור שלם, אכן במקום אשר באמת אין האדם ראוי לזה מאומה כי אם שמכריח עצמו לקרב לזה מה שאינו במדריגתו, ולכן הזדקקות הדיבור אינו בשלימות גמור ובחיבה, אחר שאינו כפי הכנה הראויה: **טומאה.** כי גם מזה נובע ההתבודדות אבל הוא התבודדות רע ובליעל, ואין לבאר הדבר הזה באריכות: **לפרוש אלו מאלו.** כבר ידוע כי מעלת מדריגות הנבואה מתעלה, אם האדם הוא בעת הזאת במעמדו בלא ביטול החושים, רק מרוב הדביקות והשפעת הנבואה, אבל לבעלי מדריגות קטנות אז ההכרח להם לקבל השפעתם בעת השינה, שאז החושים אינם מטרידים אותם, וגם אינו רואה מאנשי העולם מאומה, ואז כח הדמיון הגובר בו למאוד כחוק השינה, ואין להאריך הרבה. ועיין במורה ח"ג בפרקי הנבואה ותבין הכל בטוב טעם ודעת: **אלו נביאי כו'.** דאם כפשוטו מי לא ידע בזה, אלא ודאי בא לומר אף שהרוח שורה עליהם עם כל זה רחוקה מהם האלהית לקיים חפצם ומשאלם, כי רק תפלת צדיקים ישמע, ולא יועיל החכמה והידיעה לבד, רק הצדק ונפש הטהורה: **וילון כו' מקפל כו'.** לכאורה לא נאמר כאן ההבדל שבין מדריגות הנבואה לנביאי ישראל לבין נביאי עובדי כוכבים. והנראה שהכונה כאן שעם אינו אוהבו מדבר מתחת לוילון בלי קפול רק בהסתרה. והענין הוא רוב האריכות רק ידוע ליודעים. ועל דרך הפשט הסתרה הוא החומר, והקיפול הוא התבודדות אמיתית שעל

"הֵיךְ מַה דְאַתְּ אָמַר "כִּי יִהְיֶה בְךָ אִישׁ אֲשֶׁר לֹא יִהְיֶה טָהוֹר מִקְּרֵה לָיְלָה — as is stated, ***If there will be among you a man who will not be clean because of a nocturnal occurrence*** [מִקְּרֵה], *he shall go outside the camp* (*Deuteronomy* 23:11).[60] אֲבָל לִנְבִיאֵי יִשְׂרָאֵל בְּדִבּוּר שָׁלֵם — **But to the prophets of Israel,** God speaks **with complete speech,**[61] בִּלְשׁוֹן חִיבָּה, בִּלְשׁוֹן קְדוּשָׁה, בִּלְשׁוֹן שֶׁמַּלְאֲכֵי הַשָּׁרֵת מְקַלְּסִין אוֹתוֹ — **with an expression denoting love, with an expression denoting holiness,** and **with an expression by which the ministering angels praise [God],** "וְקָרָא זֶה אֶל זֶה וְאָמַר קָדוֹשׁ" — as it states, ***And one*** (angel) ***called to another and said, "Holy, holy, holy is HASHEM"*** (*Isaiah* 6:3).[62]

רַבִּי יוֹסֵי בַּר חֲנִינָא אָמַר — **R' Yose bar Chanina said:** אֵין הַקָּדוֹשׁ בָּרוּךְ הוּא נִגְלֶה לִנְבִיאֵי אוּמּוֹת הָעוֹלָם אֶלָּא בְּשָׁעָה שֶׁדֶּרֶךְ בְּנֵי אָדָם לִפְרוֹשׁ אֵלּוּ מֵאֵלּוּ — **The Holy One, blessed is He, does not appear to prophets of the nations of the world** at any time **other than at a time when it is normal for people to separate from each other,**[63] דִּכְתִיב "בִּשְׂעִפִּים מֵחֶזְיֹנוֹת לָיְלָה בִּנְפֹל תַּרְדֵּמָה עַל אֲנָשִׁים וגו'" "וְאֵלַי דָּבָר יְגֻנָּב וגו'" — **as it is written, *When thoughts come from nocturnal visions, when slumber falls upon men, etc.*** (*Job* 4:13), then: ***A message surreptitiously reached me, etc.*** (ibid., v. 12).[64]

אָמַר רַבִּי אֶלְעָזָר בַּר רַבִּי מְנַחֵם: "רָחוֹק ה' מֵרְשָׁעִים", אֵלּוּ נְבִיאֵי עוֹבְדֵי כּוֹכָבִים — **R' Elazar bar R' Menachem said:** Scripture states, ***HASHEM is distant from the wicked*** (*Proverbs* 15:19) — **these** *wicked* **are the prophets of the nations of the world;**[65] "וּתְפִלַּת צַדִּיקִים יִשְׁמָע", אֵלּוּ נְבִיאֵי יִשְׂרָאֵל — the verse continues, ***but He hears the prayer of the righteous*** — **these** *righteous* **are the prophets of Israel.**[66]

מַה בֵּין נְבִיאֵי יִשְׂרָאֵל לִנְבִיאֵי אוּמּוֹת הָעוֹלָם — **What is** the difference **between the prophets of Israel and the prophets of the nations of the world?**[67] רַבִּי חֲנִינָא בַּר פָּפָּא וְרַבִּי סִימוֹן — **R' Chanina bar Pappa and R' Simone** discussed this issue: רַבִּי חֲנִינָא בַּר פָּפָּא אָמַר: לְמֶלֶךְ וְאוֹהֲבוֹ שֶׁהָיוּ נְתוּנִים בִּטְרַקְלִין, כָּל שָׁעָה שֶׁהוּא מְבַקֵּשׁ הוּא מְדַבֵּר עִם אוֹהֲבוֹ — **R' Chanina bar Pappa said:** God's conversation with a Jewish prophet may be compared **to a king and his friend who were situated in a parlor; whenever [the king] wants to, he speaks with his friend.**[68] [נ"א] — **An alternate version** of the Midrash text:[69] לְמֶלֶךְ וְאוֹהֲבוֹ שֶׁהָיוּ נְתוּנִים בִּטְרַקְלִין וּבֵינֵיהֶם וִילוֹן — God's conversation with a Jewish prophet may be compared **to a king and his friend who were situated in a parlor room, with a curtain** hung **between them;** כָּל שָׁעָה שֶׁהוּא מְבַקֵּשׁ לְדַבֵּר עִם אוֹהֲבוֹ מְקַפֵּל אֶת הַוִּילוֹן וּמְדַבֵּר עִם אוֹהֲבוֹ — **whenever [the king] wants to speak with his friend, he folds** away **the curtain and speaks with his friend.**[70]] רַבִּי סִימוֹן אָמַר: לְמֶלֶךְ שֶׁהָיָה לוֹ אִשָּׁה וּפִילֶגֶשׁ — And **R' Simone said:** God's relationships with Jewish and non-Jewish prophets may be compared **to a king who had a wife and a concubine;**

NOTES

Rabbah with *Eitz Yosef* ad loc.). He therefore chooses to interpret the word וַיִּקָר which is used with respect to Balaam's prophecy, as suggestive of impurity, indicating that God views His communication with non-Jewish prophets as contaminating Him, as it were (see *Mizrachi* to *Leviticus* 1:1; see also *Matnos Kehunah* to 52 §5). R' Yissachar will now cite a source for this association.

60. The Midrash is noting that this verse, which describes one who becomes ritually contaminated through a seminal emission — which would typically occur at night (*Rashi* to verse, from *Sifrei* ad loc.) — employs the root קרה to refer to that occurrence.

61. Jewish prophets receive prophecy in a clear format, enabling them to fully comprehend the Divine messages (*Eitz Yosef* loc. cit.; see also *Eshed HaNechalim* to 52 §5). This is suggested by the word וַיִּקְרָא, *and He called*, with which Jewish prophecies are prefaced.

62. This verse's use of the word וְקָרָא, *And one* (angel) *called*, proves to the Midrash that the related term וַיִּקְרָא, *and He called*, indicates that God *calls* to Jewish prophets in the elevated manner with which the angels praise Him. [See *Yefeh To'ar* loc. cit., who explains the various terms that appear here as well as their Scriptural source.]

63. I.e., at night (see *Vayikra Rabbah*).

God does not wish for people to know that He appears to these prophets. It is not befitting His honor to do so openly (*Eshed HaNechalim* to 52 §5; see also *Bamidbar Rabbah* 20 §12). [He therefore waits for a time when the prophet will have separated from others.] Jewish prophets, on the other hand, receive their prophecies in full view of other people (*Eshed HaNechalim* to *Vayikra Rabbah*).

[Balaam actually experienced prophecy during the day as well, but only because it contributed to the honor of the Jewish people (*Matnos Kehunah* to *Vayikra Rabbah*, from *Rashi*; see also *Eitz Yosef* ad loc., from *Nezer HaKodesh*).]

[Our Midrash implies — and above, in 52 §5, and in *Vayikra Rabbah* the Midrash states clearly — that God appears to Jewish prophets during the day.]

64. These words were spoken by Eliphaz the Temanite, who was a non-Jew, regarding a Divine message he had received (see *Rashi* to verse).

65. Since it is obvious that God is distant from the *wicked*, the verse must refer to the prophets of the nations of the world, so that it teaches that even as God communicates with them, He remains distant. The verse thus accords with the Midrashic teaching (cited in our commentary just below) that a *curtain* separates God from these prophets (*Eitz Yosef* to 52 §5 and *Vayikra Rabbah*, from *Nezer HaKodesh*; see also *Eshed HaNechalim* to *Vayikra Rabbah*).

66. Since there is no *curtain* between God and the prophets of Israel (see immediately below), their prayers reach Him unobstructed (see *Eitz Yosef* loc cit., from *Nezer HaKodesh*; compare *Shir HaShirim Rabbah* to 1:8 [cited by *Yefeh To'ar* loc. cit.], which teaches of the unique prayers of Jewish prophets for their people).

67. The discourse of our Midrash is a composite of several independent discussions of the Sages. For this reason, this question, which appeared earlier, appears here again (*Yefeh To'ar* to 52 §5).

68. By contrast, when God speaks with non-Jewish prophets, who are not "His friends," He does so *from behind a curtain* (based on above, 52 §5, and *Vayikra Rabbah* loc. cit.).

All prophets, even those of the nations, are said to be alone with God in a טְרַקְלִין, *a parlor*, at the time of their prophecies because they must isolate themselves from the physical before receiving prophecy (see *Eshed HaNechalim* loc. cit.).

69. This version appears, with slight differences, in 52 §5 above and in *Vayikra Rabbah*.

70. *Vayikra Rabbah* adds that in this manner, the king would see his friend *face to face* when they spoke.

During prophecy, a celestial intelligence takes hold of the prophet's mind. In order for a Jewish prophet to have that experience, his own, human intellect is subdued or *folded away*. Non-Jewish prophets, on the other hand, retain their own intellect during prophecy, and are exposed to only a fragment of the other form of intelligence, which is obstructed by their own (*Eshed HaNechalim* to 52 §5).

[Note that *Vayikra Rabbah* goes on to examine the difference between Jewish prophets in general and Moses, the greatest among them.]

שְׁלִישִׁי לַבְּרִיחָה, אָמַר רַבִּי חִיָּיא רַבָּה: מַה שֶּׁהָלַךְ אָבִינוּ יַעֲקֹב לְז' יָמִים הָלַךְ לָבָן בְּיוֹם אֶחָד, מִמַּה נַּפְשָׁךְ, רוֹצֶה וְלֹא רוֹצֶה, כְּבָר כְּתִיב "וַיָּשֶׂם דֶּרֶךְ שְׁלֹשֶׁת יָמִים בֵּינוֹ וּבֵין יַעֲקֹב", וּכְתִיב "וַיֻּגַּד לְלָבָן בַּיּוֹם הַשְּׁלִישִׁי", שְׁלִישִׁי לַבְּרִיחָה, שֶׁנֶּאֱמַר [לא, כג] "וַיִּקַּח אֶת אֶחָיו עִמּוֹ וַיִּרְדֹּף אַחֲרָיו דֶּרֶךְ שִׁבְעַת יָמִים", יוֹמָא דַּהֲווֹ קָיְימִין בֵּיהּ, הֱוֵי מַה שֶּׁהָלַךְ יַעֲקֹב בְּז' יָמִים הָלַךְ לָבָן לְיוֹם אֶחָד:

ז [לא, כד] יא"וַיָּבֹא אֱלֹהִים אֶל לָבָן הָאֲרַמִּי בַּחֲלֹם הַלָּיְלָה", מַה בֵּין נְבִיאֵי °עוֹבְדֵי כוֹכָבִים° לִנְבִיאֵי יִשְׂרָאֵל, רַבִּי חָמָא בַּר חֲנִינָא וְרַבִּי יִשָּׂשכָר דִּכְפַר מַנְדִּי, רַבִּי חָמָא בַּר חֲנִינָא אָמַר: אֵין הַקָּדוֹשׁ בָּרוּךְ הוּא נִגְלֶה לִנְבִיאֵי °עוֹבְדֵי כוֹכָבִים° אֶלָּא בַּחֲצִי דִיבּוּר, דִּכְתִיב (במדבר כג, ד) "וַיִּקָּר אֱלֹהִים אֶל בִּלְעָם", רַבִּי יִשָּׂשכָר דִּכְפַר מַנְדִּי אָמַר: אֵין הַלָּשׁוֹן הַזֶּה "וַיִּקָּר" אֶלָּא לְשׁוֹן טוּמְאָה, הֵיךְ מַה דְּאַתְּ אָמַר (דברים כג, יא) "כִּי יִהְיֶה בְךָ אִישׁ אֲשֶׁר לֹא יִהְיֶה טָהוֹר מִקְּרֵה לָיְלָה", אֲבָל לִנְבִיאֵי יִשְׂרָאֵל בְּדִבּוּר שָׁלֵם, בִּלְשׁוֹן חִיבָּה, בִּלְשׁוֹן קְדוּשָּׁה, בְּלָשׁוֹן שֶׁמַּלְאֲכֵי הַשָּׁרֵת מְקַלְּסִין אוֹתוֹ, (ישעיהו ו, ג) "וְקָרָא זֶה אֶל זֶה וְאָמַר קָדוֹשׁ", רַבִּי יוֹסֵי בַּר חֲנִינָא אָמַר: אֵין הַקָּדוֹשׁ בָּרוּךְ הוּא נִגְלֶה לִנְבִיאֵי °עוֹבְדֵי כוֹכָבִים° אֶלָּא בְּשָׁעָה שֶׁדֶּרֶךְ בְּנֵי אָדָם לִפְרוֹשׁ אֵלּוּ מֵאֵלּוּ, דִּכְתִיב (איוב ד יג) "בִּשְׂעִפִּים מֵחֶזְיוֹנוֹת לָיְלָה בִּנְפֹל תַּרְדֵּמָה עַל אֲנָשִׁים וְגוֹ'" (שם שם יב) "וְאֵלַי דָּבָר יְגֻנָּב וְגוֹ'", אָמַר רַבִּי אֶלְעָזָר בַּר רַבִּי מְנַחֵם: (משלי טו, כט) "רָחוֹק ה' מֵרְשָׁעִים", אֵלּוּ נְבִיאֵי עוֹבְדֵי כוֹכָבִים, "וּתְפִלַּת צַדִּיקִים יִשְׁמָע", אֵלּוּ נְבִיאֵי יִשְׂרָאֵל, מַה בֵּין נְבִיאֵי יִשְׂרָאֵל לִנְבִיאֵי °עוֹבְדֵי כוֹכָבִים°, רַבִּי חֲנִינָא בַּר פַּפָּא וְרַבִּי סִימוֹן, רַבִּי חֲנִינָא בַּר פַּפָּא אָמַר: לְמֶלֶךְ וְאוֹהֲבוֹ שֶׁהָיוּ נְתוּנִים בִּטְרַקְלִין, כָּל שָׁעָה שֶׁהוּא מְבַקֵּשׁ הוּא מְדַבֵּר עִם אוֹהֲבוֹ, {נ"א לְמֶלֶךְ וְאוֹהֲבוֹ שֶׁהָיוּ נְתוּנִים בִּטְרַקְלִין וּבֵינֵיהֶם וִילוֹן, כָּל שָׁעָה שֶׁהוּא מְבַקֵּשׁ לְדַבֵּר עִם אוֹהֲבוֹ מְקַפֵּל אֶת הַוִּילוֹן וּמְדַבֵּר עִם אוֹהֲבוֹ}, רַבִּי סִימוֹן אָמַר: לְמֶלֶךְ שֶׁהָיָה לוֹ אִשָּׁה וּפִילֶגֶשׁ,

עץ יוסף

לשבעת ימים כו'. סבירא ליה דהא דכתיב וירדוף אחריו דרך שבעת ימים לאו ממקום גיזת לבן הוא, דהא כתיב ויקח את אחיו עמו דהיינו קרוביו ומיודעיו ומסתמא לא היו עמו במקום הגיזה שלו אלא במקומו עיר חרן, וכן כתב הרמב"ן בשם פרקי דרבי אליעזר כי לבן שב לעירו ומשם לקח כל גבור חיל ורדף אחריו משם דרך שבעת ימים, ובכל השבעה ימים הלך יעקב לדרכו, אלא שלא היה כסתם דרך שהולכי דרכים אלא דרך של מקנה צאן וילדים, לכן זה הדרך היה יכול לבן להלוך ביום אחד לפי שהלך בזריזות גדול. וזה **רוצה ואינו רוצה** כלומר על כרחך אתה צריך להודות שהרי **כבר כתיב וישם דרך שלשת ימים בינו ובין יעקב, וכתיב ויוגד ללבן ביום השלישי שלישי לבריחה.** שלא היה יכול להגיע למקום לבן עד יום השלישי וכן לא הגיע לבן משם לביתו גם כן עד שלשה ימים, ומשם רדף אחריו **דרך שבעת ימים. יומא דהוו קיימין ביה.** רצונו לומר היום עצמו שעומדים בו כשהדביק בו באותו היום הוא שהלך דרך כל השבעה ימים: **הוי מה שהלך יעקב בשבעה ימים.** ואף שיעקב שמר את השבת כדלעיל פרשה י"א אפשר לומר שגם ביום שבת הלך כשיעור שמותר להלוך (יפה תואר): **ליום אחד.** וזה אות שרץ בכעס ובחרון גדול: (ז) [ה] **מה בין נביאי כו'.** פירשתי לעיל (ב, ז) עיין שם כל המאמר:

פירוש מהרז"ו

בין יעקב ללבן, ואז הלך לבן למקום הבריחה שלשה ימים, ובאותן שלשה הלך יעקב הרי ששה ימים וביום הששי הגיע לבן למקום הבריחה והשיגו ביום השביעי הרי מה שהלך יעקב בשלשה ימים הלך לבן ביום אחד. ורבי חייא סובר שמה שאמר כי ברח כפשוטו שהלך יעקב שלשה ימים מה שהלך המבשר ממקום הבריחה למקום צאן לבן, ולבן הלך ממקומו עד מקום הבריחה שלשה ימים הרי ששה ימים, וביום השביעי השיגו, הרי מה שהלך יעקב לשבעה ימים הלך לבן ביום אחד. ומה שאמר כאן רבי חייא רבה הוא טעות סופר וצריך לומר רבי חייא בר אבא שהיה בדור אחד עם רבי אבהו ושניהם היו תלמידי רבי יוחנן, וכן הגירסא בילקוט רבי חייא בר אבא: (ז) **מה בין.** לעיל (נב, ה) ושם נסמן:

מסורת המדרש

יא. לעיל פ' נ"ב. ויקרא רבה פרשה א'. ילקוט סדר וירא רמז פ"ח. ילקוט משלי רמז תתקנ"ג. ילקוט איוב רמז תתצ"ג:

אם למקרא

וַיִּקָּר אֱלֹהִים אֶל בִּלְעָם וַיֹּאמֶר אֵלָיו אֶת שִׁבְעַת הַמִּזְבְּחֹת עָרַכְתִּי וָאַעַל פָּר וָאַיִל בַּמִּזְבֵּחַ: (במדבר כג:ד)

כִּי יִהְיֶה בְךָ אִישׁ אֲשֶׁר לֹא יִהְיֶה טָהוֹר מִקְּרֵה לָיְלָה וְיָצָא אֶל מִחוּץ לַמַּחֲנֶה לֹא יָבֹא אֶל תּוֹךְ הַמַּחֲנֶה: (דברים כג:יא)

וְקָרָא זֶה אֶל זֶה וְאָמַר קָדוֹשׁ קָדוֹשׁ קָדוֹשׁ ה' צְבָאוֹת מְלֹא כָל הָאָרֶץ כְּבוֹדוֹ: (ישעיה ו:ג)

וְאֵלַי דָּבָר יְגֻנָּב וַתִּקַּח אָזְנִי שֵׁמֶץ מֶנְהוּ: בִּשְׂעִפִּים מֵחֶזְיֹנוֹת לָיְלָה בִּנְפֹל תַּרְדֵּמָה עַל אֲנָשִׁים: (איוב ד:יב-יג)

רָחוֹק ה' מֵרְשָׁעִים וּתְפִלַּת צַדִּיקִים יִשְׁמָע: (משלי טו:כט)

רש"י

(ו) **מה שהלך יעקב לשבעת ימים הלך לבן ליום אחד: מה נפשך רוצה או אינו רוצה כבר כתיב וישם דרך שלשת ימים בינו ובין יעקב ויוגד ללבן ביום השלישי שלישי לבריחה: דרך שבעת ימים. יומא דהוו קיימין ביה:**

מתנות כהונה

דדייק מדכתיב אשר לאביה: [ו] **רוצה כו'.** כלומר על כרחך צריך אתה להודות בין ברצון בין שלא ברצון: **וישם דרך וגו'.** וא"כ אותן מהלך שלשה ימים היו לגד א"י שאל"כ ירגיש בו לבן בעברו דרך עירו ועוד ג' ימים הלך לו משם וביום השלישי הוגד ללבן וביום הד' רדף אחריו והשיגו הרי מהלך כו'. שאותן דרך שלשה ימים ששם היו בינו ובין יעקב לכל הפחות כמהלכו של יעקב ונוסף עליהם דרך ד' ימים או יהיה פי' מה שהלך מה שהיה ראוי לילך ועיין עוד ברמב"ן: **דהוו קיימין כו'.** באותו יום שהם עומדים בו כלומר באותו יום שרדפו אחריו באותו יום עצמו השיגוהו: לבן יום גרסינן: [ז] **בחצי דיבור.** עיין לעיל פרשה נ"ב ובויקרא רבה פ"א: השמר לך וגו'

אשד הנחלים

רוצה ולא רוצה. עיין במתנות כהונה. ומפני שבאמת הוא דבר תמוה שרץ ביום אחד נגד ז' ימים, על כן אמר שעל כרחנו מוכרחים אנחנו לומר כן אף שהוא דוחק גדול, כיון שמוכח דברי הכתובים כן: [ז] **בחצי דיבור כו' שלם כו' חיבה.** הדבר הזה הוא ענין רחב בגדר הנבואה. והכלל שהדיבור היוצא מפי הנביא אינו דיבורו ורצונו כי אם רוח ממרום מדבר בו, ובמקום ששריית הנבואה יתדבק ברצון טוב כי האדם מוכן לזה ואז מתחבר מין במינו, אז ממילא הדבור שלם, אכן במקום אשר באמת אין האדם ראוי לזה מאומה כי אם שמכריח עצמו לקרב לזה מה שאינו במדריגתו, ולכן הזדקקות הדיבור אינו בשלימות גמור ובחיבה, אחר שאינו כפי הכנה הראויה: **טומאה.** כי גם מזה נובע ההתבודדות אבל הוא התבודדות רע ובליעל, ואין לבאר הדבר הזה באריכות: **לפרוש אלו מאלו.** כבר ידוע כי מעלת מדריגות הנבואה מתעלה, אם האדם הוא בעת הזאת במעמדו בלא ביטול החושים, רק מרוב הדביקות והשפעת הנבואה, אבל לבעלי מדריגות קטנות אז ההכרח להם לקבל השפעתם בעת השינה, שאז החושים אינם מטרידים אותם, וגם אינו רואה מאנשי העולם מאומה, ואז כח הדמיון הגובר בו למאוד כחוק השינה, ואין להאריך הרבה. ועיין במורה ח"ג בפרקי הנבואה ותבין הכל בטוב טעם ודעת: **אלו נביאי כו'.** דאם כפשוטו מי לא ידע בזה, אלא ודאי בא לומר אף שהרוח שורה עליהם עם כל זה רחוקה מהם האלהית לקיים חפצם ומשאלם, כי רק תפלת צדיקים ישמע, ולא יועיל החכמה והידיעה לבד, רק הצדק ונפש הטהורה: **וילון כו' מקפל כו'.** לכאורה לא נאמר כאן ההבדל שבין מדריגות הנבואה לנביאי ישראל לבין נביאי עובדי כוכבים. והנראה שהכונה כאן שעם אינו אוהבו מדבר מתחת לוילון בלי קפול רק בהסתרה. והענין הוא רוב האריכות רק ידוע ליודעים. ועל דרך הפשט הסתרה הוא החומר, והקיפול הוא התבודדות אמיתית שעל

בְּשָׁעָה שֶׁהוּא בָּא אֵצֶל אִשְׁתּוֹ הוּא בָּא בְּפַרְהֶסְיָא, וּבְשָׁעָה שֶׁהוּא בָּא אֵצֶל פִּילַגְשׁוֹ הוּא בָּא בְּמַטְמוֹנִיּוֹת — when [the king] goes to his wife he goes openly, but when he goes to his concubine he goes in secrecy.[71] **כָּךְ אֵין הַקָּדוֹשׁ בָּרוּךְ הוּא נִגְלֶה עַל נְבִיאֵי אוּמּוֹת הָעוֹלָם אֶלָּא בַּלַּיְלָה — Similarly, the Holy One, blessed is He, does not appear to the prophets of the nations of the world** at any time **other than at night.**[72] The Midrash cites several examples of God's appearing to non-Jews at night: **"וַיָּבֹא אֱלֹהִים אֶל בִּלְעָם לַיְלָה"** — ***And God came to Balaam at night*** (*Numbers* 22:20); **"וַיָּבֹא אֱלֹהִים אֶל אֲבִימֶלֶךְ בַּחֲלוֹם הַלָּיְלָה"** — ***And God came to Abimelech in a dream by night*** (above, 20:3); **"וַיָּבֹא אֱלֹהִים אֶל לָבָן הָאֲרַמִּי בַּחֲלֹם הַלָּיְלָה"** — ***But God had come to Laban the Aramean in a dream by night.***

☐ **וַיֹּאמֶר לוֹ הִשָּׁמֶר לְךָ וְגוֹ׳ — *AND SAID TO HIM, "BEWARE, ETC.*** *[LEST YOU SPEAK WITH JACOB EITHER GOOD OR BAD"].*

The Midrash explains why God warned Laban not to say anything *good* to Jacob:[73]

אֲפִילוּ שֶׁאַתְּ אוֹמְרָן לְטוֹבָתוֹ הוּא חוֹשְׁבָן לְרָעָתוֹ — God was indicating to Laban: **Even if you say [things] for his good, [Jacob] considers them to be for his detriment.**[74]

וַיֹּאמֶר לָבָן לְיַעֲקֹב מֶה עָשִׂיתָ וַתִּגְנֹב אֶת לְבָבִי וַתְּנַהֵג אֶת בְּנֹתַי כִּשְׁבֻיוֹת חָרֶב. לָמָּה נַחְבֵּאתָ לִבְרֹחַ וַתִּגְנֹב אֹתִי וְלֹא הִגַּדְתָּ לִּי וָאֲשַׁלֵּחֲךָ בְּשִׂמְחָה וּבְשִׁרִים בְּתֹף וּבְכִנּוֹר. וְלֹא נְטַשְׁתַּנִי לְנַשֵּׁק לְבָנַי וְלִבְנֹתָי עַתָּה הִסְכַּלְתָּ עֲשׂוֹ. יֶשׁ לְאֵל יָדִי לַעֲשׂוֹת עִמָּכֶם רָע וֵאלֹהֵי אֲבִיכֶם אֶמֶשׁ אָמַר אֵלַי לֵאמֹר הִשָּׁמֶר לְךָ מִדַּבֵּר עִם יַעֲקֹב מִטּוֹב עַד רָע. וְעַתָּה הָלֹךְ הָלַכְתָּ כִּי נִכְסֹף נִכְסַפְתָּה לְבֵית אָבִיךָ לָמָּה גָנַבְתָּ אֶת אֱלֹהָי.

Laban said to Jacob, "What have you done that you have deceived me and led my daughters away like captives of the sword? Why have you fled so stealthily, and cheated me? Nor did you tell me — for I would have sent you off with gladness, with songs, with timbrel, and with lyre! And you did not even allow me to kiss my sons and daughters; now you have acted foolishly. It is in my power to do you all harm; but the God of your father addressed me last night, saying, 'Beware of speaking with Jacob either good or bad.' Now — you have left because you longed greatly for your father's house; why did you steal my gods? (31:26-30).

§8 **לָמָּה נַחְבֵּאתָ לִבְרֹחַ . . . וְלֹא הִגַּדְתָּ לִי וָאֲשַׁלֵּחֲךָ וְגוֹ׳ — *"WHY HAVE YOU FLED SO STEALTHILY, AND CHEATED ME? NOR DID YOU TELL ME FOR I WOULD HAVE SENT YOU OFF, ETC.*** *[WITH GLADNESS, WITH SONGS, WITH TIMBREL, AND WITH LYRE!"].*

The Midrash explains Laban's kind words:

אָמַר: דִּלְמָא חָזַר בֵּיהּ — [Laban] said to himself, **"Perhaps [Jacob] will reverse his decision."**[75]

☐ **וְלֹא נְטַשְׁתַּנִי לְנַשֵּׁק לְבָנַי וְלִבְנֹתָי — *"AND YOU DID NOT EVEN ALLOW ME TO KISS MY SONS AND DAUGHTERS;*** *NOW YOU HAVE ACTED FOOLISHLY, ETC."*

The Midrash explains Laban's accusation that Jacob had *now* acted foolishly:[76]

אָמַר לֵיהּ: עַד כַּדּוֹן אִית בֵּיהּ — [Laban] said to [Jacob], "Until now, [the foolishness] is within him (i.e., you, Jacob)!"[77]

☐ **יֶשׁ לְאֵל יָדִי לַעֲשׂוֹת עִמָּכֶם רָע וֵאלֹהֵי אֲבִיכֶם אֶמֶשׁ אָמַר אֵלַי לֵאמֹר — *"IT IS IN MY POWER TO DO YOU ALL HARM; BUT THE GOD OF YOUR FATHER ADDRESSED ME LAST NIGHT, SAYING,*** *ETC."*

The Midrash expounds Laban's reference to *the God of "your" father*:

אָמַר: לֵית הוּא מִינֵּיהּ — [Laban] said, "He (i.e., God) **is not his** (i.e., mine, Laban's)."[78]

NOTES

71. Since the Jews are a holy people (see *Leviticus* 11:44 et al.) and therefore fitting "mates," as it were, for God, He need not hide His relationship with them. God's communication with the wicked, however, is similar to an improper relationship, which is undertaken only when absolutely necessary, and is therefore kept hidden from the public (*Yefeh To'ar* to 52 §5).

72. Compare above, at note 63.

73. *Yefeh To'ar*, referencing *Yevamos* 103b.

74. The habitually deceitful are mistrusted even when they insist that they mean well (*Yefeh To'ar*). Alternatively, since Laban desired to harm Jacob, even his blessings would revert to curses (*Anaf Yosef*, from *Nesivos Olam*, who compares *Sanhedrin* 105b, regarding Balaam's blessings).

[Note that the Gemara (in *Yevamos* 103b and *Nazir* 23b) provides a different explanation of our verse.]

75. Laban spoke kindly in the hope that he would convince Jacob to return with him to his land (see *Rashi*; *Matnos Kehunah*; *Eitz Yosef*). [*Yefeh To'ar* adds that Laban was encouraging Jacob to return with him just so that he could send him off in the manner he was describing.] (See Insight Ⓐ for another approach.)

76. *Yefeh To'ar*, cited by *Maharzu*.

77. *Yefeh To'ar*. [*Yefeh To'ar* notes that the version of this Midrash that appears in *Yalkut Shimoni* (§130, end of s.v. וישלח) reads, עַד כַּדּוֹן "אַתְּ" בֵּיהּ, *until now "you" are within (your foolishness)*.]

Thus, after Jacob had failed to be moved by his father-in-law's kind words of the preceding verse, Laban exclaimed that Jacob was persisting in his *foolishness* by not abandoning the flight he had begun (*Yefeh To'ar*; see *Maharzu*).

In an alternative approach, *Matnos Kehunah*, followed by *Eitz Yosef*, understands the Midrash to be relating Jacob's response to Laban's complaint about being denied the opportunity to kiss his family members. According to *Matnos Kehunah*, Jacob said, *"You still have the ability to kiss them now!"*

78. By referring to the Almighty as *the God of "your" father*, Laban implied that he personally rejected God's sovereignty over himself (*Matnos Kehunah*, cited by *Eitz Yosef*; see also *Rashi*).

Alternatively, it was Jacob who spoke the words quoted here. Thus, Jacob challenged Laban's claim of having the power to harm him, by stating, *"it is not from him"* (*Maharzu*, citing *Yalkut Shimoni* [loc. cit.] and *Tanchuma*, *Vayishlach* §4). See Insight Ⓐ for an additional approach to this Midrash.

INSIGHTS

Ⓐ **Interpreting Laban** *R' Mordechai Yallin* (a Rav in Russia in the early 1900's and later in Philadelphia) suggests that the above three terse comments of the Midrash are its description of Jacob's feelings regarding Laban as he heard each successive element of the latter's remarks.

Jacob had known of his father-in-law's hostility toward him. In the words of the Passover Haggadah, "Laban sought to uproot [Jacob] entirely." However, upon hearing Laban's assertion that had he known Jacob was going to depart *I would have sent you off with gladness, with songs*, Jacob was taken aback and wondered, דִּלְמָא חָזַר בֵּיהּ, *Perhaps he has retracted?* Perhaps he has undergone a change of heart and his hatred for me is no more? As Laban continued and complained about being denied the opportunity *to kiss my sons and daughters*, Jacob grew even more surprised, and wondered further, עַד כַּדּוֹן אִית בֵּיהּ, *Until now it is within him?* That is: Has he indeed grown to love my family so that he desires to embrace them? But when Laban finally stated, *It is in my power to do you all harm; but the God of your father addressed me last night, saying . . .*, Jacob realized the truth of the matter: לֵית הוּא מִינֵּיהּ, *This is not on his own.* His hatred for me has not changed, and he would still wish to harm me. He is simply afraid of the warning God has given him (*Kehillas Mordechai*, end of *Vayeitzei*).

בְּשָׁעָה שֶׁהוּא בָּא אֵצֶל אִשְׁתּוֹ הוּא בָּא בְּפַרְהֶסְיָא, וּבְשָׁעָה שֶׁהוּא בָּא אֵצֶל פִּילַגְשׁוֹ הוּא בָּא בְּמַטְמוֹנִיּוֹת, כָּךְ אֵין הַקָּדוֹשׁ בָּרוּךְ הוּא נִגְלֶה עַל נְבִיאֵי °עוֹבְדֵי כוֹכָבִים° אֶלָּא בַּלַּיְלָה, (במדבר כב, כ) "וַיָּבֹא אֱלֹהִים אֶל בִּלְעָם לַיְלָה", (לעיל כ, ג) "וַיָּבֹא אֱלֹהִים אֶל אֲבִימֶלֶךְ בַּחֲלוֹם הַלָּיְלָה", "וַיָּבֹא אֱלֹהִים אֶל לָבָן הָאֲרַמִּי בַּחֲלֹם הַלָּיְלָה". [לא כד] "וַיֹּאמֶר לוֹ הִשָּׁמֶר לְךָ °", יאֲפִילוּ שֶׁאַתְּ אוֹמְרָן לְטוֹבָתוֹ הוּא חוֹשְׁבָן לְרָעָתוֹ, °"הִשָּׁמֶר לְךָ מִדַּבֵּר עִם יַעֲקֹב מִטּוֹב עַד רָע *°":

ח [לא, כז] "לָמָּה נַחְבֵּאתָ לִבְרֹחַ ... וְלֹא הִגַּדְתָּ לִּי וָאֲשַׁלֵּחֲךָ וגו'", אָמַר: דִּלְמָא חָזַר בֵּיהּ. [לא, כח] "וְלֹא נְטַשְׁתַּנִי לְנַשֵּׁק לְבָנַי וְלִבְנֹתָי", אֲמַר לֵיהּ עַד כַּדּוֹן אִית בֵּיהּ. [לא, כט] "יֶשׁ לְאֵל יָדִי לַעֲשׂוֹת עִמָּכֶם רָע וֵאלֹהֵי אֲבִיכֶם אֶמֶשׁ אָמַר אֵלַי לֵאמֹר", אָמַר: לֵית הוּא מִינֵּיהּ. [לא, ל] "וְעַתָּה הָלֹךְ הָלַכְתָּ כִּי נִכְסֹף נִכְסַפְתָּה לְבֵית אָבִיךָ לָמָּה גָנַבְתָּ אֶת אֱלֹהָי", °אַתְּ חֲמַדְתָּ° לֵילֵךְ אֶל בֵּית אָבִיךָ, "לָמָּה גָנַבְתָּ אֶת אֱלֹהָי", אָמַר רַבִּי אֵייבוּ: כֵּיוָן שֶׁשָּׁמְעוּ הַשְּׁבָטִים כָּךְ אָמְרוּ: בּוֹשְׁנוּ בְּךָ אֲבִי אִמֵּנוּ שֶׁלְּעֵת זִקְנוּתְךָ אַתָּה אוֹמֵר "לָמָּה גָנַבְתָּ אֶת אֱלֹהָי":

ט [לא, לב] "עִם אֲשֶׁר תִּמְצָא אֶת אֱלֹהֶיךָ לֹא יִחְיֶה", יגוַהֲוָה כֵּן, כִּשְׁגָגָה הַיּוֹצְאָה מִפִּי הַשַּׁלִּיט, (לעיל פסוק יט) "וַתִּגְנֹב רָחֵל", (לקמן לה, יט) "וַתָּמָת רָחֵל". [לא, לג] "וַיָּבֹא לָבָן בְּאֹהֶל יַעֲקֹב ... °וּבְאֹהֶל רָחֵל",

עץ יוסף

[ז] השמר לך וגו' אפילו שאת אומרן לטובתו הוא חושבן לרעתו ההא דאת אמרת השמר לך כו'. כך צריך לומר וכן הגירסא בספרים ישנים. ובעל מתנות כהונה גורס הוא חושבן לרעתו. למה נחבאת, וכל מלות שאחר לרעתו עד למה הוא מוחק ונסתייע מהילקוט. אבל נראה שאין צורך וכנון כדלעיל: (ח) דלמא חזר ביה. רמיז לו רמז חיבה דאמר דילמא חזר ביה, רצונו לומר לחזור עוד לאחריו, שהקדוש ברוך הוא לא הזהירו אלא מלדבר על לבו לשוב ממש לקבוע שם דירתו כביתו, אבל לפי שעה לא (נזר הקודש): עד בדון כו'. עוד עתה יש כח בידך לנשקן (מתנות כהונה): לית הוא מיניה. לפיכך אמר אלהי אביכם ולא לו, שכפר בעיקר (מתנות כהונה): את חמדת לילך כו'. מאחר שאתה חמדת לילך אל בית אביך אשר הם דבקים שם באמונת השם ומתרחקים מעבודת תרפים כפי קבלתם מאברהם אביהם, אם כן ודאי לא לקחתו אלא לבזיון, וכבן הרעות אשר עשית (נזר הקודש): כיון ששמעו השבטים כו'. דייק זה משום דמן הסתם היה גם כן אהל מיוחד אל השבטים ולמה לא היה לבן מחפש גם באהל השבטים, אלא על כרחך שהשבטים אמרו לו בושנו כו', כלומר מאחר שהוא נגנב ודאי אין בו ממש, ומתוך שאמרו לו כך לא חשב עליהם ולא חפש באהליהם (נזר הקודש): (ט) ותגנוב רחל. פירשתי לעיל (סימן ד [ג]):

פירוש מהרז"ו

חושבן לרעתו. עיין יבמות (קג, ב), סנהדרין (קה, ב): (ח) עד בדון אית ביה. כשראה לבן שלא חזר בו יעקב אמר שאחר כל פיתוי הוא מחזיק בדעתו, וזהו עתה הסכלת עשו היינו אחר דברי [וכן פירש היפה תואר]: לית הוא מיניה. פירוש אתה אומר יש לאל ידי לעשות וגו' לא כן הוא. וכן הובא בהדיא בילקוט (רמז קל) וכמו שאמרו בתנחומא וישלח (סימן ד) ביתר באור עיין שם: את חמדת. אחרי שאתה חושק לילך לבית אביך שהוא נביא ה', אם כן למה גנבת אלהי שאין לך צורך בו שם, ומאחר שגנבת אלהי למה נחבאת לברוח טוב לך בביתי: שלעת זקנותיך. כי רבקה שמתה כשהיה יעקב בדרך זה היתה בת קל"ג שנה, ולבן גדול הימנה כמה שאמר בגשואיה (כד, ס) ויתן לבן ובתואל: (ט) כשגגה. עיין פרק לג סימן ו:

חידושי הרד"ל

[ז] השמר לך מדבר עם יעקב מטוב ועד רע. אפילו שאתה כו' לרעתו. למה נחבאת. כך צריך לומר. ודריש מטוב עד רע:

זרע אברהם

[ז] ויאמר השמר לך מדבר עם יעקב מטוב ועד רע אפילו שאתה אומר לטובתו הוא חושבן לרעתו וכו' אמר דילמא חזר ביה. פירוש מתנות כהונה דילמא חזר ביה לפיכך דיבר עמו דברים טובים אולי יחזור יעקב עמו ונראה לי דהכי פירושו על דרך דאיתא במסכת נדרים וז"ל אמר רבי אלעזר טובתן של רשעים רעה היא אצל לצדיקים דכתיב השמר לך מדבר עם יעקב מטוב ועד רע בשלמא רע לחיי אלא טוב אמאי לא אלא טובתן של רשעים רעה היא לצדיקים יש להקשות למה לא אמאי לא. ונראה לי דהכי גרסינן אלא טוב אמאי הכי סוף הדיבור ולא גרסינן אמאי לא והכי פירושו בשלמא רע לחודיה פירוש צריך הקדוש ברוך הוא להזהיר את לבן הואיל ורדף אחריו מסתמא ידבר לו רע. כמו שאמר ליה באמת למה נחבאת וגו'. אלא טוב אמאי פירוש למה צריך להזהירו על זה מהיכא תיתא שידבר עמו טוב. לזה מסיבת טובתן של רשעים רעה היא אצל לצדיקים שמדברים טוב וחושבין לרעה. על כן הוצרך להזהירו על הטוב גם כן והן הן דברי המדרש כאן. אפילו שאתה אומרן לטובתו הוא חושבן לרעה שבלבו חושבן שיבא רעה מן הטובה וזהו שמסיק המדרש אמר דילמא חזר ביה פירוש שמתחשבה יהיה לשיחזור יעקב על ידי דברים טובים שידבר עמו והוא רעה ליעקב החזרה וקל להבין:

אמרי יושר

[ז] חושבן הוא לרעתו. כי כאשר שני דבוקים זה לזה אף כשידבר לתועלתו יתהו ויחשבהו חובה:

מסורת המדרש

יב. ע' יבמות דף ק"ג: יג. מ"ק דף י"ח וש"נ. סנהדרין דף ק"ב. קהלת רבה פרשה יו"ד. תנחומא כאן סימן י"ב. פדר"א פרק ל"ו. אגדת בראשית פרק נ"ב:

אם למקרא

וַיָּבֹא אֱלֹהִים אֶל בִּלְעָם לַיְלָה וַיֹּאמֶר לוֹ אִם לִקְרֹא לְךָ בָּאוּ הָאֲנָשִׁים קוּם לֵךְ אִתָּם וְאַךְ אֶת הַדָּבָר אֲשֶׁר אֲדַבֵּר אֵלֶיךָ אֹתוֹ תַעֲשֶׂה: (במדבר כב:כ)

וַיָּבֹא אֱלֹהִים אֶל אֲבִימֶלֶךְ בַּחֲלוֹם הַלָּיְלָה וַיֹּאמֶר לוֹ הִנְּךָ מֵת עַל הָאִשָּׁה אֲשֶׁר לָקַחְתָּ וְהִוא בְּעֻלַת בָּעַל: (בראשית כ:ג)

וַיָּבֹא אֱלֹהִים אֶל לָבָן הָאֲרַמִּי בַּחֲלֹם הַלָּיְלָה וַיֹּאמֶר לוֹ הִשָּׁמֶר לְךָ פֶּן תְּדַבֵּר עִם יַעֲקֹב מִטּוֹב עַד רָע: (שם לא:כד)

ענף יוסף

(ז) [ו] אפילו שאת אומרן לטובתו כו'. יש לומר הטעם על פי מה שאמרו ז"ל בפרק חלק (סנהדרין קה, ב) אבל בלעם אמר ר' יוחנן מברכתו של אותו רשע אתה למד מה בלבו כו', רצונו לומר שבלבו אמר לקללם, אמר רבי אבא וכולן חזרו לקללה חוץ כו', אלמא דאף על גב שבירך את ישראל כיון שבלבו היה לקללן נתהפכו לקללות, ולכן לזה הקדוש ברוך הוא ללבן שלא ידבר עם יעקב טובות, וזהו שאמרו אפילו שאתה אומרן לטובתו הוא חושבן לרעתו [נתיבות עולם]:

ידי משה

[ט] ותגנוב רחל ותמת רחל. פירש מתנות כהונה גזירה שוה קדרים. ולי נראה שזה לשון מדרש באמרם שיעקב קילל מי שגנב לא יחיה ורחל גנבה, לפיכך ותמת רחל וגו':

רש"י

(ח) למה נחבאת לברוח. דלמא חזר ביה. לפיכך היה מדבר עמו דברים טובים דלמא חזר ביה: ואלהי אביכם אמש אמר אלי וגו', לית הוא מיניה. כלומר אלהיכם הוא ולא משלי: כי נכסוף נכספתה. איתחמדית:

מתנות כהונה

גרסינן: ה"ג בילקוט לרעתו למה נחבאת: [ח] דלמא חזר בו גרסינן. לפיכך דבר עמו דברים טובים אולי יחזיר יעקב עמו: עד בדון כו'. עוד עתה יש כח בידך לנשקן: לית הוא כו'. לפיכך אמר אלהי אביכם ולא לו שכפר בעיקר ובפי' רש"י משמע שגרסינן לית הוא מיני: ה"ג רש"י לבית אביך את חמדת לילך ופירושו של פסוק נכסוף הוא: שלעת זקנתך כו'. כלומר מאחר שהוא נגנב ודאי אין בו ממש: [ט] ותגנב רחל ותמת רחל. כעין ג"ש דרש ללמד שע"י הגנבה מתה ועיין לעיל:

נחמד למראה

[ט] והיה כשגגה שיוצא מלפני השליט. כתב הרב יפה תואר ואם תאמר והא עם אשר תמצא את אלהיך לא יחיה קאמר, ולא עם אשר ימצא ולבן לא מצא את התרפים. ויש לומר כיון שמצא קיתוניות וכו' עיין שם והוא דחוק. ולי נראה דיעקב דבר בהווה כי הגונב גניבה כזאת יבקשנה ברשותו וכוונתו לומר על מי שגנבו, ומוכרח לומר כן דאם הפירוש של עם אשר תמצא את אלהיך, רצונו לומר אפילו אם ימצא ביד מי שלא גנבו והוא לא ידע שהוא גנבה, היאומן כי יסופר שתקולל חלקתו ויאמר יעקב עליו לא יחיה והגנב בעצמו יפטר מעונש זה אין הדעת סובלתו כי הנמצא בידו למה יומת מה עשה, אלא ודאי שכוונת יעקב לקלל מי שגנבו, ואם כן אזדא לה קושית הרב. ויש לתמוה עליו שכיון דלעיל בסמוך כתב וזה לשונו וכן יעקב לא נתכוין אלא למי שלקח אלהיו דרך גנבה לעבדו או למכרו וכו', הרי שהודה שכוונת יעקב היתה על מי שגנבו, ואיך מאי תו לאקשויי, ואין לומר דקושיתו קאי אתירוץ שני דאי נמי, דזה אינו כאשר יראה המעיין. וקל להבין:

אשד הנחלים

ידי זה יתדבק באמת בדיבוק עצמי, והדברים ארוכים: במטמוניות כו' בלילה כו'. עיין לעיל בד"ה לפרוש. אך לעיל דיבר מענין התגלות הנבואה מידיעות חדשות, וכאן מדבר מגלוי פשוט למען הצלת הזולת, כי זה מדריגת החלום. ולפעמים אף לרעים יתגלה חלום האמת, כי בעת השינה יתכן לפעמים שיוודע לו דבר אמת: אפילו שאת כו'. זהו מטוב עד רע. כלומר אף שתאמר טוב תעשה לו סוף שיגיע לו רעה, כי כל כוונתך לרעה: [ח] אמר לו. האות אמת מחק מלת לו, ולא ידעתי לפי דבריו איך פירושו. והמתנות כהונה פירש שזהו מה שהשיב יעקב ללבן. ואולי לפי דברי אות אמת פירושו שזה דברי לבן שעד כדון אית ביה, כלומר שכל כך עשית רעה וא"כ בודאי ראוי לעשות עמך רעה, ויש לאל ידי גו' רק שאלקי אביכם גו': מיניה. רש"י גרס מיני, כלומר שאיני מאמין בו רק אלהי אביכם. את חמדת. כלומר ואם אמת הוא שתחמוד בבית אביך שהם זהירים מאמונות כאלה, א"כ למה גנבת את אלהי, למה לך בזה אחר שאינך מאמין בזה.

שינוי נוסחאות

(ז) אפילו שאת אומרן לטובתו הוא חושבן לרעתו, השמר לך מדבר עם יעקב מטוב עד רע. במתנות כהונה מוחק מ"השמר לך" עד הסוף:
(ח) את חמדת לילך אל בית אביך. צ"ל "איתחמדת" במקום "את חמדת", כן הוא ברש"י, וכ"ה בת-א:

[ח] דילמא חזר ביה. כיון שראה יעקב שדיבר לבן דברים רכים ואשלחך בשמחה. אמר חזר בו לבן מרשעו. כיון שראה שלא פסק כאן ואמר ולא נטשתני. אמר עודנו ברשעו: [ט] כשגגה היוצאה מלפני השליט. או כפירוש מדרש אחר (תנחומא וישלח ט) שלא שילם נדרו ולמיטו למה יקח משכבך מתחתיך. והוא לא היה בעיניו אהובה ותביבה כי אם רחל לזה לקחה שיזכור וישוב:

☐ וְעַתָּה הָלֹךְ הָלַכְתָּ כִּי נִכְסֹף נִכְסַפְתָּה לְבֵית אָבִיךָ לָמָּה גָנַבְתָּ אֶת אֱלֹהָי — *"NOW YOU HAVE LEFT BECAUSE YOU LONGED GREATLY FOR YOUR FATHER'S HOUSE; WHY DID YOU STEAL MY GODS?"*

The Midrash explains the first half of Laban's sentence, and, consequently, its relevance to the accusation that followed it:

אִיתְחַמַּדְתְּ לֵילֵךְ אֶל בֵּית אָבִיךָ, "לָמָּה גָנַבְתָּ אֶת אֱלֹהָי" — Laban was saying, *"You have left* because **you desired to go** back **to your father's house,** in which idol-worship is shunned; so ***why did you steal my gods?!"***[79]

The reaction of Jacob's sons to Laban's outburst:

אָמַר רַבִּי אֵייבוּ: כֵּיוָן שֶׁשָּׁמְעוּ הַשְּׁבָטִים כָּךְ אָמְרוּ: בּוֹשְׁנוּ בָךְ אֲבִי אִמֵּנוּ — **R' Eivu said: Once the Tribes heard this, they said** to Laban, **"We are embarrassed of you, our mother's father, שֶׁלְעֵת זִקְנוּתְךָ אַתָּה אוֹמֵר "לָמָּה גָנַבְתָּ אֶת אֱלֹהָי"** — **for** even **in your old age you say, *'Why did you steal my gods!'*** "[80]

וַיַּעַן יַעֲקֹב וַיֹּאמֶר לְלָבָן כִּי יָרֵאתִי כִּי אָמַרְתִּי פֶּן תִּגְזֹל אֶת בְּנוֹתֶיךָ מֵעִמִּי. עִם אֲשֶׁר תִּמְצָא אֶת אֱלֹהֶיךָ לֹא יִחְיֶה נֶגֶד אַחֵינוּ הַכֶּר לְךָ מָה עִמָּדִי וְקַח לָךְ וְלֹא יָדַע יַעֲקֹב כִּי רָחֵל גְּנָבָתַם. וַיָּבֹא לָבָן בְּאֹהֶל יַעֲקֹב וּבְאֹהֶל לֵאָה וּבְאֹהֶל שְׁתֵּי הָאֲמָהֹת וְלֹא מָצָא וַיֵּצֵא מֵאֹהֶל לֵאָה וַיָּבֹא בְּאֹהֶל רָחֵל. וְרָחֵל לָקְחָה אֶת הַתְּרָפִים וַתְּשִׂמֵם בְּכַר הַגָּמָל וַתֵּשֶׁב עֲלֵיהֶם וַיְמַשֵּׁשׁ לָבָן אֶת כָּל הָאֹהֶל וְלֹא מָצָא. וַתֹּאמֶר אֶל אָבִיהָ אַל יִחַר בְּעֵינֵי אֲדֹנִי כִּי לוֹא אוּכַל לָקוּם מִפָּנֶיךָ כִּי דֶרֶךְ נָשִׁים לִי וַיְחַפֵּשׂ וְלֹא מָצָא אֶת הַתְּרָפִים.

Jacob answered and said to Laban, "Because I was afraid, for I thought, perhaps you might steal your daughters from me. With whomever you find your gods, he shall not live; in the presence of our kinsmen ascertain for yourself what is with me and take it back." Now Jacob did not know that Rachel had stolen them. Laban came into Jacob's tent, and into Leah's tent, and into the tent of the two maidservants, but he found nothing. When he had left Leah's tent, he came into Rachel's tent. Now Rachel had taken the teraphim, put them into the camel's packsaddle and sat on them. Laban rummaged through the whole tent, but found nothing. She said to her father, "Let not my lord be angered that I cannot rise up before you, for the way of women is upon me." Thus he searched but did not find the teraphim (31:31-35).

§9 עִם אֲשֶׁר תִּמְצָא אֶת אֱלֹהֶיךָ לֹא יִחְיֶה — *"WITH WHOMEVER YOU FIND YOUR GODS, HE SHALL NOT LIVE."*

The result of this statement of Jacob's:

וַהֲוָה כֵן — **And it was so,**[81] **כִּשְׁגָגָה הַיּוֹצְאָה מִפִּי הַשַּׁלִּיט** — ***as if it were an error proceeding from the ruler,***[82] **"וַתִּגְנֹב רָחֵל", "וַתָּמָת רָחֵל"** — as Scripture states, ***and Rachel stole,*** *[the teraphim that belonged to her father]* (v. 19), and, ***Thus Rachel died,*** *etc.* (below, 35:19).[83]

☐ וַיָּבֹא לָבָן בְּאֹהֶל יַעֲקֹב — *LABAN CAME INTO JACOB'S TENT.*

The Midrash explains the verse's reference to *Jacob's tent:*

NOTES

79. In other words: "Since you desired to go back to *your father's house,* in which they cling to Abraham's ways of belief in God and disdain for idol-worship, you certainly have no need for the *teraphim.* If so, *why did you steal my gods,* if not simply to cruelly aggravate me?!" (*Eitz Yosef,* from *Nezer HaKodesh;* see also *Maharzu*).

80. The Tribes were embarrassed by the foolishness of Laban's concern for *teraphim* that were not even capable of protecting themselves (see *Matnos Kehunah; Eitz Yosef,* from *Nezer HaKodesh*). The Midrash infers that the Tribes made such a statement from the later verses' mention of Laban's having searched for his *teraphim* in the tents of all of Jacob's wives, but its omission of a similar search in the tent of Jacob's children, who presumably had their own tent. [This indicates that the Tribes had cleared themselves of suspicion through expressing their disinterest in the *teraphim*] (*Eitz Yosef,* from *Nezer HaKodesh*).

[See note 48 above regarding the description of Laban as *old.*]

81. Rachel, who (unbeknownst to Jacob) had taken Laban's *teraphim,* indeed died prematurely. [Compare above, §4.]

82. [This is an imprecise quote of *Ecclaslesiastes* 10:5, which reads: כִּשְׁגָגָה "שֶׁיּוֹצָא מִלִּפְנֵי" הַשַּׁלִּיט, and has essentially the same meaning. (Above, in §4, the verse is cited correctly.)]

See above, note 37.

83. See above, note 38.

בְּשָׁעָה שֶׁהוּא בָּא אֵצֶל אִשְׁתּוֹ הוּא בָּא בְּפַרְהֶסְיָא, וּבְשָׁעָה שֶׁהוּא בָּא אֵצֶל פִּילַגְשׁוֹ הוּא בָּא בְּמַטְמוֹנִיּוֹת, כָּךְ אֵין הַקָּדוֹשׁ בָּרוּךְ הוּא נִגְלֶה עַל נְבִיאֵי °עוֹבְדֵי כוֹכָבִים° אֶלָּא בַּלַּיְלָה, (במדבר כב, כ) "וַיָּבֹא אֱלֹהִים אֶל בִּלְעָם לַיְלָה", (לעיל כ, ג) "וַיָּבֹא אֱלֹהִים אֶל אֲבִימֶלֶךְ בַּחֲלוֹם הַלָּיְלָה", "וַיָּבֹא אֱלֹהִים אֶל לָבָן הָאֲרַמִּי בַּחֲלֹם הַלָּיְלָה". [לא כד] "וַיֹּאמֶר לוֹ הִשָּׁמֶר לְךָ °", [יב]אֲפִילוּ שֶׁאַתְּ אוֹמְרָן לְטוֹבָתוֹ הוּא חוֹשְׁבָן לְרָעָתוֹ, °"הִשָּׁמֶר לְךָ מִדַּבֵּר עִם יַעֲקֹב מִטּוֹב עַד רָע *°":

ח [לא, כז] "לָמָּה נַחְבֵּאתָ לִבְרֹחַ ... וְלֹא הִגַּדְתָּ לִי וָאֲשַׁלֵּחֲךָ וְגוֹ'", אָמַר: דִּלְמָא חָזַר בֵּיהּ. [לא, כח] "וְלֹא נְטַשְׁתַּנִי לְנַשֵּׁק לְבָנַי וְלִבְנֹתָי", אֲמַר לֵיהּ עַד כַּדּוֹן אִית בֵּיהּ. [לא, כט] "יֶשׁ לְאֵל יָדִי לַעֲשׂוֹת עִמָּכֶם רָע וֵאלֹהֵי אֲבִיכֶם אֶמֶשׁ אָמַר אֵלַי לֵאמֹר", אָמַר: לֵית הוּא מִינֵּיהּ. [לא, ל] "וְעַתָּה הָלֹךְ הָלַכְתָּ כִּי נִכְסֹף נִכְסַפְתָּה לְבֵית אָבִיךָ לָמָּה גָנַבְתָּ אֶת אֱלֹהָי", °אַתְּ חָמַדְתְּ° לֵילֵךְ אֶל בֵּית אָבִיךְ, "לָמָּה גָּנַבְתָּ אֶת אֱלֹהָי", אָמַר רַבִּי אֵייבוּ: כֵּיוָן שֶׁשָּׁמְעוּ הַשְּׁבָטִים כָּךְ אָמְרוּ: בּוֹשְׁנוּ בְךָ אֲבִי אִמֵּנוּ שֶׁלְּעֵת זִקְנוּתְךָ אַתָּה אוֹמֵר "לָמָּה גָנַבְתָּ אֶת אֱלֹהָי":

ט [לא, לב] "עִם אֲשֶׁר תִּמְצָא אֶת אֱלֹהֶיךָ לֹא יִחְיֶה", [יג]וַהֲוָה כֵּן, כִּשְׁגָגָה הַיּוֹצְאָה מִפִּי הַשַּׁלִּיט, (לעיל פסוק יט) "וַתִּגְנֹב רָחֵל", (לקמן לה, יט) "וַתָּמָת רָחֵל". [לא, לג] "וַיָּבֹא לָבָן בְּאֹהֶל יַעֲקֹב ... °וּבְאֹהֶל רָחֵל",

עץ יוסף

[ז] השמר לך וגו' אפילו שאת אומרן לטובתו הוא חושבן לרעתו ההא דאת אמרת השמר לך כו'. כך לריך לומר וכן הגירסא בספרים ישנים. ובעל מתנות כהונה גורס הוא חושבן לרעתו. למה נחבאת, וכל מלות שאחר לרעתו עד למה הוא מוחק ונסתייע מהילקוט. אבל נראה שאין לורך וכנון כדלעיל: **(ח) דלמא חזר ביה.** רמיז לו רמז חיבה דאמר דילמא חזר ביה, רלונו לומר לחזור עוד לארלו, שהקדוש ברוך הוא לא הזהירו אלא מלדבר על לבו לשוב ממש לקבוע שם דירתו בביתו, אבל לפי שעה לא (נזר הקודש): **עד בדין כו'.** עוד עתה יש כח בידך לנשקן (מתנות כהונה): **לית הוא מיניה.** לפיכך אמר אלהי אביכם ולא לו, שכפר בעיקר (מתנות כהונה): **את חמדת לילך כו'.** מאחר שאתה חמדת לילך אל בית אביך אשר הם דבקים שם באמונת השם ומתרחקים מעבודת תרפים כפי קבלתם מאברהם אביהם, אם כן ודאי לא לקחתו אלא לבערי, ובכן הָרֵעוֹתָ אשר עשית (נזר הקודש): **כיון ששמעו השבטים כו'.** דייק זה משום דמן הסתם היה גם כן אהל מיוחד אל השבטים ולמה לא היה לבן מחפש גם באהל השבטים, אלא על כרחך שהשבטים אמרו לו בושנו כו', כלומר מאחר שהוא נגנב ודאי אין בו ממש, ומתוך שאמרו לו כך לא חשב עליהם ולא חפש באהליהם (נזר הקודש): **(ט) ותגנוב רחל.** פירשתי לעיל (סימן ד [ג]):

פירוש מהרז"ו

חושבן לרעתו. עיין יבמות (קג, ב), סנהדרין (קה, ב): **(ח) עד כדון אית ביה.** כשראה לבן שלא חזר בו יעקב אמר שאחר כל פיתוי הוא מחזיק בדעתו, וזהו עתה הסכלת עשו היינו אחר דברי [וכן פירש היפה תואר]: **לית הוא מיניה.** פירוש אתה אומר יש לאל ידי לעשות וגו' לא כן הוא. וכן הובא בהדיא בילקוט (רמז קל) וכמו שאמרו בתנחומא וישלח (סימן ד) ביתר באור עיין שם: **את חמדת.** אחרי שאתה חושק לילך לבית אביך שהוא נביא ה', אם כן למה גנבת אלהי שאין לך לורך בו שם, ומאחר שגנבת אלהי למה נחבאת לברוח טוב לך בביתי: **שלעת זקנותיך.** כי רבקה שמתה כשהיה יעקב בדרך זה היתה בת קל"ז שנה, ולבן גדול הימנה כמה שאמר בנשואיה (כד, נ) ויען לבן ובתואל: **(ט) בשגגה.** עיין פרק נג סימן ו:

רש"י

(ח) למה נחבאת לברוח. דלמא חזר ביה. לפיכך היה מדבר עמו דברים טובים דלמא חזר ביה: **ואלהי אביכם אמש אמר אלי וגו', לית הוא מיניה.** כלומר אלהיכם הוא ולא משלי: **כי נכסוף נכספתה.** איתחמידת:

מתנות כהונה

גרסינן: ה"ג בילקוט לרעתו למה נחבאת: **[ח] דלמא חזר בו גרסינן.** לפיכך דבר עמו דברים טובים אולי יחזיר יעקב עמו: **עד כדון כו'.** עוד עתה יש כח בידך לנשקן: **לית הוא כו'.** לפיכך אמר אלהי אביכם ולא לו שכפר בעיקר ובפי' רש"י משמע שגרסינן לית הוא מיני: ה"ג רש"י **לבית אביך את חמדת לילך ופירושו של פסוק נכסוף הוא: שלעת זקנתך כו'.** כלומר מאחר שהוא נגנב ודאי אין בו ממש: **[ט] ותגנב רחל ותמת רחל.** כעין ג"ש דרש ללמד שע"י הגנבה מתה ועיין לעיל:

נחמד למראה

[ט] והיה כשגגה שיוצא מלפני השליט. כתב הרב יפה תואר ואם תאמר והא עם אשר תמלא את אלהיך לא יחיה קאמר, ולא עם אשר ימלא ולבן לא מלא את התרפים. ויש לומר כיון שמלא קיתוניות וכו' עיין שם והוא דחוק. ולי נראה דיעקב דבר בהווה כי הגונב גניבה כזאת יַכְנִיעֶנָּה ברשותו וכוונתו לומר על מי שגנבו, ומוכרח לומר כן דאם הפירוש של עם אשר תמלא את אלהיך, רלונו לומר אפילו אם ימלא ביד מי שלא גנבו והוא לא ידע שהוא גנבה, היאומן כי יסופר שתקולל חלקתו ויאמר יעקב עליו לא יחיה והגנב בעלמו יפטר מעונש זה אין הדעת סובלתו כי הנמלא בידו למה יומת מה עשה, אלא ודאי שכוונת יעקב לקלל מי שגנבו, ואם כן אזדא לה קושית הרב. ויש לתמוה עליו שכיון דלעיל בסמוך כתב וזה לשונו וכן יעקב לא נתכוין אלא למי שלקח אלהיו דרך גנבה לעבדו או למכרו וכו', הרי שהודה שכוונת יעקב היתה על מי שגנבו, והיך מלי תו לאקשויי, ואין לומר דקושייתו קאי אתירוץ שני דאי נמי, דזה אינו כאשר יראה המעיין. וקל להבין:

אשד הנחלים

ידי זה יתדבק באמת בדיבוק עצמי, והדברים ארוכים: **במטמוניות כו' בלילה כו'.** עיין לעיל בד"ה לפרוש. אך לעיל דיבר מענין התגלות הנבואה מידיעות חדשות, וכאן מדבר מגלוי פשוט למען הצלת הזולת, כי זה מדריגת החלום. ולפעמים אף לרעים יתגלה חלום האמת, כי בעת השינה יתכן לפעמים שיוודע לו דבר אמת: **אפילו שאת כו'.** זהו מטוב עד רע. כלומר אף שתאמר שטוב תעשה לו סוף שיגיע לו רעה, כי כל כוונתך לרעה: **[ח] אמר לו.** האות אמת מחק מלת לו, ולא ידעתי לפי דבריו איך פירושו. והמתנות כהונה פירש שזהו שהשיב יעקב ללבן. ואולי לפי דברי אות אמת פירושו שזה דברי לבן שעד כדון אית ביה, כלומר שכל כך עשית רעה וא"כ בודאי ראוי לעשות עמך רעה, ויש לאל ידי גו' רק שאלקי אביכם גו': **מיניה.** רש"י גרס מיני, כלומר שאיני מאמין בו רק אלהי אביכם. **את חמדת.** כלומר ואם אמת הוא שתחמוד בבית אביך שהם זהירים מאמונות כאלה, א"כ למה גנבת את אלהי, למה לך בזה אחר שאינך מאמין בזה.

שינוי נוסחאות

(ז) **אפילו שאת אומרן לטובתו הוא חושבן לרעתו, השמר לך מדבר עם יעקב מטוב עד רע.** במתנות כהונה מוחק מ"השמר לך" עד הסוף:
(ח) **את חמדת לילך אל בית אביך.** צ"ל "איתחמדת" במקום "את חמדת", כן הוא ברש"י, וכ"ה בת-א:

[ח] דילמא חזר ביה. כיון שראה יעקב שדיבר לבן דברים רכים ואשלחך בשמחה. אמר חזר בו לבן מרשעו. כיון שראה שלא פסק כאן ואמר ולא נטשתני. אמר עודנו ברשעו: **[ט] כשגגה היוצאה מלפני השליט.** וזהו בלאת נפשה כי מתה כבר מקללת יעקב. או כפירוש מדרש אחר (תנחומא וישלח ט) שלא שילם נדרו ומלינו למה יקח משכבך מתחתיך. והוא לא היה בעיניו אהובה וחביבה כי אם רחל לזה לקחוה שיזכור וישוב:

חידושי הרד"ל

[ז] השמר לך מדבר עם יעקב מטוב ועד רע. אפילו שאתה כו' לרעתו. למה נחבאת. כך לריך לומר. ודריש מטוב עד רע:

זרע אברהם

[ז] ויאמר השמר לך מדבר עם יעקב מטוב ועד רע אפילו שאתה אומר לטובתו הוא חושבן לרעתו וכו' אמר דילמא חזר ביה. פירוש מתנות כהונה דילמא חזר ביה לפיכך דיבר עמו דברים טובים אולי יחזור יעקב עמו ונראה לי דהכי פירושו על דרך דאיתא במסכת נדרים וז"ל אמר רבי אלעזר טובתן של רשעים רעה היא אצל לדיקים דכתיב השמר לך מדבר עם יעקב מטוב ועד רע בשלמא רע לחיי אלא טוב אמאי לא אלא טובתן של רשעים רעה היא ללדיקים יש להקשות למה לא מקשה הגמרא בקילור אמאי לא. ונראה לי דהכי גרסינן אלא טוב אמאי הכי סוף הדיבור ולא גרסינן אמאי לא והכי פירושו בשלמא רע לחודיה פירוש לריך הקדוש ברוך הוא להזהיר את לבן הואיל ורדף אחריו מסתמא ידבר לו רע. כמו שאמר ליה באמת למה נחבאת וגו'. אלא טוב אמאי פירוש למה לריך להזהירו על זה מהיכא תיתא שידבר עמו טוב. לזה מסיבת טובתן של רשעים רעה היא אלל לדיקים שמדברים טוב וחושבין לרעה. על כן הולרך להזהירו על הטוב גם כן והן הן דברי המדרש כאן. אפילו שאתה אומרן לטובתו הוא חושבן לרעה שבלבו חושבן שיבא רעה מן הטובה וזהו שמסיק המדרש אמר דילמא חזר ביה פירוש שמחשבה יהיה לשיחזור יעקב על ידי דברים טובים שידבר עמו והוא רעה ליעקב החזרה וקל להבין:

אמרי יושר

[ז] חושבן הוא לרעתו. כי כאשר שני דבורים זה לזה אף כשידבר לתועלתו יטהו ויחשבהו חובה:

מסורת המדרש

יב. ע' יבמות דף ק"ג: **יג.** מ"ק דף י"ח וש"נ. סנהדרין דף ק"ב. קהלת רבה פרשה יו"ד. תנחומא כאן סימן י"ב. פדר"א פרק ל"ו. אגדת בראשית פרק כ"ב:

אם למקרא

וַיָּבֹא אֱלֹהִים אֶל בִּלְעָם לַיְלָה וַיֹּאמֶר לוֹ אִם לִקְרֹא לְךָ בָּאוּ הָאֲנָשִׁים קוּם לֵךְ אִתָּם וְאַךְ אֶת הַדָּבָר אֲשֶׁר אֲדַבֵּר אֵלֶיךָ אֹתוֹ תַעֲשֶׂה: (במדבר כב:כ)

וַיָּבֹא אֱלֹהִים אֶל אֲבִימֶלֶךְ בַּחֲלוֹם הַלָּיְלָה וַיֹּאמֶר לוֹ הִנְּךָ מֵת עַל הָאִשָּׁה אֲשֶׁר לָקַחְתָּ וְהִוא בְּעֻלַת בָּעַל: (בראשית כ:ג)

וַיָּבֹא אֱלֹהִים אֶל לָבָן הָאֲרַמִּי בַּחֲלֹם הַלָּיְלָה וַיֹּאמֶר לוֹ הִשָּׁמֶר לְךָ פֶּן תְּדַבֵּר עִם יַעֲקֹב מִטּוֹב עַד רָע: (שם לא:כד)

ענף יוסף

(ז) [ו] אפילו שאת אומרן לטובתו כו'. יש לומר הטעם על פי מה שאמרו ז"ל בפרק חלק (סנהדרין קה, ב) אצל בלעם אמר ר' יוחנן מברכתו של אותו רשע אתה למד מה בלבו כו', רלונו לומר שבלבו אמר לקללם, אמר רבי אבא וכולן חזרו לקללה חוץ כו', אלמא דאף על גב שבירך את ישראל כיון שבלבו היה לקללן נתהפכו לקללות, ולכן לוה הקדוש ברוך הוא ללבן שלא ידבר עם יעקב טובות, וזהו שאמרו אפילו שאתה אומרן לטובתו הוא חושבן לרעתו [נתיבות עולם]:

ידי משה

[ט] ותגנוב רחל ותמת רחל. פירש מתנות כהונה גזירה שוה קדרים. ולי נראה שזה לשון מדרש באמרם שיעקב קילל מי שגנב לא יחיה ורחל גנבה, לפיכך ותמת רחל וגו':

שֶׁהוּא אָהֳלָהּ שֶׁל רָחֵל — **Which was the tent of Rachel**[84] —

□ **וּבְאֹהֶל לֵאָה וּבְאֹהֶל שְׁתֵּי הָאֲמָהוֹת וְלֹא מָצָא וַיֵּצֵא מֵאֹהֶל לֵאָה וַיָּבֹא בְּאֹהֶל רָחֵל** — ***AND INTO LEAH'S TENT, AND INTO THE TENT OF THE TWO MAIDSERVANTS, BUT HE FOUND NOTHING. WHEN HE HAD LEFT LEAH'S TENT, HE CAME INTO RACHEL'S TENT.***

The Midrash discusses Laban's search of Rachel's tent:

לָמָּה בְּאֹהֶל רָחֵל שְׁתֵּי פְעָמִים — **Why** did Laban search **Rachel's tent twice?**[85] **שֶׁהָיָה מַכִּיר שֶׁהִיא מַשְׁמְשָׁנִית** — **Because [Laban] recognized that [Rachel] is one who touches things.**[86]

□ **וְרָחֵל לָקְחָה אֶת הַתְּרָפִים וַתְּשִׂמֵם בְּכַר הַגָּמָל** — ***NOW RACHEL HAD TAKEN THE TERAPHIM, PUT THEM IN THE "CHAR HAGAMAL".***

The Midrash interprets the words כַּר הַגָּמָל:

בַּעֲבִיטָא דְּגַמְלָא — **In the camel's packsaddle.**[87]

□ **וַתֵּשֶׁב עֲלֵיהֶן . . . וַתֹּאמֶר אֶל אָבִיהָ אַל יִחַר בְּעֵינֵי אֲדֹנִי כִּי לוֹא אוּכַל וְגוֹ׳** — ***AND SAT ON THEM.*** *LABAN RUMMAGED THROUGH THE WHOLE TENT, BUT FOUND NOTHING.* ***SHE SAID TO HER FATHER, "LET NOT MY LORD BE ANGERED THAT I CANNOT, ETC.*** *[RISE UP BEFORE YOU, FOR THE WAY OF WOMEN IS UPON ME." THUS HE SEARCHED BUT DID NOT FIND THE TERAPHIM.]*

The Midrash comments on Laban's search:

אָמַר רַבִּי יוֹחָנָן: תְּרָפִים לֹא מָצָא קִיתוֹנִיּוֹת מָצָא — **R' Yochanan said: *Teraphim* [Laban] did not find,** but ***kisoniyos* he found;**[88] **נַעֲשׂוּ תְּרָפִים קִיתוֹנִיּוֹת שֶׁלֹּא לְבַיֵּישׁ אֶת רָחֵל** — for miraculously, **the *teraphim* became *kisoniyos* so that Rachel should not be embarrassed.**[89]

וַיִּחַר לְיַעֲקֹב וַיָּרֶב בְּלָבָן וַיַּעַן יַעֲקֹב וַיֹּאמֶר לְלָבָן מַה פִּשְׁעִי מַה חַטָּאתִי כִּי דָלַקְתָּ אַחֲרָי. כִּי מִשַּׁשְׁתָּ אֶת כָּל כֵּלַי מַה מָּצָאתָ מִכֹּל כְּלֵי בֵיתֶךָ שִׂים כֹּה נֶגֶד אַחַי וְאַחֶיךָ וְיוֹכִיחוּ בֵּין שְׁנֵינוּ.

Then Jacob became angered and he took up his grievance with Laban; Jacob spoke up and said to Laban, "What is my transgression? What is my sin that you have hotly pursued me? When you rummaged through all my things, what did you find of all your household objects? Set it here before my kinsmen and your kinsmen, and let them decide between the two of us" (31:36-37).

§10 **וַיִּחַר לְיַעֲקֹב וַיָּרֶב בְּלָבָן** — ***THEN JACOB BECAME ANGERED AND HE TOOK UP HIS GRIEVANCE WITH LABAN;*** *JACOB SPOKE UP AND SAID TO LABAN, "WHAT IS MY TRANSGRESSION? WHAT IS MY SIN THAT YOU HAVE HOTLY PURSUED ME? ETC."*

The Midrash finds in this verse an indication of Jacob's elevated stature:[90]

רַבִּי עֲזַרְיָה בְּשֵׁם רַבִּי חַגַּי וְרַבִּי יִצְחָק בַּר מָרוֹן וְתָנֵי לָהּ בְּשֵׁם רַבִּי חֲנִינָא בַּר יִצְחָק — **R' Azariah, in the name of R' Chaggai, and R' Yitzchak bar Maron,** both said the following, **and some teach it in the name of R' Chanina bar Yitzchak: קַפְּדָנוּתָן שֶׁל אָבוֹת וְלֹא עַנְוְתָנוּתָן שֶׁל בָּנִים** — **The sternness of the Patriarchs** is preferable, **and not the humility of** their **sons.**[91] The Midrash elaborates: **קַפְּדָנוּתָן שֶׁל אָבוֹת מִנַּיִין** — **Where is the example of "the sternness of the Patriarchs"?**[92] **"וַיִּחַר לְיַעֲקֹב וַיָּרֶב בְּלָבָן, וַיַּעַן יַעֲקֹב וַיֹּאמֶר לְלָבָן מַה פִּשְׁעִי מַה חַטָּאתִי כִּי דָלַקְתָּ"** — In our verse: ***Then Jacob became angered and he took up his grievance with Laban; Jacob spoke up and said to Laban, "What is my transgression? What is my sin that you have hotly pursued me?"*** **מָה אַתְּ סָבוּר שֶׁמָּא מַכּוֹת אוֹ פְּצָעִים יִהְיוּ שָׁם** — The Midrash explains: **What do you think? That perhaps there would be blows and wounds there?**[93] **אֶלָּא דִּבְרֵי פִּיּוּסִים, יַעֲקֹב מְפַיֵּיס אֶת חָמִיו** — There were none! **Only words of placation; Jacob was placating his father-in-law,** as will now be demonstrated:[94] **"כִּי מִשַּׁשְׁתָּ אֶת כָּל כֵּלַי מַה מָּצָאתָ מִכֹּל כְּלֵי בֵיתֶךָ"** — Our verse states, ***"When you rummaged through all my things, what did you find of all your household objects?"*** **אָמַר רַבִּי סִימוֹן:** — And **R' Simone said: בְּנוֹהַג שֶׁבָּעוֹלָם חָתָן שֶׁהוּא דָר אֵצֶל חָמִיו אֶפְשָׁר לוֹ שֶׁלֹּא לֵיהָנוֹת אֲפִילוּ כְּלִי אֶחָד אֲפִילוּ סַכִּין אֶחָד** **Normally,**[95] regarding **a son-in-law who lives by his father-in-law, is it possible for him to not benefit** through taking **even a single utensil,** or **even a single knife?!** Surely not! **בְּרַם הָכָא "מִשַּׁשְׁתָּ אֶת כָּל כֵּלַי", אֲפִילוּ מַחַט אֲפִילוּ צִינוֹרָא לֹא מָצָאתָ** — **Here, however,** Jacob, who lived with his father-in-law for many years, said to Laban, ***"You rummaged through all my things,*** *what did you find of all your household objects?"* meaning, **"even a needle and even a hook**[96] of yours **you did not find** among my possessions!"[97]

NOTES

84. [Rachel's tent is referred to as *Jacob's* because] Jacob was most often with Rachel, who was his primary wife (*Eitz Yosef,* from *Rashi* to verse; see *Matnos Kehunah*). The Midrash infers this interpretation from the fact that the verse first states: *Laban came into Jacob's tent, and into Leah's tent, and into the tent of the two maidservants, but he found nothing,* making no mention of Rachel's tent, and only afterward: *When he had left Leah's tent, he came into Rachel's tent.* This leads the Midrash to understand that Laban entered Rachel's tent once when he inspected the tents of her co-wives, and a second time afterward (*Maharzu*).

85. As has been expounded above, Laban had already searched *Jacob's tent,* which was also Rachel's tent. Why, then, did he come into Rachel's tent a second time?

86. In other words, Laban knew that Rachel was the most likely person to have taken the *teraphim.*

Although Laban had already searched Rachel's tent, he had not previously searched underneath her, and now returned to do so (*Eitz Yosef,* from *Yefeh To'ar*).

87. [Literally, "*char hagamal*" means *the camel's pillow.*] According to the Midrash, this term identifies a pillowlike saddle [into which objects could be packed] (*Maharzu,* from *Rashi* to verse; *Eitz Yosef*).

88. The words "וַיְחַפֵּשׂ וְלֹא מָצָא "אֶת הַתְּרָפִים", *Thus he searched but did not find "the teraphim,"* suggests to the Midrash that while Laban failed to discover the *teraphim* [when he searched Rachel's packsaddle] he *did find* something. R' Yochanan explains that Laban found *kisoniyos,* which are cloths upon which a menstruant would sit (*Eitz Yosef,* from *Yefeh To'ar*; see *Maharzu* for further discussion). Alternatively, *kisoniyos* is a Greek term meaning *flasks* or *cups* [and it was these that Laban found] (*Eitz Yosef,* from *Mussaf HeAruch*).

89. Rachel would have been humiliated upon Laban's discovery that it was she who had taken the *teraphim* (see *Matnos Kehunah*).

90. *Yefeh To'ar.*

91. See *Matnos Kehunah*; compare *Midrash Shmuel* §22.

In other words, even when angered, the Patriarchs spoke with more measured and pleasant words than their sons used in humble speech (*Eitz Yosef* from *Yefeh To'ar*).

92. Lit., *"The sternness of the Patriarchs," from where?*

93. The Torah states clearly that Jacob was *angered* and that he sought to take up his *grievance with Laban.* It would be natural for a person in that state to strike out at his antagonist, and we might have expected Jacob to do the same (*Nezer HaKodesh*).

94. Despite his righteous indignation, Jacob was careful to speak to his father-in-law gently and placatingly (*Nezer HaKodesh*).

95. Lit., *In the custom of the world.*

96. Translation is based on *Matnos Kehunah,* followed by *Eitz Yosef,* who explains that women would spin thread with these *hooks.*

97. According to this Midrash, in our verse Jacob was attempting to appease his father-in-law by showing him that since he had been been so inordinately scrupulous with him, refraining from taking even insignificant items with which people are generally not concerned, Laban need not fear that Jacob would harm him or his daughters (*Yefeh To'ar*). The Midrash thus notes the greatness of Jacob, who acted to placate his

"בְּאֹהֶל יַעֲקֹב"° שֶׁהוּא אָהֳלָהּ שֶׁל רָחֵל "וּבְאֹהֶל לֵאָה וּבְאֹהֶל שְׁתֵּי הָאֲמָהוֹת וְלֹא מָצָא וַיֵּצֵא מֵאֹהֶל לֵאָה וַיָּבֹא בְּאֹהֶל רָחֵל", לָמָּה בְּאֹהֶל רָחֵל שְׁתֵּי פְּעָמִים, שֶׁהָיָה מַכִּיר שֶׁהִיא מַשְׁמְשָׁנִית. [לא, לד] "וְרָחֵל לָקְחָה אֶת הַתְּרָפִים וַתְּשִׂמֵם בְּכַר הַגָּמָל", בַּעֲבִיטָא דְּגַמְלָא. [לא, לד-לה] "וַתֵּשֶׁב עֲלֵיהֶן ... וַתֹּאמֶר אֶל אָבִיהָ אַל יִחַר בְּעֵינֵי אֲדֹנִי כִּי לוֹא אוּכַל וְגוֹ'", אָמַר רַבִּי יוֹחָנָן: תְּרָפִים לֹא מָצָא קִיתוֹנִיּוֹת מָצָא, נַעֲשׂוּ תְּרָפִים קִיתוֹנִיּוֹת שֶׁלֹּא לְבַיֵּישׁ אֶת רָחֵל:

י [לא, לו] "וַיִּחַר לְיַעֲקֹב וַיָּרֶב בְּלָבָן", רַבִּי עֲזַרְיָה בְּשֵׁם רַבִּי חַגַּי וְרַבִּי יִצְחָק בַּר מָרוֹן וְתָנֵי לָהּ בְּשֵׁם רַבִּי חֲנִינָא בַּר יִצְחָק: יקַפְּדָנוּתָן שֶׁל אָבוֹת וְלֹא עַנְוְתָנוּתָן שֶׁל בָּנִים, קַפְּדָנוּתָן שֶׁל אָבוֹת מִנַּיִין, "וַיִּחַר לְיַעֲקֹב וַיָּרֶב בְּלָבָן, וַיַּעַן יַעֲקֹב וַיֹּאמֶר לְלָבָן מַה פִּשְׁעִי מַה חַטָּאתִי כִּי דָלַקְתָּ", °דָּא אַתְּ סָבוּר שֶׁמָּא מַכּוֹת אוֹ פְּצָעִים יִהְיוּ שָׁם, אֶלָּא דִּבְרֵי פִּיּוּסִים, יַעֲקֹב מְפַיֵּיס אֶת חָמִיו, [לא, לז] "כִּי מִשַּׁשְׁתָּ אֶת כָּל כֵּלַי מַה מָּצָאתָ מִכֹּל כְּלֵי בֵיתֶךָ", אָמַר רַבִּי סִימוֹן: בְּנוֹהַג שֶׁבָּעוֹלָם חָתָן שֶׁהוּא דָּר אֵצֶל חָמִיו אֶפְשָׁר לוֹ שֶׁלֹּא לֵיהָנוֹת אֲפִילוּ כְּלִי אֶחָד אֲפִילוּ סַכִּין אֶחָד, בְּרַם הָכָא "מִשַּׁשְׁתָּ אֶת כָּל כֵּלַי", אֲפִילוּ מַחַט אֲפִילוּ צִינּוֹרָא לֹא מָצָאתָ, וְלֹא עַנְוְתָנוּתָן שֶׁל בָּנִים מִדָּוִד, שֶׁנֶּאֱמַר (שמואל-א כ, א) "וַיִּבְרַח דָּוִד מִנָּיוֹת בָּרָמָה וַיָּבֹא וַיֹּאמֶר לִפְנֵי יְהוֹנָתָן, מֶה עָשִׂיתִי מֶה עֲוֹנִי וּמֶה חַטָּאתִי לִפְנֵי אָבִיךָ כִּי מְבַקֵּשׁ אֶת נַפְשִׁי", מַזְכִּיר שְׁפִיכוּת דָּמִים בְּפִיּוּסוֹ, מִילֵּי דִּקְטָלָא, בְּרַם הָכָא "כִּי דָלַקְתָּ אַחֲרָי":

יא [לא, לח-לט] "זֶה עֶשְׂרִים שָׁנָה וְגוֹ' טְרֵפָה לֹא הֵבֵאתִי אֵלֶיךָ", דִּקְטִילָא. [לא, לט] "אָנֹכִי אֲחַטֶּנָּה מִיָּדִי תְּבַקְשֶׁנָּה", אֲנִי הָיִיתִי חוֹטֵא עַל הָאֲרִי, שֶׁכָּךְ גָּזַר הַקָּדוֹשׁ בָּרוּךְ הוּא לָאֲרִי שֶׁיְּהֵא טוֹרֵף וְאוֹכֵל מִצֹּאנוֹ שֶׁל לָבָן בְּכָל יוֹם,

רש"י

(ט) למה באהל רחל שתי פעמים. דהוה ידע דהיא משמשנית ויחפש בכר: **ולא מצא את התרפים. תרפים לא מצא קיתונות** מצא: **(יא) טריפה לא הבאתי אליך.** כמו טרוף טורף (לקמן לז, לג): **אנכי אחטנה.** אנכי הייתי חוטא, על שהייתי גוזלה מאתו:

מתנות כהונה

ה"ג **ויבא לבן באהל יעקב שהוא כו'.** שהרי ע"כ היתה קביעות אהלו עם אחת משתי נשיו ורחל היתה עיקרה של ביתו: **בעביטא דגמלא.** כן ת"א: **קיתוניות כו'.** דייק מדכתיב ולא מצא את התרפים משמע תרפים לא מצא הא קיתוניות כו': **שלא לבייש.** במואלו התרפים: [י] **קפדנותן כו'.** כלומר בוחר אנכי בקפדנותן כו': ה"ג **דלקת מה אתה סובר וכן הוא בילקוט:** **צינורא.** וויס שטוויס בו הנשים: **בפיוסו מילין דקטלא.** בתוך דברי פיוס מזכיר דברי מיתה ובילקוט הגירסא יותר ברורה: **כי דלקת וגו'.** ולא אמר להרגני או כה"ג: **[יא] דקטילא.** טרפה פירושו שהומת ע"י חיה כד"א טרוף טרף יוסף וגו': **חוטא על הארי.** שקפחתי מזונותיו כדמפרש ואזיל: **שיהיה טורף כו'.** ומיום שיעקב רועה לאנו לא אכל מהם כלום ודייק מדכתיב אחטנה

אשד הנחלים

[ט] בעביטא. דרך בזיון: **קיתוניות מצא.** וא"כ לבן חפש בכר הגמל אף שבקשה ממנו שאינה יכולה לעמוד עם כל זה לא השגיח בה, רק שע"י זכותה נשתנה לקיתונית באחיזת עינים: **[י] קפדנותן.** שאף שנאמר שחרה לו ונתעורר בו מדת הכעס, עם כל זה לא דיבר מאומה רע עליו. כי אם הצטדק נפשו לבד. אבל בדוד אף שהיה קשור באהבת יונתן באהבה ובודאי יונתן יצטער מרעת אביו שאול, עם כל זה הזכיר מחפץ אביו שחפץ להרגו: **[יא] דקטילא.** ולא טריפה כפשוטו, כי אם הריגה וכדומה: **הייתי חוטא.** דרש מלשון חטא שעשיתני כחוטא על מה שהארי הרגה וחטפה. אף כי מה יכולתי עשות לעמוד נגד הארי, וגם כי גזירה משמים היא, עם כל זה נקראתי חוטא לפניך. והמתנות כהונה פירש באופן אחר, ומלשון ואם תאמר שאם היה רועה אחר, משמע כפירושי.

עץ יוסף

הכי גרסינן **ויבא לבן באהל יעקב שהוא אהלה של רחל.** שהיה יעקב תדיר אצלה שהיתה עקרו וכמו דפרש"י בחומש: **שהיה מכיר כו'.** ואף על פי שכבר חפש באהלה לא בדק תחתיה ואחר כך בדק אפילו שם וכדקאמר בסמוך קתוניות מצא (יפה תואר): **בעביטא דגמלא.** כן תרגם אונקלוס. והיא מרדעת העשויה כמין כר. ועיין מה שכתבתי בתנחומא סדר ויצא (סימן יג) בטען יוסף: **קיתוניות מצא.** ולא מצא את התרפים משמע תרפים לא מצא הא דבר אחר מצא תמורתם. ואמר שהם קיתוניות כלומר בגדים שדרך הנדה לשבת עליהן לקבל הדם (יפה תואר). ובעל מוסף הערוך פירוש צלוחית וכוסות בלשון יוני: (י) [ז] **קפדנותן של אבות כו'.** דאפילו בשעת הכעס כלכל דבריו באופן נאות מאד ממקום שדיברו בו הבנים דרך ענוה (יפה תואר): **ויחר ליעקב וירב בלבן מה את סבור שמא מכות כו'.** כן צריך לומר (מתנות כהונה ויפת תואר), וכן הוא בילקוט. והכי פירושו דקפדנות האבות עדיפא מדאמר כי דלקת ולא הזכיר דבר אחר כדוד שהזכיר שפיכות דמים כדמסיים באגדה: **אפילו צנורא לא מצאת.** בשאלתות מסיים הכא אמר ליה הקדוש ברוך הוא חייך בלשון שהוכחת את חמיך בו בלשון אני מוכיח את בניך שנאמר מה מצאו אבותיכם בי עול וגו' עד כאן לשונו (אות אמת): **צינורא.** ווין שטויס בו הנשים: **בפיוסו מלין דקטלא.** בתוך דברי הפיוס מזכיר דברי מיתה שני פעמים, כי מבקש נפשי, כי כפשע ביני ובין המות: (יא) **דקטילא.** שפירש טרפה טריפת זאב וארי: **חוטא על הארי.** שהייתי מקפח זכותו, שהקדוש ברוך הוא זיכהו בלאן לבן שיטרוף בכל יום מהם, ואני הייתי מציל בזכותי הפך הטבע מה שאי אפשר ביד הרועה להציל כדמפרש ואזיל:

פירוש מהרז"ו

שהוא אהל רחל. שכתיב ויבא לבן באהל יעקב ובאהל לאה ובאהל שתי האמהות ולא זכר את רחל, ואחר כך אמר ויצא מאהל לאה ויבא באהל רחל והוה ליה למימר ויבא באהל יעקב ובאהל לאה ובאהל רחל, על כן דורש שמה שאמר באהל יעקב היינו אהל רחל, ואם כן היה באהלה שני פעמים: **בעבוטא.** פירש"י בחומש (לא, לד) מרדעת העשוי כעין כר: **נעשו תרפים קיתוניות.** עיין מתנות כהונה, ולא יתכן לומר שמצא שלו שהרי כתב מה מצאת מכל כלי ביתך אלא של יעקב, אם כן מה מצא, ובהכרח לומר שהם התרפים שנראו לו לקיתוניות, וקיתוניות לאו דוקא, וכמו שאמרו (מדרש אגדה פרק לב) שחזר יעקב על פכים קטנים לדוגמא בעלמא: (י) **ולא ענותנותן.** ובתנחומא (סימן יג) דורש באופן אחר וזה לשונו ואלו בדוד בפיוסו שלא אבה לשלוח יד בשאול כתיב (שמואל א' כו, י) כי אם ה' יגפנו הרי שקללו, ויעקב לא כן: (יא) **חוטא על הארי.** רמז האחרי בכאן בתיבת טרפה, וכמה שהביא מפסוק כאשר וגו' והארי על טרפו, וכמו שכתוב (נחום ב, יג) אריה טורף כו' ומעונותיו טרפה. והנה שמעתי מפי איש אמונים מעיר הקדש ירושלים שיש שם שער אחד שנקרא בערבי אבב חטא שפירושו שער ארי על שיש בראשו אריות חקוקים

חידושי הרד"ל

[ט] קיתונית מצא. ויחפש במקום שהיה מונח שם, ואך נעשה נס ונתהפך לקיתונית: **[יא] שיהיה טורף ואוכל מצאנו.** בילקוט (רמז קל) איתא חמשה בכל יום, ואפשר אחטנה דרש אחטא ה':

זרע אברהם

[ט] ותאמר אלי אביה אל יחר בעיני אדוני כי לא אוכל כי דרך נשים לי. ויש לדקדק מה הסיבה בזה לאביה כי דרך נשים לי. ושמעתי מחותני הרבני המופלא מוהר"ר מרדכי יפה מווין דהכי פירושו. לפי שידוע מאמר חכמינו ז"ל (נדה לט א) היתה במחבא והגיע שעת וסתה ולא בדקה טהורה לפי שחרדה מסלקת דמים. ולבן שחשדה שגנבה כמו שאמר ליה למה נחבאת וגו'. והסיבה הלא דרך נשים לי ואם כדבריך שהחבאתי לברוח מחמת שגנבתי לא הייתי רואה דם שחרדה מסלקת דמים. וקל להבין. דברי פי חכם חן ושפתיו ישק:

אמרי יושר

באהל יעקב ובאהל לאה. הרגישו וכי איכה כדאית רחל להזכיר לזה אמרם שאהל הוא אהל רחל ורחל שהוזכרה להלן אינו רק להשנות פעם שנית שנכנס באהלה: **ולא מצא את התרפים.** הרגישו שלא היה צריך לומר אלא ויחפש. וגם הוא שלא במקומו. לזה אמרם לאחר שאמרה רחל לא אוכל לקום הרגיש לבן בדבר וחפש תחתיה אף שהיו שם לא מצא. או רמז שהתרפים לא מצא אבל דבר אחר מצא: **[יא] אנכי אחטנה אני הייתי חוטא על הארי.** פירשו אחטנה מלשון חטא והיה זה בענין שאי אפשר בהשתדלות גדול להציל מפיו. אף אם יקרא מלא רועים מקולם לא יחת. וזהו מידי תבקשנה כי אלו היה העדר ביד אחר אי אפשר להמלא אף בכל מיני השתדלות. אבל בעבור היותה מידי בזה תבקשנה ומלאתה שלימה כאשר היא:

מסורת המדרש

יד. פסיקתא דרב כהנא פסקא י"ד. מדרש שמואל סוף פרשה כ"ב. תנחומא כאן סימן י"ג. ילקוט כאן רמז ק"ל. ילקוט שמואל רמז קי"ט:

אם למקרא

וַיִּבְרַח דָּוִד מִנָּיוֹת בָּרָמָה וַיָּבֹא וַיֹּאמֶר לִפְנֵי יְהוֹנָתָן מֶה עָשִׂיתִי מֶה עֲוֹנִי וּמֶה חַטָּאתִי לִפְנֵי אָבִיךָ כִּי מְבַקֵּשׁ אֶת נַפְשִׁי: (שמואל א כ:א)

שינוי נוסחאות

(ט) ויבא לבן באהל יעקב ובאהל רחל, באהל יעקב שהוא אהלה של רחל. מתנות כהונה מחק "ובאהל רחל באהל יעקב", ונשאר רק "ויבא לבן באהל יעקב שהוא אהלה של רחל":

(י) כי דלקת, דא את סבור שמא מכות או פצעים. בספרים הישנים היה כתוב "... ד"א (או במילואו 'דבר אחר'), את סבור שמא...", וזה קשה, שאין כאן שום פירוש חדש כדי לומר עליו "דבר אחר", לכן הגיה מתנות כהונה וגם יפה תאר "מה את סבור שמא...", וכן הוא בילקוט, ומכל מקום מה שיש ברוב דפוסים "דא" בודאי אין לו מקום כאן, וכנראה שזה שיבוש בעלמא ממה שהיה כתוב מקודם <ד"א>:

The Midrash will now complete the contrast it began above: וְלֹא עַנְוְותָנוּתָן שֶׁל בָּנִים מִדָּוִד — **"And not the humility of the sons" — as illustrated by David;**[98] שֶׁנֶּאֱמַר "וַיִּבְרַח דָּוִד מִנָּיוֹת בָּרָמָה וַיָּבֹא וַיֹּאמֶר לִפְנֵי יְהוֹנָתָן, מֶה עָשִׂיתִי מֶה עֲוֹנִי וּמֶה חַטָּאתִי לִפְנֵי אָבִיךָ כִּי מְבַקֵּשׁ אֶת נַפְשִׁי" — **for it is stated, *Then David fled from Naioth in Ramah. He came and said before Jonathan, "What have I done? What is my iniquity and my sin before your father, that he seeks my life?*** . . . *However, as HASHEM lives, and by your life, there is but a footstep between me and death"* (*I Samuel* 20:1,3).[99] The Midrash observes: מַזְכִּיר שְׁפִיכוּת דָּמִים בְּפִיּוּסוֹ, מִילֵּי דִקְטָלָא — **[David] mentions the spilling of blood in his placation — expressions of murder.**[100] בְּרַם הָכָא "כִּי דָלַקְתָּ אַחֲרָי" — **Here, however,** Jacob only said to Laban, *"What is my sin* ***that you have hotly pursued me?"***[101]

זֶה עֶשְׂרִים שָׁנָה אָנֹכִי עִמָּךְ רְחֵלֶיךָ וְעִזֶּיךָ לֹא שִׁכֵּלוּ וְאֵילֵי צֹאנְךָ לֹא אָכָלְתִּי. טְרֵפָה לֹא הֵבֵאתִי אֵלֶיךָ אָנֹכִי אֲחַטֶּנָּה מִיָּדִי תְּבַקְשֶׁנָּה גְּנֻבְתִי יוֹם וּגְנֻבְתִי לָיְלָה. הָיִיתִי בַיּוֹם אֲכָלַנִי חֹרֶב וְקֶרַח בַּלָּיְלָה וַתִּדַּד שְׁנָתִי מֵעֵינָי. זֶה לִּי עֶשְׂרִים שָׁנָה בְּבֵיתֶךָ עֲבַדְתִּיךָ אַרְבַּע עֶשְׂרֵה שָׁנָה בִּשְׁתֵּי בְנֹתֶיךָ וְשֵׁשׁ שָׁנִים בְּצֹאנֶךָ וַתַּחֲלֵף אֶת מַשְׂכֻּרְתִּי עֲשֶׂרֶת מֹנִים.

"These twenty years I have been with you, your ewes and she-goats never miscarried, nor did I eat rams of your flock. That which was mangled I never brought you — I myself would bear the loss, from me you would exact it, whether it was stolen by day or stolen by night. This is how I was: By day scorching heat consumed me, and frost by night; my sleep drifted from my eyes. This is my twenty years in your household: I served you fourteen years for your two daughters, and six years for your flocks; and you changed my wage ten counts" (31:38-41).

§11 **זֶה עֶשְׂרִים שָׁנָה וְגוֹ׳ טְרֵפָה לֹא הֵבֵאתִי אֵלֶיךָ** — ***"THESE TWENTY YEARS, ETC., THAT WHICH WAS MANGLED I NEVER BROUGHT YOU,*** *ETC."*

The Midrash expounds the word טְרֵפָה, *mangled:*[102]

דִּקְטִילָא — This refers to an animal **that was killed.**[103]

NOTES

father-in-law even in a moment of *sternness*.

[*She'iltos DeRav Achai* teaches that as a consequence of Jacob's gentle rebuke of Laban, when God rebuked the Jewish people in the days of Jeremiah (in *Jeremiah* 2:4), He voiced His grievance against them in a similarly gentle manner (*Eitz Yosef*, from *Os Emes*).]

See Insight Ⓐ.

98. Lit., *from David*.

99. These comments were spoken by David to Jonathan humbly and placatingly, in the hope that Jonathan would have mercy on him and influence his father, King Saul, to cease his persecution of David (see *Yefeh To'ar*; *Nezer HaKodesh*).

100. David's placating remarks included two [debasing and unnecessary (*Nezer HaKodesh*)] references to Saul's desire to kill him (*Eitz Yosef*).

[*Matnos Kehunah* opines that the version of this Aggadah that appears in *Yalkut Shimoni* (loc. cit.), in which the words מִילֵּי דִקְטָלָא, *expressions of murder*, do not appear, is preferable to this version.]

101. Despite his anger, Jacob made no direct reference to the fact that Laban sought to kill him (see *Deuteronomy* 26:5 with *Sifrei* ad loc., cited in *Rashi* ad loc.), in stark contrast to the behavior of his descendant, David (*Eitz Yosef*; see *Matnos Kehunah*). [See *Yefeh To'ar* and *Nezer HaKodesh*, who discuss how Jacob would have known that Laban intended to kill him.]

[*Maharzu* notes that *Midrash Tanchuma, Vayeitzei* §13 draws a different contrast between Jacob's statement and David's in order to make a point that is similar to the one made here.]

102. In general (see *Exodus* 22:30 with *Chullin* 42a et al.), this term identifies an animal that developed a life-threatening defect. In our verse, however, the term cannot refer to an animal that developed this type of defect naturally, for why should Jacob have hesitated to deliver such an animal to Laban, choosing instead to *bear the loss* himself? (*Yefeh To'ar*).

103. I.e., torn apart by a wolf or a lion (see *Eitz Yosef*; see *Matnos Kehunah*, referencing 37:33 below).

INSIGHTS

Ⓐ **Lessons From the Lives of the Patriarchs** The Midrash calls our attention to the sterling character of Jacob, his self-restraint, in the manner of his response to Laban, following the latter's pursuit of Jacob and his search of Jacob's belongings. Moreover, it emphasizes Jacob's scrupulous honesty, in not taking anything from Laban, even small items of which one would naturally expect a son-in-law to avail himself.

Laban had wronged Jacob and provoked him in innumerable ways. He deceived him in the matter of his marriage to Rachel. He reneged on his agreements and cheated Jacob of his wages. When Jacob departed, Laban hounded and threatened him. Another person, treated thus by his employer, would have found ample justification to shirk his duties, and perhaps even to expropriate the property of his employer. Jacob did no such thing. Despite Laban's deceptions, Jacob faithfully carried out his obligations as shepherd of Laban's flocks, in the heat, in the cold, in the dark of night. He spent twenty years in Laban's house; yet, not even the most insignificant of Laban's belongings found its way into Jacob's possession.

Considering the nature of Jacob's honest and self-sacrificing service to Laban, Jacob would have been well within his rights to lash out at Laban and to rebuke him sharply for his ingratitude. Yet with admirable restraint, Jacob spoke in a most conciliatory way. We must learn from here, explains Chofetz Chaim (to our verse), that even one who has been wronged by another should avoid being drawn into dispute. And even where one is *compelled* to engage in dispute, one should do so in the manner of Jacob with Laban. The verse informs us that Jacob was indeed angry with Laban; still, Jacob *spoke* no words of anger, but employed instead a placatory tone: *What is my transgression? What is my sin?*

It is common for an aggrieved party to seek revenge at all costs, pursuing all means of redress without regard to legality or fairness. Jacob's behavior shouts in protest. In the face of Laban's deceptions and mistreatment, Jacob repaid faithlessness with constancy, contempt with kindness, and cheating with honesty. Having suffered abuse does not free one to respond outside the strict parameters of the law. The response must be measured and limited to what is permitted (*R' Yerucham Levovitz, Daas Torah, Beurim* to *Genesis* 45:8).

The Rabbis teach that one is required to say: אֵימָתַי יַגִּיעוּ מַעֲשַׂי לְמַעֲשֵׂי אֲבוֹתַי אַבְרָהָם יִצְחָק וְיַעֲקֹב, *When will my actions come close to the actions of my forefathers, Abraham, Isaac, and Jacob?* (*Yalkut Shimoni, Devarim* §830). One is obligated always to measure oneself against the standard of the Patriarchs. *R' Shlomo Wolbe* (*Shiurei Chumash*, 31:38-40, pp. 267-268) coins a phrase to describe the study we Jews are duty-bound to make of the lives of the Patriarchs: פָּרָשַׁת הָאָבוֹת, *the chapter of the Patriarchs.* Some imagine that the obligation to study this "chapter" of Torah applies only with regard to extraordinary acts of kindness or devotion, such as Abraham's hospitality or Isaac's willingness to sacrifice himself at the *Akeidah*. R' Wolbe cautions us that the duty to emulate our forebears applies also with regard to ordinary things, such as our conduct while transacting business. The integrity Jacob displayed in everyday matters is no less a part of the study of the Patriarchs than are the great events that shaped the nation. Even the most mundane events in the lives of our forefathers hold priceless lessons for us.

These admirable traits — integrity, constancy, self-restraint — are the stuff of ordinary life, of everyday dealings. Our forefather Jacob brought these traits to the pitch of perfection. As far removed as we may be from his exalted level, we are required to study these chapters, and study them again. And in doing so we must strive to inscribe ever greater chapters in the book of our own lives.

"בְּאֹהֶל יַעֲקֹב"° שֶׁהוּא אָהֳלָהּ שֶׁל רָחֵל "וּבְאֹהֶל לֵאָה וּבְאֹהֶל שְׁתֵּי הָאֲמָהוֹת וְלֹא מָצָא וַיֵּצֵא מֵאֹהֶל לֵאָה וַיָּבֹא בְּאֹהֶל רָחֵל", לָמָּה בְּאֹהֶל רָחֵל שְׁתֵּי פְּעָמִים, שֶׁהָיָה מַכִּיר שֶׁהִיא מַשְׁמְשָׁנִית. [לא, לד] "וְרָחֵל לָקְחָה אֶת הַתְּרָפִים וַתְּשִׂימֵם בְּכַר הַגָּמָל", בַּעֲבִיטָא דְּגַמְלָא. [לא, לד-לה] "וַתֵּשֶׁב עֲלֵיהֶן ... וַתֹּאמֶר אֶל אָבִיהָ אַל יִחַר בְּעֵינֵי אֲדֹנִי כִּי לוֹא אוּכַל וְגוֹ'", אָמַר רַבִּי יוֹחָנָן: תְּרָפִים לֹא מָצָא קִיתוֹנִיּוֹת מָצָא, נַעֲשׂוּ תְּרָפִים קִיתוֹנִיּוֹת שֶׁלֹּא לְבַיֵּישׁ אֶת רָחֵל:

י [לא, לו] "וַיִּחַר לְיַעֲקֹב וַיָּרֶב בְּלָבָן", רַבִּי עֲזַרְיָה בְּשֵׁם רַבִּי חַגַּי וְרַבִּי יִצְחָק בַּר מָרוֹן וְתָנֵי לָהּ בְּשֵׁם רַבִּי חֲנִינָא בַּר יִצְחָק: יקַפְּדָנוּתָן שֶׁל אָבוֹת וְלֹא עַנְוְתָנוּתָן שֶׁל בָּנִים, קַפְּדָנוּתָן שֶׁל אָבוֹת מִנַּיִין, "וַיִּחַר לְיַעֲקֹב וַיָּרֶב בְּלָבָן, וַיַּעַן יַעֲקֹב וַיֹּאמֶר לְלָבָן מַה פִּשְׁעִי מַה חַטָּאתִי כִּי דָלַקְתָּ", °דָּא אַתְּ סָבוּר שֶׁמָּא מַכּוֹת אוֹ פְּצָעִים יִהְיוּ שָׁם, אֶלָּא דִּבְרֵי פִּיוּסִים, יַעֲקֹב מְפַיֵּיס אֶת חָמִיו, [לא, לז] "כִּי מִשַּׁשְׁתָּ אֶת כָּל כֵּלַי מַה מָּצָאתָ מִכֹּל כְּלֵי בֵיתֶךָ", אָמַר רַבִּי סִימוֹן: בְּנוֹהַג שֶׁבָּעוֹלָם חָתָן שֶׁהוּא דָּר אֵצֶל חָמִיו אֶפְשָׁר לוֹ שֶׁלֹּא לֵיהָנוֹת אֲפִילוּ כְּלִי אֶחָד אֲפִילוּ סַכִּין אֶחָד, בְּרַם הָכָא "מִשַּׁשְׁתָּ אֶת כָּל כֵּלַי", אֲפִילוּ מַחַט אֲפִילוּ צִינּוֹרָא לֹא מָצָאתָ, וְלֹא עַנְוְתָנוּתָן שֶׁל בָּנִים מִדָּוִד, שֶׁנֶּאֱמַר (שמואל-א כ, א) "וַיִּבְרַח דָּוִד מִנָּיוֹת בָּרָמָה וַיָּבֹא וַיֹּאמֶר לִפְנֵי יְהוֹנָתָן, מֶה עָשִׂיתִי מֶה עֲוֹנִי וּמֶה חַטָּאתִי לִפְנֵי אָבִיךָ כִּי מְבַקֵּשׁ אֶת נַפְשִׁי", מַזְכִּיר שְׁפִיכוּת דָּמִים בְּפִיּוּסוֹ, מִילֵּי דִּקְטָלָא, בְּרַם הָכָא "כִּי דָלַקְתָּ אַחֲרָי":

יא [לא, לח-לט] "זֶה עֶשְׂרִים שָׁנָה וְגוֹ' טְרֵפָה לֹא הֵבֵאתִי אֵלֶיךָ", דִּקְטִילָא. [לא, לט] "אָנֹכִי אֲחַטֶּנָּה מִיָּדִי תְּבַקְשֶׁנָּה", אֲנִי הָיִיתִי חוֹטֵא עַל הָאֲרִי, שֶׁכָּךְ גָּזַר הַקָּדוֹשׁ בָּרוּךְ הוּא לָאֲרִי שֶׁיְּהֵא טוֹרֵף וְאוֹכֵל מִצֹּאנוֹ שֶׁל לָבָן בְּכָל יוֹם,

עץ יוסף

הכי גרסינן ויבא לבן באהל יעקב שהוא אהלה של רחל. שהיה יעקב תדיר אצלה שהיתה עקרו וכמו דפרש"י בחומש: **שהיה מכיר כו'.** ואף על פי שכבר חפש באהלה לא בדק תחתיה ואחר כך בדק אפילו שם וכדקאמר בסמוך קתוניות מצא (יפה תואר): **בעביטא דגמלא.** כן תרגם אונקלוס. והיא מרדעת העשויה כמין כר. ועיין מה שכתבתי בתנחומא סדר ויצא (סימן יג) בעץ יוסף: **קיתוניות מצא.** ולא מצא את התרפים משמע תרפים לא מצא הא דבר אחר מצא תמורתם. ואמר שהם קיתוניות כלומר בגדים שדרך הנדה לשבת עליהן לקבל הדם (יפה תואר). ובעל מוסף הערוך פירש צלוחית וכוסות בלשון יוני: (י) [ז] **קפדנותן של אבות כו'.** דאפילו בשעת הכעס כלכל דבריו באופן נאות מאד ממקום שדיברו בו הבנים דרך ענוה (יפה תואר): **ויחר ליעקב וירב בלבן מה את סבור שמא מכות כו'.** כן צריך לומר (מתנות כהונה ויפת תואר), וכן הוא בילקוט. והכי פירושו דקפדנות האבות עדיפא מדאמר כי דלקת ולא הזכיר דבר אחר כדוד שהזכיר שפיכות דמים כדמסיים באגדה: **אפילו צנורא לא מצאת.** בשאלתות מסיים הכא אמר ליה הקדוש ברוך הוא חייך בלשון שהוכחת את חמיך בו בלשון אני מוכיח את בניך שנאמר מה מצאו אבותיכם בי עול וגו' עד כאן לשונו (אות אמת): **צינורא.** ווין שטוים בו הנשים: **בפיוסו מלין דקטלא.** בתוך דברי הפיוס מזכיר דברי מיתה שני פעמים, כי מבקש נפשי, כי כפשע ביני ובין המות: (יא) **דקטילא.** שפירש טרפה טריפת זאב וארי: **חוטא על הארי.** שהייתי מקפח זכותו, שהקדוש ברוך הוא זיכהו בצאן לבן שיטרוף בכל יום מהם, ואני הייתי מציל בזכותי הפך הטבע מה שאי אפשר ביד הרועה להציל כדמפרש ואזיל:

פירוש מהרז"ו

שהוא אהל רחל. שכתיב ויבא לבן באהל יעקב ובאהל לאה ובאהל שתי האמהות ולא זכר את רחל, ואחר כך אמר ויצא מאהל לאה ויבא באהל רחל והוה ליה למימר ויבא באהל יעקב ובאהל לאה ובאהל רחל, על כן דורש שמה שאמר באהל יעקב היינו אהל רחל, ואם כן היה באהלה שני פעמים: **בעבוטא.** פירש"י בחומש (לא, לד) מרדעת העשוי כעין כר: **נעשו תרפים קיתוניות.** עיין מתנות כהונה, ולא יתכן לומר שמצא שלו שהרי כתב מה מצאת מכל כלי ביתך אלא של יעקב, אם כן מה מצא, ובהכרח לומר שהם התרפים שנראו לו לקיתוניות, וקיתוניות לאו דוקא, וכמו שאמרו (מדרש אגדה פרק לב) שחזר יעקב על פכים קטנים לדוגמא בעלמא: (י) **ולא ענותנותן.** ובתנחומא (סימן יג) דורש באופן אחר וזה לשונו ואלו בדוד בפיוסו שלא אבה לשלוח יד בשאול כתיב (שמואל א' כו, י) כי אם ה' יגפנו הרי שקללו, ויעקב לא כן: (יא) **חוטא על הארי.** רמז האריז בכאן בתיבת טרפה, וכמה שהביא מפסוק כאשר וגו' והארי על טרפו, וכמו שכתוב (נחום ב, יג) אריה טורף כו' ומעונותיו טרפה. והנה שמעתי מפי איש אמונים מעיר הקדש ירושלים שיש שם שער אחד שנקרא בערבי אַבַּב חַטָּא שפירושו שער ארי על שיש בראשו אריות חצובים

רש"י

(ט) למה באהל רחל שתי פעמים. דהוה ידע דהיא משמשנית ויחפש בכר: **ולא מצא את התרפים. תרפים לא מצא קיתונות מצא:** **(יא) טריפה לא הבאתי אליך.** כמו טרוף טורף (לקמן לז, לג): **אנכי אחטנה.** אנכי הייתי חוטא, על שהייתי גוזלה מאתו:

מתנות כהונה

ה"ג ויבא לבן באהל יעקב שהוא כו'. שהרי ע"כ היתה קביעות אהלו עם אחת מנשי נשיו ורחל היתה עיקרה של ביתו: **בעביטא דגמלא.** כן ת"א: **קיתוניות כו'.** דייק מדכתיב ולא מצא את התרפים משמע תרפים לא מצא הא קיתוניות כו': **שלא לבייש.** במואלו התרפים: [י] **קפדנותן כו'.** כלומר בוחר אנכי בקפדנותן כו': **ה"ג דלקת מה אתה סובר וכן הוא בילקוט:** **צינורא.** וויש שטווים בו הנשים: **בפיוסו מילין דקטלא.** בתוך דברי פיוס מזכיר דברי מיתה ובילקוט הגירסא יותר ברורה: **כי דלקת וגו'.** ולא אמר להרגני או כה"ג: [יא] **דקטילא.** טרפה פירושו שהומת ע"י חיה כד"א טרוף טרף יוסף וגו': **חוטא על הארי.** שקפחתי מזונותיו כדמפרש ואזיל: **שיהיה טורף כו'.** ומיום שיעקב רועה צאנו לא אכל מהם כלום ודייק מדכתיב אחטנה

אשד הנחלים

[ט] **בעביטא.** דרך בזיון: **קיתוניות מצא.** וא"כ לבן חפש בכר הגמל אף שבקשה ממנו שאינה יכולה לעמוד עם כל זה לא השגיח בה, רק שע"י זכותה נשתנה לקיתונית באחיזת עינים: [י] **קפדנותן.** שאף שנאמר שחרה לו ונתעורר בו מדת הכעס, עם כל זה לא דיבר מאומה רע עליו. כי אם הצטדק נפשו לבד. אבל בדוד אף שהיה קשור באהבת יונתן באהבה ובודאי יונתן יצטער מרעת אביו שאול, עם כל זה הזכיר מחפץ אביו שחפץ להרגו: [יא] **דקטילא.** ולא טריפה כפשוטו, כי אם הריגה וכדומה: **הייתי חוטא.** דרש מלשון חטא שעשיתני כחוטא על מה שהארי הרגה וחטפה. אף כי מה יכולתי עשות לעמוד נגד הארי, וגם כי גזירה משמים היא, עם כל זה נקראתי חוטא לפניך. והמתנות כהונה פירש באופן אחר, ומלשון ואם תאמר שאם היה רועה אחר, משמע כפירושי.

חידושי הרד"ל

[ט] **קיתונית מצא.** ויחפש במקום שהיה מונח שם, ואך נעשה נס ונתהפך לקיתונית: [יא] **שיהיה טורף ואוכל מצאנו.** בילקוט (רמז קל) איתא חמשה בכל יום, ואפשר אחטנה דרש אחטא ה':

זרע אברהם

[ט] **ותאמר אלי אביה אל יחר בעיני אדוני כי לא אוכל כי דרך נשים לי.** ויש לדקדק מה הסיבה בזה לאביה כי דרך נשים לי. ושמעתי מחותני הרבני המופלא מוהר"ר מרדכי יפה מווין דהכי פירושו. לפי שידוע מאמר חכמינו ז"ל (נדה לט א) היתה במחבא והגיע שעת ווסתה ולא בדקה טהורה לפי שחרדה מסלקת דמים. ולבן שחשדה שגנבה כמו שאמר ליה למה נחבאת וגו'. והשיבה הלא דרך נשים לי ואם כדבריך שהתחבאתי לברוח מחמת שגנבתי לא הייתי רואה דם שחרדה מסלקת דמים. וקל להבין. דברי פי חכם חן ושפתיו ישק:

אמרי יושר

באהל יעקב ובאהל לאה. הרגישו וכי אינה כדאית רחל להזכיר לזה אמרם שאהל הוא אהל רחל ורחל שהוזכרה להלן אינו רק להשנות פעם שנית שנכנס באהלה: **ולא מצא את התרפים.** הרגישו שלא היה צריך לומר אלא ויחפש. וגם הוא שלא במקומו. לזה אמרם לאחר שאמרה רחל לא אוכל לקום הרגיש לבן בדבר וחפש תחתיה אף שהיו שם לא מצא. או רמז שהתרפים לא מצא אבל דבר אחר מצא: [יא] **אנכי אחטנה אני הייתי חוטא על הארי.** פירשו אחטנה מלשון חטא והיה זה בענין שאי אפשר בהשתדלות גדול להציל מפיו. אף אם יקרא מלא רועים מקולם לא יחת. וזהו מידי תבקשנה כי אלו היה העדר ביד אחר אי אפשר להמצא אף בכל מיני השתדלות. אבל בעבור היותה מידי בזה תבקשנה ומצאתה שלימה כאשר היא:

מסורת המדרש

יד. פסיקתא דרב כהנא פסקא י"ד. מדרש שמואל סוף פרשה כ"ב. תנחומא כאן סימן י"ג. ילקוט כאן רמז ק"ל. ילקוט שמואל רמז קי"ט:

אם למקרא

וַיִּבְרַח דָּוִד מִנָּיוֹת בָּרָמָה וַיָּבֹא וַיֹּאמֶר לִפְנֵי יְהוֹנָתָן מֶה עָשִׂיתִי מֶה עֲוֹנִי וּמֶה חַטָּאתִי לִפְנֵי אָבִיךָ כִּי מְבַקֵּשׁ אֶת נַפְשִׁי: (שמואל א כ:א)

שינוי נוסחאות

(ט) ויבא לבן באהל יעקב ובאהל רחל, באהל יעקב שהוא אהלה של רחל. מתנות כהונה מחק "ובאהל רחל באהל יעקב", ונשאר רק "ויבא לבן באהל יעקב שהוא אהלה של רחל":

(י) כי דלקת, דא את סבור שמא מכות או פצעים. בספרים הישנים היה כתוב "... ד"א (או במילואו 'דבר אחר'), את סבור שמא...", וזה קשה, שאין כאן שום פירוש חדש כדי לומר עליו "דבר אחר", לכן הגיה מתנות כהונה וגם יפה תאר "מה את סבור שמא...", וכן הוא בילקוט, ומכל מקום מה שיש ברוב דפוסים "דא" בודאי אין לו מקום כאן, וכנראה שזה שיבוש בעלמא ממה שהיה כתוב מקודם <ד"א>:

□ אָנֹכִי אֲחַטֶּנָּה מִיָּדִי תְּבַקְשֶׁנָּה – *"I 'ACHATENAH,' FROM ME YOU WOULD EXACT IT, ETC."*

The Midrash expounds the uncommon word אֲחַטֶּנָּה:[104]

אֲנִי הָיִיתִי חוֹטֵא עַל הָאֲרִי – With this, Jacob indicated to Laban, **"I would do an injustice to the lion!"**[105] שֶׁכָּךְ גָּזַר הַקָּדוֹשׁ בָּרוּךְ הוּא לָאֲרִי שֶׁיְּהֵא טוֹרֵף וְאוֹכֵל מִצֹּאנוֹ שֶׁל לָבָן בְּכָל יוֹם – The Midrash explains: **For so did the Holy One, blessed is He, decree for the lion: That it should tear apart and eat of the sheep of Laban every day.**[106]

NOTES

104. According to its plain meaning, this word means *I would bear the loss*, and Jacob was saying that never did he bring Laban a *mangled* animal, choosing instead to replace it himself (see *Targum Onkelos* and *Rashi* to verse). Here the Midrash will interpret the word homiletically.

105. אֲחַטֶּנָּה is associated with חוֹטֵא, meaning *sinning* (*Matnos Kehunah*; see *Imrei Yosher*). The reference to the lion is based on the fact that the word טְרֵפָה, *mangled*, which appeared just before the word אֲחַטֶּנָּה, is used in Scripture to describe an animal that fell prey to a lion (*Maharzu*; see there further for a second, novel approach).

106. Although God had granted the lion the right to eat of Laban's sheep, the righteous Jacob would miraculously save the sheep, thereby denying the beast what by rights it should have had (*Eitz Yosef*). Thus, Jacob could declare, *"These twenty years I have been with you . . . That which was mangled* (by a lion) *I never brought you — I would do an injustice to the lion!"* For in all of the years in which Jacob had shepherded Laban's sheep, not one had been devoured by a lion (see *Matnos Kehunah*). See Insight Ⓐ.

INSIGHTS

Ⓐ **The Lion's Share** According to *Nezer HaKodesh*, the *decree* described by our Midrash, which called for Laban's sheep to fall prey to lions on a daily basis, had been in place before Jacob's arrival at Laban's house. He explains that God originally made this decree so that when the sheep ceased to be preyed upon with Jacob's arrival, it would be obvious to Laban that Jacob's merit was serving to protect his sheep.

Yalkut Shimoni (loc. cit.) teaches that the lion was entitled to *five* of Laban's sheep each day. This may be based on an understanding of אֲחַטֶּנָּה, as "אֲחַטֶּה ה, *I did an injustice [of] five,*" since the letter ה has a numerical value of 5 (*Radal*).

"בְּאֹהֶל יַעֲקֹב"° שֶׁהוּא אָהֳלָהּ שֶׁל רָחֵל "וּבְאֹהֶל לֵאָה וּבְאֹהֶל שְׁתֵּי הָאֲמָהוֹת וְלֹא מָצָא וַיֵּצֵא מֵאֹהֶל לֵאָה וַיָּבֹא בְּאֹהֶל רָחֵל", לָמָּה בְּאֹהֶל רָחֵל שְׁתֵּי פְּעָמִים, שֶׁהָיָה מַכִּיר שֶׁהִיא מַשְׁמְשָׁנִית. [לא, לד] "וְרָחֵל לָקְחָה אֶת הַתְּרָפִים וַתְּשִׂימֵם בְּכַר הַגָּמָל", בַּעֲבִיטָא דְּגַמְלָא. [לא, לד-לה] "וַתֵּשֶׁב עֲלֵיהֶן ... וַתֹּאמֶר אֶל אָבִיהָ אַל יִחַר בְּעֵינֵי אֲדֹנִי כִּי לוֹא אוּכַל וְגוֹ'", אָמַר רַבִּי יוֹחָנָן: תְּרָפִים לֹא מָצָא קִיתוֹנִיּוֹת מָצָא, נַעֲשׂוּ תְּרָפִים קִיתוֹנִיּוֹת שֶׁלֹּא לְבַיֵּישׁ אֶת רָחֵל:

י [לא, לו] "וַיִּחַר לְיַעֲקֹב וַיָּרֶב בְּלָבָן", רַבִּי עֲזַרְיָה בְּשֵׁם רַבִּי חַגַּי וְרַבִּי יִצְחָק בַּר מָרוֹן וְתָנֵי לָהּ בְּשֵׁם רַבִּי חֲנִינָא בַּר יִצְחָק: יקַפְּדָנוּתָן שֶׁל אָבוֹת וְלֹא עַנְוְתָנוּתָן שֶׁל בָּנִים, קַפְּדָנוּתָן שֶׁל אָבוֹת מִנַּיִן, "וַיִּחַר לְיַעֲקֹב וַיָּרֶב בְּלָבָן, וַיַּעַן יַעֲקֹב וַיֹּאמֶר לְלָבָן מַה פִּשְׁעִי מַה חַטָּאתִי כִּי דָלַקְתָּ", °דָּא אַתְּ סָבוּר שֶׁמָּא מַכּוֹת אוֹ פְּצָעִים יִהְיוּ שָׁם, אֶלָּא דִּבְרֵי פִּיּוּסִים, יַעֲקֹב מְפַיֵּיס אֶת חָמִיו, [לא, לז] "כִּי מִשַּׁשְׁתָּ אֶת כָּל כֵּלַי מַה מָּצָאתָ מִכֹּל כְּלֵי בֵיתֶךָ", אָמַר רַבִּי סִימוֹן: בְּנוֹהַג שֶׁבָּעוֹלָם חָתָן שֶׁהוּא דָּר אֵצֶל חָמִיו אֶפְשָׁר לוֹ שֶׁלֹּא לֵיהָנוֹת אֲפִילוּ כְּלִי אֶחָד אֲפִילוּ סַכִּין אֶחָד, בְּרַם הָכָא "מִשַּׁשְׁתָּ אֶת כָּל כֵּלַי", אֲפִילוּ מַחַט אֲפִילוּ צִינּוֹרָא לֹא מָצָאתָ, וְלֹא עַנְוְותָנוּתָן שֶׁל בָּנִים מִדָּוִד, שֶׁנֶּאֱמַר (שמואל-א כ, א) "וַיִּבְרַח דָּוִד מִנָּיוֹת בָּרָמָה וַיָּבֹא וַיֹּאמֶר לִפְנֵי יְהוֹנָתָן, מֶה עָשִׂיתִי מֶה עֲוֹנִי וּמֶה חַטָּאתִי לִפְנֵי אָבִיךָ כִּי מְבַקֵּשׁ אֶת נַפְשִׁי", מַזְכִּיר שְׁפִיכוּת דָּמִים בְּפִיּוּסוֹ, מִילֵּי דִּקְטָלָא, בְּרַם הָכָא "כִּי דָלַקְתָּ אַחֲרָי":

יא [לא, לח-לט] "זֶה עֶשְׂרִים שָׁנָה וְגוֹ' טְרֵפָה לֹא הֵבֵאתִי אֵלֶיךָ", דִּקְטִילָא. [לא, לט] "אָנֹכִי אֲחַטֶּנָּה מִיָּדִי תְּבַקְשֶׁנָּה", אֲנִי הָיִיתִי חוֹטֵא עַל הָאֲרִי, שֶׁכָּךְ גָּזַר הַקָּדוֹשׁ בָּרוּךְ הוּא לָאֲרִי שֶׁיִּהְיֶה טוֹרֵף וְאוֹכֵל מִצֹּאנוֹ שֶׁל לָבָן בְּכָל יוֹם,

עץ יוסף

הכי גרסינן ויבא לבן באהל יעקב שהוא אהלה של רחל. שהיה יעקב תדיר אצלה שהיתה עקרו וכמו דפרש"י בחומש: **שהיה מכיר כו'.** ואף על פי שכבר חפש באהלה לא בדק תחתיה ואחר כך בדק אפילו שם וכדקאמר בסמוך קתוניות מצא (יפה תואר): **בעביטא דגמלא.** כן תרגם אונקלוס. והיא מרדעת העשויה כמין כר. ועיין מה שכתבתי בתנחומא סדר ויצא (סימן יג) בעץ יוסף: **קיתוניות מצא.** ולא מצא את התרפים משמע תרפים לא מצא הא דבר אחר מצא תמורתם. ואמר שהם קיתוניות כלומר בגדים שדרך הנדה לשבת עליהן לקבל הדם (יפה תואר). ובעל מוסף הערוך פירוש צלוחית וכוסות בלשון יוני: (י) [ז] **קפדנותן של אבות כו'.** דאפילו בשעת הכעס כלכל דבריו באופן נאות מאד ממקום שדיברו בו הבנים דרך ענוה (יפה תואר): **ויחר ליעקב וירב בלבן מה את סבור שמא מכות כו'.** כן צריך לומר (מתנות כהונה ויפת תואר), וכן הוא בילקוט. והכי פירושו דקפדנות האבות עדיפא מדאמר כי דלקת ולא הזכיר דבר אחר כדוד שהזכיר שפיכות דמים כדמסיים באגדה: **אפילו צנורא לא מצאת.** בשאלתות מסיים הכא אמר ליה הקדוש ברוך הוא חייך בלשון שהוכחת את חמיך בו בלשון אני מוכיח את בניך שנאמר מה מצאו אבותיכם בי עול וגו' עד כאן לשונו (אות אמת): **צינורא.** ווין שטוים בו הנשים: **בפיוסו מלין דקטלא.** בתוך דברי הפיוס מזכיר דברי מיתה שני פעמים, כי מבקש נפשי, כי כפשע ביני ובין המות: (יא) **דקטילא.** שפירש טרפה טריפת זאב וארי: **חוטא על הארי.** שהייתי מקפח זכותו, שהקדוש ברוך הוא זיכהו באכילת לבן שיטרוף בכל יום מהם, ואני הייתי מציל בזכותי הפך הטבע מה שאי אפשר ביד הרועה להציל כדמפרש ואזיל:

פירוש מהרז"ו

שהוא אהל רחל. שכתיב ויבא לבן באהל יעקב ובאהל לאה ובאהל שתי האמהות ולא זכר את רחל, ואחר כך אמר ויצא מאהל לאה ויבא באהל רחל והוה ליה למימר ויבא באהל יעקב ובאהל לאה ובאהל רחל, על כן דורש שמה שאמר באהל יעקב היינו אהל רחל, ואם כן היה באהלה שני פעמים: **בעבוטא.** פירש"י בחומש (לא, לד) מרדעת העשוי כעין כר: **נעשו תרפים קיתוניות.** עיין מתנות כהונה, ולא יתכן לומר שמצא שלו שהרי כתב מה מצאת מכל כלי ביתך אלא של יעקב, אם כן מה מצא, ובהכרח לומר שהם התרפים שנראו לו לקיתוניות, וקיתוניות לאו דוקא, וכמו שאמרו (מדרש אגדה פרק לב) שחזר יעקב על פכים קטנים לדוגמא בעלמא: (י) **ולא ענותנותן.** ובתנחומא (סימן יג) דורש באופן אחר וזה לשונו ואלו בדוד בפיוסו שלא אבה לשלוח יד בשאול כתיב (שמואל א' כו, י) כי אם ה' יגפנו הרי שקללו, ויעקב לא כן: (יא) **חוטא על הארי.** רמז הארי בכאן בתיבת טרפה, וכמה שהביא מפסוק כאשר וגו' והארי על טרפו, וכמו שכתוב (נחום ב, יג) אריה טורף כו' ומעונותיו טרפה. והנה שמעתי מפי איש אמונים מעיר הקדש ירושלים שיש שם שער אחד שנקרא בערבי אבב חטה שפירושו שער ארי על שיש בראשו אריות חצובים

חידושי הרד"ל

[ט] קיתונית מצא. ויחפש במקום שהיה מונח שם, ואך נעשה נס ונתהפך לקיתונית: **[יא] שיהיה טורף ואוכל מצאנו.** בילקוט (רמז קל) איתא חמשה בכל יום, ואפשר אחטנה דרש אחטא ה':

זרע אברהם

[ט] ותאמר אלי אביה אל יחר בעיני אדוני כי לא אוכל כי דרך נשים לי. ויש לדקדק מה השיבה בזה לאביה כי דרך נשים לי. ושמעתי מחותני הרבני המופלא מוהר"ר מרדכי יפה מווין דהכי פירושו. לפי שידוע מאמר חכמינו ז"ל (נדה לט א) היתה במחבא והגיע שעת ווסתה ולא בדקה טהורה לפי שחרדה מסלקת דמים. ולבן חשדה שגנבה כמו שאמר ליה למה נחבאת וגו'. והשיבה הלא דרך נשים לי ואם כדבריך שהתחבאתי לברוח מחמת שגנבתי לא הייתי רואה דם שחרדה מסלקת דמים. וקל להבין. דברי פי חכם חן ושפתיו ישק:

אמרי יושר

באהל יעקב ובאהל לאה. הרגישו וכי אינה כדאית רחל להזכיר לזה אמרם שאהל הוא אהל רחל ורחל שהוזכרה להלן אינו רק להשנות פעם שנית שנכנס באהלה: **ולא מצא את התרפים.** הרגישו שלא היה צריך לומר אלא ויחפש. וגם הוא שלא במקומו. לזה אמרם לאחר שאמרה רחל לא אוכל לקום הרגיש לבן בדבר וחפש תחתיה אף שהיו שם לא מצא. או רמז שהתרפים לא מצא אבל דבר אחר מצא: **[יא] אנכי אחטנה אני הייתי חוטא על הארי.** פירשו אחטנה מלשון חטא והיה זה בענין שאי אפשר בהשתדלות גדול להציל מפיו. אף אם יקרא מלא רועים מקולם לא יחת. וזהו מידי תבקשנה כי אלו היה העדר ביד אחר אי אפשר להמלט אף בכל מיני השתדלות. אבל בעבור היותה מידי בזה תבקשנה ומלאתה שלימה כאשר היא:

מסורת המדרש

יד. פסיקתא דרב כהנא פסקא י"ד. מדרש שמואל סוף פרשה כ"ב. תנחומא כאן סימן י"ג. ילקוט כאן רמז ק"ל. ילקוט שמואל רמז קי"ט:

אם למקרא

וַיִּבְרַח דָּוִד מִנָּוֺית בָּרָמָה וַיָּבֹא וַיֹּאמֶר לִפְנֵי יְהוֹנָתָן מֶה עָשִׂיתִי מֶה עֲוֺנִי וּמֶה חַטָּאתִי לִפְנֵי אָבִיךָ כִּי מְבַקֵּשׁ אֶת נַפְשִׁי: (שמואל א כ:א)

שינוי נוסחאות

(ט) **ויבא לבן באהל יעקב ובאהל רחל, באהל יעקב שהוא אהלה של רחל.** מתנות כהונה מחק "ובאהל רחל באהל יעקב", ונשאר רק "ויבא לבן באהל יעקב שהוא אהלה של רחל":

(י) **כי דלקת, דא את סבור שמא מכות או פצעים.** בספרים הישנים היה כתוב "... ד"א (או במילואו 'דבר אחר'), את סבור שמא...", וזה קשה, שאין כאן שום פירוש חדש כדי לומר עליו "דבר אחר", לכן הגיה מתנות כהונה וגם יפה תאר "מה את סבור שמא...", וכן הוא בילקוט, ומכל מקום מה שיש ברוב דפוסים "דא" בודאי אין לו מקום כאן, וכנראה שזה שיבוש בעלמא ממה שהיה כתוב מקודם <ד"א>:

רש"י

(ט) **למה באהל רחל שתי פעמים.** דהוה ידע דהיא משמשנית ויחפש בכר: **ולא מצא את התרפים. תרפים לא מצא קיתונות מצא:** (יא) **טריפה לא הבאתי אליך.** כמו טרוף טורף (לקמן לז, לג): **אנכי אחטנה.** אנכי הייתי חוטא, על שהייתי גוזלה מאתו:

מתנות כהונה

ה"ג ויבא לבן באהל יעקב שהוא כו'. שהרי ע"כ היתה קביעות אהלו עם אחת משתי נשיו ורחל היתה עיקרה של ביתו: **בעביטא דגמלא.** כן ת"א: **קיתוניות כו'.** דייק מדכתיב ולא מצא את התרפים משמע תרפים לא מצא הא קיתוניות כו': **שלא לבייש.** במוצאו התרפים: [י] **קפדנותן כו'.** כלומר בוחר אנכי בקפדנותן כו': **ה"ג דלקת מה אתה סובר וכן הוא בילקוט:** **צינורא.** ווים שטווים בו הנשים: **בפיוסו מילין דקטלא.** בתוך דברי פיוס מזכיר דברי מיתה ובילקוט הגירסא יותר ברורה: **כי דלקת וגו'.** ולא אמר להרגני או כה"ג: [יא] **דקטילא.** טרפה פירושו שהומת ע"י חיה כד"א טרוף טרף יוסף וגו': **חוטא על הארי.** שקפחתי מזונותיו כדמפרש ואזיל: **שיהיה טורף כו'.** ומיום שיעקב רועה צאנו לא אכל מהם כלום ודייק מדכתיב אחטנה

אשד הנחלים

[ט] **בעביטא.** דרך בזיון: **קיתוניות מצא.** וא"כ לבן חפש בכר הגמל אף שבקשה ממנו שאינה יכולה לעמוד עם כל זה לא השגיח בה, רק שע"י זכותה נשתנה לקיתונית באחיזת עינים: [י] **קפדנותן.** שאף שנאמר שחרה לו ונתעורר בו מדת הכעס, עם כל זה לא דיבר מאומה רע עליו. כי אם הצטדק נפשו לבד. אבל בדוד אף שהיה קשור באהבת יונתן באהבה ובודאי יונתן יצטער מרעת אביו שאול, עם כל זה הזכיר מחפץ אביו שחפץ להרגו: [יא] **דקטילא.** ולא טריפה כפשוטו, כי אם הריגה וכדומה: **הייתי חוטא.** דרש מלשון חטא שעשיתני כחוטא על מה שהארי הרגה וחטפה. אף כי מה יכולתי עשות לעמוד נגד הארי, וגם כי גזירה משמים היא, עם כל זה נקראתי חוטא לפניך. והמתנות כהונה פירש באופן אחר, ומלשון ואם תאמר שאם היה רועה אחר, משמע כפירושי.

וְאִם תֹּאמַר שֶׁאִם הָיָה רוֹעֶה אַחֵר הָיָה מַצִּילָן — **And if you will argue that had there been a different shepherd he** too **would have saved [the sheep],** תַּלְמוּד לוֹמַר "כַּאֲשֶׁר יֶהְגֶּה הָאַרְיֵה וְהַכְּפִיר עַל טַרְפּוֹ אֲשֶׁר יִקָּרֵא עָלָיו מְלֹא רֹעִים מִקּוֹלָם לֹא יֵחָת וּמֵהֲמוֹנָם לֹא יַעֲנֶה" — it is not so! For **Scripture states,** ***Just as when a lion or a lion cub roars over his prey and a gathering of shepherds assembles against him, it is not frightened by their voice and is not humbled by their noise*** (*Isaiah* 31:4).[107]

□ גְּנֻבְתִי יוֹם וּגְנֻבְתִי לָיְלָה — *"STOLEN BY (GENUVSEE) DAY AND STOLEN BY (U'GENUVSEE) NIGHT, ETC."*

The unusual expression גְּנֻבְתִי is expounded by the Midrash:[108]

קָרְיִין לִי גַּנָּבָא בִּימָמָא וְגַנָּבָא בְּלֵילְיָא — With this, Jacob indicated to Laban, **"They would call me a thief** who stole **by day, and a thief** who stole **by night."**[109]

□ [וַתִּדַּד שְׁנָתִי מֵעֵינָי — *MY SLEEP DRIFTED FROM MY EYES.*]

The Midrash discusses Jacob's nocturnal behavior:[110]

מָה הָיָה אוֹמֵר — **What would he recite?** רַבִּי יְהוֹשֻׁעַ בֶּן לֵוִי אָמַר: ט"ו שִׁיר הַמַּעֲלוֹת שֶׁבְּסֵפֶר תְּהִלִּים הָיָה אוֹמֵר — **R' Yehoshua ben Levi said: He would recite the fifteen "Songs of Ascents" that are** found **in the Book of** ***Psalms*** (*Psalms* 120-134). הָדָא הוּא דִכְתִיב "לוּלֵי ה' שֶׁהָיָה לָנוּ יֹאמַר נָא יִשְׂרָאֵל", יִשְׂרָאֵל סָבָא — **Thus it is written,** ***Had not HASHEM been with us — let "Israel" declare it now!*** (*Psalms* 124:1), where "Israel" refers not to the people of Israel, but to **Israel the Elder,** i.e., Jacob. רַבִּי שְׁמוּאֵל בַּר נַחְמָן אָמַר: כָּל סֵפֶר תְּהִלִּים הָיָה אוֹמֵר — **R' Shmuel bar Nachman said: He would recite the entire Book of** ***Psalms.*** "וְאַתָּה קָדוֹשׁ יוֹשֵׁב תְּהִלּוֹת יִשְׂרָאֵל", יִשְׂרָאֵל סָבָא — Thus it is written, ***You are the Holy One, enthroned upon the praises of "Israel"*** (*Psalms* 22:4).

□ זֶה לִּי עֶשְׂרִים שָׁנָה — *"THIS IS MY TWENTY YEARS, ETC."*

The Midrash explains what it was that Laban had done to Jacob:[111]

אָמַר רַבִּי חִיָּיא רַבָּה: כָּל דָּבָר וְדָבָר שֶׁהָיָה לָבָן מַתְנֶה עִם יַעֲקֹב אָבִינוּ הָיָה חוֹזֵר בּוֹ י' פְּעָמִים לְמַפְרֵעַ — **R' Chiya the Great said:** Regarding **each and every aspect that Laban stipulated with Jacob, our patriarch, he would change his mind ten times to nullify** [it], שֶׁנֶּאֱמַר "הֵן לוּ" — **as is stated,** ***"Agreed! perhaps, etc."*** (above, 30:34). רַבָּנָן אָמְרֵי: מֵאָה פְּעָמִים — **And the Sages said:** Laban retracted not ten but **a hundred times,** שֶׁנֶּאֱמַר "וְהֶחֱלִף אֶת מַשְׂכֻּרְתִּי עֲשֶׂרֶת מֹנִים" — **as is stated,** ***and changed my wage ten counts*** [מוֹנִים] (v. 7), וְאֵין מִנְיָן פָּחוֹת מֵעֲשָׂרָה — **for a count** (מִנְיָן) **is never less than ten.** Ten *counts* thus equals one hundred.

לוּלֵי אֱלֹהֵי אָבִי אֱלֹהֵי אַבְרָהָם וּפַחַד יִצְחָק הָיָה לִי כִּי עַתָּה רֵיקָם שִׁלַּחְתָּנִי אֶת עָנְיִי וְאֶת יְגִיעַ כַּפַּי רָאָה אֱלֹהִים וַיּוֹכַח אָמֶשׁ.

Had not the God of my father — the God of Abraham and the Dread of Isaac — been with me, you would surely have now sent me away empty-handed; God saw my wretchedness and the toil of my hands, so He admonished you last night" (31:42).

§12 לוּלֵי אֱלֹהֵי אָבִי אֱלֹהֵי אַבְרָהָם וּפַחַד יִצְחָק — ***"HAD NOT THE GOD OF MY FATHER THE GOD OF ABRAHAM AND THE DREAD OF ISAAC, ETC."***

The Midrash discusses the connotation of the word לוּלֵי, *had not*:

זַבְדִּי בֶּן לֵוִי וְרַבִּי יְהוֹשֻׁעַ בֶּן לֵוִי — **Zavdi ben Levi and R' Yehoshua ben Levi** discussed the first word of this verse: זַבְדִּי בֶּן לֵוִי אָמַר: כָּל מָקוֹם שֶׁנֶּאֱמַר "לוּלֵי" בָּא בִּזְכוּת אָבוֹת — **Zavdi ben Levi said: Wherever** ***"lulei"*** **is stated** in Scripture, it refers to something that **came about in the merit of the Patriarchs.**[112] אָמַר לוֹ רַבִּי יְהוֹשֻׁעַ: וְהָא כְתִיב "כִּי לוּלֵא הִתְמַהְמָהְנוּ" — **R' Yehoshua** ben Levi **said to [Zavdi ben Levi]: But it is written,** ***For had we not*** [לוּלֵא] ***delayed,*** *by now we could have returned twice* (below, 43:10)?![113] אָמַר לֵיהּ: כָּל עַצְמָן לֹא עָלוּ אֶלָּא בִּזְכוּת אָבוֹת, שֶׁאִלּוּלֵא זְכוּת אָבוֹת לֹא הָיוּ עוֹלִים מִשָּׁם בְּשָׁלוֹם — **[Zavdi ben Levi] responded to [R' Yehoshua ben Levi]: The very fact that [the Tribes] ascended** from Egypt **was only in the merit of the Patriarchs; for if not for the merit of the Patriarchs, they would not have ascended from [Egypt] in peace.**[114] אָמַר רַבִּי תַּנְחוּמָא אִית דְּמַפְּקִין לִישָּׁנָא דְּרַבִּי יְהוֹשֻׁעַ בֶּן לֵוִי לְזַבְדִּי בֶּן לֵוִי — **R' Tanchuma said: There are those who remove the statement of R' Yehoshua ben Levi to Zavdi ben Levi,**[115]

NOTES

107. This verse proves that by natural means, a shepherd cannot prevent a lion from feeding on his sheep.

108. This word's plain meaning is *stolen by*, according to which Jacob was saying that he bore responsibility for every pilfered animal, *whether it was stolen by day or stolen by night*. But if only for this meaning, the word should ideally have been written גְּנוּבַת (*Rashi*, *Ibn Ezra*, and *Rashbam* to verse).

109. In the coming verse (v. 40), Jacob tells of his having remained in the fields with Laban's flock both by day and by night, which is not typical behavior for a shepherd (see *Bava Metzia* 93b). According to our Midrash, in this verse Jacob told Laban that this practice led to his being accused of every theft suffered by the other shepherds, whether by day or by night. Thus, Jacob sought to impress upon his father-in-law that he remained devoted to him even though he suffered abuse for it (*Nezer HaKodesh*, cited by *Eitz Yosef*).

Alternatively, people accused Jacob of thievery because not only did his flock not diminish in size as others did, but (as taught in 30:30) Laban's flock *expanded substantially* while in Jacob's care (*Matnos Kehunah*).

גְּנֻבְתִי is understood here as a contraction of גָּנוּב אִתִּי, *stolen with me*, which is suggestive of the suspicion that Jacob stole sheep (*Yefeh To'ar*).

110. Having mentioned that Jacob was accused of stealing as a result of his diligent shepherding, the Midrash wishes to clarify that rather than being absorbed mentally in the mundane task of guarding Laban's sheep, Jacob was primarily involved in constantly singing to God and learning his Torah; his work for Laban was performed alongside these things. Jacob's accusers, however, were unaware of this and assumed that he spent so much time alone in the fields in order to engage in theft (*Eshed HaNechalim*; see also *Eitz Yosef*).

The discussion that follows appeared above, in 68 §11. See there for commentary and Insight.

111. The coming lines appear almost verbatim above, in 73 §9; see there for commentary. (They also appear in §3 of the present chapter.)

112. *Midrash Shocher Tov* (end of §27 and end of §94) adds that since our verse makes use of the word לוּלֵי, *had not*, in the context of a description of what would have occurred *if not* for the merit of the Patriarchs, we may infer by means of a *gezeirah shavah* that *wherever* this word appears it carries this connotation. Examples of such appearances include *Isaiah* 1:9 and *Psalms* 124:2-3 (*Maharzu*, *Eitz Yosef*). [As will become evident immediately below, the Midrash equates לוּלֵי with לוּלֵא in this regard.]

113. [These words were spoken by Judah, who was attempting to convince his father, Jacob, to allow him and his brothers to return to Egypt with Benjamin in order to purchase food from Joseph.] It would seem that this verse, which makes no mention of salvation from a potential tragedy, does not use the word לוּלֵא to allude to *something that came about in the merit of the Patriarchs* (*Yefeh To'ar*; see also *Eitz Yosef*).

114. Translation is based on *Eitz Yosef*, first approach (see there for another).

Zavdi ben Levi is answering that although the verse does not mention a potential disaster that was averted in the merit of the Patriarchs, such a salvation in fact took place within the episode described by this verse. Specifically, the brothers would have been lost in Egypt as a consequence of their sale of Joseph *if not* for that merit (*Eitz Yosef*).

115. I.e., the [basic] statement that appeared above in the name of Zavdi ben Levi is attributed by some to R' Yehoshua ben Levi (*Matnos Kehunah*, followed by *Eitz Yosef*).

וְאִם תֹּאמַר שֶׁאִם הָיָה רוֹעֶה אַחֵר הָיָה מַצִּילָן תַּלְמוּד לוֹמַר (ישעיה לא, ד) "כַּאֲשֶׁר יֶהְגֶּה הָאַרְיֵה וְהַכְּפִיר עַל טַרְפּוֹ אֲשֶׁר יִקָּרֵא עָלָיו מְלֹא רֹעִים מִקּוֹלָם לֹא יֵחָת וּמֵהֲמוֹנָם לֹא יַעֲנֶה". [לא, לט] "גְּנֻבְתִי יוֹם וּגְנֻבְתִי לָיְלָה", קָרְיִין לִי גַּנָּבָא בִּימָמָא וְגַנָּבָא בְּלֵילְיָא. מָה הָיָה אוֹמֵר, [טו]רַבִּי יְהוֹשֻׁעַ בֶּן לֵוִי אָמַר: ט"ו שִׁיר הַמַּעֲלוֹת שֶׁבְּסֵפֶר תְּהִלִּים הָיָה אוֹמֵר, הָדָא הוּא דִכְתִיב (תהלים קכד, א) "לוּלֵי ה' שֶׁהָיָה לָנוּ יֹאמַר נָא יִשְׂרָאֵל", יִשְׂרָאֵל סָבָא, רַבִּי שְׁמוּאֵל בַּר נַחְמָן אָמַר: כָּל סֵפֶר תְּהִלִּים הָיָה אוֹמֵר (שם כב, ד) "וְאַתָּה קָדוֹשׁ יוֹשֵׁב תְּהִלּוֹת יִשְׂרָאֵל", יִשְׂרָאֵל סָבָא. [לא, מא] "זֶה לִּי עֶשְׂרִים שָׁנָה", אָמַר רַבִּי חִיָּיא רַבָּה: כָּל דָּבָר וְדָבָר שֶׁהָיָה לָבָן מַתְנֶה עִם יַעֲקֹב אָבִינוּ הָיָה חוֹזֵר עֶשֶׂר פְּעָמִים לְמַפְרֵעַ, שֶׁנֶּאֱמַר (לעיל ל, לד) "הֵן לוּ", רַבָּנָן אָמְרֵי: מֵאָה פְּעָמִים, שֶׁנֶּאֱמַר (לעיל פסוק ז) "וְהֶחֱלִף אֶת מַשְׂכֻּרְתִּי עֲשֶׂרֶת מֹנִים", וְאֵין מִנְיָן פָּחוֹת מֵעֲשָׂרָה:

יב [לא, מב] "לוּלֵי אֱלֹהֵי אָבִי אֱלֹהֵי אַבְרָהָם וּפַחַד יִצְחָק", [טז]זַבְדִּי בֶּן לֵוִי וְרַבִּי יְהוֹשֻׁעַ בֶּן לֵוִי, זַבְדִּי בֶּן לֵוִי אָמַר: כָּל מָקוֹם שֶׁנֶּאֱמַר "לוּלֵי" בָּא בִּזְכוּת אָבוֹת, אָמַר לוֹ רַבִּי יְהוֹשֻׁעַ: וְהָא כְתִיב (לקמן מג, י) "כִּי לוּלֵא הִתְמַהְמָהְנוּ", אֲמַר לֵיהּ: כָּל עַצְמָן לֹא עָלוּ אֶלָּא בִּזְכוּת אָבוֹת, שֶׁאִלּוּלֵא זְכוּת אָבוֹת לֹא הָיוּ עוֹלִים מִשָּׁם בְּשָׁלוֹם, אָמַר רַבִּי תַּנְחוּמָא אִית דְּמַפְּקִין לִישָּׁנָא דְּרַבִּי יְהוֹשֻׁעַ בֶּן לֵוִי לְזַבְדִּי בֶּן לֵוִי, רַבִּי יְהוֹשֻׁעַ בֶּן לֵוִי אָמַר: בְּכָל מָקוֹם שֶׁנֶּאֱמַר "לוּלֵי" בָּא בִּזְכוּת אָבוֹת חוּץ מִזֶּה, אֲמַר לֵיהּ: אַף זֶה בָּא בִּזְכוּת אָבוֹת, רַבִּי יוֹחָנָן אָמַר: בִּזְכוּת קְדוּשַּׁת הַשֵּׁם, רַבִּי לֵוִי אָמַר: בִּזְכוּת אֱמָנָה וּבִזְכוּת תּוֹרָה, בִּזְכוּת אֱמָנָה, (תהלים כז, יג) "לוּלֵא הֶאֱמַנְתִּי לִרְאוֹת",

עץ יוסף

קריין לי גנבא כו'. כדקאמר בתריה הייתי ביום אכלני חורב וקרח בלילה ותדד שנתי מעיני. ורצונו לומר ששמר שמירה יתירה משאר הרועים בין ביום ובין בלילה ולא עייל למתא כדעיילי אינשי, מתוך כך היה נחשד כגנב יום וגנב לילה, שאם נגנב ונאבד דבר מהם תלו בו. ואמר שבכל זה לא השגיח וסבל עלבון כדי לעבוד את לבן באמונה (נזר הקודש): [ח] **מה היה אומר.** עיין בפרשה ס"ח (אות יד) כי שם פירשתי: **חמשה עשרה שיר המעלות כו'. כל ספר תהלים.** רצונו לומר שלא תדמה באמת שכל מחשבותיו של יעקב היו רק טרודים בצאן לבן, לא כן, כי אם שתמיד היה עסוק בשירי ה' ותורותיו רק אגבן היה שומרן: **לבן מתנה כו'.** נתבאר לעיל בפירקין: (יב) [ט] **כל מקום שנאמר לולי כו'.** כל הענין במדרש שוחר טוב נ"ד. ודורש גזירה שוה מכאן שכתוב לולי אלהי אברהם ופחד יצחק וזהו זכות אבות, אף בכל מקום שכתוב לולי כמו שכתוב (ישעיה א, ט) לולי ה' צבאות הותיר לנו, לולי ה' שהיה לנו (תהלים קכד א־ב) גם כן בזכות אבות: **והא כתיב כי לולא התמהמהנו.** והתם מה זכות אבות שייך. ומשני שאף על פי שלא נזכר ההיזק בפירוש הוה התם כי לולא זכות אבות לא עלו משם שהיו נלכדים בחטא יוסף: **כל עצמן.** פירוש כל עיקרן, או פירושו בזכות עצמן לא היו עולים משם בשלום: **לישנא דרבי יהושע בן לוי לזבדי.** כך צריך לומר כלומר מחליפין: **בזכות קדושת השם.** כל מקום שנאמר לולי בזכות קדושת השם. וכן ר' לוי דאמר בזכות אמנה ובזכות תורה פירושו כל מקום לולי בזכות אמנה ובזכות תורה. והכי אמר בהדיא בשוחר טוב. ודע דבשוחר טוב גרסינן בזכות שמו שנאמר לולי ה' שהיה לנו. וצריך לומר דקדושת השם דקאמר הכא גם כן כוונתו בזכות השם הקדוש שה' מרחם למען שמו (יפה תואר):

פירוש מהרז"ו

בלבן, ולבב פירוש שער, וחטא פירוש אחר, ולפי זה מרומז בתיבת אחטנה חוטא על האחרי (מלשון חַטָּא בערבי) וזה פלא: **מה היה אומר.** דורש ותדד שנתי מה שאני שונה, וכמו שאמרו לעיל (סט, ז) ויקץ יעקב משנתו ממשנתו, וכמו שאיתא לעיל (סח, יא) עיין שם ותבין כאן: **ישראל סבא.** המתבונן בט"ו שיר המעלות יראה שיש לפרש רובם על יעקב בבית לבן, וכמו שאיתא לעיל ריש פרשה סח (סימן ב): **זה לי עשרים שנה.** וסיפיה דקרא ותחלף את משכרתי עשרת מונים ועיין לעיל (עג, ט) ושם נסמן: (יב) **כל מקום שנאמר לולי.** כל הענין במדרש תהלים (מזמור לד), ודורש גזירה שוה מכאן שכתוב לולי אלהי אברהם ופחד יצחק וזהו זכות אבות, אף בכל מקום שכתוב לולי כמו שנאמר (ישעיה א, ט) לולי ה' צבאות הותיר לנו, לולי ה' שהיה לנו (תהלים קכד, א): **חוץ מזה.** מפסוק לולי התמהמהנו, שבלשון ראשון רבי יהושע בן לוי אמר כן לזבדי בלשון קושיא, ובלשון ב' אמר כן רבי יהושע בן לוי בניחותא: **בזכות קדושת ה'.** בכל מקום סומך תיבת ה' לתיבת לולי והשאר נלמדים מהם בגזירה שוה, וכן לענין אמונה ותורה על פי גזירה שוה, עיין ילקוט תהלים (רמז תתפ):

חידושי הרש"ש

שלישי לבריחה. רצה לומר שלא תפרש שלישי בשבת עיין ר"ה (ג, א):

[יב] אמר רבי תנחומא אית דמפקין לישנא דזבדי בן לוי לרבי יהושע בן לוי כו'. כן צריך לומר: {רבי יהושע בן לוי אמר בכל מקום שנאמר לולי בא בזכות אבות חוץ מזה. נראה דהכוונה על פסוק (בראשית מג, י) דכי לולא התמהמהנו:}

מסורת המדרש

טו. לעיל פרשה ס"ח. מדרש תהלים מזמור קכ"ד. ילקוט כאן רמז קי"ט וק"ל. ילקוט תהלים רמז תת"פ:
טז. מדרש תהלים סוף מזמור כ"ז. וסוף מזמור נ"ד. ילקוט כאן רמז ק"ל. ילקוט תהלים רמז תש"ז. ורמז תת"ן:

אם למקרא

כִּי כֹה אָמַר ה' אֵלַי כַּאֲשֶׁר יֶהְגֶּה הָאַרְיֵה וְהַכְּפִיר עַל טַרְפּוֹ אֲשֶׁר יִקָּרֵא עָלָיו מְלֹא רֹעִים מִקּוֹלָם לֹא יֵחָת וּמֵהֲמוֹנָם לֹא יַעֲנֶה כֵּן יֵרֵד ה' צְבָאוֹת לִצְבֹּא עַל הַר צִיּוֹן וְעַל גִּבְעָתָהּ: (ישעיה לא:ד)

שִׁיר הַמַּעֲלוֹת לְדָוִד לוּלֵי ה' שֶׁהָיָה לָנוּ יֹאמַר נָא יִשְׂרָאֵל: (תהלים קכד:א)

וְאַתָּה קָדוֹשׁ יוֹשֵׁב תְּהִלּוֹת יִשְׂרָאֵל: (שם כב:ד)

כִּי לוּלֵא הִתְמַהְמָהְנוּ כִּי עַתָּה שַׁבְנוּ זֶה פַעֲמָיִם: (בראשית מג:י)

לוּלֵא הֶאֱמַנְתִּי לִרְאוֹת בְּטוּב ה' בְּאֶרֶץ חַיִּים: (תהלים כז:יג)

ידי משה

[יב] בכל מקום שנאמר גזיזה עושה רושם. פירוש שמחמת שהאדם שמח השטן מקטרג, או אפשר לפרש מפני שהוא צער בעלי חיים:

רש"י

יאמר נא ישראל. הוא אחד מהן:

מתנות כהונה

ל' עון אשר חטא: **בימּמא כו'.** הבריות קורין אותו כן שחשדוהו שלקח משל אחרים למלאות מספר צאן לבן מפני שראו שלא חסר ממניינו כלום ועוד פרצו לרוב שלא כמנהג: **מה היה אומר.** דכתיב ותדד שנתי וממילא שמעינן שהיה עוסק בתורה כמ"ש חז"ל הנעור בלילה כו' וכדלעיל פרשה ס"ח: **יאמר נא ישראל.** זה אחד מט"ו שיר המעלות: **הן לו.** אע"פ שאמר בתחלה הן חזר בו ואמר לו לשון ספק או ר"ל קרי ביה לא וכתיב עשרת מונים: [יב] ה"ג **לישנא דריב"ל לזבדי.** כלומר מחליפין ובילקוט גרס ל"א: **בזכות קדושת השם.** דייק מדכתיב לולי ה' שהיה לנו וכ"מ שוב בילקוט תלים:

אשד הנחלים

קרון לי גנבא כו' מה היה אומר. לכאורה אין קישור וחיבור לזה. והנראה לפי שאמר בכאן כי היה שומר צאנו תמיד יום ולילה מגניבה, כי היה משלם אף כי נגנב בלילה, לזה אמר שלא תדמה באמת, שכל מחשבותיו של יעקב היו רק טרודים בצאן לבן, לא כן. כי אם שתמיד היה עסוק בשירי ה' ותודותיו רק אגבן היה שומרן. אך אנשי לבן היו חושדין אותו שלכן הוא יושב תמיד אצל צאנו לגנוב ממנו יומם ולילה, ולא ידעו כי כל כוונתו היה להתבודד שמה לשיר לפני ה'. וענין ט"ו שירי המעלות כבר בארתי לעיל בפרשיות הקודמות בדרך כלל עיין שם. כי שם מקומו: **הן לו.** לשון ספק (מ"כ). ועשרה פעמים דייק מעשרת מונים שעשר הוא מספר הנמנה. ודעת רבנן מאה עשרה המספרים: [יב] **כל מקום שנאמר לולי בא בזכות אבות.** יש להבין איפה מרומז במלה זו [שהוא מתנאי המאמר לבד] זכות אבות או קדושת השם, ובמאי פליגי. והנראה משום דמלה זו מורה תמיד שבלא זה לא היה לו הדבר על דרך הטבע בשום אופן, ומורה המלה כמו לו לא רק שהיה בזה עזר אלקי לא מזכותו, וזהו שתפסו זכות האבות, כלומר לא מכחו וזכותו. ודעת ר' יהושע בן לוי ג"כ זה, אבל על זכות דבר גדול נעלה, שהדבר הזה עמד לו, ולולא הדבר הגדול הזה לא היה מגיע לו זה, וזהו קדושת השם, בשביל שלא יתחלל שם שמים. וזהו לולי אלהי אבי בעזרי, בשביל שיתקדש שם שמים שראה עניי ולא הניחני. ודעת ר' יוחנן ור' לוי שלפעמים מורה על זכות עצמו, אבל על זכות גדול מאוד כאמונה ותורה שהמה ענינים גדולים וזכותם עומד לעולם להצילם, ולכן שייך לשון זה, שאלולי הדבר הגדול היה לא

רַבִּי יְהוֹשֻׁעַ בֶּן לֵוִי אָמַר: בְּכָל מָקוֹם שֶׁנֶּאֱמַר "לוּלֵי" בָּא בִּזְכוּת אָבוֹת חוּץ מִזֶּה — so that **R' Yehoshua ben Levi said: Wherever *"lulei"* is stated** in Scripture, it refers to something that **came about in the merit of the Patriarchs, with the exception of [the aforementioned appearance of *"lulei"*].**[116] אָמַר לֵיהּ: אַף זֶה בָּא בִּזְכוּת אָבוֹת — And **[Zavdi ben Levi] said to [R' Yehoshua ben Levi]: Even this** instance of *"lulei"* refers to something that **came about through the merit of the Patriarchs.**[117]

Alternate connotations of the Scriptural expression לוּלֵי, *had not*:

רַבִּי יוֹחָנָן אָמַר: בִּזְכוּת קְדוּשַּׁת הַשֵּׁם — **R' Yochanan said:** Wherever *"lulei"* is stated in Scripture, it refers to something that came about **in the merit of the sanctification of the** Divine **Name.**[118] רַבִּי לֵוִי אָמַר: בִּזְכוּת אֱמָנָה וּבִזְכוּת תּוֹרָה . . . — **R' Levi said:** Wherever *"lulei"* is stated in Scripture, it refers to something that came about **in the merit of faith** in God, **and in the merit of Torah** study. בִּזְכוּת אֱמָנָה, "לוּלֵא הֶאֱמַנְתִּי לִרְאוֹת", — R' Levi gives his sources: **In the merit of faith** in God, for Scripture states, *Deliver me not to the wishes of my tormentors, for there have arisen against me false witnesses who breathe out violence.* ***Had I not*** [לוּלֵא] ***trusted that I would see*** *the goodness of HASHEM in the land of life!* (*Psalms* 27:12-13),

NOTES

116. *Maharzu, Rashash.*

As has been explained above, the word לוּלֵא is used in 43:10 below in a way that is seemingly unrelated to a salvation that was generated by the merit of the Patriarchs.

117. As he did according to the first account (see above), Zavdi ben Levi asserts that even the cited verse uses לוּלֵא in the prescribed manner.

Whereas, according to the first version of their discussion, R' Yehoshua ben Levi dismissed Zavdi ben Levi's rule regarding the word לוּלֵי, based on 43:10, according to R' Tanchuma's version, it was R' Yehoshua ben Levi who taught the rule and noted that that verse represents an exception (*Yefeh To'ar*; see also *Maharzu*).

118. I.e., an act of Divine mercy that was performed so that the Divine Name be sanctified (*Eitz Yosef,* from *Yefeh To'ar*, who compares *Midrash Shocher Tov*, loc. cit.).

וְאִם תֹּאמַר שֶׁאִם הָיָה רוֹעֶה אַחֵר הָיָה מַצִּילָן תַּלְמוּד לוֹמַר (ישעיה לא, ד) "כַּאֲשֶׁר יֶהְגֶּה הָאַרְיֵה וְהַכְּפִיר עַל טַרְפּוֹ אֲשֶׁר יִקָּרֵא עָלָיו מְלֹא רֹעִים מִקּוֹלָם לֹא יֵחָת וּמֵהֲמוֹנָם לֹא יַעֲנֶה". [לא, לט] "גְּנֻבְתִי יוֹם וּגְנֻבְתִי לָיְלָה", קָרְיִין לִי גַּנָּבָא בִּימָמָא וְגַנָּבָא בְּלֵילְיָא. מָה הָיָה אוֹמֵר, [טו]רַבִּי יְהוֹשֻׁעַ בֶּן לֵוִי אָמַר: ט"ו שִׁיר הַמַּעֲלוֹת שֶׁבְּסֵפֶר תְּהִלִּים הָיָה אוֹמֵר, הָדָא הוּא דִכְתִיב (תהלים קכד, א) "לוּלֵי ה' שֶׁהָיָה לָנוּ יֹאמַר נָא יִשְׂרָאֵל", יִשְׂרָאֵל סָבָא, רַבִּי שְׁמוּאֵל בַּר נַחְמָן אָמַר: כָּל סֵפֶר תְּהִלִּים הָיָה אוֹמֵר (שם כב, ד) "וְאַתָּה קָדוֹשׁ יוֹשֵׁב תְּהִלּוֹת יִשְׂרָאֵל", יִשְׂרָאֵל סָבָא. [לא, מא] "זֶה לִּי עֶשְׂרִים שָׁנָה", אָמַר רַבִּי חִיָּיא רַבָּה: כָּל דָּבָר וְדָבָר שֶׁהָיָה לָבָן מַתְנֶה עִם יַעֲקֹב אָבִינוּ הָיָה חוֹזֵר עֶשֶׂר פְּעָמִים לְמַפְרֵעַ, שֶׁנֶּאֱמַר (לעיל ל, לד) "הֵן לוּ", רַבָּנָן אָמְרֵי: מֵאָה פְּעָמִים, שֶׁנֶּאֱמַר (לעיל פסוק ז) "וְהֶחֱלִף אֶת מַשְׂכֻּרְתִּי עֲשֶׂרֶת מֹנִים", וְאֵין מֹנֶה פָּחוֹת מֵעֲשָׂרָה:

יב [לא, מב] "לוּלֵי אֱלֹהֵי אָבִי אֱלֹהֵי אַבְרָהָם וּפַחַד יִצְחָק", [טז]זַבְדִּי בֶּן לֵוִי וְרַבִּי יְהוֹשֻׁעַ בֶּן לֵוִי, זַבְדִּי בֶּן לֵוִי אָמַר: כָּל מָקוֹם שֶׁנֶּאֱמַר "לוּלֵי" בָּא בִּזְכוּת אָבוֹת, אָמַר לוֹ רַבִּי יְהוֹשֻׁעַ: וְהָא כְתִיב (לקמן מג, י) "כִּי לוּלֵא הִתְמַהְמָהְנוּ", אֲמַר לֵיהּ: כָּל עַצְמָן לֹא עָלוּ אֶלָּא בִּזְכוּת אָבוֹת, שֶׁאִלּוּלֵא זְכוּת אָבוֹת לֹא הָיוּ עוֹלִים מִשָּׁם בְּשָׁלוֹם, אָמַר רַבִּי תַּנְחוּמָא אִית דְּמַפְּקִין לִישָּׁנָא דְּרַבִּי יְהוֹשֻׁעַ בֶּן לֵוִי לְזַבְדִּי בֶּן לֵוִי, רַבִּי יְהוֹשֻׁעַ בֶּן לֵוִי אָמַר: בְּכָל מָקוֹם שֶׁנֶּאֱמַר "לוּלֵי" בָּא בִּזְכוּת אָבוֹת חוּץ מִזֶּה, אֲמַר לֵיהּ: אַף זֶה בָּא בִּזְכוּת אָבוֹת, רַבִּי יוֹחָנָן אָמַר: בִּזְכוּת קְדוּשַּׁת הַשֵּׁם, רַבִּי לֵוִי אָמַר: בִּזְכוּת אֲמָנָה וּבִזְכוּת תּוֹרָה, בִּזְכוּת אֲמָנָה, (תהלים כז, יג) "לוּלֵא הֶאֱמַנְתִּי לִרְאוֹת",

רש"י

יאמר נא ישראל. הוא אחד מהן:

מתנות כהונה

ל' עון אשר חטא: **בימימא כו'.** הבריות קורין אותו כן שחשדוהו שלקח משל אחרים למלאות מספר צאן לבן מפני שראו שלא חסר ממניינו כלום ועוד פרצו לרוב שלא כמנהג: **מה היה אומר.** דכתיב ותדד שנתי וממילא שמעינן שהיה עוסק בתורה כמ"ש חז"ל הנעור בלילה כו' וכדלעיל פרשה ס"ח: **יאמר נא ישראל.** זה אחד מט"ו שיר המעלות: **הן לו.** אע"פ שאמר בתחלה הן חזר בו ואמר לו לשון ספק או ר"ל קרי ביה לא וכתיב עשרת מונים: [יב] ה"ג **לישנא דריב"ל לזבדי.** כלומר מחליפין ובילקוט גרס ל"א: **בזכות קדושת השם.** דייק מדכתיב לולי ה' שהיה לנו וכ"מ שוב בילקוט תלים:

אשד הנחלים

קרון לי גנבא כו' מה היה אומר. לכאורה אין קישור וחיבור לזה. והנראה לפי שאמר בכאן כי היה שומר צאנו תמיד יום ולילה מגניבה, כי היה משלם אף כי נגנב בלילה, לזה אמר שלא תדמה באמת, שכל מחשבותיו של יעקב היו רק טרודים בצאן לבן, לא כן. כי אם שתמיד היה עסוק בשירי ה' ותודותיו רק אגבן היה שומרן. אך אנשי לבן היו חושדין אותו שלכן הוא יושב תמיד אצל צאנו לגנוב ממנו יומם ולילה, ולא ידעו כי כל כוונתו היה להתבודד שמה לשיר לפני ה'. וענין ט"ו שירי המעלות כבר בארתי לעיל בפרשיות הקודמות בדרך כלל עיין שם. כי שם מקומו: **הן לו.** לשון ספק (מ"כ). ועשרה פעמים דייק מעשרת מונים שעשר הוא מספר הנמנה. ודעת רבנן מאה עשרה המספרים: [יב] **כל מקום שנאמר לולי בא בזכות אבות.** יש להבין איפה מרומז במלה זו [שהוא מתנאי המאמר לבד] זכות אבות או קדושת השם, ובמאי פליגי. והנראה משום דמלה זו מורה תמיד שבלא זה לא היה לו הדבר על דרך הטבע בשום אופן, ומורה המלה כמו לו לא רק שהיה בזה עזר אלקי לא מזכותו, וזהו שתפסו זכות האבות, כלומר לא מכחו וזכותו. ודעת ר' יהושע בן לוי ג"כ זה, אבל על זכות דבר גדול נעלה, שהדבר הזה עמד לו, ולולא הדבר הגדול הזה לא היה מגיע לו זה, וזהו קדושת השם, בשביל שלא יתחלל שם שמים. וזהו לולי אלהי אבי בעזרי, בשביל שיתקדש שם שמים שראה עניי ולא הניחני. ודעת ר' יוחנן ור' לוי שלפעמים מורה על זכות עצמו, אבל על זכות גדול מאוד כאמונה ותורה שהמה ענינים גדולים וזכותם עומד לעולם להצילם, ולכן שייך לשון זה, שאלולי הדבר הגדול היה לא

עץ יוסף

קריין לי גנבא כו'. כדקאמר בתריה הייתי ביום אכלני חורב וקרח בלילה ותדד שנתי מעיני. ורצונו לומר ששמר שמירה יתירה משאר הרועים בין ביום ובין בלילה ולא עייל למתא כדעיילי אינשי, מתוך כך היה נחשד כגנב יום וגנב לילה, שאם נגנב ונאבד דבר מהם תלו בו. ואמר שבכל זה לא השגיח וסבל עלבון כדי לעבוד את לבן באמונה (נזר הקודש): [ח] **מה היה אומר.** עיין בפרשה ס"ח (אות יד) כי שם פירשתי: **חמשה עשרה שיר המעלות כו'. כל ספר תהלים.** רצונו לומר שלא תדמה באמת שכל מחשבותיו של יעקב היו רק טרודים בצאן לבן, לא כן, כי אם שתמיד היה עסוק בשירי ה' ותורותיו רק אגבן היה שומרן: **לבן מתנה כו'.** נתבאר לעיל בפירקין: (יב) [ט] **כל מקום שנאמר לולי כו'.** כל הענין במדרש שוחר טוב ל"ד. ודורש גזירה שוה מכאן שכתוב לולי אלהי אברהם ופחד יצחק וזהו זכות אבות, אף בכל מקום שכתוב לולי כמו שכתוב (ישעיה א, ט) לולי ה' צבאות הותיר לנו, לולי ה' שהיה לנו (תהלים קכד א-ב) גם כן בזכות אבות: **והא כתיב כי לולא התמהמהנו.** והתם מה זכות אבות שייך. ומשני שאף על פי שלא נזכר ההיזק בפירוש הוה התם כי לולא זכות אבות לא עלו משם שהיו נלכדים בחטא יוסף: **כל עצמן.** פירוש כל עיקרן, או פירושו בזכות עצמן לא היו עולים משם בשלום: **לישנא דרבי יהושע בן לוי לזבדי.** כך צריך לומר כלומר מחליפין: **בזכות קדושת השם.** כל מקום שנאמר לולי בזכות קדושת השם. וכן ר' לוי דאמר בזכות אמנה ובזכות תורה פירושו כל מקום לולי בזכות אמנה ובזכות תורה. והכי אמר בהדיא בשוחר טוב. ודע דבשוחר טוב גרסינן בזכות שמו שנאמר לולי ה' שהיה לנו. וצריך לומר דקדושת השם דקאמר הכא גם כן כוונתו בזכות השם הקדוש שה' מרחם למען שמו (יפה תואר):

פירוש מהרז"ו

באבן, ואבב פירוש שער, וחטא פירוש ארי, ולפי זה מרומז בתיבת אחטנה חוטא על הארי (מלשון חַטָא בערבי) וזה פלא: **מה היה אומר.** דורש ותדד שנתי מה שאני שונה, וכמו שאמרו לעיל (סט, ז) ויקץ יעקב משנתו ממשנתו, וכמו שאיתא לעיל (סח, יא) עיין שם ותבין כאן: **ישראל סבא.** המתבונן בט"ו שיר המעלות יראה שיש לפרש רומז על יעקב בבית לבן, וכמו שאיתא לעיל ריש פרשה סח (סימן ב): **זה לי עשרים שנה.** וסיפיה דקרא ותחלף את משכרתי עשרת מונים ועיין לעיל (עג, ט) ושם נסמן: (יב) **כל מקום שנאמר לולי.** כל הענין במדרש תהלים (מזמור לד), ודורש גזירה שוה מכאן שכתוב לולי אלהי אברהם ופחד יצחק וזהו זכות אבות, אף בכל מקום שכתוב לולי כמו שנאמר (ישעיה א, ט) לולי ה' צבאות הותיר לנו, לולי ה' שהיה לנו (תהלים קכד, א): **חוץ מזה.** מפסוק לולי התמהמהנו, שבלשון ראשון רבי יהושע בן לוי אמר כן לזבדי בלשון קושיא, ובלשון ב' אמר כן רבי יהושע בן לוי בניחותא: **בזכות קדושת ה'.** בכל מקום סומך תיבת ה' לתיבת לולי והשאר נלמדים מהם בגזירה שוה, וכן לענין אמונה ותורה על פי גזירה שוה, עיין ילקוט תהלים (רמז תתפ):

חידושי הרש"ש

שלישי לבריחה. רצה לומר שלא תפרש שלישי בשבת עיין ר"ה (ג, א):

[יב] **אמר רבי תנחומא אית דמפקין לישנא דזבדי בן לוי לרבי יהושע בן לוי כו'.** כן צריך לומר: {**רבי יהושע בן לוי אמר בכל מקום שנאמר לולי בא בזכות אבות חוץ מזה.** נראה דהכוונה על פסוק (בראשית מג, י) דכי לולא התמהמהנו:}

מסורת המדרש

טו. לעיל פרשה ס"ח. מדרש תהלים מזמור קכ"ד. ילקוט כאן רמז קי"ט וק"ל. ילקוט תהלים רמז תת"פ:

טז. מדרש תהלים סוף מזמור כ"ז. וסוף מזמור ל"ד. ילקוט כאן רמז ק"ל. ילקוט תהלים רמז תש"ז. ורמז תת"ן:

אם למקרא

כִּי כֹה אָמַר ה' אֵלַי כַּאֲשֶׁר יֶהְגֶּה הָאַרְיֵה וְהַכְּפִיר עַל טַרְפּוֹ אֲשֶׁר יִקָּרֵא עָלָיו מְלֹא רֹעִים מִקּוֹלָם לֹא יֵחָת וּמֵהֲמוֹנָם לֹא יַעֲנֶה כֵּן יֵרֵד ה' צְבָאוֹת לִצְבֹּא עַל הַר צִיּוֹן וְעַל גִּבְעָתָהּ: (ישעיה לא:ד)

שִׁיר הַמַּעֲלוֹת לְדָוִד לוּלֵי ה' שֶׁהָיָה לָנוּ יֹאמַר נָא יִשְׂרָאֵל: (תהלים קכד:א)

וְאַתָּה קָדוֹשׁ יוֹשֵׁב תְּהִלּוֹת יִשְׂרָאֵל: (שם כב:ד)

כִּי לוּלֵא הִתְמַהְמָהְנוּ כִּי עַתָּה שַׁבְנוּ זֶה פַעֲמָיִם: (בראשית מג:י)

לוּלֵא הֶאֱמַנְתִּי לִרְאוֹת בְּטוּב ה' בְּאֶרֶץ חַיִּים: (תהלים כז:יג)

ידי משה

[יב] **בכל מקום שנאמר גזיזה עושה רושם.** פירוש שמחמת שהאדם שמח השטן מקטרג, או אפשר לפרש מפני שהוא צער בעלי חיים:

בִּזְכוּת הַתּוֹרָה, ״לוּלֵי תוֹרָתְךָ שַׁעֲשֻׁעָי״ — and **in the merit of Torah** study, for Scripture states: ***Had your Torah*** [לולא] ***not been my preoccupation,*** *then I would have perished in my affliction* (ibid. 119:92).[119]

☐ **אֶת עָנְיִי וְאֶת יְגִיעַ כַּפַּי** — *"GOD SAW **MY WRETCHEDNESS AND THE TOIL OF MY HANDS**, SO HE ADMONISHED YOU LAST NIGHT."*

The Midrash draws a striking conclusion from the reasons given by Jacob for the different ways that he was saved from Laban:

רַבִּי יִרְמְיָה אָמַר: חֲבִיבָה הִיא הַמְּלָאכָה מִזְּכוּת אָבוֹת — **R' Yirmiyah said: Work is more precious than the merit of the Patriarchs.**[120] **שֶׁזְּכוּת אָבוֹת הִצִּילָה מָמוֹן וּמְלָאכָה הִצִּילָה נְפָשׁוֹת** — R' Yirmiyah proves this: **For the merit of the Patriarchs saved money, and work saved lives.** **זְכוּת אָבוֹת הִצִּילָה מָמוֹן, שֶׁנֶּאֱמַר ״לוּלֵי אֱלֹהֵי אָבִי וְגוֹ׳ ״** — The Midrash elaborates: **The merit of the Patriarchs saved** Jacob's **money,** as is stated, ***Had not the God of my father, etc.*** *[the God of Abraham and the Dread of Isaac — been with me, you would surely have now sent me away empty-handed]*;[121] **וּמְלָאכָה הִצִּילָה נְפָשׁוֹת, ״אֶת עָנְיִי וְאֶת יְגִיעַ כַּפַּי רָאָה אֱלֹהִים וְגוֹ׳ ״** — **and** his **work saved** Jacob and his family's **lives,** as is stated, ***God saw my wretchedness and the toil of my hands, etc.*** *[so He admonished you last night].*[122]

וַיַּעַן לָבָן וַיֹּאמֶר אֶל יַעֲקֹב הַבָּנוֹת בְּנֹתַי וְהַבָּנִים בָּנַי וְהַצֹּאן צֹאנִי וְכֹל אֲשֶׁר אַתָּה רֹאֶה לִי הוּא וְלִבְנֹתַי מָה אֶעֱשֶׂה לָאֵלֶּה הַיּוֹם אוֹ לִבְנֵיהֶן אֲשֶׁר יָלָדוּ. וְעַתָּה לְכָה נִכְרְתָה בְרִית אֲנִי וָאָתָּה וְהָיָה לְעֵד בֵּינִי וּבֵינֶךָ. וַיִּקַּח יַעֲקֹב אָבֶן וַיְרִימֶהָ מַצֵּבָה. וַיֹּאמֶר יַעֲקֹב לְאֶחָיו לִקְטוּ אֲבָנִים וַיִּקְחוּ אֲבָנִים וַיַּעֲשׂוּ גָל וַיֹּאכְלוּ שָׁם עַל הַגָּל.

Then Laban spoke up and said to Jacob, "The daughters are my daughters, the children are my children, and the flock is my flock, and all that you see is mine. Yet to my daughters — what could I do to them this day? Or to their children whom they have borne! So now, come, let us make a covenant, I and you, and He shall be a witness between me and you." Then Jacob took a stone and raised it up as a monument. And Jacob said to his brethren, "Gather stones!" So they took stones and made a mound, and they ate there on the mound (31:43-46).

§13 וַיַּעַן לָבָן וַיֹּאמֶר אֶל יַעֲקֹב הַבָּנוֹת בְּנֹתַי וְהַבָּנִים בָּנַי — ***THEN LABAN SPOKE UP AND SAID TO JACOB, "THE DAUGHTERS ARE MY DAUGHTERS, THE CHILDREN ARE MY CHILDREN*** . . . *YET TO MY DAUGHTERS, WHAT COULD I DO TO THEM THIS DAY? ETC."*

The Midrash makes an inference from our verse:

אָמַר רַבִּי אָבִין: כּוּלְהוֹן בְּנוֹתָיו הָיוּ — **R' Avin said: All of [Jacob's wives] were [Laban's] daughters.**[123] R' Avin proves this from our verse: **״הַבָּנוֹת בְּנֹתַי״ הֲרֵי שְׁתַּיִם, ״וְלִבְנֹתַי מָה אֶעֱשֶׂה״ הֲרֵי אַרְבַּע** — ***The daughters are my daughters*** — **here are two** daughters; ***Yet***

NOTES

R' Yochanan derives this from *Psalms* 124:2-3, which states: לוּלֵי ה׳ שֶׁהָיָה לָנוּ בְּקוּם עָלֵינוּ אָדָם. אֲזַי חַיִּים בְּלָעוּנוּ בַּחֲרוֹת אַפָּם בָּנוּ, *Had not* [לולי] *HASHEM been with us when men rose up against us, then they would have swallowed us alive, when their anger was kindled against us* (*Midrash Shocher Tov* loc. cit.; see also *Maharzu*).

119. R' Levi maintains that since each of these verses uses the word לולא to mean that something would have happened *if not* for *faith in God* or *Torah study*, we may infer that in the other instances where this word appears it has similar connotations (see *Midrash Shocher Tov* ibid.). See Insight Ⓐ.

120. A person who labors so that he will have what he needs, and will thereby be distanced from the temptation to steal from others, earns a great merit. Here the Midrash teaches that this merit is more precious than the merit of the Patriarchs (*Eitz Yosef*, from *Yefeh To'ar*). Alternatively, the Midrash refers specifically to *work* that is performed scrupulously (*Maharzu*).

121. In this verse, Jacob indicates that the fact that he left Laban's home with property was attributable to the merits of Abraham and Isaac (see *Eitz Yosef, Maharzu*).

122. It was this admonishment that led Laban to abandon his plan to kill Jacob and his family (*Eitz Yosef*; see *Maharzu*).

Thus, the merit Jacob earned through *work* was far more potent than the merit of his great forebears.

See Insight Ⓑ.

123. Like Leah and Rachel, Bilhah and Zilpah were daughters of Laban (see *Rashi* et al.). However, since Laban fathered Bilhah and Zilpah with concubines, Scripture indicates (in 29:24,29 above) that he considered them as maidservants (*Pirkei DeRabbi Eliezer* Ch. 36, cited by *Eitz Yosef*; *Eshed HaNechalim*).

INSIGHTS

Ⓐ **If Not** . . . *Eshed HaNechalim* explains that the four connotations of the word לולא that are given by our Midrash all arise from the fact that the letters that make up the expression form the words לא, which means *not*, and לו, meaning *to him*. This suggests that the salvation the verses describe are *not to him*, meaning not to be attributed to the personal merit of the person or people who were saved, but rather to Divine intervention as a result of some other factor. Thus, the first view quoted asserts that the salvation was brought about through the merit of the Patriarchs, and the second attributes it to the sanctification of God's Name. And even the last two views, says *Eshed HaNechalim*, who do credit the salvation to the personal merits of those saved, maintain that since *faith in God* and *Torah study* are exceptionally valuable mitzvos, it may still be said that *if it were not* for those extraordinary merits, then such salvation could *not* have been *to him*, that is, based on one's own, ordinary merits.

Ⓑ **The Toil of My Hands** The Midrash here extols the great virtue and merit of one who engages in work, benefiting from his own toil. This sentiment is expressed as well by the Gemara, which teaches (*Berachos* 8a): "Greater is one who derives benefit from his own labor than one who fears Heaven." Regarding the former it is written: יְגִיעַ כַּפֶּיךָ כִּי תֹאכֵל אַשְׁרֶיךָ וְטוֹב לָךְ, *When you consume the labor of your hands "you are praiseworthy," "and it is well with you"* (*Psalms* 128:2), which the Gemara there expounds to mean: *you are praiseworthy* in this world, *and it is well with you* in the World to Come.

What underlies the great virtue of work and toil? *R' Yerucham Levovitz* explains that it stems from a fundamental principle of Creation: that God wished to establish the world according to the attribute of justice. And while it is true that God then tempered this design with the attribute of mercy (see *Rashi* on verse 1:1; Midrash above, 12 §15), the essentiality of "justice" remains in place. The attribute of justice demands that a person not merely be *given*, but that he *earn*.

This world is a world of doing and accomplishing — according to justice — through one's own toil and effort. This principle is operative in all fields of worldly activity. Surely its highest expression is in the efforts one expends in Torah study and Divine service, but it applies as well in the sphere of material occupation and sustenance. This is how God made the world.

But man is born for toil (*Job* 5:7). Indeed, before concluding that the primary sense of the verse is with reference to Torah study, the Gemara (*Sanhedrin* 99b) considers that the verse refers to the toil of worldly occupation. That the Gemara considers this meaning of the verse indicates that the toil of work is something of great value.

The Mishnah (*Avos* 2:2) teaches that *Torah study is good together with an occupation, for the "exertion" of them both makes sin forgotten*. Even in regard to Torah, it is not its study alone that suppresses sin, but rather the *exertion* in its study.

The value of work — of exertion and toil — cannot be underestimated. Its spiritual gain is great even in the field of worldly endeavor. How much more so is this true in regard to Torah study and Divine service. What extraordinary things one can accomplish in Torah through effort and exertion! (*Daas Chochmah U'Mussar* II, p. 123).

[ז] חביבה היא המלאכה. העוסק במלאכה כדי ליהנות מיגיעו להתרחק מהגזל זכות גדולה יש בה עד שחביבה מזכות אבות (יפה תואר): **הצילה ממון.** כמו שאמר לולי כו' כי עתה ריקם שלחתני היינו ממון: **ואת יגיע כפי ראה אלהים ויוכח אמש.** ומפני התוכחה חזר בו ממה שבקש לעקור את הכל: (יג) **[יא] כולהון בנותיו.** אף בלהה וזלפה בנותיו היו מפלגש ולא מאשתו ממש לכן לא היו נחשבות לו רק כשפחות: **ולבנותי מה אעשה הרי ד'.** דאי הנזכר תחלה ולאלה מה אעשה סגי, אלא דבראשונה דבר כנגד רחל ולאה ובניהן, ואחר כך כנגד בלהה וזלפה ובניהן: **על בנותי הרי ד'.** דאם לא כן עליהן מיבעי ליה. ואתא לומר כי השפחות חביבות לו ומקפיד על צערן מאחר שגם הנה בנותיו: **כשן הזה של טבריא.** שהיה גדול מאד עד כי לא יכלו הם להקימו, ויעקב ברוב כחו הקימו לבדו (נזר הקודש): **כמה אחים היו לו כו'.** ואין לומר שויאמר יעקב לאחיו של לבן דאין ראוי לגזור עליהם לקטו אבנים כאדון על עבדיו, אלא ודאי אבניו ממש קאי וללמדך שבניו של אדם כאחיו: **חד ולואי קברו ולא היה שם.** כן צריך לומר (אות אמת): **שהוא קורא אותן בלשון הקודש אחיו.** להיותם דומים לו כדמפרש רב הונא, שבלשון הקדש הושאל לשון אחוה על הדמיון, כמו (שמות כו, ג) חוברות אשה אל אחותה, ופניהם איש אל אחיו (שמות כה, כ), ולכן נקראו גם בניו בשם זה שהם מדובקים ודומים לו בגבורה ובצדקות: **לבושו של אביו.** כלומר שהוא גדול, שלבושו הוא נאות לו, הוא שוה לאביו ונקרא אחיו (יפה תואר). או פירוש לבושו של אביו כלומר שהולך בדרכיו ובמדותיו, הרי הוא כיוצא בו ולכן נקראו בצדק אחים, כלומר מדובקים ודומים: (יד) **[יב] לשון פרסי.** שמדברים בלשון ארמית. והאות אמת כתב שצריך לומר לשון סורסי. ופירש הערוך לשון ארם צובה ושאר ארצות שכבשן דוד והיא נקראת סורסי על שם סוריא וכן הוא בירושלמי סוטה (ז, ב):

בִּזְכוּת הַתּוֹרָה, (שם קיט, צב) **"לוּלֵי תוֹרָתְךָ שַׁעֲשֻׁעָי".** [לא, מב] **"אֶת עָנְיִי וְאֶת יְגִיעַ כַּפַּי", רַבִּי יִרְמְיָה אָמַר: חֲבִיבָה הִיא הַמְּלָאכָה מִזְּכוּת אָבוֹת, שֶׁזְּכוּת אָבוֹת הִצִּילָה מָמוֹן וּמְלָאכָה הִצִּילָה נְפָשׁוֹת, זְכוּת אָבוֹת הִצִּילָה מָמוֹן, שֶׁנֶּאֱמַר "לוּלֵי אֱלֹהֵי אָבִי וְגוֹ'", וּמְלָאכָה הִצִּילָה נְפָשׁוֹת, "אֶת עָנְיִי וְאֶת יְגִיעַ כַּפַּי רָאָה אֱלֹהִים וְגוֹ'":**

יג [לא, מג] **"וַיַּעַן לָבָן וַיֹּאמֶר אֶל יַעֲקֹב הַבָּנוֹת בְּנֹתַי וְהַבָּנִים בָּנַי", אָמַר רַבִּי אָבִין: כּוּלְּהוֹן בְּנוֹתָיו הָיוּ, "הַבָּנוֹת בְּנֹתַי" הֲרֵי שְׁתַּיִם, "וְלִבְנֹתַי מָה אֶעֱשֶׂה" הֲרֵי אַרְבַּע, רַבָּנָן מַיְיתֵי לֵיהּ מֵהָכָא,** (לקמן פסוק נ) **"אִם תְּעַנֶּה אֶת בְּנֹתַי" הֲרֵי שְׁתַּיִם,** (שם) **"וְאִם תִּקַּח נָשִׁים עַל בְּנֹתַי" הֲרֵי אַרְבַּע.** [לא, מה] **"וַיִּקַּח יַעֲקֹב אֶבֶן וְגוֹ'", אָמַר רַבִּי יוֹחָנָן: כַּשֵּׁן הַזֶּה שֶׁל טִבֶרְיָא הָיְתָה.** [לא, מו] **"וַיֹּאמֶר יַעֲקֹב לְאֶחָיו לִקְטוּ אֲבָנִים", "כַּמָּה אַחִין הָיוּ לוֹ, חַד, וּלְוַאי קִבְרֵיהּ, אֶלָּא אֵלּוּ בָּנָיו שֶׁהוּא קוֹרֵא אוֹתָן בִּלְשׁוֹן הַקּוֹדֶשׁ "אֶחָיו", אָמַר רַבִּי הוּנָא: גִּבּוֹרִים כַּיּוֹצֵא בוֹ צַדִּיקִים כַּיּוֹצֵא בוֹ, אָמַר רַבִּי *יוּדָן: לָבַשׁ אָדָם לְבוּשׁוֹ שֶׁל אָבִיו הֲרֵי הוּא כַּיּוֹצֵא בוֹ:**

יד [לא, מז] **"וַיִּקְרָא לוֹ לָבָן יְגַר שָׂהֲדוּתָא", אָמַר רַבִּי שְׁמוּאֵל בַּר נַחְמָן: "אַל יְהֵא לְשׁוֹן °פַּרְסִי הַזֶּה קַל בְּעֵינֶיךָ, שֶׁבַּתּוֹרָה בַּנְּבִיאִים בַּכְּתוּבִים מָצִינוּ שֶׁהַקָּדוֹשׁ בָּרוּךְ הוּא חוֹלֵק לוֹ כָּבוֹד,**

פירוש מהרז"ו

הצילה ממון. כמו שנאמר לולי וגו' כי עתה ריקם שלחתני היינו ממון, ומלאכה באמונה הצילה נפשות כמו שנאמר את עניי וגו' ראה אלהים ויוכח אמש, היינו שהזהירו שלא ירע ליעקב: (יג) **אמר רבי בון.** להלן (סימן יד) איתא רבי ראובן וכן הובא בילקוט (רמז קל): **בנותיו.** וכן הובא בפרקי דרבי אליעזר (פרק לו) על בלהה וזלפה, וכי שפחותיו היו והלא בנותיו היו: **של טבריא.** וזהו וירימה שהיה לו לומר ויקימה או וישם אותה מצבה כמו שאמר בריש ויצא (וכן כתב היפה תואר) ועיין מתנות כהונה, ועל שהיה ר' יוחנן דר בטבריא אמר של טבריא, וכמו שאמר ר' יוחנן גם כן לקמן (עח, טז) לחשוב מי טבריא: (יד) **לשון פרסי.** שמדברים בלשון ארמית:

מסורת המדרש

יז. קהלת רבה פרשה ט' פסוק י"א. פרקי דרבי אליעזר פרק ל"ו:

יח. ירושלמי סוטה פרק ז'. ילקוט ירמיה רמז רפ"ו. ילקוט דניאל רמז תל"ף ס':

אם למקרא

לוּלֵי תוֹרָתְךָ שַׁעֲשֻׁעָי אָז אָבַדְתִּי בְעָנְיִי:
(תהלים קיט:צב)

חידושי הרד"ל

[יד] אל יהיה לשון סורסי קל בעיניך. כן צריך לומר, וכן הובא בירושלמי (סוטה פ"ז ה"ב). ועיין בתוספות בבא קמא (פג, א ד"ה לשון) עיין שם:

חידושי הרש"ש

[יג] הבנות בנותי. נראה דחסר כאן תיבות **וכו'.** והכוונה לכל הענין המבואר לעיל (עד, יג) בפסוק ויען לבן ויאמר אל יעקב הבנות כו' ורבי ראובן דהכא הוא רבי אבין דשם:

אמרי יושר

[יד] לשון סורסי כו'. עיין תוספות [בבא] קמא סוף פרק שביעי (פג א ד"ה לשון סורסי):

שינוי נוסחאות

(יד) **אל יהא לשון פרסי הזה קל בעיניך.** צ"ל "לשון סורסי" (דהיינו ארמית) תחת "פרסי", כן הגיה אות אמת, וכן הוא בת-א, וכן מוכרח לפי הענין:

רש"י

(יג) **כולן בנותיו היו.** אף בלהה וזלפה: **כשן הזה של טבריה.** כך היתה גבוהה: **כמה אחים היו לו. אנטייה חד הוה ליה ולואי קבריה.** עז פנים כנגדו. ובלשון יון אנטידיקוס עז פנים בעל דין: **גבורים היו כיוצא בו.** ולפיכך קורא אחיו: **(יד) אשר**

מתנות כהונה

ראה אלהים וגו'. ושם נאמר השמר לך מדבר עם יעקב מטוב ועד רע: **[יג] כולהון בנותיו.** אף בלהה וזלפה: **כשן הזה כו'.** פי' רש"י כך היתה גבוה כשן הסלע שבטבריה ודייק מדכתיב וירימה לשון גבוה ורוממות: **כמה אחין כו'.** כמה אחים היו לו ליעקב אינו אלא אחד ומי יתן שגם אותו קבר ואף גם הוא לא היה שמה ולמה אמר אחיו לשון רבים: **גבורים כו'.** עיין במדרש קהלת סימן ט' בפסוק שבתי וראה: **לבושו כו'.** נראה שעל מדותיו ומעשיו אומר כן:

אשד הנחלים

היה ביכולתו בשום אופן להשיגם: **ומלאכה הצילה נפשות.** כלומר שע"י זכות אמר שאלולי זה היה משלחו ריקם. וכאן הזכיר שיגיע כפיו ראה ה', להוכיח ללבן שלא יעשה רע ליעקב בנפש, ובזה לא היה עוזר זכות האבות. הענין הוא מחקר רב ידים מיוסד על דברי התלמוד (ברכות ח, א) גדול הנהנה מיגיעו יותר מירא שמים. ואין כאן מקומו: **[יג] הרי ד'.** כי מלת ולבנותי הורה על בלהה וזלפה. ואולי קראם שפחות, כי מבנות פלגשיו ולא מנשיו ממש, ולכן לא היו נחשבות לו רק כשפחות: **כשן הזה.** כי מלת הרמה מורה על דבר שהוא כבד מאוד: **בלשון הקודש אחיו.** כי מלת אח מורה בלשון הקודש על הדביקות הצמודים יחד. ומזה לשון חז"ל מְאַחִין, וכמו אשה אל אחותה בקרשים, מצד שהם דבוקות יחד. ולכן נקראו גם בניו מסבה זו בשם זה, שהם מדובקים ודומים לו בגבורה ובצדיקות: **לבושו.** כלומר שהולך בדרכו ובמדותיו כפירוש המתנות כהונה: **הרי הוא כיוצא בו.** כי באמת מצד הטבע תכונותיהם שוות, ואם בפעולותיהם ישתוו ג"כ אז הם דומים, ולכן נקראו בצדק אחים כלומר מדובקים ודומים: **[יד] פרסי הזה קל.** כי מקורו נילקח מלשון הקודש אשר הוא לשון אלקי. ודייק אחר שהתורה מספרת שנקרא כן בלשון פרסי, וגם הנביאים אשר דבר ה' בפיהם מצאנו לפעמים שנזרקה הנבואה בקרבם בלשון הזה, כירמיה שאמר בלשון זה, והיה זה דברי הנבואה לא מפיו ולבו, וכבר אמרו לעיל שלנביאי ישראל הדיבור מתגלה בלשון הקודש, אלא ודאי שהלשון הזה נגזר ג"כ מלשון הקודש, והבן זה:

ידי משה

[יג] אמר רבי אבהו מה שהלך יעקב וכו' עד סוף המאמר. פירוש בין לרבי אבהו ובין לרבי חייא צריכין אנו לומר שלבן לא רדף אחר יעקב, אלא יום אחד ובלילה הגיע לבן אל תחת ההר וראה את יעקב חונה עליו מרחוק ולן בלילה ההוא למטה, ויבא אליו החלום ומסתמא בא לו החלום בו בלילה שילא מביתו והוא דבק אותו בערב מיד קודם החלום כדכתיב וידבק אותו בהר הגלעד ואחר כך ויבא אלהים בחלום וגו', נמצא בהא פליגי שרבי אבהו סבר שיעקב ברח מביתו כי שם היו נשיו ובניו וכל אשר לו, אך שלא הרגישו שברח עד יום השלישי בהשכמה ומיד רדף אחריו לבן ביום השלישי ודבק אותו בהר הגלעד, נמצא מה שהלך יעקב לשלשה ימים הלך לבן ליום אחד, ורבי אבהו סבר מה שאמר הכתוב וישם שלשת ימים בינו ובין יעקב פירושו בין צאן יעקב לצאן לבן, כגון שצאן לבן היה למזרחו של עיר, וצאן יעקב למערבו של עיר, אבל הבריחה היה מעיר שלבן היה דר בה, ומה שאמר דרך שבעת ימים לרבי אבהו צריכין אנו לומר דרך שבעת ימים פירוש לאדם בינוני, אבל יעקב מכח שברח הלך אותו מהלך בשלשה ימים ולבן שרדף הלך ליום אחד מה שהלך יעקב לשלשה ימים דהיינו מהלך בינוני שבעה ימים, אבל רבי חייא סבר שהבריחה היה שלשה ימים רחוק מהעיר, והלך עוד שלשה ימים שהם ששה ימים מהעיר, וביום השלישי הגידו לו שברח יעקב והמתין עד למחרתו ורדף אחריו ביום הרביעי, והשיג אותו בערב ובו ביום הלך גם כן יעקב, ונמצא מה שהלך יעקב בשבעה ימים הלך לבן ביום אחד. כן נראה לי. ומפי בני מהור"ר ליב שמעתי דהכי פירושו שהפלוגתא כך שרבי אבהו סבר מה שהלך יעקב לשלשה ימים הלך לבן ליום אחד וכתיב דרך שבעת ימים, נמצא שרדף אחריו שני ימים ושליש יום כי כל שלשה ימים שהלך יעקב הלך הוא יום אחד, ורבי אבהו דייק זה מדכתיב ויוגד ביום השלישי נמצא שכבר ברח שלשה ימים והוא היה רוצה להשיג אותו, והלא ידע שבשבעת שירדוף אחריו יברח גם כן יעקב עוד, אלא שהשיג לבן שכל מה שיברח יעקב לשלשה ימים ילך הוא ליום אחד, אבל רבי חייא אמר רוצה ולא רוצה פירוש מה שאמר הכתוב ויוגד לו ביום השלישי באותו פעם היה רחוק מלבן ששה ימים, נמצא היה רוצה לרדוף אחריו ביום אחד מה שהלך יעקב לששה ימים, אך יומא דהוו קיימין ביה פירוש מה שאמר הכתוב דרך שבעת ימים נחשב גם כן היום דהוו קיימין ביה כדכתיב (לא, כה) וישג לבן את יעקב ויעקב תקע אהלו נמצא אותו היום גם כן היה נחשב אחד, ונמצא שרבי אבהו סבר שרדף אחריו שני ימים, ורבי חייא סבר שרדף יום אחד ולפי זה צריך לומר שרדף לבן יום חמישי לבריחתו ודוק: **כמה אחין היה לו.** אלא מוכרח אתה לומר שאילו הם בניו, ונמצא קשה למה קורין בניו בלשון הקודש אחיו כל זה קושיא, ורבי הונא מתרץ כו' וכן משמע בהדיא בקהלת בפסוק (ט, יא) שבתי וראה עיין שם:

to my daughters, what could I do — **here are four** daughters.[124]

An alternate source for this idea:

רַבָּנָן מַיְיתֵי לֵיהּ מֵהָכָא — The Sages derive it from here: "אִם תְּעַנֶּה אֶת בְּנֹתַי" הֲרֵי שְׁתַּיִם, "וְאִם תִּקַּח נָשִׁים עַל בְּנֹתַי" הֲרֵי אַרְבַּע — ***If you will ill-treat my daughters*** (below, v. 50) — **here are two** daughters; ***or if you will marry wives in addition to my daughters*** (ibid.) — **here are four** daughters.[125]

□ **וַיִּקַּח יַעֲקֹב אֶבֶן וְגוֹ׳** — ***THEN JACOB TOOK A STONE, ETC.*** *[AND RAISED IT UP AS A MONUMENT].*

The Midrash comments on the size of this stone:

אָמַר רַבִּי יוֹחָנָן: כַּשֵּׁן הַזֶּה שֶׁל טְבֶרְיָא הָיְתָה — R' Yochanan said: It was as high **as this cliff of Tiberias!**[126]

□ **וַיֹּאמֶר יַעֲקֹב אֶל אֶחָיו לִקְטוּ אֲבָנִים** — ***AND JACOB SAID TO HIS BRETHREN, "GATHER STONES!"***

The Midrash seeks to identify Jacob's *brethren:*[127]

כַּמָּה אַחִין הָיוּ לוֹ, חַד, וּלְוַי קְבָרֵיהּ — How many brothers did [Jacob] have? Only **one** (Esau), **and would that [Jacob] would have buried him!** Who, then, are Jacob's *brethren* of our verse?[128] **אֶלָּא אֵלּוּ בָּנָיו שֶׁהוּא קוֹרֵא אוֹתָן בִּלְשׁוֹן הַקֹּדֶשׁ "אֶחָיו" — Rather, these are his sons, whom one calls *his brethren* in the Holy Tongue.**[129] **אָמַר רַבִּי הוּנָא: גִּבּוֹרִים כַּיּוֹצֵא בוֹ צַדִּיקִים כַּיּוֹצֵא בוֹ — R' Huna said** in explanation of this implied similarity:[130] Jacob's sons were **mighty ones like him** and **righteous ones like him.** **אָמַר רַבִּי יוּדָן לָבַשׁ אָדָם לְבוּשׁוֹ שֶׁל אָבִיו הֲרֵי הוּא כַּיּוֹצֵא בוֹ** — Furthermore, **R' Yudan said:** If a **person wore his father's clothing, he is like [his father].**[131]

וַיִּקְרָא לוֹ לָבָן יְגַר שָׂהֲדוּתָא וְיַעֲקֹב קָרָא לוֹ גַּלְעֵד. וַיֹּאמֶר לָבָן הַגַּל הַזֶּה עֵד בֵּינִי וּבֵינְךָ הַיּוֹם עַל כֵּן קָרָא שְׁמוֹ גַּלְעֵד. וְהַמִּצְפָּה אֲשֶׁר אָמַר יִצֶף ה׳ בֵּינִי וּבֵינֶךָ כִּי נִסָּתֵר אִישׁ מֵרֵעֵהוּ. אִם תְּעַנֶּה אֶת בְּנֹתַי וְאִם תִּקַּח נָשִׁים עַל בְּנֹתַי אֵין אִישׁ עִמָּנוּ רְאֵה אֱלֹהִים עֵד בֵּינִי וּבֵינֶךָ.

Laban called it Jegar-sahadutha, but Jacob called it Galed. And Laban declared, "This mound is a witness between me and you today"; therefore he called its name Galed. And as for the Mizpah — because he said, "May HASHEM keep watch between me and you for we will be hidden each man from the other. If you will ill-treat my daughters or if you will marry wives in addition to my daughters — though no man may be among us — but see! God is a witness between me and you" (31:47-50).

NOTES

124. If Laban were referring to the same set of daughters when he said, "*Yet to my daughters — what could I do,*" as he had referred to when he said, "*The daughters are my daughters,*" he would have said more simply, *Yet to "these" — what could I do.* The Midrash therefore teaches that Laban's first reference to his *daughters*, indicating (at least) *two*, regarded Leah and Rachel, and his second such reference regarded Bilhah and Zilpah, for a total of *four* daughters (*Yefeh To'ar*; see *Eitz Yosef*).

[The reason Laban did not speak of all of his daughters collectively is that he wished to emphasize that he could not harm even Bilhah and Zilpah, for whom he might have had less regard (*Yefeh To'ar*).]

125. Laban's repeating of the term *my daughters*, as opposed to once using the pronoun *them*, indicates to the Sages that each reference was to a different set of *two* daughters (*Eitz Yosef*).

[Laban made a separate mention of Bilhah and Zilpah to make it clear that he was concerned with the welfare of those daughters as well (*Yefeh To'ar*, followed by *Eitz Yosef*; see further, *Yefeh To'ar* here and to §14 below — §12 in *Yefeh To'ar* — where he discusses the fact that the demand made by Laban regarding Leah and Rachel appears to be different from the one he made regarding Bilhah and Zilpah).]

126. *Matnos Kehunah*, from *Rashi*.

R' Yochanan [who lived in Tiberias (*Maharzu*)] pointed to a specific cliff in that city to illustrate that the rock Jacob *raised* in our verse was immense.

R' Yochanan's comment is based on the verse's use of the term וַיְרִימֶהָ מַצֵּבָה, *and "raised" it up as a monument*, which suggests that the stone rose to a great height (see *Matnos Kehunah, Maharzu, Eshed HaNechalim*). Alternatively, the Midrash is noting that while Scripture teaches that Jacob was later assisted in *gathering stones*, here he *raised up* this stone on his own. According to our Midrash, this is because the rock was so large that the other people present were unable to lift it (*Nezer HaKodesh*, cited in part by *Eitz Yosef*, comparing 70 §12 above).

127. The reference cannot be to *Laban's* brothers, for Jacob would not have commanded them, "*Gather stones,*" as a master would demand of his servants (*Eitz Yosef*).

128. *Matnos Kehunah*.

[According to the emendation of the Midrash that is suggested by *Os Emes* (cited by *Eitz Yosef*; see also *Matnos Kehunah*), the Midrash compounds its question by noting, וְלֹא הָיָה שָׁם, *and* (furthermore), *[Esau] was not there!*]

129. *Eitz Yosef*. See *Yedei Moshe* for another approach, based on *Koheles Rabbah* to 9:11.

In the Holy Tongue, "brotherhood" is used as an expression of similarity (*Eitz Yosef*, referencing *Exodus* 25:20 and 26:3; see also *Eshed HaNechalim*; compare above, 41 §6).

See Insight Ⓐ.

130. See *Rashi, Eitz Yosef*.

131. I.e., if a son has grown in physical stature to the point where his father's clothing fits him, he is considered equal to his father in a sense, and may be called *his brother*. Thus, Jacob's sons were called his *brethren* on account of their having reached his height in spite of their relative youth (*Yefeh To'ar*, cited in part by *Eitz Yosef*). Alternatively, *clothing* is used here as a metaphor for one's ways and character traits. Thus, Jacob and his like-minded sons are described as *brethren* because of their connection and similarity (*Eshed HaNechalim*, followed by *Eitz Yosef*; also see *Matnos Kehunah*).

INSIGHTS

Ⓐ **Teaching Through Action** Why indeed did Jacob command his children to gather the stones? Did he not have many servants who could have done this menial task? And why indeed does specifically this verse characterize Jacob's "sons" as his "brothers"?

The *Netziv* (in *Haamek Davar*) explains that Jacob wished to instill in his children a great lesson in how to interact with people — even with difficult and contentious people.

Laban had come to confront Jacob, and Laban's remarks were full of provocation. There was no hint of anything conciliatory. Even his final comment was that everything in sight was actually his. Nonetheless, Jacob ignored the provocation and the insults and sought peace above all. He wished to gather stones on which he would share a meal with Laban and his men. Jacob would take the high road. He would seek to mollify his antagonist and draw him closer.

To this end, Jacob had his children, not his servants, gather and pile the stones for this purpose. He had them involve themselves personally in building the pile — and the resulting bridge — to those who would be antagonistic. He taught them the surpassing value of peace and conciliation.

But the Torah reveals to us that Jacob instructed them to do so as "brothers," not as "sons." Jacob did not wish for his children to build this bridge to peace simply out of filial obedience and respect. He wished for them to participate in this activity as equals, so that *they* learn and internalize the great lesson he was teaching them. They — and the nation of their descendants — would learn the value of peaceful interaction with all (*Haamek Davar* on our verse).

In a similar vein, *R' Elyah Meir Bloch* sees here a profound principle of education. Children and students should always feel that they are not simply students absorbing the teachings of their parents and teachers. They must also be allowed to actively participate as equals, in a sense, in the ideals and principles of their educators. This may indeed be another aspect of the famous statement of our Sages that is found at the conclusion of Tractate *Berachos* (64a), as well as several other tractates of the Talmud: "Do not call them (Torah scholars) *your children* [בָּנַיִךְ], but *your builders* [בּוֹנָיִךְ]." One's children and disciples should be builders and partners in the grand edifice of *chinuch* (*Peninei Daas* on our verse).

בִּזְכוּת הַתּוֹרָה, (שם קיט, צב) "לוּלֵי תוֹרָתְךָ שַׁעֲשֻׁעָי". [לא, מב] "אֶת עָנְיִי וְאֶת יְגִיעַ כַּפַּי", רַבִּי יִרְמְיָה אָמַר: חֲבִיבָה הִיא הַמְּלָאכָה מִזְּכוּת אָבוֹת, שֶׁזְּכוּת אָבוֹת הִצִּילָה מָמוֹן וּמְלָאכָה הִצִּילָה נְפָשׁוֹת, זְכוּת אָבוֹת הִצִּילָה מָמוֹן, שֶׁנֶּאֱמַר "לוּלֵי אֱלֹהֵי אָבִי וְגוֹ'", וּמְלָאכָה הִצִּילָה נְפָשׁוֹת, "אֶת עָנְיִי וְאֶת יְגִיעַ כַּפַּי רָאָה אֱלֹהִים וְגוֹ'":

יג [לא, מג] "וַיַּעַן לָבָן וַיֹּאמֶר אֶל יַעֲקֹב הַבָּנוֹת בְּנֹתַי וְהַבָּנִים בָּנַי", אָמַר רַבִּי אָבִין: כּוּלְּהוֹן בְּנוֹתָיו הָיוּ, "הַבָּנוֹת בְּנֹתַי" הֲרֵי שְׁתַּיִם, "וְלִבְנֹתַי מָה אֶעֱשֶׂה" הֲרֵי אַרְבַּע, רַבָּנָן מַיְיתֵי לֵיהּ מֵהָכָא, (לקמן פסוק נ) "אִם תְּעַנֶּה אֶת בְּנֹתַי" הֲרֵי שְׁתַּיִם, (שם) "וְאִם תִּקַּח נָשִׁים עַל בְּנֹתַי" הֲרֵי אַרְבַּע. [לא, מה] "וַיִּקַּח יַעֲקֹב אֶבֶן וְגוֹ'", אָמַר רַבִּי יוֹחָנָן: כַּשֵּׁן הַזֶּה שֶׁל טְבֶרְיָא הָיְתָה. [לא, מו] "וַיֹּאמֶר יַעֲקֹב אֶל אֶחָיו לִקְטוּ אֲבָנִים", יזכַּמָּה אַחִין הָיוּ לוֹ, חַד, וּלְוַי קְבָרֵיהּ, אֶלָּא אֵלּוּ בָּנָיו שֶׁהוּא קוֹרֵא אוֹתָן בִּלְשׁוֹן הַקּוֹדֶשׁ "אֶחָיו", אָמַר רַבִּי הוּנָא: גִּבּוֹרִים כַּיּוֹצֵא בוֹ צַדִּיקִים כַּיּוֹצֵא בוֹ, אָמַר רַבִּי *יוּדָן: לָבַשׁ אָדָם לְבוּשׁוֹ שֶׁל אָבִיו הֲרֵי הוּא כַּיּוֹצֵא בוֹ:

יד [לא, מז] "וַיִּקְרָא לוֹ לָבָן יְגַר שָׂהֲדוּתָא", אָמַר רַבִּי שְׁמוּאֵל בַּר נַחְמָן: יחאַל יְהֵא לְשׁוֹן °פַּרְסִי הַזֶּה קַל בְּעֵינֶיךָ, שֶׁבַּתּוֹרָה בַּנְּבִיאִים בַּכְּתוּבִים מָצִינוּ שֶׁהַקָּדוֹשׁ בָּרוּךְ הוּא חוֹלֵק לוֹ כָּבוֹד,

עץ יוסף

[י] **חביבה היא המלאכה.** העוסק במלאכה כדי ליהנות מיגיעו להתרחק מהגזל זכות גדולה יש בה עד שחביבה מזכות אבות (יפה תואר): **הצילה ממון.** כמו שאמר לולי כו' כי עתה ריקם שלחתני היינו ממון: **ואת יגיע כפי ראה אלהים ויוכח אמש.** ומפני התוכחה חזר בו ממה שבקש לעקור את הכל: (יג) [יא] **כולהון בנותיו.** אף בלהה וזלפה בנותיו היו מפלגש ולא מאשתו ממש לכן לא היו נחשבות לו רק כשפחות: **ולבנותי מה אעשה הרי ד'.** דאי הנזכר תחלה ולאלה מה אעשה סגי, אלא דבראשונה דבר כנגד רחל ולאה ובניהן, ואחר כך כנגד בלהה וזלפה ובניהן: **על בנותי הרי ד'.** דאם לא כן עליהן מיבעי ליה. ואתא לומר כי השפחות חביבות לו ומקפיד על נערן מאחר שגם הנה בנותיו: **בשן הזה של טבריא.** שהיה גדול מאד עד כי לא יכלו הם להקימו, ויעקב ברוב כחו הקימו לבדו (נזר הקודש): **כמה אחים היו לו כו'.** ואין לומר שויאמר יעקב לאחיו של לבן דאין ראוי לגזור עליהם לקטו אבנים כאדון על עבדיו, אלא ודאי אבניו ממש קאי וללמדך שבניו של אדם כאחיו: **חד ולואי קברו ולא היה שם.** כן צריך לומר (אות אמת): **שהוא קורא אותן בלשון הקודש אחיו.** להיותם דומים לו כדמפרש רב הונא, שבלשון הקדש הושאל לשון אחוה על הדמיון, כמו (שמות כו, ג) חוברות אשה אל אחותה, ופניהם איש אל אחיו (שמות כה, כ), ולכן נקראו גם בניו בשם זה שהם מדובקים ודומים לו בגבורה ובצדקות: **לבושו של אביו.** כלומר שהוא גדול, שלבושו הוא נאות לו, הוא שוה לאביו ונקרא אחיו (יפה תואר). או פירוש לבושו של אביו כלומר שהולך בדרכיו ובמדותיו, הרי הוא כיוצא בו ולכן נקראו בצדק אחים, כלומר מדובקים ודומים: (יד) [יב] **לשון פרסי.** שמדברים בלשון ארמית. והאות אמת כתב שצריך לומר לשון סורסי. ופירש הערוך לשון ארם צובה ושאר ארצות שכבשן דוד והיא נקראת סורסי על שם סוריא וכן הוא בירושלמי סוטה (ז, ב):

פירוש מהרז"ו

הצילה ממון. כמו שנאמר לולי וגו' כי עתה ריקם שלחתני היינו ממון, ומלאכה באמונה הצילה נפשות כמו שנאמר את עניי וגו' ראה אלהים ויוכח אמש, היינו שהזהירו שלא ירע ליעקב: (יג) **אמר רבי בון.** להלן (סימן יד) איתא רבי ראובן וכן הובא בילקוט (רמז קל): **בנותיו.** וכן הובא בפרקי דרבי אליעזר (פרק לו) על בלהה וזלפה, וכי שפחותיו היו והלא בנותיו היו: **של טבריא.** וזהו וירימה שהיה לו לומר ויקימה או וישם אותה מצבה כמו שאמר בריש ויצא (וכן כתב היפה תואר) ועיין מתנות כהונה, ועל שהיה ר' יוחנן דר בטבריא אמר של טבריא, וכמו שאמר ר' יוחנן גם כן לקמן (עח, טז) לחשוב מי טבריא: (יד) **לשון פרסי.** שמדברים בלשון ארמית:

רש"י

(יג) **כולן בנותיו היו.** אף בלהה וזלפה: **כשן הזה של טבריה.** כך היתה גבוהה: **כמה אחים היו לו. אנטייה חד הוה ליה ולואי קבריה.** עז פנים כנגדו. ובלשון יון אנטידיקוס עז פנים בעל דין: **גבורים היו כיוצא בו.** ולפיכך קוראן אחיו: (יד) **אשר**

מתנות כהונה

ראה אלהים וגו'. ושם נאמר השמר לך מדבר עם יעקב מטוב ועד רע: [יג] **כולהון בנותיו.** אף בלהה וזלפה: **כשן הזה כו'.** פי' רש"י כך היתה גבוה כשן הסלע שבטבריה ודייק מדכתיב וירימה לשון גבוה ורוממות: **כמה אחין כו'.** כמה אחים היו לו ליעקב אינו אלא אחד ומי יתן שגם אותו קבר ואף גם הוא לא היה שמה ולמה אמר אחיו לשון רבים: **גבורים כו'.** עיין במדרש קהלת סימן ט' בפסוק שבתי וראה: **לבושו כו'.** נראה שבעל מדותיו ומעשיו אומר כן:

אשד הנחלים

היה ביכולתו בשום אופן להשיגם: **ומלאכה הצילה נפשות.** כלומר שע"י זכות אמר שאלולי זה היה משלחו ריקם. וכאן הזכיר שיגיע כפיו ראה ה', להוכיח ללבן שלא יעשה רע ליעקב בנפש, ובזה לא היה עוזר זכות האבות. הענין הוא מחקר רב ידים מיוסד על דברי התלמוד (ברכות ח, א) גדול הנהנה מיגיעו יותר מירא שמים. ואין כאן מקומו: [יג] **הרי ד'.** כי מלת ולבנותי הורה על בלהה וזלפה. ואולי קראם שפחות, כי מבנות פלגשיו ולא מנשיו ממש, ולכן לא היו נחשבות לו רק כשפחות: **כשן הזה.** כי מלת הרמה מורה על דבר שהוא כבד מאוד: **בלשון הקודש אחיו.** כי מלת אח מורה בלשון הקודש על הדביקות הצמודים יחד. ומזה לשון חז"ל מְאַחִין, וכמו אשה אל אחותה בקרשים, מצד שהם דבוקות יחד. ולכן נקראו גם בניו מסבה זו בשם זה, שהם מדובקים ודומים לו בגבורה ובצדיקות: **לבושו.** כלומר שהולך בדרכו ובמדותיו כפירוש המתנות כהונה: **הרי הוא כיוצא בו.** כי באמת מצד הטבע תכונותיהם שוות, ואם בפעולותיהם ישתוו ג"כ אז הם דומים, ולכן נקראו בצדק אחים כלומר מדובקים ודומים: [יד] **פרסי הזה קל.** כי מקורו נילקח מלשון הקודש אשר הוא לשון אלקי. ודייק אחר שהתורה מספרת שנקרא כן בלשון פרסי, וגם הנביאים אשר דבר ה' בפיהם מצאנו לפעמים שנזרקה הנבואה בקרבם בלשון הזה, כירמיה שאמר בלשון זה, והיה זה דברי הנבואה לא מפיו ולבו, וכבר אמרו לעיל שלנביאי ישראל הדיבור מתגלה בלשון הקודש, אלא ודאי שהלשון הזה נגזר ג"כ מלשון הקודש, והבן זה:

חידושי הרד"ל

[יד] **אל יהיה לשון סורסי קל בעיניך.** כן צריך לומר, וכן הובא בירושלמי (סוטה פ"ז ה"ב). ועיין בתוספות בבא קמא (פג, א ד"ה לשון) עיין שם:

חידושי הרש"ש

[יג] **הבנות בנותי.** נראה דחסר כאן תיבות **ובו'.** והכוונה לכל הענין המבואר לעיל (עד, יג) בפסוק ויען לבן ויאמר אל יעקב הבנות כו' ורבי ראובן דהכא הוא רבי אבין דשם:

אמרי יושר

[יד] **לשון סורסי כו'.** עיין תוספות [בבא] קמא סוף פרק שביעי (פג א ד"ה לשון סורסי):

שינוי נוסחאות

(יד) **אל יהא לשון פרסי הזה קל בעיניך.** צ"ל "לשון סורסי" (דהיינו ארמית) תחת "פרסי", כן הגיה אות אמת, וכן הוא בת-א, וכן מוכרח לפי הענין:

מסורת המדרש

יז. קהלת רבה פרשה ט' פסוק י"א. פרקי דרבי אליעזר פרק ל"ו:

יח. ירושלמי סוטה פרק ז'. ילקוט ירמיה רמז רפ"ו. ילקוט דניאל רמז אל"ף ס':

אם למקרא

לוּלֵי תוֹרָתְךָ שַׁעֲשֻׁעָי אָז אָבַדְתִּי בְעָנְיִי: (תהלים קיט:צב)

ידי משה

[יג] **אמר רבי אבהו מה שהלך יעקב וכו' עד סוף המאמר.** פירוש בין לרבי אבהו ובין לרבי חייא צריכין אנו לומר שלבן לא רדף אחר יעקב, אלא יום אחד ובלילה הגיע לבן אל תחת ההר וראה את יעקב חונה עליו מרחוק ולן בלילה ההוא למטה, ויבא אליו החלום ומסתמא בא לו החלום בו בלילה שילא מביתו והוא דבק אותו בערב מיד קודם החלום כדכתיב וידבק אותו בהר הגלעד ואחר כך ויבא אלהים בחלום וגו', נמצא בהא פליגי שרבי אבהו סבר שיעקב ברח מביתו כי שם היו נשיו ובניו וכל אשר לו, אך שלא הרגישו שברח עד יום השלישי בהשכמה ומיד רדף אחריו לבן ביום השלישי ודבק אותו בהר הגלעד, נמצא מה שהלך יעקב לשלשה ימים הלך לבן ליום אחד, ורבי אבהו סבר מה שאמר הכתוב וישם שלשת ימים בינו ובין יעקב פירושו בין נאן יעקב לנאן לבן, כגון שנאן לבן היה למזרחו של עיר, ונאן יעקב למערבו של עיר, אבל הבריחה היה מעיר שלבן היה דר בה, ומה שאמר דרך שבעת ימים לרבי אבהו צריכין אנו לומר דרך שבעת ימים פירוש לאדם בינוני, אבל יעקב מכח שברח הלך אותו מהלך בשלשה ימים ולבן שרדף הלך ליום אחד מה שהלך יעקב לשלשה ימים דהיינו מהלך בינוני שבעה ימים, אבל רבי חייא סבר שהבריחה היה שלשה ימים רחוק מהעיר, והלך עוד שלשה ימים שהם ששה ימים מהעיר, וביום השלישי הגידו לו שברח יעקב והמתין עד למחרתו ורדף אחריו ביום הרביעי, והשיג אותו בערב ובו ביום הלך גם כן יעקב, ונמצא מה שהלך יעקב בשבעה ימים הלך לבן ביום אחד. כן נראה לי. ומפי בני מהור"ר ליב שמעתי דהכי פירושו שהפלוגתא כך שרבי אבהו סבר מה שהלך יעקב לשלשה ימים הלך לבן ליום אחד וכתיב דרך שבעת ימים, נמצא שרדף אחריו שני ימים ושליש יום כי כל שלשה ימים שהלך יעקב הלך הוא יום אחד, ורבי אבהו דייק זה מדכתיב ויוגד ביום השלישי נמצא שכבר ברח שלשה ימים והוא היה רוצה להשיג אותו, והלא ידע שבשבעת שירדוף אחריו יברח גם כן יעקב עוד, אלא שהשיג לבן שכל מה שיברח יעקב לשלשה ימים ילך הוא ליום אחד, אבל רבי חייא אמר רוצה ולא רוצה פירוש מה שאמר הכתוב ויוגד לו ביום השלישי באותו פעם היה רחוק מלבן ששה ימים, נמצא היה רוצה לרדוף אחריו ביום אחד מה שהלך יעקב לששה ימים, אך יומא דהוו קיימין ביה פירוש מה שאמר הכתוב דרך שבעת ימים נחשב גם כן היום דהוו קיימין ביה כדכתיב (לא, כה) וישג לבן את יעקב ויעקב תקע אהלו נמצא אותו היום גם כן היה נחשב אחד, ונמצא שרבי אבהו סבר שרדף אחריו שני ימים, ורבי חייא סבר שרדף יום אחד ולפי זה צריך לומר שרדף לבן יום חמישי לבריחתו ודוק: **כמה אחין היה לו.** אלא מוכרח אתה לומר שאילו הם בניו, ונמצא קשה למה קורין בניו בלשון הקודש אחיו כל זה קושיא, ורבי הונא מתרץ כו' וכן משמע בהדיא בקהלת בפסוק (ט, יא) שבתי וראה עיין שם:

§14 וַיִּקְרָא לוֹ לָבָן יְגַר שָׂהֲדוּתָא — *LABAN CALLED IT JEGAR-SAHADUTHA.*

The Midrash cites a comment that relates to this Syriac name:[132]

אָמַר רַבִּי שְׁמוּאֵל בַּר נַחְמָן: אַל יְהֵא לְשׁוֹן סוּרְסִי הַזֶּה קַל בְּעֵינֶיךָ — **R' Shmuel bar Nachman said: The Syriac language should not be undervalued in your eyes;**[133] שֶׁבַּתּוֹרָה בַּנְּבִיאִים בַּכְּתוּבִים מָצִינוּ שֶׁהַקָּדוֹשׁ בָּרוּךְ הוּא חוֹלֵק לוֹ כָּבוֹד — **for in the Torah,** in **the Prophets,** and **in the Writings, we have found that the Holy One, blessed is He, accords it honor.**

NOTES

132. Syriac is the ancient language of Aram-tzovah [Aram-naharyim], and the other areas captured by King David (see below, in the coming section). Its name derives from the word סוּרְיָא, *Suria*, which is the region in which those areas were located (*Eitz Yosef*, from *Aruch*; *Tosafos* to *Bava Kamma* 83a s.v. לשון סורסי). Syriac is a dialect of the Aramaic language — which takes its name from the word Aram — and our Midrash uses the terms Syriac and Aramaic interchangeably (see *Tosafos* ibid. and to *Bava Basra* 90b s.v. סוריא; see also *Rashi* to *Sotah* 49b s.v. לשון סורסו). [*Rashi* ibid. theorizes that Syriac is the language of *Talmud Yerushalmi*.]

Laban was a resident of Aram-naharayim (see above, 24:10; compare below, note 165) and therefore spoke Syriac (*Tosafos* to *Bava Kamma* 83a s.v. לשון סורסי).

[Ancient Suria comprised large parts of what today is Syria. It is generally accepted that Aram-naharayim is the northern part of Syria that lies east of the Euphrates, and Aram-tzovah is the part of northern Syria that is west of the Euphrates, in the area of Aleppo (compare *Rambam, Hil. Terumos* 1:9).]

133. The Syriac language has a degree of holiness that bears a faint semblance of the holiness of the Holy Tongue (*Nezer HaKodesh*; see there where he explains this concept Kabbalistically).

חידושי הרד"ל

[יד] אל יהיה לשון סורסי קל בעיניך. כן צריך לומר, וכן הובא בירושלמי (סוטה פ"ז ה"ב). ועיין בתוספות בבא קמא (פג, א ד"ה לשון) עיין שם:

חידושי הרש"ש

[יג] הבנות בנותי. נראה דחסר כאן תיבות **וכו'**. והכוונה לכל הענין המבואר לעיל (עד, יג) בפסוק ויען לבן ויאמר אל יעקב הבנות כו' ורבי ראובן דהכא הוא רבי אבין דהם:

אמרי יושר

[יד] לשון סורסי כו'. עיין תוספות [בבא] קמא סוף פרק שביעי (פג א ד"ה לשון סורסי):

שינוי נוסחאות

(יד) **אל יהא לשון פרסי הזה קל בעיניך.** צ"ל "לשון סורסי" (דהיינו ארמית) תחת "פרסי", כן הגיה אות אמת, וכן הוא בת-א, וכן מוכרח לפי הענין:

עץ יוסף

[י] **חביבה היא המלאכה.** העוסק במלאכה כדי ליהנות מיגיעו להתרחק מהגזל זכות גדולה יש בה עד שחביבה מזכות אבות (יפה תואר): **הצילה ממון.** כמו שאמר לולי כו' כי עתה ריקם שלחתני היינו ממון: **ואת יגיע כפי ראה אלהים ויוכח אמש.** ומפני התוכחה חזר בו ממה שבקש לעקור את הכל: (יג) **[יא] כולהון בנותיו.** אף בלהה וזלפה בנותיו היו מפלגש ולא מאשתו ממש לכן לא היו נחשבות לו רק כשפחות: **ולבנותי מה אעשה הרי ד'.** דאי הנזכר תחלה ואלה מה אעשה סגי, אלא דבראשונה דבר כנגד רחל ולאה ובניהן, ואחר כך כנגד בלהה וזלפה ובניהן: **על בנותי הרי ד'.** דאם לא כן עליהן מיבעי ליה. ואתא לומר כי השפחות חביבות לו ומקפיד על צערן מאחר שגם הנה בנותיו: **בשן הזה של טבריא.** שהיה גדול מאד עד כי לא יכלו הם להקימו, ויעקב ברוב כחו הקימו לבדו (נזר הקודש): **כמה אחים היו לו כו'.** ואין לומר שויאמר יעקב לאחיו של לבן דאין ראוי לגזור עליהם לקטו אבנים כאדון על עבדיו, אלא ודאי אבניו ממש קאי וללמדך שבניו של אדם כאחיו: **חד ולואי קברו ולא היה שם.** כן צריך לומר (אות אמת): **שהוא קורא אותן בלשון הקודש אחיו.** להיותם דומים לו כדמפרש רב הונא, שבלשון הקדש הושאל לשון אחוה על הדמיון, כמו (שמות כו, ג) חוברות אשה אל אחותה, ופניהם איש אל אחיו (שמות כה, כ), ולכן נקראו גם בניו בשם זה שהם מדובקים ודומים לו בגבורה ובצדקות: **לבושו של אביו.** כלומר שהוא גדול, שלבושו הוא נאות לו, הוא שוה לאביו ונקרא אחיו (יפה תואר). או פירוש לבושו של אביו כלומר שהולך בדרכיו ובמדותיו, הרי הוא כיוצא בו ולכן נקראו בצדק אחים, כלומר מדובקים ודומים: (יד) **[יב] לשון פרסי.** שמדברים בלשון ארמית. והאות אמת כתב שצריך לומר לשון סורסי. ופירש הערוך לשון ארם צובה ושאר ארצות שכבשן דוד והיא נקראת סורסי על שם סוריא וכן הוא בירושלמי סוטה (ז, ב):

מדרש

בִּזְכוּת הַתּוֹרָה, (שם קיט, צב) "לוּלֵי תוֹרָתְךָ שַׁעֲשֻׁעָי". [לא, מב] "אֶת עָנְיִי וְאֶת יְגִיעַ כַּפַּי", רַבִּי יִרְמְיָה אָמַר: חֲבִיבָה הִיא הַמְּלָאכָה מִזְּכוּת אָבוֹת, שֶׁזְּכוּת אָבוֹת הִצִּילָה מָמוֹן וּמְלָאכָה הִצִּילָה נְפָשׁוֹת, זְכוּת אָבוֹת הִצִּילָה מָמוֹן, שֶׁנֶּאֱמַר "לוּלֵי אֱלֹהֵי אָבִי וְגוֹ'", וּמְלָאכָה הִצִּילָה נְפָשׁוֹת, "אֶת עָנְיִי וְאֶת יְגִיעַ כַּפַּי רָאָה אֱלֹהִים וְגוֹ'":

יג [לא, מג] "וַיַּעַן לָבָן וַיֹּאמֶר אֶל יַעֲקֹב הַבָּנוֹת בְּנֹתַי וְהַבָּנִים בָּנַי", אָמַר רַבִּי אָבִין: כּוּלְהוֹן בְּנוֹתָיו הָיוּ, "הַבָּנוֹת בְּנֹתַי" הֲרֵי שְׁתַּיִם, "וְלִבְנֹתַי מָה אֶעֱשֶׂה" הֲרֵי אַרְבַּע, רַבָּנָן מַיְיתֵי לֵיהּ מֵהָכָא, (לקמן פסוק נ) "אִם תְּעַנֶּה אֶת בְּנֹתַי" הֲרֵי שְׁתַּיִם, (שם) "וְאִם תִּקַּח נָשִׁים עַל בְּנֹתַי" הֲרֵי אַרְבַּע. [לא, מה] "וַיִּקַּח יַעֲקֹב אֶבֶן וְגוֹ'", אָמַר רַבִּי יוֹחָנָן: כַּשֵּׁן הַזֶּה שֶׁל טְבֶרְיָא הָיְתָה. [לא, מו] "וַיֹּאמֶר יַעֲקֹב אֶל אֶחָיו לִקְטוּ אֲבָנִים", כַּמָּה אַחִין הָיוּ לוֹ, חַד, וּלְוַי קְבָרֵיהּ, אֶלָּא אֵלּוּ בָּנָיו שֶׁהוּא קוֹרֵא אוֹתָן בִּלְשׁוֹן הַקּוֹדֶשׁ "אֶחָיו", אָמַר רַבִּי הוּנָא: גִּבּוֹרִים כַּיּוֹצֵא בוֹ צַדִּיקִים כַּיּוֹצֵא בוֹ, אָמַר רַבִּי *יוּדָן: לָבַשׁ אָדָם לְבוּשׁוֹ שֶׁל אָבִיו הֲרֵי הוּא כַּיּוֹצֵא בוֹ:

יד [לא, מז] "וַיִּקְרָא לוֹ לָבָן יְגַר שָׂהֲדוּתָא", אָמַר רַבִּי שְׁמוּאֵל בַּר נַחְמָן: [יח]אַל יְהֵא לְשׁוֹן °פַּרְסִי הַזֶּה קַל בְּעֵינֶיךָ, שֶׁבַּתּוֹרָה בַּנְּבִיאִים בַּכְּתוּבִים מָצִינוּ שֶׁהַקָּדוֹשׁ בָּרוּךְ הוּא חוֹלֵק לוֹ כָּבוֹד,

פירוש מהרז"ו

הצילה ממון. כמו שנאמר לולי וגו' כי עתה ריקם שלחתני היינו ממון, ומלאכה באמונה הצילה נפשות כמו שנאמר את עניי וגו' ראה אלהים ויוכח אמש, היינו שהזהירו שלא ירע ליעקב: **(יג) אמר רבי בון.** להלן (סימן יד) איתא רבי ראובן וכן הובא בילקוט (רמז קל): **בנותיו.** וכן הובא בפרקי דרבי אליעזר (פרק לו) על בלהה וזלפה, וכי שפחותיו היו והלא בנותיו היו: **של טבריא.** וזהו וירימה שהיה לו לומר ויקימה או וישם אותה מצבה כמו שאמר בריש ויצא (וכן כתב היפה תואר) ועיין מתנות כהונה, ועל שהיה ר' יוחנן דר בטבריא אמר של טבריא, וכמו שאמר ר' יוחנן גם כן לקמן (עח, טז) לחשוב מי טבריא: (יד) **לשון פרסי.** שמדברים בלשון ארמית:

מסורת המדרש

יז. קהלת רבה פרשה ט' פסוק י"א. פרקי דרבי אליעזר פרק ל"ו:
יח. ירושלמי סוטה פרק ז'. ילקוט ירמיה רמז רפ"ו. ילקוט דניאל רמז אל"ף ס':

אם למקרא

לוּלֵי תוֹרָתְךָ שַׁעֲשֻׁעָי אָז אָבַדְתִּי בְעָנְיִי: (תהלים קיט:צב)

ידי משה

[יג] אמר רבי אבהו מה שהלך יעקב וכו' עד סוף המאמר. פירוש בין לרבי אבהו ובין לרבי חייא צריכין אנו לומר שלבן לא רדף אחר יעקב, אלא יום אחד ובלילה הגיע לבן אל תחת ההר וראה את יעקב חונה עליו מרחוק ולן בלילה ההוא למטה, ויבא אליו החלום ומסתמא בא לו החלום בו בלילה שילא מביתו והוא דבק אותו בערב מיד קודם החלום כדכתיב וידבק אותו בהר הגלעד ואחר כך ויבא אלהים בחלום וגו', נמלא בהא פליגי שרבי אבהו סבר שיעקב ברח מביתו כי שם היו נשיו ובניו וכל אשר לו, אך שלא הרגישו שברח עד יום השלישי בהשכמה ומיד רדף אחריו לבן ביום השלישי ודבק אותו בהר הגלעד, נמלא מה שהלך יעקב לשלשה ימים הלך לבן ליום אחד, ורבי אבהו סבר מה שאמר הכתוב וישם שלשת ימים בינו ובין יעקב פירושו בין לאן יעקב ללאן לבן, כגון שלאן לבן היה למזרחו של עיר, ולאן יעקב למערבו של עיר, אבל הבריחה היה מעיר שלבן היה דר בה, ומה שאמר דרך שבעת ימים לרבי אבהו לריכין אנו לומר דרך שבעת ימים פירוש לאדם בינוני, אבל יעקב מכח שברח הלך אותו מהלך בשלשה ימים ולבן שרדף הלך ליום אחד מה שהלך יעקב לשלשה ימים דהיינו מהלך בינוני שבעה ימים, אבל רבי חייא סבר שהבריחה היה שלשה ימים רחוק מהעיר, והלך עוד שלשה ימים שהם ששה ימים מהעיר, וביום השלישי הגידו לו שברח יעקב והמתין עד למחרתו ורדף אחריו ביום הרביעי, והשיג אותו בערב ובו ביום הלך גם כן יעקב, ונמצא מה שהלך יעקב בשבעה ימים הלך לבן ביום אחד. כן נראה לי. ומפי בני מהור"ר ליב שמעתי דהכי פירושו שהפלוגתא כך שרבי אבהו סבר מה שהלך יעקב לשלשה ימים הלך לבן ליום אחד וכתיב דרך שבעת ימים, נמצא שרדף אחריו שני ימים ושליש יום כי כל שלשה ימים שהלך יעקב הלך הוא יום אחד, ורבי אבהו דייק זה מדכתיב ויוגד ביום השלישי נמצא שכבר ברח שלשה ימים והוא היה רוצה להשיג אותו, והלא ידע שבשבעת שירדוף אחריו יברח גם כן יעקב עוד, אלא שהשיג לבן שכל מה שיברח יעקב לשלשה ימים ילך הוא ליום אחד, אבל רבי חייא אמר רוצה ולא רוצה פירוש מה שאמר הכתוב ויוגד לו ביום השלישי באותו פעם היה רחוק מלבן ששה ימים, נמצא היה רוצה לרדוף אחריו ביום אחד מה שהלך יעקב לששה ימים, אך יומא דהוו קיימין ביה פירוש מה שאמר הכתוב דרך שבעת ימים נחשב גם כן היום דהוו קיימין ביה כדכתיב (לא, כה) וישג לבן את יעקב ויעקב תקע אהלו נמצא אותו היום גם כן היה נחשב אחד, ונמצא שרבי אבהו סבר שרדף אחריו שני ימים, ורבי חייא סבר שרדף יום אחד ולפי זה צריך לומר שרדף לבן יום חמישי לבריחתו ודוק: **במה אחין היה לו.** אלא מוכרח אתה לומר שאילו הם בניו, ונמצא קשה למה קורין בניו בלשון הקודש אחיו כל זה קושיא, ורבי הונא מתרץ כו' וכן משמע בהדיא בקהלת בפסוק (ט, יא) שבתי וראה עיין שם:

רש"י

(יג) **כולן בנותיו היו.** אף בלהה וזלפה: **כשן הזה של טבריה.** כך היתה גבוהה: **כמה אחים היו לו. אנטייה חד הוה ליה ולואי קבריה.** עז פנים כנגדו. ובלשון יון אנטידיקוס עז פנים בעל דין: **גבורים היו כיוצא בו.** ולפיכך קורא אחיו: **(יד) אשר**

מתנות כהונה

ראה אלהים וגו'. ושם נאמר השמר לך מדבר עם יעקב מטוב ועד רע: [יג] **כולהון בנותיו.** אף בלהה וזלפה: **כשן הזה כו'.** פי' רש"י כך היתה גבוה כשן הסלע שבטבריה ודייק מדכתיב וירימה לשון גבוה ורוממות: **כמה אחין כו'.** כמה אחים היו לו ליעקב אינו אלא אחד ומי יתן שגם אותו קבר ואף גם הוא לא היה שמה ולמה אמר אחיו לשון רבים: **גבורים כו'.** עיין במדרש קהלת סימן ט' בפסוק שבתי וראה: **לבושו כו'.** נראה שעל מדותיו ומעשיו אומר כן:

אשד הנחלים

היה ביכולתו בשום אופן להשיגם: **ומלאכה הצילה נפשות.** כלומר שע"י זכות אמר שאלולי זה היה משלחו ריקם. וכאן הזכיר שיגיע כפיו ראה ה', להוכיח ללבן שלא יעשה רע ליעקב בנפש, ובזה לא היה עוזר זכות האבות. הענין הוא מחקר רב ידים מיוסד על דברי התלמוד (ברכות ח, א) גדול הנהנה מיגיעו יותר מירא שמים. ואין כאן מקומו: **[יג] הרי ד'.** כי מלת ולבנותי הורה על בלהה וזלפה. ואולי קראם שפחות, כי מבנות פלגשיו ולא מנשיו ממש, ולכן לא היו נחשבות לו רק כשפחות: **בשן הזה.** כי מלת הרמה מורה על דבר שהוא כבד מאוד: **בלשון הקודש אחיו.** כי מלת אח מורה בלשון הקודש על הדביקות הצמודים יחד. ומזה לשון חז"ל מְאַחִין, וכמו אשה אל אחותה בקרשים, מצד שהם דבוקות יחד. ולכן נקראו גם בניו מסבה זו בשם זה, שהם מדובקים ודומים לו בגבורה ובצדיקות: **לבושו.** כלומר שהולך בדרכו ובמדותיו כפירוש המתנות כהונה: **הרי הוא כיוצא בו.** כי באמת מצד הטבע תכונותיהם שוות, ואם בפעולותיהם ישתוו ג"כ אז הם דומים, ולכן נקראו בצדק אחים כלומר מדובקים ודומים: **[יד] פרסי הזה קל.** כי מקורו נילקח מלשון הקודש אשר הוא לשון אלקי. ודייק אחר שהתורה מספרת שנקרא כן בלשון פרסי, וגם הנביאים אשר דבר ה' בפיהם מצאנו לפעמים שנזרקה הנבואה בקרבם בלשון הזה, כירמיה שאמר בלשון זה, והיה זה דברי הנבואה לא מפיו ולבו, וכבר אמרו לעיל שלנביאי ישראל הדיבור מתגלה בלשון הקודש, אלא ודאי שהלשון הזה נגזר ג"כ מלשון הקודש, והבן זה:

וַיֹּאמֶר לָבָן לְיַעֲקֹב הִנֵּה הַגַּל הַזֶּה וְהִנֵּה הַמַּצֵּבָה אֲשֶׁר יָרִיתִי בֵּינִי וּבֵינֶךָ. עֵד הַגַּל הַזֶּה וְעֵדָה הַמַּצֵּבָה אִם אָנִי לֹא אֶעֱבֹר אֵלֶיךָ אֶת הַגַּל הַזֶּה וְאִם אַתָּה לֹא תַעֲבֹר אֵלַי אֶת הַגַּל הַזֶּה וְאֶת הַמַּצֵּבָה הַזֹּאת לְרָעָה.

And Laban said to Jacob, "Here is this mound, and here is the monument that I have cast between me and you. This mound shall be witness and the monument shall be witness that I may not cross over to you past this mound, nor may you cross over to me past this mound and this monument for evil" (31:51-52).

§15 "וַיֹּאמֶר לָבָן לְיַעֲקֹב וְגוֹ׳" — *AND LABAN SAID TO JACOB, ETC. ["HERE IS THIS MOUND, AND HERE IS THE MONUMENT THAT I HAVE CAST BETWEEN ME AND YOU"].*

The Midrash describes the manner in which Laban erected this monument:[142]

אָמַר רַבִּי יוֹחָנָן: כְּזֶה שֶׁהוּא מוֹרֶה אֶת הַחֲנִית — **R' Yochanan said:** Laban cast the stones for the monument **like one who casts a spear.**[143]

□ עֵד הַגַּל הַזֶּה וְגוֹ׳ — *"THIS MOUND SHALL BE WITNESS, ETC. [THAT I MAY NOT CROSS OVER TO YOU PAST THIS MOUND, NOR MAY YOU CROSS OVER TO ME PAST THIS MOUND AND THIS MONUMENT FOR EVIL, ETC."].*

The Midrash qualifies the restriction imposed by this covenant between Laban and Jacob:

"לְרָעָה" אֵין אַתָּה עוֹבֵר, אֲבָל אַתָּה עוֹבֵר עָלַי בִּפְרַקְמַטְיָא — ***For evil*** **you may not cross over, but you may cross over to me for commerce.**

The Midrash introduces a protracted narrative to explain how King David attacked Aram generations later, in apparent violation of this agreement.[144]

בְּשָׁעָה שֶׁשָּׁלַח דָּוִד אֶת יוֹאָב לַאֲרַם נַהֲרַיִם וְלַאֲרַם צוֹבָה — **When David sent Joab to Aram-naharaim and to Aram-tzovah** to wage war against them, פָּגַע בַּאֲדוֹמִיִּים בִּקֵּשׁ לְזַנְּבָן — **[Joab] first encountered the Edomites** and **wished to kill them.**[145]

בַּתּוֹרָה "וַיִּקְרָא לוֹ לָבָן יְגַר שָׂהֲדוּתָא" — The Midrash elaborates: **In the Torah** we find: ***Laban called it Jegar-sahadutha;***[134] בַּנְּבִיאִים "כִּדְנָה תֵּאמְרוּן לְהוֹם וְגוֹ׳" — **in the Prophets** we find: ***Tell them this, etc.*** (*Jeremiah* 10:11);[135] בַּכְּתוּבִים "וַיְדַבְּרוּ הַכַּשְׂדִּים לַמֶּלֶךְ אֲרָמִית" — and **in the Writings** we find: ***The Chaldeans spoke to the king in Aramaic,*** *etc.* (*Daniel* 2:4).[136]

□ וְהַמִּצְפָּה אֲשֶׁר אָמַר יִצֶף ה׳ — *AND AS FOR THE MIZPAH BECAUSE HE SAID, "MAY HASHEM KEEP WATCH BETWEEN ME AND YOU FOR WE WILL BE HIDDEN EACH MAN FROM THE OTHER. ETC."*

The Midrash discusses an anomaly in this verse:

אָמַר רַבִּי אַבָּהוּ: "כִּי יִסָּתֵר" אֵין כְּתִיב כָּאן אֶלָּא "כִּי נִסָּתֵר" — **R' Abahu said:** ***For*** *each man* ***will be hidden*** *from the other* (כִּי יִסָּתֵר) **is not written here, but rather,** ***for we will be hidden*** *each man from the other* [כִּי נִסָּתֵר] is written.[137] עַד כָּאן הָיִינוּ רוֹאִין זֶה אֶת זֶה מִכָּאן וְאֵילָךְ אֵין אָנוּ רוֹאִים זֶה אֶת זֶה — This suggests that Laban was saying, **"Until now we would see each other,** but **from now and on we will not see each other."**[138]

□ אִם תְּעַנֶּה אֶת בְּנֹתַי — *"IF YOU WILL ILL-TREAT MY DAUGHTERS, OR IF YOU WILL MARRY WIVES IN ADDITION TO MY DAUGHTERS THOUGH NO MAN MAY BE AMONG US BUT SEE! GOD IS A WITNESS BETWEEN ME AND YOU."*

The Midrash cites an idea which may be derived from our verse:

אָמַר רַבִּי רְאוּבֵן: כּוּלְהוֹן בְּנוֹתָיו הָיוּ — **R' Reuven said: All of [Jacob's wives] were [Laban's] daughters.**[139]

The Midrash explains the two demands Laban made of Jacob:

"אִם תְּעַנֶּה אֶת בְּנֹתַי", שֶׁלֹּא תִקַּח נָשִׁים בְּחַיֵּיהֶן — ***If you will ill-treat my daughters*** — this means **that you should not marry** additional **wives during [my daughters'] lifetimes;** "וְאִם תִּקַּח נָשִׁים עַל בְּנֹתַי", לְאַחַר מִיתָתָן — ***or if you will marry wives in addition to my daughters*** — this means that you should not do so even **after [my daughters'] deaths.**[140] "רְאֵה אֱלֹהִים עֵד בֵּינִי וּבֵינֶךָ" — ***God is a witness between me and you.***[141]

NOTES

134. Since *Jegar-sahadutha* is merely the Syriac equivalent of *Galeed* (both terms mean *mound of witness*), the fact that the Torah records it serves only to illustrate that the Syriac language is regarded with a degree of esteem by God (*Eitz Yosef*, from *Yefeh To'ar*).

135. This verse is written entirely in Syriac. If not for the fact that the Syriac language has significance, it would have instead been written in the Holy Tongue (*Eitz Yosef*).

136. The verse proceeds to record the Chaldeans' dialogue with the king in the Aramaic they used. Were it not for that language's significance, a translation of their remarks would have appeared instead (ibid.).

137. Given that Laban's expression, כִּי נִסָּתֵר אִישׁ מֵרֵעֵהוּ, *for we will be hidden each man from the other*, ends in the third person, one would have expected him to begin it in the third person as well, by saying, כִּי יִסָּתֵר, *for he will be hidden* (*Yefeh To'ar*). Alternatively, it is because אִישׁ מֵרֵעֵהוּ, *each man from the other*, is written in the singular, that the plural כִּי נִסָּתֵר, *for we will be hidden*, appears out of place (*Mishnas DeRabbi Eliezer*; see *Matnos Kehunah* for another approach).

138. By stating, נִסָּתֵר אִישׁ מֵרֵעֵהוּ, *we will be hidden each man from the other*, Laban was implying that in the future, both he and Jacob would make conscious efforts to avoid seeing each other (*Yefeh To'ar*, *Nezer HaKodesh*, *Eitz Yosef*).

139. Earlier (at note 123), these words began a discussion, in the course of which our verse was given as a source for the fact they describe. Apparently, that entire discussion was repeated at this point because of its relevance here, and most of it was later omitted mistakenly (*Yefeh To'ar*; see also *Eitz Yosef*).

140. Since Jacob had children with his present wives [Laban argued that] it would be disgraceful for these children if other women were to inherit the honor that was their mothers (*Eitz Yosef*).

[Note that *Yoma* 77b offers another explanation for this dual warning.]

141. This verse — the last of Laban's statement — is not related to the discussion that appeared above. Apparently, it is cited here simply because the Midrash will occasionally conclude its discussion of a section of text with the last verse of that section.

142. [Note that our commentary reflects the plain meaning of the verse, according to which Laban described himself as having *cast* the monument. Actually, an earlier verse (v. 45, discussed in §13) states that *Jacob* raised a stone for this monument, and not Laban. While a manuscript of *Rashi* (to our verse; see also *Rashi* here) teaches that Jacob erected the monument's *first* stone and Laban raised additional stones, *Radak* and *Rashbam* (to our verse; see also *Imrei Yosher*) explain that Laban said, "*that I have cast*," because Jacob had raised the monument upon Laban's instruction.]

143. Lit., *like this one who casts the spear*.

The Midrash is asserting that the word יָרִיתִי, with which Laban described his building of the monument, derives from the root ירה, meaning *casting* (see, for example, *Exodus* 15:4). Thus, Laban [who was clearly very strong (*Rashi*)] had *cast* the stones of the monument from a distance (*Yefeh To'ar*, who references *Rashi* to verse; see *Imrei Yosher* for another approach).

[In paraphrasing our Midrash, *Rashi* to the verse substitutes חֵץ, *arrow*, for חֲנִית, *spear*, because the word ירה is generally found only with respect to *shooting arrows* (see, for example, *I Samuel* 21:36), and not in connection with *spears* (*Eitz Yosef*; see also *Maharzu*).]

144. *Eitz Yosef*. See below, note 165.

[The conquest of Aram by King David and his general, Joab ben Zeruiah, is mentioned in *II Samuel* 8:13 and in *Psalms* 60:1-2, cited below.]

145. Translation is based on *Rashi*, followed by *Matnos Kehunah*, referencing *Deuteronomy* 25:18.

Aram-naharaim and Aram-tzovah lay to the east of *Eretz Yisrael* (see *Isaiah* 9:11), and en route to those lands, Joab wished to travel alongside

בַּתּוֹרָה "וַיִּקְרָא לוֹ לָבָן יְגַר שָׂהֲדוּתָא", בַּנְּבִיאִים (ירמיה י, יא) "כִּדְנָה תֵּאמְרוּן לְהוֹם וְגוֹ'", בַּכְּתוּבִים (דניאל ב, ד) "וַיְדַבְּרוּ הַכַּשְׂדִּים לַמֶּלֶךְ אֲרָמִית". [לא, מט] "וְהַמִּצְפָּה אֲשֶׁר אָמַר יִצֶף ה'", אָמַר רַבִּי אַבָּהוּ: "כִּי יִסָּתֵר" אֵין כְּתִיב כָּאן אֶלָּא "כִּי נִסָּתֵר", עַד כָּאן הָיִינוּ רוֹאִין זֶה אֶת זֶה, מִכָּאן וָאֵילָךְ אֵין אָנוּ רוֹאִים זֶה אֶת זֶה. [לא, נ] "אִם תְּעַנֶּה אֶת בְּנֹתַי", אָמַר רַבִּי רְאוּבֵן: כּוּלְּהוֹן בְּנוֹתָיו הָיוּ, (לעיל פסוק מג) °"הַבָּנוֹת בְּנֹתַי וְגוֹ'°". [לא, נ] [יט] "אִם תְּעַנֶּה אֶת בְּנֹתַי", שֶׁלֹּא תִקַּח נָשִׁים בְּחַיֵּיהֶן, "וְאִם תִּקַּח נָשִׁים עַל בְּנֹתַי", לְאַחַר מִיתָתָן, "רְאֵה אֱלֹהִים עֵד בֵּינִי וּבֵינֶךָ":

טו [לא, נא] "וַיֹּאמֶר לָבָן לְיַעֲקֹב וְגוֹ'", [כ] אָמַר רַבִּי יוֹחָנָן: כָּזֶה שֶׁהוּא מוֹרֶה אֶת הַחֲנִית. [לא, נב] "עֵד הַגַּל הַזֶּה וְגוֹ'", "לְרָעָה" אֵין אַתָּה עוֹבֵר, אֲבָל אַתָּה עוֹבֵר עָלַי בְּפְרַקְמַטְיָא, [כא] בְּשָׁעָה שֶׁשָּׁלַח דָּוִד אֶת יוֹאָב לַאֲרַם נַהֲרַיִם וְלַאֲרַם צוֹבָה פָּגַע בָּאֲדוֹמִיִּים, בִּקֵּשׁ לְזַנְּבָן, הוֹצִיאוּ לוֹ אַפִּיסְטוּלֵי שֶׁלָּהֶם (דברים ב, ג) "רַב לָכֶם סֹב אֶת הָהָר וְגוֹ'", פָּגַע בַּמּוֹאָבִיִּים, בִּקֵּשׁ לְזַנְּבָן, וְהוֹצִיאוּ לוֹ אַפִּיסְטוּלֵי שֶׁלָּהֶם (שם שם ט) "אַל תָּצַר אֶת מוֹאָב וְאַל תִּתְגָּר בָּם מִלְחָמָה", בְּאוֹתָהּ שָׁעָה שָׁלַח יוֹאָב אֵצֶל דָּוִד, אָמַר לוֹ: פָּגַעְתִּי בָּאֲדוֹמִיִּין וּבִקַּשְׁתִּי לְזַנְּבָן, הוֹצִיאוּ לִי אַפִּיסְטוּלֵי שֶׁלָּהֶם "רַב לָכֶם", בַּמּוֹאָבִיִּין, וְהוֹצִיאוּ לִי אַפִּיסְטוּלֵי שֶׁלָּהֶן "אַל תָּצַר אֶת מוֹאָב", בְּאוֹתָהּ שָׁעָה לֹא נָהַג דָּוִד כְּבוֹד מַלְכוּת בְּעַצְמוֹ, אֶלָּא עָמַד וְהֶעֱבִיר פִּיפוּרִין מֵעָלָיו וַעֲטָרָה מֵעַל רֹאשׁוֹ וְנִתְעַטֵּף בְּטַלִּיתוֹ וְהָלַךְ לוֹ אֵצֶל סַנְהֶדְרִין,

רש"י

יריתי ביני ובינך כזה שהוא מורה את החנית. כך ירה לבן את האבן מרוב גבורתו: **(טו) בקש לזנבן.** להרגן, כמו ויזנב בך (דברים כה, יח): **הוציאו פיסטיליות.** ראיות ועדות שלהן:

עץ יוסף

ויקרא לו לבן יגר שהדותא. דאם לא כן מאחר שגלעד ויגר סהדותא הכל אחד מה טעם להזכיר דברי לבן בלשונו אלא להודיע חבת לשון ארמי (יפה תואר): **כדנה תאמרון להום כו'.** שאם לא היה חשיבות בלשון הזה לא היה נכתב אלא בלשון הקדש: **וידברו הכשדים כו'.** שאם לא היה חשיבות בלשון הזה לא היה נכתב בלשונם: **יסתר אין כתיב כתיב.** כי יסתר הוה משמע אות הזה יהיה לכל אחד למגן ולמחסה אשר בו יסתר איש מרעהו לבל יוכל להזיקו, אבל השתא דכתיב נסתר איש מרעהו משמע דהכי קאמר אנחנו נסתר עלמינו איש מרעהו (יפה תואר): **כלהון בנותיו היו כו'.** כל האגדה כדלעיל כי לא נשנית אלא משום דברי רבנן דמפקי ליה מאם תענה את בנותי (יפה תואר): **לאחר מיתתן.** מאחר שיש לו בנים מהן הוא גנאי להן שירשו אחרות כבוד אמם: **(טו) מורה את החנית.** ולשון רש"י בחומש כזה שהוא יורה חץ, משום דלא מלינו מורה ויורה בחנית אלא בחץ: **[יג] בשעה ששלח דוד כו'.** מייתי הך עובדא הכא דלא תקשי איך גירה דוד מלחמה בארם נהרים ולא זכר הברית שבין לבן ויעקב, אלא שהם פרצו הגדר תחלה כדשמעינן מהך עובדא שעל זה סמך דוד. ובשוחר טוב מזמור ס' גרסינן כשהלך יואב להלחם עם ארם נהרים יצאו לקראתו אמרו לו אתה מבני בניו של יעקב ואנו מבני בניו של לבן והרי תנאי שלהם דכתיב עד הגל וגו', כששמע יואב כך חזר אצל דוד כו', מיד הושיב סנהדרין כו' ואמר להם באמת כך היה התנאי אלא שהם עברו תחלה מן ארם יגאי בלק וגו', ויעבדו בני ישראל את כושן רשעתים וגו', כיון שהורו להם סנהדרין כך חזר עליהם והרגם שנאמר בהצותו את ארם נהרים וכו'. ואפשר כי גם במדרשינו היה כתוב כן ונשמט בטעות. ואיידי דקאמר ענין ארם קאמר נמי ענין אדום, ואגבן מייתי נמי ענין המואבים שגם עמהם קרה כן: **לארם נהרים כו'.** היינו מה שנאמר בתהלים ס' בהצותו את ארם נהרים ואת ארם צובה וישב יואב וגו'. ושם כתיב מואב סיר רחצי. שאדום בצד דרומה של ארץ ישראל וסמוך לו מואב לצד מזרחית דרומית כמפורש בדברים (ב, ח-ט), וארם מצד מזרח ארץ ישראל כמו שנאמר (ישעיה ט, יא) ארם מקדם, וכשרצה לילך להלחם בארם נכנס בסמוך לו מיד לאדום: **בקש לזנבם.** שרצה לפגוע באותם שהיו מעכבין אותו מעבור דרך גבולם, והיינו דקאמר פגע באדומיים (יפה תואר): **אפיסטולי.** בלשון לעז קורין לכתבים פיסטולי (ערוך). ורש"י גורס איסטליות ופירש ראיות ועדות שלהם: **פגע במואבים כו'.** שגם הם לא הניחום לעבור דרך גבולם, ואף כי ידע יואב שהיה אזהרת ה' גם כן עליהם, כי הוא באמת לא בא לקחת את ארצם, אלא חשב שמא מפחד המלחמה יניחום לעבור דרך ארצם, ובאמת גם הם באו בטענה זו, לפיכך מאז הוצרך לשלוח לדוד (נזר הקודש): **לא נהג דוד מלכות.** מכאן דריש שעשה עצמו כמך ותם וכדאיתא בסמוך: **פיפורין.** בגד מלכות:

פירוש מהרז"ו

כי יסתר. עיין מתנות כהונה ומשנת דרבי אליעזר: **(טו) מורה את החנית.** לא מצאתי לשון מורה וירה אלא בחץ ולא בחנית, ולשון רש"י בחומש כזה שהוא יורה חץ: **לארם נהרים וכו'.** היינו מה שנאמר בתהלים (ס, ב) בהצותו את ארם נהרים ואת ארם צובה וישב יואב וגו' ושם כתיב מואב סיר רחצי, ומאחר שעיקר מלחמתו וריבו עם ארם נהרים וארם צובה איך פגע באדום ומואב. אך הענין בזה שאדום בצד דרומה של ארץ ישראל, וסמוך לו מואב לצד מזרחית דרומית כמפורש בדברים (ב, ח-ט) וארם בצד מזרח ארץ ישראל כמו שנאמר (ישעיה ט, יא) ארם מקדם, ועל כן נקראת ארצה בני קדם, וכשרצה לילך להלחם בארם נכנס בסמוך לו מיד לאדום בסופה אצל גבולה, וכן בסוף מואב וגבוליה וזהו בקש לזנבם, ומה שאמר (שם) וישב יואב וגו' ששב ממואב:

מתנות כהונה

[יד] יסתר. משמע שהאחד ישב בסתר במקומו אבל האחר יכול הוא שיבא אלו נסתר משמע שכל אחד ואחד ישב במקומו ולא יעבור על רעהו: **כולהון בנותיו.** כדלעיל מדכתיב בנותיו תרי זמני: **ה"ג בנותיו היו אם תענה:** **[טו] ויאמר לבן ליעקב גרסי'.** סיפיה דקרא קדריש דכתיב יריתי כזה שמורה חנית אחד ובא להודיע גבורותיו: **לזנבן.** להרגן. כד"א ויזנב בך: **באדומיים.** בילקוט שמואל גרס בארמיי' כו' עד אפיסטולי שלהם הנה עד הגל הזה וכן לקמן אכן בילקוט תהלים גרס כמו כאן: **אפיסטולי.** פי' הערוך כתב הנשתוון ובפי' רש"י איגרת עדות וראיה שלהם: **פירפורין.** בגד חשוב עשויה מלאכת אורג ועיין בערוך ערך

אשד הנחלים

מכאן ואילך כו'. דמלת יסתר היה משמע שמדבר על התנאי אם יסתר איש על זה יציץ ה', אבל נסתר מורה שבאמת יסתרו איש מאת רעהו כי הולכים איש למקומו, ולכן יציץ ה' שלא יענה את בנותיו כי עתה אין רואה אותן. והמתנות כהונה פירש באופן אחר: **בחייהן.** כי מזה יהיה להם עינוי שיצטערו בלקיחת נשים אחרות. ואם תקח לאחר מיתתן אף שאין עינוי להם עוד, עם כל זה לא תקחם, כי לא אבה שיהיה ליעקב בנים חוץ מבנותיו: **[טו] מורה את החנית.** כלומר מלשון זה נגזר שם יריה כמו יורה בחץ: **לרעה אין.** שם העברה הוא שלא יעבור על זה לעולם, שיהיה רק בטוב ולא ברעה. כי לפעמים יעבור דרך ארצו להטיבו ולעסוק בסחורה שאז טובה היא לו, וכן נשבעו שלעתיד עת כי יקחו ישראל הארץ מידם, לא יקחו את ארצו. ומביא המעשה מדוד שהיה אצלם זכות הישן מאבותינו שלא יצירו אותם. אך דוד התיר זה

חידושי הרש"ש

[טו] {פגע באדומיים בקש לזנבן והוציאו אפיסטולי שלהן כו'. כי באותה פרשה (תהלים ס) דבהצותו וגו' כתיב גם כן מואב סיר רחצי (שם ס, י) וכן בשמואל (ב, ח, יב) כתיב יחד מלחמת מואב וארם ואדום:

אמרי יושר

[טו] אשר יריתי כזה שהוא מורה החנית. להורות רוב גבורת יעקב כי לקח אבן גדולה כאבן הזה של טבריא והשליך אותה כמשליך חנית קלה מידו בלי טורח. והיה זה תשובה למאמר לבן יש לאל ידי. גם לי כח ואל:

מסורת המדרש

יט. עיין יומא דף ע"ז:
כ. ילקוט כאן רמז ק"ל:
כא. תנחומא סדר דברים סימן ג'. מדרש תהלים מזמור ס'. ילקוט שמואל רמז קמז. ילקוט תהלים רמז תשע"ז:

אם למקרא

כִּדְנָה תֵּאמְרוּן לְהוֹם אֱלָהַיָּא דִּי שְׁמַיָּא וְאַרְקָא לָא עֲבַדוּ יֵאבַדוּ מֵאַרְעָא וּמִן תְּחוֹת שְׁמַיָּא אֵלֶּה: (ירמיה י:יא)

וַיְדַבְּרוּ הַכַּשְׂדִּים לַמֶּלֶךְ אֲרָמִית מַלְכָּא לְעָלְמִין חֱיִי אֱמַר חֶלְמָא לְעַבְדָךְ [לְעַבְדָיךְ] וּפִשְׁרָא נְחַוֵּא: (דניאל ב:ד)

רַב לָכֶם סֹב אֶת הָהָר הַזֶּה פְּנוּ לָכֶם צָפֹנָה: (דברים ב:ג)

וַיֹּאמֶר ה' אֵלַי אַל תָּצַר אֶת מוֹאָב וְאַל תִּתְגָּר בָּם מִלְחָמָה כִּי לֹא אֶתֵּן לְךָ מֵאַרְצוֹ יְרֻשָּׁה כִּי לִבְנֵי לוֹט נָתַתִּי אֶת עָר יְרֻשָּׁה: (שם שם ט)

משנת דרבי אליעזר

[יד] אמר רבי אבהו כי יסתר אין כתיב וכו'. דלשון נסתר הוא לשון רבים ומדברים בעדם, ואיש מרעהו הוא לשון יחיד, והיה לו לומר יסתר כמו אם יסתר איש במסתרים (ירמיה כג, כד). ומתנות כהונה נטה מפשוטו:

שינוי נוסחאות

אמר רבי ראובן: כולהון בנותיו היו, הבנות בנתי וגו'. מתנות כהונה מחק "הבנות בנתי וגו'", וכן בת-א ליתיה: **(טו) בשעה ששלח דוד את יואב לארם נהרים ולארם צובה פגע באדומיים.** צ"ל "פגע בארמיים", ויש כאן חסרון במדרש שלנו, ועיין מתנות כהונה שמילא את החסר מילקוט שמואל, יפה תאר הביא גם הוא (והובאו דבריו בעץ יוסף) מדרש אחר שנמצא בשוחר טוב ובתנחומא דברים למלאות את הענין:

הוֹצִיאוּ לוֹ אַפִּיסְטוּלִי שֶׁלָּהֶם "רַב לָכֶם סֹב אֶת הָהָר וְגוֹ'" — However, **[the Edomites] produced their** protective **"document"**[146] — the verse that states, *HASHEM said to me, saying,* ***Enough of your circling this mountain, etc.,*** *turn yourselves northward. You shall command the people, saying, "You are passing through the boundary of your brothers the children of Esau* (Edom), *who dwell in Seir; they will fear you, but you should be very careful. You shall not provoke them, for I shall not give you of their land even the right to set foot, etc."* (*Deuteronomy* 2:2-5).[147] פָּגַע בַּמּוֹאָבִיִּים, בִּקֵּשׁ לְזַנְּבָן — **[Joab]** then **encountered the Moabites,** and **wanted to conquer them.**[148] וְהוֹצִיאוּ לוֹ אַפִּיסְטוּלִי שֶׁלָּהֶם "אַל תָּצַר אֶת מוֹאָב וְאַל תִּתְגָּר בָּם מִלְחָמָה" — **But [the Moabites]** too, **[produced] their** protective **"document"** — the verse that states, *HASHEM said to me,* ***You shall not distress Moab and you shall not provoke war with them*** (ibid. 2:9).[149] בְּאוֹתָהּ שָׁעָה שָׁלַח יוֹאָב אֵצֶל דָּוִד — **At that time, Joab sent** a message **to David:**[150] אָמַר לוֹ: פָּגַעְתִּי בָּאֲדוֹמִיִּין וּבִקַּשְׁתִּי לְזַנְּבָן, הוֹצִיאוּ לִי אַפִּיסְטוּלִי שֶׁלָּהֶם "רַב לָכֶם" — **[Joab] said to [David], "I encountered the Edomites and I wanted to conquer them,** but **they produced for me their** protective **'document'** — ***Enough of your*** *circling this mountain, etc.;* בַּמּוֹאָבִיִּין, וְהוֹצִיאוּ לִי אַפִּיסְטוּלִי שֶׁלָּהֶן "אַל תָּצַר אֶת מוֹאָב" — I then encountered **the Moabites, and they** too **produced for me their** protective **'document'** — ***You shall not distress Moab,*** *etc.* What, then, am I to do?"

בְּאוֹתָהּ שָׁעָה לֹא נָהַג דָּוִד כְּבוֹד מַלְכוּת בְּעַצְמוֹ — **At that time, David did not conduct himself with the honor of kingship,** אֶלָּא עָמַד וְהֶעֱבִיר פִּיפוּרִין מֵעָלָיו וַעֲטָרָה מֵעַל רֹאשׁוֹ וְנִתְעַטֵּף בְּטַלִּיתוֹ וְהָלַךְ לוֹ אֵצֶל סַנְהֶדְרִין — **but rather, he stood up and removed the regal garment**[151] **from upon him and the crown from atop his head, and he wrapped himself in his cloak and went to the Sanhedrin.**[152]

NOTES

the land of Edom, which was situated on the southern border of *Eretz Yisrael* (see *Deuteronomy* 34:3). Thus, although Joab did not originally seek a confrontation with Edom, after he *encountered* them and they refused to allow him to pass by their land, he sought to retaliate against them (*Yefeh To'ar*, followed by *Eitz Yosef*; see also *Maharzu*).

146. *Eitz Yosef*, from *Aruch*. [The English word epistle comes from this Greek word.]

[An alternative version reads פִּיסְטְלִיוֹת, which is interpreted by *Rashi* to mean *evidence* (*Eitz Yosef*).]

147. [God had spoken these words to Moses when the Jews were nearing *Eretz Yisrael* at the end of their sojourn in the Wilderness.]

This verse served to protect the Edomites, because it demonstrated to Joab that he was prohibited from attacking them.

148. Unable to travel by the Edomite border, Joab wished to travel to Aram-naharayim and Aram-tzovah by passing near Moab, which lay adjacent to Edom and bordered *Eretz Yisrael* on the southeast (see *Deuteronomy* 2:8). When this effort was also rebuffed, Joab once again sought retaliation (*Eitz Yosef*).

149. [This verse, too, was a prophetic instruction told to Moses as the Jews approached *Eretz Yisrael*.]

In light of this verse, Joab was unable to make war with Moab.

[Having previously heard Edom's response, Joab was no doubt aware that Moab would be able to respond similarly, rendering him unable to attack. He nevertheless threatened them with war in the hope that they would be scared into capitulating (*Eitz Yosef*, from *Nezer HaKodesh*).]

150. Unable to proceed, Joab was forced to inquire of King David how he could fulfill his mission (see *Eitz Yosef*, from *Nezer HaKodesh*).

151. *Matnos Kehunah*, second approach, followed by *Eitz Yosef*.

Alternatively, the term פִּיפוּרִין identifies a valuable, woven garment (*Matnos Kehunah*, first approach).

152. King David had originally sent Joab because he was of the opinion that it was permissible for him to attack Edom and Moab, for the reason outlined below. However, when Joab expressed doubt about the issue, David went before the sages of the Sanhedrin for them to decide the issue (*Yefeh To'ar*, *Eshed HaNechalim*).

בַּתּוֹרָה "וַיִּקְרָא לוֹ לָבָן יְגַר שָׂהֲדוּתָא", בַּנְּבִיאִים (ירמיה י, יא) "כִּדְנָה תֵּאמְרוּן לְהוֹם וְגוֹ'", בַּכְּתוּבִים (דניאל ב, ד) "וַיְדַבְּרוּ הַכַּשְׂדִּים לַמֶּלֶךְ אֲרָמִית". [לא, מט] "וְהַמִּצְפָּה אֲשֶׁר אָמַר יִצֶף ה'", אָמַר רַבִּי אַבָּהוּ: "כִּי יִסָּתֵר" אֵין כְּתִיב כָּאן אֶלָּא "כִּי נִסָּתֵר", עַד כָּאן הָיִינוּ רוֹאִין זֶה אֶת זֶה, מִכָּאן וְאֵילָךְ אֵין אָנוּ רוֹאִים זֶה אֶת זֶה. [לא, נ] "אִם תְּעַנֶּה אֶת בְּנֹתַי", אָמַר רַבִּי רְאוּבֵן: כּוּלְּהוֹן בְּנוֹתָיו הָיוּ, (לעיל פסוק מג) °"הַבָּנוֹת בְּנֹתַי וְגוֹ'°". [לא, נ] [יט]"אִם תְּעַנֶּה אֶת בְּנֹתַי", שֶׁלֹּא תִּקַּח נָשִׁים בְּחַיֵּיהֶן, "וְאִם תִּקַּח נָשִׁים עַל בְּנֹתַי", לְאַחַר מִיתָתָן, "רְאֵה אֱלֹהִים עֵד בֵּינִי וּבֵינֶךָ":

טו [לא, נא] "וַיֹּאמֶר לָבָן לְיַעֲקֹב וְגוֹ'", [כ]אָמַר רַבִּי יוֹחָנָן: כָּזֶה שֶׁהוּא מוֹרֶה אֶת הַחֲנִית. [לא, נב] "עֵד הַגַּל הַזֶּה וְגוֹ'", "לְרָעָה" אֵין אַתָּה עוֹבֵר, אֲבָל אַתָּה עוֹבֵר עָלַי בִּפְרַקְמַטְיָא, [כא]בְּשָׁעָה שֶׁשָּׁלַח דָּוִד אֶת יוֹאָב לַאֲרַם נַהֲרַיִם וְלַאֲרַם צוֹבָה פָּגַע בָּאֲדוֹמִיִּים, בִּקֵּשׁ לְזַנְּבָן, הוֹצִיאוּ לוֹ אַפִּיסְטוֹלֵי שֶׁלָּהֶם (דברים ב, ג) "רַב לָכֶם סֹב אֶת הָהָר וְגוֹ'", פָּגַע בַּמּוֹאָבִיִּים, בִּקֵּשׁ לְזַנְּבָן, וְהוֹצִיאוּ לוֹ אַפִּיסְטוֹלֵי שֶׁלָּהֶם (שם שם ט) "אַל תָּצַר אֶת מוֹאָב וְאַל תִּתְגָּר בָּם מִלְחָמָה", בְּאוֹתָהּ שָׁעָה שָׁלַח יוֹאָב אֵצֶל דָּוִד, אָמַר לוֹ: פָּגַעְתִּי בָּאֲדוֹמִיִּין וּבִקַּשְׁתִּי לְזַנְּבָן, הוֹצִיאוּ לִי אַפִּיסְטוֹלֵי שֶׁלָּהֶם "רַב לָכֶם", בַּמּוֹאָבִיִּין, וְהוֹצִיאוּ לִי אַפִּיסְטוֹלֵי שֶׁלָּהֶן "אַל תָּצַר אֶת מוֹאָב", בְּאוֹתָהּ שָׁעָה לֹא נָהַג דָּוִד כְּבוֹד מַלְכוּת בְּעַצְמוֹ, אֶלָּא עָמַד וְהֶעֱבִיר פִּיפוּרִין מֵעָלָיו וַעֲטָרָה מֵעַל רֹאשׁוֹ וְנִתְעַטֵּף בְּטַלִּיתוֹ וְהָלַךְ לוֹ אֵצֶל סַנְהֶדְרִין,

רש"י

יריתי ביני ובינך כזה שהוא מורה את החנית. כך ירה לבן את האבן מרוב גבורתו: (טו) **בקש לזנבן.** להרגן, כמו ויזנב בך (דברים כה, יח): **הוציאו פיסטיליות.** ראיות ועדות שלהן:

עץ יוסף

ויקרא לו לבן יגר שהדותא. דאם לא כן מאחר שגלעד ויגר סהדותא הכל אחד מה טעם להזכיר דברי לבן בלשונם אלא להודיע חבת לשון ארמי (יפה תואר): **כדנה תאמרון להום כו'.** שאם לא היה חשיבות בלשון הזה לא היה נכתב אלא בלשון הקדש: **וידברו הכשדים כו'.** שאם לא היה חשיבות בלשון הזה לא היה נכתב בלשונם: **יסתר אין כתיב כתיב.** כי יסתר הוה משמע אות הזה יהיה לכל אחד למגן ולמחסה אשר בו יסתר איש מרעהו לבל יוכל להזיקו, אבל השתא דכתיב נסתר איש מרעהו משמע דהכי קאמר אנחנו נסתר עלמינו איש מרעהו (יפה תואר): **כלהון בנותיו היו כו'.** כל האגדה כדלעיל כי לא נשנית אלא משום דברי רבנן דמפקי ליה מאם תענה את בנותי (יפה תואר): **לאחר מיתתן.** מאחר שיש לו בנים מהן הוא גנאי להן שירשו אחרות כבוד אמם: **(טו) מורה את החנית.** ולשון רש"י בחומש כזה שהוא יורה חץ, משום דלא מצינו מורה ויורה בחנית אלא בחץ: **[יג] בשעה ששלח דוד כו'.** מייתי הך עובדא הכא דלא תקשי איך גירה דוד מלחמה בארם נהרים ולא זכר הברית שבין לבן ויעקב, אלא שהם פרצו הגדר תחלה כדשמעינן מהך עובדא שעל זה סמך דוד. ובשוחר טוב מזמור ס' גרסינן כשהלך יואב להלחם עם ארם נהרים יצאו לקראתו אמרו לו אתה מבני בניו של יעקב ואנו מבני בניו של לבן והרי תנאי שלהם דכתיב עד הגל וגו', כששמע יואב כך חזר אצל דוד כו', מיד הושיב סנהדרין כו' ואמר להם באמת כך היה התנאי אלא שהם עברו תחלה מן ארם ינחני בלק וגו', ויעבדו בני ישראל את כושן רשעתים וגו', כיון שהורו להם סנהדרין כך חזר עליהם והרגם שנאמר בהצותו את ארם נהרים וכו'. ואפשר כי גם במדרשינו היה כתוב כן ונשמט בטעות. ואיידי דקאמר ענין ארם קאמר נמי ענין אדום, ואגבן מייתי נמי ענין המואבים שגם עמהם קרה כן: **לארם נהרים כו'.** היינו מה שנאמר בתהלים ס' בהצותו את ארם נהרים ואת ארם צובה וישב יואב וגו'. ושם כתיב מואב סיר רחצי. שאדום בצד דרומה של ארץ ישראל וסמוך לו מואב לצד מזרחית דרומית כמפורש בדברים (ב, ח-ט), וארם מצד מזרח ארץ ישראל כמו שנאמר (ישעיה ט, יא) ארם מקדם, וכשרצה לילך להלחם בארם נכנס בסמוך לו מיד לאדום: **בקש לזנבם.** שרצה לפגוע באותם שהיו מעכבין אותו מעבור דרך גבולם, והיינו דקאמר פגע באדומיים (יפה תואר): **אפיסטולי.** בלשון לעז קורין לכתבים פיסטולי (ערוך). ורש"י גורס איסטליות ופירש ראיות ועדות שלהם: **פגע במואבים כו'.** שגם הם לא הניחום לעבור דרך גבולם, ואף כי ידע יואב שהיה אזהרת ה' גם כן עליהם, כי הוא באמת לא בא לקחת את ארצם, אלא חשב שמא מפחד המלחמה יניחום לעבור דרך ארצם, ובאמת גם הם באו בטענה זו, לפיכך מאז הוצרך לשלוח לדוד (נזר הקודש): **לא נהג דוד מלכות.** מכתם דריש שעשה עצמו כמך ותם וכדאיתא בסמוך: **פיפורין.** בגד מלכות:

פירוש מהרז"ו

כי יסתר. עיין מתנות כהונה ומשנת דרבי אליעזר: **(טו) מורה את החנית.** לא מצאתי לשון מורה ויורה אלא בחץ ולא בחנית, ולשון רש"י בחומש כזה שהוא יורה חץ: **לארם נהרים וכו'.** היינו מה שנאמר בתהלים (ס, ב) בהצותו את ארם נהרים ואת ארם צובה וישב יואב וגו' ושם כתיב מואב סיר רחצי, ומאחר שעיקר מלחמתו וריבו עם ארם נהרים וארם צובה איך פגע באדום ומואב. אך הענין בזה שאדום בצד דרומה של ארץ ישראל, וסמוך לו מואב לצד מזרחית דרומית כמפורש בדברים (ב, ח-ט) וארם בצד מזרח ארץ ישראל כמו שנאמר (ישעיה ט, יא) ארם מקדם, ועל כן נקראת ארצה בני קדם, וכשרצה לילך להלחם בארם נכנס בסמוך לו מיד לאדום בסופה אצל גבולה, וכן בסוף מואב וגבוליה וזהו בקש לזנבם, ומה שאמר (שם) וישב יואב וגו' שבא ממואב:

מתנות כהונה

[יד] יסתר. משמע שהאחד ישב בסתר במקומו אבל האחר יכול הוא שיבא אלו נסתר משמע שכל אחד ואחד ישב במקומו ולא יעבור על רעהו: **כולהון בנותיו.** כדלעיל מדכתיב בנותיו תרי זמני: **ה"ג בנותיו היו אם תענה: [טו] ויאמר לבן ליעקב גרסי'.** סיפיה דקרא קדריש דכתיב יריתי כזה שמורה חנית אחד ובא להודיע גבורותיו: **לזנבן.** להרגן. כד"א ויזנב בך: **באדומיים.** בילקוט שמואל גרס בארמיי' כו' עד אפיסטולי שלהם הנה עד הגל הזה וכן לקמן אכן בילקוט תהלים גרס כמו כאן: **אפיסטולי.** פי' הערוך כתב הכשתוון ובפי' רש"י איגרת עדות וראיה שלהם: **פירפורין.** בגד חשוב עשויה מלאכת אורג ועיין בערוך ערך

אשד הנחלים

מכאן ואילך כו'. דמלת יסתר היה משמע שמדבר על התנאי אם יסתר איש על זה יציץ ה', אבל נסתר מורה שבאמת יסתרו איש מאת רעהו כי הולכים איש למקומו, ולכן יציץ ה' שלא יענה את בנותיו כי עתה אין רואה אותן. והמתנות כהונה פירש באופן אחר: **בחייהן.** כי מזה יהיה להם עינוי שיצטערו בלקיחת נשים אחרות. ואם תקח לאחר מיתתן אף שאין עינוי להם עוד, עם כל זה לא תקחם, כי לא אבה שיהיה ליעקב בנים חוץ מבנותיו: **[טו] מורה את החנית.** כלומר מלשון זה נגזר שם יריה כמו יורה בחץ: **לרעה אין.** שם העברה הוא שלא יעבור על זה לעולם, שיהיה רק בטוב ולא ברעה. כי לפעמים יעבור דרך ארצו להטיבו ולעסוק בסחורה שאז טובה היא לו, וכן נשבעו שלעתיד עת כי יקחו ישראל הארץ מידם, לא יקחו את ארצו. ומביא המעשה מדוד שהיה אצלם זכות הישן מאבותינו שלא יצירו אותם. אך דוד התיר זה

חידושי הרש"ש

[טו] **פגע באדומיים בקש לזנבן והוציאו אפיסטולי שלהן כו'.** כי באותה פרשה (תהלים ס) דבהצותו וגו' כתיב גם כן מואב סיר רחצי (שם ס, י) וכן בשמואל (ב, ח, יב) כתיב יחד מלחמת מואב וארם ואדום:

אמרי יושר

[טו] אשר יריתי כזה שהוא מורה החנית. להורות רוב גבורת יעקב כי לקח אבן גדולה כאבן הזה של טבריא והשליך אותה כמשליך חנית קלה מידו בלי טורח. והיה זה תשובה למאמר לבן יש לאל ידי. גם לי כח ואל:

מסורת המדרש

יט. עיין יומא דף ע"ז: **כ.** ילקוט כאן רמז ק"ל: **כא.** תנחומא סדר דברים סימן ג'. מדרש תהלים מזמור ס'. ילקוט שמואל רמז קמז. ילקוט תהלים רמז תשע"ז:

אם למקרא

כִּדְנָה תֵּאמְרוּן לְהוֹם אֱלָהַיָּא דִּי שְׁמַיָּא וְאַרְקָא לָא עֲבַדוּ יֵאבַדוּ מֵאַרְעָא וּמִן תְּחוֹת שְׁמַיָּא אֵלֶּה: (ירמיה י:יא)

וַיְדַבְּרוּ הַכַּשְׂדִּים לַמֶּלֶךְ אֲרָמִית מַלְכָּא לְעָלְמִין חֱיִי אֱמַר חֶלְמָא לְעַבְדָיךְ [לְעַבְדָךְ] וּפִשְׁרָא נְחַוֵּא: (דניאל ב:ד)

רַב לָכֶם סֹב אֶת הָהָר הַזֶּה פְּנוּ לָכֶם צָפֹנָה: (דברים ב:ג)

וַיֹּאמֶר ה' אֵלַי אַל תָּצַר אֶת מוֹאָב וְאַל תִּתְגָּר בָּם מִלְחָמָה כִּי לֹא אֶתֵּן לְךָ מֵאַרְצוֹ יְרֻשָּׁה כִּי לִבְנֵי לוֹט נָתַתִּי אֶת עָר יְרֻשָּׁה: (שם שם ט)

משנת דרבי אליעזר

[יד] אמר רבי אבהו כי יסתר אין כתיב וכו'. דלשון נסתר הוא לשון רבים ומדברים בעדם, ואיש מרעהו הוא לשון יחיד, והיה לו לומר יסתר כמו אם יסתר איש במסתרים (ירמיה כג, כד). ומתנות כהונה נטה מפשוטו:

שינוי נוסחאות

אמר רבי ראובן: כולהון בנותיו היו, הבנות בנתי וגו'. מתנות כהונה מחק "הבנות בנתי וגו'", וכן בת-א ליתיה: (טו) **בשעה ששלח דוד את יואב לארם נהרים ולארם צובה פגע באדומיים.** צ"ל "פגע בארמיים", ויש כאן חסרון במדרש שלנו, ועיין מתנות כהונה שמילא את החסר מילקוט שמואל, יפה תאר הביא גם הוא (והובאו דבריו בעץ יוסף) מדרש אחר שנמצא בשוחר טוב ובתנחומא דברים למלאות את הענין:

אָמַר לָהֶם: רַבּוֹתַי, לֹא בָאתִי לְכָאן אֶלָּא לִלְמֹד, אִם נוֹתְנִים אַתֶּם לִי רְשׁוּת אֲנִי מְלַמֵּד — **[David] said to [the members of the Sanhedrin], "My teachers! I did not come here** for any purpose **other than to learn.** However, **if you will grant me permission** to do so, **I will instruct.**[153] שְׁלַחְתִּי אֶת יוֹאָב לַאֲרַם נַהֲרַיִם וְלַאֲרַם צוֹבָה וּפָגַע בָּאֲדוֹמִיִּים, וְהוֹצִיאוּ לוֹ אַפִּיסְטוּלִי שֶׁלָּהֶן "רַב לָכֶם" — **I sent Joab to Aram-Naharaim and to Aram-tzovah** to wage war against them, **and he encountered the Edomites, and they produced for him their** protective **'document'** — ***Enough of your*** *circling this mountain, etc.* וַהֲלֹא הֵם פָּרְצוּ אֶת הַגָּדֵר תְּחִלָּה "וַיֶּאֱסֹף אֵלָיו אֶת בְּנֵי עַמּוֹן" — **But did not [the Edomites] 'breach the fence' first,** as is stated, ***He*** (Eglon, king of Moab) ***gathered to himself the Children of Ammon*** *and Amalek, then he went and struck Israel* (*Judges* 3:13)?![154] פָּגַע בַּמּוֹאָבִיִּים וּבִקֵּשׁ לְזַנְּבָן, וְהוֹצִיאוּ לוֹ אַפִּיסְטוּלִי שֶׁלָּהֶן "אַל תָּצַר אֶת מוֹאָב" — Similarly, **[Joab] encountered the Moabites and wanted to conquer them, and they produced for him their** own protective **'document'** — ***You shall not distress Moab.*** וַהֲלֹא הֵם פָּרְצוּ הַגָּדֵר תְּחִלָּה, "וַיִּשְׁלַח מַלְאָכִים אֶל בִּלְעָם . . . וְעַתָּה לְכָה נָּא אָרָה לִּי" — **But did not [the Moabites] 'breach the fence' first,** as is stated, ***He*** (Balak, king of Moab) ***sent messengers to Balaam*** . . . *to summon him, saying, 'Behold! a people has come out of Egypt, behold! it has covered the surface of the earth and it sits opposite me.* ***So now — please come and curse this people for me'*** " (*Numbers* 22:5-6)?![155]

The Midrash teaches that the verses from *Psalms* that mention the war described above allude to the story that has been related here:

הָדָא הוּא דִכְתִיב "מִכְתָּם" — **Thus it is written,** *For the conductor, on the "shushan eidus,"* ***a "michtam"*** *by David, to instruct. When he made war against Aram-naharaim and Aram-tzovah, and Joab returned and smote Edom in the Valley of Salt, twelve thousand [men]* (*Psalms* 60:1-2) — the word *"michtam"* indicates that King David corresponded with Joab at that time.[156]

NOTES

153. David, who wished to present an original thought (*to teach*) to the members of the Sanhedrin, humbly prefaced it by stating that he was hesitant to rely on his own intellect, and wished *to learn* from them if his thinking was correct (see *Yefeh To'ar*; see also *Eitz Yosef*).

According to our Midrash, this idea is indicated by the verse from *Psalms* that refers to this incident and will be cited below, which begins "מִכְתָּם לְדָוִד "לְלַמֵּד, *A michtam by David, "to instruct," etc.* (*Eitz Yosef*).

154. The Midrash equates the people of Amalek, who descended from Esau, with the nation of Edom, which Esau founded, and thus uses this verse to prove that Edom *breached the fence* through taking part in an attack on the Jewish people (*Maharam* to *Bava Kamma* at the end of 38a; see also *Rashash*; *Tosafos* ad loc.).

[According to *Eitz Yosef*, from *Yefeh To'ar*, this verse relates to the Moabites and belongs in the Midrash below, and appears here as the result of a scribal error. He suggests inserting the words of *Tanchuma* loc. cit., where it is taught that the Edomites' unwillingness to allow Joab passage through their territory was itself reason to allow the Jews to attack them.]

155. Although the prohibitions regarding Moab and Edom were not given with any stipulations that would allow for their nullification in the event of a *breach of the fence* by those nations, it is self-understood that those prohibitions do not apply to a retaliatory war (*Megillas Esther*, at the end of his comments on *Ramban*'s discussion of prohibitions that *Rambam* in *Sefer HaMitzvos* omitted (in his view); for another approach see *Ramban* loc. cit.; see also Insight Ⓐ).

[It is evident that the Sanhedrin accepted King David's argument, for Joab proceeded with the war. It should be noted, however, that *Yerushalmi Rosh Hashanah* 1:1, teaches that God reprimanded King David for *distressing* Moab. See *Yefeh To'ar*, *Nezer HaKodesh*, *Megillas Esther*, and *Ramban* ibid. for discussion.]

See Insight Ⓐ.

156. The word מִכְתָּם connotes an *impression* or *writing* (*Matnos Kehunah*, followed by *Eitz Yosef*, referencing *Jeremiah* 2:22). Thus, the Midrash sees in this word an allusion to the *letter(s)* that David wrote to Joab, in which he informed him of the Sanhedrin's acceptance of his argument in favor of attacking Edom and Moab.

INSIGHTS

Ⓐ **The Moabites' "Breach of the Fence"** The Gemara (*Bava Kamma* 38a-b) teaches that God instructed Moses not to *distress Moab* specifically because Moses might have done so in retaliation for the Moabites' solicitation of Balaam to curse the Jews. In prohibiting Moses from taking such action against both Moab and Ammon, God told him, *"There are two fine pigeons that I must draw forth from them* (i.e., two future descendants of Moab and Ammon whose emergence must be ensured): *Ruth the Moabite, and Naamah the Ammonite."*

Tosafos (ad loc. s.v. נשא משה, cited in *Matnos Kehunah*) ask how this Gemara can be reconciled with our Midrash, which indicates that because the Moabites had acted wrongly during the episode with Balaam, the prohibition against distressing that nation was *nullified* immediately thereafter! Based on this difficulty, *Tosafos* assert that contrary to the implication of our Midrash, the episode with Balaam did not warrant the nullification of the prohibition against distressing Moab, and such nullification took effect only when King Eglon of Moab *breached the fence* by oppressing the Jewish people (see *Judges* 3:13, cited just above). Thus, while indeed, King David was not bound by the original commandment, his quote of the verse regarding Balaam as a basis for that exemption was inaccurate. *Tosafos* explain that David chose to quote a verse from the Torah (as opposed to the *Judges* verse) in order to avoid a possible desecration of God's Name. [See also *Yefeh To'ar*, who prefers to accept that our Midrash disagrees with the Gemara; see the Gemara there and *Maharzu* and *Eitz Yosef* for further discussion.]

In his *Sefer HaMitzvos* (in *Shoresh Shelishi*), *Rambam* gives the prohibition against *distressing Moab* as an example of a mitzvah that does not apply in all generations (and is therefore, in *Rambam*'s view, not to be counted among the "613 mitzvos"). Apparently, *Rambam* feels that it was only Moses and his generation who were prohibited in this way. However, *Ramban* (at the end of his discussion of prohibitions that *Rambam* omitted in his view) cites our Midrash as proof that this *mitzvah* applied to all generations. If *Rambam* were correct, says *Ramban*, the prohibition would have been irrelevant to King David and Joab even in the absence of the Edomite aggression that King David pointed out to the Sanhedrin! (See *Megillas Esther* ad loc., who defends *Rambam*.)

She'ailos U'Teshuvos Mekom Shmuel (Vol. I §37) makes the following argument to prove that far from challenging this position of *Rambam*, our Midrash in fact supports it: It is clear from the Gemara (cited above) that God accepted Moses' rationale for warring against the Moabites in retaliation for their involvement in the episode with Balaam, and argued only that the births of Ruth and Naamah must be facilitated. It therefore follows that after those births the prohibition was indeed lifted, as per Moses' reasoning! And it was this fact that King David convinced the Sanhedrin of when he told them, *"But did not [the Moabites] 'breach the fence' first,* [as is stated,] *He* (Balak, king of Moab) *sent messengers to Balaam, etc. ?!"* King David was pointing out that since his great-grandmother Ruth and his daughter-in-law Naamah were both alive at that point (see *Maharsha* to *Bava Kamma* 38b), there was no reason for him to refrain from warring with Moab as a consequence of the hostility to which he was making reference. Thus, our Midrash, which indicates that Moab's Divinely ordained protection expired as soon as the *two pigeons* were *drawn forth*, serves to bolster the position of *Rambam* that that protection was only granted temporarily.

Mekom Shmuel goes on to say that with this approach, the difficulty posed by *Tosafos*, cited above, falls away (see also *Tosafos Rabbeinu Peretz* to *Bava Kamma* loc. cit.). For our Midrash does not mean, as *Tosafos* assumed it does, that the Moabite *breach of the fence* caused the prohibition to become nullified, but rather that that act provided grounds for the assumption that the prohibition against distressing Moab was not in effect at King David's time.

אָמַר לָהֶם: רַבּוֹתַי, לֹא בָּאתִי לְכָאן אֶלָּא לִלְמֹד, אִם נוֹתְנִים אַתֶּם לִי רְשׁוּת אֲנִי מְלַמֵּד, שֶׁלַּחְתִּי אֶת יוֹאָב לַאֲרַם נַהֲרַיִם וְלַאֲרַם צוֹבָה וּפָגַע בָּאֲדוֹמִיִּים, וְהוֹצִיאוּ לוֹ אַפִּיסְטוֹלֵי שֶׁלָּהֶן "רַב לָכֶם", וַהֲלֹא הֵם פָּרְצוּ אֶת הַגָּדֵר תְּחִלָּה (שופטים ג, יג) "וַיֶּאֱסֹף אֵלָיו אֶת בְּנֵי עַמּוֹן", פָּגַע בַּמּוֹאָבִיִּים וּבִקֵּשׁ לְזַנְּבָן, וְהוֹצִיאוּ לוֹ אַפִּיסְטוֹלֵי שֶׁלָּהֶן "אַל תָּצַר אֶת מוֹאָב", וַהֲלֹא הֵם פָּרְצוּ הַגָּדֵר תְּחִלָּה, (במדבר כב, ה-ו) "וַיִּשְׁלַח מַלְאָכִים אֶל בִּלְעָם ... וְעַתָּה לְכָה נָא אָרָה לִי", הָדָא הוּא דִכְתִיב (תהלים ס, א) "מִכְתָּם", כַּמָּה אִגְּרוֹת כָּתַב, רַבִּי אַיְבוּ אָמַר: שְׁתַּיִם כָּתַב, אֶחָד לָאֲדוֹמִיִּים וְאֶחָד לַמּוֹאָבִיִּים, רַבִּי חֲנִינָא אָמַר: אִיגֶּרֶת אֶחָד כָּתַב, הָדָא הוּא דִכְתִיב (שם שם ב) "וַיָּשָׁב יוֹאָב וְגוֹ׳ ", חָזַר וְלָמַד אֲדוֹמִיִּים מִשֶּׁל מוֹאָבִיִּים, הָדָא הוּא דִכְתִיב (שם שם א) "לַמְנַצֵּחַ עַל שׁוּשַׁן עֵדוּת", לְעֵדָה שֶׁהִיא מְשִׂיחָה בִּלְשׁוֹנוֹ שֶׁל אֱלֹהִים, (שם) "מִכְתָּם לְדָוִד לְלַמֵּד", [כב]מָכוֹת וְתַמּוֹת. (שם שם ב) "בְּהַצּוֹתוֹ אֶת אֲרַם נַהֲרַיִם וַיַּךְ אֶת אֱדוֹם בְּגֵיא מֶלַח", כָּתוּב אֶחָד אוֹמֵר (שמואל-ב ח, יג) "שְׁמוֹנָה עָשָׂר אָלֶף", וְכָתוּב אֶחָד אוֹמֵר (תהלים שם שם) "שְׁנֵים עָשָׂר אָלֶף", אֶלָּא שְׁתֵּי מִלְחָמוֹת הָיוּ, אַחַת שֶׁל י"ב אֶלֶף וְאַחַת שֶׁל י"ח אֶלֶף:

טז [לא, נג] [כג]"אֱלֹהֵי אַבְרָהָם" קוֹדֶשׁ, "וֵאלֹהֵי נָחוֹר" חוֹל, "אֱלֹהֵי אֲבִיהֶם" מַשְׁמָעוֹ קוֹדֶשׁ וְחוֹל. [לא, נד - לב, א] "וַיִּזְבַּח יַעֲקֹב זֶבַח בָּהָר, וַיַּשְׁכֵּם לָבָן בַּבֹּקֶר וְגוֹ׳ וַיְבָרֶךְ אֶתְהֶם וְגוֹ׳ ", אָמַר רַבִּי אַיְבוּ:

רש"י

כמה אגרות שלח יואב. רבי איבו אמר שני איגרות כתב אחד לאדומים ואחד למואבים, שהן פרצו הגדר תחילה:

עץ יוסף

לא באתי לכאן כו׳. שאיני סומך על דעתי והיינו מכתם לדוד ללמד: **ופגע באדומיים כו׳ והלא הם פרצו את הגדר תחלה ויאסוף אליו בני עמון.** לא גרסינן הכא אלא בסמוך גבי מואבים. וצריך להגיה שלא הניחו את יואב לעבור סמוך לגבולם, וכדאיתא בתנחומא סדר דברים (יפה תואר): **אל תצר את מואב והם לא פרצו הגדר תחלה וישלח מלאכים אל בלעם ועתה לכה ארה לי וכתיב ויאסוף אליו בני עמון הדא הוא דכתיב מכתם.** כן צריך לומר. ועיין בבא קמא (לח, א) בתוספות ד"ה נשא משה קל וחומר. ולפי דברי הילקוט מטות מתורץ קושית התוספות עיין שם: **הדא הוא דכתיב מכתם כו׳.** דמכתם הוא מלשון רושם וכתב כמה דאת אמר (ירמיה ב, כב) נכתם עונך לפני, ומכל מקום מדכתיב מכתם ולא מכתב דרשינן נמי מיניה מך ותם (נזר הקודש): **שתים כתב אחד כו׳.** והא דכתיב ויך את אדום ולא הזכיר מואב. משום דלא הזכיר אלא המלחמה שעשו אחר כיבוש ארם כדאיתא בתנחומא, אבל מואב כבר כבש קודם וכדלעיל, וכיבוש אדום המתין עד חזירתם כדי להיות להם מים ומזון בחזירתן וכדמפורש בתנחומא: **איגרת אחד כתב.** דוד למואב, פירוש על מואב שהיה צורך שעה לעבור דרך ארצו לארם נהרים, אבל על אדום שלא היה לצורך שעה לא חש להשיב: **לעדה שהיא משיחה כו׳.** דקאי אסנהדרין דקרי לה שושן על שם סוגה בשושנים, ועדות על שם התורה שנקראת עדות כדאיתא בתנחומא, וקמפרש הכא על שם שעדת הסנהדרין משיחים בלשון ה׳ דהיינו התורה (יפה תואר): **מכות ותמות.** לשון מך ותמימות כמו שכתבתי לעיל, ולא נהג דוד כבוד מלכות בעצמו (יפה תואר): **כתוב אחד אומר שמונה עשר אלף.** בדברי הימים ואבישי בן צרויה הכה את אדום בגיא המלח שמונה עשר אלף, וכתוב אחד אומר שנים עשר אלף בספר תהלים וישב יואב ויך את אדום בגיא המלח שנים אשר אלף: **שני מלחמות היו אחת של שנים עשר אלף.** הנזכרת בספר תהלים שעשאה יואב, ואחת של שמונה עשר אלף היא הנזכרת בדברי הימים שעשאה אבישי בן צרויה (יפה תואר): **(טז) [יד] קדש.** ואסור למוחקו: **חול.** ונמחק, כי לא כיון בזה לשמים: **קדש וחול.** כי תרח אבי אברהם היה עובד אלילים ולבסוף חזר למוטב כדאמרינן שעשה תרח תשובה, ולכך משמע קודש וחול (מתנות כהונה):

פירוש מהרז"ו

ויאסוף אליו את בני עמון. עיין בתוספות בבא קמא (לח, ב), אך מצאתי בילקוט מטות (רמז תשפה) בשם ילמדנו לקיים גירסת המדרש והגמרא וזה לשונו דבר אחר נקום נקמת, אחד כנגד מדין, ואחד כנגד מואב, והלא מואב היה תחלה בעצה רעה שנאמר (במדבר כב, ד) ויאמר מואב אל זקני מדין, ומה נשתנה מדין ממואב שנאמר נקום נקמת בני ישראל מאת המדינים, ובמואב כתיב (דברים ב, ט) אל תצר את מואב, אלא שהיה דוד עתיד לצאת מהם, אמר להם הקב"ה המתינו לי כו׳, וכן מצינו שכיון שבא דוד מסרו הקב"ה בידו שנאמר (דברי הימים א׳ יח, ב) ויך את מואב, עד כאן, ובזה נתיישבו כל הקושיא מתוספות שם ודו"ק: **שתי מלחמות.** באחד הכה י"ב אלף, ובאחד י"ח אלף, ועיין בדברי הימים (א׳ יח, יב) ואבישי בן צרויה הכה את אדום בגי מלח י"ח אלף, וכן כתב היפה תואר:

מתנות כהונה

פפייר או הוא לשון פורפרון והוא לבוש מלכות וכן היא גירסת הילקוט בהדיא: **ה"ג בני עמון פגע במואבים ובקש כו׳: וישלח מלאכים אל בלעם.** אע"ג דבפ׳ שור שנגח ד׳ וה׳ איתא שבשביל אותו שליחות עדיין לא הותר מואב כבר הקשוהו בתוספות ותרצו שדוד היה סומך על פסוק דשופטים דעגלון מלך מואב אלא שהיה מהדר על פסוק מן התורה מפני חלול השם: **מכתם.** לשון רושם וכתב תי"ו כד"א נכתם עונך לפני או פירושו בב׳ נוטריקון כדמפ׳ ואזיל: **איגרת א׳.** כתב דוד ליואב שדמם מותר מפני שהם פרצו תחלה: ויעב יואב וגו׳ גרסינן בתהלים סימן ס׳ ודריש מדכתיב וישב משמע ששבו ממלחמת מואב שהתיר לו דוד לבדו מפני שפרצו המה תחלה ולמדו האדומיים ממואבים שגם המה פרצו הגדר תחלה: **ה"ג אדומיים משל מואבים: לעדה שהיא כו׳.** דרש עדות לשון עדה ולשון עדות: **לעדה כו׳.** סנהדרין: **בלשונו של אלהים.** בלשון התורה שהם דברי אלהים חיים: **מכות ותמות.** גרס ופירש התירו לו להכותם בתמימות ומן הדין או תמות גם הוא לשון מות ותמותה: **י"ח אלף.** בשמואל ב׳ סימן ח׳: **[טז] ה"ג אלהי אביהם משמעו קודש וחול.** כי תרח אבי אברהם מתחילה היה עובד עבודת כוכבים ולבסוף חזר למוטב כמו שפי׳

אשד הנחלים

מצד שהמה עברו תחילה, וכמו שכתוב פה אם אני לא אעבור את הגל הזה ואם אתה גו׳, שגם הם הבטיחו שלא יצירו לישראל, ואחר שהמה עברו אז הותר השבועה: **אלא ללמד.** כמו ללמוד, ואז אם נותנים אתם לי רשות אז אלמד אתכם כלומר אציע לפניכם שלדעתי מותר לצור אותם. ומפני כי יואב הוא מהחכמים ג"כ והיו אוחזים הדבר באיסור הוכרחו לילך לסנהדרין והציע להם איך שלפי דעתו הדבר בהיתר: **לאדומיים.** כלומר לאנשי מלחמתו היושבים באדום שהותר להם לצור עליהם וכן למואבים כן. ודרש מכתם מלשון כתב. ועיין בדברי האחרונים בשם מכתם שהוא שיר העשוי על מתכונת הזאת. **[טז] חול.** דכיוון רק לאמונת אלילים: **קודש וחול.** דיעקב כיון הקדושה ולבן לחול. והכתוב מספר כאשר הוא: **בפה, הה"ד וישכם וכו׳.** אלולי האהבה האמיתי ביניהם בודאי היה מאחר עצמו מעט, אבל הכתוב

חידושי הרד"ל

[טו] **לא באתי לכאן אלא ללמוד אם כו׳.** כן צריך לומר: **והלא הם פרצו.** עיין בתוספת מצות לא תעשה שהוסיף הרמב"ן על מנין מצות לא תעשה להרמב"ם בסופו: **מכות ותמות.** בתנחומא דברים (סימן ג) מפרש מך לשון עניות, ותמת [ותם] לשון תמימות:

חידושי הרש"ש

לא באתי לכאן אלא ללמד. הוא לשון הפסוק (תהלים ס, א) מכתם לדוד ללמד וכדמסיק: **והלא הם פרצו את הגדר תחלה ויאסוף אליו את בני עמון ועמלק.** כן צריך לומר והוא {בשופטים ג, יג}: **הדא הוא דכתיב מכתם.** המעיין יראה כי הכוונה על ראש פרשה דבהלותו דבתהלים (ס, א): **אלא שתי מלחמות היה כו׳.** ורא״ה לדבר דבתהלים גבי י"ב אלף כתיב (ס, ב) וישב יואב ויך כו׳ ובדברי הימים (א׳ יח, יב) גבי י"ח אלף כתיב ואבשי בן צרויה הכה וכו׳:

אמרי יושר

והלא הם פרצו הגדר תחלה. דייקו אם אני אעבור ואם אתה לא תעבור. כלומר אם אתה לא תעבור אני גם כן מחוייב בזה. אבל אם תעבור ממילא מיתשמע שהתנאי בטל: **מכות ושפלות לדוד.** כדאמרינן שהעביר עטרה מראשו והלך אצל סנהדרין והשיבו הם פרצו וישלח מלאכים אל בלעם בן בעור. הקשו התוספות פרק ד׳ [דבבא] קמא (לח א ד"ה נשא) שהקדוש ברוך הוא צוה אל תצר את מואב. ואחר כך אירע מעשה בלק. ואחר כך צרור המדינים. וקאמר שצוה הקדוש ברוך הוא אל תצר הוא כדי שלא יטעה משה כשיצוה להרוג המדינים. אלמא אחר שילוח בלק מלאכים אל בלעם עדיין היא האזהרה כי לזה היה הכוונה. והכא אומר המדרש שהותרו מאותה שעה. ותירצו דדחוייא בעלמא הוא תשובה זו אבל פריצת גדר העיקרי הייני

מסורת המדרש

כב. סוטה דף י"ד:
כג. מסכת סופרים פרק ד׳:

אם למקרא

וַיֶּאֱסֹף אֵלָיו אֶת בְּנֵי עַמּוֹן וַעֲמָלֵק וַיֵּלֶךְ וַיַּךְ אֶת יִשְׂרָאֵל וַיִּירְשׁוּ אֶת עִיר הַתְּמָרִים: (שופטים ג:יג)

וַיִּשְׁלַח מַלְאָכִים אֶל בִּלְעָם בֶּן בְּעוֹר פְּתוֹרָה אֲשֶׁר עַל הַנָּהָר אֶרֶץ בְּנֵי עַמּוֹ לִקְרֹא לוֹ לֵאמֹר הִנֵּה עַם יָצָא מִמִּצְרַיִם הִנֵּה כִסָּה אֶת עֵין הָאָרֶץ וְהוּא יֹשֵׁב מִמֻּלִי: וְעַתָּה לְכָה נָּא אָרָה לִּי אֶת הָעָם הַזֶּה כִּי עָצוּם הוּא מִמֶּנִּי אוּלַי אוּכַל נַכֶּה בּוֹ וַאֲגָרְשֶׁנּוּ מִן הָאָרֶץ כִּי יָדַעְתִּי אֵת אֲשֶׁר תְּבָרֵךְ מְבֹרָךְ וַאֲשֶׁר תָּאֹר יוּאָר: (במדבר כב:ה-ו)

לַמְנַצֵּחַ עַל שׁוּשַׁן עֵדוּת מִכְתָּם לְדָוִד לְלַמֵּד: בְּהַצּוֹתוֹ אֶת אֲרַם נַהֲרַיִם וְאֶת אֲרַם צוֹבָה וַיָּשָׁב יוֹאָב וַיַּךְ אֶת אֱדוֹם בְּגֵיא מֶלַח שְׁנֵים עָשָׂר אָלֶף (תהלים ס:א-ב)

וַיַּעַשׂ דָּוִד שֵׁם בְּשֻׁבוֹ מֵהַכּוֹתוֹ אֶת־אֲרָם בְּגֵיא מֶלַח שְׁמוֹנָה עָשָׂר אָלֶף: (שמואל ב ח:יג)

כַּמָּה אִגְּרוֹת כָּתַב — The Midrash discusses this correspondence: **How many letters did [David] write** to Joab?[157] רַבִּי אֵייבוּ אָמַר: שְׁתַּיִם כָּתַב, אֶחָד לַאֲדוֹמִיִּים וְאֶחָד לַמּוֹאָבִיִּים — **R' Eivu said: [David] wrote two letters, one to his soldiers stationed in Edom and one to his soldiers stationed in Moab.**[158] רַבִּי חֲנִינָא אָמַר: אִיגֶּרֶת אֶחָד כָּתַב — **And R' Chanina said: [David] wrote** only **one letter,** regarding the Moabites;[159] הָדָא הוּא דִכְתִיב "וַיָּשָׁב יוֹאָב וגו'", חָזַר וְלָמַד אֲדוֹמִיִּים מִשֶּׁל מוֹאָבִיִּים — **thus it is written,** *When he made war against Aram-naharaim and Aram-tzovah,* ***and Joab "returned"*** *and smote Edom,* suggesting that **[Joab] went back and derived** the permissibility of attacking **the Edomites from** the ruling David had given him **regarding the Moabites.**[160]

The Midrash will now expound the verses from *Psalms* in their entirety, phrase by phrase, as they relate to the above discussion:[161]

הָדָא הוּא דִכְתִיב "לַמְנַצֵּחַ עַל שׁוּשַׁן עֵדוּת", לְעֵדָה שֶׁהִיא מְשִׂיחָה בִּלְשׁוֹנוֹ שֶׁל אֱלֹהִים — **Thus it is written, *For the conductor, on the "shushan eidus"*** — this is an allusion to **the assembly that speaks in the language of God,** i.e., the Sanhedrin, which David had addressed;[162] "מִכְתָּם לְדָוִד לְלַמֵּד", מָכוּת וְתַמּוּת — ***a "michtam"*** [מִכְתָּם] ***by David, to instruct*** — this suggests that David acted with **lowliness** [מָכוּת] **and simplicity** [תַמּוּת];[163] "בְּהַצּוֹתוֹ אֶת אֲרַם נַהֲרַיִם וַיַּךְ אֶת אֱדוֹם בְּגֵיא מֶלַח" — ***When he made war against Aram-naharaim*** *and Aram-tzovah, and Joab returned* ***and smote Edom in the Valley of Salt,*** *twelve thousand [men].*

The Midrash addresses a difficulty involving the cited verse:

כָּתוּב אֶחָד אוֹמֵר "שְׁמוֹנָה עָשָׂר אָלֶף", וְכָתוּב אֶחָד אוֹמֵר "שְׁנֵים עָשָׂר אָלֶף" — **One verse** (*I Chronicles* 18:12) **states:** *Abishai son of Zeruiah struck down* **eighteen thousand** *men of Edom in the Valley of Salt,* and **one verse** (cited above) **states *twelve thousand?!***[164] אֶלָּא שְׁתֵּי מִלְחָמוֹת הָיוּ, אַחַת שֶׁל י"ב אֶלֶף וְאַחַת שֶׁל י"ח אֶלֶף — **Rather,** the explanation is that **there were two** different **wars** between the Jews and the Edomites in the Valley of Salt; **one** war that resulted in **twelve thousand** Edomite casualties, **and one** war that resulted in **eighteen thousand** Edomite casualties.[165]

אֱלֹהֵי אַבְרָהָם וֵאלֹהֵי נָחוֹר יִשְׁפְּטוּ בֵינֵינוּ אֱלֹהֵי אֲבִיהֶם וַיִּשָּׁבַע יַעֲקֹב בְּפַחַד אָבִיו יִצְחָק. וַיִּזְבַּח יַעֲקֹב זֶבַח בָּהָר וַיִּקְרָא לְאֶחָיו לֶאֱכָל לָחֶם וַיֹּאכְלוּ לֶחֶם וַיָּלִינוּ בָּהָר. וַיַּשְׁכֵּם לָבָן בַּבֹּקֶר וַיְנַשֵּׁק לְבָנָיו וְלִבְנוֹתָיו וַיְבָרֶךְ אֶתְהֶם וַיֵּלֶךְ וַיָּשָׁב לָבָן לִמְקֹמוֹ.

"May the God of Abraham and the god of Nahor judge between us — the God of their father." And Jacob swore by the Dread of his father Isaac. Then Jacob slaughtered for a feast on the mountain and summoned his kinsmen to break bread; and they broke bread and spent the night on the mountain. And Laban awoke early in the morning; he kissed his sons and his daughters and blessed them; then Laban went and returned to his place (31:53-32:1).

§16 [אֱלֹהֵי אַבְרָהָם וֵאלֹהֵי נָחוֹר יִשְׁפְּטוּ בֵינֵינוּ אֱלֹהֵי אֲבִיהֶם] — *"MAY THE GOD OF ABRAHAM AND THE GOD OF NAHOR JUDGE BETWEEN US THE GOD OF THEIR FATHER."*]

The Midrash clarifies Laban's three references to God:

NOTES

157. *Matnos Kehunah,* followed by *Eitz Yosef;* cf. *Rashi.*

158. *Eshed HaNechalim* (lit., *one to the Edomites and one to the Moabites*).

159. David only addressed the issue of whether or not Joab could wage war with the Moabites, because at that point it was they who stood in the way of his conquest of Aram-naharaim and Aram-tzovah. The issue of warring with the Edomites was not of a pressing nature and David did not bother to address it (*Eitz Yosef*).

160. Joab understood that, as has been explained above, the rationale that allowed for him to attack Moab existed with regard to Edom as well (*Matnos Kehunah;* see *Yefeh To'ar* for further discussion).

According to R' Chanina, the cited verse is to be understood as follows: *When he made war against Aram-naharaim and Aram-tzovah* — while attempting to make war with Aram-naharayim and Aram-tzovah, Joab encountered the Moabites and was told that he may attack them — *and Joab returned and smote Edom* — and as a result of that ruling, Joab derived that he was allowed to battle Edom and therefore he *went back* and did so (*Yefeh To'ar;* see also *Matnos Kehunah*).

[According to R' Eivu, on the other hand, the words *Joab returned and smote Edom* may allude to the fact that, as taught by *Midrash Tanchuma* loc. cit., Joab only attacked Edom upon his *return* from warring with Aram (*Yefeh To'ar,* first approach; see there for another). This fact also serves to explain why the verse does not (explicitly) mention the attack on Moab — because it had taken place previously, before the war at Aram (see *Eitz Yosef*).]

161. Although these verses mention only Joab's battles with Aram and Edom, a verse that appears later in *Psalms* 60:10 alludes to the war with Moab (*Eitz Yosef, Rashash*). See also *II Samuel* 8:12 (*Rashash*).

162. The Midrash associates the word שׁוֹשַׁן with the Sanhedrin based on *Shir HaShirim* 7:3, which uses the word שׁוֹשַׁנִּים (*roses*) in reference to the Sanhedrin. And since the word עֵדוּת suggests the Torah, which is referred to by that name in *Psalms* 19:8, the assembly of the Sanhedrin, whose members constantly speak about the laws of the Torah and in the Holy Tongue with which the Torah is written, are also referred to as שׁוֹשַׁן עֵדוּת (*Yefeh To'ar,* based on *Tanchuma* loc. cit.; see also *Eitz Yosef*).

163. Translation is based on *Eitz Yosef,* from *Yefeh To'ar* (also see *Radal,* from *Tanchuma* loc. cit.), who adds that this behavior was described above, where the Midrash noted that *David did not conduct himself with the honor of kingship.*

Although the Midrash previously expounded the word מִכְתָּם as alluding to *letter(s)* that David wrote to Joab, the fact that the verse did not employ the more common term מִכְתָּב for this purpose prompts the Midrash to read additional meaning into this word (*Eitz Yosef* above, s.v. הדא הוא דכתיב מכתם, from *Nezer HaKodesh*).

164. See also *II Samuel* 8:13.

165. *Eitz Yosef,* from *Yefeh To'ar.*

As we have noted above (at note 144), this Midrash aims to explain why Jacob's pact with Laban did not prevent King David from fighting against Laban's descendants, the Aramites. According to our Midrash, which does not record a specific discussion about that issue, it appears that since Laban's descendants had previously violated the agreement between Jacob and their progenitor (see just below), King David deduced from the incident described here that he was permitted to attack them (*Yefeh To'ar*). However, *Midrash Shocher Tov* (§60, cited by *Eitz Yosef*) and *Midrash Tanchuma* (*Devarim* §3) relate that when Joab approached Aram he was told by its residents, *"You are from the grandsons of Jacob and we are from the grandsons of Laban. Here is their agreement, as is written: this mound shall be witness, etc.!"* The Midrash continues by stating that Joab presented this argument to King David, who was told by the Sanhedrin that the agreement was no longer binding because the Aramites had already acted in violation of it. The Sanhedrin cited two incidents in Scripture where the Aramites had done so — *Numbers* 23:7: *From "Aram," Balak, king of Moab, led me* (Balaam), *from the mountains of the east, "Come curse Jacob for me, come bring anger upon Israel, etc.,"* and *Judges* 3:8: *The wrath of HASHEM flared against Israel and He delivered them into the hand of Cushan-rishathaim, king of "Aram-naharaim," and the Children of Israel served Cushan-rishathaim for eight years.* Following this, Joab returned to Aram and killed its residents.

[*Yefeh To'ar,* followed by *Eitz Yosef,* suspects that the story of the Aramites that appears in the other Midrashim was mistakenly omitted from ours, and the other stories that appear here were only mentioned tangentially; also see *Matnos Kehunah,* who considers a different emendation.]

אָמַר לָהֶם: רַבּוֹתַי, לֹא בָּאתִי לְכָאן אֶלָּא לִלְמֹד, אִם נוֹתְנִים אַתֶּם לִי רְשׁוּת אֲנִי מְלַמֵּד, שָׁלַחְתִּי אֶת יוֹאָב לַאֲרַם נַהֲרַיִם וְלַאֲרַם צוֹבָה וּפָגַע בַּאֲדוֹמִיִּים, וְהוֹצִיאוּ לוֹ אַפִּיסְטוֹלֵי שֶׁלָּהֶן "רַב לָכֶם", וַהֲלֹא הֵם פָּרְצוּ אֶת הַגָּדֵר תְּחִלָּה (שופטים ג, יג) "וַיֶּאֱסֹף אֵלָיו אֶת בְּנֵי עַמּוֹן", פָּגַע בַּמּוֹאָבִיִּים וּבִקֵּשׁ לְזַנְּבָן, וְהוֹצִיאוּ לוֹ אַפִּיסְטוֹלֵי שֶׁלָּהֶן "אַל תָּצַר אֶת מוֹאָב", וַהֲלֹא הֵם פָּרְצוּ הַגָּדֵר תְּחִלָּה, (במדבר כב, ה-ו) "וַיִּשְׁלַח מַלְאָכִים אֶל בִּלְעָם ... וְעַתָּה לְכָה נָא אָרָה לִי", הָדָא הוּא דִכְתִיב (תהלים ס, א) "מִכְתָּם", כַּמָּה אִגְּרוֹת כָּתַב, רַבִּי אֵיבוּ אָמַר: שְׁתַּיִם כָּתַב, אֶחָד לָאֲדוֹמִיִּים וְאֶחָד לַמּוֹאָבִיִּים, רַבִּי חֲנִינָא אָמַר: אִיגֶּרֶת אֶחָד כָּתַב, הָדָא הוּא דִכְתִיב (שם שם ב) "וַיָּשָׁב יוֹאָב וְגוֹ' ", חָזַר וְלָמַד אֲדוֹמִיִּים מִשֶּׁל מוֹאָבִיִּים, הָדָא הוּא דִכְתִיב (שם שם א) "לַמְנַצֵּחַ עַל שׁוּשַׁן עֵדוּת", לְעֵדָה שֶׁהִיא מְשִׁיחָה בִּלְשׁוֹנוֹ שֶׁל אֱלֹהִים, (שם) "מִכְתָּם לְדָוִד לְלַמֵּד", [כב]מָכוּת וְתַמּוּת. (שם שם ב) "בְּהַצּוֹתוֹ אֶת אֲרַם נַהֲרַיִם וַיַּךְ אֶת אֱדוֹם בְּגֵיא מֶלַח", כָּתוּב אֶחָד אוֹמֵר (שמואל-ב ח, יג) "שְׁמוֹנָה עָשָׂר אָלֶף", וְכָתוּב אֶחָד אוֹמֵר (תהלים שם שם) "שְׁנֵים עָשָׂר אָלֶף", אֶלָּא שְׁתֵּי מִלְחָמוֹת הָיוּ, אַחַת שֶׁל י"ב אֶלֶף וְאַחַת שֶׁל י"ח אֶלֶף:

טז [לא, נג] [כג]"אֱלֹהֵי אַבְרָהָם" קוֹדֶשׁ, "וֵאלֹהֵי נָחוֹר" חוֹל, "אֱלֹהֵי אֲבִיהֶם" מַשְׁמָעוֹ קוֹדֶשׁ וְחוֹל. [לא, נד - לב, א] "וַיִּזְבַּח יַעֲקֹב זֶבַח בָּהָר, וַיַּשְׁכֵּם לָבָן בַּבֹּקֶר וְגוֹ' וַיְבָרֶךְ אֶתְהֶם וְגוֹ' ", אָמַר רַבִּי אֵיבוּ:

רש"י

כמה אגרות שלח יואב. רבי איבו אמר שני איגרות כתב אחד לאדומים ואחד למואבים, שהן פרצו הגדר תחילה:

לא באתי לכאן כו'. שאיני סומך על דעתי והיינו מכתם לדוד ללמד: **ופגע באדומיים כו' והלא הם פרצו את הגדר תחלה ויאסוף אליו בני עמון.** לא גרסינן הכא אלא בסמוך גבי מואבים. וצריך להגיה שלא הניחו את יואב לעבור סמוך לגבולם, וכדאיתא בתנחומא סדר דברים (יפה תואר): **אל תצר את מואב והם לא פרצו הגדר תחלה וישלח מלאכים אל בלעם ועתה לכה ארה לי וכתיב ויאסוף אליו בני עמון הדא הוא דכתיב מכתם.** כן צריך לומר. ועיין בבא קמא (לח, א) בתוספות ד"ה נשא משה קל וחומר. ולפי דברי הילקוט מטות מתורץ קושית התוספות עיין שם: **הדא הוא דכתיב מכתם כו'.** דמכתם הוא מלשון רושם וכתב כמה דאת אמר (ירמיה ב, כב) נכתם עונך לפני, ומכל מקום מדכתיב מכתם ולא מכתב דרשינן נמי מיניה מך ותם (נזר הקודש): **שתים כתב אחד כו'.** והא דכתיב ויך את אדום ולא הזכיר מואב. משום דלא הזכיר אלא המלחמה שעשו אחר כיבוש ארם כדאיתא בתנחומא, אבל מואב כבר כבש קודם וכדלעיל, ובכיבוש אדום המתין עד חזירתם כדי להיות להם מים ומזון בחזירתן וכדמפורש בתנחומא: **איגרת אחד כתב.** דוד למואב, פירוש על מואב שהיה צורך שעה לעבור דרך ארצו לארם נהרים, אבל על אדום שלא היה לצורך שעה לא חש להשיב: **לעדה שהיא משיחה כו'.** דקאי אסנהדרין דקרי לה שושן על שם סוגה בשושנים, ועדות על שם התורה שנקראת עדות כדאיתא בתנחומא, וקמפרש הכא על שם שעדת הסנהדרין משיחים בלשון ה' דהיינו התורה (יפה תואר): **מכות ותמות.** לשון מך ותמימות כמו שכתבתי לעיל, ולא נהג דוד כבוד מלכות בעצמו (יפה תואר): **כתוב אחד אומר שמונה עשר אלף.** בדברי הימים ואבישי בן צרויה הכה את אדום בגיא המלח שמונה עשר אלף, וכתוב אחד אומר שנים עשר אלף בספר תהלים וישב יואב ויך את אדום בגיא המלח שנים עשר אלף: **שני מלחמות היו אחת של שנים עשר אלף.** הנזכרת בספר תהלים שעשאה יואב, ואחת של שמונה עשר אלף היא הנזכרת בדברי הימים שעשאה אבישי בן צרויה (יפה תואר): **(טז) [יד] קדש.** ואסור למוחקו: **חול.** ונמחק, כי לא כיון בזה לשמים: **קדש וחול.** כי תרח אבי אברהם היה עובד אלילים ולבסוף חזר למוטב כדאמרינן שעשה תרח תשובה, ולכך משמע קודש וחול (מתנות כהונה):

ויאסוף אליו את בני עמון. עיין בתוספות בבא קמא (לח, ב), אך מצאתי בילקוט מטות (רמז תשפה) בשם ילמדנו לקיים גירסת המדרש והגמרא וזה לשונו דבר אחר נקום נקמת, אחד כנגד מדין, ואחד כנגד מואב, והלא מואב היה תחלה בעלה רעה שנאמר (במדבר כב, ד) ויאמר מואב אל זקני מדין, ומה נשתנה מדין ממואב שנאמר נקום נקמת בני ישראל מאת המדינים, ובמואב כתיב (דברים ב, ט) אל תצר את מואב, אלא שהיה דוד עתיד לצאת מהם, אמר להם הקב"ה המתינו לי כו', וכן מצינו שכיון שבא דוד מסרו הקב"ה בידו שנאמר (דברי הימים א' יח, ב) ויך את מואב, עד כאן, ובזה נתיישבו כל הקושיא מתוספות שם ודו"ק: **שתי מלחמות.** באחד הכה י"ב אלף, ובאחד י"ח אלף, ועיין בדברי הימים (א' יח, יב) ואבישי בן צרויה הכה את אדום בגי מלח י"ח אלף, וכן כתב היפה תואר:

מתנות כהונה

פפייר או הוא לשון פורפרון והוא לבוש מלכות וכן היא גירסת הילקוט בהדיא: **ה"ג בני עמון פגע במואבים ובקש כו': וישלח מלאכים אל בלעם.** אע"ג דבפ' שור שנגח ד' וה' איתא שבשביל אותו שליחות עדיין לא הותר מואב כבר הקשוהו בתוספות ותרצו שדוד היה סומך על פסוק דשופטים דעגלון מלך מואב אלא שהיה מהדר על פסוק מן התורה מפני חלול השם: **מכתם.** לשון רושם וכתב תי"ו כד"א נכתם עונך לפני או פירושו בל' נוטריקון כדמפ' ואזיל: **איגרת א'.** כתב דוד ליואב שדמם מותר מפני שהם פרצו תחלה: ויעב יואב וגו' גרסינן בתהלים סימן ס' ודריש מדכתיב וישב משמע ששבו ממלחמת מואב שהתיר לו דוד לבדו מפני שפרצו המה תחלה ולמדו האדומיים ממואבים שגם המה פרצו הגדר תחלה: **ה"ג אדומיים משל מואבים: לעדה שהיא כו'.** דרש עדות לשון עדה ולשון עדות: **לעדה כו'.** סנהדרין: **בלשונו של אלהים.** בלשון התורה שהם דברי אלהים חיים: **מכות ותמות.** גרס ופירש התירו לו להכותם בתמימות ומן הדין או תמות גם הוא לשון מות ותמותה: **י"ח אלף.** בשמואל ב' סימן ח': **[טז] ה"ג אלהי אביהם משמעו קודש וחול.** כי תרח אבי אברהם מתחילה היה עובד עבודת כוכבים ולבסוף חזר למוטב כמו שפי'

אשד הנחלים

מצד שהמה עברו תחילה, וכמו שכתוב פה אם אני לא אעבור את הגל הזה ואם אתה גו', שגם הם הבטיחו שלא יצירו לישראל, ואחר שהמה עברו אז הותר השבועה: **אלא ללמד.** כמו ללמוד, ואז אם נותנים אתם לי רשות אז אלמד אתכם כלומר אציע לפניכם שלדעתי מותר לצור אותם. ומפני כי יואב הוא מהחכמים ג"כ והיו אוחזים הדבר באיסור הוכרחו לילך לסנהדרין והציע להם איך שלפי דעתו הדבר בהיתר: **לאדומיים.** כלומר לאנשי מלחמתו היושבים באדום שהותר להם לצור עליהם וכן למואבים כן. ודרש מכתם מלשון כתב. ועיין בדברי האחרונים בשם מכתם שהוא שיר העשוי על מתכונת הזאת. **[טז] חול.** דכיוון רק לאמונת אלילים: **קודש וחול.** דיעקב כיון הקדושה ולבן לחול. והכתוב מספר כאשר הוא: **בפה, הה"ד וישכם וכו'.** אלולי האהבה האמיתי ביניהם בודאי היה מאחר עצמו מעט, אבל הכתוב

חידושי הרד"ל

[טו] **לא באתי לכאן אלא ללמוד אם כו'.** כן צריך לומר: **והלא הם פרצו.** עיין בתוספת מצות לא תעשה שהוסיף הרמב"ן על מנין מצות לא תעשה להרמב"ם בסופו: **מכות ותמות.** בתנחומא דברים (סימן ג) מפרש מך לשון עניות, ותמות [ותם] לשון תמימות:

חידושי הרש"ש

לא באתי לכאן אלא ללמד. הוא לשון הפסוק (תהלים ס, א) מכתם לדוד ללמד וכדמסיק: **והלא הם פרצו את הגדר תחלה ויאסוף אליו את בני עמון ועמלק.** כן צריך לומר והוא (בשופטים ג, יג):} **הדא הוא דכתיב מכתם.** המעיין טעה כי הכוונה על ראש פרשה דבהלותו דבתהלים (ס, א): **אלא שתי מלחמות היה כו'.** וראיה לדבר דבתהלים גבי י"ב אלף כתיב (ס, ב) וישב יואב ויך כו' ובדברי הימים (א' יח, יב) גבי י"ח אלף כתיב ואבשי בן צרויה הכה וכו':

אמרי יושר

והלא הם פרצו הגדר תחלה. דייקו אם אני אעבור ואם אתה לא תעבור. כלומר אם אתה לא תעבור אני גם כן מחוייב בזה. אבל אם תעבור ממילא מישתמע שהתנאי בטל: **מכות ושפלות לדוד.** כדאמרינן שהעביר עטרה מראשו והלך אל סנהדרין והשיבו הם פרצו וישלח מלאכים אל בלעם בן בעור. הקשו התוספות פרק ד' ד[בבא] קמא (לח א ד"ה נשא) שהקדוש ברוך הוא צוה אל תצר את מואב. ואחר כך אירע מעשה בלק. ואחר כך צרור המדינים. וקאמר שצוה הקדוש ברוך הוא אל תצר הוא כדי שלא יטעה משה כשיצוה להרוג המדינים. אלמא אחר שילוח בלק מלאכים אל בלעם עדיין היא האזהרה כי לזה היה הכוונה. והכא אומר המדרש שהותרו מאותה שעה. ותירצו דדחוייא בעלמא הוא תשובה זו אבל פריצת גדר העיקרי היינו

מסורת המדרש

כב. סוטה דף יו"ד:
כג. מסכת סופרים פרק ד':

אם למקרא

וַיֶּאֱסֹף אֵלָיו אֶת בְּנֵי עַמּוֹן וַעֲמָלֵק וַיֵּלֶךְ וַיַּךְ אֶת יִשְׂרָאֵל וַיִּירְשׁוּ אֶת עִיר הַתְּמָרִים: (שופטים ג:יג)

וַיִּשְׁלַח מַלְאָכִים אֶל בִּלְעָם בֶּן בְּעוֹר פְּתוֹרָה אֲשֶׁר עַל הַנָּהָר אֶרֶץ בְּנֵי עַמּוֹ לִקְרֹא לוֹ לֵאמֹר הִנֵּה עַם יָצָא מִמִּצְרַיִם הִנֵּה כִסָּה אֶת עֵין הָאָרֶץ וְהוּא יֹשֵׁב מִמֻּלִי: וְעַתָּה לְכָה נָּא אָרָה לִּי אֶת הָעָם הַזֶּה כִּי עָצוּם הוּא מִמֶּנִּי אוּלַי אוּכַל נַכֶּה בּוֹ וַאֲגָרְשֶׁנּוּ מִן הָאָרֶץ כִּי יָדַעְתִּי אֵת אֲשֶׁר תְּבָרֵךְ מְבֹרָךְ וַאֲשֶׁר תָּאֹר יוּאָר: (במדבר כב:ה-ו)

לַמְנַצֵּחַ עַל שׁוּשַׁן עֵדוּת מִכְתָּם לְדָוִד לְלַמֵּד: בְּהַצּוֹתוֹ אֶת אֲרַם נַהֲרַיִם וְאֶת אֲרַם צוֹבָה וַיָּשָׁב יוֹאָב וַיַּךְ אֶת אֱדוֹם בְּגֵיא מֶלַח שְׁנֵים עָשָׂר אָלֶף (תהלים ס:א-ב)

וַיַּעַשׂ דָּוִד שֵׁם בְּשֻׁבוֹ מֵהַכּוֹתוֹ אֶת־אֲרָם בְּגֵיא מֶלַח שְׁמוֹנָה עָשָׂר אָלֶף: (שמואל ב ח:יג)

״אֱלֹהֵי אַבְרָהָם״ קוֹדֶשׁ — ***May the God of Abraham*** — in this phrase, *God* is **sacred;**[166] ״וֵאלֹהֵי נָחוֹר״ חוֹל — ***and the god of Nahor*** — here, *god* is **profane;**[167] ״אֱלֹהֵי אֲבִיהֶם״ מַשְׁמָעוֹ קוֹדֶשׁ וְחוֹל — ***the God of their father*** — **the implication of [this usage of** ***god*****] is** both **sacred and profane.**[168]

□ וַיִּזְבַּח יַעֲקֹב זֶבַח בָּהָר, וַיַּשְׁכֵּם לָבָן בַּבֹּקֶר וְגוֹ׳ וַיְבָרֶךְ אֶתְהֶם וְגוֹ׳ — ***THEN JACOB SLAUGHTERED FOR A FEAST ON THE MOUNTAIN . . . AND LABAN AWOKE EARLY IN THE MORNING, ETC. AND BLESSED THEM, ETC.*** *THEN LABAN WENT AND RETURNED TO HIS PLACE.*

The Midrash describes the manner in which Laban took leave of Jacob's family:

אָמַר רַבִּי אֵייבוּ — R' Eivu said:

NOTES

166. *The god of Abraham* identifies the one, true God. On a practical level, the Midrash teaches that one may not erase this Divine Name (see *Eitz Yosef*).

167. Nachor was a pagan. Laban did not have the true God in mind when he said the words *the god of Nahor*. Consequently, this reference to a deity does not bear sanctity and may be erased (ibid.).

168. Abraham and Nahor were sons of Terah (11:26 above). Terah initially worshiped idols, but repented at the end of his lifetime (see *Rashi* to 15:15 above; see also 30 §4 above). Laban's reference to *the God of [Abraham and Nahor's] father* is therefore suggestive of both sanctity and its opposite (*Eitz Yosef*, from *Matnos Kehunah*).

[Note that *Rashi* to our verse comments on these words: ״אֱלֹהֵי אֲבִיהֶם״ חוֹל, meaning, *"the god of their father" — here (too) "god" is profane.* While *Matnos Kehunah* assumes that *Rashi* had another version of our Midrash, and notes that the words used by *Rashi* appear in *Maseches Soferim* (4:5), see *Yefeh To'ar*, who explains how *Rashi* may be illuminating the words of the Midrash that appear here.] See Insight Ⓐ.

INSIGHTS

Ⓐ **To Distinguish Between Holy and Profane** As explained by the Midrash, Laban's mention of "אֱלֹהֵי נָחוֹר" is profane, referring to idols, and his mention of "אֱלֹהֵי אֲבִיהֶם" is both sacred *and* profane. So why would the verse quote Laban's mention of idolatry and also his sacrilegious combining of sacred and profane in a single reference — especially since this seems to teach us nothing essential in the exchange between Jacob and Laban?

R' Gavriel Margulies explains that the Torah does indeed teach us something profound with this, with regard to how the righteous are to understand and deal with evil people. Why indeed did Laban express himself this way to Jacob? All his attempts to harm Jacob had failed. Laban was forced to make a covenant of peace with Jacob. Yet, at the very moment of pronouncing his peaceful intentions and promises, he still sought to harm Jacob spiritually by slyly mixing idolatrous references with his mention of God, hoping that this might instill an element of idolatrous pollution in Jacob's mind. And even if Jacob would remain unsullied by such comments, his wives and children would be adversely affected, interpreting Jacob's silence in the face of those remarks as tacit admission to the muddling of the clear distinction between the holy and the profane.

But, as Scripture testifies, Jacob's response was both immediate and unambiguous: *Jacob swore by the Dread of his father Isaac.* Jacob used a completely different appellation for "God," and he specified "his father Isaac." His specification of "Isaac" made it absolutely clear that his sole faith was the one he had inherited from his father, Isaac, who had no contact with the idols of Abraham's brother Nahor and his father Terah. And Jacob also dissociated himself completely from Laban's mixing of sacred and profance, altogether avoiding the mention — even in the completely holy sense — of the expression אֱלֹהֵי, which had been tainted in this conversation by Laban. Jacob swore *by the Dread of his father Isaac.*

Jacob demonstrated the alacrity with which one must dissociate himself from evil. כַּאֲשֶׁר יֹאמַר מְשַׁל הַקַּדְמֹנִי מֵרְשָׁעִים יֵצֵא רֶשַׁע, *As the ancient proverb says, "Wickedness issues from the wicked"* (*I Samuel* 24:13). Even when speaking kindness and good, Laban and his ilk are sowing seeds of evil. The righteous must be ever vigilant and maintain the clear boundaries between good and evil, between sacred and profane (*Toras Gavriel* on our verse).

אָמַר לָהֶם: רַבּוֹתַי, לֹא בָּאתִי לְכָאן אֶלָּא לִלְמֹד, אִם נוֹתְנִים אַתֶּם לִי רְשׁוּת אֲנִי מְלַמֵּד, שֶׁלַּחְתִּי אֶת יוֹאָב לַאֲרַם נַהֲרַיִם וְלַאֲרַם צוֹבָה וּפָגַע בָּאֲדוֹמִיִּים, וְהוֹצִיאוּ לוֹ אַפִּיסְטוֹלֵי שֶׁלָּהֶן "רַב לָכֶם", וַהֲלֹא הֵם פָּרְצוּ אֶת הַגָּדֵר תְּחִלָּה (שופטים ג, יג) "וַיֶּאֱסֹף אֵלָיו אֶת בְּנֵי עַמּוֹן", פָּגַע בַּמּוֹאָבִיִּים וּבִקֵּשׁ לְזַנְּבָן, וְהוֹצִיאוּ לוֹ אַפִּיסְטוֹלֵי שֶׁלָּהֶן "אַל תָּצַר אֶת מוֹאָב", וַהֲלֹא הֵם פָּרְצוּ הַגָּדֵר תְּחִלָּה, (במדבר כב, ה-ו) "וַיִּשְׁלַח מַלְאָכִים אֶל בִּלְעָם ... וְעַתָּה לְכָה נָּא אָרָה לִי", הָדָא הוּא דִכְתִיב (תהלים ס, א) "מִכְתָּם", כַּמָּה אִגְּרוֹת כָּתַב, רַבִּי אֵייבוּ אָמַר: שְׁתַּיִם כָּתַב, אֶחָד לָאֲדוֹמִיִּים וְאֶחָד לַמּוֹאָבִיִּים, רַבִּי חֲנִינָא אָמַר: אִיגֶּרֶת אֶחָד כָּתַב, הָדָא הוּא דִכְתִיב (שם שם ב) "וַיָּשָׁב יוֹאָב וְגוֹ' ", חָזַר וְלָמַד אֲדוֹמִיִּים מִשֶּׁל מוֹאָבִיִּים, הָדָא הוּא דִכְתִיב (שם שם א) "לַמְנַצֵּחַ עַל שׁוּשַׁן עֵדוּת", לְעֵדָה שֶׁהִיא מְשִׂיחָה בִּלְשׁוֹנוֹ שֶׁל אֱלֹהִים, (שם) "מִכְתָּם לְדָוִד לְלַמֵּד", [כב]מָכוֹת וְתַמּוּת. (שם שם ב) "בְּהַצּוֹתוֹ אֶת אֲרַם נַהֲרַיִם וַיַּךְ אֶת אֱדוֹם בְּגֵיא מֶלַח", כָּתוּב אֶחָד אוֹמֵר (שמואל-ב ח, יג) "שְׁמוֹנָה עָשָׂר אֶלֶף", וְכָתוּב אֶחָד אוֹמֵר (תהלים שם שם) "שְׁנֵים עָשָׂר אֶלֶף", אֶלָּא שְׁתֵּי מִלְחָמוֹת הָיוּ, אַחַת שֶׁל י"ב אֶלֶף וְאַחַת שֶׁל י"ח אֶלֶף:

טז [לא, נג] [כג]"אֱלֹהֵי אַבְרָהָם" קוֹדֶשׁ, "וֵאלֹהֵי נָחוֹר" חוֹל, "אֱלֹהֵי אֲבִיהֶם" מַשְׁמָעוֹ קוֹדֶשׁ וְחוֹל. [לא, נד - לב, א] "וַיִּזְבַּח יַעֲקֹב זֶבַח בָּהָר, וַיַּשְׁכֵּם לָבָן בַּבֹּקֶר וְגוֹ' וַיְבָרֶךְ אֶתְהֶם וְגוֹ' ", אָמַר רַבִּי אֵייבוּ:

רש"י

כמה אגרות שלח יואב. רבי אייבו אמר שני איגרות כתב אחד לאדומים ואחד למואבים, שהן פרצו הגדר תחילה:

עץ יוסף

לא באתי לכאן כו'. שאיני סומך על דעתי והיינו מכתם לדוד ללמד: **ופגע באדומיים כו' והלא הם פרצו את הגדר תחלה ויאסוף אליו בני עמון.** לא גרסינן הכא אלא בסמוך גבי מואבים. וצריך להגיה שלא הניחו את יואב לעבור סמוך לגבולם, וכדאיתא בתנחומא סדר דברים (יפה תואר): **אל תצר את מואב והם לא פרצו הגדר תחלה וישלח מלאכים אל בלעם ועתה לכה ארה לי וכתיב ויאסוף אליו בני עמון הדא הוא דכתיב מכתם.** כן צריך לומר. ועיין בבא קמא (לח, א) בתוספות ד"ה נשא משה קל וחומר. ולפי דברי הילקוט מטות מתורץ קושית התוספות עיין שם: **הדא הוא דכתיב מכתם כו'.** דמכתם הוא מלשון רושם וכתב כמה דאת אמר (ירמיה ב, כב) נכתם עונך לפני, ומכל מקום מדכתיב מכתם ולא מכתב דרשינן נמי מיניה מך ותם (נזר הקודש): **שתים כתב אחד כו'.** והא דכתיב ויך את אדום ולא הזכיר מואב. משום דלא הזכיר אלא המלחמה שעשו אחר כיבוש ארם כדאיתא בתנחומא, אבל מואב כבר כבש קודם וכדלעיל, וכיבוש אדום המתין עד חזירתם כדי להיות להם מים ומזון בחזירתן וכדמפורש בתנחומא: **איגרת אחד כתב.** דוד למואב, פירוש על מואב שהיה צורך שעה לעבור דרך ארצו לארם נהרים, אבל על אדום שלא היה לצורך שעה לא חש להשיב: **לעדה שהיא משיחה כו'.** דקאי אסנהדרין דקרי לה שושן על שם סוגה בשושנים, ועדות על שם התורה שנקראת עדות כדאיתא בתנחומא, וקמפרש הכא על שם שעדת הסנהדרין משיחים בלשון ה' דהיינו התורה (יפה תואר): **מכות ותמות.** לשון מך ותמימות כמו שכתבתי לעיל, ולא נהג דוד כבוד מלכות בעצמו (יפה תואר): **כתוב אחד אומר שמונה עשר אלף.** בדברי הימים ואבישי בן צרויה הכה את אדום בגיא המלח שמונה עשר אלף, וכתוב אחד אומר שנים עשר אלף בספר תהלים וישב יואב ויך את אדום בגיא המלח שנים אשר אלף: **שני מלחמות היו אחת של שנים עשר אלף.** הנזכרת בספר תהלים שעשאה יואב, ואחת של שמונה עשר אלף היא הנזכרת בדברי הימים שעשאה אבישי בן צרויה (יפה תואר): **(טז) [יד] קדש.** ואסור למוחקו: **חול.** ונמחק, כי לא כיון בזה לשמים: **קדש וחול.** כי תרח אבי אברהם היה עובד אלילים ולבסוף חזר למוטב כדאמרינן שעשה תרח תשובה, ולכך משמע קודש וחול (מתנות כהונה):

פירוש מהרז"ו

ויאסוף אליו את בני עמון. עיין בתוספות בבא קמא (לח, ב), אך מצאתי בילקוט מטות (רמז תשפה) בשם ילמדנו לקיים גירסת המדרש והגמרא וזה לשונו דבר אחר נקום נקמת, אחד כנגד מדין, ואחד כנגד מואב, והלא מואב היה תחלה בעלה רעה שנאמר (במדבר כב, ד) ויאמר מואב אל זקני מדין, ומה נשתנה מדין ממואב שנאמר נקום נקמת בני ישראל מאת המדינים, ובמואב כתיב (דברים ב, ט) אל תצר את מואב, אלא שהיה דוד עתיד לצאת מהם, אמר להם הקב"ה המתינו לי כו', וכן מצינו שכיון שבא דוד מסרו הקב"ה בידו שנאמר (דברי הימים א' יח, ב) ויך את מואב, עד כאן, ובזה נתיישבו כל הקושיא מתוספות שם ודו"ק: **שתי מלחמות.** באחד הכה י"ב אלף, ובאחד י"ח אלף, ועיין בדברי הימים (א' יח, יב) ואבישי בן צרויה הכה את אדום בגי מלח י"ח אלף, וכן כתב היפה תואר:

מתנות כהונה

פפייר או הוא לשון פורפרון והוא לבוש מלכות וכן היא גירסת הילקוט בהדיא: **ה"ג בני עמון פגע במואבים ובקש כו': וישלח מלאכים אל בלעם.** אע"ג דבפ' שור שנגח ד' וה' איתא שבשביל אותו שליחות עדיין לא הותר מואב כבר הקשוהו בתוספות ותרצו שדוד היה סומך על פסוק דשופטים דעגלון מלך מואב אלא שהיה מהדר על פסוק מן התורה מפני חלול השם: **מכתם.** לשון רושם וכתב תי"ו כד"א נכתם עונך לפני או פירושו בל' נוטריקון כדמפ' ואזיל: **איגרת א'.** כתב דוד ליואב שדמם מותר מפני שהם פרצו תחלה: וישב יואב וגו' גרסינן בתהלים סימן ס' ודריש מדכתיב וישב משמע ששבו ממלחמת מואב שהתיר לו דוד לבדו מפני שפרצו המה תחלה ולמדו האדומיים ממואבים שגם המה פרצו הגדר תחלה: **ה"ג אדומיים משל מואבים: לעדה שהיא כו'.** דרש עדות לשון עדה ולשון עדות: **לעדה כו'.** סנהדרין: **בלשונו של אלהים.** בלשון התורה שהם דברי אלהים חיים: **מכות ותמות.** גרס ופירש התירו לו להכותם בתמימות ומן הדין או תמות גם הוא לשון מות ותמותה: **י"ח אלף.** בשמואל ב' סימן ח': **[טז] ה"ג אלהי אביהם משמעו קודש וחול.** כי תרח אבי אברהם מתחילה היה עובד עבודת כוכבים ולבסוף חזר למוטב כמו שפי'

אשד הנחלים

מצד שהמה עברו תחילה, וכמו שכתוב פה אם אני לא אעבור את הגל הזה ואם אתה גו', שגם הם הבטיחו שלא יצירו לישראל, ואחר שהמה עברו אז הותר השבועה: **אלא ללמד.** כמו ללמוד, ואז אם נותנים אתם לי רשות אז אלמד אתכם כלומר אציע לפניכם שלדעתי מותר לצור אותם. ומפני כי יואב הוא מהחכמים ג"כ והיו אוחזים הדבר באיסור הוכרחו לילך לסנהדרין והציע להם איך שלפי דעתו הדבר בהיתר: **לאדומיים.** כלומר לאנשי מלחמתו היושבים באדום שהותר להם לצור עליהם וכן למואבים כן. ודרש מכתם מלשון כתב. ועיין בדברי האחרונים בשם מכתם שהוא שיר העשוי על מתכונת הזאת. **[טז] חול.** דכיוון רק לאמונת אלילים: **קודש וחול.** דיעקב כיון הקדושה ולבן לחול. והכתוב מספר כאשר הוא: **בפה, הה"ד וישכם וכו'.** אלולי האהבה האמיתי ביניהם בודאי היה מאחר עצמו מעט, אבל הכתוב

חידושי הרד"ל

[טו] לא באתי לכאן אלא ללמוד אם כו'. כן צריך לומר: **והלא הם פרצו.** עיין בתוספת מצות לא תעשה שהוסיף הרמב"ן על מנין מצות לא תעשה להרמב"ם בסופו: **מכות ותמות.** בתנחומא דברים (סימן ג) מפרש מך לשון עניות, ותמת [ותם] לשון תמימות:

חידושי הרש"ש

לא באתי לכאן אלא ללמד. הוא לשון הפסוק (תהלים ס, א) מכתם לדוד ללמד וכדמסיק: **והלא הם פרצו את הגדר תחלה ויאסוף אליו את בני עמון ועמלק.** כן צריך לומר והוא (בשופטים ג, יג:) **הדא הוא דכתיב מכתם.** המעיין טעה כי הכוונה על ראש פרשה דבהצותו דבתהלים (ס, א): **אלא שתי מלחמות היה כו'.** וראיה לדבר דבתהלים גבי י"ב אלף כתיב (ס, ב) וישב יואב ויך כו' ובדברי הימים (א' יח, יב) גבי י"ח אלף כתיב ואבשי בן צרויה הכה וכו':

אמרי יושר

והלא הם פרצו הגדר תחלה. דייקו אם אני אעבור ואם אתה לא תעבור. כלומר אם אתה לא תעבור אני גם כן מחוייב בזה. אבל אם תעבור ממילא משתמע שהתנאי בטל: **מכות ושפלות לדוד.** כדאמרינן שהעביר עטרה מראשו והלך אל סנהדרין והשיבו הם פרצו וישלח מלאכים אל בלעם בן בעור. הקשו התוספות פרק ד' [דבבא] קמא (לח א ד"ה נשא) שהקדוש ברוך הוא לוה אל תצר את מואב. ואחר כך אירע מעשה בלק. ואחר כך צרור המדינים. וקאמר שלוה הקדוש ברוך הוא אל תצר הוא כדי שלא יטעה משה כשילוה להרוג המדינים. אלמא אחר שילוח בלק מלאכים אל בלעם עדיין היא האזהרה כי לזה היה הכוונה. והכא אומר המדרש שהותרו מאותה שעה. ותירצו דדחוייא בעלמא הוא תשובה זו אבל פריצת גדר העיקרי היינו

מסורת המדרש

כב. סוטה דף יו"ד:
כג. מסכת סופרים פרק ד':

אם למקרא

וַיֶּאֱסֹף אֵלָיו אֶת בְּנֵי עַמּוֹן וַעֲמָלֵק וַיֵּלֶךְ וַיַּךְ אֶת יִשְׂרָאֵל וַיִּירְשׁוּ אֶת עִיר הַתְּמָרִים: (שופטים ג:יג)

וַיִּשְׁלַח מַלְאָכִים אֶל בִּלְעָם בֶּן בְּעוֹר פְּתוֹרָה אֲשֶׁר עַל הַנָּהָר אֶרֶץ בְּנֵי עַמּוֹ לִקְרֹא לוֹ לֵאמֹר הִנֵּה עַם יָצָא מִמִּצְרַיִם הִנֵּה כִסָּה אֶת עֵין הָאָרֶץ וְהוּא יֹשֵׁב מִמֻּלִי: וְעַתָּה לְכָה נָּא אָרָה לִּי אֶת הָעָם הַזֶּה כִּי עָצוּם הוּא מִמֶּנִּי אוּלַי אוּכַל נַכֶּה בּוֹ וַאֲגָרְשֶׁנּוּ מִן הָאָרֶץ כִּי יָדַעְתִּי אֵת אֲשֶׁר תְּבָרֵךְ מְבֹרָךְ וַאֲשֶׁר תָּאֹר יוּאָר: (במדבר כב:ה-ו)

לַמְנַצֵּחַ עַל שׁוּשַׁן עֵדוּת מִכְתָּם לְדָוִד לְלַמֵּד: בְּהַצּוֹתוֹ אֶת אֲרַם נַהֲרַיִם וְאֶת אֲרַם צוֹבָה וַיָּשָׁב יוֹאָב וַיַּךְ אֶת אֱדוֹם בְּגֵיא מֶלַח שְׁנֵים עָשָׂר אָלֶף (תהלים ס:א-ב)

וַיַּעַשׂ דָּוִד שֵׁם בְּשֻׁבוֹ מֵהַכּוֹתוֹ אֶת־אֲרָם בְּגֵיא מֶלַח שְׁמוֹנָה עָשָׂר אָלֶף: (שמואל ב ח:יג)

דווים וסגופים היו בעל כרחם — **Laban was grieved and pained against his will,**[169] **ולא היו מפרינים אלא בפה** — **and he was not blessing** Jacob's family sincerely, **only with the mouth.**[170] **הדא הוא דכתיב "וישכם לבן בבקר וגו׳"** — **Thus it is written,** ***And Laban awoke early in the morning, etc.;*** *he kissed his sons and his daughters and blessed them; then Laban went and returned to his place.*[171]

□ **וַיֵּלֶךְ וַיָּשָׁב לָבָן לִמְקֹמוֹ** — ***THEN LABAN WENT AND RETURNED TO HIS PLACE.***

The Midrash expounds the final words of this verse:

לסורו — These words suggest that Laban *returned* **to his evil ways.**[172] **מלמד שנכנסו לסטים בתוך ביתו והיו מקרקרים {נוסח אחר: מקרטעים} בו כל הלילה** — Alternatively,[173] **[the verse] teaches that thieves entered [Laban's] house** while he pursued Jacob, **and they were screaming**[174] **{an alternate version:** and they **were springing around}**[175] **in it for the entire night.**[176]

> וְיַעֲקֹב הָלַךְ לְדַרְכּוֹ וַיִּפְגְּעוּ בוֹ מַלְאֲכֵי אֱלֹהִים. וַיֹּאמֶר יַעֲקֹב כַּאֲשֶׁר רָאָם מַחֲנֵה אֱלֹהִים זֶה וַיִּקְרָא שֵׁם־הַמָּקוֹם הַהוּא מַחֲנָיִם.
> *Jacob went on his way, and angels of God encountered him. Jacob said when he saw them, "This is a Godly camp!" So he called the name of that place Mahanaim* (32:2-3).

§17 **וְיַעֲקֹב הָלַךְ לְדַרְכּוֹ וַיִּפְגְּעוּ בוֹ מַלְאֲכֵי אֱלֹהִים** — ***JACOB WENT ON HIS WAY, AND ANGELS OF GOD ENCOUNTERED HIM.***

The Midrash discusses the group of angels that Jacob encountered:

כמה מלאכים היו חלים ומרקדים לפני יעקב אבינו בכניסתו לארץ — **How many angels were circling and dancing before Jacob, our patriarch, at the time of his entrance into the Land** of Israel?[177] **רבי הונא בשם רבי אייבו אמר: ס׳ רבוא מלאכים היו חלים ומרקדים לפני יעקב אבינו בכניסתו לארץ** — **R' Huna in the name of R' Eivu said: Six hundred thousand angels were circling and dancing before Jacob, our patriarch, at the time of his entrance into the Land** of Israel; **הדא הוא דכתיב "ויאמר יעקב כאשר ראם מחנה אלהים זה", ואין שכינה שורה פחות מששים רבוא** — **thus it is written,** ***Jacob said when he saw them, "This is a Godly camp!"*** **for the Divine Presence does not rest** in a group of **less than six hundred thousand.**[178] **רבנן אמרי: ק״כ רבוא** — And **the Rabbis said: One million, two hundred thousand** angels participated, **"ויקרא שם המקום ההוא מחנים"** — as is stated: ***So he called the name of that place Mahanaim*** [מַחֲנָיִם]. The Midrash elaborates: **מחנה הרי ששים רבוא "מחנים" הרי ק״כ רבוא** — A single Godly **camp** (מַחֲנֶה) **is six hundred thousand;** if so, *two* Godly **camps** [מַחֲנַיִם] **are one million, two hundred thousand.**[179]

The Midrash connects our verse, which represents the conclusion of *Parashas Vayeitzei*, with the next one, with which *Parashas Vayishlach* begins:

אמר רבי יודן: נטל מאלו ומאלו ושלח פרוזבין לפניו — **R' Yudan said: [Jacob] took from these and these and sent them as messengers to Esau;**[180] **הדא הוא דכתיב "וישלח יעקב מלאכים לפניו"** — **thus it is written** immediately following the above verse, ***Then Jacob sent angels ahead of him*** *to Esau* (32:4).[181]

NOTES

169. Translation is based on *Rashi*. (See the coming note regarding the phrase's plural form.)

170. Translation is based on *Rashi* and *Eitz Yosef*, from *Ramban* [to 49:22 below], both to 60 §13 above.

[*Aruch*'s version of the Midrash replaces the word מפרינים with מַפְרִיסִים, and he explains it to mean *appeasing* (*Matnos Kehunah*; compare *Eitz Yosef*).]

Although the Midrash is analyzing the behavior of a single individual — Laban — it speaks in the plural because its wording is borrowed from above, 60 §13, where (almost all of) these words appeared in reference to multiple members of Rebecca's family (*Yefeh To'ar*).

171. Had Laban's professed concern for his daughters and their children been genuine, he would have delayed parting from them for as long as possible. The fact that he *awoke early* to do so indicates to the Midrash that his kind words were mere lip service (*Eitz Yosef*; see *Imrei Yosher* for another approach).

172. Literally, the term סורו, which is rooted in the word שַׂר (roughly, *guiding angel*), refers to a person's inclination (*Rashi* to *Horayos* 13a s.v. אמר להם, comparing *Bava Metzia* 59b).

The Midrash is teaching that after he parted from Jacob, Laban returned home and continued his practice of idolatry. Rachel's theft of his *teraphim* and the rebuke of his grandsons (discussed above, in §8) were completely disregarded by Laban (see *Matnos Kehunah*; see also *Eitz Yosef*).

This exposition is prompted either by the verse's seemingly repetitive statement, וַיֵּלֶךְ וַיָּשָׁב, *he went and returned*, or by its inclusion of the word לִמְקֹמוֹ, *to his place*, which appears unnecessary (*Yefeh To'ar*). According to this Midrash, idolatry is referred to as Laban's *place*, because Laban would rely on it and draw security from it (*Matnos Kehunah*).

173. See *Matnos Kehunah*, cited by *Eitz Yosef*, who inserts the words דָּבָר אַחֵר, *alternatively*, into the text at this point.

174. *Matnos Kehunah*, followed by *Eitz Yosef*, first approach.

Alternatively, וְהָיוּ מְקַרְקְרִים בּוֹ means *and they were demolishing it* (see ibid.).

175. *Matnos Kehunah*, from *Aruch*, followed by *Eitz Yosef*.

In other words, the thieves were reveling and dancing (*Maharzu*).

176. *Yalkut Shimoni* adds that this exposition is based on the apparently superfluous word לִמְקֹמוֹ, *to his place*, which is understood here to mean *to his [original status of] poverty*, indicating that thieves looted all that Laban owned (*Eitz Yosef*; see also *Matnos Kehunah*, *Maharzu*; see *Imrei Yosher* for another approach). On account of Jacob, Laban had been blessed with wealth (see above, 30:27 with 73 §8). With Jacob's departure, this wealth was stolen and Laban *returned* to his prior status (*Matnos Kehunah*; see also *Maharzu*).

177. Translation is based on *Matnos Kehunah*. [Note that *Shir HaShirim Rabbah* to 7:1, §2, applies this Aggadah to *Shir HaShirim* 7:1, which refers to מְחֹלַת הַמַּחֲנָיִם, *encircling camps* (see *Rashi*, *Radal*, *Rashash*).]

Our verse does not state, *Jacob went on his way and he encountered angels*, but rather, *and angels encountered him*. This indicates to the Midrash that the angels described by the verse specifically came to joyously greet Jacob upon his entrance into the Holy Land (*Maharzu*; see also *Eitz Yosef*, from *Yefeh To'ar*). *Circling and dancing* is an allegorical description of the joy experienced by the angels at the knowledge that they would soon benefit from the elevated level of spirituality that Jacob would attain in *Eretz Yisrael* (*Eitz Yosef* to *Shir HaShirim Rabbah* loc. cit.; see *Yefeh To'ar* for further discussion). Our Midrash asks how many angels participated in this welcome.

Actually, Jacob was still some distance away from *Eretz Yisrael* (see *Ramban* to verse; cf. *Mizrachi* to verse). Our Midrash uses the phrase *entrance into the Land* non-literally in reference to Jacob's *approach* to the Land (*Eitz Yosef*, from *Yefeh To'ar*). [Note that the parallel of this Midrash that appears in *Shir HaShirim Rabbah* loc. cit. describes the angels' rejoicing בְּשָׁעָה שֶׁיָּצָא יַעֲקֹב מִבֵּית לָבָן, *at the time that Jacob went out of Laban's household*.]

178. Jacob's reference to the angels as *a Godly camp* indicates to the Midrash that the Divine Presence rested upon the group (see *Yefeh To'ar*). And the Divine Presence cannot rest fully upon a group of less than 600,000 members — a number equal to the Jews that were present when the Torah was given at Mount Sinai (*Eitz Yosef*, who references *Devarim Rabbah* 7 §9; *Maharzu* references above, 70 §9).

179. *Matnos Kehunah*, *Eitz Yosef*.

180. פְּרוֹזְבִּין is Greek for *messengers* (*Rashi*, quoted by *Matnos Kahunah* and *Eitz Yosef*).

The two groups to which this Midrash refers are the two *camps of angels* that were described above (*Eitz Yosef*; cf. *Yefeh To'ar*).

181. Immediately after the verse states: *So he called the name of that place Mahanaim* [which has been explained to refer to the two camps of angels]. it continues with: *And Jacob sent angels ahead of him to Esau*. This prompts the Midrash to understand that it was from among these two camps of angels that Jacob sent messengers to Esau (*Maharzu*, *Eitz Yosef*).

דְּוּוִים וּסְגוּפִים הָיוּ בְּעַל כָּרְחָם וְלֹא הָיוּ מַפְרִינִים אֶלָּא בַּפֶּה, הָדָא הוּא דִכְתִיב "וַיַּשְׁכֵּם לָבָן בַּבֹּקֶר וְגוֹ' וַיֵּלֶךְ וַיָּשָׁב לָבָן לִמְקֹמוֹ", לְסוּרוֹ, מְלַמֵּד שֶׁנִּכְנְסוּ לִסְטִים בְּתוֹךְ בֵּיתוֹ וְהָיוּ מְקַרְקְרִים {נוּסַח אַחֵר: מְקַרְטְעִים} בּוֹ כָּל הַלָּיְלָה:

יז [לב, ב] **"וְיַעֲקֹב הָלַךְ לְדַרְכּוֹ וַיִּפְגְּעוּ בוֹ מַלְאֲכֵי אֱלֹהִים", כַּמָּה מַלְאָכִים הָיוּ חָלִים וּמְרַקְּדִים לִפְנֵי יַעֲקֹב אָבִינוּ בִּכְנִיסָתוֹ לָאָרֶץ, רַבִּי הוּנָא בְּשֵׁם רַבִּי אֵייבוּ אָמַר:** כד**ס' רִבּוֹא מַלְאָכִים הָיוּ חָלִים לִפְנֵי יַעֲקֹב אָבִינוּ בִּכְנִיסָתוֹ לָאָרֶץ, הָדָא הוּא דִכְתִיב** [לב, ג] **"וַיֹּאמֶר יַעֲקֹב כַּאֲשֶׁר רָאָם מַחֲנֵה אֱלֹהִים זֶה", וְאֵין שְׁכִינָה שׁוֹרָה פָּחוֹת מִשִּׁשִּׁים רִבּוֹא, רַבָּנָן אָמְרֵי: ק"כ רִבּוֹא, "וַיִּקְרָא שֵׁם הַמָּקוֹם הַהוּא מַחֲנָיִם", מַחֲנֶה הֲרֵי שִׁשִּׁים רִבּוֹא, "מַחֲנָיִם" הֲרֵי ק"כ רִבּוֹא, אָמַר רַבִּי יוּדָן: נָטַל מֵאֵלּוּ וּמֵאֵלּוּ וְשָׁלַח פְּרוֹזְבִּין לְפָנָיו, הָדָא הוּא דִכְתִיב** [לב, ד] **"וַיִּשְׁלַח יַעֲקֹב מַלְאָכִים לְפָנָיו":**

רש"י

(טז) **דוויים וסכופים.** כמו לענות נפש לסגפה, וכ"ף וגימ"ל מתחלפות, רכיל רגל. כלומר עלבים ומעונים היו על כרחם: (יז) **כמה מלאכים היו חלים.** כמו מחולת המחנים (שיר השירים ז, א): **ושלח פרוזבין לפניו.** שלוחים בלשון יון:

מתנות כהונה

רש"י בפ' לך לך בפסוק ואתה תבוא אל אבותיך בשלום מלמד שעשה תרח תשובה ופי' רש"י בחומש גרס אלהי אביהם חול וכ"ה במסכ' סופרים שאותו שם נמחק לפי שהוא חול: **ה"ג וישכם לבן בבוקר וגו' ויברך אותם וגו' א"ר אייבו: סגופים.** לשון ענוי כד"א המסגף עצמו ברעב ולעיל פרשה ס' גרס ושפופים: **מפרינין.** פירוש הערוך מפייסי' בפה ולא בלב וגרס הוא מפריסין ועיין ערוך ערך מפריש וערך פרן: **לסורו.** לעבודת כוכבים שלו ולא היה משגיח במה שלקחה רחל את התרפים ובמה שהוכיחו אותו בני יעקב ולפ"ז נ"ל ד"א מלמד כו'. ובילקוט גרס לדוויו כו': **לסורו.** למקומו דרש כי הוא מקומו אשר הוא נשען עליה ובוטח בה: **מקרקרים.** לשון צעקה או הוא כמו מקרקר קיר: **מקרטעים.** פי' הערוך מדלגים ודייק למקומו למקום מדרגתו שהיה בו קודם בוא יעקב אליו שבשביל יעקב נתברך ובלכתו נטלו הליסטים את הכל וחזר לכמו שהיה בראשונה: **[יז] חלים.** לשון מחול וריקוד: **ק"ב רבוא.** מחניים המה שתי מחנות של שכינה: נטל מאלו ומאלו גרס: **פרוזבין.** פירש רש"י שלוחין בלשון יון:

אשד הנחלים

מספר שתיכף בהשכמה הלך למקומו, כאיש הבורח משונאו מהר: **לסורו.** כלומר למקום מדריגתו הרעה, כי לא למד מיעקב מאומה לאחוז מעט בדרך טוב: **ליסטים בתוך ביתו.** לא ידעתי מאין דייק זאת. ואולי על דרך הפשט דייק ג"כ ממלת וישכם, כלומר תיכף בהשכמה נסע למקומו מפני ששמע כי לסטים באו בביתו כל הלילה ועל כן שב מהר, כי אלולי זאת לא מיהר על כל פנים ללכת מבנותיו: **[יז] כמה מלאכים כו' ששים רבוא כו' ק"ך רבוא.** הדבר הזה הוא כמחלוקת שמצאנו בענין מתן תורה בנתינת הכתרים לישראל שי"א ששים רבוא מלאכים להלביש הכתרים וי"א ק"ך אחד כנגד נעשה ואחד כנגד נשמע. והכלל כי מחלוקתם אם על העשיה ושמיעה הוא מלאך אחד או ב'. וקצת מזה בארתי בתנא דבי אליהו ובמדרש חזית. ועל כן יעקב השיג זאת, שזהו מדריגת התורה כולה בבחינת קבלת ישראל. ודרש לפניו, כלומר ממה שלפניו, מהמלאכים שבאו לפניו, עשה שלוחים שיצילו אותו מעשו:

עץ יוסף

דוים וסגופין היו. כואבים וחלושים היו ולא היו מפייסים אלא בפה, הדא הוא דכתיב וישכם לבן בבקר, ואילו היה לבבו שלם עם בנותיו ובני בנותיו לא היה ראוי להשכים בבקר להפטר מהם אלא הוה ליה להתנהג במתון כל מה שאפשר: **לסורו.** פירוש לעבודת כוכבים ומזלות כבראשונה, שאף על פי שהשבטים הוכיחו אותו כדאיתא לעיל (סימן [ו] ח) מכל מקום לא חזר בתשובה: **מלמד שנכנסו כו'.** כדאיתא בילקוט מה למקומו שחזר לעניותו שבאו לסטין ונטלו כל מה שהיה לו ואמר יעקב ותבט עיני בשורי. וכתב המתנות כהונה שצריך לומר דבר אחר למקומו מלמד כו': **מקרקרים.** לשון צעקה, או הוא כמו מקרקר קיר: **נ"א מקרטעים.** מדלגים (ערוך): **(יז) [טו] כמה מלאכים כו'.** שקבלו פניו בשמחה רבה בשובע שמחות בהיותו מוכן לבא ליכנס לארץ הקדושה: **לבניסתו לארץ.** כשהיה קרוב ליכנס לארץ שמחו המלאכים וקדמו פניו (יפה תואר): **מחנה אלהים זה.** כלומר שהשכינה שורה עליהם. **ואין השכינה שורה** כראוי בשלימות **בפחות משישים רבוא** כדוגמת מחנה ישראל וכדלקמן דברים רבה פרשה ז': **מאה עשרים רבוא.** מחנים המה שתי מחנות של שכינה: **פרוזבין.** פרש"י שלוחין בלשון יון. ודרש סמוכים מחנים וישלח יעקב מלאכים, סבירא ליה מאותן מחנים שלח שלוחים לעשו אחיו:

פירוש מהרז"ו

(טז) למקומו לסורו. עיין לעיל פרשה ע' סוף סימן ה', ויתכן שצריך לומר לסוריא שארם נקרא סוריא, ועיין מתנות כהונה: **מקרקרים.** עיין לעיל (סד, ט), מקרטעים פירש הערוך מדלגים והוא שמחה וריקוד של שלל, ונעשה עני כמו שהיה קודם שבא אליו יעקב כמה שמבואר לעיל (עג, ח) שבעים לאן וזהו למקומו, וכן הובא בילקוט: **(יז) חלים ומרקדים.** דייק מה שאמר ויפגעו בו שהיה לו לומר ויפגע במלאכי אלהים, על כן דורש שבאו לקבל פניו בשמחה וכמו שאיתא לעיל (סח, יב): **שישים רבוא.** עיין לעיל (ע, ט), ולקמן (עה, י) ומדרשים חלוקים הם. ועיין במדבר רבה (ד, א): **נטל מאלו ומאלו.** דורש סמוכים ויקרא שם המקום מחנים וישלח יעקב וגו' היינו מהמחנים הנכתב לעיל שלח מלאכים. עיין אגדת בראשית (פרק כד) באורך:

חידושי הרד"ל

[יז] **חלים ומרקדים.** בשיר השירים רבה (ז, ב) דרוש לה לשון הזה על מחולת המחנים, ומשם יצא לשון זה בחלים ומרקדים:

חידושי הרש"ש

[יז] {**כמה מלאכים היו חלים ומרקדים כו'.** הוא נסמך על קרא דכמחולת המחנים דשיר השירים (ז, א), וכמו שדרשו שם בחזית (שיר השירים רבה ז, ב) ועיין שם:}

אמרי יושר

קרא דשופטים (ג יב) ויאסוף עגלון מלך מואב את בני עמון ועמלק וילך ויך את ישראל משמש לשניהם: **[טז] אין מפייסין בפה בלבד.** זהו וינשק לבניו לא אמר את בניו שהוא מורה עלמות: **שנכנסו לסטים לתוך ביתו.** דייקו שלא אמר לביתו כי לא מלא בית מוכן אמר למקומו. ועוד מכיון שראינו ויעקב הלך לדרכו ויפגעו בו מלאכי אלהים אלמא לבן ההפכי לו פגעו בו לסטים ומלאכי חבלה ולא בא שלם לעירו כיעקב ובא יעקב שלם ולא לבן שחזר לסורו. הלך ושב למדרגתו הרשעה אף שגנבה רחל תרפיו כדי שיחזור בתשובה. זהו אשר לאביה כדי שלא ישאר אביה באותה אמונה. ועיין רבי אברהם סבע (ספר צרור המור עה"פ ויעקב הלך):

מסורת המדרש

כד. שיר השירים רבה פרשה ז' פסוק א':

ידי משה

[יז] כמה מלאכים היו חלים וכו'. נראה לי דפליגי רב הונא ורבנן אם היו ששים רבוא או ק"כ רבוא כי בחוץ לארץ השכינה שורה בפחות מששים רבוא, ורבנן סבירא להו שעל כן היה ק"כ רבוא הואיל ומלאכי חוץ לארץ שהיו ששים רבוא לכבוד יעקב הוצרכו מלאכי ארץ ישראל לנאת בשבילו גם כן ששים רבוא ודוק:

וישלח
VAYISHLACH

Chapter 75

וַיִּשְׁלַח יַעֲקֹב מַלְאָכִים לְפָנָיו אֶל עֵשָׂו אָחִיו אַרְצָה שֵׂעִיר שְׂדֵה אֱדוֹם.

Then Jacob sent messengers ahead of him to Esau his brother to the land of Seir, the field of Edom (32:4).

§1 **וַיִּשְׁלַח יַעֲקֹב מַלְאָכִים לְפָנָיו** — ***THEN JACOB SENT MESSENGERS AHEAD OF HIM.***

Scripture relates that Jacob was extremely fearful of Esau and sent messengers to humbly seek to appease him, all the while praying to God to rescue him. Why, then, was there no reassuring response from God, as there was on other occasions involving the Patriarchs?[1] The Midrash explains:

רַבִּי פִּנְחָס בְּשֵׁם רַבִּי רְאוּבֵן פָּתַח — R' Pinchas in the name of R' Reuven opened his discourse on this verse with an exposition of the following verse: **"קוּמָה ה׳ קַדְּמָה פָנָיו הַכְרִיעֵהוּ פַּלְּטָה נַפְשִׁי מֵרָשָׁע חַרְבֶּךָ"** — ***Rise up, HASHEM, precede him and bring him to his knees; rescue my soul from the wicked one, who is Your sword*** (*Psalms* 17:13).

Before explaining the connection of this verse to our passage, the Midrash digresses to discuss the verse's opening expression, *Rise up, HASHEM*:[2]

רַבִּי פִּנְחָס אָמַר — R' Pinchas said: חֲמִשָּׁה פְעָמִים דָּוִד מֵקִים לְהַקָּדוֹשׁ בָּרוּךְ הוּא בְּסֵפֶר תְּהִלִּים — Five times in the Book of *Psalms* King **David asks the Holy One, blessed is He, to rise:**[3] **"קוּמָה ה׳ הוֹשִׁיעֵנִי אֱלֹהַי"** — ***Rise up, HASHEM; save me, my God*** (ibid. 3:8); **"קוּמָה ה׳ בְּאַפֶּךָ"** — ***Rise up, HASHEM, in Your anger*** (ibid. 7:7); **"קוּמָה ה׳ אֵל נְשָׂא יָדֶךָ אַל תִּשְׁכַּח"** — ***Arise, O HASHEM! O God, raise Your hand, do not forget*** *the humble!* (ibid. 10:12); **"קוּמָה ה׳ אַל יָעֹז אֱנוֹשׁ"** — ***Arise, HASHEM, let not frail man feel invincible!*** (ibid. 9:20); **"קוּמָה ה׳ קַדְּמָה פָנָיו"** — ***Rise up, HASHEM, confront him*** (ibid. 17:13). **אָמַר לוֹ הַקָּדוֹשׁ בָּרוּךְ הוּא — The Holy One, blessed is He, responded to him, דָּוִד בְּנִי, אֲפִילוּ אַתְּ מְקִימֵנִי כַּמָּה פְּעָמִים אֵינִי קָם — "David, My son,**[4] **even if you ask Me many times to rise up** (lit., *even if you raise Me*), **I will not rise** fully.[5] **וְאֵימָתַי אֲנִי קָם — When will I rise** fully? **לִכְשֶׁתִּרְאֶה עֲנִיִּים נִשְׁדָּדִים וְאֶבְיוֹנִים נֶאֱנָקִים — When you will see the poor being plundered and the needy crying out,** i.e., at the time of the Messiah."[6] **הָדָא הוּא דִכְתִיב — Thus it is written, "מִשֹּׁד עֲנִיִּים מֵאֶנְקַת אֶבְיוֹנִים וְגוֹ׳ "** — ***Because of the plundering of the poor, because of the cry of the needy*** — *"Now I will arise!" HASHEM will say* (ibid. 12:6).[7]

NOTES

1. Indeed, Jacob himself was reassured by God on other occasions. See above, 28:15 and 31:3 [see *Rashi* to 32:10] and below, 46:4 (*Yefeh To'ar*; see also *Imrei Yosher* and note 25 below).

2. *Eitz Yosef.*

3. Actually, the expression *Rise up* is addressed to God nine times in *Psalms*. *Radal* therefore emends the text to state "in the first book of *Psalms*." (The Book of *Psalms* is divided into five books. The first includes Chs. 1-41.) This is indeed the text that appears in *Yalkut Shimoni, Tehillim* §626 and elsewhere. See, however, *Eitz Yosef*, for an explanation of our text.

[*Midrash Tehillim* (also known as *Midrash Shocher Tov*) to *Psalms* 3:8 explains that David made these five requests for God to arise against the enemies of Israel in reference to the "four kingdoms" that will subjugate Israel until the Messianic redemption — Babylonia, Persia/Media, Greece, and Rome — and their final enemy at the End of Days, Gog and his kingdom of Magog (*Matnos Kehunah, Eitz Yosef*).]

4. I.e., even though you are My beloved son; and others who may pray to Me are similarly dear to Me (*Yefeh To'ar*, cited by *Eitz Yosef*).

5. Ibid. God will "rise" somewhat to help David and others who pray to Him. But He will not "rise fully," for His glory will not be appreciated properly if it is revealed constantly.

6. The Gemara (*Sanhedrin* 97a) states that the Messiah will arrive only after the Jewish people are so mistreated and downtrodden that they will despair of being redeemed. This will enable God's might to be revealed in its full glory, for the world will see how He has saved a nation that was at the nadir of lowliness (*Yefeh To'ar*; see *Eitz Yosef*).

7. The verse thus means: It is only *because of the plundering of the poor* and *the crying out of the needy*, which will be so great at the time, that *HASHEM will say, "Now I will arise!"* He will then reveal His full glory with the destruction of the enemy and the salvation of Israel (ibid.).

See Insight Ⓐ.

INSIGHTS

Ⓐ **The Cry of the Oppressed** The Midrash infers from the verse in *Psalms* (12:6) that only when God sees the poor being plundered and the needy crying out does He rise up in revenge against the oppressors. Since *the plundering of the poor* and *the cry of the needy* are mentioned sequentially in both the verse and the Midrash, the implication is that it is not the crime itself that spurs God to action. Rather, it is the *cry* of the needy to Him that causes Him to rise up to take revenge.

R' Avraham Yitzchak Sorotzkin explains the Midrash based on the verses in *Exodus* 22:21-22: *You shall not cause pain to any widow or orphan. If you [dare to] cause him pain . . . ! — for if he shall cry out to Me, I shall surely hear his outcry. Yalkut Shimoni* explains there that although God surely avenges the victim's suffering even when he does not cry out, He does so more quickly when the widow or orphan cries out to Him. Writing in *Parashas Vayeira*, the Brisker Rav, *R' Yitzchak Zev Soloveitchik*, explains that since one of God's Attributes of Mercy is "Slow to Anger," He may delay the punishment when one violates a commandment "between man and God," or if he sins against his fellow man but the aggrieved does not cry out. However, if the oppressed cries out to Him, He takes immediate action against the oppressor. Such was the case in Sodom and Gomorrah, where the people had long committed terrible sins against God. They were destroyed only when *the outcry [of the oppressed] of Sodom and Gomorrah had become great* (above, 18:20). This, suggests Rav Sorotzkin, is also the meaning of our Midrash: If the poor do not cry out after being plundered, God may delay His punishment and not "rise up" immediately. However, when the *plundering of the poor* is followed by *the cry of the needy* for being plundered, *HASHEM will say, "Now I will arise!"* — i.e., "*Now*, and not a moment later" (*Rinas Yitzchak, Tehillim* 12:6).

Indeed, *Ramban* on *Exodus* (ad loc.) explains that this is the plain meaning of that verse, which he renders: *If you cause him pain, if he will but cry out to Me, I shall surely hear his outcry. Ramban* explains that when the average person is wronged by someone, he has a variety of protectors and advocates to whom to turn. The defenseless man, however, has no one to whom to appeal. For that very reason, he is preyed upon by those who think they need fear no repercussions. But God says, "No! The defenseless one will be helped more than anyone else, for *I* will avenge his hurt. And while others must go to great lengths to secure the aid of their protectors and even then the efficacy of that aid is uncertain, the defenseless person need do nothing more than cry out to Me! *I* am his protector — and I will come immediately to his aid!" (see ArtScroll ed. of *Ramban* to *Exodus* 22:22, with notes 176 and 182).

Chovos HaLevavos comments (in his introduction to *Shaar HaBitachon*) that God places a person under the control of that in which he trusts. If he trusts his own wealth or some other person, then that is who will or will not save him. If he trusts in *God*, then it is *He* Who will save him. The poor and oppressed have no one to trust other than God. It is thus He Who saves them.

The story is told of a distraught woman in need of much help who came before a renowned Chassidic master. She beseeched the Rebbe repeatedly for a blessing that would alleviate her predicament but, surprisingly, he refused her. Finally, in desperation, she shouted at him, "If the Rebbe will not help me, then God will help me!" Whereupon the Rebbe smiled and exclaimed, "*That* is what I wanted to hear!"

And that is what *God* wants to hear. One is to *try* all natural means

סֵדֶר וַיִּשְׁלַח

פרשה עה

א [לב, ד] "**וַיִּשְׁלַח יַעֲקֹב מַלְאָכִים לְפָנָיו", רַבִּי פִּנְחָס בְּשֵׁם רַבִּי רְאוּבֵן פָּתַח:** (תהלים יז, יג) **"קוּמָה ה' קַדְּמָה פָנָיו הַכְרִיעֵהוּ פַּלְּטָה נַפְשִׁי מֵרָשָׁע חַרְבֶּךָ", רַבִּי פִּנְחָס אָמַר:** [א] **חֲמִשָּׁה פְּעָמִים דָּוִד מֵקִים לְהַקָּדוֹשׁ בָּרוּךְ הוּא בְּסֵפֶר תְּהִלִּים:** (שם ג, ח) **"קוּמָה ה' הוֹשִׁיעֵנִי אֱלֹהַי",** (שם ז, ז) **"קוּמָה ה' בְּאַפֶּךָ",** (שם י, יב) **"קוּמָה ה' אֵל נְשָׂא יָדֶךָ אַל תִּשְׁכַּח",** (שם ט, כ) **"קוּמָה ה' אַל יָעֹז אֱנוֹשׁ", "קוּמָה ה' קַדְּמָה פָנָיו", אָמַר לוֹ הַקָּדוֹשׁ בָּרוּךְ הוּא: דָּוִד בְּנִי, אֲפִילוּ אַתְּ מְקִימֵנִי כַּמָּה פְּעָמִים אֵינִי קָם, וְאֵימָתַי אֲנִי קָם, לִכְשֶׁתִּרְאֶה עֲנִיִּים נִשְׁדָּדִים וְאֶבְיוֹנִים נֶאֱנָקִים, הָדָא הוּא דִכְתִיב** (שם יב, ו) **"מִשֹּׁד עֲנִיִּים מֵאֶנְקַת אֶבְיוֹנִים וְגוֹ'", רַבִּי שִׁמְעוֹן בַּר יוֹנָה אָמַר:** [שם] **"עַתָּה אָקוּם", כָּל זְמַן שֶׁהִיא מוּכְפֶּשֶׁת בָּאֵפֶר כִּבְיָכוֹל, אֶלָּא לִכְשֶׁיַּגִּיעַ אוֹתוֹ הַיּוֹם שֶׁכָּתוּב בּוֹ** (ישעיה נב, ב) **"הִתְנַעֲרִי מֵעָפָר קוּמִי שְׁבִי יְרוּשָׁלָיִם", בְּאוֹתָהּ שָׁעָה** (זכריה ב, יז) **"הַס כָּל בָּשָׂר מִפְּנֵי ה'", לָמָּה,** (שם) **"כִּי נֵעוֹר מִמְּעוֹן קָדְשׁוֹ", אָמַר רַבִּי אַחָא: כְּהָדָא תַּרְנְגוֹלְתָּא דִּמְנַעֲנָה גַּרְמָהּ {נוּסַח אַחֵר: דִּמְנַעֲרָה אֲגַפָּהּ} מִן קִיטְמָא,** (תהלים יז שם) **"קַדְּמָה פָנָיו", קַדְּמֵיהּ לְרַשִּׁיעָא עַד לָא יְקַדְּמִינָךְ,** (שם) **"הַכְרִיעֵהוּ", הַכְרִיחֵהוּ לְכַף חוֹבָה, שׁוֹבְרֵהוּ, הֵיךְ מַה דְּאַתְּ אָמַר** (שם כ, ט) **"הֵמָּה כָּרְעוּ וְנָפָלוּ וְגוֹ'",** (תהלים יז שם) **"פַּלְּטָה נַפְשִׁי מֵרָשָׁע חַרְבֶּךָ", פַּלְּטָה נַפְשִׁי מֵאוֹתוֹ רָשָׁע שֶׁהוּא בָּא מִכֹּחָהּ שֶׁל אוֹתָהּ הַחֶרֶב, שֶׁנֶּאֱמַר** (בראשית כז, מ) **"וְעַל חַרְבְּךָ תִחְיֶה", דָּבָר אַחֵר, פַּלְּטָה נַפְשִׁי מֵאוֹתוֹ רָשָׁע שֶׁהוּא חַרְבְּךָ, שֶׁבּוֹ אַתָּה רוֹדֶה אֶת עוֹלָמְךָ, רַבִּי יְהוֹשֻׁעַ דְּסִכְנִין בְּשֵׁם רַבִּי לֵוִי אָמַר: פַּלְּטָה נַפְשִׁי מֵאוֹתוֹ רָשָׁע שֶׁהוּא עָתִיד לִיפּוֹל בְּחַרְבֶּךָ, הָדָא הוּא דִכְתִיב** (ישעיה לד, ה) **"כִּי רִוְּתָה בַשָּׁמַיִם חַרְבִּי וְגוֹ'",**

עץ יוסף

(א) **פתח קומה ה' כו'.** טעם פתיחה זו יתבאר לקמן בסוף המאמר: **חמשה פעמים דוד מקים להקדוש ברוך הוא כו'.** הנה טעם מנין החמשה מבואר בשוחר טוב (מזמור יז) שהם כנגד ארבע מלכיות וכנגד גוג. ואף על גב דטובא קומה כתיב. יש לומר דלא חשב אלא אותן שנזכר בהם השם הנכבד. והא דלא חשיב קומה ה' למנוחתך (תהלים קלב, ח) משום דלא איירי בהשפלת האויבים. ובילקוט ובפסיקתא דותאמר ליתא גרס בספר ראשון של תהלים וכן צריך לומר, שבכל ספר תהלים יש כמה פעמים (הרד"ל): **דוד בני.** כלומר אף שאתה בני והדומים לך קרובים לי, איני קם לגמרי שאין כבודי מפורסם בהתמדה, אלא בימות המשיח אז אקום. והיינו כשתראה עניים נשדדים דהיינו בעת קץ שאין בן דוד בא עד שאפס עצור ועזוב, כדאיתא בפרק חלק (סנהדרין צז, א) ואז יקום ה'. ובשיר השירים רבה (פרשה יז) משמע שהקימה רמז להתעוררות הנקמה לגמרי באף ובחמה ובקצף גדול (יפה תואר): **דמנערה גרמאה.** פירוש דמנערה עצמה. נוסח אחר דמנערה אגפה פירוש שמנערת כנפיה מן האפר: **קדמיה לרשיעא כו'.** שאם יש לו שום זכות ישלם ה' שכרו בעולם הזה קודם שיקדים הוא פני ה' בזכיותיו, ובכן [ובכך] הכריעהו מכף זכות לכף חובה על דרך ומשלם לשונאיו אל פניו. וכמה יצדק זה על עשו שהיה לו זכות כבוד אביו ואמו. או פירושו קדמיה לרשיעא שיקדים להביא עליו הרעה ולא יספיק בידו לעשות תשובה קודם, ודרש הכריעהו מלשון הכרע הכף (יפה תואר): **שברהו.** זהו דבר אחר על תיבת הכריעהו, כלומר שלא ימית אותו אלא ישבר כחו ויורידהו מנכסיו על דרך (תהלים נט, יב) אל תהרגם פן ישכחו עמי כי זה קשה מהמות (יפה תואר): **עתיד ליפול בחרבך.** וכיון דסוף סוף עתיד ליפול ראוי שמעכשיו תעשה כן דגברא קטילא קטלת:

פירוש מהרז"ו

(א) **חמשה פעמים.** עיין רד"ל והפסוקים שהביא כאן שלא כסדרן, ובילקוט תהלים (רמז תרכה) כסדרן. ועיין שמות רבה (יד, ד): **רבי שמעון בר יונה.** שיר השירים רבה (ד, יז) פסוק אתי מלבנון:

רש"י

(א) **קדמה פניו.** להשחיתו. **קדמיה לחייבא עד שלא יקדמך.** להזיק לבניך:

מתנות כהונה

[א] **חמשה פעמים כו'.** בשוחר טוב (מזמור ח) מפרש ארבע נגד ארבע גליות, והחמישית נגד גוג ומגוג: **מאנקת אביונים.** סיפיה דקרא עתה אקום יאמר ה': **שהיא.** כנסת ישראל מוכבשת באפר: **הכי גרסינן כביכול איני קם אלא: כהדא כו'.** כתרנגולת הזאת שמנערת את עצמה מעפרה: **קדמיה כו'.** כך אמר דוד להקב"ה אתה תקדמנו לרשע גוג ומגוג עד שלא יקדימך הוא, וכן הוא בהדיא בשוחר טוב שנאמר (זכריה יד, ג) ויצא ה' ונלחם בגוים: **יקדימנך.** גרסינן: **הכריחהו.** הכריעהו דריש כמו הכריחהו בחילוף ע"ן בחי"ת באותיות אחה"ע: **שוברהו.** הכריעהו פירושו שוברהו: **הכי גרסינן** בשוחר טוב **אתה רודה את עולמך שנאמר הוי אשור שבט אפי:**

אשד הנחלים

[א] **חמש פעמים דוד מקים להקב"ה כו' ואימתי אני קם כו'.** מלת קימה הונח על הדבר שעתה הוא בשפל המצב בלתי נראה, ובקומו יראה גדלו ואימתו וכבודו על כל. ויורה עוד מלת קימה על העושה מעשהו בזריזות ובכח גדול בלי עצלתים. ולהיות שבעת הגליות השכינה מסתתרת ואינו ניכר מזה כבוד ה' וגדלו, על זה בקש דוד שיקום ה' ויראה גדלו על פני תבל ויעש מעשהו בחוזק גדול. ובשוחר טוב פירשו שעל הד' גליות ומלחמת גוג ומגוג ביקש זאת. מפני שהוא משיח אלקי יעקב, וביקש שגם בזמן הגליות יתעורר לעזרתינו ולהצילנו, ועיקר הכל בימי גוג ומגוג. אך ה' השיבו שבחינת הקימה יהיה אצלו רק בעת שתראה עניים נשדדים, וכלומר שכביכול אינו יכול לסבול מרוב צערם וחילול השם הנובע מזה, אז יתואר בבחינת הקימה וההתייצבות לעשות מעשיו בזריזות ובכח גדול למעלה מהטבע מאוד. ואולי רומז לו שאז יהיה זמן הגאולה והקימה בעת שיהיו ישראל למרמס גדול מאוד, כי כן הגזירה, כמו שנאמר בדניאל: **מוכפשת באפר.** הסתרת השכינה ונתינת שפעה הטוב לרעים וחטאים יכונה בשם כפישת האפר, וכתרנגולת שהאפר עליה. ולעת הגאולה מכונה בשם נעירת האפר, ואז תקום ולא תתן עוד שפעה לאפר. או יכונה החטאים המסבבים להסתרת השכינה בשם אפר, כאפר המכסה להתרנגולת שאינה יכולה להתנער מעפרה, ואך אחרי נעירת האפר אז תנער גם הוא. ויאמר כל זמן שהיא מוכפשת באפר אז כביכול אין לו קימה, רק באותו עת שנאמר כי ירושלים יתנער מעפרה [מחטאים שעליה] ואז יקומו, ובאותו שעה הס כל בשר, כי אז יתגלה כבוד ה' ואז יתבטל כל העניינים הגופנים והתאוות הרעות הנובעים ממקור הבשר: **קדמו לרשע.** זה נאמר על גוג ומגוג שטרם שיכין עצמו למלחמה תקדים לפניו להכותו, ושקול חובותיו וזכיותיו להכריעהו להטותו לכף חוב שלא ימצא לו זכות מאומה. והענין כי כל העובדי כוכבים אשר שלטו מעט בעולם ימצא להם זכות מה המגין עליהם לפי שעה, אך גוג אין בו מאומה, ולכן אף התחלת הצלחה לא יהיה בו, כי אם תיכף תכריעהו לחובה. [וכן דרש מלשון שבירה] רק כל כחו וזכותו נובע מהבטחה שהבטחת לו שעל חרבו יחיה, וכי כחו הרע ישלוט על הטוב עת מה, אבל עתה עת שיפסק כחו: **שבו אתה רודה וכו'.** שלא נברא מצד עצמו רק מצד ההכרח שעל ידו יקבלו ישראל עונשם, כי הרע לעומת הטוב למען הזיכוך והצירוף, ואין זה מזכותו רק מהעדר הזכות מישראל: **ליפול בחרבך.** ובאורו פלטה נפשי ממנו, כי מעותד הוא

חידושי הרד"ל

[א] **ה' פעמים מקים.** בשוחר טוב (מזמור יד) ובילקוט (ישעיה רמז תסט) ובפסיקתא (פיסקא לא) דותאמר ליתא הגירסא **בספר ראשון של תהלים** וכן צריך לומר, שבכל ספר תהלים יש כמה פעמים: **מאנקת אביונים עתה אקום. רבי שמעון בר יונה כו'.** כן צריך לומר: **באפר כביכול.** רצה לומר כביכול אף הוא כן, וכן הוא בשיר השירים רבה (פד, יז):

אמרי יושר

[א] **[עתה אקום].** דייקו מלת עתה באמרו עתה אקום ולא פעם אחרת. או בתמיה עד שאקום משוד ולריב העניים. אבל עתה אקום אין ראוי כי לא עת לזה. ויש מדרשים חלוקים בענין זה השליחות. יש סוברים ומייחסים גנות ליעקב על זה לדרכו היה מהלך כי אפשר שלולי שלחו שלוחים אלנו היה עובר בדרך שלא ירגיש או ילך לו אבל עתה נתחדש לו הליכתו עשאה לקראתך ואם כן יעקב היה מחזיק באזני כלב. וכל שכן נדיק לפני רשע כל שכן אחר ההבטחה ולזה הקדוש ברוך הוא לא השיב לתפלתו כי נראה שהיה כעוס עמו ולזה ויאבק איש עמו. ועיין מאמר אם זך וישר אתה (לקמן פרשה עט אות ג). וזהו וישלח יעקב שלוחים עם היות שהיו מלאכים חונים לפניו להגין בעדו לא טוב. ומדרש אחר יש שהמעיט גנותו שלא היתה כוונתו והשענו על השתדלותו רק כדי ליראו ולבהלו לעשו כי אמרו שהשכיר עשו המכם להעליל עליו. ומדרש אחר סובר שכוונתו היתה לשבח שיחזור בתשובה:

ידי משה

[א] **עתה אקום כל זמן שהיא מוכפשת בעפר.** פירוש שקשה לו מה לשון עתה, לזה אמר כל זמן שהיא מוכפשת על דרך דאיתא בזוהר ויקרא (דף ו) ביום ההוא אקים את סוכת דוד הנופלת שעד גאולה אחרונה היו צריכין ישראל להקים עצמם, מה שאין כן בגאולה זו הקדוש ברוך הוא בעצמו יקים אותם ומביא משל לזה באריכות, וזה שאמר עתה פירוש עכשיו בגאולה זו אקים הקדוש ברוך הוא יקים את כנסת ישראל וכו':

מסורת המדרש

א. מדרש תהלים מזמור י"ז. פסיקתא רבתי פסקא ל"א. ילקוט תהלים רמז תרכ"ה. ילקוט זכריה רמז תקס"ט:

אם למקרא

קוּמָה ה' קַדְּמָה פָנָיו הַכְרִיעֵהוּ פַּלְּטָה נַפְשִׁי מֵרָשָׁע חַרְבֶּךָ: (תהלים יז:יג)

קוּמָה ה' הוֹשִׁיעֵנִי אֱלֹהַי כִּי הִכִּיתָ אֶת כָּל אֹיְבַי לֶחִי שִׁנֵּי רְשָׁעִים שִׁבַּרְתָּ: (שם ג:ח)

קוּמָה ה' בְּאַפֶּךָ הִנָּשֵׂא בְּעַבְרוֹת צוֹרְרָי וְעוּרָה אֵלַי מִשְׁפָּט צִוִּיתָ: (שם ז:ז)

קוּמָה ה' אֵל נְשָׂא יָדֶךָ אַל תִּשְׁכַּח עֲנָוִים: (שם י:יב)

קוּמָה ה' אַל יָעֹז אֱנוֹשׁ יִשָּׁפְטוּ גוֹיִם עַל פָּנֶיךָ: (שם ט:כ)

מִשֹּׁד עֲנִיִּים מֵאַנְקַת אֶבְיוֹנִים עַתָּה אָקוּם יֹאמַר ה' אָשִׁית בְּיֵשַׁע יָפִיחַ לוֹ: (שם יב:ו)

הִתְנַעֲרִי מֵעָפָר קוּמִי שְּׁבִי יְרוּשָׁלִָם הִתְפַּתְּחִי מוֹסְרֵי צַוָּארֵךְ שְׁבִיָּה בַּת צִיּוֹן: (ישעיה נב:ב)

הַס כָּל בָּשָׂר מִפְּנֵי ה' כִּי נֵעוֹר מִמְּעוֹן קָדְשׁוֹ: (זכריה ב יז)

הֵמָּה כָּרְעוּ וְנָפָלוּ וַאֲנַחְנוּ קַמְנוּ וַנִּתְעוֹדָד: (תהלים כ:ט)

וְעַל חַרְבְּךָ תִחְיֶה וְאֶת אָחִיךָ תַּעֲבֹד וְהָיָה כַּאֲשֶׁר תָּרִיד וּפָרַקְתָּ עֻלּוֹ מֵעַל צַוָּארֶךָ: (בראשית כז:מ)

כִּי רִוְּתָה בַשָּׁמַיִם חַרְבִּי הִנֵּה עַל אֱדוֹם תֵּרֵד וְעַל עַם חֶרְמִי לְמִשְׁפָּט: (ישעיה לד:ה)

שינוי נוסחאות

(א) **כביכול.** המ"כ כתב שצריך להוסיף המילים <איני קם> אחרי "כביכול", אבל המדפיסים (שבדרך כלל מכניסים את השינויים של מ"כ לתוך המדרש) לא הכניסו הגהה זו לטקסט (חוץ מוארשא, שהכניסוה בגליון בתחתית הדף). ורד"ל הגיה "כביכול והוא כן".

משנת דרבי אליעזר

[א] **רבי שמעון בן יונה אמר עתה אקום כל זמן כו' כביכול אלא כשיגיע כו'.** פירוש דפליג ואמר שפירושו לשון בתמיה, וכי עתה אקום בשעה שהיא מוכפשת בעפר שגוזלים עניים ואינם נותנים צדקה לאביונים, אלא כשיגיע אותו יום דכתיב (ישעיה נב, ב) התנערי מעפר, שלא יהיה שוד עניים ולא אנקת אביונים, ציון במשפט תפדה ושביה בצדקה (שם א, כז):

The Midrash cites another sage who agrees with R' Pinchas' understanding of *Now, I will arise* and expounds further:[8]

"עַתָּה" רַבִּי שִׁמְעוֹן בַּר יוֹנָה אָמַר — **R' Shimon bar Yonah said:** "אָקוּם" — In proclaiming, ***"Now I will arise!"*** at the time of the redemption, God is essentially saying, כָּל זְמַן שֶׁהִיא מוּכְפֶּשֶׁת בָּאֵפֶר כִּבְיָכוֹל — **"As long as** the congregation of Israel **is degraded** and covered **in ashes,** God, **as it were,** is also "covered in ashes,"[9] suffering with them, and unwilling to arise and reveal His full glory. אֶלָּא לִכְשֶׁיַּגִּיעַ אוֹתוֹ הַיּוֹם שֶׁכָּתוּב בּוֹ — **Only when that day will arrive regarding which it is written,** "הִתְנַעֲרִי מֵעָפָר קוּמִי שְׁבִי יְרוּשָׁלִַם" — ***Shake from yourself*** [הִתְנַעֲרִי] ***the dust; arise and sit, O Jerusalem*** (*Isaiah* 52:2), i.e., at the time of the Messiah, בְּאוֹתָהּ שָׁעָה "הַס כָּל בָּשָׂר מִפְּנֵי ה' " — **at that time** it will be proclaimed, ***Be silent, all flesh, before HASHEM*** (*Zechariah* 2:17). לָמָּה, "כִּי נֵעוֹר מִמְּעוֹן קָדְשׁוֹ" — **Why? *For He has shaken Himself off*** [נֵעוֹר] ***from [the ashes in] His holy abode*** (ibid.).[10] אָמַר רַבִּי אַחָא — **R' Acha said:** כְּהָדָא תַּרְנְגוֹלְתָּא דִּמְנַעֲנָה גַּרְמָהּ {נוסח אחר: דִּמְנַעֲרָה אֲגַפָּהּ} מִן קִיטְמָא — **It is similar to a chicken that shakes itself off {another version: shakes its wings}** to clean itself **of the ashes.**[11]

Having completed its digression regarding the phrase *Arise, HASHEM*, the Midrash resumes its exposition of the *Psalms* verse cited above (17:13):[12]

"קַדְּמָה פָנָיו" — David said to God, ***"Precede him,"*** קַדְּמֵיהּ לְרָשִׁיעָא עַד לָא יְקַדְּמִינָךְ — meaning, **"Precede the evildoer** (i.e., Esau)[13] **before he precedes You."**[14]

"הַכְרִיעֵהוּ" — ***Bring him to his knees*** [הַכְרִיעֵהוּ] הַכְרִיחֵהוּ לְכַף חוֹבָה — should be read instead as **"force him** (הַכְרִיחֵהוּ)[15] **to receive an unfavorable judgment."**[16] שׁוֹבְרֵהוּ — An alternative interpretation of הַכְרִיעֵהוּ is **"break him,"**[17] הֵיךְ מָה דְאַתְּ אָמַר "הֵמָּה כָּרְעוּ וְנָפָלוּ וְגוֹ' " — interpreting the root כרע in a **similar** sense **to** its meaning in **that which is stated, *they were broken*** [כָּרְעוּ] ***and fell*** (*Psalms* 20:9).

The Midrash continues its exposition of the *Psalms* verse:

"פַּלְּטָה נַפְשִׁי מֵרָשָׁע חַרְבֶּךָ" — ***Rescue my soul from the wicked one, your sword.*** This sentence, as translated, does not make sense. The Midrash proceeds to offer several homiletic interpretations:[18]

פַּלְּטָה נַפְשִׁי מֵאוֹתוֹ רָשָׁע שֶׁהוּא בָּא מִכֹּחָהּ שֶׁל אוֹתָהּ הַחֶרֶב, שֶׁנֶּאֱמַר "וְעַל חַרְבְּךָ תִחְיֶה" — **"Rescue my soul from that wicked one** (Esau),[19] **whose strength stems**[20] **from the power of that sword** that was the subject of Isaac's blessing to him, **as it is stated, *By your sword you shall live,*** *but your brother you shall serve"* (above, 27:40).[21]

A second interpretation:

דָּבָר אַחֵר — **Another explanation:** פַּלְּטָה נַפְשִׁי מֵאוֹתוֹ רָשָׁע שֶׁהוּא חַרְבְּךָ, שֶׁבּוֹ אַתָּה רוֹדֶה אֶת עוֹלָמְךָ — **"Rescue my soul from that wicked one** (Esau), **who is *Your sword* with which you subjugate Your world."**[22]

A third interpretation:

רַבִּי יְהוֹשֻׁעַ דְּסִכְנִין בְּשֵׁם רַבִּי לֵוִי אָמַר — **R' Yehoshua of Sichnin said in the name of R' Levi:** פַּלְּטָה נַפְשִׁי מֵאוֹתוֹ רָשָׁע שֶׁהוּא עָתִיד לִיפּוֹל בְּחַרְבְּךָ — **"Rescue my soul from that wicked one** (Esau), **who is destined to fall by *Your sword.*"**[23] הָדָא הוּא דִכְתִיב — **Thus it is written,** "כִּי רִוְּתָה בַשָּׁמַיִם חַרְבִּי וְגוֹ' " — ***For My sword has been sated in the heavens;*** *behold, it shall descend upon Edom* (*Isaiah* 34:5).

NOTES

8. *Yefeh To'ar.* [This appears to be the understanding of most commentators. See, however, *Mishnas DeRabbi Eliezer* and *Yedei Moshe.*]

9. Elucidation follows *Radal*, who notes that in the parallel Midrash, *Shir HaShirim Rabbah* 4 §17 (on v. 4:8), the Midrash states, כִּבְיָכוֹל וְהוּא כֵן — *God, as it were, is [also] like that* [i.e., covered in ashes]. See similarly *Eitz Yosef* there, and see also *Yefeh To'ar* here. (See, however, *Matnos Kehunah*, who emends our text to read: כִּבְיָכוֹל אֵינִי קָם, "I, as it were, will [also] not arise"; see also *Eshed HaNechalim.*)

10. The Midrash is interpreting the word נֵעוֹר as *has shaken off*, paralleling the "shaking off the dust" of the Jerusalemites (הִתְנַעֲרִי) in the *Isaiah* verse just cited. Just as Israel's glory will finally become revealed at the time of the redemption, so too will God's full glory finally be revealed at that time (*Yefeh To'ar*).

11. The Midrash's point here is that one should not think that God was ever actually affected by "the ashes." Just as a chicken shakes ashes off its body (or wings) and no trace of them is left behind, similarly, God's glory will be completely revealed, with no trace of the "ashes" with which He was sullied (as it were) during the centuries of Israel's degradation (ibid.).

[For allegorical interpretations of what it means to be "covered in ashes" and to be "cleaned of ashes," see *Eshed HaNechalim.*]

12. The expositions that follow take King David's statements in the *Psalms* verse to be about Esau. These statements' relevance to our passage will be explained below (see note 24).

13. Or, more precisely, Esau's descendants, the Kingdom of Edom. See further.

[*Matnos Kehunah* and *Eshed HaNechalim* write that the Midrash is referring specifically to Gog (see above, note 3). But Gog, too, is presumed to be a descendant of Esau; see *Eshed HaNechalim.*]

14. This is an enigmatic sentence, for how could a human being "precede" God? *Rashi* explains the Midrash to mean: "Move quickly to destroy him, before he has an opportunity to harm Your children." *Yefeh To'ar*, cited by *Eitz Yosef*, explains differently: If he has accrued merits due to good deeds he may have performed, reward him quickly for those deeds so that his merits will be completely "used up" and he will not be able to ask God to reward him by giving him the ability to harm Israel. This interpretation fits particularly well, *Yefeh To'ar* writes, as applied to Esau, who was known to have acquired great merit through honoring his father Isaac most exceptionally (see above, 65 §16 and *Devarim Rabbah* 1 §15). Alternatively, he suggests, the Midrash may be interpreted: "Move quickly to destroy him before he has an opportunity to repent."

15. The letters א, ה, ח, ע are interchangeable. Here, the ע is replaced by a ח, turning הַכְרִיעֵהוּ into הַכְרִיחֵהוּ (*Matnos Kehunah*; see, however, *Yefeh To'ar* and *Eitz Yosef*, who explain that the Midrash is merely explaining the meaning of the word הַכְרִיעֵהוּ).

16. By rushing to reward him for his good deeds, you will leave him with only sins, thus assuring that his judgment will be unfavorable. Compare to *Deuteronomy* 7:10 with *Rashi* (*Eitz Yosef*).

17. I.e., cause evil to befall him not in stages but in one fell swoop, the way a branch is broken (*Yefeh To'ar*, first interpretation; see *Eitz Yosef*, who cites *Yefeh To'ar's* second interpretation).

18. These interpretations are not meant to be mutually exclusive. See note 24 below.

19. See note 13.

20. Lit., *who comes.*

21. David asked God not to allow Isaac's blessing to Esau, *"By your sword you shall live,"* to enable Edom to succeed against Israel, his argument being that that blessing was conditioned on his serving his brother Jacob, as the verse concludes, *"but your brother you shall serve"* (*Yefeh To'ar* above, in opening comments to the section).

22. God uses Edom as His implement to execute justice on those nations that deserve punishment. [This concept appears in *Isaiah* 10:5 in connection with Assyria. As noted by *Matnos Kehunah*, that verse is cited explicitly in *Midrash Tehillim* 17 §10 (which parallels our Midrash).]

23. This interpretation of *Your sword* is somewhat difficult to understand, for why would King David mention in his prayer to God that Esau is destined to fall? *Yefeh To'ar* (second interpretation, cited by *Eitz Yosef*) explains David to be saying, "Since Esau is destined to fall by Your sword, why don't You kill him already now, since he is already considered a dead man in any case?"

[*Eshed HaNechalim* writes that "God's sword" is a figure of speech for God's miraculous intervention.]

INSIGHTS

to alleviate his distress. But one is to *cry* to God alone. That pure and plaintive cry is assured an audience before the One Who hears the cry of the oppressed and comes to the aid of those who have nowhere else to turn.

סֵדֶר וַיִּשְׁלַח

פרשה עה

א [לב, ד] "וַיִּשְׁלַח יַעֲקֹב מַלְאָכִים לְפָנָיו", רַבִּי פִּנְחָס בְּשֵׁם רַבִּי רְאוּבֵן פָּתַח: (תהלים יז, יג) "קוּמָה ה' קַדְּמָה פָנָיו הַכְרִיעֵהוּ פַּלְּטָה נַפְשִׁי מֵרָשָׁע חַרְבֶּךָ", רַבִּי פִּנְחָס אָמַר: [א] חֲמִשָּׁה פְּעָמִים דָּוִד מֵקִים לְהַקָּדוֹשׁ בָּרוּךְ הוּא בְּסֵפֶר תְּלִים: (שם ג, ח) "קוּמָה ה' הוֹשִׁיעֵנִי אֱלֹהַי", (שם ז, ז) "קוּמָה ה' בְּאַפֶּךָ", (שם י, יב) "קוּמָה ה' אֵל נְשָׂא יָדֶךָ אַל תִּשְׁכַּח", (שם ט, כ) "קוּמָה ה' אַל יָעֹז אֱנוֹשׁ", "קוּמָה ה' קַדְּמָה פָנָיו", אָמַר לוֹ הַקָּדוֹשׁ בָּרוּךְ הוּא: דָּוִד בְּנִי, אֲפִילוּ אַתְּ מְקִימֵנִי כַּמָּה פְּעָמִים אֵינִי קָם, וְאֵימָתַי אֲנִי קָם, לִכְשֶׁתִּרְאֶה עֲנִיִּים נִשְׁדָּדִים וְאֶבְיוֹנִים נֶאֱנָקִים, הָדָא הוּא דִכְתִיב (שם יב, ו) "מִשֹּׁד עֲנִיִּים מֵאַנְקַת אֶבְיוֹנִים וְגוֹ'", רַבִּי שִׁמְעוֹן בַּר יוֹנָה אָמַר: [שם] "עַתָּה אָקוּם", כָּל זְמַן שֶׁהִיא מוּכְפֶּשֶׁת בָּאֵפֶר כִּבְיָכוֹל, אֶלָּא לִכְשֶׁיַּגִּיעַ אוֹתוֹ הַיּוֹם שֶׁכָּתוּב בּוֹ (ישעיה נב, ב) "הִתְנַעֲרִי מֵעָפָר קוּמִי שְׁבִי יְרוּשָׁלָיִם", בְּאוֹתָהּ שָׁעָה (זכריה ב, יז) "הַס כָּל בָּשָׂר מִפְּנֵי ה'", לָמָּה, (שם) "כִּי נֵעוֹר מִמְּעוֹן קָדְשׁוֹ", אָמַר רַבִּי אַחָא: כְּהָדָא תַּרְנְגוֹלְתָּא דִּמְנַעֲנָה גַּרְמָהּ {נוּסַח אַחֵר: דִּמְנַעֲרָה אֲגַפָּהּ} מִן קִיטְמָא, (תהלים יז שם) "קַדְּמָה פָנָיו", קַדְמֵיהּ לְרַשִׁיעָא עַד לָא יַקְדְּמִינָּךְ, (שם) "הַכְרִיעֵהוּ", הַכְרִיחֵהוּ לְכַף חוֹבָה, שׁוֹבְרֵהוּ, הֵיךְ מַה דְּאַתְּ אָמַר (שם כ, ט) "הֵמָּה כָּרְעוּ וְנָפָלוּ וְגוֹ'", (תהלים יז שם) "פַּלְּטָה נַפְשִׁי מֵרָשָׁע חַרְבֶּךָ", פַּלְּטָה נַפְשִׁי מֵאוֹתוֹ רָשָׁע שֶׁהוּא בָּא מִכֹּחָהּ שֶׁל אוֹתָהּ הַחֶרֶב, שֶׁנֶּאֱמַר (בראשית כז, מ) "וְעַל חַרְבְּךָ תִחְיֶה", דָּבָר אַחֵר, פַּלְּטָה נַפְשִׁי מֵאוֹתוֹ רָשָׁע שֶׁהוּא חַרְבְּךָ, שֶׁבּוֹ אַתָּה רוֹדֶה אֶת עוֹלָמְךָ, רַבִּי יְהוֹשֻׁעַ דְּסִכְנִין בְּשֵׁם רַבִּי לֵוִי אָמַר: פַּלְּטָה נַפְשִׁי מֵאוֹתוֹ רָשָׁע שֶׁהוּא עָתִיד לִיפּוֹל בְּחַרְבֶּךָ, הָדָא הוּא דִכְתִיב (ישעיה לד, ה) "כִּי רִוְּתָה בַשָּׁמַיִם חַרְבִּי וְגוֹ'",

רש"י

(א) קדמה פניו. להשחיתו. קדמיה לחייבא עד שלא יקדמך. להזיק לבניך:

מתנות כהונה

[א] חמשה פעמים כו'. בשוחר טוב (מזמור ח) מפרש ארבע נגד ארבע גליות, והחמישית נגד גוג ומגוג: **מאנקת אביונים.** סיפיה דקרא עתה אקום יאמר ה': **שהיא.** כנסת ישראל מוכבשת באפר: **הכי גרסינן כביכול איני קם אלא: כהדא כו'.** כתרנגולת הזאת שמנערת את עצמה מעפרה: **קדמיה כו'.** כך אמר דוד להקב"ה אתה תקדמנו לרשע גוג ומגוג עד שלא יקדימך הוא, וכן הוא בהדיא בשוחר טוב שנאמר (זכריה יד, ג) ויצא ה' ונלחם בגוים: **יקדימנך.** גרסינן: **הכריחהו.** הכריעהו דריש כמו הכריחהו בחילוף עי"ן בחי"ת באותיות אחה"ע: **שוברהו.** הכריעהו פירושו שוברהו: **הכי גרסינן** בשוחר טוב **אתה רודה את עולמך שנאמר הוי אשור שבט אפי:**

עץ יוסף

(א) פתח קומה ה' כו'. טעם פתיחה זו יתבאר לקמן בסוף המאמר: **חמשה פעמים דוד מקים להקדוש ברוך הוא כו'.** הנה טעם מנין החמשה מבואר בשוחר טוב (מזמור יז) שהם כנגד ארבע מלכיות וכנגד גוג. ואף על גב דטובא קומה כתיב. יש לומר דלא חשב אלא אותן שנזכר בהם השם הנכבד. והא דלא חשיב קומה ה' למנוחתך (תהלים קלב, ח) משום דלא איירי בהשפלת האויבים. ובילקוט ובפסיקתא דותאמר ציון גרס בספר ראשון של תהלים וכן צריך לומר, שבכל ספר תהלים יש כמה פעמים (הרד"ל): **דוד בני.** כלומר אף שאתה בני והדומים לך קרובים לי, איני קם לגמרי שאין כבודי מפורסם בהתמדה, אלא בימות המשיח אז אקום. והיינו כשתראה עניים נשדדים דהיינו בעת קץ שאין בן דוד בא עד שאפס עצור ועזוב, כדאיתא בפרק חלק (סנהדרין לז, א) ואז יקום ה'. ובשיר השירים רבה (פרשה יז) משמע שהקימה רמז להתעוררות הנקמה לגמרי באף ובחמה ובקצף גדול (יפה תואר): **דמנערה גרמאה.** פירוש דמנערה עצמה. נוסח אחר דמנערה אגפה פירוש שמנערת כנפיה מן האפר: **קדמיה לרשיעא כו'.** שאם יש לו שום זכות ישלם ה' שכרו בעולם הזה קודם שיקדים הוא פני ה' בזכיותיו, ובכן [ובכך] הכריעהו מכף זכות לכף חובה על דרך ומשלם לשונאיו אל פניו. וכמה יצדק זה על עשו שהיה לו זכות כבוד אביו ואמו. או פירושו קדמיה לרשיעא שיקדים להביא עליו הרעה ולא יספיק בידו לעשות תשובה קודם, ודרש הכריעהו מלשון הכרע הכף (יפה תואר): **שברהו.** זהו דבר אחר על תיבת הכריעהו, כלומר שלא ימית אותו אלא ישבר כחו ויורידהו מנכסיו על דרך (תהלים נט, יב) אל תהרגם פן ישכחו עמי כי זה קשה מהמות (יפה תואר): **עתיד ליפול בחרבך.** וכיון דסוף סוף עתיד ליפול ראוי שמעכשיו תעשה כן דגברא קטילא קטלת:

פירוש מהרז"ו

(א) חמשה פעמים. עיין רד"ל והפסוקים שהביא כאן שלא כסדרן, ובילקוט תהלים (רמז תרכה) כסדרן. ועיין שמות רבה (יד, ז): **רבי שמעון בר יונה.** שיר השירים רבה (ד, יז) פסוק אתי מלבנון:

אשד הנחלים

[א] **חמש פעמים דוד מקים להקב"ה כו' ואימתי אני קם כו'.** מלת קימה הונח על הדבר שעתה הוא בשפל המצב בלתי נראה, ובקומו יראה גדלו ואימתו וכבודו על כל. ויורה עוד מלת קימה על העושה מעשהו בזריזות ובכח גדול בלי עצלתים. ולהיות שבעת הגליות השכינה מסתתרת ואינו ניכר מזה כבוד ה' וגדלו, על זה בקש דוד שיקום ה' ויראה גדלו על פני תבל ויעש מעשהו בחוזק גדול. ובשוחר טוב פירשו שעל הד' גליות ומלחמת גוג ומגוג ביקש זאת. מפני שהוא משיח אלקי יעקב, וביקש שגם בזמן הגליות יתעורר לעזרתינו ולהצילנו, ועיקר הכל בימי גוג ומגוג. אך ה' השיבו שבחינת הקימה יהיה אצלו רק בעת שתראה עניים נשדדים, וכלומר שכביכול אינו יכול לסבול מרוב צערם וחילול השם הנובע מזה, אז יתואר בבחינת הקימה וההתייצבות לעשות מעשיו בזריזות ובכח גדול למעלה מהטבע מאוד. ואולי רומז לו שאז יהיה זמן הגאולה והקימה בעת שיהיו ישראל למרמס גדול מאוד, כי כן הגזירה, כמו שנאמר בדניאל: **מוכפשת באפר.** הסתרת השכינה ונתינת שפעה הטוב לרעים וחטאים יכונה בשם כפישת האפר, וכתרנגולת שהאפר עליה. ולעת הגאולה מכונה בשם נעירת האפר, ואז תקום ולא תתן עוד שפעה לאפר. או יכונה החטאים המסבבים להסתרת השכינה בשם אפר, כאפר המכסה להתרנגולת שאינה יכולה להתנער מעפרה, ואך אחרי נעירת האפר אז תנער גם הוא. ויאמר כל זמן שהיא מוכפשת באפר אז כביכול אין לו קימה, רק באותו עת שנאמר כי ירושלים יתנער מעפרה [מחטאים שעליה] ואז יקומו, ובאותו שעה הס כל בשר, כי אז יתגלה כבוד ה' ואז יתבטל כל העניינים הגופנים והתאוות הרעות הנובעים ממקור הבשר: **קדמו לרשע.** זה נאמר על גוג ומגוג שטרם שיכין עצמו למלחמה תקדים לפניו להכותו, ושקול חובותיו וזכיותיו להכריעהו להטותו לכף חוב שלא ימצא לו זכות מאומה. והענין כי כל העובדי כוכבים אשר שלטו מעט בעולם ימצא להם זכות מה המגין עליהם לפי שעה, אך גוג אין בו מאומה, ולכן אף התחלת הצלחה לא יהיה בו, כי אם תיכף תכריעהו לחובה. [וכן דרש מלשון שבירה] רק כל כחו וזכותו נובע מהבטחה שהבטחת לו שעל חרבו יחיה, וכי כחו הרע ישלוט על הטוב עת מה, אבל עתה עת שיפסק כחו: **שבו אתה רודה וכו'.** שלא נברא מצד עצמו רק מצד ההכרח שעל ידו יקבלו ישראל עונשם, כי הרע לעומת הטוב למען הזיכוך והצירוף, ואין זה מזכותו רק מהעדר הזכות מישראל: **ליפול בחרבך.** ובאורו פלטה נפשי ממנו, כי מעותד הוא

חידושי הרד"ל

[א] **ה' פעמים מקים.** בשוחר טוב (מזמור יד) ובילקוט (ישעיה רמז תסט) ובפסיקתא (פיסקא לא) דותאמר ציון הגירסא **בספר ראשון של תהלים** וכן צריך לומר, שבכל ספר תהלים יש כמה פעמים: **מאנקת אביונים עתה אקום. רבי שמעון בר יונה כו'.** כן צריך לומר: **באפר כביכול.** רצה לומר כביכול אף הוא כן, וכן הוא בשיר השירים רבה (פד, יז):

אמרי יושר

[א] **[עתה אקום].** דייקו מלת עתה באמרו עתה אקום ולא פעם אחרת. או בתמיה עד שאקום מאוד ולריב העניים. אבל עתה אקום אין ראוי כי לא עת לזה. ויש מדרשים חלוקים בענין זה השליחות. יש סוברים ומייחסים גנות ליעקב על זה לדרכו היה מהלך כי אפשר שלולי שלחו שלוחים אצלו היה עובר בדרך שלא ירגיש או ילך לו אבל עתה נתחדש לו הליכתו עשאה לקראתך ואם כן יעקב היה מחזיק באזני כלב. וכל שכן צדיק לפני רשע כל שכן אחר ההבטחה ולזה הקדוש ברוך הוא לא השיב לתפלתו כי נראה שהיה כעוס עמו ולזה ויאבק איש עמו. ועיין מאמר אם זך וישר אתה (לקמן פרשה עט אות ג). וזהו וישלח יעקב שלוחים עם היות שהיו מלאכים חונים לפניו להגין בעדו לא טוב. ומדרש אחר יש שהמעיט גנותו שלא היתה כוונתו והשענו על השתדלותו רק כדי ליראו ולבהלו לעשו כי אמרו שהשכיר עשו המכם להעליל עליו. ומדרש אחר סובר שכוונתו היתה לשבח שיחזור בתשובה:

ידי משה

[א] **עתה אקום כל זמן שהיא מוכפשת בעפר.** פירוש שקשה לו מה לשון עתה, לזה אמר כל זמן שהיא מוכפשת על דרך דאיתא בזוהר ויקרא (דף ו) ביום ההוא אקים את סוכת דוד הנופלת שעד גאולה אחרונה היו צריכין ישראל להקים עצמם, מה שאין כן בגאולה זו הקדוש ברוך הוא בעצמו יקים אותם ומביא משל לזה באריכות, וזה שנאמר עתה פירוש עכשיו בגאולה זו אקים הקדוש ברוך הוא יקים את כנסת ישראל וכו':

מסורת המדרש

א. מדרש תהלים מזמור י"ז. פסיקתא רבתי פסקא ל"א. ילקוט תהלים רמז תרכ"ה. ילקוט זכריה רמז תקס"ט:

אם למקרא

קוּמָה ה' קַדְּמָה פָנָיו הַכְרִיעֵהוּ פַּלְּטָה נַפְשִׁי מֵרָשָׁע חַרְבֶּךָ: (תהלים יז:יג)

קוּמָה ה' הוֹשִׁיעֵנִי אֱלֹהַי כִּי הִכִּיתָ אֶת כָּל אֹיְבַי לֶחִי שִׁנֵּי רְשָׁעִים שִׁבַּרְתָּ: (שם ג:ח)

קוּמָה ה' בְּאַפֶּךָ הִנָּשֵׂא בְּעַבְרוֹת צוֹרְרָי וְעוּרָה אֵלַי מִשְׁפָּט צִוִּיתָ: (שם ז:ז)

קוּמָה ה' אֵל נְשָׂא יָדֶךָ אַל תִּשְׁכַּח עֲנָוִים: (שם י:יב)

קוּמָה ה' אַל יָעֹז אֱנוֹשׁ יִשָּׁפְטוּ גוֹיִם עַל פָּנֶיךָ: (שם ט:כ)

מִשֹּׁד עֲנִיִּים מֵאַנְקַת אֶבְיוֹנִים עַתָּה אָקוּם יֹאמַר ה' אָשִׁית בְּיֵשַׁע יָפִיחַ לוֹ: (שם יב:ו)

הִתְנַעֲרִי מֵעָפָר קוּמִי שְּׁבִי יְרוּשָׁלָם הִתְפַּתְּחִי מוֹסְרֵי צַוָּארֵךְ שְׁבִיָּה בַּת צִיּוֹן: (ישעיה נב:ב)

הַס כָּל בָּשָׂר מִפְּנֵי ה' כִּי נֵעוֹר מִמְּעוֹן קָדְשׁוֹ: (זכריה ב יז)

הֵמָּה כָּרְעוּ וְנָפָלוּ וַאֲנַחְנוּ קַּמְנוּ וַנִּתְעוֹדָד: (תהלים כ:ט)

וְעַל חַרְבְּךָ תִחְיֶה וְאֶת אָחִיךָ תַּעֲבֹד וְהָיָה כַּאֲשֶׁר תָּרִיד וּפָרַקְתָּ עֻלּוֹ מֵעַל צַוָּארֶךָ: (בראשית כז:מ)

כִּי רִוְּתָה בַשָּׁמַיִם חַרְבִּי הִנֵּה עַל אֱדוֹם תֵּרֵד וְעַל עַם חֶרְמִי לְמִשְׁפָּט: (ישעיה לד:ה)

שינוי נוסחאות

(א) **כביכול.** המ"כ כתב שצריך להוסיף המילים >איני קם< אחרי "כביכול", אבל המדפיסים (שבדרך כלל מכניסים את השינויים של מ"כ לתוך המדרש) לא הכניסו הגהה זו לטקסט (חוץ מוארשא, שהכניסוה בגליון בתחתית הדף). ורד"ל הגיה "כביכול והוא כן".

משנת דרבי אליעזר

[א] **רבי שמעון בן יונה אמר עתה אקום כל זמן כו' כביכול אלא בשיגיע כו'.** פירוש דפליג ואמר שפירושו לשון בתמיה, וכי עתה אקום בשעה שהיא מוכפשת בעפר שגוזלים עניים ואינם נותנים צדקה לאביונים, אלא כשיגיע אותו יום דכתיב (ישעיה נב, ב) התנערי מעפר, שלא יהיה שוד עניים ולא אנקת אביונים, ציון במשפט תפדה ושביה בצדקה (שם א, כז):

The *Psalms* verse, as just expounded, indicates that Jacob's great fear of Esau, and the consequent humble message of appeasement that he sent Esau, were unwarranted.[24] The Midrash now expounds that God took Jacob to task for this: אָמַר לוֹ הַקָּדוֹשׁ בָּרוּךְ הוּא — **The Holy One, blessed is He, said to [Jacob]:** לְדַרְכּוֹ הָיָה מְהַלֵּךְ — **"[Esau] was going his way** in the direction of Seir and had no intention of attacking you, וְהָיִיתָ מְשַׁלֵּחַ אֶצְלוֹ וְאוֹמֵר "כֹּה אָמַר עַבְדְּךָ יַעֲקֹב" — until **you sent** messengers **to him and said, *'So said your servant Jacob'*** (v. 5). By this unnecessary display of humility and fear, you yourself aroused him to head back in your direction with an army of four hundred men."[25]

§2 וַיִּשְׁלַח יַעֲקֹב מַלְאָכִים לְפָנָיו — *THEN JACOB SENT MESSENGERS AHEAD OF HIM.*

The Midrash continues: [26]

רַבִּי יְהוּדָה בְּרַבִּי סִימוֹן פָּתַח — **R' Yehudah the son of R' Simone opened** his discourse on this verse with an exposition of the following verse: "מַעְיָן נִרְפָּשׂ וּמָקוֹר מָשְׁחָת וְגוֹ'" — ***Like a muddled spring and a ruined fountain,*** *[so is] a righteous one who falls* [מָט] *before the evildoer* (*Proverbs* 25:26). אָמַר רַבִּי יְהוּדָה בְּרַבִּי סִימוֹן — **R' Yehudah the son of R' Simone said** in explanation of this verse: כְּשֵׁם שֶׁאִי אֶפְשָׁר לְמַעְיָן לְהֵרָפֵס וּלְמָקוֹר לְהַשְׁחִית — **Just as it is impossible for a spring to become muddled or for a fountain to become ruined** on its own, כָּךְ אִי אֶפְשָׁר לְצַדִּיק לָמוּט לִפְנֵי רָשָׁע — **so is it not possible for a righteous person** who places his full trust in God **to fall before the evildoer.** וּכְמַעְיָן נִרְפָּשׂ וְכִמְקוֹר מָשְׁחָת — **And** just **as a spring becomes muddled** if a person kicks up sand or mud with his feet, **and a fountain becomes ruined** if someone intentionally plugs its source with stones and sand, כָּךְ צַדִּיק מֵמִיט עַצְמוֹ לִפְנֵי רָשָׁע — **so too a righteous person causes himself to fall before the evildoer** if he becomes afraid of the evildoer and ceases to trust fully in God.[27]

Jacob's unnecessary humiliation before the evil Esau, that resulted from his own lapse in faith, angered God, as indicated by this response: אָמַר לוֹ הַקָּדוֹשׁ בָּרוּךְ הוּא — **The Holy One, blessed is He, said to him,** לְדַרְכּוֹ הָיָה מְהַלֵּךְ — **"[Esau] was going his way** in the direction of Seir and had no intention of attacking you, וְהָיִיתָ מְשַׁלֵּחַ אֶצְלוֹ וְאוֹמֵר לוֹ "כֹּה אָמַר עַבְדְּךָ יַעֲקֹב" — until **you sent** messengers **to him and said, *'So said your servant Jacob'*** (v. 5), and caused him to head back in your direction with an army of four hundred men."[28]

§3 וַיִּשְׁלַח יַעֲקֹב — *THEN JACOB SENT MESSENGERS AHEAD OF HIM.*

The Midrash provides an additional perspective on how Jacob's own actions caused his predicament:

רַבִּי הוּנָא פָּתַח — **R' Huna opened** his discourse on this verse with an exposition of the following verse: "מַחֲזִיק בְּאָזְנֵי כָלֶב עֹבֵר מִתְעַבֵּר עַל רִיב לֹּא לוֹ" — ***[Like] one who seizes a dog's ears, [so is] a passerby who meddles in a dispute that is not his*** (*Proverbs* 26:17). שְׁמוּאֵל בַּר נַחְמָן אָמַר — **Shmuel bar Nachman said** in explanation of this verse: מָשָׁל לְאַרְכִי לִסְטִים שֶׁהָיָה יָשֵׁן בְּפָרָשַׁת דְּרָכִים — This can be explained by means of **a parable.** It is comparable **to an arch-robber** (i.e., a robber chieftain) **who was sleeping at a crossroads.** עָבַר חַד וּשְׁרֵי מְעִיר לֵיהּ — **Someone passed by and,** thinking that he was an innocent traveler, **began to awaken him,** אֲמַר לֵיהּ: קוּם לָךְ דְּבִישָׁא שְׁכִיחַ הָכָא — **saying to him, "Wake up, for evil is present here."** קָם וּשְׁרֵי מְקַפַּח בֵּיהּ — **[The robber] arose and began beating him.** אֲמַר לֵיהּ: יִנְעַר בִּישָׁא — **[The victim] said to [the robber], "Has the evil** man **stirred** (i.e., awoken)?!"[29]

NOTES

24. Any possible reason Jacob may have had to send a delegation to appease Esau (as he did) is belied by the ideas inherent in the *Psalms* verse, as it has been interpreted here: (i) He need not have feared the merit of Esau's honoring his father Isaac (see note 14), since God could reward Esau in other ways, leaving him with liabilities alone (see note 16). (ii) He need not have feared and respected Esau because of his current status as a powerful warlord (see *Vayikra Rabbah* 25 §5 [Margaliyos ed.] that it is proper to honor those to whom God has granted power), since God gave him that power only in order to serve as His tool to punish the wicked. The righteous Jacob had nothing to fear. (iii) Nor should he have feared that Esau would succeed in harming him on account of Isaac's blessing, since the blessing was dependent on his serving Jacob (see note 21). (iv) Finally, he need not have given Esau respect because of his being the older brother (see *Kesubos* 103b), because since Esau was wicked — for this was why he was destined to fall by the "sword of God" — that obligation of honor did not apply. In sum: Jacob should have trusted that God would "break" Esau (see Midrash above at note 17) and not let him harm Jacob (*Yefeh To'ar* above, in opening comments to this section). See next note.

25. See §3 below. Jacob is taken to task for humbling himself to a wicked person like Esau — particularly since God had promised that He would protect him [see above, 28:15 and 31:3]. It is for this reason that we do not find God responding favorably to Jacob's prayer and reassuring him in regard to his encounter with Esau [see opening Introduction to this section] (*Imrei Yosher*). See also *Rambam* in *Shemonah Perakim* §7.

Not only did God not answer Jacob's prayer, He "hid His face" from him, leaving him on his own to suffer further, both physically [see below, v. 26] and financially [by giving gifts to Esau; see v. 14ff] (*Nezer HaKodesh* s.v. קדמיה, cited by *Eitz Yosef*; see further, notes 27-28).

[*Imrei Yosher* notes that while the Midrash here (and in §3) presents what appears to be a negative assessment of Jacob's actions, several other Midrashim depict them in a more favorable light. See e.g., §10-13 below. (Indeed, the very end of §13 states that God *did* respond favorably to Jacob's prayers.) See also §5 below (s.v. עִם לָבָן גַּרְתִּי וָאֵחַר עַד עָתָּה); §6 below (s.v. וַיְהִי לִי שׁוֹר וַחֲמוֹר וְגוֹ'); and §8 below (note 83).]

26. According to *Yefeh To'ar*, cited by *Eitz Yosef*, this next exposition, too, is meant to be critical of Jacob's having sent a delegation to appease Esau.

27. Translation and commentary follow *Nezer HaKodesh*. Sand and mud cannot enter a streaming spring and muddle its waters unless someone kicks it up with his feet; nor will a fountain cease to gush forth on its own unless someone blocks its source with stones and sand. Likewise, a righteous person who trusts in God will not fall before an evildoer. It is only if he allows his fear of the evildoer to overcome him that God, in an act of "measure for measure," turns away from him (הֶסְתֵּר פָּנִים). According to the Midrash, this is what happened to Jacob (ibid.). See note 25.

Indeed, the *Zohar* (166a) states that it was because Jacob brought danger upon himself by sending messengers to Esau [see §3] that the protective angels who had been accompanying him [see v. 2] abandoned him [see v. 25] (*Nezer HaKodesh* above, s.v. פתח).

For a completely different interpretation of this Midrash, see *Matnos Kehunah*.

28. *Nezer HaKodesh* (to §1, cited by *Eitz Yosef* there) writes in connection with our Midrash that it was because Jacob called Esau "master" that Israel was destined to be exiled and subjugated by Esau (Rome). Indeed, *Ramban* writes (in his introduction to *Parashas Vayishlach* and in his commentary to 32:4) that all the events that transpired between Jacob and Esau served as portents for what would transpire between Jacob's descendants (Israel) and Esau's descendants (Rome). See also note 171 below.

Two Midrashic sources — *Pirkei DeRabbi Eliezer* (Jerusalem, 5733) §37 and *Midrash Yelamdeinu* (Mann ed.), *Bereishis* §143 — state that since God had said, *"and the elder shall serve the younger"* (above, 25:23), Jacob should not have said, *"your servant Jacob"* (below, v. 5), and that as a result Esau would rule over him in this world, while he would rule over Esau (only) at the End of Days.

29. *Matnos Kehunah*. [For alternate versions and interpretations of this remark, see ibid., as well as *Yefeh To'ar* and *Eitz Yosef*.]

אָמַר לוֹ הַקָּדוֹשׁ בָּרוּךְ הוּא: לְדַרְכּוֹ הָיָה מְהַלֵּךְ, וְהָיִיתָ מְשַׁלֵּחַ אֶצְלוֹ וְאוֹמֵר [לב, ה] "כֹּה אָמַר עַבְדְּךָ יַעֲקֹב":

ב [לב, ד] "וַיִּשְׁלַח יַעֲקֹב מַלְאָכִים לְפָנָיו", בַּרַבִּי יְהוּדָה בַּרַבִּי סִימוֹן פָּתַח: (משלי כה, כו) "מַעְיָן נִרְפָּשׂ וּמָקוֹר מָשְׁחָת וְגוֹ'", אָמַר רַבִּי יְהוּדָה בַּרַבִּי סִימוֹן: כְּשֵׁם שֶׁאִי אֶפְשָׁר לְמַעְיָן לְהֵרָפֵס *וּלְמָקוֹר לְהִשָּׁחֵת, כָּךְ אִי אֶפְשָׁר לְצַדִּיק לָמוּט לִפְנֵי רָשָׁע, וּכְמַעְיָן נִרְפָּשׂ וְכִמְקוֹר מָשְׁחָת כָּךְ צַדִּיק מֵמִיט עַצְמוֹ לִפְנֵי רָשָׁע, אָמַר לוֹ הַקָּדוֹשׁ בָּרוּךְ הוּא: לְדַרְכּוֹ הָיָה מְהַלֵּךְ, וְהָיִיתָ מְשַׁלֵּחַ אֶצְלוֹ וְאוֹמֵר לוֹ [לב, ה] "כֹּה אָמַר עַבְדְּךָ יַעֲקֹב":

ג [לב, ד] "וַיִּשְׁלַח יַעֲקֹב", רַבִּי הוּנָא פָּתַח: (משלי כו, יז) "מַחֲזִיק בְּאָזְנֵי כָלֶב עֹבֵר מִתְעַבֵּר עַל רִיב לֹא לוֹ", גשְׁמוּאֵל בַּר נַחְמָן אָמַר: מָשָׁל לְאַרְכִי לִסְטִים שֶׁהָיָה יָשֵׁן בְּפָרָשַׁת דְּרָכִים, עֲבַר חַד וּשְׁרֵי מְעִיר לֵיהּ, אֲמַר לֵיהּ: קוּם לָךְ דְּבִישָׁא שְׁכִיחַ הָכָא, קָם וּשְׁרֵי מְקַפַּח בֵּיהּ, אֲמַר לֵיהּ: יִנְעַר בִּישָׁא, אֲמַר לֵיהּ: דָּמִיךְ הֲוָה *וְעוֹרַרְתַּנֵּיהּ, כָּךְ אָמַר לוֹ הַקָּדוֹשׁ בָּרוּךְ הוּא: לְדַרְכּוֹ הָיָה מְהַלֵּךְ, וְאַתָּה מְשַׁלֵּחַ אֶצְלוֹ וְאוֹמֵר לוֹ [לב, ה] "כֹּה אָמַר עַבְדְּךָ יַעֲקֹב". רַבִּי יְהוּדָה בַּרַבִּי סִימוֹן פָּתַח: (ירמיה יג, כא) "מַה תֹּאמְרִי כִּי יִפְקֹד עָלַיִךְ וְאַתְּ לִמַּדְתְּ אֹתָם עָלַיִךְ אַלֻּפִים לְרֹאשׁ", אָמַר לוֹ הַקָּדוֹשׁ בָּרוּךְ הוּא: לְדַרְכּוֹ הָיָה מְהַלֵּךְ, וְאַתָּה מְשַׁלֵּחַ אֶצְלוֹ וְאוֹמֵר לוֹ "כֹּה אָמַר עַבְדְּךָ יַעֲקֹב":

עץ יוסף

אמר ליה הקדוש ברוך הוא לדרכו היה מהלך כו'. כלומר באשר עשו הלך לדרכו ולא עלה על לבו כלל להתגרות ביעקב אלא שיעקב עוררו עליו בהיותו משלח לו שלוחים דרך הכנעה לאמר כה אמר עבדך יעקב ומזה נתעורר עליו ללאת לקראתו במלחמה, ולפיכך אז כעס ה' ולא ענהו בתפלתו עד כי הוכרח להכניע עלמו מאד ונענש בגופו ובממונו כדלקמן. וכן עבור זה נתחייבו זרעו חובת גלות ושיעבוד תחת יד זרע עשו לפי שקיבל עליו אדנותו כדלקמן (סימן ג). (כזר הקודש): **(ב) פתח מעין נרפש כו'.** כבר כתבתי לעיל שטעמס לומר שסבת הסתרת פני ה' מיעקב בעת זו לפי שנחשב לו לחטא הקדימו פני עשו, וזה גם כן טעם פתיחה זו ופתיחת רב הונא דבסמוך, כי למה לו להחזיק באזני כלב לעוררו שאין נותן אל לבו, ולזה הסתיר ה' פניו ממנו עד שנענש בגופו ובממונו, וזה גם כן טעם פתיחה דרבי יהודה בר סימון דבסמוך (יפה תואר): **שאי אפשר למעיין להרפס כו'.** דודאי מעלמו אין מעיין נרפס ומקור משחת אלא אם כן האדם גורם בקלקולו בהיותו מרפיס המעיין ברגליו לעשותו עכור, וכן המקור מולא המעיין סותם באבנים ועפר כדי להשחיתו. וכן הוא בנמשל דמעלמו אין לדיק מט לפני רשע בהיות לבו בטוח בה', אלא אם כן האדם גורם לקלקל הדבר בהיותו מסיר בטחונו מה' מפחד הרשע להכניע עלמו לפניו, שמאז גם ה' מסתיר פניו ממנו מדה כנגד מדה (כזר הקודש): **(ג) לארכי ליסטים.** לשר הגזלנים. והנמשל שעל ידי פחד יעקב מן עשו נתעורר כח הגבורה בו. שאילולא פחדו לא היה מתגבר בו הכח, וזהו שנאבק עמו שר של עשו, ואילו היה בטחונו חזק אז היה נתבטל כח עשו מלמעלה והיה הטוב מכניע את הרע: **ושרי מעיר לו.** והתחיל להקילו משנתו לתועלתו, ואמר ליה קום לך שרעה שכיח פה רלונו לומר שחיה רעה שכיח כאן: **קא שרי מקפח ביה.** פירוש שהוא ברשעו לא פנה אלא להרגלו וקם משנתו והיה מקפח בו והכה אותו: **ינער בישא.** המוכה קילל לארכי ליסטים ואמר ליה שיאבד הרשע ההוא שמשיב רעה תחת טובה. ויש גורסים יגער בישא, ועל כן פירושו שיגער ה' ברשע ההוא על דרך (זכריה ג, ב) יגער ה' בך השטן: **דמיך הוה כו'.** פירוש שהוא השיב שאשמו בראשו. ואמר ליה ישן הייתי ואתה עוררתני: **לדרכו היה מהלך.** שכבר נח רוגזיה שהרי אמו שלחה אחריו שנאמר עד שוב אף אחיך וגו' ובשלחו אליו היה מעורר השנאה: **אלופים.** לשון שררות שקראת אותו בשם אדון ואתה עבדו, וכל זה סובב רפיון בטחונך ופחדתך:

פירוש מהרז"ו

(ב) מעין נרפש. עיין בילקוט כאן (רמז קל) ובמשלי (רמז תתקסא), ועיין בתנחומא (סימן ג): **(ג) שלוחי בשר ודם.** שאם מלאכים ממש איך אמר ויגו אותם שעליהם לא היה לריך לגוות, ודעת רבנן כמו שביארתי לעיל (עד, יז) שדרשו סמוכים:

אם למקרא

מַעְיָן נִרְפָּשׂ וּמָקוֹר מָשְׁחָת צַדִּיק מָט לִפְנֵי רָשָׁע: (משלי כה:כו)

מַחֲזִיק בְּאָזְנֵי כָלֶב עֹבֵר מִתְעַבֵּר עַל רִיב לֹא לוֹ: (משלי כו:יז)

מַה תֹּאמְרִי כִּי יִפְקֹד עָלַיִךְ וְאַתְּ לִמַּדְתְּ אֹתָם עָלַיִךְ אַלֻּפִים לְרֹאשׁ הֲלוֹא חֲבָלִים יֹאחֱזוּךְ כְּמוֹ אֵשֶׁת לֵדָה: (ירמיה יג:כא)

מסורת המדרש

ב. תנחומא כאן סימן ג'. ילקוט כאן רמז ק"ל. ילקוט משלי רמז תתקס"א:
ג. ילקוט משלי רמז תתקס"א:

ידי משה

[ב] וכמעין נרפס. הוא כמו דבר אחר:

שינוי נוסחאות

(ג) אמר ליה. הא"א כתב שיש למחוק תיבות אלו:

רש"י

(ג) לארביליסטים. שר לסטים: **עבר חד ושרי מעורר ביה, אמר ליה קום דבישא שכיח הכא קם שרי מקפח ביה ינער בישא, אמר ליה דמיך הוה ועוררתיניה, כך אמר ליה הקב"ה עדיין לדרכו היה מהלך והיית משלח אצלו, ואמרת ליה כה אמר עבדך יעקב: אמר ליה הקב"ה לדרכו היה מהלך.** כמה דאת אמר כי יפגשך עשו אחי ושאלך:

מתנות כהונה

והיית משלח אצלו. בתמיה, כלומר לא יפה עשית, וכן פירשו בעל העקידה: **[ב] למעין להרפס.** שמימיו אינם חסרים וחוזרים ועולים כמעין המתגבר, ועיין בספר בחיי בפרשה זו: **כך צדיק ממיט.** כלומר רעה הוא בעיני ה' ולא יעזבנו בידו: **[ג] ארבי לסטים.** שר הגזלנים: **ארבי.** פירוש שר ומושל: **ושרי כו'.** והתחיל לעורר אותו משנתו, ואמר ליה קום לך שרעה שכיח פה. ובילקוט משלי (רמז תתקסא) גרס חייתא בישא שכיחי הכא. קם אותו ארכי לסטים והיה מקפח בו והכה אותו: **מקפח בו.** גרסינן: **הכי גרסינן** בילקוט משלי **אמר ליה יצער בישא.** פירוש בתמיה, אתה האיש הרע למה תלער אותי, ואמר ליה הליסטים ישן הייתי ואתה נערתני. וגירסת הספר יש לפרש שאמר בלשון תימה נוער זה האיש הרע, ואמר ליה לא ניער מעלמו אלא אתה עוררתו ודמך בראשך: **לדרכו היה מהלך.** שכבר נח רוגזיה, שהרי אמו שלחה אחריו שנאמר (בראשית כז, מה) עד שוב אף אחיך וגו', ובשלחו אליו היה מעורר השנאה:

אשד הנחלים

לפול בחרבך, כי כן הבטחת וגזרת עליו. וחרב ה' מכונה על השגחה הנסיית בלי מלחמה מאומה. וזהו המליצה, כי רותה בשמים חרבי, כאומר אינכם צריכים עוד לחרב ומלחמה כי אם משמים רותה חרבי: **לדרכו היו מהלך.** לכאורה אין עניינו לכאן. ואולי שזה סיבב הגליות, כי אלולי היה יעקב בשלימות הבטחון מבלי פחד מאומה מעשו, אז לא היה הגלות גובר, וכמו שכתבתי במקום אחר באריכות ביתר באור, וכן כינה עצמו לעבד לו, וכל זה רמז על הגולה שיהו בניו עבדים לו: **[ב] שא"א למעין כו' וכמעיין נרפס.** המעיין מצד היות לו נביעה תמיד ממקומו על דרך הטבע אי אפשר להיות נרפס ברגל ויהיה מקום יעבור בו ברגל, וכן המקור שממנו נובע המים בודאי אי אפשר שישחת ויתייבש, כן מדרך הטבע לא היה צריך הצדיק להיות מט לפני רשע, כי הצדיק הוא מעין טוב ומקור נובע ומדוע יהיה למרמס רגל רשעים עליו, אך באם שח"ו הצדיק ירא ממנו אז גורם באמת שיתייבש המעיין על ידי זה. והמשל כולו על שפע הטוב הנובע תמיד ממקור הבריכה העליונה בזכות הצדיק. **[ג] משל לארכי לסטים כו'.** והנמשל שע"י פחד יעקב ממנו נתעורר כח הגבורה בו, שאלולי פחדו לא היה מתגבר בו הכח, וזהו שנאבק עמו שר של עשו. ואלו היו חזקת בטחונו חזק, אז היה נתבטל כחו מלמעלה והיה הטוב מכניע את הרע: **אלופים.** לשון שררות, שקראת אותו בשם אדון ואתה עבדו, וכל זה סובב רפיון בטחונך ופחדתך, כמו שבארתי לעיל:

אֲמַר לֵיהּ: דְּמִיךְ הֲוָה וְעוֹרַרְתֵּנֵּיהּ — [The robber] responded, "He was asleep, and *you* awakened him."[30] **כָּךְ אָמַר לוֹ הַקָּדוֹשׁ בָּרוּךְ הוּא — So too, the Holy One, blessed is He, said to [Jacob], לְדַרְכּוֹ הָיָה מְהַלֵּךְ — "[Esau] was going his way** in the direction of Seir and had no intention of attacking you, **וְאַתָּה מְשַׁלֵּחַ אֶצְלוֹ וְאוֹמֵר לוֹ "כֹּה אָמַר עַבְדְּךָ יַעֲקֹב" — but *you* sent** messengers **to him and said to him, *'So said your servant Jacob'* "** (v. 5).[31]

Yet another exposition of God's response to Jacob:

רַבִּי יְהוּדָה בְּרַבִּי סִימוֹן פָּתַח — R' Yehudah the son of R' Simone opened his discourse on this verse with an exposition of the following verse: **"מַה תֹּאמְרִי כִּי יִפְקֹד עָלַיִךְ וְאַתְּ לִמַּדְתְּ אֹתָם עָלַיִךְ אַלֻּפִים לְרֹאשׁ" — *What will you say when He punishes you? You yourself have trained them as rulers over you*** (*Jeremiah* 13:21). **אָמַר לוֹ הַקָּדוֹשׁ בָּרוּךְ הוּא** — Similarly, **the Holy One, blessed is He, said to [Jacob], לְדַרְכּוֹ הָיָה מְהַלֵּךְ — "[Esau] was going his way** in the direction of Seir and had no intention of attacking you, **וְאַתָּה מְשַׁלֵּחַ אֶצְלוֹ וְאוֹמֵר לוֹ "כֹּה אָמַר עַבְדְּךָ יַעֲקֹב" — but *you* sent** messengers **to him and said to him,** *'To my lord, to Esau,* ***so said your servant Jacob'* "** (v. 2).[32]

NOTES

30. That is: He did not awaken on his own; you awakened him (ibid.).

31. Esau's anger over Isaac's blessings had already subsided. (This is evident to our Midrash from 27:45 above, where Rebecca told Jacob that she would send notice to him to return to Canaan when *your brother's anger against you subsides.*) God thus said to him, "You have no one but yourself to blame, for by sending the messengers and showing that you still feared his revenge, you reawakened his hatred and desire for revenge" (*Matnos Kehunah, Eitz Yosef*).

32. By referring to Esau as *my lord* and to yourself as *your servant*, you have demonstrated your fear and thus, in a sense, a lack of trust in God (*Eitz Yosef*). In addition, you have encouraged him to think of himself as the ruler who subjugates you, and that is why he headed back in your direction with his army of 400 men.

אָמַר לוֹ הַקָּדוֹשׁ בָּרוּךְ הוּא: לְדַרְכּוֹ הָיָה מְהַלֵּךְ, וְהָיִיתָ מְשַׁלֵּחַ אֶצְלוֹ וְאוֹמֵר [לב, ה] **"כֹּה אָמַר עַבְדְּךָ יַעֲקֹב":**

ב [לב, ד] **"וַיִּשְׁלַח יַעֲקֹב מַלְאָכִים לְפָנָיו",** ^ב^**רַבִּי יְהוּדָה בְּרַבִּי סִימוֹן פָּתַח:** (משלי כה, כו) **"מַעְיָן נִרְפָּשׂ וּמָקוֹר מָשְׁחָת וְגוֹ'", אָמַר רַבִּי יְהוּדָה בְּרַבִּי סִימוֹן: כְּשֵׁם שֶׁאִי אֶפְשָׁר לְמַעְיָן לְהֵרָפֵס *וּלְמָקוֹר לְהִשָּׁחֵת, כָּךְ אִי אֶפְשָׁר לְצַדִּיק לָמוּט לִפְנֵי רָשָׁע, וּכְמַעְיָן נִרְפָּשׂ וְכִמְקוֹר מָשְׁחָת כָּךְ צַדִּיק מֵמִיט עַצְמוֹ לִפְנֵי רָשָׁע, אָמַר לוֹ הַקָּדוֹשׁ בָּרוּךְ הוּא: לְדַרְכּוֹ הָיָה מְהַלֵּךְ, וְהָיִיתָ מְשַׁלֵּחַ אֶצְלוֹ וְאוֹמֵר לוֹ** [לב, ה] **"כֹּה אָמַר עַבְדְּךָ יַעֲקֹב":**

ג [לב, ד] **"וַיִּשְׁלַח יַעֲקֹב", רַבִּי הוּנָא פָּתַח:** (משלי כו, יז) **"מַחֲזִיק בְּאָזְנֵי כָלֶב עֹבֵר מִתְעַבֵּר עַל רִיב לֹא לוֹ",** ^ג^**שְׁמוּאֵל בַּר נַחְמָן אָמַר: מָשָׁל לְאַרְכִי לִסְטִים שֶׁהָיָה יָשֵׁן בְּפָרָשַׁת דְּרָכִים, עֲבַר חַד וּשְׁרֵי מְעִיר לֵיהּ, אֲמַר לֵיהּ: קוּם לָךְ דְּבִישָׁא שְׁכִיחַ הָכָא, קָם וּשְׁרֵי מְקַפַּח בֵּיהּ, אֲמַר לֵיהּ: יִנְעַר בִּישָׁא, אֲמַר לֵיהּ: דָּמֵיךְ הֲוָה *וְעוֹרְרַתַּנֵּיהּ, כָּךְ אָמַר לוֹ הַקָּדוֹשׁ בָּרוּךְ הוּא: לְדַרְכּוֹ הָיָה מְהַלֵּךְ, וְאַתָּה מְשַׁלֵּחַ אֶצְלוֹ וְאוֹמֵר לוֹ** [לב, ה] **"כֹּה אָמַר עַבְדְּךָ יַעֲקֹב". רַבִּי יְהוּדָה בְּרַבִּי סִימוֹן פָּתַח:** (ירמיה יג, כא) **"מַה תֹּאמְרִי כִּי יִפְקֹד עָלַיִךְ וְאַתְּ לִמַּדְתְּ אֹתָם עָלַיִךְ אַלֻּפִים לְרֹאשׁ", אָמַר לוֹ הַקָּדוֹשׁ בָּרוּךְ הוּא: לְדַרְכּוֹ הָיָה מְהַלֵּךְ, וְאַתָּה מְשַׁלֵּחַ אֶצְלוֹ וְאוֹמֵר לוֹ "כֹּה אָמַר עַבְדְּךָ יַעֲקֹב":**

עץ יוסף

אמר ליה הקדוש ברוך הוא לדרכו היה מהלך כו'. כלומר באשר עשו הלך לדרכו ולא עלה על לבו כלל להתגרות ביעקב אלא שיעקב עוררו עליו בהיותו משלח לו שלוחים דרך הכנעה לאמר כה אמר עבדך יעקב ומזה נתעורר עליו לצאת לקראתו במלחמה, ולפיכך אז כעס ה' ולא ענהו בתפלתו עד כי הוכרח להכניע עצמו מאד ונענש בגופו ובממונו כדלקמן. וכן עבור זה נתחייבו זרעו חובת גלות ושיעבוד תחת יד זרע עשו לפי שקיבל עליו אדנותו כדלקמן (סימן ג). (נזר הקודש): **(ב) פתח מעין נרפש כו'.** כבר כתבתי לעיל שטעמם לומר שסבת הסתרת פני ה' מיעקב בעת זו לפי שנחשב לו לחטא הקדימו פני עשו, וזה גם כן טעם פתיחה זו ופתיחת רב הונא דבסמוך, כי למה לו להחזיק באזני כלב לעוררו שאין נותן אל לבו, ולזה הסתיר ה' פניו ממנו עד שנענש בגופו ובממונו, וזה גם כן טעם פתיחה דרבי יהודה בר סימון דבסמוך (יפה תואר): **שאי אפשר למעיין להרפס כו'.** דודאי מעצמו אין מעיין נרפס ומקור משחת אלא אם כן האדם גורם בקלקולו בהיותו מרפיס המעיין ברגליו לעשותו עכור, וכן המקור מוצא המעיין סותם באבנים ועפר כדי להשחיתו. וכן הוא בנמשל דמעצמו אין צדיק מט לפני רשע בהיות לבו בטוח בה', אלא אם כן האדם גורם לקלקל הדבר בהיותו מסיר בטחונו מה' מפחד הרשע להכניע עצמו לפניו, שמאז גם ה' מסתיר פניו ממנו מדה כנגד מדה (נזר הקודש): **(ג) לארכי ליסטים.** לשר הגזלנים. והנמשל שעל ידי פחד יעקב מן עשו נתעורר כח הגבורה בו. שאילולא פחדו לא היה מתגבר בו הכח, וזהו שנאבק עמו שר של עשו, ואילו היה בטחונו חזק אז היה נתבטל כח עשו מלמעלה והיה הטוב מכניע את הרע: **ושרי מעיר לו.** והתחיל להקיצו משנתו לתועלתו, ואמר ליה קום לך שרעה שכיח פה רצונו לומר שחיה רעה שכיח כאן: **קא שרי מקפח ביה.** פירוש שהוא ברשעו לא פנה אלא להרגלו וקם משנתו והיה מקפח בו והכה אותו: **ינער בישא.** המוכה קילל לארכי ליסטים ואמר ליה שיאבד הרשע ההוא שמשיב רעה תחת טובה. ויש גורסים יגער בישא, ועל כן פירושו שיגער ה' ברשע ההוא על דרך (זכריה ג, ב) יגער ה' בך השטן: **דמיך הוה כו'.** פירוש שהוא השיב שאשמו בראשו. ואמר ליה ישן הייתי ואתה עוררתני: **לדרכו היה מהלך.** שכבר נח רוגזיה שהרי אמו שלחה אחריו שנאמר עד שוב אף אחיך וגו' ובשלחו אליו היה מעורר השנאה: **אלופים.** לשון שררות שקראת אותו בשם אדון ואתה עבדו, וכל זה סובב רפיון בטחונך ופחדך:

פירוש מהרז"ו

(ב) מעין נרפש. עיין בילקוט כאן (רמז קל) ובמשלי (רמז תתקסא), ועיין בתנחומא (סימן ג): **(ג) שלוחי בשר ודם.** שאם מלאכים ממש איך אמר ויצו אותם שעליהם לא היה צריך לצוות, ודעת רבנן כמו שביארתי לעיל (עד, יז) שדרשו סמוכים:

אם למקרא

מַעְיָן נִרְפָּשׂ וּמָקוֹר מָשְׁחָת צַדִּיק מָט לִפְנֵי רָשָׁע: (משלי כה:כו)

מַחֲזִיק בְּאָזְנֵי כָלֶב עֹבֵר מִתְעַבֵּר עַל רִיב לֹּא לוֹ: (משלי כו:יז)

מַה תֹּאמְרִי כִּי יִפְקֹד עָלַיִךְ וְאַתְּ לִמַּדְתְּ אֹתָם עָלַיִךְ אַלֻּפִים לְרֹאשׁ הֲלוֹא חֲבָלִים יֹאחֱזוּךְ כְּמוֹ אֵשֶׁת לֵדָה: (ירמיה יג:כא)

מסורת המדרש

ב. תנחומא כאן סימן ג'. ילקוט כאן רמז ק"ל. ילקוט משלי רמז תתקס"א:

ג. ילקוט משלי רמז תתקס"א:

ידי משה

[ב] וכמעין נרפס. הוא כמו דבר אחר:

שינוי נוסחאות

(ג) **אמר ליה.** הא"א כתב שיש למחוק תיבות אלו:

רש"י

(ג) **לארכיליסטים.** שר לסטים: **עבר חד ושרי מעורר ביה, אמר ליה קום דבישא שכיח הכא קם שרי מקפח ביה ינער בישא, אמר ליה דמיך הוה ועוררתיניה, כך אמר ליה הקב"ה עדיין לדרכו היה מהלך והיית משלח אצלו, ואמרת ליה כה אמר עבדך יעקב: אמר ליה הקב"ה לדרכו היה מהלך.** כמה דאת אמר כי יפגשך עשו אחי ושאלך:

מתנות כהונה

והיית משלח אצלו. בתמיה, כלומר לא יפה עשית, וכן פירשו בעל העקידה: [ב] **למעין להרפס.** שמימיו אינם חסרים וחוזרים ועולים כמעין המתגבר, ועיין בספר בחיי בפרשה זו: **כך צדיק ממיט.** כלומר רעה הוא בעיני ה' ולא יעזבנו בידו: [ג] **ארכי לסטים.** שר הגזלנים: **ארכי.** פירוש שר ומושל: **ושרי כו'.** והתחיל לעורר אותו משנתו, ואמר ליה קום לך שרעה שכיח פה. ובילקוט משלי (רמז תתקסא) גרס חייתא בישא שכיחי הכא. קם אותו ארכי לסטים והיה מקפח בו והכה אותו: **מקפח בו.** גרסינן: **הכי גרסינן** בילקוט משלי **אמר ליה יצער בישא.** פירוש בתמיה, אתה האיש הרע למה תצער אותי, ואמר ליה הליסטים ישן הייתי ואתה נערתני. וגירסת הספר יש לפרש שאמר בלשון תימה נוער זה האיש הרע, ואמר ליה לא ניער מעצמו אלא אתה עוררתו ודמך בראשך: **לדרכו היה מהלך.** שכבר נח רוגזיה, שהרי אמו שלחה אחריו שנאמר (בראשית כז, מה) עד שוב אף אחיך וגו', ובשלחו אליו היה מעורר השנאה:

אשד הנחלים

לפול בחרבך, כי כן הבטחת וגזרת עליו. וחרב ה' מכונה על השגחה הנסיית בלי מלחמה מאומה. וזהו המליצה, כי רותה בשמים חרבי, כאומר אינכם צריכים עוד לחרב ומלחמה כי אם משמים רותה חרבי: **לדרכו היו מהלך.** לכאורה אין עניינו לכאן. ואולי שזה סיבב הגליות, כי אלולי היה יעקב בשלימות הבטחון מבלי פחד מאומה מעשו, אז לא היה הגלות גובר, וכמו שכתבתי במקום אחר באריכות ביתר באור, וכן כינה עצמו לעבד לו, וכל זה רמז על הגולה שיהו בניו עבדים לו: [ב] **שא"א למעין כו' וכמעיין נרפס.** המעיין מצד היות לו נביעה תמיד ממקומו על דרך הטבע אי אפשר להיות נרפס ברגל ויהיה מקום יעבור בו ברגל, וכן המקור שממנו נובע המים בודאי אי אפשר שישחת ויתייבש, כן מדרך הטבע לא היה צריך הצדיק להיות מט לפני רשע, כי הצדיק הוא מעין טוב ומקור נובע ומדוע יהיה למרמס רגל רשעים עליו, אך באם שח"ו הצדיק ירא ממנו אז גורם באמת שיתייבש המעיין על ידי זה. והמשל כולו על שפע הטוב הנובע תמיד ממקור הבריכה העליונה בזכות הצדיק. [ג] **משל לארכי לסטים כו'.** והנמשל שע"י פחד יעקב ממנו נתעורר כח הגבורה בו, שאלולי פחדו לא היה מתגבר בו הכח, וזהו שנאבק עמו שר של עשו. ואלו היו חזקת בטחונו חזק, אז היה נתבטל כחו מלמעלה והיה הטוב מכניע את הרע: **אלופים.** לשון שררות, שקראת אותו בשם אדון ואתה עבדו, וכל זה סובב רפיון בטחונך ופחדך, כמו שבארתי לעיל:

§4 מַלְאָכִים — *THEN JACOB SENT "**MALACHIM**" AHEAD OF HIM.*

The word *malachim* can mean messengers or angels. The Midrash debates its meaning here:

אֵלּוּ שְׁלוּחֵי בָשָׂר וָדָם — **These** *malachim* were **messengers of flesh and blood.**[33] רַבָּנָן אָמְרִי: "מַלְאָכִים" מַמָּשׁ — **The Sages said:** They were **real angels.**[34]

The Midrash cites several Scriptural incidents as proof that Jacob could most certainly have had angels ready and willing to perform this service for him:

אָמַר רַבִּי חָמָא בַּר חֲנִינָא — **R' Chama bar Chanina said:** הָגָר שִׁפְחַת שָׂרָה הָיְתָה וְנִזְדַּמְּנוּ לָהּ חֲמִשָּׁה מַלְאָכִים — **Hagar was** merely **the maidservant of Sarah, yet** she merited that **five angels appeared to her.**[35] זֶה שֶׁהוּא אֲהוּבוֹ שֶׁל בַּיִת עַל אַחַת כַּמָּה וְכַמָּה — If so, **how much more so** should **this one,** i.e., Jacob, **who was the** most **beloved one in the household** of Abraham, have angels performing services for him. וּמָה אֱלִיעֶזֶר שֶׁהָיָה עַבְדּוֹ שֶׁל בַּיִת נִזְדַּוְּוגוּ לוֹ כַּמָּה מַלְאָכִים — **And if Eliezer, who was** merely **the servant of the house** of Abraham, **had several angels join him,**[36] זֶה שֶׁהוּא אֲהוּבוֹ שֶׁל בַּיִת עַל אַחַת כַּמָּה וְכַמָּה — **how much more so** should **this one** (i.e., Jacob), **who was the** most **beloved one of the household** of Abraham, have angels ready to serve him. אָמַר רַבִּי יוֹסֵי — **R' Yose said:** יוֹסֵף קָטָן שֶׁל שְׁבָטִים הָיָה וְנִזְדַּוְּוגוּ לוֹ שְׁלֹשָׁה מַלְאָכִים — If **Joseph,** who **was the youngest of the tribes,**[37] **had three angels join him,** הֲדָא הוּא דִכְתִיב "וַיִּמְצָאֵהוּ אִישׁ . . . וַיִּשְׁאָלֵהוּ הָאִישׁ . . . וַיֹּאמֶר הָאִישׁ" — **as it is stated,** ***A man discovered him . . . the man asked him . . . The man said*** (below, 37:15-17),[38] זֶה שֶׁהוּא אֲבִיהֶן שֶׁל כּוּלָּן עַל אַחַת כַּמָּה וְכַמָּה — **how much more so should this one** (i.e., Jacob), **who was the father of all of [the tribes],** have angels sent to assist him.

☐ לְפָנָיו — ***AHEAD OF HIM.***

The expression *ahead of him* seems superfluous.[39] The Midrash offers two homiletic interpretations:[40]

לְזֶה שֶׁבָּא שְׁעָתוֹ לִיטוֹל הַמַּלְכוּת לְפָנָיו — He sent the messengers **to the one whose time had come to take kingship "ahead of him."**[41] אָמַר רַבִּי יְהוֹשֻׁעַ — **R' Yehoshua said:** שָׁלַח פּוֹרְפִּירָא וּטְלָקֵיהּ קוֹדָמוֹהִי

NOTES

33. If they were angels, Jacob would not have ordered them what to say [as he did in verse 5] (*Eitz Yosef*), for there would have been no need to do so (*Maharzu*). Alternatively: If they were angels, Scripture would have made sure to state so clearly (*Yefeh To'ar*).

34. Scripture describes Jacob's encounter with *the angels of God* (*malachei Elohim*) in the preceding verses. Thus, when our verse continues, *then Jacob sent "malachim,"* it means that he sent angels from among those that he encountered [as the Midrash states above, 74 §17; see also below, §10] (*Maharzu, Eitz Yosef*). According to the first view, however, if this were the case our verse would have stated, *Jacob sent "them,"* or *"from among them."* The repetition here of the word *malachim* implies that they were not the same as the *malachei Elohim* mentioned above (*Mishnas DeRabbi Eliezer*; see there for further elaboration of the second view).

A different Midrash (*Otzar HaMidrashim* [Eisenstein], sec. *Yelamdeinu* #22) states that Jacob first tried to send human messengers, but when none would agree to go out of fear of Esau, he asked the angels to go (see *Yefeh To'ar*). See Insight Ⓐ.

35. When Hagar fled from Abraham's household into the desert (Ch. 16 above), Scripture mentions several times that an angel of God spoke to her. The Midrash (above, 45 §7) infers from the number of repetitions of the phrase *"angel of HASHEM"* and of the word *"spoke"* that five separate angels addressed her.

36. When he went to look for a spouse for Isaac, God sent along two angels, one to accompany him on his journey and one to help him find Rebecca, as the Midrash states above (59 §10).

37. He was born after all of his brothers, except for Benjamin (*Maharzu, Eitz Yosef*).

38. The Midrash states below (84 §14) that each of these three references to *the man* was a separate angel sent to help guide Joseph to his brothers.

39. *Imrei Yosher* (see there for his interpretation of R' Chama bar Chanina's and R' Yose's expositions in the *preceding* segment, which he holds are also based on this expression). For a different explanation of what leads the Midrash here to expound the word לְפָנָיו, see *Yefeh To'ar.*

40. While explaining the word לְפָנָיו very differently, it will be seen that the two interpretations that follow are in agreement as to the fundamental idea conveyed by this expression. See next note (end) and note 43.

41. That is, to Esau — as the verse continues, *to Esau his brother* (*Yefeh To'ar*, cited by *Eitz Yosef*).

Jacob sent messengers/angels to his brother Esau, humbling himself before him, because Esau's time to rule had come *ahead of him.* For as the Sages teach in *Berachos* 7b, when a wicked person has a period of good fortune, the righteous should beware of them and seek to appease them (*Yefeh To'ar*, cited by *Eitz Yosef*).

[In §1 the Midrash quoted R' Reuven's exposition that faults Jacob for being afraid of Esau. The Gemara in *Berachos* does not contradict this because the Gemara cites an opinion that a perfectly righteous person

INSIGHTS

Ⓐ **Miracles for the Faithful** The Talmud states that if a miracle is performed for a person, it is deducted from his merits (*Shabbos* 32a), meaning that he uses up part of the spiritual capital he had acquired for his various good deeds. Now, according to the latter Midrash cited in note 34, it is understandable why Jacob would resort to miraculous messengers; he had no choice. But according to our Midrash, which makes no mention of the refusal of ordinary messengers, why would Jacob resort to a miracle?

R' Moshe Feinstein (in *Darash Moshe* on our verse) answers that a person on the highest level of faith is no more impressed by a miracle than by nature. He perceives that all nature was created by God out of sheer nothing. To him, nature itself is the greatest miracle. He knows full well that God is almighty, even if he never sees a supernatural event. One who is impressed by a miracle more than by nature evinces a certain lack of faith.

Our Sages (*Sanhedrin* 94a) state that when God performed the astonishing miracle for the righteous King Hezekiah (related in *II Kings* Chs. 18-19) of felling by plague in a single night 185,000 soldiers of the besieging Assyrian army outside the walls of Jerusalem, Hezekiah did not sing a song of praise to God. The Attribute of Justice prosecuted him before God for this. At that point the earth (as it were) spoke up and said, "I will recite a song of praise to You in Hezekiah's stead." This argument silenced the prosecution.

How was the prosecution silenced by this argument? After all, Hezekiah himself did not sing praise! Reb Moshe explains: Hezekiah was no more impressed by the fact that the salvation had come about through a miracle than had it occurred through natural means, for he knew all along that God was all-powerful. Had he sung a song of praise, it would have lessened the impression one should feel constantly from natural occurrences. His refraining from singing was thus even a greater expression of faith than song. This was the earth's defense. By not singing, Hezekiah demonstrated that the earth — the natural world — constantly sings God's praises. Hezekiah's silence allowed the earth's song to be heard all the more clearly.

It is only for a person of lesser faith, who is more impressed by miracles since they are unnatural, that God does not perform miracles — in order that even miracles should not become natural in his eyes, at which point even they, too, would cease to impress him. And if God does perform a miracle for such a person, it is at the expense of his merits. But for the man whose faith is perfect, to whom miracles and nature are all the same, there is no reason for God to refrain from performing miracles (see *Taanis* 25a). They do not diminish his merit, for in his eyes even natural occurrences are miraculous. Jacob was a man of perfect faith. To him, miracles and nature were one and the same. The angels that he sent were agents of God, no different than every other event in his life.

ד [לב, ד] "מַלְאָכִים", אֵלּוּ שְׁלוּחֵי בָּשָׂר וָדָם, רַבָּנָן אָמְרֵי: "מַלְאָכִים" מַמָּשׁ, אָמַר רַבִּי חָמָא בַּר חֲנִינָא: [ד]הָגָר שִׁפְחַת שָׂרָה *הָיְתָה וְנִזְדַּמְּנוּ לָהּ חֲמִשָּׁה מַלְאָכִים, זֶה שֶׁהוּא אֲהוּבוֹ שֶׁל בַּיִת עַל אַחַת כַּמָּה וְכַמָּה, וּמָה [ה]אֱלִיעֶזֶר שֶׁהָיָה עַבְדּוֹ שֶׁל בַּיִת נִזְדַּוְּוגוּ לוֹ כַּמָּה מַלְאָכִים, זֶה שֶׁהוּא אֲהוּבוֹ שֶׁל בַּיִת עַל אַחַת כַּמָּה וְכַמָּה, אָמַר רַבִּי יוֹסֵי: [ו]יוֹסֵף קָטָן שֶׁל שְׁבָטִים הָיָה וְנִזְדַּוְּוגוּ לוֹ שְׁלֹשָׁה מַלְאָכִים, הֲדָא הוּא דִכְתִיב (בראשית לז, טו-יז) "וַיִּמְצָאֵהוּ אִישׁ ... וַיִּשְׁאָלֵהוּ הָאִישׁ ... וַיֹּאמֶר הָאִישׁ", זֶה שֶׁהוּא אֲבִיהֶן שֶׁל כּוּלָּן עַל אַחַת כַּמָּה וְכַמָּה. [לב, ד] "לְפָנָיו", לָזֶה שֶׁבָּא שְׁעָתוֹ לִיטּוֹל הַמַּלְכוּת לְפָנָיו, רַבִּי יְהוֹשֻׁעַ אָמַר: שָׁלַח פּוֹרְפִּירָא וּטְלָקֵיהּ קוֹדָמוֹהִי, אֲמַר לֵיהּ: אֵין שְׁנֵי זַרְזִירִים יְשֵׁנִים עַל דַּף אֶחָד. [שם] "אֶל עֵשָׂו אָחִיו", אַף עַל פִּי שֶׁהוּא עֵשָׂו הוּא אָחִיו. [שם] "אַרְצָה שֵׂעִיר שְׂדֵה אֱדוֹם", [ז]הוּא אָדוֹם, וְתַבְשִׁילוֹ אָדוֹם, וְאַרְצוֹ אֲדוּמָּה, גִּבּוֹרָיו אֲדוּמִּים, לְבוּשָׁיו אֲדוּמִּים, וּפוֹרֵעַ מִמֶּנּוּ אָדוֹם, בִּלְבוּשׁ אָדוֹם, הוּא אָדוֹם (לעיל כה, כה) "וַיֵּצֵא הָרִאשׁוֹן אַדְמוֹנִי", תַּבְשִׁילוֹ אָדוֹם (שם שם ל) "הַלְעִיטֵנִי נָא מִן הָאָדֹם הָאָדֹם הַזֶּה", אַרְצוֹ אֲדוּמָּה "אַרְצָה שֵׂעִיר שְׂדֵה אֱדוֹם", גִּבּוֹרָיו אֲדוּמִּים ° (נחום ב, ד) "אַנְשֵׁי חַיִל מְתֻלָּעִים וְגוֹ'", וּפוֹרֵעַ מִמֶּנּוּ אָדוֹם (שיר השירים ה, י) "דּוֹדִי צַח וְאָדוֹם", בִּלְבוּשׁ אָדוֹם (ישעיה סג, ב) "מַדּוּעַ אָדֹם לִלְבוּשֶׁךָ":

ה [לב, ה] "וַיְצַו אֹתָם לֵאמֹר כֹּה תֹאמְרוּן לַאדֹנִי לְעֵשָׂו", [ח]רַבֵּינוּ אָמַר לְרַבִּי אָפֵס: כְּתוֹב חַד אִגְּרָא מִן שְׁמִי לְמָרָן מַלְכָּא אַנְטוֹנִינוּס, קָם וּכְתַב: מִן יְהוּדָה נְשִׂיאָה לְמָרָן מַלְכָּא אַנְטוֹנִינוּס,

עץ יוסף

(ד) [ג] **שלוחי בשר ודם.** כתרגום איזגדין. שאם מלאכים ממש איך אמר ויצו אותם שעליהם לא היה לצוות: **מלאכים ממש.** יליף לה מסמיכות הפרשיות שקודם כתיב מחנה אלהים זה וגו' ואחר כך וישלח יעקב מלאכים. ורצונו לומר מאותם המלאכים שכתיב לפניו: **חמשה מלאכים.** כדלעיל פרשה מ"ה סימן ז': **כמה מלאכים.** כדאיתא לעיל פרשה נ"ט סימן י': **קטנן של שבטים.** שהרי נולד אחר כל השבטים חוץ מבנימין: **וימצאהו איש.** בתנחומא אמר אין איש האמור כאן אלא גבריאל שנאמר והאיש גבריאל. ועיין לקמן פרשה פ"ד: [ד] **לזה שבא שעתו כו'.** והכתוב מדבר והדר מפרש דהיינו אל עשו אחיו. ורצונו לומר שכל סיבת השליחות הנכתב לעיל לְמַה שהכיר יעקב שהשעה משחקת לעשו וראוי להחניפו (יפה תואר): **ר' יהושע אמר כו'.** רצונו לומר הוא פירש לפניו שהפשיט לבוש מלכות שלו ופירסה לפניו, כי פרפור הונח על לבוש מלכות ביחוד. והפשיט מתורגם ושלח. וטעם ההפשט לומר שאי אפשר שיתכסו שניהם בשמלה אחת, וכן אי אפשר שיהיו שניהם מלכים, ולזה הוא מודה במלכות שבא שעתו ליטול לפניו, ובאחרית הימים תכון מלכות יעקב: **זרזירים.** מין עורב ושונאים זה את זה: **אף על פי שהוא עשו.** כלומר רשע. מכל מקום הוא אחיו והכתו לו: [ה] **הוא אדום כו'.** לעיל פרשה ס"ג (סימן יז) עיין שם: **גבוריו אדומים מגן גבוריהו מאדם לבושיו אדומים אנשי חיל.** כך צריך לומר: (ה) [ו] **אגרא.** איגרת משמי לאדונינו המלך אנטונינוס:

פירוש מהרז"ו

(ד) **שפחת שרה היתה.** עיין לעיל (מה, ז): **אליעזר.** לעיל (מט, י) שני מלאכים, וכמה משמע יותר משנים וצריך עיון: **יוסף קטנם של שבטים.** שנולד אחרון לכל השבטים לבד מבנימין. ומה שאמר ג' מלאכים עיין לקמן (פד, יד): **לזה שבא.** לקמן (עח, יד), וכמו שאיתא לעיל (סג, ט) עיין שם. ועיין מדרש משלי (פרשה ל) פסוק זרזיר מתנים (שם ל, לא): **הוא כו'.** לעיל (סג, יב): **אנשי חיל.** אלא ניכוה כתיב ועיין לעיל (טז, ד) שנקראות על שם ניכוה הוא אשור, ולעיל (ע, ח) וכמו שנאמר עובדיה (א, טו): (ה) **רבינו אמר לרבי אפס.** תנחומא כאן (סימן ג), ועיין לקמן (עח, טו) וכן כאן:

חידושי הרד"ל

[ה] **מן עבדך יהודה למרן כו'.** בויקרא רבה ריש פרשה כ"ו (סימן ב) אמרו שנענש אבנר על שכתב מן אבנר לדוד, ואפשר היה מנהג אז לכתוב תחלה שם הכותב אף שהוא העבד, וכלשון המקרא לעבדך ליעקב כו' לאדוני לעשו:

אמרי יושר

[ד] **ומה אליעזר עבד אברהם.** ופירוש לפניו כמו קודם: **ומה יוסף.** פירשו לפניו ממש לעתיד שראה ליוסף נזדווגו לו מלאכים כל שכן לפני יעקב. עוד דקדקו מלת לפניו הנוספת ואמרו לזה שבא עתו ליטול מלכות לפניו. יובן במה שנאמר להלן (אות יא) כי ח' פעמים קראו יעקב אדון וכנגדן מלכו בניו ח' קודם זהו אלה ח' מלכים שקדמו לעשו לפני בני ישראל לפי שיעקב קראו אדון ח' פעמים זהו וישלח יעקב מלאכים מזה נמשך שלפניו וקודם לו נטל המלוכה ואם כן אין כוונת יעקב לפי זה אלא שנתן לו הקדימה: **אמר ר' יהושע בן לוי שלח פורפירא.** כי הוא יותר היתה כוונתו להתפשט מכל וכל. פירוש שלח פורפירא הפשיט אדרתו וזה רמז וישלח לפניו לשון הפשטה:

משנת דרבי אליעזר

[ד] **אלו שלוחי בשר ודם.** דיוקו מדכתיב לעיל מיניה ויפגעו בו מלאכי אלהים אם כן הוה ליה למימר וישלח אותם, או מהם, ומדכתיב מלאכים בא להורות שאחרים שלח והיינו שלוחי בשר ודם. ורבנן אמרי דמדכתיב מלאכים ולא אמר סתם וישלח אל עשו אדרבה בא להורות דמלאכים ממש שלח, והא דלא כתב אותם לא קשה מידי, דבאמת מלאכים אחרים נזדמנו לו, כמו בהגר (לעיל מה, ז) ואליעזר ויוסף, דעל כל דבור נזדמן מלאך כמו כן גבי יעקב, ולכך הוצרך להביא ראיה מקל וחומר אף על גב דמפורש בקרא שפגעו בו מלאכי אלהים: [ה] **על אחת כמה וכמה. ולמה עם לבן וגו'.** פירוש כיון דרב חילו שגבר וכל

מסורת המדרש

ד. לעיל פרשה מ"ה:
ה. לעיל פרשה נ"ט:
ו. לקמן פרשה פ"ד:
ז. לעיל פרשה ס"ג. ילקוט ישעיה רמז שס"ז. ילקוט נחום רמז תקס"א:
ח. ילקוט כאן רמז ק"ל כל הענין:

אם למקרא

וַיִּמְצָאֵהוּ אִישׁ וְהִנֵּה תֹעֶה בַּשָּׂדֶה וַיִּשְׁאָלֵהוּ הָאִישׁ לֵאמֹר מַה תְּבַקֵּשׁ: וַיֹּאמֶר אֶת אַחַי אָנֹכִי מְבַקֵּשׁ הַגִּידָה נָּא לִי אֵיפֹה הֵם רֹעִים: וַיֹּאמֶר הָאִישׁ נָסְעוּ מִזֶּה כִּי שָׁמַעְתִּי אֹמְרִים נֵלְכָה דֹּתָיְנָה וַיֵּלֶךְ יוֹסֵף אַחַר אֶחָיו וַיִּמְצָאֵם בְּדֹתָן:
(בראשית לז:טו-יז)

וַיֵּצֵא הָרִאשׁוֹן אַדְמוֹנִי כֻּלּוֹ כְּאַדֶּרֶת שֵׂעָר וַיִּקְרְאוּ שְׁמוֹ עֵשָׂו:
(שם כה:כה)

וַיֹּאמֶר עֵשָׂו אֶל יַעֲקֹב הַלְעִיטֵנִי נָא מִן הָאָדֹם הָאָדֹם הַזֶּה כִּי עָיֵף אָנֹכִי עַל כֵּן קָרָא שְׁמוֹ אֱדוֹם:
(שם שם ל)

מָגֵן גִּבֹּרֵיהוּ מְאָדָּם אַנְשֵׁי חַיִל מְתֻלָּעִים בְּאֵשׁ פְּלָדֹת הָרֶכֶב בְּיוֹם הֲכִינוֹ וְהַבְּרֹשִׁים הָרְעָלוּ:
(נחום ב:ד)

דּוֹדִי צַח וְאָדוֹם דָּגוּל מֵרְבָבָה:
(שיר השירים ה:י)

מַדּוּעַ אָדֹם לִלְבוּשֶׁךָ וּבְגָדֶיךָ כְּדֹרֵךְ בְּגַת:
(ישעיה סג:ב)

ידי משה

[ד] **שלוחי כו' רבנן אמרי מלאכים ממש.** צריך לומר דרבנן אזלי לשיטתייהו שסבירא להו שהיה ק"כ רבוא ואם כן היה יכול לשלוח מהם, מה שאין כן לרב הונא שהיו רק ששים רבוא שתשרה שכינה עליהם אם כן אם היה מגרע מהם לא היתה השכינה שורה וקל להבין. וממלת לפניו קדייק פירוש מן אותן מלאכים שנכתבו למעלה:

שינוי נוסחאות

(ד) **גבוריו אדומים.** גם המ"כ וגם הא"א הגיהו שצריך להוסיף כאן הפסוק של <מגן גבריהו וגו'< והמילים <לבושיו אדומים<:

רש"י

(ד) **מלאכים אלו היו שלוחי בשר ודם, רבנן אמרין מלאכים ממש: מה אם אליעזר שהיה עבדו של ביתו נזדווגו לו כמה מלאכים זה שהוא אוהבו על אחת כמה וכמה: לפניו. לזה שבא שעתו לטול מלכות תחלה: שלח פורפירא.** הפשיט פורפירא שלו: **וטלקיה קדמוהי.** ופרסה לפניו ולפני עשו, וישלח דורש: **אין שני זרזירין ישנין על דף אחד.** כך אי אפשר לשנינו למלוך בעולם הזה, נכנע אני לפניך עד שהשעה עומדת לי: **אל עשו אחיו.** אפילו עשו, הוא אחיו, כלומר שלא היה נוהג בו כראוי, אף על פי כן היה אחיו:

מתנות כהונה

[ד] **לזה שבא כו'.** עשו הוא נוטל המלכות בראשונה, ואחר כך ועלו מושיעים וגו' (עובדיה א, כא): **שלח.** פשט והפשיט תרגם אונקלוס וישלח, ובערוך גרס חלש כמו חלץ: **פורפירא.** לבוש מלכות: **וטלקיה.** והשליחו לפניו, כלומר רמז לו שיקח הוא המלוכה ראשונה: **אין שני זרזירים.** רמז שאי אפשר לשניהם לקבל המלוכה כאחד, ואין שתי מלכים משתמשים בכתר אחד: **הכי גרסינן ופורע ממנו אדום בלבוש אדום: הכי גרסינן גבוריו אדומים מגן גבוריהו מאדם לבושיו אדומים אנשי כו'.** ועיין לעיל (סג, יב): [ה] **אגרא.** איגרת משמי לאדונינו המלך אנטונינוס:

נחמד למראה

[ד] **מלאכים אלו שלוחי בשר ודם. רבנן אמרי מלאכים ממש.** ראוי להתבונן מנא להו לרבנן לומר שמלאכים ממש היו. ועיין בהרב ידי משה מה שכתב על פי הדרש. אך לי נראה לפי הפשט משום דקשה להו לרבנן דלא הוה ליה למימר אלא וישלח יעקב לפניו אל עשו אחיו, וזה שאם שלוחי בני אדם היו לא היה ראוי לכתוב מלאכים, לפי שאם שלא אותם ממילא ידעינן שהיו שלוחים, כי כפי מנהג הלשון אין ראוי להזכיר השם הנמשך מן הפעל כי כבר הוא מובן מעניינו כמו שהתבאר כבר במקום אחר, אבל כל כיוצא בזה יש בו דרש כדאיתא בפרק קמא דתענית (ג, א) הַסֵּךְ נֶסֶךְ בשני ניסוכין הכתוב מדבר אחד ניסוך היין ואחד ניסוך המים עד כאן, ודרשו הכי מדאיצטריך למימר נסך, ובמכות (יא, א) תנו רבנן לא יקרחו קרחה יכול אפילו קרח שלש וארבע קריחות לא יהא חייב אלא אחת, תלמוד לומר קרחה לחייב על כל קרחה וקרחה עד כאן, והכי נמי בנדון דידן מדכתיב מלאכים שלא היה צריך לכתבו, לזה אמרו כי מלאכים ממש היו. ומאן דאמר שלוחי בשר ודם סבר ליה דברה תורה כלשון בני אדם (נדרים ג, א ושם נסמן) ולא חש לדרשה זו:

אשד הנחלים

[ד] **מלאכים ממש.** מחלוקתן עיין בדברי המחקרים בגדר שליחות המלאך ותבין: **לפניו לזה שבא כו'.** כבר ידוע מאמרם ז"ל שיעקב כיון בכל מתנותיו לעשו לתקון חנייתו בתוכו, כמו שדרשו על והצאן עלות ודפקום ויעבר נא לפני עבדו, וא"כ כאן סיפר הכתוב כי סבת השליחות וכוונתו, לתקן בזה במה שימשול לפניו: **שלח פורפירא.** ממה שאמר כה תאמרון לאדוני כה אמר עבדך יעקב דייק שעתה שלח מעצמו בגדי מלוכה והמליכו לעשו שיהיה עליו למלך, וזהו לפניו שהוא נכנע לפניו: **אעפ"י שהוא כו'.** אע"פ ששמו מורה על רעתו עם כל זה אחי הוא ואולי ירחם כאח על אחיו: **הוא כו'.** מפורש בפרשה ויצא:

— As a sign that it was now Esau's time to rule,[42] **[Jacob] removed his royal cloak and spread it out in front of [Esau].**[43] אֲמַר לֵיהּ: אֵין שְׁנֵי זַרְזִירִים יְשֵׁנִים עַל דַּף אֶחָד — **He said to him, "Two starlings**[44] **cannot sleep on one board."**[45]

□ אֶל עֵשָׂו אָחִיו — *TO ESAU HIS BROTHER.*

We all know that Esau was his brother. Why must Scripture mention this? The Midrash explains:

אַף עַל פִּי שֶׁהוּא עֵשָׂו הוּא אָחִיו — **Although he was** the evil **Esau,** Jacob afforded him due respect because **he was** nonetheless **his brother.**[46]

□ אַרְצָה שֵׂעִיר שְׂדֵה אֱדוֹם — *TO THE LAND OF SEIR, THE FIELD OF EDOM.*

The word "Edom" (אֱדוֹם), vowelized differently, reads "adom" (אָדוֹם), which means "red." The Midrash shows that Esau (Edom) is identified with the color red in many ways:

הוּא אָדוֹם — **[Esau] was** born **red,** וְתַבְשִׁילוֹ אָדוֹם — **and his stew** that he so desired **was red,** וְאַרְצוֹ אֲדוּמָּה — **and his land is red,** גִּבּוֹרָיו אֲדוּמִּים — and the shields[47] of **his warriors are red,** לְבוּשָׁיו אֲדוּמִּים — and **his** warriors'[48] **clothes are red,** וּפוֹרֵעַ מִמֶּנּוּ אָדוֹם, בִּלְבוּשׁ אָדוֹם — **and** ultimately, **revenge will be exacted from him by** one who is **red,** who will be wearing **red clothing.**[49]

The Midrash now verifies these statements from Scripture:

הוּא אָדוֹם "וַיֵּצֵא הָרִאשׁוֹן אַדְמוֹנִי" — That **he was** born **red** is indicated from the verse, ***The first one emerged red*** (above, 25:25).[50] תַּבְשִׁילוֹ אָדוֹם "הַלְעִיטֵנִי נָא מִן הָאָדֹם הָאָדֹם הַזֶּה" — That **his** desired **stew was red** is indicated from that which it states, *Jacob simmered a stew . . . Esau said to Jacob,* ***"Pour into me, now, some of that very red stuff"*** (ibid., vv. 29-30).[51] אַרְצוֹ אֲדוּמָּה, "אַרְצָה שֵׂעִיר שְׂדֵה אֱדוֹם" — That **his land is red** is indicated from that which it states in our verse, ***to the land of Seir, the red field.***[52] גִּבּוֹרָיו אֲדוּמִּים, "מָגֵן גִּבֹּרֵיהוּ מְאָדָּם" — That the shields of **his warriors are red** is indicated from that which it states, ***The shields of his warriors are reddened***[53] (*Nahum* 2:4). לְבוּשָׁיו אֲדוּמִּים, "אַנְשֵׁי חַיִל מְתֻלָּעִים וְגוֹ'" — That **his** warriors' **clothes are red** is indicated from the continuation of that verse, ***his soldiers are colored scarlet*** [מְתֻלָּעִים],[54] ***etc.*** (ibid.). וּפוֹרֵעַ מִמֶּנּוּ אָדוֹם "דּוֹדִי צַח וְאָדוֹם" — **And** that **revenge will be exacted from him by** one who is **red** is indicated by the verse, ***My beloved*** (i.e., God) ***is pure and purifies sin, and is ruddy with vengeance to punish betrayers*** (*Song of Songs* 5:10); בִּלְבוּשׁ אָדוֹם "מַדּוּעַ אָדֹם לִלְבוּשֶׁךָ" — and that the one who exacts revenge from him will also be **clothed in red** is indicated by the verse, ***Why is there red on your raiment?*** (*Isaiah* 63:2).[55]

וַיְצַו אֹתָם לֵאמֹר כֹּה תֹאמְרוּן לַאדֹנִי לְעֵשָׂו כֹּה אָמַר עַבְדְּךָ יַעֲקֹב עִם לָבָן גַּרְתִּי וָאֵחַר עַד עָתָּה.

He charged them, saying, "Thus shall you say, 'To my lord, to Esau, so said your servant Jacob: I have sojourned with Laban and have lingered until now' " (32:5).

§5 וַיְצַו אֹתָם לֵאמֹר כֹּה תֹאמְרוּן לַאדֹנִי לְעֵשָׂו כֹּה אָמַר עַבְדְּךָ יַעֲקֹב — *HE CHARGED THEM, SAYING, "THUS SHALL YOU SAY, 'TO MY LORD, TO ESAU, SO SAID YOUR SERVANT JACOB.' "*

Scripture relates how Jacob humbled himself before Esau, referring to him as "my lord," and to himself as "your servant." The Midrash recounts the lesson that is to be learned from this:[56]

רַבֵּינוּ אָמַר לְרַבִּי אַפֵּס — ***Rabbeinu HaKadosh***[57] **said to R' Afeis,** כְּתוּב חַד אִגְּרָא מִן שְׁמִי לְמָרָן מַלְכָּא אַנְטוֹנִינוּס — **"Write a letter in my name to our Master, King Antoninus."**[58] קָם וּכְתַב: מִן יְהוּדָה נְשִׂיאָה לְמָרָן מַלְכָּא אַנְטוֹנִינוּס — **[R' Afeis] arose and wrote** in the letter, **"From Yehudah the Prince, to our Master, King Antoninus."**

NOTES

(צַדִּיק גָּמוּר) is an exception and need not be afraid even of a wicked person who is enjoying good fortune. R' Reuven may concur with that opinion (*Yefeh To'ar*, in opening comments to §1).]

The Midrash states that Esau would rule "ahead of [Jacob]" because Esau was to rule in this world, while Jacob would rule only in the End of Days (*Matnos Kehunah, Eitz Yosef*).

For a different approach, see *Imrei Yosher.*

42. *Matnos Kehunah.*

43. This is the meaning of the word לְפָנָיו in our verse: *"in front" of him* (and the *him* refers to Esau, unlike according to the first interpretation; see, however, *Rashi*).

[According to R' Yehoshua, the word לְפָנָיו is to be understood as connected with the word וַיִּשְׁלַח, the combined phrase וַיִּשְׁלַח לְפָנָיו meaning *Jacob took off* (lit., *cast off*) *[his royal garment] in front of [Esau]* (*Imrei Yosher*; furthermore, as noted by *Matnos Kehunah*, those words in the Torah that have the root פשט, which means *remove [clothing]*, are rendered by *Onkelos* as words with the root שלח).

It seems that according to this interpretation, the words וַיִּשְׁלַח יַעֲקֹב מַלְאָכִים לְפָנָיו are to be understood as a compound sentence: *Jacob sent messengers / angels [to Esau], and [through the agency of these messengers] he took off [his royal garment] in front of him*, i.e., the messengers spread out Jacob's cloak in front of Esau.]

44. A starling is a type of raven.

45. This type of bird does not get along well with others of its species; Jacob thus alluded to Esau that they too could not rule in unison. He removed his royal cloak and laid it before Esau to indicate that he is allowing *him* to rule first, with Jacob's own ascent to kingship to occur at the End of Days (*Yefeh To'ar, Eitz Yosef*).

46. Translation and elucidation follows *Yefeh To'ar* (first interpretation). Cf. *Eitz Yosef.* For a different interpretation, see *Eshed HaNechalim*.

47. See below.

48. See below. In *Rabbeinu Bachya's* citation of this Midrash (in his commentary to 25:30 above), the word לְבוּשָׁיו (lit., *his clothes*) is replaced with the word לְבוּשֵׁיהֶם, *their clothes.*

49. This, too, will be explained shortly.

50. As the Midrash explains above (63 §8 s.v. אדמוני), the fact that Esau was born red was indicative of his cruel nature and thirst for blood.

51. [Indeed, it was because of the stew that Esau was called Edom, as verse 30 concludes: *He therefore called his name Edom.*] See *Rabbeinu Bachya* ad loc., who expands on the implications of Esau's affinity for red.

52. The Midrash interprets שְׂדֵה אֱדוֹם as *the red field* [as if it were vowelized: שָׂדֶה אָדוֹם] rather than *the field of Edom.* The latter interpretation is rejected as redundant in light of the preceding phrase, *to the land of Seir* (*Eitz Yosef* ibid.).

53. From the blood of their enemies.

54. *Eitz Yosef* (loc. cit.) notes that we see that the unusual root תלע (as in מְתֻלָּעִים) means *red* (or *scarlet*) in the verse: אִם יַאְדִּימוּ כַתּוֹלָע, *if they will be red like scarlet* [תולע] (*Isaiah* 1:18).

55. This verse, written in the context of the future destruction of Edom, refers to God (Who will be the One Who exacts vengeance on Edom) metaphorically as a brave soldier whose clothes are red from his enemies' blood (*Radak* ad loc.).

See, however, *Eitz Yosef* loc. cit., who takes "red garment" as a metaphor for the Attribute of Strict Justice with which God will "clothe" Himself as he dispenses judgment — untempered by mercy — to Edom at the End of Days, for its mistreatment of Israel throughout history.

56. *Yefeh To'ar*. See also *Midrash Tanchuma, Vayishlach* (§3).

57. Rabbi Yehudah HaNasi, who was the redactor the Mishnah, was alternately referred to by the Sages by the reverent title *Rabbeinu HaKadosh* ("our holy Rabbi"), or Rebbi (meaning "my Rabbi").

58. Identified by *Seder HaDoros* as Marcus Aurelius Antoninus, who ruled from 161-180 C.E. Although he and Rebbi became very dear friends (see *Avodah Zarah* 10a-11a), and Antoninus in fact attended upon Rebbi as a servant would serve his master (ibid. 10b), Rebbi was careful to address him with full honors when in the presence of others (see further).

ד [לב, ד] **"מַלְאָכִים", אֵלּוּ שְׁלוּחֵי בָּשָׂר וָדָם, רַבָּנָן אָמְרִי: "מַלְאָכִים" מַמָּשׁ, אָמַר רַבִּי חָמָא בַּר חֲנִינָא: ד‏הָגָר שִׁפְחַת שָׂרָה *הָיְתָה וְנִזְדַּמְּנוּ לָהּ חֲמִשָּׁה מַלְאָכִים, זֶה שֶׁהוּא אֲהוּבוֹ שֶׁל בַּיִת עַל אַחַת כַּמָּה וְכַמָּה, וּמָה ה‏אֱלִיעֶזֶר שֶׁהָיָה עַבְדּוֹ שֶׁל בַּיִת נִזְדַּוְּוגוּ לוֹ כַּמָּה מַלְאָכִים, זֶה שֶׁהוּא אֲהוּבוֹ שֶׁל בַּיִת עַל אַחַת כַּמָּה וְכַמָּה, אָמַר רַבִּי יוֹסֵי: ו‏יוֹסֵף קְטַנָּן שֶׁל שְׁבָטִים הָיָה וְנִזְדַּוְּוגוּ לוֹ שְׁלֹשָׁה מַלְאָכִים, הָדָא הוּא דִכְתִיב** (בראשית לז, טו-יז) **"וַיִּמְצָאֵהוּ אִישׁ ... וַיִּשְׁאָלֵהוּ הָאִישׁ ... וַיֹּאמֶר הָאִישׁ", זֶה שֶׁהוּא אֲבִיהֶן שֶׁל כּוּלָּן עַל אַחַת כַּמָּה וְכַמָּה.** [לב, ד] **"לְפָנָיו", לָזֶה שֶׁבָּא שַׁעְתּוֹ לִיטוֹל הַמַּלְכוּת לְפָנָיו, רַבִּי יְהוֹשֻׁעַ אָמַר: שָׁלַח פּוֹרְפִּירָא וּטְלָקֵיהּ קוֹדָמוֹהִי, אֲמַר לֵיהּ: אֵין שְׁנֵי זַרְזִירִים יְשֵׁנִים עַל דַּף אֶחָד.** [שם] **"אֶל עֵשָׂו אָחִיו", אַף עַל פִּי שֶׁהוּא עֵשָׂו הוּא אָחִיו.** [שם] **"אַרְצָה שֵׂעִיר שְׂדֵה אֱדוֹם", ז‏הוּא אָדוֹם, וְתַבְשִׁילוֹ אָדוֹם, וְאַרְצוֹ אֲדוּמָּה, גִּבּוֹרָיו אֲדוּמִּים, לְבוּשָׁיו אֲדוּמִּים, וּפוֹרֵעַ מִמֶּנּוּ אָדוֹם, בִּלְבוּשׁ אָדוֹם, הוּא אָדוֹם** (לעיל כה, כה) **"וַיֵּצֵא הָרִאשׁוֹן אַדְמוֹנִי", תַּבְשִׁילוֹ אָדוֹם** (שם שם ל) **"הַלְעִיטֵנִי נָא מִן הָאָדֹם הָאָדֹם הַזֶּה", אַרְצוֹ אֲדוּמָּה "אַרְצָה שֵׂעִיר שְׂדֵה אֱדוֹם", גִּבּוֹרָיו אֲדוּמִּים °** (נחום ב, ד) **"אַנְשֵׁי חַיִל מְתֻלָּעִים וְגוֹ'", וּפוֹרֵעַ מִמֶּנּוּ אָדוֹם** (שיר השירים ה, י) **"דּוֹדִי צַח וְאָדוֹם", בִּלְבוּשׁ אָדוֹם** (ישעיה סג, ב) **"מַדּוּעַ אָדֹם לִלְבוּשֶׁךָ":**

ה [לב, ה] **"וַיְצַו אֹתָם לֵאמֹר כֹּה תֹאמְרוּן לַאדֹנִי לְעֵשָׂו", ח‏רַבֵּינוּ אָמַר לְרַבִּי אָפֵס: כְּתוֹב חַד אִגְּרָא מִן שְׁמִי לְמָרָן מַלְכָּא אַנְטוֹנִינוּס, קָם וּכְתַב: מִן יְהוּדָה נְשִׂיאָה לְמָרָן מַלְכָּא אַנְטוֹנִינוּס,**

עץ יוסף

(ד) [ג] **שלוחי בשר ודם.** כתרגום איזגדין. שאם מלאכים ממש איך אמר ויצו אותם שעליהם לא היה לצוות: **מלאכים ממש.** יליף לה מסמיכות הפרשיות שקודם כתיב מחנה אלהים זה וגו' ואחר כך וישלח יעקב מלאכים. ורצונו לומר מאותם המלאכים שכתיב לפניו: **חמשה מלאכים.** כדלעיל פרשה מ"ה סימן ז': **כמה מלאכים.** כדאיתא לעיל פרשה כ"ט סימן י': **קטנן של שבטים.** שהרי נולד אחר כל השבטים חוץ מבנימין: **וימצאהו איש.** בתנחומא אמר אין איש האמור כאן אלא גבריאל שנאמר והאיש גבריאל. ועיין לקמן פרשה פ"ד: [ד] **לזה שבא שעתו כו'.** והכתוב מדבר והדר מפרש דהיינו אל עשו אחיו. ורצונו לומר שכל סיבת השליחות הנכתב לעיל לְמַה שהכיר יעקב שהשעה משחקת לעשו וראוי להחניפו (יפה תואר): **ר' יהושע אמר כו'.** רצונו לומר הוא פירש לפניו שהפשיט לבוש מלכות שלו ופירסה לפניו, כי פרפור הונח על לבוש מלכות ביחוד. והפשיט מתורגם ושלח. וטעם ההפשט לומר שאי אפשר שיתכסו שניהם בשמלה אחת, וכן אי אפשר שיהיו שניהם מלכים, ולזה הוא מודה במלכות שבא שעתו ליטול לפניו, ובאחרית הימים תכון מלכות יעקב: **זרזירים.** מין עורב ושונאים זה את זה: **אף על פי שהוא עשו.** כלומר רשע. מכל מקום הוא אחיו ואהבתו לו: [ה] **הוא אדום כו'.** לעיל פרשה ס"ג (סימן יז) עיין שם: **גבוריו אדומים מגן גבוריהו מאדם לבושיו אדומים אנשי חיל.** כך צריך לומר: (ה) [ו] **אגרא.** איגרת משמי לאדונינו המלך אנטונינוס:

פירוש מהרז"ו

(ד) **שפחת שרה היתה.** עיין לעיל (מה, ז): **אליעזר.** לעיל (מט, י) שני מלאכים, וכמה משמע יותר משנים וצריך עיון: **יוסף קטנם של שבטים.** שנולד אחרון לכל השבטים לבד מבנימין. ומה שאמר ג' מלאכים עיין לקמן (פד, יד): **לזה שבא.** לקמן (עח, יד), וכמו שאיתא לעיל (סג, ט) עיין שם. ועיין מדרש משלי (פרשה ל) פסוק זרזיר מתנים (שם ל, לא): **הוא כו'.** לעיל (סג, יב): **אנשי חיל.** אלא ניגוה כתיב ועיין לעיל (טז, ד) שנקראות על שם נינוה הוא אשור, ולעיל (ע, ח) וכמו שנאמר עובדיה (א, טו): (ה) **רבינו אמר לרבי אפס.** תנחומא כאן (סימן ג), ועיין לקמן (עח, טו) וכן כאן:

מסורת המדרש

ד. לעיל פרשה מ"ה:
ה. לעיל פרשה כ"ט:
ו. לקמן פרשה פ"ד:
ז. לעיל פרשה ס"ג. ילקוט ישעיה רמז שס"ז. ילקוט נחום רמז תקס"א:
ח. ילקוט כאן רמז ק"ל כל הענין:

אם למקרא

וַיִּמְצָאֵהוּ אִישׁ וְהִנֵּה תֹעֶה בַּשָּׂדֶה וַיִּשְׁאָלֵהוּ הָאִישׁ לֵאמֹר מַה תְּבַקֵּשׁ: וַיֹּאמֶר אֶת אַחַי אָנֹכִי מְבַקֵּשׁ הַגִּידָה נָּא לִי אֵיפֹה הֵם רֹעִים: וַיֹּאמֶר הָאִישׁ נָסְעוּ מִזֶּה כִּי שָׁמַעְתִּי אֹמְרִים נֵלְכָה דֹּתָיְנָה וַיֵּלֶךְ יוֹסֵף אַחַר אֶחָיו וַיִּמְצָאֵם בְּדֹתָן:
(בראשית לז:טו-יז)

וַיֵּצֵא הָרִאשׁוֹן אַדְמוֹנִי כֻּלּוֹ כְּאַדֶּרֶת שֵׂעָר וַיִּקְרְאוּ שְׁמוֹ עֵשָׂו:
(שם כה:כה)

וַיֹּאמֶר עֵשָׂו אֶל יַעֲקֹב הַלְעִיטֵנִי נָא מִן הָאָדֹם הָאָדֹם הַזֶּה כִּי עָיֵף אָנֹכִי עַל כֵּן קָרָא שְׁמוֹ אֱדוֹם:
(שם שם ל)

מָגֵן גִּבֹּרֵיהוּ מְאָדָּם אַנְשֵׁי חַיִל מְתֻלָּעִים בְּאֵשׁ פְּלָדֹת הָרֶכֶב בְּיוֹם הֲכִינוֹ וְהַבְּרֹשִׁים הָרְעָלוּ:
(נחום ב:ד)

דּוֹדִי צַח וְאָדוֹם דָּגוּל מֵרְבָבָה:
(שיר השירים ה:י)

מַדּוּעַ אָדֹם לִלְבוּשֶׁךָ וּבְגָדֶיךָ כְּדֹרֵךְ בְּגַת:
(ישעיה סג:ב)

חידושי הרד"ל

[ה] **מן עבדך יהודה למרן כו'.** בויקרא רבה ריש פרשה כ"ו (סימן ב) אמרו שנענש אבנר על שכתב מן אבנר לדוד, ואפשר היה מנהג אז לכתוב תחלה שם הכותב אף שהוא העבד, וכלשון המקרא לעבדך ליעקב כו' לאדוני לעשו:

אמרי יושר

[ד] **ומה אליעזר עבד אברהם.** ופירוש לפניו כמו קודם: **ומה יוסף.** פירשו לפניו ממש לעתיד שראה ליוסף נזדווגו לו מלאכים כל שכן לפני יעקב. עוד דקדקו מלת לפניו הנוספת ואמרו לזה שבא עתו ליטול מלכות לפניו. יובן במה שנאמר להלן (אות יא) כי ח' פעמים קרא יעקב אדון וכנגדן מלכו בניו ח' קודם זהו אלה ח' מלכים שקדמו לעשו לפני בני ישראל לפי שיעקב קראו אדון ח' פעמים זהו וישלח יעקב מלאכים מזה נמשך שלפניו וקודם לו נטל המלוכה ואם כן אין כוונת יעקב לפי זה אלא שנתן לו הקדימה: **אמר ר' יהושע בן לוי שלח פורפירא.** כי הוא יותר היתה כוונתו להתפשט מכל וכל. פירוש שלח פורפירא הפשיט אדרתו וזה רמז וישלח לפניו לשון הפשטה:

משנת דרבי אליעזר

[ד] **אלו שלוחי בשר ודם.** דיוקו מדכתיב לעיל מיניה ויפגעו בו מלאכי אלהים אם כן הוה ליה למימר וישלח אותם, או מהם, ומדכתיב מלאכים בא להורות שאחרים שלח והיינו שלוחי בשר ודם. ורבנן אמרי דמדכתיב מלאכים ולא אמר סתם וישלח אל עשו אדרבה בא להורות דמלאכים ממש שלח, והא דלא כתב אותם לא קשה מידי, דבאמת מלאכים אחרים נזדמנו לו, כמו בהגר (לעיל מה, ז) ואליעזר ויוסף, דעל כל דבור נזדמן מלאך כמו כן גבי יעקב, ולכך הוצרך להביא ראיה מקל וחומר אף על גב דמפורש בקרא שפגעו בו מלאכי אלהים: [ה] **על אחת כמה וכמה. ולמה עם לבן וגו'.** פירוש כיון דרב חילו שגבר וכל

ידי משה

[ד] **שלוחי כו' רבנן אמרי מלאכים ממש.** צריך לומר דרבנן אזלי לשיטתייהו שסבירא להו שהיה ק"כ רבוא ואם כן היה יכול לשלוח מהם, מה שאין כן לרב הונא שהיו רק ששים רבוא שתשרה שכינה עליהם אם כן אם היה מגרע מהם לא היתה השכינה שורה וקל להבין. וממלת לפניו קדייק פירוש מן אותן מלאכים שנכתבו למעלה:

שינוי נוסחאות

(ד) **גבוריו אדומים.** גם המ"כ וגם הא"א הגיהו שצריך להוסיף כאן הפסוק של >מגן גבריהו וגו'< והמילים >לבושיו אדומים<:

רש"י

(ד) **מלאכים אלו היו שלוחי בשר ודם, רבנן אמרין מלאכים ממש: מה אם אליעזר שהיה עבדו של ביתו נזדווגו לו כמה מלאכים זה שהוא אוהבו על אחת כמה וכמה: לפניו. לזה שבא שעתו לטול מלכות תחלה: שלח פורפירא.** הפשיט פורפירא שלו: **וטלקיה קדמוהי.** ופרסה לפניו ולפני עשו, וישלח דורש: **אין שני זרזירין ישנין על דף אחד.** כך אי אפשר לשנינו למלוך בעולם הזה, ככנע אני לפניך עד שהשעה עומדת לי: **אל עשו אחיו.** אפילו עשו, הוא אחיו, כלומר שלא היה נוהג בו כראוי, אף על פי כן היה אחיו:

מתנות כהונה

[ד] **לזה שבא כו'.** עשו הוא נוטל המלכות בראשונה, ואחר כך ועלו מושיעים וגו' (עובדיה א, כא): **שלח.** פשט והפשיט תרגם אונקלוס וישלח, ובערוך גרס חלש כמו חלץ: **פורפירא.** לבוש מלכות: **וטלקיה.** והשליכו לפניו, כלומר רמז לו שיקח הוא המלוכה ראשונה: **אין שני זרזירים.** רמז שאי אפשר לשניהם לקבל המלוכה כאחד, ואין שתי מלכים משתמשים בכתר אחד: **הכי גרסינן ופורע ממנו אדום בלבוש אדום: הכי גרסינן גבוריו אדומים מגן גבוריהו מאדם לבושיו אדומים אנשי כו'.** ועיין לעיל (סג, יב): [ה] **אגרא.** איגרת משמי לאדונינו המלך אנטונינוס:

נחמד למראה

[ד] **מלאכים אלו שלוחי בשר ודם. רבנן אמרי מלאכים ממש.** ראוי להתבונן מנא להו לרבנן לומר שמלאכים ממש היו. ועיין בהרב ידי משה מה שכתב על פי הדרש. אך לי נראה לפי הפשט משום דקשה להו לרבנן דלא הוה ליה למימר אלא וישלח יעקב לפניו אל עשו אחיו, וזה שאם שלוחי בני אדם היו לא היה ראוי לכתוב מלאכים, לפי שאם שלח אותם ממילא ידעינן שהיו שלוחים, כי כפי מנהג הלשון אין ראוי להזכיר השם הנמשך מן הפעל כי כבר הוא מובן מענינו כמו שהתבאר כבר במקום אחר, אבל כל כיוצא בזה יש בו דרש כדאיתא בפרק קמא דתענית (ג, א) הַסֵּךְ נֶסֶךְ בשני ניסוכין הכתוב מדבר אחד ניסוך היין ואחד ניסוך המים עד כאן, ודרשו הכי מדאיצטריך למימר נסך, ובמכות (יא, א) תנו רבנן לא יקרחו קרחה יכול אפילו קרח שלש וארבע קריחות לא יהא חייב אלא אחת, תלמוד לומר קרחה לחייב על כל קרחה וקרחה עד כאן, והכי נמי בנדון דידן מדכתיב מלאכים שלא היה צריך לכתבו, לזה אמרו כי מלאכים ממש היו. ומאן דאמר שלוחי בשר ודם סבר ליה דברה תורה כלשון בני אדם (נדרים ג, א ושם נסמן) ולא חש לדרשה זו:

אשד הנחלים

[ד] **מלאכים ממש.** מחלוקותן עיין בדברי המחקרים בגדר שליחות המלאך ותבין: **לפניו לזה שבא כו'.** כבר ידוע מאמרם ז"ל שיעקב כיון בכל מתנותיו לעשו לתקון חנייתו בתוכו, כמו שדרשו על והצאן עלות ודפקום ויעבר נא לפני עבדו, וא"כ כאן סיפר הכתוב כי סבת השליחות וכוונתו, לתקן בזה במה שימשול לפניו: **שלח פורפירא.** ממה שאמר כה תאמרון לאדוני כה אמר עבדך יעקב דייק שעתה שלח מעצמו בגדי מלוכה והמליכו לעשו שיהיה עליו למלך, וזהו לפניו שהוא נכנע לפניו: **אעפ"י שהוא כו'.** אע"פ ששמו מורה על רעתו עם כל זה אחי הוא ואולי ירחם כאח על אחיו: **הוא כו'.** מפורש בפרשה ויצא:

נְסָבָהּ וּקְרָיֵיהּ וּקְרָעֵיהּ — When he brought the letter to Rebbi, **he took it, read it, and tore it up.** **אֲמַר לֵיהּ** — **He said to [R' Afeis],** **כְּתוֹב: מִן עַבְדָּךְ יְהוּדָה לְמָרָן מַלְכָּא אַנְטוֹנִינוּס** — **"Write, 'From your servant Yehudah to our Master, King Antoninus.'"** **אֲמַר לֵיהּ** — **[R' Afeis] said to him,** **רַבִּי, מִפְּנֵי מָה אַתָּה מְבַזֶּה עַל כְּבוֹדָךְ** — **Rebbi, why are you degrading your honor** by omitting your official title and referring to yourself as "your servant"? **אֲמַר לֵיהּ** — **Rebbi responded,** **מָה אֲנָא טָב מִן סָבִי** — **"Why am I better than my grandfather** (i.e., my ancestor Jacob)? **לֹא כָּךְ אָמַר "כֹּה אָמַר עַבְדְּךָ יַעֲקֹב"** — **Did he not say similarly** in his message to Esau, ***'So said your servant Jacob'?"***[59]

□ **עִם לָבָן גַּרְתִּי** — *I HAVE SOJOURNED WITH LABAN.*

The Midrash begins its expositions of the allusions contained in Jacob's message to Esau:

לָבָן דְּהוּא רַבְּהוֹן דְּרַמָּאֵי יְהִיבְתֵּיהּ בְּחֶפְתִּי — Jacob's hidden message to Esau was as follows: Even **Laban, who was the master of all swindlers, I** nonetheless **put in my pocket.**[60] **לְהַהוּא גַּבְרָא עַל אַחַת כַּמָּה וְכַמָּה** — If so, **how much more so** can I deal with any trickery and scheming that may have been planned for me by **that man** (i.e., yourself, Esau).[61]

□ **[עִם לָבָן גַּרְתִּי וָאֵחַר עַד עָתָּה]** — *I HAVE SOJOURNED WITH LABAN AND HAVE LINGERED UNTIL NOW.]*

The Midrash questions and explains Jacob's behavior:

וְלָמָּה "עִם לָבָן גַּרְתִּי וָאֵחַר עַד עָתָּה" — **Why did** Jacob state, ***"I have sojourned with Laban and have lingered lingered until now"?***[62] **שֶׁעֲדַיִין לֹא נוֹלַד שִׂטְנוֹ שֶׁל אוֹתוֹ הָאִישׁ** — **Because the nemesis of that man** (Esau) **had not yet been born.**[63] **אֲבָל עַכְשָׁיו נוֹלַד שִׂטְנוֹ שֶׁל אוֹתוֹ הָאִישׁ** — **However,** ***now*** **the nemesis of that man** (Esau) **had been born,** so Jacob felt unafraid to leave Laban's house and meet Esau.[64] **דְּאָמַר רַבִּי פִּנְחָס בְּשֵׁם רַבִּי שְׁמוּאֵל בַּר נַחְמָן** — **For R' Pinchas said in the name of R' Shmuel bar Nachman:** **מְסוֹרֶת הִיא שֶׁאֵין עֵשָׂו נוֹפֵל אֶלָּא בְּיַד בָּנֶיהָ שֶׁל רָחֵל** — **It is** known through **a tradition that Esau** and his descendants **will fall only by the hand of the children of Rachel.**[65] **הָדָא הוּא דִכְתִיב "אִם לֹא יִסְחָבוּם צְעִירֵי הַצֹּאן"** — **Thus it is written,** *Therefore, hear the counsel of HASHEM that He has devised against Esau . . .* ***the youngest of the flock will indeed drag them off;*** *he will indeed devastate their pasture* (*Jeremiah* 49:20).[66] **וְלָמָּה קוֹרֵא אוֹתָן "צְעִירֵי הַצֹּאן"** — **Why does [the verse] call them** ***the youngest of the flock?*** **שֶׁהֵם צְעִירֵיהֶם שֶׁל שְׁבָטִים** — **Because they are the youngest of the tribes.**[67]

וַיְהִי לִי שׁוֹר וַחֲמוֹר צֹאן וְעֶבֶד וְשִׁפְחָה וָאֶשְׁלְחָה לְהַגִּיד לַאדֹנִי לִמְצֹא חֵן בְּעֵינֶיךָ.

I have acquired oxen and donkeys, sheep, servants, and maidservants, and I am sending to tell my lord to find favor in your eyes (32:6).

§6 **וַיְהִי לִי שׁוֹר וַחֲמוֹר וגו׳** — ***I HAVE ACQUIRED OXEN AND DONKEYS*** (lit., *OX AND DONKEY*), **ETC.** *[SHEEP, SERVANTS, AND MAIDSERVANTS].*

NOTES

59. The point of our Midrash is to teach us that we are to learn from Jacob that when we are under a foreign ruler, we must honor the ruler and act submissively before him, for we see that Rebbi did so in relation to Antoninus — despite their warm friendship. See also below, 78 §15 (*Yefeh To'ar* s.v. רבינו). [*Ramban* to 33:15 below states (in connection with 78 §15) that the Sages had a tradition that the story of Jacob's meeting with Esau is to be Israel's guide for how to deal with the nations while in exile. See also note 171.]

Although the Midrash above (§1) implies that Jacob acted improperly by humbling himself before Esau, that was because Esau did not then rule over him and had not even been planning to attack him. However, Rebbi correctly inferred that since Jacob humbled himself under *those* circumstances (because he thought he was in danger), he, Rebbi, certainly ought to address Antoninus [Esau's descendant] humbly, for Antoninus ruled over all of Israel (*Eitz Yosef*).

60. [Lit., *I put him in my sleeve (or cuff).*] The expression means "I defeated him with ease" (*Matnos Kehunah, Eitz Yosef*).

61. [As discussed above (§1-3), Jacob addressed Esau in a very humble manner in an effort to appease him. The current statement would seem to constitute an affront to Esau, thus undermining Jacob's goal! However, *Nezer HaKodesh* (cited by *Eitz Yosef*) explains that by telling Esau that he had outsmarted Laban and could do the same to him, Jacob was in fact *placating* Esau. He was in effect saying: Despite the fact that I am capable of standing up to you, you see that I am nevertheless humbling myself before you, honoring you and seeking your hand in peace. Alternatively: *Yefeh To'ar* (below, s.v. שעדיין) writes that Esau would not be particularly insulted by Jacob's implied message here, for Jacob was not threatening Esau; he was merely indicating that he did not fear him. Cf. note 64 below.]

62. I.e., why did Jacob wait "until now" to leave Laban's house (*Matnos Kehunah, Eitz Yosef*). In light of the fact that Laban was such an evil person, surely Jacob should have left at his earliest opportunity! (*Yefeh To'ar*). And what changed to enable him to return *now*?

[*Mishnas DeRabbi Eliezer* connects our Midrash to the preceding one: Having stated that he was not afraid of Esau because he had dealt successfully with Laban, Jacob's not leaving earlier must be explained.]

63. That is, Joseph, who was Esau's nemesis (see further), had not yet been born; as such, Jacob was forced to stay with Laban (*Yefeh To'ar*).

64. *Eshed HaNechalim.* According to this exposition (that our verse alludes to the birth of Joseph), the words in the next verse (v. 6), *I have acquired an ox*, are an allusion to the birth of Joseph, whom Moses (in *Deuteronomy* 33:17) referred to as an ox [see §12 below, and see note 72] (*Yefeh To'ar, Eitz Yosef*). See Insight Ⓐ.

[*Yefeh To'ar* writes that he fails to understand how Jacob, who is ostensibly trying to appease Esau, could make a statement to Esau that bears the threatening implication that he is destined to fall at the hands of Joseph (see further). Cf. note 61.]

65. I.e., Joseph and his progeny. (See, however, note 67.)

66. R' Shmuel bar Nachman sees in this verse support for the tradition he cited, interpreting *the youngest of the flock* as a reference to the Tribe of Joseph who will succeed *against Edom* (Esau). [Israel is called God's "flock" throughout *Ezekiel* Ch. 34. See also above, 65 §14.] See next note.

67. Manasseh and Ephraim (Joseph's children), who are counted among the Twelve Tribes, were born after Benjamin. The Tribe of Joseph (i.e., Manasseh and Ephraim) was thus the youngest of the Tribes (*Eshed HaNechalim* and *Eitz Yosef* to 73 §7 above). This verse thus supports the tradition that it would specifically be Joseph who would defeat Esau.

For a different approach, see *Yefeh To'ar* to 73 §7, cited ibid., note 57.

INSIGHTS

Ⓐ **I Lingered Until Now** The commentators ask: Given that six years had by now passed since Joseph's birth (see calculation in *Yefeh To'ar*), how did Jacob tell Esau that he lingered until *now* because he had to wait for Joseph to be born? An approach to this difficulty (based on elements from *Maharzu, Yefeh To'ar,* and *Nezer HaKodesh*) may be as follows: The word וָאֵחַר, *and I lingered,* is seemingly superfluous, and suggests that the verse is to be read as making two separate statements (*Maharzu*): (i) "*I sojourned with Laban* for fourteen years." This was not "lingering," for I was *obligated* to work all those years in exchange for my wives (*Yefeh To'ar*). And, in truth, I had no desire to return in those years, for Joseph had not yet been born and I was afraid of Esau. But after the fourteen years were over, (ii) *I lingered until now;* i.e., my last six years were indeed "lingering," since I *could* have come home right after Joseph's birth, and indeed I asked Laban at that time to let me go (see above, 30:26). But in response to Laban's statement that he wanted to pay me, I agreed to stay longer (see ibid., v. 27ff), in order to acquire due compensation for my labor and to give Laban his just deserts for mistreating me (*Nezer HaKodesh*). Since Joseph had already been born (some years earlier), I was not afraid that Esau would be able to harm me.

נִסַּבֵּהּ וּקְרָיֵיהּ וּקְרָעֵיהּ, אֲמַר לֵיהּ: כְּתוּב: ט מִן עַבְדָּךְ יְהוּדָה לְמָרָן מַלְכָּא אַנְטוֹנִינוּס, אֲמַר לֵיהּ: רַבִּי, מִפְּנֵי מָה אַתָּה מְבַזֶּה עַל כְּבוֹדֶךְ, אֲמַר לֵיהּ: מָה אֲנָא טָב מִן סָבִי, לֹא כָּךְ אָמַר: [שם] "כֹּה אָמַר עַבְדְּךָ יַעֲקֹב". [שם] "עִם לָבָן גַּרְתִּי", לָבָן דְּהוּא רַבְּהוֹן דְּרַמָּאֵי יְהִיבְתֵּיהּ בְּחֶפְתִּי, לְהַהוּא גַּבְרָא עַל אַחַת כַּמָּה וְכַמָּה. וְלָמָּה [שם] "עִם לָבָן גַּרְתִּי וָאֵחַר עַד עָתָּה", שֶׁעֲדַיִין לֹא נוֹלַד שְׂטָנוֹ שֶׁל אוֹתוֹ הָאִישׁ אֲבָל עַכְשָׁיו נוֹלַד שְׂטָנוֹ שֶׁל אוֹתוֹ הָאִישׁ, דְּאָמַר רַבִּי פִּנְחָס בְּשֵׁם רַבִּי שְׁמוּאֵל בַּר נַחְמָן: י מְסוֹרֶת הִיא שֶׁאֵין עֵשָׂו נוֹפֵל אֶלָּא בְּיַד בָּנֶיהָ שֶׁל רָחֵל, הָדָא הוּא דִכְתִיב (ירמיה מט, כ) "אִם לֹא יִסְחָבוּם צְעִירֵי הַצֹּאן", וְלָמָּה קוֹרֵא אוֹתָן "צְעִירֵי הַצֹּאן", שֶׁהֵם צְעִירֵיהֶם שֶׁל שְׁבָטִים:

ו [לב, ו] "וַיְהִי לִי שׁוֹר וַחֲמוֹר וְגוֹ'", רַבִּי יְהוּדָה וְרַבִּי נְחֶמְיָה וְרַבָּנָן, רַבִּי יְהוּדָה אוֹמֵר: מִשּׁוֹר אֶחָד יָצְאוּ שְׁוָורִים הַרְבֵּה, וּמֵחֲמוֹר אֶחָד יָצְאוּ חֲמוֹרִים הַרְבֵּה, רַבִּי נְחֶמְיָה אָמַר: לִישָׁנְהוֹן דִּבְרִיָּיתָא הִיא: חֲמוֹרְתָא גַּמַלְתָּא, רַבָּנָן אָמְרֵי: יא "שׁוֹר" זֶה מְשׁוּחַ מִלְחָמָה, שֶׁנֶּאֱמַר (דברים לג, יז) "בְּכוֹר שׁוֹרוֹ הָדָר לוֹ", "חֲמוֹר" זֶה מֶלֶךְ הַמָּשִׁיחַ, שֶׁנֶּאֱמַר (זכריה ט, ט) "עָנִי וְרֹכֵב עַל חֲמוֹר וְגוֹ'", "צֹאן" אֵלּוּ יִשְׂרָאֵל, שֶׁנֶּאֱמַר (יחזקאל לד, לא) "וְאַתֵּן צֹאנִי צֹאן מַרְעִיתִי", "וְעֶבֶד וְשִׁפְחָה", (תהלים קכג, ב-ג) "הִנֵּה כְעֵינֵי עֲבָדִים אֶל יַד אֲדוֹנֵיהֶם וְגוֹ' חָנֵּנוּ ה' חָנֵּנוּ כִּי רַב שָׂבַעְנוּ בוּז":

עץ יוסף

נסבה כו'. רצינו לקח האיגרת וקראו וקרעו: **מה אנא טב כו'.** וכי טוב אנכי מזקני יעקב. ואף על גב דאמרינן בסמוך דבאמת עשה יעקב בזה שלא כהוגן עד כי נענש בהסתרת פנים. היינו מפני שעשו הלך לדרכו ולא היה לו ממשלה עליו, אבל רבי יהודה נשיאה שהיה תחת יד שליטת המלך מרומי ודאי היה ראוי לו להראות לפניו הכנעה, ויליף לה מקל וחומר מיעקב שאם הוא עשה כן מדעתו אף כשלא היה לו ממשלה עליו כל שכן עכשיו: **דהוא רבהון דרמאי.** שהוא האב על כל הרמאים: **יהיבתיה בחפתי.** נתתיו בבית ידי, כלומר נלחתיו כפי רצוני והוא דרך מליצה: **להדוא גברא על אחת כמה וכמה.** ואף שהוא בא לפניו דרך פיוס לא נחשב זה לדבר קינטור, דאדרבה הוא חשוב טפי פיוס ורצוי בהיות לו כח לעמוד נגדו במלחמה בתחבולות המרמה ואף על פי כן הוא מבקש שלומו ובריתו דרך הכנעה בהיות לבו שלם עמו ובא לחלוק לו כבוד (נזר הקודש): **שעדיין כו'.** עד עתה קדייק (מתנות כהונה): **עכשיו נולד שטנו.** וזהו ויהי לי שור זה יוסף שנקרא שור: (ו) [ז] **משור אחד יצאו כו'.** ולדידיה בא להגדיל עצמו לפניו בהשגחת ה' הפרוסה עליו שמשור אחד נתברך בהרבה וכן מחמור אחד נתברך בהרבה. ואמר לו זה לפיוס וריצוי, בהיות השגחת ה' עליו ואינו מתירא ממנו אף על פי כן הוא מבקש שלומו ובריתו דרך הכנעה לחלוק לו כבוד: **רב נחמן אמר לישנהון כו'.** לדידיה אדרבה בא להקטין עצמו לפניו לבל יתקנא בו כדי שיבקש אהבתו למצא חן בעיניו, ומכל מקום לבל יהיה נחשב יעקב לשפת שקר שיש לו מקנה רב והוא אומר רק ויהי לי שור וחמור לכן אמר **לישנהון דברייתא הוא כו'.** פירוש לשון הבריות כן הוא שאומרים על שוורים הרבה שור ועל חמורים הרבה חמור. ולכן יעקב בקרבו ישים ארבו לכוון לדברי הרמז על לשון הבריות, ועשו יבין הדברים כפשוטן שאין לו ליעקב רק מעט: **שור זה משוח מלחמה.** שלעתיד לבוא שהוא מבני אפרים כדיליף במדרש במדבר רבה פרשה י"ד. וכל זה היו מקובלים יעקב ועשו מילחק ומאברהם שיעמוד מזרע אברהם משוח מלחמה ומשיח בן דוד ועם ישורון. ולכן כשגלה יעקב לעשו בדברים אלו הבין עשו כוונתו שזכה יעקב לאלה: **צאן אלו ישראל.** ובתנחומא אמר כאן אלו זכותם של שבטים שנקראו בניהם כאן שנאמר (יחזקאל לד, לא) וְאַתֵּן צֹאנִי: **ועבד ושפחה הנה כעיני עבדים אל יד אדוניהם וכעיני שפחה וגו' חננו ה' חננו כי רב שבענו בוז.** קאי על למצא חן בעיניך שבסוף הפסוק דויהי לי וגו', וכמו שהוא דורש כל הפסוק בראיית פסוקים אחרים נגדו. ואולי צריך להיות גם בפנים כן למצא חן בעיניך חננו ה' חננו וגו':

פירוש מהרז"ו

עם לבן גרתי. עיין לעיל (סג, י סז, ב): **בחפתי.** עיין לקמן (נו, ה ק, ב) חפותין, ולעיל (עא, ג) אלא חפות להם עיין שם: **שעדיין לא כו'.** לעיל (עג, ז) ושם נסמן, והנה שם שייך לדרוש כן אלא מה שנאמר (ל, כה) ויהי כאשר ילדה וגו', וכאן שכבר עברו שש שנים משנולד איך שייך לומר ואחר עד עתה, ויתכן שעל שתיבת ואחר מיותר על כן דורש שהפסוק מדבר שני ענינים, עם לבן גרתי הם הי"ד שנה שעבד בעד נשיו וילדיו ואלו לא נחשבו לו לאיחור כי היו בעיניו כימים אחדים, וכמו שאמרו במדרש מה ז' ראשונים אף אחרונים, אך כשנולד יוסף ורצה לשוב לבית אביו אז נתאחר וזה שאמר ואחר כו': (ו) **רבנן אמרי.** שלכך שינה לכתוב בלשון יחיד לדרוש גזירה שוה, וכמו שאיתא לעיל (ו, ט) בכור שורו, ובפרשה לט סוף סימן יא, ועיין לעיל ריש סימן י"ב, וחמור עיין לעיל (נו, ב) סנהדרין (לח, ב), ואלן כמו שאמרו לעיל (סח, יד) ובהרבה מקומות: **בעיני עבדים.** וסיפיה דקרא וכעיני שפחה וגו', כן עינינו כו', עד חננו ה' חננו. הכוונה שמאחר שיהיה כן, על כן גם עתה חננו ה' וכמו שנאמר (תהלים פה, ז) הלא אתה תשוב תחיינו, על כן גם עתה הראנו ה' חסדך וכו':

חידושי הרש"ש

[ו] {ויהי לי שור וחמור רבי יהודה ורבי נחמיה ורבנן, רבי יהודה אומר משור אחד יצאו שוורים הרבה כו'.} ופירוש הכתוב ויהי לי שנתהוה לי עושר רב משור אחד כו', ולכן הנך רואה שברכת ה' אתי, ועיין לקמן (סימן י) ואף יעקב מזכיר שמו של הקב"ה ליראו כו':} **חננו ה' חננו כו'.** מביא פסוק זה לפרש הא דמסיים יעקב למצא חן בעיניך:

אמרי יושר

[ה] **ואנא טב מסבי לא כך אמר יעקב כה אמר עבדך יעקב.** הוא כמו שכתב הרמב"ן (ריש פר' וישלח) על זה כי כל מה שאירע לאבות סימן לבנים זהו מלאכים לפניו לעתיד. וגם כה תאמרו כמוני לאדוני לעשו וכדרשם (פרשה עו ג) והיה המחנה הנשאר לפליטה אלו אחינו שבגולה וריוח תשימו בין עדר ובין עדר וכן תדברון אל עשו במוצאכם אותו בגדולתו גם את הב' גם את הג' כי כמה גליות גלינו כל ההולכים אחרי העדרים הרועים והמפרנסים את הדור. זהו הנה גם הוא אחרינו לדורות הבאים וכאמרם (לקמן פרשה עח טו) רבינו הוה מסתכל בהדא פרשתא כד הוה אזיל למלכותו וכן דרשו (לקמן אות ט) שאמר יעקב אל תתן ה' מאויי רשע עשו לדורות. זהו הצילני נא מיד אחי עתה, מיד עשו לדורות (עי' בס' נוף דבש פר' וישלח ד"ה כדבר). או בדרשה אחרת מתורץ מיד אחי שלא אהרג, מיד עשו שלא אהרוג:

מסורת המדרש

ט. תנחומא כאן סימן ג':

י. בבא בתרא דף קכ"ג. לעיל פרשה ע"ג. לקמן פרשה צ"ט. ילקוט ירמיה רמז של"ג:

יא. תנחומא כאן סימן א'. ועיין לעיל פרשה ס"ח:

אם למקרא

לָכֵן שִׁמְעוּ עֲצַת ה' אֲשֶׁר יָעַץ אֶל אֱדוֹם וּמַחְשְׁבוֹתָיו אֲשֶׁר חָשַׁב אֶל יֹשְׁבֵי תֵימָן אִם לֹא יִסְחָבוּם צְעִירֵי הַצֹּאן אִם לֹא יַשִּׁים עֲלֵיהֶם נְוֵהֶם: (ירמיה מט:כ)

בְּכוֹר שׁוֹרוֹ הָדָר לוֹ וְקַרְנֵי רְאֵם קַרְנָיו בָּהֶם עַמִּים יְנַגַּח יַחְדָּו אַפְסֵי אָרֶץ וְהֵם רִבְבוֹת אֶפְרַיִם וְהֵם אַלְפֵי מְנַשֶּׁה: (דברים לג:יז)

גִּילִי מְאֹד בַּת צִיּוֹן הָרִיעִי בַּת יְרוּשָׁלַ͏ִם הִנֵּה מַלְכֵּךְ יָבוֹא לָךְ צַדִּיק וְנוֹשָׁע הוּא עָנִי וְרֹכֵב עַל חֲמוֹר וְעַל עַיִר בֶּן אֲתֹנוֹת: (זכריה ט:ט)

וְאַתֵּן צֹאנִי צֹאן מַרְעִיתִי אָדָם אַתֶּם אֲנִי אֱלֹהֵיכֶם נְאֻם אֲדֹנָי ה': (יחזקאל לד:לא)

הִנֵּה כְעֵינֵי עֲבָדִים אֶל יַד אֲדוֹנֵיהֶם כְּעֵינֵי שִׁפְחָה אֶל יַד גְּבִרְתָּהּ כֵּן עֵינֵינוּ אֶל ה' אֱלֹהֵינוּ עַד שֶׁיְּחָנֵּנוּ: חָנֵּנוּ ה' חָנֵּנוּ כִּי רַב שָׂבַעְנוּ בוּז: (תהלים קכג:ב-ג)

משנת דרבי אליעזר

שכן שיועיל לעשות, אם כן למה איחר עד עתה והיה לו לשוב לביתו כיון שאינו מתירא מעשו, ותירץ ויהי לי שור שעתה נולד לי יוסף שנקרא שור (בראשית מט, ו) והוא שטנו:

רש"י

(ה) **עם לבן גרתי דהוא רביהון דרמאי יהיבתיה בחפתי.** נתתי אותו בחיקי. **להדוא גברא.** שהוא אחי על אחת כמה וכמה: (ו) **ויהי לי שור.** יחיד **וחמור** יחיד **לישנהון דברייתא אמרין חמרתא גמלתא.** והם הרבה:

מתנות כהונה

נסבה כו'. רצינו לקח האיגרת וקראו וקרעה: **מה אנא טב כו'.** וכי טוב אנכי מזקיני יעקב: **דהוא רבהון כו'.** שהוא הרב על כל הרמאים נתתיו בבית ידי, כלומר נלחתיו כפי רצוני, והוא משל ממי שמנצח חבירו שאומר הכרחתיו עד שנתתיו בבית ידי כן פירש הערוך: **להדוא גברא.** לעשו הרשע: **שעדיין כו'.** עד עתה קדייק: [ו] **לישנא דברייתא כו'.** לשון הבריות, כך הוא שאומרים על חמורים הרבה [חמור], ועל שוורים הרבה שור:

אשד הנחלים

[ה] **דהוא רבהון דרמאי.** כי בבקשתו רמז לו ג"כ שלא יתנשא כנגדו ולהריע לו כי ה' עמו: **של רחל.** רמז לו שעד עתה הוכרח להתאחר שמה ולברוח מחמתו שעדיין לא נולד מבניו מי שהוא מעותד לעמוד למולו ולנצחהו, ולכן איחר עד עתה, שנולד הטוב במתכונתו לעומת הרע ההוא, ולכן בא אליו עתה בלי יראה ופחד: [ו] **משור אחד.** כי המין בגדרו אחד רק נבדלים במספר, וא"כ ראוי לקראותם בשם אחד אחר שאין הבדל בינותם: **חמורתא.** דעתו שאמר כן על המין והמין לא יסופר ברבוי, וכמו שם האדם הוא נכלל ג"כ באחדות: **משוח מלחמה.** רמז לו סבת התאחרותו עדי גמלו שבטי יה אשר המה מוכנים באחרית למלוכה, הן בעוה"ז שבט אפרים שבא מיוסף המכונה בשור, והן לימות המשיח מלכות בית דוד. וכל בני ישראל מכונים בשם צאן עלות ורכות ורועם ה', והמה נכנעים מול כבוד ה' ליראתו כעבד ושפחה לפני אדוניהם. וכל זה רמז לו שבודאי ה' יעזר לו אם יחפוץ לעמוד כנגדו:

Why did Jacob refer to his many oxen and donkeys in the singular? The Midrash presents three explanations:

רַבִּי יְהוּדָה וְרַבִּי נְחֶמְיָה וְרַבָּנָן — There is a dispute between **R' Yehudah and R' Nechemyah and the Sages.** רַבִּי יְהוּדָה אוֹמֵר — **R' Yehudah said:** מִשּׁוֹר אֶחָד יָצְאוּ שְׁוָורִים הַרְבֵּה, וּמֵחֲמוֹר אֶחָד יָצְאוּ חֲמוֹרִים הַרְבֵּה — Jacob told him: **One ox produced many oxen and one donkey produced many donkeys.**[68] רַבִּי נְחֶמְיָה אָמַר — **R' Nechemyah said:** לִישָּׁנְהוֹן דִּבְרִיָּיתָא הִיא: חֲמוֹרְתָא גְּמַלְתָּא — **It is a popular** manner of **expression** to refer to a group of many donkeys and camels as **a donkey** or **a camel.**[69]

The Sages interpret Jacob's entire list of acquisitions as homiletic allusions to his descendants:[70] רַבָּנָן אָמְרֵי — **The Sages said:** "שׁוֹר" זֶה מְשׁוּחַ מִלְחָמָה — ***An ox*** refers to **the anointed one of war,**[71] שֶׁנֶּאֱמַר "בְּכוֹר שׁוֹרוֹ הָדָר לוֹ" — **as it is stated,** ***A sovereignty is his oxlike one*** (*Deuteronomy* 33:17).[72] "חֲמוֹר" זֶה מֶלֶךְ הַמָּשִׁיחַ — ***A donkey*** **refers to the King Messiah,** שֶׁנֶּאֱמַר "עָנִי וְרֹכֵב עַל חֲמוֹר וְגוֹ'" — **as it is stated** in the prophecy of the Messiah's arrival, ***a humble man riding on a donkey*** (*Zechariah* 9:9).[73] "צֹאן" אֵלּוּ יִשְׂרָאֵל — ***Sheep*** **refers to** the twelve tribes of **Israel,** שֶׁנֶּאֱמַר — **as it is stated,**

NOTES

68. The verse thus reads: *"I have acquired* great wealth from *a [single] ox and a [single] donkey"* (*Rashash*). By noting this extraordinary blessing from God, Jacob intended to convey to Esau that although he does not fear him — since God is clearly watching over him — nevertheless he is humbly offering him gifts and seeking a formal peace agreement with him, out of true respect for him (*Eitz Yosef*).

[*Rashash* compares Jacob's implied message to Esau here to that of §10 below, which was that in fact, *Esau* should fear *him*. Compare also to *Midrash Tanchuma* (*Vayishlach* §1), which states that Jacob informed Esau of the wealth he acquired in Laban's house so that Esau would reason, "If Jacob, who arrived at Laban's house with but a staff (see above, 32:11), yet emerged safely and with such great wealth despite Laban's being the master of all swindlers, then what chance do I have?" (See similarly §5 above.)]

69. According to R' Nechemyah, Jacob was not seeking to convey to Esau how eminent he was (as according to R' Yehudah) but the opposite, for his purpose was to assuage any envy Esau might feel toward him [as well as any anger over his having taken Esau's blessing for material prosperity (see above, 27:28ff)] and *to find favor in [Esau's] eyes.* He therefore told Esau, וַיְהִי לִי שׁוֹר וַחֲמוֹר וגו׳, the literal meaning of which is: "I have a [single] ox and a [single] donkey." R' Nechemyah's statement serves as an explanation of how Jacob could make an ostensibly untrue statement (for in fact Jacob had *many* oxen and donkeys): Since people often refer to many animals in the singular, Jacob was not lying by expressing himself the way he did (*Eitz Yosef*). [*Eshed HaNechalim* explains that as used by Jacob, the singular terms "ox" and "donkey" refer to these *species* (like the word "man" can refer to all of humanity).]

70. Jacob's purpose was thereby to indicate to Esau that he did not fear him (see commentators cited below). *Tiferes Tzion* explains that this was because the existence of these descendants in the future proves that the spiritual forces that they represented existed *in potentia* already now in Jacob's children; and these forces would express themselves in actuality when Jacob was in need.

[*Yefeh To'ar* wonders how Esau would be able to understand what Jacob was trying to convey, given that the descendants to whom Jacob was alluding were not even born yet. He answers (see also *Eitz Yosef*) that Jacob and Esau had a tradition from Abraham and Isaac that such descendants would be born in the family. Esau, being a smart man, had no difficulty understanding Jacob's message, which was that these descendants would come from Jacob and not from him.]

71. I.e., the person whose role it was to address the people before going to battle, exhorting the people not to be afraid (see *Deuteronomy* 20:2-4). See next note.

72. This verse appears in the blessing given to the tribe of Joseph by Moses before his death. A descendant of Joseph would serve as "the anointed one of war" in the End of Days, for Joseph is שִׂטְנוֹ שֶׁל עֵשָׂו, *the nemesis of Esau* [as stated in §5 above] (*Nezer HaKodesh*). According to *Bamidbar Rabbah* 14 §1 (cited by *Yefeh To'ar*), this "anointed one of war" will be a descendant of Joseph's son Ephraim (not Manasseh).

Yefeh To'ar writes that this descendant is termed an *ox* because it will destroy the nations that war against Israel, like a goring ox [as indeed the *Deuteronomy* verse states further: *with his horns shall he gore nations together* (*Tiferes Tzion*)]. See also above, note 64.

[Although the Torah tells us that "the anointed one of war" was a Kohen (see *Deuteronomy* 20:2 and *Rashi* ad loc.), the Midrash must have had a tradition that in the End of Days it would be a descendant of Ephraim (*Yefeh To'ar*). Alternatively: There are no exceptions to the rule that the "the anointed one of war" must be a Kohen; the Midrash must mean that his *mother* will be from Ephraim (*Rashash* to *Bamidbar Rabbah* 14 §1).]

73. Jacob thus alluded to Esau that since Joseph and Judah, the ancestors of the leaders of Israel — both in this world (Ephraim) and in the Messianic era (Judah) — had now been born, he no longer had reason to fear him (see *Eshed HaNechalim*, who explains that our Midrash is explaining further why Jacob *lingered until now*; see §5 above, and see *Midrash Tanchuma, Vayishlach* §1, which states that Judah, too, not just Joseph, was שִׂטְנוֹ שֶׁל עֵשָׂו). See Insight Ⓐ.

INSIGHTS

Ⓐ **The Alliance of Esau and Ishmael** In keeping with the commentators on our Midrash, we have interpreted "the anointed one of war" mentioned by the Sages as a reference to an unnamed descendant of Joseph from the tribe of Ephraim. Some commentators, however, understand the reference to be to a very specific descendant of Joseph: *Mashiach ben Yosef.* The Sages are saying that *Mashiach ben Yosef* is compared to an ox. The "King Messiah" mentioned by the Sages is of course a reference to *Mashiach ben David* from the tribe of Judah, and he is compared to a donkey (*Beur HaGra* to *Safra D'Tzniyusa*, Ch. 4; *Nachalas David, Derush* §5).

Several commentators draw a connection between this interpretation of Jacob's words, and Esau's marriage to Ishmael's daughter at the time of Jacob's journey to the house of Laban. Scripture states (above, 28:9): *And Esau went to Ishmael and took Mahalath, the daughter of Ishmael son of Abraham, sister of Nebaioth, in addition to his wives, as a wife for himself.* Esau's professed reason to marry Mahalath was that Isaac disapproved of his Caananite wives (ibid., vv. 6-8). In truth, the motives behind Esau's union were more sinister, as follows:

The esoteric teachings of the Torah speak of two major forces for evil in the world, one identified as שׁוֹר, *the ox*, the other as חֲמוֹר, *the donkey.* [See *Avodah Zarah* 5b, which expounds the verse of מְשַׁלְּחֵי רֶגֶל הַשּׁוֹר וְהַחֲמוֹר, *who send forth the feet of the ox and the donkey* (*Isaiah* 32:20), as a reference to Israel's deliverance from the evil inclination, which is composed of these forces of "the ox" and "the donkey" — see further below, Insight to §12, "The Sins of Esau and Ishmael."] These powers of evil are made manifest in the temporal realm by Esau and Ishmael, each of whom represents the archetypical physical counterpart to one of these two spiritual forces.

Esau embodies the force called "the ox" (see *Isaiah* 34:7; *Daniel* 7:7, with *Rashi*), Ishmael the force called "the donkey" (see above, 16:12; *Ezekiel* 23:20; *Bava Kamma* 49a). In effecting a union with Ishmael, Esau intended to combine these unholy forces and thus to overwhelm and destroy his enemy Jacob. Ultimately, Esau was unsuccessful. Although Esau's marriage to Mahalath was consummated, God caused Ishmael to die before it took place (see *Megillah* 17a); thus, the union's potential was never realized, and Jacob was saved.

Esau's attempt to join with Ishmael was a forerunner of other such attempts. Throughout our long exile under Edom, there have been numerous instances in which Edom and Ishmael have striven to join forces, with the hope, God forbid, of destroying the people of Israel. In every instance, God has protected us and brought their plans to naught.

Jacob understood Esau's true intentions in marrying the daughter of Ishmael. He knew that Esau's gambit was only the first salvo loosed in what would be a bitter and protracted war. Therefore, like a warrior throwing back the challenge of his foe, Jacob made plain to Esau that he was not cowed by this wicked union. In opposition to their joining of the forces of *tumah*, of defilement, Jacob marshaled powers

נְסַבֵּהּ וּקְרָיֵיהּ וּקְרָעֵיהּ, אֲמַר לֵיהּ: כְּתוּב: [ט]מִן עַבְדָּךְ יְהוּדָה לְמָרַן מַלְכָּא אַנְטוֹנִינוּס, אֲמַר לֵיהּ: רַבִּי, מִפְּנֵי מָה אַתָּה מְבַזֶּה עַל כְּבוֹדָךְ, אֲמַר לֵיהּ: מָה אֲנָא טָב מִן סָבִי, לֹא כָּךְ אָמַר: [שם] "כֹּה אָמַר עַבְדְּךָ יַעֲקֹב". [שם] "עִם לָבָן גַּרְתִּי", לָבָן דְּהוּא רַבְּהוֹן דְּרַמָּאֵי יְהִיבְתֵּיהּ בְּחֶפְתִּי, לְהַהוּא גַּבְרָא עַל אַחַת כַּמָּה וְכַמָּה. וְלָמָּה [שם] "עִם לָבָן גַּרְתִּי וָאֵחַר עַד עָתָּה", שֶׁעֲדַיִן לֹא נוֹלַד שְׂטָנוֹ שֶׁל אוֹתוֹ הָאִישׁ אֲבָל עַכְשָׁיו נוֹלַד שְׂטָנוֹ שֶׁל אוֹתוֹ הָאִישׁ, דְּאָמַר רַבִּי פִּנְחָס בְּשֵׁם רַבִּי שְׁמוּאֵל בַּר נַחְמָן: [י]מָסוֹרֶת הִיא שֶׁאֵין עֵשָׂו נוֹפֵל אֶלָּא בְּיַד בָּנֶיהָ שֶׁל רָחֵל, הָדָא הוּא דִכְתִיב (ירמיה מט, כ) "אִם לֹא יִסְחָבוּם צְעִירֵי הַצֹּאן", וְלָמָּה קוֹרֵא אוֹתָן "צְעִירֵי הַצֹּאן", שֶׁהֵם צְעִירֵיהֶם שֶׁל שְׁבָטִים:

ו [לב, ו] "וַיְהִי לִי שׁוֹר וַחֲמוֹר וְגוֹ'", רַבִּי יְהוּדָה וְרַבִּי נְחֶמְיָה וְרַבָּנָן, רַבִּי יְהוּדָה אוֹמֵר: מִשּׁוֹר אֶחָד יָצְאוּ שְׁוָרִים הַרְבֵּה, וּמֵחֲמוֹר אֶחָד יָצְאוּ חֲמוֹרִים הַרְבֵּה, רַבִּי נְחֶמְיָה אָמַר: לִישָׁנְהוֹן דִּבְרִיָּתָא הִיא: חֲמוֹרְתָא גְּמַלְתָא, רַבָּנָן אָמְרִי: [יא]"שׁוֹר" זֶה מְשׁוּחַ מִלְחָמָה, שֶׁנֶּאֱמַר (דברים לג, יז) "בְּכוֹר שׁוֹרוֹ הָדָר לוֹ", "חֲמוֹר" זֶה מֶלֶךְ הַמָּשִׁיחַ, שֶׁנֶּאֱמַר (זכריה ט, ט) "עָנִי וְרֹכֵב עַל חֲמוֹר וְגוֹ'", "צֹאן" אֵלּוּ יִשְׂרָאֵל, שֶׁנֶּאֱמַר (יחזקאל לד, לא) "וְאַתֵּן צֹאנִי צֹאן מַרְעִיתִי", "וְעֶבֶד וְשִׁפְחָה", (תהלים קכג, ב-ג) "הִנֵּה כְעֵינֵי עֲבָדִים אֶל יַד אֲדוֹנֵיהֶם וְגוֹ' חָנֵּנוּ ה' חָנֵּנוּ כִּי רַב שָׂבַעְנוּ בוּז":

עץ יוסף

נסבה כו'. רצינו לקח האיגרת וקראו וקרעו: **מה אנא טב כו'.** וכי טוב אנכי מזקיני יעקב. ואף על גב דאמרינן בסמוך דאמת עשה יעקב בזה שלא כהוגן עד כי נענש בהסתרת פנים. היינו מפני שעשו הלך לדרכו ולא היה לו ממשלה עליו, אבל רבי יהודה כשיאה שהיה תחת יד שליטת המלך מרומי ודאי היה ראוי לו להראות לפניו הכנעה, ויליף לה מקל וחומר מיעקב שאם הוא עשה כן מדעתו אף כשלא היה לו ממשלה עליו כל שכן עכשיו: **דהוא רבהון דרמאי.** שהוא האב על כל הרמאים: **יהיבתיה בחפתי.** נתתיו בבית ידי, כלומר נצחתיו כפי רצוני והוא דרך מליצה: **לההוא גברא על אחת כמה וכמה.** ואף שהוא בא לפניו דרך פיוס לא נחשב זה לדבר קינטור, דאדרבה הוא חשוב טפי פיוס ורצוי בהיות לו כח לעמוד נגדו במלחמה בתחבולות המרמה ואף על פי כן הוא מבקש שלומו ובריתו דרך הכנעה בהיות לבו שלם עמו ובא לחלוק לו כבוד (נזר הקודש): **שעדיין כו'.** עד עתה קדייק (מתנות כהונה): **עכשיו נולד שטנו.** וזהו ויהי לי שור זה יוסף שנקרא שור: (ו) [ז] **משור אחד יצאו כו'.** ולדידיה בא להגדיל עצמו לפניו בהשגחת ה' הפרושה עליו שמשור אחד נתברך בהרבה וכן מחמור אחד נתברך בהרבה. ואמר לו זה לפיוס ורצוי, בהיות השגחת ה' עליו ואינו מתירא ממנו אף על פי כן הוא מבקש שלומו ובריתו דרך הכנעה לחלוק לו כבוד: **רב נחמן אמר לישנהון כו'.** לדידיה אדרבה בא להקטין עצמו לפניו לבל יתקנא בו כדי שיבקש אהבתו למצא חן בעיניו, ומכל מקום לבל יהיה נחשב יעקב לשפת שקר שיש לו מקנה רב והוא אומר רק ויהי לי שור וחמור לכן אמר **לישנהון דברייתא הוא כו'.** פירוש לשון הבריות כן הוא שאומרים על שוורים הרבה שור ועל חמורים הרבה חמור. ולכן יעקב בקרבו ישים ארבו לכוון לדברי הרמז על לשון הבריות, ועשו יבין הדברים כפשוטן שאין לו ליעקב רק מעט: **שור זה משוח מלחמה.** שלעתיד לבוא שהוא מבני אפרים כדיליף במדרש במדבר רבה פרשה י"ד. וכל זה היו מקובלים יעקב ועשו מיצחק ומאברהם שיעמוד מזרע אברהם משוח מלחמה ומשיח בן דוד ועם ישורון. ולכן כשגלה יעקב לעשו בדברים אלו הבין עשו כוונתו שזכה יעקב לאלה: **צאן אלו ישראל.** ובתנחומא אמר כאן אלו זכותם של שבטים שנקראו בניהם צאן שנאמר (יחזקאל לד, לא) וְאַתֵּן צֹאנִי: **ועבד ושפחה הנה כעיני עבדים אל יד אדוניהם וכעיני שפחה וגו' חננו ה' חננו כי רב שבענו בוז.** קאי על למצא חן בעיניך שבסוף הפסוק דויהי לי וגו', וכמו שהוא דורש כל הפסוק ברא"ית פסוקים אחרים נגדו. ואולי צריך להיות גם בפנים כן למצא חן בעיניך חננו ה' חננו וגו':

פירוש מהרז"ו

עם לבן גרתי. עיין לעיל (סג, י סז, ב): **בחפתי.** עיין לקמן (צו, ה ק, ב) חפותין, ולעיל (עח, ג) אלא חפות להם עיין שם: **שעדיין לא כו'.** לעיל (עג, ז) ושם נסמן, והנה שם שייך לדרוש כן אבל מה שנאמר (ל, כה) ויהי כאשר ילדה וגו', וכאן שכבר עברו שש שנים משנולד איך שייך לומר ואחר עד עתה, ויתכן שעל שתיבת ואחר מיותר על כן דורש שהפסוק מדבר שני ענינים, עם לבן גרתי הם הי"ד שנה שעבד בעד נשיו וילדיו ואלו לא נחשבו לו לאיחור כי היו בעיניו כימים אחדים, וכמו שאמרו במדרש מה ז' ראשונים אף אחרונים, אך כשנולד יוסף ורצה לשוב לבית אביו אז נתאחר וזה שאמר ואחר כו': (ו) **רבנן אמרי.** שלכך שינה לכתוב בלשון יחיד לדרוש גזירה שוה, וכמו שאיתא לעיל (ו, ט) בכור שורו, ובפרשה לט סוף סימן יא, ועיין לעיל ריש סימן י"ב, וחמור עיין לעיל (נו, ב) סנהדרין (צח, ב), ואין כמו שאמרו לעיל (סח, יד) ובהרבה מקומות: **כעיני עבדים.** וסיפיה דקרא וכעיני שפחה וגו', כן עינינו כו', עד חננו ה' חננו. הכוונה שמאחר שיהיה כן, על כן גם עתה חננו ה' וכמו שנאמר (תהלים פה, ז) הלא אתה תשוב תחיינו, על כן גם עתה הראנו ה' חסדך וכו':

חידושי הרש"ש

[ו] {ויהי לי שור וחמור רבי יהודה ורבי נחמיה ורבנן, רבי יהודה אומר משור אחד יצאו שוורים הרבה כו'.} ופירוש הכתוב ויהי לי שנתהוה לי עושר רב משור אחד כו', ולכן הנך רואה שברכת ה' אתי, ועיין לקמן (סימן י) ואף יעקב מזכיר שמו של הקב"ה ליראו כו':} **חננו ה' חננו כו'.** מביא פסוק זה לפרש הא דמסיים יעקב למצא חן בעיניך:

אמרי יושר

[ה] ואנא טב מסבי לא כך אמר יעקב כה אמר עבדך יעקב. הוא כמו שכתב הרמב"ן (ריש פר' וישלח) על זה כי כל מה שאירע לאבות סימן לבנים זהו מלאכים לפניו לעתיד. וגם כה תאמרו כמוני לאדוני לעשו וכדרשם (פרשה עו ג) והיה המחנה הנשאר לפליטה אלו אחינו שבגולה וריוח תשימו בין עדר ובין עדר וכן תדברון אל עשו במוצאכם אותו בגדולתו גם את הב' גם את הג' כי כמה גליות גלינו כל ההולכים אחרי העדרים הרועים והמפרנסים את הדור. זהו הנה גם הוא אחרינו לדורות הבאים וכאמרם (לקמן פרשה עח טו) רבינו הוה מסתכל בהדא פרשתא כד הוה אזיל למלכותו וכן דרשו (לקמן אות ט) שאמר יעקב אל תתן ה' מאויי רשע עשו לדורות. זהו הצילני נא מיד אחי עתה, מיד עשו לדורות (עי' בס' נוף דבש פר' וישלח ד"ה כדבר). או בדרשה אחרת מתורץ מיד אחי שלא אהרג, מיד עשו שלא אהרוג:

מסורת המדרש

ט. תנחומא כאן סימן ג':

י. בבא בתרא דף קכ"ג. לעיל פרשה ע"ג. לקמן פרשה צ"ט. ילקוט ירמיה רמז של"ג:

יא. תנחומא כאן סימן א'. ועיין לעיל פרשה ס"ח:

אם למקרא

לָכֵן שִׁמְעוּ עֲצַת ה' אֲשֶׁר יָעַץ אֶל אֱדוֹם וּמַחְשְׁבוֹתָיו אֲשֶׁר חָשַׁב אֶל יֹשְׁבֵי תֵימָן אִם לֹא יִסְחָבוּם צְעִירֵי הַצֹּאן אִם לֹא יַשִּׁים עֲלֵיהֶם נְוֵהֶם: (ירמיה מט:כ)

בְּכוֹר שׁוֹרוֹ הָדָר לוֹ וְקַרְנֵי רְאֵם קַרְנָיו בָּהֶם עַמִּים יְנַגַּח יַחְדָּו אַפְסֵי אָרֶץ וְהֵם רִבְבוֹת אֶפְרַיִם וְהֵם אַלְפֵי מְנַשֶּׁה: (דברים לג:יז)

גִּילִי מְאֹד בַּת צִיּוֹן הָרִיעִי בַּת יְרוּשָׁלִַם הִנֵּה מַלְכֵּךְ יָבוֹא לָךְ צַדִּיק וְנוֹשָׁע הוּא עָנִי וְרֹכֵב עַל חֲמוֹר וְעַל עַיִר בֶּן אֲתֹנוֹת: (זכריה ט:ט)

וְאַתֵּן צֹאנִי צֹאן מַרְעִיתִי אָדָם אַתֶּם אֲנִי אֱלֹהֵיכֶם נְאֻם אֲדֹנָי ה': (יחזקאל לד:לא)

הִנֵּה כְעֵינֵי עֲבָדִים אֶל יַד אֲדוֹנֵיהֶם כְּעֵינֵי שִׁפְחָה אֶל יַד גְּבִרְתָּהּ כֵּן עֵינֵינוּ אֶל ה' אֱלֹהֵינוּ עַד שֶׁיְּחָנֵּנוּ: חָנֵּנוּ ה' חָנֵּנוּ כִּי רַב שָׂבַעְנוּ בוּז: (תהלים קכג:ב-ג)

משנת דרבי אליעזר

שכן שיועיל לעשות, אם כן למה איחר עד עתה והיה לו לשוב לביתו כיון שאינו מתירא מעשו, ותירץ ויהי לי שור שעתה נולד לי יוסף שנקרא שור (בראשית מט, ו) והוא שטנו:

רש"י

(ה) **עם לבן גרתי דהוא רביהון דרמאי יהיבתיה בחפתי.** נתתי אותו בחיקי. **להוא גברא.** שהוא אחי על אחת כמה וכמה: (ו) **ויהי לי שור.** יחיד **וחמור** יחיד **לישנהון דברייתא אמרין חמרתא גמלתא.** והם הרבה:

מתנות כהונה

נסבה כו'. רבינו לקח האיגרת וקראו וקרעה: **מה אנא טב כו'.** וכי טוב אנכי מזקיני יעקב: **דהוא רבהון כו'.** שהוא הרב על כל הרמאים נתתיו בבית ידי, כלומר נצחתיו כפי רצוני, והוא משל ממי שמנצח חבירו שאומר הכרתתיו עד שנתתיו בבית ידי כן פירש הערוך: **לההוא גברא.** לעשו הרשע: **שעדיין כו'.** עד עתה קדייק: [ו] **לישנא דברייתא כו'.** לשון הבריות, כך הוא שאומרים על חמורים הרבה [חמור], ועל שוורים הרבה שור:

אשד הנחלים

[ה] דהוא רבהון דרמאי. כי בבקשתו רמז לו ג"כ שלא יתנשא כנגדו ולהריע לו כי ה' עמו: **של רחל.** רמז לו שעד עתה הוכרח להתאחר שמה ולברוח מחמתו שעדיין לא נולד מבניו מי שהוא מעותד לעמוד למולו ולנצחהו, ולכן איחר עד עתה, שנולד הטוב במתכונתו לעומת הרע ההוא, ולכן בא אליו עתה בלי יראה ופחד: **[ו] משור אחד.** כי המין בגדרו אחד רק נבדלים במספר, וא"כ ראוי לקראותם בשם אחד אחר שאין הבדל בינותם: **חמורתא.** דעתו שאמר כן על המין והמין לא יסופר ברבוי, וכמו שם האדם הוא נכלל ג"כ באחדות: **משוח מלחמה.** רמז לו סבת התאחרותו עדי גמלו שבטי יה אשר המה מוכנים באחרית למלוכה, הן בעוה"ז שבט אפרים שבא מיוסף המכונה בשור, והן לימות המשיח מלכות בית דוד. וכל בני ישראל מכונים בשם צאן עלות ורכות ורועם ה', והמה נכנעים מול כבוד ה' ליראתו כעבד ושפחה לפני אדוניהם. וכל זה רמז לו שבודאי ה' יעזר לו אם יחפוץ לעמוד כנגדו:

"וְאַתֵּן צֹאנִי צֹאן מַרְעִיתִי" — *Now, you are My sheep, the sheep of My pasture* (*Ezekiel* 34:31).[74] "וְעֶבֶד וְשִׁפְחָה" — ***Servants and maidservants*** refers to Israel in their relation to God, "הִנֵּה כְעֵינֵי עֲבָדִים אֶל יַד אֲדוֹנֵיהֶם וגו'" — as it is stated, ***Behold! Like the eyes of servants unto their masters' hand,*** *like the eyes of a maid unto her mistress' hand, so are our eyes unto HASHEM* (*Psalms* 123:2), "חָנֵּנוּ ה' חָנֵּנוּ כִּי רַב שָׂבַעְנוּ בוּז" — and because of this, we are confident that God will save us from our enemies (such as Esau),[75] as the verse continues, ***Favor us, HASHEM, favor us, for we are fully sated with contempt*** (ibid., v. 3).[76]

NOTES

74. This verse is stated at the conclusion of a prophecy regarding the Messianic era, when God will choose the Messiah as the sole shepherd of His beloved sheep (Israel). In the parallel passage in *Midrash Tanchuma* loc. cit., it states that the word *sheep* thus alludes to the merit [that Jacob now had with the birth] of his children, the tribes of Israel, whose descendants [were so submissive to God that they] are called *sheep.*

75. *Eshed HaNechalim*; see also *Nezer HaKodesh* and *Vayikra Rabbah* 27 §1.

76. We have presented the verse cited at the end of our Midrash (*"Favor us, HASHEM, etc."*) as connected to the text that precedes it (see commentators cited in the previous note; see also *Yefeh To'ar* and *Maharzu*).

Some commentators, however, understand it as related to the last part of our verse (not cited in our Midrash), *and I am sending to tell my lord "to find favor in your eyes"* (*Rashash, Eitz Yosef*; the latter suggests that perhaps our Midrash should be emended to include the citation of this last part of our verse). The Midrash's point would thus seem to be that it is degrading that Jacob must speak in such an obsequious manner to Esau. The Psalmist is saying that we, the Jewish people, are "sated with contempt" from having to speak to our enemies in this way, and that we ask God to "favor us," saving us from harm and obviating the need to demean ourselves in the future.

INSIGHTS

of *kedushah*, of holiness; to wit, those of the two Messiahs, of the tribes of Joseph and Judah, whose combined efforts would surely overcome those of Esau and Ishmael (*Beur HaGra* to *Safra D'Tzniyusa*, Ch. 4; *Megaleh Amukos*, beginning of *Parashas Vayeitzei*; *Nachalas David, Derush* §5; *R' Yitzchak Isaac Chaver, Afikei Yam* to *Bava Basra* 73a and *Siach Yitzchak* בענין ב' נונין הפוכין, §36; see also *Shem MiShmuel, Parashas Vayishlach*, שנת תרע"ד, pp. 19-20).

Rambam (*Iggeres Teiman*, p. 42, Budapest ed., 5701) writes, based on *Isaiah* 21:7, that when the time comes that Edom and Ishmael form an alliance, it shall be taken as a sign of the imminent arrival of the Messiah. *Rambam's* statement, combined with the above insight into Esau's intentions, deepens our understanding of the Midrash. Our forefather Jacob foresaw the great peril that will overtake Israel at the end of days, when Esau and Ishmael will come together in a final great striving, to bring about that which they have ever desired: the destruction of the Jewish nation. In response, Jacob proclaimed his disdain for this alliance of iniquity, this brotherhood of ill intent. To counter the "ox" and the "donkey" of Esau and Ishmael, we send forth our own "ox" and "donkey": the first Messiah, the anointed one of war, who will triumph over Esau, and the second, the King Messiah, who will overcome Ishmael. Together, these two Messiahs will lead Israel to victory over her foes and to her final salvation, so long awaited and so very fiercely opposed.

See further below, Insight to §12, "The Sins of Esau and Ishmael."

נְסַבֵּהּ וּקְרָיֵיהּ וּקְרָעֵיהּ, אֲמַר לֵיהּ: כְּתוֹב: [ט]מִן עַבְדָּךְ יְהוּדָה לְמָרָן מַלְכָּא אַנְטוֹנִינוּס, אֲמַר לֵיהּ: רַבִּי, מִפְּנֵי מָה אַתָּה מְבַזֶּה עַל כְּבוֹדֶךָ, אֲמַר לֵיהּ: מָה אֲנָא טָב מִן סָבִי, לֹא כָּךְ אָמַר: [שם] "כֹּה אָמַר עַבְדְּךָ יַעֲקֹב". [שם] "עִם לָבָן גַּרְתִּי", לָבָן דְּהוּא רַבְּהוֹן דְּרַמָּאֵי יְהִיבְתֵּיהּ בְּחֶפְתִּי, לְהַהוּא גַּבְרָא עַל אַחַת כַּמָּה וְכַמָּה. וְלָמָּה [שם] "עִם לָבָן גַּרְתִּי וָאֵחַר עַד עָתָּה", שֶׁעֲדַיִין לֹא נוֹלַד שְׂטָנוֹ שֶׁל אוֹתוֹ הָאִישׁ אֲבָל עַכְשָׁיו נוֹלַד שְׂטָנוֹ שֶׁל אוֹתוֹ הָאִישׁ, דְּאָמַר רַבִּי פִּנְחָס בְּשֵׁם רַבִּי שְׁמוּאֵל בַּר נַחְמָן: [י]מָסוֹרֶת הִיא שֶׁאֵין עֵשָׂו נוֹפֵל אֶלָּא בְּיַד בָּנֶיהָ שֶׁל רָחֵל, הָדָא הוּא דִכְתִיב (ירמיה מט, כ) "אִם לֹא יִסְחָבוּם צְעִירֵי הַצֹּאן", וְלָמָּה קוֹרֵא אוֹתָן "צְעִירֵי הַצֹּאן", שֶׁהֵם צְעִירֵיהֶם שֶׁל שְׁבָטִים:

ו [לב, ו] "וַיְהִי לִי שׁוֹר וַחֲמוֹר וְגוֹ'", רַבִּי יְהוּדָה וְרַבִּי נְחֶמְיָה וְרַבָּנָן, רַבִּי יְהוּדָה אוֹמֵר: מִשּׁוֹר אֶחָד יָצְאוּ שְׁוָורִים הַרְבֵּה, וּמֵחֲמוֹר אֶחָד יָצְאוּ חֲמוֹרִים הַרְבֵּה, רַבִּי נְחֶמְיָה אָמַר: לִישָּׁנְהוֹן דִּבְרִיָּיתָא הִיא: חֲמוֹרְתָּא גְּמַלְתָּא, רַבָּנָן אָמְרִי: [יא]"שׁוֹר" זֶה מְשׁוּחַ מִלְחָמָה, שֶׁנֶּאֱמַר (דברים לג, יז) "בְּכוֹר שׁוֹרוֹ הָדָר לוֹ", "חֲמוֹר" זֶה מֶלֶךְ הַמָּשִׁיחַ, שֶׁנֶּאֱמַר (זכריה ט, ט) "עָנִי וְרֹכֵב עַל חֲמוֹר וְגוֹ'", "צֹאן" אֵלּוּ יִשְׂרָאֵל, שֶׁנֶּאֱמַר (יחזקאל לד, לא) "וְאַתֵּן צֹאנִי צֹאן מַרְעִיתִי", "וְעֶבֶד וְשִׁפְחָה", (תהלים קכג, ב-ג) "הִנֵּה כְעֵינֵי עֲבָדִים אֶל יַד אֲדוֹנֵיהֶם וְגוֹ' חָנֵּנוּ ה' חָנֵּנוּ כִּי רַב שָׂבַעְנוּ בוּז":

עץ יוסף

נסבה כו'. רבינו לקח האיגרת וקראו וקרעו: **מה אנא טב כו'.** וכי טוב אנכי מזקני יעקב. ואף על גב דאמרינן בסמוך דאמת עשה יעקב בזה שלא כהוגן עד כי נענש בהסתרת פנים. היינו מפני שעשו הלך לדרכו ולא היה לו ממשלה עליו, אבל רבי יהודה נשיאה שהיה תחת יד שליטת המלך מרומי ודאי היה ראוי לו להראות לפניו הכנעה, ויליף לה מקל וחומר מיעקב שאם הוא עשה כן מדעתו אף כשלא היה לו ממשלה עליו כל שכן עכשיו: **דהוא רבהון דרמאי.** שהוא האב על כל הרמאים: **יהיבתיה בחפתי.** נתתיו בבית ידי, כלומר נצחתיו כפי רצוני והוא דרך מליצה: **לההוא גברא על אחת כמה וכמה.** ואף שהוא בא לפניו דרך פיוס לא נחשב זה לדבר קינטור, דאדרבה הוא חשוב טפי פיוס ורצוי בהיות לו כח לעמוד נגדו במלחמה בתחבולות המרמה ואף על פי כן הוא מבקש שלומו ובריתו דרך הכנעה בהיות לבו שלם עמו ובא לחלוק לו כבוד (נזר הקודש): **שעדיין כו'.** עד עתה קדייק (מתנות כהונה): **עכשיו נולד שטנו.** וזהו ויהי לי שור זה יוסף שנקרא שור: (ו) [ז] **משור אחד יצאו כו'.** ולדידיה בא להגדיל עצמו לפניו בהשגחת ה' הפרוסה עליו שמשור אחד נתברך בהרבה וכן מחמור אחד נתברך בהרבה. ואמר לו זה לפיוס ורצוי, בהיות השגחת ה' עליו ואינו מתירא ממנו אף על פי כן הוא מבקש שלומו ובריתו דרך הכנעה לחלוק לו כבוד: **רב נחמן אמר לישנהון כו'.** לדידיה אדרבה בא להקטין עצמו לפניו לבל יתקנא בו כדי שיבקש אהבתו למצא חן בעיניו, ומכל מקום לבל יהיה נחשב יעקב לשפת שקר שיש לו מקנה רב והוא אומר רק ויהי לי שור וחמור לכן אמר **לישנהון דברייתא הוא כו'.** פירוש לשון הבריות כן הוא שאומרים על שוורים הרבה שור ועל חמורים הרבה חמור. ולכן יעקב בקרבו ישים ארבו לכוון לדברי הרמז על לשון הבריות, ועשו יבין הדברים כפשוטן שאין לו ליעקב רק מעט: **שור זה משוח מלחמה.** שלעתיד לבוא שהוא מבני אפרים כדאיתא במדרש במדבר רבה פרשה י"ד. וכל זה היו מקובלים יעקב ועשו מיצחק ומאברהם שיעמוד מזרע אברהם משוח מלחמה ומשיח בן דוד ועם ישורון. ולכן כשגלה יעקב לעשו בדברים אלו הבין עשו כוונתו שזכה יעקב לאלה: **צאן אלו ישראל.** ובתנחומא אמר צאן אלו זכותם של שבטים שנקראו בניהם צאן שנאמר (יחזקאל לד, לא) ואתן צאני: **ועבד ושפחה הנה כעיני עבדים אל יד אדוניהם וכעיני שפחה וגו' חננו ה' חננו כי רב שבענו בוז.** קאי על למצא חן בעיניך שבסוף הפסוק דויהי לי וגו', וכמו שהוא דורש כל הפסוק בראיית פסוקים אחרים נגדו. ואולי צריך להיות גם בפנים כן למצא חן בעיניך חננו ה' וגו':

פירוש מהרז"ו

עם לבן גרתי. עיין לעיל (סג, י סז, ג): **בחפתי.** עיין לקמן (צו, ה ק, ג) חפותין, ולעיל (עא, ג) אלא חפות להם עיין שם: **שעדיין לא כו'.** לעיל (עג, ז) ושם נסמן, והנה שם שייך לדרוש כן אלא מה שנאמר (ל, כה) ויהי כאשר ילדה וגו', וכאן שכבר עברו שש שנים משנולד איך שייך לומר ואחר עד עתה, ויתכן שעל שתיבת ואחר מיותר על כן דורש שהפסוק מדבר שני ענינים, עם לבן גרתי הם הי"ד שנה שעבד בעד נשיו וילדיו ואלו לא נחשבו לו לאיחור כי היו בעיניו כימים אחדים, וכמו שאמרו במדרש מה ז' ראשונים אף אחרונים, אך כשנולד יוסף ורצה לשוב לבית אביו אז נתאחר וזה שאמר ואחר כו': (ו) **רבנן אמרי.** שלכך שינה לכתוב בלשון יחיד לדרוש גזירה שוה, וכמו שאיתא לעיל (ו, ט) בכור שורו, ובפרשה לט סוף סימן יא, ועיין לעיל ריש סימן י"ב, וחמור עיין לעיל (נו, ב) סנהדרין (צח, ב), וצאן כמו שאמרו לעיל (סח, יד) ובהרבה מקומות: **בעיני עבדים.** וסיפיה דקרא וכעיני שפחה וגו', כן עינינו כו', עד חננו ה' חננו. הכוונה שמאחר שיהיה כן, על כן גם עתה חננו ה' וכמו שנאמר (תהלים פה, ז) הלא אתה תשוב תחיינו, על כן גם עתה הראנו ה' חסדך וכו':

רש"י

(ה) **עם לבן גרתי דהוא רביהון דרמאי יהיבתיה בחפתי.** נתתי אותו בחיקי. **לההוא גברא.** שהוא אחי על אחת כמה וכמה: (ו) **ויהי לי שור.** יחיד **וחמור** יחיד **לישנהון דברייתא אמרין חמרתא גמלתא.** והם הרבה:

מתנות כהונה

נסבה כו'. רבינו לקח האיגרת וקראו וקרעה: **מה אנא טב כו'.** וכי טוב אנכי מזקני יעקב: **דהוא רבהון כו'.** שהוא הרב על כל הרמאים נתתיו בבית ידי, כלומר נצחתיו כפי רצוני, והוא משל ממי שמנצח חבירו שאומר הכרחתיו עד שנתתיו בבית ידי כן פירש הערוך: **לההוא גברא.** לעשו הרשע: **שעדיין כו'.** עד עתה קדייק: [ו] **לישנא דברייתא כו'.** לשון הבריות, כך הוא שאומרים על חמורים הרבה [חמור], ועל שוורים הרבה שור:

אשד הנחלים

[ה] **דהוא רבהון דרמאי.** כי בבקשתו רמז לו ג"כ שלא יתנשא כנגדו ולהריע לו כי ה' עמו: **של רחל.** רמז לו שעד עתה הוכרח להתאחר שמה ולברוח מחמתו שעדיין לא נולד מבניו מי שהוא מעותד לעמוד למולו ולנצחהו, ולכן איחר עד עתה, שנולד הטוב במתכונתו לעומת הרע ההוא, ולכן בא אליו עתה בלי יראה ופחד: [ו] **משור אחד.** כי המין בגדרו אחד רק נבדלים במספר, וא"כ ראוי לקראותם בשם אחד אחר שאין הבדל בינותם: **חמורתא.** דעתו שאמר כן על המין והמין לא יסופר ברבוי, וכמו שם האדם הוא נכלל ג"כ באחדות: **משוח מלחמה.** רמז לו סבת התאחרותו עדי גמלו שבטי יה אשר המה מוכנים באחרית למלוכה, הן בעוה"ז שבט אפרים שבא מיוסף המכונה בשור, והן לימות המשיח מלכות בית דוד. וכל בני ישראל מכונים בשם צאן עלות ורכות ורועם ה', והמה נכנעים מול כבוד ה' ליראתו כעבד ושפחה לפני אדוניהם. וכל זה רמז לו שבודאי ה' יעזור לו אם יחפוץ לעמוד כנגדו:

חידושי הרש"ש

[ו] {ויהי לי שור וחמור רבי יהודה ורבי נחמיה ורבנן, רבי יהודה אומר משור אחד יצאו שוורים הרבה כו'. ופירוש הכתוב ויהי לי שנתהוה לי עושר רב משור אחד כו', ולכן הנך רואה שברכת ה' אתי, ועיין לקמן (סימן י) ואף יעקב מזכיר שמו של הקב"ה ליראו כו':} **חננו ה' חננו כו'.** מביא פסוק זה לפרש הא דמסיים יעקב למצא חן בעיניך:

אמרי יושר

[ה] **ואנא טב מסבי לא כך אמר יעקב כה אמר עבדך יעקב.** הוא כמו שכתב הרמב"ן (ריש פר' וישלח) על זה כי כל מה שאירע לאבות סימן לבנים זהו מלאכים לפניו לעתיד. וגם כה תאמרו כמוני לאדוני לעשו וכדרשם (פרשה עו ג) והיה המחנה הנשאר לפליטה אלו אחינו שבגולה וריוח תשימו בין עדר ובין עדר וכן תדברון אל עשו במוצאכם אותו בגדולתו גם את הב' גם את הג' כי כמה גליות גלינו כל ההולכים אחרי העדרים הרועים והמפרנסים את הדור. זהו הנה גם הוא אחרינו לדורות הבאים וכאמרם (לקמן פרשה עח טו) רבינו הוה מסתכל בהדא פרשתא כד הוה אזיל למלכותו וכן דרשו (לקמן אות ט) שאמר יעקב אל תתן ה' מאויי רשע עשו לדורות. זהו הצילני נא מיד אחי עתה, מיד עשו לדורות (עי' בס' נוף דבש פר' וישלח ד"ה כדבר). או בדרשה אחרת מתורץ מיד אחי שלא אהרג, מיד עשו שלא אהרוג:

מסורת המדרש

ט. תנחומא כאן סימן ג':

י. בבא בתרא דף קכ"ג. לעיל פרשה ע"ג. לקמן פרשה צ"ט. ילקוט ירמיה רמז של"ג:

יא. תנחומא כאן סימן א'. ועיין לעיל פרשה ס"ח:

אם למקרא

לָכֵן שִׁמְעוּ עֲצַת ה' אֲשֶׁר יָעַץ אֶל אֱדוֹם וּמַחְשְׁבוֹתָיו אֲשֶׁר חָשַׁב אֶל יֹשְׁבֵי תֵימָן אִם לֹא יִסְחָבוּם צְעִירֵי הַצֹּאן אִם לֹא יַשִּׁים עֲלֵיהֶם נְוֵהֶם: (ירמיה מט:כ)

בְּכוֹר שׁוֹרוֹ הָדָר לוֹ וְקַרְנֵי רְאֵם קַרְנָיו בָּהֶם עַמִּים יְנַגַּח יַחְדָּו אַפְסֵי אָרֶץ וְהֵם רִבְבוֹת אֶפְרַיִם וְהֵם אַלְפֵי מְנַשֶּׁה: (דברים לג:יז)

גִּילִי מְאֹד בַּת צִיּוֹן הָרִיעִי בַּת יְרוּשָׁלִַם הִנֵּה מַלְכֵּךְ יָבוֹא לָךְ צַדִּיק וְנוֹשָׁע הוּא עָנִי וְרֹכֵב עַל חֲמוֹר וְעַל עַיִר בֶּן אֲתֹנוֹת: (זכריה ט:ט)

וְאַתֵּן צֹאנִי צֹאן מַרְעִיתִי אָדָם אַתֶּם אֲנִי אֱלֹהֵיכֶם נְאֻם אֲדֹנָי ה': (יחזקאל לד:לא)

הִנֵּה כְעֵינֵי עֲבָדִים אֶל יַד אֲדוֹנֵיהֶם כְּעֵינֵי שִׁפְחָה אֶל יַד גְּבִרְתָּהּ כֵּן עֵינֵינוּ אֶל ה' אֱלֹהֵינוּ עַד שֶׁיְּחָנֵּנוּ: חָנֵּנוּ ה' חָנֵּנוּ כִּי רַב שָׂבַעְנוּ בוּז: (תהלים קכג:ב-ג)

משנת דרבי אליעזר

שכן שיועיל לעשות, אם כן למה איחר עד עתה והיה לו לשוב לביתו כיון שאינו מתירא מעשו, ותירץ ויהי לי שור שעתה נולד לי יוסף שנקרא שור (בראשית מט, ו) והוא שטנו:

וַיָּשֻׁבוּ הַמַּלְאָכִים אֶל יַעֲקֹב לֵאמֹר בָּאנוּ אֶל אָחִיךָ אֶל עֵשָׂו וְגַם הֹלֵךְ לִקְרָאתְךָ וְאַרְבַּע מֵאוֹת אִישׁ עִמּוֹ.

The messengers returned to Jacob, saying, "We came to your brother, to Esau; moreover, he is heading toward you, and four hundred men are with him" (32:7).

§7 **וַיָּשֻׁבוּ הַמַּלְאָכִים אֶל יַעֲקֹב לֵאמֹר בָּאנוּ אֶל אָחִיךָ אֶל עֵשָׂו** — ***THE MESSENGERS RETURNED TO JACOB, SAYING, "WE CAME TO YOUR BROTHER, TO ESAU."***

Why did the messengers have to mention "your brother" in speaking to Jacob? The Midrash expounds a subtle allusion: **שֶׁאַתְּ נוֹהֵג בּוֹ כְּאָח וְהוּא נוֹהֵג בְּךָ כְּעֵשָׂו** — They told Jacob: **"You treat him like a brother, but he treats you like** the evil **Esau."**[77]

☐ **וְגַם הֹלֵךְ לִקְרָאתְךָ וְאַרְבַּע מֵאוֹת אִישׁ עִמּוֹ** — ***MOREOVER, HE IS HEADING TOWARD YOU, AND FOUR HUNDRED MEN ARE WITH HIM.***

The word עִמּוֹ ("with him") is somewhat extraneous.[78] The Midrash therefore expounds as follows:

רֵישׁ לָקִישׁ אָמַר — **Reish Lakish said:** "עִמּוֹ", כְּעִמּוֹ — The word עִמּוֹ ("with him") should be understood in the sense of **"like him."** **מַה הוּא שֶׁהוּא גִבּוֹר וְיָכוֹל לַעֲמוֹד כְּנֶגֶד אַרְבַּע מֵאוֹת אִישׁ** — **Just as he is so powerful that he could stand against four hundred men,** **כָּךְ כָּל אֶחָד וְאֶחָד מֵהֶן עָשׂוּי עַל אַרְבַּע מֵאוֹת אִישׁ** — **so too is each and every one of them capable** of standing **against four hundred men.**[79]

A second exposition:

רַבִּי לֵוִי אָמַר — **R' Levi said:** **הָלַךְ וְנָטַל אַגְרוֹמִי מִמִּצְרַיִם** — **[Esau] went and received a license from Egypt to collect customs taxes.**[80] **אָמַר: אִין יָכֵילְנָא לֵיהּ הָא טָב** — **He said** to himself, **"If I can overpower [Jacob], that is good.**[81] **אִם לָאו אֲנָא אֵימָא לֵיהּ הַיְתָא מִכְּסָא** — **If not, I will tell him, 'Hand over the tax,'** **וּמִגּוֹ כֵּן אֲנָא קָאֵים עֲלוֹי וְקָטֵילְנָא לֵיהּ** — **and through this I will rise against him and kill him."**[82]

§8 [וַיִּשְׁלַח יַעֲקֹב מַלְאָכִים לְפָנָיו] — ***THEN JACOB SENT MESSENGERS [מַלְאָכִים] AHEAD OF HIM.***

The Midrash returns to the opening words of *Parashas Vayishlach*:[83]

דָּבָר אַחֵר "וַיִּשְׁלַח יַעֲקֹב מַלְאָכִים" — **Another interpretation of *Then Jacob sent messengers:*** **זֶהוּ שֶׁנֶּאֶמְרָה בְּרוּחַ הַקֹּדֶשׁ עַל יְדֵי שְׁלֹמֹה מֶלֶךְ יִשְׂרָאֵל** — **This is** the intent of **what was stated with the Holy Spirit by Solomon, king of Israel,** **"בְּרָכוֹת לְרֹאשׁ צַדִּיק וּפִי רְשָׁעִים יְכַסֶּה חָמָס"** — ***Blessings [will descend] upon the head of the righteous one, but He will shut the mouth of the wicked [that speaks] corruption*** (*Proverbs* 10:6).[84] **כְּנֶגֶד מִי אָמַר שְׁלֹמֹה הַמִּקְרָא הַזֶּה** — **In reference to whom did Solomon say this verse?** **לֹא אֲמָרוֹ אֶלָּא כְּנֶגֶד יַעֲקֹב וְעֵשָׂו** — **He** could **only** have **said it in reference to Jacob and Esau:** **"בְּרָכוֹת לְרֹאשׁ צַדִּיק" זֶה יַעֲקֹב** — ***Blessings [will descend] upon the head of the righteous one*** — **this** refers to **Jacob;** **"וּפִי רְשָׁעִים יְכַסֶּה חָמָס" זֶה עֵשָׂו הָרָשָׁע** — and ***but He will shut the mouth of the wicked [that speaks] corruption*** — **this** refers to **the evil Esau.**[85]

The Midrash elaborates on the *blessings* that descend *upon the head of the righteous one*:

אַשְׁרֵיהֶן הַצַּדִּיקִים שֶׁמִּתְבָּרְכִין בָּאָרֶץ וּמִתְבָּרְכִין בַּשָּׁמַיִם — **Happy are the righteous ones, for they are blessed on earth** by their parents[86] **and are blessed** in parallel fashion **in the heavens,** **וְכָךְ הִיא הַמִּדָּה שֶׁנֶּאֱמַר "אֲשֶׁר הַמִּתְבָּרֵךְ בָּאָרֶץ יִתְבָּרֵךְ בֵּאלֹהֵי אָמֵן"** — **for such is the measure** from God, **as it is stated, *Whoever is blessed in the land will be blessed by the God of Truth*** (*Isaiah* 65:16).[87]

NOTES

77. I.e., although you treated him like a brother, addressing him respectfully and sending him gifts, it did not appease him; he remains the evil Esau, intent on attacking you (*Eitz Yosef*).

78. Alternatively: The verse should have stated: וְאַרְבַּע מֵאוֹת אִישׁ "לָקַח" עִמּוֹ, *and "he took" four hundred men with him*, as in *Exodus* 14:6 (*Mishnas DeRabbi Eliezer*).

79. The Midrash appears to interpret the word עִמּוֹ in both directions: Esau is as strong as 400 (regular) men, and each of his 400 men is as strong as he is.

For a different interpretation of the statement: "עִמּוֹ", כְּעִמּוֹ, see *Yalkut Shimoni*, cited by *Radal*. See also *Yedei Moshe*.

80. *Yefeh To'ar* suggests that Egypt ruled over Canaan and all its adjacent lands at that time, and thus collected custom taxes at all the crossings — including the one Jacob was approaching as he entered from Paddan-aram into Canaan. [*Radal* proposes also, as an alternative, that the word מִמִּצְרַיִם, "from Egypt," be emended to read הַמְּצָרִים, "of boundaries (borders)."]

81. If I see, based on the size and power of his forces, that I can defeat Jacob in battle, I will attack him directly with my forces (*Yefeh To'ar*, cited by *Eitz Yosef*).

82. That is, [while engaging him in conversation about paying the tax,] I will kill him suddenly, when he is not expecting it (ibid.). Alternatively: I will use Jacob's violation of the tax laws as an excuse to kill him "legally," as punishment for his criminal behavior (see *Rashi*).

It is unclear how this second exposition is derived from our verse (see *Yedei Moshe*). *Yedei Moshe, Mishnas DeRabbi Eliezer,* and *Maharzu* all attempt to show how it may be derived from the word וְגַם, which (*Maharzu* writes) is otherwise extraneous.

83. The Midrash above, §1-3, explained that Jacob sent these messengers to Esau to honor and appease him, and that he did so because of his (unwarranted) fear of his brother. The Midrash now returns to this verse to offer a different approach: Jacob sent the messengers to tell Esau of the great wealth that he accumulated while in "exile" in Laban's house [see §6 above], the point of this message being that Esau should not continue to hate him for "stealing" Isaac's blessings (see *Genesis* Ch. 27). For since God's hand was so clearly manifest in Jacob's success, it was evident that He wished Jacob to have those blessings and that He had orchestrated events for Jacob to get them; there was thus no reason for Esau to hate him. See further (*Yefeh To'ar*). [*Yefeh To'ar* remains puzzled, however, as to why the authors of the Midrash waited until this point to present this contrasting approach.]

Alternatively: In the course of the lengthy passage that follows, the Midrash mentions Rebecca's blessing to Jacob that angels would protect him at all times. The Midrash's purpose in recording this passage is to mention that blessing, and thereby provide an explanation as to where Jacob found the angels to send to Esau [see above, §4, where one opinion holds that the מַלְאָכִים of our verse were angels, not human beings] (*Maharzu, Eitz Yosef*). [And since the Midrash wishes to mention Rebecca's blessing to Jacob, it opens with a discussion of *other* blessings that Jacob received; see further (*Maharzu*).]

84. The Book of *Proverbs* was written by King Solomon (see *Proverbs* 1:1). Our Midrash notes that he wrote it with Divine Inspiration; see *Yefeh To'ar,* who discusses why.

85. God will make the *blessings* given by Isaac *[descend] upon the head of the righteous* Jacob; and *He will shut the mouth of the wicked* Esau, *[which speaks]* of the *corruption* committed by Jacob in "stealing" Isaac's blessings. This verse accordingly proves Jacob's contention that it was God's will that Jacob receive them; see above, note 83 (*Yefeh To'ar*, s.v. דבר אחר). [According to *Maharzu* cited in that note, the *blessings* mentioned in this verse refer not only to the blessings that Jacob received from his father Isaac, but also to those he received from his mother Rebecca and from God. See end of this section and note 102.]

86. *Eshed HaNechalim.*

87. *Eshed HaNechalim* explains that this is unique to the righteous because they truly deserve the blessings they receive from their parents — unlike ordinary people, whose parents bless them beyond what they deserve, solely because they wish the best for their children. [He adds that the phrase יִתְבָּרֵךְ בֵּאלֹהֵי אָמֵן may also be understood homiletically as: *he will be blessed by God, "Amen."* That is, it is as if God, upon hearing the blessings given to a righteous person on earth, says, "Amen; I (God) agree with these blessings and confirm them with My own, for they are well deserved."

ז [לב, ז] "וַיָּשֻׁבוּ הַמַּלְאָכִים אֶל יַעֲקֹב לֵאמֹר בָּאנוּ אֶל אָחִיךָ אֶל עֵשָׂו", שֶׁאַתְּ נוֹהֵג בּוֹ כְּאָח *וְהוּא נוֹהֵג בְּךָ כְּעֵשָׂו. "וְגַם הֹלֵךְ לִקְרָאתְךָ וְאַרְבַּע מֵאוֹת אִישׁ עִמּוֹ", רֵישׁ לָקִישׁ אָמַר: "עִמּוֹ", כְּעִמּוֹ, מַה הוּא שֶׁהוּא גִּבּוֹר וְיָכוֹל לַעֲמוֹד כְּנֶגֶד אַרְבַּע מֵאוֹת אִישׁ כָּךְ כָּל אֶחָד וְאֶחָד מֵהֶן עָשׂוּי עַל אַרְבַּע מֵאוֹת אִישׁ, רַבִּי לֵוִי אָמַר: הָלַךְ וְנָטַל אַגְרוֹמִי מִמִּצְרַיִם, אָמַר: אִין יָבֵילְנָא לֵיהּ הָא טָב, אִם לָאו אֲנָא אֵימָא לֵיהּ: אַיְיתֵי מִכְסָא, וּמִגּוֹ כֵּן אֲנָא קָאֵים עֲלָיו וְקָטֵילְנָא לֵיהּ:

ח דָּבָר אַחֵר [לב, ד] "וַיִּשְׁלַח יַעֲקֹב מַלְאָכִים", זֶהוּ שֶׁנֶּאֶמְרָה בְּרוּחַ הַקּוֹדֶשׁ עַל יְדֵי שְׁלֹמֹה מֶלֶךְ יִשְׂרָאֵל (משלי י, ו) "בְּרָכוֹת לְרֹאשׁ צַדִּיק וּפִי רְשָׁעִים יְכַסֶּה חָמָס", כְּנֶגֶד מִי אָמַר שְׁלֹמֹה הַמִּקְרָא הַזֶּה, לֹא אֲמָרוֹ אֶלָּא כְּנֶגֶד יַעֲקֹב וְעֵשָׂו, "בְּרָכוֹת לְרֹאשׁ צַדִּיק" זֶה יַעֲקֹב, "וּפִי רְשָׁעִים יְכַסֶּה חָמָס" זֶה עֵשָׂו הָרָשָׁע, אַשְׁרֵיהֶן הַצַּדִּיקִים שֶׁמִּתְבָּרְכִין בָּאָרֶץ וּמִתְבָּרְכִין בַּשָּׁמַיִם, וְכָךְ הִיא הַמִּדָּה שֶׁנֶּאֱמַר (ישעיה סה, טז) [יב]"אֲשֶׁר הַמִּתְבָּרֵךְ בָּאָרֶץ יִתְבָּרֵךְ בֵּאלֹהֵי אָמֵן", לְהוֹדִיעֲךָ שֶׁכָּל הַבְּרָכוֹת שֶׁבֵּרַךְ יִצְחָק אֶת יַעֲקֹב כְּנֶגְדוֹ בֵּרְכוֹ הַקָּדוֹשׁ בָּרוּךְ הוּא מִלְמַעְלָה, יִצְחָק אָמַר לוֹ: (לעיל כז, כח) "וְיִתֶּן לְךָ הָאֱלֹהִים מִטַּל הַשָּׁמַיִם וְגוֹ'", וְהַקָּדוֹשׁ בָּרוּךְ הוּא בֵּרְכוֹ בְּטַל וּמָטָר, שֶׁנֶּאֱמַר (מיכה ה, ו) "וְהָיָה שְׁאֵרִית יַעֲקֹב בְּקֶרֶב עַמִּים רַבִּים כְּטַל וְגוֹ'", יִצְחָק אָמַר לוֹ: (לעיל שם שם) "וּמִשְׁמַנֵּי הָאָרֶץ" וְהַקָּדוֹשׁ בָּרוּךְ הוּא בֵּרְכוֹ בִּתְבוּאָה, שֶׁנֶּאֱמַר (ישעיה ל, כג) "וְנָתַן מְטַר זַרְעֲךָ אֲשֶׁר תִּזְרַע אֶת הָאֲדָמָה", יִצְחָק אָמַר: (לעיל שם כט) "יַעַבְדוּךָ עַמִּים", וְהַקָּדוֹשׁ בָּרוּךְ הוּא אָמַר לוֹ: (ישעיה מט, כג) "וְהָיוּ מְלָכִים אֹמְנַיִךְ וְשָׂרוֹתֵיהֶם מֵינִיקֹתַיִךְ", יִצְחָק אָמַר לוֹ: (לעיל שם שם) "הֱוֵה גְבִיר לְאַחֶיךָ", וְהַקָּדוֹשׁ בָּרוּךְ הוּא אָמַר לוֹ עַל יְדֵי מֹשֶׁה: (דברים כו, יט) "וּלְתִתְּךָ עֶלְיוֹן עַל כָּל הַגּוֹיִם", הָא לָמַדְתָּ שֶׁכָּל הַבְּרָכוֹת שֶׁבֵּרְכוֹ יִצְחָק מִלְּמַטָּה בֵּרְכוֹ הַקָּדוֹשׁ בָּרוּךְ הוּא מִלְמַעְלָה, וְאַף רִבְקָה אִמּוֹ בֵּרַכְתּוֹ כְּנֶגְדָּן,

רש"י

(ז) **הלך ונטל אגרונימון ממצרים.** ממונה על השערים שבשוק. קנה לו מן המלך אותו מינוי כדי להעליל על יעקב במכסים:

עץ יוסף

(ז) **נוהג בך בעשו.** ולכן אמרו אל אחיך אל עשו, לומר שאתה נוהג בו כאח לכבדו, ומכל מקום הוא לא נתפייס ועומד ברשעו: **עמו בעמו.** כלומר כדומה לו בגבורה: **ונטל אגרומי.** רשות להיות מוכסן: **אגרומי של מצרים.** פירוש מכס שנוטלים במיצרי וגבול שבין מדינה למדינה (הרד"ל): **אמר אין יבילנא בו'.** כלומר אם אכיר מתוך מספר אנשיו וכחם שאוכל לו אלחם עמו, ואם לאו לא אבוא עליו במלחמה רק כמבקש המכס ומתוך כך אקום עליו ואהרגנו בפתע פתאום (יפה תואר): (ח) **דבר אחר וישלח יעקב כו'.** הובא כל המאמר לכאן אגב ברכת רבקה כי מלאכיו יצוה לך ומהם לקח יעקב מלאכיו ושלחם: **אשריהן הצדיקים כו'.** משום דקמפרש ברכות לראש צדיק על הסכמת ה' בברכות יעקב קאמר אשריהן הצדיקים כו', לומר שכן היא המדה שהצדיק המתברך בארץ מתברך בשמים (יפה תואר): **יתברך באלהי אמן כו'.** וחשב כמה ענינים, מהן בגשמי ברכה ובמזונות, מהן בכבוד וגדולה שֶׁאַפְסֵי ארץ ישתחוו להם, והן במעלה הנפשיות וזהו ולתתך עליון: **בירכו בטל ומטר.** לפי שפעמים אין הטל מספיק להשביע שׁוֹאָה וּמְשׁוֹאָה (לשון הכתוב איוב ל, ג) הזכיר כאן המטר עם הטל שניתנה לו הברכה יותר שלימה ממה שבירכו יצחק. דגשמים בעתו הוא ברכה על דרך ויקרא כו, ד) ונתתי גשמיכם בעתם: **והיה שארית יעקב בגוים כו'.** ומשמע ליה דכרביבים היינו מטר כמו שאמרו המפרשים שהם טיפות דקות דומיא דכשעירים עלי דשא וכרביבים עלי עשב (דברים לב, ב): **והקב"ה ברכו בתבואה כו'.** ובילקוט גרס תו יצחק אמר ורוב דגן ותירוש והקדוש ברוך הוא אמר לו (יואל ב, יט) ויען ה' ויאמר לעמו הנני שולח לכם את הדגן ואת התירוש. ולפי זה נראה דברכת משמני הארץ היינו ברכת האיכות שיהיו התבואות שמינות, וכנגד זה הביא ונתן מטר זרעך אשר תזרע את האדמה וכו' והיה דשן ושמן. וברכות רוב דגן ותירוש היינו ברכת הכמות שיהיו מרובה בכמות וכנגד זה הביא הנני שולח לכם את הדגן והתירוש ושבעתם אותו (יפה תואר): **ולתתך עליון כו'.** ובכלל זה גם אחיו בני אמו: **ואף רבקה אמו ברכתו.** מדרך הסברא אנו אומרים כן, אחר שמצאנו שנתקיים בו ששלח מלאכים לפני עשו להצילו ומסתמא בשעה ששלחתו מפני חמת עשו אמרה כן ברוח הקודש שכן יהיה, ומצאנו בכתוב שהבטיח הקדוש ברוך הוא יקראני ואענהו:

פירוש מהרז"ו

(ז) **אגרומי.** עיין מתנות כהונה והמוסף ערוך כתב בלשון יוני המון אנשים מקבלים מכס כו'. ודורש גזירה שוה, וגם ללוט מה שם ממצרים אף כאן וגם הולך ממצרים: (ח) **ברכות לראש צדיק.** הובא כל הענין לכאן אגב ברכת רבקה כי מלאכיו יצוה לך, מהם לקח יעקב מלאכים ושלחם. ומה שאמר ברכות פירוש הרבה מיני ברכות מאביו ואמו והקב"ה: **שהמתברכים בארץ** כיעקב מאביו ואמו וכדומה בתורה, מתברכים גם מאלהי אמן, וכך היא מדתו של הקב"ה כמו שנאמר (במדבר ו, כז) ואני אברכם, כמו שאמר בבמדבר רבה (יא, ח): **כנגדו ברכו הקב"ה.** כל הענין בילקוט מיכה (רמז תקנג): **ונתן מטר זרעך.** וסיפיה דקרא ולחם תבואת האדמה והיה דשן ושמן, וזהו ומשמני הארץ וכאן חסר, יצחק אמר ורוב דגן ותירוש והקב"ה אמר לו ויען ה' וגו' נתתי לכם את הדגן ואת התירוש (יואל ב, יט) כן הובא בילקוט מיכה (רמז תקנג):

חידושי הרד"ל

[ז] **ויכול לעמוד כנגד ארבע מאות איש.** בילקוט (רמז קל) הלשון ועשוי על ארבע מאות איש, וכדמסיים כאן כל אחד ואחד עשוי וכו': **ונטל אגרומי.** צריך לומר שמצרים היו אז המושלים בכל ארץ ישראל ובעברי הנהרות, וכן כתב היפה תואר. ואפשר צריך לגרוס אגרומי המֵצָרִים, ופירוש מכס של המֵצָרִים והגבולים: **אנא אימא ליה בו'.** אפשר לומר לפי מה שכתוב לקמן סוף פרשה ע"ו (סימן ט) שנטל דינה והטמינה בתיבה, לזה היה מבקש מכס והוא לא היה רוצה לפתחה, כדלעיל (מ, ה) באברהם ומתוך כך יעמוד עליו: [ח] **דבר אחר וישלח זהו שנאמרה על ידי שלמה ברכות לראש צדיק.** אין למאמר שייכות לכאן כלל ולא לקרא דוישלח, ומקומו הראוי נראה שהוא בסוף הפרשה אחר יענך ה' ביום צרה ישגבך וכו', ומייתי על זה האי דרשה דברכות לראש צדיק דמסיים בה בשש צרות כו', אל תירא, וכן בכל הפרשה עירבובי דברים והוספות שכדומה אינו מן הבראשית רבה כי אם מילמדנו:

חידושי הרש"ש

[ח] {**יצחק אמר לו ומשמני הארץ והקב"ה ברכו בתבואה שנאמר ונתן מטר ארצך אשר תזרע את האדמה.** וסיפיה דקרא והיה דשן ושמן:}

אמרי יושר

[ח] [**ברכות לראש צדיק וכו'**]. ברכות שונות גם ממברכים שונים לראש צדיק כדי שפי עשו יכסה חמס:

משנת דרבי אליעזר

[ז] **וארבע מאות איש עמו בעמו כו'.** דיוקו דהיה לו לומר לקח עמו כמו דכתיב (שמות יד, ו) ואת עמו לקח עמו, אלא שלא שהיו משועבדים תחתיו, אלא עמו כדומה לו שכל אחד היה עשוי וכו', ור' לוי מפרש דבא להורות שלא היו עבדיו רק מצרים העומדים לגבות מכס.

מסורת המדרש

יב. ילקוט סדר תולדות רמז קט"ו. ילקוט מיכה רמז תקנ"ג:

אם למקרא

בְּרָכוֹת לְרֹאשׁ צַדִּיק וּפִי רְשָׁעִים יְכַסֶּה חָמָס:
(משלי י:ו)

אֲשֶׁר הַמִּתְבָּרֵךְ בָּאָרֶץ יִתְבָּרֵךְ בֵּאלֹהֵי אָמֵן וְהַנִּשְׁבָּע בָּאָרֶץ יִשָּׁבַע בֵּאלֹהֵי אָמֵן כִּי נִשְׁכְּחוּ הַצָּרוֹת הָרִאשֹׁנוֹת וְכִי נִסְתְּרוּ מֵעֵינָי:
(ישעיה סה:טז)

וְיִתֶּן לְךָ הָאֱלֹהִים מִטַּל הַשָּׁמַיִם וּמִשְׁמַנֵּי הָאָרֶץ וְרֹב דָּגָן וְתִירֹשׁ: יַעַבְדוּךָ עַמִּים וְיִשְׁתַּחֲוֻ לְךָ לְאֻמִּים הֱוֵה גְבִיר לְאַחֶיךָ וְיִשְׁתַּחֲווּ לְךָ בְּנֵי אִמֶּךָ אֹרְרֶיךָ אָרוּר וּמְבָרֲכֶיךָ בָּרוּךְ:
(בראשית כז:כח-כט)

וְהָיָה שְׁאֵרִית יַעֲקֹב בְּקֶרֶב עַמִּים רַבִּים כְּטַל מֵאֵת ה' כִּרְבִיבִים עֲלֵי עֵשֶׂב אֲשֶׁר לֹא יְקַוֶּה לְאִישׁ וְלֹא יְיַחֵל לִבְנֵי אָדָם:
(מיכה ה, ו)

וְנָתַן מְטַר זַרְעֲךָ אֲשֶׁר תִּזְרַע אֶת הָאֲדָמָה וְלֶחֶם תְּבוּאַת הָאֲדָמָה וְהָיָה דָשֵׁן וְשָׁמֵן יִרְעֶה מִקְנֶיךָ בַּיּוֹם הַהוּא כַּר נִרְחָב:
(שם ל:כג)

וְהָיוּ מְלָכִים אֹמְנַיִךְ וְשָׂרוֹתֵיהֶם מֵינִיקֹתַיִךְ אַפַּיִם אֶרֶץ יִשְׁתַּחֲווּ לָךְ וַעֲפַר רַגְלַיִךְ יְלַחֵכוּ וְיָדַעַתְּ כִּי אֲנִי ה' אֲשֶׁר לֹא יֵבֹשׁוּ קֹוָי:
(שם מט:כג)

וּלְתִתְּךָ עֶלְיוֹן עַל כָּל הַגּוֹיִם אֲשֶׁר עָשָׂה לִתְהִלָּה וּלְשֵׁם וּלְתִפְאָרֶת וְלִהְיֹתְךָ עַם קָדֹשׁ לַה' אֱלֹהֶיךָ כַּאֲשֶׁר דִּבֵּר:
(דברים כו:יט)

ידי משה

[ז] **עמו בעמו.** פירוש מה הוא עשוי על ארבע מאות איש וכו', כך כל אחד מן אותן ארבע מאות איש היה ממונה על ארבע מאות איש: **רבי לוי אמר נטל אגרומי ממצרים.** לא יכלתי להבין איזו רמז בפסוק שיסבול דברי רבי לוי. ונראה דמתיבת גם קדריש וגם נוטריקון אגרומי, כי כן דרך המדרש כשיש תיבה של כמה אותיות של תיבה אחרת דורש אותה נוטריקון. או יכול להיות שדרש תיבת וגם כמו מגו כן וכו' לומר שרצה לבוא עליו בעלילה:

מתנות כהונה

[ז] **בעמו.** כלומר כדומה לו: **אגרומי.** פירש הערוך רשות להיות מוכסן: **אין יבילנא כו'.** אם אוכל לנצח אותו הרי טוב, ואם לאו אומר לו הביא מכס, ומתוך כך אני עומד עליו ואהרגה אותו:

אשד הנחלים

[ז] **בך בעשו.** ולכן אמרו בהיפך ממה שאמר יעקב עשו ואח"כ אחיו: **בעמו כו' שהוא גבור.** שאם לא כן למה להם לומר עמו, הלא כבר אמרו וגם הנה הוא הולך לקראתך, אלא שבאו לומר שעמו הם כדמותו בגבורה: [ח] **אשריהם הצדיקים שמתברכים בארץ.** כלומר כפי מה שיתברכו בארץ מפי אבותיהם כן הסכימו עליהם למעלה מפי ה', כי הברכות ראויות להם כפי מעשיהם הטוב, ולא כדרך אבות לבנים שמברכים אותם מרוב חפצם בהטבתם ויברכו אותם מעל לזכותם, לא כן. וזהו אשר המתברך יתברך באלהי אמן, כאומר על דרך מליצה שה' אומר עליהם אמן ומסכים בברכתם. וחשב כמה עניינים, (מ)הן בגשמי ברכה ובמזונות והן בכבוד וגדולה שֶׁאַפְסֵי ארץ ישתחוו להם, והן במעלה הנפשיות, וזהו ולתתך עליון:

לְהוֹדִיעֲךָ שֶׁכָּל הַבְּרָכוֹת שֶׁבֵּרַךְ יִצְחָק אֶת יַעֲקֹב כְּנֶגְדוֹ בֵּרְכוֹ הַקָּדוֹשׁ בָּרוּךְ הוּא מִלְמַעְלָה — This is **to inform you that** in connection with **all the blessings that Isaac blessed Jacob, God blessed him in a parallel manner from Above.**

The Midrash now shows that the blessings given by Isaac to Jacob were confirmed by God:

יִצְחָק אָמַר לוֹ: ״וְיִתֶּן לְךָ הָאֱלֹהִים מִטַּל הַשָּׁמַיִם וגו׳ ״ — In his blessings, **Isaac said to [Jacob],** ***"May God give you of the dew of the heavens, etc."*** (above, 27:28), וְהַקָּדוֹשׁ בָּרוּךְ הוּא בֵּרְכוֹ בְּטַל וּמָטָר **— and the Holy One, blessed is He, blessed him** similarly **with dew and rain,** שֶׁנֶּאֱמַר ״וְהָיָה שְׁאֵרִית יַעֲקֹב בְּקֶרֶב עַמִּים רַבִּים כְּטַל וגו׳ ״ — **as it is stated,** ***The remnant of Jacob will be in the midst of many peoples like dew*** *from* HASHEM, *like raindrops upon grass* (*Micah* 5:6).[88] יִצְחָק אָמַר לוֹ: ״וּמִשְׁמַנֵּי הָאָרֶץ״ — **Isaac said to [Jacob],** ***"and of the fatness of the earth"*** (i.e., a rich crop) (above, 27:28), וְהַקָּדוֹשׁ בָּרוּךְ הוּא בֵּרְכוֹ בִּתְבוּאָה — **and the Holy One, blessed is He, blessed him** similarly **with a rich crop,** שֶׁנֶּאֱמַר ״וְנָתַן מְטַר זַרְעֲךָ אֲשֶׁר תִּזְרַע אֶת הָאֲדָמָה״ — **as it is stated,** ***[God] will give rain for your seed that you will sow in the ground,*** *and bread from the produce of the ground; it will be fat and rich* (*Isaiah* 30:23).[89] יִצְחָק אָמַר: ״יַעַבְדוּךָ עַמִּים״ — **Isaac said** to Jacob, ***"Peoples will serve you*** *and regimes will prostrate themselves to you"* (above, 27:29), וְהַקָּדוֹשׁ בָּרוּךְ הוּא אָמַר לוֹ: ״וְהָיוּ מְלָכִים אֹמְנַיִךְ וְשָׂרוֹתֵיהֶם מֵינִיקֹתַיִךְ״ — **and the Holy One, blessed is He, said to him,** ***"Kings will be your nurturers and their princesses your wet nurses.*** *With faces to the ground they will prostrate themselves to you"* (*Isaiah* 49:23). יִצְחָק אָמַר לוֹ: ״הֱוֵה גְבִיר לְאַחֶיךָ״ — **Isaac said to [Jacob],** ***"Be a lord to your kinsmen"*** (above, 27:29), וְהַקָּדוֹשׁ בָּרוּךְ הוּא אָמַר לוֹ עַל יְדֵי מֹשֶׁה: ״וּלְתִתְּךָ עֶלְיוֹן עַל כָּל הַגּוֹיִם״ — **and the Holy One, blessed is He, said to him through Moses,**[90] ***"And to make you supreme over all the nations"*** (*Deuteronomy* 26:19). הָא לָמַדְתָּ שֶׁכָּל הַבְּרָכוֹת שֶׁבֵּרְכוֹ יִצְחָק מִלְמַטָּה בֵּרְכוֹ הַקָּדוֹשׁ בָּרוּךְ הוּא מִלְמַעְלָה — **Thus you have learned that** in connection with **all the blessings that Isaac blessed Jacob from below, the Holy One, blessed is He, blessed him** in a parallel manner **from Above.**

The Midrash now cites further evidence that God confirmed Isaac's blessings:[91]

וְאַף רִבְקָה אִמּוֹ בֵּרְכַתּוּ כְּנֶגְדָּן — **His mother Rebecca also blessed him in parallel to [the blessings he received from Isaac],**[92]

NOTES

88. God's blessing in fact exceeded Isaac's, for it mentions rain as well as dew; there are times that the ground needs rain, and dew does not suffice (*Yefeh To'ar, Eitz Yosef*). [Actually, God's blessing cited here was not that Jacob would *receive* dew and rain but that Jacob himself would be *comparable* to dew and rain. See *Yefeh To'ar.*]

89. It is the verse's concluding words (*and bread, etc.*) that prove the Midrash's point (*Maharzu*). In the parallel Midrash in *Yalkut Shimoni*, the text continues by quoting the next phrase from Isaac's blessing to Jacob, וְרֹב דָּגָן וְתִירֹשׁ, *and abundant grain and wine*, and then quotes God's parallel blessing (*Joel* 2:19): וַיַּעַן ה׳ וַיֹּאמֶר לְעַמּוֹ הִנְנִי שֹׁלֵחַ לָכֶם אֶת הַדָּגָן וְהַתִּירוֹשׁ וְהַיִּצְהָר וּשְׂבַעְתֶּם אֹתוֹ, HASHEM *will reply and say to His people, "Behold, I am sending you the grain and the wine and the oil, and you will be sated from it."* While the preceding phrase of Isaac's blessing (*and of the fatness of the earth*) speaks of *quality*, this phrase (*and abundant grain and wine*) speaks of *quantity* (*Eitz Yosef*). Both Midrashim then continue by citing the next verse in Isaac's blessing (see further).

90. See *Megillah* 31b and *Yefeh To'ar* here.

91. The verses cited heretofore prove only that God blessed Jacob's *descendants* [in confirmation of Isaac's blessings]. The Midrash therefore seeks now to prove that God also blessed Jacob *himself* [as Isaac certainly intended] (*Yefeh To'ar*).

92. Rebecca was a prophetess (see above, 67 §9), and it may therefore be presumed that God was the source of whatever blessing she bestowed upon Jacob (ibid.). See previous note.

ז [לב, ז] "וַיָּשֻׁבוּ הַמַּלְאָכִים אֶל יַעֲקֹב לֵאמֹר בָּאנוּ אֶל אָחִיךָ אֶל עֵשָׂו", שֶׁאַתְּ נוֹהֵג בּוֹ כְּאָח *וְהוּא נוֹהֵג בְּךָ כְּעֵשָׂו. "וְגַם הֹלֵךְ לִקְרָאתְךָ וְאַרְבַּע מֵאוֹת אִישׁ עִמּוֹ", רֵישׁ לָקִישׁ אָמַר: "עִמּוֹ", כְּעִמּוֹ, מַה הוּא שֶׁהוּא גִּבּוֹר וְיָכוֹל לַעֲמוֹד כְּנֶגֶד אַרְבַּע מֵאוֹת אִישׁ כָּךְ כָּל אֶחָד וְאֶחָד מֵהֶן עָשׂוּי עַל אַרְבַּע מֵאוֹת אִישׁ, רַבִּי לֵוִי אָמַר: הָלַךְ וְנָטַל אַגְרוּמֵי מִמִּצְרַיִם, אָמַר: אִין יָבֵילְנָא לֵיהּ הָא טָב, אִם לָאו אֲנָא אֵימָא לֵיהּ: אַיְיתֵי מִכְסָא, וּמִגּוֹ כֵּן אֲנָא קָאֵים עָלָיו וְקָטֵילְנָא לֵיהּ:

ח דָּבָר אַחֵר [לב, ד] "וַיִּשְׁלַח יַעֲקֹב מַלְאָכִים", זֶהוּ שֶׁנֶּאֶמְרָה בְּרוּחַ הַקֹּדֶשׁ עַל יְדֵי שְׁלֹמֹה מֶלֶךְ יִשְׂרָאֵל (משלי י, ו) "בְּרָכוֹת לְרֹאשׁ צַדִּיק וּפִי רְשָׁעִים יְכַסֶּה חָמָס", כְּנֶגֶד מִי אָמַר שְׁלֹמֹה הַמִּקְרָא הַזֶּה, לֹא אֲמָרוֹ אֶלָּא כְּנֶגֶד יַעֲקֹב וְעֵשָׂו, "בְּרָכוֹת לְרֹאשׁ צַדִּיק" זֶה יַעֲקֹב, "וּפִי רְשָׁעִים יְכַסֶּה חָמָס" זֶה עֵשָׂו הָרָשָׁע, אַשְׁרֵיהֶן הַצַּדִּיקִים שֶׁמִּתְבָּרְכִין בָּאָרֶץ וּמִתְבָּרְכִין בַּשָּׁמַיִם, וְכָךְ הִיא הַמִּדָּה שֶׁנֶּאֱמַר (ישעיה סה, טז) [יב] "אֲשֶׁר הַמִּתְבָּרֵךְ בָּאָרֶץ יִתְבָּרֵךְ בֵּאלֹהֵי אָמֵן", לְהוֹדִיעֲךָ שֶׁכָּל הַבְּרָכוֹת שֶׁבֵּרַךְ יִצְחָק אֶת יַעֲקֹב כְּנֶגְדוֹ בֵּרְכוֹ הַקָּדוֹשׁ בָּרוּךְ הוּא מִלְמַעְלָה, יִצְחָק אָמַר לוֹ: (לעיל כז, כח) "וְיִתֶּן לְךָ הָאֱלֹהִים מִטַּל הַשָּׁמַיִם וְגוֹ'", וְהַקָּדוֹשׁ בָּרוּךְ הוּא בֵּרְכוֹ בְּטַל וּמָטָר, שֶׁנֶּאֱמַר (מיכה ה, ו) "וְהָיָה שְׁאֵרִית יַעֲקֹב בְּקֶרֶב עַמִּים רַבִּים כְּטַל וְגוֹ'", יִצְחָק אָמַר לוֹ: (לעיל שם שם) "וּמִשְׁמַנֵּי הָאָרֶץ" וְהַקָּדוֹשׁ בָּרוּךְ הוּא בֵּרְכוֹ בִּתְבוּאָה, שֶׁנֶּאֱמַר (ישעיה ל, כג) "וְנָתַן מְטַר זַרְעֲךָ אֲשֶׁר תִּזְרַע אֶת הָאֲדָמָה", יִצְחָק אָמַר: (לעיל שם כט) "יַעַבְדוּךָ עַמִּים", וְהַקָּדוֹשׁ בָּרוּךְ הוּא אָמַר לוֹ: (ישעיה מט, כג) "וְהָיוּ מְלָכִים אֹמְנַיִךְ וְשָׂרוֹתֵיהֶם מֵינִיקֹתַיִךְ", יִצְחָק אָמַר לוֹ: (לעיל שם שם) "הֱוֵה גְבִיר לְאַחֶיךָ", וְהַקָּדוֹשׁ בָּרוּךְ הוּא אָמַר לוֹ עַל יְדֵי מֹשֶׁה: (דברים כו, יט) "וּלְתִתְּךָ עֶלְיוֹן עַל כָּל הַגּוֹיִם", הָא לָמַדְתָּ שֶׁכָּל הַבְּרָכוֹת שֶׁבֵּרְכוֹ יִצְחָק מִלְמַטָּה בֵּרְכוֹ הַקָּדוֹשׁ בָּרוּךְ הוּא מִלְמַעְלָה, וְאַף רִבְקָה אִמּוֹ בֵּרַכְתּוּ כְּנֶגְדָּן,

רש"י

(ז) **הלך ונטל אגרונימון ממצרים.** ממונה על השערים שבשוק. קנה לו מן המלך אותו מינוי כדי להעליל על יעקב במכסים:

מתנות כהונה

[ז] **בעמו.** כלומר כדומה לו: **אגרומי.** פירש הערוך רשות להיות מוכסן: **אין יבילנא בו'.** אם אוכל לנצח אותו הרי טוב, ואם לאו אומר לו הביא מכס, ומתוך כך אני עומד עליו ואהרגה אותו:

אשד הנחלים

[ז] **בך בעשו.** ולכן אמרו בהיפך ממה שאמר יעקב עשו ואח"כ אחיו: **בעמו כו' שהוא גבור.** שאם לא כן למה להם לומר עמו, הלא כבר אמרו וגם הנה הוא הולך לקראתך, אלא שבאו לומר שעמו הם כדמותו בגבורה: [ח] **אשריהם הצדיקים שמתברכים בארץ.** כלומר כפי מה שיתברכו בארץ מפי אבותיהם כן הסכימו עליהם למעלה מפי ה', כי הברכות ראויות להם כפי מעשיהם הטוב, ולא כדרך אבות לבנים שמברכים אותם מרוב חפצם בהטבתם ויברכו אותם מעל לזכותם, לא כן. וזהו אשר המתברך יתברך באלהי אמן, כאומר על דרך מליצה שה' אומר עליהם אמן ומסכים בברכתם. וחשב כמה עניינים, (מ)הן בגשמי ברכה ובמזונות והן בכבוד וגדולה שֶׁאַפְּסֵי ארץ ישתחוו להם, והן במעלה הנפשיות, וזהו ולתתך עליון:

עץ יוסף

(ז) **נוהג בך בעשו.** ולכן אמרו אל אחיך אל עשו, לומר שאתה נוהג בו כאח לכבדו, ומכל מקום הוא לא נתפייס ועומד ברשעו: **עמו בעמו.** כלומר כדומה לו בגבורה: **ונטל אגרומי.** רשות להיות מוכסן: **אגרומי של מצרים.** פירוש מכס שנוטלים במיצרי וגבול שבין מדינה למדינה (הרד"ל): **אמר אין יבילנא כו'.** כלומר אם אכיר מתוך מספר אנשיו וכחם שאוכל לו אלחם עמו, ואם לאו לא אבוא עליו במלחמה רק כמבקש המכס ומתוך כך אקום עליו ואהרגנו בפתע פתאום (יפה תואר): (ח) **דבר אחר וישלח יעקב כו'.** הובא כל המאמר לכאן אגב ברכת רבקה כי מלאכיו יצוה לך ומהם לקח יעקב מלאכיו ושלחם: **אשריהן הצדיקים כו'.** משום דקמפרש ברכות לראש צדיק על הסכמת ה' בברכות יעקב קאמר אשריהן הצדיקים כו', לומר שכן היא המדה שהצדיק המתברך בארץ מתברך בשמים (יפה תואר): **יתברך באלהי אמן כו'.** וחשב כמה עניניס, מהן בגשמי ברכה ובמזונות, מהן בכבוד וגדולה שֶׁאַפְסֵי ארץ ישתחוו להם, והן במעלה הנפשיות וזהו ולתתך עליון: **בירכו בטל ומטר.** לפי שפעמים אין הטל מספיק להשביע שׁוֹאָה וּמְשׁוֹאָה (לשון הכתוב איוב ל, ג) הזכיר כאן המטר עם הטל שניתנה לו הברכה יותר שלימה ממה שבירכו יצחק. דגשמים בעתו הוא ברכה על דרך ויקרא כו, ד) ונתתי גשמיכם בעתם: **והיה שארית יעקב בגוים כו'.** ומשמע ליה דכרביבים היינו מטר כמו שאמרו המפרשים שהם טיפות דקות דומיא דכשעירים עלי דשא וכרביבים עלי עשב (דברים לב, ב): **והקב"ה ברכו בתבואה כו'.** ובילקוט גרס תו יצחק אמר ורוב דגן ותירוש והקדוש ברוך הוא אמר לו (יואל ב, יט) ויען ה' ויאמר לעמו הנני שולח לכם את הדגן ואת התירוש. ולפי זה נראה דברכת משמני הארץ היינו ברכת האיכות שיהיו התבואות שמינות, וכנגד זה הביא ונתן מטר זרעך אשר תזרע את האדמה וכו' והיה דשן ושמן. וברכות רוב דגן ותירוש היינו ברכת הכמות שיהיו מרובה בכמות וכנגד זה הביא הנני שולח לכם את הדגן והתירוש ושבעתם אותו (יפה תואר): **ולתתך עליון כו'.** ובכלל זה גם אחיו בני אמו: **ואף רבקה אמו ברכתו.** מדרך הסברא אנו אומרים כן, אחר שמצאנו שנתקיים בו ששלח מלאכים לפני עשו להצילו ומסתמא בשעה ששלחתו מפני חמת עשו אמרה כן ברוח הקודש שכן יהיה, ומצאנו בכתוב שהבטיח הקדוש ברוך הוא יקראני ואענהו:

פירוש מהרז"ו

(ז) **אגרומי.** עיין מתנות כהונה והמוסף ערוך כתב בלשון יוני המון אנשים מקבלים מכס כו'. ודורש גזירה שוה, וגם ללוט מה שם ממצרים אף כאן וגם הולך ממצרים: (ח) **ברכות לראש צדיק.** הובא כל הענין לכאן אגב ברכת רבקה כי מלאכיו יצוה לך, מהם לקח יעקב מלאכים ושלחם. ומה שאמר ברכות פירוש הרבה מיני ברכות מאביו ואמו והקב"ה: **שהמתברכים בארץ** כיעקב מאביו ואמו וכדומה בתורה, מתברכים גם מאלהי אמן, וכך היא מדתו של הקב"ה כמו שנאמר (במדבר ו, כז) ואני אברכם, כמו שאמר בבמדבר רבה (יא, ח): **כנגדו ברכו הקב"ה.** כל הענין בילקוט מיכה (רמז תקנג): **ונתן מטר זרעך.** וסיפיה דקרא ולחם תבואת האדמה והיה דשן ושמן, וזהו ומשמני הארץ וכאן חסר, יצחק אמר ורוב דגן ותירוש והקב"ה אמר לו ויען ה' וגו' נתתי לכם את הדגן ואת התירוש (יואל ב, יט) כן הובא בילקוט מיכה (רמז תקנג):

חידושי הרד"ל

[ז] **ויכול לעמוד כנגד ארבע מאות איש.** בילקוט (רמז קל) הלשון ועשוי על ארבע מאות איש, וכדמסיים כאן כל אחד ואחד עשוי וכו': **ונטל אגרומי.** צריך לומר שמצרים היו אז המושלים בכל ארץ ישראל ובעברי הנהרות, וכן כתב היפה תואר. ואפשר צריך לגרוס אגרומי המֵצָרִים, ופירוש מכס של המֵצָרִים והגבולים: **אנא אימא ליה כו'.** אפשר לומר לפי מה שכתוב לקמן סוף פרשה ע"ו (סימן ט) שנטל דינה והטמינה בתיבה, לזה היה מבקש מכס והוא לא היה רוצה לפתחה, כדלעיל (מ, ה) באברהם ומתוך כך יעמוד עליו: [ח] **דבר אחר וישלח זהו שנאמרה על ידי שלמה ברכות לראש צדיק.** אין למאמר שייכות לכאן כלל ולא לקרא דוישלח, ומקומו הראוי נראה שהוא בסוף הפרשה אחר יענך ה' ביום צרה ישגבך וכו', ומייתי על זה האי דרשה דברכות לראש צדיק דמסיים בה בשש צרות כו', אל תירא, וכן בכל הפרשה עירבובי דברים והוספות שכדומה אינו מן הבראשית רבה כי אם מילמדנו:

חידושי הרש"ש

[ח] {**יצחק אמר לו ומשמני הארץ והקב"ה ברכו בתבואה שנאמר ונתן מטר ארצך אשר תזרע את האדמה.** וסיפיה דקרא והיה דשן ושמן:}

אמרי יושר

[ח] **[ברכות לראש צדיק וכו'].** ברכות שונות גם ממברכים שונים לראש צדיק כדי שפי עשו יכסה חמס:

משנת דרבי אליעזר

[ז] **וארבע מאות איש עמו בעמו כו'.** דיוקו דהיה לו לומר לקח עמו כמו דכתיב (שמות יד, ו) ואת עמו לקח עמו, אלא שלא שהיו משועבדים תחתיו, אלא עמו כדומה לו שכל אחד היה עשוי וכו', ור' לוי מפרש דבא להורות שלא היו עבדיו רק מצרים העומדים לגבות מכס.

מסורת המדרש

יב. ילקוט סדר תולדות רמז קט"ו. ילקוט מיכה רמז תקנ"ג:

אם למקרא

בְּרָכוֹת לְרֹאשׁ צַדִּיק וּפִי רְשָׁעִים יְכַסֶּה חָמָס: (משלי י:ו)

אֲשֶׁר הַמִּתְבָּרֵךְ בָּאָרֶץ יִתְבָּרֵךְ בֵּאלֹהֵי אָמֵן וְהַנִּשְׁבָּע בָּאָרֶץ יִשָּׁבַע בֵּאלֹהֵי אָמֵן כִּי נִשְׁכְּחוּ הַצָּרוֹת הָרִאשֹׁנוֹת וְכִי נִסְתְּרוּ מֵעֵינָי: (ישעיה סה:טז)

וְיִתֶּן לְךָ הָאֱלֹהִים מִטַּל הַשָּׁמַיִם וּמִשְׁמַנֵּי הָאָרֶץ וְרֹב דָּגָן וְתִירֹשׁ: יַעַבְדוּךָ עַמִּים וְיִשְׁתַּחֲווּ לְךָ לְאֻמִּים הֱוֵה גְבִיר לְאַחֶיךָ וְיִשְׁתַּחֲווּ לְךָ בְּנֵי אִמֶּךָ אֹרְרֶיךָ אָרוּר וּמְבָרְכֶיךָ בָּרוּךְ: (בראשית כז:כח-כט)

וְהָיָה שְׁאֵרִית יַעֲקֹב בְּקֶרֶב עַמִּים רַבִּים כְּטַל מֵאֵת ה' כִּרְבִיבִים עֲלֵי עֵשֶׂב אֲשֶׁר לֹא יְקַוֶּה לְאִישׁ וְלֹא יְיַחֵל לִבְנֵי אָדָם: (מיכה ה, ו)

וְנָתַן מְטַר זַרְעֲךָ אֲשֶׁר תִּזְרַע אֶת הָאֲדָמָה וְלֶחֶם תְּבוּאַת הָאֲדָמָה וְהָיָה דָשֵׁן וְשָׁמֵן יִרְעֶה מִקְנֶיךָ בַּיּוֹם הַהוּא כַּר נִרְחָב: (שם ל:כג)

וְהָיוּ מְלָכִים אֹמְנַיִךְ וְשָׂרוֹתֵיהֶם מֵינִיקֹתַיִךְ אַפַּיִם אֶרֶץ יִשְׁתַּחֲווּ לָךְ וַעֲפַר רַגְלַיִךְ יְלַחֵכוּ וְיָדַעַתְּ כִּי אֲנִי ה' אֲשֶׁר לֹא יֵבֹשׁוּ קֹוָי: (שם מט:כג)

וּלְתִתְּךָ עֶלְיוֹן עַל כָּל הַגּוֹיִם אֲשֶׁר עָשָׂה לִתְהִלָּה וּלְשֵׁם וּלְתִפְאָרֶת וְלִהְיֹתְךָ עַם קָדֹשׁ לַה' אֱלֹהֶיךָ כַּאֲשֶׁר דִּבֵּר: (דברים כו:יט)

ידי משה

[ז] **עמו בעמו.** פירוש מה הוא עשוי על ארבע מאות איש וכו', כך כל אחד מן אותן ארבע מאות איש היה ממונה על ארבע מאות איש: **רבי לוי אמר נטל אגרומי ממצרים.** לא יכלתי להבין איזו רמז בפסוק שיסבול דברי רבי לוי. ונראה דמתיבת גם קדריש וגם נוטריקון אגרומי, כי כן דרך המדרש כשיש תיבה של כמה אותיות של תיבה אחרת דורש אותה נוטריקון. או יכול להיות שדרש תיבת וגם כמו מגו כן וכו' לומר שרצה לבוא עליו בעלילה:

"שֶׁנֶּאֱמַר "יֹשֵׁב בְּסֵתֶר עֶלְיוֹן — as it is stated, *Whoever sits in the refuge of the Most High* (*Psalms* 91:1).[93] וְכָךְ אָמְרָה לוֹ: "כִּי מַלְאָכָיו יְצַוֶּה לָּךְ וְגוֹ׳" — And thus did she say to him when she told him to flee to Laban, *"He will charge His angels for you, etc."* (ibid., v. 11).[94] כֵּיוָן שֶׁאָמְרָה לוֹ בַּלָּשׁוֹן הַזֶּה — As soon as she spoke these words to [Jacob], בֵּרְכָתוֹ רוּחַ הַקֹּדֶשׁ: "יִקְרָאֵנִי וְאֶעֱנֵהוּ וְגוֹ׳" — the Holy Spirit (i.e., God) blessed him, *"He will call upon Me and I will answer him, etc."* (ibid., v. 15).[95]

The Midrash has stated that God confirmed Isaac's blessings that had been intended for Esau but had been given instead to Jacob. In light of this, the Midrash now poses a question:

וְכִי מֵאַחַר שֶׁבֵּרְכוֹ הַקָּדוֹשׁ בָּרוּךְ הוּא אָבִיו לָמָּה חָזַר וּבֵרְכוֹ — But once the Holy One, blessed is He, blessed [Jacob], confirming all the initial blessings, why did his father have to bless him again, שֶׁנֶּאֱמַר "וַיִּקְרָא יִצְחָק אֶל יַעֲקֹב וַיְבָרֶךְ אוֹתוֹ" — as it is stated, *So Isaac summoned Jacob and blessed him* (above, 28:1)?[96] אֶלָּא שֶׁרָאָה יִצְחָק בְּרוּחַ הַקֹּדֶשׁ שֶׁעֲתִידִין בָּנָיו לְהִגָּלוֹת לְבֵין אוּמּוֹת הָעוֹלָם — Rather, the explanation is as follows: **For Isaac saw through Divine Inspiration that his children are destined to be exiled among the nations of the world.** אָמַר לוֹ: בֹּא וַאֲבָרֶכְךָ בִּרְכוֹת שֶׁל גָּלֻיּוֹת — He therefore **said to [Jacob], "Come and I will give you blessings** that are specifically relevant **for exiles,** שֶׁיַּחֲזִיר עָלֶיךָ הַקָּדוֹשׁ בָּרוּךְ הוּא וִיקַבֶּצְךָ מִן בֵּין הַגָּלֻיּוֹת — **so that the Holy One, blessed is He, shall return for you, and He shall gather you from among the exiles."**[97] וּמָה הֵן הַבְּרָכוֹת — **And what were the** actual **blessings** for exiles that Isaac blessed him? "בְּשֵׁשׁ צָרוֹת יַצִּילֶךָּ וּבְשֶׁבַע לֹא יִגַּע בְּךָ רָע — ***From six travails He will save you, and in the seventh no harm will reach you.***[98] בְּרָעָב פָּדְךָ מִמָּוֶת וּבְמִלְחָמָה מִידֵי חָרֶב — ***In famine He will deliver you from death, and in war, from the power of the sword.*** בְּשׁוֹט לָשׁוֹן תֵּחָבֵא וְלֹא תִירָא מִשֹּׁד כִּי יָבוֹא — ***You will be concealed from the prowling tongue, and you will not need to be frightened of destruction when it comes.***[99] לְשֹׁד וּלְכָפָן תִּשְׂחָק וּמֵחַיַּת הָאָרֶץ אַל תִּירָא" — ***You will laugh at robbery and famine,***[100] ***and have no fear of the beasts of the land*** (*Job* 5:19-22).[101]

NOTES

93. This is seen as a reference to Jacob, for Jacob spent his days in the study hall, which is the refuge of God (*Eitz Yosef*). Alternatively, it is seen as a reference to Jacob because it was his image that was engraved on God's throne [as stated above, 68 §12 and below, 82 §2; *Pirkei DeRabbi Eliezer* Ch. 35; *Chullin* 91b] (*Maharzu, Tiferes Tzion*).

The Midrash goes on to say that the next verse cited from this psalm (v. 11) is to be understood as a blessing addressed (by Rebecca) to the person (Jacob) referred to in *this* verse (v. 1). [This psalm, which discusses the refuge and protection provided by God, alternates between first and second person. The Sages therefore interpreted each of its verses as statements that were made either by Jacob, or by Rebecca, or by Isaac, with its final verses (14-15) being a statement made by God; see further (see *Maharzu*; see also *Nezer HaKodesh*).]

Now nowhere in Scripture is it stated *explicitly* that Rebecca blessed Jacob. However, since we find in our Torah portion that Jacob was able to confront Esau with angels (see note 83), the Midrash takes it as logical that when Rebecca sent Jacob away (to escape Esau's wrath over Jacob's having "stolen" Isaac's blessings; see above, 27:42-45), she must have also reassured him, through her Holy Spirit, that he would be protected by angels. The psalm cited here may indeed by understood in this light; see further (*Eitz Yosef*).

Alternatively: The Midrash knows that it was Rebecca who bestowed this blessing (*"He will charge His angels for you, etc."*), for had it been Isaac [the only other logical candidate], Scripture would have recorded this blessing with the others he bestowed upon Jacob (*Tiferes Tzion*).

94. See also *Midrash Tehillim* and *Yalkut Shimoni*, which state that the next verse in the *Psalms* passage (v. 12), *On their palms they will carry "you,"* similarly refers to Jacob.

95. God thus confirmed Rebecca's blessing that Jacob would be protected from Esau (that is, He *further* confirmed Rebecca's blessing; see note 92; but see Insight A below). [*Tiferes Tzion* notes that God's blessing was actually superior to Rebecca's, for He said that He Himself (not merely angels) would protect Jacob.]

The Midrash began this paragraph with the statement that וְאַף רִבְקָה אִמּוֹ בֵּרְכָתוֹ כְּנֶגְדָּן, "Rebecca also blessed [Jacob] in parallel to [the blessings he received from Isaac]." *Yefeh To'ar* (s.v. שנאמר) wonders how Rebecca's blessing (which was for Jacob's *safety*) parallels Isaac's blessings (which were for prosperity and success). See Insight Ⓐ.

96. The Midrash above (67 §12) interprets this verse (see also verses that follow) as Isaac's confirmation of his earlier blessings, which had been placed under a shadow of doubt by the manner in which Jacob had attained them. But if God confirmed them, Isaac would not have had to do so! (*Eitz Yosef*). The Midrash goes on to explain that verse 28:1 must in fact be understood *differently* than as interpreted in 67 §12; i.e., the current Midrash disagrees with the earlier one (*Yefeh To'ar*).

97. Isaac's blessings of 28:1ff were *not* merely a confirmation of his earlier ones. Rather, his initial blessings referred to the Messianic era — when Jacob's descendants would rule over Edom — and thus promised great success and dominance. The later blessings were that Israel should be saved from the many tribulations of exile, so that they would survive and be capable of being liberated in the final redemption (see *Eitz Yosef*).

[Isaac bestowed these later blessings upon Jacob at that specific time (when Jacob was about to go to Paddan-aram to Laban's house) because (i) he did not know if he (Isaac) would still be alive when Jacob returned; and (ii) this "exile" of Jacob presaged the future exiles of Israel (*Yefeh To'ar*).]

98. According to the plain meaning of this passage from the Book of *Job*, Eliphaz is telling Job that his prior suffering has expunged all his sins, and from here on God would protect him from the six hardships enumerated here, as well as from a seventh, lesser hardship (*Metzudas David* ad loc.). The Midrash, however, interprets these verses as an enumeration of Isaac's blessings to Jacob. [Compare to 79 §1 below.]

Yefeh To'ar explains that Eliphaz was telling Job that just as Jacob merited to receive Isaac's blessings on account of his sufferings (enumerated below, 84 §3,6), so would Job be rewarded for all *his* sufferings.

99. Since you will not be targeted by those who speak *lashon hara* (*"prowling tongue"*), you will not have to fear the destruction it causes (*Metzudas David* ad loc.).

100. The word *famine* here refers to a situation of food becoming unaffordable because of the inflation caused by hoarding (ibid.).

101. Thus, the six afflictions they will be protected from are: famine, war, prowling tongue, robbery, inflation, and wild animals. The lesser seventh evil, mentioned in the following verse in *Job*, is having one's feet be injured on rocks strewn in the fields (ibid.).

We have followed *Metzudas David* in explaining this passage. See, however, *Eitz Yosef*; see also *Beis HaLevi* in Insight Ⓑ below.

INSIGHTS

Ⓐ **Rebecca's Blessing** *Nezer HaKodesh* has a completely different interpretation of the preceding segment of the Midrash (the segment beginning with "His mother Rebecca also blessed him"):

As indicated by the last sentence of the segment ("As soon as she spoke these words to [Jacob], etc."), the Midrash's purpose is not to find further confirmation of Isaac's blessings to Jacob but rather to bring further proof that in general God blesses the righteous in parallel to the blessings they receive from their parents; see Midrash above with note 87. To fulfill this purpose, the Midrash points out that God confirmed *Rebecca's* blessing to Jacob just as He confirmed *Isaac's* blessings to Jacob (as the Midrash elaborated in the segment immediately preceding ours [ending with the words "Thus you have learned, etc."]).

According to this approach, the Midrash's opening line in this segment, וְאַף רִבְקָה אִמּוֹ בֵּרְכָתוֹ כְּנֶגְדָּן, is to be understood: "Rebecca also blessed [Jacob] in parallel to [the blessing he would receive *afterward* from *God*]." And the blessing that Rebecca gave Jacob to which our Midrash is referring is *not* that angels should protect him *from Esau;* rather, it was a blessing that angels should help him that he not falter (from terror) when approaching his father Isaac to receive the blessings (see above, 44 §3 and 65 §19).

Ⓑ **Blessings for the Exiles** The general tenor of the Midrash indicates

שֶׁנֶּאֱמַר (תהלים צא, א) "יֹשֵׁב בְּסֵתֶר עֶלְיוֹן", יגוְכָךְ אָמְרָה לוֹ: (שם שם יא) "כִּי מַלְאָכָיו יְצַוֶּה לָּךְ וְגוֹ'", כֵּיוָן שֶׁאָמְרָה לוֹ בַּלָּשׁוֹן הַזֶּה בֵּרְכַתּוּ רוּחַ הַקּוֹדֶשׁ: (שם שם טו) "יִקְרָאֵנִי וְאֶעֱנֵהוּ וְגוֹ'", וְכִי מֵאַחַר שֶׁבֵּרְכוֹ הַקָּדוֹשׁ בָּרוּךְ הוּא אָבִיו לָמָּה חָזַר וּבֵרְכוֹ, שֶׁנֶּאֱמַר (בראשית כח, א) "וַיִּקְרָא יִצְחָק אֶל יַעֲקֹב וַיְבָרֶךְ אוֹתוֹ", אֶלָּא שֶׁרָאָה יִצְחָק בְּרוּחַ הַקּוֹדֶשׁ שֶׁעֲתִידִין בָּנָיו לְהִגָּלוֹת לְבֵין אוּמּוֹת הָעוֹלָם, אָמַר לוֹ: בֹּא וַאֲבָרֶכְךָ בְּרָכוֹת שֶׁל גָּלֻיּוֹת שֶׁיַּחֲזִיר עָלֶיךָ הַקָּדוֹשׁ בָּרוּךְ הוּא וִיקַבֶּצְךָ מִן בֵּין הַגָּלֻיּוֹת, וּמָה הֵן הַבְּרָכוֹת (איוב ה, יט-כב) "בְּשֵׁשׁ צָרוֹת יַצִּילֶךָּ וּבְשֶׁבַע לֹא יִגַּע בְּךָ רָע, בְּרָעָב פָּדְךָ מִמָּוֶת וּבְמִלְחָמָה מִידֵי חָרֶב, בְּשׁוֹט לָשׁוֹן תֵּחָבֵא וְלֹא תִירָא מִשֹּׁד כִּי יָבוֹא, לְשֹׁד וּלְכָפָן תִּשְׂחָק וּמֵחַיַּת הָאָרֶץ אַל תִּירָא", לְכָךְ נֶאֱמַר "בְּרָכוֹת לְרֹאשׁ צַדִּיק":

ט דָּבָר אַחֵר [לב, ד] "וַיִּשְׁלַח יַעֲקֹב מַלְאָכִים", (תהלים קמ, ט) "אַל תִּתֵּן ה' מַאֲוַיֵּי רָשָׁע זְמָמוֹ אַל תָּפֵק יָרוּמוּ סֶלָה", ידאָמַר לְפָנָיו: רִבּוֹן הָעוֹלָמִים, אַל תִּתֵּן לְעֵשָׂו הָרָשָׁע מַחְשְׁבוֹת לִבּוֹ, מַהוּ "זְמָמוֹ אַל תָּפֵק" אָמַר לְפָנָיו: רִבּוֹנוֹ שֶׁל עוֹלָם עֲשֵׂה לוֹ זָמָם לְעֵשָׂו הָרָשָׁע כְּדֵי שֶׁלֹּא תְּהֵא לוֹ נַחַת רוּחַ שְׁלֵימָה, וּמַה זָּמָם עָשָׂה לוֹ הַקָּדוֹשׁ בָּרוּךְ הוּא לְעֵשָׂו, אָמַר רַבִּי חָמָא בַּר חֲנִינָא: אֵלּוּ בְּנֵי בַּרְבַּרִיאָה וּבְנֵי גֵּירְמַאנְיָה שֶׁאֲדוֹמִיִּים מִתְיָירְאִין מֵהֶם. דָּבָר אַחֵר, "אַל תִּתֵּן ה' מַאֲוַיֵּי רָשָׁע", אָמַר לְפָנָיו: רִבּוֹן הָעוֹלָם, כְּשֵׁם שֶׁהָיְתָה בְּדַעְתּוֹ שֶׁל לָבָן לַעֲשׂוֹת עִמִּי רָעָה וְלֹא עֲזַבְתּוֹ,

עץ יוסף

יושב בסתר עליון כו'. מפרש יושב בסתר עליון על יעקב שלן בבית המקדש שהוא מושב אלהים: **כיון שאמרה לו בלשון הזה ברכתו רוח הקודש כו'.** גירסת הילקוט כיון שאמרה לו בלשון הזה הסכים הקדוש ברוך הוא וברכו שנאמר יקראני ואענהו: **מאחר שברכו הקדוש ברוך הוא.** דבשלמא אם לא היה מברכו ניחא שהוצרך לברכו מפני שהברכות הראשונות היה בהן פקפוק ושוב נתאוששו כדלעיל פרשה ס"ז, אבל לפי מה שאמר פה שה' בירכו מלמעלה כבר הן מאוששות בלאו הכי: **ברכה של גליות.** כל הברכות הקודמות היו מדברים מענין הגאולה העתידה במהרה בימינו וכאן ברכו שינצל בעת הגלות. וחשב חמשה דברים שהם רק הצלה מצרות ויסורים: **בשוט לשון תחבא.** כי השבויים נבזים ומגודפים בלשון אדוניהם. והשוד והכפן מבוארים. ואמר ומחית הארץ וכן עם אבני השדה בריתך וחיית השדה השלמה לך, כי הגולים בחוץ ובשדות מסתכנים בחיות רעות ויגוף באבן רגלם. ומשום דמיתה ורעב איתנהו בשבי כדאיתא בפרק קמא דבבא בתרא (ח, ב) לכן אמר ברעב פדך ממות. וכנגד החרב אמר ובמלחמה מידי חרב. וכנגד המות אמר תבא בכלח אלי קבר: **לכך נאמר ברכות כו'.** לשון רבים דאיכא ברכת יצחק וברכת ה' וברכת רבקה ועוד ברכת יצחק (יפה תואר): **(ט) אל תתן ה' מאויי כו'.** כי יעקב צפה ברוח הקודש שלעתיד יתחייבו בניו חובת גלות תחת יד זרע עשו, לפיכך הכניע עצמו לפניו להיות סימן לבניו וללמדם אורחות מוסר שיקבלו עליהם שיעבוד והכנעה לנהוג בהם כבוד, ומייתי סמך לדבר הא דכתיב אל תתן ה' מאויי רשע שפירושו שיעקב היה מתפלל שיופר מחשבות הרעה וכדלקמן, הרי מוכח שיעקב ידע מהגלות (יפה תואר): **אמר לפניו.** יעקב. ואף על פי שהמזמור על שם דוד, הא קיימא לן דספר תהלים נאמר על ידי עשרה זקנים וחד מנהון יעקב: **מחשבות לבו.** דסתם תאוה הוא בלב על דרך (תהלים כא, ג) תאות לבו: **מהו זממו אל תפק.** דליכא למימר דפירושו שלא יעשה כמחשבתו, וזממו מגזרת כאשר זמם, ותפק מענין ויפק רצון, דהא זה כבר אמורה במאמר אל תתן ה' מאויי רשע. ומתרץ דהכי קאמר עשה לו זמם וכו': **עשה לו זמם.** כי מאוייו וחפצו המה רעים מאד וחפצו רק לבלע ולהשחית, ולכן עשה לו זמם שגם הוא יפחד מאחרים ועל ידי זה יטרד לבו ולא יחשוב כל כך רעה מרוב טרדתו. ובפרק קמא דמגילה (ו, א) פרש"י זממו אל תפק אל תוציאנו מנחיריו, זמם כמין טבעת ברזל שנותנין בחוטמו של אנקה ונמשכת בו, ומתוך חזקה אינה משתמרת אלא בו: **דבר אחר אל תתן ה' כו' בשם כו'.** מפרש ליה דהכי קאמר יעקב, אלוקים אדני עוז ישועתי, שכבר היית לי לישועה, סכותה לראשי ביום נשק, ביום המלחמה כשבא לבן להלחם בי, וכאשר החלות להראות לי מדת טובך להצילני מיד לבן, כך, אל תתן ה' מאויי של

פירוש מהרז"ו

יושב בסתר עליון. שבמזמור זה יש פסוקים מדברים לנכח ויש לנסתר. על כן דורש שהענין מדבר בילחק רבקה ויעקב, וזהו יושב בסתר עליון, ושמעתי שעל שאקונין של יעקב חקוקה בכסא כבוד. ועיין כל זה בסנהדרין (קג, א) וברש"י שם שלא יתבאר כי אם על פי מדרש זה. ופסוק אומר לה' מחסי אמר יעקב כשאמר לו ילחק גשה נא ואמושך בני כמו שאיתא לעיל (סה, יט), ופסוק כי אתה ה' מחסי אמר כשהיה בבית לבן כמו שאיתא לעיל ריש פרשה ע"ד אמרתי אתה מחסי עיין שם. וכשאמרה רבקה עלי קללתך בני (כז, יג), אז אמרה גם כן לא תאונה אליך רעה וכו' (תהלים לא, י), וכשאמרה שילך לפדן ארם, אז אמרה כי מלאכיו יצוה וכו' **(שם)**, וילחק אמר לו כי הוא יצילך עד אליך לא יגש שיש בהם שש פסוקים כנגד שש צרות כדלקמן. והקב"ה אמר לו כי בי חשק ואפלטהו עד בישועתו עיין לעיל ריש פרשה ע"ד, ועיין עוד לעיל (סט, א) למאה לך נפשי, וזהו כי בי חשק: **ברכה של וכו'.** בא לדרוש מה שאמר בסוף תולדות (כח, א) ויקרא ילחק אל יעקב ויברך אותו ויצוהו וכו' קום לך פדנה ארם וכו', ולא פירוש מה היא הברכה, ודורש על שלחו ללבן לפדן ארם וזה סימן לבניו, וכמו שמבואר לקמן (עט, א) ענין כל שש ברכות אלו: **(ט) אל תתן ה'.** ובריש המזמור חלצני ה', וכמו שאמר בריש סימן הקודם יכסה חמס, ועיין מדרש תהלים (מזמור קמ) כל הענין, וכמו שמבואר לעיל (עד, יא) שיעקב אמר כל ספר תהלים: **בני ברבריא.** מגילה (ו, א) ועיין מדרש תהלים שם ובילקוט (רמז תתפח):

חידושי הרד"ל

[ט] דבר אחר וישלח אל תתן ה' גו'. גם זה המאמר אין לו שייכות לכאן ולא לקרא דוישלח, ומקומו הראוי בסוף הפרשה אחר ותבונה כו':

חידושי הרש"ש

ויקרא יצחק אל יעקב כו'. כן צריך לומר:

אמרי יושר

ברכו רוח הקדש. וכן מורה פסוק כי מלאכיו יצוה לך: **ברכה של גליות בירכו.** זהו לך פדנה ארם בגלות. ואל שדי יברך אותך בגלות. והיית לקהל עמים שיקבלך משם. ומה הברכות בשש צרות יצילך. שהוא מקביל ממש לברכות של יושב בסתר עליון על שחל ופתן תדרוך עם אבני השדה בריתך ונגע לא יקרב באהלך:

מסורת המדרש

יג. ועיין סנהדרין דף ק"ג:

יד. מגילה דף ו'. ילקוט תהלים מזמור ק"מ:

אם למקרא

יֹשֵׁב בְּסֵתֶר עֶלְיוֹן בְּצֵל שַׁדַּי יִתְלוֹנָן: (תהלים צא:א)

יִקְרָאֵנִי וְאֶעֱנֵהוּ עִמּוֹ אָנֹכִי בְצָרָה אֲחַלְּצֵהוּ וַאֲכַבְּדֵהוּ: (שם שם טו)

וַיִּקְרָא יִצְחָק אֶל יַעֲקֹב וַיְבָרֶךְ אֹתוֹ וַיְצַוֵּהוּ וַיֹּאמֶר לוֹ לֹא תִקַּח אִשָּׁה מִבְּנוֹת כְּנָעַן: (בראשית כח:א)

בְּשֵׁשׁ צָרוֹת יַצִּילֶךָּ וּבְשֶׁבַע לֹא יִגַּע בְּךָ רָע: בְּרָעָב פָּדְךָ מִמָּוֶת וּבְמִלְחָמָה מִידֵי חָרֶב: בְּשׁוֹט לָשׁוֹן תֵּחָבֵא וְלֹא תִירָא מִשֹּׁד כִּי יָבוֹא: לְשֹׁד וּלְכָפָן תִּשְׂחָק וּמֵחַיַּת הָאָרֶץ אַל־תִּירָא: (איוב ה:יט-כב)

בְּשׁוֹט לָשׁוֹן תֵּחָבֵא וְלֹא תִירָא מִשֹּׁד כִּי יָבוֹא: (שם ה:כא)

אַל תִּתֵּן ה' מַאֲוַיֵּי רָשָׁע זְמָמוֹ אַל תָּפֵק יָרוּמוּ סֶלָה: (תהלים קמ:ט)

משנת דרבי אליעזר

וצריך לומר דנרמז בתיבה וגם שהוא מיותר, והוא ראשי תיבות "ונטל "גרוני "מצרים שעיקר שם המכם גרוני והאל"ף נוספת. אי נמי יש לומר דא"ל אחי"ך א"ל עש"ו וג"ס סופי תיבות בגימטריא מוכם, ולכך בא הרמז בסופי תיבות לומר שאם לא יוכל להוסיף כו':

מתנות כהונה

[ח] **כי מלאכיו וגו'.** כך אמרה כשהלך אל לבן: **בא ואברכך.** גרסינן: [ט] **זמם.** חכה תוך פיו: **מה זמם עשה הקדוש ברוך הוא לעשו:**

אשד הנחלים

יושב בסתר עליון. באמת לא מצאנו בכתוב שרבקה ברכה ליעקב, רק מדרך הסברא אנו אומרים כן, אחר שמצאנו שנתקיים בו ששלח מלאכים לפני עשו להצילו, ומסתמא בשעה ששלחתו מפני חמת עשו אמרה כן ברוח הקודש שכן יהיה. ומצאנו בכתוב שמבטיח הקב"ה יקראני ואענהו. וכל זה מביא לפתיחה על הכתוב וישלח יעקב מלאכים. ואולי מבאר בזה מלת לפניו, כלומר המלאכים שהיו לפניו שנתברך בברכתן ובשמירתן: **ברכה של גליות.** כל הברכות הקודמות היו מדברים מענין הגאולה העתידה במהרה בימינו, וכאן ברכו שינצל בעת הגליות. וחשב ה' דברים, שהם רק ההצלה מצרות ויסורים. וסוף הפסוק ופי רשעים יכסה חמס, באורו ע"י שהיה לבושו חמס, שהיה בא עיף מן השדה מחמס ורציחה, על כן כסהו מהברכה וניטל ממנה: [ט] **עשה לו זמם.** באורו כי מאוויו וחפצו המה רעים מאוד, וחפצו רק לבלע ולהשחית, ואם ישב תמיד בשקט ושאנן אז יתרומם בנפשו מאוד, ולכן עשה לו זמם שגם הוא יפחד מאחרים ועל ידי זה יטרד לבו ולא יחשוב כל כך רעה מרוב טרדתו, וגם מרוב רעתו יחפוץ שיהיה שונאיו מועטים: **בדעתו של לבן.** ובאורו כמו שלא תתן ה' מאויי רשע, כן זממו אל תפק. וזהו באור על הכתוב עם לבן גרתי, שזהו כרמז לו כשם שניצל מלבן כן אינצל ממנו:

In light of all the above, the Midrash returns to make one final remark about the verse cited at the beginning of this section: לְכָךְ נֶאֱמַר "בְּרָכוֹת לְרֹאשׁ צַדִּיק" — **Therefore it is stated, *Blessings [will descend] upon the head of the righteous one*** (*Proverbs* 10:6).[102]

§9 [וַיִּשְׁלַח יַעֲקֹב מַלְאָכִים לְפָנָיו — *THEN JACOB SENT MESSENGERS AHEAD OF HIM.*]

The Midrash presents yet another approach to the opening words of *Parashas Vayishlach*:

דָּבָר אַחֵר "וַיִּשְׁלַח יַעֲקֹב מַלְאָכִים" — **Another interpretation of *Then Jacob sent messengers:***[103] "אַל תִּתֵּן ה׳ מַאֲוַיֵּי רָשָׁע זְמָמוֹ אַל תָּפֵק יָרוּמוּ סֶלָה" — Scripture states, ***Grant not, HASHEM, the desires of the wicked one; "zemamo al tafek"*** [זְמָמוֹ אַל תָּפֵק],[104] ***for them to be exalted, Selah*** (*Psalms* 140:9). אָמַר לְפָנָיו — What is the meaning of *Grant not, HASHEM, the desires of the wicked one?* **[Jacob] said before [God],**[105] רִבּוֹן הָעוֹלָמִים — **"Master of the Universe,** אַל תִּתֵּן לְעֵשָׂו הָרָשָׁע מַחְשְׁבוֹת לִבּוֹ — **do not grant the wicked Esau the designs of his heart."** מַהוּ "זְמָמוֹ אַל תָּפֵק" — And **what is** the meaning of ***zemamo al tafek*** [זְמָמוֹ אַל תָּפֵק]?[106] אָמַר לְפָנָיו — **[Jacob] said before [God],** רִבּוֹנוֹ שֶׁל עוֹלָם — **"Master of the Universe,** עֲשֵׂה לוֹ זְמָם לְעֵשָׂו הָרָשָׁע — **make a nose-ring for the wicked Esau,**[107] כְּדֵי שֶׁלֹּא תְּהֵא לוֹ נַחַת רוּחַ שְׁלֵימָה — **so that he shall not have complete satisfaction."**[108] וּמַה זְמָם עָשָׂה לוֹ הַקָּדוֹשׁ בָּרוּךְ הוּא לְעֵשָׂו — **And what nose-ring did the Holy One, blessed is He, make for Esau?** אָמַר רַבִּי חָמָא בַּר חֲנִינָא — **R' Chama bar Chanina said:** אֵלּוּ בְּנֵי בַּרְבַּרִיאָה וּבְנֵי גֵּירְמַאנְיָה שֶׁאֲדוֹמִיִּים מִתְיָירְאִין מֵהֶם — **These are the people of Barbaria**[109] **and the people of Germany,**[110] **whom the Edomites fear.**

The Midrash presents an alternative view of which evil designs of Esau Jacob asked God to annul:

דָּבָר אַחֵר "אַל תִּתֵּן ה׳ מַאֲוַיֵּי רָשָׁע" — **Another interpretation** of the verse in *Psalms*: ***Grant not, HASHEM, the desires of the wicked one:*** אָמַר לְפָנָיו — **[Jacob] said before [God],** רִבּוֹן הָעוֹלָם — **"Master of the Universe,** כְּשֵׁם שֶׁהָיְתָה בְּדַעְתּוֹ שֶׁל לָבָן לַעֲשׂוֹת עִמִּי רָעָה וְלֹא עֲזַבְתּוֹ — **Just as Laban had in mind to do harm to me, and You did not let him** do so,[111]

NOTES

102. As the Midrash has explained, Isaac's initial blessings for Jacob triggered other blessings by God, by Rebecca, and finally by Isaac again. Therefore, Solomon specified that *blessings* (in the plural) *will descend upon* Jacob (*Yefeh To'ar*, cited by *Eitz Yosef*).

103. This approach will return to the view that Jacob sent messengers to Esau with a humble message of appeasement (see note 83). But it holds that Jacob acted *appropriately*. Foreseeing the lengthy exile during which his descendants would be subjugated to the descendants of Esau, Jacob sought to show them that during such times they too must conduct themselves with humility and respect toward their Edomite rulers (see *Eitz Yosef*, citing *Yefeh To'ar*; cf. *Eitz Yosef*, cited in note 59 above).

The Midrash goes on to expound a verse in *Psalms* as supporting the idea that Jacob indeed foresaw Esau descendants' evil deeds.

104. The plain meaning of this phrase is, *do not grant his conspiracy fruition*. The Midrash, however, will momentarily explain it differently (see note 106).

105. Although the first verse in this chapter of *Psalms* refers to the psalm as *a psalm of "David,"* the Midrash says above (74 §11, cited by *Maharzu*) that the entire Book of *Psalms* that David composed had previously been recited by Jacob. (See also *Eitz Yosef*, based on *Bava Basra* 14b-15a; see *Tosafos* ibid. ד״ה ועל.)

106. Since Jacob already requested that God *grant not the desires of the wicked one*, the Midrash deems it redundant for him to have then stated, *do not grant his conspiracy fruition*, which is the plain interpretation of this phrase (see note 104). It therefore seeks an alternate interpretation (*Eitz Yosef*).

107. The literal interpretation of the phrase זְמָמוֹ אַל תָּפֵק according to the Midrash is, "Do not remove his nose-ring." A nose-ring is used to control a strong animal (*Eitz Yosef*, citing *Rashi* to *Megillah* 6a). Jacob was asking God to restrain Esau by creating a counterweight to his power, one that will strike fear in him and distract him from his evil designs (*Eshed HaNechalim*, *Eitz Yosef*). See below.

108. I.e., that he should not be able to carry out his plans the way he would like.

The Midrash has thus interpreted the *Psalms* verse as indicating that Jacob foresaw Esau's future efforts to subjugate Jacob. See above, note 103. The Midrash goes on to explain how God fulfilled Jacob's request.

109. I.e., North Africa, land of the Berbers.

110. See similarly *Megillah* 6b with gloss of *R' Yaakov Emden*.

111. See above, 31:29.

INSIGHTS

that these blessings were geared toward the specific needs of those in exile. The *Beis HaLevi* explains how this is so:

Famine and war are misfortunes that impact disproportionately upon stateless people dispersed among unfriendly populations. The first two blessings — delivery from famine and war — then clearly have an added benefit for an exiled people.

The third blessing, *You will be concealed from the prowling tongue*, refers to the libelous attacks of our anti-Semitic enemies. How prevalent has this danger been during our exile! A disgruntled peasant slanders a Jew before the government, and an entire Jewish village is threatened. Or in more recent times, we are threatened by libelous charges in the media. It is the Patriarch's blessing that has largely concealed us from such prowling tongues.

The fourth blessing, *you will not need to be frightened of destruction when it comes*, refers to a particular — and self-made — affliction of our exile. In and of itself, exile is tolerable, because God has assured the Jewish people that He joins them in their exile and that He will not abandon them to foreign rulers. But what destruction are we wont to bring upon ourselves by *being frightened* of what may transpire and seeking to forestall the enmity of the host societies by changing our Torah ways and customs! Isaac's blessing to us is that we need not be frightened of the uncertain future in our exile. We need only maintain our loyalty to the ways of our righteous ancestors, and leave the future to the One Who determines it.

The fifth blessing — *you will laugh at robbery and famine* — can be one of the greatest survival mechanisms in exile. The ability to laugh in the face of danger is the ability to rob that danger of the fear it seeks to instill. Throughout our millennia of exile, we have been threatened with all sorts of "robbery" and "famine" — the difficulties that our religious lifestyles seemingly cast in the way of financial security and comfort. The doors of success beckon — if only we would abandon our stubborn ways. But we have been blessed with the ability to make light of the proffered gains, which pale in comparison to the vast and eternal treasures that we are being asked to give up in return.

And finally, *you will have no fear of the beasts of the land*, refers to the four empires that would conquer *Eretz Yisrael* and send its people into exile: Babylonia, Media/Persia, Greece, and Edom (Rome). The Midrash (*Vayikra Rabbah* 13 §5) cites various Biblical references that refer to each of these kingdoms as a particular beast. Thus, Isaac's final blessing was a general assurance that the Jews will *have no fear* of any *of the beasts* that will conquer and exile them. Difficulty and privation, yes. But there is no need to fear. Our survival and ultimate redemption are assured (*Beis HaLevi, Toldos*).

שֶׁנֶּאֱמַר (תהלים צא, א) "יֹשֵׁב בְּסֵתֶר עֶלְיוֹן", יגוְכָךְ אָמְרָה לוֹ: (שם שם יא) "כִּי מַלְאָכָיו יְצַוֶּה לָּךְ וְגוֹ'", כֵּיוָן שֶׁאָמְרָה לוֹ בַּלָּשׁוֹן הַזֶּה בֵּרַכְתּוֹ רוּחַ הַקּוֹדֶשׁ: (שם שם טו) "יִקְרָאֵנִי וְאֶעֱנֵהוּ וְגוֹ'", וְכִי מֵאַחַר שֶׁבֵּרְכוֹ הַקָּדוֹשׁ בָּרוּךְ הוּא אָבִיו לָמָּה חָזַר וּבֵרְכוֹ, שֶׁנֶּאֱמַר (בראשית כח, א) "וַיִּקְרָא יִצְחָק אֶל יַעֲקֹב וַיְבָרֶךְ אוֹתוֹ", אֶלָּא שֶׁרָאָה יִצְחָק בְּרוּחַ הַקּוֹדֶשׁ שֶׁעֲתִידִין בָּנָיו לְהִגָּלוֹת לְבֵין אוּמּוֹת הָעוֹלָם, אָמַר לוֹ: בֹּא וַאֲבָרֶכְךָ בְּרָכוֹת שֶׁל גָּלֻיּוֹת שֶׁיַּחֲזִיר עָלֶיךָ הַקָּדוֹשׁ בָּרוּךְ הוּא וִיקַבֶּצְךָ מִן בֵּין הַגָּלֻיּוֹת, וּמָה הֵן הַבְּרָכוֹת (איוב ה, יט-כב) "בְּשֵׁשׁ צָרוֹת יַצִּילֶךָּ וּבְשֶׁבַע לֹא יִגַּע בְּךָ רָע, בְּרָעָב פָּדְךָ מִמָּוֶת וּבְמִלְחָמָה מִידֵי חָרֶב, בְּשׁוֹט לָשׁוֹן תֵּחָבֵא וְלֹא תִירָא מִשֹּׁד כִּי יָבוֹא, לְשֹׁד וּלְכָפָן תִּשְׂחָק וּמֵחַיַּת הָאָרֶץ אַל תִּירָא", לְכָךְ נֶאֱמַר "בְּרָכוֹת לְרֹאשׁ צַדִּיק":

ט דָּבָר אַחֵר [לב, ד] "וַיִּשְׁלַח יַעֲקֹב מַלְאָכִים", (תהלים קמ, ט) "אַל תִּתֵּן ה' מַאֲוַיֵּי רָשָׁע זְמָמוֹ אַל תָּפֵק יָרוּמוּ סֶלָה", ידאָמַר לְפָנָיו: רִבּוֹן הָעוֹלָמִים, אַל תִּתֵּן לְעֵשָׂו הָרָשָׁע מַחְשְׁבוֹת לִבּוֹ, מַהוּ "זְמָמוֹ אַל תָּפֵק" אָמַר לְפָנָיו: רִבּוֹנוֹ שֶׁל עוֹלָם עֲשֵׂה לוֹ זָמָם לְעֵשָׂו הָרָשָׁע כְּדֵי שֶׁלֹּא תְּהֵא לוֹ נַחַת רוּחַ שְׁלֵימָה, וּמַה זָּמָם עָשָׂה לוֹ הַקָּדוֹשׁ בָּרוּךְ הוּא לְעֵשָׂו, אָמַר רַבִּי חָמָא בַּר חֲנִינָא: אֵלּוּ בְּנֵי בַּרְבַּרְיָאה וּבְנֵי גֵּירְמַאנְיָה שֶׁאֱדוֹמִיִּים מִתְיָירְאִין מֵהֶם. דָּבָר אַחֵר, "אַל תִּתֵּן ה' מַאֲוַיֵּי רָשָׁע", אָמַר לְפָנָיו: רִבּוֹן הָעוֹלָם, כְּשֵׁם שֶׁהָיְתָה בְּדַעְתּוֹ שֶׁל לָבָן לַעֲשׂוֹת עִמִּי רָעָה וְלֹא עֲזַבְתּוֹ,

עץ יוסף

יושב בסתר עליון כו'. מפרש יושב בסתר עליון על יעקב שלן בבית המקדש שהוא מושב אלהים: **כיון שאמרה לו בלשון הזה ברכתו רוח הקודש כו'.** גירסת הילקוט כיון שאמרה לו בלשון הזה הסכים הקדוש ברוך הוא וברכו שנאמר יקראני ואענהו: **מאחר שברכו הקדוש ברוך הוא.** דבשלמא אם לא היה מברכו ניחא שהוצרך לברכו מפני שהברכות הראשונות היה בהן פקפוק ושוב נתאששו כדלעיל פרשה ס"ז, אבל לפי מה שאמר פה שה' בירכו מלמעלה כבר הן מאוששות בלאו הכי: **ברכה של גליות.** כל הברכות הקודמות היו מדברים מענין הגאולה העתידה במהרה בימינו וכאן ברכו שינצל בעת הגלות. וחשב חמשה דברים שהם רק הצלה מצרות ויסורים: **בשוט לשון תחבא.** כי השבויים נבזים ומגודפים בלשון אדוניהם. והשוד והכפן מבוארים. ואמר ומחית הארץ וכן עם אבני השדה בריתך וחיית השדה השלמה לך, כי הגולים בחוץ ובשדות מסתכנים בחיות רעות ויגוף באבן רגלם. ומשום דמיתה ורעב איתנהו בשבי כדאיתא בפרק קמא דבבא בתרא (ח, ב) לכן אמר ברעב פדך ממות. וכנגד החרב אמר ובמלחמה מידי חרב. וכנגד המות אמר תבא בכלח אלי קבר: **לכך נאמר ברכות כו'.** לשון רבים דאיכא ברכת יצחק וברכת ה' וברכת רבקה ועוד ברכת יצחק (יפה תואר): **(ט) אל תתן ה' מאויי כו'.** כי יעקב צפה ברוח הקודש שלעתיד יתחייבו בניו חובת גלות תחת יד זרע עשו, לפיכך הכניע עצמו לפניו להיות סימן לבניו וללמדם אורחות מוסר שיקבלו עליהם שיעבוד והכנעה לנהוג בהם כבוד, ומייתי סמך לדבר הא דכתיב אל תתן ה' מאויי רשע שפירושו שיעקב היה מתפלל שיופר מחשבות הרעה וכדלקמן, הרי מוכח שיעקב ידע מהגלות (יפה תואר): **אמר לפניו.** יעקב. ואף על פי שהמזמור על שם דוד, הא קיימא לן דספר תהלים נאמר על ידי עשרה זקנים וחד מנהון יעקב: **מחשבות לבו.** דסתם תאוה הוא בלב על דרך (תהלים כא, ג) תאות לבו: **מהו זממו אל תפק.** דליכא למימר דפירושו שלא יעשה כמחשבתו, וזממו מגזרת כאשר זמם, ותפק מענין ויפק רצון, דהא זה כבר אמורה במאמר אל תתן ה' מאויי רשע. ומתרץ דהכי קאמר עשה לו זמם וכו': **עשה לו זמם.** כי מאוייו וחפצו המה רעים מאד וחפצו רק לבלע ולהשחית, ולכן עשה לו זמם שגם הוא יפחד מאחרים ועל ידי זה יטרד לבו ולא יחשוב כל כך רעה מרוב טרדתו. ובפרק קמא דמגילה (ו, א) פרש"י זממו אל תפק אל תוציאנו מנחיריו, זמם כמין טבעת ברזל שנותנין בחוטמו של אנקה ונמשכת בו, ומתוך חזקה אינה משתמרת אלא בו: **דבר אחר אל תתן ה' כו' כשם כו'.** מפרש ליה דהכי קאמר יעקב, אלוקים אדני עוז ישועתי, שכבר היית לי לישועה, סכותה לראשי ביום נשק, ביום המלחמה כשבא לבן להלחם בי, וכאשר החלות להראות לי מדת טובך להצילני מיד לבן, כך, אל תתן ה' מאויי של

פירוש מהרז"ו

יושב בסתר עליון. שבמזמור זה יש פסוקים מדברים לנכח ויש לנסתר. על כן דורש שהענין מדבר ביצחק רבקה ויעקב, וזהו יושב בסתר עליון, ושמעתי שעל שאיקונין של יעקב חקוקה בכסא כבוד. ועיין כל זה בסנהדרין (קג, א) וברש"י שם שלא יתבאר כי אם על פי מדרש זה. ופסוק אומר לה' מחסי אמר יעקב כשאמר לו יצחק גשה נא ואמושך בני כמו שאיתא לעיל (סה, יט), ופסוק כי אתה ה' מחסי אמר כשהיה בבית לבן כמו שאיתא לעיל ריש פרשה ע"ד אמרתי אתה מחסי עיין שם. וכשאמרה רבקה עלי קללתך בני (כז, יג), אז אמרה גם כן לא תאונה אליך רעה וכו' (תהלים צא, י), וכשאמרה שילך לפדן ארם, אז אמרה כי מלאכיו יצוה וכו' **(שם)**, ויצחק אמר לו כי הוא יצילך עד אליך לא יגש שיש בהם שש פסוקים כנגד שש צרות כדלקמן. והקב"ה אמר לו כי בי חשק ואפלטהו עד בישועתו עיין לעיל ריש פרשה ע"ד, ועיין עוד לעיל (סט, א) צמאה לך נפשי, וזהו כי בי חשק: **ברכה של וכו'.** בא לדרוש מה שאמר בסוף תולדות (כח, א) ויקרא יצחק אל יעקב ויברך אותו ויצוהו וכו' קום לך פדנה ארם וכו', ולא פירוש מה היא הברכה, ודורש על שלחו ללבן לפדן ארם וזה סימן לבניו, וכמו שמבואר לקמן (עט, א) ענין כל שש ברכות אלו: **(ט) אל תתן ה'.** ובריש המזמור חלצני ה', וכמו שאמר בריש סימן הקודם יכסה חמס, ועיין מדרש תהלים (מזמור קמ) כל הענין, וכמו שמבואר לעיל (עד, יא) שיעקב אמר כל ספר תהלים: **בני ברבריא.** מגילה (ו, א) ועיין מדרש תהלים שם ובילקוט (רמז תתפח):

מתנות כהונה

[ח] כי מלאכיו וגו'. כך אמרה כשהלך אל לבן: **בא ואברכך.** גרסינן: **[ט] זמם.** חכה תוך פיו: **מה זמם עשה הקדוש ברוך הוא לעשו:**

אשד הנחלים

יושב בסתר עליון. באמת לא מצאנו בכתוב שרבקה ברכה ליעקב, רק מדרך הסברא אנו אומרים כן, אחר שמצאנו שנתקיים בו ששלח מלאכים לפני עשו להצילו, ומסתמא בשעה ששלחתו מפני חמת עשו אמרה כן ברוח הקודש שכן יהיה. ומצאנו בכתוב שמבטיח הקב"ה יקראני ואענהו. וכל זה מביא לפתיחה על הכתוב וישלח יעקב מלאכים. ואולי מבאר בזה מלת לפניו, כלומר המלאכים שהיו לפניו שנתברך בברכתן ובשמירתן: **ברכה של גליות.** כל הברכות הקודמות היו מדברים מענין הגאולה העתידה במהרה בימינו, וכאן ברכו שינצל בעת הגליות. וחשב ה' דברים, שהם רק הצלה מצרות ויסורים. וסוף הפסוק ופי רשעים יכסה חמס, באורו ע"י שהיה לבושו חמס, שהיה בא עיף מן השדה מחמס ורציחה, על כן כסהו מהברכה וניטל ממנה: **[ט] עשה לו זמם.** באורו כי מאוויו וחפצו המה רעים מאוד, וחפצו רק לבלע ולהשחית, ואם ישב תמיד בשקט ושאנן אז יתרומם בנפשו מאוד, ולכן עשה לו זמם שגם הוא יפחד מאחרים ועל ידי זה יטרד לבו ולא יחשוב כל כך רעה מרוב טרדתו, וגם מרוב רעתו יחפוץ שיהיה שונאיו מועטים: **בדעתו של לבן.** ובאורו כמו שלא תתן ה' מאויי רשע, כן זממו אל תפק. וזהו באור על הכתוב עם לבן גרתי, שזהו כרמז לו כשם שניצל מלבן כן אינצל ממנו:

חידושי הרד"ל

[ט] דבר אחר וישלח אל תתן ה' גו'. גם זה המאמר אין לו שייכות לכאן ולא לקרא דוישלח, ומקומו הראוי בסוף הפרשה אחר ותבונה כו':

חידושי הרש"ש

ויקרא יצחק אל יעקב כו'. כן צריך לומר:

אמרי יושר

ברכו רוח הקדש. וכן מורה פסוק כי מלאכיו יצוה לך: **ברכה של גליות בירכו.** זהו לך פדנה ארם בגלות. ואל שדי יברך אותך בגלות. והיית לקהל עמים שיקבצך משם. ומה הברכות בשש צרות יצילך. שהוא מקביל ממש לברכות של יושב בסתר עליון על שחל ופתן תדרוך עם אבני השדה בריתך ונגע לא יקרב באהלך:

מסורת המדרש

יג. ועיין סנהדרין דף ק"ג:
יד. מגילה דף ו'. ילקוט תהלים מזמור ק"מ:

אם למקרא

יֹשֵׁב בְּסֵתֶר עֶלְיוֹן בְּצֵל שַׁדַּי יִתְלוֹנָן: (תהלים צא:א)

יִקְרָאֵנִי וְאֶעֱנֵהוּ עִמּוֹ אָנֹכִי בְצָרָה אֲחַלְּצֵהוּ וַאֲכַבְּדֵהוּ: (שם שם טו)

וַיִּקְרָא יִצְחָק אֶל יַעֲקֹב וַיְבָרֶךְ אֹתוֹ וַיְצַוֵּהוּ וַיֹּאמֶר לוֹ לֹא תִקַּח אִשָּׁה מִבְּנוֹת כְּנָעַן: (בראשית כח:א)

בְּשֵׁשׁ צָרוֹת יַצִּילֶךָּ וּבְשֶׁבַע לֹא יִגַּע בְּךָ רָע: בְּרָעָב פָּדְךָ מִמָּוֶת וּבְמִלְחָמָה מִידֵי חָרֶב: בְּשׁוֹט לָשׁוֹן תֵּחָבֵא וְלֹא תִירָא מִשֹּׁד כִּי יָבוֹא: לְשֹׁד וּלְכָפָן תִּשְׂחָק וּמֵחַיַּת הָאָרֶץ אַל־תִּירָא: (איוב ה:יט-כב)

בְּשׁוֹט לָשׁוֹן תֵּחָבֵא וְלֹא תִירָא מִשֹּׁד כִּי יָבוֹא: (שם ה:כא)

אַל תִּתֵּן ה' מַאֲוַיֵּי רָשָׁע זְמָמוֹ אַל תָּפֵק יָרוּמוּ סֶלָה: (תהלים קמ:ט)

משנת דרבי אליעזר

וצריך לומר דנרמז בתיבה וגם שהוא מיותר, והוא ראשי תיבות "וכטל "גרוני "מצרים שעיקר שם המכם גרוני והאל"ף נוספת. אי נמי יש לומר דא"ל אחי"ך א"ל עש"ו וג"ס סופי תיבות בגימטריא מוכם, ולכך בא הרמז בסופי תיבות לומר שאם לא יוכל להוסיף כו':

אַף מַחֲשָׁבוֹת שֶׁל עֵשָׂו אָחִי שֶׁמְּחַשֵּׁב עָלַי לְהָרְגֵנִי הָפֵר רָעָתוֹ — so too in regard to **the designs of my brother Esau, who is plotting against me to kill me, annul his evil** plans."[112]

The Midrash now states that Esau was one of a unique group of people whose evil designs were thwarted:

זֶה אֶחָד מִשְּׁלֹשָׁה בְּנֵי אָדָם שֶׁחָשְׁבוּ רָעוֹת וְלֹא עָמְדוּ בְּיָדָן, עֵשָׂו וְיָרָבְעָם וְהָמָן — **This is one of the three people** in Scripture **who had evil designs, but could not carry them out: Esau, Jeroboam, and Haman.**[113] עֵשָׂו שֶׁנֶּאֱמַר "וַיֹּאמֶר עֵשָׂו בְּלִבּוֹ" — (i) **Esau, as it is stated,** ***And Esau said in his heart,*** *"May the days of mourning for my father draw near and I will kill my brother Jacob"* (above, 27:41). בְּיָרָבְעָם כְּתִיב "וַיֹּאמֶר יָרָבְעָם בְּלִבּוֹ" — (ii) **Concerning Jeroboam it is written,** ***Jeroboam then said in his heart,*** *etc.* (*I Kings* 12:26ff).[114] הָמָן כְּתִיב "וַיֹּאמֶר הָמָן בְּלִבּוֹ" — (iii) And concerning **Haman it is written,** ***Now Haman said in his heart*** (*Esther* 6:6).[115] מַהוּ "וַיֹּאמֶר עֵשָׂו בְּלִבּוֹ" — **What was** the evil scheme **that** ***Esau said in his heart?***[116] אָמַר — **He said** to himself, קַיִן הָרַג אֶת אָחִיו וְלֹא עָשָׂה לוֹ הַמָּקוֹם כְּלוּם — **"Cain killed his brother** Abel, **and the Omnipresent did not do anything to him,**[117] וְסוֹף שֶׁהוֹלִיד בָּנִים אֲחֵרִים וְיָרְשׁוּ עִמּוֹ אֶת הָעוֹלָם — **and the end** was **that he begot other**[118] **sons and they inherited the world with him.**[119] אֲבָל אֲנִי אֶהֱרוֹג אֶת יִצְחָק אָבִי תְּחִלָּה וְאַחַר כָּךְ אֶהֱרוֹג אֶת יַעֲקֹב אָחִי — **But I will kill my father Isaac first and afterward I will kill my brother Jacob,**[120] וְאִירַשׁ אֶת הָעוֹלָם לְבַדִּי — **and I will** thus **inherit the world alone."**[121] שֶׁנֶּאֱמַר "יִקְרְבוּ יְמֵי אֵבֶל אָבִי" — How do we know that this was his plan? **For it is stated,** *And Esau said in his heart,* ***"May the days of mourning for my father draw near."*** אָמַר — **He said** to himself, אֲקָרֵב אֶבְלוֹ שֶׁל אַבָּא קוֹדֶם — **"I will bring nearer the mourning for my father** by arranging his killing **first,** וְאַחַר כָּךְ "וְאַהַרְגָה אֶת יַעֲקֹב אָחִי" — **and** only **afterward** ***I will kill my brother Jacob."*** וְלֹא הִסְפִּיק הַקָּדוֹשׁ בָּרוּךְ הוּא בְּיָדוֹ — **But the Holy One, blessed is He, did not give him the opportunity** to do so.[122]

The Midrash's explanation of Esau's scheme to kill both his father and his brother sheds new light on Jacob's prayer:

NOTES

112. According to the former interpretation, Jacob referred to the evil designs of Esau's descendants against Israel in future generations. Now, however, the Midrash interprets Jacob's plea as referring to the evil designs of Esau himself against Jacob personally, expounding the *Psalms* passage (beginning with verse 8 there) as follows: *HASHEM/ELOHIM, O Lord,* You Who were the *Might of my salvation* in the past, when *You protected my head on the day of armed battle* with Laban; *grant not, HASHEM, the desires of the wicked* Esau now (*Nezer HaKodesh*).

Eshed HaNechalim adds that this is also the meaning of Jacob's message to Esau, *"I have sojourned with Laban, etc."* (v. 5). That is, just as I sojourned with Laban, and God saved me from all his evil designs, so will He save me from yours.

113. See note 115.

114. Jeroboam had rebelled against Rehoboam (Solomon's son) king of Judah and assumed the position of king of Israel (i.e., the Northern Kingdom, which comprised the Ten Tribes). He was fearful that the people would kill him and return to Rehoboam because of their need to bring offerings to the Temple in Jerusalem, which was under Rehoboam's jurisdiction. The passage cited by our Midrash describes how he devised a plan: He made two golden calves, one in Beth-el and one in Dan, and told the people that it was too far to go to Jerusalem; they should worship these idols instead.

It is unclear why the Midrash lists Jeroboam among the people who were not successful in carrying out their evil designs, for it seems from Scripture that he was most successful indeed. It may be suggested that it is because his own son (Abijah) later reversed at least one aspect of Jeroboam's plan: He removed the guards whom Jeroboam had positioned in order to stop those who wanted to worship in Jerusalem; see *Moed Katan* 28b, interpreting *I Kings* 14:13 (*Yefeh To'ar, Eitz Yosef*). In addition, it is possible that even in Jeroboam's own lifetime the truly pious people from Israel went to worship in Jerusalem, despite the hardships (see *Nezer HaKodesh*).

115. Although many others sought to commit evil and failed [including Laban, mentioned by the Midrash just above], the Midrash cites only the three concerning whom Scripture states that he *said in his heart* to commit the evil. As discussed elsewhere in *Bereishis Rabbah* (34 §10; 67 §5), this phrase implies someone who is so evil that all he thinks about is devising evil schemes. God's vengeance is directed at such people to destroy them, and this is why the three people mentioned in our Midrash "could not carry out" their plans (*Eshed HaNechalim, Eitz Yosef*; *Yefeh To'ar* writes along the same lines that the Midrash is specifically discussing people who put great thought into schemes that would further their evil ends).

116. Esau's plan to wait until after Isaac died before killing Jacob does not seem to involve any particularly elaborate scheming [see preceding note] (*Yefeh To'ar*).

Alternatively: Why does the verse say that Esau *said this "in his heart"*? It is evident that Esau articulated his intentions *verbally*, for Scripture states (above, 27:42), *When Rebecca heard the words of her older son Esau, etc.*! (*Nezer HaKodesh*).

117. Various sages hold that Cain *was* punished, and they debate the nature of that punishment (see *Bereishis Rabbah* 22 §12 and 23 §4). Our Midrash is apparently following the view (in 22 §12) that Cain sincerely repented and was forgiven by God; see *Ramban* to 4:13,23 above (*Yefeh To'ar*).

The fact that Cain was not punished for his crime led Esau to conclude that he, likewise, could kill Jacob without being punished (*Eshed HaNechalim*).

118. *Yefeh To'ar* suggests deleting this word (אֲחֵרִים, *other*) since Scripture does not indicate that Cain had any children prior to killing Abel.

119. That is, Cain and his children did not have to share the world with Abel or with any children Abel might have had if he had not been killed.

120. *Nezer HaKodesh* explains that Esau did not intend to kill Isaac directly. Rather, as stated in the Midrash 67 §8 above, his plan was to marry the daughter of Ishmael (see above, 28:9) in the hope of inciting him to kill Isaac. (*Maharzu* to 67 §8 explains that Esau would accomplish this by reminding Ishmael that Isaac had taken all of Abraham's inheritance; see above, 25:5.) Esau would then kill Jacob for taking his birthright and his blessings.

Nezer HaKodesh adds that Ishmael died before this plan could come to fruition.

121. This plan of Esau's reflected clever scheming (*Yefeh To'ar*); and, unlike the plan to kill Jacob, it was not verbalized (*Nezer HaKodesh*). See above, note 116.

[Of course, there were many other people in the world at this time, so Esau would not have the world to himself. Esau is referring rather to the blessings of dominion and success that Isaac bestowed upon Jacob; it is those blessings that he alone would inherit.] Esau knew that Isaac's blessings were *bound* to be fulfilled through Isaac's progeny; if Jacob were killed and Isaac had no other children, the blessings would have to be fulfilled through him (see *Eshed HaNechalim*).

122. See Insight Ⓐ.

INSIGHTS

Ⓐ **To Inherit the World** *Rashash* emends the text of the Midrash above to read: קַיִן הָרַג אֶת אָחִיו וְלֹא עָשָׂה כְלוּם וְכוּ׳ — *Cain killed his brother* Abel, *and he did not accomplish anything, etc.* (deleting the words לוֹ הַמָּקוֹם, "the Omnipresent to him"; see also *Rashi*). He then interprets the continuation of the Midrash as follows: *"For the end* was *that he* (not Cain but his father *Adam*) *begot other children* (namely Seth and his descendants) *and they inherited the world with [Cain]."* Thus, Cain gained nothing by killing Abel, because Abel was replaced by another brother, Seth. It was in order to prevent something similar from happening to *him* that Esau sought to kill his father first, so there would be no replacement for Jacob when he killed him.

[It may be noted that *Rashash's* approach serves to eliminate the difficulty with the word "other" (see note 118). It also serves to create a greater degree of correlation between Esau's plan to kill his father Isaac and his recounting of what happened to Cain.]

אַף מַחֲשָׁבוֹת שֶׁל עֵשָׂו אָחִי שֶׁמְּחַשֵּׁב עָלַי לְהָרְגֵנִי הָפֵר רָעָתוֹ, זֶה אֶחָד מִשְּׁלֹשָׁה בְּנֵי אָדָם שֶׁחָשְׁבוּ רָעוֹת וְלֹא עָמְדוּ בְּיָדָן: עֵשָׂו וְיָרָבְעָם וְהָמָן, עֵשָׂו שֶׁנֶּאֱמַר (לעיל כז, מא) "וַיֹּאמֶר עֵשָׂו בְּלִבּוֹ", בְּיָרָבְעָם כְּתִיב (מלכים-א יב, כו) "וַיֹּאמֶר יָרָבְעָם בְּלִבּוֹ", בְּהָמָן כְּתִיב (אסתר ו, ו) "וַיֹּאמֶר הָמָן בְּלִבּוֹ", מַהוּ "וַיֹּאמֶר עֵשָׂו בְּלִבּוֹ", אָמַר: קַיִן הָרַג אֶת אָחִיו וְלֹא עָשָׂה לוֹ הַמָּקוֹם כְּלוּם, וְסוֹף שֶׁהוֹלִיד בָּנִים אֲחֵרִים וְיָרְשׁוּ עִמּוֹ אֶת הָעוֹלָם, אֲבָל אֲנִי אֶהֱרוֹג אֶת יִצְחָק אָבִי תְּחִלָּה וְאַחַר כָּךְ אֶהֱרוֹג אֶת יַעֲקֹב אָחִי וְאִירַשׁ אֶת הָעוֹלָם לְבַדִּי, שֶׁנֶּאֱמַר (לעיל כז מא) "יִקְרְבוּ יְמֵי אֵבֶל אָבִי", אָמַר: אֲקָרֵב אֶבְלוֹ שֶׁל אַבָּא קוֹדֶם וְאַחַר כָּךְ (שם) "וְאַהַרְגָה אֶת יַעֲקֹב אָחִי", וְלֹא הִסְפִּיק הַקָּדוֹשׁ בָּרוּךְ הוּא בְּיָדוֹ, לְכָךְ נֶאֱמַר "אַל תִּתֵּן ה' מַאֲוַיֵּי רָשָׁע":

י דָּבָר אַחֵר, [לב, ד] "וַיִּשְׁלַח יַעֲקֹב מַלְאָכִים", בּוֹא וּרְאֵה מַה כְּתִיב לְמַעְלָה מִן הָעִנְיָן (לעיל פסוק ג) "וַיֹּאמֶר יַעֲקֹב כַּאֲשֶׁר רָאָם וְגוֹ'", [טו]כַּמָּה הָיָה מַחֲנֵה אֱלֹהִים, שְׁנֵי אֲלָפִים רִבּוֹא מִמַּלְאֲכֵי הַשָּׁרֵת, שֶׁנֶּאֱמַר (תהלים סח, יח) "רֶכֶב אֱלֹהִים רִבֹּתַיִם אַלְפֵי שִׁנְאָן ה' בָם סִינַי בַּקֹּדֶשׁ", (לעיל שם) "וַיִּקְרָא שֵׁם הַמָּקוֹם הַהוּא מַחֲנָיִם", שְׁתֵּי מַחֲנוֹת לָמָּה, מְלַמֵּד שֶׁנִּתְּנוּ לוֹ לְיַעֲקֹב אַרְבַּעַת אֲלָפִים רִבּוֹא מַלְאֲכֵי הַשָּׁרֵת וְנִדְמוּ לַחֲיָילוֹת שֶׁל מֶלֶךְ, מֵהֶן לְבוּשֵׁי בַּרְזֶל וּמֵהֶן רוֹכְבֵי סוּסִים וּמֵהֶן יוֹשְׁבֵי קְרָנוֹת, פָּגַע בִּלְבוּשֵׁי בַרְזֶל אָמַר לָהֶם: מִשֶּׁל מִי אַתֶּם, אָמְרוּ לוֹ: שֶׁל יַעֲקֹב, פָּגַע בְּרוֹכְבֵי סוּסִים אָמַר לָהֶם: מִשֶּׁל מִי אַתֶּם, אָמְרוּ לוֹ: שֶׁל יַעֲקֹב, פָּגַע בְּיוֹשְׁבֵי קְרָנוֹת אָמַר לָהֶם: מִשֶּׁל מִי אַתֶּם, אָמְרוּ לוֹ: שֶׁל יַעֲקֹב, שֶׁנֶּאֱמַר (לקמן לג, ח) "מִי לְךָ כָּל הַמַּחֲנֶה הַזֶּה אֲשֶׁר פָּגָשְׁתִּי", וְאַף יַעֲקֹב הָיָה מַזְכִּיר לְעֵשָׂו שְׁמוֹ שֶׁל הַקָּדוֹשׁ בָּרוּךְ הוּא לְיָרְאוֹ וּלְבַהֲלוֹ, שֶׁנֶּאֱמַר (שם שם י) "כִּי עַל כֵּן רָאִיתִי פָנֶיךָ כִּרְאֹת פְּנֵי אֱלֹהִים", [טז]מָשָׁל לְמָה הַדָּבָר דּוֹמֶה לְאֶחָד שֶׁזִּימֵּן אֶת חֲבֵירוֹ לִסְעוּדָה וְהִכִּיר בּוֹ שֶׁהָיָה מְבַקֵּשׁ לְהָרְגוֹ,

עץ יוסף

עשו הרשע, שתפר רעות מחשבתו ותלילני מידו (נזר הקודש): זה אחד משלשה בני אדם כו'. שעליהם נאמר שאמרו בלבבם, שעל זה אמרו חכמינו ז"ל הרשעים ברשות לבם, ודייקו מזה שנאמר ויאמר בלבו. ועניינו שזה מורה שלבם רעה מאד עד שנהפך כל יצורי לבם לרע ולכן לא עמדו בידם, כי לאנשים כאלה הנקם מכלה בהם: ויאמר ירבעם בלבו. קשה קצת דהא עלה בידו מחשבתו, וכאן אמר ולא עמדו בידו. ואולי הכוונה על בנו שביטל פרדסאות שהעמיד אביו שלא יעלו ישראל לרגל כדאיתא בפרק אלו מגלחין (מועד קטן כח, ב): אבל אני אהרוג את יצחק אבי תחלה. כן צריך לומר, וכן הוא במדרש שעם היפה תואר. והמדרש הזה מכוון למה דאיתא לעיל פרשה ס"ז (סימן ח) שהלך עשו אל ישמעאל והתחתן עמו כדי לקרב דעתו עמו, ופיתה אותו שיהרוג את יצחק כו' ועיין שם מה שכתבתי. ועל זה אמר לכך נאמר זממו אל תפק בהריגת אביו, דזמם הוא ענין מחשבת מרמה ותחבולה שבא לסבב הריגתו דרך מרמה על ידי ישמעאל אבל לא עלתה בידו (נזר הקודש): ואירש את העולם. כי כבר ניתן כל העולם לזרע אברהם ויצחק ואין יורש אחר זולתי: (י) מה כתיב למעלה כו'. בא לתת טעם על שליחות זה שעל ידי המלאכים יפחיד את עשו שנדמו לו לחיילות של מלך כדמפרש ואזיל. ומייתי סמך לדבר שאף יעקב היה מזכיר לעשו שמו של הקדוש ברוך הוא: רבותים אלפי שנאן. שפירושו רבותים רבבות הרבה. ואמר שמספרם אלפי דהיינו אלפים, דמיעוט רבים שנים, אי נמי רבותים פירושו שתי רבבות, ופירוש אלפי אלפי דעלמא, ופירושו שני רבבות פעמים אלף, והכל עולה לחשבון אחד: שתי מחנות למה. דכיון דרכב אלהים רבותים אלפי שנאן דהיינו ב' אלפים רבוא הוה סגי במחנה אחד לאלהים, ומשני דלצורך יעקב הוצרכו מחנים, שלפי שנדמו לחיילות של מלך שיש בם ממינים שונים הוצרכו רבים להגדיל חברת כל כת וכת מהם ליראו: יושבי קרנות. עגלות חשובות כדאמרינן בפרק עשרה יוחסין (קידושין עו, ב) ויושבין בקרנות של זהב ומהלכין בראשי גייסות (מתנות כהונה):

פירוש מהרז"ו

שלא עשה בו'. כמו שאיתא לעיל (כג, ד) כי שבעתים יוקם, ומה שאמר אני וגו' יקרבו וגו' וכמו שאיתא לעיל (סז, ח): (י) כאשר ראם. וסיפיה דקרא ויאמר מחנה אלהים זה: שני אלפים רבוא. כמו שנאמר (תהלים סח, יח) רבותיים אלפי, שני רבוא פעמים של אלפים שהם שני אלפים רבוא ובמספר הזה לא מצאתי. ועיין שמות רבה (כט, ב) ושם נסמן, ועיין במדבר רבה (ב, ג) ולעיל סוף ע"ד, ומדרשים חלוקים הם. ובתנחומא כאן (סימן ב) כמו בשמות רבה שם: לובשי ברזל. עיין תנחומא (סימן ב) בשינוי, וכן בספר הישר כל הענין בשינוי ובאריכות ולקמן (עח,

רש"י

(ט) ויאמר עשו בלבו. קין הרג את אחיו בחיי אביו ולא הועיל לו כלום, שהוליד שוב בנים אחרים וירשו עמו את העולם: (י) כמה היה מחנה שני אלפים ושתי ריבואות ממלאכי השרת. שנאמר רכב אלהים רבותים אלפי שנאן: מחנים. שתי מתנות למה מלמד שנשתלחו ליעקב ארבע אלפים. וכל מחנה ומחנה שתי אלפים מלאכים: ונדמו. כולם לחיילות של מלך:

מתנות כהונה

[י] יושבי קרנות. עגלות חשובות כדאמרינן בפרק עשרה יוחסין (קידושין עו, ב) ויושבין בקרנות של זהב ומהלכין בראשי גייסות: הכי גרסינן משל למה הדבר דומה לאחד שזמן:

אשד הנחלים

שחשבו כו' בלבו כו'. חשב רק הג' אף שהיו כמה אנשים שדימו להריע לישראל, מפני שעליהם נאמרו שאמרו בלבבם, שעל זה אמרו חז"ל רשעים הן ברשות לבם, ודייקו מזה שנאמר ויאמר בלבו. ועניינו בארתי בפרשה ויצא, שהענין הזה מורה שליבן רעה מאוד עד שנהפך כל יצורי לבם לרע ואין בם עוד ציור לטוב, ולכן לא עמדו בידם, כי לאנשים כאלה הנקם מכלה בהם..והדבר יבואר היטב במקום אחר: מהו בלבו כו'. לפי שהלב מורה לפעמים על מחשבת השכל, כמו אמרתי אני בלבי שבקהלת, והנה הרשע ההולך במחשבת הלב, אז גם שכלו משרת לרעתו ומייעצהו עצות רעות איך לקיים מחשבתו הרעה, וזהו שהתבונן עשו איך להפיל את יעקב, מפני שראה בחכמתו הרעה, איך שקין אף שהרג אחיו עם כל זה לא עשה המקום רעה בעבור זה: העולם לבדו. מפני שברכת יצחק מחוייבת להיות בבניו, ואם לא יתקיים ביעקב יתקיימו בו. [י] ב' אלפים. לעיל בסוף פרשה ויצא הפלוגתא אם שישים רבוא או ק"ך רבוא, ואולי הוא מדרשות חלוקות. ואולי הד' אלפים רבוא המה מלאכים אחרים שנדמו לפני עשו ושם מדבר משישים רבוא שהתראו לפני יעקב, והמה מענייני השגה: לובשי ברזל. כלומר כל עניני דרכי לוחמי לחם בכל אופנים שיבוא עשו, התראו אליו ככה בשביל שיירא מפניו: ליראו. כי אולי יתבונן בזה כי רק ה' לבדו הוא אלהים, הוא המושל, וממנו לבדו ראוי לירא ולא מבן אדם המעותד למות: למה הדבר דומה כו'

חידושי הרד"ל

[י] מסתפי ולא קטליה. הוא לשון הש"ס בסוטה (מא, ב), ונראה מזה שאינו מן הבראשית רבה שהוא אגדה ירושלמית, אלא הוא הוספה מהילמדנו שנסדר אחר סידור הבבלי כבר, וכמו שכתבתי בסייעתא דשמיא בהגהותי לספר שמות שהוא ילמדנו כמה פעמים:

חידושי הרש"ש

[ט] קין הרג את אחיו ולא עשה כלום. כן נראה דצריך לומר ולמחוק תיבות לו המקום, כי הכוונה מה שלא תקן קין כלום בהריגתו את אחיו כי סוף שהוליד אביו עוד בנים: [י] רבותים אלפי שנאן. פירוש שתי רבואות אלפים והוא חשבון אחד עם שני אלפים רבואות. ועיין בבמדבר רבה (ב, ג) ובהגהותי שם וצריך לומר שמדרשות חלוקות הן: פגע בלבושי ברזל כו' ברוכבי סוסים כו' ביושבי קרנות כו' שנאמר מי לך כל המחנה כו'. נראה לפרש דהוכחתו על שלש מיני מחנות ממלת כל דאינו נופל על פחות משלשה כמו שכתבו התוספות בכתובות (ח, א בסוד"ה שהכל) על מלת לכולהו. ולזה כוונו גם כן בב"ק (נט, ב בד"ה לבתה) במה שכתבו וכן מוכח לישנא דכולן עיין שם. ודברי תוספות הללו נשמטו מהגאון בעל סדר הדורות בסדר תנאים ואמוראים אות יו"ד שהביא יסוד זה מספר ערוגת הבושם. אך מדברי התוספות בבכורות (מח, ב בד"ה וקמטטי) משמע דלא סבירא ליה כלל זה. וכן הנמוקי יוסף בפרק המפקיד (לו, א) במשנת המפקיד כו' לרבן והפשילן לאחוריו כתב וזה לשונו ואי כדפירש"י לא שייך למימר כולהו דהא ליכא אלא חדא, אלא על כרחך תרתי מילי נינהו כו'. מוכח להדיא דעל כל פנים אתרי שייך למימר כולהו. וכן מוכח לי עוד מהא דאיתא בב"ב (קמב, ב) והלכתא ככל הני לישנא דאמר מר בריה דרב יוסף כו' ושם ליכא אלא שתי לשונות. אולם עיין שם בנמוקי יוסף ותמצא יישוב נכון. אבל קצת קשה לי מבכורות (כד, ב) עיין שם וכן בריש

מסורת המדרש

טו. שמות רבה פרשה כ"ט. במדבר רבה פרשה ב'. שיר השירים רבה פרשה ו'. תנחומא כאן סימן ב'. פסיקתא רבתי פיסקא כ"א. ועיין ילקוט תהלים רמז תשנ"ו. ילקוט כאן רמז ק"ל:
טז. סוטה דף מ"א:

אם למקרא

וַיִּשְׂטֹם עֵשָׂו אֶת יַעֲקֹב עַל הַבְּרָכָה אֲשֶׁר בֵּרְכוֹ אָבִיו וַיֹּאמֶר עֵשָׂו בְּלִבּוֹ יִקְרְבוּ יְמֵי אֵבֶל אָבִי וְאַהַרְגָה אֶת יַעֲקֹב אָחִי:
(בראשית כז:מא)

וַיֹּאמֶר יָרָבְעָם בְּלִבּוֹ עַתָּה תָּשׁוּב הַמַּמְלָכָה לְבֵית דָּוִד:
(מלכים א יב:כו)

וַיָּבוֹא הָמָן וַיֹּאמֶר לוֹ הַמֶּלֶךְ מַה לַעֲשׂוֹת בָּאִישׁ אֲשֶׁר הַמֶּלֶךְ חָפֵץ בִּיקָרוֹ וַיֹּאמֶר הָמָן בְּלִבּוֹ לְמִי יַחְפֹּץ הַמֶּלֶךְ לַעֲשׂוֹת יְקָר יוֹתֵר מִמֶּנִּי:
(אסתר ו:ו)

רֶכֶב אֱלֹהִים רִבֹּתַיִם אַלְפֵי שִׁנְאָן אֲדֹנָי בָם סִינַי בַּקֹּדֶשׁ:
(תהלים סח:יח)

ידי משה

[י] כמה היה מחנה אלהים וכו' שנאמר רכב אלהים רבותים אלפי שנאן ה' בם וגו'. כוונת המדרש למה דאיתא בפרשת יתרו (שמות רבה כט ב) ששם של הקדוש ברוך הוא חקוק על לבם. ואף יעקב היה מזכיר לעשו שם הקדוש ברוך הוא כדי ליראו ולבהלו, אם כן גם אותן מלאכים ששלח היו מן אותן רכב שה' בם פירוש שהשם של הקדוש ברוך הוא חקוק על לבם, וזה היה כדי ליראו ולבהלו. וקל להבין:

שינוי נוסחאות

(י) יושבי קרנות. נראה שהמ"כ מגיה >יושבי קרונות<. והא"א הגיה >תוקעי קרנות<:

לְכָךְ נֶאֱמַר "אַל תִּתֵּן ה׳ מַאֲוַיֵּי רָשָׁע" — **Therefore it is stated** in Jacob's prayer, ***"Grant not, HASHEM, the desires of the wicked one*** to kill me; *do not grant his conspiracy* (to get my father killed) *fruition."*[123]

§10 [וַיִּשְׁלַח יַעֲקֹב מַלְאָכִים לְפָנָיו — *THEN JACOB SENT "MALACHIM" AHEAD OF HIM.*]

The Midrash now offers yet another interpretation of Jacob's intent in sending a delegation to Esau. But first it adduces proof as to the meaning of the word *"malachim"* in our verse:[124]

"וַיִּשְׁלַח יַעֲקֹב מַלְאָכִים" — דָּבָר אַחֵר — **Another interpretation:** The meaning of ***Then Jacob sent "malachim"*** may be inferred from the preceding verses. בּוֹא וּרְאֵה מַה כְּתִיב לְמַעְלָה מִן הָעִנְיָן — **Come and see what is written prior to this matter:** "וַיֹּאמֶר יַעֲקֹב כַּאֲשֶׁר רָאָם וגו׳" ***Jacob said when he saw [the angels],*** *"This is a camp of God!" So he called the name of that place Mahanaim* (above, v. 3).[125]

The Midrash now inquires into the number of angels that Jacob saw:

כַּמָּה הָיָה מַחֲנֶה אֱלֹהִים — **How many** angels **constituted "a camp of God"?** שְׁנֵי אֲלָפִים רִבּוֹא מִמַּלְאֲכֵי הַשָּׁרֵת — **Two thousand myriad** (i.e., twenty million) **ministering angels,** שֶׁנֶּאֱמַר "רֶכֶב אֱלֹהִים רִבֹּתַיִם אַלְפֵי שִׁנְאָן ה׳ בָם סִינַי בַּקֹּדֶשׁ" — **as it is stated, *God's entourage is twice ten thousand, thousands of angels;***[126] ***the Lord is among them, at Sinai in holiness*** (*Psalms* 68:18).[127] "וַיִּקְרָא שֵׁם הַמָּקוֹם הַהוּא מַחֲנָיִם" — Verse 3 continues, ***So he called the name of that place Mahanaim.***

Since Jacob called the place *Mahanaim* (lit., "Camps"), this indicates that there were two "camps" of angels.[128] The Midrash explains the need for such a large number and explains Jacob's intent in sending a delegation to Esau:

שְׁתֵּי מַחֲנוֹת לָמָּה — **Why** was there a need for **two camps** of angels?[129] מְלַמֵּד שֶׁנִּתְּנוּ לוֹ לְיַעֲקֹב אַרְבַּעַת אֲלָפִים רִבּוֹא מַלְאֲכֵי הַשָּׁרֵת — **This teaches us that four thousand myriad** (i.e., forty million) **ministering angels were given to Jacob,** וְנִדְמוּ לַחֲיָילוֹת שֶׁל מֶלֶךְ — **and they had the appearance of the armies of a king,**[130] מֵהֶן לְבוּשֵׁי בַרְזֶל — with **some of them dressed in steel** armor, וּמֵהֶן רוֹכְבֵי סוּסִים — **and some of them riding horses,** וּמֵהֶן יוֹשְׁבֵי קְרוֹנוֹת — **and some of them sitting in chariots.**[131] פָּגַע בִּלְבוּשֵׁי בַרְזֶל — [Esau] first **encountered those** angels **that were dressed in steel** armor. אָמַר לָהֶם: מִשֶּׁל מִי אַתֶּם — **He said to them, "Whose are you?"** אָמְרוּ לוֹ: שֶׁל יַעֲקֹב — **They responded to him, "Jacob's."** פָּגַע בְּרוֹכְבֵי סוּסִים — **He** then **encountered the** angels that appeared as **horse riders.** אָמַר לָהֶם: מִשֶּׁל מִי אַתֶּם — **He said to them, "Whose are you?"** אָמְרוּ לוֹ: שֶׁל יַעֲקֹב — **They responded to him, "Jacob's."** פָּגַע בְּיוֹשְׁבֵי קְרוֹנוֹת — **He** then **encountered those** angels **that** appeared as **sitting in chariots.** אָמַר לָהֶם: מִשֶּׁל מִי אַתֶּם — **He said to them, "Whose are you?"** אָמְרוּ לוֹ: שֶׁל יַעֲקֹב — **They responded to him, "Jacob's."** שֶׁנֶּאֱמַר "מִי לְךָ כָּל הַמַּחֲנֶה הַזֶּה אֲשֶׁר פָּגָשְׁתִּי" — From where may we infer that Esau met different types of "soldiers"? **For it is stated,** *And [Esau] asked,* ***"What did you intend by all*** [כָּל] ***these camps that I met?"*** (below, 33:8).[132]

The Midrash has explained that Jacob's intent in sending angels to Esau was to frighten him. It now explains that the words with which Jacob greeted Esau when he met up with him in person were also chosen with this intent:

וְאַף יַעֲקֹב הָיָה מַזְכִּיר לְעֵשָׂו שְׁמוֹ שֶׁל הַקָּדוֹשׁ בָּרוּךְ הוּא לְיָרְאוֹ וּלְבַהֲלוֹ — **Jacob also mentioned the Name of the Holy One, blessed is He,** in his remarks **to Esau in order to scare and frighten him,** שֶׁנֶּאֱמַר "כִּי עַל כֵּן רָאִיתִי פָנֶיךָ כִּרְאֹת פְּנֵי אֱלֹהִים" — **as it is stated,** ***". . . inasmuch as I have seen your face, which is like seeing the face of Elohim"*** (below, 33:10).[133] מָשָׁל לְמָה הַדָּבָר דּוֹמֶה — This may be explained by means of **a parable. To what can this matter be compared?** לְאֶחָד שֶׁזִּימֵּן אֶת חֲבֵירוֹ לִסְעוּדָה — **To someone who invited his friend** to his house **for a meal,** וְהִכִּיר בּוֹ שֶׁהָיָה מְבַקֵּשׁ לְהָרְגוֹ — **and** while there, **[the friend] realized that [his host] wanted to kill him.**

NOTES

123. As noted above (note 106), the seeming redundancy of the verse's second clause forced the Midrash earlier to seek an alternate interpretation in place of its plain interpretation of *do not grant his conspiracy fruition.* Seen in this new light, however, the plain interpretation is no longer redundant, since it refers to Esau's *second* potential victim, Isaac. Moreover, the term "conspiracy" is especially appropriate, given the elaborate manner in which Esau schemed to get Isaac killed through Ishmael (*Nezer HaKodesh*).

124. The Midrash in §4 above cited a dispute as to whether the word מַלְאָכִים means "[human] messengers" or "angels." In this section, the Midrash will bring Scriptural support for the latter position.

125. Since this verse, which immediately precedes ours, states that Jacob encountered angels, it follows that the *"malachim"* he sent to Esau in our verse were not human messengers, but rather real angels. See above, note 34.

126. Twice 10,000 equals 20,000; multiplying this number by a thousand (*"thousands"*) yields twenty million (*Eitz Yosef*, second interpretation).

127. That is: When Jacob said, *"This is a camp of God,"* he meant a camp of angels of a size that ordinarily ministers to God. The verse in *Psalms* sets the size of such a camp (specifically, of the entourage that accompanied God at the giving of the Torah) at twenty million angels.

128. I.e., forty million angels.

A question may be asked: If there were two camps of angels, why did Jacob first declare, *"This is **a camp** of God,"* which implies that there was only one? *Midrash Tanchuma* (*Vayishlach* §3) explains: When Jacob returned to *Eretz Yisrael* from Laban's house, he was escorted by a camp of angels. When they arrived in *Eretz Yisrael*, another camp of angels from *Eretz Yisrael* welcomed him; these are the angels of whom Scripture says, *and angels of God encountered him* (v. 2), and these are the angels whom Jacob calls *a camp of God.* But the original camp of angels continued to serve him as well, and this is why Jacob called the place *Mahanaim* (see *Yefeh To'ar*).

129. If God Himself was accompanied on Mount Sinai by only one "camp," why did Jacob have to be accompanied by twice as many?

130. The purpose of this large delegation of "soldiers" was to frighten Esau.

131. The reason Jacob was accompanied by *two* camps of angels, then, was that since the angels were to be sent to Esau not in one group but in three, God sent twice the usual amount so that each of the three groups would be frighteningly large (*Eitz Yosef*).

As to why the angels were sent as three different types of soldiers, *Eshed HaNechalim* explains that since these were the three types that *Esau's* army might include, the angels appeared in all of these forms, in order to convince Esau that he had no possibility of winning [because his army was outnumbered in all three] (*Eshed HaNechalim*).

[For another aspect of these soldiers that was frightening to Esau, see *Yedei Moshe* (based on *Pesikta Rabbasi, Parashah* 21).]

132. The word כָּל, *all*, is used only when there are at least three of something (see *Tosafos* to *Kesubos* 8a ד״ה שהכל, in reference to the Aramaic word לכולהו) (*Rashash*).

In his commentary to *Midrash Tanchuma* (*Vayishlach* §3) *Eitz Yosef* writes that the plain meaning of this verse would seem to be that Esau is asking about the droves of animals that Jacob had sent him as a gift (see v. 14ff). But this is difficult, for Jacob had clearly instructed his servants to tell Esau the purpose of these animals (see ibid.)! The Midrash there [and here as well] therefore interprets Esau's question as a reference to the camps of angel/soldiers that he had encountered.

133. Although the Midrash states that Jacob mentioned God's Name to Esau, and then cites the phrase *the face of Elohim* as proof, this should not be understood to mean that it is interpreting *the face of Elohim* literally as *the face of God*. First, no human being can see God; second, even if that were theoretically possible, Jacob would surely not compare seeing the wicked Esau to seeing the face of the Almighty. Rather, *Elohim* here means angels ("Divine beings"). But by referring to the angels as *Elohim*, which is also a Name of God, Jacob makes the point that he has seen *something* Divine, and indicates that he is important enough in God's eyes that He showed him such visions. Esau should therefore be afraid to attack him (*Yefeh Toar*).

אַף מַחֲשָׁבוֹת שֶׁל עֵשָׂו אָחִי שֶׁמְּחַשֵּׁב עָלַי לְהָרְגֵנִי הָפֵר רָעָתוֹ, זֶה אֶחָד מִשְּׁלֹשָׁה בְּנֵי אָדָם שֶׁחָשְׁבוּ רָעוֹת וְלֹא עָמְדוּ בְּיָדָן: עֵשָׂו וְיָרָבְעָם וְהָמָן, עֵשָׂו שֶׁנֶּאֱמַר (לעיל כז, מא) "וַיֹּאמֶר עֵשָׂו בְּלִבּוֹ", בְּיָרָבְעָם כְּתִיב (מלכים-א יב, כו) "וַיֹּאמֶר יָרָבְעָם בְּלִבּוֹ", בְּהָמָן כְּתִיב (אסתר ו, ו) "וַיֹּאמֶר הָמָן בְּלִבּוֹ", מַהוּ "וַיֹּאמֶר עֵשָׂו בְּלִבּוֹ", אָמַר: קַיִן הָרַג אֶת אָחִיו וְלֹא עָשָׂה לוֹ הַמָּקוֹם כְּלוּם, וְסוֹף שֶׁהוֹלִיד בָּנִים אֲחֵרִים וְיָרְשׁוּ עִמּוֹ אֶת הָעוֹלָם, אֲבָל אֲנִי אֶהֱרוֹג אֶת יִצְחָק אָבִי תְּחִלָּה וְאַחַר כָּךְ אֶהֱרוֹג אֶת יַעֲקֹב אָחִי וְאִירַשׁ אֶת הָעוֹלָם לְבַדִּי, שֶׁנֶּאֱמַר (לעיל כז מא) "יִקְרְבוּ יְמֵי אֵבֶל אָבִי", אָמַר: אֲקָרֵב אֶבְלוֹ שֶׁל אַבָּא קוֹדֶם וְאַחַר כָּךְ (שם) "וְאַהַרְגָה אֶת יַעֲקֹב אָחִי", וְלֹא הִסְפִּיק הַקָּדוֹשׁ בָּרוּךְ הוּא בְּיָדוֹ, לְכָךְ נֶאֱמַר "אַל תִּתֵּן ה' מַאֲוַיֵּי רָשָׁע":

י דָּבָר אַחֵר, [לב, ד] "וַיִּשְׁלַח יַעֲקֹב מַלְאָכִים", בּוֹא וּרְאֵה מַה כְּתִיב לְמַעְלָה מִן הָעִנְיָן (לעיל פסוק ג) "וַיֹּאמֶר יַעֲקֹב כַּאֲשֶׁר רָאָם וְגוֹ'", [טו]כַּמָּה הָיָה מַחֲנֵה אֱלֹהִים, שְׁנֵי אֲלָפִים רִבּוֹא מִמַּלְאֲכֵי הַשָּׁרֵת, שֶׁנֶּאֱמַר (תהלים סח, יח) "רֶכֶב אֱלֹהִים רִבֹּתַיִם אַלְפֵי שִׁנְאָן ה' בָם סִינַי בַּקֹּדֶשׁ", (לעיל שם) "וַיִּקְרָא שֵׁם הַמָּקוֹם הַהוּא מַחֲנָיִם", שְׁתֵּי מַחֲנוֹת לָמָּה, מְלַמֵּד שֶׁנִּתְּנוּ לוֹ לְיַעֲקֹב אַרְבַּעַת אֲלָפִים רִבּוֹא מַלְאֲכֵי הַשָּׁרֵת וְנִדְמוּ לַחֲיָילוֹת שֶׁל מֶלֶךְ, מֵהֶן לְבוּשֵׁי בַרְזֶל וּמֵהֶן רוֹכְבֵי סוּסִים וּמֵהֶן יוֹשְׁבֵי קְרָנוֹת, פָּגַע בִּלְבוּשֵׁי בַּרְזֶל אָמַר לָהֶם: מִשֶּׁל מִי אַתֶּם, אָמְרוּ לוֹ: שֶׁל יַעֲקֹב, פָּגַע בְּרוֹכְבֵי סוּסִים אָמַר לָהֶם: מִשֶּׁל מִי אַתֶּם, אָמְרוּ לוֹ: שֶׁל יַעֲקֹב, פָּגַע בְּיוֹשְׁבֵי קְרָנוֹת אָמַר לָהֶם: מִשֶּׁל מִי אַתֶּם, אָמְרוּ לוֹ: שֶׁל יַעֲקֹב, שֶׁנֶּאֱמַר (לקמן לג, ח) "מִי לְךָ כָּל הַמַּחֲנֶה הַזֶּה אֲשֶׁר פָּגָשְׁתִּי", וְאַף יַעֲקֹב הָיָה מַזְכִּיר לְעֵשָׂו שְׁמוֹ שֶׁל הַקָּדוֹשׁ בָּרוּךְ הוּא לְיָרְאוֹ וּלְבַהֲלוֹ, שֶׁנֶּאֱמַר (שם שם י) "כִּי עַל כֵּן רָאִיתִי פָנֶיךָ כִּרְאֹת פְּנֵי אֱלֹהִים", [טז]מָשָׁל לְמָה הַדָּבָר דּוֹמֶה לְאֶחָד שֶׁזִּימֵּן אֶת חֲבֵירוֹ לִסְעוּדָה וְהִכִּיר בּוֹ שֶׁהָיָה מְבַקֵּשׁ לְהָרְגוֹ,

עץ יוסף

עשו הרשע, שתפר רעות מחשבתו ותלילני מידו (נזר הקודש): **זה אחד משלשה בני אדם כו'.** שעליהם נאמר שאמרו בלבבם, שעל זה אמרו חכמינו ז"ל הרשעים ברשות לבם, ודייקו מזה שנאמר ויאמר בלבו. ועניינו שזה מורה שלבם רעה מאד עד שנהפך כל יצורי לבם לרע ולכן לא עמדו בידם, כי לאנשים כאלה הנקם מכלה בהם: **ויאמר ירבעם בלבו.** קשה קצת דהא עלה בידו מחשבתו, וכאן אמר ולא עמדו בידו. ואולי הכוונה על בנו שביטל פרדסאות שהעמיד אביו שלא יעלו ישראל לרגל כדאיתא בפרק אלו מגלחין (מועד קטן כח, ב): **אבל אני אהרוג את יצחק אבי תחלה.** כן צריך לומר, וכן הוא במדרש שעם היפה תואר. והמדרש הזה מכוון למה דאיתא לעיל פרשה ס"ז (סימן ח) שהלך עשו אל ישמעאל והתחתן עמו כדי לקרב דעתו עמו, ופיתה אותו שיהרוג את יצחק כו' ועיין שם מה שכתבתי. ועל זה אמר לכך נאמר זממו אל תפק בהריגת אביו, דזמם הוא ענין מחשבת מרמה ותחבולה שבא לסבב הריגתו דרך מרמה על ידי ישמעאל אבל לא עלתה בידו (נזר הקודש): **ואירש את העולם.** כי כבר ניתן כל העולם לזרע אברהם ויצחק ואין יורש אחר זולתי: **(י) מה כתיב למעלה כו'.** בא לתת טעם על שליחות זה שעל ידי המלאכים יפחיד את עשו שנדמו לו לחיילות של מלך כדמפרש ואזיל. ומייתי סמך לדבר שאף יעקב היה מזכיר לעשו שמו של הקדוש ברוך הוא: **רבותים אלפי שנאן.** שפירושו רבותים רבבות הרבה. ואמר שמספרם אלפי דהיינו אלפים, דמיעוט רבים שנים, אי נמי רבותים פירושו שתי רבבות, ופירוש אלפי אלפי דעלמא, ופירושו שני רבבות פעמים אלף, והכל עולה לחשבון אחד: **שתי מחנות למה.** דכיון דרכב אלהים רבותים אלפי שנאן דהיינו ב' אלפים רבוא הוה סגי במחנה אחד לאלהים, ומשני דלצורך יעקב הוצרכו מחנים, שלפי שנדמו לחיילות של מלך שיש בם ממינים שונים הוצרכו רבים להגדיל חברת כל כת וכת מהם ליראו: **יושבי קרנות.** עגלות חשובות כדאמרינן בפרק עשרה יוחסין (קידושין עו, ב) ויושבין בקרנות של זהב ומהלכין בראשי גייסות (מתנות כהונה):

פירוש מהרז"ו

שלא עשה כו'. כמו שאיתא לעיל (כג, ד) כי שבעתים יוקם, ומה שאמר אני וגו' יקרבו וגו' וכמו שאיתא לעיל (סז, ח): **(י) כאשר ראם.** וסיפיה דקרא ויאמר מחנה אלהים זה: **שני אלפים רבוא.** כמו שנאמר (תהלים סח, יח) רבותיים אלפי, שני רבוא פעמים של אלפים שהם שני אלפים רבוא ובמספר הזה לא מצאתי. ועיין שמות רבה (כט, ב) ושם נסמן, ועיין במדבר רבה (ב, ג) ולעיל סוף ע"ד, ומדרשים חלוקים הם. ובתנחומא כאן (סימן ב) כמו בשמות רבה שם: **לובשי ברזל.** עיין תנחומא (סימן ב) בשינוי, וכן בספר הישר כל הענין בשינוי ובאריכות ולקמן (עח,

רש"י

(ט) **ויאמר עשו בלבו.** קין הרג את אחיו בחיי אביו ולא הועיל לו כלום, שהוליד שוב בנים אחרים וירשו עמו את העולם: (י) **כמה היה מחנה שני אלפים ושתי ריבואות ממלאכי השרת. שנאמר רכב אלהים רבותים אלפי שנאן: מחנים. שתי מתנות למה מלמד שנשתלחו ליעקב ארבע אלפים.** וכל מחנה ומחנה שתי אלפים מלאכים: **ונדמו.** כולם לחיילות של מלך:

מתנות כהונה

[י] **יושבי קרנות.** עגלות חשובות כדאמרינן בפרק עשרה יוחסין (קידושין עו, ב) ויושבין בקרנות של זהב ומהלכין בראשי גייסות: **הכי גרסינן משל למה הדבר דומה לאחד שזמן:**

אשד הנחלים

שחשבו כו' בלבו כו'. חשב רק הג' אף שהיו כמה אנשים שדימו להריע לישראל, מפני שעליהם נאמרו שאמרו בלבבם, שעל זה אמרו חז"ל רשעים הן ברשות לבם, ודייקו מזה שנאמר ויאמר בלבו. ועניינו בארתי בפרשה ויצא, שהענין הזה מורה שליבן רעה מאוד עד שנהפך כל יצורי לבם לרע ואין בם עוד ציור לטוב, ולכן לא עמדו בידם, כי לאנשים כאלה הנקם מכלה בהם.,והדבר יבואר היטב במקום אחר: **מהו בלבו כו'.** לפי שהלב מורה לפעמים על מחשבת השכל, כמו אמרתי אני בלבי שבקהלת, והנה הרשע ההולך במחשבת הלב, אז גם שכלו משרת לרעתו ומייעצהו עצות רעות איך לקיים מחשבתו הרעה, וזהו שהתבונן עשו איך להפיל את יעקב, מפני שראה בחכמתו הרעה, איך שקין אף שהרג אחיו עם כל זה לא עשה המקום רעה בעבור זה: **העולם לבדו.** מפני שברכת יצחק מחוייבת להיות בבניו, ואם לא יתקיים ביעקב יתקיימו בו. [י] **ב' אלפים.** לעיל בסוף פרשה ויצא הפלוגתא אם שישים רבוא או ק"ך רבוא, ואולי הוא מדרשות חלוקות. ואולי הד' אלפים רבוא המה מלאכים אחרים שנדמו לפני עשו ושם מדבר משישים רבוא שהתראו לפני יעקב, והמה מענייני השגה: **לובשי ברזל.** כלומר כל עניני דרכי לוחמי לחם בכל אופנים שיבוא עשו, התראו אליו ככה בשביל שיירא מפניו: **ליראו.** כי אולי יתבונן בזה כי רק ה' לבדו הוא אלהים, הוא המושל, וממנו לבדו ראוי לירא ולא מבן אדם המעותד למות: **למה הדבר דומה כו'**

חידושי הרד"ל

[י] **מסתפי ולא קטליה.** הוא לשון הש"ס בסוטה (מא, ב), ונראה מזה שאינו מן הבראשית רבה שהוא אגדה ירושלמית, אלא הוא הוספה מהילמדנו שנסדר אחר סידור הבבלי כבר, וכמו שכתבתי בסייעתא דשמיא בהגהותי לספר שמות שהוא ילמדנו כמה פעמים:

חידושי הרש"ש

[ט] **קין הרג את אחיו ולא עשה כלום.** כן נראה דצריך לומר ולמחוק תיבות לו המקום, כי הכוונה מה שלא תקן קין כלום בהריגתו את אחיו כי סוף שהוליד אביו עוד בנים: [י] **רבותים אלפי שנאן.** פירוש שתי רבואות אלפים והוא חשבון אחד עם שני אלפים רבואות. ועיין בבמדבר רבה (ב, ג) ובהגהותי שם וצריך לומר שמדרשות חלוקות הן: **פגע בלבושי ברזל כו' ברוכבי סוסים כו' ביושבי קרנות כו' שנאמר מי לך כל המחנה כו'.** נראה לפרש דהוכחתו על שלש מיני מחנות ממלת כל דאינו נופל על פחות משלשה כמו שכתבו התוספות בכתובות (ח, א בסוד"ה שהכל) על מלת לכולהו. ולזה כוונו גם כן בב"ק (נט, ב בד"ה לבתה) במה שכתבו וכן מוכח לישנא דכולן עיין שם. ודברי תוספות הללו נשמטו מהגאון בעל סדר הדורות בסדר תנאים ואמוראים אות יו"ד שהביא יסוד זה מספר ערוגת הבושם. אך מדברי התוספות בבכורות (מה, ב בד"ה וקמטטי) משמע דלא סבירא ליה כלל זה. וכן הנמוקי יוסף בפרק המפקיד (לו, א) במשנת המפקיד כו' צרכן והפשילן לאחוריו כתב וזה לשונו ואי כדפירש"י לא שייך למימר כולהו דהא ליכא אלא חדא, אלא על כרחך תרתי מילי נינהו כו'. מוכח להדיא דעל כל פנים אתרי שייך למימר כולהו. וכן מוכח לי עוד מהא דאיתא בב"ב (קמב, ב) והלכתא ככל הני לישנא דאמר מר בריה דרב יוסף כו' ושם ליכא אלא שתי לשונות. אולם עיין שם בנמוקי יוסף ותמצא יישוב נכון. אבל קצת קשה לי מבכורות (כד, ב) עיין שם וכן בריש

מסורת המדרש

טו. שמות רבה פרשה כ"ט. במדבר רבה פרשה ב'. שיר השירים רבה פרשה ו'. תנחומא כאן סימן ב'. פסיקתא רבתי פיסקא כ"א. ועיין ילקוט תהלים רמז תשנ"ו. ילקוט כאן רמז ק"ל:
טז. סוטה דף מ"א:

אם למקרא

וַיִּשְׂטֹם עֵשָׂו אֶת יַעֲקֹב עַל הַבְּרָכָה אֲשֶׁר בֵּרְכוֹ אָבִיו וַיֹּאמֶר עֵשָׂו בְּלִבּוֹ יִקְרְבוּ יְמֵי אֵבֶל אָבִי וְאַהַרְגָה אֶת יַעֲקֹב אָחִי:
(בראשית כז:מא)

וַיֹּאמֶר יָרָבְעָם בְּלִבּוֹ עַתָּה תָּשׁוּב הַמַּמְלָכָה לְבֵית דָּוִד:
(מלכים א יב:כו)

וַיָּבוֹא הָמָן וַיֹּאמֶר לוֹ הַמֶּלֶךְ מַה לַעֲשׂוֹת בָּאִישׁ אֲשֶׁר הַמֶּלֶךְ חָפֵץ בִּיקָרוֹ וַיֹּאמֶר הָמָן בְּלִבּוֹ לְמִי יַחְפֹּץ הַמֶּלֶךְ לַעֲשׂוֹת יְקָר יוֹתֵר מִמֶּנִּי:
(אסתר ו:ו)

רֶכֶב אֱלֹהִים רִבֹּתַיִם אַלְפֵי שִׁנְאָן אֲדֹנָי בָם סִינַי בַּקֹּדֶשׁ:
(תהלים סח:יח)

ידי משה

[י] **כמה היה מחנה אלהים וכו' שנאמר רכב אלהים רבותים אלפי שנאן ה' בם וגו'.** כוונת המדרש למה דאיתא בפרשת יתרו (שמות רבה כט ב) שהשם של הקדוש ברוך הוא חקוק על לבם. ואף יעקב היה מזכיר לעשו שם הקדוש ברוך הוא כדי ליראו ולבהלו, אם כן גם אותן מלאכים ששלח היו מן אותן רכב שה' בם פירוש שהשם של הקדוש ברוך הוא חקוק על לבם, וזה היה כדי ליראו ולבהלו. וקל להבין:

שינוי נוסחאות

(י) **יושבי קרנות.** נראה שהמ"כ מגיה >יושבי קרונות<. והא"א הגיה >תוקעי קרנות<:

אָמַר — So **he** cleverly **remarked** to his host, דּוֹמֶה טַעַם תַּבְשִׁיל זֶה כְּטַעַם אוֹתוֹ תַּבְשִׁיל שֶׁטָּעַמְתִּי בְּבֵית הַמֶּלֶךְ — **"The taste of this stew is similar to the taste of that stew that I tasted in the king's palace."** אָמַר: יָדַע בֵּיהּ מַלְכָּא — Upon hearing this, **[the host] said** to himself, **"The king knows him!"** מִסְתְּפֵי וְלָא קָטְלֵיהּ — Consequently, **he was afraid and did not kill him.** אַף כָּךְ יַעֲקֹב — **So too** was the case with **Jacob.** כֵּיוָן שֶׁאָמַר לְעֵשָׂו "כִּי עַל כֵּן רָאִיתִי פָנֶיךָ כִּרְאֹת פְּנֵי אֱלֹהִים" — **Once he said to Esau, *"inasmuch as I have seen your face, which is like seeing the face of Elohim"*** (i.e., *a Divine being*), אָמַר עֵשָׂו הָרָשָׁע — **the evil Esau said** to himself, הִגִּיעוֹ הַקָּדוֹשׁ בָּרוּךְ הוּא לְכָבוֹד הַזֶּה, שׁוּב אֵינִי יָכוֹל לוֹ — **"The Holy One, blessed is He, brought him this honor. I can no longer overcome him."**

§11 [וַיִּשְׁלַח יַעֲקֹב מַלְאָכִים לְפָנָיו — *THEN JACOB SENT MESSENGERS AHEAD OF HIM.*]

The Midrash offers yet another explanation of Jacob's intent in sending a delegation to Esau:

דָּבָר אַחֵר — **Another interpretation:** "וַיִּשְׁלַח יַעֲקֹב מַלְאָכִים" — ***Then Jacob sent messengers.*** לָמָּה שָׁלַח יַעֲקֹב אֶצְלוֹ שְׁלוּחִים — **Why did Jacob send messengers to [Esau]?**[134] אֶלָּא כָּךְ אָמַר — **Rather, this is what [Jacob] said** to himself, אֶשְׁלַח לוֹ שְׁלוּחִים, אִם יַחֲזוֹר בִּתְשׁוּבָה — **"If I will send him messengers** with the right message, **perhaps he will repent."** אָמַר לָהֶם — So **he said to [the messengers],** אִמְרוּ לוֹ: אַל תֹּאמַר יַעֲקֹב כְּדֶרֶךְ שֶׁיָּצָא מִבֵּית אָבִיו הוּא עוֹמֵד — **"Tell [Esau], 'Do not say** (i.e., think) **that Jacob remains in the same** state of poverty **as when he left his father's home,'** " — שֶׁנֶּאֱמַר "כִּי בְמַקְלִי עָבַרְתִּי וגו'" — **as it is stated, *for with my staff I crossed*** *this Jordan* (v. 11).[135] "וַיְצַו אֹתָם לֵאמֹר" — ***He charged them, saying,*** *"Thus shall you say, etc."* (v. 5).[136] אִמְרוּ לוֹ: אַל תֹּאמַר כְּשֶׁיָּצָא מֵעִמְּךָ נָטַל בְּיָדוֹ כְּלוּם מִתְּפִיסַת הַבַּיִת — Jacob told them further, **"Tell [Esau], 'Do not say** (i.e., think) **that when [Jacob] left you, he took anything from the belongings of [your father's] house with him.'** אֶלָּא בִּשְׂכָרִי קָנִיתִי כָּל הַלָּלוּ בְּכֹחִי — Tell him **rather,** that **I acquired all these** things[137] **with my own strength as my wage** from Laban" — שֶׁנֶּאֱמַר "וְעַתָּה הָיִיתִי לִשְׁנֵי מַחֲנוֹת" — **as it is stated,** *for with my staff I crossed this Jordan*[138] ***and "now" I have become two camps*** (v. 11).[139]

The Midrash notes a repercussion of Jacob's message to Esau:

בְּאוֹתָהּ שָׁעָה שֶׁקָּרָא יַעֲקֹב לְעֵשָׂו "אֲדֹנִי" — **At that moment when Jacob called Esau, "my lord,"** אָמַר לוֹ הַקָּדוֹשׁ בָּרוּךְ הוּא — **the Holy One, blessed is He, said to him,** אַתָּה הִשְׁפַּלְתָּ עַצְמְךָ וְקָרָאתָ לְעֵשָׂו "אֲדֹנִי" ח' פְּעָמִים — **"You lowered yourself and referred to Esau as 'my lord' eight times;**[140] חַיֶּיךָ אֲנִי מַעֲמִיד מִבָּנָיו שְׁמֹנָה מְלָכִים קוֹדֶם לְבָנֶיךָ — **by your life, I shall install eight kings from *his* children before** any of ***your*** **children** become king," שֶׁנֶּאֱמַר "וְאֵלֶּה הַמְּלָכִים אֲשֶׁר מָלְכוּ וגו'" — **as it is stated,** ***Now these are the kings who reigned*** *in the land of Edom before a king reigned over the Children of Israel* (below, 36:31).[141]

The Midrash now offers a different interpretation of Jacob's message:

אָמַר לָהֶם — **[Jacob] said to them,** אִמְרוּ לוֹ: אִם לְשָׁלוֹם אַתָּה מְתוּקָן אֲנִי כְּנֶגְדְּךָ — **"Tell [Esau], 'If you are prepared for peace, I** stand **opposite you** in peace;[142] וְאִם לְמִלְחָמָה אֲנִי כְּנֶגְדְּךָ — **and if you are** prepared **for war, I** stand **opposite you** in war.[143] יֵשׁ לִי גִּבּוֹרִים וּבַעֲלֵי גְבוּרָה וּזְרוֹעַ — **I have** sons[144] who are **mighty and** who are **men of might and strength,**[145]

NOTES

134. Jacob sent messengers to Esau with the message that *"I have acquired oxen and donkeys, flocks, servants, and maidservants"* (v. 6) and that *"I am sending to tell my lord to find favor in your eyes"* (ibid.). But why would a report of Jacob's wealth cause Jacob to find favor in Esau's eyes? (*Eitz Yosef*).

135. In this verse, which forms part of Jacob's prayer to God (vv. 10-13), Jacob recounts that when he left his father and crossed the Jordan on the way to Laban, he owned nothing except his staff.

[*Yefeh To'ar* deletes this citation. See *Eitz Yosef*, who quotes the verse *"I have acquired oxen and donkeys, etc."* in explaining the Midrash here.]

136. [See *Yefeh To'ar* regarding the placement of this verse in our Midrash.]

137. See note 134.

138. Insertion of these words follows *Yefeh To'ar*. See also *Eitz Yosef*.

139. That is, I made all this wealth *now*, when I was entirely on my own, and not from something I took with me from our father's home.

In answer, then, to the question, "Why would a report of Jacob's wealth cause Jacob to find favor in Esau's eyes?" (see note 134), the Midrash is saying: Jacob hoped that when Esau would see how Jacob managed to become wealthy in spite of being on the run from him and working for the swindling Laban for twenty years, he would realize that God helps the righteous, and would himself repent. [He would then change his attitude to Jacob — who would then *find favor in his eyes* — and stop thinking about killing him] (*Yefeh To'ar*, first explanation, and *Eitz Yosef*; for alternate explanations see *Yefeh To'ar* and *Eshed HaNechalim*).

140. In addressing Esau through the messengers, and in his direct comments to him when they finally met, there are a total of eight such appellations (32:6,19,21; 33:5,8,13-15).

141. See *Ibn Ezra* and *Ramban* on this verse regarding its precise meaning. See Insight Ⓐ.

142. This is implied by his humble opening, *"So said your servant Jacob"* (*Yefeh To'ar*).

143. This is implied by his *I have sojourned with Laban*, which is interpreted above (§5) as an implied warning to Esau that if Jacob outsmarted Laban he can easily do the same to him (ibid.).

144. Jacob stated, *"I have acquired oxen and donkeys, flocks, servants, and maidservants."* The latter terms (*flocks, servants, and maidservants*) are allusions to his children, the tribes of Israel, and to the nature of their relationship with God [see above, §6] (*Maharzu*). See also §12 below, where the Midrash states that the former terms (*oxen and donkeys*) allude respectively to Joseph and Issachar (*Yefeh To'ar*).

145. I.e., they are both *physically* mighty and *spiritually* mighty [like Jacob himself; see above, 74 §13]. Jacob was telling Esau that although

INSIGHTS

Ⓐ **Bowing to Evil** This Midrash, too, seems to be of the opinion that Jacob was faulted for abasing himself before Esau [see above, note 25] (see *Yefeh To'ar* and *Eitz Yosef*). *R' Yosef Yehudah Leib Bloch*, however, proposes that this is not necessarily so. He asserts that the reward for man's positive behavior and the punishment for his misdeeds are not, as is commonly believed, entities that are separate from the human acts that caused them. Rather, they are consequences inseparable from the original act. A negative deed degrades and makes defective the person who commits it, and thereby brings punishment upon him. Similarly a good deed elevates and perfects the person, thereby making him fit to receive the abundance of goodwill from Heaven that constitutes his reward.

It may be that the manner in which Jacob humbled himself before Esau was justified, considering the danger that he and his family faced. Nonetheless, when this righteous man bowed before evil, it left a *natural* deficiency in his soul that made him less eligible for royalty, while elevating Esau's royal power. It was not *sinful* on Jacob's part. But the *deed* left its mark. It was only after Jacob's descendants lived through eight generations of Edomite monarchy that this deficiency was rectified and Jacob's descendants once again became fit to rule (*Shiurei Daas*, Vol. 2 §3; see there for his treatment of why God would allow this circumstance of Jacob's abasement before Esau to come to pass).

[For another approach to this Midrash, see *Daas Torah, Limudei Mussarei HaTorah, Vayishlach*.]

חידושי הרד"ל

[יא] **לפיכך בא דוד ליתן.** נראה שכל זה אין מקומו כאן, וראוי להיות בסוף הפרשה אחר יענך ה' ביום צרה שבא לסיים לדרוש כאן מקרא דאלה ברכב שבאותו מזמור: **אם רחקת ונטשת כו'.** וזה שאמר (תהלים יא, א) שם נודי הרכם צפור, שינוד למקום רחוק:

חידושי הרש"ש

סוכה כולהו כרבה כו' עיין שם רש"י. ובזה תראה שדברי התוספות יום טוב (תענית פ"ב מ"ג ד"ה זכרונות) במה שכתב דרבי יוסי ברבי חנינא דאמר כל מקום כו' אינו מכוון רק על ראש השנה ויום הכיפור של יובל אין נכונים:

[יא] **לפיכך בא דוד ליתן שבח כו' שעזרו.** נראה דהכינוי שב על יעקב:

עץ יוסף

ידע ביה מלכא. לשון תימה וחרדה יודע ממנו המלך ומכירו, והוא נתיירא ולא הרגו: (יא) **למה שלח יעקב כו'.** כלומר מה בלע בדברי שליחותו ששלח לעשו לאמר ויהי לי שור וחמור וגו' מה זו סיבה למציאת חן בעיניו: **אם יחזור בתשובה.** שבראותו הצלחת יעקב יכיר בהשגחת ה' אשר לא יעזוב את חסידיו. ולכן אמר **אל תאמר יעקב כדרך שיצא מבית אביו** בעירום ובחוסר כל, אלא עשיר גדול, וזה שאמר ויהי לי שור וחמור וגו': **נטל כלום מתפיסת הבית.** של בית אביו **אלא בשכרי קניתי כל אלה שנאמר** כי במקלי, שלא היה בידי אלא המקל, שמכל זה אתה רואה שהשגחת ה' היה עלי: **באותה שעה כו'.** כלומר אף על גב דעיקר השליחות היה כהוגן להיות רודף שלום, מכל מקום לא היה לו להשפיל עצמו לפניו לקרותו אדוני: **אם לשלום כו'.** השתא דריש בענין אחר שאמר להם **אמרו לו אם לשלום אתה מתוקן, אני כנגדך,** לאחוז גם כן בדרכי השלום. **ואם למלחמה אני כנגדך.** כי אף על פי שאני מתי מספר מכל מקום **יש לי גבורים** בכח בטבע, הם בני שהם גבורים כיולא בי, **ובעלי גבורה וזרוע** בצדקות, הם בני שהם צדיקים ויראים, **שאומרים לפני הקדוש ברוך הוא דבר והוא עושה להם רצונם: לפיכך בא דוד.** לשבח ולקלס לה' **בברחו מפני שאול** על שעזרו ה' ליעקב, שכשם שהציל את יעקב בזכות הבטחון אף שהיה מתי מספר כן יעזור לו ה' גם כן אף שהוא מתי מספר כנגד שאול ואנשיו: **אלה ברכב כו'.** דבריש כתיב ישגבך שם אלהי יעקב, ויעקב ובניו בשם ה' היו מזכירים ונעזרו כן יהיה לדוד (יפה תואר):

אָמַר: דּוֹמֶה טַעַם תַּבְשִׁיל זֶה כְּטַעַם אוֹתוֹ תַּבְשִׁיל שֶׁטָּעַמְתִּי בְּבֵית הַמֶּלֶךְ, אָמַר: יָדַע בֵּיהּ מַלְכָּא, מִסְתְּפֵי וְלָא קַטְלֵיהּ, אַף כָּךְ יַעֲקֹב, כֵּיוָן שֶׁאָמַר לְעֵשָׂו "כִּי עַל כֵּן רָאִיתִי פָנֶיךָ כִּרְאֹת פְּנֵי אֱלֹהִים", אָמַר עֵשָׂו הָרָשָׁע: הִגִּיעוֹ הַקָּדוֹשׁ בָּרוּךְ הוּא לַכָּבוֹד הַזֶּה, שׁוּב אֵינִי יָכוֹל לוֹ:

יא דָּבָר אַחֵר, [לב, ד] "וַיִּשְׁלַח יַעֲקֹב מַלְאָכִים", לָמָּה שָׁלַח יַעֲקֹב אֶצְלוֹ שְׁלוּחִים, אֶלָּא כָּךְ אָמַר: אֶשְׁלַח לוֹ שְׁלוּחִים, אִם יַחֲזוֹר בִּתְשׁוּבָה, אָמַר לָהֶם: אִמְרוּ לוֹ: אַל תֹּאמַר יַעֲקֹב כְּדֶרֶךְ שֶׁיָּצָא מִבֵּית אָבִיו הוּא עוֹמֵד, שֶׁנֶּאֱמַר (לקמן פסוק יא) "כִּי בְמַקְלִי עָבַרְתִּי וְגוֹ'", [לב, ה] "וַיְצַו אֹתָם לֵאמֹר", אִמְרוּ לוֹ: אַל תֹּאמַר כְּשֶׁיָּצָא מֵעִמְּךָ נָטַל בְּיָדוֹ כְּלוּם מִתְּפִיסַת הַבַּיִת, אֶלָּא בִּשְׂכָרִי קָנִיתִי כָּל הַלָּלוּ בְּכֹחִי, שֶׁנֶּאֱמַר (לקמן פסוק יא) "וְעַתָּה הָיִיתִי לִשְׁנֵי מַחֲנוֹת". בְּאוֹתָהּ שָׁעָה שֶׁקָּרָא יַעֲקֹב לְעֵשָׂו [לב, ה] "אֲדֹנִי" אָמַר לוֹ הַקָּדוֹשׁ בָּרוּךְ הוּא: אַתָּה הִשְׁפַּלְתָּ עַצְמְךָ וְקָרָאתָ לְעֵשָׂו "אֲדֹנִי" ח' פְּעָמִים, חַיֶּיךָ אֲנִי מַעֲמִיד מִבָּנָיו שְׁמוֹנָה מְלָכִים קוֹדֶם לְבָנֶיךָ, שֶׁנֶּאֱמַר (לקמן לו, לא) "וְאֵלֶּה הַמְּלָכִים אֲשֶׁר מָלְכוּ וְגוֹ'". אָמַר לָהֶם: אִמְרוּ לוֹ: אִם לְשָׁלוֹם אַתָּה מְתוּקָּן אֲנִי כְּנֶגְדְּךָ, וְאִם לְמִלְחָמָה אֲנִי כְּנֶגְדְּךָ, יֵשׁ לִי גִּבּוֹרִים וּבַעֲלֵי גְבוּרָה וּזְרוֹעַ שֶׁאוֹמְרִים לִפְנֵי הַקָּדוֹשׁ בָּרוּךְ הוּא דָּבָר וְהוּא עוֹשֶׂה לָהֶם רְצוֹנָם, שֶׁנֶּאֱמַר (תהלים קמה, יט) "רְצוֹן יְרֵאָיו יַעֲשֶׂה", לְפִיכָךְ בָּא דָוִד לִיתֵּן שֶׁבַח וְקִלּוּס לִפְנֵי הַקָּדוֹשׁ בָּרוּךְ הוּא שֶׁעֲזָרוֹ בְּבָרְחוֹ מִפְּנֵי שָׁאוּל, שֶׁנֶּאֱמַר (שם יא, ב) "כִּי הִנֵּה הָרְשָׁעִים יִדְרְכוּן קֶשֶׁת", מַה כְּתִיב אַחֲרָיו (שם שם ג) "כִּי הַשָּׁתוֹת יֵהָרֵסוּן צַדִּיק מַה פָּעָל", "אָמַר לְפָנָיו: רִבּוֹן הָעוֹלָמִים, אִם רִחַקְתָּ וְנָטַשְׁתָּ אֶת יַעֲקֹב שֶׁהוּא מַשְׁתִּיתוֹ וִיסוֹדוֹ שֶׁל עוֹלָם, שֶׁנֶּאֱמַר (משלי י, כה) "וְצַדִּיק יְסוֹד עוֹלָם", "צַדִּיק מַה פָּעָל", עַל אוֹתָהּ שָׁעָה נֶאֶמְרָה (תהלים כ, ח) "אֵלֶּה בָרֶכֶב וְאֵלֶּה בַסּוּסִים וַאֲנַחְנוּ בְּשֵׁם ה' אֱלֹהֵינוּ נַזְכִּיר":

פירוש מהרז"ו

יח): **לטעם תבשיל.** סוטה (מח, ב) דאמר ר' לוי בלשונו ממש: (יא) **כשיצא מעמך.** היינו בבית אביו שאז היה עמו עיין לעיל (סח, ב): **ח' פעמים.** בפרשה (לב, ולג) ועיין פרקי דרבי אליעזר סוף פרק ל"ז: **אם לשלום.** עיין קהלת רבה (ז, כב) פסוק טובה חכמה עם נחלה ביתר באור: **גבורים כו'.** וזהו ויהי לי שור כמו שנאמר (משלי יד, ד) ורב תבואות בכח שור, וחמור בעל עצמות כמו שנאמר (מט, יד) חמור גרם וחזק בכחו: **ועושה להם רצונו.** מרומז במה שאמר צאן ועבד ושפחה, וכמו שכתוב לעיל (סימן ו) מפסוק הנה כעיני עבדים וכו': **ולפיכך בא דוד.** דורש על יעקב כמו שאמרו לעיל (עד, יא), ויעקב צוה על השבטים גם כן שיתפללו כמו שאיתא לעיל (פד, א), ומה שאמר צדיק מה פעל על דרך מה שכתוב לעיל (ח, ו) אם כן צוה ואלפים כולם למה נבראו וכו' עיין שם, וזהו שהתחיל המאמר בתיבת לפיכך שייך אל מה שנאמר כאן ויהי לי שור וחמור. ובמדרש תהלים (מזמור יא) צדיק מה פעל צדיק העולם מה פעולה הניחו לך כו', ומה שאמרו על אותה שעה נאמר (תהלים כ, ח) אלה ברכב וכו' פירוש שהשבטים אמרו כן כמו שכתוב בריש המזמור יענך ה' ביום וכו' ישגבך שם אלהי יעקב עד סופו, וכמו שאמרו במדרש כאן בסוף הפרשה באותה שעה וכו' עד שנאמר יענך ה' וכו'. ואם כן מקום מאמר זה בסוף הפרשה ולא כאן ודו"ק:

מסורת המדרש

יז. ילקוט תהלים רמז תרכ"ג:

אם למקרא

וְאֵלֶּה הַמְּלָכִים אֲשֶׁר מָלְכוּ בְּאֶרֶץ אֱדוֹם לִפְנֵי מְלָךְ מֶלֶךְ לִבְנֵי יִשְׂרָאֵל:
(בראשית לו:לא)

רְצוֹן יְרֵאָיו יַעֲשֶׂה וְאֶת שַׁוְעָתָם יִשְׁמַע וְיוֹשִׁיעֵם:
(תהלים קמה:יט)

כִּי הִנֵּה הָרְשָׁעִים יִדְרְכוּן קֶשֶׁת כּוֹנְנוּ חִצָּם עַל יֶתֶר לִירוֹת בְּמוֹ אֹפֶל לְיִשְׁרֵי לֵב: כִּי הַשָּׁתוֹת יֵהָרֵסוּן צַדִּיק מַה פָּעָל:
(שם יא:ב-ג)

כַּעֲבוֹר סוּפָה וְאֵין רָשָׁע וְצַדִּיק יְסוֹד עוֹלָם:
(משלי י:כה)

אֵלֶּה בָרֶכֶב וְאֵלֶּה בַסּוּסִים וַאֲנַחְנוּ בְּשֵׁם ה' אֱלֹהֵינוּ נַזְכִּיר:
(תהלים כ:ח)

ידי משה

[יא] **אשלח לו שלוחים אם יחזור בתשובה.** פירוש לפי ששלח ארצה שעיר שדה אדום, לפי שסבר יעקב שיבוא עשו עליו בזכות כיבוד אב שקיים עשו כדאיתא (עי' ילקוט לך לך רמז עו) שלא ירש עשו הר שעיר אלא בשביל שכיבד הוריו, ולזה שלח לו לעשו והורה לו שגרתי עם לבן תרי"ג מצות שמרתי. ואיתא בגמרא דמגילה (יז, א) שגדול תלמוד תורה יותר מכיבוד אב שכל אותן שנים שהיה יעקב בבית שם ועבר ולמד תורה לא נענש עליהם, ואם כן שלח לו שיחזור בתשובה שלא יסבור שהוא קיים כיבוד אב ויעקב לא קיים. ודוק:

רש"י

(יא) **כי השתות יהרסון.** אמר לפניו רבונו של עולם אם הרסת ונטשת ולא עזבת את יעקב שהוא משתיתו ויסודו של עולם שנאמר (משלי י, כה) וצדיק יסוד עולם:

מתנות כהונה

ידע ביה מלכא. לשון תימה וחרדה יודע ממנו המלך ומכירו' והוא מתיירא ולא הרגו: [יא] **ויצו אותם.** כיון שלכולם צוה כן נקט בלשון קצר: **הכי גרסינן כשיצא מעמך נטל כו'. הכי** **גרסינן אדוני שמונה פעמים: שעזרו.** שעזר ליעקב: **אם רחקת.** באותה שעה שהיה בצרה אם נתרחקת ממנו, מה היו מועילים פעולותיו:

אשד הנחלים

שוב איני יכול לו. כלומר אחר שמדמה האדם שחפץ לכבדו שהוא דומה כביכול כראות פני אלהים, וא"כ עיקר כבודו ואימתו הוא רק מפני ה', וא"כ בוודאי ה' עמו לעזרו, ועל כן אינני יכול לו: [יא] **אם יחזור בתשובה כו' כדרך שיצא כו'.** לכאורה אין סמיכות התשובה לזה. ואולי שהעשיר ידמה שהעני מרוב עניו שהוא מדוכא בעיניו על כן לבו נכנע ומרוב צרותיו ישוב. לזה אמר שיאמרו כי עתה הוא עשיר כמוהו ויודע בטיב עוה"ז, ועם כל זה יודע למבין ששוא עניני עוה"ז והעיקר לשוב לה': **מתפיסת הבית.** כלומר מדבר הצרור וניקח ביד כמרגליות ואבנים טובות. והוכרח לומר כן כי בתחילה טרם ידע כי עשו הולך לקראתו לא צוה לשלוחיו לומר כן, כי אם עתה התבונן שאולי ידמה עשו כי כל עושרו הוא מבית יצחק, לכן התחכם לומר זאת לפני עצמו, וכאלו ביקש מיד ה' שיצילו בזכות זה, והבן, וגם מדרך הסברא שיאמרו כן לעשו: **אתה השפלת.** עיין לעיל בד"ה לדרכו הוא מהלך: **ואם למלחמה.** זהו כמו שאמר לעיל שהמלאכים היה ד' אלפים רבוא ונדמו לחיילות של מלך, וא"כ בודאי היו מגידין לעשו אם יחפוץ במלחמה הנה הם מוכנים לזה. **אם רחקת כו' משתיתו.** דרשו שדוד התבונן על עצמו שבודאי ה' יעזרנו למעלה מהטבע, ולקח ציורו מיעקב אבינו שהוא היסוד הראשון, [שית מלשון יסוד ועיקר שעליה כל הבנין עומד], וכאומר אם ח"ו יעזבו היסודות שיהרסו א"כ מה יעשו הצדיקים אחריו,

שֶׁאוֹמְרִים לִפְנֵי הַקָּדוֹשׁ בָּרוּךְ הוּא דָּבָר וְהוּא עוֹשֶׂה לָהֶם רְצוֹנָם — **who state** their wishes **before the Holy One, blessed is He, and He does what they desire,' "** שֶׁנֶּאֱמַר "רְצוֹן יְרֵאָיו יַעֲשֶׂה" — **as it is stated,** ***The will of those who fear Him He will do*** (*Psalms* 145:19).

The Midrash now recounts how Jacob's actions served as a model for King David when he prayed to God for his own salvation:[146] לְפִיכָךְ בָּא דָוִד לִיתֵּן שֶׁבַח וְקִלּוּס לִפְנֵי הַקָּדוֹשׁ בָּרוּךְ הוּא — **Therefore, David came to give praise and glorification before the Holy One, blessed is He,** שֶׁעֲזָרוֹ בְּבָרְחוֹ מִפְּנֵי שָׁאוּל — **Who had aided him when he was fleeing from** King **Saul,**[147] שֶׁנֶּאֱמַר "כִּי הִנֵּה הָרְשָׁעִים יִדְרְכוּן קֶשֶׁת" — and he recounted how prayer had aided his ancestor Jacob in a similar predicament, **as it is stated,** ***For, behold, the wicked bend the bow*** (ibid. 11:2).[148] מַה כְּתִיב אַחֲרָיו — And **what is stated afterward?** "כִּי הַשָּׁתוֹת יֵהָרֵסוּן צַדִּיק מַה פָּעָל" — ***For if the foundations are destroyed, what can the righteous one accomplish?*** (ibid., v. 3). אָמַר לְפָנָיו — The meaning of this verse is as follows: **[David] said before [God],** רִבּוֹן הָעוֹלָמִים — **"Master of the Universe,** אִם רִחַקְתָּ וְנָטַשְׁתָּ אֶת יַעֲקֹב שֶׁהוּא מַשְׁתִּיתוֹ וִיסוֹדוֹ שֶׁל עוֹלָם — **if,** when he was threatened by Esau, **You had distanced** Yourself, **and forsaken Jacob, who was the foundation and basis of the world —** שֶׁנֶּאֱמַר "וְצַדִּיק יְסוֹד עוֹלָם" — **as it is stated,** ***but the righteous one is the foundation of the world*** (*Proverbs* 10:25)[149] — "צַדִּיק מַה פָּעָל" — ***what can the righteous one accomplish?"***[150] עַל אוֹתָהּ שָׁעָה נֶאֶמְרָה — **Concerning that time,** when Jacob's sons prayed that God rescue them from Esau, **it is stated,** "אֵלֶּה בָרֶכֶב וְאֵלֶּה בַסּוּסִים וַאֲנַחְנוּ בְּשֵׁם ה' אֱלֹהֵינוּ נַזְכִּיר" — ***Some with chariots, and some with horses; but we, in the Name of HASHEM, our God, call out*** (*Psalms* 20:8).[151]

NOTES

his family were relatively few in number, he was ready for war, for his children were physically strong [see e.g., 93 §6-7 below], as well as righteous enough to merit Divine intervention [as the Midrash goes on to say] (*Yefeh To'ar, Eitz Yosef*).

146. That is, David learned from Jacob to rely on God for salvation, even against a more numerous enemy (*Eitz Yosef*).

147. The psalm begins: *In HASHEM I have taken refuge. How dare you say to me, "Flee from your mountain like a bird!"* That is: Because I placed my trust in God when on the run from the many pursuers sent by Saul, I outlasted them and did not need to fear them (see *Yefeh To'ar*).

148. David made this statement in reference to Esau and his men *bending the bow* to shoot at Jacob and his family (ibid.) [The verse continues: . . . *and ready the arrow on the bowstring to shoot in the dark at the upright of heart*, i.e., at Jacob.]

149. The Midrash interprets this verse as referring to Jacob: Jacob is "the foundation of the world" because he is the progenitor of the Jewish people, who were God's purpose in creating the world. [Abraham and Isaac were not similarly considered because they also bore wicked children, viz., Ishmael and Esau, respectively] (ibid.).

150. David was saying, "If You had allowed Jacob to be destroyed, and there would thus be no Israel, what would *the Righteous One* (i.e., You, God) have benefited from the world You created?" See *Midrash Shocher Tov* (*Midrash Tehillim*) to *Psalms* 11:3 (*Yefeh To'ar*). Alternatively: David was saying, "What could Jacob (*the righteous one*) have accomplished against Esau without Your help?"

151. The psalm begins: *May HASHEM answer you on the day of distress; may the Name of Jacob's God make you impregnable.* The Midrash interprets this psalm as quoting the prayers of Jacob's sons that God save them on their day of distress, with verse 8 (cited here) meaning: "Esau is coming with an army of chariots and horses, but we are preparing for battle by calling out in the Name of Hashem." By recalling their prayer, David was indicating to God that he was similarly placing his full trust in God to rescue him from Saul, and hoping for the same favorable results (*Yefeh To'ar, Eitz Yosef*).

Maharzu suggests that the last sentence of our Midrash ("Concerning that time, etc.") belongs at the end of §13, which discusses Jacob's prayer [rather than here, where the context of the Midrash is *David's* prayer].

אָמַר: דּוֹמֶה טַעַם תַּבְשִׁיל זֶה כְּטַעַם אוֹתוֹ תַּבְשִׁיל שֶׁטָּעַמְתִּי בְּבֵית הַמֶּלֶךְ, אָמַר: יָדַע בֵּיהּ מַלְכָּא, מִסְתְּפֵי וְלָא קַטְלֵיהּ, אַף כָּךְ יַעֲקֹב, כֵּיוָן שֶׁאָמַר לְעֵשָׂו "כִּי עַל כֵּן רָאִיתִי פָנֶיךָ כִּרְאֹת פְּנֵי אֱלֹהִים", אָמַר עֵשָׂו הָרָשָׁע: הִגִּיעוֹ הַקָּדוֹשׁ בָּרוּךְ הוּא לַכָּבוֹד הַזֶּה, שׁוּב אֵינִי יָכוֹל לוֹ:

יא דָּבָר אַחֵר, [לב, ד] "וַיִּשְׁלַח יַעֲקֹב מַלְאָכִים", לָמָּה שָׁלַח יַעֲקֹב אֶצְלוֹ שְׁלוּחִים, אֶלָּא כָּךְ אָמַר: אֶשְׁלַח לוֹ שְׁלוּחִים, אִם יַחֲזוֹר בִּתְשׁוּבָה, אָמַר לָהֶם: אִמְרוּ לוֹ: אַל תֹּאמַר יַעֲקֹב כְּדֶרֶךְ שֶׁיָּצָא מִבֵּית אָבִיו הוּא עוֹמֵד, שֶׁנֶּאֱמַר (לקמן פסוק יא) "כִּי בְמַקְלִי עָבַרְתִּי וְגוֹ'", [לב, ה] "וַיְצַו אֹתָם לֵאמֹר", אִמְרוּ לוֹ: אַל תֹּאמַר כְּשֶׁיָּצָא מֵעִמְּךָ נָטַל בְּיָדוֹ כְּלוּם מִתְּפִיסַת הַבַּיִת, אֶלָּא בִּשְׂכָרִי קָנִיתִי כָּל הַלָּלוּ בְּכֹחִי, שֶׁנֶּאֱמַר (לקמן פסוק יא) "וְעַתָּה הָיִיתִי לִשְׁנֵי מַחֲנוֹת". בְּאוֹתָהּ שָׁעָה שֶׁקָּרָא יַעֲקֹב לְעֵשָׂו [לב, ה] "אֲדֹנִי" אָמַר לוֹ הַקָּדוֹשׁ בָּרוּךְ הוּא: אַתָּה הִשְׁפַּלְתָּ עַצְמְךָ וְקָרָאתָ לְעֵשָׂו "אֲדֹנִי" ח' פְּעָמִים, חַיֶּיךָ אֲנִי מַעֲמִיד מִבָּנָיו שְׁמֹנָה מְלָכִים קוֹדֶם לְבָנֶיךָ, שֶׁנֶּאֱמַר (לקמן לו, לא) "וְאֵלֶּה הַמְּלָכִים אֲשֶׁר מָלְכוּ וְגוֹ'". אָמַר לָהֶם: אִמְרוּ לוֹ: אִם לְשָׁלוֹם אַתָּה מְתוּקָּן אֲנִי כְּנֶגְדְּךָ, וְאִם לְמִלְחָמָה אֲנִי כְּנֶגְדְּךָ, יֵשׁ לִי גִּבּוֹרִים וּבַעֲלֵי גְבוּרָה וּזְרוֹעַ שֶׁאוֹמְרִים לִפְנֵי הַקָּדוֹשׁ בָּרוּךְ הוּא דָּבָר וְהוּא עוֹשֶׂה לָהֶם רְצוֹנָם, שֶׁנֶּאֱמַר (תהלים קמה, יט) "רְצוֹן יְרֵאָיו יַעֲשֶׂה", לְפִיכָךְ בָּא דָוִד לִיתֵּן שֶׁבַח וְקִלּוּס לִפְנֵי הַקָּדוֹשׁ בָּרוּךְ הוּא שֶׁעֲזָרוֹ בְּבָרְחוֹ מִפְּנֵי שָׁאוּל, שֶׁנֶּאֱמַר (שם יא, ב) "כִּי הִנֵּה הָרְשָׁעִים יִדְרְכוּן קֶשֶׁת", מַה כְּתִיב אַחֲרָיו (שם שם ג) "כִּי הַשָּׁתוֹת יֵהָרֵסוּן צַדִּיק מַה פָּעָל", "אָמַר לְפָנָיו: רִבּוֹן הָעוֹלָמִים, אִם רִחַקְתָּ וְנָטַשְׁתָּ אֶת יַעֲקֹב שֶׁהוּא מַשְׁתִּיתוֹ וִיסוֹדוֹ שֶׁל עוֹלָם, שֶׁנֶּאֱמַר (משלי י, כה) "וְצַדִּיק יְסוֹד עוֹלָם", "צַדִּיק מַה פָּעָל", עַל אוֹתָהּ שָׁעָה נֶאֶמְרָה (תהלים כ, ח) "אֵלֶּה בָרֶכֶב וְאֵלֶּה בַסּוּסִים וַאֲנַחְנוּ בְּשֵׁם ה' אֱלֹהֵינוּ נַזְכִּיר":

עץ יוסף

ידע ביה מלכא. לשון תימה וחרדה יודע ממנו המלך ומכירו, והוא נתיירא ולא הרגו: **(יא) למה שלח יעקב כו'.** כלומר מה בלע בדברי שליחותו ששלח לעשו לאמר ויהי לי שור וחמור וגו' מה זו סיבה למציאת חן בעיניו: **אם יחזור בתשובה.** שבראותו הצלחת יעקב יכיר בהשגחת ה' אשר לא יעזוב את חסידיו. ולכן אמר **אל תאמר יעקב בדרך שיצא מבית אביו** בעירום ובחוסר כל, אלא עשיר גדול, וזה שאמר ויהי לי שור וחמור וגו': **נטל כלום מתפיסת הבית.** של בית אביו **אלא בשכרי קניתי כל אלה שנאמר** כי במקלי, שלא היה בידי אלא המקל, שמכל זה אתה רואה שהשגחת ה' היה עלי: **באותה שעה כו'.** כלומר אף על גב דעיקר השליחות היה כהוגן להיות רודף שלום, מכל מקום לא היה לו להשפיל עצמו לפניו לקרותו אדוני: **אם לשלום כו'.** השתא דריש בענין אחר שאמר להם **אמרו לו אם לשלום אתה מתוקן, אני כנגדך,** לאחוז גם כן בדרכי השלום. **ואם למלחמה אני כנגדך.** כי אף על פי שאני מתי מספר מכל מקום **יש לי גבורים** בכח בטבע, הם בני שהם גבורים כיואב בי, **ובעלי גבורה וזרוע** בצדקות, הם בני שהם צדיקים ויראים, **שאומרים לפני הקדוש ברוך הוא דבר והוא עושה להם רצונם: לפיכך בא דוד.** לשבח ולקלס לה' **בברחו מפני שאול** על שעזרו ה' ליעקב, שכשם שהציל את יעקב בזכות הבטחון אף שהיה מתי מספר כן יעזור לו ה' גם כן אף שהוא מתי מספר כנגד שאול ואנשיו: **אלה ברכב כו'.** דבריש כתיב ישגבך שם אלהי יעקב, ויעקב ובניו בשם ה' היו מזכירים ונעזרו כן יהיה לדוד (יפה תואר):

פירוש מהרז"ו

יא): **לטעם תבשיל.** סוטה (מא, ב) דאמר ר' לוי בלשונו ממש: **(יא) כשיצא מעמך.** היינו בבית אביו שאז היה עמו עיין לעיל (סח, ב): **ח' פעמים.** בפרשה (לב, ולג) ועיין פרקי דרבי אליעזר סוף פרק ל"ז: **אם לשלום.** עיין קהלת רבה (ז, כב) פסוק טובה חכמה עם נחלה ביתר באור: **גבורים כו'.** וזהו ויהי לי שור כמו שנאמר (משלי יד, ד) ורב תבואות בכח שור, וחמור בעל עצמות כמו שנאמר (מט, יד) חמור גרם וחזק בכחו: **ועושה להם רצונו.** מרומז במה שאמר צאן ועבד ושפחה, וכמו שכתוב לעיל (סימן ו) מפסוק הנה כעיני עבדים וכו': **ולפיכך בא דוד.** דורש על יעקב כמו שאמרו לעיל (עד, יא), ויעקב לוה על השבטים גם כן שיתפללו כמו שאיתא לעיל (פד, א), ומה שאמר צדיק מה פעל על דרך מה שכתוב לעיל (ח, ו) אם כן לוגה ואלפים כולם למה נבראו וכו' עיין שם, וזהו שהתחיל המאמר בתיבת לפיכך שייך אל מה שנאמר כאן ויהי לי שור וחמור. ובמדרש תהלים (מזמור יא) צדיק מה פעל צדיק העולם מה פעולה הניחו לך כו', ומה שאמרו על אותה שעה נאמר (תהלים כ, ח) אלה ברכב וכו' פירוש שהשבטים אמרו כן כמו שכתוב בריש המזמור יענך ה' ביום וכו' ישגבך שם אלהי יעקב עד סופו, וכמו שאמרו במדרש כאן בסוף הפרשה באותה שעה וכו' עד שנאמר יענך ה' וכו'. ואם כן מקום מאמר זה בסוף הפרשה ולא כאן ודו"ק:

חידושי הרד"ל

[יא] לפיכך בא דוד ליתן. נראה שכל זה אין מקומו כאן, וראוי להיות בסוף הפרשה אחר יענך ה' ביום צרה שבא לסיים לדרוש כאן מקרא דאלה ברכב שבאותו מזמור: **אם רחקת ונטשת כו'.** וזה שאמר (תהלים יא, א) שם נודי הרכם צפור, שינוד למקום רחוק:

חידושי הרש"ש

סוכה כולהו כרבה כו' עיין שם רש"י. ובזה תראה שדברי התוספות יום טוב (תענית פ"ב מ"ג ד"ה זכרונות) במה שכתב דרבי יוסי ברבי חנינא דאמר כל מקום כו' אינו מכוון רק על ראש השנה ויום הכיפור של יובל אין נכונים: **[יא] לפיכך בא דוד ליתן שבח כו' שעזרו.** נראה דהכינוי שב על יעקב:

מסורת המדרש

יז. ילקוט תהלים רמז תרכ"ג:

אם למקרא

וְאֵלֶּה הַמְּלָכִים אֲשֶׁר מָלְכוּ בְּאֶרֶץ אֱדוֹם לִפְנֵי מְלָךְ מֶלֶךְ לִבְנֵי יִשְׂרָאֵל: (בראשית לו:לא)

רְצוֹן יְרֵאָיו יַעֲשֶׂה וְאֶת שַׁוְעָתָם יִשְׁמַע וְיוֹשִׁיעֵם: (תהלים קמה:יט)

כִּי הִנֵּה הָרְשָׁעִים יִדְרְכוּן קֶשֶׁת כּוֹנְנוּ חִצָּם עַל יֶתֶר לִירוֹת בְּמוֹ אֹפֶל לְיִשְׁרֵי לֵב: כִּי הַשָּׁתוֹת יֵהָרֵסוּן צַדִּיק מַה פָּעָל: (שם יא:ב-ג)

כַּעֲבוֹר סוּפָה וְאֵין רָשָׁע וְצַדִּיק יְסוֹד עוֹלָם: (משלי י:כה)

אֵלֶּה בָרֶכֶב וְאֵלֶּה בַסּוּסִים וַאֲנַחְנוּ בְּשֵׁם ה' אֱלֹהֵינוּ נַזְכִּיר: (תהלים כ:ח)

ידי משה

[יא] אשלח לו שלוחים אם יחזור בתשובה. פירוש לפי ששלח ארצה שעיר שדה אדום, לפי שסבר יעקב שיבוא עשו עליו בזכות כיבוד אב שקיים עשו כדאיתא (עי' ילקוט לך לך רמז עו) שלא ירש עשו הר שעיר אלא בשביל שכיבד הוריו, ולזה שלח לו לעשו והורה לו שגרתי עם לבן תרי"ג מצות שמרתי. ואיתא בגמרא דמגילה (יז, א) שגדול תלמוד תורה יותר מכיבוד אב שכל אותן שנים שהיה יעקב בבית שם ועבר ולמד תורה לא נענש עליהם, ואם כן שלח לו שיחזור בתשובה שלא יסבור שהוא קיים כיבוד אב ויעקב לא קיים. ודוק:

רש"י

(יא) כי השתות יהרסון. אמר לפניו רבונו של עולם אם הרסת ונטשת ולא עזבת את יעקב שהוא משתיתו ויסודו של עולם שנאמר (משלי י, כה) וצדיק יסוד עולם:

מתנות כהונה

ידע ביה מלכא. לשון תימה וחרדה יודע ממנו המלך ומכירו' והוא מתיירא ולא הרגו: **[יא] ויצו אותם.** כיון שלכולם צוה כן נקט בלשון קצר: **הכי גרסינן כשיצא מעמך נטל כו'. הכי גרסינן אדוני שמונה פעמים: שעזרו.** שעזר ליעקב: **אם רחקת.** באותה שעה שהיה בצרה אם נתרחקת ממנו, מה היו מועילים פעולותיו:

אשד הנחלים

שוב איני יכול לו. כלומר אחר שמדמה האדם שחפץ לכבדו שהוא דומה כביכול כראות פני אלהים, וא"כ עיקר כבודו ואימתו הוא רק מפני ה', וא"כ בוודאי ה' עמו לעזרו, ועל כן אינני יכול לו: **[יא] אם יחזור בתשובה כו' כדרך שיצא כו'.** לכאורה אין סמיכות התשובה לזה. ואולי שהעשיר ידמה שהעני מרוב עניו שהוא מדוכא בעיניו על כן לבו נכנע ומרוב צרותיו ישוב. לזה אמר שיאמרו כי עתה הוא עשיר כמוהו ויודע בטיב עוה"ז, ועם כל זה יודע למבין ששוא עניני עוה"ז והעיקר לשוב לה': **מתפיסת הבית.** כלומר מדבר הצרור וניקח ביד כמרגליות ואבנים טובות. והוכרח לומר כן כי בתחילה טרם ידע כי עשו הולך לקראתו לא צוה לשלוחיו לומר כן, כי אם עתה התבונן שאולי ידמה עשו כי כל עושרו הוא מבית יצחק, לכן התחכם לומר זאת לפני עצמו, וכאלו ביקש מיד ה' שיצילו בזכות זה, והבן, וגם מדרך הסברא שיאמרו כן לעשו: **אתה השפלת.** עיין לעיל בד"ה לדרכו הוא מהלך: **ואם למלחמה.** זהו כמו שאמר לעיל שהמלאכים היה ד' אלפים רבוא ונדמו לחיילות של מלך, וא"כ בודאי היו מגידין לעשו אם יחפוץ במלחמה הנה הם מוכנים לזה. **אם רחקת כו' משתיתו.** דרשו שדוד התבונן על עצמו שבודאי ה' יעזרנו למעלה מהטבע, ולקח ציורו מיעקב אבינו שהוא היסוד הראשון, [שית מלשון יסוד ועיקר שעליה כל הבנין עומד], וכאומר אם ח"ו יעזבו היסודות שיהרסו א"כ מה יעשו הצדיקים אחריו,

§12 [וַיְהִי לִי שׁוֹר וַחֲמוֹר צֹאן וְעֶבֶד וְשִׁפְחָה – *I HAVE ACQUIRED OXEN AND DONKEYS* (lit., *AN OX AND A DONKEY*), *SHEEP, SERVANTS* (lit., *A SERVANT*), *AND MAIDSERVANTS* (lit., *A MAIDSERVANT*).]

The repeated use of the singular form (*an ox and a donkey*, etc.) throughout this verse requires explanation. The Midrash expounds our verse, phrase by phrase:[152]

דָּבָר אַחֵר – An alternative interpretation: "וַיְהִי לִי שׁוֹר וַחֲמוֹר" ***– I have acquired an ox and a donkey.*** "שׁוֹר" זֶה יוֹסֵף, שֶׁנֶּאֱמַר "בְּכוֹר שׁוֹרוֹ הָדָר לוֹ" ***– An ox*** **refers to Joseph, as it is stated** in Moses' final blessings to the Tribe of Joseph, ***A sovereignty is his oxlike one*** (*Deuteronomy* 33:17). "חֲמוֹר" זֶה יִשָּׂשכָר, דִּכְתִיב "יִשָּׂשכָר חֲמוֹר גָּרֶם" ***– A donkey*** **refers to Issachar, for it is written** in Jacob's final blessings to his sons, ***Issachar is a strong-boned donkey*** (below, 49:14). וּבֶן בְּנוֹ שֶׁל יוֹסֵף עוֹמֵד לְכַלּוֹת אֶת עֲמָלֵק – Through these references Jacob alluded to Esau that **a descendant of Joseph will rise up to destroy** Esau's grandson **Amalek,** שֶׁנֶּאֱמַר "וַיַּחֲלֹשׁ יְהוֹשֻׁעַ אֶת עֲמָלֵק וְאֶת עַמּוֹ לְפִי חָרֶב" **– as it is stated,** ***Joshua weakened Amalek and its people with the sword's blade*** (*Exodus* 17:13).[153] וּבָנָיו שֶׁל יִשָּׂשכָר יוֹדְעִין מָה הַקָּדוֹשׁ בָּרוּךְ הוּא עוֹשֶׂה בְּעוֹלָמוֹ – **and** that **the children of Issachar know what the Holy One, blessed is He, is doing in His world,** שֶׁנֶּאֱמַר "וּמִבְּנֵי יִשָּׂשכָר יוֹדְעֵי בִינָה לָעִתִּים לָדַעַת מַה יַּעֲשֶׂה יִשְׂרָאֵל רָאשֵׁיהֶם מָאתַיִם" **– as it is stated,** ***Of the children of Issachar men with understanding for the times, to know what Israel should do – two hundred chiefs*** (*I Chronicles* 12:33).[154] "וְצֹאן" אֵלּוּ יִשְׂרָאֵל, שֶׁנֶּאֱמַר "וְאַתֵּן צֹאנִי צֹאן מַרְעִיתִי אָדָם אַתֶּם" ***– Sheep*** **– these** are a reference to **Israel, as it is stated,** ***Now you are My sheep, the sheep of My pasture, you are Man*** (*Ezekiel* 34:31);[155] "וְעֶבֶד" זֶה דָּוִד, שֶׁנֶּאֱמַר "אֲנִי עַבְדְּךָ בֶּן אֲמָתֶךָ" ***– a servant*** **refers to David, as it is stated,** ***I am Your servant, son of Your handmaid*** (*Psalms* 116:16);[156] "וְשִׁפְחָה" זוֹ אֲבִיגַיִל, שֶׁנֶּאֱמַר "הִנֵּה אֲמָתְךָ לְשִׁפְחָה" ***– and a maidservant*** **refers to** David's wife **Abigail, as it is stated,** ***Your maidservant is merely a handmaid*** (*I Samuel* 25:41).[157]

NOTES

152. See §6 above, where the Midrash addressed this as well. [The interpretation that follows bears similarity to the third approach presented there.]

153. That is, since Joseph, who was Joshua's forebear, had been born, Esau should beware; see §5 above [s.v. עִם לָבָן גַּרְתִּי וָאֵחַר עַד עָתָּה] (*Eitz Yosef*; see, however *Yefeh To'ar*).

154. That is, the tribe of Issachar understands the timing of earthly events, e.g., when there will be a blight or a hailstorm; they are thus able to advise Israel when to plant and when to harvest. By making allusion to this ability of Issachar's, Jacob sought to convey to Esau that Esau should fear him, because the fact that God granted him access to such secrets indicated that he was important in His eyes, and because he could use Issachar's timing abilities to time his battles against Esau [in such a way that his victory would be all but assured] (*Yefeh To'ar*; for a different interpretation see *Eitz Yosef*).

Although Issachar was older than Joseph, Joseph was mentioned first because Esau would be more afraid of Joseph (*Yefeh To'ar*).

See Insight Ⓐ.

155. Since the tribes of Israel are deemed God's beloved sheep, who faithfully follow the commands of their Divine shepherd, He will not allow Esau to harm them (*Eitz Yosef*; see also note 74 above).

156. David was the first king of Israel to defeat Esau's descendants in Edom (ibid.); he was also the progenitor of the Messiah, who will deliver the ultimate defeat to Edom (see §6 above).

157. Having mentioned David, he also mentions Abigail, who prophesied (in *I Samuel* 25:28) that David was fighting the battles of God (*Eitz Yosef*). Alternatively: Since David spilled much blood in the wars he led, Jacob also made allusion to Abigail, who prevented David from shedding the relatively innocent blood of her husband Nabal and his household (see *I Samuel* Ch. 25). Jacob thus intended to contrast David,

INSIGHTS

Ⓐ **The Sins of Esau and Ishmael** The Midrash here expounds the phrase *an ox and a donkey* as referring to the tribes of Joseph and Issachar. *Shem MiShmuel* (*Parashas Vayishlach*, שנת תרע"ד, pp. 19-20) relates this exposition to the marriage of Esau to Mahalath, daughter of Ishmael, which represented an attempt by Esau and Ishmael to join forces against Jacob. [This attempt is elucidated more fully above, Insight to §6, "The Alliance of Esau and Ishmael."]

According to *Shem MiShmuel*, the Midrash here discusses not the physical danger posed by their union, but the spiritual danger. Jacob was concerned that the sinfulness of these nations would infiltrate and undermine the sanctity of Israel. To prevent this, Jacob set forth the means by which Israel would be protected. Against the influence of Esau, who is compared to an ox, Israel is defended by their own "ox," the tribe of Joseph. Against the influence of Ishmael, who is compared to a donkey, they are defended by their own "donkey," the tribe of Issachar. *Shem MiShmuel* explains that the nations of Esau and Ishmael are each especially identified with a particular type of sinful behavior. The signature sins of Ishmael are those of carnal desire. Those of Esau are bloodshed and idolatry, which derive from arrogance and a haughty spirit, and which distance men from one another and from their Maker.

The Gemara (*Avodah Zarah* 5b) cites a verse: אַשְׁרֵיכֶם זֹרְעֵי עַל כָּל מָיִם מְשַׁלְּחֵי רֶגֶל הַשּׁוֹר וְהַחֲמוֹר, *Fortunate are you who sow upon all waters, who send forth the feet of the ox and the donkey* (*Isaiah* 32:20). The Gemara expounds: "Fortunate is Israel! When they engage in Torah and loving-kindness, their evil inclination is delivered into their hands, and they are not delivered into the hands of their evil inclination."

To defeat the evil inclination, the Gemara prescribes the study of Torah and deeds of loving-kindness. Why these mitzvos in particular? It is because each of these righteous activities neutralizes another aspect of the the evil inclination. The study of Torah counteracts one's inclination to indulge in sins of the flesh. Thoughts of illicit desire take root only in a heart devoid of the wisdom of the Torah (see *Rambam, Hil. Isurei Biah* 22:21). Thus, through study of Torah, one is protected from the malign influence of Ishmael, the "donkey." Deeds of charity and loving-kindness lead one away from the wicked practices of Esau, the "ox," who engages in idolatry and bloodshed. By caring for others, one demonstrates not haughtiness but humility, and a recognition that all people are of equal value. Such kindness shown to God's children can derive only from devotion to the One Who is Father to them all. Clearly, those who engage in deeds of loving-kindness will stumble neither into sins of bloodshed nor into those of idolatry.

Elsewhere, the Gemara (*Bava Kamma* 17a) offers yet another exposition of this very verse, *who send forth the feet of the ox and the donkey.* The Gemara proclaims: "Whoever engages in Torah and loving-kindness merits the inheritance of two tribes," and explains that the two tribes are Joseph and Issachar, who are compared, respectively, to the ox and the donkey.

This latter exposition complements the former. The people of the tribe of Issachar, the "donkey," are distinguished by their deep dedication to the study of Torah, whose burden they willingly carry like a donkey that bears a heavy load (see 49:14 with *Rashi*). Thus, it is Issachar that does battle with the aspect of the evil inclination symbolized by the "donkey." It is their Torah that negates the influence of the sins of Ishmael. The tribe of Joseph, which Scripture compares to the ox, displays the defining characteristic of their forefather and namesake, who provided sustenance to all of Egypt throughout the years of famine: they, like he, are purveyors of kindness and charity to all. Thus, it is the tribe of Joseph that is best equipped to counter the aspect of the evil inclination that promotes the sins of the "ox," the sins of Esau.

Israel is under constant attack by its enemies, an attack that is waged not only in the temporal realm, but also in that of the spirit. By adopting the practices of Issachar and Joseph, and devoting ourselves to the study of Torah and to acts of kindness and charity, we develop the moral stamina to resist the blandishments of the evil inclination in all its guises, and thus to counter the twin threats of the "ox" and the "donkey," the sinful influences of Esau and Ishmael.

יב דָּבָר אַחֵר, [לב, ו] "וַיְהִי לִי שׁוֹר וַחֲמוֹר", [יח]"שׁוֹר" זֶה יוֹסֵף, שֶׁנֶּאֱמַר (דברים לג, יז) "בְּכוֹר שׁוֹרוֹ הָדָר לוֹ", "חֲמוֹר" זֶה יִשָּׂשכָר, דִּכְתִיב (לקמן מט, יד) "יִשָּׂשכָר חֲמֹר גָּרֶם", וּבֶן בְּנוֹ שֶׁל יוֹסֵף עוֹמֵד לְכַלּוֹת אֶת עֲמָלֵק, שֶׁנֶּאֱמַר (שמות יז, יג) "וַיַּחֲלֹשׁ יְהוֹשֻׁעַ אֶת עֲמָלֵק וְאֶת עַמּוֹ לְפִי חָרֶב", וּבָנָיו שֶׁל יִשָּׂשכָר [יט]יוֹדְעִין מָה הַקָּדוֹשׁ בָּרוּךְ הוּא עוֹשֶׂה בְּעוֹלָמוֹ, שֶׁנֶּאֱמַר (דברי הימים-א יב, לג) "וּמִבְּנֵי יִשָּׂשכָר יוֹדְעֵי בִינָה לָעִתִּים לָדַעַת מַה יַּעֲשֶׂה יִשְׂרָאֵל רָאשֵׁיהֶם מָאתַיִם", "וְצֹאן" אֵלּוּ יִשְׂרָאֵל, שֶׁנֶּאֱמַר (יחזקאל לד, לא) "וְאַתֵּן צֹאנִי צֹאן מַרְעִיתִי אָדָם אַתֶּם", "וְעֶבֶד" זֶה דָּוִד, שֶׁנֶּאֱמַר (תהלים קטז, טז) "אֲנִי עַבְדְּךָ בֶּן אֲמָתֶךָ", "וְשִׁפְחָה" זוֹ אֲבִיגַיִל, שֶׁנֶּאֱמַר (שמואל-א כה, מא) "הִנֵּה אֲמָתְךָ לְשִׁפְחָה". בְּאוֹתָהּ שָׁעָה הָלְכוּ אוֹתָן הַשְּׁלוּחִים אֵצֶל עֵשָׂו וְרָאוּ עִמּוֹ גִּבּוֹרִים מְזוּיָּנִין, וּבָאוּ וְאָמְרוּ לְיַעֲקֹב, שֶׁנֶּאֱמַר [לב, ז] "וַיָּשֻׁבוּ הַמַּלְאָכִים אֶל יַעֲקֹב לֵאמֹר בָּאנוּ אֶל אָחִיךָ אֶל עֵשָׂו וְגוֹ'", מַהוּ [שם] "וְאַרְבַּע מֵאוֹת אִישׁ עִמּוֹ", אָמַר רַבִּי שְׁמוּאֵל בַּר נַחְמָנִי: אַרְבַּע מֵאוֹת מְלָכִים קוֹשְׁרֵי כְתָרִים, וְיֵשׁ אוֹמְרִים: אַרְבַּע מֵאוֹת מִינֵי אִפַּרְכִין הָיוּ עִמּוֹ, וְרַבִּי יַנַּאי אָמַר: אַרְבַּע מֵאוֹת רָאשֵׁי גְּיָיסוֹת הָיוּ עִמּוֹ, וְכֵיוָן שֶׁאָמְרוּ לוֹ לְיַעֲקֹב כָּל אוֹתָהּ גְּדוּלָּה הָיָה מִתְיָירֵא וְהָיָה מְחַלֵּק אֶת נָשָׁיו וְאֶת בָּנָיו לִשְׁתֵּי מַחֲנוֹת, שֶׁנֶּאֱמַר [לב, ח] "וַיַּחַץ אֶת הָעָם אֲשֶׁר אִתּוֹ":

עץ יוסף

(יב) שור זה יוסף. שהוא שטנו של עשו וכדמסיק שבן בנו של יוסף הוא עומד לכלות את עמלק: **חמור זה יששכר.** וכמו שמסיק שזרעו של יששכר יודעין כו': **יודעים מה הקדוש ברוך הוא בו'.** כלומר שהם יודעים ומשיגים ברוח הקודש גזירת שמים, ועל זה אמר **לדעת מה יעשה ישראל** רלונו לומר שהם מגלין אוזן ישראל למען ידעו לתקן הדבר בתשובה ומעשים טובים: **וצאן אלו ישראל.** כלומר שיש להם זכות ממה שנקראים לאן בהיותם נמשכים אחר הקדוש ברוך הוא בתמימות כלאן אחר הרועה וכדאיתא בשמות רבה פרשה כ"ד (סימן ג): **עבד זה דוד.** שהוא עבד ה' והוא הכניע את זרעו של עשו שהם נגידים. ולפי שהזכיר זכות דוד הזכיר גם כן זכות אביגיל שנבאה על דוד כי מלחמת ה' אדוני נלחם וכתיב כי מלחמה לה' בעמלק (יפה תואר). ובתנא דבי באליהו הגירסא שפחה זו רות שילא ממנה דוד אלא שכאן דקאמר עבד זה דוד אין מתיישב לגרוס רות דהיא היא. ובתנחומא גרס עבד זה משה: **מהו וארבע מאות איש עמו.** דמעט הם ולמה ירא יעקב כי רבים אשר אתו. ומשני מדלא כתיב אנשים וכתיב איש משמע דכל אחד היה איש חשוב בפני עצמו שהיה תחתיו כמה חיילות, ועיקר יראתו היה כיון שראה כל אותה הגדולה פחד פן יש לו זכות העומד לו:

פירוש מהרז"ו

(יב) בכור שורו. וראש דבריו וליוסף אמר, ואף שדברי סימן זה כבר נאמרו בסימן ו' ז' כאשר הקדמנו כבר שזהו דרך המדרש שמעתיק מכמה מקומות, על כן באו הדברים כפולים ובשינויים: **את נשיו ואת בניו.** שגם הם בכלל מה שנאמר ויחץ את העם, וכן מוכח לקמן (עט, ה) לגבי מה שנאמר ויחץ את הילדים על לאה וכו':

רש"י

(יב) באנו אל אחיך אל עשו. אתה נוהג בו כאח, אך עשו והוא נוהג בך כעשו:

מתנות כהונה

[יב] מה יעשה ישראל. לעמוד בציווי של הקדוש ברוך הוא: **אפרכין.** שלטונין על אפרכיות:

חידושי הרד"ל

[יב] זו אביגיל. לא נמצא מאביגיל וזרעה מושיע רב לישורון, אף שזכתה וילאה ממנה כלאב שהיה מכלים פני מפיבושת בהלכה (ברכות ד, א), ובתנא דבי אליהו הביא הגירסא שפחה זו רות שילא ממנה דוד. אלא שכאן דקאמר עבד זה דוד אין מתיישב כל כך לגרום רות דהיא היא, ושם בתנחומא (כאן סימן א) דרש עבד זה משה:

חידושי הרש"ש

[יב] יודעין מה הקב"ה עושה כו' שנאמר כו' יודעי בינה כו' לדעת כו'. רלה לומר כיון שיודעין מה הקב"ה עושה בעולמו לכן יוכלו לדעת מה יעשה. והוא על דרך שספרו בברכות (יח, ב) על ההוא חסיד ששמע שכל הזורע ברביעה ראשונה ברד מלקה אותו והלך הוא וזרע ברביעה שניה כו' שלו לא לקה:

אמרי יושר

[יב] רבנן אמרי שור זה יוסף. כי לזה לקחו בלשון יחיד. גם לזה פרט המינים כולם:

מסורת המדרש

יח. בבא קמא דף י"ז: יט. עיין לעיל פרשה ע"ב. ובילקוט דברי הימים רמז אלף ע"ט:

אם למקרא

בְּכוֹר שׁוֹרוֹ הָדָר לוֹ וְקַרְנֵי רְאֵם קַרְנָיו בָּהֶם עַמִּים יְנַגַּח יַחְדָּו אַפְסֵי אָרֶץ וְהֵם רִבְבוֹת אֶפְרַיִם וְהֵם אַלְפֵי מְנַשֶּׁה: (דברים לג:יז)

יִשָּׂשכָר חֲמֹר גָּרֶם רֹבֵץ בֵּין הַמִּשְׁפְּתָיִם: (בראשית מט:יד)

וַיַּחֲלֹשׁ יְהוֹשֻׁעַ אֶת עֲמָלֵק וְאֶת עַמּוֹ לְפִי חָרֶב: (שמות יז:יג)

וּמִבְּנֵי יִשָּׂשכָר יוֹדְעֵי בִינָה לָעִתִּים לָדַעַת מַה יַּעֲשֶׂה יִשְׂרָאֵל רָאשֵׁיהֶם מָאתַיִם וְכָל אֲחֵיהֶם עַל פִּיהֶם: (דברי הימים א יב:לג)

וְאַתֵּן צֹאנִי צֹאן מַרְעִיתִי אָדָם אַתֶּם אֲנִי אֱלֹהֵיכֶם נְאֻם אֲדֹנָי ה': (יחזקאל לד:לא)

אָנָּה ה' כִּי אֲנִי עַבְדֶּךָ אֲנִי עַבְדְּךָ בֶּן אֲמָתֶךָ פִּתַּחְתָּ לְמוֹסֵרָי: (תהלים קטז:טז)

וַתָּקָם וַתִּשְׁתַּחוּ אַפַּיִם אָרְצָה וַתֹּאמֶר הִנֵּה אֲמָתְךָ לְשִׁפְחָה לִרְחֹץ רַגְלֵי עַבְדֵי אֲדֹנִי: (שמואל א כה:מא)

נחמד למראה

[יב] דבר אחר ויהי לי שור וחמור שור זה יוסף שנאמר בכור שורו הדר לו וכו'. ירלה כוונת זה המדרש על פי שאמרו רבותינו ז"ל (דברים רבה י, ב) על פסוק והאלהים עשה שייראו מלפניו שיתייראו הבריות מן הלדיקים בראות מעלתם שגוזרים והקב"ה מקיים גזירתם, כענין מלחמת גבעון שגזר יהושע שמש בגבעון דום, הכי נמי שלח יעקב לומר לעשו ויהי לי שור זה יוסף כדי לייראו, משום דמפסוק זה בכור שורו נלמד שעתיד היה השמש לעמוד ולא אן לבוא כיום תמים (יהושע יז, טו) כמו שאמרו ז"ל על פסוק בכור שורו הדר לו יעויין שם (בראשית רבה ו, ט), וכמו שאמר ה' ליהושע אל תירא מהם דהא יש כח בידך שיעמוד השמש בחלי השמים וכמו שאמרו בבראשית רבה (ו, ט) יעויין שם. ומשום דקשה שעשו יש לו זכות כבוד אב ואם וכמו שאמרו במגילה נקראת (עיין שם יז, א ועיין להלן עו, ב) שיעקב היה מתיירא מזה. וכמו שכתב הרב ב"י ז"ל לשם בפסוק ויאמר ה' אל יהושע אל תירא אותו שהקשה, בשלמא גבי משה רבינו ע"ה אמרו ז"ל (נדה סא, א) שהיה מתיירא מעוג שבא לבשר את אברהם כדכתיב (בראשית יד, יג) ויבא הפליט וגו' יעויין שם, וכן יש לומר גבי יעקב שהיה מתיירא וכמו שאמרו בפרשת חקת שני בני אדם נתייראו וכו', והיינו נמי משום שהיה לעשו כבוד אב ואם. לזה אמרו וחמור זה יששכר, וקשה והלא יששכר היה בן תשיעי ולמה לא הזכיר אלא ליששכר. ונראה לי משום מה שאמרו ז"ל (לעיל עב, ה) בחנוכת המזבח ביום שני משום שהיה לו מעלת התורה יעויין שם. וידוע מה שאמרו שם במגילה גדול תלמוד תורה יותר מכבוד אב ואם יעויין שם. נמצא יש לומר שאמר עם לבן גרתי ותרי"ג מלות שמרתי ותורה גדולה מכבוד אב ואם, והראייה מחמור שיש לי זה יששכר, ולא אמר לוי או יהודה אלא שיששכר יש לו מעלת התורה וגדול תלמוד תורה מכבוד אב ואם, כי כן אנחנו רואים ביששכר שאף על פי שהיה בן תשיעי מכל מקום הקריב ביום השני בעבור מעלות התורה כדאיתא בבראשית רבה פרשה ע"ב יעויין שם. ומה שאמרו ולאן אלו ישראל היינו כמו שאמרו שם בבראשית רבה פרשה ע"ב דמבני יששכר יודעי בינה לעתים לדעת מה יעשה ישראל דהיינו ע"י התורה יודעים ברוה"ק מה יעשה ישראל מן הקמים עליהם וכמו שאמרו בבראשית רבה פרשה ע"ב יעויין שם. ומה שאמרו ועבד זה דוד היינו שיעקב אבינו עליו השלום היה מתיירא מעשו שהיה בארץ ישראל והוא היה בחוץ לארץ וכמו שאמרו כאן בפרשה, לזה אמרו ועבד זה דוד והיינו כמו שאמרו כאן בפרשה שאמר יעקב יש לי גבורים שאומרים לפני הקב"ה דבר והוא עושה להם. לפיכך בא דוד ליתן שבח והודאה בברכו מפני שאול היינו כשילא מארץ ישראל לחוץ לארץ וכמו שכתב הרב נזר הקודש יעויין שם: ומה שאמרו ועבד זה דוד היינו מה דהוה סלקא אדעתין מעיקרא דאף שהיה לעשו זכות כבוד הורים וישיבת ארץ ישראל, מכל מקום זכות התורה שהיה ליעקב הוא יותר גדול, והראייה מיששכר וכאמור, מכל מקום היה לו ליעקב אבינו עליו השלום לירא על שלקח שתי אחיות. וכן אמרו ז"ל בפרשת חוקת (במדבר רבה יט, לב) שהיה מתיירא שמא נתלכלך בבית לבן יעויין שם. וכיון שיש לחוש שזה החטא היה לו, היה לו לירא מעשו, לזה אמרו ועבד זה דוד דאמרינן בפרק ב' דסוטה (כא, א) שדואג היה אומר על דוד אלהים עזבו רדפוהו כי אין מליל והוא לא ידע כי עבירה מכבה מלוה ואין מכבה תורה יעויין שם. וכיון שיעקב אבינו עליו השלום כשהיה בבית לבן היה עוסק בתורה הגם שהיה לו איזה לכלוך מכל מקום לא היה לו לירא שירדפוהו כי עבירה אינה מכבה תורה והראייה מעבד זה דוד ודו"ק מלאתי כתוב:

אשד הנחלים

אך אחרי שעזרתו, גם אנחנו נבטח עליך שתעזרנו, ועל אותה שעה התבונן דוד לומר שאינו נפחד מאומה כי אלה ברכב גו' ואנחנו בשם ה' נזכיר ונושעה. וזה המזמור מהציור מיעקב כמו שנזכר בראשיתו ישגבך שם אלהי יעקב: **[יב] זה יוסף.** עיין לעיל בד"ה זה משוח מלחמה. ואחז בישכר לרמוז לו שלא יבטח על שעתו המצלחת לו, כי זה הוא מחכמת חוזי בכוכבים, כי גם בבניו יש שיודעי בינה לעתים ואין לפחד מזה מאומה: **מהו וארבע.** כיון שמחנה יעקב היה רבה מאוד ד' אלף רבוא מה פחד, אלא ודאי ד' מאות מלכים קושרי קשרים. ועיקר יראתו היה כיון שראה כל אותה הגדולה פחד פן יש לו זכות העומד לו:

וַיָּשֻׁבוּ הַמַּלְאָכִים אֶל יַעֲקֹב לֵאמֹר בָּאנוּ אֶל אָחִיךָ אֶל עֵשָׂו וְגַם הֹלֵךְ לִקְרָאתְךָ וְאַרְבַּע מֵאוֹת אִישׁ עִמּוֹ. וַיִּירָא יַעֲקֹב מְאֹד וַיֵּצֶר לוֹ וַיַּחַץ אֶת הָעָם אֲשֶׁר אִתּוֹ וְאֶת הַצֹּאן וְאֶת הַבָּקָר וְהַגְּמַלִּים לִשְׁנֵי מַחֲנוֹת.

The messengers returned to Jacob, saying, "We came to your brother, to Esau; moreover, he is heading toward you, and four hundred men are with him." Jacob became very frightened, and it distressed him. So he divided the people with him, and the flocks, cattle, and camels, into two camps (32:7-8).

□ [וַיָּשֻׁבוּ הַמַּלְאָכִים אֶל יַעֲקֹב לֵאמֹר בָּאנוּ אֶל אָחִיךָ אֶל עֵשָׂו וְגַם הֹלֵךְ לִקְרָאתְךָ וְאַרְבַּע מֵאוֹת אִישׁ עִמּוֹ . . . וַיַּחַץ אֶת הָעָם אֲשֶׁר אִתּוֹ – *THE MESSENGERS RETURNED TO JACOB, SAYING, "WE CAME TO YOUR BROTHER, TO ESAU; MOREOVER, HE IS HEADING TOWARD YOU, AND FOUR HUNDRED MEN ARE WITH HIM." . . . SO HE DIVIDED THE PEOPLE WITH HIM.*]

The Midrash expounds on the vastness of Esau's approaching army:

בְּאוֹתָהּ שָׁעָה הָלְכוּ אוֹתָן הַשְּׁלוּחִים אֵצֶל עֵשָׂו וְרָאוּ עִמּוֹ גִּבּוֹרִים מְזוּיָּינִין – At that time, those messengers of Jacob **went to Esau and saw armed warriors with him, וּבָאוּ וְאָמְרוּ לְיַעֲקֹב, שֶׁנֶּאֱמַר "וַיָּשֻׁבוּ הַמַּלְאָכִים אֶל יַעֲקֹב לֵאמֹר בָּאנוּ אֶל אָחִיךָ אֶל עֵשָׂו וְגוֹ׳ " – and they came** back **and told Jacob, as it is stated, *The messengers returned to Jacob, saying, "We came to your brother, to Esau*** . . . *and four hundred men are with him."* מַהוּ "וְאַרְבַּע מֵאוֹת אִישׁ עִמּוֹ" – **What is** the meaning of ***and four hundred men*** [אִישׁ] ***are with him?***[158] אָמַר רַבִּי שְׁמוּאֵל בַּר נַחְמָנִי – **R' Shmuel bar Nachmani said:** אַרְבַּע מֵאוֹת מְלָכִים קוֹשְׁרֵי כְּתָרִים – There were **four hundred kings sporting crowns,** each with his own army.[159]

NOTES

who accepted the advice of a woman not to shed blood unjustly, with Esau, who was now seeking to kill innocents (*Yefeh To'ar*).

For alternative interpretations of Jacob's allusions in this verse as expounded in our Midrash, see *Nechmad LeMareh* at length.

See Insight Ⓐ.

158. The Midrash is reluctant to interpret this literally (that Esau only had 400 men) because Jacob's resulting fear would then seem unjustified in light of the number of people he had in his own camp [who were exceptionally strong; see above, note 146] (*Eitz Yosef*).

159. Since the verse does not state אֲנָשִׁים (*men*), but rather אִישׁ (lit., *man*), the Midrash concludes that it means to imply that each of the 400 was a "man" of significance, i.e., a man who controlled his own army of men (*Eitz Yosef*). Alternatively, the Midrash is expounding the word עִמּוֹ as connoting "like him," as it did in §7 above; see note 79 (*Yefeh To'ar*). [See also *Haamek Davar*, and see above, §7 with note 78.] According to R' Shmuel bar Nachmani, each of these men was a king in his own right.

INSIGHTS

Ⓐ **Resisting the Threat of Esau** The Midrash here expounds Jacob's account of his various possessions as allusions to Joseph, Issachar, the people of Israel, King David, and Abigail. How do these various references relate to one another?

Alshich (to our verse) explains: For all the deference Jacob showed Esau in this encounter, he wished to impress upon Esau that he, Jacob, was not afraid. The allusions were intended to demonstrate to Esau that Israel possessed, and would always possess, the means to neutralize the threat posed by Esau and his descendants.

Jacob began with a reference to Joseph. From Scripture we learn that Joseph is the nemesis of Esau. The verse states (*Obadiah* 1:18): *The house of Jacob will be fire, the house of Joseph a flame, and the house of Esau as straw, and they will ignite them and devour them; there will be no survivor of the house of Esau, for God has spoken.* With the birth of Joseph, Jacob's own fear of Esau evaporated, and he felt ready to leave the house of Laban and return home (see below, 84 §5; *Rashi* on 30:25 above).

Joshua (from the tribe of Ephraim) was the first of Joseph's descendants to defeat the house of Esau in battle. This occurred when the nation of Amalek attacked Israel in the Wilderness. Moses sent Joshua to conduct the battle, while Moses stood with hands uplifted in prayer. Bolstered by Moses' prayer, Joshua was victorious (see *Exodus* 17:8-13).

Lest Esau imagine that Moses' prayer is essential to Israel's future ascendancy, which must then perforce ebb with Moses' death, Jacob made reference to the tribe of Issachar, who would combat the threat posed by Edom in the time after the death of Moses. Jacob reasoned thus: Israel becomes vulnerable to Edom *only* when Israel turns away from God and fails to observe His Torah (see Mishnah, *Rosh Hashanah* 29a; *Sanhedrin* 106a; *Rashi* to 27:40 above and to *Numbers* 21:1). [Indeed, the Rabbis teach that the Amalekite attack countered by Joshua resulted from a weakening in Israel's devotion to the Torah (*Sanhedrin* ibid.).] The tribe of Issachar knows "what the Holy One, blessed is He, is doing in His world" and "what Israel should do" in response. That is to say, they know, through Divine Inspiration, when God is pleased with Israel and when He is angered, and at the times of His anger, they shall warn Israel and urge them to repent their sins and return to God. Thus, Jacob asserted, the sins would be forgiven and the danger from Edom averted.

Next, Jacob spoke of his "flocks," the people of Israel. This alluded to the time of Israel's decline, when Divine Inspiration would no longer be prevalent, and Issachar would be powerless to save the people of Israel from sin. What would then prevent Israel from becoming vulnerable to Edom? To this Jacob responded that his "flocks," the people of Israel themselves, would provide this protection, by means of their submission — like sheep — to God's rod of chastisement. The Midrash (cited in *Alshich*) states that Israel is compared in Scripture to a sheep (see, for example, *Ezekiel* 36:37-38) to teach that: מַה צֹּאן מַכֶּה אוֹתוֹ וְאֵינוֹ בּוֹעֵט אַף יִשְׂרָאֵל סוֹבְלִין יִסּוּרִין וְכוּ׳, *Just as a sheep endures blows [and does not rebel against its owner], so too Israel endures affliction [and does not rebel against their Maker]*. By accepting affliction, Israel is cleansed of sin (see *Kiddushin* 40b, with *Rashi*; *Bava Metzia* 85a); and free of sin, they are invulnerable to the depredations of Edom.

One might protest that this too must have an end. Even God's faithful cannot forever endure suffering. The exile and its persecutions must ease if Israel is to survive. But when this comes to pass, how *will* Israel survive, without the merit of accepting affliction to cleanse it from sin? Jacob therefore indicated that when the exile ends, Israel will be protected by the merit of God's servant David, with the coming of the Messiah of David's line. And it is he who will exact God's vengeance upon the descendants of Esau.

Now, Esau might argue that the merit of David cannot serve to protect Israel, for King David would fight many wars and many would fall to his sword, some of whom [Esau would argue] would surely be killed without sufficient cause. As proof to this, Esau could cite the incident that would occur with Nabal of Carmel, whose household David threatened to kill in response to Nabal's insult. The power of Esau, who lives by the sword (above, 27:40), cannot be opposed by one whose *own* sword was employed unrighteously!

Jacob disposed of this argument by alluding to Abigail, "the handmaiden," on whose advice David *refrained* from shedding blood in the incident of Nabal of Carmel. With regard to the deed of Abigail, the Midrash cites a phrase from the lament of David for Jonathan (*II Samuel* 1:26): *Your love was more wondrous to me than the love of women. Yalkut Shimoni* (§141, to that verse) identifies these women as: *Michal and Abigail: Michal in this world, and Abigail in the World to Come.* The quick action of Michal saved David's life in this world (see *I Samuel* 19:12-13). Abigail, through her wise counsel, kept him from sin and thus preserved his portion in the World to Come. With this reference Jacob demonstrated that the sword of David would be pure, unsullied by innocent blood. Thus, David's merit will remain intact, and, at exile's end, will defend Israel from Edom.

Jacob's allusions signaled that he was not awed by Esau's show of power. Although it served Jacob for the moment to defer to his enemy, he made it clear that deference should not be taken for submission. He was confident that through the centuries that lay ahead, and in every circumstance that would arise, the hand of God's protection would always be extended to him and to his descendants.

יב דָּבָר אַחֵר, [לב, ו] **"וַיְהִי לִי שׁוֹר וַחֲמוֹר", יח"שׁוֹר" זֶה יוֹסֵף, שֶׁנֶּאֱמַר** (דברים לג, יז) **"בְּכוֹר שׁוֹרוֹ הָדָר לוֹ", "חֲמוֹר" זֶה יִשָּׂשכָר, דִּכְתִיב** (לקמן מט, יד) **"יִשָּׂשכָר חֲמֹר גָּרֶם", וּבֶן בְּנוֹ שֶׁל יוֹסֵף עוֹמֵד לְכַלּוֹת אֶת עֲמָלֵק, שֶׁנֶּאֱמַר** (שמות יז, יג) **"וַיַּחֲלֹשׁ יְהוֹשֻׁעַ אֶת עֲמָלֵק וְאֶת עַמּוֹ לְפִי חָרֶב", וּבָנָיו שֶׁל יִשָּׂשכָר יטיוֹדְעִין מָה הַקָּדוֹשׁ בָּרוּךְ הוּא עוֹשֶׂה בְּעוֹלָמוֹ, שֶׁנֶּאֱמַר** (דברי הימים-א יב, לג) **"וּמִבְּנֵי יִשָּׂשכָר יוֹדְעֵי בִינָה לָעִתִּים לָדַעַת מַה יַּעֲשֶׂה יִשְׂרָאֵל רָאשֵׁיהֶם מָאתַיִם", "וְצֹאן" אֵלּוּ יִשְׂרָאֵל, שֶׁנֶּאֱמַר** (יחזקאל לד, לא) **"וְאַתֵּן צֹאנִי צֹאן מַרְעִיתִי אָדָם אַתֶּם", "וְעֶבֶד" זֶה דָּוִד, שֶׁנֶּאֱמַר** (תהלים קטז, טז) **"אֲנִי עַבְדְּךָ בֶּן אֲמָתֶךָ", "וְשִׁפְחָה" זוֹ אֲבִיגַיִל, שֶׁנֶּאֱמַר** (שמואל-א כה, מא) **"הִנֵּה אֲמָתְךָ לְשִׁפְחָה". בְּאוֹתָהּ שָׁעָה הָלְכוּ אוֹתָן הַשְּׁלוּחִים אֵצֶל עֵשָׂו וְרָאוּ עִמּוֹ גִּבּוֹרִים מְזוּיָּנִין, וּבָאוּ וְאָמְרוּ לְיַעֲקֹב, שֶׁנֶּאֱמַר** [לב, ז] **"וַיָּשֻׁבוּ הַמַּלְאָכִים אֶל יַעֲקֹב לֵאמֹר בָּאנוּ אֶל אָחִיךָ אֶל עֵשָׂו וְגוֹ'", מַהוּ** [שם] **"וְאַרְבַּע מֵאוֹת אִישׁ עִמּוֹ", אָמַר רַבִּי שְׁמוּאֵל בַּר נַחְמָנִי: אַרְבַּע מֵאוֹת מְלָכִים קוֹשְׁרֵי כְּתָרִים, וְיֵשׁ אוֹמְרִים: אַרְבַּע מֵאוֹת מִינֵי אִפַּרְכִין הָיוּ עִמּוֹ, וְרַבִּי יַנַּאי אָמַר: אַרְבַּע מֵאוֹת רָאשֵׁי גְּיָיסוֹת הָיוּ עִמּוֹ, וְכֵיוָן שֶׁאָמְרוּ לוֹ לְיַעֲקֹב כָּל אוֹתָהּ גְּדוּלָּה הָיָה מִתְיָירֵא וְהָיָה מְחַלֵּק אֶת נָשָׁיו וְאֶת בָּנָיו לִשְׁתֵּי מַחֲנוֹת, שֶׁנֶּאֱמַר** [לב, ח] **"וַיַּחַץ אֶת הָעָם אֲשֶׁר אִתּוֹ":**

עץ יוסף

(יב) שור זה יוסף. שהוא שטנו של עשו וכדמסיק שבן בנו של יוסף הוא עומד לכלות את עמלק: **חמור זה יששכר.** וכמו שמסיק שזרעו של יששכר יודעין כו': **יודעים מה הקדוש ברוך הוא כו'.** כלומר שהם יודעים ומשיגים ברוח הקודש גזירת שמים, ועל זה אמר **לדעת מה יעשה ישראל** רצונו לומר שהם מגלין אוזן ישראל למען ידעו לתקן הדבר בתשובה ומעשים טובים: **וצאן אלו ישראל.** כלומר שיש להם זכות ממה שנקראים צאן בהיותם נמשכים אחר הקדוש ברוך הוא בתמימות כצאן אחר הרועה וכדאיתא בשמות רבה פרשה כ"ד (סימן ג): **עבד זה דוד.** שהוא עבד ה' והוא הכניע את זרעו של עשו שהם שם נציבים. ולפי שהזכיר זכות דוד הזכיר גם כן זכות אביגיל שנבאה על דוד כי מלחמת ה' אדוני נלחם וכתיב כי מלחמה לה' בעמלק (יפה תואר). ובתנא דבי אליהו הגירסא שפחה זו רות שילא ממנה דוד אלא שכאן דקאמר עבד זה דוד אין מתיישב לגרוס רות דהיא היא. ובתנחומא גרס עבד זה משה: **מהו וארבע מאות איש עמו.** דמעט הם ולמה ירא יעקב כי רבים אשר אתו. ומשני מדלא כתיב אנשים וכתיב איש משמע דכל אחד היה איש חשוב בפני עצמו שהיה תחתיו כמה חיילות, ועיקר יראתו היה כיון שראה כל אותה הגדולה פחד פן יש לו זכות העומד לו:

פירוש מהרז"ו

(יב) בבור שורו. וראש דבריו וליוסף אמר, ואף שדברי סימן זה כבר נאמרו בסימן ו' ז' כאשר הקדמנו כבר שזהו דרך המדרש שמעתיק מכמה מקומות, על כן באו הדברים כפולים ובשינויים: **את נשיו ואת בניו.** שגם הם בכלל מה שנאמר ויחץ את העם, וכן מובא לקמן (עט, ה) לבד מה שנאמר ויחץ את הילדים על לאה וכו':

חידושי הרד"ל

[יב] זו אביגיל. לא נמצא מאביגיל וזרעה מושיע רב לישורון, אף שזכתה ויצאה ממנה כלאב שהיה מכלים פני מפיבושת בהלכה (ברכות ד, א), ובתנא דבי אליהו הביא הגירסא שפחה זו רות שילא ממנה דוד. אלא שכאן דקאמר עבד זה דוד אין מתיישב כל כך לגרוס רות דהיא היא, וגם בתנחומא (כאן סימן א) דרש עבד זה משה:

חידושי הרש"ש

[יב] יודעין מה הקב"ה עושה כו' שנאמר כו' יודעי בינה כו' לדעת כו'. רצה לומר כיון שיודעין מה הקב"ה עושה בעולמו לכן יוכלו לדעת מה יעשה. והוא על דרך שספרו בברכות (יח, ב) על ההוא חסיד ששמע שכל הזורע ברביעה ראשונה ברד מלקה אותו והלך הוא וזרע ברביעה שניה כו' שלו לא לקה:

אמרי יושר

[יב] רבנן אמרי שור זה יוסף. כי לזה לקחו בלשון יחיד. גם לזה פרט המינים כולם:

מסורת המדרש

יח. בבא קמא דף י"ז:
יט. עיין לעיל פרשה ע"ב. ובילקוט דברי הימים רמז תת"ף ע"ט:

אם למקרא

בְּכוֹר שׁוֹרוֹ הָדָר לוֹ וְקַרְנֵי רְאֵם קַרְנָיו בָּהֶם עַמִּים יְנַגַּח יַחְדָּו אַפְסֵי אָרֶץ וְהֵם רִבְבוֹת אֶפְרַיִם וְהֵם אַלְפֵי מְנַשֶּׁה: (דברים לג:יז)

יִשָּׂשכָר חֲמֹר גָּרֶם רֹבֵץ בֵּין הַמִּשְׁפְּתָיִם: (בראשית מט:יד)

וַיַּחֲלֹשׁ יְהוֹשֻׁעַ אֶת עֲמָלֵק וְאֶת עַמּוֹ לְפִי חָרֶב: (שמות יז:יג)

וּמִבְּנֵי יִשָּׂשכָר יוֹדְעֵי בִינָה לָעִתִּים לָדַעַת מַה יַּעֲשֶׂה יִשְׂרָאֵל רָאשֵׁיהֶם מָאתַיִם וְכָל אֲחֵיהֶם עַל פִּיהֶם: (דברי הימים א יב:לג)

וְאַתֵּן צֹאנִי צֹאן מַרְעִיתִי אָדָם אַתֶּם אֲנִי אֱלֹהֵיכֶם נְאֻם אֲדֹנָי ה': (יחזקאל לד:לא)

אָנָּה ה' כִּי אֲנִי עַבְדֶּךָ אֲנִי עַבְדְּךָ בֶּן אֲמָתֶךָ פִּתַּחְתָּ לְמוֹסֵרָי: (תהלים קטז:טז)

וַתָּקָם וַתִּשְׁתַּחוּ אַפַּיִם אָרְצָה וַתֹּאמֶר הִנֵּה אֲמָתְךָ לְשִׁפְחָה לִרְחֹץ רַגְלֵי עַבְדֵי אֲדֹנִי: (שמואל א כה:מא)

רש"י

(יב) באנו אל אחיך אל עשו. אתה נוהג בו כאח, אך עשו והוא נוהג בך כעשו:

מתנות כהונה

[יב] מה יעשה ישראל. לעמוד בציוויו של הקדוש ברוך הוא: **אפרכין.** שלטונין על אפרכיות:

נחמד למראה

[יב] דבר אחר ויהי לי שור וחמור שור זה יוסף שנאמר בכור שורו הדר לו וכו'. ירצה כוונת זה המדרש על פי שאמרו רבותינו ז"ל (דברים רבה י, ב) על פסוק והאלהים עשה שייראו מלפניו שיתייראו הבריות מן הצדיקים בראות מעלתם שגוזרים והקב"ה מקיים גזירתם, כענין מלחמת גבעון שגזר יהושע שמש בגבעון דום, הכי נמי שלח יעקב לומר לעשו ויהי לי שור זה יוסף כדי לייראו, משום דמפסוק זה בכור שורו נלמד שעתיד היה השמש לעמוד ולא אך לבוא כיום תמים (יהושע י, טו) כמו שאמרו ז"ל על פסוק בכור שורו הדר לו יעויין שם (בראשית רבה ו, ט), וכמו שאמר ה' ליהושע אל תירא מהם דהא יש כח בידך שיעמוד השמש בחצי השמים וכמו שאמרו בבראשית רבה (ו, ט) יעויין שם. ומשום דקשה שעשו יש לו זכות כבוד אב ואם וכמו שאמרו במגילה נקראת (עיין שם יז, א ועיין להלן טו, ב) שיעקב היה מתיירא מזה. וכמו שכתב הרב ב"י ז"ל לשם בפסוק ויאמר ה' אל יהושע אל תירא אותו שהקשה, בשלמא גבי משה רבינו ע"ה אמרו ז"ל (נדה סא, א) שהיה מתיירא מעוג שבא לבשר את אברהם כדכתיב (בראשית יד, יג) ויבא הפליט וגו' יעויין שם, וכן יש לומר גבי יעקב שהיה מתיירא וכמו שאמרו בפרשת חקת שני בני אדם נתייראו וכו', והיינו נמי משום שהיה לעשו כבוד אב ואם. לזה אמרו וחמור זה יששכר, וקשה והלא יששכר היה בן תשיעי ולמה לא הזכיר אלא ליששכר. ונראה לי משום מה שאמרו ז"ל (לעיל עב, ה) בחנוכת המזבח ביום שני משום שהיה לו מעלת התורה יעויין שם. וידוע מה שאמרו שם במגילה גדול תלמוד תורה יותר מכבוד אב ואם יעויין שם. נמצא יש לומר שאמר עם לבן גרתי ותרי"ג מצות שמרתי ותורה גדולה מכבוד אב ואם, והראייה מחמור שיש לי זה יששכר, ולא אמר לוי או יהודה אלא שיששכר יש לו מעלת התורה וגדול תלמוד תורה מכבוד אב ואם, כי כן אנחנו רואים ביששכר שאע"פ שהיה בן תשיעי מכל מקום הקריב ביום השני בעבור מעלות התורה כדאיתא בבראשית רבה פרשה ע"ב יעויין שם. ומה שאמרו וצאן אלו ישראל היינו כמו שאמרו שם בבראשית רבה פרשה ע"ב דמבני יששכר יודעי בינה לעתים לדעת מה יעשה ישראל דהיינו ע"י התורה יודעים ברוה"ק מה יעשה ישראל מן הקמים עליהם וכמו שאמרו בבראשית רבה פרשה ע"ב יעויין שם. ומה שאמרו ועבד זה דוד היינו שיעקב אבינו עליו השלום היה מתיירא מעשו שהיה בארץ ישראל והוא היה בחוץ לארץ וכמו שאמרו כאן בפרשה, לזה אמרו ועבד זה דוד והיינו כמו שאמרו כאן בפרשה שאמר יעקב יש לי גבורים שאומרים לפני הקב"ה דבר והוא עושה להם. לפיכך בא דוד ליתן שבח והודאה בברחו מפני שאול היינו כשילא מארץ ישראל לחוץ לארץ וכמו שכתב הרב נזר הקודש יעויין שם: ומה שאמרו ועבד זה דוד היינו מה דהוה סלקא אדעתין מעיקרא דאף שהיה לעשו זכות כבוד הורים וישיבת ארץ ישראל, מכל מקום זכות התורה שהיה ליעקב הוא יותר גדול, והראייה מיששכר וכאמור, מכל מקום היה לו ליעקב אבינו עליו השלום לירא על שלקח שתי אחיות. וכן אמרו ז"ל בפרשת חוקת (במדבר רבה יט, לב) שהיה מתיירא שמא נתלכלך בבית לבן יעויין שם. וכיון שיש לחוש שזה החטא היה לו, היה לו לירא מעשו, לזה אמרו ועבד זה דוד דאמרינן בפרק ב' דסוטה (כא, א) שדואג היה אומר על דוד אלהים עזבו רדפוהו כי אין מציל והוא לא ידע כי עבירה מכבה מצוה ואין מכבה תורה יעויין שם. וכיון שיעקב אבינו עליו השלום כשהיה בבית לבן היה עוסק בתורה הגם שהיה לו איזה לכלוך מכל מקום לא היה לו לירא שירדפוהו כי עבירה אינה מכבה תורה והראייה מעבד זה דוד ודו"ק מלאתי כתוב:

אשד הנחלים

אך אחרי שעזרתו, גם אנחנו נבטח עליך שתעזרנו, ועל אותה שעה התבונן דוד לומר שאינו נפחד מאומה כי אלה ברכב גו' ואנחנו בשם ה' נזכיר ונושעה. וזה המזמור מהציור מיעקב כמו שנזכר בראשיתו ישגבך שם אלהי יעקב: **[יב] זה יוסף.** עיין לעיל בד"ה זה משוח מלחמה. ואחז בישׂשכר לרמוז לו שלא יבטח על שעתו המצלחת לו, כי זה הוא מחכמת חוזי בכוכבים, כי גם בבניו יש שיודעי בינה לעתים ואין לפחד מזה מאומה: **מהו וארבע.** כיון שמחנה יעקב היה רבה מאוד ד' אלף רבוא מה פחד, אלא ודאי ד' מאות מלכים קושרי קשרים. ועיקר יראתו היה כיון שראה כל אותה הגדולה פחד פן יש לו זכות העומד לו:

וְיֵשׁ אוֹמְרִים: אַרְבַּע מֵאוֹת מִינֵי אִפַּרְכִין הָיוּ עִמּוֹ — **And some** sages **say that there were four hundred types of eparchs with him.**[160] וְרַבִּי יַנַּאי אָמַר — **And R' Yannai said:** אַרְבַּע מֵאוֹת רָאשֵׁי גְּיָיסוֹת הָיוּ עִמּוֹ — **There were four hundred heads of** army **regiments with him.**[161] וְכֵיוָן שֶׁאָמְרוּ לוֹ לְיַעֲקֹב כָּל אוֹתָהּ גְּדוּלָּה הָיָה מִתְיָירֵא — **As soon as they told Jacob** about **all this greatness** that Esau had at his side, **he was afraid,**[162] וְהָיָה מְחַלֵּק אֶת נָשָׁיו וְאֶת בָּנָיו לִשְׁתֵּי מַחֲנוֹת — **so he divided his wives and his children into two camps,** שֶׁנֶּאֱמַר ״וַיַּחַץ אֶת הָעָם אֲשֶׁר אִתּוֹ״ — **as it is stated,** ***so he divided the people with him*** (v. 8).[163]

NOTES

160. The term *eparch* is of Greek origin, and refers to rulers of a province (or eparchy). According to these sages, each of these men ruled over a province, not over an entire kingdom.

161. According to R' Yannai, each of these men ruled over an army regiment.

162. His primary fear was not the size of Esau's armies; rather, it was that Esau obviously had some merit that was the reason for all this success, merit that might help him against Jacob as well (*Eitz Yosef*).

163. That is: It was because Jacob was quite certain that Esau would defeat him (because of his huge army) that Jacob divided his camp, in the hope that Esau's anger at him would be assuaged after wiping out *half* his camp and that he would spare the other half (see v. 9, cited next by the Midrash). If he thought his camp had a chance against Esau, he would not have divided his camp, for doing so would have diminished his chances of winning in battle (*Yefeh To'ar*).

[It is evident that the current Midrash is in disagreement with §5, §6, and §10 which state that Jacob was *not* afraid of Esau. However, §1-3 agree with the current Midrash that Jacob *was* afraid of Esau.]

By mentioning Jacob's wives and children, the Midrash is telling us that even though they are not mentioned in the verse cited here, Jacob divided them as well. See also below, 79 §5, and see 33:1 below (*Maharzu*). Alternatively, the Midrash is telling us that it is in order to teach us that Jacob also divided his wives and children that the verse includes the otherwise extraneous words אֲשֶׁר אִתּוֹ, lit., *that were with him* (*Tiferes Tzion*).

יב דָּבָר אַחֵר, [לב, ו] "וַיְהִי לִי שׁוֹר וַחֲמוֹר", יח"שׁוֹר" זֶה יוֹסֵף, שֶׁנֶּאֱמַר (דברים לג, יז) "בְּכוֹר שׁוֹרוֹ הָדָר לוֹ", "חֲמוֹר" זֶה יִשָּׂשכָר, דִּכְתִיב (לקמן מט, יד) "יִשָּׂשכָר חֲמֹור גָּרֶם", וּבֶן בְּנוֹ שֶׁל יוֹסֵף עוֹמֵד לְכַלּוֹת אֶת עֲמָלֵק, שֶׁנֶּאֱמַר (שמות יז, יג) "וַיַּחֲלֹשׁ יְהוֹשֻׁעַ אֶת עֲמָלֵק וְאֶת עַמּוֹ לְפִי חָרֶב", וּבָנָיו שֶׁל יִשָּׂשכָר יטיוֹדְעִין מָה הַקָּדוֹשׁ בָּרוּךְ הוּא עוֹשֶׂה בְּעוֹלָמוֹ, שֶׁנֶּאֱמַר (דברי הימים-א יב, לג) "וּמִבְּנֵי יִשָּׂשכָר יוֹדְעֵי בִינָה לָעִתִּים לָדַעַת מַה יַּעֲשֶׂה יִשְׂרָאֵל רָאשֵׁיהֶם מָאתַיִם", "וְצֹאן" אֵלּוּ יִשְׂרָאֵל, שֶׁנֶּאֱמַר (יחזקאל לד, לא) "וְאַתֵּן צֹאנִי צֹאן מַרְעִיתִי אָדָם אַתֶּם", "וְעֶבֶד" זֶה דָּוִד, שֶׁנֶּאֱמַר (תהלים קטז, טז) "אֲנִי עַבְדְּךָ בֶּן אֲמָתֶךָ", "וְשִׁפְחָה" זוֹ אֲבִיגַיִל, שֶׁנֶּאֱמַר (שמואל-א כה, מא) "הִנֵּה אֲמָתְךָ לְשִׁפְחָה". בְּאוֹתָהּ שָׁעָה הָלְכוּ אוֹתָן הַשְּׁלוּחִים אֵצֶל עֵשָׂו וְרָאוּ עִמּוֹ גִּבּוֹרִים מְזוּיָּנִין, וּבָאוּ וְאָמְרוּ לְיַעֲקֹב, שֶׁנֶּאֱמַר [לב, ז] "וַיָּשֻׁבוּ הַמַּלְאָכִים אֶל יַעֲקֹב לֵאמֹר בָּאנוּ אֶל אָחִיךָ אֶל עֵשָׂו וְגוֹ' ", מַהוּ [שם] "וְאַרְבַּע מֵאוֹת אִישׁ עִמּוֹ", אָמַר רַבִּי שְׁמוּאֵל בַּר נַחְמָנִי: אַרְבַּע מֵאוֹת מְלָכִים קוֹשְׁרֵי כְּתָרִים, וְיֵשׁ אוֹמְרִים: אַרְבַּע מֵאוֹת מִינֵי אִפַּרְכִין הָיוּ עִמּוֹ, וְרַבִּי יַנַּאי אָמַר: אַרְבַּע מֵאוֹת רָאשֵׁי גְּיָיסוֹת הָיוּ עִמּוֹ, וְכֵיוָן שֶׁאָמְרוּ לוֹ לְיַעֲקֹב כָּל אוֹתָהּ גְּדוּלָּה הָיָה מִתְיָירֵא וְהָיָה מְחַלֵּק אֶת נָשָׁיו וְאֶת בָּנָיו לִשְׁתֵּי מַחֲנוֹת, שֶׁנֶּאֱמַר [לב, ח] "וַיַּחַץ אֶת הָעָם אֲשֶׁר אִתּוֹ":

פירוש מהרז"ו

(יב) בכור שורו. ורלש דבריו וליוסף למר, ולף שדברי סימן זה כבר נלמרו בסימן ו' ז' כלשר הקדמנו כבר שזהו דרך המדרש שמעתיק מכמה מקומות, על כן בלו הדברים כפולים ובשינויים: **את נשיו ואת בניו.** שגם הם בכלל מה שנלמר ויחן לת העם, וכן מוכח לקמן (עט, ה) לבד מה שנלמר ויחן לת הילדים על ללה וכו':

עץ יוסף

(יב) שור זה יוסף. שהול שטנו של עשו וכדמסיק שבן בנו של יוסף הול עומד לכלות לת עמלק: **חמור זה יששכר.** וכמו שמסיק שזרעו של יששכר יודעין כו': **יודעים מה הקדוש ברוך הוא בו'.** כלומר שהם יודעים ומשיגים ברוח הקודש גזירת שמים, ועל זה למר **לדעת מה יעשה ישראל** רלונו לומר שהם מגלין לוזן ישרלל למען ידעו לתקן הדבר בתשובה ומעשים טובים: **וצאן אלו ישראל.** כלומר שיש להם זכות ממה שנקרלים לאן בהיותם נמשכים לחר הקדוש ברוך הול בתמימות כלאן לחר הרועה וכדליתל בשמות רבה פרשה כ"ד (סימן ג): **עבד זה דוד.** שהול עבד ה' והול הכניע לת זרעו של עשו ששם שם נליבים. ולפי שהזכיר זכות דוד הזכיר גם כן זכות לביגיל שנבלה על דוד כי מלחמת ה' לדוני נלחם וכתיב כי מלחמה לה' בעמלק (יפה תולר). ובתנל דבי בלליהו הגירסל שפחה זו רות שיללל ממנה דוד ללל שכלן דקלמר עבד זה דוד לין מתיישב לגרוס רות דהיל היל. ובתנחומל גרס עבד זה משה: **מהו וארבע מאות איש עמו.** דמעט הם ולמה ירל יעקב כי רבים לשר לתו. ומשני מדלל כתיב לנשים וכתיב ליש משמע דכל לחד היה ליש חשוב בפני עלמו שהיה תחתיו כמה חיילות, ועיקר ירלתו היה כיון שרלה כל לותה הגדולה פחד פן יש לו זכות העומד לו:

רש"י

(יב) באנו אל אחיך אל עשו. לתה נוהג בו כלח, לל עשו והול נוהג בך כעשו:

מתנות כהונה

[יב] מה יעשה ישראל. לעמוד בליוויו של הקדוש ברוך הול: **אפרכין.** שלטונין על לפרכיות:

נחמד למראה

[יב] דבר אחר ויהי לי שור וחמור שור זה יוסף שנאמר בכור שורו הדר לו וכו'. ירלה כוונת זה המדרש על פי שלמרו רבותינו ז"ל (דברים רבה י, ב) על פסוק והללהים עשה שייראו מלפניו שיתיירלו הבריות מן הלדיקים ברלות מעלתם שגוזרים והקב"ה מקיים גזירתם, כענין מלחמת גבעון שגזר יהושע שמש בגבעון דום, הכי נמי שלח יעקב לומר לעשו ויהי לי שור זה יוסף כדי לייראו, משום דמפסוק זה בכור שורו נלמד שעתיד היה השמש לעמוד ולל לן לבול כיום תמים (יהושע יז, טו) כמו שלמרו ז"ל על פסוק בכור שורו הדר לו יעויין שם (ברלשית רבה ו, ט), וכמו שלמר ה' ליהושע לל תירל מהם דהל יש כח בידך שיעמוד השמש בחלי השמים וכמו שלמרו בברלשית רבה (ו, ט) יעויין שם. ומשום דקשה שעשו יש לו זכות כבוד לב ולם וכמו שלמרו במגילה נקרלת (עיין שם יז, ל ועיין להלן עו, ב) שיעקב היה מתיירל מזה. וכמו שכתב הרב ב"י ז"ל לשם בפסוק ויאמר ה' לל יהושע לל תירל לותו שהקשה, בשלמל גבי משה רבינו ע"ה למרו ז"ל (נדה סל, ל) שהיה מתיירל מעוג שבל לבשר לת לברהם כדכתיב (ברלשית יד, יג) ויבל הפליט וגו' יעויין שם, וכן יש לומר גבי יעקב שהיה מתיירל וכמו שלמרו בפרשת חקת שני בני לדם נתיירלו וכו', והיינו נמי משום שהיה לעשו כבוד לב ולם. לזה למרו וחמור זה יששכר, וקשה והלל יששכר היה בן תשיעי ולמה לל הזכיר ללל ליששכר. ונרלה לי משום מה שלמרו ז"ל (לעיל עב, ה) בחנוכת המזבח ביום שני משום שהיה לו מעלת התורה יעויין שם. וידוע מה שלמרו שם במגילה גדול תלמוד תורה יותר מכבוד לב ולם יעויין שם. נמלל יש לומר שלמר עם לבן גרתי ותרי"ג מלות שמרתי ותורה גדולה מכבוד לב ולם, והרלייה מחמור שיש לי זה יששכר, ולל למר לוי לו יהודה ללל שיששכר יש לו מעלת התורה וגדול תלמוד תורה מכבוד לב ולם, כי כן לנחנו רולים ביששכר שלע"פ שהיה בן תשיעי מכל מקום הקריב ביום השני בעבור מעלות התורה כדליתל בברלשית רבה פרשה ע"ב יעויין שם. ומה שלמרו ולאן ללו ישרלל היינו כמו שלמרו שם בברלשית רבה פרשה ע"ב דמבני יששכר יודעי בינה לעתים לדעת מה יעשה ישרלל דהיינו ע"י התורה יודעים ברוה"ק מה יעשה ישרלל מן הקמים עליהם וכמו שלמרו בברלשית רבה פרשה ע"ב יעויין שם. ומה שלמרו ועבד זה דוד היינו שיעקב לבינו עליו השלום היה מתיירל מעשו שהיה בלרץ ישרלל והול היה בחוץ ללרץ וכמו שלמרו כלן בפרשה, לזה למרו ועבד זה דוד והיינו כמו שלמרו כלן בפרשה שלמר יעקב יש לי גבורים שלומרים לפני הקב"ה דבר והול עושה להם. לפיכך בל דוד ליתן שבח והודלה בברחו מפני שלול היינו כשילל מלרץ ישרלל לחוץ ללרץ וכמו שכתב הרב נזר הקודש יעויין שם: ומה שלמרו ועבד זה דוד היינו מה דהוה סלקל לדעתין מעיקרל דלף שהיה לעשו זכות כבוד הורים וישיבת לרץ ישרלל, מכל מקום זכות התורה שהיה ליעקב הול יותר גדול, והרלייה מיששכר וכלמור, מכל מקום היה לו ליעקב לבינו עליו השלום לירל על שלקח שתי לחיות. וכן למרו ז"ל בפרשת חוקת (במדבר רבה יט, לב) שהיה מתיירל שמל נתלכלך בבית לבן יעויין שם. וכיון שיש לחוש שזה החטל היה לו, היה לו לירל מעשו, לזה למרו ועבד זה דוד דלמרינן בפרק ב' דסוטה (כל, ל) שדולג היה לומר על דוד לללהים עזבו רדפוהו כי לין מליל והול לל ידע כי עבירה מכבה מלוה ולין מכבה תורה יעויין שם. וכיון שיעקב לבינו עליו השלום כשהיה בבית לבן היה עוסק בתורה הגם שהיה לו ליזה לכלוך מכל מקום לל היה לו לירל שירדפוהו כי עבירה לינה מכבה תורה והרלייה מעבד זה דוד ודו"ק מלחתי כתוב:

אשד הנחלים

אך אחרי שעזרתו, גם אנחנו נבטח עליך שתעזרנו, ועל אותה שעה התבונן דוד לומר שאינו נפחד מאומה כי אלה ברכב גו' ואנחנו בשם ה' נזכיר ונושעה. וזה המזמור מהציור מיעקב כמו שנזכר בראשיתו ישגבך שם אלהי יעקב: **[יב] זה יוסף.** עיין לעיל בד"ה זה משוח מלחמה. ואחז בישכר לרמוז לו שלא יבטח על שעתו המצלחת לו, כי זה הוא מחכמת חוזי בכוכבים, כי גם בבניו יש שיודעי בינה לעתים ואין לפחד מזה מאומה: **מהו וארבע.** כיון שמחנה יעקב היה רבה מאוד ד' אלף רבוא מה פחד, אלא ודאי ד' מאות מלכים קושרי קשרים. ועיקר יראתו היה כיון שראה כל אותה הגדולה פחד פן יש לו זכות העומד לו:

חידושי הרד"ל

[יב] זו אביגיל. לל נמלל מלביגיל וזרעה מושיע רב לישורון, לף שזכתה ויללה ממנה כלל שהיה מכלים פני מפיבושת בהלכה (ברכות ד, ל), ובתנל דבי לליהו הגירסל שפחה זו רות שיללל ממנה דוד. ללל שכלן דקלמר עבד זה דוד לין מתיישב כל כך לגרוס רות דהיל היל, ושם בתנחומל (כלן סימן ל) דרש עבד זה משה:

חידושי הרש"ש

[יב] יודעין מה הקב"ה עושה כו' שנאמר כו' יודעי בינה כו' לדעת כו'. רלה לומר כיון שיודעין מה הקב"ה עושה בעולמו לכן יוכלו לדעת מה יעשה. והול על דרך שספרו בברכות (יח, ב) על ההול חסיד ששמע שכל הזורע ברביעה רלשונה ברד מלקה לותו והלך הול וזרע ברביעה שניה כו' שלו לל לקה:

אמרי יושר

[יב] רבנן אמרי שור זה יוסף. כי לזה לקחו בלשון יחיד. גם לזה פרט המינים כולם:

מסורת המדרש

יח. בבל קמל דף י"ז: יט. עיין לעיל פרשה ע"ב. ובילקוט דברי הימים רמז לל"ף ע"ט:

אם למקרא

בְּכוֹר שׁוֹרוֹ הָדָר לוֹ וְקַרְנֵי רְאֵם קַרְנָיו בָּהֶם עַמִּים יְנַגַּח יַחְדָּו אַפְסֵי אָרֶץ וְהֵם רִבְבוֹת אֶפְרַיִם וְהֵם אַלְפֵי מְנַשֶּׁה: (דברים לג:יז)

יִשָּׂשכָר חֲמֹר גָּרֶם רֹבֵץ בֵּין הַמִּשְׁפְּתָיִם: (בראשית מט:יד)

וַיַּחֲלֹשׁ יְהוֹשֻׁעַ אֶת עֲמָלֵק וְאֶת עַמּוֹ לְפִי חָרֶב: (שמות יז:יג)

וּמִבְּנֵי יִשָּׂשכָר יוֹדְעֵי בִינָה לָעִתִּים לָדַעַת מַה יַּעֲשֶׂה יִשְׂרָאֵל רָאשֵׁיהֶם מָאתַיִם וְכָל אֲחֵיהֶם עַל פִּיהֶם: (דברי הימים א יב:לג)

וְאַתֵּן צֹאנִי צֹאן מַרְעִיתִי אָדָם אַתֶּם אֲנִי אֱלֹהֵיכֶם נְאֻם אֲדֹנָי ה': (יחזקאל לד:לא)

אָנָּה ה' כִּי אֲנִי עַבְדֶּךָ אֲנִי עַבְדְּךָ בֶּן אֲמָתֶךָ פִּתַּחְתָּ לְמוֹסֵרָי: (תהלים קטז:טז)

וַתָּקָם וַתִּשְׁתַּחוּ אַפַּיִם אָרְצָה וַתֹּאמֶר הִנֵּה אֲמָתְךָ לְשִׁפְחָה לִרְחֹץ רַגְלֵי עַבְדֵי אֲדֹנִי: (שמואל א כה:מא)

§13 וַיֹּאמֶר אִם יָבוֹא עֵשָׂו אֶל הַמַּחֲנֶה הָאַחַת וְהִכָּהוּ — *For he said, "If* ***Esau comes to the one camp and strikes it down,*** *then the remaining camp shall survive"* (32:9).[164]

The Midrash briefly discusses Jacob's prayer to God, and the gifts he sent Esau, that are mentioned in the verses that follow:[165] בְּאוֹתָהּ שָׁעָה אָמַר יַעֲקֹב אָבִינוּ לִפְנֵי הַקָּדוֹשׁ בָּרוּךְ הוּא — **At that time, our patriarch Jacob uttered** a prayer **before the Holy One, blessed is He,** רִבּוֹנוֹ שֶׁל עוֹלָם — **"Master of the World,** כָּתַבְתָּ בְּתוֹרָתְךָ "וְשׁוֹר אוֹ שֶׂה אֹתוֹ וְאֶת בְּנוֹ לֹא תִשְׁחֲטוּ בְּיוֹם אֶחָד" — **You have written in Your Torah,** ***But an ox or a sheep or goat, you may not slaughter it and its offspring on the same day*** (*Leviticus*, 22:28).[166] אִם יָבֹא רָשָׁע זֶה וִיאַבֵּד אֶת בָּנַי וְאֶת אִמָּם כְּאַחַת — **If this evil one will come and destroy my children and their mother at the same time,** סֵפֶר תּוֹרָה שֶׁאַתָּה עָתִיד לִיתֵּן עַל הַר סִינַי מִי יִקְרָא בּוֹ — **who will read the Torah Scroll that You are destined to give on Mount Sinai?**[167] בְּבַקָּשָׁה מִמְּךָ הַצִּילֵנִי נָא מִיָּדוֹ שֶׁלֹּא יָבֹא וְהִכַּנִי אֵם עַל בָּנִים — I therefore **beg You, rescue me, please, from his hand, lest he come and strike me down, mother and children."** שֶׁנֶּאֱמַר "הַצִּילֵנִי נָא" — We may infer that this was Jacob's prayer, **for it is stated,** ***Rescue me, please,*** *from the hand of my brother . . . lest he come and strike me down, mother and children* (below, v. 12).[168] מֶה עָשָׂה — **What did [Jacob] do** next? עָמַד וְשָׁלַח לוֹ דוֹרוֹן לְסַמּוֹת אֶת עֵינָיו — **He arose and sent him a gift to blind his** (Esau's) **eyes,** שֶׁנֶּאֱמַר "כִּי הַשֹּׁחַד יְעַוֵּר עֵינֵי חֲכָמִים" — **as it is stated,** ***for the bribe will blind the eyes of the wise*** (*Deuteronomy* 16:19);[169] וְאֵין "חֲכָמִים" אֶלָּא אֱדוֹמִיִּים — **and** ***the wise*** **can be referring only to the Edomites,** שֶׁנֶּאֱמַר "וְהַאֲבַדְתִּי חֲכָמִים מֵאֱדוֹם וּתְבוּנָה מֵהַר עֵשָׂו" — **as it is stated,** ***I will eradicate wise men from Edom and understanding from the Mountain of Esau*** (*Obadiah* 1:8).[170]

The Midrash speaks further about the gifts that Jacob sent to Esau:

וַיִּתֵּן בְּיַד עֲבָדָיו עֵדֶר עֵדֶר לְבַדּוֹ וְגוֹ' — ***He put in his servants' charge each drove separately*** *and said to his servants, "Pass on ahead of me and leave a space between drove and drove"* (v. 17). מַהוּ "וְרֶוַח תָּשִׂימוּ" — **What is** the meaning of ***and leave a space?***[171] אָמַר יַעֲקֹב לִפְנֵי הַקָּדוֹשׁ בָּרוּךְ הוּא — **Jacob said before the Holy One, blessed is He,** רִבּוֹנוֹ שֶׁל עוֹלָם — **"Master of the World,** אִם יִהְיוּ צָרוֹת בָּאוֹת עַל בָּנַי — **if misfortunes will come upon my descendants,** לֹא תָבִיא אוֹתָם זוֹ אַחַר זוֹ — **do not bring them** upon them **one** right **after the other"**[172] אֶלָּא הַרְוַח לָהֶם מִצָּרוֹתֵיהֶם — **rather,**

NOTES

164. [We have written the translation of this verse in lower-case letters because it cannot properly be described as a "heading" for the passage that follows; as noted by the commentators, the Midrash text that follows does *not* expound upon this verse. It would seem rather that this citation is connected to the *preceding* section (see preceding note; for a variation of this approach, see Insight Ⓐ). Most commentators, however, write that the lines that follow are an exposition of verse 12, quoted below (*Yefeh To'ar, Maharzu, Eitz Yosef*).]

165. As noted in *Tanchuma Yashan* here (§6), cited by *Rashi* to our verse, Jacob prepared for the impending attack by Esau by doing three things: preparing for war, praying, and sending gifts. The Midrash has already expounded the verses that discuss Jacob's preparation for war. It will now touch upon Jacob's prayer (vv. 10-13) and his gifts to Esau (v. 14ff), before expounding these passages at greater length in the coming chapter (Ch. 76).

166. *Maharzu* writes that an allusion to the fact that Jacob quoted the Torah in his argument to God may be found in the words of v. 13, וְאַתָּה אָמַרְתָּ, *And You said* (which may be understood: "You stated in Your Torah").

167. That is: Who will want to study a Torah [or: who will want to accept a Torah (*Eshed HaNechalim*)] that commands one to have pity on animals and not kill them together with their offspring, if You allow Esau to kill my wives together with their sons? (*Yefeh To'ar*).

168. The verse should simply have stated *lest he come and strike me down* — the word *me* including Jacob's entire camp (*Yefeh To'ar*). Alternatively, it should have stated *lest he come and strike down "me and my people"* (*Nezer HaKodesh*). The verse's reference to *mother and children* serves as an allusion to the prayer recorded here in the Midrash, with its reference to the commandment against slaughtering an animal and its offspring on the same day (*Yefeh To'ar, Nezer HaKodesh, Eshed HaNechalim*). See further in 76 §6 below.

169. That is, just as one bribes a judge in order to blind him to objectivity and win him over to his side, so did Jacob send gifts to Esau in order to win him over and cause him to forget his hatred; see further (*Eitz Yosef*). [*Yefeh To'ar* notes that according to our Midrash, Jacob's gift was *not* given as an act of submissive appeasement.]

170. This prophecy, which discusses the eradication of *wise men from Edom* at the End of Days, indicates that there are wise people among the Edomites; see *Vayikra Rabbah* 5 §7 (*Eitz Yosef*). The verse in *Deuteronomy* thus teaches that no judge should think that he can rule objectively after taking a bribe, for even the wise Esau and his Edomite camp — who had a strong claim (in their minds) against Jacob for taking the birthright and for stealing Isaac's blessings — dropped their claim because of the bribe they received from Jacob (*Yefeh To'ar*).

171. The reason for the spacing (as explained in §76 §8, cited by *Rashi* to the verse) was to make the gift seem more impressive to Esau. The Midrash here is asking a different question; namely, why did Jacob specifically use the word רֶוַח (*space*), instead of הֶבְדֵּל or הֶפְרֵשׁ ("division" or "separation") (*Eitz Yosef*, citing *Nezer HaKodesh*).

Alternatively: In light of the principle that מַעֲשֵׂי אָבוֹת סִימָן לַבָּנִים, "the actions of the Patriarchs serve as a portent for their descendants," the Midrash's question is what did Jacob mean to portend by spacing the droves (*Yefeh To'ar*; see *Ramban* ad loc.). [We have already mentioned (in note 59) the idea that Jacob's meeting with Esau serves as a model for how Israel is to interact with the nations while in exile. We have also noted (in note 28) that *Ramban* writes that all the events that transpired between Jacob and Esau served as portents for what would transpire between Jacob's descendants (Israel) and Esau's descendants (Rome). See also 76 §3 below with *Ramban* to 32:9.]

172. By spacing the droves, Jacob made an allusion for the future, that the taxes and levies that Edom (i.e., Rome; see *Eshed HaNechalim*) would collect from Jacob's descendants should be with a respite and pause between one and the other (*Ramban* ad loc., cited by *Yefeh To'ar, Nezer HaKodesh,* and *Eitz Yosef*).

The word רֶוַח was presumably used by Jacob (see *Nezer HaKodesh* cited in preceding note) because it connotes relief from troubles; see e.g., *Esther* 4:14. See further, Insight Ⓑ.

INSIGHTS

Ⓐ Fear and Prayer A novel approach is proffered by *Tiferes Tzion* (end of §12): The preceding section quoted verse 8 as telling us that Jacob divided his wives and children, along with his entire camp. Why did Jacob do so at this point in time? There was no need to do so until he would be meeting up with Esau, and this did not occur until the following day! (after the camp crossed the ford of Jabbok and Jacob fought with the angel; see v. 22ff). *Tiferes Tzion* explains that the reason Jacob divided up his family and camp at this time was that he wanted all his people to feel a sense of impending calamity (after all, at most half the camp was expected to survive — that is the point of verse 9, cited here), so that they would pray from the depths of their hearts for God's salvation. This is why Jacob divided them *before* they prayed (see v. 10ff).

Ⓑ Events Have Meaning On a simple level, the Midrash means that Jacob foresaw that tribulations would be a major part of our history, and he knew that the endurance of human beings is limited. Therefore he prayed that God should "leave a space" between them, i.e., that there should be a breathing space between one persecution and the next, so that the nation could recover and regain its strength before being tested again. Indeed, the Chofetz Chaim said in 1929 that in ten years there would be an even worse ordeal than World War I, but that God would let a generation intervene between the two wars, because people could not endure a long period of unremitting suffering.

There may, however, be a deeper meaning to our Midrash. In discussing the division of the Torah into paragraphs, the Sages teach

יג [לב, ט] ״**וַיֹּאמֶר אִם יָבוֹא עֵשָׂו אֶל הַמַּחֲנֶה הָאַחַת וְהִכָּהוּ**״, [ב]בְּאוֹתָהּ שָׁעָה אָמַר יַעֲקֹב אָבִינוּ לִפְנֵי הַקָּדוֹשׁ בָּרוּךְ הוּא: רִבּוֹנוֹ שֶׁל עוֹלָם, כָּתַבְתָּ בְּתוֹרָתְךָ (ויקרא כב, כח) ״וְשׁוֹר אוֹ שֶׂה אֹתוֹ וְאֶת בְּנוֹ לֹא תִשְׁחֲטוּ בְּיוֹם אֶחָד״, אִם יָבֹא רָשָׁע זֶה וִיאַבֵּד אֶת בָּנַי וְאֶת אִמָּם כְּאַחַת, סֵפֶר תּוֹרָה שֶׁאַתָּה עָתִיד לִיתֵּן עַל הַר סִינַי מִי יִקְרָא בוֹ, בְּבַקָּשָׁה מִמְּךָ [לב, יב] ״הַצִּילֵנִי נָא״ מִיָּדוֹ שֶׁלֹּא יָבֹא וְיַכֵּנִי [שם] ״אֵם עַל בָּנִים״ שֶׁנֶּאֱמַר ״הַצִּילֵנִי נָא״, מֶה עָשָׂה, עָמַד וְשָׁלַח לוֹ דוֹרוֹן לְסַמּוֹת אֶת עֵינָיו, שֶׁנֶּאֱמַר (דברים טז, יט) ״כִּי הַשֹּׁחַד יְעַוֵּר עֵינֵי חֲכָמִים״, וְאֵין ״חֲכָמִים״ אֶלָּא אֲדוֹמִיִּים, שֶׁנֶּאֱמַר (עובדיה א, ח) ״וְהַאֲבַדְתִּי חֲכָמִים מֵאֱדוֹם וּתְבוּנָה מֵהַר עֵשָׂו״. [לב, יז] ״וַיִּתֵּן בְּיַד עֲבָדָיו עֵדֶר עֵדֶר לְבַדּוֹ וְגוֹ׳ ״, מַהוּ [שם] ״וְרֶוַח תָּשִׂימוּ״, אָמַר יַעֲקֹב לִפְנֵי הַקָּדוֹשׁ בָּרוּךְ הוּא: רִבּוֹנוֹ שֶׁל עוֹלָם, אִם יִהְיוּ צָרוֹת בָּאוֹת עַל בָּנַי לֹא תָבִיא אוֹתָם זוֹ אַחַר זוֹ אֶלָּא הַרְוַוח לָהֶם מִצָּרוֹתֵיהֶם. בְּאוֹתָהּ שָׁעָה [ע׳ לקמן לג, א] נָשָׂא יַעֲקֹב אֶת עֵינָיו וְרָאָה אֶת עֵשָׂו שֶׁהוּא בָּא מֵרָחוֹק וְתָלָה עֵינָיו לַמָּרוֹם, בָּכָה וּבִקֵּשׁ רַחֲמִים מִלִּפְנֵי הַקָּדוֹשׁ בָּרוּךְ הוּא וְשָׁמַע תְּפִלָּתוֹ, וְהִבְטִיחוֹ שֶׁהוּא מוֹשִׁיעוֹ מִכָּל צָרוֹתָיו בִּזְכוּתוֹ שֶׁל יַעֲקֹב, שֶׁנֶּאֱמַר (תהלים כ, ב) ״יַעַנְךָ ה׳ בְּיוֹם צָרָה יְשַׂגֶּבְךָ שֵׁם אֱלֹהֵי יַעֲקֹב״:

עץ יוסף

(יג) **באותה שעה כו׳.** דריש קרא דפן יבא והכני אם על בנים דרמיז אאותו ואת בנו: **שור או שה.** תרגום ותורתא או שיתא כמאן דאמר שאינו נוהג אלא בנקבות, לזה אמר אם על בנים: **מי יקרא בו.** רצונו לומר אם לא תמחה בעשו שיעבור על אותו ואת בנו אם כן אין מקבל תורה לעתיד, שמי יתן לבו לקרות בו מאחר שאתה לא מחית בעשו שיעשה להם דבר נגד דעת התורה: **לסמות את עיניו.** בזה, לקרב דעתו אצלו במה שחלק לו כבוד בדורון. וזהו כענין השוחד הגורם להטות לב הדיין ולקרבו אצלו בהנאת דורון: **והאבדתי חכמים כו׳.** רצונו לומר מדכתיב והאבדתי חכמים וגו׳ אם כן שמע מניה שיש בהם חכמים. ועיין במדרש ויקרא רבה פרשה ה׳ (סימן ז): **מהו ורוח תשימו.** דהוי ליה למימר הבדל תשימו או הפרש תשימו (כזר הקודש): **אם יהיה צרות כו׳.** ורמז הצרות בעדרים שהם מנחה לעשו. וכן פירוש הרמב״ן עשה רמז שיהיו הארנוניות שיגבו מזרעו של יעקב בריוח והמתינה בין זו לזו: **והבטיחו שהוא מושיע לזרעו מכל צרותם בזכותו שנאמר יענך ה׳ ביום צרה ישגבך שם אלהי יעקב.** כן צריך לומר והכי גרסינן בספרים המדויקים. וכלומר שהבטיחו להיות סימן לבניו, כי כאשר הושיע ה׳ לו והצילו מיד אחיו כן יציל ה׳ את זרעו מזרע אחיו בזכותו, ועל זה נאמר יענך ה׳ ביום צרה ישגבך שם אלהי יעקב ולא קאמר אברהם ויצחק אלא לפי שהוא בצרותיו נעשה סימן לבניו (כזר הקודש):

פירוש מהרז״ו

(יג) **ויאמר אם יבא.** לקמן (עו, ו) עיין שם ומה שחסר כאן מילא כאן. ודורש שמה שנאמר ואתה אמרת שייך לפסוק הקודם והכני אם על בנים, ואתה אמרת בתורתך הפך זה, וכן הלשון להלן שם ואתה אמרת אותו ואת בנו וכו׳ (ויקרא כב, כח) ואתה אמרת לא תקח וכו׳ (דברים כב, ו), ומה שאמר המדרש כתבת בתורתך הוא פירוש של ואתה אמרת, ועיין מה שאיתא מפורש באיכה רבתי (א, לז) פסוק טומאתה בשוליה כו׳ אשר לא כתורתך, עיין שם ותבין. ומה שאמר שלא יבא כו׳ כי פן הוא לשון לאו, כמו שכתב לעיל (כא, ו): **ותלה עיניו למרום.** שמה שנאמר וישא עיניו מיותר, אלא שנשאם לשמים לתפלה. וכאן הוא מקום המאמר של סוף סימן י״א אותה שעה וכמו שכתבתי שם:

חידושי הרד״ל

[יג] **ספר תורה שאתה עתיד.** אפשר דרש כי ירא אנכי רמז לעשרת הדברות שמתחיל אנכי, או דרש היטב איטיב עמך, ואין טוב אלא תורה (אבות פ״ו מ״ג):

אמרי יושר

[יג] **אתה כתבת בתורתך ושור ושה.** פירשו ואתה אמרת מוסב גם למעלה וזה על דרך כרו לי זדים שיחות אשר לא כתורתיך (שוחר טוב מזמור קיט):

מסורת המדרש

ב. ילקוט כאן רמז ק״ל:

אם למקרא

וְשׁוֹר אוֹ שֶׂה אֹתוֹ וְאֶת בְּנוֹ לֹא תִשְׁחֲטוּ בְּיוֹם אֶחָד: (ויקרא כב:כח)

לֹא תַטֶּה מִשְׁפָּט לֹא תַכִּיר פָּנִים וְלֹא תִקַּח שֹׁחַד כִּי הַשֹּׁחַד יְעַוֵּר עֵינֵי חֲכָמִים וִיסַלֵּף דִּבְרֵי צַדִּיקִם: (דברים טז:יט)

הֲלוֹא בַּיּוֹם הַהוּא נְאֻם ה׳ וְהַאֲבַדְתִּי חֲכָמִים מֵאֱדוֹם וּתְבוּנָה מֵהַר עֵשָׂו: (עובדיה א:ח)

יַעַנְךָ ה׳ בְּיוֹם צָרָה יְשַׂגֶּבְךָ שֵׁם אֱלֹהֵי יַעֲקֹב: (תהלים כ:ב)

משנת דרבי אליעזר

[יג] **אם יבא עשו וגו׳ אם יבא רשע זה וכו׳, ספר תורה שאתה עתיד וכו׳ מי יקרא בו׳.** פירוש אף שאמר יעקב והיה המחנה הנשאר לפליטה, שהיה בטוח שלא יאבדו כולם כדלעיל, לזה אמר אם ה׳ לא ישמר שלא יכה אם על בנים ועשה כביכול התורה פלסתר, אם כן אותן הנשארים לא ירצו לקרות בתורה מאחר שהקב״ה בעצמו אינה מקיימה:

מתנות כהונה

[יג] **הכי גרסינן יעור עיני וגו׳: זו אחר זו.** תכופים: **והבטיחו.** חוזר למעלה על תפלת דוד שהזכיר זכות יעקב שהצילו הקב״ה מיד עשו, והבטיחו הקב״ה גם אותו לעזרו בזכות יעקב:

אשד הנחלים

[יג] **מי יקרא בו.** ולכן אחז בלשון זה והכני אם על בנים שזה אסור מצד דין תורה, לרמוז בבקשתו שאם ח״ו כן אם כן אין מקבל תורה בעתיד, ואחר שבניו מעותדים לקבל התורה בוודאי אין מן הראוי שיקרה להם דבר נגד דעת התורה: **לסמות.** שלכן עשה ריוח בין עדר לעדר בכדי שירבה המנחה בעיניו, ואולי יתפתה בזה כי גם החכמים האנושים יוכלו להתפתות בזה: **אלא הרווח להם.** כי כל מעשה אבות סימן לבנים, כי ידע יעקב ברוח נבואתו שכל זה רמז לבניו שיהיו נכנעים בגולה לראמולוס. **את עשו שהוא בא מרחוק.** לרמז לשר של עשו שנאבק עמו, וזהו שראה אותו מרחוק. וע״י שם ה׳ השורה על יעקב ניצל ונתחזק מולו:

give them respite from their misfortunes.

The Midrash concludes with a further statement about Jacob's prayer:

בְּאוֹתָהּ שָׁעָה נָשָׂא יַעֲקֹב אֶת עֵינָיו – At that moment Jacob raised his eyes וְרָאָה אֶת עֵשָׂו שֶׁהוּא בָּא מֵרָחוֹק – and saw Esau coming from afar. וְתָלָה עֵינָיו לַמָּרוֹם, בָּכָה וּבִקֵּשׁ רַחֲמִים מִלִּפְנֵי הַקָּדוֹשׁ בָּרוּךְ הוּא – So he turned his eyes to Heaven,[173] wept, and pleaded for mercy from the Holy One, blessed is He. וְשָׁמַע תְּפִלָּתוֹ וְהִבְטִיחוֹ שֶׁהוּא מוֹשִׁיעוֹ מִכָּל צָרוֹתָיו בִּזְכוּתוֹ שֶׁל יַעֲקֹב – And [God] heard his prayer and promised him that He would save him from all his troubles in Jacob's merit,[174] שֶׁנֶּאֱמַר "יַעַנְךָ ה' בְּיוֹם צָרָה יְשַׂגֶּבְךָ שֵׁם אֱלֹהֵי יַעֲקֹב" – as it is stated, *HASHEM will answer you on the day of distress; the Name of Jacob's God will make you impregnable* (*Psalms* 20:2).[175]

NOTES

173. The Midrash is interpreting verse 33:1 (*Jacob raised his eyes and saw — behold, Esau was coming*) to mean: *Jacob raised his eyes* to heaven to pray to God when he saw that *Esau was coming* (*Maharzu*). [*Maharzu* adds that the closing sentence of §11 above belongs here; see note 151.]

174. The commentators note that the Midrash's words שֶׁל יַעֲקֹב are seemingly unnecessary — indeed, in the parallel Midrash in *Yalkut Shimoni* (§130) they do not appear — for the word בִּזְכוּתוֹ (in *his* merit) appears clearly enough to be referring to Jacob. *Eitz Yosef* (Vagshal edition) suggests that these words are a later interpolation into the text by someone who wished to make the Midrash's meaning unmistakably clear. The Midrash is saying that while Esau too was a descendant of Abraham and Isaac, and thus shared in their merits along with Jacob, God was telling Jacob that he should not fear Esau, for he would be saved in his *own* merit (ibid.).

Nezer HaKodesh writes that the correct text of the Midrash is: וְהִבְטִיחוֹ שֶׁהוּא מוֹשִׁיעַ לְזַרְעוֹ מִכָּל צָרוֹתָם בִּזְכוּתוֹ — *and promised him that He would save his descendants from all their troubles in his merit* (see next note). See also *Yefeh To'ar.*

175. That is: God promised Jacob that just as He was saving him now from Esau, so would He always save Jacob's descendants from Edom, and that He would do so specifically in Jacob's merit [hence the verse states *"Jacob's" God*] (*Nezer HaKodesh*; see *Eitz Yosef*).

INSIGHTS

that God separated one passage from the next so that Moses would have time to reflect on and understand what he had been taught (*Bamidbar Rabbah* 14 §20; *Sifra* on *Leviticus* 1:1, cited by *Rashi* there). *Imrei Emes* (*Vayetzei* 5692) applies that dictum to the time gap that God leaves between periods of Jewish suffering. No trial is coincidental or without meaning. God brings travail upon Israel to teach, not to torture. It behooves us, therefore, to reflect. Why did this happen to us? If there is an economic upheaval, does it mean that we did not give enough charity? If yeshivos are in jeopardy, does it mean that we failed to value Torah study sufficiently? Thus, Jacob prayed that the misfortunes of his progeny not be unremitting, for without "spaces" there is no time or inclination to pause and reflect. And without reflection nothing is taught. In answer to Jacob's prayer, God leaves intervals between Israel's ordeals, so that we can think, meditate, understand — and seek to remedy the shortcomings that brought on the suffering.

In a similar vein. *Ohr Gedalyahu* (*Vayechi*) notes that when Jacob neared the end of his life, he summoned his sons to bless them and tell them what the future would hold. He said he would tell them אֵת אֲשֶׁר יִקְרָא אֶתְכֶם בְּאַחֲרִית הַיָּמִים, *what will befall you in the End of Days.* Now, in Hebrew the word for *befall* would normally be spelled with a *hei* (יִקְרֶה) but here it is spelled with an *aleph* (יִקְרָא), which can be rendered "that will *call*, or *proclaim*." Indeed, future events would not only *occur*, they will *proclaim*. Jewish history is not haphazard. Events have meaning. They call upon us to meditate on them and decipher their meaning.

יג [לב, ט] "**וַיֹּאמֶר אִם יָבוֹא עֵשָׂו אֶל הַמַּחֲנֶה הָאַחַת וְהִכָּהוּ**", ^ב^**בְּאוֹתָהּ שָׁעָה אָמַר יַעֲקֹב אָבִינוּ לִפְנֵי הַקָּדוֹשׁ בָּרוּךְ הוּא: רִבּוֹנוֹ שֶׁל עוֹלָם, כָּתַבְתָּ בְּתוֹרָתֶךָ** (ויקרא כב, כח) "**וְשׁוֹר אוֹ שֶׂה אֹתוֹ וְאֶת בְּנוֹ לֹא תִשְׁחֲטוּ בְּיוֹם אֶחָד**", **אִם יָבֹא רָשָׁע זֶה וִיאַבֵּד אֶת בָּנַי וְאֶת אִמָּם כְּאַחַת, סֵפֶר תּוֹרָה שֶׁאַתָּה עָתִיד לִיתֵּן עַל הַר סִינַי מִי יִקְרָא בוֹ, בְּבַקָּשָׁה מִמְּךָ** [לב, יב] "**הַצִּילֵנִי נָא**" **מִיָּדוֹ שֶׁלֹּא יָבֹא וְיַכֵּנִי** [שם] "**אֵם עַל בָּנִים**" **שֶׁנֶּאֱמַר** "**הַצִּילֵנִי נָא**", **מֶה עָשָׂה, עָמַד וְשָׁלַח לוֹ דּוֹרוֹן לְסַמּוֹת אֶת עֵינָיו, שֶׁנֶּאֱמַר** (דברים טז, יט) "**כִּי הַשֹּׁחַד יְעַוֵּר עֵינֵי חֲכָמִים**", **וְאֵין** "**חֲכָמִים**" **אֶלָּא אֲדוֹמִיִּים, שֶׁנֶּאֱמַר** (עובדיה א, ח) "**וְהַאֲבַדְתִּי חֲכָמִים מֵאֱדוֹם וּתְבוּנָה מֵהַר עֵשָׂו**". [לב, יז] "**וַיִּתֵּן בְּיַד עֲבָדָיו עֵדֶר עֵדֶר לְבַדּוֹ וְגוֹ'**", **מַהוּ** [שם] "**וְרֶוַח תָּשִׂימוּ**", **אָמַר יַעֲקֹב לִפְנֵי הַקָּדוֹשׁ בָּרוּךְ הוּא: רִבּוֹנוֹ שֶׁל עוֹלָם, אִם יִהְיוּ צָרוֹת בָּאוֹת עַל בָּנַי לֹא תָבִיא אוֹתָם זוֹ אַחַר זוֹ אֶלָּא הַרְוַח לָהֶם מִצָּרוֹתֵיהֶם. בְּאוֹתָהּ שָׁעָה** [ע' לקמן לג, א] **נָשָׂא יַעֲקֹב אֶת עֵינָיו וְרָאָה אֶת עֵשָׂו שֶׁהוּא בָּא מֵרָחוֹק וְתָלָה עֵינָיו לַמָּרוֹם, בָּכָה וּבִקֵּשׁ רַחֲמִים מִלִּפְנֵי הַקָּדוֹשׁ בָּרוּךְ הוּא וְשָׁמַע תְּפִלָּתוֹ, וְהִבְטִיחוֹ שֶׁהוּא מוֹשִׁיעוֹ מִכָּל צָרוֹתָיו בִּזְכוּתוֹ שֶׁל יַעֲקֹב, שֶׁנֶּאֱמַר** (תהלים כ, ב) "**יַעַנְךָ ה' בְּיוֹם צָרָה יְשַׂגֶּבְךָ שֵׁם אֱלֹהֵי יַעֲקֹב**":

עץ יוסף

(יג) **באותה שעה כו'.** דריש קרא דפן יבא והכני אם על בנים דרמיז אאותו ואת בנו: **שור או שה.** תרגום ותורתא או שֵׂיתָא כמאן דאמר שאינו נוהג אלא בנקבות, לזה אמר אם על בנים: **מי יקרא בו.** רצונו לומר אם לא תמחה בעשו שיעבור על אותו ואת בנו אם כן אין מקבל תורה לעתיד, שמי יתן לבו לקרוא בו מאחר שאתה לא מחית בעשו שיעשה להם דבר נגד דעת התורה: **לסמות את עיניו.** בזה, לקרב דעתו אצלו במה שחלק לו כבוד בדורון. וזהו כענין השוחד הגורם להטות לב הדיין ולקרבו אצלו בהבאת דורון: **והאבדתי חכמים כו'.** רצונו לומר מדכתיב והאבדתי חכמים וגו' אם כן שמע מניה שיש בהם חכמים. ועיין במדרש ויקרא רבה פרשה ה' (סימן ז): **מהו ורוח תשימו.** דהוי ליה למימר הבדל תשימו או הפרש תשימו (נזר הקודש): **אם יהיה צרות כו'.** ורמז הצרות בעדרים שהם מנחה לעשו. וכן פירוש הרמב"ן עשה רמז שיהיו הארנוניות שיגבו מזרעו של יעקב בריוח והמתינה בין זו לזו: **והבטיחו שהוא מושיע לזרעו מכל צרותם בזכותו שנאמר יענך ה' ביום צרה ישגבך שם אלהי יעקב.** כן צריך לומר והכי גרסינן בספרים המדויקים. וכלומר שהבטיחו להיות סימן לבניו, כי כאשר הושיע ה' לו והצילו מיד אחיו כן יציל ה' את זרעו מזרע אחיו בזכותו, ועל זה נאמר יענך ה' ביום צרה ישגבך שם אלהי יעקב ולא קאמר אברהם ויצחק אלא לפי שהוא בצרותיו נעשה סימן לבניו (נזר הקודש):

פירוש מהרז"ו

(יג) **ויאמר אם יבא.** לקמן (עו, ו) עיין שם ומה שחסר כאן מילא כאן. ודורש שמה שנאמר ואתה אמרת שייך לפסוק הקודם והכני אם על בנים, ואתה אמרת בתורתך הפך זה, וכן הלשון להלן שם ואתה אמרת אותו ואת בנו וכו' (ויקרא כב, כח) ואתה אמרת לא תקח וכו' (דברים כב, ו), ומה שאמר המדרש כתבת בתורתך הוא פירוש של ואתה אמרת, ועיין מה שאיתא מפורש באיכה רבתי (א, לז) פסוק טומאתה בשוליה כו' אשר לא כתורתך, עיין שם ותבין. ומה שאמר שלא יבא כו' כי פן הוא לשון לאו, כמו שכתב לעיל (כא, ו): **ותלה עיניו למרום.** שמה שנאמר וישא עיניו מיותר, אלא שנשאם לשמים לתפלה. וכאן הוא מקום המאמר של סוף סימן י"א אותה שעה וכמו שכתבתי שם:

חידושי הרד"ל

[יג] **ספר תורה שאתה עתיד.** אפשר דרש כי ירא אנכי רמז לעשרת הדברות שמתחיל אנכי, או דרש היטב איטיב עמך, ואין טוב אלא תורה (אבות פ"ו מ"ג):

אמרי יושר

[יג] **אתה כתבת בתורתך ושור ושה.** פירשו ואתה אמרת מוסב גם למעלה וזה על דרך כרו לי זדים שיחות אשר לא כתורתיך (שוחר טוב מזמור קיט):

מסורת המדרש

ב. ילקוט כאן רמז ק"ל:

אם למקרא

וְשׁוֹר אוֹ שֶׂה אֹתוֹ וְאֶת בְּנוֹ לֹא תִשְׁחֲטוּ בְּיוֹם אֶחָד:
(ויקרא כב:כח)

לֹא תַטֶּה מִשְׁפָּט לֹא תַכִּיר פָּנִים וְלֹא תִקַּח שֹׁחַד כִּי הַשֹּׁחַד יְעַוֵּר עֵינֵי חֲכָמִים וִיסַלֵּף דִּבְרֵי צַדִּיקִם:
(דברים טז:יט)

הֲלוֹא בַּיּוֹם הַהוּא נְאֻם ה' וְהַאֲבַדְתִּי חֲכָמִים מֵאֱדוֹם וּתְבוּנָה מֵהַר עֵשָׂו:
(עובדיה א:ח)

יַעַנְךָ ה' בְּיוֹם צָרָה יְשַׂגֶּבְךָ שֵׁם אֱלֹהֵי יַעֲקֹב:
(תהלים כ:ב)

משנת דרבי אליעזר

[יג] **אם יבא עשו וגו' אם יבא רשע זה וכו', ספר תורה שאתה עתיד וכו' מי יקרא בו'.** פירוש אף שאמר יעקב והיה המחנה הנשאר לפליטה, שהיה בטוח שלא יאבדו כולם כדלעיל, לזה אמר אם ה' לא ישמר שלא יכה אם על בנים ועשה כביכול התורה פלסתר, אם כן אותן הנשארים לא ירצו לקרות בתורה מאחר שהקב"ה בעצמו אינה מקיימה:

מתנות כהונה

[יג] **הכי גרסינן יעור עיני וגו': זו אחר זו.** תכופים: **והבטיחו.** חוזר למעלה על תפלת דוד שהזכיר זכות יעקב שהצילו הקב"ה מיד עשו, והבטיחו הקב"ה גם אותו לעזרו בזכות יעקב:

אשד הנחלים

[יג] **מי יקרא בו.** ולכן אחז בלשון זה והכני אם על בנים שזה אסור מצד דין תורה, לרמוז בבקשתו שאם ח"ו כן אם כן אין מקבל תורה בעתיד, ואחר שבניו מעותדים לקבל התורה בוודאי אין מן הראוי שיקרה להם דבר נגד דעת התורה: **לסמות.** שלכן עשה ריוח בין עדר לעדר בכדי שירבה המנחה בעיניו, ואולי יתפתה בזה כי גם החכמים האנושים יוכלו להתפתות בזה: **אלא הרוח להם.** כי כל מעשה אבות סימן לבנים, כי ידע יעקב ברוח נבואתו שכל זה רמז לבניו שיהיו נכנעים בגולה לראמולוס. **את עשו שהוא בא מרחוק.** לרמז לשר של עשו שנאבק עמו, וזהו שראה אותו מרחוק. וע"י שם ה' השורה על יעקב ניצל ונתחזק מולו:

Chapter 76

וַיִּירָא יַעֲקֹב מְאֹד וַיֵּצֶר לוֹ וַיַּחַץ אֶת הָעָם אֲשֶׁר אִתּוֹ וְאֶת הַצֹּאן וְאֶת הַבָּקָר וְהַגְּמַלִּים לִשְׁנֵי מַחֲנוֹת.

Jacob became very frightened, and it distressed him. So he divided the people with him, and the flocks, cattle, and camels, into two camps (32:8).

§1 וַיִּירָא יַעֲקֹב מְאֹד וַיֵּצֶר לוֹ — ***JACOB BECAME VERY FRIGHTENED, AND IT DISTRESSED HIM.***

The Midrash discusses two people who became frightened even though they had received assurances of Divine protection:

רַבִּי פִּנְחָס בְּשֵׁם רַבִּי רְאוּבֵן — **R' Pinchas** said **in the name of R' Reuven:** **שְׁנֵי בְנֵי אָדָם הִבְטִיחָן הַקָּדוֹשׁ בָּרוּךְ הוּא וְנִתְיָירְאוּ** — **The Holy One, blessed is He, assured two people, and** yet **they became frightened;** **הַבָּחוּר שֶׁבָּאָבוֹת וְהַבָּחוּר שֶׁבַּנְּבִיאִים** — **the choicest of the Patriarchs, and the choicest of the prophets.** **הַבָּחוּר שֶׁבָּאָבוֹת זֶה יַעֲקֹב** — **"The choicest of the Patriarchs" — this** refers to **Jacob,** **שֶׁנֶּאֱמַר ״כִּי יַעֲקֹב בָּחַר לוֹ יָהּ״** — **as it states, *For God selected Jacob for His own*** (*Psalms* 135:4).[1] **וְאָמַר לוֹ הַקָּדוֹשׁ בָּרוּךְ הוּא: ״וְהִנֵּה אָנֹכִי עִמָּךְ״** — **Yet,** although **the Holy One, blessed is He,** assured Jacob when he was en route to Laban and **said to him, *"Behold, I am with you"*** (above, 28:15), **וּבְסוֹף נִתְיָירָא, שֶׁנֶּאֱמַר ״וַיִּירָא יַעֲקֹב״** — nevertheless, **in the end [Jacob] became frightened** when he heard that Esau and his army were approaching him, **as it states, *Jacob became very frightened.*** He feared that he might have committed some sin after God issued His promise, causing him to forfeit God's promise.[2] **הַבָּחוּר שֶׁבַּנְּבִיאִים זֶה מֹשֶׁה** — **"The choicest among the prophets" — this** refers to **Moses,** **שֶׁנֶּאֱמַר ״לוּלֵי מֹשֶׁה בְחִירוֹ״** — **as it states, *had not Moses, His chosen one*** (*Psalms* 106:23).[3] **וְאָמַר לוֹ הַקָּדוֹשׁ בָּרוּךְ הוּא: ״כִּי אֶהְיֶה עִמָּךְ״** — **Yet** although **the Holy One, blessed is He,** assured Moses at the burning bush and **said to him, *"For I shall be with you"*** (*Exodus* 3:12), **וּלְבַסּוֹף נִתְיָירָא ״וַיֹּאמֶר ה׳ אֶל מֹשֶׁה אַל תִּירָא אֹתוֹ״** — nevertheless, **in the end,** when Og king of Bashan came out to do battle against the Israelites, **[Moses] became frightened,** as Scripture states, ***HASHEM said to Moses, "Do not fear him . . . "*** (*Numbers* 21:34); **אֵינוֹ אוֹמֵר אַל תִּירָא אוֹתוֹ אֶלָּא לְמִי שֶׁנִּתְיָירֵא** — **[God] would not say, *"Do not fear him,"* except to one who became frightened.** Moses was frightened lest Israel lose the merit of Divine protection because of their sins.[4] We see, then, that two of the greatest men feared that some

NOTES

1. *Sifrei* to *Devarim* §312 explains that Jacob was "the choicest of the Patriarchs" because although Abraham detached himself from the pagan world, entering the sphere of Divine purity, some impurity remained. This impurity issued from Abraham in the form of his inferior offspring, Ishmael and the sons of Keturah. Similarly, Isaac succeeded in purifying himself to even a greater degree than had Abraham, ascending even closer to Divine purity. Nevertheless, even he remained tainted by the last vestiges of defilement. This imperfection issued from him in the form of his wicked son Esau. Jacob, however, entered the world pure and sacred, free from all impurities. Therefore [all his sons were righteous, and] he is described as "the choicest of the Patriarchs."

2. Our Midrash does not explicitly state that this was the reason Jacob (or Moses) became frightened. But the Sages in many other places explain that he feared that he might have sinned, and thus lost the merit of God's protection. See *Berachos* 4a; *Sanhedrin* 98b; *Mechilta* to the end of *Parashas Beshalach*; and *Bamidbar Rabbah* 19 §32. See also §2 below. See Insight Ⓐ.

3. Moses is referred to as the "choicest of the prophets" because he achieved the highest spiritual level possible; his prophecy was of a quality unreached by that of any other prophet before him or after him (see *Numbers* 12:6-8; *Deuteronomy* 34:10).

4. Og was the last survivor of the huge giants of the generation of the Flood (see *Deuteronomy* 3:11), a man whose very appearance inspired terror. Nonetheless, it is inconceivable that Moses, whom God had promised to protect, would fear Og's physical prowess. Our Midrash therefore presumes that if God had to tell Moses not to fear, it must be that he was frightened lest Israel lose the merit of Divine protection because of their sins. See Insight Ⓑ.

INSIGHTS

Ⓐ The Principle of Immutable Prophecy The Midrash states that despite God's assurances, Jacob feared Esau. Based on the Gemara (*Berachos* 4a), we have explained that Jacob was concerned that he might have sinned and thus forfeited the promised protection. *Mizrachi* (to the verse) questions this. He argues that despite the possibility of sin, Jacob still should have relied upon God's promise. He bases his argument on a Talmudic teaching (*Berachos* 7a): כָּל דִּיבּוּר וְדִיבּוּר שֶׁיָּצָא מִפִּי הַקָּדוֹשׁ בָּרוּךְ הוּא לְטוֹבָה אֲפִילּוּ עַל תְּנַאי לֹא חָזַר בּוֹ, *Every single statement uttered by the Holy One, blessed is He, in a person's favor, even if based on a condition, He did not rescind.* From this we learn that no matter what, God will never withhold the good that He has promised; a prophecy of good tidings must always come to pass. If a prophet prophesies favorably and his promises do not materialize, this is deemed incontrovertible evidence that he is a false prophet, and he is liable to the prescribed penalty for uttering false prophecy (*Rambam, Yesodei HaTorah* 10:4). God's promise to Jacob — וְהִנֵּה אָנֹכִי עִמָּךְ וּשְׁמַרְתִּיךָ בְּכֹל אֲשֶׁר תֵּלֵךְ וַהֲשִׁבֹתִיךָ אֶל הָאֲדָמָה הַזֹּאת, *Behold, I am with you, and I shall guard you wherever you go, and I shall return you to this land* (above, 28:15) — surely constituted a favorable prophecy, and thus could not have been rescinded under any circumstances. Why then was Jacob fearful? Even if he had sinned, God would still have been obliged to carry out His promise.

This difficulty is dealt with by *Rambam* in the introduction to his commentary on Mishnah (באד"ה והחלק השני בענין הנביא). He explains that God's guarantee never to rescind a benign prophecy has two interrelated purposes: (a) to test the veracity of a prophet in order to establish whether he is true or false, and (b) to demonstrate to the public that the prophets of God are reliable. An *unfavorable* prophecy allows for no such test, for such prophecy might be rescinded should the people repent. Since a harsh decree is subject to change, its failure to occur proves nothing regarding the veracity of the prophet. Yet, the Torah commands the death penalty for one whose prophecies have proven to be false (*Deuteronomy* 18:21-22). Clearly, there must exist a definitive means of demonstrating their falsity. This is accomplished by testing a prophet's *favorable* prophecies. For example, a prophet might foretell a year of peace in the land, or one of plenty. If there is war, or if the crops fail, it is deemed proof positive that the prophet is false. Since the purpose of such immutable prophecy is to establish the bona fides of prophets, and to demonstrate the reliability of prophecy to the public, it stands to reason that the principle applies *only* where the prophet is instructed to convey his good tidings *to the people*. Where, however, the tidings are not to be conveyed to the public, but are a *private* communication to the prophet, the principle of immutable prophecy does not apply. In this case, even a favorable promise can be rescinded.

God's guarantees to Jacob fell into the latter category. They were not for transmission to others, but were private communications to Jacob, and so could be rescinded for cause. It follows that Jacob, who feared that he might have sinned, was quite properly concerned that he had forfeited God's promises of protection.

See further, *Lechem Mishneh* to *Rambam, Yesodei HaTorah* ibid.; *Maharsha, Chidushei Aggados* to *Berachos* 7a; *Zera Avraham* and *Pardes Yosef* to our verse.

Ⓑ Og's Merit; Og's Motive According to the Gemara (*Niddah* 61a), the reason Moses needed reassurance was that he was worried that the merit Og had gained from serving Abraham — when he reported Lot's capture by the four kings (above, 14:13) — would protect him in battle against Israel. Our Midrash apparently disregards this merit. Possibly,

פרשה עו

א [לב, ח] "**וַיִּירָא יַעֲקֹב מְאֹד וַיֵּצֶר לוֹ**", **רַבִּי פִּנְחָס בְּשֵׁם רַבִּי רְאוּבֵן:** [א]**שְׁנֵי בְּנֵי אָדָם הִבְטִיחָן הַקָּדוֹשׁ בָּרוּךְ הוּא וְנִתְיָירְאוּ, הַבָּחוּר שֶׁבָּאָבוֹת וְהַבָּחוּר שֶׁבַּנְּבִיאִים, הַבָּחוּר שֶׁבָּאָבוֹת זֶה יַעֲקֹב, שֶׁנֶּאֱמַר** (תהלים קלה, ד) "**כִּי יַעֲקֹב בָּחַר לוֹ יָהּ**", **וְאָמַר לוֹ הַקָּדוֹשׁ בָּרוּךְ הוּא:** (לעיל כח, טו) "**וְהִנֵּה אָנֹכִי עִמָּךְ**", **וּבַסּוֹף נִתְיָירֵא, שֶׁנֶּאֱמַר "וַיִּירָא יַעֲקֹב", הַבָּחוּר שֶׁבַּנְּבִיאִים זֶה מֹשֶׁה, שֶׁנֶּאֱמַר** (תהלים קו, כג) "**לוּלֵי מֹשֶׁה בְחִירוֹ**", **וְאָמַר לוֹ הַקָּדוֹשׁ בָּרוּךְ הוּא:** (שמות ג, יב) "**כִּי אֶהְיֶה עִמָּךְ**", **וּלְבַסּוֹף נִתְיָירֵא** (במדבר כא, לד) [ב]"**וַיֹּאמֶר ה' אֶל מֹשֶׁה אַל תִּירָא אֹתוֹ**", **אֵינוֹ אוֹמֵר אַל תִּירָא אוֹתוֹ אֶלָּא לְמִי שֶׁנִּתְיָירֵא, רַבִּי בֶּרֶכְיָה וְרַבִּי חֶלְבּוֹ בְּשֵׁם רַבִּי שְׁמוּאֵל בַּר נַחְמָן מִשֵּׁם רַבִּי נָתָן:** [ג]**רְאוּיִם הָיוּ יִשְׂרָאֵל כְּלָיָיה בִּימֵי הָמָן אִלּוּלֵי שֶׁנִּסְמְכָה דַעְתָּן עַל דַּעַת הַזָּקֵן אֲבִיהֶם, אָמְרוּ: מָה אָבִינוּ יַעֲקֹב שֶׁהִבְטִיחוֹ הַקָּדוֹשׁ בָּרוּךְ הוּא וְאָמַר לוֹ: "וְהִנֵּה אָנֹכִי עִמָּךְ" נִתְיָירֵא, אָנוּ עַל אַחַת כַּמָּה וְכַמָּה, הוּא שֶׁהַנָּבִיא מְקַנְתֵּר אֶת יִשְׂרָאֵל וְאוֹמֵר לָהֶם:** (ישעיה נא, יג) "**וַתִּשְׁכַּח ה' עֹשֶׂךָ נוֹטֶה שָׁמַיִם וְיֹסֵד אָרֶץ**", **אָמַר לְהוֹן: אַנְשִׁיתוּן מָה אָמַר לְכוֹן,**

עץ יוסף

(א) **שני בני אדם כו'.** כוונת המדרש להודיענו כמה החטא גורס, שהרי שני בני אדם גדולים שבחר בהם הקדוש ברוך הוא והבטיחן ומכל מקום נתיראו שמא גרם החטא: **ראוים היו ישראל כליה כו'.** מפני שיראו מגזירת המן ושכחו ההבטחה הנ"ל. ובפסיקתא רבתי פרשה ל"ג דרש ותשכח ה' עושך שנתיאשו מן הגאולה לגמרי בגזרות המן. ובמדרש שעם פירוש הרב אברהם בן אשר (אור השכל) גורס באמת בפנים המדרש כן, ראוים היו ישראל כליה בימי המן לפי שנתייראו ונתיאשו מן הגאולה אלא לפי שנסמכה דעתן כו': **על דעת הזקן.** על דעת יעקב שגם הוא נתירא שמא יגרום החטא: **ותשכח ה' עושך.** ותפחד תמיד כל היום מפני חמת המציק, דהיינו המן שנתמלא חמה על מרדכי והיה מציק את ישראל וכונן להשחית: **כה אמר ה' כו'.** ואף על גב דזה בנבואת ירמיה, וישעיה קדמה נבואתו הרבה לירמיה. מכל מקום יודעים היו דברי הנבואה קודם שנאמר מפי הנביאים כדכתבו תוספות בפרק קמא דבבא קמא (ב, ב) [בגליון שם נרשם עיין תוס' נדה נא, בד"ה ולכתוב. ועיין בגמ' סנהדרין ט, ב מנא ידעי כו'] (יפה תואר): **מה אמר לכון כו'.** שההבטחה ההיא קיימת בלי אפשרות בטול כמו שלא ימדו שמים (יפה תואר):

פירוש מהרז"ו

(א) **שני בני אדם הבטיחן.** מכילתא סוף פרשת בשלח: **ובסוף נתירא.** אמר שמא יגרום החטא, שם וסנהדרין (צח, ב), ומה שהביא (תהלים קלה, ד) כי יעקב בחר לו יה, כי אצל אברהם כתיב (נחמיה ט, ז) אשר בחרת באברם שבחרו מדורו של עובדי כוכבים, אם כן מה שכתוב כי יעקב בחר לו יה היינו שבחרו מהאבות, ומה שהביא (תהלים קו, כג) לולי משה בחירו פירוש בחור מכל הנביאים כמו שאמר (במדבר יב, ו) אם יהיה נביאכם וכו' לא כן עבדי משה: **כי אהיה עמך.** כמו שאמרו (שמות רבה ג, ד) איני אומר אהיה עמך אלא שנתירא, ועל זה הבטיחו כי אהיה עמך ואין לך לירא, ואף על פי כן נתירא גם אחר שהבטיחו עד שהוצרך לומר אל תירא אותו. ועיין במדבר רבה (יט, לב): **בימי המן.** על שנתיראו מגזירתו ולא בטחו בישועת השם יתברך כמו שנאמר (תהלים כב, ה) במזמור שאמרה אסתר בך בטחו אבותינו וכו' משמע ולא אנחנו. ואמר אחר כך (שם לז, ה) גול על ה' יפלטהו וגו': **ותשכח ה' עושך.** ילקוט ישעיה (רמז תעד) והוא לקוח מהפסיקתא (לג, ה) ותשכח ה' עושך בגזרת המן הכתוב מדבר שנתיראו לשעה כו', אמר רבי שמואל בר נחמן ראוים היו ישראל שלא להגאל מגזרת המן על שנתיאשו מן הגאולה אלולי שהסכימו לדעת יעקב וכו', כמו כאן, דבר אחר ותשכח ה' כו'. וכל זה על

חידושי הרד"ל

[א] **שני בני אדם הבטיחן.** לא חשיב יהושע שאמר ליה הקב"ה אל תירא יהושע (יהושע ח, א) מפני שראה שאחר ההבטחה נפלו בעי ולכן נתירא, והוצרך לומר לו אל תירא: **אלמלא שנסמכה דעתן כו'.** כך צריך לומר, וכן הוא בפסיקתא דאנכי וילקוט ישעיה: **ואומר להם מי את ותיראי וגו' ותשכח כו'.** כן צריך לומר:

אמרי יושר

[א] **ב' הבטיחן הקדוש ברוך הוא.** ועם כל זאת להיותם בחיריו. זהו בני אדם ונתייראו:

מסורת המדרש

א. מכילתא סוף פרשה בשלח מסכת דעמלק פרשה ב'. עיין ברכות דף ד' וסנהדרין דף צ"ח. ובבמדבר רבה פרשה י"ט. אסתר רבה פרשה ו'. תנחומא סדר בשלח סימן כ"ח. וסדר חוקת סימן כ"ה. ילקוט כאן רמז קל"א. וסדר בשלח רמז רס"ד:
ב. עיין נדה דף ס"א:
ג. פסיקתא רבתי פסקא ל"ג. ילקוט ישעיה רמז של"ו:

אם למקרא

כִּי יַעֲקֹב בָּחַר לוֹ יָהּ יִשְׂרָאֵל לִסְגֻלָּתוֹ: (תהלים קלה:ד)
וַיֹּאמֶר לְהַשְׁמִידָם לוּלֵי מֹשֶׁה בְחִירוֹ עָמַד בַּפֶּרֶץ לְפָנָיו לְהָשִׁיב חֲמָתוֹ מֵהַשְׁחִית: (שם קו:כג)
וַיֹּאמֶר כִּי אֶהְיֶה עִמָּךְ וְזֶה לְּךָ הָאוֹת כִּי אָנֹכִי שְׁלַחְתִּיךָ בְּהוֹצִיאֲךָ אֶת הָעָם מִמִּצְרַיִם תַּעַבְדוּן אֶת הָאֱלֹהִים עַל הָהָר הַזֶּה: (שמות ג:יב)
וַיֹּאמֶר ה' אֶל מֹשֶׁה אַל תִּירָא אֹתוֹ כִּי בְיָדְךָ נָתַתִּי אֹתוֹ וְאֶת כָּל עַמּוֹ וְאֶת אַרְצוֹ וְעָשִׂיתָ לּוֹ כַּאֲשֶׁר עָשִׂיתָ לְסִיחֹן מֶלֶךְ הָאֱמֹרִי אֲשֶׁר יוֹשֵׁב בְּחֶשְׁבּוֹן: (במדבר כא:לד)
וַתִּשְׁכַּח ה' עֹשֶׂךָ נוֹטֶה שָׁמַיִם וְיֹסֵד אָרֶץ וַתְּפַחֵד תָּמִיד כָּל הַיּוֹם מִפְּנֵי חֲמַת הַמֵּצִיק כַּאֲשֶׁר כּוֹנֵן לְהַשְׁחִית וְאַיֵּה חֲמַת הַמֵּצִיק: (ישעיה נא:יג)

רש"י

(א) **הבחור שבאבות.** מובחר שבאבות:

מתנות כהונה

[א] **ונתייראו.** שמא גרם החטא כמו שפירש"י בחומש: **אלא שנתיירא.** כלומר לפי שמתיירא: **שנסמכו דעתן כו'.** שלמדו מיעקב אבינו וחזרו בתשובה, ולא היו סומכין על זכות עצמן ולא על ההבטחה שהבטיחן הקב"ה ואף גם זאת וגו': **אנשיתון.** וכי שכחתם

נחמד למראה

[א] **ויירא יעקב מאד וגו' רבי פנחס בשם רבי ראובן שני בני אדם הבטיחן וכו'.** קשה למה לא אמר גם יהושע הגם שהובטח מפי הקב"ה כאשר הייתי עם משה אהיה עמך, ועם כל זאת נתיירא ממלחמת גבעונים מדאמר ליה הקב"ה אל תירא מהם (יהושע י, ח) עיין שם. ולכאורה קשה למה נתייראו והא הקשו התוספות בפרק הניזקין (נה, ב) על מה שאמרו שם אשרי אדם מפחד תמיד (משלי כח, יד), והא כתיב (ישעיה לג, יד) פחדו בציון חטאין, וכתבו דבפרק הרואה (ס, א) הקשו קושיא זו ותירצו התם בדברי תורה כתיב שמפחד שלא ישכח ממנו התורה אבל לירא בחנם לא עיין שם, ואפשר דחדא מתרץ לחברתה והיינו כמו שכתב הרב ב"י ז"ל שם ביהושע דהקשה דלמה נתירא יהושע בחנם דבשלמא משה רבינו עליו השלום נתיירא מעוג שהיה לו זכות אברהם אבינו שכן כתיב (בראשית יד, יג) ויבא הפליט ויגד לאברם העברי זה עוג, ומשום הכי נתיירא משה רבינו עליו השלום ממנו עיין שם, וכיוצא יש לומר גבי יעקב אבינו עליו השלום שנתיירא מעשו יען היה לו זכות ארץ ישראל וכבוד הוריו מה שלא היה ליעקב אבינו לשעה, וכמו שאמרו ז"ל בפרשה ויירא יעקב ויצר לו יעויין שם, ואם כן יעקב אבינו ומשה רבינו עליו השלום לא היה יראתם בחנם, וכמו שכתבו התוספות שם בהניזקין דיראה בחנם אינה טוב, ועל זה דייק רבי פנחס שני בני אדם הגם דהובטחו נתייראו דמניינא למה לן, אלא לאפוקי יהושע דעליו לא יאות לו היראה אלא דוקא לשנים אלו יעקב ומשה רבינו עליו השלום. ודו"ק מלאתי כתוב:

אשד הנחלים

[א] **הבטיחן כו' ונתיראו הבחור שבאבות.** הבעל העקדה בשעריו פירש שבאו להשמיענו בזה איך שאף האנשים האלקיים כמותם עם כל זה מחוייבים לחפש השתדלות והתאמצות בחוק הטבעי איך להנצל מהרעה המעותדת לעומתם ובל יסמכו על הנס, כי כן ראוי לבקש עזר מאת ה' עם השתדלות בכל יכולתם, ולכן אמרו שאף הנבחרים לסגולה אלקית כמוהם עם כל זאת נתיראו והתאמצו לחפש ג"כ תחבולה טבעית. אך מסוף דבריהם שמסיימין שראוים היו ישראל כליה בימי המן אלולי שנסמכה דעתם על דעת הזקן, מורה מזה שדבר שאינו ראוי הוא לפחוד, כי אם יבטח וישען באלהיו, כמו שהנביא מוכיח ותשכח גו', כמו שמסיים להלן. אך לכאורה יקשה מאוד אם הנבחרים כמוהם חטאו במה שפחדו, א"כ מה זה התנצלות ישראל במה שסמכו דעתן על דעת הזקן, ואיך יאמר על מדת הזקן שבעבור זה יחויבו ח"ו כליה. ואשר נראה לי בזה שיראת ישראל בימי המן איננה מסוג יראת יעקב ומשה, כי המה לא פחדו פחד טבעי כי מדת פחד בני האדם הם מקדושים כאלה הדבקים בה' תמיד ויודעים שמבלעדי גזירת ה' וחפצו לא יגע בם שום בן אדם לרע, רק כמאמרם שירא יעקב שמא יגרום החטא, וא"כ כל פחדתו היה לא מפני עשו כי אם שדימה מזה אחר שנרדף משונאיו ככה א"כ יש בו חטא מה, וזהו הכפל לשון ויירא יעקב ויצר לו, שהצר לבו על עצמו פן חטא, ופחד ישראל היתה פשוטה, ולכן היו ח"ו מתחייבין כליה כי איך ישכחו כי הכל ביד ה'. אך אלולי לא היה נטוע כח הפחד מאביהם אף שהיו מסוג אחר אז היו מחוייבים בזה מאוד, אך התנצלות מעט במה שנטוע בהם מדת הפחד ההוא מאביהן. והרי זה כדבר הטבעי להם, ולכן יש להם התנצלות מעט בזה:

sin committed after God issued His promise might cause each of them to forfeit that promise.[5]

The Midrash relates an incident in which the entire Jewish nation became frightened despite receiving an assurance of Divine protection:

רַבִּי בֶּרֶכְיָה וְרַבִּי חֶלְבּוֹ בְּשֵׁם רַבִּי שְׁמוּאֵל בַּר נַחְמָן מִשֵּׁם רַבִּי נָתָן — **R' Berechyah and R' Chelbo** said **in the name of R' Shmuel bar Nachman in the name of R' Nassan:** **רְאוּיִם הָיוּ יִשְׂרָאֵל כְּלָיָיה בִּימֵי הָמָן** — The people of **Israel would have been worthy** of **destruction in the days of Haman**, after he decreed that they be annihilated, for they became frightened and forgot that God had promised to protect them; **אִלּוּלֵי שֶׁנִּסְמְכָה דַעְתָּן עַל דַּעַת הַזָּקֵן אֲבִיהֶם** — **had they not based their stance on the stance of the elder, their father,** i.e., Jacob.[6] **אָמְרוּ** — **[The people of Israel] said,** **מָה אָבִינוּ יַעֲקֹב שֶׁהִבְטִיחוֹ הַקָּדוֹשׁ בָּרוּךְ הוּא וְאָמַר לוֹ: "וְהִנֵּה אָנֹכִי עִמָּךְ" נִתְיָירֵא** — "Now if **our** righteous **ancestor Jacob, whom the Holy One, blessed is He, assured and said to him, '*Behold, I am with you*,' became frightened** of Esau, **אָנוּ עַל אַחַת כַּמָּה וְכַמָּה** — **how much more so** is there reason for **us**, who are not as righteous as Jacob, to become frightened by Haman's decree."[7]

The prophet rebukes the Jewish people, reminding them of God's promise to protect them:

הוּא שֶׁהַנָּבִיא מְקַנְתֵּר אֶת יִשְׂרָאֵל וְאוֹמֵר לָהֶם: — **Thus the prophet rebukes** the people of **Israel and says to them:** **"וַתִּשְׁכַּח ה' עֹשֶׂךָ נוֹטֶה שָׁמַיִם וְיֹסֵד אָרֶץ"** — ***You have forgotten HASHEM, your Maker, Who spread out the heavens and set the foundations of the earth*** (*Isaiah* 51:13).[8] **אֲמַר לְהוֹן: אַנְשִׁיתוּן מָה אֲמַר לְכוֹן** — **[The prophet]** in effect **said to [the people of Israel], "You have forgotten what [God] said to you;**

NOTES

5. The Midrash seeks to demonstrate man's potential for sin and the great danger inherent therein (*Eitz Yosef*).

6. Since the Jewish people became frightened from Haman's decree, forgetting God's promise that the Jewish nation would never be annihilated, they did not deserve to be saved from the decree. *Eitz Yosef* (from *Pesikta Rabbasi* §33) adds that the main complaint against them was that they had completely despaired of ever being saved. The Midrash soon cites the Biblical source for this assurance. Alternatively, God's assurance is in *Leviticus* (26:44): וְאַף גַּם זֹאת בִּהְיוֹתָם בְּאֶרֶץ אֹיְבֵיהֶם לֹא מְאַסְתִּים וְלֹא גְעַלְתִּים לְכַלֹּתָם לְהָפֵר בְּרִיתִי אִתָּם כִּי אֲנִי ה' אֱלֹהֵיהֶם, *Thus, even when they are in their enemies' land, I will not cast them away, now will I abhor them to destroy them, to break My covenant with them, for I am HASHEM their God* (*Matnos Kehunah*). God says that even in exile, the Jews are still His nation, and His covenant with them remains in full force (*Rashi* to verse).

7. I.e., if the righteous Jacob was worried lest a sin cause him to lose Divine protection, all the more so must we — who are not as righteous as Jacob — be concerned, lest our sins cause us to lose Divine protection (*Eitz Yosef*). Moreover, they reasoned that if Jacob, who received a direct promise of Divine protection, was frightened (lest his sins cause him to forfeit this protection), all the more so should the Jews in the times of Haman, who had not received a direct promise of Divine protection, be frightened. There is only a general assurance that the Jewish nation would not be destroyed (*Ohr HaSeichel*). [*Yefeh To'ar* adds that the promise to the Jews was that the nation as a whole would not be destroyed. That did not preclude individuals being persecuted. Indeed, many individuals were attacked after Haman's decree was issued.]

This Midrash is fraught with difficulties. The Midrash takes the Jews in the times of Haman to task for fearing that God might not keep His promise to protect them. Yet the Midrash just commented that Jacob and Moses had been afraid, implying that their fears were justified! And, if in fact Jacob and Moses had erred when they became frightened, why, then, did the fact that Jacob had also feared serve as a defense for the Jewish people? (*Eshed HaNechalim*).

To address these difficulties, the commentators distinguish between Jacob and the Jewish people. Although Jacob feared, he did not despair. To the contrary, he prayed to God and took steps to protect himself and his family. Although the Jewish people based their attitude on Jacob's approach, they took their fear to its extreme, and completely despaired of ever being saved. As the verse that the Midrash soon cites from *Isaiah* states, *and you are terrified continually, all day long*, i.e., they completely lost hope (*Ohr HaSeichel*). Fear is considered appropriate only if it brings one to repentance. It was for this reason that they deserved to be annihilated (*Eitz Yosef*). Alternatively, *Tiferes Tzion* explains that because of their fear, the Jewish people actually sinned, bowing down to idolatry.

The reason they were ultimately saved was that although Jacob's fear was legitimate — lest he lose the assurance on account of some sin — while theirs was not, they still claimed that when Jacob was afraid of Esau, the trait of fear became ingrained in our spiritual genetic code and was transmitted to future generations. This was not a true defense, but it served to mitigate the complaint against them somewhat (*Eshed HaNechalim*). According to *Matnos Kehunah*, the Midrash does not mean that they *relied* on Jacob, but rather they *learned* from Jacob, who feared that he might have sinned. He thus did not rely on any past merit or assurance, but repented and prayed to God. So too they did not rely on any past merit or promise, but repented.

8. The verse continues, וַתְּפַחֵד תָּמִיד כָּל הַיּוֹם מִפְּנֵי חֲמַת הַמֵּצִיק כַּאֲשֶׁר כּוֹנֵן לְהַשְׁחִית וְאַיֵּה חֲמַת הַמֵּצִיק, *and you are terrified continually, all day long, because of the oppressor's fury when he prepares to destroy — but where is the oppressor's fury?* The "oppressor" refers to Haman. Furious that Mordechai refused to bow down before him (see *Esther* 3:5), Haman plotted to destroy Mordechai and his people. But Haman was hanged before he could carry out any of his plans. Thus the prophet says, *but where is the oppressor's fury*, i.e., he is incapable of causing you harm. Why, then, did you fear him? (*Eitz Yosef*; see *Yalkut Shimoni* II §474; see also commentaries to *Isaiah* ad loc.).

INSIGHTS

this is because it was for selfish reasons that Og informed Abraham that Lot had been taken captive: He hoped that Abraham would be killed while attempting to save Lot, and Og would then marry Sarah. As a prophet, Moses would have known Og's true intent, and thus would not have feared that this deed would stand Og in good stead (see *Yefeh To'ar*).

פרשה עו

א [לב, ח] "**וַיִּירָא יַעֲקֹב מְאֹד וַיֵּצֶר לוֹ**",

רַבִּי פִּנְחָס בְּשֵׁם רַבִּי רְאוּבֵן: [א]**שְׁנֵי בְּנֵי אָדָם הִבְטִיחָן הַקָּדוֹשׁ בָּרוּךְ הוּא וְנִתְיָירְאוּ, הַבָּחוּר שֶׁבָּאָבוֹת וְהַבָּחוּר שֶׁבַּנְּבִיאִים, הַבָּחוּר שֶׁבָּאָבוֹת זֶה יַעֲקֹב, שֶׁנֶּאֱמַר** (תהלים קלה, ד) "**כִּי יַעֲקֹב בָּחַר לוֹ יָהּ**", **וְאָמַר לוֹ הַקָּדוֹשׁ בָּרוּךְ הוּא:** (לעיל כח, טו) "**וְהִנֵּה אָנֹכִי עִמָּךְ**", **וּבַסּוֹף נִתְיָירֵא, שֶׁנֶּאֱמַר "וַיִּירָא יַעֲקֹב", הַבָּחוּר שֶׁבַּנְּבִיאִים זֶה מֹשֶׁה, שֶׁנֶּאֱמַר** (תהלים קו, כג) "**לוּלֵי מֹשֶׁה בְחִירוֹ**", **וְאָמַר לוֹ הַקָּדוֹשׁ בָּרוּךְ הוּא:** (שמות ג, יב) "**כִּי אֶהְיֶה עִמָּךְ**", **וּלְבַסּוֹף נִתְיָירֵא** (במדבר כא, לד) [ב]"**וַיֹּאמֶר ה' אֶל מֹשֶׁה אַל תִּירָא אֹתוֹ**", **אֵינוֹ אוֹמֵר אַל תִּירָא אוֹתוֹ אֶלָּא לְמִי שֶׁנִּתְיָירֵא, רַבִּי בֶּרֶכְיָה וְרַבִּי חֶלְבּוֹ בְּשֵׁם רַבִּי שְׁמוּאֵל בַּר נַחְמָן מִשֵּׁם רַבִּי נָתָן:** [ג]**רְאוּיִם הָיוּ יִשְׂרָאֵל כְּלָיָיה בִּימֵי הָמָן אִלּוּלֵי שֶׁנִּסְמְכָה דַּעְתָּן עַל דַּעַת הַזָּקֵן אֲבִיהֶם, אָמְרוּ: מָה אָבִינוּ יַעֲקֹב שֶׁהִבְטִיחוֹ הַקָּדוֹשׁ בָּרוּךְ הוּא וְאָמַר לוֹ: "וְהִנֵּה אָנֹכִי עִמָּךְ" נִתְיָירֵא, אָנוּ עַל אַחַת כַּמָּה וְכַמָּה, הוּא שֶׁהַנָּבִיא מְקַנְתֵּר אֶת יִשְׂרָאֵל וְאוֹמֵר לָהֶם:** (ישעיה נא, יג) "**וַתִּשְׁכַּח ה' עֹשֶׂךָ נוֹטֶה שָׁמַיִם וְיֹסֵד אָרֶץ**", **אָמַר לְהוֹן: אַנְשִׁיתוּן מָה אֲמַר לְכוֹן,**

עץ יוסף

(א) שני בני אדם כו'. כוונת המדרש להודיענו כמה החטא גורס, שהרי שני בני אדם גדולים שבחר בהם הקדוש ברוך הוא והבטיחן ומכל מקום נתיראו שמא גרם החטא: **ראוים היו ישראל כליה כו'.** מפני שיראו מגזירת המן ושכחו ההבטחה הנ"ל. ובפסיקתא רבתי פרשה ל"ג דרש ותשכח ה' עושך שנתיאשו מן הגאולה לגמרי בגזרת המן. ובמדרש שעם פירוש הרב אברהם בן אשר (אור השכל) גורס באמת בפנים המדרש כן, ראוים היו ישראל כליה בימי המן לפי שנתייראו ונתיאשו מן הגאולה אלא לפי שנסמכה דעתן כו': **על דעת הזקן.** על דעת יעקב שגם הוא נתירא שמא יגרום החטא: **ותשכח ה' עושך.** ותפחד תמיד כל היום מפני חמת המציק, דהיינו המן שנתמלא חמה על מרדכי והיה מציק את ישראל וכונן להשחית: **כה אמר ה' כו'.** ואף על גב דזה בנבואת ירמיה, וישעיה קדמה נבואתו הרבה לירמיה. מכל מקום יודעים היו דברי הנבואה קודם שנאמר מפי הנביאים כדכתבו תוספות בפרק קמא דבבא קמא (ב, ב) [בגליון שם כרשם עיין תוס' נדה נא, בד"ה ולכתוב. ועיין בגמ' סנהדרין ט, ב מנא ידעי כו'] (יפה תואר): **מה אמר לכון כו'.** שההבטחה ההיא קיימת בלי אפשרות בטול כמו שלא ימדו שמים (יפה תואר):

פירוש מהרז"ו

(א) שני בני אדם הבטיחן. מכילתא סוף פרשת בשלח: **ובסוף נתירא.** אמר שמא יגרום החטא, שם וסנהדרין (נח, ב), ומה שהביא (תהלים קלה, ד) כי יעקב בחר לו יה, כי אצל אברהם כתיב (נחמיה ט, ז) אשר בחרת באברם שבחרו מדורו של עובדי כוכבים, אם כן מה שכתוב כי יעקב בחר לו יה היינו שבחרו מהאבות, ומה שהביא (תהלים קו, כג) לולי משה בחירו פירוש בחור מכל הנביאים כמו שאמר (במדבר יב, ו) אם יהיה נביאכם וכו' לא כן עבדי משה: **כי אהיה עמך.** כמו שאמרו (שמות רבה ג, ד) אינו אומר אהיה עמך אלא שנירא, ועל זה הבטיחו כי אהיה עמך ואין לך לירא, ואף על פי כן נתירא גם אחר שהבטיחו עד שהוצרך לומר אל תירא אותו. ועיין במדבר רבה (יט, לב): **בימי המן.** על שנתיראו מגזירתו ולא בטחו בישועת השם יתברך כמו שנאמר (תהלים כב, ה) במזמור שאמרה אסתר בך בטחו אבותינו וכו' משמע ולא אנחנו. ואמר אחר כך (שם לז, ה) גול על ה' יפלטהו וגו': **ותשכח ה' עושך.** ילקוט ישעיה (רמז תעד) והוא לקוח מהפסיקתא (לג, ה) ותשכח ה' עושך בצרת המן הכתוב מדבר שנתיראו לשעה כו', אמר רבי שמואל בר נחמן ראוים היו ישראל שלא להגאל מצרת המן על שנתיאשו מן הגאולה אלולי שהסכימו לדעת יעקב וכו', כמו כאן, דבר אחר ותשכח ה' כו'. וכל זה על

חידושי הרד"ל

[א] שני בני אדם הבטיחן. לא חשיב יהושע שאמר ליה הקב"ה אל תירא יהושע (יהושע ח, א) מפני שראה שאחר ההבטחה נפלו בעי ולכן נתירא, והוצרך לומר לו אל תירא: **אלמלא שנסמכה דעתן כו'.** כך צריך לומר, וכן הוא בפסיקתא דאיכי וילקוט ישעיה: **ואומר להם מי את ותיראי וגו' ותשכח כו'.** כן צריך לומר:

אמרי יושר

[א] ב' הבטיחן הקדוש ברוך הוא. ועם כל זאת להיותם בחיריו. זהו בני אדם ונתייראו:

מסורת המדרש

א. מכילתא סוף פרשה בשלח מסכת דעמלק פרשה ב'. עיין ברכות דף ד' וסנהדרין דף נ"ח. ובבמדבר רבה פרשה י"ט. אסתר רבה פרשה ו'. תנחומא סדר בשלח סימן כ"ח. וסדר חוקת סימן כ"ה. ילקוט כאן רמז קל"א. וסדר בשלח רמז רס"ד:
ב. עיין נדה דף ס"א:
ג. פסיקתא רבתי פסקא ל"ג. ילקוט ישעיה רמז של"ו:

אם למקרא

כִּי יַעֲקֹב בָּחַר לוֹ יָהּ יִשְׂרָאֵל לִסְגֻלָּתוֹ: (תהלים קלה:ד)

וַיֹּאמֶר לְהַשְׁמִידָם לוּלֵי מֹשֶׁה בְחִירוֹ עָמַד בַּפֶּרֶץ לְפָנָיו לְהָשִׁיב חֲמָתוֹ מֵהַשְׁחִית: (שם קו:כג)

וַיֹּאמֶר כִּי אֶהְיֶה עִמָּךְ וְזֶה לְּךָ הָאוֹת כִּי אָנֹכִי שְׁלַחְתִּיךָ בְּהוֹצִיאֲךָ אֶת הָעָם מִמִּצְרַיִם תַּעַבְדוּן אֶת הָאֱלֹהִים עַל הָהָר הַזֶּה: (שמות ג:יב)

וַיֹּאמֶר ה' אֶל מֹשֶׁה אַל תִּירָא אֹתוֹ כִּי בְיָדְךָ נָתַתִּי אֹתוֹ וְאֶת כָּל עַמּוֹ וְאֶת אַרְצוֹ וְעָשִׂיתָ לּוֹ כַּאֲשֶׁר עָשִׂיתָ לְסִיחֹן מֶלֶךְ הָאֱמֹרִי אֲשֶׁר יוֹשֵׁב בְּחֶשְׁבּוֹן: (במדבר כא:לד)

וַתִּשְׁכַּח ה' עֹשֶׂךָ נוֹטֶה שָׁמַיִם וְיֹסֵד אָרֶץ וַתְּפַחֵד תָּמִיד כָּל הַיּוֹם מִפְּנֵי חֲמַת הַמֵּצִיק כַּאֲשֶׁר כּוֹנֵן לְהַשְׁחִית וְאַיֵּה חֲמַת הַמֵּצִיק: (ישעיה נא:יג)

רש"י

(א) הבחור שבאבות. מובחר שבאבות:

מתנות כהונה

[א] ונתייראו. שמא גרם החטא כמו שפירש"י בחומש: **אלא שנתיירא.** כלומר לפי שמתיירא: **שנסמכו דעתן כו'.** שלמדו מיעקב אבינו וחזרו בתשובה, ולא היו סומכין על זכות עצמן ולא על ההבטחה שהבטיחן הקב"ה ואף גם זאת וגו': **אנשיתון.** וכי שכחתם

נחמד למראה

[א] ויירא יעקב מאד וגו' רבי פנחס בשם רבי ראובן שני בני אדם הבטיחן וכו'. קשה למה לא אמר גם יהושע הגם שהובטח מפי הקב"ה כאשר הייתי עם משה אהיה עמך, ועם כל זאת נתיירא ממלחמת גבעונים מדאמר ליה הקב"ה אל תירא מהם (יהושע י, ח) עיין שם. ולכאורה קשה למה נתייראו והא הקשו התוספות בפרק הניזקין (נה, ב) על מה שאמרו שם אשרי אדם מפחד תמיד (משלי כח, יד), והא כתיב (ישעיה לג, יד) פחדו בציון חטאין, וכתבו דבפרק הרואה (ס, א) הקשו קושיא זו ותירצו התם בדברי תורה כתיב שמפחד שלא ישכח ממנו התורה אבל לירא בחנם לא עיין שם, ואפשר דחדא מתרץ לחברתה והיינו כמו שכתב הרב ב"י ז"ל שם ביהושע דהקשה דלמה נתירא יהושע בחנם דבשלמא משה רבינו עליו השלום נתיירא מעוג שהיה לו זכות אברהם אבינו שכן כתיב (בראשית יד, יג) ויבא הפליט ויגד לאברם העברי זה עוג, ומשום הכי נתיירא משה רבינו עליו השלום ממנו עיין שם, וכיוצא יש לומר גבי יעקב אבינו עליו השלום שנתיירא מעשו יען היה לו זכות ארץ ישראל וכבוד הוריו מה שלא היה ליעקב אבינו לשעה, וכמו שאמרו ז"ל בפרשה ויירא יעקב ויצר לו יעויין שם, ואם כן יעקב אבינו ומשה רבינו עליו השלום לא היה יראתם בחנם, וכמו שכתבו התוספות שם בהניזקין דיראה בחנם אינה טוב, ועל זה דייק רבי פנחס שני בני אדם הגם דהובטחו נתייראו דמכיינא למה לן, אלא לאפוקי יהושע דעליו לא יאות לו היראה אלא דוקא לשנים אלו יעקב ומשה רבינו עליו השלום. ודו"ק מלאתי כתוב:

אשד הנחלים

[א] הבטיחן כו' ונתיראו הבחור שבאבות. הבעל העקדה בשעריו פירש שבאו להשמיענו בזה איך שאף האנשים האלקיים כמותם עם כל זה מחוייבים לחפש השתדלות והתאמצות בחוק הטבעי איך להנצל מהרעה המעותדת לעומתם ובל יסמכו על הנס, כי כן ראוי לבקש עזר מאת ה' עם השתדלות בכל יכולתם, ולכן אמרו שאף הנבחרים לסגולה אלקית כמוהם עם כל זאת נתיראו והתאמצו לחפש ג"כ תחבולה טבעית. אך מסוף דבריהם שמסיימין שראוים היו ישראל כליה בימי המן אלולי שנסמכה דעתם על דעת הזקן, מורה מזה שדבר שאינו ראוי הוא לפחוד, כי אם יבטח וישען באלהיו, כמו שהנביא מוכיח ותשכח גו', כמו שמסיים להלן. אך לכאורה יקשה מאוד אם הנבחרים כמוהם חטאו במה שפחדו, א"כ מה זה התנצלות ישראל במה שסמכו דעתן על דעת הזקן, ואיך יאמר על מדת הזקן שבעבור זה יחויבו ח"ו כליה. ואשר נראה לי בזה שיראת ישראל בימי המן איננה מסוג יראת יעקב ומשה, כי המה לא פחדו פחד טבעי כי מדת פחד בני האדם הם מקדושים כאלה הדבקים בה' תמיד ויודעים שמבלעדי גזירת ה' וחפצו לא יגע בם שום בן אדם לרע, רק כמאמרם שירא יעקב שמא יגרום החטא, וא"כ כל פחדתו היה לא מפני עשו כי אם שדימה מזה אחר שנרדף משונאיו ככה א"כ יש בו חטא מה, וזהו הכפל לשון ויירא יעקב ויצר לו, שהצר לבו על עצמו פן חטא, ופחד ישראל היתה פשוטה, ולכן היו ח"ו מתחייבין כליה כי איך ישכחו כי הכל ביד ה'. אך אלולי לא היה נטוע כח הפחד מאביהם אף שהיו מסוג אחר אז היו מחוייבים בזה מאוד, אך התנצלות מעט במה שנטוע בהם מדת הפחד ההוא מאביהן. והרי זה כדבר הטבעי להם, ולכן יש להם התנצלות מעט בזה:

כֹּה אָמַר ה׳ אִם יִמַּדּוּ הַשָּׁמַיִם מִלְמַעְלָה — namely, ***Thus said HASHEM: If the heavens above could be measured** or the foundations of the earth plumbed below, so too would I reject the entire seed of Israel because of everything they did*" (*Jeremiah* 31:36).[9] **אִם רְאִיתֶם שָׁמַיִם שֶׁמָּטוּ וְהָאָרֶץ מִתְמוֹטְטָה** — The prophet meant, "**Did you see** the **heavens totter or the earth falter?** **מִנְּטִיַּית שָׁמַיִם וָאָרֶץ לֹא הָיָה לָכֶם לִלְמוֹד** — **Should you not have learned from the spreading of the heavens and the earth** that there is no reason for the Jewish people to become frightened? For just as God sustains the world, so too He sustains the Jewish people and would never annihilate them."[10] **אֶלָּא ״וַתְּפַחֵד תָּמִיד כָּל הַיּוֹם״** — The prophet Isaiah concludes, **"And yet,** ***and you are terrified continually, all day long***" (*Isaiah* loc. cit.).[11]

§2 The Midrash interprets the seemingly redundant phrase, *Jacob became very frightened, and it distressed him*:

דָּבָר אַחֵר — **Another interpretation**, which will address why Jacob was fearful: **״וַיִּירָא יַעֲקֹב מְאֹד וַיֵּצֶר לוֹ״** — The verse states, ***Jacob became very frightened, and it distressed him.*** **אָמַר רַבִּי יְהוּדָה בְּרַבִּי אִלְעָאי** — **R' Yehudah bar R' Il'ai said:** **לֹא הִיא יִרְאָה וְלֹא הִיא צָרָה** — **Does "fright" not** imply "distress" **and does "distress" not** imply "fright"? Why was it necessary for the verse to state that Jacob was both *frightened* and *distressed?*[12] **אֶלָּא ״וַיִּירָא״ שֶׁלֹּא יַהֲרוֹג, ״וַיֵּצֶר לוֹ״ שֶׁלֹּא יֵהָרֵג** — **Rather,** ***[Jacob] became frightened*** **lest he kill** others, ***and it distressed him*** **lest he be killed.** **אָמַר: אִם הוּא מִתְגַּבֵּר עָלַי הוֹרְגֵנִי וְאִם אֲנִי מִתְגַּבֵּר עָלָיו אֲנִי הוֹרְגוֹ** — **[Jacob] said, "If [Esau] overpowers me, he will kill me, and if I overpower him, I will kill him."** **הָדָא הוּא ״וַיִּירָא״ שֶׁלֹּא יַהֲרוֹג, ״וַיֵּצֶר לוֹ״ שֶׁלֹּא יֵהָרֵג** — **This is** the meaning of ***[Jacob] became frightened,*** he was frightened **lest he kill;** ***and it distressed him,*** he was distressed **lest he be killed.**[13]

NOTES

9. Although this verse was recorded by Jeremiah, long after Isaiah's rebuke of the nation, it was already known in earlier times (*Eitz Yosef,* citing *Yefeh To'ar*; see *Tosafos, Gittin* 68a s.v. וכתיב).

The full text of this verse reads: כֹּה אָמַר ה׳ אִם יִמַּדּוּ שָׁמַיִם מִלְמַעְלָה וְיֵחָקְרוּ מוֹסְדֵי אֶרֶץ לְמָטָּה גַּם אֲנִי אֶמְאַס בְּכָל זֶרַע יִשְׂרָאֵל עַל כָּל אֲשֶׁר עָשׂוּ נְאֻם ה׳, *Thus said HASHEM: If the heavens above could be measured or the foundations of the earth plumbed below, so too would I reject the entire seed of Israel because of everything they did — the word of HASHEM.*

The simple explanation of the *Jeremiah* verse is that just as it is impossible to measure the heavens or to plumb the foundations of the earth, so too God would never reject the Jewish people, no matter how much they strayed from the true path. Since, however, there seems to be no connection between the possibility of measuring heaven and earth, and the destruction of the Jewish people, the Midrash will interpret this verse differently (*Nezer HaKodesh*).

10. The Midrash understands the word יִמַּדּוּ (lit., *measured*) to be cognate to דדה, *moving*, while the word וְיֵחָקְרוּ (lit., *plumbed*) is interpreted as if it were written וְיֵעָקְרוּ, "or they be uprooted," for the letters א, ח, ה, and ע are interchangeable. I.e., is the continued existence of the heavens and earth threatened? If the world does not face destruction, the Jewish people have no reason to fear extinction. The connection between the continued existence of the world and that of Israel is based on the Midrash (*Vayikra Rabbah* 36 §4) that teaches that the world was created for the sake of the Jewish people, as it is written, בְּרֵאשִׁית בָּרָא אֱלֹהִים אֵת הַשָּׁמַיִם וְאֵת הָאָרֶץ. The Midrash interprets this: *For the sake of Israel (which is called the beginning* [ראשית]*) did God create the heavens and the earth.* Since the world was created for the sake of Israel, it stands to reason that its continued existence is also dependent on that of Israel (*Eitz Yosef*; see *Nezer HaKodesh*).

Maharzu goes further: The Midrash means that *even* if the heavens and earth *would* totter, one should not fear destruction. Rather, one must have faith that God will never allow the Jewish nation to be wiped out (*Tiferes Tzion*; see there).

11. I.e., he rebukes them for despairing of being saved (see above, notes 7-8).

12. Usually, if one is frightened, he is also distressed, and, conversely, if one is distressed, he is also afraid; it is thus unnecessary for the verse to state that Jacob felt both of these emotions (*Eitz Yosef, Yefeh To'ar*).

13. [I.e., Jacob's "fright" and "distress" were over two different considerations.] Fear is a stronger emotion than distress. The reason Jacob was *afraid* lest he kill others but was only *distressed* lest he be killed, was that he had an assurance of Divine protection, and, although he was concerned that this assurance might be rescinded (see above, §1), he considered the chance of that happening to be remote. Additionally, Jacob was very strong and was thus capable of defending himself; therefore, he was primarily concerned that he might be forced to kill Esau [see *Tanchuma, Vayishlach* §4] (*Yefeh To'ar*).

Had Esau attacked Jacob and his family, Jacob would have been allowed to kill him in self-defense (see *Sanhedrin* 72a). Nevertheless, Jacob was fearful that he might thereby incur the wrath of Isaac, who was still fond of Esau (*Mizrachi* to 32:8, from *Tanchuma* [not found in our edition]). [*Nezer HaKodesh* explains that Isaac might still have been under the false impression that Esau was a good person (see above, 63 §10); Jacob thus feared that Isaac would not accept that Esau attacked Jacob and that Jacob killed Esau in self-defense.]

According to this explanation, Jacob feared only that he might kill Esau himself, but was not concerned that he might have to kill Esau's men. *Rashi* (to verse), however, implies that his concern extended also to the men. Although self-defense is permitted, it is improper for a righteous person to inflict punishment on others. As the Sages observe: *guilt is brought about through a guilty person*: Jacob reasoned that if he were thrust into a situation where he had to kill someone, it would serve as an indication that he too was guilty of some sin; otherwise he would not be cast into such a position (*Nezer HaKodesh; Divrei David;* see also *Darash Moshe*). See *Matnos Kehunah* and *Yedei Moshe* for alternative explanations.

Other versions of this teaching (see *Rashi* to verse) transpose the words: Jacob became frightened (the stronger emotion) lest he be killed, and it distressed him (the weaker emotion) were he to kill others. *Eitz Yosef* emends our text to conform to this version. Seemingly, according to this version, Jacob was more concerned that he himself would be harmed than he was that he would harm others. *Matnos Kehunah*, however, asserts that according to this version, *distress* is actually considered the stronger emotion and *fear* the weaker one.

See Insight Ⓐ.

INSIGHTS

Ⓐ To Kill or Be Killed An innovative explanation of Jacob's fear of killing Esau is proposed by *HaDerash VeHalyun* (155:2,3). When Rebecca sent Jacob to live with Laban, she ordered him to remain there *until your brother's wrath subsides; until his anger against you subsides* (above, 27:44-45). Once Esau's anger receded, Jacob would return. But how would Jacob know for certain that Esau's feelings toward him had changed?

HaDerash VeHalyun cites those (see *R' Itzel MeVolozhin* in *Peh Kadosh* on the verse) who explain this with a verse in *Proverbs* (27:19): כַּמַּיִם הַפָּנִים לַפָּנִים כֵּן לֵב הָאָדָם לָאָדָם, *As water reflects a face back to a face, so one's heart is reflected back to him by another.* When a person gazes into a pool of water, the face he sees there — that is, his reflection — precisely captures his own facial expression. The same occurs in human relationships. The heart, seat of emotion, is a mirror, tuned in some mysterious way, even without words, even at a distance, to the emanations of another heart. If one's heart beats with love for another, his love will be reflected in the heart of his beloved. If one harbors animosity toward another, he may be assured that his feelings are mirrored in his enemy's heart. Rebecca knew that as long as Esau's hate remained strong and his anger undimmed, his harsh feelings would be reciprocated by Jacob, in accordance with the rule articulated in *Proverbs.* She instructed Jacob to remain abroad until he sensed in his own heart the departure of anger and the growth of brotherly love, which would serve as the sign that Esau's anger had subsided and it was safe to return home.

Jacob followed her instructions, and remained with Laban until his

(ירמיה לא, לו) "כֹּה אָמַר ה' אִם יִמַּדּוּ הַשָּׁמַיִם מִלְמַעְלָה", אִם רְאִיתֶם שָׁמַיִם שֶׁמָּטוּ וְהָאָרֶץ מִתְמוֹטְטָה, מִנְּטִיַּית שָׁמַיִם וָאָרֶץ לֹא הָיָה לָכֶם לִלְמוֹד, אֶלָּא (ישעיה שם שם) "וַתְּפַחֵד תָּמִיד כָּל הַיּוֹם":

ב דָּבָר אַחֵר, [לב, ח] "וַיִּירָא יַעֲקֹב מְאֹד וַיֵּצֶר לוֹ", אָמַר רַבִּי יְהוּדָה בְּרַבִּי אִלְעָאִי: לֹא הִיא יִרְאָה וְלֹא הִיא צָרָה, אֶלָּא ד"וַיִּירָא" שֶׁלֹּא יַהֲרוֹג, "וַיֵּצֶר לוֹ" שֶׁלֹּא יֵהָרֵג, אָמַר: אִם הוּא מִתְגַּבֵּר עָלַי הוֹרְגֵנִי וְאִם אֲנִי מִתְגַּבֵּר עָלָיו אֲנִי הוֹרְגוֹ, הָדָא הוּא "וַיִּירָא" שֶׁלֹּא יַהֲרוֹג, "וַיֵּצֶר לוֹ" שֶׁלֹּא יֵהָרֵג, אָמַר: כָּל הַשָּׁנִים הַלָּלוּ יוֹשֵׁב בְּאֶרֶץ יִשְׂרָאֵל, תֹּאמַר שֶׁהוּא בָּא עָלַי מִכֹּחַ יְשִׁיבַת אֶרֶץ יִשְׂרָאֵל, כָּל הַשָּׁנִים הַלָּלוּ הוּא יוֹשֵׁב וּמְכַבֵּד אֶת הוֹרָיו, תֹּאמַר שֶׁהוּא בָּא עָלַי מִכֹּחַ כִּיבּוּד אָב וָאֵם, שֶׁהֲרֵי כָּךְ אָמַר: (לעיל כז, מא) "יִקְרְבוּ יְמֵי אֵבֶל אָבִי", תֹּאמַר שֶׁמֵּת אוֹתוֹ זָקֵן וּבָא עָלַי לְהָרְגֵנִי, אָמַר רַבִּי יְהוּדָה בְּרַבִּי סִימוֹן: כָּךְ אָמַר לוֹ הַקָּדוֹשׁ בָּרוּךְ הוּא: (לעיל לא, ג) "שׁוּב אֶל אֶרֶץ אֲבוֹתֶיךָ וּלְמוֹלַדְתֶּךָ", תֹּאמַר עַד כָּאן הָיוּ הַתְּנָאִים (לעיל כח, כ) "וּשְׁמָרַנִי בַּדֶּרֶךְ הַזֶּה" וְלֹא יוֹתֵר, ה'אָמַר רַבִּי יוּדָן: אָמַר לוֹ הַמָּקוֹם: "שׁוּב אֶל אֶרֶץ אֲבוֹתֶיךָ", אַף עַל פִּי כֵן "וַיִּירָא יַעֲקֹב מְאֹד", אֶלָּא מִכָּאן שֶׁאֵין הַבְטָחָה לַצַּדִּיק בָּעוֹלָם הַזֶּה,

עץ יוסף

אם ראיתם שמים שמטו כו'. מפרש ימדו מלשון התמוטטות הכדור ממקומו. ויחקרו מוסדי ארץ הוא כמו ויעקרו, שאותיות אחה"ע מתחלפות. ותלה ירמיה ביטול ומיאוס ישראל בקיום שמים וארץ לפי שישראל היו סבה לבריאותם כמו שאמרו חכמינו ז"ל (עיין בראשית רבה א, ד) בראשית בשביל ישראל שנקראו ראשית ברא אלהים את השמים ואת הארץ, ואם כן לא יתכן שהמסובב יהיה קיים והסיבה בטלה חלילה: (ב) **לא היא יראה ולא היא צרה.** בתמיה כי כשירא ידענו שהוא מיצר: **אלא ויירא שלא יהרג ויצר שלא יהרוג את אחרים.** כך צריך לומר, וכן הוא ברש"י בחומש (נזר הקודש): **מכח ישיבת ארץ ישראל כו'.** שחשש שמא יענש על מה שישב אצל לבן אחר שבע שנים, כי תנאי אמו וישבת עמו ימים אחדים דהיינו שבע שנים כדלעיל: **מכח כיבוד אב ואם. תאמר שמת אותו זקן ובא עלי להרגני שהרי כך אמר יקרבו ימי אבל אבי וגו'. אמר רבי יהודה בן רבי סימון.** כן צריך לומר (אות אמת). שמה שאמר ויצר לו הוא צרת מיתת אביו (ועיין ביפת תואר): **תאמר עד כאן כו'.** שמפרש ויצר לו על העתיד דאפילו ינצל עכשיו בכח ההבטחה מכל מקום שמא רק עד כאן היו התנאים ושמרני בדרך הזה ולא יותר (נזר הקודש): **שאין הבטחה לצדיקים.** משום שמא יגרום החטא כדקאמר בפרק קמא דברכות (ד, א), כי הקדוש ברוך הוא מדקדק עם הצדיקים כחוט השערה:

פירוש מהרז"ו

פי מדה י"ג שפסוק מי אל וכו' ותשכח וכו' על מעשה מפורשת בתנ"ך: **ותשכח ה' עושך נוטה שמים.** הוקשה לו כמו שאמר בפסיקתא שם מה ענין זה אלא זה שהיה לו לומר עושך ואוהבך וכדומה, על כן דורש על פי מדה י"ג על פי המפורש בירמיה. ומה שאמר שמים שמטו וארץ התמוטטה כוונתו על פי ישעיה (נד, י) כי ההרים ימושו והגבעות תמוטינה וחסדי מאתך לא ימוש וברית שלומי לא תמוט. ועיין לעיל (לג, יד), דברים רבה (ג, טו), פרקי דרבי אליעזר (סוף פרק כג) ביתר ביאור, שאף אם היו רואים שמטו אין לירא, וקל וחומר שלא מטו אלא נטויין ועומדין, וזה שאמר נוטה שמים שעדיין נטויין ומיוסדין: (ב) **ולא היא צרה.** בתמיה, הלא הכל ענין אחד: **כל השנים הללו וכו'.** דורש מה שאמר כי ירא אנכי אותו כי פעמים כתיב (דברים ו, יג) את ה' אלהיך תירא (שם יג, ה) ואותו תיראו, ולפעמים כתיב (ויקרא יט, יד) ויראת מאלהיך, ואמרו המפרשים שהיראה שסמוך לתיבת את ואותו מדבר ביראת הרוממות שמקרב ומחבר, והסמוכה לאות מ' מדברת ביראת העונש המרחקת, וכאן הוה ליה למימר כי ירא אנכי ממנו ואיך אמר אותו, אלא שירא ממנו ביראה המקרבת בדברי זכות אלו, וראיה לזה במדבר רבה (יט, לב), אלולי שהיה לו זכות לא היה כל השנים הללו, אמר ליה הקב"ה למשה אל תירא אותו, וכן כאן אלא שחסר הגליון פסוק כי ירא אנכי אותו: **שוב אל ארץ אבותיך.** ולא אמר והיה שם עמך, אלא אמר והיה עמך היינו בדרך עד שאשוב והרי אני סמוך לארץ, וכבר היה עמדי מלבן:

רש"י

(ב) **תאמר שהוא בא אלי מכח ישיבת ארץ ישראל.** ומצלאתי בזכותו: **תאמר שהוא בא אלי מכח כיבוד אב ואם.** שהוא זכות גדול. דכתיב ויירא יעקב. **כך אמר עשו יקרבו ימי אבל אבי ואהרגה את יעקב אחי, תאמר שמת אותו זקן ובא עלי להרגני. רבי יהודה בר סימון אמר כך אמר לו הקב"ה שוב אל ארץ אבותיך שמא תאמר עד כאן היו התנאים**

מתנות כהונה

מה שאמר לכם כו': **שמטו.** דרש ימדו כמו ימעדו שהוא לשון מוט, וענין הקינטור צריך לומר שנשתקעו במדת היראה כל כך עד שנתייאשו מן התשועה לגמרי עד שאפילו לא היה שם מציק היו מתיראים, וזהו שמסיים ואיה חמת המציק. וקרוב לזה מצאתי שוב בהרב אברהם בן אשר: [ב] **לא היא יראה כו'.** כלומר אינו ענין אחד שיראה היא גדולה מצרה ואין יראה בלא צרה. וכך מצאתי במהר"ר אליהו מזרחי: **הכי גרסו** רש"י ומהר"ר אליהו מזרחי ורבינו בחיי ובספר תולדות יצחק **אלא ויירא שמא יהרג ויצר שמא יהרוג.** אכן גירסת הספר היא ג"כ גירסת התנחומא. ולפי זה צריך לומר שצרה גדולה מיראה שלא יהרוג אחרים, ואף על פי שעשו בא עליו ורדף אותו ואמרו חז"ל (יומא פה, ב) הבא להרגך השכם להרגו שנאמר אם במחתרת וגו', יש לומר שמכל מקום גם ענוש לצדיק לא טוב. ומהר"ר אליהו מזרחי כתב בשם תנחומא שלא היה מתיירא אלא שמא יהרוג את עשו ויקללנו אביו: **הכי גרסינן** בילקוט (רמז קל) **אב ואם כך אמר כו': יקרבו ימי אבל.** כלומר שימות ויתאבלו אחרים עליו: **שאין הבטחה כו'.** אין הצדיקים סומכין על ההבטחה ליראתם שמא

אשד הנחלים

[ב] **ד"א כו' שלא יהרוג כו' יהרג.** א"כ היה יראתו נכון כי בין כה וכה יכשל או שיהרג או שיהרוג אחרים וא"כ לא ינצל מרע בשום אופן. וההבדל בזה, שהיראה נופל הן על עצמו או על אחרים, אך ויצר שהוא מלשון צרה אינו נופל כי אם על עצמו: **הוא ישב בארץ ישראל כו'.** כלומר שלכן פחד אולי יש זכות בעשו יותר ממנו, ולכן היה פחדתו כראוי מפני מיעוט זכות שבידו ולא פחד טבעי: **ומכבד כו' אמר יקרבו.** ומזה נראה איך יקר כבוד אביו שלא רצה לצערו, עתה שמא הוא מת, וא"כ יש לו זכות מזה שכיבד אביו ואני לא. כמו שמבואר במגילה (טז, ב) יעקב חטא במה שלא כיבד אביו כל ימי היותו בבית לבן: **עד כאן היו התנאים כו' ולא יותר.** לכאורה יקשה א"כ מה זה הבטחה שאמר ואטיבה עמך. י"ל שאולי הזהירו שישוב לביתו ואף כי יהרג שמה, כי יטיב עמו בעוה"ב שזהו העיקר והתכלית, ורק הזהירו שישכב עם אבותיו במערה, וזהו עד כאן התנאים ותו לא: **שאין הבטחה לצדיקים בעה"ז.** המתנות כהונה פירש משום שמא יגרום החטא. ואולי הכוונה ג"כ כמו שבארתי, כלומר שעיקר הבטחתם הוא רק בענייני עוה"ב כי זהו עיקר טובתם ולא בענייני

חידושי הרש"ש

[ב] **שהרי כך אמר כו'.** בילקוט (רמז קלא) ליתא מלת שהרי וכנון:

זרע אברהם

[ב] **אמר ליה כל השנים הללו הוא יושב ומכבד את הוריו.** וזה נראה הכוונה שלא לו עם לבן גרתי תרי"ג מצות שמרתי לפי שאמרו חכמינו ז"ל במגילה (יז א) שכל כ"ב שנה שלא כיבד יעקב את אביו אותן שנים שהיה בבית לבן נענש שלא היה יוסף אצלו כ"ב שנים ועל אותן י"ד שנה שהיה טמון בבית שם ועבר לא נענש לפי שגדול תלמוד תורה מכיבוד אב ואם. ואיתא (עי' ילקוט לך לך רמז עו) שלא ירש עשו הר שעיר אלא בזכות שכיבד את הוריו וזה שאמר ששלח לעשו ארצה שעיר פירש שלא תאמר שאתה קיימת מצות כיבוד אב ואם מה שאין כן אני. אבל באמת אני פטור ממצות כיבוד אב ואם שעם לבן גרתי שעל כרחך מה שאמר תרי"ג מצות אצל לבן היה על ידי תלמוד תורה שלמד תורה. דאם כפשיטא שקיים בפועל קשה והלא היה עבד ואיך אפשר שקיים תרי"ג מצות ותלמוד תורה גדול מכיבוד אב ואם. וקל הבין. והא שאמרו חכמינו ז"ל במגילה שנענש יעקב על אותן כ"ב שנים שלא קיים כו' יש לומר דתליא בפלוגתא חכמינו ז"ל אם כיבוש יחיד הוה כיבוש ואם כן היה פדן ארם כארץ ישראל שפדן היה ארם צובה כדאיתא ברש"י בפרשת תולדות (כה כ ד"ה מפדן) וזה לשונו פדן ארם על שם ששני ארם היו ארם נהרים וארם צובה קורא אותן פדן לשון צמד בקר פדן תורין. עד כאן לשון רש"י. ויעקב סבר שארם צובה כיבוש יחיד [ו]לא שמיה כיבוש. משום הכי היה מוכרח לקיים תרי"ג מצות על ידי הלימוד. ואם כן אינו ראוי להענש על מצות כבוד אב ואם. מה שאין כן הגמרא דמגילה סבירא ליה שכיבוש יחיד שמיה כיבוש (עי' רש"י ע"ז כ ב ד"ה סוריא) וקיים יעקב תרי"ג מצות בפועל ולא עסק בתורה לכן נענש על אותן כ"ב שנה וקל להבין:

מסורת המדרש

ד. תנחומא כאן סי' ד': ה. ילקוט כאן רמז קל"א כל הענין. ילקוט מלכים ב' רמז קס"ח:

אם למקרא

כֹּה אָמַר ה' אִם יִמַּדּוּ שָׁמַיִם מִלְמַעְלָה וְיֵחָקְרוּ מוֹסְדֵי אֶרֶץ לְמָטָּה גַּם אֲנִי אֶמְאַס בְּכָל זֶרַע יִשְׂרָאֵל עַל כָּל אֲשֶׁר עָשׂוּ נְאֻם ה': (ירמיה לא:לו)

וַיֹּאמֶר ה' אֶל יַעֲקֹב שׁוּב אֶל אֶרֶץ אֲבוֹתֶיךָ וּלְמוֹלַדְתֶּךָ וְאֶהְיֶה עִמָּךְ: (בראשית לא:ג)

וַיִּשְׂטֹם עֵשָׂו אֶת יַעֲקֹב עַל הַבְּרָכָה אֲשֶׁר בֵּרְכוֹ אָבִיו וַיֹּאמֶר עֵשָׂו בְּלִבּוֹ יִקְרְבוּ יְמֵי אֵבֶל אָבִי וְאַהַרְגָה אֶת יַעֲקֹב אָחִי: (שם כז:מא)

וַיֹּאמֶר ה' אֶל יַעֲקֹב שׁוּב אֶל אֶרֶץ אֲבוֹתֶיךָ וּלְמוֹלַדְתֶּךָ וְאֶהְיֶה עִמָּךְ: (שם לא:ג)

ידי משה

[ב] **ויירא שלא יהרג ויצר לו שלא יהרוג.** פירוש לפי שהיה ידוע ליעקב נבואת רבקה למה אשכל גם שניכם יום אחד, אם כן כשיהרוג אחד את עשו על כרחך גם הוא ימות באותה שעה. וקל להבין: **תאמר שמת אותו זקן וכו'.** פירוש ויצר על מיתת אביו. וקל להבין:

אמרי יושר

[ב] **תאמר שמת אותו הזקן.** זהו ויצר לו בעבור אביו הזקן והכינוי הוא על הזקן. ויש מדרשים חלוקים בענין יראת יעקב אחר הבטחתו יתברך. יש אומרים שהוא בעבור זכות עשו בישיבת ארץ ישראל גם בכבוד אב ואם או לפי שיש פקפוק בענין התנאים כי לא אמרתי אלא בדרך הזה. או אמר לי עד שתשוב והיה עמך לא קודם. ובזה נבין קושית אם יהיה אלהים עמדי, כלומר אי בדרך הזה לפי שאנכי הולך חוץ לארץ ישראל, אבל בחזרה שבתי בשלום כי אני הולך לבית אבי. ומזה פחד אי מחל. או פחדו היה לעתיד לבא. או אחרים אמרו לפי שאין הבטחה לצדיקים בעולם הזה כי חיי ומזוני לאו בזכותא תליא:

שינויי נוסחאות

(ב) שהרי כך אמר. בכי"י ובילקוט תיבת "שהרי" ליתה. וא"א הגיה שורה זו לומר: <תאמר שמת אותו זקן ובא עלי להרגני, שהרי כך אמר "יקרבו ימי אבל אבי">:

The Midrash explains why Jacob was afraid, when he had received God's promise of protection:

אָמַר: כָּל הַשָּׁנִים הַלָּלוּ יוֹשֵׁב בְּאֶרֶץ יִשְׂרָאֵל — [Jacob] said, "All these years [Esau] dwelt in the Land of Israel, while I dwelt outside of the Land of Israel. **תֹּאמַר שֶׁהוּא בָּא עָלַי מִכֹּחַ יְשִׁיבַת אֶרֶץ יִשְׂרָאֵל** — Perhaps **you will say that he will** successfully **attack me on the strength of** the merit **of** his having **dwelled in the Land of Israel. כָּל הַשָּׁנִים הַלָּלוּ הוּא יוֹשֵׁב וּמְכַבֵּד אֶת הוֹרָיו** — Furthermore, **all these years [Esau] remained and honored his parents,** while I was away and thus did not honor them. **תֹּאמַר שֶׁהוּא בָּא עָלַי מִכֹּחַ כִּיבּוּד אָב וָאֵם** — Perhaps **you will say that he will** successfully **attack me on the strength of** the merit **of** his having **honored** his **father and mother."**[14] **שֶׁהֲרֵי כָּךְ אָמַר: "יִקְרְבוּ יְמֵי אֵבֶל אָבִי** — Jacob brings proof that Esau was careful with his parents' honor: **"For so he said, '*May the days of mourning for my father draw near,*** *then I will kill my brother Jacob'* " (above, 27:41).[15]

The Midrash relates another explanation of the phrase וַיֵּצֶר לוֹ, *and it distressed him*:

תֹּאמַר שֶׁמֵּת אוֹתוֹ זָקֵן וּבָא עָלַי לְהָרְגֵנִי, — Jacob said, "Since Esau — who had intended to act only after Isaac died — is coming now to kill me, perhaps **you will say** then **that the elder,** i.e., Isaac, **has died and [Esau]** now **comes upon me to kill me."** Thus, in addition of his *fear* of Esau, Jacob was also *distressed* that his father might have died.[16]

The Midrash offers another possible reason for Jacob's distress:

אָמַר רַבִּי יְהוּדָה בְּרַבִּי סִימוֹן — R' Yehudah the son of R' Simone said: כָּךְ אָמַר לוֹ הַקָּדוֹשׁ בָּרוּךְ הוּא: "שׁוּב אֶל אֶרֶץ אֲבוֹתֶיךָ וּלְמוֹלַדְתֶּךָ" — Thus said the Holy One, blessed is He, to [Jacob] when He told him to leave Laban and return to the Land of Israel, ***"Return to the land of your fathers and to your native land,*** *and I will be with you"* (above, 31:3). **תֹּאמַר עַד כָּאן הָיוּ הַתְּנָאִים** — It is possible **to say that the stipulations** Jacob made when seeking God's protection **were** only **until here**, i.e., until he returned to his father's home, **"וּשְׁמָרַנִי בַּדֶּרֶךְ הַזֶּה" וְלֹא יוֹתֵר** — for Jacob requested only *and [if God]* ***will guard me on this way*** (above, 28:20), **but not further.**[17]

NOTES

14. Jacob was thus afraid of being punished for neglecting these two commandments, which Esau had observed (*Eitz Yosef*).

Although he left the Land of Israel and his parents with permission (see above, 68 §5 and 27:42-46), he was concerned that he had remained away too long. For his mother commanded him to go to Laban for *a few days* (above, 27:44), which the Midrash above (67 §10;70 §17) interprets to mean 7 years (the period of time Jacob agreed to work for Laban in exchange for Rachel), whereas Jacob (at this point) had been away from his parents and the Land of Israel for 20 years (*Eitz Yosef*). See Insight Ⓐ.

15. I.e., although Esau was determined to kill Jacob for "stealing" the blessings, he maintained his filial devotion to his father and did not wish to cause him grief. Esau therefore intended to wait until Isaac died before avenging himself upon his brother (*Rashi* to 27:41 above, s.v. יקרבו ימי אבל אבי). [*Yefeh To'ar* offers the above explanation in defense of the current reading. Some, however, emend the text, moving this entire phrase, שֶׁהֲרֵי כָּךְ אָמַר: "יִקְרְבוּ יְמֵי אֵבֶל אָבִי", to the end of the Midrash's next phrase; see below, following note. According to them, the Midrash does not bring proof to its assertion that Esau honored his parents]

16. As the verse just cited (27:41) makes clear, Esau would not act against Jacob as long as Isaac remained alive. That he was on his way to attack Jacob thus made Jacob worry that Isaac must have died (*Yefeh To'ar*).

[Those that remove the phrase שֶׁהֲרֵי כָּךְ אָמַר: "יִקְרְבוּ יְמֵי אֵבֶל אָבִי" in the preceding statement, place it here. According to this version, the Midrash reads, תֹּאמַר שֶׁמֵּת אוֹתוֹ זָקֵן וּבָא עָלַי לְהָרְגֵנִי, שֶׁהֲרֵי כָּךְ אָמַר "יִקְרְבוּ יְמֵי אֵבֶל אָבִי". According to this version, the statement *for so he said: May the days of mourning for my father draw near, then I will kill my brother Jacob,* is brought as proof that Isaac must have died, for, if he remained alive, Esau would not be coming to act against Jacob. Our versions do not repeat the verse, relying on the fact that it was just mentioned (*Yefeh To'ar*).]

That Jacob was distressed because he feared that Isaac must have died seems to contradict our explanation of the Midrash above (note 13), that Jacob was afraid that if he killed Esau, Isaac would curse him. *Nezer HaKodesh*, however, suggests that Jacob was not sure whether Isaac was still alive. On the one hand, Jacob was scared that Esau might have waited until Isaac's death before coming to attack him, demonstrating that Esau retained the merit of honoring his parents, which would enable him to defeat Jacob. On the other hand, it is possible that Isaac was still alive, in which case the fact that Esau was coming to kill him would indicate that Esau no longer cared about his parents' honor. Jacob was still afraid, for although he might then be capable of defeating Esau, his father might then curse him for killing Esau.

17. I.e., and God's subsequent promise to Jacob when he left Laban was to protect him in accordance with Jacob's request. Hence, Jacob

INSIGHTS

animosity toward Esau disappeared. As he made his way homeward, he was certain that their enmity was a thing of the past. Yet, when Esau approached, Jacob found himself entertaining thoughts of killing Esau. This indicated to Jacob that he himself had not yet completely forgiven Esau, which meant, as per the above equation of the heart, that Esau too must harbor similar ill will toward Jacob. This caused Jacob distress, for he feared that Esau would attempt to kill him. It emerges that the possibility that he would kill Esau was not, in and of itself, the reason for Jacob's fear. Rather, the fear derived from what this possibility revealed to him of Esau's heart, in whose recesses the flame of Esau's anger still burned, whose heat might move Esau to take murderous revenge.

Some explain that Jacob was not actually afraid of battling Esau. Indeed, as *Yefeh To'ar* mentions, Jacob was very strong and, together with his own men, quite capable of defending himself. He was concerned, however, that Esau might approach as a friend and then suddenly attack him, making it difficult to defend himself and his family. Jacob was thus in a quandary: Should he allow Esau to approach? Jacob would then face the risk of a surprise attack. Should he then prevent Esau from approaching by attacking first? He might then be misjudging Esau's intentions; if he were coming in peace, then Jacob would be guilty of murder! (*Nezer HaKodesh*; see also *Oznaim LaTorah*).

Maharil Diskin (to the verse) offers yet another explanation based on Rebecca's words to Jacob before his departure. When Rebecca learned of Esau's plan to kill Jacob, she urged Jacob to flee, saying: *Why should I be bereaved of both of you on one day?* (above, 27:45). Thus, Rebecca prophesied that Jacob and Esau were destined to die on the same day (see *Sotah* 13a). Jacob feared that killing Esau would trigger the fulfillment of Rebecca's prophecy, in which case Esau's demise would be followed immediately by his own. Thus, Jacob's concern about killing Esau derived not from any objection to the act itself, but from the prophecy that linked his own death to that of Esau. He feared to kill lest he be killed.

Ⓐ **Jacob's Fear** *Yefeh To'ar* still wonders: God had reiterated His promise to Jacob right before Jacob left Laban's house, despite Jacob's extended stay in Haran. Why, then, was Jacob apprehensive that Esau would emerge victorious? *Yefeh To'ar* suggests that Jacob was possibly worried that God's promise was a general assurance of protection; it did not afford Jacob protection from Esau, who had the merits of fulfilling the commandments of honoring one's parents and of dwelling in the Land of Israel. [For even if Jacob was not actually guilty of neglecting these commandments, it still cannot be said that he observed them.]

Although Scripture above (v. 4) implies that Esau at this time actually dwelt in Seir, and not in the Land of Israel, this was not so. For below (36:6) Scripture states that after Jacob returned to the land of Canaan, *Esau took his wives, his sons, his daughters, and all the members of his household, and his livestock and all his animals, and all the wealth he had acquired in the land of Canaan, and went to a land because of his brother Jacob*. Rather, his main dwelling was in the Land of Israel, and that is where his family and possessions were. However, he would travel to Seir regularly, gradually conquering the land. Only later, after Jacob's return, did he move there permanently (*Ohr HaSeichel*; see *Ramban* and *Radak* to 36:6 below).

(ירמיה לא, לו) ״כֹּה אָמַר ה׳ אִם יִמַּדּוּ הַשָּׁמַיִם מִלְמַעְלָה״, אִם רְאִיתֶם שָׁמַיִם שֶׁמָּטוּ וְהָאָרֶץ מִתְמוֹטְטָה, מִנְּטִיַּית שָׁמַיִם וָאָרֶץ לֹא הָיָה לָכֶם לִלְמוֹד, אֶלָּא (ישעיה שם שם) ״וַתְּפַחֵד תָּמִיד כָּל הַיּוֹם״:

ב דָּבָר אַחֵר, [לב, ח] ״וַיִּירָא יַעֲקֹב מְאֹד וַיֵּצֶר לוֹ״, אָמַר רַבִּי יְהוּדָה בְּרַבִּי אִלְעָאי: לֹא הִיא יִרְאָה וְלֹא הִיא צָרָה, אֶלָּא ד״וַיִּירָא״ שֶׁלֹּא יַהֲרוֹג, ״וַיֵּצֶר לוֹ״ שֶׁלֹּא יֵהָרֵג, אָמַר: אִם הוּא מִתְגַּבֵּר עָלַי הוֹרְגֵנִי וְאִם אֲנִי מִתְגַּבֵּר עָלָיו אֲנִי הוֹרְגוֹ, הָדָא הוּא ״וַיִּירָא״ שֶׁלֹּא יַהֲרוֹג, ״וַיֵּצֶר לוֹ״ שֶׁלֹּא יֵהָרֵג, אָמַר: כָּל הַשָּׁנִים הַלָּלוּ יוֹשֵׁב בְּאֶרֶץ יִשְׂרָאֵל, תֹּאמַר שֶׁהוּא בָּא עָלַי מִכֹּחַ יְשִׁיבַת אֶרֶץ יִשְׂרָאֵל, כָּל הַשָּׁנִים הַלָּלוּ הוּא יוֹשֵׁב וּמְכַבֵּד אֶת הוֹרָיו, תֹּאמַר שֶׁהוּא בָּא עָלַי מִכֹּחַ כִּיבּוּד אָב וָאֵם, שֶׁהֲרֵי כָּךְ אָמַר: (לעיל כז, מא) ״יִקְרְבוּ יְמֵי אֵבֶל אָבִי״, תֹּאמַר שֶׁמֵּת אוֹתוֹ זָקֵן וּבָא עָלַי לְהָרְגֵנִי, אָמַר רַבִּי יְהוּדָה בְּרַבִּי סִימוֹן: כָּךְ אָמַר לוֹ הַקָּדוֹשׁ בָּרוּךְ הוּא: (לעיל לא, ג) ״שׁוּב אֶל אֶרֶץ אֲבוֹתֶיךָ וּלְמוֹלַדְתֶּךָ״, תֹּאמַר עַד כָּאן הָיוּ הַתְּנָאִים (לעיל כח, כ) ״וּשְׁמָרַנִי בַּדֶּרֶךְ הַזֶּה״ וְלֹא יוֹתֵר, הָאָמַר רַבִּי יוּדָן: אָמַר לוֹ הַמָּקוֹם: ״שׁוּב אֶל אֶרֶץ אֲבוֹתֶיךָ״, אַף עַל פִּי כֵן ״וַיִּירָא יַעֲקֹב מְאֹד״, אֶלָּא מִכָּאן שֶׁאֵין הַבְטָחָה לַצַּדִּיק בָּעוֹלָם הַזֶּה,

עץ יוסף

אם ראיתם שמים שמטו כו׳. מפרש ימדו מלשון התמוטטות הנדוד ממקומו. ויחקרו מוסדי ארץ הוא כמו ויעקרו, שאותיות אחה״ע מתחלפות. ותלה ירמיה ביטול ומילוי ישראל בקיום שמים וארץ לפי שישראל היו סבה לבריאותם כמו שאמרו חכמינו ז״ל (עיין בראשית רבה א, ד) בראשית בשביל ישראל שנקראו ראשית ברא אלהים את השמים ואת הארץ, ואם כן לא יתכן שהמסובב יהיה קיים והסיבה בטלה חלילה: (ב) **לא היא יראה ולא היא צרה.** בתמיה כי כשירא ידענו שהוא מיצר: **אלא ויירא שלא יהרג ויצר שלא יהרוג את אחרים.** כך צריך לומר, וכן הוא ברש״י בחומש (נזר הקודש): **מכח ישיבת ארץ ישראל כו׳.** שחשש שמא יענש על מה שישב אצל לבן אחר שבע שנים, כי תנאי אמו וישבת עמו ימים אחדים דהיינו שבע שנים כדלעיל: **מכח כיבוד אב ואם. תאמר שמת אותו זקן ובא עלי להרגני שהרי כך אמר יקרבו ימי אבל אבי וגו׳. אמר רבי יהודה בן רבי סימון.** כן צריך לומר (אות אמת). שמה שאמר ויצר לו הוא צרת מיתת אביו (ועיין ביפת תואר): **תאמר עד כאן כו׳.** שמפרש ויצר לו על העתיד דאפילו ינצל עכשיו בכח ההבטחה מכל מקום שמא רק עד כאן היו התנאים ושמרני בדרך הזה ולא יותר (נזר הקודש): **שאין הבטחה לצדיקים.** משום שמא יגרום החטא כדקאמר בפרק קמא דברכות (ד, א), כי הקדוש ברוך הוא מדקדק עם הצדיקים כחוט השערה:

פירוש מהרז״ו

פי מדה י״ז שפסוק מי את וכו׳ ותשכח וכו׳ על מעשה מפורשת בתנ״ך: **ותשכח ה׳ עושך נוטה שמים.** הוקשה לו כמו שאמר בפסיקתא שם מה ענין זה אלא זה שהיה לו לומר עושך ואוהבך וכדומה, על כן דורש על פי מדה י״ז על פי המפורש בירמיה. ומה שאמר שמים שמטו וארץ התמוטטה כוונתו על פי ישעיה (כד, י) כי ההרים ימושו והגבעות תמוטינה וחסדי מאתך לא ימוש וברית שלומי לא תמוט. ועיין לעיל (לג, יד), דברים רבה (ג, טו), פרקי דרבי אליעזר (סוף פרק כג) ביתר ביאור, שאף אם היו רואים שמטו אין לירא, וקל וחומר שלא מטו אלא נטויין ועומדין, וזה שאמר נוטה שמים שעדיין נטויין ומיוסדין: (ב) **ולא היא צרה.** בתמיה, הלא הכל ענין אחד: **כל השנים הללו וכו׳.** דורש מה שאמר כי ירא אנכי אותו כי פעמים כתיב (דברים ו, יג) את ה׳ אלהיך תירא (שם יג, ה) ואותו תיראו, ולפעמים כתיב (ויקרא יט, יד) ויראת מאלהיך, ואמרו המפרשים שהיראה שסמוך לתיבת את ואותו מדבר ביראת הרוממות שמקרב ומחבר, והסמוכה לאות מ׳ מדברת ביראת העונש המרחקת, וכאן הוה ליה למימר כי ירא אנכי ממנו ואיך אמר אותו, אלא שירא ממנו ביראה המקרבת בדברי זכות אלו, וראיה לזה במדבר רבה (יט, לב), אלולי שהיה לו זכות לא חיה כל השנים הללו, אמר ליה הקב״ה למשה אל תירא אותו, וכן כאן אלא שחסר הציון פסוק כי ירא אנכי אותו: **שוב אל ארץ אבותיך.** ולא אמר ואהיה שם עמך, אלא אמר ואהיה עמך היינו בדרך עד שאשוב והרי אני סמוך לארץ, וכבר היה עמדי מלבן:

רש״י

(ב) **תאמר שהוא בא אלי מכח ישיבת ארץ ישראל.** ומנלחני בזכותו: **תאמר שהוא בא אלי מכח כיבוד אב ואם.** שהוא זכות גדול. דכתיב ויירא יעקב. **כך אמר עשו יקרבו ימי אבל אבי ואהרגה את יעקב אחי, תאמר שמת אותו זקן ובא עלי להרגני. רבי יהודה בר סימון אמר כך אמר לו הקב״ה שוב אל ארץ אבותיך שמא תאמר עד כאן היו התנאים**

מתנות כהונה

מה שאמר לכם כו׳: **שמטו.** דרש ימדו כמו ימעדו שהוא לשון מוט, וענין הקינטור צריך לומר שנשתקעו במדת היראה כל כך עד שנתייאשו מן התשועה לגמרי עד שאפילו לא היה שם מציק היו מתיראים, וזהו שמסיים ואיה חמת המציק. וקרוב לזה מצאתי שוב בהרב אברהם בן אשר: [ב] **לא היא יראה כו׳.** כלומר אינו ענין אחד שיראה היא גדולה מצרה ואין יראה בלא צרה. וכך מצאתי במהר״ר אליהו מזרחי: **הכי גרסו** רש״י ומהר״ר אליהו מזרחי ורבינו בחיי ובספר תולדות יצחק **אלא ויירא שמא יהרג ויצר שמא יהרוג.** אכן גירסת הספר היא ג״כ גירסת התנחומא. ולפי זה צריך לומר שצרה גדולה מיראה שלא יהרוג אחרים, ואף על פי שעשו בא עליו ורדף אותו ואמרו חז״ל (יומא פה, ב) הבא להרגך השכם להרגו שנאמר אם במחתרת וגו׳, יש לומר שמכל מקום גם ענוש לצדיק לא טוב. ומהר״ר אליהו מזרחי כתב בשם תנחומא שלא היה מתיירא אלא שמא יהרוג את עשו ויקללנו אביו: **הכי גרסינן** בילקוט (רמז קל) **אב ואם כך אמר כו׳: יקרבו ימי אבל.** כלומר שימות ויתאבלו אחרים עליו: **שאין הבטחה כו׳.** אין הצדיקים סומכין על ההבטחה ליראתם שמא

אשד הנחלים

[ב] **ד״א כו׳ שלא יהרוג כו׳ יהרג.** א״כ היה יראתו נכון כי בין כה וכה יכשל או שיהרג או שיהרוג אחרים וא״כ לא ינצל מרע בשום אופן. וההבדל בזה, שהיראה נופל הן על עצמו או על אחרים, אך ויצר שהוא מלשון צרה אינו נופל כי אם על עצמו: **הוא ישב בארץ ישראל כו׳.** כלומר שלכן פחד אולי יש זכות בעשו יותר ממנו, ולכן היה פחדתו כראוי מפני מיעוט זכות שבידו ולא פחד טבעי: **ומכבד כו׳ אמר יקרבו.** ומזה נראה איך יקר כבוד אביו שלא רצה לצערו, עתה שמא הוא מת, וא״כ יש לו זכות מזה שכיבד אביו ואני לא. כמו שמבואר במגילה (טז, ב) יעקב חטא במה שלא כיבד אביו כל ימי היותו בבית לבן: **עד כאן היו התנאים כו׳ ולא יותר.** לכאורה יקשה א״כ מה זה הבטחה שאמר ואטיבה עמך. י״ל שאולי הזהירו שישוב לביתו ואף כי יהרג שמה, כי יטיב עמו בעוה״ב שזהו העיקר והתכלית, ורק הזהירו שישכב עם אבותיו במערה, וזהו עד כאן התנאים ותו לא: **שאין הבטחה לצדיקים בעה״ז.** המתנות כהונה פירש משום שמא יגרום החטא. ואולי הכוונה ג״כ כמו שבארתי, כלומר שעיקר הבטחתם הוא רק בענייני עוה״ב כי זהו עיקר טובתם ולא בענייני

חידושי הרש״ש

[ב] **שהרי כך אמר כו׳.** בילקוט (רמז קלא) ליתא מלת שהרי ונכון:

זרע אברהם

[ב] **אמר ליה כל השנים הללו הוא יושב ומכבד את הוריו.** וזה נראה הכוונה ששלח לו עם לבן גרתי תרי״ג מצות שמרתי לפי שאמרו חכמינו ז״ל במגילה (יז א) שכל כ״ב שנה שלא כיבד יעקב את אביו אותן שנים שהיה בבית לבן נענש שלא היה יוסף אצלו כ״ב שנים ועל אותן י״ד שנה שהיה טמון בבית שם ועבר לא נענש לפי שגדול תלמוד תורה מכיבוד אב ואם. ואיתא (עי׳ ילקוט לך לך רמז עו) שלא ירש עשו הר שעיר אלא בזכות שכיבד את הוריו וזה שאמר ששלח לעשו אראה שעיר פירש שלא תאמר שאתה קיימת מצות כיבוד אב ואם מה שאין כן אני. אבל באמת אני פטור ממצות כיבוד אב ואם שעם לבן גרתי שעל כרחך מה שאמר תרי״ג מצות אצל לבן היה על ידי תלמוד תורה שלמד תורה. דאם כפשוטא שקיים בפועל קשה והלא היה עבד ואיך אפשר שקיים תרי״ג מצות ותלמוד תורה גדול מכיבוד אב ואם. וקל הבין. והא שאמרו חכמינו ז״ל במגילה שנענש יעקב על אותן כ״ב שנים שלא קיים כו׳ יש לומר דתליא בפלוגתא חכמינו ז״ל אם כיבוש יחיד הוה כיבוש ואם כן היה פדן ארם כארץ ישראל שפדן היה ארם צובה כדאיתא ברש״י בפרשת תולדות (כה כ ד״ה מפדן) וזה לשונו פדן ארם על שם ששני ארם היו ארם נהרים וארם צובה קורא אותן פדן לשון צמד בקר פדן תורין. עד כאן לשון רש״י. ויעקב סבר שארם צובה כיבוש יחיד [ו]לא שמיה כיבוש. משום הכי היה מוכרח לקיים תרי״ג מצות על ידי הלימוד. ואם כן אינו ראוי להענש על מצות כבוד אב ואם. מה שאין כן הגמרא דמגילה סבירא ליה שכיבוש יחיד שמיה כיבוש (עי׳ רש״י ע״ז כ ב ד״ה סוריא) וקיים יעקב תרי״ג מצות בפועל ולא עסק בתורה לכן נענש על אותן כ״ב שנה וקל להבין:

מסורת המדרש

ד. תנחומא כאן סי׳ ד׳: ה. ילקוט כאן רמז קל״א כל הענין. ילקוט מלכים ב׳ רמז קס״ח:

אם למקרא

כֹּה אָמַר ה׳ אִם יִמַּדּוּ שָׁמַיִם מִלְמַעְלָה וְיֵחָקְרוּ מוֹסְדֵי אֶרֶץ לְמָטָּה גַּם אֲנִי אֶמְאַס בְּכָל זֶרַע יִשְׂרָאֵל עַל כָּל אֲשֶׁר עָשׂוּ נְאֻם ה׳:
(ירמיה לא:לו)

וַיֹּאמֶר ה׳ אֶל יַעֲקֹב שׁוּב אֶל אֶרֶץ אֲבוֹתֶיךָ וּלְמוֹלַדְתֶּךָ וְאֶהְיֶה עִמָּךְ:
(בראשית לא:ג)

וַיִּשְׂטֹם עֵשָׂו אֶת יַעֲקֹב עַל הַבְּרָכָה אֲשֶׁר בֵּרְכוֹ אָבִיו וַיֹּאמֶר עֵשָׂו בְּלִבּוֹ יִקְרְבוּ יְמֵי אֵבֶל אָבִי וְאַהַרְגָה אֶת יַעֲקֹב אָחִי:
(שם כז:מא)

וַיֹּאמֶר ה׳ אֶל יַעֲקֹב שׁוּב אֶל אֶרֶץ אֲבוֹתֶיךָ וּלְמוֹלַדְתֶּךָ וְאֶהְיֶה עִמָּךְ:
(שם לא:ג)

ידי משה

[ב] **ויירא שלא יהרג ויצר לו שלא יהרוג.** פירוש לפי שהיה ידוע ליעקב נבואת רבקה למה אשכל גם שניכם יום אחד, אם כן כשיהרוג אחד את עשו על כרחך גם הוא ימות באותה שעה. וקל להבין: **תאמר שמת אותו זקן וכו׳.** פירוש ויצר על מיתת אביו. וקל להבין:

אמרי יושר

[ב] **תאמר שמת אותו הזקן.** זהו ויצר לו בעבור אביו הזקן והכינוי הוא על הזקן. ויש מדרשים חלוקים בענין יראת יעקב אחר הבטחתו יתברך. יש אומרים שהוא בעבור זכות עשו בישיבת ארץ ישראל גם בכבוד אב ואם או לפי שיש פקפוק בענין התנאים כי לא אמרתי אלא בדרך הזה. או אמר לי עד שתשוב והיה עמך לא קודם. ובזה נבין קושית אם יהיה אלהים עמדי, כלומר אי בדרך הזה לפי שאנכי הולך חוץ לארץ ישראל, אבל בחזרה שבתי בשלום כי אני הולך לבית אבי. ומזה פחד אי מחל. או פחדו היה לעתיד לבא. או אחרים אמרו לפי שאין הבטחה לצדיקים בעולם הזה כי חיי ומזוני לאו בזכותא תליא:

שינוי נוסחאות

(ב) **שהרי כך אמר.** בכי״י ובילקוט תיבת ״שהרי״ ליתה. וא״א הגיה שורה זו לומר: >תאמר שמת אותו זקן ובא עלי להרגני, שהרי כך אמר ״יקרבו ימי אבל אבי״<:

The Midrash offers another explanation as to why Jacob was frightened despite God's promise to protect him:

אָמַר רַבִּי יוּדָן – **R' Yudan said:** אָמַר לוֹ הַמָּקוֹם: "שׁוּב אֶל אֶרֶץ אֲבוֹתֶיךָ" – **The Omnipresent said to [Jacob], "*Return to the land of your fathers*** *and to your native land, and I will be with you*" (above, 31:3). אַף עַל פִּי כֵן "וַיִּירָא יַעֲקֹב מְאֹד" – **Nevertheless,** although Jacob had received God's assurance of protection, subsequently ***Jacob became very frightened;*** how can this be? אֶלָּא מִכָּאן שֶׁאֵין הַבְטָחָה לַצַּדִּיק בָּעוֹלָם הַזֶּה – **Rather, from here** we see **that there is no assurance for a righteous person in this world.**[18]

NOTES

was afraid that even if he should emerge victorious from his encounter with Esau, Esau might defeat him in a subsequent attack. According to this interpretation, the phrase *Jacob became very frightened, and it distressed him* means that Jacob was *afraid* that he may have sinned, causing him to forfeit God's guarantee of protection. Furthermore, he was *distressed* that even if the guarantee would stand, enabling him to emerge unharmed, perhaps Esau would attack him after he returned to his father, when God's assurance no longer applied (*Eitz Yosef, Nezer HaKodesh*).

Some explain the Midrash to mean that Jacob was afraid that perhaps God's promise assured him of God's protection only until he reached the borders of *Eretz Yisrael*. The promise did not guarantee his safety until he reached his father's house (*Yefeh To'ar*; see also *Maharzu*).

18. This is because a righteous person would be apprehensive that perhaps he committed a sin after receiving God's promise, which might have caused him to forfeit that promise, as mentioned above (see *Bamidbar Rabbah* 19 §32, *Berachos* 4a, *Sanhedrin* 98b). Although the righteous are careful to observe God's commandments and to avoid sin, God is exceedingly exacting with them, punishing them for the slightest infraction (*Eitz Yosef*; *Matnos Kehunah*; see *Bava Kamma* 50a). *Eshed HaNechalim* adds that God punishes the righteous fully in this world even for their minor misdeeds, so that they will be worthy of a pure reward for their righteousness in the World to Come.

(ירמיה לא, לו) "כֹּה אָמַר ה' אִם יִמַּדּוּ הַשָּׁמַיִם מִלְמַעְלָה", אִם רְאִיתֶם שָׁמַיִם שֶׁמָּטוּ וְהָאָרֶץ מִתְמוֹטְטָה, מִנְּטִיַּית שָׁמַיִם וָאָרֶץ לֹא הָיָה לָכֶם לִלְמוֹד, אֶלָּא (ישעיה שם שם) "וַתְּפַחֵד תָּמִיד כָּל הַיּוֹם":

ב דָּבָר אַחֵר, [לב, ח] "וַיִּירָא יַעֲקֹב מְאֹד וַיֵּצֶר לוֹ", אָמַר רַבִּי יְהוּדָה בְּרַבִּי אִלְעָאי: לֹא הִיא יִרְאָה וְלֹא הִיא צָרָה, אֶלָּא [ד]"וַיִּירָא" שֶׁלֹּא יַהֲרוֹג, "וַיֵּצֶר לוֹ" שֶׁלֹּא יֵהָרֵג, אָמַר: אִם הוּא מִתְגַּבֵּר עָלַי הוֹרְגֵנִי וְאִם אֲנִי מִתְגַּבֵּר עָלָיו אֲנִי הוֹרְגוֹ, הָדָא הוּא "וַיִּירָא" שֶׁלֹּא יַהֲרוֹג, "וַיֵּצֶר לוֹ" שֶׁלֹּא יֵהָרֵג, אָמַר: כָּל הַשָּׁנִים הַלָּלוּ יוֹשֵׁב בְּאֶרֶץ יִשְׂרָאֵל, תֹּאמַר שֶׁהוּא בָּא עָלַי מִכֹּחַ יְשִׁיבַת אֶרֶץ יִשְׂרָאֵל, כָּל הַשָּׁנִים הַלָּלוּ הוּא יוֹשֵׁב וּמְכַבֵּד אֶת הוֹרָיו, תֹּאמַר שֶׁהוּא בָּא עָלַי מִכֹּחַ כִּיבּוּד אָב וָאֵם, שֶׁהֲרֵי כָּךְ אָמַר: (לעיל כז, מא) "יִקְרְבוּ יְמֵי אֵבֶל אָבִי", תֹּאמַר שֶׁמֵּת אוֹתוֹ זָקֵן וּבָא עָלַי לְהָרְגֵנִי, אָמַר רַבִּי יְהוּדָה בְּרַבִּי סִימוֹן: כָּךְ אָמַר לוֹ הַקָּדוֹשׁ בָּרוּךְ הוּא: (לעיל לא, ג) "שׁוּב אֶל אֶרֶץ אֲבוֹתֶיךָ וּלְמוֹלַדְתֶּךָ", תֹּאמַר עַד כָּאן הָיוּ הַתְּנָאִים (לעיל כח, כ) "וּשְׁמָרַנִי בַּדֶּרֶךְ הַזֶּה" וְלֹא יוֹתֵר, [ה]אָמַר רַבִּי יוּדָן: אָמַר לוֹ הַמָּקוֹם: "שׁוּב אֶל אֶרֶץ אֲבוֹתֶיךָ", אַף עַל פִּי כֵן "וַיִּירָא יַעֲקֹב מְאֹד", אֶלָּא מִכָּאן שֶׁאֵין הַבְטָחָה לַצַּדִּיק בָּעוֹלָם הַזֶּה,

עץ יוסף

אם ראיתם שמים שמטו כו'. מפרש ימדו מלשון התמוטטות הנדוד ממקומו. ויחקרו מוסדי ארץ הוא כמו ויעקרו, שאותיות אחה"ע מתחלפות. ותלה ירמיה ביטול ומיאוס ישראל בקיום שמים וארץ לפי שישראל היו סבה לבריאותם כמו שאמרו חכמינו ז"ל (עיין בראשית רבה א, ד) בראשית בשביל ישראל שנקראו ראשית ברא אלהים את השמים ואת הארץ, ואם כן לא יתכן שהמסובב יהיה קיים והסיבה בטלה חלילה: (ב) **לא היא יראה ולא היא צרה.** בתמיה כי כשירא ידענו שהוא מיצר: **אלא ויירא שלא יהרג ויצר שלא יהרוג את אחרים.** כך צריך לומר, וכן הוא ברש"י בחומש (נזר הקודש): **מכח ישיבת ארץ ישראל כו'.** שחשש שמא יענש על מה שישב אצל לבן אחר שבע שנים, כי תנאי אמו וישבת עמו ימים אחדים דהיינו שבע שנים כדלעיל: **מכח כיבוד אב ואם. תאמר שמת אותו זקן ובא עלי להרגני שהרי כך אמר יקרבו ימי אבל אבי וגו'. אמר רבי יהודה בן רבי סימון.** כן צריך לומר (אות אמת). שמה שאמר ויצר לו הוא צרת מיתת אביו (ועיין ביפת תואר): **תאמר עד כאן כו'.** שמפרש ויצר לו על העתיד דאפילו ינצל עכשיו בכח ההבטחה מכל מקום שמא רק עד כאן היו התנאים ושמרני בדרך הזה ולא יותר (נזר הקודש): **שאין הבטחה לצדיקים.** משום שמא יגרום החטא כדקאמר בפרק קמא דברכות (ד, א), כי הקדוש ברוך הוא מדקדק עם הצדיקים כחוט השערה:

פירוש מהרז"ו

פי מדה י"ז שפסוק מי את וכו' ותשכח וכו' על מעשה מפורשת בתנ"ך: **ותשכח ה' עושך נוטה שמים.** הוקשה לו כמו שאמר בפסיקתא שם מה ענין זה אלא זה שהיה לו לומר עושך ואוהבך וכדומה, על כן דורש על פי מדה י"ז על פי המפורש בירמיה. ומה שאמר שמים שמטו וארץ התמוטטה כוונתו על פי ישעיה (נד, י) כי ההרים ימושו והגבעות תמוטינה וחסדי מאתך לא ימוש וברית שלומי לא תמוט. ועיין לעיל (לג, יד), דברים רבה (ג, טו), פרקי דרבי אליעזר (סוף פרק כג) ביתר ביאור, שאף אם היו רואים שמטו אין לירא, וקל וחומר שלא מטו אלא נטויין ועומדין, וזה שאמר נוטה שמים שעדיין נטויין ומיוסדין: (ב) **ולא היא צרה.** בתמיה, הלא הכל ענין אחד: **כל השנים הללו וכו'.** דורש מה שאמר כי ירא אנכי אותו כי פעמים כתיב (דברים ו, יג) את ה' אלהיך תירא (שם יג, ה) ואותו תיראו, ולפעמים כתיב (ויקרא יט, יד) ויראת מאלהיך, ואמרו המפרשים שהיראה שסמוך לתיבת את ואותו מדבר ביראת הרוממות שמקרב ומחבר, והסמוכה לאות מ' מדברת ביראת העונש המרחקת, וכאן הוה ליה למימר כי ירא אנכי ממנו ואיך אמר אותו, אלא שירא ממנו ביראה המקרבת בדברי זכות אלו, וראיה לזה במדבר רבה (יט, לב), אלולי שהיה לו זכות לא חיה כל השנים הללו, אמר ליה הקב"ה למשה אל תירא אותו, וכן כאן אלא שחסר הגיון פסוק כי ירא אנכי אותו: **שוב אל ארץ אבותיך.** ולא אמר ואהיה שם עמך, אלא אמר ואהיה עמך היינו בדרך עד שאשוב והרי אני סמוך לארץ, וכבר היה עמדי מלבן:

רש"י

(ב) תאמר שהוא בא אלי מכח ישיבת ארץ ישראל. ומגלגלי בזכותו: **תאמר שהוא בא אלי מכח כיבוד אב ואם.** שהוא זכות גדול. דכתיב ויירא יעקב. **כך אמר עשו יקרבו ימי אבל אבי ואהרגה את יעקב אחי, תאמר שמת אותו זקן ובא עלי להרגני. רבי יהודה בר סימון אמר כך אמר לו הקב"ה שוב אל ארץ אבותיך שמא תאמר עד כאן היו התנאים**

מתנות כהונה

מה שאמר לכם כו': **שמטו.** דרש ימדו כמו ימעדו שהוא לשון מוט, וענין הקינטור צריך לומר שנשתקעו במדת היראה כל כך עד שנתייאשו מן התשועה לגמרי עד שאפילו לא היה שם מציק היו מתיראים, וזהו שמסיים ואיה חמת המציק. וקרוב לזה מצאתי שוב בהרב אברהם בן אשר: [ב] **לא היא יראה כו'.** כלומר אינו ענין אחד שיראה היא גדולה מצרה ואין יראה בלא צרה. וכך מצאתי במהר"ר אליהו מזרחי: **הכי גרסו** רש"י ומהר"ר אליהו מזרחי ורבינו בחיי ובספר תולדות יצחק **אלא ויירא שמא יהרג ויצר שמא יהרוג.** אכן גירסת הספר היא ג"כ גירסת התנחומא. ולפי זה צריך לומר שצרה גדולה מיראה שלא יהרוג אחרים, ואף על פי שעשו בא עליו ורדף אותו ואמרו חז"ל (יומא פה, ב) הבא להרגך השכם להרגו שנאמר אם במחתרת וגו', יש לומר שמכל מקום גם עונש לצדיק לא טוב. ומהר"ר אליהו מזרחי כתב בשם תנחומא שלא היה מתיירא אלא שמא יהרוג את עשו ויקללנו אביו: **הכי גרסינן** בילקוט (רמז קל) **אב ואם כך אמר כו': יקרבו ימי אבל.** כלומר שימות ויתאבלו אחרים עליו: **שאין הבטחה כו'.** אין הצדיקים סומכין על ההבטחה לירא‍תם שמא

אשד הנחלים

[ב] **ד"א כו' שלא יהרוג כו' יהרג.** א"כ היה יראתו נכון כי בין כה וכה יכשל או שיהרוג אחרים וא"כ לא ינצל מרע בשום אופן. וההבדל בזה, שהיראה נופל הן על עצמו או על אחרים, אך ויצר שהוא מלשון צרה אינו נופל כי אם על עצמו: **הוא ישב בארץ ישראל כו'.** כלומר שלכן פחד אולי יש זכות בעשו יותר ממנו, ולכן היה פחדתו כראוי מפני מיעוט זכות שבידו ולא פחד טבעי: **ומכבד כו' אמר יקרבו.** ומזה נראה איך יקר כבוד אביו שלא רצה לצערו, עתה שמא הוא מת, וא"כ יש לו זכות מזה שכיבד אביו ואני לא. כמו שמבואר במגילה (טז, ב) יעקב חטא במה שלא כיבד אביו כל ימי היותו בבית לבן: **עד כאן היו התנאים כו' ולא יותר.** לכאורה יקשה א"כ מה זה הבטחה שאמר ואטיבה עמך. י"ל שאולי הזהירו שישוב לביתו ואף כי יהרג שמה, כי יטיב עמו בעוה"ב שזהו העיקר והתכלית, ורק הזהירו שישכב עם אבותיו במערה, וזהו עד כאן התנאים ותו לא: **שאין הבטחה לצדיקים בעה"ז.** המתנות כהונה פירש משום שמא יגרום החטא. ואולי הכוונה ג"כ כמו שבארתי, כלומר שעיקר הבטחתם הוא רק בענייני עוה"ב כי זהו עיקר טובתם ולא בענייני

חידושי הרש"ש

[ב] שהרי כך אמר כו'. בילקוט (רמז קלא) ליתא מלת שהרי ונכון:

זרע אברהם

[ב] אמר ליה כל השנים הללו הוא יושב ומכבד את הוריו. וזה נראה הכוונה שגלה לו עם לבן גרתי תרי"ג מצות שמרתי לפי שאמרו חכמינו ז"ל במגילה (יז א) שכל כ"ב שנה שלא כיבד יעקב את אביו אותן שנים שהיה בבית לבן נענש שלא היה יוסף אצלו כ"ב שנים ועל אותן י"ד שנה שהיה טמון בבית שם ועבר לא נענש לפי שגדול תלמוד תורה מכיבוד אב ואם. ואיתא (עי' ילקוט לך לך רמז עו) שלא ירש עשו הר שעיר אלא בזכות שכיבד את הוריו וזה שאמר ששלח לעשו אראה שעיר פירש שלא תאמר שאתה קיימת מצות כיבוד אב ואם מה שאין כן אני. אבל באמת אני פטור ממצות כיבוד אב ואם שעם לבן גרתי שעל כרחך מה ששמר תרי"ג מצות אצל לבן היה על ידי תלמוד תורה שלמד תורה. דאם כפשיטא שקיים בפועל קשה והלא היה עבד ואיך אפשר שקיים תרי"ג מצות ותלמוד תורה גדול מכיבוד אב ואם. וקל הבין. והא שאמרו חכמינו ז"ל במגילה שנענש יעקב על אותן כ"ב שנים שלא קיים כו' יש לומר דתליא בפלוגתא חכמינו ז"ל אם כיבוש יחיד הוה כיבוש ואם כן היה פדן ארם כארץ ישראל שפדן היה ארם צובה כדאיתא ברש"י בפרשת תולדות (כה כ ד"ה מפדן) וזה לשונו פדן ארם על שם ששני ארם היו ארם נהרים וארם צובה קורא אותן פדן לשון צמד בקר פדן תורין. עד כאן לשון רש"י. ויעקב סבר שארם צובה כיבוש יחיד [ו]לא שמיה כיבוש. משום הכי היה מוכרח לקיים תרי"ג מצות על ידי הלימוד. ואם כן אינו ראוי להענש על מצות כבוד אב ואם. מה שאין כן הגמרא דמגילה סבירא ליה שכיבוש יחיד שמיה כיבוש (עי' רש"י ע"ז כ ב ד"ה סוריא) וקיים יעקב תרי"ג מצות בפועל ולא עסק בתורה לכן נענש על אותן כ"ב שנה וקל להבין:

מסורת המדרש

ד. תנחומא כאן סי' ד': ה. ילקוט כאן רמז קל"א כל הענין. ילקוט מלכים ב' רמז קס"ח:

אם למקרא

כֹּה אָמַר ה' אִם יִמַּדּוּ שָׁמַיִם מִלְמַעְלָה וְיֵחָקְרוּ מוֹסְדֵי אֶרֶץ לְמָטָּה גַּם אֲנִי אֶמְאַס בְּכָל זֶרַע יִשְׂרָאֵל עַל כָּל אֲשֶׁר עָשׂוּ נְאֻם ה': (ירמיה לא:לו)

וַיֹּאמֶר ה' אֶל יַעֲקֹב שׁוּב אֶל אֶרֶץ אֲבוֹתֶיךָ וּלְמוֹלַדְתֶּךָ וְאֶהְיֶה עִמָּךְ: (בראשית לא:ג)

וַיִּשְׂטֹם עֵשָׂו אֶת יַעֲקֹב עַל הַבְּרָכָה אֲשֶׁר בֵּרְכוֹ אָבִיו וַיֹּאמֶר עֵשָׂו בְּלִבּוֹ יִקְרְבוּ יְמֵי אֵבֶל אָבִי וְאַהַרְגָה אֶת יַעֲקֹב אָחִי: (שם כז:מא)

וַיֹּאמֶר ה' אֶל יַעֲקֹב שׁוּב אֶל אֶרֶץ אֲבוֹתֶיךָ וּלְמוֹלַדְתֶּךָ וְאֶהְיֶה עִמָּךְ: (שם לא:ג)

ידי משה

[ב] ויירא שלא יהרג ויצר לו שלא יהרוג. פירוש לפי שהיה ידוע ליעקב נבואת רבקה למה אשכל גם שניכם יום אחד, אם כן כשיהרוג אחד את עשו על כרחך גם הוא ימות באותה שעה. וקל להבין: **תאמר שמת אותו זקן וכו'.** פירוש ויצר על מיתת אביו. וקל להבין:

אמרי יושר

[ב] תאמר שמת אותו הזקן. זהו ויצר לו בעבור אביו הזקן והכינוי הוא על הזקן. ויש מדרשים חלוקים בענין יראת יעקב אחר הבטחתו יתברך. יש אומרים שהוא בעבור זכות עשו בישיבת ארץ ישראל גם בכבוד אב ואם או לפי שיש פקפוק בענין התנאים כי לא אמרתי אלא בדרך הזה. או אמר לי עד שתשוב ואהיה עמך לא קודם. ובזה נבין קושית אם יהיה אלהים עמדי, כלומר אי בדרך הזה לפי שאנכי הולך חוץ לארץ ישראל, אבל בחזרה שבתי בשלום כי אני הולך לבית אבי. ומזה פחד אי מחל. או פחדו היה לעתיד לבא. או אחרים אמרו לפי שאין הבטחה לצדיקים בעולם הזה כי חיי ומזוני לאו בזכותא תליא:

שינוי נוסחאות

(ב) **שהרי כך אמר.** בכי"י ובילקוט תיבת "שהרי" ליתה. וא"א הגיה שורה זו לומר: >תאמר שמת אותו זקן ובא עלי להרגני, שהרי כך אמר "יקרבו ימי אבל אבי"<:

The Midrash cites an alternative proof that there is no assurance for a righteous person in this world:

רַבִּי הוּנָא בְּשֵׁם רַבִּי אַחָא אָמַר — R' Huna said in the name of R' Acha: הִנֵּה אָנֹכִי עִמָּךְ... — God said to Jacob, ***"Behold, I am with you****; I will guard you wherever you go"* (above, 28:15). אִם יִהְיֶה אֱלֹהִים עִמָּדִי" — Yet Jacob subsequently said, ***" 'If' God will be with me****, will guard me on this way that I am going"* (ibid., v. 20), implying that he doubted God's promise to him. Is it conceivable the righteous Jacob not fully trust God to keep His promise? אֶלָּא מִכָּאן שֶׁאֵין הַבְטָחָה לַצַּדִּיק בָּעוֹלָם הַזֶּה — **Rather, from here** we see **that there is no assurance for a righteous person in this world.**[19]

The Midrash cites an additional proof for this concept:

רַבִּי הוּנָא בְּשֵׁם רַבִּי אַחָא אָמַר — R' Huna said in the name of R' Acha: "וַיֹּאמֶר כִּי אֶהְיֶה עִמָּךְ" וְאֵין דָּבָר רָע מַזִּיקָךְ — At the burning bush, when God told Moses to return and take the Jewish people out of Egypt, Scripture states, ***And He said, "For I shall be with you*** . . . " (*Exodus* 3:12), meaning, **and nothing evil will harm you.**[20] וּכְתִיב "וַיְהִי בַדֶּרֶךְ בַּמָּלוֹן" — **And** yet subsequently, when Moses was returning to Egypt, **it is written, *It was on the way, in the lodging,*** *that HASHEM encountered him and sought to kill him* (ibid. 4:24) for delaying the circumcision of his son. But did God not assure Moses that He would protect him?[21] אֶלָּא שֶׁאֵין הַבְטָחָה לַצַּדִּיק בָּעוֹלָם הַזֶּה — **Rather, from here** we see **that there is no assurance for a righteous person in this world.**

The Midrash relates a similar teaching:

רַבִּי פִּנְחָס בְּשֵׁם רַבִּי חָנִין דְּצִיפּוֹרִין אָמַר — R' Pinchas said in the name of R' Chanin of Tzipporin: "וַיַּעַן בְּנָיָהוּ בֶן יְהוֹיָדָע אֶת הַמֶּלֶךְ וַיֹּאמֶר אָמֵן כֵּן יֹאמַר" — After King David commanded Zadok the Kohen, Nathan the prophet, and Benaiah son of Jehoiada to anoint Solomon (at the spring of Gihon) as David's successor and to proclaim, "Long live King Solomon," Scripture states, ***Benaiah son of Jehoiada then answered the king, saying, "Amen! And so may*** *HASHEM, God of my lord the king,* ***say!*** . . . " (*I Kings* 1:36). וַהֲלֹא כְּבָר נֶאֱמַר "הִנֵּה בֵן נוֹלָד לָךְ הוּא יִהְיֶה אִישׁ מְנוּחָה" — **But [the verse] already states, *Behold, a son will be born to you; he will be a man of rest,*** ... *His name will be Solomon . . . And I will establish the throne of his kingdom over Israel forever* (*I Chronicles* 22:9-10). Why, then, was it necessary for Benaiah to beseech God to fulfill David's wishes, when he had already been assured that Solomon would succeed him as king?[22] אֶלָּא אָמַר הַרְבֵּה קָטֵיגוֹרִין יַעַמְדוּ מִכָּאן וְעַד גִּיחוֹן — **Rather, [Benaiah] said, "Many accusers** are able to **arise from here until Gihon**, preventing Solomon from being anointed as king."[23]

§3 וַיַּחַץ אֶת הָעָם — ***SO HE DIVIDED THE PEOPLE*** *WITH HIM, AND THE FLOCKS, CATTLE, AND CAMELS, INTO TWO CAMPS.*

The Midrash derives a lesson from Jacob's actions:

לִימֶּדְךָ תּוֹרָה דֶּרֶךְ אֶרֶץ שֶׁלֹּא יְהֵא אָדָם נוֹתֵן כָּל מָמוֹנוֹ בְּזָוִית אֶחָד — **The Torah teaches you proper conduct, that a person should not place all his money in one corner.**[24] מִמִּי אַתָּה לָמֵד, מִיַּעֲקֹב — **From whom can you learn** this lesson? **From Jacob,** שֶׁנֶּאֱמַר "וַיַּחַץ אֶת הָעָם וְגוֹ' " — **as it states, *So he divided the people, etc.*** *[with him, and the flocks, cattle, and camels, into two camps].*[25] וְכֵן הוּא אוֹמֵר "וָאַחְבִּא... חֲמִשִּׁים חֲמִשִּׁים אִישׁ בַּמְּעָרָה" — **And similarly, [another verse] states** regarding Obadiah, ***"that I hid*** *a hundred men of the prophets of HASHEM,* ***fifty men to each cave"*** (*I Kings* 18:13).[26]

NOTES

19. This follows the view in the Midrash above (70 §4), that Jacob made his request — *If God will be with me* — after God specifically promised Jacob to be with him, thus implying that there is no assurance for the righteous in this world. [However, because of this very difficulty of how Jacob could doubt that God would keep His promise, the dissenting view there asserts that Jacob must have made his vow *first* and in response God promised to protect him] (*Eitz Yosef; Matnos Kehunah*).

R' Huna here adds that from this verse we see that the righteous *constantly* fear that they might have sinned, for Jacob made this statement immediately after he received God's promise (see *Tiferes Tzion*). As King David said (*Psalms* 19:13), שְׁגִיאוֹת מִי יָבִין, *Who can discern mistakes*? I.e., who can be so careful that he never sins even unintentionally (see *Ramban* below, to 32:13, end).

20. For no harm can befall a person if God is with him (see *Yefeh To'ar*).

21. The reason an additional proof is needed is that one might assume that Jacob erred in thinking that he might have forfeited God's assurance of protection. From the example of Moses we see that this is not so. For it is apparent that Moses did in fact forfeit God's protection on account of the sin of delaying the circumcision of his second son [see *Nedarim* 31a-32b] (*Yefeh To'ar*).

22. *Eitz Yosef*. [Adonijah, another of David's sons, attempted to block Solomon's ascension as David's successor, and to claim the throne for himself. After being warned of Adonijah's plans, David ordered that Solomon should be anointed as king and should sit on his throne, as David watched, thereby thwarting Adonijah's scheme (see *I Kings* Ch. 1).]

23. [Gihon, another name for Shiloah, was a spring just outside Jerusalem that was the city's water source. The Davidic kings were anointed at the spring to symbolize the hope that the new king's reign should be long and flow smoothly, like the spring (see *Horayos* 12a).]

According to the simple explanation, this is another proof that the righteous cannot rely on an assurance, lest some sin cause him to forfeit God's promise. From this particular episode we see that even if the stage is set for the promise's fulfillment, as was the case with Solomon's anointment, it is still possible for a sin to prevent its fulfillment. For David had already commanded that Solomon be anointed, and Zadok the Kohen, Nathan the prophet, and Benaiah son of Jehoiada were all ready to carry out David's orders. Yet nevertheless, Benaiah thought it necessary to pray that God fulfill David's wishes (*Tiferes Tzion*).

Yefeh To'ar, however, notes that the Midrash here does not use the previous formula, *"that there is no assurance for the righteous one in this world."* Rather, it states *"Many accusers are able to arise from here until Gihon."* He thus explains that the principle *"that there is no assurance for the righteous one in this world"* would not apply here: since this promise was transmitted via a prophet, it must be upheld (lest one question the prophet's authenticity; see Insight to note 2). Nonetheless, although it was safe to presume that Solomon would successfully be anointed and ascend the throne, some of Adonijah's supporters might protest his ascension, causing him grief. Beniahu thus prayed that Solomon be spared from this harassment.

24. Like the common English expression, "Do not place all your eggs in one basket," this saying means that it is best not to concentrate all one's precious belongings in one place, lest they all be wiped out in one single calamity. By placing one's possessions in two separate locations for safekeeping one ensures that even if one portion is stolen, he will retain the second portion. Likewise, by investing one's money in at least two different areas, should one investment fail, there is a strong chance that the other investment will survive (*Eitz Yosef*).

25. The Midrash derives this principle from Jacob, who divided his entourage into two camps, so that one might survive if the other were destroyed. According to the Midrash, Jacob was not threatening battle, but rather expressing the hope that one camp would be able to escape while the other was engaged in battle [or that Esau's anger would subside after battling the first camp; or that deliverance would come to them from God in the interim] (see *Ramban* to 32:9 below; *Yefeh To'ar*).

26. Ahab's wife, the wicked Jezebel, tried to rid the land of all the true prophets of God. Obadiah risked his life and hid 100 prophets in two caves, placing 50 in each cave. Obadiah, following the example of our forefather Jacob, did not hide them all in one cave, out of fear that they would be discovered by Jezebel. Now, should Jezebel discover one cave, at least the 50 prophets hidden in the other cave would survive (see *Sanhedrin* 39b; *Ralbag* to verse).

רַבִּי הוּנָא בְּשֵׁם רַבִּי אַחָא אָמַר: (לעיל כח, טו-כ) "הִנֵּה אָנֹכִי עִמָּךְ ... אִם יִהְיֶה אֱלֹהִים עִמָּדִי", אֶלָּא °מִכָּאן שֶׁאֵין הַבְטָחָה לַצַּדִּיק בָּעוֹלָם הַזֶּה, רַבִּי הוּנָא בְּשֵׁם רַבִּי אַחָא אָמַר: (שמות ג, יב) "וַיֹּאמֶר כִּי אֶהְיֶה עִמָּךְ" וְאֵין דָּבָר רָע מַזִּיקָךְ, וּכְתִיב (שם ד, כד) "וַיְהִי בַדֶּרֶךְ בַּמָּלוֹן", אֶלָּא שֶׁאֵין הַבְטָחָה לַצַּדִּיק בָּעוֹלָם הַזֶּה, רַבִּי פִּנְחָס בְּשֵׁם רַבִּי חָנִין דְּצִיפּוֹרִין אָמַר: (מלכים-א א, לו) "וַיַּעַן בְּנָיָהוּ בֶן יְהוֹיָדָע אֶת הַמֶּלֶךְ וַיֹּאמֶר אָמֵן כֵּן יֹאמַר", וַהֲלֹא כְבָר נֶאֱמַר (דברי הימים-א כב, ט) "הִנֵּה בֵן נוֹלָד לָךְ הוּא יִהְיֶה אִישׁ מְנוּחָה", אֶלָּא אָמַר הַרְבֵּה קָטֵיגוֹרִין יַעַמְדוּ מִכָּאן וְעַד גִּיחוֹן:

ג [לב, ח] "וַיִּחַץ אֶת הָעָם", לִימֶּדְךָ תּוֹרָה דֶּרֶךְ אֶרֶץ שֶׁלֹּא יְהֵא אָדָם נוֹתֵן כָּל מָמוֹנוֹ בְּזָוִית אֶחָד, מִמִּי אַתָּה לָמֵד, מִיַּעֲקֹב, שֶׁנֶּאֱמַר "וַיִּחַץ אֶת הָעָם וְגוֹ' ", °וְכֵן הוּא אוֹמֵר (מלכים-א יח, יג) "וָאַחְבִּא ... חֲמִשִּׁים חֲמִשִּׁים אִישׁ בַּמְּעָרָה". [לב, ט] "וַיֹּאמֶר אִם יָבוֹא עֵשָׂו אֶל הַמַּחֲנֶה הָאַחַת וְהִכָּהוּ", אֵלּוּ אַחֵינוּ שֶׁבַּדָּרוֹם, וְהָיָה הַמַּחֲנֶה הַנִּשְׁאָר לִפְלֵיטָה, אֵלּוּ אַחֵינוּ שֶׁבַּגָּלוּת, אָמַר רַבִּי הוֹשַׁעְיָה: אַף עַל פִּי שֶׁנִּשְׁאַר לִפְלֵיטָה מִתְעַנִּים הָיוּ °עָלֵינוּ בַּשֵּׁנִי וּבַחֲמִישִׁי:

ד [לב, י] "וַיֹּאמֶר יַעֲקֹב אֱלֹהֵי אָבִי אַבְרָהָם וֵאלֹהֵי אָבִי יִצְחָק", הָא לְעֵשָׂו לֹא, אֶלָּא הַבּוֹחֵר בְּדַרְכֵיהֶם וְהָעוֹשֶׂה כְּמַעֲשֵׂיהֶם אֲנִי מִתְקַיֵּים עָלָיו, מִי שֶׁאֵינוֹ בּוֹחֵר בְּדַרְכֵיהֶם וְאֵינוֹ עוֹשֶׂה כְּמַעֲשֵׂיהֶם אֵינִי מִתְקַיֵּים עָלָיו, רַבִּי הוּנָא בְּשֵׁם רַבִּי אַחָא אָמַר:

עץ יוסף

הנה אנכי עמך. הקדוש ברוך הוא אמר ליה הנה אנכי עמך והוא אמר כמסתפק **אם יהיה אלהים עמדי.** ואתיא כמאן דאמר לעיל פרשה ע' מסורסת היא הפרשה, וההבטחה הנה אנכי עמך נאמרה לו קודם שאמר אם יהיה אלהים עמדי: **כי אהיה עמך.** כך אמר הקדוש ברוך הוא למשה: **בן נולד לך.** וסוף פסוק כי שלמה יהיה שמו ואם כן בטוח היה מה' שימלוך תחת אביו, ומה היה צריך לומר כן יאמר ה' על מה שאמר דוד להורידו לגיחון ולמשחו למלך תחתיו. אלא אמר כו': (ג) **בזוית אחד.** פן יגנב משם וישאר לו הטמון במקום אחר. וכן לא יניח כל מעותיו בעסק אחד שמא יפסיד בעסק זה ויתקיים לו במה שהניח בעסק אחר: [ג] **ויאמר אם יבא עשו אל המחנה האחת והכהו אלו אחינו שבגלות. והיה המחנה הנשאר לפליטה אלו אחינו שבדרום.** כן צריך לומר הרב אברהם בן אשר (אור השכל). ורצונו לומר היינו דרומה של ארץ ישראל ששם לימד רבי עקיבא את רבי יהודה ורבי מאיר ורבי שמעון ורבי יוסי כדאיתא בפרק הבא על יבמתו (יבמות סב, ב). ונראה שלא גלו ושם היו חכמים גדולים כדאיתא במסכת תמיד (לא, ב) עשרה שאלות שאל אלכסנדר מוקדן את זקני הנגב, והם היו מתפללים ומתענין בשני וחמישי על אחיהם שבגולה: (ד) **הבוחר בדרכיהם כו'.** שהאוחז מעשי אבותיו הוא המתייחס אחריו ותעמוד לו זכותו לשיגיח ה' עליו: **הבוחר בדרכיהם כו'.** לפי שיש תופסין מעשי אבותיהם מצד ההרגל לבד שלא בדעת והשכל על דרך ותהי יראתם אותי מצות אנשים מלומדה, ולכן אמר הבוחר בדרכיהם שצריך שבמעשה שיעשו כאבותיהם יהיה על לב הבחירה והדעת (יפה תואר): **אלא הבוחר בדרכיהם והעושה כמעשיהם אני מתקיים עליו כו' איני מתקיים עליו.** נראה כי יש כאן דילוג, וכך צריך לומר **ואלהי אבי יצחק כתיב** (בראשית כח, יג) **והנה ה' נצב עליו ויאמר אני ה' אלהי אברהם אביך, הא לעשו לא, אלא הבוחר כו'.** דמהתם דייק שפיר דלמה לו להזכיר ליעקב שאברהם אביו, אלא לומר דדוקא לו תעמוד זכות האבות, וזהו שדקדק בלשונו ואמר אני מתקיים עליו דהיינו ענין אומרו שם והנה ה' נצב עליו שהוא לשון העמדה וקיום כמו שדרש שם בהדיא על זה לעיל הצדיקים אלהיהם מתקיים עליהם, ונסמך על מלת נצב כאמור. ולכן מייתי לה הכא גם כן לומר שגם כאן אומרו אלהי אברהם הכוונה כי רק לו לבדו תעמוד זכותו וכאמור (יפה תואר). והנזר הקודש גרס והעושה כמעשיהם הוא מתקיים עליו כו' ואינו עושה כמעשיהם אינו מתקיים עליו. וכתב שכן הוא בספרים המדוייקים:

פירוש מהרז"ו

ויהי בדרך במלון. ויפגשהו ה' ויבקש המיתו: **אמר כן יאמר ה'.** למה הוצרך בניהו לתפלה זו, הרי קודם שנולד הובטח על זה ועתה צוה דוד לקיים כן ולהמליכו בגיחון, והכל מטעם שמא יגרום החטא: (ג) **ואחביאם.** כן כתוב (מלכים א' יח, ד) ויחביא חמשים איש במערה, או פסוק זה (שם יג) ואחביא מנביאי ה' מאה איש חמשים חמשים איש במערה:

רש"י

ושמרני בדרך הזה ולא יותר: רבי הונא בשם רבי אחא אמר הנה אנכי עמך. אף על פי כן **אם יהיה אלהים עמדי, אלא מכאן שאין הבטחה לצדיקים בעולם הזה:** (ג) **אמר רבי הושעיה אע"ג דנשאר לפליטה מתענין היו עליהם שני וחמישי:** (ד) **הא לעשו לא.** בתמיה, כלומר אף עשו (לא) היה בא מכח זכותם כמותו:

מתנות כהונה

יגרום החטא, ועיין מזה ברמב"ן בסדר זה: **הנה אנכי עמך.** הקב"ה אמר לו הנה אנכי עמך, והוא אמר כמסתפק אם יהיה אלהים עמדי, ואתיא כמאן דאמר (לעיל ע, ד) שהבטחת הנה אנכי נאמר לו קודם שאמר אם יהיה אלהים עמדי כסדר הפרשה: **כי אהיה עמך.** כך אמר הקב"ה למשה: **איש מנוחה וגו'.** גרסינן. וסיפיה דקרא והכינותי את כסא מלכותו על ישראל: **מכאן וכו'.** מכאן ועד נהר גיחון ששם אמר דוד למושחו למלך (כריתות ה, ב): **יעמדו.** יכולים לעמוד: [ג] **הכי גרס בילקוט וכן הרמב"ן ויחץ את העם למדך תורה דרך ארץ שלא יהא אדם נותן כל ממונו בזוית אחת ממי אתה למד מיעקב שנאמר ויחץ את העם וגו'. וכן הוא אומר** (מלכים א' יח, ד) **ואחביאם חמשים איש במערה: הכי גרסינן אלו אחינו שבגלות.** שנקראו בכל מקום פלטה הנשארת, והכי גרס גם כן בילקוט (רמז קל) והרמב"ן ורבינו בחיי: **הכי גרסינן בילקוט מתענים היו עליהם.** כלומר אע"פ שהיו פליטים בארץ אויביהם היו צריכים רחמים: [ד] **הא לעשו לא.** הלא מלך כל העולם ברוך הוא: **מתקיים עליו.** להצליח בכל

אשד הנחלים

עוה"ז שזהו כאין, ולכן פחד פן יכחד מהעוה"ז. וכן במשה, שעיקר הבטחתו היה שיהיה עמו מדובק בו להשפיע לו מזיו הנבואה אבל לא בענייני עוה"ז מהחיים הזמנים. ואך מסוף הדברים הרבה קטגורים, משמע כפירוש המתנות כהונה. ועניינו, כי חטא קל אצל הצדיק יעכבו הטובה, כי הקב"ה ידקדק עמהם כחוט השערה. אבל עם כל זה מוכרח לומר כמו שפרשנו ג"כ, שהכוונה שהקב"ה מעכב לצדיק ע"י חטא קל בענייני עוה"ז דווקא, אחר שבאמת אינו טובה גמורה רק מדומה. והבן: [ג] **בזוית אחד.** פן יגנב משם וישאר לו הטמון במקום אחר: **שבדרום.** כבר בארנו כמה פעמים, כי כל כוונתו היה לתקן ענין גליות בניו וכיון בזה שיהיו בניו בגולה מפוזרים בהרבה מקומות ולא יהיו במקום אחד שלא יסכים עליהם אחד להורגן, כמאמרם בעבודת כוכבים (י, ב) דקרא ליה קטיעא. ומפני שבני הגולה היו בצפון, ודרום מצפון הוא רחוק מאוד כריחוק שני הקצוות קרא לאחינו שבדרום: [ד] **הבוחר בדרכיהם.** ולכן ביקש זכות יצחק לעמוד מול עשו אף שהיה ג"כ אבי עשו, כי אינו עומד לזכותו, אחר שאינו עושה כמעשיהם:

חידושי הרש"ש

[ג] {**וכן הוא אומר** (מלכים א' יח, יג) **ואחביא חמשים חמשים איש במערה.** כן צריך לומר:}

אמרי יושר

[ג] **מתענין היו עלינו.** זהו לפליטה לאחרים:

ידי משה

[ג] **הכי גרסינן אם יבא אל המחנה האחת והכהו אלו אחינו שבגלות והיה המחנה הנשאר לפלטה אלו אחינו שבדרום.** ששם יהיה למד רבי עקיבא את רבי יהודה ורבי מאיר ורבי שמעון ושם היו חכמים גדולים כמו שאמרו במסכת תמיד (לא, ב) עשרה שאלות שאל אלכסנדרוס מוקדן את זקני הנגב ונמלא שאותן חכמי הנגב לא גלו גלות גמור והיו מתפללין עליהם ומתענים שני וחמישי עכ"ל. אבל לשאר הגירסא הלשון אף על פי כן מגומגם קצת. ומתוך לשון הרמב"ן בחומש (בראשית לב ט) הבנתי דהכי פירושו שכתב הרמב"ן שיעקב היה יודע שלא יפול זרעו לגמרי כולה ביד עשו אלא יגלגל על כל פנים מחנה אחת לזה נראה לומר שקורא להמחנה של גלות והכהו, והמחנה של פליטה קורא אחינו שבדרום. לזה אמר ואף על פי כן שיהיו ריעותא מכח זה לאנשי דרום כשיגאלו כי מכח זה יבואו אחר זה הם בגלות מכל מקום היו מתענים עלינו ודוק:

שינוי נוסחאות

(ג) **מתענים היו עלינו.** במ"כ הגיה "עלינו" ל"עליהם", וכ"ה בילקוט וכ"ה בת-א, וכ"ה ברש"י שעל המדרש:

מסורת המדרש

ו. ברכות דף ד':
ז. סנהדרין דף ל"ט. ילקוט מלכים רמז ר"י:

אם למקרא

וַיֹּאמֶר כִּי אֶהְיֶה עִמָּךְ וְזֶה לְּךָ הָאוֹת כִּי אָנֹכִי שְׁלַחְתִּיךָ בְּהוֹצִיאֲךָ אֶת הָעָם מִמִּצְרַיִם תַּעַבְדוּן אֶת הָאֱלֹהִים עַל הָהָר הַזֶּה: (שמות ג:יב)

וַיְהִי בַדֶּרֶךְ בַּמָּלוֹן וַיִּפְגְּשֵׁהוּ ה' וַיְבַקֵּשׁ הֲמִיתוֹ: (שם ד:כד)

וַיַּעַן בְּנָיָהוּ בֶן יְהוֹיָדָע אֶת הַמֶּלֶךְ וַיֹּאמֶר אָמֵן כֵּן יֹאמַר ה' אֱלֹהֵי אֲדֹנִי הַמֶּלֶךְ: (מלכים א א:לו)

הִנֵּה בֵן נוֹלָד לָךְ הוּא יִהְיֶה אִישׁ מְנוּחָה וַהֲנִחוֹתִי לוֹ מִכָּל אוֹיְבָיו מִסָּבִיב כִּי שְׁלֹמֹה יִהְיֶה שְׁמוֹ וְשָׁלוֹם וָשֶׁקֶט אֶתֵּן עַל יִשְׂרָאֵל בְּיָמָיו: (דברי הימים א כב:ט)

וַיְהִי בְּהַכְרִית אִיזֶבֶל אֵת נְבִיאֵי ה' וַיִּקַּח עֹבַדְיָהוּ מֵאָה נְבִאִים וַיַּחְבִּיאֵם חֲמִשִּׁים אִישׁ בַּמְּעָרָה וְכִלְכְּלָם לֶחֶם וָמָיִם: (מלכים א יח:ד)

משנת דרבי אליעזר

[ד] **אלהי אבי אברהם הא לעשו לא.** המתנות כהונה עשה עצמו כאלו לא ידע פירוש המלות, דהקושיא כפשוטו על יעקב שהזכיר זכות אבותיו אברהם ויצחק שיגינו להצילו מיד עשו, והלא את עשו ליעקב ואבותיו של יעקב הם אבותיו של עשו גם כן. ותירץ דהבוחר בדרכיהם וכו', כמו דאיתא (ברכות ז, א) גם כן לענין פוקד עון אבות על בנים כשאוחזין וכו', והוא הדין לענין זכות, שהבוחר במעשיהם אני מתקיים עליו בזכות אבותיו אף שהוא מזכות עצמו. ולכך מסיים המדרש בשם רב הונא מי היה קרוב לדוד וכו', לראיה שזכות אבות אינו מועיל רק לצדיק האוחז מעשיהם וק"ל. ואפשר שזהו שסיים קטונתי רבי אבא אומר איני כדאי, רבי לוי אמר כדאי אני אבל קטונתי, דבא לתרץ מה שתלה בזכות אבותיו ולא בזכות עצמו, דהרי הוא הבוחר בדרכיהם:

וַיֹּאמֶר אִם יָבוֹא עֵשָׂו אֶל הַמַּחֲנֶה הָאַחַת וְהִכָּהוּ וְהָיָה הַמַּחֲנֶה הַנִּשְׁאָר לִפְלֵיטָה.

For he said, "If Esau comes to the one camp and strikes it down, then the remaining camp shall survive" (32:9).

☐ **וַיֹּאמֶר אִם יָבֹא עֵשָׂו אֶל הַמַּחֲנֶה הָאַחַת וְהִכָּהוּ** — ***FOR HE SAID, "IF ESAU COMES TO THE ONE CAMP AND STRIKES IT DOWN . . . "***

The Midrash interprets Jacob's words as an allusion to future generations:

אֵלּוּ אַחֵינוּ שֶׁבַּדָּרוֹם — **This** (the "camp struck down") alludes to **our brethren in the South,** i.e., those who returned from Babylonia to the Land of Israel. **וְהָיָה הַמַּחֲנֶה הַנִּשְׁאָר לִפְלֵיטָה** — ***" . . . then the remaining camp shall survive."*** **אֵלּוּ אַחֵינוּ שֶׁבַּגָּלוּת** — **This** alludes to **our brethren in the Diaspora**, i.e., in Babylonia.[27] **אָמַר רַבִּי הוֹשַׁעְיָה: אַף עַל פִּי שֶׁנִּשְׁאַר לִפְלֵיטָה מִתְעַנִּים הָיוּ עָלֵינוּ בַּשֵּׁנִי וּבַחֲמִישִׁי** — **R' Hoshayah said: Although those** in Babylonia **remained to survive, they would fast for us** in the Land of Israel **on Monday and Thursday** that we be saved.[28]

וַיֹּאמֶר יַעֲקֹב אֱלֹהֵי אָבִי אַבְרָהָם וֵאלֹהֵי אָבִי יִצְחָק ה׳ הָאֹמֵר אֵלַי שׁוּב לְאַרְצְךָ וּלְמוֹלַדְתְּךָ וְאֵיטִיבָה עִמָּךְ.

Then Jacob said, "God of my father Abraham and God of my father Isaac; HASHEM Who said to me, 'Return to your land and to your relatives and I will do good with you' " (32:10).

§4 **וַיֹּאמֶר יַעֲקֹב אֱלֹהֵי אָבִי אַבְרָהָם וֵאלֹהֵי אָבִי יִצְחָק** — ***THEN JACOB SAID, "GOD OF MY FATHER ABRAHAM AND GOD OF MY FATHER ISAAC . . . "***

Jacob beseeched God to protect him in the merit of his fathers, Abraham and Isaac. This leads the Midrash to ask:

NOTES

27. Only a fraction of the Jewish people returned to the Land of Israel from the Babylonian exile; the vast majority remained in Babylonia, which is north of the Land of Israel. Accordingly, the Midrash here refers to the returnees as "our brethren in the South," since the Land of Israel is to the south of Babylonia, and to those that remained in Babylonia as "our brethren in the Diaspora." The Jews of the Land of Israel were subjugated by the Romans, who descended from Esau (see *Avodah Zarah* 11a et al.) when the Romans destroyed the Second Temple, while those who remained in Babylonia were not affected. Therefore, the Midrash explains that the phrase *If Esau comes to the one camp and strikes it down* refers to the Jews who returned to the Land of Israel who were stuck down by the Romans, the descendants of Esau, while the phrase *then the remaining camp shall survive* refers to the Jews of Babylonia (*Yefeh To'ar*; *Nezer HaKodesh*). See Insight Ⓐ. (See also Insight Ⓑ to next note for a variant reading and interpretation.)

28. I.e., although they remained in the Diaspora, they were relatively safe and thus could fast and pray for their brethren who were being persecuted in the Holy Land (*Yefeh To'ar*). See Insight Ⓑ.

INSIGHTS

Ⓐ **A Remnant Shall Remain** The Midrash draws a connection between the survival of Jacob's remaining camp and the survival of the Babylonian Diaspora at the time of the Roman invasion of Eretz Yisrael. *Ramban* (to our verse) explains that Jacob's statement, וְהָיָה הַמַּחֲנֶה הַנִּשְׁאָר לִפְלֵיטָה, *and the remaining camp will survive,* expressed his conviction that whatever Esau might accomplish, he was powerless to effect the total annihilation of Jacob's offspring. Jacob knew, with God's assurance, that one camp would certainly survive. To his surety the Midrash applies the principle of מַעֲשֵׂה אָבוֹת סִימָן לַבָּנִים, *the act of the fathers is a portent for the children,* which states that the events that will befall the nation of Israel are foreshadowed by the occurrences of the lives of the Patriarchs (see *Ramban* above, 12:6). Thus, Jacob's words were not merely a response to his difficulties of the moment, but represented a lasting promise to his descendants that throughout the exile under Edom, which began with the Roman invasion of our land and continues to this day, no oppressor will ever be granted power over the *entire* Jewish people. Should a ruler in one land turn against us and promulgate decrees against life or property, another ruler will appear elsewhere who will take mercy upon us and provide refuge to the persecuted. However cruel the persecution, a remnant of Israel shall always remain.

The pattern has been repeated throughout the centuries of our exile. When Jews were persecuted in Germany in the Middle Ages, they were welcomed in Poland. Those driven forth from Spain in the years of the Inquisition found refuge in Turkey and in the Netherlands. The Holocaust consumed the Jews of Europe, but elsewhere — in America, England, Eretz Yisrael — Jewish communities flourished (*R' Shlomo Wolbe, Shiurei Chumash* here).

When the Nazis first rose to power, they made no secret of their intention to annihilate all Jewry. *R' Yosef Kahaneman,* the Ponovezher Rav, inquired of the Chofetz Chaim as to whether such an outcome was possible. The Chofetz Chaim responded with the words of Jacob's promise: וְהָיָה הַמַּחֲנֶה הַנִּשְׁאָר לִפְלֵיטָה, *and the remaining camp will survive.* Rav Kahaneman persisted, "And where will they survive?" The Chofetz Chaim quoted yet another verse (*Obadiah* 1:17): וּבְהַר צִיּוֹן תִּהְיֶה פְלֵיטָה, *And on Mount Zion there will be survival,* alluding to *Eretz Yisrael.* The words of the Chofetz Chaim proved prophetic. A decade later, the tide of World War II began to turn when the Germans suffered defeat in their drive toward Palestine, and *Eretz Yisrael* was saved. Eventually, the Ponovezher Rav established a yeshivah in Bnei Brak. In commemoration of the Chofetz Chaim's prediction, he ordered these words to be inscribed on the yeshivah building: וּבְהַר צִיּוֹן תִּהְיֶה פְלֵיטָה, *And on Mount Zion there will be survival* (*Chafetz Chaim HaChadash* to our verse).

During World War II, *R' Zelig Reuven Bengis* addressed a gathering in Jerusalem convened to pray for the welfare of world Jewry. He observed that our verse, instead of saying לִפְלֵיטָה, could have said פְּלֵיטָה, without the prefatory letter ל, *lamed.* Why then did the verse say לִפְלֵיטָה? Because the addition of the *lamed* adds another layer of meaning to the verse. The literal translation of לִפְלֵיטָה is: *for survival;* thus, the verse is rendered literally as: וְהָיָה הַמַּחֲנֶה הַנִּשְׁאָר לִפְלֵיטָה, *and the remaining camp is "for" survival,* meaning, for the sake of the survival of its fellows. The Jews of America and *Eretz Yisrael,* he proclaimed, were spared from the conflagration to help each other; the former to provide material aid to the poverty-stricken Jews of *Eretz Yisrael,* the latter to pray for the peace and welfare of their co-religionists in America [just as the Babylonian Jews once prayed for those persecuted by the Romans in *Eretz Yisrael*] (*Peninim MiShulchan Govoah* to our verse).

The promise of our forefather Jacob is of a dual nature. On the one hand, it proclaims God's assurance that our nation will survive; on the other, it charges us with an obligation to dispense aid and succor to our needy and persecuted brethren. We can rely upon God to carry out His part; it is our duty to fulfill ours.

Ⓑ **Unselfish Prayer** *Tiferes Tzion* explains that if the children of Esau subjugate a segment of the Jewish people, another segment must be saved. Since the Jews of the Land of Israel were being persecuted by the Romans, the Jews of Babylonia were destined to be saved. The Jews of Babylonia realized that their survival would no longer be guaranteed if the Jews of the Land of Israel would be saved. Nevertheless, they still fasted and prayed that their brethren in the Land of Israel be saved.

Eitz Yosef transposes the words שֶׁבַּדָּרוֹם and שֶׁבַּגָּלוּת. I.e., *"If Esau comes to the one camp and strikes it down . . . "* refers to the Jews (everywhere) in the Diaspora, while *" . . . then the remaining camp shall survive"* refers to the Jews in the "south," i.e., the *southern portion* of *Eretz Yisrael.* After R' Akiva's many students perished in a plague, R' Akiva taught a group of sages in the south of the Land of Israel. The community in the south was never exiled, and included many great sages (see *Eitz Yosef;* see next note for an alternative approach). Furthermore, the Jews in the south would thus pray for the well-being of their brethren in the Diaspora. [According to this reading, the Midrash concludes: *Although they* (the Jews in the south) *remained to survive, they would fast for them* (*the Jews in the Diaspora*) [עֲלֵיהֶם], *on Monday and Thursday.*]

רַבִּי הוּנָא בְּשֵׁם רַבִּי אַחָא אָמַר: (לעיל כח, טו-כ) "הִנֵּה אָנֹכִי עִמָּךְ ... אִם יִהְיֶה אֱלֹהִים עִמָּדִי", אֶלָּא °מִכָּאן שֶׁאֵין הַבְטָחָה לַצַּדִּיק בָּעוֹלָם הַזֶּה, רַבִּי הוּנָא בְּשֵׁם רַבִּי אַחָא אָמַר: (שמות ג, יב) "וַיֹּאמֶר כִּי אֶהְיֶה עִמָּךְ" וְאֵין דָּבָר רָע מַזִּיקָךְ, וּכְתִיב (שם ד, כד) "וַיְהִי בַדֶּרֶךְ בַּמָּלוֹן", אֶלָּא שֶׁאֵין הַבְטָחָה לַצַּדִּיק בָּעוֹלָם הַזֶּה, רַבִּי פִּנְחָס בְּשֵׁם רַבִּי חָנִין דְּצִיפּוֹרִין אָמַר: (מלכים-א א, לו) "וַיַּעַן בְּנָיָהוּ בֶן יְהוֹיָדָע אֶת הַמֶּלֶךְ וַיֹּאמֶר אָמֵן כֵּן יֹאמַר", וַהֲלֹא כְּבָר נֶאֱמַר (דברי הימים-א כב, ט) "הִנֵּה בֵן נוֹלָד לָךְ הוּא יִהְיֶה אִישׁ מְנוּחָה", אֶלָּא אָמַר הַרְבֵּה קָטֵיגוֹרִין יַעַמְדוּ מִכָּאן וְעַד גִּיחוֹן:

ג [לב, ח] "וַיִּחַץ אֶת הָעָם", לִימֶּדְךָ תּוֹרָה דֶּרֶךְ אֶרֶץ שֶׁלֹּא יְהֵא אָדָם נוֹתֵן כָּל מָמוֹנוֹ בְּזָוִית אֶחָד, מִמִּי אַתָּה לָמֵד, מִיַּעֲקֹב, שֶׁנֶּאֱמַר "וַיִּחַץ אֶת הָעָם וְגוֹ'", °וְכֵן הוּא אוֹמֵר (מלכים-א יח, יג) "וָאַחְבִּא ... חֲמִשִּׁים חֲמִשִּׁים אִישׁ בַּמְּעָרָה". [לב, ט] "וַיֹּאמֶר אִם יָבֹא עֵשָׂו אֶל הַמַּחֲנֶה הָאַחַת וְהִכָּהוּ", אֵלּוּ אַחֵינוּ שֶׁבַּדָּרוֹם, וְהָיָה הַמַּחֲנֶה הַנִּשְׁאָר לִפְלֵיטָה, אֵלּוּ אַחֵינוּ שֶׁבַּגָּלוּת, אָמַר רַבִּי הוֹשַׁעְיָה: אַף עַל פִּי שֶׁנִּשְׁאַר לִפְלֵיטָה מִתְעַנִּים הָיוּ °עָלֵינוּ בַּשֵּׁנִי וּבַחֲמִישִׁי:

ד [לב, י] "וַיֹּאמֶר יַעֲקֹב אֱלֹהֵי אָבִי אַבְרָהָם וֵאלֹהֵי אָבִי יִצְחָק", הָא לְעֵשָׂו לֹא, אֶלָּא הַבּוֹחֵר בְּדַרְכֵיהֶם וְהָעוֹשֶׂה כְּמַעֲשֵׂיהֶם אֲנִי מִתְקַיֵּים עָלָיו, מִי שֶׁאֵינוֹ בּוֹחֵר בְּדַרְכֵיהֶם וְאֵינוֹ עוֹשֶׂה כְּמַעֲשֵׂיהֶם אֵינִי מִתְקַיֵּים עָלָיו, רַבִּי הוּנָא בְּשֵׁם רַבִּי אַחָא אָמַר:

רש"י

ושמרני בדרך הזה ולא יותר: רבי הונא בשם רבי אחא אמר הנה אנכי עמך. אף על פי כן **אם יהיה אלהים עמדי, אלא מכאן שאין הבטחה לצדיקים בעולם הזה: (ג) אמר רבי הושעיה אע"ג דנשאר לפליטה מתענין היו עליהם שני וחמישי: (ד) הא לעשו לא.** בתמיה, כלומר אף עשו (לא) היה בא מכח זכותם כמותו:

עץ יוסף

הנה אנכי עמך. הקדוש ברוך הוא אמר ליה הנה אנכי עמך והוא אמר כמסתפק **אם יהיה אלהים עמדי.** ואתיא כמאן דאמר לעיל פרשה ע' מסורסת היא הפרשה, וההבטחה הנה אנכי עמך נאמרה לו קודם שאמר אם יהיה אלהים עמדי: **כי אהיה עמך.** כך אמר הקדוש ברוך הוא למשה: **בן נולד לך.** וסוף פסוק כי שלמה יהיה שמו ואם כן בטוח היה מה' שימלוך תחת אביו, ומה היה צריך לומר כן יאמר ה' על מה שאמר דוד להורידו לגיחון ולמשחו למלך תחתיו. אלא אמר כו': (ג) **בזוית אחד.** פן יגנב משם וישאר לו הטמון במקום אחר. וכן לא יניח כל מעותיו בעסק אחד שמא יפסיד בעסק זה ויתקיים לו במה שהניח בעסק אחר: [ג] **ויאמר אם יבא עשו אל המחנה האחת והכהו אלו אחינו שבגלות. והיה המחנה הנשאר לפליטה אלו אחינו שבדרום.** כן צריך לומר הרב אברהם בן אשר (אור השכל). ורצונו לומר היינו דרומה של ארץ ישראל ששם לימד רבי עקיבא את רבי יהודה ורבי מאיר ורבי שמעון ורבי יוסי כדאיתא בפרק הבא על יבמתו (יבמות סב, ב). ונראה שלא גלו ושם היו חכמים גדולים כדאיתא במסכת תמיד (לא, ב) עשרה שאלות שאל אלכסנדר מוקדן את זקני הנגב, והם היו מתפללים ומתענין בשני וחמישי על אחיהם שבגולה: (ד) **הבוחר בדרכיהם כו'.** שהאוחז מעשי אבותיו הוא המתייחס אחריו ותעמוד לו זכותו לשיגחת ה' עליו: **הבוחר בדרכיהם כו'.** לפי שיש תופסין מעשי אבותיהם מצד ההרגל לבד שלא בדעת והשכל על דרך ותהי יראתם אותי מצות אנשים מלומדה, ולכן אמר הבוחר בדרכיהם שצריך שבמעשה שיעשו כאבותיהם יהיה על צד הבחירה והדעת (יפה תואר): **אלא הבוחר בדרכיהם והעושה כמעשיהם אני מתקיים עליו כו' איני מתקיים עליו.** נראה כי יש כאן דילוג, וכך צריך לומר **ואלהי אבי יצחק כתיב** (בראשית כח, יג) **והנה ה' נצב עליו ויאמר אני ה' אלהי אברהם אביך, הא לעשו לא, אלא הבוחר כו'.** דמהתם דייק שפיר דלמה לו להזכיר ליעקב שאברהם אביו, אלא לומר דדוקא לו תעמוד זכות האבות, וזהו שדקדק בלשונו ואמר אני מתקיים עליו דהיינו ענין אומרו שם והנה ה' נצב עליו שהוא לשון העמדה וקיום כמו שדרש שם בהדיא על זה לעיל הצדיקים אלהיהם מתקיים עליהם, ונסמך על מלת נצב כאמור. ולכן מייתי לה הכא גם כן לומר שגם כאן אומרו אלהי אברהם הכוונה כי רק לו לבדו תעמוד זכותו וכאמור (יפה תואר). והגזר הקודש גרס והעושה כמעשיהם הוא מתקיים עליו כו' ואינו עושה כמעשיהם אינו מתקיים עליו. וכתב שכן הוא בספרים המדוייקים:

פירוש מהרז"ו

ויהי בדרך במלון. ויפגשהו ה' ויבקש המיתו: **אמר כן יאמר ה'.** למה הוצרך בניהו לתפלה זו, הרי קודם שנולד הובטח על זה ועתה צוה דוד לקיים כן ולהמליכו בגיחון, והכל מטעם שמא יגרום החטא: (ג) **ואחביאם.** כן כתוב (מלכים א' יח, ד) ויחביא חמשים איש במערה, או פסוק זה (שם יג) ואחביא מנביאי ה' מאה איש חמשים חמשים איש במערה:

מתנות כהונה

יגרום החטא, ועיין מזה ברמב"ן בסדר זה: **הנה אנכי עמך.** הקב"ה אמר לו הנה אנכי עמך, והוא אמר כמסתפק אם יהיה אלהים עמדי, ואתיא כמאן דאמר (לעיל ע, ד) שהבטחת הנה אנכי נאמר לו קודם שאמר אם יהיה אלהים עמדי כסדר הפרשה: **כי אהיה עמך.** כך אמר הקב"ה למשה: **איש מנוחה וגו'.** גרסינן. וסיפיה דקרא והניחותי את כסא מלכותו על ישראל: **מכאן וכו'.** מכאן ועד נהר גיחון ששם אמר דוד למושחו למלך (כריתות ה, ב): **יעמדו.** יכולים לעמוד: [ג] **הכי גרס בילקוט וכן הרמב"ן ויחץ את העם למדך תורה דרך ארץ שלא יהא אדם נותן כל ממונו בזוית אחת ממי אתה למד מיעקב שנאמר ויחץ את העם וגו'. וכן הוא אומר** (מלכים א' יח, ד) **ואחביאם חמשים איש במערה: הכי גרסינן אלו אחינו שבגלות.** שנקראו בכל מקום פלטה הנשארת, והכי גרס גם כן בילקוט (רמז קל) והרמב"ן ורבינו בחיי: **הכי גרסינן בילקוט מתענים היו עליהם.** כלומר אע"פ שהיו פליטים בארץ אויביהם היו צריכים רחמים: [ד] **הא לעשו לא.** הלא מלך כל העולם ברוך הוא: **מתקיים עליו.** להצליח בכל

אשד הנחלים

עוה"ז שזהו כאין, ולכן פחד פן יכחד מהעוה"ז. וכן במשה, שעיקר הבטחתו היה שיהיה עמו מדובק בו להשפיע לו מזיו הנבואה אבל לא בענייני עוה"ז מהחיים הזמנים. ואך מסוף הדברים הרבה קטגורים, משמע כפירוש המתנות כהונה. ועניינו, כי חטא קל אצל הצדיק יעכבו הטובה, כי הקב"ה ידקדק עמהם כחוט השערה. אבל עם כל זה מוכרח לומר כמו שפרשנו ג"כ, שהכוונה שהקב"ה מעכב לצדיק ע"י חטא קל בענייני עוה"ז דווקא, אחר שבאמת אינו טובה גמורה רק מדומה. והבן: [ג] **בזוית אחד.** פן יגנב משם וישאר לו הטמון במקום אחר: **שבדרום.** כבר בארנו כמה פעמים, כי כל כוונתו היה לתקן ענין גליות בניו וכיון בזה שיהיו בניו בגולה מפוזרים בהרבה מקומות ולא יהיו במקום אחד שלא יסכים עליהם אחד להורגן, כמאמרם בעבודת כוכבים (י, ב) דקרא ליה קטיעא. ומפני שבני הגולה היו בצפון, ודרום מצפון הוא רחוק מאוד כריחוק שני הקצוות קרא לאחינו שבדרום: [ד] **הבוחר בדרכיהם.** ולכן ביקש זכות יצחק לעמוד מול עשו אף שהיה ג"כ אבי עשו, כי אינו עומד לזכותו, אחר שאינו עושה כמעשיהם:

חידושי הרש"ש

[ג] {**וכן הוא אומר** (מלכים א' יח, יג) **ואחביא חמשים חמשים איש במערה.** כן צריך לומר:}

אמרי יושר

[ג] **מתענין היו עלינו.** זהו לפליטה לאחרים:

ידי משה

[ג] **הכי גרסינן אם יבא אל המחנה האחת והכהו אלו אחינו שבגלות והיה המחנה הנשאר לפלטה אלו אחינו שבדרום.** ששם יהיה למד רבי עקיבא את רבי יהודה ורבי מאיר ורבי שמעון ושם היו חכמים גדולים כמו שאמרו במסכת תמיד (לא, ב) עשרה שאלות שאל אלכסנדרוס מוקדן את זקני הנגב ונמצא שאותן חכמי הנגב לא גלו גלות גמור והיו מתפללין עליהם ומתענים שני וחמישי עכ"ל. אבל לשאר הגירסא הלשון אף על פי כן מגומגם קצת. ומתוך לשון הרמב"ן בחומש (בראשית לב ט) הבנתי דהכי פירושו שכתב הרמב"ן שיעקב היה יודע שלא יפול זרעו לגמרי כולה ביד עשו אלא יגלו על כל פנים מחנה אחת לזה נראה לומר שקורא להמחנה של גלות והכהו, והמחנה של פליטה קורא אחינו שבדרום. לזה אמר ואף על פי כן שיהיו ריעותא מכח זה לאנשי דרום כשיגאלו כי מכח זה יבואו אחר זה הם בגלות מכל מקום היו מתענים עלינו ודוק:

שינוי נוסחאות

(ג) **מתענים היו עלינו.** במ"כ הגיה "עלינו" ל"עליהם", וכ"ה בילקוט וכ"ה בת-א, וכ"ה ברש"י שעל המדרש:

מסורת המדרש

ו. ברכות דף ד':

ז. סנהדרין דף ל"ט. ילקוט מלכים רמז ר"י:

אם למקרא

וַיֹּאמֶר כִּי אֶהְיֶה עִמָּךְ וְזֶה לְּךָ הָאוֹת כִּי אָנֹכִי שְׁלַחְתִּיךָ בְּהוֹצִיאֲךָ אֶת הָעָם מִמִּצְרַיִם תַּעַבְדוּן אֶת הָאֱלֹהִים עַל הָהָר הַזֶּה: (שמות ג:יב)

וַיְהִי בַדֶּרֶךְ בַּמָּלוֹן וַיִּפְגְּשֵׁהוּ ה' וַיְבַקֵּשׁ הֲמִיתוֹ: (שם ד:כד)

וַיַּעַן בְּנָיָהוּ בֶן יְהוֹיָדָע אֶת הַמֶּלֶךְ וַיֹּאמֶר אָמֵן כֵּן יֹאמַר ה' אֱלֹהֵי אֲדֹנִי הַמֶּלֶךְ: (מלכים א א:לו)

הִנֵּה בֵן נוֹלָד לָךְ הוּא יִהְיֶה אִישׁ מְנוּחָה וַהֲנִחוֹתִי לוֹ מִכָּל אוֹיְבָיו מִסָּבִיב כִּי שְׁלֹמֹה יִהְיֶה שְׁמוֹ וְשָׁלוֹם וָשֶׁקֶט אֶתֵּן עַל יִשְׂרָאֵל בְּיָמָיו: (דברי הימים א כב:ט)

וַיְהִי בְּהַכְרִית אִיזֶבֶל אֵת נְבִיאֵי ה' וַיִּקַּח עֹבַדְיָהוּ מֵאָה נְבִיאִים וַיַּחְבִּיאֵם חֲמִשִּׁים אִישׁ בַּמְּעָרָה וְכִלְכְּלָם לֶחֶם וָמָיִם: (מלכים א יח:ד)

משנת דרבי אליעזר

[ד] **אלהי אבי אברהם הא לעשו לא.** המתנות כהונה עשה עצמו כאלו לא ידע פירוש המלות, דהקושיא כפשוטו על יעקב שהזכיר זכות אבותיו אברהם ויצחק שיגינו להצילו מיד עשו, והלא אח עשו ליעקב ואבותיו של יעקב הם אבותיו של עשו גם כן. ותירץ דהבוחר בדרכיהם וכו', כמו דאיתא (ברכות ז, א) גם כן לענין פוקד עון אבות על בנים כשאוחזין וכו', והוא הדין לענין זכות, שהבוחר במעשיהם אני מתקיים עליו בזכות אבותיו אף שהוא מזכות עצמו. ולכך מסיים המדרש בשם רב הונא מי היה קרוב לדוד וכו', לראיה שזכות אבות אינו מועיל רק לצדיק האוחז מעשיהם וק"ל. ואפשר שזהו שסיים קטונתי רבי אבא אומר איני כדאי, רבי לוי אמר כדאי אני אבל קטונתי, דבא לתרץ מה שתלה בזכות אבותיו ולא בזכות עצמו, דהרי הוא הבוחר בדרכיהם:

הָא לְעֵשָׂו לֹא – Were Abraham and Isaac fathers only to Jacob **but not to Esau?**[29] אֶלָּא הַבּוֹחֵר בְּדַרְכֵיהֶם וְהָעוֹשֶׂה כְּמַעֲשֵׂיהֶם אֲנִי מִתְקַיֵּים עָלָיו – **Rather,** God says, **"The one who chooses [Abraham and Isaacs'] ways and who performs** deeds **like their deeds (i.e., Jacob), I stand over him** and protect him in their merit; מִי שֶׁאֵינוֹ בּוֹחֵר בְּדַרְכֵיהֶם וְאֵינוֹ עוֹשֶׂה כְּמַעֲשֵׂיהֶם אֵינִי מִתְקַיֵּים עָלָיו – but **one who does not choose their ways and does not perform** deeds **like their deeds (i.e., Esau), I do not stand over him** or protect him in their merit."[30] Since Esau did not follow in the ways of Abraham and Isaac, he could not benefit from their merits.

The Midrash infers this concept from another verse:

רַבִּי הוּנָא בְּשֵׁם רַבִּי אַחָא אָמַר – **R' Huna said in the name of R' Acha:**

NOTES

29. By saying *"God of my father Abraham and God of my father Isaac . . . ,"* Jacob implied that they were his forefathers, and not Esau's, and, thus, their merit should benefit only him and not Esau. But since Jacob and Esau were brothers, Jacob's forefathers were obviously also Esau's forefathers. Why then should their merit not benefit Esau as well? (*Ohr HaSeichel; Mishnas DeRabbi Eliezer*).

Eitz Yosef (citing *Yefeh To'ar*) inserts the verse (above, 28:13): וְהִנֵּה ה׳ נִצָּב עָלָיו וַיֹּאמַר אֲנִי ה׳ אֱלֹהֵי אַבְרָהָם אָבִיךָ וֵאלֹהֵי יִצְחָק, *And behold! Hashem was standing over him, and He said, "I am Hashem, God of Abraham your father and God of Isaac,"* after the Midrash's citation of Jacob's entreaty. This is because, asserts *Eitz Yosef*, Jacob's mention of his forefathers in prayer does not necessarily indicate that they were not also Esau's forefathers. The verse from Ch. 28 of God talking to Jacob, however, more clearly implies that He is the God of Jacob's father, but not Esau's father, for why did God find it necessary to mention to Jacob that Abraham is Jacob's father at all? This approach fits in with the Midrash's reference to God talking.

30. [One can follow in his ancestors' ways simply out of habit and upbringing, without forethought. Therefore, the Midrash adds the phrase one who *chooses* his forefathers' ways, i.e., he consciously chooses to follow in their ways (*Eitz Yosef*, citing *Yefeh To'ar*).]

One who follows in the ways of his forebears is recognized as their offspring, and is thus worthy of Divine protection in their merit (*Eitz Yosef*).

חידושי הרש"ש

[ג] אף את לא יראו פני ריקם. לקמן בפרשה זו (סימן יב) הגירסא פניך: דבר אחר כי שרית עם אלהים כו' שאיקונין שלך חקוקה למעלה. כי שרש שרה בארמית הוא ענין חניה, או יתכן דדריש שרית כמו צרית (לשון צר צורה) בחלוף זסשר"ץ:

אותו מלאך שאמר ליה לא יעקב ואף הקדוש ברוך הוא אמר ליה כן הדא הוא דכתיב ויאמר לו אלהים שמך יעקב וגו׳ לא יעקב וגו׳ ירושלים שכל הנביאים מתנבאין עליה על אחת כמה וכמה שיקיים דברי נביאיו. ועיין לקמן (פרשה פב). ורצונו לומר שהמקרא יפורש בלשון תימה ודרך קל וחומר, ומה אם הקדוש ברוך הוא מקים דבר עבדו והיינו המלאך האחד שנגלה על יעקב, כל שכן וקל וחומר שועלת מלאכיו ישלים לקיים גזירתו בענין ירושלים, והוא דברי כל הנביאים שנבאו נחמות על ירושלים. ונקראו הנביאים מלאכים כמבואר בריש ויקרא רבה עיין שם, וכן ודאי יוכל המלאך להקרא עבד ה׳: [ה] לא שיעקר שם יעקב כו׳. דכוונת הכתוב הוא שמך יעקב הוא מכל מקום, אלא ולא יקרא שמך העיקר עוד יעקב כי אם ישראל יהיה עיקר שמך ויעקב טפל ועיין לעיל (מו, ו): [ו] נתגוששת. פירוש שרית מלשון התאבקות וגשישות: עם העליונים. הוא המלאך שיכול לו: הוא דהוה כו׳ כראות פני אלהים. הייני מלאך. ומכיון שהמלאך נדמה לו כעשו בודאי שרו של עשו היה: מה פני אלהים דין כו׳ מה פני אלהים ולא יראו כו׳. לא גרסינן לה, ואגב שיטפא דגרס לה לקמן בפירוש דקרא כתבוהו כאן (יפה תואר): את הוא שאיקונין כו׳. שרית לשון שררה שנחשב לשר כאחד מצבא המרום אחר שצורתך חקוקה למעלה אצל המלאכים. ופירוש אלהים מלאכים סתם. וכן עם אנשים נחשבת לשר וגדול:

"וַעֲצַת מַלְאָכָיו יַשְׁלִים", שֶׁנִּגְלָה הַקָּדוֹשׁ בָּרוּךְ הוּא עַל יַעֲקֹב אָבִינוּ בִּשְׁבִיל לְקַיֵּים גְּזֵירָתוֹ שֶׁל אוֹתוֹ מַלְאָךְ שֶׁאָמַר לוֹ "לֹא יַעֲקֹב", וְאַף הַקָּדוֹשׁ בָּרוּךְ הוּא אָמַר לוֹ כֵּן, הָדָא הוּא דִכְתִיב (לקמן לה, י) "וַיֹּאמֶר לוֹ אֱלֹהִים שִׁמְךָ יַעֲקֹב וְגוֹ׳ " °. [לב כט] "לֹא יַעֲקֹב יֵאָמֵר", [יב] בַּר קַפָּרָא אָמַר: כָּל מִי שֶׁהוּא קוֹרֵא לְאַבְרָהָם אַבְרָם עוֹבֵר בַּעֲשֵׂה, אָמַר רַבִּי לֵוִי: בַּעֲשֵׂה וְלֹא תַעֲשֶׂה: "וְלֹא יִקָּרֵא עוֹד וְגוֹ׳ " בְּלֹא תַעֲשֶׂה, "וְהָיָה שִׁמְךָ אַבְרָהָם" בַּעֲשֵׂה, וַהֲרֵי אַנְשֵׁי כְּנֶסֶת הַגְּדוֹלָה קָרְאוּ אוֹתוֹ אַבְרָם, דִּכְתִיב (נחמיה ט, ז) "אַתָּה הוּא ה׳ הָאֱלֹהִים אֲשֶׁר בָּחַרְתָּ בְּאַבְרָם וְגוֹ׳ ", סִפּוּר הוּא מְסַפֵּר וְאוֹמֵר שֶׁעַד שֶׁהוּא אַבְרָם בָּחַרְתָּ בּוֹ, דִּכְוָותָהּ הַקּוֹרֵא לְשָׂרָה שָׂרַי עוֹבֵר בַּעֲשֵׂה, אֶלָּא ° שֶׁנִּצְטַוָּוה עָלֶיהָ, דִּכְוָותָהּ הַקּוֹרֵא לְיִשְׂרָאֵל יַעֲקֹב עוֹבֵר בַּעֲשֵׂה, תְּנִי: לֹא שֶׁיֵּעָקֵר שֵׁם יַעֲקֹב אֶלָּא "כִּי אִם יִשְׂרָאֵל יִהְיֶה שְׁמֶךָ", יִשְׂרָאֵל יִהְיֶה עִיקָּר וְיַעֲקֹב טְפֵילָה, רַבִּי זְכַרְיָה מִשּׁוּם רַבִּי אַחָא: מִכָּל מָקוֹם יַעֲקֹב שְׁמְךָ, אֶלָּא "כִּי אִם יִשְׂרָאֵל יִהְיֶה שְׁמֶךָ", יַעֲקֹב עִיקָּר וְיִשְׂרָאֵל מוֹסִיף עָלָיו. [לב, כט] "כִּי שָׂרִיתָ עִם אֱלֹהִים וְעִם אֲנָשִׁים וַתּוּכָל", נִתְגּוֹשַׁשְׁתָּ עִם הָעֶלְיוֹנִים וְיָכוֹלְתָּ לָהֶם, וְעִם הַתַּחְתּוֹנִים וְיָכוֹלְתָּ לָהֶם, עִם הָעֶלְיוֹנִים זֶה הַמַּלְאָךְ, רַבִּי חָמָא בַּר חֲנִינָא אָמַר: שָׂרוֹ שֶׁל עֵשָׂו הָיָה, הוּא דְּהוּא אָמַר לֵיהּ: (לקמן לג, י) "כִּי עַל כֵּן רָאִיתִי פָנֶיךָ כִּרְאֹת פְּנֵי אֱלֹהִים", מַה פְּנֵי אֱלֹהִים דִּין אַף פָּנֶיךָ דִּין, מַה פְּנֵי אֱלֹהִים (שמות כג, טו) "וְלֹא יֵרָאוּ פָנַי רֵיקָם", אַף אַתְּ לֹא יֵרָאוּ פָנַי רֵיקָם, עִם הַתַּחְתּוֹנִים וְיָכוֹלְתָּ לָהֶם, זֶה עֵשָׂו וְאַלּוּפָיו. דָּבָר אַחֵר, [לב, כט] "כִּי שָׂרִיתָ עִם אֱלֹהִים", אַתְּ הוּא [יג] שֶׁאִיקוֹנִין שֶׁלְּךָ חֲקוּקָה לְמַעְלָה:

לאברהם אברם. לעיל (מז, ג) ושם מבואר: עם העליונים. וזהו כי שרית עם אלהים וכמו שכתב שם בהושע (יב, ה) וישר אל מלאך ועיין לעיל (עז, ג): מה פני אלהים כו׳. לקמן פרשה זו (ריש סימן ח, יב) עיין שם, ועיין לעיל (עז, ז): שאיקונין שלך. אולי דורש שרית מלשון חניה בארמית. ועיין לעיל (עח, י) אלא באשרי וכו׳. ועיין לעיל (סח, יב) שאיקונין כו׳:

מסורת המדרש

יב. ברכות דף י"ג. ירושלמי ברכות פרק א׳. לעיל פרשה מ"ו. ילקוט סדר לך לך רמז פ"א. ילקוט נחמיה רמז אלף ע"א. וילקוט דה"י רמז אלף ע"ג: יג. חולין צ"א:

אם למקרא

וַיֹּאמֶר לוֹ אֱלֹהִים שִׁמְךָ יַעֲקֹב לֹא יִקָּרֵא שִׁמְךָ עוֹד יַעֲקֹב כִּי אִם יִשְׂרָאֵל יִהְיֶה שְׁמֶךָ וַיִּקְרָא אֶת שְׁמוֹ יִשְׂרָאֵל: (בראשית לה:י)

אַתָּה הוּא ה׳ הָאֱלֹהִים אֲשֶׁר בָּחַרְתָּ בְּאַבְרָם וְהוֹצֵאתוֹ מֵאוּר כַּשְׂדִּים וְשַׂמְתָּ שְּׁמוֹ אַבְרָהָם: (נחמיה ט:ז)

אֶת חַג הַמַּצּוֹת תִּשְׁמֹר שִׁבְעַת יָמִים תֹּאכַל מַצּוֹת כַּאֲשֶׁר צִוִּיתִךָ לְמוֹעֵד חֹדֶשׁ הָאָבִיב כִּי בוֹ יָצָאתָ מִמִּצְרָיִם וְלֹא יֵרָאוּ פָנַי רֵיקָם: (שמות כג:טו)

ידי משה

דכוותה הקורא לשרה שרי עובר בעשה. בתמיה, אלא הוא שנצטוה עליה תירוצא היא, וכן דכותיה (ברכות יג, א) הקורא ליעקב יעקב עובר בעשה והלא מצינו שאחר כך גם כן נקרא יעקב:

שינוי נוסחאות

(ג) אלא שנצטווה עליה. גם רש"י גם אות אמת וגם מתנות כהונה הוסיפו תיבת "הוא" אחרי "אלא": אף את לא יראו פני. מ"כ הגיה "פניך" במקום "פני":

רש"י

(ג) אמר רבי לוי לא יקרא עוד שמך אברם בלא תעשה, אברהם בעשה. איתיבון הרי כנסת הגדולה קראוהו אברם שנאמר אתה הוא ה׳ האלהים אשר בחרת באברם. שנייה היא, כלומר הא לא קשיא, מקרא הוא שמספר והולך שעד שהוא אברם בחרת בו. ודכוותה הקורא לשרה שרי עובר בעשה. בתמיה. אלא אברהם הוא שנצטוה שלא לקרותה שרי שנאמר (יז, טו) לא תקרא, דלא יקרא אין כתיב כאן. ודכותה הקורא ליעקב יעקב עובר בעשה. בתמיה. אלא לא שיעקר שם יעקב אלא ישראל עיקר ויעקב טפילה לו, שהרי מצינו שחזר הקב"ה וקראו יעקב בירידתו למצרים: וכי שרית עם אלהים נתגוששת. נאבקת:

מתנות כהונה

הכי גרסינן ואף הקב"ה אמר לו כן הדא הוא דכתיב ויאמר לו אלהים שמך יעקב וגו׳ לא יעקב וגו׳ ירושלים שכל הנביאים מתנבאים עליה על אחת כמה וכמה שיקיים דברי נביאיו ועיין לקמן (פב, ב) ובילקוט ישעיה: הכי גרסינן אלא הוא נצטוה עליה. ועיין לקמן (מו, ח) נתבאר היטב, ולעיל גרסינן ג"כ שנצטוה ויש ליישבו ודוק: נתגוששת. ענין התאבקות ונצחון: הוא דהוא אמר ליה. גרסינן: אף אתה דין. פירש רש"י שאתה דן אותי וכדלעיל: לא יראו פניך ריקם. גרסינן, וכן הוא לקמן: שאיקונין שלך. צורת פניך חקוקה למעלה, וזהו שרית עם אלהים:

אשד הנחלים

ואף הקב"ה כו׳ יעקב גו׳. ירושלים שמתנבאים עליה כמה נביאים עאכו"כ (כן גרסת האות אמת ומ"כ). ובאורו דלא ידומה אולי המלאכים מבטיחים זאת ח"ו מפי עצמם, כי התגלות הנביאים [לבד משה שהיה מדריגתו פה אל פה] היה רק ע"י מלאך, לזה אמר שהרי ראינו שעצת מלאכיו במה שברכו ליעקב מפי עצמו נתקיים, ואף כי המלאכים המשתלחים לנביאי ה׳ בכוונה ובצווי ואומרים לירושלים תושב בודאי יתקיים במהרה בימינו: דכוותא הקורא לשרה כו׳. קושיא היא דא"כ בשרה נמי, ואם תאמר הכי נמי, א"כ מדוע אמרה רק באברהם. ומתרץ ששם לא נצטוה רק אברהם לבדו, כי שם נאמר רק בלשון נוכח לאברהם, וכאן נאמר לא יקרא בפי כל: ויעקב טפילה. והראיה שכן אח"כ אמר הכתוב ויקרא אל יעקב במראות הלילה, הרי שקראו בשם יעקב: נתגוששת. ענין הגישוש הוא התחברות אמיתי, ובלשונם על הספינה המגעת עד לעפר נקראת ספינה גוששת. והנה סבת התחברות יעקב להמלאך ומשלו עליו הוא, כי יעקב היה עומד בהתבודדות עצומה נפרד מכל חברת הגוף, ומצד נשמתו הוא בדול מנשמת המלאך, ואלולי היה הפסק מה בינו לבין המלאך בהרגשת חומר מה, אז בודאי לא היה מכניע אותו. וזאת אמרו נתגוששת עם העליונים, ונתגוששת עם התחתונים זהו ממילא, ע"י שהכניע כחו הכניע גם את שעיר. או באורו כפשוטו, שמפרש מהו אלהים זהו העליונים. ופירש גושש על שם התאבקות בלשון הקודש: דין, אף פניך דין. מלא כעס ורוגז הנובע ממקור דין של מעלה. וכך דרש, מה פני הדין למעלה, הזהירנו שלא יראה ריקם, כי המנחה מכפרת, כן אתה. והענין הוא דבר גדול מאוד נעלה לבוחנים על דבר אמת. כי בין מדת הדין הטוב למעלה, ובין ההפוך הדין הרע למעלה צריך למנחת האדם, אשר על זה היסוד הורונו חכמי אמת בספריהם מענין השני שעירים גורל אחד לה׳ וגורל אחד לעזאזל, והדברים ארוכים, אך אין פה להאריך במקום שהזהירו לקצר: שעיר ואלופיו. שלכן נאמר אנשים ברבוי, ירומז על שעיר וצאצאיו היוצאים מאתו מול בני יעקב: חקוקה. דרש את אלהים על אלהים ממש, ומצד שאתה שר וחשוב אצל ה׳ ב"ה, שהאבות הן הן המרכבה כידוע:

דָּבָר אַחֵר — **Another interpretation:** ״כִּי שָׂרִיתָ עִם אֱלֹהִים״ — ***For you have struggled (sarisa) with "Elohim"*** — אַתְּ הוּא שֶׁאִיקוּנִין שֶׁלְּךָ חֲקוּקָה לְמַעְלָה — this means: **You are the one whose image is engraved in the upper realm.**[64]

NOTES

64. The image of Jacob is engraved on God's throne; see below, 82 §2. According to this interpretation שָׂרִיתָ is to be understood in the sense of שְׂרָרָה, *nobility*, and אֱלֹהִים would mean "God"; כִּי שָׂרִיתָ עִם אֱלֹהִים, *for you are deemed a noble by God,* as evidenced by His engraving your image upon His throne (see *Yefeh To'ar* s.v. נתגוששת). Alternatively, this explanation also understands אֱלֹהִים in the sense of "angels" (although not as referring to any specific angel). Thus, the angel was telling Jacob that he was a שַׂר, *a prince*, like the angels on high, since his image is engraved on the Heavenly throne. Likewise, וְעִם אֲנָשִׁים וַתּוּכָל, among men too, Jacob was considered a great prince and nobleman (*Eitz Yosef*). See, *Maharzu* and *Rashash* for additional interpretation of this passage.

INSIGHTS

was a man, prone to all the physical temptations that beset a man, yet nevertheless he had risen above them (see the end of section 1 above). Thus it was that Jacob had the ability to overcome and overpower the angel; if in any way he had been more beholden to the physical than the angel was, he would not have achieved mastery over him.

Jacob's lofty spiritual nature enabled him to do more than win a wrestling match with an archangel. Through overcoming Esau's archangel, Jacob had in effect already overcome the earthly Esau as well. For with his spiritual force defeated, Esau no longer had the power to oppose him. Thus, the angel also said to Jacob, וְעִם הַתַּחְתּוֹנִים וְיָכוֹלְתָּ לָהֶם, "and [you have also touched] earthly mortals and you have overcome them." For through touching Esau's archangel and overcoming him he had also overcome the physical Esau and his minions (*Eshed HaNechalim* s.v. נתגוששת).

רַבִּי הוּנָא בְּשֵׁם רַבִּי אַחָא אָמַר: (לעיל כח, טו-כ) "הִנֵּה אָנֹכִי עִמָּךְ ... אִם יִהְיֶה אֱלֹהִים עִמָּדִי", אֶלָּא °מִכָּאן שֶׁאֵין הַבְטָחָה לַצַּדִּיק בָּעוֹלָם הַזֶּה, רַבִּי הוּנָא בְּשֵׁם רַבִּי אַחָא אָמַר: (שמות ג, יב) "וַיֹּאמֶר כִּי אֶהְיֶה עִמָּךְ" וְאֵין דָּבָר רָע מַזִּיקָךְ, וּכְתִיב (שם ד, כד) "וַיְהִי בַדֶּרֶךְ בַּמָּלוֹן", אֶלָּא שֶׁאֵין הַבְטָחָה לַצַּדִּיק בָּעוֹלָם הַזֶּה, רַבִּי פִּנְחָס בְּשֵׁם רַבִּי חָנִין דְּצִיפּוֹרִין אָמַר: (מלכים-א א, לו) "וַיַּעַן בְּנָיָהוּ בֶן יְהוֹיָדָע אֶת הַמֶּלֶךְ וַיֹּאמֶר אָמֵן כֵּן יֹאמַר", וַהֲלֹא כְּבָר נֶאֱמַר (דברי הימים-א כב, ט) "הִנֵּה בֵן נוֹלָד לָךְ הוּא יִהְיֶה אִישׁ מְנוּחָה", אֶלָּא אָמַר הַרְבֵּה קָטֵיגוֹרִין יַעַמְדוּ מִכָּאן וְעַד גִּיחוֹן:

ג [לב, ח] "וַיַּחַץ אֶת הָעָם", לִימֶדְךָ תּוֹרָה דֶּרֶךְ אֶרֶץ שֶׁלֹּא יְהֵא אָדָם נוֹתֵן כָּל מָמוֹנוֹ בְּזָוִית אֶחָד, מִמִּי אַתָּה לָמֵד, מִיַּעֲקֹב, שֶׁנֶּאֱמַר "וַיַּחַץ אֶת הָעָם וְגוֹ'", וְכֵן הוּא אוֹמֵר (מלכים-א יח, יג) "וָאַחְבִּא ... חֲמִשִּׁים חֲמִשִּׁים אִישׁ בַּמְּעָרָה". [לב, ט] "וַיֹּאמֶר אִם יָבוֹא עֵשָׂו אֶל הַמַּחֲנֶה הָאַחַת וְהִכָּהוּ", אֵלּוּ אַחֵינוּ שֶׁבַּדָּרוֹם, וְהָיָה הַמַּחֲנֶה הַנִּשְׁאָר לִפְלֵיטָה, אֵלּוּ אַחֵינוּ שֶׁבַּגָּלוּת, אָמַר רַבִּי הוֹשַׁעְיָה: אַף עַל פִּי שֶׁנִּשְׁאַר לִפְלֵיטָה מִתְעַנִּים הָיוּ °עָלֵינוּ בַּשֵּׁנִי וּבַחֲמִישִׁי:

ד [לב, י] "וַיֹּאמֶר יַעֲקֹב אֱלֹהֵי אָבִי אַבְרָהָם וֵאלֹהֵי אָבִי יִצְחָק", הָא לְעֵשָׂו לֹא, אֶלָּא הַבּוֹחֵר בְּדַרְכֵיהֶם וְהָעוֹשֶׂה כְּמַעֲשֵׂיהֶם אֲנִי מִתְקַיֵּים עָלָיו, מִי שֶׁאֵינוֹ בּוֹחֵר בְּדַרְכֵיהֶם וְאֵינוֹ עוֹשֶׂה כְּמַעֲשֵׂיהֶם אֵינִי מִתְקַיֵּים עָלָיו, רַבִּי הוּנָא בְּשֵׁם רַבִּי אַחָא אָמַר:

רש"י

ושמרני בדרך הזה ולא יותר: רבי הונא בשם רבי אחא אמר הנה אנכי עמך. אף על פי כן אם יהיה אלהים עמדי, אלא מכאן שאין הבטחה לצדיקים בעולם הזה: (ג) אמר רבי הושעיה אע"ג דנשאר לפליטה מתענין היו עליהם שני וחמישי: (ד) הא לעשו לא. בתמיה, כלומר אף עשו (לא) היה בא מכח זכותם כמותו:

עץ יוסף

הנה אנכי עמך. הקדוש ברוך הוא אמר ליה הנה אנכי עמך והוא אמר כמסתפק אם יהיה אלהים עמדי. ואתיא כמאן דאמר לעיל פרשה ע' מסורסת היא הפרשה, וההבטחה הנה אנכי עמך נאמרה לו קודם שאמר אם יהיה אלהים עמדי: כי אהיה עמך. כך אמר הקדוש ברוך הוא למשה: בן נולד לך. וסוף פסוק כי שלמה יהיה שמו ואם כן בטוח היה מה' שימלוך תחת אביו, ומה היה צריך לומר כן יאמר ה' על מה שאמר דוד להורידו לגיחון ולמשחו למלך תחתיו. אלא אמר כו': (ג) בזוית אחד. פן יגנב משם וישאר לו הטמון במקום אחר. וכן לא יניח כל מעותיו בעסק אחד שמא יפסיד בעסק זה ויתקיים לו במה שהניח בעסק אחר: [ג] ויאמר אם יבא עשו אל המחנה האחת והכהו אלו אחינו שבגלות. והיה המחנה הנשאר לפליטה אלו אחינו שבדרום. כן צריך לומר הרב אברהם בן אשר (אור השכל). ורצונו לומר היינו דרומה של ארץ ישראל ששם לימד רבי עקיבא את רבי יהודה ורבי מאיר ורבי שמעון ורבי יוסי כדאיתא בפרק הבא על יבמתו (יבמות סב, ב). ונראה שלא גלו ושם היו חכמים גדולים כדאיתא במסכת תמיד (לא, ב) עשרה שאלות שאל אלכסנדר מוקדן את זקני הנגב, והם היו מתפללים ומתענין בשני וחמישי על אחיהם שבגולה: (ד) הבוחר בדרכיהם כו'. שהאוחז מעשי אבותיו הוא המתייחס אחריו ותעמוד לו זכותו לשיגיח ה' עליו: הבוחר בדרכיהם כו'. לפי שיש תופסין מעשי אבותיהם מצד ההרגל לבד שלא בדעת והשכל על דרך ותהי יראתם אותי מצות אנשים מלומדה, ולכן אמר הבוחר בדרכיהם שצריך שבמעשה שיעשו כאבותיהם יהיה על צד הבחירה והדעת (יפה תואר): אלא הבוחר בדרכיהם והעושה כמעשיהם אני מתקיים עליו כו' איני מתקיים עליו. נראה כי יש כאן דילוג, וכך צריך לומר ואלהי אבי יצחק כתיב (בראשית כח, יג) והנה ה' נצב עליו ויאמר אני ה' אלהי אברהם אביך, הא לעשו לא, אלא הבוחר כו'. דמהתם דייק שפיר דלמה לו להזכיר ליעקב שאברהם אביו, אלא לומר דדוקא לו תעמוד זכות האבות, וזהו שדקדק בלשונו ואמר אני מתקיים עליו דהיינו ענין אומרו שם והנה ה' נצב עליו שהוא לשון העמדה וקיום כמו שדרש שם בהדיא על זה לעיל הצדיקים אלהיהם מתקיים עליהם, ונסמך על מלת נצב כאמור. ולכן מייתי לה הכא גם כן לומר שגם כאן אומרו אלהי אברהם הכוונה כי רק לו לבדו תעמוד זכותו וכאמור (יפה תואר). והנזר הקודש גרס והעושה כמעשיהם הוא מתקיים עליו כו' ואינו עושה כמעשיהם אינו מתקיים עליו. וכתב שכן הוא בספרים המדוייקים:

פירוש מהרז"ו

ויהי בדרך במלון. ויפגשהו ה' ויבקש המיתו: אמר כן יאמר ה'. למה הוצרך בניהו לתפלה זו, הרי קודם שנולד הובטח על זה ועתה צוה דוד לקיים כן ולהמליכו בגיחון, והכל מטעם שמא יגרום החטא: (ג) ואחביאם. כן כתוב (מלכים א' יח, ד) ויחביא חמשים איש במערה, או פסוק זה (שם יג) ואחביא מנביאי ה' מאה איש חמשים חמשים איש במערה:

מתנות כהונה

יגרום החטא, ועיין מזה ברמב"ן בסדר זה: הנה אנכי עמך. הקב"ה אמר לו הנה אנכי עמך, והוא אמר כמסתפק אם יהיה אלהים עמדי, ואתיא כמאן דאמר (לעיל ע, ד) שהבטחת הנה אנכי נאמר לו קודם שאמר אם יהיה אלהים עמדי כסדר הפרשה: כי אהיה עמך. כך אמר הקב"ה למשה: איש מנוחה וגו'. גרסינן. וסיפיה דקרא והכיונתי את כסא מלכותו על ישראל: מכאן וכו'. מכאן ועד נהר גיחון ששם אמר דוד למושחו למלך (כריתות ה, ב): יעמדו. יכולים לעמוד: [ג] הכי גרס בילקוט וכן הרמב"ן ויחץ את העם למדך תורה דרך ארץ שלא יהא אדם נותן כל ממונו בזוית אחת ממי אתה למד מיעקב שנאמר ויחץ את העם וגו'. וכן הוא אומר (מלכים א' יח, ד) ואחביאם חמשים איש במערה: הכי גרסינן אלו אחינו שבגלות. שנקראו בכל מקום פלטה הנשארת, והכי גרס גם כן בילקוט (רמז קל) והרמב"ן ורבינו בחיי: הכי גרסינן בילקוט מתענים היו עליהם. כלומר אע"פ שהיו פליטים בארץ אויביהם היו צריכים רחמים: [ד] הא לעשו לא. הלא מלך כל העולם ברוך הוא: מתקיים עליו. להצליח בכל

אשד הנחלים

עוה"ז שזהו כאין, ולכן פחד פן יכחד מהעוה"ז. וכן במשה, שעיקר הבטחתו היה שיהיה עמו מדובק בו להשפיע לו מזיו הנבואה אבל לא בענייני עוה"ז מהחיים הזמנים. ואך מסוף הדברים הרבה קטגורים, משמע כפירוש המתנות כהונה. ועניינו, כי חטא קל אצל הצדיק יעכבו הטובה, כי הקב"ה ידקדק עמהם כחוט השערה. אבל עם כל זה מוכרח לומר כמו שפרשנו ג"כ, שהכוונה שהקב"ה מעכב לצדיק ע"י חטא קל בענייני עוה"ז דווקא, אחר שבאמת אינו טובה גמורה רק מדומה. והבן: [ג] בזוית אחד. פן יגנב משם וישאר לו הטמון במקום אחר: שבדרום. כבר בארנו כמה פעמים, כי כל כוונתו היה לתקן ענין גליות בניו וכיון בזה שיהיו בניו בגולה מפוזרים בהרבה מקומות ולא יהיו במקום אחד שלא יסכים עליהם אחד להורגן, כמאמרם בעבודת כוכבים (י, ב) דקרא ליה קטיעא. ומפני שבני הגולה היו בצפון, ודרום מצפון הוא רחוק מאוד כריחוק שני הקצוות קרא לאחינו שבדרום: [ד] הבוחר בדרכיהם. ולכן ביקש זכות יצחק לעמוד מול עשו אף שהיה ג"כ אבי עשו, כי אינו עומד לזכותו, אחר שאינו עושה כמעשיהם:

חידושי הרש"ש

[ג] {וכן הוא אומר (מלכים א' יח, יג) ואחביא חמשים חמשים איש במערה. כן צריך לומר:}

אמרי יושר

[ג] מתענין היו עלינו. זהו לפליטה לאחרים:

ידי משה

[ג] הכי גרסינן אם יבא אל המחנה האחת והכהו אלו אחינו שבגלות והיה המחנה הנשאר לפלטה אלו אחינו שבדרום. ששם יהיה למד רבי עקיבא את רבי יהודה ורבי מאיר ורבי שמעון ושם היו חכמים גדולים כמו שאמרו במסכת תמיד (לא, ב) עשרה שאלות שאל אלכסנדרוס מוקדן את זקני הנגב ומלא שאותן חכמי הנגב לא גלו גלות גמור והיו מתפללין עליהם ומתענים שני וחמישי עכ"ל. אבל לשאר הגירסא הלשון אף על פי כן מגומגם קצת. ומתוך לשון הרמב"ן בחומש (בראשית לב ט) הבנתי דהכי פירושו שכתב הרמב"ן שיעקב היה יודע שלא יפול זרעו לגמרי כולה ביד עשו אלא יגלל על כל פנים מחנה אחת לזה נראה לומר שקורא להמחנה של גלות והכהו, והמחנה של פליטה קורא אחינו שבדרום. לזה אמר ואף על פי כן שיהיו ריעותא מכח זה לאנשי דרום כשיגאלו כי מכח זה יבואו אחר זה הם בגלות מכל מקום היו מתענים עלינו ודוק:

שינוי נוסחאות

(ג) מתענים היו עלינו. במ"כ הגיה "עלינו" ל"עליהם", וכ"ה בילקוט וכ"ה בת-א, וכ"ה ברש"י שעל המדרש:

מסורת המדרש

ו. ברכות דף ד':
ז. סנהדרין דף ל"ט. ילקוט מלכים רמז ר"י:

אם למקרא

וַיֹּאמֶר כִּי אֶהְיֶה עִמָּךְ וְזֶה לְּךָ הָאוֹת כִּי אָנֹכִי שְׁלַחְתִּיךָ בְּהוֹצִיאֲךָ אֶת הָעָם מִמִּצְרַיִם תַּעַבְדוּן אֶת הָאֱלֹהִים עַל הָהָר הַזֶּה: (שמות ג:יב)

וַיְהִי בַדֶּרֶךְ בַּמָּלוֹן וַיִּפְגְּשֵׁהוּ ה' וַיְבַקֵּשׁ הֲמִיתוֹ: (שם ד:כד)

וַיַּעַן בְּנָיָהוּ בֶן יְהוֹיָדָע אֶת הַמֶּלֶךְ וַיֹּאמֶר אָמֵן כֵּן יֹאמַר ה' אֱלֹהֵי אֲדֹנִי הַמֶּלֶךְ: (מלכים א א:לו)

הִנֵּה בֵן נוֹלָד לָךְ הוּא יִהְיֶה אִישׁ מְנוּחָה וַהֲנִחוֹתִי לוֹ מִכָּל אוֹיְבָיו מִסָּבִיב כִּי שְׁלֹמֹה יִהְיֶה שְׁמוֹ וְשָׁלוֹם וָשֶׁקֶט אֶתֵּן עַל יִשְׂרָאֵל בְּיָמָיו: (דברי הימים א כב:ט)

וַיְהִי בְּהַכְרִית אִיזֶבֶל אֵת נְבִיאֵי ה' וַיִּקַּח עֹבַדְיָהוּ מֵאָה נְבִאִים וַיַּחְבִּיאֵם חֲמִשִּׁים אִישׁ בַּמְּעָרָה וְכִלְכְּלָם לֶחֶם וָמָיִם: (מלכים א יח:ד)

משנת דרבי אליעזר

[ד] אלהי אבי אברהם הא לעשו לא. המתנות כהונה עשה עצמו כאלו לא ידע פירוש המלות, דהקושיא כפשוטו על יעקב שהזכיר זכות אבותיו אברהם ויצחק שיגינו להצילו מיד עשו, והלא אח עשו ליעקב ואבותיו של יעקב הם אבותיו של עשו גם כן. ותירץ דהבוחר בדרכיהם וכו', כמו דאיתא (ברכות ז, א) גם כן לענין פוקד עון אבות על בנים כשאוחזין וכו', והוא הדין לענין זכות, שהבוחר במעשיהם אני מתקיים עליו בזכות אבותיו אף שהוא מזכות עצמו. ולכך מסיים המדרש בשם רב הונא מי היה קרוב לדוד וכו', לראיה שזכות אבות אינו מועיל רק לצדיק האוחז מעשיהם וק"ל. ואפשר שזהו שסיים קטונתי רבי אבא אומר איני כדאי, רבי לוי אמר כדאי אני אבל קטונתי, דבא לתרץ מה שתלה בזכות אבותיו ולא בזכות עצמו, דהרי הוא הבוחר בדרכיהם:

מִי הָיָה קָרוֹב לְדָוִד לֹא אָחָז — **Who was** a **closer** descendant **to David,** Ahaz or his son Hezekiah? **Was it not Ahaz?** הוּא מַנִּיחַ לְאָחָז וְאוֹמֵר לְחִזְקִיָּהוּ "כֹּה אָמַר ה' אֱלֹהֵי דָּוִד אָבִיךָ" — **Yet, [God] leaves Ahaz and says to Hezekiah,** ***"Thus said HASHEM, the God of your forefather David"*** (*II Kings* 20:5).[31] אֶלָּא הַבּוֹחֵר בְּדַרְכֵיהֶם וְהָעוֹשֶׂה כְּמַעֲשֵׂיהֶם אֲנִי מִתְקַיֵּים עָלָיו — **Rather,** God says, **"The one who chooses [his righteous ancestors'] ways and who performs** deeds **like their deeds** (i.e., Hezekiah), **I stand over him** and protect him in their merit; שֶׁאֵינוֹ בּוֹחֵר בְּדַרְכֵיהֶם וְאֵינוֹ עוֹשֶׂה כְּמַעֲשֵׂיהֶם אֵינִי מִתְקַיֵּים עָלָיו — but one **who does not choose their ways and does not perform** deeds **like their deeds** (i.e., Ahaz), **I do not stand over him** or protect him in their merit." Therefore, the merit of David benefited only Hezekiah but not Ahaz.[32]

קָטֹנְתִּי מִכֹּל הַחֲסָדִים וּמִכָּל הָאֱמֶת אֲשֶׁר עָשִׂיתָ אֶת עַבְדֶּךָ כִּי בְמַקְלִי עָבַרְתִּי אֶת הַיַּרְדֵּן הַזֶּה וְעַתָּה הָיִיתִי לִשְׁנֵי מַחֲנוֹת.

"I am[too] lowly for all the kindnesses and for all the truth that You have done for Your servant; for with my staff I crossed this Jordan and now I have become two camps" (32:11).

§5 קָטֹנְתִּי מִכֹּל הַחֲסָדִים — ***"I AM [TOO] LOWLY FOR ALL THE KINDNESSES** AND FOR ALL THE TRUTH THAT YOU HAVE DONE FOR YOUR SERVANT."*

The Midrash records a dispute between R' Abba bar Kahana and R' Levi concerning the meaning of Jacob's statement:[33] אָמַר רַבִּי אַבָּא בַּר כָּהֲנָא: אֵינִי כְּדַאי — **R' Abba bar Kahana said:** Jacob in effect said, **"I am not deserving** of all the kindnesses that You have done for me."[34] רַבִּי לֵוִי אָמַר: כְּדַאי אֲנִי אֲבָל "קָטֹנְתִּי מִכֹּל וְגוֹ'" — **R' Levi said:** Jacob in effect said, **"I was deserving** of Your past kindnesses, i.e., I had sufficient merit to be worthy of Your protection, **but** now ***I have been diminished by all*** *the kindnesses and by all the truth that You have done for Your servant,* and therefore lack sufficient merit to be worthy of being saved."[35]

□ כִּי בְמַקְלִי עָבַרְתִּי אֶת הַיַּרְדֵּן הַזֶּה — *"FOR WITH MY STAFF I CROSSED THIS JORDAN."*

According to the simple explanation, Jacob here relates that when he crossed the Jordan he possessed nothing but his staff; this statement is meant as a contrast to what follows, to illustrate how kind God has been to him since that time, for "and now I have become two camps." According to the Midrash, Jacob here is mentioning an additional kindness, besides his wealth; namely, that when he placed his staff in the water of the Jordan River, God miraculously parted the waters of the Jordan for him. The Midrash understands that this portends a future miracle for the Jewish nation:[36]

רַבִּי יְהוּדָה בְּרַבִּי סִימוֹן בְּשֵׁם רַבִּי יוֹחָנָן אָמַר — **R' Yehudah the son of R' Simone said in the name of R' Yochanan:** בַּתּוֹרָה בַּנְּבִיאִים בַּכְּתוּבִים מָצִינוּ שֶׁלֹּא עָבְרוּ יִשְׂרָאֵל אֶת הַיַּרְדֵּן אֶלָּא בִּזְכוּתוֹ שֶׁל יַעֲקֹב — **We find in the Torah, in the Prophets, and in the Writings that the people of Israel crossed the Jordan** to enter into *Eretz Yisrael* **only in the merit of** our forefather **Jacob.** בַּתּוֹרָה "כִּי בְמַקְלִי עָבַרְתִּי אֶת הַיַּרְדֵּן הַזֶּה" — **In the Torah** it is written regarding Jacob, ***for with my staff I crossed this Jordan***, which is understood to mean that when he placed his staff in the water of the Jordan River, God miraculously parted the waters of the Jordan for him. This miracle was wrought to serve as a precursor of his descendants' miraculous crossing of the Jordan.[37] בַּנְּבִיאִים "וְהוֹדַעְתֶּם אֶת בְּנֵיכֶם לֵאמֹר בַּיַּבָּשָׁה עָבַר יִשְׂרָאֵל אֶת הַיַּרְדֵּן הַזֶּה" — **In the Prophets** it is written after the Jewish people crossed the Jordan, ***You should inform your children, saying, "Israel crossed this Jordan on dry land"*** (*Joshua* 4:22). יִשְׂרָאֵל סָבָא — "Israel" in this verse alludes to **Israel the Elder,** i.e., Jacob.[38]

NOTES

31. Ahaz, a descendant of David, was a Judean king; Hezekiah was his son and successor. Ahaz, as Hezekiah's father, was a generation closer to David. Yet, when God sent a message to Ahaz, He began (*Isaiah* 7:7), *"Thus said my Lord HASHEM/ELOHIM,"* and did not make mention of David as his ancestor; but when He sent a message to Hezekiah He referred to Himself as ה' אֱלֹהֵי דָּוִד אָבִיךָ, *"Thus said HASHEM, the God of your forefather David"* (*II Kings* 20:5). (*Eitz Yosef,* citing *Yefeh To'ar* and *Nezer HaKodesh*).

32. Since Ahaz was a wicked king and did not follow in David's ways (see *II Kings* 16:2-4), he did not deserve God's protection, even in the merit of King David (he certainly lacked his own merit). In contrast, Hezekiah was a righteous king, who followed in David's ways (see ibid. 18:3-6). Therefore, he also benefited from David's merit.

[Now, we do find that when Rezin, the king of Aram, and Pekah, the son of Remaliah, the king of the Ten Tribes, came to attack Jerusalem, the capital of the Kingdom of Judah, God sent a message to Ahaz through the prophet Isaiah that they would not succeed (see *Isaiah,* Chapter 7). Nonetheless, this was not in the merit of his ancestor David. Rather, although Ahaz was undeserving, the Divine plan at that particular time called for his salvation, or for the wicked Rezin and Pekah to be defeated (*Eitz Yosef,* citing *Yefeh To'ar* and *Nezer HaKodesh*).]

33. The translation of the verse used here reflects the interpretation of R' Abba bar Kahana; see note 35 for the translation according to R' Levi.

34. I.e., Jacob was declaring that he was *never* worthy of so many kindnesses. The verse thus means that Jacob felt that he was too lowly to be worthy of all the kindnesses that God had done for him, and beseeched God to save him from attack by Esau only out of God's kindness [or in the merits of his forefathers Abraham and Isaac] (*Eitz Yosef*; *Matnos Kehunah*; see *Mishnas DeRabbi Eliezer*).

Jacob made mention of God's past kindnesses to him as an entreaty: Just as God had protected him in the past only out of kindness since he was undeserving, so too should He protect him now out of kindness even though he is undeserving. Alternatively, Jacob mentioned God's past kindnesses as praise of God before beseeching Him to protect him, in keeping with the principle that one should always pay homage to God before making a request (*Nezer HaKodesh*; see *Berachos* 32a).

35. I.e., although I had merits in the past, I am now undeserving of the favor I am asking. Jacob felt that his merits had been greatly diminished by his having received their reward in the many kindnesses God had already bestowed upon him. ["Kindness" refers to favors that God did without any prior promise, while "truth" refers to favors He promised and fulfilled (*Eitz Yosef*; see *Ramban* to verse).] Jacob thus beseeched God to save him out of kindness [or in the merits of his forefathers Abraham and Isaac]. According to R' Levi, the verse should thus be rendered, *I have been diminished by all the kindnesses and by all the truth that You have done for Your servant.* I.e., "I have become diminished *because of* all the kindnesses, etc." (*Eitz Yosef*; *Matnos Kehunah*).

The Gemara (*Shabbos* 32a) derives from here that if a person puts himself in danger, and a miracle was performed for him, they deduct it from his merits.

[*Mishnas DeRabbi Eliezer* suggests that according to both interpretations, the Midrash comes to explain why Jacob invoked the merits of the forefathers; since he followed in their ways, why did his own merits not afford him protection?]

36. This explains why Jacob makes specific mention of the Jordan (*Eitz Yosef*; *Nezer HaKodesh*).

37. This is based on the concept cited by *Ramban* (12:6): כָּל מַה שֶּׁאֵירַע לָאָבוֹת סִימָן לַבָּנִים, *Everything that happened to the Patriarchs is a portent for the children.* Indeed, Jacob could have easily crossed the Jordan without the benefit of a miracle. The purpose for the miracle, however, was to serve as a prophetic prognostication of what would befall his descendants, and to show that Jacob's merit would render them worthy of such a miracle (see *Eitz Yosef,* citing *Nezer HaKodesh*).

38. [See below, 32:29; 35:10.] This verse's use of the singular is inconsistent with the rest of the passage's use of the plural. The Midrash thus understands that the verse's mention of Israel alludes to an individual; namely, our forefather Israel, or Jacob. This teaches that the Jordan had miraculously split for him when he crossed it and that it was in his merit that its waters parted for the Jewish nation (*Eitz Yosef, Nezer HaKodesh*).

מִי הָיָה קָרוֹב לְדָוִד, לֹא אָחָז, הוּא מַנִּיחַ לְאָחָז וְאוֹמֵר לְחִזְקִיָּהוּ (מלכים-ב כ, ה) **"כֹּה אָמַר ה' אֱלֹהֵי דָּוִד אָבִיךָ", אֶלָּא הַבּוֹחֵר בְּדַרְכֵיהֶם וְהָעוֹשֶׂה כְּמַעֲשֵׂיהֶם אֲנִי מִתְקַיֵּים עָלָיו, שֶׁאֵינוֹ בּוֹחֵר בְּדַרְכֵיהֶם וְאֵינוֹ עוֹשֶׂה כְּמַעֲשֵׂיהֶם אֵינִי מִתְקַיֵּים עָלָיו:**

ה [לב, יא] **"קָטֹנְתִּי מִכֹּל הַחֲסָדִים", אָמַר רַבִּי אַבָּא בַּר כָּהֲנָא: אֵינִי כְּדַאי, רַבִּי לֵוִי אָמַר: כְּדַאי אֲנִי אֲבָל "קָטֹנְתִּי מִכֹּל וְגוֹ'".** [שם] **"כִּי בְמַקְלִי עָבַרְתִּי אֶת הַיַּרְדֵּן הַזֶּה", רַבִּי יְהוּדָה בְּרַבִּי סִימוֹן בְּשֵׁם רַבִּי יוֹחָנָן אָמַר: [ח] בַּתּוֹרָה בַּנְּבִיאִים בַּכְּתוּבִים מָצִינוּ שֶׁלֹּא עָבְרוּ יִשְׂרָאֵל אֶת הַיַּרְדֵּן אֶלָּא בִּזְכוּתוֹ שֶׁל יַעֲקֹב, בַּתּוֹרָה "כִּי בְמַקְלִי עָבַרְתִּי אֶת הַיַּרְדֵּן הַזֶּה", בַּנְּבִיאִים** (יהושע ד, כב) **"וְהוֹדַעְתֶּם אֶת בְּנֵיכֶם לֵאמֹר בַּיַּבָּשָׁה עָבַר יִשְׂרָאֵל אֶת הַיַּרְדֵּן הַזֶּה", יִשְׂרָאֵל סָבָא, בַּכְּתוּבִים** (תהלים קיד, ה-ז) **"מַה לְּךָ הַיָּם כִּי תָנוּס הַיַּרְדֵּן תִּסֹּב לְאָחוֹר וְגוֹ' מִלִּפְנֵי אֱלוֹהַּ יַעֲקֹב", אָמַר רַבִּי לֵוִי: אֲתַר הוּא תַּמָּן מְצַוַּוח [ט] יַרְדֵּן בְּחַמֵּי טְבֶרְיָה, בְּבֶהָלָה נִכְנַס יַעֲקֹב אָבִינוּ שָׁם וְנָעַל בְּפָנָיו עֵשָׂו, וְחָתַר לוֹ הַקָּדוֹשׁ בָּרוּךְ הוּא חֲתִירָה בְּמָקוֹם אַחֵר וְיָצָא, הָדָא הוּא דִכְתִיב** (ישעיה מג, ב) **"כִּי תַעֲבֹר בַּמַּיִם אִתְּךָ אָנִי וּבַנְּהָרוֹת לֹא יִשְׁטְפוּךָ":**

ו [לב, יב] **"הַצִּילֵנִי נָא מִיַּד אָחִי מִיַּד עֵשָׂו", הַצֵּל אֶת בָּנַי לֶעָתִיד לָבֹא מִיַּד בְּנֵי בָנָיו שֶׁבָּאוּ עֲלֵיהֶן מִכֹּחוֹ שֶׁל עֵשָׂו, הָדָא הוּא דִכְתִיב**

עץ יוסף

מי היה קרוב בו'. כי כששלח ה' אל אחז השמר והשקט כו' שאל לך אות, ולא אמר רק כה אמר ה' ולא אמר אלהי דוד אביך, אף שדוד קרוב לו יותר מלחזקיהו, ואמר לחזקיהו (מלכים ב' כ, ה) אלהי דוד אביך, הרי מניח ה' את אחז מלהזכיר לו זכות דוד, ולחזקיהו הזכיר זכות דוד, שמע מינה דהבוחר בדרכיהם כו', ולכן אחז שהיה רשע אין ה' משגיח בו אף בזכות אבותיו. ואף על פי דמכל מקום בישר ה' לאחז על הצלתו מרצין ופקח, לא היה זה בזכות דוד, אלא לצורך השעה ומפני רשעת פקח ורצין (יפה תואר ונזר הקודש): (ה) [ד] **איני בדאי.** שמעולם לא הייתי כדאי וראוי והגון לכל החסדים והאמת שעשית עמי, אלא שעשית עמי דרך חסד וחנינה: **בדאי אני בו'.** כדאי הייתי מתחילה, אלא שקטנו זכיותי מכל החסדים שעשית עמי ומכל האמת אמיתת דבריך ששמרת לי כל הבטחות שהבטחתני: **בתורה כי במקלי וגו'.** דריש דרמיז ביה שנתן מקלו בירדן ונבקע וכמו דפרש"י בחומש בשם המדרש. ובודאי לא נעשה בו נס זה אלא להיות סימן לבניו שבזכותו נבקע הירדן לבניו (נזר הקודש): **עבר ישראל את הירדן הזה ישראל סבא.** דריש דרמיזא ישראל סבא. גם הוא עבר את הירדן ועשה סימן לבניו לפי שגם הם בזכותו עברו את הירדן (נזר הקודש): **מלפני אלוה יעקב.** ולא אמר מלפני אלהי אברהם ויצחק אלא לרמוז לזכות יעקב: **אתר הוא תמן מצווח בו'.** פירוש מקום הוא שם שנופל הירדן בחמי טבריא בחזקה ורוגש מאד (מתנות כהונה). ועיין במדרש אגדת בראשית (פרשה מה) המעשה (האות אמת): **כי תעבור במים אתך אני וגו'.** כי תלך במו אש לא תכוה ולהבה לא תבער בך. ומפרש לה הכא על אותה שעה שברח יעקב מפני עשו ונכנס למימי הירדן במקום אשר נופל בחמי טבריא שהם חמים כאש להבה וניצול יעקב משם. והיפה תואר מפרש אתר הוא תמן כו', מקום הוא בחמי טבריא שנקרא ירדן, וכשברח יעקב מפני עשו נכנס שם בבהלה ונעשה לו נס שחתר חתירה במקלו ועבר ונמלט ממקום אחר וברח: (ו) [ה] **הצל את בני כו'.** שבקש רחמים גם על העתיד להציל את זרעו מיד זרע עשו שבאים מכחו בכחו של חרב דכתיב ביה על חרבך תחיה, וצרת יעקב מלך עשו היה סימן לבניהם:

פירוש מהרז"ו

(ה) **איני בדאי.** דייק מכל החסדים, שלא לפי מעשי רק חסד חנם: **בדאי אני.** דייק מכל האמת שלפי מעשי עשית, אלא שעתה קטונתי: **אלא בזכותו של יעקב.** שמעשה אבות סימן לבנים, ולכך כשעברו בני ישראל את הירדן הזכיר שעבר יעקב גם כן את הירדן, להורות שבזכותו עברו גם בניו וכן הובא בילקוט (רמז קלא): **בחמי טבריא.** נראה לי דצריך לומר בים טבריא, וכמו שאמרו לעיל (ד, ה) הדין ירדן עבר בימא טבריא וכן עד היום רואים שהוא כן, ומה שאמר מצוות פירוש קוראים בלשון ירושלמי וכן הובא בכמה מקומות. ומאמר רבי לוי הובא אגב מאמר של רבי יוחנן. ומארם לארץ ישראל מפסיק הירדן ובהכרח לעבור בירדן, אך המדרש מוסיף בעבר הירדן שעובר בים. ומה שאמר בבהלה נכנס יעקב היינו כשרדפו, ועיין באגדת בראשית (פרק מו) המעשה באופן אחר: **כי תעבור במים.** ובפסוק הקודם כה אמר ה' בוראך יעקב ויוצרך ישראל:

רש"י

(ה) **בנביאים והודעתם את בניכם.** מחר לאמר וגו': **כי במקלי עברתי את הירדן הזה. אמר רבי לוי אתרא כן הוא מצטווח ירדן.** מקום הוא שנקרא ירדן בחמי טבריה והם מים חמין, **ובבהלה נכנס יעקב אבינו לשם ונעל עשו בפניו, וחתר לו חתירה הקדוש ברוך הוא במקום אחר ויצא, הדא הוא דכתיב (ישעיה מג, ב) כי תעבור במים אתך אני:** (ו) **הצילני נא. בני לעתיד מיד** אחי **בני בניו שבאין מכחו של עשו,**

מתנות כהונה

דרכיו ולהושיע מכל צרותיו: **מניח לאחז.** לאמר לו אלהי דוד אביך, או לאמר לחזקיה אלהי אחז אביך לפי שהיה רשע: [ה] **איני בדאי.** מעולם הייתי קטן להעשות לי נס: **בדאי אני.** הייתי כדאי, אבל נעשיתי קטון מפני כל החסדים: **מצווח.** נופל שם בחזקה ורוגש מאד: **ונעל בפניו.** עשו בלכתו לחרן:

אשד הנחלים

קרוב לחזקיה. כצ"ל (אות אמת). ובאורו, שחזקיה, אב הקרוב לו היה אחז שהיה אביו, וה' משיבו בזכות דוד אביו, כי אב האמיתי העושה כמעשה בנו, וכן הבן כשעושה מעשי אביו: [ה] **איני כדאי.** דעת ר' אבא בר כהנא שבאורו, קטון מעשי מאוד שזכיתי לכל החסדים והטובות, רק חסד גמור הוא בלי זכות ולכן הצילני גם מזה בחסד, אחר שאתה עושה תמיד חסד חינם עמדי. ולדעת ר' לוי באורו, עתה נתקטנו מעשי מפני רוב החסדים והטובות שעשית עמדי, וא"כ השתלמו על מצוותי ואין לי זכות רב, לכן הצילני נא בחסד: **אתר הוא תמן.** אין לו הבנה, והאות אמת הביא מדרש וזה לשונו, זה יתבאר במדרש, והגרסא התם, ויבא יעקב הה"ד כי תעבור במים, אמרו חז"ל כו' אמר עשו הריני קודמו לדרך במקום שאינו יכול לעבור כו' מיד כו' הלך יעקב דרך הירדן כו' ונתן מקלו במים ונקרע המים, שנאמר כי במקלי גו' הוי כי תעבור במים כו', הרגיש עשו שדרך הירדן הלך, רדף אחריו, הכניסו הקב"ה ליעקב במקום אחד שהוא דומה למרחץ של טבריא, בא עשו והקיף המרחץ כדי שימות שם. ר' לוי אמר אתר הוא תמן מצטווח בנורא, נכנס יעקב ונפל עשו לפניו הה"ד כי תלך כמו אש עיי"ש. וזהו שמביא שליעקב קרה הנס בירדן דוגמת בניו, כמעשי אבות, שהכל סימן לבניו: [ו] **את בני כו' מכחו.** כלומר מכחו הרע כי מקורו וכחו הוא הרע העומד לתקפו, וכבר בארנו שכל מגמת יעקב היה למען בניו וביקש על קורותם שיוכלו לעמוד בו. ומביא כל הנבואה מדניאל שמוסב רק בו, וקרא לו קרן זעירא על דרך הנה קטון נתתיך בגוים (עובדיה א, ב):

חידושי הרד"ל

[ה] **תמן מצווח ירדן בימא טבריא.** עיין באגדת בראשית (פרק מו) שהיה שם מערה מקום מרחץ וכו' עיין שם:

חידושי הרש"ש

[ה] **שלא עברו ישראל את הירדן אלא בזכותו של יעקב.** יתבאר על פי מה שכתבו המפרשים הטעם מדוע ברפידים אמר השם והכית בצור ובקדש אומר ודברתם אל הסלע. והוא יען שכבר ניתן אל הסלע כח להוציא מים שוב אין הנס גדול כל כך כמו בפעם הראשון ודי לזה בדבור. (ונראה לי שהוא על דרך תשובת גביהה בן פסיסא להאוא צדוקי בחלק [סנהדרין] קא, א) דלא הוו חיי דהוו לא כל שכן. וכן כאן לולא שכבר נקרע הירדן ליעקב לא היו ישראל כדאין ליעשות להם נס גדול כ"כ ליקרע להם בתחלה: **אמר רבי לוי אתר הוא תמן מצווח ירדן בחמי טבריה בו'.** ונראה לי דפירוש מצוות הוא כדלעיל (כו, א) בגלילא צווחין לחויא איויא, ובפרשה ל (סימן ט) בשוק סמיא צווחין לעווירא סגי נהור וכן בד"ט. ורצה לומר דבחמי טבריא יש מקום אחד שנקרא ירדן גם כן, וכאשר נחפז ונבהל יעקב בברחו לחרן נפל שמה בלי דעת ונעל בפניו כו', והוא שמסיים שם בפסוק דכי תעבור במים כי תלך במו אש לא תכוה כו' מפני שבא באש ובמים דחמי טבריא רתיחי טובא. ורבי לוי פליג על רבי יהודה ברבי סימון וסובר שלא כוון יעקב על הירדן הידוע:

מסורת המדרש

ח. מועד קטן דף א'. שיר השירים רבה פרשה ד' פסוק א'. ילקוט כאן רמז קל"א. ילקוט יהושע רמז ט"ו. ילקוט ישעיה רמז שט"ז:
ט. עיין ב"ב דף ע"ד:

אם למקרא

שׁוּב וְאָמַרְתָּ אֶל חִזְקִיָּהוּ נְגִיד עַמִּי כֹּה אָמַר ה' אֱלֹהֵי דָּוִד אָבִיךָ שָׁמַעְתִּי אֶת תְּפִלָּתֶךָ רָאִיתִי אֶת דִּמְעָתֶךָ הִנְנִי רֹפֶא לָךְ בַּיּוֹם הַשְּׁלִישִׁי תַּעֲלֶה בֵּית ה':
(מלכים ב כ:ה)

וְהוֹדַעְתֶּם אֶת בְּנֵיכֶם לֵאמֹר בַּיַּבָּשָׁה עָבַר יִשְׂרָאֵל אֶת הַיַּרְדֵּן הַזֶּה:
(יהושע ד:כב)

מַה לְּךָ הַיָּם כִּי תָנוּס הַיַּרְדֵּן תִּסֹּב לְאָחוֹר:
(תהלים קיד:ה)

מִלִּפְנֵי אָדוֹן חוּלִי אָרֶץ מִלִּפְנֵי אֱלוֹהַּ יַעֲקֹב:
(שם שם ז)

כִּי תַעֲבֹר בַּמַּיִם אִתְּךָ אָנִי וּבַנְּהָרוֹת לֹא יִשְׁטְפוּךָ כִּי תֵלֵךְ בְּמוֹ אֵשׁ לֹא תִכָּוֶה וְלֶהָבָה לֹא תִבְעַר בָּךְ:
(ישעיה מג:ב)

אמרי יושר

[ה] **קטונתי כו' איני כדאי.** אף בעת קבולם איני כדאי. רבי לוי אמר כדאי אנא והייתי ראוי אז אבל עתה נשארתי חלש מכח אותם החסדים שקבלתי עד שהתקבלתי זכיותי ועתה קטונתי: **בזכות יעקב שעבר הירדן.** רמז לעתיד שגלולים מגרות ואינו ירדן ממש. ובנהרות לא ששפוך כי תלך במו אש אלו חמי טבריא. וישא עיניו מרחוק לעתיד והתפלל על בניו:

שינוי נוסחאות

(ד) **מי היה קרוב לדוד.** כתב א"א דקרוב להגיה "קרוב לחזקיה", וכ"ה באמת במדרש "שכל טוב" (לפני הגהה) וכ"ה בכמה כ"י:

בַּכְּתוּבִים "מַה לְּךָ הַיָּם כִּי תָנוּס הַיַּרְדֵּן תִּסֹּב לְאָחוֹר וְגוֹ׳ מִלִּפְנֵי אֱלוֹהַּ יַעֲקֹב" – In the Writings it is written in praise of the crossing of the Jordan, ***What ails you, O sea, that you flee? O Jordan, that you turn backward?... before the presence of the God of Jacob*** (*Psalms* 114:5-7).[39]

The Midrash presents an alternative interpretation of the miracle to which the phrase *for with my staff I crossed this Jordan* alludes:

אָמַר רַבִּי לֵוִי – R' Levi said: אֲתַר הוּא תַּמָּן מְצַוּוח יַרְדֵּן בְּחַמֵּי טְבֶרְיָה – There is an area of the hot springs of Tiberias called the **Jordan.**[40] **בְּבֶהָלָה נִכְנַס יַעֲקֹב אָבִינוּ שָׁם וְנָעַל בְּפָנָיו עֵשָׂו** – When Jacob was running away from Esau, **in confusion, Jacob entered there, and Esau shut** the opening **before him, וְחָתַר לוֹ הַקָּדוֹשׁ בָּרוּךְ הוּא חֲתִירָה בְּמָקוֹם אַחֵר וְיָצָא – and the Holy One, blessed is He, dug an opening for him in a different point, and he escaped.**[41] **הָדָא הוּא דִכְתִיב "כִּי תַעֲבֹר בַּמַּיִם אִתְּךָ אָנִי וּבַנְּהָרוֹת לֹא יִשְׁטְפוּךָ" – Regarding this it is written, *When you pass through water, I am with you; through rivers, they will not wash you away;*** *when you walk through fire, you will not be singed, and no flame will burn you* (*Isaiah* 43:2).[42]

הַצִּילֵנִי נָא מִיַּד אָחִי מִיַּד עֵשָׂו כִּי יָרֵא אָנֹכִי אֹתוֹ פֶּן יָבוֹא וְהִכַּנִי אֵם עַל בָּנִים.

"Rescue me, please, from the hand of my brother, from the hand of Esau, for I fear him lest he come and strike me down, mother and children" (32:12).

§6 הַצִּילֵנִי נָא מִיַּד אָחִי מִיַּד עֵשָׂו – *"RESCUE ME, PLEASE, FROM THE HAND OF MY BROTHER, FROM THE HAND OF ESAU."*

The Midrash explains the meaning of the double expression מִיַּד אָחִי מִיַּד עֵשָׂו, *from the hand of my brother, from the hand of Esau*:

הַצֵּל אֶת בָּנַי בָּנָיו לֶעָתִיד לָבֹא מִיַּד בְּנֵי בָנָיו שֶׁבָּאוּ עֲלֵיהֶן מִכֹּחוֹ שֶׁל עֵשָׂו – Jacob beseeched God, "Rescue me now from my brother; **rescue my progeny in the future from the hands of [Esau's] descendants that attack them through** the power of **the** sword, the **power of Esau."**[43]

The Midrash expounds a verse in *Daniel*, which refers to the great might of Esau's descendants:[44]

הָדָא הוּא דִכְתִיב – Thus it is written,

NOTES

39. Since the verse refers specifically to *the God of Jacob*, and does not mention Abraham and Isaac, it implies that the Jordan split for the Jewish people only in the merit of Jacob (*Eitz Yosef*). See *Yefeh To'ar* and *Nezer HaKodesh*, who discuss whether the Sea of Reeds — referred to in the phrase, *What ails you, O sea, that you flee* — also split in Jacob's merit.

40. Our translation of מְצַוּוח as *called* follows *Eitz Yosef, Rashi,* and *Rashash*; see *Matnos Kehunah*, cited by *Eitz Yosef,* for an alternative interpretation.

41. As presented here, it is difficult to picture precisely what occurred in this episode. Other Midrashim, however, provide more details, with slight variations (see *Aggadas Bereishis* 45 §4, *Bereishis Rabbasi* 28:10, and *Os Emes,* citing a Midrash): When Jacob left Beer-sheba to go to Haran, Esau lay in wait for him on the road, with the intent of killing him. Esau's plans were revealed to Jacob, and, instead of traveling along the road, he crossed the Jordan, bypassing his brother. When he placed his staff in the Jordan, God wrought for him a miracle, splitting the Jordan's waters and enabling Jacob to cross. Esau eventually realized that Jacob must have crossed the Jordan, instead of taking the road. He chased after Jacob, overtook him, after which he waited for him by a cave, in which there was a hot spring. When Jacob entered the cave to bathe, Esau blocked his exit, trapping Jacob inside. God dug another opening for Jacob, allowing him to escape. According to these Midrashim, this miracle was in *addition* to the above-mentioned miracle of the splitting of the Jordan for Jacob. Some commentators (see *Yefeh To'ar*, cited by *Eitz Yosef*; *Rashash*), however, understand that according to the present Midrash, the Jordan did not actually split and Jacob's escape from the hot waters located in the cave was the only miracle that occurred, and is the miracle alluded to our verse. [*Nezer HaKodesh* points out that according to our Midrash, this miracle was not wrought merely as a precursor for the Jewish nation, as understood by the preceding Midrash, but rather, was necessary to save Jacob himself from harm.]

42. The Midrash understands that this verse refers to Jacob, for the preceding verse (*Isaiah* 43:1) states: וְעַתָּה כֹּה אָמַר ה׳ בֹּרַאֲךָ יַעֲקֹב וְיֹצֶרְךָ יִשְׂרָאֵל, *And now, thus says HASHEM, your Creator, O Jacob; the One Who fashioned you, O Israel*, i.e., our forefather Jacob (*Maharzu;* see *Radak* to verse; *Tiferes Tzion*).

According to *Bereishis Rabbasi* (28:10), the first part of the verse, כִּי תַעֲבוֹר בַּמַּיִם אִתְּךָ אָנִי וּבַנְּהָרוֹת לֹא יִשְׁטְפוּךָ, *When you pass through water, I am with you; through rivers, they will not wash you away,* refers to Jacob's miraculous crossing of the Jordan, while the latter part of the verse, כִּי תֵלֵךְ בְּמוֹ אֵשׁ לֹא תִכָּוֶה וְלֶהָבָה לֹא תִבְעַר בָּךְ, *when you walk through fire, you will not be singed, and no flame will burn you,* refers to the incident of the hot springs of Tiberias, which were hot as flames and fire (*Eitz Yosef*).

43. The Midrash understands that Jacob's plea to be rescued *from the hand of my brother* was a prayer for himself, while his request to be rescued *from the hand of Esau* was a prayer for his future generations, i.e., that they be rescued from the descendants of Esau, who will attack the Jewish people with the power of the sword, the power of Esau. The power of Esau is the sword, as it states (above, 27:40), וְעַל חַרְבְּךָ תִחְיֶה, *By your sword you shall live*. Jacob prayed for his descendants at this particular time in keeping with the principle: *Everything that happened to the Patriarchs is a portent for the children* (*Eitz Yosef; Yefeh To'ar*).

44. The Midrash comes to explain why Jacob felt it necessary to pray that his descendants be saved from Esau's descendants more than from anyone else (*Eitz Yosef,* citing *Yefeh To'ar*). Daniel had a prophetic vision of four beasts, which represented the four kingdoms that had subjugated, or were destined to subjugate, the Jewish people. These four kingdoms were Babylonia, Persia, Greece, and Rome. The verse cited here refers to the fourth of the four beasts that Daniel saw in the prophetic vision, which symbolizes Rome, descendant from Esau. The preceding verse mentions ten horns, which represent ten kings or kingdoms of Rome (see *Avodah Zarah* 11a et al.).

מִי הָיָה קָרוֹב לְדָוִד, לֹא אָחָז, הוּא מַנִּיחַ לְאָחָז וְאוֹמֵר לְחִזְקִיָּהוּ (מלכים-ב כ, ה) "כֹּה אָמַר ה' אֱלֹהֵי דָּוִד אָבִיךָ", אֶלָּא הַבּוֹחֵר בְּדַרְכֵיהֶם וְהָעוֹשֶׂה כְּמַעֲשֵׂיהֶם אֲנִי מִתְקַיֵּים עָלָיו, שֶׁאֵינוֹ בּוֹחֵר בְּדַרְכֵיהֶם וְאֵינוֹ עוֹשֶׂה כְּמַעֲשֵׂיהֶם אֵינִי מִתְקַיֵּים עָלָיו:

ה [לב, יא] "קָטֹנְתִּי מִכֹּל הַחֲסָדִים", אָמַר רַבִּי אַבָּא בַּר כָּהֲנָא: אֵינִי כְּדַאי, רַבִּי לֵוִי אָמַר: כְּדַאי אֲנִי אֲבָל "קָטֹנְתִּי מִכֹּל וְגוֹ'". [שם] "כִּי בְמַקְלִי עָבַרְתִּי אֶת הַיַּרְדֵּן הַזֶּה", רַבִּי יְהוּדָה בְּרַבִּי סִימוֹן בְּשֵׁם רַבִּי יוֹחָנָן אָמַר: [ח]בַּתּוֹרָה בַּנְּבִיאִים בַּכְּתוּבִים מָצִינוּ שֶׁלֹּא עָבְרוּ יִשְׂרָאֵל אֶת הַיַּרְדֵּן אֶלָּא בִּזְכוּתוֹ שֶׁל יַעֲקֹב, בַּתּוֹרָה "כִּי בְמַקְלִי עָבַרְתִּי אֶת הַיַּרְדֵּן הַזֶּה", בַּנְּבִיאִים (יהושע ד, כב) "וְהוֹדַעְתֶּם אֶת בְּנֵיכֶם לֵאמֹר בַּיַּבָּשָׁה עָבַר יִשְׂרָאֵל אֶת הַיַּרְדֵּן הַזֶּה", יִשְׂרָאֵל סָבָא, בַּכְּתוּבִים (תהלים קיד, ה-ז) "מַה לְּךָ הַיָּם כִּי תָנוּס הַיַּרְדֵּן תִּסֹּב לְאָחוֹר וְגוֹ' מִלִּפְנֵי אֱלוֹהַּ יַעֲקֹב", אָמַר רַבִּי לֵוִי: אֲתַר הוּא תַּמָּן מְצַוּוּחַ [ט]יַרְדֵּן בְּחַמֵּי טְבֶרְיָה, בְּבֶהָלָה נִכְנַס יַעֲקֹב אָבִינוּ שָׁם וְנָעַל בְּפָנָיו עֵשָׂו, וְחָתַר לוֹ הַקָּדוֹשׁ בָּרוּךְ הוּא חֲתִירָה בְּמָקוֹם אַחֵר וְיָצָא, הָדָא הוּא דִכְתִיב (ישעיה מג, ב) "כִּי תַעֲבֹר בַּמַּיִם אִתְּךָ אָנִי וּבַנְּהָרוֹת לֹא יִשְׁטְפוּךָ":

ו [לב, יב] "הַצִּילֵנִי נָא מִיַּד אָחִי מִיַּד עֵשָׂו", הַצֵּל אֶת בָּנַי לֶעָתִיד לָבֹא מִיַּד בְּנֵי בָנָיו שֶׁבָּאוּ עֲלֵיהֶן מִכֹּחוֹ שֶׁל עֵשָׂו, הָדָא הוּא דִכְתִיב

עץ יוסף

מי היה קרוב כו'. כי כשׁשׁלח ה' אל אחז השמר והשקט כו' שאל לך אות, ולא אמר רק כה אמר ה' ולא אמר אלהי דוד אביך, אף שדוד קרוב לו יותר מלחזקיהו, ואמר לחזקיהו (מלכים ב' כ, ה) אלהי דוד אביך, הרי מניח ה' את אחז מלהזכיר לו זכות דוד, ולחזקיהו הזכיר זכות דוד, שמע מינה דהבוחר בדרכיהם כו', ולכן אחז שהיה רשע אין ה' משגיח בו אף בזכות אבותיו. ואף על פי דמכל מקום בישר ה' לאחז על הצלתו מרצין ופקח, לא היה זה בזכות דוד, אלא לצורך השעה ומפני רשעת פקח ורצין (יפה תואר ונזר הקודש): **(ה) [ד] איני כדאי.** שמעולם לא הייתי כדאי וראוי והגון לכל החסדים והאמת שעשית עמי, אלא שעשית עמי דרך חסד וחנינה: **כדאי אני כו'.** כדאי הייתי מתחילה, אלא שקטנו זכיותי מכל החסדים שעשית עמי ומכל האמת אמיתת דבריך שמרת לי כל הבטחות שהבטחתני: **בתורה כי במקלי וגו'.** דריש דרמיז ביה שנתן מקלו בירדן ונבקע וכמו דפרש"י בחומש בשם המדרש. ובודאי לא נעשה בו נס זה אלא להיות סימן לבניו שבזכותו נבקע הירדן לבניו (נזר הקודש): **עבר ישראל את הירדן הזה ישראל סבא.** דריש דרמיזא ישראל סבא. גם הוא עבר את הירדן ועשה סימן לבניו לפי שגם הם בזכותו עברו את הירדן (נזר הקודש): **מלפני אלוה יעקב.** ולא אמר מלפני אלהי אברהם ויצחק אלא לרמוז לזכות יעקב: **אתר הוא תמן מצווח כו'.** פירוש מקום הוא שם שנופל הירדן בחמי טבריא בחזקה ורוגש מאד (מתנות כהונה). ועיין במדרש אגדת בראשית (פרשה מה) המעשה (האות אמת): **כי תעבור במים אתך אני וגו'.** כי תלך במו אש לא תכוה ולהבה לא תבער בך. ומפרש לה הכא על אותה שעה שברח יעקב מפני עשו ונכנס למימי הירדן במקום אשר נופל בחמי טבריא שהם חמים כאש להבה ויגול יעקב משם. והיפה תואר מפרש אתר הוא תמן כו', מקום הוא בחמי טבריא שנקרא ירדן, וכשברח יעקב מפני עשו נכנס שם בבהלה ונעשה לו נס שחתר חתירה במקלו ועבר ונמלט ממקום אחר וברח: **(ו) [ה] הצל את בני כו'.** שבקש רחמים גם על העתיד להציל את זרעו מיד זרע עשו שבאים מכחו בכחו של חרב דכתיב ביה על חרבך תחיה, וצרת יעקב מצד עשו היה סימן לבניהם:

פירוש מהרז"ו

(ה) איני כדאי. דייק מכל החסדים, שלא לפי מעשי רק חסד חנם: **כדאי אני.** דייק מכל האמת שלפי מעשי עשית, אלא שעתה קטונתי: **אלא בזכותו של יעקב.** שמעשה אבות סימן לבנים, ולכך כשעברו בני ישראל את הירדן הזכיר שעבר יעקב גם כן את הירדן, להורות שבזכותו עברו גם בניו וכן הובא בילקוט (רמז קל"ח): **בחמי טבריא.** נראה לי דצריך לומר בים טבריא, וכמו שאמרו לעיל (ד, ה) הדין ירדן עבר בימא טבריא וכן עד היום רואים שהוא כן, ומה שאמר מצווח פירוש קוראים בלשון ירושלמי וכן הובא בכמה מקומות. ומאמר רבי לוי הובא אגב מאמר של רבי יוחנן. ומארס לארץ ישראל מפסיק הירדן וצהכרח לעבור בירדן, אך המדרש מוסיף בעבר הירדן שעובר בים. ומה שאמר בבהלה נכנס יעקב היינו כשרדפו, ועיין באגדת בראשית (פרק מו) המעשה באופן אחר: **כי תעבור במים.** ובפסוק הקודם כה אמר ה' בוראך יעקב ויוצרך ישראל:

רש"י

(ה) בנביאים והודעתם את בניכם. מהו לאמר וגו': **כי במקלי עברתי את הירדן הזה. אמר רבי לוי אתרא כן הוא מצטווח ירדן.** מקום הוא שנקרא ירדן בחמי טבריה והם מים חמין, **ובבהלה נכנס יעקב אבינו לשם ונעל עשו בפניו, וחתר לו חתירה הקדוש ברוך הוא במקום אחר ויצא, הדא הוא דכתיב (ישעיה מג, ב) כי תעבור במים אתך אני: (ו) הצילני נא. בני לעתיד מיד** אחי **בני בניו שבאין מכחו של עשו,**

מתנות כהונה

דרכיו ולהושיע מכל צרותיו: **מניח לאחז.** לאמר לו אלהי דוד אביך, או לאמר לחזקיה אלהי אחז אביך לפי שהיה רשע: **[ה] איני כדאי.** מעולם הייתי קטן להעשות לי נס: **כדאי אני.** הייתי כדאי, אבל נעשיתי קטון מפני כל החסדים: **מצווח.** נופל שם בחזקה ורוגש מאד: **ונעל בפניו.** עשו בלכתו לחרן:

אשד הנחלים

קרוב לחזקיה. כצ"ל (אות אמת). ובאורו, שחזקיה, אב הקרוב לו היה אחז שהיה אביו, וה' משיבו בזכות דוד אביו, כי אב האמיתי העושה כמעשה בנו, וכן הבן כשעושה מעשי אביו: **[ה] איני כדאי.** דעת ר' אבא בר כהנא שבאורו, קטון מעשי מאוד שזכיתי לכל החסדים והטובות, רק חסד גמור הוא בלי זכות ולכן הצילני גם מזה בחסד, אחר שאתה עושה תמיד חסד חינם עמדי. ולדעת ר' לוי באורו, עתה נתקטנו מעשי מפני רוב החסדים והטובות שעשית עמדי, וא"כ השתלמו על מצוותי ואין לי זכות רב, לכן הצילני נא בחסד: **אתר הוא תמן.** אין לו הבנה, והאות אמת הביא מדרש וזה לשונו, זה יתבאר במדרש, והגרסא התם, ויבא יעקב הה"ד כי תעבור במים, אמרו חז"ל כו' אמר עשו הריני קודמו לדרך במקום שאינו יכול לעבור כו' מיד כו' הלך יעקב דרך הירדן כו' ונתן מקלו במים ונקרע המים, שנאמר כי במקלי גו' הוי כי תעבור במים כו', הרגיש עשו שדרך הירדן הלך, רדף אחריו, הכניסו הקב"ה ליעקב במקום אחד שהוא דומה למרחץ של טבריא, בא עשו והקיף המרחץ כדי שימות שם. ר' לוי אמר אתר הוא תמן מצטווח בנורא, נכנס יעקב ונפל עשו לפניו הה"ד כי תלך כמו אש עיי"ש. וזהו שמביא שליעקב קרה הנס בירדן דוגמת בניו, כמעשי אבות, שהכל סימן לבניו: **[ו] את בני כו' מכחו.** כלומר מכחו הרע כי מקורו וכחו הוא הרע העומד לתקפו, וכבר בארנו שכל מגמת יעקב היה למען בניו וביקש על קורותם שיוכלו לעמוד בו. ומביא כל הנבואה מדניאל שמוסב רק בו, וקרא לו קרן זעירא על דרך הנה קטון נתתיך בגוים (עובדיה א, ב):

חידושי הרד"ל

[ה] תמן מצווח ירדן בימא טבריא. עיין באגדת בראשית (פרק מו) שהיה שם מערה מקום מרחץ וכו' עיין שם:

חידושי הרש"ש

[ה] שלא עברו ישראל את הירדן אלא בזכותו של יעקב. יתבאר על פי מה שכתבו המפרשים הטעם מדוע ברפידים אמר השם והכית בצור ובקדש אומר ודברתם אל הסלע. והוא יען שכבר ניתן אל הסלע כח להוציא מים שוב אין הנס גדול כל כך כמו בפעם הראשון ודי לזה בדבור. (ונראה לי שהוא על דרך תשובת גביהה בן פסיסא להאוא לדוקי בחלק [סנהדרין] קא, א) דלא הוו חיי דהוו לא כל שכן. וכן כאן לולא שכבר נקרע הירדן ליעקב לא היו ישראל כדאין ליעשות להם נס גדול כ"כ ליקרע להם בתחלה: **אמר רבי לוי אתר הוא תמן מצווח ירדן בחמי טבריה כו'.** ונראה לי דפירוש מצוח הוא כדלעיל (כו, א) בגלילא צווחין לחויא חויא, ובפרשה ל (סימן ט) בשוק סמיא צווחין לעווירא סגי נהור וכן בד"ט. ורצה לומר דבחמי טבריא יש מקום אחד שנקרא ירדן גם כן, וכאשר נחפז ונבהל יעקב בברחו לחרן נפל שמה בלי דעת ונעל בפניו כו', והוא שמסיים שם בפסוק דכי תעבור במים כי תלך במו אש לא תכוה כו' מפני שבא באש ובמים דחמי טבריא רתיחי טובא. ורבי לוי פליג על רבי יהודה ברבי סימון וסובר שלא כוון יעקב על הירדן הידוע:

מסורת המדרש

ח. מועד קטן דף ח'. שיר השירים רבה פרשה ד' פסוק א'. ילקוט כאן רמז קל"א. ילקוט יהושע רמז ט"ו. ילקוט ישעיה רמז שט"ז:
ט. עיין ב"ב דף ע"ד:

אם למקרא

שׁוּב וְאָמַרְתָּ אֶל חִזְקִיָּהוּ נְגִיד עַמִּי כֹּה אָמַר ה' אֱלֹהֵי דָּוִד אָבִיךָ שָׁמַעְתִּי אֶת תְּפִלָּתֶךָ רָאִיתִי אֶת דִּמְעָתֶךָ הִנְנִי רֹפֵא לָךְ בַּיּוֹם הַשְּׁלִישִׁי תַּעֲלֶה בֵּית ה': (מלכים ב כ:ה)

וְהוֹדַעְתֶּם אֶת בְּנֵיכֶם לֵאמֹר בַּיַּבָּשָׁה עָבַר יִשְׂרָאֵל אֶת הַיַּרְדֵּן הַזֶּה: (יהושע ד:כב)

מַה לְּךָ הַיָּם כִּי תָנוּס הַיַּרְדֵּן תִּסֹּב לְאָחוֹר: (תהלים קיד:ה)

מִלִּפְנֵי אָדוֹן חוּלִי אָרֶץ מִלִּפְנֵי אֱלוֹהַּ יַעֲקֹב: (שם שם ז)

כִּי תַעֲבֹר בַּמַּיִם אִתְּךָ אָנִי וּבַנְּהָרוֹת לֹא יִשְׁטְפוּךָ כִּי תֵלֵךְ בְּמוֹ אֵשׁ לֹא תִכָּוֶה וְלֶהָבָה לֹא תִבְעַר בָּךְ: (ישעיה מג:ב)

אמרי יושר

[ה] קטונתי כו' איני כדאי. אף בעת קבולם איני כדאי. רבי לוי אמר כדאי אנא והייתי ראוי אז אבל עתה נשארתי חלש מכח אותם החסדים שקבלתי עד שהתקבלתי זכיותי ועתה קטונתי: **בזכות יעקב שעבר הירדן.** רמז לעתיד שגלולים מצרות ואינו ירדן ממש. ובנהרות לא שטפוך כי תלך במו אש אלו חמי טבריא. וישא עיניו מרחוק לעתיד והתפלל על בניו:

שינוי נוסחאות

(ד) מי היה קרוב לדוד. כתב א"א דקרוב להגיה "קרוב לחזקיה", וכ"ה באמת במדרש "שכל טוב" (לפני הגהה) וכ"ה בכמה כ"י:

״מִשְׁתַּכַּל הֲוֵית בְּקַרְנַיָּא וַאֲלוּ קֶרֶן אָחֳרִי זְעֵירָה סִלְקַת בֵּינֵיהֵן״, זֶה בֶּן נֵצֶר — *As I was contemplating the horns, behold! another horn, a small one, came up among them* (*Daniel* 7:8) — this is a reference to **Ben Netzer.**[45] ״וּתְלָת מִן קַרְנַיָּא קַדְמָיָתָא אֶתְעֲקַרָה מִן קֳדָמַהּ״ — The verse continues, ***and three of the previous horns were uprooted before it;*** זוֹ שֶׁנָּתְנוּ לָהֶם מַלְכוּתָם מַקְרִין וְקֵרוֹס וְקַרְדִידוֹסִי — **this** is a reference to three kingdoms **that gave up their kingdoms to [the family of Ben Netzer],** namely, **Makrin, Keros, and Kardidosi.**[46] ״וַאֲלוּ עַיְנִין כְּעַיְנֵי אֲנָשָׁא בְּקַרְנָא דָא וּפֻם מְמַלִּל רַבְרְבָן״, זוֹ מַלְכוּת הָרְשָׁעָה שֶׁהִיא מַכְתֶּבֶת טִירוֹנְיָא מִכָּל אוּמּוֹת הָעוֹלָם — The verse continues, ***There were eyes like human eyes in this horn, and a mouth speaking haughty words*** — **this** is a reference to **the wicked kingdom,** i.e., the Roman Empire, **for it writes** injunctions demanding **taxes from all the nations of the world.**[47]

R' Yochanan objects to the preceding interpretation of *Daniel* 7:8, and offers an alternative explanation:

אָמַר רַבִּי יוֹחָנָן — **R' Yochanan said:** כְּתִיב ״וְקַרְנַיָּא עֲשַׂר מִנַּהּ מַלְכוּתָא עַשְׂרָה מַלְכִין יְקֻמוּן״ כּוּלְהוֹן בְּיוֹצְאֵי יְרֵיכוֹ שֶׁל עֵשָׂו הַכָּתוּב מְדַבֵּר — **But it is written** subsequently, as an interpretation of Daniel's vision, ***And the ten horns: From that kingdom ten kings will arise*** (ibid., v. 24); **the verse speaks of [all the ten kings] as descendants of Esau!**[48] אֶלָּא ״מִשְׁתַּכַּל הֲוֵית בְּקַרְנַיָּא וַאֲלוּ קֶרֶן אָחֳרִי זְעֵירָה סִלְקַת בֵּינֵיהֵן״, זוֹ מַלְכוּת הָרְשָׁעָה — **Rather,** ***As I was contemplating the horns, behold! another horn, a small one, came up among them*** — **this** is a reference to **the wicked kingdom,** i.e., the Roman Empire; ״וּתְלָת מִן קַרְנַיָּא קַדְמָיָתָא אֶתְעֲקַרָה מִן קֳדָמַהּ״, אֵלּוּ ג׳ מַלְכִיּוֹת הָרִאשׁוֹנוֹת — ***and three of the previous horns were uprooted before it*** — **this** is a reference to **the first three kingdoms,** which preceded Rome, i.e., Babylonia, Persia, and Greece.[49] ״וַאֲלוּ עַיְנִין כְּעַיְנֵי אֲנָשָׁא בְּקַרְנָא דָא״, זוֹ מַלְכוּת הָרְשָׁעָה שֶׁהִיא מַכְנֶסֶת עַיִן רָעָה בְּמָמוֹנוֹ שֶׁל אָדָם — ***There were eyes like human eyes in this horn*** — **this** is a reference to **the wicked kingdom,** i.e., the Roman Empire, **for it casts an evil eye on a man's money,** i.e., it is covetous of the money of others.[50] פְּלָן עַתִּיר נַעַבְדִינֵּיהּ אַרְכוֹנוּנוּס — If the Romans see a wealthy man they say, **"So-and-so is wealthy, we will make him a ruler.** פְּלָן עַתִּיר נַעַבְדִינֵּיהּ בָּלְיוּטוֹס — **So-and-so is wealthy, we will make him an adviser."**[51]

NOTES

45. Ben Netzer was a bandit who captured a number of cities and ruled over them and over his fellow bandits like a king (*Rashi* to *Kesubos* 51b). [He is thus referred to as a *small horn.*].

46. I.e., the bandit Ben Netzer, represented by the small horn, conquered three kingdoms in his times — Makrin, Keros, and Kardidosi, as symbolized by the three horns (see *Yefeh To'ar*).

47. The Roman Empire was referred to by the sages as "the wicked kingdom" (see *Gittin* 57a et al.).

Our translation of טִירוֹנְיָא as *taxes* follows *Matnos Kehunah,* citing *Aruch* (s.v. טרן). According to this, the Midrash understands וּפֻם מְמַלִּל רַבְרְבָן, here translated as *and a mouth speaking haughty words*, to mean a mouth demanding great amounts of money. רַבְרְבָן literally means "great" (*Yefeh To'ar*). See Insight Ⓐ (which also presents an alternative translation of טִירוֹנְיָא, from *Matnos Kehunah*).

48. In Daniel's vision, the fourth beast had ten horns. While Daniel was contemplating the ten horns, another horn came up, and three of the previous horns were uprooted. Later in the vision, when the symbolism of the fourth beast is explained to Daniel, he is told that the ten horns represent ten kings that will arise from the fourth kingdom. Then, another king will arise after the ten and humble three kings. Since the fourth kingdom refers to the Roman Empire, the descendants of Esau, clearly the ten horns represent kings that are also descendants of Esau. Therefore, if the three horns are from the original ten, they cannot represent Makrin, Keros, and Kardidosi, for they were not part of the Roman Empire! (cf. *Yefeh To'ar*).

49. *Rashi*; *Matnos Kehunah*. The first three beasts of Daniel's vision represented Babylonia, Persia, and Greece, respectively. According to this understanding, the three uprooted horns are not from the ten horns, or kingdoms, of the fourth beast. Rather, they allude to three kingdoms that *preceded* the ten. Namely, Babylonia, Persia, and Greece, the previously mentioned kingdoms, which were completely uprooted by Rome, the small horn.

50. This is the meaning of the horn having eyes.

51. The Romans would appoint rich people to the position of ruler or to the position of adviser in order to gain access to their money. The appointment was made either so that the rich person would pay a large

INSIGHTS

Ⓐ **The Sovereignty of Rome** A completely different dimension of Rome's place in Jewish history emerges from the second explanation of *Matnos Kehunah*. His two explanations revolve around the meaning of the word טִירוֹנְיָא: The first explanation, followed in the text, is that it refers to taxes (specifically, taxes related to the conscription of youths to the army; see *Aruch HaShalem* ערך טרן ב׳). The second explanation understands the word to mean libels and false accusations, such as those that an unfair government might contrive against a hated citizen (see ibid. ערך טרן א׳). According to this second explanation, Rome would write anti-Semitic libels and accusations against the Jewish people, and publish them for the use of all the nations of the world. It is this capacity that distinguished Rome/Edom as the nation whose exile Jacob feared most, leading him to pray that God rescue his children from the descendants of his brother, Esau.

The prophet Obadiah relates a vision in which God censures the nation of Edom. Obadiah, who was an Edomite convert, addresses the nation of Edom directly, admonishes them for their wickedness, and warns them of an impending day of reckoning: *The day of HASHEM upon all the nations is close; as you have done, so shall be done to you* (*Obadiah* 1:15). *R' Shmuel Greenfeld,* in *Beis HaSho'eivah* (*Haftaras Vayishlach*), divides Obadiah's prophecy into two parts: Edom and the other nations. The curses of doom and destruction against Edom spoken of in earlier verses had already taken place by the time Obadiah uttered them (see *Seder Olam Rabbah*, Ch. 20). Edom's reckoning had already occurred; it was the other nations that had to take heed. Nevertheless, the fate of the other nations remained, and remains, tied to Edom. Edom has been decapitated and decimated, but it has not been denatured. Edom continues to broadcast its anti-Semitism to the nations of the world, where it finds receptive ears. Edom incites those nations against Israel and its propaganda is very effective.

R' Yitzchak Hutner uses this principle to explain another point (*Pachad Yitzchak, Purim* 2:3): The last of the Four Exiles, the exile within which we find ourselves, is called *Galus Edom*, or *Galus Romi*. That, Rav Hutner notes, seems puzzling, because we are not under the tyrannical authority of Rome, nor have we been for centuries! This is in marked contrast to the first three exiles, when we were successively under Babylonian domination, Persian domination, and Greek domination. Since the Destruction of the Second Temple, we have been dominated by numerous countries in numerous places. We are as a lamb among seventy wolves; *all* the nations subjugate us and scheme to harm us. Why then *Galus Edom?* Rav Hutner answers, as per our Midrash, that since Edom sends its venomous anti-Semitism to the ends of the earth and thus poisons the attitudes of all nations against Israel, this exile is an Edomite exile.

Rav Hutner notes further that this is not a happenstance but rather a defining feature of Edom. *Ramban* to 14:1 above cites the Sages in regard to the symbolic significance of the four kings who warred with Abraham. These four kings correspond to the four exiles (*Bereishis Rabbah* 42 §2, 4). The fourth king mentioned is Tidal, king of גּוֹיִם, *"nations."* His dominion was called גּוֹיִם because, unlike the other kings, he ruled over a city whose citizens came from multiple nations. The exile paralleling Tidal is Edom. Edom's oppression of the Jews did not end at its borders; Edom's hate burst forth from its boundaries and seized the hearts and minds of nations far and wide. This was Edom's sovereignty over other nations throughout most of history; a sovereignty of hate, not of temporal power. Edom is all about its lies and libels, leading inexorably to international anti-Semitism and spilling of Jewish blood.

(דניאל ז, ח) "יִמִשְׂתַּכַּל הֲוֵית בְּקַרְנַיָּא וַאֲלוּ קֶרֶן אָחֳרִי זְעֵירָה סִלְקַת בֵּינֵיהֵן", זֶה "יאבֶּן נֵצֶר, (שם) "וּתְלָת מִן קַרְנַיָּא קַדְמָיָתָא אֶתְעֲקַרָה מִן קֳדָמַהּ", זוֹ שֶׁנָּתְנוּ לָהֶם מַלְכוּתָם מַקְרִין וְקָרוֹס וְקַרְדִּידוֹסִי, (שם) "וַאֲלוּ עַיְנִין כְּעַיְנֵי אֲנָשָׁא בְּקַרְנָא דָא וּפֻם מְמַלִּל רַבְרְבָן", זוֹ מַלְכוּת הָרְשָׁעָה שֶׁהִיא מַכְתֶּבֶת טִירוֹנְיָא מִכָּל אוּמּוֹת הָעוֹלָם, אָמַר רַבִּי יוֹחָנָן: כְּתִיב (שם שם, כד) "וְקַרְנַיָּא עֲשַׂר מִנַּהּ מַלְכוּתָא עַשְׂרָה מַלְכִין יְקֻמוּן (מן ארעא)°, כּוּלְּהוֹן בְּיוֹצְאֵי יְרֵיכוֹ שֶׁל עֵשָׂו הַכָּתוּב מְדַבֵּר, אֶלָּא (שם שם ח) "מִשְׂתַּכַּל הֲוֵית בְּקַרְנַיָּא וַאֲלוּ קֶרֶן אָחֳרִי זְעֵירָה סִלְקַת בֵּינֵיהֵן", זוֹ מַלְכוּת הָרְשָׁעָה, "וּתְלָת מִן קַרְנַיָּא קַדְמָיָתָא אֶתְעֲקַרָה מִן קֳדָמַהּ", אֵלּוּ ג' מַלְכִיּוֹת הָרִאשׁוֹנוֹת, "וַאֲלוּ עַיְנִין כְּעַיְנֵי אֲנָשָׁא בְּקַרְנָא דָא", זוֹ מַלְכוּת הָרְשָׁעָה שֶׁהִיא מַכְנֶסֶת עַיִן רָעָה בְּמָמוֹנוֹ שֶׁל אָדָם, פְּלָן עַתִּיר *נַעַבְדִינֵּיהּ אַרְכוֹנוּנוֹס, פְּלָן עַתִּיר *נַעַבְדִינֵּיהּ בְּלִיוּטוּס. [לב, יב] "פֶּן יָבוֹא וְהִכַּנִי אֵם עַל בָּנִים", וְאַתָּה אָמַרְתָּ (דברים כב, ו) "לֹא תִקַּח הָאֵם עַל הַבָּנִים". דָּבָר אַחֵר "פֶּן יָבוֹא וְהִכַּנִי אֵם עַל בָּנִים", וְאַתָּה אָמַרְתָּ (ויקרא כב, כח) "וְשׁוֹר אוֹ שֶׂה אֹתוֹ וְאֶת בְּנוֹ לֹא תִשְׁחֲטוּ בְּיוֹם אֶחָד":

ז [לב, יג] "וְאַתָּה אָמַרְתָּ הֵיטֵב אֵיטִיב עִמָּךְ", "הֵיטֵב" בִּזְכוּתָךְ "אֵיטִיב" בִּזְכוּת אֲבוֹתֶיךָ. [לב, יד-טו] "וַיָּלֶן שָׁם בַּלַּיְלָה הַהוּא וַיִּקַּח מִן הַבָּא בְיָדוֹ מִנְחָה לְעֵשָׂו אָחִיו, עִזִּים מָאתַיִם וּתְיָשִׁים עֶשְׂרִים", יבאָמַר רַבִּי אֶלְעָזָר: מִכָּאן לְעוֹנָה הָאֲמוּרָה בַּתּוֹרָה: הַטַּיָּילִים בְּכָל יוֹם, הַפּוֹעֲלִים שְׁתַּיִם בְּשַׁבָּת ... הַסַּפָּנִין אַחַת לְשִׁשָּׁה חֳדָשִׁים (כתובות ה, ו), "עִזִּים מָאתַיִם" שֶׁהֵן צְרִיכוֹת "תְּיָשִׁים עֶשְׂרִים", [שם] "רְחֵלִים מָאתַיִם" שֶׁהֵן צְרִיכוֹת "אֵילִים עֶשְׂרִים", [לב טז] "גְּמַלִּים מֵינִיקוֹת וּבְנֵיהֶם שְׁלֹשִׁים", וּבְנָאֵיהֶם שְׁלֹשִׁים, רַבִּי בֶּרֶכְיָה בְּשֵׁם רַבִּי שִׁמְעוֹן בֶּן גַּמְלִיאֵל אָמַר: לְפִי שֶׁהוּא צָנוּעַ בְּתַשְׁמִישׁוֹ לְפִיכָךְ לֹא פִּירְסְמוֹ הַכָּתוּב, אֶלָּא "גְּמַלִּים מֵינִיקוֹת וּבְנֵיהֶם שְׁלֹשִׁים", וּבְנָאֵיהֶם שְׁלֹשִׁים, [שם] "פָּרוֹת אַרְבָּעִים וּפָרִים עֲשָׂרָה", [שם] שֶׁהֵן צְרִיכוֹת פָּרִים עֲשָׂרָה,

עץ יוסף

מסתכל הוית כו'. מייתי האי קרא לומר שמה שחש יעקב לבקש על הצלת זרעו מיד בני עשו טפי מיד אחרים מפני שמלכות זה יותר גדולה שיצאו ממנו עשרה מלכיות (יפה תואר): **פלן עתיר כו'.** פלוני זה עשיר נעשה אותו מושל או חכם מחכמי עצה ויתן לנו ממון הרבה. או על ידי כן מבקשת לו עלילות ונוטלת ממונו: **(ז) [ו] בזכות אבותיך.** שאפילו אם אין לך זכות הרי זכות אבותיך קיים: **מכאן לעונה כו'.** דקיימא לן דחיוב עונה לכל אחד כפי כחו וכפי מלאכתו וכדתנן בפרק אף על פי (כתובות סא, ב). ונפקא מינה לענין דאין האיש רשאי לסחור בענין שמתבטל מעונתו המוטלת עליו, ולא לשנות ממלאכה שעונתה קרובה לאחרת שעונתה רחוקה בלא רשותה כדאיתא בגמרא התם (סב, ב): **הטיילים בכל יום.** בני אדם הבריאים והענוגים שאין להם מלאכה. ויש שפירשו שאין פורעים מס: **הספנים.** הם הפורשים מיבשה לים הגדול לקנות ארץ (רש"י): **בנאיהם שלשים.** דהיינו הזכרים שהנקבות נבנות מהם. ופירוש בניהם בוניהם: **שהוא צנוע.** שאינו משמש בפני אדם: **לא פרסמו הכתוב.** רצונו לומר שסתם הכתוב מלהזכיר שם הזכר בפירוש כמו שזכר בכל מין ומין וכנה אותו בשם בונה כי פירוש בניהם על פי האגדה בנאיהם:

פירוש מהרז"ו

(ו) בן נצר. כתובות (כא, ב) הובא בערוך ועיין בילקוט דניאל (רמז תתרסד) בשינוי: **טירוניא.** לעיל (ע, ח) וגם נזכר: **מקרין וקרוס.** פירוש ממלכות קטנות מאומות שבימיהם, ומה שאמרו אחרא יקומון מן ארעא הוא טעות סופר ונמשך לכאן מפסוק י"ז: **ארכונינוס.** מלשון שר, ובערוך גורס ארכוונטוס: **בליוטוס.** בערוך פירש חכמי העצה ולשון יון הוא ועיין לקמן (עח, טו־טז): **ואתה אמרת לא תקח.** עיין כל זה במדרש (תהלים מזמור כב) למה עזבתני ולעיל (עה, יג) ומה שכתבתי שם: **(ז) מכאן לעונה.** בירושלמי (כתובות פ"ה ה"ז) שם הגירסא רבי אליעזר, וכמו שמבואר שם במשנה החמרים אחד בשבת הגמלים אחד לשלושים יום שדברי רבי אליעזר וכמו שפירש רש"י בחומש: **ובנאיהם.** דאם בניהם כפשוטו יקשה למה שינה בגמלים שלא לכתוב הזכרים על כן דורש אל תקרי בניהם אלא בנאיהם, וכמו שאמרו חז"ל (ברכות סד, א) אל תקרי בניך אלא בוניך, ועיין שמות רבה (א, יז) ואלה בניה בוניה ועיין מתנות כהונה:

חידושי הרש"ש

[ו] {**אמר רבי יוחנן כתיב וקרניא עשר מינה מלכותא עשר מלכין יקומון.** כך צריך לומר. ושני תיבות מן ארעא מיותרים:} [ז] **הפועלים שתים בשבת.** עיין ברש"י בפירושו על התורה (בראשית לב, טו) הובאו בשלימות:

אמרי יושר

[ז] **מכאן לעונה.** דכשם שיש כאן חילוף כפי תאות הנקבות כן יש חילוף באדם כפי האומנויות: **עזים מאתים שהם צריכים לתיישים כ'.** הרגישו למה לא כלל הזכרים גם כן בשם עזים לזה אמר שבא ללמדנו לסדר עונה: **לא פרסמו הכתוב.** ובניהם בנייהם הזכרים והנקבות הכל אחד שאלו היה על הבנים קטנים אינם כדאים ליכנס לכלל החשבון בדורון:

ידי משה

[ז] **ובניהם שלשים.** אל תקרא ובניהם אלא ובוניהם לשון גמרא. וכן פירש רש"י בחומש, ושמעתי בשם גאון אחד (ס' חלקי אבנים פ' וישלח בשם אבי הר"ר העשיל מלובלין) דהכי פירושו על דרך המשנה (ב"ב עח א) דאמרינן אם מכר אדם לחבירו גמלה ואמר גמלה מניקה אני מוכר לך מחויב ליתן לו גם ולדה אף על פי שלא פרט לפי שחלבה אסור ולמה הזכיר חלבה, אלא על כרחך משום ולדה הזכיר חלבה ליתן לו גם הולד. לזה הוקשה להם מדקאמר גמלים מיניקות ממילא בכלל גם בניהם ולמה פרט עוד הכתוב ובניהם, אלא אל תקרא וכו':

מסורת המדרש

י. ילקוט דניאל רמז תל"ף ס"ד: יא. כתובות דף כ"א: יב. כתובות דף ס"א. ירושלמי כתובות פרק ה' הלכה ז'. ילקוט כאן רמז קל"ח:

אם למקרא

מִשְׂתַּכַּל הֲוֵית בְּקַרְנַיָּא וַאֲלוּ קֶרֶן אָחֳרִי זְעֵירָה סִלְקַת בֵּינֵיהֵן וּתְלָת מִן קַרְנַיָּא קַדְמָיָתָא אֶתְעֲקַרָה מִן קֳדָמַהּ וַאֲלוּ עַיְנִין כְּעַיְנֵי אֲנָשָׁא בְּקַרְנָא דָא וּפֻם מְמַלִּל רַבְרְבָן: (דניאל ז:ח)

וְקַרְנַיָּא עֲשַׂר מִנַּהּ מַלְכוּתָא עַשְׂרָה מַלְכִין יְקֻמוּן וְאָחֳרָן יְקוּם אַחֲרֵיהוֹן וְהוּא יִשְׁנֵא מִן קַדְמָיֵא וּתְלָתָה מַלְכִין יְהַשְׁפִּל: (שם שם כד)

כִּי יִקָּרֵא קַן צִפּוֹר לְפָנֶיךָ בַּדֶּרֶךְ בְּכָל עֵץ אוֹ עַל הָאָרֶץ אֶפְרֹחִים אוֹ בֵיצִים וְהָאֵם רֹבֶצֶת עַל הָאֶפְרֹחִים אוֹ עַל הַבֵּיצִים לֹא תִקַּח הָאֵם עַל הַבָּנִים: (דברים כב:ו)

וְשׁוֹר אוֹ שֶׂה אֹתוֹ וְאֶת בְּנוֹ לֹא תִשְׁחֲטוּ בְּיוֹם אֶחָד: (ויקרא כב:כח)

שינוי נוסחאות

(ו) עשרה מלכין יקומון מן ארעא. תיבות "מן ארעא" אין שייכות כאן, ונשתרבבו מפסוק י"ז שם:

רש"י

הדא הוא דכתיב מסתכל הוית בקרנייא קדמייתא אחרי זעירה סלקת ביניהון זה בן נצר: ותלת מן קרנייא קדמייתא אתעקרו מן קדמה. אלו שלושה מלכיות בבל יון ומדי: **פלן עתיר נעבדיניה ארכונוס.** מושל על השרים בלשון יון: **פלן עתיר נעבדיניה בלווטוס.** ונטול ממנו שחד, בלווטוס כמו בליוטין: **(ז) עזים מאתים מכאן לעונה האמורה בתורה.** והמורה הגיה סימן לעונה האמורה בתורה, כלומר כשם שעיטרה תורה לבהמות כראוי להן, כך יש לחשוב וליתן דעת לשער כמה עונה ראויה לבני אדם לכל אחד ואחד כראוי לו: **טיילין.** אלו תלמידי חכמים עשירים: **הפועלים פעמים בשבת. והספנים** שהם מפרישים בים אחד לששה חדשים: **עזים מאתים שהן צריכות תיישים עשרים.** לזיווג: **רחלים מאתים שהן צריכות אילים עשרים: גמלים מיניקות ובניהם שלשים.** ובניהם [ובנאיהם] שלשים, הכל לפי טרחו:

מתנות כהונה

[ו] המלכות. של עשו: **טירוניא.** הערוך פירשו ענין מס, ונראה שהוא ענין ממשלה ועלילה, ועיין בערוך ערך טרן הראשון והשלישי: **שלש מלכיות הראשונות.** בבל יון ומדי, ועיין מזה בערוך ערך קרן: **פלן עתיר כו'.** פלוני זה עשיר נעשה אותו מושל או חכם מחכמי העצה ויתן לנו ממון הרבה, כדלעיל אלא אנטוניוס (סג, ז). **[ז] בזכות אבותיך.** ואף על פי שאין לי זכות, הרי זכות אבותי קיים: **לעונה האמורה בתורה.** כל זה בירושלמי דכתובות בפרק אף על פי (פ"ה ה"ז) ועיין בפירש"י בחומש: **בנאיהם.** אלו הזכרים הבונים אותם, שמי שאין לו בנים נקרא הרוס, ומי שיש לו בנים נקרא בנוי כמו שנאמר (בראשית טז, ב) אולי אבנה: **שהוא צנוע בתשמיש.** מפרש בגמרא שמשמשו אחור כנגד אחור: **ובנאיהם שלושים.** גרסינן: **הכי גרסינן שהן צריכין פרים עשרה:**

אשד הנחלים

ואתה אמרת ושור כו'. כבר בארתי זאת לעיל עיי"ש: **[ז] בזכות אבותיך.** כי מלת היטב הוא שם דבר שמורה על הטבה תמידות, וזהו בזכות עצמו, ולפעמים הטבה מיוחדת בזמן מן הזמנים וזהו בזכות אבותיך, כי אינו דומה זכות אבות לזכות עצמו: **לעונה.** כי צער בעלי חיים דאורייתא וגם המה מוכרחים לעונה, ולכן לקח התיישים כפי ערך הצאן: **צנוע.** לפיכך דיבר בו הכתוב בלשון נקיה, להורות שטבעו כן מתנהג בצניעות, ושכמעט אינו עושה זאת רק לקיום המין, לא למלאות תאוותו:

❒ **פֶּן יָבוֹא וְהִכַּנִי אֵם עַל בָּנִים** — ***"LEST HE COME AND STRIKE ME DOWN, MOTHER AND CHILDREN.*** *AND YOU HAD SAID . . . "*

The Midrash explains the significance of the expression *mother and children*, used by Jacob:

וְאַתָּה אָמַרְתָּ "לֹא תִקַּח הָאֵם עַל הַבָּנִים" — Jacob prayed, **"And You had said, *'You shall not take the mother with the young'* "** (*Deuteronomy* 22:6). Is not Esau coming to take my wives and children?[52] **דָּבָר אַחֵר — Alternatively:** **"פֶּן יָבוֹא וְהִכַּנִי אֵם עַל בָּנִים", וְאַתָּה אָמַרְתָּ "וְשׁוֹר אוֹ שֶׂה אֹתוֹ וְאֶת בְּנוֹ לֹא תִשְׁחֲטוּ בְּיוֹם אֶחָד"** — Jacob prayed, ***"Lest he come and strike me down, mother and children,*** **and You had said, *'But an ox or a sheep or goat, you may not slaughter it and its offspring on the same day'*** (*Leviticus* 22:28). Is not Esau coming to slaughter my wives and children on the same day?"[53]

וְאַתָּה אָמַרְתָּ הֵיטֵב אֵיטִיב עִמָּךְ וְשַׂמְתִּי אֶת זַרְעֲךָ כְּחוֹל הַיָּם אֲשֶׁר לֹא יִסָּפֵר מֵרֹב.

"And You had said, 'I will surely do good with you and I will make your offspring like the sand of the sea which is too numerous to count' " (32:13).

§7 וְאַתָּה אָמַרְתָּ הֵיטֵב אֵיטִיב עִמָּךְ — ***"AND YOU HAD SAID, 'I WILL SURELY DO GOOD WITH YOU . . . ' "***

The Midrash expounds the double expression הֵיטֵב אֵיטִיב, literally, "doing good, I will do good":

"הֵיטֵב" בִּזְכוּתָךְ — The expression ***doing good*** alludes that God had promised Jacob that He will do good **"through your own [i.e., Jacob's] merit";** **"אֵיטִיב" בִּזְכוּת אֲבוֹתֶיךָ** — the expression ***I will do good*** alludes that God had promised Jacob, "I will do good **through the merit of your fathers,** Abraham and Isaac."[54]

וַיָּלֶן שָׁם בַּלַּיְלָה הַהוּא וַיִּקַּח מִן הַבָּא בְיָדוֹ מִנְחָה לְעֵשָׂו אָחִיו. עִזִּים מָאתַיִם וּתְיָשִׁים עֶשְׂרִים רְחֵלִים מָאתַיִם וְאֵילִים עֶשְׂרִים. גְּמַלִּים מֵינִיקוֹת וּבְנֵיהֶם שְׁלֹשִׁים פָּרוֹת אַרְבָּעִים וּפָרִים עֲשָׂרָה אֲתֹנֹת עֶשְׂרִים וַעְיָרִם עֲשָׂרָה.

He spent the night there, then he took, from that which had come in his hand, a tribute to Esau his brother. Two hundred she-goats and twenty he-goats; two hundred ewes and twenty rams; thirty nursing camels with their colts; forty cows and ten bulls; twenty she-donkeys and ten he-donkeys (32:14-16).

❒ **וַיָּלֶן שָׁם בַּלַּיְלָה הַהוּא וַיִּקַּח מִן הַבָּא בְיָדוֹ מִנְחָה לְעֵשָׂו אָחִיו, עִזִּים מָאתַיִם וּתְיָשִׁים עֶשְׂרִים** — ***HE SPENT THE NIGHT THERE, THEN HE TOOK, FROM THAT WHICH HAD COME IN HIS HAND, A TRIBUTE TO ESAU HIS BROTHER: TWO HUNDRED SHE-GOATS AND TWENTY HE-GOATS.***

The Torah (*Exodus* 21:10) states that a husband is mandated to have marital relations regularly with his wife, but does not state how often. The Midrash derives from Jacob's gift to Esau the frequency of marital relations required for men of various occupations:[55]

אָמַר רַבִּי אֶלְעָזָר — R' Elazar said: **מִכָּאן לְעוֹנָה הָאֲמוּרָה בַּתּוֹרָה** — **From here** we may derive the frequency of **marital relations** expected of a husband **mentioned in the Torah,** which are defined as follows: **הַטַּיָּילִים בְּכָל יוֹם — men of leisure, every day;**[56] **הַפּוֹעֲלִים שְׁתַּיִם בְּשַׁבָּת — the laborers, twice a week;**[57] **סַפָּנִין אַחַת לְשִׁשָּׁה חֳדָשִׁים — the sailors, once every six months.**[58]

The Midrash derives from Jacob's gift to Esau that the conjugal duties of every man are in accordance with the strenuousness of his work and the amount of time he is occupied with it, for Jacob sent sufficient males for the needs of the females, as the Midrash now explains:[59]

NOTES

sum of money for the privilege of being granted a high position, or so that they could then falsely accuse him of wrongdoing after his appointment. The rich person would then be removed from his position and his money confiscated (*Eitz Yosef*).

This is the meaning of וּפֶם מְמַלֵּל רַבְרְבָן, here translated as *and a mouth speaking haughty words*, (רַבְרְבָן literally meaning "great"), and alluding that the Romans bestow greatness and authority on others in order to obtain their money (*Yefeh To'ar*).

52. *Maharzu* (on above, 75 §13) suggests that the Midrash here is expounding the opening words of the verse that follows — *And You had said* — as alluding to what God had said elsewhere in the Torah.

The Midrash understands that the expression אֵם עַל בָּנִים, more literally, *mother with children*, alludes to the prohibition against taking a mother bird when it is sitting on its eggs or young, where this exact expression also appears. In other words, Jacob attempted to elicit God's mercy by saying, "You said one should not take a mother bird with her young. How then can You allow Esau to strike down a mother and a child?" (see *Yefeh To'ar*).

53. The Midrash follows the view that this prohibition applies only to the mother and her young (see *Chullin* 78b). [The masculine pronoun refers to the species, not to the individual animal (*Ramban* ad loc.).] Therefore, Jacob's expression *mother and children* may allude to this law (*Eitz Yosef*, on above, 75 §13). [See also above, 75 §13, for a different exposition of Jacob's allusion to the law *you may not slaughter it and its offspring on the same day*; see *Maharzu* there.]

Both explanations of the Midrash understand Jacob's use of his reference the same way, as a call for God's mercy. They argue only as to which particular commandment he referred. Those who give this explanation think it more likely that Jacob referred to the law against "slaughtering" a mother and its offspring on the same day, as he was afraid lest Esau "kill" him and his family (as opposed to merely "taking" a mother and her young). Those who give the first explanation, however, think it more likely that Jacob referred to the commandment not to take a "mother" bird with her "young," as there Scripture uses the exact same expression as the one Jacob used, אֵם עַל בָּנִים (*Yefeh To'ar*).

54. I.e., God assured Jacob that even if he lacked sufficient merit to be saved, God would save him in the merit of his fathers (*Eitz Yosef; Matnos Kehunah*). [We do not actually find that God promised Jacob to do good to him using the sort of repetitive wording Jacob attributes to Him here. Therefore, the Midrash understands the language as referring to two promises: one, when he was on his way to Haran (above, 28:13), when God mentioned Jacob's fathers; and one before he left Haran, when God does not mention Jacob's fathers (see above, 31:3), implying that the assurance is in Jacob's own merit (*Gur Aryeh* to 32:13; see *Nezer HaKodesh* above, §2).

Why did Jacob mention God's promise to him if he was worried that his sins caused him to be unworthy of God's protection? *Ramban* (to verse) explains that Jacob in effect was saying, "You have done many unpromised kindnesses for me, for which I was undeserving; surely, You will not withhold from me those kindnesses which You *did promise me*; namely, that You would bestow good upon me and increase my offspring. Indeed, even when You promised me, I was unworthy because of my deeds. You promised me only because of Your great mercy" (*Ramban* to verse).

55. The Midrash derives from Jacob's gift to Esau that the conjugal duties of every man are in accordance with the strenuousness of his work and the amount of time he is occupied with it, as will be explained below.

56. This refers to men who are healthy and live a luxurious life and do not do work that saps their strength (*Rambam, Hil. Ishus* 14:1). *Tur* (*Even HaEzer* §76) adds that טַיָּילִים also do not have to pay taxes (*Eitz Yosef*). Their conjugal duty is every day, since they are burdened by neither work nor business, and are home every night.

57. I.e., laborers who are employed in the city of their residence. Those employed outside their city are obligated to be intimate with their wives once a week (see *Kesubos* loc. cit.).

58. These are sailors who go on long voyages on the Mediterranean and may be away from home for months at a time (*Eitz Yosef*, citing *Rashi* to *Kesubos* 61b s.v. הספנים).

59. *Yerushalmi Kesubos* 5:7. In Jacob's gift to Esau, the different species had different male-to-female ratios. The ratios were dependent on the

(דניאל ז, ח) "מִשְׂתַּכַּל הֲוֵית בְּקַרְנַיָּא וַאֲלוּ קֶרֶן אָחֳרִי זְעֵירָה סִלְקַת בֵּינֵיהֵן", זֶה יאבֶּן נֵצַר, (שם) "וּתְלָת מִן קַרְנַיָּא קַדְמָיָתָא אֶתְעֲקַרָה מִן קֳדָמַהּ", זוֹ שֶׁנָּתְנוּ לָהֶם מַלְכוּתָם מַקְרִין וְקִרוֹס וְקַרְדִּידוֹסִי, (שם) "וַאֲלוּ עַיְנִין כְּעַיְנֵי אֲנָשָׁא בְּקַרְנָא דָא וּפֻם מְמַלִּל רַבְרְבָן", זוֹ מַלְכוּת הָרְשָׁעָה שֶׁהִיא מַכְתֶּבֶת טִירוֹנְיָא מִכָּל אוּמּוֹת הָעוֹלָם, אָמַר רַבִּי יוֹחָנָן: כְּתִיב (שם שם, כד) "וְקַרְנַיָּא עֲשַׂר מִנַּהּ מַלְכוּתָא עַשְׂרָה מַלְכִין יְקֻמוּן °(מן ארעא)°, כּוּלְּהוֹן בְּיוֹצְאֵי יְרֵיכוֹ שֶׁל עֵשָׂו הַכָּתוּב מְדַבֵּר, אֶלָּא (שם שם ח) "מִשְׂתַּכַּל הֲוֵית בְּקַרְנַיָּא וַאֲלוּ קֶרֶן אָחֳרִי זְעֵירָה סִלְקַת בֵּינֵיהֵן", זוֹ מַלְכוּת הָרְשָׁעָה, "וּתְלָת מִן קַרְנַיָּא קַדְמָיָתָא אֶתְעֲקַרָה מִן קֳדָמַהּ", אֵלּוּ ג' מַלְכֻיּוֹת הָרִאשׁוֹנוֹת, "וַאֲלוּ עַיְנִין כְּעַיְנֵי אֲנָשָׁא בְּקַרְנָא דָא", זוֹ מַלְכוּת הָרְשָׁעָה שֶׁהִיא מַכְנֶסֶת עַיִן רָעָה בְּמָמוֹנוֹ שֶׁל אָדָם, פְּלַן עָתִיר *נַעַבְדִינֵּיהּ אַרְכוֹנוּנוּס, פְּלַן עָתִיר *נַעַבְדִינֵּיהּ בְּלִיוּטוּס. [לב, יב] "פֶּן יָבוֹא וְהִכַּנִי אֵם עַל בָּנִים", וְאַתָּה אָמַרְתָּ (דברים כב, ו) "לֹא תִקַּח הָאֵם עַל הַבָּנִים". דָּבָר אַחֵר "פֶּן יָבוֹא וְהִכַּנִי אֵם עַל בָּנִים", וְאַתָּה אָמַרְתָּ (ויקרא כב, כח) "וְשׁוֹר אוֹ שֶׂה אֹתוֹ וְאֶת בְּנוֹ לֹא תִשְׁחֲטוּ בְּיוֹם אֶחָד":

ז [לב, יג] "וְאַתָּה אָמַרְתָּ הֵיטֵב אֵיטִיב עִמָּךְ", "הֵיטֵב" בִּזְכוּתְךָ "אֵיטִיב" בִּזְכוּת אֲבוֹתֶיךָ. [לב, יד-טו] "וַיָּלֶן שָׁם בַּלַּיְלָה הַהוּא וַיִּקַּח מִן הַבָּא בְיָדוֹ מִנְחָה לְעֵשָׂו אָחִיו, עִזִּים מָאתַיִם וּתְיָשִׁים עֶשְׂרִים", יבאָמַר רַבִּי אֶלְעָזָר: מִכָּאן לְעוֹנָה הָאֲמוּרָה בַּתּוֹרָה: הַטַּיָּילִים בְּכָל יוֹם, הַפּוֹעֲלִים שְׁתַּיִם בְּשַׁבָּת ... הַסַּפָּנִין אַחַת לְשִׁשָּׁה חֳדָשִׁים (כתובות ה, ו), "עִזִּים מָאתַיִם" שֶׁהֵן צְרִיכוֹת "תְּיָשִׁים עֶשְׂרִים", (שם) "רְחֵלִים מָאתַיִם" שֶׁהֵן צְרִיכוֹת "אֵילִים עֶשְׂרִים", [לב טז] "גְּמַלִּים מֵינִיקוֹת וּבְנֵיהֶם שְׁלֹשִׁים", וּבְנָאֵיהֶם שְׁלֹשִׁים, רַבִּי בֶּרֶכְיָה בְּשֵׁם רַבִּי שִׁמְעוֹן בֶּן גַּמְלִיאֵל אָמַר: לְפִי שֶׁהוּא צָנוּעַ בְּתַשְׁמִישׁוֹ לְפִיכָךְ לֹא פִּירְסְמוֹ הַכָּתוּב, אֶלָּא "גְּמַלִּים מֵינִיקוֹת וּבְנֵיהֶם שְׁלֹשִׁים", וּבְנָאֵיהֶם שְׁלֹשִׁים, [שם] "פָּרוֹת אַרְבָּעִים וּפָרִים עֲשָׂרָה", שֶׁהֵן צְרִיכוֹת פָּרִים עֲשָׂרָה, [שם]

עץ יוסף

מסתכל הוית כו'. מייתי האי קרא לומר שמה שחש יעקב לבקש על הגלות זרעו מיד בני עשו טפי מיד אחרים מפני שמלכות זה יותר גדולה שיצאו ממנו עשרה מלכיות (יפה תואר): **פלן עתיר כו'.** פלוני זה עשיר נעשה אותו מושל או חכם מחכמי עצה ויתן לנו ממון הרבה. או על ידי כן מבקשת לו עלילות ונוטלת ממונו: **(ז) [ז] בזכות אבותיך.** שאפילו אם אין לך זכות הרי זכות אבותיך קיים: **מכאן לעונה כו'.** דקיימא לן דחיוב עונה לכל אחד כפי כחו וכפי מלאכתו וכדתנן בפרק אף על פי (כתובות סא, ב). ונפקא מינה לענין דאין האיש רשאי לסחור בענין שמתבטל מעונתו המוטלת עליו, ולא לשנות ממלאכה שעונתה קרובה לאחרת שעונתה רחוקה בלא רשותה כדאיתא בגמרא התם (סב, ב): **הטיילים בכל יום.** בני אדם הבריאים והענוגים שאין להם מלאכה. ויש שפירשו שאין פורעים מס: **הספנים.** הם הפורשים מיבשה לים הגדול לקצוי ארץ (רש"י): **בנאיהם שלשים.** דהיינו הזכרים שהנקבות נבנות מהם. ופירוש בניהם בוניהם: **שהוא צנוע.** שאינו משמש בפני אדם: **לא פרסמו הכתוב.** רצונו לומר שסתם הכתוב מלהזכיר שם הזכר בפירוש כמו שזכר בכל מין ומין וכנה אותו בשם בונה כי פירוש בניהם על פי האגדה בנאיהם:

פירוש מהרז"ו

(ו) בן נצר. כתובות (נא, ב) הובא בערוך ועיין בילקוט דניאל (רמז תתרסד) בשינוי: **טירוניא.** לעיל (ע, ח) ושם נזכר: **מקרין וקרוס.** פירוש ממלכות קטנות מאומות שבימיהם, ומה שאמרו אחרא יקומון מן ארעא הוא טעות סופר ונמשך לכאן מפסוק י"ז: **ארכנינוס.** מלשון שר, ובערוך גורס ארכוונטוס: **בליוטוס.** בערוך פירש חכמי העצה ולשון יון הוא ועיין לקמן (עח, טז): **ואתה אמרת לא תקח.** עיין כל זה במדרש (תהלים מזמור כב) למה עזבתני ולעיל (עה, יג) ומה שכתבתי שם: **(ז) מכאן לעונה.** בירושלמי (כתובות פ"ה ה"ז) שם הגירסא רבי אליעזר, וכמו שמבואר שם במשנה החמרים אחד בשבת הגמלים אחד לשלשים יום כדברי רבי אליעזר וכמו שפירש רש"י בחומש: **ובנאיהם.** דאם בניהם כפשוטו יקשה למה שינה בגמלים שלא לכתוב הזכרים על כן דורש אל תקרי בניהם אלא בנאיהם, וכמו שאמרו חז"ל (ברכות סד, א) אל תקרי בניך אלא בוניך, ועיין שמות רבה (א, יז) ואלה בניה בוניה ועיין מתנות כהונה:

חידושי הרש"ש

[ו] {אמר רבי יוחנן כתיב וקרניא עשר מינה מלכותא עשר מלכין יקומון. כך צריך לומר. ושני תיבות מן ארעא מיותרים:}

[ז] **הפועלים שתים בשבת.** עיין ברש"י בפירושו על התורה (בראשית לב, טו) הובא בשלימות:

אמרי יושר

[ז] **מכאן לעונה.** דכשם שיש כאן חילוק כפי תאות הנקבות כן יש חילוק באדם כפי האומנויות: **עזים מאתים שהם צריכים לתיישים כו'.** הרגישו למה לא כלל הזכרים גם כן בשם עזים לזה אמר שבא ללמדנו לסדר עונה: **לא פרסמו הכתוב.** ובניהם בניהם הזכרים והנקבות הכל אחד שאלו היה על הבנים קטנים אינם כדאים ליכנס לכלל החשבון בדורון:

ידי משה

[ז] **ובניהם שלשים.** אל תקרא ובניהם אלא ובוניהם לשון גמרא. וכן פירש רש"י בחומש, ושמעתי בשם גאון אחד (ס' חלקי אבנים פ' וישלח בשם אבי הר"ר העשיל מלובלין) דהכי פירושו על דרך המשנה (ב"ב עח א) דאמרינן אם מכר אדם לחבירו גמלה ואמר גמלה מניקה אני מוכר לך מחויב ליתן לו גם ולדה אף על פי שלא פרט לפי שחלבה אסור ולמה הזכיר חלבה, אלא על כרחך משום ולדה הזכיר חלבה ליתן לו גם הולד בפירוש עם הולד. לזה הוקשה להם מדקאמר גמלים מיניקות ממילא בכלל גם בניהם ולמה פרט עוד הכתוב ובניהם, אלא אל תקרא וכו':

מסורת המדרש

י. ילקוט דניאל רמז תתק"ס ס"ד:
יא. כתובות דף כ"א:
יב. כתובות דף ס"א. ירושלמי כתובות פרק ה' הלכה ז'. ילקוט כאן רמז קל"א:

אם למקרא

מִשְׂתַּכַּל הֲוֵית בְּקַרְנַיָּא וַאֲלוּ קֶרֶן אָחֳרִי זְעֵירָה סִלְקַת בֵּינֵיהֵן וּתְלָת מִן קַרְנַיָּא קַדְמָיָתָא אֶתְעֲקַרָה מִן קֳדָמַהּ וַאֲלוּ עַיְנִין כְּעַיְנֵי אֲנָשָׁא בְּקַרְנָא דָא וּפֻם מְמַלִּל רַבְרְבָן: (דניאל ז:ח)

וְקַרְנַיָּא עֲשַׂר מִנַּהּ מַלְכוּתָא עַשְׂרָה מַלְכִין יְקֻמוּן וְאָחֳרָן יְקוּם אַחֲרֵיהוֹן וְהוּא יִשְׁנֵא מִן קַדְמָיֵא וּתְלָתָה מַלְכִין יְהַשְׁפִּל: (שם שם כד)

כִּי יִקָּרֵא קַן צִפּוֹר לְפָנֶיךָ בַּדֶּרֶךְ בְּכָל עֵץ אוֹ עַל הָאָרֶץ אֶפְרֹחִים אוֹ בֵיצִים וְהָאֵם רֹבֶצֶת עַל הָאֶפְרֹחִים אוֹ עַל הַבֵּיצִים לֹא תִקַּח הָאֵם עַל הַבָּנִים: (דברים כב:ו)

וְשׁוֹר אוֹ שֶׂה אֹתוֹ וְאֶת בְּנוֹ לֹא תִשְׁחֲטוּ בְּיוֹם אֶחָד: (ויקרא כב:כח)

שינוי נוסחאות

(ו) **עשרה מלכין יקומון מן ארעא.** תיבות "מן ארעא" אין שייכות כאן, ונשתרבבו מפסוק י"ז שם:

רש"י

הדא הוא דכתיב מסתכל הוית בקרנייא קדמייתא אחרי זעירה סלקת ביניהון זה בן נצר: ותלת מן קרנייא קדמייתא אתעקרו מן קדמה. אלו שלושה מלכיות בבל יון ומדי: **פלן עתיר נעבדיניה ארכינוס.** מושל על השרים בלשון יון: **פלן עתיר נעבדיניה בלווטוס.** ונטול ממנו שחד, בלווטוס כמו בליוטין: **(ז) עזים מאתים מכאן לעונה האמורה בתורה.** והמורה הגיה סימן לעונה האמורה בתורה, כלומר כשם שיערה תורה לבהמות כראוי להן, כך יש לחשוב וליתן דעת לשער כמה עונה ראויה לבני אדם לכל אחד ואחד כראוי לו: **טיילין.** אלו תלמידי חכמים עשירים: **הפועלים פעמים בשבת. והספנים** שהם מפרישים בים **אחד לששה חדשים: עזים מאתים שהן צריכות תיישים עשרים.** לזיוגן: **רחלים מאתים שהן צריכות אילים עשרים: גמלים מיניקות ובניהם שלשים.** ובניהם [ובנאיהם] שלשים, הכל לפי טרחו:

מתנות כהונה

[ו] **המלכות.** של עשו: **טירוניא.** הערוך פירשו ענין מס, ונראה שהוא ענין ממשלה ועלילה, ועיין בערוך ערך טרן הראשון והשלישי: **שלש מלכיות הראשונות.** בבל יון ומדי, ועיין מזה בערוך ערך קרן: **פלן עתיר כו'.** פלוני זה עשיר נעשה אותו מושל או חכם מחכמי העצה ויתן לנו ממון הרבה, כדלעיל אצל אנטוכינוס (סז, ו): [ז] **בזכות אבותיך.** ואף על פי שאין לי זכות, הרי זכות אבותי קיים: **לעונה האמורה בתורה.** כל זה בירושלמי דכתובות בפרק אף על פי (פ"ה ה"ז) ועיין בפירש"י בחומש: **בנאיהם.** אלו הזכרים הבונים אותם, שמי שאין לו בנים נקרא הרוס, ומי שיש לו בנים נקרא בנוי שנאמר (בראשית טז, ב) אולי אבנה: **שהוא צנוע בתשמיש.** מפרש בגמרא שתשמישו אחור כנגד אחור: **ובנאיהם שלושים.** גרסינן: **הכי גרסינן שהן צריכין פרים עשרה:**

אשד הנחלים

ואתה אמרת ושור כו'. כבר בארתי זאת לעיל עיי"ש: **[ז] בזכות אבותיך.** כי מלת היטב הוא שם דבר שמורה על הטבה תמידות, וזהו בזכות עצמו, ולפעמים הטבה מיוחדת בזמן מן הזמנים וזהו בזכות אבותיך, כי אינו דומה זכות אבות לזכות עצמו: **לעונה.** כי צער בעלי חיים דאורייתא וגם המה מוכרחים לעונה, ולכן לקח התיישים כפי ערך הצאן: **צנוע.** לפיכך דיבר בו הכתוב בלשון נקיה, להורות שטבעו כן מתנהג בצניעות, ושכמעט אינו עושה זאת רק לקיום המין, לא למלאות תאוותו:

"עִזִּים מָאתַיִם" שֶׁהֵן צְרִיכוֹת "תְּיָשִׁים עֶשְׂרִים" — Jacob sent *two hundred she-goats and twenty he-goats* **because *two hundred she-goats* require *twenty he-goats*** for mating. "רְחֵלִים מָאתַיִם" שֶׁהֵן צְרִיכוֹת "אֵילִים עֶשְׂרִים" — He sent *two hundred ewes and twenty rams* **because *two hundred ewes* require *twenty rams*** for mating. Since he-goats and rams do not work, they mate often. "גְּמַלִּים מֵינִיקוֹת וּבְנֵיהֶם שְׁלֹשִׁים" — ***Nursing camels with their colts, thirty,*** וּבַנָּאֵיהֶם שְׁלֹשִׁים — the phrase וּבְנֵיהֶם (*uv'neihem, with their colts*) *thirty* should be understood as if it read וּבַנָּאֵיהֶם (*u'vana'eihem*), **"with those who build them,"** i.e., those who father their children, ***thirty,*** with a male corresponding to each female.[60] Since camels travel long distances, they mate infrequently Thus, the ratio of male to female was one to one.[61]

The Midrash explains why the verse does not explicitly mention male camels:

רַבִּי בֶּרֶכְיָה בְּשֵׁם רַבִּי שִׁמְעוֹן בֶּן גַּמְלִיאֵל אָמַר — **R' Berechyah said in the name of R' Shimon ben Gamliel:** לְפִי שֶׁהוּא צָנוּעַ בְּתַשְׁמִישׁוֹ לְפִיכָךְ לֹא פִּירְסְמוֹ הַכָּתוּב — **Since [the camel] is modest when it mates, therefore, Scripture did not publicize it,** i.e., it did not state explicitly that male camels were given to accompany the female camels.[62] אֶלָּא "גְּמַלִּים מֵינִיקוֹת וּבְנֵיהֶם שְׁלֹשִׁים", וּבַנָּאֵיהֶם שְׁלֹשִׁים — **Rather,** the verse states, ***thirty nursing camels with their colts,*** with the word וּבְנֵיהֶם (*their colts*) being interpreted as if it read וּבַנָּאֵיהֶם, **"and those who build them."**

The Midrash returns to explain the ratios of the remaining species:

"פָּרוֹת אַרְבָּעִים וּפָרִים עֲשָׂרָה" — Jacob sent ***forty cows and ten bulls*** שֶׁהֵן צְרִיכוֹת פָּרִים עֲשָׂרָה — **because [forty cows] require *ten bulls*** for mating. Since bulls work, they mate less often than he-goats. Therefore, one bull was paired with four cows.

NOTES

work of the species. Once a female animal conceives, it will not mate further until it gives birth. Therefore, if a male is paired up with the number of females that coincides with the rate that it mates, it will copulate with all the females. If an animal is not involved in labor it mates more often, and the ratio of male to female could be higher. This is the reason for the ratios in Jacob's gift. From this, the Sages deduced that the frequency of marital relations among humans should also be dependent on one's work (*Rashi* to 32:15 s.v. עזים מאתים ותישים עשרים).

60. Presumably, since Jacob sent groups of males and females for all the other species, he did the same with the camels. The Midrash, therefore, assumes that there must be an allusion to this in the verse (*Maharzu*; *Yefeh To'ar*; see ad loc. for an additional explanation, and see *Nezer HaKodesh; Yedei Moshe* offers an alternative explanation). [According to *Sefer HaZikaron*, there were 30 camels in total, 15 male and 15 female; according to *Chizkuni*, there were 60 camels in total, 30 male and 30 female.]

61. *Rashi* to 32:16 s.v. גמלים מיניקות; *Korban HaEdah, Yerushalmi Kesubos* 5:7 s.v. ובניהם.

62. Camels are modest in their mating, as they will not mate in the presence of people (*Eitz Yosef*).

(דניאל ז, ח) "מִשְׁתַּכַּל הֲוֵית בְּקַרְנַיָּא וַאֲלוּ קֶרֶן אָחֳרִי זְעֵירָה סִלְקַת בֵּינֵיהֵן", זֶה [יא]בֶּן נֵצֶר, (שם) "וּתְלָת מִן קַרְנַיָּא קַדְמָיָתָא אֶתְעֲקַרָה מִן קֳדָמַהּ", זוֹ שֶׁנָּתְנוּ לָהֶם מַלְכוּתָם מַקְרִין וּקְרוֹס וְקַרְדִידוֹסִי, (שם) "וַאֲלוּ עַיְנִין כְּעַיְנֵי אֲנָשָׁא בְּקַרְנָא דָא וּפֻם מְמַלִּל רַבְרְבָן", זוֹ מַלְכוּת הָרְשָׁעָה שֶׁהִיא מַכְתֶּבֶת טִירוֹנְיָא מִכָּל אוּמּוֹת הָעוֹלָם, אָמַר רַבִּי יוֹחָנָן: כְּתִיב (שם שם, כד) "וְקַרְנַיָּא עֲשַׂר מִנַּהּ מַלְכוּתָא עַשְׂרָה מַלְכִין יְקֻמוּן °(מִן אַרְעָא)°, כּוּלְּהוֹן בְּיוֹצְאֵי יְרֵיכוֹ שֶׁל עֵשָׂו הַכָּתוּב מְדַבֵּר, אֶלָּא (שם שם ח) "מִשְׁתַּכַּל הֲוֵית בְּקַרְנַיָּא וַאֲלוּ קֶרֶן אָחֳרִי זְעֵירָה סִלְקַת בֵּינֵיהֵן", זוֹ מַלְכוּת הָרְשָׁעָה, "וּתְלָת מִן קַרְנַיָּא קַדְמָיָתָא אֶתְעֲקַרָה מִן קֳדָמַהּ", אֵלּוּ ג' מַלְכֻיּוֹת הָרִאשׁוֹנוֹת, "וַאֲלוּ עַיְנִין כְּעַיְנֵי אֲנָשָׁא בְּקַרְנָא דָא", זוֹ מַלְכוּת הָרְשָׁעָה שֶׁהִיא מַכְנֶסֶת עַיִן רָעָה בְּמָמוֹנוֹ שֶׁל אָדָם, פְּלָן עַתִּיר *נַעַבְדִּינֵּיהּ אַרְכוֹנוּוּס, פְּלָן עַתִּיר *נַעַבְדִּינֵּיהּ בַּלְיוּטוֹס. [לב, יב] "פֶּן יָבוֹא וְהִכַּנִי אֵם עַל בָּנִים", וְאַתָּה אָמַרְתָּ (דברים כב, ו) "לֹא תִקַּח הָאֵם עַל הַבָּנִים". דָּבָר אַחֵר "פֶּן יָבוֹא וְהִכַּנִי אֵם עַל בָּנִים", וְאַתָּה אָמַרְתָּ (ויקרא כב, כח) "וְשׁוֹר אוֹ שֶׂה אֹתוֹ וְאֶת בְּנוֹ לֹא תִשְׁחֲטוּ בְּיוֹם אֶחָד":

ז [לב, יג] "וְאַתָּה אָמַרְתָּ הֵיטֵב אֵיטִיב עִמָּךְ", "הֵיטֵב" בִּזְכוּתְךָ "אֵיטִיב" בִּזְכוּת אֲבוֹתֶיךָ. [לב, יד-טו] "וַיָּלֶן שָׁם בַּלַּיְלָה הַהוּא וַיִּקַּח מִן הַבָּא בְיָדוֹ מִנְחָה לְעֵשָׂו אָחִיו, עִזִּים מָאתַיִם וּתְיָשִׁים עֶשְׂרִים", [יב]אָמַר רַבִּי אֶלְעָזָר: מִכָּאן לָעוֹנָה הָאֲמוּרָה בַּתּוֹרָה: הַטַּיָּלִים בְּכָל יוֹם, הַפּוֹעֲלִים שְׁתַּיִם בְּשַׁבָּת ... הַסַּפָּנִין אַחַת לְשִׁשָּׁה חֳדָשִׁים (כתובות ה, ו), "עִזִּים מָאתַיִם" שֶׁהֵן צְרִיכוֹת "תְּיָשִׁים עֶשְׂרִים", [שם] "רְחֵלִים מָאתַיִם" שֶׁהֵן צְרִיכוֹת "אֵילִים עֶשְׂרִים", [לב טז] "גְּמַלִּים מֵינִיקוֹת וּבְנֵיהֶם שְׁלֹשִׁים", וּבְנָאֵיהֶם שְׁלֹשִׁים, רַבִּי בֶּרֶכְיָה בְּשֵׁם רַבִּי שִׁמְעוֹן בֶּן גַּמְלִיאֵל אָמַר: לְפִי שֶׁהוּא צָנוּעַ בְּתַשְׁמִישׁוֹ לְפִיכָךְ לֹא פִּירְסְמוֹ הַכָּתוּב, אֶלָּא "גְּמַלִּים מֵינִיקוֹת וּבְנֵיהֶם שְׁלֹשִׁים", וּבְנָאֵיהֶם שְׁלֹשִׁים, [שם] "פָּרוֹת אַרְבָּעִים וּפָרִים עֲשָׂרָה", שֶׁהֵן צְרִיכוֹת פָּרִים עֲשָׂרָה, [שם]

עץ יוסף

מסתבל הוית כו'. מייתי האי קרא לומר שמה שחש יעקב לבקש על הצלת זרעו מיד בני עשו טפי מיד אחרים מפני שמלכות זה יותר גדולה שיצאו ממנו עשרה מלכיות (יפה תואר): **פלן עתיר כו'.** פלוני זה עשיר נעשה אותו מושל או חכם מחכמי עצה ויתן לנו ממון הרבה. או על ידי כן מבקשת לו עלילות ונוטלת ממונו: (ז) [ו] **בזכות אבותיך.** שאפילו אם אין לך זכות הרי זכות אבותיך קיים: **מכאן לעונה כו'.** דקיימא לן דחיוב עונה לכל אחד כפי כחו וכפי מלאכתו וכדתנן בפרק אף על פי (כתובות סא, ב). ונפקא מינה לענין דאין האיש רשאי לסחור בענין שמתבטל מעונתו המוטלת עליו, ולא לשנות ממלאכה שעונתה קרובה לאחרת שעונתה רחוקה בלא רשותה כדאיתא בגמרא התם (סב, ב): **הטיילים בכל יום.** בני אדם הבריאים והענוגים שאין להם מלאכה. ויש שפירשו שאין פורעים מס: **הספנים.** הם הפורשים מיבשה לים הגדול לקנוי ארץ (רש"י): **בנאיהם שלשים.** דהיינו הזכרים שהנקבות נבנות מהם. ופירוש בניהם בוניהם: **שהוא צנוע.** שאינו משמש בפני אדם: **לא פרסמו הכתוב.** רצונו לומר שסתם הכתוב מלהזכיר שם הזכר בפירוש כמו שזכר בכל מין ומין וכנה אותו בשם בונה כי פירוש בניהם על פי האגדה בנאיהם:

פירוש מהרז"ו

(ו) בן נצר. כתובות (נח, ב) הובא בערוך ועיין בילקוט דניאל (רמז תתרסד) בשינוי: **טירוניא.** לעיל (ע, ח) ושם נזכר: **מקרין וקרוס.** פירוש ממלכות קטנות מאומות שבימיהם, ומה שאמרו אחרא יקומון מן ארעא הוא טעות סופר ונמשך לכאן מפסוק י"ז: **ארכנינוס.** מלשון שר, ובערוך גורס ארכוונטוס: **בליוטוס.** בערוך פירש חכמי העצה ולשון יון הוא ועיין לקמן (עח, טו־טז): **ואתה אמרת לא תקח.** עיין כל זה במדרש (תהלים מזמור כב) למה עזבתני ולעיל (עה, יג) ומה שכתבתי שם: **(ז) מכאן לעונה.** בירושלמי (כתובות פ"ה ה"ז) שם הגירסא רבי אליעזר, וכמו שמבואר שם במשנה החמרים אחד בשבת הגמלים אחד לשלושים יום דברי רבי אליעזר וכמו שפירש רש"י בחומש: **ובנאיהם.** דאם בניהם כפשוטו יקשה למה שינה בגמלים שלא לכתוב הזכרים על כן דורש אל תקרי בניהם אלא בנאיהם, וכמו שאמרו חז"ל (ברכות סד, א) אל תקרי בניך אלא בוניך, ועיין שמות רבה (א, יז) ואלה בניה בוניה ועיין מתנות כהונה:

חידושי הרש"ש

[ו] {**אמר רבי יוחנן כתיב וקרניא עשר מינה מלכותא עשר מלכין יקומון.** כך צריך לומר. ושני תיבות מן ארעא מיותרים:}

[ז] **הפועלים שתים בשבת.** עיין ברש"י בפירושו על התורה (בראשית לב, טו) הובאו בשלימות:

אמרי יושר

[ז] **מכאן לעונה.** דכשם שיש כאן חילוף כפי תאות הנקבות כן יש חילוף באדם כפי האומנויות: **עזים מאתים שהם צריכים לתיישים כ'.** הרגישו למה לא כלל הזכרים גם כן בשם עזים לזה אמר שבא ללמדנו לסדר עונה: **לא פרסמו הכתוב.** ובניהם בנייהם הזכרים והנקבות הכל אחד שאלו היה על הבנים קטנים אינם כדאים ליכנס לכלל החשבון בדורון:

ידי משה

[ז] **ובניהם שלשים.** אל תקרא ובניהם אלא ובוניהם לשון גמרא. וכן פירש רש"י בחומש, ושמעתי בשם גאון אחד (ס' חלקי אבנים פ' וישלח בשם אבי הר"ר העשיל מלובלין) דהכי פירושו על דרך המשנה (ב"ב עח א) דאמרינן אם מכר אדם לחבירו גמלה ואמר גמלה מניקה אני מוכר לך מחויב ליתן לו גם ולדה אף על פי שלא פרט לפי שחלבה אסור ולמה הזכיר חלבה, אלא על כרחך משום ולדה הזכיר חלבה ליתן לו גם הולד בפירוש עם הולד. לזה הוקשה להם מדקאמר גמלים מיניקות ממילא נכלל גם בניהם ולמה פרט עוד הכתוב ובניהם, אלא אל תקרא וכו':

מסורת המדרש

יא. כתובות דף נ"ח:
יב. כתובות דף ס"ח. ירושלמי כתובות פרק ה' הלכה ז'. ילקוט כאן רמז קל"א:

(י. ילקוט דניאל רמז תל"ף ס"ד:)

אם למקרא

מִשְׂתַּכַּל הֲוֵית בְּקַרְנַיָּא וַאֲלוּ קֶרֶן אָחֳרִי זְעֵירָה סִלְקַת בֵּינֵיהֵן וּתְלָת מִן קַרְנַיָּא קַדְמָיָתָא אֶתְעֲקַרָה מִן קֳדָמַהּ וַאֲלוּ עַיְנִין כְּעַיְנֵי אֲנָשָׁא בְּקַרְנָא דָא וּפֻם מְמַלִּל רַבְרְבָן: (דניאל ז:ח)

וְקַרְנַיָּא עֲשַׂר מִנַּהּ מַלְכוּתָא עַשְׂרָה מַלְכִין יְקֻמוּן וְאָחֳרָן יְקוּם אַחֲרֵיהוֹן וְהוּא יִשְׁנֵא מִן קַדְמָיֵא וּתְלָתָה מַלְכִין יְהַשְׁפִּל: (שם שם כד)

כִּי יִקָּרֵא קַן צִפּוֹר לְפָנֶיךָ בַּדֶּרֶךְ בְּכָל עֵץ אוֹ עַל הָאָרֶץ אֶפְרֹחִים אוֹ בֵיצִים וְהָאֵם רֹבֶצֶת עַל הָאֶפְרֹחִים אוֹ עַל הַבֵּיצִים לֹא תִקַּח הָאֵם עַל הַבָּנִים: (דברים כב:ו)

וְשׁוֹר אוֹ שֶׂה אֹתוֹ וְאֶת בְּנוֹ לֹא תִשְׁחֲטוּ בְּיוֹם אֶחָד: (ויקרא כב:כח)

שינוי נוסחאות

(ו) **עשרה מלכין יקמון מן ארעא.** תיבות "מן ארעא" אין שייכות כאן, ונשתרבבו מפסוק י"ז שם:

רש"י

הדא הוא דכתיב מסתכל הוית בקרנייא קדמייתא אחרי זעירה סלקת ביניהון זה בן נצר: ותלת מן קרנייא קדמייתא אתעקרו מן קדמה. אלו שלושה מלכיות בבל יון ומדי: **פלן עתיר נעבדיניה ארכינוס.** מושל על השרים בלשון יון: **פלן עתיר נעבדיניה בלווטוס.** ונטול ממנו שחד, בלווטוס כמו בליוטין: **(ז) עזים מאתים מכאן לעונה האמורה בתורה.** והמורה הגיה סימן לעונה האמורה בתורה, כלומר כשם שציערה תורה לבהמות כראוי להן, כך יש לחשוב וליתן דעת לשער כמה עונה ראויה לבני אדם לכל אחד ואחד כראוי לו: **טיילין.** אלו תלמידי חכמים עשירים: **הפועלים פעמים בשבת. והספנים** שהם מפרישים בים **אחד לששה חדשים: עזים מאתים שהן צריכות תיישים עשרים.** לזיווג: **רחלים מאתים שהן צריכות אילים עשרים: גמלים מיניקות ובניהם שלשים.** ובניהם [ובנאיהם] שלשים, הכל לפי טרחו:

מתנות כהונה

[ו] **המלכות.** של עשו: **טירוניא.** הערוך פירשו ענין מס, ונראה שהוא ענין ממשלה ועלילה, ועיין בערוך ערך טרן הראשון והשלישי: **שלש מלכיות הראשונות.** בבל יון ומדי, ועיין מזה בערוך ערך קרן: **פלן עתיר כו'.** פלוני זה עשיר נעשה אותו מושל או חכם מחכמי העצה ויתן לנו ממון הרבה, כדלעיל אצל אנטוניכוס (סז, ו): [ז] **בזכות אבותיך.** ואף על פי שאין לי זכות, הרי זכות אבותי קיים: **לעונה האמורה בתורה.** כל זה בירושלמי דכתובות בפרק אף על פי (פ"ה ה"ז) ועיין בפירש"י בחומש: **בנאיהם.** אלו הזכרים הבונים אותם, שמי שאין לו בנים נקרא הרוס, ומי שיש לו בנים נקרא בנוי שנאמר (בראשית טז, ב) אולי אבנה: **שהוא צנוע בתשמיש.** מפרש בגמרא שתשמישו אחור כנגד אחור: **ובנאיהם שלושים.** גרסינן: **הכי גרסינן שהן צריכין פרים עשרה:**

אשד הנחלים

ואתה אמרת ושור כו'. כבר בארתי זאת לעיל עיי"ש: [ז] **בזכות אבותיך.** כי מלת היטב הוא שם דבר שמורה על הטבה תמידות, וזהו בזכות עצמו, ולפעמים הטבה מיוחדת בזמן מן הזמנים וזהו בזכות אבותיך, כי אינו דומה זכות אבות לזכות עצמו: **לעונה.** כי צער בעלי חיים דאורייתא וגם המה מוכרחים לעונה, ולכן לקח התיישים כפי ערך הצאן: **צנוע.** לפיכך דיבר בו הכתוב בלשון נקיה, להורות שטבעו כן מתנהג בצניעות, ושכמעט אינו עושה זאת רק לקיום המין, לא למלאות תאוותו:

"אֲתֹנֹת עֶשְׂרִים", שֶׁהֵן צְרִיכִים "עֲיָרִם עֲשָׂרָה" — Jacob sent *twenty she-donkeys and ten he-donkeys* **because [*twenty she-donkeys*] require *ten he-donkeys*** for mating. He-donkeys travel long distances, though not as long as camels. Therefore, one he-donkey was paired with two she-donkeys.

The Midrash asks:

וְלָמָּה הוּא נוֹתֵן אֶת הַגְּמַלִּים בָּאֶמְצַע — **And why did [Jacob] place the camels in the middle?** Since they were the smallest in number, they should have been placed at the end.[63] אֶלָּא אָמַר לוֹ — **Rather,** by placing them in the middle **he** in essence **said to** [**Esau**] the following plea, הֱוֵי רוֹאֶה אֶת עַצְמְךָ כְּאִלּוּ אַתָּה יוֹשֵׁב עַל בִּימָה וְדָן וַאֲנִי נִידּוֹן לְפָנֶיךָ — **"See yourself as though you are sitting on a platform and judging, and I am being judged before you,**[64] וְאַתָּה מִתְמַלֵּא עָלַי רַחֲמִים — **and** thereby **you will be filled with mercy for me."**[65]

וַיִּתֵּן בְּיַד עֲבָדָיו עֵדֶר עֵדֶר לְבַדּוֹ וַיֹּאמֶר אֶל עֲבָדָיו עִבְרוּ לְפָנַי וְרֶוַח תָּשִׂימוּ בֵּין עֵדֶר וּבֵין עֵדֶר. וַיְצַו אֶת הָרִאשׁוֹן לֵאמֹר כִּי יִפְגָּשְׁךָ עֵשָׂו אָחִי וּשְׁאֵלְךָ לֵאמֹר לְמִי אַתָּה וְאָנָה תֵלֵךְ וּלְמִי אֵלֶּה לְפָנֶיךָ. וְאָמַרְתָּ לְעַבְדְּךָ לְיַעֲקֹב מִנְחָה הִוא שְׁלוּחָה לַאדֹנִי לְעֵשָׂו וְהִנֵּה גַם הוּא אַחֲרֵינוּ. וַיְצַו גַּם אֶת הַשֵּׁנִי גַּם אֶת הַשְּׁלִישִׁי גַּם אֶת־כָּל הַהֹלְכִים אַחֲרֵי הָעֲדָרִים לֵאמֹר כַּדָּבָר הַזֶּה תְּדַבְּרוּן אֶל עֵשָׂו בְּמֹצַאֲכֶם אֹתוֹ. וַאֲמַרְתֶּם גַּם הִנֵּה עַבְדְּךָ יַעֲקֹב אַחֲרֵינוּ כִּי אָמַר אֲכַפְּרָה פָנָיו בַּמִּנְחָה הַהֹלֶכֶת לְפָנָי וְאַחֲרֵי כֵן אֶרְאֶה פָנָיו אוּלַי יִשָּׂא פָנָי. וַתַּעֲבֹר הַמִּנְחָה עַל פָּנָיו וְהוּא לָן בַּלַּיְלָה הַהוּא בַּמַּחֲנֶה.

He put in his servants' charge each drove separately and said to his servants, "Pass on ahead of me and leave a space between drove and drove." He instructed the first one, saying, "When my brother Esau meets you and asks you, saying, 'Whose are you, where are you going, and whose are these that are before you?' — You shall say, 'Your servant Jacob's. It is a tribute sent to my lord, to Esau, and behold he himself is behind us.' " He similarly instructed the second, also the third, as well as all who followed the droves, saying, "In this manner shall you speak to Esau when you find him. And you shall say, 'Moreover — behold your servant Jacob is behind us.' " (For he said, "I will appease him with the tribute that precedes me, and afterward I will face him; perhaps he will forgive me.") So the tribute passed on before him while he spent that night in the camp (32:17-22).

§8 וַיְצַו אֶת הָרִאשׁוֹן לֵאמֹר כִּי יִפְגָּשְׁךָ עֵשָׂו אָחִי . . . וְאָמַרְתָּ לְעַבְדְּךָ לְיַעֲקֹב מִנְחָה הִיא שְׁלוּחָה לַאדֹנִי לְעֵשָׂו — ***HE INSTRUCTED THE FIRST ONE, SAYING, "WHEN MY BROTHER ESAU MEETS YOU . . . YOU SHALL SAY, 'YOUR SERVANT JACOB'S. IT IS A TRIBUTE SENT TO MY LORD, TO ESAU . . .' "***

Scripture relates the details of how Jacob conducted himself in his encounter with Esau so that future generations may learn from him. The Midrash relates a story in which the Sages emulated Jacob's ways:

רַבִּי וְרַבִּי יוֹסֵי בְּרַבִּי יְהוּדָה הָיוּ מְהַלְּכִין בַּדֶּרֶךְ — **Rebbi,** i.e., R' Yehudah HaNasi, **and R' Yose the son of R' Yehudah were going on the way.**[66] רָאוּ גּוֹי אֶחָד בָּא לִקְרָאתָם — **They saw a non-Jewish** officer **coming toward them.** אָמְרִין: תְּלָת מִילִּין הוּא שָׁאֵיל לָן — **[Rebbi and R' Yose] said: [The officer] will ask us three things:** מָה אַתּוּן וּמָה אוּמָּנַתְכוֹן וּלְאָן אַתּוּן אָזְלִין — **What are you,** i.e. what is your nationality, **what is your trade, and to where are you going?** מָה אַתּוּן יְהוּדָאִין — To his question, **"What are you?"** we will answer, **"Jews."** מָה אוּמָּנַתְכוֹן פְּרַגְמוּטָטִין — To his question, **"What is your trade?"** we will answer, **"Merchants."** וּלְאָן אַתּוּן אָזְלִין לְמִזְבַּן חִטִּים מִן אוֹצָרַיָּא דְּיַבְנֶה — **And** to his question, **"To where are you going?"** we will answer, **"To buy wheat from the storehouses of Yavneh."**[67] עָמַד לוֹ רַבִּי כְּנֶגֶד הַגּוֹי לִרְאוֹת מַה יִּשְׁאַל — **Rebbi stood opposite the non-Jew to see what he would ask,** וְהִמְתִּין לוֹ רַבִּי יוֹסֵי בְּרַבִּי יְהוּדָה — and **R' Yose the son of R' Yehudah waited** nearby **for [Rebbi].** אָמַר: אִם אָמַר מִלָּה אֲנָא אָמַר אוֹחֲרֵי — **[R' Yose] said, "If [the officer] asks** Rebbi **[another] matter, I will** be able to **say** a consistent answer **afterward** since I will hear Rebbi's reply to him."[68] אֲמַר לֵיהּ: וּמִנַּיִן אִית לָךְ הָא — **[R' Yose] said to [Rebbi], "And from where do you know** to do **this?"** אֲמַר לֵיהּ: מִיַּעֲקֹב אֲבוּנָא — **[Rebbi] said to [R' Yose], "From Jacob our father,** "וְהִנֵּה גַּם הוּא אַחֲרֵינוּ" — as it states in Scripture that Jacob told his servants to say to Esau: '. . . ***and behold he himself is behind us.'*** "[69]

☐ וַיְצַו אֶת הָרִאשׁוֹן וְגוֹ׳ גַּם אֶת הַשֵּׁנִי וְגוֹ׳ — ***HE INSTRUCTED THE FIRST ONE, ETC.*** *[SAYING, "WHEN MY BROTHER ESAU MEETS YOU . . ."]* ***HE SIMILARLY INSTRUCTED THE SECOND, ETC. . . .*** *["IN THIS MANNER SHALL YOU SPEAK TO ESAU WHEN YOU FIND HIM"].*

The Midrash relates another lesson for future generations contained in Jacob's words:

NOTES

63. With the exception of the camels, the various species were grouped in descending order, from the largest group to the smallest group (*Eitz Yosef*). [The Midrash's question conforms to the view that there were 30 camels in total. According to the view that there were 60 (see note 60), the camels were in fact listed in their correct place! (*Mishnas DeRabbi Eliezer*).]

64. A platform is placed in the middle of the courtroom, where the judge would sit. Jacob thus placed the camels, the tallest of all the animals, in the center, so that they would call to mind a judge's platform (*Eitz Yosef*; *Rashi*; see *Maharzu*).

65. *Nezer HaKodesh* suggests that by asking Esau to judge him of his own accord, placing himself at the mercy of Esau, Jacob sought to elicit Esau's compassion. Moreover, גָּמָל, the Hebrew word for camel, is related to גְּמִילוּת חֶסֶד, meaning *acts of kindness,* thus denoting mercy (*Matnos Kehunah*). Additionally, if one sees a camel in a dream, it is a sign that he was saved from a Heavenly death sentence (*Rashash*, from *Berachos* 56b).

66. The title "Rebbi" is used to refer to R' Yehudah HaNasi, the redactor of the Mishnah.

67. This officer's job was to patrol the roads in search of bandits. When Rebbi and R' Yose saw him approach them, they knew that he would ask them their nationality, their trade, and where they were going, for these were the standard questions that these officers asked. Therefore, they prepared answers for these questions before he reached them, so the officer would not have an excuse to accuse them of wrongdoing This they learned from Jacob, who prepared his servants beforehand for the questions he anticipated that Esau would ask (cf. *Eitz Yosef* and *Matnos Kehunah*). See *Maharzu,* who explains how the three questions that Rebbi and R' Yose son of R' Yehudah anticipated corresponded to the ones that Jacob anticipated.

[Rebbi and R' Yose were not merchants, nor did they intend to purchase wheat. Rather, as Torah scholars, they were on their way to Yavneh to study Torah. They were afraid, however, to tell this to the officer, lest he ask why they had to travel in order to study, as they could have studied at home. Therefore, they decided to tell him that they were merchants, and since they had no merchandise on them they agreed to tell him that they were going to buy wheat in Yavneh. Nevertheless, their words are considered to be true, for commerce and food are used as metaphors for Torah and Torah study. See *Proverbs* 3:14 and 9:5, respectively (*Ohr HaSeichel*, *Maharzu*, and *Tiferes Tzion*).]

68. *Eitz Yosef*. Alternatively, if the officer will not accept Rebbi's reply, I will give a different answer in our defense (*Rashi*).

69. *Eitz Yosef* inserts here: הה"ד כַּדָּבָר הַזֶּה תְּדַבְּרוּן אֶל עֵשָׂו — **as it is written, *"In this manner shall you speak to Esau."*** I.e., Jacob alludes that one should prepare a response to any possible question Esau's descendants might ask him.

"אֲתֹנֹת עֶשְׂרִים", שֶׁהֵן צְרִיכִים "עֲיָרִם עֲשָׂרָה", וְלָמָּה הוּא נוֹתֵן אֶת הַגְּמַלִּים בְּאֶמְצַע, אֶלָּא אָמַר לוֹ: הֱוֵי רוֹאֶה אֶת עַצְמְךָ כְּאִלּוּ אַתָּה יוֹשֵׁב עַל בִּימָה וְדָן וַאֲנִי נִידּוֹן לְפָנֶיךָ וְאַתָּה מִתְמַלֵּא עָלַי רַחֲמִים:

ח [לב, יח-יט] "וַיְצַו אֶת הָרִאשׁוֹן לֵאמֹר כִּי יִפְגָּשְׁךָ עֵשָׂו אָחִי ... וְאָמַרְתָּ לְעַבְדְּךָ לְיַעֲקֹב מִנְחָה הִיא שְׁלוּחָה לַאדֹנִי לְעֵשָׂו", יגרַבִּי וְרַבִּי יוֹסֵי בְּרַבִּי יְהוּדָה הָיוּ מְהַלְּכִין בַּדֶּרֶךְ, רָאוּ *גּוֹי אֶחָד בָּא לִקְרָאתָם, אָמְרִין: תְּלָת מִילִין הוּא שָׁאֵיל לָן, מָה אַתּוּן וּמָה אוּמָּנַתְכוֹן וּלְאָן אַתּוּן אָזְלִין, מָה אַתּוּן יְהוּדָאִין, מָה אוּמָּנַתְכוֹן פְּרַגְמוּטָטִין, וּלְאָן אַתּוּן אָזְלִין לְמִזְבַּן חִטִּים מִן אוֹצָרְיָא דְּיַבְנֶה, עָמַד לוֹ רַבִּי כְּנֶגֶד *הַגּוֹי לִרְאוֹת מַה יִשְׁאַל, וְהִמְתִּין לוֹ רַבִּי יוֹסֵי בְּרַבִּי יְהוּדָה, אָמַר: אִם אָמַר מִלָּה אֲנָא אָמַר אוֹחֳרֵי, אֲמַר לֵיהּ: וּמְנַיִן אִית לָךְ הָא, אֲמַר לֵיהּ: מִיַּעֲקֹב אֲבוּנָא, [לב, יט] "וְהִנֵּה גַּם הוּא אַחֲרֵינוּ".

[לב, יח-כ] "וַיְצַו אֶת הָרִאשׁוֹן וְגוֹ' גַּם אֶת הַשֵּׁנִי וְגוֹ'", רַבִּי פִּנְחָס וְרַבִּי חִלְקִיָּה בְּשֵׁם רַבִּי סִימוֹן: [לב, כ] "בְּמֹצַאֲכֶם אֹתוֹ", בִּגְדוּלָּתוֹ.

עץ יוסף

ולמה נותן הגמלים באמצע. כלומר כיון שהקדים פה תחלה בכולם המרובה במנין הוי ליה להעמיד הגמלים לבסוף שהוא המועט במנין. אלא רמז לו לעשו שיראה עצמו כיושב על הבימה הגבוה באמצע הבית כמו הגמל שהוא באמצע כולם וגבוה מהם: (ח) [ז] **בא לקראתם. אמר תלת מילין הוא שאיל לן.** כן צריך לומר, וכן הוא בילקוט. ורצונו לומר שאותו העובד כוכבים ומזלות היה סרדיוט, מאותן המסבבים בדרכים לתפוס גנבים, וכשראו אותו בא לקראתם אמר ליה רבי לרבי יוסי שבודאי ישאל אותנו מי אתם ומה אומנתכם ולהיכן אתם הולכים, שזו היא דרכו ואומנתו לשאול לכל עוברי דרך כן, לכן צריכין אנחנו להכין תשובתו לכל מה שישאל טרם יקרב אלינו, לפי שלייד בפיו, ואם יראה אותנו מגמגמים בתשובה יתפסנו ויעליל עלינו עלילות דברים לומר גנבים או לסטים אנחנו. לכן אני מכין תשובה לו, שאם ישאל מה אתון אומרים לו יהודים. **מה אומנתכון, פרגמוטטין** פירוש סוחרים. ולהיכן אתם הולכים, ליקח חטים מן האוצרות דיבנה. ועמד לו רבי כנגד הסרדיוט, שאם לא יעמוד יחשוב הסרדיוט אותו לגנב שבורח. והמתין לו ר' יוסי בצדו של רבי **אמר אם אמר מילה כו'.** פירוש שר' יוסי אמר לכן אני צריך לעמוד בצדו של רבי לשמוע הטיב מה שישיב לו, משום שמא יאמר לו הסרדיוט עוד איזה שאלה ורבי יאמר לו תשובה, ואם אני לא אשמע תשובתו שמא ישאל אחר כך הסרדיוט אותי גם כן כל השאלות ואני משיב תשובה אחרת ויתפוס אותנו כגנבים: **אמר ליה ומנין אית לך הא.** פירוש ומאין למדת להכין התשובה קודם השאלה. **אמר ליה מיעקב אבינו.** וצריך לומר אמר ליה **מיעקב אבינו הדא הוא דכתיב כדבר הזה תדברון.** שהוא רמז לדורות שיכינו תשובה. וכן הוא בילקוט: [ח] **במוצאכם אותו בגדולתו.** שרמז בזה גם כן אזהרה לדורות לעשות כמותו, כי כמו שיעקב הכניע עצמו לפני עשו לומר עבדך יעקב וקראו אדון, כן כדבר הזה תדברון אל עשו במולאכם אותו

פירוש מהרז"ו

שהם צריכים כו'. לשון הירושלמי דאיכון לעיין, וכן אצל העירים דאיכון לעיין, ופירושו שהם עמלים תמיד במלאכה ומשא, אך עזים ורחלים התישים והאילים בטלים ממלאכה ועיין רש"י בחומש: **גמלים באמצע.** שחושב כאן חמש מינים תחלה רחלים ועזים שהם מרובים מאתים מאתים, והיה לו לסדר פרות ארבעים, גמלים שלשים, אתונות עשרים, על כן דורש שלכך גמלים באמצע שסידר לפניו המנחה כדמיון בימה שגבוה באמצע ונמוכה מצדדים, כך תחלה האילים והעזים הנמוכים, ואחר כך הגמלים הגבוהים, ואחר כך הפרות והאתונות, וכמו שאמרו ויקרא רבה (י, ו) ואת פר החטאת ואת שני האילים גם כן בדמות בימה, ועיין לעיל (עח, ח) גם כן כלשון הזה: (ח) **ראו [גוי] אחד.** רבי דימה עצמו ליעקב כמו שאמרו לקמן (נו, ה) ויחי יהודה בצפורי י"ז שנה, וכל ענייניו לומד מיעקב: **תלת מילין.** כמה שנאמר (לב, יח) ושאלך לאמר למי אתה ואנה תלך ולמי אלה לפניך, וכן כאן ישאל מה אתון נגד למי אתה שפירוש מאיזה עם ומשפחה, ומה אומנתכון, כנגד ולמי אלה לפניך פירוש במה אתה עוסה, ולאן אתון אזלין כנגד ואנה תלך: **פרגמטוטין.** סוחרים שלא רצו לומר שהם לומדי תורה שלא יכביד עליהם בשאלות, ולא שקרו כמה שנאמר (משלי ג, יד) כי טוב סחרה מסחר כסף, וזה מה שאמר למזבן חיטים מן אוצריא דיבנה פירוש ללמוד במקום הוועד:

רש"י

הוי רואה את עצמך כאלו אתה יושב על בימה ואני נדון לפניך. לפי שגמלים גבוהים כבימה זו: (ח) **ראו גוי אחד בא לקראתם אמר תלת מילין ההוא גוי שאיל לן. מה אתון ומה אומנותכון ולאן אתון אזלון: למזבן חטי מן אוצרא דיבנה: עמד לו רבי.** כלומר הלך ועמד לו **כנגד הגוי לראות** מה ישאל **והמתין** עצמו, **רבי יוסי ברבי יהודה אמר אם אמר מלה אנא אמר אוחרי.** אם יענהו הגוי מאותה תשובה שיאמר לו רבי, אני אבא אחריו ואשיבהו תשובה אחרת: **במוצאכם אותו בגדולתו.** מלמד היה לדורות הבאים איך יספרו כנגדו דרך בקשות כמו שהוא עושה, הדא הוא דכתיב כדבר הזה תדברון אל

מתנות כהונה

ולמה הוא נותן כו'. שהיה לו לסמוך הטהורים לטהורים: **ואתה מתמלא כו'.** ודרש גמלים לשון גמילות חסד: [ח] **מה אתון יהודאין.** אם ישאל לנו מה אתה, כלומר מאיזה אומה אתם אני אומר יהודים אנחנו, ואם יאמר מה אומנות שלכם אומר סוחרים כו': **למזבן כו'.** לקנות חטים מאוצרות של עיר יבנה: **אם אמר מלה כו'.** אם יאמר דבר שאלה אחת אני אענה עליו כפי השאלה. ורש"י ז"ל פירש רבי יוסי בר יהודה אמר בלבו אם יענהו הגוי מאותה תשובה שיאמר לו רבי, אני אבוא אחריו ואשיבהו תשובה אחרת: **אמר ליה ומניין כו'.** רבי יוסי אמר ליה לרבי מניין לך זאת להכין דבר תשובה קודם בא השאלה, ואמר ליה מיעקב אבינו שאמר למוליכי המנחה כדבר הזה תדברון וגו': **במוצאכם אותו בגדולתו.** נראה שרמז על העתיד שאם נמצא בני עשו בהצלחתן ובגדולתן נהיה נדחים מפניהם עד עת בא הישועה, וזהו והנה גם הוא אחרינו:

אשד הנחלים

הגמלים באמצע כו' ואני נידון לפניך. המתנות כהונה פירש שגמל מלשון גמילות חסד, וזה דחוק. אך לפי הציור יש בו תוך, ע"פ הידוע שהגמלים הם מין חמור, ומצורף לזה דברי חכמי אמת שקליפת חמור הוא הקשה מכולם, ולכן משמרה ראשונה חמור נוער, שאז הוא שליטת הדין מאד, ולכן לעת הגאולה על משיח צדקינו כתוב (זכריה ט, ט) עני ורוכב על החמור כלומר שליט עליו ומכניעו, ובעת פתוי הנחש לאדם אמרו (עיין פרקי דרבי אליעזר פרק יג) שהיה כמין גמל וסמאל היה רוכב עליו, וא"כ יעקב שהיה צריך לעמוד מול כחו הרע, היה עומד אצלו בבקשה מלפני ה' וכאלו הוא נידון ומבקש מה' הצלתו, כי מעשי הקדושים כאלו פועל דמיונו בארץ דוגמת הדבר שהם פועלים למעלה. והבן כי הוא דרך אמיתי למתבונן היטב על רמזי חז"ל: [ח] **הוא שאיל לן כו'.** מדרך הסברא אמרו כן שכן דרך ששואלים, ומרומז זאת בכתוב, למי אתה, למי מאיזה אמונה, ואנה תלך, היינו לאן אתון אזלין, ומי אלה לפניך, מהו אומנתכון, כי בדבר העקרי שואלים תחילה: **מיעקב.** שכן מדרך החכמה לסדר הדבר ע"י אחר, ופן לא יתקן הראשון כל כך יבוא השני אחריו למלאות דבריו:

חידושי הרד"ל

[ח] **מן אוצרי דיבני.** והוא אוצר לתבואת ארנונא מס למלכי רומי שעשו ביבנה, והיו מוכרים משם חטים לרבים, עיין בתוספתא דמאי פ"א (ה"י), ובתוספתא שלהי מכשירין ובמה שכתבתי שם בסייעתא דשמיא:

חידושי הרש"ש

ולמה הוא נותן את הגמלים באמצע אלא כו' ואני נידון לפניך ואתה מתמלא עלי רחמים. עיין ברכות (נו, ב) הרואה גמל בחלום מיתה נקנסה לו מן השמים והצילוהו ממנה כו':

[ח] **והנה גם הוא אחרינו ויצו גם את השני רבי פינחס כו'.** כן צריך לומר. והשאר שבינתיים מיותר ולא גרסינן ליה:

אמרי יושר

ולמה הוא נותן הגמלים באמצע. כי יותר מתייחסים הגמלים עם החמורים שהם למשא. ועוד כדי שיבא המנין שבלא ממעלה למטה אלא שגבוהים הגמלים כבימה (עי' בס' נוף דבש פר' וישלח ד"ה עזים):

[ח] **אמר אם אמר מילה.** אם הגוי יענה קשה אומר הנה אחר בא הוא יגיד. ואנו למדין זה מיעקב והנה גם הוא אחרינו. וכן אמר כאן למי אתה ואנה תלך דוגמת השאלות הנזכרות במאמר:

מסורת המדרש

יג. ילקוט כאן רמז קל"א:

ידי משה

באילו אתה יושב על הבימה. פירש רש"י לפי שהגמלים גבוהים כבימה זו:

משנת דרבי אליעזר

[ז] **ולמה נותן הגמלים באמצע וכו'.** הפירוש כפשוטו שהרי מתחיל במספר המרובה עזים מאתים וגו', ובאמצע אומר גמלים שלשים, ואחר כך פרות ארבעים, וכי כך הוא סדר חשבון, ממה נפשך לא דק, וגם פירוש רש"י בחומש מתרץ קושיא הנ"ל, דלפי פירושו היו גמלים שלשים ובניהם שלשים סך הכל ששים ונכתב בסדר נכון, רק לפי המדרש דדרש בניהם הזכרים דהיינו שכל הגמלים לא היו רק שלשים קשה כנ"ל, ומתרץ שבא לרמז שיראה בעינו כאילו עלה למעלה לדונו ונתמלא רחמים וירד למטה, לכך הזכיר מספר המועט אחר מספר המרובה שאין ברור, וכן זה מספר פחות משלשים דאתונות ועירים גם כן שלשים, ועיין לקמן (עח, ח) דבר אחר למה שבע וגו' הוי רואה וכו' ודו"ק:

רַבִּי פִּנְחָס וְרַבִּי חֶלְקִיָּה בְּשֵׁם רַבִּי סִימוֹן – **R' Pinchas and R' Chilkiyah** said **in the name of R' Simone:** "בְּמֹצַאֲכֶם אֹתוֹ" בִּגְדוּלָּתוֹ – Jacob's words, *"In this manner shall you speak to Esau* ***when you find him,"*** contain an implicit lesson as to how future generations should treat Esau's descendants; namely, *whenever you find him* in his current condition, i.e., **in his prominence**, humble yourself before him, just as I have done in my situation.[70]

NOTES

70. Jacob humbled himself before Esau, referring to him as his master, and himself as Esau's servant. Similarly, he commanded future generations that whenever Esau's descendants have authority over the Jewish people, the Jews should humble themselves before Esau's descendants, lest they contend with the Jews (*Eitz Yosef,* citing *Nezer HaKodesh*).

"אֲתֹנֹת עֶשְׂרִים", שֶׁהֵן צְרִיכִים "עֲיָרִם עֲשָׂרָה", וְלָמָּה הוּא נוֹתֵן אֶת הַגְּמַלִּים בָּאֶמְצַע, אֶלָּא אָמַר לוֹ: הֱוֵי רוֹאֶה אֶת עַצְמְךָ כְּאִלּוּ אַתָּה יוֹשֵׁב עַל בִּימָה וְדָן וַאֲנִי נִידּוֹן לְפָנֶיךָ וְאַתָּה מִתְמַלֵּא עָלַי רַחֲמִים:

ח [לב, יח-יט] "וַיְצַו אֶת הָרִאשׁוֹן לֵאמֹר כִּי יִפְגָּשְׁךָ עֵשָׂו אָחִי ... וְאָמַרְתָּ לְעַבְדְּךָ לְיַעֲקֹב מִנְחָה הִיא שְׁלוּחָה לַאדֹנִי לְעֵשָׂו", יגרַבִּי וְרַבִּי יוֹסֵי בְּרַבִּי יְהוּדָה הָיוּ מְהַלְּכִין בַּדֶּרֶךְ, רָאוּ *גּוֹי אֶחָד בָּא לִקְרָאתָם, אָמְרִין: תְּלָת מִילִּין הוּא שָׁאֵיל לָן, מָה אַתּוּן וּמָה אוּמָּנַתְכוֹן וּלְאָן אַתּוּן אָזְלִין, מָה אַתּוּן יְהוּדָאִין, מָה אוּמָּנַתְכוֹן פְּרַגְמוּטָטִין, וּלְאָן אַתּוּן אָזְלִין לְמִזְבַּן חִטִּים מִן אוֹצָרַיָּא דְּיַבְנֶה, עָמַד לוֹ רַבִּי כְּנֶגֶד *הַגּוֹי לִרְאוֹת מַה יִּשְׁאַל, וְהִמְתִּין לוֹ רַבִּי יוֹסֵי בְּרַבִּי יְהוּדָה, אָמַר: אִם אָמַר מִלָּה אֲנָא אָמַר אוּחֲרֵי, אֲמַר לֵיהּ: וּמְנַיִן אִית לָךְ הָא, אֲמַר לֵיהּ: מִיַּעֲקֹב אֲבוּנָא, [לב, יט] "וְהִנֵּה גַּם הוּא אַחֲרֵינוּ".

[לב, יח-כ] "וַיְצַו אֶת הָרִאשׁוֹן וְגוֹ' גַּם אֶת הַשֵּׁנִי וְגוֹ'", רַבִּי פִּנְחָס וְרַבִּי חִלְקִיָּה בְּשֵׁם רַבִּי סִימוֹן: [לב, כ] "בְּמֹצַאֲכֶם אֹתוֹ", בִּגְדוּלָּתוֹ.

עץ יוסף

ולמה נותן הגמלים באמצע. כלומר כיון שהקדים פה תחלה בכולם המרובה במנין הוי ליה להעמיד הגמלים לבסוף שהוא המועט במנין. אלא רמז לו לעשו שיראה עצמו כיושב על הבימה הגבוה באמצע הבית כמו הגמל שהוא באמצע כולם וגבוה מהם:

(ח) [ז] **בא לקראתם. אמר תלת מילין הוא שאיל לן.** כן צריך לומר, וכן הוא בילקוט. ורצונו לומר שאותו העובד כוכבים ומזלות היה סרדיוט, מאותן המסבבים בדרכים לתפוס גנבים, וכשראו אותו בא לקראתם אמר ליה רבי לרבי יוסי שבודאי ישאל אותנו מי אתם ומה אומנתכם ולהיכן אתם הולכים, שזו היא דרכו ואומנתו לשאול לכל עוברי דרך כן, לכן צריכין אנחנו להכין תשובתו לכל מה שישאל טרם יקרב אלינו, לפי שלייד בפיו, ואם יראה אותנו מגמגמים בתשובה יתפסנו ויעליל עלינו עלילות דברים לומר גנבים או לסטים אנחנו. לכן אני מכין תשובה לו, שאם ישאל מה אתון אומרים לו יהודים. **מה אומנתכון, פרגמוטטין** פירוש סוחרים. ולהיכן אתם הולכים, ליקח חטים מן האוצרות דיבנה. ועמד לו רבי כנגד הסרדיוט, שאם לא יעמוד יחשוב הסרדיוט אותו לגנב שבורח. והמתין לו ר' יוסי בלדו של רבי **אמר אם אמר מילה כו'.** פירוש שר' יוסי אמר לכן אני צריך לעמוד בלדו של רבי לשמוע הטיב מה שישיב לו, משום שמא יאמר לו הסרדיוט עוד איזה שאלה ורבי יאמר לו תשובה, ואם אני לא אשמע תשובתו שמא ישאל אחר כך הסרדיוט אותי גם כן כל השאלות ואני משיב תשובה אחרת ויתפוס אותנו כגנבים: **אמר ליה ומנין אית לך הא.** פירוש ומאין למדת להכין התשובה קודם השאלה. **אמר ליה מיעקב אבינו.** וצריך לומר אמר ליה **מיעקב אבינו הדא הוא דכתיב כדבר הזה תדברון.** שהוא רמז לדורות שיכינו תשובה. וכן הוא בילקוט: [ח] **במוצאכם אותו בגדולתו.** שרמז בזה גם כן אזהרה לדורות לעשות כמותו, כי כמו שיעקב הכניע עצמו לפני עשו לומר עבדך יעקב וקראו אדון, כן כדבר הזה תדברון אל עשו במולאכם אותו

פירוש מהרז"ו

שהם צריכים כו'. לשון הירושלמי דאיכון לעיין, וכן אלל העירים שהם עמלים תמיד במלאכה ומשא, אך עזים ורחלים התישים והאילים בטלים ממלאכה ועיין רש"י בחומש: **גמלים באמצע.** שחושב כאן חמש מינים תחלה רחלים ועזים שהם מרובים מאתים מאתים, והיה לו לסדר פרות ארבעים, גמלים שלשים, אתונות עשרים, על כן דורש שלכך גמלים באמצע שסידר לפניו המנחה כדמיון בימה שגבוה באמצע ונמוכה מלדדים, כך תחלה האילים והעזים הנמוכים, ואחר כך הגמלים הגבוהים, ואחר כך הפרות והאתונות, וכמו שאמרו ויקרא רבה (י, ו) ואת פר החטאת ואת שני האילים גם כן בדמות בימה, ועיין לעיל (עח, ח) גם כן כלשון הזה: (ח) **ראו [גוי] אחד.** רבי דימה עצמו ליעקב כמו שאמרו לקמן (לו, ה) ויחי יהודה בלפורי י"ז שנה, וכל עניניו לומד מיעקב: **תלת מילין.** כמה שנאמר (לב, יח) ושאלך לאמר למי אתה ואנה תלך ולמי אלה לפניך, וכן כאן ישאל מה אתון כנגד למי אתה שפירוש מאיזה עם ומשפחה, ומה אומנתכון, כנגד ולמי אלה לפניך פירוש במה אתה עושה, ולאן אתון אזלין כנגד ואנה תלך: **פרגמטוטין.** סוחרים שלא רצו לומר שהם לומדי תורה שלא יכביד עליהם בשאלות, ולא שקרו כמה שנאמר (משלי ג, יד) כי טוב סחרה מסחר כסף, וזה מה שאמר למזבן חיטים מן אוצריא דיבנה פירוש ללמוד במקום הוועד:

חידושי הרד"ל

[ח] **מן אוצרי דיבני.** והוא אולר לתבואת ארנונא מס למלכי רומי שעשו ביבנה, והיו מוכרים משם חטים לרבים, עיין בתוספתא דמאי פ"א (ה"י), ובתוספתא שלהי מכשירין ובמה שכתבתי שם בסייעתא דשמיא:

חידושי הרש"ש

ולמה הוא נותן את הגמלים באמצע אלא כו' ואני נידון לפניך ואתה מתמלא עלי רחמים. עיין ברכות (נו, ב) הרואה גמל בחלום מיתה נקנסה לו מן השמים והצילוהו ממנה כו':

[ח] **והנה גם הוא אחרינו ויצו גם את השני רבי פינחס כו'.** כן צריך לומר. והשאר שבינתיים מיותר ולא גרסינן ליה:

אמרי יושר

ולמה הוא נותן הגמלים באמצע. כי יותר מתייחסים הגמלים עם החמורים שהם למשא. ועוד כדי שיבא המנין ששלח ממעלה למטה אלא שגבוהים הגמלים כבימה (עי' בס' נוף דבש פר' וישלח ד"ה עזים):

[ח] **אמר אם אמר מילה.** אם הגוי יענה קשה אומר הנה אחר בא הוא יגיד. ואנו למדין זה מיעקב והנה גם הוא אחרינו. וכן אמר כאן למי אתה ואנה תלך דוגמת השאלות הנזכרות במאמר:

מסורת המדרש

יג. ילקוט כאן רמז קל"א:

ידי משה

באילו אתה יושב על הבימה. פירש רש"י לפי שהגמלים גבוהים כבימה זו:

משנת דרבי אליעזר

[ז] **ולמה נותן הגמלים באמצע וכו'.** הפירוש כפשוטו שהרי מתחיל במספר המרובה עזים מאתים וגו', ובאמצע אומר גמלים שלשים, ואחר כך פרות ארבעים, וכי כך הוא סדר חשבון, ממה נפשך לא דק, וגם פירוש רש"י בחומש מתרץ קושיא הנ"ל, דלפי פירושו היו גמלים שלשים ובניהם שלשים סך הכל ששים ונכתב בסדר נכון, רק לפי המדרש דדרש בניהם הזכרים דהיינו שכל הגמלים לא היו רק שלשים קשה כנ"ל, ומתרץ שבא לרמז שיראה בעינו כאילו עלה למעלה לדונו ונתמלא רחמים וירד למטה, לכך הזכיר מספר המועט אחר מספר המרובה שאין ברור, וכן זה מספר פחות משלשים לאתונות ועירים גם כן שלשים, ועיין לקמן (עח, ח) דבר אחר למה שבע וגו' הוי רואה וכו' ודו"ק:

רש"י

הוי רואה את עצמך כאלו אתה יושב על בימה ואני נדון לפניך. לפי שגמלים גבוהים כבימה זו: (ח) **ראו גוי אחד בא לקראתם אמר תלת מילין ההוא גוי שאיל לן. מה אתון ומה אומנותכון ולאן אתון אזלון: למזבן חטי מן אוצרא דיבנה: עמד לו רבי.** כלומר הלך ועמד לו **כנגד הגוי לראות מה ישאל והמתין** עצמו, **רבי יוסי ברבי יהודה אמר אם אמר מלה אנא אמר אוחרי.** אם יענהו הגוי מאותה תשובה שיאמר לו רבי, אני אבא אחריו ואשיבהו תשובה אחרת: **במוצאכם אותו בגדולתו.** מלמד היה לדורות הבאים איך יספרו כנגדו דרך בקשות כמו שהוא עושה, הדא הוא דכתיב כדבר הזה תדברון אל

מתנות כהונה

ולמה הוא נותן כו'. שהיה לו לסמוך הטהורים לטהורים: **ואתה מתמלא כו'.** ודרש גמלים לשון גמילות חסד: [ח] **מה אתון יהודאין.** אם ישאל לנו מה אתה, כלומר מאיזה אומה אתם אני אומר יהודים אנחנו, ואם יאמר מה אומנות שלכם אומר סוחרים כו': **למזבן כו'.** לקנות חטים מאוצרות של עיר יבנה: **אם אמר מלה כו'.** אם יאמר דבר שאלה אחת אני אענה עליו כפי השאלה. ורש"י ז"ל פירש רבי יוסי בר יהודה אמר בלבו אם יענהו הגוי מאותה תשובה שיאמר לו רבי, אני אבוא אחריו ואשיבהו תשובה אחרת: **אמר ליה ומניין כו'.** רבי יוסי אמר ליה לרבי מניין לך זאת להכין דבר תשובה קודם בא השאלה, ואמר ליה מיעקב אבינו שאמר למוליכי המנחה כדבר הזה תדברון וגו': **במוצאכם אותו בגדולתו.** נראה שרמז על העתיד שאם נמצא בני עשו בהצלחתן ובגדולתן נהיה נדחים מפניהם עד עת בא הישועה, וזהו והנה גם הוא אחרינו:

אשד הנחלים

הגמלים באמצע כו' ואני נידון לפניך. המתנות כהונה פירש שגמל מלשון גמילות חסד, וזה דחוק. אך לפי הציור יש בו תוך, ע"פ הידוע שהגמלים הם מין חמור, ומצורף לזה דברי חכמי אמת שקליפת חמור הוא הקשה מכולם, ולכן משמרה ראשונה חמור נוער, שאז הוא שליטת הדין מאד, ולכן לעת הגאולה על משיח צדקינו כתוב (זכריה ט, ט) עני ורוכב על החמור כלומר שליט עליו ומכניעו, ובעת פתוי הנחש לאדם אמרו (עיין פרקי דרבי אליעזר פרק יג) שהיה כמין גמל וסמאל היה רוכב עליו, וא"כ יעקב שהיה צריך לעמוד מול כחו הרע, היה עומד אצלו בבקשה מלפני ה' וכאלו הוא נידון ומבקש מה' הצלתו, כי מעשי הקדושים כאלו פועל דמיונו בארץ דוגמת הדבר שהם פועלים למעלה. והבן כי הוא דרך אמיתי למתבונן היטב על רמזי חז"ל: [ח] **הוא שאיל לן כו'.** מדרך הסברא אמרו כן שכן דרך ששואלים, ומרומז זאת בכתוב, למי אתה, למי מאיזה אמונה, ואנה תלך, היינו לאן אתון אזלין, ומי אלה לפניך, מהו אומנתכון, כי בדבר העקרי שואלים תחילה: **מיעקב.** שכן מדרך החכמה לסדר הדבר ע"י אחר, ופן לא יתקן הראשון כל כך יבוא השני אחריו למלאות דבריו:

☐ וַאֲמַרְתֶּם גַּם הִנֵּה עַבְדְּךָ יַעֲקֹב אַחֲרֵינוּ — *"... AND YOU SHALL SAY, 'MOREOVER – BEHOLD YOUR SERVANT JACOB IS BEHIND US.'"*

The Midrash cites a verse from *Job*, which it relates to Jacob:

"הֲדָא הוּא דִכְתִיב "אֶרֶץ נִתְּנָה בְיַד רָשָׁע פְּנֵי שֹׁפְטֶיהָ יְכַסֶּה וְגוֹ' — **Thus it is written** in Scripture, ***The earth is delivered into the hands of the wicked one, who covers the faces of its judges, etc.*** (*Job* 9:24).[71]

☐ וַיִּתֵּן בְּיַד עֲבָדָיו עֵדֶר עֵדֶר לְבַדּוֹ — *HE PUT IN HIS SERVANTS' CHARGE EACH DROVE SEPARATELY.*

The verse means that Jacob kept each species separately. This leads the Midrash to ask:

לָמָּה לֹא הִכְנִיסָן לוֹ בְּעִרְבּוּבְיָא — **Why did [Jacob] not assemble [all the species of animals] for [Esau] in** one **mixed group?** Why did he send each species by itself?[72] כְּדֵי לְתַמְּהוֹ עַל דּוֹרוֹן שֶׁלוֹ — **In order to astound [Esau] over** the immensity of **his tribute.**[73] וְלָמָּה לֹא הִכְנִיסָן כּוּלָּן כְּאַחַת — **And why did [Jacob] not assemble them all as one,** i.e., one species immediately behind the other; why did he insist that spaces be put between the droves, as it states, *and leave a space between drove and drove?* (32:17).[74] כְּדֵי לְהַשְׂבִּיעַ עֵינָיו שֶׁל אוֹתוֹ רָשָׁע — **In order to satiate the eyes of that wicked one,** i.e., the greed of Esau.[75] אָתֵי לְמֶחְסַל וְהוּא אָמַר: קַבֵּיל — **[Esau] came to finish** accepting one tribute, **and [the leader of the next drove] said, "Accept** another tribute." אָתֵי לְמֶחְסַל וְהוּא אָמַר: קַבֵּיל — **[Esau] came to finish** accepting that tribute **and [the leader of the next drove] said, "Accept** yet another tribute."[76]

☐ וַתַּעֲבֹר הַמִּנְחָה עַל פָּנָיו וְגוֹ' — *SO THE TRIBUTE PASSED ON BEFORE HIM, ETC.*

The Midrash expounds the phrase עַל פָּנָיו, lit., *on his face,* but used here to mean *before him*:

אַף הוּא בְּעָקָא — **[Jacob], too, was in a state of distress** and anger that he needed to do all this to appease Esau.[77]

וַיָּקָם בַּלַּיְלָה הוּא וַיִּקַּח אֶת שְׁתֵּי נָשָׁיו וְאֶת שְׁתֵּי שִׁפְחֹתָיו וְאֶת אַחַד עָשָׂר יְלָדָיו וַיַּעֲבֹר אֵת מַעֲבַר יַבֹּק. וַיִּקָּחֵם וַיַּעֲבִרֵם אֶת הַנָּחַל וַיַּעֲבֵר אֶת אֲשֶׁר לוֹ.

But he got up that night and took his two wives, his two handmaids, and his eleven sons and crossed the ford of the Jabbok. And he took them and brought them across the stream, and he brought across that which was his (32:23-24).

§9 וַיָּקָם בַּלַּיְלָה הוּא וַיִּקַּח אֶת שְׁתֵּי נָשָׁיו וְאֶת שְׁתֵּי שִׁפְחֹתָיו וְגוֹ' — *BUT HE GOT UP THAT NIGHT AND TOOK HIS TWO WIVES, HIS TWO HANDMAIDS, ETC. [AND HIS ELEVEN SONS].*

The verse mentions that Jacob took his eleven sons, but makes no mention of his daughter Dinah, prompting the Midrash to ask:

וְדִינָה הֵיכָן הִיא — **And were was Dinah?** נְתָנָהּ בְּתֵיבָה וְנָעַל בְּפָנֶיהָ — **[Jacob] put [Dinah] her into a chest and closed it over her.**[78] אָמַר: הָרָשָׁע הַזֶּה עֵינוֹ רָמָה הִיא — **[Jacob] said, "This wicked one's,** i.e. Esau's, **eye is raised,** i.e., he strays after his eyes, שֶׁלֹּא יִתְלֶה עֵינָיו וְיִרְאֶה אוֹתָהּ וְיִקַּח אוֹתָהּ מִמֶּנִּי — **lest he raise his eyes and see her, and take her from me."**

NOTES

71. The *Job* verse states that when the wicked are in control, judges are forced to cover their faces. Similarly, Jacob appeared before Esau only after he appeased him with a gift (*Eitz Yosef,* citing *Radal*; see ad loc., citing *Matnos Kehunah,* for an alternative explanation).

72. *Eitz Yosef.*

73. I.e., he wanted each herd to be distinct in order to impress Esau with the immensity of the tribute, and with the many species of animals that were included in his gift. This would not be readily apparent if all the species were combined together as one group (*Eitz Yosef*). Moreover, he wanted each drove to be distinct so that Esau would take note of the proper proportion of males to females. Thereby he would realize that Jacob carefully assembled the tribute, so that it would yield the maximum productivity (see *Yefeh To'ar; Matnos Kehunah; Sforno*).

74. *Eitz Yosef; Matnos Kehunah.* I.e., he placed one drove before the other as far as the eye can see.

75. [Had all the animals been bunched together, the large number would have been less impressive.] If Jacob would have sent the different species one right after the other, Esau would have viewed everything as a single gift, and thus only be gratified once. Now that Jacob spaced them out, Esau was gratified anew each time he received another drove (*Eitz Yosef*).

76. Jacob spaced the droves so that when one group reached Esau the next group would be just out of eyesight (*Rashi* to 32:17 s.v. ורוח תשימו). Upon accepting each drove, Esau thought that he had received the complete gift. At that moment, the next drove would appear and the leader would tell him that he had another drove for him (*Eitz Yosef; Rashi; Matnos Kehunah*). [Jacob did not leave larger spaces, so that Esau would not forget the previous groups. This way the gift had the effect of numerous gifts while retaining the effect of one large gift (cf. *Sifsei Chachamim* to 32:17).]

77. The verse could have expressed "before him" with לְפָנָיו. It uses עַל פָּנָיו instead, because עַל can be understood as "despite." The phrase is thus understood by the Midrash to mean "his sullen or furious countenance" [that is how it is used with regard to Esau in v. 21]. The verse is thus interpreted as "So the tribute passed, despite his sullen countenance" (see *Yefeh To'ar*).

Yefeh To'ar explains that although Jacob made so many preparations to appease his brother, and he prayed for God's protection, he was still worried that it would be to no avail. Alternatively, he was angry that he needed to appease Esau (ibid., from *Mizrachi*). See Insight Ⓐ.

78. Had the verse said only יְלָדָיו, we would have understood it as "his children," and it would include Dinah. Now that it mentions the number eleven, Dinah is excluded. [If Jacob would have taken Dinah, leaving behind one of his sons, the verse would have said "his ten sons and his daughter."] Alternatively, we know that Dinah is the one excluded and not one of Jacob's sons because it is taught (*Zevachim* 53b-54a) that the Temple was built in the territory of Benjamin, since he was the only tribe that did not bow before Esau (for he was not yet born). Now, had one of the brothers been absent, he would have deserved to have the Temple built in his territory (*Gra*).

Thus, Jacob did not transport Dinah together with his wives and sons, but, rather with the rest of his possessions, which are mentioned in the next verse (*Eitz Yosef*).

INSIGHTS

Ⓐ **He, Too, Was in Distress** *Nezer HaKodesh* offers a completely different interpretation of this Midrash: When the Midrash comments, "He, too, was in distress," it is coming to explain the end of the verse, *while he spent that night in the camp* (as indicated by the appearance of the word וְגוֹ', *etc.,* which directs our attention to the *next* part of the verse, which is not cited). I.e., Jacob spent the night not in his tent, but outdoors, in the camp with his servants and shepherds, in case Esau should come at night and attack them. The Midrash explains that he did this in order to "share their distress" and, in the event that Esau would attack, so that his merits should afford them protection.

Meshech Chochmah (on our verse), too, explains that the Midrash is expounding the end of the verse. But he understands the words "He too was in distress" as referring to *God.* God, too, was (so to speak) "in distress" together with Jacob. This is meant in the manner of the verse in *Psalms* 91:15, in which God says, *I am with him in distress,* on which the Midrash elsewhere (*Shemos Rabbah* 2 §5 et al.; see also *Taanis* 16a) comments that God, too, as it were, "feels the pain" of those who call upon Him in their suffering.

[לב, כא] "וַאֲמַרְתֶּם גַּם הִנֵּה עַבְדְּךָ יַעֲקֹב אַחֲרֵינוּ", הָדָא הוּא דִכְתִיב (איוב ט, כד) "אֶרֶץ נִתְּנָה בְיַד רָשָׁע פְּנֵי שֹׁפְטֶיהָ יְכַסֶּה וְגוֹ'". [לב, יז] "וַיִּתֵּן בְּיַד עֲבָדָיו עֵדֶר עֵדֶר לְבַדּוֹ", לָמָּה לֹא הִכְנִיסָן לוֹ בְּעִרְבּוּבְיָא, כְּדֵי לְתַמְּהוֹ עַל דּוֹרוֹן שֶׁלּוֹ, וְלָמָּה לֹא הִכְנִיסָן כּוּלָּן כְּאַחַת, כְּדֵי לְהַשְׂבִּיעַ עֵינָיו שֶׁל אוֹתוֹ רָשָׁע, אָתֵי לְמֶחְסַל וְהוּא אָמַר: קַבֵּיל, אָתֵי לְמֶחְסַל וְהוּא אָמַר: קַבֵּיל. [לב, כב] "וַתַּעֲבֹר הַמִּנְחָה עַל פָּנָיו וְגוֹ'", אַף הוּא בְּעָקָא:

ט [לב, כג] "וַיָּקָם בַּלַּיְלָה הוּא וַיִּקַּח אֶת שְׁתֵּי נָשָׁיו וְאֶת שְׁתֵּי שִׁפְחֹתָיו וְגוֹ'", וְדִינָה הֵיכָן הִיא, [יד]נְתָנָהּ בְּתֵיבָה וְנָעַל בְּפָנֶיהָ, אָמַר: הָרָשָׁע הַזֶּה עֵינוֹ רָמָה הִיא, שֶׁלֹּא יִתְלֶה עֵינָיו וְיִרְאֶה אוֹתָהּ וְיִקַּח אוֹתָהּ מִמֶּנִּי, רַבִּי הוּנָא בְּשֵׁם רַבִּי אַבָּא הַכֹּהֵן בַּרְדְּלָא אָמַר: אָמַר לוֹ הַקָּדוֹשׁ בָּרוּךְ הוּא: (איוב ו, יד) "לַמָּס מֵרֵעֵהוּ חָסֶד", מָנַעְתָּ מֵרֵעֲךָ חֶסֶד, מָנַעְתָּ חִסְדָּא מִן אֲחוּךְ, דְּאִלּוּ אִיתְנְסִיבַת לְגַבְרָא לָא זִינְתָה,

עץ יוסף

אף הוא בעקא. דורש על פניו על כעסו כמו שנאמר (שמות לג, יד) פני ילכו: (ט) ויקח את שתי וכו'. ואת אחד עשר ילדיו שהיה לו לומר ואת שתים עשר ילדיו, ודרש שטמנה, כמו שאמרו לעיל (מ, ה). ומה שאמר ויקח אותה פירוש לאשה:

רש"י

עשו: כי אמר אכפרה פניו. הדא הוא דכתיב ארץ נתנה ביד וגו'. שיעקב היה מתיירא לראות את פניו כי אמר אכפרה פניו: אתי למחסל אמר ליה קביל. לכשמסיים מנחה אחת, אמר ליה קבל מנחה אחרת עוד להשביע עינו: אף הוא הוה בעקא. אף על פי שהיה נותן לו מנחה, היה יעקב שרוי לו בצער שהיה צריך לכל אלה: (ט) אמר לו הקב"ה למס מרעהו חסד, מנעת חסד מן אחיך. שלא נתת לו את בתך לאשה.

פירוש מהרז"ו

בגדולתו שתכניעו לפניו לבל יתגרה בכם (נזר הקודש): אחרינו הדא הוא דכתיב ארץ נתנה ביד רשע כו'. שיעקב כיסה והחביא עצמו לבלתי ראות פניו עד שתעבור המנחה ויכפר פניו ואחר כך יראה פניו (הרד"ל). והמתנות כהונה כתב הדא הוא דכתיב ארץ נתנה ביד רשע פני שופטיה יכסה. פירוש שיעקב קרא עצמו עבד לו, וזה פני שופטיה יכסה עד כאן לשונו. ורצונו לומר שמכנה הכנעת השופטים והגדולים לפני הרשע בשם כיסוי פנים: למה לא הכניסן בערבוביא. כלומר כל המינים יחד בערבוביא מדוע הקפיד ליקח כל מין ומין לבדו. על זה אמר כדי לתמהו על דורון שלו. כלומר על רבוי הדורון בכמה מינים וכדלעיל (סימן ו) ואילו יכנסו בערבוביא לא יכול להבחין היטיב בזה: ולמה לא הכניסן כולן באחת. דהיינו מיד עדר אחר עדר תכופים זה אחר זה, ולמה אמר ורוח תשימו בין עדר לעדר דהיינו כמלא עין כמו דפרש"י. על זה אומר כדי להשביע עינו של אותו רשע. שאם יראה הכל בפעם אחת יהיה כל ההנאה בהעלם אחת, אבל עכשיו בא לו בכל פעם הנאה מחודשת, דכי הוי אתי למחסל כלומר לסיים בקבלה בחושבו שכבר נגמר הדורון והמנחה מאז, שוב בא מנהיג עדר אחר והוא אמר קביל, ומזה בא לו בכל פעם הנאה מחודשת, וכל זה כדי להשביע עינו: אף הוא בעקא. פירוש בצרה. ורצונו לומר מדכתיב על פניו ולא כתיב לפניו שמע מיניה דאתא לרמז שאף יעקב בצער וכעס (יפה תואר). או אפשר שקאי אסיפא דקרא והוא לן בלילה ההוא במחנה שבלילה ההוא לן במחנה עם העבדים והרועים בצאן כדי להשתתף בצרתם ולהגין עליהם (נזר הקודש): (ט) ודינה היכן היא. דלא קאמר אלא ואת אחד עשר ילדיו. וקאמר שנתנה בתיבה, ולכן לא העבירה עם נשיו וילדיו, והיתה בכלל ויעבר את אשר לו: למס מרעהו חסד. כמו שמנע יעקב מאחיו חסד כן ימנעו אחיו ממנו (יפה תואר): מנעת חסדא מן אחיך. שאילו נישאת לו אולי היה שב בתשובה על ידה שהכל מן האשה כדלעיל פרשה י"ז, ולפי שמנעת חסד מן אחיך נענשת שזינתה, שאילו נישאת לא זינתה:

מתנות כהונה

ארץ נתנה וגו'. שיעקב קרא עצמו עבד לו, וזהו פני שופטיה יכסה (איוב ט, כד): לתמהו בו'. כלומר שיראה ויבין היאך המה מסודרים כהלכתן, ובפירש"י בחומש גרס לתווהו על ריבוי דורון, משמע שיראה שהמה מינים רבים, ומתוך זה יעמוד על מנינם וידע כי רב הוא: כולן באחת. מיד עדר אחר עדר, ולמה רווח תשימו: למיחסל. לסיים שסבור שכבר כלה המנחה ועוד מעט ועוד עדר בא: והוא אומר. מוליך העדר אמר לעשו, קבל עוד: אף הוא בעקא. אף על פי שהיה יעקב שולח לו המנחה לא ניחא דעתו והיה שרוי בצער שצריך לכל זה, וכן פירש"י בהדיא: [ט] ודינה היכן היא. דייק מדכתיב אחד עשר ילדיו וכיילינהו כולהו להדדי שמע מינה בשוין דבר הכתוב. גם הנקבה נקראת בלשון הקודש ילדה, והכינוי ליחידי ילדותו, וכינוי לרבות ילדותיו, כמו נערה נערותיו, ואינה נכנסת בכינוי הרבים לזכרים שהוא ילדיו, וילד כינוי ליחיד: ברדלא. שתי תיבות הן, בר, דלא, בנו של דלא והוא שם אדם, וכן הוא בהרבה מקומות ואם תתפשנה תמצאנו במדרש קהלת ובירושלמי פעמים לא מעטים וכן פירשו בספר יוחסין. גם יכול להיות שנקרא כן על שם מקומו כדאיתא בירושלמי בפרק הדר (עירובין פ"ו ה"ח) אנשי ברדלא [בר דליה], וכן הוא בירושלמי בהרבה מקומות: דאלו אתנסיבת בו'. אלו היתה נישאת לאיש לא באת לכלל זנות שלא היה לקחה שכם: הנסבת

נחמד למראה

[ט] ודינה היכן היא. אמר המדפיס קאשמן בן הר"ר יוסף ברוך ז"ל כבר הקשו כל המפרשים על מדרש זה דמאין היה להם זה שדינה היתה חסירה, דלמא אחד משאר הילדים. ותירצו כל אחד ואחד כפי מעלתם ומדרגתם עיין עליהם. ואף שקטנה עצה ממתניס שלי, מכל מקום אמרתי הניחו לי מקום להתגדר בו ואטענה אף אני חלקי ויהא רעוא דתיהוי מלתא דתתקבל. והוא, דהמדרש דייק מגופה דקרא שדינה היתה חסירה ולא שום ולד אחר, בהקדים הידוע שכל התורה כולה בלשון זכר נאמרה וכמו שכתבו התוספות ריש מסכת קדושין (ב, ב) בד"ה ליתני שלשה עיין שם, רצונם לומר שאם הענין מדבר ביחיד ויחידה יחד או ברבים ורבות בכלל, ואי אפשר לומר בהם לשון זכר ולשון נקבה, ואם כן מוכרח לומר או לשון זכר או לשון נקבה, שאז כל התורה כולה נאמרה בלשון זכר, והנקבה או הנקבות נכללו באותו לשון זכר, ובהיות כן לכאורה קשה דכתיב באותו הענין (לג, ו) ותגשן השפחות הנה וילדיהן ותשתחוין, דבכאן היו זכרים ונקבות והכתוב אומר ותשתחוין בלשון נקבה, וישתחוו בלשון זכר הוה ליה למימר, ובפרט שהזכרים בכאן היו ארבעה והמה יותר מהנקבות שהיו רק שתים, רק יש לתרץ על זה דזיל

אשד הנחלים

הה"ד ארץ. הוא ענין אחר להורות על מי שההצלחה עומדת לו, שאז פני האמיתיים והצדיקים יכסה וימנע מהם הגדולה, כי נכנע תחת עול הרשע: לתמהו. ענין תמהון, כי ידמה שרב הוא למאוד ויעור עיניו במנחתו, כי בעת שידמה שהוא הסוף של מנחה יראה כי עוד בא מנחה לפניו, ועל ידי כך מעט מעט יכבה השנאה מלבו. ולא כן אם המנחה באה בבת אחת שאז אין העין שבע כל כך כי אם מבטת רק על הכלל כולו: למיחסל. לשון סוף וקץ: בעקא. ודרש על פנים לשון כעס, כמו ופניה לא היו לה עוד (שמואל א' א, יח) כי היה בצער גדול שהוכרח להכניע מפניו: [ט] חסדא מן אחוך. לפי הנוסחא אחרינא אמר איוב מול חביריו ורעיו שמאשימים אותו שחטא, ואמר על עצמו האם תושיה נדחה ממני, וכי לא נושעתי בקחתי את דינה, והיא החזירני למוטב, ומדוע בא עלי כל זאת, כי הנה נמס החסד מעם רעהו זה עשו ולכן ויראת שדי יעזוב, אך אנכי ירא מדבר ה'. אך מסוף הדברים לא בקשת, משמע שגם זה מרומז בפסוק ויראת שדי יעזוב, כלומר על שמנע חסדו מעשו, על כן באה לדבר שנעזב יראת שדי, כלומר שנלקחה באיסור:

חידושי הרד"ל

אחרינו הדא הוא דכתיב ארץ כו' פני שופטיה יכסה. שיעקב כיסה והחביא עצמו לבלתי ראות פניו עד שתעבור המנחה ויכפר פניו, ואחר כך יראה פניו:

זרע אברהם

[ט] [דינה היכן היא וכו' לא בקשת להשיאה כו' הדא הוא דכתיב ותצא דינה]. ולקמן בריש פרשה פא איתא וזה לשונו אחר נדרים לבקר אמר ר' ינאי איחר אדם את נדרו נתבקרה פנקסו. וברש"י בחומש פירש שניהם (בראשית לב כג. לה א ד"ה קום) וקשה אהדדי (עי' חזקוני בראשית לה א וס' נוף דבש וישלח ד"ה קום). ונראה לי דהכי פירושו לפי שהב"י פירש (יו"ד ריש סימן רג בשם הרא"ש) שמלמדים עליו חובה על שנדר שהיה בטוח כל כך במעשיו שיקיים הנדר על כן מעיינן ליה בעובדיה ולכן פנקסו נפתח ואם כן האמת שהעיקר הטעם שנאמר לעיל היה בשביל שמנעה מעשו כדכתיב מקרא מלא למס מרעהו חסד רק שעל ידי שאיחר נדרו היה פנקסו נפתחת ונמצא עון זה ואם לא היה מאחר נדרו לא היה נפרעים ממנו כל כך מהרה וקל להבין:

אמרי יושר

ארץ נתנה ביד רשע. צריך שיכסא פני שופטיה בשוחד: הוא בעקא. שראה שעה עומדת ליעקב. או רש"י פירש שיעקב בצרה על שהוצרך לזה:

משנת דרבי אליעזר

[ט] ודינה היכן היתה. דאין לומר דחסר אחד מהשבטים, לא ידענו מי הוא, ולא בא לסתום אלא לפרש, גם אין טעם למה הטמינו, אלא על כרחך דינה היתה דיש למצוא טוב טעם למה הטמינה:

מסורת המדרש

יד. ילקוט איוב רמז תת"ק:

אם למקרא

אֶרֶץ נִתְּנָה בְיַד רָשָׁע פְּנֵי שֹׁפְטֶיהָ יְכַסֶּה אִם לֹא אֵפוֹא מִי הוּא: (איוב ט:כד)

לַמָּס מֵרֵעֵהוּ חָסֶד וְיִרְאַת שַׁדַּי יַעֲזוֹב: (שם ו:יד)

ידי משה

[ט] ודינה היכן היתה. שמעתי פירוש המדרש זה בשם דודי הגאון מהור"ר מן אשכנז אב"ד דק"ק קראטשין לפי שאמר יוסף לבנימין (מג, כט) אלהים יחנך בני לפי שבכל השבטים נאמר חנינה שאמר יעקב הילדים אשר חנן אלהים את עבדך ובנימין עדיין לא היה בעולם, לכך נאמר כאן חנינה בפני עצמו ואם כן על כרחך דינה היתה דאם לא כן ששום שבט אחר קשה למה לא אמר גם כן גביה חנינה אלא על כרחך דינה היתה ודוק:

שינוי נוסחאות

(ט) דאלו איתנסיבת לגברא לא זינתה, {נוסח אחר דנסבת לאיוב לאו גיירתיה, בתמיה}. מה שכתוב כאן כנוסח אחר הוא הנוסח המקורי, ומה שכתוב לפני זה "דאלו איתנסבת לגברא לא זינתה" וגם תיבת "בתמיה" הן תוספת מאוחרת, וליתה בכי"י. [בכי"י המוקדמים היה כתוב "דנסבת לאינש לא גיירתה", ופירושו "אילו היתה נישאת לאיש לא זינתה" (ע' רש"י), (והיינו "דאלו איתנסיבת לגברא לא זינתה" שכתוב בספרי הדפוס), ובמשך השנים כתבו "לאיוב" תחת "לאינש":]

Jacob is taken to task for hiding Dinah from Esau:
רַבִּי הוּנָא בְּשֵׁם רַבִּי אַבָּא הַכֹּהֵן בַּרְדְּלָא אָמַר — **Rav Huna said in the name of R' Abba HaKohen Bardela:** אָמַר לוֹ הַקָּדוֹשׁ בָּרוּךְ הוּא: "לַמָּס מֵרֵעֵהוּ חָסֶד" — **The Holy One, blessed is He, said to [Jacob]:** ***by one who withholds kindness from his fellow*** (*Job* 6:14). מָנַעְתָּ מֵרֵעֲךָ חֶסֶד — **You have withheld kindness from your fellow;** מָנַעְתָּ חִסְדָּא מִן אָחוּךְ — that is, **you have withheld your kindness from your brother,**[79] דְּאִלּוּ אִיתְנְסִיבַת לְגַבְרָא לָא זִינְתָה — **for if [Dinah] would have been married to a man, Shechem would not have cohabited illicitly** with her.[80]

NOTES

79. As taught above (17 §7), whether a couple is righteous is generally dependent on the wife: If she is righteous, she prevails on her husband to be righteous. If she is wicked, she prevails on her husband to be wicked. Hence, if Dinah had married Esau perhaps she would have been able to prevail on him to repent. By withholding Dinah from Esau, Jacob was withholding from him this kindness (*Eitz Yosef*).

Tiferes Tzion suggests that the Midrash's seemingly redundant expression, "You have withheld kindness from your fellow; you have withheld your kindness from your brother," actually refers to two different people — to Dinah and to Esau. I.e., he withheld kindness from *Dinah* for had she married Esau she would have been spared the fate of Shechem violating her, as the Midrash soon explains; and he withheld kindness from his brother Esau, by not letting Dinah marry him and influence him to repent. See Insight Ⓐ.

80. [See below, Chapter 34.] Shechem would not have abducted a married woman (*Matnos Kehunah*).

INSIGHTS

Ⓐ **Association and Attitude** This Midrash begs for an explanation: How could Jacob possibly be punished for not wanting to marry off his daughter to Esau?! Esau was a man of monstrous evil. Would he not be, perhaps, the worst possible match for Dinah? And if we shall entertain the notion that she might have caused him to repent, what of it? The Gemara urges a father to marry his daughter off to a Torah scholar, and condemns marrying her off to an unlearned man who shuns a Torah lifestyle (*Pesachim* 49b). And this is not to mention that Esau had sought to kill Jacob for twenty years!

The *mussar* masters explain that, indeed, it would have been wrong to give Dinah to Esau. There is no complaint against Jacob for avoiding this. Rather, Jacob is called to account for something far more subtle: the lack of a sigh. Granted that Esau and Dinah were not a match, but why didn't Jacob sigh with regret that this was so? The purpose of Creation is kindness. *Olam chesed yibaneh.* God's benevolence infuses its every facet, and we are enjoined to emulate God in this attribute. One must desire to be kind to others even when implementing this desire in practice is not permissible or feasible. Thus, the righteous Jacob was expected to be *greatly pained* by his inability to bring his brother closer to God via the positive influence of his righteous daughter Dinah. [*R' Naftali Shakovitzky,* Chief Rabbi of Gateshead, cites his teacher, the Alter of Slabodka, as explaining that Jacob *did* grieve deeply over this — but not deeply enough.] And it is for this that Jacob was punished (*Tevunah* IV, p. 30; see also *R' Yerucham Levovitz* in *Daas Torah, Vayeilech*).

R' Yaakov Kamenetsky suggests a different approach. He notes the view of *Malbim* (on 27:1 above) that Isaac initially intended to bless Esau with material success and Jacob with spiritual achievements, so that they would form a partnership in which Esau would work and support Jacob's Torah study and service of God (see also *Ohr Gedalyahu, Parashas Toldos* at length). Based on this premise, he suggests that Jacob later sent angelic messengers to the approaching Esau so that they could determine his true feelings and help Jacob decide whether the moment was ripe for proposing such a partnership. By even entertaining the possibility that Esau might accept such an arrangement, Jacob indicated that, in his own view, Esau had a good side as well and was not hopelessly evil. For this reason God held him accountable when he did not attempt to bring Esau closer to Hashem through the marital influence of the righteous Dinah.

In this context, one may add that the Midrash above (17 §7) explains how everything depends on the wife: A saintly man was once married to a saintly woman for many years without having children. Deciding that they were not helping to further God's wish to populate the world, they divorced. The saintly man married a wicked woman who turned him into a wicked man and the saintly woman married a wicked man. She turned him into a saintly man.

A saintly woman is not encouraged to marry a wicked man. But the power of a wife to influence her husband is clear. It is a power that can transform generations.

* * *

Jacob and Leah One might wonder: What is the difference between Jacob, who denied his daughter Dinah to Esau, and Leah, who constantly wept and prayed to avert her marriage to Esau? Seemingly they acted in a similar manner. Yet whereas Jacob is taken to task, the Midrash (above 71 §2) praises Leah for her actions, using her as an example of the efficacy of prayer. Possibly, as a daughter of the wicked Laban, Leah felt it was too much of a risk to her own spiritual well-being to marry the wicked Esau. Dinah, however, was the daughter and granddaughter of righteous people. She was less at risk should she marry Esau, and was in a position to influence him positively. Moreover, Jacob had a stronger obligation to bring his brother Esau back into the fold than did Leah, who was only his cousin (*Oznaim LaTorah*). *Maskil LeDavid,* however, asserts that there is no difficulty here. Possibly, if she were actually put in a position to marry Esau, Leah would have agreed, for the very reason that she might influence him to repent his ways. Praying that she be spared the fate of marrying the wicked Esau however, was not a contradiction to this. It is still preferable to marry the righteous Jacob than to marry the wicked Esau. Unlike Jacob, Leah did not take any steps to prevent a union with Esau. Had Jacob simply prayed that Dinah not suffer the fate of being Esau's wife, he would not have been punished. Jacob, however, went further, actually taking action to prevent their marriage. For this reason he was deserving of punishment.

[לב, כא] "וַאֲמַרְתֶּם גַּם הִנֵּה עַבְדְּךָ יַעֲקֹב אַחֲרֵינוּ", הָדָא הוּא דִכְתִיב (איוב ט, כד) "אֶרֶץ נִתְּנָה בְיַד רָשָׁע פְּנֵי שֹׁפְטֶיהָ יְכַסֶּה וְגוֹ'". [לב, יז] "וַיִּתֵּן בְּיַד עֲבָדָיו עֵדֶר עֵדֶר לְבַדּוֹ", לָמָּה לֹא הִכְנִיסָן לוֹ בְּעַרְבּוּבְיָא, כְּדֵי לְתַמְּהוֹ עַל דּוֹרוֹן שֶׁלּוֹ, וְלָמָּה לֹא הִכְנִיסָן כּוּלָּן כְּאַחַת, כְּדֵי לְהַשְׂבִּיעַ עֵינָיו שֶׁל אוֹתוֹ רָשָׁע, אָתֵי לְמֶחְסַל וְהוּא אָמַר: קַבֵּיל, אָתֵי לְמֶחְסַל וְהוּא אָמַר: קַבֵּיל. [לב, כב] "וַתַּעֲבֹר הַמִּנְחָה עַל פָּנָיו וְגוֹ'", אַף הוּא בְּעָקָא:

ט [לב, כג] "וַיָּקָם בַּלַּיְלָה הוּא וַיִּקַּח אֶת שְׁתֵּי נָשָׁיו וְאֶת שְׁתֵּי שִׁפְחֹתָיו וְגוֹ'", וְדִינָה הֵיכָן הִיא, יְנְתָנָהּ בְּתֵיבָה וְנָעַל בְּפָנֶיהָ, אָמַר: הָרָשָׁע הַזֶּה עֵינוֹ רָמָה הִיא, שֶׁלֹּא יִתְלֶה עֵינָיו וְיִרְאֶה אוֹתָהּ וְיִקַּח אוֹתָהּ מִמֶּנִּי, רַבִּי הוּנָא בְּשֵׁם רַבִּי אַבָּא הַכֹּהֵן בַּרְדְּלָא אָמַר: אָמַר לוֹ הַקָּדוֹשׁ בָּרוּךְ הוּא: (איוב ו, יד) "לַמָּס מֵרֵעֵהוּ חָסֶד", מָנַעְתָּ מֵרֵעֲךָ חֶסֶד, מָנַעְתָּ חִסְדָּא מִן אֲחוּךְ, דְּאִלּוּ אִיתְנְסִיבַת לְגַבְרָא לָא זִינְּתָה,

רש"י

עשו: כי אמר אכפרה פניו. הדא הוא דכתיב ארץ נתנה ביד וגו'. שיעקב היה מתיירא לראות את פניו כי אמר אכפרה פניו: אתי למחסל אמר ליה קביל. לכשמסיים מנחה אחת, אמר ליה קבל מנחה אחרת עוד להשביע עינו: אף הוא הוה בעקא. אף על פי שהיה נותן לו מנחה, היה יעקב שרוי לו בצער שהיה צריך לכל אלה: (ט) אמר לו הקב"ה למס מרעהו חסד, מנעת חסד מן אחיך. שלא נתת לו את בתך לאשה.

עץ יוסף

בגדולתו שתכניעו לפניו לבל יתגרה בכם (נזר הקודש): אחרינו הדא הוא דכתיב ארץ נתנה ביד רשע כו'. שיעקב כיסה והחביא עצמו לבלתי ראות פניו עד שתעבור המנחה ויכפר פניו ואחר כך יראה פניו (הרד"ל). והמתנות כהונה כתב הדא הוא דכתיב ארץ נתנה ביד רשע פני שופטיה יכסה. פירוש שיעקב קרא עצמו עבד לו, וזה פני שופטיה יכסה עד כאן לשונו. ורצונו לומר שמכנה הכנעת השופטים והגדולים לפני הרשע בשם כיסוי פנים: למה לא הכניסן בערבוביא. כלומר כל המינים יחד בערבוביא מדוע הקפיד ליקח כל מין ומין לבדו. על זה אמר כדי לתמהו על דורון שלו. כלומר על רבוי הדורון בכמה מינים וכדלעיל (סימן ו) ואילו יכנסו בערבוביא לא יכול להבחין הטיב בזה: ולמה לא הכניסן כולן באחת. דהיינו מיד עדר אחר עדר תכופים זה אחר זה, ולמה אמר ורוח תשימו בין עדר לעדר דהיינו כמלא עין כמו דפרש"י. על זה אומר כדי להשביע עינו של אותו רשע. שאם יראה הכל בפעם אחת יהיה כל ההנאה בהעלם אחת, אבל עכשיו בא לו בכל פעם הנאה מחודשת, דכי הוי אתי למחסל כלומר לסיים בקבלה בחושבו שכבר נגמר הדורון והמנחה מאז, שוב בא מנהיג עדר אחר והוא אמר קביל, ומזה בא לו בכל פעם הנאה מחודשת, וכל זה כדי להשביע עינו: אף הוא בעקא. פירוש בצרה. ורצונו לומר מדכתיב על פניו ולא כתיב לפניו שמע מיניה דאתא לרמז שאף יעקב בצער וכעס (יפה תואר). או אפשר שקאי אסיפא דקרא והוא לן בלילה ההוא במחנה שבלילה ההוא לן במחנה עם העבדים והרועים בלאן כדי להשתתף בצרתם ולהגין עליהם (נזר הקודש): (ט) ודינה היכן היא. דלא קאמר אלא ואת אחד עשר ילדיו. וקאמר שנתנה בתיבה, ולכן לא העבירה עם נשיו וילדיו, והיתה בכלל ויעבר את אשר לו: למס מרעהו חסד. כמו שמנע יעקב מאחיו חסד כן ימנעו אחיו ממנו (יפה תואר): מנעת חסדא מן אחיך. שאילו נישאת לו אולי היה שב בתשובה על ידה שהכל מן האשה כדלעיל פרשה י"ז, ולפי שמנעת חסד מן אחיך נענשת שזינתה, שאילו נישאת לא זינתה:

פירוש מהרז"ו

אף הוא בעקא. דורש על פניו על כעסו כמו שנאמר (שמות לג, יד) פני ילכו: (ט) ויקח את שתי וכו'. ואת אחד עשר ילדיו שהיה לו לומר ואת שתים עשר ילדיו, ודרש שטמנה, כמו שאמרו לעיל (מ, ה). ומה שאמר ויקח אותה פירוש לאשה:

מתנות כהונה

ארץ נתנה וגו'. שיעקב קרא עצמו עבד לו, וזהו פני שופטיה יכסה (איוב ט, כד): לתמהו כו'. כלומר שיראה ויבין היאך המה מסודרים כהלכתן, ובפירש"י בחומש גרס לתווהו על ריבוי דורון, משמע שיראה שהמה מינים רבים, ומתוך זה יעמוד על מנינם וידע כי רב הוא: כולן באחת. מיד עדר אחר עדר, ולמה רווח תשימו: למיחסל. לסיים שסבור שכבר כלה המנחה ועוד מעט ועוד עדר בא: והוא אומר. מוליך העדר אמר לעשו, קבל עוד: אף הוא בעקא. אף על פי שהיה יעקב שולח לו המנחה לא ניחא דעתו והיה שרוי בצער שצריך לכל זה, וכן פירש"י בהדיא: [ט] ודינה היכן היא. דייק מדכתיב אחד עשר ילדיו וכיילינהו כולהו להדדי שמע מינה בשוין דבר הכתוב. גם הנקבה נקראת בלשון הקודש ילדה, והכינוי ליחידי ילדותו, וכינוי לרבות ילדותיו, כמו נערה נערותיו, ואינה נכנסת בכינוי הרבים לזכרים שהוא ילדיו, וילד כינוי ליחיד: ברדלא. שתי תיבות הן, בר, דלא, בנו של דלא והוא שם אדם, וכן הוא בהרבה מקומות ואם תחפשנה תמצאנו במדרש קהלת ובירושלמי פעמים לא מעטים וכן פירשו בספר יוחסין. גם יכול להיות שנקרא כן על שם מקומו כדאיתא בירושלמי בפרק הדר (עירובין פ"ו ה"ח) אנשי ברדלא [בר דליה], וכן הוא בירושלמי בהרבה מקומות: דאלו אתנסיבת כו'. אלו היתה נישאת לאיש לא באת לכלל זנות שלא היה לקחה שכם: הנסבת

נחמד למראה

[ט] ודינה היכן היא. אמר המדפיס קאשמן בן הר"ר יוסף ברוך ז"ל כבר הקשו כל המפרשים על מדרש זה דמאין היה להם זה שדינה היתה חסירה, דלמא אחד משאר הילדים. ותירצו כל אחד ואחד כפי מעלתם ומדרגתם עיין עליהם. ואף שקטנה עבה ממתניים שלי, מכל מקום אמרתי הניחו לי מקום להתגדר בו ואטנה אף אני חלקי ויהא רעוא דתיהוי מלתא דתתקבל. והוא, דהמדרש דייק מגופה דקרא שדינה היתה חסירה ולא שום ולד אחר, בהקדים הידוע שכל התורה כולה בלשון זכר נאמרה וכמו שכתבו התוספות ריש מסכת קדושין (ב, ב) בד"ה ליתני שלשה עיין שם, רצונם לומר שאם הענין מדבר ביחיד ויחידה יחד או ברבים ורבות בכלל, ואי אפשר לומר בהם לשון זכר ולשון נקבה, ואם כן מוכרח לומר או לשון זכר או לשון נקבה, שאז כל התורה כולה נאמרה בלשון זכר, והנקבה או הנקבות נכללו באותו לשון זכר, ובהיות כן לכאורה קשה דכתיב באותו הענין (לג, ו) ותגשן השפחות הנה וילדיהן ותשתחוין, דבכאן היו זכרים ונקבות והכתוב אומר ותשתחוין בלשון נקבה, וישתחוו בלשון זכר הוה ליה למימר, ובפרט שהזכרים בכאן היו ארבעה והמה יותר מהנקבות שהיו רק שתים, רק יש לתרץ על זה דזיל

אשד הנחלים

ההה"ד ארץ. הוא ענין אחר להורות על מי שההצלחה עומדת לו, שאז פני האמיתיים והצדיקים יכסה וימנע מהם הגדולה, כי נכנע תחת עול הרשע: לתמהו. ענין תמהון, כי ידמה שרב הוא למאוד ויעור עיניו במנחתו, כי בעת שידמה שהוא הסוף של מנחה יראה כי עוד בא מנחה לפניו, ועל ידי כך מעט מעט יכבה השנאה מלבו. ולא כן אם המנחה באה בבת אחת שאז אין העין שבע כל כך כי אם מבטת רק על הכלל כולו: למיחסל. לשון סוף וקץ: בעקא. ודרש על פנים לשון כעס, כמו ופניה לא היו לה עוד (שמואל א' א, יח) כי היה בצער גדול שהוכרח להכניע מפניו: [ט] חסדא מן אחוך. לפי הנוסחא אחרינא אמר איוב מול חביריו ורעיו שמאשימים אותו שחטא, ואמר על עצמו האם תושיה נדחה ממני, וכי לא נושעתי בקחתי את דינה, והיא החזירני למוטב, ומדוע בא עלי כל זאת, כי הנה נמס החסד מעם רעהו זה עשו ולכן ויראת שדי יעזוב, אך אנכי ירא מדבר ה'. אך מסוף הדברים לא בקשת, משמע שגם זה מרומז בפסוק ויראת שדי יעזוב, כלומר על שמנע חסדו מעשו, על כן באה לדבר שנעזב יראת שדי, כלומר שנלקחה באיסור:

חידושי הרד"ל

אחרינו הדא הוא דכתיב ארץ כו' פני שופטיה יכסה. שיעקב כיסה והחביא עצמו לבלתי ראות פניו עד שתעבור המנחה ויכפר פניו, ואחר כך יראה פניו:

זרע אברהם

[ט] [דינה היכן היא וכו' לא בקשת להשיאה כו' הדא הוא דכתיב ותצא דינה]. ולקמן בריש פרשה פא איתא וזה לשונו אחר נדרים לבקר אמר ר' ינאי איחר אדם את נדרו נתבקרה פנקסו. וברש"י בחומש פירש שניהם (בראשית לב כג. לה א ד"ה קום) וקשה אהדדי (עי' חזקוני בראשית לה א וס' נוף דבש וישלח ד"ה קום). ונראה לי דהכי פירושו לפי שהב"י פירש (יו"ד ריש סימן רג בשם הרא"ש) שמלמדים עליו חובה על שנדר שהיה בטוח כל כך במעשיו שיקיים הנדר על כן מעיינן ליה בעובדיה ולכן פנקסו נפתח ואם כן האמת שהעיקר הטעם העונש שנשאר לערל היה בשביל שמנעה מעשו כדכתיב מקרא מלא למס מרעהו חסד רק שעל ידי שאיחר נדרו היה פנקסו נפתחת ונמצא עון זה ואם לא היה מאחר נדרו לא היה נפרעים ממנו כל כך מהרה וקל להבין:

אמרי יושר

ארץ נתנה ביד רשע. צריך שיכסה פני שופטיה בשוחד: הוא בעקא. שראה שעה עומדת ליעקב. או רש"י פירש שיעקב בצרה על שהוצרך לזה:

משנת דרבי אליעזר

[ט] ודינה היכן היתה. דאין לומר דחסר אחד מהשבטים, לא ידענו מי הוא, ולא בא לסתום אלא לפרש, גם אין טעם למה הטמינו, אלא על כרחך דינה היתה דיש למצוא טוב טעם למה הטמינה:

מסורת המדרש

יד. ילקוט איוב רמז תת"ק:

אם למקרא

אֶרֶץ נִתְּנָה בְיַד רָשָׁע פְּנֵי שֹׁפְטֶיהָ יְכַסֶּה אִם לֹא אֵפוֹא מִי הוּא: (איוב ט:כד)

לַמָּס מֵרֵעֵהוּ חָסֶד וְיִרְאַת שַׁדַּי יַעֲזוֹב: (שם ו:יד)

ידי משה

[ט] ודינה היכן היתה. שמעתי פירוש המדרש זה בשם דודי הגאון מהור"ר מן אשכנז אב"ד דק"ק קראטשין לפי שאמר יוסף לבנימין (מג, כט) אלהים יחנך בני לפי שבכל השבטים נאמר חנינה שאמר יעקב הילדים אשר חנן אלהים את עבדך ובנימין עדיין לא היה בעולם, לכך נאמר כאן חנינה בפני עצמו ואם כן על כרחך דינה היתה דאם לא כן ששום שבט אחר קשה למה לא אמר גם כן גביה חנינה אלא על כרחך דינה היתה ודוק:

שינוי נוסחאות

(ט) דאלו איתנסיבת לגברא לא זינתה, {נוסח אחר דנסבת לאיוב לאו גיירתיה, בתמיה}. מה שכתוב כאן כנוסח אחר הוא הנוסח המקורי, ומה שכתוב לפני זה "דאלו איתנסבת לגברא לא זינתה" וגם תיבת "בתמיה" הן תוספת מאוחרת, וליתה בכ"י. [בכ"י המוקדמים היה כתוב "דנסבת לאינש לא גיירתה", ופירושו "אילו היתה נישאת לאיש לא זינתה" (ע' רש"י), (והיינו "דאלו איתנסיבת לגברא לא זינתה" שכתוב בספרי הדפוס), ובמשך השנים כתבו "לאיוב" תחת "לאינש":]

{נוּסַח אַחֵר דִּנְסֵבַת לְאִיּוֹב לָאו גַּיַּירְתֵּיהּ בִּתְמִיהָ} — **(Another version:** If you had married Dinah to Esau would she not have been able to prevail upon him to repent, **for when you married [Dinah] to Job, did she not convert him?** So too, had she married Esau, she would have prevailed upon him to repent.)[81] לֹא בִקַּשְׁתָּ לְהַשִּׂיאָהּ לְמָהוּל הֲרֵי הִיא נִשֵּׂאת לְעָרֵל — **You did not wish to have her marry a circumcised person,** i.e., Esau, **behold she is destined to marry an uncircumcised person,** i.e., Shechem.[82] לֹא בִקַּשְׁתָּ לְהַשִּׂיאָהּ דֶּרֶךְ הֶיתֵּר, הֲרֵי נִשֵּׂאת דֶּרֶךְ אִיסּוּר — **You did not wish to give her in legitimate marriage; she is destined to be wed in a forbidden union.** הָדָא הוּא דִכְתִיב ״וַתֵּצֵא דִינָה בַּת לֵאָה״ — **Thus it is written** in Scripture, ***Now Dinah — the daughter of Leah,*** *whom she had borne to Jacob* — ***went out*** (below, 34:1).[83]

□ וַיִּקָּחֵם וַיַּעֲבִרֵם אֶת הַנָּחַל — ***AND HE TOOK THEM AND BROUGHT THEM ACROSS THE STREAM.***

The verse states that Jacob himself transferred the members of his company. The Midrash explains how this was done:

רַבִּי הוּנָא בְּשֵׁם רַבִּי אִידִי — **Rav Huna** said **in the name of R' Idi:** עָשָׂה עַצְמוֹ כְּגַשָּׁר — **[Jacob] made himself like a ferryman,**[84] נָסֵיב מִן הָכָא וְיָהִיב הָכָא — **who takes from one side and places down on the other.** Jacob transferred the members of his company one after another, until everyone was brought across the stream.[85]

NOTES

81. *Matnos Kehunah.* According to one view (above, 57:4; *Bava Basra* 15b), Job was a non-Jew who lived during the times of Jacob. Dinah married him and influenced him to convert. This view is in disagreement with R' Huna, cited in 80 §11 below, who states that Dinah was married to Simeon.

82. *Matnos Kehunah.*

83. [This verse introduces the story of Dinah and Shechem.] The verse mentions that she was the daughter of Jacob to allude that it was his fault that the ensuing incident occurred, as punishment for his withholding Dinah from Esau (*Eitz Yosef,* citing *Yefeh To'ar*).

84. Vowelization and translation follow *Anaf Yosef, Matnos Kehunah*; see *Maharzu* for an alternative translation and explanation. I.e., he did not bring across his property together with his family in one trip, but rather went back and forth across the river, like a ferryboat pilot. This is indicated by the repetition of "bringing across." The Midrash thus illustrates the tremendous strength that Jacob possessed (see *Yefeh To'ar*).

85. See *Radak* to 32:24.

נ"א דנסבת לאיוב. כמאן דאמר הכי לעיל פרשה ס"ג. וסבירא ליה כמאן דאמר שלא היה ישראל ודינה גיירתו, ופליג אמאן דאמר ששמעון נשאה מדכתיב ושאול בן הכנענית (יפה תואר): **ותצא דינה.** דייק מדכתיב אשר ילדה ליעקב דיעקב גרם לדבר שנענש בזה על שמנעה מאחיו (יפה תואר):

דנסבת לאיוב. עיין לעיל (נז, ד) ושם נתבאר, ועיין לקמן (פ, ד), אך שם בסימן י"א איתא דשמעון נטלה. ומדרשים חלוקים הם: **נסב מן הבא כו'.** שמאחר שכתיב ויקח ויעבור את מעבר יבק למה כתב עוד ויקחם ויעבירם את הנחל, אלא שבא לפרש איך עבר והעביר ויקחם ויעבירם, עמד באמצע כו' ועיין לקמן (עז, ב) באופן אחר:

{נוסח אחר: [ט]דִּנְסֵבַת לְאִיּוֹב לָאו גִּיֵּירְתֵּיהּ, בִּתְמִיהַּ}, לֹא בִקַּשְׁתָּ לְהַשִּׂיאָהּ לְמָהוּל הֲרֵי הִיא נִשֵּׂאת לְעָרֵל, לֹא בִקַּשְׁתָּ לְהַשִּׂיאָהּ דֶּרֶךְ הֶיתֵּר, הֲרֵי נִשֵּׂאת דֶּרֶךְ אִיסּוּר, הָדָא הוּא דִכְתִיב (לקמן לד, א) "וַתֵּצֵא דִינָה בַּת לֵאָה". [לב, כד] "וַיִּקָּחֵם וַיַּעֲבִרֵם אֶת הַנָּחַל", רַבִּי הוּנָא בְּשֵׁם רַבִּי אִידִי: עָשָׂה עַצְמוֹ כְּגֶשֶׁר, נָסֵיב מִן הָכָא וְיָהֵיב הָכָא:

רש"י

לא גיירתיה. אלו היתה נישאת לעשו לא נעשית זונה:

מתנות כהונה

לאיוב כו'. כשנשאת לאיוב לא החזירתו למוטב בתמיה, וכן אם היתה נשאת לעשו היתה מחזירתו למוטב, וכן הוא בילקוט איוב (רמז תתלא) וכן לעיל (יט, יב. נז, ד) ובפרק קמא דמסכת בבא בתרא (טו ,ב): **למהול.** זה עשו: **לערל.** שכם: **בגשר.** נראה שהגימ"ל נקודה בפת"ח, והוא אדם המעביר הספינה לעבר הנהר מעבר השני, כדרך אומרם (ערובין פ"ג מ"ד) חמר גמל, ולא שעמד באמצע ושלח ידו ולקח מצד זה ונתן לצד זה, דאם לא כן למה ויותר לבדו ולמה לא לקח אותם פכים קטנים כדרך שלקח שאר המטלטלים כולם ולא היה נותר לבדו, ומהר"ר אליהו מזרחי פירש דדייק מדלא כתיב שחזר ועבר לעבר השני שאם הניח נשיו ובניו בראשונה, והנראה בעיני כתבתי: **נסיב כו'.** לוקח מצד זה ונותן בצד זה:

נחמד למראה

בתר טעמא מפני מה נאמרה כל התורה בלשון זכר לפי שהזכרים הם העיקר והנקבות טפילות להם כי לזאת יקרא אשה כי מאיש לוקחה זאת (ב, כג), ובכאן הנקבות היו עיקר לפי שהן האמהות והזכרים שהם הילדים טפלים להן ומשום הכי קאמר ותשתחוין בלשון נקבה, אך לפי זה יקשה הפסוק שאחריו ותגש גם לאה וילדיה וישתחוו ואם הטעם הוא משום שהילדים נגררים אחר אמם, גם בכאן היה לו לומר ותשתחוין שהילדים טפלים לאמם שהיא לאה, ועל כרחך צריך לומר שיש חילוק דהני מילי דאזלינן בתר העיקר היכא שהענין סובל לדבר בשניהם בלשון רבים או רבות, דהיינו שיש בכל אחד מהם יותר מאחד, אבל כשיש בהעיקר לא יותר מאחד, ובהטפלים יש יותר מאחד מן ההכרח הוא לתפוש המרובים אף שהם טפלים לפי שהם סובלים הלשון רבים או רבות ולהניח העיקר לפי שהוא אחד ואין שני לו להקרא בלשון רבים או רבות, ואם כן בנדון דידן אם לא היתה דינה חסרה בודאי הוה ליה למימר ותשתחוין בלשון נקבות לפי שהילדים היו נגררים אחר אמם לאה וטפלים לה, וגם היו בכאן שתי נקבות שסובלים לשון רבות, ומדקאמר קרא וישתחוו בלשון זכר בוודאי צריך לומר שלא היתה כאן נקבה יותר כי אם לאה לחודה, ומשום כך לא יכול הכתוב לדבר בלשון נקבות רבות ואם כן מוכרח שדינה היתה חסרה. אך לפי זה יש להקשות על לשון הפסוק שלאחריו ואחר נגש יוסף ורחל וישתחוו שלא היה בכאן כי אם זכר אחד ונקבה אחת ומתוך שניהם היו רבים, ורחל היתה עקרת הבית שהיא אם יוסף והיה לו לומר ותשתחוין. ויש לומר שלזה כוון המדרש (עח, י) וז"ל ביוסף כתיב ואחר נגש יוסף ורחל וישתחוו, אלא אמר יוסף הרשע הזה עינו רמה שלא יתלה עיניו ויביט את אמי וגבהה קומתו וכסה אותה וכו', דלכאורה קשה היכי משתמע זה מהאי קרא, אלא בודאי שהוקשה להם דהוה ליה לומר ותשתחוין לפי שרחל היתה העיקר ויוסף טפל לה, ומשום הכי קאמר שגבהה קומת יוסף וכסה את רחל שלא יביט בה אותו הרשע, ואם כן יוסף היה העיקר ובדין הוא לומר וישתחוו בלשון זכר ודו"ק:

אשד הנחלים

עשה עצמו בגשר. עיין מתנות כהונה. ולי נראה כפשוטו שעמד באמצע, ומיוסד על פרושם לעיל שהירדן נקרע מימיו מפני יעקב כמו שהבאתי לעיל דברי האות אמת, וגזירת המים היו רק בשביל יעקב, ולכן כל זמן שעמד באמצע היו המים בורחים, ולא רצה לסמוך על הנס לילך ליבשה ויהיה נקרע עוד הפעם:

זרע אברהם

רב הונא בשם ר' אידי אמר עשה עצמו בגשר וכו'. על פי פשט נראה לפרש על דרך דאיתא במקובלים שיעקב הוא ספירה תשיעי שהוא יסוד אל חי. וזה היה יעקב לפי שמדה זו מקבלת לפעמים פחד וגבורה שהוא מידת הדין ומידת רחמים לפי התעוררת מלמטה. ויעקב היה כלול משניהם. לכך אמרו שיעקב תיקן תפלה ערבית. למתק הדין שלילה הוא כולה דין. וידוע שמדת יסוד היא מדה ז' מן בינה שהיא היובל ז' פעמים ז'. ואם כן אמר הכתוב ויותר יעקב מבאר שבע מספירה ז' וילך חרנה לעשות מידת הדין וחרון אף בעולם רק שפגע במקום פירוש שתקן תפלת ערבית ולפיכך קיבל יעקב הברכות שהיה אמצעי שהיה נוטל ממידת הרחמים ונותן למידת הדין ולזה רמז כאן לפי שהמלאך היה בא בשביל הברכות. וקל להבין:

אמרי יושר

[ט] הרי היא נשאת דרך איסור. כי נענש לפי שהיה ראוי שתינשא לעשו אולי תחזירהו בתשובה. והורה כי השתדלות האדם צריך הראיה כי ותלא דינה מן התיבה והשמירה אשר היתה טמונה להנשא לערל:

מסורת המדרש

טו. בבא בתרא דף ט"ו. ירושלמי סוטה פרק ה'. לעיל פרשה נ"ז. לקמן פרשה פ'. ילקוט סדר וירא רמז ק"ב. ילקוט איוב רמז תתל"ב:

אם למקרא

וַתֵּצֵא דִינָה בַּת לֵאָה אֲשֶׁר יָלְדָה לְיַעֲקֹב לִרְאוֹת בִּבְנוֹת הָאָרֶץ:
(בראשית לד:א)

ענף יוסף

(ט) **בגשר.** נראה שהגימ"ל נקודה בפת"ח, והוא אדם המעביר הספינה מעבר הנהר לעבר השני כמה דאת אמר חַמָּר גַּמָּל' ולא שעמד באמצע ושלח ידיו ולקח מצד זה ונתן לצד זה. דאם לא כן למה ויותר לבדו, ולמה לא לקח אותם פכים קטנים כדרך שלקח שאר המטלטלים כולם ולא היה נותר לבדו (מתנות כהונה): **נסיב כו'.** לקח מצד זה ונתן כו':

Chapter 77

וַיָּקָם בַּלַּיְלָה הוּא וַיִּקַּח אֶת שְׁתֵּי נָשָׁיו וְאֶת שְׁתֵּי שִׁפְחֹתָיו וְאֶת אַחַד עָשָׂר יְלָדָיו וַיַּעֲבֹר אֵת מַעֲבַר יַבֹּק. וַיִּקָּחֵם וַיַּעֲבִרֵם אֶת הַנָּחַל וַיַּעֲבֵר אֶת אֲשֶׁר לוֹ. וַיִּוָּתֵר יַעֲקֹב לְבַדּוֹ וַיֵּאָבֵק אִישׁ עִמּוֹ עַד עֲלוֹת הַשָּׁחַר.

And he got up that night and took his two wives, his two handmaids, and his eleven sons and crossed the ford of the Jabbok. And he took them and brought them across the stream, and he brought across that which was his. Jacob was left alone and a man wrestled with him until the break of dawn (32:23-25).

§1 **וַיִּוָּתֵר יַעֲקֹב לְבַדּוֹ וַיֵּאָבֵק אִישׁ עִמּוֹ** — ***JACOB WAS LEFT ALONE AND A MAN WRESTLED WITH HIM.***

The Midrash analyzes a verse in *Deuteronomy*. Its relevance to our passage will become apparent only at the end of the discussion: **"אֵין כָּאֵל יְשֻׁרוּן רֹכֵב שָׁמַיִם בְּעֶזְרֶךָ"** — It is written, ***There is none like God, O Jeshurun; He rides across heaven to help you*** (*Deuteronomy* 33:26). **רַבִּי בֶּרֶכְיָה בְּשֵׁם רַבִּי יְהוּדָה בְּרַבִּי סִימוֹן אָמַר: "אֵין כָּאֵל",** — **R' Berechyah said in the name of R' Yehudah the son of R' Simone:** The verse states that ***There is none like God.*** **וּמִי כָּאֵל "יְשֻׁרוּן",** — **But who *is* like God? *Jeshurun* is**[1] — **הַנָּאִים וְהַמְשׁוּבָּחִין שֶׁבָּכֶם** — "Jeshurun" referring to **the pleasant and praiseworthy ones,** i.e., the righteous people, **among you.**[2]

The Midrash now explains in what sense the righteous are considered "Godlike":

אַתָּה מוֹצֵא כָּל מַה שֶּׁהַקָּדוֹשׁ בָּרוּךְ הוּא עָתִיד לַעֲשׂוֹת לֶעָתִיד לָבֹא, הִקְדִּים וְעָשָׂה עַל יְדֵי הַצַּדִּיקִים בָּעוֹלָם הַזֶּה — **You find that everything the Holy One, blessed is He, is destined to do in the future** time **to come,** i.e., in the world of the Messianic era, **He has already done in this world, through the righteous:** **הַקָּדוֹשׁ בָּרוּךְ הוּא מְחַיֶּה אֶת הַמֵּתִים וְאֵלִיָּהוּ מְחַיֶּה אֶת הַמֵּתִים** — **The Holy One, blessed is He, is** going **to revivify the dead, and** we find that **Elijah revivified the dead;**[3] **הַקָּדוֹשׁ בָּרוּךְ הוּא עוֹצֵר גְּשָׁמִים וְאֵלִיָּהוּ עוֹצֵר גְּשָׁמִים** — **the Holy One, blessed is He, withholds the rains,**[4] **and** we find that **Elijah withheld** the **rains;**[5] **הַקָּדוֹשׁ בָּרוּךְ הוּא מְבָרֵךְ אֶת הַמּוּעָט וְאֵלִיָּהוּ מְבָרֵךְ אֶת הַמּוּעָט** — **the Holy One, blessed is He, is** going **to bestow a blessing upon a minute quantity** and cause it to increase in size,[6] **and** we find that **Elijah** similarly **bestowed a blessing upon a minute quantity;**[7] **הַקָּדוֹשׁ בָּרוּךְ הוּא מְחַיֶּה אֶת הַמֵּתִים וֶאֱלִישָׁע מְחַיֶּה אֶת הַמֵּתִים** — **the Holy One, blessed is He,** is going **to revivify the dead, and** we find that **Elisha revivified the dead;**[8] **הַקָּדוֹשׁ בָּרוּךְ הוּא פּוֹקֵד עֲקָרוֹת וֶאֱלִישָׁע פּוֹקֵד עֲקָרוֹת** — **the Holy One, blessed is He, remembers and heals barren women,**[9] **and** we find that **Elisha remembered the barren;**[10] **הַקָּדוֹשׁ בָּרוּךְ הוּא מְבָרֵךְ אֶת הַמּוּעָט וֶאֱלִישָׁע מְבָרֵךְ אֶת הַמּוּעָט** — **the Holy One, blessed is He, is** going **to bestow a blessing upon a minute quantity** and cause it to increase in size, **and** we find that **Elisha** similarly **bestowed a blessing upon a minute quantity;**[11] **הַקָּדוֹשׁ בָּרוּךְ הוּא מְמַתִּיק אֶת הַמַּר וֶאֱלִישָׁע מְמַתִּיק אֶת הַמַּר** — **the Holy One, blessed is He, is** going **to sweeten the bitter,**[12] **and** we find that **Elisha sweetened the bitter;**[13] **הַקָּדוֹשׁ בָּרוּךְ הוּא מְמַתִּיק אֶת הַמַּר בְּמַר וֶאֱלִישָׁע הִמְתִּיק אֶת הַמַּר בְּמַר** — **the Holy One, blessed is He, sweetens the bitter with something bitter,**[14] **and** we find that **Elisha sweetened the bitter with something bitter.**[15]

NOTES

1. The proper order of words should have been יְשֻׁרוּן, אֵין כָּאֵל — "O Jeshurun! There is none like God!" Because of the unusual word order, in which כָּאֵל is juxtaposed to יְשֻׁרוּן, the Midrash homiletically interprets the phrase as if it were written אֵין כָּאֵל יְשֻׁרוּן, כָּאֵל יְשֻׁרוּן — "There is none like God, Jeshurun; but Jeshurun is like God" (*Eitz Yosef,* from *Yefeh To'ar*). *Maharzu* refers to the Midrash above, 38 §14, where the principle is laid down that the use of the word אֵין ("not") — as opposed to לֹא — intimates that the negation thus expressed is not absolute, but has exceptions (see commentators ad loc.).

2. The term יְשֻׁרוּן is interpreted as being related to יְשָׁרִים, *upright people* (*Matnos Kehunah*).

3. Elijah the Prophet brought the son of a woman from Zarephath back to life (see *I Kings* 17:17-22).

4. As a punishment. Of course, this is not one of the miracles that God will do in Messianic times, but represents God's personal control over rainfall (see Insight A at note 15 below).

5. In the days of King Ahab, Elijah caused the rains to be withheld from the Land of Israel on account of the widespread idolatry (see *I Kings* 17:1 with *Rashi* ad loc.).

6. God will transform the few into the many, as it states (*Isaiah* 60:22), *The smallest will increase a thousandfold* (*Maharzu*).

7. Elijah caused a flask of flour and a jug of oil to miraculously provide sustenance for a period of one year (see *I Kings* 17:10-16).

8. Elisha, Elijah's pupil, brought the son of the Shunamite woman back to life (see *II Kings* 4:18-35).

9. The prophet likens the exiled Jews to a barren woman whom God will ultimately bless with children, as it states (*Isaiah* 54:1), *Sing out, O barren one who has not given birth; break into glad song and be jubilant, you who have not been in birth travail. For the children of the desolate [Jerusalem] will outnumber the children of the inhabited one, said HASHEM* (*Maharzu*).

10. Elisha granted a son to the Shunamite woman and her elderly husband (see *II Kings* 4:8-17).

11. Elisha blessed a jar of oil, allowing it to miraculously provide enough oil to fill up many containers (see *II Kings* 4:1-6). He also instructed that a mere 20 loaves of barley bread be distributed to 100 people, who then ate and had left over (see ibid., vv. 42-44).

12. In Ezekiel's vision of the future Temple he sees a stream whose waters God will sweeten, as it states (*Ezekiel* 47:8), *And the water will become sweetened* (*Maharzu*).

13. This refers to when Elisha caused a pot of stew made from bitter vegetables to become sweet (see *II Kings* 4:38-41).

14. This is not a miracle of the Messianic era but refers to the episode (recorded in *Exodus* 15:22-25) when God caused the bitter waters of Marah to sweeten when Moses threw in a piece of bitter wood (*Matnos Kehunah,* based on *Shemos Rabbah* 23 §3).

15. Elisha cured the bad waters of Jericho and made them potable by throwing salt into them (see *II Kings* 2:19-22). Although the addition of salt usually makes water undrinkable, in this case there was a miracle within a miracle, and the salt rendered the waters sweet. See Insight Ⓐ.

INSIGHTS

Ⓐ **Miracles** Although miraculous accounts abound in Scripture, the Midrash focuses upon those that have a special significance. The Gemara (*Taanis* 2a-b) tells us that there are four "keys" in God's hands that He does not [permanently] entrust to any intermediary: the key of rain, the key of childbirth, the key of revivifying the dead, and the key of sustenance. For a mortal to exhibit control over these events is remarkable, and so the Midrash chooses to list those instances in which miracles were performed using these four keys. Thus, we see from the verses cited in our Midrash that Elijah was given temporary control over the keys of rain, revivifying the dead, and sustenance ("blessing the small amount"); and Elisha controlled the keys of revivifying the dead, childbirth, and sustenance. Now, because Elijah never controlled the key of childbirth, the Midrash needed to mention Elisha, and once Elisha is mentioned, his other associated miracles are listed as well. This explains the repetition of the miracles of revivifying the dead and blessing the small amount (*Yefeh To'ar*).

פרשה עז

א [לב, כה] ״וַיִּוָּתֵר יַעֲקֹב לְבַדּוֹ וַיֵּאָבֵק אִישׁ עִמּוֹ״, (דברים לג, כו) ״אֵין כָּאֵל יְשֻׁרוּן רֹכֵב שָׁמַיִם בְּעֶזְרֶךָ״, רַבִּי בֶּרֶכְיָה בְּשֵׁם רַבִּי יְהוּדָה בְּרַבִּי סִימוֹן אָמַר: ״אֵין כָּאֵל״, וּמִי כָּאֵל, ״יְשֻׁרוּן״, הַנָּאִים וְהַמְשׁוּבָּחִין שֶׁבָּכֶם, אאַתָּה מוֹצֵא כָּל מַה שֶּׁהַקָּדוֹשׁ בָּרוּךְ הוּא עָתִיד לַעֲשׂוֹת לֶעָתִיד לָבֹא, הִקְדִּים וְעָשָׂה עַל יְדֵי הַצַּדִּיקִים בָּעוֹלָם הַזֶּה, הַקָּדוֹשׁ בָּרוּךְ הוּא מְחַיֶּה אֶת הַמֵּתִים וְאֵלִיָּהוּ מְחַיֶּה אֶת הַמֵּתִים, הַקָּדוֹשׁ בָּרוּךְ הוּא עוֹצֵר גְּשָׁמִים וְאֵלִיָּהוּ עוֹצֵר גְּשָׁמִים, הַקָּדוֹשׁ בָּרוּךְ הוּא מְבָרֵךְ אֶת הַמּוּעָט וְאֵלִיָּהוּ מְבָרֵךְ אֶת הַמּוּעָט, הַקָּדוֹשׁ בָּרוּךְ הוּא מְחַיֶּה אֶת הַמֵּתִים וֶאֱלִישָׁע מְחַיֶּה אֶת הַמֵּתִים, הַקָּדוֹשׁ בָּרוּךְ הוּא פּוֹקֵד עֲקָרוֹת וֶאֱלִישָׁע פּוֹקֵד עֲקָרוֹת, הַקָּדוֹשׁ בָּרוּךְ הוּא מְבָרֵךְ אֶת הַמּוּעָט וֶאֱלִישָׁע מְבָרֵךְ אֶת הַמּוּעָט, הַקָּדוֹשׁ בָּרוּךְ הוּא מַמְתִּיק אֶת הַמָּר וֶאֱלִישָׁע מַמְתִּיק אֶת הַמָּר, הַקָּדוֹשׁ בָּרוּךְ הוּא מַמְתִּיק אֶת הַמָּר בְּמָר וֶאֱלִישָׁע הִמְתִּיק אֶת הַמָּר בְּמָר, רַבִּי בֶּרֶכְיָה בְּשֵׁם רַבִּי סִימוֹן אָמַר: ״אֵין כָּאֵל״, וּמִי כָּאֵל, ״יְשֻׁרוּן״, יִשְׂרָאֵל סָבָא, מַה הַקָּדוֹשׁ בָּרוּךְ הוּא כָּתוּב בּוֹ, (ישעיה ב, יא) ״וְנִשְׂגַּב ה׳ לְבַדּוֹ״, אַף יַעֲקֹב ״וַיִּוָּתֵר יַעֲקֹב לְבַדּוֹ״:

רש״י

(א) **ומי כאל ישורון.** ישרים שבכם:

עץ יוסף

(א) **אין כאל ומי כאל ישורון.** דריש ליה כאילו כתוב אין כאל ישורון כאל ישורון. ואי אפשר לפרש אין כאלהי ישורון, דאם כן הוי ליה לינקד הכ״ף בשבא: **הנאין והמשובחין והישרים.** כן צריך לומר. והיינו הצדיקים. דמדשני הכא למימר ישורון ולא ישראל דריש נוטריקון ישרים ונאים (יפה תואר). ודרש אין כאל בעל הכחות כולם, רק ישורון, מי שהוא ישר ונאה באמת. והאיש הזה רוכב שמים (שהוא משדד מערכת השמים ומהפך כל דרכי הטבע) בעזרך. ודרש עוד על ישראל סבא שמדתו ישר לכן נקרא ישר אל, שהוא כאל, שנאבק עם מלאכי אל ויוכל לו כמו שנאמר כי שרית עם אלהים ותוכל: **ואליהו מחיה מתים.** שהחיה בן הצרפית. ועצר גשמים כמו שכתוב (מלכים א׳ יז, א) אם יהיה השנים האלה טל ומטר. ומברך המועט כמו שאמר (מלכים א׳ יז, יד) כד קמח לא תכלה: **ואלישע מחיה מתים.** שהחיה בן השונמית. ופוקד עקרות שנתן הבן לשונמית. ומברך את המועט שנתן ברכה באסוך השמן דאשת הנביא. וכן עשרים לחם שנתן לפני מאה איש ויאכלו ויותירו: **הקדוש ברוך הוא ממתיק את המר.** היינו בים שהמתיק להם המים שישתו ישראל מהם כדאיתא במכילתא גבי נגבו כמו נד נוזלים. וכן אלישע המתיק המר היינו נזיד פקועות השדה שנעשה לבני הנביאים (מלכים ב׳ ד, לט) ובאכלם צעקו ואמרו מות בסיר שהיו מירקות מרים, ולכן הרגישו מיד ארסיותו כשטעמוהו (יפה תואר): **הקדוש ברוך הוא ממתיק את המר במר.** היינו מה שהמתיק מי מרה על ידי העץ שהיה מר כדלקמן שמות רבה (כג, ג), וכן אלישע המתיק המר במר והיינו מי יריחו שהמתיקן על ידי מלח: **ישראל סבא.** שנקרא ישורון כדכתיב (ישעיה מד, א) וישורון בחרתי בו: **מה הקדוש ברוך הוא כתוב בו כו׳.** יתורא דלבדו דריש דאתא לרמוז שכמו שהשם יחיד בעליונים ואין דומה לו שעל כן נאמר ונשגב ה׳ לבדו ביום ההוא, שלעתיד כולם יכירו שאין עוד מלבדו, כן יעקב היה יחיד בתחתונים ואין דומה לו בזכות ובכח, ולכן קנא בו המלאך ויאבק עמו. והודה לו בסוף כי שרית עם אלהים ועם אנשים ותוכל (יפה תואר):

פירוש מהרז״ו

(א) **ויותר יעקב לבדו.** תיבת לבדו מיותר, ודורש גזירה שוה בסוף הסימן: **אין כאל ישורון.** לפי מה שכתבתי לעיל (סוף פרשה לח) שכל מקום שנאמר אין לה הוה לה בכמה ראיות וכן כאן, וזה שואל ומי כאל וכו׳. שמעתי: **הקדים ועשה.** רומז למה שמבואר ויקרא רבה (כז, ד) קהלת רבה (ג, יח) פסוק מה שהיה כבר הוא ואשר להיות וגו׳, ולזה צריך לומר הקדים ועשה: **ואליהו מחיה מתים.** מלכים (א׳ יז, כב), ומה שהיה עוצר גשמים גם כן שם (יז, א). ובויקרא רבה וקהלת רבה שם ליתא מה שאמר כאן עוצר גשמים. רק כאן צריך לזה ודו״ק. ואליהו מברך המועט גם כן שם (יז, טז). ואלישע מחיה מתים מלכים (ב׳ ד, לו), וכן פוקד עקרות (שם יז) וכן מברך המועט (שם ח), וממתיק המר מלכים (ב׳ ב, כא), ומה שאמר במר כמו שנאמר (שם) וישלך שם מלח. וכל דברים אלו יעשה הקב״ה לעתיד, מחיה מתים כמו שנאמר (דברים לב, לט) אני אמית ואחיה, וכמו שנאמר ויקרא (לז, י), יברך את המועט כמו שנאמר (ישעיה ס, כב) הקטן יהיה לאלף כו׳, וכמו שנאמר (ויקרא כה, כא) וצויתי את ברכתי, וכן ישלח לך את הברכה [עיין דברים כח, ח], ומה שאמר פוקד עקרות כמו שנאמר (ישעיה נד, א) רני עקרה וכו׳ כי חלה גם ילדה ציון וכו׳, וכמו שנאמר (ירמיה לא, ז) הרה ויולדת יחדיו, ממתיק המר כמו שנאמר (יחזקאל מז, ח) ונרפאו המים: **ישראל סבא.** זה ענין הדרשה השייך כאן על תיבת לבדו, וכמו שכתוב שם בפסוק אין כאל וכו׳ ה׳ בדד ינחנו, וכמו שאמרו לעיל (סו, ג) ויתן לך כו׳, וכמו שאיתא לקמן (עט, ח) אתה וכו׳, וכן לקמן (לח, ג) עיין שם, והכוונה בכל זאת שנתן לו השם יתברך כח נשגב לעמוד במלאך כדלקמן ויאבק איש, ואין בתנ״ך דוגמא לזה, ומה שאמר שמות רבה (כח, א) נתגוששת במלאכים זהו בטענות וויכוחים ולא בכח וגבורה כמו כאן:

חידושי הרש״ש

[א] {הקב״ה ממתיק את המר במר ואלישע וכו׳. בפרשת האזינו חשב המדרש עוד דברים עיין שם:}

אמרי יושר

[א] **אין כאל.** מדלא קאמר אין כאל בשב״א אלא כאֵל הוא מוכרח ומי כמוהו ישראל. יש מפרשים שישראל אין להם דומה באומות והוא על דרך מה שאמר כל מקום שנאמר אין לה הוה לה כי לא יורה שלילה מוחלטת. וזה הבדל לרבותינו ז״ל בין אין ללא. ובלשון התלמוד אין הוא מורה הודאה וחיוב ויותר דוגמת ונשגב ה׳ כשם שהקדוש ברוך הוא נלחם לבדו עם אדום פורה דרכתי לבדי (ישעיהו סג ג) כן יעקב נלח לשר אדום לבדו:

מסורת המדרש

א. דברים רבה פרשה י׳. מדרש שמואל פרשה כ״ט. ילקוט כאן רמז קל״ב כל הענין. ילקוט שמואל רמז קס״ה:

אם למקרא

אֵין כָּאֵל יְשֻׁרוּן רֹכֵב שָׁמַיִם בְּעֶזְרֶךָ וּבְגַאֲוָתוֹ שְׁחָקִים: (דברים לג:כו)

וְשַׁח גַּבְהוּת הָאָדָם וְשָׁפֵל רוּם אֲנָשִׁים וְנִשְׂגַּב ה׳ לְבַדּוֹ בַּיּוֹם הַהוּא: (ישעיה ב:יז)

ידי משה

[א] **אין כאל ישורון וגו׳.** פירוש כוונת המדרש שנשאר יעקב לבדו לפי שנשאר יעקב באותה שעה לבדו בלתי מלאכים, לפי שבכל פעם היה ליעקב שני מלאכים המלווים אותו מלאכי ארץ ישראל בארץ ישראל ומלאכי חוץ לארץ בחוץ לארץ ונהר יבק היה הפסק בין ארץ ישראל לחוץ לארץ וכשעבר הנהר נפטרו ממנו מלאכי חוץ לארץ ובאו לו מלאכי ארץ ישראל ומכח ששכח פכים קטנים חזר ועבר את הנהר לחוץ לארץ, ואם כן על כרחך היה באותו פעם בלי שום מלאכים, וזה שמסיים המדרש מה הקדוש ברוך הוא כתוב בו ונשגב ה׳ לבדו אף יעקב ויותר לבדו פירוש בלי מלאכים. ודוק:

מתנות כהונה

[א] **אין כאל ומי כאל.** ופירש הכתוב אין מי שידמה לאל, רק מי הוא זה שידמה לו ישורון, וכדמפרש ואזיל: **הנאים והמשובחים.** הצדיקים הישרים: **המר במר.** שאמרו חז״ל שאותו עץ שהורהו ה׳ למשה הירדופני היה כדלקמן בשמות רבה (נ, ג): **הכי גרסינן אין כאל ומי כאל ישורון:**

אשד הנחלים

[א] **הנאים המשובחים.** מלת ישורן נגזר ממלת ישר, שכל מעשיו ישרים ונעימים לכל רואיהם. ודרש אין כאל בעל הכחות כולם להפוך כל דרכי הטבע רק ישורון, מי שהוא ישר באמת, והאיש הזה, רוכב שמים [שהוא משדד מערכת השמים] בעזרך. ודרש עוד על ישראל סבא שמדתו ישר לכן נקרא ישר אל, שהוא כאל שנאבק עם מלאכי אל ויוכל לו, כמו שכתוב כי שרית עם אלהים ותוכל: **מברך את המועט.** שנעשה מהמעט רב, כי כן יסד בטבע המציאות שהארץ תוציא צמחה המעט לרב. ומחיה מתים בכל רגע, כי מקיים כל המציאות לבלי יתבטלו בכל עת ורגע, כי לולא השגחת ה׳ יתברך אז היו כלא היו. ופוקד עקרות זהו הלידה. ועושה כדוגמתן ע״י הצדיקים, אף שהוא היפך המציאות ושלא כדרך הטבע. וכלומר שלהצדיקים הדבר הנעלה מהטבע עושין זאת דוגמת הטבע ברצון ה׳. אבל אין לומר כפשוטו, דא״כ ה׳ ב״ה עושה אפילו מאין ממש ליש, לא דווקא ממעט לרב, כי אם מאין גמור. אך אם תרצה אמור, שה׳ ב״ה עושה ניסים בעולמו ככה, אבל מאין ממש עשה רק פעם אחת בתחילת הבריאה, ואינו חפץ במעשה הזה לעולם, כי אם נסים ממעט לרב, וכן הצדיקים אם יחפצו בזה אזי ה׳ עושה למענם: **לבדו, אף יעקב כו׳.** יש בו דבר עיון, מהו הכוונה לפי זה שנשאר יעקב לבדו, ובאיזה בחינה יש השתוות בין מלת לבדו הנאמר ביעקב למלת לבדו הנאמר אצלו ית׳. והנראה בזה דיעקב בפעולתו התבונן להשתיק ולכוף את כל הכחות העליונות העומדים נכחו לשטנו, וזהו שרו של שעיר וחיילותיו, כי הרע לעומת הטוב, ובעת יתגבר הטוב יכוף הרע את עצמו. והנה לעתיד לבא יתבטל מהעולם כל הכחות הרעות המסיתות האדם לחטוא, רק שיהיה נשגב שם ה׳ לבדו, כי הכל יכירו רק כבוד ה׳, ואין עוד רע למעלה ולא למטה ולא בלב האדם, וא״כ בחינת יעקב דוגמת זה. ודברי הכתוב ככלל שאחריו פרט, שהכתוב מספר שנותר יעקב לבדו וביטל כחו, ומספר אח״כ מהו זאת,

The Midrash presents an alternative exposition of the verse in *Deuteronomy,* which relates to Jacob:

רַבִּי בֶּרֶכְיָה בְּשֵׁם רַבִּי סִימוֹן אָמַר: ״אֵין כָּאֵל״ – R' Berechyah said in the name of R' Simone: It is written, ***There is none like God.*** **וּמִי כָּאֵל ״יְשֻׁרוּן״, יִשְׂרָאֵל סָבָא – But who *is* like God? *Jeshurun* is –** "Jeshurun" referring to **Israel the Elder,** i.e., Jacob.[16] **מָה הַקָּדוֹשׁ בָּרוּךְ הוּא כָּתוּב בּוֹ, ״וְנִשְׂגַּב ה׳ לְבַדּוֹ״, אַף יַעֲקֹב ״וַיִּוָּתֵר יַעֲקֹב לְבַדּוֹ״ – Just as it states regarding the Holy One, blessed is He, *And HASHEM "alone" will be exalted*** *on that day* (*Isaiah* 2:11), **so too,** regarding **Jacob** it states here, ***Jacob was left "alone."***[17]

NOTES

16. [See above, note 1.] "Jeshurun" is sometimes used as a reference to Jacob, as we see in the verse (*Isaiah* 44:2), *Fear not My servant Jacob, Jeshurun whom I have chosen* (*Eitz Yosef*; *Radak* ad loc.). Furthermore, as above, יְשֻׁרוּן is related to the word יָשָׁר, *upright person* – one of the primary traits of Jacob. Jacob is likened to God in the sense that he was able to overcome the angel who struggled with him. In fact, Jacob's righteousness and strength are both hinted at in the name יִשְׂרָאֵל, *Israel,* which is made up of the words יָשָׁר, *upright,* and אֵל, *God* (*Eitz Yosef*).

17. Just as *HASHEM is alone* in Heaven – i.e., there are no other gods, as everyone in the world will come to recognize *on that day* – so too Jacob was *alone* among men, in his lofty spiritual level and strength (*Eitz Yosef,* from *Yefeh To'ar*).

חידושי הרש"ש

[א] {הקב"ה ממתיק את המר במר ואלישע וכו'. בפרשת האזינו חשב המדרש עוד דברים עיין שם:}

אמרי יושר

[א] **אין כאל.** מדלא קאמר אין כאל בשב"א אלא כאל הוא מוכרח ומי כמוהו ישראל. יש מפרשים שישראל אין להם דומה באומות והוא על דרך מה שאמר כל מקום שנאמר אין לה הוה לה כי לא יורה שלילה מוחלטת. וזה הבדל לרבותינו ז"ל בין אין ללא. ובלשון התלמוד אין הוא מורה הודאה וחיוב ויותר דוגמת ונשגב ה' כשם שהקדוש ברוך הוא נלחם לבדו עם אדום פורה דרכתי לבדי (ישעיהו סג ג) כן יעקב נלח לשר אדום לבדו:

עץ יוסף

(א) **אין כאל ומי כאל ישורון.** דריש ליה כאילו כתוב אין כאל ישורון כאל ישורון. ואי אפשר לפרש אין כאלהי ישורון, דאם כן הוי ליה לינקד הכ"ף בשבא: **הנאין והמשובחין והישרים.** כן צריך לומר. והיינו הצדיקים. דמדשני הכא למימר ישורון ולא ישראל דריש נוטריקון ישרים ונאים (יפה תואר). ודרש אין כאל בעל הכחות כולם, רק ישורון, מי שהוא ישר ונאה באמת. והאיש הזה רוכב שמים (שהוא משדד מערכת השמים ומהפך כל דרכי הטבע) בעזרך. ודרש עוד על ישראל סבא שמדתו ישר לכן נקרא ישר אל, שהוא כאל, שנאבק עם מלאכי אל ויוכל לו כמו שנאמר כי שרית עם אלהים ותוכל: **ואליהו מחיה מתים.** שהחיה בן הצרפית. ועצר גשמים כמו שכתוב (מלכים א' יז, א) אם יהיה השנים האלה טל ומטר. ומברך המועט כמו שאמר (מלכים א' יז, יד) כד קמח לא תכלה: **ואלישע מחיה מתים.** שהחיה בן השונמית. ופוקד עקרות שנתן הבן לשונמית. ומברך את המועט שנתן ברכה באסוך השמן דאשת הנביא. וכן עשרים לחם שנתן לפני מאה איש ויאכלו ויותירו: **הקדוש ברוך הוא ממתיק את המר.** הייינו בים שהמתיק להם המים שישתו ישראל מהם כדאיתא במכילתא גבי נזלו כמו נד נוזלים. וכן אלישע המתיק המר הייינו נזיד פקועות השדה שנעשה לבני הנביאים (מלכים ב' ד, לט) ובאכלם צעקו ואמרו מות בסיר שהיו מירקות מרים, ולכן הרגישו מיד ארסיותו כשטעמוהו (יפה תואר): **הקדוש ברוך הוא ממתיק את המר במר.** הייינו מה שהמתיק מי מרה על ידי העץ שהיה מר כדלקמן שמות רבה (כג, ג), וכן אלישע המתיק המר במר והייינו מי יריחו שהמתיקן על ידי מלח: **ישראל סבא.** שנקרא ישורון כדכתיב (ישעיה מד, א) וישורון בחרתי בו: **מה הקדוש ברוך הוא כתוב בו כו'.** יתורא דלבדו דריש דאתא לרמוז שכמו שהשם יחיד בעליונים ואין דומה לו שעל כן נאמר ונשגב ה' לבדו ביום ההוא, שלעתיד כולם יכירו שאין עוד מלבדו, כן יעקב היה יחיד בתחתונים ואין דומה לו בזכות ובכח, ולכן קנא בו המלאך ויאבק עמו. והודה לו בסוף כי שרית עם אלהים ועם אנשים ותוכל (יפה תואר):

פרשה עז

א [לב, כה] **"וַיִּוָּתֵר יַעֲקֹב לְבַדּוֹ וַיֵּאָבֵק אִישׁ עִמּוֹ", (דברים לג, כו) "אֵין כָּאֵל יְשֻׁרוּן רֹכֵב שָׁמַיִם בְּעֶזְרֶךָ", רַבִּי בֶּרֶכְיָה בְּשֵׁם רַבִּי יְהוּדָה בְּרַבִּי סִימוֹן אָמַר: "אֵין כָּאֵל", וּמִי כָּאֵל, "יְשֻׁרוּן", הַנָּאִים וְהַמְשׁוּבָּחִין שֶׁבָּכֶם, אאַתָּה מוֹצֵא כָּל מַה שֶׁהַקָּדוֹשׁ בָּרוּךְ הוּא עָתִיד לַעֲשׂוֹת לֶעָתִיד לָבֹא, הִקְדִּים וְעָשָׂה עַל יְדֵי הַצַּדִּיקִים בָּעוֹלָם הַזֶּה, הַקָּדוֹשׁ בָּרוּךְ הוּא מְחַיֶּה אֶת הַמֵּתִים וְאֵלִיָּהוּ מְחַיֶּה אֶת הַמֵּתִים, הַקָּדוֹשׁ בָּרוּךְ הוּא עוֹצֵר גְּשָׁמִים וְאֵלִיָּהוּ עוֹצֵר גְּשָׁמִים, הַקָּדוֹשׁ בָּרוּךְ הוּא מְבָרֵךְ אֶת הַמּוּעָט וְאֵלִיָּהוּ מְבָרֵךְ אֶת הַמּוּעָט, הַקָּדוֹשׁ בָּרוּךְ הוּא מְחַיֶּה אֶת הַמֵּתִים וֶאֱלִישָׁע מְחַיֶּה אֶת הַמֵּתִים, הַקָּדוֹשׁ בָּרוּךְ הוּא פּוֹקֵד עֲקָרוֹת וֶאֱלִישָׁע פּוֹקֵד עֲקָרוֹת, הַקָּדוֹשׁ בָּרוּךְ הוּא מְבָרֵךְ אֶת הַמּוּעָט וֶאֱלִישָׁע מְבָרֵךְ אֶת הַמּוּעָט, הַקָּדוֹשׁ בָּרוּךְ הוּא מַמְתִּיק אֶת הַמָּר וֶאֱלִישָׁע מַמְתִּיק אֶת הַמָּר, הַקָּדוֹשׁ בָּרוּךְ הוּא מַמְתִּיק אֶת הַמָּר בְּמָר וֶאֱלִישָׁע הִמְתִּיק אֶת הַמָּר בְּמָר, רַבִּי בֶּרֶכְיָה בְּשֵׁם רַבִּי סִימוֹן אָמַר: "אֵין כָּאֵל", וּמִי כָּאֵל, "יְשֻׁרוּן", יִשְׂרָאֵל סָבָא, מָה הַקָּדוֹשׁ בָּרוּךְ הוּא כָּתוּב בּוֹ, (ישעיה ב, יא) "וְנִשְׂגַּב ה' לְבַדּוֹ", אַף יַעֲקֹב "וַיִּוָּתֵר יַעֲקֹב לְבַדּוֹ":**

רש"י

(א) **ומי כאל ישורון.** ישרים שבכם:

פירוש מהרז"ו

(א) **ויותר יעקב לבדו.** תיבת לבדו מיותר, ודורש גזירה שוה בסוף הסימן: **אין כאל ישורון.** לפי מה שכתבתי לעיל (סוף פרשה לח) שכל מקום שנאמר אין לה הוה לה בכמה ראיות וכן כאן, וזה ששואל ומי כאל וכו'. שמעתי: **הקדים ועשה.** רומז למה שמבואר ויקרא רבה (כז, ד) קהלת רבה (ג, יח) פסוק מה שהיה כבר הוא ואשר להיות וגו', ולזה צריך לומר הקדים ועשה: **ואליהו מחיה מתים.** מלכים (א' יז, כב), ומה שהיה עוצר גשמים גם כן שם (יז, ז). ובויקרא רבה וקהלת רבה שם ליתא מה שאמר כאן עוצר גשמים. רק כאן צריך לזה ודו"ק. ואליהו מברך המועט גם כן שם (יז, טז). ואלישע מחיה מתים מלכים (ב' ד, לו), וכן פוקד עקרות (שם יז) וכן מברך המועט (שם ח), וממתיק המר מלכים (ב' ב, כא), ומה שאמר במר כמו שנאמר (שם) וישלך שם מלח. וכל דברים אלו יעשה הקב"ה לעתיד, מחיה מתים כמו שנאמר (דברים לב, לט) אני אמית ואחיה, וכמו שנאמר ויקרא (כו, י), יברך את המועט כמו שנאמר (ישעיה ס, כב) הקטן יהיה לאלף כו', וכמו שנאמר (ויקרא כה, כא) וצויתי את ברכתי, וכן ישלח לך את הברכה [עיין דברים כח, ח], ומה שאמר פוקד עקרות כמו שנאמר (ישעיה נד, א) רני עקרה וכו' כי חלה גם ילדה ציון וכו', וכמו שנאמר (ירמיה לא, ז) הרה ויולדת יחדיו, ממתיק המר כמו שנאמר (יחזקאל מז, ח) ונרפאו המים: **ישראל סבא.** זה ענין הדרשה השייך כאן על תיבת לבדו, וכמו שכתוב שם בפסוק אין כאל וכו' ה' בדד ינחנו, וכמו שאמרו לעיל (סו, ג) ויתן לך כו', וכמו שאיתא לקמן (עט, ח) אתה וכו', וכן לקמן (נח, ג) עיין שם, והכוונה בכל זאת שנתן לו השם יתברך כח נשגב לעמוד במלאך כדלקמן ויאבק איש, ואין בתנ"ך דוגמא לזה, ומה שאמר שמות רבה (כח, א) נתגוששת במלאכים זהו בטענות וויכוחים ולא בכח וגבורה כמו כאן:

מסורת המדרש

א. דברים רבה פרשה י'. מדרש שמואל פרשה כ"ט. ילקוט כאן רמז קל"ב כל הענין. ילקוט שמואל רמז קס"ה:

אם למקרא

אֵין כָּאֵל יְשֻׁרוּן רֹכֵב שָׁמַיִם בְּעֶזְרֶךָ וּבְגַאֲוָתוֹ שְׁחָקִים: (דברים לג:כו)

וְשַׁח גַּבְהוּת הָאָדָם וְשָׁפֵל רוּם אֲנָשִׁים וְנִשְׂגַּב ה' לְבַדּוֹ בַּיּוֹם הַהוּא: (ישעיה ב:יז)

ידי משה

[א] **אין כאל ישורון וגו'.** פירוש כוונת המדרש שנשאר יעקב לבדו לפי שנשאר יעקב באותה שעה לבדו בלתי מלאכים, לפי שבכל פעם היה ליעקב שני מלאכים המלווים אותו מלאכי ארץ ישראל בארץ ישראל ומלאכי חוץ לארץ בחוץ לארץ ונהר יבק היה הפסק בין ארץ ישראל לחוץ לארץ וכשעבר הנהר נפטרו ממנו מלאכי חוץ לארץ ובאו לו מלאכי ארץ ישראל ומכח שבכח פכים קטנים חזר ועבר את הנהר לחוץ לארץ, ואם כן על כרחך היה באותו פעם בלי שום מלאכים, וזה שמסיים המדרש מה הקדוש ברוך הוא כתוב בו ונשגב ה' לבדו אף יעקב ויותר לבדו פירוש בלי מלאכים. ודוק:

מתנות כהונה

[א] **אין כאל ומי כאל.** ופירש הכתוב אין מי שידמה לאל, רק מי הוא זה שידמה לו ישורון, וכדמפרש ואזיל: **הנאים והמשובחים.** הצדיקים הישרים: **המר במר.** שאמרו חז"ל שאותו עץ שהורהו ה' למשה הירדופני היה כדלקמן בשמות רבה (נ, ג): **הכי גרסינן אין כאל ומי כאל ישורון:**

אשד הנחלים

[א] **הנאים המשובחים.** מלת ישורן נגזר ממלת ישר, שכל מעשיו ישרים ונעימים לכל רואיהם. ודרש אין כאל בעל הכחות כולם להפוך כל דרכי הטבע רק ישורון, מי שהוא ישר באמת, והאיש הזה, רוכב שמים [שהוא משדד מערכת השמים] בעזרך. ודרש עוד על ישראל סבא שמדתו ישר לכן נקרא ישר אל, שהוא כאל שנאבק עם מלאכי אל ויוכל לו, כמו שכתוב כי שרית עם אלהים ותוכל: **מברך את המועט.** שנעשה מהמעט רב, כי כן יסד בטבע המציאות שהארץ תוציא צמחה המעט לרב. ומחיה מתים בכל רגע, כי מקיים כל המציאות לבלי יתבטלו בכל עת ורגע, כי לולא השגחת ה' יתברך אז היו כלא היו. ופוקד עקרות זהו הלידה. ועושה כדוגמתן ע"י הצדיקים, אף שהוא היפך המציאות ושלא כדרך הטבע. וכלומר שלהצדיקים הדבר הנעלה מהטבע עושין זאת דוגמת הטבע ברצון ה'. אבל אין לומר כפשוטו, דא"כ ה' ב"ה עושה אפילו מאין ממש ליש, לא דווקא ממעט לרב, כי אם מאין גמור. אך אם תרצה אמור, שה' ב"ה עושה ניסים בעולמו ככה, אבל מאין ממש עשה רק פעם אחת בתחילת הבריאה, ואינו חפץ במעשה הזה לעולם, כי אם נסים ממעט לרב, וכן הצדיקים אם יחפצו בזה אזי ה' עושה למענם: **לבדו, אף יעקב כו'.** יש בו דבר עיון, מהו הכוונה לפי זה שנשאר יעקב לבדו, ובאיזה בחינה יש השתוות בין מלת לבדו הנאמר ביעקב למלת לבדו הנאמר אצלו ית'. והנראה בזה דיעקב בפעולתו התבונן להשתיק ולכוף את כל הכחות העליונות העומדים נכחו לשטנו, וזהו שרו של שעיר וחיילותיו, כי הרע לעומת הטוב, ובעת יתגבר הטוב יכוף הרע את עצמו. והנה לעתיד לבא יתבטל מהעולם כל הכחות הרעות המסיתות האדם לחטוא, רק שיהיה נשגב שם ה' לבדו, כי הכל יכירו רק כבוד ה', ואין עוד רע למעלה ולא למטה ולא בלב האדם, וא"כ בחינת יעקב דוגמת זה. ודברי הכתוב ככלל שאחריו פרט, שהכתוב מספר שנותר יעקב לבדו וביטל כחו, ומספר אח"כ מהו זאת,

§2 [וַיַּעֲבֹר אֵת מַעֲבַר יַבֹּק. וַיִּקָּחֵם וַיַּעֲבִרֵם אֶת הַנָּחַל וַיַּעֲבֵר אֶת אֲשֶׁר לוֹ. וַיִּוָּתֵר יַעֲקֹב לְבַדּוֹ וַיֵּאָבֵק אִישׁ עִמּוֹ — *AND HE CROSSED THE FORD OF THE JABBOK. AND HE TOOK THEM AND BROUGHT THEM ACROSS THE STREAM, AND HE BROUGHT ACROSS THAT WHICH WAS HIS. JACOB WAS LEFT ALONE AND A MAN WRESTLED WITH HIM.*]

Scripture does not tell us what caused the "man" (angel) to instigate a confrontation with Jacob. The Midrash explains the background to this attack, based on the context of the passage:

רַבִּי חוּנְיָא אָמַר: נִדְמָה לוֹ בִּדְמוּת רוֹעֶה — **R' Chunya said: [The angel] appeared to [Jacob] in the guise of a shepherd;** לָזֶה צֹאן וְלָזֶה צֹאן, לָזֶה גְּמַלִּים וְלָזֶה גְּמַלִּים — **this one** (Jacob) **had sheep and that one** (the angel) **had sheep, this one had camels and that one had camels,**[18] and both parties wanted to cross the Jabbok stream at the same place. אָמַר לוֹ: הַעֲבֵר אֶת שֶׁלְּךָ וְאַחַר כָּךְ אֲנִי מַעֲבִיר אֶת שֶׁלִּי — **[The angel] said to [Jacob], "Bring across [the river] what is yours and afterward I will bring across what is mine."** הֶעֱבִיר יַעֲקֹב אָבִינוּ שֶׁלּוֹ — So **our forefather Jacob brought across what was his.** אָמַר: נַחֲזוֹר וְנֶחְמֵי דִילְמָא אַנְשִׁינַן כְּלוּם — Then **he said** to himself, **"Let us return** to the other side **and see if perhaps we have forgotten anything."**[19] מִן דְּחָזַר "וַיֵּאָבֵק אִישׁ עִמּוֹ" — **When he returned,** the angel accused him of coming to steal his flocks,[20] and as a result, ***A man wrestled with him.***[21]

The Midrash records an incident related to the above exposition:

רַבִּי חִיָּיא רַבָּה וְרַבִּי שִׁמְעוֹן בַּר רַבִּי נָסְבִין וְיָהֲבִין בִּפְרַגְמַטְיָא בְּהָדֵין מְטַכְּסָא — **R' Chiya the Great and R' Shimon bar Rebbi were doing business in the fine silk trade.** עָלוֹן לַהֲדָא צוֹר וַעֲבָדוּן עֲבִידִיתְהוֹן — **They** once **went into Tyre and took care of their business** there. מִן דְּנָפְקִין מִן פִּילֵי אָמְרֵי: נֵלֵךְ וְנִתְפּוֹס אוּמְנוּת אֲבוֹתֵינוּ — **When they left the city gates they said** to each other, **"Let us go and adopt the craft of our forefathers,** i.e., let us learn from their ways; נַחֲזוֹר וְנֶחְמֵי אִי אַנְשִׁינַן כְּלוּם — **let us return and see if we have forgotten anything,** as Jacob did." חֲזָרוּן וְאַשְׁכְּחוּן מְחַיְּילָא דִמְטַקְסִין — **They returned** to the city **and found a bundle of silk** that they had inadvertently left behind. אָמְרִין לְהוֹן: מִן הָן אִית לְכוֹן — **[The townspeople] said to them, "From where did you acquire this** wise practice?" אָמְרִין: מִן דְּיַעֲקֹב סָבָא, דִּכְתִיב "וַיִּוָּתֵר יַעֲקֹב לְבַדּוֹ" — **[The two sages] said,** "We learned it **from Jacob the Elder, as it is written, *And Jacob was left alone,*"** referring to when Jacob returned alone to the other side of the river to make sure that nothing had been left behind.[22]

The Midrash presents an alternative explanation of the angel's pretense for attack:

וְרַבָּנָן אָמְרֵי: לְאַרְכִילִסְטִים נִדְמָה לוֹ — **The** other **Rabbis say: [The angel] appeared to [Jacob] as a bandit chief;** לָזֶה צֹאן וְלָזֶה צֹאן, לָזֶה גְּמַלִּים וְלָזֶה גְּמַלִּים — **this one** (Jacob) **had sheep and that one** (the angel) **had sheep, this one had camels and that one had camels.**[23] אָמַר לוֹ: הַעֲבֵר אֶת שֶׁלִּי וַאֲנִי אַעֲבִיר אֶת שֶׁלְּךָ — **[The angel] said to [Jacob], "Bring across [the river] what is mine and I will bring across what is yours."**[24] הֶעֱבִיר הַמַּלְאָךְ אֶת שֶׁל אָבִינוּ יַעֲקֹב כְּהֶרֶף עַיִן — **The angel brought across that which belonged to our forefather Jacob in the blink of an eye.**[25]

NOTES

18. We learned above (75 §7) that the expression עִמּוֹ, *with him,* also connotes *like him*. Since the angel is described as wrestling *with him* (v. 25), the Midrash understands that just as Jacob was a shepherd transporting flocks of sheep and camels, the angel who wrestled with him likewise appeared as a shepherd tending animals (*Maharzu*).

19. Jacob spoke to himself using the plural "we" (see, however, *Maharzu*). That Jacob went back over the Jabbok (to the Aram side) after having taken his family and belongings over to the *Eretz Yisrael* side is derived from the fact that Jacob was now "left alone." If he had remained on the *Eretz Yisrael* side, he would have been together with his family and servants and belongings, not "alone" (*Yefeh To'ar*).

20. For, having finished taking over all his belongings, why else would Jacob return to the other side, if not to steal from the other "man"? (*Eitz Yosef,* from *Yefeh To'ar*). Alternatively, Jacob was open to attack after re-crossing the stream because he had no angels guarding him. The Jabbok formed the border of the Land of Israel, and once Jacob brought across his family and belongings, the angels that had been accompanying him outside the Land were replaced by the angels that would guard him within the Land (as above, 68 §12). However, Jacob then returned back across the river to look for forgotten belongings and was left unguarded (since his current angels could not leave the Land; see above, ibid.). Jacob was left *alone,* and so the angel took advantage of this vulnerability and accused him of being a thief, leading to their confrontation (*Yedei Moshe*).

21. I.e., the fact that Jacob brought his belongings across the Jabbok (v. 24) and then was "left alone" (v. 25) — after having crossed back over the stream to his original location — form the background for *a man wrestled with him* (v. 25).

22. The townspeople were surprised that the owners returned to search for forgotten belongings even though they had not sensed that anything was missing. They therefore inquired who had taught these two sages such a wise practice (*Eitz Yosef*), and the sages replied that they had learned it from Jacob. See Insight Ⓐ.

23. See above, note 18.

24. I.e., "Help me take my belongings across the Jabbok and I will help you cross over yours" (*Eitz Yosef,* from *Yefeh To'ar*). The Midrash derives this arrangement from the phrase וַיַּעֲבֵר אֶת אֲשֶׁר לוֹ, *[Jacob] brought across that which was his* (v. 24); according to this interpretation, *that which was his* means that which was the angel's, not Jacob's (*Maharzu*; compare, however, following note). Although Jacob was quite capable of bringing his own belongings across without help, he agreed to the offer of this "bandit" so as to avoid any sort of confrontation (and indeed this is why the Midrash asserts that the angel posed as a bandit in the first place) (*Yefeh To'ar*).

25. According to *Yefeh To'ar* and *Eitz Yosef,* this is what the verse refers to as וַיַּעֲבֵר אֶת אֲשֶׁר לוֹ — "[Jacob] brought across [via the angel] that which was his."

INSIGHTS

Ⓐ **To Return and Revisit** A close reading of this Midrash shows that these sages saw in Jacob's behavior more than a simple lesson in financial prudence — conducting a final check to see if anything of value had been overlooked. They said, "Let us go and adopt *the craft* of our Patriarchs." They saw this as Jacob's *craft,* as his philosophy of *life* — that just happened to express itself in this particular instance in the mundane matter of checking for a forgotten article. They are teaching us a profound lesson to learn from Jacob.

There is a tendency to go through life confident in the propriety of our behavior and interactions. We did the right thing. We said what had to be said. The past is past. But the Midrash is teaching that our patriarch Jacob had a craft. He returned and revisited his past actions. He reviewed them carefully, to see if there was something to improve or repair.

This is the path to greatness we can learn from our great patriarch. It is not enough to invest the effort always to do the right thing. We must train ourselves to review the past, to thoughtfully consider whether we made any mistakes. Could something be improved? Did we hurt someone — inadvertently or otherwise? And if we find that mistakes were made, we must have the courage to face and redress them (*Derachim shel Eish, Midrash Chachamim,* pp. 139-140).

In his description of the attribute of "Fear of Sin," *Mesillas Yesharim* (Ch. 24, *Yiras Cheit*) writes: "This is the true fear that should always be upon a man of piety and never depart from him . . . Regarding the past, a person should always reflect upon what he has already done, dreading and worrying lest some measure of sin passed through his hands unknowingly."

Such an attitude does not come naturally. It is a craft. And like any craft, it requires focus, skill, and practice. The Midrash points us to adopting this craft of Jacob — to revisit, review, and repair.

ב רַבִּי חוּנְיָא אָמַר: נִדְמָה לוֹ בִּדְמוּת רוֹעֶה, לָזֶה צֹאן וְלָזֶה צֹאן, לָזֶה גְּמַלִּים וְלָזֶה גְּמַלִּים, אָמַר לוֹ: הַעֲבֵר אֶת שֶׁלְּךָ וְאַחַר כָּךְ אֲנִי מַעֲבִיר אֶת שֶׁלִּי, הֶעֱבִיר יַעֲקֹב אָבִינוּ שֶׁלּוֹ, אָמַר: נַחֲזוֹר וְנֶחְמֵי דִילְמָא אַנְשִׁינַן כְּלוּם, מִן דְּחָזַר "וַיֵּאָבֵק אִישׁ עִמּוֹ", רַבִּי חִיָּיא רַבָּה וְרַבִּי שִׁמְעוֹן בַּר רַבִּי נָסְבִין וְיָהֲבִין בִּפְרַגְמַטְיָא בְּהָדֵין מְטַכְּסָא, עָלוֹן לַהֲדָא צוֹר וַעֲבַדוּן עֲבִידִיתְהוֹן, מִן דְּנָפְקִין מִן פִּילֵי אָמְרֵי: נֵלֵךְ וְנִתְפּוֹס אוּמְנוּת אֲבוֹתֵינוּ, נַחֲזוֹר וְנֶחְמֵי אִי אַנְשִׁינַן כְּלוּם, חֲזָרוּן וְאַשְׁכְּחוּן מַחֲיָילָא דִמְטַקְסִין, אָמְרִין לְהוֹן: מִן הָן אִית לְכוֹן, אָמְרִין: מִן דְּיַעֲקֹב סָבָא, דִּכְתִיב "וַיִּוָּתֵר יַעֲקֹב לְבַדּוֹ", וְרַבָּנָן אָמְרֵי: לְאַרְכִילַסְטִים נִדְמָה לוֹ, לָזֶה צֹאן וְלָזֶה צֹאן, לָזֶה גְּמַלִּים וְלָזֶה גְּמַלִּים, אָמַר לוֹ: הַעֲבֵר אֶת שֶׁלִּי וַאֲנִי אַעֲבִיר אֶת שֶׁלְּךָ, הֶעֱבִיר הַמַּלְאָךְ אֶת שֶׁל אָבִינוּ יַעֲקֹב כְּהֶרֶף עַיִן, וְהָיָה אָבִינוּ יַעֲקֹב מַעֲבִיר וְחוֹזֵר וּמַשְׁכַּח מַעֲבִיר וְחוֹזֵר וּמַשְׁכַּח כָּל הַלַּיְלָה, אָמַר לֵיהּ: פַּרְקָמוֹס {נוּסַח אַחֵר: פַּרְמָקוֹס}, אָמַר רַבִּי פִּנְחָס: בְּאוֹתָהּ שָׁעָה נָטַל אָבִינוּ יַעֲקֹב פּוּקָרִין וְנָתַן לוֹ בְּתוֹךְ צַוָּארוֹ, אָמַר לוֹ: פַּרְקָמוֹס פַּרְקָמוֹס, אָמַר רַבִּי הוּנָא: בַּסּוֹף אָמַר הַמַּלְאָךְ: אֲנִי מוֹדִיעוֹ עִם מִי הוּא עוֹסֵק, מֶה עָשָׂה, נָתַן אֶצְבָּעוֹ {נוּסַח אַחֵר: צוּר} בָּאָרֶץ, הִתְחִילָה הָאָרֶץ תּוֹסֶסֶת אֵשׁ,

רש"י

(ב) דלמא רבי חייא רבה. פעם אחת: **מחיילא דמיטקסי.** משוי כרך אחד של מטילים לשון ישמעאל: **אומנות.** אבינו יעקב: **פרמקוס.** מכשף בלשון יון: **נטל יעקב פקרן.** בגד אחד דק ונתנו למלאך על צוארו, אמר ליה פרמקוס פרמקוס לית חרשין מצליחין בלילה: **אמר המלאך אני מודיע עם מי הוא עוסק, נתן אצבעו בארץ התחילה הארץ תופסת** [תוססת] מקום בנעילת [נעילת] אצבעו:

עץ יוסף

(ב) ר' חוניא אמר כו'. ויאבק איש עמו קאי. ואתא לפרושי איזה עלילה מצא האיש להאבק עמו. ואמר שנדמה לו לרועה שהיה לו צאן וגמלים וכו', וכשהשלים יעקב להעביר את שלו וחזר לבדוק אם שכח דבר, העליל עליו האיש ההוא שליקח משלו חזר, שאחר שהעביר כל אשר לו מה צורך לו לחזור ועל זה חרחר ריב עמו: **נחזור נחמי כו'.** נחזור ונראה האם לא שכחנו כלום: **מן דחזר.** אחר שחזר: **רבי חייא רבה ורבי שמעון כו'.** ספר המעשה הזה לומר כי לא דבר רק מספורי התורה, כי לכך נכתב זה להודיע עלה טובה שיזהרו בעסקיהם וטוב להם כמו שהיה לאלו: **נסבין כו'.** נושאין ונותנין בסחורה: **מטבסא.** משי מובחר: **עלן כו'.** נכנסו לזאת העיר צור ועשו מלאכתם כלומר עסקו בסחורתן. מאחר שיצאו מן שער העיר: **מחיילא.** משא של משי: **אמרין כו'.** הבריות שראו זה אמרו להם מנין לכם חכמה זאת לחזור לאחוריכם אף על פי שלא הרגשתם שום שכחה: **לארכיליסטים.** לשר של ליסטים: **העבר את שלי.** פירוש אתה תסייע להעביר את שלי. ואני אסייע לך להעביר את שלך: **העביר המלאך כו'.** ומה שאמר ויעבר את אשר לו היינו על ידי שליח, או לפי שהיה מסייע (יפה תואר): **כל הלילה.** כלומר רוב הלילה: **ומשכח.** ומצא עוד צאן אחרים: **פרקמוס.** מכשף אתה, שכל עוד שאני מעביר אני מוצא יותר: **נטל אבינו יעקב פוקרין.** נטל סודר רך של צמר ונתן בצוארו לצערו ולגעור בו שהוא מכשף. ובילקוט גרס ונתן לו בתוך צוארו אמר ליה פרקמוס פרקמוס לית חרשין מצלחין בלילה: **אני מודיעו.** שאני מלאך דדריש איש עמו עד עלות השחר, דמעלות השחר הודיעו שהוא מלאך: **נוסח אחר צור.** שלא נתן אצבע בארץ אלא צור דהיינו חתיכת חלמיש זרק על הארץ (יפה תואר). ובעל אות אמת מחק מכאן נוסח אחר צור וכתבו אחר תוססת אש וגרס בצור. ולפי זה כך פירושו שהנוסח אחר סבירא ליה שלא נתן אצבעו בארץ אלא בצור: **תוססת אש.** תחתיו להודיעו שהוא מלאך כענין שנאמר (תהלים קד,ד) משרתיו אש לוהט. וזה נרמז באומרו ויאבק איש עמו דדריש

פירוש מהרז"ו

(ב) בדמות רועה. שיר השירים רבה (ג, ה) פסוק מי זאת עולה כל הענין. ודייק שמה שנאמר ויעבר כל אשר לו מיותר וכפול, ועוד דמשמע ולא של אחרים. על כן דורש שהיו כאן של אחרים, וכן (לב, כה) ויאבק איש עמו כעמו, וכמו שאמרו לעיל (עה, ז) וכן כאן, וזהו מה שאמר לזה צאן ולזה צאן. ומה שאמר העבר שלך תחלה ואחר כך כו', כמו שנאמר ויעבר את אשר לו, והאחר העביר את אשר לו, ואחר כך אמר יעקב להאיש נחזור ונראה ואז ויותר יעקב וכו': **אני אעביר שלך.** דורש ויעבר את אשר לו היינו יעקב לצאן של האיש דאם לא כן אשר לו מיותר. ומה שאמר מעביר וחוזר ומשכח, היינו מכפל ההעברה ויעבירם וכו' ויעבר וכו' על פי מדה יו"ד על שהיה חוזר ומשכח. ומה שאמר נטל פיקרין ונתן לו בצוארו לא ידעתי מנין לו, ובשיר השירים רבה (ג, ו) הגירסא וכרכו על צוארו, יתכן שסמכו חז"ל על מה שנאמר ויאבק איש עמו מלשון אבקתא שנזכר אצל רצועה של מלקות עיין ערוך ערך אבקתא. (ואולי דורש ויאבק כמו ויחבק בחילוף אחה"ע כדעת רמב"ן עיין שם וחבוק שייך בצואר. מהרי"ב): **נתן אצבעו.** בשיר השירים רבה (ג, ו) הגירסא נתן אצבעו בצור התחילה תוססת אש ודורש שם גזירה שוה:

מתנות כהונה

[ב] נדמה לו. שרו של עשו ליעקב אבינו: **אמר ליה.** המלאך ליעקב אבינו: **העבר את שלך.** צאן שלך, ובילקוט (רמז קל) ובמדרש חזית (שיר השירים ו, ג) בפסוק מי זאת עולה גרס העביר את שלי ואני אעביר את שלך, ולפי זה ישוב כינוי של שלו על צאן המלאך, אבל אין נראה דאם כן היאך אמר ויותר יעקב לבדו הלא כל המחנה היה שם בעבר ההוא: **נחזור ונחמי כו'.** נחזור ונראה האם לא שכחנו כלום: **מן דחזר.** אחר שחזר: **נסבין כו'.** נושאין ונותנין בסחורה בזאת משי מובחר: **מטבסא.** פירש הערוך משי מובחר: **עלן כו'.** נכנסו לזאת העיר צור ועשו מלאכתן, כלומר עוסקין בסחורתן. מאחר שיצאו מן השער: **מחיילא.** פירש הערוך משא של משי: **אמרין כו'.** הבריות שראו זה אמרו להם מניין לכם חכמה זאת לחזור לאחוריכם אף על פי שלא הרגשתם שום שכחה: **סאבן גרסינן.** פירש זקנינו, וכן הוא במדרש חזית (שם): **דכתיב ויותר וגו'.** אלמא שחזר ובדק שמא שכח דבר מה וכדלעיל: **ומשכח.** ומצא עוד צאן אחרים: **פרמקוס.** פירש"י והערוך מכשף בלשון יון: **פרמקוס.** מכשף אתה שכל עוד שאני מעביר אני מוצא יותר: **פוקרין.** פירש"י והערוך בגד רך של צמר: **הכי גרס רש"י** וילקוט ובמדרש חזית **פרמקוס לית חרשין מצליחין בלילא:**

אשד הנחלים

זהו שנאבק איש עמו, ויעקב יכול לו. והבן זאת מאוד: **[ב] כרועה, לזה צאן.** לפי המדובר לעיל גם בזה יש כוונה הזאת. כי הנה שרו של שעיר הוא כרועה ומנהיג ושומר צאנו, והוא שומר לשעיר ובניו שהם צאנו, ויעקב היה רועה על בניו זרע שבטי יה: **לארכליסטים.** פירש האות אמת שר הלסטים. כלומר שהתבונן וידע חפצו לגזול ממנו, ולקחת טובו והצלחתו האמיתית. והיה חפץ להונו שהוא יעזור לבניו ולצאנו אך באופן שגם יעקב יעזור לו ולצאנו. והנה המלאך היה יכול להעביר מהר צאן יעקב, אך יעקב לא היה יכול להעביר צאן המלאך ולא יכול להיות בעזרתו, כי אין הטוב מתחבר כי אם עם הראוי לו ואין שיתוף ביניהם, וכל זה כיון המלאך לייגע ליעקב, ולכן אמר פרקמוס כלומר מכשף אתה וכוונתך לייגעני. והנה המלאך התחיל כחו שהוא אש המכלה ומשחית בתוקף הדין והגבורה שזהו אש. אך יעקב הראה לו שאין מפחד מזה, כי כן ג"כ מדתו לשונאיו. ורק הכלל הזה תשמור, כי היו הדברים במציאות, אכן היה הכל בכוונה ג"כ:

חידושי הרד"ל

[ב] ולזה צאן כו' אמר ליה העבר את שלך כו'. דרש ויעבור שהעביר של המלאך: **אמר ליה העבר את שלי ואני אעביר את שלך.** שנדמה לו שצאן המלאך הוא מעבר הנחל, וצריך לו להעבירו לצד זה שצאן יעקב שמה, ולזה אמר כשתעבור שלך למעבר הנהר הזה תעבור אתה שלי לכאן: **ומשכח כל הלילה. אמר רבי פנחס כו'.** וכן הוא בשיר השירים רבה (ג, ו):

חידושי הרש"ש

[ב] מה עשה כו' התחילה הארץ תוססת אש. אולי יליף עלות דהכא מן בעלות הלהב (שופטים יג, כ) גבי מלאך דמנוח (ואתי שפיר לפי זה גירסת הנוסחא אחרינא נתן צור בארץ כי שם היה גם כן הלהב מהצור) וכמו ששם שחר הונח על אור היום כן בדרך השאלה נוכל לאמרו על אור האש. או יתכן דדריש (בראשית לב, כה) ויאבק מלשון אבוקה:

אמרי יושר

[ב] [נחזור ונחמי אי אנשינן כלום]. חזר שמא שכח דבר, כי כיון שהעביר אשר לו מי נתנו בעבר הנהר מהלאה רק שחזר לראות היש שם דבר נשאר אם לא: **לזה צאן העביר את שלי ואני אעביר את שלך.** זהו ויעבר המלאך את אשר ליעקב ויותר יעקב שלא העביר את של אחר. ואלו המדרשים סוברים כי מלאך רחמים היה ולהודות לו על הברכות. ורבי חמא אמר (לקמן אות ג ופרשה עח ג) שרו של עשו היה והקדוש ברוך הוא שילחו ליעקב ללבבו ולחזק ליעקב כנגד עשו, וכמו שהטיבו להמשיל למלך שהיה לו כלב אגריון וארי אמיריון, וכן המלאך אף אם הוא ארי הוא אסור ונכנע למאמר האל יתברך כי הוא בן ביתו, כל שכן הכלב כי לא יכול. וזה כי שרית עם אלהים קל וחומר עם אנשים שתוכל. ובא לומר מהיכן נמשך להם מחלוקת, חד אמר שחזר אם

מסורת המדרש

ב. שיר השירים רבה פרשה ג' פסוק ו'. כל הענין:

ידי משה

[ב] מן דחזר ויאבק איש עמו. פירוש שעד עכשיו היה ליעקב שני מלאכים בארץ ישראל היו לו מלאכי ארץ ישראל ובחוץ לארץ היו לו מלאכי חוץ לארץ, ואותו נהר יבק היה מפסיק בין ארץ ישראל לחוץ לארץ וכבר נפטרו מלאכי חוץ לארץ הואיל ועבר הנהר כבר באו מלאכי ארץ ישראל ללותו, וכיון שחזר ועבר הנהר ובא לחוץ לארץ אם כן נשאר בלי שום מלאכים, על כן ויאבק איש עמו שלא היה לו עזר. ודוק היטב. וזה שנאמר ויותר לבדו פירוש בלי מלאכים. כנ"ל בדיבור הקודם (אות א):

וְהָיָה אָבִינוּ יַעֲקֹב מַעֲבִיר וְחוֹזֵר וּמְשַׁכֵּחַ מַעֲבִיר וְחוֹזֵר וּמְשַׁכֵּחַ כָּל הַלַּיְלָה — **Then our forefather Jacob** started crossing the angel's possessions; **he would bring across** some of the angel's belongings, **return, and find** more to bring across, and then **bring** these items **across, return, and find** yet more to bring across, repeating this procedure **the entire night.**[26] אָמַר לֵיהּ: פַּרְקָמוֹס {נוּסַח אַחֵר: פַּרְמָקוֹס} — When Jacob saw this, **he said to [the angel],** ***"Parkamos!"*** **{alternative version:** ***"Pharmakos"!*****}**[27] אָמַר רַבִּי פִּנְחָס: בְּאוֹתָהּ שָׁעָה נָטַל אָבִינוּ יַעֲקֹב פּוּקְרִין וְנָתַן לוֹ בְּתוֹךְ צַוָּארוֹ אָמַר לוֹ: פַּרְקָמוֹס פַּרְקָמוֹס — **R' Pinchas said: At that time our forefather Jacob took a cloth and placed it in [the angel's] throat and said to him, "Sorcerer! Sorcerer!"**[28] אָמַר רַבִּי הוּנָא: בַּסּוֹף אָמַר הַמַּלְאָךְ: אֲנִי מוֹדִיעוֹ עִם מִי הוּא עוֹסֵק — **R' Huna said: In the end,** at daybreak, **the angel said** to himself, **"I will now inform him with whom he is dealing!"**[29] מֶה עָשָׂה, נָתַן אֶצְבָּעוֹ {נוּסַח אַחֵר: צוֹר} בָּאָרֶץ, הִתְחִילָה הָאָרֶץ תּוֹסֶסֶת אֵשׁ — **What did [the angel] do? He placed his finger {alternative version: He threw a piece of flint}**[30] **on the ground and the ground began to seethe with fire.**[31]

NOTES

26. I.e., *almost* the entire night, until he wrestled with the man until dawn (*Yefeh To'ar*).

27. This "alternative version" is the version found in most manuscripts, and is probably the correct reading. It is a Greek word meaning "sorcerer." Since the angel had appeared as a bandit, Jacob feared that he was going to be robbed and that the "bandit" was using sorcery to tire him out so that he would not be able to defend himself (*Eshed HaNechalim*). [*Radal* deletes this entire line, as it is subsumed within R' Pinchas' statement in the next line.]

28. Jacob inserted a soft woolen cloth into the angel's mouth (or, according to a version of this Midrash found in *Shir HaShirim Rabbah* on 3:6, he tied it around the angel's neck) to protest against his acts of sorcery (*Eitz Yosef*). And this is how the struggle between the two men began.

29. When the verse states that *a man wrestled with him until the break of dawn,* this implies that until daybreak Jacob thought that it was simply *a man* who was wrestling with him. After dawn broke, the angel made his true identity known to Jacob (*Eitz Yosef*).

30. See *Eitz Yosef*; compare *Shir HaShirim Rabbah* loc. cit.

31. This display of fire was meant to prove to Jacob that he was dealing with an angel, for angels are described in Scripture (*Psalms* 104:4) as *flaming fire* (*Eitz Yosef*). *Yefeh Kol* (on *Midrash Shir HaShirim* ad loc.) suggests that this incident is alluded to by the word וַיֵּאָבֵק, which the Midrash relates to אֲבוּקָה, *torch* (*Eitz Yosef*).

ב רַבִּי חוּנְיָא אָמַר: נִדְמָה [ב] **לוֹ בִּדְמוּת רוֹעֶה, לָזֶה צֹאן וְלָזֶה צֹאן, לָזֶה גְּמַלִּים וְלָזֶה גְּמַלִּים, אָמַר לוֹ: הַעֲבֵר אֶת שֶׁלְּךָ וְאַחַר כָּךְ אֲנִי מַעֲבִיר אֶת שֶׁלִּי, הֶעֱבִיר יַעֲקֹב אָבִינוּ שֶׁלּוֹ, אָמַר: נַחֲזוֹר וְנֶחְמֵי דִילְמָא אַנְשִׁינַן כְּלוּם, מִן דְּחָזַר "וַיֵּאָבֵק אִישׁ עִמּוֹ", רַבִּי חִיָּיא רַבָּה וְרַבִּי שִׁמְעוֹן בַּר רַבִּי נָסְבִין וְיָהֲבִין בְּפְרַגְמַטְיָא בְּהָדֵין מְטַכְסָא, עָלוֹן לְהָדָא צוֹר וַעֲבָדוּן עֲבִידְתְּהוֹן, מִן דְּנָפְקִין מִן פִּילֵי אָמְרֵי: נֵלֵךְ וְנִתְפּוֹס אוּמָּנוּת אֲבוֹתֵינוּ, נַחֲזוֹר וְנֶחְמֵי אִי אַנְשִׁינַן כְּלוּם, חֲזָרוּן וְאַשְׁכְּחוּן מְחַיְילָא דִּמְטַקְסִין, אָמְרִין לְהוֹן: מִן הֵן אִית לְכוֹן, אָמְרִין: מִן דְּיַעֲקֹב סָבָא, דִּכְתִיב "וַיִּוָּתֵר יַעֲקֹב לְבַדּוֹ", וְרַבָּנָן אָמְרֵי: לְאַרְכִילִסְטִים נִדְמָה לוֹ, לָזֶה צֹאן וְלָזֶה צֹאן, לָזֶה גְּמַלִּים וְלָזֶה גְּמַלִּים, אָמַר לוֹ: הַעֲבֵר אֶת שֶׁלִּי וַאֲנִי אַעֲבִיר אֶת שֶׁלְּךָ, הֶעֱבִיר הַמַּלְאָךְ אֶת שֶׁל אָבִינוּ יַעֲקֹב כְּהֶרֶף עַיִן, וְהָיָה אָבִינוּ יַעֲקֹב מַעֲבִיר וְחוֹזֵר וּמַשְׁכַּח מַעֲבִיר וְחוֹזֵר וּמַשְׁכַּח כָּל הַלַּיְלָה, אֲמַר לֵיהּ: פַּרְקָמוֹס {נוּסַח אַחֵר: פַּרְמָקוֹס}, אָמַר רַבִּי פִּנְחָס: בְּאוֹתָהּ שָׁעָה נָטַל אָבִינוּ יַעֲקֹב פּוֹקָרִין וְנָתַן לוֹ בְּתוֹךְ צַוָּארוֹ, אָמַר לוֹ: פַּרְקָמוֹס פַּרְקָמוֹס, אָמַר רַבִּי הוּנָא: בַּסּוֹף אָמַר הַמַּלְאָךְ: אֲנִי מוֹדִיעוֹ עִם מִי הוּא עוֹסֵק, מֶה עָשָׂה, נָתַן אֶצְבָּעוֹ {נוּסַח אַחֵר: צוֹר} בָּאָרֶץ, הִתְחִילָה הָאָרֶץ תּוֹסֶסֶת אֵשׁ,**

רש"י

(ב) **דלמא רבי חייא רבה.** פעם אחת: **מחיילא דמיטקסי.** משוי כרך אחד של מטילים לשון ישמעאל: **אומנות.** אבינו יעקב: **פרמקוס.** מכשף בלשון יון: **נטל יעקב פקרן.** בגד אחד דק ונתנו למלאך על צוארו, אמר ליה פרמקוס לית חרשין מצליחין בלילה: **אמר המלאך אני מודיע עם מי הוא עוסק, נתן אצבעו בארץ התחילה הארץ תופסת** [תוססת] מקום בנטילת [נטילת] אצבעו:

עץ יוסף

(ב) **ר' חוניא אמר כו'.** וַיֵּאָבֵק איש עמו קאי. ואתא לפרושי איזה עלילה מצא האיש להאבק עמו. ואמר שנדמה לו לרועה שהיה לו צאן וגמלים וכו', וכשהשלים יעקב להעביר את שלו וחזר לבדוק אם שכח דבר, העליל עליו האיש ההוא שליקח משלו חזר, שאחר שהעביר כל אשר לו מה צורך לו לחזור ועל זה חרחר ריב עמו: **נחזור נחמי כו'.** נחזור ונראה האם לא שכחנו כלום: **מן דחזר.** אחר שחזר: **רבי חייא רבה ורבי שמעון כו'.** ספר המעשה הזה לומר כי לא דבר רק מספורי התורה, כי לכך נכתב זה להודיע עלה טובה שיזהרו בעסקיהם וטוב להם כמו שהיה לאלו: **נסבין כו'.** נושאין ונותנין בסחורה: **מטבסא.** משי מובחר: **עלן כו'.** נכנסו לזאת העיר צור ועשו מלאכתם כלומר עסקו בסחורתן. מאחר שיצאו מן שער העיר: **מחיילא.** משא של משי: **אמרין כו'.** הבריות שראו זה אמרו להם מנין לכם חכמה זאת לחזור לאחוריכם אף על פי שלא הרגשתם שום שכחה: **לארבילסטים.** לשר של ליסטים: **העבר את שלי.** פירוש אתה תסייע להעביר את שלי. ואני אסייע לך להעביר את שלך: **העביר המלאך כו'.** ומה שאמר ויעבר את אשר לו היינו על ידי שליח, או לפי שהיה מסייע (יפה תואר): **כל הלילה.** כלומר רוב הלילה: **ומשכח.** ומצא עוד צאן אחרים: **פרקמוס.** מכשף אתה, שכל עוד שאני מעביר אני מוצא יותר: **נטל אבינו יעקב פוקרין.** נטל סודר רך של צמר ונתן בצוארו לצערו ולגעור בו שהוא מכשף. ובילקוט גרס ונתן לו בתוך צוארו אמר ליה פרקמוס פרקמוס לית חרשין מצלחין בלילה: **אני מודיעו.** שאני מלאך דדריש איש עמו עד עלות השחר, דמעלות השחר הודיעו שהוא מלאך: **נוסח אחר צור.** שלא נתן אצבע בארץ אלא צור דהיינו חתיכת חלמיש זרק על הארץ (יפה תואר). ובעל אות אמת מחק מכאן נוסח אחר צור וכתבו אחר תוססת אש וגרס בצור. ולפי זה כך פירושו שהנוסח אחר סבירא ליה שלא נתן אצבעו בארץ אלא בצור: **תוססת אש.** תחתיו להודיעו שהוא מלאך כענין שנאמר (תהלים קד,ד) משרתיו אש לוהט. וזה נרמז באומרו ויאבק איש עמו דדריש

פירוש מהרז"ו

(ב) **בדמות רועה.** שיר השירים רבה (ג, ה) פסוק מי זאת עולה כל הענין. ודייק שמה שנאמר ויעבר כל אשר לו מיותר וכפול, ועוד דמשמע ולא של אחרים. על כן דורש שהיו כאן של אחרים, וכן (לב, כה) ויאבק איש עמו כעמו, וכמו שאמרו לעיל (עה, ז) וכן כאן, וזהו מה שאמר לזה צאן ולזה צאן. ומה שאמר העבר שלך תחלה ואחר כך כו', כמו שנאמר ויעבר את אשר לו, והאחר העביר את אשר לו, ואחר כך אמר יעקב להאיש נחזור ונראה ואז ויותר יעקב וכו': **אני אעביר שלך.** דורש ויעבר את אשר לו היינו יעקב לצאן של האיש דאם לא כן אשר לו מיותר. ומה שאמר מעביר וחוזר ומשכח, היינו מכפל ההעברה ויעבירם וכו' ויעבר וכו' על פי מדה יו"ד על שהיה חוזר ומשכח. ומה שאמר נטל פיקרין ונתן לו בצוארו לא ידעתי מנין לו, ובשיר השירים רבה (ג, ו) הגירסא וכרכו על צוארו, יתכן שסמכו חז"ל על מה שנאמר ויאבק איש עמו מלשון אבקתא שנזכר אצל רצועה של מלקות עיין ערוך עיין אבקתא. (ואולי דורש ויאבק כמו ויחבק בחילוף אחה"ע כדעת רמב"ן עיין שם וחבוק שייך בצואר. מהרי"ב): **נתן אצבעו.** בשיר השירים רבה (ג, ו) הגירסא נתן אצבעו בצור התחילה תוססת אש ודורש שם גזירה שוה:

מתנות כהונה

[ב] **נדמה לו.** שרו של עשו ליעקב אבינו: **אמר ליה.** המלאך ליעקב אבינו: **העבר את שלך.** צאן שלך, ובילקוט (רמז קל) ובמדרש חזית (שיר השירים ו, ג) בפסוק מי זאת עולה גרס העביר את שלי ואני אעביר את שלך, ולפי זה ישוב כינוי של שלו על צאן המלאך, אבל אין נראה דאם כן היאך אמר ויותר יעקב לבדו הלא כל המחנה היה שם בעבר ההוא: **נחזור ונחמי כו'.** נחזור ונראה האם לא שכחנו כלום: **מן דחזר.** אחר שחזר: **נסבין כו'.** נושאין ונותנין בסחורה בזאת משי מובחר: **מטבסא.** פירש הערוך משי מובחר: **עלן כו'.** נכנסו לזאת העיר צור ועשו מלאכתן, כלומר עוסקין בסחורתן. מאחר שיצאו מן השער: **מחיילא.** פירש הערוך משא של משי: **אמרין כו'.** הבריות שראו זה אמרו להם מניין לכם חכמה זאת לחזור לאחוריכם אף על פי שלא הרגשתם שום שכחה: **סאבן גרסינן.** פירש זקינו, וכן הוא במדרש חזית (שם): **דכתיב ויותר וגו'.** אלמא שחזר ובדק שמא שכח דבר מה וכדלעיל: **ומשכח.** ומצא עוד צאן אחרים: **פרמקוס.** פירש"י והערוך מכשף בלשון יון: **פרמקוס.** מכשף אתה שכל עוד שאני מעביר אני מוצא יותר: **פוקרין.** פירש"י והערוך בגד רך של צמר: **הכי גרס רש"י** וילקוט ובמדרש חזית **פרמקוס לית חרשין מצליחין בלילא:**

אשד הנחלים

זהו שנאבק איש עמו, ויעקב יכול לו. והבן זאת מאוד: **[ב] ברועה, לזה צאן.** לפי המדובר לעיל גם בזה יש כוונה הזאת. כי הנה שרו של שעיר הוא כרועה ומנהיג ושומר צאנו, והוא שומר לשעיר ובניו שהם צאנו, ויעקב היה רועה על בניו זרע שבטי יה: **לארכליסטים.** פירש האות אמת שר הלסטים. כלומר שהתבונן וידע חפצו לגזול ממנו, ולקחת טובו והצלחתו האמיתית. והיה חפץ להונו שהוא יעזור לבניו ולצאנו אך באופן שגם יעקב יעזור לו ולצאנו. והנה המלאך היה יכול להעביר מהר צאן יעקב, אך יעקב לא היה יכול להעביר צאן המלאך ולא יכול להיות בעזרתו, כי אין הטוב מתחבר כי אם עם הראוי לו ואין שיתוף ביניהם, וכל זה כיון המלאך לייגע ליעקב, ולכן אמר פרקמוס כלומר מכשף אתה וכוונתך לייגעני. והנה המלאך התחיל כחו שהוא אש המכלה ומשחית בתוקף הדין והגבורה שזהו אש. אך יעקב הראה לו שאין מפחד מזה, כי כן ג"כ מדתו לשונאיו. ורק הכלל הזה תשמור, כי היו הדברים במציאות, אכן היה הכל בכוונה ג"כ:

חידושי הרד"ל

[ב] **ולזה צאן כו' אמר ליה העבר את שלך כו'.** דרש ויעבור שהעביר של המלאך: **אמר ליה העבר את שלי ואני אעביר את שלך.** שנדמה לו שצאן המלאך הוא מעבר הנחל, וצריך לו להעבירו לצד זה שצאן יעקב שמה, ולזה אמר כשאעבור שלך למעבר הנהר הזה תעבור אתה שלי לכאן: **ומשכח כל הלילה. אמר רבי פנחס כו'.** וכן הוא בשיר השירים רבה (ג, ו):

חידושי הרש"ש

[ב] **מה עשה כו' התחילה הארץ תוססת אש.** אולי יליף עלות דהכא מן בעלות הלהב (שופטים יג, כ) גבי מלאך דמנוח (ואתי שפיר לפי זה גירסת הנוסחא אחרינא נתן צור בארץ כי שם היה גם כן הלהב מהצור) וכמו ששם שחר הונח על אור היום כן בדרך השאלה נוכל לאמרו על אור האש. או יתכן דדריש (בראשית לב, כה) ויאבק מלשון אבוקה:

אמרי יושר

[ב] **[נחזור ונחמי אי אנשינן כלום].** חזר שמא שכח דבר, כי כיון שהעביר אשר לו מי נתנו בעבר הנהר מהלאה רק שחזר לראות היש שם דבר נשאר אם לא: **לזה צאן העביר את שלי ואני אעביר את שלך.** זהו ויעבר המלאך את אשר ליעקב ויותר יעקב שלא העביר את של אחר. ואלו המדרשים סוברים כי מלאך רחמים היה ולהודות לו על הברכות. ורבי חמא אמר (לקמן אות ג ופרשה עח ג) שרו של עשו היה והקדוש ברוך הוא שילחו ליעקב ללבבו ולחזק ליעקב כנגד עשו, וכמו שהטיבו להמשיל למלך שהיה לו כלב אגריון ואָרי אמיריון, וכן המלאך אף אם הוא ארי הוא אסור ונכנע למאמר האל יתברך כי הוא בן ביתו, כל שכן הכלב כי לא יכול. וזה כי שרית עם אלהים קל וחומר עם אנשים שתוכל. ובא לומר מהיכן נמשך להם מחלוקת, חד אמר שחזר אם

מסורת המדרש

ב. שיר השירים רבה פרשה ג' פסוק ו'. כל הענין:

ידי משה

[ב] **מן דחזר ויאבק איש עמו.** פירוש שעד עכשיו היה ליעקב שני מלאכים בארץ ישראל היו לו מלאכי ארץ ישראל ובחוץ לארץ היו לו מלאכי חוץ לארץ, ואותו נהר יבק היה מפסיק בין ארץ ישראל לחוץ לארץ וכבר נפטרו מלאכי חוץ לארץ הואיל ועבר הנהר כבר באו מלאכי ארץ ישראל ללותו, וכיון שחזר ועבר הנהר ובא לחוץ לארץ אם כן נשאר בלי שום מלאכים, על כן ויאבק איש עמו שלא היה לו עוזר. ודוק היטב. וזה שנאמר ויותר לבדו פירוש בלי מלאכים. כנ"ל בדיבור הקודם (אות א):

אָמַר לוֹ יַעֲקֹב: מִן דָּא אַתְּ מַדְחֵיל לִי, אֲנָא כּוּלֵיהּ מִינֵּהּ, הָדָא הוּא דִכְתִיב ״וְהָיָה בֵית יַעֲקֹב אֵשׁ וְגוֹ׳״ — **Jacob said to him, "With that** fire **you** intend to **frighten me?! I am entirely** made **of [fire]," as it is written,** ***The house of Jacob will be fire,*** *the house of Joseph a flame, and the house of Esau for straw; and they will ignite them and devour them* (*Obadiah* 1:18).

§3 [וַיֵּאָבֵק אִישׁ עִמּוֹ — *AND A MAN WRESTLED WITH HIM.*]

Why in fact did the angel attack Jacob? To explain this, the Midrash identifies who this "man" was:

רַבִּי חָמָא בְּרַבִּי חֲנִינָא אָמַר: שָׂרוֹ שֶׁל עֵשָׂו הָיָה — **R' Chama bar R' Chanina said: [This "man"] was the** celestial **minister of** the nation of **Esau,**[32] הוּא דַהֲוָה אָמַר לֵיהּ ״כִּי עַל כֵּן רָאִיתִי פָנֶיךָ כִּרְאֹת פְּנֵי אֱלֹהִים וַתִּרְצֵנִי״ — and **this is** the meaning of **what [Jacob]** later **said to [Esau],** ***"Inasmuch as I have seen your face, which is like seeing the face of a Divine being, and you were appeased by me"*** (below, 33:10).[33]

וַיַּרְא כִּי לֹא יָכֹל לוֹ וַיִּגַּע בְּכַף יְרֵכוֹ וַתֵּקַע כַּף יֶרֶךְ יַעֲקֹב בְּהֵאָבְקוֹ עִמּוֹ.

When he perceived that he could not overcome him, he struck the ball of his thighbone; and the ball of Jacob's thighbone became dislocated as he wrestled with him (32:26).

☐ וַיַּרְא וְגוֹ׳ — *WHEN HE PERCEIVED ETC. [THAT HE COULD NOT OVERCOME HIM].*

The Midrash presents a parable to explain how Jacob was able to defeat the angel:[34]

מָשָׁל לְאַתְלֵיטוֹס שֶׁהוּא עוֹמֵד וּמִתְגּוֹשֵׁשׁ עִם בְּנוֹ שֶׁל מֶלֶךְ — This may be explained by means of a parable; **it can be compared to an athlete who was wrestling** in a contest **with the king's son.** תָּלָה עֵינָיו וְרָאָה אֶת הַמֶּלֶךְ עוֹמֵד עַל גַּבָּיו וְהִרְפִּישׁ עַצְמוֹ לְפָנָיו — **He raised his eyes and saw the king standing over him and he threw himself before [the king's son].**[35] הָדָא הוּא דִכְתִיב ״וַיַּרְא כִּי לֹא יָכֹל לוֹ״ — **Thus it is written,** ***When he perceived that he could not overcome him***, which is expounded as follows: אָמַר רַבִּי לֵוִי: ״וַיַּרְא״ בַּשְּׁכִינָה — **R' Levi said:** ***He perceived*** means that the angel perceived **the Divine Presence.**

☐ כִּי לֹא יָכֹל לוֹ — *THAT HE COULD NOT OVERCOME HIM.*

The Midrash attempts to resolve who won the battle between Jacob and the angel:

אָמַר רַבִּי בֶּרֶכְיָה: אֵין אָנוּ יוֹדְעִים מִי נִצַּח, אִם מַלְאָךְ אִם יַעֲקֹב — **R' Berechyah said:** From the words of these verses **we do not know who won, whether** it was the **angel or whether** it was **Jacob,**[36]

NOTES

32. Every nation has its own "celestial minister" (angel) that intercedes on its behalf in Heaven. See note 187 to Midrash above, 68 §14. Esau's angel was seeking to strengthen its nation by weakening Jacob (*Eitz Yosef*). See Insight Ⓐ.

33. When Jacob subsequently met up with Esau, he commented that the latter's face appeared as that of *a Divine being*, i.e., an angel. This was because the angel Jacob had encountered had the appearance of Esau himself, since he was Esau's guardian angel (*Eitz Yosef*).

34. Without some explanation it is inconceivable that an angel could be outmatched by a mortal in a contest of strength. The Midrash therefore addresses this issue with a parable (*Eitz Yosef*; see further, *Yefeh To'ar*).

35. Out of respect for the king, the athlete purposely lost the match by throwing himself down onto the ground (see *Eitz Yosef*). Here too, when the angel perceived the Divine Presence above the head of Jacob he realized that he was not granted permission to harm Jacob, and therefore threw himself down in submission (*Shir HaShirim Rabbah* loc. cit.).

36. R' Berechyah contends that nowhere in the Scriptural passage describing the battle between Jacob and the angel does it specify outright who actually won. The pronouns in the current phrase: *When he perceived that he could not overcome him* are certainly vague enough to describe either Jacob or the angel. Then below, that the angel *struck the ball of his thighbone,* can be understood in two ways — either that the angel saw that he was going to lose the fight and so inflicted what injury he could, or that the angel saw that he was going to win the fight and so brazenly advanced his attack on Jacob by dislocating his thighbone. Even when the angel admitted that Jacob has *striven with the Divine and with man and has overcome* (v. 29), this did not necessarily mean that Jacob had won, but that he had found a way to save himself from total defeat at the hands of the angel (*Eitz Yosef*).

INSIGHTS

Ⓐ **The Struggle Against Jacob** We can understand why Esau's angel tried to destroy Jacob. He was fighting not merely Esau's twin brother, not merely the brother who had gained the blessings sought by Esau, not merely the heir to the inheritance Esau coveted — he was fighting the man who climaxed the Patriarchal tradition. Jacob was הַחוּט הַמְשֻׁלָּשׁ לֹא בִמְהֵרָה יִנָּתֵק, *the three-ply cord [that] will not be easily broken* (*Ecclesiastes* 4:12; see *Sifri, Haazinu* §312). Because Jacob combined within himself the qualities of all three Patriarchs, he was the unyielding, unbreakable pillar upon which the Jewish future could be built. That Esau's angel had to fight Jacob is understood.

What is difficult, however, is why the power of evil waited so long. Why did it wait until Jacob came on the scene, instead of mounting an offensive against Abraham or Isaac? Why did it not seek to sever the cord before it had become unbreakable?

A military analogy will help us understand. Two worthy opponents will win and lose their share of battles. Even a major defeat will not force the surrender of the loser, provided that its capacity to *make* war is not mortally struck. The annals of military history are filled with accounts of countries that lost battle after battle, only to eventually come back and win. But once a combatant's *capacity* to fight is destroyed, the war is over. Remove your antagonist's *means* of warfare, and his defeat is assured.

Man — particularly Israel — is locked in constant war with his evil inclination. God says, בָּרָאתִי יֵצֶר הָרַע בָּרָאתִי לוֹ תּוֹרָה תַּבְלִין, *I have created the evil inclination, I have created Torah as its antidote* (*Kiddushin* 30b). The Sages teach that Israel's most far-reaching sin is neglect of Torah study. *Why was the land destroyed, left desolate as a desert without passerby? HASHEM said, because they forsook My Torah . . .* (*Jeremiah* 9:11-12).

In another verse in *Jeremiah*, God says: *But Me they forsook; and My Torah they did not observe* (ibid. 16:11), which the Midrash interprets to mean: *O that they would have forsaken Me but observed [the study of] My Torah, for the light in it would have brought them back* (*Eichah Rabbah, Pesichta* §2). Such is the spiritual strength inherent in the study of Torah, that it can transform sinners.

Thus, Torah represents the Jew's capacity to fight the war against evil. Destroy the Jew's capacity to study Torah, and evil has won.

The Angel of Evil is a military mastermind. He knows that setbacks are inevitable. But he also knows that no victory matters more than the one that destroys the heart of the enemy's fighting ability. That being so, he will be prepared to allow the enemy spectacular advances and victories, as long as they do not interfere with the overall strategy: to strike at the heart of Israel's ability to fight back; to strike against the study of Torah. The Chofetz Chaim used to say, "The evil inclination doesn't mind if a Jew fasts, weeps, and prays all day long — provided he does not study Torah!"

Abraham represented kindness and Isaac represented service. Those are mighty pillars of the world (*Avos* 1:2), but they are not the most crucial ones. Jacob represented Torah (see *Micah* 7:20 and above, 25:27) — and without Torah, the battle is lost.

Jacob, as the personification of Torah striving and achievement, *had* to be the prime target of the Angel of Evil. This was to be the ultimate struggle against the Patriarchs. And it was the one in which Jacob ultimately vanquished his opponent, setting the pattern for his descendants for all time (adapted from the more extensive treatment in the ArtScroll *Chumash, Overview to Vayishlach*: *"Torah — Satan's Objective,"* p. 1397 ff., based on *R' Elchanan Wasserman* in *Kovetz Maamarim VeIgros*, pp. 252-253; see also *Mishnas Rav Aharon* Vol. 3, p. 196, and *HaDeah VeHaDibbur, Derush* §1).

אָמַר לוֹ יַעֲקֹב: מִן דָּא אַתְּ מַדְחֵיל לִי, אֲנָא כּוּלֵּיהּ מִינָּהּ, הָדָא הוּא דִכְתִיב (עובדיה א, יח) "וְהָיָה בֵית יַעֲקֹב אֵשׁ וְגוֹ'":

ג רַבִּי חָמָא בְּרַבִּי חֲנִינָא אָמַר: גשָׂרוֹ שֶׁל עֵשָׂו הָיָה, הוּא דַּהֲוָה אָמַר לֵיהּ (לקמן לג, י) "כִּי עַל כֵּן רָאִיתִי פָנֶיךָ כִּרְאֹת פְּנֵי אֱלֹהִים וַתִּרְצֵנִי". ° מָשָׁל לְאַתְלֵיטוֹס שֶׁהוּא עוֹמֵד וּמִתְגּוֹשֵׁשׁ עִם בְּנוֹ שֶׁל מֶלֶךְ, תָּלָה עֵינָיו וְרָאָה אֶת הַמֶּלֶךְ עוֹמֵד עַל גַּבָּיו וְהִרְפִּישׁ עַצְמוֹ לְפָנָיו, הָדָא הוּא דִכְתִיב [לב, כו] "וַיַּרְא כִּי לֹא יָכֹל לוֹ", אָמַר רַבִּי לֵוִי: "וַיַּרְא" בַּשְּׁכִינָה. [שם] "כִּי לֹא יָכֹל לוֹ" דאָמַר רַבִּי בֶּרֶכְיָה: אֵין אָנוּ יוֹדְעִים מִי נִצַּח, אִם מַלְאָךְ אִם יַעֲקֹב, וּמִן מַה דִּכְתִיב (פסוק כה) "וַיֵּאָבֵק אִישׁ עִמּוֹ" הֱוֵי מִי נִתְמַלֵּא אָבָק הָאִישׁ שֶׁעִמּוֹ. אָמַר רַבִּי חֲנִינָא בַּר יִצְחָק: אָמַר לוֹ הַקָּדוֹשׁ בָּרוּךְ הוּא: בָּא אֵלֶיךָ וַחֲמִשָּׁה קְמֵיעִין בְּיָדוֹ: זְכוּתוֹ וּזְכוּת אָבִיו וּזְכוּת אִמּוֹ וּזְכוּת זְקֵנוֹ וּזְכוּת זְקֶנְתּוֹ, מְדוֹד עַצְמְךָ אִם אַתָּה יָכוֹל לַעֲמוֹד אֲפִילּוּ בִּזְכוּתוֹ, מִיָּד "וַיַּרְא כִּי לֹא יָכֹל לוֹ". מָשָׁל לְמֶלֶךְ שֶׁהָיָה לוֹ כֶּלֶב אַגְרִיוֹן וַאֲרִי נְמִירוֹן וְהָיָה הַמֶּלֶךְ נוֹטֵל אֶת בְּנוֹ וּמְלַבְּבוֹ בָּאֲרִי, שֶׁאִם יָבֹא הַכֶּלֶב לְהִזְדַּוֵּוג לוֹ יֹאמַר לוֹ הַמֶּלֶךְ: אֲרִי לֹא הָיָה יָכוֹל לַעֲמוֹד בּוֹ וְאַתָּה מְבַקֵּשׁ לְהִזְדַּוֵּוג לוֹ,

רש"י

(ג) לאיתליטוס. משרת של מלך: שהוא עומד ומתגושש עם בן המלך תלה עיניו וראה המלך עומד על גביו והרפיש עצמו לפניו. לפני בן המלך: מי נתמלא אבק האיש שהיה עמו. שהשליכו לארץ ונתמלא אבק: כלב אגריות. בלע"ז שלואטיק"ו ולשון יון היא: ארי נומרין. ארי תרבות: והיה המלך נוטל את בנו ומלבבו בארי. ומשקיקו בארי שאם יבא הכלב להזדווג לו ולהזיקו, יאמר לו המלך ארי לא היה יכול לעמוד בו וכו':

עץ יוסף

ויאבק לשון אבוקה: מן דא את מדחיל לי. מזה אתה מיראני אני הכל מזה, כלומר מן האש. הדא הוא דכתיב והיה בית יעקב אש. כלומר שהוא וזרעו הם מרכבה לשכינה הנקראת אש אוכלה שהוא אש אוכל אש. אי נמי מפני שעוסקים בתורה שהיא דת אש: (ג) שרו של עשו. בא לתת טעם למלאך הזה שביקש עלילות לגער את יעקב, הא אין מדרך המלאך להזיק לבריות. לכך קאמר שרו של עשו היה, ולזה בקש להזיקו לסייע את עשו: כי על כן ראיתי פניך. דמשמע שפניו דומה לפני המלאך כפי הדמות שנדמה לפניו, ואין זה אלא שלהיותו שרו של עשו נדמה בצורתו: משל לאתליטוס כו'. דקשיא ליה אי הוה שרו של עשו האיך לא יוכל ליעקב. ולכן אמר שעשה עצמו כאילו נפל לפניו מפני כבוד השכינה שעל יעקב. כדאמר רבי לוי וירא בשכינה. והכיר מהשגת השכינה עליו כי אינו רשאי להזיקו: הרפיש עצמו לפניו. ושלא בכוונה כשהרפיש עצמו לפניו פגע בכף ירכו (יפה תואר). אבל האות אמת גרם וירא וגו' משל לאתליטוס כו'. ולפי זה מילתא באנפי נפשה הוא: איתליטוס. גבור (מעריך): מתגושש. מנענע ומתאבק להפילו ארצה: והרפיש. לשון דריסה כלומר השפיל עצמו לפניו: [ג] אין אנו יודעים כו'. דוירא כי לא יכול לו אפשר לפרש כי לא יכול המלאך ליעקב ולכן בכעסו נגע בכף ירכו ונקעה, כי יותר מזה לא היה יכול שיעקב נצחו. ואפשר לפרש כי לא יכול יעקב למלאך, והכי פירושו המלאך בדק תחילה אם יוכל יעקב לו כדרך המתאבקים לבדוק כחם וכשנתברר לו כי לא יכול יעקב אליו מלאו לבו להזיקו ולא פחד ממנו ויגע בכף ירכו (יפה תואר): מן מה דכתיב ויאבק. ואף על גב דבהדיא כתיב כי שרית עם אלהים ועם אנשים ותוכל. יש לומר דפירושו ותוכל להציל עצמך לבל תפול לגמרי ביד המלאך: מי נתמלא אבק. שפירוש ויאבק שנתמלא אבק ועפר, וזהו מפני שיעקב הפילו ארצה והיה מתגולל בעפר ואבק. וזהו וירא כי לא יכול לו ויגע בכף ירכו, כי באשר יעקב כבר הפילו ארצה והיה כבוש תחת ידו נגע בכף ירכו שלא בכוונה כנ"ל: זכות אביו כו'. ואף על גב דבר פלוגתו שר של עשו היה שיש לו גם כן זכות אביו ואמו וזקנו וזקנתו. מכל מקום כבר דרשו לעיל כל הבוחר בדרכו שמו מתקיים עליו: מדוד עצמך אם אתה כו'. דייק מדכתיב וירא כי לא יכול לו, דאפילו לו לא יכול וכל שכן אם יצורף לו זכות אבותיו: כלב אגריון וארי נמירון. פירוש כלב היערי וארי הבייתי שהיה רגיל עם בני אדם. והיה המלך נוטל את בנו ומלבבו. פירוש מכירו עם הארי הבייתי כי היה בטוח מסכנה בהיותו ארי של תרבות ואינו מזיק לשום אדם, ועשה זה כדי להפיל פחדו של בנו ויראתו עם הכלב היערי. באומרו הנה הארי שהוא מלך שבחיות לא היה יכול לעמוד בו איך אוכל אנכי להזדווג לו. כן ביעקב בכוונה רצויה הניח ה' למלאך להתאבק עמו ולהראות לו כי לא יכול לו כדי להפיל מורא ופחד בלב בני עשו לבל יתגרו עם זרע יעקב: וארי נמורין. צריך לומר אמירון, כי כן מובא מלה זו גם כן בבמדבר רבה פרשה י"א וזה הלשון שם עד שלא חטא אדם הראשון היה שומע קול אמירון משחטא היה שומע הקול אגריון. ואמירון הוא כמו שפירוש המתנות כהונה בשם הערוך בלשון יון בייתי ובן תרבות

פירוש מהרז"ו

(ג) [שרו של עשו] שנדמה. לקמן (עח, ג), ודורש מה שאמר כראות פני אלהים מלאך כמו שדרשו (נב, ה) ויבא אלהים אל אבימלך וכן בלבן (עד, ז) ובבלעם (כ, יב): אתליטוס. עיין מתנות כהונה ובערוך איתא שריס. והמוסף ערוך כתב שפירושו אנשים ריקים ופוחזים שאומנתם להתאבק ערומים לשמח העם בשכר: וירא בשכינה. עיין לעיל (מח, ט) על פי גזירה שוה: אין אנו יודעים. שפסוק וירא כי לא יכול אינו מלמדנו שנצחו רק מפסוק ויאבק אנו למדים: חמשה קמיעים. ה' מיני זכות מגינים כמו קמיעים: אגריון נמירין עיין במדבר רבה (יא, ג), פסיקתא (טו, ג) שיר השירים רבה (ג, יד) פסוק הנה מטתו. נמירין פירוש בנחת, אגריין פירוש בזעף בפסיקתא שם. וכאן פירושו ארי

מתנות כהונה

מן דא כו'. מזה אתה מיראני אני הכל מזה כלומר מן האש: [ג] משל לאתליטיס. מוסב אדלקמן וירא כי לא יכול, וכן הוא במדרש חזית (שיר השירים ו, ג): אתליטיס. פירש"י והערוך משרת המלך: מתגושש. מנענע ומתאבק להפילו ארצה: והרפיש. לשון דריסה, כלומר השפיל עצמו לפניו: ויאבק. הוא לשון אבק, ואמר ויאבק בלשון מתפעל שנתמלא אבק אותו שנתאבק עמו, וזהו מפני שיעקב השליכו ארצה: הכי גרסינן וזכות אביו וזכות אמו וזכות זקינו: מדוד. לשון שיעור ואומד דעת: אפילו בזכותו. דייק מדכתיב כי לא יכול לו: אגריון. פירש הערוך יערי, ועיין ערך אגר החמישי: נמירון. פירש הערוך של תרבות: מלבבו. מסיתו

אשד הנחלים

[ג] שרו של עשו. כלומר הנאבק עמו. הוא שרו של עשו, ולכן רמז לו יעקב כראות פני אלהים רצה לומר השר שלך. לאיתליטוס. הוא משרת המלך, שהמלך הקימו להיות מושל, ולכן דימה אחר שהוא מושל הוקם על, ימשול גם על בנו של מלך, אך כיון שראה שכבוד המלך חופף על בנו אז הבין כי הוא לא יכול לו. וזהו בחינת הראיה הנאמר במלאך, שכוונתו ג"כ ראיה שכליית, שהתבונן וראה ג"כ בחוש שהשכינה מעל ראשו של יעקב, ואז הבין כי אין שליטתו עליו: נתמלא אבק האיש שעמו. על דרך הפשט עיין במתנות כהונה. ועיקר הענין יש בו ציור ע"פ מאמרם בחולין (צא, א) שהעלו אבק מרגלותיהם עד כסא הכבוד. והכלל כי הטוב נוגע עד כסא הכבוד וכן ההיפך יש לו קצת יניקה ממנו, אך שם הטוב בגלוי, וההפך אינו ניכר מאומה כי אם יניקה מעטה, ודימה הכח העולה למעלה למעלה שהוא דק מאוד לאבק שאינו ניכר כל כך. והבן זאת מאוד וצרף לדברי חכמי אמת האמיתיים, אז תבין דברי חכמים וחידותם: משל כו'. דימה השר בעצמו לארי שהוא גבור באמת, ואומתו [היונקים מכחו] לכלב אגריון שאין בו גבורה מצד עצמו רק מצד כעסו ושובבותו לכל מי שמגרה

חידושי הרש"ש

[ג] ותרצני. וירא וגו' משל לאתליטוס כו'. כן הוא הגירסא הילקוט (רמז קלב) ונכון: {משל למלך שהיה לו כלב אגריון וארי נמירין וכו'. המשיל המלאך לארי נמירין מפני היותן עתה בארץ והתלבש בגוף גשמי כאדם:}

אמרי יושר

שכח דבר ואמר איך חשדתני לזה נלחמו. ורבנן ללסטים נדמה לו ולזה פחד ממנו פן יגזלנו אמר ליה שיעביר של יעקב למקום אשר בניו שם והיה מולא עוד מקנה אמה ליה מכשף אתה בזה נלחמו. ובגמרא פרק גיד הנשה (לא א) כגוי נדמה לו דאמרינן טופלו לימינו שיהא מזומן לו ואם כן שמאל המלאך נגע בימין יעקב והוא אליבא דרבי יהודה דאינו נוהג אלא בימין גם הסברא שאמרה ההולך לימין רבו הרי זה בור אלא לשמאל רבו שנדמה לו כחכם ובשמאלו נגע לימין יעקב הסמוך גם יתבאר שהוא תלוי אם היה זה מיכאל או סמאל, שיש מדרשים חלוקים (לקמן פרשה עח אות א ואות ג): [ג] אין אנו יודעין מי נצח למי. פירוש כי אף שכתוב כי שרית עם אלהים לא אמר על אלהים פירוש שיכול לעמוד נגדו לדחות היזקו לא שיתגבר עליו אבל ממה שנאמר ויאבק משמע שהפילו לעפר ונתמלא אבק:

מסורת המדרש

ג. תנחומא כאן סימן ח'. ילקוט כאן רמז קל"ב:
ד. חולין דף צ"ב:

אם למקרא

וְהָיָה בֵית יַעֲקֹב אֵשׁ וּבֵית יוֹסֵף לֶהָבָה וּבֵית עֵשָׂו לְקַשׁ וְדָלְקוּ בָהֶם וַאֲכָלוּם וְלֹא יִהְיֶה שָׂרִיד לְבֵית עֵשָׂו כִּי ה' דִּבֵּר: (עובדיה א:יח)

שינוי נוסחאות

(ג) משל לאתליטוס. אות אמת הגיה דיש להוסיף קודם המשל "וירא וגו' ".

וּמִן מַה דִּכְתִיב ״וַיֵּאָבֵק אִישׁ עִמּוֹ״ הֱוֵי מִי נִתְמַלֵּא אָבָק הָאִישׁ שֶׁעִמּוֹ — **but from that which is written, *And a man wrestled*** (lit., "became dusty") ***with him*** (v. 25), **you may conclude: Who became covered with dust? *The man*** **who was *with him.***[37]

The Midrash presents another explanation of how Jacob was able to defeat the angel:

אָמַר רַבִּי חֲנִינָא בַּר יִצְחָק — **R' Chanina bar Yitzchak said:** אָמַר לוֹ הַקָּדוֹשׁ בָּרוּךְ הוּא: בָּא אֵלֶיךָ וַחֲמִשָּׁה קְמֵיעִין בְּיָדוֹ – **The Holy One, blessed is He, said to [the angel], "[Jacob] has come against you with five 'amulets'**[38] **in his hand:** זְכוּתוֹ וּזְכוּת אָבִיו וּזְכוּת אִמּוֹ וּזְכוּת זְקֵנוֹ וּזְכוּת זְקֶנְתּוֹ — **his own merit, the merit of his father** Isaac, **the merit of his mother** Rebecca, **the merit of his grandfather** Abraham, **and the merit of his grandmother** Sarah.[39] מְדוֹד עַצְמְךָ אִם אַתָּה יָכוֹל לַעֲמוֹד אֲפִילוּ בִּזְכוּתוֹ — **Assess yourself** and see **if you can** successfully **stand up to even his own merit,** let alone those other merits!" מִיָּד ״וַיַּרְא כִּי לֹא יָכֹל לוֹ״ — **Immediately** after hearing this, ***he perceived that he could not overcome him.***[40]

The Midrash presents a parable to explain why God sent this angel to fight Jacob:

מָשָׁל לְמֶלֶךְ שֶׁהָיָה לוֹ כֶּלֶב אַגְרִיוֹן וַאֲרִי נֵמִירוֹן — This may be explained by means of a parable; **it can be compared to a king who had a wild dog and a domesticated lion,** וְהָיָה הַמֶּלֶךְ נוֹטֵל אֶת בְּנוֹ וּמְלַבְּבוֹ בָּאֲרִי — **and the king would take his son and accustom him to** the presence of **the lion,**[41] שֶׁאִם יָבֹא הַכֶּלֶב לְהִזְדַּוֵּוג לוֹ יֹאמַר לוֹ הַמֶּלֶךְ: אֲרִי לֹא הָיָה יָכוֹל לַעֲמוֹד בּוֹ וְאַתָּה מְבַקֵּשׁ לְהִזְדַּוֵּוג לוֹ — **so that if the dog should come to assault [his son] the king would** be able to **say to [the dog], "The** mighty **lion could not stand up to him and** yet **you attempt to assault him?!"**

NOTES

37. The words וַיֵּאָבֵק אִישׁ עִמּוֹ can be translated, "and he became dusty — the man with him." Since the man (the angel) became dusty, it is evident that it was because he was lying on the ground [in defeat] (*Eitz Yosef*).

38. I.e., five advantages that could offer him protection from harm and success in all his endeavors.

39. The commentators note that four of these five "amulets" were possessd by Esau no less than Jacob, for they shared the same parents and grandparents! *Yefeh To'ar* explains that Issac and Rebecca had already indicated their preference for Jacob over Esau, when they commanded him to travel to Aram to find a wife so that he should not marry Canaanites as Esau had (see above, 27:46ff). Thus, their merits would work in Jacob's favor rather than Esau's (*Yefeh To'ar*). Moreover, Isaac blessed Jacob with the "blessing of Abraham" (ibid. 28:4), that he and his seed should carry on in his righteous footsteps.

40. [This is in contrast to the view presented above that the angel conceded defeat out of respect for God's Presence.]

41. The king made a show of having his son interact with the lion that was tame and posed no danger to the boy (*Eitz Yosef*). The word מְלַבְּבוֹ comes from לֵב, *heart*, meaning that the son's heart was calm and he showed no fear when in the presence of the lion (*Maharzu*).

אָמַר לוֹ יַעֲקֹב: מִן דָּא אַתְּ מַדְחִיל לִי, אֲנָא כּוּלֵּיהּ מִינָּהּ, הָדָא הוּא דִכְתִיב (עובדיה א, יח) "וְהָיָה בֵית יַעֲקֹב אֵשׁ וְגוֹ'":

ג רַבִּי חָמָא בְּרַבִּי חֲנִינָא אָמַר: ג שָׂרוֹ שֶׁל עֵשָׂו הָיָה, הוּא דַהֲוָה אָמַר לֵיהּ (לקמן לג, י) "כִּי עַל כֵּן רָאִיתִי פָנֶיךָ כִּרְאֹת פְּנֵי אֱלֹהִים וַתִּרְצֵנִי". ° מָשָׁל לְאַתְלֵיטוֹס שֶׁהוּא עוֹמֵד וּמִתְגּוֹשֵׁשׁ עִם בְּנוֹ שֶׁל מֶלֶךְ, תָּלָה עֵינָיו וְרָאָה אֶת הַמֶּלֶךְ עוֹמֵד עַל גַּבָּיו וְהִרְפִּישׁ עַצְמוֹ לְפָנָיו, הָדָא הוּא דִכְתִיב [לב, כו] "וַיַּרְא כִּי לֹא יָכֹל לוֹ", אָמַר רַבִּי לֵוִי: "וַיַּרְא" בַּשְּׁכִינָה. [שם] "כִּי לֹא יָכֹל לוֹ" ד אָמַר רַבִּי בֶּרֶכְיָה: אֵין אָנוּ יוֹדְעִים מִי נִצַּח, אִם מַלְאָךְ אִם יַעֲקֹב, וּמִן מַה דִּכְתִיב (פסוק כה) "וַיֵּאָבֵק אִישׁ עִמּוֹ" הֱוֵי מִי נִתְמַלֵּא אָבָק הָאִישׁ שֶׁעִמּוֹ. אָמַר רַבִּי חֲנִינָא בַּר יִצְחָק: אָמַר לוֹ הַקָּדוֹשׁ בָּרוּךְ הוּא: בָּא אֵלֶיךָ וַחֲמִשָּׁה קְמֵיעִין בְּיָדוֹ: זְכוּתוֹ וּזְכוּת אָבִיו וּזְכוּת אִמּוֹ וּזְכוּת זְקֵנוֹ וּזְכוּת זְקֶנְתּוֹ, מְדוֹד עַצְמְךָ אִם אַתָּה יָכוֹל לַעֲמוֹד אֲפִילוּ בִּזְכוּתוֹ, מִיָּד "וַיַּרְא כִּי לֹא יָכֹל לוֹ". מָשָׁל לְמֶלֶךְ שֶׁהָיָה לוֹ כֶּלֶב אַגְרִיוֹן וַאֲרִי נְמִירוֹן וְהָיָה הַמֶּלֶךְ נוֹטֵל אֶת בְּנוֹ וּמְלַבְּבוֹ בָּאֲרִי, שֶׁאִם יָבֹא הַכֶּלֶב לְהִזְדַּוֵּוג לוֹ יֹאמַר לוֹ הַמֶּלֶךְ: אֲרִי לֹא הָיָה יָכוֹל לַעֲמוֹד בּוֹ וְאַתָּה מְבַקֵּשׁ לְהִזְדַּוֵּוג לוֹ,

רש"י

(ג) **לאיתליטוס.** משרת של מלך: **שהוא עומד ומתגושש עם בן המלך תלה עיניו וראה המלך עומד על גביו והרפיש עצמו לפניו.** לפני בן המלך: **מי נתמלא אבק האיש שהיה עמו.** שהשליכו לארץ ונתמלא אבק: **כלב אגריות.** בלע"ז שלואטיק"ו ולשון יון היא: **ארי נומרין.** ארי תרבות: **והיה המלך נוטל את בנו ומלבבו בארי.** ומשחיקו בארי **שאם יבא הכלב להזדווג לו** ולהזיקו, **יאמר לו המלך ארי לא היה יכול לעמוד בו וכו':**

עץ יוסף

ויאבק לשון אבוקה: **מן דא את מדחיל לי.** מזה אתה מיראני אני הכל מזה, כלומר מן האש. **הדא הוא דכתיב והיה בית יעקב אש.** כלומר שהוא וזרעו הם מרכבה לשכינה הנקראת אש אוכלה שהוא אש אוכל אש. אי נמי מפני שעוסקים בתורה שהיא דת אש: (ג) **שרו של עשו.** בא לתת טעם למלאך הזה שביקש עלילות לנטר את יעקב, הא אין מדרך המלאך להזיק לבריות. לכך קאמר שרו של עשו היה, ולזה בקש להזיקו לסייע את עשו: **כי על בן ראיתי פניך.** דמשמע שפניו דומה לפני המלאך כפי הדמות שנדמה לפניו, ואין זה אלא שלהיותו שרו של עשו נדמה בצורתו: **משל לאתליטוס כו'.** דקשיא ליה אי הוה שרו של עשו האיך לא יוכל ליעקב. ולכן אמר שעשה עצמו כאילו נפל לפניו מפני כבוד השכינה שעל יעקב. **כדאמר רבי לוי וירא בשכינה.** והכיר מהשגת השכינה עליו כי אינו רשאי להזיקו: **הרפיש עצמו לפניו.** ושלא בכוונה כשהרפיש עצמו לפניו פגע בכף ירכו (יפה תואר). אבל האות אמת גרם וירא וגו' משל לאתליטוס כו'. ולפי זה מילתא באנפי נפשה הוא: **איתליטוס.** גבור (מעריך): **מתגושש.** מנענע ומתאבק להפילו ארצה: **והרפיש.** לשון דריסה כלומר השפיל עצמו לפניו: [ג] **אין אנו יודעים כו'.** דוירא כי לא יכול לו אפשר לפרש כי לא יכול המלאך ליעקב ולכן בכעסו נגע בכף ירכו ונקעה, כי יותר מזה לא היה יכול שיעקב נצחו. ואפשר לפרש כי לא יכול יעקב למלאך, והכי פירושו המלאך בדק תחילה אם יוכל יעקב לו כדרך המתאבקים לבדוק כחם וכשנתברר לו כי לא יכול יעקב אליו מלאו לבו להזיקו ולא פחד ממנו ויגע בכף ירכו (יפה תואר): **מן מה דכתיב ויאבק.** ואף על גב דבהדיא כתיב כי שרית עם אלהים ועם אנשים ותוכל. יש לומר דפירושו ותוכל להציל עצמך לבל תפול לגמרי ביד המלאך: **מי נתמלא אבק.** שפירוש ויאבק שנתמלא אבק ועפר, וזהו מפני שיעקב הפילו ארצה והיה מתגולל בעפר ואבק. וזהו וירא כי לא יכול לו ויגע בכף ירכו, כי באשר יעקב כבר הפילו ארצה והיה כבוש תחת ידו נגע בכף ירכו שלא בכוונה כנ"ל: **זכות אביו כו'.** ואף על גב דבר פלוגתו שר של עשו היה שיש לו גם כן זכות אביו ואמו וזקנו וזקנתו. מכל מקום כבר דרשו לעיל כל הבוחר בדרכו שמו מתקיים עליו: **מדוד עצמך אם אתה כו'.** דייק מדכתיב וירא כי לא יכול לו, דאפילו לו לא יכול וכל שכן אם יצורף לו זכות אבותיו: **כלב אגריון וארי נמירון.** פירוש כלב היערי וארי הבייתי שהיה רגיל עם בני אדם. **והיה המלך נוטל את בנו ומלבבו.** פירוש מכירו עם הארי הבייתי כי היה בטוח מסכנה בהיותו ארי של תרבות ואינו מזיק לשום אדם, ועשה זה כדי להפיל פחדו של בנו ויראתו עם הכלב היערי. באומרו הנה הארי שהוא מלך שבחיות לא היה יכול לעמוד בו איך אוכל אנכי להזדווג לו. כן ביעקב בכוונה רצויה הניח ה' למלאך להתאבק עמו ולהראות לו כי לא יכול לו כדי להפיל מורא ופחד בלב בני עשו לבל יתגרו עם זרע יעקב: **וארי נמורין.** צריך לומר **אמירון**, כי כן מובא מלה זו גם כן בבמדבר רבה פרשה י"א וזה הלשון שם עד שלא חטא אדם הראשון היה שומע קול אמירון משחטא היה שומע הקול אגריון. ואמירון הוא כמו שפירוש המתנות כהונה בשם הערוך בלשון יון בייתי ובן תרבות

פירוש מהרז"ו

(ג) **[שרו של עשו] שנדמה.** לקמן (עח, ג), ודורש מה שאמר כראות פני אלהים מלאך כמו שדרשו (נב, ה) ויבא אלהים אל אבימלך וכן בלבן (עד, ז) ובבלעם (כ, יב): **אתליטוס.** עיין מתנות כהונה ובערוך איתא שרים. והמוסף ערוך כתב שפירושו אנשים ריקים ופוחזים שאומנתם להתאבק ערומים לשמח העם בשכר: **וירא בשכינה.** עיין לעיל (מח, ט) על פי גזירה שוה: **אין אנו יודעים.** שפסוק וירא כי לא יכול אינו מלמדנו שנצחו רק מפסוק ויאבק אנו למדים: **חמשה קמיעים.** ה' מיני זכות מגינים כמו קמיעים: **אגריון נמירין** עיין במדבר רבה (יא, ג), פסיקתא (טו, ג) שיר השירים רבה (ג, יד) פסוק הנה מטתו. נמירין פירוש בנחת, אגריין פירוש בזעף בפסיקתא שם. וכאן פירושו ארי

מתנות כהונה

מן דא כו'. מזה אתה מיראני אני הכל מזה כלומר מן האש: [ג] **משל לאתליטיס.** מוסב אדלקמן וירא כי לא יכול, וכן הוא במדרש חזית (שיר השירים ו, ג): **אתליטיס.** פירש"י והערוך משרת המלך: **מתגושש.** מנענע ומתאבק להפילו ארצה: **והרפיש.** לשון דריסה, כלומר השפיל עצמו לפניו: **ויאבק.** הוא לשון אבק, ואמר ויאבק בלשון מתפעל שנתמלא אבק אותו שנתאבק עמו, וזהו מפני שיעקב השליכו ארצה: **הכי גרסינן וזכות אביו וזכות אמו וזכות זקינו:** **מדוד.** לשון שיעור ואומד דעת: **אפילו בזכותו.** דייק מדכתיב כי לא יכול לו: **אגריון.** פירש הערוך יערי, ועיין ערך אגר החמישי: **נמירון.** פירש הערוך של תרבות: **מלבבו.** מסיתו

אשד הנחלים

[ג] **שרו של עשו.** כלומר הנאבק עמו. הוא שרו של עשו, ולכן רמז לו יעקב כראות פני אלהים רצה לומר השר שלך. **לאיתליטוס.** הוא משרת המלך, שהמלך הקימו להיות מושל, ולכן דימה אחר שהוא מושל הוקם על, ימשול גם על בנו של מלך, אך כיון שראה שכבוד המלך חופף על בנו אז הבין כי הוא לא יכול לו. וזהו בחינת הראיה הנאמר במלאך, שכוונתו ג"כ ראיה שכליית, שהתבונן וראה ג"כ בחוש שהשכינה מעל ראשו של יעקב, ואז הבין כי אין שליטתו עליו: **נתמלא אבק האיש שעמו.** על דרך הפשט עיין במתנות כהונה. ועיקר הענין יש בו ציור ע"פ מאמרם בחולין (צא, א) שהעלו אבק מרגלותיהם עד כסא הכבוד. והכלל כי הטוב נוגע עד כסא הכבוד וכן ההיפך יש לו קצת יניקה ממנו, אך שם הטוב בגלוי, וההפך אינו ניכר מאומה כי אם יניקה מעטה, ודימה הכח העולה למעלה למעלה שהוא דק מאוד לאבק שאינו ניכר כל כך. והבן זאת מאוד וצרף לדברי חכמי אמת האמיתיים, אז תבין דברי חכמים וחידותם: **משל כו'.** דימה השר בעצמו לארי שהוא גבור באמת, ואומתו [היונקים מכחו] לכלב אגריון שאין בו גבורה מצד עצמו רק מצד כעסו ושובבותו לכל מי שמגרה

חידושי הרש"ש

[ג] **ותרצני. וירא וגו' משל לאתליטוס כו'.** כן הוא הגירסא הילקוט (רמז קלב) ונכון: {**משל למלך שהיה לו כלב אגריון וארי נמירין וכו'.** המשיל המלאך לארי נמירין מפני היותן עתה בארץ והתלבש בגוף גשמי כאדם:}

אמרי יושר

שכח דבר ואמר איך חשדתני לזה נלחמו. ורבנן ללסטים נדמה לו ולזה פחד ממנו פן יגזלנו אמר ליה שיעביר של יעקב למקום אשר בניו שם והיה מולא עוד מקנה אמה ליה מכשף אתה בזה נלחמו. ובגמרא פרק גיד הנשה (לא א) כגוי נדמה לו דאמרינן טופלו לימינו שיהא מזומן לו ואם כן שמאל המלאך נגע בימין יעקב והוא אליבא דרבי יהודה דאינו נוהג אלא בימין גם הסברא שאמרה ההולך לימין רבו הרי זה בור אלא לשמאל רבו שנדמה לו כחכם ובשמאלו נגע לימין יעקב הסמוך גם יתבאר שהוא תלוי אם היה זה מיכאל או סמאל, שיש מדרשים חלוקים (לקמן פרשה עח אות א ואות ג): [ג] **אין אנו יודעין מי נצח למי.** פירוש כי אף שכתוב כי שרית עם אלהים לא אמר על אלהים פירוש שיכול לעמוד נגדו לדחות היזקו לא שיתגבר עליו אבל ממה שנאמר ויאבק משמע שהפילו לעפר ונתמלא אבק:

מסורת המדרש

ג. תנחומא כאן סימן ח'. ילקוט כאן רמז קל"ב:
ד. חולין דף צ"ב:

אם למקרא

וְהָיָה בֵית יַעֲקֹב אֵשׁ וּבֵית יוֹסֵף לֶהָבָה וּבֵית עֵשָׂו לְקַשׁ וְדָלְקוּ בָהֶם וַאֲכָלוּם וְלֹא יִהְיֶה שָׂרִיד לְבֵית עֵשָׂו כִּי ה' דִּבֵּר: (עובדיה א:יח)

שינוי נוסחאות

(ג) **משל לאתליטוס.** אות אמת הגיה דיש להוסיף קודם המשל "וירא וגו'".

כָּךְ שֶׁאִם יָבוֹאוּ אוּמּוֹת הָעוֹלָם לְהִזְדַּוּוֹג לְיִשְׂרָאֵל — **So too, if the nations of the world come and attempt to assault** the people of **Israel,** יֹאמַר לָהֶם הַקָּדוֹשׁ בָּרוּךְ הוּא: שַׂרְכֶם לֹא הָיָה יָכוֹל לַעֲמוֹד בּוֹ וְאַתֶּם מְבַקְּשִׁים לְהִזְדַּוּוֹג לְבָנָיו — **the Holy One, blessed is He, will say to them,** "Even **your angel was not able to stand against [Jacob], and** yet **you attempt to assault his children?!**"[42]

☐ וַיִּגַּע בְּכַף יְרֵכוֹ — ***HE STRUCK THE BALL OF HIS THIGHBONE.***

The Midrash presents a homiletical interpretation of this verse:

נָגַע בַּצַּדִּיקִים וּבַצַּדִּיקוֹת בַּנְּבִיאִים בַּנְּבִיאוֹת שֶׁהֵן עֲתִידִין לַעֲמוֹד מִמֶּנּוּ — This means that **[the angel] struck the righteous men and women, prophets and prophetesses, who were destined to emerge from [Jacob].**[43] וְאֵיזֶה זֶה, זֶה דּוֹרוֹ שֶׁל שְׁמַד — To **which** incident **is this** statement referring? **This is the generation of forced apostasy.**[44]

☐ וַתֵּקַע כַּף יֶרֶךְ יַעֲקֹב — ***AND THE BALL OF JACOB'S THIGHBONE BECAME DISLOCATED** AS HE WRESTLED WITH HIM.*

The Midrash presents a number of opinions as to how the angel injured Jacob's thighbone:

רַבִּי בֶּרֶכְיָה וְרַבִּי אֶלְעָזָר — **R' Berechyah and R' Elazar** commented on this phrase: רַבִּי אֶלְעָזָר אָמַר: שִׁיְּיעָהּ — **R' Elazar said: [The angel] flattened** (lit., *smoothed*) **it;**[45] רַבִּי בֶּרֶכְיָה בְּשֵׁם רַבִּי אַסִּי אָמַר: סִידְּקָהּ כְּדָג — **R' Berechyah said in the name of R' Assi: He split it as** one would split **a fish.**[46] רַב נַחְמָן בַּר יַעֲקֹב אָמַר: פֵּירְשָׁהּ מִמְּקוֹמָהּ — **R' Nachman bar Yaakov said: He moved it from its place,**[47] כְּדִכְתִיב "וַתֵּקַע נַפְשִׁי וְגוֹ' כַּאֲשֶׁר נָקְעָה נַפְשִׁי" — **as it is written:** ***so My soul became removed*** [וַתֵּקַע] *from her* ***as My soul had become removed*** [נָקְעָה] *from her sister* (*Ezekiel* 23:18).

וַיֹּאמֶר שַׁלְּחֵנִי כִּי עָלָה הַשָּׁחַר וַיֹּאמֶר לֹא אֲשַׁלֵּחֲךָ כִּי אִם בֵּרַכְתָּנִי.

Then he said, "Let me go, for dawn has broken," and he said, "I will not let you go unless you bless me" (32:27).

☐ [וַיֹּאמֶר שַׁלְּחֵנִי כִּי עָלָה הַשָּׁחַר — *THEN HE SAID, "LET ME GO, FOR DAWN HAS BROKEN."*]

The Midrash returns to the question of which party won the battle between Jacob and the angel:

אָמַר רַבִּי חֲנִינָא בַּר יִצְחָק: כָּל אוֹתוֹ הַלַּיְלָה הָיוּ שְׁנֵיהֶן פּוֹגְעִין זֶה בָּזֶה — **R' Chanina bar Yitzchak said: That entire night they were both attacking each other,** מְגִינֵיהּ דְּדֵין לָקֳבֵל מְגִינֵיהּ דְּדֵין — with **the shield of one against the shield of the other,**[48] כֵּיוָן שֶׁעָלָה עַמּוּד הַשַּׁחַר "וַיֹּאמֶר שַׁלְּחֵנִי כִּי עָלָה הַשָּׁחַר" — but **once dawn broke,** the angel was forced to plea, ***Let me go, for dawn has broken,*** indicating that he was subdued by Jacob.

NOTES

42. God orchestrated the battle between Jacob and the angel of Esau knowing that Jacob would emerge victorious. The fact that a mortal being could defeat the guardian angel of a powerful nation would instill fear into the hearts of men, and create an *a fortiori* argument that would preclude any violence against Israel by the nations of the world (*Eitz Yosef*).

43. The word יָרֵךְ (*thigh*) is also used to refer to one's progeny; e.g., *those who emerged from Jacob's thigh* (*Exodus* 1:5).

44. The angel's attack on Jacob will be realized in a future generation in which the descendants of Esau will wax powerful and issue cruel decrees to forbid the Jews from practicing their religion on pain of death, and the persecution will be so harsh that the Jews will be pushed to the brink of extinction. During this trying time the righteous Jews who refuse to give in to their tormentor's demands will give up their lives, often after having endured unspeakable atrocities, for the Sanctification of God's Name.

Although the Midrash is referring to the generation of R' Yehudah ben Bava [who lived during a time of Roman persecution and was eventually killed by the Romans (*Sanhedrin* 14a)], our people have suffered similarly under many other nations and regimes that sought to destroy us, yet it is they who have been lost to history, while we remain (see *Ramban* to the verse; see Insight Ⓐ).

45. The rounded head, or ball, at the top of the thighbone (femur) normally protrudes slightly on the outside of the hip. When the angel struck Jacob he pushed the thighbone in so that it no longer protruded, causing his upper thigh to appear flat. R' Elazar interprets the words וַתֵּקַע כַּף יֶרֶךְ יַעֲקֹב as *Jacob's thighbone was set [inward],* based upon the similar usage (*Isaiah* 22:23): וּתְקַעְתִּיו יָתֵד, *I will drive him in like a peg* (*Eitz Yosef*).

46. Here the word וַתֵּקַע connotes *fractured*, as in the verb לְקַעְקֵעַ, *to crush,* used often in the Talmud (ibid.).

47. The ball of the thighbone rests within a socket in the hip. When the angel struck Jacob, he dislocated the ball of the thighbone from its place within this socket.

48. I.e., neither one gained the upper hand — unlike the opinion of R' Berechyah, etc., above, that the angel was decisively defeated (*Yefeh To'ar*).

INSIGHTS

Ⓐ **Unimagined Strength** While the note captures the gist of *Ramban's* comments, his actual words deserve a more precise citation. He cites the Midrash, which states: *R' Chiya bar Abba said: If a person would tell me, "Give up your life as a martyr for the sanctity of the Name of the Holy One, blessed is He, I would give up my life, provided that he would kill me immediately. However, what transpired during the generation of forced apostasy I would not be able to bear." And what was it that they did during the generation of forced apostasy? They would bring balls of metal, make them white hot in a fire, and place them under the armpits [of their victims who were caught keeping the Torah], and slowly draw their life from them* (*Shir HaShirim Rabbah* on 2:7).

To this, *Ramban* adds most movingly: "And there are other generations during which they have done such things to us — and even worse things than this; but we have borne it all, and it has passed by us, as the Torah alludes [to us in the words], *and Jacob arrived intact*" (below, 33:18).

One does not know the heights to which he can rise until he is put to the test. The centuries since *Ramban* have been sad witness to even greater horrors and atrocities — and to the unimagined strength of loyal Jews, learned and simple, who have risen to the challenge and beyond. And they have borne it all, and arrived with their devotion to God intact — together with their loyal descendants and followers — upon the threshhold of the Redemption.

כָּךְ שֶׁאִם יָבוֹאוּ *אוּמּוֹת הָעוֹלָם לְהִזְדַּוֵּוג לְיִשְׂרָאֵל, יֹאמַר לָהֶם הַקָּדוֹשׁ בָּרוּךְ הוּא: שַׂרְכֶם לֹא הָיָה יָכוֹל לַעֲמוֹד בּוֹ וְאַתֶּם מְבַקְּשִׁים לְהִזְדַּוֵּוג לְבָנָיו. [לב, כו] "וַיִּגַּע בְּכַף יְרֵכוֹ", נָגַע בַּצַּדִּיקִים וּבַצַּדִּיקוֹת בַּנְּבִיאִים בַּנְּבִיאוֹת שֶׁהֵן עֲתִידִין לַעֲמוֹד מִמֶּנּוּ, וְאֵיזֶה זֶה, זֶה דּוֹרוֹ שֶׁל שְׁמַד. [שם] "וַתֵּקַע כַּף יֶרֶךְ יַעֲקֹב", רַבִּי בֶּרֶכְיָה וְרַבִּי אֶלְעָזָר, רַבִּי אֶלְעָזָר אָמַר: שַׁיְּיעָה, רַבִּי בֶּרֶכְיָה בְּשֵׁם רַבִּי אַסִּי אָמַר: סִידְקָה כְּדָג, רַב נַחְמָן בַּר יַעֲקֹב אָמַר: פֵּירְשָׁה מִמְּקוֹמָהּ, כְּדִכְתִיב (יחזקאל כג, יח) "וַתֵּקַע נַפְשִׁי וְגוֹ' כַּאֲשֶׁר נָקְעָה נַפְשִׁי". אָמַר רַבִּי חֲנִינָא בַּר יִצְחָק: כָּל אוֹתוֹ הַלַּיְלָה הָיוּ שְׁנֵיהֶן פּוֹגְעִין זֶה בָּזֶה, מָגִינֵיהּ דְּדֵין לָקֳבֵל מָגִינֵיהּ דְּדֵין, כֵּיוָן שֶׁעָלָה עַמּוּד הַשַּׁחַר [לב, כז] "וַיֹּאמֶר שַׁלְּחֵנִי כִּי עָלָה הַשָּׁחַר":

רש"י

רבי אלעזר אמר שעייה בשם רבי אסי אמר סידקה. רב נחמן בר יצחק אמר פירש ממקומה: היו פוגעין זה עם זה. נלחמין זה עם זה: **מגיניה דדין לקביל מגיניה דדין.** שלא היה אחד מהן יכול לנגח חבירו:

מתנות כהונה

בו ומזרזו להחזיק לבו להתאבק עמו: **שייעו.** החליק הבשר מעל העצם: **מגיניה וכו'.** מגן של זה, כדרך הלוחמים:

עץ יוסף

ומגודל בין אנשים. וזה שמסיים הערוך בלעז דומיסטיקו, כי דאמוס בלשון רומי בית ודומוסטיקו הוא בייתי, והוא ההיפך מן אגריון שפירושו שדיי, והוא רע ונושך לבני אדם ואגערעסטוס בלשון רומי שדה: **להזדווג לישראל.** לכלותם מן העולם כהמן וחבריו (יפה תואר): [ד] **נגע בצדיקים כו'.** כי ירכו היינו אבר המילה. כי גיד הנשה מסתעף באבר הזרע ונקרא נשה לשון אישות, ושרו של עשו לא היה לו כח ביעקב רק במילה כי ידוע מה שאמרו (אבות דרבי נתן ב, ה) ויעקב איש תם שנולד מהול, ולכך יכול לאחוז בו ולגרום רעה ליוצאי חלציו וגזרו על ישראל לבטל ברית (יערת דבש דרוש יא): **זה דורו של שמד.** שהיו צדיקים ומסרו עצמם על קדושת שמו יתברך: **שייעה.** פירוש החליקה. ועניינו דכף הירך והוא הקולית מקומו בולט קצת וניכר מבחוץ באדם, וזה הכהו עד שנתקע כף הירך בפנים ולא ניכר מבחוץ והיה המקום חלק ושוה לבשר הגוף. ומפרש ותקע מגזרת ותקעתיו יתד (ישעיה כב, כג): **סידקה בדג.** מפרש ותקע לשון בקיעה ושבירה, וכמוהו בלשון חכמינו ז"ל (ויקרא רבה יא, ז ועוד) לקעקע ביצתם. ואמר שסידקה כדג שאין דרך כף הירך להשבר בהכאה שיכו עליו אלא להסדק: **ותקע נפשי.** שפירושו לשון הסרה: **מגיניה דדין כו'.** מגן של זה **לקבל** פירוש כנגד מגן של זה כדרך הלוחמים. כלומר שלא נצחו זה את זה לגמרי כל הלילה. דאפילו לרבי ברכיה דאמר לעיל שיעקב נצח למלאך כבר נתבאר שם שמכל מקום לא נצחו לגמרי אלא תמיד היה חוזר וקם ומתעלם כנגד יעקב וחוזר ונופל לארץ ונמשך זה עד עלות השחר. אבל כיון שעלה עמוד השחר ויאמר שלחני וגו' שמאז נצחו יעקב לגמרי עד כי הוכרח לבקש מיעקב ואמר שלחני:

פירוש מהרז"ו

נמירין בעל תרבות מתנהג בנחת ואגריון כדרך מדברי מתנהג בזעף: **מלבבו.** מקרבו שיהיה עמו בלב שקט בלא יראה: **נגע בו'.** ומה שאמר בכף ירכו, ביוצאי ירכו. ומה שאמר ויגע, כמו שנאמר (כו, יא) הנוגע באיש וגו' וכמו שנאמר (איוב ב, ה) גע אל עצמו. ומה שאמר שייעא, סדקו כדג צריך עיון (ואפשר פירוש ותקע מלשון נקעים וסדקים, וזה שאמר סדקה פירוש קרעה כי תרגום ויקרעם לשנים קרעים סדקינון כו', ובתרגום אונקלוס ותקע כף ירך, וזע פתי ירכא דומה לתרגום ותבקע הארץ (מלכים א' א, מ) וזעת ארעא. מהרי"ב): **ותקע נפשי.** עיין פירוש רש"י בחומש:

חידושי הרש"ש

שאם יבואו כו' יאמר להם כו'. כך צריך לומר וכן הובא בילקוט (רמז קלב):

אמרי יושר

ויגע בכף ירכו. בעתידים לצאת מירכו, כי יש לו ממשלה להסירם ולבטלם מתלמוד תורה ומצות:

אם למקרא

וַתְּגַל תַּזְנוּתֶיהָ וַתְּגַל אֶת־עֶרְוָתָהּ וַתֵּקַע נַפְשִׁי מֵעָלֶיהָ כַּאֲשֶׁר נָקְעָה נַפְשִׁי מֵעַל אֲחוֹתָהּ:
(יחזקאל כג:יח)

אשד הנחלים

אותו, וכן רעתו נובע משר של מעלה, ועם כל זאת הוא בבחינתם בן תרבות אינו חפץ כל כך ברעה. ועשה ה' ב"ה כן והראה ליעקב בכדי שיבין באחרית כי לא יצליח, אחר שהשר בעצמו לא הצליח: **מגיניה דדין.** המגן הוא הגנה מול החיצים, המגין עליו לבלי יְפַלַּח החץ כְּבֵדוֹ. והוא הרמז שיעקב יהיה לשטן על כחו והצלחתו.. וכיון להשפיל אך הוא למד זכות, וכן להיפך, והוא על דרך מליצתם באבות תשובה ומעשים טובים כתריס לפני הפורעניות:

Chapter 78

וַיֹּאמֶר שַׁלְּחֵנִי כִּי עָלָה הַשָּׁחַר וַיֹּאמֶר לֹא אֲשַׁלֵּחֲךָ כִּי אִם בֵּרַכְתָּנִי.

Then he said, "Let me go, for dawn has broken." And he said, "I will not let you go unless you bless me" (32:27).

§1 **וַיֹּאמֶר שַׁלְּחֵנִי כִּי עָלָה הַשָּׁחַר** — ***THEN HE SAID, "LET ME GO, FOR DAWN HAS BROKEN."***

The Midrash presents an exposition based on a verse from *Lamentations* that concerns our verse. However, the Midrash first cites several unrelated expositions of that verse:

כְּתִיב "חֲדָשִׁים לַבְּקָרִים רַבָּה אֱמוּנָתֶךָ" — **It is written, *They are new every morning, great is Your faithfulness!*** (*Lamentations* 3:23). **אָמַר רַבִּי שִׁמְעוֹן בַּר אַבָּא** — **R' Shimon bar Abba said: עַל שֶׁאַתָּה מְחַדְּשֵׁנוּ בְּכָל בֹּקֶר וָבֹקֶר** — The verse means that **by renewing us each and every morning,**[1] **אָנוּ יוֹדְעִים שֶׁאֱמוּנָתְךָ רַבָּה לְהַחֲיוֹת לָנוּ אֶת הַמֵּתִים** — **we know that Your faithfulness is great to revivify the dead for us.**[2] **אָמַר רַבִּי אֲלֶכְּסַנְדְּרִי** — **R' Alexandri said: מִמַּה שֶּׁאַתָּה מְחַדְּשֵׁנוּ בְּבוֹקְרָן שֶׁל מַלְכֻיּוֹת** — **From that which You renew us at the dawn of** newly emerging **empires,**[3] **אָנוּ יוֹדְעִים שֶׁאֱמוּנָתְךָ רַבָּה לְגָאֳלֵנוּ** — **we know that Your faithfulness is great** to ultimately **redeem us.**[4]

The Midrash now proceeds to the exposition that involves our verse:

רַבִּי חֶלְבּוֹ בְּשֵׁם רַבִּי שְׁמוּאֵל בַּר נַחְמָן אָמַר — **R' Chelbo in the name of R' Shmuel bar Nachman said: לְעוֹלָם אֵין כַּת שֶׁל מַעְלָה מְקַלֶּסֶת וְשׁוֹנָה** — **A celestial band** of angels **never praises** God **and repeats** the praise,[5] **אֶלָּא בְּכָל יוֹם בּוֹרֵא הַקָּדוֹשׁ בָּרוּךְ הוּא כַּת שֶׁל מַלְאָכִים חֲדָשָׁה** — **but rather, the Holy One, blessed is He, creates a new band of angels each day, וְהֵן אוֹמְרִים שִׁירָה חֲדָשָׁה לְפָנָיו וְהוֹלְכִין לָהֶם** — **and they utter a new song** of praise **before Him, and** then **they depart.**[6] **אָמַר רַבִּי בֶּרֶכְיָה: הֵשַׁבְתִּי אֶת רַבִּי חֶלְבּוֹ** — **R' Berechyah said: I countered R' Chelbo** by saying, **וְהָא כְתִיב "וַיֹּאמֶר שַׁלְּחֵנִי כִּי עָלָה הַשָּׁחַר" וְהִגִּיעַ זְמַנִּי לוֹמַר שִׁירָה** — **"But it is written, *Then he said, 'Let me go for dawn has broken,'*** meaning: **and** with the dawn, **my turn has arrived to utter a song** of praise before God."[7] **אָמַר לִי: חֲנוּקָא, סְבָרַתְּ לְמֶחֱנְקֵנִי** — **[R' Chelbo] retorted to me, "Stifled one! Are you attempting to stifle me?"**[8] **אֲמָרִית: מַה הוּא דֵין דִּכְתִיב "וַיֹּאמֶר שַׁלְּחֵנִי כִּי עָלָה הַשָּׁחַר"** — **I said** again, **"What is the meaning of that which is written, *Then he said, 'Let me go for dawn has broken'?"***[9] **אָמַר לִי** — **[R' Chelbo]** then **answered me, זֶה מִיכָאֵל וְגַבְרִיאֵל שֶׁהֵן שָׂרִים שֶׁל מַעְלָה** — **"That is** true of the angels **Michael and Gabriel, who are celestial princes,** i.e., archangels,[10] **דְּכוּלָּא מִתְחַלְּפִין וְאִינּוּן לָא מִתְחַלְּפִין** — **for all** the ordinary angels **are replaced** daily, **but they,** the archangels, **are never replaced."**[11]

NOTES

1. Returning our souls to our bodies that have spent the night in the quasi-deathlike state of sleep (see *Berachos* 57b). Furthermore, God awakens us revitalized in body and soul after we have fallen asleep in exhaustion from the previous day's labor (*Yefeh To'ar, Eitz Yosef*).

2. That is, God's daily miracle of revivification assures us that similarly He will ultimately revivify the dead in Messianic times.

3. Throughout the course of history new world powers and empires have arisen, supplanting and subduing their predecessors. The Persians conquered the Babylonians, and then were themselves overcome by the Greeks, who were in turn vanquished by the Romans, and so on. However, through all these upheavals, the nation of Israel has constantly endured. In fact, an examination of history shows that new powers in the dawn of their existence are usually amicable toward the Jews. As the powers become older and more established, they frequently develop a hostility toward the Jewish people. Hence, the rise of a new power often provides the Jews with a respite, allowing them to recover from the persecution they had suffered at the hands of the older power (*Yefeh To'ar;* see also *Eitz Yosef*).

4. The above phenomenon shows that even in our exile God is protecting and caring for the people of Israel. This assures us that God will keep His promise to eventually end the exile entirely and redeem us (*Yefeh To'ar, Eitz Yosef*).

Alternatively, the term בּוֹקְרָן שֶׁל מַלְכֻיּוֹת, "the dawn of empires," refers to the periods when the empires are enjoying the light of their success, while the Jews are suffering the darkness of exile (*Matnos Kehunah,* first explanation). [Accordingly, R' Alexandri is saying that the fact that God renews us, revives us, and enables us to endure throughout the heights of the various empires proves that He will ultimately redeem us.]

5. One of the roles of the ministering angels is to sing praise before God (see e.g., *Chagigah* 12b; see also *Isaiah* 6:3). R' Chelbo is saying that each band of these angels has only one turn to sing its praise, and never has a chance to praise God again.

6. R' Chelbo interprets the phrase חֲדָשִׁים לַבְּקָרִים to mean that God creates new angels every morning to utter His praise (*Eitz Yosef;* see also *Chagigah* 14a). The Midrash will discuss below where it is that these angels go when they depart.

7. The angel was claiming that therefore, for the sake of God's glory, it was incumbent upon Jacob to release him (*Eitz Yosef;* see also section §2 below and *Chullin* 91b). If so, R' Berechyah argued, it is evident that the angels who utter praise each day are not newly created that morning, since this angel was clearly already in existence (*Rashi, Matnos Kehunah;* see *Eitz Yosef* for an alternative understanding).

8. I.e., are you attempting to refute me with such an unworthy argument? (*Matnos Kehunah*). [At this point R' Chelbo simply dismissed the question, assuming that R' Berechyah would be able to derive the answer on his own. Only when R' Berechyah repeated his question below did R' Chelbo feel it necessary to give a specific response (*Yefeh To'ar*).]

9. Which, as explained above, indicates that even preexisting angels may sing praise to God.

10. *Bamidbar Rabbah* 11 §3 describes Michael and Gabriel as מלכיהון דמלאכיא, *the kings of the angels* (*Rashash*).

11. R' Chelbo apparently concurs with the opinion recorded in *Yalkut Shimoni* (§132) that identifies the angel who fought with Jacob as Michael, rather than with the position cited above (77 §3) that it was the archangel of Esau (*Matnos Kehunah; Yefeh To'ar,* second explanation). [*Yalkut Shimoni* explains that Michael was not fighting Jacob out of antagonism. Rather, his purpose was to demonstrate to Jacob that he had no reason to fear Esau, for he was even able to overcome an angel of God (see below, v. 29).] *Eshed HaNechalim,* though, suggests that it was the angel Gabriel who was wrestling here with Jacob (see also *Eitz Yosef,* second explanation). Alternatively, R' Chelbo agrees that the angel of our passage is the archangel of Esau. Although he mentioned Michael and Gabriel, they are merely examples of archangels, and R' Chelbo meant that the same would be true of the celestial prince of Esau (*Eitz Yosef,* first explanation).

[For a discussion of the significance of the two classes of angels, the transitory and the permanent, see Insight Ⓐ.]

INSIGHTS

Ⓐ **Angelic Lessons** The Midrash refers to two types of angels: those who are created each day and have only one opportunity to praise God, and the permanent angels, who have established functions. What message are we to take from this?

R' Eliyahu Dessler explains that a primary function of the angels is to provide us with a model of how to serve God. And the two types of angels illustrate for us the two approaches to drawing closer to God.

One approach is external in nature. It involves being awed by God's

פרשה עח

א [לב, כז] **"וַיֹּאמֶר שַׁלְּחֵנִי כִּי עָלָה הַשָּׁחַר", כְּתִיב** (איכה ג, כג) **"חֲדָשִׁים לַבְּקָרִים רַבָּה אֱמוּנָתֶךָ", אאָמַר רַבִּי שִׁמְעוֹן בַּר אַבָּא: עַל שֶׁאַתָּה מְחַדְּשֵׁנוּ בְּכָל בֹּקֶר וָבֹקֶר אָנוּ יוֹדְעִים שֶׁאֱמוּנָתְךָ רַבָּה לְהַחֲיוֹת לָנוּ אֶת הַמֵּתִים, אָמַר רַבִּי אֲלֶכְּסַנְדְּרִי: מִמַּה שֶׁאַתָּה מְחַדְּשֵׁנוּ בְּבוֹקְרָן שֶׁל מַלְכֻיּוֹת אָנוּ יוֹדְעִים שֶׁאֱמוּנָתְךָ רַבָּה לְגָאֳלֵנוּ, רַבִּי חֶלְבּוֹ בְּשֵׁם רַבִּי שְׁמוּאֵל בַּר נַחְמָן אָמַר: לְעוֹלָם אֵין כַּת שֶׁל מַעְלָה מְקַלֶּסֶת וְשׁוֹנָה, אֶלָּא בבְּכָל יוֹם בּוֹרֵא הַקָּדוֹשׁ בָּרוּךְ הוּא כַּת שֶׁל מַלְאָכִים חֲדָשָׁה וְהֵן אוֹמְרִים שִׁירָה חֲדָשָׁה לְפָנָיו וְהוֹלְכִין לָהֶם, אָמַר רַבִּי בֶּרֶכְיָה: הֵשַׁבְתִּי אֶת רַבִּי חֶלְבּוֹ, וְהָא כְּתִיב "וַיֹּאמֶר שַׁלְּחֵנִי כִּי עָלָה הַשָּׁחַר" גוְהִגִּיעַ זְמַנִּי לוֹמַר שִׁירָה, אָמַר לִי: חָנוּקָא, סְבַרְתְּ לְמֶחֱנְקֵנִי, אֲמָרִית: מָה הוּא דֵּין דִּכְתִיב "וַיֹּאמֶר שַׁלְּחֵנִי כִּי עָלָה הַשָּׁחַר", אָמַר לִי: זֶה מִיכָאֵל וְגַבְרִיאֵל שֶׁהֵן שָׂרִים שֶׁל מַעְלָה, דְּכוּלָּא מִתְחַלְּפִין וְאִינּוּן לָא מִתְחַלְּפִין. אַנְדְּרִיָּינוּס שְׁחִיק טְמַיָּא שָׁאַל אֶת רַבִּי יְהוֹשֻׁעַ בֶּן חֲנַנְיָה, אָמַר לֵיהּ: אַתֶּם אוֹמְרִים אֵין כַּת שֶׁל מַעְלָה מְקַלֶּסֶת וְשׁוֹנָה, אֶלָּא בְּכָל יוֹם וָיוֹם הַקָּדוֹשׁ בָּרוּךְ הוּא בּוֹרֵא כַּת שֶׁל מַלְאָכִים חֲדָשִׁים וְהֵן אוֹמְרִים שִׁירָה לְפָנָיו וְהוֹלְכִין לָהֶן, אֲמַר לֵיהּ: הֵין, אֲמַר לֵיהּ: וּלְאָן אִינּוּן אָזְלִין, אָמַר: מִן הָן דְּאִתְבָּרְיָין, אֲמַר לֵיהּ: וּמִן אָן הֵן אִתְבָּרְיָין, אֲמַר לֵיהּ: דמִן נְהַר דִּינוּר, אֲמַר לֵיהּ: וּמָה עִסְקֵיהּ דִּנְהַר דִּינוּר, אֲמַר לֵיהּ: כְּהָדֵין יַרְדְּנָא דְּלָא פָּסֵיק לָא בִּימָמָא וְלָא בְּלֵילְיָא, אֲמַר לֵיהּ: וּמִן אָן הוּא אָתֵי,**

רש"י

(א) **והא כתיב שלחני כי עלה השחר והגיע זמני לומר שירה.** וככר היה נברא מאתמול, מכלל שיש כת מקלסת ושונה. **אמר ליה חנוקא מי סברת מחנקני.** לתפוס אותי בדרך כאדם שתופס את חבירו לחנקו:

עץ יוסף

(א) **על שאתה מחדשנו.** שהשינה היא מיתה קטנה להאדם, שכל איבריו נחים ושקטים מפעולותיו ושובתים, והשכל איננו אתו. ואנו מפקידים נשמותינו בלילות בידו של הקדוש ברוך הוא כשכל האיברים עייפים מטורח היום והקדוש ברוך הוא מחזירם לנו בבקר חזקות כאילו הם חדשות. ועל זה אנו מברכין מחזיר נשמות לפגרים מתים, מזה אנו יודעים תחיית המתים כי זה מעין תחיית המתים: **מחדשנו בבקרן של מלכיות.** כלומר שדרך המלכות העומדת לדחות המלכות שקדמתה כמדי לבבל ויון לפרס שהאחת דוחה את הראשונה ומבטלת שמה. וישראל לעולם קיימים ולא נשכח שמם חלילה ואדרבה הם מתחדשים בהצלחה אצלם, מזה נדע שרבה אמונתך שאמונתך רבה לגאלנו. כי לולא ה' שהיה לנו אזי חס ושלום היינו נאבדים אצלם, ואחר שהוא תמיד משגיח עלינו בוודאי יגאלנו בעת קץ: **אין כת של מעלה כו'.** פירוש שאין אותן המלאכים שכבר אמרו שירה חוזרים לומר פעם שניה, כי בכל בוקר בורא מלאכים חדשים כמו שנאמר חדשים לבקרים: **והא כתיב ויאמר שלחני כו' והגיע זמני לומר שירה.** דהכי קאמר מוכרח אתה לשלחני כי הגיע זמני לומר שירה ועבור זה מוטל עליך לשלחני מפני כבוד שמים, ואם כן מוכח מזה שאין כת המלאכים שאומרים שירה נבראים בכל בוקר שהרי זה עומד מהלילה והגיע זמנו לומר שירה בבקר, ואין סברא לומר שאותו המלאך באותה הלילה נברא ומיד בא להתגושש עם יעקב ועוד הלא שרו של עשו היה: **חנוקא סברית למחנקני.** פירוש שאתה סבור למנוע הדבור ממני כמו מאיש החנוק שאינו יכול לדבר כן אתה חושב שאין לי תשובה מה להשיב לך על קושייתך, ובאמת אני אומר ומשיב מה הוא דין דכתיב וכו': **זה מיכאל וגבריאל.** רצונו לומר מיכאל וגבריאל ודדמין להם שהם שרי מעלה ואין מתחלפין, והוא הדין שרו של עשו שהוא מן השרים. עוד יש לומר דפליג אדלעיל וסבירא ליה דלא שרו של עשו היה אלא או מיכאל או גבריאל משום דבמדרש אבכיר איתא דמלאך זה היה מיכאל, ובריעא מהימנא פרשת בא דף י"ח איתא דמלאך זה היה גבריאל, ולכן כדי לצאת ידי שניהם נקט הכא מיכאל וגבריאל כלומר או זה או זה, ובא להראות לו שלא יתיירא מעשו מקל וחומר: **שחיק טמיא.** ישחקו ויטחנו עצמותיו: **ולאן אינון כו'.** ולהיכן הם הולכים אמר ליה מהיכן שהן נבראים: **מן נהר דינור.** (עיין ביפה תואר בארוכה ותמצא נחת): **כהדין ירדנא כו'.** כירדן הזה שאינו פוסק מלכת יום ולילה: **ומן אן הוא אתי.** ומהיכן הוא בא אותו נהר דינור. אמר ליה מזיעות של חיות הקודש מפני שהם נושאים כסא הכבוד:

פירוש מהרז"ו

(א) **חדשים לבקרים.** איכה רבתי (ג, כא) פסוק זה: **שאתה מחדשנו.** מחזיר נשמות לפגרים מתים בכל בקר: **כת של מלאכים.** שמות רבה (טו, ו) ואיכה שם: **חנוקה כו'.** כלשון הזה גם כן שיר השירים רבה (א, יב) פסוק ישקני וגם כן רבי ברכיה ורבי חלבו: **מיכאל וגבריאל.** עיין לעיל (מח, ט) שאלו נזכרים בדניאל על כן נזכרם. אך גם להם אין שיעור כמה שאמר באיוב (כה, ג) היש מספר לגדודיו:

מתנות כהונה

[א] **על שאתה.** גרסינן, וכן הוא במדרש איכה (ג, ח): **בבוקרן של מלכיות.** שלהם בקר ואור ולנו חשך הגלות והקב"ה מחדש אותנו ומצילנו מתחת ידם, או יש לומר מן מה שהצלתנו והוצאתנו משלש גליות הראשונים נדע נאמנה שאף מגלות הרביעי הזה עתיד אתה לגאלנו: **והגיע זמני כו'.** וככר נברא מאתמול הרי שאמר שירה ושנה: **אמר לי.** גרסינן: **חנוקא.** איש אנוס וחנוק, מבקש אתה לחנקני ולקפחני בתשובות הבל, או יש לומר חנוקא החונק ומקפח הבריות בתשובות הבל, כן אתה רוצה לעשות לי: **אמרית** **כו'.** אמרתי מה הוא זה דכתיב כו': **מיכאל כו'.** הילקוט (רמז קלב) הביא ממדרש אבכיר שאותו שר מיכאל היה ובא להראות לו שלא יתיירא מעשו מקל וחומר: **שחיק טמיא.** ישחקו ויטחנו עצמותיו, כלומר ימח שמו: **הכי גרסינן ולאן כו'.** פירוש ולהיכן הם הולכים: **אלא מן היכן כו'.** מהיכן שהם נבראים הם חוזרים ללכת, אמר ליה ומהיכן הם נבראים: **כהדין ירדנא כו'.** כירדן הזה שאינו פוסק מלכת יום ולילה: **ומן הן כו'.** ומהיכן הוא בא אותו נהר דינור, אמר ליה מזיעה של חיות הקודש מפני שהם

אשד הנחלים

[א] **בכל בוקר.** כי על דרך ההתבוננות האמיתי השינה הוא מיתה קטנה להאדם, שכל איבריו נחים ושקטים מפעולותיו ושובתים והשכל איננו אתו, וא"כ מזה יתרבה אמונת האדם להאמין באמת אפשרות התחיה, כי היקיצה מהשינה ג"כ דוגמת התחיה: **חדשה כו' והולכים להם.** כלומר שבים למקורן. והדבר יבואר ע"פ יסודי חכמי האמת בספריהם הנאמנים. ויהיה א"כ פירושו רבה אמונתך כלומר הרבה מלאכים יש ששרים ומהללים אמונתך, שבכל יום נבראים חדשים, או באורו שמזה נתרבה האמונה, מפני שרואין אנו שבכל יום נבראים יש בעולם, והרי זה כהתחלת המציאות והבן: **שרים של מעלה.** כלומר על המלאכים של מעלה והם המושלים על המלאכים החדשים שנבראים בכל יום, ולכן הם קיימים. ודעתם שהאיש הנאבק עמו היה גבריאל, ואולי לפי שמיכאל הוא שר ישראל כמו שכתוב (דניאל י, כא) ואין מתחזק עמי כי אם מיכאל שרכם, וגבריאל הוא מדת הפחד והוא הנאבק עם יעקב ומיכאל התחזק בעדו. ועיין במתנות כהונה כוונה אחרת בזה והם מהענינים העמוקים: **מן נהר דינור כו' דלא פסיק כו'.** הענין הוא עמוק מאוד. ששאל אנדרינוס ההבדל שבין המלאכים הקיימים תמיד לבין המלאכים המתחדשים, וסבת הדבר הזה, ואיפה מקורם וסבתם. והשיב לו כי חזרת המלאכים המתחדשים לנהר דינור,

חידושי הרד"ל

[א] **אנו יודעין שאמונתך רבה כו' כמו שנאמר ואמונתך בלילות.** ועיין תוספות ברכות (יב, א) ד"ה להגיד כו':

חידושי הרש"ש

[א] **אמר שמעון בר אבא כו' אמר רבי אלכסנדרי כו'.** במדרש איכה (ג, כא) שמות האמוראים מוחלפים מדהכא: **מיכאל וגבריאל שהן שרים של מעלה.** יכוון למה שאמר רבי יודן בשם רבי איבו לקמן בנשא רבה (יא, ג) מלכי צבאות מלכיהון דמלאכיא אפילו מיכאל אפילו גבריאל:

אמרי יושר

[א] **בורא כת [וכו'] והולכים להם.** ולא יאמרו עוד שירה אבל מיכאל וגבריאל או סמאל אומרים שירה ושונים. וזה יוצר משרתים ואשר משרתיו על דבר חדשים לקטורת. **נהר דינור.** משפע זיעת החיות שלא יסבלו רוב השפע וזיו ההדר ויריקו. ויש מדרשים חלוקים בברכת המלאך ליעקב. יש סוברים שהוא הגדת העתיד ויש סוברים כי ברכה ממש היה והקדוש ברוך הוא להלאה הקים עצת מלאכו:

מסורת המדרש

א. איכה רבתי פרשה ג'. מדרש תהלים מזמור כ"ה. ילקוט כאן רמז קל"ג כל הענין. ילקוט תהלים רמז תש"ב:
ב. חגיגה דף י"ד:
ג. חולין דף צ"א:
ד. חגיגה דף י"ג. שמ"ר פרשה ט"ו:

אם למקרא

חֲדָשִׁים לַבְּקָרִים רַבָּה אֱמוּנָתֶךָ:
(איכה ג:כג)

ידי משה

[א] **חדשים לבקרים וגו'. עד רבי חלבו בשם רבי שמואל בר נחמן אמר בכל יום בורא הקדוש ברוך הוא כת של מלאכים ואומרים שירה והולכים להם.** הנה נדחקו התוספות בגמרא דחגיגה (יג, ב ד"ה מזיעתן) למה נטרדים והולכים תיכף אחר שאמרו השירה, ופירשו שם זהו שיסד ר"א הקליר ונותנים רשות זה לזה שאומרים שירה על הסדר ואלו מלאכים החדשים אינם אומרים על הסדר ומקדימין עצמן לכך נשרפים אחר אמירת השירה. וקשה לי מאד למה נשרפים ולא שום עונש אחר ועוד הלא לא יודעים לומר על הסדר. ונראה לי דהכי פירושו לפי דאיתא בפרק גיד הנשה (חולין צא, ב) ג' כתות של מלאכי השרת אומרים שירה בכל יום אחת אומרת קדוש ואחת אומרת קדוש ואחת אומרת קדוש קדוש קדוש ה' צבאות. ומקשה הגמרא מיתיבי והתניא (שם) גדולים צדיקים ממלאכי השרת שמלאכי השרת [מזכירין את השם] אחר ג' תיבות קדוש קדוש קדוש. ומשני הכי קתני אחת אומרת קדוש ואחת אומרת קדוש קדוש ואחת אומרת קדוש קדוש קדוש ה' והקשה אדוני אבי זקני הגאון מהרש"ל ז"ל למה לא אמר חסורי מחסרי כדרך הגמרא בכל מקום, ועוד למה מגיה בכת ב' והלא לא קשה כלום בכת ב'. ופירוש הכי שאין הפשט שאומרים ג' פעמים קדוש לפי שמשמע כעונה, ואם כן כת ב' שמעו מכת א' שאמרו קדוש הוה

The Midrash records a discussion between a Roman emperor and a Jewish sage concerning the daily creation of new angels: אַנְדְּרִיָּינוּס שְׁחִיק טְמַיָּא שָׁאַל אֶת רַבִּי יְהוֹשֻׁעַ בֶּן חֲנַנְיָה — The **wicked Hadrian, may his bones be ground up,**[12] **asked** a question **of R' Yehoshua ben Chananyah.** אָמַר לֵיהּ — **He said to him,** אַתֶּם אוֹמְרִים אֵין כַּת שֶׁל מַעְלָה מְקַלֶּסֶת וְשׁוֹנָה — "Is it true that **you** Jews **maintain** that **a celestial band** of angels **never praises** God **and repeats** the praise, אֶלָּא בְּכָל יוֹם וָיוֹם הַקָּדוֹשׁ בָּרוּךְ הוּא בּוֹרֵא כַּת שֶׁל מַלְאָכִים חֲדָשִׁים — **but** that **rather the Holy One, blessed is He, creates a new band of angels each and every day,** וְהֵן אוֹמְרִים שִׁירָה לְפָנָיו וְהוֹלְכִין לָהֶן — **and they utter a song** of praise **before Him, and** then **they depart?"** אָמַר לֵיהּ: הֵין — **[R' Yehoshua] replied to him, "Yes."** אָמַר לֵיהּ: וּלְאָן אִינּוּן אָזְלִין — **[Hadrian]** then **said to [R' Yehoshua], "And where do they** then **go?"** אָמַר: מִן הָן דְּאִתְבָּרְיָין — **[R' Yehoshua] responded, "To** there **from where they had been created."** אָמַר לֵיהּ: וּמִן אָן הֵן אִתְבָּרְיָין — **[The emperor] said** back **to him, "And from where were they created?"** אָמַר לֵיהּ: מִן נְהַר דִּינוּר — **[R' Yehoshua] responded to him, "From the Stream of Fire."**[13] אָמַר לֵיהּ: וּמָה עִסְקֵיהּ דִּנְהַר דִּינוּר — Continuing with his questioning, **[the emperor]** then **said to [R' Yehoshua], "And what is the behavior of the Stream of Fire?"** אָמַר לֵיהּ: כְּהָדֵין יַרְדְּנָא דְּלָא פָּסֵיק לָא בִּימָמָא וְלָא בְּלֵילְיָא — **[R' Yehoshua] replied to [Hadrian],** "It is **akin to the Jordan** River in **that it does not cease** flowing, **neither by day nor by night."** אָמַר לֵיהּ: וּמִן אָן הוּא אָתֵי — **[Hadrian]** then **said to [R' Yehoshua], "And from where does [the stream] originate?"**

NOTES

12. This is a curse that was often uttered after mentioning the names of dead evildoers (see 49 §1 above), and is therefore appropriate for the Roman emperor Hadrian, who was responsible for the massacre of many Jews. See above, 65 §21 and *Gittin* 57b; see also section 13 below.

13. That is, after these angels utter their song of praise they cease to exist and are reduced once more to being part of the Stream of Fire. See *Chagigah* 14a. [The Stream of Fire (נְהַר דִּי־נוּר) is mentioned in the account of a vision Daniel saw of God upon His throne (*Daniel* 7:10).]

INSIGHTS

greatness and transforming that inspiration into religious zeal. This approach requires renewal and innovation in order to maintain a high level of fervor. The daily renewal of angels highlights the value of this approach: It is worth being created just for a single chance to praise God. Each praise we utter is of inestimable value.

Another approach comes from within. One can move closer to God by elevating his character through introspection and self-examination. This approach does not require new ideas or innovative tactics. It relies on practice and internalization of time-honored truths. Is this not the tactic of our evil inclination, whose relentless attacks of such similar nature become more and more difficult to resist after each successive pass? We can resist by being no less relentless and repetitive in filling our hearts with spirituality and self-improvement. The permanent angels like Michael and Gabriel, who represent kindness and strength, symbolize this approach. They are not replaced or renewed, but rather perform their Divine service with steady repetition (*Michtav MeEliyahu*, Vol. 5: *Beurim BaAggadah*, pp. 456-457).

The *Chofetz Chaim* draws another lesson from our Midrash. Unlike humans, angels are severely constrained in the time and manner of their Divine service. As noted here, most angels sing God's praises only once in their entire existence. The Gemara (*Chullin* 91b) also teaches that the ministering angels are entitled to mention God's holy Name after stating the word *Kadosh* ("Holy") three times in succession, and they must wait for the Jews to sing this praise below in the *Kedushah* prayer before they may join in the chorus above. By contrast, we in this world are permitted to serve God every moment of our lives and without any restrictions. It behooves us to avail ourselves of this precious and staggering opportunity, for it comes to an end the moment we leave this world.

This is the meaning of Shmuel's statement to his disciple Rav Yehudah, "Sharp one, grab and eat, grab and drink, because this world from which we [must eventually] depart is like a wedding celebration" (*Eruvin* 54a). Once the wedding festivities are over, the tables are cleared and the guests can no longer partake of the panoply of delicacies that had been served. Grab the food and drink of Torah and mitzvos in this world; for in the World to Come, those tables will no longer be laden. We will rather be sustained by what we partook of in this world. It is the only thing we will take with us (see *Kol Kisvei Chofetz Chaim*, Vol. 3, *Dugma MiSichos Avi zt"l*, pp. 64-65).

פרשה עח

א [לב, כז] "וַיֹּאמֶר שַׁלְּחֵנִי כִּי עָלָה הַשָּׁחַר", כְּתִיב (איכה ג, כג) "חֲדָשִׁים לַבְּקָרִים רַבָּה אֱמוּנָתֶךָ", [א]אָמַר רַבִּי שִׁמְעוֹן בַּר אַבָּא: עַל שֶׁאַתָּה מְחַדְּשֵׁנוּ בְּכָל בֹּקֶר וָבֹקֶר אָנוּ יוֹדְעִים שֶׁאֱמוּנָתְךָ רַבָּה לְהַחֲיוֹת לָנוּ אֶת הַמֵּתִים, אָמַר רַבִּי אֲלֶכְּסַנְדְּרִי: מִמַּה שֶּׁאַתָּה מְחַדְּשֵׁנוּ בְּבוּקְרָן שֶׁל מַלְכֻיּוֹת אָנוּ יוֹדְעִים שֶׁאֱמוּנָתְךָ רַבָּה לְגָאֳלֵנוּ, רַבִּי חֶלְבּוֹ בְּשֵׁם רַבִּי שְׁמוּאֵל בַּר נַחְמָן אָמַר: לְעוֹלָם אֵין כַּת שֶׁל מַעְלָה מְקַלֶּסֶת וְשׁוֹנָה, אֶלָּא [ב]בְּכָל יוֹם בּוֹרֵא הַקָּדוֹשׁ בָּרוּךְ הוּא כַּת שֶׁל מַלְאָכִים חֲדָשָׁה וְהֵן אוֹמְרִים שִׁירָה חֲדָשָׁה לְפָנָיו וְהוֹלְכִין לָהֶם, אָמַר רַבִּי בֶּרֶכְיָה: הֵשַׁבְתִּי אֶת רַבִּי חֶלְבּוֹ, וְהָא כְתִיב "וַיֹּאמֶר שַׁלְּחֵנִי כִּי עָלָה הַשָּׁחַר" [ג]וְהִגִּיעַ זְמַנִּי לוֹמַר שִׁירָה, אָמַר לִי: חָנוּקָא, סְבַרְתְּ לְמֶחֱנְקֵנִי, אֲמָרִית: מָה הוּא דֵין דִּכְתִיב "וַיֹּאמֶר שַׁלְּחֵנִי כִּי עָלָה הַשָּׁחַר", אָמַר לִי: זֶה מִיכָאֵל וְגַבְרִיאֵל שֶׁהֵן שָׂרִים שֶׁל מַעְלָה, דְּכוּלָּא מִתְחַלְּפִין וְאִינּוּן לָא מִתְחַלְּפִין. אַנְדְּרִיָּינוּס שְׁחִיק טְמַיָּא שָׁאַל אֶת רַבִּי יְהוֹשֻׁעַ בֶּן חֲנַנְיָה, אָמַר לֵיהּ: אַתֶּם אוֹמְרִים אֵין כַּת שֶׁל מַעְלָה מְקַלֶּסֶת וְשׁוֹנָה, אֶלָּא בְּכָל יוֹם וָיוֹם הַקָּדוֹשׁ בָּרוּךְ הוּא בּוֹרֵא כַּת שֶׁל מַלְאָכִים חֲדָשִׁים וְהֵן אוֹמְרִים שִׁירָה לְפָנָיו וְהוֹלְכִין לָהֶן, אֲמַר לֵיהּ: הֵין, אֲמַר לֵיהּ: וּלְאָן אִינּוּן אָזְלִין, אָמַר: מִן הָן דְּאִתְבְּרְיָין, אֲמַר לֵיהּ: וּמִן אָן הֵן אִתְבְּרְיָין, אֲמַר לֵיהּ: [ד]מִן נְהַר דִּינוּר, אֲמַר לֵיהּ: וּמָה עִסְקֵיהּ דִּנְהַר דִּינוּר, אֲמַר לֵיהּ: כְּהָדֵין יַרְדְּנָא דְּלָא פָּסֵיק לָא בִּימָמָא וְלָא בְּלֵילְיָא, אֲמַר לֵיהּ: וּמִן אָן הוּא אָתֵי,

רש"י

(א) **והא כתיב שלחני כי עלה השחר והגיע זמני לומר שירה.** וכבר היה נברא מאתמול, מכלל שיש כת מקלסת ושונה. **אמר ליה חנוקא מי סברת מחנקני.** לתפוס אותי בדבריך כאדם שתופס את חבירו לחנקו:

עץ יוסף

(א) **על שאתה מחדשנו.** שהשינה היא מיתה קטנה להאדם, שכל איבריו נחים ושקטים מפעולותיו ושובתים, והשכל איננו אתו. ואנו מפקידים נשמותינו בלילות בידו של הקדוש ברוך הוא כשכל האיברים עייפים מטורח היום והקדוש ברוך הוא מחזירם לנו בבקר חזקות כאילו הם חדשות. ועל זה אנו מברכין מחזיר נשמות לפגרים מתים, מזה אנו יודעים תחיית המתים כי זה מעין תחיית המתים: **מחדשנו בבקרן של מלכיות.** כלומר שדרך המלכות העומדת לדחות המלכות שקדמתה כמדי לבבל ויון לפרס שהאחת דוחה את הראשונה ומבטלת שמה. וישראל לעולם קיימים ולא נשכח שמם חלילה ואדרבה הם מתחדשים בהצלחה אגלם, מזה נדע שרבה אמונתך שאמונתך רבה לגאלנו. כי לולא ה' שהיה לנו אזי חם ושלום היינו נאבדים אגלם, ואחר שהוא תמיד משגיח עלינו בוודאי יגאלנו בעת קץ: **אין כת של מעלה כו'.** פירוש שאין אותן המלאכים שכבר אמרו שירה חוזרים לומר פעם שניה, כי בכל בוקר בורא מלאכים חדשים כמו שנאמר חדשים לבקרים: **והא כתיב ויאמר שלחני כו' והגיע זמני לומר שירה.** דהכי קאמר מוכרח אתה לשלחני כי הגיע זמני לומר שירה ועבור זה מוטל עליך לשלחני מפני כבוד שמים, ואם כן מוכח מזה שאין כת המלאכים שאומרים שירה נבראים בכל בוקר שהרי זה עומד מהלילה והגיע זמנו לומר שירה בבקר, ואין סברא לומר שאותו המלאך באותה הלילה נברא ומיד בא להתגושש עם יעקב ועוד הלא שרו של עשו היה: **חנוקא סברית למחנקני.** פירוש שאתה סבור למנוע הדבור ממני כמו מאיש החנוק שאינו יכול לדבר כן אתה חושב שאין לי תשובה מה להשיב לך על קושייתך, ובאמת אני אומר ומשיב מה הוא דין דכתיב וכו': **זה מיכאל וגבריאל.** רצונו לומר מיכאל וגבריאל ודדמין להם שהם שרי מעלה ואין מתחלפין, והוא הדין שרו של עשו שהוא מן השרים. עוד יש לומר דפליג אדלעיל וסבירא ליה דלא שרו של עשו היה אלא או מיכאל או גבריאל משום דבמדרש אבכיר איתא דמלאך זה היה מיכאל, ובריעא מהימנא פרשת בא דף י"ח איתא דמלאך זה היה גבריאל, ולכן כדי לצאת ידי שניהם נקט הכא מיכאל וגבריאל כלומר או זה או זה, ובא להראות לו שלא יתיירא מעשו מקל וחומר: **שחיק טמיא.** ישחקו ויטחנו עצמותיו: **ולאן אינון כו'.** ולהיכן הם הולכים אמר ליה מהיכן שהן נבראים: **מן נהר דינור.** (עיין ביפה תואר בארוכה ותמצא נחת): **כהדין ירדנא כו'.** כירדן הזה שאינו פוסק מלכת יום ולילה: **ומן אן הוא אתי.** ומהיכן הוא בא אותו נהר דינור. אמר ליה מזיעות של חיות הקודש מפני שהם נושאים כסא הכבוד:

פירוש מהרז"ו

(א) **חדשים לבקרים.** איכה רבתי (ג, כא) פסוק זה: **שאתה מחדשנו.** מחזיר נשמות לפגרים מתים בכל בקר: **בת של מלאכים.** שמות רבה (טו, ו) ואיכה שם: **חנוקה כו'.** כלשון הזה גם כן שיר השירים רבה (א, יב) פסוק ישקני וגם כן רבי ברכיה ורבי חלבו: **מיכאל וגבריאל.** עיין לעיל (מח, ט) שאלו נזכרים בדניאל על כן זכרם. אך גם להם אין שיעור כמה שאמר באיוב (כה, ג) היש מספר לגדודיו:

מתנות כהונה

[א] **על שאתה.** גרסינן, וכן הוא במדרש איכה (ג, ח): **בבוקרן של מלכיות.** שלהם בקר ואור ולנו חשך הגלות והקב"ה מחדש אותנו ומצילנו מתחת ידם, או יש לומר מן מה שהצלתנו והוצאתנו משלש גליות הראשונים נדע נאמנה שאף מגלות הרביעי הזה עתיד אתה לגאלנו: **והגיע זמני כו'.** וכבר נברא מאתמול הרי שאמר שירה ושנה: **אמר לי.** גרסינן: **חנוקא.** איש חנוס וחנוק, מבקש אתה לחנקני ולקפחני בתשובות הבל, או יש לומר חנוקא החונק ומקפח הבריות בתשובות הבל, כן אתה רוצה לעשות לי: **אמרית** כו'. אמרתי מה הוא זה דכתיב כו': **מיכאל כו'.** הילקוט (רמז קלב) הביא ממדרש אבכיר שאותו שר מיכאל היה ובא להראות לו שלא יתיירא מעשו מקל וחומר: **שחיק טמיא.** ישחקו ויטחנו עצמותיו, כלומר ימח שמו: **הכי גרסינן ולאן כו'.** פירוש ולהיכן הם הולכים: **אלא מן היכן כו'.** מהיכן שהם נבראים הם חוזרים ללכת, אמר ליה ומהיכן הם נבראים: **כהדין ירדנא כו'.** כירדן הזה שאינו פוסק מלכת יום ולילה: **ומן הן כו'.** ומהיכן הוא בא אותו נהר דינור, אמר ליה מזיעה של חיות הקודש מפני שהם

אשד הנחלים

[א] **בכל בוקר.** כי על דרך ההתבוננות האמיתי השינה הוא מיתה קטנה להאדם, שכל איבריו נחים ושקטים מפעולותיו ושובתים והשכל איננו אתו, וא"כ מזה יתרבה אמונת האדם להאמין באמת אפשרות התחיה, כי היקיצה מהשינה ג"כ דוגמת התחיה: **חדשה כו' והולכים להם.** כלומר שבים למקורן. והדבר יבואר ע"פ יסודי חכמי האמת בספריהם הנאמנים. ויהיה א"כ פירושו רבה אמונתך כלומר הרבה מלאכים יש ששרים ומהללים אמונתך, שבכל יום נבראים חדשים, או באורו שמזה נתרבה האמונה, מפני שרואין אנו שבכל יום נבראים יש בעולם, והרי זה כהתחלת המציאות והבן: **שרים של מעלה.** כלומר על המלאכים של מעלה והם המושלים על המלאכים החדשים שנבראים בכל יום, ולכן הם קיימים. ודעתם שהאיש הנאבק עמו היה גבריאל, ואולי לפי שמיכאל הוא שר ישראל כמו שכתוב (דניאל י, כא) ואין מתחזק עמי כי אם מיכאל שרכם, וגבריאל הוא מדת הפחד והוא הנאבק עם יעקב ומיכאל התחזק בעדו. ועיין במתנות כהונה כוונה אחרת בזה והם מהענינים העמוקים: **מן נהר דינור כו' דלא פסיק כו'.** הענין הוא עמוק מאוד. ששאל אנדרינוס ההבדל שבין המלאכים הקיימים תמיד לבין המלאכים המתחדשים, וסבת הדבר הזה, ואיפה מקורם וסבתם. והשיב לו כי חזרת המלאכים המתחדשים לנהר דינור,

חידושי הרד"ל

[א] **אנו יודעין שאמונתך רבה כו' כמו שנאמר ואמונתך בלילות.** ועיין תוספות ברכות (יב, א) ד"ה להגיד כו':

חידושי הרש"ש

[א] **אמר שמעון בר אבא כו' אמר רבי אלכסנדרי כו'.** במדרש איכה (ג, כא) שמות האמוראים מוחלפים מדהכא: **מיכאל וגבריאל שהן שרים של מעלה.** יכוון למה שאמר רבי יודן בשם רבי איבו לקמן בנשא רבה (יא, ג) מלכי צבאות מלכיהון דמלאכיא אפילו מיכאל אפילו גבריאל:

אמרי יושר

[א] **בורא כת [וכו'] והולכים להם.** ולא יאמרו עוד שירה אבל מיכאל וגבריאל או סמאל אומרים שירה ושונים. וזה יוצר משרתים ואשר משרתיו על דבר חדשים לקטורת. **נהר דינור.** משפע זיעת החיות שלא יסבלו רוב השפע וזיו ההדר ויריקו. ויש מדרשים חלוקים בברכת המלאך ליעקב. יש סוברים שהוא הגדת העתיד ויש סוברים כי ברכה ממש היה והקדוש ברוך הוא להלאה הקים עצת מלאכו:

מסורת המדרש

א. איכה רבתי פרשה ג'. מדרש תהלים מזמור כ"ה. ילקוט כאן רמז קל"ג כל הענין. ילקוט תהלים רמז תש"ב:
ב. חגיגה דף י"ד:
ג. חולין דף צ"א:
ד. חגיגה דף י"ג. שמ"ר פרשה ט"ו:

אם למקרא

חֲדָשִׁים לַבְּקָרִים רַבָּה אֱמוּנָתֶךָ:
(איכה ג:כג)

ידי משה

[א] **חדשים לבקרים וגו'. עד רבי חלבו בשם רבי שמואל בר נחמן אמר בבל יום בורא הקדוש ברוך הוא כת של מלאכים ואומרים שירה והולכים להם.** הנה נדחקו התוספות בגמרא דחגיגה (יג, ב ד"ה מזיעתן) למה נטרדים והולכים תיכף אחר שאמרו השירה, ופירשו שם זהו שיסד ר"א הקליר ונותנים רשות זה לזה שאומרים שירה על הסדר ואלו מלאכים החדשים אינם אומרים על הסדר ומקדימין עצמן לכך נשרפים אחר אמירת השירה. וקשה לי מאד למה נשרפים ולא שום עונש אחר ועוד הלא לא יודעים לומר על הסדר. ונראה לי דהכי פירושו לפי דאיתא בפרק גיד הנשה (חולין צא, ב) ג' כתות של מלאכי השרת אומרים שירה בכל יום אחת אומרת קדוש ואחת אומרת קדוש ואחת אומרת קדוש קדוש קדוש ה' צבאות. ומקשה הגמרא מיתיבי והתניא (שם) גדולים צדיקים ממלאכי השרת שמלאכי השרת [מזכירין את השם] אחר ג' תיבות קדוש קדוש קדוש. ומשני הכי קתני אחת אומרת קדוש ואחת אומרת קדוש קדוש ואחת אומרת קדוש קדוש קדוש ה' והקשה אדוני אבי זקני הגאון מהרש"ל ז"ל למה לא אמר חסורי מחסרי כדרך הגמרא בכל מקום, ועוד למה מגיה בכת ב' והלא לא קשה כלום בכת ב'. ופירוש הכי שאין הפשט שאומרים ג' פעמים קדוש לפי שומע כעונה, ואם כן כת ב' ששמעו מכת א' שאמרו קדוש הוה

אֲמַר לֵיהּ: מִן זֵיעַתְהוֹן דְּחַיָּיתָא — **[R' Yehoshua] replied to [the emperor], "From the perspiration of the *Chayos*,**[14] דְּאִינוּן מְזִיעִין מִן טְעִינוּן כּוּרְסְיָא דְקוּדְשָׁא בְּרִיךְ הוּא — **who perspire from carrying the throne of the Holy One, blessed is He."**[15] אֲמַר לֵיהּ סוּנְקָתֶדְרוֹן שֶׁלּוֹ: וְהָא הָדֵין יַרְדְּנָא מְהַלֵּךְ בִּימָמָא וְלֵית הוּא מְהַלֵּךְ בְּלֵילְיָא — **[Hadrian's] adviser**[16] challenged R' Yehoshua's premise and **said to [Hadrian], "But in fact the Jordan flows** only **during the day and does not flow during the night!"** אֲמַר — **[Hadrian] said** in support of R' Yehoshua, נָטַר הֲוֵינָא בְּבֵית פְּעוֹר — **"I was** once **watching** the Jordan **at Beth-peor,**[17] כְּמָה דַּהֲוָה מְהַלֵּךְ בִּימָמָא מְהַלֵּךְ בְּלֵילְיָא — and I saw that **as it flowed by day** so **it flowed by night."**[18]

The Midrash quotes a dispute among three sages that relates to our verse:

רַבִּי מֵאִיר וְרַבִּי יְהוּדָה וְרַבִּי שִׁמְעוֹן — **R' Meir, R' Yehudah, and R' Shimon** each offered a different Scriptural source for the superiority of the righteous over the angels. רַבִּי מֵאִיר אוֹמֵר — **R' Meir said:** מִי גָּדוֹל, הַשּׁוֹמֵר אוֹ הַנִּשְׁמָר — **Who is greater, the protector or the protected?**[19] מִן מַה דִּכְתִיב "כִּי מַלְאָכָיו יְצַוֶּה לָּךְ לִשְׁמָרְךָ" — It can therefore be derived **from that which is written, *He will charge His angels for you, to protect you*** *in all your ways* (*Psalms* 91:11), הֱוֵי הַנִּשְׁמָר גָּדוֹל מִן הַשּׁוֹמֵר — that **it is the protected who is greater than the protector.**[20] רַבִּי יְהוּדָה אוֹמֵר — **R' Yehudah said:** מִי גָּדוֹל, הַנּוֹשֵׂא אוֹ הַנִּישָּׂא — **Who is greater, the bearer or the one being borne?**[21] מִן מַה דִּכְתִיב "עַל כַּפַּיִם יִשָּׂאוּנְךָ" — It can therefore be derived **from that which is written, *on [their] palms they will carry you*** (ibid., v. 12), הֱוֵי הַנִּישָּׂא גָּדוֹל מִן הַנּוֹשֵׂא — that **it is the one being borne who is greater than the bearer.**[22] רַבִּי שִׁמְעוֹן אָמַר — **R' Shimon said:** מִי גָּדוֹל, הַמְשַׁלֵּחַ אוֹ הַמִּשְׁתַּלֵּחַ — **Who is greater, he that releases or the one being released?**[23] מִן מַה דִּכְתִיב "וַיֹּאמֶר שַׁלְּחֵנִי" — It can therefore be derived **from that which is written** in our verse, ***then he said, "Let me go*** *for dawn has broken,"* הֱוֵי הַמְשַׁלֵּחַ גָּדוֹל מִן הַמִּשְׁתַּלֵּחַ — that **it is he who releases who is greater than the one being released.**[24]

NOTES

14. *Chayos* is the term used for the highest form of angels. See *Rambam, Hilchos Yesodei HaTorah* 2:7; see also *Chagigah* 12b-13b.

15. See *Ezekiel* 1:26. [R' Moshe Chaim Luzzatto writes in *Mesillas Yesharim* Ch. 24 that the perspiration is a result of the fear and awe that the throne of God, the revelation of God's presence, inspires among the *Chayos*.]

16. Translation follows *Matnos Kehunah* and *Eitz Yosef;* see also above, 49 §2 note 59.

17. A site on the eastern side of the Jordan River; see *Deuteronomy* 4:46 et al. (However, see *Radal*.)

18. [*Eshed HaNechalim* notes that although we may be unable to decipher their true intent, this discussion between Hadrian and R' Yehoshua alludes to very profound and esoteric concepts. *Michtav MeEliyahu* explains that the Jordan (*Yarden*) River alludes to the stream of spiritual inspiration that constantly descends (*yored*) from the upper realms down to this world. Hadrian's adviser was arguing that the stream is not constant, that it ceases during periods of spiritual darkness when God's Presence is hidden ("the night"). Hadrian replied that he had observed that even at Beth-peor, that is, during a spiritual low equivalent to the Israelites sinning with Baal-peor (see *Numbers* 25:3-9), the righteous still receive a powerful stream of spiritual inspiration and uplift. See also *Yefeh To'ar*.]

19. When one individual is given the task of protecting and guarding another individual, which individual would be considered the more significant one? R' Meir's question is rhetorical, for it is clearly the one being guarded and protected who is deemed more significant (*Yefeh To'ar;* however, see *Yedei Moshe*). See below.

20. Since the verse from *Psalms* states that God commands the angels to protect the righteous individual, it is clear that He considers the righteous individual superior to the angels (*Eitz Yosef*).

21. When one individual is given the task of carrying another individual, which of the two individuals would be considered more significant? Here too, the question is rhetorical.

22. Since the angels are the ones carrying the righteous, it is clear that it is the righteous who are superior to the angels.

23. When one individual had been holding another individual in confinement and then of his own volition releases him, which one of the two would be viewed as possessing greater rank and authority? Again, the question is rhetorical.

24. Since it was the righteous Jacob who released the angel, it is clear that the righteous are superior to the angels. [*Eitz Yosef* (following *Yefeh To'ar*) notes that according to above, 75 §8, the first verse from *Psalms,* כִּי מַלְאָכָיו יְצַוֶּה לָּךְ לִשְׁמָרְךָ, is also referring to Jacob, and that furthermore, according to *Midrash Shocher Tov* (Psalm 91), the second verse, עַל כַּפַּיִם יִשָּׂאוּנְךָ, likewise refers to Jacob.]

While each of the sources cited support the idea that the angels are subservient to the righteous, there are differences of degree between them. The verse quoted by R' Meir, כִּי מַלְאָכָיו יְצַוֶּה לָּךְ לִשְׁמָרְךָ, *He will charge His angels for you, to protect you,* indicates only that the angels guard and protect the righteous from harm, which is an indirect service, preventing a negative but not providing a positive benefit. R' Yehudah's verse, עַל כַּפַּיִם יִשָּׂאוּנְךָ, *on [their] palms they will carry you,* refers to an active service, which provides a positive benefit for the righteous. Both of these verses speak only of the angels performing services for the righteous when commanded by God to do so (*He will charge His angels for you*). However, R' Shimon cites our verse, indicating that the righteous individual himself may force an angel to do his bidding, as Jacob himself restrained the angel, preventing the angel from leaving without his consent (*Eitz Yosef,* from *Nezer HaKodesh;* see *Yefeh To'ar* for a somewhat different understanding).

אֲמַר לֵיהּ: הּמִן זֵיעַתְהוֹן דְּחַיָּתָא דְּאִינוּן מְזִיעִין מִן טְעִינוּן כּוּרְסַיָּא דְּקוּדְשָׁא בְּרִיךְ הוּא, אֲמַר לֵיהּ סוּנְקַתֶּדְרוֹן שֶׁלּוֹ: וְהָא הָדֵין יַרְדְּנָא מְהַלֵּךְ בִּימָמָא וְלֵית הוּא מְהַלֵּךְ בְּלֵילְיָא, אֲמַר: נָטַר הֲוֵינָא בְּבֵית פְּעוֹר כְּמָה דַּהֲוָה מְהַלֵּךְ בִּימָמָא מְהַלֵּךְ בְּלֵילְיָא. ירַבִּי מֵאִיר וְרַבִּי יְהוּדָה וְרַבִּי שִׁמְעוֹן, רַבִּי מֵאִיר אוֹמֵר: מִי גָּדוֹל, הַשּׁוֹמֵר אוֹ הַנִּשְׁמָר, מִן מַה דִּכְתִיב (תהלים צא, יא) "כִּי מַלְאָכָיו יְצַוֶּה לָּךְ לִשְׁמָרְךָ", הֱוֵי הַנִּשְׁמָר גָּדוֹל מִן הַשּׁוֹמֵר, רַבִּי יְהוּדָה אוֹמֵר: מִי גָּדוֹל, הַנּוֹשֵׂא אוֹ הַנִּישָּׂא, מִן מַה דִּכְתִיב (שם) "עַל כַּפַּיִם יִשָּׂאוּנְךָ", הֱוֵי הַנִּישָּׂא גָּדוֹל מִן הַנּוֹשֵׂא, רַבִּי שִׁמְעוֹן אָמַר: ° מִן מַה דִּכְתִיב "וַיֹּאמֶר שַׁלְּחֵנִי" הֱוֵי הַמְשַׁלֵּחַ גָּדוֹל מִן הַמִּשְׁתַּלֵּחַ:

עץ יוסף

סונקתדרון. יועץ המלך: נטר הוינא. פירוש פעם אחת הייתי שומר בבית פעור וראיתי שם שהירדן שעובר משם מהלך ביום ובלילה. ויש גורסים אתר הוא בבית פעור. ופירושו מקום יש שם שמהלך ביום ובלילה. ואל תתמה איך אפשר שמהלך במקום זה ונפסק במקום זה, כי אולי יש מקום בנתיים שסותמים דרך המים ומעכבים אותם בלילה, ומהמקום ההוא ואילך הוא שאינו מהלך בלילה, ועד המקום ההוא הולך ביום ובלילה (יפה תואר): [ב] **רבי מאיר ורבי יהודה ורבי שמעון.** פליגי בעלמא מנא לן דגדולים הצדיקים ממלאכי השרת. דרבי מאיר יליף לה מכי מלאכיו יצוה לך לשמרך דמי גדול השומר כו'. ורבי יהודה יליף לה מעל כפים ישאונך. ורבי שמעון יליף לה משלחני, ומשום הכי מייתי לה הכא: **מי גדול השומר כו'.** רצונו לומר כשהמלך מצוה בהכרח על איזה מעבדיו לשמור את אחד מבני עמו מנזק אז ודאי הנשמר גדול מן השומר, ומדכתיב כי מלאכיו יצוה לך לשמרך אם כן ודאי דצדיק עדיף ממלאך: **כי מלאכיו כו'.** והיינו ביעקב כדלעיל (פרשה עה): **מי גדול הנושא כו'.** דלא מיבעי שמירה שאינו אלא השגחה בעלמא, וגם אינו אלא הרחקת הנזק ולא תוספת טובה ותועלת, אלא אף זו שמוטל עליהם לעובדם בפועל ממש לנשאם כדכתיב על כפים ישאונך והוא ענין תוספת טובה ותועלת (נזר הקודש): **על כפים ישאונך.** והיינו ביעקב שנשאוהו בקפילת הדרך כדאיתא בשוחר טוב (יפה תואר): **רבי שמעון אומר מי גדול המשלח או המשתלח מן מה דכתיב ויאמר.** כן צריך לומר, וכן הוא בילקוט כאן ובשוחר טוב. והוא הוסיף עוד דלא מיבעי שמירה ונשיאה שהוא על פי ציווי ה' כדכתיב כי מלאכיו יצוה לך לשמרך על כפים ישאונך וגו', אלא אף זו שהצדיק יש לאל ידו לגזור מעצמו על המלאך לעשות כחפצו ורצונו אף בלא גזירת צווי ה', וכדאשכחן ביעקב שאמר ליה המלאך שלחני דמשמע שלא היה יכול לזוז משם מבלי רשותו של יעקב אף על פי שלא היה גזירת שמים בדבר להיות מתעכב תחת רשותו של יעקב אלא יעקב תפסו מעצמו, ועל זה אמר מי גדול השולח או המשלח (נזר הקודש):

פירוש מהרז"ו

מי גדול. מדרש תהלים (מזמור לח) ביאר באור שהשומר משמש ועובד להנשמר, וכן הנושא לנישא, והשליח למשלח:

רש"י

מן זיעתהון דאינון מזיעין מן טוענא דכורסייא: סונקתדרין דיליה. יועץ שלו שהיה זקן יושב בקתידרא: **והא הדין ירדנא מהלך בימא ולית הוא הולך בלילה. אמר ליה** אדרייוס לא, **נטר הוינא בבית פעור, וכמה דהוא מהלך ביממא מהלך בלילה: ממה דכתיב כי מלאכיו יצוה לך לשמרך הוי** אומר **הנשמר** זה יעקב, **גדול מן השומר: מי גדול.** המשלח או המשתלח הוי המשלח גדול מן הנשתלח, וממה דכתיב ויאמר שלחני וגו':

מתנות כהונה

נושאים כסא הכבוד: **הכי גרסינן סינקסדרון.** ופירש הערוך יועץ המלך יושב אצלו על כסא: **נטר הוינא כו'.** שומר ומצפה הייתי וראיתי כשם כו': **הכי גרסינן רבי שמעון אמר מי גדול המשלח או המשתלח מן מה כו'.** וכן הוא בילקוט (רמז קלב): **מי גדול כו'.** שצדיק יסוד עולם הוא, וכל העולם אף המלאכים לא נבראו אלא לצוות לו:

אשד הנחלים

אשר הוא מקום נובע תמיד שפע למעלה בלי הפסק מאומה, ועל כן המתחדשים ע"י שירתם הם מתדבקים למקורם וזהו עליותם, כי הם נמשכים אחר המקור. ונהר דינור עצמו נמשך עוד מלמעלה, מקושר עוד בזיעת החיות ונובע ממנו, והזיעה היא תמצית שירי החיות הקודש. ומה ששאלו שירדן אינו מהלך בלילה, הוא מבואר ע"פ חכמי אמת שהלילה עת שהדינין מתערין, ולכן גם במלאכי מעלה הוא עת הקטנת השפע וההשגה, וכה היה דעתו בנהר דינור עצמו. והשיב לו שעל דרך ההתבוננות הירדן הולך בלילה ג"כ, רק שאינו הרבה כמו ההליכה ביום. ומה שאמר נטר הוינא בבית פעור, בודאי יש בו תוך עמוק שרמזו בדבריהם, אך נעלם מדעתינו. אך ציור אחד יהיה גלוי לפניך לבל תתפלא איך חוזרים למקור ואינם. תתבונן על שכל האדם, שתחילתו בכח מסתתר ואז השכל אינו בקרבו, ובעת ההתגלות הוא בפועל, ואח"כ מסתתר עוד בכח, אז נקרא שחזר למקורו. וכשתתבונן שהמלאכים עיקרם ויסודם שכל פשוט, אז תוכל להבין בה בינה, כי אין רחוק כל כך: **הנשמר גדול.** כלומר גדול בבחינת המעלה, אחר שהשומר הוקם לשומרו. ועיין בעל העקידה בראשיתו שחקר מרועה השומר צאנו, שהרועה באמת גדול במעלתו שהוא בן אדם והמה רק בעלי חיים. ואין מזה קושיא שהרועה שומר למען האדם, אכן המלאכים שנבראו רק בשביל זה, א"כ האדם גדול מהם במעלה. אך אין מזה ראיה כל כך, כי אולי הוא רק מצד הטבה שחפצם להטיב לבני אדם ג"כ. לזה מביא שביקש מיעקב שישלחנו, ויעקב עיכב על ידו, מזה ראיה גמורה שהאדם הוא גדול מהם:

ידי משה

כאילו אמרו הם בפיהם, וכן כת ג' אומרים רק פעם אחת קדוש והוה כאילו אמרו בפיהם ג' פעמים קדוש והנה בר"ח ב"ת איתא לפי שהוגה השם באותיות נתחייב שריפה ואם כן הכי פירושו לפי שאין אומרים על הסדר, אם כן אמרו השם אחר קדוש ומסתמא הם אומרים קדוש ה' צבאות לפי שהם המאוחרים והם שהקדימו עצמם הזכירו את השם באותיותיו אחר קדוש אחד אם כן חייבים שריפה ודוק. ובזה מיושב גם כן תמיהת התוספות שאמר בגמרא (חולין צא, ב) שלחני כי עלה השחר הגיע פרקי לומר שירה מסייע לרבי חייא דאמר שלש כתות של מלאכי השרת וכו' וקשה מאי סייעתיה היא ודחקו שם התוספות (ד"ה מסייע) בפירושם. אמנם לי הקטן נראה דהכי פירושו לפי שצריך ליתן טעם למה באמת אומרים שירה דוקא בשעת עליית השחר. נראה לומר לפי דאיתא בגמרא (ע"ז ג, ב) יומם יצוה ה' חסדו ובלילה שירה עמי אלו כתות של מלאכי השרת שאומרים שירה בלילה וחשות ביום מפני כבודן של ישראל פירוש שכל יום זמן תפלה הוא תפלת השחר עד חצות ותיכף מתחיל זמן מנחה, מה שאין כן תפלת ערבית אף שהיא כל הלילה מכל מקום היא רק רשות, מה שאין כן למאן דאמר חובה על כרחך גם בלילה אינם אומרים שירה רק בשעת עליית השחר ואז לא זמן תפלה היה עד צאת השמש, ובמדרש פרשת וירא (נ, י) איתא אמר רבי חנינא מן עלות השחר עד זריחת השמש היא מהלך ה' מילין דכתיב (יט, טו) כמו השחר עלה ויאיצו המלאכים והוא ארבע מילין וכמו השחר הוא שיעור כמו זה דהיינו מן האיר המזרח הוא גם כן ארבע מילין והוא שיעור ב' שעות, ואם כן יש להם זמן לומר שירה בכל יום ב' שעות וכאן שזרחה השמש קודם זמנה ב' שעות כדאיתא אותן שעות ששקעה חמה בשבילו ואם כן לא נשאר זמן לומר שירה ואם כן היכי אמר שלחני וגו', אלא שאין שיעור כלל לאמירת שירה שלהם והיא רק תיבה אחת קדוש. ואחר הודיע אלהים אותי את כל הנראה לי זה פירוש המדרש כאן שמתחיל שלחני וגו' ומביא המדרש חדשים לבקרים שנבראים מלאכי השרת בכל יום וכו', ונראה לי לפי שרוצה המדרש להביא ראייה ששירה שלהם רק תיבה אחת לפי שאותן מלאכי השרת החדשים נשרפים בשביל שאמרו השם רק אחר תיבה אחד ואם יש רשות להרבות בשירה היו מזכירים השם אחר כמה וכמה תיבות, אלא על כרחך אין להם רשות לומר שירה הרבה רק תיבה אחד. ודוק היטב: **רבי יהודה אומר מי גדול הנושא או הנישא מן מה דכתיב על כפים ישאונך הוי הנישא גדול מן הנושא.** פירוש. לפי שצדיק עדיף ממלאכי השרת ואם כן לדעות שסבירא להו שמלאכי השרת עדיפים אם כן הנושא עדיף. ולפי זה נראה לי גם טעם ראוי ונכון לאומרו על שהיה הארון נושא את נושאיו (ילקוט שמואל ב רמז קמב) שקשה לפום רהיטא למה היה נס זה שלא לצורך לפי שאם לא כן לא היו רשאים לישא הארון לפי שהנושא עדיף, על כרחך היה הארון נושא את נושאיו ואם כן היה במעלות נושא ובמעלות נישא ודוק:

חידושי הרד"ל

בבית פעור כמה דהוה מהלך כו'. כמדומה שהיא מערת פמיים שהירדן יוצא משם כדאיתא בבכורות (נה, א). ואפשר היה שם דמות בית פעור, ואין זה בית פעור שנגד קבורת משה: **רבי שמעון אומר מי גדול המשלח או המשתלח מן מה דכתיב ויאמר שלחני כו'.** כן הובא בילקוט כאן (רמז קלג), ובשוחר טוב (מזמור ז), ועיין עבודת הקודש להר"מ גבאי חלק התכלית פ"ד:

אמרי יושר

מי גדול השומר או הנשמר הוי אומר הנשמר. ועוד הקדמה במדרש כי ישראל הם נשמרים דכתיב כי מלאכיו יצוה לך אם כן ישראל גדול. או ירצה אני מצאתי כי מלאכיו יצוה לך לשמרך אם כן ישראל הוא נשמר ומי גדול כיון דכתיב בהם נשמרים הוי אומר הנשמר. או לפי שבנשמר יש צדדים המלך נשמר לחשיבותו ההמון לחולשתו וכן בנושא הסוס טפלה לנשא או אפשר משא של אבן שאין בו רוח חיים שהנושא הוא חשוב. גם בשולח אפשר לחשיבותו ואפשר לגריעותו:

מסורת המדרש

ה. חגיגה דף י"ג. פדר"א פרק ד':
ו. מדרש תהלים מזמור נ"א ומזמור ק"ד. ילקוט תהלים רמז תתמ"ג:

אם למקרא

כִּי מַלְאָכָיו יְצַוֶּה לָּךְ לִשְׁמָרְךָ בְּכָל דְּרָכֶיךָ: עַל כַּפַּיִם יִשָּׂאוּנְךָ פֶּן תִּגֹּף בָּאֶבֶן רַגְלֶךָ: (תהלים צא:יא-יב)

§2 וַיֹּאמֶר שַׁלְּחֵנִי — *THEN HE SAID, "LET ME GO, FOR DAWN HAS BROKEN."*

Why should the breaking of dawn be a reason for Jacob to release the angel? The Midrash explains:

שֶׁהִגִּיעַ זְמַן קִילוּסִי לְקַלֵּס לְהַקָּדוֹשׁ בָּרוּךְ הוּא — The angel was saying that with the arrival of dawn, **"the time has arrived for my praise to** be uttered as **praise** before **the Holy One, blessed is He."**[25]

Despite the angel's invocation of his sacred duty, the verse states that Jacob refused to release him immediately. The Midrash elaborates the ensuing dialogue between Jacob and the angel:

אָמַר לוֹ: יְקַלְּסוּ חֲבֵירֶיךָ — **[Jacob] said to [the angel], "Your colleagues can offer praise** without you."[26] אָמַר לוֹ — **[The angel] replied to [Jacob],** אֵינִי יָכוֹל — **"I am not able to** allow that, לְמָחָר אֲנִי בָא לְקַלֵּס וְהֵן אוֹמְרִין לִי — for **tomorrow, I will come to offer praise but they will tell me,** כְּשֵׁם שֶׁלֹּא קִילַּסְתָּ אֶתְמוֹל כָּךְ אֵין אַתָּה מְקַלֵּס הַיּוֹם — **'Just as you have not offered praise yesterday, so you may not offer praise today.'"**[27] אָמַר — **[Jacob] rejoined,** שֵׁיצִיתָ סֵיבַתָּ — **"Have you finished** speaking? **Have you ceased?**[28] "לֹא אֲשַׁלֵּחֲךָ כִּי אִם בֵּרַכְתָּנִי" — ***I will not let you go unless you bless me."*** אָמַר לוֹ — In addition, **[Jacob] said to [the angel],** אוֹתָן הַמַּלְאָכִים שֶׁבָּאוּ אֵצֶל אַבְרָהָם לֹא פֵּרְשׁוּ מִמֶּנּוּ אֶלָּא בִּבְרָכָה — **"Those angels that appeared to Abraham only parted from him with** having given him **a blessing."**[29] אָמַר לוֹ — [The angel] **replied to [Jacob],** אוֹתָן נִשְׁתַּלְּחוּ עַל מְנָת כָּךְ — **"Those angels were sent expressly for such** a purpose,[30] אֲבָל אֲנִי לֹא נִשְׁתַּלַּחְתִּי לְכָךְ — **whereas I was not sent for such** a purpose."[31] אָמַר לוֹ: שֵׁיצִיתָ סֵיבַתָּ, "לֹא אֲשַׁלֵּחֲךָ" — **[Jacob]** again **said to [the angel], "Have you finished** speaking? **Have you ceased? *I will not let you go unless you bless me."***

The Midrash cites a different version of the angel's response to Jacob's demand:

רַבִּי לֵוִי בְּשֵׁם רַבִּי שְׁמוּאֵל בַּר נַחְמָן אָמַר — **R' Levi said in the name of R' Shmuel bar Nachman:** אָמַר לוֹ — **[The angel] told [Jacob],** מַלְאֲכֵי הַשָּׁרֵת עַל יְדֵי שֶׁגִּלּוּ מִסְטוֹרִין שֶׁל הַקָּדוֹשׁ בָּרוּךְ הוּא — **"Since the ministering angels revealed a secret of the Holy One, blessed is He,**[32] נִדְחוּ מִמְּחִיצָתָן קל"ח שָׁנָה — **they were** punished by being **barred from their abode for a hundred and thirty-eight years.**[33] אֶשְׁמַע לָךְ וְאֶדָּחֶה מִמְּחִיצָתִי — **If I shall listen to you, then I too shall be barred from my abode!"**[34] אָמַר: שֵׁיצִיתָ, סֵיבַתָּ, "לֹא אֲשַׁלֵּחֲךָ כִּי אִם בֵּרַכְתָּנִי" — Again, **[Jacob] responded, "Have you finished** speaking? **Have you ceased? *I will not let you go unless you bless me."***

The angel relents:

אָמַר רַבִּי הוּנָא — **R' Huna said:** בְּסוֹף אָמַר: אֲנִי מְגַלֶּה לוֹ — **In the end, [the angel] said, "I will reveal it to [Jacob],**[35] אִם אוֹמֵר לִי הַקָּדוֹשׁ בָּרוּךְ הוּא: לָמָּה גִּלִּיתָ לוֹ — and, **if the Holy One, blessed is He, will say to me, 'Why did you reveal it to him?'** אֲנִי אוֹמֵר לְפָנָיו: רִבּוֹנוֹ שֶׁל עוֹלָם, נְבִיאֶיךָ גּוֹזְרִין גְּזֵירוֹת וְאֵין אַתָּה מְבַטֵּל גְּזֵירָתָן — **I will respond to Him, 'Master of the world! If Your prophets issue decrees and You do not nullify their decrees,**[36] וַאֲנִי הָיִיתִי יָכוֹל לְבַטֵּל גְּזֵירָתָם — **then could I be able to annul their decrees!?'"**[37] אָמַר לוֹ — Thus, **[the angel] said to [Jacob],** עָתִיד הוּא לְהִגָּלוֹת עָלֶיךָ בְּבֵית אֵל וּלְהַחֲלִיף אֶת שִׁמְךָ — **"In the future, [God] will appear to you in Beth-el and He will change your name** to Israel,[38] וַאֲנִי עוֹמֵד שָׁם — **and I too will be standing there."**[39] הָדָא הוּא דִכְתִיב — **Thus it is written,** "בֵּית אֵל יִמְצָאֶנּוּ וְשָׁם יְדַבֵּר עִמָּנוּ" — *He struggled with an angel and prevailed; [the angel] wept and beseeched him, **"In Beth-el He will find us and there He will speak with us"*** (Hosea 12:5). "עִמְּךָ" אֵין כְּתִיב כָּאן — **It is not written here** in *Hosea, "He will speak* ***with*** *you,"* אֶלָּא "וְשָׁם יְדַבֵּר עִמָּנוּ" — **but rather** it is written, ***"and there He will speak with us."***[40]

NOTES

25. As explained in note 3 above, the angel was arguing that therefore Jacob must release him for the sake of God's honor. [*Eitz Yosef,* following *Yefeh To'ar,* finds Scriptural support for the concept that the angels offer praise to God at dawn in the verse, בְּרָן יַחַד כּוֹכְבֵי בֹקֶר וַיָּרִיעוּ כָּל בְּנֵי אֱלֹהִים, *when the morning stars sang in unison and all the heavenly beings shouted* (*Job* 38:7). See also *Maharzu* and *Chullin* 91b.]

26. That is, Jacob was rejecting the angel's claim that it was necessary for him to be released for the sake of God's glory, for there were other angels who would praise God and thus His glory would not be diminished. See *Eshed HaNechalim* s.v. שהגיע; see *Yefeh To'ar* for an alternative understanding.

27. The other angels, being unaware of the circumstances involved, would consider his present absence sinful and therefore would not allow him to join with them in the future (*Yefeh To'ar*). [Thus, the angel was arguing, his part would be permanently missing from the song of praise to God, causing a diminution of His glory.]

28. That is, you should stop talking, for *I will not let you go unless you bless me* (*Matnos Kehunah, Eitz Yosef* second explanation; see *Rashi* and *Yefeh To'ar* for alternative translations and explanations of this phrase).

29. That is, they blessed him with the birth of a son; see above, 18:10 (*Eitz Yosef*). Therefore, it would be appropriate for the angel to bless Jacob when he departs from him.

30. I.e., one of the three angels was sent to tell Abraham and Sarah that they would have a son. See above, 50 §2 (*Eitz Yosef.*)

31. Hence, I am reluctant to give a blessing without being authorized to do so (ibid.).

32. They revealed to Lot that they were going to destroy Sodom (above, 19:3).

33. They were the angels whom Jacob saw in his dream 138 years later ascending the ladder to heaven (above, 28:12). R' Levi's statement regarding the angels in Sodom is found in 50 §9 above; see notes 67 and 68 there.

34. According to R' Levi, Jacob was not asking for the angel's own blessing but rather that the angel should reveal to him the blessing that he was destined to receive in the future; see the statement of R' Huna below. If the angel were to accede to Jacob's demand, then he too would be revealing a secret of the Holy One, blessed is He (*Yefeh To'ar,* second explanation; see also *Matnos Kehunah*). See *Eitz Yosef* (from *Yefeh To'ar*) for an alternative interpretation.

35. I.e., I will reveal to Jacob the blessing that he will receive from God in the future (see *Yefeh To'ar*).

36. As indicated by the verse, וְתִגְזַר אֹמֶר וְיָקָם לָךְ, *You would utter a decree and it would be done* (*Job* 22:28); see *Shabbos* 59b et al. (*Eitz Yosef*). [The Midrash below (79 §3) interprets this verse in reference to Jacob.]

37. I.e., Jacob's demand that I reveal to him God's future blessing (see *Yefeh To'ar*).

38. Below, 35:10. That is, when the angel told Jacob, לֹא יַעֲקֹב יֵאָמֵר עוֹד שִׁמְךָ כִּי אִם יִשְׂרָאֵל, *"No longer will it be said that your name is Jacob, but Israel"* (below, v. 29), he did not mean that from that time on Jacob's name would be Israel, but rather that at some point in the future God would give him the name Israel. [The name יִשְׂרָאֵל, *Israel,* with its connotation of שְׂרָרָה, *nobility,* indicates that Jacob received the blessings from his father Isaac by right, rather than through deceit and subterfuge, as could be construed from the name Jacob. See above, 27:36 (*Rashi* on v. 29 below).]

39. I.e., the angel, who was identified above (77 §3) as the archangel of Esau, was adding that he too would be there concurring with the name change, thereby acknowledging Jacob's entitlement to Isaac's blessing; see above (*Yefeh To'ar, Eitz Yosef,* from *Rashi* loc. cit.; see *Nezer HaKodesh* for a somewhat different approach).

40. Indicating that the angel would also be there with Jacob when God appears to Jacob and changes his name. [*Rashi* on v. 29 below adds, apparently citing some other Midrash that is no longer extant, that Jacob did not accept the angel's promise, and that the angel was forced to accede there and then that the blessings were legitimately Jacob's. Thus, the passage here concludes: וַיְבָרֶךְ אֹתוֹ שָׁם, *And he blessed him there* (below, v. 30).]

ב [לב, כז] "**וַיֹּאמֶר שַׁלְּחֵנִי**", **שֶׁהִגִּיעַ זְמַן קִילוּסִי לְקַלֵּס לְהַקָּדוֹשׁ בָּרוּךְ הוּא, אָמַר לוֹ: יְקַלְּסוּ חֲבֵירֶיךָ, אָמַר לוֹ: אֵינִי יָכוֹל, לְמָחָר אֲנִי בָּא לְקַלֵּס וְהֵן אוֹמְרִין לִי: כְּשֵׁם שֶׁלֹּא קִילַּסְתָּ אֶתְמוֹל כָּךְ אֵין אַתָּה מְקַלֵּס הַיּוֹם, אָמַר: שִׁיַּצְתָּ סִיַּבְתָּ,** [שם] **"לֹא אֲשַׁלֵּחֲךָ כִּי אִם בֵּרַכְתָּנִי", אָמַר לוֹ: אוֹתָן הַמַּלְאָכִים שֶׁבָּאוּ אֵצֶל אַבְרָהָם לֹא פֵּרְשׁוּ מִמֶּנּוּ אֶלָּא בִּבְרָכָה, אָמַר לוֹ: אוֹתָן נִשְׁתַּלְּחוּ עַל מְנָת כָּךְ, אֲבָל אֲנִי לֹא נִשְׁתַּלַּחְתִּי לְכָךְ, אָמַר לוֹ: שִׁיַּצְתָּ סִיַּבְתָּ, "לֹא אֲשַׁלֵּחֲךָ", רַבִּי לֵוִי בְּשֵׁם רַבִּי שְׁמוּאֵל בַּר נַחְמָן אָמַר: אָמַר לוֹ:** ח**מַלְאֲכֵי הַשָּׁרֵת עַל יְדֵי שֶׁגִּלּוּ מִסְטוֹרִין שֶׁל הַקָּדוֹשׁ בָּרוּךְ הוּא נִדְחוּ מִמְּחִיצָּתָן קל"ח שָׁנָה, אֶשְׁמַע לָךְ וְאֶדָּחֶה מִמְּחִיצָּתִי, אָמַר: שִׁיַּצְתָּ סִיַּבְתָּ, "לֹא אֲשַׁלֵּחֲךָ כִּי אִם בֵּרַכְתָּנִי", אָמַר רַבִּי הוּנָא: בַּסּוֹף אָמַר: אֲנִי מְגַלֶּה לוֹ, אִם אוֹמֵר לִי הַקָּדוֹשׁ בָּרוּךְ הוּא: לָמָּה גִּלִּיתָ לוֹ, אֲנִי אוֹמֵר לְפָנָיו: רִבּוֹנוֹ שֶׁל עוֹלָם,** ט**נְבִיאֶיךָ גּוֹזְרִין גְּזֵירוֹת וְאֵין אַתָּה מְבַטֵּל גְּזֵירָתָן, וַאֲנִי הָיִיתִי יָכוֹל לְבַטֵּל גְּזֵירָתָם,** י**אָמַר לוֹ: עָתִיד הוּא לְהִגָּלוֹת עָלֶיךָ בְּבֵית אֵל וּלְהַחֲלִיף אֶת שִׁמְךָ וַאֲנִי עוֹמֵד שָׁם, הָדָא הוּא דִכְתִיב** (הושע יב, ה) **"בֵּית אֵל יִמְצָאֶנּוּ וְשָׁם יְדַבֵּר עִמָּנוּ", "עִמְּךָ" אֵין כְּתִיב כָּאן אֶלָּא "וְשָׁם יְדַבֵּר עִמָּנוּ":**

ג [לב, כח-כט] "**וַיֹּאמֶר אֵלָיו מַה שְּׁמֶךָ וַיֹּאמֶר יַעֲקֹב וַיֹּאמֶר לֹא יַעֲקֹב יֵאָמֵר עוֹד שִׁמְךָ**", (ישעיה מד, כו) יא"**מֵקִים דְּבַר עַבְדּוֹ וַעֲצַת מַלְאָכָיו יַשְׁלִים", רַבִּי בֶּרֶכְיָה בְּשֵׁם רַבִּי לֵוִי אָמַר: מִשֶּׁהוּא "מֵקִים דְּבַר עַבְדּוֹ וַעֲצַת מַלְאָכָיו יַשְׁלִים", אֵין אָנוּ יוֹדְעִים שֶׁהוּא** (שם) **"אוֹמֵר לִירוּשָׁלַיִם תּוּשָׁב וּלְעָרֵי יְהוּדָה תִּבָּנֶינָה", אֶלָּא מַלְאָךְ אֶחָד שֶׁנִּגְלָה עַל יַעֲקֹב אָבִינוּ, הָדָא הוּא דִכְתִיב "וַיֹּאמֶר אֵלָיו מַה שְּׁמֶךָ וְגוֹ' לֹא יַעֲקֹב",**

פירוש מהרז"ו

(ב) הגיע זמן קילוסי. חולין (צא, ב) כל הענין, פרקי דרבי אליעזר (פרק כב ולז) שמלאכים נקראים בני אלהים, תנא דבי אליהו (זוטא פרק כה), וזהו טעם כי עלה השחר וכמו שנאמר באיוב (לח, ז) ברן יחד כוכבי בקר ויריעו כל בני אלהים: **שגלו מסתורין.** לעיל (סח, יב) עיין שם: **אין כתיב כאן אלא ימצאנו.** זה ראיה למה שאמר ואני עומד שם, ועיין רש"י בחומש ביתר באור: **(ג) מקים דבר עבדו.** פסיקתא רבתי (יז, ה) ולקמן (פב, ב):

עץ יוסף

(ב) [ג] הגיעו זמן קילוסו. אמאי דקאמר כי עלה השחר יהיב טעמא דבעת זו הגיע זמן קלוסו, על דרך (איוב לח, ז) ברן יחד כוכבי בקר (יפה תואר): **אמר שייצת סייבת.** כתב המעריך וז"ל דע שאלמלא המלאך ניער את יעקב וגם נגע בכף ירכו לא היה יעקב יכול לומר לו לא אשלחך, ובפרט שהיה המלאך אומר הגיע זמני לומר שירה, אבל כיון שהוא הקדים לצערו בכח ובדין אמר לא אשלחך כו'. וזה שאמר שיילת סייבת כלומר כיון שהלקתני וציערתני כל הלילה ואחר כך נגעת בכף ירכי ועשיתני צולע לא אשלחך וכו'. שיילת מלשון שילין שהן קוצים, סייבת מלשון סיב של דקל עד כאן לשונו. ויש שפירשו שיילת ויכל תרגום אונקלס ושילי, סייבת כמו סייפת. כלומר עשה סוף וגמר לדבריך שלא תדבר עוד כי לא אשלחך כי אם ברכתני. והיפה תואר פירש שיילית כנכתב לעיל, וסייבת פירש לשון זקנה. וירצה או שתכלה ותמות או תשב עד שתזקין לא אשלחך, והוא על דרך (כתובות קט, א) תשב עד שתלבין ראשה: **אלא בברכה.** דכתיב (יח, י) שוב אשוב אליך כעת חיה והנה בן וגו': **על מנת כך.** שמהשלשה מלאכים שנשתלחו לאברהם היה אחד מהן לבשר את שרה כדלעיל (פרשה נ). ונשתלחו דקאמר הכא לשון רבים לאו דוקא, אלא כלומר שהיה ביניהם שליחות לברכה ולא פירשו ממנו עד שיצאה ברכה מביניהם: **לא נשתלחתי לכך.** ומתירא אני לעשות דבר שלא ברשות: **על ידי שגלו מסתירין כו'.** פירשתי לעיל (פרשה נ): **אשמע לך ואדחה ממחיצתי.** דיותר רע לברך שלא ברשות מגלוי מסטירין (יפה תואר): **ואין אתה מבטל גזירתן.** כדכתיב (איוב כב, כח) ותגזר אומר ויקם לך: **בית אל ימצאנו.** רישיה דקרא וישר אל מלאך ויוכל לו בכה ויתחנן לו, המלאך שישלחנו, ואמר ליה שבבית אל ימצאנו ה' ויחלף שמו. ובזה הלשון אמר ליה ושם ידבר עמנו. ומה שאמר ואני עומד שם רצונו לומר שיודה על הברכות שם (אף על פי שהוא שרו של עשו). אבל עכשיו אין מקום לזה כי אין ראוי להקדים האמן לברכה: **(ג) [ד] רבי ברכיה בשם רבי לוי כו'.** הכי גרסינן בספרים המדויקים **רבי ברכיה בשם רבי לוי אמר ממה שמקים דבר עבדו אין אנו יודעים שעצת מלאכיו ישלים האומר לירושלים תושב ולערי יהודה תבנינה. אלא מקים דבר עבדו זה מלאך אחד שנגלה על יעקב אבינו ואמר ליה עתיד הקדוש ברוך הוא להגלות עליך בבית אל ולהחליף את שמך אני עתיד לעמוד. הדא הוא דכתיב בית אל ימצאנו וגו'. ונגלה עליו הקדוש ברוך הוא לקיים גזירתו של**

רש"י

(ב) אמר ליה שייצת סייבת. גמור מלאכתך וטול שכרך, כלומר לכשתברכני ואחר כך אשלחך: **אבל אני לא נשתלחתי לכך. אמר ליה שייצת סייבת, לא אשלחך** כי אם ברכתני: **לסוף אמר ליה המלאך אני מגלה לו.** שהקב"ה עתיד לגלות עליו ולהחליף את שמו, **ואם אומר לי הקב"ה למה גלית לו אני אומר וכו':**

מתנות כהונה

[ב] שייצת. כלית סיימת דברך, כלומר חדל מלדבר עוד כי לא אשלחך. ויכל תרגום אונקלוס ושילי: **סייבת.** כמו סייפת כלומר סיימת וכן פירש הערוך, והכי גרסינן בילקוט (רמז קלב) סייפת, אבל רש"י ז"ל גרס סייבת, ופירש משל הוא שאומרין לפועל גמור מלאכתך וקח שכרך כלומר לכשתברכני אשלחך: **מלאכי השרת.** שאמרו ללוט (לעיל יט, יג) כי משחיתים אנחנו, ועיין לעיל (סח, יב): **מסטורין.** סודות: **אשמע לך כו'.** כי לא אברכך כי אם במה שנגלה לפני מאחורי הפרגוד: **[ג] משהוא מקיים.** גרסינן. והכי מוכח בילקוט ישעיה (רמז שכג): **הכי גרסינן לא יעקב יאמר: אין אנו יודעין.** ומה ראייה היא זו לפסוק של אחריו שנאמר (ישעיה מד, כו) האומר לירושלם תושב וגו'. כך יש לפרש הגירסא אבל לקמן (פב, ב) הגירסא נשתנה וכן הוא בילקוט ישעיה (רמז שכג), ובערוך ובילקוט ישעיה גרס אנו יודעין:

אשד הנחלים

[ב] שהגיע. מפרש המדרש סבת בקשת המלאך דווקא בעלות השחר, לפי שאז זמן הקלוס ואף שמצידו ית' אין נפקותא בזה, כי יש הרבה מקלסין לפניו, ואם אין זה יש אחרים כנגדו [שזה שאלת יעקב], אבל לו יש עיכוב בדבר. ויעקב השיב לו שיברכנו אף אם לא נשתלח בשביל זה ואין מלאך עושה כי אם דבר מיוחד, עם כל זה מוכרח אתה לשנות. ואף כי המלאך אין בו כח הבחירה, ולכן אי אפשר לו לשנות מדבר שהוא מיוחד בו, עם כל זה אחר ההכרח בדבר, שמוכרח בדבר הזה לעשות מפני דבר אחר הגדול ממנו אז ישנה. ומעתה תבין דברי המדרש ותבין רמיזתם: **ואני עומד.** זהו כדעת מי שאמר שהמלאכים הטובים נראו לו ולא שרו של שעיר, ולכן נאמר עמנו, שהנביא מדבר מה שאמר המלאך אז בלשון הזה. **[ג] אין אנו יודעין.** פירש אין אנו יודעין מהו הסמיכות והראיה שעל ידי זה אומר לירושלים תושב (מ"כ):

חידושי הרד"ל

[ג] אין אנו יודעים כו'. עיין מתנות כהונה הגירסא בשם הילקוט (רמז קלג), וכן הובא הגירסא בפסיקתא דויהי בחצי הלילה (פיסקא יז) כו'. ולגירסת הספרים כאן יש למחוק תיבת אין ולגרוס ישלים, אנו יודעין כו':

ידי משה

[ב] למחר אני בא לקלס והן אומרים לי כשם שלא קלסת אתמול וכו'. וקשה וכי מה שהפסיד תפלה פעם אחד לא יתפלל אחר כך בתמיה. ונראה לי דהכי פירושו על דרך שכתבתי למעלה לפי שבחר המלאך שעה זו שנשאר לבדו בלי מלאכים להתאבק עמו, והנה איתא בפרשת ויצא והנה מלאכי אלהים עולים ויורדים שמלאכי ארץ ישראל הלכו ובאו מלאכי חוץ לארץ ללותו והיה נשאר בשעה זו בלי שמירה וה' נצב עליו לשומרו, אמנם הפשוט הוא והנה ה' נצב על הסולם ואם כן לא היה באותה שעה מלאכים ליעקב והיה לו לבא באותו פעם, אלא על כרחך שהקדוש ברוך הוא היה שומרו ואם כן גדול השומר, ואם כן מלאכי השרת עדיפין ואם כך יאמרו לי חבירי על כרחך הואיל ונזדווגתה אתמול ליעקב זה היה בשביל שלא היה לו מלאכים וקשה למה לא באת באותו פעם, אלא על כרחך שסבירא להו שהקדוש ברוך הוא היה שומרו ואם כן גדול השומר ואם כך מלאכי השרת עדיפין ולמה אתה רוצה עכשיו לומר שירה הלא יכול אתה לומר שירה כל היום לפי שמלאכי השרת עדיפים. ודוק: **[ג] לא יעקב יאמר.** צריך להיות עוד ירושלים שכל הנביאים נתנבאו עליה על אחת כמה וכמה שיקיים דברי נביאיו מקל וחומר ממלאך שקיים הקדוש ברוך הוא דבריו. ודוק:

מסורת המדרש

ז. חולין דף צ"א. שיר השירים פרשה ג' פסוק ו':
ח. לעיל פרשה נ' ופרשה ס"ח:
ט. ע' שבת דף ס"ג. מועד קטן דף ט"ז. ב"מ דף פ"ה. ילקוט שמואל רמז קס"ה:
י. ילקוט הושע רמז תקכ"ט:
יא. לקמן פרשה פ"ב. פסיקתא רבתי פסקא י"ז. ילקוט ישעיה רמז שכ"ג:

אם למקרא

וַיָּשַׂר אֶל מַלְאָךְ וַיֻּכָל בָּכָה וַיִּתְחַנֶּן לוֹ בֵּית אֵל יִמְצָאֶנּוּ וְשָׁם יְדַבֵּר עִמָּנוּ:
(הושע יב:ה)

מֵקִים דְּבַר עַבְדּוֹ וַעֲצַת מַלְאָכָיו יַשְׁלִים הָאֹמֵר לִירוּשָׁלַםִ תּוּשָׁב וּלְעָרֵי יְהוּדָה תִּבָּנֶינָה וְחָרְבוֹתֶיהָ אֲקוֹמֵם:
(ישעיה מד:כו)

וַיֹּאמֶר אֵלָיו מַה שְּׁמֶךָ וַיֹּאמֶר יַעֲקֹב. וַיֹּאמֶר לֹא יַעֲקֹב יֵאָמֵר עוֹד שִׁמְךָ כִּי אִם יִשְׂרָאֵל כִּי שָׂרִיתָ עִם אֱלֹהִים וְעִם אֲנָשִׁים וַתּוּכָל.

He said to him, "What is your name?" He replied, "Jacob." He said, "No longer will it be said that your name is Jacob, but Israel, for you have striven with the Divine and with man and have overcome (32:28-29).

§3 **וַיֹּאמֶר אֵלָיו מַה שְּׁמֶךָ וַיֹּאמֶר יַעֲקֹב וַיֹּאמֶר לֹא יַעֲקֹב יֵאָמֵר עוֹד שִׁמְךָ** — ***HE SAID TO HIM, "WHAT IS YOUR NAME?" HE REPLIED, "JACOB." HE SAID, "NO LONGER WILL IT BE SAID THAT YOUR NAME IS JACOB."***

The Midrash presents an exposition of a verse from *Isaiah* that is relevant to this passage:

"מֵקִים דְּבַר עַבְדּוֹ וַעֲצַת מַלְאָכָיו יַשְׁלִים" — ***Who confirms the words of His servant and fulfills the counsel of His messengers; Who says of Jerusalem, "It shall be settled," and of the cities of Judah, "They shall be built up, and I will rebuild its ruins"*** (*Isaiah* 44:26). **רַבִּי בֶּרֶכְיָה בְּשֵׁם רַבִּי לֵוִי אָמַר** — **R' Berechyah said in the name of R' Levi:** **מִשֶּׁהוּא "מֵקִים דְּבַר עַבְדּוֹ וַעֲצַת מַלְאָכָיו יַשְׁלִים"** — **Since** the verse says **that He *confirms the words of His servant and fulfills the counsel of His messengers,*** **אֵין אָנוּ יוֹדְעִים שֶׁהוּא "אוֹמֵר לִירוּשָׁלַיִם תּוּשָׁב וּלְעָרֵי יְהוּדָה תִּבָּנֶינָה"** — **do we** then **not know that He** *says* ***of Jerusalem, "It shall be settled," and of the cities of Judah, "They shall be built up,*** *and I will rebuild its ruins"*?[41] **אֶלָּא מַלְאָךְ אֶחָד שֶׁנִּגְלָה עַל יַעֲקֹב אָבִינוּ** — **Rather, when** the verse mentions *His servant,* it is alluding to the **one angel who appeared to our forefather Jacob.**[42] **הָדָא הוּא דִכְתִיב "וַיֹּאמֶר אֵלָיו מַה שְּׁמֶךָ וְגוֹ' לֹא יַעֲקֹב"** — **Thus it is written, *He said to him, "What is your name?"*** *He replied, "Jacob." He said,* ***"No*** *longer will it be said that your name is* **Jacob,** *but Israel."*

NOTES

41. [That is, if God *confirms the words of His servant and fulfills the counsel of His messengers,* and since Isaiah and the other prophets, the servants and messengers of God, have all predicted the rebuilding of Jerusalem (see commentaries ad loc.), it follows that He will rebuild Jerusalem. It is seemingly unnecessary for the verse to state this explicitly.

42. See below, note 46.

ב [לב, כז] "וַיֹּאמֶר שַׁלְּחֵנִי", שֶׁהִגִּיעַ זְמַן קִילוּסִי לְקַלֵּס לְהַקָּדוֹשׁ בָּרוּךְ הוּא, אָמַר לוֹ: יְקַלְּסוּ חֲבֵירֶיךָ, אָמַר לוֹ: אֵינִי יָכוֹל, לְמָחָר אֲנִי בָּא לְקַלֵּס וְהֵן אוֹמְרִין לִי: כְּשֵׁם שֶׁלֹּא קִילַּסְתָּ אֶתְמוֹל כָּךְ אֵין אַתָּה מְקַלֵּס הַיּוֹם, אָמַר: שֶׁיַּיצְתָּ סִיַּיבְתָּ, [שם] "לֹא אֲשַׁלֵּחֲךָ כִּי אִם בֵּרַכְתָּנִי", אָמַר לוֹ: אוֹתָן הַמַּלְאָכִים שֶׁבָּאוּ אֵצֶל אַבְרָהָם לֹא פֵּרְשׁוּ מִמֶּנּוּ אֶלָּא בִּבְרָכָה, אָמַר לוֹ: אוֹתָן נִשְׁתַּלְּחוּ עַל מְנָת כָּךְ, אֲבָל אֲנִי לֹא נִשְׁתַּלַּחְתִּי לְכָךְ, אָמַר לוֹ: שֶׁיַּיצְתָּ סִיַּיבְתָּ, "לֹא אֲשַׁלֵּחֲךָ", רַבִּי לֵוִי בְּשֵׁם רַבִּי שְׁמוּאֵל בַּר נַחְמָן אָמַר: אָמַר לוֹ: [ח]מַלְאֲכֵי הַשָּׁרֵת עַל יְדֵי שֶׁגִּלּוּ מִסְטוֹרִין שֶׁל הַקָּדוֹשׁ בָּרוּךְ הוּא נִדְחוּ מִמְּחִיצָתָן קל"ח שָׁנָה, אֶשְׁמַע לָךְ וְאֶדָּחֶה מִמְּחִיצָתִי, אָמַר: שֶׁיַּיצְתָּ סִיַּיבְתָּ, "לֹא אֲשַׁלֵּחֲךָ כִּי אִם בֵּרַכְתָּנִי", אָמַר רַבִּי הוּנָא: בַּסּוֹף אָמַר: אֲנִי מְגַלֶּה לוֹ, אִם אוֹמֵר לִי הַקָּדוֹשׁ בָּרוּךְ הוּא: לָמָּה גִּלִּיתָ לוֹ, אֲנִי אוֹמֵר לְפָנָיו: רִבּוֹנוֹ שֶׁל עוֹלָם, [ט]נְבִיאֶיךָ גּוֹזְרִין גְּזֵירוֹת וְאֵין אַתָּה מְבַטֵּל גְּזֵירָתָן, וַאֲנִי הָיִיתִי יָכוֹל לְבַטֵּל גְּזֵירָתָם, [י]אָמַר לוֹ: עָתִיד הוּא לְהִגָּלוֹת עָלֶיךָ בְּבֵית אֵל וּלְהַחֲלִיף אֶת שִׁמְךָ וַאֲנִי עוֹמֵד שָׁם, הָדָא הוּא דִכְתִיב (הושע יב, ה) "בֵּית אֵל יִמְצָאֶנּוּ וְשָׁם יְדַבֵּר עִמָּנוּ", "עִמְּךָ" אֵין כְּתִיב כָּאן אֶלָּא "וְשָׁם יְדַבֵּר עִמָּנוּ":

ג [לב, כח-כט] "וַיֹּאמֶר אֵלָיו מַה שְּׁמֶךָ וַיֹּאמֶר יַעֲקֹב וַיֹּאמֶר לֹא יַעֲקֹב יֵאָמֵר עוֹד שִׁמְךָ", (ישעיה מד, כו) [יא]"מֵקִים דְּבַר עַבְדּוֹ וַעֲצַת מַלְאָכָיו יַשְׁלִים", רַבִּי בֶּרֶכְיָה בְּשֵׁם רַבִּי לֵוִי אָמַר: מִשֶּׁהוּא "מֵקִים דְּבַר עַבְדּוֹ וַעֲצַת מַלְאָכָיו יַשְׁלִים", אֵין אָנוּ יוֹדְעִים שֶׁהוּא (שם) "אוֹמֵר לִירוּשָׁלִַם תּוּשָׁב וּלְעָרֵי יְהוּדָה תִּבָּנֶינָה", אֶלָּא מַלְאָךְ אֶחָד שֶׁנִּגְלָה עַל יַעֲקֹב אָבִינוּ, הָדָא הוּא דִכְתִיב "וַיֹּאמֶר אֵלָיו מַה שְּׁמֶךָ וְגוֹ' לֹא יַעֲקֹב",

רש"י

(ב) **אמר ליה שייצת סייבת.** גמור מלאכתך וטול שכרך, כלומר לכשתברכני ואחר כך אשלחך: **אבל אני לא נשתלחתי לכך. אמר ליה שייצת סייבת, לא אשלחך כי אם ברכתני: לסוף אמר ליה המלאך אני מגלה לו.** שהקב"ה עתיד לגלות עליו ולהחליף את שמו, **ואם אומר לי הקב"ה למה גלית לו אני אומר וכו':**

פירוש מהרז"ו

(ב) **הגיע זמן קילוסי.** חולין (צא, ב) כל הענין, פרקי דרבי אליעזר (פרק כב ולז) שמלאכים נקראים בני אלהים, תנא דבי אליהו (זוטא פרק כה), וזהו טעם כי עלה השחר וכמו שנאמר באיוב (לח, ז) ברן יחד כוכבי בקר ויריעו כל בני אלהים: **שגלו מסתורין.** לעיל (סח, יב) עיין שם: **אין כתיב כאן אלא ימצאנו.** זה ראיה למה שאמר ואני עומד שם, ועיין רש"י בחומש ביתר באור: (ג) **מקים דבר עבדו.** פסיקתא רבתי (יז, ה) ולקמן (פב, ב):

עץ יוסף

(ב) [ג] **הגיעו זמן קילוסו.** אמאי דקאמר כי עלה השחר יהיב טעמא דבעת זו הגיע זמן קלוסו, על דרך (איוב לח, ז) ברן יחד כוכבי בקר (יפה תואר): **אמר שייצת סייבת.** כתב המעריך וז"ל דע שאלמלא המלאך ניער את יעקב וגם נגע בכף ירכו לא היה יעקב יכול לומר לו לא אשלחך, ובפרט שהיה המלאך אומר הגיע זמני לומר שירה, אבל כיון שהוא הקדים לצערו בכח ובדין אמר לא אשלחך כו'. וזה שאמר שיילת סייבת כלומר כיון שהצקתני וציערתני כל הלילה ואחר כך נגעת בכף ירכי ועשיתני צולע לא אשלחך וכו'. שיילת מלשון שילין שהן קוצים, סייבת מלשון סיב של דקל עד כאן לשונו. ויש שפירשו שיילת ויכל תרגום אונקלס ושיצי, סייבת כמו סייפת. כלומר עשה סוף וגמר לדבריך שלא תדבר עוד כי לא אשלחך כי אם ברכתני. והיפה תואר פירש שיילית כנכתב לעיל, וסייבת פירש לשון זקנה. וירצה או שתכלה ותמות או תשב עד שתזקין לא אשלחך, והוא על דרך (כתובות קט, א) תשב עד שתלבין ראשה: **אלא בברכה.** דכתיב (יח, י) שוב אשוב אליך כעת חיה והנה בן וגו': **על מנת כך.** שמהשלשה מלאכים שנשתלחו לאברהם היה אחד מהן לבשר את שרה כדלעיל (פרשה נ). ונשתלחו דקאמר הכא לשון רבים לאו דוקא, אלא כלומר שהיה ביניהם שליחות לברכה ולא פירשו ממנו עד שילתה ברכה מביניהם: **לא נשתלחתי לכך.** ומתירא אני לעשות דבר שלא ברשות: **על ידי שגלו מסתירין כו'.** פירשתי לעיל (פרשה נ): **אשמע לך ואדחה ממחיצתי.** דיותר רע לברך שלא ברשות מגלוי מסטירין (יפה תואר): **ואין אתה מבטל גזירתן.** כדכתיב (איוב כב, כח) ותגזר אומר ויקם לך: **בית אל ימצאנו.** רישיה דקרא וישר אל מלאך ויוכל לו בכה ויתחנן לו, המלאך שישלחנו, ואמר ליה שבבית אל ימצאנו ה' ויחלף שמו. ובזה הלשון אמר ליה ושם ידבר עמנו. ומה שאמר ואני עומד שם רצונו לומר שיודה על הברכות שם (אף על פי שהוא שרו של עשו). אבל עכשיו אין מקום לזה כי אין ראוי להקדים האמן לברכה: (ג) [ד] **רבי ברכיה בשם רבי לוי כו'.** הכי גרסינן בספרים המדויקים **רבי ברכיה בשם רבי לוי אמר ממה שמקים דבר עבדו אין אנו יודעים שעצת מלאכיו ישלים האומר לירושלים תושב ולערי יהודה תבנינה. אלא מקים דבר עבדו זה מלאך אחד שנגלה על יעקב אבינו ואמר ליה עתיד הקדוש ברוך הוא להגלות עליך בבית אל ולהחליף את שמך אני עתיד לעמוד. הדא הוא דכתיב בית אל ימצאנו וגו'. ונגלה עליו הקדוש ברוך הוא לקיים גזירתו של**

מתנות כהונה

[ב] **שייצת.** כלית סיימת דברך, כלומר חדל מלדבר עוד כי לא אשלחך. ויכל תרגום אונקלוס ושיצי: **סייבת.** כמו סייפת כלומר סיימת וכן פירש הערוך, והכי גרסינן בילקוט (רמז קלב) סייפת, אבל רש"י ז"ל גרס סייבת, ופירש משל הוא שאומרין לפועל גמור מלאכתך וקח שכרך כלומר לכשתברכני אשלחך: **מלאכי השרת.** שאמרו ללוט (לעיל יט, יג) כי משחיתים אנחנו, ועיין לעיל (סח, יב): **מסטורין.** סודות: **אשמע לך כו'.** כי לא אברכך כי אם במה שנגלה לפני מאחורי הפרגוד: [ג] **משהוא מקיים.** גרסינן. והכי מוכח בילקוט ישעיה (רמז שכג): **הכי גרסינן לא יעקב יאמר: אין אנו יודעין.** ומה ראייה היא זו לפסוק של אחריו שנאמר (ישעיה מד, כו) האומר לירושלם תושב וגו'. כך יש לפרש הגירסא אבל לקמן (פב, ב) הגירסא נשתנה וכן הוא בילקוט ישעיה (רמז שכג), ובערוך ובילקוט ישעיה גרס אנו יודעין:

חידושי הרד"ל

[ג] **אין אנו יודעים כו'.** עיין מתנות כהונה הגירסא בשם הילקוט (רמז קלג), וכן הובא הגירסא בפסיקתא דויהי בחצי הלילה (פיסקא יז) כו'. ולגירסת הספרים כאן יש למחוק תיבת אין ולגרום ישלים, אנו יודעין כו':

ידי משה

[ב] **למחר אני בא לקלס והן אומרים לי כשם שלא קלסת אתמול וכו'.** וקשה וכי מה שהפסיד תפלה פעם אחד לא יתפלל אחר כך בתמיה. ונראה לי דהכי פירושו על דרך שכתבתי למעלה לפי שבאר המלאך שעה זו שנשאר לבדו בלי מלאכים להתאבק עמו, והנה איתא בפרשת ויצא והנה מלאכי אלהים עולים ויורדים שמלאכי ארץ ישראל הלכו ובאו מלאכי חוץ לארץ ללותו והיה נשאר בשעה זו בלי שמירה וה' נצב עליו לשומרו, אמנם הפשוט הוא והנה ה' נצב על הסולם ואם כן לא היה באותה שעה מלאכים ליעקב והיה לו לבא באותו פעם, אלא על כרחך שהקדוש ברוך הוא היה שומרו ואם כן גדול השומר, ואם כן מלאכי השרת עדיפין ואם כך יאמרו לי חבירי על כרחך הואיל ונזדווגתה אתמול ליעקב זה היה בשביל שלא היה לו מלאכים וקשה למה לא באת באותו פעם, אלא על כרחך שסבירא להו שהקדוש ברוך הוא היה שומרו ואם כן גדול השומר ואם כך מלאכי השרת עדיפין ולמה אתה רוצה עכשיו לומר שירה הלא יכול אתה לומר שירה כל היום לפי שמלאכי השרת עדיפים. ודוק: [ג] **לא יעקב יאמר.** צריך להיות עוד ירושלים שכל הנביאים נתנבאו עליה על אחת כמה וכמה שיקיים דברי נביאיו מקל וחומר ממלאך שקיים הקדוש ברוך הוא דבריו. ודוק:

מסורת המדרש

ז. חולין דף צ"א. שיר השירים פרשה ג' פסוק ו':
ח. לעיל פרשה נ' ופרשה ס"ח:
ט. ע' שבת דף ס"ג. מועד קטן דף ט"ז. ב"מ דף פ"ה. ילקוט שמואל רמז קס"ה:
י. ילקוט הושע רמז תקכ"ט:
יא. לקמן פרשה פ"ב. פסיקתא רבתי פסקא י"ז. ילקוט ישעיה רמז שכ"ג:

אם למקרא

וַיָּשַׂר אֶל מַלְאָךְ וַיֻּכָל בָּכָה וַיִּתְחַנֶּן לוֹ בֵּית אֵל יִמְצָאֶנּוּ וְשָׁם יְדַבֵּר עִמָּנוּ: (הושע יב:ה)

מֵקִים דְּבַר עַבְדּוֹ וַעֲצַת מַלְאָכָיו יַשְׁלִים הָאֹמֵר לִירוּשָׁלַם תּוּשָׁב וּלְעָרֵי יְהוּדָה תִּבָּנֶינָה וְחָרְבוֹתֶיהָ אֲקוֹמֵם: (ישעיה מד:כו)

אשד הנחלים

[ב] **שהגיע.** מפרש המדרש סבת בקשת המלאך דווקא בעלות השחר, לפי שאז זמן הקלוס ואף שמצידו ית' אין נפקותא בזה, כי יש הרבה מקלסין לפניו, ואם אין זה יש אחרים כנגדו [שזה שאלת יעקב], אבל לו יש עיכוב בדבר. ויעקב השיב לו שיברכנו אף אם לא נשתלח בשביל זה ואין מלאך עושה כי אם דבר מיוחד, עם כל זה מוכרח אתה לשנות. ואף כי המלאך אין בו כח הבחירה, ולכן אי אפשר לו לשנות מדבר שהוא מיוחד בו, עם כל זה אחר ההכרח בדבר, שמוכרח בדבר הזה לעשות מפני דבר אחר הגדול ממנו אז ישנה. ומעתה תבין דברי המדרש ותבין רמיזתם: **ואני עומד.** זהו כדעת מי שאמר שהמלאכים הטובים נראו לו ולא שרו של שעיר, ולכן נאמר עמנו, שהנביא מדבר מה שאמר המלאך אז בלשון הזה. [ג] **אין אנו יודעין.** פירש אין אנו יודעין מהו הסמיכות והראיה שעל ידי זה אומר לירושלים תושב (מ"כ):

״וַעֲצַת מַלְאָכָיו יַשְׁלִים״ — ***And fulfills the counsel of His messengers*** [מלאכיו], שֶׁנִּגְלָה הַקָּדוֹשׁ בָּרוּךְ הוּא עַל יַעֲקֹב אָבִינוּ — for we see that **the Holy One, blessed is He, appeared to our forefather Jacob,**[43] בִּשְׁבִיל לְקַיֵּים גְּזֵירָתוֹ שֶׁל אוֹתוֹ מַלְאָךְ שֶׁאָמַר לוֹ — **in order to fulfill the decree of that angel** [מַלְאָךְ] **who had told [Jacob],**[44] ״לֹא יַעֲקֹב״ — *"No longer will it be said that your name is **Jacob**, but Israel."* וְאַף הַקָּדוֹשׁ בָּרוּךְ הוּא אָמַר לוֹ כֵּן — **And** accordingly, **the Holy One, blessed is He, also said the same to [Jacob].** הֲדָא הוּא דִכְתִיב ״וַיֹּאמֶר לוֹ אֱלֹהִים שִׁמְךָ יַעֲקֹב וְגוֹ׳ ״ — **Thus it is written, *Then God said to him, "Your name is Jacob.*** *Your name shall no longer be called Jacob, but rather Israel will be your name"* (below, 35:10).[45] יְרוּשָׁלַיִם שֶׁמִּתְנַבְּאִים עָלֶיהָ כַּמָּה נְבִיאִים — If so, then with respect to **Jerusalem, regarding which many prophets** (*"His messengers"*) **prophesied** that it would be rebuilt, עַל אַחַת כַּמָּה וְכַמָּה שֶׁיְּקַיֵּים דִּבְרֵי נְבִיאָיו — **all the more so that He will confirm the words of His prophets!**[46]

Like Jacob in our passage, Abraham was also given a new name.[47] The Midrash cites a discussion concerning Abraham's name change:

בַּר קַפָּרָא אָמַר — **Bar Kappara said:** כָּל מִי שֶׁהוּא קוֹרֵא לְאַבְרָהָם אַבְרָם עוֹבֵר בַּעֲשֵׂה — **Anyone who calls Abraham** by his original name, **Abram, violates a positive commandment.**[48] אָמַר רַבִּי לֵוִי: בַּעֲשֵׂה וְלֹא תַעֲשֶׂה — **R' Levi said: He violates both a positive and a negative commandment:** ״וְלֹא יִקָּרֵא עוֹד וְגוֹ׳ ״ בְּלֹא תַעֲשֶׂה — **a negative commandment, *And your name shall no longer be called Abram*** (above, 17:5);[49] ״וְהָיָה שִׁמְךָ אַבְרָהָם״ בַּעֲשֵׂה — **a positive commandment, *but your name shall be Abraham*** (ibid.).

An objection is raised:

וַהֲרֵי אַנְשֵׁי כְּנֶסֶת הַגְּדוֹלָה קָרְאוּ אוֹתוֹ אַבְרָם — **But did not the Men of the Great Assembly call him Abram,** דִּכְתִיב ״אַתָּה הוּא ה׳ הָאֱלֹהִים אֲשֶׁר בָּחַרְתָּ בְּאַבְרָם וְגוֹ׳ ״ — **as it is stated, *You are HASHEM the God, You selected Abram and brought him out of Ur of the Chaldees,*** *and changed his name to Abraham* (*Nehemiah* 9:7).[50]

A resolution is offered:

סִפּוּר הוּא מְסַפֵּר וְאוֹמֵר שֶׁעַד שֶׁהוּא אַבְרָם בָּחַרְתָּ בּוֹ — There, **[the verse]** is merely **relating the story and stating that *You selected* him when he was still *Abram.***[51]

The Midrash discusses why such a prohibition is limited to the name "Abram":

דִּכְווֹתָהּ הַקּוֹרֵא לְשָׂרָה שָׂרַי עוֹבֵר בַּעֲשֵׂה — If so, then it should be that **similarly, one who calls Sarah** by her original name, **Sarai,** also **violates a positive commandment.**[52] The Midrash answers: אֶלָּא הוּא שֶׁנִּצְטַוָּה עָלֶיהָ — **Rather,** there it was specifically **[Abraham] who was commanded with regard to** calling **her** Sarah.[53] Another difficulty: דִּכְווֹתָהּ הַקּוֹרֵא לְיִשְׂרָאֵל יַעֲקֹב עוֹבֵר בַּעֲשֵׂה — If so, then it should be that **similarly, one who calls Israel by his original name, Jacob, violates a positive commandment!**[54] תָּנֵי: לֹא שֶׁיֵּעָקֵר שֵׁם יַעֲקֹב אֶלָּא ״כִּי אִם יִשְׂרָאֵל יִהְיֶה שְׁמֶךָ״, יִשְׂרָאֵל יִהְיֶה עִיקָּר וְיַעֲקֹב טְפֵילָה — The Midrash responds: **It was taught** in a Baraisa: **It is not that the name Jacob is to be completely displaced; rather, *but rather Israel will be your name*** (35:10), meaning that the name **Israel should** henceforth **be primary, with Jacob** remaining **the secondary** name.[55] רַבִּי זְכַרְיָה מִשֵּׁם רַבִּי אַחָא — However, **R' Zecharyah** said **in the name of R' Acha:** מִכָּל מָקוֹם יַעֲקֹב שְׁמֶךָ — The verse implies that **nevertheless,** despite the new name, **your name is Jacob;** אֶלָּא ״כִּי אִם יִשְׂרָאֵל יִהְיֶה שְׁמֶךָ״ — **however, "*but rather Israel will be your name*"** (below, 35:10), יַעֲקֹב עִיקָּר וְיִשְׂרָאֵל מוֹסִיף עָלָיו — meaning that **Jacob is still your primary name, with** the name **Israel being added to it.**[56]

NOTES

43. Below, 35:9ff.

44. The Midrash is interpreting מַלְאָכָיו (translated above as *His messengers*) in the sense of "*His angels.*" [An angel is called a מַלְאָךְ because he is a messenger of God.]

45. As explained in the previous section, the angel did not actually change Jacob's name, but rather was saying that his name would be changed in the future (see note 38 above). Hence, when God did change Jacob's name, He was fulfilling the angel's statement. [See *Yefeh To'ar.*]

46. Thus, the verse in *Isaiah* is making an a fortiori argument: If God *confirms the words of His servant,* the angel who told Jacob that his name would be changed, he will definitely *fulfill the counsel of His messengers,* and say *of Jerusalem, "It shall be settled."* [A different version of this exposition is found below, 82 §2. See *Matnos Kehunah* and *Eitz Yosef.*]

47. וְלֹא יִקָּרֵא עוֹד אֶת שִׁמְךָ אַבְרָם וְהָיָה שִׁמְךָ אַבְרָהָם, *Your name shall no longer be called Abram, but your name shall be Abraham* (above, 17:5).

48. Scripture could have said simply: וְלֹא יִקָּרֵא עוֹד אֶת שִׁמְךָ אַבְרָם רַק אַבְרָהָם, *Your name shall no longer be called Abram, rather Abraham.* Hence, Bar Kappara interprets the extra phrase וְהָיָה שִׁמְךָ, *but your name shall be [Abraham],* as a positive commandment: the name by which you are called shall *always* be Abraham (*Yefeh To'ar* to above, 46 §8, see also *Ohr HaSeichel* here). [It should be noted that in 46 §8 above, Bar Kappara is quoted as saying that by using the original name, Abram, one violates a negative commandment. However, in *Berachos* 13a he is quoted as is found here.]

49. To simply inform Abraham of the name change, it would have been sufficient to have said, מֵעַתָּה שִׁמְךָ אַבְרָם, "from now, your name is Abraham." Accordingly, R' Levi interprets the first clause in the verse, וְלֹא יִקָּרֵא עוֹד אֶת שִׁמְךָ אַבְרָם, *you name shall no longer be called Abram,* as a negative commandment, forbidding further use of the earlier name (see *Yefeh To'ar* to above, 46 §8 s.v. בלא תעשה). *Ohr HaSeichel* suggests that it is the seemingly unnecessary word, עוֹד (*your name shall no* ***longer*** *be called Abram*), that indicates that the phrase is in fact a negative commandment.

50. The verse is from a prayer uttered under the guidance of the Men of the Great Assembly. See above, 46 §8 note 72.

51. I.e., before his name had been changed. However, the verse is not actually referring to him as Abram (see ibid. note 73).

52. For God also changed Sarai's name, to "Sarah," and Scripture likewise states: שָׂרַי אִשְׁתְּךָ לֹא תִקְרָא אֶת שְׁמָהּ שָׂרָי כִּי שָׂרָה שְׁמָהּ, *As for Sarai, your wife — you shall not call her name Sarai, for Sarah is her name* (above, 17:15). Nevertheless, it appears that this verse does not constitute a positive commandment, since only Abraham was mentioned by the Midrash above but not Sarah. Why should this be so? (*Eitz Yosef* to above, 46 §8). [According to R' Levi, the same question would apply regarding the *negative* commandment. See also above, 46 §8 note 74.]

53. For the verse there is addressed to Abraham and is in the second person, *As for Sarai, your wife — you shall not call her name Sarai.* This contrasts with the verse concerning Abraham, which is phrased as a general statement, וְלֹא יִקָּרֵא עוֹד אֶת שִׁמְךָ אַבְרָם, *Your name shall no longer be called Abram,* with Abraham's name as the subject, and the verb in the passive third person, indicating that it is a commandment that *no one* should call him Abraham (see *Eitz Yosef* to 46 §8 above).

54. For regarding Jacob's new name, Scripture states similarly: לֹא יִקָּרֵא שִׁמְךָ עוֹד יַעֲקֹב כִּי אִם יִשְׂרָאֵל יִהְיֶה שְׁמֶךָ, *Your name shall no further be called Jacob, but rather Israel will be your name* (below, 35:10). However, the passage above mentions only Abraham, implying that calling the patriarch by the name "Jacob" does not violate a positive commandment. Why should this be so? (see *Eitz Yosef* to above, 46 §8 s.v. הקורא). [The question here may actually be stronger, for in fact we find that both Scripture and the Sages continue to refer to the patriarch as Jacob.]

55. The word אִם, *rather* (which is not found in the verse regarding Abraham), indicates that the name Israel is to replace Jacob as the essential, preferred name. Still, the name Jacob is to remain in a subsidiary position, as is implied earlier in the verse when God tells Jacob, שִׁמְךָ יַעֲקֹב, *Your name is Jacob;* see below (*Eitz Yosef,* see also above, 46 §8 note 77).

56. Interpreting the introductory statement in the verse, *your name is Jacob,* as indicating that the name Jacob remains fully in force. Thus the new name, Israel, is to be purely an additional supplementary name. R' Acha thus disagrees with the Baraisa just cited. In any event, both according to the Baraisa and according to R' Acha, it is clear that the

"וַעֲצַת מַלְאָכָיו יַשְׁלִים", שֶׁנִּגְלָה הַקָּדוֹשׁ בָּרוּךְ הוּא עַל יַעֲקֹב אָבִינוּ בִּשְׁבִיל לְקַיֵּים גְּזֵירָתוֹ שֶׁל אוֹתוֹ מַלְאָךְ שֶׁאָמַר לוֹ "לֹא יַעֲקֹב", וְאַף הַקָּדוֹשׁ בָּרוּךְ הוּא אָמַר לוֹ כֵּן, הָדָא הוּא דִכְתִיב (לקמן לה, י) "וַיֹּאמֶר לוֹ אֱלֹהִים שִׁמְךָ יַעֲקֹב וְגוֹ׳" °. [לב כט] "לֹא יַעֲקֹב יֵאָמֵר", יב בַּר קַפָּרָא אָמַר: כָּל מִי שֶׁהוּא קוֹרֵא לְאַבְרָהָם אַבְרָם עוֹבֵר בַּעֲשֵׂה, אָמַר רַבִּי לֵוִי: בַּעֲשֵׂה וְלֹא תַעֲשֶׂה: "וְלֹא יִקָּרֵא עוֹד וְגוֹ׳" בְּלֹא תַעֲשֶׂה, "וְהָיָה שִׁמְךָ אַבְרָהָם" בַּעֲשֵׂה, וַהֲרֵי אַנְשֵׁי כְּנֶסֶת הַגְּדוֹלָה קָרְאוּ אוֹתוֹ אַבְרָם, דִּכְתִיב (נחמיה ט, ז) "אַתָּה הוּא ה׳ הָאֱלֹהִים אֲשֶׁר בָּחַרְתָּ בְּאַבְרָם וְגוֹ׳", סִפּוּר הוּא מְסַפֵּר וְאוֹמֵר שֶׁעַד שֶׁהוּא אַבְרָם בָּחַרְתָּ בּוֹ, דִּכְוָותָהּ הַקּוֹרֵא לְשָׂרָה שָׂרַי עוֹבֵר בַּעֲשֵׂה, אֶלָּא ° שֶׁנִּצְטַוָּה עָלֶיהָ, דִּכְוָותָהּ הַקּוֹרֵא לְיִשְׂרָאֵל יַעֲקֹב עוֹבֵר בַּעֲשֵׂה, תְּנִי: לֹא שֶׁיֵּעָקֵר שֵׁם יַעֲקֹב אֶלָּא "כִּי אִם יִשְׂרָאֵל יִהְיֶה שְׁמֶךָ", יִשְׂרָאֵל יִהְיֶה עִיקָּר וְיַעֲקֹב טְפֵילָה, רַבִּי זְכַרְיָה מִשֵּׁם רַבִּי אַחָא: מִכָּל מָקוֹם יַעֲקֹב שְׁמְךָ, אֶלָּא "כִּי אִם יִשְׂרָאֵל יִהְיֶה שְׁמֶךָ", יַעֲקֹב עִיקָּר וְיִשְׂרָאֵל מוֹסִיף עָלָיו. [לב, כט] "כִּי שָׂרִיתָ עִם אֱלֹהִים וְעִם אֲנָשִׁים וַתּוּכָל", נִתְגּוֹשַׁשְׁתָּ עִם הָעֶלְיוֹנִים וְיָכוֹלְתָּ לָהֶם, וְעִם הַתַּחְתּוֹנִים וְיָכוֹלְתָּ לָהֶם, עִם הָעֶלְיוֹנִים זֶה הַמַּלְאָךְ, רַבִּי חָמָא בַּר חֲנִינָא אָמַר: שָׂרוֹ שֶׁל עֵשָׂו הָיָה, הוּא דְּהוּא אָמַר לֵיהּ: (לקמן לג, י) "כִּי עַל כֵּן רָאִיתִי פָנֶיךָ כִּרְאֹת פְּנֵי אֱלֹהִים", מַה פְּנֵי אֱלֹהִים דִּין אַף פָּנֶיךָ דִּין, מַה פְּנֵי אֱלֹהִים (שמות כג, טו) "וְלֹא יֵרָאוּ פָנַי רֵיקָם", אַף אַתְּ לֹא יֵרָאוּ פָּנַי רֵיקָם, עִם הַתַּחְתּוֹנִים וְיָכוֹלְתָּ לָהֶם, זֶה עֵשָׂו וְאַלּוּפָיו. דָּבָר אַחֵר, [לב, כט] "כִּי שָׂרִיתָ עִם אֱלֹהִים", אַתְּ הוּא יג שֶׁאִיקוֹנִין שֶׁלְּךָ חֲקוּקָה לְמַעְלָה:

עץ יוסף

אותו מלאך שאמר ליה לא יעקב ואף הקדוש ברוך הוא אמר ליה כן הדא הוא דכתיב ויאמר לו אלהים שמך יעקב וגו׳ לא יעקב וגו׳ ירושלים שכל הנביאים מתנבאין עליה על אחת כמה וכמה שיקיים דברי נביאיו. ועיין לקמן (פרשה פב). ורצונו לומר שהמקרא יפורש בלשון תימה ודרך קל וחומר, ומה אם הקדוש ברוך הוא מקים דבר עבדו והיינו המלאך האחד שנגלה על יעקב, כל שכן וקל וחומר שועצת מלאכיו ישלים לקיים גזירתו בענין ירושלים, והוא דברי כל הנביאים שנבאו נחמות על ירושלים. ונקראו הנביאים מלאכים כמבואר בריש ויקרא רבה עיין שם, וכן ודאי יוכל המלאך להקרא עבד ה׳: [ה] לא שיעקר שם יעקב כו׳. דכוונת הכתוב הוא שמך יעקב הוא מכל מקום, אלא ולא יקרא שמך העיקר עוד יעקב כי אם ישראל יהיה עיקר שמך ויעקב טפל ועיין לעיל (מו, ו): [ו] נתגוששת. פירוש שרית מלשון התאבקות וגשישות: עם העליונים. הוא המלאך שיכול לו: הוא דהוה כו׳ כראות פני אלהים. היינו מלאך. ומכיון שהמלאך נדמה לו כעשו בודאי שרו של עשו היה: מה פני אלהים דין כו׳ מה פני אלהים ולא יראו כו׳. לא גרסינן לה, ואגב שיטפא דגרס לה לקמן בפירוש דקרא כתבוהו כאן (יפה תואר): את הוא שאיקונין כו׳. שרית לשון שררה שנחשב לשר כאחד מצבא המרום אחר שצורתך חקוקה למעלה אצל המלאכים. ופירוש אלהים מלאכים סתם. וכן עם אנשים נחשבת לשר וגדול:

פירוש מהרז״ו

לאברהם אברם. לעיל (עז, ג) ושם מבואר: עם העליונים. וזהו כי שרית עם אלהים וכמו שכתב שם בהושע (יב, ה) וישר אל מלאך ועיין לעיל (עז, ג): מה פני אלהים כו׳. לקמן פרשה זו (ריש סימן ח, יב) עיין שם, ועיין לעיל (עז, ז): שאיקונין שלך. אולי דורש שרית מלשון חניה בארמית. ועיין לעיל (עח, י) אלא באשרי וכו׳. ועיין לעיל (סח, יב) שאיקונין כו׳:

חידושי הרש״ש

[ג] אף את לא יראו פני ריקם. לקמן בפרשה זו (סימן יב) הגירסא פניך: דבר אחר כי שרית עם אלהים כו׳ שאיקונין שלך חקוקה למעלה. כי שרש שרה בארמית הוא ענין חניה, או יתכן דדריש שרית כמו צרית (לשון צר צורה) בחלוף זש״רץ:

מסורת המדרש

יב. ברכות דף י״ג. ירושלמי ברכות פרק א׳. לעיל פרשה מ״ו. ילקוט סדר לך לך רמז פ״א. ילקוט נחמיה רמז אלף ע״א. וילקוט דה״י רמז אלף ע״ג: יג. חולין צ״א:

אם למקרא

וַיֹּאמֶר לוֹ אֱלֹהִים שִׁמְךָ יַעֲקֹב לֹא יִקָּרֵא שִׁמְךָ עוֹד יַעֲקֹב כִּי אִם יִשְׂרָאֵל יִהְיֶה שְׁמֶךָ וַיִּקְרָא אֶת שְׁמוֹ יִשְׂרָאֵל: (בראשית לה:י)

אַתָּה הוּא ה׳ הָאֱלֹהִים אֲשֶׁר בָּחַרְתָּ בְּאַבְרָם וְהוֹצֵאתוֹ מֵאוּר כַּשְׂדִּים וְשַׂמְתָּ שְׁמוֹ אַבְרָהָם: (נחמיה ט:ז)

אֶת חַג הַמַּצּוֹת תִּשְׁמֹר שִׁבְעַת יָמִים תֹּאכַל מַצּוֹת כַּאֲשֶׁר צִוִּיתִךָ לְמוֹעֵד חֹדֶשׁ הָאָבִיב כִּי בוֹ יָצָאתָ מִמִּצְרָיִם וְלֹא יֵרָאוּ פָנַי רֵיקָם: (שמות כג:טו)

ידי משה

דכוותה הקורא לשרה שרי עובר בעשה. בתמיה, אלא הוא שנצטוה עליה תירוצא היא, וכן דכותיה (ברכות יג, א) הקורא ליעקב יעקב עובר בעשה והלא מצינו שאחר כך גם כן נקרא יעקב:

שינוי נוסחאות

(ג) אלא שנצטווה עליה. גם רש״י גם אות אמת וגם מתנות כהונה הוסיפו תיבת "הוא" אחרי "אלא": אף את לא יראו פני. מ״כ הגיה "פניך" במקום "פני":

רש״י

(ג) אמר רבי לוי לא יקרא עוד שמך אברם בלא תעשה, אברהם בעשה. איתיבון הרי כנסת הגדולה קראוהו אברם שנאמר אתה הוא ה׳ האלהים אשר בחרת באברם. שנייה היא, כלומר הא לא קשיא, מקרא הוא שמספר והולך שעד שהוא אברם בחרת בו. ודכוותה הקורא לשרה שרי עובר בעשה. בתמיה. אלא אברהם הוא שנצטוה שלא לקרותה שרי שנאמר (יז, טו) לא תקרא, דלא יקרא אין כתיב כאן. ודכותה הקורא ליעקב יעקב עובר בעשה. בתמיה. אלא לא שיעקר שם יעקב אלא ישראל עיקר ויעקב טפילה לו, שהרי מצינו שחזר הקב״ה וקראו יעקב בירידתו למצרים: וכי שרית עם אלהים נתגוששת. נאבקת:

מתנות כהונה

הכי גרסינן ואף הקב״ה אמר לו כן הדא הוא דכתיב ויאמר לו אלהים שמך יעקב וגו׳ לא יעקב וגו׳ ירושלים שכל הנביאים מתנבאים עליה על אחת כמה וכמה שיקיים דברי נביאיו ועיין לקמן (פב, ב) ובילקוט ישעיה: הכי גרסינן אלא הוא נצטוה עליה. ועיין לקמן (מו, ח) נתבאר היטב, ולעיל גרסינן ג״כ שנצטוה ויש ליישבו ודוק: נתגוששת. ענין התאבקות ונצחון: הוא דהוא אמר ליה. גרסינן: אף אתה דין. פירש רש״י שאתה דן אותי וכדלעיל: לא יראו פניך ריקם. גרסינן, וכן הוא לקמן: שאיקונין שלך. צורת פניך חקוקה למעלה, וזהו שרית עם אלהים:

אשד הנחלים

ואף הקב״ה כו׳ יעקב גו׳. ירושלים שמתנבאים עליה כמה נביאים עאכו״כ (כן גרסת האות אמת ומ״כ). ובאורו דלא ידומה אולי המלאכים מבטיחים זאת ח״ו מפי עצמם, כי התגלות הנביאים [לבד משה שהיה מדריגתו פה אל פה] היה רק ע״י מלאך, לזה אמר שהרי ראינו שעצת מלאכיו במה שברכו ליעקב מפי עצמו נתקיים, ואף כי המלאכים המשתלחים לנביאי ה׳ בכוונה ובצווי ואומרים לירושלים תושב בודאי יתקיים במהרה בימינו: דכוותא הקורא לשרה כו׳. קושיא היא דא״כ בשרה נמי, ואם תאמר הכי נמי, א״כ מדוע אמרה רק באברהם. ומתרץ ששם לא נצטוה רק אברהם לבדו, כי שם נאמר רק בלשון נוכח לאברהם, וכאן נאמר לא יקרא בפי כל: ויעקב טפילה. והראיה שכן אח״כ אמר הכתוב ויקרא אל יעקב במראות הלילה, הרי שקראו בשם יעקב: נתגוששת. ענין הגישוש הוא התחברות אמיתי, ובלשונם על הספינה המגעת עד לעפר נקראת ספינה גוששת. והנה סבת התחברות יעקב להמלאך ומשלו עליו הוא, כי יעקב היה עומד בהתבודדות עצומה נפרד מכל חברת הגוף, ומצד נשמתו הוא בדול מנשמת המלאך, ואלולי היה הפסק מה בינו לבין המלאך בהרגשת חומר מה, אז בודאי לא היה מכניע אותו. וזאת אמרו נתגוששת עם העליונים, ונתגוששת עם התחתונים זהו ממילא, ע״י שהכניע כחו הכניע גם את שעיר. או באורו כפשוטו, שמפרש מהו אלהים זהו העליונים. ופירש גושש על שם התאבקות בלשון הקודש: דין, אף פניך דין. מלא כעס ורוגז הנובע ממקור דין של מעלה. וכך דרש, מה פני הדין למעלה, הזהירנו שלא יראה ריקם, כי המנחה מכפרת, כן אתה. והענין הוא דבר גדול מאוד נעלה לבוחנים על דבר אמת. כי בין מדת הדין הטוב למעלה, ובין ההפוך הדין הרע למעלה צריך למנחת האדם, אשר על זה היסוד הורונו חכמי אמת בספריהם מענין השני שעירים גורל אחד לה׳ וגורל אחד לעזאזל, והדברים ארוכים, אך אין פה להאריך במקום שהזהירו לקצר: שעיר ואלופיו. שלכן נאמר אנשים ברבוי, ירומז על שעיר וצאצאיו היוצאים מאתו מול בני יעקב: חקוקה. דרש את אלהים על אלהים ממש, ומצד שאתה שר וחשוב אצל ה׳ ב״ה, שהאבות הן הן המרכבה כידוע:

□ כִּי שָׂרִיתָ עִם אֱלֹהִים וְעִם אֲנָשִׁים וַתּוּכָל — *FOR YOU HAVE STRUGGLED (SARISA) WITH "ELOHIM" AND WITH MAN AND HAVE OVERCOME.*

Some of the wording used here is obscure; the Midrash explains the sense of this phrase:

נִתְגּוֹשַׁשְׁתָּ עִם הָעֶלְיוֹנִים — This means: **You have struggled with the heavenly beings,**[57] וְיָכוֹלְתָּ לָהֶם — **and you have overcome them,** וְעִם הַתַּחְתּוֹנִים וְיָכוֹלְתָּ לָהֶם — **and** you have also struggled **with earthly mortals and you have overcome them.**[58]

The Midrash elaborates further:

עִם הָעֶלְיוֹנִים זֶה הַמַּלְאָךְ — **"With the heavenly beings" — this refers to the angel** himself.[59] רַבִּי חָמָא בַּר חֲנִינָא אָמַר: שָׂרוֹ שֶׁל עֵשָׂו הָיָה — **R' Chama bar Chanina said: [This angel] was the archangel of Esau.**[60] הוּא דְהוּא אָמַר לֵיהּ — **This** is the connotation of **that which [Jacob]** subsequently **told [Esau]** during their encounter, "כִּי עַל כֵּן רָאִיתִי פָנֶיךָ כִּרְאֹת פְּנֵי אֱלֹהִים" — *accept my tribute from me, **inasmuch as I have seen your face, which is like seeing the face of "elohim"*** (below, 33:10).[61]

The Midrash digresses to offer two alternative explanations of Jacob's remark comparing the face of Esau to the face of אֱלֹהִים [*Elohim*]:

מַה פְּנֵי אֱלֹהִים דִּין — Jacob was insinuating to Esau: **Just as the face of God,** when referred to by the name *Elohim,* **conducts judgment,** אַף פָּנֶיךָ דִּין — **so too, your face is conducting judgment;** מַה פְּנֵי אֱלֹהִים "וְלֹא יֵרָאוּ פָנַי רֵיקָם" — moreover, **just as** with respect to **the face of God** [אֱלֹהִים], it is stated, ***they shall not appear to My face empty-handed*** (*Exodus* 23:15), אַף אַתְּ וְלֹא יֵרָאוּ *פָּנֶיךָ רֵיקָם — **so too,** with respect to **yourself, "they shall not appear to your face empty-handed."**[62]

The Midrash returns to its discussion of our verse:

עִם הַתַּחְתּוֹנִים וְיָכוֹלְתָּ לָהֶם, זֶה עֵשָׂו וְאַלּוּפָיו — "You have struggled **with mortals and have overcome them" — this refers to Esau and his chiefs.**[63]

The Midrash offers an alternative explanation:

NOTES

verse is not in any sense restricting the continued use of the name Jacob (*Eitz Yosef* to above, 46 §8, citing *Nezer HaKodesh*). See Insight Ⓐ for a discussion of why Jacob, in contrast to Abraham, retained his original name despite being given a new name.

57. That is, the Midrash is interpreting the root שׂר (in the word שָׂרִיתָ) in the sense of *struggle, fight*. Similarly, the Midrash is understanding אֱלֹהִים as referring to the heavenly beings — angels and the like — rather than to God Himself (see *Yefeh To'ar*).

58. The word וַתּוּכָל, *and (you) have overcome,* refers back both to אֱלֹהִים, the *heavenly beings*, and to אֲנָשִׁים, *man,* the earthly mortals.

59. That is, the angel who was giving this blessing to Jacob and who had wrestled with him the previous night.

60. See 77 §3 above.

61. According to R' Chama bar Chanina, the *elohim* of that verse is a reference to the *elohim* of our verse, the angel who had wrestled with Jacob and whom Jacob had overcome. Since Jacob was commenting that Esau himself was similar to that angel, R' Chama bar Chanina deduces that the angel was in fact the archangel of Esau (*Eitz Yosef*).

62. According to these interpretations, אֱלֹהִים means "God," not angel or heavenly being.

This passage is also found in section 12 below, where the Midrash expounds 33:10, and our annotation for the passage appears there. *Yefeh To'ar* (quoted by *Eitz Yosef*) argues that in fact this passage does not belong here but since that verse is cited by the Midrash here, this exposition of the verse was [incorrectly] included as well. However, see *Eshed HaNechalim*.

63. [I.e., the angel was informing Jacob that Esau and his 400 men would not succeed in harming him; see *Rashbam* on v. 25 above. Alternatively, the angel meant that in their struggle through the ages, Esau and his descendants will not triumph over Jacob and his descendants (*Eshed HaNechalim*).]

For an alternative understanding of this passage, see Insight Ⓑ.

INSIGHTS

Ⓐ **A Change of Name** The Midrash notes a fundamental difference between the name changes of Abram and Jacob. Abraham's new name completely supplanted his old one. Jacob's new name was simply an addition. True, he was now Israel; but he was still Jacob. Why was Jacob's change of name different?

R' Yitzchak Hutner sees this question as related to a different one: Jacob is considered the epitome of the Patriarchs, having perfected the service of God and the sanctity of the Jewish people begun by his father Isaac and grandfather Abraham (see above, 76 §1). If so, why did the spiritual battles of Abraham and Isaac end in complete victory, whereas Jacob still limped — his mastery of the angel of evil seemingly remaining incomplete?

Rav Hutner explains that the incompletion of Jacob's victory is in fact a function of his greater achievement. It is true that Abraham was the forerunner of all proselytes (*Succah* 49b), the first person to *become* a Jew. Isaac was the first *born* Jew, holy from birth and circumcised on the eighth day. But Jacob was the first "irrevocable" Jew. When Abraham's son Ishmael and Isaac's son Esau rebelled against their fathers and became apostates, they were permanently removed from the Jewish nation that Abraham had founded (see *Sanhedrin* 59b; *Nedarim* 31a). Beginning with Jacob, however, no Jew can really separate from his people. Any descendant of Jacob born of a Jewish mother cannot abrogate his Jewishness. Even if he becomes a renegade and is viewed like a non-Jew concerning certain halachic matters (*Chullin* 5a), he is still deemed a part of Israel (*Sanhedrin* 44a), and his holiness can be reawakened by sincere repentance. If he is born a Jew, he is forever a Jew. This was Jacob's achievement.

But this very achievement introduced into the nation the possibility of incompletion. Before Jacob, a renegade Jew did not tear the fabric of the nation. He simply *left* the nation — and the nation he left behind remained complete. But Jacob's descendants remain forever bound by the covenant. The sins of the apostates among them remain the sins of the Jewish people, and the nation as a whole is incomplete. This is symbolized by Jacob's incomplete victory over the angel of evil. For the Midrash teaches above (77 §3) that the injury to Jacob's thigh alluded to the harm that Edom would do to Jacob's descendants "in the generation of forced apsotasy." The righteous ones would stand firm and prevail (see Midrash there). Some Jews, however, would succumb. But even those who succumbed would remain part of Israel's body — and Israel would limp.

This is why Jacob's change of name was different. True, he had become "Israel" by overpowering his celestial adversary. But his victory remained incomplete until his limp would heal. An element of "Jacob," the trodden one, would remain. Esau's repeated decrees against our faith would continue to cause defection from Jewish ranks, and thereby hold back the complete sanctity of our people. As long as there are Jews who defect, the nation cannot be whole.

It is only at the end of days, when *those who are saved at Mount Zion will ascend the mountain of Esau to exact judgment, and the kingdom will be* HASHEM'*s* (*Obadiah* 1:21), that Israel will no longer be Jacob. It is then that the covenant that God *established . . . for Jacob as a statute* will be *for Israel as an everlasting covenant* [*Psalms* 105:9-10] (*Pachad Yitzchak, Succos,* Essay 16).

Ⓑ **Touching an Angel** *Eshed HaNechalim* suggests that the word נִתְגּוֹשַׁשְׁתָּ should not be translated as "you have struggled" but rather as "you have become attached" or, "you have touched." Its meaning would be similar to that of the phrase, סְפִינָה גּוֹשֶׁשֶׁת, "a boat that is touching," which refers to a boat in shallow water whose bottom is scraping the riverbed underneath (see *Gittin* 7b). The archangel of Esau was telling Jacob that he was able to touch the angels, i.e., he was able to connect to the angels and deal with them as an equal. For although Jacob was a human being possessing a physical body, he nevertheless had succeeded in divorcing his soul totally from earthly pursuits. In that sense he had become like an angel. In fact his soul was greater than an angel, for he

״וַעֲצַת מַלְאָכָיו יַשְׁלִים״, שֶׁנִּגְלָה הַקָּדוֹשׁ בָּרוּךְ הוּא עַל יַעֲקֹב אָבִינוּ בִּשְׁבִיל לְקַיֵּים גְּזֵירָתוֹ שֶׁל אוֹתוֹ מַלְאָךְ שֶׁאָמַר לוֹ ״לֹא יַעֲקֹב״, וְאַף הַקָּדוֹשׁ בָּרוּךְ הוּא אָמַר לוֹ כֵּן, הָדָא הוּא דִכְתִיב (לקמן לה, י) ״וַיֹּאמֶר לוֹ אֱלֹהִים שִׁמְךָ יַעֲקֹב וְגוֹ׳ ״ °. [לב כט] ״לֹא יַעֲקֹב יֵאָמֵר״, יבבַּר קַפָּרָא אָמַר: כָּל מִי שֶׁהוּא קוֹרֵא לְאַבְרָהָם אַבְרָם עוֹבֵר בַּעֲשֵׂה, אָמַר רַבִּי לֵוִי: בַּעֲשֵׂה וְלֹא תַעֲשֶׂה: ״וְלֹא יִקָּרֵא עוֹד וְגוֹ׳ ״ בְּלֹא תַעֲשֶׂה, ״וְהָיָה שִׁמְךָ אַבְרָהָם״ בַּעֲשֵׂה, וַהֲרֵי אַנְשֵׁי כְּנֶסֶת הַגְּדוֹלָה קָרְאוּ אוֹתוֹ אַבְרָם, דִּכְתִיב (נחמיה ט, ז) ״אַתָּה הוּא ה׳ הָאֱלֹהִים אֲשֶׁר בָּחַרְתָּ בְּאַבְרָם וְגוֹ׳ ״, סִפּוּר הוּא מְסַפֵּר וְאוֹמֵר שֶׁעַד שֶׁהוּא אַבְרָם בָּחַרְתָּ בּוֹ, דִּכְוָותָהּ הַקּוֹרֵא לְשָׂרָה שָׂרַי עוֹבֵר בַּעֲשֵׂה, אֶלָּא ° שֶׁנִּצְטַוָּוה עָלֶיהָ, דִּכְוָותָהּ הַקּוֹרֵא לְיִשְׂרָאֵל יַעֲקֹב עוֹבֵר בַּעֲשֵׂה, תְּנִי: לֹא שֶׁיֵּעָקֵר שֵׁם יַעֲקֹב אֶלָּא ״כִּי אִם יִשְׂרָאֵל יִהְיֶה שְׁמֶךָ״, יִשְׂרָאֵל יִהְיֶה עִיקָּר וְיַעֲקֹב טְפֵילָה, רַבִּי זְכַרְיָה מִשֵּׁם רַבִּי אַחָא: מִכָּל מָקוֹם יַעֲקֹב שְׁמֶךָ, אֶלָּא ״כִּי אִם יִשְׂרָאֵל יִהְיֶה שְׁמֶךָ״, יַעֲקֹב עִיקָּר וְיִשְׂרָאֵל מוֹסִיף עָלָיו. [לב, כט] ״כִּי שָׂרִיתָ עִם אֱלֹהִים וְעִם אֲנָשִׁים וַתּוּכָל״, נִתְגּוֹשַׁשְׁתָּ עִם הָעֶלְיוֹנִים וְיָכוֹלְתָּ לָהֶם, וְעִם הַתַּחְתּוֹנִים וְיָכוֹלְתָּ לָהֶם, עִם הָעֶלְיוֹנִים זֶה הַמַּלְאָךְ, רַבִּי חָמָא בַּר חֲנִינָא אָמַר: שָׂרוֹ שֶׁל עֵשָׂו הָיָה, הוּא דְּהוּא אָמַר לֵיהּ: (לקמן לג, י) ״כִּי עַל כֵּן רָאִיתִי פָנֶיךָ כִּרְאֹת פְּנֵי אֱלֹהִים״, מַה פְּנֵי אֱלֹהִים דִּין אַף פָּנֶיךָ דִּין, מַה פְּנֵי אֱלֹהִים (שמות כג, טו) ״וְלֹא יֵרָאוּ פָנַי רֵיקָם״, אַף אַתְּ לֹא יֵרָאוּ פָּנַי רֵיקָם, עִם הַתַּחְתּוֹנִים וְיָכוֹלְתָּ לָהֶם, זֶה עֵשָׂו וְאַלּוּפָיו. דָּבָר אַחֵר, [לב, כט] ״כִּי שָׂרִיתָ עִם אֱלֹהִים״, אַתְּ הוּא יגשֶׁאִיקוֹנִין שֶׁלְּךָ חֲקוּקָה לְמַעְלָה:

עץ יוסף

אותו מלאך שאמר ליה לא יעקב ואף הקדוש ברוך הוא אמר ליה כן הדא הוא דכתיב ויאמר לו אלהים שמך יעקב וגו׳ לא יעקב וגו׳ ירושלים שכל הנביאים מתנבאין עליה על אחת כמה וכמה שיקיים דברי נביאיו. ועיין לקמן (פרשה פב). ורלונו לומר שהמקרא יפורש בלשון תימה ודרך קל וחומר, ומה אם הקדוש ברוך הוא מקים דבר עבדו והיינו המלאך האחד שנגלה על יעקב, כל שכן וקל וחומר שועלת מלאכיו ישלים לקיים גזירתו בענין ירושלים, והוא דברי כל הנביאים שנבאו נחמות על ירושלים. ונקראו הנביאים מלאכים כמבואר בריש ויקרא רבה עיין שם, וכן ודאי יוכל המלאך להקרא עבד ה׳: [ה] **לא שיעקר שם יעקב כו׳.** דכוונת הכתוב הוא שמך יעקב הוא מכל מקום, אלא ולא יקרא שמך העיקר עוד יעקב כי אם ישראל יהיה עיקר שמך ויעקב טפל ועיין לעיל (מו, ו): [ו] **נתגוששת.** פירוש שרית מלשון התאבקות וגישוש: **עם העליונים.** הוא המלאך שיכול לו: **הוא דהוה כו׳ כראות פני אלהים.** היינו מלאך. ומכיון שהמלאך נדמה לו כעשו בודאי שרו של עשו היה: **מה פני אלהים דין כו׳ מה פני אלהים ולא יראו כו׳.** לא גרסינן לה, ואגב שיטפא דגרס לה לקמן בפירוש דקרא כתבוהו כאן (יפה תואר): **את הוא שאיקונין כו׳.** שרית לשון שררה שנחשב לשר כאחד מצבא המרום אחר שצורתך חקוקה למעלה אצל המלאכים. ופירוש אלהים מלאכים סתם. וכן עם אנשים נחשבת לשר וגדול:

פירוש מהרז״ו

לאברהם אברם. לעיל (עז, ג) ושם מבואר: **עם העליונים.** וזהו כי שרית עם אלהים וכמו שכתב שם בהושע (יב, ה) וישר אל מלאך ועיין לעיל (עז, ג): **מה פני אלהים כו׳.** לקמן פרשה זו (ריש סימן ח, יב) עיין שם, ועיין לעיל (עז, ז): **שאיקונין שלך.** אולי דורש שרית מלשון חניה בארמית. ועיין לעיל (עח, י) אלא באשרי וכו׳. ועיין לעיל (סח, יב) שאיקונין כו׳:

חידושי הרש״ש

[ג] **אף את לא יראו פני ריקם.** לקמן בפרשה זו (סימן יב) הגירסא פניך: **דבר אחר כי שרית עם אלהים כו׳ שאיקונין שלך חקוקה למעלה.** כי שרש שרה בארמית הוא ענין חניה, או יתכן דדריש שרית כמו צרית (לשון צר צורה) בחלוף זסשצ״ן:

מסורת המדרש

יב. ברכות דף י״ג. ירושלמי ברכות פרק א׳. לעיל פרשה מ״ו. ילקוט סדר לך לך רמז פ״א. ילקוט נחמיה רמז אלף ע״א. וילקוט דה״י רמז אלף ע״ג:
יג. חולין צ״א:

אם למקרא

וַיֹּאמֶר לוֹ אֱלֹהִים שִׁמְךָ יַעֲקֹב לֹא יִקָּרֵא שִׁמְךָ עוֹד יַעֲקֹב כִּי אִם יִשְׂרָאֵל יִהְיֶה שְׁמֶךָ וַיִּקְרָא אֶת שְׁמוֹ יִשְׂרָאֵל: (בראשית לה:י)

אַתָּה הוּא ה׳ הָאֱלֹהִים אֲשֶׁר בָּחַרְתָּ בְּאַבְרָם וְהוֹצֵאתוֹ מֵאוּר כַּשְׂדִּים וְשַׂמְתָּ שְּׁמוֹ אַבְרָהָם: (נחמיה ט:ז)

אֶת חַג הַמַּצּוֹת תִּשְׁמֹר שִׁבְעַת יָמִים תֹּאכַל מַצּוֹת כַּאֲשֶׁר צִוִּיתִךָ לְמוֹעֵד חֹדֶשׁ הָאָבִיב כִּי בוֹ יָצָאתָ מִמִּצְרָיִם וְלֹא יֵרָאוּ פָנַי רֵיקָם: (שמות כג:טו)

ידי משה

דכוותה הקורא לשרה שרי עובר בעשה. בתמיה, אלא הוא שנלטוה עליה תירוצא היא, וכן דכותיה (ברכות יג, א) הקורא ליעקב יעקב עובר בעשה והלא מצינו שאחר כך גם כן נקרא יעקב:

שינוי נוסחאות

(ג) **אלא שנצטווה עליה.** גם רש״י גם אות אמת וגם מתנות כהונה הוסיפו תיבת ״הוא״ אחרי ״אלא״: **אף את לא יראו פני.** מ״כ הגיה ״פניך״ במקום ״פני״:

רש״י

(ג) **אמר רבי לוי לא יקרא עוד שמך אברם בלא תעשה, אברהם בעשה. איתיבון הרי כנסת הגדולה קראוהו אברם שנאמר אתה הוא ה׳ האלהים אשר בחרת באברם. שנייה היא,** כלומר הא לא קשיא, מקרא הוא שמספר והולך **שעד שהוא אברם בחרת בו. ודכוותה הקורא לשרה שרי עובר בעשה.** בתמיה. **אלא** אברהם **הוא שנצטוה** שלא לקרותה שרי שנאמר (יז, טו) לא תקרא, דלא יקרא אין כתיב כאן. **ודכוותה הקורא ליעקב יעקב עובר בעשה.** בתמיה. אלא **לא שיעקר שם יעקב אלא ישראל עיקר ויעקב טפילה** לו, שהרי מצינו שחזר הקב״ה וקראו יעקב בירידתו למצרים: **וכי שרית עם אלהים נתגוששת.** נאבקת:

מתנות כהונה

הכי גרסינן ואף הקב״ה אמר לו כן הדא הוא דכתיב ויאמר לו אלהים שמך יעקב וגו׳ לא יעקב וגו׳ ירושלים שכל הנביאים מתנבאים עליה על אחת כמה וכמה שיקיים דברי נביאיו ועיין לקמן (פב, ב) ובילקוט ישעיה: **הכי גרסינן אלא הוא נצטוה עליה.** ועיין לקמן (מו, ח) נתבאר היטב, ולעיל גרסינן ג״כ שנלטוה ויש לייסבו ודוק: **נתגוששת.** ענין התאבקות ונלחון: **הוא דהוא אמר ליה.** גרסינן: **אף אתה דין.** פירש רש״י שאתה דן אותי וכדלעיל: **לא יראו פניך ריקם.** גרסינן, וכן הוא לקמן: **שאיקונין שלך.** צורת פניך חקוקה למעלה, וזהו שרית עם אלהים:

אשד הנחלים

ואף הקב״ה כו׳ יעקב גו׳. ירושלים שמתנבאים עליה כמה נביאים עאכו״כ (כן גרסת האות אמת ומ״כ). ובאורו דלא ידומה אולי המלאכים מבטיחים זאת ח״ו מפי עצמם, כי התגלות הנביאים [לבד משה שהיה מדריגתו פה אל פה] היה רק ע״י מלאך, לזה אמר שהרי ראינו שעצת מלאכיו במה שברכו ליעקב מפי עצמו נתקיים, ואף כי המלאכים המשתלחים לנביאי ה׳ בכוונה ובצווי ואומרים לירושלים תושב בודאי יתקיים במהרה בימינו: **דכוותא הקורא לשרה כו׳.** קושיא היא דא״כ בשרה נמי, ואם תאמר הכי נמי, א״כ מדוע אמרה רק באברהם. ומתרץ ששם לא נצטוה רק אברהם לבדו, כי שם נאמר רק בלשון נוכח לאברהם, וכאן נאמר לא יקרא בפי כל: **ויעקב טפילה.** והראיה שכן אח״כ אמר הכתוב ויקרא אל יעקב במראות הלילה, הרי שקראו בשם יעקב: **נתגוששת.** ענין הגישוש הוא התחברות אמיתי, ובלשונם על הספינה המגעת עד לעפר נקראת ספינה גוששת. והנה סבת התחברות יעקב להמלאך ומשלו עליו הוא, כי יעקב היה עומד בהתבודדות עצומה נפרד מכל חברת הגוף, ומצד נשמתו הוא בדול מנשמת המלאך, ואלולי היה הפסק מה בינו לבין המלאך בהרגשת חומר מה, אז בודאי לא היה מכניע אותו. וזאת אמרו נתגוששת עם העליונים, ונתגוששת עם התחתונים זהו ממילא, ע״י שהכניע כחו הכניע גם את שעיר. או באורו כפשוטו, שמפרש מהו אלהים זהו העליונים. ופירש גושש על שם התאבקות בלשון הקודש: **דין, אף פניך דין.** מלא כעס ורוגז הנובע ממקור דין של מעלה. וכך דרש, מה פני הדין למעלה, הזהירנו שלא יראה ריקם, כי המנחה מכפרת, כן אתה. והענין הוא דבר גדול מאוד נעלה לבוחנים על דבר אמת. כי בין מדת הדין הטוב למעלה, ובין ההפוך הדין הרע למעלה צריך למנחת האדם, אשר על זה היסוד הורונו חכמי אמת בספריהם מענין השני שעירים גורל אחד לה׳ וגורל אחד לעזאזל, והדברים ארוכים, אך אין פה להאריך במקום שהזהירו לקצר: **שעיר ואלופיו.** שלכן נאמר אנשים ברבוי, ירומז על שעיר וצאצאיו היוצאים מאתו מול בני יעקב: **חקוקה.** דרש את אלהים על אלהים ממש, ומצד שאתה שר וחשוב אצל ה׳ ב״ה, שהאבות הן הן המרכבה כידוע:

וַיִּשְׁאַל יַעֲקֹב וַיֹּאמֶר הַגִּידָה נָּא שְׁמֶךָ וַיֹּאמֶר לָמָּה זֶּה תִּשְׁאַל לִשְׁמִי וַיְבָרֶךְ אֹתוֹ שָׁם.
Then Jacob inquired, and he said, "Divulge, if you please, your name." And he said, "Why then do you inquire of my name?" And he blessed him there (32:30).

§4 וַיִּשְׁאַל יַעֲקֹב וַיֹּאמֶר הַגִּידָה נָּא שְׁמֶךָ — ***THEN JACOB INQUIRED, AND HE SAID, "DIVULGE, IF YOU PLEASE, YOUR NAME."***

The Midrash cites an exposition that sheds light on the angel's refusal to reveal his name:

רַב אָמַר בְּשֵׁם רַבִּי יוֹסֵי בַּר דּוּסְתָּאי — Rav said in the name of R' Yose bar Dustai: כָּתוּב אֶחָד אוֹמֵר "מוֹנֶה מִסְפָּר לַכּוֹכָבִים וגו' שֵׁמוֹת יִקְרָא" — **One verse states, *He counts the number of the stars,*** *to all of them* ***He assigns "names"*** (*Psalms* 147:4),[65] וְכָתוּב אֶחָד אוֹמֵר "הַמּוֹצִיא בְמִסְפָּר צְבָאָם לְכֻלָּם בְּשֵׁם יִקְרָא" — while **another verse states, *He brings forth their legions by number; He calls to each of them by name*** (*Isaiah* 40:26).[66] אֶלָּא מְלַמֵּד שֶׁיֵּשׁ שֵׁם שִׁינּוּי — **Rather,** through this seeming contradiction **[Scripture] is teaching that there is variation** in the names of the angels; לֹא כַּשֵּׁם שֶׁנִּקְרָא עַכְשָׁיו כָּךְ הוּא נִקְרָא לְאַחַר זְמַן — **the name [the angel] is called presently is not the name he will be called at a later time,**[67] שֶׁנֶּאֱמַר "וַיֹּאמֶר לוֹ מַלְאַךְ ה' לָמָּה זֶּה תִּשְׁאַל לִשְׁמִי וְהוּא פֶלִאי" — **as [Scripture] states:**[68] ***The angel of HASHEM said to him, "Why is it that you ask for my name? It is hidden!"*** (*Judges* 13:18). *אֵינִי יוֹדֵעַ אֵיזֶה שֵׁם אֲנִי מִתְחַלֵּף — That is, the angel was saying, **"I myself do not know what name I will be given when it is changed."**[69]

וַיִּזְרַח לוֹ הַשֶּׁמֶשׁ כַּאֲשֶׁר עָבַר אֶת פְּנוּאֵל וְהוּא צֹלֵעַ עַל יְרֵכוֹ.
The sun shone for him as he passed Penuel and he was limping on his hip (32:32).

§5 וַיִּזְרַח לוֹ הַשֶּׁמֶשׁ וגו' — ***THE SUN SHONE FOR HIM, ETC. [AS HE PASSED PENUEL].***

The shining of the sun is normally an objective fact, a universal phenomenon.[70] Why does the verse here state that it *shone for him*? The Midrash explains:

אָמַר רַבִּי בֶּרֶכְיָה — **R' Berechyah commented,** asking rhetorically: וּלְמִי לֹא זָרְחָה הַשֶּׁמֶשׁ — **And for whom** then **did the sun not shine?** אֶלָּא "לוֹ" לִרְפוּאָתוֹ אֲבָל לַאֲחֵרִים אוֹרָה — **Rather,** *the sun shone* ***for him,*** Jacob, in the sense that it shone **to cure him** of his limp; **but for others** it shone only in the sense of giving **light.**[71]

The Midrash quotes another sage who gave a similar interpretation:

רַבִּי הוּנָא בְּשֵׁם רַבִּי אַחָא אָמַר — **R' Huna said in the name of R' Acha:** כָּךְ הָיְתָה הַשֶּׁמֶשׁ מְרַפֵּא בְּיַעֲקֹב אָבִינוּ וּמְלַהֶטֶת בְּעֵשָׂו וּבְאַלּוּפָיו — **So it was that the sun was healing our forefather Jacob and** at the same time **it was scorching Esau and his chiefs.**[72] אָמַר לוֹ הַקָּדוֹשׁ בָּרוּךְ הוּא: אַתְּ סִימָן לְבָנֶיךָ — Thus, **the Holy One, blessed is He, said [to Jacob]: You are to be a portent for your children,**

NOTES

65. Implying that each כּוֹכָב is assigned several names. [Although the verse speaks of כּוֹכָבִים, *stars,* the Midrash is clearly interpreting it in reference to the heavenly angels. *Yefeh To'ar* notes that Scripture occasionally uses the word כּוֹכָב for angel; see *Job* 38:7 and note 25 above.]

66. Implying that each angel in the heavenly legions has only one name (*Eitz Yosef*).

67. That is, each angel has only one name at any given moment; hence the verse in *Isaiah* states, לְכֻלָּם בְּשֵׁם יִקְרָא, *He calls to each of them by name,* in the singular. However, since in the course of time each angel goes through many names, the verse in *Psalms* states, *to all of them He assigns names,* in the plural. *Matnos Kehunah,* citing *Rashi* on our verse, writes that each angel is given a name in accordance with its mission. (E.g., an angel sent to heal the sick would be called Raphael [רְפָאֵל], "God has healed" [*Yefeh To'ar*]; see *Bava Metzia* 86b.) When the angel is assigned a new mission, he is then given a new name (see *Bamidbar Rabbah* 10 §5). See also *Eitz Yosef.*

[*Yefeh To'ar,* citing *Shemos Rabbah* 48 §1, argues that this does not apply to the archangels Michael and Gabriel, whose names remain constant; see also section 1 above.]

68. Regarding the angel who appeared to Manoah and his wife, informing them that they would have a son.

69. That is, the angel was telling Manoah that his future name was hidden even from himself (*Yefeh To'ar*). [Manoah had asked the angel (whom he thought was a human prophet) for his name so that he could reward him when his prediction would come true. Accordingly, the angel replied that he did not know what his name would be at that time. The implication of the Midrash is that here too, although he did not say so explicitly, the angel did not tell Jacob his name since it was not permanent; when given another mission he would be given another name. See *Yefeh To'ar.*] See *Yedei Moshe* for a different interpretation of the angel's reply.

For further discussion as to why the angel did not tell Jacob what his name was at that time, see Insight Ⓐ.

70. That is, the sun shines for all who are present at that particular location (although of course when the sun shines brightly over part of the world it is the dark of night somewhere else). See *Yefeh To'ar* and *Ibn Ezra* on 32:10 above.

71. Scripture says וַיִּזְרַח לוֹ הַשֶּׁמֶשׁ, *the sun shone for him,* because the sun shone for Jacob in a unique fashion, differently from the way it shone for everyone else. The sun shone on Jacob with special therapeutic rays that healed his limp, while for others it shone in the normal manner, providing light but no more than that. *Yefeh To'ar* and *Eitz Yosef* note that our passage disagrees with the interpretation of *the sun shone for him* given in *Chullin* 91b, that the sun shone *on account of* Jacob, rising earlier than it would have normally; see also above, 68 §10. [See *Rashi* on our verse, who combines elements of both interpretations.]

72. The 400 men who were accompanying him (above, v. 7). Like R' Berechyah, R' Huna understands *the sun shone for him* to mean that the sun shone differently for Jacob than it did for others. But according to R' Huna the contrast is sharper; rather than simply not being beneficial, the sun's rays were actually harmful to Esau, scorching him and his cohorts (*Eitz Yosef*).

INSIGHTS

Ⓐ An Angel's Name Jacob had asked the angel his name. The angel declined, saying that his name would change in any event. But Jacob had asked him what his name was *presently.* Why didn't the angel simply tell him?

A name — especially the name of an angel — is an identifier. Jacob knew that this was Esau's angel, who represented Satan and the evil inclination. Jacob wanted to know who the angel *was.* In that way, Jacob could be on guard against the angel's future attacks and machinations.

The angel replied that knowledge of his present name was pointless. For the evil inclination is always changing, always coming in new and different guises. It is pointless to know what his name is today, for tomorrow he will be different. The defense tactics one devises today will be ineffective against the new strain that shows up tomorrow. The angel himself does not know what his name will be next.

Yet that same angel, who would not tell his name to Jacob, says to him in verse 29 that *your* name will be Israel — *for you have striven . . . and overcome.* Jacob's name will always be "Israel," the one who strives and overcomes. That name will never change.

Each day brings new challenges. Each generation faces vastly different threats to its spiritual survival. Our children will confront unnamed and unimagined dangers. We cannot yet fight what we cannot yet see. But our name is — and always will be — "Israel." What we can do is fill ourselves and our children with knowledge and love of God's holy Torah and mitzvos. Those are the constants that will allow us to strive and overcome, come what may (based on *R' Shimshon Pincus* in *Tiferes Shimshon, Beurim* pp. 397-398).

ד [לב, ל] **"וַיִּשְׁאַל יַעֲקֹב וַיֹּאמֶר הַגִּידָה נָּא שְׁמֶךָ", [יד]רַב אָמַר בְּשֵׁם רַבִּי יוֹסֵי בַּר דּוֹסְתָּאי: כָּתוּב אֶחָד אוֹמֵר** (תהלים קמז, ד) **"מוֹנֶה מִסְפָּר לַכּוֹכָבִים וְגוֹ' שֵׁמוֹת יִקְרָא", וְכָתוּב אֶחָד אוֹמֵר** (ישעיה מ, כו) **"הַמּוֹצִיא בְמִסְפָּר צְבָאָם לְכֻלָּם בְּשֵׁם יִקְרָא", אֶלָּא מְלַמֵּד שֶׁיֵּשׁ שֵׁם שִׁינּוּי, לֹא כַּשֵּׁם שֶׁנִּקְרָא עַכְשָׁיו כָּךְ הוּא נִקְרָא לְאַחַר זְמַן, שֶׁנֶּאֱמַר** (שופטים יג, יח) **"וַיֹּאמֶר לוֹ מַלְאַךְ ה' לָמָּה זֶּה תִּשְׁאַל לִשְׁמִי וְהוּא פֶלְאִי", אֵינוֹ יוֹדֵעַ אֵיזֶה שֵׁם אֲנִי מִתְחַלֵּף:**

ה [לב, לב] **"וַיִּזְרַח לוֹ הַשֶּׁמֶשׁ וְגוֹ' ", אָמַר רַבִּי בֶּרֶכְיָה: וּלְמִי לֹא זָרְחָה הַשֶּׁמֶשׁ, אֶלָּא "לוֹ" לִרְפוּאָתוֹ אֲבָל לַאֲחֵרִים אוֹרָה, רַבִּי הוּנָא בְּשֵׁם רַבִּי אַחָא אָמַר: כָּךְ הָיְתָה הַשֶּׁמֶשׁ מְרַפֵּא בְּיַעֲקֹב אָבִינוּ וּמְלַהֶטֶת בְּעֵשָׂו וּבְאַלּוּפָיו, אָמַר לוֹ הַקָּדוֹשׁ בָּרוּךְ הוּא: אַתְּ סִימָן לְבָנֶיךָ, מָה אַתְּ הַשֶּׁמֶשׁ מְרַפֵּא בְךָ וּמְלַהֶטֶת בְּעֵשָׂו וּבְאַלּוּפָיו, כָּךְ בָּנֶיךָ [טו]תְּהֵא הַשֶּׁמֶשׁ מְרַפֵּא בָהֶן וּמְלַהֶטֶת °בְּעוֹבְדֵי כוֹכָבִים°, מְרַפֵּא בָהֶן** (מלאכי ג, כ) **"וְזָרְחָה לָכֶם יִרְאֵי שְׁמִי שֶׁמֶשׁ צְדָקָה וּמַרְפֵּא בִּכְנָפֶיהָ", מְלַהֶטֶת °בְּעוֹבְדֵי כוֹכָבִים°** (שם שם יט) **"הִנֵּה הַיּוֹם בָּא בֹּעֵר כַּתַּנּוּר וְגוֹ' ".** [לב, לב] **"וְהוּא צֹלֵעַ עַל יְרֵכוֹ", רַבִּי יְהוֹשֻׁעַ בֶּן לֵוִי הֲוָה סָלֵיק לְרוֹמִי, וְכֵיוָן דַּאֲתָא לְעַכּוֹ נְפַק רַבִּי חֲנִינָא לְקַדְמוּתֵיהּ, אַשְׁכְּחֵיהּ מַטְלַע עַל יַרְכֵיהּ, אֲמַר לֵיהּ: אַתְּ דָּמֵי לְסָבָךְ, "וְהוּא צֹלֵעַ עַל יְרֵכוֹ":**

ו [לב, לג] **"עַל כֵּן לֹא יֹאכְלוּ בְנֵי יִשְׂרָאֵל אֶת גִּיד הַנָּשֶׁה", אָמַר רַבִּי חֲנִינָא: [טז]לָמָּה נִקְרָא שְׁמוֹ גִּיד הַנָּשֶׁה, שֶׁנָּשָׁה מִמְּקוֹמוֹ, רַבִּי הוּנָא אָמַר: הַאי פְּקוּקַלְתָּא דְגִידָא שָׁרֵי, *וְיִשְׂרָאֵל קְדוֹשִׁים אָסְרוּ אוֹתָהּ עֲלֵיהֶם, רַבִּי יְהוּדָה וְרַבִּי יוֹסֵי, [יז]רַבִּי יְהוּדָה אָמַר: בְּאַחַת מֵהֶן נָגַע וְאַחַת מֵהֶן נֶאֶסְרָה, רַבִּי יוֹסֵי אָמַר בְּאַחַת מֵהֶן נָגַע וּשְׁתֵּיהֶן נֶאֶסְרוּ,**

עץ יוסף

(ד) [ז] **כתוב אחד אומר מונה כו'.** דלכולם שמות יקרא משמע שלכל אחד יקרא שמות הרבה, ולכולם בשם יקרא משמע שלכל אחד הוא קורא שם אחד. ועל זה אמר אלא מלמד כו' לא כשם שנקרא עכשיו כו'. שבבחינות חלופי השמות לפי שינוי השליחות יש לכל אחד שמות הרבה, ובבחינת פרטי זמני השליחות נקרא המלאך בכל פעם בשם אחד, ובשני הכתובים מלת לכולם פירושו לכל אחד מכולם: **אלא מלמד שיש שם שינוי.** שיש שמות המלאכים המשתנים בכל פעם להקרא בשם אחר אבל יש גם כן שאינם משתנים: (ה) [ח] **אלא לו לרפואתו כו'.** סבירא ליה שבזמנה זרחה השמש אלא שהיה לו ענין מיוחד בזריחתה דהיינו רפואתו: **ר' הונא כו'.** סבירא ליה שההבדל הוא דליעקב זריחת רפואה ולעשו זריחת להיטה. כדאשכחן וזרחה לכם יראי שמי וגו' כי להם הוא רפואה ולעכו"ם להיטה, שכל מה שאירע לאבות סימן לבנים (יפה תואר): **הנה היום בא.** דהיינו השמש שהוא במקום גיהנם לעתיד כדלעיל (פרשה כו): **ריב"ל סליק לרומי כו' נפק רבי חנינא לקדמותיה אשכחיה כו'.** הבעל סדר הדורות (תנאים ואמוראים ר' יהושע בן לוי אות ו) רוצה לגרוס רבי לוי לא רבי יהושע בן לוי עיין שם באריכות, אבל היפה תואר פירוש את דמי לסבך אתה דומה לזקנך שכשהיה בא לקראת עשו אירע מזליה והיה צולע, רמז שהוא מט לפניו בעולם הזה, וכן אתה על ידי בואך לרומי אירע מזלך להיות צולע עד כאן. משמע דגרס רבי יהושע בן לוי: (ו) [ט] **שנשה ממקומו.** שקפץ ממקומו: **פקוקלתא.** פירש הערוך הן הקנוקנות דאמר בגמרא (חולין צב, ב). וקנוקנות פירש רש"י בגמרא גידין דקים ההולכים באורך הירך מתחת הבשר מגיד החיצון לגיד הפנימי. רב הונא אזיל כעולא דאמרינן התם

פירוש מהרז"ו

(ד) **רב אמר.** צריך לומר רבי אומר, וכן הובא בבמדבר רבה (יא, ז) והוא מהספרי שלא נזכר שם רב: **שיש שם שינוי.** ובבמדבר רבה (שם) אמר שאין שם שינוי ושניהם אמת, שפסוק בשם יקרא מדבר במיכאל וגבריאל שאין שמם משתנה, ופסוק שמות יקרא מדבר במלאכים ששמם משתנה, ועיין שם בבמדבר רבה: (ה) **לו לרפואתו.** כמו שכתוב בסיפיה דקרא והוא צולע על ירכו. ועיין לעיל (סח, י), חולין (צא, ב): **רבי יהושע בן לוי סליק לרומי.** לעיל (לג, א) ושם נסמן: **נפק רבי חנינא.** צריך עיון איך מדמהו לגנאי, ועוד שהרי רבי חנינא זקן מרבי יהושע בן לוי ואיך יצא כנגדו, ואולי שלחוהו לרבי יהושע בן לוי לרומי לבטל איזה ענין רע והצליח בשליחותו ויצאו חכמי ישראל להקביל פניו, ולכך יצא גם רבי חנינא ובזה הוא דומה ליעקב בכל הענין:

חידושי הרד"ל

[ד] **רבי אומר משום אבא יוסי בן דוסתאי.** כן הוא בספרי נשא (פיסקא מב), ובמדבר רבה סוף (יא, ז), ועיין ויקרא רבה (לא, ו):

חידושי הרש"ש

[ו] **רבי יוסי אומר באחת מהן נגע ושתיהן נאסרו כו'.** ובגמרא דחולין (צא, א) אמרינן דלרבנן דשתיהן נאסרו, סברי דמאחוריו אתי ונשייה בתרווייהו:

אמרי יושר

[ד] **לאיזה שם נתחלף.** זהו בשמות יקרא:

ידי משה

[ד] **מלמד שיש שם שינוי וכו' שנאמר ויאמר לו מלאך למה זה תשאל לשמי והוא פלאי וכו'.** נראה לי דהכי פירושו לפי ששמם נקרא על שם השליחות, ולזה מביא ראייה במלאך שאמר ענין נזירות דכתיב (במדבר ו, ב) איש כי יפליא לנדור, ולכך שמו נקרא פלאי על שם שליחות שאמר ענין הפלאה ונזירות. ודוק:
[ה] **אמר ליה את דמי לסבך והוא צולע על ירכו.** לכאורה מאי אמר ליה בזה, ונראה לי לפי שמצינו בגמרא דתענית (כה, א) לוי שהטיח דברים כלפי מעלה ואיטלע וכדמסיק שם הא והא גרמא ליה, וכאן היה רבי יהושע בן לוי איטלע ורבי חנינא היה בא לבקר אותו ודיבר לו דברי פיוסים שלא יחשב רבי יהושע בעצמו שאיטלע עבור איזו חטא כמו לוי אביו שהטיח דברים ואחוי קידה, לזה אמר את דמי לסבך יעקב שאיטלע בלא שום חטא לזאת אמר ליה לסבך ולא אמר לסבא סתם אלא שרמז לו לסבך ולא לאביך. ודוק היטב:

מסורת המדרש

יד. שמ"ר פרשה מ"א. במדבר רבה פרשה י"א. תנחומא סדר ויקהל סימן ד'. ילקוט ישעיה רמז ש"י:
טו. נדרים ח':
טז. חולין צ"א:
יז. פסחים פ"ג. תוספתא חולין פרק ז':

אם למקרא

מוֹנֶה מִסְפָּר לַכּוֹכָבִים לְכֻלָּם שֵׁמוֹת יִקְרָא: (תהלים קמז:ד)

שְׂאוּ מָרוֹם עֵינֵיכֶם וּרְאוּ מִי בָרָא אֵלֶּה הַמּוֹצִיא בְמִסְפָּר צְבָאָם לְכֻלָּם בְּשֵׁם יִקְרָא מֵרֹב אוֹנִים וְאַמִּיץ כֹּחַ אִישׁ לֹא נֶעְדָּר: (ישעיה מ:כו)

וַיֹּאמֶר לוֹ מַלְאַךְ ה' לָמָּה זֶּה תִּשְׁאַל לִשְׁמִי וְהוּא פֶלִאי: (שופטים יג:יח)

כִּי הִנֵּה הַיּוֹם בָּא בֹּעֵר כַּתַּנּוּר וְהָיוּ כָל זֵדִים וְכָל עֹשֵׂה רִשְׁעָה קַשׁ וְלִהַט אֹתָם הַיּוֹם הַבָּא אָמַר ה' צְבָאוֹת אֲשֶׁר לֹא יַעֲזֹב לָהֶם שֹׁרֶשׁ וְעָנָף: וְזָרְחָה לָכֶם יִרְאֵי שְׁמִי שֶׁמֶשׁ צְדָקָה וּמַרְפֵּא בִּכְנָפֶיהָ וִיצָאתֶם וּפִשְׁתֶּם כְּעֶגְלֵי מַרְבֵּק: (מלאכי ג:יט-כ)

רש"י

(ד) **כתוב אחד אומר מונה מספר לכוכבים לכולם שמות יקרא, וכתוב אחד אומר לכולם בשם יקרא.** שם אחד. **אלא מלמד שאין שם שנוי כשם שהוא נקרא עכשיו הוא נקרא לאחר זמן:** (ו) **ההוא פקקלתא.** שומן שבין הפקוקלות: **רבי יהודה אומר באחת.** גיד דירך אחת:

מתנות כהונה

[ד] **שינוי.** כמו שפירש"י בחומש שלפי ענין שליחותם הם נקראים. ועיין בפרשת נשא (במדבר רבה י, ה): [ה] **מטלע.** צולע: [ו] **פקוקלתא.** פירש הערוך הן הקנוקנות שהוזכרו בגמרא ורש"י פירש שומן שבין הפקוקלות, וכן הוא בפרק גיד הנשה (עיין חולין צב, ב):

אשד הנחלים

[ד] **בשמות כו' בשם כו' אני מתחלף כו'.** דרש צבאם על המלאכים שהם מניעי הכוכבים [לפי דעת המחקרים הראשונים], והשם מורה על גדרו המיוחד ופעולותיו. ושמו נשתנה על שם פעולותיו, ופעולותיו מתחלפים כפי רצון ה', כפי העת והצורך לפעול למטה בעת ההיא דייקא, ולכן בתהלים כינה אותם בשמות לשון רבים, להורות על השתנות הפעולות בזמן מהזמנים, וישעיה כינה אותם בשם אחד להורות על פעולה מיוחדת, כי אין להם רק פעולה אחת בעת אחת, וכמאמרם (בראשית רבה ג, ב) אין מלאך אחד עושה שתי שליחות. ובאור הכתוב מונה מספר לכוכבים, שכל אחד ממונה על דבר מיוחד ולכולם בשם שעליהם יקרא, שהם המלאכים שהם המניעים אותם ברצון ה'. והבן זה. ועיין בפרשה נשא פי"א ובויקהל פ' מ"ח: [ה] **לרפאותו.** אולי כפשוטו שהכאיבו ברגלו והיה זריחת השמש מרפאו, אבל לאחרים אורה לבד בלא רפואה. ולולא יראתי הייתי מגיה אבל לאחרים אפילה, ונפל טעות בין א' לא', והכוונה כמו שמבאר להלן: **מלהטת כו'.** הדבר מובן כפשוטו, וכמו שפירש הרמב"ם בפרק חלק. ועל צד הכוונה השניה מרמז לענין השגה הגבוה שיתגלה בעתיד אשר זה מכונה בשם שמש שהיא האור הגדול, ובזה מרפא ומחזק הנפש, ומחליא הרשעים שלא הרגילו עצמם בהשגה. והדבר מבואר כמה פעמים בבאורי ואין לשנות הנה: **את דמי לסבך.** אולי ניחם אותו בזה לבל יפול לבו עליו שקרה לו זה, כי גם לאבינו יעקב קרה ככה, והיה זה לאות כי לא יכול ליגע בנפשו, רק שנגע מעט בכף ירכו, כן אתה אף שמדת הדין שלטה בך לענשך, עם כל זה מזה נראה שלא שלטה בך כי אם בכף ירכך, מזה נראה כי כחך וצדקתך גדולה, והבן זה. וצרף לדבריהם בירושלמי שנענש בשביל שהטיח דברים כלפי מעלה, שמן הדין היה חייב עונש יותר גדול לולא זכותו הגדול: [ו] **פקוקלתא.** אית דמפרשי שהוא השומן שעל הגיד ואית דמפרשי על הגיד עצמו,

מָה אַתְּ הַשֶּׁמֶשׁ מַרְפֵּא בְךָ וּמְלַהֶטֶת בְּעֵשָׂו וּבְאַלּוּפָיו – for **just as** with respect to **yourself, the sun is healing you and** simultaneously **scorching Esau and his chiefs,** כָּךְ בָּנֶיךָ תְּהֵא הַשֶּׁמֶשׁ מַרְפֵּא בָהֶן וּמְלַהֶטֶת בְּאוּמּוֹת הָעוֹלָם – **so** too in the future, with respect to **your children, the sun will heal them and** simultaneously **scorch the** idolatrous **nations of the world.**[73] מַרְפֵּא בָהֶן "וְזָרְחָה לָכֶם יִרְאֵי שְׁמִי שֶׁמֶשׁ צְדָקָה וּמַרְפֵּא בִּכְנָפֶיהָ" – **It will heal [Jacob's descendants],** as Scripture states, ***But a benevolent sun will shine for you who fear My Name, with healing in its rays*** (*Malachi* 3:20); מְלַהֶטֶת בְּאוּמּוֹת הָעוֹלָם "הִנֵּה הַיּוֹם בָּא בֹּעֵר כַּתַּנּוּר וגו׳" – **it will scorch the** idolatrous **nations of the world,** as Scripture states, ***For behold, the day is coming, burning like an oven,*** *when all the wicked people and all the evildoers will be like straw; and that coming day will burn them up* (ibid., v. 19).[74]

□ וְהוּא צֹלֵעַ עַל יְרֵכוֹ – ***AND HE WAS LIMPING ON HIS HIP.***

The Midrash relates an episode that involves our verse:

רַבִּי יְהוֹשֻׁעַ בֶּן לֵוִי הֲוָה סָלֵיק לְרוֹמִי – **R' Yehoshua ben Levi was** once **going up to Rome,** וְכֵיוָן דַּאֲתָא לְעַכּוֹ נְפַק רַבִּי חֲנִינָא לְקַדְמוּתֵיהּ – **and when,** while on his journey, **he reached** the city of **Acco, R' Chanina went out to greet him.** אַשְׁכְּחֵיהּ מִטַלַּע עַל יְרֵכֵיהּ – **He found [R' Yehoshua ben Levi] limping on his hip.**[75] אָמַר לֵיהּ – **[R' Chanina] remarked to [R' Yehoshua ben Levi],** אַתְּ דָּמֵי לְסָבָךְ, "וְהוּא צֹלֵעַ עַל יְרֵכוֹ" – **"You resemble your ancestor,** Jacob, of whom Scripture says, ***and he was limping on his hip."***[76]

עַל כֵּן לֹא יֹאכְלוּ בְנֵי יִשְׂרָאֵל אֶת גִּיד הַנָּשֶׁה אֲשֶׁר עַל כַּף הַיָּרֵךְ עַד הַיּוֹם הַזֶּה כִּי נָגַע בְּכַף יֶרֶךְ יַעֲקֹב בְּגִיד הַנָּשֶׁה.

Therefore the Children of Israel are not to eat the displaced sinew on the hip-socket to this day, because he struck Jacob's hip-socket on the displaced sinew (32:33).

§6 עַל כֵּן לֹא יֹאכְלוּ בְנֵי יִשְׂרָאֵל אֶת גִּיד הַנָּשֶׁה – ***THEREFORE THE CHILDREN OF ISRAEL ARE NOT TO EAT THE "NASHEH" SINEW.***

The Midrash explains the significance of the appellation גִּיד הַנָּשֶׁה, "the *nasheh* sinew":

אָמַר רַבִּי חֲנִינָא: לָמָּה נִקְרָא שְׁמוֹ גִּיד הַנָּשֶׁה – **R' Chanina said: Why is [this sinew] named, "the *nasheh* [נָשֶׁה] sinew"?** שֶׁנָּשָׁה מִמְּקוֹמוֹ – **Because it slipped [נָשָׁה] from its place.**[77]

The Midrash examines the parameters of this prohibition:

רַבִּי הוּנָא אָמַר – **R' Huna said:** הַאי פְּקוּקַלְתָּא דְגִידָא שָׁרֵי – **The branching of the sinew is permitted,** וְיִשְׂרָאֵל קְדוֹשִׁים אָסְרוּ אוֹתָהּ עֲלֵיהֶם – **but** the people of **Israel, who are holy** and create safeguards for Biblical law, **forbid it upon themselves.**[78]

Continuing its discussion of the extent of the prohibition, the Midrash quotes a dispute between two sages:

רַבִּי יְהוּדָה וְרַבִּי יוֹסֵי – **R' Yehudah and R' Yose** disagreed. רַבִּי יְהוּדָה אָמַר: בְּאַחַת מֵהֶן נָגַע – **R' Yehudah said: [The angel] struck** only **one of [Jacob's hip-sockets],** וְאַחַת מֵהֶן נֶאֶסְרָה – **and** thus only **one of [the hip-sockets] is forbidden.** רַבִּי יוֹסֵי אָמַר בְּאַחַת מֵהֶן נָגַע – **R' Yose said: [The angel] struck** only **one of [his hip-sockets],** וּשְׁתֵּיהֶן נֶאֶסְרוּ – **but** nevertheless, **both [the hip-sockets] are forbidden.**[79]

NOTES

73. At the time of God's final judgment.

74. The term הַיּוֹם, *the day,* in this verse is a reference to the sun (*Rashi* ad loc.); see also above, 21 §9 and 26 §6 (see *Eitz Yosef*). R' Huna sees this incident, when the sun's rays were therapeutic for Jacob, as presaging what will occur at the final judgment when the sun will emit healing rays for the righteous (in accordance with the principle that מַעֲשֵׂה אָבוֹת סִימָן לְבָנִים, *the acts of the Patriarchs are portents for their children*). It follows that for the portent to have been complete, the sun's healing effect on the righteous Jacob must have been accompanied with a punitive, destructive effect on the wicked Esau (*Eitz Yosef,* from *Yefeh To'ar*).

75. Apparently as a result of an injury he had suffered during his journey; see below.

76. I.e., just as Jacob was injured while on his way to meet Esau, causing him to limp, so too have you been injured on your journey to the Romans (who are the descendants of Esau), which likewise has caused you to limp. R' Chanina was not remarking upon a superficial similarity, for Jacob's injury and limp was symbolic of his subservience to Esau in this world, and R' Chanina was implying that in like fashion, R' Yehoshua ben Levi's limp was indicative of his subservience to Rome (*Yefeh To'ar,* cited by *Eitz Yosef*). See *Maharzu* for a somewhat different approach; see also Insight Ⓐ.

77. [That is, this sinew (identified as the sciatic nerve, see below), which rests on the hip-socket, slipped out of place for Jacob as a result of his hip-socket being dislocated when he wrestled with the angel; see above, v. 26. R' Chanina is saying that the name גִּיד הַנָּשֶׁה (the *nasheh* sinew), for this nerve is derived specifically from this incident.] See also the statement of R' Yehoshua ben Levi in *Chullin* 91a.

78. The sciatic nerve is a large nerve that runs down the entire length of the thigh. פְּקוּקַלְתָּא דְגִידָא, *the branching of the sinew,* refers to the soft, edible offshoots that fork off this main nerve and are embedded within the flesh. R' Huna is saying that the Biblical prohibition of the גִּיד הַנָּשֶׁה, the *nasheh* sinew, includes only the main nerve, although it itself is hard and tasteless. It is the Jews who on their own initiative have undertaken not to eat the softer offshoots, out of concern that they then might err and mistakenly eat the nerve itself (i.e., it is a Rabbinic prohibition). [It should be noted that the question as to whether the Biblical prohibition refers to the sciatic nerve itself or to its offshoots is the subject of a dispute in *Chullin* 92b, where the offshoots are termed קנוקנות.]

Our translation of פְּקוּקַלְתָּא דְגִידָא as the branching of the sinew accords with *Aruch,* cited by *Matnos Kehunah* and *Eitz Yosef.* However, *Rashi* (as understood by *Matnos Kehunah*) identifies פְּקוּקַלְתָּא דְגִידָא as the fat around the nerve, concerning which the Gemara in *Chullin* (91a and 92b) uses terminology similar to that used here regarding פְּקוּקַלְתָּא דְגִידָא (see *Matnos Kehunah*).

79. It should be noted that the Mishnah in *Chullin* (89b/7:1) rules in accordance with R' Yose, that both *nasheh* sinews are forbidden. However, as explained by the Gemara there (91a), the Tanna of the Mishnah is of the opinion that the angel actually struck both of Jacob's hip-sockets.

INSIGHTS

Ⓐ **The Limp of Jacob** Taking a different approach, *Yedei Moshe* suggests that R' Chanina was actually offering words of comfort to R' Yehoshua ben Levi. The Gemara in *Taanis* 25a states that Levi, the father of R' Yehoshua, once spoke sharply toward Heaven, saying to God during a period of drought, רִבּוֹנוֹ שֶׁל עוֹלָם עָלִיתָ וְיָשַׁבְתָּ בַּמָּרוֹם וְאֵין אַתָּה מְרַחֵם עַל בָּנֶיךָ, "Master of the World, You have gone up and resided on high, and You do not have any mercy on Your children." (I.e., You have forsaken the world, becoming indifferent to the fate of the people.) God answered Levi's prayers and sent rain, but ultimately Levi was punished for his audacity and he became partially lame, causing him to limp. It would thus be natural that when a similar fate befell his son and he too developed a limp, the son would think that he must also have been guilty of some sin for which he too was being punished. Accordingly, R' Chanina sought to reassure R' Yehoshua ben Levi on that count. He told him that his situation was not comparable to that of his immediate father but rather to a much earlier ancestor, Jacob. For under similar circumstances, when on his way to meeting Esau, the progenitor of the Romans, he was also injured and began to limp. In Jacob's case, the limp was not indicative of any sin on his part, and thus, R' Chanina was suggesting, neither was that of R' Yehoshua ben Levi (*Yedei Moshe* s.v. אמר לו את דמי לסבך). [Perhaps R' Chanina was also insinuating that just as Jacob's limp was not permanent for he was healed almost immediately (see previous passage), so too R' Yehoshua ben Levi's limp would be a passing condition.]

ד [לב, ל] "וַיִּשְׁאַל יַעֲקֹב וַיֹּאמֶר הַגִּידָה נָּא שְׁמֶךָ", [יד]רַב אָמַר בְּשֵׁם רַבִּי יוֹסֵי בַּר דּוֹסְתָּאי: כָּתוּב אֶחָד אוֹמֵר (תהלים קמז, ד) "מוֹנֶה מִסְפָּר לַכּוֹכָבִים וְגוֹ' שֵׁמוֹת יִקְרָא", וְכָתוּב אֶחָד אוֹמֵר (ישעיה מ, כו) "הַמּוֹצִיא בְּמִסְפָּר צְבָאָם לְכֻלָּם בְּשֵׁם יִקְרָא", אֶלָּא מְלַמֵּד שֶׁיֵּשׁ שֵׁם שִׁינּוּי, לֹא כַּשֵּׁם שֶׁנִּקְרָא עַכְשָׁיו כָּךְ הוּא נִקְרָא לְאַחַר זְמַן, שֶׁנֶּאֱמַר (שופטים יג, יח) "וַיֹּאמֶר לוֹ מַלְאַךְ ה' לָמָּה זֶּה תִּשְׁאַל לִשְׁמִי וְהוּא פֶּלִאי", אֵינוֹ יוֹדֵעַ אֵיזֶה שֵׁם אֲנִי מִתְחַלֵּף:

ה [לב, לב] "וַיִּזְרַח לוֹ הַשֶּׁמֶשׁ וְגוֹ' ", אָמַר רַבִּי בֶּרֶכְיָה: וּלְמִי לֹא זָרְחָה הַשֶּׁמֶשׁ, אֶלָּא "לוֹ" לִרְפוּאָתוֹ אֲבָל לַאֲחֵרִים אוֹרָה, רַבִּי הוּנָא בְּשֵׁם רַבִּי אַחָא אָמַר: כָּךְ הָיְתָה הַשֶּׁמֶשׁ מְרַפֵּא בְּיַעֲקֹב אָבִינוּ וּמְלַהֶטֶת בְּעֵשָׂו וּבְאַלּוּפָיו, אָמַר לוֹ הַקָּדוֹשׁ בָּרוּךְ הוּא: אַתְּ סִימָן לְבָנֶיךָ, מָה אַתְּ הַשֶּׁמֶשׁ מְרַפֵּא בְּךָ וּמְלַהֶטֶת בְּעֵשָׂו וּבְאַלּוּפָיו, כָּךְ בָּנֶיךָ [טו]תְּהֵא הַשֶּׁמֶשׁ מְרַפֵּא בָּהֶן וּמְלַהֶטֶת °בְּעוֹבְדֵי כוֹכָבִים°, מְרַפֵּא בָּהֶן (מלאכי ג, כ) "וְזָרְחָה לָכֶם יִרְאֵי שְׁמִי שֶׁמֶשׁ צְדָקָה וּמַרְפֵּא בִּכְנָפֶיהָ", מְלַהֶטֶת °בְּעוֹבְדֵי כוֹכָבִים° (שם שם יט) "הִנֵּה הַיּוֹם בָּא בֹּעֵר כַּתַּנּוּר וְגוֹ' ". [לב, לב] "וְהוּא צֹלֵעַ עַל יְרֵכוֹ", רַבִּי יְהוֹשֻׁעַ בֶּן לֵוִי הֲוָה סָלֵיק לְרוֹמִי, וְכֵיוָן דַּאֲתָא לְעַכּוֹ נְפַק רַבִּי חֲנִינָא לְקַדָּמוּתֵיהּ, אַשְׁכְּחֵיהּ מַטְלַע עַל יְרֵכֵיהּ, אֲמַר לֵיהּ: אַתְּ דָּמֵי לְסָבָךְ, "וְהוּא צֹלֵעַ עַל יְרֵכוֹ":

ו [לב, לג] "עַל כֵּן לֹא יֹאכְלוּ בְנֵי יִשְׂרָאֵל אֶת גִּיד הַנָּשֶׁה", אָמַר רַבִּי חֲנִינָא: [טז]לָמָּה נִקְרָא שְׁמוֹ גִּיד הַנָּשֶׁה, שֶׁנָּשָׁה מִמְּקוֹמוֹ, רַבִּי הוּנָא אָמַר: הַאי פְּקוּקַלְתָּא דְגִידָא שָׁרֵי, *וְיִשְׂרָאֵל קְדוֹשִׁים אָסְרוּ אוֹתָהּ עֲלֵיהֶם, רַבִּי יְהוּדָה וְרַבִּי יוֹסֵי, [יז]רַבִּי יְהוּדָה אָמַר: בְּאַחַת מֵהֶן נָגַע וְאַחַת מֵהֶן נֶאֶסְרָה, רַבִּי יוֹסֵי אָמַר בְּאַחַת מֵהֶן נָגַע וּשְׁתֵּיהֶן נֶאֱסְרוּ,

עץ יוסף

(ד) [ז] **כתוב אחד אומר מונה כו'.** דלכולם שמות יקרא משמע שלכל אחד יקרא שמות הרבה, ולכולם בשם יקרא משמע שלכל אחד הוא קורא שם אחד. ועל זה אמר אלא מלמד כו' לא כשם שנקרא עכשיו כו'. שבבחינות חלופי השמות לפי שינוי השליחות יש לכל אחד שמות הרבה, ובבחינת פרטי זמני השליחות נקרא המלאך בכל פעם בשם אחד, ובשני הכתובים מלת לכולם פירושו לכל אחד מכולם: **אלא מלמד שיש שם שינוי.** שיש שמות המלאכים המשתנים בכל פעם להקרא בשם אחר אבל יש גם כן שאינם משתנים: (ה) [ח] **אלא לו לרפואתו כו'.** סבירא ליה שבזמנה זרחה השמש אלא שהיה לו ענין מיוחד בזריחתה דהיינו רפואתו: **ר' הונא כו'.** סבירא ליה שההבדל הוא דליעקב זריחת רפואה ולעשו זריחת להיטה. כדאשכחן וזרחה לכם יראי שמי וגו' כי להם הוא רפואה ולעכו"ם להיטה, שכל מה שאירע לאבות סימן לבנים (יפה תואר): **הנה היום בא.** דהיינו השמש שהוא במקום גיהנם לעתיד כדלעיל (פרשה כו): **ריב"ל סליק לרומי כו' נפק רבי חנינא לקדמותיה אשכחיה כו'.** הבעל סדר הדורות (תנאים ואמוראים ר' יהושע בן לוי אות ו) רוצה לגרוס רבי לוי לא רבי יהושע בן לוי עיין שם באריכות, אבל היפה תואר פירוש את דמי לסבך אתה דומה לזקנך שכשהיה בא לקראת עשו איתרע מזליה והיה צולע, רמז שהוא מט לפניו בעולם הזה, וכן אתה על ידי בואך לרומי איתרע מזלך להיות צולע עד כאן. משמע דגרס רבי יהושע בן לוי: (ו) [ט] **שנשה ממקומו.** שקפץ ממקומו: **פקוקלתא.** פירש הערוך הן הקנוקנות דאמר בגמרא (חולין צב, ב). וקנוקנות פירש רש"י בגמרא גידין דקים ההולכים באורך הירך מתחת הבשר מגיד החיצון לגיד הפנימי. רב הונא אזיל כעולא דאמרינן התם

פירוש מהרז"ו

(ד) **רב אמר.** צריך לומר רבי אומר, וכן הובא בבמדבר רבה (יא, ז) והוא מהספרי שלא נזכר שם רב: **שיש שם שינוי.** ובבמדבר רבה (שם) אמר שאין שם שינוי ושניהם אמת, שפסוק בשם יקרא מדבר במיכאל וגבריאל שאין שמם משתנה, ופסוק שמות יקרא מדבר במלאכים ששמם משתנה, ועיין שם בבמדבר רבה: (ה) **לו לרפואתו.** כמו שכתוב בסיפיה דקרא והוא צולע על ירכו. ועיין לעיל (סח, י), חולין (נא, ב): **רבי יהושע בן לוי סליק לרומי.** לעיל (לג, א) ושם נסמן: **נפק רבי חנינא.** צריך עיון איך מדמהו לגנאי, ועוד שהרי רבי חנינא זקן מרבי יהושע בן לוי ואיך יצא כנגדו, ואולי שלחוהו לרבי יהושע בן לוי לרומי לבטל איזה ענין רע והצליח בשליחותו ויצאו חכמי ישראל להקביל פניו, ולכך יצא גם רבי חנינא ובזה הוא דומה ליעקב בכל הענין:

רש"י

(ד) **כתוב אחד אומר מונה מספר לכוכבים לכולם שמות יקרא, וכתוב אחד אומר לכולם בשם יקרא.** שם אחד. **אלא מלמד שאין שם שנוי כשם שהוא נקרא עכשיו הוא נקרא לאחר זמן:** (ו) **ההוא פקקלתא.** שומן שבין הפקוקלות: **רבי יהודה אומר באחת. גיד דירך** אחת:

מתנות כהונה

[ד] **שינוי.** כמו שפירש"י בחומש שלפי ענין שליחותם הם נקראים. ועיין בפרשת נשא (במדבר רבה י, ה): [ה] **מטלע.** צולע: [ו] **פקוקלתא.** פירש הערוך הן הקנוקנות שהוזכרו בגמרא ורש"י פירש שומן שבין הפקוקלות, וכן הוא בפרק גיד הנשה (עיין חולין צב, ב):

אשד הנחלים

[ד] **בשמות כו' בשם כו' אני מתחלף כו'.** דרש צבאם על המלאכים שהם מניעי הכוכבים [לפי דעת המחקרים הראשונים], והשם מורה על גדרו המיוחד ופעולותיו. ושמו נשתנה על שם פעולותיו, ופעולותיו מתחלפים כפי רצון ה', כפי העת והצורך לפעול למטה בעת ההיא דייקא, ולכן בתהלים כינה אותם בשמות לשון רבים, להורות על השתנות הפעולות בזמן מהזמנים, וישעיה כינה אותם בשם אחד להורות על פעולה מיוחדת, כי אין להם רק פעולה אחת בעת אחת, וכמאמרם (בראשית רבה נ, ב) אין מלאך אחד עושה שתי שליחות. ובאור הכתוב מונה מספר לכוכבים, שכל אחד ממונה על דבר מיוחד ולכולם בשם שעליהם יקרא, שהם המלאכים שהם המניעים אותם ברצון ה'. והבן זה. ועיין בפרשה נשא פי"א ובויקהל פ' מ"ח: [ה] **לרפאותו.** אולי כפשוטו שהכאיבו ברגלו והיה זריחת השמש מרפאו, אבל לאחרים אורה לבד בלא רפואה. ולולא יראתי הייתי מגיה אבל לאחרים אפילה, ונפל טעות בין א' לא', והכוונה כמו שמבאר להלן: **מלהטת כו'.** הדבר מובן כפשוטו, וכמו שפירש הרמב"ם בפרק חלק. ועל צד הכוונה השניה מרמז לענין השגה הגבוה שיתגלה בעתיד אשר זה מכונה בשם שמש שהיא האור הגדול, ובזה מרפא ומחזק הנפש, ומחליא הרשעים שלא הרגילו עצמם בהשגה. והדבר מבואר כמה פעמים בבאורי ואין לשנות הנה: **את דמי לסבך.** אולי ניחם אותו בזה לבל יפול לבו עליו שקרה לו זה, כי גם לאבינו יעקב קרה ככה, והיה זה לאות כי לא יכול ליגע בנפשו, רק שנגע מעט בכף ירכו, כן אתה אף שמדת הדין שלטה בך לענשך, עם כל זה מזה נראה שלא שלטה בך כי אם בכף ירכך, מזה נראה כי כחך וצדקתך גדולה, והבן זה. וצרף לדבריהם בירושלמי שנענש בשביל שהטיח דברים כלפי מעלה, שמן הדין היה חייב עונש יותר גדול לולא זכותו הגדול: [ו] **פקוקלתא.** אית דמפרשי שהוא השומן שעל הגיד ואית דמפרשי על הגיד עצמו,

חידושי הרד"ל

[ד] **רבי אומר משום אבא יוסי בן דוסתאי.** כן הוא בספרי נשא (פיסקא מב), ובמדבר רבה סוף (יא, ז), ועיין ויקרא רבה (לא, ו):

חידושי הרש"ש

[ו] **רבי יוסי אומר באחת מהן נגע ושתיהן נאסרו כו'.** ובגמרא דחולין (צא, א) אמרינן דלרבנן דשתיהן נאסרו, סברי דמאחוריו אתי ונשייה בתרווייהו:

אמרי יושר

[ד] **לאיזה שם נתחלף.** זהו בשמות יקרא:

ידי משה

[ד] **מלמד שיש שם שינוי וכו' שנאמר ויאמר לו מלאך למה זה תשאל לשמי והוא פלאי וכו'.** נראה לי דהכי פירושו לפי ששמם נקרא על שם השליחות, ולזה מביא ראייה במלאך שאמר ענין נזירות דכתיב (במדבר ו, ב) איש כי יפליא לנדור, ולכך שמו נקרא פלאי על שם שליחות שאמר ענין הפלאה ונזירות. ודוק:
[ה] **אמר ליה את דמי לסבך והוא צולע על ירכו.** לכאורה מאי אמר ליה בזה, ונראה לי לפי שמצינו בגמרא דתענית (כה, א) לוי שהטיח דברים כלפי מעלה ואיטלע וכדמסיק שם הא והא גרמא ליה, וכאן היה רבי יהושע בן לוי איטלע ורבי חנינא היה בא לבקר אותו ודיבר לו דברי פיוסים שלא יחשב רבי יהושע בעצמו שאיטלע עבור איזו חטא כמו לוי אביו שהטיח דברים ואחוי קידה, לזה אמר את דמי לסבך יעקב שאיטלע בלא שום חטא לזאת אמר ליה לסבך ולא אמר לסבא סתם אלא שרמז לו לסבך ולא לאביך. ודוק היטב:

מסורת המדרש

יד. שמ"ר פרשה מ"ח. במדבר רבה פרשה י"א. תנחומא סדר ויקהל סימן ד'. ילקוט ישעיה רמז ש"ן:
טו. נדרים ח':
טז. חולין נ"א:
יז. פסחים פ"ג. תוספתא חולין פרק ז':

אם למקרא

מוֹנֶה מִסְפָּר לַכּוֹכָבִים לְכֻלָּם שֵׁמוֹת יִקְרָא: (תהלים קמז:ד)

שְׂאוּ מָרוֹם עֵינֵיכֶם וּרְאוּ מִי בָרָא אֵלֶּה הַמּוֹצִיא בְמִסְפָּר צְבָאָם לְכֻלָּם בְּשֵׁם יִקְרָא מֵרֹב אוֹנִים וְאַמִּיץ כֹּחַ אִישׁ לֹא נֶעְדָּר: (ישעיה מ:כו)

וַיֹּאמֶר לוֹ מַלְאַךְ ה' לָמָּה זֶּה תִּשְׁאַל לִשְׁמִי וְהוּא פֶלִאי: (שופטים יג:יח)

כִּי הִנֵּה הַיּוֹם בָּא בֹּעֵר כַּתַּנּוּר וְהָיוּ כָל זֵדִים וְכָל עֹשֵׂה רִשְׁעָה קַשׁ וְלִהַט אֹתָם הַיּוֹם הַבָּא אָמַר ה' צְבָאוֹת אֲשֶׁר לֹא יַעֲזֹב לָהֶם שֹׁרֶשׁ וְעָנָף: וְזָרְחָה לָכֶם יִרְאֵי שְׁמִי שֶׁמֶשׁ צְדָקָה וּמַרְפֵּא בִּכְנָפֶיהָ וִיצָאתֶם וּפִשְׁתֶּם כְּעֶגְלֵי מַרְבֵּק: (מלאכי ג:יט-כ)

אִית תַּנָּא תָּנֵי הַדַּעַת מַכְרַעַת שֶׁהוּא שֶׁל יָמִין — **One Tanna taught** a Baraisa stating: **Logic weighs in favor of saying that it was the [hip-socket] on the right** that the angel struck, כְּדִבְרֵי רַבִּי יְהוּדָה — which is **in accordance with the view of R' Yehudah.**[80] וְאִית תַּנָּא תָּנֵי הַדַּעַת מַכְרַעַת שֶׁהוּא שֶׁל שְׂמֹאל — **And another Tanna taught** a Baraisa stating: **Logic weighs in favor of saying that it was [the hip-socket] on the left,** כְּרַבִּי יוֹסֵי — which is **in accordance with R' Yose.**[81]

In the Baraisas quoted above, both positions claim that logic is on their side; the Midrash explains the reasoning behind each opinion:

מַאן דְּאָמַר הַדַּעַת נוֹטָה שֶׁהוּא שֶׁל יָמִין — **The one who says, "Logic weighs in favor of saying that it was [the hip-socket] on the right,"** bases his position on the verse, "וַיִּגַּע בְּכַף יְרֵכוֹ" — ***He struck the socket of his hip** . . . as he wrestled with him* (above, v. 26).[82] וּמַאן דְּאָמַר הַדַּעַת מַכְרַעַת שֶׁהוּא שֶׁל שְׂמֹאל — **And the one who says, "Logic weighs in favor of saying that it was [the hip-socket] on the left,"** שֶׁנֶּאֱמַר "כִּי נָגַע בְּכַף יֶרֶךְ יַעֲקֹב" — argues that it was the left, **as [our verse] states,** ***because he struck Jacob's hip-socket*** *on the "nasheh" sinew.*[83]

וַיִּשָּׂא יַעֲקֹב עֵינָיו וַיַּרְא וְהִנֵּה עֵשָׂו בָּא וְעִמּוֹ אַרְבַּע מֵאוֹת אִישׁ וַיַּחַץ אֶת הַיְלָדִים עַל לֵאָה וְעַל רָחֵל וְעַל שְׁתֵּי הַשְּׁפָחוֹת.

Jacob raised his eyes and saw — behold, Esau was coming, and with him were four hundred men — so he divided the children among Leah, Rachel, and the two handmaids (33:1).

§7 וַיִּשָּׂא יַעֲקֹב אֶת עֵינָיו וַיַּרְא וגו׳ — ***JACOB RAISED HIS EYES AND SAW, ETC.*** *[BEHOLD, ESAU WAS COMING].*

The Midrash uses a fable to illustrate Jacob's behavior upon his encounter with his brother:

אָמַר רַבִּי לֵוִי — **R' Levi related** the following incident: אֲרִי הֲוָה כָּעַס עַל הַבְּהֵמָה וְעַל הַחַיָּה — **The lion** once **became angry at the animals and at the beasts.** אָמְרִין: מַאן אָזִיל וּמְפַיֵּיס יָתֵיהּ — **[The animals] said, "Who will go and appease [the lion]?"** אָמַר לְהוֹן הָדֵין תַּעֲלָא — **A certain fox said to them,** אֲתוֹן לְהָכָא — **"Come there** with me, דַּאֲנָא יָדַע תְּלַת מְאָה מַתְלִין וַאֲנָא מְפַיֵּיס יָתֵיהּ — **for I know three hundred fables, and I will appease [the lion]** with them."[84] אָמְרִין לֵיהּ: אֲגוּמִין — **They said to [the fox], "Let it be so."**[85] הָלַךְ צִיבְחַר וְקָם לֵיהּ — **[The fox] walked a little and** then **he stood** still. אָמְרֵי לֵיהּ: מַה דֵּין — Whereupon **[the animals]** who were accompanying him **said to him, "What** is the reason for **this?"** אָמַר לְהוֹן: אִנְשִׁית מְאָה — **[The fox] responded to them, "I have** just **forgotten one hundred** of the fables."[86] אָמְרוּ לֵיהּ: אִית בְּמָאתָן בִּרְכָאן — **[The animals] said** back **to him, "Two hundred** fables **are sufficient** to appease the lion."[87] הָלַךְ צִיבְחַר וְקָם לֵיהּ — **He walked a little** further **and** then again **he stood** still. אָמְרוּ לֵיהּ: מַה דֵּין — Whereupon **[the animals]** again **said to [the fox], "What is** the reason for **this?"** אָמַר לְהוֹן: אִנְשִׁית אַף מְאָה — **[The fox] responded to them, "I have** just **forgotten another hundred."** אָמְרוּ לֵיהּ: אַף בִּמְאָה בִּרְכָאן — **[The animals] said to him, "Even one hundred** fables **are sufficient."** וְכֵיוָן דִּמְטָא תַּמָּן אָמַר — **But when [the fox] came there,** i.e., in front of the lion, **he announced,** אִנְשִׁית כּוּלְהוֹן — **"I have forgotten them all!** אֶלָּא כָּל חַד וְחַד יְפַיֵּיס עַל נַפְשֵׁיהּ — **Rather, let each and every individual plead for his own life."**

The Midrash draws the analogy to Jacob:

כָּךְ יַעֲקֹב אָבִינוּ — **So** it was with **our forefather Jacob.** רַבִּי יְהוּדָה בַּר סִימוֹן אָמַר — **R' Yehudah bar Simone said:** יֵשׁ בִּי כֹּחַ לַעֲרוֹךְ תְּפִלָּה — Previously, Jacob had declared, **"I have the power to arrange supplications** before God."[88]

NOTES

80. R' Yehudah's position limiting the prohibition to the גִּיד הַנָּשֶׁה on the side that the angel had injured makes sense if that side were the right side, for then the right, which is primary, would be included under the prohibition and there would be no rationale for extending the prohibition to the one on the left. See following note. Thus, this Baraisa, which identifies the hip-socket struck by the angel as the right one, accords with R' Yehudah's opinion that only one *nasheh* sinew (i.e., the right one) is prohibited.

81. Since the right side is primary, it stands to reason that the right *nasheh* sinew is included in the prohibition. If it had been Jacob's left hip-socket that had been injured by the angel, it would then follow that both *nasheh* sinews are forbidden, the right because it is primary and the left because that was the one involved in the incident that the prohibition commemorates. Thus, this Baraisa, which is of the opinion that the angel struck the left hip-socket, accords with the position of R' Yose that both sinews are forbidden (*Eitz Yosef*; however, see *Yefeh To'ar*). [*Matnos Kehunah* suggests that our text, which associates the second Baraisa with R' Yose, is corrupt and in fact both Baraisas accord with R' Yehudah's position above that only one *nasheh* sinew is forbidden, and the Baraisas are in disagreement as to which one that is. However, in *Chullin* 90b, R' Yehudah is quoted as saying explicitly that it is the right sinew that is prohibited.]

82. For as the Gemara in *Chullin* 91a explains, the phrase בְּהֵאָבְקוֹ עִמּוֹ, *as he wrestled with him,* indicates that the angel fought with Jacob as one wrestles with an opponent, grabbing him from the front and embracing him with his arms (see also *Ramban* to above, v. 25). Thus, the angel would have wrapped his right arm around the back of Jacob's body until it reached his right hip (see *Rashi* ad loc. s.v. וידו) and consequently it would have been Jacob's right hip-socket that the angel had struck (*Yefeh To'ar* and *Eitz Yosef;* see also *Rashash:* see, however, *Matnos Kehunah* for an alternative approach).

83. This closing phrase seems superfluous. Consequently, R' Yose understands that it is indicating that the angel simply struck Jacob straightforwardly rather than reaching him from the back. As such, it would have been Jacob's left hip-socket that was struck, for it would have been directly opposite the angel's right hand (*Eitz Yosef,* citing *Yefeh To'ar;* see *Radal* for an alternative interpretation).

84. [I.e., I will entertain him with my fables, thereby appeasing him.]

85. Translation follows *Rashi.* Alternatively: "Let us go" (*Eitz Yosef,* citing *Aruch;* however, see *Matnos Kehunah*) or, "Fine and well" (*Eitz Yosef,* from *Os Emes*).

86. [Out of fear and nervousness. See below.]

87. Translation follows *Eitz Yosef,* who cites *Mussaf HeAruch.* Alternatively: "With two hundred there remains hope" (*Rashi*).

88. And to thereby overcome Esau. For Jacob had earlier prayed to God, הַצִּילֵנִי נָא מִיַּד אָחִי מִיַּד עֵשָׂו, *Rescue me, please, from the hand of my brother, from the hand of Esau* (above, 32:12), indicating that at the time he had believed that through his prayer he would be able to withstand his brother (see *Maharzu*).

אִית תַּנָּא תָּנֵי הַדַּעַת מַכְרַעַת שֶׁהוּא שֶׁל יָמִין כְּדִבְרֵי רַבִּי יְהוּדָה, וְאִית תַּנָּא תָּנֵי הַדַּעַת מַכְרַעַת שֶׁהוּא שֶׁל שְׂמֹאל כְּרַבִּי יוֹסֵי, מַאן דְּאָמַר הַדַּעַת נוֹטָה שֶׁהוּא שֶׁל יָמִין, "וַיִּגַּע בְּכַף יְרֵכוֹ", וּמַאן דְּאָמַר הַדַּעַת מַכְרַעַת שֶׁהוּא שֶׁל שְׂמֹאל, שֶׁנֶּאֱמַר "כִּי נָגַע בְּכַף יֶרֶךְ יַעֲקֹב":

ז [לג, א] "וַיִּשָּׂא יַעֲקֹב אֶת עֵינָיו וַיַּרְא וְגוֹ'", [יח]אָמַר רַבִּי לֵוִי: אֲרִי הֲוָה כָּעֵס עַל הַבְּהֵמָה וְעַל הַחַיָּה, אָמְרִין: מַאן אָזִיל וּמְפַיֵּיס יָתֵיהּ, אֲמַר לְהוֹן הָדֵין תַּעְלָא: אֱתוֹן לְהָכָא, דַּאֲנָא יָדַע [יט]תְּלָת מְאָה מַתְלִין וַאֲנָא מְפַיֵּיס יָתֵיהּ, אָמְרִין לֵיהּ: אָגוּמִין, הָלַךְ צִיבְחַר וְקָם לֵיהּ, אָמְרֵי לֵיהּ: מַה דֵּין, אֲמַר לְהוֹן: אִנְשִׁית מְאָה, אָמְרוּ לֵיהּ: אִית בְּמָאתָן בִּרְכָאן, הָלַךְ צִיבְחַר וְקָם לֵיהּ, אָמְרוּ לֵיהּ: מַה דֵּין, אֲמַר לְהוֹן: אִנְשִׁית אַף מְאָה, אָמְרוּ לֵיהּ: אַף בִּמְאָה בִּרְכָאן, וְכֵיוָן דִּמְטָא תַּמָּן אֲמַר: אִנְשֵׁית כּוּלְּהוֹן, אֶלָּא כָּל חַד וְחַד יְפַיֵּיס עַל נַפְשֵׁיהּ, כָּךְ יַעֲקֹב אָבִינוּ, רַבִּי יְהוּדָה בַּר סִימוֹן אָמַר: יֵשׁ בִּי כֹּחַ לַעֲרוֹךְ תְּפִלָּה,

רש"י

והדעת מכרעת של שמאל שנאסרה. **ומאן דאמר הדעת מכרעת של ימין ויגע בכף ירכו.** המזומנת לו, זה ירך ימינו. **ומאן דאמר של שמאל דכתיב כי נגע בכף ירך יעקב.** ירך ולא ירכו, וזהו שמאל: (ז) **והנה עשו בא. אמר מאן ניזיל מפייס יתיה, אמר לון תעלא אתון להכא דאנא ידע תלת מאה מתלין ואנא מפייס יתיה. אמרין ליה אגומין.** כן יהיה בלשון יון: **הלך ציבחר וקם ליה.** קטנה: **אמרו ליה מה דין, אמר להו אנשיתי מאה מתלין, אמרו ליה אית במאתן ברכאן.** יש תקוה: **הלך ציבחר וקם ליה, אמרו ליה מהו דין, אמר להון אנשיתי אוף מאה, אמרו ליה אית במאה ברכאן וכו':**

מתנות כהונה

של שמאל כר' יוסי. צריך לומר אף של שמאל, ולא פליג ארבי יהודה דאסר של ימין, והכי איתא בפרק גיד הנשה (צ, א) סתם מתניתין דאסרה בשניהם כרבי יוסי, ואיתא התם בגמרא מתניתין דלא כרבי יהודה דלא אסר אלא ירך הימין, אבל אם לאו דמיסתפינא אמינא דהאי כרבי יוסי טעות סופר הוא, ותרוייהו הכי תנאי פליגי אליבא דרבי יהודה, וכן מצאתי בפירש"י ז"ל דלא גרס ליה: **ירכו.** משמע המזומנת והמיוחדת לו: **[ז] מאן אזיל כו'.** מי ילך ויפייס אותו: **הכי גרסינן אמר להון הדין תעלה אתון להכא דאנא כו'.** פירוש אמר להם השועל הזה בואו עמי לשם ואני אפייס אותו, כי אדע שלש מאות משלים ובהם אני מפייס אותו: **אגומין.** פירש"י כן יהיה בלשון יון, והערוך פירש לכי לך: **ציבחר.** מעט: **אנשית.** שכחתי: **אית במאתן כו'.** יש עוד במאתים די ברכה ופיוס: **הכי גרסינן אמרין ליה מה דין אמר ליה אנשיית אף מאה: יש בי כח כו'.** כך אמר יעקב לבניו:

עץ יוסף

דלא אסרה תורה אלא גופו של גיד אף על פי דען בעלמא הוא, ודלא כמאן דאמר לא אסרה תורה אלא קנוקנות. ומייתי לה הכא משום דנפקא מיניה לפירושא דגיד: **כרבי יוסי.** שאמר באחת נגע ושניהם נאסרו משום שהנגיעה היה בשמאל ולעולם השמאל טפל לימין, אין לחלק דין אחר לשמאל לבד לכן שניהם נאסרו: **שנאמר ויגע בכף ירכו וגו' בהאבקו עמו.** ורצה לומר כאדם שחובק את חבירו וידו מגעת לכף ימינו של חבירו כדאיתא בגמרא (חולין צא, א). ופרש רש"י שחובק את חבירו מלפניו וידו הימנית מגעת לכף ירך ימנית של חבירו מאחוריו: **כי נגע בכף ירך יעקב.** קרא יתירה דריש, דבתר דכתיב על כן לא יאכלו בני ישראל מה צריך לומר כי נגע בכף ירך יעקב. אלא דאתא לומר שלא היה אלא דרך נגיעה כמו שנוגע בימין לירך העומד נגדו שהוא נוגע בירך השמאלי שהוא כנגד ימינו (יפה תואר): (ז) [י] **מאן אזיל כו'.** מי ילך ויפייס אותו: **אמר להון כו'.** אמר להם השועל בואו עמי לשם ואני אפייס אותו כי אדע שלש מאות משלים ובהם אפייס אותו: **אגומון.** פירוש טוב וישר (אות אמת). והערוך פירש בלשון יוני לך: **ציבחר.** מעט: **אנשית מאה.** פירוש שכחתי מאה: **אית במאתן ברכאן.** בשלהי ברכות ירושלמי כל ברכיא טבין וברכיא דאורייתא בישין. ופירושו לשון הסתפקות וקמצנות. וכן כאן פירושו יש די וסיפוק במאתים משלים לפייסו. וכן פירוש בעל מוסף הערוך בערך ברך ג': **יש בי כח.** מוהיה המחנה הנשאר לפליטה דייק דמשמע בעל כרחו כמו דפירש רש"י בחומש. ולדעת רבי יהודה בר סימון אין זה אלא בכח תפלה לא יעזבנו ה' לגמרי. ולר' לוי הוא בכח מלחמה שעל כל פנים ה' יעזרהו במקלט שיהיה המחנה הנשאר לפליטה:

פירוש מהרז"ו

(ז) **תלת מאה מתלין.** עיין ויקרא רבה (כח, א) תלת מאה מתלין על הדין תעלא, שהחכמים היו יודעים שלש מאות משלים מערמת השועל, וכשמזכיר איזה משל מהם אומר כל הסכוס של שלש מאות: **אגומין.** פירוש הערוך נלך בלשון יון: **לערוך תפלה.** כמו שאמר הצילני נא, ולמלחמה כמו שאמר והיה המחנה הנשאר לפליטה, וכפירוש רש"י בחומש:

אשד הנחלים

ואולי הוא הגיד החצון שאמרו בחולין (צא, א) שחיצון אסור ואין חייבים עליו: **של שמאל כר' יוסי.** עיין במתנות כהונה, וכפי הראות דבריו נכונים. ואעיר מעט לעין המעיין מה שאמרו בפרק גיד הנשה (חולין שם) שלדעת רבנן שאסרו של שניהם ואמרו שמאחוריה אתא ונשייה בתרויהו, ולדעת מי שאוסר של ימין, מפני כי החובק בחבירו מגיע עד ימינו, אבל של שמאל לבד זהו לא מצאנו שם: **[ז] ארי הוא.** מביא זה למשל במה שאנו רואים שבתחילה שלח לבני ביתו שילכו תחילה עם המנחה, שזהו כמשל השועל שהלך להפר כעס הארי, אבל בסוף כשראה את עשו נבהל מפניו והוכרח לחצות את ילדיו שיעמדו כמין מחנה להציל את נפשם, וזהו מאמר משלי ומוסרי: **תפלה כו'**

חידושי הרד"ל

[ו] הדעת מכרעת של שמאל שנאמר כי נגע בכף ירך יעקב. לגירסת מתנות כהונה שמאן דאמר של שמאל הוא גם כן אליביה דרבי יהודה אין מובן הראיה מכי נגע בכף ירך יעקב (וגם בבבלי בחולין (פט, ב) שם לא נזכר לרבי יהודה רק של ימין וכל הדרשות שם על זה). ולכן כמדומה שעיקר הגירסא מאן דאמר הדעת מכרעת של שמאל (רצה לומר אף של שמאל) כרבי יוסי, ומייתי ראיה מדכתיב כי נגע בכף ירך יעקב בגיד הנשה, כלומר כשנגע נגע רק בירך אחת ומחמת זה נאסרו שתיהם כדסתם וכתב תחלה על כן לא יאכלו בני ישראל את גיד הנשה אשר על כף הירך איזו כף שיהיה (ולית ליה הדרשות שבש"ס על ימין):

חידושי הרש"ש

מאן דאמר כו' של ימין ויגע בכף ירכו. אולי צריך לומר וגו' ויכוונו לסיפיה דקרא בהאבקו עמו' וכדדריש ליה רבי יהושע בן לוי בחולין (צא, א) כאדם שחובק את חבירו וידו מגעת לכף ימינו של חבירו: **[ז] אמר להון אנשיית עוד מאה.** כן נראה דצריך לומר:

זרע אברהם

[ו] הדעת מכרעת שהיא של ימין. ובמדרש ילקוט (וישלח רמז קלב) איתא וזה לשונו מלמד שנגע בכף צדיקים שעתידין לצאת ממנו. וזה כוונת המדרש כאן שנגע בימינו פירוש הצדיקים שהם מסטרא דימינא סטרא דחסד. ובמדרש נעלם (זוהר ח"א עמ' קמח) איתא ויגע בכף ירכו שנגע בכף נדב ואביהוא.

וצריך לתת טעם למה דוקא בכף נדב ואביהוא. ונראה לפרש על פי הפשט דאיתא כי לא יראני האדם וחי אין זה עונש אלא מצד הטבע לפי שהנשמה חצובה מן השכינה חלק אלוה ממעל וכשרואה הנשמה מקורה ממקום שבאתה אזי היא שבה אל מקומה וטבעה ומטעם זה הצדיקים בשעת מיתתן רואים השכינה. וטעם השני ידוע שהוא עונש ואיתא ותכהין עיניו מראות על שהציץ יצחק בשכינה בשעת עקידתו על כן נענש ונעשה סומא שחשוב כמת. אמנם במדרש רבה ותכהין עיניו מראות כדי שיבא יעקב ויטול הברכות. ואם כן יש כאן ליעקב ראיה ברורה שהקדוש ברוך הוא מסכים שיטול הברכות ובדין היה בידו הברכות. וידוע מאמר חכמינו ז"ל במסכת זבחים (קטו ב) שנדב ואביהוא היה ראוים להיענש בסיני כמו שאמר הכתוב וישלח את נערי בני ישראל ויחזו את אלהים אלא שהמתין הקדוש ברוך הוא כדי שלא לערב שמחת מתן תורה. ומכאן מוכח שלא יראני אדם וחי הוא עונש שאם הוא דבר טבעי אם לא מתו באותו פעם שראו שוב אינם ראוים למות. אלא על כרחך שהוא עונש. והשתא אתי שפיר והכי קאמר שנגע בכף נדב ואביהוא שעל כרחך מכח מעשה נדב ואביהוא מוכח שלא יראני עונש הוא. ואם כן ותכהין עיניו מראות היה עונש בשביל שהציץ בשכינה אבל לא היתה סיבה מהקדוש ברוך הוא כדי שיטול הברכות. והמלאך נתווכח עם יעקב בשביל הברכות על כן תקע כף ירכו כו' ובירכו דווקא לפי דאיתא שים נא ידך תחת ירכי לפי שהיה נוהגים לעשות דייתקי בירך. והוא נתן לאליעזר עבדו דייתקי ליצחק להראות בבית לבן שכל נכסיו של יצחק לכוונה זו רמז המלאך שנגע בירכו וקל להבין כנ"ל על פי הפשט: **רבי יהודה ורבי יוסי רבי יהודה אומר באחת נגע ואחת נאסרה רבי יוסי אומר באחת נגע ושתיהן נאסרו אית תנא תני הדעת מכרעת שהוא של ימין כדרבי יהודה ואית תנא תני דעת מכרעת של שמאל כרבי יוסי וכו'.** בשם הגאון מוהר"ר יחזקאל אב"ד ור"מ דק"ק המבורג. נראה דפלוגתא בין רבי יהודה ורבי יוסי תליא בזה ותחלה נפרש הפסוק וירא כי לא יכול לו ויגע בכף ירכו ותקע כף ירך יעקב. ולכאורה יש לפרש ויגע בכף ירכו פירוש בירך של יעקב. אך לפי זה היה לכתוב ויגע בכף ירך יעקב ותקע כף ירכו אלא יש לפרש ויגע בכף ירכו פירש שהמלאך נגע בכף ירכו של המלאך בכף ירך יעקב. וקל להבין לפי זה יש לפרש פירוש המקרא על כן לא יאכלו בני ישראל גיד הנשה כי ויגע בכף ירך יעקב בגיד הנשה שני פירושים. או זכרון הנגיעה כף ירכו של של יעקב. או זכרון שהמלאך נגע בכף ירכו שלו. ולכך סבר רבי יוסי שתיהם נאסרו אחד לזכרון כף ירך של המלאך ואחד לזכרון ירך של יעקב. אך בגמרא שני מאן דאמר חד אמר מלפניו בא לו. וחד אמר מאחריו בא לו. והנה לית דין צריך בשש שהמלאך נגע בכף ימינו שלו כדרך המתאבקים וגוברים שבימינם גוברים. לפי זה אם אמרת שהמלאך בא מאחוריו. אם כן ימין של המלאך בא נגד ימין של יעקב. לפי זה בין אם נאמר זכרון נגד ירך המלאך. או נפרש זכרון ירך יעקב בין כך ובין כך זכרון אחד עולה לכאן ולכאן שירך ימין אסור וזה דעת רבי יהודה. אך אי אמרת הדעת מכרעת של שמאל וצריך לומר מלפניו בא לו אם כן הימין של מלאך נגד שמאל של יעקב. לפי זה ירך ימין של המלאך נגד ירך שמאל של יעקב. לכך שניהם נאסרו ודוק. זה משלי הקטן יחזקאל:

מסורת המדרש

יח. ילקוט כאן רמז קל"ג:
יט. עיין סנהדרין ל"ח:

ידי משה

[ו] מאן דאמר וכו'. עיין מתנות כהונה כי הגירסות שונות. ולי נראה דלא צריכין אנחנו לכל זה, אלא דנראה לי לגרום שהיא של ימין כרבי יוסי דאמר באחת מהן נגע ושתיהן אסור ולמה השנייה אלא וודאי שהנגיעה היה בשל ימין והשמאלית שהיא טפלה לה הדעת מכרעת שיהיה גם כן אסור לזה אמר הדעת מכרעת, רצונו לומר השכל נוטה שיאסר השמאלית משום ימנית, ואותו תנא סבירא ליה הדעת מכרעת שהיא של שמאלית שהנגיעה היתה בשל שמאל כרבי יהודה שאסר רק אחת כי למה יאסר הימנית שהיא עיקר בשביל השמאלית כו'. ודו"ק:

אמרי יושר

[ו] כדברי רבי יוסי שנאסרו שניהן. זהו אסר על כף הירך המיוחד ימין כי נגע באחר:

רַבִּי לֵוִי אָמַר — **R' Levi said:** יֵשׁ בִּי כֹּחַ לַעֲרוֹךְ מִלְחָמָה — At first, Jacob had declared, **"I have the power to wage war** with Esau."[89] וְכֵיוָן דִּמְטָא — **But when [Esau]** actually **came** in front of him, "וַיַּחַץ אֶת הַיְלָדִים וגו׳" — *he divided the children among Leah, Rachel, and the two handmaids.* אֲמַר: כָּל אֱינִישׁ וֶאֱינִישׁ זְכוּתֵיהּ תְּקוּם לֵיהּ — **[Jacob] said, "Let the merit of each and every person stand for him** individually."[90]

וַיָּשֶׂם אֶת הַשְּׁפָחוֹת וְאֶת יַלְדֵיהֶן רִאשֹׁנָה וְאֶת לֵאָה וִילָדֶיהָ אַחֲרֹנִים וְאֶת רָחֵל וְאֶת יוֹסֵף אַחֲרֹנִים. וְהוּא עָבַר לִפְנֵיהֶם וַיִּשְׁתַּחוּ אַרְצָה שֶׁבַע פְּעָמִים עַד גִּשְׁתּוֹ עַד אָחִיו.

He put the handmaids and their children first, Leah and her children next, and Rachel and Joseph last. Then he himself went on ahead of them and he bowed earthward seven times until he reached his brother (33:2-3).

§8 וַיָּשֶׂם אֶת הַשְּׁפָחוֹת וְאֶת יַלְדֵיהֶן רִאשֹׁנָה — ***HE PUT THE HANDMAIDS AND THEIR CHILDREN FIRST*** . . . *AND RACHEL AND JOSEPH LAST.*

The Midrash comments upon the order in which Jacob placed his family:

הָדָא אָמְרָה — **Thus it is said:** אַחֲרוֹן אַחֲרוֹן חָבִיב — **The farther back, the more dear.**[91]

☐ וְהוּא עָבַר לִפְנֵיהֶם — ***THEN HE HIMSELF WENT ON AHEAD OF THEM.***

The Midrash interprets a verse in *Psalms* as alluding to this incident:

הָדָא הוּא דִכְתִיב — **Thus it is written:** "כְּרַחֵם אָב עַל בָּנִים" — ***As a father is merciful toward his children,*** *so has* HASHEM *shown mercy to those who fear Him* (*Psalms* 103:13). תָּנֵי רַבִּי חִיָּיא — **R' Chiya taught** in a Baraisa: כְּרַחֲמָן שֶׁבָּאָבוֹת — This means that God's mercy is **like** that of **the most merciful of fathers.**[92] וְאֵי זֶה הוּא רַחֲמָן שֶׁבָּאָבוֹת — **And who is "the most merciful of fathers"?** רַבִּי יְהוּדָה אָמַר: זֶה אַבְרָהָם — **R' Yehudah said: That is Abraham,** אָמַר אַבְרָהָם: "חָלִלָה לְּךָ מֵעֲשֹׂת כַּדָּבָר הַזֶּה" — for **Abraham said** in his prayer on behalf of Sodom: ***It would be a sacrilege to You to do such a thing,*** *to bring death upon the righteous along with the wicked* (above, 18:25).[93] רַבִּי לֵוִי אָמַר: יַעֲקֹב, "וְהוּא עָבַר לִפְנֵיהֶם" — **R' Levi said:** It is **Jacob,** of whom our verse states, ***then he went on ahead of them.*** אָמַר: טָב דְּיִגַּע בִּי וְלָא בְהוֹן — That is, **[Jacob] said** to himself, "If Esau comes to do battle, **it is better that he strike me and not them."**[94]

☐ וַיִּשְׁתַּחוּ אַרְצָה שֶׁבַע פְּעָמִים — ***AND HE BOWED EARTHWARD SEVEN TIMES*** *UNTIL HE REACHED HIS BROTHER.*

The Midrash discusses the significance here of the number seven:

לָמָּה שֶׁבַע — **Why** did Jacob bow **seven** times?[95] עַל שֵׁם "כִּי שֶׁבַע יִפּוֹל צַדִּיק וָקָם" — It was **on account of** the verse, ***For though the righteous one may fall seven times, he will rise*** (*Proverbs* 24:16).[96] דָּבָר אַחֵר — **Another explanation:** לָמָּה שֶׁבַע — **Why seven** times? אָמַר לוֹ — **[Jacob]** thereby **was saying to [Esau],** הֱוֵי רוֹאֶה אֶת עַצְמְךָ כְּאִלּוּ אַתְּ נָתוּן לִפְנִים מִשִּׁבְעָה קִינְקְלִין — **"View yourself** as **positioned within seven chambers,**[97] וְיוֹשֵׁב וְדָן — **and** that you **are sitting in judgment,** וַאֲנִי נִדּוֹן לְפָנֶיךָ — **and I am** the one **being judged before you;** וְאַתְּ מִתְמַלֵּא עָלַי רַחֲמִים — **and you will be moved to be compassionate toward me."**[98] אָמַר רַבִּי חֲנִינָא בַּר יִצְחָק — **R' Chanina bar Yitzchak said:**

NOTES

89. As Jacob had said above, אִם יָבוֹא עֵשָׂו אֶל הַמַּחֲנֶה הָאַחַת וְהִכָּהוּ וְהָיָה הַמַּחֲנֶה הַנִּשְׁאָר לִפְלֵיטָה, *If Esau comes to the one camp and strikes it down, then the remaining camp shall survive* (32:9), by which he meant that he would fight Esau, thereby allowing the other camp to escape harm. See *Rashi* ad loc. s.v. והיה (*Maharzu*). See *Yefeh To'ar* and *Eitz Yosef* for an alternative understanding of this passage.

90. Jacob had already divided his entourage when he first heard of Esau's approach, as Scripture states: ... וַיַּחַץ אֶת הָעָם אֲשֶׁר אִתּוֹ וְאֶת הַצֹּאן לִשְׁנֵי מַחֲנוֹת, *he divided the people with him, and the flocks ... into two camps* (above, 32:8). However, the verse there makes no mention of Jacob dividing his children, indicating that he kept them together with him, sure that he would be able to save them. Now, upon seeing Esau Jacob lost his confidence and became afraid that if his wives and children remained with him, Esau in his anger would not only attack him but also harm his family (*Yefeh To'ar*). [See also *Yefeh To'ar* for a discussion of the parallel vis-a-vis Jacob to the three stages in which the fox forgot his fables.]

91. That is, Scripture details Jacob's arrangement of his wives and children, with the handmaids and their children in the fore and his favorite wife Rachel and her son in the rear, to establish the principle that in all similar arrangements it is proper to place that which is most dear farther toward the back (*Eitz Yosef*). Alternatively, the Midrash means that Jacob's arrangement in this particular instance followed the rule, "the farther back, the more dear," since the rear was safer, more distant from Esau and his wrath. See *Radak* on our verse; see also *Eshed HaNechalim*.

92. The verse's use of the singular form, אָב, *father,* rather than the plural, אָבוֹת, *fathers,* indicates that it is not comparing God's mercy to that of fathers in general but rather to that of a specific father, that is, to the most merciful of human fathers (*Eitz Yosef*).

93. Although Abraham was not biologically the father of the inhabitants of Sodom, God had made him אַב הֲמוֹן גּוֹיִם, *father of a multitude of nations* (above, 17:5), and he was thus the *father* of all mankind (*Yefeh To'ar, Eitz Yosef*). See above, 49 §2 and *Berachos* 13a.

It is not clear why this verse represents the epitome of mercy, for it appears that Abraham was only asking for justice, that God spare the righteous of Sodom (to the extent that there were any). *Eitz Yosef,* citing *Yefeh To'ar,* suggests that the Midrash is actually alluding to the previous verse there, הַאַף תִּסְפֶּה וְלֹא תִשָּׂא לַמָּקוֹם לְמַעַן חֲמִשִּׁים הַצַּדִּיקִם אֲשֶׁר בְּקִרְבָּהּ, *Would You still stamp it out rather than spare the place for the sake of the fifty righteous people within it?* (above, 18:24), where Abraham pleads on behalf of the entire city, including the wicked (see *Midrash Shocher Tov,* Psalm 103). Although the wicked of Sodom were guilty of sins that were antithetical to his own policies of charity and hospitality, Abraham, in his great mercy, sought to save them. See *Emes LeYaakov* to 18:17. [Perhaps, though, the Midrash is referring to the strong wording found in this verse. Abraham thus risked inciting God's wrath against himself (see v. 30 there) in his selfless efforts to save the people of Sodom.]

94. It would have been befitting Jacob's stature as the master of the camp to have been positioned behind his wives and children. However, he chose to walk ahead of them, so that he rather than they would be exposed to the danger posed by Esau. Our verse is thus indicative of Jacob's great compassion toward his children (*Eitz Yosef;* see, however, *Yefeh To'ar* for a somewhat different interpretation).

95. Under the circumstances it was appropriate for Jacob to bow down before Esau, but bowing seven times seems excessive, and could have encouraged Esau to further belittle Jacob (*Eitz Yosef*).

96. That is, by bowing seven times, symbolically falling before Esau, Jacob was insinuating to Esau that despite his present subservience, he was confident that God would ultimately enable him to overcome his adversaries (*Eitz Yosef*).

97. It was the custom of kings, senior magistrates, and the like to hold court while they were sitting in the innermost of seven concentric chambers; see *Shir HaShirim Rabbah* 3 §4b (*Matnos Kehunah, Maharzu, Eitz Yosef*).

98. Only high officials sit within seven chambers, and they are the ones who have the authority to dispense clemency. With his seven bows, Jacob was thus telling Esau that he was powerful enough to be merciful toward him (*Yefeh To'ar;* see also his comments above, 76 §7).

רַבִּי לֵוִי אָמַר: יֵשׁ בִּי כֹּחַ לַעֲרוֹךְ מִלְחָמָה, וְכֵיוָן דִּמְטָא [שם] ״וַיַּחַץ אֶת הַיְלָדִים וְגוֹ׳ ״, אֲמַר: כָּל אֱינָשׁ וֶאֱינָשׁ °דִּכְוָותָא תְּקוּם לֵיהּ:

ח [לג, ב] ״וַיָּשֶׂם אֶת הַשְּׁפָחוֹת וְאֶת יַלְדֵיהֶן רִאשֹׁנָה״, הָדָא אָמְרָה אַחֲרוֹן אַחֲרוֹן חָבִיב. [לג, ג] ״וְהוּא עָבַר לִפְנֵיהֶם״, הָדָא הוּא דִכְתִיב (תהלים קג, יג) ״כְּרַחֵם אָב עַל בָּנִים״, תָּנֵי רַבִּי חִיָּיא: [כ]כְּרַחֲמָן שֶׁבָּאָבוֹת, וְאֵי זֶה הוּא רַחֲמָן שֶׁבָּאָבוֹת, רַבִּי יְהוּדָה אָמַר: זֶה אַבְרָהָם, אָמַר אַבְרָהָם: (בראשית יח, כה) ״חָלִלָה לְּךָ מֵעֲשֹׂת כַּדָּבָר הַזֶּה״, רַבִּי לֵוִי אָמַר: יַעֲקֹב, ״וְהוּא עָבַר לִפְנֵיהֶם״, [כא]אֲמַר: טָב דְּיִגַּע בִּי וְלָא בְהוֹן. [לג, ג] ״וַיִּשְׁתַּחוּ אַרְצָה שֶׁבַע פְּעָמִים״, לָמָּה שֶׁבַע, עַל שֵׁם (משלי כד, טז) ״כִּי שֶׁבַע יִפּוֹל צַדִּיק וָקָם״, דָּבָר אַחֵר, לָמָּה שֶׁבַע, אָמַר לוֹ: הֱוֵי רוֹאֶה אֶת עַצְמְךָ כְּאִלּוּ אַתְּ נָתוּן לִפְנִים מִשִּׁבְעָה קִינְקָלִין וְיוֹשֵׁב וְדָן, וַאֲנִי נִדּוֹן לְפָנֶיךָ וְאַתְּ מִתְמַלֵּא עָלַי רַחֲמִים, אָמַר רַבִּי חֲנִינָא בַּר יִצְחָק: לֹא זָז מִשְׁתַּטֵּחַ וְהוֹלֵךְ מִשְׁתַּטֵּחַ וְהוֹלֵךְ עַד שֶׁהִכְנִיס מִדַּת הַדִּין לְמִדַּת רַחֲמִים:

ט [לג, ד] ״וַיָּרָץ עֵשָׂו לִקְרָאתוֹ ... וַיִּשָּׁקֵהוּ״, נָקוּד עָלָיו, אָמַר רַבִּי שִׁמְעוֹן בֶּן אֶלְעָזָר: [כב]בְּכָל מָקוֹם שֶׁאַתָּה מוֹצֵא הַכְּתָב רָבָה עַל הַנְּקוּדָה אַתָּה דוֹרֵשׁ אֶת הַכְּתָב, הַנְּקוּדָה רָבָה עַל הַכְּתָב אַתָּה דוֹרֵשׁ אֶת הַנְּקוּדָה, כָּאן לֹא כְתָב רָבֶה עַל הַנְּקוּדָה וְלֹא נְקוּדָה רָבָה עַל הַכְּתָב,

רש״י

(ח) את לאה וילדיה אחרונים ואת רחל ואת יוסף אחרונים **הדא אמרה אחרון אחרון חביב: קנקלים.** חדרים: **(ט) נקודה רבה על הכתב אתה דורש את הנקודה.** שרוב אותיות התיבה נקודות, כגון ויאמרו אליו, איו נקוד ל׳ אינו נקוד, ומפורש לעיל למה זה: **כתב רבה על הנקודה אתה דורש את הכתב.** כגון דרך רחוקה (במדבר ט, י) ומפרש במשנה (פסחים פ״ט מ״ב) למה נקוד על ה׳ שברחוקה לא מפני שהיא רחוקה אלא מאסקופת העזרה ולחוץ, אלא שהוא רחוק שהיה מאסקופת העזרה ולחוץ:

עץ יוסף

וכיון דמטא כו׳. ואף על פי שכבר התפלל ואמר הצילני נא מיד אחי. אולי עיקר התפלה היתה צריכה בעת ראותו את עשו, כי בהביטו אליו יכוין אל הכנעתו, אבל כשבא להתפלל כשראהו לא יכול כי נבעת (יפה תואר): **ואינש זכותיה תקום ליה.** כן צריך לומר (אות אמת ויפה תואר):

(ח) [יא] הדא אמרה אחרון כו׳. כלומר להכי איכפל קרא לאשמועינן שהניחם בסדר הזה לומר דאחרון אחרון חביב, שעל כן שם החביבים יותר באחרונה: **כרחמן שבאבות.** משום דהוי ליה למימר כרחם אבות בלשון רבים. לכן אמר שרמז לאב היותר רחמן והיינו רחמן שבאבות: **זה אברהם.** שהיה אב המון גוים ובא לעורר רחמים על הסדומיים הרשעים: **אמר אברהם חלילה לך.** בשוחר טוב מייתי מדכתיב האף תספה צדיק עם רשע, ולפי זה ניחא כי במדת רחמים בא כדמסיים שישא למקום למען הצדיקים, אבל לפי מה שהביא כאן מדקאמר חלילה לך קשה כי אין זה אלא מדת הדין שלא ימות צדיק עם רשע וכדמסיים בה השופט כל הארץ לא יעשה משפט (יפה תואר): **זה יעקב.** הוא היה ראוי להיות נשאר באחרונה, כי כן דרך השיירות שהעם עוברים תחלה והאדון בא אחריהם, אלא לכך הוא עבר לפניהם משום דאמר מוטב דיגע בי ולא בהם, ומזה למדנו הפלגת רחמיו על בניו (יפה תואר): **למה שבע.** דהוה הכנעה יותר מדאי, ואינו ראוי להראות את עצמו נכנע כל כך, פן יאמר אויבי יכלתיו: **על שם כי שבע כו׳.** כלומר שרמז לעשו שאף על פי שהוא נכנע לפניו בוטח בה׳ כי בשבע צרות יצילנו: **לפנים משבעה קנקלים.** חדרים, כי כן דרך גדול הדיינים: **לא זז משתטח כו׳.** שההשתחויות כנגד ה׳ היה. ופירוש שבע הרבה, כמו והחזיקו שבע נשים (יפה תואר). וכן הוא בזוהר סדר זה: **(ט) [יב] נקוד עליו.** כאן הגירסא משונה ומחוסר איזה מלות ממה שהוא בשיר השירים רבה (ז, ח) פסוק נואה (שם ז, ה) וכן שם יש חסרון ממה שהוא כאן, ויש להגיה משם לכאן ומכאן לשם. וכן צריך לומר כאן, **וירץ עשו לקראתו וישקהו כולו נקוד עליו כו׳ אתה דורש את הכתב ומניח הנקודה כו׳ ולא נקודה רבה על הכתב אלא כולו נקוד מלמד שנכמרו רחמיו כו׳.**

פירוש מהרז״ו

(ח) וישם את השפחות. שלעיל (עד, ה) הקדים בנים לנשים הפך מה שאמר לקמן (פב, יג) ולמה כאן הקדים נשים לבנים, ועל זה אמר דאחרון אחרון חביב וסדר החביבות שפחות ילדיהן לאה ילדיה רחל ויוסף: **כרחם אב על בנים.** וסיפיה דקרא ריחם ה׳ על יראיו, ועל פי מדה י״ז כוונת הכתוב על ענין שמפורש בתורה, ודרש רבי חייא כרחמן שבאבות. ובילקוט כאן (רמז קלג) קיצר בזה אך בילקוט תהלים (רמז תתנט) בבאור כרחם אב וכו׳ באיזה אב תני רבי חייא כרחמן שבאבות זה אברהם וכו׳, רבי יהושע בר נחמן פתר קריא ביעקב אבינו והוא עבר לפניהם, ומי שסובר כאברהם כמו שנאמר (יז, ה) כי אב המון גוים וכן כתב ביפה תואר, וכמו שאמרו לעיל (מט, ב): **לפנים מז׳ קנקלים.** שיר השירים רבה (ג, ב) פסוק כמעט שעברתי: **ואני נידון כו׳.** לעיל (טו, ז): **(ט) נקוד עליו.** שיר השירים רבה (ז, ח) פסוק נואה כמגדל כל הענין, ועיין במדבר רבה (ג, יג), ספרי פרשת בהעלותך (פיסקא סט), ולעיל (מח, טו) ושם נסמן ומבואר, וכאן כל תיבת וישקהו מנוקד לחזק הנשיקה:

מתנות כהונה

דכוותא. כלומר בפני עצמו: **[ח] טב דיגע כו׳.** טוב הוא שיגע ויפגע בי ולא בהם: **נתון לפנים מזה.** גרסינן: **קינקלין.** פירש רש״י והערוך חדרים, ורצה לומר כמלך היושב לפנים חדר בחדר, וכדאיתא במדרש חזית סוף פסוק כמעט שעברתי: **[ט] אם כן למה נקוד עליו.** שודאי נדע שנשקו בכל לב, אלא לומר לקרוא וישכהו כדאיתא בפרקי רבי אליעזר:

אשד הנחלים

מלחמה כו׳ דכוותיה תקום ליה. האות אמת גרס זכותא תקום ליה, והוא הנכון. ואף שבאמת הלך יעקב בעצמו לפניו, ואין זה דומה למשל השועל, עם כל זה מתחילה סמך עליהם ג״כ להעמידם כדמות מחנה: **[ח] הדא אמרת אחרון.** כלומר ממנו נובע מאמר העולם שכל מי שהוא אחרון ויותר אחרון הוא יותר חביב, כמו כאן, תחילה בני השפחות, ואחר בני לאה, ואחר בני רחל. כלומר שלענין המעשה כזו היה אחרון חביב, אבל אינו נוהג בכל הדברים וק״ל: **כרחמן שבאבות.** שבאמת עשה כל זה רק למענינו, להיות לאות לטובה בגלות מצרים שתרחם עליהם לחופפם מרעות, וזכותו ורחמנותו עמד להם בזה: **זה אברהם.** כי יעקב יתכן לומר מצד שהם בניו והטבע דוחקתו עליו, אבל אברהם גם על סדום ריחם והיו כבניו שהתעורר לבו לבקש מלפני ה׳ למענם כאב בעבור בנו: **שבע יפול.** על מספר השבע המוזכר כמה פעמים בכתוב העיר לנו החכם הרב אברהם אבן עזרא ענין גדול, שהוא מספר סגולי וטבעי ונוהג בכל העניינים. ולזה יעקב שראה עצמו בצרה, קיבל עליו ז׳ פעמים הכנעה, בכדי לרכך בזה לב אחיו, כי הוא ענין סגולי: **מז׳ קיקלין.** לשון חדר. שהמלך יושב בחדר הז׳, ובזה שיכך לבו שקיבלו עליו כמלך, והוא מבקש מלפניו חמלה ורחמים: **לא זז כו׳ מדת הדין למדת הרחמים.** זהו מכוון לשני עניינים, אחד על אחיו עצמו, עד שהתעורר בלב אחיו הכח הרחמים על הכח הכעס המכונה במדת הדין, והב׳ על מדת הרחמים ומדת הדין למעלה, כי כל פעולת יעקב למטה היה להשביח שאון הכעס למעלה: **[ט] הכתב רבה כו׳.** באורו, שהנקודה הבאה בוודאי לדרוש הוא, ואם הכתב רבה על הנקודה אתה דורש הכתב מלבד אותיות הנקודות, וכאן שהיא בשוה מורה שנשקו בכל לבו, והחידוש הוא שנתהפך לבו

חידושי הרד״ל

[ז] ואינש זכוותיה תיקום ליה. כן הובא בילקוט (רמז קלג) ופירושו זכותו:

חידושי הרש״ש

כל אינש ואינש דכוותא תקום ליה. בילקוט (רמז קלג) הגירסא זכותיה, וכן יש לפרש הגירסא דכאן כי תרגום זך דכיא:

אמרי יושר

[ח] כרחמן שבאבות. ורחם תאר כמו זקן. **על שם כי שבע יפול צדיק וקם.** כמו ז׳ כוכבי לכת אם חייבוהו שום נפילה והתמוטטות:

מסורת המדרש

כ. מדרש תהלים מזמור ק״ג. ילקוט תהלים רמז תתנ״ט: **כא.** קה״ר סוף פ׳ ט׳: **כב.** ב״מ פ״ו. ירושלמי פסחים פ׳ ט׳. לעיל פרשה מ״ח. במדבר רבה פ׳ ג׳. אדר״נ פרק ל״ד. ילקוט וירא רמז פ״ב. ילקוט כאן רמז קל״ג:

אם למקרא

כְּרַחֵם אָב עַל בָּנִים רִחַם ה׳ עַל יְרֵאָיו: (תהלים קג:יג)

חָלִלָה לְּךָ מֵעֲשֹׂת כַּדָּבָר הַזֶּה לְהָמִית צַדִּיק עִם רָשָׁע וְהָיָה כַצַּדִּיק כָּרָשָׁע חָלִלָה לָּךְ הֲשֹׁפֵט כָּל הָאָרֶץ לֹא יַעֲשֶׂה מִשְׁפָּט: (בראשית יח:כה)

כִּי שֶׁבַע יִפּוֹל צַדִּיק וָקָם וּרְשָׁעִים יִכָּשְׁלוּ בְרָעָה: (משלי כד:טז)

משנת דרבי אליעזר

[ז] כל אינש ואינש דכוותא יקום ליה. פירוש דכוותא בלשון תרגום. ועיין במתנות כהונה:

שינוי נוסחאות

(ז) דכוותא תקום ליה. אות אמת הגיה ״זכותיה״ במקום ״דכוותא״, וכ״ה בילקוט ובת-א ובכל הכתבי יד:

לֹא זָז מִשְׁתַּטֵּחַ וְהוֹלֵךְ מִשְׁתַּטֵּחַ וְהוֹלֵךְ – **[Jacob] did not desist from continuously prostrating himself,** עַד שֶׁהִכְנִיס מִדַּת הַדִּין לְמִדַּת רַחֲמִים – **until he had** thereby **brought the** Divine **attribute of strict justice into** the domain of **the attribute of mercy.**[99]

וַיָּרָץ עֵשָׂו לִקְרָאתוֹ וַיְחַבְּקֵהוּ וַיִּפֹּל עַל צַוָּארָו וַיִּשָּׁקֵהוּ וַיִּבְכּוּ.
Esau ran toward him, embraced him, fell upon his neck, and kissed him; then they wept (33:4).

§9 וַיָּרָץ עֵשָׂו לִקְרָאתוֹ . . . וַיִּשָּׁקֵהוּ – *ESAU RAN TOWARD HIM, EMBRACED HIM, FELL UPON HIS NECK,* ***AND KISSED HIM.***

The Midrash discusses the significance of the dots found in the Torah over the word וַיִּשָּׁקֵהוּ (*and kissed him*):

נָקוּד עָלָיו – **It is dotted above** the word **[*vayishakeihu*].** אָמַר רַבִּי שִׁמְעוֹן בֶּן אֶלְעָזָר – **R' Shimon ben Elazar said:** בְּכָל מָקוֹם שֶׁאַתָּה מוֹצֵא הַכְּתָב רָבָה עַל הַנְּקוּדָה – **Wherever you find that the plain** (undotted) **letters** in a word **exceed the dotted letters,**[100] אַתָּה דוֹרֵשׁ אֶת הַכְּתָב – **you** are to **expound the plain letters;**[101] הַנְּקוּדָה רָבָה עַל הַכְּתָב אַתָּה דוֹרֵשׁ אֶת הַנְּקוּדָה – however, **if the dotted letters exceed the plain letters, you** are to **expound the dotted letters.**[102] כָּאן לֹא כְתָב רָבָה עַל הַנְּקוּדָה וְלֹא נְקוּדָה רָבָה עַל הַכְּתָב – Now, **here,** it is **not** that **the plain letters exceed the dotted letters, nor** is it that **the dotted letters exceed the plain letters.**[103]

NOTES

99. That is, Jacob was not bowing down to Esau; rather, he was prostrating himself before God as he approached Esau (*Eitz Yosef,* from *Yefeh To'ar;* see *Eshed HaNechalim* for a somewhat different interpretation). By so doing he succeeded in arousing God's mercy, so that His mercy was dominant over His attribute of justice. Accordingly, the word שֶׁבַע in our verse does not mean literally the number seven, but rather connotes "many"; see *Radak* to *Isaiah* 4:1 (*Eitz Yosef,* from *Yefeh To'ar*).

100. That is, if some of the letters in a word are dotted but most are not.

101. That is, one should expound the word as if it consisted only of the undotted letters, ignoring the dotted letters.

102. I.e., one should expound the word as if it consisted only of the dotted letters, for in such cases the dots are indicating that those are the essential letters of the word; see 48 §15 above (*Eitz Yosef* ad loc.).

[For a list of dotted words found in Scripture, see *Bamidbar Rabbah* 3 §13 and *Maseches Soferim* 6:3.]

103. For every letter of וַיִּשָּׁקֵהוּ is dotted (see *Shir HaShirim Rabbah* 7 §4a). According to R' Shimon ben Elazar, the dots over the letters indicate that the word is to be interpreted as if some of the letters, either the dotted or the undotted, were not there. But that is clearly not the meaning here, since all of the letters are dotted (see *Yefeh To'ar*).

רַבִּי לֵוִי אָמַר: יֵשׁ בִּי כֹּחַ לַעֲרוֹךְ מִלְחָמָה, וְכֵיוָן דִּמְטָא [שם] "וַיַּחַץ אֶת הַיְלָדִים וְגוֹ'", אֲמַר: כָּל אֱינָשׁ וֶאֱינָשׁ °דִּכְווָתָא תְּקוּם לֵיהּ:

ח [לג, ב] "וַיָּשֶׂם אֶת הַשְּׁפָחוֹת וְאֶת יַלְדֵיהֶן רִאשֹׁנָה", הָדָא אָמְרָה אַחֲרוֹן אַחֲרוֹן חָבִיב. [לג, ג] "וְהוּא עָבַר לִפְנֵיהֶם", הָדָא הוּא דִכְתִיב (תהלים קג, יג) "כְּרַחֵם אָב עַל בָּנִים", תָּנֵי רַבִּי חִיָּיא: [כ]כְּרַחֲמָן שֶׁבָּאָבוֹת, וְאֵי זֶה הוּא רַחֲמָן שֶׁבָּאָבוֹת, רַבִּי יְהוּדָה אָמַר: זֶה אַבְרָהָם, אָמַר אַבְרָהָם: (בראשית יח, כה) "חָלִלָה לְּךָ מֵעֲשֹׂת כַּדָּבָר הַזֶּה", רַבִּי לֵוִי אָמַר: יַעֲקֹב, "וְהוּא עָבַר לִפְנֵיהֶם", [כא]אָמַר: טָב דִּיגַּע בִּי וְלָא בְהוֹן. [לג, ג] "וַיִּשְׁתַּחוּ אַרְצָה שֶׁבַע פְּעָמִים", לָמָּה שֶׁבַע, עַל שֵׁם (משלי כד, טז) "כִּי שֶׁבַע יִפּוֹל צַדִּיק וָקָם", דָּבָר אַחֵר, לָמָּה שֶׁבַע, אָמַר לוֹ: הֱוֵי רוֹאֶה אֶת עַצְמְךָ כְּאִלּוּ אַתְּ נָתוּן לִפְנִים מִשִּׁבְעָה קִינְקְלִין וְיוֹשֵׁב וְדָן, וַאֲנִי נִדּוֹן לְפָנֶיךָ וְאַתְּ מִתְמַלֵּא עָלַי רַחֲמִים, אָמַר רַבִּי חֲנִינָא בַּר יִצְחָק: לֹא זָז מִשְׁתַּטֵּחַ וְהוֹלֵךְ מִשְׁתַּטֵּחַ וְהוֹלֵךְ עַד שֶׁהִכְנִיס מִדַּת הַדִּין לְמִדַּת רַחֲמִים:

ט [לג, ד] "וַיָּרָץ עֵשָׂו לִקְרָאתוֹ... וַיִּשָּׁקֵהוּ", נָקוּד עָלָיו, אָמַר רַבִּי שִׁמְעוֹן בֶּן אֶלְעָזָר: [כב]בְּכָל מָקוֹם שֶׁאַתָּה מוֹצֵא הַכְּתָב רָבֶה עַל הַנְּקוּדָּה אַתָּה דוֹרֵשׁ אֶת הַכְּתָב, הַנְּקוּדָּה רָבָה עַל הַכְּתָב אַתָּה דוֹרֵשׁ אֶת הַנְּקוּדָּה, כָּאן לֹא כְתָב רָבֶה עַל הַנְּקוּדָּה וְלֹא נְקוּדָּה רָבָה עַל הַכְּתָב,

רש"י

(ח) את לאה וילדיה אחרונים ואת רחל ואת יוסף אחרונים **הדא אמרה אחרון אחרון חביב: קנקלים.** חדרים: (ט) **נקודה רבה על הכתב אתה דורש את הנקודה.** שרוב אותיות התיבה נקודות, כגון ויאמרו אליו, איו נקוד ל' אינו נקוד, ומפורש לעיל למה זה: **כתב רבה על הנקודה אתה דורש את הכתב.** כגון דרך רחוקה (במדבר ט, י) ומפרש במשנה (פסחים פ"ט מ"ב) למה נקוד על ה' שברחוקה לא מפני שהיא רחוקה אלא מאסקופת העזרה ולחוץ, אלא שהוא רחוק שהיה מאסקופת העזרה ולחוץ:

עץ יוסף

וכיון דמטא כו'. ואף על פי שכבר התפלל ואמר הצילני נא מיד אחי. אולי עיקר התפלה היתה צריכה בעת ראותו את עשו, כי בהביטו אליו יכוין אל הכנעתו, אבל כשבא להתפלל כשראהו לא יכול כי נבעת (יפה תואר): **ואינש זכותיה תקום ליה.** כן צריך לומר (אות אמת ויפה תואר):

(ח) [יא] **הדא אמרה אחרון כו'.** כלומר להכי איכפל קרא לאשמועינן שהניחם בסדר הזה לומר דאחרון אחרון חביב, שעל כן שם החביבים יותר באחרונה: **כרחמן שבאבות.** משום דהוי ליה למימר כרחם אבות בלשון רבים. לכן אמר שרמז לאב היותר רחמן והיינו רחמן שבאבות: **זה אברהם.** שהיה אב המון גוים ובא לעורר רחמים על הסדומיים הרשעים: **אמר אברהם חלילה לך.** בשוחר טוב מייתי מדכתיב האף תספה צדיק עם רשע, ולפי זה ניחא כי במדת רחמים בא כדמסיים שישא למקום למען הצדיקים, אבל לפי מה שהביא כאן מדקאמר חלילה לך קשה כי אין זה אלא מדת הדין שלא ימות צדיק עם רשע וכדמסיים בה השופט כל הארץ לא יעשה משפט (יפה תואר): **זה יעקב.** הוא היה ראוי להיות נשאר באחרונה, כי כן דרך השיירות שהעם עוברים תחלה והאדון בא אחריהם, אלא לכך הוא עבר לפניהם משום דאמר מוטב דיגע בי ולא בהם, ומזה למדנו הפלגת רחמיו על בניו (יפה תואר): **למה שבע.** דהוה הכנעה יותר מדאי, ואינו ראוי להראות את עצמו נכנע כל כך, פן יאמר אויבי יכלתיו: **על שם כי שבע כו'.** כלומר שרמז לעשו שאף על פי שהוא נכנע לפניו בוטח בה' כי בשבע צרות יצילנו: **לפנים משבעה קנקלים.** חדרים, כי כן דרך גדול הדיינים: **לא זז משתטח כו'.** שההשתחויות כנגד ה' היה. ופירוש שבע הרבה, כמו והחזיקו שבע נשים (יפה תואר). וכן הוא בזוהר סדר זה: (ט) [יב] **נקוד עליו.** כאן הגירסא משונה ומחוסר איזה מלות ממה שהוא בשיר השירים רבה (ז, ח) פסוק זאת (שם ז, ה) וכן שם יש חסרון ממה שהוא כאן, ויש להגיה משם לכאן ומכאן לשם. וכן צריך לומר כאן, **וירץ עשו לקראתו וישקהו כולו נקוד עליו כו' אתה דורש את הכתב ומניח הנקודה כו' ולא נקודה רבה על הכתב אלא כולו נקוד מלמד שנכמרו רחמיו כו'.**

פירוש מהרז"ו

(ח) **וישם את השפחות.** שלעיל (עד, ה) הקדים בנים לנשים הפך מה שאמר לקמן (פב, יג) ולמה כאן הקדים נשים לבנים, ועל זה אמר דאחרון אחרון חביב וסדר החביבות שפחות ילדיהן לאה ילדיה רחל ויוסף: **כרחם אב על בנים.** וסיפיה דקרא ריחם ה' על יראיו, ועל פי מדה י"ג כוונת הכתוב על ענין שמפורש בתורה, ודרש רבי חייא כרחמן שבאבות. ובילקוט כאן (רמז קלג) קיצר בזה אך בילקוט תהלים (רמז תתנט) בבאור כרחם אב וכו' באיזה אב תני רבי חייא כרחמן שבאבות זה אברהם וכו', רבי יהושע בר נחמן פתר קריא ביעקב אבינו והוא עבר לפניהם, ומי שסובר כאברהם כמו שנאמר (יז, ה) כי אב המון גוים וכן כתב ביפה תואר, וכמו שאמרו לעיל (מט, ב): **לפנים מז' קנקלים.** שיר השירים רבה (ג, ב) פסוק כמעט שעברתי: **ואני נידון כו'.** לעיל (עו, ז): (ט) **נקוד עליו.** שיר השירים רבה (ז, ח) פסוק זאת כמגדל כל הענין, ועיין במדבר רבה (ג, יג), ספרי פרשת בהעלותך (פיסקא סט), ולעיל (מח, טו) ושם נסמן ומבואר, וכאן כל תיבת וישקהו מנוקד לחזק הנשיקה:

מתנות כהונה

דכוותא. כלומר כפי עלמו: [ח] **טב דיגע כו'.** טוב הוא שיגע ויפגע בי ולא בהם: **נתון לפנים מזה.** גרסינן: **קינקלין.** פירש רש"י והערוך חדרים, ורצה לומר כמלך היושב לפנים חדר בחדר, וכדאיתא במדרש חזית סוף פסוק כמעט שעברתי: [ט] **אם כן למה נקוד עליו.** שודאי נדע שנשקו בכל לב, אלא לומר לקרוא וישכהו כדאיתא בפרקי רבי אליעזר:

אשד הנחלים

מלחמה כו' דכוותיה תקום ליה. האות אמת גרס זכותא תקום ליה, והוא הנכון. ואף שבאמת הלך יעקב בעצמו לפניו, ואין זה דומה למשל השועל, עם כל זה מתחילה סמך עליהם ג"כ להעמידם כדמות מחנה: [ח] **הדא אמרת אחרון.** כלומר ממנו נובע מאמר העולם שכל מי שהוא אחרון ויותר אחרון הוא יותר חביב, כמו כאן, תחילה בני השפחות, ואחר בני לאה, ואחר בני רחל. כלומר שלענין המעשה כזו היה אחרון חביב, אבל אינו נוהג בכל הדברים וק"ל: **כרחמן שבאבות.** שבאמת עשה כל זה רק למענינו, להיות לאות לטובה בגלות מצרים שתרחם עליהם לחופפם מרעות, וזכותו ורחמנותו עמד להם בזה: **זה אברהם.** כי יעקב יתכן לומר מצד שהם בניו והטבע דוחקתו עליו, אבל אברהם גם על סדום ריחם והיו כבניו שהתעורר לבו לבקש מלפני ה' למענם כאב בעבור בנו: **שבע יפול.** על מספר השבע המוזכר כמה פעמים בכתוב העיר לנו החכם הרב אברהם אבן עזרא ענין גדול, שהוא מספר סגולי וטבעי ונוהג בכל העניינים. ולזה יעקב שראה עצמו בצרה, קיבל עליו ז' פעמים הכנעה, בכדי לרכך בזה לב אחיו, כי הוא ענין סגולי: **מז' קיקלין.** לשון חדר. שהמלך יושב בחדר הז', ובזה שיכך לבו שקיבלו עליו כמלך, והוא מבקש מלפניו חמלה ורחמים: **לא זז כו' מדת הדין למדת הרחמים.** זהו מכוון לשני עניינים, אחד על אחיו עצמו, עד שהתעורר בלב אחיו הכח הרחמים על הכח הכעס המכונה במדת הדין, והב' על מדת הרחמים ומדת הדין למעלה, כי כל פעולת יעקב למטה היה להשביח שאון הכעס למעלה: [ט] **הכתב רבה כו'.** באורו, שהנקודה הבאה בוודאי לדרוש הוא, ואם הכתב רבה על הנקודה אתה דורש הכתב מלבד אותיות הנקודות, וכאן שהיא בשוה מורה שנשקו בכל לבו, והחידוש הוא שנתהפך לבו

חידושי הרד"ל

[ז] **ואינש זכוותיה תיקום ליה.** כן הובא בילקוט (רמז קלג) ופירושו זכותו:

חידושי הרש"ש

כל אינש ואינש דכוותא תקום ליה. בילקוט (רמז קלג) הגירסא זכותיה, וכן יש לפרש הגירסא דכאן כי תרגום זך דכיא:

אמרי יושר

[ח] **כרחמן שבאבות.** ורחם תאר כמו זקן. **על שם כי שבע יפול צדיק וקם.** כמו ז' כוכבי לכת אם חייבוהו שום נפילה והתמוטטות:

מסורת המדרש

ב. מדרש תהלים מזמור ק"ג. ילקוט תהלים רמז תתנ"ט:
בא. קה"ר סוף פ' ט':
בב. ב"מ פ"ו. ירושלמי פסחים פ' ט'. לעיל פרשה מ"ח. במדבר רבה פ' ג'. אדר"נ פרק ל"ד. ילקוט ויקרא רמז פ"ב. ילקוט כאן רמז קל"ג:

אם למקרא

כְּרַחֵם אָב עַל בָּנִים רִחַם ה' עַל יְרֵאָיו: (תהלים קג:יג)

חָלִלָה לְּךָ מֵעֲשֹׂת כַּדָּבָר הַזֶּה לְהָמִית צַדִּיק עִם רָשָׁע וְהָיָה כַצַּדִּיק כָּרָשָׁע חָלִלָה לָּךְ הֲשֹׁפֵט כָּל הָאָרֶץ לֹא יַעֲשֶׂה מִשְׁפָּט: (בראשית יח:כה)

כִּי שֶׁבַע יִפּוֹל צַדִּיק וָקָם וּרְשָׁעִים יִכָּשְׁלוּ בְרָעָה: (משלי כד:טז)

משנת דרבי אליעזר

[ז] **כל אינש ואינש דכוותא יקום ליה.** פירוש דכוותא בלשון תרגום. ועיין במתנות כהונה:

שינוי נוסחאות

(ז) **דכוותא תקום ליה.** אות אמת הגיה "זכותיה" במקום "דכוותא", וכ"ה בילקוט ובת-א ובכל הכתבי יד:

אֶלָּא מְלַמֵּד שֶׁנִּכְמְרוּ רַחֲמָיו בְּאוֹתָהּ הַשָּׁעָה וּנְשָׁקוֹ בְּכָל לִבּוֹ — **Rather, [the dots] indicate that [Esau's] feelings of compassion were aroused at that moment, and he kissed [Jacob] with all his heart.**[104] אָמַר לוֹ רַבִּי יַנַּאי: אִם כֵּן לָמָּה נָקוּד עָלָיו — **R' Yannai said to [R' Shimon ben Elazar]: If so,** then **why is it dotted above** the word [*vayishakeihu*]?[105] אֶלָּא מְלַמֵּד שֶׁלֹּא בָא לְנַשְּׁקוֹ אֶלָּא לְנָשְׁכוֹ — **Rather, [the dots] indicate that [Esau] did not intend to kiss [Jacob] but rather to bite him,** וְנַעֲשָׂה צַוָּארוֹ שֶׁל אָבִינוּ יַעֲקֹב שֶׁל שַׁיִשׁ — **but the neck of Jacob, our forefather,** miraculously **turned to** solid **marble,** וְקָהוּ שִׁינָּיו שֶׁל אוֹתוֹ רָשָׁע — **and** consequently **the teeth of that villain,** i.e., Esau, **were blunted.**[106] וּמָה תַלְמוּד לוֹמַר ״וַיִּבְכּוּ״ — **And why does the Torah say, *"then they wept"*?**[107] אֶלָּא זֶה בוֹכֶה עַל צַוָּארוֹ — **Rather,** it was that **this** one (Jacob) **wept for his neck,** וְזֶה בוֹכֶה עַל שִׁינָּיו — **and that** one (Esau) **wept for his teeth.**[108] רַבִּי אַבָּהוּ בְּשֵׁם רַבִּי יוֹחָנָן מַיְיתֵי לָהּ מִן הָכָא — **R' Abahu in the name of R' Yochanan derives [this interpretation] from here:** ״צַוָּארֵךְ כְּמִגְדַּל הַשֵּׁן וגו׳״ — ***Your neck is like a tower of ivory,*** *your eyes are [like the] pools in Heshbon* (*Song of Songs* 7:5).[109]

וַיִּשָּׂא אֶת עֵינָיו וַיַּרְא אֶת הַנָּשִׁים וְאֶת הַיְלָדִים וַיֹּאמֶר מִי אֵלֶּה לָּךְ וַיֹּאמַר הַיְלָדִים אֲשֶׁר חָנַן אֱלֹהִים אֶת עַבְדֶּךָ.

He raised his eyes and saw the women and children, and he asked, "Who are these to you?" He answered, "The children whom God has graciously given your servant" (33:5).

§10 וַיִּשָּׂא אֶת עֵינָיו — ***HE RAISED HIS EYES*** *AND SAW THE WOMEN AND CHILDREN . . . HE ANSWERED, "THE CHILDREN WHOM GOD HAS GRACIOUSLY GIVEN YOUR SERVANT."*

The Midrash comments on Jacob's reference to his children as, אֲשֶׁר חָנַן אֱלֹהִים אֶת עַבְדֶּךָ, *whom God has graciously given your servant*:

אָמַר רַבִּי בִּנְיָמִין בַּר לֵוִי — **R' Binyamin bar Levi said:** לְפִי שֶׁשָּׁמַעְנוּ חֲנִינָה בְּאַחַד עָשָׂר שְׁבָטִים — **For we have heard** the term ***grace*** applied here **with regard to the eleven tribes,** וְלֹא שָׁמַעְנוּ בְּשֵׁבֶט בִּנְיָמִין — **but** still **we have not heard it** mentioned **regarding the tribe of Benjamin.**[110] וְהֵיכָן שָׁמַעְנוּ — **Where,** however, **do we hear** the term [***grace***] concerning Benjamin? לְהַלָּן ״וַיֹּאמַר אֱלֹהִים יָחְנְךָ בְּנִי״ — **Further on,** in the verse, *He lifted up his eyes and saw his brother Benjamin . . .* ***and he said, "God be gracious to you, my son"*** (below, 43:29).[111]

וַתִּגַּשְׁןָ הַשְּׁפָחוֹת הֵנָּה וְיַלְדֵיהֶן וַתִּשְׁתַּחֲוֶיןָ. וַתִּגַּשׁ גַּם לֵאָה וִילָדֶיהָ וַיִּשְׁתַּחֲווּ וְאַחַר נִגַּשׁ יוֹסֵף וְרָחֵל וַיִּשְׁתַּחֲווּ.

Then the handmaids came forward — they and their children — and they bowed down. Leah, too, came forward with her children and they bowed down; and afterward, Joseph and Rachel came forward and bowed down (33:6-7).

□ וַתִּגַּשְׁןָ הַשְּׁפָחוֹת הֵנָּה וְיַלְדֵיהֶן וַתִּשְׁתַּחֲוֶיןָ, וַתִּגַּשׁ גַּם לֵאָה וִילָדֶיהָ וְגוֹ׳ — ***THEN THE HANDMAIDS CAME FORWARD THEY AND THEIR CHILDREN AND THEY BOWED DOWN. LEAH, TOO, CAME FORWARD WITH HER CHILDREN*** *. . . [AND AFTERWARD, JOSEPH AND RACHEL CAME FORWARD AND BOWED DOWN].*

The Midrash notes an anomaly in the reference here to Joseph and Rachel:

בְּיוֹסֵף כְּתִיב ״וְאַחַר נִגַּשׁ יוֹסֵף וְרָחֵל וַיִּשְׁתַּחֲווּ״ — In contrast to the children of the other wives, **with respect to Joseph, it is written, *and afterward, Joseph and Rachel came forward and bowed down.***[112] אֶלָּא אָמַר יוֹסֵף — **Rather,** it is that **Joseph said,** הָרָשָׁע הַזֶּה עֵינוֹ רָמָה — **"This wicked one,** Esau, **his eye is raised high;**[113] שֶׁלֹּא יִתְלֶה עֵינָיו וְיַבִּיט אֶת אִמִּי — **let him not cast his eyes and gaze** covetously **at my mother."**[114] וְגִבְּהָהּ קוֹמָתוֹ וְכִסְּתָה אוֹתָהּ — **And his stature was heightened so** that **it hid her** from Esau.[115]

The Midrash finds an allusion to this incident in a verse from Jacob's blessing for Joseph:

הוּא דִּכְתִיב בֵּיהּ — **This is** that **which is written concerning [Joseph],** ״בֵּן פֹּרָת יוֹסֵף בֵּן פֹּרָת עֲלֵי עָיִן״ — ***A charming son is Joseph, a charming son to the eye*** (below, 49:22). The sense of which is: בֵּן פּוֹרַת רַבִּיתָ — ***A "poras" son*** *Joseph,* that is, **you,** Joseph, **have grown to greatness,**[116] עֲלֵי עַיִן — because you *enlarged yourself* [פֹּרָת] ***before the eye*** of Esau.[117]

NOTES

104. The dotting of the word serves to reinforce it, indicating that the kiss was not something that Esau felt was required of him, but rather represented genuine feeling of fraternal love (*Eitz Yosef*; *Maharzu;* see also *Tosafos HaShalem* to our verse. See *Yefeh To'ar* for a slightly different interpretation).

105. According to R' Yannai, the very fact that Esau wept upon kissing Jacob seems to indicate that he kissed him out of genuine emotion and not as a mere formality. Hence, if that were the implication of the dots, they would be unnecessary (*Eitz Yosef*).

106. [Thus, against Esau's will, his bite was transformed into a "kiss" (however, see *Eitz Yosef*). Accordingly, the dots over וַיִּשָּׁקֵהוּ indicate that Esau had no intent whatsoever to kiss Jacob, even as a formality. *Matnos Kehunah,* citing *Pirkei DeRabbi Eliezer* Ch. 37, writes that the dots indicate that וַיִּשָּׁקֵהוּ (*and he kissed him*) should be understood as if it were written וַיִּשָּׁכֵהוּ (*and he bit him*).]

107. Which implies that the kiss involved true feelings of brotherly love; see above.

108. That is, Jacob wept out of fear lest Esau succeed in biting his neck (*Rashi, Yedei Moshe*), while Esau wept because of the injury to his teeth.

109. That is, Jacob's neck became hard *like a tower of ivory* when Esau sought to bite him. [*Song of Songs* is addressed to the nation of Israel as a whole and not to Jacob as an individual. Thus, the simple meaning of the verse is that the nation of Israel has a "hard neck" able to blunt the attacks of its enemies. However, the implication is that such an incident actually occurred regarding one of the Patriarchs, based on the principle of מַעֲשֵׂה אָבוֹת סִימָן לְבָנִים, the acts of the Patriarchs are portents for their children (*Eitz Yosef*).]

110. Jacob's use of the word חָנַן, *graciously given,* rather than the more common נָתַן, "given," indicates that his eleven sons possessed the characteristic of חֲנִינָה, *grace*; see *Yefeh To'ar.* But since Benjamin was not yet born at the time when this verse was said, we have no indication that he too was included in this special blessing. [*Eshed HaNechalim* writes that חֲנִינָה, *grace*, refers to the idea of מַתְּנַת חִנָּם, of God bestowing His goodness upon the recipient without deducting from his future reward.]

111. When Benjamin was brought down to Egypt and presented before the viceroy, i.e., his brother Joseph.

According to *Rashi* ad loc. (as interpreted by *Mizrachi*), Joseph purposely used the term יָחְנְךָ, *be gracious to you* (rather than the more common, "bless you,"), regarding Benjamin, so that like his older brothers he too would be granted this quality of grace. See, however, *Yefeh To'ar.*

112. The verse mentions the other wives first and then their children, but Joseph is mentioned before his mother Rachel.

113. Looking out beyond his own family and possessions, desirous of that which is not his.

114. For Rachel was a beautiful woman; see above, 29:17 (*Rashi* on our verse). Accordingly, Joseph walked in front of Rachel, blocking her from Esau's view.

115. That is, not only did Joseph stand in front of his mother but he stretched himself beyond his normal height in order that she would be hidden from Esau, as the Midrash derives below from another verse. See *Eitz Yosef.* [*Rashash* notes that Joseph's ability to stretch himself so as to completely hide Rachel was miraculous, for he was only 6 years of age at the time. See above, 30:25 and 31:41, and *Rashi* to above, 28:9.]

116. I.e., you have become Pharaoh's viceroy. The Midrash is interpreting the word פֹּרָת (translated above as *charming*) as meaning, "grown," "enlarged," as in the phrase, פְּרוּ וּרְבוּ, *"Be fruitful and increase"* (above, 1:22 et al.) (*Rashi, Yefeh To'ar, Eitz Yosef*).

117. That is, in the incident described above, you stretched yourself while

אֶלָּא [כג]מְלַמֵּד שֶׁנִּכְמְרוּ רַחֲמָיו בְּאוֹתָהּ הַשָּׁעָה וּנְשָׁקוֹ בְּכָל לִבּוֹ, אָמַר לוֹ רַבִּי יַנַּאי: אִם כֵּן לָמָּה נָקוּד עָלָיו, אֶלָּא מְלַמֵּד שֶׁלֹּא בָּא לְנַשְּׁקוֹ אֶלָּא לְנָשְׁכוֹ, וְנַעֲשָׂה צַוָּארוֹ שֶׁל אָבִינוּ יַעֲקֹב שֶׁל שַׁיִשׁ וְקָהוּ שִׁינָּיו שֶׁל אוֹתוֹ רָשָׁע, וּמַה תַּלְמוּד לוֹמַר [שם] "וַיִּבְכּוּ", אֶלָּא זֶה בּוֹכֶה עַל צַוָּארוֹ וְזֶה בּוֹכֶה עַל שִׁינָּיו, רַבִּי אַבָּהוּ בְּשֵׁם רַבִּי יוֹחָנָן מַיְיתֵי לָהּ מִן הָכָא, (שיר השירים ז, ה) "צַוָּארֵךְ כְּמִגְדַּל הַשֵּׁן וְגוֹ'":

י [לג, ה] "וַיִּשָּׂא אֶת עֵינָיו", אָמַר רַבִּי בִּנְיָמִין בַּר לֵוִי: לְפִי שֶׁשָּׁמַעְנוּ חֲנִינָה בְּאַחַד עָשָׂר שְׁבָטִים וְלֹא שָׁמַעְנוּ בְּשֵׁבֶט בִּנְיָמִין, וְהֵיכָן שָׁמַעְנוּ, לְהַלָּן (בראשית מג, כט) "וַיֹּאמַר אֱלֹהִים יָחְנְךָ בְּנִי". [לג, ו-ז] "וַתִּגַּשְׁןָ הַשְּׁפָחוֹת הֵנָּה וְיַלְדֵיהֶן וַתִּשְׁתַּחֲוֶין, וַתִּגַּשׁ גַּם לֵאָה וִילָדֶיהָ וְגוֹ'", [כד]בְּיוֹסֵף כְּתִיב [לג, ז] "וְאַחַר נִגַּשׁ יוֹסֵף וְרָחֵל וַיִּשְׁתַּחֲווּ", אֶלָּא אָמַר יוֹסֵף: הָרָשָׁע הַזֶּה עֵינוֹ רָמָה, שֶׁלֹּא יִתְלֶה עֵינָיו וְיַבִּיט אֶת אִמִּי, [כה]וְגָבְהָה קוֹמָתוֹ °וְכִסָּה אוֹתָהּ, הוּא דִּכְתִיב בֵּיהּ (שם מט, כב) "בֵּן פֹּרָת יוֹסֵף °בֵּן פֹּרָת עֲלֵי עָיִן°", °בֵּן פּוֹרַת רְבִיַּית° עֲלֵי עַיִן, בֵּן פֹּרָת °רְבִיַּית יוֹסֵף, "°בֵּן פּוֹרַת° עֲלֵי עָיִן", °בֵּן פּוֹרַת רְבִיַּית יוֹסֵף°, רַבִּי בֶּרֶכְיָה בְּשֵׁם רַבִּי סִימוֹן אָמַר: עֲלֵי לִפְרוֹעַ לְךָ מִן אוֹתָהּ הָעַיִן:

עץ יוסף

אמר ליה רבי ינאי אם כן כו'. כן צריך להגיה כאן מש"ס. וש"ס דילג המדפיס דעת רבי שמעון בן אלעזר כולו וצריך להשלימו מכאן. והכי פירושו כיון דהכא הכתב והנקודה שוים מפרש רבי שמעון בן אלעזר שהנקודה בא להוסיף על הכתב כאילו נאמר וישקהו שני פעמים שנכמרו רחמיו באותה שעה ונשקו בכל לבו. ורבי ינאי הקשה על זה אם כן למה נקוד עליו, דמוישקהו ויבכו הוה משמע שפיר נשיקה של אהבה גמורה. אלא מלמד שהנקודה בא להוציא המלה מפשוטה, למימר דעיקר כוונתו היה לנשיכה ואחר שנשכו וקהו שיניו נהפך לאוהב ונשקו: **צוארך כמגדל השן.** ומיירי בכנסת ישראל שיהיה צוארם חזק להקהות שיני האויבים, דכל מה שאירע לאבות סימן לבנים: **(י) ששמענו חנינה.** כמו שנאמר אשר חנן, אך באשר באותו הפרק עדיין לא נולד בנימין ולא שמענו כזה בשבט בנימין, והיכן שמענו, להלן (מג, כט) ויאמר אלהים יחנך בני: **[יג] וגבהה קומתו.** אף על גב דמהכא לא דייקינן אלא שעמד בפניה לא שהגביה קומתו. קאמר הכי מדיוקא דבן פורת יוסף (יפה תואר): **בן פורת יוסף וכו'.** הכי גרסינן **בן פורת רביית יוסף בן פורת רביית עלי עין. בין פרות רביית יוסף. בן פורת עלי עין אמר רבי ברכיה בשם רבי סימון עלי לפרוע לך מאותו עין.** והכי פירושו **בן פורת רביית יוסף.** דפורת הוא לשון רבייה והגדלה שמלך יוסף. **בן פורת רביית עלי עין.** כלומר עבור שהגדיל והגביה קומתו בפני עין עשו. ומדנקט לשון פורת דריש דרמיז ביה לשון פרות, דהיינו על ידי פרות שראה פרעה בחלומו והוא פתר חלומו שמתוך כך עלה לגדולה. ולקמן (פרשה לח) דריש מיניה נמי לשון פירות, והיינו השבלים שראה פרעה בחלומו. והא דכתיב תו בן פורת עלי עין מפרש רבי ברכיה עלי לפרוע לך כו' לשון פרעון. והיינו מדה כנגד מדה שלא תשלוט בו עין רע, וכדאיתא (ברכות כ, א ועוד) דלא שלטא עינא בישא בזרעו של יוסף:

פירוש מהרז"ו

אם כן למה נקוד עליו. שמאחר שמפורש שנעתר לו, וכתיב וירץ מן הסתם שנשקו בכל לבו, אלא שהניקוד מורה להיפך, וכמו שכתב לעיל (עה, יט). ועיין שמות רבה (ה, י) פרקי דרבי אליעזר (פרק לז) אל תאמר וישקהו וכו' וכן הוא בשיר השירים רבה (ז, ח): **ומה תלמוד לומר ויבכו.** כי אצל יעקב ורחל כתיב וישק ויבך, וכן בדוד ויהונתן (שמואל א' כ, מא) מגודל אהבה, אבל כאן לרבי ינאי מאי ויבכו: **(י) בי"א שבטים.** כמו שאמר כאן אשר חנן, והיו י"א שלא נולד בנימין עדיין. וכוונתו למה שנאמר (במדבר ו, כה) יאר ה' פניו אליך ויחונך, וכתיב (תהלים קכג, ב) כן עינינו אל ה' אלהינו עד שיחננו, ועל כן הוצרכו להתברך בתחלה בחנינה שיזכו לחנינה אחרונה. ועיין לקמן (לג, ה): **וגבה קומתו.** עיין לקמן (ל, ד לח, יח): **בן פורת רביית עלי עין.** דורש כפל הלשון על כמה מיני גידול, א' מה שרבה ונתגדל על אמו כנכתב לעיל, ב' שנתגדל בחלום הפרות של פרעה וכמו שאמרו לקמן (לח, יח) ואל תקרי פורת אלא פרות. ג' שנתגדל ע"י חלום השבלים והפירות ואל תקרי פורת אלא פירות. וכאן בשיבוש, וכך צריך לומר, הוא דכתיב ביה בן פורת יוסף בן פורת עלי עין רבית, עלי עין הוא הגידול הא', בין [בן] פרות רביית יוסף, בין [בן] פירות רביית יוסף: **עלי לפרוע לך אותה העין.** פירוש מה שכסית העין מאמך, והיינו מה שנאמר בסיפיה דקרא (מט, כב) בנות צעדה עלי שור לשור ולראות גדולתו כמו שפירש רש"י בחומש. ויתכן כפירוש המתנות כהונה שלא ישלוט בו עין הרע, או כהידי מסה שיהיו קדשים נאכלים בחלקו בשילה במלא העין. ודורש עלי עין עלי לפרוע על פי מדה ל"א, ופורת מלשון פרעון על פי מדת ממעל, ותיבת מן טעות סופר, וכן הוא פרשה צ"ח שם:

רש"י

זה בכה על צוארו. שלא ישכנו: **וזה בכה על שיניו.** שנעשו שעוה, ולא היה יכול לנשכו: **(י) לפי ששמענו חנינה בי"א שבטים.** דכתיב הילדים אשר חנן אלהים: **ואת רחל ואת יוסף אחרונים. וביוסף כתיב ואחר נגש יוסף ורחל, אלא אמר יוסף דודי זה עינו רמה שלא יתלה את עינו ויביט באמי, וגבה קומתו וכסה אותה: הוא דאמר ליה בן פורת יוסף. בפרות רבית יוסף,** שנתגדלת על ידי פרות על ידי חלום של פרות: **בן פורת עלי עין.** לשון פריה ורביה: **בן פורת רביית יוסף עלי עין.** נתגדלת ועמדת בפני אמך עלי עין: **לפרוע מן אותה העין.** שעמדת בפני אמך, שלא ישלוט בה עינו של אחי:

מתנות כהונה

הכי גרסינן שלא בא לנשקו. הכי גרס רש"י וכן משמע בהרב אברהם בן אשר ובילקוט (רמז קלג) ועיין לקמן סוף (לח, ט): **וזה בוכה על שיניו.** שעיניו נעשו כשעוה כדאיתא במדרש חזית בפסוק צוארך כמגדל השן וכן פירש רש"י ועיין במדרש חזית (שיר השירים ז, ח) ותמצא הגירסא נשתנה גם בילקוט (קלג) סדר זה: **[י] בן פורת יוסף וגו'. בן פורת רבית יוסף, בן פורת עלי עין, בן פורת רבית יוסף עלי עין, רבי ברכיה וגו'.** ודרש בן פורת כמו בן פרות ככתיבתו: **בן פרות כו'.** מבין הפרות נתגדל יוסף על ידי חלומו של פרעה. ואח"כ דרש בן פורת כקריאתו לשון פרייה ורבייה, שנתגדל ונשתרבב על עינו של עשו: **לפרוע לך.** שברכו מדה כנגד מדה שלא ישלוט בו עין הרע, והוא עולה ושולט על העין ולא העין עליו, כדאיתא במסכת ברכות (כ, א) וזולתו בהרבה מקומות. עיקר פירושו עיין פרשת נשא (יד, ו):

אשד הנחלים

מכעס לרחמים. ודעת ר' ינאי שא"כ אין חידוש במלת וישקהו, אלא שמרמז שנשיקתו לא היה באמת רק בהכרח, שבא לנשכו רק מהכרח נשקו: **[י] חנינה בי"א.** כלומר כי מלת חנינה מורה טובה ומתנת חנם אף בלי נכיון הזכות. ויעקב מרמז שעל בניו ועל כל אנשים תמימים ומאמינים ונאמנים בה' מתנהג במתנת חנם להטיבם. **ובנימין עודנו לא נולד.** ובא יוסף וברכו אח"כ שגם הוא יחנן מאת ה' צבאות במידת החנינה, והבן: **ויביט.** ולכן כתיב הגשה תחילה ביוסף ורחל עומדת מאחורי בנה, מה שאין כן בכולם המה הלכו לפני בניהן: **רביית.** עיין

חידושי הרד"ל

[ט] זה בוכה כו'. עיין בתנחומא (סימן ד): **[י] הדא הוא דכתיב בן פורת כו' עלי עין בן פורת רביית יוסף** (פירוש דרש פורת לשון פוריה שהגדיל בקומה). **בן פורת עלי עין, רביית יוסף עילוי עינא** (כדהכא שכיסה על העין), **בן פורת עלי עין אמר רבי ברכיה בשם רבי סימון רביית יוסף עלי לפרוע לך מן אותה העין.** כן צריך לומר:

חידושי הרש"ש

[י] וגבהה קומתו כו'. פירוש בדרך נס כי בן ששה שנים היה אז: **עלי לפרוע כו'.** דריש פורת מלשון פרעון:

אמרי יושר

[י] עלי לפרוע לך. עשו פרות מלשון פריעה וחסר ע':

משנת דרבי אליעזר

[ט] ומה תלמוד לומר ויבכו. פירוש למאן דאמר דנשקו בכל לבו לא קשה מידי דכן דרך נשיקה של קריבות כמו וישק יעקב לרחל וגו' (לעיל, כט, יא), וכן יוסף ואביו והשבטים (מה, י, א), ואף שגם שם הדרשה תדרש, מכל מקום אין מקרא יוצא מידי פשוטו, מה שאין כאן לרבי ינאי שלא בא לנשקו אם כן למה בכה:

מסורת המדרש

כג. שמ"ר פ' ה'. פדר"א פ' ל"ז. תנחומא כאן סי' ד': כד. לקמן פ' ל"ח: כה. פסיקתא רבתי פיסקא י"ב:

אם למקרא

צַוָּארֵךְ כְּמִגְדַּל הַשֵּׁן עֵינַיִךְ בְּרֵכוֹת בְּחֶשְׁבּוֹן עַל שַׁעַר בַּת רַבִּים אַפֵּךְ כְּמִגְדַּל הַלְּבָנוֹן צוֹפֶה פְּנֵי דַמָּשֶׂק: (שיר השירים ז:ה)

וַיִּשָּׂא עֵינָיו וַיַּרְא אֶת בִּנְיָמִין אָחִיו בֶּן אִמּוֹ וַיֹּאמֶר הֲזֶה אֲחִיכֶם הַקָּטֹן אֲשֶׁר אֲמַרְתֶּם אֵלָי וַיֹּאמַר אֱלֹהִים יָחְנְךָ בְּנִי: (בראשית מג:כט)

בֵּן פֹּרָת יוֹסֵף בֵּן פֹּרָת עֲלֵי עָיִן בָּנוֹת צָעֲדָה עֲלֵי שׁוּר: (שם מט:כב)

ידי משה

[ט] וקהו שיניו של אותו רשע. ודרשו זה ממה שנקוד בתיבת וישקהו אותיות קה"ו: **ומה תלמוד לומר ויבכו.** פירוש הואיל ונעשה צוארו של שיש אם כן למה בכו, לזה מתרץ אלא זה בוכה על צוארו פירוש שפליג רבי ינאי וסבירא ליה שבכה לפי שהיה מתיירא שלא ישוך אותו. וקל להבין: **[י] רבי ברכיה בשם רבי לוי אמר עלי לפרוע לך מן אותו עין.** פירוש שאמרו חז"ל בזבחים (קיח, ב) שנאכלים קדשים בשילה שיבנה בחלקו במלא עין שלו וכו':

שינוי נוסחאות

(י) **וכסה אותה.** בדפוס ראשון איתא "וכסתה" וקאי אקומה, וכ"ה בת-א: **הוא דכתיב ביה.** הקטע הזה מאד משובש, והגיה אות אמת ומתנות כהונה כל אחד כדרכו, ואנו הלכנו בעקבות המתנות כהונה:

The Midrash now presents another exposition of that verse: בֵּין פָּרוֹת רָבִיתָ יוֹסֵף — **Joseph, you have grown great among the cows** [פָּרוֹת].[118] "בֵּן פֹּרָת עֲלֵי עָיִן" — ***A charming son to the eye;*** בֵּן פֹּרָת רָבִיתָ יוֹסֵף — this second ***"ben poras"*** in the verse means that **you, Joseph, have grown to greatness.**[119]

The Midrash cites a third exposition: רַבִּי בֶּרֶכְיָה בְּשֵׁם רַבִּי סִימוֹן אָמַר — **R' Berechyah said in the name of R' Simone** that the conclusion of the verse means: עָלַי — **It is incumbent upon Me** לִפְרוֹעַ לְךָ מִן אוֹתָהּ הָעַיִן — **to repay you for that eye.**[120]

NOTES

standing in front of your mother Rachel to hide her from Esau's eyes. The Midrash here is interpreting the second phrase בֵּן פֹּרָת as meaning "grown" in the physical sense, indicating that Joseph extended his stature. Accordingly, the verse means: בֵּן פֹּרָת יוֹסֵף, You, *Joseph, have grown* to a position of greatness and power in Egypt, בֵּן פֹּרָת עֲלֵי עָיִן, because, you *enlarged yourself before the eye* of Esau. [However, the Midrash does not repeat here that the second פֹּרָת also means "grown," since it had already explained the word in the context of the first בֵּן פֹּרָת, and unless stated otherwise it can be assumed that the meaning here is the same (*Yefeh To'ar*).]

118. That is, you reached your position of prominence through the cows of Pharaoh's dream (see below, Ch. 41). This exposition is interpreting the first פֹּרָת [*poras*] as if it were vowelized פָּרֹת [*paros*] meaning "cows," and the first בֵּן in the sense of "between," "among" (as if it were spelled בֵּין, with a י). See *Tanchuma, Mikeitz* §3 (*Yefeh To'ar;* see also *Rashi* and *Matnos Kehunah*).

119. See above. Thus, the sense of the two phrases בֵּן פֹּרָת taken together is that you, Joseph, have grown great [פֹּרָת] from among the cows [פָּרֹת] (*Yefeh To'ar*). [According to this interpretation, the concluding phrase, עֲלֵי עָיִן, means that you earned this greatness for restraining your eye and not becoming entrapped by the wife of your master Potiphar; see below, 39:7-12 (*Yefeh To'ar,* based on *Bamidbar Rabbah* 14 §6).]

120. Interpreting the final words in the verse, עֲלֵי עָיִן, as if they were vowelized עָלַי עַיִן, meaning, *the eye is upon Me.* That is, God was telling Joseph (through the prophetic mouth of Jacob) that He was obligated to repay him for having protected Rachel from Esau's covetous eye (*Yefeh To'ar,* from *Rashi:* see below, 98 §18). Thus, although R' Berechyah's interpretation of this phrase differs from that of the first exposition, he agrees that it alludes to the incident in our verse when Joseph stood in front of his mother hiding her from Esau's gaze.

The connotation of R' Berechyah's exposition is that Joseph was given a reward commensurate with his actions against Esau's eye, which is that he and his descendants were blessed with immunity to the deleterious effects of the evil eye (*Matnos Kehunah, Eitz Yosef;* see *Berachos* 20a; however, see *Bamidbar Rabbah* 14 §6). [We have followed the interpretation of this passage given by *Yefeh To'ar,* who explains the text as it is found in most printed editions of the Midrash. However, see *Matnos Kehunah* and *Eitz Yosef,* who emend the text and offer alternative interpretations.]

אֶלָּא [כג]מְלַמֵּד שֶׁנִּכְמְרוּ רַחֲמָיו בְּאוֹתָהּ הַשָּׁעָה וּנְשָׁקוֹ בְּכָל לִבּוֹ, אָמַר לוֹ רַבִּי יַנַּאי: אִם כֵּן לָמָּה נָקוּד עָלָיו, אֶלָּא מְלַמֵּד שֶׁלֹּא בָּא לְנַשְּׁקוֹ אֶלָּא לְנָשְׁכוֹ, וְנַעֲשָׂה צַוָּארוֹ שֶׁל אָבִינוּ יַעֲקֹב שֶׁל שַׁיִשׁ וְקָהוּ שִׁינָּיו שֶׁל אוֹתוֹ רָשָׁע, וּמַה תַּלְמוּד לוֹמַר [שם] "וַיִּבְכּוּ", אֶלָּא זֶה בּוֹכֶה עַל צַוָּארוֹ וְזֶה בּוֹכֶה עַל שִׁינָּיו, רַבִּי אַבָּהוּ בְּשֵׁם רַבִּי יוֹחָנָן מַיְיתֵי לָהּ מִן הָכָא, (שיר השירים ז, ה) "צַוָּארֵךְ כְּמִגְדַּל הַשֵּׁן וְגוֹ' ":

י [לג, ה] "וַיִּשָּׂא אֶת עֵינָיו", אָמַר רַבִּי בִּנְיָמִין בַּר לֵוִי: לְפִי שֶׁשָּׁמַעְנוּ חֲנִינָה בְּאַחַד עָשָׂר שְׁבָטִים וְלֹא שָׁמַעְנוּ בְּשֵׁבֶט בִּנְיָמִין, וְהֵיכָן שָׁמַעְנוּ, לְהַלָּן (בראשית מג, כט) "וַיֹּאמַר אֱלֹהִים יָחְנְךָ בְּנִי". [לג, ו-ז] "וַתִּגַּשְׁןָ הַשְּׁפָחוֹת הֵנָּה וְיַלְדֵיהֶן וַתִּשְׁתַּחֲוֶין, וַתִּגַּשׁ גַּם לֵאָה וִילָדֶיהָ וְגוֹ' ", [כד]בְּיוֹסֵף כְּתִיב [לג, ז] "וְאַחַר נִגַּשׁ יוֹסֵף וְרָחֵל וַיִּשְׁתַּחֲווּ", אֶלָּא אָמַר יוֹסֵף: הָרָשָׁע הַזֶּה עֵינוֹ רָמָה, שֶׁלֹּא יִתְלֶה עֵינָיו וְיַבִּיט אֶת אִמִּי, [כה]וְגָבְהָה קוֹמָתוֹ °וְכִסָּה אוֹתָהּ, הוּא דִּכְתִיב בֵּיהּ (שם מט, כב) "בֵּן פֹּרָת יוֹסֵף °בֵּן פֹּרָת עֲלֵי עָיִן°", °בֵּן פּוֹרָת רְבִיַּית° עֲלֵי עָיִן, בֵּן פֹּרָת °רְבִיַּית יוֹסֵף, "°בֵּן פּוֹרָת° עֲלֵי עָיִן", °בֵּן פּוֹרָת רְבִיַּית יוֹסֵף°, רַבִּי בֶּרֶכְיָה בְּשֵׁם רַבִּי סִימוֹן אָמַר: עָלַי לִפְרוֹעַ לְךָ מִן אוֹתָהּ הָעָיִן:

עץ יוסף

אמר ליה רבי ינאי אם כן כו'. כן צריך להגיה כאן מש"ס. וש"ס דילג המדפיס דעת רבי שמעון בן אלעזר כולו וצריך להשלימו מכאן. והכי פירושו כיון דהכא הכתב והנקודה שוים מפרש רבי שמעון בן אלעזר שהנקודה בא להוסיף על הכתב כאילו נאמר וישקהו שני פעמים שנכמרו רחמיו באותה שעה ונשקו בכל לבו. ורבי ינאי הקשה על זה אם כן למה נקוד עליו, דמוישקהו ויבכו הוה משמע שפיר נשיקה של אהבה גמורה. אלא מלמד שהנקודה בא להוציא המלה מפשוטה, למימר דעיקר כוונתו היה לנשיכה ואחר שנשכו וקהו שיניו נהפך לאוהב ונשקו: **צוארך במגדל השן.** ומיירי בכנסת ישראל שיהיה צוארם חזק להקהות שיני האויבים, דכל מה שאירע לאבות סימן לבנים: (י) **ששמענו חנינה.** כמו שנאמר אשר חנן, אך באשר באותו הפרק עדיין לא נולד בנימין ולא שמענו כזה בשבט בנימין, והיכן שמענו, להלן (מג, כט) ויאמר אלהים יחנך בני: [יג] **וגבהה קומתו.** אף על גב דמהכא לא דייקינן אלא שעמד בפניה לא שהגביה קומתו. קאמר הכי מדיוקא דבן פורת יוסף (יפה תואר): **בן פורת יוסף וכו'.** הכי גרסינן **בן פורת רביית יוסף בן פורת רביית עלי עין. בין פרות רביית יוסף. בן פורת עלי עין אמר רבי ברכיה בשם רבי סימון עלי לפרוע לך מאותו עין.** והכי פירושו **בן פורת רביית יוסף.** דפורת הוא לשון רבייה והגדלה שמלך יוסף. **בן פורת רביית עלי עין.** כלומר עבור שהגדיל והגביה קומתו בפני עין עשו. ומדנקט לשון פורת דריש דרמיז ביה לשון פרות, דהיינו על ידי פרות שראה פרעה בחלומו והוא פתר חלומו שמתוך כך עלה לגדולה. ולקמן (פרשה לח) דריש מיניה נמי לשון פירות, והיינו השבלים שראה פרעה בחלומו. והא דכתיב תו בן פורת עלי עין מפרש רבי ברכיה עלי לפרוע לך כו' לשון פרעון. והיינו מדה כנגד מדה שלא תשלוט בו עין רע, וכדאיתא (ברכות כ, א ועוד) דלא שלטא עינא בישא בזרעו של יוסף:

פירוש מהרז"ו

אם כן למה נקוד עליו. שמאחר שמפורש שנעתר לו, וכתיב וירץ מן הסתם שנשקו בכל לבו, אלא שהניקוד מורה להיפך, וכמו שכתב לעיל (עה, יט). ועיין שמות רבה (ה, י) פרקי דרבי אליעזר (פרק לז) אל תאמר וישקהו וכו' וכן הוא בשיר השירים רבה (ז, ח): **ומה תלמוד לומר ויבכו.** כי אצל יעקב ורחל כתיב וישק ויבך, וכן בדוד ויהונתן (שמואל א' כ, מא) מגודל אהבה, אבל כאן לרבי ינאי מאי ויבכו: (י) **בי"א שבטים.** כמו שאמר כאן אשר חנן, והיו י"א שלא נולד בנימין עדיין. וכוונתו למה שנאמר (במדבר ו, כה) יאר ה' פניו אליך ויחונך, וכתיב (תהלים קכג, ב) כן עינינו אל ה' אלהינו עד שיחננו, ועל כן הוצרכו להתברך בתחלה בחנינה שיזכו לחנינה אחרונה. ועיין לקמן (לב, ה): **וגבה קומתו.** עיין לקמן (ל, ד לח, יח): **בן פורת רביית עלי עין.** דורש כפל הלשון על כמה מיני גידול, א' מה שרבה ונתגדל על אמו כנכתב לעיל, ב' שנתגדל בחלום הפרות של פרעה וכמו שאמרו לקמן (לח, יח) ואל תקרי פורת אלא פרות. ג' שנתגדל ע"י חלום השבלים והפירות ואל תקרי פורת אלא פירות. וכאן בשיבוש, וכך צריך לומר, הוא דכתיב ביה בן פורת יוסף בן פורת עלי עין רבית, עלי עין הוא הגידול הא', בין [בן] פרות רביית יוסף, בין [בן] פירות רביית יוסף: **עלי לפרוע לך אותה העין.** פירוש מה שכסית העין מאמך, והיינו מה שנאמר בסיפיה דקרא (מט, כב) בנות צעדה עלי שור לשור ולראות גדולתו כמו שפירש רש"י בחומש. ויתכן כפירוש המתנות כהונה שלא ישלוט בו עין הרע, או כהידי מסה שיהיו קדשים נאכלים בחלקו בשילה במלא העין. ודורש עלי עין עלי לפרוע על פי מדה ל"א, ופורת מלשון פרעון על פי מדת ממטל, ותיבת מן טעות סופר, וכן הוא פרשה צ"ח שם:

רש"י

זה בכה על צוארו. שלא ישכנו: **וזה בכה על שיניו.** שנעשו שעוה, ולא היה יכול לנשכו: (י) **לפי ששמענו חנינה בי"א שבטים.** דכתיב הילדים אשר חנן אלהים: **ואת רחל ואת יוסף אחרונים. וביוסף כתיב ואחר נגש יוסף ורחל, אלא אמר יוסף דודי זה עינו רמה שלא יתלה את עינו ויביט באמי, וגבה קומתו וכסה אותה: הוא דאמר ליה בן פורת יוסף. בפרות רבית יוסף,** שנתגדלת על ידי פרות על ידי חלום של פרות: **בן פורת עלי עין.** לשון פריה ורביה: **בן פורת רביית יוסף עלי עין.** נתגדלת ועמדת בפני אמך עלי עין: **לפרוע מן אותה העין.** שעמדת בפני אמך, שלא ישלוט בה עינו של אחי:

מתנות כהונה

הכי גרסינן שלא בא לנשקו. הכי גרס רש"י וכן משמע בהרב אברהם בן אשר ובילקוט (רמז קלג) ועיין לקמן סוף (לח, ט): **וזה בוכה על שיניו.** ששיניו נעשו כשעוה כדאיתא במדרש חזית בפסוק צוארך כמגדל השן וכן פירש רש"י ועיין במדרש חזית (שיר השירים ז, ח) ותמלא הגירסא נשנה גם בילקוט (קלג) סדר זה: [י] **בן פורת יוסף וגו'. בן פרות רבית יוסף, בן פורת עלי עין, בן פורת רבית יוסף עלי עין, רבי ברכיה וגו'.** ודרש בן פורת כמו בן פרות ככתיבתו: **בן פרות כו'.** מבין הפרות נתגדל יוסף על ידי חלומו של פרעה. ואח"כ דרש בן פורת כקריאתו לשון פרייה ורבייה, שנתגדל ונשתרבב על עינו של עשו: **לפרוע לך.** שברכו מדה כנגד מדה שלא ישלוט בו עין הרע, והוא עולה ושולט על העין ולא העין עליו, כדאיתא במסכת ברכות (כ, א) וזולתו בהרבה מקומות. עיקר פירושו עיין פרשת נשא (יד, ו):

אשד הנחלים

מכעס לרחמים. ודעת ר' ינאי שא"כ אין חידוש במלת וישקהו, אלא שמרמז שנשיקתו לא היה באמת רק בהכרח, שבא לנשכו רק מהכרח נשקו: [י] **חנינה בי"א.** כלומר כי מלת חנינה מורה טובה ומתנת חנם אף בלי נכיון הזכות. ויעקב מרמז שעל בניו ועל כל אנשים תמימים ומאמינים ונאמנים בה' מתנהג במתנת חנם להטיבם. **ובנימין עודנו לא נולד.** ובא יוסף וברכו אח"כ שגם הוא יחנן מאת ה' צבאות במידת החנינה, והבן: **ויביט.** ולכן כתיב הגשה תחילה ביוסף ורחל עומדת מאחורי בנה, מה שאין כן בכולם המה הלכו לפני בניהן: **רביית.** עיין

חידושי הרד"ל

[ט] זה בוכה כו'. עיין בתנחומא (סימן ד):

[י] הדא הוא דכתיב בן פורת כו' עלי עין בן פורת רביית יוסף (פירוש דרש פורת לשון פוריה שהגדיל בקומה). **בן פורת עלי עין, רביית יוסף עילוי עינא** (כדהכא שכיסה על העין), **בן פורת עלי עין אמר רבי ברכיה בשם רבי סימון רביית יוסף עלי לפרוע לך מן אותה העין.** כן צריך לומר:

חידושי הרש"ש

[י] וגבהה קומתו כו'. פירוש בדרך נס כי בן ששה שנים היה אז: **עלי לפרוע כו'.** דריש פורת מלשון פרעון:

אמרי יושר

[י] עלי לפרוע לך. עשו פרות מלשון פריעה וחסר ע':

משנת דרבי אליעזר

[ט] ומה תלמוד לומר ויבכו. פירוש למאן דאמר דנשקו בכל לבו לא קשה מידי דכן דרך נשיקה של קריבות כמו וישק יעקב לרחל וגו' (לעיל, כט, יא), וכן יוסף ואביו והשבטים (מח, י, ג, א), ואף שגם שם הדרשה תדרש, מכל מקום אין מקרא יוצא מידי פשוטו, מה שאין כאן לרבי ינאי שלא בא לנשקו אם כן למה בכה:

מסורת המדרש

כג. שמ"ר פ' ה'. פדר"א פ' ל"ז. תנחומא כאן סי' ד':
כד. לקמן פ' ל"ח:
כה. פסיקתא רבתי פיסקא י"ב:

אם למקרא

צַוָּארֵךְ כְּמִגְדַּל הַשֵּׁן עֵינַיִךְ בְּרֵכוֹת בְּחֶשְׁבּוֹן עַל שַׁעַר בַּת רַבִּים אַפֵּךְ כְּמִגְדַּל הַלְּבָנוֹן צוֹפֶה פְּנֵי דַמָּשֶׂק:
(שיר השירים ז:ה)

וַיִּשָּׂא עֵינָיו וַיַּרְא אֶת בִּנְיָמִין אָחִיו בֶּן אִמּוֹ וַיֹּאמֶר הֲזֶה אֲחִיכֶם הַקָּטֹן אֲשֶׁר אֲמַרְתֶּם אֵלָי וַיֹּאמַר אֱלֹהִים יָחְנְךָ בְּנִי:
(בראשית מג:כט)

בֵּן פֹּרָת יוֹסֵף בֵּן פֹּרָת עֲלֵי עָיִן בָּנוֹת צָעֲדָה עֲלֵי שׁוּר:
(שם מט:כב)

ידי משה

[ט] וקהו שיניו של אותו רשע. ודרשו זה ממה שנקוד בתיבת וישקהו אותיות קה"ו: **ומה תלמוד לומר ויבכו.** פירוש הואיל ונעשה צוארו של שיש אם כן למה בכו, לזה מתרץ אלא זה בוכה על צוארו פירוש שפליג רבי ינאי וסבירא ליה שבכה לפי שהיה מתיירא שלא ישוך אותו. וקל להבין: **[י] רבי ברכיה בשם רבי לוי אמר עלי לפרוע לך מן אותו עין.** פירוש שאמרו חז"ל בזבחים (קיח, ב) שנאכלים קדשים בשילה שיבנה בחלקו במלא עין שלו וכו':

שינוי נוסחאות

(י) **וכסה אותה.** בדפוס ראשון איתא "וכסתה" וקאי אקומה, וכ"ה בת-א: **הוא דכתיב ביה.** הקטע הזה מאד משובש, והגיה אות אמת ומתנות כהונה כל אחד כדרכו, ואנו הלכנו בעקבות המתנות כהונה:

וַיֹּאמֶר מִי לְךָ כָּל הַמַּחֲנֶה הַזֶּה אֲשֶׁר פָּגָשְׁתִּי וַיֹּאמֶר לִמְצֹא חֵן בְּעֵינֵי אֲדֹנִי. וַיֹּאמֶר עֵשָׂו יֶשׁ לִי רָב אָחִי יְהִי לְךָ אֲשֶׁר לָךְ.

And he asked, "Who were they for you, that whole camp that I met?" He answered, "To gain favor in my lord's eyes." Esau said, "I have plenty. My brother, let what you have remain yours" (33:8-9).

§11 **וַיֹּאמֶר מִי לְךָ כָּל הַמַּחֲנֶה הַזֶּה אֲשֶׁר פָּגָשְׁתִּי וגו׳** — *AND HE ASKED, "WHO WERE THEY FOR YOU, THAT WHOLE CAMP THAT I MET?" ETC. [HE ANSWERED, "TO GAIN FAVOR IN MY LORD'S EYES"].*

There were only five servants accompanying the gift of animals that Jacob had sent Esau. To whom then was Esau referring when he spoke of כָּל הַמַּחֲנֶה הַזֶּה, *that whole camp*? The Midrash explains:[121]

כָּל אוֹתָהּ הַלַּיְלָה — **Throughout that entire night,** **נַעֲשׂוּ מַלְאֲכֵי הַשָּׁרֵת כִּתּוֹת כִּתּוֹת וַחֲבוּרוֹת חֲבוּרוֹת** — **the ministering angels assembled into** many **bands and parties,** **וְהָיוּ פּוֹגְעִין בְּאִילֵּין דְּעֵשָׂו** — **and they would encounter those** troops **of Esau,**[122] **וַהֲווֹן אָמְרִין לְהוֹן: מִן דְּמַאן אַתּוּן** — **and [the angels] would say to them, "Whose** men **are you?"** **וְהֵן אוֹמְרִין: מִן דְּעֵשָׂו** — **And [Esau's troops] would reply** "We are men **of Esau."** **וְהֵן אוֹמְרִין: הַכּוּ, הַכּוּ, יַהֲבוּן לְהוֹן** — Whereupon, **[the angels] would say** to each other, **"Hit them! Hit them! — Give them** beatings!"[123] **מִן דְּבַר בְּרֵיהּ דְּאַבְרָהָם** — Esau's troops would then say, "We are men **of Abraham's grandson."**[124] **וְהֵן אוֹמְרִין: יַהֲבוּן לְהוֹן** — **And,** despite this, **[the angels] would say, "Give them** beatings." **מִן דִּבְרֵיהּ דְּיִצְחָק** — Then Esau's troops would say, "We are men **of Isaac's son."** **וְהֵן אוֹמְרִין: יַהֲבוּן לְהוֹן** — **And [the angels] would** still **say, "Give them** beatings." **כֵּיוָן דַּהֲווֹ אָמְרֵי: מִן דַּאֲחוּי דְּיַעֲקֹב אֲנַן** — However, **when [Esau's troops] said, "**We are men **of Jacob's brother,"** **הֲווֹן אָמְרִין: שַׁבְקוּן לְהוֹן, מִן דִּידָן אִינּוּן** — **[the angels] said, "Leave them alone! They are ours."**[125] **בְּצַפְרָא אֲמַר לֵיהּ:** **״מִי לְךָ כָּל הַמַּחֲנֶה הַזֶּה אֲשֶׁר פָּגָשְׁתִּי וגו׳״** — **On the** following **morning,** when Jacob and Esau met, **[Esau] said to [Jacob],** ***"Who were they for you, that whole camp that I met?"***[126] **אֲמַר לֵיהּ: אֲמַרוּן לָךְ כְּלוּם** — **[Jacob] said to [Esau], "Did they say anything to you?"**[127] **אֲמַר לֵיהּ: מִיכַּתַּת אֲנָא גַּבֵּיהוֹן** — **[Esau] replied, "I was beaten by them."** **״וַיֹּאמֶר לִמְצֹא חֵן וגו׳״** — In response to that, ***he*** (Jacob) ***said, "To gain favor*** *in my lord's eyes."*[128] **״וַיֹּאמֶר עֵשָׂו יֶשׁ לִי רָב״ מַכּוֹת** — Thus it was that ***Esau said, "I have plenty,"*** meaning to say, "I have received plenty **of blows"**; **״אָחִי יְהִי לְךָ וגו׳״** — ***"My brother,*** *let what you have* ***remain yours."***[129]

The Midrash offers an alternative explanation of Esau's declaration, יְהִי לְךָ אֲשֶׁר לָךְ, *let what you have remain yours*:

דָּבָר אַחֵר — **Another interpretation:** **״וַיֹּאמֶר עֵשָׂו יֶשׁ לִי רָב וגו׳״** — ***Esau said, "I have plenty.*** *My brother, let what you have remain yours."* **אָמַר רַבִּי אֵיבוּ: לְפִי שֶׁהָיוּ הַבְּרָכוֹת מְפוּקְפָּקוֹת בְּיָדוֹ** — **R' Eivu said: Since [Jacob's] possession of the blessings had** at first **been questionable,**[130] **וְהֵיכָן נִתְאוֹשְׁשׁוּ לוֹ** — **where is it that they became firmly in his possession?** **כָּאן, מִן דְּאָמַר לֵיהּ: ״אָחִי יְהִי לְךָ אֲשֶׁר לָךְ״** — **Here, for [Esau] said to him, *"My brother, Let what you have remain yours."***[131] **אָמַר רַבִּי אֶלְעָזָר: אֵין קִיּוּם הַגֵּט אֶלָּא בְּחוֹתְמָיו** — **R' Elazar said: The document is validated only by those who sign it.**[132] **שֶׁלֹּא תֹאמַר** — In order **that you would not say,** **שֶׁאִלּוּלֵי שֶׁרִימָּה יַעֲקֹב אָבִינוּ אֶת אָבִיו לֹא נָטַל הַבְּרָכוֹת** — **"Were it not that Jacob had deceived his father he would not have received the blessings,"** **תַּלְמוּד לוֹמַר** — **the Torah relates** that Esau said, **״אָחִי יְהִי לְךָ אֲשֶׁר לָךְ״** — ***"My brother, let what you have remain yours."***[133]

וַיֹּאמֶר יַעֲקֹב אַל נָא אִם נָא מָצָאתִי חֵן בְּעֵינֶיךָ וְלָקַחְתָּ מִנְחָתִי מִיָּדִי כִּי עַל כֵּן רָאִיתִי פָנֶיךָ כִּרְאֹת פְּנֵי אֱלֹהִים וַתִּרְצֵנִי.

But Jacob said, "No, I beg of you! If I have now found favor in your eyes, then accept my tribute from me, inasmuch as I have seen your face, which is like seeing the face of God, and you were appeased by me" (33:10).

§12 **וַיֹּאמֶר יַעֲקֹב אַל נָא אִם נָא מָצָאתִי חֵן בְּעֵינֶיךָ וְלָקַחְתָּ מִנְחָתִי מִיָּדִי כִּי עַל כֵּן וגו׳ כִּרְאֹת פְּנֵי אֱלֹהִים** — ***BUT JACOB SAID, "NO, I BEG OF YOU! IF I HAVE NOW FOUND FAVOR IN YOUR EYES, THEN ACCEPT MY TRIBUTE FROM ME, INASMUCH AS, ETC.*** *[I HAVE SEEN YOUR FACE],* ***WHICH IS LIKE SEEING THE FACE OF GOD."***

NOTES

121. Although Jacob had sent five droves of animals to Esau (above, 32:15-16), each drove was accompanied by only one servant (see ibid. vv. 18 and 20) [*Mizrachi* on our verse, cited by *Yefeh To'ar*]. See *Yefeh To'ar* for an alternative understanding of the focus of this passage.

122. I.e., Esau with his 400 men.

123. According to *Matnos Kehunah* the ministering angels were saying this to other angels who were under their command.

124. Esau and his men realized that they were dealing with angels for they knew that Jacob did not have troops of his own. Hence they thought that by invoking Abraham they would be spared (*Nezer HaKodesh*).

125. I.e., they are on our side, they are together with us.

126. What was their purpose? What was it that they wanted from me?

127. Jacob was unaware of the affair with the angels and therefore he asked Esau for the details before he responded (see *Maharzu*). Alternatively, because he did not know about the angels, Jacob assumed that Esau was referring to the servants whom he had sent with the gifts. Since Jacob had specifically instructed them to explain to Esau that he was offering tribute to him (above, 32:19-21), Jacob asked in amazement, "Did they not say something to you?" (*Yefeh To'ar*).

128. That is, Jacob told Esau that the angels did not attack him out of hostility but rather to demonstrate to him that they were Jacob's friends and allies (for upon hearing that Esau was his brother they stopped their beatings). Their intent was that as a result Esau would have a change of heart and himself become favorably disposed toward Jacob (*Eitz Yosef;* see *Yefeh To'ar* for an alternative explanation).

129. If Esau had meant to say, "I have plenty of wealth" (as is the plain meaning of the verse) then clearly his intent would have been to decline Jacob's gift. Accordingly, his next statement, יְהִי לְךָ אֲשֶׁר לָךְ, *"Let what you have remain yours,"* would be superfluous (see below). Hence, the Midrash interprets Esau's first statement, יֶשׁ לִי רָב, *"I have plenty,"* in reference to his beatings and not his wealth (*Yefeh To'ar*). *Eitz Yosef* posits that by responding, יֶשׁ לִי רָב מַכּוֹת, "I have received plenty of beatings," Esau meant that he had received a sufficient number of beatings to convince him to become Jacob's friend (see previous note).

130. The blessing that he had received from his father Isaac while impersonating his brother Esau (above, vv. 27:28-29). Esau could have contested Jacob's right to these blessings, since Isaac had in fact intended to bless him and he, Esau, had never willingly conceded the blessings to Jacob (*Matnos Kehunah, Eitz Yosef*).

131. That is, יְהִי לְךָ אֲשֶׁר לָךְ, *let what you have remain yours,* was not said in reference to the gift that Jacob had proffered to Esau, but rather meant the blessings that he had received from Isaac. Esau was thereby assuring Jacob that henceforth he would not contest his right to those blessings (*Eitz Yosef,* citing *Mizrachi*). As with the previous exposition, R' Eivu's interpretation is based on the apparent redundancy of Esau's statement, *let what you have remain yours* (if taken as meaning Jacob's gift) after he had already said, *I have plenty* (see above) (*Yefeh To'ar,* citing *Mizrachi*).

132. It is the signatures of the witnesses at the bottom of the document that grant validity to the document.

133. Esau's concession validated the blessing given previously, like the signatures that validate the body of the document written above. R' Elazar's statement thus echoes the preceding exposition of R' Eivu that with the words *let what you have remain yours* Esau was conceding the blessings to Jacob. (See also above, 67 §2 and §12.)

יא [לג, ח] ״וַיֹּאמֶר מִי לְךָ כָּל הַמַּחֲנֶה הַזֶּה אֲשֶׁר פָּגָשְׁתִּי וְגוֹ׳ ״, כָּל אוֹתָהּ הַלַּיְלָה ^כו^נַעֲשׂוּ מַלְאֲכֵי הַשָּׁרֵת כִּתּוֹת כִּתּוֹת וַחֲבוּרוֹת חֲבוּרוֹת וְהָיוּ פּוֹגְעִין בְּאִילֵין דְּעֵשָׂו, וַהֲווֹן אָמְרִין לְהוֹן: מִן דְּמַאן אַתּוּן, וְהֵן אוֹמְרִין: מִן דְּעֵשָׂו, וְהֵן אוֹמְרִין: הַכּוּ הַכּוּ, יַהֲבוּן לְהוֹן, מִן דְּבַר בְּרֵיהּ דְּאַבְרָהָם, וְהֵן אוֹמְרִין: יַהֲבוּן לְהוֹן, מִן דִּבְרֵיהּ דְּיִצְחָק, וְהֵן אוֹמְרִין: יַהֲבוּן לְהוֹן, כֵּיוָן דַּהֲווֹ אָמְרִי: מִן דַּאֲחוּי דְּיַעֲקֹב אֲנַן, הֲווֹן אָמְרִין: שְׁבַקוּן לְהוֹן, מִן דִּידָן אִינּוּן, בְּצַפְרָא אֲמַר לֵיהּ: ״מִי לְךָ כָּל הַמַּחֲנֶה הַזֶּה אֲשֶׁר פָּגָשְׁתִּי וְגוֹ׳ ״, אֲמַר לֵיהּ: אֲמָרוּן לָךְ כְּלוּם, אֲמַר לֵיהּ: מִיכַּתַּת אֲנָא גַּבֵּיהוֹן, [שם] ״וַיֹּאמֶר לִמְצֹא חֵן וְגוֹ׳ ״, [לג, ט] ״וַיֹּאמֶר עֵשָׂו יֵשׁ לִי רָב״ מַכּוֹת, [שם] ״אָחִי יְהִי לְךָ וְגוֹ׳ ״. דָּבָר אַחֵר, [שם] ״וַיֹּאמֶר עֵשָׂו יֵשׁ לִי רָב וְגוֹ׳ ״, אָמַר רַבִּי אֵיבוּ: לְפִי שֶׁהָיוּ הַבְּרָכוֹת מְפוּקְפָּקוֹת בְּיָדוֹ, וְהֵיכָן נִתְאוֹשְׁשׁוּ לוֹ, כָּאן, מִן דַּאֲמַר לֵיהּ: ״אָחִי יְהִי לְךָ אֲשֶׁר לָךְ״, אָמַר רַבִּי אֶלְעָזָר: ^כז^אֵין קִיּוּם הַגֵּט אֶלָּא בְּחוֹתְמָיו, שֶׁלֹּא תֹּאמַר שֶׁאִלּוּלֵי שֶׁרִימָּה יַעֲקֹב אָבִינוּ אֶת אָבִיו לֹא נָטַל הַבְּרָכוֹת, תַּלְמוּד לוֹמַר ״אָחִי יְהִי לְךָ אֲשֶׁר לָךְ״:

יב [לג, י] ״וַיֹּאמֶר יַעֲקֹב אַל נָא אִם נָא מָצָאתִי חֵן בְּעֵינֶיךָ וְלָקַחְתָּ מִנְחָתִי מִיָּדִי כִּי עַל כֵּן וְגוֹ׳ כִּרְאֹת פְּנֵי אֱלֹהִים״, מַה פְּנֵי אֱלֹהִים דִּין אַף פָּנֶיךָ דִּין, מַה פְּנֵי אֱלֹהִים (שמות כג, טו) ״וְלֹא יֵרָאוּ פָנַי רֵיקָם״, אַף אַתְּ וְלֹא יֵרָאוּ פָּנֶיךָ רֵיקָם. [לג, יא] ״קַח נָא אֶת בִּרְכָתִי אֲשֶׁר הֻבָאת לָךְ״, ^כח^אָמַר לוֹ: כַּמָּה °יְגִיעוֹת יָגַעְתִּי עַד שֶׁתָּבֹא לְיָדִי, אֲבָל אַתָּה מֵאֵלֶיהָ הִיא בָּאָה אֶצְלְךָ, ״אֲשֶׁר הֵבֵאתִי״ אֵין כְּתִיב כָּאן אֶלָּא ״אֲשֶׁר הֻבָאת״, מֵאֵלֶיהָ בָּאָה לְיָדְךָ.

עץ יוסף

(יא) [יד] **באילין דעשו.** פירוש בחיילותיו של עשו. והיו אומרים להם משל מי אתם. והם אומרים משל עשו. והם אומרים, המלאכים לחיילותיהם הכו הכו אותם: **יהבון להון.** פירוש תנו להם מכות: **כיון דהוו אמרי כו׳.** כיון שהיו אומרים משל אחיו של יעקב אנחנו היו מלאכי השרת אומרים הניחו להם משלנו הם: **מיכתת כו׳.** מוכה אנכי אצלם: **למצוא חן בעיני אדוני.** כלומר מאחר שתראה שכל אותן המחנות שפגשת הם כולם אוהבי אמצא חן בעיניך שתשוב גם אתה להיות מאוהבי. והשיב יש לי רב אחי, כלומר צדקת בדבריך כי כבר קבלתי רוב מכות די והותר אשר על ידם בהכרח אודה לך ואומר יהי לך (הברכות אשר עבורם רבה המשטמה עד כה), ומעתה גם אני אתהפך לאוהב לך (מהרא״ב): **רב מכות.** פירוש מכות הרבה: **מפוקפקות.** שעדיין לא הודה עליהן בנפש חפצה: **מן מה דאמר ליה אחי יהי כו׳.** שכך אמר ליה מה שלקחת מאבינו יהי לך שמעתה לא אערער עליהם (מזרחי): **אחי יהי לך אשר לך.** גימטריא זה הברכות (נפלאות חדשות): (יב) [טו] **מה פני אלהים דין כו׳.** הכוונה כי הנותן מתנה לאחד הוא בשלש פנים, או מפני שהמקבל נצרך, או דרך פיוס על חטא שקדמהו, או דרך הכנעה וכבוד. ולפי שעשו דחה הטעם הראשון באומרו יש לי רב, אמר יעקב כי עוד לי שני טעמים, הא׳ כי הוא כעומד לדין, שהיה לו דין עליו ועם כל זה ותרצני ולכן ראוי לי לפייס במנחה, והשני דרך הכנעה מה פני אלהים כו׳, כי כן היתה עולת ראיה להראות השתעבדות לה׳: **מה פני אלהים דין.** דהיינו הרגל לפני בית דין, כי בקרב אלהים ישפוט: **כמה יגיעות כו׳.** רצונו לומר שאף שלפי ערכך היא מתנה מועטת, מכל מקום לפי גודל צערי ויגיעתי שהיה לי עד שבאת לידי יהיה נחשב לפניך כמרובה, ותקבל ממני בסבר פנים יפות: **אשר הבאתי אין כתיב כן.** כן צריך לומר, וכן הוא בילקוט: **אלא אשר הובאת.** מבנין שלא נזכר שם פועלו מי המביא:

פירוש מהרז״ו

(יא) **נעשו מלאכי השרת.** לעיל (עה, י), וזהו אשר פגשתי שרוב הפגישות לרעה, אפגשם כדוב שכול (הושע יג, ח), ויפגשם על בריכת שומרון (שמואל ב׳ ב, יג), ועיין רש״י בחומש בשינוי: **אמרין לך כלום.** שיעקב לא ידע מה עשו המלאכים עמו, ואיך אומר למצוא חן וכו׳, אלא ששאל איך התנהגו עמו והודיע ליעקב, ועל זה השיב למצא חן וכו׳ יש לי רב. ומה שאמר כאן דבר אחר ויאמר יש לי רב תיבת דבר אחר מיותר שעדיין לא דרש על זה ובילקוט ליתא, אלא שדרשת רבי אייבו שייך לדרשה הקודמת, על כן בהכרח שאודה לך על הברכות וכן הביא רש״י בחומש: **אמר רבי אלעזר.** לעיל (סז, יב) ושם סימן י״א ועיין מה שכתבתי שם: (יב) **מה פני אלהים** לעיל פרשה זו סוף סימן ג׳ ושם נסמן ומבואר, ואם כן איך הוא שייך אל המנחה ותיבת פני מיותר, ודורש גזירה שוה, וכמו שמבואר בפרקי דרבי אליעזר (סוף פרק לז) שכל המנחה היתה מעשר כל מקנהו שנדר עשר אעשרנו לך, כמו לבכור ולכהן, ועל ידו יתקיים מה שנאמר (שמות כג, טו) ולא יראו פני ריקם ועיין פרקי דרבי אליעזר פרק ח׳ ופרק ל״ח ששייך כאן. ועיין עוד בסוף הפרשה כל ט׳ שנים, ועיין עוד סוטה (מח, א) וילקוט כאן (רמז קלג): **אשר הבאת אין כתיב באן.** בילקוט הגירסא אשר הבאתי אין כתיב כאן אלא אשר הובאת, וכמו שאמר ברכתי היה לו לומר הבאתי:

שינוי נוסחאות

(יב) **כמה יגיעות.** הנוסח המקורי היה ״יָגָע״ וכ״ה בכל הדפוסים הישנים ובהרבה מן המאוחרים ג״כ, וכ״ה בכתבי יד, וכ״ה בילקוט, וכן מוכח מתוך המתנות כהונה שהיה גורס כן:

אשר הבאתי אין כתיב באן. כן היה כתוב בדפוס ראשון (קוסטא רע״ב) וכ״ה בילקוט וכ״ה בכתבי יד, וכ״כ יפת תאר דצ״ל ״הבאתי״, אבל ברוב הספרים כתוב ״הבאת״:

מסורת המדרש

כו. תנחומא כאן סימן ג׳. ילקוט כאן רמז קל״ג. עיין לעיל פרשה ע״ה:

כז. גיטין דף כ״ג. לעיל פרשה ס״ז:

כח. ילקוט כאן רמז קל״ג כל הענין:

אם למקרא

אֶת־חַג הַמַּצּוֹת תִּשְׁמֹר שִׁבְעַת יָמִים תֹּאכַל מַצּוֹת כַּאֲשֶׁר צִוִּיתִךָ לְמוֹעֵד חֹדֶשׁ הָאָבִיב כִּי־בוֹ יָצָאתָ מִמִּצְרָיִם וְלֹא־יֵרָאוּ פָנַי רֵיקָם: (שמות כג:טו)

רש״י

(יא) **והיו מגיעין באלין דעשו.** באנשיו של עשו, **והוו אמרין ליה [להון] מן דמאן אתון, מן עשו, והוון** מלאכין **אמרין יהבון להון.** תנו להם מכות, חזרו **ואמרון מן דבריה** דיצחק אנן כלומר דעשו **והוו אמרין יהבון להון, מן בר בריה דאברהם אנן, והוו אמרין יהבין להון, וכיון דהוו אמרין אחוהי דיעקב אמרי שבקון להון דידן אינון. בצפרא אמר מי לך כל המחנה הזה, אמר ליה אמרי לך כלום, אמר ליה מיכתת אנא גביהו וכו׳: יש לי רב. מכות. יהי לך אשר לך: לפי שהיה הברכות מפוקפקות בידו, והיכן נתאוששו בידו כאן וכו׳: (יב) מה פני אלהים דין.** שכל מקום שנאמר אלהים דין, ועוד לפני הקדוש ברוך הוא יש דין. **אף פניך דין.** שאתה דן אותי:

מתנות כהונה

[יא] **באלין דעשו כו׳.** בחיילותיו של עשו והיו אומרים להם משל מי אתם והם אומרים משל עשו, והם אומרים, המלאכים לחיילותיהם הכו אותם והכו אותם: **הכי גרסינן הכו הכו יהבון להון יהבון כו׳.** פירוש היו נותנין להם מכות וכן פירש רש״י: **הכי גרסינן יהבון להון, מן דבר בריה דאברהם והן אומרים יהבון להון, מן דבריה דיצחק והן כו׳: יהבון כו׳.** תנו להם מכות: **כיון דהוו כו׳.** שהיו אומרים משל אחיו של יעקב אנחנו, היו מלאכי השרת אומרים הניחו להם משלנו הם: **מיכתת כו׳.** מוכה אנכי אצלם: **מפוקפקות.** שעדיין לא הודה עליהם עשו בנפש חפצה: **נתאוששו.** נתחזקו על קיומן: [יב] **הכי גרסינן מה פני אלהים דין אף כו׳.** ועיין לעיל: **יגע יגיעות עד שתבא.** גרסינן: **מאליה כו׳.** ובצרוף היגיעה שהגיעני בה הרי היא מתנה

אשד הנחלים

במתנות כהונה. וע׳ באות אמת דברי רש״י: [יא] **למצוא חן.** כלומר עשיתי זאת למען עורר לבך לרחם עלי שלא תלחם בי: **נתאוששו.** לשון התחזקות לפי שעתה נתן לו ברצונו הטוב ולא ע״י הכרח מאומה. כי באמת לא היה חפץ עשו בברכות שהם ברכת נפשיות, וזהו יהיו לך אשר הם נכספים ונאהבים לך וק״ל: [יב] **דין.** מפורש לעיל באורו: **כמה יגיעות כו׳ הבאתי אין כתיב כאן בצ״ל.** ופירש המתנות

The Midrash discusses the sense in which Esau's face was comparable to that of God, and why that should serve as a rationale for his accepting the tribute:[134]

מַה פְּנֵי אֱלֹהִים דִּין — Jacob was insinuating to Esau: **Just as the face of God,** when referred to by the name *Elohim,* **conducts judgment,**[135] אַף פָּנֶיךָ דִּין — **so too, your face is conducting judgment;**[136] מַה פְּנֵי אֱלֹהִים "וְלֹא יֵרָאוּ פָנַי רֵיקָם" — moreover, **just as** with respect to **the face of God,** it is stated, ***they shall not appear to My face empty-handed*** (*Exodus* 23:15), אַף אַתְּ וְלֹא יֵרָאוּ פָּנֶיךָ רֵיקָם — **so too,** with respect to **yourself, "they shall not appear to your face empty-handed."**[137]

קַח נָא אֶת בִּרְכָתִי אֲשֶׁר הֻבָאת לָךְ כִּי חַנַּנִי אֱלֹהִים וְכִי יֶשׁ לִי כֹל וַיִּפְצַר בּוֹ וַיִּקָּח.

"Please accept my gift that was brought to you, inasmuch as God has been gracious to me, and inasmuch as I have everything." He urged him, and he accepted (33:11).

□ קַח נָא אֶת בִּרְכָתִי אֲשֶׁר הֻבָאת לָךְ — ***PLEASE ACCEPT MY GIFT THAT WAS BROUGHT TO YOU.***

The Midrash comments on the syntax of this phrase:

אָמַר לוֹ — **[Jacob] said to [Esau]:** כַּמָּה יָגַע יָגַעְתִּי עַד שֶׁתָּבֹא לְיָדִי — **I had invested much toil before [this gift] came into my possession,**[138] אֲבָל אַתָּה מֵאֵלֶיהָ הִיא בָּאָה אֶצְלְךָ — **but** for **you, it came on its own.**[139] אֵין כְּתִיב כָּאן "אֲשֶׁר הֵבֵאתִי" אֶלָּא "אֲשֶׁר הֻבָאת" — **It is not written,** *my gift* ***that "I" brought,*** but rather, *my gift* ***that "was" brought,*** מֵאֵלֶיהָ בָּאָה לְיָדְךָ — implying that **it came to you on its own.**[140]

NOTES

134. The Midrash here interprets אֱלֹהִים in our verse literally as God. However, according to one exposition given in section 3 above, אֱלֹהִים here means a heavenly being, or angel, rather than God Himself. See also above, 77 §3.

135. See above, 73 §3 et al.

136. That is, Esau was judging Jacob (i.e., for his "crime" of stealing the blessings) (*Rashi, Matnos Kehunah* to section 3 above). See above, section 8, and 76 §7. Jacob was telling Esau that although he may have no need for the tribute, it was still appropriate on his (Jacob's) part to give it so as to appease Esau over his grievance (*Yefeh To'ar, Eitz Yosef*).

137. It is similarly improper to appear before you without a gift. Jacob was thus saying to Esau that while Esau may have plenty and therefore did not need his tribute, it was nevertheless appropriate for him (Jacob) to give it as a token of his subservience. In that sense it was comparable to the offerings one is required to bring when appearing before the face of God (i.e., at the Temple) for the three pilgrimage festivals, which are likewise a sign of one's subservience to Him [for clearly God has no need for the offerings themselves] (*Yefeh To'ar, Eitz Yosef*).

138. That is, I had to work very hard to be able to own those animals that I have now given you as a gift.

139. I.e., since you are receiving the animals purely as a gift, without being required to expend any effort on acquiring them, there is no reason for you to refuse (*Mizrachi* on our verse).

140. Jacob used the passive form of the verb, הֻבָאת, *was brought,* to stress the fact that there was no effort needed on Esau's part for him to receive the gift (see *Yefeh To'ar*).

Matnas Kehunah and *Eitz Yosef* suggest that by alluding to the hard work involved in originally acquiring these animals Jacob was saying to Esau that although by his standards, it may be but a small gift and thus beneath his dignity, taking into account the exertion involved on Jacob's part it should be considered a large and respectable gift. See *Yefeh To'ar* for an alternative understanding of this passage. See also Insight Ⓐ.

INSIGHTS

Ⓐ **Hard-earned Blessing** *Nezer HaKodesh* offers a different reason as to why Jacob stressed the toil he had to invest in order to obtain the animals that he was now proffering as a gift to Esau. When Esau and Jacob were still in their mother's womb they had made an agreement that this world was to be exclusively the domain of Esau and the next world was to be fully the domain of Jacob (see *Yalkut Shimoni, Toldos* §111). Nevertheless, the blessings that Jacob had received from Isaac were this-worldly blessings, *the dew of the heavens and the fatness of the earth, and abundant grain and wine* (above, 25:28), etc. Similarly, at this point when Jacob returned from Haran, we find him laden with material goods — *oxen and donkeys, flocks, servants, and maidservants* (above, 32:6), as well as a large family with many children. Was Jacob then encroaching upon the territory of Esau, the goods of this world?

Commenting on the verse, כִּי ה' אֱלֹהֶיךָ בֵּרַכְךָ בְּכֹל מַעֲשֵׂה יָדֶךָ, *For HASHEM, your God, has blessed you in all your handiwork* (*Deuteronomy* 2:7), *Yalkut Shimoni, Devarim* §808, states that if a person works he is blessed by God, but if he remains idle he does not receive any blessing. This then is the difference between Jacob and Esau. This world is Esau's domain, Esau's heritage. God does not require him to work hard, to toil, in order to reap its benefits. Jacob's heritage is the next world. If he were to enjoy the fruits of this world without working for them he would be taking that which does not belong to him, and he would lose a corresponding portion of the next world. Thus, Jacob must toil in order to receive God's blessing in this world, for then he is paying fairly for what he receives.

Jacob's aim in sending the tribute to Esau was to appease him for his taking the blessings, which Esau thought were rightfully his own. Hence, Jacob sought to demonstrate to Esau that despite his having received the blessings from Isaac and despite his material prosperity, he had not broken their original bargain and had not unfairly taken anything from Esau's domain. Therefore, he made a point of telling Esau, כַּמָּה יָגַע יָגַעְתִּי עַד שֶׁתָּבֹא לְיָדִי, "I had invested much toil before [this gift] came into my possession." Whatever he had in this world he had to earn with hard labor and toil. But for Esau that was not necessary, as the good of this world came to him מֵאֵלֶיהָ, on its own (*Nezer HaKodesh,* pp. 392 a-b s.v. מה פני אלהים דין).

מדרש רבה

יא [לג, ח] "וַיֹּאמֶר מִי לְךָ כָּל הַמַּחֲנֶה הַזֶּה אֲשֶׁר פָּגָשְׁתִּי וְגוֹ'", כָּל אוֹתָהּ הַלַּיְלָה [כו] נַעֲשׂוּ מַלְאֲכֵי הַשָּׁרֵת כִּתּוֹת כִּתּוֹת וַחֲבוּרוֹת חֲבוּרוֹת וְהָיוּ פּוֹגְעִין בְּאִילֵּין דְּעֵשָׂו, וַהֲווֹן אָמְרִין לְהוֹן: מִן דְּמַאן אַתּוּן, וְהֵן אוֹמְרִין: מִן דְּעֵשָׂו, וְהֵן אוֹמְרִין: הַכּוּ הַכּוּ, יַהֲבוּן לְהוֹן, מִן דְּבַר בְּרֵיהּ דְּאַבְרָהָם, וְהֵן אוֹמְרִין: יַהֲבוּן לְהוֹן, מִן דִּבְרֵיהּ דְּיִצְחָק, וְהֵן אוֹמְרִין: יַהֲבוּן לְהוֹן, כֵּיוָן דַּהֲווֹ אָמְרִי: מִן דַּאֲחוּי דְּיַעֲקֹב אֲנַן, הֲווֹן אָמְרִין: שְׁבַקוּן לְהוֹן, מִן דִּידָן אִינּוּן, בְּצַפְרָא אֲמַר לֵיהּ: "מִי לְךָ כָּל הַמַּחֲנֶה הַזֶּה אֲשֶׁר פָּגָשְׁתִּי וְגוֹ'", אֲמַר לֵיהּ: אֲמָרוּן לָךְ כְּלוּם, אֲמַר לֵיהּ: מִיכַּתַּת אֲנָא גַּבֵּיהוֹן, [שם] "וַיֹּאמֶר לִמְצֹא חֵן וְגוֹ'", [לג, ט] "וַיֹּאמֶר עֵשָׂו יֶשׁ לִי רָב" מַכּוֹת, [שם] "אָחִי יְהִי לְךָ וְגוֹ'". דָּבָר אַחֵר, [שם] "וַיֹּאמֶר עֵשָׂו יֶשׁ לִי רָב וְגוֹ'", אָמַר רַבִּי אֵייבוּ: לְפִי שֶׁהָיוּ הַבְּרָכוֹת מְפוּקְפָּקוֹת בְּיָדוֹ, וְהֵיכָן נִתְאוֹשְׁשׁוּ לוֹ, כָּאן, מִן דַּאֲמַר לֵיהּ: "אָחִי יְהִי לְךָ אֲשֶׁר לָךְ", אָמַר רַבִּי אֶלְעָזָר: [כז] אֵין קִיּוּם הַגֵּט אֶלָּא בְּחוֹתְמָיו, שֶׁלֹּא תֹאמַר שֶׁאִלּוּלֵי שֶׁרִימָּה יַעֲקֹב אָבִינוּ אֶת אָבִיו לֹא נָטַל הַבְּרָכוֹת, תַּלְמוּד לוֹמַר "אָחִי יְהִי לְךָ אֲשֶׁר לָךְ":

יב [לג, י] "וַיֹּאמֶר יַעֲקֹב אַל נָא אִם נָא מָצָאתִי חֵן בְּעֵינֶיךָ וְלָקַחְתָּ מִנְחָתִי מִיָּדִי כִּי עַל כֵּן וְגוֹ' כִּרְאֹת פְּנֵי אֱלֹהִים", מַה פְּנֵי אֱלֹהִים דִּין אַף פָּנֶיךָ דִּין, מַה פְּנֵי אֱלֹהִים (שמות כג, טו) "וְלֹא יֵרָאוּ פָנַי רֵיקָם", אַף אַתְּ וְלֹא יֵרָאוּ פָּנֶיךָ רֵיקָם. [לג, יא] "קַח נָא אֶת בִּרְכָתִי אֲשֶׁר הֻבָאת לָךְ", [כח] אָמַר לוֹ: כַּמָּה °יְגִיעוֹת יָגַעְתִּי עַד שֶׁתָּבֹא לְיָדִי, אֲבָל אַתָּה מֵאֵלֶיהָ הִיא בָּאָה אֶצְלְךָ, "אֲשֶׁר הֵבֵאתִי" אֵין כְּתִיב כָּאן אֶלָּא "אֲשֶׁר הֻבָאת", מֵאֵלֶיהָ בָּאָה לְיָדְךָ.

עץ יוסף

(יא) [יד] באילין דעשו. פירוש בחיילותיו של עשו. והיו אומרים להם משל מי אתם. והם אומרים משל עשו. והם אומרים, המלאכים לחיילותיהם הכו הכו אותם: יהבון להון. פירוש תנו להם מכות: ביון דהוו אמרי כו'. כיון שהיו אומרים משל אחיו של יעקב אנחנו היו מלאכי השרת אומרים הניחו להם משלנו הם: מיכתת כו'. מוכה אנכי אצלם: למצוא חן בעיני אדוני. כלומר מאחר שתראה שכל אותן המחנות שפגשת הם כולם אוהבי אמצא חן בעיניך שתשוב גם אתה להיות מאוהבי. והשיב יש לי רב אחי, כלומר לדקת בדבריך כי כבר קבלתי רוב מכות די והותר אשר על ידם בהכרח אודה לך ואומר יהי לך (הברכות אשר עבורם רבה המשטמה עד כה), ומעתה גם אני אתהפך לאוהב לך (מהרא"ב): רב מכות. פירוש מכות הרבה: מפוקפקות. שעדיין לא הודה עליהן בנפש חפצה: מן מה דאמר ליה אחי יהי כו'. שכך אמר ליה מה שלקחת מאבינו יהי לך שמעתה לא אערער עליהם (מזרחי): אחי יהי לך אשר לך. גימטריא זה הברכות (נפלאות חדשות): (יב) [טו] מה פני אלהים דין כו'. הכוונה כי הנותן מתנה לאחד הוא בשלש פנים, או מפני שהמקבל נצרך, או דרך פיוס על חטא שקדמהו, או דרך הכנעה וכבוד. ולפי שעשו דחה הטעם הראשון באומרו יש לי רב, אמר יעקב כי עוד לי שני טעמים, הא' כי הוא כעומד לדין, שהיה לו דין עליו ועם כל זה ותרצני ולכן ראוי לי לפייס במנחה, והשני דרך הכנעה מה פני אלהים כו', כי כן היתה עולת ראיה להראות השתעבדות לה': מה פני אלהים דין. דהיינו הנגב לפני בית דין, כי בקרב אלהים ישפוט: כמה יגיעות כו'. רצונו לומר שאף שלפי ערכך היא מתנה מועטת, מכל מקום לפי גודל צערי ויגיעתי שהיה לי עד שבאת לידי יהיה נחשב לפניך כמרובה, ותקבל ממני בסבר פנים יפות: אשר הבאתי אין כתיב בן. כן צריך לומר, וכן הוא בילקוט: אלא אשר הובאת. מבנין שלא נזכר שם פועלו מי המביא:

שינוי נוסחאות

(יב) כמה יגיעות. הנוסח המקורי היה "יָגָע" וכ"ה בכל הדפוסים הישנים ובהרבה מן המאוחרים ג"כ, וכ"ה בכתבי יד, וכ"ה בילקוט, וכן מוכח מתוך המתנות כהונה שהיה גורס כן:

אשר הבאתי אין כתיב באן. כן היה כתוב בדפוס ראשון (קוסטא רע"ב) וכ"ה בילקוט וכ"ה בכתבי יד, וכ"כ יפת תאר דצ"ל "הבאתי", אבל ברוב הספרים כתוב "הבאת":

פירוש מהרז"ו

(יא) נעשו מלאכי השרת. לעיל (עה, י), וזהו אשר פגשתי שרוב הפגישות לרעה, אפגשם כדוב שכול (הושע יג, ח), ויפגשם על בריכת שומרון (שמואל ב' ב, יג), ועיין רש"י בחומש בשינוי: אמרין לך כלום. שיעקב לא ידע מה עשו המלאכים עמו, ואיך אומר למצוא חן וכו', אלא ששאל איך התנהגו עמו והודיע ליעקב, ועל זה השיב למצא חן וכו' יש לי רב. ומה שאמר כאן דבר אחר ויאמר יש לי רב תיבת דבר אחר מיותר שעדיין לא דרש על זה ובילקוט ליתא, אלא שדרשת רבי אייבו שייך לדרשה הקודמת, על כן בהכרח שאודה לך על הברכות וכן הביא רש"י בחומש: אמר רבי אלעזר. לעיל (סז, יב) ושם סימן י"א ועיין מה שכתבתי שם: (יב) מה פני אלהים לעיל פרשה זו סוף סימן ג' ושם נסמן ומבואר, ואם כן איך הוא שייך אל המנחה ותיבת פני מיותר, ודורש גזירה שוה, וכמו שמבואר בפרקי דרבי אליעזר (סוף פרק לז) שכל המנחה היתה מעשר כל מקנהו שנדר עשר אעשרנו לך, כמו לבכור ולכהן, ועל ידו יתקיים מה שנאמר (שמות כג, טו) ולא יראו פני ריקם ועיין פרקי דרבי אליעזר פרק ח' ופרק ל"ח ששייך כאן. ועיין עוד בסוף הפרשה כל ט' שנים, ועיין עוד סוטה (מא, א) וילקוט כאן (רמז קלג): אשר הבאת אין כתיב באן. בילקוט הגירסא אשר הבאתי אין כתיב כאן אלא אשר הובאת, וכמו שאמר ברכתי היה לו לומר הבאתי:

מסורת המדרש

כו. תנחומא כאן סימן ג'. ילקוט כאן רמז קל"ג. עיין לעיל פרשה ע"ה:

כז. גיטין דף כ"ג. לעיל פרשה ס"ז:

כח. ילקוט כאן רמז קל"ג כל הענין:

אם למקרא

אֶת־חַג הַמַּצּוֹת תִּשְׁמֹר שִׁבְעַת יָמִים תֹּאכַל מַצּוֹת כַּאֲשֶׁר צִוִּיתִךָ לְמוֹעֵד חֹדֶשׁ הָאָבִיב כִּי־בוֹ יָצָאתָ מִמִּצְרָיִם וְלֹא־יֵרָאוּ פָנַי רֵיקָם: (שמות כג:טו)

רש"י

(יא) והיו מגיעין באלין דעשו. באנשיו של עשו, והוו אמרין ליה [להון] מן דמאן אתון, מן עשו, והוון מלאכין אמרין יהבון להון. תנו להם מכות, חזרו ואמרון מן דבריה דיצחק אנן כלומר דעשו והוו אמרין יהבון להון, מן בר בריה דאברהם אנן, והוו אמרין יהבין להון, וכיון דהוו אמרין אחוהי דיעקב אמרי שבקון להון דידן אינון. בצפרא אמר מי לך כל המחנה הזה, אמר ליה אמרי לך כלום, אמר ליה מיכתת אנא גביהו וכו': יש לי רב. מכות. יהי לך אשר לך: לפי שהיה הברכות מפוקפקות בידו, והיכן נתאוששו בידו כאן וכו': (יב) מה פני אלהים דין. שכל מקום שנאמר אלהים דין, ועוד לפני הקדוש ברוך הוא יש דין. אף פניך דין. שאתה דן אותי:

מתנות כהונה

[יא] באלין דעשו כו'. בחיילותיו של עשו והיו אומרים להם משל מי אתם והם אומרים משל עשו, והם אומרים, המלאכים לחיילותיהם הכו אותם והכו אותם: הכי גרסינן הכו הכו יהבון להון יהבון כו'. פירוש היו נותנין להם מכות וכן פירש רש"י: הכי גרסינן יהבון להון, מן דבר בריה דאברהם והן אומרים יהבון להון, מן דבריה דיצחק והן כו': יהבון כו'. תנו להם מכות: ביון דהוו כו'. שהיו אומרים משל אחיו של יעקב אנחנו, היו מלאכי השרת אומרים הניחו להם משלנו הם: מיכתת כו'. מוכה אנכי אצלם: מפוקפקות. שעדיין לא הודה עליהם עשו בנפש חפצה: נתאוששו. נתחזקו על קיומן: [יב] הכי גרסינן מה פני אלהים דין אף כו'. ועיין לעיל: יגע יגיעות עד שתבא. גרסינן: מאליה כו'. ובצרוף היגיעה שהגיעני בה הרי היא מתנה

אשד הנחלים

במתנות כהונה. וע' באות אמת דברי רש"י: [יא] למצוא חן. כלומר עשיתי זאת למען עורר לבך לרחם עלי שלא תלחם בי: נתאוששו. לשון התחזקות לפי שעתה נתן לו ברצונו הטוב ולא ע"י הכרח מאומה. כי באמת לא היה חפץ עשו בברכות שהם ברכת נפשיות, וזהו יהיו לך אשר הם נכספים ונאהבים לך וק"ל: [יב] דין. מפורש לעיל באורו: כמה יגיעות כו' הבאתי אין כתיב כאן בצ"ל. ופירש המתנות

וַיִּפְצַר בּוֹ וַיִּקָּח ☐ — ***HE URGED HIM, AND HE ACCEPTED.***

Jacob's motivation for sending the tribute had been to appease Esau's wrath. Why then did he continue to press it upon him after Esau had declined the gift? The Midrash explains:

מִתְחַמֵּי חָזַר וִידֵיהּ פְּשׁוּטָה — **[Esau] made himself appear to be stepping back** away from the gift, **but his hand was outstretched** to receive it.[141] רַבִּי יְהוּדָה בַּר רַבִּי סִימוֹן אָמַר* — **R' Yehudah bar R' Simone said:** "מִתְרַפֵּס בְּרַצֵּי כָסֶף" — That is the meaning of the verse, ***he prostrates*** [מִתְרַפֵּס] ***himself with pieces of*** [רַצֵּי] ***silver*** (*Psalms* 68:31); מַתִּיר אֶת הַפַּס וּמִתְרַצֶּה בְּכֶסֶף — i.e., **he opens** [מַתִּיר] **the palm** [פַּס], **and is appeased** [מִתְרַצֶּה] **with silver,** i.e., coins.[142]

The Midrash cites an incident concerning the greedy behavior of Esau's descendants:[143]

רֵישׁ לָקִישׁ סְלִיק לְמִשְׁאַל בִּשְׁלָמֵיהּ דְּרַבֵּינוּ — **Reish Lakish went up to inquire of the welfare of our master.**[144] אֲמַר לֵיהּ — **[Our master] said to [Reish Lakish],** צַלִּי עֲלַי, דְּהָדָא מַלְכוּתָא בִּישָׁא סַגִּין — **"Pray for me, for this kingdom,** i.e., the Roman Empire, **is exceedingly wicked."**[145] אֲמַר לֵיהּ — **[Reish Lakish] replied to him,** לָא תִסַּב מִן בַּר אֱנָשׁ כְּלוּם — **"Do not take** any gifts **from any person,** וְלֵית אַתְּ יָהֵיב כְּלוּם — **and** then **you will not** be compelled to **give anything** to the Romans."[146] מִן דִּיתֵיב גַּבֵּיהּ — **While [Reish Lakish] was sitting with him,** אֲתָא חָדָא אִיתְּתָא טְעִינָא לֵיהּ חֲדָא דִיסְקְרִין וַחֲדָא סַכִּין בְּגַוֵּהּ — **a woman came bringing [our master]** a gift of **a dish and a knife** that was lying **within it.** קָם נְסַב סַכִּינָא וְהָדַר לָהּ דִיסְקְרָא — **He arose, accepted the** gift of the **knife but returned the dish to [the woman].** אֲתָא חַד בַּלְדָּר מִן מַלְכוּתָא וַחֲמָא יָתָהּ — Subsequently, **a courier**[147] **from the government came and saw [the knife],** וַחֲמָדָהּ וּנְסָבָהּ — **and [the courier] coveted it and took it** for himself. בְּפַנְיֵי רַמְשָׁא סְלִיק רֵישׁ לָקִישׁ לְמִשְׁאַל בִּשְׁלָמֵיהּ דְּרַבֵּינוּ — **Toward evening, Reish Lakish** again **went up to inquire of the welfare of our master,** וַחֲמָא יָתֵיהּ שָׁחֵיק — **and [Reish Lakish] saw that [he] was laughing.** אֲמַר לֵיהּ: לְמָה אַתְּ שָׁחֵיק — **[Reish Lakish] said to him, "Why are you laughing?"** אֲמַר לֵיהּ — **[He] replied to [Reish Lakish],** הַהִיא סַכִּינָא דַּחֲמִיתָא יָתָהּ — "Regarding **that knife that you saw** here earlier, אֲתָא חַד בַּלְדָּר מִן מַלְכוּתָא — **a courier from the** Roman **government came;** חֲמָא יָתָהּ וַחֲמָדָהּ וּנְסָבָהּ — **he saw it, and coveted it and took it,** thereby confirming your observation."[148] אֲמַר לֵיהּ: לָא כֵן אֲמָרִית לָךְ — **[Reish Lakish] said to [him], "Did I not say thus to you:** לָא תִיסַּב מִן בַּר נָשׁ כְּלוּם — **Do not take** any gifts **from any person,** וְלֵית אַתְּ יָהֵיב כְּלוּם — **and** then **you will not** be compelled to **give anything** to the Romans?"

The Midrash suggests that despite Jacob's insistence here and Esau's acceptance, the gift is not permanent:

חַד עַמָּא דְאַרְעָא אֲמַר לֵיהּ לְרַבִּי הוֹשַׁעְיָה — **An unlearned individual said to R' Hoshayah:** אִין אֲמָרִית לָךְ חֲדָא מִילְּתָא טָבָא — **"If I tell you a good interpretation,** אַתְּ אָמַרְתְּ בְּצִבּוּרָא מִן שְׁמִי — **will you repeat it publicly in my name?"** אֲמַר לֵיהּ: מָה הִיא — **[R' Hoshayah] replied to him, "What is it?"** אֲמַר לֵיהּ — **He** then **said to [R' Hoshayah],** כָּל אוֹתָן הַדּוֹרוֹנוֹת שֶׁנָּתַן יַעֲקֹב אָבִינוּ לְעֵשָׂו — **"All those gifts that our forefather Jacob gave to Esau** עֲתִידִין אוּמּוֹת הָעוֹלָם לְהַחֲזִירָן לְמֶלֶךְ הַמָּשִׁיחַ — **are destined to be returned by the nations of the world to the King Messiah,** לֶעָתִיד לָבֹא — **in the future time** yet **to come.** מַאי טַעְמֵיהּ — **What is the basis of [this idea]?** "מַלְכֵי תַרְשִׁישׁ וְאִיִּים מִנְחָה יָשִׁיבוּ" — The verse, ***the kings of Tarshish and the isles shall return tribute*** (*Psalms* 72:10),[149] "יָבִיאוּ" אֵין כְּתִיב כָּאן אֶלָּא "יָשִׁיבוּ" — for **it is not written here** that the kings ***shall bring tribute,* rather** that they ***shall return tribute.***"[150] אֲמַר לֵיהּ — **[R' Hoshayah] responded to him,** חַיֶּיךָ מִלָּה טָבָא אֲמַרְתְּ — **"By your life! You have said a good interpretation,** וּמִן שְׁמָךְ אֲנָא אוֹמֵר לָהּ — **and I shall repeat it in your name."**[151]

NOTES

141. That is, although Esau made it appear as though he wished to decline the gift, Jacob sensed that in reality he wanted to be pressed into accepting it. Accordingly, Jacob felt it necessary to satisfy Esau and he implored him to take the gift (*Eitz Yosef;* see also, *Rashi* and *Matnos Kehunah*). See *Yefeh To'ar* for an alternative understanding of this exposition.

142. I.e., he opens his hand so as to be appeased with a pecuniary payment (a bribe) (*Matnos Kehunah;* see *Rashi* for a slightly different interpretation). R' Yehudah bar R' Simone interprets מִתְרַפֵּס as a contraction of מַתִּיר, *open*, and פַּס, *palm* (see *Rashi* to *Pesachim* 118b s.v. מתרפס), and he understands רַצֵּי in the sense of ריצוי, *appeasement*. As explained in *Pesachim* 118b, this verse is referring to the Romans, the descendants of Esau. The Midrash thus is noting that with their greed for financial appeasement, they are continuing the pattern set here by their progenitor (*Yefeh To'ar*). See Midrash below.

143. See *Eitz Yosef.*

144. That is, he went to visit "our master." [The appellation "our master" is normally used in the Midrash for R' Yehudah HaNasi (Rebbi), the redactor of the Mishnah. However, according to *Maharzu* and *Eitz Yosef,* the reference here is to his grandson, R' Yehudah Nesiah. Like his grandfather, R' Yehudah Nesiah served as the *Nasi,* the head of the Sanhedrin. See, though, *Yefeh To'ar.*]

145. I.e., the Romans are very avaricious, as explained above, and through various means they take other people's property for themselves. R' Yehudah was asking Reish Lakish to pray specifically for him, for due to his prominent position, he was particularly targeted by the Romans' greed (see *Yefeh To'ar* and *Eitz Yosef*).

146. If you do not accept any presents from anyone, the Romans would not be able to take any of your possessions, for God does not allow others to take that which inherently belongs to the righteous. It is only what you receive as a gift that is then vulnerable to their avariciousness (*Yefeh To'ar* and *Eitz Yosef*). Furthermore, *Yefeh To'ar* suggests that the Roman officials who frequented the house of the *Nasi* saw the gifts brought in his honor as fair game, but they would not have taken his personal property. See *Eshed NaNechalim* for a similar approach.

147. Our translation follows *Rashi* and *Maharzu,* based on *Mussaf HeAruch.* Alternatively, the word בַּלְדָּר means an official in the royal court (*Matnos Kehunah;* see also *Eitz Yosef*).

148. That it is the gifts that I accept that invite the greed of the Romans. [Perhaps R' Yehudah was laughing because this incident, providing an immediate illustration of Reish Lakish's principle, concerned a fairly insignificant item.]

149. The Sages interpret this Psalm as referring to the Messiah; see, e.g., *Pesachim* 54a and above, 1 §4. See also commentators to *Psalms.*

150. Indicating that they are returning a tribute that had previously been taken from the Jewish people, i.e., from the patriarch Jacob (*Eitz Yosef*). *Nechmad LeMareh* adds that they will return all the offspring and other profits that have been accrued from this gift throughout the centuries. *Yefeh To'ar* and *Maharzu* suggest that this exposition accords with the idea mentioned in section 16 below, that Jacob sent this tribute repeatedly to Esau at regular intervals for an extended period. Hence, the total tribute was truly a significant amount.

151. [Although the actual name of the inidividual is unknown,] the Midrash makes note of the fact that this exposition was authored by an otherwise unlearned individual to indicate that one should accept a valid idea from anyone and one should not be ashamed of publicly attributing a Torah thought to its originator, even if he is of humble stature (*Eitz Yosef*).

[לג, יא] "וַיִּפְצַר בּוֹ וַיִּקָּח", מִתְחַמֵּי חָזַר וִידֵיהּ פְּשׁוּטָה, יְהוּדָה בַּר רַבִּי סִימוֹן אָמַר: (תהלים סח, לא) כט"מִתְרַפֵּס בְּרַצֵּי כָסֶף", מַתִּיר אֶת הַפַּס וּמִתְרַצֶּה בְּכָסֶף, רֵישׁ לָקִישׁ סְלִיק לְמִשְׁאַל בִּשְׁלָמֵיהּ דְּרַבֵּינוּ, אֲמַר לֵיהּ: צַלִּי עֲלַי, דְּהָדָא מַלְכוּתָא בִּישָׁא סַגִּין, אֲמַר לֵיהּ: לָא תִסַּב מִן בַּר אֱנָשׁ כְּלוּם וְלֵית אַתְּ יָהֵיב כְּלוּם, מִן דִּיתֵיב גַּבֵּיהּ אֲתָא חֲדָא אִיתְּתָא טְעִינָא לֵיהּ חֲדָא דִיסְקָרִין וַחֲדָא סַכִּין בְּגַוֵּהּ, קָם נְסַב סַכִּינָא וְהָדַר לָהּ דִּיסְקָרָא, אֲתָא חַד בַּלְדָּר מִן מַלְכוּתָא וַחֲמָא יָתַהּ וַחֲמָדַהּ וּנְסָבָהּ, בְּפַתֵּי רַמְשָׁא סְלֵיק רֵישׁ לָקִישׁ לְמִשְׁאַל בִּשְׁלָמֵיהּ דְּרַבֵּינוּ וַחֲמָא יָתֵיהּ שָׂחֵיק, אֲמַר לֵיהּ: לְמָה אַתְּ שָׂחֵיק, אֲמַר לֵיהּ: הַהִיא סַכִּינָא דַּחֲמִיתָא יָתָהּ אֲתָא חַד בַּלְדָּר מִן מַלְכוּתָא חֲמָא יָתָהּ וַחֲמָדַהּ וּנְסָבָהּ, אֲמַר לֵיהּ: לָא כֵן אֲמָרִית לָךְ: לָא תִיסַּב מִן בַּר נָשׁ כְּלוּם וְלֵית אַתְּ יָהֵיב כְּלוּם. ל'חַד עַמָּא דְאַרְעָא אֲמַר לֵיהּ לְרַבִּי הוֹשַׁעְיָה: אִין אֲמָרִית לָךְ חֲדָא מִילְּתָא טָבָא אַתְּ אָמַרְתְּ בְּצִבּוּרָא מִן שְׁמִי, אֲמַר לֵיהּ: מָה הִיא, אֲמַר לֵיהּ: כָּל אוֹתָן הַדּוֹרוֹנוֹת שֶׁנָּתַן יַעֲקֹב אָבִינוּ לְעֵשָׂו עֲתִידִין *אוּמּוֹת הָעוֹלָם לְהַחֲזִירָן לְמֶלֶךְ הַמָּשִׁיחַ לֶעָתִיד לָבֹא, מַאי טַעְמֵיהּ, (שם עב, י) "מַלְכֵי תַרְשִׁישׁ וְאִיִּים מִנְחָה יָשִׁיבוּ", "יָבִיאוּ" אֵין כְּתִיב כָּאן אֶלָּא "יָשִׁיבוּ"" אֲמַר לֵיהּ: חַיֶּיךָ מִלָּה טָבָא אֲמַרְתְּ, וּמִן שְׁמָךְ אֲנָא אוֹמֵר לָהּ:

עץ יוסף

מתחמא חזר וידיה פשוטה. היה מתראה כחוזר לאחוריו שלא לקבל וידו פשוטה לקבל, שהכיר יעקב שלבו בל עמו והוא חפץ ורוצה בהפצרה להפציר בו כדי לקבל, לפיכך הוצרך למצאות רצונו ויפצר בו ויקח. והאי מסיק ומייתי הא דכתיב מתרפס ברצי כסף וגו' דקאי אזרע עשו כדאיתא בפרק ערבי פסחים (קיח ,ב): **מתיר את הפס.** כלומר פוסטה: **ריש לקיש סליק כו'.** דרבינו הוא רבי יהודה נשיאה נכדו של רבי, וספור מעשה זה לראיה למה שאמר דעשו אוהב ממון, שכן היה מצטער רבי יהודה נשיאה מבני מלכות רומי שהיו נוטלים ממנו תמיד: **אמר ליה צלי עלי.** רבי יהודה נשיאה אמר כן לריש לקיש, כי על ידי שהיה נשיא היו מוכסי המלכות נמצאים תמיד אצלו ומבקשים ממנו מתנות: **לא תסוב מבר נש כו'.** שלא תקבל מתנות משום אדם ואז לא יקחו ממך כלום, כי לא יאונה לצדיק שיאכלו זרים כחו: **מן דיתיב גביה כו'.** כשהיה יושב אצלו באת אשה אחת ונשאה מתנה, קערה אחת וסכין מונח בתוכה. והיה נוטל את הסכין והחזיר לה הקערה: **דיסקרין.** פירוש קערה: **בלדר.** מושל בחצר המלך המוליך כתבים: **וחמא כו'.** וראה אותה סכין וחמדה ולקחה: **בפתי כו'.** לפנות ערב חזר ריש לקיש והלך לשאול בשלומו של רבינו, וראה אותו שוחק: **ההוא סכינא דחמית יתיה.** פירוש אותו סכין שראית אותו אצלי היום: [טז] **חד עם דארעא.** הזכיר היותו עם הארץ ללמדנו כי אין לבזות דברי שום אדם אלא לקבל האמת ממי שאמרו. וגדולה מזו שאין מתביישין מלומר הלכה בשמם ברבים. וטעם מאמר זה כאן כי לא יקשה בעינינו למה מה' היתה זאת שילקה יעקב בגופו ובממונו: **את אמרת כו'.** תאמר אותו משמי בצבורא: **אלא ישיבו.** דמשמע מה שנטלו ממנו:

פירוש מהרז"ו

מתרפס כו'. עיין שמות רבה סוף פרשה ל"ה (סימן ה') ושם נזכר: **בשלמא דרבינו.** הוא רבי יהודה נשיאה שהיה נכדו של רבינו הקדוש, וכמו שאיתא לעיל (סג, ח) ועיין ילקוט (רמז קלג): **בלדר** הביאו הערוך בערך בלדר, ופירוש המוסף ערוך ברדר בלשון רומי רץ וציר ובמלות נכריות רי"ש ולמ"ד מתחלפות, ועיין לעיל (י, ז): **דורנות רבים.** כמו שמבואר בסוף הפרשה. ועיין ילקוט (רמז קלג) כאן, ותהלים (רמז תתלח):

חידושי הרד"ל

[יב] **חדא דסקרא וסכינא בתוכה נסב סכינא ואהדר ליה דסקרא אתא חד בו'.** כן הוא בילקוט (רמז קלג) ובמתנות כהונה: **כל אותן כו'.** עיין קהלת רבה פרשה א' סוף פסוק ח, ובתשובות בשמים ראש (סימן שס):

אמרי יושר

[יב] **לא תיסב כלום.** כי עשו שלקח עוד ישיבנו קח נא עתה כי עוד תשיב: **בפנים כרוכות.** שבעת השמד צריכין לשנות עטיפתן כדאיתא פרשה פ"ב (אות ח). ועשו לאיטי הלמ"ד שרשות כמו לאט את פניו:

מסורת המדרש

כט. פסחים דף קי"ח: ל. ילקוט תהלים רמז תת"ו:

אם למקרא

גְּעַר חַיַּת קָנֶה עֲדַת אַבִּירִים בְּעֶגְלֵי עַמִּים מִתְרַפֵּס בְּרַצֵּי כָסֶף בִּזַּר עַמִּים קְרָבוֹת יֶחְפָּצוּ: (תהלים סח:לא)

מַלְכֵי תַרְשִׁישׁ וְאִיִּים מִנְחָה יָשִׁיבוּ מַלְכֵי שְׁבָא וּסְבָא אֶשְׁכָּר יַקְרִיבוּ: (שם עב:י)

רש"י

מתחמי חזר וידיה פשוטה. נראה כמי שלא רוצה לקבל וידו פשוטה לקבל: **מתרפס ברצי כסף. התיר את הפס ומתרצה את הכסף: לא תיסב מן בר נש כלום ולית את יהיב כלום.** לא תקח מן המלכות ואינו חומד משלך כלום: **מן דיתיב גביה אתא חדא איתתא טעינה ליה חד דסקרין.** קערה גדולה לשון יון: **קם.** רבי שמואל **נסב סכינא וחזר לה דסקירא, אתא חד בלדר נסב סכינא.** אחד מחצר המלך, חמא ית סכינא וחמדה ונסבה: **בפתי רמשא. סליק ריש לקיש למשאל שלמיה דרבינו וחמא יתיה שחיק, אמר ליה למה את שחיק וכו': חד עם דארע.** עם הארץ: **כל אותן הדוריות.** דורונות:

מתנות כהונה

תשובה ואל תקטן זאת בעיניך: **מתחמי כו'.** היה נראה כמו שאינו רוצה לקבל וידיו היו פשוטות לקבל: **מתיר כו'.** מתיר קשרי אצבעותיו ופושט ידו להתרצות בכסף, וכן הוא בילקוט תהלים (רמז תת) שפושטין היד להתרצות בכסף, ודרש מתרפס נוטריקון מתיר הפס: **הפס.** פיסת ידו: **צלי עלי כו'.** התפלל עלי שזאת המלכות רעה היא מאד ומצערין אותי, אמר ליה לא תקח משום אדם שום מתנה ואין אתה צריך ליתן כלום למלכות, משהיה יושב אצלו באת אשה אחת ונושאה מתנה קערה אחת וסכין מונח בתוכה והיה נוטל את הסכין והחזיר לה הקערה: **דיסקרין.** פירש הערוך קערה: **בלדר.** מושל מחצר המלך: **וחמא כו'.** וראה אותה סכין וחמדה ולקחה: **בפתי כו'.** לפנות הערב חזר ריש לקיש והלך לשאול בשלומו של רבינו וראה אותו שוחק: **דחמית כו'.** שראית אותו אצלי היום: **עמא דארעא.** גרסינן. פירוש עם הארץ: **הכי גרסינן מלתא טבא את אמרת כו': את אמרת.** תאמר אותו משמי בציבורא:

נחמד למראה

[יב] **אמר ליה כל אותן הדורונות שנתן אבינו יעקב לעשו עתידין אומות העולם להחזירן למלך המשיח לעתיד לבא מה טעמיה מלכי תרשיש וגו'.** וקשה ממה דאמרינן לקמן בסדר תרומה (לה, ה) כשיבואו כל האומות להביא דורון למלך המשיח יקבל מכולם חוץ ממלכות אדום שלא יקבל מהם שנאמר (תהלים סח, לא) גער חית קנה וגו'. אם כן נמצא שזה המדרש סותר מה שכתוב כאן שכל אותן דורונות עתידין אומות העולם להחזירן למלך המשיח נמצא שיקבל מהם. ונראה שלכך דקדק המדרש לומר כל אותן דורונות שנתן אבינו יעקב עליו השלום לעשו עתיד להחזירן לו, לא שיביאום בעבור דורון אלא מפני מה שחייב לפרוע מה שקבל מיעקב מפני שלא נתנם לו אלא מפני אונסו והוא גזל בידו וזה מקבלים ממנו, אבל כשיביא אדום דורון מנכסי עצמו כמו שאר מלכים לא יקבל ממנו, וזהו שאמרו בסדר תרומה כשיבואו כל האומות להביא דורון למלך

אשד הנחלים

כהונה אף שלפי רוב עושרך קטן המנחה לפניך, אך צרף יגיעתי כי לפי ערכי היא גדולה, ולך הוא מובא בלי עמל, לכן מן הראוי שיהיה יקר בעיניך: **וידיה פשוטה.** ובאור הכתוב ומהר שהפציר בו מעט מיהר לקחת, כי לבו היה חפץ לזה, רק מראה עצמו שאינו רוצה: **את הפס.** דריש על הרוצה להטות המשפט בשביל הכסף והוא דרך סמך. כי הכתוב משבח האומה הישראלית, ואין ענין זה לשם רק על דרך הצחות: **לא תיסוב.** כלומר שהם אינם רשעים רק מפני שרואין הון או דברים יקרים אצל אחרים, ולכן העצה היעוצה שגם אצלך לא יהיה כי לא תקבל שום מתנה ואז לא יחמדו לקחת מאתך, אחר שאין לך:

וַיֹּאמֶר אֵלָיו אֲדֹנִי יֹדֵעַ כִּי הַיְלָדִים רַכִּים וְהַצֹּאן וְהַבָּקָר עָלוֹת עָלָי וּדְפָקוּם יוֹם אֶחָד וָמֵתוּ כָּל הַצֹּאן.

But he said to him, "My lord knows that the children are tender, and the nursing sheep and cattle are upon me; if they will be driven hard for a single day, then all the sheep will die" (33:13).

§13 **וַיֹּאמֶר אֵלָיו אֲדֹנִי יֹדֵעַ כִּי הַיְלָדִים רַכִּים וְגוֹ׳** — ***BUT HE SAID TO HIM, "MY LORD KNOWS THAT THE CHILDREN ARE TENDER, ETC.*** *[AND THE NURSING SHEEP AND CATTLE ARE UPON ME].*

The Midrash expounds the verse in reference to future events concerning the descendants of Jacob and Esau:

זֶה מֹשֶׁה וְאַהֲרֹן — **This** phrase, *the children are tender,* **is** an allusion to **Moses and Aaron;**[152] **"וְהַצֹּאן וְהַבָּקָר עָלוֹת עָלָי", אֵלּוּ יִשְׂרָאֵל** — ***and the nursing sheep and cattle are upon me* — these are** alluding to the nation of **Israel,** **שֶׁנֶּאֱמַר "וְאַתֵּן צֹאנִי צֹאן מַרְעִיתִי אָדָם אַתֶּם"** — **as [Scripture] states,** ***Now, you are My sheep, the sheep of My pasture, you are man*** (*Ezekiel* 34:31).[153] **רַבִּי הוּנָא בְּשֵׁם רַבִּי אַחָא אָמַר** — **R' Huna said in the name of R' Acha:** **אִילוּלֵא רַחֲמָיו שֶׁל הַקָּדוֹשׁ בָּרוּךְ הוּא** — **Were it not for the compassion of the Holy One, blessed is He,** **"וּדְפָקוּם יוֹם אֶחָד", כְּבָר "מֵתוּ כָּל הַצֹּאן" בִּימֵי אַדְרִיָּינוּס** — then, as the verse indicates, ***if they will be driven hard for a single day,*** **then already,** ***all the sheep would have died*** **in the days of** the emperor **Hadrian.**[154]

The Midrash presents an alternative interpretation:

רַבִּי בֶּרֶכְיָה בְּשֵׁם רַבִּי לֵוִי אָמַר — **R' Berechyah said in the name of R' Levi:** **"אֲדֹנִי יֹדֵעַ כִּי הַיְלָדִים רַכִּים" זֶה דָּוִד וּשְׁלֹמֹה** — ***My lord knows that the children are tender* — this is** a reference to **David and Solomon;**[155] **"וְהַצֹּאן וְהַבָּקָר עָלוֹת עָלָי" אֵלּוּ יִשְׂרָאֵל** — ***and the nursing sheep and cattle are upon me* — these are** alluding to the nation of **Israel,** **שֶׁנֶּאֱמַר "וְאַתֵּן צֹאנִי וְגוֹ׳"** — **as [Scripture] states,** ***Now, you are My sheep,*** *the sheep of My pasture, you are man* (ibid.). **רַבִּי הוּנָא בְּשֵׁם רַבִּי אַחָא אָמַר** — **R' Huna said in the name of R' Acha:** **אִילוּלֵא רַחֲמָיו שֶׁל הַקָּדוֹשׁ בָּרוּךְ הוּא** — **Were it not for the compassion of the Holy One, blessed is He,** **כְּבָר "מֵתוּ כָּל הַצֹּאן" בִּימֵי הָמָן** — then ***all the sheep would have died*** **in the days of Haman.**[156]

יַעֲבָר נָא אֲדֹנִי לִפְנֵי עַבְדּוֹ וַאֲנִי אֶתְנַהֲלָה לְאִטִּי לְרֶגֶל הַמְּלָאכָה אֲשֶׁר לְפָנַי וּלְרֶגֶל הַיְלָדִים עַד אֲשֶׁר אָבֹא אֶל אֲדֹנִי שֵׂעִירָה.

"Let my lord go ahead of his servant; I will make my way at my slow pace according to the gait of the drove before me and the gait of the children, until I come to my lord at Seir" (33:14).

§14 **יַעֲבָר נָא אֲדֹנִי לִפְנֵי עַבְדּוֹ** — ***"LET MY LORD GO AHEAD OF HIS SERVANT."***

Continuing in a similar vein, the Midrash explains the rest of Jacob's reply to Esau:

אָמַר לוֹ: מְבַקֵּשׁ אַתְּ שֶׁנְּהֵא שׁוּתָף עִמְּךָ בְּעוֹלָמְךָ — **[Esau]** had **said to [Jacob], "Do you wish that we,** you and me, **should be partners** together **in your world?"**[157] **אָמַר לוֹ: "יַעֲבָר נָא אֲדֹנִי לִפְנֵי עַבְדּוֹ"** — **[Jacob] responded,** ***"Let my lord go ahead of his servant."***[158] **אָמַר לוֹ** — **[Esau]** then **said to [Jacob],** **וְאֵין אַתָּה מִתְיָירֵא מִדּוּכָּסַי וּמִן אִפַּרְכֵי וּמִן אִסְטְרָטִילֵי** — **"But are you not afraid of my commanders, and of my governors, and of my generals?"**[159] **אָמַר לוֹ** — **[Jacob] said** back **to [Esau],** **"וַאֲנִי אֶתְנַהֲלָה לְאִטִּי" לְהוֹנִי לְהוֹנִי אֲנָא מְהַלֵּךְ** — ***"I will make my way 'le-iti'*** [לְאִטִּי]," meaning, **"I will proceed very gently,"**[160] **כְּמָה דְתֵימָא "אֵת מֵי הַשִּׁלֹחַ הַהוֹלְכִים לְאַט"** — **as [Scripture] states,** ***the water of the Shiloah, which flows gently*** [לְאַט] (*Isaiah* 8:6).[161]

NOTES

152. Moses and Aaron were like young children in the sense that they too were free of sin; see similarly *Rashi* to *I Samuel* 13:1 (*Eitz Yosef,* from *Yefeh To'ar,* second explanation). Alternatively, הַיְלָדִים, *the children,* alludes to Moses and Aaron since Scripture refers to Moses as הַיֶּלֶד, *the child* (*Exodus* 2:6 et al.), and by extension the term is also applicable to Aaron, his brother and colleague (*Rashi, Matnos Kehunah*).

153. This verse metaphorically describes the nation of Israel as a flock of livestock. Accordingly, the Midrash interprets the mention of the livestock in our verse as similarly referring to Israel, despite the fact that our verse speaks of both sheep and cattle while the verse in *Ezekiel* mentions only sheep (*Eitz Yosef*).

[The Midrash is interpreting Esau's offer to Jacob, *"Travel on and let us go — I will proceed alongside you,"* as a proposition to establish a partnership in this world and the next world; see following section (*Ohr HaSeichel; Yefeh To'ar,* first explanation). Jacob responded by saying that such a partnership was inappropriate, for Esau had already experienced success in this world, while *the children are tender,* i.e., Israel's success would only come in the future, in the time of Moses and Aaron (*Ohr HaSeichel,* second explanation; *Eshed HaNechalim*).]

154. R' Huna sees the phrase וּדְפָקוּם יוֹם אֶחָד, *if they will be driven hard for a single day,* as alluding to the harsh policies that characterized the reign of Hadrian, a Roman emperor who was responsible for the massacre of many Jews; see above, 65 §21 and *Gittin* 57b (see also note 12 above), and whose persecutions practically succeeded in destroying the Jewish people. Thus, Jacob here was implying that a partnership with Esau (i.e., Rome) to share the next world was improper due to Esau's role in oppressing the Jews (*Yefeh To'ar*).

155. David is called הָעָלֶם, *the youth,* in *I Samuel* 17:56 (*Rashi, Matnos Kehunah*) and similarly, Solomon is described as a נַעַר, *a young man,* in *I Chronicles* 22:5 (see *Eitz Yosef* as found in the Vagshal edition). [R' Berechyah's exposition is essentially similar to the first exposition. However, while the first exposition focused on Israel's future spiritual success, epitomized by Moses and Aaron, R' Berechyah is focusing on Israel's political success, which was realized under the kingship of David and Solomon (*Yefeh To'ar, Eshed HaNechalim*).]

156. The Midrash here interprets וּדְפָקוּם יוֹם אֶחָד, *if they will be driven hard for a single day,* as referring to Haman's decree, which called for the extermination of all the Jews on one single day; see *Esther* 3:13. The Jews were saved only by God's intervention, which brought about the miracle of Purim. Although Haman was not a Roman, he was an Agagite (*Esther* 3:1 et al.), that is, a descendant of Agag the king of Amalek (*I Samuel* 15:8) and hence a descendant of Esau as well. By alluding to Haman's decree, Jacob was arguing that it was therefore inappropriate for Esau to share the next world with him (*Yefeh To'ar*). [It is not clear why in reference to the first exposition R' Huna interprets וּדְפָקוּם יוֹם אֶחָד as alluding to Hadrian's persecution while for R' Berechyah's exposition he sees it as alluding to the persecution of Haman; see *Yefeh To'ar*. Perhaps the Roman persecution, which was essentially a religious persecution, corresponds to the spiritual glory of Moses and Aaron. Haman's persecution, which was racial and physical, corresponds to the political and military glory of David and Solomon. See previous note.]

157. That is, when Esau said, נִסְעָה וְנֵלֵכָה וְאֵלְכָה לְנֶגְדֶּךָ, *"Travel on and let us go — I will proceed alongside you,"* he was asking Jacob for an equal portion in the next world. In return Esau was offering to share with Jacob the benefits of this world (*Eitz Yosef*). See above.

158. I.e., take your portion first, in this world. I will take my portion later, in the next world. See *Devarim Rabbah* 1 §20 (cited by *Maharzu*). See also *Eshed HaNechalim.*

159. Who may oppress you if we are not united together. [As in the previous section, Esau and Jacob are not discussing a partnership between the two of them as individuals, but between their descendants, the nation of Israel and the nation of Edom.]

160. Without commotion and tumult (*Matnos Kehunah*), behaving submissively and avoiding any direct confrontation with Esau's officers (*Eitz Yosef*).

161. Where the word לְאַט, similar to לְאִטִּי, is used in the sense of *gentle, calm.* The Shiloah is a small spring near Jerusalem; Scripture (in *Isaiah*) contrasts the gentle Shiloah with the mighty waters of the Euphrates River (v. 7 there).

יג [לג, יג] "וַיֹּאמֶר אֵלָיו אֲדֹנִי יֹדֵעַ כִּי הַיְלָדִים רַכִּים וְגוֹ'", זֶה מֹשֶׁה וְאַהֲרֹן, [שם] "וְהַצֹּאן וְהַבָּקָר עָלוֹת עָלָי", אֵלּוּ יִשְׂרָאֵל, שֶׁנֶּאֱמַר (יחזקאל לד, לא) "וְאַתֵּן צֹאנִי צֹאן מַרְעִיתִי אָדָם אַתֶּם", רַבִּי הוּנָא בְּשֵׁם רַבִּי אַחָא אָמַר: אִילּוּלֵא רַחֲמָיו שֶׁל הַקָּדוֹשׁ בָּרוּךְ הוּא [לג, יג] "וּדְפָקוּם יוֹם אֶחָד", כְּבָר [שם] "מֵתוּ כָּל הַצֹּאן" בִּימֵי אַדְרִיָּנוּס, רַבִּי בֶּרֶכְיָה בְּשֵׁם רַבִּי לֵוִי אָמַר: "אֲדֹנִי יֹדֵעַ כִּי הַיְלָדִים רַכִּים" זֶה דָּוִד וּשְׁלֹמֹה, "וְהַצֹּאן וְהַבָּקָר עָלוֹת עָלָי" אֵלּוּ יִשְׂרָאֵל, שֶׁנֶּאֱמַר "וְאַתֵּן צֹאנִי וְגוֹ'", רַבִּי הוּנָא בְּשֵׁם רַבִּי אַחָא אָמַר: אִלּוּלֵא רַחֲמָיו שֶׁל הַקָּדוֹשׁ בָּרוּךְ הוּא כְּבָר "מֵתוּ כָּל הַצֹּאן" בִּימֵי הָמָן:

יד [לג, יד] "יַעֲבָר נָא אֲדֹנִי לִפְנֵי עַבְדּוֹ", [לא]אָמַר לוֹ: מְבַקֵּשׁ אַתְּ שֶׁנְּהֵא שׁוּתָּף עִמְּךָ בְּעוֹלָמְךָ, אָמַר לוֹ: "יַעֲבָר נָא אֲדֹנִי לִפְנֵי עַבְדּוֹ", אָמַר לוֹ: וְאֵין אַתָּה מִתְיָירָא מִדּוּכָּסֵי וּמִן *אִפַּרְכֵי וּמִן אִסְטַרְטִילֵי °(אִסְטַרְלְטֵי)°, אָמַר לוֹ: [שם] "וַאֲנִי אֶתְנַהֲלָה לְאִטִּי" לְהוֹנִי אֲנָא מְהַלֵּךְ, כְּמָה דְתֵימָא (ישעיה ח, ו) "אֵת מֵי הַשִּׁלֹחַ הַהֹלְכִים לְאַט", דָּבָר אַחֵר, בְּפָנִים כְּרוּכוֹת אֲנִי מְהַלֵּךְ, כְּמָה דְתֵימָא (שמואל-א כא, י) "הִנֵּה הִיא לוּטָה בַשִּׂמְלָה". [לג, יד] "עַד אֲשֶׁר אָבֹא אֶל אֲדֹנִי שֵׂעִירָה",

עץ יוסף

(יג) [יז] **הילדים רכים זה משה ואהרן.** על שם שעדיין אינן בעולם קרי להו ילדים דרך קטנות, או על שם שהם נקיי החטא על דרך שכתיב בן שנה שאול במלכו (יפה תואר): **ואתן צאני.** ואף על פי שלא נמצא שנקראו בקר. אחר שנקראו צאן לא יקשה שיקראו כאן צאן ובקר: **בימי אדריינוס.** שהרג המון רב מישראל ביום אחד כדאיתא בריש אסתר רבה, ולולא רחמיו של הקדוש ברוך הוא היה עושה כלה: **בימי המן.** שגזר להשמידם ביום אחד: (יד) **שנהא שותף עמך.** כלומר שאני אזכה עמך בעולם הבא ואתה עמי בעולם הזה. והשיבו יעבור נא אדוני לפני עבדו. כי הוא יאכל עולמו בעולם הזה לבד. ואמר ליה ואיך לא תירא מהדברי ורברבני שיצטרך כשתהיה שפל ונכנע לפניהם. והשיב שיתנהג לאטי בנחת, כלומר שלא יהרום להתקומם לנגדם ולהתגאות בשום דבר לתת להם מקום להתקנאות בו, אלא יהיה סבלן בסבלנות גדולה ובפיוסין וכיוצא. אי נמי שילך בפנים כרוכות, רצונו לומר שיתכסה מעיניהם ויברח מפניהם עד יעבור זעם:

פירוש מהרז"ו

(יג) **כי הילדים רכים.** הלא למחר שנים מהם החריבו עיר שכם ושבו כל הנשים והטף, ודורש אם אינו ענין. ומה שאמר והבקר כמו שמבואר לעיל (מח, יג): **בימי אנדרינוס.** כמו שמבואר לעיל (סה, כא). ומה שאמר דוד ושלמה, פירושו שעדיין צריך אני לבנות בית המקדש על ידי דוד ושלמה: (יד) **שנהא שותף.** וזהו ואלכה לנגדך פירוש בשוה עמך, כמו שנאמר (ב, יח) עזר כנגדו, והשיב לו יעבר נא אדוני לפני עבדו. דברים רבה (א, כ): **דיכסוי ואפרכוי.** ועיין דברים רבה (ב, ג): **ההולכים לאט.** בנחת בלא קולות, וכמו שאמרו חז"ל (ברכות סב, א) קבלה דיסורי שתיקותא ומבעי רחמי: **בפנים כרוכות.** עיקר הראיה ממה שנאמר (שמואל ב' יט, ה) לאט את פניו, שכסה וכרך בגד על פניו לסימן אבל וצרה וכמו שנאמר (ויקרא יג, מה) על שפם יעטה שמכסה פניו עד השפה, וכמו שנאמר (שמואל א' כא, י) לוטה בשמלה פירוש מכורכת בשמלה:

אם למקרא

וְאַתֵּן צֹאנִי צֹאן מַרְעִיתִי אָדָם אַתֶּם אֲנִי אֱלֹהֵיכֶם נְאֻם אֲדֹנָי ה':
(יחזקאל לד:לא)

יַעַן כִּי מָאַס הָעָם הַזֶּה אֵת מֵי הַשִּׁלֹחַ הַהֹלְכִים לְאַט וּמְשׂוֹשׂ אֶת רְצִין וּבֶן רְמַלְיָהוּ:
(ישעיה ח:ו)

וַיֹּאמֶר הַכֹּהֵן חֶרֶב גָּלְיָת הַפְּלִשְׁתִּי אֲשֶׁר הִכִּיתָ בְּעֵמֶק הָאֵלָה הִנֵּה הִיא לוּטָה בַשִּׂמְלָה אַחֲרֵי הָאֵפוֹד אִם אֹתָהּ תִּקַּח לְךָ קָח כִּי אֵין אַחֶרֶת זוּלָתָהּ בָּזֶה וַיֹּאמֶר דָּוִד אֵין כָּמוֹהָ תְּנֶנָּה לִּי:
(שמואל א כא:י)

מסורת המדרש

לא. תנחומא סדר תרומה סימן ט'. תנא דבי אליהו זוטא פרק י"ט:

שינוי נוסחאות

(יד) אסטרטילי (אסטרלטי). הראשון הוא הנוסח המקורי, והשני בסוגריים הוא טעות הדפוס שהדפיסו באמשט' תפ"ה, והמדפיסים אח"כ החליטו שלא להכריע אלא לכתוב את שתי הגרסאות, אחת סתם ואחת בסוגריים:

רש"י

(יג) **כי הילדים רכים. זה משה ואהרן.** כמו שמצינו במשה שנקרא ילד דכתיב (שמות ב, ו) ותפתח ותראהו את הילד: **כי הילדים רכים זה דוד ושלמה.** דוד דכתיב (שמואל א, יז, נו) בן מי זה העלם, שלמה דכתיב (קהלת ד, יג) טוב ילד מסכן וחכם:

(יד) **אמר ליה ואין את מתיירא מן דוכסא ומן אפרכיי ומן אסטרטולטי.** שלא יזיקוך: **להוני להוני.** אנא מהלך בנחת: **דבר אחר בפנים כרוכות אנא מהלך כמה דאת אמר הנה היא לוטה בשמלה:**

מתנות כהונה

[יג] **זה משה ואהרן.** מצינו במשה ותראהו את הילד (שמות ב, ו), וממנו נלמד לאהרן ויגד עליו ריעו: **יום אחד וגו'.** גרסינן: **דוד ושלמה.** גבי שלמה כתיב (קהלת ד, יג) טוב ילד מסכן, וגבי דוד נמי כתיב (שמואל א, יז, נו) בן מי זה העלם, וכן פירש רש"י: [יד] **להוני.** פירש רש"י והערוך בנחת:

נחמד למראה

המשיח יקבל מהם ומלכות אדום לבדה לא יקבל ממנה. אך עדיין קשה בזה המדרש כאשר הקשה הרב יפה תואר דאף כי כל אחד מהעובדי כוכבים יביא כזאת מלתא זוטרתא היא למלך המשיח. ותירץ עם מה שכתוב לקמן במדרש דכל תשעה שנים היה מכבדו באותו דורון, ועל זה אמר כאן כי כל אותן הדורונות יחד יביאו למלך המשיח דהיינו כל הדורונות של תשע שנים שהיה מכבד יעקב לעשו, ולפי שהוקשה להרב דאכתי מלתא זוטרתא היא למלך המשיח לזה כתב בכל יום, ואני שמעתי משם הרב מהר"ש פרימו ז"ל לאו דוקא אותן הדורונות לבד שהביא לו הוא מה שעתידין להשיב עובדי כוכבים למלך המשיח, אלא כל מה שפרו ורבו מאותה השעה שפלא יעקב הדורון לעשו עד שיבוא המלך המשיח חייבים הם להחזיר כההיא דאמרינן בפרק שני דתענית (כה, א) בעזי דרבי חנינא בן דוסא ובתוס' שם מעשה באדם אחד שעבר על פתח ביתו של רבי חנינא בן דוסא והניח שם תרנגולים והרבו בילים ותרנגולים וכשבא נתנם לו בגידולי גידולים. וכשנדפס ספר פרשת דרכים ראיתי דמייתי לה בדרך מלפה. ועל פי זה פירש מה שאמרו על פסוק (לב, טו) עזים מאתים ותישים עשרים אמר רבי אלעזר מכאן לעונה האמורה בתורה, ופירש"י בפירוש החומש שמסר לכל תיש עשר נקבות שדרכן להרבות תשמיש וכו' עד כאן. והקשה שאין דרכן של משלחי דורונות להיות מדקדקים בעניינים הללו, אלא שנתכוין לכך כדי שיפרו וירבו בידיהם, וכולם יחוייבו להחזירן לעתיד לבא עיין שם ותמלא נחת. ועל פי הדברים האלה יש לי לפרש מסרה אחת בסדר זה ולמי אלה לפניך, ולמי כל חמדת ישראל, ולמי אני עמל. ירצה שלעתיד לבוא מלכי תרשיש ואיים מנחה ישיבו זאת המנחה וכל אשר לקחו מישראל עם ולדות גיזות וחלב כאמור, ומקרא מלא הוא (ישעיה ס, יז) תחת הנחושת אביא זהב וגו' מכל מה שנותנין להם, וזהו ולמי אלה לפניך דהיינו לאדוני לעשו, וגם בגלות למי כל חמדת ישראל הלא לך, והוא מתאנח לאמר ולמי אני עמל דודאי כל מה שאני עמל הוא להשיב לכם הדורונות החמסים והגזילות כדאמרן:

אשד הנחלים

[יג] **זה דוד ושלמה.** בתחילה דיבר מהצלחה האלקית, החכמה ותורה, שע"י משה ואהרן יזכו לתורה ולנבואה ולדביקות ה', ואשר זהו התכלית העליון מאד, ועתה ידבר מהצלחת הזמן והמלוכה ג"כ, שלא תהיה מהר רק באחרית הזמן וכדומה כל העניינים: [יד] **ומבקש את כו'.** כלומר שעשו אמר לו ואולי מבקש אתה שנהיה שותפים בהצלחת עוה"ז. והשיב לו יעקב יעבר נא אדוני לפני עבדו בזאת ההצלחה, כי הצלחתי אחרונה האמיתית, אי אפשר כי אם אחרי צירוף וזיקוק והעדר הצלחת העוה"ז, ואף כי ידעתי שיקומו עלי צרות רבות, ומתוך זה אתנהלה לאטי ובנחת. ועוד דריש בפנים כרוכות, כלומר בהכנעה רבה, אשר על כן לא יתעוררו על ריב ומדון ושנאה כל כך, אחר שאני שפל בעיני מאוד:

דָּבָר אַחֵר — **Alternatively,** בְּפָנִים כְּרוּכוֹת אֲנִי מְהַלֵּךְ — Jacob was saying, **"I will proceed with a covered face,"** כְּמָה דְתֵימָא "הִנֵּה הִיא לוּטָה בַשִּׂמְלָה" — **as [Scripture] states, *Behold it is wrapped*** [לוּטָה] ***in a cloth*** (*I Samuel* 21:10).[162]

□ עַד אֲשֶׁר אָבֹא אֶל אֲדֹנִי שֵׂעִירָה — *UNTIL I COME TO MY LORD AT SEIR.*

The Midrash discusses when it was that Jacob intended to go to Seir:

NOTES

162. Interpreting לְאִטִּי in our verse as a cognate of לוּטָה, *wrapped;* see also *II Samuel* 19:5. I.e., Jacob was saying that if the wrath of Esau's officers is aroused, he will hide himself from them and flee from their presence until their wrath subsides (*Eitz Yosef*). *Eshed HaNechalim* suggests that פָּנִים כְּרוּכוֹת, *a covered face,* is a metaphor for extreme submissiveness. Accordingly, both interpretations of Jacob's reply would have the same connotation, although they differ regarding the exact meaning of the word לְאַט. For an alternative understanding of this dialogue between Esau and Jacob, see Insight Ⓐ.

INSIGHTS

Ⓐ **Resisting the Lure** *Yefeh To'ar* proposes a different interpretation of Esau's question, וְאֵין אַתָּה מִתְיָירֵא מִדּוּכָּסַי וּמִן אִפַּרְכַי וּמִן אִסְטְרַטְילַי, "Are you not afraid of my commanders, and of my governors, and of my generals?" Esau understood that Jacob's rejection of his offer for a partnership in this world and the next indicated his lack of interest in the pleasures and benefits of this world. Esau was saying that that is all fine and well in theory. But, he asked, are you, Jacob, not afraid that in practice, when you (that is, your descendants, the nation of Israel) actually see the authority and the prominence accorded to my descendants, the governors and generals of Esau, in this world, will you not then be tempted to join in with them? Jacob replied that he was aware of the danger, but he had strategies to avoid it and overcome it. First of all, Jacob said, לְהוֹנִי לְהוֹנִי אֲנָא מְהַלֵּךְ, "I will proceed gently," slowly but steadily. That is, I will remain focused on the long-term objective. For ultimately your dominion, Esau, will be terminated in the days of the Messiah and I, Jacob, shall supplant you, inheriting all your glory and splendor. Alternatively, בְּפָנִים כְּרוּכוֹת אֲנִי מְהַלֵּךְ, "I will proceed with a covered face." Jacob was saying that he will keep his face and his eyes covered, so as not to glance enviously at Esau's splendor. He will fortify himself with the knowledge that Esau's glory is nothing compared to the glory that is destined for him and thus avoid being swayed by its seeming brilliance.

אם למקרא

וְאַתֵּן צֹאנִי צֹאן מַרְעִיתִי אָדָם אַתֶּם אֲנִי אֱלֹהֵיכֶם נְאֻם אֲדֹנָי ה': (יחזקאל לד:לא)

יַעַן כִּי מָאַס הָעָם הַזֶּה אֵת מֵי הַשִּׁלֹחַ הַהֹלְכִים לְאַט וּמְשׂוֹשׂ אֶת רְצִין וּבֶן רְמַלְיָהוּ: (ישעיה ח:ו)

וַיֹּאמֶר הַכֹּהֵן חֶרֶב גָּלְיָת הַפְּלִשְׁתִּי אֲשֶׁר הִכִּיתָ בְּעֵמֶק הָאֵלָה הִנֵּה הִיא לוּטָה בַשִּׂמְלָה אַחֲרֵי הָאֵפוֹד אִם אֹתָהּ תִּקַּח לְךָ קָח כִּי אֵין אַחֶרֶת זוּלָתָהּ בָּזֶה וַיֹּאמֶר דָּוִד אֵין כָּמוֹהָ תְּנֶנָּה לִּי: (שמואל א כא:י)

עץ יוסף

(יג) [יז] **הילדים רכים זה משה ואהרן.** על שם שעדיין אינן בעולם קרי להו ילדים דרך קטנות, או על שם שהם נקיי החטא על דרך שכתיב בן שנה שאול במלכו (יפה תואר): **ואתן צאני.** ואף על פי שלא נמלא שנקראו בקר. אחר שנקראו צאן לא יקשה שיקראו כאן צאן ובקר: **בימי אדריינוס.** שהרג המון רב מישראל ביום אחד כדאיתא בריש אסתר רבה, ולולא רחמיו של הקדוש ברוך הוא היה עושה כלה: **בימי המן.** שגזר להשמידם ביום אחד: (יד) **שנהא שותף עמך.** כלומר שאני אזכה עמך בעולם הבא ואתה עמי בעולם הזה. והשיבו יעבור נא אדוני לפני עבדו. כי הוא יאכל עולמו בעולם הזה לבד. ואמר ליה ואיך לא תירא מהדברי ורברבני שילערוך כשתהיה שפל ונכנע לפניהם. והשיב שיתנהג לאטי בנחת, כלומר שלא יהרוס להתקומם לנגדם ולהתגאות בשום דבר לתת להם מקום להתקנאות בו, אלא יהיה סבלן בסבלנות גדולה ובפיוסין וכיוצא. אי נמי שילך בפנים כרוכות, רצונו לומר שיתכסה מעיניהם ויברח מפניהם עד יעבור זעם:

מדרש רבה

יג [לג, יג] **"וַיֹּאמֶר אֵלָיו אֲדֹנִי יֹדֵעַ כִּי הַיְלָדִים רַכִּים וְגוֹ' ", זֶה מֹשֶׁה וְאַהֲרֹן,** [שם] **"וְהַצֹּאן וְהַבָּקָר עָלוֹת עָלָי", אֵלּוּ יִשְׂרָאֵל, שֶׁנֶּאֱמַר** (יחזקאל לד, לא) **"וְאַתֵּן צֹאנִי צֹאן מַרְעִיתִי אָדָם אַתֶּם", רַבִּי הוּנָא בְּשֵׁם רַבִּי אַחָא אָמַר: אִילּוּלֵא רַחֲמָיו שֶׁל הַקָּדוֹשׁ בָּרוּךְ הוּא** [לג, יג] **"וּדְפָקוּם יוֹם אֶחָד", כְּבָר** [שם] **"מֵתוּ כָּל הַצֹּאן" בִּימֵי אַדְרִיָּינוּס, רַבִּי בֶּרֶכְיָה בְּשֵׁם רַבִּי לֵוִי אָמַר: "אֲדֹנִי יֹדֵעַ כִּי הַיְלָדִים רַכִּים" זֶה דָּוִד וּשְׁלֹמֹה, "וְהַצֹּאן וְהַבָּקָר עָלוֹת עָלָי" אֵלּוּ יִשְׂרָאֵל, שֶׁנֶּאֱמַר "וְאַתֵּן צֹאנִי וְגוֹ' ", רַבִּי הוּנָא בְּשֵׁם רַבִּי אַחָא אָמַר: אִלּוּלֵא רַחֲמָיו שֶׁל הַקָּדוֹשׁ בָּרוּךְ הוּא כְּבָר "מֵתוּ כָּל הַצֹּאן" בִּימֵי הָמָן:**

יד [לג, יד] **"יַעֲבָר נָא אֲדֹנִי לִפְנֵי עַבְדּוֹ", [לא]אָמַר לוֹ: מְבַקֵּשׁ אַתְּ שֶׁנְּהֵא שׁוּתָּף עִמְּךָ בְּעוֹלָמְךָ, אָמַר לוֹ: "יַעֲבָר נָא אֲדֹנִי לִפְנֵי עַבְדּוֹ", אָמַר לוֹ: וְאֵין אַתָּה מִתְיָירֵא מִדּוּכָּסֵי וּמִן *אִפַּרְכֵי וּמִן אִסְטְרַטִילַי °(אִסְטְרַלְטֵי)°, אָמַר לוֹ:** [שם] **"וַאֲנִי אֶתְנַהֲלָה לְאִטִּי" לְהוֹנִי לְהוֹנִי אֲנָא מְהַלֵּךְ, כְּמָה דְתֵימָא** (ישעיה ח, ו) **"אֵת מֵי הַשִּׁלֹחַ הַהֹלְכִים לְאַט", דָּבָר אַחֵר, בְּפָנִים כְּרוּכוֹת אֲנִי מְהַלֵּךְ, כְּמָה דְתֵימָא** (שמואל-א כא, י) **"הִנֵּה הִיא לוּטָה בַשִּׂמְלָה".** [לג, יד] **"עַד אֲשֶׁר אָבֹא אֶל אֲדֹנִי שֵׂעִירָה",**

פירוש מהרז"ו

(יג) **כי הילדים רכים.** הלא למחר שנים מהם החריבו עיר שכם ושבו כל הנשים והטף, ודורש אם אינו ענין. ומה שאמר והבקר כמו שמבואר לעיל (מח, יג): **בימי אנדרינוס.** כמו שמבואר לעיל (סה, כא). ומה שאמר דוד ושלמה, פירושו שעדיין לריך אני לבנות בית המקדש על ידי דוד ושלמה: (יד) **שנהא שותף.** וזהו ואלכה לנגדך פירוש בשוה עמך, כמו שנאמר (ב, יח) עזר כנגדו, והשיב לו יעבר נא אדוני לפני עבדו. דברים רבה (א, כ): **דיכסוי ואפרכוי.** ועיין דברים רבה (ב, ג): **ההולכים לאט.** בנחת בלא קולות, וכמו שאמרו חז"ל (ברכות סב, א) קבלה דיסורי שתיקותא ומבעי רחמי: **בפנים כרוכות.** עיקר הראיה ממה שנאמר (שמואל ב' יט, ה) לאט את פניו, שכסה וכרך בגד על פניו לסימן אבל וצרה וכמו שנאמר (ויקרא יג, מה) על שפם יעטה שמכסה פניו עד השפה, וכמו שנאמר (שמואל א' כא, י) לוטה בשמלה פירוש מכורכת בשמלה:

מסורת המדרש

לא. תנחומא סדר תרומה סימן ט'. תנא דבי אליהו זוטא פרק י"ט:

שינוי נוסחאות

(יד) **אסטרטילי (אסטרלטי).** הראשון הוא הנוסח המקורי, והשני בסוגריים הוא טעות הדפוס שהדפיסו באמשט' תפ"ה, והמדפיסים אח"כ החליטו שלא להכריע אלא לכתוב את שתי הגרסאות, אחת סתם ואחת בסוגריים:

רש"י

(יג) **כי הילדים רכים. זה משה ואהרן.** כמו שמלינו במשה שנקרא ילד דכתיב (שמות ב, ו) ותפתח ותראהו את הילד: **כי הילדים רכים זה דוד ושלמה.** דוד דכתיב (שמואל א, יז, נו) בן מי זה העלם, שלמה דכתיב (קהלת ד, יג) טוב ילד מסכן וחכם: **(יד) אמר ליה ואין את מתיירא מן דוכסא ומן אפרכיי ומן אסטרטולטי.** שלא יזיקוך: **להוני להוני.** אנא מהלך בנחת: **דבר אחר בפנים כרוכות אנא מהלך כמה דאת אמר הנה היא לוטה בשמלה:**

מתנות כהונה

[יג] **זה משה ואהרן.** מלינו במשה ותראהו את הילד (שמות ב, ו), וממנו נלמד לאהרן ויגד עליו ריעו: **יום אחד וגו'.** גרסינן: **דוד ושלמה.** גבי שלמה כתיב (קהלת ד, יג) טוב ילד מסכן, וגבי דוד נמי כתיב (שמואל א, יז, נו) בן מי זה העלם, וכן פירש רש"י: [יד] **להוני.** פירש רש"י והערוך בנחת:

נחמד למראה

המשיח יקבל מהם ומלכות אדום לבדה לא יקבל ממנה. אך עדיין קשה בזה המדרש כאשר הקשה הרב יפה תואר דאף כי כל אחד מהעובדי כוכבים יביא כזאת מלתא זוטרתא היא למלך המשיח. ותירץ עם מה שכתוב לקמן במדרש דכל תשעה שנים היה מכבדו באותו דורון, ועל זה אמר כאן כי כל אותן הדורונות יחד יביאו למלך המשיח דהיינו כל הדורונות של תשע שנים שהיה מכבד יעקב לעשו, ולפי שהוקשה להרב דאכתי מלתא זוטרתא היא למלך המשיח לזה כתב בכל יום, ואני שמעתי משם הרב מהר"ש פרימו ז"ל לאו דוקא אותן הדורונות לבד שהביא לו הוא מה שעתידין להשיב עובדי כוכבים למלך המשיח, אלא כל מה שפרו ורבו מאותה השעה שלא יעקב הדורון לעשו עד שיבוא המלך המשיח חייבים הם להחזיר כההיא דאמרינן בפרק שני דתענית (כה, א) בעזי דרבי חנינא בן דוסא ובתוס' שם מעשה באדם אחד שעבר על פתח ביתו של רבי חנינא בן דוסא והניח שם תרנגולים והרבו בילים ותרנגולים וכשבא נתנם לו בגידולי גידולים. וכשנדפס ספר פרשת דרכים ראיתי דמייתי לה בדרך מלפה. ועל פי זה פירש מה שאמרו על פסוק (לב, טו) עזים מאתים ותישים עשרים אמר רבי אלעזר מכאן לעונה האמורה בתורה, ופירש"י בפירוש החומש שמסר לכל תיש עשר נקבות שדרכן להרבות תשמיש וכו' עד כאן. והקשה שאין דרכן של משלחי דורונות להיות מדקדקים בעניינים הללו, אלא שנתכוין לכך כדי שיפרו וירבו בידיהם, וכולם יתחייבו להחזירן לעתיד לבא עיין שם ותמלא נחת. ועל פי הדברים האלה יש לי לפרש מסרה אחת בסדר זה ולמי אלה לפניך, ולמי כל חמדת ישראל, ולמי אני עמל. ירלה שלעתיד לבוא מלכי תרשיש ואיים מנחה ישיבו זאת המנחה וכל אשר לקחו מישראל עם ולדות גיזות וחלב כאמור, ומקרא מלא הוא (ישעיה ס, יז) תחת הנחושת אביא זהב וגו' מכל מה שנותנין להם, וזהו ולמי אלה לפניך דהיינו לאדוני לעשו, וגם בגלות למי כל חמדת ישראל הלא לך, והוא מתאונן לאמר ולמי אני עמל דודאי כל מה שאני עמל הוא להשיב לכם הדורונות החמסים והגזילות כדאמרן:

אשד הנחלים

[יג] **זה דוד ושלמה.** בתחילה דיבר מהצלחה האלקית, החכמה ותורה, שע"י משה ואהרן יזכו לתורה ולנבואה ולדביקות ה', ואשר זהו התכלית העליון מאד, ועתה ידבר מהצלחת הזמן והמלוכה ג"כ, שלא תהיה מהר רק באחרית הזמן וכדומה כל העניינים: [יד] **ומבקש את כו'.** כלומר שעשו אמר לו ואולי מבקש אתה שנהיה שותפים בהצלחת עוה"ז. והשיב לו יעקב יעבר נא אדוני לפני עבדו בזאת ההצלחה, כי הצלחתי אחרונה האמיתית, אי אפשר כי אם אחרי צירוף וזיקוק והעדר הצלחת העוה"ז, ואף כי ידעתי שיקומו עלי צרות רבות, ומתוך זה אתנהלה לאטי ובנחת. ועוד דריש בפנים כרוכות, כלומר בהכנעה רבה, אשר על כן לא יתעוררו על ריב ומדון ושנאה כל כך, אחר שאני שפל בעיני מאוד:

אָמַר רַבִּי אַבָּהוּ — R' Abahu said: חָזַרְנוּ עַל כָּל הַמִּקְרָא — We have reviewed the whole of Scripture, וְלֹא מָצָאנוּ שֶׁהָלַךְ יַעֲקֹב אָבִינוּ אֵצֶל עֵשָׂו לְהַר שֵׂעִיר מִיָּמָיו — and we have not found any mention that Jacob ever went to meet Esau at Mount Seir.[163] אֶפְשָׁר יַעֲקֹב אֲמִתִּי הָיָה וּמְרַמֶּה בוֹ — Can it be that Jacob, who was truthful, nevertheless would have deceived [Esau]?![164] אֶלָּא אֵימָתַי הוּא בָא אֶצְלוֹ — Rather, when is it that [Jacob] comes to meet [Esau] at Mount Seir? לֶעָתִיד לָבֹא — In the Messianic future yet to come. הֲדָא הוּא דִכְתִיב, "וְעָלוּ מוֹשִׁעִים בְּהַר צִיּוֹן לִשְׁפֹּט אֶת הַר עֵשָׂו וְגוֹ'" — Thus it is written, *And those who are saved at Mount Zion will ascend the mountain of Esau to exact judgment,*[165] *and the kingdom will be HASHEM's* (*Obadiah* 1:21).

וַיֹּאמֶר עֵשָׂו אַצִּיגָה נָּא עִמְּךָ מִן הָעָם אֲשֶׁר אִתִּי וַיֹּאמֶר לָמָּה זֶּה אֶמְצָא חֵן בְּעֵינֵי אֲדֹנִי.

Then Esau said, "Let me assign to you some of the people who are with me." And he said, "To what purpose? Let me just have favor in my lord's eyes" (33:15).

§15 וַיֹּאמֶר לוֹ עֵשָׂו אַצִּיגָה נָּא עִמְּךָ וְגוֹ' — *THEN ESAU SAID, "LET ME ASSIGN TO YOU, ETC. [SOME OF THE PEOPLE WHO ARE WITH ME"].*

The Midrash notes:

בִּקֵּשׁ לְלַוּוֹתוֹ וְלֹא קִבֵּל עָלָיו — [Esau] sought to have his men accompany [Jacob] on his way, but [Jacob] did not consent to have them escort him.[166]

The Midrash relates a story that sheds light on Jacob's refusal:

רַבֵּינוּ כַּד הֲוָה סָלֵיק לְמַלְכוּתָא — When our master, R' Yehudah HaNasi, would go up to the Roman government,[167] הֲוָה מִסְתַּכֵּל בְּהָדָא פָּרַשְׁתָּא — he would first look at this passage,[168] וְלָא הֲוָה נָסֵיב אַרְמָאָה עִמֵּיהּ — and he would not take an Aramean as a companion with him.[169] חַד זְמַן לָא אִסְתַּכַּל בָּהּ וּנְסַב עִמֵּיהּ רוֹמָאִין — On one occasion he did not look at [the passage], and he took Romans as companions with him,[170] וְלָא הִגִּיעַ לְעַכּוֹ עַד שֶׁמָּכַר הַסּוּס שֶׁלּוֹ — and when he had not yet arrived at Acco, [R' Yehudah HaNasi] had already sold his horse.[171]

וַיָּשָׁב בַּיּוֹם הַהוּא עֵשָׂו לְדַרְכּוֹ שֵׂעִירָה.

So Esau started back that day on his way toward Seir (33:16).

□ וַיָּשָׁב בַּיּוֹם הַהוּא עֵשָׂו לְדַרְכּוֹ שֵׂעִירָה — *SO ESAU STARTED BACK THAT DAY ON HIS WAY TOWARD SEIR.*

The verse does not mention the men who had come with Esau. The Midrash explains:

וְד' מֵאוֹת אִישׁ שֶׁהָיוּ עִמּוֹ הֵיכָן הֵם — And the four hundred men who had been with [Esau], where were they now?[172] נִשְׁמְטוּ כָּל אֶחָד וְאֶחָד וְהָלַךְ לְדַרְכּוֹ — Each one of them slipped away and went his own way, אָמְרוּ: שֶׁלֹּא נִכָּוֶה בְּגַחַלְתּוֹ שֶׁל יַעֲקֹב — saying to themselves, "Let us not be burnt by Jacob's fiery coal."[173] אֵימָתַי פָּרַע לָהֶם הַקָּדוֹשׁ בָּרוּךְ הוּא — When did the Holy One, blessed is He, reward them for this? לְהַלָּן — Later on in history, when David was fighting the Amalekites, where Scripture states, "וְלֹא נִמְלַט מֵהֶם אִישׁ כִּי אִם אַרְבַּע מֵאוֹת אִישׁ נַעַר אֲשֶׁר רָכְבוּ עַל הַגְּמַלִּים וַיָּנֻסוּ" — *And David smote them from twilight until the evening of the next day;* ***not a man of them survived, except four hundred youths who were riding camels, who fled*** (*I Samuel* 30:17).[174]

וְיַעֲקֹב נָסַע סֻכֹּתָה וַיִּבֶן לוֹ בָּיִת וּלְמִקְנֵהוּ עָשָׂה סֻכֹּת עַל כֵּן קָרָא שֵׁם הַמָּקוֹם סֻכּוֹת.

But Jacob journeyed to Succoth and built himself a house, and for his livestock he made booths; he therefore called the name of the place Succoth (33:17).

§16 וְיַעֲקֹב נָסַע סֻכֹּתָה — *BUT JACOB JOURNEYED TO SUCCOTH AND BUILT HIMSELF A HOUSE, AND FOR HIS LIVESTOCK HE MADE BOOTHS.*

The Midrash discusses the length of Jacob's stay in Succoth:

כַּמָּה שָׁנִים עָשָׂה יַעֲקֹב אָבִינוּ בְּסוּכּוֹת — How many years did our forefather Jacob spend in Succoth? רַבִּי אַבָּא אָמַר — R' Abba said:

NOTES

163. For after parting from Esau Jacob proceeded to Succoth (below, v. 17) and from there to the land of Canaan (v. 18). Scripture gives no indication of his subsequently leaving Canaan until his descent to Egypt to be reunited with Joseph (below, 46:1-7). See *Maharzu*.

164. Jacob is considered the paradigm of truthfulness, as indicated by the verse, *grant truth to Jacob* (*Micah* 7:20) (*Eitz Yosef*); see above, 70 §10. Lying here to Esau, indicating that he intended to come to Seir if in fact he had no such plans, is hardly compatible with that status. [The Talmud derives from our verse that if one has reason to suspect that a travel companion may have nefarious intentions, he should dissemble about his destination so that the companion will think that he will have the opportunity to carry out his plans later (*Avodah Zarah* 25b). Such a deception is permitted so as to avoid a potential danger. The implication is that here too, Jacob was afraid that Esau might yet be planning to attack him. Still, the Midrash is arguing that even under such circumstances, as the epitome of truth it is inconceivable that Jacob would have uttered an absolute falsehood (*Nezer HaKodesh;* see also *Eitz Yosef,* citing *Yefeh To'ar*). See also above, 65 §18.]

165. That is, to exact retribution for all that Esau and his descendants have perpetrated against the people of Israel throughout the ages.

166. [From a simple reading of the verse it appears that Esau kindly offered to do a favor for Jacob, which, not wishing to trouble Esau, Jacob declined. However, the Midrash is explaining that in reality it was *Esau* who wished his men to accompany Jacob, and that Jacob refused to oblige him. See below.]

167. I.e., when he would go to have dealings with the emperor or with one of the high Roman officials.

168. The entire account of Jacob's encounter with Esau from the beginning of *Vayishlach* (above, 32:4). The Sages used this passage as a guide for their dealings with the authorities, for they understood that that which occurred to Jacob with Esau continually occurs to Jacob's descendants with Esau's descendants (*Ramban,* introduction to *Vayishlach;* see also *Ramban* to our verse). See also 77 §5 above.

169. I.e., if a Roman (or Romans) offered to escort him on his return from the emperor, he would refuse (*Matnos Kehunah, Eitz Yosef*). [The manuscript versions of the Midrash have וְלָא הֲוָה נָסֵיב רוֹמָאִין עִמֵּיהּ, "he would not take Romans with him." See following sentence.]

170. That is, he did not heed the advice of this passage, for he did not find any Jews to accompany him on his journey (*Yefeh To'ar*).

171. To replenish his funds, for the Romans accompanying him had taken all the money he had had with him (*Yefeh To'ar*). Alternatively, R' Yehudah HaNasi needed the money from the sale to bribe the Romans [so that they would not harm him or his mission] (*Rashi, Matnos Kehunah*).

Accordingly, Jacob refused Esau's offer of an escort out of fear that Esau's men would similarly steal his belongings (*Yefeh To'ar*).

172. The 400 men were significant personages, as each was himself a commander of a troop (see above, 75 §12). As such, their omission here is clearly not because they were considered mere adjuncts to Esau himself (*Eitz Yosef*).

173. For upon seeing Jacob they realized his lofty stature and became frightened of him. They then slipped away during Jacob's and Esau's initial embrace, while Esau's attention was focused exclusively on Jacob (*Eitz Yosef*). Alternatively, they slipped away from Esau on his return journey to Seir, afraid that despite the apparent reconciliation he still intended to harm Jacob (*Yefeh Toar,* second explanation).

174. The Midrash is suggesting that these 400 Amalekite youths were descendents of the 400 men who had accompanied Esau. Due to their ancestors' merit, God protected them and allowed them to flee (*Eitz Yosef;* see also *Nezer HaKodesh*).

אָמַר רַבִּי אַבָּהוּ: [לב]חָזַרְנוּ עַל כָּל הַמִּקְרָא וְלֹא מָצָאנוּ שֶׁהָלַךְ יַעֲקֹב אָבִינוּ אֵצֶל עֵשָׂו לְהַר שֵׂעִיר מִיָּמָיו, אֶפְשָׁר יַעֲקֹב אֲמִתִּי הָיָה וּמְרַמֶּה בּוֹ, אֶלָּא אֵימָתַי הוּא בָא אֶצְלוֹ, לֶעָתִיד לָבֹא, הֲדָא הוּא דִכְתִיב, (עובדיה א, כא) "וְעָלוּ מוֹשִׁעִים בְּהַר צִיּוֹן לִשְׁפֹּט אֶת הַר עֵשָׂו וְגוֹ'":

טו [לג, טו] "וַיֹּאמֶר לוֹ עֵשָׂו אַצִּיגָה נָּא עִמְּךָ וְגוֹ'", בִּקֵּשׁ לְלַוּוֹתוֹ וְלֹא קִבֵּל עָלָיו, רַבֵּינוּ כַּד הֲוָה סָלֵיק לְמַלְכוּתָא הֲוָה מִסְתַּכֵּל בְּהָדָא פָּרָשְׁתָא וְלָא הֲוָה נָסֵיב אַרְמָאָה עִמֵּיהּ, חַד זְמַן לָא אִסְתַּכַּל בַּהּ וּנְסַב עִמֵּיהּ רוֹמָאִין °(אַרְמָאִין)° וְלֹא הִגִּיעַ לְעַכּוֹ עַד שֶׁמָּכַר הַסּוּס שֶׁלּוֹ. [לג, טז] "וַיָּשָׁב בַּיּוֹם הַהוּא עֵשָׂו לְדַרְכּוֹ שֵׂעִירָה", [לג]וְד' מֵאוֹת אִישׁ שֶׁהָיוּ עִמּוֹ הֵיכָן הֵם, נִשְׁמְטוּ כָּל אֶחָד וְאֶחָד וְהָלַךְ לְדַרְכּוֹ, אָמְרוּ: שֶׁלֹּא נִכָּוֶה בְּגַחַלְתּוֹ שֶׁל יַעֲקֹב, אֵימָתַי פָּרַע לָהֶם הַקָּדוֹשׁ בָּרוּךְ הוּא, לְהַלָּן (שמואל-א ל, יז) "וְלֹא נִמְלַט מֵהֶם אִישׁ כִּי אִם אַרְבַּע מֵאוֹת אִישׁ נַעַר אֲשֶׁר רָכְבוּ עַל הַגְּמַלִּים וַיָּנֻסוּ":

טז [לג, יז] "וְיַעֲקֹב נָסַע סֻכֹּתָה", [לד]כַּמָּה שָׁנִים עָשָׂה יַעֲקֹב אָבִינוּ בְּסוּכּוֹת, רַבִּי אַבָּא אָמַר: י"ח חוֹדֶשׁ, סוּכּוֹת וּבַיִת וְסוּכּוֹת, וּבְבֵית אֵל שִׁשָּׁה חֳדָשִׁים, רַבִּי בֶּרֶכְיָה בְּשֵׁם רַבִּי לֵוִי אָמַר: כָּל אוֹתָן חֳדָשִׁים שֶׁעָשָׂה בְּבֵית אֵל הָיָה מְכַבֵּד אֶת עֵשָׂו בְּאוֹתוֹ דּוֹרוֹן, רַבִּי אָבִין בְּשֵׁם רַבִּי חוּנְיָא אוֹמֵר: ט' שָׁנִים הָיָה מְכַבֵּד אֶת עֵשָׂו בְּאוֹתוֹ דּוֹרוֹן, רַבִּי פִּנְחָס בְּשֵׁם רַבִּי אַבָּא *אָמַר: כָּל אוֹתָן הַשָּׁנִים שֶׁעָשָׂה יַעֲקֹב אָבִינוּ בְּבֵית אֵל לֹא נִמְנַע מִלְּנַסֵּךְ נְסָכִים, שבבית אל היה בית אלהים וכמו שאמר בריש ויצא (כח, כב) והאבן וגו' יהיה בית אלהים, ואף אחר שבא לחברון היה מקריב בבית אלהים בבית אל עד שנמכר יוסף:

עץ יוסף

[יח] **יעקב אמתי הוא.** דכתיב תתן אמת ליעקב: **ומרמה כו'.** ואף על גב דמותר לשנות מפני הסכנה. שאני יעקב שהוא מדת האמת (יפה תואר): (טו) **בקש ללותו.** על ידי אנשיו, וזה אומרו אציגה נא: **ולא הוה נסיב.** לא היה לוקח ארמאי עמו ללותו מבית המלך: **עד שמכר הסוס.** בילקוט וברמב"ן הגירסא הפינס שלו, פירוש מטיל חשוב שלו: [יט] **היכן הם.** דליכא למימר שלהיותם טפלים לו לא הוצרך להזכירם, שהרי כולם ראשי גייסות כדלעיל (פרשה עה) ולא בטילי לגביה: **נשמטו כל אחד ואחד.** בעוד יעקב ועשו נושקים ומחבקים זה את זה. שמתחלה עלו למלחמה לפי שלא הכירו במעלת יעקב, ועתה הכרת פניו ענתה בו כי חוט של חסד משוך עליו: **אימתי פרע להם.** כי ה' נותן שכר לעובדי כוכבים ומזלות בעולם הזה: **כי אם ארבע מאות איש.** ויתכן שהיו מבני ארבע מאות איש דעשו ונשמר להם זכות אבות: (טז) [כ] **י"ח חודש סוכות ובית וסוכות.** כי הסוכות הם בששה חדשי הקיץ, והבית בחורף, ושוב סוכות בימי הקיץ (ועיין ביפה תואר): **ובבית אל ששה חדשים.** משום דקים לן שנתעכב בדרך בשובו מחרן שתי שנים, דעשרים ושתים שנה פירש ממנו יוסף כדרך שהוא פירש מאביו עשרים ושתים שנה. עשרים בבית לבן ושנים בדרך כדאיתא בפרק קמא דמגילה (יז, א). להכי קאמר דשמונה עשרה חדשים היה בסוכות והששה בבית אל: **כל אותן חדשים שעשה בסוכות היה מכבד.** כן צריך לומר (יפה תואר ונזר הקודש). ופירושו כי שם היה מפחד מעשו כי היה קרוב לו. וטעם הודעה זו כדי שלא תיקשה לן למה נתעכב יעקב ולא מיהר דרכו לבית אביו. כי היה אנוס שהיה מפחד מעשו בכל אותו הזמן פן יחזור עליו. ולרבי אבין נתעכב שם ט' שנים לסבה זו (יפה תואר):

פירוש מהרז"ו

ולא מצאנו. ומאחר שלא נמצא בתנ"ך אין לנו לומר על פה שמן הסתם הלך, אלא לדרוש אלא אימתי כו', עיין כל זה בדברים רבה (א, כ) באריכות: (טו) **רבינו כד הוה סליק.** עיין לעיל (עה, ה): **ד' מאות איש נער.** שמואל (א' ל, יז) אצל מלחמת עמלקים: (טז) **כמה שנים.** מגילה (יז, א), שהיה בדרך ב' שנים להשלים הכ"ב שפירש מאביו עיין שם בגמרא ורש"י בביאור על פי מדת מנגד: **סוכות ובית וסוכות.** עיין לקמן (פו, ו) בבית ובשדה. וכאן כתיב ויעקב נסע סכותה ויבן לו בית ולמקנהו עשה סוכות על כן קרא שם המקום סוכות. ואצל אברהם לוט ומשה שנסעו עם עדריהם לא זכר שעשו למקניהם סוכות רק כאן, שבא ללמדנו כמה זמן שהה בדרך זה, שבבית דרים בימות החורף ובימות הקיץ יושבים בסוכות, ומה שאמר ויעקב נסע סכותה פירוש לעשות לו סוכות ועל פי מדה י' ב' פעמים סוכות היינו שני זמני חורף, ומה שאמר על כן קרא שם המקום סוכות אין לחשוב בחשבון שהוא הודעה חדשה על קריאת השם ולגופיה אתי, ובבית אל ששה חדשים מדקרי לו בית, וביחד הם שתי שנים: **כל אותן שנים.** כמו שכתבתי לעיל (סימן יב) שהחזיקו לבכור ולכהן, ויעקב רצה להקריב קרבנות בעצמו, ובבית אל היה המזבח לכל מי שירצה להקריב שהיה מביא ליעקב ומקריב לו, וכדי שלא יערער עליו היה מכבד תמיד בדורון כזה במעשר: **ט' שנים.** משבא לחברון שאז היה יוסף בן ח' שנים שש שנה משנולד ועבד בלאן ושתי שנים בדרך, וכשנמכר היה בן י"ז שנה באותן ט' שנים כבדו. אך משנמכר היה באבל ונסתלקה ממנו רוח הקדש, וגם כשהיה בדרך לא הקריב ולא הוצרך לדורון. ומה שאמר באותו דורון פירוש באותו אופן של דורון ראשון שהיה מעשר מקנהו, כך בכל שנה מהנולדים מחדש מעשר בהמה: **כל אותן שנים.** לפי מה שאמר לעיל בדברי רבי אבא ששה חדשים בבית אל צריך לומר כאן כל אותן חדשים, ואי גרסינן שנים על כרחך הכוונה שבבית אל ובבית אביו, וכמו שאמר רבי אבין שהיו ט' שנים. וקרוב לומר שבבית אל היה בית אלהים וכמו שאמר בריש ויצא (כח, כב) והאבן וגו' יהיה בית אלהים, ואף אחר שבא לחברון היה מקריב בבית אלהים בבית אל עד שנמכר יוסף:

רש"י

(טו) **עד שמכר הסוס שלו.** לשחדן:

מתנות כהונה

[טו] **ולא הוה נסיב כו'.** לא היה לוקח ארמאי עמו ללותו מבית המלך: **עד שמכר כו'.** פירש רש"י לשחדן בדמים, ועיין ברמב"ן: [טז] **כל אותן השנים כו'.** לפי גירסת הספר צריך לומר חדשים, אבל בילקוט (רמז קלה) לא גרס לעיל ובבית אל עשה ששה חדשים:

אשד הנחלים

אצלו, לעתיד לבא. ובאורו אל תדמה שיתכן שיתחיל הצלחתי עתה, לא כן, כי אני מוכרח לילך בפנים כרוכות ובלאט עד ימות המשיח, שאז יהיה הגאולה שלמה, כי כן הגזירה, כי הטוב האמיתי והעליוני יבוא רק באחרית הזמן, ולשוא תחכה ממני לעשות שותפות עמך: [טז] **י"ח חודש.** כי סוכות הוא סוכת קיץ, בית הוא בית החורף, ואח"כ כתיב עוד סוכות הוא עוד קיץ, ובין הכל הוא י"ח. **ובבית אל** הוא ענין אחר לבד אותן י"ח חדשים. ובילקוט לא גרסינן ובבית אל: **היה מכבד.** כלומר שפירסם הדבר ששולח מנחה לעשו ואחיו בשביל לכבדו בעיני כל, ואז יראו ויפחדו מפניו, אחר שיעקב עושה לו הכבוד הזה:

חידושי הרד"ל

[יד] **חזרנו על כל המקרא כו'.** דברים רבה (א, כ). תנא דבי אליהו (אליהו זוטא פרשה י"ט). תנחומא תרומה (סימן ט): [טו] **עד שמכר הסוס שלו.** בילקוט (רמז קלג) וברמב"ן הגירסא הפינס, פירוש מטיל חשוב שלו: [טז] **כל אותן חדשים שהיה בבית אל היה מכבד כו'.** הרמב"ן הביא הגירסא שעשה בסוכות. ונראה פירושו כדלקמן (עט, ה) ויבא יעקב שלם בממונו אף על גב דאמר ר' אבין תשע שנים היה מכבד כו' ברם הכא שלם בממונו, ולכן קאמר כאן שכל הימים שעשה בסוכות עד בואו אל שלם היה מחסר ממונו ומכבדו וכיון שבא לשלם פסק, וה' שלח ברכתו ומילא חסרונו: **כל אותן שנים שהיה יעקב בבית אל לא נמנע כו'.** אפשר לגירסת רמב"ן הנ"ל גם כאן הגירסא בסוכות. ודרש ליה שעשה סוכות כעין חג הסוכות בכל מצותיו ועשה נסוך המים, וזה שאמר כל מי שיודע כו' פשוטו דרך גוזמא נקט לומר שמים רבים נסך בי"ח חדש אלו. ולגירסת הספרים בבית אל יש לומר הא דכתיב במצבה שהקים בבית אל ויסך עליה נסך שלא בשעת ההקמה לבד אלא כל זמן שהיה שם:

ידי משה

[יד] **אפשר יעקב אמיתי היה וכו'.** מאמר זה הוא בירושלמי דעבודת כוכבים (פרק ב א) וזה לשון יפה מראה שם שהקשה דילמא עשה יעקב מפני היראה והפליג לו הדרך כמו שאמרו חכמינו ז"ל נכרי המתלוה עם ישראל בדרך וכו' (שבת קנה ב בר"ן ורשב"א בס' עבודת הקודש שער ג ה) ומשני מכל מקום לא היה יעקב לשנות לפי שמדת יעקב הוא אמת כמו שכתוב (מיכה ז, כ) תתן אמת ליעקב, אלא שרמז על לעתיד לבוא והמדרש בכאן נשמר מקושית יפה מראה לזה אמר יעקב אמיתי היה ודו"ק:

מסורת המדרש

לב. עבודת כוכבים דף כ"ה. ירושלמי שם פ' ב'. דברים רבה פ"א. תנחומא סדר תרומה סימן ט'. תנא דבי אליהו זוטא פ' י"ט. ילקוט כאן רמז קל"ג כל הענין. ילקוט עובדיה רמז תקמ"ט: **לג.** ילקוט שמואל א' רמז קמ"א: **לד.** מגילה דף י"ז. סדר עולם פרק ב':

אם למקרא

וְעָלוּ מוֹשִׁעִים בְּהַר צִיּוֹן לִשְׁפֹּט אֶת הַר עֵשָׂו וְהָיְתָה לַה' הַמְּלוּכָה: (עובדיה א:כא)

וַיַּכֵּם דָּוִד מֵהַנֶּשֶׁף וְעַד הָעֶרֶב לְמָחֳרָתָם וְלֹא נִמְלַט מֵהֶם אִישׁ כִּי אִם אַרְבַּע מֵאוֹת אִישׁ נַעַר אֲשֶׁר רָכְבוּ עַל הַגְּמַלִּים וַיָּנֻסוּ: (שמואל א ל:יז)

חידושי הרש"ש

[טז] **כל אותן חדשים שעשה בבית אל כו'.** הרמב"ן ז"ל העתיק (בראשית לג, יז) בסוכות והוא יותר נכון:

שינוי נוסחאות

(טו) **ולא הוה נסיב ארמאה.** בכתבי יד היה כתוב "רומאין", אבל בדפוסים כתבו "ארמאה", אולי מפני דרכי שלום או צנזורא. **ונסב עמיה רומאין.** כאן השאירו הדפוסים "רומאין" כמו שהיה מתחילה, אבל יש כמה דפוסים (כמו יעסניץ ואמשט' תפ"ה) ששינו ל"ארמאין" כדי להתאים למה שכתוב לעיל מיניה, והמדפיסים כתבו שתי הגרסאות, אחת סתם ואחת בסוגריים: (טז) **כל אותן חדשים שעשה בבית אל היה מכבד.** יפ"ת הגיה דצ"ל "בסוכות" תחת "בבית אל", וכן הוא ברמב"ן על לג, יח:

י״ח חוֹדֶשׁ, סוּכּוֹת וּבַיִת וְסוּכּוֹת — Eighteen months, for the verse mentions first **booths** [סֻכֹּת], **and** then **a house, and** then again **booths.**[175] **וּבְבֵית אֵל שִׁשָּׁה חֳדָשִׁים — And** hence, he was **in Beth-el** for **six months.**[176]

The Midrash elaborates on Jacob's sojourns in Succoth and in Beth-el:

רַבִּי בֶּרֶכְיָה בְּשֵׁם רַבִּי לֵוִי אָמַר — R' Berechyah said in the name of R' Levi: **כָּל אוֹתָן חֳדָשִׁים שֶׁעָשָׂה בְּסוּכּוֹת* הָיָה מְכַבֵּד אֶת עֵשָׂו בְּאוֹתוֹ דּוֹרוֹן — All those months that [Jacob] spent in Succoth he would honor Esau with that** same **gift.**[177] **רַבִּי אָבִין בְּשֵׁם רַבִּי חוּנְיָא אוֹמֵר — R' Avin said in the name of R' Chunya:** **ט׳ שָׁנִים הָיָה מְכַבֵּד אֶת עֵשָׂו בְּאוֹתוֹ דּוֹרוֹן —** It was **for nine years** that **[Jacob] would honor Esau with that gift.**[178] **רַבִּי פִּנְחָס בְּשֵׁם רַבִּי אַבָּא אָמַר — R' Pinchas said in the name of R' Abba:** **כָּל אוֹתָן הַשָּׁנִים שֶׁעָשָׂה יַעֲקֹב אָבִינוּ בְּבֵית אֵל — All the years that our forefather Jacob spent in Beth-el,** **לֹא נִמְנַע מִלְּנַסֵּךְ נְסָכִים — he did not desist from pouring libations** upon the pillar set up there.[179]

NOTES

175. The name Succoth in the verse's opening means booths; thus, the verse begins with a mention of booths, proceeds to mention a house, and then concludes with a further mention of booths. A בַּיִת, *house,* is constructed as a winter dwelling while סֻכֹּת, *booths,* are used during the summer months. Accordingly, the verse indicates that Jacob was there for two summer seasons and the intervening winter, for a total of eighteen months (see *Eitz Yosef* and *Rashi* on our verse; see *Yefeh To'ar* for an alternative understanding). [According to the plain meaning of the verse, Jacob constructed the booths for his livestock at the same time that he constructed the house for himself and his family. However, the Midrash understands that the verse refers also to booths constructed for human use, since Jacob named the settlement after the booths (Succoth) and it is unlikely that he gave a name based on something that only concerned animals (*Nezer HaKodesh, Gur Aryeh* on our verse). See *Yefeh To'ar* and *Maharzu* for other approaches.]

176. Below, 35:6-15. The 22 years that Joseph was in Egypt separated from his father Jacob (see below, 37:2, 41:46 and 45:6) were a punishment for Jacob for the 22 years in which he failed to honor his father when he had fled to Haran (*Megillah* 16b-17a). Since Jacob actually spent only 20 years with Laban (see above, 31:38) it follows that two years elapsed from when he left Haran until he rejoined his father in Hebron (below, 35:27). Thus, if he spent eighteen months in Succoth, it can be established that he stayed at Beth-el, the only other place where he remained for a prolonged period of time (see *Yefeh To'ar*), for six months (*Eitz Yosef*, from *Megillah* 17a).

177. That is, throughout those eighteen months, on a once-monthly basis, Jacob would send Esau a tribute equivalent to the original tribute he had sent him (*Yefeh To'ar;* see also *Ramban* to v. 18 below). For as long as he was in Succoth, which was in relative close proximity to Mount Seir, Jacob remained afraid that Esau might have a change of heart and seek to harm him (*Eitz Yosef,* from *Yefeh To'ar*).

178. R' Chunya disagrees with the exposition of R' Abba above that Jacob stayed in Succoth for eighteen months and is of the opinion that Jacob remained there for nine years (*Yefeh To'ar, Eitz Yosef*). Hence, it was for a nine-year period that Jacob felt it necessary to continue appeasing Esau with a monthly or perhaps annual gift (see *Ramban* loc. cit.). [It follows that R' Chunya rejects the position of the Gemara cited above that the 22 years of Joseph's separation from Jacob were a punishment for Jacob's failure to honor his father for a similar 22-year period.] See *Yefeh To'ar* for an explanation of how R' Chunya arrived at a length of nine years for the stay in Succoth; see also *Maharzu* for an alternative approach to this passage.

179. Scripture states that in Beth-el, *Jacob had set up a pillar . . . a pillar of stone — and he poured a libation upon it* (below, 35:14). According to R' Abba, the verse does not mean that at one time Jacob poured a libation there but rather that he was continuously pouring libations as long as he remained in Beth-el (*Radal,* see also *Zera Avraham*).

Although R' Abba had explained above that Jacob was in Beth-el only for a period of six months, here he speaks of the *years* that Jacob spent at Beth-el, for Jacob had designated Beth-el as בֵּית אֱלֹהִים, *a house of God* (above, 28:22), and even after returning to his father's home in Hebron he would go to Beth-el to offer sacrifices and libations (*Maharzu,* second explanation). However, *Matnos Kehunah* emends the text here to read כָּל אוֹתָן חֳדָשִׁים שֶׁעָשָׂה יַעֲקֹב אָבִינוּ בְּבֵית אֵל, all those *months* that our forefather Jacob spent in Beth-el.

For an alternative understanding of what is meant by Jacob continuously pouring libations, see Insight Ⓐ.

INSIGHTS

Ⓐ **Libations of Tears** According to *Rabbeinu Yonah,* our Midrash here refers not to actual libations but to tears. All the while he was in Beth-el, Jacob prayed fervently. He shed copious tears in his prayer, and God reckoned those tears equivalent to libations on the Altar. Just as the pouring of water on the altar is an exalted form of Divine service, so were the tears that Jacob shed in prayer.

The Midrash then compares the volume of Jacob's libations to the Waters of Tiberias. *Rabbeinu Yonah* explains: Just as the [hot] Waters of Tiberias are uncountable, so too the number of [hot] tears shed by Jacob in his prayers. It is only God Who can and did count them. And He placed them in His storehouse, as the Sages expound (compare *Shabbos* 105b) on the verse in *Psalms* (56:9): *place my tears in Your flask, are they not in Your account?* (*Rabbeinu Yonah, Shaarei HaAvodah* Ch. 11).

These comments of *Rabbeinu Yonah* and his interpretation of our Midrash seem to be taken from the somewhat earlier source, *Peirush HaTefillos VeHaBerachos,* by *R' Yehudah ben Yakar* (p. 71). In that passage R' Yehudah ben Yakar also illustrates the power of tears from the Midrash (see *Midrash Tehillim* on *Psalm* 80; see also *Tanchuma Vayikra* §15), which states that Esau shed three tears upon learning that Jacob had taken the blessings. And because of those three tears, his descendants gained sovereignty and untold comfort in this world.

The Midrash (*Midrash Tehillim* ad loc.) adds that the people of Israel took comfort in this and said before God: "Master of the Universe. If in the merit of three tears shed by the wicked Esau You gave him dominion throughout the world and gave him comfort in this world, then when You will finally address the humiliation of Your children, whose eyes shed tears every day . . . how much more so will You be filled with mercy upon them!"

Tears are not merely a means of expressing supreme emotion. They are a tool with which we can breach the barriers we have erected between God and ourselves. Both R' Yehudah ben Yakar (loc. cit.) and *Rabbeinu Yonah* (loc. cit.) also point us to the Gemara that teaches that with the destruction of the Holy Temple, God sealed all avenues of prayer but one — the gates of tears (*Bava Metzia* 59a). It is through those gates that our prayers can ascend and come before God's throne.

Sometimes, even our tearful prayers are not answered in the manner we would have preferred. But those tears are never in vain. They are like libations on the Altar. They are stored in the Heavenly flask, and are never lost.

אָמַר רַבִּי אַבָּהוּ: לבחָזַרְנוּ עַל כָּל הַמִּקְרָא וְלֹא מָצָאנוּ שֶׁהָלַךְ יַעֲקֹב אָבִינוּ אֵצֶל עֵשָׂו לְהַר שֵׂעִיר מִיָּמָיו, אֶפְשָׁר יַעֲקֹב אֲמִתִּי הָיָה וּמְרַמֶּה בּוֹ, אֶלָּא אֵימָתַי הוּא בָא אֶצְלוֹ, לֶעָתִיד לָבֹא, הָדָא הוּא דִכְתִיב, (עובדיה א, כא) "וְעָלוּ מוֹשִׁעִים בְּהַר צִיּוֹן לִשְׁפֹּט אֶת הַר עֵשָׂו וְגוֹ'":

טו [לג, טו] "וַיֹּאמֶר לוֹ עֵשָׂו אַצִּיגָה נָּא עִמְּךָ וְגוֹ'", בִּקֵּשׁ לְלַוּוֹתוֹ וְלֹא קִבֵּל עָלָיו, רַבֵּינוּ כַּד הֲוָה סָלֵיק לְמַלְכוּתָא הֲוָה מִסְתַּכֵּל בְּהָדָא פָּרָשְׁתָא וְלָא הֲוָה נְסֵיב אַרְמָאָה עִמֵּיהּ, חַד זְמַן לָא אִסְתַּכֵּל בָּהּ וּנְסַב עִמֵּיהּ רוֹמָאִין °(אַרְמָאִין)° וְלֹא הִגִּיעַ לְעַכּוֹ עַד שֶׁמָּכַר הַסּוּס שֶׁלּוֹ. [לג, טז] "וַיָּשָׁב בַּיּוֹם הַהוּא עֵשָׂו לְדַרְכּוֹ שֵׂעִירָה", לגוְד' מֵאוֹת אִישׁ שֶׁהָיוּ עִמּוֹ הֵיכָן הֵם, נִשְׁמְטוּ כָּל אֶחָד וְאֶחָד וְהָלַךְ לְדַרְכּוֹ, אָמְרוּ: שֶׁלֹּא נִבָּוֶה בְּגַחַלְתּוֹ שֶׁל יַעֲקֹב, אֵימָתַי פָּרַע לָהֶם הַקָּדוֹשׁ בָּרוּךְ הוּא, לְהַלָּן (שמואל-א ל, יז) "וְלֹא נִמְלַט מֵהֶם אִישׁ כִּי אִם אַרְבַּע מֵאוֹת אִישׁ נַעַר אֲשֶׁר רָכְבוּ עַל הַגְּמַלִּים וַיָּנֻסוּ":

טז [לג, יז] "וְיַעֲקֹב נָסַע סֻכֹּתָה", לדכַּמָּה שָׁנִים עָשָׂה יַעֲקֹב אָבִינוּ בְּסֻכּוֹת, רַבִּי אַבָּא אָמַר: י"ח חֹדֶשׁ, סֻכּוֹת וּבַיִת וְסֻכּוֹת, וּבְבֵית אֵל שִׁשָּׁה חֳדָשִׁים, רַבִּי בֶּרֶכְיָה בְּשֵׁם רַבִּי לֵוִי אָמַר: כָּל אוֹתָן חֳדָשִׁים שֶׁעָשָׂה בְּבֵית אֵל הָיָה מְכַבֵּד אֶת עֵשָׂו בְּאוֹתוֹ דוֹרוֹן, רַבִּי אָבִין בְּשֵׁם רַבִּי חוּנְיָא אוֹמֵר: ט' שָׁנִים הָיָה מְכַבֵּד אֶת עֵשָׂו בְּאוֹתוֹ דוֹרוֹן, רַבִּי פִּנְחָס בְּשֵׁם רַבִּי אַבָּא *אָמַר: כָּל אוֹתָן הַשָּׁנִים שֶׁעָשָׂה יַעֲקֹב אָבִינוּ בְּבֵית אֵל לֹא נִמְנַע מִלְּנַסֵּךְ נְסָכִים,

עץ יוסף

[יח] **יעקב אמתי הוא.** דכתיב תתן אמת ליעקב: **ומרמה בו'.** ואף על גב דמותר לשנות מפני הסכנה. שאני יעקב שהוא מדת האמת (יפה תואר): (טו) **בקש ללותו.** על ידי אנשיו, וזה אומרו אציגה נא: **ולא הוה נסיב.** לא היה לוקח ארמאי עמו ללותו מבית המלך: **עד שמכר הסוס.** בילקוט וברמב"ן הגירסא הפינס שלו, פירוש מעיל חשוב שלו: [יט] **היכן הם.** דליכא למימר שלהיותם טפלים לו לא הוצרך להזכירם, שהרי כולם ראשי גייסות כדלעיל (פרשה עה) ולא בטילי לגביה: **נשמטו כל אחד ואחד.** בעוד יעקב ועשו נושקים ומחבקים זה את זה. שמתחלה עלו למלחמה לפי שלא הכירו במעלת יעקב, ועתה הכרת פניו ענתה בו כי חוט של חסד משוך עליו: **אימתי פרע להם.** כי ה' נותן שכר לעובדי כוכבים ומזלות בעולם הזה: **כי אם ארבע מאות איש.** ויתכן שהיו מבני ארבע מאות איש דעשו ונשמר להם זכות אבות: (טז) [כ] **י"ח חודש סוכות ובית וסוכות.** כי הסוכות הם בששה חדשי הקיץ, והבית בחורף, ושוב סוכות בימי הקיץ (ועיין ביפה תואר): **ובבית אל ששה חדשים.** משום דקים לן שנתעכב בדרך בשובו מחרן שתי שנים, דעשרים ושתים שנה פירש ממנו יוסף כדרך שהוא פירש מאביו עשרים ושתים שנה. עשרים בבית לבן ושנים בדרך כדאיתא בפרק קמא דמגילה (יז, א). להכי קאמר דשמונה עשרה חדשים היה בסוכות והששה בבית אל: **כל אותן חדשים שעשה בסוכות היה מכבד.** כן צריך לומר (יפה תואר ונזר הקודש). ופירושו כי שם היה מפחד מעשו כי היה קרוב לו. וטעם הודעה זו כדי שלא תיקשה לן למה נתעכב יעקב ולא מיהר דרכו לבית אביו. כי היה אנוס שהיה מפחד מעשו בכל אותו הזמן פן יחזור עליו. ולרבי אבין נתעכב שם ט' שנים לסבה זו (יפה תואר):

פירוש מהרז"ו

ולא מצאנו. ומאחר שלא נמצא בתנ"ך אין לנו לומר על פה שמן הסתם הלך, אלא לדרוש אלא אימתי כו', עיין כל זה בדברים רבה (א, כ) באריכות: (טו) **רבינו כד הוה סליק.** עיין לעיל (עה, ה): **ד' מאות איש נער.** שמואל (א' ל, יז) אצל מלחמת עמלקים: (טז) **כמה שנים.** מגילה (יז, א), שהיה בדרך ב' שנים להשלים הכ"ב שפירש מאביו עיין שם בגמרא ורש"י בביאור על פי מדת מנגד: **סוכות ובית וסוכות.** עיין לקמן (פו, ו) בבית ובשדה. וכאן כתיב ויעקב נסע סכותה ויבן לו בית ולמקנהו עשה סוכות על כן קרא שם המקום סוכות. ואצל אברהם לוט ומשה שנסעו עם עדריהם לא זכר שעשו למקניהם סוכות רק כאן, שבא ללמדנו כמה זמן שהה בדרך זה, שבבית דרים בימות החורף ובימות הקיץ יושבים בסוכות, ומה שאמר ויעקב נסע סכותה פירוש לעשות לו סוכות ועל פי מדה י' ב' פעמים סוכות היינו שני זמני חורף, ומה שאמר על כן קרא שם המקום סוכות אין לחשוב בחשבון שהוא הודעה חדשה על קריאת השם ולגופיה אתי, ובבית אל ששה חדשים מדקרי לו בית, וביחד הם שתי שנים: **כל אותן שנים.** כמו שכתבתי לעיל (סימן יב) שהחזיקו לבכור ולכהן, ויעקב רצה להקריב קרבנות בעצמו, ובבית אל היה המזבח לכל מי שירצה להקריב שהיה מביא ליעקב ומקריב לו, וכדי שלא יערער עליו היה מכבד תמיד בדורון כזה במעשר: **ט' שנים.** משבא לחברון שאז היה יוסף בן ח' שנים שש שנה משנולד ועבד בלאן ושתי שנים בדרך, וכשנמכר היה בן י"ז שנה באותן ט' שנים כבדו. אך משנמכר היה באבל ונסתלקה ממנו רוח הקדש, וגם כשהיה בדרך לא הקריב ולא הוצרך לדורון. ומה שאמר באותו דורון פירוש באותו אופן של דורון ראשון שהיה מעשר מקנהו, כך בכל שנה מהנולדים מחדש מעשר בהמה: **כל אותן שנים.** לפי מה שאמר לעיל בדברי רבי אבא ששה חדשים בבית אל צריך לומר כאן כל אותן חדשים, ואי גרסינן שנים על כרחך הכוונה שבבית אל ובבית אביו, וכמו שאמר רבי אבין שהיו ט' שנים. וקרוב לומר שבבית אל היה בית אלהים וכמו שאמר ברית ויצא (כח, כב) והאבן וגו' יהיה בית אלהים, ואף אחר שבא לחברון היה מקריב בבית אלהים בבית אל עד שנמכר יוסף:

חידושי הרד"ל

[יד] **חזרנו על כל המקרא כו'.** דברים רבה (א, כ). תנא דבי אליהו (אליהו זוטא פרשה י"ט). תנחומא תרומה (סימן ט):

[טו] **עד שמכר הסוס שלו.** בילקוט (רמז קלג) וברמב"ן הגירסא הפינס, פירוש מעיל חשוב שלו:

[טז] **כל אותן חדשים שהיה בבית אל היה מכבד כו'.** הרמב"ן הביא הגירסא שעשה בסוכות. ונראה פירושו כדלקמן (עט, ה) ויבא יעקב שלם בממונו אף על גב דאמר ר' אבין תשע שנים היה מכבד כו' ברם הכא שלם בממונו, ולכן קאמר כאן שכל הימים שעשה בסוכות עד בואו אל שלם היה מחסר ממונו ומכבדו וכיון שבא לשלם פסק, וה' שלח ברכתו ומילא חסרונו: **כל אותן שנים שהיה יעקב בבית אל לא נמנע כו'.** אפשר לגירסת רמב"ן הנ"ל גם כאן הגירסא בסוכות. ודרש ליה שעשה סוכות כעין חג הסוכות בכל מצותיו ועשה נסוך המים, וזה שאמר כל מי שיודע כו' פשוטו דרך גוזמא נקט לומר שמים רבים נסך בי"ח חדש אלו. ולגירסת הספרים בבית אל יש לומר הא דכתיב במצבה שהקים בבית אל ויסך עליה נסך שלא בשעת ההקמה לבד אלא כל זמן שהיה שם:

ידי משה

[יד] **אפשר יעקב אמיתי היה וכו'.** מאמר זה הוא בירושלמי דעבודת כוכבים (פרק ב א) וזה לשון יפה מראה שם שהקשה דילמא עשה יעקב מפני היראה והפליג לו הדרך כמו שאמרו חכמינו ז"ל נכרי המתלוה עם ישראל בדרך וכו' (שבת קנה ב בר"ן ורשב"א בס' עבודת הקודש שער ג ה) ומשני מכל מקום לא היה יעקב לשנות לפי שמדת יעקב הוא אמת כמו שכתוב (מיכה ז, כ) תתן אמת ליעקב, אלא שרמז על לעתיד לבוא והמדרש בכאן נשמר מקושית יפה מראה לזה אמר יעקב אמיתי היה ודו"ק:

מסורת המדרש

לב. עבודת כוכבים דף כ"ה. ירושלמי שם פ' ב'. דברים רבה פ"א. תנחומא סדר תרומה סימן ט'. תנא דבי אליהו זוטא פ' י"ט. ילקוט כאן רמז קל"ג כל הענין. ילקוט עובדיה רמז תקמ"ט:
לג. ילקוט שמואל א' רמז קמ"א:
לד. מגילה דף י"ז. סדר עולם פרק ב':

אם למקרא

וְעָלוּ מוֹשִׁעִים בְּהַר צִיּוֹן לִשְׁפֹּט אֶת הַר עֵשָׂו וְהָיְתָה לַה' הַמְּלוּכָה: (עובדיה א:כא)

וַיַּכֵּם דָּוִד מֵהַנֶּשֶׁף וְעַד הָעֶרֶב לְמָחֳרָתָם וְלֹא נִמְלַט מֵהֶם אִישׁ כִּי אִם אַרְבַּע מֵאוֹת אִישׁ נַעַר אֲשֶׁר רָכְבוּ עַל הַגְּמַלִּים וַיָּנֻסוּ: (שמואל א ל:יז)

חידושי הרש"ש

[טז] **כל אותן חדשים שעשה בבית אל כו'.** הרמב"ן ז"ל העתיק (בראשית לג, יז) בסוכות והוא יותר נכון:

שינוי נוסחאות

(טו) **ולא הוה נסיב ארמאה.** בכתבי יד היה כתוב "רומאין", אבל בדפוסים כתבו "ארמאה", אולי מפני דרכי שלום או צנזורא. **ונסב עמיה רומאין.** כאן השאירו הדפוסים "רומאין" כמו שהיה מתחילה, אבל יש כמה דפוסים (כמו יעסניץ ואמשט' תפ"ה) ששינו ל"ארמאין" כדי להתאים למה שכתוב לעיל מיניה, והמדפיסים כתבו שתי הגרסאות, אחת סתם ואחת בסוגריים: (טז) **כל אותן חדשים שעשה בבית אל היה מכבד.** יפ"ת הגיה דצ"ל "בסוכות" תחת "בבית אל", וכן הוא ברמב"ן על לג, יח:

רש"י

(טו) **עד שמכר הסוס שלו.** לשחדן:

מתנות כהונה

[טו] **ולא הוה נסיב כו'.** לא היה לוקח ארמאי עמו ללותו מבית המלך: **עד שמכר כו'.** פירש רש"י לשחדן בדמים, ועיין ברמב"ן:

[טז] **כל אותן השנים כו'.** לפי גירסת הספר צריך לומר חדשים, אבל בילקוט (רמז קלה) לא גרס לעיל ובבית אל עשה ששה חדשים:

אשד הנחלים

אצלו, לעתיד לבא. ובאורו אל תדמה שיתכן שיתחיל הצלחתי עתה, לא כן, כי אני מוכרח לילך בפנים כרוכות ובלאט עד ימות המשיח, שאז יהיה הגאולה שלמה, כי כן הגזירה, כי הטוב האמיתי והעליוני יבוא רק באחרית הזמן, ולשוא תחכה ממני לעשות שותפות עמך: [טז] **י"ח חודש.** כי סוכות הוא סוכת קיץ, בית הוא בית החורף, ואח"כ כתיב עוד סוכות הוא עוד קיץ, ובין הכל הוא י"ח. ובבית אל הוא ענין אחר לבד אותן י"ח חדשים. ובילקוט לא גרסינן ובבית אל: **היה מכבד.** כלומר שפירסם הדבר ששולח מנחה לעשו ואחיו בשביל לכבדו בעיני כל, ואז יראו ויפחדו מפניו, אחר שיעקב עושה לו הכבוד הזה:

אָמַר רַבִּי חָנִין – R' Chanin said: כָּל מִי שֶׁהוּא יוֹדֵעַ כַּמָּה נְסוּכִים נִיסֵּךְ יַעֲקֹב אָבִינוּ בְּבֵית אֵל – Anyone who knows the amount of libations poured by our forefather Jacob in Beth-el יוֹדֵעַ לְחַשֵּׁב אֶת מֵי טְבֶרְיָה – is capable of calculating the amount of water in **the Waters of Tiberias.**[180]

NOTES

180. I.e., the continuously flowing hot springs of Tiberias (see *Imrei Yosher* and *Zera Avraham*). Just as it is impossible to reckon the quantity of water produced by the springs of Tiberias, so it is impossible to reckon the quantity of fluids poured by Jacob as libations at Beth-el (*Matnos Kehunah;* see also *Eitz Yosef*).

אָמַר רַבִּי חָנִין: כָּל מִי שֶׁהוּא יוֹדֵעַ כַּמָּה נְסוּכִים נִיסֵּךְ יַעֲקֹב אָבִינוּ בְּבֵית אֵל יוֹדֵעַ לְחַשֵּׁב אֶת מֵי טְבֶרְיָה:

יודע לחשוב בו׳. גוזמא קאמר, על דרך (בראשית יג, טז) אם יוכל איש למנות את עפר הארץ גם זרעך ימנה:

אמרי יושר

[טז] מי שיודע לחשוב כמה ניסוכין נסך. דכתיב לקמן שם ויצב שם מזבח ויסך עליה נסך ידע כמה אמי טבריא ובזכות זה הניח הקדוש ברוך הוא אמי טבריא שיתעדנו בהם:

מתנות כהונה

מי טבריא. כלומר כשם שאי אפשר לשער מי טבריא, כך אי אפשר לידע מספר נסכיו:

אשד הנחלים

מלנסך כמה נסכים בצ״ל. וכן גרס האות אמת: **לחשוב את מי טבריה.** הוא דרך צחות. שכל כך נסך לרוב עד שכמעט ירבה כמי טבריה, ולכן היודע כמה ניסך יודע כמה מי טבריה, וכשם שאי אפשר לדעת זאת מפני רבויו כן זה וק״ל:

זרע אברהם

[טז] רבי פנחס בשם רבי אבא אמר כל אותן השנים שעשה יעקב בבית אל לא נמנע מלנסך אמר ר׳ חנין מי שהוא יודע כמה נסוכים ניסך אבינו יעקב בבית אל יודע לחשב את מי טבריה. המדרש הזה כולה מקשה למה דימה למי טבריה. וכל ימי הייתי מתקשה במדרש זה. עד שהאיר ה׳ עיני שמלאתי און לי. וסיגנון המדרש הוא שרבי חנין מפרש דברי רבי פנחס לפי שכפל הכתוב ויסך נסך ולהורות על נסוכים הרבה. ואיתא באבן עזרא ויסך ניסוך המים. ואיתא בשמואל ב׳ סי׳ כ״ג ויתאוה דוד ויאמר מי ישקני מים אשר בשער וגו׳ ויבקעו שלשה גבורים וישאבו מים וגו׳ וישאו ויבאו אל דוד ולא אבא לשתותם ויסך אותם לה׳. ופירשו חכמינו ז״ל שחג היה ניסוך המים היה. ובכ״י איתא כפשוטא מחמת שנעשה נס במים הללו ניסך אותם אף בלא חג וכאן שנסך יעקב נסכים כמו כן כל זמן שהיה בבית אל. קשה היכי מלינו לקרב נסכים של מים שלא בשעת החג. ונראה לי לפי דאיתא לעיל (פרשה עו ה) וז״ל אמר רבי לוי אתר תמן מלוות ירדן בחמי טבריה, בההלה נכנס יעקב אבינו לשם ונטל בפניו עשו ואתר לו הקדוש ברוך הוא אתירה ובמקום אחר וילא הדא הוא דכתיב כי תעבור במים אתך אני ובנהרות לא ישטפוך. אם כן הואיל ועשה לו הקדוש ברוך הוא נס במים נִסֵּךְ מים דוגמת הנס. וזה שאמר רב פנחס כל אותן השנים לא נמנע מלנסך מים פירוש מדכפל הכתוב ויסך נסך להורות שהרבה בנסכים רק שקשה היכן מלינו לנסך ניסוך המים בלי חג. לזה אמר ר׳ חנין כל מי שהוא יודע כמה נסכים ניסך יעקב בבית אל. פירוש לפי שקשה קושיא זו על שנסך נסכי מים. כמו כן יודע לחשב את מי טבריה פירוש. הואיל ונעשה לו נס בחמי טבריה שנטל עשו בפניו כנזכר לעיל. ומשום נס זה ניסך נסכי המים פירוש כמו שחמי טבריה מרובים כך ראוי להיות הנסכים שנסך מרובים ודוק. כך נראה לי:

Chapter 79

וַיָּבֹא יַעֲקֹב שָׁלֵם עִיר שְׁכֶם אֲשֶׁר בְּאֶרֶץ כְּנַעַן בְּבֹאוֹ מִפַּדַּן אֲרָם וַיִּחַן אֶת פְּנֵי הָעִיר.

Jacob arrived intact at the city of Shechem, which is in the land of Canaan, upon his arriving from Paddan-aram, and he encamped before the city (33:18).

§1 **וַיָּבֹא יַעֲקֹב שָׁלֵם** — ***JACOB ARRIVED COMPLETE.***[1]

The Midrash will expound a passage in *Job* (5:19-26) as applying also to Jacob.[2] The last verse of the passage will be related specifically to our verse:

"בְּשֵׁשׁ צָרוֹת יַצִּילֶךָּ וּבְשֶׁבַע לֹא יִגַּע בְּךָ רָע" — ***From six travails He will save you, and from seven no harm will reach you*** (*Job* 5:19). **אִין שִׁית אִינּוּן** — The verse means that **if [the travails] are six,** **אֲנָא קָאֵים בְּהוֹן** — I shall **withstand them,**[3] **וְאִין שֶׁבַע אִינּוּן** — and even **if they are seven,** **אֲנָא קָאֵים בְּהוֹן** — **I** shall still **withstand them.**[4]

The Midrash proceeds to interpret the various travails mentioned in the *Job* passage (travails from which Job is told he would be saved) as alluding also to travails from which *Jacob* was saved:

"בְּרָעָב פָּדְךָ מִמָּוֶת" — ***In famine He will deliver you from death*** (ibid., v. 20). This occurred to Jacob (and his family), for we find that Joseph told his brothers, **"כִּי זֶה שְׁנָתַיִם הָרָעָב בְּקֶרֶב הָאָרֶץ"** — ***"For this has been two of the famine years in the midst of the land,*** *and there are yet five years in which there shall be neither plowing nor harvest. Thus God has sent me ahead of you to insure your survival in the land"* (below, 45:6-7).[5] **"וּבְמִלְחָמָה מִידֵי חָרֶב"** — ***And [He will deliver you] in war, from the power of the sword*** (*Job* ibid.). This, too, occurred to Jacob, for we find that Laban said to him, **"יֶשׁ לְאֵל יָדִי לַעֲשׂוֹת עִמָּכֶם רָע"** — ***"It is in my power to do you all harm,*** *but the God of your father addressed me last night, saying, 'Beware of speaking with Jacob either good or bad'"* (above, 31:29).[6] **"בְּשׁוֹט לָשׁוֹן תֵּחָבֵא"** — *[And He will deliver you]* ***when the tongue that is concealed*** [תֵּחָבֵא] ***prowls about*** (*Job* ibid., v. 21).[7] **אָמַר רַבִּי אַחָא** — **R' Acha remarked** on this verse: **קָשָׁה לָשׁוֹן הָרָע** — **Slander is harsh,** **שֶׁמִּי שֶׁבְּרָאוֹ עָשָׂה לוֹ מָקוֹם שֶׁיִּטָּמֵן בְּתוֹכוֹ** — **for He Who created [the tongue] made for it a place in which it shall hide** itself.[8] **"וְלֹא תִירָא מִשֹּׁד כִּי יָבוֹא"** — ***And you will not need to be frightened of destruction when it comes*** (ibid.) — **זֶה עֵשָׂו וְאַלּוּפָיו** — **this** alludes to Jacob's being saved from **Esau and his chieftains.**[9] **"לְשֹׁד וּלְכָפָן תִּשְׂחָק"** — ***You will laugh at robbery and hunger*** (ibid., v. 22) — **זֶה לָבָן שֶׁבָּא כָּפוּן עַל מָמוֹנוֹ לְשׁוֹדְדוֹ** — **this** alludes to Jacob's being saved when **Laban, hungry for [Jacob's] money, came to rob him.**[10] **"כִּי עִם אַבְנֵי הַשָּׂדֶה בְרִיתֶךָ וגו'"** — *And have no fear of the beasts of the land.* ***For you will have a treaty with the stones in the field,*** *and the beasts of the field will be at peace with you* (ibid., vv. 22-23). This, too, occurred to Jacob, as Scripture relates, **"וַיִּקַּח מֵאַבְנֵי הַמָּקוֹם וַיָּשֶׂם מְרַאֲשֹׁתָיו"** — ***He took from the stones of the place, which he arranged around his head*** (*Genesis* 28:11).[11]

NOTES

1. In our translation of this verse that appears in the preface to our Midrash, the word שָׁלֵם is translated *intact.* However, the Midrash in the current section will take it to mean *complete.* See note 20.

2. [In 75 §8 above the Midrash expounds *Job* 5:19 as applying to Jacob's descendants (the Jewish people).]

3. For God shall protect me (*Eitz Yosef* s.v. אנא קאים בהון). In this verse, Job's friend Eliphaz is speaking to him and telling him that righteous people do not shy away from tribulations, for they bring spiritual reward in their wake and, in addition, they can be withstood with God's help. The righteous person who undergoes travails therefore states, "I shall withstand them" (*Nezer HaKodesh*).

Alternatively, the phrase אֲנָא קָאֵים בְּהוֹן is to be translated, "I shall stand among them," with the speaker being *God.* Eliphaz is telling Job that God shall be there, in the midst of his travails, to protect him (see *Eitz Yosef* s.v. אין שית אינון, citing *Yefeh To'ar*; see also *Ohr HaSeichel*).

For the application of this verse to Jacob, see note 13 below.

4. That is, it makes no difference if there are six travails or seven, or even more. *Seven* is merely used as an example of a large number, as in *Deuteronomy* 28:7 (*Yefeh To'ar*; see also *Ramban* to *Job* ibid.). [*Nezer HaKodesh,* however, gives a Kabbalistic explanation for the specific numbers six and seven.]

5. God placed Joseph in a position of authority in Egypt where he would be able to provide for Jacob and his family during the famine, allowing them to survive. *Yefeh To'ar* and *Eitz Yosef* suggest that the Midrash quotes the verse, *for this has been two of the famine years in the midst of the land,* to allude to the idea found in 89 §9 below that the famine ended when Jacob arrived in Egypt, although it had lasted at that point only two years. Accordingly, our Midrash means that God delivered Jacob by ending the famine early.

6. When Jacob left Laban's house to return to Canaan with his wives and children, Laban pursued him, sword in hand (*Nezer HaKodesh*; see also note 10 below). But as Scripture relates, God prevented him from doing Jacob any harm.

7. I.e., when slander or other malicious speech is spoken. Translation follows *Yefeh To'ar* and *Eitz Yosef.*

The Midrash does not explain how this was fulfilled in regard to Jacob. *Maharzu* suggests that the *prowling tongue* refers to the words of Laban's sons, *"Jacob has taken all that belonged to our father, and from that which belonged to our father he amassed all this wealth"* (above, 31:1). See *Aggadas Bereishis* §68 (in some editions it is §69), and see similarly emendation, cited by *Eitz Yosef* s.v. זה לבן שבא כפן. The Midrash is accordingly referring to the fact that God protected Jacob from the deleterious effects of Laban's sons' libel, enabling him to escape unharmed.

Before proceeding in its explanation of the *Job* passage, the Midrash explains the verse's use of the term תֵּחָבֵא, *concealed,* in connection with the tongue (*Maharzu*).

For a different approach see below, note 9.

8. That is, God placed the tongue inside the mouth, where it is blocked by "two walls" [viz., the lips and the teeth (*Nezer HaKodesh*); or, the cheeks and the teeth (*Ohr HaSeichel*)]. This symbolizes the need to keep the tongue restrained (*Eitz Yosef,* based on *Arachin* 15b).

9. I.e., when Esau set out against Jacob with 400 of his men (see above, 32:7; see below, 84 §5).

Alternatively: According to *Yefeh To'ar,* the current phrase, *and you will not need to be frightened of destruction when it comes,* is being expounded by the Midrash as connected to the preceding one, *[And He will deliver you] when the tongue that is concealed prowls about.* The Midrash quoted the preceding phrase but did not explain it because it first wished to explain the verse's use of the term תֵּחָבֵא, *concealed* (see note 7). But now it explains both phrases: Evil people told Esau that Jacob had become rich at Laban's house, and that this was certainly the result of his having "stolen" Isaac's blessings that were by right Esau's. The Midrash is saying that God delivered Jacob from this evil *tongue* that *prowled about* by causing Esau and his chieftains ultimately to reject the slander they heard; as such, Jacob did not need to *be frightened of destruction.*

10. When Laban pursued Jacob (see note 6 above), he sought to take all his possessions (*Matnos Kehunah,* second interpretation). [The Midrash above was discussing God's saving Jacob from death; here it is discussing His saving Jacob from financial loss (*Eitz Yosef,* from *Yefeh To'ar*).]

11. That is, Jacob had placed the stones as a border around his head to protect him from the wild animals — as if he had a treaty with the stones (*Eitz Yosef,* based on R' Yosi bar Zimra's statement in 68 §11 above). Alternatively, the Midrash here is referring to the miraculous fusion into one stone of the several stones that Jacob had taken, or to the stones becoming soft and comfortable under his head, both of which were indicative of God's treaty with him (*Maharzu* and *Rashash,* respectively, based on the interpretations of different sages in 68 §11 above).

פרשה עט

א [לג, יח] "וַיָּבֹא יַעֲקֹב שָׁלֵם", (איוב ה, יט) א"בְּשֵׁשׁ צָרוֹת יַצִּילֶךָּ וּבְשֶׁבַע לֹא יִגַּע בְּךָ רָע", אִין שִׁית אִינּוּן אֲנָא קָאֵים בְּהוֹן, וְאִין שֶׁבַע אִינּוּן אֲנָא קָאֵים בְּהוֹן, (שם שם כ) "בְּרָעָב פָּדְךָ מִמָּוֶת", (לקמן מה, ו) "כִּי זֶה שְׁנָתַיִם הָרָעָב בְּקֶרֶב הָאָרֶץ", (איוב שם שם) "וּבְמִלְחָמָה מִידֵי חָרֶב", (לעיל לא, כט) "יֵשׁ לְאֵל יָדִי לַעֲשׂוֹת עִמָּכֶם רָע", (איוב שם כא) "בְּשׁוֹט לָשׁוֹן תֵּחָבֵא" אָמַר רַבִּי אַחָא: קָשָׁה לָשׁוֹן הָרָע, שֶׁמִּי שֶׁבְּרָאוֹ עָשָׂה לוֹ מָקוֹם שֶׁיִּטָּמֵן בְּתוֹכוֹ, (שם) "וְלֹא תִירָא מִשֹּׁד כִּי יָבוֹא", זֶה עֵשָׂו וְאַלּוּפָיו, (שם שם כב) "לְשֹׁד וּלְכָפָן תִּשְׂחָק", זֶה לָבָן שֶׁבָּא כָּפוּן עַל מָמוֹנוֹ לְשׁוֹדְדוֹ, (שם שם כג) "כִּי עִם אַבְנֵי הַשָּׂדֶה בְרִיתֶךָ וְגוֹ'", (לעיל כח, יא) "וַיִּקַּח מֵאַבְנֵי הַמָּקוֹם וַיָּשֶׂם מְרַאֲשֹׁתָיו", (איוב שם כד) "וְיָדַעְתָּ כִּי שָׁלוֹם אָהֳלֶךָ", מַעֲשֵׂה רְאוּבֵן וּבִלְהָה, מַעֲשֵׂה יְהוּדָה וְתָמָר, (שם שם כד) "וּפָקַדְתָּ נָוְךָ וְלֹא תֶחֱטָא", באָבִינוּ יַעֲקֹב בֶּן אַרְבָּעָה וּשְׁמוֹנִים שָׁנָה הָיָה וְלֹא רָאָה טִפַּת קֶרִי מִיָּמָיו, (שם שם כה) "וְיָדַעְתָּ כִּי רַב זַרְעֶךָ וְצֶאֱצָאֶיךָ כְּעֵשֶׂב הַשָּׂדֶה",

רש"י

(א) וידעת כי שלם אהלך. זה מעשה ראובן שלא היה הדבר אמת: **ופקדת נוך ולא תחטא. בן פ"ד שנה היה ולא ראה טיפת קרי:**

עץ יוסף

(א) בשש צרות יצילך כו'. דריש הכא כולהו מילי דקרא שנתקיימו ביעקב: **אין שית אינון.** כלומר דלא תימא שש ושבע הרי שלש עשרה דאם כן ליערבינהו ולימא בשלש עשרה. אלא הכי פירושו בין שש בין שבע אשמרך מהם והוא הדין טובא (יפה תואר): **אנא קאים בהון.** פירוש אני אוכל לעמוד בהם משום שהקדוש ברוך הוא יציל אותי: **כי זה שנתים הרעב.** שלא נתקיים הרעב אלא שנתים, שנסתלק הרעב כשבא יעקב למצרים בזכותו כמו שדרשו חכמינו ז"ל: **יש לאל ידי.** נראה מזה שבא להלחם עמו ביד נטויה שבכחו להתגבר עליו: **עשה לו מקום כו'.** שהקיפו שתי חומות אחד של עצם ואחד של בשר. ופירוש תחבא כנוי ללשון. והמקרא דבק לשלפניו דקאמר פדך ממות, וקאמר נמי פדך משוט לשון הנטמנת: **זה לבן שבא כפון.** ואף על גב דכבר פירש במלחמה מידי חרב בלבן. התם הצלות נפשות, והשתא קאמר הצלת ממון (יפה תואר). אבל הרי"מ גרס ובמלחמה מידי חרב זה עשו ואלופיו. בשוט לשון תחבא זה דברי בני לבן לקח יעקב וגו' אמר רב אחא קשה לשון הרע כו'. ולא תירא משוד יש לאל ידי לעשות: **ויקח מאבני המקום.** ועשאן כמין מרזב להנצל מחיה רעה. וזה שאמר ומחית הארץ אל תירא כי עם אבני השדה בריתך, רצונו לומר שלא יירא מהחיה שעל ידי האבנים ניצול כאילו כרת עמהן ברית: **מעשה ראובן.** שאף על פי שבלבל יצועי אביו ידע יעקב כי לא נתכוין לחלל כבוד אביו אלא לתבוע עלבון אמו, ולכן לא נבדל יחוסו מתוך שבטי ישראל כמו שאמרו חכמינו ז"ל. וכן מעשה יהודה ותמר אף על פי שלכאורה חשבו שזנתה תמר כלתו, מכל מקום ידעו הכל כי מה' היו הדברים כמו שדרשו (סוטה י, ב) לדקה ממני יצתה בית קול ואמרה ממני היו הדברים ולא היה לך זנות ועולה באהלו. וזה שאמר וידעת כי שלום אהלך: **בן שמונים וארבע שנה היה כו'.** שהרי בן שמונים וארבע שנה היה כשנשא את לאה כדלעיל פרשה ע' וראובן היה כחו וראשית אונו. וקדריש הכא בהא ופקדת נוך ולא תחטא שפקד את אשתו מבלי שחטא קודם בראיית קרי. ואין זה מענין הצרות דפתח בהו קרא אלא איידי דמיירי במעלות יעקב סיפר שבחו. וכן וידעת כי רב זרעך. ושבע הצרות הן הרעב, ומלחמת לבן על עסקי נפשות, וצרות עשו ואלופיו, וביאת לבן על עסקי ממון, וחיה רעה הרי חמשה, ומעשה ראובן הרי ששה, ומעשה יהודה הרי שבע (יפה תואר):

פירוש מהרז"ו

(א) בשש צרות יצילך. לעיל (עה, ח) דורש על יעקב לדורות וכאן על יעקב עצמו, ועיין ויקרא רבה ריש פרשה ט"ז על פסוק שש הנה שנא ה' ושבע תועבת נפשו, ובמה שכתב שם יתכן דכאן גם רבי מאיר מודה שפירושו השביעית, ומצאתי באגדת בראשית (ריש פרשה סח) בשש צרות יצילך ושלמה מפרש שש הנה שנא ה' ושבע תועבת נפשו, אמר דוד אני קיימתי אותן כו' וכנגד אלו בשש צרות יצילך ובשבע וגו', ואחר כך מפרש שם כל הענין על יעקב כמו שאמר כאן באיזה שינוים: **אין שית אינון ואין שבע אינון.** שמה שאמר ובשבע פירושו השביעית בצירוף השש הנכתבים לעיל, ומה שאמר אנא קאים בהון כוונתו לפסוק (משלי כד, טז) כי שבע יפול צדיק וקם: **ובמלחמה מידי חרב.** מלבן שאמר יש לאל וכו', ובאגדת בראשית בשינוי: **בשוט לשון תחבא.** מה שאמר כאן קשה לשון הרע אין זה פירוש הצרה של יעקב, אלא לדרוש למה כתוב אצל הלשון תיבת תחבא, והצרה נזכר לעיל (ע, ד) על מה שאמר ושמרני בדרך אין דרך אלא לשון הרע כמו שנאמר (לא, א) וישמע יעקב את דברי בני לבן וזה חסר כאן. וכן מצאתי בהדיא באגדת בראשית (פרשה סח) הנזכר לעיל וזה לשונו שם בשוט לשון תחבא אימתי וישמע את דברי בני לבן שאין רפואה ממכת הלשון אלא להטמן ולברוח ממנו, וכן עשה יעקב וכו', וכמו שמבואר בילקוט תלא (רמז תתקלג) בשם אלה הדברים זוטא: **ולא תירא משוד.** ובאגדת בראשית (שם) אימתי, ויסעו ויהי חתת אלהים וגו': **שבא כפון.** ובאגדת בראשית באופן אחר: **ומחית הארץ אל תירא.** מה שאמר במדרש כאן אין לחשוב לא לצרה ולא להצלה, וכאן חסר מה שאמר באגדת בראשית (פרשה סח) הנזכר לעיל שכל זמן שהיה רועה היה מתירא תמיד מן החיות, והקב"ה שמרו מהם וחית השדה השלמה לך עיין שם כל הענין וכאן חסר, ואף על פי שכבר חשבו בצרה ד' חשבו עוד בצרה שביעית שלא די שלא הזיקו אלא שעוד השלים עמו: **כי עם אבני השדה בריתך.** כמו שמבואר לעיל (סח, יא) שאבני המקום ששם מראשותיו נתאחדו לכבודו, ועל ידי זה נודע לו בריתו של הקב"ה עמו כמו שכתבתי שם בביאור. וממה שכתוב אבני השדה דורש ומוכיח שכל הענין מדבר ביעקב שכתוב אצלו מאבני המקום: **מעשה ראובן ובלהה.** כמו שמבואר באגדת בראשית (שם) וידעת כי שלום אהלך אימתי ויהי בשכון ישראל, מה כתיב אחריו ויהיו בני יעקב שנים עשר עכ"ל, וכן יהודה הודה: **ופקדת נוך.** מלשון ויפקוד שמשון את אשתו (שופטים טו, א) ואז עדיין לא חטא, והחטא מענין הפקידה:

חידושי הרש"ש

[א] בשוט לשון תחבא כו' שמי שברא כו' שיטמן בתוכו. נראה שכוונו בזה למאי דאיתא בערכין (טו, ב) כל אבריו של אדם מבחוץ ואתה (רצה לומר הלשון) מבפנים, ולא עוד אלא שהקפתי לך שתי חומות כו', ולפי זה מלת תחבא גם הוא מנושא הענין, ומלת פדך שבה עליו כמו דשבה על ובמלחמה כו': **כי עם אבני השדה בריתך וגו' ויקח מאבני המקום.** ורצה לומר שנעשו רכים תחתיו ככרים וכסתות כדאיתא שם במדרש (לעיל סח, יא) שנעשו כמטה וכפרנום עיין שם בפירוש המתנות כהונה בשם רש"י: **אבינו יעקב בן ארבעה ושמונים שנה כו'.** כן צריך לומר: **בעשב הארץ.** כן צריך לומר:

אמרי יושר

[א] בשוט לשון תחבא קשה הלשון שמי שבראו עשה לו מחבוא. היסבו רבותינו ז"ל תחבא על הלשון שהיא נקבה כאמרו (ישעיהו כד טו) כל לשון תקום אתך למשפט תרשיעי ופירוש הפסוק הנצל משוט קשה, שוט הלשון אשר תחבא במחבואה הפה וב' חומות לפניה כאמרם על מה יתן לך ומה יוסיף לך (ערכין טו ב). ודרשו זה על יעקב כי הצילו הקדוש ברוך הוא מידי לבן גם מלשונו כאמרו השמר לך מדבר עם יעקב מטוב עד רע לפי שלא תחטא כי בן פ"ד היה ולא ראה קרי עד פ"ד שנה שנשא אשה (לקמן עט א):

מסורת המדרש

א. אגדת בראשית פרק ס"ח. ילקוט כאן רמז קל"ג. ילקוט איוב רמז תתצ"ט:

ב. עיין לעיל פרשה ע':

אם למקרא

בְּשֵׁשׁ צָרוֹת יַצִּילֶךָּ וּבְשֶׁבַע לֹא יִגַּע בְּךָ רָע: בְּרָעָב פָּדְךָ מִמָּוֶת וּבְמִלְחָמָה מִידֵי חָרֶב: בְּשׁוֹט לָשׁוֹן תֵּחָבֵא וְלֹא־תִירָא מִשֹּׁד כִּי יָבוֹא: לְשֹׁד וּלְכָפָן תִּשְׂחָק וּמֵחַיַּת הָאָרֶץ אַל־תִּירָא: כִּי עִם־אַבְנֵי הַשָּׂדֶה בְרִיתֶךָ וְחַיַּת הַשָּׂדֶה הָשְׁלְמָה־לָךְ: וְיָדַעְתָּ כִּי שָׁלוֹם אָהֳלֶךָ וּפָקַדְתָּ נָוְךָ וְלֹא תֶחֱטָא: וְהָיָה שַׁדַּי בְּצָרֶיךָ וְכֶסֶף תּוֹעָפוֹת לָךְ: כִּי אָז עַל שַׁדַּי תִּתְעַנָּג וְתִשָּׂא אֶל אֱלוֹהַּ פָּנֶיךָ:

(איוב ה:יט-כו)

יֶשׁ לְאֵל יָדִי לַעֲשׂוֹת עִמָּכֶם רָע וֵאלֹהֵי אֲבִיכֶם אֶמֶשׁ אָמַר אֵלַי לֵאמֹר הִשָּׁמֶר לְךָ מִדַּבֵּר עִם יַעֲקֹב מִטּוֹב עַד רָע:

(בראשית לא:כט)

וַיִּפְגַּע בַּמָּקוֹם וַיָּלֶן שָׁם כִּי בָא הַשֶּׁמֶשׁ וַיִּקַּח מֵאַבְנֵי הַמָּקוֹם וַיָּשֶׂם מְרַאֲשֹׁתָיו וַיִּשְׁכַּב בַּמָּקוֹם הַהוּא:

(שם כח:יא)

מתנות כהונה

[א] אין שית כו'. אם שש המה, אני אוכל לעמוד בהם: **כפן.** רעב כמו שדרשו (לעיל ע, יג) על וירץ לקראתו (כט, יג) שסבור ממון הוא טוען, או על רדפו אחריו אמרו כן שנאמר (לא, מב) לולי אלהי אבי וגו' כי אתה ריקם שלחתני: **מעשה ראובן.** שלא היה בו ממשות של עון: **מעשה יהודה ותמר.** למצוה ולפלטה גדולה היתה: **ולא ראה טפת קרי.** שאמר לראובן אתה ראשית אוני (מט, ג):

אשד הנחלים

[א] בשש גו' אין שית אינון. דרש פשט הכתוב שבאורו, בשש בודאי יצילך ואף בשבע עם כל זה אני קם לך שבל יגע בך רעה ודריש שזה באורו, ויבא יעקב שלם כלומר בשלימות שנצול מכל אלה. ואחז באלו העניינים שקרה ליעקב, לפי הדיעה (בבא בתרא טו, ב) שאיוב דינה בת יעקב נשא, ונחמו אותו בחותנו הצדיק שקרה לו אלה העניינים בהשגחת ה', וע"י בטחונו ניצל מהם, וכן הוא אם יבטח בה': **שיטמן בתוכו.** כלומר כי יש דברים שה' ב"ה עושה נס בגלוי שינצל מזה, אבל ע"י לשון הרע שעל הרוב הורגים ג', המקבל, והמדבר, ועל מי שידבר, לכן אינו ניצל להדיא ובנס גמור, כי אם בדרך הסתרה שיסבב ה' שיסתר ממנה, כמו שיעקב לא ניצל כי אם מחמת שברח מלבן וזה תחבא: **כפון על ממונו.** כלומר שהיה רעב ותאב מאוד לקחת ממונו: **השדה בריתך.** הוא על דרך המבואר לעיל (חולין צא, ב) שכל האבנים נתאבקו יחד לומר עלי יניח צדיק ראשו, ועל דרך הפשט כמו שאמרו לעיל (סח, יא) שהקיף אבנים להנצל מחיות הטורפות. והציור בזה על צד הכוונה השניה בארתי במקומה: **טפת קרי.** וזהו שתפקוד נות ביתך ולא תחטא מאומה, כי לא תתכוון לשום

"וְיָדַעְתָּ כִּי שָׁלוֹם אָהֳלֶךָ" — ***You will know that your tent is at peace*** (*Job* ibid., v. 24). This, too, occurred to Jacob, מַעֲשֵׂה רְאוּבֵן וּבִלְהָה, מַעֲשֵׂה יְהוּדָה וְתָמָר — with respect to **the incident of Reuben and Bilhah**[12] and **the incident of Judah and Tamar.**[13]

The Midrash now explain the continuation of the *Job* passage as related to various successes and blessings granted to Jacob: "וּפָקַדְתָּ נָוְךָ וְלֹא תֶחֱטָא" — ***And you will visit your home and not sin*** (ibid.). אָבִינוּ יַעֲקֹב בֶּן אַרְבָּעָה וּשְׁמוֹנִים שָׁנָה הָיָה וְלֹא רָאָה טִפַּת קֶרִי מִיָּמָיו — **Our father Jacob was eighty-four years old** when he married Leah[14] and till then **he had never in his life seen a drop of semen.**[15]

"וְיָדַעְתָּ כִּי רַב זַרְעֶךָ וְצֶאֱצָאֶיךָ כְּעֵשֶׂב הָאָרֶץ" — ***You will know that your offspring are abundant*** [רַב] ***and your descendants like the grass of the earth*** (ibid., v. 25).

NOTES

12. *Genesis* 35:22 states: *Reuben went and lay with Bilhah, his father's concubine.* According to the Sages (*Shabbos* 55b), this verse is not to be understood literally. Rather: When Rachel died, Jacob moved his bed from Rachel's tent into Bilhah's. Reuben then moved the bed into Leah's tent. Although this was sinful — which is why Scripture describes his action in sinful terms — his intent was to protect the honor of his mother, not to be disrespectful of his father. In saying that *your tent is at peace* applies to Jacob, our Midrash is telling us that Jacob continued to regard Reuben as righteous, and to include him as one of the Tribes of Israel. This is alluded to in the conclusion of the *Genesis* verse just cited: *and Jacob's sons were twelve* (see *Rashi* ad loc.). See *Eitz Yosef* et al.

13. When Tamar, Judah's daughter-in-law, realized that she was not being given in marriage to Judah's son Shelah, she disguised herself as a harlot in order to entice Judah. Although it appeared that Judah had sinned in this regard, a heavenly voice proclaimed that his union with Tamar had been preordained by God; see *Makkos* 23b (see *Eitz Yosef*).

This concludes the Midrash's treatment of Jacob's travails. *Eitz Yosef*, following *Yefeh To'ar*, enumerates seven travails of Jacob discussed in this passage: (i) the famine; (ii) Laban's sword, i.e., his attempt to kill Jacob and his family; (iii) the threat posed by Esau and his chieftains; (iv) Laban's attempt to plunder Jacob's possessions; (v) Jacob's exposure to the beasts of the field; (vi) the incident with Reuben and Bilah, (vii) the incident with Judah and Tamar. (*Yefeh To'ar's* counting follows his approach that combines two of the phrases from the *Job* passage [see note 9].)

[For a different explanation of many parts of the *Job* passage cited in our Midrash, see *Aggadas Bereishis* §68 (in some editions it is §69).]

14. See above, 68 §5 and 70 §18. The Midrash is interpreting וּפָקַדְתָּ, *and you shall visit*, as a reference to conjugal relations. See similarly, *Yevamos* 62b.

15. I.e., he had never experienced a seminal emission. As such, he began his marriage without having sinned in this regard previously. [Jacob's perfect innocence prior to his marriage is indicated by his description of his eldest son Reuben as רֵאשִׁית אוֹנִי, *my initial vigor* (below, 49:3); see below, 99 §6 and *Yevamos* 76a.]

פרשה עט

א [לג, יח] **"וַיָּבֹא יַעֲקֹב שָׁלֵם"**, (איוב ה, יט) א**"בְּשֵׁשׁ צָרוֹת יַצִּילֶךָּ וּבְשֶׁבַע לֹא יִגַּע בְּךָ רָע", אִין שִׁית אִינּוּן אֲנָא קָאֵים בְּהוֹן, וְאִין שֶׁבַע אִינּוּן אֲנָא קָאֵים בְּהוֹן,** (שם שם כ) **"בְּרָעָב פָּדְךָ מִמָּוֶת"**, (לקמן מה, ו) **"כִּי זֶה שְׁנָתַיִם הָרָעָב בְּקֶרֶב הָאָרֶץ"**, (איוב שם שם) **"וּבְמִלְחָמָה מִידֵי חָרֶב"**, (לעיל לא, כט) **"יֵשׁ לְאֵל יָדִי לַעֲשׂוֹת עִמָּכֶם רָע"**, (איוב שם כא) **"בְּשׁוֹט לָשׁוֹן תֵּחָבֵא" אָמַר רַבִּי אַחָא: קָשָׁה לָשׁוֹן הָרָע, שֶׁמִּי שֶׁבְּרָאוֹ עָשָׂה לוֹ מָקוֹם שֶׁיִּטָּמֵן בְּתוֹכוֹ,** (שם) **"וְלֹא תִירָא מִשֹּׁד כִּי יָבוֹא", זֶה עֵשָׂו וְאַלּוּפָיו,** (שם שם כב) **"לְשֹׁד וּלְכָפָן תִּשְׂחָק", זֶה לָבָן שֶׁבָּא כָּפוּן עַל מָמוֹנוֹ לְשׁוֹדְדוֹ,** (שם שם כג) **"כִּי עִם אַבְנֵי הַשָּׂדֶה בְרִיתֶךָ וְגוֹ'"**, (לעיל כח, יא) **"וַיִּקַּח מֵאַבְנֵי הַמָּקוֹם וַיָּשֶׂם מְרַאֲשֹׁתָיו"**, (איוב שם כד) **"וְיָדַעְתָּ כִּי שָׁלוֹם אָהֳלֶךָ", מַעֲשֵׂה רְאוּבֵן וּבִלְהָה, מַעֲשֵׂה יְהוּדָה וְתָמָר,** (שם שם כד) **"וּפָקַדְתָּ נָוְךָ וְלֹא תֶחֱטָא", בּאָבִינוּ יַעֲקֹב בֶּן אַרְבָּעָה וּשְׁמוֹנִים שָׁנָה הָיָה וְלֹא רָאָה טִפַּת קֶרִי מִיָּמָיו,** (שם שם כה) **"וְיָדַעְתָּ כִּי רַב זַרְעֶךָ וְצֶאֱצָאֶיךָ כְּעֵשֶׂב הַשָּׂדֶה"**,

רש"י

(א) **וידעת כי שלם אהלך.** זה מעשה ראובן שלא היה הדבר אמת: **ופקדת נוך ולא תחטא. בן פ"ד שנה היה ולא ראה טיפת קרי:**

עץ יוסף

(א) **בשש צרות יצילך כו'.** דריש הכא כולהו מילי דקרא שנתקיימו ביעקב: **אין שית אינון.** כלומר דלא תימא שש ושבע הרי שלש עשרה דאם כן ליערבינהו ולימא בשלש עשרה. אלא הכי פירושו בין שש בין שבע אשמרך מהם והוא הדין טובא (יפה תואר): **אנא קאים בהון.** פירוש אני אוכל לעמוד בהם משום שהקדוש ברוך הוא יציל אותי: **כי זה שנתים הרעב.** שלא נתקיים הרעב אלא שנתים, שנסתלק הרעב כשבא יעקב למצרים בזכותו כמו שדרשו חכמינו ז"ל: **יש לאל ידי.** נראה מזה שבא להלחם עמו ביד נטויה שבכחו להתגבר עליו: **עשה לו מקום כו'.** שהקיפו שתי חומות אחד של עצם ואחד של בשר. ופירוש תחבא כנוי ללשון. והמקרא דבק לשלפניו דקאמר פדך ממות, וקאמר נמי פדך משוט לשון הנטמנת: **זה לבן שבא כפון.** ואף על גב דכבר פירש במלחמה מידי חרב בלבן. התם הצלות נפשות, והשתא קאמר הצלת ממון (יפה תואר). אבל הרי"מ גרס ובמלחמה מידי חרב זה עשו ואלופיו. בשוט לשון תחבא זה דברי בני לבן לקח יעקב וגו' אמר רב אחא קשה לשון הרע כו'. ולא תירא משוד יש לאל ידי לעשות: **ויקח מאבני המקום.** ועשאן כמין מרזב להנצל מחיה רעה. וזה שאמר ומחית הארץ אל תירא כי עם אבני השדה בריתך, רצונו לומר שלא יירא מהחיה שעל ידי האבנים ניצול כאילו כרת עמהן ברית: **מעשה ראובן.** שאף על פי שבלבל יצועי אביו ידע יעקב כי לא נתכוין לחלל כבוד אביו אלא לתבוע עלבון אמו, ולכן לא נבדל יחוסו מתוך שבטי ישראל כמו שאמרו חכמינו ז"ל. וכן מעשה יהודה ותמר אף על פי שלכאורה חשבו שזנתה תמר כלתו, מכל מקום ידעו הכל כי מה' היו הדברים כמו שדרשו (סוטה י, ב) לדקה ממני יצאה בית קול ואמרה ממני היו הדברים ולא היה בו זנות ועַוְלָה באהלו. וזה שאמר וידעת כי שלום אהלך: **בן שמונים וארבע שנה היה כו'.** שהרי בן שמונים וארבע שנה היה כשנשא את לאה כדלעיל פרשה ע' וראובן היה כחו וראשית אונו. וקדריש הכא בהא ופקדת נוך ולא תחטא שפקד את אשתו מבלי שחטא קודם בראיית קרי. ואין זה מענין הצרות דפתח בהו קרא אלא איידי דמיירי במעלות יעקב סיפר שבחו. וכן וידעת כי רב זרעך. ושבע הצרות הן הרעב, ומלחמת לבן על עסקי נפשות, וצרות עשו ואלופיו, וביאת לבן על עסקי ממון, וחיה רעה הרי חמשה, ומעשה ראובן הרי ששה, ומעשה יהודה הרי שבע (יפה תואר):

פירוש מהרז"ו

(א) **בשש צרות יצילך.** לעיל (עה, ח) דורש על יעקב לדורות וכאן על יעקב עצמו, ועיין ויקרא רבה ריש פרשה ט"ז על פסוק שש הנה שנא ה' ושבע תועבת נפשו, ובמה שכתב שם יתכן דכאן גם רבי מאיר מודה שפירושו השביעית, ומצאתי באגדת בראשית (ריש פרשה סח) בשש צרות יצילך ושלמה מפרש שש הנה שנא ה' ושבע תועבת נפשו, אמר דוד אני קיימתי אותן כו' וכנגד אלו בשש צרות יצילך ובשבע וגו', ואחר כך מפרש שם כל הענין על יעקב כמו שאמר כאן באיזה שינוים: **אין שית אינון ואין שבע אינון.** שמה שאמר ובשבע פירושו השביעית בצירוף השש הנכתבים לעיל, ומה שאמר אנא קאים בהון כוונתו לפסוק (משלי כד, טז) כי שבע יפול צדיק וקם: **ובמלחמה מידי חרב.** מלבן שאמר יש לאל וכו', ובאגדת בראשית בשינוי: **בשוט לשון תחבא.** מה שאמר כאן קשה לשון הרע אין זה פירוש הצרה של יעקב, אלא לדרוש למה כתוב אצל הלשון תיבת תחבא, והצרה נזכר לעיל (ע, ד) על מה שאמר ושמרני בדרך אין דרך אלא לשון הרע כמו שנאמר (לא, א) וישמע יעקב את דברי בני לבן וזה חסר כאן. וכן מצאתי בהדיא באגדת בראשית (פרשה סח) הנזכר לעיל וזה לשונו שם בשוט לשון תחבא אימתי וישמע את דברי בני לבן שאין רפואה ממכת הלשון אלא להטמן ולברוח ממנו, וכן עשה יעקב וכו', וכמו שמבואר בילקוט תלא (רמז תתקלג) בשם אלה הדברים זוטא: **ולא תירא משוד.** ובאגדת בראשית (שם) אימתי, ויסעו ויהי חתת אלהים וגו': **שבא כפון.** ובאגדת בראשית באופן אחר: **ומחית הארץ אל תירא.** מה שאמר במדרש כאן אין לחשוב לא לצרה ולא להצלה, וכאן חסר מה שאמר באגדת בראשית (פרשה סח) הנזכר לעיל שכל זמן שהיה רועה היה מתירא תמיד מן החיות, והקב"ה שמרו מהם וחית השדה השלמה לך עיין שם כל הענין וכאן חסר, ואף על פי שכבר חשבו בצרה ד' חשבו עוד בצרה שביעית שלא די שלא הזיקו אלא שעוד השלים עמו: **כי עם אבני השדה בריתך.** כמו שמבואר לעיל (סח, יא) שאבני המקום ששם מראשותיו נתאחדו לכבודו, ועל ידי זה נודע לו בריתו של הקב"ה עמו כמו שכתבתי שם בביאור. וממה שכתוב אבני השדה דורש ומוכיח שכל הענין מדבר ביעקב שכתוב אצלו מאבני המקום: **מעשה ראובן ובלהה.** כמו שמבואר באגדת בראשית (שם) וידעת כי שלום אהלך אימתי ויהי בשכון ישראל, מה כתיב אחריו ויהיו בני יעקב שנים עשר עכ"ל, וכן יהודה הודה: **ופקדת נוך.** מלשון ויפקוד שמשון את אשתו (שופטים טו, א) ואז עדיין לא חטא, והחטא מענין הפקידה:

חידושי הרש"ש

[א] **בשוט לשון תחבא כו' שמי שברא כו' שיטמן בתוכו.** נראה שכוונו בזה למאי דאיתא בערכין (טו, ב) כל אבריו של אדם מבחוץ ואתה (רצה לומר הלשון) מבפנים, ולא עוד אלא שהקפתי לך שתי חומות כו', ולפי זה מלת תחבא גם הוא מנושא הענין, ומלת פדך שבה עליו כמו דשבה על ובמלחמה כו': **כי עם אבני השדה בריתך וגו' ויקח מאבני המקום.** ורצה לומר שנעשו רכים תחתיו ככרים וכסתות כדאיתא שם במדרש (לעיל סח, יא) שנעשו כמטה וכפרגוס עיין שם בפירוש המתנות כהונה בשם רש"י: **אבינו יעקב בן ארבעה ושמונים שנה כו'.** כן צריך לומר: **בעשב הארץ.** כן צריך לומר:

אמרי יושר

[א] **בשוט לשון תחבא קשה הלשון שמי שבראו עשה לו מחבוא.** הישבו רבותינו ז"ל תחבא על הלשון שהיא נקבה כאמרו (ישעיהו כד טו) כל לשון תקום אתך למשפט תרשיעי ופירוש הפסוק הנגל משוט קשה, שוט הלשון אשר תחבא במחבואה הפה וב' חומות לפניה כאמרם על מה יתן לך ומה יוסיף לך (ערכין טו ב). ודרשו זה על יעקב כי הצילו הקדוש ברוך הוא מידי לבן גם מלשונו כאמרו השמר לך מדבר עם יעקב מטוב עד רע לפי שלא תחטא כי בן פ"ד היה ולא ראה קרי עד פ"ד שנה שנשא אשה (לקמן עט א):

מסורת המדרש

א. אגדת בראשית פרק ס"ח. ילקוט כאן רמז קל"ג. ילקוט איוב רמז תתל"ט:
ב. עיין לעיל פרשה ע':

אם למקרא

בְּשֵׁשׁ צָרוֹת יַצִּילֶךָּ וּבְשֶׁבַע לֹא יִגַּע בְּךָ רָע: בְּרָעָב פָּדְךָ מִמָּוֶת וּבְמִלְחָמָה מִידֵי חָרֶב: בְּשׁוֹט לָשׁוֹן תֵּחָבֵא וְלֹא־תִירָא מִשֹּׁד כִּי יָבוֹא: לְשֹׁד וּלְכָפָן תִּשְׂחָק וּמֵחַיַּת הָאָרֶץ אַל־תִּירָא: כִּי עִם־אַבְנֵי הַשָּׂדֶה בְרִיתֶךָ וְחַיַּת הַשָּׂדֶה הָשְׁלְמָה־לָךְ: וְיָדַעְתָּ כִּי שָׁלוֹם אָהֳלֶךָ וּפָקַדְתָּ נָוְךָ וְלֹא תֶחֱטָא: וְהָיָה שַׁדַּי בְּצָרֶיךָ וְכֶסֶף תּוֹעָפוֹת לָךְ: כִּי אָז עַל שַׁדַּי תִּתְעַנָּג וְתִשָּׂא אֶל אֱלוֹהַּ פָּנֶיךָ:
(איוב ה:יט-כו)

יֶשׁ לְאֵל יָדִי לַעֲשׂוֹת עִמָּכֶם רָע וֵאלֹהֵי אֲבִיכֶם אֶמֶשׁ אָמַר אֵלַי לֵאמֹר הִשָּׁמֶר לְךָ מִדַּבֵּר עִם יַעֲקֹב מִטּוֹב עַד רָע:
(בראשית לא:כט)

וַיִּפְגַּע בַּמָּקוֹם וַיָּלֶן שָׁם כִּי בָא הַשֶּׁמֶשׁ וַיִּקַּח מֵאַבְנֵי הַמָּקוֹם וַיָּשֶׂם מְרַאֲשֹׁתָיו וַיִּשְׁכַּב בַּמָּקוֹם הַהוּא:
(שם כח:יא)

מתנות כהונה

[א] **אין שית כו'.** אם שש המה, אני אוכל לעמוד בהם: **כפן.** רעב כמו שדרשו (לעיל ע, יג) על וירץ לקראתו (כט, יג) שסבור ממון הוא טוען, או על רדפו אחריו אמרו כן שנאמר (לא, מב) לולי אלהי אבי וגו' כי אתה ריקם שלחתני: **מעשה ראובן.** שלא היה בו ממשות של עון: **מעשה יהודה ותמר.** למצוה ולפלטה גדולה היתה: **ולא ראה טפת קרי.** שאמר לראובן אתה ראשית אוני (מט, ג):

אשד הנחלים

[א] **בשש גו' אין שית אינון.** דרש פשט הכתוב שבאורו, בשש בודאי יצילך ואף בשבע עם כל זה אני קם לך שבל יגע בך רעה ודריש שזה באורו, ויבא יעקב שלם כלומר בשלימות שנצול מכל אלה. ואחז באלו העניינים שקרה ליעקב, לפי הדיעה (בבא בתרא טו, ב) שאיוב דינה בת יעקב נשא, ונחמו אותו בחותנו הצדיק שקרה לו אלה העניינים בהשגחת ה', וע"י בטחונו ניצל מהם, וכן הוא אם יבטח בה': **שיטמן בתוכו.** כלומר כי יש דברים שה' ב"ה עושה נס בגלוי שינצל מזה, אבל ע"י לשון הרע שעל הרוב הורגים ג', המקבל, והמדבר, ועל מי שידבר, לכן אינו ניצל להדיא ובנס גמור, כי אם בדרך הסתרה שיסבב ה' שיסתר ממנה, כמו שיעקב לא ניצל כי אם מחמת שברח מלבן וזה תחבא: **כפון על ממונו.** כלומר שהיה רעב ותאב מאוד לקחת ממונו: **השדה בריתך.** הוא על דרך המבואר לעיל (חולין צא, ב) שכל האבנים נתאבקו יחד לומר עלי יניח צדיק ראשו, ועל דרך הפשט כמו שאמרו לעיל (סח, יא) שהקיף אבנים להנצל מחיות הטורפות. והציור בזה על צד הכוונה השניה בארתי במקומה: **טפת קרי.** וזהו שתפקוד נות ביתך ולא תחטא מאומה, כי לא תתכוון לשום

אָמַר רַבִּי יוּדָן — R' Yudan said: לֹא נִפְטַר יַעֲקֹב אָבִינוּ מִן הָעוֹלָם עַד שֶׁרָאָה שִׁשִּׁים רִבּוֹא מִבְּנֵי בָנָיו — **Our father Jacob did not depart from the world until he had seen six hundred thousand of his sons' sons.**[16]

"תָּבוֹא בְכֶלַח אֱלֵי קָבֶר כַּעֲלוֹת גָּדִישׁ בְּעִתּוֹ" — ***You will go to the grave "v'chelach"*** [בְּכֶלַח], ***just as a sheaf is brought in, in its season*** (*Job* 5:26). רַבִּי יִצְחָק וְרַבָּנָן — The connotation of the word *v'chelach* [בְּכֶלַח] is the subject of a dispute between **R' Yitzchak and the Rabbis.** רַבִּי יִצְחָק אָמַר — **R' Yitzchak said:** תָּבֹא לַח אֱלֵי קָבֶר — The verse means **you will come moist to the grave.**[17] וְרַבָּנָן אָמְרֵי — **And the Rabbis said:** תָּבֹא בְּכֹלָא אֱלֵי קָבֶר — It means **you will come with everything** (כֹּלָא) **to the grave;**[18] מָלֵא שֶׁאֵינוֹ חָסֵר כְּלוּם — the *Job* verse thus alludes to the fact that **[Jacob] was complete, that he was not lacking anything,** שֶׁנֶּאֱמַר "וַיָּבֹא יַעֲקֹב שָׁלֵם" — **as it states,** ***Jacob arrived complete** at the city of Shechem.*[19]

§2 וַיָּבֹא יַעֲקֹב שָׁלֵם — ***JACOB ARRIVED INTACT***[20] ***AT THE CITY OF SHECHEM.***

The Midrash expounds a passage from *Psalms* as relating to the idea of Jacob being *intact*:

"שִׁיר הַמַּעֲלוֹת רַבַּת צְרָרוּנִי מִנְּעוּרָי" — ***A song of ascents. "Much have they harassed me since my youth!"*** (*Psalms* 129:1).[21] "יֹאמַר נָא יִשְׂרָאֵל" — ***"Let Israel declare now"*** (ibid.) — אָמַר לוֹ הַקָּדוֹשׁ בָּרוּךְ הוּא: וְיָכְלוּ לָךְ — **the Holy One, blessed is He, was saying to [Jacob],**[22] **"And have they been able** to do anything **against you?"**[23] אָמַר לוֹ: "גַּם לֹא יָכְלוּ לִי" — **[Jacob] then said to [God],** *"Much have they harassed me since my youth; **also, they were unable against me"*** (ibid., v. 2).[24]

NOTES

16. That is, 600,000 of his descendants. At the time of the Exodus from Egypt, the Children of Israel numbered approximately 600,000 adult males; see *Exodus* 12:37. Since Israel's increase in Egypt is described with the word וַיִּרְבּוּ, *they increased* (ibid. 1:7), it is evident that the related word רַב, *abundant*, in the *Job* verse similarly indicates the number 600,000 (*Matnos Kehunah*).

Alternatively: Scripture metaphorically describes the Israelites at that time as רְבָבָה כְּצֶמַח הַשָּׂדֶה נְתַתִּיךְ, *I made you as numerous as the plants in the field* (*Ezekiel* 16:7). The similarity of the metaphors in the *Job* and *Ezekiel* verses implies that here too the verse is referring to 600,000 (*Maharzu, Radal*; see, however, *Yalkut Shimoni, Job* §499, cited by these commentators).

See Insight Ⓐ.

17. R' Yitzchak expounds כֶּלַח as a contraction of כֻּלּוֹ לַח, *he is entirely moist* (*Eitz Yosef*, Vagshal edition), and is saying that even in the grave, Jacob's body did not dry out; see *Sifrei, Deuteronomy* §357 for a similar exposition regarding Moses (*Eitz Yosef*). Alternatively, R' Yitzchak means that up until his death, Jacob retained the freshness and vigor of a youth (*Rashi, Yefeh To'ar*).

18. Reading כֶּלַח as if it ended with an א (כֹּלָא) instead of a ח, for the letters א and ח are interchangeable for expository purposes (*Matnos Kehunah, Eitz Yosef*). The *Job* verse thus means that Jacob would be granted the blessing of "everything," i.e., all that is good (*Eitz Yosef*), and he would retain it till the grave, i.e., till his death.

19. The Midrash homiletically takes *the city of Shechem* as an allusion to death (the *grave* of the *Job* verse), for Simeon and Levi would kill its inhabitants, transforming the city into a graveyard (below, 34:25) (*Maharzu*, first interpretation). The Midrash is saying that our verse conveys that Jacob died *complete*, as alluded to in the *Job* verse.

Alternatively: The Midrash is not expounding our verse as alluding to Jacob's death. Rather, it is saying that just as Jacob was *complete* when he arrived in Shechem (as stated in our verse), so he *remained complete* until he died (i.e., until the *grave*, as per the *Job* verse) (*Ohr HaSeichel*, second interpretation).

20. While the previous exposition had interpreted שָׁלֵם in the sense of "complete," the Midrash will now interpret it in the sense of "undisturbed, unscathed" (related to the word שָׁלוֹם, *peace*); hence, *intact* (see *Eitz Yosef*).

21. The Midrash takes Jacob to be the speaker here (see next note, and see 68 §11 above), and understands him to be implying that while many have caused him harm, God has always rescued him in the end (*Eitz Yosef*, citing *Yefeh To'ar*).

22. The Midrash understands the word *Israel* in the *Psalms* verse as referring to Jacob personally (*Yefeh To'ar, Maharzu*).

23. The words *"Let Israel declare now"* were God's response to Jacob (*Maharzu*). God was saying, "The praise of Me that you offer in your statement is incomplete, for it implies that your enemies were successful in causing you harm, and that I saved you only from being totally overcome. This is untrue, however, for in fact I protected you *fully*, and your enemies were unable to harm you at all (*Eitz Yosef*, citing *Yefeh To'ar*). It is thus appropriate that you, *Israel* (Jacob), *declare now* the full and proper praise."

24. Jacob reiterated his original praise, but added that his enemies had been unable to harm him *at all* (see *Maharzu, Eitz Yosef*). See Insight Ⓑ.

INSIGHTS

Ⓐ **Six Hundred Thousand Descendants** The Midrash here is difficult, for while the Israelite population at the time of the Exodus was 600,000, this was 210 years after Jacob and his family came to Egypt. Since Jacob's family numbered only 70 at the time of his descent to Egypt (see below, 46:27), and he himself lived for only another 17 years (ibid. 47:28), it would take an extraordinarily rapid rate of growth for him to have had 600,000 descendants in his lifetime. (*Yefeh To'ar* writes that such a rate of growth *is*, in fact, theoretically possible [see *Shemos Rabbah* 1 §8 and *Rashi* to *Exodus* 1:7], but notes that *Exodus* 1:6-7 implies that the Israelites multiplied quickly only after all of Jacob's children had died.)

Yefeh To'ar therefore suggests that the Midrash does not mean that Jacob literally saw this number of descendants in his lifetime; rather it means that he *prophetically* saw, through Divine Inspiration, that he was to have 600,000 descendants in the future; see *Eitz Yosef*.

For a different approach, see *Yedei Moshe*.

Ⓑ **The Kindness of Jacob's Affliction** The Midrash expounds the passage in *Psalms* as Jacob's prayer of thanks. All his life he was a target of harassment by his enemies. He thanks God and sings His praise for rescuing him and allowing him to come to no harm.

The *Dubno Maggid* illuminates our Midrash's exposition. The verses in *Psalms* referred to by the Midrash read in full: שִׁיר הַמַּעֲלוֹת רַבַּת צְרָרוּנִי מִנְּעוּרָי יֹאמַר נָא יִשְׂרָאֵל, רַבַּת צְרָרוּנִי מִנְּעוּרָי גַּם לֹא יָכְלוּ לִי, *A song of ascents. "Much have they harassed me since my youth," let Israel declare now, "much have they harassed me since my youth; also, they were unable against me."* The next verse reads: עַל גַּבִּי חָרְשׁוּ חֹרְשִׁים הֶאֱרִיכוּ לְמַעֲנִיתָם, *"On my back the plowers plowed, they lengthened their furrow."*

Two questions on the passage present themselves according to the Midrash's exposition. Why, when Jacob expands his original praise, does he reiterate the words *much have they harassed me since my youth*, which he had already stated in the preceding verse? Second, what is the connection between Jacob's response and his next statement: *On my back the plowers plowed, they lengthened their furrow*?

The Dubno Maggid explains, using one of his characteristic parables. A doctor prescribed a particular medicine for a seemingly healthy man. Upon taking the medicine, the man became greatly weakened and confined to bed. The doctor therefore prescribed another medication that restored the man to his original health. Reason would dictate that the man does not owe much gratitude to the doctor for healing him. Why, it was the doctor who made him ill in the first place!

But what if it turns out that the doctor had really detected an incipient disease in the man that as yet showed no symptoms? And the doctor knew that the disease would not become evident until the man was too old to endure the necessary treatment, so he brought the disease to the fore while the man was still young enough to tolerate the treatment that would heal him? In that case, the man must be grateful to the doctor even for initially making him ill, for that was the only way he could ultimately become cured! In that case, the man must be doubly grateful to the doctor — both for initially "afflicting" him and for subsequently healing him. The affliction was the vehicle

אָמַר רַבִּי יוּדָן: לֹא נִפְטַר יַעֲקֹב אָבִינוּ מִן הָעוֹלָם עַד שֶׁרָאָה שִׁשִּׁים רִבּוֹא מִבְּנֵי בָנָיו, (שם שם כו) "תָּבוֹא בְכֶלַח אֱלֵי קָבֶר כַּעֲלוֹת גָּדִישׁ בְּעִתּוֹ", רַבִּי יִצְחָק וְרַבָּנָן, רַבִּי יִצְחָק אָמַר: תָּבֹא לַח אֱלֵי קָבֶר, וְרַבָּנָן אָמְרֵי: תָּבֹא בְּכֹלָּא אֱלֵי קָבֶר, מָלֵא שֶׁאֵינוֹ חָסֵר כְּלוּם, שֶׁנֶּאֱמַר "וַיָּבֹא יַעֲקֹב שָׁלֵם":

ב [לג, יח] "וַיָּבֹא יַעֲקֹב שָׁלֵם", (תהלים קכט, א) "שִׁיר הַמַּעֲלוֹת רַבַּת צְרָרוּנִי מִנְּעוּרָי יֹאמַר נָא יִשְׂרָאֵל", [ג] אָמַר לוֹ הַקָּדוֹשׁ בָּרוּךְ הוּא: וְיָכְלוּ לָךְ, אָמַר לוֹ: (שם שם ב) "גַּם לֹא יָכְלוּ לִי", "וַיָּבֹא יַעֲקֹב שָׁלֵם". (שם לד, כ) "רַבּוֹת רָעוֹת צַדִּיק וְגוֹ' ", "רַבּוֹת רָעוֹת" זֶה עֵשָׂו וְאַלּוּפָיו, "צַדִּיק" זֶה יַעֲקֹב, (שם) "וּמִכֻּלָּם יַצִּילֶנּוּ ה' ", "וַיָּבֹא יַעֲקֹב שָׁלֵם". (שם קכא, ח) "ה' יִשְׁמָר צֵאתְךָ וּבוֹאֶךָ מֵעַתָּה וְעַד עוֹלָם", "יִשְׁמֹר צֵאתְךָ", (לעיל כח, י) "וַיֵּצֵא יַעֲקֹב", "וּבוֹאֶךָ", "וַיָּבֹא יַעֲקֹב שָׁלֵם":

ג רַבִּי חִיָּיא בַּר אַבָּא פָּתַח: (איוב ח, ו) "אִם זַךְ וְיָשָׁר אָתָּה וְגוֹ' וְשִׁלַּם נְוַת צִדְקֶךָ", "אִם זַךְ וְיָשָׁר אָתָּה", "הָיִיתָ" אֵין כְּתִיב כָּאן אֶלָּא "אָתָּה", הָא לְשֶׁעָבַר לֹא הָיָה צַדִּיק, (שם) "כִּי עַתָּה יָעִיר עָלֶיךָ", עָתִיד הַקָּדוֹשׁ בָּרוּךְ הוּא לְהִתְעוֹרֵר עָלֶיךָ וּלְשַׁלֵּם לְךָ כָּל צְדָקוֹת שֶׁעָשִׂיתָ, וּלְפִי שֶׁכָּתוּב (לעיל כה, כז) "וְיַעֲקֹב אִישׁ תָּם יֹשֵׁב אֹהָלִים", לְפִיכָךְ "וַיָּבֹא יַעֲקֹב שָׁלֵם". רַבִּי בֶּרֶכְיָה פָּתַח (איוב כב, כח) [ד] "וְתִגְזַר אֹמֶר וְיָקָם לָךְ וְעַל דְּרָכֶיךָ נָגַהּ אוֹר",

עץ יוסף

עד שראה ששים רבוא. הנכון לפרש שראה ברוח הקודש (יפה תואר): **תבא לח.** דריש בכלח ענין לחות והוא על דרך דדרשינן בספרי ולא נס לחה כו' עכשיו כל הנוגע בבשרו של משה לחה פורחת אילך ואילך, וכן יעקב אבינו לא מת ולא נס לחה: **תבא בבולא כו'.** דריש כלח כמו כלא בחלוף החי"ת באלף. ורצונו לומר בכל טוב: (ב) **ויבא יעקב שלם. שיר כו'.** מפרש שלם לשון שלום, שיצא בשלום מתחת אויביו, ולהכי מייתי קראי דרמיז בהו הצלתו מהאויבים. ומייתי רבת צררוני מנעורי דמשמע דמיירי בדידיה שהרי כל ט"ו שיר המעלות היה אומר יעקב כדלעיל פרשה ס"ח: **ואמר ליה הקדוש ברוך הוא ויכלו לך.** בראשונה אמר רבת צררוני מנעורי, כלומר וה' הצילני. ואמר ליה ה' וכי יכלו לך כלל כלומר וכי הגיע בך רעה ושוב הצלתיך. והשיב אין צריך לומר שהצלתני אלא גם לא יכלו לי כלל (יפה תואר): **רבות רעות כו'.** דריש דביעקב מיירי שסבבוהו צרות רבות כדלקמן פרשה פ"ד: **זה עשו ואלופיו.** שלא הרעו לו ממש אלא כקוצים בעיניו ומצטער מהם לפי שלבבם למרע: **ומכולם יצילנו ה' שומר כל עצמותיו אחת מהנה לא נשברה ויבא יעקב שלם.** כן צריך לומר: (ג) **פתח אם זך כו'.** בא לפרש שלם שאינו חסר בהצלחותיו, שבשכר היותו שלם במעשיו השלימו ה' בהצלחתו. והיינו דקמסיים ולפי שכתוב ויעקב איש תם יושב אהלים ולפיכך ויבא יעקב שלם. ומייתי מה שנאמר באיוב אם זך וישר אתה שאף שלעבר לא היית צדיק רק אם עכשיו תהיה צדיק אין ה' מקפח שכרך. ואם כן יעקב שהיה איש תם מנעוריו כל שכן שהיה שלם בהצלחתו: **ותגזר אומר כו'.** שאם יעשה כמעשה יעקב כמקרהו יקרנו:

פירוש מהרז"ו

ששים רבוא. כמו שנאמר יחזקאל (טז, ז) רבבה כצמח השדה נתתיך, מה שם ששים רבוא אף כאן ששים רבוא, וגם תיבת בכלח גימטריא ששים שהכוונה ששים ריבוא, וכן משמע בילקוט איוב (רמז תתלט) עד שראה ששים רבוא שנאמר בכלח, ומה שכתוב שם שלושים רבוא טעות הוא, ובילקוט כאן (רמז קלג) הגירסא כמו כאן. (וזה צריך עיון גדול שלא היה יעקב במצרים אלא י"ז שנה ורבים מהשבטים נפש היו בני א' וב' שנים, ולו יהיה שהולידו בני ז' וח' הדבר נמנע שיולידו ששים ריבוא, על כן נראה לי ברור שפירושו שראה ברוח הקדש שכן יהיה וכן כתב ביפה תואר, וזהו מה שנאמר (איוב ה, כה) **וידעת** כי רב זרעך, וראיה לזה שהתורה סיפרה לפלא בשבעים נפש ירדו אבותיך ועתה שמך ה' אלהיך ככוכבי השמים והיו ששים ריבוא וזה היה במאתיים שנה ולא ביו"ד שנה): **בבלח תבא לח.** כמו שאמרו חז"ל (תענית ה, ב) יעקב אבינו לא מת וכמו שאמרו בילקוט כאן (רמז קלג) בכלח בך לח: **בבולא.** ומה שנאמר (איוב ה, כו) אלי קבר, יתכן שקורא לשכם קבר שעשו בניו אותה בית הקברות, או לחברון בית קבורת אבות: (ב) **אמר לו הקב"ה.** היינו מה שנאמר (תהלים קיח, ב) יאמר נא ישראל ולא פירש מי אמר לישראל שיאמר כן, ודורש על פי מדה ט' שתחלה אמר יעקב רבת צררוני מנעורי, והשיב לו השי"ת יאמר נא ישראל אם יכלו לך, לזה השיב ותיקן דבריו רבת צררוני מנעורי גם לא יכלו לי. ועיין באגדת בראשית שם בביאור: **ישמר צאתך.** עיין לעיל (סח, ב) ומה שכתבתי שם: (ג) **אם זך וישר אתה.** סיפיה דקרא כי עתה יעיר עליך ושלם נות צדקך, ודורש הפסוק על יעקב כמו שאמר בפסוק הסמוך (איוב ח, ח) כי שאל נא לדור ראשון וכונן לחקר אבותם, היינו יעקב אבותם של שבטים וכמו שנאמר (איוב טו, יח) ולא כחדו מאבותם שדרשו במשנה בסוטה (ז, ב) על יעקב. ומה שאמר ושלם נות צדקך כמו ביעקב (לג, יח) ויבא יעקב שלם. **ותגזור אומר ויקם לך.** ודורש הפסוק על יעקב כמו שנאמר בפסוקים הקודמים (איוב כב, כה) והיה שדי בצריך, כמו שנאמר ביעקב (מג, יד) ואל שדי יתן לכם רחמים, כי אז על שדי תתענג כמו שנאמר (ישעיה נח, יד) אז תתענג על

חידושי הרד"ל

[א] **עד שראה ששים רבוא.** בילקוט איוב (רמז תתלט) משמע דדרש בכלח גימטריא ששים, ועיין בירושלמי (בכורים פ"ב ה"א). גם יש לפרש דצאצאיך כעשב השדה דריש כמו שנאמר (יחזקאל טז, ז) רבבה כצמח השדה נתתיך זה ששים רבוא שנגאלו ממצרים,

[ב] **ומכלם יצילנו ה', שומר כל עצמותיו אחת מהנה לא נשברה ויבא יעקב שלם.** כן צריך לומר. ורצה לומר אף שנגע בכף ירכו ותקע, עם כל זאת בא שלם בגופו ולא נשברו עצמותיו:

ענף יוסף

(א) **ורבנן אמרי תבא בבולא אלי קבר מלא שאינו חסר כלום.** נראה שטעות סופר יש כאן וכך צריך לומר ורבנן אמרי תבוא בכלח אלי קבר מלא כו'. ורצונו לומר שרבנן דרשי מלת תבוא שהוא מלא וי"ו מלמד שלא נחסר ממנו שום טובה. וזה שאמר תבוא בכלח אלי קבר מלא רצונו לומר שתיבת תבוא כתיב מלא להורות שאינו חסר כלום. כי בא לרמז על מילוי כל טוב ביעקב וכנזכר לעיל שכל הפסוק נדרש עליו וכן איתא בילקוט:

אמרי יושר

[ג] **פתח אם זך וישר אתה.** הרגישו אומרו שלם שנראה שהיה שם טעם וצד להיות חסר לזה אמר שלא שילם נדרו עד עתה. ועוד לפי שלא היה זך עתה כי שלח מלאכים לעשו ודורנות מן ויחן את פני העיר שלא דורונות (לקמן אות ו) אם בניך חטאו לו דינה הן אל לא ימאס. תם זה יעקב כי לצדקתו הנקדמת שהיה יעקב שלם גם עתה ויבא שלם. והמדרש האחר תירץ כי לא הוצרך לומר כן רק להשמיענו איך נשלמו לו כל התנאים אשר שאל לא היה נשאר אלא זה ויבא שלם. או יהיה מלשון שילומים שלם בממון אף על פי שחטא בנדר. או יש אומרים שלא חטא אלא בשר מגולה בא טוף וחטף [עיין לקמן פרשה פ' אות ה.

מסורת המדרש

ג. ילקוט כאן רמז קל"ג כל הענין:
ד. ילקוט איוב רמז תתק"ח:

אם למקרא

שִׁיר הַמַּעֲלוֹת רַבַּת צְרָרוּנִי מִנְּעוּרָי יֹאמַר נָא יִשְׂרָאֵל: רַבַּת צְרָרוּנִי מִנְּעוּרָי גַּם לֹא יָכְלוּ לִי:
(תהלים קכט:א-ב)

רַבּוֹת רָעוֹת צַדִּיק וּמִכֻּלָּם יַצִּילֶנּוּ ה':
(שם לד:כ)

ה' יִשְׁמָר צֵאתְךָ וּבוֹאֶךָ מֵעַתָּה וְעַד עוֹלָם:
(שם קכא:ח)

וַיֵּצֵא יַעֲקֹב מִבְּאֵר שָׁבַע וַיֵּלֶךְ חָרָנָה:
(בראשית כח:י)

אִם זַךְ וְיָשָׁר אָתָּה כִּי עַתָּה יָעִיר עָלֶיךָ וְשִׁלַּם נְוַת צִדְקֶךָ:
(איוב ח:ו)

וַיִּגְדְּלוּ הַנְּעָרִים וַיְהִי עֵשָׂו אִישׁ יֹדֵעַ צַיִד אִישׁ שָׂדֶה וְיַעֲקֹב אִישׁ תָּם יֹשֵׁב אֹהָלִים:
(בראשית כה:כז)

וְתִגְזַר אֹמֶר וְיָקָם לָךְ וְעַל דְּרָכֶיךָ נָגַהּ אוֹר:
(איוב כב:כח)

ידי משה

[א] **וידעת כי רב זרעך וצאצאיך כעשב השדה אמר רבי יודן לא נפטר יעקב אבינו מן העולם עד שראה ששים ריבוא מבני בניו תבוא בבלח אלי וגו'.** ונראה לי הכי פירושו דכתיב (שמות יג, יח) וחמשים אחד מחמשה לפי שישראל היו פרים ורבים והיו יולדים ששה בכרס אחד ומספר ישראל היה אחר מיתת יעקב ששים ריבוא ואם כן היה מספר בני ישראל על כל פנים ששה פעמים ששים ריבוא ומנין ישראל היה במדבר ששים ריבוא אם כן על כרחך חמשה חלקים מתו דהיינו חמשה פעמים ת"ר אלף ונשארו חלק אחד דהיינו ת"ר אלף ודו"ק. פירוש אחד מן החמשה שהוא ששה פעמים ששים ריבוא ונשאר רק אלף אחר ודוקא, אי נמי יש לומר בכל"ח בגימטריא ששים וכו':

רש"י

תבא לח לחלוחית אלי קבר. שתהא בכחך עד יום מיתתך: **רבנן אמרין תבא בבלח אלי קבר מלא.** כלומר שאין חסר כלום: (ב) **אמר ליה הקב"ה ויבלו לך.** עשו לך כלום: **גם לא יכלו לי.** שכן הוא אומר (תהלים קכט, א) רבת צררוני מנעורי גם לא יכלו לי: (ג) **אם זך וישר. היית אין כתיב כאן אלא אם זך וישר אתה הא לשעבר לא היית צדיק, כי עתה יעיר עליך, עתיד הקב"ה להתעורר עליך ולשלם לך כל צדקות הנאות שעשית:**

מתנות כהונה

ששים רבוא. שנאמר (איוב ה, כה) כי רב ונאמר (שמות א, ז) וירבו ויעצמו, והתם ששים רבוא היו והכי מוכח מגירסת הילקוט (יחזקאל רמז שעה): **תבא לח.** בכלח דרש נוטריקון תבא בך לחות, והכי גרס רש"י וילקוט בהדיא תבא בך לח: **בבולא.** קרי ביה בכלא בחלוף הח' באל"ף כמשפט אותיות אחה"ע: [ב] **ויבלו לך.** דרך שאלה ותמיה: [ג] **לא היה צדיק.** איוב, אבל יעקב איש תם מנעוריו כדמפרש ואזיל:

אשד הנחלים

הנאה ותאוה בעולם, כי אם לקיים המצוה: **בבלח אלי קבר.** הוא על דרך מאמרם ז"ל (תענית ה, א) יעקב אבינו לא מת, ויתבאר במקומו: **בבולו.** נוטריקון כל לח, בשלימות בכחותיך: [ב] **אמר לו הקב"ה ויבלו לך כו'.** יש להבין איפה מרומז זאת. אך לפי הידוע מגדר התפעלות המליצה הנמצא בלב אנשי הרוח אשר רוח ה' דיבר בם. והנה ישראל התעורר בתחילה למצוא מעט יגון בלבבו על צרותיו, וכאילו יאמר נא ישראל רבת צררוני מנעורי. אך אח"כ אחזתו רוח ה' והתנחם עצמו, ואמר אך גם לא יכלו לי, ובזה מיושב מלת גם, והבן זאת מאוד, ובחון בלבבך. וזהו שמייחס שהקב"ה אמר לו, כלומר ע"י רוח הקודש כאילו שאלו לו ויכלו לך בתמיה, האתה מאמין בזה שיכלו לך ח"ו: [ג] **היית אין כתיב כאן.** עיין במתנות כהונה, אך הלשון דחוק. ולי נראה באורו, שככה הוכיחו אותו אם עתה נעשית זך וישר,

☐ וַיָּבֹא יַעֲקֹב שָׁלֵם – *JACOB ARRIVED INTACT AT THE CITY OF SHECHEM.*

The Midrash offers another exposition with a similar theme: "רַבּוֹת רָעוֹת צַדִּיק וגו׳ " – ***Many are the adversaries of the righteous,*** *but from them all* HASHEM *rescues him* (*Psalms* 34:20). "רַבּוֹת רָעוֹת" זֶה עֵשָׂו וְאַלּוּפָיו – ***Many are the adversaries*** – **this** refers to **Esau and his chieftains;**[25] "צַדִּיק" זֶה יַעֲקֹב – ***the righteous*** – **this** refers to **Jacob,** "וּמִכֻּלָּם יַצִּילֶנּוּ ה׳ " – ***but from them all*** **HASHEM *rescues him.***[26]

☐ וַיָּבֹא יַעֲקֹב שָׁלֵם – *JACOB ARRIVED INTACT AT THE CITY OF SHECHEM.*

Continuing in this vein, the Midrash interprets another verse from *Psalms* as referring to Jacob:

"ה׳ יִשְׁמָר צֵאתְךָ וּבוֹאֶךָ מֵעַתָּה וְעַד עוֹלָם" – ***HASHEM will guard your departure and your arrival, from this time and forever*** (*Psalms* 121:8). "יִשְׁמָר צֵאתְךָ", "וַיֵּצֵא יַעֲקֹב" – HASHEM ***will guard your departure,*** i.e., when ***Jacob departed*** *from Beer-sheba and went toward Haran*[27] (above, 28:15); "וּבוֹאֶךָ", "וַיָּבֹא יַעֲקֹב שָׁלֵם" – ***and your arrival,*** as Scripture says, ***Jacob arrived intact*** *at the city of Shechem.*[28]

§3 The Midrash presents an exposition of a verse in *Job* in explaining why Jacob merited to become "complete"[29] *without* undergoing the tribulations suffered by Job:[30]

רַבִּי חִיָּיא בַּר אַבָּא פָּתַח – **R' Chiya bar Abba opened** his discourse on our passage with an exposition of the following verse: "אִם זַךְ וְיָשָׁר אָתָּה וגו׳ וְשִׁלַּם נְוַת צִדְקֶךָ" – ***If you are pure and upright,*** *He would even now recall [your merits] for you,* ***and make complete*** [שִׁלַּם] ***the abode of your righteousness*** (*Job* 8:6).[31] "אִם זַךְ וְיָשָׁר אָתָּה" – ***If you are pure and upright*** – "הָיִיתָ" אֵין כְּתִיב כָּאן – **it is not written here,** *if you* ***"had been"*** *pure and upright;* אֶלָּא "אָתָּה" – **rather,** it is written, *if you* ***"are"*** *pure and upright.* הָא לְשֶׁעָבַר לֹא הָיָה צַדִּיק – **This implies that in the past [Job] had not been righteous.**[32] "כִּי עַתָּה יָעִיר עָלֶיךָ" – ***He will even now recall for you*** – עָתִיד הַקָּדוֹשׁ בָּרוּךְ הוּא לְהִתְעוֹרֵר עָלֶיךָ – this means **the Holy One, blessed is He, will in the future arouse Himself regarding you,** וּלְשַׁלֵּם לְךָ כָּל צְדָקוֹת שֶׁעָשִׂיתָ – **and pay** (לְשַׁלֵּם) **you** the reward **for all the righteous deeds that you have performed.**[33] וּלְפִי שֶׁכָּתוּב "וְיַעֲקֹב אִישׁ תָּם יֹשֵׁב אֹהָלִים" – **But since it is written, *but Jacob was a wholesome man, abiding in tents*** (above, 25:27), לְפִיכָךְ "וַיָּבֹא יַעֲקֹב שָׁלֵם" – **therefore, *Jacob arrived complete.***[34]

The Midrash cites another introductory exposition, this one of a different verse from *Job*:[35]

רַבִּי בֶּרֶכְיָה פָּתַח – **R' Berechyah opened** his discourse on our passage with an exposition of the following verse: "וְתִגְזַר אֹמֶר וְיָקָם לָךְ וְעַל דְּרָכֶיךָ נָגַהּ אוֹר" – ***You would utter a decree and it would be done, and light would shine upon your ways*** (*Job* 22:28).

NOTES

25. The *adversaries* are Esau and the 400 men who accompanied him when he set out against Jacob (see above, 32:7).

26. For ultimately, Esau and his men did not harm Jacob. Thus, Jacob arrived at Shechem *intact.* See *Eitz Yosef.*

27. Leaving the land of Canaan. At that time God promised him, וּשְׁמַרְתִּיךָ בְּכֹל אֲשֶׁר תֵּלֵךְ, *I will guard you wherever you go* (above, 28:15). See also the Midrash's exposition above, 68 §2.

28. Having returned to Canaan. The Midrash is saying that Jacob arrived intact due to God's providential protection, as explained above.

29. I.e., lacking nothing (see above, end of §1). [The Midrash appears to be returning here to its earlier interpretation of שָׁלֵם as *complete;* see above, note 20. See *Eitz Yosef.*]

30. *Eshed HaNechalim.* For a different approach, see *Eitz Yosef,* cited below in note 34.

31. In this verse, Job's friend Bildad is speaking to him.

32. Bildad consoles Job that if he acts righteously now, God will reward him and make him *complete* (*Eitz Yosef*). The implication is that heretofore he had not been righteous and that this is why he was being punished with his sufferings. [See *Bava Metzia* 58b, which states that Job's friends were guilty of אוֹנָאַת דְּבָרִים, verbally harming someone, by telling Job that he deserved his suffering] (*Eshed HaNechalim*).

33. [Interpreting the word שִׁלַּם in the *Job* verse (translated above as *make complete*) in the sense of making payment.] Bildad was telling Job that while he would indeed earn merit with his present righteous actions, his spiritual essence was not yet fully developed because of the sins of his youth; he requires the purification of his sufferings to attain greater spiritual perfection, and *then* God will reward him by *making complete the abode of his righteousness* (*Eshed HaNechalim*).

34. That is: Since Jacob (unlike Job) was *a wholesome man* already in his youth (see above, 25:27), God granted him *completeness* without first undergoing the sufferings of Job (ibid.).

Alternatively: R' Chiya bar Abba is making the point that if Job, who had been evil in his youth, could merit *completeness* through the good deeds he performs later in life, it is easy to understand our passage's statement that Jacob merited to be *complete,* because he was righteous already in his youth (*Eitz Yosef*).

35. [The current exposition will return to translating שָׁלֵם as *intact.* See note 29.]

INSIGHTS

through which the cure was effected.

So it was with our forefather Jacob, whose life experiences created the road map for the experiences of his progeny throughout history. Jacob had to pave the way for dealing with the adversity that his descendants would eventually encounter. These had to be dealt with in the "youth" of our nation, in the life of the patriarch himself. Jacob was strong enough to endure the adversity and develop the means of overcoming it. As the nation aged, it would then already have the tools at its disposal to deal with all the trials and tribulations it would encounter in the course of its turbulent history. Thus, in response to God's challenge to him, "Have they been able against you?," Jacob conceded that he had been *fully* protected from them. He and his progeny would forever be able to overcome because of what he had endured. His distress had been the vehicle for that ability. He was now *doubly* grateful: both for the initial distress and for the subsequent salvation. And so he reiterated *much have they harassed me since my youth;* and that is why *they were unable against me.*

In enduring so much suffering, Jacob was like a field that is beaten and plowed, only to produce a bountiful crop that would not have grown otherwise. His suffering prepared the ground for the great success of his nation. Thus he added: *On my back the plowers plowed, they lengthened their furrow.* That suffering was but a way of laying the groundwork for the great success to follow.

All too often, one's suffering is but a small piece of a much larger puzzle. The piece by itself seems jagged and amorphous. But when all the pieces fall into place, what emerges is a picture of beauty that would be incomplete were any of the pieces missing (based on *Kisvei HaMaggid MiDubno* to our verse).

אָמַר רַבִּי יוּדָן: לֹא נִפְטַר יַעֲקֹב אָבִינוּ מִן הָעוֹלָם עַד שֶׁרָאָה שִׁשִּׁים רִבּוֹא מִבְּנֵי בָנָיו, (שם שם כו) "תָּבוֹא בְכֶלַח אֱלֵי קָבֶר כַּעֲלוֹת גָּדִישׁ בְּעִתּוֹ", רַבִּי יִצְחָק וְרַבָּנָן, רַבִּי יִצְחָק אָמַר: תָּבֹא לַח אֱלֵי קָבֶר, וְרַבָּנָן אָמְרֵי: תָּבֹא בְּכֹלָּא אֱלֵי קָבֶר, מָלֵא שֶׁאֵינוֹ חָסֵר כְּלוּם, שֶׁנֶּאֱמַר "וַיָּבֹא יַעֲקֹב שָׁלֵם":

ב [לג, יח] "וַיָּבֹא יַעֲקֹב שָׁלֵם", (תהלים קכט, א) "שִׁיר הַמַּעֲלוֹת רַבַּת צְרָרוּנִי מִנְּעוּרָי יֹאמַר נָא יִשְׂרָאֵל", ג‎אָמַר לוֹ הַקָּדוֹשׁ בָּרוּךְ הוּא: וְיָכְלוּ לָךְ, אָמַר לוֹ: (שם שם ב) "גַּם לֹא יָכְלוּ לִי", "וַיָּבֹא יַעֲקֹב שָׁלֵם". (שם לד, כ) רַבּוֹת רָעוֹת צַדִּיק וְגוֹ'", "רַבּוֹת רָעוֹת" זֶה עֵשָׂו וְאַלּוּפָיו, "צַדִּיק" זֶה יַעֲקֹב, (שם) "וּמִכֻּלָּם יַצִּילֶנּוּ ה'", "וַיָּבֹא יַעֲקֹב שָׁלֵם". (שם קכא, ח) "ה' יִשְׁמָר צֵאתְךָ וּבוֹאֶךָ מֵעַתָּה וְעַד עוֹלָם," "יִשְׁמָר צֵאתְךָ", (לעיל כח, י) "וַיֵּצֵא יַעֲקֹב", "וּבוֹאֶךָ", "וַיָּבֹא יַעֲקֹב שָׁלֵם":

ג רַבִּי חִיָּיא בַּר אַבָּא פָּתַח: (איוב ח, ו) "אִם זַךְ וְיָשָׁר אָתָּה וְגוֹ' וְשִׁלַּם נְוַת צִדְקֶךָ", "אִם זַךְ וְיָשָׁר אָתָּה", "הָיִיתָ" אֵין כְּתִיב כָּאן אֶלָּא "אָתָּה", הָא לְשֶׁעָבַר לֹא הָיָה צַדִּיק, (שם) "כִּי עַתָּה יָעִיר עָלֶיךָ", עָתִיד הַקָּדוֹשׁ בָּרוּךְ הוּא לְהִתְעוֹרֵר עָלֶיךָ וּלְשַׁלֵּם לְךָ כָּל צְדָקוֹת שֶׁעָשִׂיתָ, וּלְפִי שֶׁכָּתוּב (לעיל כה, כז) "וְיַעֲקֹב אִישׁ תָּם יֹשֵׁב אֹהָלִים", לְפִיכָךְ "וַיָּבֹא יַעֲקֹב שָׁלֵם". רַבִּי בֶּרֶכְיָה פָּתַח (איוב כב, כח) ד"וְתִגְזַר אֹמֶר וְיָקָם לָךְ וְעַל דְּרָכֶיךָ נָגַהּ אוֹר",

עץ יוסף

עד שראה ששים רבוא. הנכון לפרש שראה ברוח הקודש (יפה תואר): **תבא לח.** דריש בכלח ענין לחות והוא על דרך דדרשינן בספרי ולא נס לחה כו' עכשיו כל הנוגע בבשרו של משה לחה פורחת אילך ואילך, וכן יעקב אבינו לא מת ולא נס לחה: **תבא בכולא כו'.** דריש כלח כמו כלא בחלוף החי"ת באלף. ורצונו לומר בכל טוב: (ב) **ויבא יעקב שלם. שיר כו'.** מפרש שלם לשון שלום, שילא בשלום מאת אויביו, ולהכי מייתי קראי דרמיז בהו הצלתו מהאויבים. ומייתי רבת צררוני מנעורי דמשמע דמיירי בדידיה שהרי כל ט"ו שיר המעלות היה אומר יעקב כדלעיל פרשה ס"ח: **ואמר ליה הקדוש ברוך הוא ויכלו לך.** בראשונה אמר רבת צררוני מנעורי, כלומר וה' הצילני. ואמר ליה ה' וכי יכלו לך כלל כלומר וכי הגיע בך רעה ושוב הצלתיך. והשיב אין צריך לומר שהצלתני אלא גם לא יכלו לי כלל (יפה תואר): **רבות רעות כו'.** דריש דביעקב מיירי שסבבוהו צרות רבות כדלקמן פרשה פ"ד: **זה עשו ואלופיו.** שלא הרעו לו ממש אלא כקוצים בעיניו ומצטער מהם לפי שלבבם למרע: **ומכולם יצילנו ה' שומר כל עצמותיו אחת מהנה לא נשברה ויבא יעקב שלם.** כן צריך לומר: (ג) **פתח אם זך כו'.** בא לפרש שלם שאינו חסר בהצלחותיו, שבשכר היותו שלם במעשיו השלימו ה' בהצלחתו. והיינו דקמסיים ולפי שכתוב ויעקב איש תם יושב אהלים ולפיכך ויבא יעקב שלם. ומייתי מה שנאמר באיוב אם זך וישר אתה שאף שלעבר לא היית לדיק רק אם עכשיו תהיה לדיק אין ה' מקפח שכרך. ואם כן יעקב שהיה איש תם מנעוריו כל שכן שהיה שלם בהצלחתו: **ותגזר אומר כו'.** שאם יעשה כמעשה יעקב כמקרהו יקרנו:

פירוש מהרז"ו

ששים רבוא. כמו שנאמר יחזקאל (טז, ז) רבבה כצמח השדה נתתיך, מה שם ששים רבוא אף כאן ששים רבוא, וגם תיבת בכלח גימטריא ששים שהכוונה ששים ריבוא, וכן משמע בילקוט איוב (רמז תתקט) עד שראה ששים רבוא שנאמר בכלח, ומה שכתוב שם שלושים רבוא טעות הוא, ובילקוט כאן (רמז קלג) הגירסא כמו כאן. (וזה צריך עיון גדול שלא היה יעקב במצרים אלא י"ז שנה ורבים מהשבעים נפש היו בני א' וב' שנים, ולו יהיה שהולידו בני ז' וח' הדבר נמנע שיולידו ששים ריבוא, על כן נראה לי ברור שפירושו שראה ברוח הקדש שכן יהיה וכן כתב ביפה תואר, וזהו מה שנאמר (איוב ה, כה) **וידעת** כי רב זרעך, וראיה לזה שהתורה סיפרה לפלא בשבעים נפש ירדו אבותיך ועתה שמך ה' אלהיך ככוכבי השמים והיו ששים ריבוא וזה היה במאתיים שנה ולא ביו"ד שנה): **בכלח תבא לח.** כמו שאמרו חז"ל (תענית ה, ב) יעקב אבינו לא מת וכמו שאמרו בילקוט כאן (רמז קלג) בכלח בך לח: **בבולא.** ומה שנאמר (איוב ה, כו) אלי קבר, יתכן שקורא לשכם קבר שעשו בניו אותה בית הקברות, או לחברון בית קבורת אבות: (ב) **אמר לו הקב"ה.** היינו מה שנאמר (תהלים קיח, ב) יאמר נא ישראל ולא פירש מי אמר לישראל שיאמר כן, ודורש על פי מדה ט' שתחלה אמר יעקב רבת צררוני מנעורי, והשיב לו השי"ת יאמר נא ישראל אם יכלו לך, לזה השיב ותיקן דבריו רבת צררוני מנעורי גם לא יכלו לי. ועיין באגדת בראשית שם בביאור: **ישמר צאתך.** עיין לעיל (סח, ב) ומה שכתבתי שם: (ג) **אם זך וישר אתה.** סיפיה דקרא כי עתה יעיר עליך ושלם נות צדקך, ודורש הפסוק על יעקב כמו שאמר בפסוק הסמוך (איוב ח, ח) כי שאל נא לדור ראשון וכונן לחקר אבותם, היינו יעקב אבותם של שבטים וכמו שנאמר (איוב טו, יח) ולא כחדו מאבותם שדרשו במשנה בסוטה (ז, ב) על יעקב. ומה שאמר ושלם נות צדקך כמו ביעקב (לג, יח) ויבא יעקב שלם. **ותגזור אומר ויקם לך.** ודורש הפסוק על יעקב כמו שנאמר בפסוקים הקודמים (איוב כב, כה) והיה שדי בצריך, כמו שנאמר ביעקב (מג, יד) ואל שדי יתן לכם רחמים, כי אז על שדי תתענג כמו שנאמר (ישעיה נח, יד) אז תתענג על

רש"י

תבא לח לחלוחית אלי קבר. שתהא בכחך עד יום מיתתך: **רבנן אמרין תבא בכלח אלי קבר מלא.** כלומר שאין חסר כלום: (ב) **אמר ליה הקב"ה ויכלו לך.** עשו לך כלום: **גם לא יכלו לי.** שכן הוא אומר (תהלים קכט, א) רבת צררוני מנעורי גם לא יכלו לי: (ג) **אם זך וישר. היית אין כתיב כאן אלא אם זך וישר אתה הא לשעבר לא היית צדיק, כי עתה יעיר עליך, עתיד הקב"ה להתעורר עליך ולשלם לך כל צדקות הנאות שעשית:**

מתנות כהונה

ששים רבוא. שנאמר (איוב ה, כה) כי רב ונאמר (שמות א, ז) וירבו ויעצמו, והתם ששים רבוא היו והכי מוכח מגירסת הילקוט (יחזקאל רמז שעה): **תבא לח.** בכלח דרש נוטריקון תבא בך לחות, והכי גרס רש"י וילקוט בהדיא תבא בך לח: **בבולא.** קרי ביה בכלא בחלוף הח' באל"ף כמשפט אותיות אחה"ע: [ב] **ויכלו לך.** דרך שאלה ותמיה: [ג] **לא היה צדיק.** איוב, אבל יעקב איש תם מנעוריו כדמפרש ואזיל:

אשד הנחלים

הנאה ותאוה בעולם, כי אם לקיים המצוה: **בכלח אלי קבר.** הוא על דרך מאמרם ז"ל (תענית ה, א) יעקב אבינו לא מת, ויתבאר במקומו: **בכולו.** נוטריקון כל לח, בשלימות בכחותיך: [ב] **אמר לו הקב"ה ויכלו לך כו'.** יש להבין איפה מרומז זאת. אך לפי הידוע מגדר התפעלות המליצה הנמצא בלב אנשי הרוח אשר רוח ה' דיבר בם. והנה ישראל התעורר בתחילה למצוא מעט יגון בלבבו על צרותיו, וכאילו יאמר נא ישראל רבת צררוני מנעורי. אך אח"כ אחזתו רוח ה' והתנחם עצמו, ואמר אך גם לא יכלו לי, ובזה מיושב מלת גם, והבן זאת מאוד, ובחון בלבבך. וזהו שמייחס שהקב"ה אמר לו, כלומר ע"י רוח הקודש כאילו שאלו לו ויכלו לך בתמיה, האתה מאמין בזה שיכלו לך ח"ו: [ג] **היית אין כתיב כאן.** עיין במתנות כהונה, אך הלשון דחוק. ולי נראה באורו, שככה הוכיחו אותו אם עתה נעשית זך וישר,

חידושי הרד"ל

[א] **עד שראה ששים רבוא.** בילקוט איוב (רמז תתקט) משמע דדרש בכלח גימטריא שישים, ועיין בירושלמי (בכורים פ"ב ה"א). גם יש לפרש דלאלאיך כעשב השדה דריש כמו שנאמר (יחזקאל טז, ז) רבבה כצמח השדה נתתיך זה שישים רבוא שנגאלו ממצרים,

[ב] **ומכלם יצילנו ה', שומר כל עצמותיו אחת מהנה לא נשברה ויבא יעקב שלם.** כן צריך לומר. ורצה לומר אף שנגע בכף ירכו ותקע, עם כל זאת בא שלם בגופו ולא נשברו עצמותיו:

ענף יוסף

(א) **ורבנן אמרי תבא בבולא אלי קבר מלא שאינו חסר כלום.** נראה שטעות סופר יש כאן וכך צריך לומר ורבנן אמרי תבוא בכלח אלי קבר מלא כו'. ורצונו לומר שרבנן דרשי מלת תבוא שהוא מלא וי"ו מלמד שלא נחסר ממנו שום טובה. וזה שאמר תבוא בכלח אלי קבר מלא רצונו לומר שתיבת תבוא כתיב מלא להורות שאינו חסר כלום. כי בא לרמז על מילוי כל טוב ביעקב וכנזכר לעיל שכל הפסוק נדרש עליו וכן איתא בילקוט:

אמרי יושר

[ג] **פתח אם זך וישר אתה.** הרגישו אומרו שלם שנראה שהיה שם טעם ולד להיות חסר לזה אמר שלא שילם נדרו עד עתה. ועוד לפי שלא היה זך עתה כי שלא מלאכים לעשו ודורנות מן ויתן את פני העיר שלא דורונות (לקמן אות ו) אם בניך חטאו לו דינה הן אל לא ימאס. תם זה יעקב כי לדקתו הנקדמת שהיה יעקב שלם גם עתה ויבא שלם. והמדרש האחר תירץ כי לא הוצרך לומר כן רק להשמיענו איך נשלמו לו כל התנאים אשר שאל לא היה נשאר אלא זה ויבא שלם. או יהיה מלשון שילומים שלם בממון אף על פי שחטא בנדר. או יש אומרים שלא חטא אלא בשר מגולה בא טוף וחטף [עיין לקמן פרשה פ' אות ה.

מסורת המדרש

ג. ילקוט כאן רמז קל"ג כל הענין:
ד. ילקוט איוב רמז תתקי"ח:

אם למקרא

שִׁיר הַמַּעֲלוֹת רַבַּת צְרָרוּנִי מִנְּעוּרָי יֹאמַר נָא יִשְׂרָאֵל: רַבַּת צְרָרוּנִי מִנְּעוּרָי גַּם לֹא יָכְלוּ לִי:
(תהלים קכט:א-ב)

רַבּוֹת רָעוֹת צַדִּיק וּמִכֻּלָּם יַצִּילֶנּוּ ה':
(שם לד:כ)

ה' יִשְׁמָר צֵאתְךָ וּבוֹאֶךָ מֵעַתָּה וְעַד עוֹלָם:
(שם קכא:ח)

וַיֵּצֵא יַעֲקֹב מִבְּאֵר שָׁבַע וַיֵּלֶךְ חָרָנָה:
(בראשית כח:י)

אִם זַךְ וְיָשָׁר אָתָּה כִּי עַתָּה יָעִיר עָלֶיךָ וְשִׁלַּם נְוַת צִדְקֶךָ:
(איוב ח:ו)

וַיִּגְדְּלוּ הַנְּעָרִים וַיְהִי עֵשָׂו אִישׁ יֹדֵעַ צַיִד אִישׁ שָׂדֶה וְיַעֲקֹב אִישׁ תָּם יֹשֵׁב אֹהָלִים:
(בראשית כה:כז)

וְתִגְזַר אֹמֶר וְיָקָם לָךְ וְעַל דְּרָכֶיךָ נָגַהּ אוֹר:
(איוב כב:כח)

ידי משה

[א] **וידעת כי רב זרעך וצאצאיך כעשב השדה אמר רבי יודן לא נפטר יעקב אבינו מן העולם עד שראה ששים ריבוא מבני בניו תבוא בכלח אלי וגו'.** ונראה לי הכי פירושו דכתיב (שמות יג, יח) וחמשים אחד מחמשה לפי שישראל היו פרים ורבים והיו יולדים ששה בכרס אחד ומספר ישראל היה אחר מיתת יעקב ששים ריבוא ואם כן היה מספר בני ישראל על כל פנים ששה פעמים ששים ריבוא ומנין ישראל היה במדבר ששים ריבוא אם כן על כרחך חמשה חלקים מתו דהיינו חמשה פעמים ת"ר אלף ונשארו חלק אחד דהיינו ת"ר אלף ודו"ק. פירוש אחד מן החמשה שהוא ששה פעמים ששים ריבוא ונשאר רק אלף אחר ודוקא, אי נמי יש לומר בכל"ח בגימטריא ששים וכו':

"וְתִגְזַר אֹמֶר וְיָקָם לָךְ" זֶה יַעֲקֹב — ***You would utter a decree and it would be done*** **— this** occurred to **Jacob.**[36] "וְעַל דְּרָכֶיךָ נָגַהּ אוֹר", עַל שְׁנֵי דְרָכֶיךָ נָגַהּ אוֹר — ***And light would shine upon your ways*** — meaning, **light shone upon both of your (Jacob's) ways.**[37] לְפִי שֶׁכָּתוּב "אִם יִהְיֶה אֱלֹהִים עִמָּדִי וגו׳ " — **Since it is written,** *Then Jacob took a vow saying, **"If God will be with me,** will guard me on this way that I am going"* (above, 28:20), "וְהִנֵּה אָנֹכִי עִמָּךְ וּשְׁמַרְתִּיךָ" — therefore God responded, ***"Behold, I am with you, I will guard you** wherever you go"* (ibid., v. 15).[38] "וְשַׁבְתִּי בְשָׁלוֹם אֶל בֵּית אָבִי" — Jacob continued, ***"And I return in peace to my father's house"*** (ibid., v. 21). וּכְתִיב "וַיָּבֹא יַעֲקֹב שָׁלֵם" — **And it is written, *Jacob arrived intact.***[39]

§4 **וַיָּבֹא יַעֲקֹב שָׁלֵם** — *JACOB ARRIVED COMPLETE*[40] *AT THE CITY OF SHECHEM.*

The Midrash expounds a passage from *Psalms* as alluding to various events in Jacob's life, culminating with Jacob's return to Canaan:

כְּתִיב "הַזֹּרְעִים בְּדִמְעָה בְּרִנָּה יִקְצֹרוּ" — **It is written, *Those who tearfully sow will reap in glad song*** (*Psalms* 126:5).[41] "הַזֹּרְעִים בְּדִמְעָה" זֶה אָבִינוּ יַעֲקֹב, שֶׁזָּרַע אֶת הַבְּרָכוֹת בְּדִמְעָה — ***Those who tearfully sow*** **— this** alludes to **our forefather Jacob, who *tearfully***[42] **"sowed" the blessings** that he received from Isaac, "אוּלַי יְמֻשֵּׁנִי אָבִי" — as Scripture states, ***Perhaps my father will feel me** and I shall be as a mocker in his eyes; I will bring upon myself a curse rather than a blessing* (above, 27:12).[43] "בְּרִנָּה יִקְצֹרוּ" — ***Will reap in glad song,*** "וְיִתֶּן לְךָ הָאֱלֹהִים מִטַּל הַשָּׁמַיִם וּמִשְׁמַנֵּי הָאָרֶץ" — as Scripture states, ***And may God give you of the dew of the heavens and of the fatness of the earth** and abundant grain and wine* (ibid., v. 28).[44] "הָלוֹךְ יֵלֵךְ וּבָכֹה" — ***He walks along weeping*** (*Psalms* 126:6), "וַיִּשָּׂא אֶת קֹלוֹ וַיֵּבְךְּ" — as Scripture states, *Jacob kissed Rachel; **and he raised his voice and wept*** (above, 29:11).[45] "נֹשֵׂא מֶשֶׁךְ הַזָּרַע" — ***He who bears the measure*** [מֶשֶׁךְ] ***of seeds*** (*Psalms* 126:6) — שֶׁנִּמְשַׁךְ לְמָקוֹם שֶׁעָתִיד לְהַזְרִיעַ מִשָּׁם — this means **that [Jacob] was pulled** (שֶׁנִּמְשַׁךְ)[46] **toward the place from which he was destined to give forth seed,**[47] דִּכְתִיב "וְקַח לְךָ מִשָּׁם אִשָּׁה . . . וַיִּשְׁלַח יִצְחָק אֶת יַעֲקֹב וַיֵּלֶךְ פַּדֶּנָה אֲרָם אֶל לָבָן בֶּן בְּתוּאֵל" — **as it is written,** *He instructed him, and said to him, ". . . Arise, go to Paddan-aram, to the house of Bethuel . . . **and take a wife for yourself from there . . . "** **So Isaac sent away Jacob and he went toward Paddan-aram, to Laban the son of Bethuel*** (above, 28:2-5).[48] "בֹּא יָבֹא בְרִנָּה נֹשֵׂא אֲלֻמֹּתָיו" — ***But he will return in exultation, a bearer of his sheaves*** [אֲלֻמֹּתָיו] (*Psalms* ibid.) — אֲתָא טְעִין עוּלֵימִין וְעוּלֵימָתָא — meaning, **[Jacob] came** back to Canaan **laden with lads** (עוּלֵימִין) **and maidens** (עוּלֵימָתָא).[49]

§5 **וַיָּבֹא יַעֲקֹב שָׁלֵם** — *JACOB ARRIVED INTACT AT THE CITY OF SHECHEM.*

The Midrash discusses the connotation of *intact*:

"שָׁלֵם" בְּגוּפוֹ — The verse is saying that Jacob was **intact in his body.**[50] לְפִי שֶׁכָּתוּב "וְהוּא צֹלֵעַ עַל יְרֵכוֹ" — **Since** earlier in Scripture **it is written** concerning Jacob, ***and he was limping on his hip*** (above, 32:32),[51] בְּרַם הָכָא שָׁלֵם בְּגוּפוֹ — Scripture tell us that **here, however, he was intact in his body.**[52] "שָׁלֵם" בְּבָנָיו — The verse also teaches that he was **intact in** terms of **his children:** לְפִי שֶׁכָּתוּב בּוֹ — **Since** earlier in Scripture **it is written in** regard to **[Jacob]** that he had divided his children into two camps, saying, "אִם יָבוֹא עֵשָׂו אֶל הַמַּחֲנֶה הָאַחַת וְהִכָּהוּ וְהָיָה הַמַּחֲנֶה" — ***"If Esau comes to one camp and strikes it down, then the remaining camp shall survive"*** (ibid., v. 9),[53] בְּרַם הָכָא שָׁלֵם בְּבָנָיו — Scripture tell us that **here, however, he was intact in** terms of **his children.**[54] Furthermore, the verse also teaches that "שָׁלֵם" בְּמָמוֹנוֹ — He was **intact in** terms of **his wealth:**

NOTES

36. Who uttered a decree and it was fulfilled (see further). This verse, addressed to Job, is saying that if Job will be truly righteous, the same will occur for him (*Eitz Yosef*).

37. That is, both on Jacob's departure from Canaan to Haran, and on his return to Canaan (*Rashi, Matnos Kehunah, Eitz Yosef*).

38. [Although in Ch. 28 God's promise to Jacob *precedes* his vow to God, the Midrash is following the view (in 70 §4 above) that the text is out of sequence and that in reality Jacob made his vow before God's promise (*Eitz Yosef*).] Jacob's "decree" that God should protect him on the way to Haran was fulfilled, for God assured him that He would indeed protect him.

39. That is, Jacob had also "decreed" that he should to return to Canaan in peace, i.e., unharmed; and that too was fulfilled, as our verse indicates. Thus, the "light shone" upon both Jacob's departure and his return.

40. The current passage appears to be taking שָׁלֵם in the sense of *complete* (see below, note 49). See note 35.

41. According to its plain meaning, the *Psalms* passage is referring to the pain of the Jewish people in exile and to their joy at the time of the future redemption. The Midrash, however, will expound it as alluding to Jacob and his life story.

42. I.e., with suffering.

43. Jacob was in great distress as he went to get the blessing, for he was worried that his father would discover his subterfuge (*Maharzu, Eitz Yosef*). See above, 65 §19.

44. That is, Jacob rejoiced (*in glad song*) when he received Isaac's blessing without being discovered (*Eitz Yosef*). The *Psalms* verse's metaphor of reaping is apt for Isaac's blessing of agricultural bounty (*Radal*).

45. Jacob was so distressed by his situation as a penniless fugitive when he came to Haran to find a wife, that he cried upon meeting Rachel. See above, 70 §12 (*Eitz Yosef*).

46. That is, he was compelled to move. The Midrash is interpreting the word מֶשֶׁךְ in the sense of *draw* or *pull*.

47. I.e., he was "pulled" to Haran where he would get married and produce offspring; see further.

48. The verse indicates that Jacob did not go to Laban of his own volition but only because of his father's decree. The phrase נֹשֵׂא מֶשֶׁךְ הַזָּרַע is thus interpreted: *he who bears [the decree that he be] pulled [to the place where he would produce] offspring* (*Yefeh To'ar*, first interpretation; *Eitz Yosef*). Alternatively, the word נֹשֵׂא can be interpreted as "taking [a wife]" (from the word נִישׂוּאִין). [The phrase נֹשֵׂא מֶשֶׁךְ הַזָּרַע would thus be interpreted: *he who took [a wife needed to be] pulled [to the place where he would produce] offspring*] (*Yefeh To'ar*, second interpretation).

49. That is, Jacob returned to Canaan with many children, boys and girls, his joy *complete*. [Our Midrash appears to be following the view (see 82 §8 and 84§21 below) that twin sisters were born to Jacob with each son.] The Midrash is interpreting אֲלֻמֹּתָיו as if it were spelled עֲלֻמֹּתָיו (with an ע instead of an א), meaning "youths" (*Matnos Kehunah, Eitz Yosef*).

[*Eitz Yosef* adds that the Midrash finds an allusion to Jacob in the fact that the *Psalms* verse uses the word יָבֹא, similar to the word וַיָּבֹא that appears in our verse.]

50. I.e., he was not suffering from any bodily defect or injury.

51. In the aftermath of his battle with the angel.

52. That is, the word *intact* is being used to describe Jacob's current physical state, in contrast to his previous one. Although the angel had injured Jacob's hip during their night's battle, he was healed the next morning by the light of the sun; see above, 78 §5 (*Yefeh To'ar, Maharzu*). [According to *Nezer HaKodesh* (quoted by *Eitz Yosef*), however, the Midrash here is indicating that the healing that began that morning was not complete until Jacob's arrival in Shechem (nine years later; see Midrash below at note 56). This symbolizes that the pain of the Jewish people, Jacob's descendants, would not be healed while in exile but only when they would return to *Eretz Yisrael* at the time of the ultimate redemption.]

53. See above, 75 §12 (*Maharzu*). Jacob thus expressed his fear that some of his children might be killed by Esau (see *Yefeh To'ar*).

54. The word *intact* is thus used to contrast Jacob's current situation — with all his children together, in one group — to his previous one (*Nezer HaKodesh*, quoted by *Eitz Yosef*).

Yefeh To'ar suggests that despite Esau's apparent reconciliation with Jacob when the two brothers met (above, vv. 4-16), until he entered Canaan, Jacob remained fearful that Esau might have a change of heart. [Indeed, *Nezer HaKodesh* writes that Jacob kept his family divided into two camps that whole time!] Hence, it is only once he arrived at Shechem that he is described as *intact*. (As to why Jacob was no longer afraid once he entered Canaan, see *Ramban* to our verse and note 64 below.)

"וְתִגְזַר אֹמֶר וְיָקָם לָךְ" זֶה יַעֲקֹב, "וְעַל דְּרָכֶיךָ נָגַהּ אוֹר", עַל שְׁנֵי דְרָכֶיךָ נָגַהּ אוֹר, לְפִי שֶׁכָּתוּב (לעיל כח, כ) "אִם יִהְיֶה אֱלֹהִים עִמָּדִי וְגוֹ'" (שם שם טו) "וְהִנֵּה אָנֹכִי עִמָּךְ וּשְׁמַרְתִּיךָ", (שם שם כא) "וְשַׁבְתִּי בְשָׁלוֹם אֶל בֵּית אָבִי", וּכְתִיב "וַיָּבֹא יַעֲקֹב שָׁלֵם":

ד [לג, יח] "וַיָּבֹא יַעֲקֹב שָׁלֵם", כְּתִיב (תהלים קכו, ה) "הַזֹּרְעִים בְּדִמְעָה בְּרִנָּה יִקְצֹרוּ", ה"הַזֹּרְעִים בְּדִמְעָה" זֶה אָבִינוּ יַעֲקֹב, שֶׁזָּרַע אֶת הַבְּרָכוֹת בְּדִמְעָה, (בראשית כז, יב) "אוּלַי יְמֻשֵּׁנִי אָבִי", "בְּרִנָּה יִקְצֹרוּ", (שם כז, כח) "וְיִתֶּן לְךָ הָאֱלֹהִים מִטַּל הַשָּׁמַיִם וּמִשְׁמַנֵּי הָאָרֶץ", (תהלים קכו, ו) "הָלוֹךְ יֵלֵךְ וּבָכֹה", (לעיל כט, יא) "וַיִּשָּׂא אֶת קֹלוֹ וַיֵּבְךְּ", (תהלים שם שם) "נֹשֵׂא מֶשֶׁךְ הַזָּרַע", שֶׁנִּמְשַׁךְ לְמָקוֹם שֶׁעָתִיד לְהִזָּרַע מִשָּׁם, דִּכְתִיב (לעיל כח, ב-ה) "וְקַח לְךָ מִשָּׁם אִשָּׁה ... וַיִּשְׁלַח יִצְחָק אֶת יַעֲקֹב וַיֵּלֶךְ פַּדֶּנָה אֲרָם אֶל לָבָן בֶּן בְּתוּאֵל", "בֹּא יָבֹא בְרִנָּה נֹשֵׂא אֲלֻמֹּתָיו", אֲתָא טָעִין עוּלֵימִין °וְעוּלֵימְיָתָא:

ה [לג, יח] "וַיָּבֹא יַעֲקֹב שָׁלֵם", ו"שָׁלֵם" בְּגוּפוֹ, לְפִי שֶׁכָּתוּב (לעיל לב לב) "וְהוּא צֹלֵעַ עַל יְרֵכוֹ", בְּרַם הָכָא שָׁלֵם בְּגוּפוֹ, "שָׁלֵם" בְּבָנָיו, לְפִי שֶׁכָּתוּב בּוֹ (שם שם ט) "אִם יָבֹא עֵשָׂו אֶל הַמַּחֲנֶה הָאַחַת וְהִכָּהוּ וְהָיָה הַמַּחֲנֶה", בְּרַם הָכָא שָׁלֵם בְּבָנָיו, "שָׁלֵם" בְּמָמוֹנוֹ,

עץ יוסף

זה יעקב. שנתקיים ביעקב כי כל מה שאמר אם יהיה אלהים עמדי וגו' ה' הצליח בידו וכמו שמסיק: **על שני דרכיך.** בלכתו אצל לבן ובשובו: **אם יהיה אלהים עמדי וגו' ואמר ליה הקדוש ברוך הוא והנה אנכי עמך.** כמאן דאמר לעיל פרשה ס"ט דמסורסת היא הפרשה ומתחלה אמר יעקב אם יהיה אלהים עמדי וגו', ועל הכל השיבו הקדוש ברוך הוא ונעתר לו. וכן באומרו ושבתי בשלום אל בית אבי נתקיים דבריו, ויבא יעקב שלם שבא בשלום לארצו. ובכן נתקיים בו ותגזר אומר ויקם לך: **והנה אנכי עמך. ושמרני בדרך הזה ושמרתיך.** כן צריך לומר. (אות אמת): **(ד) כתיב הזורעים כו'.** מפרש שלם בשמחת לבב, כלומר בלב שלם ובנפש חפצה, הפך ממה שהיה לבבו דוי בלכתו מבית אביו נרדף בחוסר כל: **זה אבינו יעקב.** דריש דאיעקב רמיז, ואתא לומר שכשם שיעקב נצטער בתחלת ענייניו ושוב שמח בענייניו כדרך הזורע והקוצר, כן יקרה לעדת ישראל, שצער הגלות יהיה לששון ולשמחה, דכל מה שאירע לאבות סימן לבנים: **שזרע את הברכות.** כלומר שעשה הכנות לקבל הברכות שזה במדרגת הזריעה, היה בצער פן ימושני אבי, ושוב שמח כשנתברך ולא הרגיש בו אביו: **הלך ילך ובבה.** דריש איעקב. וזהו הלך ילך דהיינו יעקב דכתיב ביה וילך יעקב חרנה: **וישא את קולו ויבך.** רצונו לומר שהלך לישא אשה בצער כי אין מאומה בידו, ולכן וישא את קולו ויבך כשראה את רחל כדלעיל פרשה ע': **שנמשך למקום כו'.** ופירש נושא משך הזרע שנשא וקיבל עליו גזרת משך, שצוהו אביו לימשך למקום שישא אשה: **בא יבא ברנה.** דריש דרמיז איעקב דכתיב ביה ויבא יעקב שלם. והיינו שאז בא ברנה בהיותו שלם בכל טוב ושלם בשמחת לבב. **ואתא טעון עולימין ועולימייתא.** נערים ונערות. ודריש אלומותיו עולומותי בחלוף עי"ן באל"ף: **(ה) שלם בגופו.** דריש שלם שלימות כדלעיל סימן א'. ומדכתיב סתם דריש כל מילי, בגוף וממון ובנים ולימוד. ועוד כי לא יקרא שלם אלא בארבעתם שהם עיקר הצלחות האדם (יפה תואר): **שלם בגופו לפי שכתוב והוא צולע כו'.** דאף על פי שכבר נרפא מאז כשזרחה לו חמה כדלעיל פרשה ע"ח, היינו שמאז התחיל להתרפאות, אבל מכל מקום לא נרפא לגמרי אלא עד בואו לארצו שהוא שכם. והטעם כי צולעת הירך היה רמז לצער בניו בגלות, ולא תהיה להם רפואה שלימה עד זמן הגאולה בבואם לארצם (נזר הקודש): **שלם בבניו לפי וכו'.** שכל זמן שלא שב יעקב לארצו בגבול שכם לא נח לב יעקב שהיה מפחד מעשו והיה תמיד חלוק לשתי מחנות, אבל עכשיו שכבר יצא ממקום סכנה נעשה שלם בבניו להיותם שוב באגודה אחת (נזר הקודש):

פירוש מהרז"ו

ה' וגו, והאכלתיך נחלת יעקב אביך, הרי שזהו נחלת יעקב שהתענג על ה', ותשא אל אלוה פניך שאיקונין של יעקב חקוקה בכסא הכבוד כמו שמבואר לעיל (עח, ג), תעתיר אליו וישמעך ונדריך תשלם כמפורש כל זה ביעקב בפרשיות אלו, ותגזר אומר ויקם לך שאמר אם יהיה אלהים עמדי, והשיב לו והנה אנכי עמך ושמרתיך בכל אשר תלך, וזה היה בהליכתו לחרן ועל חזירתו אמר ושבתי בשלום, וכן הבטיחו והשיבותיך אל האדמה, ובחזירתו כו' נגה לו אור כמו שאמר (לב, לב) ויזרח לו השמש כמו שכתב לעיל (עח, ה) ובאגדת בראשית (סוף פרשה נד) שנגה לו אור בדרכיו בלכתו ובשובו, וזהו ועל דרכיך וכאשר היה ליעקב יקום גם לך, וזהו ויקם לך. עיין ילקוט (איוב רמז תתקח): **(ד) הזורעים בדמעה.** מדרש תהלים (מזמור קכו) וילקוט שם (רמז תתפא) שההשתדלות להשיג הברכות היה בצער גדול כמו שמבואר (סה, כב) באריכות: **ובכה נושא משך הזרע.** כשראה את רחל שחשב שכל זרעו יהיה ממנה אז בכה, ומה שנאמר (תהלים קכו, ו) נושא אלומותיו לפי המשל על אלומות התבואה, והנמשל בנים ובנות וכמו שמבואר לקמן (פב, ח) ושם נסמן ומבואר אודות הבנות: **(ה) שלם בגופו.** שנתרפא מצלעתו כמו שמבואר (עח, ד): **שלם בבנים.** כמו שמבואר לעיל (עה,יב), עיין מה שכתבתי שם ותבין כאן:

רש"י

על שני דרכיך נגה אור. בהליכה ובחזרה. **לפי שהוא אומר אם יהיה אלהים עמדי** ושמרני בדרך הזה, וכן היה **והנה אנכי עמך ושמרתיך. ושבתי בשלום.** והשיבותיך: **(ד) נושא משך הזרע.** שמשך זרעו של אביו לבית לבן. **בא יבא ברנה נושא אלומותיו.** מודליה משוי כדגרסינן דלי מאניה, שחזר טעון כל טוב. **אתי טעון עולימים ועולימיתה:**

מתנות כהונה

שני דרכיך. דרכיך תרתי משמע מדלא כתיב דרכך. ושני הדרכים הם אחד בלכתו ואחד בשובו כדמפרש ואזיל: **[ד] שנמשך.** על ידי קבלת הברכות בברחו מפני עשו: **עולימין ועולימתא.** נערים ונערות, ודרש אלומותיו עלומותיו בחילוף עי"ן באל"ף:

אשד הנחלים

וא"כ אין כוחותיך שלמים עודנה, אחר כי לא הורגלת זאת מנעוריך, ולכן מוכרח אתה להצרף שתתעורר לטוב ע"י יסורים, ואז ישלם לך הקב"ה נות צדקך. ויעקב מפני שהיה איש תם מנעוריו, ולכן בא שלם בשלימות בלי שום חסרון וניצול מכל, אבל אתה חתנו [כדעתם שנשא דינה] מוכרח להתעוררות. עיין לעיל ריש הפרשה והבן: **וכתיב ויבא.** כלומר שבא בשלימות הן בלכתו והן בשובו: **[ד] שזרע את הברכות.** צייר בכתוב המדבר בגאולה העתידה במהרה בימינו, שבאה ע"י עמל גדול וצרופים רבים, כי הטוב הרב בא אחר עמל גדול להשיגה, כמו הקצירה הטובה אחר עמל הזריעה, כי הזריעה היא הכנה להוצאת הפרי בפועל. וכן אבינו יעקב אשר כל הצלחתינו נובעים מברכותיו קרה לו כן, שנטילת הברכות היה בעמל מחמת עשו אחיו, אך לבסוף נתברך, ואח"כ הוכרח להלוך מעם פני אביו, מפני שבכה והתמרמר מאוד על נטילת הברכות. אך כל זה היה ג"כ על פי השגחה הטובה, וכדי שימשוך למקום אשר שם זרעו נטוע, שמשם ישתל הזרע שבטי יה אשר זה התכלית העליון. וזהו ויבא יעקב שלם, שעתה נשתלם בשלימות, וכל הסיבות היו בתחילה כדי שישתלם בשלימות. **[ה] שלם בממונו.** כלומר אפילו הכי היה נשאר שלם בממונו, כי נתברך בהונו ובצאנו תמור החסרון:

חידושי הרד"ל

[ד] ומשמני הארץ ורוב דגן ותירוש. כן צריך לומר, וזהו יקצורו דהכא:

חידושי הרש"ש

[ד] הלוך ילך וישא יעקב רגליו וילך ארצה בני קדם ובכה כו'. כן הובא בילקוט (רמז קלג): **ובכה.** יתכן דמלת נושא דלהלן צריך להיכתב כאן, ודריש ליה על שכתוב בו וישא את קולו ויבך:

אמרי יושר

הערת בן המחבר] שלם בבניו אף על פי שחטא בדינה ולא נתנה לעשו. שלם בתלמודו אף על פי שנטל שררה [נראה לי השררה שנטל יעקב היא שקרא עצמו אלוה בתחתונים כמו שאמר ז"ל בסוף פרשה ע"ט בפסוק ויקרא ישראל אלוה בעליונים ואני בתחתונים. [יצחק הלרפתי בנו של הרב המחבר] [שלם] בגופו אף על פי שהחניף פני הטיר ולעשו:

מסורת המדרש

ה. מדרש תהלים מזמור קכ"ו. ילקוט תהלים רמז תתפ"א:
ו. שבת דף ל"ג:

אם למקרא

וַיִּדַּר יַעֲקֹב נֶדֶר לֵאמֹר אִם יִהְיֶה אֱלֹהִים עִמָּדִי וּשְׁמָרַנִי בַּדֶּרֶךְ הַזֶּה אֲשֶׁר אָנֹכִי הוֹלֵךְ וְנָתַן לִי לֶחֶם לֶאֱכֹל וּבֶגֶד לִלְבֹּשׁ:
(בראשית כח:כ)

וְהִנֵּה אָנֹכִי עִמָּךְ וּשְׁמַרְתִּיךָ בְּכֹל אֲשֶׁר־תֵּלֵךְ וַהֲשִׁבֹתִיךָ אֶל־הָאֲדָמָה הַזֹּאת כִּי לֹא אֶעֱזָבְךָ עַד אֲשֶׁר אִם עָשִׂיתִי אֵת אֲשֶׁר־דִּבַּרְתִּי לָךְ:
(שם שם טו)

הַזֹּרְעִים בְּדִמְעָה בְּרִנָּה יִקְצֹרוּ: הָלוֹךְ יֵלֵךְ וּבָכֹה נֹשֵׂא מֶשֶׁךְ־הַזָּרַע בֹּא־יָבוֹא בְרִנָּה נֹשֵׂא אֲלֻמֹּתָיו:
(תהלים קכו:ה-ו)

אוּלַי יְמֻשֵּׁנִי אָבִי וְהָיִיתִי בְעֵינָיו כִּמְתַעְתֵּעַ וְהֵבֵאתִי עָלַי קְלָלָה וְלֹא בְרָכָה:
(בראשית כז:יב)

וְיִתֶּן־לְךָ הָאֱלֹהִים מִטַּל הַשָּׁמַיִם וּמִשְׁמַנֵּי הָאָרֶץ וְרֹב דָּגָן וְתִירֹשׁ:
(שם שם כח)

וַיִּשַּׁק יַעֲקֹב לְרָחֵל וַיִּשָּׂא אֶת קֹלוֹ וַיֵּבְךְּ:
(שם כט:יא)

קוּם לֵךְ פַּדֶּנָה אֲרָם בֵּיתָה בְתוּאֵל אֲבִי אִמֶּךָ וְקַח לְךָ מִשָּׁם אִשָּׁה מִבְּנוֹת לָבָן אֲחִי אִמֶּךָ:
(שם כח:ב)

וַיִּשְׁלַח יִצְחָק אֶת יַעֲקֹב וַיֵּלֶךְ פַּדֶּנָה אֲרָם אֶל לָבָן בֶּן בְּתוּאֵל הָאֲרַמִּי אֲחִי רִבְקָה אֵם יַעֲקֹב וְעֵשָׂו:
(שם שם ה)

וַיִּזְרַח לוֹ הַשֶּׁמֶשׁ כַּאֲשֶׁר עָבַר אֶת פְּנוּאֵל וְהוּא צֹלֵעַ עַל יְרֵכוֹ:
(שם לב:לב)

וַיֹּאמֶר אִם יָבוֹא עֵשָׂו אֶל הַמַּחֲנֶה הָאַחַת וְהִכָּהוּ וְהָיָה הַמַּחֲנֶה הַנִּשְׁאָר לִפְלֵיטָה:
(שם שם ט)

אַף עַל גַּב דְּאָמַר רַבִּי אָבוּן בְּשֵׁם רַבִּי אַחָא — Even though R' Avun said in the name of R' Acha: תֵּשַׁע שָׁנִים הָיָה מְכַבֵּד יַעֲקֹב אָבִינוּ אֶת עֵשָׂו בְּאוֹתוֹ הַדּוֹרוֹן — "Our forefather Jacob had been honoring Esau with that gift[55] **for nine years,"**[56] **בְּרַם הָכָא שָׁלֵם בְּמָמוֹנוֹ** — Scripture tell us that **here, however, he was intact in** terms of **his wealth.**[57] **רַבִּי יוֹחָנָן אָמַר: "שָׁלֵם" בְּתַלְמוּדוֹ — R' Yochanan said: [Jacob] was intact in** terms of **his** Torah **learning.**[58] **אֲבָל יוֹסֵף שָׁכַח — However, Joseph did forget** his learning,[59] **שֶׁנֶּאֱמַר "כִּי נַשַּׁנִי אֱלֹהִים אֶת כָּל עֲמָלִי" — as [Scripture] states,** *Joseph called the name of his firstborn Manasseh* ***for "God has made me forget all my toil"*** (below, 41:51). **וּלְהַלָּן הוּא אוֹמֵר — And over there [Scripture] says, "נֶפֶשׁ עָמֵל עָמְלָה לוֹ" — *The toiling spirit toils for itself*** (*Proverbs* 16:26).[60]

§6 וַיִּחַן אֶת פְּנֵי הָעִיר — ***AND HE ENCAMPED BEFORE THE CITY.***

The concluding clause of our verse, *And he encamped* [חָנַן]*"before"* [פְּנֵי] *the city*, implies that Jacob remained *outside* the city. But the beginning of the verse, *Jacob arrived intact at the city of Shechem*, indicates that he actually entered the city! This apparent contradiction prompts the Midrash to offer a homiletic interpretation of the end of our verse:[61]

חָנַן אֶת הַפָּנִים שֶׁבָּעִיר — The verse here means that **[Jacob] was gracious** (חָנַן)[62] **toward the faces** (פָּנִים)[63] **that were in the city; הִתְחִיל מְשַׁלֵּחַ לָהֶם דּוֹרוֹנוֹת** — that is, **he began to send them gifts.** The clause is thus to be rendered: *and he was gracious to the faces of the city*. **דָּבָר אַחֵר, "וַיִּחַן אֶת פְּנֵי הָעִיר" — Another version: *And he was gracious to the faces of the city* — הִתְחִיל מַעֲמִיד הַטְלִיסִין וּמוֹכֵר בְּזוֹל** — this means that **he began to set up shops and sell** goods to the populace **inexpensively.**[64] **הָדָא אָמְרָה — It is thus said שֶׁאָדָם צָרִיךְ לְהַחֲזִיק טוֹבָה לְמָקוֹם שֶׁיֵּשׁ לוֹ הֲנָאָה מִמֶּנּוּ — that a person must show gratitude toward a place from which he derived benefit.**[65]

NOTES

55. I.e., with the kinds of gifts described above in 32:14ff.

56. See 78 §16 above. Our Midrash is saying that Jacob continued appeasing Esau with gifts, from the time they met (see note 54) until he arrived in Shechem nine years later.

57. The word *intact* is used to contrast Jacob's current financial situation to his previous one. The Midrash is saying that by the time he arrived at Shechem, God's blessing of prosperity had compensated for the financial loss that these gifts had entailed (*Eitz Yosef*).

[Even without R' Avun's statement, the Midrash could have made the same point, viz., that God compensated Jacob for the gifts he gave Esau that are mentioned above in 32:14ff. According to R' Avun, however, the miracle was much greater, for God had to replace nine years' worth of gifts (*Yefeh To'ar*).]

58. Because of the troubles Jacob faced while in Laban's house, as well as on the journey back to Canaan, he could have been prone to neglect his studies and forget his learning. The word *intact* indicates that despite his troubles, Jacob's Torah learning had not suffered (*Yefeh To'ar*; see also *Eitz Yosef*).

59. When Joseph was in a similarly trying situation, as a slave in Egypt.

[Alternatively: It was Joseph's wealth (not his troubles) that caused him to neglect his learning; Jacob's wealth did not cause him to do the same (*Yedei Moshe*).]

60. The *toil* of the verse in *Proverbs* refers to the toil of Torah study (see *Sanhedrin* 99b). The Midrash is saying that Joseph's use of the same word indicates that he too was referring to Torah, which God had caused him to forget by having him sold to Egypt as a slave.

Eshed HaNechalim writes that in explaining why he named his son "Manasseh," Joseph said two things: In keeping with the plain meaning of Scripture (that *toils* refers to this-worldly troubles), he praised God for enabling him to forget his troubles. Indeed, this was the primary and proper purpose of the name: to praise God [just as the name Ephraim was given in praise of God (*Yefeh To'ar*)]. However, and in accord with the homiletic meaning of Scripture (that *toils* refers to matters of the *spirit*, i.e., Torah, as per the *Proverbs* verse), he *also* alluded to a negative aspect of his forgetfulness: he bemoaned the fact that the responsibilities of his office in Egypt had caused him to forget some of his learning. Indeed, 41:51 below concludes: *and all my father's household* — a reference to Jacob's spiritual way of life that centered on the study of Torah and wisdom. [The Midrash below (94 §3) states that Joseph remembered the topic of *eglah arufah* (the decapitated heifer; see *Deuteronomy* 21:1-9) that Jacob had been teaching him at the time he was sold. Perforce, our Midrash does not mean that Joseph had forgotten *all* of his learning (see *Yefeh To'ar*).] See Insight Ⓐ.

61. *Maharzu*; *Maharsha* to *Shabbos* 33b s.v. וַיִּחַן אֶת פְּנֵי הָעִיר. [It will emerge, then, that Jacob *did* in fact enter the city (*Maharzu* below, end of this section, s.v. נכנס בערב שבת).]

For a different understanding of the difficulty this passage seeks to address, see *Yefeh To'ar.*

62. Interpreting וַיִּחַן (translated above as *encamped*) as cognate to חֵן, *grace*.

63. Interpreting פְּנֵי (translated above as *before*) more literally, as *faces of*.

64. This version of the exposition interprets וַיִּחַן in the same sense as the preceding version; it differs only in regard to *how* Jacob graced the city's inhabitants. [*Yefeh To'ar* and *Eitz Yosef* posit that according to the version that Jacob sent gifts, the phrase פְּנֵי הָעִיר, *the faces of the city*, refers to the wealthy individuals of the town (see *Rashi* to 41:56 below), while according to this version it refers to the general population of the town.]

65. *Yefeh To'ar*, cited by *Eitz Yosef*, writes that the gratitude was because

INSIGHTS

Ⓐ The Ultimate Wisdom We have followed the interpretation of *Eshed HaNechalim,* that Joseph's allusion to his spiritual toils in the naming of Manasseh was meant to *bemoan* the Torah knowledge he had forgotten in Egypt. Since the name he gave his son offered thanks to God for making him forget his worldly troubles, Joseph felt it necessary to allude to the negative aspect of his forgetfuless as well.

Shem MiShmuel (*Vayechi,* 5673), elaborating on the comments of his father, *R' Avraham of Sochatchov*, author of *Avnei Nezer*, explains Joseph's intent differently. His reference to his forgotten Torah, like his allusion to his forgotten worldly troubles, was intended as a *praise* to God. For whatever he had forgotten from his father's teachings, he had re-learned on his own. He therefore praised God for allowing him to become a scholar who had amassed his Torah knowledge through his own efforts, rather than one who owed all his Torah knowledge to his teacher.

By alluding to this achievement in the name he gave Manasseh, Joseph bequeathed this same independence to *him*. Thus, when Manasseh's descendant Gideon was selected as Judge of Israel, God told him, *Go with this strength of "yours"* (*Judges* 6:14), i.e., with the strength you developed on your own. By contrast, the descendants of Ephraim, to whom Joseph did *not* bequeath this ability, could advance only based on what they absorbed from their teachers. Hence, the Gemara teaches regarding Ephraim's descendant Joshua (*Bava Basra* 75a): "The face of Moses was like the face of the sun; the face of Joshua was like the face of the moon." Like the moon, he had no light of his own; his leadership abilities were all inherited from Moses, who followed God's command to *place some of your majesty on him* (*Numbers* 27:20).

Shem MiShmuel explains further that this was the basis of Joseph's disagreement with Jacob as to whom he should bless with his more important right hand, Ephraim or Manasseh (below, 48:13-20). Joseph thought it should be Manasseh, since he had risen to the higher level of a person who is able to advance independently. Jacob, while acknowledging the value of such achievement, held that there is an even greater attainment: the subordination of independent achievement to the Torah of one's teacher. One who subordinates his independent greatness to that of his even greater teacher thereby becomes, in a sense, *like* his teacher, and thus greater than himself.

Such was the case with Joshua, who earned the surname "bin Nun" ("the son of understanding") because none of Moses' disciples was as discerning as he (see *Ramban* on *Exodus* 33:11). Yet, as noted in the Midrash (*Bamidbar Rabbah* 21 §14), Joshua humbled himself to the point of providing Moses with the most menial services. This descendant of

אַף עַל גַּב דְּאָמַר רַבִּי אָבוּן בְּשֵׁם רַבִּי אַחָא: תֵּשַׁע שָׁנִים הָיָה מְכַבֵּד יַעֲקֹב אָבִינוּ אֶת עֵשָׂו בְּאוֹתוֹ הַדּוֹרוֹן, בְּרַם הָכָא שָׁלֵם בְּמָמוֹנוֹ, רַבִּי יוֹחָנָן אָמַר: "שָׁלֵם" בְּתַלְמוּדוֹ, אֲבָל יוֹסֵף שָׁכַח, שֶׁנֶּאֱמַר (לקמן מא, נא) "כִּי נַשַּׁנִי אֱלֹהִים אֶת כָּל עֲמָלִי", וּלְהַלָּן הוּא אוֹמֵר (משלי טז, כו) "נֶפֶשׁ עָמֵל עָמְלָה לּוֹ":

ו [לג, יח] "וַיִּחַן אֶת פְּנֵי הָעִיר", חָנַן אֶת הַפָּנִים שֶׁבָּעִיר, הִתְחִיל מְשַׁלֵּחַ לָהֶם דּוֹרוֹנוֹת, דָּבָר אַחֵר, "וַיִּחַן אֶת פְּנֵי הָעִיר", הִתְחִיל מַעֲמִיד הַטְּלִיסִין וּמוֹכֵר בְּזוֹל, הָדָא אָמְרָה שֶׁאָדָם צָרִיךְ לְהַחֲזִיק טוֹבָה לְמָקוֹם שֶׁיֵּשׁ לוֹ הֲנָאָה מִמֶּנּוּ, רַבִּי שִׁמְעוֹן בֶּן יוֹחָאי וְרַבִּי אֶלְעָזָר בְּרֵיהּ הֲווּ טְמִירִין בִּמְעָרְתָא י"ג שָׁנָה בְּיוֹמֵי דִּשְׁמָדָא, וְהָיוּ אוֹכְלִים חֲרוּבִין שֶׁל גְּרוֹדָא עַד שֶׁהֶעֱלָה גּוּפָן חֲלוּדָה, לְסוֹף שְׁלֹשׁ עֶשְׂרֵה שְׁנִין נְפַק יָתֵיב עַל תְּרַע מְעָרְתָא, חָמָא חַד צַיָּיד קָאֵים וְצָיֵיד צִפּוֹרִין, וְכַד הֲוָה שָׁמַע רַבִּי *שִׁמְעוֹן בְּרַת קָלָא אָמְרָה מִן שְׁמַיָּא: דִּימוֹס, ° פַּסְגָא, וְכַד הֲוָה שָׁמַע בְּרַת קָלָא אָמְרָה: סְפֶקוּלָא, הֲוָת מִתְּצַדָּה וְנִלְכְּדָה, אָמַר: צִפּוֹר מִבַּלְעֲדֵי שְׁמַיָּא לָא מִתְּצַדְּיָא, עַל אַחַת כַּמָּה וְכַמָּה נֶפֶשׁ דְּבַר נָשׁ,

עץ יוסף

תשע שנים היה יעקב וכו'. דהיינו גם בזמן היותו בסוכות, לפי שעדיין היה מורא מוטל עליו, אבל בבואו שכמה היה שלם בממונו, שה' מלא חסרונו ממקום אחר בבואו לארצו: **שלם בתלמודו.** שכל זמן שהיה בלבן ופחד עשו היה מתבטל קצת מתלמודו: **יוסף שכח תלמודו.** מחמת אנסו שכח עיקר תלמודו: **כי נשני אלהים את כל עמלי.** לרמוז שכחת התורה הנקראת עמל כענין שנאמר (משלי טז, כו) נפש עמל עמלה לו, שעל ידי צערו שכח תלמודו: **(ו) חנן את הפנים שבעיר.** הם העשירים כדדרש לקמן (לג, ו) גבי והרעב היה על פני כל הארץ. ומפרש ויחן לשון מתנת חן דהיינו ששלח להם דורונות: **דבר אחר ויחן כו'.** ופני קאי על כל יושבי העיר שעשה להם חניות והנאה במה שעשה שווקים ומכר להם סחורה בזול לפי שקיבל הנאה מהם, שהבטיחוהו להצילו מכף אויביו. ולכן אמר שוב ויבא יעקב שלם כי שם בטח לבו מפחדו כדפירש הרמב"ן ז"ל (יפה תואר): **שצריך אדם כו'.** וכעובדא דרבי שמעון בר יוחאי וכך אגדתא פליגא אדפרק שני דשבת (לב, ב לג, א) עיין שם: **הוו טמירין כו'.** והיו נחבאים שמה מפני המלכות וכדאיתא באסתר רבה (ג, ז) פסוק גם ושתי: **חרובין של גרודנא.** כן הוא הנוסחא בערוך. ומפרש גרודנא יבשים כלומר גרועים שאין בהם לחלוחית של דבש. וכתב בערוך שבספרים אחרים כתוב של גרודא. ופירושו אילן קרח שאין לו לא אמירין ולא עלין: **נפק כו'.** יצא לו רבי שמעון בר יוחאי על פתח המערה, ראה ליד טופות אחד שעומד וצד טופות. וכשהיה רבי שמעון שמע בית קול אומרת מן השמים דימוס פירוש רחמים והצלה, פסגא, היה אותו עוף ניצל וברח, וכשהיה שומע שבית קול אומרת ספקולא והוא לשון מיתה וטונס, היה אותו עוף ניצוד ונלכד בפח הצייד: **אמר צפור כו'.** אמר רבי שמעון לפור אינו ניצוד מבלעדי גזירה מן השמים על אחת כמה וכמה נפש אדם, לפיכך אלך לי אל מקומי ואם אינו נגזר מן השמים לא אמות ואם חס ושלום נגזר לא יועיל בריחתי:

פירוש מהרז"ו

תשע שנים. וכמו שבא שלם לעיר שכם, כך היתה ברכה זו תמיד אללו, וכמו שאמרו לעיל (נב, ג) אלא אברהם: **שלם בתלמודו.** כמו שמבואר (סח, ז) דברי רבי יוחנן, וכן כאן רבי יוחנן לשיטתו: **אבל יוסף שכח.** לקמן (פו, ה): **נפש עמל עמלה לו.** כמה שאמרו סנהדרין (צט, ב) וזה לשונו כל אדם לעמל יולד איני יודע אם לעמל פה אם לעמל מלאכה, כשהוא אומר (משלי טז, כו) עמלה לו כי אכף עליו פיהו, הוי אומר לעמל פה נברא, ועדיין איני יודע אם לעמל תורה, ואם לעמל שיחה, תלמוד לומר (יהושע א, ח) לא ימוש ספר התורה הזה מפיך, הוי אומר לעמל תורה נברא ולזה כוון כאן: **(ו) חנן את הפנים.** דורש מדה ט"ו, תחלה אמר ויבא יעקב שלם עיר שכם משמע בתוכה, ואחר כך אמר (לג, יח) ויחן את פני העיר ולא בתוכה, על כן דורש מלשון חן וחנן, ומה שכתוב פני העיר פירושו עשירי העיר, וכמו שכתוב בסדר מקץ (מא, נו) והרעב היה על כל פני הארץ ופירש רש"י הם העשירים: **מעמיד הטליסין.** שבת (לג, ב), קהלת רבה (י, י) פסוק חופר גומץ, מדרש אסתר (ג, ז) פסוק גם ושתי המלכה, ירושלמי ריש פ"ט דשביעית. ומה שאמר הטליסין עיין לעיל (עז, ה) מפירוש הערוך אטליסין שווקים, כמו טטלוזא של עזה, והמוסף ערוך כתב פירוש בלשון יוני דבר נקי מן המכס, והירידים קבועים כל שנה במקומות רבים היו חפשים. וכאן עשה זכר טוב על טובה שקבל בדרך שבא לעיר זו אף שבתוך העיר לא קבל טובה, וכן

חידושי הרד"ל

[ו] לא מתצד. הורה בזה שהשגחה הפרטיית אף בבעלי חיים, אך אולי מפני שלידה זו הוא ענין האדם והרווחת הליד בה תלויה:

חידושי הרש"ש

[ה] אף על גב דאמר רבי אבון בשם רבי אחא כו'. לעיל (עח, טז) איתא הוא:

[ו] דבר אחר ויחן את פני העיר כו' למקום שיש לו הנאה ממנה. אולי דרש ויחן כמו ויחן בחילוף אחה"ע לשון הנאה. ועל דרך זה עיין לעיל (סה, יא) ויאמר אליו הנני הדא הוא דכתיב כי יתכן קולו וכו' נראה גם כן שהמליצו יחנן כמו יתכן והוא פעל הנגזר ממלת הנני כמו והניעו לטלות ההרה מן הנני ועליו. ועיין במדבר רבה (י, ג) דדריש והניעו לשון חנייה עיין שם. עד כאן (בשם בני הרב רבי מתתיהו נ"י):

מסורת המדרש

ז. שבת שם. ירושלמי שביעית פ' ט' הלכה א'. אסתר רבה פרשה ג'. קהלת רבה פרשה י' פסוק ח'. מדרש תהלים מזמור י"ז. פסיקתא דרב כהנא פיסקא י'. ילקוט כאן רמז קל"ג:

אם למקרא

וַיִּקְרָא יוֹסֵף אֶת שֵׁם הַבְּכוֹר מְנַשֶּׁה כִּי נַשַּׁנִי אֱלֹהִים אֶת כָּל עֲמָלִי וְאֵת כָּל בֵּית אָבִי:
(בראשית מא:נא)
נֶפֶשׁ עָמֵל עָמְלָה לּוֹ כִּי אָכַף עָלָיו פִּיהוּ:
(משלי טז:כו)

ידי משה

[ה] ויבא יעקב שלם בממונו שלם בתלמודו אבל יוסף שכח שנאמר כי נשני אלהים וגו'. פירוש מכח שלבר יוסף כל הכסף לא עסק בתורה כל לרכו, מה שאין כן יעקב אף שהיה שלם בממונו, מכל מקום היה שלם בתורתו. וקל להבין:

רש"י

(ו) ויחן את פני העיר. התחיל לחנן פנים שבעיר. **התחיל משלח להם דורונות. התחיל מעמיד להם הטליסין, ומוכר** בשוק **בזול: רבי שמעון בן יוחאי.** עשה שלש עשרה שנה טמון במערה הוא ובנו: **אוכלים חרובין דגרודא.** גרועין, **עד שהעלה גופן חלודה. בסופא נפיק יתיב ליה על פום דמערתא חמא חד צייד צייד צפרין, וכד הוה רבי שמעון שמע ברת קלא אמרה מן שמיא דימוס.** רחמים בלשון יון: **הות פסגא.** היתה בורחת והולכת ולא היתה נלכדת בפח. **וכד הוה שמע בת קלא דאמרה ספיקולא.** לשון הריגה, כמו ספקלטור: **הות מיתצדא.** נלכדה בפח: **אמר צפור מבלעדי שמיא לא מיתצדא על חד כמה וכמה נפש בר נש:**

מתנות כהונה

[ה] נפש עמלה. בעמל התורה קמיירי קרא: **[ו] הטליסין.** חנויות. היטלים כמו איטלים וכן פירש הערוך: **הוו טמירין כו'.** היו נחבאים שמה מפני המלכות כדאיתא במדרש אסתר (ג, ז) בפסוק גם ושתי ובפרק במה מדליקין ובמדרש קהלת (י, י) פסוק חופר גומץ: **גרידא.** פירש הערוך יבשים, כלומר גרועים וכן פירש רש"י: **נפק כו'.** רבי שמעון יצא לו על פתח המערה ראה צייד טופות אחד שעמד וצד טופות, וכשהיה רבי שמעון שמע בת קול אומרת מן השמים דימוס, פירש רש"י והערוך רחמים והצלה, **פסגה,** היה אותו עוף ניצול וברח לו, וכשהיה שומע שבת קול אומרת **ספקולא** והוא לשון מיתה וטונס, היה אותו עוף ניצוד

אשד הנחלים

בתלמודו. אף שהיה טרוד בדרכו ורוב פחד אפפוהו, עם כל זה לא מנעוהו מעבודת ה'. ודרש שלם בשלמות הנפש, ולכן כתיב בלא ו': **אבל יוסף כו'.** אף שהיה קריאת שם בנו על דרך התודה והשבח לה' ששכח רוב צרותיו שהיו לו מקדם, עם כל זה רמז בה ג"כ להיות לו למזכרת על דבר שכחו מעט מדרכי התורה מרוב טרדתו להתעסקו בענייני מלוכה, כי לא הניחו עתו להגות בה כראוי, וזהו את כ"ל עמלי, כי יש עמל גופני וזהו איננו טוב, ויש עמל נפשי, כמו שכתוב (משלי טז, כו) נפש עמל עמלה לו, כלומר איננו קרוי עמל, כי עמלו למענו ולמען שלימותו הנצחי, אבל אני נשני ה' את כל עמלי משניהם יחד, וזהו שאמר אח"כ ואת כל בית אבי, כאומר ודואג שנעזב מאתו דרכי בית אבותיו אשר כל עסקיהם רק בתורה וחכמה, אבל הוא מוכרח לעסוק בענייני המדיניות והבן: **[ו] חנן את.** דרש מלשון חנינה משורש חן. וזהו מדרך החכם, כדי שעי"ז ירבו אוהביו ומכיריו ויתחברו אותו ויקחו לקח מפיהו: **הטליסין.** כלומר שמשכם אליו באהבה מעניינים גופנים מאכילת בשר בזול, וגדולה לגימה להמשיך נפש אדם אליו: **מבלעדי שמיא.** להוציא מדעת הסוברים שעל הבעלי חיים איננו שופע רק השגחה הכללית, לא כן, כי אם כל פרט אף מפעולות הבעלי חיים ומקריהם נמשך מהשגחה העליונה. וכל זה נודע לרשב"י על פי רוח עליון הלבוש בו, כי לכל פעולה פרטית יש ממונה ופועל למעלה:

The Midrash cites an incident involving the sage R' Shimon bar Yochai that relates to this exposition:

רַבִּי שִׁמְעוֹן בֶּן יוֹחָאי וְרַבִּי אֶלְעָזָר בְּרֵיהּ הֲווֹ טְמִירִין בִּמְעָרְתָּא י״ג שָׁנָה בְּיוֹמֵי דִשְׁמָדָא – R' Shimon ben Yochai and his son R' Elazar were hidden in a cave for **thirteen years during the days of the** Roman **persecution,**[66] **וְהָיוּ אוֹכְלִים חֲרוּבִין שֶׁל גָּרוֹדָא – and they ate** only **dry carobs,**[67] **עַד שֶׁהֶעֱלָה גוּפָן חֲלוּדָה – and eventually their bodies developed sores.**[68] **לְסוֹף שְׁלֹשׁ עֶשְׂרֵה שְׁנִין נְפַק יְתֵיב עַל תְּרַע מְעָרְתָּא – At the end of thirteen years [R' Shimon ben Yochai] went out and sat at the opening of the cave. חֲמָא חַד צַיָּיד קָאֵים וְצָיֵיד צִיפּוֹרִין – He observed a trapper standing and trapping birds,**[69] **וְכַד הֲוָה שָׁמַע רַבִּי שִׁמְעוֹן בְּרַת קָלָא אָמְרָה מִן שְׁמַיָּא: דִּימוּס – and when R' Shimon would hear a celestial voice proclaim from heaven, "Mercy,"**[70] **הֲוָת פַּסְגָא – [the bird]** approaching the snare **escaped; וְכַד הֲוָה שָׁמַע בְּרַת קָלָא אָמְרָה: סְפֶקוּלָא – and when he heard a celestial voice proclaim, "Condemned," הֲוָת מִתַּצְדָה וְנִלְכְּדָה – [the bird] would be trapped and caught. אָמַר – [R' Shimon]** then **said** to himself, **צִיפּוֹר מִבַּלְעֲדֵי שְׁמַיָּא לָא מִתַּצְדָא – "A bird is not trapped without heaven** so decreeing;[71] **עַל אַחַת כַּמָּה וְכַמָּה נֶפֶשׁ דְּבַר נָשׁ – how much more so, a human life!"**[72]

NOTES

the people of Shechem had promised him protection against attack from Esau; see *Ramban* to our verse. Alternatively, it is possible that Jacob showed gratitude to Shechem for having granted him the right of residence and selling him land; see v. 19. [This seems to be *Maharzu's* understanding.]

66. The Talmud (*Shabbos* 33b) relates that because of a remark R' Shimon bar Yochai made denigrating the Romans, they sentenced him to death. He and his son Elazar hid themselves in a cave, and a carob tree and a spring of water were miraculously created for them. These sustained them for thirteen years, which they spent immersed in the study of Torah. To preserve their clothing, they wore it only while praying. At all other times, they would disrobe and sit in sand up to their necks and study. They developed painful sores as a result of years spent in the abrasive sand.

67. I.e., poor-quality carobs that had no moisture (*Rashi*; *Matnos Kehunah*, citing *Aruch*).

68. See note 66.

69. He had set up a snare with which to catch birds (*Esther Rabbah* 3 §7).

70. See *Tosafos, Avodah Zarah* 16b s.v. דימוס אתה פטור.

71. For as he had just witnessed, the bird would be trapped only when heaven had so decreed. [*Eshed HaNechalim* writes that this indicates that Divine Providence extends to individual animals and not just to individual human beings; see also *Radal*. See Insight Ⓐ.]

72. I.e., life and death depend solely upon Divine decree, and thus it makes no difference whether I flee and hide from the Romans or not (*Eitz Yosef*).

INSIGHTS

Ephraim, too, had reached the level of independent greatness, but chose to subordinate this independence to the views and needs of his teacher Moses. By subordinating his own light, Joshua was able to reflect clearly the blinding rays of his great teacher, and achieve far more than he could have on his own.

Ⓐ The Extent of Divine Providence The extent to which special Divine Providence extends to the animal kingdom is a subject of discussion among the *Rishonim*. *Rambam* writes in *Moreh Nevuchim* (III:17) that while special Providence extends to the general *species* of all animals, it does not extend to the individual animal, whose fate God places under the laws of nature and its elements of randomness. Special Divine Providence directing the events of *individuals* is limited to humankind. (It must be stressed — as *Rambam* says further in that chapter — that the issue here is not one of God's Omniscience. God is all-knowing and surely *aware* of everything. It is only that He allows natural law to operate freely in the case of individual animals, whereas He *directs* the fates of individual humans.) This is also the view of *Ramban* (in his commentary to 18:19 above, and to *Job* 36:7) and of *Sefer HaChinuch* in Mitzvah §169. See also *Sforno* on *Leviticus* 13:47, *R' Moshe Cordevero* in *Shiur Komah*, Ch. 54, and *R' Moshe Chaim Luzzatto* in *Derech Hashem* II:1:3.

Many later authorities, however, insist that while hidden behind the *mask* of nature, special Divine Providence extends to *every* one of God's creatures (see, for example, *Vilna Gaon* in his commentary to *Sifra D'Tzeniyusa* Ch. 5 and in his commentary *Yahel Ohr* to *Zohar, Shelach* [157b]). This is also the view generally accepted among the Chassidic masters. [See the discussion of this matter in *Sifsei Chaim, Pirkei Emunah VeHashgachah*, Vol. 1 pp. 87-92, and in *Minchas Asher* on the *Moadim, Maamar HaHashgachah*, pp. 324-340.]

As mentioned in the note from *Eshed HaNechalim*, our Midrash would seem to support the latter view. Interestingly, *Yaaros Devash* (Vol. II, *Derush* 6 [p. 100 in *Ohr HaSefer* ed.]), cited by *Eitz Yosef* to *Esther Rabbah* 3 §6, suggests that in our Midrash R' Shimon initially believed that a bird could be caught even if its capture had not been decreed in Heaven (in accordance with the former view regarding Providence). After observing that the bird was successfully caught only after a Heavenly voice condemned it, he came to the conclusion that even individual animals do enjoy Divine Providence — and therefore, how much more so did this apply to an individual human being like himself.

[What remains problematic, though, is that R' Shimon surely knew all along that special Providence applies to the individual *human*. What did he learn from observing the incident with the bird that led him to a new decision regarding *himself*? Moreover, *Yefeh Anaf* to *Esther Rabbah* 3 §6 is puzzled by R' Shimon's new decision to abandon his earlier caution. Although one must place his trust in God (*bitachon*), one must also take reasonable precautions to protect himself (*hishtadlus*)! *Yefeh Anaf* answers that R' Shimon construed *his being shown* the incident with the hunter at this time as a Heavenly sign that he could now cease hiding and rely on his trust in God to leave the cave. (Perhaps, this would explain our Midrash according to the view of *Rambam* and *Ramban* as well: Even if there is generally no special Providence for the individual animal, R' Shimon was shown the existence of a special Providence *in this case* to indicate that he was to leave the cave and leave his fate to God.)]

אַף עַל גַּב דְּאָמַר רַבִּי אָבוּן בְּשֵׁם רַבִּי אַחָא: תֵּשַׁע שָׁנִים הָיָה מְכַבֵּד יַעֲקֹב אָבִינוּ אֶת עֵשָׂו בְּאוֹתוֹ הַדּוֹרוֹן, בְּרַם הָכָא שָׁלֵם בְּמָמוֹנוֹ, רַבִּי יוֹחָנָן אָמַר: "שָׁלֵם" בְּתַלְמוּדוֹ, אֲבָל יוֹסֵף שָׁכַח, שֶׁנֶּאֱמַר (לקמן מא, נא) "כִּי נַשַּׁנִי אֱלֹהִים אֶת כָּל עֲמָלִי", וּלְהַלָּן הוּא אוֹמֵר (משלי טז, כו) "נֶפֶשׁ עָמֵל עָמְלָה לּוֹ":

ו [לג, יח] "וַיִּחַן אֶת פְּנֵי הָעִיר", חָנַן אֶת הַפָּנִים שֶׁבָּעִיר, הִתְחִיל מְשַׁלֵּחַ לָהֶם דּוֹרוֹנוֹת, דָּבָר אַחֵר, "וַיִּחַן אֶת פְּנֵי הָעִיר", הִתְחִיל מַעֲמִיד הַטְלִיסִין וּמוֹכֵר בְּזוֹל, הָדָא אָמְרָה שֶׁאָדָם צָרִיךְ לְהַחֲזִיק טוֹבָה לְמָקוֹם שֶׁיֵּשׁ לוֹ הֲנָאָה מִמֶּנּוּ, ז רַבִּי שִׁמְעוֹן בֶּן יוֹחָאי וְרַבִּי אֶלְעָזָר בְּרֵיהּ הֲווֹ טְמִירִין בִּמְעָרְתָּא י"ג שָׁנָה בְּיוֹמֵי דִּשְׁמָדָא, וְהָיוּ אוֹכְלִים חֲרוּבִין שֶׁל גָּרוֹדָא עַד שֶׁהֶעֱלָה גּוּפָן חֲלוּדָה, לְסוֹף שְׁלֹשׁ עֶשְׂרֵה שְׁנִין נְפַק יָתֵיב עַל תְּרַע מְעָרְתָא, חֲמָא חַד צַיָּיד קָאֵים וְצָיֵיד צִיפּוֹרִין, וְכַד הֲוָה שָׁמַע רַבִּי *שִׁמְעוֹן בְּרַת קָלָא אָמְרָה מִן שְׁמַיָּא: דִּימוּס, ° פַּסְגָּא, וְכַד הֲוָה שָׁמַע בְּרַת קָלָא אָמְרָה: סְפֶקוּלָא, הֲוָת מִתַּצְדָה וְנִלְכְּדָה, אָמַר: צִיפּוֹר מִבַּלְעֲדֵי שְׁמַיָּא לָא מִתַּצְדָא, עַל אַחַת כַּמָּה וְכַמָּה נֶפֶשׁ דְּבַר נָשׁ,

רש"י

(ו) **ויחן את פני העיר.** התחיל לחנן פנים שבעיר. **התחיל משלח להם דוריות. התחיל מעמיד להם הטליסין, ומוכר** בשוק **בזול: רבי שמעון בן יוחאי.** עשה שלש עשרה שנה טמון במערה הוא ובנו: **אוכלים חרובין דגרודא.** גרוטין, **עד שהעלה גופן חלודה. בסופא נפיק יתיב ליה על פום דמערתא חמא חד צייד צייד צפרין, וכד הוה רבי שמעון שמע ברת קלא אמרה מן שמיא דימוס.** רחמים בלשון יון: **הות פסגא.** היתה בורחת והולכת ולא היתה נלכדת בפח. **וכד הוה שמע בת קלא דאמרה ספיקולא.** לשון הריגה, כמו ספקלטור: **הות מיתצדא.** נלכדה בפח: **אמר צפור מבלעדי שמיא לא מיתצדא על חד כמה וכמה נפש בר נש:**

מתנות כהונה

[ה] **נפש עמלה.** בעמל התורה קמיירי קרא: [ו] **הטליסין.** חנויות. היטלים כמו איטלים וכן פירש הערוך: **הוו טמירין כו'.** היו נחבאים שמה מפני המלכות כדאיתא במדרש אסתר (ג, ז) בפסוק גם ושתי ובפרק במה מדליקין ובמדרש קהלת (י, י) פסוק חופר גומץ: **גרידא.** פירש הערוך יבשים, כלומר גרועים וכן פירש רש"י: **נפק כו'.** רבי שמעון יצא לו על פתח המערה ראה צייד עופות אחד שעמד וצד עופות, וכשהיה רבי שמעון שמע בת קול אומרת מן השמים דימוס, פירש רש"י והערוך רחמים והצלה, **פסגה,** היה אותו עוף ניצול וברח לו, וכשהיה שומע שבת קול אומרת **ספקולא** והוא לשון מיתה ועונש, היה אותו עוף ניצוד

עץ יוסף

תשע שנים היה יעקב וכו'. דהיינו גם בזמן היותו בסוכות, לפי שעדיין היה מוראו מוטל עליו, אבל בבואו שכמה היה שלם בממונו, שה' מלא חסרונו ממקום אחר בבואו לארצו: **שלם בתלמודו.** שכל זמן שהיה בצער ופחד עשו היה מתבטל קצת מתלמודו: **יוסף שכח תלמודו.** מחמת אנסו שכח עיקר תלמודו: **כי נשני אלהים את כל עמלי.** לרמוז שכחת התורה הנקראת עמל כענין שנאמר (משלי טז, כו) נפש עמל עמלה לו, שעל ידי צערו שכח תלמודו: (ו) **חנן את הפנים שבעיר.** הם העשירים כדדרש לקמן (צ, ו) גבי והרעב היה על פני כל הארץ. ומפרש ויחן לשון מתנת חן דהיינו ששלח להם דורונות: **דבר אחר ויחן כו'.** ופני קאי על כל יושבי העיר שעשה להם חנינה והנאה במה שעשה שווקים ומכר להם סחורה בזול לפי שקיבל הנאה מהם, שהבטיחוהו להצילו מכף אויביו. ולכן אמר שוב ויבא יעקב שלם כי שם בטח לבו מפחדו כדפירש הרמב"ן ז"ל (יפה תואר): **שצריך אדם כו'.** וכעובדא דרבי שמעון בר יוחאי והך אגדתא פליגא אדפרק שני דשבת (לג, ב לג, א) עיין שם: **הוו טמירין כו'.** והיו נחבאים שמה מפני המלכות וכדאיתא באסתר רבה (ג, ז) פסוק גם ושתי: **חרובין של גרודנא.** כן הוא הנוסחא בערוך. ומפרש גרודנא יבשים כלומר גרועים שאין בהם לחלוחית של דבש. וכתב בערוך שבספרים אחרים כתוב של גרודא. ופירושו אילן קרח שאין לו לא אמירין ולא עלין: **נפק כו'.** יצא לו רבי שמעון בר יוחאי על פתח המערה, ראה ציד עופות אחד שעומד וצד עופות. וכשהיה רבי שמעון שמע בית קול אומרת מן השמים דימוס פירוש רחמים והצלה, פסגא, היה אותו עוף ניצל וברח, וכשהיה שומע שבית קול אומרת ספקולא והוא לשון מיתה ועונש, היה אותו עוף ניצוד ונלכד בפח הצייד: **אמר צפור כו'.** אמר רבי שמעון לפור אינו ניצוד מבלעדי גזירה מן השמים על אחת כמה וכמה נפש אדם, לפיכך אלך לי אל מקומי ואם אינו נגזר מן השמים לא אמות ואם חס ושלום נגזר לא יועיל בריחתי:

פירוש מהרז"ו

תשע שנים. וכמו שבא שלם לעיר שכם, כך היתה ברכה זו תמיד אצלו, וכמו שאמרו לעיל (נב, ג) אצל אברהם: **שלם בתלמודו.** כמו שמבואר (סט, ז) דברי רבי יוחנן, וכן כאן רבי יוחנן לשיטתו: **אבל יוסף שכח.** לקמן (פו, ה): **נפש עמל עמלה לו.** כמה שאמרו סנהדרין (צט, ב) וזה לשונו כי אדם לעמל יולד איני יודע אם לעמל פה אם לעמל מלאכה, כשהוא אומר (משלי טז, כו) עמלה לו כי אכף עליו פיהו, הוי אומר לעמל פה נברא, ועדיין איני יודע אם לעמל תורה, ואם לעמל שיחה, תלמוד לומר (יהושע א, ח) לא ימוש ספר התורה הזה מפיך, הוי אומר לעמל תורה נברא ולזה כוון כאן: (ו) **חנן את הפנים.** דורש מדה ט"ו, תחלה אמר ויבא יעקב שלם עיר שכם משמע בתוכה, ואחר כך אמר (לג, יח) ויחן את פני העיר ולא בתוכה, על כן דורש מלשון חן וחנן, ומה שכתוב פני העיר פירושו עשירי העיר, וכמו שכתוב בסדר מקץ (מא, נו) והרעב היה על כל פני הארץ ופירש רש"י הם העשירים: **מעמיד הטליסין.** שבת (לג, ב), קהלת רבה (י, י) פסוק חופר גומץ, מדרש אסתר (ג, ז) פסוק גם ושתי המלכה, ירושלמי ריש פ"ט דשביעית. ומה שאמר הטליסין עיין לעיל (עז, ה) מפירוש הערוך אטליסין שווקים, כמו עטלוזא של עזה, והמוסף ערוך כתב פירוש בלשון יוני דבר נקי מן המכס, והירידים קבועים כל שנה במקומות רבים היו חפשים. וכאן עשה זכר טוב על טובה שקבל בדרך שבא לעיר זו אף שבתוך העיר לא קבל טובה, וכן

חידושי הרד"ל

[ו] **לא מתצד.** הורה בזה שהשגחה הפרטית אף בבעלי חיים, אך אולי מפני שצידה זו הוא ענין האדם והרווחת הציד בה תלויה:

חידושי הרש"ש

[ה] **אף על גב דאמר רבי אבון בשם רבי אחא כו'.** לעיל (עח, טז) איתא הוכא:

[ו] **דבר אחר ויחן את פני העיר כו' למקום שיש לו הנאה ממנה.** אולי דרש ויחן כמו ויהן בחילוף אחה"ע לשון הנאה. ועל דרך זה עיין לעיל (סה, יא) ויאמר אליו הנני הדא הוא דכתיב כי יתנן קולו וכו' נראה גם כן שהמלות יתנן כמו יהנן והוא פעל הנגזר ממלת הנני כמו ותהינו לעלות ההרה מן הנני ועלינו. ועיין במדבר רבה (יז, ג) דדריש ותהינו לשון הנייה עיין שם. עד כאן (בשם בני הרב רבי מתתיהו נ"י):

מסורת המדרש

ז. שבת שם. ירושלמי שביעית פ' ט' הלכה א'. אסתר רבה פרשה ג'. קהלת רבה פרשה י' פסוק ח'. מדרש תהלים מזמור י"ז. פסיקתא דרב כהנא פיסקא י'. ילקוט כאן רמז קל"ג:

אם למקרא

וַיִּקְרָא יוֹסֵף אֶת שֵׁם הַבְּכוֹר מְנַשֶּׁה כִּי נַשַּׁנִי אֱלֹהִים אֶת כָּל עֲמָלִי וְאֵת כָּל בֵּית אָבִי:
(בראשית מא:נא)

נֶפֶשׁ עָמֵל עָמְלָה לּוֹ כִּי אָכַף עָלָיו פִּיהוּ:
(משלי טז:כו)

ידי משה

[ה] **ויבא יעקב שלם בממונו שלם בתלמודו אבל יוסף שכח שנאמר כי נשני אלהים וגו'.** פירוש שמכח שלבר יוסף כל הכסף לא עסק בתורה כל צרכו, מה שאין כן יעקב אף שהיה שלם בממונו, מכל מקום היה שלם בתורתו. וקל להבין:

אשר הנחלים

בתלמודו. אף שהיה טרוד בדרכו ורוב פחד אפפוהו, עם כל זה לא מנעוהו מעבודת ה'. ודרש שלם בשלמות הנפש, ולכן כתיב בלא ו': **אבל יוסף כו'.** אף שהיה קריאת שם בנו על דרך התודה והשבח לה' ששכח רוב צרותיו שהיו לו מקדם, עם כל זה רמז בה ג"כ להיות לו למזכרת על דבר שכחו מעט מדרכי התורה מרוב טרדתו להתעסקו בענייני מלוכה, כי לא הניחו עתו להגות בה כראוי, וזהו את כ"ל עמלי, כי יש עמל גופני וזהו איננו טוב, ויש עמל נפשי, כמו שכתוב (משלי טז, כו) נפש עמל עמלה לו, כלומר איננו קרוי עמל, כי עמלו למענו ולמען שלימותו הנצחי, אבל אני נשני ה' את כל עמלי משניהם יחד, וזהו שאמר אח"כ ואת כל בית אבי, כאומר ודואג שנעזב מאתו דרכי בית אבותיו אשר כל עסקיהם רק בתורה וחכמה, אבל הוא מוכרח לעסוק בענייני המדיניות והבן: [ו] **חנן את.** דרש מלשון חנינה משורש חן. וזהו מדרך החכם, כדי שעי"ז ירבו אוהביו ומכיריו ויתחברו אותו ויקחו לקח מפיהו: **הטליסין.** כלומר שמשכם אליו באהבה מעניינים גופנים מאכילת בשר בזול, וגדולה לגימה להמשיך נפש אדם אליו: **מבלעדי שמיא.** להוציא מדעת הסוברים שעל הבעלי חיים איננו שופע רק השגחה הכללית, לא כן, כי אם כל פרט אף מפעולות הבעלי חיים ומקריהם נמשך מהשגחה העליונה. וכל זה נודע לרשב"י על פי רוח עליון הלבוש בו, כי לכל פעולה פרטית יש ממונה ופועל למעלה:

נְפַק וְאַשְׁכַּח מִילַּיָּא מְשַׁדְּכָן וְנִתְבַּטְּלָה הַגְּזֵירָה — He went out of the cave and found that matters were calm and the Roman decree sentencing him to death had been annulled.[73] אֲתוֹן וְאַסְחוֹן בַּהֲדָא בֵּי בָּנֵי דְּבֵית מוֹקֵד דִּטְבֶרְיָא — [R' Shimon and his son] went and bathed in the hot springs of Tiberias.[74] אֲמַר לֵיהּ בְּרֵיהּ — His son said to him, כָּל הָדָא טָבְתָא עֲבָדַת לָן טְבֶרְיָא — "Tiberias has done all this good for us,[75] וְלֵית אֲנַן מְדַכָּן יָתָהּ מִן קָטוֹלַיָּא — and we are not going to purify it from the dead?!"[76] אֲמַר: צְרִיכִים אָנוּ לַעֲשׂוֹת טוֹבָה כְּדֶרֶךְ שֶׁהָיוּ אֲבוֹתֵינוּ עוֹשִׂין — [R' Shimon] said, "Indeed, we must do a good deed for it as our ancestors did for the city that had benefited them,[77] שֶׁהָיוּ עוֹשִׂין אִיטְלִיסִין וּמוֹכְרִין בְּזוֹל — their good deed being that they made shops and sold goods to the populace inexpensively." אֲמַר: צְרִיכִין אֲנַן לְדַכָּיָא טְבֶרְיָא — He said, "We must purify Tiberias."

R' Shimon bar Yochai and his son rid Tiberias of its contamination:

מָה עֲבַד — What did [R' Shimon bar Yochai] do? נְסַב תֻּרְמוּסָא — He took a lupine, וַהֲוָה מְקַצֵּץ תֻּרְמוּסָא — and he was chopping the lupine, וְשָׁדֵי קְצוּצוֹתֵיהּ וּמְקַלֵּק בַּשּׁוּק — and he threw its pieces and scattered them in the thoroughfare. וְכָל אַתְרָא דַּהֲוָה קְטִילָא סָלֵיק — And every place that there was a corpse buried, it rose up,[78] וְאִינּוּן מַפְּקִין וְנָפְקִין — and [R' Shimon and his son] would take it away and bring it outside of the city for burial. וְכָל מָקוֹם שֶׁלֹּא הָיְתָה שָׁמָּה טוּמְאָה תֻּרְמוּסָא עוֹמֶדֶת — But wherever there was no contamination, the lupine would remain stationary on the ground.[79] וְהוּא מְצַיֵּין אֵיזֶה מְקוֹם טוּמְאָה וּמְקוֹם טָהֳרָה — And [R' Shimon] would mark the place of contamination and the place of purity,[80] עַד זְמַן דְּדַכֵּי יָתָהּ מִן קְטִילַיָּא — until eventually he had purified [Tiberias] in its entirety from corpses.[81]

An attempt is made to discredit R' Shimon ben Yochai:

חַמְתֵיהּ חַד כּוּתִי עַם דְּאַרְעָא — An unlearned Cuthean[82] saw [R' Shimon] purifying the city, אֲמַר: לֵית אֲנָא אָזֵיל וּמְדַחֵיךְ בְּהָדֵין סָבָא דִּיהוּדָאֵי — and he said, "Shall I not go and ridicule that old Jew?" אִית דְּאָמְרִי מִן הָדֵין שׁוּקָא דְּגַרְגִּינָא — Some say that it was from the wicker-net market,[83] וְאִית דְּאָמְרִי מִן הָדֵין שׁוּקָא דְּסַקָּאֵי — and some say, that it was from the sack market, נְסַב קְטִיל — that [the Cuthean] took a corpse, וּטְמָרֵיהּ בְּשׁוּקָא דַּהֲוָה מְדַכֵּי — and he buried it in a thoroughfare that had already been purified. בְּצַפְרָא אֲזַל אֲמַר לְהוֹן — On the following morning [the Cuthean] went and said to [the Jews], אַמְרִיתוּן דְּדַכֵּי בֶּן יוֹחָאי טְבֶרְיָא — "You say that the son of Yochai has purified Tiberias. אֲתוֹן חֲמוֹן הָדֵין קְטִילָא — Come and see this corpse!" {נוּסַח אַחֵר: אֲזַל לְגַבֵּיהּ אֲמַר לֵיהּ — {Another version: [The Cuthean] went directly to [R' Shimon] and said to him, לָא דַּכֵּיתָא שׁוּק פְּלָן — "Did you not purify thoroughfare such-and-such?"[84] אֲמַר לֵיהּ: הֵין — [R' Shimon] said to him, "Yes, I did." אֲמַר לֵיהּ: וְאִין אַפֵּיקִית לָךְ מֵיתִין מִן בַּתְרָךְ — [The Cuthean] then said to him, "And what will you say if I can bring out dead bodies from that thoroughfare after you supposedly purified it?" אֲמַר לֵיהּ: גּוּד — [R' Shimon] said to [the Cuthean], "Bring it out." חַמִּי לֵיהּ — [The Cuthean] showed [R' Shimon] the grave.[85]} צָפָה רַבִּי שִׁמְעוֹן בֶּן יוֹחָאי בְּרוּחַ הַקּוֹדֶשׁ שֶׁהוּא נְתָנוֹ שָׁם — R' Shimon ben Yochai discerned through Divine Inspiration that it was [the Cuthean] himself who had placed [the corpse] there. אֲמַר גּוֹזֵר אֲנִי עַל הָעֶלְיוֹן שֶׁיֵּרֵד וְעַל הַתַּחְתּוֹן שֶׁיַּעֲלֶה — [R' Shimon] said, "I decree regarding the upper one that he should descend, and regarding the lower one that he should arise,"[86] וַהֲוָה כֵן — and it was so.[87]

R' Shimon finds opposition even among the Jews:

וּסְלֵיק וּשְׁבַת בְּבֵיתֵיהּ — [R' Shimon] went up out of Tiberias[88] and spent the Sabbath in his own home,

NOTES

73. See note 66. Thus, he was no longer in danger.

74. [Lit., *in the bathhouse of the furnace of Tiberias.*] These hot springs are known until today for their therapeutic qualities. R' Shimon bar Yochai and his son bathed there to rid their bodies of the sores (*Eitz Yosef*, based on *Shabbos* 33b).

75. That is, Tiberias has healed us from the effects of our 13-year stay in the cave by means of its hot springs (*Eitz Yosef*; see also *R' Shlomo Sirilio* on *Sheviis* 9:1 s.v. הדא טבתא). Additionally: The people of Tiberias were aware of our hiding place but they did not inform the Roman authorities (*R' Shlomo Sirilio* ibid., s.v. לעשות תקנה).

76. There were corpses buried under several of the thoroughfares of Tiberias, but their precise location was unknown. The Kohanim, who are prohibited from contact with the dead, were forced to circumvent those streets (*Rashi, Matnos Kehunah* and *Eitz Yosef*, based on *Shabbos* 33b-34a; see *Rashi* there s.v. ואית להו צערא לאקופי).

77. That is, as Jacob had done for the people of Shechem.

78. That is, R' Shimon bar Yochai miraculously caused the corpses to rise up out of the ground (*Eitz Yosef*, based on *Rashi* to *Shabbos* 34a; see, however, *Rashash*). According to *Rashi* and *Matnos Kehunah* here, R. Shimon performed this miracle by uttering the Name of God over the lupines.

[The Gemara in *Shabbos* loc. cit. (as explained by *Rashi* there) states that R' Shimon bar Yochai first sought to verify that the area was not an established cemetery, for if it *had* been, he would not have been permitted to exhume the graves. He found an elderly man who told him that many years earlier, R' Yochanan ben Zakkai had planted lupines of *terumah* there — something that could have occurred only in a pure (*tahor*) area. *Matnos Kehunah* and *Eitz Yosef* explain that this is why R' Shimon bar Yochai used lupines for this procedure.]

79. I.e., nothing extraordinary occurred.

80. He would mark which areas he had already purified from corpses and which areas he had not.

81. *Matnos Kehunah.*

82. [The Cutheans were descendants of the heathen inhabitants of Cuthea and other lands whom the Assyrians had settled in Samaria (northern Israel) and who subsequently accepted Judaism (see further, *II Kings* 17:24-28). For the most part they remained unlearned, interpreting the Torah in a distorted fashion and rejecting the teachings of the Sages. See *Gittin* 10a.]

83. Wicker nets were used in olive presses and winepresses; see *Avodah Zarah* 56b (*Matnos Kehunah, Eitz Yosef*). Alternatively, גַרְגִּינָא is the name of an herb (ibid.).

84. That is, the thoroughfare where he had reburied the corpse.

85. Where he had buried the corpse (*Matnos Kehunah, Eitz Yosef*).

86. I.e., the Cuthean who was erect and above ground should die and be buried, while the dead corpse should be revivified (*Rashi*; *Pnei Moshe* and *Mahara Fulda* on *Sheviis* loc. cit.).

87. The dead man returned to life, while the Cuthean died and was buried.

88. Tiberias was located in a valley (see *Shabbos* 118b).

נְפַק וְאַשְׁכַּח מִילַּיָּא מְשַׁדְּכָן וְנִתְבַּטְּלָה הַגְּזֵירָה, אֲתוֹן וְאַסְחוֹן בַּהֲדָא בֵּי בָּנֵי דְּבֵית מוֹקֵד דִּטְבֶרְיָא, אֲמַר לֵיהּ בְּרֵיהּ: כָּל הָדָא טָבְתָא עֲבָדַת לָן טְבֶרְיָא וְלֵית אֲנַן מְדַכְּיָן יָתַהּ מִן קְטוֹלַיָּא, אֲמַר: צְרִיכִים אָנוּ לַעֲשׂוֹת טוֹבָה כְּדֶרֶךְ שֶׁהָיוּ אֲבוֹתֵינוּ עוֹשִׂין, שֶׁהָיוּ עוֹשִׂין אִיטְלִיסִין וּמוֹכְרִין בְּזוֹל, אֲמַר: צְרִיכִין אֲנַן לְדַכָּיָא טְבֶרְיָא, מָה עֲבַד, נְסַב תְּרְמוּסָא וַהֲוָה מְקַצֵּץ תְּרְמוּסָא וְשָׁדֵי קְצוּצוֹתֵיהּ וּמְקַלֵּק בַּשּׁוּק, וְכָל אַתְרָא דַּהֲוָה קְטִילָא סָלֵיק וְאִינּוּן מַפְּקִין וְנָפְקִין, וְכָל מָקוֹם שֶׁלֹּא הָיְתָה שָׁמָּה טוּמְאָה תְּרְמוּסָא עוֹמֶדֶת, וְהוּא מְצַיֵּין אֵיזֶה מְקוֹם טוּמְאָה וּמְקוֹם טָהֳרָה עַד זְמַן דְּדַכֵּי יָתַהּ מִן קְטִילַיָּא, חַמְתֵיהּ חַד כּוּתִי עַם דְּאַרְעָא, אֲמַר: לֵית אֲנָא אָזֵיל וּמְדַחֵיךְ בְּהָדֵין סָבָא דִּיהוּדָאֵי, אִית דְּאָמְרִי מִן הָדֵין שׁוּקָא דְּגַרְגִּינָא, וְאִית דְּאָמְרִי מִן הָדֵין שׁוּקָא דְּסַקָּאֵי, נְסַב קְטִיל וּטְמָרֵיהּ בְּשׁוּקָא דַּהֲוָה מְדַכֵּי, בְּצַפְרָא אֲזַל אֲמַר לְהוֹן: אַמְרִיתוּן דְּדַכֵּי בֶּן יוֹחָאי טְבֶרְיָא, אֲתוֹן חֲמוֹן הָדֵין קְטִילָא {נוּסַח אַחֵר: אֲזַל לְגַבֵּיהּ אֲמַר לֵיהּ: לָא דַּכֵּיתָא שׁוּק פְּלָן, אֲמַר לֵיהּ: הֵין, אֲמַר לֵיהּ: וְאִין אַפֵּיקִית לָךְ מֵיתִין מִן בַּתְרָךְ, אֲמַר לֵיהּ: גּוּד, חַמִּי לֵיהּ}, צָפָה רַבִּי שִׁמְעוֹן בֶּן יוֹחָאי בְּרוּחַ הַקּוֹדֶשׁ שֶׁהוּא נְתָנוֹ שָׁם, אָמַר: גּוֹזֵר אֲנִי עַל הָעֶלְיוֹן שֶׁיֵּרֵד וְעַל הַתַּחְתּוֹן שֶׁיַּעֲלֶה, וַהֲוָה כֵן, וּסְלֵיק וּשְׁבַת בְּבֵיתֵיהּ

היה המעשה דרבי שמעון בן יוחאי היה סמוך לטבריא עשו הזכרון בעיר טבריא עלמה, ובקהלת רבה (שם) הגירסא ואתסון בהדא מוקד דטבריא פירוש שנתרפאו בחמי טבריא:

נפק כו'. יצא ומצא שדברי הגזירה היה שקט: **אתון כו'.** באו רבי שמעון ובנו והרחיצו עצמן בבית המרחץ של בית מוקד של טבריא, פירוש במי חמין של טבריא כדי לרפאות גופם מן החלודה וכדמשמע בפרק שני דשבת: **בכל הדא טבתא כו'.** פירוש כל אלו הטובות עשתה לנו עיר טבריא שנתעסקה ברפואותינו, ואין אנו מטהרים השווקים מן המתים שלא להטריח לכהנים לסבב את הדרך: **איטליסין.** פירוש חנויות: **לדכיא.** לטהר: **נסיב תורמסן כו'.** פירוש לקח תורמוסין וחתכן והשליך החתיכות בשוק. וכל מקום שהיה שם מת קבור היה עולה. וזה היה על ידי נס. והא דעשו זה על ידי תורמסין הוא לפי שנודע לו ששוק טבריא היה בחזקת טהרה מימים הקדמונים על ידי עדות שקלן שם בן זכאי תורמוסי תרומה כדאיתא בפרק ב' דשבת: **ואינון מפקין ונפקין.** פירוש והם היו מוליאין אותו לקוברו חוץ לעיר: **עומדות.** במקומו ולא היה מת עולה מתחתיו: **עד זמן כו'.** עד שטהרו מכל וכל: **חמתיה כו'.** ראה אותו כותי עם הארץ. אמר וכי לא אלך לשחוק וללעוג בזה זקן היהודים: **אית דאמרי כו'.** יש אומרים שנטל מת משוק גרגינא שמוכרים שם עקלים לבית הבד, או הוא מין עשב. ויש אומרים שמוכרים שם שקים. וקבר והחביא אותו בשוק של טבריא שהיה רבי שמעון מטהר, וְלַבֹּקֶר הלך ואמר אל היהודים לא אמרתם שטיהר רבי שמעון מקום טבריא: **אתון חמון כו'.** בואו וראו המת הזה: **לגביה.** אצל רבי שמעון ואמר ליה לא אמרת טיהרת שוק פלוני: **ואין אפיקית כו'.** ואם אוציא לך משם מתים מה תאמר: **גוד.** לשון משיכה והוצאה, כלומר הוצא המת כאשר אמרת: **חמי ליה.** הראה אותו כותי לרבי שמעון את הקבר: **העליון.** אותו כותי: **התחתון.** המת שטמון: **וסליק.** רבי שמעון עלה והיה עושה שבת בביתו. והוא עובר לפני מגדל נבטים והיה שומע קול איש דנקאי, ספרא, שאמר לבריות לא אמרתם שטיהר רבי שמעון את טבריא והלא אמרו שמלאו אחריו מת אחד. אמר רבי שמעון יבא עלי כך וכך אם לא כו':

רש"י

נפק ואשכח מילייא משדכן. דברי גזרתו שקטים: **אמר ליה בריה.** אבא **כל הדא טבתא עבדת לן טבריא ולית אנן מדכין יתה מן קטוליא.** שלא להטריח הכהנים להקיף: **מה עבד נסב תורמוסא והוה מקצץ תורמוסיה ושדי קציצתיה.** חתיכות שהיה לוחש עליה. **וקטילא סלוק ואינון מדרין ומפקי.** נושאין ומוציאים. **וכל מקום שלא היה שם טומאה תורמוס עומד הוא, ומציין אי זה מקום טומאה ואי זה מקום טהור, עד זמן דדכי יתה מן קטוליא. בלילה קם חד עם דארע אית דאמרין מן הדין שוקא דרגונא, ואית דאמרין מן הדין שוקא דסקאי, נסב חד קטולא וטמריה, בצפרא אמר להון אמריתו דדכי בר יוחאי טבריה אתון חמון הדין קטילא, אתא וקם ליה על גביה, אמר גוזר אני על זה שטמנו לשם דקאים דירבע.** כלומר שירבץ ויפול וימות. **ועל הדין דרבוע יקום.** על המת שיקום **והוה כך: סלק ושבת בביתיה,**

מתנות כהונה

ונלכד בפח הלייד. ובמדרש קהלת ואסתר (שם) הגירסא נהפכת, אבל בירושלמי דמסכת שביעית (פ"ט ה"א) גרס בהדיא בת קול אמרה דימוס ואשתיזב, וכן בפרשת נשא רבה (ז, ג) מוכח דספקולא הוא עונש מיתה. אמר רבי שמעון לפור אינו נילוד בלעדי גזירה מן השמים על אחת כמה וכמה נפש בן אדם, לפיכך אלך לי אל מקומי ואם אינו נגזר מן השמים לא אמות, ואם נגזר חס ושלום לא יועיל בריחותי: **נפק כו'.** יצא ומצא שדברי הגזירה היו שקטים: **אתון כו'.** באו רבי שמעון ובנו והרחיצו עצמן בבית המרחץ של בית מקוד שבטבריא, פירוש במי חמין של טבריא, אמר ליה בנו לרבי שמעון כל אלו הטובות עשתה לנו עיר טבריא ואין אנו מטהרין השווקים מן המתים, ופירש רש"י שלא להטריח הכהנים להקיף, ובפרק במה מדליקין (שבת לג, ב) איתא להאי עובדא בסיגנון אחר: **שהיו עושין איטלסי.** כן דרשו חז"ל בפרק במה מדליקין (שם) מויקן פני העיר, וכן הוא לקמן במדרש קהלת(י, י) בפסוק חופר גומץ, ובפרק במה מדליקין פירש רש"י שנראה לו דדייק מויקן לשון תקנה: **איטלסין.** חנויות: **הכי גרסינן ומוכרין בזול עשו אטליס ומכרו בזול.** והכי איתא במדרש קהלת (שם) ובמדרש אסתר (שם): **תורמסא.** לפי שנודע לו ששוק טבריה היה בחזקת טהרה בימים קדמונים על ידי עדות שקילן בן זכאי משם תורמסי תרומה כדאיתא בפרק במה מדליקין (שבת לד, א): **ושדי קצוצתיה.** גרסינן. פירוש והשליך הקיצות, ובמדרש חזית לא גרס ליה: **ומקלק.** השליך: **וכל אתרא כו'.** וכל מקום שהיה שם מת קבור היה עולה, וזה היה על ידי לחש שהיה לוחש רבי שמעון על התורמסין, וכן פירש רש"י כאן, ובפרק במה מדליקין (שם): **הכי גרס בילקוט** (רמז קלג) **ואינון מפקין ונפקין.** פירוש והם היו מוליאין אותו לקוברו בחוץ לעיר. ורש"י גרס מדדין ונפקין ופירוש נושאין ומוליאין: **עומדת.** במקומו ולא היה מת עולה תחתיו: **עד זמן כו'.** כלומר לא זז מלעשות ככה עד שטהרו מכל וכל: **חמתיה כו'.** ראה אותו כותי אחד עם הארץ אמר וכי לא אלך לשחוק וללעוג בזה זקן היהודים: **ומדחך.** מלעיג לשון חוכא וטלולא: **אית דאמרי כו'.** יש אומרים שנטל מת אחד משוק גרגינא שמוכרין שם עקלים לבית הבד, ערוך ערך גרגי, או הוא מין עשב, ויש אומרים שמוכרים שם שקים, וקבר והחביא אותו בשוק של טבריה שהיה רבי שמעון מטהרו, וְלַבֹּקֶר הלך ואמר להם אל העם היהודים לא אמרתם שטיהר רבי שמעון מקום טבריא: **הכי גרס רש"י ז"ל אתון חמון הדין כו'.** פירש בואו וראו המת הזה: **לגביה.** אצל רבי שמעון ואמרו לו לא טיהרת השוק פלוני ועל אותו שוק שטמן בו אותו מת, אמר כן: **ואין אפיקית.** ואם שאוליא לך מתים מאחריך מה תאמר: **גוד.** לשון משיכה והוצאה כלומר הוצא המת כאשר אמרת: **חמי ליה.** הראה אותו כותי לרבי שמעון את הקבר: **העליון.** אותו כותי: **התחתון.** המת הטמון: **וסליק.** רבי שמעון עלה והיה עושה שבת בביתו והיה עובר לפני מגדל נבטים

חידושי הרש"ש

אמר ליה בריה כו'. כן צריך לומר וכן הוא גירסת המתנות כהונה: **וכל אתרא דהוה קטילא סליק.** פירוש התורמסא: **ומגחיך בהדין סבא כו'.** כן צריך לומר: **אזיל אמר להו אמריתון כו'.** כן צריך לומר:

אמרי יושר

[ו] **נסב תרמוסין.** או בלחש. או אותו שהיה נלקט היה אות שלא היה קרקע בתולה ומת היה שם שהיה חפור:

וַעֲבַר בְּהָדֵין מִגְדְּלָא דְצַבָּעַיָּא — **and he passed by the** town called ***Migdela d'Tzaba'aya.***[89] שְׁמַע קָלָא דְנַקַּאי סַפְרָא אָמַר — **He heard the voice of Nakai the teacher**[90] **saying** to people, לָא אָמְרִיתוּן דִּדְבֵי בַּר יוֹחַאי לִטְבֶרְיָא — **"Did you not say that the son of Yochai has purified Tiberias?**[91] אָמְרִין אַשְׁכְּחוּן חַד קְטִילָא — **They say** that **they** still **found one corpse** there!"[92] אָמַר — **[R' Shimon ben Yochai] said,** יָבֹא עָלַי אִם אֵין בְּיָדִי הֲלָכוֹת כְּשֵׂעָר רֹאשִׁי עַל טְבֶרְיָא שֶׁהִיא טְהוֹרָה — "Such and such **should befall me if I do not have** many **halachic traditions,**[93] as numerous **as the hairs of my head, regarding Tiberias that it is pure,**[94] חוּץ מִזֶּה וּמִזֶּה — **except for this** place **and that** place.[95] וְאַתָּה לֹא הָיִיתָ בַּמִּנְיָן עִמָּנוּ שֶׁנִּטְהֲרָה — **And were you not with us in the tally** of the Sages who determined **that [Tiberias] had been purified?**[96] פָּרַצְתָּ גְּדֵירָן שֶׁל חֲכָמִים — **You have breached the fence of the Sages.**[97] עָלֶיךָ נֶאֱמַר "וּפֹרֵץ גָּדֵר יִשְּׁכֶנּוּ נָחָשׁ" — **Regarding you [Scripture] says,** ***and he who breaches a fence will be bitten by a snake"*** (*Ecclesiastes* 10:8).[98] מִיָּד נַעֲשָׂה גַּל שֶׁל עֲצָמוֹת — **Immediately, [Nakai] became a heap of bones.**[99]

The Midrash relates another incident involving R' Shimon ben Yochai and an impudent challenger:

עָבַר בְּהָדָא בִּקְעַת דְּבֵית נְטוֹפָה — **[R' Shimon]** then **passed through the valley of Beis Netofah,**[100] חֲמָא חַד בַּר נָשׁ קָאִים וּמְלַקֵּט סְפִיחֵי שְׁבִיעִית — where **he saw an individual standing and gathering aftergrowths of the seventh year.**[101] אָמַר לוֹ — **[R' Shimon] said to [the individual],** וְלֹא סְפִיחֵי שְׁבִיעִית הֵן — **"Are they not aftergrowths of the seventh year?"**[102] אָמַר לֵיהּ — **[The person] said back to [R' Shimon],** וְלֹא אַתָּה הוּא שֶׁהִתַּרְתָּ — **"And are you not the one who has permitted** them? לֹא כָךְ תְּנֵינַן — **Have we not learned thus** in a Mishnah: רַבִּי שִׁמְעוֹן אוֹמֵר — **Rabbi Shimon says:** כָּל הַסְּפִיחִין מוּתָּרִין — **All aftergrowths are permitted,**[103] חוּץ מִסְּפִיחֵי הַכְּרוּב שֶׁאֵין כַּיּוֹצֵא בָּהֶם בְּיַרְקוֹת שָׂדֶה — **except for the aftergrowths of cabbage, for the likes of these are not [found] among the vegetables of the field"** (*Sheviis* 9:1)?[104] אָמַר לוֹ — **[R' Shimon] replied to [the person],** וַהֲלֹא חֲבֵירַי חוֹלְקִים עָלַי — **"But do not my colleagues disagree with me?**[105] פָּרַצְתָּ גְּדֵירָן שֶׁל חֲכָמִים — **You have breached the fence of the Sages,**[106] "וּפֹרֵץ גָּדֵר יִשְּׁכֶנּוּ נָחָשׁ" — ***and he who breaches a fence will be bitten by a snake"*** (*Ecclesiastes* 10:8). וְכֵן הֲוָת לֵיהּ — **And so it happened to [that person].**[107]

The Midrash now returns to our verse and offers an alternative exposition:

דָּבָר אַחֵר — **Another interpretation:** "וַיִּחַן אֶת פְּנֵי הָעִיר" — ***And he encamped before the city*** — נִכְנַס בְּעֶרֶב שַׁבָּת עִם דִּמְדּוּמֵי חַמָּה מִבְּעוֹד יוֹם — this means that **[Jacob] arrived** at Shechem **with the reddening of the sun while it was still day** on Friday,[108] וְקָבַע תְּחוּמִין מִבְּעוֹד יוֹם — **and he established** the 2,000-cubit Shabbos **boundary** for himself **while it was still day.**[109]

NOTES

89. A town of this name is mentioned in *Yerushalmi Taanis* 1:6 and 4:5. (*Eitz Yosef*, however, appears to take these words literally, as "the dyers' tower"; see also *Pnei Moshe* and *Mahara Fulda* loc. cit.)

90. He was a teacher of young children (*R' Shlomo Sirilio* to *Sheviis* loc. cit., s.v. קליה דספרא). Alternatively, the word סַפְרָא is to be translated "scholar" (*Mahara Fulda* ibid., s.v. מי עבר).

91. That is, that he has claimed to have removed all the corpses by means of the lupines. [Nakai's reference to R' Shimon bar Yochai as בַּר יוֹחַאי, "the son of Yochai," was meant in a derogatory manner.]

92. Nakai was apparently referring to the corpse produced by the Cuthean. He was using that incident to cast aspersions on the effectiveness of the lupines and thus on the correctness of R' Shimon's ruling.

93. Translation follows *Rashi*. (See *Maharzu*, and see note 96.)

94. I.e., I have traditions from my teachers that Tiberias would one day become pure, and therefore I relied on the lupines to rule Tiberias clean of further contamination. (See *Yefeh To'ar* for a completely different interpretation of R' Shimon's statement.)

95. I.e., except for certain specific locations within Tiberias for which R' Shimon lacked any such tradition (*Rashi*; see, however, *Yefeh To'ar*).

96. That is, you had been part of the conclave of Sages that voted to acknowledge that I had successfully cleansed Tiberias of corpses. [R' Shimon was not necessarily implying that Nakai himself had been given a vote or even that he personally agreed with that position; but at least he was aware that it had been accepted by the majority of the Sages. See *Eitz Yosef* s.v. פרצת. See also *Rashi* to *Shabbos* 34a s.v. ונמנית.]

[*Matnos Kehunah* writes that the "tally of the Sages" was taken with respect to "this place and that place." It seems that he interprets הֲלָכוֹת not as "traditions" that Tiberias would one day become pure, but rather as "laws," i.e., legal rulings that most of Tiberias was *already* pure. The Sages then took a tally to confirm R' Shimon's purification of the *other* parts of the city ("this place and that place"). See *Maharzu*.]

97. By undermining their ruling that Tiberias is pure.

98. I.e., one who transgresses the enactments of the Sages will die at the hands of heaven; see *Rashi* ad loc.

99. That is, he died immediately, and the corpse was miraculously reduced at once to mere bones, as if it had been dead for a long time and the flesh had rotted away (*Rashi* to *Shabbos* 34a).

100. Our Midrash implies that this incident happened as R' Shimon continued on his way after leaving Tiberias. In *Yerushalmi Sheviis* 9:1, however, this incident is mentioned before the episode of R' Shimon's hiding in the cave from the Romans (*Maharzu*).

101. I.e., the *shemittah* year, during which cultivation of the land is prohibited (see *Exodus* 23:11, *Leviticus* 25:4). סְפִיחִים, *aftergrowths*, is the term used for grains and vegetables that grew spontaneously in the course of the seventh year (e.g., from seeds that fell to the ground during the harvest of the sixth year). The Sages prohibited their consumption in order to prevent people from planting during the *shemittah* year and claiming that the produce grew on its own.

102. Which you are forbidden to eat (see preceding note).

103. R' Shimon is not concerned about people claiming that produce grew spontaneously when in fact they had planted it, because he holds that planted, cultivated growth is readily distinguishable (by its greater size and general appearance) from uncultivated aftergrowths.

104. Cabbage is unique in that it grows very rapidly. As such, cabbage that has been planted and cultivated will *not* be readily distinguishable from cabbage that grew spontaneously (see preceding note). The individual in our story had not been gathering aftergrowths of cabbage, but of a different, permissible species (*Eitz Yosef*).

[We have followed the interpretation of *Rambam* to the Mishnah in *Sheviis*. For other interpretations of the dispute between R' Shimon and the Sages there, see *Yad Avraham* commentary ad loc.]

105. As stated in the Mishnah in *Sheviis* just cited. The halachah would follow the Sages, R' Shimon's colleagues, for they are in the majority.

106. In refusing to abide by their prohibition.

107. He was in fact bitten by a snake (*Matnos Kehunah, Eitz Yosef*).

108. I.e., close to sunset, when the sun appears red (*Eitz Yosef* to 11 §7 above; see also *Rashi* to *Shabbos* 118b s.v. דמדומי חמה). Since the Sabbath was fast approaching, he was unable to enter the city [with his possessions, for it is forbidden to carry on the Sabbath] but was rather forced to set up camp outside (*"before"*) the city (*Matnos Kehunah* and *Eitz Yosef* to 11 §7 above).

In contrast to the first exposition, this interpretation understands וַיִּחַן in the literal sense of *and he encamped* (*Yefeh To'ar, Eitz Yosef*; see, however, *Matnos Kehunah*, who writes that וַיִּחַן is being interpreted as cognate to מְנוּחָה, *[Sabbath] rest*; for a different non-literal interpretation see *Maharzu*).

109. *Ramban* to our verse; *Eitz Yosef.* It is forbidden for a person to walk on the Sabbath more than 2,000 cubits from the location that was his halachically defined "residence" at the onset of the Sabbath (see *Eruvin* Chs. 4-5). Although Jacob could not carry his possessions into Shechem in time for the Sabbath, he himself was able to enter *on* the Sabbath because the city was within 2,000 cubits of his encampment; and indeed he did so (see *Meshech Chochmah* on our verse). This then serves as another resolution to the contradiction mentioned in our introduction to this section (see note 61): Jacob's *camp* was outside Shechem, for he was

וַעֲבַר בְּהָדֵין מִגְדְּלָא דְּצַבְּעַיָּא, שְׁמַע קָלָא דְּנַקָּאֵי סָפְרָא אָמַר: לָא אַמְרִיתוּן דְּדַבֵּי בַּר יוֹחָאי לְטֶבֶרְיָא, אָמְרִין אַשְׁכְּחוּן חַד קְטִילָא, אָמַר: יָבֹא עָלַי אִם אֵין בְּיָדִי הֲלָכוֹת כִּשְׂעַר רָאשִׁי עַל טְבֶרְיָא שֶׁהִיא טְהוֹרָה חוּץ מִזֶּה וּמִזֶּה, וְאַתָּה לֹא הָיִיתָ בַּמִּנְיָן עִמָּנוּ שֶׁנִּטְהֲרָה, פָּרַצְתָּ גְּדֵירָן שֶׁל חֲכָמִים, עָלֶיךָ נֶאֱמַר (קהלת י, ח) "וּפֹרֵץ גָּדֵר יִשְּׁכֶנּוּ נָחָשׁ", מִיַּד נַעֲשָׂה גַּל שֶׁל עֲצָמוֹת, [ח]עֲבַר בַּהֲדָא בִּקְעַת דְּבֵית נְטוֹפָה, חֲמָא חַד בַּר נָשׁ קָאֵים וּמְלַקֵּט סְפִיחֵי שְׁבִיעִית, אֲמַר לוֹ: וְלֹא סְפִיחֵי שְׁבִיעִית הֵן, אֲמַר לֵיהּ: וְלֹא אַתָּה הוּא שֶׁהִתַּרְתָּ, לֹא כָךְ תְּנֵינָן:

[ט]רַבִּי שִׁמְעוֹן אוֹמֵר: כָּל הַסְּפִיחִין מוּתָּרִין חוּץ מִסְּפִיחֵי הַכְּרוּב שֶׁאֵין כַּיּוֹצֵא בָּהֶם בְּיַרְקוֹת שָׂדֶה (שביעית ט, י), אָמַר לוֹ: וַהֲלֹא חֲבֵירַי חוֹלְקִים עָלַי, פָּרַצְתָּ גְּדֵירָן שֶׁל חֲכָמִים, "וּפֹרֵץ גָּדֵר יִשְּׁכֶנּוּ נָחָשׁ", וְכֵן הֲוָת לֵיהּ. דָּבָר אַחֵר, "וַיִּחַן אֶת פְּנֵי הָעִיר", [י]נִכְנַס בְּעֶרֶב שַׁבָּת עִם דִּמְדּוּמֵי חַמָּה מִבְּעוֹד יוֹם וְקָבַע תְּחוּמִין מִבְּעוֹד יוֹם, הָדָא אָמְרָה שֶׁשִּׁימֵּר יַעֲקֹב אֶת הַשַּׁבָּת קוֹדֶם שֶׁנִּיתָּן:

ז [לג, יט] "וַיִּקֶן אֶת חֶלְקַת הַשָּׂדֶה אֲשֶׁר נָטָה שָׁם אָהֳלוֹ וְגוֹ' בְּמֵאָה קְשִׂיטָה", אָמַר רַבִּי יוּדָן בַּר רַבִּי סִימוֹן: [יא]זֶה אֶחָד מִשְּׁלֹשָׁה מְקוֹמוֹת שֶׁאֵין אוּמּוֹת הָעוֹלָם יְכוֹלִין לְהוֹנוֹת אֶת יִשְׂרָאֵל לוֹמַר: גְּזוּלִים הֵן בְּיֶדְכֶם, וְאֵלּוּ הֵן: מְעָרַת הַמַּכְפֵּלָה, וּבֵית הַמִּקְדָּשׁ, וּקְבוּרָתוֹ שֶׁל יוֹסֵף, מְעָרַת הַמַּכְפֵּלָה דִּכְתִיב (לעיל כג, טז) "וַיִּשְׁמַע אַבְרָהָם אֶל עֶפְרוֹן וַיִּשְׁקֹל אַבְרָהָם לְעֶפְרֹן", בֵּית הַמִּקְדָּשׁ דִּכְתִיב (דברי הימים-א כא, כה) "וַיִּתֵּן דָּוִיד לְאָרְנָן בַּמָּקוֹם וְגוֹ'", וּקְבוּרָתוֹ שֶׁל יוֹסֵף, "וַיִּקֶן אֶת חֶלְקַת הַשָּׂדֶה", יַעֲקֹב קָנָה שְׁכֶם.

עץ יוסף

פרצת גדירן של חכמים. במה שחזרת בך, או במה שחלקת על חביריך שראו שהתירו הדבר במנין: **בהדא בקעיתא.** בבקעה זו של מקום בית נטופה וראה בן אדם עומד ולוקט ספיחי שביעית: **כל הספיחים כו'.** גירסת המשנה במסכת שביעית (ט, א) כל הספיחין מותרים חוץ מספיחי כרוב. והספיחין המלוקטים לא היו של כרוב: **חבירי.** חכמים: **וכן הוות ליה.** כן היה לו שנשכו נחש: [ו] **נכנס בערב שבת ויחן את פני העיר.** דריש שתקן מקום תחנותו מבעוד יום בקביעות תחומין: **ששמר יעקב כו'.** ופני העיר כמשמעו לפני העיר, והיינו שכבר הגיע דמדומי חמה בהיותו במגרש העיר ולא הגיע לעיר, וקבע שם תחומין לקנות שביתה ללכת אלפים אמה לכל רוח: **(ז) זה אחד מג' כו'.** להכי איצטריך למכתב שקנה יעקב חלקת שדה: **להונות.** לגדף ולומר שהם גזולים: **יעקב קנה שכם.** מיותר (אות אמת):

אמרי יושר

נכנס בערב שבת עם דמדומי חמה. ולזה לא נכנס לעיר שהיה ערב שבת.

פירוש מהרז״ו

אם אין בידי הלכות. צריך עיון מה שייך כאן הלכות, והלא רצה לטהר אותה על פי נס להסר ממנה המתים, אך בירושלמי (שם) הגירסא אם לא שמעתי שטבריא עתידה להטהר, ובקהלת רבה (שם) הגירסא אם אין בידי שמועות כשער ראשי שטבריא עתידה להטהר, פירוש שקבל מרבותיו שעתידה להטהר וכאן יתכן שהחליפו מתיבת שמועות להלכות: **עבר בהדה בקעתה.** פירוש שרבי שמעון בן יוחאי עבר, וכאן משמע שמעשה זו אחר מעשה דטבריא אך בירושלמי הובא מעשה זו קודם מעשה דטבריא וזה לשונו רבי שמעון בר יוחאי עבר בשמיטתא וכו', ועיין עוד בירושלמי ברכות (פ"א ה"א) על המשנה מעשה ובאו בניו וכאן אגב שהביא ממנו מעשה דטבריא: **נכנס בערב שבת.** בא גם כן להכריע כנ"ל בריש הסימן שלטולם שבא בתוך העיר, ומה שאמר ויחן בהיפוך אותיות וינח, שעשה הנחה של שבת בפני העיר שבניו היו עם מקנהו בשדה, והוצרך לעירוב שיוכלו לבא אצלו בשבת: **(ז) אחד מג' מקומות.** עיין לעיל (א, ב) על כל ארץ ישראל, ושלשה אלו ביחוד כמבואר בסמוך: **ויתן דוד לארנן.** שקלי זהב משקל שש מאות: **וקבורתו של יוסף.** כמו שנאמר בסוף יהושע (כד, לב) ואת עצמות יוסף וגו' קברו בשכם בחלקת השדה אשר קנה יעקב מאת בני חמור אבי שכם במאה קשיטה, ומה שאמר יעקב קנה שכם בילקוט (רמז לה) ליתא, ועיין מתנות כהונה בשם רש"י, וכאן כתוב ויקן את חלקת השדה אשר נטה שם אהלו, משמע ולא שכם אך להלן בסדר ויחי כתוב ואני נתתי לך שכם אחד על אחיך ופירוש רש"י שכם ממש, והוא דעת רבי נחמיה לקמן (לז, ו), ורש"י נתן בזה טוב טעם שעל שקבל יוסף לעסוק בקבורתו על כן נתן לו מקום

מסורת המדרש

ח. ירושלמי ברכות פרק א' סוף הלכה ב'. וירושלמי שביעית פרק ט' הלכה א'. קהלת רבה פרשה י' פסוק ח'. פסיקתא דרב כהנא פיסקא י': **ט.** שביעית פרק ט' משנה א'. פסחים דף נ"א: **י.** לעיל פרשה י"א. פסיקתא רבתי פיסקא כ"ג: **יא.** ילקוט כאן רמז קל"ג:

אם למקרא

חֹפֵר גּוּמָּץ בּוֹ יִפּוֹל וּפֹרֵץ גָּדֵר יִשְּׁכֶנּוּ נָחָשׁ: (קהלת י:ח)

וַיִּשְׁמַע אַבְרָהָם אֶל־עֶפְרוֹן וַיִּשְׁקֹל אַבְרָהָם לְעֶפְרֹן אֶת הַכֶּסֶף אֲשֶׁר דִּבֶּר בְּאָזְנֵי בְנֵי־חֵת אַרְבַּע מֵאוֹת שֶׁקֶל כֶּסֶף עֹבֵר לַסֹּחֵר: (בראשית כג:טז)

וַיִּתֵּן דָּוִיד לְאָרְנָן בַּמָּקוֹם שִׁקְלֵי זָהָב מִשְׁקַל שֵׁשׁ מֵאוֹת: (דברי הימים א כא:כה)

ידי משה

[ו] **נכנס בערב שבת עם דמדומי חמה מבעוד יום וקבע תחומין.** וכמו שאמרו חכמינו ז"ל ששימר יעקב את השבת קודם שניתן. ואף שאיתא בגמרא (יומא כח, ב) שאבות עולם שמרו כל התורה כולה קודם שניתן להם, ויש לומר מאי דאיתא שאמרו חכמינו ז"ל (ילקוט לך רמז עא) יעקב שמר שבת שלא במדה כתיב ופרצת ימה וגו' פירוש שהוסיף יעקב עירובי חצירות על כן ניתן לו בלי מדה. וקל להבין:

רש״י

ועבר בהדין מגדל צבעיא ושמע קליה דנקאי ספרא, אמר לא אמרתון דדבי בר יוחאי לטבריה, אמרי אשכחן חד קטיל. אמר יבא עלי אם אין בידי הלכות כשער ראשי על טבריה שהיא טהורה חוץ מזה ומזה. ואלו לא היה בידי תשובה ומסורת מזה ומזה. ואתה לא היית עמנו במנין, נתן עיניו בו ונעשה גל של עצמות: עבר בהדא בקעתא דבית נטופה חמא חד בר נש קאי ומלקט ספיחי שביעית, אמר לאו ספיחי שביעית הן, אמר ליה ולא אתה הוא שהתרת (פסחים נא, ב), אמר ליה ואין חבירי חלוקין עלי בתמיה, פרצת גדרן של חכמים, ופורץ גדר ישכנו נחש, וכן הות ליה: (ז) ויקן את חלקת השדה. זה אחד משלושה מקומות שאין אומות העולם יכולין להונות את ישראל ולומר גזולין הן בידכם, ואלו הן מערת המכפלה דכתיב וישקול אברהם לעפרון, בית המקדש ויתן דוד לארנן וגו', וקבורתו של יוסף דכתיב ויקן את חלקת השדה יעקב קנאו בשכם ויוסף נקבר בו דכתיב יהושע כד, לב) ואת עצמות יוסף קברו בשכם: (דלמא)

מתנות כהונה

והיה שומע קול איש דנקאי: **ספרא.** שאמר לבריות לא אמרתם שטיהר רבי שמעון את טבריה והלא אמרו שמצאו אחריו מת אחד, אמר רבי שמעון יבא עלי כך וכך אם לא כו': **חוץ מזה כו'.** חוץ ממקום זה וזה, ועל אותן מקומות [לא] היית עמנו במנין שנטהרו: **בהדא בקעתא.** בבקעה זו של מקום בית נטופה, וראה בן אדם עומד ולוקט ספיחי שביעית: **הכי גרסינן** במדרש קהלת ובפרק ט' דמסכת שביעית (ה"א) **רבי שמעון אומר כל הספיחין מותרין חוץ כו'** ועיין בתוספות בפרק מקום שנהגו (פסחים נא, ב): **חבירי.** חכמים פליגי התם עלה ואוסרין: **וכן הוות ליה.** כן היה לו שנשכו נחש: **בערב שבת כו'.** ויחן דייק לשון מנוחה של שבת: [ז] **הכי גרס רש"י יעקב קנאו לשכם ועצמות יוסף נקברו בשכם כמו שנאמר ואת עצמות יוסף קברו בשכם:**

אשד הנחלים

וקבע תחומים. דרש מלשון חניה, לדעת מחנה העיר ותחומיה, לדעת עד מתי יהיה מותר להלוך חוצה לה בשבת: [ז] **לומר גזולים הם.** כלומר שעשו זאת בכוונה שלקחו אותה בדמים, אף כי רצו ליתן להם בחינם לא אבו לקחתה, בכדי שלא יהיה להם פתחון פה באחרית לומר שהמה ברור לעצמן המקום הזה. והענין שלא יתלוננו לומר כי אלולי היה הבהמ"ק בשכונתם וברשותם, היו הם המקורבים לה' והמתדבקים בו, וכן המערה שהיא מקום קדוש ג"כ, ורק מזה המקום באה ההשפעה, לזה באו לומר בזה להראות שהיה תחילה הדבר ברשותם, אך הם לא הבינו על קדושת המקום ומכרום בדמים קלים, וא"כ זה אות שאין זה המקום ראוי להם, כי אין קדושת המקום כי אם בצרוף אנשים טהורים ונקיים:

הָדָא אָמְרָה שֶׁשִּׁימֵּר יַעֲקֹב אֶת הַשַּׁבָּת קוֹדֶם שֶׁנִּיתַּן — **Thus it is said that Jacob observed the Sabbath** even **before** the command for the Sabbath **had been given** to the Jewish people.[110]

וַיִּקֶן אֶת חֶלְקַת הַשָּׂדֶה אֲשֶׁר נָטָה שָׁם אָהֳלוֹ מִיַּד בְּנֵי חֲמוֹר אֲבִי שְׁכֶם בְּמֵאָה קְשִׂיטָה.

He bought the parcel of land upon which he pitched his tent from the children of Hamor, Shechem's father, for one hundred kesitahs (33:19).

§7 וַיִּקֶן אֶת חֶלְקַת הַשָּׂדֶה אֲשֶׁר נָטָה שָׁם אָהֳלוֹ וְגוֹ׳ בְּמֵאָה קְשִׂיטָה — ***HE BOUGHT THE PARCEL OF LAND UPON WHICH HE PITCHED HIS TENT ETC.*** *[FROM THE CHILDREN OF HAMOR, SHECHEM'S FATHER,]* ***FOR ONE HUNDRED KESITAHS.***

The Midrash notes the significance of Jacob's purchase of this *parcel of land*:

אָמַר רַבִּי יוּדָן בַּר רַבִּי סִימוֹן — **R' Yudan bar R' Simone said:** זֶה אֶחָד מִשְּׁלֹשָׁה מְקוֹמוֹת שֶׁאֵין אוּמּוֹת הָעוֹלָם יְכוֹלִין לְהוֹנוֹת אֶת יִשְׂרָאֵל — **This** parcel of land **is one of the three places** in regard to which **the nations of the world are unable to castigate Israel** לוֹמַר: גְּזוּלִים הֵן בְּיֶדְכֶם — by **saying, "They are in your possession by theft."**[111] וְאֵלּוּ הֵן: מְעָרַת הַמַּכְפֵּלָה וּבֵית הַמִּקְדָּשׁ וּקְבוּרָתוֹ שֶׁל יוֹסֵף — **And these are [the three]: the Cave of Machpelah,**[112] **and the Temple, and the grave of Joseph.**[113]

NOTES

unable to bring his possessions into town due to Sabbath restrictions. But he *himself* was *inside* Shechem, for he was able to enter the town that was within his 2,000-cubit limit (see *Maharsha* to *Shabbos* 33b s.v. ויחן).

[In the parallel Midrash in *Yalkut Shimoni* and in various manuscripts it states: נִכְנַס עִם דִּמְדּוּמֵי חַמָּה (without the words בְּעֶרֶב שַׁבָּת and without the words מִבְּעוֹד יוֹם). Accordingly, it seems that the Midrash itself is saying explicitly that Jacob (himself, without his possessions) entered Shechem on Shabbos (with דִּמְדּוּמֵי חַמָּה referring to a time *after* sunset on Friday evening). *Maharsha's* quote of our Midrash matches this version.]

110. The Midrash makes a similar statement regarding Abraham in 49 §2 and 64 §4 above; see also below, 95 §3. See, however, 11 §7, where the Midrash contrasts Abraham with Jacob, noting that the former did *not* establish *techumim* (the 2000-cubit Sabbath boundary); see *Yedei Moshe* here. See Insight Ⓐ.

111. See Midrash in 1 §2, which states that the nations of the world would accuse the Jewish people of having come into possession of the Land of Israel by stealing the land from the Canaanites. However, in regard to the parcel of land bought by Jacob, as well as the two other locations mentioned below, the nations cannot make such accusations, for they were properly purchased from their previous owners. [The Midrash there explains that Jews have a valid rejoinder to the charge of robbery, viz., that the world in its entirety belongs to God and He has the right to give the Land to whom He pleases. The Midrash here is noting that in regard to these three locations, the nations are not even able to level an accusation. See *Yefeh To'ar* for a different approach.]

112. The burial place of the Patriarchs and Matriarchs.

113. Which is the parcel of land mentioned in our verse. See below.

INSIGHTS

Ⓐ **The Patriarchs Observed the Sabbath** *Parashas Derachim* (*Derush Rishon*) discusses at length the fundamental question of whether the Patriarchs (and the Children of Israel who lived prior to the giving of the Torah) had the status of full-fledged Jews or Noahides (see Insights to *Bereishis Rabbah* 39 §3, 63 §2, and 84 §4). He cites our Midrash as support for the opinion that the Patriarchs had the status of full-fledged Jews, for if they had the status of Noahides, how could Jacob observe the Sabbath? Why, a Noahide who observes the Sabbath is liable to death! (*Sanhedrin* 58b; *Rambam, Hil. Melachim* 10:9). There are various resolutions advanced to reconcile the opinion that the Patriarchs had the status of Noahides with the assertion that they observed the Sabbath. We present a sampling:

R' Pinchas HaLevi Horowitz in *Panim Yafos* sees an answer from the source verse that prohibits Noahides to observe the Sabbath. The verse states (above, 8:22): וְיוֹם וָלַיְלָה לֹא יִשְׁבֹּתוּ, *Day and night they shall not cease*, which the Gemara (ibid.) expounds as a command to Noah and his sons not to cease working for a full day and night (see *Rashi* to the verse and to the Gemara ibid.). Now, as is well known, by Jewish law the 24-hour day begins at night, so that, for example, the Sabbath begins with Friday night and ends at nightfall on Saturday. The verse here, however, commands Noahides not to cease working for a full *day* and *night* — beginning with the day! The reason is that (as *Panim Yafos* asserts based on various sources) whereas from Sinai onward the "day" begins with nightfall, before Sinai (and, as regards non-Jews, even afterward) the "day" began with daybreak.

In light of this, our Midrash can easily be understood even according to the opinion that the Patriarchs had the status of Noahides. Indeed Jacob observed the Sabbath, but he observed it as a *Jew* would — *beginning with Friday night and ending with Saturday nightfall.* He did work, however, on Friday day and on Saturday night. Thus, his observance of the Sabbath in no way infringed upon the command that he — as a Noahide — not cease to work for a full day. For while in observance of the Sabbath he ceased working for a full day according to *Jewish* law [i.e., Friday night until Saturday night], he did not cease working for a full day according to Noahide law [i.e., a 24-hour period beginning with the day] (*Panim Yafos* to 8:22 above).

Another solution to this problem is proposed by *Binyan Tzion* (I §126), who differentiates between what constitutes forbidden "work" with respect to a Jew observing the Sabbath and with respect to a Noahide observing the Sabbath. A Jew is commanded to refrain on the Sabbath from performing any one of the thirty-nine primary categories of labor [ל״ט מלאכות] listed in the Mishnah (*Shabbos* 73a). But these categories of labor were given at Sinai and were non-existent at the time God commanded Noah and his sons not to cease working for a full day. Perforce, God did not forbid a Noahide to observe the Sabbath by refraining from the thirty-nine labors. Rather, he forbade them to observe the Sabbath by refraining from *strenuous* work. Thus, if, for example, a Noahide ties a knot (one of the thirty-nine labors) on the Sabbath, but refrains from all strenuous labor, he is in violation of God's command that he not cease to work, since he did not perform any strenuous labor. Conversely, if he performs backbreaking labor on the Sabbath without performing any of the thirty-nine labors, he has fulfilled God's command that he not rest on the Sabbath. This then was Jacob's solution to his dilemma. He observed the Jewish Sabbath by refraining from performing the thirty-nine labors, but, at the same time, he performed a strenuous activity, so that he would be in fulfillment of his duties as a Noahide.

Another resolution is offered by *Chasam Sofer*. He suggests that Jacob made sure to wear a four-cornered garment with fringes (*tzitzis*) on the Sabbath. In this way he was able to observe the Sabbath as a Jew would, without violating Noahide law. The rationale is as follows: On the Sabbath, a Jew is Biblically prohibited both to carry objects between a private and a public domain, and to carry objects four *amos* within a public domain. How then can a Jew wear a garment with fringes on the Sabbath? Why is he not considered to be carrying the fringes? The answer is that since the four-cornered garment requires fringes, the fringes are considered part of the garment, and thus are being *worn*, not *carried*. (And indeed, where the fringes on the garment are improperly affixed, one violates the Sabbath by wearing them into a public domain — see *Shabbos* 139b.) Now, while this holds true with respect to a Jew who wears a garment with fringes, it does not hold true with respect to a non-Jew who wears a garment with fringes on the Sabbath. Since the non-Jew's garment does not *require* fringes, the fringes are not considered part of the garment, and thus are being carried, not worn. Accordingly, by wearing a four-cornered garment with fringes, Jacob ensured that while he observed the Sabbath as a Jew would (for a Jew may wear fringes on the Sabbath), he was not in violation of a Noahide law, for as a Noahide he was considered to be carrying the fringes and not observing the Sabbath (*Chasam Sofer, Shabbos* 139a; *Maharam Schik, Orach Chaim* §145).

For other approaches and discussion of the resolutions presented here, see *Mili DeAvos, Vayishlach* §142-144.

אמרי יושר

נכנס בערב שבת עם דמדומי חמה. ולזה לא נכנס לעיר שהיה ערב שבת.

עץ יוסף

פרצת גדירן של חכמים. במה שחזרת בך, או במה שחלקת על חבירך שרצו שהתירו הדבר במנין: **בהדא בקעיתא.** בבקעה זו של מקום בית נטופה וראה בן אדם עומד ולוקט ספיחי שביעית: **כל הספיחים כו'.** גירסת המשנה במסכת שביעית (ט, א) כל הספיחין מותרים חוץ מספיחי כרוב. והספיחין המלוקטים לא היו של כרוב: **חבירי.** חכמים: **וכן הוות ליה.** כן היה לו שנשכו נחש: [ז] **נכנס בערב שבת ויחן את פני העיר.** דריש שתקן מקום תחנותו מבעוד יום בקביעות תחומין: **ששמר יעקב כו'.** ופני העיר כמשמעו לפני העיר, והיינו שכבר הגיע דמדומי חמה בהיותו במגרש העיר ולא הגיע לעיר, וקבע שם תחומין לקנות שביתה ללכת אלפים אמה לכל רוח: **(ז) זה אחד מג' כו'.** להכי אצטריך למכתב שקנה יעקב חלקת שדה: **להונות.** לגדף ולומר שהם גזולים: **יעקב קנה שכם.** מיותר (אות אמת):

וַעֲבַר בְּהָדֵין מִגְדְּלָא דְּצַבָּעַיָּא, שְׁמַע קָלָא דְּנַקָּאֵי סָפְרָא אָמַר: לָא אַמְרִיתוּן דְּדַכֵּי בַּר יוֹחָאי לִטְבֶרְיָא, אָמְרִין אַשְׁכְּחוּן חַד קְטִילָא, אָמַר: יָבֹא עָלַי אִם אֵין בְּיָדִי הֲלָכוֹת כְּשֵׂעַר רֹאשִׁי עַל טְבֶרְיָא שֶׁהִיא טְהוֹרָה חוּץ מִזֶּה וּמִזֶּה, וְאַתָּה לֹא הָיִיתָ בַּמִּנְיָן עִמָּנוּ שֶׁנִּטְהֲרָה, פָּרַצְתָּ גְּדֵירָן שֶׁל חֲכָמִים, עָלֶיךָ נֶאֱמַר (קהלת י, ח) "וּפֹרֵץ גָּדֵר יִשְּׁכֶנּוּ נָחָשׁ", מִיָּד נַעֲשָׂה גַּל שֶׁל עֲצָמוֹת, [ח]עֲבַר בַּהֲדָא בִּקְעַת דְּבֵית נְטוֹפָה, חֲמָא חַד בַּר נָשׁ קָאֵים וּמְלַקֵּט סְפִיחֵי שְׁבִיעִית, אֲמַר לוֹ: וְלֹא סְפִיחֵי שְׁבִיעִית הֵן, אֲמַר לֵיהּ: וְלֹא אַתָּה הוּא שֶׁהִתַּרְתָּ, לֹא כָּךְ תְּנֵינַן: [ט]רַבִּי שִׁמְעוֹן אוֹמֵר: כָּל הַסְּפִיחִין מוּתָּרִין חוּץ מִסְּפִיחֵי הַכְּרוּב שֶׁאֵין כַּיּוֹצֵא בָּהֶם בְּיַרְקוֹת שָׂדֶה (שביעית ט, י), אָמַר לוֹ: וַהֲלֹא חֲבֵירַי חוֹלְקִים עָלַי, פָּרַצְתָּ גְּדֵירָן שֶׁל חֲכָמִים, "וּפֹרֵץ גָּדֵר יִשְּׁכֶנּוּ נָחָשׁ", וְכֵן הֲוָת לֵיהּ. דָּבָר אַחֵר, "וַיִּחַן אֶת פְּנֵי הָעִיר", [י]נִכְנַס בְּעֶרֶב שַׁבָּת עִם דִּמְדּוּמֵי חַמָּה מִבְּעוֹד יוֹם וְקָבַע תְּחוּמִין מִבְּעוֹד יוֹם, הָדָא אָמְרָה שֶׁשִּׁימֵּר יַעֲקֹב אֶת הַשַּׁבָּת קוֹדֶם שֶׁנִּיתַּן:

ז [לג, יט] "וַיִּקֶן אֶת חֶלְקַת הַשָּׂדֶה אֲשֶׁר נָטָה שָׁם אָהֳלוֹ וְגוֹ' בְּמֵאָה קְשִׂיטָה", אָמַר רַבִּי יוּדָן בַּר רַבִּי סִימוֹן: [יא]זֶה אֶחָד מִשְּׁלֹשָׁה מְקוֹמוֹת שֶׁאֵין אוּמּוֹת הָעוֹלָם יְכוֹלִין לְהוֹנוֹת אֶת יִשְׂרָאֵל לוֹמַר: גְּזוּלִים הֵן בְּיֶדְכֶם, וְאֵלּוּ הֵן: מְעָרַת הַמַּכְפֵּלָה, וּבֵית הַמִּקְדָּשׁ, וּקְבוּרָתוֹ שֶׁל יוֹסֵף, מְעָרַת הַמַּכְפֵּלָה דִּכְתִיב (לעיל כג, טז) "וַיִּשְׁמַע אַבְרָהָם אֶל עֶפְרוֹן וַיִּשְׁקֹל אַבְרָהָם לְעֶפְרֹן", בֵּית הַמִּקְדָּשׁ דִּכְתִיב (דברי הימים-א כא, כה) "וַיִּתֵּן דָּוִיד לְאָרְנָן בַּמָּקוֹם וְגוֹ'", וּקְבוּרָתוֹ שֶׁל יוֹסֵף, "וַיִּקֶן אֶת חֶלְקַת הַשָּׂדֶה", יַעֲקֹב קָנָה שְׁכֶם.

פירוש מהרז"ו

אם אין בידי הלכות. צריך עיון מה שייך כאן הלכות, והלא רצה לטהר אותה על פי נס להסר ממנה המתים, אך בירושלמי (שם) הגירסא אם לא שמעתי שטבריא עתידה להטהר, ובקהלת רבה (שם) הגירסא אם אין בידי שמועות כשער ראשי שטבריא עתידה להטהר, פירוש שקבל מרבותיו שעתידה להטהר וכאן יתכן שהחליפו מתיבת שמועות להלכות: **עבר בהדה בקעתה.** פירוש שרבי שמעון בן יוחאי עבר, וכאן משמע שמעשה זו אחר מעשה דטבריא אך בירושלמי הובא מעשה זו קודם מעשה דטבריא וזה לשונו רבי שמעון בר יוחאי עבר בשמיטתא וכו', ועיין עוד בירושלמי ברכות (פ"א ה"א) על המשנה מעשה ובאו בניו וכאן אגב שהביא ממנו מעשה דטבריא: **נכנס בערב שבת.** בא גם כן להכריע ככ"ל בריש הסימן שלעולם שבא בתוך העיר, ומה שאמר ויחן בהיפוך אותיות וינח, שעשה הנחה של שבת בפני העיר שבניו היו עם מקנהו בשדה, והוצרך לעירוב שיוכלו לבא אצלו בשבת: **(ז) אחד מג' מקומות.** עיין לעיל (א, ב) על כל ארץ ישראל, ושלשה אלו ביחוד כמבואר בסמוך: **ויתן דוד לארנן.** שקלי זהב משקל שש מאות: **וקבורתו של יוסף.** כמו שנאמר בסוף יהושע (כד, לב) ואת עצמות יוסף וגו' קברו בשכם בחלקת השדה אשר קנה יעקב מאת בני חמור אבי שכם במאה קשיטה, ומה שאמר יעקב קנה שכם בילקוט (רמז לה) ליתא, ועיין מתנות כהונה בשם רש"י, וכאן כתוב ויקן את חלקת השדה אשר נטה שם אהלו, משמע ולא שכם אך להלן בסדר ויחי כתוב ואני נתתי לך שכם אחד על אחיך ופירוש רש"י שכם ממש, והוא דעת רבי נחמיה לקמן (לז, ו), ורש"י נתן בזה טוב טעם שעל שקבל יוסף לעסוק בקבורתו על כן נתן לו מקום

רש"י

ועבר בהדין מגדל צבעיא ושמע קליה דנקאי ספרא, אמר לא אמרתון דדכי בר יוחאי לטבריה, אמרי אשכחן חד קטיל. אמר יבא עלי אם אין בידי הלכות כשער ראשי על טבריה שהיא טהורה חוץ מזה ומזה. ואלו לא היה בידי תשובה ומסורת מזה ומזה. **ואתה לא היית עמנו במנין, נתן עיניו בו ונעשה גל של עצמות: עבר בהדא בקעתא דבית נטופה חמא חד בר נש קאי ומלקט ספיחי שביעית, אמר לאו ספיחי שביעית הן, אמר ליה ולא אתה הוא שהתרת** (פסחים נא, ב), **אמר ליה ואין חבירי חלוקין עלי** בתמיה, **פרצת גדרן של חכמים, ופורץ גדר ישכנו נחש, וכן הות ליה: (ז) ויקן את חלקת השדה. זה אחד משלושה מקומות שאין אומות העולם יכולין להונות את ישראל ולומר גזולין הן בידכם, ואלו הן מערת המכפלה דכתיב וישקול אברהם לעפרון, בית המקדש ויתן דוד לארנן וגו', וקבורתו של יוסף דכתיב ויקן את חלקת השדה יעקב קנאו בשכם** ויוסף נקבר בו דכתיב יהושע כד, לב) ואת עצמות יוסף קברו בשכם: (דלמא)

מתנות כהונה

והיה שומע קול איש דנקאי: **ספרא.** שאמר לבריות לא אמרתם שטיהר רבי שמעון את טבריה והלא אמרו שמצאו אחריו מת אחד, אמר רבי שמעון יבא עלי כך וכך אם לא כו': **חוץ מזה כו'.** חוץ ממקום זה וזה, ועל אותן מקומות [לא] היית עמנו במנין שנטהרו: **בהדא בקעתא.** בבקעה זו של מקום בית נטופה, וראה בן אדם עומד ולוקט ספיחי שביעית: **הכי גרסינן** במדרש קהלת ובפרק ט' דמסכת שביעית (ה"א) **רבי שמעון אומר כל הספיחין מותרין חוץ כו'** ועיין בתוספות בפרק מקום שנהגו (פסחים נא, ב): **חבירי.** חכמים פליגי התם עלה ואוסרין: **וכן הוות ליה.** כן היה לו שנשכו נחש: **בערב שבת כו'.** ויחן דייק לשון מנוחה של שבת: [ז] **הכי גרס רש"י יעקב קנאו לשכם ועצמות יוסף נקברו בשכם כמו שנאמר ואת עצמות יוסף קברו בשכם:**

אשד הנחלים

וקבע תחומים. דרש מלשון חניה, לדעת מחנה העיר ותחומיה, לדעת עד מתי יהיה מותר להלוך חוצה לה בשבת: [ז] **לומר גזולים הם.** כלומר שעשו זאת בכוונה שלקחו אותה בדמים, אף כי רצו ליתן להם בחינם לא אבו לקחתה, בכדי שלא יהיה להם פתחון פה באחרית לומר שהמה ברורו לעצמן המקום הזה. והענין שלא יתלוננו לומר כי אלולי היה הבהמ"ק בשכונתם וברשותם, היו הם המקורבים לה' והמתדבקים בו, וכן המערה שהיא מקום קדוש ג"כ, ורק מזה המקום באה ההשפעה, לזה באו לומר בזה להראות שהיה תחילה הדבר ברשותם, אך הם לא הבינו על קדושת המקום ומכרום בדמים קלים, וא"כ זה אות שאין זה המקום ראוי להם, כי אין קדושת המקום כי אם בצרוף אנשים טהורים ונקיים:

מסורת המדרש

ח. ירושלמי ברכות פרק א' סוף הלכה ב'. וירושלמי שביעית פרק ט' הלכה א'. קהלת רבה פרשה י' פסוק ח'. פסיקתא דרב כהנא פיסקא י': **ט.** שביעית פרק ט' משנה א'. פסחים דף נ"א: **י.** לעיל פרשה י"א. פסיקתא רבתי פיסקא כ"ג: **יא.** ילקוט כאן רמז קל"ג:

אם למקרא

חֹפֵר גּוּמָּץ בּוֹ יִפּוֹל וּפֹרֵץ גָּדֵר יִשְּׁכֶנּוּ נָחָשׁ: (קהלת י:ח)

וַיִּשְׁמַע אַבְרָהָם אֶל־עֶפְרוֹן וַיִּשְׁקֹל אַבְרָהָם לְעֶפְרֹן אֶת הַכֶּסֶף אֲשֶׁר דִּבֶּר בְּאָזְנֵי בְנֵי־חֵת אַרְבַּע מֵאוֹת שֶׁקֶל כֶּסֶף עֹבֵר לַסֹּחֵר: (בראשית כג:טז)

וַיִּתֵּן דָּוִיד לְאָרְנָן בַּמָּקוֹם שִׁקְלֵי זָהָב מִשְׁקַל שֵׁשׁ מֵאוֹת: (דברי הימים א כא:כה)

ידי משה

[ו] **נכנס בערב שבת עם דמדומי חמה מבעוד יום וקבע תחומין.** וכמו שאמרו חכמינו ז"ל ששימר יעקב את השבת קודם שניתן. ואף שאיתא בגמרא (יומא כח, ב) שאבות עולם שמרו כל התורה כולה קודם שניתן להם, יש לומר מאי דאיתא שאמרו חכמינו ז"ל (ילקוט לך רמז עו) יעקב שמר שבת שלא במדה כתיב ופרצת ימה וגו' פירוש שהוסיף יעקב עירובי חצירות על כן ניתן לו בלי מדה. וקל להבין:

מְעָרַת הַמַּכְפֵּלָה דִּכְתִיב "וַיִּשְׁמַע אַבְרָהָם אֶל עֶפְרוֹן וַיִּשְׁקֹל אַבְרָהָם לְעֶפְרֹן" – **The Cave of Machpelah – as it is written,** ***Abraham heeded Ephron, and Abraham weighed out to Ephron*** *the price that he had mentioned in the hearing of the children of Heth, four hundred silver shekels in negotiable currency. And Ephron's field, which was in Machpelah, facing Mamre, the field and the cave within it . . . was confirmed as Abraham's, etc.* (above, 23:16-18). בֵּית הַמִּקְדָּשׁ דִּכְתִיב "וַיִּתֵּן דָּוִיד לְאָרְנָן בַּמָּקוֹם וְגוֹ'" – **The Temple – as it is written,** ***So David gave Ornan for the place*** *gold shekels weighing six hundred* (*I Chronicles* 21:25).[114] וּקְבוּרָתוֹ שֶׁל יוֹסֵף – **And the grave of Joseph,** as it is written, "וַיִּקֶן אֶת חֶלְקַת הַשָּׂדֶה" – ***He bought the parcel of land*** *upon which he pitched his tent from the children of Hamor, Shechem's father, for one hundred kesitahs.* יַעֲקֹב קָנָה שְׁכֶם – **Jacob** thus **bought** the plot in **Shechem** in which Joseph was to be buried.[115]

NOTES

114. Ornan was a Jebusite, a member of one of the seven Canaanite nations (*I Chronicles* 21:18; *II Samuel* 24:18), who became a גֵּר תּוֹשָׁב, a "resident convert," who renounces idolatry and accepts the seven Noahide laws (*Avodah Zarah* 24b). After purchasing *the place* mentioned in the verse cited here – which had been Ornan's threshing floor (*I Chronicles* 21:22; *II Samuel* 24:21) – David designated it to be the site of the Temple (*I Chronicles* 22:1).

115. As stated explicitly in *Joshua* 24:32, Joseph was ultimately buried upon this very plot of land. [According to *Rashi* and *Matnos Kehunah*, the Midrash itself actually concludes by citing part of that verse.]

Accordingly, Israel's right to these three locations, which serve as the spiritual focal points of the land, is undisputable. See Insight Ⓐ for another approach.

INSIGHTS

Ⓐ **Holy Places, Holy People** *Eshed HaNechalim* notes that the owners of both the Cave of Machpelah and of the Temple Mount originally offered to give their properties to Abraham and David, respectively, for free (see above, 23:11 and *I Chronicles* 21:23); and it may be presumed that the children of Hamor likewise offered to give the parcel of land in Shechem to Jacob for free. But Abraham, David, and Jacob insisted on paying for these properties so that the nations would be unable to argue in the future that they had been given under duress.

Eshed HaNechalim explains the significance of the fact that these three places were purchased by Jews: Since these places possess great sanctity, the nations of the world could claim that the connection between the Children of Israel and God is not inherent but is rather a result of the access they have to these three holy sites; were *they* (the other nations) to have control of these places instead of the Jews, *they* would be the ones to be close to God. But this argument is false: Ownership and access to holy places does not in and of itself lead to closeness to God. The Patriarchs and King David proved this by demonstrating that the previous owners of these sites did not appreciate their true value and significance; they were willing to part with them for financial gain. It is evident, then, that the connection between the Jewish people and God is inherent. And it is their purity and holiness that make *them* the worthy owners of these sites. A site's holiness does not cause its owners to be holy; rather, it the holiness and purity of a site's owners that enable its sacredness to find its full expression.

אמרי יושר

נכנס בערב שבת עם דמדומי חמה. ולזה לא נכנס לעיר שהיה ערב שבת.

וַעֲבַר בְּהָדֵין מִגְדְּלָא דְצַבְּעַיָּא, שְׁמַע קָלָא דְנַקָּאי סָפְרָא אָמַר: לָא אַמְרִיתוּן דְּדַכֵּי בַּר יוֹחָאי לִטְבֶרְיָא, אָמְרִין אַשְׁכְּחוּן חַד קְטִילָא, אָמַר: יָבֹא עָלַי אִם אֵין בְּיָדִי הֲלָכוֹת כִּשְׂעַר רֹאשִׁי עַל טְבֶרְיָא שֶׁהִיא טְהוֹרָה חוּץ מִזֶּה וּמִזֶּה, וְאַתָּה לֹא הָיִיתָ בַּמִּנְיָן עִמָּנוּ שֶׁנִּטְהֲרָה, פָּרַצְתָּ גְּדֵירָן שֶׁל חֲכָמִים, עָלֶיךָ נֶאֱמַר (קהלת י, ח) "וּפֹרֵץ גָּדֵר יִשְּׁכֶנּוּ נָחָשׁ", מִיָּד נַעֲשָׂה גַּל שֶׁל עֲצָמוֹת, [ח]עָבַר בַּהֲדָא בִּקְעַת דְּבֵית נְטוֹפָה, חֲמָא חַד בַּר נָשׁ קָאֵים וּמְלַקֵּט סְפִיחֵי שְׁבִיעִית, אָמַר לוֹ: וְלֹא סְפִיחֵי שְׁבִיעִית הֵן, אֲמַר לֵיהּ: וְלֹא אַתָּה הוּא שֶׁהִתַּרְתָּ, לֹא כָךְ תְּנֵינַן: [ט]רַבִּי שִׁמְעוֹן אוֹמֵר: כָּל הַסְּפִיחִין מוּתָּרִין חוּץ מִסְּפִיחֵי הַכְּרוּב שֶׁאֵין כַּיּוֹצֵא בָּהֶם בְּיַרְקוֹת שָׂדֶה (שביעית ט, י), אָמַר לוֹ: וַהֲלֹא חֲבֵירַי חוֹלְקִים עָלַי, פָּרַצְתָּ גְּדֵירָן שֶׁל חֲכָמִים, "וּפֹרֵץ גָּדֵר יִשְּׁכֶנּוּ נָחָשׁ", וְכֵן הֲוָת לֵיהּ. דָּבָר אַחֵר, "וַיִּחַן אֶת פְּנֵי הָעִיר", נִכְנַס בְּעֶרֶב שַׁבָּת עִם דִּמְדּוּמֵי חַמָּה מִבְּעוֹד יוֹם וְקָבַע תְּחוּמִין מִבְּעוֹד יוֹם, הָדָא אָמְרָה שֶׁשִּׁימֵּר יַעֲקֹב אֶת הַשַּׁבָּת קוֹדֶם שֶׁנִּיתַּן:

ז [לג, יט] "וַיִּקֶן אֶת חֶלְקַת הַשָּׂדֶה אֲשֶׁר נָטָה שָׁם אָהֳלוֹ וְגוֹ' בְּמֵאָה קְשִׂיטָה", אָמַר רַבִּי יוּדָן בַּר רַבִּי סִימוֹן: [יא]זֶה אֶחָד מִשְּׁלֹשָׁה מְקוֹמוֹת שֶׁאֵין אוּמּוֹת הָעוֹלָם יְכוֹלִין לְהוֹנוֹת אֶת יִשְׂרָאֵל לוֹמַר: גְּזוּלִים הֵן בְּיֶדְכֶם, וְאֵלּוּ הֵן: מְעָרַת הַמַּכְפֵּלָה, וּבֵית הַמִּקְדָּשׁ, וּקְבוּרָתוֹ שֶׁל יוֹסֵף, מְעָרַת הַמַּכְפֵּלָה דִּכְתִיב (לעיל כג, טז) "וַיִּשְׁמַע אַבְרָהָם אֶל עֶפְרוֹן וַיִּשְׁקֹל אַבְרָהָם לְעֶפְרֹן", בֵּית הַמִּקְדָּשׁ דִּכְתִיב (דברי הימים-א כא, כה) "וַיִּתֵּן דָּוִיד לְאָרְנָן בַּמָּקוֹם וְגוֹ'", וּקְבוּרָתוֹ שֶׁל יוֹסֵף, "וַיִּקֶן אֶת חֶלְקַת הַשָּׂדֶה", יַעֲקֹב קָנָה שְׁכֶם.

עץ יוסף

פרצת גדירן של חכמים. במה שחזרת בך, או במה שחלקת על חבירך שראו שהתירו הדבר במנין: **בהדא בקעיתא.** בבקעה זו של מקום בית נטופה וראה בן אדם עומד ולוקט ספיחי שביעית: **כל הספיחים כו'.** גירסת המשנה במסכת שביעית (ט, א) כל הספיחין מותרים חוץ מספיחי כרוב. והספיחין המלוקטים לא היו של כרוב: **חבירי.** חכמים: **וכן הוות ליה.** כן היה לו שנשכו נחש: [ז] **נכנס בערב שבת ויחן את פני העיר.** דריש שתקן מקום חנותו מבעוד יום בקביעות תחומין: **ששמר יעקב כו'.** ופני העיר כמשמעו לפני העיר, והיינו שכבר הגיע דמדומי חמה בהיותו במגרש העיר ולא הגיע לעיר, וקבע שם תחומין לקנות שביתה ללכת אלפים אמה לכל רוח: **(ז) זה אחד מג' כו'.** להכי איצטריך למכתב שקנה יעקב חלקת שדה: **להונות.** לגדף ולומר שהם גזולים: **יעקב קנה שכם.** מיותר (אות אמת):

פירוש מהרז"ו

אם אין בידי הלכות. צריך עיון מה שייך כאן הלכות, והלא רצה לטהר אותה על פי נס להסר ממנה המתים, אך בירושלמי (שם) הגירסא אם לא שמעתי שטבריא עתידה להטהר, ובקהלת רבה (שם) הגירסא אם אין בידי שמועות כשער ראשי שטבריא עתידה להטהר, פירוש שקבל מרבותיו שעתידה להטהר וכאן יתכן שהחליפו מתיבת שמועות להלכות: **עבר בהדה בקעתה.** פירוש שרבי שמעון בן יוחאי עבר, וכאן משמע שמעשה זו אחר מעשה דטבריא אך בירושלמי הובא מעשה זו קודם מעשה דטבריא וזה לשונו רבי שמעון בר יוחאי עבר בשמיטתא וכו', ועיין עוד בירושלמי ברכות (פ"א ה"א) על המשנה מעשה ובאו בניו וכאן אגב שהביא ממנו מעשה דטבריא: **נכנס בערב שבת.** בא גם כן להכריע כנ"ל בריש הסימן שלטולס שבא בתוך העיר, ומה שאמר ויחן בהיפוך אותיות וינח, שעשה הנחה של שבת בפני העיר שבניו היו עם מקנהו בשדה, והוצרך לעירוב שיוכלו לבא אצלו בשבת: **(ז) אחד מג' מקומות.** עיין לעיל (א, ב) על כל ארץ ישראל, ושלשה אלו ביחוד כמבואר בסמוך: **ויתן דוד לארנן.** שקלי זהב משקל שש מאות: **וקבורתו של יוסף.** כמו שנאמר בסוף יהושע (כד, לב) ואת עצמות יוסף וגו' קברו בשכם בחלקת השדה אשר קנה יעקב מאת בני חמור אבי שכם במאה קשיטה, ומה שאמר יעקב קנה שכם בילקוט (רמז לה) ליתא, ועיין מתנות כהונה בשם רש"י, וכאן כתוב ויקן את חלקת השדה אשר נטה שם אהלו, משמע ולא שכם אך להלן בסדר ויחי כתוב ואני נתתי לך שכם אחד על אחיך ופירוש רש"י שכם ממש, והוא דעת רבי נחמיה לקמן (צז, ו), ורש"י נתן בזה טוב טעם שעל שקבל יוסף לעסוק בקבורתו על כן נתן לו מקום

מסורת המדרש

ח. ירושלמי ברכות פרק א' סוף הלכה ב'. וירושלמי שביעית פרק ט' הלכה א'. קהלת רבה פרשה י' פסוק א'. פסיקתא דרב כהנא פיסקא י': **ט.** שביעית פרק ט' משנה א'. פסחים דף נ"א: **י.** לעיל פרשה י"א. פסיקתא רבתי פיסקא כ"ג: **יא.** ילקוט כאן רמז קל"ג:

אם למקרא

חֹפֵר גּוּמָּץ בּוֹ יִפּוֹל וּפֹרֵץ גָּדֵר יִשְּׁכֶנּוּ נָחָשׁ: (קהלת י:ח)

וַיִּשְׁמַע אַבְרָהָם אֶל־עֶפְרוֹן וַיִּשְׁקֹל אַבְרָהָם לְעֶפְרֹן אֶת הַכֶּסֶף אֲשֶׁר דִּבֶּר בְּאָזְנֵי בְנֵי־חֵת אַרְבַּע מֵאוֹת שֶׁקֶל כֶּסֶף עֹבֵר לַסֹּחֵר: (בראשית כג:טז)

וַיִּתֵּן דָּוִיד לְאָרְנָן בַּמָּקוֹם שִׁקְלֵי זָהָב מִשְׁקַל שֵׁשׁ מֵאוֹת: (דברי הימים א כא:כה)

ידי משה

[ו] **נכנס בערב שבת עם דמדומי חמה מבעוד יום וקבע תחומין.** וכמו שאמרו חכמינו ז"ל ששימר יעקב את השבת קודם שניתן. ואף שאיתא בגמרא (יומא כח, ב) שאבות עולם שמרו כל התורה כולה קודם שניתן להם, ויש לומר מאי דאיתא שאמרו חכמינו ז"ל (ילקוט לך רמז עה) יעקב שמר שבת שלא במדה כתיב ופרצת ימה וגו' פירוש שהוסיף יעקב עירובי תצירות על כן ניתן לו בלי מדה. וקל להבין:

רש"י

ועבר בהדין מגדל צבעיא ושמע קליה דנקאי ספרא, אמר לא אמרתון דדכי בר יוחאי לטבריה, אמרי אשכחן חד קטיל. אמר יבא עלי אם אין בידי הלכות כשער ראשי על טבריה שהיא טהורה חוץ מזה ומזה. ואלו לא היה בידי תשובה ומסורת מזה ומזה. ואתה לא היית עמנו במנין, נתן עיניו בו ונעשה גל של עצמות: עבר בהדא בקעתא דבית נטופה חמא חד בר נש קאי ומלקט ספיחי שביעית, אמר לאו ספיחי שביעית הן, אמר ליה ולא אתה הוא שהתרת (פסחים נא, ב), אמר ליה ואין חבירי חלוקין עלי בתמיה, פרצת גדרן של חכמים, ופורץ גדר ישכנו נחש, וכן הות ליה: (ז) ויקן את חלקת השדה. זה אחד משלושה מקומות שאין אומות העולם יכולין להונות את ישראל ולומר גזולין הן בידכם, ואלו הן מערת המכפלה דכתיב וישקול אברהם לעפרון, בית המקדש ויתן דוד לארנן וגו', וקבורתו של יוסף דכתיב ויקן את חלקת השדה יעקב קנאו בשכם ויוסף נקבר בו דכתיב יהושע כד, לב) ואת עצמות יוסף קברו בשכם: (דלמא)

מתנות כהונה

והיה שומע קול איש דנקאי: **ספרא.** שאמר לבריות לא אמרתם שטיהר רבי שמעון את טבריה והלא אמרו שמצאו אחריו מת אחד, אמר רבי שמעון יבא עלי כך וכך אם לא כו': **חוץ מזה כו'.** חוץ ממקום זה וזה, ועל אותן מקומות [לא] היית עמנו במנין שנטהרו: **בהדא בקעתא.** בבקעה זו של מקום בית נטופה, וראה בן אדם עומד ולוקט ספיחי שביעית: **הכי גרסינן** במדרש קהלת ובפרק ט' דמסכת שביעית (ה"א) **רבי שמעון אומר כל הספיחין מותרין חוץ כו'** ועיין בתוספות בפרק מקום שנהגו (פסחים נא, ב): **חבירי.** חכמים פליגי התם עלה ואוסרין: **וכן הוות ליה.** כן היה לו שנשכו נחש: **בערב שבת כו'.** ויחן דייק לשון מנוחה של שבת: [ז] **הכי גרס רש"י יעקב קנאו לשכם ועצמות יוסף נקברו בשכם כמו שנאמר ואת עצמות יוסף קברו בשכם:**

אשד הנחלים

וקבע תחומים. דרש מלשון חניה, לדעת מחנה העיר ותחומיה, לדעת עד מתי יהיה מותר להלוך חוצה לה בשבת: [ז] **לומר גזולים הם.** כלומר שעשו זאת בכוונה שלקחו אותה בדמים, אף כי רצו ליתן להם בחינם לא אבו לקחתה, בכדי שלא יהיה להם פתחון פה באחרית לומר שהמה ברורו לעצמן המקום הזה. והענין שלא יתלוננו לומר כי אלולי היה הבהמ"ק בשכונתם וברשותם, היו הם המקורבים לה' והמתדבקים בו, וכן המערה שהיא מקום קדוש ג"כ, ורק מזה המקום באה ההשפעה, לזה באו לומר בזה להראות שהיה תחילה הדבר ברשותם, אך הם לא הבינו על קדושת המקום ומכרום בדמים קלים, וא"כ זה אות שאין זה המקום ראוי להם, כי אין קדושת המקום כי אם בצרוף אנשים טהורים ונקיים:

Kesitah is an uncommon word, and its meaning is not clear. The Midrash relates how two sages clarified the sense of several words, concluding with this one:

רַבִּי חִיָּיא רַבָּה וְרַבִּי שִׁמְעוֹן בַּר רַבִּי וְרַבִּי שִׁמְעוֹן בַּר חֲלַפְתָּא שְׁכָחוּן מִילִין מִן הַתַּרְגּוּם — R' Chiya the Great and R' Shimon bar Rebbi and R' Shimon bar Chalafta forgot how to translate several **words** in Scripture,[116] **וַאֲתוֹן לְהָדָא תַּגְרָא דַעֲרָבְיָא לְמֶלְפִינֵיהּ מִן תַּמָּן — and they went to a certain Arabian merchant to learn [the meanings]** of these words **from** the way they were used **there.**[117] **שָׁמְעִין קָלֵיהּ דַּאֲמַר לְחַבְרֵיהּ: תְּלֵי הָדֵין יַהֲבָא עֲלַי — They heard [the merchant's] voice saying to his associate, "Put this *yahava* (יַהֲבָא) on me." שָׁמְעוּן מִינָּהּ יַהֲבָא מַשּׂוֹי — They understood from that** incident that ***yahava*** means **"load,"** **שֶׁנֶּאֱמַר "הַשְׁלֵךְ עַל ה' יְהָבְךָ וְהוּא יְכַלְכְּלֶךָ" — as it states, *Cast upon HASHEM your load* [יְהָבְךָ] *and He will sustain you*** (*Psalms* 55:23).[118] **וְעוֹד שָׁמְעוּן קָלֵיהּ דַּעֲרָבִי דַּאֲמַר לְחַבְרֵיהּ — And further, they heard the voice of the Arab saying to his associate, מָה אַתְּ מְכַסֶּה בִּי — "Why are you *mechaseh* (מְכַסֶּה) me?," וְהָיָה רוֹצֶה לוֹמַר מָה אַתְּ מְעַסֶּה בִּי** — by which **he intended to say, "Why are you *me'aseh*** (מְעַסֶּה) **me?,"**[119] **דִּכְתִיב "וְעַסּוֹתֶם רְשָׁעִים כִּי יִהְיוּ אֵפֶר" — as is written, *And you will trample* [וְעַסּוֹתֶם] *the wicked, for they will be ashes under the soles of your feet*** (*Malachi* 3:21).[120] **וְעוֹד שָׁמְעוּן שֶׁאָמְרָה אִיתְּתָא לַחֲבֶרְתָּהּ — And further, they heard a woman saying to her associate, אֲתוֹן סַחְיָא — "Come and bathe," וְהִיא הֵשִׁיבָה: וַאֲנִי שְׁכוּלָה וְגַלְמוּדָה — and [her associate] replied, *"For I am bereaved and alone"*** [גַּלְמוּדָה] (*Isaiah* 49:21); **גַּלְמוּדָא אֲנָא, נִדָּה — "I am *galmuda*"** (גַּלְמוּדָא), i.e., **a menstruant.**[121] **שׁוּב שָׁמַע אִיתְּתָא אַחֶרֶת אוֹמֶרֶת אַשְׁאִיל — Once again, they heard another woman making a request, וְאָמְרָה: שְׁאִילִי לִי מַטְאֲטֵיךְ — "Lend me your broom,"** **לִי מִבְּנַיִךְ — and the words she said** in making that request were, **"Lend me your *matatei*"** (מַטְאֲטֵיךְ),[122] **שֶׁנֶּאֱמַר "וְטֵאטֵאתִיהָ בְּמַטְאֲטֵא הַשְׁמֵד נְאֻם ה' צְבָאוֹת" — as it states, *And I will sweep it clean with the broom* [מַטְאֲטֵא] *of destruction — the word of HASHEM, Master of Legions*** (*Isaiah* 14:23).[123] **אֲתוֹן מְעוֹרְרָה לִלְוְיָתֵךְ** — They heard one woman say to another, **"Come let us be aroused over your *levayah*"** [לִלְוְיָתֵךְ], by which she meant, "Let us be aroused over your sorrow."[124] **"הָעֲתִידִים עֹרֵר לִוְיָתָן" —** They thus understood the verse, ***those who arouse others in their sorrow*** [לִוְיָתָן] (*Job* 3:7).[125] **הַשְׁאִילִי לִי כְּסִיתָתִיךְ** — They heard one woman say to the other, **"Lend me your *kesita*,"**[126] **אַפִּיק הָדָה כְּסִיתָא לְמֵרַעְיָא** — and **[the woman]** took out **a *kesita*-coin** and gave it **to her friend.**[127]

□ **בִּמְאָה קְשִׂיטָה** — ***FOR ONE HUNDRED KESITAHS.***

The Midrash now presents two other interpretations of the word *kesitah*:

אָמַר רַבִּי אַבָּא בַּר כָּהֲנָא — Rabbi Abba bar Kahana said: *Kesitah* (קְשִׂיטָה) is an acronym, **בִּמְאָה אוּנְקִיּוֹת** — indicating that Jacob bought the parcel of land **for a hundred "ounces,"**[128] **בִּמְאָה טְלָאִים — for a hundred sheep,**[129] **בִּמְאָה סְלָעִים — and for a hundred *selas*.**[130]

NOTES

116. *Maharzu*; *Eshed HaNechalim*, second interpretation; *Eitz Yosef*, Vagshal edition. *Maharzu* notes that the common denominator of the forgotten words is that [their roots are very rare in Hebrew and] their meaning can be discerned from related words in other languages.

Eshed HaNechalim comments that it is not possible that such great sages, who certainly studied and knew the language of Scripture very well, did not know the meanings of these words — at least from their context. He explains that what they had forgotten was whether these words' roots were of Hebrew or Arabic origin.

[*Yefeh To'ar* has a different version of our text. He understands that the Sages were seeking to learn the meaning of various *Arabic* words.]

117. Among the Arabs. The Arabic language is particularly useful for the purpose of deriving the etymology of Biblical Hebrew words (*Eitz Yosef*, Vagshal edition, citing *Ibn Ezra*) because much of the Arabic language is basically a somewhat distorted version of Hebrew (ibid., citing *Rambam*).

118. That is, after hearing the way the Arab merchant used the word, they understood its meaning in the verse. See also *Rosh Hashanah* 26b, where the Gemara relates a similar incident in explanation of how the Sages learned the meaning of this verse. [It should be noted that the Arab tribes in the vicinity of the Land of Israel, such as the Nabateans, spoke a dialect similar to Aramaic rather than classical Arabic.]

[According to *Yefeh To'ar* cited above in note 116, the sages here were doing the opposite of the sages in *Rosh Hashanah*: they were using the *Psalms* verse to verify the meaning of an Arabic word.]

119. That is, intending to say מְעַסֶּה, he pronounced the word מְכַסֶּה. This is because the Arabic *ayin* is a very guttural sound, similar to the Hebrew *chaf* (*Rashash*; however, see *Matnos Kehunah*).

120. Here too, after hearing the way the Arab used a cognate of the word וְעַסּוֹתֶם, they understood the meaning of this word in the *Malachi* verse.

121. That is, the second woman replied that she was *galmuda*; the sages realized that she meant she was a menstruant. They were thus able to understood the meaning of the word גַּלְמוּדָה in the *Isaiah* verse. (In *Rashi's* version of our text the second woman replies, "I am *galmuda*, as it states, *For I am bereaved and alone"* [גַּלְמוּדָה].)

[According to *Rosh Hashanah* 26a, גַּלְמוּדָה is a contraction of גְּמוּלָה דָא, *this one is separated (from her husband)*.]

122. I.e., the Arab woman said, "Lend me your *matatei*," and the sages understood from the context that what she meant was, "Lend me your broom."

123. That is, through the Arab woman's use of the word *matatei*, the sages were able to understand the meaning of this word in the *Isaiah* verse.

124. *Yefeh To'ar, Eitz Yosef.*

125. [Alternatively, they heard one woman say to the other, "Bring a lamenting woman (i.e., a woman who leads the laments) for your *levayah*," by which she meant, "Bring a lamenting woman for your funeral, to aid in eulogizing you." They understood the *Job* verse accordingly (*Matnos Kehunah*).]

126. The *kesita* of the Midrash is the equivalent of the קְשִׂיטָה of our verse.

127. The sages understood from the women's interaction that the קְשִׂיטָה of our verse is a type of coin (*Eitz Yosef*, Vagshal edition). [*Eitz Yosef* appeared to have had the feminine form, אַפִּיקַת, *she took out*, which matches the feminine form הַשְׁאִילִי, *Lend me*. Early editions of the Midrash have the masculine form הַשְׁאִיל in place of הַשְׁאִילִי, followed by the masculine form אַפִּיק.]

Alternatively: The word כְּסִיתָא has other meanings too; namely, *pearl* or *lamb*. The Midrash would accordingly be understood as above, but with *pearl* or *lamb* replacing *"kesita*-coin."

Based on *Aruch's* version of our Midrash, a number of commentators quote our Midrash as saying as follows: When someone wanted to say, "Lend me your pearl," he said, "Lend me קְשִׂיטָךְ." [This indicates that the word קְשִׂיטָה in our verse may mean *pearl*.] When someone wanted to say, "Take out this sheep to pasture," he said, "Take out קְשִׂיטָךְ to pasture (מַרְעָיָא)." [This indicates that the word קְשִׂיטָה in our verse may mean *sheep*.] See *Maharzu* and *Radal*; see also *Matnos Kehunah*. See *Onkelos* and see *Targum* ascribed to *Yonasan ben Uziel* on our verse.

128. [Presumably of some precious metal.] The ק of קְשִׂיטָה stands for אוּנְקִיָּה (*Matnos Kehunah, Eitz Yosef*).

[Our translation of אוּנְקִיָּה follows *Yefeh To'ar* and *Matnos Kehunah* to 29 §1 above. See *Matnos Kehunah* and *Eitz Yosef* here for other interpretations.]

129. The ט of קְשִׂיטָה stands for טְלָאִים, *sheep* (*Matnos Kehunah, Eitz Yosef*).

130. The *sela* is a silver coin. The שׂ of קְשִׂיטָה stands for סְלָעִים (*selas*), the שׂ being equivalent to a ס (*Matnos Kehunah, Eitz Yosef*).

רַבִּי חִיָּיא רַבָּה וְרַבִּי שִׁמְעוֹן בַּר רַבִּי וְרַבִּי שִׁמְעוֹן בַּר חֲלַפְתָּא שְׁכָחוּן מִילִּין מִן הַתַּרְגּוּם וַאֲתוֹן לַהֲדָא תַּגְּרָא דַּעֲרָבְיָא לְמֵילְפִינֵּיהּ מִן תַּמָּן, [יב]שָׁמְעִין קָלֵיהּ דַּאֲמַר לְחַבְרֵיהּ: תְּלֵי הָדֵין יַהֲבָא עֲלַי, שְׁמָעוּן מִינָּהּ יַהֲבָא מַשּׂוֹי, שֶׁנֶּאֱמַר (תהלים נה, כג) "הַשְׁלֵךְ עַל ה' יְהָבְךָ וְהוּא יְכַלְכְּלֶךָ", וְעוֹד שְׁמָעוּן קָלֵיהּ דַּעֲרָבִי דַּאֲמַר לְחַבְרֵיהּ: מָה אַתְּ מְכַסֶּה בִּי, וְהָיָה רוֹצֶה לוֹמַר מָה אַתְּ מְעַשֶּׂה בִּי, דִּכְתִיב (מלאכי ג, כא) "וְעַסּוֹתֶם רְשָׁעִים כִּי יִהְיוּ אֵפֶר", וְעוֹד שָׁמְעוּן שֶׁאָמְרָה אִיתְּתָא °לַחֲבֶרְתָּא: אֲתוֹן סָחְיָא, וְהִיא הֵשִׁיבָה: וַאֲנִי שְׁכוּלָה וְגַלְמוּדָה (ע' ישעיה מט, כא), [יג]גַּלְמוּדָא אֲנָא, נִדָּה, שׁוּב שָׁמַע אִיתְּתָא אַחֶרֶת אוֹמֶרֶת: אַשְׁאִיל לִי מִבְנַיִיךְ, וְאָמְרָה: שְׁאִילִי לִי מַטְאֲטִיךְ, שֶׁנֶּאֱמַר (ישעיה יד, כג) "וְטֵאטֵאתִיהָ בְּמַטְאֲטֵא הַשְׁמֵד נְאֻם ה' צְבָאוֹת", אֲתוֹן מְעוֹרְרָה לְלִוְיָתָךְ, (איוב ג, ח) "הָעֲתִידִים עֹרֵר לִוְיָתָן", הַשְׁאִילִי לִי כְּסִיתָתֵיךְ, אַפֵּיק הָדָה כְּסִיתָא לְמִרְעֲיָא. [לג, יט] "בְּמֵאָה קְשִׂיטָה", [יד]אָמַר רַבִּי אַבָּא בַּר כָּהֲנָא: בְּמֵאָה אוּנְקִיּוֹת, בְּמֵאָה טְלָאִים, בְּמֵאָה סְלָעִים,

חידושי הרד"ל

[ז] מלין מן התרגום. מפני שהיו גורסים בעל פה נשכחו דברים אלו מלבם: השאילי לי מרגליתיך. (היתה רצה לומר) ואמרה השאילי לי קשיטיך. אפיק הדא אימרתא למרעיא. (הוציאי השה הלזו למרעה לשדה, היתה רוצה לומר ואמרה) אפיק הדא קשיטא למרעיא. וכן הובא בערוך ערך קשיטא, וכן צריך לומר ועיין מתנות כהונה:

חידושי הרש"ש

[ז] מכסה בי והיה רוצה לומר מעשה בי. עיין מתנות כהונה שהיה לעג לשון כו'. אמר בני הרב רבי מתתיהו נ"י שאין צריך לזה, כי אם מחמת שבלשון ערבי הברת העי"ן הוא כמו כ"ף דגושה. ועיין מדרש איכה (ב, ב) איכה יתיב רבי שמואל בר נחמני אמר אית אתרא דצווחין לכייבא טייבא עד כאן: במאה קשיטה. כתב בני הרב רבי מתתיהו נ"י. וזה לשונו: עיין במתנות כהונה. ועיין ר"ה (כו, א) אמר רבי עקיבא כשהלכתי לאפריקי היו קורין למעה קשיטה למאי נפקא מיניה לפרושי מאה קשיטה דאורייתא מאה דנקי עד כאן. ולכאורה מה שכתוב "דאורייתא" הוא אך למותר. ונראה לי כי הנה מלת קשיטה נזכרת שני פעמים בתנ"ך היינו בפרשת וישלח (בראשית לג, יט) ובסוף יהושע (כד, לב) נכפל הדבר דוישלח) ובסוף איוב (מב, יא), ובאמת מלת קשיטה קרוב יותר לפרש מלשון תכשיט וקישוט, וכמו שאמר להלן (סימן ז) במדרש "אלו חליות ודייקנתא", אך מחמת שדוחק לפרש שנתן בעד השדה תכשיטין, לכן כאשר שמע שבאפריקי קורין למעה קשיטה שם לבו לבאר את מלת קשיטה הכתוב בתורה (דאורייתא) כאן אצל יעקב שהוא מעה, שכן המנהג לשלם במטבעות, אבל קשיטה הכתובה אצל איוב אין נכון שם לפרשה מעה, ויותר נכון לפרשה מלשון תכשיט חלי חליות ודייקנתא שדרכן להנתן בנזמים, ויגיד עליו ריעו שכתב ויתנו לו איש קשיטה אחת ואיש נזם זהב אחד, הנה אונקלוס תרגם חורפן וכן הוא בתרגום איוב וכן תרגום השבעים,

עץ יוסף

[ח] שכחון מילין. שכחו קצת דברים מלשון הערב. והלכו ללמוד בשוק הערבים ושמעו אחד אומר לחבירו תלי הדין יהבא. והבינו דיהבא משוי. ונפקא מינה לפרש קרא השלך על ה' יהבך. וכן שאמר אחד לחבירו מה את מכסה בי (מעשה בי), מלשון ועסותם רשעים שהוא לשון דריכה ורמיסה. וכן כל הני דמפרש ואזיל. ומייתי זה הכא לאשמועינן דפירוש קשיטה, כסידא בלשון ערבי. ועיין בפרק ג' דראש השנה (כו, ב) המעשה בסגנון אחר: אתון סחיא. בואי ורחצי. והיא השיבה ואני גלמודה. והבינו שגלמודה היא נדה, ובקרא ואני שכולה וגלמודה, והוא נוטריקון גמולה דא מבעלה: אשאיל לי מבניך. דמבניך ומטאטיך חד, וכן בערוך. וטאטאתיה במטאטא השמד תרגום ואהממינה כמה דמהממין במבינה. ובקרא וטאטאתיה במטאטא השמד: אתון מעוררה כו'. בא נבא לעורר על לויתן. והבינו שרצונו לומר לעורר על נערה מלשון עורר לויתן: השאילי לי בסיתתך. המתנות כהונה גרס כסוסתיך. פירוש מרגלותיך או כבש שלך. והיפה תואר גרים השאיל לי כסידתך, שהאשה אמרה לחבירתה השאילני כסידתך והוציאה קשיטה לחברתה. ומשם ידעו שפירוש כסידתך קשיטה. בסיתא למרעיא. פירוש קשיטה לחברתה: [ט] במאה אונקיות. דריש קשיטה נוטריקון. והקו"ף מורה על אונקיות, והשי"ן נקראת בסמ"ך והיא מורה על סלעים, והטי"ת מורה על טלאים, והיו"ד ה"א הנשאר מורה על שם יה וכדמפרש בסמוך (נזר הקודש). והמעריך כתב בספרים כתב יד גרסינן במאה אנקות ופירושו גמלים נקבות. וזה

פירוש מהרז"ו

קבורה בארץ ישראל, ובהכרח לומר שלא קנה שכם במעות אלא כמו שנאמר (מח, כב) ואני נתתי לך שכם וכו' אשר לקחתי מיד האמורי בחרבי ובקשתי, או כפשוטו או כפי התרגום בצלותי ובעותי וכמו שאמרו במדרש שם: שכחון מילין. פירוש ששכחו פירושם של כמה תיבות שבתנ"ך שמתבארים מלשונות לועזיות, ובאור המלה באיזה לשון שיהיה נקרא תרגום וכמו שמבואר בסמוך, וכמו שאמרו ראש השנה כו, ב מגילה יח, א בקיצור: ועסותם רשעים כי יהיו אפר. תחת כפות רגליכם, הרי מה שאמר ועסותם פירושו דריכה ורמיסה: והיא השיבה ואני שכולה וגלמודה. בטעות הוא, וכך צריך לומר והיא השיבה גלמודה אנא, והמדרש מפרש שפירושו נדה, ועל ידי זה אנו יודעים פירוש הפסוק ואני שכולה וגלמודה (ישעיה מט, כא), וכן מצאתי ברש"י במדרש כאן ובירושלמי ברכות פרק הרואה (פ"ט ה"א): בסיתתך וכו' בסיתא למרעה. בערוך (ערך קשיטה) הביא מאמר זה בגירסא יותר ברורה וזה לשונו בבראשית רבה (פרשת פ) (ואצלנו ע"ט) אשאיל לי מרגליותיך אשאיל לי קשיטיך, אפיק הדא אימרתא למרעיתא אפיק הדא קשיטה למרעיתא, (ופירושו שרצתה לומר השאל לי מרגליותיך ואמרה קשיטיך, ורצתה לומר אמרותיך ואמרה קשיטיך הרי שקשיטה פירוש מרגליות, ופירוש שה) ויתנו לו איש קשיטה תרגום מעה, ואיכא דאמרי מרגליתא, ואיכא דאמרי חורפת דעאן עד כאן: אונקיות. (פ, כט), ולפירוש הערוך היה כתוב כאן במאה מרגליות במאה טלאים במאה סלעים הם מעות, ופירושו שיש לפרש כך או כך:

מסורת המדרש

יב. ראש השנה דף כ"ו כל הענין. ילקוט ישעיה רמז רפ"ו. ילקוט תהלים רמז תשע"ג:

יג. עי' סוטה דף מ"ב:

יד. ילקוט כאן רמז קל"ג:

אם למקרא

הַשְׁלֵךְ עַל־ה' יְהָבְךָ וְהוּא יְכַלְכְּלֶךָ לֹא־יִתֵּן לְעוֹלָם מוֹט לַצַּדִּיק: (תהלים נה:כג)

וְעַסּוֹתֶם רְשָׁעִים כִּי יִהְיוּ אֵפֶר תַּחַת כַּפּוֹת רַגְלֵיכֶם בַּיּוֹם אֲשֶׁר אֲנִי עֹשֶׂה אָמַר ה' צְבָאוֹת: (מלאכי ג:כא)

וְאָמַרְתְּ בִּלְבָבֵךְ מִי יָלַד לִי אֶת אֵלֶּה וַאֲנִי שְׁכוּלָה וְגַלְמוּדָה גֹּלָה וְסוּרָה וְאֵלֶּה מִי גִדֵּל הֵן אֲנִי נִשְׁאַרְתִּי לְבַדִּי אֵלֶּה אֵיפֹה הֵם: (ישעיה מט:כא)

וְשַׂמְתִּיהָ לְמוֹרַשׁ קִפֹּד וְאַגְמֵי מָיִם וְטֵאטֵאתִיהָ בְּמַטְאֲטֵא הַשְׁמֵד נְאֻם ה' צְבָאוֹת: (שם יד:כג)

ידי משה

[ז] במאה טלאים. פירוש מן המעשר שהיה לו, שאמר כל אשר תתן לי עשר אעשרנו לך ומזה קנה מקום למזבח כדי להקריב עליו המעשר וכו':

שינוי נוסחאות

(ז) שמעין קליה (פעמיים). בכל הנוסחאות איתא "שמע", חוץ מוארשא שכתבו "שמעין", אבל נראה שהיא הגהה נכונה: איתתא לחברתא. צ"ל "איתתא לחברתה", וכן היה בדפוסים הישנים:

רש"י

רבי חייא ורבי שמעון בן חלפתא שכחין מילייא מן הדין תרגומא, ואתון בהדין תגרא ערבינה למילפונה מן תמן, שמע קליה דערבי דאמר לחבריה תלי הדין טעונא עלי, ואמר הכי תלי הדין יהבא עלי. מיד הבינו שיהבא הוא משוי, שנאמר השלך על ה' יהבך. ועוד שמעו חד דאמר לחבריה מה את מכסה בי, והיה רוצה לומר מה את מעשה בי שנאמר ועסותם רשעים. ועוד שמעו דאמרה איתתא לחברתא אתון סחיא. בואי לרחוץ. והיא משיבה גלמודה אנא שנאמר ואני שכולה גלמודה. ושוב שמעו אשה אחרת רוצה לומר אתון מעוררה למעקיך ואמרה הכי מעוררה ללויתיך שנאמר העתידים עורר לויתן. ואחרת רצתה לומר אשאיל לי מבניך. כלים המכבדים את הבית. ואמרה מטאטיך, שנאמר וטאטאתיה: במאה קשיטה. במאה אונקיאות במאה סלעים במאה טלאים. ק' אונקיאות. ס' סלעים. ט' טלאים:

מתנות כהונה

שכחון כו'. שכחו תיבות מן התרגום ולא ידעו מה המה: הכי גרס רש"י מן התרגום ואתון כו': ואתון כו'. ובאו לסוחר ערבי ללמוד אותם משם, שמעו קולו שאמר לחברו הרם זה יהבה עלי, והבינו משם שיהבה הוא משוי: שנאמר כו'. כלומר זהו שנאמר (תהלים נה, כג) השלך על ה' יהבך לא היו יודעין מקודם מהו ועכשיו הבינו שהוא משוי, והכי איתא בהדיא בפ"ג דמסכת ראש השנה (כו, ב): מעשה. לשון דריכה ורמיסה, וכן פירש הרד"ק בספר מלאכי (ג, כא) והם למדו פירושו מתוך דברי הערבי רק שהיה לעג לשון שאמר מכסה במקום מעסה: אתון כו'. בואי ורחצי: גלמודה כו'. כדמפרש ואזיל: גלמודה נדה. שהיתה רצונה לומר נדה ואמרה גלמודה, ונמצאו למדין שגלמודה דקרא הוא נדה. והוא בלשון נוטריקון גמולה דא מבעלה וכדאיתא בגמרא (ר"ה כו, ב): הכי גרס רש"י ז"ל שנאמר ואני שכולה וגלמודה: אומרת. רצתה לומר השאילני לי מבנייך, ופירושו מכבדת, כך פירש הערוך, ואמרה מטאטיך, ושמע מינה דמטאטא דקרא היינו מכבדת, והכי איתא במסכת ראש השנה (שם): הכי גרס רש"י אתון מעוררה כו'. פירוש הביא מקוננות להספידך, ושמע מיניה דלויתן דקרא פירש קינה: הכי גרסינן השאלני לי בסיתיך. ופירושו מרגליתיך, או כבש שלך, וכן משמע בערוך דגרס קשיטיך, ועיין שוב שם שקשיטה פירושו מרגליות וכבשים, ונמצאו למדים שקשיטה דקרא דכתיב (איוב מב, יא) ויתנו לו איש קשיטה אחת, וכן קשיטה דכתוב כאן היינו או כבשים או מרגליות, ומשום קשיטה דכתיב הכא אייתי כל הני מילי וכדמפרש ואזיל: אונקיות. מין כלים ועיין בערוך: טלאים כו'. קשיטה נוטריקון קדריש קו"ף

אשד הנחלים

מן התרגום. ודבר זה נצרך מאוד להבין על ידי זה ביאור התורה המתורגמת בארמית. או באורו ששכחו ביאור העברית מן כמה מלות, שלא ידעו איך יתורגם ויפורש. ועיין כל זה במתנות כהונה ובאות אמת. אך כל זה תדע שבודאי חכמים כאלו היו יודעים לשון הקודש על מתכונתה, ולא יתכן שלא ידעו פירוש המלה מן משמעות הענין, רק שחקרו על השרשים אם מוצאן בלה"ק או בלשון ערבי, או שמא הוא שם נגזר, ולכן ע"י ששמעו הלשונות האלו הבינו כי מקורן בעברי. כי החכמים היו חוקרין על לה"ק הרבה, כי הוא על צד החיוב לדעת מקור

אָמַר רַבִּי סִימוֹן — **Rabbi Simone said:** קוּ״ף קְמִילְיָא — The letter ***kuf*** stands for ***kemilya*** (קְמִילְיָא),[131] סָמֶ״ךְ סְלָעִים — the letter ***samech*** stands for ***selahs*** (סְלָעִים),[132] טֵי״ת טְרַיּוֹן — the letter ***tes*** stands for ***trayon*** (טְרַיּוֹן).[133] יוּ״ד הֵ״א מָה עֲבִידִין הָכָא — **And what are the letters *yud* and *hei* doing here?**[134] רַבִּי יְהוֹשֻׁעַ דְּסִכְנִין בְּשֵׁם רַבִּי לֵוִי — **R' Yehoshua of Sichnin** said **in the name of R' Levi:** אֵלּוּ חֲלִיּוֹת וּדְיִיקְנִיתָא שֶׁדַּרְכָּן לְהִנָּתֵן בַּנְּזָמִים — **These *kesitahs* are** gold **pieces**[135] **and jewels that are normally placed in rings.**[136]

The Midrash now answers the question about the role of the י and the ה in the word קְשִׂיטָה:

וּמִי כּוֹתֵב אֶת הָאוֹנָה — **And who writes the deed** that validates the sale of the parcel of land purchased by Jacob? אָמַר רַבִּי בֶּרֶכְיָה — **R' Berechyah said:** יוּ״ד הֵ״א כּוֹתֵב אֶת הָאוֹנָה — The letters ***yud*** and ***hei*** **write the deed.**[137] וּמִי מֵעִיד עַל הָאוֹנָה — **And who attests to the deed?** י״ה מֵעִיד עַל הָאוֹנָה — The letters ***yud*** and ***hei*** **attest to the deed.**[138] הוּא יוּ״ד הֵ״א שֶׁל ״קְשִׂיטָה״ — **That** is the implication of the ***yud*** and ***hei*** **of *kesitah*** [קְשִׂיטָה]. הָדָא הוּא דִכְתִיב — **Thus it is written,** ״שֶׁשָּׁם עָלוּ שְׁבָטִים שִׁבְטֵי יָהּ עֵדוּת לְיִשְׂרָאֵל לְהֹדוֹת לְשֵׁם ה׳״ — ***For there the tribes ascended, the tribes of God*** [יָהּ], ***a testimony for Israel, to give thanks to the Name of HASHEM*** (*Psalms* 122:4). יָהּ מֵעִיד עֲלֵיהֶם שֶׁהֵן בְּנֵי אֲבוֹתֵיהֶן — **God** (יָהּ) **attests concerning [the Israelites] that they are the sons of their fathers.**[139] אַף כָּאן הָעִיד — **Here, as well, [the *yud* and *hei*] attest** that the land was bought by Jacob.

וַיַּצֶּב שָׁם מִזְבֵּחַ וַיִּקְרָא לוֹ אֵל אֱלֹהֵי יִשְׂרָאֵל.

He set up an altar there and called it, "God, the God of Israel" (33:20).

§8 וַיַּצֶּב שָׁם מִזְבֵּחַ וַיִּקְרָא לוֹ אֵל — ***HE SET UP AN ALTAR THERE AND CALLED IT, "GOD, THE GOD OF ISRAEL."***

Taken literally, the verse seems to mean that Jacob was calling the altar "God, the God of Israel" — an obvious absurdity.[140] The Midrash explains the verse:

אָמַר רֵישׁ לָקִישׁ: ״וַיִּקְרָא לוֹ אֵל אֱלֹהֵי יִשְׂרָאֵל״ — **Reish Lakish said:** The verse means, ***He called himself a power;***[141] *[he called]* ***"God of Israel."***[142] אָמַר: אַתָּה אֱלוֹהַּ בָּעֶלְיוֹנִים וַאֲנִי אֱלוֹהַּ בַּתַּחְתּוֹנִים — **[Jacob] was saying, "You are God in the upper realms, and I am a power in the lower realms."**[143] רַבִּי הוּנָא בְּשֵׁם רֵישׁ לָקִישׁ אָמַר — **R' Huna said in the name of Reish Lakish:** אֲפִילוּ חַזָּן הַכְּנֶסֶת אֵינוֹ נוֹטֵל שְׂרָרָה לְעַצְמוֹ — God responded to Jacob by saying, **"Even the sexton of the synagogue does not take** a position of **prominence for himself,**[144] וְאַתָּה הָיִיתָ נוֹטֵל שְׂרָרָה לְעַצְמְךָ — **but you would take** a position of **prominence for yourself!**[145] מָחָר בִּתְּךָ יוֹצְאָה וּמִתְעַנָּה — **Tomorrow, your daughter will go out and be violated."**[146] הָדָא הוּא דִכְתִיב — **Thus it is written** in the following verse, ״וַתֵּצֵא דִינָה בַּת לֵאָה״ — ***Now Dinah — the daughter of Leah,*** *whom she had born to Jacob* — ***went out*** *to look over the daughters of the land* (below, 34:1).[147]

NOTES

131. Which means *ornaments* (*Mussaf HeAruch*, cited by *Maharzu*; see also *Matnos Kehunah* and *Eitz Yosef*). Alternatively, קְמִילְיָא (*kamelin*) is Latin for *camels* (*Maarich*, cited by *Eitz Yosef*). (R' Simone agrees with R' Abba bar Kahana that קְשִׂיטָה is an acronym, but he disagrees as to what its letters stand for.)

132. See note 130.

133. A coin bearing the name of the Roman emperor, Trajan (*Rashi*, followed by *Matnos Kehunah* and *Eitz Yosef*). [This cannot be meant literally, for the emperor Trajan did not live until centuries after Jacob bought the parcel of land for a hundred *kesitah*. It presumably means a contemporary coin that was equivalent to the Roman coin of later times.] Alternatively, *trayon* is a Greek and Latin name for a shade of blue (*Maharzu*, from *Aruch*); here it would be referring to clothing or some similar article of that color.

According to R' Simone, the verse means that Jacob gave a hundred of each of the above three items in payment for the land.

134. I.e., the י and ה in the word קְשִׂיטָה, which do not play a role in the acronyms. [This question would seem to belong *after* the statement of R' Yehoshua cited next by the Midrash (*Maharzu*; *Eitz Yosef*, from *Yefeh To'ar* and *Nezer HaKodesh*).]

135. *Eitz Yosef.*

136. R' Yehoshua takes קְשִׂיטָה as a cognate of קִישּׁוּט, *ornament* (*Eitz Yosef*, from *Nezer HaKodesh*). The association of these jewels with rings is based on *Job* 42:11, which states: וַיִּתְּנוּ לוֹ אִישׁ קְשִׂיטָה אֶחָת וְאִישׁ נֶזֶם זָהָב אֶחָד, *and each [of them] gave him a kesitah and a golden ring* (*Yefeh To'ar*, *Rashash*).

137. That is, the י and ה in קְשִׂיטָה, which are not part of the acronym, allude to יָהּ, *God*, Who writes the deed of sale (*Eitz Yosef*, from *Nezer HaKodesh*). See further.

138. See preceding note.

139. This testimony was necessary for the following reason: The nations of the world would humiliate the Israelites, saying that the children born during their period of slavery were not their own but were rather fathered by the Egyptians who had control over them. To counter this claim, *Numbers* Ch. 26, in recording the Israelite census, describes the families as הַחֲנֹכִי (*the Hanochite*), הַפַּלֻּאִי (*the Palluite*), etc., with a prefix ה and a suffix י. The extra י and ה indicate that יָהּ, God Himself, is attesting to their pedigree. Accordingly, the *Psalms* verse refers to the tribes as שִׁבְטֵי יָהּ, *the tribes of God* [יָהּ], for it is God Who provides *a testimony for Israel*, verifying their pedigree (*Yefeh To'ar*; *Eitz Yosef*, from *Nezer HaKodesh*; see *Rashi* to *Numbers* 26:5 and notes 1 and 4 in the Sapirstein edition).

140. [But see *Rashi* to the verse (as explained by *Mishmeres HaKodesh*), who explains the plain meaning to be that Jacob called the altar "God *is* the God of Israel." That is, he gave the altar a name that would memorialize his having been miraculously saved from Laban and Esau, a name that proclaimed: "God is God for me (Jacob), whose name is Israel."]

See *Yefeh To'ar* and *Maharzu* for alternative interpretations of the focus of the Midrash.

141. *Eitz Yosef*, from *Yefeh To'ar* and *Nezer HaKodesh*. The word לוֹ can mean "himself," as in the verse (*I Kings* 1:5): וַיַּעַשׂ לוֹ רֶכֶב, *he provided himself with chariot*. And אֵל, normally translated as *God*, can also mean *power* or *powerful one*; see *Rashi* to *Exodus* 15:11.

142. After calling himself אֵל, *a power*, Jacob exclaimed, אֱלֹהֵי יִשְׂרָאֵל, *God of Israel*, in order to clearly acknowledge that God is the one true Ruler over everything [including himself] (*Yefeh To'ar*). See next note.

See *Matnos Kehunah* for an alternate understanding of the Midrash's reading of the verse.

143. That is, while God is the supreme power and authority over the cosmos ("You are God in the upper realms"), Jacob himself was a power in the lower realms. Jacob meant by this that God had granted the righteous the ability to perform miracles and to override Divine decrees through their prayers (*Eitz Yosef*; see *Moed Katan* 16b). See also below, 98 §3.

[The Gemara (*Megillah* 18a) gives a similar interpretation of our verse but says that it was *God, the God of Israel*, rather than Jacob himself, who called Jacob אֵל.]

144. I.e., he cannot call upon himself to read from the Torah; see *Shulchan Aruch, Orach Chaim* 139:3 (*Eitz Yosef*).

145. By referring to yourself as אֵל. Alternatively, by associating God's Name with his (by calling Him "the God of *Israel*"), which God does not do while the *tzaddik* is still alive [because their permanent loyalty to Him cannot be assured; see *Rashi* to 28:13 above] (*Tiferes Tzion*).

146. By Shechem, the son of the local ruler, who will *not* treat her as the daughter of a person of prominence (which you claim yourself to be) but rather as the daughter of one of his lowly servants (ibid., citing *Yefeh To'ar*). [The Midrash does not mean that God actually said this to Jacob; it is merely revealing God's thoughts, so to speak, in response to Jacob's declaration.]

147. This is the opening verse of Scripture's account of the violation of Dinah. The Midrash thus explains the juxtaposition of our verse with that account. See Insight Ⓐ on following page.

אָמַר רַבִּי סִימוֹן: קוּ"ף קְמִילְיָא, סָמֶ"ךְ סְלָעִים, טֵי"ת טְרַיּוֹן, יוּ"ד הֵ"א מָה °עָבְדֵית הָכָא, רַבִּי יְהוֹשֻׁעַ דְּסִכְנִין בְּשֵׁם רַבִּי לֵוִי: אֵלּוּ חֲלָיוֹת וּדְיָיקְנִיָּתָא שֶׁדַּרְכָּן לְהִנָּתֵן בַּנְּזָמִים, וּמִי כּוֹתֵב אֶת הָאוֹנָה, אָמַר רַבִּי בֶּרֶכְיָה: יוּ"ד הֵ"א כּוֹתֵב אֶת הָאוֹנָה, וּמִי מֵעִיד עַל הָאוֹנָה, י"ה מֵעִיד עַל הָאוֹנָה, הוּא יוּ"ד הֵ"א שֶׁל "קְשִׁיטָה", הָדָא הוּא דִכְתִיב (תהלים קכב, ג) טו"שֶׁשָּׁם עָלוּ שְׁבָטִים שִׁבְטֵי יָהּ עֵדוּת לְיִשְׂרָאֵל לְהֹדוֹת לְשֵׁם ה'", יָהּ מֵעִיד עֲלֵיהֶם שֶׁהֵן בְּנֵי אֲבוֹתֵיהֶן אַף כָּאן הֵעִיד:

ח [לג, כ] "וַיַּצֶּב שָׁם מִזְבֵּחַ וַיִּקְרָא לוֹ אֵל", אָמַר רֵישׁ לָקִישׁ: "וַיִּקְרָא לוֹ אֵל אֱלֹהֵי יִשְׂרָאֵל", אָמַר: אַתָּה אֱלוֹהַּ בָּעֶלְיוֹנִים וַאֲנִי אֱלוֹהַּ בַּתַּחְתּוֹנִים, רַבִּי הוּנָא בְּשֵׁם רֵישׁ לָקִישׁ אָמַר: אֲפִילוּ חַזָּן הַכְּנֶסֶת אֵינוֹ נוֹטֵל שְׂרָרָה לְעַצְמוֹ וְאַתָּה הָיִיתָ נוֹטֵל שְׂרָרָה לְעַצְמְךָ, מָחָר בִּתְּךָ יוֹצְאָה וּמִתְעַנָּה, הָדָא הוּא דִכְתִיב [לד א] "וַתֵּצֵא דִינָה בַּת לֵאָה":

עץ יוסף

שאמר בסמוך מאה קמיליא כי כן נקראים בלשון יוני הגמלים עד כאן לשונו: **אמר רבי סימון קוף קמיליא. סמך סלעים. טית טריון. רבי יהושע דסכנין בשם רבי לוי אלו חוליות ודייקונתא שדרכן להנתן בנזמין. יו"ד ה"א מה עבדית הכא. אמר רבי ברכיה כו'.** כן צריך לומר (יפה תואר ונזר הקודש). רבי סימון מפרש שהקו"ף היינו קמילי (עיין לעיל) בשם המערוך. ויש מפרשים מין כלי חשוב. ורש"י ז"ל פירש מאה אלפים. והסי"ן נקראת כסמ"ך היינו סלעים. והטי"ת טריון ופרש"י שם מטבע על שם טוריינוס. ורבי יהושע בשם רבי לוי אמר שקשיטה אלו חליות ודייקונתא, פירוש חתיכות קטנות מזהב ואבנים טובות, ולשון קשט מורה על תכשיטין ודייקונתא. וקאמר יו"ד ה"א שנשאר במילת קשיטה רמז שי"ה הוא היה כותב את האונה (השטר) וכן העיד עליה, שבטי יה עדות לישראל, שייחד שם יה עליהם לומר החנוכי הפלואי להעיד שהם בני אבותיהן, אף כאן העיד שם יה על שטר המקח (נזר הקודש): **(י) ויקרא לו כו'.** פירושו שיעקב קרא לעצמו אל (יפה תואר ונזר הקודש) ועיין שם: **ואני אלוה בתחתונים.** שהצדיק מושל בסדר העולם לעשות נסים ולבטל גזירות בתפלתו: **אינו נוטל שררה.** שאינו יכול לעלות לקרות בתורה אם יקראוהו תחילה: **מחר בתך יוצא ומתענה.** ולא תהיה נחשב לשר וחשוב בעיני שכם כלל אלא יעשה בבתך כאחת מבנות עבדיו (יפה תואר): **ותצא דינה.** ורצונו לומר דדרשינן סמוכים:

פירוש מהרז"ו

אמר רבי סימון. על שאין פירוש התיבה ידוע על כן דורשה נוטריקון, והמוסף ערוך הביא מאמר זה בערך קמיליא, ופירש בלשון יוני ורומי כלים חמודים ותכשיטי זהב וכסף: **טריון.** הביאו בערך טריון בלשון יוני ורומי גוון תכלת. ורבי יהושע בשם רבי לוי בא לפרש שהם חליות ודייקנותא שדרכן להנתן בנזמים, וזהו קישט שבתיבת קשיטה. ושואל על מה מורה יו"ד וה"א שבתיבת קשיטה, ונראה לי ברור שאלה זו יו"ד ה' מה עבדת הכא מקומה אחר דברי רבי יהושע דסכנין בשם רבי לוי שדורש עוד קשיטה קשט יה, שהשם יה מקשט ומחזק הענין וראיה על פי מדה י"ז: (ח) **אמר ריש לקיש** לקמן (צח, ג) עיין שם, ועיין לקמן (פ, ה) ריש לקיש. והוקשה לו דמה שאמר ויקרא לו אל אלהי ישראל הרי שיחד הקב"ה שמו על יעקב בחייו, ואין הקב"ה מיחד שמו על הצדיקים בחייהם כמו שמבואר לקמן (צד, ה), על כן דורש על פי מדה ל"א ויקרא ישראל לו אל אלהי, שהשם יתברך הוא אלהי העליונים והתחתונים: **אפילו חזן הכנסת.** שכל צרכי בית הכנסת נעשים על ידו חולק הכבוד לאחרים ולא לעצמו עד שיתנו לו אחרים, ואיך חלק יעקב לעצמו כבוד גדול כזה ועל כן נענש בדינה. ועיין שמות רבה (ח, יב) בארוכות, אלא שהם פשטו בפועל ונענשו בפועל ובגופם, אך כאן נחשב לו באיזה צד לשמץ חטא בקריאת שם שאחרים צריכים לקרותו, על כן נענש בעונש קל בבתו הפנויה בעל כרחו, ודורש סמוכין שמיד אחר פסוק ויקרא לו כתוב ותצא דינה ועיין לעיל (עג, ט):

רש"י

קוף קאמילייא. ליגט' מיליא מאה אלפים: **ס' סלעים ט' טיראון.** טירייגא שם מטבע על שם טרייגוס: **יו"ד ה"א דקשיטה מה את עביד לון אלו חוליות.** נזמה וחלייתה. קשר קטן: **ודייקינתא ודזמרגדא.** נופך אזמירלדא **שדרכן להנתן בנזמים: ומי כותב את האונה.** השטר: **יה כותב.** את האונה ומעיד על האונה, יה זהו **יו"ד ה"א דקשיטה הדא הוא דכתיב ששם עלו שבטים שבטי יה עדות לישראל, יה מעיד עליהן שהן בני אבותיהן, אף כאן העיד:** (ח) **נוטל שררה לעצמך.** שקרא עצמו אל: **למחר בתך יוצאה ומתענה.** לפיכך סמך **ותצא דינה:**

מתנות כהונה

אונקיות שי"ן סלעים הטי"ת טלאים: **קמיליא כו'.** ורבי סימון גם הוא דרש קשיטה נוטריקון. קמילייא, מצאתי בלשון לטין הוא מין כלי, ובפירוש רש"י מצאתי פירושו מאה אלפים: **טריון.** פירש רש"י שם מטבע על שם טרייגוס: **חליות.** חתיכות קטנות מזהב או אבנים טובות: **ודייקניתא.** מצאתי פירושו אבנים טובות וכן פירש רש"י: **על האונה גרסינן.** ופירושו שטר מכירה: **יו"ד ה"א.** שנשארו במלת קשיטה: [ח] **ואני אלוה.** אלהי ישראל, דרש כאלו אמר אני ישראל גם אנכי נקרא אלוה. ועיין מזה בספר עבודת הקודש סוף פרק י"ח מחלק העבודה וברקנ"ט פרשה זו (לג, כ): **הדא הוא דכתיב ותצא וגו'.** לפיכך סמך לו ותצא דינה וגו':

אשד הנחלים

הלשון. [ותוכחת מוסר הוא לעתותינו המשליכים מנגד את הידיעה הזאת, אך עת לחשות כי שומע אין לנו]: **ומי מעיד בה כו'.** כלומר שם ה' החופף ושורה עליהם זהו לעד ולמופת על קדושת ישראל ודיבוקם בה', על דרך הכתוב (דברים ד, ז) כי מי גוי גדול אשר לו אלהים קרובים אליו וכו' בכל קראנו אליו. ויעקב קנה המקום להציב שמה מזבח, כי ידע והתבונן כי שמה המקום ראוי לקדושה, ושם ראוי להופעת השכינה ע"י מזבח ה': [ח] **ואני אלוה בתחתונים כו'.** כלומר מושל בתחתונים, כי ע"י מעשה הטוב יתהפך הטבע מרע אל טוב:

חידושי הרד"ל

חליות ודיקניות. עיין במוסף ערוך ערך הקנטין דגרס והקניטא עיין שם, ולפי זה נראה דצריך לומר **חליות של הקניתא,** כלומר חלי כתם ונזמים שקבוע בהם אבנים טובות להקניתין: [ח] **אינו נוטל גדולה.** כלומר שאינו עולה לתורה עד שיקראוהו כדתני בתוספתא דמגילה (ג, יג), והובא באורח חיים (סימן קלט ס"ג). וגם יש לפרש שאינו עובר לפני התיבה עד שימלך בצבור כדאיתא בערכין (יא, ב), והראשון עיקר:

חידושי הרש"ש

וכ"כ הרב אבן עזרא סוף איוב. וכמו שכתוב במדרש, כמו שידוע בדברי הימים שקודם המלאת המטבעות היו משתמשים בשה תמורת מטבע, ומלאנו שמקח השה היה לפי המורגל מעה או דנקא עיין בכורות (יא, א) פטרוזא בת דנקא, ובזבחים (מח, א) חטאת בת דנקא. עד כאן לשונו:

אמרי יושר

[ח] **אמר אתה אלוה בעליונים.** רמב"ן פירש (בראשית לג כ) שאמר הקדוש ברוך הוא והשררה היא וענתה בי לדקתי. ואינו נראה אלא אמר יעקב וזו היא השררה או שייחס עלמו בקרא להקדוש ברוך הוא אלהי ישראל אתה אלוה כו' ואני בתחתונים שנשתמש בשרביט המלך ד' אתיות כנגד בינה גבורה הוד מלכות וכן עמרם:

שינוי נוסחאות

מָה עָבְדֵית. בדפוס ראשון איתא "עבדי", ופשוט שר"ל "עָבְדִין", וכ"ה בת-א, וכ"ה בילקוט, אבל בונציא פתחו את הר"ת לומר "עבדית", וכל הדפוסים כולם העתיקו מונציא כידוע:

מסורת המדרש

טו. עיין קדושין דף ע'. ובילקוט תהלים רמז תתע"ט:

אם למקרא

שֶׁשָּׁם עָלוּ שְׁבָטִים שִׁבְטֵי יָהּ עֵדוּת לְיִשְׂרָאֵל לְהֹדוֹת לְשֵׁם ה':
(תהלים קכב:ד)

ידי משה

[ח] **למחר בתך יוצאת ומתענה.** שמעתי מפי אדוני אבי המחבר שהגיד בשם הגאון מהור"ר ליב אב"ד דק"ק פינטשב טעם למה נענש יעקב כאן לפי דאיתא לפי שעבר בבל תאחר על שאמר כל אשר תתן לי עשר אעשרנו לך דאיתא בתוספות בריש פסחים (ג, ב ד"ה מאליה) שמי שאין לו קרקע פטור מעליית רגל ומי שאינו חייב לעלות לרגל אינו חייב בבל תאחר כדאיתא בריש מסכת ר"ה (ו, א) נשים שאינן חייבין בראיות וכו' אם כן הואיל וקנה כאן יעקב מקום אז נתחייב בבל תאחר ותצא דינה בת לאה:

זרע אברהם

[ז] במאה קשיטה אמר ר' אבא בר כהנא במאה אונקיות בק' טלאים בק' פצעים אמר ר' סימון ק' קולמיא ט' טורין ש' סלעים י"ה מה עבדית הכי רבי יהושע דסכנין בשם רבי לוי אלו חליות ודייקונתא שנותנים אותם בנזמים מי כותב את האונה יה כותב ומי מעיד יה מעיד דכתיב עלו שבטים שבטי יה כו'. הרבה יגעתי במדרש זה עד שהאיר ה' עיני לפרש על פי פשוטה בעזרת ה'. דאיתא ביפה תואר טעם שמהפכים לדרוש מתחלה ט' ואחר כך ש' סלעים להורות שכל חדא היה שוה ק' סלעים ובין סך הכל היה ש' סלעים: קומליא פירש רש"י וערוך כלים. ועל טורין פירש רש"י מטבע של טוריינוס קיסר. אי נמי מרגליות. וקשה במאי קמפלגי וגם מי דחקם להוציא התיבה מן הפשוטה שקשיטה פירושו מעה. וגם שאר דקדוקים רבו כמו רבו. ונראה לי לפי דאיתא באלשיך סוף יהושע בפסוק ואת עצמות יוסף אשר העלו בני ישראל ממצרים קברו בשכם בחלקת השדה אשר קנה יעקב במאה קשיטה לפי שמסרו את יוסף בכ' כסף שהוא מאה מעה לכן קברו אותו בחלקת שהיה לשבטים ירושה מיעקב שקנה במאה מעה כדי שיהיה להם תקנה על עשרים כסף. וידוע מאמר חכמינו ז"ל (גיטין מד א) המוכר עבדו לבין הנכרים קונסים אותו עד עשרה בדמיו ודמי עבד הוא שלשים כסף. אם כן עשרה בדמיו הוא שלש מאות כסף. וזה הטעם שרמז יוסף ונתן לבנימן שלש מאות כסף שקנס לשבטים כדאיתא בדרישה יו"ד בהלכות עבדים (סימן רסז אות כב) אם כן מחמת זה דחקו מאן דאמר ויצאו מן הפשוטה ודרשו נוטריקון שנתן יעקב בעד חלק שדה ש' סלעים שכל חד היה שוה ק' סלעים. רק שקשה והרי מכל מקום לא הגיע לשבטים כל ש' סלעים שהרי יוסף היה לו חלק גם כן בחלקת שדה זו וגם בנימין לשני שבטים הללו היה מגיע חלק ששית מן השדה ואם כן עדיין לא פרעו השבטים עשרה בדמיו לכך דרשו נוטריקון שהיה בתוך תשלומין השדה או טלאים או כלים שבשלשה דברים הללו אין בהם דין אונאה כדאיתא בחו"מ סימן רכ"ז ורכ"ח המוכר בהמה אין בו אונאה רבי אליעזר אומר אף מרגליות (ב"מ נח ב). ואיתא שם בעל הבית המוכר כלי תשמישו אין בו אונאה שאילו לא הרבה לו בדמיו לא היה מוכר כלי תשמישו טור בשם אביו הרא"ש ז"ל. וזה שאמר רבי יהושע דסכנין חליות ודייקנתא שנותנים בנזמים פירוש שהיה כלים של תשמישו אין בהם אונאה. ואם כן היה שוה יותר שמלבד חלק יוסף שהיה ש' סלעים שהיה שוים שתות יותר ואדם מקבל זה בשתות יותר. רק שמקשה על זה המדרש כתב האונה פירוש מי כתב השטר מכירה פירוש אבל מי עשה השומא זו על כרחו בני אדם כתבו זה שהיה שוה ש' סלעים ואם כן באמת היה שוה פחות משלש מאות כסף והדריא קושיא לדוכתא לזה אמר רבי ברכיה י"ה כתב. פירוש הקדוש ברוך הוא בעצמו כתבוה והקדוש ברוך הוא בעצמו עשה השטר מכירה וכתב השומא בתורה שבאמת היה שוה ש' סלעים רק חמור קיבל אותן בשתות יותר וחלקת השדה היה שוה גם כן יותר ודוק. רק שמקשה מי מעיד על האונה שזה אינו אלא דברי נביאות. לפי שקשה על זה שהרי איתא בספרי הובא בפרשת וזאת הברכה [מפני מה זכה שתשרה שכינה] בחלק בנימין לבד לפי שכל השבטים היה בידם חטא מכירת יוסף. ואי אמרינן שהקדוש ברוך הוא כתב האונה אם כן שלמו השבטים הקנס ואם כן אין בידם עוד חטא מכירת יוסף אלא על כרחך סבירא ליה למאן דאמר הללו מירושלים לא נתחלקה לשבטים וכמאן דאמר זה לזה מייתי ראיה דכתיב ששם עלו וגומר מרישא דקרא הוה כעיר שחוברה לה יחדיו עלו שבטי יה להודות לה' כדאיתא במסכת בבא קמא (פב ב) שירושלים לא נתחלקה לשבטים לפי שאמר שלמה ויתפללו דרך ארצם שכל אחד מישראל היה בא להתפלל שאם כן ראוי שיהיה כל אחד חלק ואם כן על כרחך שהקדוש ברוך הוא עשה השומא וכתב האונה ואז כבר שלמו חטא מכירת יוסף שאם לא כן לא היה ראוי להיות בחלקם רק בחלק בנימין. ודוק:

INSIGHTS

Ⓐ **Jacob's Prominence** According to an earlier Midrash (76 §9), the incident with Shechem was a punishment to Jacob for withholding Dinah from Esau. Is that Midrash not at odds with our Midrash here, which takes that incident to be a punishment for "taking prominence"?

Chasam Sofer explains that the two reasons given by the Midrash are indeed related. Concerning each of the Patriarchs, the Torah uses the expression of כֹּל, *everything*. The Talmud explains that this indicates that the Patriarchs enjoyed every possible blessing, even a taste of the World to Come (*Bava Basra* 17a). It seems surprising, then, that with respect to Abraham and Isaac, the expression כֹּל, *everything*, is prefaced with the letter ב (*with*) and מ (*from*) respectively (see above, 24:1 and 27:33), which somewhat minimizes the implication of *everything*, while with respect to Jacob, he asserted that he had כֹּל, with no prefix (see above, verse 11), indicating that his blessing was total. In what way did Jacob perceive his blessing as being superior to that of his father and grandfather?

Chasam Sofer explains that while Abraham and Isaac enjoyed abundant blessing, they were seemingly wanting in one area: each lacked a daughter (according to one view in the Gemara, Abraham had only sons — see *Bava Basra* 16b). However, as explained by *Ramban* (to 24:1 above), this lack was really a blessing in disguise, for it would have been nearly impossible to find her a husband who would not be an idolater, to whose influence she could then be subject. Jacob, however, seemed doubly blessed: he had a daughter, and was thus far successful in shielding her from idolatrous influences, going so far as to place Dinah in a chest so as to shield her from Esau. It was his success in this area that led him to exclaim to Esau (above, verse 11), יֶשׁ לִי כֹל, *I have everything* — my blessing is even more complete than the blessing of Abraham and Isaac. It was this sense of having achieved complete blessing that led Jacob to feel that his righteousness was assured, and thus that he could already associate God's Name with his and call Him "the God of Israel" (see note 145).

By allowing Shechem to abduct Dinah, God showed Jacob otherwise. The blessing of having a daughter was *not* complete. Dinah would be abducted by an idolater — a painful event from which his father and grandfather had been spared. His withholding of Dinah from Esau would *not* achieve its intended purpose; she would be subjected to an idolater nonetheless. Jacob's sense of having reached a higher state of blessing, because he had been successful in keeping Dinah from Esau, was unfounded. He was not entitled to associate God's Name with his in his lifetime. This would not be appropriate until he completed his earthly journey with his righteousness intact. Only then would "the God of Israel" be proclaimed for all time (see *Toras Moshe* on 33:20).

אָמַר רַבִּי סִימוֹן: קוּ"ף קֶמִילְיָא, סָמֶ"ךְ סְלָעִים, טֵי"ת טְרַיּוֹן, יוּ"ד הֵ"א מָה °עֲבְדֵית הָכָא, רַבִּי יְהוֹשֻׁעַ דְּסִכְנִין בְּשֵׁם רַבִּי לֵוִי: אֵלּוּ חֲלָיוֹת וּדְיָיקְנִיָּתָא שֶׁדַּרְכָּן לְהִנָּתֵן בַּנְּזָמִים, וּמִי כּוֹתֵב אֶת הָאוֹנָה, אָמַר רַבִּי בֶּרֶכְיָה: יוּ"ד הֵ"א כּוֹתֵב אֶת הָאוֹנָה, וּמִי מֵעִיד עַל הָאוֹנָה, י"ה מֵעִיד עַל הָאוֹנָה, הוּא יוּ"ד הֵ"א שֶׁל "קְשִׁיטָה", הָדָא הוּא דִכְתִיב (תהלים קכב, ג) טו"שֶׁשָּׁם עָלוּ שְׁבָטִים שִׁבְטֵי יָהּ עֵדוּת לְיִשְׂרָאֵל לְהֹדוֹת לְשֵׁם ה'", יָהּ מֵעִיד עֲלֵיהֶם שֶׁהֵן בְּנֵי אֲבוֹתֵיהֶן אַף כָּאן הֵעִיד:

ח [לג, כ] "וַיַּצֶּב שָׁם מִזְבֵּחַ וַיִּקְרָא לוֹ אֵל", אָמַר רֵישׁ לָקִישׁ: "וַיִּקְרָא לוֹ אֵל אֱלֹהֵי יִשְׂרָאֵל", אָמַר: אַתָּה אֱלוֹהַּ בָּעֶלְיוֹנִים וַאֲנִי אֱלוֹהַּ בַּתַּחְתּוֹנִים, רַבִּי הוּנָא בְּשֵׁם רֵישׁ לָקִישׁ אָמַר: אֲפִילוּ חַזָּן הַכְּנֶסֶת אֵינוֹ נוֹטֵל שְׂרָרָה לְעַצְמוֹ וְאַתָּה הָיִיתָ נוֹטֵל שְׂרָרָה לְעַצְמְךָ, מָחָר בְּתוֹךְ יוֹצְאָה וּמִתְעַנָּה, הָדָא הוּא דִכְתִיב [לד א] "וַתֵּצֵא דִינָה בַּת לֵאָה":

עץ יוסף

שאמר בסמוך מאה קמיליא כי כן נקראים בלשון יוני הגמלים עד כאן לשונו: אמר רבי סימון קוף קמיליא. סמך סלעים. טית טריון. רבי יהושע דסכנין בשם רבי לוי אלו חוליות ודייקונתא שדרכן להנתן בנזמין. יו"ד ה"א מה עבדית הכא. אמר רבי ברכיה כו'. כן לריך לומר (יפה תואר וכזר הקודש). רבי סימון מפרש שהקו"ף היינו קמילי (עיין לעיל) בשם המעריך. ויש מפרשים מין כלי חשוב. ורש"י ז"ל פירש מאה אלפים. והסי"ן נקראת כסמ"ך היינו סלעים. והטי"ת טריון ופרש"י שם מטבע על שם טוריכוס. ורבי יהושע בשם רבי לוי אמר שקשיטה אלו חליות ודייקונתא, פירוש חתיכות קטנות מזהב ואבנים טובות, ולשון קשט מורה על תכשיטין ודייקונתא. וקאמר יו"ד ה"א שנשאר במילת קשיטה רמז שי"ה הוא היה כותב את האונה (השטר) וכן העיד עליה, שבטי יה עדות לישראל, שייחד שם יה עליהם לומר החנוכי הפלואי להעיד שהם בני אבותיהן, אף כאן העיד שם יה על שטר המקח (נזר הקודש): (י) ויקרא לו כו'. פירושו שיעקב קרא לעצמו אל (יפה תואר ונזר הקודש) ועיין שם: ואני אלוה בתחתונים. שהצדיק מושל בסדר העולם לעשות נסים ולבטל גזירות בתפלתו: אינו נוטל שררה. שאינו יכול לעלות לקרוא בתורה אם יקראוהו תחילה: מחר בתך יוצא ומתענה. ולא תהיה נחשב לשר וחשוב בעיני שכם כלל אלא יעשה בבתך כאחת מבנות עבדיו (יפה תואר): ותצא דינה. ורצונו לומר דדרשינן סמוכים:

פירוש מהרז"ו

אמר רבי סימון. על שאין פירוש התיבה ידוע על כן דורשה נוטריקון, והמוסף ערוך הביא מאמר זה בערך קמיליא, ופירש בלשון יוני ורומי כלים חמודים ותכשיטי זהב וכסף: טריון. הביאו בערך טריון בלשון יוני ורומי גוון תכלת. ורבי יהושע בשם רבי לוי בא לפרש שהם חליות ודייקנותא שדרכן להנתן בנזמים, וזהו קישט שבתיבת קשיטה. ושואל על מה מורה יו"ד וה"א שבתיבת קשיטה, ונראה לי ברור שאלה זו יו"ד ה' מה עבדת הכא מקומה אחר דברי רבי יהושע דסכנין בשם רבי לוי שדורש עוד קשיטה קשט יה, ששם יה מקשט ומחזק הענין וראיה על פי מדה י"ז: (ח) אמר ריש לקיש לקמן (נח, ג) עיין שם, ועיין לקמן (פ, ה) ריש לקיש. והוקשה לו דמה שאמר ויקרא לו אל אלהי ישראל הרי שיחד הקב"ה שמו על יעקב בחייו, ואין הקב"ה מיחד שמו על הצדיקים בחייהם כמו שמבואר לקמן (נד, ה), על כן דורש על פי מדה ל"א ויקרא ישראל לו אל אלהי, שהשם יתברך הוא אלהי העליונים והתחתונים: אפילו חזן הכנסת. שכל צרכי בית הכנסת נעשים על ידו חולק הכבוד לאחרים ולא לעצמו עד שיתנו לו אחרים, ואיך חלק יעקב לעצמו כבוד גדול כזה ועל כן נענש בדינה. ועיין שמות רבה (ח, יב) באריכות, אלא שהם פשעו בפועל ונענשו בפועל ובגופם, אך כאן נחשב לו באיזה צד לשמץ חטא בקריאת שם שאחרים צריכים לקרותו, על כן נענש בעונש קל בבתו הפנויה בעל כרחו, ודורש סמוכין שמיד אחר פסוק ויקרא לו כתוב ותצא דינה ועיין לעיל (עג, ט):

רש"י

קוף קאמילייא. ליגט' מילייא מאה אלפים: ס' סלעים ט' טיראון. טירייגא שם מטבע על שם טרייגוס: יו"ד ה"א דקשיטה מה את עביד לון אלו חוליות. נזמה וחלייתה. קשר קטן: ודייקינתא ודזמרגדא. נופך אזמירלדא שדרכן להנתן בנזמים: ומי כותב את האונה. השטר: יה כותב. את האונה ומעיד על האונה, יה זהו יו"ד ה"א דקשיטה הדא הוא דכתיב ששם עלו שבטים שבטי יה עדות לישראל, יה מעיד עליהן שהן בני אבותיהן, אף כאן העיד: (ח) נוטל שררה לעצמך. שקרא עלמו אל: למחר בתך יוצאה ומתענה. לפיכך סמך ותצא דינה:

מתנות כהונה

אונקיות שי"ן סלעים הטי"ת טלאים: קמיליא כו'. ורבי סימון גם הוא דרש קשיטה נוטריקון. קמיליא, מצאתי בלשון לטין הוא מין כלי, ובפירוש רש"י מצאתי פירושו מאה אלפים: טריון. פירש רש"י שם מטבע על שם טרייגוס: חליות. חתיכות קטנות מזהב או אבנים טובות: ודייקניתא. מצאתי פירושו אבנים טובות וכן פירש רש"י: על האונה גרסינן. ופירושו שטר מכירה: יו"ד ה"א. שנשארו במלת קשיטה: [ח] ואני אלוה. אלהי ישראל, דרש כאלו אמר אני ישראל גם אנכי נקרא אלוה. ועיין מזה בספר עבודת הקודש סוף פרק י"ח מחלק העבודה וברקנ"ט פרשה זו (לג, כ): הדא הוא דכתיב ותצא וגו'. לפיכך סמך לו ותצא דינה וגו':

אשד הנחלים

הלשון. [ותוכחת מוסר הוא לעתותינו המשליכים מנגד את הידיעה הזאת, אך עת לחשות כי שומע אין לנו]: ומי מעיד בה כו'. כלומר שם ה' החופף ושורה עליהם זהו לעד ולמופת על קדושת ישראל ודיבוקם בה', על דרך הכתוב (דברים ד, ז) כי מי גוי גדול אשר לו אלהים קרובים אליו וכו' בכל קראנו אליו. ויעקב קנה המקום להציב שמה מזבח, כי ידע והתבונן כי שמה המקום ראוי לקדושה, ושם ראוי להופעת השכינה ע"י מזבח ה': [ח] ואני אלוה בתחתונים כו'. כלומר מושל בתחתונים, כי ע"י מעשה הטוב יתהפך הטבע מרע אל טוב:

חידושי הרד"ל

חליות ודיקניות. עיין במוסף ערוך ערך הקנטין דגרס והקניטא עיין שם, ולפי זה נראה דלריך לומר חליות של הקניתא, כלומר חלי כתם ונזמים שקבוע בהם אבנים טובות להקניתין: [ח] אינו נוטל גדולה. כלומר שאינו עולה לתורה עד שיקראוהו כדתני בתוספתא דמגילה (ג, יג), והובא באורח חיים (סימן קלט ס"ג). וגם יש לפרש שאינו עובר לפני התיבה עד שימלך בצבור כדאיתא בערכין (יא, ב), והראשון עיקר:

חידושי הרש"ש

וכ"כ הרב אבן עזרא סוף איוב. וכמו שכתוב במדרש, כמו שידוע בדברי הימים שקודם המלאת המטבעות היו משתמשים בשה תמורת מטבע, ומלאנו שמקח השה היה לפי המורגל מעה או דנקא עיין בכורות (יא, א) פטרוזא בת דנקא, ובזבחים (מח, א) חטאת בת דנקא. עד כאן לשונו:

אמרי יושר

[ח] אמר אתה אלוה בעליונים. רמב"ן פירש (בראשית לג כ) שאמר הקדוש ברוך הוא והשררה היא ועמה בי לדקתי. ואינו נראה אלא אמר יעקב וזו היא השררה או שייחס עלמו בקרא להקדוש ברוך הוא אלהי ישראל אתה אלוה כו' ואני בתחתונים שנשתמש בשרביט המלך ד' אתיות כנגד בינה גבורה הוד מלכות וכן עמרס:

שינוי נוסחאות

מָה עֲבְדֵית. בדפוס ראשון איתא "עבדי'", ופשוט שר"ל "עֲבְדִין", וכ"ה בת-א, וכ"ה בילקוט, אבל בונציא פתחו את הר"ת לומר "עבדית", וכל הדפוסים כולם העתיקו מונציא כידוע:

מסורת המדרש

טו. עיין קדושין דף ע'. ובילקוט תהלים רמז תתפ"ט:

אם למקרא

שֶׁשָּׁם עָלוּ שְׁבָטִים שִׁבְטֵי יָהּ עֵדוּת לְיִשְׂרָאֵל לְהֹדוֹת לְשֵׁם ה':
(תהלים קכב:ד)

ידי משה

[ח] למחר בתך יוצאת ומתענה. שמעתי מפי אדוני אבי המחבר שהגיד בשם הגאון מהור"ר ליב אב"ד דק"ק פינטשב טעם למה נענש יעקב כאן לפי דאיתא לפי שעבר בבל תאחר על שאמר כל אשר תתן לי עשר אעשרנו לך דאיתא בתוספות בריש פסחים (ג, ב ד"ה מאליה) שמי שאין לו קרקע פטור מעליית רגל ומי שאינו חייב לעלות לרגל אינו חייב בבל תאחר כדאיתא בריש מסכת ר"ה (ו, א) נשים שאינן חייבין בראיות וכו' אם כן הואיל וקנה כאן יעקב מקום אז נתחייב בבל תאחר ותצא דינה בת לאה:

זרע אברהם

[ז] במאה קשיטה אמר ר' אבא בר כהנא במאה אונקיות בק' טלאים בק' פצעים אמר ר' סימון ק' קולמיא ט' טורין ש' סלעים י"ה מה עבדית הכי רבי יהושע דסכנין בשם רבי לוי אלו חליות ודייקנתא שנותנים אותם בנזמים מי כותב את האונה יה כותב ומי מעיד יה מעיד דכתיב עלו שבטים שבטי יה כו'. הרבה יגעתי במדרש זה עד שהאיר ה' עיני לפרש על פי פשוטה בעזרת ה'. דאיתא ביפה תואר טעם שמהפכים לדרוש מתחלה ט' ואחר כך ש' סלעים להורות שכל חדא היה שוה ק' סלעים ובין סך הכל היה ש' סלעים: קומליא פירש רש"י וערוך כלים. ועל טורין פירש רש"י מטבע של טוריינוס קיסר. אי נמי מרגליות. וקשה במאי קמפלגי וגם מי דחקם להוליא התיבה מן הפשוטה שקשיטה פירושו מעה. וגם שאר דקדוקים רבו כמו רבו. ונראה לי לפי דאיתא באלשיך סוף יהושע בפסוק ואת עלמות יוסף אשר העלו בני ישראל ממלרים קברו בשכם בחלקת השדה אשר קנה יעקב במאה קשיטה לפי שמסרו את יוסף בכ' כסף שהוא מאה מעה לכן קברו אותו בחלקת שהיה לשבטים ירושה מיעקב שקנה במאה מעה כדי שיהיה להם תקנה על עשרים כסף. וידוע מאמר חכמינו ז"ל (גיטין מד א) המוכר עבדו לבין הנכרים קונסים אותו עד עשרה בדמיו ודמי עבד הוא שלשים כסף. אם כן עשרה בדמיו הוא שלש מאות כסף. וזה הטעם שרמז יוסף ונתן לבנימן שלש מאות כסף שקנס לשבטים כדאיתא בדרישה יו"ד בהלכות עבדים (סימן רסז אות כב) אם כן מחמת זה דחקו מאן דאמר ויצאו מן הפשוטה ודרשו נוטריקון שנתן יעקב בעד חלק שדה ש' סלעים שכל חד היה שוה ק' סלעים. רק שקשה והרי מכל מקום לא הגיע לשבטים כל ש' סלעים שהרי יוסף היה לו חלק גם כן בחלקת שדה זו וגם בנימין לשני שבטים הללו היה מגיע חלק ששית מן השדה ואם כן עדיין לא פרעו השבטים עשרה בדמיו לכך דרשו נוטריקון שהיה בתוך תשלומין השדה או טלאים או מרגליות או כלים שבשלשה דברים הללו אין בהם דין אונאה כדאיתא בחו"מ סימן רכ"ז ורכ"ח המוכר בהמה אין בו אונאה רבי אליעזר אומר אף מרגליות (ב"מ נח ב). ואיתא שם בבעל הבית המוכר כלי תשמישו אין בו אונאה שאילו לא הרבה לו בדמיו לא היה מוכר כלי תשמישו טור בשם אביו הרא"ש ז"ל. וזה שאמר רבי יהושע דסכנין חליות ודייקנתא שנותנים בנזמם פירוש שהיה כלים של תשמישו אין בהם אונאה. ואם כן היה שוה יותר שמלבד חלק יוסף שהיה ש' סלעים שהיה שוים שתות יותר ואדם מקבל זה בשתות יותר. רק שמקשה על זה המדרש כתב האונה פירוש מי כתב השטר מכירה פירוש אבל מי עשה השומא זו על כרחו בני אדם כתבו זה שהיה שוה ש' סלעים ואם כן באמת היה שוה פחות משלש מאות כסף והדריא קושיא לדוכתא לזה אמר רבי ברכיה י"ה כתב. פירוש הקדוש ברוך הוא בעלמו כתבוה והקדוש ברוך הוא בעלמו עשה השטר מכירה וכתב השומא בתורה שבאמת היה שוה ש' סלעים רק חמור קיבל אותן בשתות יותר וחלקת השדה היה שוה גם כן יותר ודוק. רק שמקשה מי מעיד על האונה שזה אינו אלא דברי נביאות. לפי שקשה על זה שהרי איתא בספרי הובא בפרשת וזאת הברכה [מפני מה זכה שתשרה שכינה] בחלק בנימין לבד לפי שכל השבטים היה בידם חטא מכירת יוסף. ואי אמרינן שהקדוש ברוך הוא כתב האונה אם כן שלמו השבטים הקנס ואם כן אין בידם עוד חטא מכירת יוסף אלא על כרחך סבירא ליה למאן דאמר הללו מירושלים לא נתחלקה לשבטים וכמאן אמר זה לזה מייתי ראיה דכתיב ששם עלו וגומר מרישא דקרא הוה כעיר שחוברה לה יחדיו עלו שבטי יה להודות לה' כדאיתא במסכת בבא קמא (פב ב) שירושלים לא נתחלקה לשבטים לפי שאמר שלמה ויתפללו דרך ארצם שכל אחד מישראל היה בא להתפלל שאם כן ראוי שיהיה כל אחד חלק ואם כן על כרחך שהקדוש ברוך הוא עשה השומא וכתב האונה ואז כבר שלמו חטא מכירת יוסף שאם לא כן לא היה ראוי להיות בחלקם רק בחלק בנימין. ודוק:

Chapter 80

וַתֵּצֵא דִינָה בַּת לֵאָה אֲשֶׁר יָלְדָה לְיַעֲקֹב לִרְאוֹת בִּבְנוֹת הָאָרֶץ.

Now Dinah — the daughter of Leah, whom she had borne to Jacob — went out to look over the daughters of the land (34:1).

§1 וַתֵּצֵא דִינָה בַּת לֵאָה — ***NOW DINAH — THE DAUGHTER OF LEAH,*** *WHOM SHE HAD BORNE TO JACOB* — ***WENT OUT,*** *ETC.*

Why is Dinah described here as *the daughter of Leah,* rather than as the daughter of Jacob? The Midrash introduces its explanation with a verse from *Ezekiel:*

"הִנֵּה כָּל הַמֹּשֵׁל עָלַיִךְ יִמְשֹׁל לֵאמֹר כְּאִמָּה בִּתָּהּ" — It is written, ***Behold, all those who speak in parables will use this parable about you, saying, "Like the mother, [so is] her daughter"*** (*Ezekiel* 16:44).[1]

The Midrash explains how the cited verse can be applied to our own verse, recounting a certain incident that occurred in the days of Rebbi:

יוֹסֵי מְעוֹנָאָה תִּרְגֵּם בִּכְנִישְׁתְּהוֹן דִּמְעוֹנָא — **Yose of Maon**[2] **expounded** the following verse **in the synagogue of Maon:** "שִׁמְעוּ זֹאת הַכֹּהֲנִים וְהַקְשִׁיבוּ בֵּית יִשְׂרָאֵל וּבֵית הַמֶּלֶךְ הַאֲזִינוּ" — ***Hear this, O Kohanim; hearken, O House of Israel; O royal house, give ear,*** *for the judgment is yours* (*Hosea* 5:1). אָמַר — **He said** in exposition of this verse:[3] עָתִיד הַקָּדוֹשׁ בָּרוּךְ הוּא לִיטּוֹל אֶת הַכֹּהֲנִים וּלְהַעֲמִידָן בַּדִּין וְלֵאמֹר לָהֶם — **In the future, the Holy One, blessed is He, will take the Kohanim and put them up for judgment, saying to them,** לָמָּה לֹא יְגַעְתֶּם בַּתּוֹרָה, לֹא הֱיִיתֶם נֶהֱנִים מִכ״ד מַתְּנוֹת כְּהוּנָּה — **"Why did you not toil in Torah** study?[4] **Did you not enjoy the twenty-four Priestly gifts** given to you by the Israelites[5] that provided you sustenance, thus freeing you to concentrate on Torah study?" וְאִינּוּן אָמְרִין לֵיהּ: לָא יָהֲבִין לָן כְּלוּם — **And [the Kohanim] will reply to [God], "[The Israelites] do not give us anything!"**[6] "וְהַקְשִׁיבוּ בֵּית יִשְׂרָאֵל", לָמָּה לֹא הֱיִיתֶם נוֹתְנִים לַכֹּהֲנִים כ״ד מַתְּנוֹת כְּהוּנָּה שֶׁכָּתַבְתִּי לָכֶם בַּתּוֹרָה — God will then turn to the people at large and say to them, ***"Hearken, O House of Israel:*** **Why did you not give to the Kohanim the twenty-four Priestly gifts that I prescribed for you in the Torah?"** וְאִינּוּן אָמְרִין לֵיהּ: עַל אִילֵּין דְּבֵי נְשִׂיאָה דַּהֲווּ נָסְבִין כּוּלָּא — **And [the Israelites] will reply to Him,** "The responsibility rests **upon those** individuals **from the** ***Nasi's*** **house,**[7] **who took all** of our possessions for themselves, leaving nothing for the Kohanim." "בֵּית הַמֶּלֶךְ הַאֲזִינוּ, כִּי לָכֶם הַמִּשְׁפָּט", שֶׁלָּכֶם הָיָה "וְזֶה יִהְיֶה מִשְׁפַּט הַכֹּהֲנִים" — God will then turn to the *Nasi's* house and say to them, ***"O royal house, give ear, for the judgment*** [מִשְׁפָּט] ***is yours!*** **Do** the Priestly gifts — of which it is written, ***This shall be the due*** [מִשְׁפַּט] ***of the Priests from the people*** (*Deuteronomy* 18:3) — **belong to you?** Of course not![8] לְפִיכָךְ לָכֶם וַעֲלֵיכֶם מִדַּת הַדִּין נֶהֱפֶּכֶת — **Therefore** *the judgment is yours* (or: *to you*), meaning that the **Strict Attribute of Judgment is** now **turned** ***to you*** **and against you!"**[9]

שָׁמַע רַבִּי וְכָעַס — **Rebbi,**[10] who was the *Nasi* at that time, **heard** about Yose's harsh words against the house of the *Nasi* **and he became angry.** בְּפַתֵּי רַמְשָׁא סְלֵיק רֵישׁ לָקִישׁ שָׁאֵיל בִּשְׁלָמֵיהּ דְּרַבִּי, וּפַיְּיסֵי עֲלוֹהִי דְּיוֹסֵי מְעוֹנָאָה — **Toward evening, Reish Lakish went up to visit Rebbi,**[11] **and appeased him** regarding the comments of **Yose of Maon**[12] in the following manner: אָמַר לוֹ: רַבִּי, צְרִיכִין אָנוּ לְהַחֲזִיק טוֹבָה לְאוּמּוֹת הָעוֹלָם — **[Reish Lakish] said to [Rebbi], "We owe a debt of gratitude to the nations of the world,** שֶׁהֵן מַכְנִיסִין מוּמְסִין לְבָתֵּי טְרַטְיָיאוֹת וּלְבָתֵּי קִרְקְסָאוֹת שֶׁלָּהֶם וּמְשַׂחֲקִין בָּהֶם — **for they bring masks**[13] **into their theaters and circuses and amuse** others **with them,**

NOTES

1. In a prophetic vision, Ezekiel relates how people will employ a parable comparing the wicked ways of the *daughter* (a reference to the Jews who lived in Jerusalem then) to the evil ways of her *mother* (a reference to the Canaanites who lived there prior to the Jews' arrival, and whom Scripture had earlier [16:3] called Israel's "mother"). Just as a daughter's ways tend to emulate her mother's, so too the Jews of Jerusalem mimicked the ways of the Canaanites before them, and their unfortunate fate would be the same as well.

Now, modesty dictates that a woman should not go about in public too much, so as not to evoke temptation (see *Tanchuma* here, *Vayishlach* §5). By "going out" inappropriately — i.e., beyond the bounds of accepted norms of modesty — Dinah followed the example set by her mother Leah who also "went out" inappropriately, as the Midrash expounds below. This is why our verse describes Dinah specifically as *the daughter of Leah,* rather than of *Jacob* — in keeping with the proverbial expression cited in this verse in *Ezekiel, "like the mother, [so is] her daughter."*

2. Maon was a specific area within the city of Tiberias (*Eitz Yosef,* from *Matnos Kehunah,* based on *Yerushalmi Sanhedrin* 2:6).

3. The difficulty is: What complaint is it that God addresses to the Kohanim, followed by the people at large, followed by the royal house?

4. The allusion to Torah study in this verse is from the word זֹאת, *this,* which elsewhere in Scripture is associated with Torah, as it states (*Deuteronomy* 4:44), וְזֹאת הַתּוֹרָה, *This is the Torah* (*Eitz Yosef*).

5. As enumerated in *Numbers* 18:8ff (see *Bava Kamma* 110b).

6. We do not receive the mandated Priestly gifts from them.

7. The *Nasi* ("prince" or "leader") — a descendant of the house of David — was the recognized leader of the Jews in *Eretz Yisrael*. It is the *Nasi* and those associated with him whom the verse refers to here (according to Yose's exposition) when it speaks of people of "the royal house" (*Eitz Yosef*).

8. We have translated this line according to the interpretation of *Eitz Yosef* (from *Yefeh To'ar*): Are these gifts, which are called מִשְׁפָּט, intended for you rather than for the priests? According to this interpretation, the phrase *for the judgment* [מִשְׁפָּט] *is yours* is actually a rhetorical question: "Is the מִשְׁפָּט of the Kohanim supposed to be yours?!"

Another interpretation of this line is this: God is saying to the members of the *Nasi's* house: "It is your responsibility to ensure that the people give the Kohanim their due [מִשְׁפָּט]. How, then, can you take it for yourself?" According to this interpretation, the phrase *for the judgment* [מִשְׁפָּט] *is yours* is meant as a statement of fact: "The מִשְׁפָּט of the Kohanim (the portions due them) is yours," i.e., it is your responsibility (*Matnos Kehunah,* based on *Yerushalmi Sanhedrin* 2:6).

9. This is a second exposition of the words *O royal house, give ear, for the judgment is yours.* I.e., God's judgment (the Attribute of Strict Justice) will now be directed against the house of the *Nasi*.

10. "Rebbi" is the name given to R' Yehudah HaNasi (which means "R' Yehudah the Nasi" in Hebrew). He had a grandson Yehudah, who was referred to as R' Yehudah Nesiah (which means "R' Yehudah the Nasi" in Aramaic). According to the version of this story found in the *Yerushalmi,* it was R' Yehudah Nesiah — and not his grandfather Rebbi — who was involved in this incident (*Eitz Yosef*). This is undoubtedly the correct version, for Reish Lakish's contact with Rebbi amounted to no more than a chance glimpse of his fingers (*Yerushalmi Beitzah* 5:2), whereas he was a full contemporary of R' Yehudah Nesiah. *Radal* therefore emends our text to read "R' Yehudah Nesiah" instead of "Rebbi." *Maharzu,* however, suggests that our text can be maintained as is, and explains that the Midrash here is uncharacteristically using the title "Rebbi" for the "real" Rebbi's grandson.

11. Lit., "to inquire of his welfare."

12. By explaining to Rebbi that Yose of Maon's exposition was meant mainly as a rebuke to those who fail to study Torah properly and to those who fail to distribute the Priestly gifts, rather than as a rebuke to the *Nasi* and his household (*Eitz Yosef*).

13. Translation follows *Eitz Yosef,* from *Matnos Kehunah.* Alternate interpretations include *imitators* who make fun of others by mimicking

פרשה פ

א [לד, א] "**וַתֵּצֵא דִינָה בַּת לֵאָה**", (יחזקאל טז, מד) א"**הִנֵּה כָּל הַמֹּשֵׁל עָלַיִךְ יִמְשֹׁל לֵאמֹר כְּאִמָּה בִּתָּהּ**", **יוֹסֵי מְעוֹנָאָה תִּרְגֵּם בִּכְנִישְׁתְּהוֹן דִּמְעוֹנָא:** (הושע ה, א) "**שִׁמְעוּ זֹאת הַכֹּהֲנִים וְהַקְשִׁיבוּ בֵּית יִשְׂרָאֵל וּבֵית הַמֶּלֶךְ הַאֲזִינוּ**", **אָמַר: עָתִיד הַקָּדוֹשׁ בָּרוּךְ הוּא לִיטּוֹל אֶת הַכֹּהֲנִים וּלְהַעֲמִידָן בַּדִּין וְלֵאמֹר לָהֶם: לָמָּה לֹא יְגַעְתֶּם בַּתּוֹרָה, לֹא הֱיִיתֶם נֶהֱנִים מִכ"ד מַתְּנוֹת כְּהוּנָּה, וְאִינּוּן אָמְרִין לֵיהּ: לָא יָהֲבִין לָן כְּלוּם, "וְהַקְשִׁיבוּ בֵּית יִשְׂרָאֵל", לָמָּה לֹא הֱיִיתֶם נוֹתְנִים לַכֹּהֲנִים כ"ד מַתְּנוֹת כְּהוּנָּה שֶׁכָּתַבְתִּי לָכֶם בַּתּוֹרָה, וְאִינּוּן אָמְרִין לֵיהּ: עַל אִילֵּין דְּבֵי נְשִׂיאָה דַּהֲווֹ נָסְבִין כּוֹלָּא, "בֵּית הַמֶּלֶךְ הַאֲזִינוּ, כִּי לָכֶם הַמִּשְׁפָּט", שֶׁלָּכֶם הָיָה** (דברים יח, ג) "**וְזֶה יִהְיֶה מִשְׁפַּט הַכֹּהֲנִים**", **לְפִיכָךְ לָכֶם וַעֲלֵיכֶם מִדַּת הַדִּין נֶהְפֶּכֶת, שָׁמַע רַבִּי וְכָעַס, בְּפַתֵּי רַמְשָׁא סְלֵיק רֵישׁ לָקִישׁ שָׁאֵיל בִּשְׁלָמֵיהּ דְּרַבִּי, וּפַיְּיסֵי עֲלוֹהִי דְּיוֹסֵי מְעוֹנָאָה, אָמַר לוֹ: רַבִּי, צְרִיכִין אָנוּ לְהַחֲזִיק טוֹבָה *לְאוּמּוֹת הָעוֹלָם** ב**שֶׁהֵן מַכְנִיסִין מוּמָסִין לְבָתֵּי טְרַטְיָיאוֹת וּלְבָתֵּי קִרְקְסָאוֹת שֶׁלָּהֶם וּמְשַׂחֲקִין בָּהֶם כְּדֵי שֶׁלֹּא יִהְיוּ מְשִׂיחִין אֵלּוּ עִם אֵלּוּ וְיָבוֹאוּ לִידֵי קְטָטָה בְּטֵלָה, יוֹסֵי מְעוֹנָאָה אָמַר מִלָּה דְּאוֹרָיְיתָא וְאַקְפַּדְתְּ עֲלוֹהִי, אֲמַר לֵיהּ: וְיוֹדֵעַ הוּא בְּדִבְרֵי תוֹרָה כְּלוּם,**

רש"י

(א) **כי לכם המשפט.** בתמיה, כלומר שלכם הוא, וזה יהיה משפט הכהנים. **לפיכך לכם** המשפט לקבל הדין: **שמע רבי וכעס.** משום דהוה הוא נשיא: **בפתי רמשא סליק ריש לקיש שאל בשלמיה דרבי למפייסה יתיה עלוהי דיוסי מעונאה: מאסין.** כמו שחוק פסיפסין: **כדי שלא יהיו בטלין ומסיחין אלו עם אלו, ויבאו לידי קטטה: וידע הוא כלום.** ויודע הוא כלום בדברי תורה:

עץ יוסף

(א) **הנה כל המושל כו'.** דמשום הכי תלי לה בלאה אמה לומר שנדמתה לה כדמסיים ותלא לאה מקושטת כזונה ולפיכך ותלא דינה, ומכל מקום כתיב אשר ילדה ליעקב לרמוז שאירע זה במקלת עונו כדלעיל (יפה תואר): **בכנישתא דמעון.** בבית הכנסת של מעון. והוא שם מקום בטבריא: **עתיד הקדוש ברוך הוא ליטול כו'.** דרש כן ברצותו להוכיח העם והכהנים על תלמוד תורה, ודבי ריש גלותא שהיו מטמיסים על העם, ודריש זאת על התורה על דרך וזאת התורה: **אלין דבי נשיאה.** שהם מזרע מלכות בית דוד נקראו בית המלך: **דהוו נסבין כולא.** שהם לקחו הכל: **שלכם היה וזה יהיה משפט הכהנים.** בתמיהא. וכי לכם שייך משפט הכהנים שהם מתנות כהונה (יפה תואר): **לפיכך לכם ועליכם.** פירוש לכם עליכם מדת הדין נהפכת כי כל העונש הראוי לכהנים ולעם יהיה עליכם: **שמע רבי וכעס.** בירושלמי איתא שמע רבי יהודה נשיאה וכנון: **בפתי כו'.** לפנות ערב עלה ריש לקיש ושאל בשלומו של רבי יהודה נשיאה והיה מפייסו על יוסי מעונאה, שכיון שבא להוכיח אין להקפיד עליו: **מומסין.** הוא דבר העשוי בצורת פרצוף אדם משונה שנקרא בלשון לעז מומום (מתנות כהונה). והמוסף הערוך גרס מיאומס, ופירש שהוא בלשון יוני ורומי לץ שעושה עצמו כאחר ללעוג עליו, ולפעמים נותן פרצוף עשוי על פניו. והיערות דבש בחלק א' דף מ"ו כתב שמת חנוט נקרא בלשונס מומיא, וזהו שאיתא באיכה רבתי (פתיחתא אות יז) ומכניסין את המתים לתטרון, והוא המומיא שנזכר כאן עד כאן לשונו. ובאיכה רבתי פסוק הביא בכליותי איתא ומכניסין את המומוס לתטרון: **טרטייאות ולבתי קרקסאות.** הם בתי שחוק: **ויודע הוא בדברי תורה.** כי מדרשתו אין ראיה (יפה תואר):

פירוש מהרז"ו

(א) **שמעו זאת.** ולא פירש מאי זאת, ועוד שאמר כי לכם המשפט ולא פירש למי מכולם, גם הלא כתיב (דברים א, יז) כי המשפט לאלהים הוא, על כן דורש על לעתיד שתחלת דינו של אדם על דברי תורה, וזהו שמעו זאת התורה שנקראת זאת: **הכהנים.** כמו שנאמר (דברים לג, י) יורו משפטיך וגו' עד שנתגלגל החטא על הנשיאים, וזה שאמר לפיכך לכם ועליכם מדת הדין נהפכת, אך ממה שאמר לכם והיה לו לומר עליכם המשפט, על כן דורש על פי גזירה שוה שהנשיאים מבית דוד לקחו לעצמם משפט הכהנים: **שמע רבי.** הוא רבי יהודה נשיאה נכד רבינו הקדוש שהיה בימי רבי יוחנן וריש לקיש וכמו שכתבתי לעיל (עח, יב):

מתנות כהונה

[א] **בכנישתא דמעון.** בבית הכנסת של מעון והוא שם מקום בטבריה, הכי איתא בירושלמי פרק כהן גדול (סנהדרין סוף פ"ב [ועיין ירושלמי ב"מ פ"ז ה"א], ועל שם כך נקרא יוסף מעונאה: **על אילון כו'.** ענו על אלו של בית הנשיא הוא התלונה שהם לקחו הכל, ובילקוט יחזקאל (רמז שנז) גרס אילין דבי נשיא נסבו כו': **כי לכם המשפט.** גרסינן. פירוש שלכם היה להזהיר העם על זה ואתם פרצתם הגדר, והכי גרסינן בירושלמי לא לכם אמרתי וזה יהיה וגו': **לפיכך לכם כו'.** משפט דרש לשון עונש כמה דאת אמר (מלכים א, כ, מ) כן משפטיך אתה חרצת, ובירושלמי (סנהדרין פ"ב, ה"ו) גרסינן דבר אחר כי לכם, עתיד אני לישב עליכם בדין ולפסקן ולאבדן מן העולם: **נהפכת.** גרסינן. רבי היה נשיא לפיכך כעס: **בפתי כו'.** לפנות הערב עלה, ריש לקיש ושאל בשלומו של רבי והיה מפייסו על יוסי מעונאה: **מומסין.** פירושו מצאתי בהרב אברהם בן אשר שהיא כסוי עשוי בצורת פרצוף אדם משונה שנקרא בלשון לע"ז מומוס, ועיין דוגמתו בפתיחה דאיכה רבה בפתיחה (סימן יז) ישיחו בי יושבי שער כו': **בתי טרטייאות כו'.** מקומות ששוחקין שם מיני שחוק והיתול: **מלה דאורייתא כו'.** דבר מן התורה ואתה כועס עליו:

אשד הנחלים

[א] **עתיד כו'.** עד סוף המאמר. המתבונן היטב בדבריהם ובכעס רבי, ובדעת יוסי, ימצא בו דברים מדויקים מאוד. וזהו כי הריסת שלום האומה וקיומה והעדר חברתה באהבה מן עשיית מצותה, כשיושקף בה בתחילת המחשבה יֵרָאֶה הָעָוֶל על ההמון, כי המה המפירין החוק בתחילה, אך כשיתבונן עוד היטב מה זה הסבה להם, ימצא סבה ראשית בשופטי ישראל המפירים שלום העם ומשביתים מנוחה, אשר מזה יסובב שיעדר ג"כ שלות פקידי הנשיא והפרת מנוחתם, אשר על כן לא יפיקו להם עת נאמן לשפוט צדק, ולהורות להם דרכי הצדק. אך כשיושקף בה עוד מי הוא הממונה והמושל על פקידי הנשיא הלא הוא בית הנשיא בעצמו, וא"כ אשמתו בו כי הוא הראש והמנהל הראשון אשר כולם ימשכו אחריו. ולכן היפך ר' יוסי פירוש הכתוב שבאורו כבתה כן אמה, והנמשל שמההמון יוקח ראיה על האם, כי ממנה נובע כל. ולכן הקפיד רבי שהיה נשיא לבית ישראל והוא היה המנהל הראשון, ודימה שכוונת ר' יוסי להוכיחו על עון הדור שהוא דבר תלוי בו. ולכן ריש לקיש היפך הדבר בפירושו ובדיבור מליצה, שהאם נלקה עבור בנה בעונשה, אחר שלא השגיחה עליו היטב, וא"כ באורו כאמה כן בתה בקבלת העונש, כי מהבת יוקח ראיה על טבע האם, וא"כ פירושו על הכנסיה בעצמה שנמשכו אחרי אבותיהם בדברים שאינם ראוים. ויש בזה כמה ענינים נמוסים ומדינים למתבונן, אך יעזבו נא הנה. ועיקר כוונת ר' יוסי להסביר הכתוב המוקשה, שהחל בכהנים שהם השופטים בישראל שהמה מקבלי המשפט, וסיים בבית המלך, ועליהם כילה כעסו לומר כי לכם המשפט. ולפי דבריו יומתק מאוד המליצה, כאומר אתם היושבים במנוחות שאננות ותוכלו לעסוק בחכמה ובעשיית צדק ומשפט בוודאי עליכם הפלא מאוד, ואם תתנצלו לומר כי לא ניתן לכם, א"כ הקשיבו בית ישראל מדוע לא נתתם להם טרף חוקם, ואם גם אתם תתנצלו א"כ בית המלך האזינו:

חידושי הרד"ל

[א] **שמע רבי יהודה נשיאה וכעס.** כן הוא בירושלמי (סנהדרין פ"ב ה"ו) וכן צריך לומר:

חידושי הרש"ש

[א] **כי לכם המשפט שלכם היה וזה יהיה משפט הכהנים.** עיין מתנות כהונה, ויותר נראה לפרש שהוא בלשון תמיהה:

אמרי יושר

[א] **כי לכם המשפט.** דרשוהו בשני פנים אם בתמיה ופירושו המשפט שהם המתנות שמא לכם הוא הלא לכהנים. או בניחותא בעבור זה יבא המשפט ומדת הדין עליכם:

מסורת המדרש

א. ירושלמי סנהדרין פרק ב' כל הענין. יחזקאל רמז שנ"ז:
ב. עיין פתיחתא דאיכה רבתי פתיחתא י"ז. איכה רבתי פרשה ג':

אם למקרא

הִנֵּה כָּל הַמֹּשֵׁל עָלַיִךְ יִמְשֹׁל לֵאמֹר כְּאִמָּה בִּתָּהּ: (יחזקאל טז:מד)

שִׁמְעוּ זֹאת הַכֹּהֲנִים וְהַקְשִׁיבוּ בֵּית יִשְׂרָאֵל וּבֵית הַמֶּלֶךְ הַאֲזִינוּ כִּי לָכֶם הַמִּשְׁפָּט כִּי פַח הֱיִיתֶם לְמִצְפָּה וְרֶשֶׁת פְּרוּשָׂה עַל תָּבוֹר: (הושע ה:א)

וְזֶה יִהְיֶה מִשְׁפַּט הַכֹּהֲנִים מֵאֵת הָעָם מֵאֵת זֹבְחֵי הַזֶּבַח אִם שׁוֹר אִם שֶׂה וְנָתַן לַכֹּהֵן הַזְּרֹעַ וְהַלְּחָיַיִם וְהַקֵּבָה: (דברים יח:ג)

ידי משה

[א] **שלכם היה.** וזה יהיה פירוש בלשון בתמיה, וכי שלכם היה אותן כ"ד מתנות כהונה שנקרא (דברים יח, ג) וזה משפט הכהנים, ועיין מתנות כהונה אם ייטיב לך פירושו. וקל להבין:

שינוי נוסחאות

(א) **לית תורתא ענישא.** צ"ל "עגישא" כדאיתא בערוך, ופירושו "נוגחת", כמו שכתוב במתנות כהונה (בדפוסים הישנים, אבל אח"כ נשתבש הנוסח של המתנות כהונה), וכן הוא במהדורת ת-א:

כְּדֵי שֶׁלֹּא יִהְיוּ מְשִׂיחִין אֵלּוּ עִם אֵלּוּ וְיָבוֹאוּ לִידֵי קְטָטָה בְּטֵלָה — **so that they do not converse one with the other** out of boredom **and** thereby **come to senseless quarreling.** יוֹסֵי מְעוֹנָאָה אָמַר מִלָּה דְּאוֹרָיְיתָא וְאַקְפַּדְתְּ עֲלוֹהִי — Now, **Yose of Maon has delivered** to the people **words of Torah, and you have become angry with him!"**[14] אֲמַר לֵיהּ: וְיוֹדֵעַ הוּא בְּדִבְרֵי תוֹרָה כְּלוּם — **[Rebbi]** then **asked [Reish Lakish], "Does he know any words of Torah?"**

NOTES

them and occasionally wear masks depicting the person they are mimicking (*Eitz Yosef,* from *Aruch*), as well as *mummies* that they bring in with which to amuse the audience (*Eitz Yosef,* from *Yaaros Devash*).

14. It is true that he was impertinent in criticizing the house of the *Nasi*, and moreover his interpretation of the verse is inaccurate; however, by expounding Scripture for the public he is surely no worse than an entertainer, who fulfills a positive role in society! (*Yefeh To'ar*).

פרשה פ

א [לד, א] **״וַתֵּצֵא דִינָה בַּת לֵאָה״, (יחזקאל טז, מד) א״הִנֵּה כָּל הַמֹּשֵׁל עָלַיִךְ יִמְשֹׁל לֵאמֹר כְּאִמָּה בִּתָּהּ״, יוֹסֵי מְעוֹנָאָה תִּרְגֵּם בִּכְנִישְׁתְּהוֹן דִּמְעוֹנָא: (הושע ה, א) ״שִׁמְעוּ זֹאת הַכֹּהֲנִים וְהַקְשִׁיבוּ בֵּית יִשְׂרָאֵל וּבֵית הַמֶּלֶךְ הַאֲזִינוּ״, אָמַר: עָתִיד הַקָּדוֹשׁ בָּרוּךְ הוּא לִיטּוֹל אֶת הַכֹּהֲנִים וּלְהַעֲמִידָן בַּדִּין וְלֵאמֹר לָהֶם: לָמָּה לֹא יְגַעְתֶּם בַּתּוֹרָה, לֹא הֱיִיתֶם נֶהֱנִים מִכ״ד מַתְּנוֹת כְּהוּנָּה, וְאִינּוּן אָמְרִין לֵיהּ: לָא יָהֲבִין לָן כְּלוּם, ״וְהַקְשִׁיבוּ בֵּית יִשְׂרָאֵל״, לָמָּה לֹא הֱיִיתֶם נוֹתְנִים לַכֹּהֲנִים כ״ד מַתְּנוֹת כְּהוּנָּה שֶׁכָּתַבְתִּי לָכֶם בַּתּוֹרָה, וְאִינּוּן אָמְרִין לֵיהּ: עַל אִילֵּין דְּבֵי נְשִׂיאָה דַּהֲווֹ נָסְבִין כּוֹלָּא, ״בֵּית הַמֶּלֶךְ הַאֲזִינוּ, כִּי לָכֶם הַמִּשְׁפָּט״, שֶׁלָּכֶם הָיָה (דברים יח, ג) ״וְזֶה יִהְיֶה מִשְׁפַּט הַכֹּהֲנִים״, לְפִיכָךְ לָכֶם וַעֲלֵיכֶם מִדַּת הַדִּין נֶהְפֶּכֶת, שָׁמַע רַבִּי וְכָעַס, בְּפַתֵּי רַמְשָׁא סְלֵיק רֵישׁ לָקִישׁ שָׁאֵיל בִּשְׁלָמֵיהּ דְּרַבִּי, וּפַיְּיסֵי עֲלוֹהִי דְּיוֹסֵי מְעוֹנָאָה, אָמַר לוֹ: רַבִּי, צְרִיכִין אָנוּ לְהַחֲזִיק טוֹבָה *לְאוּמּוֹת הָעוֹלָם בשֶׁהֵן מַכְנִיסִין מוּמָסִין לְבָתֵּי טַרְטְיָיאוֹת וּלְבָתֵּי קִרְקְסָאוֹת שֶׁלָּהֶם וּמְשַׂחֲקִין בָּהֶם כְּדֵי שֶׁלֹּא יִהְיוּ מְשִׂיחִין אֵלּוּ עִם אֵלּוּ וְיָבוֹאוּ לִידֵי קְטָטָה בְּטֵלָה, יוֹסֵי מְעוֹנָאָה אָמַר מִלָּה דְּאוֹרָיְיתָא וְאַקְפֶּדְתְּ עֲלוֹהִי, אֲמַר לֵיהּ: וְיוֹדֵעַ הוּא בְּדִבְרֵי תוֹרָה כְּלוּם,**

רש״י

(א) **כי לכם המשפט.** בתמיה, כלומר **שלכם הוא, וזה יהיה משפט הכהנים. לפיכך לכם** המשפט לקבל הדין: **שמע רבי ובעס.** משום דהוה הוא נשיא: **בפתי רמשא סליק ריש לקיש שאל בשלמיה דרבי למפייסה יתיה עלוהי דיוסי מעונאה: מאסין.** כמו שחוק פסיפסין: **כדי שלא יהיו בטלין ומסיחין אלו עם אלו, ויבאו לידי קטטה: וידע הוא בלום.** ויודע הוא כלום בדברי תורה:

עץ יוסף

(א) **הנה כל המושל כו׳.** דמשום הכי תלי לה בלאה אמה לומר שנדמתה לה כדמסיים ותלא לאה מקושטת כזונה ולפיכך ותלא דינה, ומכל מקום כתיב אשר ילדה ליעקב לרמוז שאירע זה במקצת עונו כדלעיל (יפה תואר): **בבנישתא דמעון.** בבית הכנסת של מעון. והוא שם מקום בטבריא: **עתיד הקדוש ברוך הוא ליטול כו׳.** דרש כן ברצותו להוכיח העם והכהנים על תלמוד תורה, ודבי ריש גלותא שהיו מעמיסים על העם, ודריש זאת על התורה על דרך וזאת התורה: **אלין דבי נשיאה.** שהם מזרע מלכות בית דוד נקראו בית המלך: **דהוו נסבין כולא.** שהם לקחו הכל: **שלכם היה וזה יהיה משפט הכהנים.** בתמיהא. וכי לכם שייך משפט הכהנים שהם מתנות כהונה (יפה תואר): **לפיכך לכם ועליכם.** פירוש לכם עליכם מדת הדין נהפכת כי כל העונש הראוי לכהנים ולעם יהיה עליכם: **שמע רבי ובעס.** בירושלמי איתא שמע רבי יהודה נשיאה וכעס: **בפתי כו׳.** לפנות ערב עלה ריש לקיש ושאל בשלומו של רבי יהודה נשיאה והיה מפייסו על יוסי מעונאה, שכיון שבא להוכיח אין להקפיד עליו: **מומסין.** הוא דבר העשוי בצורת פרצוף אדם משונה שנקרא בלשון לעז מומוס (מתנות כהונה). והמוסף הערוך גרס מיאומס, ופירש שהוא בלשון יוני ורומי לץ שעושה עצמו כאחר ללעוג עליו, ולפעמים נותן פרצוף עשוי על פניו. והיערות דבש בחלק א׳ דף מ״ו כתב שמת חנוט נקרא בלשונם מומיא, וזהו שאיתא באיכה רבתי (פתיחתא אות יז) ומכניסין את המתים לתטרון, והוא המומיא שנזכר כאן עד כאן לשונו. ובאיכה רבתי פסוק הביא בכליותי איתא ומכניסין את המומוס לתטרון: **טרטייאות ולבתי קרקסאות.** הם בתי שחוק: **ויודע הוא בדברי תורה.** כי מדרשתו אין ראיה (יפה תואר):

פירוש מהרז״ו

(א) **שמעו זאת.** ולא פירש מאי זאת, ועוד שאמר כי לכם המשפט ולא פירש למי מכולם, גם הלא כתיב (דברים א, יז) כי המשפט לאלהים הוא, על כן דורש על לעתיד שתחלת דינו של אדם על דברי תורה, וזהו שמעו זאת התורה שנקראת זאת: **הכהנים.** כמו שנאמר (דברים לג, י) יורו משפטיך וגו׳ עד שנתגלגל החטא על הנשיאים, וזה שאמר לפיכך לכם ועליכם מדת הדין נהפכת, אך ממה שאמר לכם והיה לו לומר עליכם המשפט, על כן דורש על פי גזירה שוה שהנשיאים מבית דוד לקחו לעצמם משפט הכהנים: **שמע רבי.** הוא רבי יהודה נשיאה נכד רבינו הקדוש שהיה בימי רבי יוחנן וריש לקיש וכמו שכתבתי לעיל (עח, יב):

מתנות כהונה

[א] **בכנישתא דמעון.** בבית הכנסת של מעון והוא שם מקום בטבריה, הכי איתא בירושלמי פרק כהן גדול (סנהדרין סוף פ״ב [ועיין ירושלמי ב״מ פ״ז ה״א], ועל שם כך נקרא יוסף מעונאה: **על אילין כו׳.** ענו על אלו של בית הנשיא הוא התלונה שהם לקחו הכל, ובילקוט יחזקאל (רמז שנז) גרס אילין דבי נשיא נסבו כו׳: **כי לכם המשפט.** גרסינן. פירוש שלכם היה להזהיר העם על זה ואתם פרצתם הגדר, והכי גרסינן בירושלמי לא לכם אמרתי וזה יהיה וגו׳: **לפיכך לכם כו׳.** משפט דרש לשון עונש כמה דאת אמר (מלכים א, כ, מ) כן משפטך אתה חרצת, ובירושלמי (סנהדרין פ״ב, ה״ו) גרסינן דבר אחר כי לכם, עתיד אני לישב עליכם בדין ולפסקן ולאבדן מן העולם: **נהפכת.** גרסינן. רבי היה נשיא לפיכך כעס: **בפתי כו׳.** לפנות הערב עלה, ריש לקיש ושאל בשלומו של רבי והיה מפייסו על יוסי מעונאה: **מומסין.** פירושו מצאתי בהרב אברהם בן אשר שהיא כסוי עשוי בצורת פרצוף אדם משונה שנקרא בלשון לע״ז מומוס, ועיין דוגמתו בפתיחה דאיכה רבה בפתיחה (סימן יז) ישיחו בי יושבי שער כו׳: **בתי טרטייאות כו׳.** מקומות ששוחקין שם מיני שחוק והיתול: **מלה דאורייתא כו׳.** דבר מן התורה ואתה כועס עליו:

אשד הנחלים

[א] **עתיד כו׳.** עד סוף המאמר. המתבונן היטב בדבריהם ובכעס רבי, ובדעת יוסי, ימצא בו דברים מדויקים מאוד. וזהו כי הריסת שלום האומה וקיומה והעדר חברתה באהבה מן עשיית מצותה, כשיושקף בה בתחילת המחשבה יֵרָאֶה הָעָוֶל על ההמון, כי המה המפירין החוק בתחילה, אך כשיתבונן עוד היטב מה זה הסבה להם, ימצא סבה ראשית בשופטי ישראל המפירים שלום העם ומשביתים מנוחה, אשר מזה יסובב שיעדר ג״כ שלות פקידי הנשיא והפרת מנוחתם, אשר על כן לא יפיקו להם עת נאמן לשפוט צדק, ולהורות להם דרכי הצדק. אך כשיושקף בה עוד מי הוא הממונה והמושל על פקידי הנשיא הלא הוא בית הנשיא בעצמו, וא״כ אשמתו בו כי הוא הראש והמנהל הראשון אשר כולם ימשכו אחריו. ולכן היפך ר׳ יוסי פירוש הכתוב שבאורו כבתה כן אמה, והנמשל שמההמון יוקח ראיה על האם, כי ממנה נובע כל. ולכן הקפיד רבי שהיה נשיא לבית ישראל והוא היה המנהל הראשון, ודימה שכוונת ר׳ יוסי להוכיחו על עון הדור שהוא דבר תלוי בו. ולכן ריש לקיש היפך הדבר בפירושו ובדיבור מליצה, שהאם נלקה עבור בנה בעונשה, אחר שלא השגיחה עליו היטב, וא״כ באורו כאמה כן בתה בקבלת העונש, כי מהבת יוקח ראיה על טבע האם, וא״כ פירושו על הכנסיה בעצמה שנמשכו אחרי אבותיהם בדברים שאינם ראוים. ויש בזה כמה ענינים נמוסים ומדינים למתבונן, אך יעזבו נא הנה. ועיקר כוונת ר׳ יוסי להסביר הכתוב המוקשה, שהחל בכהנים שהם השופטים בישראל שהמה מקבלי המשפט, וסיים בבית המלך, ועליהם כילה כעסו לומר כי לכם המשפט. ולפי דבריו יומתק מאוד המליצה, כאומר אתם היושבים במנוחות שאננות ותוכלו לעסוק בחכמה ובעשיית צדק ומשפט בוודאי עליכם הפלא מאוד, ואם תתנצלו לומר כי לא ניתן לכם, א״כ הקשיבו בית ישראל מדוע לא נתתם להם טרף חוקם, ואם גם אתם תתנצלו א״כ בית המלך האזינו:

חידושי הרד״ל

[א] **שמע רבי יהודה נשיאה ובעס.** כן הוא בירושלמי (סנהדרין פ״ב ה״ו) וכן צריך לומר:

חידושי הרש״ש

[א] **כי לכם המשפט שלכם היה וזה יהיה משפט הכהנים.** עיין מתנות כהונה, ויותר נראה לפרש שהוא בלשון תמיהה:

אמרי יושר

[א] **כי לכם המשפט.** דרשוהו בשני פנים אם בתמיה ופירושו המשפט שהם המתנות שמא לכם הוא הלא לכהנים. או בניחותא בעבור זה יבא המשפט ומדת הדין עליכם:

מסורת המדרש

א. ירושלמי סנהדרין פרק ב׳ כל הענין. יחזקאל רמז שנ״ז:

ב. עיין פתיחתא דאיכה רבתי פתיחתא י״ז. איכה רבתי פרשה ג׳:

אם למקרא

הִנֵּה כָּל הַמֹּשֵׁל עָלַיִךְ יִמְשֹׁל לֵאמֹר כְּאִמָּה בִּתָּהּ: (יחזקאל טז:מד)

שִׁמְעוּ זֹאת הַכֹּהֲנִים וְהַקְשִׁיבוּ בֵּית יִשְׂרָאֵל וּבֵית הַמֶּלֶךְ הַאֲזִינוּ כִּי לָכֶם הַמִּשְׁפָּט כִּי פַח הֱיִיתֶם לְמִצְפָּה וְרֶשֶׁת פְּרוּשָׂה עַל תָּבוֹר: (הושע ה:א)

וְזֶה יִהְיֶה מִשְׁפַּט הַכֹּהֲנִים מֵאֵת הָעָם מֵאֵת זֹבְחֵי הַזֶּבַח אִם שׁוֹר אִם שֶׂה וְנָתַן לַכֹּהֵן הַזְּרֹעַ וְהַלְּחָיַיִם וְהַקֵּבָה: (דברים יח:ג)

ידי משה

[א] **שלכם היה.** וזה יהיה פירוש בלשון בתמיה, וכי שלכם היה אותן כ״ד מתנות כהונה שנקרא (דברים יח, ג) וזה משפט הכהנים, ועיין מתנות כהונה אם ייטיב לך פירושו. וקל להבין:

שינוי נוסחאות

(א) **לית תורתא ענישא.** צ״ל ״עגישא״ כדאיתא בערוך, ופירושו ״נוגחת״, כמו שכתוב במתנות כהונה (בדפוסים הישנים, אבל אח״כ נשתבש הנוסח של המתנות כהונה), וכן הוא במהדורת ת-א:

אֲמַר לֵיהּ: וְאוּלְפַן קַבֵּיל — "Has he received instruction from the Rabbis?"[15] asked [Rebbi] further. אֲמַר לֵיהּ: הֵין — "Yes," he replied. וְאִי שָׁאֵילְנָא לֵיהּ אֲמַר לֵיהּ: אִין — "Yes," he replied again. מְגַיֵּיב — "And if I ask him questions on Torah topics, will he be able to answer me?" [Rebbi] inquired. אֲמַר לֵיהּ: הֵין — Once again, [Reish Lakish] replied to him, "Yes." אִם כֵּן יִסַּק לְהָכָא — "If so, let him come up here and see me!" said Rebbi. וּסְלֵיק לְגַבֵּיהּ — Whereupon [Yose] went up to [Rebbi]. אֲמַר לֵיהּ: מַהוּ דִּכְתִיב "הִנֵּה כָּל הַמֹּשֵׁל עָלַיִךְ יִמְשֹׁל לֵאמֹר כְּאִמָּהּ בִּתָּהּ" — [Rebbi] said to [Yose], "What is the meaning of that which is written, ***Behold, all those who speak in parables will use this parable about you, saying, 'Like the mother, so is her daughter'***"? אֲמַר לֵיהּ: כְּבַת כֵּן אִמָּהּ, כַּדּוֹר כֵּן נָשִׂיא, כַּמִּזְבֵּחַ כֵּן כֹּהֲנָיו, הָכָא אָמְרֵי: לְפוּם גַּנְתָא גַּנָּנָא — [Yose] said to [Rebbi], "It means that **a mother resembles her daughter,**[16] and, by extension, **the *Nasi* resembles the** people of his **generation,**[17] **the Kohanim resemble the Altar;**[18] or, as **they say here, 'like the garden, so is the gardener.'**"[19] אֲמַר לוֹ רֵישׁ לָקִישׁ: עַד כַּדּוֹן לָא חֲסֵילִית מִן מְפַיְּיסֵיהּ עַל הָדָא וְאַתְּ מַיְיתֵי לָן אוֹחֲרִי — Upon hearing Yose's second rebuke of Rebbi, **Reish Lakish said to him, "I have not yet finished appeasing** Rebbi **for that** first comment of yours, **and** here **you are bringing us another** disparaging comment to upset him further! עִיקָּרוֹ שֶׁל דָּבָר "הִנֵּה כָּל הַמֹּשֵׁל" מַהוּ — Just expound for Rebbi **what is the basic interpretation of the verse, *Behold, all those who speak in parables*** *will use this parable about you, saying, 'Like the mother, so is her daughter.'*" אֲמַר לֵיהּ: לֵית תּוֹרְתָא עֲגִישָׁא עַד דִּבְרַתָּהּ בְּעִיטָא, לֵית אִתְּתָא זָנְיָא עַד דִּבְרַתָּהּ זָנְיָא — [Yose] thereupon **said to** [Rebbi], **"There is no** expectation from a **cow that is a gorer other than that her daughter** (calf) **should be a kicker,** and **there is no** expectation for a **woman who acts immodestly other than that her daughter should act immodestly."**[20] אָמְרוּ לֵיהּ: אִם כֵּן לֵאָה אִמֵּנוּ זוֹנָה הָיְתָה — **[Rebbi and Reish Lakish] said to [Yose], "If so,** you are implying that **our mother Leah acted immodestly!"**[21] אֲמַר לְהֶם: "וַתֵּצֵא לֵאָה לִקְרָאתוֹ וְגוֹ'", יָצְאת מְקוּשֶּׁטֶת, כְּזוֹנָה — [Yose] **replied to them,** "Indeed Leah also acted inappropriately, as it states, *When Jacob came from the field in the evening,* ***Leah 'went out' to meet him*** *and said, 'It is to me that you must come for I have clearly hired you with my son's dudaim.' So he lay with her that night* (above, 30:16), which implies that **she 'went out'** to greet Jacob uncharacteristically **adorned, as an immodest woman** 'goes out' adorned."[22] לְפִיכָךְ "וַתֵּצֵא דִינָה בַּת לֵאָה" — This is why it is written in our verse, ***Now Dinah — "the daughter of Leah,"*** *whom she had borne to Jacob* — ***went out,*** *etc.*[23]

§2 The Midrash cites a verse from *Hosea* and applies it to Simeon and Levi and their attack on Shechem (described at the end of the chapter), ultimately linking the discussion to our verse:

"וּכְחַכֵּי אִישׁ גְּדוּדִים חֶבֶר כֹּהֲנִים דֶּרֶךְ יְרַצְּחוּ שֶׁכְמָה כִּי זִמָּה עָשׂוּ" — It is written, ***Like gangs awaiting a man [to rob], a band of priests murders on the road with one will*** [שֶׁכְמָה — or: *on the road to Shechem*], ***for they devised an evil*** (or: *promiscuous*) ***scheme*** (*Hosea* 6:9).[24] כְּשֵׁם שֶׁהַלִּסְטִים הַלָּלוּ יוֹשְׁבִים עַל הַדֶּרֶךְ וְהוֹרְגִים בְּנֵי אָדָם וְנוֹטְלִים מָמוֹנָם כָּךְ עָשׂוּ שִׁמְעוֹן וְלֵוִי לִשְׁכֶם — *Like gangs awaiting a man* — **just as thieves sit by the road and kill people and take their money, so too did Simeon and Levi do to** the city of **Shechem.**[25] "חֶבֶר כֹּהֲנִים", כְּשֵׁם שֶׁהַכֹּהֲנִים הַלָּלוּ נֶחְבָּרִים עַל הַגּוֹרֶן לִיטּוֹל אֶת חֶלְקָם, כָּךְ עָשׂוּ שִׁמְעוֹן וְלֵוִי לִשְׁכֶם — *Like . . .* ***a band of priests*** (or *Kohanim*) — **just as Kohanim gather by the granary to take their** rightful **portions, so too, Simeon and Levi acted toward** the city of **Shechem.**[26] "דֶּרֶךְ יְרַצְּחוּ שֶׁכְמָה", מִדֶּרֶךְ רִיצְּחוּ שִׁמְעוֹן וְלֵוִי לִשְׁכֶם — ***On the road to Shechem*** — this means that **it was** considered **the proper path**[27] to follow **that Simeon and Levi killed** the inhabitants of **Shechem.**

NOTES

15. I.e., has he been schooled in the traditional interpretations and oral laws handed down by our Sages?

16. I.e., if you see a daughter misbehave, you can assume that she has been influenced by her mother's behavior.

17. If the people's conduct is wanting, this may be blamed on the poor example set by their *Nasi*.

18. I.e., the Altar of God has actual Kohanim officiating at it; the altar of Onias' Temple (בֵּית חוֹנְיוֹ, an illicit temple to God in Egypt, destroyed shortly after the Temple of Jerusalem) had non-Kohanim officiating at it; and the officiants at idolatrous altars are idol-worshipers (*Eitz Yosef,* from *Yefeh To'ar*).

19. A garden in which aromatic herbs are grown is reflective of a specially trained gardener, whereas a garden in which ordinary vegetables are grown is suggestive of a common farmer (ibid.).

20. This time Yose omitted the implications of the parable to the relationship between the *Nasi* and the people, and concentrated on the "basic" meaning of the verse, which is that it can be expected that a daughter (or calf) and her mother will act in similar ways.

21. For if — as our verse implies — Dinah acted immodestly by "going out" in public inappropriately, leading to Shechem's abduction of her, it follows, according to the rule derived by Yose from *Ezekiel,* that Leah, too, must have acted immodestly. Where is there any indication in Scripture to corroborate such an indictment against Leah?

22. She adorned herself to make herself attractive to Jacob in order to persuade him to lie with her that night, and in doing so her actions resembled in some way those of an immodest woman, who adorns herself for provocative purposes.

23. I.e., the verse in this instance associates Dinah with Leah rather than with Jacob, in order to allude to the fact that it was Leah's behavior that set the stage for her daughter's actions (ibid.).

24. Simeon and Levi's attack on Shechem is compared here to "gangs awaiting a man" and "a band of priests (or *of Kohanim*)." The Midrash now goes on to explain these comparisons.

25. Though — unlike robbers — they were justified in doing so, as the Midrash goes on to elaborate. [Many Midrash editions have the word אַתְמְהָה ("Can it be so?!") after this phrase; i.e., of course the conduct of Simeon and Levi cannot be compared with that of robbers!]

26. I.e., they were entitled to plunder Shechem (as the Midrash will explain shortly), just as the Kohanim are entitled to their Priestly portions.

27. The verse's expression דֶּרֶךְ (*road* or *path*) is interpreted as alluding to "the proper path," as in the verse, *you shall make known to them the path* (הַדֶּרֶךְ) *in which they should go and the deeds that they should do* (*Exodus* 18:20) (*Eitz Yosef*).

אֲמַר לֵיהּ: הֵין, אֲמַר לֵיהּ: וְאוּלְפַּן קַבֵּיל, אֲמַר לֵיהּ: אֵין, וְאִי שָׁאֵילְנָא לֵיהּ מְגַיֵּיב, אֲמַר לֵיהּ: הֵין, אִם כֵּן יִסַּק לְהָכָא, וּסְלֵיק לְגַבֵּיהּ, אֲמַר לֵיהּ: מַהוּ דִּכְתִיב (יחזקאל טז, מד) "הִנֵּה כָּל הַמֹּשֵׁל עָלַיִךְ יִמְשֹׁל לֵאמֹר כְּאִמָּה בִּתָּהּ", אֲמַר לֵיהּ: ג כְּבַת כֵּן אִמָּהּ, ד כַּדּוֹר כֵּן נָשִׂיא, כַּמִּזְבֵּחַ כֵּן כֹּהֲנָיו, הָכָא אָמְרֵי: לְפוּם גִּנְתָּא גַּנָּנָא, אָמַר לוֹ רֵישׁ לָקִישׁ: עַד כַּדּוּן לָא חֲסֵילִית מִן מְפַיְּיסֵיהּ עַל הָדָא וְאַתְּ מַיְיתֵי לָן אוֹחֲרִי, עִיקָּרוֹ שֶׁל דָּבָר "הִנֵּה כָּל הַמֹּשֵׁל" מַהוּ, אֲמַר לֵיהּ: לֵית תּוֹרְתָא °עֲנִישָׁא עַד דִּבְרַתָּהּ בְּעִיטָא, לֵית אִתְּתָא זָנְיָא עַד דִּבְרַתָּהּ זָנְיָא, אָמְרוּ לֵיהּ: אִם כֵּן לֵאָה אִמֵּנוּ זוֹנָה הָיְתָה, אָמַר לָהֶם: (לעיל ל, טז) "וַתֵּצֵא לֵאָה לִקְרָאתוֹ וְגוֹ'", יָצְאת מְקוּשֶּׁטֶת כְּזוֹנָה לְפִיכָךְ "וַתֵּצֵא דִינָה בַּת לֵאָה":

ב (הושע ו, ט) "וּכְחַכֵּי אִישׁ גְּדוּדִים חֶבֶר כֹּהֲנִים דֶּרֶךְ יְרַצְּחוּ שֶׁכְמָה כִּי זִמָּה עָשׂוּ", ה כְּשֵׁם שֶׁהַלִּסְטִים הַלָּלוּ יוֹשְׁבִים עַל הַדֶּרֶךְ וְהוֹרְגִים בְּנֵי אָדָם וְנוֹטְלִים מָמוֹנָם כָּךְ עָשׂוּ שִׁמְעוֹן וְלֵוִי לִשְׁכֶם, °אֶלָּא °כְּ"חֶבֶר כֹּהֲנִים" °אֶתְמְהָא, ו כְּשֵׁם שֶׁהַכֹּהֲנִים הַלָּלוּ נֶחְבָּרִים עַל הַגּוֹרֶן לִיטּוֹל אֶת חֶלְקָם, כָּךְ עָשׂוּ שִׁמְעוֹן וְלֵוִי לִשְׁכֶם, °שֶׁנֶּאֱמַר "דֶּרֶךְ יְרַצְּחוּ שֶׁכְמָה", מִדֶּרֶךְ °יְרַצְּחוּ שִׁמְעוֹן וְלֵוִי לִשְׁכֶם,

רש"י

ואולפן קביל. ולימודו קבלה היא בידו: **מגיב.** משיב, לשון ישמעאל: **יסוק הכא.** יש לו רשות ליכנס: **עד כאן לא חסלית מפייסא מן הדא ואת מייתי לן חורי.** עדיין לא גמרתי לפייסו מאחר שכעס עליה ואתה מביא אחרת: **לית תורתא נגישא עד דברתה מבעטה.** אין יולאין בפרה אם היא נגחנית עד שבנה בועט, בירושלמי (תרגום שמות כא, כח) כי יגח שור, יגיש: **אם כן לאה אמנו זונה היתה.** שהרי בתה זנתה: (ב) **מדרך רצחו שמעון ולוי לשכם.** כלומר מן הדין עשו ולא בשביל ממון, למה כי זמה עשו

מתנות כהונה

ואולפן קבל. פירש רש"י ולימודו קבלה בידו שהיה סבור שמעלמו דרש כן: **ואי שאילנא בו'.** ואם אשאילנו דברי תורה ידע להשיב: **יסק.** יעלה: **וסליק בו'.** ועלה רבי יוסי מעונאה אלל רבי: **הבא אמרי בו'.** כן אמרו המושלים לפי הגנה כן הגנן שעובד אותו, וגם דבריו אלו היה דברי קינטור כלפי רבי ועל כן אמר ליה ריש לקיש עד עתה לא סיימתי עדיין לפייסו על האחד ואתה מביא לנו אחרת: **ואתה מייתי.** גרסינן. וכן הוא בילקוט יחזקאל (רמז שכז): **לית תורתא ענישא.** גרסינן. בערוך פירשו נוגחת, ורש"י גרס נגישה ופירש גם בו נגחנית, כלומר אין אנו יודעין בפרה שהיא נגחנית עד שרואין בתה נוגחת: **לית איתתא בו'.** אין האשה מזנה שאין בתה תהא גם היא זונה: **הבי גרסינן ותצא לאה לקראתו:** [ב] **הבי גרס בילקוט** סדר זה והוסע **בשם שהלסטים בו'**, עד **לשבם חבר בהנים בשם בו'**, עד **בשבם דרך ירצחו.** וגירסת הספר יש ליישבו ודוק: **מדרך ירצחו בו'.** פירש רש"י מן הדין רלחו לשכם כי זמה עשו, כמה דאת אמר הכזונה יעשה וגו':

אשד הנחלים

מקושטת בזונה. אף שהיתה כוונתה טובה למען הוליד בן, עם כל זה שמץ דבר נמצא בה, כי גם במצוה יוכל היצר מעט להכנס בה בטבע, וע"כ נשאר גם בבתה התכונה הזאת. ולכן הכתוב מספר פה שהיא דינה בת לאה, כלומר במתכונתה וק"ל: [ב] **בשם בו' אלא כחבר בהנים.** דרשו על דרך מליצה בהוכיח הנביא לגלעד שהיא עקובה מדם, והם יתנצלו בזה כי גם שמעון ולוי עשו רצח, לזה אומר הנביא על דרך מליצה האם כחכי איש גדודים, כדרך בעלי הרצח עשו זאת, רק כחבר כהנים, שכוונתם ליטול חלקם בקודש, כן הם כוונו מפני קדושת נפשם, שלא יכלו לראות שיעשה אחותם כזונה, וזהו כי זימה עשו. וזהו כדמות מליצה וחידה, ואינו רחוק מפשוטו ג"כ:

עץ יוסף

ואולפן קביל. כלומר אם הוא בעל שמועות המסורות בקבלה: **ואי שאילנא ליה מגיב.** ואם אני אשאילנו דברי תורה ידע להשיב, כלומר אם הוא למד ושמש תלמיד חכם ומפולפל בהלכה: **יסק להבא.** יעלה כאן: **וסליק לגביה.** ועלה רבי יוסי מעונא אצל רבי יהודה נשיאה: **מהו דכתיב הנה כל בו'.** כלומר מה המשל בפי המושלים כאמה בתה שעל כן יאמרו כי כן היתה לישראל שנדמו לאמם החתית. והשיב שהרי הוא כאילו כתוב גם כן כבת כן אמה, דכ"ף כאמה מושכ"ת כאילו כתוב כאמה כבתה, ופירושו כאמה כבתה שתיהן שוות. והכוונה לומר כי כדור כן הנשיא וכנשיא כן הדור, כי הנשיא המנהיג הוא כאם המגדלת בניה. ואמר זה לפי שהכיר כי כעס עליו, לומר כי למה יכעום דודאי לא טוב הוא מכלל העם כי כדור כן הנשיא. ולכך אמר ליה ריש לקיש עדיין לא גמרתי לפייסו ואתה מביאו לכעס אחר, ולכן אין לך לומר רק עיקר הכתוב מה כוונתו. והשיב **לית תורתא נגיחה בו'**, כלומר אין פרה נוגחת שאין בתה בועטת, והוא משל לומר דאין הכי נמי שאין אשה מזנה שאין בתה כמותה. והקשו עליו **אם כן לאה אמנו זונה היתה** דכיון דכתיב ותצא דינה כו' שהיה קצת פריצות שיצתה אנה ואנה עד שראה אותה שכם, אם כן גם לאה היה בה פריצות. והשיב אין הכי נמי היה בה צד פריצות (יפה תואר): **במזבח כן בהניו.** שמזבח ה' כהניו כשרים, ומזבח בית חוניו היו זרים, ומזבחות עבודת אלילים היו כהני הבמות. וגם זה משל אל היות הנשיא כדור, כענין מה שאמר לפום גנתא גננא כדרך הגינה יהיה הגנן. כי כשהגנה נרד וכרכום גם כן הגנן אדם הגון ונאות, וכשהגנה מיני קטנית וכיולא יהיה הגנן אחד מעובדי האדמה: (ב) **בשם שהלסטים הללו יושבים על הדרך והורגים בני אדם ונוטלין ממונם כך עשו שמעון ולוי לשכם אתמהא. אלא כחבר כהנים כשם שהכהנים בו'.** כן לריך לומר. ורלונו לומר שכך אמר הכתוב וכחכי איש גדודים בתמיה. וכי כשם שהלסטים הללו יושבים על הדרך והורגים בני אדם כך עשו שמעון ולוי לשכם. אלא כחבר כהנים עשו, כשם שהכהנים הללו נחברים על הגורן ליטול את חלקם בדין, כך שמעון ולוי עשו בדין לשכם שנאמר דרך ירלחו שכמה, מדרך ירלחו שמעון ולוי לשכם, שרליחת שכם היה בדרך טוב וישר ועל פי דת התורה שנקראת דרך, על דרך (שמות יח, כ) והודעת להם את הדרך ילכו בה (כמה דאת אמר הכזונה יעשה וגו'). משמעות לשון רש"י שהעתיק בעל מתנות כהונה שהוסיף במדרש מלת כמה דאת אמר הכזונה יעשה. כאילו יורה באלבע איזה דרך התורה, היינו הכזונה יעשה. וזהו מה שסיים שם הכתוב כי זמה עשו:

פירוש מהרז"ו

ענישא. בילקוט הגירסא נגחא: **מקושטת.** אף שהיה כוונתה לשמים וגם הוכרחה לעשות כן, וכמו שאמרו לעיל (עב, ה), עם כל זאת נראה שאינו מדרך המוסר, ועיין לעיל סוף פרשה עט וגם נסמן, שעל ידי חוט המשולש שאמר (ל, לג) וענתה בי וגו' לעיל (עג, ט), ועל שקרא עלמו כו' כמה שאמר בסוף פרשה הקודמת, ועל יליאת לאה נחתם עונש זה: (ב) **וכחכי איש גדודים.** סיפיה דקרא דרך ירלחו שכמה כי זמה עשו, ולמה דוקא כהנים ומה טעם כי זמה עשו על ירלחו, על כן דורש על פי מדה י"ז על עיר שכם שרלחו אותה על הזמה שעשו, וזה שאמר הכתוב כחכי איש גדודים, כמו גדודים שמחכים לאיש לרלחו כן עשו שמעון ולוי לשכם יען כי זמה עשו באחותם, ובדין עשו שמעון ולוי כמו חבר כהנים שנוטלים בדין התורה, וכמבואר בספר הישר שהסכימו אנשי חמור ושכם להתאסף להרוג את בני יעקב. ועיין בתנחומא (סימן יט):

חידושי הרד"ל

מקושטת. יש לפרש שהיתה כוונתה לטובה, כמו שאמרו בתענית (כג, א) באשתו של אבא חלקיה:

[ב] **לשכם כחבר כהנים אתמהה, אלא בשם שהכהנים בו'.** כן לריך לומר. ופירושו וכי חבר כהנים רולחים הם:

חידושי הרש"ש

ואולפן קביל. לקמן במדרש (פא, ב) במעשה דרבי לוי בר סיסי פירש המתנות כהונה אולפן הלכות. ולכן שפיר אמר כאן קביל מפני שהמה מקובלים איש מפי איש עד משה רבינו עליו השלום. ועיין לקמן בויקרא רבה (ג, א) דמשמע שהוא תלמוד:

[ב] **שנאמר דרך ירצחו שכמה מדרך ירצחו עד באן.** זה לשון בני הרב מתתיהו נ"י. נראה לי שדרשו המ"ם דכהנים שישמש ג"כ על תיבת דרך. עיין לקמן ריש דברים רבה (א, ג) דדריש ג"כ למאן דאמר דלעיניך מושב למעלה ולמטה, עיין שם במתנות כהונה שכתב וזה לשונו כעין שפירש הרב אבן עזרא בפרשת והנשארים הרה נסו (בראשית יד, י) שהוא כמו ההרה נסו עכ"ל (ואנכי לא מלאתי זה לעת עתה בפירוש הרב אבן עזרא) ועיין בבמדבר רבה (א, ב). ועיין ירושלמי תענית (פ"ב ה"א) על פסוק (מיכה ז, ד) טובם כחדק ישר ממסוכה שנראה שמפרש שהמ"ם הראשון של ממסוכה מושב על תיבת ישר, והכ"ף של כחדק מושך גם כן את מסוכה עמו. ושיעורו ישרם כמסוכה (ועיין כא"ב דף ק"ל) (ועיין רש"י (מלכים א' כא, לג) על פסוק (שם כ, לג) ויחלטו הממנו, שכתב וה"ה של [הממנו] נוטה במסורת לשתי התיבות כאלו כתיב ויחלטוה הממנו עד כאן. ועיין בירושלמי כתובות (פ"ד ה"ח) שדרשו כבד את ה' מהונך (משלי ג, ט) כמראשית כל תבואתך היינו הכ' של מהונך למעלה ולמטה. ועיין בהוריות (ד, א) קרי ביה ונעלם מדבר ופירש"י מ' דונעלם שדיא אדבר, דמ' נדרשת

מסורת המדרש

ג. כתובות דף ס"ג:
ד. ערכין דף י"ז:
ה. ילקוט הושע רמז תקכ"ג:
ו. מכות דף ל"ד:

אם למקרא

וַיָּבֹא יַעֲקֹב מִן הַשָּׂדֶה בָּעֶרֶב וַתֵּצֵא לֵאָה לִקְרָאתוֹ וַתֹּאמֶר אֵלַי תָּבוֹא כִּי שָׂכֹר שְׂכַרְתִּיךָ בְּדוּדָאֵי בְּנִי וַיִּשְׁכַּב עִמָּהּ בַּלַּיְלָה הוּא:
(בראשית ל:טז)

וּכְחַכֵּי אִישׁ גְּדוּדִים חֶבֶר כֹּהֲנִים דֶּרֶךְ יְרַצְּחוּ שֶׁכְמָה כִּי זִמָּה עָשׂוּ:
(הושע ו:ט)

ידי משה

[ב] **אתמהא.** מלה זו לריכה להיות קודם אלא כחבר הכהנים. ופירשו וכי תעלה על דעתך שכשם שהלסטים וכו' כך עשו שמעון ולוי אתמהא, אלא כחבר הכהנים פירוש כשם שהכהנים נחברים אל הגורן ליטול חלקם בלדק ומשפט כך עשו שמעון ולוי אמרו מה הם נוהגים בנו וכו' הפקר וכו':

שינוי נוסחאות

(ב) **אלא כחבר כהנים וכו'.** כל הקטע הזה משובש, ותיקננו ע"פ הגהת מתנות כהונה, שמבוססת על הילקוט:

"הַכְזוֹנָה וְגוֹ׳" — And why was this so? As the verse concludes, *for they devised a promiscuous scheme*[28] — as they themselves protested to Jacob, ***"Should*** *he treat our sister* ***like a harlot?"*** (below, v. 31). אָמְרוּ: מָה הֵם נוֹהֲגִין בָּנוּ כִּבְנֵי אָדָם שֶׁל הֶפְקֵר — **They said** to him in effect, **"What, are they going to treat us like people who are public property?!"**[29] by not protesting Shechem's illicit actions against our sister?[30]

The Midrash concludes by citing the root cause for God allowing Dinah to become victimized:

וּמִי גָרַם — **And who caused** all this anguish? "וַתֵּצֵא דִינָה בַּת לֵאָה" — Dinah herself, as it states, ***Now Dinah — the daughter of Leah,*** *whom she had borne to Jacob —* ***went out*** *to look over the daughters of the land.*[31]

§3 The Midrash cites a verse from elsewhere in Scripture and relates it to our passage:

"הַחוֹחַ אֲשֶׁר בַּלְּבָנוֹן שָׁלַח אֶל הָאֶרֶז" — ***The thornbush in Lebanon [once] sent [word] to the cedar of Lebanon,*** *saying, "Give your daughter to my son for a wife"; the wild beast of Lebanon then came by and trampled the thornbush* (*II Kings* 14:9).[32] "הַחוֹחַ אֲשֶׁר בַּלְּבָנוֹן", זֶה חֲמוֹר אֲבִי שְׁכֶם — ***The thornbush in Lebanon*** — **this is** a reference to **Hamor, Shechem's father.**[33] "שָׁלַח אֶל הָאֶרֶז", זֶה יַעֲקֹב — ***[Once] sent [word] to the cedar of Lebanon*** — **this is** a reference to **Jacob.**[34] "תְּנָה אֶת בִּתְּךָ לִבְנִי לְאִשָּׁה", "שְׁכֶם בְּנִי חָשְׁקָה נַפְשׁוֹ בְּבִתְּכֶם" — ***Give your daughter to my son for a wife*** — this refers to what Hamor said to Jacob, **"Shechem, my son, longs deeply for your daughter"** (v. 8). "וַתַּעֲבֹר חַיַּת הַשָּׂדֶה וַתִּרְמֹס", "וְאֶת חֲמוֹר וְאֶת שְׁכֶם הָרְגוּ" — ***The wild beast*** *of Lebanon* ***then came by and trampled*** *the thornbush* — this alludes to the sons of Jacob,[35] who subsequently killed Shechem and his father, as it states, ***And Hamor and Shechem his son they killed*** (below, v. 26).

מִי גָרַם, "וַתֵּצֵא דִינָה בַּת לֵאָה" — **And who caused** all this anguish? Dinah herself, as it states, ***Now Dinah — the daughter of Leah,*** *whom she had borne to Jacob —* ***went out*** *to look over the daughters of the land.*[36]

§4 The present Midrash continues its discussion of the reason for Dinah's defilement at the hands of Shechem:

רַבִּי יְהוּדָה בַּר סִימוֹן פָּתַח — **R' Yehudah opened** his discussion of our passage with the following exposition: "אַל תִּתְהַלֵּל בְּיוֹם מָחָר", וְאַתְּ אֲמַרְתְּ "וְעָנְתָה בִּי צִדְקָתִי בְּיוֹם מָחָר" — It is written, ***Do not boast about tomorrow,*** *for you know not what a day may bring* (*Proverbs* 27:1), **and** yet **you** (Jacob) **said** (above, 30:33), ***Let my integrity testify for me in the future*** (lit., *tomorrow*)?[37] מָחָר בִּתְּךָ יוֹצֵאת וּמִתְעַנָּה, הָדָא הוּא דִכְתִיב "וַתֵּצֵא דִינָה וְגוֹ׳" — As a consequence, **"tomorrow"** (i.e., at some point in the future) **your daughter** Dinah **will go out** of her house **and be violated, as it is written,** ***Now Dinah — the daughter of Leah,*** *whom she had borne to Jacob —* ***went out,*** *etc.*[38]

An alternative reason for Dinah's defilement:

רַבִּי חֲנִינָא בְּשֵׁם רַבִּי אַבָּא הַכֹּהֵן בַּרְדְּלָא פָּתַח — **R' Chanina, in the name of R' Abba Bardela the Kohen, opened** his discussion of our passage with the following exposition: "לַמָּס מֵרֵעֵהוּ חָסֶד" — It is written, ***one who withholds kindness from his friend,*** *etc.* (*Job* 6:14). מָנַעְתָּ חֶסֶד מִן אָחוּךְ — The Holy One, blessed is He, said to Jacob,[39] **"You withheld kindness from your brother** Esau by refusing to allow him to marry Dinah,[40] הִיא נִסְבַת לְאִיּוֹב שֶׁאֵינוֹ לֹא גֵר וְלֹא מָהוּל — and as a result **she married Job** instead, **who was neither a convert, nor was he circumcised.**[41] לֹא בִקַּשְׁתָּ לְהַשִּׂיאָהּ לְמָהוּל הֲרֵי הִיא נִישֵּׂאת לְעָרֵל — Now, since **you refused to allow her to marry someone circumcised** (Esau), **she** instead **'married' someone uncircumcised** (Shechem), לֹא בִקַּשְׁתָּ לְהַשִּׂיאָהּ דֶּרֶךְ הֶיתֵּר הֲרֵי נִישֵּׂאת דֶּרֶךְ אִיסּוּר — and since you **refused to allow her to marry in a legitimate manner, she** instead **'married'** Shechem **in an illegitimate manner."** "וַתֵּצֵא דִינָה וְגוֹ׳" — Thus, because Jacob did not show kindness to Esau, the entire incident of Dinah's abduction occurred, as it states: ***Now Dinah*** *— the daughter of Leah, whom she had borne to Jacob —* ***went out, etc.***[42]

NOTES

28. These words are added in accordance with *Rashi's* commentary here; a similar reading can be found in some Midrash editions.

29. I.e., property that can be taken for personal use by whoever finds it — as Shechem did with Dinah.

30. The Midrash adds this to the actual quote of the words of Simeon and Levi (*Should he treat our sister like a harlot?*) to explain that not only did Shechem himself sin by taking Dinah, but all the people of the town ("they") sinned as well, by acquiescing to and approving of Shechem's immoral conduct (*Eitz Yosef,* from *Nezer HaKodesh*).

31. As the Midrash has explained above, Dinah acted inappropriately by "going out" as she did.

32. This was stated (by Joash, king of Israel) as a parable, the lesson being that impudence leads to downfall. The Midrash applies it to the incident of Dinah.

33. For the wicked are referred to elsewhere in Scripture (*Isaiah* 33:12) as *thorns*. Furthermore, Hamor is described as a thornbush "in Lebanon" because the cedars of Lebanon are known for their towering height, alluding to the fact that Hamor towered as king over the inhabitants of Shechem (*Eitz Yosef,* from *Yefeh To'ar*).

34. Jacob is compared to a cedar tree on account of his great righteousness, as it states, *A righteous man will flourish like a date palm, like a cedar in the Lebanon he will grow* (*Psalms* 92:13) (ibid.; see Midrash above, 41 §1).

35. For Jacob's sons are compared in Scripture to various beasts of the field, as it states, for example, *A lion cub is Judah* (below, 49:9), and *Naphtali is a hind let loose* (below, 49:21) (ibid.).

36. See above, note 31.

37. Although the simple interpretation of this verse is that Jacob is saying to Laban that Jacob's integrity will be proven when the reward he will ultimately acquire from Laban will be found to be valid (see *Rashi* to this verse), the Midrash chooses to interpret Jacob's statement in a much broader context; namely, that Jacob is declaring that his own righteousness will stand by him to protect him from any and all unfavorable events in the future. Accordingly, the verse is rebuking Jacob for his statement.

38. By stating here that Jacob was Dinah's father (*whom she had borne to Jacob*), the verse is suggesting that Dinah's defilement was somehow attributable to Jacob — i.e., for his reliance on his own righteousness to protect him from all future calamities (*Eitz Yosef*). [This exposition does not necessarily preclude the Midrash's previous statements that Dinah's defilement was also due (in part) to her behavior (ibid.).]

39. These words are added in accordance with the Midrash above, 76 §9.

40. Allowing Dinah to marry Esau would have been considered an act of kindness toward Esau because as a wife Dinah might have persuaded Esau to repent his evil ways, for a woman can have a positive influence on her husband, as expounded in the Midrash above (17 §7).

41. Whether Job was a Jew or not is a matter of debate in the Talmud, as is the question as to whether or not Dinah married him altogether (*Bava Basra* 15b). Above (76 §9), the Midrash — citing the exact same dictum of R' Chanina — stated that Job *did* convert before marrying Dinah. *Radal* here writes that the version of R' Chanina's statement above (76 §9) is the correct one. Thus, this line should be replaced with the parallel line from 76 §9:

דִּנְסֵבַת לְאִיּוֹב לָאו גַּיַּירְתֵּיהּ — If you had married Dinah to Esau would she not have been able to prevail upon him to repent, *for you married off [Dinah] to Job, did she not convert him?* So too, had she married Esau, she would have prevailed upon him to repent.

42. In some editions this line (וַתֵּצֵא דִינָה וְגוֹ׳) is printed as the beginning of §5 rather than the end of §4.

(לקמן פסוק לא) "הַכְזוֹנָה וְגוֹ'", אָמְרוּ: מָה הֵם נוֹהֲגִין בָּנוּ כִּבְנֵי אָדָם שֶׁל הֶפְקֵר, וּמִי גָרַם, [לד, א] "וַתֵּצֵא דִינָה בַּת לֵאָה":

ג (מלכים־ב יד, ט) ז"הַחוֹחַ אֲשֶׁר בַּלְּבָנוֹן שָׁלַח אֶל הָאֶרֶז", "הַחוֹחַ אֲשֶׁר בַּלְּבָנוֹן", זֶה חֲמוֹר אֲבִי שְׁכֶם, "שָׁלַח אֶל הָאֶרֶז", זֶה יַעֲקֹב, (שם) "תְּנָה אֶת בִּתְּךָ לִבְנִי לְאִשָּׁה", (לקמן פסוק ח) "שְׁכֶם בְּנִי חָשְׁקָה נַפְשׁוֹ בְּבִתְּכֶם", (מלכים שם) "וַתַּעֲבֹר חַיַּת הַשָּׂדֶה וַתִּרְמֹס", (לקמן פסוק כו) "וְאֶת חֲמוֹר וְאֶת שְׁכֶם הָרְגוּ", מִי גָרַם, [לד, א] "וַתֵּצֵא דִינָה בַּת לֵאָה":

ד רַבִּי יְהוּדָה בַּר סִימוֹן פָּתַח: (משלי כז, א) ח"אַל תִּתְהַלֵּל בְּיוֹם מָחָר", וְאַתְּ אֲמַרְתְּ (לעיל ל, לג) "וְעָנְתָה בִּי צִדְקָתִי בְּיוֹם מָחָר", מָחָר בִּתְּךָ יוֹצֵאת וּמִתְעַנָּה, הָדָא הוּא דִכְתִיב "וַתֵּצֵא דִינָה וְגוֹ'". רַבִּי חֲנִינָא בְּשֵׁם רַבִּי אַבָּא הַכֹּהֵן °בְּרַבִּי אֶלְעָזָר פָּתַח: (איוב ו, יד) "לַמָּס מֵרֵעֵהוּ חָסֶד", מָנַעְתָּ חֶסֶד מִן אָחוּךְ, טהִיא נִסְבַּת לְאִיּוֹב שֶׁאֵינוֹ לֹא גֵר וְלֹא מָהוּל, לֹא בִקַּשְׁתָּ לְהַשִּׂיאָהּ לְמָהוּל הֲרֵי הִיא נִישֵּׂאת לְעָרֵל, לֹא בִקַּשְׁתָּ לְהַשִּׂיאָהּ דֶּרֶךְ הֶיתֵּר הֲרֵי נִישֵּׂאת דֶּרֶךְ אִיסּוּר, [לד, א] "וַתֵּצֵא דִינָה וְגוֹ'":

ה רַבִּי תַּנְחוּמָא פָּתַח: (קהלת ז, כח) "אָדָם אֶחָד מֵאֶלֶף מָצָאתִי וְאִשָּׁה בְכָל אֵלֶּה לֹא מָצָאתִי". רַבִּי יְהוֹשֻׁעַ בְּשֵׁם רַבִּי לֵוִי פָּתַח: (משלי א, כה) "וַתִּפְרְעוּ כָל עֲצָתִי", הָדָא הוּא דִכְתִיב (בראשית ב, כב) "וַיִּבֶן ה' אֱלֹהִים אֶת הַצֵּלָע", "וַיִּבֶן", הִתְבּוֹנֵן מֵהֵיכָן *לִבְרֹאתָהּ וְכוּ'. יְרֵישׁ לָקִישׁ מַיְיתֵי לָהּ מֵהָכָא, (לעיל לג, כ) "°וַיִּבֶן שָׁם מִזְבֵּחַ". רַבִּי בֶּרֶכְיָה בְּשֵׁם רַבִּי לֵוִי אָמַר: לְאֶחָד שֶׁהָיָה בְּיָדוֹ לִיטְרָא אַחַת שֶׁל בָּשָׂר וְכֵיוָן שֶׁגִּלָּה אוֹתָהּ יָרַד הָעוֹף וַחֲטָפָהּ מִמֶּנּוּ, כָּךְ [לד, א] "וַתֵּצֵא דִינָה בַּת לֵאָה", מִיָּד [לד, ב] "וַיַּרְא אֹתָהּ שְׁכֶם בֶּן חֲמוֹר", רַבִּי שְׁמוּאֵל בַּר נַחְמָן אָמַר: שֶׁגִּלָּה בָהּ דְּרוֹעָהּ. [שם] יא"וַיִּשְׁכַּב אֹתָהּ וַיְעַנֶּהָ", "וַיִּשְׁכַּב אֹתָהּ" כְּדַרְכָּהּ, "וַיְעַנֶּהָ", שֶׁלֹּא כְּדַרְכָּהּ:

רש"י

כבני אדם של הפקר ולא נתנקם: (ג) חית השדה אשר בלבנון. זה שמעון ולוי: (ד) אל תתהלל ביום מחר. בשביל אותו דבור ועניתה בי צדקתי וגו': דנסיבת לאנס. לא גייר'. מנעת חסד מן עשו אחיך. שלא נתת לו בתך, ומוטב שתהא נשואה לאנס ולא תהא מזנה. לא תנאף בירושלמי (תרגום שמות כ, יג) לא תהוון גיורין, ומי גרם לה למס מרעהו חסד, בשביל עשו: (ה) מייתי לה מן הכא ויבן שם מזבח וגו'. ויקרא לו אל, על שקרא עצמו אל: וישכב אותה כדרכה, ויענה שלא כדרכה:

עץ יוסף

מה הם נוהגים כו'. בא לבאר שלא שכם לבד נתחייב מיתה אלא אף כל בני העיר היו בכלל עונש, לפי שנהגו בהם מנהג הפקר במה שלא מיחו בשכם לעשות בו דין, שהרי בני נח מצווים על הדינים ואזהרתן זהו מיתתן. ועל זה אמר זימה עשו, שהם גרמו הזימה באשר לא עשו הדין בשכם (נזר הקודש): ומי גרם דינה. כלומר עבור יציאתה נענשה כי כל כבודה בת מלך פנימה ואינו ראוי לאשה להיות יצאנית במקום זרים: (ג) החוח אשר בלבנון זה חמור. כי הרשעים נקראים קוצים כסוחים (ישעיה לג, יב). ואמר בלבנון להיותו מלך בעמו כלבנון שהוא גבוה. והארז הוא יעקב על דרך כארז בלבנון ישגה (תהלים צב, יג). וחית השדה הם בני יעקב שנדמו לחיות כדכתיב גור אריה יהודה, נפתלי אילה שלוחה (יפה תואר): (ד) [ג] פתח אל תתהלל כו' למס מרעהו כו'. דקשיא ליה למה צריך לומר אשר ילדה ליעקב. להכי מתרץ דבפשע יעקב כל זאת (יפה תואר). ומכל מקום אין זה סותר למה שאמר בסמוך דחטא דינה גרם, דהא והא איתנהו. וכבר פירשתי מאמרים אלו פרשה ע"ג (סימן ו) ופרשה ע"ו (סימן ט) עיין שם: רבי חנינא בשם רבי אבא הכהן ברדלא פתח למס מרעהו. כן צריך לומר כדלעיל פרשה ע"ו (סימן ט): (ה) [ד] פתח. אדם כו'. שרמז הכתוב דכאמה בתה וכדלעיל, ולהכי מייתי דרש ויבן את הצלע דאפילו בכשרות שבנשים נמצא גנות כדלעיל פרשה י"ח: ריש לקיש מייתי לה מהכא. (בראשית לג, כ): ויצב שם מזבח. כן צריך לומר (יפה תואר ונזר הקודש). ורצונו לומר שסיבתה היתה יעקב גופיה שנטל שררה לעצמו וקרא עצמו בשם אלהים, כדלעיל סוף פרשה ע"ט אתה אלוה בעליונים ואני אלוה בתחתונים כו': שגלה בה דרועא. כלומר שנתגלה בה זרועה, ועל ידי זה ראה ביפיה. כי לא יתכן שלא כסתה פניה ביציאתה (יפה תואר): ויענה שלא כדרכה. מפרש דכל חד מילתא באנפי נפשה, כי השכיבה היה כדרכה, והעינוי היה שלא כדרכה, שזהו שלא ברצון לגמרי, אף לא היתה סופה ברצון (נזר הקודש):

פירוש מהרז"ו

(ג) זה חמור. כמו שאמר בברייתא דל"ב מדות (מדה כו) כיוצא בו החוח אשר בלבנון, וכי מה נשאין יש בחוח כו', אלא כנגד שכם ויעקב אבינו עיין שם בבאורי: זה יעקב. שנמשל בארז שנאמר (תהלים צב, יג) כארז בלבנון ישגה תנחומא (סימן ז), ומה שנאמר ותעבור חית השדה כו' זה שמעון ולוי וכמו שאמרו בתנחומא (סימן יט) אלו בני יעקב שנמשלו כחיות גור אריה יהודה דן גור אריה, וכוונת התנחומא למה שאמרו שם בסדר ויחי (סימן טז) שכלל כל השבטים בברכת החיות וכמו שאמרו לקמן (צט, ד). (וכן כתב היפה תואר): (ד) אל תתהלל ביום מחר. לעיל (עג, ט) ושם נסמן ומבואר, ועיין רש"י במדרש גירסא אחרת: (ה) ותפרעו כל עצתי. לעיל (יח, ב) ושם נתבאר, ומה שאמר ויבן התבונן עיין שם גם סימן א' ותבין כאן: ויבן שם מזבח. גירסא זו צריך עיון (עיין רד"ל). ויותר נראה שצריך לומר ויצב שם מזבח, וכמו

מתנות כהונה

[ד] היא נסבת. גרסינן. ועיין לעיל סוף פרשה עו [סימן ט] ופרשה כז [סימן ד]: [ה] התבונן. ויבן דרש לשון תבונה מדלא כתיב ויבנה, וכן בכל מקום דכתיב ויבן דרש הכי ועיין לעיל (יח, ב): מייתה לה מן הכא. פירש רש"י על אותו עון שקרא עצמו אלוה אירע לו זה, וכדאיתא לעיל (עט, ח) בשם ריש לקיש: שגלה בה דרועא. יש לפרש נתגלה בה זרוע שלה, וזהו וירא. ובילקוט

אשד הנחלים

של הפקר. כלומר שהם מדמים כי גם אנחנו נוהגים כהפקר בענייני זנות, לא כן: [ג] החוח גו'. הסבו המשל הזה על חמור ויעקב, להיות כי זה מעשה מפורסמת ומוסר נכבד לבל יתכבד הקטון לדמות לגדול, אך גם אוי לו לגדול כי יחפוץ הקטון לדמות אליו, וכל זה מפני שהגדול יתחבר לקטון על כן ימצא עזות בו לדמות לו, כי הוא מסוגו, כי שניהם שוכנים בלבנון, וזהו שמסיים מי גרם ותצא דינה: [ד] מחר בתך. פרשתי לעיל (עג, ט) עיי"ש: [ה] פתח, אדם. כלומר שהחל לעשות על זה פתיחה במעשה דינה מדברי שלמה שע"ז רמז ואשה בכל אלה לא מצאתי, כלומר אף במקום הגדולים והחשובים והידועים באלה, כי מלת אלה שם להורות על החשיבות, כמו אלה שמות בני ישראל החשובים והידועים: התבונן מהיכן. חסר כאן. ועיין לעיל בפרשה י"ח: ירד העוף וחטפה. כיון במשל הזה להצדיק אותה כי לא נאשמה בשביל כך, כמו הבשר המתגלה הנחטף מהעוף פתאום מרוב אהבת העוף ותאוותו לבשר, כמו כן מרוב תגבורת הניאוף במקום הזה נפלה בזה לא מאשמתה: שלא כדרכה. שזהו שלא ברצון לגמרי, אף לא היתה סופה ברצון:

חידושי הרד"ל

[ג] הארז זה יעקב. כמה דאת אמר (תהלים צב, יג) צדיק כו' כארז בלבנון ישגה (ובתרגום ירושלמי סוף פרשת ויחי שספדו על יעקב ארז בלבנון עיין שם): [ד] בשם אבא כהן ברדלא פתח למס מרעהו. כן צריך לומר. כדלעיל סוף פרשה ע"ו (סימן ט) ועיין שם הגירסא לנכון: [ה] ויבן שם מזבח. אפשר צריך לומר ויבן נח מזבח. ורצה לומר דדרשינן ליה לעיל (לד, ט) נתבונן, ומייתי ליה לדרשא דויבן דהכא [וכן גרס היפה תואר בלשנא קמא בדבריו]. (אך אם כן היה לו להביאו במקומו לעיל פרשה יח, א):

חידושי הרש"ש

לפניו ולאחריו וקרי ביה ונעלם מדבר, ועיין שם בתוספות בשם ירושלמי ועיין המשתדל ס"פ תולדות ובא"י (ירמיה כ, כה): [ג] אל הארז זה יעקב. על שם הכתוב (תהלים צב, יג) צדיק כו' כארז בלבנון ישגה, ועיין לעיל (מח, א): [ה] רבי לוי מייתי לה מהכא ויבן שם מזבח. לפירוש המתנות כהונה בשם רש"י צריך לומר ויצב שם מזבח:

אמרי יושר

[ה] ותפרעו כל עצתי. זהו ותצא דינה מכלל הסדר והעצה היעוצה אשר חשב הקדוש ברוך הוא וזמם:

שינוי נוסחאות

(ד) רבי אבא הכהן ברבי אלעזר. רד"ל הגיה שצ"ל "רבי אבא הכהן ברדלא", וכן הוא בת-א ובכל הכי"י, וכן הוא במאמר זה עצמו לעיל בפרשה עו:ט. (וכנראה סופר אחד טעה והעתיק >ברדר"א< במקום >ברדלא<.)

(ה) ויבן שם מזבח. צ"ל "ויצב" במקום "ויבן", כך כתוב ביפה תאר ובעץ יוסף:

מסורת המדרש

ז. תנחומא כאן סימן ז'. ילקוט כאן רמז קל"ד. ילקוט מלכים רמז רל"ג:
ח. לעיל פרשה ע"ג. ילקוט משלי רמז תתקס"א:
ט. בבא בתרא דף ט"ו. ירושלמי סוטה פרק ה'. לעיל פרשה כ"ז וע"ו. ילקוט סדר וירא רמז ק"ב. ילקוט איוב רמז תתנ"ב:
י. בראשית רבה פרשה י"ח וש"נ:
יא. יומא דף ע"ז. קה"ר פרשה י' פסוק ח':

אם למקרא

וַיִּשְׁלַח יְהוֹאָשׁ מֶלֶךְ יִשְׂרָאֵל אֶל אֲמַצְיָהוּ מֶלֶךְ יְהוּדָה לֵאמֹר הַחוֹחַ אֲשֶׁר בַּלְּבָנוֹן שָׁלַח אֶל הָאֶרֶז אֲשֶׁר בַּלְּבָנוֹן לֵאמֹר תְּנָה אֶת בִּתְּךָ לִבְנִי לְאִשָּׁה וַתַּעֲבֹר חַיַּת הַשָּׂדֶה אֲשֶׁר בַּלְּבָנוֹן וַתִּרְמֹס אֶת הַחוֹחַ:
(מלכים ב יד:ט)

אַל־תִּתְהַלֵּל בְּיוֹם מָחָר כִּי לֹא־תֵדַע מַה־יֵּלֶד יוֹם:
(משלי כז:א)

וְעָנְתָה־בִּי צִדְקָתִי בְּיוֹם מָחָר כִּי תָבוֹא עַל שְׂכָרִי לְפָנֶיךָ כֹּל אֲשֶׁר אֵינֶנּוּ נָקֹד וְטָלוּא בָּעִזִּים וְחוּם בַּכְּשָׂבִים גָּנוּב הוּא אִתִּי:
(בראשית ל:לג)

לַמָּס מֵרֵעֵהוּ חָסֶד וְיִרְאַת שַׁדַּי יַעֲזוֹב:
(איוב ו:יד)

אֲשֶׁר עוֹד בִּקְשָׁה נַפְשִׁי וְלֹא מָצָאתִי אָדָם אֶחָד מֵאֶלֶף מָצָאתִי וְאִשָּׁה בְכָל אֵלֶּה לֹא מָצָאתִי:
(קהלת ז:כח)

וַתִּפְרְעוּ כָל עֲצָתִי וְתוֹכַחְתִּי לֹא אֲבִיתֶם:
(משלי א:כה)

וַיִּבֶן ה' אֱלֹהִים אֶת הַצֵּלָע אֲשֶׁר לָקַח מִן הָאָדָם לְאִשָּׁה וַיְבִאֶהָ אֶל הָאָדָם:
(בראשית ב:כב)

§5 The Midrash continues citing the introductions of several Sages to this passage:

רַבִּי תַּנְחוּמָא פָּתַח — **R' Tanchuma opened** his discussion of our passage by citing this verse: **"אָדָם אֶחָד מֵאֶלֶף מָצָאתִי וְאִשָּׁה בְכָל אֵלֶּה לֹא מָצָאתִי"** — ***One man in a thousand I have found, but one woman among them I have not found*** (*Ecclesiastes* 7:28).[43]

רַבִּי יְהוֹשֻׁעַ בְּשֵׁם רַבִּי לֵוִי פָּתַח — **R' Yehoshua, citing R' Levi, opened** his discussion of our passage by citing this verse: **"וַתִּפְרְעוּ כָל עֲצָתִי"** — ***And you rejected My every counsel*** (*Proverbs* 1:25). **הָדָא הוּא דִכְתִיב "וַיִּבֶן ה׳ אֱלֹהִים אֶת הַצֵּלָע"** — **This is** a reference to **that which is written, *Then HASHEM God fashioned the side*** *that He had taken from the man into a woman* (above, 2:22), **"וַיִּבֶן", הִתְבּוֹנֵן מֵהֵיכָן לִבְרֹאתָהּ וְכוּ׳** — in which the expression וַיִּבֶן (literally, *He fashioned*) may be homiletically interpreted to mean **"He contemplated"**[44] **from where,** i.e., from which part of Adam's body, **to create [woman], etc.**[45]

רֵישׁ לָקִישׁ מַיְיתֵי לָהּ מֵהָכָא, "וַיַּצֶּב שָׁם מִזְבֵּחַ" — **Reish Lakish brought [the explanation]** for Dinah's misfortune **from here,** from the verse that states concerning Jacob, ***He set up an altar there*** *and proclaimed, "God, the God of Israel"*[46] (above, 33:20).[47]

וַיַּרְא אֹתָהּ שְׁכֶם בֶּן חֲמוֹר הַחִוִּי נְשִׂיא הָאָרֶץ וַיִּקַּח אֹתָהּ וַיִּשְׁכַּב אֹתָהּ וַיְעַנֶּהָ.

Shechem, son of Hamor the Hivvite, the prince of the region, saw her; and he took her, lay with her, and violated her (34:2).

□ [וַיַּרְא אֹתָהּ שְׁכֶם . . . וַיִּקַּח אֹתָהּ] — *SHECHEM . . . SAW HER; AND HE TOOK HER.]*

Why does the verse state that Shechem "saw her"? Of course he would not have taken her without having seen her first![48] The Midrash explains:

רַבִּי בֶּרֶכְיָה בְּשֵׁם רַבִּי לֵוִי אָמַר: לְאֶחָד שֶׁהָיָה בְּיָדוֹ לִיטְרָא אַחַת שֶׁל בָּשָׂר — **R' Berechyah said in the name of R' Levi:** The incident of Dinah may be compared **to an individual who had a litra of meat** closed up **in his hand, וְכֵיוָן שֶׁגִּלָּה אוֹתָהּ יָרַד הָעוֹף וַחֲטָפָהּ מִמֶּנּוּ** — **and as soon as he revealed it** by opening up his hand, **a** predatory **bird came and snatched it from him. כָּךְ "וַתֵּצֵא דִינָה בַּת לֵאָה", מִיָּד "וַיַּרְא אֹתָהּ שְׁכֶם בֶּן חֲמוֹר"** — **So too** here: As soon as ***Dinah the daughter of Leah . . . went out,* immediately *Shechem, son of Hamor*** *the Hivvite, the prince of the region,* ***saw her;*** *and he took her, etc.*[49]

NOTES

43. This alludes to the exposition of the earlier Midrash (§1), which derived from the verse's wording, *Dinah, the daughter of Leah,* that Dinah followed her mother's example, which ultimately led to Dinah's defilement at the hands of Shechem. In order to mitigate the seemingly blatant criticism of the saintly matriarch Leah, R' Tanchuma began his lecture on this passage by citing Solomon's observation that among women even one in a thousand is not totally righteous (*Eitz Yosef*). At the same time, R' Tanchuma is also alluding to the fact that Dinah's defilement was a punishment for her own improper actions (*Yefeh To'ar*).

44. וַיִּבֶן, *He fashioned*, is interpreted as if it were read וַיָּבֶן, *He contemplated* (*Eitz Yosef* to Midrash above, 18 §2).

45. The word "etc." is meant to refer us to the Midrash above (18 §2), in which the exposition of R' Yehoshua (of Sichnin) is produced in its complete form. (Indeed, in several manuscript versions of the Midrash the exposition is presented here in full as well.) The gist of R' Yehoshua's point is that God carefully considered which part of Adam's body should serve as the raw material for Eve's formation. He disqualified various limbs, in order to ensure that the woman being created should be as modest as possible. For instance, He avoided using Adam's legs, so that she should not walk about in public more than necessary. Yet, the Midrash (ibid.) concludes, despite God's great care, woman did not live up to the intended standard of modesty (*You rejected My every counsel*), and she does act with impropriety sometimes, as Dinah did.

46. Most Midrash editions have a different verse here, וַיִּבֶן שָׁם מִזְבֵּחַ, which is a quote found in six places in *Tanach,* none of which with any apparent relevance to our subject. The commentators are in agreement that some emendation is necessary here, and we have followed the version adopted by *Rashi, Matnos Kehunah, Yefeh To'ar* (second explanation), *Maharzu,* etc. (This version is also corroborated by Midrash manuscripts.) See Insight Ⓐ. [Other suggestions are וַיִּבֶן נֹחַ מִזְבֵּחַ from above, 8:20 (a reference to the exposition of וַיִּבֶן as וַיָּבֶן in the Midrash above, 34 §8; see *Yefeh To'ar* and *Radal*); וַיִּבֶן מִזְבֵּחַ לְפָנָיו from *Exodus* 32:5 (a reference to the exposition of וַיִּבֶן as וַיָּבֶן in *Shemos Rabbah* 41 §7; see *Maharzu*). According to these versions, Reish Lakish was merely bringing support for R' Yehoshua's interpretation of וַיִּבֶן as וַיָּבֶן.]

47. As Reish Lakish expounded in a previous Midrash (79 §8), the incident of Dinah's violation occurred as a result of Jacob's proclamation of this verse (see ibid.).

48. *Nezer HaKodesh.*

49. The reason Scripture mentions "he saw her" is to stress that as long as Dinah remained at home, she was not subject to Shechem's lecherous appetites. It was only when she became revealed (when "he saw her") by going about in public (as the Midrash explained above) that she became vulnerable to the attack of the "predator" Shechem (*Nezer HaKodesh*).

INSIGHTS

Ⓐ **Prepared for the Altar** The emendation of Reish Lakish's statement that we have followed is but one of several that are suggested by the Midrashic commentators. They all agree that some change is required, since the actual verse cited has no apparent relation to the subject at hand: finding a reason for Dinah's defilement.

However, *Meshech Chochmah* (on 35:1) proposes an explanation of the original printed text. His interpretation is based on *Zohar's* teaching (*Vayikra* 1:2) that an unmarried man, like one with an injury or defect, may not offer a sacrifice on an altar. Only after marriage, when he becomes a whole person upon whom the Divine Presence rests, may he bring an offering before God. *Zohar* also states elsewhere (*Bereishis* 35:22) that anyone who prevents or delays fulfillment of the mitzvah of marital relations causes the Divine Presence to depart from his home. It therefore follows that one should not bring offerings before he has made it possible to fulfill this mitzvah.

In the verse, *[Abraham] pitched his tent . . . and he built there an altar to HASHEM* (above, 12:8), Scripture spells *his tent* as אהלה (which can also be read "her tent"). The Midrash above (39 §15) concludes: "This teaches that [Abraham] pitched Sarah's tent first and afterward pitched his tent." That is, he first prepared his wife's tent — and thus the wherewithal of fulfilling his marital obligations — before building the altar.

The same concept can be seen in God's statement to Jacob below (35:1): *Arise, go up to Beth-el "and dwell there," and make an altar there to God.* What is the significance of the instruction *and dwell there*? It was to specify that he first prepare the wherewithal for full family life and only then shall he *make an altar there.*

In the verses immediately preceding the episode with Dinah, however, the verse states: *Jacob arrived intact in the city of Shechem . . . He bought the parcel of land upon which he pitched "his" tent* (אהלו) *from the children of Hamor, Shechem's father, for one hundred kesitahs. He set up an altar there . . . "* (above, 33:18-20). Thus, upon arriving in Shechem, Jacob pitched his own tent and then *set up an altar there,* even though he did not yet pitch tents for his wives.

This, suggests *Meshech Chochmah,* is what Reish Lakish might mean by citing the verse, *and he built there an altar.* He is referring to the aforementioned verse regarding Abraham, which is preceded immediately by, *[Abraham] pitched her/his tent.* That is, unlike Abraham, who prefaced the building of an altar by pitching his wife's tent, Jacob built an altar first. Because he did not follow the proper protocol of preparing for his family life first, he was punished in that *Dinah went out* of his home and was defiled by Shechem.

(לקמן פסוק לא) "הַכְזוֹנָה וְגוֹ׳ ", אָמְרוּ: מָה הֵם נוֹהֲגִין בָּנוּ כִּבְנֵי אָדָם שֶׁל הֶפְקֵר, וּמִי גָרַם, [לד, א] "וַתֵּצֵא דִינָה בַּת לֵאָה":

ג (מלכים־ב יד, ט) ז"הַחוֹחַ אֲשֶׁר בַּלְּבָנוֹן שָׁלַח אֶל הָאֶרֶז", "הַחוֹחַ אֲשֶׁר בַּלְּבָנוֹן", זֶה חֲמוֹר אֲבִי שְׁכֶם, "שָׁלַח אֶל הָאֶרֶז", זֶה יַעֲקֹב, (שם) "תְּנָה אֶת בִּתְּךָ לִבְנִי לְאִשָּׁה", (לקמן פסוק ח) "שְׁכֶם בְּנִי חָשְׁקָה נַפְשׁוֹ בְּבִתְּכֶם", (מלכים שם) "וַתַּעֲבֹר חַיַּת הַשָּׂדֶה וַתִּרְמֹס", (לקמן פסוק כו) "וְאֶת חֲמוֹר וְאֶת שְׁכֶם הָרְגוּ", מִי גָרַם, [לד, א] "וַתֵּצֵא דִינָה בַּת לֵאָה":

ד רַבִּי יְהוּדָה בַּר סִימוֹן פָּתַח: (משלי כז, א) ח"אַל תִּתְהַלֵּל בְּיוֹם מָחָר", וְאַתְּ אֲמַרְתְּ (לעיל ל, לג) "וְעָנְתָה בִּי צִדְקָתִי בְּיוֹם מָחָר", מָחָר בִּתְּךָ יוֹצֵאת וּמִתְעַנָּה, הָדָא הוּא דִכְתִיב "וַתֵּצֵא דִינָה וְגוֹ׳ ". רַבִּי חֲנִינָא בְּשֵׁם רַבִּי אַבָּא הַכֹּהֵן °בְּרַבִּי אֶלְעָזָר פָּתַח: (איוב ו, יד) "לַמָּס מֵרֵעֵהוּ חָסֶד", מָנַעְתָּ חֶסֶד מִן אָחוּךְ, טהִיא נִסְבַּת לְאִיּוֹב שֶׁאֵינוֹ לֹא גֵר וְלֹא מָהוּל, לֹא בִקַּשְׁתָּ לְהַשִּׂיאָהּ לְמָהוּל הֲרֵי הִיא נִישֵּׂאת לְעָרֵל, לֹא בִקַּשְׁתָּ לְהַשִּׂיאָהּ דֶּרֶךְ הֶיתֵּר הֲרֵי נִישֵּׂאת דֶּרֶךְ אִיסּוּר, [לד, א] "וַתֵּצֵא דִינָה וְגוֹ׳ ":

ה רַבִּי תַּנְחוּמָא פָּתַח: (קהלת ז, כח) "אָדָם אֶחָד מֵאֶלֶף מָצָאתִי וְאִשָּׁה בְכָל אֵלֶּה לֹא מָצָאתִי". רַבִּי יְהוֹשֻׁעַ בְּשֵׁם רַבִּי לֵוִי פָּתַח: (משלי א, כה) "וַתִּפְרְעוּ כָל עֲצָתִי", הָדָא הוּא דִכְתִיב (בראשית ב, כב) "וַיִּבֶן ה׳ אֱלֹהִים אֶת הַצֵּלָע", "וַיִּבֶן", הִתְבּוֹנֵן מֵהֵיכָן *לִבְרָאוֹתָהּ וְכוּ׳. יריש לָקִישׁ מַיְיתֵי לָהּ מֵהָכָא, (לעיל לג, כ) °"וַיִּבֶן שָׁם מִזְבֵּחַ". רַבִּי בֶּרֶכְיָה בְּשֵׁם רַבִּי לֵוִי אָמַר: לְאֶחָד שֶׁהָיָה בְיָדוֹ לִיטְרָא אַחַת שֶׁל בָּשָׂר וְכֵיוָן שֶׁגִּלָּה אוֹתָהּ יָרַד הָעוֹף וַחֲטָפָהּ מִמֶּנּוּ, כָּךְ [לד, א] "וַתֵּצֵא דִינָה בַּת לֵאָה", מִיָּד [לד, ב] "וַיַּרְא אֹתָהּ שְׁכֶם בֶּן חֲמוֹר", רַבִּי שְׁמוּאֵל בַּר נַחְמָן אָמַר: שֶׁגִּלָּה בָהּ דְּרוֹעָהּ. [שם] יא"וַיִּשְׁכַּב אֹתָהּ וַיְעַנֶּהָ", "וַיִּשְׁכַּב אֹתָהּ" כְּדַרְכָּהּ, "וַיְעַנֶּהָ", שֶׁלֹּא כְּדַרְכָּהּ:

רש״י

כבני אדם של הפקר ולא נתנקם: (ג) **חית השדה אשר בלבנון.** זה שמעון ולוי: (ד) **אל תתהלל ביום מחר.** בשביל אותו דבור וענתה בי צדקתי וגו׳: **דנסיבת לאנס.** לא גייר׳. **מנעת חסד מן עשו אחיך.** שלא נתת לו בתך, ומוטב שתהא נשואה לאנס ולא תהא מזנה. לא תנאף בירושלמי (תרגום שמות כ, יב) לא תהוון גיורין, ומי גרם לה למס מרעהו חסד, בשביל עשו: (ה) **מייתי לה מן הכא ויבן שם מזבח וגו׳.** ויקרא לו אל, על שקרא עלמו אל: **וישכב אותה כדרכה, ויענה שלא כדרכה:**

עץ יוסף

מה הם נוהגים כו׳. בא לבאר שלא שכם לבד נתחייב מיתה אלא אף כל בני העיר היו בכלל עונש, לפי שנהגו בהם מנהג הפקר במה שלא מיחו בשכם לעשות בו דין, שהרי בני נח מצווים על הדינים ואזהרתן זהו מיתתן. ועל זה אמר זימה עשו, שהם גרמו הזימה באשר לא עשו הדין בשכם (נזר הקודש): **ומי גרם דינה.** כלומר עבור יציאתה נענשה כי כל כבודה בת מלך פנימה ואינו ראוי לאשה להיות יצאנית במקום זרים: (ג) **החוח אשר בלבנון זה חמור.** כי הרשעים נקראים קוצים כסוחים (ישעיה לג, יב). ואמר בלבנון להיותו מלך בעמו כלבנון שהוא גבוה. והארז הוא יעקב על דרך כארז בלבנון ישגה (תהלים נב, יג). וחית השדה הם בני יעקב שנדמו לחיות כדכתיב גור אריה יהודה, נפתלי אילה שלוחה (יפה תואר): (ד) [ג] **פתח אל תתהלל כו׳ למס מרעהו כו׳.** דקשיא ליה למה לריך לומר אשר ילדה ליעקב. להכי מתרץ דבפשע יעקב כל זאת (יפה תואר). ומכל מקום אין זה סותר למה שאמר בסמוך דחטא דינה גרם, דהא והא איתנהו. וכבר פירשתי מאמרים אלו פרשה ע״ג (סימן ו) ופרשה ע״ו (סימן ט) עיין שם: **רבי חנינא בשם רבי אבא הכהן ברדלא פתח למס מרעהו.** כן לריך לומר כדלעיל פרשה ע״ו (סימן ט): (ה) [ד] **פתח. אדם כו׳.** שרמז הכתוב דכאמה בתה וכדלעיל, ולהכי מייתי דרש ויבן את הצלע דאפילו בכשרות שבנשים נמצא גנות כדלעיל פרשה י״ח: **ריש לקיש מייתי לה מהכא.** (בראשית לג, כ): **ויצב שם מזבח.** כן לריך לומר (יפה תואר ונזר הקודש). ורצונו לומר שסיבתה היתה יעקב גופיה שנטל שררה לעצמו וקרא עצמו בשם אלהים, כדלעיל סוף פרשה ע״ט אתה אלוה בעליונים ואני אלוה בתחתונים כו׳: **שגלה בה דרועא.** כלומר שנתגלה בה זרועה, ועל ידי זה ראה ביפיה. כי לא יתכן שלא כסתה פניה ביציאתה (יפה תואר): **ויענה שלא בדרכה.** מפרש דכל חד מילתא באנפי נפשה, כי השכיבה היה כדרכה, והעינוי היה שלא כדרכה, שזהו שלא ברצון לגמרי, אף לא היתה סופה ברצון (נזר הקודש):

פירוש מהרז״ו

(ג) **זה חמור.** כמו שאמר בברייתא דל״ב מדות (מדה כו) כיוצא בו החוח אשר בלבנון, וכי מה נשואין יש בחוח כו׳, אלא כנגד שכם ויעקב אבינו עיין שם בבאורי: **זה יעקב.** שנמשל בארז שנאמר (תהלים נב, יג) כארז בלבנון ישגה תנחומא (סימן ז), ומה שנאמר ותעבור חית השדה כו׳ זה שמעון ולוי וכמו שאמרו בתנחומא (סימן יט) אלו בני יעקב שנמשלו כחיות גור אריה יהודה דן גור אריה, וכוונת התנחומא למה שאמרו שם בסדר ויחי (סימן טז) שכלל כל השבטים בברכת החיות וכמו שאמרו לקמן (צט, ד). (וכן כתב היפה תואר): (ד) **אל תתהלל ביום מחר.** לעיל (עג, ט) ושם נסמן ומבואר, ועיין רש״י במדרש גירסא אחרת: (ה) **ותפרעו כל עצתי.** לעיל (יח, ב) ושם נתבאר, ומה שאמר ויבן התבונן עיין שם גם סימן א׳ ותבין כאן: **ויבן שם מזבח.** גירסא זו לריך עיון (עיין רד״ל). ויותר נראה שלריך לומר ויצב שם מזבח, וכמו

מתנות כהונה

[ד] **היא נסבת.** גרסינן. ועיין לעיל סוף פרשה עו [סימן ט] ופרשה כז [סימן ד]: [ה] **התבונן.** ויבן דרש לשון תבונה מדלא כתיב ויבנה, וכן בכל מקום דכתיב ויבן דרש הכי ועיין לעיל (יח, ב): **מייתה לה מן הכא.** פירש רש״י על אותו עון שקרא עצמו אלוה אירע לו זה, וכדאיתא לעיל (עט, ח) בשם ריש לקיש: **שגלה בה דרועא.** יש לפרש נתגלה בה זרוע שלה, וזהו וירא. ובילקוט

אשר הנחלים

של הפקר. כלומר שהם מדמים כי גם אנחנו נוהגים כהפקר בענייני זנות, לא כן: [ג] **החוח גו׳.** הסבו המשל הזה על חמור ויעקב, להיות כי זה מעשה מפורסמת ומוסר נכבד לבל יתכבד הקטון לדמות לגדול, אך גם אוי לו לגדול כי יחפוץ הקטון לדמות אליו, וכל זה מפני שהגדול יתחבר לקטון על כן ימצא עזות בו לדמות לו, כי הוא מסוגו, כי שניהם שוכנים בלבנון, וזהו שמסיים מי גרם ותצא דינה: [ד] **מחר בתך.** פרשתי לעיל (עג, ט) עיי״ש: [ה] **פתח, אדם.** כלומר שהחל לעשות על זה פתיחה במעשה דינה מדברי שלמה שע״ז רמז ואשה בכל אלה לא מצאתי, כלומר אף במקום הגדולים והחשובים והידועים באלה, כי מלת אלה שם להורות על החשיבות, כמו אלה שמות בני ישראל החשובים והידועים: **התבונן מהיכן.** חסר כאן. ועיין לעיל בפרשה י״ח: **ירד העוף וחטפה.** כיון במשל הזה להצדיק אותה כי לא נאשמה בשביל כך, כמו הבשר המתגלה הנחטף מהעוף פתאום מרוב אהבת העוף ותאוותו לבשר, כמו כן מרוב תגבורת הניאוף במקום הזה נפלה בזה לא מאשמתה: **שלא כדרכה.** שזהו שלא ברצון לגמרי, אף לא היתה סופה ברצון:

חידושי הרד״ל

[ג] **הארז זה יעקב.** כמה דאת אמר (תהלים נב, יג) צדיק כו׳ כארז בלבנון ישגה (ובתרגום ירושלמי סוף פרשת ויחי שספדו על יעקב ארז בלבנון עיין שם): [ד] **בשם אבא כהן ברדלא פתר למס מרעהו.** כן לריך לומר. כדלעיל סוף פרשה ע״ו (סימן ט) ועיין שם הגירסא לנכון: [ה] **ויבן שם מזבח.** אפשר לריך לומר ויבן נח מזבח. ורצה לומר דדרשינן ליה לעיל (לד, ט) נתבונן, ומייתי ליה לדרשא דויבן דהכא [וכן גרס היפה תואר בלשנא קמא בדבריו]. (אך אם כן היה לו להביאו במקומו לעיל פרשה יח, א):

חידושי הרש״ש

לפניו ולאחריו וקרי ביה ונעלם מדבר, ועיין שם בתוספות בשם ירושלמי ועיין המשתדל ס״פ תולדות ובא״י (ירמיה כ, כה): [ג] **אל הארז זה יעקב.** על שם הכתוב (תהלים נב, יג) צדיק כו׳ כארז בלבנון ישגה, ועיין לעיל (מא, א): [ה] **רבי לוי מייתי לה מהכא ויבן שם מזבח.** לפירוש המתנות כהונה בשם רש״י לריך לומר ויצב שם מזבח:

אמרי יושר

[ה] **ותפרעו כל עצתי.** זהו ותצא דינה מכלל הסדר והעצה היעולה אשר חשב הקדוש ברוך הוא וזמם:

שינוי נוסחאות

(ד) **רבי אבא הכהן ברבי אלעזר.** רד״ל הגיה שצ״ל "רבי אבא הכהן ברדלא", וכן הוא בת-א ובכל הכי״י, וכן הוא במאמר זה עצמו לעיל בפרשה עו:ט. (וכנראה סופר אחד טעה והעתיק <ברדר״א> במקום <ברדלא>.)
(ה) **ויבן שם מזבח.** צ״ל "ויצב" במקום "ויבן", כך כתוב ביפה תאר ובעץ יוסף:

מסורת המדרש

ז. תנחומא כאן סימן ז׳. ילקוט כאן רמז קל״ד. ילקוט מלכים רמז רל״ג:
ח. לעיל פרשה ע״ג. ילקוט משלי רמז תתקס״א:
ט. בבא בתרא דף ט״ו. ירושלמי סוטה פרק ה׳. לעיל פרשה כ״ז וע״ו. ילקוט סדר וירא רמז ק״ב. ילקוט איוב רמז תתנ״ב:
י. בראשית רבה פרשה י״ח וש״כ:
יא. יומא דף ע״ז. קה״ר פרשה י׳ פסוק ח׳:

אם למקרא

וַיִּשְׁלַח יְהוֹאָשׁ מֶלֶךְ יִשְׂרָאֵל אֶל אֲמַצְיָהוּ מֶלֶךְ יְהוּדָה לֵאמֹר הַחוֹחַ אֲשֶׁר בַּלְּבָנוֹן שָׁלַח אֶל הָאֶרֶז אֲשֶׁר בַּלְּבָנוֹן לֵאמֹר תְּנָה אֶת בִּתְּךָ לִבְנִי לְאִשָּׁה וַתַּעֲבֹר חַיַּת הַשָּׂדֶה אֲשֶׁר בַּלְּבָנוֹן וַתִּרְמֹס אֶת הַחוֹחַ: (מלכים ב יד:ט)
אַל־תִּתְהַלֵּל בְּיוֹם מָחָר כִּי לֹא־תֵדַע מַה־יֵּלֶד יוֹם: (משלי כז:א)
וְעָנְתָה־בִּי צִדְקָתִי בְּיוֹם מָחָר כִּי תָבוֹא עַל שְׂכָרִי לְפָנֶיךָ כֹּל אֲשֶׁר אֵינֶנּוּ נָקֹד וְטָלוּא בָּעִזִּים וְחוּם בַּכְּשָׂבִים גָּנוּב הוּא אִתִּי: (בראשית ל:לג)
לַמָּס מֵרֵעֵהוּ חָסֶד וְיִרְאַת שַׁדַּי יַעֲזוֹב: (איוב ו:יד)
אֲשֶׁר עוֹד בִּקְשָׁה נַפְשִׁי וְלֹא מָצָאתִי אָדָם אֶחָד מֵאֶלֶף מָצָאתִי וְאִשָּׁה בְכָל אֵלֶּה לֹא מָצָאתִי: (קהלת ז:כח)
וַתִּפְרְעוּ כָל עֲצָתִי וְתוֹכַחְתִּי לֹא אֲבִיתֶם: (משלי א:כה)
וַיִּבֶן ה׳ אֱלֹהִים אֶת הַצֵּלָע אֲשֶׁר לָקַח מִן הָאָדָם לְאִשָּׁה וַיְבִאֶהָ אֶל הָאָדָם: (בראשית ב:כב)

Another explanation of "Shechem . . . saw":
רַבִּי שְׁמוּאֵל בַּר נַחְמָן אָמַר — **R' Shmuel bar Nachman said:** שֶׁגִּלָּה בָּהּ דְּרוֹעָהּ — The verse means that Shechem **revealed her arm.**[50]

☐ וַיִּשְׁכַּב אֹתָהּ וַיְעַנֶּהָ — ***HE TOOK HER, LAY WITH HER, AND VIOLATED HER.***

The Midrash addresses the seeming redundancy of the two expressions "he lay with her" and "he violated her":
"וַיִּשְׁכַּב אֹתָהּ" כְּדַרְכָּהּ — ***He lay with her*** — **in the natural manner;** "וַיְעַנֶּהָ", שֶׁלֹּא כְּדַרְכָּהּ — ***and he*** also ***violated her*** — by cohabiting with her **in an unnatural manner.**[51]

NOTES

50. That is, he caught a glimpse of her arm (which was generally covered) and this drove him to lust after her. And this is what is meant by "Shechem saw her" (*Nezer HaKodesh*).

[*Eitz Yosef* (Vagshal edition) notes that there is a hint in our verse that Shechem saw Dinah's arm: וַיַּרְא אֹתָהּ שְׁכֶם בֶּן חֲמוֹר (translated as *Shechem, son of Hamor, saw her*) could also be translated "the son of Hamor saw her in her shoulder (שְׁכֶם)."]

51. וַיְעַנֶּהָ (translated here as "he violated her") literally means "he caused her to suffer." Unnatural acts — unlike natural cohabitation — cause the woman no pleasure, but only suffering (*Eshed HaNechalim*).

(לקמן פסוק לא) "הַכְזוֹנָה וְגוֹ' ", אָמְרוּ: מָה הֵם נוֹהֲגִין בָּנוּ כִּבְנֵי אָדָם שֶׁל הֶפְקֵר, וּמִי גָּרַם, [לד, א] "וַתֵּצֵא דִינָה בַּת לֵאָה":

ג (מלכים־ב יד, ט) ז"הַחוֹחַ אֲשֶׁר בַּלְּבָנוֹן שָׁלַח אֶל הָאֶרֶז", "הַחוֹחַ אֲשֶׁר בַּלְּבָנוֹן", זֶה חֲמוֹר אֲבִי שְׁכֶם, "שָׁלַח אֶל הָאֶרֶז", זֶה יַעֲקֹב, (שם) "תְּנָה אֶת בִּתְּךָ לִבְנִי לְאִשָּׁה", (לקמן פסוק ח) "שְׁכֶם בְּנִי חָשְׁקָה נַפְשׁוֹ בְּבִתְּכֶם", (מלכים שם) "וַתַּעֲבֹר חַיַּת הַשָּׂדֶה וַתִּרְמֹס", (לקמן פסוק כו) "וְאֶת חֲמוֹר וְאֶת שְׁכֶם הָרְגוּ", מִי גָּרַם, [לד, א] "וַתֵּצֵא דִינָה בַּת לֵאָה":

ד רַבִּי יְהוּדָה בַּר סִימוֹן פָּתַח: (משלי כז, א) ח"אַל תִּתְהַלֵּל בְּיוֹם מָחָר", וְאַתְּ אֲמַרְתְּ (לעיל ל, לג) "וְעָנְתָה בִּי צִדְקָתִי בְּיוֹם מָחָר", מָחָר בִּתְּךָ יוֹצֵאת וּמִתְעַנָּה, הָדָא הוּא דִכְתִיב "וַתֵּצֵא דִינָה וְגוֹ' ". רַבִּי חֲנִינָא בְּשֵׁם רַבִּי אַבָּא הַכֹּהֵן °בְּרַבִּי אֶלְעָזָר פָּתַח: (איוב ו, יד) "לַמָּס מֵרֵעֵהוּ חָסֶד", מָנַעְתָּ חֶסֶד מִן אָחִיךְ, טהִיא נְסִבַת לְאִיּוֹב שֶׁאֵינוֹ לֹא גֵר וְלֹא מָהוּל, לֹא בִקַּשְׁתָּ לְהַשִּׂיאָהּ לְמָהוּל הֲרֵי הִיא נִישֵּׂאת לְעָרֵל, לֹא בִקַּשְׁתָּ לְהַשִּׂיאָהּ דֶּרֶךְ הֶיתֵּר הֲרֵי נִישֵּׂאת דֶּרֶךְ אִיסּוּר, [לד, א] "וַתֵּצֵא דִינָה וְגוֹ' ":

ה רַבִּי תַּנְחוּמָא פָּתַח: (קהלת ז, כח) "אָדָם אֶחָד מֵאֶלֶף מָצָאתִי וְאִשָּׁה בְּכָל אֵלֶּה לֹא מָצָאתִי". רַבִּי יְהוֹשֻׁעַ בְּשֵׁם רַבִּי לֵוִי פָּתַח: (משלי א, כה) "וַתִּפְרְעוּ כָל עֲצָתִי", הָדָא הוּא דִכְתִיב (בראשית ב, כב) "וַיִּבֶן ה' אֱלֹהִים אֶת הַצֵּלָע", "וַיִּבֶן", הִתְבּוֹנֵן מֵהֵיכָן *לִבְרֹאותָהּ וְכוּ'. ירֵישׁ לָקִישׁ מַיְיתֵי לָהּ מֵהָכָא, (לעיל לג, כ) "°וַיִּבֶן שָׁם מִזְבֵּחַ". רַבִּי בֶּרֶכְיָה בְּשֵׁם רַבִּי לֵוִי אָמַר: לְאֶחָד שֶׁהָיָה בְּיָדוֹ לִיטְרָא אַחַת שֶׁל בָּשָׂר וְכֵיוָן שֶׁגִּלָּה אוֹתָהּ יָרַד הָעוֹף וַחֲטָפָהּ מִמֶּנּוּ, כָּךְ [לד, א] "וַתֵּצֵא דִינָה בַּת לֵאָה", מִיָּד [לד, ב] "וַיַּרְא אֹתָהּ שְׁכֶם בֶּן חֲמוֹר", רַבִּי שְׁמוּאֵל בַּר נַחְמָן אָמַר: שֶׁגִּלָּה בָּהּ דְּרוֹעָהּ. [שם] יא"וַיִּשְׁכַּב אֹתָהּ וַיְעַנֶּהָ", "וַיִּשְׁכַּב אֹתָהּ" כְּדַרְכָּהּ, "וַיְעַנֶּהָ", שֶׁלֹּא כְּדַרְכָּהּ:

רש"י

כבני אדם של הפקר ולא נתנקם: (ג) **חית השדה אשר בלבנון**. זה שמעון ולוי: (ד) **אל תתהלל ביום מחר**. בשביל אותו דבור וענתה בי לדקתי וגו': **דנסיבת לאנס**. לא גייר'. **מנעת חסד מן עשו אחיך**. שלא נתת לו בתך, ומוטב שתהא נשואה לאנס ולא תהא מזנה. לא תנאף בירושלמי (תרגום שמות כ, יב) לא תהוון גיורין, ומי גרם לה למס מרעהו חסד, בשביל עשו: (ה) **מייתי לה מן הכא ויבן שם מזבח וגו'**. ויקרא לו אל, על שקרא עלמו אל: **וישכב אותה כדרכה, ויענה שלא כדרכה**:

עץ יוסף

מה הם נוהגים כו'. בא לבאר שלא שכם לבד נתחייב מיתה אלא אף כל בני העיר היו בכלל עונש, לפי שנהגו בהם מנהג הפקר במה שלא מיחו בשכם לעשות בו דין, שהרי בני נח מצווים על הדינים ואזהרתן זהו מיתתן. ועל זה אמר זימה עשו, שהם גרמו הזימה באשר לא עשו הדין בשכם (נזר הקודש): **ומי גרם דינה**. כלומר עבור יליאתה נענשה כי כל כבודה בת מלך פנימה ואינו ראוי לאשה להיות ילאנית במקום זרים: (ג) **החוח אשר בלבנון זה חמור**. כי הרשעים נקראים קולים כסוחים (ישעיה לג, יב). ואמר בלבנון להיותו מלך בעמו כלבנון שהוא גבוה. והארז הוא יעקב על דרך כארז בלבנון ישגה (תהלים לב, יג). וחית השדה הם בני יעקב שנדמו לחיות כדכתיב גור אריה יהודה, נפתלי אילה שלוחה (יפה תואר): (ד) [ג] **פתח אל תתהלל כו' למס מרעהו כו'**. דקשיא ליה למה לריך לומר אשר ילדה ליעקב. להכי מתרץ דבפשע יעקב כל זאת (יפה תואר). ומכל מקום אין זה סותר למה שאמר בסמוך דחטא דינה גרם, דהא והא איתנהו. וכבר פירשתי מאמרים אלו פרשה ע"ג (סימן ו) ופרשה ע"ו (סימן ט) עיין שם: **רבי חנינא בשם רבי אבא הכהן ברדלא פתח למס מרעהו**. כן לריך לומר כדלעיל פרשה ע"ו (סימן ט): (ה) [ד] **פתח. אדם כו'**. שרמז הכתוב דכאמה בתה וכדלעיל, ולהכי מייתי דרש ויבן את הצלע דאפילו בכשרות שבנשים נמלא גנות כדלעיל פרשה י"ח: **ריש לקיש מייתי לה מהכא**. (בראשית לג, כ): **ויצב שם מזבח**. כן לריך לומר (יפה תואר ונזר הקודש). ורלונו לומר שסיבתה היתה יעקב גופיה שנטל שררה לעלמו וקרא עלמו בשם אלהים, כדלעיל סוף פרשה ע"ט אתה אלוה בעליונים ואני אלוה בתחתונים כו': **שגלה בה דרועא**. כלומר שנתגלה בה זרועה, ועל ידי זה ראה ביפיה. כי לא יתכן שלא כסתה פניה ביליאתה (יפה תואר): **ויענה שלא כדרכה**. מפרש דכל חד מילתא באנפי נפשה, כי השכיבה היה כדרכה, והעינוי היה שלא כדרכה, שזהו שלא ברלון לגמרי, אף לא היתה סופה ברלון (נזר הקודש):

פירוש מהרז"ו

(ג) **זה חמור**. כמו שאמר בברייתא דל"ב מדות (מדה כו) כיולא בו החוח אשר בלבנון, וכי מה נשואין יש בחוח כו', אלא כנגד שכם ויעקב אביו עיין שם בבאורי: **זה יעקב**. שנמשל בארז שנאמר (תהלים לב, יג) כארז בלבנון ישגה תנחומא (סימן ז), ומה שנאמר ותעבור חית השדה כו' זה שמעון ולוי וכמו שאמרו בתנחומא (סימן יט) אלו בני יעקב שנמשלו כחיות גור אריה יהודה דן גור אריה, וכוונת התנחומא למה שאמרו שם בסדר ויחי (סימן טז) שכלל כל השבטים בברכת החיות וכמו שאמרו לקמן (לט, ד). (וכן כתב היפה תואר): (ד) **אל תתהלל ביום מחר**. לעיל (עג, ט) ושם נסמן ומבואר, ועיין רש"י במדרש גירסא אחרת: (ה) **ותפרעו כל עצתי**. לעיל (יח, ב) ושם נתבאר, ומה שאמר ויבן התבונן עיין שם גם סימן א' ותבין כאן: **ויבן שם מזבח**. גירסא זו לריך עיון (עיין רד"ל). ויותר נראה שלריך לומר וילב שם מזבח, וכמו

מסורת המדרש

ז. תנחומא כאן סימן ז'. ילקוט כאן רמז קל"ד. ילקוט מלכים רמז רל"ג:
ח. לעיל פרשה ע"ג. ילקוט משלי רמז תתקס"א:
ט. בבא בתרא דף ט"ו. ירושלמי סוטה פרק ה'. לעיל פרשה כ"ז וע"ו. ילקוט סדר וירא רמז ק"ב. ילקוט איוב רמז תתל"ב:
י. בראשית רבה פרשה י"ח וש"נ:
יא. יומא דף ע"ז. קה"ר פרשה ז' פסוק ח':

אם למקרא

וַיִּשְׁלַח יְהוֹאָשׁ מֶלֶךְ יִשְׂרָאֵל אֶל אֲמַצְיָהוּ מֶלֶךְ יְהוּדָה לֵאמֹר הַחוֹחַ אֲשֶׁר בַּלְּבָנוֹן שָׁלַח אֶל הָאֶרֶז אֲשֶׁר בַּלְּבָנוֹן לֵאמֹר תְּנָה אֶת בִּתְּךָ לִבְנִי לְאִשָּׁה וַתַּעֲבֹר חַיַּת הַשָּׂדֶה אֲשֶׁר בַּלְּבָנוֹן וַתִּרְמֹס אֶת הַחוֹחַ:
(מלכים ב יד:ט)

אַל־תִּתְהַלֵּל בְּיוֹם מָחָר כִּי לֹא־תֵדַע מַה־יֵּלֶד יוֹם:
(משלי כז:א)

וְעָנְתָה־בִּי צִדְקָתִי בְּיוֹם מָחָר כִּי תָבוֹא עַל שְׂכָרִי לְפָנֶיךָ כֹּל אֲשֶׁר אֵינֶנּוּ נָקֹד וְטָלוּא בָּעִזִּים וְחוּם בַּכְּשָׂבִים גָּנוּב הוּא אִתִּי:
(בראשית ל:לג)

לַמָּס מֵרֵעֵהוּ חָסֶד וְיִרְאַת שַׁדַּי יַעֲזוֹב:
(איוב ו:יד)

אֲשֶׁר עוֹד בִּקְשָׁה נַפְשִׁי וְלֹא מָצָאתִי אָדָם אֶחָד מֵאֶלֶף מָצָאתִי וְאִשָּׁה בְכָל אֵלֶּה לֹא מָצָאתִי:
(קהלת ז:כח)

וַתִּפְרְעוּ כָל עֲצָתִי וְתוֹכַחְתִּי לֹא אֲבִיתֶם:
(משלי א:כה)

וַיִּבֶן ה' אֱלֹהִים אֶת הַצֵּלָע אֲשֶׁר לָקַח מִן הָאָדָם לְאִשָּׁה וַיְבִאֶהָ אֶל הָאָדָם:
(בראשית ב:כב)

חידושי הרד"ל

[ג] הארז זה יעקב. כמה דאת אמר (תהלים לב, יג) לדיק כו' כארז בלבנון ישגה (ובתרגום ירושלמי סוף פרשת ויחי שספדו על יעקב ארז בלבנון עיין שם): **[ד] בשם אבא כהן ברדלא פתח למס מרעהו**. כן לריך לומר. כדלעיל סוף פרשה ע"ו (סימן ט) ועיין שם הגירסא לנכון: **[ה] ויבן שם מזבח**. אפשר לריך לומר ויבן נח מזבח. ורלה לומר דדרשינן ליה לעיל (לד, ט) נתבונן, ומייתי ליה לדרשא דויבן דהכא [וכן גרס היפה תואר בלשנא קמא בדבריו]. (אך אם כן היה לו להביאו במקומו לעיל פרשה יח, א):

חידושי הרש"ש

לפניו ולאחריו וקרי ביה ונעלם מדבר, ועיין שם בתוספות בשם ירושלמי ועיין המשתדל ס"פ תולדות ובא"י (ירמיה נ, נה): **[ג] אל הארז זה יעקב**. על שם הכתוב (תהלים לב, יג) לדיק כו' כארז בלבנון ישגה, ועיין לעיל (מא, א): **[ה] רבי לוי מייתי לה מהכא ויבן שם מזבח**. לפירוש המתנות כהונה בשם רש"י לריך לומר וילב שם מזבח:

אמרי יושר

[ה] ותפרעו כל עצתי. זהו ותלא דינה מכלל הסדר והעלה היעולה אשר חשב הקדוש ברוך הוא וזמם:

שינוי נוסחאות

(ד) **רבי אבא הכהן ברבי אלעזר**. רד"ל הגיה שצ"ל "רבי אבא הכהן ברדלא", וכן הוא בת-א ובכל הכי"י, וכן הוא במאמר זה עצמו לעיל בפרשה עו:ט. (וכנראה סופר אחד טעה והעתיק <ברדר"א> במקום <ברדלא>.)
(ה) **ויבן שם מזבח**. צ"ל "ויצב" במקום "ויבן", כך כתוב ביפה תאר ובעץ יוסף:

מתנות כהונה

[ד] היא נסבת. גרסינן. ועיין לעיל סוף פרשה עו [סימן ט] ופרשה כז [סימן ד]: **[ה] התבונן**. ויבן דרש לשון תבונה מדלא כתיב ויבנה, וכן בכל מקום דכתיב ויבן דרש הכי ועיין לעיל (יח, ב): **מייתה לה מן הכא**. פירש רש"י על אותו עון שקרא עלמו אלוה אירע לו זה, וכדאיתא לעיל (עט, ח) בשם ריש לקיש: **שגלה בה דרועא**. יש לפרש נתגלה בה זרוע שלה, וזהו וירא. ובילקוט

אשד הנחלים

של הפקר. כלומר שהם מדמים כי גם אנחנו נוהגים כהפקר בענייני זנות, לא כן: **[ג] החוח גו'**. הסבו המשל הזה על חמור ויעקב, להיות כי זה מעשה מפורסמת ומוסר נכבד לבל יתכבד הקטון לדמות לגדול, אך גם אוי לו לגדול כי יחפוץ הקטון לדמות אליו, וכל זה מפני שהגדול יתחבר לקטון על כן ימצא עזות בו לדמות לו, כי הוא מסוגו, כי שניהם שוכנים בלבנון, וזהו שמסיים מי גרם ותצא דינה: **[ד] מחר בתך**. פרשתי לעיל (עג, ט) עיי"ש: **[ה] פתח, אדם**. כלומר שהחל לעשות על זה פתיחה במעשה דינה מדברי שלמה שע"ז רמז ואשה בכל אלה לא מצאתי, כלומר אף במקום הגדולים והחשובים והידועים באלה, כי מלת אלה שם להורות על החשיבות, כמו אלה שמות בני ישראל החשובים והידועים: **התבונן מהיכן**. חסר כאן. ועיין לעיל בפרשה י"ח: **ירד העוף וחטפה**. כיון במשל הזה להצדיק אותה כי לא נאשמה בשביל כך, כמו הבשר המתגלה הנחטף מהעוף פתאום מרוב אהבת העוף ותאוותו לבשר, כמו כן מרוב תגבורת הניאוף במקום הזה נפלה בזה לא מאשמתה: **שלא כדרכה**. שזהו שלא ברצון לגמרי, אף לא היתה סופה ברצון:

וְיַעֲקֹב שָׁמַע כִּי טִמֵּא אֶת דִּינָה בִתּוֹ וּבָנָיו הָיוּ אֶת מִקְנֵהוּ בַּשָּׂדֶה וְהֶחֱרִשׁ יַעֲקֹב עַד בֹּאָם.

Now Jacob heard that he had defiled his daughter Dinah, while his sons were with his cattle in the field; so Jacob kept silent until their arrival (34:5).

§6 **וְיַעֲקֹב שָׁמַע כִּי טִמֵּא אֶת דִּינָה בִתּוֹ . . . וְהֶחֱרִשׁ יַעֲקֹב** — *NOW **JACOB HEARD THAT HE HAD DEFILED HIS DAUGHTER** DINAH, WHILE HIS SONS WERE WITH HIS CATTLE IN THE FIELD; **SO JACOB KEPT SILENT** UNTIL THEIR ARRIVAL.*

The Midrash expounds the reason for Jacob's silence:

הָדָא הוּא דִכְתִיב "וְאִישׁ תְּבוּנוֹת יַחֲרִישׁ" — **This is** an application of **that which is written,** *He who shames his fellow lacks a heart,*[52] ***but a man of understanding will be silent*** (*Proverbs* 11:12).[53]

וּבְנֵי יַעֲקֹב בָּאוּ מִן הַשָּׂדֶה כְּשָׁמְעָם וַיִּתְעַצְּבוּ הָאֲנָשִׁים וַיִּחַר לָהֶם מְאֹד כִּי נְבָלָה עָשָׂה בְיִשְׂרָאֵל לִשְׁכַּב אֶת בַּת יַעֲקֹב וְכֵן לֹא יֵעָשֶׂה.

Jacob's sons arrived from the field, when they heard, the men were distressed, and were fired deeply with indignation, for he had committed an outrage in Israel by lying with a daughter of Jacob, and such a thing may not be done! (34:7).

□ **וּבְנֵי יַעֲקֹב בָּאוּ מִן הַשָּׂדֶה כְּשָׁמְעָם** — ***JACOB'S SONS ARRIVED FROM THE FIELD, WHEN THEY HEARD,*** *THE MEN WERE DISTRESSED, ETC.*

The Midrash notes an ambiguity in this verse:

אִיסִי בֶּן יְהוּדָה אָמַר — **Issi ben Yehudah said:** **אַרְבַּע מִקְרָאוֹת אֵין לָהֶם הֶכְרֵעַ** — **There are four**[54] **Scriptural verses** that contain words whose position in the sentence **cannot be determined.**[55] **וְאֵלּוּ הֵן** — **And they are these:** **"שְׂאֵת"** — ***se'eis*** (above, 4:7),[56] **"אָרוּר"** — ***accursed*** (below, 49:7),[57] **"וְקָם"** — ***but will rise up*** (*Deuteronomy* 31:16),[58] **"מְשֻׁקָּדִים"** — and, ***engraved like almonds*** (*Exodus* 25:34).[59] **רַבִּי תַּנְחוּמָא מוֹסִיף הָדָא** — **R' Tanchuma adds this** example, our verse, the ambiguous word being כְּשָׁמְעָם, *when they heard,* for it can be interpreted as, **"וּבְנֵי יַעֲקֹב בָּאוּ מִן הַשָּׂדֶה כְּשָׁמְעָם"** — ***Jacob's sons arrived from the field when they heard***[60] (the word כְּשָׁמְעָם being connected with the preceding phrase), **אוֹ "כְּשָׁמְעָם וַיִּתְעַצְּבוּ הָאֲנָשִׁים"** — **or** it could mean, *Jacob's sons arrived from the field,*[61] and ***when they heard, the men were distressed*** (כְּשָׁמְעָם being connected with the following phrase).

□ **וְכֵן לֹא יֵעָשֶׂה** — *FOR HE HAD COMMITTED AN OUTRAGE IN ISRAEL BY LYING WITH A DAUGHTER OF JACOB, **AND SUCH A THING MUST NOT BE DONE!***

An "outrage," by definition, is something that must not be done. Why, then, does the verse spell this out specifically?[62]

אֲפִילוּ בְּאוּמּוֹת הָעוֹלָם — **Even among the nations of the world** such a thing must not be done,[63] **שֶׁמִּשָּׁעָה שֶׁלָּקָה הָעוֹלָם בְּדוֹר הַמַּבּוּל עָמְדוּ וְגָדְרוּ עַצְמָן מִן הָעֲרָיוֹת** — **for from the time that the world was stricken during the generation of the Flood, [the nations of the world] rose up and,** by universal agreement, **restrained themselves from** engaging in **immorality.**

NOTES

52. This alludes to Shechem, who shamed Jacob by violating his daughter (*Radal*).

53. I.e., Jacob's silence in the face of Shechem's actions was not due to indifference or to fear; rather, it was based on wisdom, for he wanted to confer with his sons to discuss what their appropriate reaction should be (*Eitz Yosef,* from *Yefeh To'ar*).

54. The Talmud (*Yoma* 52a-b) quotes Issi's statement as listing *five* verses (the extra one, not mentioned here, being the word מָחָר in *Exodus* 17:9). *Matnos Kehunah* writes that it would be proper to emend our text to read "five" (and to include the fifth example) as well. (Indeed, this is the reading found in Midrash manuscripts.)

55. I.e., each of the words in question can be linked either to the preceding phrase or to the following phrase, the two possible readings bearing completely different meanings.

56. The two possible interpretations are as follows (this elaboration, as well as the following ones, are based on *Rashi* to *Yoma* ibid.): Either the verse means, *Surely, if you* (Cain) *improve yourself, you will be forgiven* [שְׂאֵת], *but if you do not improve yourself, sin rests at the door* (the word שְׂאֵת being connected to the previous phrase); or it could mean, *Surely, it is so* (that you should not be annoyed, as the previous verse stated) *if you improve yourself; but if you do not improve yourself you shall bear* [שְׂאֵת] *your iniquity, for sin rests at the door* (שְׂאֵת being connected to the following phrase).

57. Either the verse means, *in their rage they* (Simeon and Levi) *murdered people and at their whim they hamstrung an ox. Accursed* [אָרוּר] *is their rage for it is intense* (the word אָרוּר being connected to the following phrase); or it could mean, *in their rage they murdered people and at their whim they hamstrung the ox of an accursed one* [אָרוּר] (referring to Shechem). *Their rage is intense* (אָרוּר being connected to the preceding phrase, though it is in a different verse).

58. Either the verse means, *HASHEM said to Moses: Behold you will lie with your forefathers, but this people will rise up* [וְקָם] *and stray after the gods of the foreigners of the land* (the word וְקָם being connected to the following phrase); or it could mean, *HASHEM said to Moses: Behold you will lie with your forefathers, but will rise up* [וְקָם] *again* (at the future Revivification); *and this people will stray after the gods of the foreigners of the land* (וְקָם being connected to the preceding phrase).

59. Either the verse means, *And on the Menorah are to be four cups, engraved like almonds* [מְשֻׁקָּדִים], *its knobs and its flowers* (the word מְשֻׁקָּדִים being connected to the preceding phrase); or it could mean, *And on the Menorah are to be four cups, with its knobs and its flowers engraved like almonds* [מְשֻׁקָּדִים] (the word מְשֻׁקָּדִים being connected to the following phrase).

60. Indicating that they heard about the incident while they were still in the field, and promptly returned to the city without finishing their day's work (*Eitz Yosef*).

61. I.e., they arrived from the field at the end of the day upon completion of their work, and then, having arrived home, they heard about the incident that had taken place earlier that day (ibid.).

62. *Mizrachi,* cited in *Yefeh To'ar*.

63. The apparent redundancy is resolved as follows. The verse is making two separate points: (i) An outrage had been committed in Israel, and (ii) even among the *other* nations of the world it was considered outrageous — and forbidden — behavior, as the Midrash goes on to explain. See Insight Ⓐ.

INSIGHTS

Ⓐ **Original Intent** If, as the Midrash explains, *such a thing must not be done* means that it must not be done to *any* woman, then the order of their statements seems inverted. When demonstrating a criminal's guilt, one typically states the lesser crime and only then the more heinous one. If so the verse should have said that such a thing should not be done to any woman, and *certainly* not *to the daughter of Jacob*!

The *Dubno Maggid* answers with a parable. A guest at an inn sneaked into the tavern in the middle of the night to slake his thirst for drink. In the dark, he banged into a shelf, causing several bottles of expensive whiskey to topple and shatter. The innkeeper sued him for damages, but the guest claimed that he was not to be faulted, since he could not see in the dark. The judge ruled him guilty. Had he entered the tavern merely to get a drink of water, then he would have been within his rights. But since he had entered the tavern in order to steal some drink, he was to be held accountable for all that ensued.

Jacob's sons were certainly outraged primarily by the fact that Shechem had violated *a daughter of Jacob,* and that is why this is mentioned first. But Shechem might argue in his defense that he did not

ו [לד, ה] **"וְיַעֲקֹב שָׁמַע כִּי טִמֵּא אֶת דִּינָה בִתּוֹ ... וְהֶחֱרִשׁ יַעֲקֹב", הָדָא הוּא דִכְתִיב** (משלי יא, יב) **"וְאִישׁ תְּבוּנוֹת יַחֲרִישׁ".** [לד, ז] **"וּבְנֵי יַעֲקֹב בָּאוּ מִן הַשָּׂדֶה כְּשָׁמְעָם", **[יב]**אִיסִי בֶּן יְהוּדָה אָמַר: אַרְבַּע מִקְרָאוֹת אֵין לָהֶם הֶכְרֵעַ, וְאֵלּוּ הֵן: "שְׂאֵת"** (לעיל ד, ז)**, "אָרוּר"** (לקמן מט, ז)**, "וְקָם"** (דברים לא, טז)**, "מְשֻׁקָּדִים"** (שמות כה, לד)**, רַבִּי תַּנְחוּמָא מוֹסִיף הָדָא:** [לד, ז] **"וּבְנֵי יַעֲקֹב בָּאוּ מִן הַשָּׂדֶה כְּשָׁמְעָם" אוֹ "כְּשָׁמְעָם וַיִּתְעַצְּבוּ הָאֲנָשִׁים".** [שם] **"וְכֵן לֹא יֵעָשֶׂה", אֲפִילוּ בְּאוּמּוֹת הָעוֹלָם, שֶׁמִּשָּׁעָה שֶׁלָּקָה הָעוֹלָם בְּדוֹר הַמַּבּוּל עָמְדוּ וְגָדְרוּ עַצְמָן מִן הָעֲרָיוֹת:**

ז [לד, ח] **"וַיְדַבֵּר חֲמוֹר אִתָּם לֵאמֹר", **[יג]**רֵישׁ לָקִישׁ אָמַר: בְּג' לְשׁוֹנוֹת שֶׁל חִבָּה חִבֵּב הַקָּדוֹשׁ בָּרוּךְ הוּא אֶת יִשְׂרָאֵל: בִּדְבִיקָה, בַּחֲשִׁיקָה, וּבַחֲפִיצָה, בִּדְבִיקָה** (דברים ד, ד) **"וְאַתֶּם הַדְּבֵקִים", בַּחֲשִׁיקָה** (שם ז, ז) **"לֹא מֵרֻבְּכֶם מִכָּל הָעַמִּים חָשַׁק ה' ", וּבַחֲפִיצָה** (מלאכי ג, יב) **"וְאִשְּׁרוּ אֶתְכֶם כָּל הַגּוֹיִם וְגוֹ' ", וְאָנוּ לְמֵדִים אוֹתָהּ מִפָּרָשָׁה שֶׁל רָשָׁע הַזֶּה, בִּדְבִיקָה** (לעיל פסוק ג) **"וַתִּדְבַּק נַפְשׁוֹ", בַּחֲשִׁיקָה** (פסוק ח) **"שְׁכֶם בְּנִי חָשְׁקָה נַפְשׁוֹ בְּבִתְּכֶם", בַּחֲפִיצָה** (לקמן פסוק יט) **"כִּי חָפֵץ בְּבַת יַעֲקֹב", רַבִּי אַבָּא בַּר אֶלְיָשִׁיב מוֹסִיף אַף תַּרְתֵּין: בְּאַהֲבָה וְדִיבּוּר, בְּאַהֲבָה** (מלאכי א, ב) **"אָהַבְתִּי אֶתְכֶם", בְּדִיבּוּר** (ישעיה מ, ב) **"דַּבְּרוּ עַל לֵב יְרוּשָׁלַיִם",**

עץ יוסף

(ו) **ואיש תבונות יחריש.** כלומר ששתיקתו לא היתה מפני היראה או מבלי משים, אלא מחכמתו שלא ירגישו בצערו ויתנכלו אותו. לכן עשה עצמו כבלתי מרגיש עד בוא בניו להמתיק סוד עמהם להציל דינה מהם בעזרתם (יפה תואר): [ה] **ד' מקראות כו'.** בפרק הוציאו לו (יומא נב, א־ב) גרסינן חמשה מקראות שאת משוקדים מחר ארור וקם. וצריך לומר דתרי תנאי ואליבא דאיסי בן יהודה, דלחד תנא לא מספקא ליה במחר (יפה תואר): **שאת.** פירש רש"י בגמרא הלא אם תטיב שאת ולשון סליחה הוא, או שאת אם לא תטיב ולשון נשיאות עון הוא: **ארור.** דכתיב ברצונם עקרו שור ארור, כלומר שור של שכם שהוא מארור כנען, או ארור אפם כי עז: **וקם.** דכתיב הנך שוכב עם אבותיך וקם וכאן רמז לתחיית המתים, או וקם העם הזה וזנה: **משוקדים.** ארבעה גביעים משוקדים, או משוקדים כפתוריה ופרחיה: **באו מן השדה בשמעם.** ורצונו לומר ששמעו בשדה ותיכף באו מן השדה, ולא המתינו עד עת הראוי לבא בכל יום, או כשמעם ויתעצבו, שבאו מן השדה באותה העת שבאים בכל יום, וכשבאו לביתם שמעו מעשה דינה ויתעצבו: **עמדו וגדרו כו'.** עד שבלעם פרץ הגדר והתיר להם מעשה פעור. והכוונה אשר מלבד מה שמתנגד לרצונו יתברך, גם הדבר עצמו מתועב גם בבני אדם אפילו באומות העולם: (ז) [ו] **בשלשה לשונות של חיבה כו'.** עיין ביאור מאמר זה בארוכה בספר ראשית חכמה שער האהבה פרק ג: **ובחפיצה ואשרו אתכם כל הגוים כי תהיו אתם ארץ חפץ.** נראה דגרסינן כי לך יקרא חפצי בה ולארצך בעולה כי חפץ ה' בך (ישעיה סב, ד). דמארץ חפץ ליכא למילף שישראל נאהבו לה'

פירוש מהרז"ו

שאמר לעיל סוף פרשה עט רבי הונא בשם ריש לקיש שלכך נכשל בדינה, וכן הביא כאן (וכן כתב היפה תואר), ועיין מתנות כהונה בשם רש"י (ומהר"י בהאק כ"י אמר שאולי צריך לומר ויבן מזבח לפניו (שמות לב, ה) שדרשו עליו בשמות רבה (מא, ז) ויקרא רבה (י, ג) במדבר רבה (טו, כא) הבין ממי שזבוח לפניו, וכן הובא בסנהדרין (ז, א) ראה חור כו' ופירוש רש"י ויבן מזבח הבין כו' עיין שם עד כאן): (ו) **ואיש תבונות.** ויעקב נקרא איש תם (כה, כז): **ארבע מקראות.** מכילתא סוף בשלח (פרק יז) על פסוק מחר אנכי נצב. ועיין מתנות כהונה: **וכן לא יעשה אפילו כו'.** שהרי כבר אמר כי נבלה עשה בישראל וגו', אם כן וכן לא יעשה מיותר לדרוש. ועיין לעיל (ע, יב) שאנשי מזרח גדורים היו, אך כנען ומצרים מפורש בפרשת אחרי מות (יח, ג) שלא היו גדורים: (ז) **בג' לשונות.** דרך חז"ל לדרוש כפל ושינוי לשון בתורה ויש להתבונן בזה, וגם מדוע לא חשב ריש לקיש עוד שתים המפורשים. אך הענין שאם היה כתוב קודם המעשה לשונות אלו לא היו לומדים כלום מזה, שהם רק לתאות יצרו וחמרו, אך מתחלה כתיב רק וירא אותה ויקח אותה, וכמו שאמרו לעיל בסימן ה' שהיה דומה לעוף החוטף בשר שרואה, אבל גם אחר זה כאשר התבונן בה ובת מי היא, התנוצץ בקרבו החפץ להדבק בה מלבד התאוה הגופנית (הפך הנאמר באמנון ותמר). וזה שאמר ותדבק נפשו בדינה בת יעקב על שהיא בת יעקב, ואמר קח לי את הילדה הזאת לאשה, וכן חמור אמר חשקה נפשו בבתכם וכן תנו

רש"י

(ו) **הנך שוכב עם אבותיך וקם.** ותעמוד לתחיית המתים, או וקם העם הזה וזנה: **באו מן השדה כשמעם ויתעצבו האנשים: וכן לא יעשה אפילו באומות העולם שמשעה שלקה העולם וכו':** (ז) **בג' לשונות של חיבה.** אין ישראל תובע מן הגוי תחלה, אלא אם כן הגוי תובעו תחלה:

מתנות כהונה

(רמז קלח) לא גרס ליה: [ו] **ארבע כתובים כו'.** במסכת יומא בפרק הוציאו לו (נב, ב) ובירושלמי בפרק אין מעמידין (ע"ז פ"ב ה"ז) גרם חמשה פסוקים והוסיף מחר, לא והלחם בעמלק מחר, או מחר אנכי נצב, והיום אין אתה צריך לתפלתי ותלחם היום מיד, וכן הביא בעקידה בפרשה זו בשם מדרש חזית (שיר השירים א, יז) והוא בפסוק ישקני, וכן הביא הילקוט בפרשת בראשית (רמז לז) וכן ראוי להגיה פה: **שאת.** אם תטיב שאת והוא לשון סליחה, או שאת אי לא תטיב והוא לשון נשיאת עון: **ארור** אפם כי עז, או עקרו שור ארור, כלומר שור של שכם שהוא מארור כנען, כן פירש רש"י בפרק הוציאו לו (נב, ב), ועיין שם בתוספות (ד"ה שאת): **וקם.** הנך שוכב עם אבותיך וקם לתחיית המתים, או וקם העם הזה וזנה: **משוקדים.** ובמנורה ארבעים גביעים משוקדים, או משוקדים כפתוריה ופרחיה: **הכי גרסינן כשמעם ויתעצבו האנשים. וכן לא יעשה אפילו:** [ז] **הכי גרסינן כל הגוים וגו'.** וסיפיה דקרא כי תהיו ארץ חפץ וכן הוא בהדיא בשוחר טוב (מזמור כב):

אשד הנחלים

[ו] **ואיש תבונות יחריש.** וראש הכתוב בז לרעהו חסר לב, כי מה יוכל לבזותו אחר שאינו יכול להועיל עודנו, כי הוא היה לבדו: **או כשמעם ויתעצבו.** דאם נפרש שכשמעם מוסב למעלה, באורו ששמעו בהיותם בשדה לכן באו הביתה, ואם נפרש לאחריו שמעו אח"כ בבואם, ולכן נתעצבו על זה: [ז] **בדביקה בחשיקה ובחפיצה כו'.** וכלומר מזה אנו למדים מהו הלשונות הללו ועל מה יורו, על אהבה עזה עד מאוד עד שנדבק בו בלי פרוד מאומה, וכל אהבת זולתית בטלה אצלו מצד גודל האהבה הזאת, וזה נכלל במלת דביקה כאילו הם נאחדות יחד. והחשק הוא כח נפשי מבלי סיבה מאומה, רק חשק הלב. והחפץ הוא מצד התכלית והטוב הנמצא בו, ולכן נאמר כי חפץ בבת יעקב, כי נכבד בעיניו להתחתן ביעקב. וכל אלה העניינים מכוונים באהבת ה' אותנו עד שחפץ שנדבק בו תמיד באהבה יחד, וכמעט מבלי סבה, רק החשק לבד כי אין זה לתועלת לו ית', כי אם תצדק גו'. גם לפעמים יכונה בחפץ, כאילו הישרים תכליתיים בבריאה, על דרך מאמרם בזמן שעושין רצונו של מקום מוסיפים כח בפמליא של מעלה, וא"כ ימצא סבה קצת לחפץ ה' בהם:

חידושי הרד"ל

[ו] **הדא הוא דכתיב ואיש תבונות יחריש.** ורישיה בז לרעהו חסר לב, יִדָּרֵשׁ, זה שכם, שבז בלבו לבני יעקב וחשבם כהפקר:

אמרי יושר

[ז] **בג' לשונות של חיבה חיבב הקדוש ברוך הוא את ישראל.** כי דבקות ישראל עם הקדוש ברוך הוא נמשל לזיווג איש ואשה וספר שיר השירים לעד:

מסורת המדרש

יב. יומא דף נ"ב ירושלמי עבודת כוכבים פרק ב'. הלכה ז'. מכילתא בשלח מסכת דעמלק פרשה א'. שיר השירים רבה פרשה א' פסוק ב'. תנחומא בשלח סימן כ"ו. ילקוט בראשית רמז ל"ז: **יג.** מדרש תהלים מזמור כ"ב:

אם למקרא

בָּז־לְרֵעֵהוּ חֲסַר־לֵב וְאִישׁ תְּבוּנוֹת יַחֲרִישׁ: (משלי יא:יב)

אָרוּר אַפָּם כִּי עָז וְעֶבְרָתָם כִּי קָשָׁתָה אֲחַלְּקֵם בְּיַעֲקֹב וַאֲפִיצֵם בְּיִשְׂרָאֵל: (בראשית מט:ז)

וַיֹּאמֶר ה' אֶל מֹשֶׁה הִנְּךָ שֹׁכֵב עִם אֲבֹתֶיךָ וְקָם הָעָם הַזֶּה וְזָנָה אַחֲרֵי אֱלֹהֵי נֵכַר הָאָרֶץ אֲשֶׁר הוּא בָא־שָׁמָּה בְּקִרְבּוֹ וַעֲזָבַנִי וְהֵפֵר אֶת־בְּרִיתִי אֲשֶׁר כָּרַתִּי אִתּוֹ: (דברים לא:טז)

וּבַמְּנֹרָה אַרְבָּעָה גְבִעִים מְשֻׁקָּדִים כַּפְתֹּרֶיהָ וּפְרָחֶיהָ: (שמות כה:לד)

וְאַתֶּם הַדְּבֵקִים בַּה' אֱלֹהֵיכֶם חַיִּים כֻּלְּכֶם הַיּוֹם: (דברים ד:ד)

לֹא מֵרֻבְּכֶם מִכָּל הָעַמִּים חָשַׁק ה' בָּכֶם וַיִּבְחַר בָּכֶם כִּי אַתֶּם הַמְעַט מִכָּל הָעַמִּים: (שם ז:ז)

וְאִשְּׁרוּ אֶתְכֶם כָּל הַגּוֹיִם כִּי תִהְיוּ אַתֶּם אֶרֶץ חֵפֶץ אָמַר ה' צְבָאוֹת: (מלאכי ג:יב)

אָהַבְתִּי אֶתְכֶם אָמַר ה' וַאֲמַרְתֶּם בַּמָּה אֲהַבְתָּנוּ הֲלוֹא אָח עֵשָׂו לְיַעֲקֹב נְאֻם ה' וָאֹהַב אֶת יַעֲקֹב: (שם א:ב)

דַּבְּרוּ עַל לֵב יְרוּשָׁלַםִ וְקִרְאוּ אֵלֶיהָ כִּי מָלְאָה צְבָאָהּ כִּי נִרְצָה עֲוֹנָהּ כִּי לָקְחָה מִיַּד ה' כִּפְלַיִם בְּכָל חַטֹּאתֶיהָ: (ישעיה מ:ב)

וַיְדַבֵּר חֲמוֹר אִתָּם לֵאמֹר שְׁכֶם בְּנִי חָשְׁקָה נַפְשׁוֹ בְּבִתְּכֶם תְּנוּ נָא אֹתָהּ לוֹ לְאִשָּׁה.

Hamor spoke with them, saying, "Shechem, my son, longs deeply for your daughter — please give her to him as a wife" (34:8).

§7 **וַיְדַבֵּר חֲמוֹר אִתָּם לֵאמֹר** — *HAMOR SPOKE WITH THEM, SAYING, "SHECHEM, MY SON, LONGS DEEPLY FOR YOUR DAUGHTER – PLEASE GIVE HER TO HIM AS A WIFE."*

The Torah uses several different expressions to describe Shechem's love for Dinah. Why does the Torah invest so many words in describing this loathsome man's feelings for the girl he had so shamelessly violated? The Midrash shows that there is a lesson to be learned from this:[64]

רֵישׁ לָקִישׁ אָמַר: בְּג׳ לְשׁוֹנוֹת שֶׁל חִבָּה חִבֵּב הַקָּדוֹשׁ בָּרוּךְ הוּא אֶת יִשְׂרָאֵל — **Reish Lakish said:** We find in Scripture that **the Holy One, blessed is He, expressed His love for Israel with three** different **expressions of love: בִּדְבִיקָה — with "clinging," בַּחֲשִׁיקָה — with "desiring," וּבַחֲפִיצָה — and with "delighting." בִּדְבִיקָה "וְאַתֶּם הַדְּבֵקִים"** — **With "clinging,"** as it states, ***But you who cling** to HASHEM, your God — you are all alive today* (Deuteronomy 4:4). **בַּחֲשִׁיקָה, "לֹא מֵרֻבְּכֶם מִכָּל הָעַמִּים חָשַׁק ה׳ "** — **With "desiring,"** as it is written, ***Not because you are more numerous than all the peoples did HASHEM desire** you and choose you, for you are the fewest of all the peoples* (ibid. 7:7). **וּבַחֲפִיצָה, "וְאִשְּׁרוּ אֶתְכֶם כָּל הַגּוֹיִם וְגוֹ׳ "** — **And with "longing,"** as it states, ***All the nations will praise you,** for you will be a land of longing, says HASHEM* (Malachi 3:12).[65] **וְאָנוּ לְמֵדִים אוֹתָהּ מִפָּרָשָׁה שֶׁל רָשָׁע הַזֶּה** — **And we** may also **learn** about **[these three expressions of love] from the passage** here **dealing with this wicked individual** Shechem: **בִּדְבִיקָה, "וַתִּדְבַּק נַפְשׁוֹ"** — His love for her is expressed **with "clinging,"** as it states, ***He became deeply attached** (or: He clung, דבק) **to Dinah*** (v. 3); **בַּחֲשִׁיקָה, "שְׁכֶם בְּנִי חָשְׁקָה נַפְשׁוֹ בְּבִתְּכֶם"** — **with "desiring,"** as it is written in our verse, ***Shechem, my son, longs deeply for** (lit., his soul desires, חשק) **your daughter;*** **בַּחֲפִיצָה, "כִּי חָפֵץ בְּבַת יַעֲקֹב"** — **with "longing,"** as it states, ***for he delighted in** (or: longed for, חפץ) **Jacob's daughter*** (v. 19).[66]

NOTES

64. *Yefeh To'ar.*

65. [Objecting that this verse proves only that Israel is a delight unto the nations, and not unto God, *Yefeh To'ar* suggests replacing this verse with another one (*Isaiah* 62:4): *It will no longer be said of you "Forsaken One"... for you will be called "My Delight (חֶפְצִי) Is In Her"... for Hashem's delight (חָפֵץ) is in you* (*Eitz Yosef*).]

66. When Shechem first violated Dinah, he did not express any love for her; Scripture says simply "he saw her and he lay with her." However, afterward, when he had already gratified his lustful, physical desire for her, he realized that, as a daughter of Jacob, she was a truly virtuous woman and would make a good wife. It was at this point — when he was speaking of a meaningful, lasting relationship rather than lust — that he expressed his love for Dinah with these three expressions. Reish Lakish notes the similarity in terms between Shechem's expressions of love for Dinah and God's expressions of love for His people (*Maharzu*). See Insight Ⓐ.

INSIGHTS

know that she was Jacob's daughter, and that he would never have abducted so noble a girl. To counter this argument the verse adds that even in Shechem's society *such a thing must not be done* to *any woman*. Shechem's actions were reprehensible to begin with, and he was liable to suffer the consequences for whatever ensued, even in the absence of knowledge of Dinah's lineage (*Ohel Yaakov, Vayishlach*).

In a similar explanation, the *Beis HaLevi* compares the case of Shechem to a ruling in *Bava Kamma* (62a). If one gives a gold coin to a guardian representing it to be silver, and it is lost or stolen due to the guardian's negligence, he must pay the owner only its value in silver, since he had agreed to guard only a silver coin. However, if he damages the coin, he must pay its full value, since he had no right to damage even a silver coin (*Beis HaLevi, Vayishlach*).

Beis HaLevi's interpretation of our Midrash featured in an incident that occurred when he was the Rav of Slutsk. Caught on the road in a winter storm, he knocked on the door of a small Jewish inn. The owner grudgingly allowed him in, offering only a small bench in the hallway. A short while later, a certain Chassidic Rebbe arrived, and he was warmly welcomed by the innkeeper, who scurried to provide him with service and accommodations befitting his stature. As the Rebbe passed through the hallway, he noticed the great Rav of Slutzk sitting on the meager bench and the Rebbe began to shout in astonishment. Can it be that the great Rav of Slutzk has been given no more than a small bench to sit on!? The innkeeper was beside himself with apologies, and begged the forgiveness of the Torah giant whom he had treated so disrespectfully, not realizing his true stature.

But the *Beis HaLevi* replied that the innkeeper's behavior could not be excused, as he proceeded to demonstrate from our Midrash. Just as Shechem was faulted for all that ensued, since he should not have violated *any* girl, so too could the innkeeper be faulted for demeaning the Torah, since he should not have treated *any* person so discourteously.

Neither was the innkeeper redeemed by the outpouring of hospitality he later demonstrated for the Rebbe, added the *Beis HaLevi,* as seen from an earlier passage in Scripture. The Torah relates that Lot literally risked his life to welcome guests in Sodom. Abraham's earlier hospitality to the same angels does not nearly seem to rise to this level. Yet throughout the Talmud and Midrash, it is Abraham who is presented as the epitome of hospitality, not Lot. The reason for this, explained the *Beis HaLevi,* is that whereas the guests appeared as angels to Lot, to Abraham they appeared as Arab wayfarers. Anyone would go to great lengths to host angels. It is how one treats his "faceless" guests that provides a true measure of his hospitality (*Talelei Oros, Vayishlach*).

Ⓐ **Expressions of Love** The Midrashic discussion leaves several key questions unanswered. What is the difference between the various types of love? And since Scripture already specified that God loves Israel with these three expressions of love, what do we infer additionally from the use of these same three expressions by Shechem? What lesson does the Midrash seek to provide by comparing God's love for Israel to the vile love of Shechem for Dinah?

In an extensive discussion on this Midrash, *Reishis Chochmah* explains that the three expressions represent three ascending levels of God's love for Israel. God's love is expressed through the soul that He has given us, which allows us to appreciate His greatness and become attached to Him. The first level of love, דְּבִיקָה ("clinging"), must be initiated by our own spiritual arousal — as alluded to by the supporting verse's speaking of *our* clinging to God. The second level, חֲשִׁיקָה ("desiring"), is initiated by God, as indicated by the supporting verse, *did HASHEM desire you.* Nevertheless, this level of God's love for us still depends on *our* proper behavior, as the Sages infer from this verse that God desires us only because we act humbly (*Chullin* 89a). The highest level of love — חֲפִיצָה ("longing") — will occur in the Messianic era, as indicated by the supporting verse in *Malachi.* At that time, God will "long for *us.*" He will love us for no reason other than for who we are.

God's love for us is inextricably linked to our love for God. The more He loves us, the greater is the degree of spirituality with which He inspires us. And the more spiritual we become the greater is our love for God. The Midrash teaches us about the three levels of God's love for us, so that we will reciprocate. For the commandment to *love your companion* (לְרֵעֲךָ) *as yourself* (*Leviticus* 19:18) also refers to how we are to love God, whom Scripture refers to as the "companion" of Israel.

It is difficult for us to comprehend the different levels of love for God in the abstract. And because we are to learn from here how *we* are to love *God,* the Midrash must give us concrete examples from the realm of human experience. Thus, it draws comparisons to Shechem's love for Dinah. By contemplating the extent to which people become attached even to material objects and even when motivated by base desires, we can apply the relevant concepts to our Divine service.

The process of a man's ordinary love begins by his developing

ו [לד, ה] "וְיַעֲקֹב שָׁמַע כִּי טִמֵּא אֶת דִּינָה בִתּוֹ ... וְהֶחֱרִשׁ יַעֲקֹב", הָדָא הוּא דִכְתִיב (משלי יא, יב) "וְאִישׁ תְּבוּנוֹת יַחֲרִישׁ". [לד, ז] "וּבְנֵי יַעֲקֹב בָּאוּ מִן הַשָּׂדֶה כְּשָׁמְעָם", יבאִיסִי בֶּן יְהוּדָה אָמַר: אַרְבַּע מִקְרָאוֹת אֵין לָהֶם הֶכְרֵעַ, וְאֵלּוּ הֵן: "שְׂאֵת" (לעיל ד, ז), "אָרוּר" (לקמן מט, ז), "וְקָם" (דברים לא, טז), "מְשֻׁקָּדִים" (שמות כה, לד), רַבִּי תַּנְחוּמָא מוֹסִיף הָדָא: [לד, ז] "וּבְנֵי יַעֲקֹב בָּאוּ מִן הַשָּׂדֶה כְּשָׁמְעָם" אוֹ "כְּשָׁמְעָם וַיִּתְעַצְּבוּ הָאֲנָשִׁים". [שם] "וְכֵן לֹא יֵעָשֶׂה", אֲפִילּוּ בְּאוּמּוֹת הָעוֹלָם, שֶׁמִּשָּׁעָה שֶׁלָּקָה הָעוֹלָם בְּדוֹר הַמַּבּוּל עָמְדוּ וְגָדְרוּ עַצְמָן מִן הָעֲרָיוֹת:

ז [לד, ח] "וַיְדַבֵּר חֲמוֹר אִתָּם לֵאמֹר", יגרֵישׁ לָקִישׁ אָמַר: בְּג' לְשׁוֹנוֹת שֶׁל חִבָּה חִבֵּב הַקָּדוֹשׁ בָּרוּךְ הוּא אֶת יִשְׂרָאֵל: בִּדְבִיקָה, בַּחֲשִׁיקָה, וּבַחֲפִיצָה, בִּדְבִיקָה (דברים ד, ד) "וְאַתֶּם הַדְּבֵקִים", בַּחֲשִׁיקָה (שם ז, ז) "לֹא מֵרֻבְּכֶם מִכָּל הָעַמִּים חָשַׁק ה' ", וּבַחֲפִיצָה (מלאכי ג, יב) "וְאִשְּׁרוּ אֶתְכֶם כָּל הַגּוֹיִם וְגוֹ' ", וְאָנוּ לְמֵדִים אוֹתָהּ מִפָּרָשָׁה שֶׁל רָשָׁע הַזֶּה, בִּדְבִיקָה (לעיל פסוק ג) "וַתִּדְבַּק נַפְשׁוֹ", בַּחֲשִׁיקָה (פסוק ח) "שְׁכֶם בְּנִי חָשְׁקָה נַפְשׁוֹ בְּבִתְּכֶם", בַּחֲפִיצָה (לקמן פסוק יט) "כִּי חָפֵץ בְּבַת יַעֲקֹב", רַבִּי אַבָּא בַּר אֶלְיָשִׁיב מוֹסִיף אַף תַּרְתֵּין: בְּאַהֲבָה וְדִיבּוּר, בְּאַהֲבָה (מלאכי א, ב) "אָהַבְתִּי אֶתְכֶם", בְּדִיבּוּר (ישעיה מ, ב) "דַּבְּרוּ עַל לֵב יְרוּשָׁלַיִם",

חידושי הרד"ל

[ו] הדא הוא דכתיב ואיש תבונות יחריש. ורישיה בז לרעהו חסר לב, ידרש, זה שכם, שבז בלבו לבני יעקב וחשבם כהפקר:

אמרי יושר

[ז] בג' לשונות של חיבה חיבב הקדוש ברוך הוא את ישראל. כי דבקות ישראל עם הקדוש ברוך הוא נמשל לזיווג איש ואשה וספר שיר השירים לעד:

עץ יוסף

(ו) ואיש תבונות יחריש. כלומר ששתיקתו לא היתה מפני היראה או מבלי משים, אלא מחכמתו שלא ירגישו בלערו ויתנכלו אותו. לכן עשה עלמו כבלתי מרגיש עד בוא בניו להמתיק סוד עמהם להליל דינה מהם בעזרתם (יפה תואר): [ה] ד' מקראות כו'. בפרק הוליאו לו (יומא נב, א-ב) גרסינן חמשה מקראות שאת משוקדים מחר ארור וקם. ולריך לומר דתרי תנאי ואליבא דאיסי בן יהודה, דלחד תנא לא מספקא ליה במחר (יפה תואר): שאת. פירש רש"י בגמרא הלא אם תטיב שאת ולשון סליחה הוא, או שאת אם לא תטיב ולשון נשיאות עון הוא: ארור. דכתיב ברלונם עקרו שור ארור, כלומר שור של שכם שהוא מארור כנען, או ארור אפם כי עז: וקם. דכתיב הנך שוכב עם אבותיך וקם וכאן רמז לתחיית המתים, או וקם העם הזה וזנה: משוקדים. ארבעה גביעים משוקדים, או משוקדים כפתוריה ופרחיה: באו מן השדה כשמעם. ורלונו לומר ששמעו בשדה ותיכף באו מן השדה, ולא המתינו עד עת הראוי לבא בכל יום, או כשמעם ויתעלבו, שבאו מן השדה באותה העת שבאים בכל יום, וכשבאו לביתם שמעו מעשה דינה ויתעלבו: עמדו וגדרו כו'. עד שבלעם פרץ הגדר והתיר להם מעשה פעור. והכוונה אשר מלבד מה שמתנגד לרלונו יתברך, גם הדבר עלמו מתועב גם בבני אדם אפילו באומות העולם: (ז) [ו] בשלשה לשונות של חיבה כו'. עיין ביאור מאמר זה באריכה בספר ראשית חכמה שער האהבה פרק ג: ובחפיצה ואשרו אתכם כל הגוים כי תהיו אתם ארץ חפץ. נראה דגרסינן כי לך יקרא חפצי בה ולארלך בעולה כי חפץ ה' בך (ישעיה סב, ד). דמארץ חפץ ליכא למילף שישראל נאהבו לה'

פירוש מהרז"ו

שאמר לעיל סוף פרשה עט רבי הונא בשם ריש לקיש שלכך נכשל בדינה, וכן הביא כאן (וכן כתב היפה תואר), ועיין מתנות כהונה בשם רש"י (ומהר"י בהאק נ"י אמר שאולי לריך לומר ויבן מזבח לפניו (שמות לב, ה) שדרשו עליו בשמות רבה (מא, ז) ויקרא רבה (י, ג) במדבר רבה (טו, כא) הבין ממי שזבות לפניו, וכן הובא בסנהדרין (ז, א) ראה חור כו' ופירוש רש"י ויבן מזבח הבין כו' עיין שם עד כאן): (ו) ואיש תבונות. ויעקב נקרא איש תם (כה, כז): ארבע מקראות. מכילתא סוף בשלח (פרק יז) על פסוק מחר אנכי נלב. ועיין מתנות כהונה: וכן לא יעשה אפילו כו'. שהרי כבר אמר כי נבלה עשה בישראל וגו', אם כן וכן לא יעשה מיותר לדרוש. ועיין לעיל (ע, יב) שאנשי מזרח גדורים היו, אך כנען ומלרים מפורש בפרשת אחרי מות (יח, ג) שלא היו גדורים: (ז) בג' לשונות. דרך חז"ל לדרוש כפל ושינוי לשון בתורה ויש להתבונן בזה, וגם מדוע לא חשב ריש לקיש עוד שתים המפורשים. אך הענין שאם היה כתוב קודם המעשה לשונות אלו לא היו לומדים כלום מזה, שהם רק לתאות ילרו וחמרו, אך מתחלה כתיב רק וירא אותה ויקח אותה, וכמו שאמרו לעיל בסימן ה' שהיה דומה לעוף החוטף בשר שרואה, אבל גם אחר זה כאשר התבונן בה ובת מי היא, התנולץ בקרבו החפץ להדבק בה מלבד התאוה הגופנית (הפך הנאמר באמנון ותמר). וזה שאמר ותדבק נפשו בדינה בת יעקב על שהיא בת יעקב, ואמר קח לי את הילדה הזאת לאשה, וכן חמור אמר חשקה נפשו בבתכם וכן תנו

מסורת המדרש

יב. יומא דף נ"ב ירושלמי עבודת כוכבים פרק ב'. הלכה ז'. מכילתא בשלח מסכת דעמלק פרשה א'. שיר השירים רבה פרשה א' פסוק ב'. תנחומא בשלח סימן כ"ו. ילקוט בראשית רמז ל"ז:
יג. מדרש תהלים מזמור כ"ב:

אם למקרא

בָּז־לְרֵעֵהוּ חֲסַר־לֵב וְאִישׁ תְּבוּנוֹת יַחֲרִישׁ: (משלי יא:יב)

אָרוּר אַפָּם כִּי עָז וְעֶבְרָתָם כִּי קָשָׁתָה אֲחַלְּקֵם בְּיַעֲקֹב וַאֲפִיצֵם בְּיִשְׂרָאֵל: (בראשית מט:ז)

וַיֹּאמֶר ה' אֶל מֹשֶׁה הִנְּךָ שֹׁכֵב עִם אֲבֹתֶיךָ וְקָם הָעָם הַזֶּה וְזָנָה אַחֲרֵי אֱלֹהֵי נֵכַר הָאָרֶץ אֲשֶׁר הוּא בָא־שָׁמָּה בְּקִרְבּוֹ וַעֲזָבַנִי וְהֵפֵר אֶת־בְּרִיתִי אֲשֶׁר כָּרַתִּי אִתּוֹ: (דברים לא:טז)

וּבַמְּנֹרָה אַרְבָּעָה גְבִעִים מְשֻׁקָּדִים כַּפְתֹּרֶיהָ וּפְרָחֶיהָ: (שמות כה:לד)

וְאַתֶּם הַדְּבֵקִים בַּה' אֱלֹהֵיכֶם חַיִּים כֻּלְּכֶם הַיּוֹם: (דברים ד:ד)

לֹא מֵרֻבְּכֶם מִכָּל הָעַמִּים חָשַׁק ה' בָּכֶם וַיִּבְחַר בָּכֶם כִּי אַתֶּם הַמְעַט מִכָּל הָעַמִּים: (שם ז:ז)

וְאִשְּׁרוּ אֶתְכֶם כָּל הַגּוֹיִם כִּי תִהְיוּ אַתֶּם אֶרֶץ חֵפֶץ אָמַר ה' צְבָאוֹת: (מלאכי ג:יב)

אָהַבְתִּי אֶתְכֶם אָמַר ה' וַאֲמַרְתֶּם בַּמָּה אֲהַבְתָּנוּ הֲלוֹא אָח עֵשָׂו לְיַעֲקֹב נְאֻם ה' וָאֹהַב אֶת יַעֲקֹב: (שם א:ב)

דַּבְּרוּ עַל לֵב יְרוּשָׁלַםִ וְקִרְאוּ אֵלֶיהָ כִּי מָלְאָה צְבָאָהּ כִּי נִרְצָה עֲוֺנָהּ כִּי לָקְחָה מִיַּד ה' כִּפְלַיִם בְּכָל חַטֹּאתֶיהָ: (ישעיה מ:ב)

רש"י

(ו) הנך שוכב עם אבותיך וקם. ותעמוד לתחיית המתים, או וקם העם הזה וזנה: באו מן השדה כשמעם ויתעצבו האנשים: וכן לא יעשה אפילו באומות העולם שמשעה שלקה העולם וכו': (ז) בג' לשונות של חיבה. אין ישראל תובע מן הגוי תחלה, אלא אם כן הגוי תובעו תחלה:

מתנות כהונה

(רמז קלח) לא גרס ליה: [ו] ארבע כתובים כו'. במסכת יומא בפרק הוליאו לו (נב, ב) ובירושלמי בפרק אין מעמידין (ע"ז פ"ב ה"ז) גרס חמשה פסוקים והוסיף מחר, לא והלחם בעמלק מחר, או מחר אנכי נלב, והיום אין אתה לריך לתפלתי ותלחם היום מיד, וכן הביא בעקידה בפרשה זו בשם מדרש חזית (שיר השירים א, יז) והוא בפסוק ישקני, וכן הביא הילקוט בפרשת בראשית (רמז לז) וכן ראוי להגיה פה: שאת. אם תטיב שאת והוא לשון סליחה, או שאת אי לא תטיב והוא לשון נשיאת עון: ארור אפם כי עז, או עקרו שור ארור, כלומר שור של שכם שהוא מארור כנען, כן פירש רש"י בפרק הוליאו לו (נב, ב), ועיין שם בתוספות (ד"ה שאת): וקם. הנך שוכב עם אבותיך וקם לתחיית המתים, או וקם העם הזה וזנה: משוקדים. ובמנורה ארבעים גביעים משוקדים, או משוקדים כפתוריה ופרחיה: הכי גרסינן כשמעם ויתעצבו האנשים. וכן לא יעשה אפילו: [ז] הכי גרסינן כל הגוים וגו'. וסיפיה דקרא כי תהיו ארץ חפץ וכן הוא בהדיא בשוחר טוב (מזמור כב):

אשד הנחלים

[ו] ואיש תבונות יחריש. וראש הכתוב בז לרעהו חסר לב, כי מה יוכל לבזותו אחר שאינו יכול להועיל עודנו, כי הוא היה לבדו: או כשמעם ויתעצבו. דאם נפרש שכשמעם מוסב למעלה, באורו ששמעו בהיותם בשדה לכן באו הביתה, ואם נפרש לאחריו שמעו אח"כ בבואם, ולכן נתעצבו על זה: [ז] בדביקה בחשיקה ובחפיצה כו'. וכלומר מזה אנו למדים מהו הלשונות הללו ועל מה יורו, על אהבה עזה עד מאוד עד שנדבק בו בלי פרוד מאומה, וכל אהבת זולתית בטלה אצלו מצד גודל האהבה הזאת, וזה נכלל במלת דביקה כאילו הם נאחדות יחד. והחשק הוא כח נפשי מבלי סיבה מאומה, רק חשק הלב. והחפץ הוא מצד התכלית והטוב הנמצא בו, ולכן נאמר כי חפץ בבת יעקב, כי נכבד בעיניו להתחתן ביעקב. וכל אלה העניינים מכוונים באהבת ה' אותנו עד שחפץ שנדבק בו תמיד באהבה יחד, וכמעט מבלי סבה, רק החשק לבד כי אין זה לתועלת לו ית', כי אם תצדק גו'. גם לפעמים יכונה בחפץ, כאילו הישרים תכליתיים בבריאה, על דרך מאמרם בזמן שעושין רצונו של מקום מוסיפים כח בפמליא של מעלה, וא"כ ימצא סבה קצת לחפץ ה' בהם:

Another sage extends Reish Lakish's observation to two more expressions found in our passage:

רַבִּי אַבָּא בַּר אֶלְיָשִׁיב מוֹסִיף אַף תַּרְתֵּין — R' Abba bar Elyashiv adds two more Scriptural expressions of love with which God expressed Himself regarding Israel: **בְּאַהֲבָה וְדִיבּוּר — With "love" and** with **"speaking** to one's heart": בְּאַהֲבָה, "אָהַבְתִּי אֶתְכֶם" — **With "love,"** as it states, ***I loved you, says HASHEM*** (*Malachi* 1:2); בְּדִיבּוּר, "דַּבְּרוּ עַל לֵב יְרוּשָׁלַיִם" — and **with "speaking** to one's heart," as it is written, ***Speak to the heart of Jerusalem*** (*Isaiah* 40:2).

INSIGHTS

exclusive feelings for a particular woman (דְּבִיקָה). It proceeds to the blossoming of these feelings and her pursuit (חֲשִׁיקָה). And it culminates with the act of winning her heart and joining with her in marriage (חֲפִיצָה). Similarly, the first step in Divine service is to devote one's thoughts to God and develop a desire for Him that exceeds one's love for anyone or anything else. The next stage is to pursue this love of God and His commandments at every moment, and strengthen that love by ridding oneself of material pursuits. The ultimate goal is to perform the mitzvos with one's entire heart and soul, whereby one's heart desires only that which God desires and one cannot delay doing so even for a moment — just as Shechem *did not delay* because he *longed for Jacob's daughter* [v. 19] (*Reishis Chochmah, Shaar HaAhavah*, Chs. 3-4).

The concept of elevating our Divine service by learning from the manner in which the wicked pursue their goals has wide application. The *Chofetz Chaim* noted that the secular movements focused almost exclusively on measures that spread heresy and undermined Torah Judaism. He argued that religious Jews must similarly focus their efforts on spreading Torah and religion and achieving spiritual victories rather than material ones. In this vein, he explained the famous comment of *Rashi* (on 32:5) — that Jacob declared, *"I sojourned with Laban* and I did not learn from his wicked deeds" — homiletically as Jacob bemoaning the fact that he did not learn sufficiently from the vigor with which Laban pursued his wicked deeds to act accordingly in the pursuit of good deeds (*Kovetz Maamarim Velgros [R' Elchanan Wasserman]*, Vol. 1, p. 266).

Many construed even the offhand comments of non-Jews as cues to improve their service of God. The Chassidic master R' Simchah Bunim of P'shischa often related an incident from his youth, in which he encountered a person with an overloaded wagon, who asked him to help him push it. When R' Bunim indicated that he was weak and unable to help, the man shouted, "Liar! You are not weak, you are lazy!" These words inspired R' Bunim to strengthen himself in the service of God.

The Chassidic master R' Moshe Leib of Sassov said that he learned how to love his fellow man from the story about a farmer, who was approached by a drunken friend and was asked whether he loved him. "Of course," said the farmer. "Liar!" shouted the drunkard. "How can you say that you love me if you do not even know what I need right now? If you truly loved me, you would know what I lack." This story taught R' Moshe Leib the meaning of love of one's fellow man: perceiving what he lacks and then addressing those needs. That is a true love (cited in *Otzar Chaim, Bereishis* p. 164).

ו [לד, ה] "**וְיַעֲקֹב שָׁמַע כִּי טִמֵּא אֶת דִּינָה בִתּוֹ ... וְהֶחֱרִשׁ יַעֲקֹב", הָדָא הוּא דִכְתִיב** (משלי יא, יב) "**וְאִישׁ תְּבוּנוֹת יַחֲרִישׁ**". [לד, ז] "**וּבְנֵי יַעֲקֹב בָּאוּ מִן הַשָּׂדֶה כְּשָׁמְעָם**", [יב]**אִיסִי בֶּן יְהוּדָה אָמַר: אַרְבַּע מִקְרָאוֹת אֵין לָהֶם הֶכְרֵעַ, וְאֵלּוּ הֵן: "שְׂאֵת"** (לעיל ד, ז), **"אָרוּר"** (לקמן מט, ז), **"וְקָם"** (דברים לא, טז), **"מְשֻׁקָּדִים"** (שמות כה, לד), **רַבִּי תַּנְחוּמָא מוֹסִיף הָדָא:** [לד, ז] **"וּבְנֵי יַעֲקֹב בָּאוּ מִן הַשָּׂדֶה כְּשָׁמְעָם" אוֹ "כְּשָׁמְעָם וַיִּתְעַצְּבוּ הָאֲנָשִׁים".** [שם] **"וְכֵן לֹא יֵעָשֶׂה", אֲפִילוּ בְּאוּמּוֹת הָעוֹלָם, שֶׁמִּשָּׁעָה שֶׁלָּקָה הָעוֹלָם בְּדוֹר הַמַּבּוּל עָמְדוּ וְגָדְרוּ עַצְמָן מִן הָעֲרָיוֹת:**

ז [לד, ח] "**וַיְדַבֵּר חֲמוֹר אִתָּם לֵאמֹר**", [יג]**רֵישׁ לָקִישׁ אָמַר: בְּג' לְשׁוֹנוֹת שֶׁל חִבָּה חִבֵּב הַקָּדוֹשׁ בָּרוּךְ הוּא אֶת יִשְׂרָאֵל: בִּדְבִיקָה, בַּחֲשִׁיקָה, וּבַחֲפִיצָה, בִּדְבִיקָה** (דברים ד, ד) **"וְאַתֶּם הַדְּבֵקִים", בַּחֲשִׁיקָה** (שם ז, ז) **"לֹא מֵרֻבְּכֶם מִכָּל הָעַמִּים חָשַׁק ה' ", וּבַחֲפִיצָה** (מלאכי ג, יב) **"וְאִשְּׁרוּ אֶתְכֶם כָּל הַגּוֹיִם וְגוֹ' ", וְאָנוּ לְמֵדִים אוֹתָהּ מִפָּרָשָׁה שֶׁל רָשָׁע הַזֶּה, בִּדְבִיקָה** (לעיל פסוק ג) **"וַתִּדְבַּק נַפְשׁוֹ", בַּחֲשִׁיקָה** (פסוק ח) **"שְׁכֶם בְּנִי חָשְׁקָה נַפְשׁוֹ בְּבִתְּכֶם", בַּחֲפִיצָה** (לקמן פסוק יט) **"כִּי חָפֵץ בְּבַת יַעֲקֹב", רַבִּי אַבָּא בַּר אֶלְיָשִׁיב מוֹסִיף אַף תַּרְתֵּין: בְּאַהֲבָה וְדִיבּוּר, בְּאַהֲבָה** (מלאכי א, ב) **"אָהַבְתִּי אֶתְכֶם", בְּדִיבּוּר** (ישעיה מ, ב) **"דַּבְּרוּ עַל לֵב יְרוּשָׁלַיִם",**

עץ יוסף

(ו) **ואיש תבונות יחריש.** כלומר שהשתיקתו לא היתה מפני היראה או מבלי משים, אלא מחכמתו שלא ירגישו בצערו ויתנכלו אותו. לכן עשה עצמו כבלתי מרגיש עד בוא בניו להמתיק סוד עמהם להציל דינה מהם בעזרתם (יפה תואר): [ה] **ד' מקראות כו'.** בפרק הוציאו לו (יומא נב, א-ב) גרסינן חמשה מקראות שאת משוקדים מחר ארור וקם. וצריך לומר דתרי תנאי ואליבא דאיסי בן יהודה, דלחד תנא לא מספקא ליה במחר (יפה תואר): **שאת.** פירש רש"י בגמרא הלא אם תטיב שאת ולשון סליחה הוא, או שאת אם לא תטיב ולשון נשיאות עון הוא: **ארור.** דכתיב ברצונם עקרו שור ארור, כלומר שור של שכם שהוא מארור כנען, או ארור אפם כי עז: **וקם.** דכתיב הנך שוכב עם אבותיך וקם וכאן רמז לתחיית המתים, או וקם העם הזה וזנה: **משוקדים.** ארבעה גביעים משוקדים, או משוקדים כפתוריה ופרחיה: **באו מן השדה כשמעם.** ורצונו לומר ששמעו בשדה ותיכף באו מן השדה, ולא המתינו עד עת הראוי לבא בכל יום, או כשמעם ויתעצבו, שבאו מן השדה באותה העת שבאים בכל יום, וכשבאו לביתם שמעו מעשה דינה ויתעצבו: **עמדו וגדרו כו'.** עד שבלעם פרץ הגדר והתיר להם מעשה פעור. והכוונה אשר מלבד מה שמתנגד לרצונו יתברך, גם הדבר עצמו מתועב גם בבני אדם אפילו באומות העולם: (ז) [ו] **בשלשה לשונות של חיבה כו'.** עיין ביאור מאמר זה באריכה בספר ראשית חכמה שער האהבה פרק ג: **ובחפיצה ואשרו אתכם כל הגוים כי תהיו אתם ארץ חפץ.** נראה דגרסינן כי לך יקרא חפצי בה ולארצך בעולה כי חפץ ה' בך (ישעיה סב, ד). דמארץ חפץ ליכא למילף שישראל נאהבו לה'

פירוש מהרז"ו

שאמר לעיל סוף פרשה עט רבי הונא בשם ריש לקיש שלכך נכשל בדינה, וכן הביא כאן (וכן כתב היפה תואר), ועיין מתנות כהונה בשם רש"י (ומהר"י בהאק כ"י אמר שאולי צריך לומר ויבן מזבח לפניו (שמות לב, ה) שדרשו עליו בשמות רבה (מא, ז) ויקרא רבה (י, ג) במדבר רבה (טו, כא) הבין ממי שזבוח לפניו, וכן הובא בסנהדרין (ז, א) ראה חור כו' ופירוש רש"י ויבן מזבח הבין כו' עיין שם עד כאן): (ו) **ואיש תבונות.** ויעקב נקרא איש תם (כה, כז): **ארבע מקראות.** מכילתא סוף בשלח (פרק יז) על פסוק מחר אנכי נצב. ועיין מתנות כהונה: **וכן לא יעשה אפילו בו'.** שהרי כבר אמר כי נבלה עשה בישראל וגו', אם כן וכן לא יעשה מיותר לדרוש. ועיין לעיל (ע, יב) שאנשי מזרח גדורים היו, אך כנען ומצרים מפורש בפרשת אחרי מות (יח, ג) שלא היו גדורים: (ז) **בג' לשונות.** דרך חז"ל לדרוש כפל ושינוי לשון בתורה ויש להתבונן בזה, וגם מדוע לא חשב ריש לקיש עוד שתים המפורשים. אך הענין שאם היה כתוב קודם המעשה לשונות אלו לא היו לומדים כלום מזה, שהם רק לתאות יצרו וחמרו, אך מתחלה כתיב רק וירא אותה ויקח אותה, וכמו שאמרו לעיל בסימן ה' שהיה דומה לעוף החוטף בשר שרואה, אבל גם אחר זה כאשר התבונן בה ובת מי היא, התנוצץ בקרבו החפץ להדבק בה מלבד התאוה הגופנית (הפך הנאמר באמנון ותמר). וזה שאמר ותדבק נפשו בדינה בת יעקב על שהיא בת יעקב, ואמר קח לי את הילדה הזאת לאשה, וכן חמור אמר חשקה נפשו בבתכם וכן תנו

רש"י

(ו) **הנך שוכב עם אבותיך וקם.** ותעמוד לתחיית המתים, או וקם העם הזה וזנה: **באו מן השדה כשמעם ויתעצבו האנשים: וכן לא יעשה אפילו באומות העולם שמשעה שלקה העולם וכו':** (ז) **בג' לשונות של חיבה.** אין ישראל תובע מן הגוי תחלה, אלא אם כן הגוי תובעו תחלה:

מתנות כהונה

(רמז קלח) לא גרס ליה: [ו] **ארבע כתובים כו'.** במסכת יומא בפרק הוציאו לו (נב, ב) ובירושלמי בפרק אין מעמידין (ע"ז פ"ב ה"ז) גרס חמשה פסוקים והוסיף מחר, לא והלחם בעמלק מחר, או מחר אנכי נצב, והיום אין אתה צריך לתפלתי ותלחם היום מיד, וכן הביא בעקידה בפרשה זו בשם מדרש חזית (שיר השירים א, יז) והוא בפסוק ישקני, וכן הביא הילקוט בפרשת בראשית (רמז לז) וכן ראוי להגיה פה: **שאת.** אם תטיב שאת והוא לשון סליחה, או שאת אי לא תטיב והוא לשון נשיאת עון: **ארור** אפם כי עז, או עקרו שור ארור, כלומר שור של שכם שהוא מארור כנען, כן פירש רש"י בפרק הוציאו לו (נב, ב), ועיין שם בתוספות (ד"ה שאת): **וקם.** הנך שוכב עם אבותיך וקם לתחיית המתים, או וקם העם הזה וזנה: **משוקדים.** ובמנורה ארבעים גביעים משוקדים, או משוקדים כפתוריה ופרחיה: **הכי גרסינן כשמעם ויתעצבו האנשים. וכן לא יעשה אפילו:** [ז] **הכי גרסינן כל הגוים וגו'.** וסיפיה דקרא כי תהיו ארץ חפץ וכן הוא בהדיא בשוחר טוב (מזמור כב):

אשד הנחלים

[ו] **ואיש תבונות יחריש.** וראש הכתוב בז לרעהו חסר לב, כי מה יוכל לבזותו אחר שאינו יכול להועיל עודנו, כי הוא היה לבדו: **או כשמעם ויתעצבו.** דאם נפרש שכשמעם מוסב למעלה, באורו ששמעו בהיותם בשדה לכן באו הביתה, ואם נפרש לאחריו שמעו אח"כ בבואם, ולכן נתעצבו על זה: [ז] **בדביקה בחשיקה ובחפיצה כו'.** וכלומר מזה אנו למדים מהו הלשונות הללו ועל מה יורו, על אהבה עזה עד מאוד עד שנדבק בו בלי פרוד מאומה, וכל אהבת זולתית בטלה אצלו מצד גודל האהבה הזאת, וזה נכלל במלת דביקה כאילו הם נאחדות יחד. והחשק הוא כח נפשי מבלי סיבה מאומה, רק חשק הלב. והחפץ הוא מצד התכלית והטוב הנמצא בו, ולכן נאמר כי חפץ בבת יעקב, כי נכבד בעיניו להתחתן ביעקב. וכל אלה העניינים מכוונים באהבת ה' אותנו עד שחפץ שנדבק בו תמיד באהבה יחד, וכמעט מבלי סבה, רק החשק לבד כי אין זה לתועלת לו ית', כי אם תצדק גו'. גם לפעמים יכונה בחפץ, כאילו הישרים תכליתיים בבריאה, על דרך מאמרם בזמן שעושין רצונו של מקום מוסיפים כח בפמליא של מעלה, וא"כ ימצא סבה קצת לחפץ ה' בהם:

חידושי הרד"ל

[ו] **הדא הוא דכתיב ואיש תבונות יחריש.** ורישיה בז לרעהו חסר לב, יָדְרֵשׁ, זה שכם, שבז בלבו לבני יעקב וחשבם כהפקר:

אמרי יושר

[ז] **בג' לשונות של חיבה חיבב הקדוש ברוך הוא את ישראל.** כי דבקות ישראל עם הקדוש ברוך הוא כמשל לזיווג איש ואשה וספר שיר השירים לעד:

מסורת המדרש

יב. יומא דף נ"ב ירושלמי עבודת כוכבים פרק ב'. הלכה ז'. מכילתא בשלח מסכת דעמלק פרשה א'. שיר השירים רבה פרשה א' פסוק ב'. תנחומא בשלח סימן כ"ו. ילקוט בראשית רמז ל"ז: **יג.** מדרש תהלים מזמור כ"ב:

אם למקרא

בָּז־לְרֵעֵהוּ חֲסַר־לֵב וְאִישׁ תְּבוּנוֹת יַחֲרִישׁ:
(משלי יא:יב)

אָרוּר אַפָּם כִּי עָז וְעֶבְרָתָם כִּי קָשָׁתָה אֲחַלְּקֵם בְּיַעֲקֹב וַאֲפִיצֵם בְּיִשְׂרָאֵל:
(בראשית מט:ז)

וַיֹּאמֶר ה' אֶל מֹשֶׁה הִנְּךָ שֹׁכֵב עִם אֲבֹתֶיךָ וְקָם הָעָם הַזֶּה וְזָנָה אַחֲרֵי אֱלֹהֵי נֵכַר הָאָרֶץ אֲשֶׁר הוּא בָא־שָׁמָּה בְּקִרְבּוֹ וַעֲזָבַנִי וְהֵפֵר אֶת־בְּרִיתִי אֲשֶׁר כָּרַתִּי אִתּוֹ:
(דברים לא:טז)

וּבַמְּנֹרָה אַרְבָּעָה גְבִעִים מְשֻׁקָּדִים כַּפְתֹּרֶיהָ וּפְרָחֶיהָ:
(שמות כה:לד)

וְאַתֶּם הַדְּבֵקִים בַּה' אֱלֹהֵיכֶם חַיִּים כֻּלְּכֶם הַיּוֹם:
(דברים ד:ד)

לֹא מֵרֻבְּכֶם מִכָּל הָעַמִּים חָשַׁק ה' בָּכֶם וַיִּבְחַר בָּכֶם כִּי אַתֶּם הַמְעַט מִכָּל הָעַמִּים:
(שם ז:ז)

וְאִשְּׁרוּ אֶתְכֶם כָּל הַגּוֹיִם כִּי תִהְיוּ אַתֶּם אֶרֶץ חֵפֶץ אָמַר ה' צְבָאוֹת:
(מלאכי ג:יב)

אָהַבְתִּי אֶתְכֶם אָמַר ה' וַאֲמַרְתֶּם בַּמָּה אֲהַבְתָּנוּ הֲלוֹא אָח עֵשָׂו לְיַעֲקֹב נְאֻם ה' וָאֹהַב אֶת יַעֲקֹב:
(שם א:ב)

דַּבְּרוּ עַל לֵב יְרוּשָׁלַםִ וְקִרְאוּ אֵלֶיהָ כִּי מָלְאָה צְבָאָהּ כִּי נִרְצָה עֲוֺנָהּ כִּי לָקְחָה מִיַּד ה' כִּפְלַיִם בְּכָל חַטֹּאתֶיהָ:
(ישעיה מ:ב)

וְאָנוּ לְמֵדִים מִפָּרָשָׁתוֹ שֶׁל רָשָׁע הַזֶּה — **And we** may also **learn** about **[these two expressions of love] from the passage** here **dealing with this wicked individual** Shechem: בְּאַהֲבָה, "וַיֶּאֱהַב אֶת הַנַּעֲרָ" — His love for her is expressed **with** the word **"love,"** as it states, ***he loved the maiden*** (v. 3), בְּדִיבּוּר, "וַיְדַבֵּר עַל לֵב הַנַּעֲרָ" — and **with "speaking** to the heart," as it is written, ***and he spoke to the maiden's heart*** (ibid.).

Having mentioned that Shechem "spoke to the heart" of Dinah, the Midrash elaborates on the meaning of this expression:

וְכִי יֵשׁ לְךָ אָדָם שֶׁמְּדַבֵּר עַל הַלֵּב — **Now, is there then a person who** literally **"speaks to the heart"** of someone?[67] אֶלָּא דְּבָרִים שֶׁמְּיַישְּׁבִים אֶת הַלֵּב — **Rather,** it means that Shechem spoke to Dinah **words** of encouragement, **which console the heart.** אָמַר לָהּ: אָבִיךְ בִּשְׁבִיל שָׂדֶה אַחַת רְאֵה כַּמָּה בִזְבֵּז — **He said to her, "See how much your father had to spend for a single field,** וְכַמָּה מָמוֹן הִכְרִיעַ — **and how much money he weighed out** to pay for it![68] אֲנִי שֶׁיֵּשׁ לִי לִיתֵּן לָךְ כַּמָּה נְטָעִים וְכַמָּה שְׂדוֹת בֵּית זֶרַע עַל אַחַת כַּמָּה וְכַמָּה — **I, who am able to give you many orchards and many seeded fields — how much more** will you be fortunate when you are wed to me!"[69]

וְהִתְחַתְּנוּ אֹתָנוּ בְּנֹתֵיכֶם תִּתְּנוּ לָנוּ וְאֶת בְּנֹתֵינוּ תִּקְחוּ לָכֶם.
And intermarry with us; give your daughters to us, and take our daughters for yourselves (34:9).

□ וְהִתְחַתְּנוּ אֹתָנוּ — *AND INTERMARRY WITH US; GIVE YOUR DAUGHTERS TO US, AND TAKE OUR DAUGHTERS FOR YOURSELVES.*

The Midrash discusses Hamor's request for intermarriage:

אָמַר רַבִּי אֶלְעָזָר — **R' Elazar said:** לְעוֹלָם אֵין יִשְׂרָאֵל נוֹתֵן אֶצְבָּעוֹ בְּתוֹךְ פִּיו שֶׁל גּוֹי תְּחִלָּה — **A Jew never places a finger in the mouth of a non-Jew first,** אֶלָּא אִם כֵּן נוֹתֵן גּוֹי אֶצְבָּעוֹ תְּחִלָּה בְּתוֹךְ פִּיו שֶׁל יִשְׂרָאֵל — **unless the non-Jew first placed a finger in the mouth of a Jew.**[70] "וְהִתְחַתְּנוּ אֹתָנוּ", "וְלֹא תִתְחַתֵּן בָּם" — First there was Hamor's statement, ***"Give your daughters to us,*** *and take our daughters for yourselves,*[71] and only then was there a prohibition, ***You shall not intermarry with them;*** *you shall not give your daughter to his son, and you shall not take his daughter for your son* (*Deuteronomy* 7:3).[72] הֵם אָמְרוּ "וְהִתְחַתְּנוּ אֹתָנוּ", הֵם תָּבְעוּ תְּחִלָּה — **[Hamor and Shechem] said:** ***And intermarry with us;*** thus, it was **they** who **appealed** for intermarriage **first.**

הַרְבּוּ עָלַי מְאֹד מֹהַר וּמַתָּן וְאֶתְּנָה כַּאֲשֶׁר תֹּאמְרוּ אֵלָי וּתְנוּ לִי אֶת הַנַּעֲרָ לְאִשָּׁה.
Inflate exceedingly upon me the marriage settlement and gifts and I will give whatever you tell me; only give me the maiden for a wife (34:12).

□ הַרְבּוּ עָלַי מְאֹד מֹהַר וּמַתָּן — *INFLATE EXCEEDINGLY UPON ME THE MARRIAGE SETTLEMENT AND GIFTS, ETC.*

The Midrash defines the two terms מֹהַר and מַתָּן, translated here as "marriage settlement" and "gifts":

"מֹהַר", פַּרְנוֹן — The word מֹהַר, this refers to the **marriage contract;**[73] "מַתָּן", פְּרָאפוֹרוֹן — and מַתָּן, this refers to **the supplement to the marriage contract.**[74]

וַיַּעֲנוּ בְנֵי יַעֲקֹב אֶת שְׁכֶם וְאֶת חֲמוֹר אָבִיו בְּמִרְמָה וַיְדַבֵּרוּ אֲשֶׁר טִמֵּא אֵת דִּינָה אֲחֹתָם. וַיֹּאמְרוּ אֲלֵיהֶם לֹא נוּכַל לַעֲשׂוֹת הַדָּבָר הַזֶּה לָתֵת אֶת אֲחֹתֵנוּ לְאִישׁ אֲשֶׁר לוֹ עָרְלָה כִּי חֶרְפָּה הִוא לָנוּ.
Jacob's sons answered Shechem and his father Hamor cleverly and they spoke (because he had defiled their sister Dinah). They said to them, "We cannot do this thing, to give our sister to a man who is uncircumcised, for that is a disgrace for us" (34:13-14).

§8 וַיַּעֲנוּ בְנֵי יַעֲקֹב אֶת שְׁכֶם וגו׳ — *JACOB'S SONS ANSWERED SHECHEM ETC. [AND HIS FATHER HAMOR CLEVERLY AND THEY SPOKE (BECAUSE HE HAD DEFILED THEIR SISTER DINAH)].*

The Midrash defines the verse's expression בְּמִרְמָה (translated here as "cleverly," but also "with guile"):

מָה אַתְּ סָבוּר רַמָּיוּת דְּבָרִים יֵשׁ כָּאן — **What do you think, that there are deceptive words** being spoken **here** by Jacob's sons?[75] וְרוּחַ הַקֹּדֶשׁ אוֹמֶרֶת "אֲשֶׁר טִמֵּא אֶת דִּינָה אֲחֹתָם וגו׳" — But **the Holy Spirit says:**[76] ***because he had defiled their sister Dinah.***[77]

□ וַיֹּאמְרוּ אֲלֵיהֶם לֹא נוּכַל לַעֲשׂוֹת הַדָּבָר הַזֶּה לָתֵת אֶת אֲחֹתֵנוּ לְאִישׁ אֲשֶׁר לוֹ עָרְלָה כִּי חֶרְפָּה וגו׳ — *THEY SAID TO THEM, "WE CANNOT DO THIS THING, TO GIVE OUR SISTER TO A MAN WHO IS UNCIRCUMCISED, FOR THAT IS A DISGRACE, ETC."*

The Midrash notes that to be uncircumcised is a disgrace:

רַבִּי נְחֶמְיָה אָמַר — **R' Nechemyah said:** הֵיכָן מָצִינוּ שֶׁנִּקְרֵאת עָרְלָה חֶרְפָּה — **Where** in Scripture **do we find that being uncircumcised is considered a disgrace?** מִן הָכָא, שֶׁנֶּאֱמַר "כִּי חֶרְפָּה הִיא" — **From here** in our verse, **where it is stated,** ***for that is a disgrace.***[78]

NOTES

67. Why, one speaks into another's ears, and not his heart!

68. He paid 100 kesitahs (above, 33:19), a substantial amount for a single plot of land (*Eitz Yosef*; based on Midrash above, 79 §7).

69. [*Eitz Yosef.*]

70. To "place one's finger in someone's mouth" is a metaphor for one who puts himself in a position of vulnerability to injury or antagonism from another person. R' Elazar is saying that when there is a state of antagonism between Jews and non-Jews, it is not the Jews who are the instigators of this situation. The prohibition against intermarriage with non-Jews is such a source of antagonism (see *Eichah Rabbah* 1 §56), as the Midrash goes on to elaborate (*Eitz Yosef*, from *Yefeh To'ar*).

71. Hamor's suggestion here to "become one people" (v. 16) is considered antagonistic because it was against the wishes of Jacob and his sons, and furthermore the intent of this suggestion was for purely selfish and rapacious motives (see v. 23) (ibid.).

72. I.e., it was only after Hamor's initial antagonization concerning intermarriage that the Torah issued its prohibition of intermarriage (which the non-Jews view as antagonistic to them).

Now one might argue that the Torah's prohibition against intermarriage cannot be considered a reaction to the incident involving Shechem, for the Torah itself gives the reason for its ban as being, *for he will cause your child to turn away from after Me and they will worship the gods of others* (*Deuteronomy* 7:4). Furthermore, the Torah's ban against intermarriage is not limited to the people of Shechem (the Hivvites), but includes all non-Jews (or at least all Canaanites). Nevertheless, because of the Torah's lengthy (and seemingly irrelevant) recounting of Hamor's conversation here, the Midrash seeks to derive a lesson from these verses — and that lesson is that Jews are not the initiators of antagonistic relationships (*Yefeh To'ar*).

73. I.e., the amount of money customarily promised to a woman upon marriage (to be collected in the event of her becoming widowed or divorced).

74. I.e., an amount of money promised to a woman upon her marriage, over and beyond the customary amount.

We have followed *Rashi's* Midrash commentary in our translation. According to *Ramban* (in his *Chumash* commentary on this verse), פְּרָאפוֹרוֹן refers to נִכְסֵי מְלוֹג (property that belongs to the wife, but to which the husband is entitled to the rights of usufruct) (*Eitz Yosef*).

75. In which case בְּמִרְמָה would be translated "with guile" — i.e., dishonestly.

76. I.e., the Torah itself testifies.

77. Indicating that Jacob and his sons spoke these words appropriately, because Shechem had defiled Dinah. Accordingly, בְּמִרְמָה would be translated in a more innocuous sense: *cleverly*.

78. The point of R' Nechemyah here is to help explain the intention

וְאָנוּ לְמֵדִים מִפָּרָשָׁתוֹ שֶׁל רָשָׁע הַזֶּה, בְּאַהֲבָה (לעיל פסוק ג׳) "וַיֶּאֱהַב אֶת הַנַּעֲרָה", בְּדִיבּוּר (שם) "וַיְדַבֵּר עַל לֵב הַנַּעֲרָה". וְכִי יֵשׁ לְךָ אָדָם שֶׁמְּדַבֵּר עַל הַלֵּב, אֶלָּא דְּבָרִים שֶׁמְּיַישְּׁבִים אֶת הַלֵּב אָמַר לָהּ: אָבִיךְ בִּשְׁבִיל שָׂדֶה אַחַת רָאָה כַּמָּה בִּזְבֵּז וְכַמָּה מָמוֹן הִבְרִיעַ, אֲנִי שֶׁיֵּשׁ לִי לִיתֵּן לָךְ כַּמָּה נְטָעִים וְכַמָּה שְׂדוֹת בֵּית זֶרַע עַל אַחַת כַּמָּה וְכַמָּה. [לד, ט] "וְהִתְחַתְּנוּ אֹתָנוּ", אָמַר רַבִּי אֶלְעָזָר: לְעוֹלָם אֵין יִשְׂרָאֵל נוֹתֵן אֶצְבָּעוֹ בְּתוֹךְ פִּיו שֶׁל °עוֹבֵד כּוֹכָבִים תְּחִלָּה אֶלָּא אִם כֵּן נוֹתֵן °עוֹבֵד כּוֹכָבִים אֶצְבָּעוֹ תְּחִלָּה בְּתוֹךְ פִּיו שֶׁל יִשְׂרָאֵל, "וְהִתְחַתְּנוּ אֹתָנוּ", (דברים ז, ז) "וְלֹא תִתְחַתֵּן בָּם", הֵם אָמְרוּ "וְהִתְחַתְּנוּ אֹתָנוּ", הֵם תָּבְעוּ תְּחִלָּה. [לד, יב] "הַרְבּוּ עָלַי מְאֹד מֹהַר וּמַתָּן", "מֹהַר" פַּרְנוֹן, "מַתָּן" פְּרָאפוֹרוֹן:

ח [לד, יג] "וַיַּעֲנוּ בְנֵי יַעֲקֹב אֶת שְׁכֶם וְגוֹ׳ ", מָה אַתְּ סָבוּר רַמָּיוּת דְּבָרִים יֵשׁ כָּאן, וְרוּחַ הַקּוֹדֶשׁ אוֹמֶרֶת [שם] "אֲשֶׁר טִמֵּא אֵת דִּינָה אֲחֹתָם וְגוֹ׳ ". [לד, יד] "וַיֹּאמְרוּ אֲלֵיהֶם לֹא נוּכַל לַעֲשׂוֹת הַדָּבָר הַזֶּה לָתֵת אֶת אֲחֹתֵנוּ לְאִישׁ אֲשֶׁר לוֹ עָרְלָה כִּי חֶרְפָּה וְגוֹ׳ ", רַבִּי נְחֶמְיָה אָמַר: הֵיכָן מָצִינוּ שֶׁנִּקְרֵאת עָרְלָה חֶרְפָּה, מִן הָכָא, שֶׁנֶּאֱמַר "כִּי חֶרְפָּה הִיא". [לד, כג] "מִקְנֵהֶם וְקִנְיָנָם וְגוֹ׳ ", סְבָרוֹן לְמֶחֱפַּת וְאִתְחַפְּתוּן. [לד, כד] "וַיִּשְׁמְעוּ אֶל חֲמוֹר וְאֶל שְׁכֶם בְּנוֹ וְגוֹ׳ ", הֲוָה חַד מִנְּהוֹן נִכְנַס לָעִיר טְעִין מוֹבִילְתֵיהּ,

רש"י

מוהר פראונין. כתובה: **מתן פור פראונין.** תוספת כתובה: **(ח) מה סבר רמיות דברים יש כאן.** כלומר שאם נפסך לומר שלא כדין עשו, לפיכך רוח הקדש צווחת **אשר טמא את דינה אחותם,** לומר כדין עשו: **סברין למקפח ואתקפחון.** סברין הוו לגזול את שלהם, ונגזלו הן לעצמן: **עליל טעין מובילתיה.** נכנס לעיר וטוען משאו:

עץ יוסף

בלשון הזה, שפירושו שהם נחמדים בעיני כל העמים (יפה תואר): **ראה כמה בזבז.** הוא מה שאמר לעיל פרשה ע"ט שהעמיד הטליסין ומכר בזול ושלח דורונות. וחשב שכם שכל זה עשה כדי לקנות חלקת השדה שרצה לקנות שם (יפה תואר): **וכמה ממון.** דהא מאה קשיטה נתן וכדדרשו לעיל פרשה ע"ט: **על אחת כמה וכמה.** שטוב חלקך: **[ז] אין ישראל נותן אצבעו כו׳.** נתינת אצבע דרך משל הוא על הנותן מקום לאחר שיזיקנו שהוא כנותן אצבע בין שיניו שישכנו. והכוונה שלעולם אין ישראל מתחבר ריע עם עובד כוכבים ומזלות ונותן לו מקום שיזיקנו, אלא אם כן העובד כוכבים ומזלות קידם לתת לו לישראל מקום להזיקו ולהתקוטט עמו. וכן בכאן שהם אמרו והתחתנו אותנו שבקשו להתחתן בהם שלא ברצון יעקב ובניו, ועוד שהיתה דעתם על ידי החיתון ליקח נכסיהם כמה שאמר מקניהם וקניניהם הלא לנו הם, נמצא הם תבעו ונתנו אצבע כו׳ (יפה תואר): **פרנון.** כתובה: **פרא פורנון.** תוספת כתובה (רש"י). והרמב"ן פירש נכסי מלוג. פירוש שיתן לה משלו נכסים שיהיו שלה כנכסי בית אביה ויהיה אלו כנכסי מלוג (יפה תואר): **(ח) מה את סבור כו׳.** כוונתו שהכתוב בא לומר כי אין זה נקרא רמיות מאחר שכדין עשו אשר טמא את דינה אחותם (יפה תואר): **סברון למחפת.** כלומר חשבו לתת אותם בבית יד שלהם, רצונו לומר לבלוע נכסי יעקב ונבלעו שלהם (ופירוש למחפת כמו לעיל בפרשה ע"ה יהבתיה בחפתי). וכוונתם ז"ל בזה כי כדין נעשה בהם כי לא נמולו לשמה אלא בחשבם לרשת את יעקב וביתו בהמשך הזמן (יפה תואר): **הוה חד מנהון.** דתחלה כתיב וישמעו אל חמור כל יוצא שער עירו וימולו כל זכר, ומה תלמוד לומר עוד כל יוצאי שער עירו. לכן אמר שבראשונה נזכרו היושבים בעיר שנמלאו בעצה, והדר מיירי בבאים לעירו טעונים משאם לפי תומם ולא ידעו בהסכמה והיו אומרים לו טעם המילה, והיה מתקשה בדבר איך יהיה שכם נהנה בדינה ובשבילו יצטערו הם לימול. וגם זה לרמוז שכדין נעשה בהם כי לא נמולו ברצונם לשם שמים (יפה תואר):

פירוש מהרז"ו

לו לאשה, וכן כי חפץ בבת יעקב. ודקדקו חז"ל (תנחומא סימן כ) שעל שאמרה תורה ותדבק נפשו בדינה בת יעקב כי הרגיש ביעקב ענין דביקות כמה שנאמר (דברים ד, ד) ואתם הדבקים וכו׳. וזה שאמר ואנו למדים מפרשתו כו׳ ולא ממנו אלא מלשון התורה. ורבי אבא מוסיף עוד ויאהב וגו׳ וידבר וגו׳ וריש לקיש לא חשיב זה לפי שלא כתוב בת יעקב או בתכס כאן רק הנערה והבן: **מוהר.** פירוש בערוך ובמוסף ערוך **פרנון** כתובה, **ופראפרנון** מה שיותן לארוסה לפני המוהר, וזהו מתנה בעלמא: **(ח) ורוח הקדש כו׳.** ולפי זה מתיבת ויענו עד וידברו כלל לפסוקים הבאים, ומה שאמר אשר טמא וגו׳ הוא ספור התורה לתרץ על מה שאמר במרמה, וכמו שכתוב לעיל (סז, יד) בא אחיך במרמה:

מתנות כהונה

על אחת כמה וכמה כו׳. שתרלה לי: **הם אמרו.** גרסינן: **פרנון.** פירש"י והרמב"ן מוהר: הכי גרס ברמב"ן **פרא פורנן.** ופירש בו נכסי מלוג בלשון ירושלמי: **[ח] רמיות דברים כו׳.** כלומר אם נפסך לומר שבני יעקב עשו שלא כדין וברמיה כדכתיב במרמה, לפיכך רוח הקודש כו׳. ובמרמה פירושו כתרגומו בחוכמתא, וכמה דאת אמר (משלי יג, טז) כל ערום יעשה בדעת, ואם אין חכמה אין דעת (עיין אבות ג, יז), ודייק מדכתיב ויענו אשר טמא, ואם דברי בני יעקב הוא היאך ענו אשר טמא וכי שאל אותם אם טמא אחותם אם לא שענו אותו אשר טמא וגו׳: **סברון למחפת כו׳.** כלומר חשבו לתת אותם בבית יד שלהם, כלומר לשלוט בהם כרצונם, והם נִתְּנוּ בבית ידם של בני יעקב. הם אמרו מקניהם וקניניהם הלא לנו הוא, ובני יעקב באו על העיר בטח וגו׳ ועיין דוגמתו לעיל פרשה עה. ורש"י גרס למקפח ואתקפחו והוא לשון גזלה וגלות: **חד מנהון.** אחד מבני העיר היה בא לעיר מן השדה ושמו מגבאי, והיה טוען עליו משאו והיו בני העיר אומרין לו בא והמול עצמך וספרו לו מעשה שכם, ואמר הוא שכם נשא

נחמד למראה

[ח] ויענו בני יעקב את שכם וגו׳ מה את סבור רמיזות דברים יש כאן. ורוח הקודש אומרת אשר טמא את דינה אחותם וגו׳. ואשר הכריח לרבותינו זכרונם לברכה לפרש דאשר טמא דברי רוח הקודש הם ולא שיהיה פירושו וידברו עם שכם אשר טמא, נראה לי שלמדו לומר כן לפי שמלת וידברו בטעם אתנחתא, ואלו מאמר אשר טמא על וידברו הוא חוזר היה ראוי להינקד במרמה באתנחתא, ומלת וידברו היה ראוי להנקד בטעם זקף גדול, וזה ברור ונכון למי שיודע בטיב הנחת פסקי הטעמים ובקי בהן ובהלכותיהן, כי השתא שנקוד וידברו באתנחתא מבואר כי מאמר אשר טמא לאו בכלל דברי בני יעקב הוא, אבל הכתוב אומר שרוח הקודש אומרת כן:

אשד הנחלים

נותן כו׳ תחילה. שלכן כתיב לא תתחתן בם, אף שיבקשו אותך עם כל זה בתך לא תתן לבנו. ודייק שהכתוב לא תתחתן מיירי שהעובדי כוכבים היו מבקשים מישראל, כי כן דרך הזכרים לבקש את הנקבות, על כן כתיב בתך לא תתן לבנו ולא בהיפך: **[ח] רמיות כו׳. ורוח הקודש.** שם מרמה הונח על הרוב על המרמה לרוע לעשות לו רע שלא כדת, אך פה היה היושר אתם, כי עשה עמהם רע וחרפה רבה תחילה במה שטימאו את דינם אחותם, ולכן בא הכתוב [שזהו רוח הקודש מפי הגבורה] להצדיקם מצד שטמאו את דינה אחותם: **חד מהנהו כו׳.**

חידושי הרד"ל

[ז] הם תבעו תחלה. אפשר מפני שכתוב (שופטים ג, ו) ויקחו את בנותיהם להם לנשים ואת בנותיהם נתנו לבניהם, לכן קאמר שהם תבעו תחלה בימי שכם:

אמרי יושר

[ח] ויענו בני יעקב את. מְעַיין תהיה סבור שהוא מרמה אבל דע שאינו כן אלא הישר עשו אשר טמא. והכל יתיישב שהוא דברי הפסוק עצמו:

מסורת המדרש

יד. קה"ר פ"י:

אם למקרא

וְלֹא תִתְחַתֵּן בָּם בִּתְּךָ לֹא־תִתֵּן לִבְנוֹ וּבִתּוֹ לֹא־תִקַּח לִבְנֶךָ: (דברים ז:ז)

ידי משה

[ח] וישמעו אל חמור וגו׳ כל יוצאי שער עירו וגו׳ הוי חד מנהון טעון מובילתיה וכו׳. לכאורה צריך להמדרש ביאור מי היה שם שטען מובילתיה ושכך אמר. ונראה לי שהוקשה להם מה שאמר הפסוק שני פעמים וישמעו אל חמור וגו׳ כל יוצאי שער עירו מהיכא תיתי שלא ישמעו למלך, לזה אמר המדרש דרך משל הוה אחד שטען משא כבידה על כתפו לעיר והיה לו צער הנושא ובא לו עוד צער גדול שאמרו ליה תא גזור והיה לו לומר שכם נסיב אלא שלא אמר כן והכתוב מעיד על זה באמרו וישמעו וגו׳ כל יוצאי שער עירו לרבות שאין אחד עשה כנגד רצונו כן נראה לי. אבל לפי פשוטה היה כוונת המדרש נגד כוונת הפסוק. ועיין מתנות כהונה:

מִקְנֵהֶם וְקִנְיָנָם וְכָל בְּהֶמְתָּם הֲלוֹא לָנוּ הֵם אַךְ נֵאוֹתָה לָהֶם וְיֵשְׁבוּ אִתָּנוּ.

Their livestock, their possessions, and all their animals — will they not be ours? Only let us acquiesce to them and they will settle with us (34:23).

❑ **מִקְנֵהֶם וְקִנְיָנָם וְגוֹ׳** — ***THEIR LIVESTOCK, THEIR POSSESSIONS, ETC.***

The Midrash reveals the true intentions of Hamor and Shechem: **סְבָרוֹן לְמֶחֱפַת, וְאִתְחַפְּתוּן** — **[Hamor and Shechem] thought** that over the course of time **they would put** Jacob and his sons' property **in their own pocket;**[79] however, in the end it was their own property that was placed **in** Jacob and his sons' **pocket.**[80]

וַיִּשְׁמְעוּ אֶל חֲמוֹר וְאֶל שְׁכֶם בְּנוֹ כָּל יֹצְאֵי שַׁעַר עִירוֹ וַיִּמֹּלוּ כָּל זָכָר כָּל יֹצְאֵי שַׁעַר עִירוֹ.

All the people who depart through the gate of his city listened to Hamor and his son Shechem, and all the males — all those who depart through the gate of his city — were circumcised (34:24).

❑ **וַיִּשְׁמְעוּ אֶל חֲמוֹר וְאֶל שְׁכֶם בְּנוֹ וְגוֹ׳** — *ALL THE PEOPLE WHO DEPART THROUGH THE GATE OF HIS CITY* ***LISTENED TO HAMOR AND HIS SON SHECHEM ETC.,*** *[AND ALL THE MALES, ALL THOSE WHO DEPART THROUGH THE GATE OF HIS CITY, WERE CIRCUMCISED].*

The Midrash addresses the apparently extraneous repetition of the expression, *all who depart through the gate of his city*: **הֲוָה חַד מִנְּהוֹן נִכְנָס לָעִיר טְעִין מוֹבִילְתֵיהּ** — **There was one** particular **individual who,** after Shechem's speech to the people of the city, **entered the city carrying his load,**[81]

NOTES

behind a similar expression found elsewhere in Scripture, that states: *Hashem said to Joshua, "Today I have rolled away the disgrace of* (חֶרְפַּת) *Egypt from upon you"* (*Joshua* 5:9). By proving from our verse that the Scriptural term חֶרְפָּה alludes to being uncircumcised, R' Nechemyah suggests that the above verse in *Joshua* means that by Joshua now circumcising those Jews who failed to be circumcised while still in Egypt, the *disgrace of Egypt,* i.e., the uncircumcised state of the Egyptians [that until now had been common even among many Israelites] has been removed from the Jewish people (*Eitz Yosef,* Vagshal edition).

79. *Eitz Yosef.* I.e., they thought they would eventually take possession of Jacob and his sons' property after their successful assimilation into the population of Shechem.

80. For Jacob's sons ultimately plundered the entire city of Shechem (see below, vv. 28-29).

81. The expression "carrying his load" connotes that he was just going about his business, bringing in produce from the field, unaware of Shechem's speech and the populace's subsequent agreement to undergo circumcision (*Yefeh To'ar*).

וְאָנוּ לְמֵדִים מִפָּרָשָׁתוֹ שֶׁל רָשָׁע הַזֶּה, בְּאַהֲבָה (לעיל פסוק ג׳) "וַיֶּאֱהַב אֶת הַנַּעֲרָה", בְּדִיבּוּר (שם) "וַיְדַבֵּר עַל לֵב הַנַּעֲרָה". וְכִי יֵשׁ לְךָ אָדָם שֶׁמְּדַבֵּר עַל הַלֵּב, [יד]אֶלָּא דְּבָרִים שֶׁמְּיַישְּׁבִים אֶת הַלֵּב אָמַר לָהּ: אָבִיךְ בִּשְׁבִיל שָׂדֶה אַחַת רְאֵה כַּמָּה בִּזְבֵּז וְכַמָּה מָמוֹן הִבְרִיעַ, אֲנִי שֶׁיֵּשׁ לִי לִיתֵּן לָךְ כַּמָּה נְטָעִים וְכַמָּה שְׂדוֹת בֵּית זֶרַע עַל אַחַת כַּמָּה וְכַמָּה. [לד, ט] "וְהִתְחַתְּנוּ אֹתָנוּ", אָמַר רַבִּי אֶלְעָזָר: לְעוֹלָם אֵין יִשְׂרָאֵל נוֹתֵן אֶצְבָּעוֹ בְּתוֹךְ פִּיו שֶׁל °עוֹבֵד כּוֹכָבִים תְּחִלָּה אֶלָּא אִם כֵּן נוֹתֵן °עוֹבֵד כּוֹכָבִים אֶצְבָּעוֹ תְּחִלָּה בְּתוֹךְ פִּיו שֶׁל יִשְׂרָאֵל, "וְהִתְחַתְּנוּ אֹתָנוּ", (דברים ז, ז) "וְלֹא תִתְחַתֵּן בָּם", הֵם אָמְרוּ "וְהִתְחַתְּנוּ אֹתָנוּ", הֵם תָּבְעוּ תְּחִלָּה. [לד, יב] "הַרְבּוּ עָלַי מְאֹד מֹהַר וּמַתָּן", "מֹהַר" פַּרְנוֹן, "מַתָּן" פְּרָאפוֹרוֹן:

ח [לד, יג] "וַיַּעֲנוּ בְנֵי יַעֲקֹב אֶת שְׁכֶם וְגוֹ׳ ", מָה אַתְּ סָבוּר רַמָּיוּת דְּבָרִים יֵשׁ כָּאן, וְרוּחַ הַקּוֹדֶשׁ אוֹמֶרֶת [שם] "אֲשֶׁר טִמֵּא אֵת דִּינָה אֲחֹתָם וְגוֹ׳ ". [לד, יד] "וַיֹּאמְרוּ אֲלֵיהֶם לֹא נוּכַל לַעֲשׂוֹת הַדָּבָר הַזֶּה לָתֵת אֶת אֲחֹתֵנוּ לְאִישׁ אֲשֶׁר לוֹ עָרְלָה כִּי חֶרְפָּה וְגוֹ׳ ", רַבִּי נְחֶמְיָה אָמַר: הֵיכָן מָצִינוּ שֶׁנִּקְרֵאת עָרְלָה חֶרְפָּה, מִן הָכָא, שֶׁנֶּאֱמַר "כִּי חֶרְפָּה הִיא". [לד, כג] "מִקְנֵהֶם וְקִנְיָנָם וְגוֹ׳ ", סְבָרוּן לְמֶחֱפַת וְאִתְחַפְּתוּן. [לד, כד] "וַיִּשְׁמְעוּ אֶל חֲמוֹר וְאֶל שְׁכֶם בְּנוֹ וְגוֹ׳ ", הֲוָה חַד מִנְּהוֹן נִכְנָס לָעִיר טְעִין מוֹבִילְתֵיהּ,

רש"י

מוהר פראונין. כתובה: **מתן פור פראונין.** תוספת כתובה: **(ח) מה סבר רמיות דברים יש כאן.** כלומר שאם נפסך לומר שלא כדין עשו, לפיכך רוח הקדש צווחת **אשר טמא את דינה אחותם,** לומר כדין עשו: **סברין למקפח ואתקפחון.** סברין הוו לגזול את שלהם, ונגזלו הן לעצמן: **עליל טעין מובילתיה.** נכנס לעיר וטוען משאו:

עץ יוסף

בלשון הזה, שפירושו שהם נחמדים בעיני כל העמים (יפה תואר): **ראה כמה בזבז.** הוא מה שאמר לעיל פרשה ע"ט שהעמיד הטליסין ומכר בזול ושלא דורונות. וחשב שכם שכל זה עשה כדי לקנות חלקת השדה שרצה לקנות שם (יפה תואר): **וכמה ממון.** דהא מאה קשיטה נתן וכדדרשו לעיל פרשה ע"ט: **על אחת כמה וכמה.** שטוב חלקך: **[ז] אין ישראל נותן אצבעו כו׳.** נתינת אצבע דרך משל הוא על הנותן מקום לאחר שיזיקנו שהוא כנותן אצבע בין שיניו שישכנו. והכוונה שלעולם אין ישראל מחרחר ריב עם עובד כוכבים ומזלות ונותן לו מקום שיזיקנו, אלא אם כן העובד כוכבים ומזלות קידם לתת לו לישראל מקום להזיקו ולהתקוטט עמו. וכן בכאן שהם אמרו והתחתנו אותנו שבקשו להתחתן בהם שלא ברצון יעקב ובניו, ועוד שהיתה דעתם על ידי החיתון ליקח נכסיהם כמה שאמר מקניהם וקניינם הלא לנו הם, נמצא הם תבעו ונתנו אצבע כו׳ (יפה תואר): **פרנון.** כתובה: **פרא פורנון.** תוספת כתובה (רש"י). והרמב"ן פירש נכסי מלוג. פירוש שיתן לה משלו נכסים שיהיו שלה כנכסי בית אביה ויהיה אצלו כנכסי מלוג (יפה תואר): **(ח) מה את סבור כו׳.** כוונתו שהכתוב בא לומר כי אין זה נקרא רמיות מאחר שכדין עשו אשר טמא את דינה אחותם (יפה תואר): **סברון למחפת.** כלומר חשבו לתת אותם בבית יד שלהם, רצונו לומר לבלוע נכסי יעקב ונבלעו שלהם (ופירוש למחפת כמו לעיל בפרשה ע"ה יהבתיה בחפתי). וכוונתם ז"ל בזה כי כדין נעשה בהם כי לא נמולו לשמה אלא בחשבם לרשת את יעקב וביתו בהמשך הזמן (יפה תואר): **הוה חד מנהון.** דתחלה כתיב וישמעו אל חמור כל יוצא שער עירו וימולו כל זכר, ומה תלמוד לומר עוד כל יוצאי שער עירו. לכן אמר שבראשונה נזכרו היושבים בעיר שנמלאו בעצה, והדר איירי בבאים לעירו טעונים משאם לפי תומם ולא ידעו בהסכמה והיו אומרים לו טעם המילה, והיה מתקשה בדבר איך יהיה שכם נהנה בדינה ובשבילו יצטערו הם לימול. וגם זה לרמוז שכדין נעשה בהם כי לא נמולו ברצונם לשם שמים (יפה תואר):

פירוש מהרז"ו

לו לאשה, וכן כי חפץ בבת יעקב. ודקדקו חז"ל (תנחומא סימן כ) שעל שאמרה תורה ותדבק נפשו בדינה בת יעקב כי הרגיש ביעקב ענין דביקות כמה שנאמר (דברים ד, ד) ואתם הדבקים וכו׳. וזה שאמר ואנו למדים מפרשתו כו׳ ולא ממנו אלא מלשון התורה. ורבי אבא מוסיף עוד ויאהב וגו׳ וידבר וגו׳ וריש לקיש לא חשיב זה לפי שלא כתוב בת יעקב או בתכם כאן רק הנערה והבן: **מוהר.** פירוש בערוך ובמוסף ערוך **פרנון** כתובה, **ופראפרנון** מה שיותן לארוסה לפני המוהר, וזהו מתנה בעלמא: **(ח) ורוח הקדש כו׳.** ולפי זה מתיבת ויענו עד וידברו כלל לפסוקים הבאים, ומה שאמר אשר טמא וגו׳ הוא ספור התורה לתרץ על מה שאמר במרמה, וכמו שכתוב לעיל (סד, יד) בא אחיך במרמה:

חידושי הרד"ל

[ז] הם תבעו תחלה. אפשר מפני שכתוב (שופטים ג, ו) ויקחו את בנותיהם להם לנשים ואת בנותיהם נתנו לבניהם, לכן קאמר שהם תבעו תחלה בימי שכם:

אמרי יושר

[ח] ויענו בני יעקב את. מעיין תהיה סבור שהוא מרמה אבל דע שאינו כן אלא הישר עשו אשר טמא. והכל יתיישב שהוא דברי הפסוק עצמו:

מסורת המדרש

יד. קה"ר פ"י:

אם למקרא

וְלֹא תִתְחַתֵּן בָּם בִּתְּךָ לֹא־תִתֵּן לִבְנוֹ וּבִתּוֹ לֹא־תִקַּח לִבְנֶךָ:
(דברים ז:ז)

ידי משה

[ח] וישמעו אל חמור וגו׳ כל יוצאי שער עירו וגו׳ הוי חד מנהון טעון מובילתיה וכו׳. לכאורה צריך להמדרש ביאור מי היה שם שטען מובילתיה ושכך אמר. ונראה לי שהוקשה להם מה שאמר הפסוק שני פעמים וישמעו אל חמור וגו׳ כל יוצאי שער עירו מהיכא תיתי שלא ישמעו למלך, לזה אמר המדרש דרך משל הוא אחד שטען משא כבידה על כתפו לעיר והיה לו צער הנושא ובא לו עוד צער גדול שאמרו ליה תא גזור והיה לו לומר שכם נסיב אלא שלא אמר כן והכתוב מעיד על זה באמרו וישמעו וגו׳ כל יוצאי שער עירו לרבות שאין אחד עשה כנגד רצונו כן נראה לי. אבל לפי פשוטה היה כוונת המדרש נגד כוונת הפסוק. ועיין מתנות כהונה:

מתנות כהונה

על אחת כמה וכמה כו׳. שתרצה לי: **הם אמרו.** גרסינן: **פרנון.** פירש"י והרמב"ן מוהר: הכי גרס ברמב"ן **פרא פורנן.** ופירש בו נכסי מלוג בלשון ירושלמי: **[ח] רמיות דברים כו׳.** כלומר אם נפסך לומר שבני יעקב עשו שלא כדין וברמיה כדכתיב במרמה, לפיכך רוח הקודש כו׳. ובמרמה פירושו כתרגומו בחוכמתא, וכמה דאת אמר (משלי יג, טז) כל ערום יעשה בדעת, ואם אין חכמה אין דעת (עיין אבות ג, יז), ודייק מדכתיב ויענו אשר טמא, ואם דברי בני יעקב הוא היאך ענו אשר טמא וכי שאל אותם אם טמא אחותם אם לא שענו אותו אשר טמא וגו׳: **סברון למחפת כו׳.** כלומר חשבו לתת אותם בבית יד שלהם, כלומר לשלוט בהם כרצונם, והם נִתְּנוּ בבית ידם של בני יעקב. הם אמרו מקניהם וקניינם הלא לנו הוא, ובני יעקב באו על העיר בטח וגו׳ ועיין דוגמתו לעיל פרשה עה. ורש"י גרס למקפח ואתקפחו והוא לשון גזלה ונלוח: **חד מנהון.** אחד מבני העיר היה בא לעיר מן השדה ושמו מגבאי, והיה טוען עליו משאו והיו בני העיר אומרין לו בא והמול עצמך וספרו לו מעשה שכם, ואמר הוא שכם נשא

נחמד למראה

[ח] ויענו בני יעקב את שכם וגו׳ מה את סבור רמיזת דברים יש כאן. ורוח הקודש אומרת אשר טמא את דינה אחותם וגו׳. ואשר הכריח לרבותינו זכרונם לברכה לפרש דאשר טמא דברי רוח הקודש הם ולא שיהיה פירושו וידברו עם שכם אשר טמא, נראה לי שלמדו לומר כן לפי שמלת וידברו בטעם אתנחתא, ואלו מאמר אשר טמא על וידברו הוא חוזר היה ראוי להינקד במרמה באתנחתא, ומלת וידברו היה ראוי להנקד בטעם זקף גדול, וזה ברור ונכון למי שיודע בטיב הנחת פסקי הטעמים ובקי בהן ובהלכותיהן, כי השתא שנקוד וידברו באתנחתא מבואר כי מאמר אשר טמא לאו בכלל דברי בני יעקב הוא, אבל הכתוב אומר שרוח הקודש אומרת כן:

אשר הנחלים

נותן כו׳ תחילה. שלכן כתיב לא תתחתן בם, אף שיבקשו אותך עם כל זה בתך לא תתן לבנו. ודייק שהכתוב לא תתחתן מיירי שהעובדי כוכבים היו מבקשים מישראל, כי כן דרך הזכרים לבקש את הנקבות, על כן כתיב בתך לא תתן לבנו ולא בהיפך: **[ח] רמיות כו׳. ורוח הקודש.** שם מרמה הונח על הרוב על המרמה לרוע לעשות לו רע שלא כדת, אך פה היה היושר אתם, כי עשה עמהם רע וחרפה רבה תחילה במה שטימאו את דינם אחותם, ולכן בא הכתוב [שזהו רוח הקודש מפי הגבורה] להצדיקם מצד שטמאו את דינה אחותם: **חד מהנהו כו׳.**

וַאֲמַר לֵיהּ: תָּא גְזוֹר — and someone said to him, "Come and circumcise yourself, in accordance with the agreement we made with Shechem!"[82] **וְהוּא אָמַר: שְׁכֶם נָסֵיב וּמַגְבַּאי קָטַע — Whereupon he said, "Shechem is getting married and Magbai[83] must circumcise himself!?"**[84]

וַיְהִי בַיּוֹם הַשְּׁלִישִׁי בִּהְיוֹתָם כֹּאֲבִים וַיִּקְחוּ שְׁנֵי בְנֵי יַעֲקֹב שִׁמְעוֹן וְלֵוִי אֲחֵי דִינָה אִישׁ חַרְבּוֹ וַיָּבֹאוּ עַל הָעִיר בֶּטַח וַיַּהַרְגוּ כָּל זָכָר.

And it came to pass on the third day, when they were in pain, that two of Jacob's sons, Simeon and Levi, Dinah's brothers, each took his sword and they came upon the city confidently, and killed every male (34:25).

§9 **וַיְהִי בַיּוֹם הַשְּׁלִישִׁי בִּהְיוֹתָם כֹּאֲבִים** — ***AND IT CAME TO PASS ON THE THIRD DAY, WHEN THEY WERE IN PAIN.***

The Midrash discusses a Mishnah[85] that involves a teaching derived from our verse:

תַּמָּן תְּנֵינַן: מַרְחִיצִין אֶת הַקָּטָן — We learn in a Mishnah elsewhere: A baby may be washed [with hot water][86] on the third day after his circumcision [even] when this falls on the Sabbath (*Shabbos* 9:3 and 19:3). **דְּבֵי רַבִּי: מַרְחִיצִין אֶת הַמִּילָה** — This is the standard text of the Mishnah; **in the school of Rebbi,** however, the Mishnah was taught as follows: **The circumcision** wound **may be washed,** etc.[87] **אָמַר רַבִּי יוֹסֵי: עַל כָּרְחָךְ אַתְּ תָּנֵי מַרְחִיצִין אֶת הַקָּטָן — R' Yose said: Perforce you must recite the Mishnah as "A baby may be washed"** rather than the circumcision alone.[88] **אָמַר רַבִּי זְעֵירָא: בְּכָל שָׁעָה הֲוָה רַבִּי יוֹסֵי אָמַר לִי: תְּנֵי מַתְנִיתָךְ — R' Z'eira said:** Whenever I studied the above Mishnah, **R' Yose would routinely**[89] **say to me: Recite your Baraisa** in order to determine the correct version of this Mishnah.[90] **דִּתְנַן: אֵין מוֹנְעִים לֹא שֶׁמֶן וְלֹא חַמִּין מֵעַל גַּבֵּי הַמַּכָּה בְּשַׁבָּת — For a Baraisa taught:**[91] **Oil and hot water are not withheld from** being applied to **a wound on the Sabbath; וְלֹא עוֹד אֶלָּא שֶׁמְּזַלְּפִין חַמִּין עַל גַּבֵּי הַמַּכָּה בְּשַׁבָּת — moreover, one may sprinkle hot water** directly **on a wound on the Sabbath.**[92] **וְאִם תֹּאמַר מַרְחִיצִין אֶת הַמִּילָה, מַאי שְׁנָא הִיא מַכַּת קָטָן מִמַּכַּת גָּדוֹל** — Now, **if you say** that the correct text of the above Mishnah is, **"The circumcision** wound **may be washed,"** then **what is the difference between the wound of a baby and the wound of an adult?**[93] **אֶלָּא לְלַמֶּדְךָ מַרְחִיצִין אֶת הַקָּטָן כָּל גּוּפוֹ, מַה שֶּׁאֵין כֵּן בְּגָדוֹל אֶלָּא עַל גַּבֵּי הַמַּכָּה בִּלְבָד — Rather,** the Mishnah is coming **to teach you that one washes the baby over its entire body, as opposed to an adult,** for whom one is permitted to put hot water **only on the wound alone.**[94]

The Midrash cites in full the Mishnah discussed above, and discusses it further:

רַבִּי אֶלְעָזָר בֶּן עֲזַרְיָה אוֹמֵר: מַרְחִיצִין אֶת הַקָּטָן בַּיּוֹם הַשְּׁלִישִׁי שֶׁל מִילָה שֶׁחָל לִהְיוֹת בְּשַׁבָּת — R' Elazar ben Azaryah said: A baby may be washed with hot water **on the third day after his circumcision** even **when this falls on the Sabbath** (*Shabbos* 19:3).[95] **אָמַר רַבִּי יַעֲקֹב בַּר אַחָא: בְּכָל שָׁעָה הֲוָה רַבִּי יוֹחָנָן וְרַבִּי יוֹנָתָן מַפְקִידִין חָיָּיתָא וְאָמְרִי לְהוֹן — R' Yaakov bar Acha said: R' Yochanan and R' Yonasan would routinely instruct midwives**[96] **and say to them, כָּל שָׁקוּעִין שֶׁאַתּוּן עָבְדִין בְּחוּלָּא הֲווֹן עָבְדִין בְּשַׁבַּתָּא בַּיּוֹם הַשְּׁלִישִׁי שֶׁחָל לִהְיוֹת בַּשַּׁבָּת — "Any medical treatments that you** normally **perform** for a newborn **on a weekday, you should perform** for it also **on the Sabbath, when the third day** of his circumcision **falls on the Sabbath."**[97]

NOTES

82. The first phrase in the verse — *All the people who depart through the gate of his city listened to Hamor and his son Shechem, and all the males were circumcised* — refers to those who "listened to Hamor and Shechem," i.e., those who heard their speech. The repetition of *all who depart through the gate of his city* comes to include a further group of people — those who had not been there to "listen to Hamor and Shechem" previously.

83. This was the individual's name (*Rashi* to *Makkos* 11a). Alternatively, as *Aruch* writes, the proper reading is מַבְגַּאי, which means "the farmer" (*Eitz Yosef*).

84. Magbai did not think it was fair that *he* should suffer so that *Shechem* should be able to marry Dinah. *Nezer HaKodesh* suggests that the advantages mentioned in Hamor's speech — *Their livestock, their possessions, and all their animals, will they not be ours?* — would be beneficial for merchants and tradesmen, who are in town during the day (when Hamor delivered his speech), but not to land farmers, who were out in the field and missed Hamor's speech. This explains why Magbai was more bitter about the circumcision requirement than the other Shechemites (*Eitz Yosef*).

85. The entire discussion appears in *Yerushalmi Shabbos* 9:3 and 19:3. It is also alluded to in *Talmud Bavli, Shabbos* 134b.

86. Although such washing would be prohibited for a healthy person. There are two possible explanations for this prohibition: (i) The Mishnah is referring to boiling water on the Sabbath for the purpose of washing; this, of course, is normally a Biblical prohibition, but it is overridden in the case of a baby recovering from circumcision because leaving him unwashed is considered to be a life-threatening emergency. (ii) The Mishnah is referring to using hot water that was prepared before the Sabbath; there are Rabbinic prohibitions against bathing with (pre-prepared) hot water on the Sabbath and against administering therapeutic treatments (depending on the seriousness of the medical condition being treated) on the Sabbath, but these Rabbinic prohibitions are waived in the case of circumcision, which is regarded as a somewhat serious (but not life-threatening) medical condition. The conclusion of *Talmud Bavli* (*Shabbos* 134b) is clearly in accordance with the first explanation; however, see below, note 93.

87. The difference between the two readings is as follows: According to the standard text ("A baby may be washed"), the *entire* baby may be washed, whereas according to Rebbi's version ("The circumcision wound may be washed"), only the wound may be washed.

88. The Midrash will shortly explain why this must be so.

89. [*Eitz Yosef*; *Yefeh To'ar*; cf. *Matnos Kehunah.*]

90. R' Yose was referring to the specific Baraisa he is about to cite.

91. This is a Baraisa quoted by Shmuel in *Yerushalmi Shabbos* 9:3. *Talmud Bavli* (*Shabbos* 134b), however, quotes it as a statement of Rav — with Shmuel disagreeing (see next note).

92. He need not pour it on indirectly (i.e., above the wound so that it trickles down into the wound — as Shmuel requires in *Shabbos* 134b). The word "sprinkle" here is not exact, as direct washing is also permitted (*Yefeh To'ar*). The point of the Baraisa is that a wound is considered a serious enough medical condition to suspend the Rabbinic prohibitions against washing with hot water and against therapeutic treatment (see above, note 86).

93. Given that one is permitted to deliberately put hot water on an adult's wound, why would I think that it would be any less permissible to do so to a baby's wound? If so, why would the Mishnah need to state this permissibility specifically with regard to a circumcision wound? [As *Talmud Bavli* (ibid.) notes, this line of reasoning (attributed there to R' Yaakov) makes sense only if the second approach of note 86 is adopted.]

94. [See *Eitz Yosef* for a slightly different version of the Midrash, based on that of *Yerushalmi* ibid.]

95. The Mishnah there concludes: **שֶׁנֶּאֱמַר "וַיְהִי בַיּוֹם הַשְּׁלִישִׁי בִּהְיוֹתָם כֹּאֲבִים" — as it is stated, *And it came to pass on the third day, when they were in pain.*** I.e., R' Elazar ben Azaryah derives from our verse that the third day after circumcision is a particularly difficult time for the one circumcised, and his health is at serious risk at that time.

96. Who care not only for the mothers, but also for the newborns (*Matnos Kehunah*).

97. In other words, R' Yochanan and R' Yonasan ruled in accordance with R' Elazar ben Azaryah's leniency. (It should be stressed that although this is theoretically the accepted halachic ruling, the early authorities have already noted that it is no longer regarded as a medical emergency to wash even the circumcision wound on the third day after circumcision; see *Shulchan Aruch, Orach Chaim* 331:9.)

וַאֲמַר לֵיהּ: תָּא גְּזוֹר, וְהוּא אָמַר: [טו]שְׁכֶם נָסֵיב וּמַגְבַּאי קָטַע:

ט [לד, כה] "וַיְהִי בַיּוֹם הַשְּׁלִישִׁי בִּהְיוֹתָם כֹּאֲבִים", תַּמָּן תְּנֵינַן: [טז]מַרְחִיצִין אֶת הַקָּטָן (שבת ט,ג; יט, ג), דְּבֵי רַבִּי [יז]°מֵאִיר מַרְחִיצִין אֶת הַמִּילָה, אָמַר רַבִּי יוֹסֵי: ° אַתְּ תָּנֵי מַרְחִיצִין אֶת הַקָּטָן, אָמַר רַבִּי זְעֵירָא: בְּכָל שָׁעָה הֲוָה רַבִּי יוֹסֵי אָמַר °לוֹ תְּנֵי מַתְנִיתָךְ, דִּתְנַן: [יח]אֵין מוֹנְעִים לֹא שֶׁמֶן וְלֹא חַמִּין מֵעַל גַּבֵּי הַמַּכָּה בְּשַׁבָּת, וְלֹא עוֹד אֶלָּא שֶׁמְּזַלְּפִין חַמִּין עַל גַּבֵּי הַמַּכָּה בְּשַׁבָּת, וְאִם תֹּאמַר מַרְחִיצִין אֶת הַמִּילָה, מַאי שְׁנָא הִיא מַכַּת קָטָן מִמַּכַּת גָּדוֹל, אֶלָּא לְלַמֶּדְךָ מַרְחִיצִין אֶת הַקָּטָן כָּל גּוּפוֹ, מַה שֶּׁאֵין כֵּן בְּגָדוֹל אֶלָּא עַל גַּבֵּי הַמַּכָּה בִּלְבָד, רַבִּי אֶלְעָזָר בֶּן עֲזַרְיָה אוֹמֵר: מַרְחִיצִין אֶת הַקָּטָן בַּיּוֹם הַשְּׁלִישִׁי שֶׁל מִילָה שֶׁחָל לִהְיוֹת בְּשַׁבָּת (שבת יט, ט), אָמַר רַבִּי יַעֲקֹב בַּר אַחָא: בְּכָל שָׁעָה הֲוָה רַבִּי יוֹחָנָן וְרַבִּי יוֹנָתָן מַפְקִידִין חָיָיתָא וְאָמְרֵי לְהוֹן: כָּל שָׁקוֹעִין שֶׁאַתּוּן עָבְדִין בְּחוֹלָא הֲווֹן עָבְדִין בְּשַׁבַּתָּא בַּיּוֹם הַשְּׁלִישִׁי שֶׁחָל לִהְיוֹת בַּשַּׁבָּת,

רש"י

תא גזור. בא והמול: **שכם נסיב ומבגאי קטע.** שכם נושא אשה ואני מה אכפת לי: **מבגאי.** שם אדם: (ט) **מרחיצין את הקטן.** כל גופו. **תני רבי מרחיצין את המילה** לבדה ולא כל הגוף: **ואם תאמר מרחיצין את המילה** אם כן **מאי שניא מכת קטן ממכת גדול.** שהרי לגדול עושין כן. **אלא ללמדך מרחיצין את הקטן כל גופו מה שאין כן בגדול אלא על גבי מכה בלבד** (ירושלמי שבת פ"ט ה"ג). והיינו דאמר רבי אסי על כרחך תני מרחילין את הקטן: **חייתא.** מילדות: **כל שקועין.** כל תיקונין, ועיקר תיבה זו תמלא אותה על עיקרה בתלמוד ירושלמי במסכת שבת (שם): **ביום השלישי של מילה שחל להיות בשבת.** משום דמסוכן טפי:

עץ יוסף

ומגבאי קטע. רש"י בסוף פרק הגולין (מכות יא, א) פירוש מגבאי שם איש. והערוך פירוש מבגאי לשון בגא, כלומר עובדי אדמה שהם אנשי הכפרים אשר סביבותיהם אשר הם כפופים תחת ממשלת יושבי העיר. ורצונו לומר שיושבי העיר חשבו כי יהיה להם תועלת מזה, כמו שאמר מקניהם וקנינם לנו הם שבהמשך הזמן יקחו מהם את ממונם וקנינם, לכן הם נתרצו לזה והם יושבי העיר ואדוני הארץ, אבל בני הכפרים מה הנאה יגיע להם ולכן לא רצו להמול (נזר הקודש):(ט) [ח] **תמן תנינן.** בירושלמי פרק רבי אליעזר דמילה (שבת פי"ט ה"ג). במתניתין תניא מרחילין את הקטן לפני המילה ולאחר המילה דמשמע רחילת כל גופו: **דבי רבי מאיר מרחיצין את המילה.** פירוש דבי רבי מאיר תני מרחילין את המילה דמשמע דוקא את המילה: **אמר רבי יוסי את תני מרחיצין את הקטן. תני שמואל אין מונעין לא שמן ולא חמין מעל גבי מכה בשבת. אמר רבי יוסי כל שעה היה רבי זעירא אומר בשם רבי בא שאמר ליה תני מתניתך ולא עוד אלא שמזלפים מים על גבי מכה בשבת. ואם תאמר שמרחיצין.** כן לריך לומר, וכן הוא בירושלמי (שבת) פרק ט' הלכה ג' ובפרק דרבי אליעזר דמילה הלכה ג'. והכי פירושו אמר רבי יוסי על כרחך את תני, כלומר תדע שמרחילין את הקטן תנן. מדתני שמואל אין מונעין כו' ורבי יוסי היה אומר שכל שעה רבי זירא אומר בשם רבי בא שאמר ליה תני מתניתך כו', כשתחזור על משנתך תתני במשנתינו מרחילין את הקטן בין לפני המילה בין לאחר המילה, ולא עוד אלא שמזלפין מים על גבי מכה בשבת, ואי סלקא דעתך שמרחילין המילה תנן אבל לא כל גופו למה ליה למיתני כלל, הא מילה נמי מכה היא: **רבי אליעזר בן עזריה אומר מרחיצין את הקטן כו'.** כן הוא במתניתין בירושלמי פרק רבי אליעזר דמילה. ובגמרא שם איתא ר' אבהו בשם רבי אליעזר הלכה כרבי אליעזר בן עזריה. רבי בון בשם רבי אבהו טעמא דרבי אלעזר בן עזרה שנאמר ויהי ביום השלישי בהיותם כואבים, בהיותם כואב אין כתיב כאן אלא כואבים מלמד שלכל איבריהם היה כואב להם, שמע מינה דביום השלישי אית בה סכנת נפשות: **כל שקועין.** פירוש כל התיקונים. ובירושלמי גרס שיקויין, מלשון ושקוי לעצמותיך (משלי ג, ח), כלומר כל הרפואות. ורצונו לומר שהיו מצוים על המילדות שכל מה שעושות לולד בחול יעשו לו בשבת שהוא שלישי למילה. ומייתי זה לראיה דסבירא ליה כרבי אליעזר בן עזריה:

פירוש מהרז"ו

מבגאי. פירוש בערוך כי עובד אדמה נקרא מבגאי מלשון בגא כמו שאמרו (בילה כא, א) הני בני באגי. ועיין בויקרא רבה (לז, ג) משמע שהוא שם פרטי וכאן תפסו שם זה למשל [וכן פירש"י ז"ל במכות (יא, א) יפה תואר]: (ט) **תמן תנינן.** ירושלמי שבת (פרק יט ה"ג) הגירסא בשינוי: **בכל שעה.** פירוש שרבי זעירא אמר על רבי יוסי, שרבי יוסי היה אומר לתלמידיו תמיד כשהיו מגיעין למשנה זו תני מתניתך (שבת קלד, ב) מרחילין את הקטן, מדתנן אין מונעין כו' היינו מכת גדול והוא הדין מכת קטן דמה שנא, אלא בהכרח שמרחילין כל גוף הקטן: **רבי אלעזר בן עזריה.** הכי איתא בירושלמי (שבת פי"ט ה"ג) רבי אבהו בשם רבי אלעזר הלכה כרבי אלעזר בן עזריה, רבנן בשם רבי אבהו טעמא דרבי אלעזר בן עזריה ויהי ביום השלישי בהיותם כואבים כואב אין כתיב כאן אלא כואבים מלמד שכל אבריהם כואבים עליהם, ובשביל מאמר זה הובא כל הענין כאן והעיקר חסר: **כל שיקועין.** בירושלמי הגירסא כל שקויין דאתון עבדן לחולא בשבתא עבדין אפילו ביום ג' שחל להיות בשבת. ופירש היפה תואר שקויין רפואות מלשון ושקוי לעצמותיך (משלי ג, ח) נרדף

מתנות כהונה

אשה ומגבאי יקטע ויכרות ערלתו: [ט] **מרחיצין את הקטן.** משמע כל גופו: **הכי גרסינן** בירושלמי בפרק רבי אליעזר דמילה (פי"ט ה"ג) ובפירש רש"י **דבי רבי תני מרחיצין את המילה.** פירוש המילה לבדה ולא כל הגוף: **בכל שעה.** אף בשבת: **תני מתניתך.** כלומר יפה שנית שבוודאי מרחילין אותו אף בשבת: **הכי גרסינן ואם תאמר מרחיצין את המילה ומאי שנא כו'.** וכך מצאתי בהדיא בירושלמי ובפירוש רש"י: **מאי שנא היא מכת קטן.** ולמה לי לתנא למיתני מרחילין את מכת מילתו: **חייתא.** המילדות שעוסקין בתיקון הולד ורפואתו: **שקועין.** פירש רש"י וזה לשונו כל תיקונין. ועיקר תיבה זו תמלא אותה על עיקרה בתלמוד ירושלמי במסכת שבת (שם) עכ"ל. ומצאתי בירושלמי שגרס כל שלוקים, כלומר כל מיני רפואות שאתם שולקים ומתקנין: **הכי גרסינן** בירושלמי **שאתון עבדין בחולא כו'.** פירוש שאתם עושין בחול, עשו גם כן ביום השלישי שחל להיות בשבת:

אשד הנחלים

שכם נסיב. לכאורה מביא מעשה לסתור. ואולי שלכן כתיב כל יוצאי שער עירו ולא כל באי שער עירו, כי הבאים מהשדה היו כמה שהיו ממאנים על זה, רק אותם שבעיר נתרצו בזה לבד, מהכרח בקשתו: [ט] **בכל שעה.** שלא ידומה רק פעם אחת ביום. והמתנות כהונה פירש אף בשבת, וקשה דהא המתניתין מיירי בשבת ומאי קמ"ל, אך מסוף הדברים שאמר לו ר' יוסי תני מתניתך משמע כפירוש המתנות כהונה. ויש ליישב דר' יוסי קאי על לעיל שמרחיצין כל גופו ואמר לו תני מתניתך שכל גופו, מפני שתנינן שגם על מכה של גדול מותר ליתן שמן, ומאי שנא מכת קטן דנקט, אלא ודאי שהקטן מותר לרחוץ כל גופו, כן הוא הפשט הברור. וכן מדברי ר' יעקב שאמר להלן משמע בפירוש בפרושי, דר' יעקב אשבת בפירוש קאמר בכל שעה, ואולי גם כוונת המתנות כהונה כן, ופירושו אף בשבת מותר לרוחצו בכל שעה כדפרשתי:

חידושי הרד"ל

[ח] **שכם נסב ומבגאי גזר.** כן לריך לומר, וכן הובא במכות (יא, א), וכן הובא בערוך ערך מגבאי. ועיין בויקרא רבה (לז, ג):

חידושי הרש"ש

[ט] **אמר רבי יוסי את תני כו'.** בספרים אחרים תא תני. ובילקוט (רמז קלה) הגירסא על כרחך את תני וכן בירושלמי (שבת פי"ט ה"ג) על כרחך את אומר: **בכל שעה הוה רבי יוסי אמר לו כו'.** פירוש בכל עת היה רגיל רבי יוסי לומר להני דבי רב דתני את המילה תני מתניתך, רלה לומר הא דאין מונעין כו' ומשם תראה דעל כרחך את הקטן תנן וכדמפרש ואזיל. ודע דהא דאין מונעין כו' לאו מתניתין היא (כדמשמע לכאורה מלשון דתנן דקאמר הכא), אלא מימרא דרב היא בשבת (קלד, ב) ושמואל פליג עליה שם ותניא כוותיה, עיין שם. ובירושלמי (שבת פי"ט ה"ג) הגירסא תני שמואל אין מונעין: **ולא עוד אלא שמזלפין כו'.** עיין בבבלי (שבת קלד, ב) דמוכח להדיא דזילוף קיל מרחילה, ואם כן לא אתי שפיר לישנא דולא עוד דמשמע דזה הוי רבותא טפי, ונראה לי דהאי ולא עוד כו' היא ברייתא אחרת אשר שנו שם קודם איזה דין אחר, והביא כאן לראיה משתי ברייתות, וכן נראה מהירושלמי (שבת פי"ט ה"ג), וסבירא ליה להמדרש דמתניתין דמרחילין כו' כילד תני כאוקימתא דרב יהודה ורבה בר אבוה בבבלי שם ואין מותר אלא לזלף ולכן שפיר מביא ראיה מן ולא עוד כו'. ואפשר לומר דאפילו לאוקימתא דרבא שם שפיר מביא ראיה מהא דולא עוד כו', דסבירא ליה דלא גרע מכת מילה אפילו ביום השלישי ממכת גדול ודו"ק: {במתנות כהונה ד"ה שקועין וכו'. ומצאתי בירושלמי שגרס כל שלוקין. ובירושלמי (שבת פי"ט ה"ג) שלפנינו איתא שקויין:}

מסורת המדרש

טו. מכות י"א: **טז.** שבת קל"ד. ירושלמי שבת פרק י"ח. פדר"א פרק כ"ט. ילקוט כאן רמז קל"ה: **יז.** שבת פ"ו: **יח.** שבת דף קל"ד:

שינוי נוסחאות

(ט) **דבי רבי מאיר.** צריך לומר "דבי רבי", דתיבת "מאיר" ליתא ברש"י ובירושלמי (כמו שהזכיר מתנות כהונה), וליתא גם בילקוט ובת-א ובשום כתב יד: **אמר רבי יוסי: את תני.** צ"ל "אמר רבי יוסי: על כרחך את תני", כ"ה ברש"י, וכ"ה בת-א ובילקוט, וכן איתא בירושלמי, וע' בעץ יוסף. **ואם תאמר מרחיצין את המילה, מאי שנא היא.** בדפוסים ישנים היה כתוב "ואם תאמר מרחיצין את הקטן ...", וכן הוא בכמה כי"י, והגיה מ"כ וגם יפ"ת דצ"ל "את המילה" כלפנינו, וכ"ה בת-א:

The Midrash discusses R' Elazar ben Azaryah's lenient ruling: שְׁמוּאֵל אָמַר: מִפְּנֵי הַסַּכָּנָה — **Shmuel said:** The reason for R' Elazar ben Azaryah's leniency is **because of the danger** to the health of the baby if he is not washed with hot water on the third day.[98] אָמַר לוֹ רַבִּי יוֹסֵי: אִם מִפְּנֵי הַסַּכָּנָה נַעֲשֶׂה לוֹ חַמִּין בְּשַׁבָּת — **R' Yose said to [Shmuel]: If** the reason for R' Elazar ben Azaryah's lenient ruling is **because of the danger** to the child if hot water is not used, **may we** then **heat up hot water for him on the Sabbath** ourselves?[99] דִּתְנַן: מְחַמֵּם אָדָם אֲלוּנְתִּית וְנוֹתְנָהּ עַל גַּבֵּי מַכָּתוֹ בְּשַׁבָּת — The answer may be deduced from the fact that **we learned in a Baraisa:**[100] **A person**[101] **may heat up a towel and place it on his wound**[102] **on the Sabbath,**[103] לֹא יִטּוֹל עֲרֵיבָה מְלֵאָה חַמִּין וְיִתְּנָהּ עַל כְּרֵיסוֹ בְּשַׁבָּת — **but** one **may not take a tub full of hot water and place it on his stomach on the Sabbath** in order to relieve his stomach pain.[104] אֲבָל חַמִּין לִרְפוּאָתוֹ מוּתָּר — Although the Baraisa forbids putting a tub of water on the stomach, **however,** preparing **hot water for healing oneself would be permitted.**[105] אָמַר רַבִּי יְהוֹשֻׁעַ בֶּן לֵוִי: לֵית כָּאן אָסוּר אֶלָּא מוּתָּר — **R' Yehoshua,** too, **said: There is no prohibition here** regarding washing the circumcision wound on the third day; **rather,** it is **permitted.**[106]

וַיְהִי בַיּוֹם הַשְּׁלִישִׁי בִּהְיוֹתָם כֹּאֲבִים וַיִּקְחוּ שְׁנֵי בְנֵי יַעֲקֹב שִׁמְעוֹן וְלֵוִי אֲחֵי דִינָה אִישׁ חַרְבּוֹ וַיָּבֹאוּ עַל הָעִיר בֶּטַח וַיַּהַרְגוּ כָּל זָכָר.

And it came to pass on the third day, when they were in pain, that two of Jacob's sons, Simeon and Levi, Dinah's brothers, each man took his sword and they came upon the city confidently, and killed every male (34:25).

§10 וַיִּקְחוּ שְׁנֵי בְנֵי יַעֲקֹב שִׁמְעוֹן וְלֵוִי — *THAT TWO OF JACOB'S SONS, SIMEON AND LEVI, DINAH'S BROTHERS, EACH TOOK HIS SWORD, ETC.*

The Midrash notes an apparent superfluity here:

מִמַּשְׁמַע שֶׁנֶּאֱמַר "שִׁמְעוֹן וְלֵוִי" יָדַעְנוּ שֶׁבְּנֵי יַעֲקֹב הֵם — **From the fact that it states *Simeon and Levi,* we already know that they are *Jacob's sons*!** If so why does the verse need to state this explicitly? אֶלָּא "בְּנֵי יַעֲקֹב", שֶׁלֹּא נָטְלוּ עֵצָה מִיַּעֲקֹב — **Rather,** the superfluous expression ***Jacob's sons*** alludes to the fact that **[Simeon and Levi] did not seek advice from Jacob,** even though they were his sons.[107]

Why does the verse need to note that Simeon and Levi were *two* of Jacob's sons? Of course they were two people![108] The Midrash explains:

"שִׁמְעוֹן וְלֵוִי", שֶׁלֹּא נָטְלוּ עֵצָה זֶה מִזֶּה — The verse's description of ***Simeon and Levi*** as being *two* of Jacob's sons is suggestive of the fact **that [Simeon and Levi] did not seek advice from each other.**[109]

□ אֲחֵי דִינָה — *DINAH'S BROTHERS.*

The Midrash addresses the fact that Simeon and Levi are described here as *Dinah's brothers*:

וְכִי אֲחוֹת שְׁנֵיהֶם הָיְתָה, וַהֲלֹא אֲחוֹת כָּל הַשְּׁבָטִים הָיְתָה — **Was [Dinah]** then **the sister of** just **[Simeon and Levi]? Was she not the sister of all the** twelve **tribal ancestors?** אֶלָּא לְפִי שֶׁנָּתְנוּ אֵלּוּ נַפְשָׁם עָלֶיהָ נִקְרֵאת עַל שְׁמָם — **However,** the explanation is that **because [Simeon and Levi] risked their lives for her she is referred to by their names** alone.[110]

The Midrash notes a parallel case in another verse:

וְדִכְוָותָהּ "וַתִּקַּח מִרְיָם הַנְּבִיאָה אֲחוֹת אַהֲרֹן" — **Similarly,** it is written, ***Miriam the prophetess, sister of Aaron,*** *took the drum in her hand, etc.* (*Exodus* 15:20). וְכִי אֲחוֹת אַהֲרֹן הָיְתָה, וַהֲלֹא אֲחוֹת שְׁנֵיהֶם הָיְתָה — Now, **was [Miriam]** only **Aaron's sister? Was she not the sister of both [Aaron and Moses]?** Why, then, is she described specifically as the *sister of Aaron*? אֶלָּא לְפִי שֶׁנָּתַן אַהֲרֹן נַפְשׁוֹ עָלֶיהָ לְפִיכָךְ נִקְרֵאת עַל שְׁמוֹ — **However,** the explanation here too is that **because Aaron risked his life for [Miriam],**[111] **she is referred to by his name** alone.

Yet another example from Scripture:

וְדִכְוָותָהּ "וְעַל דְּבַר כָּזְבִּי בַת נְשִׂיא מִדְיָן אֲחֹתָם" — **Similarly,** it is written, ***and in the matter of Cozbi, daughter of a leader of Midian, their sister,*** *who was slain on the day of the plague, in the matter of Peor* (*Numbers* 25:18). וְכִי אֲחוֹתָם הָיְתָה, וַהֲלֹא בַּת אוּמָּתָן הָיְתָה — Now, **was [Cozbi]** really ***their sister?***[112] **Was she not** rather **a *daughter* of the [Midianite] nation?**[113] אֶלָּא לְפִי שֶׁנָּתְנָה נַפְשָׁהּ עַל אוּמָּתָהּ נִקְרֵאת אוּמָּתָהּ עַל שְׁמָהּ — **However,** the explanation here too is that **because she risked her life for her nation,**[114] **her nation was referred to by her name,** as her brothers and sisters.

□ אִישׁ חַרְבּוֹ — *EACH MAN TOOK HIS SWORD.*

NOTES

98. I.e., it is not merely to alleviate the child's pain (*Yefeh To'ar*).

99. I.e., did Shmuel mean to say that it is literally a life-threatening danger, in which case a Jew would be permitted to heat up the water himself? Or did he mean to say that it is a mildly dangerous situation, and the water should be boiled by a non-Jew? (*Yefeh To'ar*). [In other words, R' Yose was asking Shmuel if he was interpreting the Mishnah according to the first approach of note 86 or the second approach.]

100. [The Baraisa is cited in *Shabbos* 40b as well; it is also cited in *Yerushalmi* ibid.]

101. Even a Jew (*Yefeh To'ar*).

102. In the version of the Baraisa cited in both Talmuds (see note 100), the reading is "place it on his stomach (כְּרֵיסוֹ or מֵעָיו)," and this is the reading of the Midrash, as well as the way it is cited in *Yalkut Shimoni* and in Midrash manuscripts. In any event, the Baraisa is speaking of an ailment that is life threatening if left untreated (ibid.).

103. So that the heat of the towel should alleviate his stomach ailment. The circumcision wound is surely no less dangerous than a stomach ailment, and hence this Baraisa proves that a Jew may boil water to use for treatment of the circumcision wound.

104. Lest the water spill out of the full vessel onto his stomach. [Various other reasons are suggested for this prohibition; see *Rashi* and *Tosafos* to *Shabbos* ibid.]

105. Because the various reasons given for the prohibition of placing the tub of hot water do not apply in this case (*Yefeh To'ar*).

106. We have translated and explained this difficult passage in accordance with *Yefeh To'ar;* others (see *Eitz Yosef,* based on *Yerushalmi* commentators) explain it completely differently.

107. By stating their names after identifying them as *Jacob's sons*, the verse means to intimate that although they were *Jacob's sons* they conducted themselves merely as *Simeon and Levi*, i.e., as strangers to Jacob, by not seeking his advice before they acted (*Eitz Yosef*).

108. *Eitz Yosef,* from *Yefeh To'ar.*

109. They acted as two separate individuals, not in concert. Alternatively, the description of Simeon and Levi as being *"two" of Jacob's sons* is meant to suggest that the two of them set themselves apart from the remainder of the tribes by acting alone without first seeking the advice of the other brothers (*Anaf Yosef,* from *Nezer HaKodesh*).

110. The term "brother" (or "sister"; see below) indicates a strong bond between people, to the extent of risking one's life on behalf of one another. This is why Simeon and Levi specifically are referred to here as Dinah's "brothers."

111. When she was punished with leprosy for speaking against Moses (see *Numbers* 12:4-15), Aaron pleaded with Moses to forgive her. As to how Aaron risked his life by doing this, *Yefeh To'ar* suggests that the Midrash here interprets Aaron's words בִּי אֲדֹנִי (ibid., v. 11) to mean, "Let God's wrath be directed against me (בִּי) instead of against her" (*Eitz Yosef*).

112. Which implies that she and the rest of the nation were of equal status (*Yefeh To'ar*).

113. I.e., she was a daughter of a *leader* of Midian, greater in stature than the plain folk (see *Yefeh To'ar*).

114. By engaging in promiscuous behavior in order to cause Israel to sin and to lose its favor in God's eyes, thereby saving her nation in the process. [In the end, she was killed for her actions (ibid., v. 15).]

שְׁמוּאֵל אָמַר: מִפְּנֵי הַסַּכָּנָה, אָמַר לוֹ רַבִּי יוֹסֵי: אִם מִפְּנֵי הַסַּכָּנָה נַעֲשֶׂה לוֹ חַמִּין בַּשַּׁבָּת, דִּתְנַן: יטמְחַמֵּם אָדָם אֲלוּנְתִּית וְנוֹתְנָהּ עַל גַּבֵּי מַכָּתוֹ בְּשַׁבָּת, לֹא יִטּוֹל עֲרֵיבָה מְלֵאָה חַמִּין וְיִתְּנֶהָ עַל כְּרֵיסוֹ בַּשַּׁבָּת, אֲבָל חַמִּין לִרְפוּאָתוֹ מוּתָּר, אָמַר רַבִּי יְהוֹשֻׁעַ בֶּן לֵוִי: לֵית כָּאן אָסוּר אֶלָּא מוּתָּר:

י [לד, כה] ״וַיִּקְחוּ שְׁנֵי בְנֵי יַעֲקֹב שִׁמְעוֹן וְלֵוִי״, כמַשְׁמַע שֶׁנֶּאֱמַר ״שִׁמְעוֹן וְלֵוִי״ יָדַעְנוּ שֶׁבְּנֵי יַעֲקֹב הֵם, אֶלָּא ״בְּנֵי יַעֲקֹב״, שֶׁלֹּא נָטְלוּ עֵצָה מִיַּעֲקֹב, ״שִׁמְעוֹן וְלֵוִי״, שֶׁלֹּא נָטְלוּ עֵצָה זֶה מִזֶּה. [שם] ״אֲחֵי דִינָה״, וְכִי אֲחוֹת שְׁנֵיהֶם הָיְתָה, וַהֲלֹא אֲחוֹת כָּל הַשְּׁבָטִים הָיְתָה, אֶלָּא לְפִי שֶׁנָּתְנוּ אֵלּוּ נַפְשָׁם עָלֶיהָ נִקְרֵאת עַל שְׁמָם, וְדִכְוָותָהּ (שמות טו, כ) ״וַתִּקַּח מִרְיָם הַנְּבִיאָה אֲחוֹת אַהֲרֹן״, וְכִי אֲחוֹת אַהֲרֹן הָיְתָה, וַהֲלֹא אֲחוֹת שְׁנֵיהֶם הָיְתָה, אֶלָּא לְפִי שֶׁנָּתַן אַהֲרֹן נַפְשׁוֹ עָלֶיהָ לְפִיכָךְ נִקְרֵאת עַל שְׁמוֹ, וְדִכְוָותָהּ (במדבר כה, יח) ״וְעַל דְּבַר כָּזְבִּי בַת נְשִׂיא מִדְיָן אֲחֹתָם״, וְכִי אֲחוֹתָם הָיְתָה, וַהֲלֹא בַּת אוּמָּתָן הָיְתָה, אֶלָּא לְפִי שֶׁנָּתְנָה נַפְשָׁהּ עַל אוּמָּתָהּ נִקְרֵאת אוּמָּתָהּ עַל שְׁמָהּ. [לד, כה] ״אִישׁ חַרְבּוֹ״,

עץ יוסף

מפני הסכנה. שמניעת חמין סכנה היא לו: **אם מפני הסכנה בו׳.** קושיא היא אם מפני הסכנה מתירין לו לרחוץ פשיטא, דהא אפילו לכתחילה מותר לחמם לו חמין לחולה שיש בו סכנה: **אלונטית.** בגד שמסתפגין בו: **ויתנה על גבי בריסו.** שמא ישפכו עליו ונמצא רוחץ בחמין בשבת שלא לרפואה, אבל חמין לרפואתו מותר: **אלא מותר.** צריך לשנות בברייתא נוטל אדם עריבה וכו׳, דאפילו לרחוץ בהן בשבת אין כאן איסור כיון שאינו רוחץ בהן כל גופו (קרבן העדה): (י) [ט] **אלא בני יעקב בו׳.** והכי קאמר אף על פי שהם בני יעקב לא עשו עצמן אלא כשמעון ולוי, דהיינו כשאר אנשים שאינם בניו לפי שלא נטלו עצה ממנו: **שלא נטלו עצה זה מזה.** משום דהוה סגי דלכתוב בני יעקב שמעון ולוי אבל שני למה לי, אלא לומר שלא היו שניהם כאחד בעצה אלא כל אחד לבדו (יפה תואר): **וכי אחות שניהם היתה.** רצונו לומר מיתורא דאחי דינה משמע דלא אתא אלא להודיע שהם לבדם אחיה (יפה תואר): **שנתן אהרן נפשו עליה.** כשנצטרעה, והיינו במה שאמר בי אדוני שפירוש בי ממש תחול בי מדת הדין ולא בה (יפה תואר): **שנתנה נפשה על אומתה.** בכדי להחטיא את ישראל ולהציל את עמה: **בני שלש עשרה שנה היו.** שאז הגיעו לכלל גבורת איש שנעשו בני שלש עשרה שנה. ולהודיע תוקף גבורתם כי אף בהיותם עוד צעירים בני שלש עשרה עם כל זה מלאה לבם ללחום נגד עיר מלאה (נזר הקודש):

פירוש מהרז״ו

אל רישא דקרא רפאות תהי לשרך: **לא יטול עריבה.** עיין שבת דף מ, ב: (י) **שלא נטלו עצה.** וכמו שנאמר (מט, ו) בסודם אל תבא נפשי ותרגם אונקלוס ברזיהון לא הות נפשי: **שמעון ולוי שלא בו׳.** דמלת שני מיותר להורות שהיו שנים בדרך זה ולא בעצה אחת [וכן כתב היפה תואר. אמנם מצינו בכמה מקומות דכתיב שני ודרשינן שיהיו דומים זה לזה וכמו (יומא סב, א) בשני השעירים ויש להאריך בזה] ועיין לעיל (ע, טו): **אחות כל השבטים.** מכילתא בשלח (פרשה י) פסוק ותקח מרים הנביאה ותנחומא שם (סימן י): **שנתן אהרן נפשו.** כן הובא גם במכילתא שם, אך בברייתא דל״ב מדות מדה ד׳ ובשמות רבה (א, כב) איתא שהתנבאה כשהיתה אחות אהרן [וכן הוא בפרק קמא דסוטה (יב, א) והמדרש חולק על זה. יפה תואר]: **בן י״ג שנה.** עיין לעיל (סג, י) על יעקב ועשו ושם נסמן, והחשבון שהרי יעקב היה בבית לבן עשרים שנה, וראובן נולד בשנה ח׳ להיותו שם, ז׳ השנים ושש שעבד בצאן הרי לראובן י״ג שנה לבד ז׳ חדשי הריון שכל השבטים נולדו לז׳ חדשים, ועוד י״ח חדש שהיו בסוכות לעיל (עח, טז) הרי י״ג וי״א חדשים, ושמעון לאחר ראובן בז׳ חדשים, הרי שמעון בן י״ג וד׳ חדשים, ולוי אחריו י״ג פחות ג׳ חדשים:

חידושי הרש״ש

[י] **שמעון ולוי שלא נטלו עצה זה מזה.** ואף שנצרכים לגופיה. יש לפרש שכוונו על דרך דאיתא בב״מ (פו, ב) מדטוב לדרשה רך נמי לדרשה וכ״כ הר׳ אליהו מזרחי, (ולפי מה שכתב בחידושי אגדות שם אין ראיה משם), וכהאי גוונא כתבו התוספות בבכורות (ה, ב ד״ה ורבי) דכעין בכור שני ושלישי יש לדרוש מן הראשון. (ובזה ישבתי קושיית התוספות בסוכה (לד, ב ד״ה ענף) וכן בנזיר (ה, ב) אמרינן ובר פדא כו׳ מדהוא למניינא כולהו נמי למניינא, אך רבי מאיר שם חולק עליו בזה, וכן בכריתות (ה, א) פריך הגמרא ואימא קלי דמייתר מיחייב כו׳ עיין שם. ונראה לי דזה תלוי בפלוגתא אי דורשין תחילות עיין סנהדרין (ג, ב) ובתוספות (ד״ה אין):

מסורת המדרש

יט. שבת דף מ׳:
כ. ילקוט כאן רמז קל״ה:

אם למקרא

וַתִּקַּח מִרְיָם הַנְּבִיאָה אֲחוֹת אַהֲרֹן אֶת הַתֹּף בְּיָדָהּ וַתֵּצֶאןָ כָל הַנָּשִׁים אַחֲרֶיהָ בְּתֻפִּים וּבִמְחֹלֹת: (שמות טו:כ)

כִּי צֹרְרִים הֵם לָכֶם בְּנִכְלֵיהֶם אֲשֶׁר נִכְּלוּ לָכֶם עַל דְּבַר פְּעוֹר וְעַל דְּבַר כָּזְבִּי בַת נְשִׂיא מִדְיָן אֲחֹתָם הַמֻּכָּה בְיוֹם הַמַּגֵּפָה עַל דְּבַר פְּעוֹר: (במדבר כה:יח)

ענף יוסף

(י) [ט] **שלא נטלו עצה זה מזה.** נראה לפרש דודאי שמעון ולוי היו בעצה אחת, והא דקאמרי שלא נטלו עצה זה מזה, הכי קאמר שגם משאר האחים לא נטלו עצה ולכך דקדק לומר שני בני יעקב שמעון ולוי לומר שהיו אלו שניהם לבד בעצה זו מבלי עצת שאר האחים (נזר הקודש): **אלא לפי שנתן אהרן נפשו עליה.** ואף על גב דהאי קרא כתיב אחר קריעת ים סוף, ומה שמסר נפשו עליה לא היה אלא אחר מעשה המתאוננים. יש לומר דאתיא כמאן דאמר דתורה חתומה ניתנה שלא נכתבה אלא בסוף הארבעים שנה (נזר הקודש):

רש״י

אלונטית. מטפחת בגד: **עריבה.** כלי של נחושת: **על גבי בריסו בשבת.** מפני הסכנה. **אבל חמין לרפואתו מותר:** (י) **שנתנה נפשה על אומתה.** שמסרה נפשה לזנות כדי שיכשלו בה ישראל ולנקום אומתה: **איש חרבו.** איש דורש בן י״ג למצות היו:

מתנות כהונה

מפני הסכנה. בירושלמי יליף ליה מדכתיב ביום השלישי בהיותם כואבים, כואב אינו אומר אלא כואבים, בשעה שכל אבריהם כאובים עליהם עכ״ל הירושלמי: **נעשה לו חמין.** בניחותא וכדמסיק ואזיל: **אלונתית.** בגד שמסתפקין בו אחר הרחיצה: [י] **וכי אחות שניהם בלבד היתה. שנתנו אלו נפשם.** גרסינן: **אחות שניהם.** של משה ואהרן: **על אומתה.** שמסרה עצמה לזנות ולהריגה בשביל להחטיא את ישראל שלא יבואו על אומתה: **בן שלשה עשר.** שאז נקרא איש חשוב למצות:

נחמד למראה

[י] **איש חרבו. רבי אלעזר אומר בן שלש עשרה שנה היו.** עד כאן. קשה טובא דאפילו דיכול להיות שמעון באותו פרק בן שלש עשרה שנה בצמצום, מכל מקום לוי לפי החשבון שאבאר לא היו לו כי אם שתים עשרה שנה וחצי בקירוב, והיכי קאמר רבי אלעזר דתרווייהו הוו בני שלש עשרה שנים וזה לא יתכן, וראיתי להרב יפה תואר וזה לשונו דאתא לאשמועינן שבאו לכלל אנשים שהיו בני שלש עשרה שמיד כשנשא יעקב את לאה הוליד את ראובן, וכשטיהרה מנדת לידתה הוליד את שמעון, וכן כשטיהרה מלידת שמעון הוליד ללוי ונולדו לשבעה חדשים, או למקוטעין, הרי ללוי בבית לבן עשתי עשרה שנים ושנתים שעמד בדרך הרי שלש עשרה עכ״ל. ובמסכת אבות (פ״ה מכ״א) תנן בן שלש עשרה למצות, וכתב על זה התוספות יום טוב וזה לשונו ולוי באותו פרק בן שלש עשרה שנה היה כשתחשוב שלש עשרה שנה שעשה יעקב עם לבן אחר שנשא את לאה וילדה אחר שתי שנים בקירוב שעלו בהריון לשלשת האחים ראובן שמעון ולוי לחשבון שבעה חדשים לכל אחד, נמצא לוי בן אחד עשרה שנה כשיצאו משם, הוסף עליהם ששה חדשים שעשה בדרך, ושמונה עשרה חדשים שעשה בסוכות קיץ וחורף וקיץ שהם שתי שנים, הרי לוי בן שלש עשרה שנים בלכתם לשכם ונקרא איש (לד, כה) רש״י, ולא דייק רש״י בפירושו פרשת וישב בפסוק (לז, לד) ויתאבל על בנו ימים רבים שפירש ששה חדשים בבית אל שהוא אחר מעשה שכם עד כאן לשון הרב תוספות יום טוב. ויש להפליא הפלא ופלא אם על רש״י ואם על הרב תוספות יום טוב והרב יפה תואר, שהרי בהדיא אמרינן בגמרא סוף פרק קמא דמגילה (יז, א) דבסוכות עשה שנה ומחצה ואחר מעשה שכם נסע לבית אל ששה חדשים, וכן איתא במדרש לעיל (עח, טז) נמצא שמשכם נסע לבית אל. וכך מפורש בתורה (לעיל לה, א) שאחר מעשה שכם אמר לו ה׳ קום עלה בית אל, ומדבריהם משמע שישיבת יעקב ששה חדשים בבית אל קדמה לישיבתו בסוכות שמונה עשר חדשים וזה אינו, ומה שיותר יש לתמוה הוא מה שכתב התוספות יום טוב ז״ל ולא דייק רש״י בפירושו

אשד הנחלים

[י] **שלא נטלו עצה מיעקב.** כלומר אף שהם בני יעקב בחיר האבות כמוהו, עם כל זה עשו מעצמם ולא שאלו דעת אביהם: **שמעון ולוי שלא נטלו עצה.** דייק מדכתיב שני בני יעקב, ושני למה לי, לומר שלא היו שנים בעצה אחת כי אם כל אחד לבדו (יפה תואר). או מדלא כתיב תחילה שהתייעצו יחד, כי אם שעלה (בכל דעת) [בדעת כל] אחד כמו בדעת חבירו: **נקראת על שמם.** כאלו הכתוב מצדיקם שרק הם אחי דינה, שבערה חמתם על בזיונה וחרפתה, וכן באהרן: **נפשה על אומתה.** בכדי להחטיא את ישראל, ולהציל את עמה על

The Midrash makes an observation based on the choice of words here:

רַבִּי אֶלְעָזָר אוֹמֵר: בֶּן שָׁלֹשׁ עֶשְׂרֵה שָׁנָה הָיוּ — **R' Elazar said:** The use of the word *man* here teaches us that **[Simeon and Levi] were thirteen years old** or older at this time.[115]

□ [וַיָּבֹאוּ עַל הָעִיר בֶּטַח] — *AND THEY CAME UPON THE CITY CONFIDENTLY.*]

שְׁמוּאֵל שָׁאַל לְלֵוִי בַּר סִיסִי, אָמַר לֵיהּ — **Shmuel asked** a question of **Levi bar Sisi, saying to him:** מַהוּ דֵין דִּכְתִיב "וַיָּבֹאוּ עַל הָעִיר בֶּטַח" — **What is** the meaning of **that which is written,** ***and they came upon the city confidently?***[116] אֲמַר לֵיהּ: בְּטוּחִים הָיוּ עַל כֹּחוֹ שֶׁל זָקֵן — **He replied to him: They had confidence in the strength of the elder,** i.e., Jacob.[117]

Although Simeon and Levi had confidence in the "strength" of Jacob, this did not mean that Jacob approved of their actions. The Midrash explains:

וְלֹא הָיָה יַעֲקֹב אָבִינוּ רוֹצֶה שֶׁיַּעֲשׂוּ בָנָיו אוֹתוֹ הַמַּעֲשֶׂה — **Jacob, however, did not want his sons to perform this act** of destroying Shechem. וְכֵיוָן שֶׁעָשׂוּ בָנָיו אוֹתוֹ מַעֲשֶׂה אָמַר: מָה אֲנִי מַנִּיחַ אֶת בָּנַי לִיפּוֹל בְּיַד אוּמּוֹת הָעוֹלָם — But after the fact, **once his sons did** indeed **perform this act, he said, "Shall I** sit idly by and **allow my sons to fall into the hands of the nations of the world** who may gather to attack them? Certainly not!" מֶה עָשָׂה — So **what did [Jacob] do?** נָטַל חַרְבּוֹ וְקַשְׁתּוֹ וְעָמַד לוֹ עַל פִּתְחָהּ שֶׁל שְׁכֶם, אָמַר — **He took his sword and his bow, and he stood by the entrance to Shechem and said,** אִם יָבוֹאוּ אוּמּוֹת הָעוֹלָם לְהִזְדַּוֵּוג לָהֶם לְבָנַי אֲנִי נִלְחָם כְּנֶגְדָּן — **"If the nations of the world come to engage [my sons] in battle, I will fight against them!"** הוּא דְּהוּא אָמַר לֵיהּ לְיוֹסֵף: "וַאֲנִי נָתַתִּי לְךָ שְׁכֶם אַחַד עַל אַחֶיךָ וְגוֹ'" — **And this is** the meaning of **what [Jacob]** later **said to Joseph,** ***"And as for me, I have given you Shechem***[118] *— one* portion *more than your brothers"* (below, 48:22). וְהֵיכָן מָצִינוּ שֶׁנָּטַל יַעֲקֹב אָבִינוּ חַרְבּוֹ וְקַשְׁתּוֹ בִּשְׁכֶם — **And where do we find that Jacob took his sword and his bow in Shechem?** שֶׁנֶּאֱמַר "אֲשֶׁר לָקַחְתִּי מִיַּד הָאֱמֹרִי בְּחַרְבִּי וּבְקַשְׁתִּי" — **For it is stated** (ibid.), ***which I took from the hand of the Amorite with my sword and with my bow.*** "וְאֶת חֲמוֹר וְאֶת שְׁכֶם בְּנוֹ וְגוֹ'" — And it is written further, ***And Hamor and Shechem his son*** *they killed at the point of a sword* (below, 34:26).[119]

וְאֶת חֲמוֹר וְאֶת שְׁכֶם בְּנוֹ הָרְגוּ לְפִי חָרֶב וַיִּקְחוּ אֶת דִּינָה מִבֵּית שְׁכֶם וַיֵּצֵאוּ.

And Hamor and Shechem his son they killed at the point of a sword. Then they took Dinah from Shechem's house and left (34:26).

§11 וַיִּקְחוּ אֶת דִּינָה — *THEN THEY TOOK DINAH FROM SHECHEM'S HOUSE AND LEFT.*

The Midrash expounds on the expression "they took Dinah":

רַבִּי יוּדָן אָמַר: גּוֹרְרִין בָּהּ וְיוֹצְאִין — **R' Yudan said: They dragged [Dinah] out** against her will **and left.**[120] אָמַר רַבִּי הוּנָא: הַנִּבְעֶלֶת לְעָרֵל קָשֶׁה לְפָרוֹשׁ — **R' Huna said:** When **a woman has cohabited with an uncircumcised one** [a reference to Shechem] **it is difficult** for her **to separate** herself from him. אָמַר רַבִּי הוּנָא: אָמְרָה: וַאֲנִי אָנֶה אוֹלִיךְ אֶת חֶרְפָּתִי — **R' Huna** also **said: [Dinah] told** Simeon and Levi, **"To where shall I take my shame?**[121] Therefore, it is better that I should remain in Shechem!"

NOTES

115. Although Jacob left Laban's house just thirteen years after marrying Leah (see above, 31:41), and Leah bore Jacob two other sons before Levi, nevertheless our verse — by using the word *man* — teaches us that by this time Levi (and certainly Simeon) must have reached the age of manhood (13). [See *Machzor Vitri* and *Tosfos Yom Tov* on *Avos* 5: 21 for the exact calculation.] The point is that Levi, as an adult, was responsible for his actions, and it was thus appropriate that Jacob reprimanded and cursed him (see below, 49:7) for his conduct in this incident (*Yefeh To'ar*).

[It is interesting to note that according to some (see *Rashi* on *Avos* ad loc. and on *Nazir* 29b) it is from our verse that it is derived that thirteen is the age of halachic majority for a boy.]

116. I.e., what was the source of their great confidence in the ability of the two of them to overpower an entire city — their weakened state notwithstanding — and the inhabitants of the neighboring cities who would surely (see below, v. 30) come to their aid? (*Yefeh To'ar*).

117. I.e., they were confident that God would perform a miracle in order to save them from harm in the merit of Jacob (*Eitz Yosef*). Alternatively, they relied on Jacob's *physical* strength to protect them (as in fact he did), as expounded in the Midrash below (*Matnos Kehunah*).

118. The word שְׁכֶם in this verse is often interpreted as "portion." However, the Midrash here is interpreting the word to refer to the *city* of Shechem. That Jacob had the right to give Shechem away to Joseph is because he was instrumental in its capture, as the Midrash proceeds to prove.

119. It is unclear what relevance this verse has to the rest of the Midrash. *Matnos Kehunah* (who adds וגו' to the end of the verse) suggests that the Midrash is making a connection between the end of the verse (*they killed at the point of a sword*) and *which I took from the hand of the Amorite with my sword and with my bow.* [In some Midrash editions this verse is not written here as the conclusion of §10, but as part of the start of §11.]

120. By stating *they took Dinah from Shechem's house,* instead of simply stating, *and Dinah left Shechem's house,* the verse implies that she did not leave willingly, but rather was forced to go against her will, for reasons the Midrash will soon explain (*Matnos Kehunah;* see *Eitz Yosef*). Alternatively, the Midrash concludes that Dinah had to be removed forcibly because of the word וַיֵּצֵאוּ, *and they left,* which appears to be superfluous after having already stated *Then they took Dinah from Shechem's house* (*Yefeh To'ar*).

121. This exclamation of despair is quoted from *II Samuel* 13:13. Dinah was concerned that wherever she might go her disgrace would accompany her, and no one would want to marry her (*Eitz Yosef*). See Insight Ⓐ.

INSIGHTS

Ⓐ **The Power of Persuasion** Whatever reasons the Midrash attributes to Dinah for wanting to remain with the people of Shechem seem woefully inadequate to account for how Jacob's daughter would prefer to remain with her abductors rather than to return to her father's home. The idea is simply staggering. *R' Yeruchem Levovitz* sees a profound psychological principle at work here, which has great relevance for all.

There is a great and sometimes overpowering force that is part of the human condition: this is the power of פִּתּוּי, *persuasion,* or *seduction.* It speaks to the "heart" — and it bypasses the brain. Reason is nearly powerless against it. R' Yeruchem gives a prosaic example familiar to all.

A man walks into a store to buy some fabric. He looks at some samples and, unimpressed, he decides to leave. The owner rushes over and the pitch begins. He holds up one sample and extols its virtues and its beauty. And the price — for no one other than this particular customer would he offer the fabric at this absurdly low price. Why, he is giving it to him virtually at cost! The customer knows full well that these are simply the tricks of the trade and that these assertions have no real substance. But he gets caught up in the sweet talk, and almost before he knows it, the fabric is wrapped, bought, and paid for. Moments later in the street, he feels like such a fool for having being taken in once again. But at the time, he felt powerless to resist. This is the power of seduction.

When Shechem took Dinah, *he spoke to the heart of the maiden* (above, verse 3). All his powers of persuasion were marshaled. And now, even after Shechem and all the menfolk of the city had been

רַבִּי אֶלְעָזָר אוֹמֵר: בֶּן שְׁלֹשׁ עֶשְׂרֵה שָׁנָה הָיוּ. שְׁמוּאֵל שָׁאַל לְלֵוִי בַּר סִיסִי, אֲמַר לֵיהּ: מַהוּ דֵין דִּכְתִיב [שם] "וַיָּבֹאוּ עַל הָעִיר בֶּטַח", אֲמַר לֵיהּ: בְּטוּחִים הָיוּ עַל כֹּחוֹ שֶׁל זָקֵן, וְלֹא הָיָה יַעֲקֹב אָבִינוּ רוֹצֶה שֶׁיַּעֲשׂוּ בָנָיו אוֹתוֹ הַמַּעֲשֶׂה, וְכֵיוָן שֶׁעָשׂוּ בָנָיו אוֹתוֹ מַעֲשֶׂה אָמַר: מָה אֲנִי מַנִּיחַ אֶת בָּנַי לִיפּוֹל בְּיַד אוּמּוֹת הָעוֹלָם, מֶה עָשָׂה, נָטַל חַרְבּוֹ וְקַשְׁתּוֹ וְעָמַד לוֹ עַל פִּתְחָהּ שֶׁל שְׁכֶם, אָמַר: אִם יָבוֹאוּ אוּמּוֹת הָעוֹלָם לְהִזְדַּוֵּוג לָהֶם לְבָנַי אֲנִי נִלְחָם כְּנֶגְדָּן, הוּא דְהוּא אֲמַר לֵיהּ לְיוֹסֵף: (לקמן מח, כב) "וַאֲנִי נָתַתִּי לְךָ שְׁכֶם אַחַד עַל אַחֶיךָ וְגוֹ'", וְהֵיכָן מָצִינוּ שֶׁנָּטַל יַעֲקֹב אָבִינוּ חַרְבּוֹ וְקַשְׁתּוֹ בִּשְׁכֶם, שֶׁנֶּאֱמַר (שם) "אֲשֶׁר לָקַחְתִּי מִיַּד הָאֱמֹרִי בְּחַרְבִּי וּבְקַשְׁתִּי", "וְאֶת חֲמוֹר וְאֶת שְׁכֶם בְּנוֹ וְגוֹ'":

יא [לד, כו] "וַיִּקְחוּ אֶת דִּינָה", [כא]רַבִּי יוּדָן אָמַר: גּוֹרְרִין בָּהּ וְיוֹצְאִין, אָמַר רַבִּי הוּנָא: הַנִּבְעֶלֶת לְעָרֵל קָשֶׁה לִפְרוֹשׁ, אָמַר רַבִּי הוּנָא: אָמְרָה: וַאֲנִי אָנָה אוֹלִיךְ אֶת חֶרְפָּתִי, עַד שֶׁנִּשְׁבַּע לָהּ שִׁמְעוֹן שֶׁהוּא נוֹטְלָהּ, הָדָא הוּא דִכְתִיב (לקמן מו, י) "וְשָׁאוּל בֶּן הַכְּנַעֲנִית", בֶּן דִּינָה שֶׁנִּבְעֲלָה לִכְנַעֲנִי, רַבִּי יְהוּדָה וְרַבִּי נְחֶמְיָה וְרַבָּנָן, רַבִּי יְהוּדָה אָמַר: [כב]שֶׁעָשְׂתָה כְּמַעֲשֵׂה כְּנַעֲנִים, רַבִּי נְחֶמְיָה אָמַר: שֶׁנִּבְעֲלָה מֵחִוִּי שֶׁהוּא בִּכְלַל כְּנַעֲנִים, וְרַבָּנָן אָמְרֵי: נְטָלָהּ שִׁמְעוֹן וּקְבָרָהּ בְּאֶרֶץ כְּנַעַן:

עץ יוסף

בטוחים היו כו'. שהיו בטוחים על זכות אביהם שיעשה להם נס. ומתחלה לא אבו להלחם ולבטוח על יעקב, שהבינו שלא יחפוץ אביהם בזה, רק אחר כך בכדי שלא יהרגו מהגוים אשר סביבותיהם שיתקבצו עליהם בטחו על כחו של זקן. וזה שמסיים ולא כו' רוצה כו': **ולא היה אבינו כו'.** כלומר אף על פי שבטחו בזכות אביהם אין זה מפני שברצון אביהם היו עושים כן, אלא שלא ברצונו עשו. וכשראה אביהם שבניו בסכנה שם נפשו עליהם, ואמר אם יבואו וכו' אני נלחם כנגדם (יפה תואר): **(יא) [י] גוררין בה.** ויקחו את דינה וגו' משמע שלקחוה בעל כרחה שלא היתה רוצה לצאת מהטעמים דבסמוך: **קשה לפרוש.** דילרא אלבשה טפי (עיין כתובות נא, ב), ולהכי היתה רוצה להשאר בין הנכרים (יפה תואר): **ואני אנה אוליך את חרפתי.** שאהיה לשמצה ומי ישאני. ולזה טוב לי להשאר בין העמים: **במעשה בנעניים.** כלומר שנעשה בה מעשה כנעניים, דהיינו זנות כמעשה ארץ כנען כו' (ויקרא יח, ג). ואף על פי שזו לא היתה ערוה, מכל מקום כל מין זנות מתיחס אליהם שהם שטופים בו (יפה תואר): **וקברה בארץ בנען.** ואף על פי שירדה עמהם למצרים, אפשר שאחרי מותה העלה אותה שמעון ממצרים, שחמל עליה על שהיא אחותו, שהארץ מכפרת כמו שאמר לעיל וכפר אדמתו עמו. או שרצה שתהיה נקברת עם כל השבטים בארץ ישראל, כי ידע שעצמות כל השבטים יעלו בני ישראל ממצרים (יפה תואר):

פירוש מהרז"ו

נטל חרב כו'. בספר הישר, ובילקוט (רמז קלג) מבואר באופן אחר, שאחר ז' שנים שנסע יעקב משכם לבית אל חזר עוד הפעם לשכם ואז נתאספו מלכי כנען ויצא יעקב להזדווג להם ועיין לקמן סוף פרשה צ"ז, ורומז למה שאמר כאן: **(יא) שהוא נוטלה.** עיין לעיל (עו, ט) דנסבת לאיוב, ומדרשים חלוקים הם: **ושאול בן הכנענית.** לקמן בפרשת ויגש, ואיך יקח שמעון כנענית, על כן דרש על דינה, אך הרי כתיב בן חמור החוי ולזה אמר שעשה מעשה כנען, כמו שנאמר בסדר אחרי מות (ויקרא יח, ג) כמעשה ארץ כנען כו', ובילקוט (רמז קלה) הגירסא שעשתה כמעשה כנען.

חידושי הרש"ש

[יא] שעשה במעשה בנענים. צריך לומר שעשתה וכן הובא בילקוט (רמז קלה), ועיין סנהדרין (פב, ב): **וקברה בארץ בנען.** עיין מתנות כהונה שפירש כי שם מתה כו'. ודבריו תמוהין שהרי דינה היתה בחשבון שבעים נפש שירדו למצרים בפרשת ויגש. וראיתי ברמב"ן (בראשית לד, יב) שכתב ויתכן כי העלה שמעון עצמותיה כו' עיין שם (וכן הוא ביפה תואר):

אמרי יושר

[יא] ויקחו את דינה. כל מקום שנאמר קיחה באנשים יפרשו קיחה בדברים ופיוס אף על פי שלא ירצה האחר. וטעם ההפצר היא או שהנבעלת לערל קשה לפרוש הימנו וזהו לא נוכל לתת את אחותינו לאיש אשר לו ערלה כי תמשך אחריו. או שאמרה אנה הוליך את חרפתי: **שעשתה במעשה בנען.** שיצתה על פי חוץ כי מהכנעניות למדה, זהו ותצא לפי שהיתה בת לאה יצאנית ולזה לא ייחסה ליעקב כנהוג ואת דינה בתו גם לראות בבנות הארץ שראת[ה] הבנות יוצאות הנה והנה לזה אף על פי שהיתה בת לאה החברה נצחה את התולדה:

מסורת המדרש

כא. ילקוט כאן רמז קל"ה:
כב. סנהדרין דף פ"ב:

אם למקרא

וַאֲנִי נָתַתִּי לְךָ שְׁכֶם אַחַד עַל אַחֶיךָ אֲשֶׁר לָקַחְתִּי מִיַּד הָאֱמֹרִי בְּחַרְבִּי וּבְקַשְׁתִּי: (בראשית מח:כב)

וּבְנֵי שִׁמְעוֹן יְמוּאֵל וְיָמִין וְאֹהַד וְיָכִין וְצֹחַר וְשָׁאוּל בֶּן הַכְּנַעֲנִית: (שם מו:י)

ענף יוסף

(יא) [י] אמר רב הונא אמרה ואני אנה אוליך את חרפתי. רב הונא גופיה קאמר הנבעלת לערל קשה לפרוש הימנו, אלא דודאי תכסה כלימה פניה לומר שרצה לעמוד שם בלתי טעם, לכן נתנה טעם משום אנה אוליך את חרפתי (יפה תואר):

רש"י

(יא) כך אמרה ואני אנה אוליך חרפתי ולא בקשה לצאת עד שנשבע לה שמעון וכו': וקברה בארץ כנען. לכך קראה הכנענית (לקמן מו, י):

מתנות כהונה

בחו. משמע כחו וגבורתו ממש וכדמפרש ואזיל: **ועמד לו.** גרסינן: **על אחיך וגו'.** גרסינן. וסיפיה דקרא בחרבי ובקשתי: **ואת שכם בנו וגו'.** גרסינן. ודייק מדכתיב כאן לפי חרב, והתם כתיב בחרבי. ובילקוט (רמז קלג) לא גרס ליה: **[יא] גוררין בה.** היו גוררין אותה בעל כרחה, ודייק מדכתיב ויקחו וגו' והוה ליה למימר ותצא דינה מבית שכם, שמע מיניה שלקחו אותה שלא בטובתה: **ואני אנה וגו'.** לישנא דקרא נקט גבי תמר אחות אבשלום (שמואל ב' יג, יג): **נוטלה.** נושא אותה לאשה, וקודם מתן תורה הותרו את האחות: **וקברה בארץ בנען.** כי שם מתה וזולתה לא מת אחד מבני יעקב בארץ כנען, ועל שם כך נקרא הכנענית:

נחמד למראה

פרשת וישב בפסוק ויתאבל על בנו וגו' והוא פלא, דמה שכתב בפרשת וישב הוא אמת ויציב, ואם תאמר ואיך רש"י סותר את עצמו בפירושו למסכת אבות והוא נגד גמרא ערוכה, ונראה לעניות דעתי שנזדמנה להרב תוספות יום טוב נוסחא משובשת בפירוש רש"י דאבות, והנוסחא האמיתית היא הכתובה בספר מדרש שמואל על מסכת אבות וזה לשונו ואינו קרוי איש עד שהוא בן שלש עשרה וכדאשכחן התם ויקחו שני בני יעקב שמעון ולוי אחי דינה איש חרבו ואז היה לוי בן שלש עשרה שנה כשתחשוב שתי שנים שעשה יעקב בבית אל עכ"ל, הרי לך שלא כתב שבית אל קדם לישיבתו לסוכות, אף על פי שקשה מה שכתב שישב שתי שנים בבית אל, אבל התמיהה קיימת על הרב תוספות יום טוב ויפה תואר. ומעתה לפום סוגיא הנזכרת כך הוא החשבון, שלש עשרה שנה שהה בבית לבן אחר שבע שנים שעבד, ושמונה עשר חדשים שעשה בסוכות, ועוד איזה ימים בהליכתו לשכם עד שאירע מעשה דינה, ועיין במהרש"א בעין יעקב סוף פרק קמא דמגילה (יז, א), סך הכל ארבע עשרה שנה ומחצה ועוד איזה ימים מועטים, לא מהם שנה וחצי ואיזה ימים ללידת ראובן שמעון ולוי שילדתם לשבעה חדשים מקוטעין, תמצא שעל צד הדוחק היה לוי באותו זמן בן שלש עשרה שנים מצומצמים, ובזה אתי שפיר מה שפירש"י בנוסחא זו האמיתית, ואז היה לוי בן שלש עשרה שנה, ואם כן שפיר קאמר רבי אלעזר בן שלש עשרה שנה היה שאפילו לוי היה בן שלש עשרה:

אשד הנחלים

ידי זה: **בטוחים היו.** דאי אפשר לומר מפני היותם כואבים, דעל כל פנים היו צריכים לירא מפני אחרית הזמן עת שיתרפאו, כי איך לא ישמעו עובדי כוכבים סביבותם ויתקבצו עליהם, אלא ודאי שבטחו על כחו של זקן. ומתחילה לא אבו להלחם עמהם סתם ולבטוח על יעקב, שהבינו שלא יחפוץ אביהם בזה, רק אח"כ בכדי שלא יהרגו כי בודאי יעמדו כנגדם, וזה שמסיים ולא כו' רוצה כו': **על פתחה.** בכדי שישמעו הדרים סביבם ויפחדו: **שכם אחד.** וסופו אשר לקחתי מיד האמורי בחרבי ובקשתי. ובאורו אני נתתי לך הכח משכם האחד אשר הצלתי אותם ע"י חרבי: **[יא] אמרה ואני אנה.** כלומר לא מפני שדבקה נפשה בו, כי אם מרוב הבושה לא רצתה כמעט להלוך אתם, כי מי יקחנה, וזהו ויקחו שעשו ליקוחין לה: **במעשה כנענים.** אולי הגרסא הנכונה שעשת ומוסב על דינה, או באורו על שמעון, שהרג נפשות רבות כמעשיהם: **וקברה בארץ כנען.** שהארץ מכפרת על כל, כמו שכתוב (דברים לב, מג) וכיפר אדמתו עמו:

עַד שֶׁנִּשְׁבַּע לָהּ שִׁמְעוֹן שֶׁהוּא נוֹטְלָהּ — Dinah persisted in her refusal to leave Shechem **until Simeon swore to her that he would take her** for his own wife.[122]

הָדָא הוּא דִכְתִיב ״וְשָׁאוּל בֶּן הַכְּנַעֲנִית״, בֶּן דִּינָה שֶׁנִּבְעֲלָה לִכְנַעֲנִי — **Thus it is written** regarding one of Simeon's sons, ***and Saul, son of the Canaanite woman*** (below, 46:10), by which Scripture means to allude that Simeon's son Saul was also the **son of Dinah, who** is called "the Canaanite woman" because she had once **cohabited with a Canaanite,** Shechem.[123]

The Midrash presents three different opinions as to why Dinah is referred to in the above verse as a *Canaanite woman*:

רַבִּי יְהוּדָה וְרַבִּי נְחֶמְיָה וְרַבָּנָן — **R' Yehudah, R' Nechemyah, and the** other **Rabbis** each expound the label *Canaanite woman* given to Dinah in the above verse: רַבִּי יְהוּדָה אָמַר: שֶׁעָשְׂתָה כְּמַעֲשֵׂה כְנַעֲנִים — **R' Yehudah said:** Dinah is referred to as a Canaanite because **she engaged in an act of Canaanites.**[124] רַבִּי נְחֶמְיָה אָמַר: שֶׁנִּבְעֲלָה מֵחִוִּי שֶׁהוּא בִּכְלַל כְּנַעֲנִים — **R' Nechemyah said:** The verse calls her a *Canaanite woman* **because she cohabited with a Hivvite,**[125] the Hivvites being a nation **that is included among the Canaanites.**[126] וְרַבָּנָן אָמְרֵי: נְטָלָהּ שִׁמְעוֹן וּקְבָרָהּ בְּאֶרֶץ כְּנָעַן — **And the** other **Rabbis said:** Dinah is referred to as a *Canaanite woman* because after her death (in Egypt)[127] **Simeon took her** remains out from there **and buried her in the land of Canaan.**[128]

NOTES

122. Although they were brother and sister, the prohibition of such a union did not go into effect until after the Torah was given at Sinai (*Matnos Kehunah*). [It is in fact a matter of dispute in the Gemara (*Sanhedrin* 58a) whether or not a Noahide is permitted to marry his full sister.]

123. It is inconceivable that the verse means that Simeon married an actual Canaanite woman, for he surely would not have violated the principles of his grandfather Isaac and his great-grandfather Abraham, who were both opposed to their children marrying Canaanites [see above, 24:3; 28:1] (*Eitz Yosef*, Vagshal ed.).

124. Promiscuous behavior is referred to as "an act of Canaanites," based on the Torah's warning, *Do not perform . . . the practices of the land of Canaan to which I bring you* (*Leviticus* 18:3), referring to the immoral acts described there (*Yefeh To'ar*).

125. I.e., Shechem, whom Scripture describes as a Hivvite (above, v. 2). This interpretation of "the Canaanite woman" coincides with that of R' Huna above (*Yefeh To'ar*).

126. See above, 10:17.

127. For Dinah was among the seventy individuals of Jacob's home who descended into Egypt (see below, 46:15,26-27).

128. Because Dinah was his sister, Simeon performed this kindness for her, so that she should benefit from the atonement that burial in the land of Canaan offers the deceased (see *Kesubos* 111a s.v. כל הקבור בארץ ישראל וגו׳, with *Maharsha* ad loc.). Alternatively, Simeon knew that eventually the remains of all of the tribes would be taken out of Egypt for burial in the land of Canaan. As such, he felt that his sister should be buried there, as well (*Eitz Yosef*). [Others, however, maintain that although Dinah did descend into Egypt, she returned to *live* in the land of Canaan (where she was ultimately buried by Simeon) — and it is because of this that she (as opposed to her brothers) is given the title "Canaanite" (*Matnos Kehunah*).]

INSIGHTS

killed, Dinah still was held prisoner by thoughts that painted a bleaker picture of her returning home than her remaining where she was.

We are all prey to this force. But there are ways to combat it. Our forefather Abraham (above, 14:22-23) declared an oath *to HASHEM, the Supreme God, Maker of heaven and earth* that he would not take so much *as a thread, to a shoestrap* from the king of Sodom. And the Sages comment on this: "We find that all righteous people subject their natural impulses to oaths not to do [evil]" (*Sifri, Va'eschanan* §8, cited by *Ramban* on those verses). Abraham did not combat the seduction of financial gain with reason; he did so with an oath (*Daas Torah, Bereishis*, pp. 211-212).

It is only by taking tried and true Torah measures to heart that we can resist those powers that would speak to our heart and circumvent reason.

רַבִּי אֶלְעָזָר אוֹמֵר: בֶּן שְׁלֹשׁ עֶשְׂרֵה שָׁנָה הָיוּ. שְׁמוּאֵל שָׁאַל לְלֵוִי בַּר סִיסִי, אֲמַר לֵיהּ: מַהוּ דֵין דִּכְתִיב [שם] "וַיָּבֹאוּ עַל הָעִיר בֶּטַח", אֲמַר לֵיהּ: בְּטוּחִים הָיוּ עַל כֹּחוֹ שֶׁל זָקֵן, וְלֹא הָיָה יַעֲקֹב אָבִינוּ רוֹצֶה שֶׁיַּעֲשׂוּ בָנָיו אוֹתוֹ הַמַּעֲשֶׂה, וְכֵיוָן שֶׁעָשׂוּ בָנָיו אוֹתוֹ מַעֲשֶׂה אָמַר: מָה אֲנִי מַנִּיחַ אֶת בָּנַי לִיפּוֹל בְּיַד אוּמּוֹת הָעוֹלָם, מֶה עָשָׂה, נָטַל חַרְבּוֹ וְקַשְׁתּוֹ וְעָמַד לוֹ עַל פִּתְחָהּ שֶׁל שְׁכֶם, אָמַר: אִם יָבוֹאוּ אוּמּוֹת הָעוֹלָם לְהִזְדַּוֵּוג לָהֶם לְבָנַי אֲנִי נִלְחָם כְּנֶגְדָּן, הוּא דְהוּא אֲמַר לֵיהּ לְיוֹסֵף: (לקמן מח, כב) "וַאֲנִי נָתַתִּי לְךָ שְׁכֶם אַחַד עַל אַחֶיךָ וְגוֹ' ", וְהֵיכָן מָצִינוּ שֶׁנָּטַל יַעֲקֹב אָבִינוּ חַרְבּוֹ וְקַשְׁתּוֹ בִּשְׁכֶם, שֶׁנֶּאֱמַר (שם) "אֲשֶׁר לָקַחְתִּי מִיַּד הָאֱמֹרִי בְּחַרְבִּי וּבְקַשְׁתִּי", "וְאֶת חֲמוֹר וְאֶת שְׁכֶם בְּנוֹ וְגוֹ' ":

יא [לד, כו] "וַיִּקְחוּ אֶת דִּינָה", [כא]רַבִּי יוּדָן אָמַר: גּוֹרְרִין בָּהּ וְיוֹצְאִין, אָמַר רַבִּי הוּנָא: הַנִּבְעֶלֶת לְעָרֵל קָשֶׁה לִפְרוֹשׁ, אָמַר רַבִּי הוּנָא: אָמְרָה: וַאֲנִי אָנָה אוֹלִיךְ אֶת חֶרְפָּתִי, עַד שֶׁנִּשְׁבַּע לָהּ שִׁמְעוֹן שֶׁהוּא נוֹטְלָהּ, הָדָא הוּא דִכְתִיב (לקמן מו, י) "וְשָׁאוּל בֶּן הַכְּנַעֲנִית", בֶּן דִּינָה שֶׁנִּבְעֲלָה לִכְנַעֲנִי, רַבִּי יְהוּדָה וְרַבִּי נְחֶמְיָה וְרַבָּנָן, רַבִּי יְהוּדָה אָמַר: [כב]שֶׁעָשְׂתָה כְּמַעֲשֵׂה כְנַעֲנִים, רַבִּי נְחֶמְיָה אָמַר: שֶׁנִּבְעֲלָה מֵחִוִּי שֶׁהוּא בִּכְלַל כְּנַעֲנִים, וְרַבָּנָן אָמְרֵי: נְטָלָהּ שִׁמְעוֹן וּקְבָרָהּ בְּאֶרֶץ כְּנָעַן:

עץ יוסף

בטוחים היו כו'. שהיו בטוחים על זכות אביהם שיעשה להם נס. ומתחלה לא אבו להלחם ולבטוח על יעקב, שהבינו שלא יחפוץ אביהם בזה, רק אחר כך בכדי שלא יהרגו מהגוים אשר סביבותיהם שיתקבצו עליהם בטחו על כחו של זקן. וזה שמסיים ולא כו' רוצה כו': **ולא היה אבינו כו'.** כלומר אף על פי שבטחו בזכות אביהם אין זה מפני שברצון אביהם היו עושים כן, אלא שלא ברצונו עשו. וכשראה אביהם שבניו בסכנה שם נפשו עליהם, ואמר אם יבואו וכו' אני נלחם כנגדם (יפה תואר): **(יא) [י] גוררין בה.** ויקחו את דינה וגו' משמע שלקחוה בעל כרחה שלא היתה רוצה לצאת מהטעמים דבסמוך: **קשה לפרוש.** דיצרא אלבשה טפי (עיין כתובות נא, ב), ולהכי היתה רוצה להשאר בין הנכרים (יפה תואר): **ואני אנה אוליך את חרפתי.** שאהיה לשמצא ומי ישאני. ולזה טוב לי להשאר בין העמים: **במעשה בנעניים.** כלומר שנעשה בה מעשה כנעניים, דהיינו זנות כמעשה ארץ כנען כו' (ויקרא יח, ג). ואף על פי שזו לא היתה ערוה, מכל מקום כל מין זנות מתיחס אליהם שהם שטופים בו (יפה תואר): **וקברה בארץ בנען.** ואף על פי שירדה עמהם למצרים, אפשר שאחרי מותה העלה אותה שמעון ממצרים, שחמל עליה על שהיא אחותו, שהארץ מכפרת כמו שאמר לעיל וכפר אדמתו עמו. או שרצה שתהיה נקברת עם כל השבטים בארץ ישראל, כי ידע שעצמות כל השבטים יעלו בני ישראל ממצרים (יפה תואר):

פירוש מהרז"ו

נטל חרב כו'. בספר הישר, ובילקוט (רמז קלג) מבואר באופן אחר, שאחר ז' שנים שנסע יעקב משכם לבית אביו חזר עוד הפעם לשכם ואז נתאספו מלכי כנען ויצא יעקב להזדווג להם ועיין לקמן סוף פרשה צ"ז, ורומז למה שאמר כאן: **(יא) שהוא נוטלה.** עיין לעיל (עו, ט) דנסבת לאיוב, ומדרשים חלוקים הם: **ושאול בן הכנענית.** לקמן בפרשת ויגש, ואיך יקח שמעון כנענית, על כן דרש על דינה, אך הרי כתיב בן חמור החוי ולזה אמר שעשה מעשה כנען, כמו שנאמר בסדר אחרי מות (ויקרא יח, ג) כמעשה ארץ כנען כו', ובילקוט (רמז קלה) הגירסא שעשתה כמעשה כנען.

חידושי הרש"ש

[יא] **שעשה במעשה בנענים.** צריך לומר שעשתה וכן הובא בילקוט (רמז קלה), ועיין סנהדרין (פב, ב): **וקברה בארץ בנען.** עיין מתנות כהונה שפירש כי שם מתה כו'. ודבריו תמוהין שהרי דינה היתה בחשבון שבעים נפש שירדו למצרים בפרשת ויגש. וראיתי ברמב"ן (בראשית לד, יב) שכתב ויתכן כי העלה שמעון עצמותיה כו' עיין שם (וכן הוא ביפה תואר):

אמרי יושר

[יא] **ויקחו את דינה.** כל מקום שנאמר קיחה באנשים יפרשו קיחה בדברים ופיוס אף על פי שלא ירצה האחר. וטעם ההפצר היא או שהנבעלת לערל קשה לפרוש הימנו והוא לא נוכל לתת את אחותינו לאיש אשר לו ערלה כי תמשך אחריו. או שאמרה אנה הוליך את חרפתי: **שעשתה במעשה בנען.** שיצאה על פני חוץ כי מהכנעניות למדה, זהו ותצא לפי שהיתה בת לאה יצאנית ולזה לא ייחסה ליעקב כנהוג ואת דינה בתו גם לראות בבנות הארץ שראת[ה] הבנות יוצאות הנה והנה לזה אף על פי שהיתה בת לאה החברה נגחה את התולדה:

מסורת המדרש

כא. ילקוט כאן רמז קל"ה:

כב. סנהדרין דף פ"ב:

אם למקרא

וַאֲנִי נָתַתִּי לְךָ שְׁכֶם אַחַד עַל אַחֶיךָ אֲשֶׁר לָקַחְתִּי מִיַּד הָאֱמֹרִי בְּחַרְבִּי וּבְקַשְׁתִּי: (בראשית מח:כב)

וּבְנֵי שִׁמְעוֹן יְמוּאֵל וְיָמִין וְאֹהַד וְיָכִין וְצֹחַר וְשָׁאוּל בֶּן הַכְּנַעֲנִית: (שם מו:י)

ענף יוסף

(יא) [י] **אמר רב הונא אמרה ואני אנה אוליך את חרפתי.** רב הונא גופיה קאמר הנבעלת לערל קשה לפרוש הימנו, אלא דודאי תכסה כלימה פניה לומר שאמרה לעמוד שם בלתי טעם, לכן נתנה טעם משום אנה אוליך את חרפתי (יפה תואר):

רש"י

(יא) כך אמרה ואני אנה אוליך חרפתי ולא בקשה לצאת עד שנשבע לה שמעון וכו': וקברה בארץ כנען. לכך קראה הכנענית (לקמן מו, י):

מתנות כהונה

בחו. משמע כחו וגבורתו ממש וכדמפרש ואזיל: **ועמד לו.** גרסינן: **על אחיך וגו'.** גרסינן. וסיפיה דקרא בחרבי ובקשתי: **ואת שכם בנו וגו'.** גרסינן. ודייק מדכתיב כאן לפי חרב, והתם כתיב בחרבי. ובילקוט (רמז קלג) לא גרס ליה: **[יא] גוררין בה.** היו גוררין אותה בעל כרחה, ודייק מדכתיב ויקחו וגו' והוה ליה למימר ותצא דינה מבית שכם, שמע מיניה שלקחו אותה שלא בטובתה: **ואני אנה וגו'.** לישנא דקרא נקט גבי תמר אחות אבשלום (שמואל ב' יג, יג): **נוטלה.** נושא אותה לאשה, וקודם מתן תורה הותרו אח ואחות: **וקברה בארץ בנען.** כי שם מתה וזולתה לא מת אחד מבני יעקב בארץ כנען, ועל שם כך נקרא הכנענית:

נחמד למראה

פרשת וישב בפסוק ויתאבל על בנו וגו' והוא פלא, דמה שכתב בפרשת וישב הוא אמת ויציב, ואם תאמר ואיך רש"י סותר את עצמו בפירושו למסכת אבות והוא נגד גמרא ערוכה, ונראה לעניות דעתי שנזדמנה להרב תוספות יום טוב נוסחא משובשת בפירוש רש"י דאבות, והנוסחא האמיתית היא הכתובה בספר מדרש שמואל על מסכת אבות וזה לשונו ואינו קרוי איש עד שהוא בן שלש עשרה וכדאשכחן התם ויקחו שני בני יעקב שמעון ולוי אחי דינה איש חרבו ואז היה לוי בן שלש עשרה שנה כשתחשוב שתי שנים שעשה יעקב בבית אל עכ"ל, הרי לך שלא כתב שבית אל קדם לישיבתו לסוכות, אף על פי שקשה מה שכתב שישב שתי שנים בבית אל, אבל התמיהה קיימת על הרב תוספות יום טוב ויפה תואר. ומעתה לפום סוגיא הנזכרת כך הוא החשבון, שלש עשרה שנה שהה בבית לבן אחר שבע שנים שעבד, ושמונה עשר חדשים שעשה בסוכות, ועוד איזה ימים בהליכתו לשכם עד שאירע מעשה דינה, ועיין במהרש"א בענין יעקב סוף פרק קמא דמגילה (יז, א), סך הכל ארבע עשרה שנה ומחצה ועוד איזה ימים מועטים, לא מהם שנה וחצי ואיזה ימים ללידת ראובן שמעון ולוי שילדתם לשבעה חדשים מקוטעין, תמצא שעל צד הדוחק היה לוי באותו זמן בן שלש עשרה שנים מצומצמים, ובזה אתי שפיר מה שפירש"י בנוסחא זו האמיתית, ואז היה לוי בן שלש עשרה שנה, ואם כן שפיר קאמר רבי אלעזר בן שלש עשרה שנה היה שאפילו לוי היה בן שלש עשרה:

אשר הנחלים

ידי זה: **בטוחים היו.** דאי אפשר לומר מפני היותם כואבים, דעל כל פנים היו צריכים לירא מפני אחרית הזמן עת שיתרפאו, כי איך לא ישמעו עובדי כוכבים סביבותם ויתקבצו עליהם, אלא ודאי שבטחו על כחו של זקן. ומתחילה לא אבו להלחם עמהם סתם ולבטוח על יעקב, שהבינו שלא יחפוץ אביהם בזה, רק אח"כ בכדי שלא יהרגו כי בודאי יעמדו כנגדם, וזה שמסיים ולא כו' רוצה כו': **על פתחה.** בכדי שישמעו הדרים סביבם ויפחדו: **שכם אחד.** וסופו אשר לקחתי מיד האמורי בחרבי ובקשתי. ובאורו אני נתתי לך הכח משכם האחד אשר הצלתי אותם ע"י חרבי: **[יא] אמרה ואני אנה.** כלומר לא מפני שדבקה נפשה בו, כי אם מרוב הבושה לא רצתה כמעט להלוך אתם, כי מי יקחנה, וזהו ויקחו שעשו ליקוחין לה: **במעשה כנענים.** אולי הגרסא הנכונה שעשת ומוסב על דינה, או באורו על שמעון, שהרג נפשות רבות כמעשיהם: **וקברה בארץ כנען.** שהארץ מכפרת על כל, כמו שכתוב (דברים לב, מג) וכיפר אדמתו עמו:

וַיֹּאמֶר יַעֲקֹב אֶל שִׁמְעוֹן וְאֶל לֵוִי עֲכַרְתֶּם אֹתִי לְהַבְאִישֵׁנִי בְּיֹשֵׁב הָאָרֶץ בַּכְּנַעֲנִי וּבַפְּרִזִּי וַאֲנִי מְתֵי מִסְפָּר וְנֶאֶסְפוּ עָלַי וְהִכּוּנִי וְנִשְׁמַדְתִּי אֲנִי וּבֵיתִי. וַיֹּאמְרוּ הַכְזוֹנָה יַעֲשֶׂה אֶת אֲחוֹתֵנוּ.

Jacob said to Simeon and to Levi, "You have discomposed me, making me odious among the inhabitants of the land, among the Canaanite and among the Perizzite; I am few in number and should they band together and attack me, I will be annihilated — I and my household." And they said, "Should he treat our sister like a harlot?" (34:30-31).

§12 **וַיֹּאמֶר יַעֲקֹב אֶל שִׁמְעוֹן וְאֶל לֵוִי עֲכַרְתֶּם אוֹתִי** — *JACOB SAID TO SIMEON AND TO LEVI, "YOU HAVE DISCOMPOSED ME, ETC."*

The Midrash expounds the verse's expression, עֲכַרְתֶּם אוֹתִי (translated as, *You have discomposed me,* but literally, "you have clouded me up"):

רַבָּנָן אָמְרֵי: צְלוּלָה הָיְתָה הֶחָבִית וַעֲכַרְתֶּם אוֹתָהּ — **The Rabbis said:** Jacob said to Simeon and Levi metaphorically, **"The** wine in the **barrel was clear, but you made it cloudy,"** by which he meant: **מְסוֹרֶת הִיא בִּידֵי הַכְּנַעֲנִים שֶׁהֵם עֲתִידִין לִיפּוֹל בְּיָדִי** — **"The Canaanites have a tradition that they are destined to fall into my hands, אֶלָּא שֶׁאָמַר הַקָּדוֹשׁ בָּרוּךְ הוּא: עַד אֲשֶׁר תִּפְרֶה בְּשִׁשִּׁים רִבּוֹא** — **but the Holy One, blessed is He, said** that this will not happen **'until you** [Israel] **become fruitful** and make the land your heritage,'[129] with a population of **six hundred thousand."**[130]

The Midrash presents the response of Simeon and Levi to Jacob's accusation of *You have discomposed me*:

אָמַר רַבִּי יְהוּדָה בַּר סִימוֹן — **R' Yehudah said:** **עֲכוּרָה הָיְתָה הֶחָבִית וְצִלַּלְנוּ אוֹתָהּ** — Simeon and Levi replied to Jacob by saying to him, "On the contrary, **the barrel was clouded and we made it clear!"**[131] **"וַיֹּאמְרוּ הַכְזוֹנָה", אָמְרוּ: מָה הֵם נוֹהֲגִים בָּנוּ כִּבְנֵי אָדָם שֶׁל הֶפְקֵר** — Thus they said to Jacob, ***"Should he treat our sister like a harlot?*** **Should [the nations] conduct themselves with us as** if we are **individuals who are public property?!"**

The Midrash concludes:

מִי גָרַם, "וַתֵּצֵא דִינָה" — And **what caused** this whole unfortunate incident to come about? It was Dinah's inappropriate conduct as expressed in the verse, ***Now Dinah*** *— the daughter of Leah, whom she had borne to Jacob —* ***went out*** *to look over the daughters of the land* (34:1).[132]

NOTES

129. A quote from *Exodus* 23:30.

130. A clear barrel of wine contains lees only at the bottom, and thus, one who pours wine from the barrel is not concerned until he reaches this point. If, however, the barrel is shaken and becomes clouded, the lees will rise from the bottom. Similarly, although the Canaanites knew that they would one day fall prey to Jacob's children, they did not feel the need to act upon this threat now, because it was not scheduled to happen until Israel's population reached 600,000 men. Accordingly, Jacob was complaining to Simeon and Levi that their rash actions against Shechem would no doubt raise premature concerns among the Canaanites, causing them to "cloud the barrel," by turning an otherwise peaceful co-existence into one of war (*Eitz Yosef,* from *Mizrachi*).

131. I.e., until now our barrel was "clouded," in the sense that the nations of the world felt free to mingle among us, and conduct themselves with promiscuousness. However, after our successful revenge against the city of Shechem our barrel has now been "cleared," for no nation in the future will dare to treat our daughters the way Shechem treated them (*Eitz Yosef,* from *Nezer HaKodesh*). See Insight Ⓐ.

132. There does not appear to be any connection between this statement and the discussion that immediately precedes it. *Eitz Yosef,* citing *Nezer HaKodesh,* suggests the following: Simeon and Levi had just argued that their actions were necessary in order to show the surrounding nations that despite their status of "strangers" in the land they could not be taken advantage of. But the Midrash now presents the counter-argument to their reasoning: Dinah's defilement was a punishment for her own actions; Jacob therefore reasoned that no lessons would be drawn by the surrounding nations from this incident with regard to any future opportunities to antagonize Israel. Hence, he rejected Simeon and Levi's argument.

INSIGHTS

Ⓐ **Jacob's Criticism** The Midrash here makes clear that Simeon and Levi did not act to "avenge the honor" of Dinah. They were not motivated simply by the fact that someone had violated their sister, but rather that in doing so he had created the dangerous impression that their family could be treated like "public property" with impunity. Accordingly, *R' Samson Raphael Hirsch* (commentary to verse 25ff) explains the debate between Jacob and his sons regarding the propriety of their actions as follows:

Surely, if they would have killed only Shechem and Hamor, they would have been justified. However, they also killed the unarmed and defenseless men of the city, and looted it as well. There was no justification for this collective punishment, making the subjects of the city's masters pay for the crime of their rulers. Hence, Jacob's criticism: *the barrel was clear, but you made it cloudy.* You besmirched our noble reputation as people who are just and upright.

The brothers' reply was short and succinct: *Should he treat our sister like a harlot?* "Should [the nations] conduct themselves with us as [if we are] individuals who are public property?!" Shechem and Hamor would never have dared to take such liberties with Dinah had she not been a foreign girl with no defenders. The surrounding nations must be taught that Jews are not fair game! Simeon and Levi's purpose was precisely to put fear into the hearts of all men so that no one else would ever dare to take such advantage of a Jewish girl.

Jacob, while not disagreeing in principle, maintained that they had gone too far. They should not have taken vengeance against innocent people for what the powerful ones had done. And on his deathbed, he cursed their anger and their excessive passion (see below, 49:7).

The Jewish nation is revolted by bloodshed. Our motto is to embrace the קוֹל קוֹל יַעֲקֹב — the voice of Jacob — in study and prayer, and to avoid where possible the יְדֵים יְדֵי עֵשָׂו, the use of force that informs the behavior of Esau. However, when there is no choice, we too can wield the sword. As long as there are people who respect only the rights of those who have power, Jacob's family will at times have no choice but to wield the sword in defense of purity and honor.

The motives of Simeon and Levi were pure and holy, and the spirit that motivated them was critical for the proper development of the family of Jacob into the People of Israel. The Jew is not incapable of violence. The sons of Jacob displayed this amply. Our gentleness and our humanity is not the result of meekness or cowardice. Rather, the Jewish trait of peace is the product of the Divine education we have received through the Torah. It is the product of self-mastery, not of misery. It is the voice of Jacob that restrains our capable hands and resonates in our souls.

יב "וַיֹּאמֶר יַעֲקֹב אֶל שִׁמְעוֹן וְאֶל לֵוִי עֲכַרְתֶּם אוֹתִי", רַבָּנָן אָמְרִי: צְלוּלָה הָיְתָה הֶחָבִית וַעֲכַרְתֶּם אוֹתָהּ, מָסוֹרֶת הִיא בִּידֵי הַכְּנַעֲנִים שֶׁהֵם עֲתִידִין לִיפּוֹל בְּיָדִי אֶלָּא שֶׁאָמַר הַקָּדוֹשׁ בָּרוּךְ הוּא: עַד אֲשֶׁר תִּפְרֶה בְּשִׁשִּׁים רִבּוֹא, אָמַר רַבִּי יְהוּדָה בַּר סִימוֹן: עֲבוּרָה הָיְתָה הֶחָבִית וְצִלַּלְנוּ אוֹתָהּ. [לד,לא] "וַיֹּאמְרוּ הַכְּזוֹנָה", אָמְרוּ: מָה הֵם נוֹהֲגִים בָּנוּ כִּבְנֵי אָדָם שֶׁל הֶפְקֵר, מִי גָרַם, "וַתֵּצֵא דִינָה":

עץ יוסף

(**יב) צלולה היתה החבית.** לא היה בה שום עכירות ושום בלבול. מפני שאף על פי שהיה מסורת ביד הכנענים שהן עתידים ליפול ביד זרעו, מכל מקום היו יודעים שלא יהיה זה אלא כשירבו, ולפיכך היו שותקים ולא היו מתעוררים עלינו, ועכשיו שראו הפועל הזה יתעוררו עלינו ויתעכר החבית שלי שהיתה צלולה עד עכשיו. הרא"מ: **רבי יהודה ברבי סימון אמר אמרו עכורה היתה החבית וצללנו אותה.** כן צריך לומר (רש"י ואות אמת), וכן הוא בילקוט. ורצונו לומר כי יעקב אמר עכרתם אותי וגו' וכדמפרש לעיל, ועל זה ענו ואמרו נהפוך הוא שעד עכשיו היתה החבית שלנו עכורה בידם אבל עכשיו שעשינו בהם נקם נקמת חרב והקדוש ברוך הוא היה עוזר לנו בזה צללנו חבית שלנו לבל יפגעו בנו עוד כבני אדם של הפקר, כי הנשארים ישמעו ויראו ולא יזידון עוד (נזר הקודש): **מי גרם ותצא.** דקשיא ליה מדוע לא נסג יעקב אחור מדעתו, שבסוף ימיו אמר לשמעון ולוי ארור אפם כי עז. לכן מסיק מי גרם ותצא דינה, בעבור היותה יצאנית ולזה נענשה וממילא אין ללמוד מזה כלום למקום אחר, שאחרים לא ילמדו ממעשה שכם (נזר הקודש):

פירוש מהרז"ו

(**יב) צלולה היתה כו'.** מה שאמר מסורת היא כו' מרומז בסיפיה דקרא להבאישני וגו', בכנעני ובפרזי על דרך שמפורש בשמות רבה (ה, כא) על פסוק הבאשתם את ריחנו בעיני מצרים לתת חרב וגו' (שמות ה, כא), כך אמרו כו' ריח היה ביד מצרים שאנחנו עתידים להגאל מהם ובאתם ועכרתם אותו עיין שם, ותבין גם כאן שהיה לו לומר ריח טוב בכנעני והבאשתם אותו. ומה שאמר עד אשר תפרה כמו שנאמר (בראשית לה, יא) פרה ורבה וכו' ואחר כך ואת הארץ גו' לך אתננה ולזרעך. ועיין מדרש תהלים (מזמור קה) על פסוק בהיותכם מתי מספר ושם בשיבוש, ובילקוט כאן (רמז קלה) הגירסא עד אשר תפרה ונחלת את הארץ בשישים רבוא והוא פסוק בשמות (כג, ל):

רש"י

(**יב) צלולה היתה החבית.** נקה. **ועכרתם אותה.** ערבבתם אותה. **מסורת היא ביד כנענים שעתידין לפול בידנו.** והיה לכם להמתין עד הזמן **שאמר לי הקב"ה עד אשר תפרה.** ועכשיו אני מתי מספר ויש להם רשות לשלוט בנו לפי שעברנו על הצווי: **כך השיבוהו עבורה היתה החבית וצללנו אותה.** כלומר מתייסרין בדבר הזה שלא יבאו עלינו:

מתנות כהונה

[יב] אשר תפרה כו'. והם היו יודעין זה ולא היו משגיחים על העתיד לבא: **הכי גרסינן** בפירוש רש"י ובילקוט (רמז קלה) **אמר רבי יהודה בר סימון אמרו עבורה היתה החבית וצללנו אותה.** שעתה כל האומות ישמעו ויראו ולא יזידון עוד לנהוג בנו מנהג הפקר וכדמפרש ואזיל:

אשד הנחלים

[יב] צלולה היתה החבית וכו' תפרה בשישים רבוא. בא להסביר מלת עכירה הנאמר על דבר שהיה צלול וראוי לענינו, אך נעכר אח"כ, ובסבת עכירתו נתבטל עניינו. והנה מצאנו המשל על מי שיושב שליו ושאנן ושקט, כי הוא שוקט על שמריו, כי הרי הוא כמשקה צלולה מרוב השקטה והעדר נענוע החביות. וההפך על עונש הרשעים נאמר (תהילים עה, ט) אך שמריה ימצו כל רשעי ארץ, כי המה מהעדר שקיטתם על כן יעכרו היין עד שתהיה בלתי צלולה וזכה. ולזה באה פה המליצה וכאלו דימה שהוא יושב שקט מהכנענים סביבותיו, כי נגזר עליהם שיפלו בחרבו אח"כ ולא עתה, מעתה עכרו אותו ואיננו על הראוי, כי רק שיפרה בשישים רבוא שאז יכבשם ולא עתה. והם השיבו להיפך, כי אדרבה הם צללו וזיכו משפחתו. כי אלולי נשארה שם היה די בזיון וחרפה ששכם יהיו ממשפחתם, וזהו שהשיבו הכזונה כו': **מי גרם.** זהו תוכחת מוסר שלא תהא האשה יצאנית:

חידושי הרד"ל

[יב] אלא שאמר הקדוש ברוך הוא עד אשר תפרה כו'. מקרא הוא (שמות כג, ל), וכאן ביעקב אפשר רצה לומר שבברכת יצחק נאמר לו יפרך וירבך וגו' ויתן לך וגו' לרשתך את ארץ מגוריך, וכן בברכת ה' ליעקב פרה ורבה וגו', ואת הארץ אשר נתתי, ונלמד מקרא דאשר תפרה, דכאן נמי רצונו לומר קודם שתפרה ותרבה לא תוכל לרשת: **אמר רבי יהודה בן רבי סימון עבורה היתה החבית וצללנו אותה.** בילקוט (רמז קלה) הגירסא **אמרו עבורה כו'.** פירוש בני יעקב השיבוהו, והוא ביאור כוונת תשובתם הכזונה גו' על דברת יעקב עכרתם רצה לומר שיפה עשו שצללו החבית:

אמרי יושר

[יב] ועכרתם אותה. שיחשבו שנפילתם בידי הוא זה לבד צללתם אותה היינו כמו ודשנו את המזבח כי בתחלה היו סבורים שהיינו בשלום עמם ועתה הוברר הדבר וצלל שהשונאים אנחנו:

ענף יוסף

(יב) שאמר הקדוש ברוך הוא עד אשר תפרה בששים רבוא. מסורת היה בידם שהקדוש ברוך הוא אמר לאברהם שלא תמסר ארץ כנען ביד בניו עד אשר יהיה לו ששים רבוא. ובעל האגדה נקט לישנא דקרא (יפה תואר):

ידי משה

[יב] מסורת היא ביד כנענים שעתידין ליפול בידינו. והיה לכם להמתין עד הזמן שאמר לו הקדוש ברוך הוא עד אשר תפרה, ועכשיו אני מתי מספר ויש להם רשות לשלוט בנו לפי שעברנו על הציווי וקל להבין.

Chapter 81

וַיֹּאמֶר אֱלֹהִים אֶל יַעֲקֹב קוּם עֲלֵה בֵית אֵל וְשֶׁב שָׁם וַעֲשֵׂה שָׁם מִזְבֵּחַ לָאֵל הַנִּרְאֶה אֵלֶיךָ בְּבָרְחֲךָ מִפְּנֵי עֵשָׂו אָחִיךָ.

God said to Jacob, "Arise! Go up to Beth-el and dwell there, and make an altar there to God Who appeared to you when you fled from Esau your brother" (35:1).

§1 **וַיֹּאמֶר אֱלֹהִים אֶל יַעֲקֹב קוּם עֲלֵה וגו׳** — ***GOD SAID TO JACOB, "ARISE! GO UP, ETC."***

When Jacob left home to journey to Haran, he stopped in Beth-el, where he prayed and made vows to God (above, 28:22). The Midrash understands that God now commanded Jacob to go to Beth-el to fulfill his vow, and that the abduction of Dinah was a result of Jacob having failed to attend to his vows sooner. The Midrash will now expound a verse in *Proverbs*, the conclusion of which teaches the punishment for delaying the fulfillment of vows:[1]

"מוֹקֵשׁ אָדָם יָלַע קֹדֶשׁ וְאַחַר נְדָרִים לְבַקֵּר" — ***A man's stumbling [in sin] undermines [his] sanctity, and his remedy is to seek vows [of atonement]*** (*Proverbs* 20:25).[2] **תָּבֹא מְאֵרָה לָאָדָם שֶׁהוּא אוֹכֵל קָדָשִׁים בִּלּוֹעוֹ** — The beginning of the verse, מוֹקֵשׁ אָדָם יָלַע קֹדֶשׁ, means: **Let a curse come to the man who consumes consecrated food in his throat (*b'lo'o*)** [בִּלּוֹעוֹ].[3] **תָּנֵי רַבִּי חִיָּיא** — **R' Chiya taught** another interpretation of the verse's opening clause: **תָּבוֹא מְאֵרָה לָאָדָם שֶׁהוּא נֶהֱנֶה מִן הַהֶקְדֵּשׁ** — The phrase מוֹקֵשׁ אָדָם יָלַע קֹדֶשׁ means: **Let a curse come to the man who derives benefit from consecrated property.**[4] **וְאֵין הַקֹּדֶשׁ אֶלָּא יִשְׂרָאֵל** — The term **"consecrated property"** in this context refers **only to the Jewish people,** **שֶׁנֶּאֱמַר "קֹדֶשׁ יִשְׂרָאֵל לַה׳"** — **as it is stated, *Israel is holy to HASHEM*** (*Jeremiah* 2:3).[5]

The Midrash expounds the remainder of the verse:

"וְאַחַר נְדָרִים לְבַקֵּר" — ***And his remedy is to seek vows [of atonement].***[6] **אָמַר רַבִּי יַנַּאי: אִיחֵר אָדָם אֶת נִדְרוֹ נִתְבַּקְּרָה פִּנְקָסוֹ** — **R' Yannai said:** This teaches that if **a person delays** (*icheir*) [אִיחֵר] the fulfillment of **his vow, his ledger** containing a record of his deeds **is scrutinized (*nisbakrah*)** [נִתְבַּקְּרָה] in Heaven.[7] Since Jacob delayed fulfillment of his vow, he too was punished, by the abduction of Dinah.[8]

NOTES

1. *Eitz Yosef*; see Insight B (to note 8) for a discussion regarding Jacob's vow. Presumably, Jacob intended to fulfill his vow. If God felt it necessary to rouse him to do so (as He does in our verse), it must be because Jacob had delayed doing so (*Yefeh To'ar*, citing *Mizrachi* to 35:1). Alternatively, the apparently superfluous "arise" indicates that God considered Jacob to be "sitting," i.e., delaying (*Gur Aryeh* ad loc.).

2. The translation reflects the verse's simple meaning (see *Rashi*, *Metzudos*, ad loc.). The Midrash, however, will expound the verse in a completely different manner.

3. According to this interpretation, the verse should be rendered, *A snare (or curse) should befall a man who unlawfully eats consecrated food*, with יָלַע being related to בָּלַע, *swallow* (and *throat*). (*Eitz Yosef*).

4. According to this interpretation, the verse should be rendered, *A snare (or curse) should befall a man who benefits unlawfully from consecrated property*, with יָלַע being cognate to מוֹעֵל, one who derives unlawful benefit from Temple property (*hekdesh*) [see *Leviticus* 5:15] (*Maharzu*).

5. I.e., just as one who unlawfully benefits from *hekdesh* is subject to a curse, so too, the wicked who seek to plunder the *holy* nation of Israel are also subject to a curse (*Matnos Kehunah; Rashi*).

6. This translation, as noted above (note 2), reflects the verse's simple meaning. According to our Midrash, however, וְאַחַר is understood as "delay," while לְבַקֵּר means "to scrutinize." The verse thus teaches that if a person delays the fulfillment of his vow, his deeds are scrutinized.

7. I.e., the Heavenly angels examine his deeds in search for any sins he may have committed for which he can be punished (*Eitz Yosef*, citing *Midrash Tanchuma* §8). See Insight Ⓐ.

8. *Tiferes Tzion* connects this exposition with the last one, that the wicked who seek to plunder the holy nation of Israel are subject to a curse: The Midrash continues that the nations of the world can successfully harm the Jews when they delay the fulfillment of their vows, when their deeds are scrutinized. Jacob is the perfect example, for it was only after he delayed fulfilling his vow that he experienced harm with Dinah's abduction. See Insight Ⓑ.

INSIGHTS

Ⓐ Delaying Vows The Midrash interprets the verse as referring specifically to eating consecrated property (or benefiting from such property) and the delaying of fulfilling one's vows. Possibly, this is because God is more patient with one who commits sins that God has explicitly forbidden, for He realizes that man can succumb to his evil inclination. But God shows no patience with one who eats or benefits from property that he consecrated, since he himself created the stumbling block. Likewise, one who delays fulfillment of his vow would have been better off if he never would have made the vow in the first place (see *Tiferes Tzion*).

Nonetheless, the Midrash finds fault only if one *delays* fulfillment of his vow, but not for his pronouncement of the vow in the first place. This is in contrast with the Gemara (*Nedrim* 22a), which expounds the *Proverbs* verse to teach that simply by making a vow one invites a heavenly inspection of his deeds. According to the Gemara, the verse is rendered, *after (acher)* [אַחַר] *vows comes an inspection.* A person who makes a *neder* gives the impression that he holds himself to be a person of great piety who will not stumble and violate his *neder*. Heaven, therefore, scrutinizes his deeds [to see whether his high opinion of himself is indeed warranted] (*Ran*). *Nezer HaKodesh* suggests that the Gemara in *Nedarim* accords with the view of R' Meir that it is best to refrain from vowing altogether. See further, note 28.

Ⓑ Two Reasons Earlier (76 §9) the Midrash taught that Jacob was punished with Dinah's abduction for having withheld Dinah from Esau – since she might have been a positive influence on him – but makes no mention that Dinah's abduction was also in punishment for Jacob's having delayed the fulfillment of his vow. *Gur Aryeh* (to current verse) explains that the sin of procrastinating the fulfillment of his vow caused God to "open his ledger" and determine whether he was deserving of punishment, as taught by the Midrash here. Then, his sin of withholding Dinah was brought into account. As the Midrash taught earlier, this was a fitting punishment for not allowing his brother to marry her. Had he fulfilled his vow, the sin of hiding Dinah could have been held in abeyance; meanwhile Jacob could have atoned for it with repentance and prayer.

* * *

Jacob's Vow: When Jacob fled his father's house and journeyed to Laban, he uttered a vow to God in Beth-el (above, 28:20-22): אִם יִהְיֶה אֱלֹהִים עִמָּדִי וּשְׁמָרַנִי בַּדֶּרֶךְ הַזֶּה אֲשֶׁר אָנֹכִי הוֹלֵךְ, *If God will be with me and guard me on this way that I am going . . .* וְשַׁבְתִּי בְשָׁלוֹם אֶל בֵּית אָבִי, *and I will return in peace to my father's house . . .* וְהָאֶבֶן הַזֹּאת אֲשֶׁר שַׂמְתִּי מַצֵּבָה יִהְיֶה בֵּית אֱלֹהִים, *then this stone which I have set up as a pillar shall become a house of God . . .* וְכֹל אֲשֶׁר תִּתֶּן לִי עַשֵּׂר אֲעַשְּׂרֶנּוּ לָךְ, *and whatever You will give to me, I shall repeatedly tithe it to you.* When he left the house of Laban, he did not return at once to his father's house, nor did he immediately fulfill his vow, but instead tarried along the way, settling first in Succoth and then near Shechem. The Midrash teaches that because Jacob delayed in fulfilling the vow, he was punished with the abduction of Dinah.

The commentators disagree as to exactly which vow Jacob was charged with neglecting. *Mizrachi* (to our verse) maintains that it was the vow to set up a "house of God" — meaning, an altar — in Beth-el (this opinion is also shared by *Maharzu*, here, and *Matnos Kehunah* to §2, below). As long as he dwelt in Laban's house, Jacob was not

פרשה פא

א [לה, א] ״וַיֹּאמֶר אֱלֹהִים אֶל יַעֲקֹב קוּם עֲלֵה וְגוֹ׳ ״, (משלי כ, כה) ״מוֹקֵשׁ אָדָם יָלַע קֹדֶשׁ וְאַחַר נְדָרִים לְבַקֵּר״, [א]תָּבֹא מְאֵרָה לָאָדָם שֶׁהוּא אוֹכֵל קָדָשִׁים בְּלוּעוֹ, תָּנֵי רַבִּי חִיָּיא: תָּבוֹא מְאֵרָה לָאָדָם שֶׁהוּא נֶהֱנֶה מִן הַהֶקְדֵּשׁ, וְאֵין הֶקְדֵּשׁ אֶלָּא יִשְׂרָאֵל, שֶׁנֶּאֱמַר (ירמיה ב, ג) ״קֹדֶשׁ יִשְׂרָאֵל לַה׳ ״, ״וְאַחַר נְדָרִים לְבַקֵּר״, [ב]אָמַר רַבִּי יַנַּאי: אִיחֵר אָדָם אֶת נִדְרוֹ נִתְבַּקְּרָה פִּנְקָסוֹ:

ב [לה, א] ״וַיֹּאמֶר אֱלֹהִים אֶל יַעֲקֹב קוּם עֲלֵה בֵּית אֵל וְגוֹ׳ ״, (משלי ל, לב) ״אִם נָבַלְתָּ בְהִתְנַשֵּׂא וְאִם זַמּוֹתָ יָד לְפֶה״, בֶּן עַזַּאי וְרַבִּי עֲקִיבָא, בֶּן עַזַּאי אוֹמֵר: [ג]״אִם נָבַלְתָּ״ עַצְמְךָ בְּדִבְרֵי תוֹרָה סוֹפְךָ לְהִתְנַשֵּׂא בָּהֶם, ״וְאִם זַמּוֹתָ יָד לְפֶה״, אִם נִזְדַּמְּמוּ אַחֲרֶיךָ דְּבָרִים, ״יָד לְפֶה״, חַד יָדַע תְּרֵין לָא יָדְעִין, רַבִּי עֲקִיבָא אָמַר: מִי גָּרַם לְךָ לְהִתְנַבֵּל בְּדִבְרֵי תוֹרָה, עַל יְדֵי שֶׁנִּשֵּׂאתָ אֶת עַצְמְךָ בְּהוֹן, [ד]רַבֵּינוּ הֲוָה עָבַר עַל סִימוֹנְיָא וְיָצְאוּ אַנְשֵׁי סִימוֹנְיָא לִקְרָאתוֹ, אָמְרוּ לוֹ: רַבִּי, תֵּן לָנוּ אָדָם אֶחָד שֶׁיְּהֵא מַקְרֵא אוֹתָנוּ וְשׁוֹנֶה אוֹתָנוּ וְדָן אֶת דִּינֵנוּ, נָתַן לָהֶם רַבִּי לֵוִי בַּר סִיסִי, וְעָשׂוּ לוֹ בִּימָה גְדוֹלָה וְהוֹשִׁיבוּ אוֹתוֹ לְמַעְלָה מִמֶּנָּה, נִתְעַלְּמָה דִּבְרֵי תוֹרָה מִפִּיו, [ה]שָׁאֲלוּ אוֹתוֹ שְׁלֹשָׁה שְׁאֵלוֹת, אָמְרוּ לוֹ: גִּדֶּמֶת יְבָמָה הֵיאַךְ חוֹלֶצֶת, וְלֹא הֱשִׁיבָן, רָקְקָה דָם

רש״י

(א) **תבא מארה לאדם הנהנה מן ההקדש.** כך תבא מארה לרשעים שנהנין מישראל שהם קדש: סוף **נתבקרת פנקסו.** (ב) **לאל הנראה אליך בברחך.** כלומר שלם נדרך: **אם נזדמנו אחריך דברים שאינן מהוגנים יד לפה.** שתיק: **חד ידע תרין לא ידעין.** שאם אתה מהפך בהם סוף שאתה מגלה לכל: **סימוניא.** מקום:

עץ יוסף

(א) **ויאמר אלהים כו׳ מוקש אדם כו׳.** דעתם ז״ל שהצווי הזה ליעקב כדי שיקיים נדרו ולהודיעו שהצרות שבאו עליו היה בשביל שאיחר תשלומי נדרו כמו שאמר בהדיא בתנחומא: **תבא מארה כו׳.** והכי פירושו מוקש יהיה לאדם שיאכל קודש. וילע מלשון ושמת סכין בלועך (משלי כג, ב). ואחר נדרים לבקר, שכמו שנענש האוכל קדש כן הנודר ואינו משלם. כי הנדור הרי הוא קדש דאמירה לגבוה כמסירה להדיוט (יפה תואר): **בלועו.** בבית בליעתו: **שהוא נהנה.** לא אמר אוכל משום דקמפרש קדש ישראל ולא שייך בזה אכילה ממש (יפה תואר). ומה שאמר הכתוב כל אכליו יאשמו הוא לשון מליצי: **נתבקרה פנקסו.** בתנחומא מפרש שהמלאכים מלמדים עליו חובה ומזכירין עונותיו עיין שם: (ב) **ויאמר אלהים וגו׳ אם נבלת כו׳.** כבר פירשתי שדעתם ז״ל שלהוכיחו בא על איחור נדרו. ולהכי מייתי נמי האי קרא דדריש שיהיה נדרך סמוך לפיך. ואיידי דמייתי להא מייתי נמי פלוגתא דבן עזאי ורבי עקיבא ברישיה (יפה תואר): **אם נבלת עצמך בדברי תורה.** שתשאל לרבך כל ספקותיך ואף על פי שיש בהם דברים שחביריך ילעגו עליך, סופך להתנשא: **אם נזדממו אחריך.** אם יש מרננים אחריך בדברי עלילות (ונזדממו הוא מלשון עדים זוממים), שים יד לפה ולא תהפך בדברים, שאם ידע אחד לא ידעוהו שנים, ואם תהפך בדברים יתגלו לכל, וזה על דרך (משלי יב, טז) וכוסה קלון ערום (יפה תואר ומתנות כהונה): **מי גרם לך כו׳.** מי גרם לך שנתעלמו ממך דברי תורה ותהיה לבוז לפני השואלים הלכה מפיך, **על ידי שנשאת את עצמך** בדברי תורה: **סימוניא.** שם מקום: **מקרא אותנו.** לומד אותנו מקרא: **ושונה.** לומד אותנו משנה:

פירוש מהרז״ו

(א) **מוקש אדם כו׳.** ירושלמי נדרים (פ״ה ה״א) וילקוט כאן (רמז קלה) ובמשלי (רמז תתקנט): **שהוא נהנה.** דרש ילע בהפוך אותיות מלשון תועלת, שהכוונה הנאה לא אכילה, או מלשון מועל בקדשים: **ואחר נדרים לבקר.** שייכות הדרשה לכאן על פסוק קום עלה בית אל וכו׳ ועל פי מדה י״ז עיקר הכוונה על מה שנאמר בסוף סדר ויצא (לא, יג) אנכי האל בית אל אשר נדרת לי שם נדר, ועל פי מדה ט׳ הכוונה לך שלם הנדר, וכן כאן קום עלה בית אל ועשה שם מזבח ושלם לי הנדר, ועל שאיחר נדרו נכשל בדינה ושכם, ובילקוט כאן ומשלי כתוב הגירסא ואחר נדרים לבקר רבי חייא בר לוליאני אמר היה צריך מלקות בזמן הבית כמא דאת אומר (ויקרא יט, כ) בקורת תהיה, ומוסיף בילקוט משלי תדע לך שהוא כן יעקב אבינו ע״י שאיחר נדרו נתבקרה פנקסו שנאמר ויאמר ה׳ אל יעקב עד כאן. וכל זה חסר במדרש כאן וכמו שכתוב בסוף סימן ב׳ עד שהולרך להזכירו, וכמו שאמרו לעיל (ע, ג) יעקב נדר והפסיד ועיין בתנחומא (סימן ח): (ב) **רבינו עבר על סימוניא.** תנחומא סדר לו (סימן ה), ירושלמי יבמות (פי״ב ה״ו) כל הענין:

חידושי הרד״ל

[א] **שהוא נהנה כו׳.** עיין תנא דבי אליהו [רבה] ריש פ״ז: [ב] **אם נזדממו דברים אחריך.** שנשארו עוד דברים בלבבך שמפני הבושה לשאלם עשית כמו זמם לפה להוציאם, וסוף יהיה שישים **יד לפה** כשישאלוהו בשער לא יפתח פיו: **חד ידע תרין לא ידע.** כן צריך לומר. פירוש דבר אחד ידע ותרי לא ידע. ולגירסא לא ידעין נראה שצריך לומר להפך חד לא ידע תרין ידעין, ורצה לומר נזדממו דברים אחריך בשביל ששמת יד לפה ולמדת בבד בלא דיבוק חברים, שאלמלי כן טובים השנים מן האחד שהיה חברו מזכירו, כמו שמבואר פרק קמא דמגילה (ה, ב):

אמרי יושר

[ב] **ואם נבלת עצמך בדברי תורה סופך להתנשא** עד שאם **זמות** ויחשדוס בדבר **ישימו יד לפה.** ולא יאמרו דבר. על דרך אם ראית תלמיד חכם שעבר עבירה אל תהרהר אחריו (ברכות יט א):

מסורת המדרש

א. ילקוט משלי רמז תתקנ״ט:
ב. נדרים דף כ״ב. ירושלמי נדרים פרק ה׳. תנחומא כאן סימן ח׳:
ג. ברכות דף ס״ג. נדה דף כ״ו. אבות דרבי נתן פרק י״א. ילקוט משלי רמז תתקס״ד:
ד. ירושלמי יבמות פרק י״ב הלכה ו׳. תנחומא סדר לו סימן ה׳. ילקוט משלי רמז תתקס״ד:
ה. יבמות דף ק״ה:

אם למקרא

מוֹקֵשׁ אָדָם יָלַע קֹדֶשׁ וְאַחַר נְדָרִים לְבַקֵּר: (משלי כ:כה)
קֹדֶשׁ יִשְׂרָאֵל לַה׳ רֵאשִׁית תְּבוּאָתֹה כָּל אֹכְלָיו יֶאְשָׁמוּ רָעָה תָּבֹא אֲלֵיהֶם נְאֻם ה׳: (ירמיה ב:ג)
אִם־נָבַלְתָּ בְהִתְנַשֵּׂא וְאִם זַמּוֹתָ יָד לְפֶה: (משלי ל:לב)

ידי משה

[א] **איחר וכו׳ נתבקרה פנקסו.** מפרש בתנחומא (וישלח סימן ח) שמלאכים מלמדין עליו חובה, ובירושלמי (נדרים פ״ה ה״א) מביא על זה מעשה באחד שאמר הרי עלי עולה ושהה וטבעה ספינתו בים, כן יעקב שאיחר נדרו ובאו לו הצרות ובצ״י פירש (יו״ד ריש סימן רג) הכי לפי שכשאדם נודר הקדוש ברוך הוא אומר אדם זה בטוח במעשיו שיקיים על כן אראה מעשיו אם הוא בר הכי, ועל כן פנקסו נתבקרה שרואין אחר מעשיו אם הם כשרים. וקל להבין:

מתנות כהונה

[א] **בלועו.** בבית בליעתו כן פירש הרד״ק: **ואין הקדש כו׳.** כלומר כשם שיקולל אם מועל בהקדש ממש, כך יקולל הנהנה מישראל: **איחר.** עכב, כמה דאת אמר (דברים כג, כב) לא תאחר לשלמו: **הכי גרסינן נתבקרה פנקסו תדע לך שכן יעקב אבינו על ידי שאיחר נדרו נתבקרה פנקסו שנאמר ויאמר וגו׳.** ועיין בילקוט משלי (רמז תתקנט): [ב] **עלה בית אל וגו׳.** גרסינן. ודייק מסיפיה דקרא ועשה שם מזבח וגו׳: **ניזדממו כו׳.** שאומרים עליך דברי סרה שאינו, מלשון עדים שהוזמו, אל תבהל להשיב ולהתקוטט עם מוליא הדבה בדברי ריב ומצה, שעכשיו אף אם אחד יודע בו לא ידעו שנים, ואחר כך יתגלה לכל ולא ישקט במהרה: **מי גרם לך להתנבל.** שתתביישׁ בדברי תורה שלא תדע להשיב אמרי אמת, על ידי שנשאת והגבהת עצמך וכהאי דמסיק ואזיל: **סימוניא.** שם מקום: **מקרא.** לומד אותנו מקרא: **ושונה.** לומד אותנו משנה. ובירושלמי פרק מצות חליצה (פי״ב ה״ו) הגירסא קטעת נשתנת:

אשד הנחלים

[א] **תבוא מאירה כו׳ בלועו.** הוא דרך מליצה בפשט הכתוב, מוקש אדם ע״י חטאו, ועי״ז יביא קרבן וילע הקודש ויבלעם בפיו. וכאלו מתלוצץ המשורר, לא יחטא ולא יביא קרבן ולא יבלענו בבית בליעתו, כי אכלו לנפשו כי נהנה בה: **נתבקרה פינקסו.** דרש ואחר נדרים מי שמאחר נדרים, גורם לבקר אחריו ולחפש זכותו וחובתו. ויתכן לפי דעת הדורש הראשון שפירושו ואוכל קדשים בלועו שאינו מביא הנדר כי אם אוכל בעצמו, וא״כ הסוף פסוק נמשך לראשו. ועיין במתנות כהונה ד״ה ה״ג: [ב] **אם נבלת כו׳ סופך כו׳.** שלא נתביישת לשאול ונבלת עי״ז בתחילה, אך סופך שתתנשא, על ידי זה תתחכם באחרית: **אם ניזדממו כו׳ תרין כו.** עיין במתנות כהונה פירושו. אם יגידו עליך רעה שתוק ואז תנצל שלא יתגלה עליך הקול וידעו כולם, כי לעת עתה חד ידע ולא תרין. ויתכן שמדבר ג״כ על דברי תורה, שלועגים עליו שלא ידע, תשתוק, כי מה יחסר לך, הלא חד ידע ולא כל התבל. וזהו כמאמר הבעל חובות הלבבות (שער יחוד המעשה פרק ה) להשתיק המיית הגאוה ולהשביחה, שיאמר מה יועיל לו בשבחו בני אדם ואף אם יתפשט זכרו כו׳. כי הכלל בזה החוש מעורר עינים לקחת כבוד אף מאדם אחד, או ליזהר מלעגו, אבל האמת, בזה לא תגלה נבלותך, כי לא הכל יודעים בזה: **מי גרם.** דריש להיפך, אם נבלת מאחרים שילעגו עליך מהעדר ידיעתך, אל תאשימם, כי אתה הגורם מרוב התנשאך והגאון מלחקור אחרי האמת היטב, רק יגיד כאשר יעלה על רוחו, וסופו שינבל על ידי זה כי לא יכוון האמת, ולכן מסיים מעשה דר׳ לוי: **מקרא.** לומד מקרא, ומשנה זהו לומד משנה. ומתוך שנהגו בו כבוד יותר על כן נתעלם ממנו המחקר האמיתי בזה שהייתה לו בקבלה להוציא מהם הדינים ההם. ועיין כל זה במתנות כהונה:

§2 וַיֹּאמֶר אֱלֹהִים אֶל יַעֲקֹב קוּם עֲלֵה בֵית אֵל וְגוֹ׳ — *GOD SAID TO JACOB, "ARISE! GO UP TO BETH-EL, ETC."*

The Midrash expounds another verse in *Proverbs*, concluding with an exposition pertaining to the Midrash's understanding of the current verse that Jacob was taken to task for delaying the fulfillment of his vow:

"אִם נָבַלְתָּ בְהִתְנַשֵּׂא וְאִם זַמּוֹתָ יָד לְפֶה" — ***If you have been abused, remain aloof; and if you have thoughts [of responding in kind], put a hand to your mouth*** (*Proverbs* 30:32).[9] בֶּן עַזַּאי וְרַבִּי עֲקִיבָא — **Ben Azzai and R' Akiva** dispute the interpretation of the verse's first clause. בֶּן עַזַּאי אוֹמֵר: "אִם נָבַלְתָּ" עַצְמְךָ בְּדִבְרֵי תוֹרָה סוֹפְךָ לְהִתְנַשֵּׂא בָּהֶם — **Ben Azzai says:** The beginning of the verse, אִם נָבַלְתָּ בְהִתְנַשֵּׂא, means, ***if you** willingly **shame yourself (navalta)*** [נָבַלְתָּ] **over words of Torah,** i.e., by questioning your teacher concerning all you do not understand, **your end will be to be uplifted through them,** for you will gain great knowledge.[10] "וְאִם זַמּוֹתָ יָד לְפֶה" — The next phrase, ***and if you have thoughts [of responding in kind], put a hand to your mouth,*** should be understood to mean: אִם נִזְדַּמְּמוּ אַחֲרֶיךָ דְּבָרִים — **If** someone **devises** (***nizdamemu***) [נִזְדַּמְּמוּ] **words** of slander **against you,** "יָד לְפֶה" — ***put a hand upon your mouth,*** i.e., do not respond. חַד יָדַע תְּרֵין לָא יָדְעִין — For now only **one** person **knows** the slander, **two** people **do not know** it.[11]

R' Akiva interprets the first half of the verse:

רַבִּי עֲקִיבָא אָמַר: מִי גָרַם לְךָ לְהִתְנַבֵּל בְּדִבְרֵי תוֹרָה — **R' Akiva said:** The phrase אִם נָבַלְתָּ בְהִתְנַשֵּׂא means, **Who caused you to become *exposed to ridicule* (*l'hisnabeil*)** [לְהִתְנַבֵּל] **over the words of the Torah**, i.e., what caused you to forget your learning and become humiliated before the people? עַל יְדֵי שֶׁנִּשֵּׂאתָ אֶת עַצְמְךָ בְּהוֹן — **Because you *raised yourself* up** and gloried in **[the words of Torah].**[12]

NOTES

9. Our translation follows *Metzudos*, who understands the verse to be dispensing advice to a victim of verbal abuse. He should rise [בְּהִתְנַשֵּׂא literally means *to be raised*] above the fray and remain silent, becoming one of those extolled by the Talmud (*Shabbos* 88a) as not responding to insult (see also *Rashi* to verse). The Midrash will present various other interpretations, beginning with a dispute between Ben Azzai and R' Akiva (*Eitz Yosef*).

10. One who risks being ridiculed by his fellow students or having his teacher think him dull witted for the sake of Torah, and asks his teacher to explain any matter that is unclear to him, will eventually be uplifted, acquiring great knowledge (*Eitz Yosef; Rashi, Proverbs* ad loc.).

11. If you are falsely accused of committing a misdeed, remain silent, for eventually it will forgotten. If you rush to respond to the accusation, it will be heard by others and become a topic of discussion (*Eitz Yosef; Matnos Kehunah*).

It should be pointed out that the Gemara (*Berachos* 63b), which expounds the first half of the verse in the same manner as Ben Azzai, interprets this phrase as a contrast to the opening clause: וְאִם זַמּוֹתָ, *But if you muzzle yourself* (זַמּוֹתָ may be derived from זְמָם, *muzzle*) because you are embarrassed to ask questions (or to appear unknowledgeable), then יָד לְפֶה, one day you will have to put your hand to your mouth, because you will be unable to answer other people's halachic queries.

12. *Eitz Yosef; Matnos Kehunah*. According to R' Akiva's interpretation here, the verse teaches that haughtiness causes a Torah scholar to forget his learning, leading to his embarrassment. In *Avos DeRabbi Nassan* (11:2), however, R' Akiva derives from this verse a somewhat different lesson regarding a haughty scholar, namely, people will find him repugnant. According to this interpretation, the verse is rendered: אִם נָבַלְתָּ בְהִתְנַשֵּׂא, *if you raise yourself* and take glory in your Torah learning, *you are like a carcass* [נָבַלְתָּ being related to נְבֵלָה] on the road, then יָד לְפֶה, whoever passes by will *put his hand to his mouth [and nose]* and keep his distance. I.e., people will find him repugnant (see *Yefeh To'ar*).

INSIGHTS

obligated to fulfill this vow, for he had stipulated that it should take effect only upon his safe return. Once he returned safely to Canaan, the vow took effect, and should have been fulfilled.

Yefeh To'ar rejects this view. He raises several difficulties with *Mizrachi's* position, chief among which is that Jacob's stipulation was not simply that he return unscathed to Canaan, but that he return unscathed *to his father's house*. Until Jacob arrived at that precise location, the vow to make an altar was not in effect. Accordingly, even if he did tarry along the way, he should not have been liable to punishment. Rather, *Yefeh To'ar* argues, the relevant vow is not the one concerning the "house of God," but the next one: *and whatever You will give to me I shall repeatedly tithe to you*. This vow, unlike the first, was not made contingent upon Jacob's safe return to Isaac's house. Rather, Jacob undertook that *whenever* God would grant him wealth and possessions he would tithe them to God. Now, Jacob began amassing wealth while still in the house of Laban, and he should have separated tithes at once. However, Jacob neglected his duty, because he thought it would be preferable to separate the tithes in *Eretz Yisrael*, and offer them up on the altar he would build in Beth-el. Notwithstanding his good intentions, he was deemed culpable for the delay; therefore, he was punished.

Parashas Derachim (*Derech HaAsarim, Derush* §3) observes that our verse, in which God instructs Jacob to fulfill the vow, supports the view of *Mizrachi*, for it states: *Go up to Beth-el . . . and make there an altar to God*. The verse makes no mention of Jacob's obligation to tithe his possessions, but simply directs him to build an altar. Clearly, he earned his punishment through neglect of *this* vow, and not any other.

As for the difficulty raised by *Yefeh To'ar*, that the vow was made contingent upon Jacob's return to his father's house, which had not yet occurred, *Parashas Derachim* explains as follows: Jacob attached this stipulation to his vow because he felt threatened physically by Esau and spiritually by Laban (see *Rashi* above, 28:21). His vow was uttered as part of a prayer, that should God protect him from Esau and Laban, and bring him safely home, he would build an altar in thanksgiving. Now, Jacob never expected that Esau, if met along the way, would make peace with him. He therefore stipulated a peaceful arrival at his father's house, for he assumed that this would be his only safe haven. In any event, Esau *did* make peace with Jacob on the road. Once this occurred, Jacob's safety was assured; hence, his stipulation was fulfilled in spirit if not in letter, and his vow came immediately into effect. Instead of attending to the vow at once, as he should have done, Jacob tarried in Succoth and Shechem. Therefore, he was punished.

Parashas Derachim's solution is supported by the Midrash above (79 §3), which states that Jacob's safe arrival in Shechem — as described in the verse, וַיָּבֹא יַעֲקֹב שָׁלֵם עִיר שְׁכֶם, *and Jacob arrived intact at the city of Shechem* (above, 33:18) — was deemed a fulfillment of his prayer that he return in peace to his father's house. Clearly, this stipulation did not require Jacob's actual arrival at Isaac's house, but merely the cessation of the danger from Esau.

His approach is implicit also in our verse, which states: וַעֲשֵׂה שָׁם מִזְבֵּחַ לָאֵל הַנִּרְאֶה אֵלֶיךָ בְּבָרְחֲךָ מִפְּנֵי עֵשָׂו אָחִיךָ, *and make an altar there to God Who appeared to you when you fled from Esau your brother*. The verse need not have mentioned Esau, but could simply have stated: *and make an altar there to God Who appeared to you*. *Parashas Derachim* suggests that by mentioning Esau, the verse alludes to the manner in which Jacob misconstrued the vow. Consider: The patriarch Jacob surely would not have deliberately neglected his vow. Why then did he delay? Because he assumed that the vow would not come into effect until he reached his father's house, as per his stipulation. God therefore made reference, in our verse, to the *reason* for the stipulation; namely, his fear of Esau his brother. With this, God indicated that Jacob had misconstrued the vow, which in fact was contingent not upon arrival at Isaac's house, but upon Jacob's safety from Esau. Once Jacob concluded a peace with Esau, he should immediately have fulfilled his promise. Since he did not, he was punished. [See, however, *Yefeh To'ar*, who offers a different explanation of the verse's mention of Esau. See also *Rashi* to 31:13.]

פרשה פא

א [לה, א] "וַיֹּאמֶר אֱלֹהִים אֶל יַעֲקֹב קוּם עֲלֵה וְגוֹ' ", (משלי כ, כה) "מוֹקֵשׁ אָדָם יָלַע קֹדֶשׁ וְאַחַר נְדָרִים לְבַקֵּר", [א]תָּבֹא מְאֵרָה לָאָדָם שֶׁהוּא אוֹכֵל קֳדָשִׁים בְּלוֹעוֹ, תָּנֵי רַבִּי חִיָּיא: תָּבוֹא מְאֵרָה לָאָדָם שֶׁהוּא נֶהֱנֶה מִן הַהֶקְדֵּשׁ, וְאֵין הֶקְדֵּשׁ אֶלָּא יִשְׂרָאֵל, שֶׁנֶּאֱמַר (ירמיה ב, ג) "קֹדֶשׁ יִשְׂרָאֵל לַה' ", "וְאַחַר נְדָרִים לְבַקֵּר", [ב]אָמַר רַבִּי יַנַּאי: אִיחֵר אָדָם אֶת נִדְרוֹ נִתְבַּקְּרָה פִּנְקָסוֹ:

ב [לה, א] "וַיֹּאמֶר אֱלֹהִים אֶל יַעֲקֹב קוּם עֲלֵה בֵּית אֵל וְגוֹ' ", (משלי ל, לב) "אִם נָבַלְתָּ בְהִתְנַשֵּׂא וְאִם זַמּוֹתָ יָד לְפֶה", בֶּן עַזַּאי וְרַבִּי עֲקִיבָא, בֶּן עַזַּאי אוֹמֵר: [ג]"אִם נָבַלְתָּ" עַצְמְךָ בְּדִבְרֵי תוֹרָה סוֹפְךָ לְהִתְנַשֵּׂא בָּהֶם, "וְאִם זַמּוֹתָ יָד לְפֶה", אִם נִזְדַּמְּמוּ אַחֲרֶיךָ דְּבָרִים, "יָד לְפֶה", חַד יָדַע תְּרֵין לָא יָדְעִין, רַבִּי עֲקִיבָא אָמַר: מִי גָּרַם לְךָ לְהִתְנַבֵּל בְּדִבְרֵי תוֹרָה, עַל יְדֵי שֶׁנִּשֵּׂאתָ אֶת עַצְמְךָ בְּהוֹן, [ד]רַבֵּינוּ הָוָה עָבַר עַל סִימוֹנְיָא וְיָצְאוּ אַנְשֵׁי סִימוֹנְיָא לִקְרָאתוֹ, אָמְרוּ לוֹ: רַבִּי, תֵּן לָנוּ אָדָם אֶחָד שֶׁיְּהֵא מַקְרֵא אוֹתָנוּ וְשׁוֹנֶה אוֹתָנוּ וְדָן אֶת דִּינֵנוּ, נָתַן לָהֶם רַבִּי לֵוִי בַּר סִיסִי, וְעָשׂוּ לוֹ בִּימָה גְדוֹלָה וְהוֹשִׁיבוּ אוֹתוֹ לְמַעְלָה מִמֶּנָּה, נִתְעַלְּמָה דִבְרֵי תוֹרָה מִפִּיו, [ה]שָׁאֲלוּ אוֹתוֹ שְׁלֹשָׁה שְׁאֵלוֹת, אָמְרוּ לוֹ: גִּדֶּמֶת יְבָמָה הֵיאַךְ חוֹלֶצֶת, וְלֹא הֱשִׁיבָן, רָקְקָה דָם

רש"י

(א) **תבא מארה לאדם הנהנה מן ההקדש.** כך תבא מארה לרשעים שנהנין מישראל שהם קדש: סוף **נתבקרת פנקסו.** (ב) **לאל הנראה אליך בברחך.** כלומר שלם נדרך: **אם נזדמנו אחריך דברים שאינן מהוגנים יד לפה.** שתיק: **חד ידע תרין לא ידעין.** שאם אתה מהפך בהם סוף שאתה מגלה לכל: **סימוניא.** מקום:

עץ יוסף

(א) **ויאמר אלהים כו' מוקש אדם כו'.** דעתם ז"ל שהלווי הזה ליעקב כדי שיקיים נדרו ולהודיעו שהצרות שבאו עליו היה בשביל שאיחר תשלומי נדרו כמו שאמר בהדיא בתנחומא: **תבא מארה כו'.** והכי פירושו מוקש יהיה לאדם שיאכל קודש. וילע מלשון ושמת סכין בלועך (משלי כג, ב). ואחר נדרים לבקר, שכמו שנענש האוכל קדש כן הנודר ואינו משלם. כי הנדור הרי הוא קדש דאמירה לגבוה כמסירה להדיוט (יפה תואר): **בלועו.** בבית בליעתו: **שהוא נהנה.** לא אמר אוכל משום דקמפרש קדש ישראל ולא שייך בזה אכילה ממש (יפה תואר). ומה שאמר הכתוב כל אכליו יאשמו הוא לשון מליי: **נתבקרה פנקסו.** בתנחומא מפרש שהמלאכים מלמדים עליו חובה ומזכירין עונותיו עיין שם: (ב) **ויאמר אלהים וגו' אם נבלת בו'.** כבר פירשתי שדעתם ז"ל שלהוכיחו בא על איחור נדרו. ולהכי מייתי נמי האי קרא דדריש שיהיה נדרך סמוך לפיך. ואיידי דמייתי להא מייתי נמי פלוגתא דבן עזאי ורבי עקיבא ברישיה (יפה תואר): **אם נבלת עצמך בדברי תורה.** שתשאל לרבך כל ספקותיך ואף על פי שיש בהם דברים שחביריך ילעגו עליך, סופך להתנשא: **אם נזדממו אחריך.** אם יש מרננים אחריך בדברי עלילות (ונזדממו הוא מלשון עדים זוממים), שים יד לפה ולא תהפך בדברים, שאם ידע אחד לא ידעוהו שנים, ואם תהפך בדברים יתגלו לכל, וזה על דרך (משלי יב, טז) וכוסה קלון ערום (יפה תואר ומתנות כהונה): **מי גרם לך כו'.** מי גרם לך שנתעלמו ממך דברי תורה ותהיה לבוז לפני השואלים הלכה מפיך, **על ידי שנשאת את עצמך** בדברי תורה: **סימוניא.** שם מקום: **מקרא אותנו.** לומד אותנו מקרא: **ושונה.** לומד אותנו משנה:

פירוש מהרז"ו

(א) **מוקש אדם כו'.** ירושלמי נדרים (פ"א ה"א) וילקוט כאן (רמז קלה) ובמשלי (רמז תתקנט): **שהוא נהנה.** דרש ילע בהפוך אותיות מלשון תועלת, שהכוונה הנאה לא אכילה, או מלשון מועל בקדשים: **ואחר נדרים לבקר.** שייכות הדרשה לכאן על פסוק קום עלה בית אל וכו' ועל פי מדה י"ז עיקר הכוונה על מה שנאמר בסוף סדר וילא (לא, יג) אנכי האל בית אל אשר נדרת לי שם נדר, ועל פי מדה ט' הכוונה לך שלם הנדר, וכן כאן קום עלה בית אל ועשה שם מזבח ושלם לי הנדר, ועל שאיחר נדרו נכשל בדינה ושכם, ובילקוט כאן ומשלי כתוב הגירסא ואחר נדרים לבקר רבי חייא בר לוליאני אמר היה צריך מלקות בזמן הבית כמא דאת אומר (ויקרא יט, כ) בקורת תהיה, ומוסיף בילקוט משלי תדע לך שהוא כן יעקב אבינו ע"י שאיחר נדרו נתבקרה פנקסו שנאמר ויאמר ה' אל יעקב עד כאן. וכל זה חסר במדרש כאן וכמו שכתוב בסוף סימן ב' עד שהוצרך להזכירו, וכמו שאמרו לעיל (ע, ג) יעקב נדר והפסיד ועיין בתנחומא (סימן ח): (ב) **רבינו עבר על סימוניא.** תנחומא סדר לו (סימן ה), ירושלמי יבמות (פי"ב ה"ו) כל הענין:

מתנות כהונה

[א] **בלועו.** בבית בליעתו כן פירש הרד"ק: **ואין הקדש כו'.** כלומר כשם שיקולל אם מועל בהקדש ממש, כך יקולל הנהנה מישראל: **איחר.** עכב, כמה דאת אמר (דברים כג, כב) לא תאחר לשלמו: **הכי גרסינן נתבקרה פנקסו תדע לך שכן יעקב אבינו על ידי שאיחר נדרו נתבקרה פנקסו שנאמר ויאמר וגו'.** ועיין בילקוט משלי (רמז תתקנט): [ב] **עלה בית אל וגו'.** גרסינן. ודייק מסיפיה דקרא ועשה שם מזבח וגו': **ניזדממו כו'.** שאומרים עליך דברי סרה שאינו מלשון עדים שהוזמו, אל תבהל להשיב ולהתקוטט עם מוליא הדבה בדברי ריב ומלה, שעכשיו אף אם אחד יודע בו לא ידעו שנים, ואחר כך יתגלה לכל ולא ישקט במהרה: **מי גרם לך להתנבל.** שתתביים בדברי תורה שלא תדע להשיב אמרי אמת, על ידי שנשאת והגבהת עצמך וכהאי דמסיק ואזיל: **סימוניא.** שם מקום: **מקרא.** לומד אותנו מקרא: **ושונה.** לומד אותנו משנה. ובירושלמי פרק מצות חליצה (פי"ב ה"ו) הגירסא קטעת נשתנית:

אשד הנחלים

[א] **תבוא מאירה כו' בלועו.** הוא דרך מליצה בפשט הכתוב, מוקש אדם ע"י חטאו, ועי"ז יביא קרבן וילע הקודש ויבלעם בפיו. וכאלו מתלוצץ המשורר, לא יחטא ולא יביא קרבן ולא יבלענו בבית בליעתו, כי אכלו לנפשו כי נהנה בה: **נתבקרה פינקסו.** דרש ואחר נדרים מי שמאחר נדרים, גורם לבקר אחריו ולחפש זכותו וחובתו. ויתכן לפי דעת הדורש הראשון שפירושו ואוכל קדשים בלועו שאינו מביא הנדר כי אם אוכל בעצמו, וא"כ הסוף פסוק נמשך לראשו. ועיין במתנות כהונה ד"ה ה"ג: [ב] **אם נבלת כו' סופך כו'.** שלא נתביישת לשאול ונבלת עי"ז בתחילה, אך סופך שתתנשא, על ידי זה תתחכם באחרית: **אם ניזדממו כו' תרין כו.** עיין במתנות כהונה פירושו. אם יגידו עליך רעה שתוק ואז תנצל שלא יתגלה עליך הקול וידעו כולם, כי לעת עתה חד ידע ולא תרין. ויתכן שמדבר ג"כ על דברי תורה, שלועגים עליו שלא ידע, תשתוק, כי מה יחסר לך, הלא חד ידע ולא כל התבל. וזהו כמאמר הבעל חובות הלבבות (שער יחוד המעשה פרק ה) להשתיק המיית הגאוה ולהשביחה, שיאמר מה יועיל לו בשבחו בני אדם ואף אם יתפשט זכרו כו'. כי הכלל בזה החוש מעוור עינים לקחת כבוד אף מאדם אחד, או ליזהר מלעגו, אבל האמת, בזה לא תגלה נבלותך, כי לא הכל יודעים בזה: **מי גרם.** דריש להיפך, אם נבלת מאחרים שילעגו עליך מהעדר ידיעתך, אל תאשימם, כי אתה הגורם מרוב התנשאך והגאון מלחקור אחרי האמת היטב, רק יגיד כאשר יעלה על רוחו, וסופו שינבל על ידי זה כי לא יכוון האמת, ולכן מסיים מעשה דר' לוי: **מקרא.** לומד מקרא, ומשנה זהו לומד משנה. ומתוך שנהגו בו כבוד יותר על כן נתעלם ממנו המחקר האמיתי בזה שהייתה לו בקבלה להוציא מהם הדינים ההם. ועיין כל זה במתנות כהונה:

חידושי הרד"ל

[א] **שהוא נהנה כו'.** עיין תנא דבי אליהו [רבה] ריש פ"ז: [ב] **אם נזדממו דברים אחריך.** שנשארו עוד דברים בלבבך שמפני הבושה לשאלם עשית כמו זמם לפה להוציאם, וסוף יהיה שישים **יד לפה** כשישאלוהו בשער לא יפתח פיו: **חד ידע תרין לא ידע.** כן צריך לומר. פירוש דבר אחד ידע ותרי לא ידע. ולגירסא לא ידעין נראה שצריך לומר להפך חד לא ידע תרין ידעין, ורצה לומר נזדממו דברים אחריך בשביל ששמת יד לפה ולמדת בבד בלא דיבוק חברים, שאלמלי כן טובים השנים מן האחד שהיה חברו מזכירו, כמו שמבואר פרק קמא דמגילה (ה, ב):

אמרי יושר

[ב] **ואם נבלת עצמך בדברי תורה סופך להתנשא** עד שאם **זמות** ויחשדוס בדבר **ישימו יד לפה.** ולא יאמרו דבר. על דרך אם ראית תלמיד חכם שעבר עבירה אל תהרהר אחריו (ברכות יט א):

מסורת המדרש

א. ילקוט משלי רמז תתקנ"ט.
ב. נדרים דף כ"ב. ירושלמי נדרים פרק א'. תנחומא כאן סימן ח':
ג. ברכות דף ס"ג. נדה דף כ"ו. אבות דרבי נתן פרק י"א. ילקוט משלי רמז תתקס"ד:
ד. ירושלמי יבמות פרק י"ב הלכה ו'. תנחומא סדר לו סימן ה'. ילקוט משלי רמז תתקס"ד:
ה. יבמות דף ק"ה:

אם למקרא

מוֹקֵשׁ אָדָם יָלַע קֹדֶשׁ וְאַחַר נְדָרִים לְבַקֵּר: (משלי כ:כה)

קֹדֶשׁ יִשְׂרָאֵל לַה' רֵאשִׁית תְּבוּאָתֹה כָּל אֹכְלָיו יֶאְשָׁמוּ רָעָה תָּבֹא אֲלֵיהֶם נְאֻם ה': (ירמיה ב:ג)

אִם־נָבַלְתָּ בְהִתְנַשֵּׂא וְאִם זַמּוֹתָ יָד לְפֶה: (משלי ל:לב)

ידי משה

[א] **איחר וכו' נתבקרה פנקסו.** מפרש בתנחומא (וישלח סימן ח) שמלאכים מלמדין עליו חובה, ובירושלמי (נדרים פ"א ה"א) מביא על זה מעשה באחד שאמר הרי עלי עולה ושהה וטבעה ספינתו בים, כן יעקב שאיחר נדרו ובאו לו הצרות ובב"י פירש (יו"ד ריש סימן רג) הכי לפי שכשאדם נודר הקדוש ברוך הוא אומר אדם זה בטוח במעשיו שיקיים על כן אראה מעשיו אם הוא בר הכי, ועל כן פנקסו נתבקרה שרואין אחר מעשיו אם הם כשרים. וקל להבין:

The Midrash relates at length an incident that illustrates R' Akiva's interpretation:

רַבֵּינוּ הֲוָה עָבַר עַל סִימוֹנְיָא — **Rabbeinu** HaKadosh (Rebbi)[13] **was passing by Simonia** וְיָצְאוּ אַנְשֵׁי סִימוֹנְיָא לִקְרָאתוֹ — **and the residents of** the town of **Simonia came out to greet him** and to make a request. אָמְרוּ לוֹ: רַבִּי, תֵּן לָנוּ אָדָם אֶחָד שֶׁיְּהֵא מַקְרֵא אוֹתָנוּ וְשׁוֹנֶה אוֹתָנוּ וְדָן אֶת דִּינֵנוּ — **They said to him, "Rebbi! Provide us with a person who will teach us Scripture, teach us Mishnah, and judge our disputes."**[14] נָתַן לָהֶם רַבִּי לֵוִי בַּר סִיסִי — **He gave them R' Levi bar Sisi.** וְעָשׂוּ לוֹ בִּימָה גְדוֹלָה וְהוֹשִׁיבוּ אוֹתוֹ לְמַעְלָה מִמֶּנָּה — **They constructed a large platform for him and seated him upon it** so that he could address them, נִתְעַלְּמָה דִּבְרֵי תוֹרָה מִפִּיו — at which time **the words of the Torah became hidden from his mouth,** i.e., he forgot some of his learning. שָׁאֲלוּ אוֹתוֹ שְׁלֹשָׁה שְׁאֵלוֹת — **They asked him three questions:** אָמְרוּ לוֹ: גִּדֶּמֶת יְבָמָה הֵיאַךְ חוֹלֶצֶת — **They said to him** the first question: **"How does a *yevamah*** who is **an amputee** perform ***chalitzah*?"**[15] וְלֹא הֱשִׁיבָן — But **he could not answer them.**

NOTES

13. Rabbeinu HaKadosh, our holy teacher, refers to R' Yehudah HaNasi (Rebbi), the redactor of the Mishnah.

14. See *Yerushalmi Yevamos* 12:6. The citizens of Simonia asked Rebbi to recommend a spiritual leader for their town.

15. [When a man dies childless, the Torah provides for one of his brothers to marry the widow. This marriage is called *yibum*, levirate marriage; the deceased's brother is known as the *yavam* and the widow is called the *yevamah*. Pending this, the widow is forbidden to marry anyone else. If the brother should refuse to perform *yibum*, he must release her from her *yibum*-bond by performing the alternate rite of *chalitzah*, in which she removes his shoe before the court and spits before him and declares: *So should be done to the man who will not build his brother's house* (*Deuteronomy* 25:5-10).] The question is: Can she perform *chalitzah* by removing the *yavam's* shoe with her teeth?

פרשה פא

א [לה, א] "וַיֹּאמֶר אֱלֹהִים אֶל יַעֲקֹב קוּם עֲלֵה וְגוֹ'", (משלי כ, כה) "מוֹקֵשׁ אָדָם יָלַע קֹדֶשׁ וְאַחַר נְדָרִים לְבַקֵּר", [א]תָּבֹא מְאֵרָה לָאָדָם שֶׁהוּא אוֹכֵל קֳדָשִׁים בְּלוּעוֹ, תָּנֵי רַבִּי חִיָּיא: תָּבוֹא מְאֵרָה לָאָדָם שֶׁהוּא נֶהֱנֶה מִן הַהֶקְדֵּשׁ, וְאֵין הֶקְדֵּשׁ אֶלָּא יִשְׂרָאֵל, שֶׁנֶּאֱמַר (ירמיה ב, ג) "קֹדֶשׁ יִשְׂרָאֵל לַה'", "וְאַחַר נְדָרִים לְבַקֵּר", [ב]אָמַר רַבִּי יַנַּאי: אִיחֵר אָדָם אֶת נִדְרוֹ נִתְבַּקְּרָה פִּנְקָסוֹ:

ב [לה, א] "וַיֹּאמֶר אֱלֹהִים אֶל יַעֲקֹב קוּם עֲלֵה בֵּית אֵל וְגוֹ'", (משלי ל, לב) "אִם נָבַלְתָּ בְהִתְנַשֵּׂא וְאִם זַמּוֹתָ יָד לְפֶה", בֶּן עַזַּאי וְרַבִּי עֲקִיבָא, בֶּן עַזַּאי אוֹמֵר: [ג]"אִם נָבַלְתָּ" עַצְמְךָ בְּדִבְרֵי תוֹרָה סוֹפְךָ לְהִתְנַשֵּׂא בָהֶם, "וְאִם זַמּוֹתָ יָד לְפֶה", אִם נִזְדַּמְּמוּ אַחֲרֶיךָ דְּבָרִים, "יָד לְפֶה", חַד יָדַע תְּרֵין לָא יָדְעִין, רַבִּי עֲקִיבָא אָמַר: מִי גָרַם לְךָ לְהִתְנַבֵּל בְּדִבְרֵי תוֹרָה, עַל יְדֵי שֶׁנִּשֵּׂאתָ אֶת עַצְמְךָ בְּהוֹן, [ד]רַבֵּינוּ הָוָה עָבַר עַל סִימוֹנְיָא וְיָצְאוּ אַנְשֵׁי סִימוֹנְיָא לִקְרָאתוֹ, אָמְרוּ לוֹ: רַבִּי, תֵּן לָנוּ אָדָם אֶחָד שֶׁיְּהֵא מַקְרֵא אוֹתָנוּ וְשׁוֹנֶה אוֹתָנוּ וְדָן אֶת דִּינֵנוּ, נָתַן לָהֶם רַבִּי לֵוִי בַּר סִיסִי, וְעָשׂוּ לוֹ בִּימָה גְדוֹלָה וְהוֹשִׁיבוּ אוֹתוֹ לְמַעְלָה מִמֶּנָּהּ, נִתְעַלְּמָה דִּבְרֵי תוֹרָה מִפִּיו, [ה]שָׁאֲלוּ אוֹתוֹ שְׁלֹשָׁה שְׁאֵלוֹת, אָמְרוּ לוֹ: גִּדֶּמֶת יְבָמָה הֵיאַךְ חוֹלֶצֶת, וְלֹא הֱשִׁיבָן, רְקָקָה דָּם

רש"י

(א) **תבא מארה לאדם הנהנה מן ההקדש.** כך תבא מארה לרשעים שנהנין מישראל שהם קדש: סוף נתבקרת פנקסו. (ב) **לאל הנראה אליך בברחך.** כלומר שלם נדרך: **אם נזדמנו אחריך דברים שאינן מהוגנים יד לפה.** שתיק: **חד ידע תרין לא ידעין.** שאם אתה מהפך בהם סוף שאתה מגלה לכל: **סימוניא.** מקום:

עץ יוסף

(א) **ויאמר אלהים כו' מוקש אדם כו'.** דעתם ז"ל שהלווי הזה ליעקב כדי שיקיים נדרו ולהודיעו שהצרות שבאו עליו היה בשביל שאיחר תשלומי נדרו כמו שאמר בהדיא בתנחומא: **תבא מארה כו'.** והכי פירושו מוקש יהיה לאדם שיאכל קודש. וילע מלשון ושמת סכין בלועך (משלי כג, ב). ואחר נדרים לבקר, שכמו שנענש האוכל קדש כן הנודר ואינו משלם. כי הנדור הרי הוא קדש דאמירה לגבוה כמסירה להדיוט (יפה תואר): **בלועו.** בבית בליעתו: **שהוא נהנה.** לא אמר אוכל משום דקמפרש קדש ישראל ולא שייך בזה אכילה ממש (יפה תואר). ומה שאמר הכתוב כל אכליו יאשמו הוא לשון מליצי: **נתבקרה פנקסו.** בתנחומא מפרש שהמלאכים מלמדים עליו חובה ומזכירין עונותיו עיין שם: (ב) **ויאמר אלהים וגו' אם נבלת כו'.** כבר פירשתי שדעתם ז"ל שלהוכיחו בא על איחור נדרו. ולהכי מייתי נמי האי קרא דדריש שיהיה נדרך סמוך לפיך. ואיידי דמייתי להא מייתי נמי פלוגתא דבן עזאי ורבי עקיבא ברישיה (יפה תואר): **אם נבלת עצמך בדברי תורה.** שתשאל לרבך כל ספקותיך ואף על פי שיש בהם דברים שחביריך ילעגו עליך, סופך להתנשא: **אם נזדממו אחריך.** אם יש מרננים אחריך בדברי עלילות (ונזדממו הוא מלשון עדים זוממים), שים יד לפה ולא תהפך בדברים, שאם ידע אחד לא ידעוהו שנים, ואם תהפך בדברים יתגלו לכל, וזה על דרך (משלי יב, טז) וכוסה קלון ערום (יפה תואר ומתנות כהונה): **מי גרם לך כו'.** מי גרם לך שנתעלמו ממך דברי תורה ותהיה לבוז לפני השואלים הלכה מפיך, **על ידי שנשאת את עצמך** בדברי תורה: **סימוניא.** שם מקום: **מקרא אותנו.** לומד אותנו מקרא: **ושונה.** לומד אותנו משנה:

פירוש מהרז"ו

(א) **מוקש אדם כו'.** ירושלמי נדרים (פ"א ה"א) וילקוט כאן (רמז קלה) ובמשלי (רמז תתקנט): **שהוא נהנה.** דרש ילע בהפוך אותיות מלשון תועלת, שהכוונה הנאה לא אכילה, או מלשון מועל בקדשים: **ואחר נדרים לבקר.** שייכות הדרשה לכאן על פסוק קום עלה בית אל וכו' ועל פי מדה י"ז עיקר הכוונה על מה שנאמר בסוף סדר ויצא (לא, יג) אנכי האל בית אל אשר נדרת לי שם נדר, ועל פי מדה ט' הכוונה לך שלם הנדר, וכן כאן קום עלה בית אל ועשה שם מזבח ושלם לי הנדר, ועל שאיחר נדרו נכשל בדינה ושכם, ובילקוט כאן ומשלי כתוב הגירסא ואחר נדרים לבקר רבי חייא בר לוליאני אמר היה צריך מלקות בזמן הבית כמא דאת אומר (ויקרא יט, כ) בקורת תהיה, ומוסיף בילקוט משלי תדע לך שהוא כן יעקב אבינו ע"י שאיחר נדרו נתבקרה פנקסו שנאמר ויאמר ה' אל יעקב עד כאן. וכל זה חסר במדרש כאן וכמו שכתוב בסוף סימן ג' עד שהולרך להזכירו, וכמו שאמרו לעיל (ע, ג) יעקב נדר והפסיד ועיין בתנחומא (סימן ח): (ב) **רבינו עבר על סימוניא.** תנחומא סדר לו (סימן ה), ירושלמי יבמות (פי"ב ה"ו) כל הענין:

חידושי הרד"ל

[א] **שהוא נהנה כו'.** עיין תנא דבי אליהו [רבה] ריש פ"ז: [ב] **אם נזדממו דברים אחריך.** שנשארו עוד דברים בלבבך שמפני הבושה לשאלם עשית כמו זמם לפה להוציאם, וסוף יהיה שישים **יד לפה** כשישאלוהו בשער לא יפתח פיו: **חד ידע תרין לא ידע.** כן צריך לומר. פירוש דבר אחד ידע ותרי לא ידע. ולגירסא לא ידעין נראה שצריך לומר להפך חד לא ידע תרין ידעין, ורצה לומר נזדממו דברים אחריך בשביל ששמת יד לפה ולמדת בבד בלא דיבוק חברים, שאלמלי כן טובים השנים מן האחד שהיה חברו מזכירו, כמו שמבואר פרק קמא דמגילה (ה, ב):

אמרי יושר

[ב] **ואם נבלת עצמך בדברי תורה סופך להתנשא** עד שאם **זמות** ויחשדוס בדבר **ישימו יד לפה.** ולא יאמרו דבר. על דרך אם ראית תלמיד חכם שעבר עבירה אל תהרהר אחריו (ברכות יט א):

מסורת המדרש

א. ילקוט משלי רמז תתקנ"ט:
ב. נדרים דף כ"ג. ירושלמי נדרים פרק א'. תנחומא כאן סימן ח':
ג. ברכות דף ס"ג. נדה דף כ"ו. אבות דרבי נתן פרק י"א. ילקוט משלי רמז תתקס"ד:
ד. ירושלמי יבמות פרק י"ב הלכה ו'. תנחומא סדר לו סימן ה'. ילקוט משלי רמז תתקס"ד:
ה. יבמות דף ק"ה:

אם למקרא

מוֹקֵשׁ אָדָם יָלַע קֹדֶשׁ וְאַחַר נְדָרִים לְבַקֵּר: (משלי כ:כה)
קֹדֶשׁ יִשְׂרָאֵל לַה' רֵאשִׁית תְּבוּאָתֹה כָּל אֹכְלָיו יֶאְשָׁמוּ רָעָה תָּבֹא אֲלֵיהֶם נְאֻם ה': (ירמיה ב:ג)
אִם־נָבַלְתָּ בְהִתְנַשֵּׂא וְאִם זַמּוֹתָ יָד לְפֶה: (משלי ל:לב)

ידי משה

[א] **איחר וכו' נתבקרה פנקסו.** מפרש בתנחומא (וישלח סימן ח) שמלאכים מלמדין עליו חובה, ובירושלמי (נדרים פ"א ה"א) מביא על זה מעשה באחד שאמר הרי עלי עולה ושהה וטבעה ספינתו בים, כן יעקב שאיחר נדרו ובאו לו הצרות ובב"י פירש (יו"ד ריש סימן רג) הכי לפי שכשאדם נודר הקדוש ברוך הוא אומר אדם זה בטוח במעשיו שיקיים על כן אראה מעשיו אם הוא בר הכי, ועל כן פנקסו נתבקרה שרואין אחר מעשיו אם הם כשרים. וקל להבין:

מתנות כהונה

[א] **בלועו.** בבית בליעתו כן פירש הרד"ק: **ואין הקדש כו'.** כלומר כשם שיקולל אם מועל בהקדש ממש, כך יקולל הנהנה מישראל: **איחר.** עכב, כמה דאת אמר (דברים כג, כב) לא תאחר לשלמו: **הכי גרסינן נתבקרה פנקסו תדע לך שכן יעקב אבינו על ידי שאיחר נדרו נתבקרה פנקסו שנאמר ויאמר וגו'.** ועיין בילקוט משלי (רמז תתקנט): [ב] **עלה בית אל וגו'.** גרסינן. ודייק מסיפיה דקרא ועשה שם מזבח וגו': **ניזדממו כו'.** שאומרים עליך דברי סרה שאינו, מלשון עדים שהוזמו, אל תבהל להשיב ולהתקוטט עם מוציא הדבה בדברי ריב ומצה, שעכשיו אף אם אחד יודע בו לא ידעו שנים, ואחר כך יתגלה לכל ולא ישקט במהרה: **מי גרם לך להתנבל.** שתתבייש בדברי תורה שלא תדע להשיב אמרי אמת, על ידי שנשאת והגבהת עצמך וכהאי דמסיק ואזיל: **סימוניא.** שם מקום: **מקרא.** לומד אותנו מקרא: **ושונה.** לומד אותנו משנה. ובירושלמי פרק מצות חליצה (פי"ב ה"ו) הגירסא קטעת נשתנית:

אשד הנחלים

[א] **תבוא מאירה כו' בלועו.** הוא דרך מליצה בפשט הכתוב, מוקש אדם ע"י חטאו, ועי"ז יביא קרבן וילע הקודש ויבלעם בפיו. וכאלו מתלוצץ המשורר, לא יחטא ולא יביא קרבן ולא יבלענו בבית בליעתו, כי אכלו לנפשו כי נהנה בה: **נתבקרה פינקסו.** דרש ואחר נדרים מי שמאחר נדרים, גורם לבקר אחריו ולחפש זכותו וחובתו. ויתכן לפי דעת הדורש הראשון שפירושו ואוכל קדשים בלועו שאינו מביא הנדר כי אם אוכל בעצמו, וא"כ הסוף פסוק נמשך לראשו. ועיין במתנות כהונה ד"ה ה"ג: [ב] **אם נבלת כו' סופך כו'.** שלא נתביישת לשאול ונבלת עי"ז בתחילה, אך סופך שתתנשא, על ידי זה תתחכם באחרית: **אם ניזדממו כו' תרין כו.** עיין במתנות כהונה פירושו. אם יגידו עליך רעה שתוק ואז תנצל שלא יתגלה עליך הקול וידעו כולם, כי לעת עתה חד ידע ולא תרין. ויתכן שמדבר ג"כ על דברי תורה, שלועגים עליו שלא ידע, תשתוק, כי מה יחסר לך, הלא חד ידע ולא כל התבל. וזהו כמאמר הבעל חובות הלבבות (שער יחוד המעשה פרק ה) להשתיק המיית הגאוה ולהשביחה, שיאמר מה יועיל לו בשבחו בני אדם ואף אם יתפשט זכרו כו'. כי הכלל בזה החוש מעוור עינים לקחת כבוד אף מאדם אחד, או ליזהר מלעגו, אבל האמת, בזה לא תגלה נבלותך, כי לא הכל יודעים בזה: **מי גרם.** דריש להיפך, אם נבלת מאחרים שילעגו עליך מהעדר ידיעתך, אל תאשימם, כי אתה הגורם מרוב התנשאך והגאון מלחקור אחרי האמת היטב, רק יגיד כאשר יעלה על רוחו, וסופו שינבל על ידי זה כי לא יכוון האמת, ולכן מסיים מעשה דר' לוי: **מקרא.** לומד מקרא, ומשנה זהו לומד משנה. ומתוך שנהגו בו כבוד יותר על כן נתעלם ממנו המחקר האמיתי בזה שהייתה לו בקבלה להוציא מהם הדינים ההם. ועיין כל זה במתנות כהונה:

רָקְקָה דָם מַהוּ — They asked him a second question, **"What is** the law concerning **a *yevamah* who spat blood?"**[16] וְלָא הֲשֵׁיבָן כְּלוּם — But **he could not** give **them any answer at all.** אָמְרוּ: דִּלְמָא לֵית הוּא בַּר אוּלְפָן, בַּר אַגָּדָה הוּא — **[The townspeople] said** to one another, **"Perhaps he is not a master of Talmudic law,** but **is a master of Aggadah.** נִשְׁאֲלֵיהּ קְרָאֵי — **Let us ask him** the explanation of some **verses."** אֲמָרוּן לֵיהּ — So **they said to him,** מַהוּ דֵּין דִּכְתִיב "אֶת הָרָשׁוּם בִּכְתָב אֱמֶת" — **"What is** the meaning **of this that is written,** *However, I will tell you **what is inscribed in truthful writing**?* (*Daniel* 10:21).[17] אִם אֱמֶת לָמָּה רָשׁוּם וְאִם רָשׁוּם לָמָּה אֱמֶת — **If it is '*truthful*'** *writing*, **why** does Scripture refer to it as merely **'*inscribed*'; and if it is** indeed only **'*inscribed*,' why** does Scripture refer to it as **'*truthful*'** *writing*?"[18] וְלָא הֲשֵׁיבָן — **But he could not answer them.** וְכֵיוָן שֶׁרָאָה שֶׁצָּרָתוֹ צָרָה — **When [R' Levi] saw how truly distressful was the** situation in which he found **himself,** הִשְׁכִּים בַּבֹּקֶר וְהָלַךְ לוֹ אֵצֶל רַבֵּינוּ — **he arose early in the morning and returned to Rabbeinu** HaKadosh (Rebbi).[19] אֲמַר לֵיהּ: מָה עֲבָדוּן לָךְ אַנְשֵׁי סִימוֹנְיָא — **[Rebbi] said to him, "What did the residents of Simonia do to you** that caused you to return so quickly?" אֲמַר לוֹ: אַל תַּזְכִּירֵנִי צָרָתִי — **R' Levi responded to him, "Do not remind me of my troubles.** ג׳ שְׁאֵלוֹת שָׁאֲלוּ אוֹתִי וְלֹא יָכוֹלְתִּי לַהֲשִׁיבָן — **They asked me three questions and I was unable to answer** any of **them."** אֲמַר לֵיהּ: וּמָה אִינּוּן — **[Rebbi] asked him, "And what were they?"**

R' Levi repeats the three questions and answers them:

אֲמַר לֵיהּ: גִּידֶּמֶת בַּמֶּה הִיא חוֹלֶצֶת — **He replied,** "They asked, **How does an amputee do *chalitzah*?"** אֲמַר לֵיהּ: וְלֹא הָיִיתָ יוֹדֵעַ לְהָשִׁיב — **Rebbi asked him, "Did you not know how to answer** this question?" אֲמַר לֵיהּ: אִין — **R' Levi** then **replied, "Yes,** an amputee can perform *chalitzah*, אֲפִילוּ בְּשִׁינֶּיהָ אֲפִילוּ בְּגוּפָהּ — for she may remove the *yavam's* shoe **even with her teeth or** any other part of **her body.**[20] רָקְקָה דָם מַהוּ — The next question was, **What is the law if [the *yevamah*] spat blood?"** אֲמַר לֵיהּ: וְלֹא הָיִיתָ יוֹדֵעַ מַה לְּהָשִׁיב — **Rebbi** then **said to R' Levi, "Did you not know how to answer** this question as well?" אֲמַר לֵיהּ: אִם הָיָה בּוֹ צַחְצוּחִית שֶׁל רוֹק הֲרֵי הוּא כָּשֵׁר — **R' Levi replied, "If there is a trace of spittle in [the blood], [the *chalitzah*] is valid,** וְאִם לָאו הֲרֵי זֶה פָּסוּל — **but if not, it is invalid."**[21]

R' Levi relates the final question and answer:

אֲבָל אַגִּיד לְךָ "אֶת הָרָשׁוּם בִּכְתָב אֱמֶת" — "Regarding the verse, ***However, I will tell you what is inscribed in truthful writing*** — אִם אֱמֶת לָמָּה רָשׁוּם וְאִם רָשׁוּם לָמָּה אֱמֶת — they had asked, **If it is '*truthful*' writing, why** does Scripture refer to it as merely **'*inscribed*,' and if it is** indeed only **'*inscribed*,' why** does Scripture refer to it as **'*truthful*' writing?"** אֲמַר לוֹ: וְלֹא הָיִיתָ יוֹדֵעַ לְהָשִׁיב — **[Rebbi]** asked **[R' Levi], "Did you not know how to answer** this question as well?" אֲמַר לוֹ — **[R' Levi] answered him,** "רָשׁוּם" עַד שֶׁלֹּא נִגְזְרָה גְּזֵירָה — " ***'Inscribed'*** is referring to **before the decree has been issued,** i.e., before it has been sealed; "אֱמֶת" מִשֶּׁנִּגְזְרָה גְּזֵירָה — ***'truthful'* writing** is referring to **after the decree has been issued,** i.e., after it has been sealed."[22]

R' Levi has just explained that a Divine decree that has been sealed cannot be revoked. The Midrash now digresses from R' Levi and Rebbi's dialogue and inquires about the Divine seal:

וּמַה הוּא חוֹתָמוֹ שֶׁל הַקָּדוֹשׁ בָּרוּךְ הוּא — **And what is the signet of the Holy One, blessed is He?** רַבֵּינוּ בְּשֵׁם רַבִּי רְאוּבֵן אָמַר: אֱמֶת — **Rabbeinu (Rebbi) said in the name of R' Reuven:**[23] His signet is the word **"truth."** מַהוּ אֱמֶת — **Why** is the word **"truth"** the seal of God?[24] אָמַר רֵישׁ לָקִישׁ: אָלֶ"ף בְּרֹאשָׁן שֶׁל אוֹתִיּוֹת — **Reish Lakish said:** God chose this word because **it** is spelled with an ***aleph*** (א), which is **at the beginning** (i.e., the first letter) of the alphabet; מֵ"ם בְּאֶמְצַע — with a ***mem*** (מ), which is **in the middle** of the alphabet;[25] תָּי"ו בְּסוֹף — and with a ***tav*** (ת), which is **at the end** (i.e., the final letter) of the alphabet, עַל שֵׁם "אֲנִי רִאשׁוֹן וַאֲנִי אַחֲרוֹן וְגוֹ'" — **corresponding** to the verse, ***I am first and I am the last, etc.*** *[and other than Me there is no God]* (*Isaiah* 44:6).[26]

NOTES

16. Is the *chalitzah* valid and she is thus free to marry anyone she chooses or must she spit again? (see *Rashi* to *Yevamos* 105a).

17. In this verse an angel forewarned Daniel what was to befall the Jewish people (*Rashi* ibid.).

18. "Inscribed" writing implies something that was written as a marking, to serve as a reminder, and was not intended to endure. By contrast, "truthful" writing implies something that was written formally and was intended to endure (*Eitz Yosef*).

19. He hoped that upon hearing his troubles, Rebbi would relieve him of his post (*Eitz Yosef*).

20. The Torah does not state that she must remove the shoe with her *hand*. Rather, it simply says that she should remove his shoe; therefore, even if she removes it with her teeth, she fulfills that requirement. See *Yevamos* 105a. [The Midrash below will explain why R' Levi did not answer the questions when they were asked of him.]

21. Had the Torah stated "she shall spit spittle," it would have implied that nothing but spittle should emerge from her mouth; however, since the Torah writes "she shall spit" and does not specify "spittle" it implies that the *chalitzah* is valid even if another substance is mixed with the spittle. Therefore, as long as a trace of spittle is mixed with the blood, the *chalitzah* is valid (*Rashi* to *Yevamos* 105a).

22. I.e., events that are part of the Divine knowledge of the future, that were not signed and sealed with the Divine seal, are considered to be only *inscribed*, since they can be changed through prayer [and repentance]. However, events that have already been signed and sealed – such as those that the angel in the verse was going to tell Daniel – are not only inscribed, but are considered to be *in truthful writing*, since they are unchanging and irrevocable (*Eitz Yosef*, from *Yefeh To'ar*).

23. *Eitz Yosef* emends the text to read R' Bivi, instead of Rabbeinu, for R' Reuven did not live in the same times as Rebbi. This is also the reading of a parallel Midrash in *Shir HaShirim Rabbah*.

24. Why did God choose this word for the Divine seal? Usually, one uses his name or some other identifying factor as his signet (*Eitz Yosef*, from *Yefeh To'ar*).

25. *Mem*, which is the 13th letter, is in the middle when those letters that possess two forms, a middle form and a final form, are counted twice (*Rashash*).

26. *Yerushalmi Sanhedrin* (1:1, cited by *Eitz Yosef*) explains: *I am first* — God preceded everything and did not receive His authority from another power; *and other than Me there is no God* — He is omnipotent and does not share His authority with any partner; *and I am the last* — God is eternal and will never relinquish His power to another.

I.e., since everything owes its origin and existence to God, that which is decreed and sealed by Him must ultimately come true. See Insight Ⓐ.

INSIGHTS

Ⓐ **The True Judge** On a deeper level, a human judge can adjudicate only based on the facts known to him. He cannot know what impact his ruling will have in the future or who will be affected by it. Hence, his rulings are not really "true." God, however, Who is both omnipresent and omniscient, sees the interconnection between all events — past, present, and future — and knows who will be affected by His judgments. Hence, only God's judgments can be characterized as being true (*Eshed Nechalim*).

This idea may also be utilized to explain the age-old question of why the wicked prosper and the righteous suffer. We lack the capacity to understand this because we are aware of only our own era in time. We cannot see how current events might either be shaped by what occurred centuries ago, or be serving as the seeds for some future occurrence. Only God, Who is all-knowing, can dictate who should suffer or prosper in this world (see *Tiferes Tzion*).

* * *

The Stamp of Truth: *Meshech Chochmah* sees the signet of God as referring to the truth of His very existence as per the fundamental

מַהוּ, וְלֹא הֱשִׁיבָן כְּלוּם, אָמְרוּ: דִּלְמָא לֵית הוּא בַּר אוּלְפַּן, בַּר אַגָּדָה הוּא, נִשְׁאֲלֵיהּ קְרָאֵי, יֵאמְרוּן לֵיהּ: מַהוּ דֵין דִּכְתִיב (דניאל י, כא) "אֶת הָרָשׁוּם בִּכְתָב אֱמֶת", אִם אֱמֶת לָמָּה רָשׁוּם וְאִם רָשׁוּם לָמָּה אֱמֶת, וְלֹא הֱשִׁיבָן, וְכֵיוָן שֶׁרָאָה שֶׁצָּרָתוֹ צָרָה הִשְׁכִּים בַּבֹּקֶר וְהָלַךְ לוֹ אֵצֶל רַבֵּינוּ, אֲמַר לֵיהּ: מָה עָבְדוּן לָךְ אַנְשֵׁי סִימוֹנְיָא, אָמַר לוֹ: אַל תַּזְכִּירֵנִי צָרָתִי, ג' שְׁאֵלוֹת שָׁאֲלוּ אוֹתִי וְלֹא יָכֹלְתִּי לַהֲשִׁיבָן, אָמַר לֵיהּ: וּמָה אִינּוּן, אֲמַר לֵיהּ: גִּידֶּמֶת בַּמֶּה הִיא חוֹלֶצֶת, אָמַר לֵיהּ: °וְהָא לֹא הָיִיתָ יוֹדֵעַ לְהָשִׁיב, אָמַר לֵיהּ: אֵין, אֲפִילּוּ בְּשִׁינֶּיהָ אֲפִילּוּ בְּגוּפָהּ, רָקְקָה דָם מַהוּ, אָמַר לֵיהּ: וְלֹא הָיִיתָ יוֹדֵעַ מָה לְהָשִׁיב, אָמַר לֵיהּ: אִם הָיָה בּוֹ צַחְצוּחִית שֶׁל רוֹק הֲרֵי הוּא כָּשֵׁר וְאִם לָאו הֲרֵי זֶה פָּסוּל, [ז]אֲבָל אַגִּיד לְךָ "אֶת הָרָשׁוּם בִּכְתָב אֱמֶת", אִם אֱמֶת לָמָּה רָשׁוּם וְאִם רָשׁוּם לָמָּה אֱמֶת, אָמַר לוֹ: וְלֹא הָיִיתָ יוֹדֵעַ לְהָשִׁיב, אָמַר לוֹ: "רָשׁוּם" [ח]עַד שֶׁלֹּא נִגְזְרָה גְּזֵרָה, "אֱמֶת" מִשֶּׁנִּגְזְרָה גְּזֵרָה, וּמָה הוּא [ט]חוֹתָמוֹ שֶׁל הַקָּדוֹשׁ בָּרוּךְ הוּא, רַבֵּינוּ בְּשֵׁם רַבִּי רְאוּבֵן אָמַר: אֱמֶת, מַהוּ אֱמֶת, אָמַר רֵישׁ לָקִישׁ: אָלֶ"ף °בָּרִאשׁוֹן שֶׁל אוֹתִיּוֹת, מֵ"ם בָּאֶמְצַע, תָּי"ו בַּסּוֹף, עַל שֵׁם (ישעיה מד, ו) "אֲנִי רִאשׁוֹן וַאֲנִי אַחֲרוֹן וְגוֹ'",

רקקה דם. היבמה שחלצה וירקה לפני היבם: **לית בר אולפן.** שמא אינו בעל גמרא והלכות, אלא בעל אגדות ודרשות: **אם אמת למה רשום.** דמדכתיב אמת משמע כתיבה תמה העשוי להתקיים, ומדכתיב רשום משמע שאינה כתיבה ממש אלא רושם בעלמא כעין שרושמין לסימן בעלמא (יפה תואר): **והלך לו אצל רבינו.** להגיד צרתו כדי שיפטרהו מהמנוי ההוא שהוא לו לפוקה ולמכשול (יפה תואר): **מה עבדין לך.** מה עשו לך שחזרת אצלי: **אפילו בשיניה כו'.** דלא כתיב וחלצה בידה: **צחצוחית של רוק.** פירוש הערוך לשון סחיטה: **עד שלא נגזרה.** כלומר עד שלא נגמרה דהיינו חתימה, לפי שקודם חתימה מתבטל בתפלה כדלקמן דברים רבה פרשה א' (יפה תואר). והיינו דקא בעי מאי חותמו של הקדוש ברוך הוא. אבל בשיר השירים רבה (א, מה) פסוק לסוסתי (שם א, ט) איתא עד שלא נחתם הדין רשום משנחתם גזר דין אמת: **רבינו בשם רבי ראובן.** הוא טעות סופר וצריך לומר רב ביבי בשם רבי ראובן וכדאיתא בשיר השירים רבה הנזכר לעיל, כי איך יאמר רבי בשם רבי ראובן שהיו רחוקים זה מזה זמן רב: **מהו אמת.** כלומר מה טעם להיות חותמו יתברך אמת, שדרך החותם לחתום שמו או כנויו או סימן מורה עליו (יפה תואר): **על שם אני ראשון.** בירושלמי פרק קמא דסנהדרין (ה"א) מפרש לומר, אני ה' ראשון שלא קבלתי מלכותי מאחר, ומבלעדי אין אלהים שאין לי שותף, ואת אחרונים אני הוא שאיני עתיד למסור לאחר (יפה תואר):

אם אמת כו'. עיין בתנחומא שם. ועיין שיר השירים רבה (א, מה) פסוק לסוסתי:

רש"י

רקקה דם. היבמה, ולא ירקה רוק מהו, ולא היה יודע מה להשיב ועל כולם השיבו אין:

מתנות כהונה

רקקה דם. היבמה שחלצה וירקה לפני היבם: **בר אולפן.** בן הלכות: **רשום.** משמע רשימה בעלמא שאינו אמת וכתיב אחריו אמת, ובתנחומא (לו סימן ה) גרס וכי יש דבר שקר בתורה שהוא אומר אמת: **מה עבדין לך.** מה עשו לך שחזרת לבא הנה: **ומהו חותמו כו'.** כל זה אינו בירושלמי ולא בילקוט, וגם ריב"ן חביב מביא מאמר זה בספר עין יעקב ולא גרס ליה: **הכי גרס חותמו של הקב"ה, רבינו כו': מהו אמת.** מהו הרמז של אמת להיות חותמו של הקב"ה:

אשד הנחלים

עד שלא נגזרה כו'. כי המלאך הגיד לדניאל את הקץ של בעתה אשר אי אפשר האיחור בו, ואת הקץ בתשובה אשר בכל יומו זמנו, והקץ התלוי נקראת בשם רשום, כאלו היא רק רשימה בעלמא שאפשר להמחק, וישארו עוד בגולה אם לא ישובו, אך הקץ של בעתה גזרה מוחלטת שיוכרחו להגאל, וזהו משנגזרה גזירה, כן נראה לי על דרך האמת, כי שם מדבר רק מהקץ: **חותמו של הקב"ה כו' אמת.** הענין ע"פ הציור, כי כל המדות העליונות אינם יודעים כל דבר על מתכונתם, רק שופטים כפי בחינת העת וזמן הנראה להם, ולא ידעו קשר הסבות והמסובבות המתאחדים יחד בחוברות, ולכן אין דינם דין אמת, כי אם ה' ב"ה היודע כל דבר מראשיתו עד תכליתו וכל הסבות אשר הסבו זה, הוא דן דין אמת לאמיתו. וזהו שסיים שאמת הוא ראש האותיות ואמצעות והאחרון, להורות שעיקר האמת נובע ממי שידע מראשית הדבר, וכל האמצעות שהמה קשר כל הסבות, והסבה האחרונה הנולדת מזו. והענין הוא רחב ידים להבין אמיתת הדברים על דרך הבחינה הישרה והצרופה, אך בחרתי לקצר ואיש מבין יבין:

חידושי הרד"ל

וכיון שראה כו'. עיין בירושלמי (יבמות פי"ב ה"ו), ועיין בבלי יבמות (קה, א): **אם אמת למה רשום.** כן הובא גם בירושלמי, ופירושו דרשום משמע רושם שיכול להשתנות ולא יתאמת קיומו, וכתיב אמת משמע דבר אמת וקים. ועיין מתנות כהונה מה שכתב בשם התנחומא (לו, ה), הנה התנחומא שם הועתק מן הבבלי ביבמות, וכאן הוא לשון הירושלמי שם ואין ראיה מזה על זה: **חותמו של הקב"ה. רב ביבי בשם רבי ראובן אמר.** כן צריך לומר, וכן הובא בשיר השירים (א, מה) ובירושלמי ריש סנהדרין (פ"א ה"א):

חידושי הרש"ש

[ב] אם היה בו צחצוחית של רוק הרי הוא כשר כו'. ובגמרא דילן (יבמות קה, א) איתא בהאי עובדא מי כתיב וירקה רוק והיינו כפירש"י שם דלא בעינן רוק לבד, והתם איירי במוצאת והכא איירי בשותתת עיין שם בסוף הענין, ומכאן מוכח להדיא שלא כדעת הראב"ד והרא"ש שם עיין שם ברא"ש (פי"ב סימן יב): **מ"ם באמצע.** היינו בהחשב גם אותיות הכפולות במספר:

אמרי יושר

רמו מלוי גדמת מהו שתחלוץ אמר מי כתיב ביד. פירוש דקיימא לן (יבמות קד ב) חרש וחרשת אלם ואלמת חליצתן פסולה דלאו ראוי לבילה הוא אף על גב דקריאה לא מעכבא כלל אמר ואמרה בעיא לן אי אמרינן הכא הָכִי. וקאמר דשאני הכא דהתם אי אפשר דהם משוללי הדיבור אין תקנה אבל הכא הרי אפשר בשיניה וכשר: **רקקה דם מהו כו' כשר.** קשה והלא לרבי עקיבא (יבמות קד א במשנה) דהלכתא כוותיה רקיקה לא מעכבא כלל אף על פי שלא רקקה. ואולי דם חמור טפי ולהכי בעי. אי נמי הכא אליבא דרבי אליעזר דסבירא ליה דמעכב. אי נמי הכא עסיקינן לכתחילה שתהא חליצה מעלייתא כדברי רש"י. אי נמי הנכון קיימא לן דרקקה לפני בית דין בלי חליצה כבר נפסלה ליבום על האחין ושוב אין לה תקנה אלא בחליצה אחרת כשרה ושלחו לשמואל דתחלוץ מבלי רקיקה אחרת אלא אף על פי שלא כסדרן סמכינן ארקיקה קמייתא דקאמר נוסף דאם רקקה דם הוי רוק ונפסלה על האחין וכל הנזכר. וקשה דהתלמוד אמר (יבמות קה א) אי אפשר בלי נאמרי רוק בפרק מצות חליצה ובמדרש אמר אם יש שם נאמרי רוק. ויש לומר דהדין הוא דיש הפרש בין מוצאת לשותתת דמוצאת אי אפשר בלי תערובת רוק והמדרש אמר אם יש שם נאמות רוק דהיינו מוצאת ואם אין שם דהיינו שותתת מאי. אבל אגיד לך הרשום בכתב אמת דהיכא ביבמה עניינים שונים אחד ביושר ואחד בלתי יושר וכן חוזרנו בנו כיון שאי אתה חכם או פשט המדרש דאולי ימלא חכם בדרשא. והתלמוד פירש הקושיא וכי יש כתב שאינו של אמת. ובמדרש אמרו כתיב רשום וכתיב אמת ואמרו בתחלה רשום ואחר כך נגזר אמת דנחתם, כלומר דאף משה ומתן הראשון בלי חתימה עושה רושם. אבל התלמוד הוסיף ואמר דמיירי תלמודא בציבור כאן גזר דין בשבועה כאן גזר דין לבד. וכן כתיב להלן (דניאל יב ז. מדרש ב"ר פרשה מג יג) וירם ימינו ושמאלו אל השמים וישבע בחיי העולם כי למועד מועדים תכליתה כל אלה. ואם כן יש מדרגות ליחיד אם תכבסי בנתר כתם עונך לפני, אבל בעשרת ימי תשובה יש תקנה אפילו לגזר דין חתום דרשו ה' בהמצאו בי"ת ואו"ת א' ימים שבנתיים תמלאהו

מסורת המדרש

ו. תנחומא סדר לו סימן ה':
ז. שה"ש רבה פרשה א' פסוק ט':
ח. עי' ראש השנה דף י"ח:
ט. שבת נ"ה. יומא ס"ט. סנהדרין דף ס"ד. ירושלמי סנהדרין פרק א'. דברים רבה פ"א. שה"ש רבה פרשה א' פסוק ט':

אם למקרא

אֲבָל אַגִּיד לְךָ אֶת הָרָשׁוּם בִּכְתָב אֱמֶת וְאֵין אֶחָד מִתְחַזֵּק עִמִּי עַל אֵלֶּה כִּי אִם מִיכָאֵל שַׂרְכֶם: (דניאל י:כא)

כֹּה־אָמַר ה' מֶלֶךְ־יִשְׂרָאֵל וְגֹאֲלוֹ יְהוָה צְבָאוֹת אֲנִי רִאשׁוֹן וַאֲנִי אַחֲרוֹן וּמִבַּלְעָדַי אֵין אֱלֹהִים: (ישעיה מד:ו)

שינוי נוסחאות

(ב) והא לא היית יודע. בדפוסים הישנים היה כתוב "ולא היית יודע" (וכ"ה בת-א), אבל בקראקא כתבו (כנראה בטעות) "והא היית יודע" וכן כתבו בהרבה דפוסים אח"כ, ובאמשט' תפ"ה התחילו לכתוב את שתי המילים: "והא לא היית יודע", וכן כתבו בהרבה דפוסים אח"כ, ובווארשא כתבו תיבת "לא" בסוגריים:
אל"ף בראשון. ברוב הנוסחאות כתוב "בראשן":

זרע אברהם

[ב] שאלו את לוי גדמת במה היא חולצת. יש להבין למה שאלו את לוי שאלה זו דוקא. ונראה לי לפי שיש ראיה ברורה מגמרא דחולין (דף יט ב) במתניתין נמלא כשר במליקה פסול בשחיטה. ובגמרא נמלא (דף כ א) למעוטי מאי אמר רבה בר חנה למעוטי שן וצפורן פירש רש"י על כרחך במחובר מיירי דמליקה כשר ובשחיטה פסול דבעינן דבר תלוש כדכתיב ויקח את המאכלת ואין לומר בתלוש דמליקה בעינן בעצמו של כהן ואפילו מליקה פסולה לא מיקרי בתלוש והוה נבלה עכ"ל רש"י. ובתוספות תימא הואיל ומיירי במחובר האיך יהיה שן וצפורן עדיף מיד שמאל דבירושלמי אמרינן דמליקה בעי ימין ושמאל פסול ואם כן יהיה שן עדיף מן יד שמאל ומשני התוספות הא לא קשיא שהרי גדמת חולצת בשינים ובירושלמי איתא דבעי חליצה גם כן ימין ואם כן על כרחך שן עדיף משמאל אמרינן במליקה גם כן הכי עכ"ל. ואם כן יש לפשוט שאלה זו של גדמת ממתניתין נמלא כשר במליקה למעוטי מאי על כרחך למעוטי שן וצפורן במחובר וקשה קושית התוספות ועל כרחך מוכח מחליצה שמע מינה שגדמת חולצת בשינים רק ללוי שאלו. זה דאיתא במסכת זבחים (דף נג ב) איתא קרן מזרחית דרומית לא היה לה יסוד, ומקשה הגמרא מיתיבי עולת העוף כיצד היה נעשית מולק את ראשה ממול ערפה ומבדיל וממצה דמה על קיר המזבח ואי אמרת לא היה לה יסוד באוירא בעלמא הוא דקאי עביד אמר רב נחמן בר יצחק כך הותנה אוירא דבנימין בקרקע דיהודה. פירש רש"י וסימן בליטה עשאו. יש מפרשים דקמקשה הגמרא באוירא הוא דקא עביד פירוש והלא אזיל הדם לאיבוד. ומקשים בתוספות תימא דהלא כל הדמים אחר שנעשים מעותן אזלי לאיבוד אלא נראה דהכי פירושו דהכי מקשה מכח שמליקתה נעשית בקרן זה שאין לו יסוד בקרן מזרחית דרומית ואם לא היה לה יסוד לא היה לה קדושת מזבח, ומשני כך הותנו וכו' ובגמרא אחר כך לוי מתרגם באחסנתיה יתבני מקום מקודש לדמים, ורב מתרגם באחסנתיה יתבני מדבחא ולא היה לה יסוד בבנין. ונראה לי שתירוץ הגמרא כך התנו וכו' קאי אליבא דרב מה שאין כן ללוי דסבירא ליה באחסנתיה יתיבי מקום מקודש בדמים לא אתא שפיר תירוץ זה. ודוק. ומוכרחים לומר אליבא דלוי שמליקה אינה צריכה להיות בראשו של מזבח שמלק על גבי כותל מליקתו כשירה. וברמב"ן איתא (בחי' לחולין כ א ד"ה למעוטי) הא דקיימא לן שמליקה צריך להיות בעצמו של כהן, ואם כן אין להביא ראייה שגדמת חולצת בשינים, ואם כן שפיר הקשו ללוי שאלה זו לפי שאין להביא ראייה ממשנה דנמלא כשר במליקה ודוק. ובעית המדרש פשטו שחולצת בשינים, לפי שבעית המדרש היו סוברים כרב ולא כלוי, יש הוכחה שגדמת חולצת בשינים ממתניתין דחולין. ועל שאלה שניה ששאלו ללוי רוקקת דם, נראה לי גם כן ליתן טעם דאיתא בספר ש"י ששאלה זו נוגעת אם בעינן קרא כדכתיב או לא. ובזבחים (סא ב) בתוספות איתא גבי הא דאיתא כשעלו מהגולה הוסיפו על המזבח ד' אמות מן הדרום וכו' והקשו התוספות (ד"ה ארבע) והלא בקרן זו לא היה יסוד ואם כן האיך היו יכולים להוסיף ולעשות יסוד וקושיא זו היא אליבא דרב ולא אליבא דלוי. וצריך לומר כדאיתא בתוספות ביומא דלמאן דאמר שירושלים לא נתחלקה לשבטים למה לא היה יסוד לקרן זה ומסקו שלמאן דאמר זה על כרחך גזרת הכתוב הוא ואם כן כך היה שאלתם שאם יחזור לוי מכח שאלה ראשונה ויסבור שירושלים לא נתחלקה לשבטים ואם כן מה שלא היה לקרן זה יסוד היה משום גזירת הכתוב אם כן יש לשאול שאלה שניה רקקה דם מהו בלא זה היה לפשוט מכח שהוסיפו על המזבח על כרחך לא בעינן קרא כדכתיב היכא דלא אפשר אין עיכוב ולא אמרה תורה אלא למצוה. ודוק:

The Midrash returns to the dialogue between Rebbi and R' Levi: אָמַר לוֹ: וְלָמָּה לֹא הֲשִׁיבוֹתָ אוֹתָן כְּשֵׁם שֶׁהֲשִׁיבוֹתָ אוֹתִי — **[Rebbi] said to [R' Levi], "Why** then **did you not answer [the residents of Simonia] as you answered me?"**

אָמַר לֵיהּ: עָשׂוּ לִי בִּימָה גְדוֹלָה וְהוֹשִׁיבוּ אוֹתִי עָלֶיהָ לְמַעְלָה הֵימֶנָּה — **[R' Levi] answered him, "They made a large platform for me and seated me upon it,** וְטָפַת רוּחִי עָלַי — **and my spirit flowed over me,** i.e., I became conceited, וְנִתְעַלְּמוּ מִמֶּנִּי דִבְרֵי תוֹרָה — **and words of Torah became hidden from me."** קָרָא עָלָיו הַמִּקְרָא הַזֶּה: אִם נָבַלְתָּ בְהִתְנַשֵּׂא — **[Rebbi]** then **applied the following verse to him:** אִם נָבַלְתָּ בְהִתְנַשֵּׂא (*Proverbs* 30:32), which may be rendered, ***If you have become exposed to ridicule (l'hisnabeil)*** [לְהִתְנַבֵּל] **over the words of the Torah**, forgetting your learning, it is be**cause you *raised yourself*** up and gloried in **[words of Torah]**, i.e., you became conceited through them.[27]

The Midrash now presents various interpretations of the second half of the *Proverbs* verse, "וְאִם זַמּוֹתָ יָד לְפֶה" — *and if you have thoughts [of responding in kind], put a hand upon your mouth* (ibid.), all of which pertain to the subject of making vows and fulfilling them. The Midrash will then relate this to Jacob:

אָמַר רַבִּי אַבָּא בַּר כָּהֲנָא — **R' Abba bar Kahana said:** אִם חָשַׁבְתָּ בְּלִבְּךָ דְּבַר מִצְוָה לַעֲשׂוֹת וְלֹא עָשִׂיתָ — **If you contemplated performing a mitzvah,** such as charity, **but you did not** yet **perform it,** נוֹחַ לְךָ לִיתֵּן זָמָם עַל פִּיךָ וְלֹא לִפְסוֹק — **it is best for you to place a muzzle (*zamam*)** [זָמָם] **upon your mouth and not to articulate** a vow regarding the mitzvah.[28]

Two dissenting opinions:

אָמַר רַבִּי יוּדָן: מָה יָדְךָ סְמוּכָה לְפִיךָ — **R' Yudan said: Just as your hand** when you eat **is close to your mouth,** כֵּן יִהְיֶה נִדְרְךָ סָמוּךְ לְפִיךָ — **so should** the fulfillment **of your vow closely** follow its pronouncement with **your mouth,** i.e., fulfill it as soon as possible.[29] רַבָּנָן אָמְרֵי: מָה יָדְךָ קוֹדֶם לְפִיךָ — However, **the Sages say** that **just as** when you eat, the food is held in **your hand before** you put it in **your mouth,** כֵּן יִהְיֶה נִדְרְךָ קוֹדֶם לְפִיךָ — **so, too, must** you be all prepared to fulfill **your vow before making a** pronouncement **with your mouth** so that it should not be delayed.[30]

The Midrash relates the exposition of the *Proverbs* verse to Jacob, using him as proof of the severity of the sin of not fulfilling one's oath:

תֵּדַע לְךָ שֶׁכֵּן — **You should know that this is so,** i.e., that one should not delay fulfilling his vow, שֶׁהֲרֵי יַעֲקֹב אָבִינוּ עַל יְדֵי שֶׁאֵיחַר

NOTES

27. Rebbi thus interpreted the verse as did R' Akiva. See Insight Ⓐ.

28. I.e., do not vow to fulfill a mitzvah, for perhaps you will not fulfill it. According to this approach, זַמּוֹתָ may mean both *muzzle* and *contemplate* (see *Yefeh To'ar; Matnos Kehunah*). [Similarly, יָד לְפֶה means *put a hand to your mouth* and avoid making promises until you are sure to fulfill them.]

The Gemara *Nedarim* (9a) records a dispute between R' Meir and R' Yehudah regarding the correct interpretation of a passage in *Ecclesiastes* (5:3-4): *That which you vow, pay! Better that you do not vow, than that you vow and not pay.* R' Meir interprets this as meaning that even if you always pay what you vow, it is better that you not vow at all, lest you once vow and not pay (and thus transgress the commandment — *Numbers* 30:3: *He shall not violate his word; Rashi;* cf. *Tosafos* s.v. טוב). R' Yehudah, however, understands *That which you vow, pay!* as describing the optimal approach. The next verse means literally that it is better not to vow at all than to vow and not pay — but not than to vow and pay! (*Rashi*; see *Ran* to *Nedarim* 9a s.v. ר' יהודה). R' Abba bar Kahana follows the view of R' Meir that it is best to refrain from vowing altogether (*Eitz Yosef; Yefeh To'ar*).

29. R' Yudan follows the view of R' Yehudah that the preferred approach is to make a vow, as long as one does not delay its fulfillment. This is true even if at the time of the vow he lacked the means to fulfill it. [For example, if one vowed to bring an offering but at the time did not possess an animal.] Thus, the verse means *If you contemplated [performing a mitzvah through a vow], make sure your hand is near your mouth*, i.e., make sure to fulfill it as soon as possible (*Eitz Yosef*).

30. The Sages allow one to make a vow only if he took steps to ensure that its fulfillment will not be delayed and took all precautions to ensure that no one will come to a transgression through it. E.g., if one consecrates an animal as an offering, it is forbidden to benefit from it. Hence, one should not make a vow to bring an offering or consecrate an animal as such. Rather, one who intends to bring an offering should bring an animal to the Temple and consecrate it there. In this way he minimizes the possibility of anyone deriving illicit benefit from it. According to the Sages, the verse thus means: *If you contemplated [performing a mitzvah through a vow], make sure your hand is before your mouth*, i.e., you should have everything prepared to fulfill the vow before opening your mouth to utter the vow (*Eitz Yosef*).

INSIGHTS

beliefs of our faith. As *Rambam* (*Hil. Yesodei HaTorah* 1:1-3) explains, God is real in a way that nothing else is. God is the first existence and He created everything else. Without Him, everything else would cease to exist; on the other hand, if everything else would disappear into nothingness, God would still exist. They are all dependent upon Him, but He is not dependent on them. Hence, His is the only absolute — the only true — existence.

This helps to explain the Gemara's statement (*Bava Basra* 75b): "The righteous are destined to be called by the Name of the Holy One, blessed is He. In relation to the rest of the world, the righteous have a semblance of God's true existence, in that it was God's will that the world cannot exist in the absence of the righteous (see *Yoma* 38b). The world was created for God's honor (see *Isaiah* 43:7, cited in *Bava Basra*), and without the righteous, there is no honor for God. In view of the absolute necessity for their existence in this world, the righteous will be "called by His Name" (*Meshech Chochmah, Shemos* 3:16).

Ⓐ **The Uniqueness of Torah Knowledge** R' Levi bar Sisi obviously knew the answers to all the questions that the people of Simonia posed. How are we to understand his lapse of memory hinted at by the verse in *Proverbs*? The world abounds with conceited masters of every imaginable discipline who remain expert in their fields. Why should conceit cause one to forget Torah more than any other branch of knowledge?

R' Yeruchem Levovitz (*Daas Chochmah U'Mussar* II, p. 54) explains that Torah knowledge is inherently different from all other forms of knowledge. Secular knowledge is information. As such, the spiritual, psychological, emotional, or ethical state of the student or savant is irrelevant to his study and retention of that knowledge. One can be morally degenerate and still be a world authority on philosophy and ethics, mathematics and science. One's moral state has no connection with the information he possesses.

Torah, on the other hand, is the revealed word of God. It is the will of God and that reality informs its existence. Torah is not religious science or religious mathematics. It is the word of the Living God. It possesses an intrinsic holiness that ensures that it cannot take up authentic residence in a heart and mind that are the antithesis of its teachings.

One of the prerequisites of the acquisition of authentic Torah knowledge is humility: As our Sages teach us, one who wishes to truly possess Torah knowledge must be like the desert, which is trod upon by all (*Eruvin* 54a). In addition, Torah is compared to water (see *Isaiah* 55:1). Our Sages (*Taanis* 7a; *Shir Hashirim Rabbah* 1 §19) explain that just as water always gravitates to the lowest level, so too the Torah will gravitate only to the one who is low and humble.

The innate sanctity of Torah, the word of the Living God, does not abide in an arrogant domicile. Thus, when R' Levi bar Sisi was possessed of grandeur as a result of having been seated on a dais as a symbol of his exalted status, that Torah was no longer accessible to him, and he was unable to recall the laws. Later, when he was no longer feeling exalted and above his audience, he recalled the sacred knowledge that had once again found a suitable vessel to contain its unique and otherworldly essence.

אָמַר לוֹ: וְלָמָּה לֹא הֲשִׁיבוֹתָ אוֹתָן כְּשֵׁם שֶׁהֲשִׁיבוֹתָ אוֹתִי, אָמַר לֵיהּ: עָשׂוּ לִי בִּימָה גְדוֹלָה וְהוֹשִׁיבוּ אוֹתִי עָלֶיהָ לְמַעְלָה הֵימֶנָּה, יוְטִפַּת רוּחִי עָלַי, וְנִתְעַלְּמוּ מִמֶּנִּי דִבְרֵי תוֹרָה, קָרָא עָלָיו הַמִּקְרָא הַזֶּה: (משלי ל, לב) אִם נָבַלְתָּ בְהִתְנַשֵּׂא, אָמַר רַבִּי אַבָּא בַּר כָּהֲנָא: אִם חָשַׁבְתָּ בְּלִבְּךָ דְּבַר מִצְוָה לַעֲשׂוֹת וְלֹא עָשִׂיתָ, נוֹחַ לְךָ לִיתֵּן זָמָם עַל פִּיךָ וְלֹא לִפְסוֹק, אָמַר רַבִּי יוּדָן: מַה יָּדְךָ סְמוּכָה לְפִיךָ, כֵּן יִהְיֶה נִדְרְךָ סָמוּךְ לְפִיךָ, רַבָּנָן אָמְרִי: מַה יָּדְךָ קוֹדֶם לְפִיךָ כֵּן יִהְיֶה נִדְרְךָ קוֹדֶם לְפִיךָ, תֵּדַע לְךָ שֶׁכֵּן, שֶׁהֲרֵי יַעֲקֹב אָבִינוּ עַל יְדֵי שֶׁאִיחַר נִדְרוֹ נִתְבַּקְּרָה פִּנְקָסוֹ, שֶׁנֶּאֱמַר "וַיֹּאמֶר אֱלֹהִים אֶל יַעֲקֹב קוּם עֲלֵה בֵית אֵל וְשֶׁב שָׁם וַעֲשֵׂה שָׁם מִזְבֵּחַ", אָמַר רַבִּי אַבָּא בַּר כָּהֲנָא: יאבְּשַׁעַת עָקְתָא נִדְרָא בְּשַׁעַת רָווֹחָא שִׁיטְפָא, אָמַר רַבִּי לֵוִי: מְהוּלְתָךְ חַרְשָׁה אַקִּישׁ עֲלָהּ, אָמַר לוֹ הַקָּדוֹשׁ בָּרוּךְ הוּא: יַעֲקֹב, שָׁכַחְתָּ נִדְרְךָ, "קוּם עֲלֵה בֵית אֵל" לְבֵיתוֹ שֶׁל אֵל, "וַעֲשֵׂה שָׁם מִזְבֵּחַ לָאֵל הַנִּרְאֶה אֵלֶיךָ", וְאִם אֵין אַתְּ עוֹשֶׂה כֵּן הֲרֵי אַתָּה כְּעֵשָׂו, מַה עֵשָׂו נוֹדֵר וְאֵינוֹ מְקַיֵּים אַף אַתְּ נוֹדֵר וְאֵינְךָ מְקַיֵּים:

רש"י

ולא לפסוק. בפיך שום דבר שלא לקיימו: **אם זמות.** לנדור יד לפה: **מה ידך סמוך לפיך כך יהא נדרך סמוך לפיך.** לשלמו מיד: **כך יהא נדרך קודם לפיך.** תפריש ואח"כ תנדור, כדי שלא תתאחר: **כך אמר ליה הקב"ה** עשית כבן אדם האומר לחבירו מפני מה לא קיימת נדרך, והוא אומר לו **בשעת עקתי נדרי בשעת רווחי שבקי.** העברתי את הנדר ולא קיימתיו: **מהולתך חרשה אקיש עלה.** אם נפה שלך חרשת הקיש עליה ותשמיע קולה לנפות בה קמח, כמו יעקב שתק ושכח לשלם נדרו, **ואמר ליה הקב"ה קום עלה בית אל, שכחת לשלם נדרך.** מפני עשו אחיך **מה אחיך נודר וכו':**

עץ יוסף

וטפת. לשון הלפה. כלומר נתגאה רוחי עלי. והוא תרגום של גסות הרוח. ובירושלמי ביבמות משמע שעמום ובלבול הדעת: **נוח לך ליתן זמם.** כלומר מחסום ולא תוציא הדבר בפיך. וזמותי מלשון (תהלים יז, ג) זמותי בל יעבר פי. וסבירא ליה לרבי אבא בר כהנא דאין לנדור כלל שמא יבא לאחר, אלא יעשה המצוה בלא נדר: **מה ידך כו'.** סבירא ליה דמאי נודר רק שלא יאחרהו. וזה שאמר שיהיה תשלום הנדר סמוך לפה שהוא הנדר היוצא בפה, ואף על פי שלא יהיה בידו בשעת הנדר: **מה ידך קודם לפה.** סבירא ליה דלא שרי אלא בדבר שכבר היה בידו בשעה שמתנדב דלא חייש ביה לתקלה, וזה שאמר מה ידך קודם לפיך פירוש כמו שהיד קודם ליקח המאכל ושוב פותח פיו למאכלו, כן יקדים להביא הדבר בידו ושוב יקדישנו. ואף על גב דהאי נדבה מיקרי ולא נדר, לא דק ונקט נדרך כלישנא דר' אבא ור' יודן (יפה תואר): **על ידי שאיחר.** ואיחור הנדר הוא הקמת מזבח בבית אל כמו שנאמר ועשה שם מזבח לאל הנראה אליך כו', וכן הוא אומר אנכי האל בית אל כו' אשר נדרת לי שם נדר (נזר הקודש): **נתבקרה פנקסו.** ונענש בצרות עשו והדורון וצלעות ירכו וצרת דינה כדאיתא בתנחומא: **בשעת עקתא נדרא.** בתמיה בשעת צרה נודר ובשעת רווחה ישיע מלבו כשטף מים. ובתנחומא גרס בשעת עקי נדרי בשעת רווחא שמטי. ופירושו כשהיית בצרה נדרת וכשאתה ברווחה שכחת. ודייק מדכתיב בברחך מפני עשו שפירושו אחר שנדרת בעת צרה איך שכחת שוב בשעת הרווחה: **מהולתך חרשא.** כלומר הנפה נתחרשה ואין יורד הקמח, אקיש עלה, הכה עליה בכח בטבעות של ברזל. שכך מנהג הערביים כשמסלתין הסולת יש להם באצבעות צרורות טבעות ומכין הנפה בהם מכאן ומכאן ויורד הקמח. והוא דרך משל כי מי ששכח נדרו צריך יסורין להזכירו (יפה תואר): **הרי אתה כעשו.** דהיה די שיאמר מפני אחיך (יפה תואר):

פירוש מהרז"ו

אם חשבת כו' ולא עשית כו' זמם וכו'. נראה דדרש זמות ג' משמעות מלשון מחשבה אם חשבת, ומלשון זמה שפירושו מחשבה רעה וזהו ולא עשית, ומלשון זמם מוטב שעשית זמם, יד לפה ולשתוק: **מה ידך סמוכה לפיך.** שתחלה יהיה בידו ואחר כך לפה וכמו שאמרו חז"ל מביא עולתו לעזרה ומקדישה וכמו שמבואר ויקרא רבה (לז, א): **מהולתך חרשא.** שנסתמו נקבי הנפה כמו החרש שנסתמו נקבי אזנו, תקיש עליה ויפתחו נקביה, ועיין בתנחומא (סימן ח) שמאריך עד אמר הקב"ה עד מתי יהיה הצדיק לוקה ואינו מרגיש הריני מודיעו וכו', ועיין ויקרא רבה (לז, א) מה שכתבתי שם: **שכחת נדרך קום עלה בית אל.** וזה היה נדרו כמו שנאמר והאבן הזאת וגו' יהיה בית אלהים: **לביתו של אל.** שלא יתכן כפשוטו על שנקרא שם המקום בית אל מכבר, שהרי לקמן פסוק ז' ויקרא למקום אל בית אל, וכן עוד שם פסוק ט"ו ויקרא יעקב וגו' בית אל, אם כן מה שאמר כאן תחלה בית אל אין פירושו שם העיר, אלא פירוש ביתו של אל, וכן מה שאמר בריש וילא ויקרא את שם המקום ההוא בית אל הכוונה מה שאמר כאן פרק ט"ו שכאן קראו שם זה, וג' פעמים כתיב שקראו בית אל הכל הכוונה על פעם האחרון שאז קרא השם כאן, אך מה שאמר תחלה בית אל פירוש ביתו של אל:

חידושי הרד"ל

וטפת רוחי. רבתה וגדלה. והוא תרגום של גסות הרוח, ובירושלמי שלהי יבמות משמע שעמום ובלבול הדעת: **ולא לפסוק.** משמע שעל הפסוק נדקה ברבים ואינו נותן קאי. (או אפשר הוא כמו פּוֹשֵׂק שפתיו (משלי יג, ג) בשי"ן) ודרש שטוב היה לך לעשות זמם לפה בידך: **בשעת רווחא שיטפא.** בתנחומא הגירסא שמוטה, פירוש נשמטת ממקום הנדר. ואפשר עיקר הגירסא שכחה:

אמרי יושר

קרוב ואיירי ביחיד דכן כתיב יעזוב רשע דרכו יחיד, וישוב אל ה' וירחמהו כי ירבה לסלוח אף על פי שנחתם. אבל ציבור כחו גדול מי גוי גדול אשר לו אלהים קרובים או לאל או לגוי שהם קרובים לאל כה' אלהינו בכל קראינו מדי יום אף על פי שאינן ימי תשובה ואף לכל ענין קשה גזר דין שבשבועה. ואולי לזה נקט קרובים לשון רבים שהקירוב והריחוק יתחלק למדרגות שונות וכן הקריאה גם כן תהיה בפנים שונים אם בקול גדול כפי הריחוק או קול קטן וחלוש לקרוב, ובכל קראינו קרי ביה בכל קרענו. ואם תשאל כיון דמדרגת ציבור תמיד לקרוע גזר דין שיש עמו שבועה בכל יום מה תהא מדרגתם בעשרה ימי תשובה. יש לומר שהחילוף יהיה בהיקל וקושי ודפיקה מה אפילו שומר הפתח לא יעמוד אמר קרוב ה' לכל קוראיו דהיינו ציבור אף לענין קשה שיקראוהו באמת בענין גזר דין שיש עמו שבועה. והתלמוד חילק לענין ציבור ואיצטריכן למימר דבר מעלי חשיבי יחידים ואף על גב דאין דבר עומד בפני התשובה צריך תשובת דהרי תורה וגמילות חסידים אבל זבח ומנחה דבעטו תחלה בהקדוש ברוך הוא לא לרצון יהיה להם, וכן בלאנס ובקרס ידרשו את ה' ולא ימצאו, אבל ביותר מזה ימצאו, וכיוון פסוקי ואתחנן ואתם הדבקים בה' אלהיכם, ואתם ציבור ואני יחיד, אני מת איני עובר ואתם עוברים. ולזה לא הזכיר רק ענין עבודה זרה מכל מעמד הר סיני והם חיים אף על פי שהשתחויתם לפטור: **מה יד קודם לפה.** דהיינו הדיבור שאינו נכרא באדם כי אם אחר כך. והיינו דאמר אליהוא ימים ידברו (איוב לב ז). וזה הרמז שהמעשה יקדם לדיבור:

מסורת המדרש

י. עיין פסחים ס"ו: יא. תנחומא כאן סימן ח'. ילקוט כאן רמז קל"ה:

אם למקרא

אִם־נָבַלְתָּ בְהִתְנַשֵּׂא וְאִם זַמּוֹתָ יָד לְפֶה: (משלי ל:לב)

ידי משה

[ב] **קרא עליו המקרא הזה אם נבלת בהתנשא.** פירוש על דרך דאיתא בפרק שני דחולין (יט, ב) גבי נמלא כשר במליקה פסול בשחיטה בגמרא נמלא למעוטי מאי אמר רבה בר בר חנה למעוטי שן ולפורן פירוש רש"י על כרחך שקאי במחובר ומקשה שם התוספות (כ, א ד"ה לא) וא"ת האיך יהיה עדיף שן מן יד שמאל הואיל ומליקה בעי ימין וי"ל זה לאו קושיא היא שהרי גדמת שאין לה ימין וחוללת בשמאל, על כן שן עדיף מיד שמאלית, אמנם מסיק התוספות שם שאין כל כך ראייה שלמצוה בעלמא אמרינן בחליצה תבעי ימין, והנה בגמרא דידן (יבמות קה, א) איתא ששאלו בבית המדרש גדמת במה חוללת והשיב מי כתיב וחלצה ביד פירוש שהוא רק למצוה בעי ימין, ואם כן כאן השיב לו שגדמת חוללת בשיניים כהוכחת התוספות אבל לקושטא דמלתא כמו שאמרו בבית המדרש כדאיתא בגמרא מי כתיב וחלצה ביד פירשו בתוספות ואף על פי שאמרו בירושלמי שחליצה בעי ימין הוא רק למצוה בעלמא ולא לעכובי, ומכח שנתגאה שכח התירוץ כמסקנא דתוספות, וזה שאמר לו רבי למה לא השיבות האמת, אמר ליה בשביל שנתגאה. וקל להבין:

מתנות כהונה

וטפת רוחי. ולפה רוחי, כלומר נתגאה רוחי עלי: **וטפת.** לשון הלפה. כתוב בפרשת ויצא דלמא תטיף בירא ולא טפת: **נוח לך.** גרסינן: **מה ידך בו'.** אם זמות וחשבת לנדור נדר, יד לפה, מה ידך כו': **יהא נדרך קודם לפיך.** פירש רש"י שתפריש ואחר כך תנדור כדי שלא תבא לידי איחור: **בשעת עקתא בו'.** פירש רש"י כך אמר הקב"ה ליעקב בעת צרה נדרת, ובעת הרווחה והצלה שטף ועבר מדעתך לשלמו: **מהולתך.** גרסינן: **מהילתך חרשא בו'.** פירש רש"י אם הנפה שלך חרשה מלהשמיע קולה, הקיש והכה עליה ותשמיע קולה לנפות בה קמח, כך יעקב שתק ושכח את נדרו והקיש הקב"ה עליו לעורר אותו לשלמו. ובכל הספרים גרס טרשא, ופירש הערוך טרשא כמו חרשא, ועיין ערך טרש: **הרי אתה בעשו.** דאם לא כן מה לו להזכיר זכר עשו שאמר בברחך מפני עשו אחיך:

אשד הנחלים

ליתן זמם על פיך. דרש אם זמות שבא לעשות מצוה, ואח"כ נתעורר בלבך שלא לעשות עוד, עשה יד לפה ועצור רעיוני לבך, ועשה אותה, (אך) אחר שחשבת בזה תגמור, אף שהוא עתה לא ברצון הלב. או פרושו נוח לך שלא תידור ולא לפסוק צדקה, על דרך פסק צדקה, שהוא ענין קצבה: **מה ידך קודם לפיך בו'.** כלומר כמו שתכין תחילה טרם תחפוץ לאכול, כן תכין תחילה דבר הנדור ואח"כ תנדור, כדי שלא תחזור בו. וזהו יד לפה, כמו שהיד סמוך לפה כן יהיה הנדר סמוך להפרשה כן פירש רש"י. ודעת הראשון סמוכה לפיך, כלומר, שיהיה הפרשה שאח"כ סמוך ותיכף לנדרך ולא תאחר מאומה. ואולי ג"כ כמו שפרשנו שיקח הציור מהכנת המאכל לפיו: **תדע לך.** הביא כל זה רק על דרוש יעקב: **שיטפא.** נשטף ועבר מדעתך (רש"י): **מהולתא.** עיין במתנות כהונה פירושו, והוא משל נמרץ, כי הנפה מצד עצמה שהיא מלאה נקבים דקים היא עומדת שיצא הקמח ממנה ע"י הנקבים, אך לפעמים ע"י סתימה חיצונית יתעכב הקמח בפנים, ובהכאה מעטה נפתח הנקבים, כן יעקב הצדיק אשר כל רעיוניו היו מלאים מרגשת הדר כבוד ה', רק נשכח לפי שעה מסבות חיצונית אשר עטרוהו בעת הזאת, אך בהתעוררת קלה שהחל לעוררו הכח האלקי, מהר התעורר מנפשו לקיים נדרו, וזהו קום וזרז עצמך לעשות מזבח, כי שכחת מעט: **לביתו של אל.** כי שם משכן השכינה וכאלו הוא ביתה ומשכן כבודה: **הרי את בשעיר.** דאם לא כן למה לו להזכיר זכר עשו, שאמר בברחך

נִדְרוֹ נִתְבַּקְּרָה פִּנְקְסוֹ — **for, because our forefather, Jacob, delayed fulfilling his vow, his ledger** containing a record of his deeds **was scrutinized** in Heaven, resulting in his punishment. שֶׁנֶּאֱמַר ״וַיֹּאמֶר אֱלֹהִים אֶל יַעֲקֹב קוּם עֲלֵה בֵית אֵל וְשֶׁב שָׁם וַעֲשֵׂה שָׁם מִזְבֵּחַ״ — **As it is stated,** ***God said to Jacob, "Arise! Go up to Beth-el and dwell there and make an altar there*** (35:1).[31] אָמַר רַבִּי אַבָּא בַּר כָּהֲנָא: בְּשַׁעַת עָקְתָא נִדְרָא — **R' Abba bar Kahana said:** God rebuked Jacob for delaying the fulfillment of his vow: **In a time of trouble** you made **a vow,** בְּשַׁעַת רַוְוחָא שִׁיטְפָא — but **in the time of relief it is swept away** and forgotten?[32]

The Midrash continues to take Jacob to task:

אָמַר רַבִּי לֵוִי — **R' Levi explained** the verse with a parable: מְהוּלְתָךְ חַרְשָׁה אַקִּישׁ עֲלָהּ — **If your sieve is blocked, beat upon it** so that the clogged flour may loosen, i.e., the jolt caused by suffering serves to remind one of his obligation to fulfill his vow.[33] אָמַר לוֹ הַקָּדוֹשׁ בָּרוּךְ הוּא: יַעֲקֹב, שָׁכַחְתָּ נִדְרְךָ — **The Holy One, blessed is He, said to Jacob, "Jacob, you have forgotten** to fulfill **your vow.** ״קוּם עֲלֵה בֵית אֵל״ לְבֵיתוֹ שֶׁל אֵל, — **Arise! Go up to Beth-el,** i.e., **to** the place that you vowed will become **the house of God,**[34] ״וַעֲשֵׂה שָׁם מִזְבֵּחַ לָאֵל הַנִּרְאֶה אֵלֶיךָ״ — **and make an altar there to the God Who appeared to you** when you were fleeing from your brother, Esau. וְאִם אֵין אַתְּ עוֹשֶׂה כֵּן הֲרֵי אַתָּה כְּעֵשָׂו — **But, if you will not** do so, i.e., go up to Beth-el to fulfill your vow, **you are like Esau.**[35] מַה עֵשָׂו נוֹדֵר וְאֵינוֹ מְקַיֵּים אַף אַתְּ נוֹדֵר וְאֵינְךָ מְקַיֵּים — **Just as Esau vows and does not fulfill** his vow, **so too you vow and do not fulfill** your vow."[36]

NOTES

31. See above, §1. I.e., God's command was an implied rebuke to Jacob for failing to fulfill his vow to erect an altar in Beth-el. As punishment for delaying the fulfillment of his oath, Jacob suffered greatly: he had his encounter with Esau; he had to appease him by presenting him with an expensive tribute; the angel injured Jacob, causing him to limp; and Dinah was abducted (*Eitz Yosef*).

32. I.e., you made a vow in your distress, in the merit of which you hoped to be protected, as the verse states, *when you fled from Esau your brother*. Yet after you were saved you neglected to fulfill your obligation (*Eitz Yosef*).

This also alludes to why Jacob was made to suffer: When one is in distress, he strives to be closer to God and perform additional mitzvos. As proof, God reminded Jacob that when he was fleeing Esau, he vowed to erect an altar in Beth-el, but when his situation improved and he acquired great wealth, he failed to fulfill his obligation. Thus he was made to suffer again, with Dinah's abduction, in the hope that he would once again strive to perform more mitzvos (*Tiferes Tzion*).

33. [חַרְשָׁה, which literally means *deaf*, is used here to mean *blocked*, just as it can be said about one who is deaf that his ears are blocked, as it were (*Maharzu*).] *Eitz Yosef*.

It may be suggested that R' Levi is explaining why only the righteous are made to suffer to stir them to repent, but not the wicked. He explains this with a parable of a sifter. One bangs on the sifter only if it contains flour but is blocked. There is no reason to bang on a clogged sifter that is empty. Similarly, God afflicts the righteous when they falter to remind them of their duty. Afflicting the wicked would serve no purpose, for they would derive no lesson from it (*Tiferes Tzion*).

34. See above, 28:22.

35. The verse's mention of Esau by name implies a comparison of Jacob to Esau (*Eitz Yosef*).

36. I.e., Esau cannot be trusted to keep his word. The Midrash does not mean, however, that Esau actually vowed to fulfill a mitzvah but did not fulfill it. For why would he have made such a vow in the first place? (*Yefeh To'ar*). Alternatively, Esau deceived his father by asking him how tithes should be taken from salt and straw (see Midrash above, 63 §10). *Nezer HaKodesh* suggests that this statement of Esau may be regarded as a vow to take tithes even from salt and straw, a vow that Esau never fulfilled.

עץ יוסף

וטפת. לשון הצפה. כלומר נתגאה רוחי עלי. והוא תרגום של גסות הרוח. ובירושלמי ביבמות משמע שעמום ובלבול הדעת: **נוח לך ליתן זמם.** כלומר מחסום ולא תוציא הדבר בפיך. וזמותי מלשון (תהלים יז, ג) זמותי בל יעבר פי. וסבירא ליה לרבי אבא בר כהנא דאין לנדור כלל שמא יבא לאחר, אלא יעשה המצוה בלא נדר: **מה ידך כו'.** סבירא ליה דמאי נודר רק שלא יאחרהו. וזה שאמר שיהיה תשלום הנדר סמוך לפה שהוא הנדר היוצא בפה, ואף על פי שלא יהיה בידו בשעת הנדר: **מה ידך קודם לפה.** סבירא ליה דלא שרי אלא בדבר שכבר היה בידו בשעה שמתנדב דלא חייש ביה לתקלה, וזה שאמר מה ידך קודם לפיך פירוש כמו שהיד קודם ליקח המאכל ושוב פותח פיו למאכלו, כן יקדים להביא הדבר בידו ושוב יקדישנו. ואף על גב דהאי נדבה מיקרי ולא נדר, לא דק ונקט נדרך כלישנא דר' אבא ור' יודן (יפה תואר): **על ידי שאיחר.** ואיחור הנדר הוא הקמת מזבח בבית אל כמו שנאמר ועשה שם מזבח לאל הנראה אליך כו', וכן הוא אומר אנכי האל בית אל כו' אשר נדרת לי שם נדר (נזר הקודש): **נתבקרה פנקסו.** ונענש בצרות עשו והדורון וצלעות ירכו וצרת דינה כדאיתא בתנחומא: **בשעת עקתא נדרא.** בתמיה בשעת צרה נודר ובשעת רווחה יסיע מלבו כשטף מים. ובתנחומא גרס בשעת עקי נדרי בשעת רווחא שמטי. ופירושו כשהיית בצרה נדרת וכשאתה ברווחה שכחת. ודייק מדכתיב בברחך מפני עשו שפירושו אחר שנדרת בעת צרה איך שכחת שוב בשעת הרווחה: **מהולתך חרשא.** כלומר הנפה נתחרשה ואין יורד הקמח, אקיש עלה, הכה עליה בכח בטבעות של ברזל. שכך מנהג הערביים כשמסלתין הסולת יש להם באצבעות צרורות טבעות ומכין הנפה בהם מכאן ומכאן ויורד הקמח. והוא דרך משל כי מי ששכח נדרו צריך יסורין להזכירו (יפה תואר): **הרי אתה בעשו.** דהיה די שיאמר מפני אחיך (יפה תואר):

מדרש

אָמַר לוֹ: וְלָמָּה לֹא הֲשִׁיבוֹתָ אוֹתָן כְּשֵׁם שֶׁהֲשִׁיבוֹתָ אוֹתִי, אָמַר לֵיהּ: עָשׂוּ לִי בִּימָה גְּדוֹלָה וְהוֹשִׁיבוּ אוֹתִי עָלֶיהָ לְמַעְלָה הֵימֶנָּה, וּטְפַת רוּחִי עָלַי, וְנִתְעַלְּמוּ מִמֶּנִּי דִּבְרֵי תוֹרָה, קָרָא עָלָיו הַמִּקְרָא הַזֶּה: (משלי ל, לב) אִם נָבַלְתָּ בְהִתְנַשֵּׂא, אָמַר רַבִּי אַבָּא בַּר כָּהֲנָא: אִם חָשַׁבְתָּ בְּלִבְּךָ דְּבַר מִצְוָה לַעֲשׂוֹת וְלֹא עָשִׂיתָ, נוֹחַ לְךָ לִיתֵּן זָמָם עַל פִּיךָ וְלֹא לִפְסוֹק, אָמַר רַבִּי יוּדָן: מַה יָּדְךָ סְמוּכָה לְפִיךָ, כֵּן יִהְיֶה נִדְרְךָ סָמוּךְ לְפִיךָ, רַבָּנָן אָמְרֵי: מַה יָּדְךָ קוֹדֶם לְפִיךָ כֵּן יִהְיֶה נִדְרְךָ קוֹדֶם לְפִיךָ, תֵּדַע לְךָ שֶׁכֵּן, שֶׁהֲרֵי יַעֲקֹב אָבִינוּ עַל יְדֵי שֶׁאִיחַר נִדְרוֹ נִתְבַּקְּרָה פִּנְקָסוֹ, שֶׁנֶּאֱמַר "וַיֹּאמֶר אֱלֹהִים אֶל יַעֲקֹב קוּם עֲלֵה בֵית אֵל וְשֶׁב שָׁם וַעֲשֵׂה שָׁם מִזְבֵּחַ", אָמַר רַבִּי אַבָּא בַּר כָּהֲנָא: [יא] בְּשַׁעַת עָקְתָא נִדְרָא בְּשַׁעַת רַוְוחָא שִׁיטְפָא, אָמַר רַבִּי לֵוִי: מְהוּלְתָךְ חַרְשָׁה אַקִּישׁ עֲלָהּ, אָמַר לוֹ הַקָּדוֹשׁ בָּרוּךְ הוּא: יַעֲקֹב, שָׁכַחְתָּ נִדְרְךָ, "קוּם עֲלֵה בֵית אֵל" לְבֵיתוֹ שֶׁל אֵל, "וַעֲשֵׂה שָׁם מִזְבֵּחַ לָאֵל הַנִּרְאֶה אֵלֶיךָ", וְאִם אֵין אַתְּ עוֹשֶׂה כֵּן הֲרֵי אַתָּה כְּעֵשָׂו, מַה עֵשָׂו נוֹדֵר וְאֵינוֹ מְקַיֵּים אַף אַתְּ נוֹדֵר וְאֵינְךָ מְקַיֵּים:

פירוש מהרז"ו

אם חשבת כו' ולא עשית כו' זמם וכו'. נראה דדרש זמות ג' משמעות מלשון מחשבה אם חשבת, ומלשון זמה שפירושו מחשבה רעה וזהו ולא עשית, ומלשון זמם מוטב שעשית זמם, יד לפה ולשתוק: **מה ידך סמוכה לפיך.** שתחלה יהיה בידו ואחר כך לפה וכמו שאמרו חז"ל מביא עולתו לעזרה ומקדישה וכמו שמבואר ויקרא רבה (לז, א): **מהולתך חרשא.** שנסתמו נקבי הנפה כמו החרש שנסתמו נקבי אזנו, תקיש עליה ויפתחו נקביה, ועיין בתנחומא (סימן ח) שמאריך עד אמר הקב"ה עד מתי יהיה הצדיק לוקה ואינו מרגיש הריני מודיעו וכו', ועיין ויקרא רבה (לז, א) מה שכתבתי שם: **שכחת נדרך קום עלה בית אל.** וזה היה נדרו כמו שנאמר והאבן הזאת וגו' יהיה בית אלהים: **לביתו של אל.** שלא יתכן כפשוטו על שנקרא שם המקום בית אל מכבר, שהרי לקמן פסוק ז' ויקרא למקום אל בית אל, וכן עוד שם פסוק ט"ו ויקרא יעקב וגו' בית אל, אם כן מה שאמר כאן תחלה בית אל אין פירושו שם העיר, אלא פירוש ביתו של אל, וכן מה שאמר בריש ויצא ויקרא את שם המקום ההוא בית אל הכוונה מה שאמר כאן פרק ט"ו שכאן קראו שם זה, וג' פעמים כתיב שקראו בית אל הכל הכוונה על פעם האחרון שאז קרא השם כאן, אך מה שאמר תחלה בית אל פירוש ביתו של אל:

רש"י

ולא לפסוק. בפיך שום דבר שלא לקיימו: **אם זמות.** לנדור יד לפה: **מה ידך סמוך לפיך כך יהא נדרך סמוך לפיך.** לשלמו מיד: **כך יהא נדרך קודם לפיך.** תפריש ואחר כך תנדור, כדי שלא תתאחר: **בך** אמר ליה הקב"ה עשית כבן אדם האומר לחבירו מפני מה לא קיימת נדרך, והוא אומר לו **בשעת עקתי נדרי בשעת רווחי שבקי.** הטעבתי את הנדר ולא קיימתיו: **מהולתך חרשה אקיש עלה.** אם נפה שלך חרשת הקיש עליה ותשמיע קולה לנפות בה קמח, כמו יעקב שתק ושכח לשלם נדרו, **ואמר ליה הקב"ה קום עלה בית אל, שכחת לשלם נדרך.** מפני עשו אחיך **מה אחיך נודר וכו':**

מתנות כהונה

וטפת רוחי. וצפה רוחי, כלומר נתגאה רוחי עלי: **וטפת.** לשון הצפה. כתוב בפרשת ויצא דלמא תטיף בירא ולא טפת: **נוח לך.** גרסינן: **מה ידך כו'.** אם זמות וחשבת לנדור נדר, יד לפה, מה ידך כו': **יהא נדרך קודם לפיך.** פירש רש"י שתפריש ואחר כך תנדור כדי שלא תבא לידי איחור: **בשעת עקתא כו'.** פירש רש"י כך אמר הקב"ה ליעקב בעת צרה נדרת, ובעת הרווחה והצלה שטף ועבר מדעתך לשלמו: **מהולתך.** גרסינן: **מהילתך חרשא כו'.** פירש רש"י אם הנפה שלך חרשה מלהשמיע קולה, הקיש והכה עליה ותשמיע קולה לנפות בה קמח, כך יעקב שתק ושכח את נדרו והקיש הקב"ה עליו לעורר אותו לשלמו. ובכל הספרים גרס טרשא, ופירש הערוך טרשא כמו חרשא, ועיין ערך טרש: **הרי אתה בעשו.** דאם לא כן מה לו להזכיר זכר עשו שאמר בברחך מפני עשו אחיך:

אשד הנחלים

ליתן זמם על פיך. דרש אם זמות שבא לעשות מצוה, ואח"כ נתעורר בלבך שלא לעשות עוד, עשה יד לפה ועצור רעיוני לבך, ועשה אותה, (אך) אחר שחשבת בזה תגמור, אף שהוא עתה לא ברצון הלב. או פרושו נוח לך שלא תידור ולא לפסוק צדקה, על דרך פסק צדקה, שהוא ענין קצבה: **מה ידך קודם לפיך כו'.** כלומר כמו שתכין תחילה טרם תחפוץ לאכול, כן תכין תחילה דבר הנדור ואח"כ תנדור, כדי שלא תחזור בו. וזהו יד לפה, כמו שהיד סמוך לפה כן יהיה הנדר סמוך להפרשה כן פירש רש"י. ודעת הראשון סמוכה לפיך, כלומר, שיהיה הפרשה שאח"כ סמוך ותיכף לנדרך ולא תאחר מאומה. ואולי ג"כ כמו שפרשנו שיקח הציור מהכנת המאכל לפיו: **תדע לך.** הביא כל זה רק על דרוש יעקב: **שיטפא.** נשטף ועבר מדעתך (רש"י): **מהולתא.** עיין במתנות כהונה פירושו, והוא משל נמרץ, כי הנפה מצד עצמה שהיא מלאה נקבים דקים היא עומדת שיצא הקמח ממנה ע"י הנקבים, אך לפעמים ע"י סתימה חיצונית יתעכב הקמח בפנים, ובהכאה מעטה נפתח הנקבים, כן יעקב הצדיק אשר כל רעיוניו היו מלאים מרגשת הדר כבוד ה', רק נשכח לפי שעה מסבות חיצונית אשר עטרוהו בעת הזאת, אך בהתעוררת קלה שהחל לעוררו הכח האלקי, מהר התעורר מנפשו לקיים נדרו, וזהו קום וזרז עצמך לעשות מזבח, כי שכחת מעט: **לביתו של אל.** כי שם משכן השכינה וכאלו הוא ביתה ומשכן כבודה: **הרי את כשעיר.** דאם לא כן למה לו להזכיר זכר עשו, שאמר בברחך

חידושי הרד"ל

וטפת רוחי. רבתה וגדלה. והוא תרגום של גסות הרוח, ובירושלמי שלהי יבמות משמע שעמום ובלבול הדעת: **ולא לפסוק.** משמע שעל הפסוק לדקה ברבים ואינו נותן קאי. (או אפשר הוא כמו פושק שפתיו (משלי יג, ג) בשי"ן) ודרש שטוב היה לך לעשות זמם לפה בידך: **בשעת רווחא שיטפא.** בתנחומא הגירסא שמוטה, פירוש נשמטת ממקום הנדר. ואפשר עיקר הגירסא שכחה:

אמרי יושר

קרוב ואיירי ביחיד דכן כתיב יעזוב רשע דרכו יחיד, וישוב אל ה' וירחמהו כי ירבה לסלוח אף על פי שנחתם. אבל ציבור כאו גדול מי גוי גדול אשר לו אלהים קרובים או לאל או לגוי שהם קרובים לאל כה' אלהינו בכל קראינו מדי יום אף על פי שאינן ימי תשובה ואף לכל ענין קשה גזר דין שבשבועה. ואולי לזה נקט קרובים לשון רבים שהקירוב והריחוק יתחלק למדרגות שונות וכן הקריאה גם כן תהיה בפנים שונים אם בקול גדול כפי הריחוק או קול קטן וחלוש לקרוב, ובכל קראינו קרי ביה בכל קרענו. ואם תשאל כיון דמדרגת ציבור תמיד לקרוע גזר דין שיש עמו שבועה בכל יום מה תהא מדרגתם בעשרה ימי תשובה. יש לומר שהחילוף יהיה בהיקל וקושי ודפיקה מה אפילו שומר הפתח לא יעמוד אמר קרוב ה' לכל קוראיו דהיינו ציבור אף לענין קשה שיקראוהו באמת בענין גזר דין שיש עמו שבועה. והתלמוד חילק לענין ציבור ואיצטרכינן למימר דבר מעלי חשיבי יחידים ואף על גב דאין דבר עומד בפני התשובה צריך תשובת דהרי תורה וגמילות חסידים אבל זבח ומנחה דבעטו תחלה בהקדוש ברוך הוא לא לרצון יהיה להם, וכן בצאנם ובקרם ידרשו את ה' ולא ימצאו, אבל ביותר מזה ימצאו, וכיון פסוקי ואתחנן ואתם הדבקים בה' אלהיכם, ואתם ציבור ואני יחיד, אני מת איני עובר ואתם עוברים. ולזה לא הזכיר רק ענין עבודה זרה מכל מעמד הר סיני והם חיים אף על פי שהשתחויתם לפעור: **מה יד קודם לפה.** דהיינו הדיבור שאינו נכרא באדם כי אם אחר כך. והיינו דאמר אליהוא ימים ידברו (איוב לב ז). וזה הרמז שהמעשה יקדם לדיבור:

מסורת המדרש

י. עיין פסחים ס"ו: **יא.** תנחומא כאן סימן ח'. ילקוט כאן רמז קל"ה:

אם למקרא

אִם־נָבַלְתָּ בְהִתְנַשֵּׂא וְאִם זַמּוֹתָ יָד לְפֶה: (משלי ל:לב)

ידי משה

[ב] קרא עליו המקרא הזה אם נבלת בהתנשא. פירוש על דרך דאיתא בפרק שני דחולין (יט, ב) גבי נמלא כשר במליקה פסול בשחיטה בגמרא נמלא למטוטי מאי אמר רבה בר בר חנה למטוטי שן ולפורן פירוש רש"י על כרחך שקאי במחובר ומקשה שם התוספות (כ, א ד"ה לא) וא"ת היאך יהיה עדיף שן מן יד שמאל הואיל ומליקה בעי ימין וי"ל זה לאו קושיא היא שהרי גדמת שאין לה ימין וחוללת בשמאל, על כן שן עדיף מיד שמאלית, אמנם מסיק התוספות שם שאין כל כך ראייה שלמצוה בעלמא אמרינן בחלילה תבעי ימין, והנה בגמרא דידן (יבמות קה, א) איתא ששאלו בבית המדרש גדמת במה חוללת והשיב מי כתיב וחללה ביד פירוש שהוא רק למצוה בעי ימין, ואם כן כאן השיב לו שגדמת חוללת בשינים כהוכחת התוספות אבל לקושטא דמלתא כמו שאמרו בבית המדרש כדאיתא בגמרא מי כתיב וחללה ביד פירשו בתוספות ואף על פי שאמרו בירושלמי שחלילה בעי ימין הוא רק למצוה בעלמא ולא לעכובי, ומכח שנתגאה שכח התירוץ כמסקנא דתוספות, וזה שאמר לו רבי למה לא השיבות האמת, אמר ליה בשביל שנתגאה. וקל להבין:

וַיֹּאמֶר יַעֲקֹב אֶל בֵּיתוֹ וְאֶל כָּל אֲשֶׁר עִמּוֹ הָסִרוּ אֶת אֱלֹהֵי הַנֵּכָר אֲשֶׁר בְּתֹכְכֶם וְהִטַּהֲרוּ וְהַחֲלִיפוּ שִׂמְלֹתֵיכֶם.
So Jacob said to his household and to all who were with him, "Discard the alien gods that are in your midst, cleanse yourselves, and change your clothes" (35:2).

§3 וַיֹּאמֶר יַעֲקֹב אֶל בֵּיתוֹ — *SO JACOB SAID TO HIS HOUSEHOLD ... AND CHANGE YOUR CLOTHES.*

Jacob feared that when his sons plundered Shechem they might have taken items and clothing used for idolatrous purposes. He, therefore, told them to remove these items and to change their clothes, lest there be among them a garment that had been decorated with images that had been worshiped.[37] The Midrash contrasts Jacob's conduct with that which was taught in a Mishnah:

אָמַר רַבִּי כְּרוּסְפְּדָאי אָמַר רַבִּי יוֹחָנָן — **R' Kruspedai said in the name of R' Yochanan:** אֵין אָנוּ בְּקִיאִים בְּדִקְדּוּקֵי עֲבוֹדָה זָרָה כְּיַעֲקֹב אָבִינוּ — **We are not as familiar with the fine points of idolatry as Jacob our forefather** was, דִּתְנַן — **for we learned in a Mishnah** (*Avodah Zarah* 42b): הַמּוֹצֵא כֵּלִים — **If one finds utensils** וַעֲלֵיהֶם צוּרַת חַמָּה צוּרַת לְבָנָה — **and on them is a figure of the sun** or **a figure of the moon**[38] צוּרַת הַדְּרָקוֹן — or **the figure of a dragon,**[39] יוֹלִיכֵם לְיָם הַמֶּלַח — **he should take them to the Dead Sea** and dispose of them by casting them into the water.[40] The Mishnah prohibited only vessels or garments with a figure of the sun or moon but not those with the figure of any other constellation. Similarly, it prohibited only vessels or garments with the figure of a dragon but not those with the figure of any other serpent. This is because it is presumed that only these figures were made for the purpose of worship. Regarding all other figures, however, it is presumed that they were not intended as objects of worship, but merely to adorn the utensil or garment. Jacob, however, insisted that his family change *all* their clothes, regardless of the type of image depicted on them. Apparently, he regarded all of them as images of idolatry. אָמַר רַבִּי יוֹחָנָן: כָּל כְּסוּת בִּכְלַל עֲבוֹדָה זָרָה — **R' Yochanan said:** Thus, contrary to the view of the Mishnah, we may derive from Jacob's actions that **all garments** that are decorated with an image **are included in** the category of **idols that are worshiped.**[41]

וַיִּתְּנוּ אֶל יַעֲקֹב אֵת כָּל אֱלֹהֵי הַנֵּכָר אֲשֶׁר בְּיָדָם וְאֶת הַנְּזָמִים אֲשֶׁר בְּאָזְנֵיהֶם וַיִּטְמֹן אֹתָם יַעֲקֹב תַּחַת הָאֵלָה אֲשֶׁר עִם שְׁכֶם.
So they gave to Jacob all the alien gods that were in their possession, as well as the rings that were in their ears, and Jacob buried them underneath the terebinth near Shechem (35:4).

□ "וַיִּתְּנוּ אֶל יַעֲקֹב" — *SO THEY GAVE TO JACOB ... AND JACOB BURIED THEM UNDERNEATH THE TEREBINTH NEAR SHECHEM.*

The Midrash records an incident that occurred at this location many years later:

רַבִּי יִשְׁמָעֵאל בַּר רַבִּי יוֹסֵי סָלֵיק לְצַלָּאָה בִּירוּשְׁלֵם — **R' Yishmael bar R' Yose went up to pray in Jerusalem.** עָבַר בְּהָדֵין פְּלַטָּנוֹס — On his way, **he passed through the Pelatanos** (Mt. Gerizim) וַחֲמָא יָתֵיהּ חַד שָׁמְרַאי — **and was seen by a particular Samaritan.**[42] אָמַר לֵיהּ לְהֵיכָן אַתְּ אָזֵיל — **[The Samaritan] asked [R' Yishmael bar R' Yose], "Where are you going?"** אָמַר לֵיהּ מִסִּיק מִצְלֵי בְּהָדָא יְרוּשְׁלַיִם — **[R' Yishmael bar R' Yose] answered him,** "I am going **up to pray in Jerusalem."** אָמַר לֵיהּ וְלָא טָב לָךְ מִצְלֵי בְּהָדָא טוּרָא בְּרִיכָא וְלָא בְּהַהִיא קִלְקַלְתָּא — So **[the Samaritan] asked [R' Yishmael bar R' Yose], "Would it not be better for you to pray at this blessed mountain rather than at that garbage heap?"** אָמַר לֵיהּ אוֹמַר לָכֶם לְמָה אַתֶּם דּוֹמִים — **[R' Yishmael bar R' Yose]** then **answered him** and his fellow Samaritans, **"I will tell you to what you may be compared,** לְכֶלֶב שֶׁהָיָה לָהוּט אַחַר הַנְּבֵלָה — **to a dog who lusts for carrion.** כָּךְ לְפִי שֶׁאַתֶּם יוֹדְעִים שֶׁעֲבוֹדָה זָרָה טְמוּנָה תַּחְתָּיו — **Similarly, because you know that idols are hidden under [this mountain],** דִּכְתִיב "וַיִּטְמֹן אֹתָם יַעֲקֹב" — **as it is written,** ***and Jacob buried them*** *underneath the terebinth near Shechem,* לְפִיכָךְ אַתֶּם לְהוּטִין אַחֲרָיו — **therefore, you lust after it** to pray at this place."[43] אָמְרִין דֵּין בָּעֵי מִנְסְבָהּ — Upon hearing this, **[the Samaritans] said** to one another, **"This one wants to take it."** (פֵּירוּשׁ מֵאַחַר שֶׁזֶּה יוֹדֵעַ שֶׁעֲבוֹדָה זָרָה טְמוּנָה שָׁם וַדַּאי יִקָּחֶנָּה) — **This means since [R' Yishmael bar R' Yose] knows that the idols are buried there, he will surely take them.)** וְנִתְיַיעֲצוּ עָלָיו לְהָרְגוֹ קָם וַעֲרַק בְּלֵילְיָא — **They,** therefore, **planned to kill him.** He overheard their plan **and arose and fled during the night.**[44]

וַיִּסָּעוּ וַיְהִי חִתַּת אֱלֹהִים עַל הֶעָרִים אֲשֶׁר סְבִיבוֹתֵיהֶם וְלֹא רָדְפוּ אַחֲרֵי בְּנֵי יַעֲקֹב.
They journeyed, and there was a Godly terror on the cities that were around them, so that they did not pursue the children of Jacob (35:5).

§4 וַיִּסָּעוּ וַיְהִי חִתַּת אֱלֹהִים — *THEY JOURNEYED, AND THERE WAS A GODLY TERROR . . .*

The Midrash defines the nature of the "Godly terror" that deterred the Canaanites from attacking Jacob and his family, and relates two other incidents in which God spared the Jewish people from attack by their enemies:

NOTES

37. *Rashi* to 35:2, according to *Mizrachi*.

38. The Mishnah does not speak of literal and graphic depictions of the sun and moon, but of figures that symbolize their dominion [e.g., the figure of a crowned king seated in a chariot, which represents the sun] (*Rashi,* as explained by *Maharam;* see *Rambam Commentary*).

39. This is a serpentlike creature (*Rashi, Avodah Zarah* 42b).

40. It is presumed that these three figures (which were certainly worshiped by themselves) were worshiped even as engravings on a utensil. He should dispose of these idols only in the Dead Sea, for the highly saline Dead Sea is usually not navigated by man, and so there is no risk of anyone recovering and enjoying them (*Nimukei Yosef, Avodah Zarah* ad loc.).

41. Jacob's command *change your clothes* implies that garments decorated with any image are prohibited. Furthermore, unlike the Mishnah, which rules that the vessels should be cast into the Dead Sea, Jacob buried these idolatrous objects *underneath the terebinth near Shechem* (below, 35:4), where they were less likely to be recovered than if they were sunk in the Dead Sea (*Eitz Yosef*).

Eitz Yosef assumes that burial is a better form of destruction than casting into the Dead Sea. *Ramban* (to verse), however, asserts that the opposite is true. He explains that the reason Jacob did not (completely destroy or) cast into the Dead Sea the idols and vessels found in his possession is that before Jacob's family took possession of them, they had the Shechemites annul them, thereby removing their idol status. Since they were no longer technically idolatrous, Jacob could have kept them and did not need to bury them. Jacob nevertheless commanded his family to do so, so that they would attain an extra level of sanctity before bringing offerings on the altar.

42. The Samaritans, or Cuthites, were one of the nations brought by the Assyrians to populate the part of the Land of Israel left desolate by the exile of the Ten Tribes of the Northern Kingdom (*II Kings* 17:24-41). They became known as Samaritans because they lived in Samaria. The Cuthites revered Mount Gerizim, which was located near Shechem, for they believed that it was spared at the time of the Great Flood during the days of Noah. See *Midrash Rabbah* above, 32 §10 (*Eitz Yosef*).

43. R' Yishmael bar R' Yose commented that the Samaritans revered the mountain because of the idols that had been buried beneath it by Jacob. See *Yerushalmi Avodah Zarah* 5:4 and *Pnei Moshe* there. *Eshed Nechalim* explains that just as a dog through his sense of smell can detect carrion that is hidden, so too the Samaritans were sensitive to idolatry, and could sense and detect where idols had been buried.

44. See *Yerushalmi* with *Pnei Moshe*, ibid.

ג [לה, ב] "וַיֹּאמֶר יַעֲקֹב אֶל בֵּיתוֹ", אָמַר רַבִּי בְּרוּסְפְּדַי אָמַר רַבִּי יוֹחָנָן: אֵין אָנוּ בְּקִיאִים בְּדִקְדּוּקֵי עֲבוֹדָה *זָרָה כְּיַעֲקֹב אָבִינוּ, דִּתְנַן: יבהַמּוֹצֵא כֵּלִים וַעֲלֵיהֶם צוּרַת חַמָּה צוּרַת לְבָנָה צוּרַת הַדְּרָקוֹן יוֹלִיכֵם לְיָם הַמֶּלַח (עבודה זרה ג, ג), אָמַר רַבִּי יוֹחָנָן: כָּל כְּסוּת בִּכְלַל עֲבוֹדָה *זָרָה. [לה, ד] "וַיִּתְּנוּ אֶל יַעֲקֹב", יגרַבִּי יִשְׁמָעֵאל בַּר רַבִּי יוֹסֵי סָלֵיק לְצַלָּאָה בִּירוּשְׁלֵם, עֲבַר בְּהָדֵין פְּלָטָנוּס וַחֲמָא יָתֵיהּ חַד שַׁמְרָאִי, אָמַר: °רַבִּי, לְהֵיכָן אַתְּ אָזֵיל, אֲמַר לֵיהּ: °מְסִיק מְצַלֵּי בַּהֲדָא יְרוּשָׁלַיִם, אֲמַר לֵיהּ: וְלָא טָב לָךְ מְצַלֵּי בַּהֲדָא טוּרָא בְּרִיכָא וְלָא בְּהַהִיא קַלְקַלְתָּא, אֲמַר לֵיהּ: אוֹמַר לָכֶם לְמָה אַתֶּם דּוֹמִים, לְכֶלֶב שֶׁהָיָה לָהוּט אַחַר הַנְּבֵלָה, כָּךְ לְפִי שֶׁאַתֶּם יוֹדְעִים שֶׁעֲבוֹדָה זָרָה טְמוּנָה תַּחְתָּיו, דִּכְתִיב [שם] "וַיִּטְמֹן אֹתָם יַעֲקֹב" לְפִיכָךְ אַתֶּם לְהוּטִין אַחֲרָיו, אָמְרִין: דֵּין בָּעֵי מִנְסְבָהּ {פֵּירוּשׁ: מֵאַחַר שֶׁזֶּה יוֹדֵעַ שֶׁעֲבוֹדָה זָרָה טְמוּנָה שָׁם וַדַּאי יִקָּחֶנָּה} וְנִתְיָיעֲצוּ עָלָיו לְהָרְגוֹ, קָם וַעֲרַק בְּלֵילְיָא:

ד [לה, ה] "וַיִּסָּעוּ וַיְהִי חִתַּת אֱלֹהִים", אָמַר רַבִּי שְׁמוּאֵל: ידבִּשְׁלֹשָׁה מְקוֹמוֹת נִתְכַּנְּסוּ אוּמוֹת הָעוֹלָם לַעֲשׂוֹת מִלְחָמָה עִם בְּנֵי יַעֲקֹב וְלֹא הִנִּיחַ לָהֶם הַקָּדוֹשׁ בָּרוּךְ הוּא: ° דִּכְתִיב "וַיִּסָּעוּ וַיְהִי חִתַּת אֱלֹהִים", שְׁנִית בִּימֵי יְהוֹנָתָן, שֶׁנֶּאֱמַר (שמואל-א יד, טו) "וַתִּרְגַּז הָאָרֶץ וַתְּהִי לְחֶרְדַּת אֱלֹהִים", ° שְׁלִישִׁית בִּימֵי יְהוֹשֻׁעַ, בִּקְשׁוּ לִרְדּוֹף וְלֹא הִנִּיחַ הַקָּדוֹשׁ בָּרוּךְ הוּא לָהֶם, וְהֵיכָן נִתְכַּנְּסוּ, לְחָצוֹר,

עץ יוסף

(ג) **כסות בבלל אליל.** משום דלא שנו אלא כלים שעליהם צורת החמה והלבנה, הא שאר כל המזלות לא. ולא שנו אלא דרקין, הא כל הנחשים לא כדאיתא בירושלמי (עבודה זרה פ"ג ה"ג). קאמר רבי יוחנן דכל כסות בכלל אליל בהיות בו כל מין צורה זולת הנזכר, דיליף לה מיעקב דאמר והחליפו שמלותיכם משמע דכל כסות של אליל אסור. וזה שאמרו אין אנו בקיאין בדקדוקי אליל כיעקב דממתניתין לא שמעינן אלא הנך צורות, ומיניה שמעינן דכל מין כסות אסור. וגם במתניתין איתא שיוליכם לים המלח, ויתכן לפעמים להמצא, וביעקב כתיב ויטמון שטמן עד כדי שאין אפשר להמצא (ועיין ביפה תואר): **פלטנוס.** הוא הר גריזים שהכותים מחזיקים אותו לקדוש: **שמראי.** אדם אחד מהשמרונים: **מסיק מצלי.** לעלות ולהתפלל בתוך ירושלים. אמר ליה וכי לא טוב לך להתפלל בהר המבורך הזה ולא בזאת האשפה. שהכותים חושבים שלא הומטר במי המבול ולכן הוא מבורך כדלעיל פרשה ל"ב: **ויטמן אותם כו'.** ובאותו הר היו עומדין ומדברין בו. אמרו כו' השמרונים אמרו זה לזה מאחר שזה יודע שעבודת אלילים טמונה בוודאי ילך בלילה ויקחנה. ונתייעצו להרוג את רבי ישמעאל (וכמו שפירש המבאר בפנים) ועמד רבי ישמעאל בלילה וברח. ועיין בירושלמי (עבודה זרה פ"ה ה"ד): (ד) **בשלשה מקומות כו'.** שנתכנסו עליהם למלחמה ומנעם ה' על ידי שהיתה חרדה ביניהם שהכו זה את זה ונתפרדה חבילתם. כענין חרדת אלהים הנזכר ביהונתן, ולא היתה עיקר מפלתן על ידי ישראל. והא דלא חשיב סנחריב, כי שם מתו כולם ולא מייתי הכא אלא פירוד החבילה (יפה תואר): **ותהי לחרדת אלהים. ואחד בימי יהושע. אמר רבי אלעזר בקשו לרדוף ולא הניחן הקדוש ברוך הוא. והיכן נתכנסו לחצור**

פירוש מהרז"ו

(ג) **צורת חמה כו'.** עיין במדבר רבה (יב, ד) מרכבו ארגמן ושם נסמן ומבואר: **רבי ישמעאל ברבי יוסי.** לעיל (לב, י) ריש המעשה ושם נסמן ומבואר. אך סופה באופן אחר ושם איתא רבי יונתן, ואפשר הם שני מעשים, וכמו שמבואר כאן כן הובא גם כן בירושלמי (עבודה זרה פ"ה ה"ד) אך ליתא שם ריש המעשה ועוד שם באופן אחר: (ד) **והיכן נתכנסו לחצור.** כמו שנאמר יהושע (יא, א) ויהי כשמוע יבין מלך חצור וגו' וילאו

רש"י

(ג) **אין אנו בקיאין בדקדוקי עבודה זרה כיעקב אבינו.** דכתיב ויטמון אותם את כל אלהי הנכר, את כל דורש אפילו כסות: **פלאטנוס.** פלטיא: **שמריי.** שומרני: **קוקולתא.** אשפה: **דין בעי מנסבא.** מאחר שהוא יודע שעבודה זרה שם ודאי יקחנה. **ונתייעצו עליו להרגו.** לרבי ישמעאל **וקם וברח בלילה וכו'.** בעבודה זרה בגמרא ירושלמית (פ"ה ה"א): (ד) **והיכן נתכנסו. חד ויסעו ויהי חתת אלהים, שנייה בימי יהונתן ותרגז הארץ ותהי לחרדת אלהים, שלישית בימי יהושע: והיכן נתכנסו לחצור**

מתנות כהונה

[ג] **לים המלח.** והקשו עליה טובא בפרק כל הצלמים, (ע"ז מב, ב) אבל ביעקב כתיב ויטמן אותם: **כל כסות.** דייק מדכתיב והחליפו שמלותיכם משמע ליה שהיו נתכסות על אלהי הנכר, ומצאתי בפירוש רש"י כל אלהי נכר כתיב כל לאתויי אף הכסות: **פלטנוס.** הערוך פירש הר, ורש"י פירש פלאטין פאלי"ש בלע"ז: **שמראי.** אדם אחד מהשמראים: **מסיק מצלי כו'.** לעלות ולהתפלל בתוך ירושלים, אמר ליה וכי לא טוב לך להתפלל בהר המבורך הזה ולא בזאת האשפה, וברכת ההר עיין לעיל פרשה ל"ב ויתבאר לך: **הכי גרסינן קלקלתא: אמר ליה אומר כו'.** רבי ישמעאל אמר לאותו שמראי אומר לכם כו': **ויטמון אותם וגו'.** ובאותו הר היו עומדין ומדברין בו: **אמרין בו'.** השמראים אמרו זה לזה מאחר שזה יודע שעבודה זרה טמונה בודאי ילך בלילה ויקחנו, ונתייעצו להרוג את רבי ישמעאל וכמו שפירש המבאר בפנים ועמד רבי ישמעאל בלילה וברח. ובירושלמי דמסכת עבודה זרה (פ"ה ה"ד) גרסינן שמע קלון אמרין נקרון ונבדר לאילין כובייא, ידע דאינון בעי למקטליניה וקרץ ונפק ליה עכ"ל. פירוש שמע קולם שהיו אומרים נשכים ונפזר אותם קולים, והבין שרצו להרגו והשכים וילך לו: [ד] **הכי גרסינן ולא הניח להם הקב"ה חד דכתיב ויסעו וגו'.** והכי גרס רש"י ז"ל: **הכי גרסינן לאכול בעם שלישית בימי יהושע אמר רבי אלעזר בקש וכו':**

אשד הנחלים

מפני עשו אחיך מתנות כהונה. ונ"ל עוד דניתוח הכתוב כך ואתה קום ועשה מזבח להודות לה' כי נראה אליך להצילך בברחך מפני עשו, וא"כ ראית כי הבדלתיך במעלה ממנו מפני היותך בעבודתי, וא"כ למה לא תתן לי תודה, ולא תשוה למעשי אחיך, אחר שאנכי הבדלתיך ממנו להצילך, וא"כ זהו הדבר ממילא, שאם לא כן אתה כמוהו ולמה הצלתיך: [ג] **אין אנו בקיאים כו'.** פירש כי המשנה (עבודה זרה מב, ב) אומרת שיוליכם לים המלח כדי שלא ימצא אדם ויהנה ממנו, וביעקב כתיב ויטמון שטמן עד כדי שאי אפשר להמצא, כי בים המלח יתכן לפעמים להמצא, שלכן מצינו (שם מג, ב) למאן דאמר שצריך לשחקם ולפזר לרוח עיין בגמ' (שם מד,א) כל הסוגיא, וא"כ יעקב מדקדק יותר ממנו. ואין להקשות. מדוע לא התקינו באמת הטמנה. י"ל שאין אנו בקיאים איזה הטמנה נעשה עד שלא ימצא איש מאומה. ויתכן כי רק על כסות עבודת כוכבים שייך הטמנה לפי שבמעט זמן הוא נירקב מהר בארץ, אבל לא על כלים שאינם נוחים להרקב באדמה: **כל כסות בכלל עבודת כוכבים.** כי מסתמא היה להם מלבוש מיוחד בעת שהיו עובדים כמו שכתוב (צפניה א, ח) ועל כל הלובשים מלבוש גו', ולכן אמר בכלל עבודת כוכבים אף שאינו עבודת כוכבים. ויתכן זהו שאמר אין אנו בקיאים כו', כי יעקב טמן אפילו הבגדים הנכללים בזה, ובמתניתין לא תנן רק הכלים שעליהם הצורות שהם נעבדים בעצמן: **בהדי טורא בריכא.** יתכן שזה היה ההר גריזים שאמרו עליו (חולין ו, א) דמות יונה מצאו, שעבדו אותו עליו השומרונים שהם הכותים: **לכלב כו'.** כן אתם מריחין פה הענין אשר מריחוק הזמן יונח, ותמשכו אחרי הטומאה: [ד] **ולא הניח הקב"ה.** שנתן פחד ומורך מאוד בלבם לבלי יקומו למלחמה:

חידושי הרד"ל

[ג] **כל כסות כו'.** זהו כדעת הרמב"ם (עבודת כוכבים פ"ז ה"ח) שאוסר שיראין, ולא כגירסת הרמב"ן והר"ן פ"ג דעבודת כוכבים (מג, ב) בירושלמי שם (פ"ג ה"ג) כסות כמבוזין. ועיין באורי הגר"א (יורה דיעה סימן קמא ס"ק יא): **פלטינוס.** הוא הר גרזים:

אמרי יושר

[ג] **כלים וכסות.** שכן נתנו כלים הנזמים והחליפו השמלות:

מסורת המדרש

יב. עבודת כוכבים מ"ב:
יג. ירושלמי עבודת כוכבים פ' ה':
יד. ילקוט יהושע רמז כ"ב:

אם למקרא

וַתְּהִי חֲרָדָה בַמַּחֲנֶה בַשָּׂדֶה וּבְכָל הָעָם הַמַּצָּב וְהַמַּשְׁחִית חָרְדוּ גַּם הֵמָּה וַתִּרְגַּז הָאָרֶץ וַתְּהִי לְחֶרְדַּת אֱלֹהִים: (שמואל א יד:טו)

שינוי נוסחאות

(ג) **אמר: רבי.** צ"ל "אמר ליה", כ"ה בילקוט, וכן היה בדפוסים הישנים עד שבקראקא שס"ט כתבו >א"ר< במקום >א"ל<, וכל הדפוסים העתיקו משם אח"כ: (ד) **נתכנסו אומות העולם.** לפי יפה תאר צריך למחוק "אומות העולם", וע' להלן: **דכתיב ויסעו.** במתנות כהונה הגיה "חד, דכתיב ויסעו": **ותהי לחרדת אלהים, שלישית בימי יהושע.** בכל הדפוסים הישנים איתא לפני תיבת "שלישית" כך: "וירב היער לאכל בעם (ש"ב יח, ח), אמר רבי אלעזר". ולגבי הפסוק "וירב", בספר אות אמת מחקו, וכן עשו כל המדפיסים מקראקא שס"ט ואילך, אבל מתנות כהונה לא מחקו, ואיתיה נמי בילקוט ובת-א. ולגבי תיבות "אמר רבי אלעזר", במתנות כהונה הגיה דצ"ל תיבות אלו אחרי "שלישית בימי יהושע", וכן הוא בילקוט. אבל בקראקא שס"ט מחקו תיבות אלו לגמרי (כנראה בטעות), וכן עשו כל המדפיסים אחריהם:

אָמַר רַבִּי שְׁמוּאֵל בִּשְׁלֹשָׁה מְקוֹמוֹת נִתְכַּנְּסוּ אוּמּוֹת הָעוֹלָם לַעֲשׂוֹת מִלְחָמָה עִם בְּנֵי יַעֲקֹב וְלֹא הִנִּיחַ לָהֶם הַקָּדוֹשׁ בָּרוּךְ הוּא – **R' Shmuel said, "In three instances the nations of the world assembled to wage war against the children of Jacob but the Holy One, blessed is He, prevented them from doing so.** דִּכְתִיב "וַיִּסָּעוּ וַיְהִי חִתַּת אֱלֹהִים" – The first instance occurred in the days of Jacob, **as it is written,** ***They journeyed, and there was a Godly terror*** *on the cities that were around them, so that they did not pursue the children of Jacob.*[45] שֵׁנִית בִּימֵי יְהוֹנָתָן שֶׁנֶּאֱמַר "וַתִּרְגַּז הָאָרֶץ וַתְּהִי לְחֶרְדַּת אֱלֹהִים" – **The second** incident occurred **in the days of Jonathan, as it is stated,** ***the very ground trembled and a God-inspired terror took hold*** (*I Samuel* 14:15).[46] שְׁלִישִׁית בִּימֵי יְהוֹשֻׁעַ – **The third** incident occurred **in the days of Joshua.** בִּקְּשׁוּ לִרְדּוֹף וְלֹא הִנִּיחַ הַקָּדוֹשׁ בָּרוּךְ הוּא לָהֶם – [**The Canaanite nations**] formed an alliance and **wished to pursue** [Joshua], **but the Holy One, blessed is He, prevented them.**[47]

The Midrash proceeds to detail the attempted attack against Joshua:

וְהֵיכָן נִתְכַּנְּסוּ – **And where did the [Canaanite kings] assemble** to unite and attack Joshua? לְחָצוֹר – **It was in Hazor,**

NOTES

45. The point of the Midrash is that God did not simply cause them to refrain from pursuing Jacob. Rather, they had all gathered to attack, but were confounded by a Godly terror, causing them to strike at one another, and their forces to disband (*Yefeh To'ar*).

46. During the reign of King Saul, the superior Philistine forces threatened to attack Saul and his army. Jonathan (Saul's son) and his attendant entered the Philistine camp and daringly attacked the enemy, initially killing 20 soldiers. God then inspired a powerful terror among the Philistines so that the very ground beneath them seemed to tremble. Not only did the Philistines flee, in their terror they slashed away at one another. The main conquest did not come at the hands of the Jews, but was induced by the Divine terror. The three incidents to which the Midrash here refers all share this characteristic (*Yefeh To'ar*).

47. This is referring to *Joshua* 9:1,2: *When all the kings that were on the [western] side of the Jordan ... heard* [that Ai and Jericho had been conquered] *they gathered together to wage war with Joshua* ... However, no battle is recorded by Scripture. Rather, Scripture relates that the Gibeonites made peace with the Israelites and that (ibid. Ch. 10) five kings from the original alliance attacked the Gibeonites to whose defense Joshua came. *Nezer HaKodesh* thus infers that most of the kings had become terrified and disbanded their alliance (see also *Malbim* to *Joshua* 10:1). Although this incident occurred before the incident involving Jonathan, the incident with Jonathan is mentioned first by the Midrash since the verse regarding Jonathan explicitly states, *there was a Godly terror* that struck the Philistines. This is in contrast to the passage regarding Joshua, where the words *Godly terror* are not explicitly stated (*Eitz Yosef*). See Insight Ⓐ for an alternative reading of the Midrash.

INSIGHTS

Ⓐ **David and Absalom** Our elucidation follows the standard text of the Midrash. According to some older versions of the Midrash, however, the Midrash mentions another incident before the episode involving Joshua; namely, Absalom's rebellion against King David. According to this version, the Midrash cites the following verse regarding Absalom's forces, וַיֶּרֶב הַיַּעַר לֶאֱכֹל בָּעָם – [*The battle spread out from there all across the land;*] *the forest consumed more people [than the sword consumed on that day]* (*II Samuel* 18:8). [After Absalom's army's defeat by King David's men, Absalom's army scattered into the forest, where the soldiers constantly became entangled in the thick branches of the trees (*Radak*), or they were attacked by the wild animals of the forest (*Targum*). As a result, Absalom was left alone and undefended, and was eventually captured.] According to this version, the Midrash then continues, *R' Elazar said,* The third [incident occurred] in the days of Joshua, etc. (see *Shinui Nuschaos* on the Hebrew page).

There is considerable debate regarding the inclusion of this verse regarding Absalom in the Midrash, as the Midrash refers to incidents involving the "nations of the world," whereas Absalom was David's own son! Moreover, why is the incident in the times of Joshua still counted as the *third* incident; it should actually be the *fourth* incident. Consequently, *Os Emes* omits this verse entirely and his reading is the one found in most current editions. *Yefeh To'ar*, however, defends the earlier reading. He resolves the first difficulty by deleting the term "nations of the world." In regard to the second difficulty, he asserts that R' Elazar, who mentions the incident involving Joshua, is not simply listing it as the third incident, but is disputing R' Shmuel, the author of the Midrash's original statement, who counts the incident with Absalom as the third incident, and not the incident in the times of Joshua. R' Elazar, however, argues that the incident involving Absalom's forces cannot be counted with the others since the men did not actually flee in terror, but were attacked by beasts or became entangled by the trees.

ג [לה, ב] "וַיֹּאמֶר יַעֲקֹב אֶל בֵּיתוֹ", אָמַר רַבִּי בְּרוֹסְפְּדַי אָמַר רַבִּי יוֹחָנָן: אֵין אָנוּ בְּקִיאִים בְּדִקְדּוּקֵי עֲבוֹדָה *זָרָה כְּיַעֲקֹב אָבִינוּ, דִּתְנַן: [יב]הַמּוֹצֵא כֵּלִים וַעֲלֵיהֶם צוּרַת חַמָּה צוּרַת לְבָנָה צוּרַת הַדְּרָקוֹן יוֹלִיכֵם לְיַם הַמֶּלַח (עבודה זרה ג, ג), אָמַר רַבִּי יוֹחָנָן: כָּל כְּסוּת בִּכְלַל עֲבוֹדָה *זָרָה. [לה, ד] "וַיִּתְּנוּ אֶל יַעֲקֹב", [יג]רַבִּי יִשְׁמָעֵאל בַּר רַבִּי יוֹסֵי סְלֵיק לְצַלָּאָה בִּירוּשְׁלֵם, עֲבַר בְּהָדֵין פְּלַטָּנוּס וַחֲמָא יָתֵיהּ חַד שַׁמְרָאי, אָמַר: °רַבִּי, לְהֵיכָן אַתְּ אָזֵיל, אֲמַר לֵיהּ: °מְסִיק מִצְלֵי בַּהֲדָא יְרוּשָׁלַיִם, אֲמַר לֵיהּ: וְלָא טָב לָךְ מִצְלֵי בַּהֲדָא טוּרָא בְּרִיכָא וְלָא בְהַהִיא קַלְקַלְתָּא, אֲמַר לֵיהּ: אוֹמַר לָכֶם לְמָה אַתֶּם דּוֹמִים, לְכֶלֶב שֶׁהָיָה לָהוּט אַחַר הַנְּבֵלָה, כָּךְ לְפִי שֶׁאַתֶּם יוֹדְעִים שֶׁעֲבוֹדָה זָרָה טְמוּנָה תַּחְתָּיו, דִּכְתִיב [שם] "וַיִּטְמֹן אֹתָם יַעֲקֹב" לְפִיכָךְ אַתֶּם לְהוּטִין אַחֲרָיו, אָמְרִין: דֵּין בָּעֵי מְנִסְבָּהּ {פֵּירוּשׁ: מֵאַחַר שֶׁזֶּה יוֹדֵעַ שֶׁעֲבוֹדָה זָרָה טְמוּנָה שָׁם וַדַּאי יִקָּחֶנָּה} וְנִתְיָיעֲצוּ עָלָיו לְהָרְגוֹ, קָם וַעֲרַק בְּלֵילְיָא:

ד [לה, ה] "וַיִּסָּעוּ וַיְהִי חִתַּת אֱלֹהִים", אָמַר רַבִּי שְׁמוּאֵל: [יד]בִּשְׁלֹשָׁה מְקוֹמוֹת נִתְכַּנְּסוּ אוּמּוֹת הָעוֹלָם לַעֲשׂוֹת מִלְחָמָה עִם בְּנֵי יַעֲקֹב וְלֹא הִנִּיחַ לָהֶם הַקָּדוֹשׁ בָּרוּךְ הוּא: ° דִּכְתִיב "וַיִּסָּעוּ וַיְהִי חִתַּת אֱלֹהִים", שֵׁנִית בִּימֵי יְהוֹנָתָן, שֶׁנֶּאֱמַר (שמואל-א יד, טו) "וַתִּרְגַּז הָאָרֶץ וַתְּהִי לְחֶרְדַּת אֱלֹהִים", ° שְׁלִישִׁית בִּימֵי יְהוֹשֻׁעַ, בִּקְשׁוּ לִרְדּוֹף וְלֹא הִנִּיחַ הַקָּדוֹשׁ בָּרוּךְ הוּא לָהֶם, וְהֵיכָן נִתְכַּנְּסוּ, לְחָצוֹר,

רש"י

(ג) **אין אנו בקיאין בדקדוקי עבודה זרה ביעקב אבינו.** דכתיב ויטמון אותם את כל אלהי הנכר, את כל דורש אפילו כסות: **פלאטנוס.** פלטיא: **שמריי.** שומרוני: **קוקולתא.** אשפה: **דין בעי מנסבא.** מאחר שהוא יודע שעבודה זרה שם ודאי יקחנה. **ונתייעצו עליו להרגו.** לרבי ישמעאל **וקם וברח בלילה וכו'.** בעבודה זרה בגמרא ירושלמית (פ"ה ה"א): (ד) **והיכן נתכנסו. חד ויסעו ויהי חתת אלהים, שנייה בימי יהונתן ותרגז הארץ ותהי לחרדת אלהים, שלישית בימי יהושע: והיכן נתכנסו לחצור**

עץ יוסף

(ג) **כסות בכלל אליל.** משום דלא שנו אלא כלים שעליהם צורת החמה והלבנה, הא שאר כל המזלות לא. ולא שנו אלא דרקון, הא כל הנחשים לא כדאיתא בירושלמי (עבודה זרה פ"ג ה"ג). קאמר רבי יוחנן דכל כסות בכלל אליל בהיות בו כל מין צורה זולת הנזכר, דיליף לה מיעקב דאמר והחליפו שמלותיכם משמע דכל כסות של אליל אסור. וזה שאמרו אין אנו בקיאין בדקדוקי אליל כיעקב דממתניתין לא שמעינן אלא הנך צורות, ומיניה שמעינן דכל מין כסות אסור. וגם במתניתין איתא שיוליכם לים המלח, ויתכן לפעמים להמצא, וביעקב כתיב ויטמון שטמן עד כדי שאין אפשר להמצא (ועיין ביפה תואר): **פלטנוס.** הוא הר גריזים שהכותים מחזיקים אותו לקדוש: **שמראי.** אדם אחד מהשמרונים: **מסיק מצלי.** לעלות ולהתפלל בתוך ירושלים. אמר ליה וכי לא טוב לך להתפלל בהר המבורך הזה ולא בזאת האשפה. שהכותים חושבים שלא הומטר במי המבול ולכן הוא מבורך כדלעיל פרשה ל"ב: **ויטמן אותם כו'.** ובאותו הר היו עומדין ומדברין בו. אמרו כו' השמרונים אמרו זה לזה מאחר שזה יודע שעבודת אלילים טמונה בוודאי ילך בלילה ויקחנה. ונתייעצו להרוג את רבי ישמעאל (וכמו שפירש המבאר בפנים) ועמד רבי ישמעאל בלילה וברח. ועיין בירושלמי (עבודה זרה פ"ה ה"ד): (ד) **בשלשה מקומות כו'.** שנתכנסו עליהם למלחמה ומנעם ה' על ידי שהיתה חרדה ביניהם שהכו זה את זה ונתפרדה חבילתם. כענין חרדת אלהים הנזכר ביהונתן, ולא היתה עיקר מפלתן על ידי ישראל. והא דלא חשיב סנחריב, כי שם מתו כולם ולא מייתי הכא אלא פירוד החבילה (יפה תואר): **ותהי לחרדת אלהים. ואחד בימי יהושע. אמר רבי אלעזר בקשו לרדוף ולא הניחן הקדוש ברוך הוא. והיכן נתכנסו לחצור**

פירוש מהרז"ו

(ג) **צורת חמה כו'.** עיין במדבר רבה (יב, ד) מרכבו ארגמן ושם נסמן ומבואר: **רבי ישמעאל ברבי יוסי.** לעיל (לב, י) ריש המעשה ושם נסמן ומבואר. אך סופה באופן אחר ושם איתא רבי יונתן, ואפשר הם שני מעשים, וכמו שמבואר כאן כן הובא גם כן בירושלמי (עבודה זרה פ"ה ה"ד) אך ליתא שם ריש המעשה ועוד שם באופן אחר: (ד) **והיכן נתכנסו לחצור.** כמו שנאמר יהושע (יא, א) ויהי כשמוע יבין מלך חצור וגו' וישלחו

חידושי הרד"ל

[ג] **כל כסות כו'.** זהו כדעת הרמב"ם (עבודת כוכבים פ"ז ה"ח) שאוסר שיראין, ולא כגירסת הרמב"ן והר"ן פ"ג דעבודת כוכבים (מג, ב) בירושלמי שם (פ"ג ה"ג) כסות כמבוזין. ועיין באורי הגר"א (יורה דיעה סימן קמא ס"ק יא): **פלטינוס.** הוא הר גרזים:

אמרי יושר

[ג] **כלים וכסות.** שכן נתנו כלים הנזמים והחליפו השמלות:

מסורת המדרש

יב. עבודת כוכבים מ"ב:

יג. ירושלמי עבודת כוכבים פ' ה':

יד. ילקוט יהושע רמז כ"ב:

אם למקרא

וַתְּהִי חֲרָדָה בַמַּחֲנֶה בַשָּׂדֶה וּבְכָל הָעָם הַמַּצָּב וְהַמַּשְׁחִית חָרְדוּ גַּם הֵמָּה וַתִּרְגַּז הָאָרֶץ וַתְּהִי לְחֶרְדַּת אֱלֹהִים:

(שמואל א יד:טו)

שינוי נוסחאות

(ג) **אמר: רבי.** צ"ל "אמר ליה", כ"ה בילקוט, וכן היה בדפוסים הישנים עד שבקראקא שס"ט כתבו >א"ר< במקום >א"ל<, וכל הדפוסים העתיקו משם אח"כ:

(ד) **נתכנסו אומות העולם.** לפי יפה תאר צריך למחוק "אומות העולם", וע' להלן: **דכתיב ויסעו.** במתנות כהונה הגיה "חד, דכתיב ויסעו": **ותהי לחרדת אלהים, שלישית בימי יהושע.** בכל הדפוסים הישנים איתא לפני תיבת "שלישית" כך: "וירב היער לאכל בעם (ש"ב יח, ח), אמר רבי אלעזר". ולגבי הפסוק "וירב", בספר אות אמת מחקו, וכן עשו כל המדפיסים מקראקא שס"ט ואילך, אבל מתנות כהונה לא מחקו, ואיתיה נמי בילקוט ובת-א. ולגבי תיבות "אמר רבי אלעזר", במתנות כהונה הגיה דצ"ל תיבות אלו אחרי "שלישית בימי יהושע", וכן הוא בילקוט. אבל בקראקא שס"ט מחקו תיבות אלו לגמרי (כנראה בטעות), וכן עשו כל המדפיסים אחריהם:

מתנות כהונה

[ג] **לים המלח.** והקשו עליה טובא בפרק כל הצלמים, (ע"ז מב, ב) אבל ביעקב כתיב ויטמן אותם: **כל בסות.** דייק מדכתיב והחליפו שמלותיכם משמע ליה שהיו נתכסות על אלהי הנכר, ומצאתי בפירוש רש"י כל אלהי נכר כתיב כל לאתויי אף הכסות: **פלטנוס.** הערוך פירש הר, ורש"י פירש פלאטין פאליש בלע"ז: **שמראי.** אדם אחד מהשמרונים: **מסיק מצלי כו'.** לעלות ולהתפלל בתוך ירושלים, אמר ליה וכי לא טוב לך להתפלל בהר המבורך הזה ולא בזאת האשפה, וברכת ההר עיין לעיל פרשה ל"ב ויתבאר לך: **הכי גרסינן קלקלתא: אמר ליה אומר כו'.** רבי ישמעאל אמר לאותו שמראי אומר לכם כו': **ויטמון אותם וגו'.** ובאותו הר היו עומדין ומדברין בו: **אמרין כו'.** השמראים אמרו זה לזה מאחר שזה יודע שעבודה זרה טמונה בודאי ילך בלילה ויקחנו, ונתייעצו להרוג את רבי ישמעאל וכמו שפירש המבאר בפנים ועמד רבי ישמעאל בלילה וברח. ובירושלמי דמסכת עבודה זרה (פ"ה ה"ד) גרסינן שמע קלון אמרין נקרון ונבדר לאילין כוייא, ידע דאינון בעי למקטליניה וקרץ ונפק ליה עכ"ל. פירוש שמע קולם שהיו אומרים נשכים ונפזר אותם קולים, והבין שרצו להרגו והשכים ויצא לו: [ד] **הכי גרסינן ולא הניח להם הקב"ה חד דכתיב ויסעו וגו'.** והכי גרס רש"י ז"ל: **הכי גרסינן לאכול בעם שלישית בימי יהושע אמר רבי אלעזר בקש וכו':**

אשד הנחלים

מפני עשו אחיך מתנות כהונה. ונ"ל עוד דניתוח הכתוב כך ואתה קום ועשה מזבח להודות לה' כי נראה אליך להצילך בברחך מפני עשו, וא"כ ראית כי הבדלתיך במעלה ממנו מפני היותך בעבודתי, וא"כ למה לא תתן לי תודה, ולא תשוה למעשי אחיך, אחר שאנכי הבדלתיך ממנו להצילך, וא"כ זהו הדבר ממילא, שאם לא כן אתה כמוהו ולמה הצלתיך: [ג] **אין אנו בקיאים כו'.** פירש כי המשנה (עבודה זרה מב, ב) אומרת שיוליכם לים המלח כדי שלא ימצא אדם ויהנה ממנו, וביעקב כתיב ויטמון שטמן עד כדי שאי אפשר להמצא, כי בים המלח יתכן לפעמים להמצא, שלכן מצינו (שם מג, ב) למאן דאמר שצריך לשחקם ולפזר לרוח עיין בגמ' (שם מד,א) כל הסוגיא, וא"כ יעקב מדקדק יותר ממנו. ואין להקשות. מדוע לא התקינו באמת הטמנה. י"ל שאין אנו בקיאים איזה הטמנה נעשה עד שלא ימצא איש מאומה. ויתכן כי רק על כסות עבודת כוכבים שייך הטמנה לפי שבמעט זמן הוא נירקב מהר בארץ, אבל לא על כלים שאינם נוחים להרקב באדמה: **כל כסות בכלל עבודת כוכבים.** כי מסתמא היה להם מלבוש מיוחד בעת שהיו עובדים כמו שכתוב (צפניה א, ח) ועל כל הלובשים מלבוש גו', ולכן אמר בכלל עבודת כוכבים אף שאינו עבודת כוכבים. ויתכן זהו שאמר אין אנו בקיאים כו', כי יעקב טמן אפילו הבגדים הנכללים בזה, ובמתניתין לא תנן רק הכלים שעליהם הצורות שהם נעבדים בעצמן: **בהדי טורא בריכא.** יתכן שזה היה ההר גריזים שאמרו עליו (חולין ו, א) דמות יונה מצאו, שעבדו אותו עליו השומרונים שהם הכותים: **לכלב כו'.** כן אתם מריחין פה הענין אשר מריחוק הזמן יונח, ותמשכו אחרי הטומאה: [ד] **ולא הניח הקב"ה.** שנתן פחד ומורך מאוד בלבם לבלי יקומו למלחמה:

דִּכְתִיב "רַק כָּל הֶעָרִים הָעֹמְדוֹת עַל תִּלָּם לֹא שְׂרָפָם יִשְׂרָאֵל זוּלָתִי אֶת חָצוֹר לְבַדָּהּ שָׂרַף יְהוֹשֻׁעַ" — **as it is written,** ***However, all the cities [whose walls] remained steadfast, Israel did not burn. Only Hazor alone did Joshua burn*** (*Joshua* 11:13), i.e., Hazor alone was destroyed because it had been the leader of the alliance.[48]

Another opinion:

רַבִּי אֶלְעָזָר אָמַר בִּמְסוֹרֶת שְׂרָפָהּ — **R' Elazar says: [Joshua] burned [Hazor]** because of **a tradition** that he possessed. הַקָּדוֹשׁ בָּרוּךְ הוּא אָמַר לְמֹשֶׁה וּמֹשֶׁה אָמַר לִיהוֹשֻׁעַ — **The Holy One, blessed is He, had told Moses** that Hazor was to be burned down **and Moses,** in turn, **told Joshua** to burn Hazor down.[49]

וַיָּבֹא יַעֲקֹב לוּזָה אֲשֶׁר בְּאֶרֶץ כְּנַעַן הִוא בֵּית אֵל הוּא וְכָל הָעָם אֲשֶׁר עִמּוֹ

Thus Jacob came to Luz in the Land of Canaan — which is Beth-el — he and all the people who were with him (35:6).

□ "וַיָּבֹא יַעֲקֹב לוּזָה" — ***THUS CAME JACOB TO LUZ***

The Midrash discusses the significance of the name *Luz*, which means hazelnut:

שֶׁכָּל מִי שֶׁנִּכְנַס לְתוֹכָהּ הִרְטִיב מִצְוֹת וּמַעֲשִׂים טוֹבִים כַּלּוּז: — Why was it called Luz? **Because whoever entered into [the city] blossomed forth mitzvos and good deeds like a hazelnut tree.**[50]

וַתָּמָת דְּבֹרָה מֵינֶקֶת רִבְקָה וַתִּקָּבֵר מִתַּחַת לְבֵית אֵל תַּחַת הָאַלּוֹן וַיִּקְרָא שְׁמוֹ אַלּוֹן בָּכוּת. וַיֵּרָא אֱלֹהִים אֶל־יַעֲקֹב עוֹד בְּבֹאוֹ מִפַּדַּן אֲרָם וַיְבָרֶךְ אֹתוֹ.

Deborah, the nursemaid of Rebecca, died, and she was buried below Beth-el, below the plateau; and he named it Allon-bachuth. And God appeared to Jacob again when he came from Paddan-aram, and He blessed him (35:8-9).

§5 וַתָּמָת דְּבֹרָה מֵינֶקֶת רִבְקָה וְגוֹ׳ וַיִּקְרָא שְׁמוֹ אַלּוֹן בָּכוּת — ***DEBORAH, THE NURSEMAID OF REBECCA, DIED, ETC., AND HE NAMED IT ALLON-BACHUTH:***

The Midrash expounds the name *Allon-bachuth*:

רַבִּי שְׁמוּאֵל בַּר נַחְמָן אָמַר לָשׁוֹן יְוָנִית הוּא אַלּוֹן אַחֵר — **R' Shmuel bar Nachman said: In the Greek language,** ***allon*** means **"another,"** as if to say, "another cause for mourning." עַד שֶׁהוּא מְשַׁמֵּר אֶבְלָהּ שֶׁל דְּבוֹרָה בָּאָה לֵיהּ בְּשׂוֹרְתָא שֶׁמֵּתָה אִמּוֹ — This alludes that **while [Jacob] was yet observing the mourning period for Deborah, he received a report that his mother had died.**[51]

NOTES

48. *Radak, Maharzu.*

49. I.e., R' Elazar argues that Joshua had been commanded to burn the city; the reason for this command, however, is unknown. This is derived from the verse in that passage (v. 15), *As HASHEM commanded Moses his servant so did Moses charge Joshua.*

50. Translation of הִרְטִיב (lit., *saturate*) as *blossomed forth* is based on *Eitz Yosef* to 69 §8. The hazelnut tree produces a large quantity of fruits (*Eitz Yosef*). Luz was the city's name because it was indicative of the city's great sanctity, which influenced people to perform good deeds (*Eitz Yosef* to 69 §8, from *Yefeh To'ar*).

Tiferes Tzion relies on the Midrash above (69 §8), which states that the Angel of Death lacks any dominion over Luz, to explain this Midrash. For we are taught that the Angel of Death and the evil inclination are identical (see *Bava Basra* 16a). Hence, there is nothing to impede one who enters the city of Luz from performing mitzvos and good deeds.

51. Allon-bachuth may thus be understood as "Another Weeping," one weeping for Deborah and another for his mother.

Ramban (to verse, cited by *Eitz Yosef*) explains the source for this teaching: It seems unlikely that the elderly nursemaid's death would have elicited such an outpouring of grief that Jacob would have felt compelled to name the place where she died for this mourning. Rather, he mourned for his righteous mother, who sent him to Aram and died before he returned.

The Torah concealed her death, only alluding to it, because she was buried at night so that people should not curse the womb from which the wicked Esau emerged. This was because Esau would have been the only member of her family who could attend her funeral: Isaac was blind and homebound; Jacob had not yet arrived home. Had Esau gone out before her bier alone, the people would have cursed Rebecca. They therefore decided to bury her at night, without Esau being present. Since her burial was concealed, Scripture did not explicitly mention her death (*Eitz Yosef*; see *Tanchuma, Ki Seitzei* §4; *Ramban* ibid.; cf. *Rashi* ad loc.). [Based on this, *Rabbeinu Bachya* suggests that the two weepings alluded to by the name Allon-bachuth were: one for Rebecca's death and another for the fact that she was not given proper respect at her burial.] See Insight Ⓐ.

INSIGHTS

Ⓐ **Greatness Reflected: A Borrowed Eulogy** *Chasam Sofer* (*Derashos*, Vol. 2, pp. 780-781) raises a question: Rebecca's nursemaid was no doubt a distinguished and righteous woman, one who deserved to have a share in Jacob's mourning for Rebecca and to have her memory joined forever with Rebecca's in the naming of Allon-bachuth. Why, however, must the Torah inform us of this? Of what importance to us are the virtues of Rebecca's nursemaid? Furthermore, Chasam Sofer observes, the death of Deborah at the same time as that of her mistress Rebecca is a remarkable coincidence. Surely God, Who orchestrates human events, intended some purpose with these coincident deaths.

Chasam Sofer explains that Jacob was unable to properly eulogize Rebecca. A true eulogy must, by definition, set forth the greatest accomplishments of the deceased. In Rebecca's case, her most righteous deeds could not be laid before the public, lest she become an object of contempt. What were these deeds that could not be revealed? In two places (above, 27:15,42), Scripture refers to Rebecca's son Esau as *her elder son* and to Jacob as *her younger son*. Now, the birth order of Rebecca's sons is well known. Why must it be reiterated? *Ramban* (on 27:15) answers that this is intended to emphasize the righteousness of Rebecca. Ordinarily, a woman's maternal instinct will lead her to favor her eldest child, and to protect his interests above all others. Rebecca, however, upon recognizing that Jacob was righteous and Esau wicked, overrode her instincts and worked to ensure the transfer of Esau's birthright to Jacob. Her rejection of Esau ran counter to all that a mother naturally desires. It was an act of utmost difficulty, Rebecca's greatest accomplishment, and would have had to be included in any eulogy of Rebecca. Yet, this was one matter of which Jacob could not speak publicly. Although the context would have been Rebecca's *rejection* of Esau, the very mention of his name would have led the listeners to deride Rebecca as the woman who inflicted the wicked Esau upon the world. To avoid this, Jacob was compelled to forego entirely any eulogy of Rebecca (based on *Ramban* to our verse; see note 51 here).

The absence of a eulogy was a source of great pain to Jacob and his family. Consider: Jacob himself had been separated from his mother for many long years. His wives and children had *never* had the good fortune to meet this righteous and beloved woman, matriarch of the family. This sundered family, hearts alight with anticipation, were finally journeying toward the long-awaited reunion when they received the shattering news of Rebecca's passing. Never again in life would Jacob greet his mother, never would his children set eyes upon their grandmother!

Deep as this sorrow was, it was made immeasurably worse by Jacob's inability to eulogize Rebecca. Had a full eulogy been possible, it would have provided a measure of comfort, for it would have allowed Jacob to paint a verbal picture for his family of his exalted mother, to describe her greatness, to ignite in their hearts a desire to emulate her righteous deeds. In any event, they were denied even this pale remembrance of the deceased, lest mention of Esau evoke derision rather than praise.

Jacob's sorrow was ameliorated by his mourning for Deborah, which occurred at the same time as the death of Rebecca. Deborah, righteous

דִּכְתִיב (יהושע יא, יג) "רַק כָּל הֶעָרִים הָעֹמְדוֹת עַל תִּלָּם לֹא שְׂרָפָם יִשְׂרָאֵל זוּלָתִי אֶת חָצוֹר לְבַדָּהּ שָׂרַף יְהוֹשֻׁעַ", רַבִּי אֶלְעָזָר אָמַר: בְּמָסוֹרֶת שְׂרָפָהּ, הַקָּדוֹשׁ בָּרוּךְ הוּא אָמַר לְמֹשֶׁה וּמֹשֶׁה אָמַר לִיהוֹשֻׁעַ. [לה, ו] "וַיָּבֹא יַעֲקֹב לוּזָה", [טו] שֶׁכָּל מִי שֶׁנִּכְנַס לְתוֹכָהּ הִרְטִיב מִצְוֹת וּמַעֲשִׂים טוֹבִים כַּלּוּז:

ה [לה, ח] "וַתָּמָת דְּבֹרָה מֵינֶקֶת רִבְקָה וְגוֹ' וַיִּקְרָא שְׁמוֹ אַלּוֹן בָּכוּת", רַבִּי שְׁמוּאֵל בַּר נַחְמָן אָמַר: לָשׁוֹן יְוָנִית הוּא, אַלּוֹן אַחֵר, עַד שֶׁהוּא מְשַׁמֵּר אֶבְלָהּ שֶׁל דְּבוֹרָה בָּאָה לֵיהּ [טז] בְּשׂוֹרְתָא שֶׁמֵּתָה אִמּוֹ, הָדָא הוּא דִכְתִיב [לה, ט] "וַיֵּרָא אֱלֹהִים אֶל יַעֲקֹב וְגוֹ' וַיְבָרֶךְ אֹתוֹ", מַהוּ בְּרָכָה בֵּרְכוֹ, רַבִּי אַחָא בְּשֵׁם רַבִּי יוֹנָתָן אָמַר: בִּרְכַּת אֲבֵלִים בֵּרְכוֹ:

רש"י

הדא הוא דכתיב רק כל הערים העומדות וגו' זולתי חצור לבדה שרף יהושע. לפי שנתכנסו לשם: **הרטיב מצות ומעשים טובים.** כלומר (לא היה אדם יכול לעמוד על פתחה של עיר. אמר רבי יהודה לכן נקרא לוז שאילן לוז היה עומד על פתחה של עיר. רבי אליעזר אמר לוז היה על פתחה של מערה והיה הלוז חלול והיו נכנסין דרך הלוז למערה וכו': עביד לה אפטרה. בסוף הדרשה:) [ע"כ שייך לפ' ס"ט]: **(ה) אלון אחר.** אליו [אלון] פלטיא בלשון יון:

עץ יוסף

דכתיב כו' שרף יהושע ואמר רבי אלעזר במסורת שרפה. כן צריך לומר, וכן הוא בספרים מדויקים, וכן גרס האות אמת. ורצונם לומר ואחד בימי יהושע, והיינו דכתיב ויהי כשמוע המלכים אשר בעבר הירדן וגו' החתי והאמורי הכנעני והפריזי החוי והיבוסי ויתקבצו יחדיו להלחם עם יהושע ועם ישראל פה אחד. ולא נאמר שם אחר זה ספור מלחמה כי אם ספור בני גבעון ושמלך ירושלים קבץ אליו איזה מלכים להלחם עם יושבי גבעון, והאחרים להיכן הלכו, אלא שנתפרדה החבילה לחרדת אלהים אשר נפל עליהם (נזר הקודש). והאי דחשיב יהונתן שנית והוי ליה למימר יהושע שנית. והוא משום דביונתן כתיב מפורש ותהי לחרדת אלהים, וכן ביעקב כתיב חתת אלהים: **והיכן נתכנסו.** בימי יהושע. ועל זה אמר **ואמר רבי אליעזר במסורת שרפה כו'.** והיינו דכתיב כאשר צוה ה' את משה כן צוה משה את יהושע וכן עשה יהושע וגו' דריש ליה לרבות שריפת חצור הנזכר מקודם שלא עשה כן אלא במסורת מפי משה: **[ה] מי שנכנס כו'.** כבר נתבאר לעיל פרשה ס"ט עיין שם: **(ה) לשון יוני הוא.** ממה שכפל הכתוב להודיענו שקרא שמו אלון בכות דרשו שרמז לזה (יפה תואר): **לשון יונית הוא אלון אחר.** ולעיל פרשה ס' (סימן יד) דריש כמו כן מלת הלזה אלון זה. ורש"י ז"ל בחומש הביא אלון בלשון יוני אבל. והוא תמוה שהרי מפורש כאן שבלשון יונית אלון הוא אחר לא אבל. אמנם גם פירושו זה אמת הוא כי אליה או אלי הוא בלשון יונית קינה ונהי: **באה ליה בשורתא כו'.** הרמב"ן ז"ל ביאר טעם הדרשא וכתב שאין לבכות כל כך על המינקת הזקנה שיקרא המקום עליו על שם האבל, אבל יעקב התאבל ובכה על אמו אשר אהבתו ושלחה אותו שם ולא זכתה לראותו בשובו. ומה שלא פירש הכתוב מיתתה בפירוש אמרו בתנחומא סדר כי תצא (סימן ד) לפי שלא הוציאו מטתה ברבים. אמרו מאן יפוק כו' אם יפוק [עשו] רשיעא קומה ימרון לייטין בזייה דהדין ינוקין. מה עשו הוציאו מטתה בלילה. אמר רבי יהושע בן חנינא לפי שהוציאו מטתה בלילה לא פרסם הכתוב מיתתה אלא ברמז הדא הוא דכתיב ויקרא שמו אלון בכות, לשון יונית הוא אלון תרי, שתי בכיות עד כאן: **שמתה אמו.** עיין מה שכתבתי לקמן פרשה ק: **ברכת אבלים.** דדרשינן סמוכים (יפה תואר):

פירוש מהרז"ו

הם וכל מחניהם וגו' ויועדו וגו' ויבאו ויחנו וגו'. והנה אצל ויחנו יחדו מפורש אל מי מרום, אך מה שנאמר תחלה ויועדו לא פירש להיכן, וזהו ששואל והיכן נתכנסו, ומה שנאמר לחצור אפילו שאינו מפורש כן למוד הוא מטעינו שתחלה כתיב ויהי כשמוע יבין מלך חצור וישלח וגו' בודאי שאספם אליו לחצור, וממה שנאמר כי חצור לפנים ראש כל הממלכות האלה, ועל כן שרפה יהושע כי שם נתכנסו. ומה שאמר דכתיב רק הערים העומדות על תלם הוא ראיה על עיקר המאמר שבקשו לרדוף ולא הניחם הקב"ה. ונראה לי דדייק המדרש מה שכתוב הערים העומדות על תלם לא שרפם, ומשמע שהערים שאינם עומדות על תלם שרפם, והדבר בהפך שאשר שרפם אינם עומדות על תלם ואשר לא שרפם עומדות על תלם, ועוד דמשמע שהרבה ערים שאינם עומדות על תלם שרפם ואחר כך אמר זולתי חצור לבדה שרף יהושע, והם ב' כתובים מכחישים, והכריע שמה שכתוב העומדות על תלם פירושו שישבו ולא רדפו גם לא באו לחצור, ולמוד מכאן שהיה חתת ה' עליהם, אך חצור שרף על שנתוועדו שם: **ומשה אמר ליהושע.** שמתחלה אמר לא שרפם ישראל, ואחר כך אמר את חצור לבדה שרפה יהושע, על כן דרש שבמסורת שרפה יהושע כי ישראל לא רצו לשרוף גם את חצור: **הרטיב כו'.** לעיל (סט, ח): **(ה) ותמת כו' לשון יונית.** קהלת רבה (ז, ו) פסוק טוב ללכת, תנחומא תצא (סימן ד), פסיקתא רבתי (יב, ד): **בשורתא.** כמו שאמר בתנחומא שם, וילקוט כאן (רמז קלה) זה לשונו את מוצא כשמתה רבקה כו' הוציאוה בלילה כו', לפיכך לא פירשו הכתובים מיתתה אלא מן הגד שנאמר ותמת דבורה מינקת רבקה ויקרא שמו אלון בכות, שתי בכיות עד שיעקב משמר אבל מניקתה באה לו בשורת אמו וכו' וכמו שכתוב כאן. והרמז מן הגד שמאחר שכתוב אלון בכות בכיה אחרת ולא פירש הבכיה, על כרחך שמפורש כאן על מי הבכיה השנית והיינו רבקה שנזכרת בפסוק זה מינקת רבקה, ועל כן לא נזכרה עוד. וענין דבורה לכאן לבית אל יתכן כפי הפשט על שרבקה אמרה ליעקב ושלחתי ולקחתיך משם, על כן שלחה רבקה את דבורה ליעקב להביאו ומתה בדרך בבית אל, וכן הובא מפורש בספר הישר. ועיין מה שכתבתי לקמן (ק, י) כמה שנותיה: **ברכת אבלים.** לעיל (ח, יג), לקמן (פב, א, ג), ודייק מה שכתוב בסמוך וירא אלהים וגו' ויברך אותו, ואחר כך ויאמר לו אלהים שמך יעקב, ודורש סמוכין שמה שכתוב ויברך אותו שייך למעלה אלון בכות, ויברך אותו על בכית רבקה ברכת אבלים, ומה שכתוב ויאמר כו' שמך יעקב הוא ענין בפני עצמו:

חידושי הרש"ש

[ד] במסורת שרפה כו'. כי כן כתיב שם (יהושע יא, טו) כאשר צוה ה' את משה עבדו כן צוה משה את יהושע דמשמע דברים בעל פה:

אמרי יושר

[ה] אלון בבות כו'. כי לא היה להם לבכות כל כך על מיניקת רבקה כל שכן כמו שאמר להלן ויברך אותו שהוא ברכת אבלים:

מסורת המדרש

טו. לעיל פ' ס"ט: טז. קה"ר פ"ז פסוק ב'. תנחומא תצא ס"ד. פסיקתא רבתי פיסקא י"ב. פסיקתא דרב כהנא פיסקא ג' ועמ"ש בהערות ותקונים. ילקוט כאן רמז קל"ה. ילקוט סדר תצא רמז תתקל"ז:

אם למקרא

רַק כָּל הֶעָרִים הָעֹמְדוֹת עַל תִּלָּם לֹא שְׂרָפָם יִשְׂרָאֵל זוּלָתִי אֶת חָצוֹר לְבַדָּהּ שָׂרַף יְהוֹשֻׁעַ:
(יהושע יא:יג)

מתנות כהונה

זולתי את חצור. פירש"י לפי שנתכנסו שם, והאי דחשב יהונתן שנית והוה ליה למימר יהושע שנית, משום דדמי טפי להא דיעקב, דגבי יעקב כתיב חתת אלהים, והתם כתיב (שמואל א, יד, טו) חרדת אלהים: **הרטיב כו'.** מאמר זה תמצא לעיל (סח, ח):

אשד הנחלים

במסורת. שכן קיבלה יהושע ממשה ומשה מפי ה': **הרטיב.** כי שם מקום מוכן לשישרה על האדם רוח טובה לעשות מעשים טובים. והראיה אחר שבעתיד נגזר עליה שאנשיה יחיו בלי זמן כנודע: **[ה] אלון אחר.** כלומר בכיה אחרת: **ברכת אבלים ברכו.** לפי שהיה בצער ואין הנבואה שורה אלא מתוך שמחה, לכך נתראה אליו לחדות פניו בשמחה ולנחמו ע"ז, בכדי שיכול לקבל הנבואה, וכלומר שחיזק כחו שיהיה יכולת בידו לקבל המחזה, אף בתוך האבלות:

הָדָא הוּא דִכְתִיב — **Thus it is written** in the following verse, "וַיֵּרָא אֱלֹהִים אֶל יַעֲקֹב וְגוֹ׳ וַיְבָרֶךְ אֹתוֹ" — ***And God appeared to Jacob*** *again when he came from Paddan-aram,* ***and He blessed him.*** מַהוּ בְּרָכָה בֵּרְכוֹ — With **what blessing did He bless him?** רַבִּי אַחָא בְּשֵׁם רַבִּי יוֹנָתָן אָמַר בִּרְכַּת אֲבֵלִים בֵּרְכוֹ — **R' Acha said in the name of R' Yonasan: He blessed him with the blessing of mourners.**[52]

NOTES

52. I.e., He blessed Jacob by comforting him during his mourning for his mother. The blessing referred to here is not the blessing of verse 11, for verse 9 is set apart from that verse by verse 10, in which God renames Jacob. Rather, the context indicates that the blessing is connected to the death of Rebecca alluded to in the previous verse (see *Yefeh To'ar*).

INSIGHTS

as she was, did not begin to approach the greatness of Rebecca. Nevertheless, her manifold virtues and stellar behavior were reflective, as through a clouded glass, of the superior quality of her revered mistress Rebecca. Through minute observation of the nursemaid, Jacob's family could begin to assemble a portrait, imperfect as it was, of their illustrious forebear. It is for this reason that the Torah speaks of Jacob's mourning for Deborah, for in fact, Jacob's eulogy for the nursemaid was also a eulogy — the only one possible! — for his mother Rebecca. Jacob described in detail the righteousness of Deborah, moon to the bright sun of her mistress; each detail was studied by his listeners for the lessons it held regarding Rebecca. The coincident deaths of Deborah and Rebecca were no matter of mere happenstance. Only through the eulogy delivered for Deborah was Jacob able, indirectly, to portray for his family the sublime life of the Matriarch Rebecca, and to instill in them the vital lessons to be drawn therefrom.

Chasam Sofer delivered the above exposition in Pressburg, at a memorial held soon after the passing of his father-in-law, the great sage R' Akiva Eiger, in the distant city of Posen. At this gathering, true eulogy was impossible, for R' Akiva Eiger had commanded that he not be eulogized. Chasam Sofer thus found himself in the position of Jacob at the passing of Rebecca. He wished to convey the greatness of the sage to offspring who had never met him and now never would, yet was required by his father-in-law's command to eschew all eulogy. To resolve this dilemma, Chasam Sofer resorted, as did Jacob himself, to the device of "the borrowed eulogy." Denied the opportunity to speak of R' Akiva Eiger himself, he chose instead to speak of the sage's daughter, Chasam Sofer's own wife, who had predeceased her father. Through consideration of her many virtues, the listeners inferred those of her great father, and gained, in some small measure, an appreciation of the one who taught and raised her; the sage, the *tzaddik,* the holy R' Akiva Eiger.

דִּכְתִיב (יהושע יא, יג) "רַק כָּל הֶעָרִים הָעֹמְדוֹת עַל תִּלָּם לֹא שְׂרָפָם יִשְׂרָאֵל זוּלָתִי אֶת חָצוֹר לְבַדָּהּ שָׂרַף יְהוֹשֻׁעַ", רַבִּי אֶלְעָזָר אָמַר: בְּמָסוֹרֶת שְׂרָפָהּ, הַקָּדוֹשׁ בָּרוּךְ הוּא אָמַר לְמֹשֶׁה וּמֹשֶׁה אָמַר לִיהוֹשֻׁעַ. [לה, ו] "וַיָּבֹא יַעֲקֹב לוּזָה", [טו]שֶׁכָּל מִי שֶׁנִּכְנַס לְתוֹכָהּ הִרְטִיב מִצְוֹת וּמַעֲשִׂים טוֹבִים כַּלּוּז:

ה [לה, ח] "וַתָּמָת דְּבֹרָה מֵינֶקֶת רִבְקָה וְגוֹ' וַיִּקְרָא שְׁמוֹ אַלּוֹן בָּכוּת", רַבִּי שְׁמוּאֵל בַּר נַחְמָן אָמַר: לָשׁוֹן יְוָנִית הוּא, אַלּוֹן אַחֵר, עַד שֶׁהוּא מְשַׁמֵּר אֶבְלָהּ שֶׁל דְּבוֹרָה בָּאָה לֵיהּ [טז]בְּשׂוֹרְתָא שֶׁמֵּתָה אִמּוֹ, הָדָא הוּא דִכְתִיב [לה, ט] "וַיֵּרָא אֱלֹהִים אֶל יַעֲקֹב וְגוֹ' וַיְבָרֶךְ אֹתוֹ", מַהוּ בְּרָכָה בֵּרְכוֹ, רַבִּי אַחָא בְּשֵׁם רַבִּי יוֹנָתָן אָמַר: בִּרְכַּת אֲבֵלִים בֵּרְכוֹ:

רש"י

הדא הוא דכתיב רק כל הערים העומדות וגו' זולתי חצור לבדה שרף יהושע. לפי שנתכנסו לשם: **הרטיב מצות ומעשים טובים.** כלומר (לא היה אדם יכול לעמוד על פתחה של עיר. אמר רבי יהודה לכן נקרא לוז שאילן לוז היה עומד על פתחה של עיר. רבי אליעזר אמר לוז היה על פתחה של מערה והיה הלוז חלול והיו נכנסין דרך הלוז למערה וכו': עביד לה אפטרה. בסוף הדרשה:) [ע"כ שייך לפ' ס"ט]: (ה) **אלון אחר.** אליו [אלון] פלטיא בלשון יון:

חידושי הרש"ש

[ד] **במסורת שרפה כו'.** כי כן כתיב שם (יהושע יא, טו) כאשר צוה ה' את משה עבדו כן צוה משה את יהושע דמשמע דברים בעל פה:

אמרי יושר

[ה] **אלון בכות כו'.** כי לא היה להם לבכות כל כך על מיניקת רבקה כל שכן כמו שאמר להלן ויברך אותו שהוא ברכת אבלים:

עץ יוסף

דכתיב כו' שרף יהושע ואמר רבי אלעזר במסורת שרפה. כן צריך לומר, וכן הוא בספרים מדויקים, וכן גרס האות אמת. ורצונם לומר ואחד בימי יהושע, והיינו דכתיב ויהי כשמוע המלכים אשר בעבר הירדן וגו' החתי והאמורי הכנעני והפריזי החוי והיבוסי ויתקבצו יחדיו להלחם עם יהושע ועם ישראל פה אחד. ולא נאמר שם אחר זה ספור מלחמה כי אם ספור בני גבעון ושמלך ירושלים קבץ אליו איזה מלכים להלחם עם יושבי גבעון, והאחרים להיכן הלכו, אלא שנתפרדה החבילה לחרדת אלהים אשר נפל עליהם (נזר הקודש). והאי דחשיב יהונתן שנית והוי ליה למימר יהושע שנית. והוא משום דביונתן כתיב מפורש ותהי לחרדת אלהים, וכן ביעקב כתיב חתת אלהים: **והיכן נתכנסו.** בימי יהושע. ועל זה אמר **ואמר רבי אליעזר במסורת שרפה כו'.** והיינו דכתיב כאשר צוה ה' את משה כן צוה משה את יהושע וכן עשה יהושע וגו' דריש ליה לרבות שריפת חצור הנזכר מקודם שלא עשה כן אלא במסורת מפי משה: [ה] **מי שנכנס כו'.** כבר נתבאר לעיל פרשה ס"ט עיין שם: (ה) **לשון יוני הוא.** ממה שכפל הכתוב להודיענו שקרא שמו אלון בכות דרשו שרמז לזה (יפה תואר): **לשון יונית הוא אלון אחר.** ולעיל פרשה ס' (סימן יד) דריש כמו כן מלת הלזה אלון זה. ורש"י ז"ל בחומש הביא אלון בלשון יוני אבל. והוא תמוה שהרי מפורש כאן שבלשון יונית אלון הוא אחר לא אבל. אמנם גם פירושו זה אמת הוא כי אליה או אלי הוא בלשון יונית קינה ונהי: **באה ליה בשורתא כו'.** הרמב"ן ז"ל ביאר טעם הדרשא וכתב שאין לבכות כל כך על המינקת הזקנה שיקרא המקום עליו על שם האבל, אבל יעקב התאבל ובכה על אמו אשר אהבתו ושלחה אותו שם ולא זכתה לראותו בשובו. ומה שלא פירש הכתוב מיתתה בפירוש אמרו בתנחומא סדר כי תצא (סימן ד) לפי שלא הוציאו מטתה ברבים. אמרו מאן יפוק כו' אם יפוק [עשו] רשיעא קומה ימרון לייטין בזייה דהדין ינוקין. מה עשו הוציאו מטתה בלילה. אמר רבי יהושע בן חנינא לפי שהוציאו מטתה בלילה לא פרסם הכתוב מיתתה אלא ברמז הדא הוא דכתיב ויקרא שמו אלון בכות, לשון יונית הוא אלון תרי, שתי בכיות עד כאן: **שמתה אמו.** עיין מה שכתבתי לקמן פרשה ק: **ברכת אבלים.** דדרשינן סמוכים (יפה תואר):

פירוש מהרז"ו

הס וכל מחניהם וגו' ויועדו וגו' ויבאו ויחנו וגו'. והנה אצל ויחנו יחדו מפורש אל מי מרום, אך מה שנאמר תחלה ויועדו לא פירוש להיכן, וזהו ששואל והיכן נתכנסו, ומה שנאמר לחצור אפילו שאינו מפורש כן למוד הוא מעניינו שתחלה כתיב ויהי כשמוע יבין מלך חצור וישלח וגו' בודאי שאספם אליו לחצור, וממה שנאמר כי חצור לפנים ראש כל הממלכות האלה, ועל כן שרפה יהושע כי שם נתכנסו. ומה שאמר דכתיב רק הערים העומדות על תלם הוא ראיה על עיקר המאמר שבקשו לרדוף ולא הניחם הקב"ה. ונראה לי דדייק המדרש מה שכתוב הערים העומדות על תלם לא שרפם, ומשמע שהערים שאינם עומדות על תלם שרפם, והדבר בהפך שאשר שרפם אינם עומדות על תלם ואשר לא שרפם עומדות על תלם, ועוד דמשמע שהרבה ערים שאינם עומדות על תלם שרפם ואחר כך אמר זולתי חצור לבדה שרף יהושע, והם ב' כתובים מכחישים, והכריע שמה שכתוב העומדות על תלם פירושו שישבו ולא רדפו גם לא באו לחצור, ולמוד מכאן שהיה חתת ה' עליהם, אך חצור שרף על שנתוועדו שם: **ומשה אמר ליהושע.** שמתחלה אמר לא שרפם ישראל, ואחר כך אמר את חצור לבדה שרפה יהושע, על כן דרש שבמסורת שרפה יהושע כי ישראל לא רצו לשרוף גם את חצור: **הרטיב כו'.** לעיל (סט, ח): (ה) **ותמת כו' לשון יונית.** קהלת רבה (ז, ו) פסוק טוב ללכת, תנחומא תצא (סימן ד), פסיקתא רבתי (יב, ד): **בשורתא.** כמו שאמר בתנחומא שם, וילקוט כאן (רמז קלה) זה לשונו את מוצא כשמתה רבקה כו' הוציאוה בלילה כו', לפיכך לא פירשו הכתובים מיתתה אלא מן הלד שנאמר ותמת דבורה מינקת רבקה ויקרא שמו אלון בכות, שתי בכיות עד שיעקב משמר אבל מניקתה באה לו בשורת אמו וכו' וכמו שכתוב כאן. והרמז מן הלד שמאחר שכתוב אלון בכות בכיה אחרת ולא פירש הבכיה, על כרחך שמפורש כאן על מי הבכיה השנית והיינו רבקה שנזכרת בפסוק זה מינקת רבקה, ועל כן לא נזכרה עוד. וענין דבורה לכאן לבית אל יתכן כפי הפשט על שרבקה אמרה ליעקב ושלחתי ולקחתיך משם, על כן שלחה רבקה את דבורה ליעקב להביאו ומתה בדרך בבית אל, וכן הובא מפורש בספר הישר. ועיין מה שכתבתי לקמן (ק, י) כמה שנותיה: **ברכת אבלים.** לעיל (ח, יג), לקמן (פב, א, ג), ודייק מה שכתוב בסמוך וירא אלהים וגו' ויברך אותו, ואחר כך ויאמר לו אלהים שמך יעקב, ודורש סמוכין שמה שכתוב ויברך אותו שייך למעלה אלון בכות, ויברך אותו על בכית רבקה ברכת אבלים, ומה שכתוב ויאמר כו' שמך יעקב הוא ענין בפני עצמו:

מסורת המדרש

טו. לעיל פ' ס"ט: **טז.** קה"ר פ"ז פסוק ב'. תנחומא תצא ס"ד. פסיקתא רבתי פיסקא י"ב. פסיקתא דרב כהנא פיסקא ג' ועמ"ש בהערות ותקונים. ילקוט כאן רמז קל"ה. ילקוט סדר תצא רמז תתקל"ז:

אם למקרא

רַק כָּל הֶעָרִים הָעֹמְדוֹת עַל תִּלָּם לֹא שְׂרָפָם יִשְׂרָאֵל זוּלָתִי אֶת חָצוֹר לְבַדָּהּ שָׂרַף יְהוֹשֻׁעַ:
(יהושע יא:יג)

מתנות כהונה

זולתי את חצור. פירש"י לפי שנתכנסו שם, והאי דחשב יהונתן שנית והוה ליה למימר יהושע שנית, משום דדמי טפי להאי דיעקב, דגבי יעקב כתיב חתת אלהים, והתם כתיב (שמואל א, יד, טו) חרדת אלהים: **הרטיב כו'.** מאמר זה תמצא לעיל (סח, ח):

אשד הנחלים

במסורת. שכן קיבלה יהושע ממשה ומשה מפי ה': **הרטיב.** כי שם מקום מוכן לשישרה על האדם רוח טובה לעשות מעשים טובים. והראיה אחר שבעתיד נגזר עליה שאנשיה יחיו בלי זמן כנודע: [ה] **אלון אחר.** כלומר בכיה אחרת: **ברכת אבלים ברכו.** לפי שהיה בצער ואין הנבואה שורה אלא מתוך שמחה, לכך נתראה אליו לחדות פניו בשמחה ולנחמו עי"ז, בכדי שיכול לקבל הנבואה, וכלומר שחיזק כחו שיהיה יכולת בידו לקבל המחזה, אף בתוך האבלות:

Chapter 82

וַיֵּרָא אֱלֹהִים אֶל יַעֲקֹב עוֹד בְּבֹאוֹ מִפַּדַּן אֲרָם וַיְבָרֶךְ אֹתוֹ.
And God appeared to Jacob again when he came from Paddan-aram, and He blessed him (35:9).

§1 **וַיֵּרָא אֱלֹהִים אֶל יַעֲקֹב** — *AND GOD APPEARED TO JACOB . . . AND HE BLESSED HIM.*

As the previous Midrash (81 §5) explained, God's blessing to Jacob was in the form of consolation for his mother's death. The Midrash now cites a verse from *Psalms* and applies it to Jacob's situation here:

כְּתִיב "עֲשֵׂה עִמִּי אוֹת לְטוֹבָה" — **It is written,** ***Display for me a sign for good,*** *so that my enemies may see it and be ashamed, for You, HASHEM, have helped and consoled me* (*Psalms* 86:17). **מְדַבֵּר בְּדָוִד וּמִתְקַיְּמִים בְּיַעֲקֹב** — **[The verse] is speaking of David, but** in fact **it was fulfilled with Jacob.**[1] **"אוֹת" עַל שֵׁם שֶׁנֶּאֱמַר "אִם כֹּה יֹאמַר עֲקֻדִּים יִהְיֶה שְׂכָרֶךָ וְגוֹ'"** — ***A sign*** — this can be understood **in reference to that which is stated,** concerning Jacob's recounting of his dealings with Laban, *If he would stipulate, "Speckled ones shall be your wages," then the entire flock bore speckled ones; and* ***if he would stipulate, "Ringed ones shall be your wages,"*** *then the entire flock bore ringed ones* (above, 31:8).[2] **"יִרְאוּ שׂוֹנְאַי", זֶה עֵשָׂו וַאֲלוּפָיו** — ***So that my enemies may see it*** *and be ashamed* — **this** is a reference to **Esau and his chieftains.**[3] **"עֲזַרְתַּנִי", בְּצָרָה שֶׁל שְׁכֶם** — *For You, HASHEM,* ***have helped me*** — this is referring to God's help **during the trouble involving Shechem,** **דִּכְתִיב "וַיְהִי חִתַּת אֱלֹהִים עַל הֶעָרִים"** — **as it is written,** ***And there befell a Godly terror on the cities*** *that were around them, so that they did not pursue Jacob's sons* (above, v. 5).[4] **"וְנִחַמְתָּנִי", בְּבִרְכַּת אֲבֵלִים** — ***And You consoled me*** — for after this God consoled Jacob for the death of his mother **with the blessing for mourners.**[5]

§2 The Midrash cites another passage in *Psalms* that has relevance to our verse:

כְּתִיב "מִי יַעֲלֶה בְהַר ה' וּמִי יָקוּם וְגוֹ' נְקִי כַפַּיִם וְגוֹ' יִשָּׂא בְרָכָה מֵאֵת ה' וְגוֹ'" — **It is written,** ***Who may ascend the mountain of HASHEM, and who may stand etc.*** *[in the place of His sanctity?]* ***One with clean hands, etc.*** *[and pure heart, who has not sworn in vain by My soul, and has not sworn deceitfully].* ***He will receive a blessing from HASHEM, etc.*** *[and just kindness from the God of his salvation]* (*Psalms* 24:3-5).[6]

The Midrash now cites a relevant passage from *Jeremiah*:

כְּתִיב "כֹּה אָמַר ה' צְבָאוֹת אֱלֹהֵי יִשְׂרָאֵל עוֹד יֹאמְרוּ וְגוֹ' יְבָרֶכְךָ ה' נְוֵה צֶדֶק הַר הַקֹּדֶשׁ וְגוֹ'" — **It is written,** ***Thus said HASHEM, Master of Legions, God of Israel: People will again say etc.*** *[this thing in the land of Judah and in its cities, when I return their captivity]:* ***"May HASHEM bless you, O Abode of Righteousness, O Holy Mountain, etc."*** *[Judah will dwell in it and in its cities together]* (*Jeremiah* 31:22-23).[7]

After having been blessed by his father Isaac in God's Name (above, 27:28 and 28:3), and after having been blessed by God Himself when he was on his way to Haran (28:14-15), Jacob is blessed by God once again in our verse. The Midrash cites and expounds a relevant verse from *Proverbs*:[8]

כְּתִיב "אִישׁ אֱמוּנוֹת רַב בְּרָכוֹת", זֶה יַעֲקֹב — **It is written,** ***A man of integrity has many blessings*** (*Proverbs* 28:20) — **this is** a reference to **Jacob;**[9] **"וְאָץ לְהַעֲשִׁיר לֹא יִנָּקֶה" זֶה עֵשָׂו** — ***but one impatient to be rich will not be exonerated*** (ibid.) — **this is** a reference to **Esau.**[10] **כְּתִיב "בִּרְכַּת ה' הִיא תַעֲשִׁיר"** — And **it is written,** ***It is the blessing of HASHEM that enriches*** (ibid. 10:22).[11]

The Midrash adduces supports for its identification of the *one impatient to be rich* with Esau:

"לֹא יַעֲשִׁיר" אֵין כְּתִיב כָּאן, אֶלָּא "לֹא יִנָּקֶה" — **It is not written here,** "one impatient to be rich **will not** ***be enriched,"*** **but** *one impatient to be rich* ***will not "be exonerated"***;[12] **זֶה עֵשָׂו הָרָשָׁע שֶׁנִּתְחַתֵּן בִּיהוּדִית וּבָשְׂמַת וּמָחֲלַת לְהַרְבּוֹת עוֹשֶׁר** — **this is** a reference to **the wicked Esau who wed Judith and Basemath and Mahalath in order to increase** his **wealth,**[13] **שֶׁאֵין לוֹ נִקּוּי עוֹלָמִים** — and it informs us **that he shall never have exoneration,**

NOTES

1. That is, the verse is part of a prayer that David had uttered on his own behalf. The Midrash is noting that that which David had requested for himself had been granted to Jacob (see *Yefeh To'ar*). *Eitz Yosef* suggests that in his prayer David was specifically alluding to these events in Jacob's life, and David was asking God to do the same for him.

2. The Midrash is interpreting אוֹת, *sign,* in the sense of a marking; God made the animals born in Laban's flock bear the markings that designated them as Jacob's. [*Yefeh To'ar* writes that in regard to David, God did not fulfill his request, and refrained from granting him any public sign of Divine favor during his lifetime (although He gave such a sign at the dedication of the Temple by his son Solomon; see *Shabbos* 30a).]

3. Although they did not necessarily see the markings on the sheep (and if they did, they would not have understood their significance), they did see Jacob's great wealth that had resulted from the miracle of the markings (*Yefeh To'ar*). Alternatively, the Midrash here is no longer dealing with the markings on Jacob's sheep; it is merely referring to Esau's departure from Canaan to settle in the land of Seir, which he did out of shame (see below, §13) and which left Canaan to Jacob and his sons (*Radal, Maharzu*).

4. God thus prevented the neighboring Canaanites from harming Jacob and his family in the aftermath of the attack of Simeon and Levi on Shechem.

5. As R' Acha explained above (81§5).

6. Jacob embodied the virtues enumerated in this passage; it is thus appropriate that he received a blessing from God in our verse. The commentators suggest that the Midrash here is alluding to the exposition found in *Midrash Shocher Tov* (*Psalm* 24) and *Yalkut Shimoni, Psalms* §697, which interprets this entire passage in reference to Jacob. The exposition takes the final verse, יִשָּׂא בְרָכָה מֵאֵת ה', *He will receive a blessing from HASHEM,* as a reference to our verse (*Matnos Kehunah, Eitz Yosef*).

7. Two verses earlier the prophet had said: הַצִּיבִי לָךְ צִיֻּנִים, *Set for yourself markers* (v. 20), which the Midrash is interpreting as meaning the markers placed over a grave (for the verse continues there, שִׂמִי לָךְ תַּמְרוּרִים, and תַּמְרוּרִים can be understood as "bitter weeping," — see v. 14, there — as one cries over one's dead). Accordingly, *May HASHEM bless you* would be a reference to God giving the "blessing for mourners" to the bereaved, as He did for Jacob in our verse (*Radal, Eitz Yosef,* first explanation; see *Matnos Kehunah* for an alternative understanding).

8. See *Ohr HaSeichel;* see also *Yefeh To'ar* on the previous section, s.v. כתיב עשה עמי.

9. Jacob is called *a man of integrity* for he was scrupulously honest in his dealings with Laban; see above, 31:37-41 (*Eitz Yosef*). It was thus appropriate that he received many blessings (*Ohr HaSeichel*).

10. The righteous Jacob is contrasted with his wicked brother Esau. [The Midrash will explain below why *one impatient to be rich* is an apt description of Esau.]

11. Thus Jacob, who acted with integrity even when it entailed financial loss, merited God's blessing, which resulted in wealth (see *Maharzu* and *Ohr HaSeichel;* see also *Yefeh To'ar* ibid.). [However, see *Eitz Yosef,* who emends the text here, omitting the reference to this verse.]

12. Not being enriched would have been a fitting contrast to the *many blessings* of the *man of integrity,* since (as the Midrash has explained) those blessings lead to riches. Furthermore, the pursuit of wealth is not itself such a heinous sin that it should be beyond exoneration (*Yefeh To'ar*).

13. See above, 67 §8, which states that Esau married Mahalath

פרשה פב

א [לה, ט] **"וַיֵּרָא אֱלֹהִים אֶל יַעֲקֹב", כְּתִיב** (תהלים פו, יז) א**"עֲשֵׂה עִמִּי אוֹת לְטוֹבָה", מְדַבֵּר בְּדָוִד וּמִתְקַיֵּים בְּיַעֲקֹב, "אוֹת" עַל שֵׁם שֶׁנֶּאֱמַר** (לעיל לא, ח) **"אִם כֹּה יֹאמַר עֲקֻדִּים יִהְיֶה שְׂכָרֶךָ וְגוֹ' ",** (תהלים שם שם) **"יִרְאוּ שֹׂנְאַי", זֶה עֵשָׂו וַאֲלוּפָיו,** (שם) **"עֲזַרְתַּנִי", בַּצָּרָה שֶׁל שְׁכֶם, דִּכְתִיב** (לעיל פסוק ה) **"וַיְהִי חִתַּת אֱלֹהִים עַל הֶעָרִים",** (תהלים שם שם) **"וְנִחַמְתָּנִי", בְּבִרְכַּת אֲבֵלִים:**

ב כְּתִיב (תהלים כד, ג-ה) **"מִי יַעֲלֶה בְהַר ה' וּמִי יָקוּם וְגוֹ' נְקִי כַפַּיִם וְגוֹ' יִשָּׂא בְרָכָה מֵאֵת ה' וְגוֹ' ", כְּתִיב** (ירמיה לא, כב) **"כֹּה אָמַר ה' צְבָאוֹת °וְגוֹ' עוֹד יֹאמְרוּ וְגוֹ' יְבָרֶכְךָ ה' נְוֵה צֶדֶק הַר הַקֹּדֶשׁ וְגוֹ' ", כְּתִיב** (משלי כח, כ) **"אִישׁ אֱמוּנוֹת רַב בְּרָכוֹת", זֶה יַעֲקֹב,** (שם) **"וְאָץ לְהַעֲשִׁיר לֹא יִנָּקֶה", זֶה עֵשָׂו, כְּתִיב** (שם י, כב) **"בִּרְכַּת ה' הִיא תַעֲשִׁיר וְגוֹ' ", "וְאָץ לְהַעֲשִׁיר לֹא יַעֲשִׁיר" אֵין כְּתִיב כָּאן, אֶלָּא "לֹא יִנָּקֶה", זֶה עֵשָׂו הָרָשָׁע שֶׁנִּתְחַתֵּן בִּיהוּדִית וּבָשְׂמַת וּמָחֲלַת לְהַרְבּוֹת עוֹשֶׁר, שֶׁאֵין לוֹ נִקּוּי עוֹלָמִים, כְּתִיב** (יואל ד, כא) **"וְנִקֵּיתִי דָמָם לֹא נִקֵּיתִי וְגוֹ' ", הָדָא הוּא דִכְתִיב** (עמוס א, יא) **"עַל רָדְפוֹ בַחֶרֶב אָחִיו וְשִׁחֵת רַחֲמָיו".**

עץ יוסף

(א) ומתקיים ביעקב. כלומר דוד ביקש על עצמו שיעשה עמו אות לטובה כאשר עשה עם יעקב, כי הזכיר דוד חסדי ה' ליעקב ובקש גם על עצמו כן: **(ב) מי יעלה בהר ה' כו'.** היינו כדדרשינן בשוחר טוב מי יעלה בהר ה' מדבר ביעקב קום עלה בית אל. ומי יקום במקום קדשו ויפגע במקום. נקי כפים אנכי אחטנה. ובר לבב משמשת את כל כלי וגו'. אשר לא נשא לשוא נפשי ללבן. ולא נשבע למרמה וישבע יעקב בפחד אביו יצחק. ישא ברכה וירא אלהים אל יעקב עוד ויברך אותו. והיינו דמייתי האי קרא הכא איעקב: **כה אמר ה' צבאות כו'.** ולעיל מיניה כתיב הציבי לך ציונים וגו', והוא ציון על המת ותמרורים עליו. ואחר כך כתיב ברכה זו כענין ברכת אבלים. ועוד מדכתיב אלא הברכה אלהי ישראל ישראל סבא, ושמע מינה שנתברך ברכה מיוחדת מה' ואיזה הוא הדא הוא דכתיב וירא אלהים אל יעקב ויברך אותו (מתנות כהונה): **איש אמונות כו' זה יעקב.** שיעקב היה איש אמונות ולא נבהל להון וממון שאינו של יושר וכדכתיב כי משמשת את כל כלי וגו', ולפיכך זכה לרב ברכות: **ואץ להעשיר. כו' כתיב ברכת ה' היא תעשיר כו'.** הכי גרסינן **כתיב איש אמונות רב ברכות זה יעקב. ואץ להעשיר לא ינקה. לא יעשיר אין כתיב כן אלא לא ינקה. זה עשו הרשע שנתחתן ביהודית ובשמת ומחלת להרבות עושר שאין לו נקוי עולמית. הדא הוא דכתיב ונקיתי דמם לא נקיתי וכתיב על רדפו בחרב אחיו.** כן צריך לומר, וכן הוא באות אמת. והכי פירושו דמדאמר על רדיפת העושר לשון לא ינקה למי שרדף אחריו עד שאין מחילה ונקיון עולמית, ודי היה שיאמר לא יעשיר, אבל אומרו לא ינקה ודאי הוא בעושר הבא לבעליו על ידי שפיכות דמים, והיינו עשו כדלעיל פרשה ס"ז שאמר הריני הולך ומתחתן

פירוש מהרז"ו

(א) עשה עמי אות. מדרש תהלים (מזמור פו), ומה שאמר מדבר בדוד כמו שכתוב בריש המזמור תפלה לדוד, ומתקיים ביעקב כי אלא דוד לא מצינו כל ענינים אלו שניחמו על אבילו ושיהיה הניחום אחר העזר, וכן כתב ביפה תואר. ואלא יעקב מצינו על פי מדה י"ז, לבד מה שאיתא לעיל (עד, יא) שיעקב אמר כל ספר תהלים, ובקש שיהיה האות לטובתו כפי שיאמר לבן בעת הלידה, כמו שכתוב לעיל שם (סימן ג), ואחר כך כשילא מבית לבן בקש ויראו שונאי ויבושו, לעיל (עח, טו), ועיין עוד להלן (סימן יג) מפני הבושה, ואחר כך עזרו בצרה של שכם ויהי חתת וגו' ולא רדפו אחרי בני יעקב, ונחמתני וכמו שאמר סוף פרשה הקודמת, והניחום מיוחד אלא אבלים: **(ב) כתיב מי יעלה.** כאן קיצר המדרש וסמך עצמו על מה שאמר במדרש תהלים מזמור זה הובא שם בילקוט, וזה לשונו מי יעלה זה יעקב קום עלה בית אל ושב שם, ומי יקום במקום קדשו ויפגע במקום, נקי כפים אנכי אחטנה מידי תבקשנה, ובר לבב כי משמשת את כל כלי (מה מצאת כו'), אשר לא נשא לשוא נפשי זה נפשו של לבן (שנתברך בשבילו), ולא נשבע למרמה וישבע יעקב בפחד יצחק אביו, ישא ברכה מאת ה' וירא אלהים אל יעקב ויברך אותו עכ"ל: **כתיב איש אמונות.** לפרש מה שנאמר ויברך אותו שברכו בעושר עיין שמות רבה (נא, א), וכאן פירש על שעבד באמונה נתברך בית לבן בשבילו ונתברך הוא עצמו בעושר, וזהו רב ברכות, וכמו שנאמר ברכת ה' היא תעשיר, וסיפיה דקרא ואץ להעשיר, בלא אמונה, ואף אם יעשיר יוסיף עצב ולא ינקה לעולם שלא יצליח:

מתנות כהונה

[ב] **נקי כפים.** עיין בילקוט תהלים (רמז תרצז) ויתבאר לך היטב: **הכי גרסינן ה' צבאות אלהי ישראל עוד כו'.** ודריש מדכתיב אלא הברכה אלהי ישראל, ישראל סבא, ושמע מיניה שנתברך ברכה מיוחדת מה', ואיזו זו, הדא הוא דכתיב וירא אלהים אל יעקב וגו' ויברך אותו: **כתיב ברכת ה' היא תעשיר.** לא ידעתי ליישבו יפה, והרב אברהם בן אשר טרח ליישבו ועלה לו בדוחק: הכי גרס

אשד הנחלים

[א] **מדבר בדוד ומתקיים ביעקב.** כלומר דוד ביקש על עצמו שיעשה עמו אות לטובה כאשר עשה עם יעקב, שלכן כתיב במזמור ההוא אלהי ישראל, כי הזכיר דוד מחסדי ה' ליעקב וביקש גם על עצמו כן. והכוונה שיעשה אות ומופת למעלה מן הטבע, ואז יראו שונאי שנעזרתי רק ממך ואז יבושו, כי אתה ה' עזרתני מכבר [ומדבר ביעקב], ונחמתני אף בעת אבלותי שאז הצער שולט, עם כל זה נחמתני להגלות אלי, אף שאין הנבואה רק מתוך שמחה עם כל זה נחמתני, כי אין ניחום בעולם יותר מהתגלות הנבואה. וגם דוד ביקש ככה, שאף בימי צערו שהוא נרדף משונאיו ושקוע בדאגה ויגון עם כל זה ינחם אותו ברוח קדשו. ומכוון למאמרם ז"ל עוד (שבת ל, א) שביקש שיעשה לו אות שנמחל לו עון בת שבע, שאמרו (יומא כב, ב) שנסתלק ממנו רוח הקודש בסבת זה, כמו שביקש אז (בתהילים מזמור נא, יג) אל תשליכני מלפניך ורוח קדשך אל תיקח ממני, ולכן ביקש אות שישרה עליו רוח נבואה, וזה אות אמיתי כי ה' עמו, ואז יבושו כי יראו כי ניחם ה' אותו אף בעת צרה ויגון. והבן זאת, כי לכן אחז רק ספור זה מענין הדומה. [ב] **מי יעלה גו'.** לדעתי חסר כאן ועיין ברד"ל: **כתיב איש אמונות.** שהוא דוגמת יעקב, שלכן כתיב ויברך אותו כאן לפי שנתמעט מעושרו שנתן לעשו, עם כל זה אחר שהוא איש אמונות בה' תיכף ברכהו ה' להרבות לו כל טוב, אך אץ להעשיר זה עשו: **כתיב ברכת ה'.** לדעתי הגרסא הנכונה, **רב ברכות זה יעקב דכתיב ברכת ה' היא תעשיר.** כי רק ברכת ה' מה שהוא מברך יצליח לאדם. [או באורו ברכת ה', ברכה אלקית נפשית, והוא השראת הנבואה, כי זהו עושר אמיתי]. אך אץ להעשיר בעצמו, ודרש על שעיר, שהתחתן עם רבת עושר בכדי להעשיר, האיש הזה לא ינקה לעולם. וכאומר מה בצע לו בעושרו, אחר שה' הבטיח לו שלא ינקה מעונש. **דכתיב ונקיתי** כצ"ל: **הה"ד על רדפו.** כי זהו סבת תחילת מפלתו אחר שהיה חפץ להרוג ליעקב אחיו:

ידי משה

[ב] **ברכת ה' היא תעשיר וגו'.** עיין בפירוש מתנות כהונה שדחק בפירוש מדרש זה שקשה לו היאך מרומז בכאן ברכת יעקב. ונראה לי לפי דאיתא בירושלמי [ברכות] פרק היה קורא (ה"ז) וזה לשונו ברכת ה' היא תעשיר זה השבת שנאמר (בראשית ב, ג) ויברך אלהים את יום השביעי ולא יוסיף עצב עמה זה האבל ופירושו שאין אבילות פרהסיא נוהג בשבת וביעקב היה הברכה של ברכת אבלים, ומשום הכי מביא פסוק זה ברכת ה' תעשיר על יעקב (א) וממילא סיפא דקרא אץ להעשיר קאי אעשו. ודו"ק: **להרבות עושר שאין לו נקוי עולמית.** פירוש דאמרינן לעיל סוף פרשת תולדות (סז, יג) כשלקח אותן נשים אלו היה מגרש הראשונים יפה היה עושה אלא הוסיף עבודה זרה על בית מלא גלולים, לזה אמר שנתחתן בהם להרבות עושר שאין לו נקיון כי אי אפשר לנקות עבודה זרה אלא בשריפה דוקא וכן הוא לשון הגמרא בעבודה זרה (נ א) אין לו ביטול עולמית אלא בשריפה. וקל להבין:

חידושי הרד"ל

[א] **יראו כו'.** כמו שאיתא להלן סוף הפרשה (סימן יג) שהלך אל ארץ מפני הבושה: **עזרתני במלחמה של שכם.** כן הובא בילקוט תהלים. **נחמתני בברכת אבלים.** כדלעיל סוף פרשה הקודמת: [ב] **כתיב מי יעלה בהר ה'.** חסר כאן כל הדרשה, וכתובה בשוחר טוב (מזמור כד) ובילקוט תהלים (רמז תרצז) שם, ומסיים שם ישא ברכה מאת ה', ויברך אותו: **כתיב כה אמר וגו'.** עיין מתנות כהונה, ולעיל מיניה כתיב (ירמיה לא, כ) הציבי לך ציונים גו' והוא ציון על המת ותמרורים עליו, ואחר כך כתיב ברכה זו כענין ברכת אבלים:

חידושי הרש"ש

[א] **אות על שם שנאמר כו' עקודים כו'.** מפרש אות לשון ציון וסימן, ורצה לומר שהיו הצאן מסומנים באותות וציונים אשר כפי התנאי יהיו שייכים ליעקב, כך כתב היפה תואר: [ב] {**איש אמונות רב ברכות זה יעקב ואץ להעשיר לא ינקה זה עשו כו'.** בא לפרש רב ברכות דהכוונה על עושר כדי לכוין יפה הפוכו ואץ להעשיר, ולכן מסיים שפיר לא יעשיר אין כתיב כאן שהיה נגד רב ברכות:}

אמרי יושר

[ב] **פתח מזבח אדמה.** וזה עוד הנזכר בכתוב אם ראוי לעושה מזבח ולהקריב איל שיגלה עליו הקדוש ברוך הוא עוד כמה וכמה על יעקב. ועיין חזקוני ריש פרשת תולדות יצחק כי סוברים שבת י"ד שנה נשאה:

שינוי נוסחאות

(ב) **כה אמר ה' צבאות וגו'.** צ"ל "כה אמר צבאות אלהי ישראל" (מתנות כהונה) **זה עשו, כתיב ברכת ה' היא תעשיר וגו'** עץ יוסף מוחק כ"ז:

מסורת המדרש

א. מדרש תהלים סוף מזמור פ"ו. ילקוט תהלים רמז תתל"ו:

אם למקרא

עֲשֵׂה עִמִּי אוֹת לְטוֹבָה וְיִרְאוּ שֹׂנְאַי וְיֵבֹשׁוּ כִּי אַתָּה ה' עֲזַרְתַּנִי וְנִחַמְתָּנִי: (תהלים פו:יז)

אִם־כֹּה יֹאמַר נְקֻדִּים יִהְיֶה שְׂכָרֶךָ וְיָלְדוּ כָל הַצֹּאן נְקֻדִּים וְאִם כֹּה יֹאמַר עֲקֻדִּים יִהְיֶה שְׂכָרֶךָ וְיָלְדוּ כָל הַצֹּאן עֲקֻדִּים: (בראשית לא:ח)

מִי יַעֲלֶה בְהַר ה' וּמִי יָקוּם בִּמְקוֹם קָדְשׁוֹ: נְקִי כַפַּיִם וּבַר לֵבָב אֲשֶׁר לֹא נָשָׂא לַשָּׁוְא נַפְשִׁי וְלֹא נִשְׁבַּע לְמִרְמָה: יִשָּׂא בְרָכָה מֵאֵת ה' וּצְדָקָה מֵאֱלֹהֵי יִשְׁעוֹ: (תהלים כד:ג-ה)

כֹּה אָמַר ה' צְבָאוֹת אֱלֹהֵי יִשְׂרָאֵל עוֹד יֹאמְרוּ אֶת הַדָּבָר הַזֶּה בְּאֶרֶץ יְהוּדָה וּבְעָרָיו בְּשׁוּבִי אֶת שְׁבוּתָם יְבָרֶכְךָ ה' נְוֵה צֶדֶק הַר הַקֹּדֶשׁ: (ירמיה לא:כב)

אִישׁ אֱמוּנוֹת רַב בְּרָכוֹת וְאָץ לְהַעֲשִׁיר לֹא יִנָּקֶה: (משלי כח:כ)

בִּרְכַּת ה' הִיא תַעֲשִׁיר וְלֹא יוֹסִף עֶצֶב עִמָּהּ: (שם י:כב)

וְנִקֵּיתִי דָּמָם לֹא נִקֵּיתִי וַה' שֹׁכֵן בְּצִיּוֹן: (יואל ד:כא)

כֹּה אָמַר ה' עַל שְׁלֹשָׁה פִּשְׁעֵי אֱדוֹם וְעַל אַרְבָּעָה לֹא אֲשִׁיבֶנּוּ עַל רָדְפוֹ בַחֶרֶב אָחִיו וְשִׁחֵת רַחֲמָיו וַיִּטְרֹף לָעַד אַפּוֹ וְעֶבְרָתוֹ שְׁמָרָה נֶצַח: (עמוס א:יא)

משנת דרבי אליעזר

[ב] **כתיב ברכת ה' היא תעשיר ואץ וכו'.** בא לפרש הפסוק דאמר (משלי כח, כ) רב ברכות, ואץ להעשיר וגו', היאך הוא דבר והיפוכו, והכי היה לו לומר איש אמונות יעשיר, לכן פירש רב ברכות היינו עשירים כדכתיב ברכת ה' תעשיר וקאי איעקב דכתיב (לה, ט) וירא אלהים ויברך אותו. ולי נראה שבחנם נתקשו המפרשים:

כְּתִיב "וְנִקֵּיתִי דָּמָם לֹא נִקֵּיתִי וגו׳" — for **it is written,** ***Though I exonerate, their bloodshed I will not exonerate,*** *when HASHEM dwells in Zion* (*Joel* 4:21).[14] הָדָא הוּא דִכְתִיב "עַל רָדְפוֹ בַחֶרֶב אָחִיו וְשִׁחֵת רַחֲמָיו" — **Thus it is written,** *For three transgressions of Edom . . . I will not pardon them* — ***for their pursuing his brother with the sword and suppressing his mercy*** (*Amos* 1:11).[15]

NOTES

daughter of Ishmael with the plan that Ishmael would kill Jacob for stealing Esau's birthright, allowing Esau to then kill Ishmael as the avenger of Jacob's blood; and as a result, Esau would then inherit the wealth of both his brother Jacob and his father-in-law Ishmael (*Yefeh To'ar, Eitz Yosef*). Accordingly, it was only his marriage to Mahalath that was for mercenary reasons, not his earlier marriages to Judith and Basemath. However, the Midrash mentions them also because it was Esau's failure to divorce his other wives that proves that his marriage to Mahalath was not motivated by a desire to please his father through marrying a more acceptable wife [see above, 28:8-9] (*Eitz Yosef*).

14. Thus, it is for pursuing wealth *via murder* that one would not be exonerated. It follows then that the *one impatient for wealth* in the verse is a reference to Esau (*Eitz Yosef*).

15. Although Esau's plan did not come to fruition and Jacob was not killed, he is held accountable for his evil intentions; see *Yerushalmi Peah* 1:1 (*Yefeh To'ar*). [Although the plain meaning of these verses concerns Esau's descendants, who shed the blood of Jacob's descendants, the Midrash interprets them also in terms of Esau himself. See *Ohr HaSeichel.*] See Insight Ⓐ for an explanation of how the various verses cited by the Midrash interrelate.

INSIGHTS

Ⓐ **Four Blessings** The Midrash here relates a series of "blessing" verses to Jacob, amplifying the blessing that he received when *God appeared to Jacob again when he came from Paddan-aram, and He blessed him* (v. 9). *Yefeh To'ar* explains the relevance at this juncture of the four blessings mentioned in these verses, and shows how they represent four distinct types of blessings.

The first was a blessing to no longer feel anxiety. Jacob was mourning the loss of his mother and her nursemaid (as expounded in 81 §5 and below, §3). Thus, God gave him the first blessing וְנַחֲמְתָּנִי, *and You consoled me,* which was the blessing for mourners.

The second was a blessing to promote development of spiritual perfection. For anyone who is involved in a mitzvah requires a blessing that he should merit the Divine assistance to complete it, and to continue on that path. As the Sages teach, *One who come to purify himself is assisted [from on high]* (*Yoma* 38b et al.). Similarly, we find elsewhere in the Midrash that after a person has brought *bikkurim* a voice from Heaven declares, "May you merit to do so again next year" (*Tanchuma, Ki Savo* §1). By building the altar in Beth-el, Jacob was involved in fulfilling the vow he had made upon leaving home so many years earlier (28:20-22). Jacob was thus *ascending the mountain of HASHEM,* and thus he *received a blessing from HASHEM* (as in the verse in *Psalms* cited by the Midrash).

The third blessing was a "blessing" in the sense of praise and recognition, much like the blessings we offer to God for all that He bestows upon us. Jacob had reached a state of perfection by building an altar, where he would publicize the Name of God, calling the place *El-beth-el* (verse 7). God "blessed" him — acknowledging this exalted state — as the returning exiles would be "blessed," as stated in the verse in *Jeremiah, May HASHEM bless you — O Abode of Righteousness, O Holy Mountain!*

And finally, the fourth blessing was that of meriting purely obtained wealth. By ridding his people of any idolatrous possessions (vv. 2-4), Jacob had demonstrated that he had gained control over man's natural desire for wealth. He would tolerate nothing — no matter how valuable — that hinted of sin. God thereupon blessed him with wealth. Esau, in his *impatient,* headlong rush to wealth, would *not be exonerated.* Jacob, *a man of integrity,* would have *many blessings.* For ultimately, *It is the blessing of HASHEM that enriches.* It was Jacob who would receive true and enduring wealth. It was he who would be blessed.

פרשה פב

א [לה, ט] **"וַיֵּרָא אֱלֹהִים אֶל יַעֲקֹב", כְּתִיב** (תהלים פו, יז) א**"עֲשֵׂה עִמִּי אוֹת לְטוֹבָה", מְדַבֵּר בְּדָוִד וּמִתְקַיֵּם בְּיַעֲקֹב, "אוֹת" עַל שֵׁם שֶׁנֶּאֱמַר** (לעיל לא, ח) **"אִם כֹּה יֹאמַר עֲקֻדִּים יִהְיֶה שְׂכָרֶךָ וְגוֹ' ",** (תהלים שם שם) **"יִרְאוּ שׂנְאַי", זֶה עֵשָׂו וַאֲלוּפָיו,** (שם) **"עֲזַרְתַּנִי", בַּצָּרָה שֶׁל שְׁכֶם, דִּכְתִיב** (לעיל פסוק ה) **"וַיְהִי חִתַּת אֱלֹהִים עַל הֶעָרִים",** (תהלים שם שם) **"וְנִחַמְתָּנִי", בְּבִרְכַּת אֲבֵלִים:**

ב כְּתִיב (תהלים כד, ג-ה) **"מִי יַעֲלֶה בְהַר ה' וּמִי יָקוּם וְגוֹ' נְקִי כַפַּיִם וְגוֹ' יִשָּׂא בְרָכָה מֵאֵת ה' וְגוֹ' ", כְּתִיב** (ירמיה לא, כב) **"כֹּה אָמַר ה' צְבָאוֹת °וְגוֹ' עוֹד יֹאמְרוּ וְגוֹ' יְבָרֶכְךָ ה' נְוֵה צֶדֶק הַר הַקֹּדֶשׁ וְגוֹ' ", כְּתִיב** (משלי כח, כ) **"אִישׁ אֱמוּנוֹת רַב בְּרָכוֹת", זֶה יַעֲקֹב,** (שם) **"וְאָץ לְהַעֲשִׁיר לֹא יִנָּקֶה", זֶה עֵשָׂו, כְּתִיב** (שם י, כב) **"בִּרְכַּת ה' הִיא תַעֲשִׁיר וְגוֹ' ", "וְאָץ לְהַעֲשִׁיר לֹא יַעֲשִׁיר" אֵין כְּתִיב כָּאן, אֶלָּא "לֹא יִנָּקֶה", זֶה עֵשָׂו הָרָשָׁע שֶׁנִּתְחַתֵּן בִּיהוּדִית וּבָשְׂמַת וּמָחֲלַת לְהַרְבּוֹת עוֹשֶׁר, שֶׁאֵין לוֹ נִקּוּי עוֹלָמִים, כְּתִיב** (יואל ד, כא) **"וְנִקֵּיתִי דָמָם לֹא נִקֵּיתִי וְגוֹ' ", הָדָא הוּא דִכְתִיב** (עמוס א, יא) **"עַל רָדְפוֹ בַחֶרֶב אָחִיו וְשִׁחֵת רַחֲמָיו".**

עץ יוסף

(א) ומתקיים ביעקב. כלומר דוד ביקש על עצמו שיעשה עמו אות לטובה כאשר עשה עם יעקב, כי הזכיר דוד חסדי ה' ליעקב וביקש גם על עצמו כן: **(ב) מי יעלה בהר ה' כו'.** היינו כדדרשינן בשוחר טוב מי יעלה בהר ה' מדבר ביעקב שם עלה בית אל. ומי יקום במקום קדשו ויפגע במקום. נקי כפים אנכי אחטנה. ובר לבב משמשת את כל כלי וגו'. אשר לא נשא לשוא נפשי ללבן. ולא נשבע למרמה וישבע יעקב בפחד אביו יצחק. ישא ברכה וירא אלהים אל יעקב עוד ויברך אותו. והיינו דמייתי האי קרא הכא איעקב: **כה אמר ה' צבאות כו'.** ולעיל מיניה כתיב הציבי לך ציונים וגו', והוא ציון על המת ותמרורים עליו. ואחר כך כתיב ברכה זו כענין ברכת אבלים. ועוד מדכתיב אגל הברכה אלהי ישראל ישראל סבא, ושמע מינה שנתברך ברכה מיוחדת מה' ואיזה הוא הדא הוא דכתיב וירא אלהים אל יעקב ויברך אותו (מתנות כהונה): **איש אמונות כו' זה יעקב.** שיעקב היה איש אמונות ולא נבהל להון וממון שאינו של יושר וכדכתיב כי משמשת את כל כלי וגו', ולפיכך זכה לרב ברכות: **ואץ להעשיר. כו' כתיב ברכת ה' היא תעשיר כו'.** הכי גרסינן **כתיב איש אמונות רב ברכות זה יעקב. ואץ להעשיר לא ינקה. לא יעשיר אין כתיב כן אלא לא ינקה. זה עשו הרשע שנתחתן ביהודית ובשמת ומחלת להרבות עושר שאין לו נקוי עולמית. הדא הוא דכתיב ונקיתי דמם לא נקיתי וכתיב על רדפו בחרב אחיו.** כן צריך לומר, וכן הוא באות אמת. והכי פירושו דמאמר על רדיפת העושר לשון לא ינקה למי שרדף אחריו עד שאין מחילה ונקיון עולמית, ודי היה שיאמר לא יעשיר, אבל אומרו לא ינקה ודאי הוא בעושר הבא לבעליו על ידי שפיכות דמים, והיינו עשו כדלעיל פרשה ס"ז שאמר הריני הולך ומתחתן

פירוש מהרז"ו

(א) עשה עמי אות. מדרש תהלים (מזמור פו), ומה שאמר מדבר בדוד כמו שכתוב בריש המזמור תפלה לדוד, ומתקיים ביעקב כי אצל דוד לא מצינו כל ענינים אלו שניחמו על אבילו ושיהיה הניחום אחר העזר, וכן כתב ביפה תואר. ואצל יעקב מצינו על פי מדה י"ז, לבד מה שאיתא לעיל (עד, יא) שיעקב אמר כל ספר תהלים, ובקש שיהיה האות לטובתו כפי שיאמר לבן בעת הלידה, כמו שכתוב לעיל שם (סימן ג), ואחר כך כשילא מבית לבן בקש ויראו שונאי ויבושו, לעיל (עח, טו), ועיין עוד להלן (סימן יג) מפני הבושה, ואחר כך עזרו בצרה של שכם ויהי חתת וגו' ולא רדפו אחרי בני יעקב, ונחמתני וכמו שאמר סוף פרשה הקודמת, והניחום מיוחד אצל אבלים: **(ב) כתיב מי יעלה.** כאן קיצר המדרש וסמך עצמו על מה שאמר במדרש תהלים מזמור זה הובא שם בילקוט, וזה לשונו מי יעלה זה יעקב שם עלה בית אל וישב שם, ומי יקום במקום קדשו ויפגע במקום, נקי כפים אנכי אחטנה מידי תבקשנה, ובר לבב כי משמשת את כל כלי (מה מצאת כו'), אשר לא נשא לשוא נפשי זה נפשו של לבן (שנתברך בשבילו), ולא נשבע למרמה וישבע יעקב בפחד יצחק אביו, ישא ברכה מאת ה' וירא אלהים אל יעקב ויברך אותו עכ"ל: **כתיב איש אמונות.** לפרש מה שנאמר ויברך אותו שברכו בעושר עיין שמות רבה (נא, א), וכאן פירש על שעבד באמונה נתברך בית לבן בשבילו ונתברך הוא עצמו בעושר, וזהו רב ברכות, וכמו שנאמר ברכת ה' היא תעשיר, וסיפיה דקרא ואץ להעשיר, בלא אמונה, ואף אם יעשיר יוסף עצב ולא ינקה לעולם שלא יצליח:

מתנות כהונה

[ב] נקי כפים. עיין בילקוט תהלים (רמז תרלז) ויתבאר לך היטב: **הכי גרסינן ה' צבאות אלהי ישראל עוד כו'.** ודריש מדכתיב אגל הברכה אלהי ישראל, ישראל סבא, ושמע מיניה שנתברך ברכה מיוחדת מה', ואיזה זו, הדא הוא דכתיב וירא אלהים אל יעקב וגו' ויברך אותו: **כתיב ברכת ה' היא תעשיר.** לא ידעתי ליישבו יפה, והרב אברהם בן אשר טרח לישבו ועלה לו בדוחק: הכי גרס

אשד הנחלים

[א] מדבר בדוד ומתקיים ביעקב. כלומר דוד ביקש על עצמו שיעשה עמו אות לטובה כאשר עשה עם יעקב, שלכן כתיב במזמור ההוא אלהי ישראל, כי הזכיר דוד מחסדי ה' ליעקב וביקש גם על עצמו כן. והכוונה שיעשה אות ומופת למעלה מן הטבע, ואז יראו שונאי שנעזרתי רק ממך ואז יבושו, כי אתה ה' עזרתני מכבר [ומדבר ביעקב], ונחמתני אף בעת אבלותי שאז הצער שולט, עם כל זה נחמתני להגלות אלי, אף שאין הנבואה רק מתוך שמחה עם כל זה נחמתני, כי אין ניחום בעולם יותר מהתגלות הנבואה. וגם דוד ביקש ככה, שאף בימי צערו שהוא נרדף משונאיו ושקוע בדאגה ויגון עם כל זה ינחם אותו ברוח קדשו. ומכוון למאמרם ז"ל עוד (שבת ל, א) שביקש שיעשה לו אות שנמחל לו עון בת שבע, שאמרו (יומא כב, ב) שנסתלק ממנו רוח הקודש בסבת זה, כמו שביקש אז (בתהילים מזמור נא, יג) אל תשליכני מלפניך ורוח קדשך אל תיקח ממני, ולכן ביקש אות שישרה עליו רוח נבואה, וזה אות אמיתי כי ה' עמו, ואז יבשו כי יראו כי ניחם ה' אותו אף בעת צרה ויגון. והבן זאת, כי לכן אחז רק ספור זה מענין הדומה. **[ב] מי יעלה גו'.** לדעתי חסר כאן ועיין ברד"ל: **כתיב איש אמונות.** שהוא דוגמת יעקב, שלכן כתיב ויברך אותו כאן לפי שנתמעט מעושרו שנתן לעשו, עם כל זה אחר שהוא איש אמונות בה' תיכף ברכהו ה' להרבות לו כל טוב, אך אץ להעשיר זה עשו: **כתיב ברכת ה'.** לדעתי הגרסא הנכונה, **רב ברכות זה יעקב דכתיב ברכת ה' היא תעשיר.** כי רק ברכת ה' מה שהוא מברך יצליח לאדם. [או באורו ברכת ה', ברכה אלקית נפשית, והוא השראת הנבואה, כי זהו עושר אמיתי]. אך אץ להעשיר בעצמו, ודרש על שעיר, שהתחתן עם רבת עושר בכדי להעשיר, האיש הזה לא ינקה לעולם. וכאומר מה בצע לו בעושרו, אחר שה' הבטיח לו שלא ינקה מעונש. **דכתיב וניקתי כצ"ל: הה"ד על רדפו.** כי זהו סבת תחילת מפלתו אחר שהיה חפץ להרוג ליעקב אחיו:

ידי משה

[ב] **ברכת ה' היא תעשיר וגו'.** עיין בפירוש מתנות כהונה שדחק בפירוש מדרש זה שקשה לו היאך מרומז בכאן ברכת יעקב. ונראה לי לפי דאיתא בירושלמי [ברכות] פרק היה קורא (ה"ז) וזה לשונו ברכת ה' היא תעשיר זה השבת שנאמר (בראשית ב, ג) ויברך אלהים את יום השביעי ולא יוסיף עצב עמה זה האבל ופירושו שאין אבילות פרהסיא נוהג בשבת וביעקב היה הברכה של ברכת אבלים, ומשום הכי מביא פסוק זה ברכת ה' תעשיר על יעקב (א) וממילא סיפא דקרא אץ להעשיר קאי אעשו. ודו"ק: **להרבות עושר שאין לו נקוי עולמית.** פירוש דאמרינן לעיל סוף פרשת תולדות (סז, יג) כשלקח אותן נשים אלו היה מגרש הראשונים יפה היה עושה אלא הוסיף עבודה זרה על בית מלא גלולים, לזה אמר שנתחתן בהם להרבות עושר שאין לו נקיון כי אי אפשר לנקות עבודה זרה אלא בשריפה דוקא וכן הוא לשון הגמרא בעבודה זרה (נ א) אין לו ביטול עולמית אלא בשריפה. וקל להבין:

חידושי הרד"ל

[א] יראו כו'. כמו שאיתא להלן סוף הפרשה (סימן יג) שהלך אל ארץ מפני הבושה:
עזרתני במלחמה של שכם. כן הובא בילקוט תהלים.
נחמתני בברכת אבלים. כדלעיל סוף פרשה הקודמת:
[ב] כתיב מי יעלה בהר ה'. חסר כאן כל הדרשה, וכתובה בשוחר טוב (מזמור כד) ובילקוט תהלים (רמז תרלז) שם, ומסיים שם ישא ברכה מאת ה', ויברך אותו:
כתיב כה אמר וגו'. עיין מתנות כהונה, ולעיל מיניה כתיב (ירמיה לא, כ) הציבי לך ציונים גו' והוא ציון על המת ותמרורים עליו, ואחר כך כתיב ברכה זו כענין ברכת אבלים:

חידושי הרש"ש

[א] אות על שם שנאמר כו' עקודים כו'. מפרש אות לשון ציון וסימן, ורצה לומר שהיו הצאן מסומנים באותות וציונים אשר כפי התנאי יהיו שייכים ליעקב, כך כתב היפה תואר:
[ב] {איש אמונות רב ברכות זה יעקב ואץ להעשיר לא ינקה זה עשו כו'. בא לפרש רב ברכות דהכוונה על עושר כדי לכוין יפה הפוכו ואץ להעשיר, ולכן מסיים שפיר לא יעשיר אין כתיב כאן שהיה נגד רב ברכות:}

אמרי יושר

[ב] פתח מזבח אדמה. וזה עוד הנזכר בכתוב אם ראוי לעושה מזבח ולהקריב איל שיגלה עליו הקדוש ברוך הוא עוד כמה וכמה על יעקב. ועיין חזקוני ריש פרשת תולדות יצחק כי סוברים שבת י"ד שנה נשאה:

שינוי נוסחאות

(ב) **כה אמר ה' צבאות וגו'.** צ"ל "כה אמר צבאות אלהי ישראל" (מתנות כהונה) **זה עשו, כתיב ברכת ה' היא תעשיר וגו'** עץ יוסף מוחק כ"ז:

מסורת המדרש

א. מדרש תהלים סוף מזמור פ"ו. ילקוט תהלים רמז תתל"ו:

אם למקרא

עֲשֵׂה עִמִּי אוֹת לְטוֹבָה וְיִרְאוּ שֹׂנְאַי וְיֵבֹשׁוּ כִּי אַתָּה ה' עֲזַרְתַּנִי וְנִחַמְתָּנִי: (תהלים פו:יז)

אִם־כֹּה יֹאמַר נְקֻדִּים יִהְיֶה שְׂכָרֶךָ וְיָלְדוּ כָל הַצֹּאן נְקֻדִּים וְאִם כֹּה יֹאמַר עֲקֻדִּים יִהְיֶה שְׂכָרֶךָ וְיָלְדוּ כָל הַצֹּאן עֲקֻדִּים: (בראשית לא:ח)

מִי יַעֲלֶה בְהַר ה' וּמִי יָקוּם בִּמְקוֹם קָדְשׁוֹ: נְקִי כַפַּיִם וּבַר לֵבָב אֲשֶׁר לֹא נָשָׂא לַשָּׁוְא נַפְשִׁי וְלֹא נִשְׁבַּע לְמִרְמָה: יִשָּׂא בְרָכָה מֵאֵת ה' וּצְדָקָה מֵאֱלֹהֵי יִשְׁעוֹ: (תהלים כד:ג-ה)

כֹּה אָמַר ה' צְבָאוֹת אֱלֹהֵי יִשְׂרָאֵל עוֹד יֹאמְרוּ אֶת הַדָּבָר הַזֶּה בְּאֶרֶץ יְהוּדָה וּבְעָרָיו בְּשׁוּבִי אֶת שְׁבוּתָם יְבָרֶכְךָ ה' נְוֵה צֶדֶק הַר הַקֹּדֶשׁ: (ירמיה לא:כב)

אִישׁ אֱמוּנוֹת רַב בְּרָכוֹת וְאָץ לְהַעֲשִׁיר לֹא יִנָּקֶה: (משלי כח:כ)

בִּרְכַּת ה' הִיא תַעֲשִׁיר וְלֹא יוֹסִף עֶצֶב עִמָּהּ: (שם י:כב)

וְנִקֵּיתִי דָּמָם לֹא נִקֵּיתִי וַה' שֹׁכֵן בְּצִיּוֹן: (יואל ד:כא)

כֹּה אָמַר ה' עַל שְׁלֹשָׁה פִּשְׁעֵי אֱדוֹם וְעַל אַרְבָּעָה לֹא אֲשִׁיבֶנּוּ עַל רָדְפוֹ בַחֶרֶב אָחִיו וְשִׁחֵת רַחֲמָיו וַיִּטְרֹף לָעַד אַפּוֹ וְעֶבְרָתוֹ שְׁמָרָה נֶצַח: (עמוס א:יא)

משנת דרבי אליעזר

[ב] כתיב ברכת ה' היא תעשיר ואץ וכו'. בא לפרש הפסוק דאמר (משלי כח, כ) רב ברכות, ואץ להעשיר וגו', היאך הוא דבר והיפוכו, והכי היה לו לומר איש אמונות יעשיר, לכן פירש רב ברכות היינו עשירים כדכתיב ברכת ה' תעשיר וקאי איעקב דכתיב (לה, ט) וירא אלהים ויברך אותו. ולי נראה שבחנם נתקשו המפרשים:

□ וַיֵּרָא אֱלֹהִים אֶל יַעֲקֹב עוֹד בְּבֹאוֹ — *AND GOD APPEARED TO JACOB AGAIN WHEN HE CAME FROM PADDAN-ARAM.*

The Midrash offers an explanation as to why God blessed Jacob at this particular time:

רַבִּי יִצְחָק פָּתַח — **R' Yitzchak opened** his discourse on our passage by citing the following verse: "מִזְבַּח אֲדָמָה תַּעֲשֶׂה לִּי" — ***An altar of earth shall you make for Me*** *. . . I shall come to you and bless you* (*Exodus* 20:20).[16] וַהֲרֵי דְּבָרִים קַל וָחוֹמֶר — **And now the matters are** subject to **an a fortiori argument:** וּמָה אִם זֶה שֶׁבָּנָה מִזְבֵּחַ לִשְׁמִי — **Now, if** for **this** person **who** merely **built an altar to My Name,** הֲרֵי אֲנִי נִגְלֶה עָלָיו וּמְבָרְכוֹ — **I appear to him and bless him,**[17] יַעֲקֹב שֶׁאִיקוֹנִין שֶׁלּוֹ קְבוּעָה בְּכִסְאִי — then for **Jacob, whose image is affixed to My** Heavenly **Throne,**[18] עַל אַחַת כַּמָּה וְכַמָּה — **how much more so!**[19]

□ וַיֵּרָא אֱלֹהִים אֶל יַעֲקֹב — *AND GOD APPEARED TO JACOB.*

The Midrash presents a similar explanation, but based on a different verse:

רַבִּי לֵוִי פָּתַח — **R' Levi opened** his discourse on our passage by citing the following verse: "וְשׁוֹר וָאַיִל לִשְׁלָמִים וגו׳" — ***And*** *take* ***a bull and a ram for a peace-offering*** *to slaughter before HASHEM, and a meal-offering mixed with oil; for today HASHEM appears to you* (*Leviticus* 9:4).[20] וַהֲרֵי דְּבָרִים קַל וָחוֹמֶר — **And now the matters are** subject to **an a fortiori argument:** וּמָה זֶה שֶׁהִקְרִיב אַיִל לִשְׁמִי הֲרֵי אֲנִי נִגְלֶה עָלָיו וּמְבָרְכוֹ — **Now, if** for **this** person **who offered up** a bull and **a ram to My Name, I appear to him and bless him,**[21] יַעֲקֹב שֶׁאִיקוֹנִין שֶׁלּוֹ קְבוּעָה בְּכִסְאִי — then for **Jacob, whose image is affixed to My** Heavenly **Throne,** עַל אַחַת כַּמָּה וְכַמָּה — **how much more so!**[22]

□ וַיֵּרָא אֱלֹהִים — *AND GOD APPEARED TO JACOB AGAIN WHEN HE CAME FROM PADDAN-ARAM, AND HE BLESSED HIM.*

The Midrash finds God's blessing Jacob now to be the fulfillment of a Biblical verse:

"בָּרוּךְ אַתָּה בְּבֹאֶךָ וּבָרוּךְ אַתָּה בְּצֵאתֶךָ" — It is written, ***Blessed shall you be when you come and blessed shall you be when you go*** (*Deuteronomy* 28:6). בְּבוֹאוֹ לְבֵית חָמִיו נִטְעַן בְּרָכוֹת — **When [Jacob] came to his father-in-law's house he was laden with blessings,**[23] "וְאֵל שַׁדַּי יְבָרֵךְ אוֹתְךָ" — for his father, Isaac, had blessed him beforehand, ***And may El Shaddai bless you,*** *and make you fruitful and make you numerous, and may you be a congregation of peoples* (above, 28:3); וּבְצֵאתוֹ מִבֵּית חָמִיו נִטְעַן בְּרָכוֹת — **and when [Jacob] left his father-in-law's house he was laden with blessings,**[24] "וַיֵּרָא אֱלֹהִים אֶל יַעֲקֹב" — as our verse says, ***And God appeared to Jacob*** *again when he came from Paddan-aram, and He blessed him.*

□ [וַיֵּרָא אֱלֹהִים אֶל יַעֲקֹב . . . וַיְבָרֶךְ אֹתוֹ] — *AND GOD APPEARED TO JACOB . . . AND HE BLESSED HIM.*]

The Midrash expounds a verse from *Isaiah* in connection with God's appearing now to Jacob at Beth-el:

"מֵקִים דְּבַר עַבְדּוֹ וַעֲצַת מַלְאָכָיו יַשְׁלִים" — ***He confirms the words of His servant, and fulfills the counsel of His messengers;*** *He says of Jerusalem, "It shall be settled," and of the cities of Judah, "They shall be built up, and I will rebuild its ruins"* (*Isaiah* 44:26). רַבִּי בֶּרֶכְיָה בְּשֵׁם רַבִּי לֵוִי אָמַר — **R' Berechyah said in the name of R' Levi:** מִשֶּׁמֵּקִים דְּבַר עַבְדּוֹ אֵין אָנוּ יוֹדְעִין שֶׁעֲצַת מַלְאָכָיו יַשְׁלִים — **Once** the verse says that ***He confirms the words of His servant*** **do we not** then **know that *He fulfills the counsel of His messengers?***[25] אֶלָּא מַלְאָךְ אֶחָד נִגְלָה עַל יַעֲקֹב אָבִינוּ וְאָמַר לוֹ — **However,** the explanation is that **one angel appeared to our forefather Jacob and said to him,** עָתִיד הַקָּדוֹשׁ בָּרוּךְ הוּא לְהִגָּלוֹת עָלֶיךָ בְּבֵית אֵל וּלְהַחֲלִיף אֶת שִׁמְךָ — **"In the future, the Holy One, blessed is He, will appear to you in Beth-el and He will change your name,**[26] וַאֲנִי עָתִיד לַעֲמוֹד שָׁם — **and I** too **will be standing there."**[27] הָדָא הוּא דִכְתִיב "בֵּית אֵל יִמְצָאֶנּוּ וְשָׁם יְדַבֵּר עִמָּנוּ" — **Thus it is written,** *[The angel] wept and beseeched him,* ***"In Beth-el He will find us and there He will speak with us"*** (*Hosea* 12:5); "יְדַבֵּר עִמְּךָ" אֵין כְּתִיב כָּאן אֶלָּא "וְשָׁם יְדַבֵּר עִמָּנוּ" — **it is not written here,** "there He will speak with *you,*" **but *"and there He will speak with 'us.'"***[28] וְנִגְלָה עָלָיו הַקָּדוֹשׁ בָּרוּךְ הוּא לְקַיֵּים דְּבָרָיו שֶׁל מַלְאָךְ — **And the Holy One, blessed is He, appeared to [Jacob] to confirm the words of the angel.**[29] יְרוּשָׁלַיִם שֶׁכָּל הַנְּבִיאִים מִתְנַבְּאִים עָלֶיהָ — We may thus conclude that regarding the rebuilding of **Jerusalem, concerning which *all* the prophets prophesy,** עַל אַחַת כַּמָּה וְכַמָּה שֶׁיְּקַיֵּים דִּבְרֵי נְבִיאָיו — **how much more so will He confirm the words of his prophets!**[30]

§3 וַיֵּרָא אֱלֹהִים . . . עוֹד — *AND GOD APPEARED TO JACOB AGAIN WHEN HE CAME FROM PADDAN-ARAM.*

"Again" implies: "in addition to a previous occasion." The Midrash explains which previous occasion is referred to, as well as the significance of Scripture using the word *again*:

NOTES

16. The verse is referring to the altar in the Tabernacle; see *Rashi* ad loc., second explanation.

17. As the verse states: *I shall come to you and bless you.*

18. See above, 68 §12 and 78 §3.

19. That is, when Jacob, whose image is set upon God's Throne, has built an altar to God's Name, as he has done here (above, v. 7), God will most certainly appear to him and bless him. It is thus appropriate that God now appears to him and blesses him yet again (*Ohr HaSeichel*).

20. The verse is discussing the dedication of the Tabernacle.

21. God's glory appeared in the Tabernacle after Aaron had blessed the people with the priestly blessing (*Leviticus* 9:22-23 and *Rashi* on v. 22). Since it is stated regarding the priestly blessing, *let them place My Name upon the Children of Israel and I shall bless them* (*Numbers* 6:27), it follows that at the time when Aaron had given his blessing God too blessed the Children of Israel (*Eitz Yosef*).

22. For Jacob too surely offered sacrifices upon the altar he had built (although Scripture does not say so explicitly) [*Ohr HaSeichel*].

23. Thus fulfilling the first half of the verse, בָּרוּךְ אַתָּה בְּבֹאֶךָ, *blessed shall you be when you come.*

24. Fulfilling the second half of the verse, בָּרוּךְ אַתָּה בְּצֵאתֶךָ, *blessed shall you be when you go.*

25. That is, the verse appears to be repetitive, for presumably *His servant* is synonymous with *His messenger* (*Yefeh To'ar* to above, 78 §3, where a somewhat different version of this exposition is found).

26. That is, the angel who had wrestled with Jacob at the ford of Jabbok (above, 32:25ff) and who then told him that his name would be changed to Israel (see ibid., v. 29 and above, 78 §2). It is that angel whom the verse refers to as *His servant.* This angel foretold to Jacob that God Himself would appear to them and corroborate the angel's change of Jacob's name.

27. So as to concede your right to Isaac's blessing, which you seemingly usurped from Esau (*Eitz Yosef* to above, 78 §2). The angel was the celestial minister of Esau (above, 77 §3).

28. Indicating that the angel too would be at Beth-el when God appears to Jacob and changes his name. The Midrash cites this verse because it indicates that the angel was telling Jacob that it would be God Who would in the future give him the name Israel (*Yefeh To'ar*).

29. That is, the angel had told Jacob two things — that God would appear to him, and that God would change his name to Israel. God fulfilled both of the angel's promises (*Eitz Yosef*).

30. Thus, the verse means that from the fact that God confirmed *the words of His servant* (the angel), we can deduce that He most certainly will fulfill *the council of His messengers* (the prophets) concerning the rebuilding of Jerusalem (ibid.).

[לה, ט] "וַיֵּרָא אֱלֹהִים אֶל יַעֲקֹב עוֹד בְּבֹאוֹ", רַבִּי יִצְחָק פָּתַח: (שמות כ, כא) "מִזְבַּח אֲדָמָה תַּעֲשֶׂה לִי", וַהֲרֵי דְבָרִים קַל וָחוֹמֶר, וּמָה אִם זֶה שֶׁבָּנָה מִזְבֵּחַ לִשְׁמִי הֲרֵי אֲנִי נִגְלֶה עָלָיו וּמְבָרְכוֹ, ביַעֲקֹב שֶׁאִיקוֹנִין שֶׁלּוֹ קְבוּעָה בְּכִסְאִי עַל אַחַת כַּמָּה וְכַמָּה. [לה, ט] "וַיֵּרָא אֱלֹהִים אֶל יַעֲקֹב", רַבִּי לֵוִי פָּתַח: (ויקרא ט, ד) "וְשׁוֹר וָאַיִל לִשְׁלָמִים וְגוֹ'", וַהֲרֵי דְּבָרִים קַל וָחוֹמֶר, וּמַה זֶּה שֶׁהִקְרִיב אַיִל לִשְׁמִי הֲרֵי אֲנִי נִגְלֶה עָלָיו וּמְבָרְכוֹ, יַעֲקֹב שֶׁאִיקוֹנִין שֶׁלּוֹ קְבוּעָה בְּכִסְאִי עַל אַחַת כַּמָּה וְכַמָּה. [לה, ט] "וַיֵּרָא אֱלֹהִים" (דברים כח, ו) "בָּרוּךְ אַתָּה בְּבֹאֶךָ וּבָרוּךְ אַתָּה בְּצֵאתֶךָ", בְּבוֹאוֹ לְבֵית חָמִיו נִטְעַן בְּרָכוֹת, (לעיל כח, ג) "וְאֵל שַׁדַּי יְבָרֵךְ אוֹתְךָ", וּבְצֵאתוֹ מִבֵּית חָמִיו נִטְעַן בְּרָכוֹת, [לה, ט] "וַיֵּרָא אֱלֹהִים אֶל יַעֲקֹב". (ישעיה מד, כו) ג"מֵקִים דְּבַר עַבְדּוֹ וַעֲצַת מַלְאָכָיו יַשְׁלִים", רַבִּי בֶּרֶכְיָה בְּשֵׁם רַבִּי לֵוִי אָמַר: מִשֶּׁמֵּקִים דְּבַר עַבְדּוֹ אֵין אָנוּ יוֹדְעִין שֶׁעֲצַת מַלְאָכָיו יַשְׁלִים, אֶלָּא מַלְאָךְ אֶחָד נִגְלָה עַל יַעֲקֹב אָבִינוּ וְאָמַר לוֹ: דעָתִיד הַקָּדוֹשׁ בָּרוּךְ הוּא לְהִגָּלוֹת עָלֶיךָ בְּבֵית אֵל וּלְהַחֲלִיף אֶת שִׁמְךָ וַאֲנִי עָתִיד לַעֲמוֹד שָׁם, הָדָא הוּא דִכְתִיב (הושע יב, ה) "בֵּית אֵל יִמְצָאֶנּוּ וְשָׁם יְדַבֵּר עִמָּנוּ", "יְדַבֵּר עִמְּךָ" אֵין כְּתִיב כָּאן אֶלָּא "וְשָׁם יְדַבֵּר עִמָּנוּ", וְנִגְלָה עָלָיו הַקָּדוֹשׁ בָּרוּךְ הוּא לְקַיֵּם דְּבָרָיו שֶׁל מַלְאָךְ, יְרוּשָׁלַיִם שֶׁכָּל הַנְּבִיאִים מִתְנַבְּאִים עָלֶיהָ עַל אַחַת כַּמָּה וְכַמָּה שֶׁיְּקַיֵּם דִּבְרֵי נְבִיאָיו:

ג [לה, ט] "וַיֵּרָא אֱלֹהִים עוֹד", רַבִּי יוֹסֵי בַּר חֲנִינָא אָמַר: "עוֹד" כְּבָרִאשׁוֹנָה, מָה רִאשׁוֹנָה עַל יְדֵי מַלְאָךְ אַף הַשְּׁנִיָּה עַל יְדֵי מַלְאָךְ,

רש"י

(ב) זה שבנה מזבח לשמי אני נגלה עליו ומברכו. כדכתיב אבא אליך וברכתיך: על דרכיך. על שני דרכיך בביאה וביציאה. [עיין לעיל עט, ג]

עץ יוסף

לישמעאל והוא בא והורגו כו' ויורש אני שתי המשפחות וכו', הרי מפורש שעל ידי רדיפת העושר בא לכלל שפיכת דמים, ועל כזה ודאי אין לו ניקוי עולמית. (ואף על פי שזה לא היה אלא בחיתון מחלת לבד, נקט נמי הכא יהודית ובשמת, דאי לא היה כונתו בנשואי מחלת אלא לעשות רצון אביו שרעות בעיניו בנות כנען לא היה מחזיק גם יהודית ובשמת שהיו מבנות כנען, ומזה נתבאר שלא היה כוונתו אלא להתנקם מיעקב), וזה שאמר וכתיב על רדפו בחרב אחיו: [ב] מזבח אדמה תעשה לי. וסוף דבריו אבוא אליך וברכתיך: והרי דברים קל וחומר. שיש ללמוד מקל וחומר למר מהבונה מזבח ולמר מזה שמקריב קרבן שהקדוש ברוך הוא בעצמו מברכם, קל וחומר יעקב (יפה תואר): שאקונין שלו. לעיל פרשה ס"ח: ושור ואיל לשלמים וגו'. כי היום ה' נראה אליכם. וכן כתיב שם וירא אליכם כבוד ה'. וירא כבוד ה' אל כל העם. והאי וירא כבוד ה' על כרחך היה לברכם מדכתיב מקודם שם וישא אהרן את ידיו אל העם ויברכם, והיא ברכת כהנים שנאמר ואני אברכם, לכן תיכף אחר ברכת כהנים נגלה ה' אל כל העם ויברכם: ברוך אתה בבואך. שנתקיים בו ברוך אתה בבואך וכו' שבבואו לבית חמיו ובצאתו מבית חמיו בשניהם נטען ברכות (ועיין ביפה תואר): [ג] מקים דבר עבדו כו'. שהברכה הנזכר כאן אינה אלא מה שאמר ליה שמך יעקב וגו', וכן ברכת המלאך דלעיל, וזה היה לקיים דברי המלאך כי הוא בישרו בזה (יפה תואר): משהקים דבר עבדו בו'. מפרש דהכי קאמר קרא ממה שה' מקים דבר עבדו דהיינו מה שאמר המלאך שנגלה ליעקב, ידענו דעצת מלאכיו ישלים, שיקיים דברי הנביאים המתנבאים על ירושלים. ועיין לעיל פרשה ע"ח (סימן [ד]): בית אל ימצאנו. רישיה דקרא וַיָּשַׂר אל מלאך ויוכל בכה ויתחנן לו. והכי פירושו בכה ויתחנן לו המלאך שישלחנו, ואמר לו שבבית אל ימצאנו ה' ויחליף שמו ושם ידבר עמנו, עם שניגו: ונגלה עליו הקדוש ברוך הוא כו'. בשני דברים, האחד במה שאמר לו שה' יגלה עליו להחליף שמו, והשני חלוף השם בעצמו: (ג) [ד] וירא אלהים אל יעקב עוד וגו' רבי יוסי כו'. כן צריך לומר: עוד כבראשונה. כן פירש רש"י בחומש אחד בלכתו ואחד בשובו. ומפרש שהוא להקיש השניה לראשונה מה הראשונה על ידי מלאך כשאמר לו קום עלה בית אל דמשמע ליה אלהים הנזכר שם מלאך, מדקאמר לאל הנראה אליך ולא קאמר לי שנראתי לך (יפה תואר):

פירוש מהרז"ו

מזבח אדמה. עיין לעיל (מח, ד) דרשו גם כן רבי יוחנן וריש לקיש על אברהם עיין מה שכתבתי שם ותבין כאן: ברוך אתה בבואך. הוקשה לו שהיה לו לומר בהפך שתחלה יוצאים ואחר כך באים, על כן דורש על יעקב שתחלה בבואו לבית חמיו נטען ברכות מיצחק ורבקה ומהקב"ה, ובשובו לבית אביו ברכו אלהים. והנמשל כמו שאמר בריש הסימן יברכך ה' נוה צדק וכו': מקים דבר עבדו. לעיל (עח, ג) ושם נסמן ומבואר: לקיים דבר המלאך. היינו נבואה זו שאמר ליה שמך יעקב וכו': (ג) מה ראשונה על ידי מלאך. כי ממה שנאמר (לה, ט) וירא אלהים אל יעקב עוד בבואו מפדן ארם, משמע שכבר נראה לו בבואו מפדן ועכשיו נראה עוד, כי מה שכתוב בפסוק א' ויאמר אלהים אל יעקב קום עלה בית אל לא היה אלא אמירה בלא מראה, וכמו שאמר הנראה אליך בברחך כו' ולא כאן, וכן הוא בפסוק ז' כי שם

מתנות כהונה

רש"י ז"ל ובילקוט (רמז קלה) נטען ברכה וירא אלהים אל יעקב וגו'. רבי ברכיה פתח ותגזר אומר ויקם לך ועל דרכיך נגה אור (איוב כב, כח) על שני דרכיך, בבואו לבית חמיו נטען ברכות, ובצאתו מבית חמיו נטען ברכות: מקים כו'. משמקים דבר עבדו כו' נתבאר לעיל (עח, ג): ידבר עמנו. הרי שגם הוא יעמוד שם: [ג] מה ראשונה על ידי מלאך. הרב אברהם בן אשר פירש על יציאה ראשונה מבית אביו, ועוד פעם אחרת בפרשת ויגש:

אשד הנחלים

שאיקונין שלו קבוע בכסאי. כי האבות הן הן המרכבה העליונה. ובא לומר שלכן כתיב וירא גו' בבואו, כי תיכף בבואו שם נתגלה אליו אלהים, כי השכינה מצפה אליו למאוד. ולקח מזה ציור וק"ו, שאין חידוש שתיכף בבואו למקום המקודש נתראה אליו ה', שאם אנחנו ע"י מזבח אבנים נגלה ה' אלינו, אף כי ליעקב: ובצאתו מבית חמיו. שכן כתיב וירא גו' ויברכהו. והכוונה הן בברכת הזמניות, והן בברכת הנפשיות: משמקים דבר עבדו אין אנו יודעים כו'. כלומר אם נאמר שדבר עבדו היא עצת מלאכיו, א"כ אין אנו יודעין, בתמיה, הלא היא היא, אלא הכוונה דבר עבדו על האדם, ועצת מלאכיו על המלאכים, וא"כ הם שני דברים, שחפץ להקים דבר עבדו, על כן עצת מלאכיו ישלים וימלא רצונו, אף כי להקים דבר עבדו זהו הנביאים שמתנבאים על ירושלים ואומרים שירושלים תושב וחרבותיה יקומם בודאי יתקיים כן, וזהו שסמך מקים דבר עבדו, האומר לירושלים תושב: ואני עתיד לעמוד שם. כי אף שהיה שרו של שעיר, עם כל זה הסכים על הברכות של יעקב כי נכנע מפניו, וזהו אני עתיד לעמוד שם ולהסכים על זאת. והכוונה בכלל כי גם מדת הדין נהפך לרחמים עליו, וזהו ושם ידבר עמנו, ואנחנו נסכים ג"כ על זה: [ג] בבראשונה כו' ע"י מלאך. כי לפעמים המחזה בלי מלאך, רק תוספת השגה שניתוסף בנפשו, אבל כאן ע"י מלאך ממש, ולכן כתיב מלת עוד, עוד הפעם כמו שהיה תחילה שנאמר ויפגעו בו מלאכי אלהים.

חידושי הרד"ל

ויראו אלהים אל יעקב לא יקרא עוד שמך יעקב כי אם ישראל וגו'. מקים דבר עבדו בו'. כן צריך לומר: משמקים דבר עבדו. עיין לעיל (עח, ג) ובמתנות כהונה ובהגהותי שם בסייעתא דשמיא: [ג] וירא אלהים וגו' עוד בבאו מפדן ארם רבי יוסי בר חנינא עוד כבראשונה כו' על ידי מלאך. כן צריך לומר. ורצה לומר הראשונה בעת יצא מפדן ארם שנאמר (לא, יא) ויאמר אלי מלאך אלהים בחלום וגו' והשניה בכאן. והכוונה לומר שבמראה זו היה גם כן המלאך שם כדמפרש להלן ולעיל שם, ושם ידבר עמנו:

חידושי הרש"ש

מזבח אדמה תעשה לי. כן צריך לומר וכן הובא בילקוט (רמז קלה), ורצה לומר דמסיים שם אבוא אליך וברכתיך (שמות כ, כ): [ג] {וירא אלהים עוד רבי יוסי בר חנינא עוד כבראשונה מה הראשונה על ידי מלאך אף השניה על ידי מלאך. יתכן דמלת עוד משמע ליה שנראה אליו עוד הפעם לאותו ענין עצמו שכבר נראה אליו, ושב על כרחך לראיית המלאך אליו בפניאל אשר גם שם נאמר לו לא יעקב כו', והוא לראיה לרבי ברכיה בשם רבי לוי שגם המלאך נראה לו עתה, או אפשר דמשמע ליה דמלת עוד שב למראה אחרונה הכתובה קודם לזה והיא דקום עלה בית אל כו', ומשמע דהיתה ע"י מלאך מדכתיב שם ועשה שם מזבח לאל כו' ולא כתיב ליה עיין לעיל (נח, א) בפסוק (בראשית יט, כד) וה' המטיר כו' מאת ה':}

מסורת המדרש

ב. עיין חולין נ"א:
ג. לעיל פרשה ע"ח. פסיקתא רבתי פיסקא י"ז. ילקוט ישעיה רמז שכ"ג:
ד. ילקוט הושע רמז תקכ"א:

אם למקרא

מִזְבַּח אֲדָמָה תַּעֲשֶׂה לִּי וְזָבַחְתָּ עָלָיו אֶת עֹלֹתֶיךָ וְאֶת שְׁלָמֶיךָ אֶת צֹאנְךָ וְאֶת בְּקָרֶךָ בְּכָל הַמָּקוֹם אֲשֶׁר אַזְכִּיר אֶת שְׁמִי אָבוֹא אֵלֶיךָ וּבֵרַכְתִּיךָ: (שמות כ:כא)

וְשׁוֹר וָאַיִל לִשְׁלָמִים לִזְבֹּחַ לִפְנֵי ה' וּמִנְחָה בְּלוּלָה בַשָּׁמֶן כִּי הַיּוֹם ה' נִרְאָה אֲלֵיכֶם: (ויקרא ט:ד)

בָּרוּךְ אַתָּה בְּבֹאֶךָ וּבָרוּךְ אַתָּה בְּצֵאתֶךָ: (דברים כח:ו)

וְאֵל שַׁדַּי יְבָרֵךְ אֹתְךָ וְיַפְרְךָ וְיַרְבֶּךָ וְהָיִיתָ לִקְהַל עַמִּים: (בראשית כח:ג)

מֵקִים דְּבַר עַבְדּוֹ וַעֲצַת מַלְאָכָיו יַשְׁלִים הָאֹמֵר לִירוּשָׁלַ‍ִם תּוּשָׁב וּלְעָרֵי יְהוּדָה תִּבָּנֶינָה וְחָרְבוֹתֶיהָ אֲקוֹמֵם: (ישעיה מד:כו)

וַיָּשַׂר אֶל מַלְאָךְ וַיֻּכָל בָּכָה וַיִּתְחַנֶּן לוֹ בֵּית אֵל יִמְצָאֶנּוּ וְשָׁם יְדַבֵּר עִמָּנוּ: (הושע יב:ה)

רַבִּי יוֹסֵי בַּר חֲנִינָא אָמַר: "עוֹד" כְּבָרִאשׁוֹנָה — **R' Yose bar Chanina said:** ***Again*** indicates that God appeared now in a manner **similar to the first time;** מָה רִאשׁוֹנָה עַל יְדֵי מַלְאָךְ אַף הַשְּׁנִיָּה עַל יְדֵי מַלְאָךְ — **just as the first time**[31] God had been revealed to Jacob **through an angel, the second time**[32] **also** he was revealed **through an angel.**[33]

NOTES

31. I.e., *the first time* God "appeared to Jacob when he came from Paddan-aram," refers to Jacob's encounter with the angel, described above, 32:25-30 (*Yefeh To'ar*). Alternatively, the reference is to *the first time* God appeared to Jacob regarding his leaving Paddan-aram (above, 31:11-13): *And an angel of God said to me in the dream, "Jacob! . . . I am the God of Beth-el . . . Now, arise, leave this land and return to your native land"* (*Radal*). Alternatively, the reference is to *the first time* God ever appeared to Jacob, in the dream in which he saw angels ascending and descending a ladder [above, 28:12] (*Ohr HaSeichel,* cited by *Matnos Kehunah*).

32. I.e., the vision described in our verse as "again."

33. Even though the speaker here says, *"I am El Shaddai,"* this was actually an angel speaking on God's behalf and not on his own (*Yefeh To'ar,* first interpretation). Alternatively, God Himself was the speaker in our verse; the Midrash means only to say that the angel who encountered Jacob "the first time" (see previous note, first explanation) was also present at this time, as explained in §2 (*Yefeh To'ar,* second interpretation).

[לה, ט] "וַיֵּרָא אֱלֹהִים אֶל יַעֲקֹב עוֹד בְּבֹאוֹ", רַבִּי יִצְחָק פָּתַח: (שמות כ, כא) "מִזְבַּח אֲדָמָה תַּעֲשֶׂה לִּי", וַהֲרֵי דְּבָרִים קַל וָחוֹמֶר, וּמָה אִם זֶה שֶׁבָּנָה מִזְבֵּחַ לִשְׁמִי הֲרֵי אֲנִי נִגְלֶה עָלָיו וּמְבָרְכוֹ, ביַעֲקֹב שֶׁאִיקוֹנִין שֶׁלּוֹ קְבוּעָה בְּכִסְאִי עַל אַחַת כַּמָּה וְכַמָּה. [לה, ט] "וַיֵּרָא אֱלֹהִים אֶל יַעֲקֹב", רַבִּי לֵוִי פָּתַח: (ויקרא ט, ד) "וְשׁוֹר וָאַיִל לִשְׁלָמִים וְגוֹ'", וַהֲרֵי דְּבָרִים קַל וָחוֹמֶר, וּמָה זֶה שֶׁהִקְרִיב אַיִל לִשְׁמִי הֲרֵי אֲנִי נִגְלֶה עָלָיו וּמְבָרְכוֹ, יַעֲקֹב שֶׁאִיקוֹנִין שֶׁלּוֹ קְבוּעָה בְּכִסְאִי עַל אַחַת כַּמָּה וְכַמָּה. [לה, ט] "וַיֵּרָא אֱלֹהִים" (דברים כח, ו) "בָּרוּךְ אַתָּה בְּבֹאֶךָ וּבָרוּךְ אַתָּה בְּצֵאתֶךָ", בְּבוֹאוֹ לְבֵית חָמִיו נִטְעַן בְּרָכוֹת, (לעיל כח, ג) "וְאֵל שַׁדַּי יְבָרֵךְ אוֹתְךָ", וּבְצֵאתוֹ מִבֵּית חָמִיו נִטְעַן בְּרָכוֹת, [לה, ט] "וַיֵּרָא אֱלֹהִים אֶל יַעֲקֹב". (ישעיה מד, כו) ג"מֵקִים דְּבַר עַבְדּוֹ וַעֲצַת מַלְאָכָיו יַשְׁלִים", רַבִּי בֶּרֶכְיָה בְּשֵׁם רַבִּי לֵוִי אָמַר: מִשֶּׁמֵּקִים דְּבַר עַבְדּוֹ אֵין אָנוּ יוֹדְעִין שֶׁעֲצַת מַלְאָכָיו יַשְׁלִים, אֶלָּא מַלְאָךְ אֶחָד נִגְלָה עַל יַעֲקֹב אָבִינוּ וְאָמַר לוֹ: דעָתִיד הַקָּדוֹשׁ בָּרוּךְ הוּא לְהִגָּלוֹת עָלֶיךָ בְּבֵית אֵל וּלְהַחֲלִיף אֶת שִׁמְךָ וַאֲנִי עָתִיד לַעֲמוֹד שָׁם, הָדָא הוּא דִכְתִיב (הושע יב, ה) "בֵּית אֵל יִמְצָאֶנּוּ וְשָׁם יְדַבֵּר עִמָּנוּ", "יְדַבֵּר עִמְּךָ" אֵין כְּתִיב כָּאן אֶלָּא "וְשָׁם יְדַבֵּר עִמָּנוּ", וְנִגְלָה עָלָיו הַקָּדוֹשׁ בָּרוּךְ הוּא לְקַיֵּים דְּבָרָיו שֶׁל מַלְאָךְ, יְרוּשָׁלַיִם שֶׁכָּל הַנְּבִיאִים מִתְנַבְּאִים עָלֶיהָ עַל אַחַת כַּמָּה וְכַמָּה שֶׁיְּקַיֵּים דִּבְרֵי נְבִיאָיו:

ג [לה, ט] "וַיֵּרָא אֱלֹהִים עוֹד", רַבִּי יוֹסֵי בַּר חֲנִינָא אָמַר: "עוֹד" כְּבָרִאשׁוֹנָה, מָה רִאשׁוֹנָה עַל יְדֵי מַלְאָךְ אַף הַשְּׁנִיָּה עַל יְדֵי מַלְאָךְ,

רש"י

(ב) זה שבנה מזבח לשמי אני נגלה עליו ומברכו. כדכתיב אבא אליך וברכתיך: על דרכיך. על שני דרכיך בביאה וביציאה. [עיין לעיל עט, ג]

עץ יוסף

לישמעאל והוא בא והורגו כו' ויורש אני שתי המשפחות וכו', הרי מפורש שעל ידי רדיפת העושר בא לכלל שפיכת דמים, ועל כזה ודאי אין לו ניקוי עולמית. (ואף על פי שזה לא היה אלא בחיתון מחלת לבד, נקט נמי הכא יהודית ובשמת, דאי לא היה כוונתו בנשואי מחלת אלא לעשות רצון אביו שרעות בעיניו בנות כנען לא היה מחזיק גם יהודית ובשמת שהיו מבנות כנען, ומזה נתבאר שלא היה כוונתו אלא להתנקם מיעקב), וזה שאמר וכתיב על רדפו בחרב אחיו: [ב] מזבח אדמה תעשה לי. וסוף דבריו אבוא אליך וברכתיך: והרי דברים קל וחומר. שיש ללמוד מקל וחומר למר מהבונה מזבח ולמר מזה שמקריב קרבן שהקדוש ברוך הוא בעצמו מברכם, קל וחומר יעקב (יפה תואר): שאקונין שלו. לעיל פרשה ס"ח: ושור ואיל לשלמים וגו'. כי היום ה' נראה אליכם. וכן כתיב שם וירא אליכם כבוד ה'. וירא כבוד ה' אל כל העם. והאי וירא כבוד ה' על כרחך היה לברכם מדכתיב מקודם שם וישא אהרן את ידיו אל העם ויברכם, והיא ברכת כהנים שנאמר ואני אברכם, לכן תיכף אחר ברכת כהנים נגלה ה' אל כל העם ויברכם: ברוך אתה בבואך. שנתקיים בו ברוך אתה בבואך וכו' שבבואו לבית חמיו ובצאתו מבית חמיו בשניהם נטען ברכות (ועיין ביפה תואר): [ג] מקים דבר עבדו כו'. שהברכה הנזכר כאן אינה אלא מה שאמר ליה שמך יעקב וגו', וכן ברכת המלאך דלעיל, וזה היה לקיים דברי המלאך כי הוא בישרו בזה (יפה תואר): משהקים דבר עבדו כו'. מפרש דהכי קאמר קרא ממה שה' מקים דבר עבדו דהיינו מה שאמר המלאך שנגלה ליעקב, ידענו דעצת מלאכיו ישלים, שיקיים דברי הנביאים המתנבאים על ירושלים. ועיין לעיל פרשה ע"ח (סימן [ד]): בית אל ימצאנו. רישיה דקרא וַיָּשַׂר אל מלאך ויוכל בכה ויתחנן לו. והכי פירושו בכה ויתחנן לו המלאך שישלחנו, ואמר לו שבבית אל ימצאנו ה' ויחליף שמו ושם ידבר עמנו, עם שניכו: ונגלה עליו הקדוש ברוך הוא כו'. בשני דברים, האחד במה שאמר לו שה' יגלה עליו להחליף שמו, והשני חלוף השם בעצמו: (ג) [ד] וירא אלהים אל יעקב עוד וגו' רבי יוסי כו'. כן צריך לומר: עוד כבראשונה. כן פירש רש"י בחומש אחד בלכתו ואחד בשובו. ומפרש שהוא להקיש השניה לראשונה מה הראשונה על ידי מלאך כשאמר לו קום עלה בית אל דמשמע ליה אלהים הנזכר שם מלאך, מדקאמר לאל הנראה אליך ולא קאמר לי שנראתי לך (יפה תואר):

פירוש מהרז"ו

מזבח אדמה. עיין לעיל (מח, ד) דרשו גם כן רבי יוחנן וריש לקיש על אברהם עיין מה שכתבתי שם ותבין כאן: ברוך אתה בבואך. הוקשה לו שהיה לו לומר בהפך שתחלה יוצאים ואחר כך באים, על כן דורש על יעקב שתחלה בבואו לבית חמיו נטען ברכות מיצחק ורבקה ומהקב"ה, ובשובו לבית אביו ברכו אלהים. והנמשל כמו שאמר בריש הסימן יברכך ה' נוה צדק וכו': מקים דבר עבדו. לעיל (עח, ג) ושם נסמן ומבואר: לקיים דבר המלאך. היינו נבואה זו שאמר ליה שמך יעקב וכו': (ג) מה ראשונה על ידי מלאך. כי ממה שנאמר (לה, ט) וירא אלהים אל יעקב עוד בבואו מפדן ארם, משמע שכבר נראה לו בבואו מפדן ועכשיו נראה עוד, כי מה שכתוב בפסוק א' ויאמר אלהים אל יעקב קום עלה בית אל לא היה אלא אמירה בלא מראה, וכמו שאמר הנראה אליך בברחך כו' ולא כאן, וכן הוא בפסוק ז' כי שם

חידושי הרד"ל

ויראו אלהים אל יעקב לא יקרא עוד שמך יעקב כי אם ישראל וגו'. מקים דבר עבדו כו'. כן צריך לומר: משמקים דבר עבדו. עיין לעיל (עח, ג) ובמתנות כהונה ובהגהותי שם בסייעתא דשמיא: [ג] וירא אלהים וגו' עוד בבאו מפדן ארם רבי יוסי בר חנינא עוד כבראשונה כו' על ידי מלאך. כן צריך לומר. ורצה לומר הראשונה בעת יצא מפדן ארם שנאמר (לא, יא) ויאמר אלי מלאך אלהים בחלום וגו' והשניה בכאן. והכוונה לומר שבמראה זו היה גם כן המלאך שם כדמפרש להלן ולעיל שם, ושם ידבר עמנו:

חידושי הרש"ש

מזבח אדמה תעשה לי. כן צריך לומר וכן הובא בילקוט (רמז קלה), ורצה לומר דמסיים שם אבוא אליך וברכתיך (שמות כ, כ): [ג] {וירא אלהים עוד רבי יוסי בר חנינא עוד כבראשונה מה הראשונה על ידי מלאך אף השניה על ידי מלאך. יתכן דמלת עוד משמע ליה שנראה אליו עוד הפעם לאותו ענין עצמו שכבר נראה אליו, ושב על כרחך לראיית המלאך אליו בפניאל אשר גם שם נאמר לו לא יעקב כו', והוא לראיה לרבי ברכיה בשם רבי לוי שגם המלאך נראה לו עתה, או אפשר דמשמע ליה דמלת עוד שב למראה אחרונה הכתובה קודם לזה והיא דקום עלה בית אל כו', ומשמע דהיתה ע"י מלאך מדכתיב שם ועשה שם מזבח לאל כו' ולא כתיב ליה עיין לעיל (נה, א) בפסוק (בראשית יט, כד) וה' המטיר כו' מאת ה':}

מסורת המדרש

ב. עיין חולין נ"א:
ג. לעיל פרשה ע"ח. פסיקתא רבתי פיסקא י"ז. ילקוט ישעיה רמז שכ"ג:
ד. ילקוט הושע רמז תקכ"ח:

אם למקרא

מִזְבַּח אֲדָמָה תַּעֲשֶׂה לִּי וְזָבַחְתָּ עָלָיו אֶת עֹלֹתֶיךָ וְאֶת שְׁלָמֶיךָ אֶת צֹאנְךָ וְאֶת בְּקָרֶךָ בְּכָל הַמָּקוֹם אֲשֶׁר אַזְכִּיר אֶת שְׁמִי אָבוֹא אֵלֶיךָ וּבֵרַכְתִּיךָ: (שמות כ:כא)

וְשׁוֹר וָאַיִל לִשְׁלָמִים לִזְבֹּחַ לִפְנֵי ה' וּמִנְחָה בְּלוּלָה בַשָּׁמֶן כִּי הַיּוֹם ה' נִרְאָה אֲלֵיכֶם: (ויקרא ט:ד)

בָּרוּךְ אַתָּה בְּבֹאֶךָ וּבָרוּךְ אַתָּה בְּצֵאתֶךָ: (דברים כח:ו)

וְאֵל שַׁדַּי יְבָרֵךְ אֹתְךָ וְיַפְרְךָ וְיַרְבֶּךָ וְהָיִיתָ לִקְהַל עַמִּים: (בראשית כח:ג)

מֵקִים דְּבַר עַבְדּוֹ וַעֲצַת מַלְאָכָיו יַשְׁלִים הָאֹמֵר לִירוּשָׁלַםִ תּוּשָׁב וּלְעָרֵי יְהוּדָה תִּבָּנֶינָה וְחָרְבוֹתֶיהָ אֲקוֹמֵם: (ישעיה מד:כו)

וַיָּשַׂר אֶל מַלְאָךְ וַיֻּכָל בָּכָה וַיִּתְחַנֶּן לוֹ בֵּית אֵל יִמְצָאֶנּוּ וְשָׁם יְדַבֵּר עִמָּנוּ: (הושע יב:ה)

מתנות כהונה

רש"י ז"ל ובילקוט (רמז קלה) נטען ברכה וירא אלהים אל יעקב וגו'. רבי ברכיה פתח ותגזר אומר ויקם לך ועל דרכיך נגה אור (איוב כב, כח) על שני דרכיך, בבואו לבית חמיו נטען ברכות, ובצאתו מבית חמיו נטען ברכות: מקים כו'. משמקים דבר עבדו כו' נתבאר לעיל (עח, ג): ידבר עמנו. הרי שגם הוא יעמוד שם: [ג] מה ראשונה על ידי מלאך. הרב אברהם בן אשר פירש על יציאה ראשונה מבית אביו, ועוד פעם אחרת בפרשת ויגש:

אשד הנחלים

שאיקונין שלו קבוע בכסאי. כי האבות הן הן המרכבה העליונה. ובא לומר שלכן כתיב וירא גו' בבואו, כי תיכף בבואו שם נתגלה אליו אלהים, כי השכינה מצפה אליו למאוד. ולקח מזה ציור וק"ו, שאין חידוש שתיכף בבואו למקום המקודש נתראה אליו ה', שאם אנחנו ע"י מזבח אבנים נגלה ה' אלינו, אף כי ליעקב: ובצאתו מבית חמיו. שכן כתיב וירא גו' ויברכהו. והכוונה הן בברכת הזמניות, והן בברכת הנפשיות: משמקים דבר עבדו אין אנו יודעים כו'. כלומר אם נאמר שדבר עבדו היא עצת מלאכיו, א"כ אין אנו יודעין, בתמיה, הלא היא היא, אלא הכוונה דבר עבדו על האדם, ועצת מלאכיו על המלאכים, וא"כ הם שני דברים, שחפץ להקים דבר עבדו, על כן עצת מלאכיו ישלים וימלא רצונו, אף כי להקים דבר עבדו זהו הנביאים שמתנבאים על ירושלים ואומרים שירושלים תושב וחרבותיה יקומם בודאי יתקיים כן, וזהו שסמך מקים דבר עבדו, האומר לירושלים תושב: ואני עתיד לעמוד שם. כי אף שהיה שרו של שעיר, עם כל זה הסכים על הברכות של יעקב כי נכנע מפניו, וזהו אני עתיד לעמוד שם ולהסכים על זאת. והכוונה בכלל כי גם מדת הדין נהפך לרחמים עליו, וזהו ושם ידבר עמנו, ואנחנו נסכים ג"כ על זה: [ג] כבראשונה כו' ע"י מלאך. כי לפעמים המחזה בלי מלאך, רק תוספת השגה שניתוסף בנפשו, אבל כאן ע"י מלאך ממש, ולכן כתיב מלת עוד, עוד הפעם כמו שהיה תחילה שנאמר ויפגעו בו מלאכי אלהים.

A second interpretation for the word עוֹד (translated here as "again"):

אָמַר רַבִּי בֶּרֶכְיָה — R' Berechyah said: **עוֹד אֵינִי מְיַחֵד שְׁמִי עַל בְּרִיָּה, אֶלָּא עָלֶיךָ וְלֹא עַל אַחֵר** — It was as if God were saying, **"I shall not again associate My Name with any person; rather** I shall do so **with you but not with any other,"**[34] **שֶׁנֶּאֱמַר "וָאֵרָא אֶל אַבְרָהָם אֶל יִצְחָק וְאֶל יַעֲקֹב"** — **as it is stated** elsewhere, ***I appeared to Abraham, to Isaac, and to Jacob*** (*Exodus* 6:3),[35] **וְלֹא אַחֵר עִמָּם — and no other** one **is with them** in bearing this distinction.

A third interpretation of עוֹד:

אָמַר רַבִּי יוּדָן — R' Yudan said: **עוֹד פַּעַם אַחֶרֶת אֲנִי נִגְלָה עָלֶיךָ** — God was saying, **"I shall appear to you yet *again*, another time."**[36]

☐ **וַיְבָרֶךְ אוֹתוֹ** — *AND HE BLESSED HIM.*

The Midrash returns to the subject of the blessing that God gave Jacob here:

מַה בְּרָכָה בֵּרְכוֹ — With **what blessing did [God] bless [Jacob]?** **רַבִּי אַסִּי בְּשֵׁם רַבִּי יוֹנָתָן אָמַר — R' Assi said in the name of R' Yochanan:** **בִּרְכַּת אֲבֵלִים בֵּרְכוֹ — He blessed him with the blessing for mourners.**[37]

וַיֹּאמֶר לוֹ אֱלֹהִים אֲנִי אֵל שַׁדַּי פְּרֵה וּרְבֵה גּוֹי וּקְהַל גּוֹיִם יִהְיֶה מִמֶּךָּ וּמְלָכִים מֵחֲלָצֶיךָ יֵצֵאוּ.

And God said to him, "I am El Shaddai. Be fruitful and multiply; a nation and a congregation of nations shall descend from you, and kings shall issue from your loins" (35:11).

§4 **וַיֹּאמֶר לוֹ אֱלֹהִים אֲנִי אֵל שַׁדַּי פְּרֵה וּרְבֵה** — *AND GOD SAID TO HIM, "I AM EL SHADDAI. BE FRUITFUL AND MULTIPLY; A NATION AND A CONGREGATION OF NATIONS SHALL DESCEND FROM YOU, AND KINGS SHALL ISSUE FROM YOUR LOINS."*

Exactly which descendants are intended by the phrases *a nation and a congregation of nations . . . and kings*? The Midrash discusses this issue:

רַבִּי יוּדָן בְּשֵׁם רַבִּי יִצְחָק אָמַר — R' Yudan said in the name of R' Yitzchak: **הָיִיתִי אוֹמֵר רְאוּבֵן — I would have said** that *a nation* is referring to the tribe of **Reuben,** **כְּבָר הוּא מִבַּחוּץ** — but this cannot be, for **he was already outside** of the womb at this point.[38] **שִׁמְעוֹן** — The same goes for the tribe of **Simeon** — **כְּבָר הוּא מִבַּחוּץ — he** too **was already outside** of the womb. **וּבִנְיָמִין כְּבָר יָצָא מֵחֲלָצָיו וַעֲדַיִין הוּא בִּמְעֵי אִמּוֹ** — **And** as for **Benjamin, he had already gone forth from [Jacob's] loins, though he was still in his mother's womb.**[39] I thus had no explanation for God's blessing here. **חֲזַרְתִּי וְאָמַרְתִּי** — But then **I reversed myself and said** the following explanation: **"גּוֹי" זֶה בִּנְיָמִין** — ***A nation*** . . . *shall descend from you* — **this is** a reference to **Benjamin;**[40] **"וּקְהַל גּוֹיִם" זֶה מְנַשֶּׁה וְאֶפְרַיִם** — ***and a congregation of nations*** — **this is** a reference to **Manasseh and Ephraim,**[41] **דִּכְתִיב "וְזַרְעוֹ יִהְיֶה מְלֹא הַגּוֹיִם"** — **as it is written,** *yet his younger brother* (Ephraim) *shall be greater than he* (Manasseh), ***and his*** (Ephraim's) ***offspring['s fame] will fill the nations*** (below, 48:19).[42]

Having concluded that *a nation and a congregation of nations* refers to Benjamin and Manasseh and Ephraim, the Midrash now discusses the next phrase, *and kings shall issue from your loins*:

רַבִּי בֶּרֶכְיָה וְרַבִּי חֶלְבּוֹ וְרַבִּי שְׁמוּאֵל בַּר נַחְמָן — R' Berechyah and R' Chelbo and R' Shmuel bar Nachman said: **"וּמְלָכִים מֵחֲלָצֶיךָ יֵצֵאוּ" זֶה יָרָבְעָם וְיֵהוּא** — ***And kings shall issue from your loins*** — **this** word "kings" (in plural) **is a reference to Jeroboam and Jehu.**[43] **רַבָּנָן אָמְרֵי — The** other **Rabbis said:** **אֶפְשָׁר אַבְנֵר אָדָם צַדִּיק וְהוּא חוֹלֵק עַל מַלְכוּת בֵּית דָּוִד — Is it possible that Abner,** who was **a righteous person, would contest the monarchy of the House of David**[44] without some justification? Surely not!

NOTES

34. R' Berechyah interprets עוֹד as "additionally" (rather than "again"). The verse means that in addition to having appeared to Abraham (above, 12:7 et al.) and Isaac (26:2), God additionally appeared to Jacob — the implication being that this distinction was unique to the three Patriarchs, and would not be repeated for anyone else in the future. This unique distinction refers to God's association of His Name with an individual, by being known as "the God of Abraham" (above, 26:24, 28:13, etc.), "the God of Isaac" (above, 28:13; *Exodus* 3:6, etc.), and "the God of Jacob" (*Exodus* 3:6, 3:15, etc.). He is never characterized as "the God of Moses" or of any of the subsequent prophets (*Rashi, Yefeh To'ar*).

35. Of course God appeared to many prophets after Jacob; however, as explained in the previous note, the Midrash here is referring to the distinction of having God's Name associated with a particular person. See *Yefeh To'ar,* who explains why the Midrash refers to this characteristic as God "appearing" to the individual.

36. That is, עוֹד, *again,* is not Scripture's description of the present revelation, rather it itself is part of the revelation; *God appeared to Jacob* and said: "עוֹד, I will appear to you *again* one more time." The reference is to the vision that Jacob had in Beer-sheba when he was on his way to Egypt (below, 46:2-3) (*Eitz Yosef,* from *Yefeh To'ar*).

37. This exposition was cited above, 81 §5, in the context of the exposition regarding אַלּוֹן בָּכוּת (above, v. 8). The Midrash repeats it here in the context of our verse. See *Eitz Yosef.*

38. Since Reuben, the progenitor of the tribe, had already been born it would be improper to say concerning it, *a nation . . . shall descend from you,* in the future tense. See *Eitz Yosef.*

39. Even Benjamin, the youngest of Jacob's sons, had already been conceived at this point, for Jacob spent only six months in Beth-el (above 78 §16) and Benjamin was born as he was journeying from Beth-el (below, vv. 16-18) (*Yefeh To'ar*). Thus, while גּוֹי, *a nation,* could in theory refer to the thus-far unborn Benjamin, there were no קְהַל גּוֹיִם, *congregation of nations,* yet to be born, and hence that part of God's blessing remains unexplained. Furthermore, since Jacob would not father any more children, the final clause in the blessing, *and kings shall issue "from your loins,"* likewise appears inexplicable.

[According to *Rashi,* R' Yitzchak is attributing these thoughts to Jacob, meaning that Jacob had originally found God's blessing to him to be incomprehensible. The wording "and Benjamin has already gone forth from *his* loins," in the third person, would seem to preclude this understanding (see *Matnos Kehunah*); however, *Eitz Yosef* and *Eshed HaNechalim* emend the text to read ,וּבִנְיָמִין כְּבָר יָצָא מֵחֲלָצַי, "and Benjamin has already gone forth from *my* loins."]

40. Since he was yet to be born.

41. *Congregation* referring to Manasseh, and *nations* to Ephraim (*Eitz Yosef,* from *Yefeh To'ar*). See next note.

42. This verse is cited to show that the word "nations" (גּוֹיִם) is used in connection with Ephraim. It follows, then, that *congregation* refers to Manasseh. Since neither Manasseh nor Ephraim had been born yet it was in fact appropriate to say, *a congregation of nations "shall descend" from you.* Although it was actually Joseph who fathered Ephraim and Manasseh, it was as if Jacob himself had sired them, for he himself said, *Ephraim and Manasseh shall be mine like Reuben and Simeon* (below, 48:5) (*Eitz Yosef,* from *Yefeh To'ar*).

43. Jeroboam, the first king of the northern kingdom of Israel (*I Kings* 12:20 et al.), was from the tribe of Ephraim (ibid. 11:26). Jehu, one of the later kings of the northern kingdom, was from the tribe of Manasseh (below, 97 §5). Since it is considered as if Jacob himself had fathered Manasseh and Ephraim, it was appropriate to say, *and kings "shall issue from your loins,"* since at this time Manasseh and Ephraim had not yet been conceived (*Eitz Yosef,* from *Yefeh To'ar*).

Although there were other kings of Israel who were descended from Ephraim, the Midrash mentions specifically Jeroboam, since his assumption of the kingship had been prophetically ordained (*I Kings* 11:37), as was that of Jehu [ibid. 19:16] (*Eitz Yosef*).

44. Abner's righteousness is implicit in David's lament over his death (*II Samuel* 3:33), *Should Abner have died the death of a knave?* (*Yefeh To'ar;* see also *I Kings* 2:32). Nevertheless, after Saul's death, Abner

חידושי הרד"ל

עוד פעם אחת. והוא בירידתו למצרים בסדר ויגש:

עץ יוסף

עוד איני מיחד. דהכי קאמר וירא אלהים אל יעקב עוד על מה שנראה לאברהם וליצחק, הא מכאן ואילך לא יהיה עוד מי שייחד שמו עליו שאין קורין אבות אלא שלשה: **עוד פעם אחרת כו'.** והכי פירושו וירא ה' אל יעקב ויאמר לו עוד פעם אחרת אני נגלה עליך, והיינו בבאר שבע בירדתו למצרים, אבל בפעמים אחרים היינו מה שאמר ותחי רוח יעקב אביהם ופירש רש"י שרתה עליו שכינה שפירשה ממנו, וכן מה שאמר לקמן פרשה צ"ח תלה עיניו וראה שכינה עומדת על גביו, לא היה שם גילוי שכינה ממש בדרך נבואה אלא מדרגת רוח הקודש למטה ממדרגת הנבואה (יפה תואר): **בברכת אבלים.** ולעיל סוף פרשה פ"א מייתי ליה אגב פירושא דאלון בכות, וסמך לו החולקים בפירוש הברכה, והשתא מייתי ליה בדוכתיה בלי מחלוקת לומר דעת המדרש כי זה עיקר הפירושים (יפה תואר): **(ד) [ה] הייתי אומר כו' כבר יצא מחלצי.** כן צריך לומר. כלומר מתחלה היה קשה לי מאי גוי וקהל גוים יהיה ממך, ומאי ממך דמשמע שיהיה לו מחדש שבטים, ואפילו בנימין כבר יצא מחלציו אלא שלא נולד עדיין שהיה במעי אמו, והיכי מיתוקמי קראי. ושוב חזרתי ואמרתי גוי זה בנימין, שמאחר שעדיין לא נולד ילדק בו לומר יהיה ממך, וגוים זה מנשה ואפרים שעתידין לצאת מיוסף והם במנין השבטים וילדק לומר יהיו ממך שהוו כאילו נולדו ממנו ממש כדכתיב כראובן ושמעון יהיו לי. והשתא אתי שפיר ומלכים מחלציך יצאו דהיינו ירבעם ויהוא כדבסמוך, והם ממנשה ואפרים (יפה תואר): **וקהל גוים זה מנשה ואפרים.** מפרש כאילו כתוב וקהל וגוים, קהל חד וגוים חד, ויהיה קהל נאמר על מנשה, וגוים על אפרים דכתיב ביה וזרעו יהיה מלא הגוים (יפה תואר): **זה ירבעם ויהוא.** שירבעם מאפרים ויהוא ממנשה. והא דלא נקט עמרי ואחאב ואחזיה ויהורם מאפרים, לפי שלא מלכו על פי נביא. אבל מה שלא הזכיר את שאול שהיה מבנימין, משום דכתיב מחלציך יצאו ובנימין כבר יצא מחלציו: **רבנן אמרי אפשר כו'.** שאין מלכי אפרים ומנשה בכלל זה כלל, מאחר שיוסף כבר נולד, ולא יתכן לומר בהם ומלכים מחלציך יצאו, אבל בבני בנימין ילדק לומר כן מאחר שעדיין לא נולד, הוי ליה כיוצא מחלציו אחר כך: **זה שאול ואיש בושת.** וחשב אבנר שאפשר שימלכו דוד ואיש בושת זה בישראל וזה ביהודה, או שמלכות דוד מתקיים אחר כך ושאול לעתים רחוקות ניבא (יפה תואר):

מדרש

אָמַר רַבִּי בֶּרֶכְיָה: עוֹד אֵינִי מְיַחֵד שְׁמִי עַל בְּרִיָּה אֶלָּא עָלֶיךָ וְלֹא עַל אַחֵר, שֶׁנֶּאֱמַר (שמות ו, ג) "וָאֵרָא אֶל אַבְרָהָם אֶל יִצְחָק וְאֶל יַעֲקֹב", וְלֹא אַחֵר עִמָּם, אָמַר רַבִּי יוּדָן: עוֹד פַּעַם אַחֶרֶת אֲנִי נִגְלָה עָלֶיךָ. [לה, ט] "וַיְבָרֶךְ אוֹתוֹ", הַמַּה בְּרָכָה בֵּרְכוֹ, רַבִּי אַסִּי בְּשֵׁם רַבִּי יוֹנָתָן אָמַר: בִּרְכַּת אֲבֵלִים בֵּרְכוֹ:

ד [לה, יא] "וַיֹּאמֶר לוֹ אֱלֹהִים אֲנִי אֵל שַׁדַּי פְּרֵה וּרְבֵה", רַבִּי יוּדָן בְּשֵׁם רַבִּי יִצְחָק אָמַר: הָיִיתִי אוֹמֵר רְאוּבֵן כְּבָר הוּא מִבַּחוּץ שִׁמְעוֹן כְּבָר הוּא מִבַּחוּץ וּבִנְיָמִין כְּבָר יָצָא *מֵחֲלָצָיו וַעֲדַיִין הוּא בִּמְעֵי אִמּוֹ, חָזַרְתִּי וְאָמַרְתִּי [שם] "גּוֹי" זֶה בִּנְיָמִין, [שם] "וּקְהַל גּוֹיִם" זֶה מְנַשֶּׁה וְאֶפְרַיִם, דִּכְתִיב (לקמן מח, יט) "וְזַרְעוֹ יִהְיֶה מְלֹא הַגּוֹיִם", רַבִּי בֶּרֶכְיָה וְרַבִּי חֶלְבּוֹ וְרַבִּי שְׁמוּאֵל בַּר נַחְמָן: [לה, יא] "וּמְלָכִים מֵחֲלָצֶיךָ יֵצֵאוּ" זֶה יָרָבְעָם וְיֵהוּא, רַבָּנָן אָמְרֵי: אֶפְשָׁר אַבְנֵר אָדָם צַדִּיק וְהוּא חוֹלֵק עַל מַלְכוּת בֵּית דָּוִד, אֶלָּא מִדְרָשׁ דָּרֵישׁ וְהִמְלִיךְ אֶת אִישׁ בּוֹשֶׁת, הָדָא הוּא דִכְתִיב "וּמְלָכִים מֵחֲלָצֶיךָ יֵצֵאוּ", יזֶה שָׁאוּל וְאִישׁ בּוֹשֶׁת,

פירוש מהרז"ו

נגלו אליו האלהים בברחו כו' ולא כאן, על כן דורש שהכוונה במה שאמר עוד כמו שאמרו בסוף סימן הקודם שהמלאך אמר ליה כבר נבואה זו שיגלה עליו הקב"ה ויקרא שמו ישראל בבית אל, ושגם המלאך עתיד לעמוד שם, ושם היה ראשונה וכאן קיים לו וזהו עוד, אך המראה והברכה ע"י הקב"ה בעצמו: **עוד איני מיחד שמי.** וזהו אל יעקב עוד, שעוד אליו היה המראה ולא על אחר עוד, שאין אבות אלא שלשה: **וארא וגו' אל יעקב.** והלא נראה גם אל אדם ואל נח, אלא שלושה אלו מיוחדים שייחד שמו עליהם שנקרא אלהי אברהם אלהי יצחק ואלהי יעקב וכמו שאמרו לעיל (סח, יא) שלשה אבנים, והראיה על פי מדה י"ז שצרפו ויחד שמו עליו, ורבי יודן סובר שתיבת עוד לרבות שיראה אליו עוד הפעם, וזהו בסדר ויגש בבאר שבע שכתוב שם (מו, ב) במראות הלילה: **ברכת אבלים.** לעיל (פא, ה) וריש פרשה זו, והברכה מפורשת בדברי חז"ל: **(ד) זה ירבעם ויהוא.** ירבעם תחלה מאפרים, ואחר כך יהוא ממנשה, פסיקתא שם. כי כמו שאמר קהל גוים על מנשה ואפרים, כן מה שאמר מחלציך יצאו גם כן על מנשה ואפרים: **והוא חולק.** שהמליכו שמואל על פי ה': **זה שאול ואיש בושת.** שאבנר היה סובר שמה שנאמר מחלציך יצאו היינו בנימין שעדיין לא יצא לאויר העולם, אך לא כוון יפה וכמו שביאר המדרש ובנימין כבר יצא מחלציו:

מסורת המדרש

ה. לעיל סוף פרשה פ"א. קה"ר פרשה ז' פסוק ב'. תנחומא סדר תצא סימן ד'. פסיקתא רבתי פיסקא י"ב. פסיקתא דרב כהנא פיסקא ג'. ילקוט כאן רמז קל"ה. ילקוט תצא רמז תתקל"ז:

ו. פסיקתא רבתי פיסקא ג':

ז. עי' סנהדרין כ' תוס' ד"ה ששהא:

אם למקרא

וָאֵרָא אֶל אַבְרָהָם אֶל יִצְחָק וְאֶל יַעֲקֹב בְּאֵל שַׁדָּי וּשְׁמִי ה' לֹא נוֹדַעְתִּי לָהֶם: (שמות ו:ג)

וַיְמָאֵן אָבִיו וַיֹּאמֶר יָדַעְתִּי בְנִי יָדַעְתִּי גַּם הוּא יִהְיֶה לְּעָם וְגַם הוּא יִגְדָּל וְאוּלָם אָחִיו הַקָּטֹן יִגְדַּל מִמֶּנּוּ וְזַרְעוֹ יִהְיֶה מְלֹא הַגּוֹיִם: (בראשית מח:יט)

רש"י

(ג) מהו עוד עוד איני מייחד שמי על בריה. **ולא על אחר:** הוא **שנאמר אלהי אברהם אלהי יצחק ואלהי יעקב ולא אחר עמהם:** (ד) **כך אמר יעקב** במה אמר לי פרה ורבה והלא כבר נולדו כל בני, **ראובן כבר מבחוץ.** כלומר כבר נולד ראובן. **ואמר גוי זה בנימין וקהל גוים זה מנשה ואפרים.** שעדיין לא נולדו הללו שני שבטים: **ומלכים מחלציך יצאו זה ירבעם ויהוא.** אחד משבט מנשה ואחד משבט אפרים: **חולק על מלכות בית דוד.** להמליך את איש בושת בן שאול ולעכב מלכות בית דוד:

מתנות כהונה

[ד] ורבה וגו'. גרסינן. וסיפיה גוי וקהל גוים יהיה ממך ומלכים מחלציך יצאו: **הייתי אומר.** כך אמר יעקב, וכן פירש רש"י. וככל הנוסחאות גרס לקמן מחלציו, משמע דלא דברי יעקב הם: **מבחוץ.** כלומר כבר נולד וכן שמעון וכל השבטים, אם כן על מה אמר לי גוי וקהל גוים, ודברים אלו דבר בשעה שברך ליוסף ככתוב ריש פרשת ויחי (לקמן לה, יא): **יצא מחלצי.** גרסינן, ולפירוש רש"י: **גוי זה בנימין.** כיון שעדיין לא נולד בשרו עליו, שהכל הולך אחר החתום: **זה אפרים ומנשה.** גוים תרתי משמע, ועיין במהר"ר אליהו מזרחי: **ירבעם ויהוא.** פירש רש"י אחד מאפרים ואחד ממנשה: **והוא חלק על מלכות בית דוד.** שהמליך איש בשת בן שאול:

אשד הנחלים

והרב אברהם בן אשר פי' באופן אחר, ולא ידעתי כוונתו: **עוד איני מייחד כו'.** שבאורו אל יעקב עוד, וכלומר מלבד שנתגלה אל אברהם ויצחק התגלה גם ליעקב, וזהו עוד, עוד הפעם, בתחילה לאברהם וליצחק ואח"כ עוד ליעקב, וא"כ ממילא לא לאחר. והכונה אף שיש כמה נביאים, עם כל זה בחינות חלוקות יש, כי עמם דיבר באל שדי, ולכן כתיב כאן אני אל שדי, ולכן כתיב וארא אל אברהם יצחק ויעקב באל שדי, ופרטי הדברים אין בידינו לדעת זאת: **עוד פעם אחרת.** מלבד זה הפעם. ולכן כתיב מלת עוד, כאילו רמז שעוד הפעם יתגלה אליו. **ברכת אבלים.** פרשתי לעיל סוף פרשה פ"א וריש פרשה פ"ב: [ד] **הייתי אומר כו' מחלצי.** כצ"ל. והענין בכלל, שאחר ששמע יעקב הברכה שאמר לו פרה ורבה גוי וקהל גוים גו' ומלכים מחלציך יצאו, התפלא על זה הבשורה ולא ידע מהו, אם על שמעון ואחיו הלא כבר נבראו, ואם על בנימין אף שלא נברא עם כל זה הרי הוא כאילו נולד כי מחלציו יצא, רק שהוא עודנה במעי אמו, וא"כ על מי הנבואה מרמז, חזר והתבונן שהכוונה גוי על בנימין, וקהל גוים שנתחלק שבט אחד לשנים, זהו מנשה ואפרים, ואחר שהתבונן על זה הבין שמסתמא זה שנאמר פרה ורבה הוא על מנשה ואפרים שלא נבראו עדיין: **זה ירבעם ויהוא.** פירש רש"י אחד מאפרים ואחד ממנשה. ויהיה פירש מחלציך מנכדיך, שהם יוצאי חלציך: **זה שאול ואיש בושת.** כי דרש ומלכים על בנימין. ופירושו מחלציך יצאו ממי שיצא מחלציך, כי זה

אֶלָּא מִדְרָשׁ דָּרֵישׁ וְהִמְלִיךְ אֶת אִישׁ בּוֹשֶׁת — **Rather, he expounded an exposition** of the Torah's words **and** on the basis of that he **made Ish-bosheth king,** הָדָא הוּא דִכְתִיב "וּמְלָכִים מֵחֲלָצֶיךָ יֵצֵאוּ" — **for it is written,** ***And kings shall issue from your loins.*** זֶה שָׁאוּל וְאִישׁ בּוֹשֶׁת — **"This,"** said Abner, **"is** a reference to **Saul and Ish-bosheth."**[45]

NOTES

made Saul's son Ish-bosheth (a Benjamite) king over Israel (*II Samuel* 2:8-9), despite the fact Samuel had anointed David by the word of God to be the future king (*I Samuel* 16:13).

45. These Rabbis reject the identification of the kings who *shall issue from your loins* with Jeroboam and Jehu, since their line of descent from Jacob is through Joseph, who had already been born. However, they take *and kings shall issue from your loins* as an idiom referring to birth rather than conception, and thus it could allude to kings descended from Benjamin. Therefore, this verse foretells that there would be "kings" — at least two — from the tribe of Benjamin; this is what prompted Abner to anoint Ish-bosheth as king (*Eitz Yosef;* see *Maharzu* for a somewhat different understanding).

חידושי הרד"ל

עוד פעם אחת. והוא בירידתו למצרים בסדר ויגש:

עץ יוסף

עוד איני מיחד. דהכי קאמר וירא אלהים אל יעקב עוד על מה שנראה לאברהם וליצחק, הא מכאן ואילך לא יהיה עוד מי שייחד שמו עליו שאין קורין אבות אלא שלשה: **עוד פעם אחרת כו'.** והכי פירושו וירא ה' אל יעקב ויאמר לו עוד פעם אחרת אני נגלה עליך, והיינו בבאר שבע בדרתו למצרים, אבל בפעמים אחרים היינו מה שאמר ותחי רוח יעקב אביהם ופירש רש"י שרתה עליו שכינה שפירשה ממנו, וכן מה שאמר לקמן פרשה צ"ח תלה עיניו וראה שכינה עומדת על גביו, לא היה שם גילוי שכינה ממש בדרך נבואה אלא מדרגת רוח הקודש למטה ממדרגת הנבואה (יפה תואר): **בברכת אבלים.** ולעיל סוף פרשה פ"א מייתי ליה אגב פירושא דאלון בכות, וסמך לו החולקים בפירוש הברכה, והשתא מייתי ליה בדוכתיה בלי מחלוקת לומר דעת המדרש כי זה עיקר הפירושים (יפה תואר): **(ד) [ה] הייתי אומר כו' כבר יצא מחלצי.** כן צריך לומר. כלומר מתחלה היה קשה לי מאי גוי וקהל גוים יהיה ממך, ומאי ממך דמשמע שיהיה לו מחדש שבטים, ואפילו בנימין כבר יצא מחלציו אלא שלא נולד עדיין שהיה במעי אמו, והיכי מיתוקמי קראי. ושוב חזרתי ואמרתי גוי זה בנימין, שמאחר שעדיין לא נולד ילדק בו לומר יהיה ממך, וגוים זה מנשה ואפרים שעתידין לצאת מיוסף והם במנין השבטים וילדק לומר יהיו ממך שהוו כאילו נולדו ממנו ממש כדכתיב כראובן ושמעון יהיו לי. והשתא אתי שפיר ומלכים מחלציך יצאו דהיינו ירבעם ויהוא כדבסמוך, והם ממנשה ואפרים (יפה תואר): **וקהל גוים זה מנשה ואפרים.** מפרש כאילו כתוב וקהל וגוים, קהל חד וגוים חד, ויהיה קהל נאמר על מנשה, וגוים על אפרים דכתיב ביה וזרעו יהיה מלא הגוים (יפה תואר): **זה ירבעם ויהוא.** שירבעם מאפרים ויהוא ממנשה. והא דלא נקט עמרי ואחאב ואחזיה ויהורם מאפרים, לפי שלא מלכו על פי נביא. אבל מה שלא הזכיר את שאול שהיה מבנימין, משום דכתיב מחלציך יצאו ובנימין כבר יצא מחלציו: **רבנן אמרי אפשר כו'.** שאין מלכי אפרים ומנשה בכלל זה כלל, מאחר שיוסף כבר נולד, ולא יתכן לומר בהם ומלכים מחלציך יצאו, אבל בבני בנימין ילדק לומר כן מאחר שעדיין לא נולד, הוי ליה כיוצא מחלציו אחר כך: **זה שאול ואיש בושת.** וחשב אבנר שאפשר שימלכו דוד ואיש בושת זה בישראל וזה ביהודה, או שמלכות דוד מתקיים אחר כך ושמואל לעתים רחוקות ניבא (יפה תואר):

פירוש מהרז"ו

נגלו אליו האלהים בברחו כו' ולא כאן, על כן דורש שהכוונה במה שאמר עוד כמו שאמרו בסוף סימן הקודם שהמלאך אמר ליה כבר נבואה זו שיגלה עליו הקב"ה ויקרא שמו ישראל בבית אל, ושגם המלאך עתיד לעמוד שם, ושם היה ראשונה וכאן קיים לו וזהו עוד, אך המראה והברכה ע"י הקב"ה בעצמו: **עוד איני מיחד שמי.** וזהו אל יעקב עוד, שעוד אליו היה המראה ולא על אחר עוד, שאין אבות אלא שלשה: **וארא וגו' אל יעקב.** והלא נראה גם אל אדם ואל נח, אלא שלושה אלו מיוחדים שייחד שמו עליהם שנקרא אלהי אברהם אלהי יצחק ואלהי יעקב וכמו שאמרו לעיל (סח, יא) שלשה אבנים, והראיה על פי מדה י"ז שנצרפו ויחד שמו עליו, ורבי יודן סובר שתיבת עוד לרבות שיראה אליו עוד הפעם, וזהו בסדר ויגש בבאר שבע שכתוב שם (מו, ב) במראות הלילה: **ברכת אבלים.** לעיל (פא, ה) וריש פרשה זו, והברכה מפורשת בדברי חז"ל: **(ד) זה ירבעם ויהוא.** ירבעם תחלה מאפרים, ואחר כך יהוא ממנשה, פסיקתא שם. כי כמו שאמר קהל גוים על מנשה ואפרים, כן מה שאמר מחלציך יצאו גם כן על מנשה ואפרים: **והוא חולק.** שהמליכו שמואל על פי ה': **זה שאול ואיש בושת.** שאבנר היה סובר שמה שנאמר מחלציך יצאו היינו בנימין שעדיין לא יצא לאויר העולם, אך לא כוון יפה וכמו שביאר המדרש ובנימין כבר יצא מחלציו:

אָמַר רַבִּי בֶּרֶכְיָה: עוֹד אֵינִי מְיַחֵד שְׁמִי עַל בְּרִיָּה אֶלָּא עָלֶיךָ וְלֹא עַל אַחֵר, שֶׁנֶּאֱמַר (שמות ו, ג) "וָאֵרָא אֶל אַבְרָהָם אֶל יִצְחָק וְאֶל יַעֲקֹב", וְלֹא אַחֵר עִמָּם, אָמַר רַבִּי יוּדָן: עוֹד פַּעַם אַחֶרֶת אֲנִי נִגְלָה עָלֶיךָ. [לה, ט] "וַיְבָרֶךְ אוֹתוֹ", [ה]מַה בְּרָכָה בֵּרְכוֹ, רַבִּי אַסִּי בְּשֵׁם רַבִּי יוֹנָתָן אָמַר: בִּרְכַּת אֲבֵלִים בֵּרְכוֹ:

ד [לה, יא] "וַיֹּאמֶר לוֹ אֱלֹהִים אֲנִי אֵל שַׁדַּי פְּרֵה וּרְבֵה", רַבִּי יוּדָן בְּשֵׁם רַבִּי יִצְחָק אָמַר: הָיִיתִי אוֹמֵר רְאוּבֵן כְּבָר הוּא מִבַּחוּץ שִׁמְעוֹן כְּבָר הוּא מִבַּחוּץ וּבִנְיָמִין כְּבָר יָצָא *מֵחֲלָצָיו וַעֲדַיִן הוּא בִּמְעֵי אִמּוֹ, חֲזַרְתִּי וְאָמַרְתִּי [שם] "[ו]גּוֹי" זֶה בִּנְיָמִין, [שם] "וּקְהַל גּוֹיִם" זֶה מְנַשֶּׁה וְאֶפְרַיִם, דִּכְתִיב (לקמן מח, יט) "וְזַרְעוֹ יִהְיֶה מְלֹא הַגּוֹיִם", רַבִּי בֶּרֶכְיָה וְרַבִּי חֶלְבּוֹ וְרַבִּי שְׁמוּאֵל בַּר נַחְמָן: [לה, יא] "וּמְלָכִים מֵחֲלָצֶיךָ יֵצֵאוּ" זֶה יָרָבְעָם וְיֵהוּא, רַבָּנָן אָמְרֵי: אֶפְשָׁר אַבְנֵר אָדָם צַדִּיק וְהוּא חוֹלֵק עַל מַלְכוּת בֵּית דָּוִד, אֶלָּא מִדְרָשׁ דָּרֵישׁ וְהִמְלִיךְ אֶת אִישׁ בּוֹשֶׁת, הָדָא הוּא דִכְתִיב "וּמְלָכִים מֵחֲלָצֶיךָ יֵצֵאוּ", יָזֶה שָׁאוּל וְאִישׁ בּוֹשֶׁת,

מסורת המדרש

ה. לעיל סוף פרשה פ"א. קה"ר פרשה ז' פסוק ב'. תנחומא סדר תלא סימן ד'. פסיקתא רבתי פיסקא י"ב. פסיקתא דרב כהנא פיסקא ג'. ילקוט כאן רמז קל"ה. ילקוט תלא רמז תתקל"ז:

ו. פסיקתא רבתי פיסקא ג':

ז. עי' סנהדרין כ' תוס' ד"ה ששאל:

אם למקרא

וָאֵרָא אֶל אַבְרָהָם אֶל יִצְחָק וְאֶל יַעֲקֹב בְּאֵל שַׁדָּי וּשְׁמִי ה' לֹא נוֹדַעְתִּי לָהֶם: (שמות ו:ג)

וַיְמָאֵן אָבִיו וַיֹּאמֶר יָדַעְתִּי בְנִי יָדַעְתִּי גַּם הוּא יִהְיֶה לְּעָם וְגַם הוּא יִגְדָּל וְאוּלָם אָחִיו הַקָּטֹן יִגְדַּל מִמֶּנּוּ וְזַרְעוֹ יִהְיֶה מְלֹא הַגּוֹיִם: (בראשית מח:יט)

רש"י

(ג) מהו עוד עוד איני מייחד שמי על בריה. ולא על אחר: הוא **שנאמר אלהי אברהם אלהי יצחק ואלהי יעקב ולא אחר עמהם: (ד) כך אמר יעקב** במה אמר לי פרה ורבה והלא כבר נולדו כל בני, **ראובן כבר מבחוץ.** כלומר כבר נולד ראובן. **ואמר גוי זה בנימין וקהל גוים זה מנשה ואפרים.** שעדיין לא נולדו הללו שני שבטים: **ומלכים מחלציך יצאו זה ירבעם ויהוא.** אחד משבט מנשה ואחד משבט אפרים: **חולק על מלכות בית דוד.** להמליך את איש בושת בן שאול ולעכב מלכות בית דוד:

מתנות כהונה

[ד] ורבה וגו'. גרסינן. וסיפיה גוי וקהל גוים יהיה ממך ומלכים מחלציך יצאו: **הייתי אומר.** כך אמר יעקב, וכן פירש רש"י. ובכל הנוסחאות גרס לקמן מחלציו, משמע דלאו דברי יעקב הם: **מבחוץ.** כלומר כבר נולד וכן שמעון וכל השבטים, אם כן על מה אמר לי גוי וקהל גוים, ודברים אלו דבר בשעה שברך ליוסף ככתוב ריש פרשת ויחי (לקמן לה, יא): **יצא מחלצי.** גרסינן, ולפירוש רש"י: **גוי זה בנימין.** כיון שעדיין לא נולד בשרו עליו, שהכל הולך אחר החתום: **זה אפרים ומנשה.** גוים תרתי משמע, ועיין במהר"ר אליהו מזרחי: **ירבעם ויהוא.** פירש רש"י אחד מאפרים ואחד ממנשה: **והוא חלק על מלכות בית דוד.** שהמליך איש בשת בן שאול:

אשד הנחלים

והרב אברהם בן אשר פי' באופן אחר, ולא ידעתי כוונתו: **עוד איני מייחד כו'.** שבאורו אל יעקב עוד, וכלומר מלבד שנתגלה אל אברהם ויצחק התגלה גם ליעקב, וזהו עוד, עוד הפעם, בתחילה לאברהם וליצחק ואח"כ עוד ליעקב, וא"כ ממילא לא לאחר. והכונה אף שיש כמה נביאים, עם כל זה בחינות חלוקות יש, כי עמם דיבר באל שדי, ולכן כתיב כאן אני אל שדי, ולכן כתיב וארא אל אברהם יצחק ויעקב באל שדי, ופרטי הדברים אין בידינו לדעת זאת: **עוד פעם אחרת.** מלבד זה הפעם. ולכן כתיב מלת עוד, כאילו רמז שעוד הפעם יתגלה אליו. **ברכת אבלים.** פרשתי לעיל סוף פרשה פ"א וריש פרשה פ"ב: **[ד] הייתי אומר כו' מחלצי.** כצ"ל. והענין בכלל, שאחר ששמע יעקב הברכה שאמר לו פרה ורבה גוי וקהל גוים גו' ומלכים מחלציך יצאו, התפלא על זה הבשורה ולא ידע מהו, אם על שמעון ואחיו הלא כבר נבראו, ואם על בנימין אף שלא נברא עם כל זה הרי הוא כאילו נולד כי מחלציו יצא, רק שהוא עודנה במעי אמו, וא"כ על מי הנבואה מרמז, חזר והתבונן שהכוונה גוי על בנימין, וקהל גוים שנתחלק שבט אחד לשנים, זהו מנשה ואפרים, ואחר שהתבונן על זה הבין שמסתמא זה שנאמר פרה ורבה הוא על מנשה ואפרים שלא נבראו עדיין: **זה ירבעם ויהוא.** פירש רש"י אחד מאפרים ואחד ממנשה. ויהיה פירש מחלציך מנכדיך, שהם יוצאי חלציך: **זה שאול ואיש בושת.** כי דרש ומלכים על בנימין. ופירושו מחלציך יצאו ממי שיצא מחלציך, כי זה

The Midrash finds that another historical development was inspired by the interpretation of our verse:

וּמָה רָאוּ לְקָרֵב וּלְרַחֵק בְּפִלֶגֶשׁ בַּגִּבְעָה — **And what did [the Israelites] see** that made them decide to ultimately **draw near, but** first **to distance,** the Benjamites, **during** the episode of **the concubine at Gibeah?**[46] אֶלָּא מִקְרָא קָרְאוּ וְרִחֲקוּ אוֹתוֹ — **However,** the explanation for this is **that they** had **read a verse and they** consequently **distanced** the tribe of **[Benjamin];** מִקְרָא קָרְאוּ וְקֵרְבוּ אוֹתוֹ מִיָּד — **they** then **read a verse and immediately drew [Benjamin] near,**[47] as follows: מִקְרָא קָרְאוּ וְרִחֲקוּ — **They read a verse and they distanced [Benjamin]** — "אֶפְרַיִם וּמְנַשֶּׁה כִּרְאוּבֵן וְשִׁמְעוֹן יִהְיוּ לִי" — for it is written, ***Ephraim and Manasseh shall be mine like Reuben and Simeon*** (below, 48:5).[48] מִקְרָא קָרְאוּ וְקֵרְבוּ — **They read a verse and immediately drew** the Benjamites **near** — "גּוֹי וּקְהַל גּוֹיִם יִהְיֶה מִמֶּךָּ" — for it is written, ***a nation and a congregation of nations shall descend from you.***[49]

§5 [גּוֹי וּקְהַל גּוֹיִם יִהְיֶה מִמֶּךָּ — *A NATION AND A CONGREGATION OF NATIONS SHALL DESCEND FROM YOU.*]

The Midrash offers a different interpretation of this phrase:

רַבִּי יוּדָן וְרַבִּי אִיבוּ וְרַבִּי מַשְׁיָן בֶּן נַגָּרִי בְּשֵׁם רַבִּי יוֹחָנָן אָמְרוּ — **R' Yudan and R' Eivu and R' Mashyan ben Nagari said in the name of R' Yochanan:** עֲתִידִין בָּנֶיךָ לַעֲשׂוֹת גּוֹי כִּקְהַל עַמִּים — God here was saying to Jacob, **"Your descendants are destined to become *a nation* like the *congregation of peoples,***[50] i.e., like the nations of the world: מַה קְּהַל עַמִּים מַקְרִיבִין בִּשְׁעַת אִיסּוּר בָּמוֹת — **Just as the *congregation of peoples* bring** offerings on private altars **during the period in which 'high places'** (private altars) **are prohibited** for Jews,[51] אַף בָּנֶיךָ מַקְרִיבִים בִּשְׁעַת אִיסּוּר בָּמוֹת — **so too, your descendants will** one day **bring** offerings on a private altar **in the period in which** such **'high places' are prohibited."**[52]

The Sages find support elsewhere in Scripture for this interpretation of our verse:

רַבִּי חֲנִינָא מַיְיתֵי לָהּ מֵהָכָא — **R' Chanina derived** support for **this** interpretation **from here:** "וַיִּקַּח אֵלִיָּהוּ שְׁתֵּים עֶשְׂרֵה אֲבָנִים וגו' אֲשֶׁר הָיָה דְבַר ה' אֵלָיו לֵאמֹר יִשְׂרָאֵל יִהְיֶה שְׁמֶךָ" — It is written, ***Elijah took twelve stones,*** *corresponding to the number of the tribes of the children of Jacob* ***(to whom the word of HASHEM came, saying, "Your name shall be Israel").*** *He built the stones into an altar for the Name of HASHEM* (*I Kings* 18:31-32). שֶׁמִּשָּׁעָה שֶׁנִּתַּן לוֹ הַשֵּׁם הַזֶּה נֶאֱמַר לוֹ "גּוֹי וּקְהַל גּוֹיִם יִהְיֶה מִמֶּךָּ" — The verse mentions Jacob's name change **because at the** same **time that [God] gave [Jacob] that name, He** also **said to him, *"a nation and a congregation of nations shall descend from you."***[53] רַבִּי שִׂמְלַאי מַיְיתֵי לָהּ מֵהָכָא — **R' Simlai derived** support for **this** interpretation **from here:** "וַיִּקְרְאוּ שֵׁם הָעִיר דָּן בְּשֵׁם דָּן אֲבִיהֶם אֲשֶׁר יוּלַּד לְיִשְׂרָאֵל" — ***They named the city Dan,***[54] ***after the name of Dan their ancestor, who was born to Israel . . .*** *the children of Dan set up for themselves the carved image* (*Judges* 18:29-30). שֶׁמִּשָּׁעָה שֶׁנֶּאֱמַר לוֹ הַשֵּׁם הַזֶּה נֶאֱמַר לוֹ "גּוֹי וּקְהַל גּוֹיִם יִהְיֶה מִמֶּךָּ" — The verse mentions his being "born to Israel" **because at the time that [God] gave [Jacob] that name He said to him, *"a nation and a congregation of nations shall descend from you."***[55]

Having mentioned Elijah's sacrifice on Mount Carmel and its relevance to our verse, the Midrash now presents an alternative Torah source to justify Elijah's sacrificing at a "high place":

רַבִּי יוֹחָנָן מַיְיתֵי לָהּ מֵהָכָא — **R' Yochanan derived [this matter] from here:** "עַמִּים הַר יִקְרָאוּ שָׁם יִזְבְּחוּ זִבְחֵי צֶדֶק" — It is written, *Of Zebulun he* (Moses) *said . . .* ***Peoples will assemble at the mount, there they will slaughter offerings of righteousness*** (*Deuteronomy* 33:18-19),

NOTES

46. A concubine who had been traveling through the Benjamite city of Gibeah was violated and killed by some of the townspeople. When the Benjamites failed to punish the perpetrators, the other tribes waged war against Benjamin (*Judges* Chs. 19-20) and vowed not to wed any of their daughters to men of Benjamin (ibid. 21:1). However, they subsequently relented and found a way to circumvent their vow (see ibid., v. 15ff and *Taanis* 30b).

47. For, they declared, they were distressed that one of the tribes of Israel would slide into oblivion and become lost forever (*Judges* 21:3). The question arises, however: Why did they not realize this problem in the first place? The Midrash proceeds to explain the Scriptural basis for their original decision and for their reversal of that decision.

48. This verse teaches that the tribe of Joseph was to be split into two tribes, Ephraim and Manasseh. I.e., there would now be thirteen, rather than twelve, tribes. Now, there is a tradition that there will always be twelve tribes; none of them will ever be totally destroyed (see *Bava Basra* 115b). However, since by counting Manasseh and Ephraim separately there were twelve tribes even *without* Benjamin, they thought that survival of the tribe of Benjamin was not necessary, and they could allow it to die out (*Eitz Yosef*).

49. They understood that in our verse *nation and congregation of nations* referred to three tribes: Benjamin, Manasseh, and Ephraim. Since the verse mentions all three of them together, they concluded that their original reasoning — whereby the existence of Manasseh and Ephraim provided the very basis for the eradication of Benjamin — was not sound (ibid.; see *Rashi* and *Matnos Kehunah* for an alternative understanding). [*Yefeh To'ar* notes that *Rashi* on *Chumash* here says that the other tribes drew Benjamin near based on the concluding phrase *and kings shall issue from your loins,* which they, like Abner, interpreted as indicating that there were to be kings from the tribe of Benjamin.]

50. The phrase קְהַל עַמִּים, *a congregation of peoples,* is from Jacob's paraphrase of our verse, below, 48:4.

51. While the Tabernacle was functioning in the Wilderness and in Shiloh the use of such altars was prohibited. Similarly, once the Temple was built in Jerusalem the offering of sacrifices on any other altar became permanently prohibited (*Zevachim* 112b). However, this restriction applied only to Jews; non-Jews could offer sacrifices to God at a "high place" at all times.

52. Elijah the prophet sacrificed a bull to God on Mount Carmel as part of his challenge to the prophets of Baal (*I Kings* 18:19ff), although this took place after the Temple had already been built and thus seemingly contradicted the prohibition against "high places" (*Rashi, Matnos Kehunah, Eitz Yosef*). Alternatively, God was informing Jacob that there would be periods in history when the use of "high places" by his descendants would be widespread, despite the prohibition; see e.g., *I Kings* 22:44 (*Ohr HaSeichel*).

53. The mention of God's changing Jacob's name to Israel seems to be completely irrelevant to the context of the account of Elijah's sacrifice. R' Chanina therefore takes it as a reference to our verse about "congregation of nations," which immediately follows the name change. The mention of the name change indicates that Elijah understood our verse as an allusion to his own situation, and that it was sanctioning his offering a sacrifice at a "high place" outside of the Temple in order to discredit the idolatrous prophets (*Eitz Yosef,* from *Yefeh To'ar*).

54. A group of Danites, who conquered a city previously called Leshem, renamed it Dan.

55. The reference to Dan, the primogenitor of their tribe, having been born to Israel seems superfluous. Furthermore, the wording describing him as "born to Israel" seems somewhat inaccurate, for the name "Israel" was given to Jacob only long after Dan had already been born (*Maharzu*). R' Simlai understands that it is an allusion to our verse, which was said to Jacob at the time that he was given the name Israel. The implication then is that the tribe of Dan relied on this verse, misinterpreting it as permitting Jacob's descendants to worship idols like the nations. They erred, of course, for the verse was actually referring to Elijah offering sacrifices outside of the Temple, as explained above (*Eitz Yosef*). Alternatively, the Danites did not actually engage in idolatry; they used this "carved image" as a mere talisman, but the sacrifices they performed in this "temple" were offered to God. Their error lay in relying on our verse to permit sacrifices outside of the Tabernacle at Shiloh (*Yefeh To'ar*).

ומה ראו לקרב ולרחק בפלגש בגבעה, אלא מקרא קראו ורחקו אותו מקרא קראו וקרבו אותו מיד, מקרא קראו ורחקו, (לקמן מח, ה) "אפרים ומנשה כראובן ושמעון יהיו לי", מקרא קראו וקרבו, "גוי וקהל גוים יהיה ממך":

ה רבי יודן ורבי איבו ורבי משין בן נגרי בשם רבי יוחנן אמרו: עתידין בניך לעשות גוי כקהל עמים, מה קהל עמים מקריבין בשעת איסור במות אף בניך מקריבים בשעת איסור במות, רבי חנינא מייתי לה מהכא: (מלכים-א יח, לא) "ויקח אליהו שתים עשרה אבנים וגו' אשר היה דבר ה' אליו לאמר ישראל יהיה שמך", שמשעה שנתן לו השם הזה נאמר לו "גוי וקהל גוים יהיה ממך", רבי שמלאי מייתי לה מהכא: (שופטים יח, כט) "ויקרא שם העיר דן בשם דן אביהם אשר יולד לישראל", שמשעה שנאמר לו השם הזה נאמר לו "גוי וקהל גוים יהיה ממך", רבי יוחנן מייתי לה מהכא: (דברים לג, יט) "עמים הר יקראו שם יזבחו זבחי צדק",

עץ יוסף

ומה ראו לרחק ולקרב. כן צריך לומר: **מקרא קראו כו'.** שאף על פי שאי אפשר למחות שבט מישראל כלומר ממנין י"ב שכך הם נמנים לעולם, וכן אמר בפרק יש נוחלין (בבא בתרא קטו, ב) גמירי דלא כליא שבטא, מכל מקום לא חששו לאבוד שבט בנימין, לפי שאפרים ומנשה חשובים שני שבטים והרי הם י"ב בזולת בנימין. אבל כשבאו לבם למה שאמר גוי וקהל גוים דהיינו בנימין ואפרים ומנשה, ראו שאף על פי שאפרים ומנשה במנין מכל מקום בנימין יהיה לגוי, ולזה חששו שלא ימחה שבט מישראל: **מקרא קראו כו'.** בירושלמי מסיים בה ועדיין לא נולד בנימין: (ה) [ו] **עתידין בניך כו'.** שיקריבו כקהל עמים בשעת איסור הבמות. והיינו שאליהו יקריב בבמה בשעת איסור הבמות כשקרבן הנביאים בהר הכרמל: **מה קהל עמים.** היינו האומות (רש"י): **רבי חנינא מייתי ליה מהכא.** למה שאמר דגוי וקהל גוים רמז אקרבן, דכתיב ויקח אליהו י"ב אבנים אשר היה דבר ה' אליו לאמר ישראל יהיה שמך, כי מה הוצרך להזכיר מה שנקרא שמו ישראל, אלא שלפי שבשאמר ה' עשה אליהו כדאמר בירושלמי פרק ג' דתעניות (עיין שם בהלכה ד'), קאמר דדייק ליה אליהו מהכא, כי כשנאמר לו מפי ה' ישראל יהיה שמך שם נאמר גוי וקהל גוים שיעשו לפעמים כמעשה גוים (יפה תואר): **אשר יולד כו'.** פירוש שבשבט דן שהקימו את הפסל מלאו סמך ממה שאמר גוי וקהל גוים שמשמע שיצאו ממנו גוי שיעבדו לעבודת אלילים כקהל הגוים, ולכך אמר אשר יולד לישראל לרמוז לזה שנאמר כשנקרא שמו ישראל. אבל הם טעו כי ה' לא אמר ליעקב אלא דבר אליהו שהיה קידוש ה':

פירוש מהרז"ו

לרחק ולקרב. תחלה רחקו, ארור נותן לבנימין אשה (שופטים כא, יח), ואחר כך קרבו, ויאמרו ירושת פלטה לבנימין ולא ימחה שבט מישראל (שם יז): **(ה) בקהל עמים.** עיין ויקרא רבה (כב, ג) ומה שכתבתי שם: **לאמר ישראל יהיה שמך.** וזה מיותר שהרי כבר כתיב בתורה, אלא פירושו שבשעה שנקרא שמו ישראל רמז לו על הענין הזה: **אשר יולד לישראל.** והרי כבר ידוע שדן בנו הוא, ועוד שדן נולד כשהיה שמו יעקב לא ישראל, על כן דורש שהענין מדבר בפסל מיכה שהקימו בדן ובשעה שנקרא יעקב ישראל נאמר לו קהל וגו', שרמז שיקריבו לה' בשעת איסור במות על פי נביא לשעה, והם טעו בזה שהכוונה גם על פסל מיכה: **רבי יוחנן מייתי לה מהכא.** כבר דרש בשם רבי יוחנן מפסוק קהל עמים, אך בילקוט (רמז קלו) הגירסא אית דמייתי לה מהכא. ומה

חידושי הרד"ל

[ד] **וקרבו גוי וקהל גוים כו'.** ואף שאפרים ומנשה מן המנין, אבל לוי אינו מן המנין וכדהכא, כן הובא הגירסא בפתיחה דאיכה רבתי (סימן לג) (שאין במתנות כהונה), אבל בירושלמי שלהי תענית (פ"ד ה"ה) הנוסחא מסובבת עיין שם: [ה] **בשעת איסור הבמות רבי יוחנן מייתי לה מהכא עמים הר יקראו כו'.**

חידושי הרש"ש

[ה] **ורבי יהודה אומר לחייב על כל קהל וקהל.** נראה לי דרבי יהודה יכוון פה לשיטתו בפרק קמא דהוריות (ג, א) דשבט שעשה בהוראת בית דינו אותו השבט חייב, ויש לפרש כיון שכל שבט איקרי קהל, כמו מה דכתיב (ויקרא ד, יג) ונעלם דבר מעיני הקהל היינו מביא דין של קהל אחד דהיינו של שבט אחד:

אמרי יושר

[ה] **שמשעה שנקרא לו השם הזה נאמר לו גוי וקהל גוים יהיה ממך.** המורה על היתר הבמות ואם כן מביא ראיה על עשותו המעשה הזר ההוא.

מסורת המדרש

ח. ירוש' תענית פ' ד'. פתיחא ל"ג דאיכה רבתי. ילקוט שופטים רמז ע"ו:

אם למקרא

ועתה שני בניך הנולדים לך בארץ מצרים עד באי אליך מצרימה לי הם אפרים ומנשה כראובן ושמעון יהיו לי: (בראשית מח:ה)

ויקח אליהו שתים עשרה אבנים כמספר שבטי בני יעקב אשר היה דבר ה' אליו לאמר ישראל יהיה שמך: (מלכים א יח:לא)

ויקראו שם העיר דן בשם דן אביהם אשר יולד לישראל ואולם ליש שם העיר לראשנה: (שופטים יח:כט)

עמים הר יקראו שם יזבחו זבחי צדק כי שפע ימים יינקו ושפני טמוני חול: (דברים לג:יט)

ידי משה

[ה] **לחייב על כל שבט ושבט.** דברי רבי יהודה ורבי שמעון הוא בפסחים בירושלמי (פרק ז ה) אם כל שבט ושבט חייב פר לבדו או שכולם מתכפרים בפר אחד עיין שם:

שינוי נוסחאות

(ה) **בן נגרי.** כן הוא בכל הספרים חדשים גם ישנים, אבל בלבוב תקע"א התחילו להדפיס "בן נגדי" כנוסח אחר בסוגריים:

רש"י

מקרא קראו ורחקוהו אפרים ומנשה כראובן ושמעון יהיו לי. כשנכנסו אפרים ומנשה לכלל י"ב שבטים היה להם להוציא שנים, זה לוי שילא לעבודת המשכן, ובנימין שנידוהו, ולפיכך רחקוהו ואמרו (שופטים כא, א) איש ממנו לא יתן בתו לבנימין: **מקרא קראו וקרבוהו גוי וקהל גוים יהיה ממך.** איזהו שבט שעדיין עתיד לצאת ממעי אמו זה בנימין, ועל זה קרבוהו ודרשו ממנו ולא מבניכו: **(ה) בניך מקריבין בשעת איסור במה.** זה אליהו, וכן כתוב להלן (מלכים ב' יב ד) רק הבמות לא סרו, **ויקח אליהו שתים עשרה אבנים למספר שבטי בני יעקב אשר היה דבר ה' אליו לאמר ישראל יהיה שמך.** מה צורך להזכיר כאן ישראל יהיה שמך, אלא משעה שנאמר לו הפסוק הזה ישראל נאמר לו (לה, יא) גוי וקהל גוים יהיה ממך, לומר עתידין בניך להקריב באיסור במות כגוים: **ויקראו ללשם דן בשם דן אביהם אשר יולד לישראל.** מה צורך להזכיר ישראל כאן, אלא **שמשעה שנאמר לו השם הזה וכו'.** לומר שיהיו עובדי עבודה זרה, ובדן הקימו פסל מיכה (שופטים יח, ל): **יזבחו זבחי צדק.** אני עושה עמהם לדקה ומקבל

מתנות כהונה

מה ראה לרחק ולקרב. גרסינן. שבתחלה רחקו ונדו אותם לבל יתן אחד מהם בתו לבני בנימין, ואחר כך קרבו אותם והתירו הנדר: **כראובן ושמעון וגו'.** משמע אלו שנים יהיו כראובן ושמעון ולא בנימין, ומפני שעל שלשה אלו נאמרה הנבואה דייק הכי. ומצאתי בפירוש רש"י וזה לשונו אפרים ומנשה יהיה בכלל י"ב שבטים והיה להם להוציא שנים זה לוי שילא לעבודת המשכן ובנימין שנידוהו, ולפיכך רחקוהו ואמרו איש ממנו לא יתן בתו לבנימין עד כאן לשונו. והקשה הרב אברהם בן אשר ז"ל ואיני מבין דבריו שהרי אחד מהם נמנה על שבט יוסף, והאחר משלים במקום בנימין, ואם הוציא שנים נמצא מנין שנים עשר שבטים חסר עד כאן לשונו. ואינו קושיא שכן השיב גם כן רבי מאיר לאותו כותי שאדרבא עשר שבטים הם כדלעיל פרשה ע (סימן ז) ולפי דבריו לא יהיו אלא שלשה עשר, אלא יעקב דבר על אותה שעה שעמד בו שעדיין יוסף בנו חי, ואם כן אף אם הוציא לוי לעבודת המקום וגם בנימין אינינו ישארו י"ב שלמים, ומכל מקום חזרו וקרבוהו לפי שבאותה שעה יוסף אינינו חי וכדמפרש ואזיל: **יהיה ממך.** משמע שממך יהיה עוד גוי אחד בארץ, וזה נאמר על בנימין ועדיין לא נולד בעת ההיא, ולכן הוכרחו להתיר הנדר, ומה שאמר אפרים ומנשה כראובן ושמעון לא להוציא בנימין לגמרי קאתו, אלא שיקראו שניהם שבטים חלוקים כראובן ושמעון ולא יהיו שניהם כללים לשבט אחד, ועיין מזה סוף פתיחתא דאיכה רבה (סימן לג) ובילקוט שופטים (רמז עו): **[ה] מה קהל עמים מקריבים כו'.** פירש רש"י הגוים מקריבים כו', וכן עשה אליהו: **שמשעה כו'.** דאם לא כן אשר היה דבר ה' וגו' למה לי: **נאמר לו גוי כו'.** וכדדרש רבי יוחנן על הקרבת איסור במות: **מייתי ליה.** גרסינן: **בשם דן וגו'.** עד גוי וקהל גוים. משמע שילא ממנו גוי שיעבדו עבודה זרה כקהל הגוים,

אשר הנחלים

בנימין שהוא במעי אמו ויצא כבר מחלציך: **לרחק ולקרב.** כצ"ל, וכן גרסת המתנות כהונה: **כראובן ושמעון.** ואחר שהם שני שבטים א"כ היה לו י"ג שבטים ואין צורך רק לי"ב, ואין היזק אם יגרע שבט זה. ואח"כ התבוננו שזהו הבטחה אחרת קהל גוים, שהשבט נתחלק לשנים לאפרים ומנשה, אבל עם כל זה אחד הם, א"כ נגרע היום שבט מישראל ועיין במתנות כהונה: **[ה] אף בניך מקריבים.** פרש"י זה אליהו. ולא ידעתי לתווך בה ציור נכון מדוע רמז לו הנבואה הזאת. ואולי שמכאן למד אליהו שמותר להקריב על הבמה לפי שעה, לפי שראה בנבואה שנרמז זאת בכתוב, כי כל הקורות העתידים הכל נרמזו בתורה, ולכן אמר אליהו לאמר ישראל יהיה שמך ושמה נרמז זאת: **אשר יולד לישראל כו'.** ולכן כתיב כמו בלשון עתיד, כלומר שמשעה שבישר לו שילד עוד וישראל יהיה שמו, נרמז לו שיעבדו בניו עבודת כוכבים כדמות כל קהל הגוים, שדן הקים פסל מיכה זמן רב, ולכן נרמז ככה פה:

מִשֶּׁיַּעֲשׂוּ בָנֶיךָ כָּעַמִּים — which is interpreted to mean: **When your descendants become like** the ***peoples*** of the nations,[56] לְהָרוֹ שֶׁל זְבוּלֻן — they will *assemble* **at the mountain** of **Zebulun.**[57] "שָׁם יִזְבְּחוּ זִבְחֵי אִיסוּר בָּמוֹת" אֵין כְּתִיב כָּאן — And what will they do there? **It is not written here, "there they will slaughter offerings of** transgression of **the prohibition** against sacrificing **at high places";**[58] אֶלָּא "זִבְחֵי צֶדֶק" — **rather,** it is written, *there they will slaughter* ***offerings of righteousness.*** צְדָקָה אֲנִי עוֹשֶׂה עִמָּהֶם וּמְקַבֵּל אֶת קָרְבָּנָם — I.e., God is saying, as it were, **"I shall act righteously** (or charitably)[59] **toward them, and accept their offering."**[60]

According to R' Yochanan, then, our verse is not the Scriptural source providing sanction for Elijah's offering on Mount Carmel. If so, what halachic lesson *can* be drawn from our verse?[61] The Midrash elaborates:

אֶלָּא "גּוֹי וּקְהַל גּוֹיִם יִהְיֶה מִמֶּךָּ" — **Rather,** the phrase ***a nation and a congregation of nations shall descend from you*** לְחַיֵּיב עַל כָּל שֵׁבֶט וְשֵׁבֶט — **is coming to obligate** a separate sin-offering **for each and every tribe;**[62] דִּבְרֵי רַבִּי שִׁמְעוֹן — **these are the words of R' Shimon.** וְרַבִּי יְהוּדָה אוֹמֵר: לְחַיֵּיב עַל כָּל קָהָל וְקָהָל — And similarly **R' Yehudah said:** It comes **to obligate** a separate sin-offering **for each and every congregation.**[63]

וַיַּעַל מֵעָלָיו אֱלֹהִים בַּמָּקוֹם אֲשֶׁר דִּבֶּר אִתּוֹ.

Then God ascended from upon him in the place where He had spoken with him (35:13).

§6 וַיַּעַל מֵעָלָיו אֱלֹהִים — ***THEN GOD ASCENDED FROM UPON HIM.***

The Midrash expounds the unusual expression *from upon him*:

אָמַר רֵישׁ לָקִישׁ: הָאָבוֹת הֵן הֵן הַמֶּרְכָּבָה — **Reish Lakish said: The Patriarchs are the chariot** of God,[64] שֶׁנֶּאֱמַר "וַיַּעַל אֱלֹהִים מֵעַל אַבְרָהָם" — **for it is stated, *And God ascended "from upon" Abraham*** (above, 17:22), which implies that God's Presence actually rested *upon* Abraham; "וַיַּעַל מֵעָלָיו אֱלֹהִים" — **and** concerning Jacob as well it is written, ***Then God ascended "from upon" him,*** "וְהִנֵּה ה' נִצָּב עָלָיו" — as well as, ***And behold, HASHEM was standing "upon" him*** (above, 28:13).[65]

וַיַּצֵּב יַעֲקֹב מַצֵּבָה בַּמָּקוֹם אֲשֶׁר דִּבֶּר אִתּוֹ מַצֶּבֶת אָבֶן וַיַּסֵּךְ עָלֶיהָ נֶסֶךְ וַיִּצֹק עָלֶיהָ שָׁמֶן.

Jacob had set up a pillar at the place where God had spoken with him — a pillar of stone — and he poured a libation upon it, and poured oil upon it (35:14).

□ וַיַּצֵּב יַעֲקֹב מַצֵּבָה וגו' וַיַּסֵּךְ עָלֶיהָ נֶסֶךְ וַיִּצֹק עָלֶיהָ שָׁמֶן — ***JACOB HAD SET UP A PILLAR ETC. [AT THE PLACE WHERE GOD HAD SPOKEN WITH HIM . . .] AND HE POURED A LIBATION UPON IT, AND POURED OIL UPON IT.***

The Midrash comments on the source of the oil that Jacob used for his offering:

כִּמְלֹא פִּי הַפַּךְ שׁוֹפֵעַ לוֹ מִן הַשָּׁמַיִם — **[Oil]** miraculously **flowed to [Jacob] from Heaven in the amount of a flask filled to its top.**[66]

וַיִּסְעוּ מִבֵּית אֵל וַיְהִי עוֹד כִּבְרַת הָאָרֶץ לָבוֹא אֶפְרָתָה וַתֵּלֶד רָחֵל וַתְּקַשׁ בְּלִדְתָּהּ. וַיְהִי בְהַקְשֹׁתָהּ בְּלִדְתָּהּ וַתֹּאמֶר לָהּ הַמְיַלֶּדֶת אַל תִּירְאִי כִּי גַם זֶה לָךְ בֵּן.

They journeyed from Beth-el and there was still a stretch of land to go to Ephrath, when Rachel went into labor and had difficulty in her childbirth. And it was when she had difficulty in her labor that the midwife said to her, "Have no fear, for this one, too, is a son for you" (35:16-17).

§7 וַיִּסְעוּ מִבֵּית אֵל וַיְהִי עוֹד כִּבְרַת הָאָרֶץ — ***THEY JOURNEYED FROM BETH-EL AND THERE WAS A FURTHER "KIVRAS" OF LAND TO GO TO EPHRATH.***

The Midrash discusses the meaning of the unusual word כִּבְרַת:

אָמַר רַבִּי אֱלִיעֶזֶר בֶּן יַעֲקֹב — **R' Eliezer ben Yaakov said:** בְּשָׁעָה שֶׁהָאָרֶץ חֲלוּלָה כִּכְבָרָה — It means that it was **at the time** of year **that the land is riddled with holes like a sieve** [כְּבָרָה], וְהַבָּר מָצוּי — **and grain** [בָּר] **is plentiful.**[67]

NOTES

56. I.e., when they become involved in idol-worship like the nations — as was the case in Elijah's time (*Eitz Yosef;* see *Matnos Kehunah* for an alternative understanding).

57. I.e., to Mount Carmel (in Zebulun's territory), where Elijah gathered the people for his challenge to the prophets of Baal (see *I Kings* 18:19ff) (*Eitz Yosef*).

58. Which would have indicated that Elijah's offering was improper.

59. The Hebrew words צֶדֶק and צְדָקָה can refer both to righteous and to charitable behavior.

60. Despite it being brought outside of the Temple. The verse thereby sanctions Elijah's offering of a sacrifice on Mount Carmel. That God did accept Elijah's offering was demonstrated by His sending a heavenly fire to consume it; see *I Kings* 18:38 (*Maharzu*).

61. *Matnos Kehunah* (from *Ohr HaSeichel*) and *Eitz Yosef.*

62. A special sin-offering is mandated for a case in which "the entire assembly of Israel" sins inadvertently due to a mistaken ruling by the Great Sanhedrin; see *Leviticus* 4:13-21. Since at this time the only son yet to be born to Jacob was Benjamin, the phrase, *a nation and congregation of nations shall descend from you,* must be referring to him. It follows then that even a single tribe (such as Benjamin) is termed *a congregation,* and hence, if just one tribe as a whole were to sin, it would be obligated to bring the sin-offering designated for "the entire assembly" (*Yerushalmi Horayos* 1:6). [A similar exposition is found in *Talmud Bavli, Horayos* 5b, but based on the verse *I will make you a congregation of peoples* (below, 48:4).]

63. That is, each tribe, for each tribe is called *a congregation;* see previous note.

R' Yehudah and R' Shimon appear to be interpreting our verse in the same manner, i.e., as indicating that each tribe individually is called *a congregation,* and hence each tribe that sinned must bring a separate sin-offering. What, then, is the difference between their two interpretations? They differ in regard to those tribes that did *not* sin. According to R' Shimon they are not obligated to bring a sin-offering, not having sinned themselves; according to R' Yehudah the tribe(s) that sinned "pulls along" the other tribes, and they too are obligated. See *Horayos* 5a for more detail. [See *Ohr HaSeichel* for a slightly different approach.]

64. For an explanation of this concept, see Insight, above, 47 §6.

65. Although the Midrash cites no verse that states the same about Isaac, it can be presumed that that which is true about Abraham and Jacob is true about Isaac as well. See ibid., note 66.

66. The Midrash makes this comment above (69 §8) regarding the first time Jacob had poured oil on the pillar in Beth-el when he was on his way to Haran (above, 28:18). At that point Jacob was a penniless refugee with no oil of his own, and the Midrash therefore explains that he was provided with oil in a miraculous manner; see note 75 there. However, since at present Jacob was a wealthy man, it is not clear why the Midrash states that oil he was pouring now was from Heaven. *Eitz Yosef* quotes *Yefeh To'ar,* who suggests that in fact this comment is out of place, and that it is really referring to that earlier pouring of the oil. However, see *Maharzu.*

67. The word כִּבְרַת is expounded doubly; it is seen as related to כְּבָרָה (*sieve*), and also to בָּר (*grain*) (*Matnos Kehunah;* see also *Maharzu*). It was a time when the land is riddled with holes as a result of being freshly plowed, which will ultimately result in a plentiful growth of grain (*Eitz Yosef,* from *Nezer HaKodesh*). [According to R' Eliezer ben Yaakov, then, the journey occurred during the early fall, after the plowing season but before the onset of the winter rains.]

מְשֶׁיַּעֲשׂוּ בָּנֶיךָ כָּעַמִּים לְהָרוֹ שֶׁל זְבוּלֻן, "שָׁם יִזְבְּחוּ זִבְחֵי אִיסּוּר בָּמוֹת" אֵין כְּתִיב כָּאן אֶלָּא "זִבְחֵי צֶדֶק", צְדָקָה אֲנִי עוֹשֶׂה עִמָּהֶם וּמְקַבֵּל אֶת קָרְבָּנָם, אֶלָּא "גּוֹי וּקְהַל גּוֹיִם יִהְיֶה מִמֶּךָּ" לְחַיֵּיב עַל כָּל שֵׁבֶט וְשֵׁבֶט, דִּבְרֵי רַבִּי שִׁמְעוֹן, וְרַבִּי יְהוּדָה אוֹמֵר: [ט]לְחַיֵּיב עַל כָּל קָהָל וְקָהָל:

ו [לה, יג] "וַיַּעַל מֵעָלָיו אֱלֹהִים", אָמַר רֵישׁ לָקִישׁ: הָאָבוֹת הֵן הֵן הַמֶּרְכָּבָה, שֶׁנֶּאֱמַר (לעיל יז, כב) "וַיַּעַל אֱלֹהִים מֵעַל אַבְרָהָם", "וַיַּעַל מֵעָלָיו אֱלֹהִים", (שם כח, יג) "וְהִנֵּה ה' נִצָּב עָלָיו". [לה, יד] "וַיַּצֵּב יַעֲקֹב מַצֵּבָה וְגוֹ' וַיַּסֵּךְ עָלֶיהָ נֶסֶךְ וַיִּצֹק עָלֶיהָ שָׁמֶן" כִּמְלֹא פִּי הַפַּךְ °:

ז [לה, טז] "וַיִּסְעוּ מִבֵּית אֵל וַיְהִי עוֹד כִּבְרַת הָאָרֶץ", אָמַר רַבִּי אֱלִיעֶזֶר בֶּן יַעֲקֹב: בְּשָׁעָה שֶׁהָאָרֶץ חֲלוּלָה כִּכְבָרָה וְהַבָּר מָצוּי, רַבָּנָן אָמְרֵי: כְּבָר הַבָּר מָצוּי וְעוֹנַת הַגְּשָׁמִים עֲבָרָה וַעֲדַיִין הַשָּׁרָב לֹא בָא. [שם] "וַתֵּלֶד רָחֵל וַתְּקַשׁ בְּלִדְתָּהּ", שְׁלֹשָׁה הֵן שֶׁנִּתְקַשּׁוּ בִּשְׁעַת לֵידָתָם וּמֵתוּ כְּשֶׁהֵן חַיּוֹת, וְאֵלּוּ הֵן: רָחֵל, וְאֵשֶׁת פִּינְחָס, וּמִיכַל בַּת שָׁאוּל, רָחֵל "וַתֵּלֶד רָחֵל וַתְּקַשׁ בְּלִדְתָּהּ",

רש"י

קרבנות אפילו בשעת איסור הבמות: **לחייב.** על כל שבט ושבט כדברי ר' שמעון וכו' בהוריות בגמרא בבלית (ה, א): (ו) **ויצק עליה שמן.** כמפי הפך: (ז) **כברת ארץ.** אותו הזמן היה **בשעה שהארץ חללה ככברה.** חלולה ונקובה ככברה להוציא תבואה **והבר מצוי:**

עץ יוסף

משיעשו בניך בעמים כו'. פירוש משעה שיעבדו אליל כעמים, אז להרו של זבולן יאספו שם יזבחו זבחי צדק, שיעשה להם צדקה ויקבלם אף על פי שהם באיסור במות. ופירוש הר יקראו יאספו להר, הוא הר הכרמל שהוא מזבולן: **אלא גוי כו'.** כלומר היתר איסור הבמה לאליהו למדנו מפסוק עמים הר יקראו, ופסוק גוי וקהל גוים בא לחייב על כל שבט ושבט. ורצונו לומר דאיתא פלוגתא בפרק קמא דהוריות (ד,ב ה,א) בפר העלם דבר של צבור דרבי מאיר סבירא ליה דאפילו חטאו כל ישראל אין מביאין רק פר אחד לכולם, ורבי שמעון ורבי יהודה סבירא להו דכל שבט ושבט איקרי קהל הילכך אם חטאו כל ישראל מביאין י"ב פרים, ואם חטא שבט אחד בלבד מביא פר אחד. וקאמר הכא דטעמא דרבי שמעון ורבי יהודה הוא מדכתיב גוי וקהל גוים יהיה ממך דעל בנימן שעדיין לא נולד קאמר, אלמא לבנימן לחודיה קרי קהל גוים. וכך צריך לומר **לחייב על כל שבט ושבט כדברי רבי שמעון ורבי יהודה שאומרים לחייב על כל קהל וקהל:** (ו) **[ז] כמלא פי הפך שופע לו מן השמים.** כן צריך לומר (אות אמת). וכן הוא לעיל (סט, ח). וקרוב בעיני דאגב שיטפא דאיתמר התם אַוְילוֹק על ראשה כתבוהו כאן (יפה תואר): **(ז) חלולה ככברה.** עיין מה שכתב רש"י בחומש שבא לפרש הטעם למה נקרא כדי מהריסה לשון כברת, לכן אמר בשעה שהארץ חלולה ומנוקבת ככברה דהיינו על ידי המחרישה, והבר של תבואה מצוי אחר כך ולכך נקרא מקום המחרישה כברת שהוא נוטריקון לשון כברה ולשון בר. ורבנן מפרשי שלכך נקרא כדי המחרישה כברת בלשון בר וכבר, ונוטריקין היא (נזר הקודש): **והבר.** והדגן: **[ח] שלשה הם שנתקשו כו'.** כלומר בשלשה אלו מצינו ענין קישוי הלידה שמתו בשעת לידתן: **אשת פנחס.** בן עלי הכהן:

פירוש מהרז"ו

שאמר צדקה אני עושה עמהם, היינו מה שקבל תפלת אליהו וירדה אש מן השמים וגו': **אלא גוי וקהל גוים.** תיבת אלא צריך עיון שאינו שייך ולא נמשך מדרשה הקודמת, ובילקוט (רמז קלו) ליתא, ונכון לגרוס דבר אחר גוי כו'. ומה שאמר לחייב על כל שבט או על כל קהל, עיין פירושו הוריות (ה, א) ובירושלמי ריש הוריות (פ"א ה"ו): **(ו) הן הן המרכבה.** כמו שיושב כביכול על כסא כבודו בשמים על שרפים וחיות הקדש, כן יושב בארץ על ידי המאמינים בו ובזכותם המשכינים שכינתו בארץ. וכן הובא לעיל (מז, ו) על פסוק (לה, יג) ויעל מעליו אלהים: **ויצק שמן וגו'.** בפסוק הוא בהפך ויסך עליה נסך ויצק עליה שמן וכן צריך לומר. ועיין לעיל (סט, ח) שיפע לו מן השמים כמלא פי פך כי אז לא היה לו כלום עמו, אך כאן היה בעיר בישוב בעושר וכבוד והיה לו שמן גם כן, אלא דורש ויצק כמלא פי פך כמו שכתבתי שם: **(ז) כברת הארץ.** תיבת כברת זרה ודורש כברה בר, שהארץ חלולה ככברה היינו בעת הקציר שהוא עת שרב ויובש הארץ, וגם אז הבר מצוי והם החטים בארץ אזיא, ובזה אנו יודעין זמן שמתה רחל (על פי מדת ממעל). ורבנן פירשו מלשון (קהלת ב, טז) בשכבר הימים הבאים, פירוש בעוד כבר הבר זמן שעבר לפני הבר שעבר זמן הגשמים והתבואה קרובה להתבשל. ומה שאמר ועדיין השרב לא בא היינו מתיבת לבא, ונמצא בר בין תיבת כבר לתיבת לבא היינו שהגשמים כבר קודם הבר והשרב לבא אחר הבר. וכוונת ידיעת הזמן מפורש בפסיקתא רבתי (ג, ד) וזה לשונו אמר לו (יוסף ליעקב) שמא מה שלא הכנסת אותה לקבורה שמא עונת הגשמים היתה, אמר לו לאו בעוד כברת ארץ כו' בין פסח לעצרת בזמן שהארץ מנופה והולכת ובאה ככברה שיכולים לילך, והובא ברש"י ויחי והכוונה אלא שעשה על פי הדבור:

מסורת המדרש

ט. הוריות ה'. ירוש' פסחים פ"ז ה"ו. ירוש' הוריות פ"א ה"ו:

אם למקרא

וַיְכַל לְדַבֵּר אִתּוֹ וַיַּעַל אֱלֹהִים מֵעַל אַבְרָהָם: (בראשית יז:כב)

וְהִנֵּה ה' נִצָּב עָלָיו וַיֹּאמַר אֲנִי ה' אֱלֹהֵי אַבְרָהָם אָבִיךָ וֵאלֹהֵי יִצְחָק הָאָרֶץ אֲשֶׁר אַתָּה שֹׁכֵב עָלֶיהָ לְךָ אֶתְּנֶנָּה וּלְזַרְעֶךָ: (שם כח:יג)

ידי משה

[ז] ויהי כברת הארץ אמר רבי אליעזר וכו'. פלוגתא רבי אליעזר ורבנן שרבי אליעזר סבר שהיה באמצע הקיץ, ורבנן סברי שהיה בין ראש השנה לעצרת:

שינוי נוסחאות

(ו) ויצב יעקב מצבה וגו' ויסך עליה נסך ויצק עליה שמן כמלא פי הפך. הנוסח הישן היה "ויצב יעקב מצבה ויצוק שמן ויסך עליה נסך כמלא פי הפך", ורק בדפוסים האחרונים (וילנא ווארשא) הדפיסו כלפנינו (ע"פ מהרז"ו):

חידושי הרד"ל

ומקבל את קרבנם. רבי חנינא מייתי לה מהכא ויקח אליהו וגו' יהיה ממך. רבי שמלאי כו' יהיה ממך תני גוי וקהל גוים יהיה ממך לחייב כו'. כן צריך לומר. **ורבי יהודה אומר לחייב על כל שבט בעל כל הקהל.** כן צריך לומר, כיון דשבט אחד קרוי גוי וקהל קרוי גוי וקהל סובר רבי יהודה דכל שבט קרוי קהל גוים לענין שגורר שאר שבטים שלא חטאו שיביאו גם כן, כדאיתא בירושלמי פרק קמא דהוריות (ה"ו), ועיין שם בבלי (הוריות ה, ב):

[ז] שהארץ חלולה ככברה והבר מצוי. גירסת רש"י הניר מצוי, וכמדומה שבדברי רבי אליעזר דדריש כברת לשון כברה מפרש כן בשעת הניר, שהארץ מנוקבת על ידי הניר, אבל לרבנן דדרשי כברת לשון בר אי אפשר לגרוס ניר. ומה שאמרו והשרב עדיין לא בא זהו כמו שכתבתי לעיל בשם הפסיקתא (פיסקא ג) שהיה בין פסח לעצרת זמן היפה שבאוירים שבארץ ישראל כמו שנכתב לעיל (לד, יא) בסייעתא דשמיא. ונראה לי ענין המאמר כאן לומר שהזמן היה יפה להוליכה, רק על פי הדיבור קברה שם על הדרך, כדאיתא בפסיקתא שם ופירוש רש"י סדר ויחי (מח, ז):

חידושי הרש"ש

[ז] בשעה שהארץ כו' רבנן אמרי כבר הבר מצוי כו'. היינו לפי דבסוכות נשתהה קיץ וחורף וקיץ ואחר זה בבית אל ששה חדשים כדאיתא סוף פרק קמא דמגילה (יז, א) ולעיל (עח, טז) והוא כל ימות החורף, ואם כן יצא משם בתחילת הקיץ שהאויר אז ממוזג יפה כדאיתא לעיל (לד, יא), ולפי זה לא אתיא הא דאיתא בילקוט שמות (רמז קסב) דבנימין נולד במרחשון אליבייהו. והילקוט צריך לומר דאזיל בשיטת רבי אבין בשם רב הונא שם דתשעה שנים נשתהה שם:

מתנות כהונה

וכן פירש רש"י שבדן הקימו פסל מיכה: **משיעשו בניך בעמים.** שיקריבו בבמה בשעת איסור במות, להר של זבולון יהיו נקראים, ושם יזבחו זבחי איסור במות: **אין כתיב.** אף על פי שהוא בשעת איסור במות אמר זבחי צדק: **אלא גוי כו'.** כתב הרב אברהם בן אשר כלומר היתר איסור הבמות לאליהו למדנו מפסוק עמים הר יקראו (דברים לג, יט) להר של זבולון שהוא הר הכרמל, ופסוק גוי וקהל גוים אתא לחייב על כל שבט כו' כדאיתא בפרק קמא דהוריות (ה, א): **[ו] כמלא פי הפך.** לעיל (סט, ח) איתא שפע לו מן השמים כמלא פי הפך, ואולי הספר חסר כאן: **[ז] והבר.** הדגן היה מצוי מפני שהארץ חלולה להוציא פירותיה. וכברת דרש נוטריקון לשון כברה ולשון בר: **אשת פנחס.** בן עלי הכהן:

אשד הנחלים

להרו של זבולון כו'. וביאור הכתוב [על דרך הרמז] עמים [עושה כמעשה עמים], ושם הר יקראו [לזבוח בבמות, עם כל זה] שם יזבחו זבחי צדק, כי אקבל קרבנם אחר שמכוונים לה', כי הוראת שעה היתה, כאליהו בהר הכרמל שהוא מהרי זבולון: **לחייב על כל שבט כו' קהל וקהל.** כלומר אחר שהכתוב מכנה זאת לזבחי צדק, א"כ אמאי קראם על זה גוי וקהל גוים, לחייב על כל שבט שיעשה זאת, או כל קהל, זולת אליהו, שהיה כוונתו לקדש השם והוראת שעה לבד: **[ו] הן הן המרכבה.** פרשתי לעיל (מז, ו): **כמלא פי הפך.** באורו על דרך הכוונה השניה, לפי שהשפע המתרבה לאדם היא רבה מאוד כפי הערך שהאדם מתקדש עצמו למטה, כי האדם מתקדש עצמו מעט [וזהו על צד הרמז כמלא פי הפך], מקדשין אותו מלמעלה הרבה (יומא לט, א). ודייק מהכתוב ויצוק שמן, ומדוע הכפיל עוד לומר ויסך עליה נסך, אלא להורות כמלא פי הפך, שזהו הנסך שהוא מעט. אך לעיל בפרשה ס"ט משמע שמן השמים שפע לו כמלא פי הפך, משמע להיפוך. ואולי לפ"ז באור הכתוב ויצוק שמן, ועל ידי זה נסך לו נסך מלמעלה שפע כמלא פי הפך: **[ז] חלולה ככברה.** על פי הפשט הוא מלשון מידה, עם כל זה מתווך בו ג"כ זה. או שמפרשים על דרך הפשט כן, וכמו ויהי כברת הארץ, שהארץ היתה חלולה ורכה להוציא פירותיה: **ועדיין השרב לא באה.** יש להבין לאיזה נפקא מינה בזה. ואולי מבאר בזה הסבה הטבעית, מפני שהארץ היתה לחה מאוד, ואויר החום המחזיק הבריאות ומחיה הרוח לא בא, לכן ותקש בלדתה ומתה: **כשהן חיות.** הענין, אף שנתקשו מאוד בלידתם ועל כן היה להם יסורים מאוד עד שמתו על ידי זה, עם כל זה דברו בשעת מותן וקראו שמות לבניהם אשר ילדו. וכל זה מורה על גודל שכלן ודעתם אף בעת המיתה, להתבונן על קריאת בניהם בעת ההיא, התבונן בזה ותראה מה גדלה חכמתן:

רַבָּנָן אָמְרֵי — **The** other **Rabbis said:** כְּבָר הַבָּר מָצוּי — It means that **grain** [בָּר] **is already** [כְּבָר] **plentiful,**[68] וְעוֹנַת הַגְּשָׁמִים עָבְרָה — **and the rainy season has passed,** וַעֲדַיִין הַשָּׁרָב לֹא בָא — **but the** summer **heat has not yet come.**[69]

□ וַתֵּלֶד רָחֵל וַתְּקַשׁ בְּלִדְתָּהּ — ***WHEN RACHEL WENT INTO LABOR AND HAD DIFFICULTY IN HER CHILDBIRTH.***

The Midrash discusses several women whose childbirths were similar to that of Rachel:

שְׁלֹשָׁה הֵן שֶׁנִּתְקַשּׁוּ בִּשְׁעַת לֵידָתָם וּמֵתוּ כְּשֶׁהֵן חַיּוֹת — **There were three** women in Scripture **who had difficulty at the time of their childbirth and died while they were in labor,** וְאֵלּוּ הֵן — **and these are they:** רָחֵל, וְאֵשֶׁת פִּינְחָס, וּמִיכַל בַּת שָׁאוּל — (i) **Rachel,** (ii) **and the wife of Phinehas,**[70] (iii) **and Michal daughter of Saul.** רָחֵל "וַתֵּלֶד רָחֵל וַתְּקַשׁ בְּלִדְתָּהּ" — **Rachel** — as Scripture here states, ***when Rachel went into labor and had difficulty in her childbirth*** ... *and it came to pass, as her soul was departing — for she died.*

NOTES

68. I.e., the grain has already grown. According to the other Rabbis, כִּבְרַת is also doubly expounded; it is related to כְּבָר (*already*), and בָּר (*grain*) (*Eitz Yosef,* from *Nezer HaKodesh*). See *Maharzu* for a somewhat different understanding.

69. Scripture here mentions the season to make it clear that it was not because of difficult travel conditions that Jacob buried Rachel on the road and did not bring her body to Bethlehem proper (below, v. 19), but that rather it was because of a Divine command (*Yefeh To'ar, Radal, Maharzu;* see *Rashi* to below, 48:7).

[*Yefeh To'ar,* based on *Rashi* to our verse, interprets R' Eliezer ben Yaakov as also referring to the period after the rainy season, when the grain has already grown. The other Rabbis, then, are not disagreeing with him but rather are adding further clarification as to the precise season.]

70. That is, Phinehas the son of Eli the priest (see *I Samuel* 1:3).

מִשֶּׁיַּעֲשׂוּ בָּנֶיךָ כָּעַמִּים לְהָרוֹ שֶׁל זְבוּלֻן, "שָׁם יִזְבְּחוּ זִבְחֵי אִיסּוּר בָּמוֹת" אֵין כְּתִיב כָּאן אֶלָּא "זִבְחֵי צֶדֶק", צְדָקָה אֲנִי עוֹשֶׂה עִמָּהֶם וּמְקַבֵּל אֶת קָרְבָּנָם, אֶלָּא "גּוֹי וּקְהַל גּוֹיִם יִהְיֶה מִמֶּךָּ" לְחַיֵּיב עַל כָּל שֵׁבֶט וְשֵׁבֶט, דִּבְרֵי רַבִּי שִׁמְעוֹן, וְרַבִּי יְהוּדָה אוֹמֵר: ט לְחַיֵּיב עַל כָּל קָהָל וְקָהָל:

ו [לה, יג] **"וַיַּעַל מֵעָלָיו אֱלֹהִים", אָמַר רֵישׁ לָקִישׁ: הָאָבוֹת הֵן הֵן הַמֶּרְכָּבָה, שֶׁנֶּאֱמַר** (לעיל יז, כב) **"וַיַּעַל אֱלֹהִים מֵעַל אַבְרָהָם", "וַיַּעַל מֵעָלָיו אֱלֹהִים",** (שם כח, יג) **"וְהִנֵּה ה' נִצָּב עָלָיו".** [לה, יד] **"וַיַּצֵּב יַעֲקֹב מַצֵּבָה וְגוֹ' וַיַּסֵּךְ עָלֶיהָ נֶסֶךְ וַיִּצֹק עָלֶיהָ שָׁמֶן" כִּמְלֹא פִּי הַפַּךְ °:**

ז [לה, טז] **"וַיִּסְעוּ מִבֵּית אֵל וַיְהִי עוֹד כִּבְרַת הָאָרֶץ", אָמַר רַבִּי אֱלִיעֶזֶר בֶּן יַעֲקֹב: בְּשָׁעָה שֶׁהָאָרֶץ חֲלוּלָה כִּכְבָרָה וְהַבָּר מָצוּי, רַבָּנָן אָמְרֵי: כְּבָר הַבָּר מָצוּי וְעוֹנַת הַגְּשָׁמִים עָבְרָה וַעֲדַיִין הַשָּׁרָב לֹא בָא.** [שם] **"וַתֵּלֶד רָחֵל וַתְּקַשׁ בְּלִדְתָּהּ", שְׁלֹשָׁה הֵן שֶׁנִּתְקַשּׁוּ בִּשְׁעַת לֵידָתָם וּמֵתוּ כְּשֶׁהֵן חָיוֹת, וְאֵלּוּ הֵן: רָחֵל, וְאֵשֶׁת פִּינְחָס, וּמִיכַל בַּת שָׁאוּל, רָחֵל "וַתֵּלֶד רָחֵל וַתְּקַשׁ בְּלִדְתָּהּ",**

רש"י

קרבנות אפילו בשעת איסור הבמות: **לחייב.** על כל שבט ושבט כדברי ר' שמעון וכו' בהוריות בגמרא בבלית (ה, א): **(ו) ויצק עליה שמן. כמפי הפך: (ז) כברת ארץ.** אותו הזמן היה **בשעה שהארץ חללה ככברה.** חלולה ונקובה ככברה להוציא תבואה **והבר מצוי:**

עץ יוסף

משיעשו בניך בעמים כו'. פירוש משעה שיעבדו אליל כעמים, אז להרו של זבולן יאספו שם יזבחו זבחי צדק, שיעשה להם צדקה ויקבלם אף על פי שהם באיסור במות. ופירוש הר יקראו יאספו להר, הוא הר הכרמל שהוא מזבולן: **אלא גוי כו'.** כלומר היתר איסור הבמה לאליהו למדנו מפסוק עמים הר יקראו, ופסוק גוי וקהל גוים בא לחייב על כל שבט ושבט. ורצונו לומר דאיתא פלוגתא בפרק קמא דהוריות (ד,ב ה,א) בפר העלם דבר של צבור דרבי מאיר סבירא ליה דאפילו חטאו כל ישראל אין מביאין רק פר אחד לכולם, ורבי שמעון ורבי יהודה סבירא להו דכל שבט ושבט איקרי קהל הילכך אם חטאו כל ישראל מביאין י"ב פרים, ואם חטא שבט אחד בלבד מביא פר אחד. וקאמר הכא דטעמא דרבי שמעון ורבי יהודה הוא מדכתיב גוי וקהל גוים יהיה ממך דעל בנימן שעדיין לא נולד קאמר, אלמא לבנימן לחודיה קרי קהל גוים. וכך צריך לומר **לחייב על כל שבט ושבט כדברי רבי שמעון ורבי יהודה שאומרים לחייב על כל קהל וקהל:** (ו) [ז] **כמלא פי הפך שופע לו מן השמים.** כן צריך לומר (אות אמת). וכן הוא לעיל (סט, ח). וקרוב בעיני דאגב שיטפא דאיתמר התם אַוַּיְלוּק על ראשה כתבוהו כאן (יפה תואר): (ז) **חלולה ככברה.** עיין מה שכתב רש"י בחומש שבא לפרש הטעם למה נקרא כדי מחרישה לשון כברת, לכן אמר בשעה שהארץ חלולה ומנוקבת ככברה דהיינו על ידי המחרישה, והבר של תבואה מצוי אחר כך ולכך נקרא מקום המחרישה כברת שהוא נוטריקין לשון כברה ולשון בר. ורבנן מפרשי שלכך נקרא כדי המחרישה כברת בלשון בר וכבר, ונוטריקין היא (כזר הקודש): **והבר.** והדגן: [ח] **שלשה הם שנתקשו כו'.** כלומר בשלשה אלו מצינו ענין קישוי הלידה שמתו בשעת לידתן: **אשת פנחס.** בן עלי הכהן:

פירוש מהרז"ו

שאמר צדקה אני עושה עמהם, היינו מה שקבל תפלת אליהו וירדה אש מן השמים וגו': **אלא גוי וקהל גוים.** תיבת אלא צריך עיון שאינו שייך ולא נמשך מדרשה הקודמת, ובילקוט (רמז קלו) ליתא, ונכון לגרוס דבר אחר גוי כו'. ומה שאמר לחייב על כל שבט או על כל קהל, עיין פירושו הוריות (ה, א) ובירושלמי ריש הוריות (פ"א ה"ו): **(ו) הן הן המרכבה.** כמו שיושב כביכול על כסא כבודו בשמים על שרפים וחיות הקדש, כן יושב בארץ על ידי המאמינים בו ובזכותם המשכינים שכינתו בארץ. וכן הובא לעיל (מז, ו) על פסוק (לה, יג) ויעל מעליו אלהים: **ויצק שמן וגו'.** בפסוק הוא בהפך ויסך עליה נסך ויצק עליה שמן וכן צריך לומר. ועיין לעיל (סט, ח) שיפע לו מן השמים כמלא פי פך כי אז לא היה לו כלום עמו, אך כאן היה בעיר בישוב בעושר וכבוד והיה לו שמן גם כן, אלא דורש ויצק כמלא פי פך כמו שכתבתי שם: **(ז) כברת הארץ.** תיבת כברת זרה ודורש כברה בר, שהארץ חלולה ככברה היינו בעת הקציר שהוא עת שרב ויובש הארץ, וגם אז הבר מצוי והם החטים בארץ אזיל, ובזה אנו יודעין זמן שמתה רחל (על פי מדת ממעל). ורבנן פירשו מלשון (קהלת ב, טז) בשכבר הימים הבאים, פירוש בעוד כבר הבר זמן שעבר לפני הבר שעבר זמן הגשמים והתבואה קרובה להתבשל. ומה שאמר ועדיין השרב לא בא היינו מתיבת לבא, ונמצא בר בין תיבת כבר לתיבת לבא היינו שהגשמים כבר קודם הבר והשרב לבא אחר הבר. וכוונת ידיעת הזמן מפורש בפסיקתא רבתי (ג, ד) וזה לשונו אמר לו (יוסף ליעקב) שמא מה שלא הכנסת אותה לקבורה שמא עונת הגשמים היתה, אמר לו לאו בעוד כברת ארץ כו' בין פסח לעצרת בזמן שהארץ מנופה והולכת ובאה ככברה שיכולים לילך, והובא ברש"י ויחי והכוונה אלא שעשה על פי הדבור:

מתנות כהונה

וכן פירש רש"י שבדן הקימו פסל מיכה: **משיעשו בניך בעמים.** שיקריבו בבמה בשעת איסור במות, להר של זבולון יהיו נקראים, ושם יזבחו זבחי איסור במות: **אין כתיב.** אף על פי שהוא בשעת איסור במות אמר זבחי צדק: **אלא גוי כו'.** כתב הרב אברהם בן אשר כלומר היתר איסור הבמות לאליהו למדנו מפסוק עמים הר יקראו (דברים לג, יט) להר של זבולון שהוא הר הכרמל, ופסוק גוי וקהל גוים אתא לחייב על כל שבט כו' כדאיתא בפרק קמא דהוריות (ה, א): [ו] **כמלא פי הפך.** לעיל (סט, ח) איתא ששפע לו מן השמים כמלא פי הפך, ואולי הספר חסר כאן: [ז] **והבר.** הדגן היה מצוי מפני שהארץ חלולה להוציא פירותיה. וכברת דרש נוטריקון לשון כברה ולשון בר: **אשת פנחס.** בן עלי הכהן:

אשד הנחלים

להרו של זבולון כו'. וביאור הכתוב [על דרך הרמז] עמים [עושה כמעשה עמים], ושם הר יקראו [לזבוח בבמות, עם כל זה] שם יזבחו זבחי צדק, כי אקבל קרבנם אחר שמכוונים לה', כי הוראת שעה היתה, כאליהו בהר הכרמל שהוא מהרי זבולון: **לחייב על כל שבט כו' קהל וקהל.** כלומר אחר שהכתוב מכנה זאת לזבחי צדק, א"כ אמאי קראם על זה גוי וקהל גוים, לחייב על כל שבט שיעשה זאת, או כל קהל, זולת אליהו, שהיה כוונתו לקדש השם והוראת שעה לבד: **[ו] הן הן המרכבה.** פרשתי לעיל (מז, ו): **כמלא פי הפך.** באורו על דרך הכוונה השניה, לפי שהשפע המתרבה לאדם היא רבה מאוד כפי הערך שהאדם מתקדש עצמו למטה, כי האדם מתקדש עצמו מעט [וזהו על צד הרמז כמלא פי הפך], מקדשין אותו מלמעלה הרבה (יומא לט, א). ודייק מהכתוב ויצוק שמן, ומדוע הכפיל עוד לומר ויסך עליה נסך, אלא להורות כמלא פי הפך, שזהו הנסך שהוא מעט. אך לעיל בפרשה ס"ט משמע שמן השמים שפע לו כמלא פי הפך, משמע להיפוך. ואולי לפ"ז באור הכתוב ויצוק שמן, ועל ידי זה נסך לו נסך מלמעלה שפע כמלא פי הפך: **[ז] חלולה ככברה.** על פי הפשט הוא מלשון מידה, עם כל זה מתווך בו ג"כ זה. או שמפרשים על דרך הפשט כן, וכמו ויהי כברת הארץ, שהארץ היתה חלולה ורכה להוציא פירותיה: **ועדיין השרב לא באה.** יש להבין לאיזה נפקא מינה בזה. ואולי מבאר בזה הסבה הטבעית, מפני שהארץ היתה לחה מאוד, ואויר החום המחזיק הבריאות ומחיה הרוח לא בא, לכן ותקש בלדתה ומתה: **כשהן חיות.** הענין, אף שנתקשו מאוד בלידתם ועל כן היה להם יסורים מאוד עד שמתו על ידי זה, עם כל זה דברו בשעת מותן וקראו שמות לבניהם אשר ילדו. וכל זה מורה על גודל שכלן ודעתם אף בעת המיתה, להתבונן על קריאת בניהם בעת ההיא, התבונן בזה ותראה מה גדלה חכמתן:

חידושי הרד"ל

ומקבל את קרבנם. רבי חנינא מייתי לה מהכא ויקח אליהו וגו' יהיה ממך. רבי שמלאי כו' יהיה ממך תני גוי וקהל גוים יהיה ממך לחייב כו'. כן צריך לומר. **ורבי יהודה אומר לחייב על כל שבט בעל כל הקהל.** כן צריך לומר, כיון דשבט אחד קרוי גוי וקהל קרוי גוי וקהל סובר רבי יהודה דכל שבט קרוי קהל גוים לענין שגורר שאר שבטים שלא חטאו שיביאו גם כן, כדאיתא בירושלמי פרק קמא דהוריות (ה"ו), ועיין שם בבלי (הוריות ה, ב):

[ז] שהארץ חלולה ככברה והבר מצוי. גירסת רש"י הניר מצוי, וכמדומה שבדברי רבי אליעזר דדריש כברת לשון כברה מפרש כן בשעת הניר, שהארץ מנוקבת על ידי הניר, אבל לרבנן דדרשי כברת לשון בר אי אפשר לגרוס ניר. ומה שאמרו והשרב עדיין לא בא זהו כמו שכתבתי לעיל בשם הפסיקתא (פיסקא ג) שהיה בין פסח לעצרת זמן היפה שבאוירים שבארץ ישראל כמו שנכתב לעיל (לד, יא) בסייעתא דשמיא. ונראה לי ענין המאמר כאן לומר שהזמן היה יפה להוליכה, רק על פי הדיבור קברה שם על הדרך, כדאיתא בפסיקתא שם ופירוש רש"י סדר ויחי (מח, ז):

חידושי הרש"ש

[ז] בשעה שהארץ כו' רבנן אמרי כבר הבר מצוי כו'. היינו לפי דבסוכות נשתהה קיץ וחורף וקיץ ואחר זה בבית אל ששה חדשים כדאיתא סוף פרק קמא דמגילה (יז, א) ולעיל (עח, טז) והוא כל ימות החורף, ואם כן יצא משם בתחילת הקיץ שהאויר אז ממוזג יפה כדאיתא לעיל (לד, יא), ולפי זה לא אתיא הא דאיתא בילקוט שמות (רמז קסב) דבנימין נולד במרחשוון אליבייהו. והילקוט צריך לומר דאזיל בשיטת רבי אבין בשם רב הונא שם דתשעה שנים נשתהה שם:

מסורת המדרש

ט. הוריות ה'. ירוש' פסחים פ"ז ה"ו. ירוש' הוריות פ"א ה"ו:

אם למקרא

וַיְכַל לְדַבֵּר אִתּוֹ וַיַּעַל אֱלֹהִים מֵעַל אַבְרָהָם: (בראשית יז:כב)

וְהִנֵּה ה' נִצָּב עָלָיו וַיֹּאמַר אֲנִי ה' אֱלֹהֵי אַבְרָהָם אָבִיךָ וֵאלֹהֵי יִצְחָק הָאָרֶץ אֲשֶׁר אַתָּה שֹׁכֵב עָלֶיהָ לְךָ אֶתְּנֶנָּה וּלְזַרְעֶךָ: (שם כח:יג)

ידי משה

[ז] ויהי כברת הארץ אמר רבי אליעזר וכו'. פלוגתא רבי אליעזר ורבנן שרבי אליעזר סבר שהיה באמצע הקיץ, ורבנן סברי שהיה בין ראש השנה לעצרת:

שינוי נוסחאות

(ו) ויצב יעקב מצבה וגו' ויסך עליה נסך ויצק עליה שמן כמלא פי הפך. הנוסח הישן היה "ויצב יעקב מצבה ויצוק שמן ויסך עליה נסך כמלא פי הפך", ורק בדפוסים האחרונים (ווילנא ווארשא) הדפיסו כלפנינו (ע"פ מהרז"ו):

"אֵשֶׁת פִּינְחָס "וְכַלָּתוֹ אֵשֶׁת פִּינְחָס — **The wife of Phinehas** — as Scripture states, ***His daughter-in-law, the wife of Phinehas,*** *was soon to give birth, . . . she crouched down and gave birth, for her labor pains came upon her. As she was about to die, those standing around her spoke to her, "Fear not, for you have borne a son!"* (*I Samuel* 4:19-20). מִיכַל שֶׁנֶּאֱמַר "וּלְמִיכַל בַּת שָׁאוּל לֹא הָיָה לָהּ יָלֶד עַד יוֹם מוֹתָהּ" — And **Michal** — **as it is stated, *Michal daughter of Saul had no child until the day of her death*** (*II Samuel* 6:23), אָמַר רַבִּי יְהוּדָה בַּר סִימוֹן — regarding which **R' Yehudah bar Simone said:** "עַד יוֹם מוֹתָהּ" לֹא הָיָה לָהּ — ***"Until" the day of her death* she had no** *child*, בְּיוֹם מוֹתָהּ הָיָה לָהּ — but **on the day of her death she did have** one.[71] הֲדָא הוּא דִכְתִיב — **Thus it is written,** in enumerating David's sons: "הַשִּׁשִּׁי יִתְרְעָם לְעֶגְלָה אִשְׁתּוֹ" — ***The sixth, Ithream, by his wife Eglah*** (*I Chronicles* 3:3).[72] וְלָמָּה הוּא קוֹרֵא אוֹתָהּ עֶגְלָה — **And why does [the verse]** there **call her "Eglah"** (heifer), since her real name was Michal? אָמַר רַבִּי יְהוּדָה בַּר סִימוֹן — **R' Yehudah bar Simone said:** שֶׁפָּעַת כְּעֶגְלָה וָמֵתָה — **Because she cried out** in childbirth **like a heifer and** then **died.**[73]

§8 וַיְהִי בְהַקְשֹׁתָהּ בְּלִדְתָּהּ וְגוֹ׳ — *AND IT WAS WHEN SHE HAD DIFFICULTY IN HER LABOR, ETC. [THAT THE MIDWIFE SAID TO HER, "HAVE NO FEAR, FOR THIS ONE, TOO, IS A SON FOR YOU"].*

The Midrash relates a story that pertains to our verse:

שְׁנֵי תַלְמִידִים מִשֶּׁל רַבִּי יְהוֹשֻׁעַ שִׁינּוּ עֲטִיפָתָן בִּשְׁעַת הַשְּׁמַד — **Two disciples of R' Yehoshua changed their garb at the time of the** Roman **persecution.**[74] פָּגַע בָּהֶם סַרְדְּיוֹט אֶחָד מְשׁוּמָּד — **An apostate** who had become a Roman **officer encountered them** and realized that they were Jews.[75] אָמַר לָהֶם — **He said to them,** אִם אַתֶּם בָּנֶיהָ שֶׁל תּוֹרָה תְּנוּ נַפְשְׁכֶם עָלֶיהָ — **"If you are children of the Torah, give your lives for it!**[76] וְאִם אֵין אַתֶּם בָּנֶיהָ לָמָּה אַתֶּם נֶהֱרָגִים עָלֶיהָ — **And if you are not its children, why are you being killed for it?"**[77] אָמְרוּ לוֹ — **[The two] replied to [the apostate],** בָּנֶיהָ אָנוּ וְעָלֶיהָ אָנוּ נֶהֱרָגִים — **"We are [the Torah's] children, and we are being killed for it,**[78] אֶלָּא שֶׁאֵין דַּרְכּוֹ שֶׁל אָדָם לְאַבֵּד אֶת עַצְמוֹ לָדַעַת — **but it is not the normal behavior of a person to commit suicide."**[79]

NOTES

71. The verse does not mean that Michal never had a child, but rather that the only child she would have would be on the day of her death. The implication thus is that she died as a result of the birth; see below.

72. Scripture there lists six of David's wives, yet only Eglah is described as *his wife.* The Midrash understands this as meaning that Eglah was David's first wife, i.e., she was none other than Michal, the daughter of King Saul (see *Radak* ad loc.). Since she is listed as the mother of David's son Ithream, the verse supports R' Yehudah bar Simone's contention that Michal eventually did have a child. [The Gemara in *Sanhedrin* 21a rejects this interpretation, because the passage in *Chronicles* lists the sons born to David while he was still in Hebron, while the verse mentioning Michal's childlessness is describing her situation after David had already moved to Jerusalem. See *Yefeh Einayim* ad loc. for a possible reconciliation.]

73. I.e., she cried out loudly like a calf due to the difficult birth and then died. [See *Sanhedrin* 21a for an alternative explanation of why Michal was called Eglah.]

For a discussion of the significance of these three women all having died in childbirth, see Insight Ⓐ.

74. That is, they replaced their distinctly Jewish garb with clothing similar to that worn by the nations, so that they would not be identified as Jews (*Rashi, Matnos Kehunah, Eitz Yosef*).

75. As the story will demonstrate, the official had once been a Torah scholar, and he may himself have been a disciple of R' Yehoshua.

76. I.e., if you are strongly attached to the Torah, as a child is attached to his mother, you should not seek to disguise yourselves. Rather, you should publicly profess your allegiance to the Torah despite the danger involved (*Eitz Yosef*).

77. I.e., why do you not actually apostatize and thereby avoid any danger (*Matnos Kehunah*). *Eitz Yosef* writes that the apostate official was asking them: Why is it that when faced with the stark choice between apostasy and death, you do choose death? [According to *Eitz Yosef,* this must have been a wider phenomenon, that Jews were disguising themselves as non-Jews, but when discovered they would be willing to die for the Torah, and the apostate was questioning the logic of such behavior. These particular disciples had not as yet expressed a willingness to die for their faith.]

78. [I.e., we are prepared to die rather than abandon it.]

79. While one can remain firm in one's convictions, even when threatened with death, human nature prevents one from actively endangering himself, and by deliberately identifying themselves as Jews they would be placing themselves in danger (*Eshed HaNechalim;* see also *Matnos Kehunah*). See Insight Ⓑ.

INSIGHTS

Ⓐ **Death in Childbirth** Why does the Midrash make a point that these three women died in childbirth? *Yefeh To'ar* posits that it is in response to the Mishnah in *Shabbos* (2:6): "For three transgressions women die during childbirth: for being careless regarding [the laws of] menstruation, the tithe from dough, and kindling the [Sabbath] light." One might thus think that if a woman were to die in childbirth it could be taken as evidence that she was guilty of one of these sins. The Midrash therefore cites the examples of these three women, all of whom were righteous, as evidenced in Scripture, yet who nevertheless died in childbirth. Rachel's righteousness is well known, and that of Phinehas' wife can be seen from the fact that she was troubled over the capture of the Ark of God rather than over the death of her husband (see *I Samuel* 4:21-22). Michal's righteousness is demonstrated by her disobeying her father to save David (see ibid. 19:11-17). Furthermore, the Talmud relates that Michal selflessly raised the orphan children of her sister Merab (*Sanhedrin* 19b). Since it is illogical to assume that these pious women would have committed one of these severe transgressions, it follows that the Mishnah does not mean that the sins it mentions are the only causes of death in childbirth. Ultimately God's justice is often unfathomable, and there are many reasons why *the same fate awaits the righteous and the wicked* (*Ecclesiastes* 9:2).

Yefeh To'ar notes further that according to the Midrash above (17 §8), women were given these three commandments to atone for Eve's role in causing Adam's downfall and death. The behavior of the three women mentioned here stands in stark contrast to that of Eve. Michal, as mentioned above, saved the life of her husband David. Rachel, in an extreme act of self-sacrifice, revealed the secret signs Jacob had given her to her sister Leah so as to save her from shame on the night of her wedding to Jacob (*Megillah* 13b). Since publicly shaming someone is equivalent to bloodshed (*Bava Metzia* 58b), Rachel's deed too can be seen as a form of preserving life. Although no similar deeds are attributed to the wife of Phinehas, her behavior was antithetical to that of Eve in another fashion. Besides being responsible for Adam's physical death Eve was guilty of causing Adam's spiritual downfall by enticing him to sin. However, Phinehas' wife demonstrated her concern for Israel's spiritual well-being by her aforementioned distress at the capture of the Ark, which represents the Torah, the guide to the perfection of the soul.

Thus, these three women shared none of Eve's guilt, and therefore they would not have been punished with death for these three transgressions. By calling attention to the fact that nevertheless it was precisely these three women who died in childbirth, the Midrash clearly demonstrates that a death in childbirth need not necessarily be connected to the three sins listed in the Mishnah.

Ⓑ **Disguising One's Jewishness** *Yefeh To'ar* discusses the halachic aspects of R' Yehoshua's disciples having disguised their Jewishness in order to escape persecution. Apparently, their behavior would seem to be at odds with what we are taught by the Gemara in *Sanhedrin* (74b) — that at a time of religious persecution, when the nations seek to force Jews to violate the Torah (שְׁעַת הַשְּׁמָד), one is required to give his life rather than even exchange the black shoelaces worn by Jews for the red ones worn by the idolaters! The cases, however, are not comparable. In

אֵשֶׁת פִּינְחָס (שמואל-א ד, יט) **"וְכַלָּתוֹ אֵשֶׁת פִּינְחָס", מִיכַל שֶׁנֶּאֱמַר** (שמואל-ב ו, כג) **"וּלְמִיכַל בַּת שָׁאוּל לֹא הָיָה לָהּ יָלֶד עַד יוֹם מוֹתָהּ", אָמַר רַבִּי יְהוּדָה בַּר סִימוֹן: [יא]"עַד יוֹם מוֹתָהּ" לֹא הָיָה לָהּ, בְּיוֹם מוֹתָהּ הָיָה לָהּ, הָדָא הוּא דִכְתִיב** (דברי הימים-א ג, ג) **"הַשִּׁשִּׁי יִתְרְעָם לְעֶגְלָה אִשְׁתּוֹ", [יב]וְלָמָּה הוּא קוֹרֵא אוֹתָהּ עֶגְלָה, אָמַר רַבִּי יְהוּדָה בַּר סִימוֹן: שֶׁפָּעֲת כְּעֶגְלָה וָמֵתָה:**

ח [לה, יז] **"וַיְהִי בְהַקְשֹׁתָהּ בְּלִדְתָּהּ וְגוֹ' ", [יג]שְׁנֵי תַּלְמִידִים מִשֶּׁל רַבִּי יְהוֹשֻׁעַ שִׁינּוּ עֲטִיפָתָן בִּשְׁעַת הַשְּׁמַד, פָּגַע בָּהֶם סַרְדְּיוֹט אֶחָד ° אָמַר לָהֶם: אִם אַתֶּם בָּנֶיהָ שֶׁל תּוֹרָה תְּנוּ נַפְשְׁכֶם עָלֶיהָ, וְאִם אֵין אַתֶּם בָּנֶיהָ לָמָּה אַתֶּם נֶהֱרָגִים עָלֶיהָ, אָמְרוּ לוֹ: בָּנֶיהָ אָנוּ וְעָלֶיהָ אָנוּ נֶהֱרָגִים, אֶלָּא שֶׁאֵין דַּרְכּוֹ שֶׁל אָדָם לְאַבֵּד אֶת עַצְמוֹ לָדַעַת, אָמַר לָהֶם: ג' שְׁאֵלוֹת אֲנִי שׁוֹאֵל אֶתְכֶם, וְאִם הֲשִׁיבוֹתֶם לִי הֲרֵי מוּטָב, וְאִם לָאו הֲרֵי אֲנִי מְשַׁמֵּד אֶתְכֶם, אָמַר לָהֶם: כָּתוּב א' אוֹמֵר** (ישעיה ג, יג) **"נִצָּב לָרִיב ה' " וּכְתִיב** (יואל ד, יב) **"כִּי שָׁם אֵשֵׁב לִשְׁפֹּט אֶת כָּל הַגּוֹיִם וְגוֹ' ", אָמְרוּ לוֹ: בְּשָׁעָה שֶׁהַקָּדוֹשׁ בָּרוּךְ הוּא דָּן אֶת יִשְׂרָאֵל דָּן אוֹתָן מְעוּמָּד, מְקַצֵּר בַּדִּין וּמְפַשֵּׁר בַּדִּין, אֲבָל כְּשֶׁהוּא דָּן אֶת אוּמּוֹת הָעוֹלָם דָּן מְיוּשָּׁב, מְדַקְדֵּק בַּדִּין וּמַאֲרִיךְ בַּדִּין, אָמַר לָהֶם: לֹא כָּךְ דָּרַשׁ רַבִּי יְהוֹשֻׁעַ רַבְּכֶם, אֶלָּא אֶחָד זֶה וְאֶחָד זֶה בְּאוּמּוֹת הָעוֹלָם הַכָּתוּב מְדַבֵּר, מִשֶּׁהַקָּדוֹשׁ בָּרוּךְ הוּא דָּן אֶת אוּמּוֹת הָעוֹלָם מְיוּשָּׁב דָּן אוֹתָם וּמְדַקְדֵּק בַּדִּין וּמַאֲרִיךְ בַּדִּין, וְאַחַר כָּךְ הוּא נַעֲשָׂה אַנְטָדִיקוֹס כְּנֶגְדָן, אָמַר לָהֶם: מָה הוּא דִין דִּכְתִיב** (משלי כח, יט) **"עֹבֵד אַדְמָתוֹ יִשְׂבַּע לָחֶם וְגוֹ' ", אָמְרוּ לוֹ: טוֹב מִי שֶׁהוּא חוֹכֵר שָׂדֶה אַחַת וּמְזַבְּלָהּ וּמְעַדְּרָהּ מִמִּי שֶׁהוּא חוֹכֵר שָׂדוֹת הַרְבֵּה וּמְבִירָן,**

עץ יוסף

עד יום מותה כו'. דאי לאו הכי לימא סתמא לא היה לה ולד: **שפעת.** שצעקה כמו כיולדה אפעה (ישעיה מב, יד). וכן דריש במדרש ויקרא רבה (כז, ז) ופעלכם מֵאָפַע (ישעיה מא, כד) ממאה פעיות שהאשה פועה בשעה שהיא יושבת על המשבר: (ח) [ט] **שינו עטיפתן.** פירוש שינו עטיפת כסותם המיוחדת ליהודים כדי שלא יכירום שהם יהודים: **סרדיוט.** ממונה מבית המלך, והכיר אותם שהם יהודים: **בניה של תורה.** אדוקים בה כבן הכרוך אחרי אמו: **תנו נפשכם.** בפרהסיא ולא תשנו עטיפותיכם ואפילו שתסתכנו עליה. **ואם אין אתם בניה של תורה למה אתם נהרגים עליה.** שאם רוצים להעבירכם על דת אתם מוסרים נפשכם: **ועליה אנו נהרגים.** אילו יעבירום חס ושלום עליה. אבל **אין** ראוי **לאבד עצמו לדעת.** כל שאפשר להתנכר ולא יעבירום (יפה תואר): **ואם לאו.** שלא תמצאו טעם ליישב דברי תורה על מכונם. אם כן אין ראוי לחוס עליכם: **נצב לריב ה'.** דמשמע שהוא דן בעמידה. **וכתיב כי שם אשב.** דמשמע בישיבה. ולמה ימשל פעמים בעמידה ופעמים בישיבה בהיפך. ומשני שהעמידה רמז לקילור הדין ומהירתו, והישיבה בהיפך (יפה תואר): **מקצר בדין.** כלומר שאינו מדקדק הרבה בחטאם ולכן כשמשלם גמולם מיקל בעונש, והיינו מפשר בדין לשון פשרה. ולעבודת כוכבים ומזלות בהיפך מדקדק הרבה בחטאם ומחמיר בעונשם. ועיין מה שכתבתי בשיר השירים פרשה י"ז: **אנטדיקוס.** הוא בעל דין בלשון רומי שעומד כבעל דין לפני הדיין (מתנות כהונה). והיינו לפני בית דין של מעלה, כדאמרינן (סנהדרין לח, ב) אין הקדוש ברוך הוא עושה דבר אלא אם כן נמלך בפמליא שלו. והכוונה דמתחלה יושב ומדקדק בחשבון העונות ואחר כך הוא עומד ותובע כבעל דין לנקום נקם: **מהו דין דכתיב עובד אדמתו.** דמאי קא משמע לן: **טוב מי שהוא חוכר.** טוב מי שחוכר שדה אחת ועובדה ממקבל שדות הרבה ולא יוכל לעובדן ויניחן בורות, והיינו מרדף רקים שהשדות יהיו ריקנים ובורים:

חידושי הרד"ל

[ח] **טוב מי שהוא חוכר שדה כו' הרבה ומובירן.** היינו סיפיה דקרא מרדף רקים, שרודף להשיג שדות הרבה שאין בו כח לעובדן ונשארו בורות וריקות ישבע ריש, וכן כתב היפה תואר:

פירוש מהרז"ו

וכלתו אשת פנחס. וסיפיה דקרא ותכרע ותלד כי נהפכו עליה ציריה: **לעגלה אשתו.** דורש מדה ט"ו. כאן כתיב ולא היה לה ולד עד יום מותה, וכתיב הששי יתרעם לעגלה אשת דוד (שמואל ב' ג, ה), וכן בדברי הימים (א' ג, ג), ועל שהיתה בת המלך שאול היתה חביבה מכולן, ועל כן קוראה אשת דוד ואשתו והרי היא מיכל וכתיב שהיה לה בן, וההכרעה על פי מדה ט'. ומה שאמר שפעת כעגלה שנענשה על שהתרעמה על דוד (שמואל ב' ו, כ) כהגלות נגלות כאחד הריקים, ועל שם כך קראו לבנה יתרעם ולה עגלה. ועיין במדבר רבה (ד, כ) כל הענין ושם נבאר. והקשו על זה בסנהדרין (כא, א) והובא בילקוט שמואל (ב' רמז קמא), ולפי מה שנאמר שם ילדה את יתרעם בחברון ומיום שדברה נגד דוד לא ילדה עד יום מותה וביום מותה היה לה עוד ולד, ואינו דורש יתרעם על התרעומות: (ח) **אנטידיקוס.** פירש הערוך בעל דין ומטה כלפי חובה, וזהו נגב לריב וכמו שאמרו ויקרא רבה (לג, ב) על חומת אנך כבעל חוב שעומד ושטרו בידו: **עובד אדמתו.** וסיפיה דקרא ומרדף ריקים וגו', שלשון עבודה נופל בעבד לאדון והאדם לאלהים, על כן דורש עובד אלהים שעל פי מדה י"ז שמפורש בהרבה מקומות שהעבודה סתם לאלהים פירש כאן מדה ט'

מסורת המדרש

י. מדרש שמואל פרשה י"א. ילקוט כאן רמז קל"ו. ילקוט שמואל רמז ק"ג:
יא. סנהדרין דף כ"א. במדבר רבה סוף פרשה ד':
יב. מדרש שמואל פרשה כ"ב:
יג. ילקוט כאן רמז קל"ו. וילקוט ישעיה רמז רס"ב:

אם למקרא

וְכַלָּתוֹ אֵשֶׁת פִּינְחָס הָרָה לָלַת וַתִּשְׁמַע אֶת הַשְּׁמֻעָה אֶל הִלָּקַח אֲרוֹן הָאֱלֹהִים וּמֵת חָמִיהָ וְאִישָׁהּ וַתִּכְרַע וַתֵּלֶד כִּי נֶהֶפְכוּ עָלֶיהָ צִרֶיהָ: (שמואל א ד:יט)

וּלְמִיכַל בַּת שָׁאוּל לֹא הָיָה לָהּ יָלֶד עַד יוֹם מוֹתָהּ: (שם ב ו:כג)

הַחֲמִישִׁי שְׁפַטְיָה לַאֲבִיטָל הַשִּׁשִּׁי יִתְרְעָם לְעֶגְלָה אִשְׁתּוֹ: (דברי הימים א ג:ג)

נִצָּב לָרִיב ה' וְעֹמֵד לָדִין עַמִּים: (ישעיה ג:יג)

יֵעוֹרוּ וְיַעֲלוּ הַגּוֹיִם אֶל עֵמֶק יְהוֹשָׁפָט כִּי שָׁם אֵשֵׁב לִשְׁפֹּט אֶת כָּל הַגּוֹיִם מִסָּבִיב: (יואל ד:יב)

עֹבֵד אַדְמָתוֹ יִשְׂבַּע־לָחֶם וּמְרַדֵּף רֵקִים יִשְׂבַּע רִישׁ: (משלי כח:יט)

ידי משה

וכלתו אשת פנחס וגו'. פירוש לפי שכתוב בתריה הרה ללת, ופירשו המפרשים (רש"י שם) הרה ללת הוא לשון קללה שהקשה ללדת:

שינוי נוסחאות

(ח) **פגע בהם סרדיוט אחד.** בכתבי יד איתא "סרדיוט אחד משומד", ונראה שהושמטה תיבת "משומד" מהדפוסים מחמת הצנזורא:

רש"י

(ח) **שינו עטיפתם.** כסותם שלא יכירום: **אסטריוט.** ממונה: **אם בניה של תורה אתם: אנטידיקס.** בעל דין: **מוטב שהוא חוכר שדה אחת** וחורש נרה **ומזבלה ומעדרה ממי שחוכר שדות הרבה ומובירן.** שדה בור: **עובד אדמתו.** זו תורה:

מתנות כהונה

שפעת. שצעקה: [ח] **שינו עטיפתם.** עטיפת כסותם שלא יכירום שהם יהודים: **סרדיוט.** ממונה מבית המלך, והכיר אותם שהם יהודים: **תנו נפשכם.** ולמה שניתם כסותכם: **למה אתם נהרגים.** למה לא תשמדו עצמכם: **אלא שאין דרכן כו'.** ואם לא נשנה כסות שלנו הרי הכל יכירו אותנו, וזהו איבוד לדעת: **אנטידיקוס.** פירש רש"י והערוך בעל דין לשון רומי, ולכן עומד כבעל דין לפני הדיין: **ומבירן.** מניח אותה בור כדרך אומרים (ב"מ קד, א) אם אוביר ולא אעביד, ועיין בויקרא רבה (ג, א) ובקהלת

אשר הנחלים

[ח] **שאין דרכו של אדם לאבד עצמו לדעת.** כלומר אין טבעו נותן לו להכניס עצמו בסכנה עצומה בידים, אך אם יעמדו נגדו בחזקה אז ימסור נפשו עליו: **נצב גו' שם אשב כו' מקצר בדין.** יש להבין מה זה אשר אחז דווקא בשאלה הזאת ואיזה ענין שייך זאת לאמונה, ורחוק שהיה זאת רק שאלה בעלמא, דלא יתכן זאת בין החכמים. ויתכן לפי שדימה להיפך, כי ענין הקימה וההתייצבות מורה על שעושה זאת בזריזות ובנקם גדול מאוד, אך הישיבה מורה על מנוחה ושקט שאנן באין החרדה כל כך. וכל זה דימה השר, שעל ישראל נאמר שה' ניצב לדין עמו, להענישם בחוזק גדול, אבל עליהם נאמר מלת ישיבה, והתלמיד השיבו בהיפך, שלפעמים היציבה מורה על קצור הדין, כאיש העומד ומוכן להלוך מזה, אבל הישיבה הוא עכבה לדקדק היטב בדין ולהענישו במשפט חרוץ. ור' יהושע הסב כל הכתובים על עובדי כוכבים, וכוונתו בהתיצבות להורות כאלו הוא המעיד לפניהם על מעשיהם והוא הבעל דין: **מהו דין עובד אדמתו.** גם זה נוגע לענין אמונה, לפי שהיו החכמים שבדורם עוסקים רק בעבודת ה' ובהגיון התורה תמיד, ולא עמלו מאומה בעבודת האדמה, ולכן הוכיחם מהכתוב שקראו על מי שאינו עובד אדמתו, שהוא מרדף ריקים. והמה השיבו לו בדרך רמז נכון מאוד, שטוב לעבוד ולעדור הנפש ולתקן שלימותה, שאף

אָמַר לָהֶם — [The officer] then said to them, ג׳ שְׁאֵלוֹת אֲנִי שׁוֹאֵל אֶתְכֶם — “I will ask you three Torah questions, וְאִם הֲשִׁיבוֹתֶם לִי הֲרֵי מוּטָב — and if you answer me, then it is fine;[80] וְאִם לָאו הֲרֵי אֲנִי מְשַׁמֵּד אֶתְכֶם — but if not, I shall destroy you!”[81] אָמַר לָהֶם — He said to them, כָּתוּב א׳ אוֹמֵר ״נִצָּב לָרִיב ה׳ ״ — “One verse states, ***HASHEM* ‘stands erect’ to contend,** *and stands to judge peoples* (*Isaiah* 3:13). וּכְתִיב ״כִּי שָׁם אֵשֵׁב לִשְׁפֹּט אֶת כָּל הַגּוֹיִם וְגוֹ׳ ״ — **But** elsewhere **it is written, *for there I will ‘sit’ to judge all the nations*** *from all around* (*Joel* 4:12). How do you account for this contradiction?”[82] אָמְרוּ לוֹ — **They replied to him,** בְּשָׁעָה שֶׁהַקָּדוֹשׁ בָּרוּךְ הוּא דָּן אֶת יִשְׂרָאֵל דָּן אוֹתָן מְעוּמָּד — **“At the time when the Holy One, blessed is He, judges Israel, He judges them** while **standing,**[83] as it were, מְקַצֵּר בַּדִּין וּמְפַשֵּׁר בַּדִּין — meaning that **He is brief in judgment and He is moderate in judgment.**[84] אֲבָל כְּשֶׁהוּא דָּן אֶת אוּמּוֹת הָעוֹלָם דָּן מְיוּשָּׁב — **But when He judges the** idolatrous **nations of the world, He judges them** while **seated,**[85] as it were, מְדַקְדֵּק בַּדִּין וּמַאֲרִיךְ בַּדִּין — meaning that **He is exacting in judgment and He is comprehensive in the judgment.”**[86]

אָמַר לָהֶם: לֹא כָּךְ דָּרַשׁ רַבִּי יְהוֹשֻׁעַ רַבְּכֶם — **[The officer] said to them, “Your teacher R’ Yehoshua did not expound** it **so.** אֶלָּא אֶחָד זֶה וְאֶחָד זֶה בְּאוּמּוֹת הָעוֹלָם הַכָּתוּב מְדַבֵּר — **Rather,** he explained that in both **this** verse **and the other** verse **Scripture is speaking about the** idolatrous **nations of the world.** מִשֶּׁהַקָּדוֹשׁ בָּרוּךְ הוּא דָּן אֶת אוּמּוֹת הָעוֹלָם מְיוּשָּׁב דָּן אוֹתָם — And the resolution of the contradiction is this: **When the Holy One, blessed is He, judges the** idolatrous **nations of the world, He judges them** while **seated,** as it were, וּמְדַקְדֵּק בַּדִּין וּמַאֲרִיךְ בַּדִּין — meaning that **He is exacting in judgment and He is comprehensive in judgment,** וְאַחַר כָּךְ הוּא נַעֲשָׂה אַנְטָדִיקוֹס כְּנֶגְדָּן — **and afterward He becomes the plaintiff against them.”**[87]

אָמַר לָהֶם — **[The officer]** went on and **said to them,** מָה הוּא דֵּין דִּכְתִיב ״עֹבֵד אַדְמָתוֹ יִשְׂבַּע לָחֶם וְגוֹ׳ ״ — **“What is** the meaning of **that which is written, *One who works his land will be sated with bread,*** *but one who chases empty matters will be sated with poverty*” (*Proverbs* 28:19)?[88] אָמְרוּ לוֹ — **They replied to him,** טוֹב מִי שֶׁהוּא חוֹכֵר שָׂדֶה אַחַת וּמְזַבְּלָהּ וּמְעַדְּרָהּ — **“Someone who leases one field**[89] **and fertilizes it and hoes it is better off** מִמִּי שֶׁהוּא חוֹכֵר שָׂדוֹת הַרְבֵּה וּמְבִירָן — **than someone who leases many fields and,** unable to farm them all, **leaves them fallow.”**[90]

NOTES

80. That is, I will not harm you out of deference to your scholarship and wisdom (*Yefeh To’ar*).

81. By handing you over to the Roman authorities (ibid.).

82. The first verse indicates that God, so to speak, stands while judging the peoples, while the second verse states that He sits. Although these verses are clearly not to be understood literally in any event, the question remains as to why one verse uses the metaphor of God standing while the other uses the metaphor of sitting (*Eitz Yosef*, from *Yefeh To’ar*).

83. The context of the verse in *Isaiah* concerns Israel; see following verse there. At times the nation of Israel is called עַמִּים, *peoples;* see §4 above (*Yefeh To’ar*). See *Metzudas David* ad loc.

84. I.e., God does not make a thorough and precise accounting of all their sins and hence He punishes them only moderately. The metaphor of God “standing” alludes to this lack of thoroughness (*Eitz Yosef*, from *Yefeh To’ar*).

85. The verse in *Joel* concerns God’s judgment of the idolatrous nations for what they have done to Israel; see v. 2 there (*Yefeh To’ar*).

86. That is, God holds them accountable for all of their sins and hence their punishment is severe. It is to this thoroughness that the verse alludes by the metaphor of God “sitting” in judgment (*Yefeh To’ar*). [See *Yefeh To’ar* for an explanation as to why this apparent discrimination is in fact justified.]

87. That is, once judgment has been rendered God assumes the role of the plaintiff, rising erect, so to speak, to exact payment (*Maharzu;* see also *Yefeh To’ar*). Alternatively, first God makes a thorough accounting of the sins of the idolatrous nations, then he becomes the plaintiff (or prosecutor) arguing before the heavenly court in favor of punishment (*Eitz Yosef*, based on *Matnos Kehunah*).

88. The verse appears almost as a truism, that one who works will have food and one who does not will be poor. Clearly the verse has some other connotation (*Eitz Yosef*).

89. I.e., he pays a set yearly fee to work the land and keeps all the field’s produce for himself.

90. The fallow fields are the “empty matters” of the verse (*Eitz Yosef*).

INSIGHTS

the case of the Gemara in *Sanhedrin,* the idolaters realize that this man is a Jew — and that he is yielding to their persecution and abandoning a Jewish practice. That would constitute a *chillul Hashem,* and he may not do so even under pain of death. In the case of our Midrash, however, the disciples of R’ Yehoshua sought to completely hide the fact that they were Jewish. In this there would be no *chillul Hashem,* since the oppressors would think that they were non-Jews, not Jews who were abandoning their religion. Such concealment is permitted (and at times even mandatory). Indeed *Nimukei Yosef* to the end of *Bava Kamma* (p. 40b in the pages of *Rif*) uses our Midrash to support such a ruling.

R’ Yosef Colon (*Teshuvos Maharik* §88, cited by *Beis Yosef, Yoreh Deah* 157) also cites *Hagahos Smak,* who permits this. And though there is another view in *Hagahos Smak* that forbids this (on the basis of the Gemara in *Sanhedrin* 74b), *Maharik* asserts that even the stringent view would forbid this only where the disguise adopted by the Jew involves wearing types of clothing that Jews are *forbidden* to wear, because they violate Jewish standards of proper dress. However, where the clothing is not objectionable per se, then all would agree that the Jew may don the non-Jewish style of clothing to hide the fact that he is Jewish.

Yefeh To’ar adds an important caveat, however. Even where one may disguise his Jewishness, he may not expressly deny his Jewish faith. If a disguised Jew is confronted and asked whether or not he is Jewish, he must acknowledge that he is indeed a Jew!

The foregoing is a synopsis based primarily on *Yefeh To’ar’s* comments here. The actual halachah in such cases is discussed extensively in *Yoreh Deah* 157:2 and its commentaries.

מדרש

אֵשֶׁת פִּינְחָס (שמואל־א ד, יט) "וְכַלָּתוֹ אֵשֶׁת פִּינְחָס", מִיכַל שֶׁנֶּאֱמַר (שמואל־ב ו, כג) "וּלְמִיכַל בַּת שָׁאוּל לֹא הָיָה לָהּ יָלֶד עַד יוֹם מוֹתָהּ", אָמַר רַבִּי יְהוּדָה בַּר סִימוֹן: יא"עַד יוֹם מוֹתָהּ" לֹא הָיָה לָהּ, בְּיוֹם מוֹתָהּ הָיָה לָהּ, הָדָא הוּא דִכְתִיב (דברי הימים־א ג, ג) "הַשִּׁשִּׁי יִתְרְעָם לְעֶגְלָה אִשְׁתּוֹ", יבוְלָמָּה הוּא קוֹרֵא אוֹתָהּ עֶגְלָה, אָמַר רַבִּי יְהוּדָה בַּר סִימוֹן: שֶׁפָּעֲת כְּעֶגְלָה וָמֵתָה:

ח [לה, יז] "וַיְהִי בְהַקְשֹׁתָהּ בְּלִדְתָּהּ וְגוֹ'", יגשְׁנֵי תַּלְמִידִים מִשֶּׁל רַבִּי יְהוֹשֻׁעַ שִׁינּוּ עֲטִיפָתָן בִּשְׁעַת הַשְּׁמַד, פָּגַע בָּהֶם סַרְדְּיוֹט אֶחָד ° אָמַר לָהֶם: אִם אַתֶּם בָּנֶיהָ שֶׁל תּוֹרָה תְּנוּ נַפְשְׁכֶם עָלֶיהָ, וְאִם אֵין אַתֶּם בָּנֶיהָ לָמָּה אַתֶּם נֶהֱרָגִים עָלֶיהָ, אָמְרוּ לוֹ: בָּנֶיהָ אָנוּ וְעָלֶיהָ אָנוּ נֶהֱרָגִים, אֶלָּא שֶׁאֵין דַּרְכּוֹ שֶׁל אָדָם לְאַבֵּד אֶת עַצְמוֹ לָדַעַת, אָמַר לָהֶם: ג' שְׁאֵלוֹת אֲנִי שׁוֹאֵל אֶתְכֶם, וְאִם הֲשִׁיבוֹתֶם לִי הֲרֵי מוּטָב, וְאִם לָאו הֲרֵי אֲנִי מְשַׁמֵּד אֶתְכֶם, אָמַר לָהֶם: כָּתוּב א' אוֹמֵר (ישעיה ג, יג) "נִצָּב לָרִיב ה'" וּכְתִיב (יואל ד, יב) "כִּי שָׁם אֵשֵׁב לִשְׁפֹּט אֶת כָּל הַגּוֹיִם וְגוֹ'", אָמְרוּ לוֹ: בְּשָׁעָה שֶׁהַקָּדוֹשׁ בָּרוּךְ הוּא דָּן אֶת יִשְׂרָאֵל דָּן אוֹתָן מְעוּמָּד, מְקַצֵּר בַּדִּין וּמְפַשֵּׁר בַּדִּין, אֲבָל כְּשֶׁהוּא דָּן אֶת אוּמּוֹת הָעוֹלָם דָּן מְיוּשָּׁב, מְדַקְדֵּק בַּדִּין וּמַאֲרִיךְ בַּדִּין, אָמַר לָהֶם: לֹא כָּךְ דָּרַשׁ רַבִּי יְהוֹשֻׁעַ רַבְּכֶם, אֶלָּא אֶחָד זֶה וְאֶחָד זֶה בְּאוּמּוֹת הָעוֹלָם הַכָּתוּב מְדַבֵּר, מִשֶּׁהַקָּדוֹשׁ בָּרוּךְ הוּא דָּן אֶת אוּמּוֹת הָעוֹלָם מְיוּשָּׁב דָּן אוֹתָם וּמְדַקְדֵּק בַּדִּין וּמַאֲרִיךְ בַּדִּין, וְאַחַר כָּךְ הוּא נַעֲשָׂה אַנְטָדִיקוֹס כְּנֶגְדָּן, אָמַר לָהֶם: מָה הוּא דִין דִּכְתִיב (משלי כח, יט) "עֹבֵד אַדְמָתוֹ יִשְׂבַּע לָחֶם וְגוֹ'", אָמְרוּ לוֹ: טוֹב מִי שֶׁהוּא חוֹכֵר שָׂדֶה אַחַת וּמְזַבְּלָהּ וּמְעַדְּרָהּ מִמִּי שֶׁהוּא חוֹכֵר שָׂדוֹת הַרְבֵּה וּמְבִירָן,

רש"י

(ח) **שינו עטיפתם.** כסותם שלא יכירום: **אסטריוט.** ממונה: **אם בניה של תורה אתם: אנטידיקס.** בעל דין: **מוטב שהוא חוכר שדה אחת** וחורש נרה **ומזבלה ומעדרה ממי שחוכר שדות הרבה ומובירן.** שדה בור: **עובד אדמתו.** זו תורה:

עץ יוסף

עד יום מותה כו'. דאי לאו הכי לימא סתמא לא היה לה ולד: **שפעת.** שצעקה כמו כיולדה אפעה (ישעיה מב, יד). וכן דריש במדרש ויקרא רבה (כז, ז) ופעלכם מֵאָפַע (ישעיה מא, כד) ממאה פעיות שהאשה פועה בשעה שהיא יושבת על המשבר: (ח) [ט] **שינו עטיפתן.** פירוש שינו עטיפת כסותם המיוחדת ליהודים כדי שלא יכירום שהם יהודים: **סרדיוט.** ממונה מבית המלך, והכיר אותם שהם יהודים: **בניה של תורה.** אדוקים בה כבן הכרוך אחרי אמו: **תנו נפשכם.** בפרהסיא ולא תשנו עטיפותיכם ואפילו שתסתכנו עליה. **ואם אין אתם בניה של תורה למה אתם נהרגים עליה.** שאם רוצים להעבירכם על דת אתם מוסרים נפשכם: **ועליה אנו נהרגים.** אילו יעבירום חס ושלום עליה. אבל אין ראוי **לאבד עצמו לדעת.** כל שאפשר להתנכר ולא יעבירום (יפה תואר): **ואם לאו.** שלא תמצאו טעם ליישב דברי תורה על מכונם. אם כן אין ראוי לחום עליכם: **נצב לריב ה'.** דמשמע שהוא דן בעמידה. **וכתיב כי שם אשב.** דמשמע בישיבה. ולמה ימשל פעמים בעמידה ופעמים בישיבה בהיפך. ומשני שהעמידה רמז לקיצור הדין ומהירתו, והישיבה בהיפך (יפה תואר): **מקצר בדין.** כלומר שאינו מדקדק הרבה בחטאם ולכן כשמשלם גמולם מיקל בעונש, והיינו מפשר בדין לשון פשרה. ולעבודת כוכבים ומזלות בהיפך מדקדק הרבה בחטאם ומחמיר בעונשם. ועיין מה שכתבתי בשיר השירים פרשה י"ז: **אנטדיקוס.** הוא בעל דין בלשון רומי שעומד כבעל דין לפני הדיין (מתנות כהונה). והיינו לפני בית דין של מעלה, כדאמרינן (סנהדרין לח, ב) אין הקדוש ברוך הוא עושה דבר אלא אם כן נמלך בפמליא שלו. והכוונה דמתחלה יושב ומדקדק בחשבון העונות ואחר כך הוא עומד ותובע כבעל דין לנקום נקם: **מהו דין דכתיב עובד אדמתו.** דמאי קא משמע לן: **טוב מי שהוא חוכר.** טוב מי שחוכר שדה אחת ועובדה ממקבל שדות הרבה ולא יוכל לעובדן ויניחן בורות, והיינו מרדף רקים שהשדות יהיו ריקנים ובורים:

חידושי הרד"ל

[ח] **טוב מי שהוא חוכר שדה כו' הרבה ומובירן.** היינו סיפיה דקרא מרדף רקים, שרודף להשיג שדות הרבה שאין בו כח לעובדן ונשארו בורות וריקות ישבע ריש, וכן כתב היפה תואר:

פירוש מהרז"ו

וכלתו אשת פנחס. וסיפיה דקרא ותכרע ותלד כי נהפכו עליה ציריה: **לעגלה אשתו.** דורש מדה ט"ו. כאן כתיב ולא היה לה ולד עד יום מותה, וכתיב הששי יתרעם לעגלה אשת דוד (שמואל ב' ג, ה), וכן בדברי הימים (א' ג, ג), ועל שהיתה בת המלך שאול היתה חביבה מכולן, ועל כן קוראה אשת דוד ואשתו והרי היא מיכל וכתיב שהיה לה בן, וההכרעה על פי מדה ט'. ומה שאמר שפעת כעגלה שנענשה על שהתרעמה על דוד (שמואל ב' ו, כ) כהגלות נגלות כאחד הריקים, ועל שם כך קראו לבנה יתרעם ולה עגלה. ועיין במדבר רבה (ד, כ) כל הענין ושם נבאר. והקשו על זה בסנהדרין (כא, א) והובא בילקוט שמואל (ב' רמז קמא), ולפי מה שנאמר שם ילדה את יתרעם בחברון ומיום שדברה נגד דוד לא ילדה עד יום מותה וביום מותה היה לה עוד ולד, ואינו דורש יתרעם על התרעומות: (ח) **אנטידיקוס.** פירש הערוך בעל דין ומטה כלפי חובה, וזהו נגד לריב וכמו שאמרו ויקרא רבה (לג, ב) על חומת אנך כבעל חוב שעומד ושטרו בידו: **עובד אדמתו.** וסיפיה דקרא ומרדף ריקים וגו', שלשון עבודה נופל בעבד לאדון והאדם לאלהים, על כן דורש עובד אלהים שעל פי מדה י"ז שמפורש בהרבה מקומות שהעבודה סתם לאלהים פירש כאן מדה ט'

מתנות כהונה

שפעת. שצעקה: [ח] **שינו עטיפתם.** עטיפת כסותם שלא יכירום שהם יהודים: **סרדיוט.** ממונה מבית המלך, והכיר אותם שהם יהודים: **תנו נפשכם.** ולמה שניתם כסותכם: **למה אתם נהרגים.** למה לא תשמדו עצמכם: **אלא שאין דרכן כו'.** ואם לא נשנה כסות שלנו הרי הכל יכירו אותנו, וזהו איבוד לדעת: **אנטידיקוס.** פירש רש"י והערוך בעל דין לשון רומי, ולכן עומד כבעל דין לפני הדיין: **ומבירן.** הניח אותה בור כדרך אומרים (ב"מ קד, א) אם אוביר ולא אעביד, ועיין בויקרא רבה (ג, א) ובקהלת

אשד הנחלים

[ח] **שאין דרכו של אדם לאבד עצמו לדעת.** כלומר אין טבעו נותן לו להכניס עצמו בסכנה עצומה בידים, אך אם יעמדו נגדו בחזקה אז ימסור נפשו עליו: **נצב גו' שם אשב כו' מקצר בדין.** יש להבין מה זה אשר אחז דווקא בשאלה הזאת ואיזה ענין שייך זאת לאמונה, ורחוק שהיה זאת רק שאלה בעלמא, דלא יתכן זאת בין החכמים. ויתכן לפי שדימה להיפך, כי ענין הקימה וההתייצבות מורה על שעושה זאת בזריזות ובנקם גדול מאוד, אך הישיבה מורה על מנוחה ושקט שאנן באין החרדה כל כך. וכל זה דימה השר, שעל ישראל נאמר שה' ניצב לדין עמו, להענישם בחוזק גדול, אבל עליהם נאמר מלת ישיבה, והתלמיד השיבו בהיפך, שלפעמים היציבה מורה על קצור הדין, כאיש העומד ומוכן להלוך מזה, אבל הישיבה הוא עכבה לדקדק היטב בדין ולהענישו במשפט חרוץ. ור' יהושע הסב כל הכתובים על עובדי כוכבים, וכוונתו בהתיצבות להורות כאלו הוא המעיד לפניהם על מעשיהם והוא הבעל דין: **מהו דין עובד אדמתו.** גם זה נוגע לענין אמונה, לפי שהיו החכמים שבדורם עוסקים רק בעבודת ה' ובהגיון התורה תמיד, ולא עמלו מאומה בעבודת האדמה, ולכן הוכיחם מהכתוב שקראו על מי שאינו עובד אדמתו, שהוא מרדף ריקים. והמה השיבו לו בדרך רמז נכון מאוד, שטוב לעבוד ולעדור הנפש ולתקן שלימותה, שאף

מסורת המדרש

י. מדרש שמואל פרשה י"א. ילקוט כאן רמז קל"ו. ילקוט שמואל רמז ק"ג:
יא. סנהדרין דף כ"א. במדבר רבה סוף פרשה ד':
יב. מדרש שמואל פרשה כ"ב:
יג. ילקוט כאן רמז קל"ו. וילקוט ישעיה רמז רס"ב:

אם למקרא

וְכַלָּתוֹ אֵשֶׁת פִּינְחָס הָרָה לָלַת וַתִּשְׁמַע אֶת הַשְּׁמֻעָה אֶל הִלָּקַח אֲרוֹן הָאֱלֹהִים וּמֵת חָמִיהָ וְאִישָׁהּ וַתִּכְרַע וַתֵּלֶד כִּי נֶהֶפְכוּ עָלֶיהָ צִרֶיהָ: (שמואל א ד:יט)

וּלְמִיכַל בַּת שָׁאוּל לֹא הָיָה לָהּ יָלֶד עַד יוֹם מוֹתָהּ: (שם ב ו:כג)

הַחֲמִישִׁי שְׁפַטְיָה לַאֲבִיטָל הַשִּׁשִּׁי יִתְרְעָם לְעֶגְלָה אִשְׁתּוֹ: (דברי הימים א ג:ג)

נִצָּב לָרִיב ה' וְעֹמֵד לָדִין עַמִּים: (ישעיה ג:יג)

יֵעוֹרוּ וְיַעֲלוּ הַגּוֹיִם אֶל עֵמֶק יְהוֹשָׁפָט כִּי שָׁם אֵשֵׁב לִשְׁפֹּט אֶת כָּל הַגּוֹיִם מִסָּבִיב: (יואל ד:יב)

עֹבֵד אַדְמָתוֹ יִשְׂבַּע־לָחֶם וּמְרַדֵּף רֵקִים יִשְׂבַּע רִישׁ: (משלי כח:יט)

ידי משה

וכלתו אשת פנחס וגו'. פירוש לפי שכתוב בתריה הרה ללת, ופירשו המפרשים (רש"י שם) הרה ללת הוא לשון קללה שהקשה ללדת:

שינוי נוסחאות

(ח) **פגע בהם סרדיוט אחד.** בכתבי יד איתא "סרדיוט אחד משומד", ונראה שהושמטה תיבת "משומד" מהדפוסים מחמת הצנזורא:

אָמַר לָהֶם: לֹא כָּךְ דָּרַשׁ רַבִּי יְהוֹשֻׁעַ רַבְּכֶם — [The officer] said to them, "Your teacher R' Yehoshua did not expound it so. **אֶלָּא עוֹבֵד אֱלֹהִים עַד יוֹם מוֹתוֹ — Rather,** he explained the verse to mean that **one who serves God till the day of his death**[91] **יִשְׂבַּע לָחֶם מִלַּחְמוֹ שֶׁל עוֹלָם הַבָּא —** ***will be sated with bread,*** referring to **the 'bread' of the next world.**[92] **"וּמְרַדֵּף רֵיקִים יִשְׂבַּע רֵישׁ" —** ***But one who chases empty matters will be sated with poverty*** **— אֵלּוּ אוּמּוֹת הָעוֹלָם שֶׁמְּרַדְּפִים אַחֲרֵי הָרֵיק — these are the** idolatrous **nations of the world who chase after emptiness, אַחַר עֲבוֹדָה זָרָה שֶׁלָּהֶם —** i.e., **after their idolatry."**[93]

אָמַר לָהֶם — And lastly, **[the officer] said to them, מַהוּ דֵין דִּכְתִיב "וַיְהִי בְהַקְשֹׁתָהּ בְּלִדְתָּהּ" — "What is** the meaning of **that which is written,** ***And it was when she had difficulty in her labor*** *that the midwife said to her, 'Have no fear, for this one, too, is a son for you'?"*[94] **אָמְרוּ לוֹ — They replied to him, כָּךְ מְמַסְמְסִין נַפְשָׁהּ שֶׁל חַיָּה — "This is how one soothes the soul of the woman in labor, וְאוֹמְרִים לָהּ בִּשְׁעַת הַלֵּידָה: אַל תִּירְאִי כִּי בֵן זָכָר יָלַדְתְּ — by telling her at the time of birth, 'Have no fear, for you have borne a male son.'"**[95] **אָמַר לָהֶם: לֹא כָּךְ דָּרַשׁ רַבִּי יְהוֹשֻׁעַ רַבְּכֶם — [The officer] said to them, "Your teacher R' Yehoshua did not expound it so. אֶלָּא כָּל שֵׁבֶט וְשֵׁבֶט נוֹלְדָה תְּאוּמָתוֹ עִמּוֹ — Rather,** he explained that **each of the tribal ancestors had a twin girl born with him,**[96] **כְּהַהִיא דְּאָמַר אַבָּא חַלְפוֹי בֶּן קוּרְיָה —** and the meaning here is **as in that which Abba Chalfoi ben Kuryah said: תְּאוּמָה יְתֵירָה נוֹלְדָה עִם בִּנְיָמִין — An additional twin girl was born with Benjamin."**[97]

וַיְהִי בְּצֵאת נַפְשָׁהּ כִּי מֵתָה וַתִּקְרָא שְׁמוֹ בֶּן אוֹנִי וְאָבִיו קָרָא לוֹ בִנְיָמִין.

And it came to pass, as her soul was departing — for she died — that she called his name Ben Oni, but his father called him Benjamin (35:18).

§9 וַיְהִי בְּצֵאת נַפְשָׁהּ . . . וַתִּקְרָא שְׁמוֹ בֶּן אוֹנִי — ***AND IT CAME TO PASS, AS HER SOUL WAS DEPARTING*** *— FOR SHE DIED —* ***THAT SHE CALLED HIS NAME BEN ONI,*** *BUT HIS FATHER CALLED HIM BENJAMIN.*

The Midrash explains the difference between the two names given the newborn boy:

בַּר צַעֲרִי בִּלְשׁוֹן אֲרַמִּי — *Ben Oni* means **"son of my suffering"**[98] **in the Aramaic language.**[99]

וְאָבִיו קָרָא לוֹ בִנְיָמִין — ***But his father called him Benjamin*** **— בִּלְשׁוֹן הַקּוֹדֶשׁ —** which is in **the Holy language,** i.e., Hebrew.[100]

NOTES

91. That is, he remains righteous, serving God unabatedly, until his death. According to R' Yehoshua, the word אַרְמְתוֹ (*his land*) is to be understood as an amalgam of the words עד מותו (until his death), with א substituting for ע (*Matnos Kehunah, Eitz Yosef,* from *Yefeh To'ar*).

92. I.e., the spiritual rewards of the next world.

93. Which is devoid of any true value or significance. The unspoken conclusion is that *they will be sated with poverty* without reward in the next world.

94. I.e., what was Rachel's fear, and how did the midwife seek to alleviate it? (see *Eitz Yosef*).

95. One comforts the woman over the pains of the labor by assuring her that she has a male child (see *Yefeh To'ar*). *Eitz Yosef* suggests that a male child is an omen of life and success. If the woman is going through a difficult birth, the midwife thus reassures her that she will live. (See also *Rashbam* on our verse.)

96. That is, each of the twelve sons of Jacob, the progenitors of the tribes of Israel. See 84 §21 below and note 48 there.

97. According to Abba Chalfoi, the word גַּם, *too,* alludes to an additional infant. Since all of Jacob's sons were born together with a twin sister (according to R' Yehudah, in the Midrash below, ibid.) it follows that the additional infant alluded to by the word גַּם was a *second* sister (*Matnos Kehunah, Maharzu, Eitz Yosef;* see *Rashi* on our verse). R' Yehoshua uses this understanding to explain the midwife's comment: She was reassuring Rachel that despite her having given birth to two daughters there was also a third child, a son. [The idea that all of the sons had twin sisters is not essential for R' Yehoshua's interpretation, but once it is established that the other brothers each had a twin sister (according to R' Yehudah), it follows that the sister alluded to here by the word גַּם was an additional sister. See *Maharzu.* While the Midrash below (loc. cit.) also cites the dissenting position of R' Nechemyah — that the tribal ancestors did not have twin sisters — R' Yehoshua's answer cannot be reconciled with R' Nechemyah, for the latter is clearly of the opinion that Jacob had no daughter other than Dinah.]

See Insight Ⓐ.

98. For she realized that she was going to die as a result of the birth (*Eitz Yosef*).

99. That is, און means "suffering" in Aramaic. Although in Hebrew as well און can have the meaning of suffering and mourning (see *Deuteronomy* 26:14), it also has the meaning of strength and vigor (see below, 49:3). In Aramaic its exclusive meaning is suffering (*Radal*). [Rachel, like her father Laban, would have been a native Aramaic speaker. See above, 31:47.] Alternatively, the use of און for suffering in Hebrew is derived from Aramaic (*Yefeh To'ar,* first explanation; see also *Maharzu*). For a different understanding of the Midrash, see *Yefeh To'ar,* second explanation.

100. בֶּן יָמִין, son of the right (hand). יָמִין, *right,* has the connotation of strength and success, as in the verse, יְמִינְךָ תִּמְצָא שֹׂנְאֶיךָ, *Your right hand will find Your enemies* (*Psalms* 21:9). Jacob thus in effect reinterpreted the name בֶּן אוֹנִי as "son of my strength" using the other, more positive sense of און (*Yefeh To'ar,* from *Ramban* on our verse). *Yefeh To'ar* and *Radal* suggest that the Midrash stresses that בִּנְיָמִין is in Hebrew to indicate that יָמִין is meant in the sense of "right" rather than in the sense of "days," with the final ין serving as the Aramaic suffix indicating plural. See *Rashbam* on our verse. For an alternative understanding of this passage, see *Rashi.*

INSIGHTS

Ⓐ **A Divine Partner** The apostate Roman officer argued that if R' Yehoshua's disciples were true believers, they should identify themselves proudly as Jews and not disguise themselves to escape persecution. He then presented them with three questions that they would have to answer to his satisfaction, if they wanted him to spare their lives. Now, one might suggest that the specifics of his questions were not necessarily related to his argument; he merely decided not to harm them if they had the wisdom to answer three difficult questions. However, several commentators contend that this renegade Torah scholar would not simply ask them three questions unrelated to the discussion they had just had (see *Eshed HaNechalim, Yefeh To'ar*).

An explanation of how the first question is linked to the officer's argument is cited in the name *R' Chaim Soloveitchik* and his son, *R' Yitzchak Zev Soloveitchik*. The apostate rejected the explanation of the disciples and presented that of R' Yehoshua, who expounded that God first "sits" as a judge of the idolatrous nations, and then "stands" as He becomes their plaintiff. That is, God, as it were, becomes a partner of the Jewish plaintiffs, demanding that the idolaters be held accountable for their persecution of the Jews.

Now, the halachah is that if one of two business partners is captured and held for ransom, the free partner does not have to pay the ransom — even from their joint assets (*Shulchan Aruch, Choshen Mishpat* 176:48). The reason for this is that their partnership is limited to their joint monetary investment and does not extend to other matters. However, the partnership with God is different. Just as a Jew is devoted to God *with all [his] heart and with all [his] soul,* so too does God become our full "partner" in all matters, to the extent that He demands punishment for our persecutors. As our full partner in every way, He is surely "required" to liberate us in all situations and under all circumstances.

This Jewish apostate remembered R' Yehoshua's interpretation and challenged his disciples to explain why they had disguised their Jewishness. They should rather have maintained their identity and relied upon their Divine "partner" to redeem them, come what may (*Beis HaLevi, Haggadah Shel Pesach,* s.v. וגם את הגוי).

אָמַר לָהֶם: לֹא כָךְ דָּרַשׁ רַבִּי יְהוֹשֻׁעַ רַבְּכֶם, אֶלָּא עוֹבֵד אֱלֹהִים עַד יוֹם מוֹתוֹ, יִשְׂבַּע לָחֶם מִלַּחְמוֹ שֶׁל עוֹלָם הַבָּא, (שם) "וּמְרַדֵּף רֵיקִים יִשְׂבַּע רִישׁ", אֵלוּ °עוֹבְדֵי כוֹכָבִים° שֶׁמְּרַדְּפִים אַחֲרֵי הָרֵיק, אַחַר עֲבוֹדָה זָרָה שֶׁלָּהֶם, אָמַר לָהֶם: מַהוּ דֵין דִּכְתִיב "וַיְהִי בְהַקְשֹׁתָהּ בְּלִדְתָּהּ", *אָמְרוּ לוֹ: כָּךְ מְמַסְמְסִין נַפְשָׁהּ שֶׁל חַיָּה, וְאוֹמְרִים לָהּ בִּשְׁעַת הַלֵּידָה: אַל תִּירְאִי כִּי בֵן זָכָר יָלַדְתְּ, אָמַר לָהֶם: לֹא כָךְ דָּרַשׁ רַבִּי יְהוֹשֻׁעַ רַבְּכֶם, אֶלָּא כָּל שֵׁבֶט וְשֵׁבֶט נוֹלְדָה תְּאוֹמָתוֹ עִמּוֹ, יד כְּהַהִיא דְּאָמַר אַבָּא חַלְפוֹי בֶּן קוּרְיָה: תְּאוֹמָה יְתֵירָה נוֹלְדָה עִם בִּנְיָמִין:

ט [לה, יח] "וַיְהִי בְּצֵאת נַפְשָׁהּ ... וַתִּקְרָא שְׁמוֹ בֶּן אוֹנִי", בַּר צַעֲרִי בִּלְשׁוֹן אֲרַמִּי, [שם] "וְאָבִיו קָרָא לוֹ בִנְיָמִין", בִּלְשׁוֹן הַקּוֹדֶשׁ. [לה, יט] "וַתָּמָת רָחֵל וַתִּקָּבֵר", סָמוּךְ לַמִּיתָה קְבוּרָה. [שם] "בְּדֶרֶךְ אֶפְרָתָה הִיא בֵּית לָחֶם", רַבִּי יַנַּאי וְרַבִּי יוֹנָתָן הֲווֹ יָתְבִין, אֲתָא הַהוּא מִינָא שְׁאָלִינְהוּ: מַאי דִּכְתִיב (שמואל-א י, ב) טו "בְּלֶכְתְּךָ הַיּוֹם מֵעִמָּדִי וְגוֹ' " וַהֲלֹא צֶלְצַח בִּגְבוּל בִּנְיָמִין, וּקְבוּרַת רָחֵל בִּגְבוּל יְהוּדָה, דִּכְתִיב "וַתִּקָּבֵר בְּדֶרֶךְ אֶפְרָתָה" וּכְתִיב (מיכה ה, א) "בֵּית לֶחֶם אֶפְרָתָה", אָמַר רַבִּי יַנַּאי °: אֱסוֹף חֶרְפָּתִי, אֲמַר לֵיהּ: הָכֵי אָמַר: בְּלֶכְתְּךָ הַיּוֹם מֵעִמָּדִי עִם קְבוּרַת רָחֵל וּמָצָאתָ שְׁנֵי אֲנָשִׁים בִּגְבוּל בִּנְיָמִין בְּצֶלְצַח, וְאִית דְּאָמְרִי: בְּלֶכְתְּךָ הַיּוֹם מֵעִמָּדִי בִּגְבוּל בִּנְיָמִין בְּצֶלְצַח וּמָצָאתָ שְׁנֵי אֲנָשִׁים עִם קְבוּרַת רָחֵל,

עץ יוסף

עובד אלהים כו'. מפרש עובד רצונו לומר עובד אלהים, ואדמתו פירושו עד מותו. וענינו שלא יתמין אלא יהיה קיים תמיד בעבודתו, זה יזכה לעולם הבא זכות מרובה. ומרדף רקים הם הסרים מאחרי ה', ישבעו ריש (יפה תואר): **כך ממסמסין.** מסמס הוא הפך מקשה, כמו המות שנתמסמס (חולין מה, ב), וכלומר משדלין אותה בדברים רכים ואומרים לה אל תיראי, שלא תמות כי בן זכר ילדת שהוא סימן חיים ושלום: **כההיא כו'.** כלומר ומקרא יתיישב כההיא דאמר אבא חלפוי תאומה יתירה כו', ולפיכך כתיב כי גם לרבוי וניחמה בזה: (ט) [י] **בר צערי.** בן אוני ולערי באשר בא המות לרגלו. ולפיכך כדי לבטל ממנו הסימן רע לפיכך אביו קראו בן ימין לקושרו טוב במדרגת החסד והימין: **סמוך למיתה קבורה.** והכי נמי אמרינן בסוף פרק אלו מגלחין (מועד קטן כז, ב כח, א) דבחיה סמוך למיתה קבורה מפני הכבוד. ואיכא למאן דאמר התם דהוא הדין אפילו בשאר נשים: **בלכתך היום וגו'.** מצאת שני אנשים עם קבורת רחל בגבול בנימן בצלצח: **וכתיב בית לחם.** סיפיה דקרא צעיר להיות באלפי יהודה. משמע מיניה דבית לחם מיהודה: **אסוף חרפתי.** שאיני יודע להשיבו: **בלכתך היום כו'.** כלומר עכשיו שאתה מדבר עמי הם בקבורת רחל וכשתפגע בהם תמצאם בצלצח בגבול בנימן. וזה לשון אגדת שמואל פרשה י"ד אמר ליה הכי אמר ליה למחר הן באין מקבורת רחל את הולך והן באין ואת מוצא אותן בגבול בנימן בצלצח (מתנות כהונה): **ואית דאמרי בלכתך כו'.** פירוש עכשיו בעת הדיבור היו בגבול בנימין, ובעת המציאה היו בקבורת רחל (מתנות כהונה): **והאי דוקא.**

פירוש מהרז"ו

(וכמו שכתוב איוב לו, יא) כאלו כתיב עובד אלהים, ואם כן מה שאמר אדמתו בהכרח לדרוש על פי נוטריקון וגימטריא חלוף אותיות עד מותו, ומה שאמר מלחמו של עולם הבא כמו שמבואר במשנה (אבות פ"ג מט"ז) והכל מתוקן לסעודה וכמו שנאמר (משלי ט, ה) לכו לחמו בלחמי: **ויהי בהקשותה.** וסיפיה דקרא אל תיראי כי גם זה לך בן, ודורש רבי יהושע שתיבת גם בא לרבות התאומה שנולדה עמו, ואם כן יקשה שהרי כל השבטים נולדו עם תאומותיהם וכמו שמבואר פרקי דרבי אליעזר (פרק לו ול"ט) שבנותיו של יעקב נשי בניו היו, וכן הובא לקמן (פד, כא) דעת רבי יהודה, ובהכרח לדרוש על תאומה יתירה: (ט) **בר צערי בלשון ארמי.** מלשון לא אכלתי באוני (דברים כו, יד), ותרגם אונקלוס באבלי וכאן תרגם בר דוי, ודעת המדרש שאוני על הצער הוא לשון ארמי ולפי זה קראתו בלשון צער ובארמית, ויעקב תקן בן ימין ובלשון הקודש: **רבי ינאי ורבי יונתן.** במדרש שמואל (פרשה יד) פסוק זה באופן אחר, ועיין ילקוט שמואל (רמז קט) פסוק זה בשם תוספתא באופן אחר: **בלכתך היום מעמדי.** וסיפיה דקרא ומצאת שני אנשים עם קבורת רחל בגבול בנימין בצלצח, והוקשה לו שקבורת רחל בדרך אפרת בבית לחם בגבול יהודה כמו שנאמר (שמואל א' יז, יב) ודוד בן איש אפרתי הזה מבית לחם יהודה (ובית לחם לזבולן יהושע יט, טו לא נקראת אפרתה), ואיך אמר בגבול בנימין, ודורש על פי מדה ל"א שעבר לארץ בנימין עד הגבול של סוף שסמוך לגבול בנימין:

חידושי הרד"ל

אלא תאומה יתירה נולדה עם בנימין. וכההוא דאמר אבא חלפוי בר קוריי כל שבט ושבט נולדה תאומתו. כן צריך לומר:

[ט] בר צערי בלשון ארמי וכו' בלשון הקדש. עיין רמב"ן, ונראה מפני שמלת און בלשון הקדש יתפרש גם כן לשון כח כמו ראשית אוני, לכן מפרש שקראה לו בלשון ארמי שבלשון זה אינו משמש רק לשון צער. והא דבנימין בלשון הקדש דקאמר. אפשר בא להוציא מפירוש רשב"ם שפירש לשון ימים כמו יומין בלשון ארמי, ולכן אמר שהוא לשון הקדש ופירוש ימין ממש: **סמוך למיתה.** שאין משהין מטת נשים ובפרט של יולדת, כדאמרינן שלהי מועד קטן (כז, א), וכן מבואר אח"כ להרמב"ן ריש פרשת ויחי: **בלכתך היום מעמדי מעם קבורת רחל.** במדרש שמואל (פרשה יד) הגירסא הן באין מקבורת רחל, אתה הולך והן באין ומוצאין אותך בגבול בנימין בצלצח, וכן הוא בתוספתא (סוטה פי"א ה"ג), אבל כאן דמסיים וכך אתה למד שבגבול בנימין היה כו', משמע שגירסת הספר דייקית ולא כמתנות כהונה שרוצה להעמים בלשון הבראשית רבה כדברי מדרש שמואל הנזכר לעיל:

חידושי הרש"ש

[ט] אסוף חרפתי. הוא לישנא דקרא אסוף חרפתינו (ישעיה ד, א): **בלכתך היום מעמדי עם קבורת רחל כו'.** לכאורה הכי נמי דהכוונה שהיה שמואל ושאול עתה עם קבורת רחל. וכן לאית דאמרי היו בגבול בנימין, ולזה אתי שפיר מה שאמר המדרש והאי דוקא כו'. אבל זה דוחק דמה לו לשמואל לומר אנה המה עומדים עתה כי הלא גם שאול יודע זה כמוהו, וכן לא משמע כן במקומות שאציין בסמוך ע"ש. וכן נראה דטעות סופר הוא לקמן וצריך לומר והא' דווקא, ורצה לומר דפירוש הראשון דוקא. והראיה טובה כיון שעתה היו בגבול בנימין ושאול ובית אביו ישבו ג"כ בארץ בנימין, אם כן מה לו לילך לביתו דרך קבורת רחל שהיא בארץ יהודה. וראיה לדברי דבתוספתא

מסורת המדרש

יד. בבא בתרא דף קכ"ג:

טו. תוספתא סוטה פרק י"א. מדרש שמואל פרשה י"ד. ילקוט שמואל רמז ק"ט:

אם למקרא

בְּלֶכְתְּךָ הַיּוֹם מֵעִמָּדִי וּמָצָאתָ שְׁנֵי אֲנָשִׁים עִם קְבֻרַת רָחֵל בִּגְבוּל בִּנְיָמִן בְּצֶלְצַח וְאָמְרוּ אֵלֶיךָ נִמְצְאוּ הָאֲתֹנוֹת אֲשֶׁר הָלַכְתָּ לְבַקֵּשׁ וְהִנֵּה נָטַשׁ אָבִיךָ אֶת דִּבְרֵי הָאֲתֹנוֹת וְדָאַג לָכֶם לֵאמֹר מָה אֶעֱשֶׂה לִבְנִי:
(שמואל א י:ב)

וְאַתָּה בֵּית לֶחֶם אֶפְרָתָה צָעִיר לִהְיוֹת בְּאַלְפֵי יְהוּדָה מִמְּךָ לִי יֵצֵא לִהְיוֹת מוֹשֵׁל בְּיִשְׂרָאֵל וּמוֹצָאֹתָיו מִקֶּדֶם מִימֵי עוֹלָם:
(מיכה ה:א)

ידי משה

[ח] ומרדף רקים ישבע ריש. כן צריך לגרוס והוא סיפא דקרא של עובד אדמתו, ריש הוא עניות:

אמרי יושר

[ט] ואביו קרא לו בנימין בלשון הקדש. פירש הרמב"ן (וישלח לה יח) לשון כח ואון וגבורה ועשה אביו פירושו לשבח כמלת אוני: **בכור יעקב ראובן.** והלא נתנה בכורתו ליוסף לזה אמר בכור לתשובה. **בכור לנבואה** הושע שהוא תחלה לתרי עשר:

שינוי נוסחאות

(ט) **אמר רבי ינאי.** צ"ל "אמר רבי ינאי לר' יונתן", כן הגיהו אות אמת ומתנות כהונה, וכן הוא במדרש שמואל:

רש"י

ממסמסין. משדלין אותה בדברי תנחומין: **אל תיראו כי גם זה לך בן.** כדי להשיב נפשה: **כל שבט ושבט נולדה תאומתו עמו.** כי גם זה ריבוי להודיע שתיומתו נולדה עמו: (ט) **קרא לו בנימין בלשון הקודש.** בלשון המקרא, אבל בן אוני לשון ארמית. אבל רבינו סעדיה פירש בן זעף, כמו תהי ידך על איש ימינך (תהלים פ, יח), מוזעף לך:

מתנות כהונה

רבה (ד, ט) בפסוק מלא כף נחת: **עד יום מותו.** אדמתו דרש עד מותו: **וממסמסין.** לשון נענוע ומשמוש כלומר משדלין אותה בדברים טובים כדי להשיב נפשה: **תאומתו.** גרסינן: **כההיא כו'.** כלומר ומקרא יתיישב כההיא דאמר אבא כו': **שתאומה יתירה נולדה עם בנימין.** ולפיכך כתיב כי גם זה, גם לרבוי אתא: [ט] **בר צערי כו'.** פירש רש"י בנימין בן זעף, תהי נא ידך על איש ימינך (תהילים פ, יח), מוזעף לך [כ"ה בתרגום שלפני רשי], ועיין עוד ברמב"ן בפרשה זו: **סמוך למיתה כו'.** שכל עוד שאינו נקבר לא יזוח כמו שאמרו חז"ל (מועד קטן כב, א) המדחה מטתו הרי זה משובח: **הכי גרסינן אמר רבי ינאי לרבי יונתן אסוף כו': חרפתי.** שאנכי לא אדע להשיבו: **הכי אמר בלכתך כו'.** פירוש כלומר עכשיו שאתה מדבר עמי הם בקבורת רחל, וכשתפגע בהם תמצאם בצלצח בגבול בנימין, וכן פירש רש"י ורד"ק בספר שמואל. וזה לשון מדרש שמואל (פרשה יד) למחר הן באין מקבורת רחל, את הולך והן באין ואת מוצא אותן בגבול בנימין בצלצח: **ואית דאמרי כו'.** עכשיו בעת הדיבור היו בגבול בנימין, ובעת המציאה

אשד הנחלים

שאינו עוסק ביתר העסקים ואינו עובד לאדמה, עם כל זה הוא מטפל בעסק אחד להוציא פריו, אבל אי לו לאדם שישרת בעסקים רבים וקניינים מדומים לרוב, [כי עסקים הזמנים כל אשר ירבו בזה יתעצמו תשוקתם עוד יותר ויותר], ואין מוציאה פירות מאומה, כי מהו העמל האדמה, לתקן שלימות נפשו. והוא רמז נכון מאוד בפירוש הכתוב, שלכן כתיב אדמתו בכינוי, שעובד אדמת נפשו להוציאה לפועל, הבן זה. ודעת ר' יהושע היה ג"כ זה, רק שהוא ביאר יותר בגלוי, שהכוונה בעובד אדמה, שהוא עובד ה' ועמל באדמת נפשו לתקנה, ולכן ההיפך הוא ריק שרודף אחרי ההבל והריק, שזהו עובדי כוכבים שלא יועילו ולא יצליחו: [ט] **בן צערי.** שבעדו סבלתי כל הצער הזה: **בלשון הקודש.** לכאורה אין זה דבר והיפוכו. והמתנות כהונה פירש בשם רש"י שבנימין כמו בן זעף, כמו (תהילים פ, יח) תהי ידך על איש ימינך, מוזעף (בו) [לך], ולא ידעתי מה ראיה משם. וגם הימין מורה לעולם על דבר טוב ועקרי. והנראה כי שם און הוא מלשון חוזק ואמיץ, כמו (בראשית מט, ג) כוחי וראשית אוני, ולכן הצער גדול מאוד, שאונה וחוזקה ניטל ממנה בעת שהיא מתה, ואיננה רואה אותו בעיניה, וכן הימין הוא עיקר האומץ, ואם כן שניהם נרדפים בלשון, רק שזה בלשון ארמי וזה בלשון הקודש: **וסמוך למיתה קבורה.** כדי שלא יעבור על בל תלין:

וַתָּמָת רָחֵל וַתִּקָּבֵר בְּדֶרֶךְ אֶפְרָתָה הִוא בֵּית לָחֶם.
Thus Rachel died, and was buried on the road to Ephrath, which is Bethlehem (35:19).

□ **וַתָּמָת רָחֵל וַתִּקָּבֵר** — *THUS RACHEL DIED AND WAS BURIED.*

The Midrash comments on the wording of our verse:

סָמוּךְ לַמִּיתָה קְבוּרָה — This implies that **soon after** Rachel's **death** was her **burial.**[101]

□ **בְּדֶרֶךְ אֶפְרָתָה הִיא בֵּית לָחֶם** — *ON THE ROAD TO EPHRATH, WHICH IS BETHLEHEM.*

The Midrash discusses an apparent contradiction regarding the location of Rachel's grave:

רַבִּי יַנַּאי וְרַבִּי יוֹנָתָן הֲווּ יָתְבִין, אֲתָא הַהוּא מִינָא שְׁאָלִינְהוּ — **R' Yannai and R' Yonasan were sitting and a certain heretic came and asked them** the following question: **מַאי דִּכְתִיב "בְּלֶכְתְּךָ הַיּוֹם מֵעִמָּדִי וְגוֹ'"** — **"What is** the meaning of **that which is written,** ***When you leave me today*** *you will encounter two men near Rachel's Tomb, in the boundary of Benjamin, in Zelzah* (*I Samuel* 10:2)?[102] **וַהֲלֹא צֶלְצַח בִּגְבוּל בִּנְיָמִין** — **Now, is not Zelzah in the boundary of Benjamin,**[103] **וּקְבוּרַת רָחֵל בִּגְבוּל יְהוּדָה** — **while Rachel's Tomb is in the boundary of Judah,** **דִּכְתִיב "וַתִּקָּבֵר בְּדֶרֶךְ אֶפְרָתָה"** — **as it is written,** *Rachel died,* ***and was buried on the road to Ephrath,*** *which is Bethlehem,* **וּכְתִיב "בֵּית לֶחֶם אֶפְרָתָה"** — **and it is written, *Bethlehem — Ephratah*** — *you are too small to be among the thousands of Judah*" (*Micah* 5:1)? **אָמַר רַבִּי יַנַּאי לְרַבִּי יוֹנָתָן: אֱסוֹף חֶרְפָּתִי** — **R' Yannai said to R' Yonasan, "Take away my disgrace!"**[104] **אֲמַר לֵיהּ** — **[R' Yonasan]** thereupon **said to [the heretic],** **הָכִי אָמַר** — **"This is what [Samuel] was saying:** **בְּלֶכְתְּךָ הַיּוֹם מֵעִמָּדִי עִם קְבוּרַת רָחֵל** — **'When you leave me today near Rachel's Tomb,** **וּמָצָאתָ שְׁנֵי אֲנָשִׁים בִּגְבוּל בִּנְיָמִין בְּצֶלְצַח** — **you will encounter two men in the boundary of Benjamin, in Zelzah.'"**[105] **וְאִית דְּאָמְרֵי** — **And there are those who say** that R' Yannai answered the heretic's question differently, telling him, **בְּלֶכְתְּךָ הַיּוֹם מֵעִמָּדִי בִּגְבוּל בִּנְיָמִין בְּצֶלְצַח וּמָצָאתָ שְׁנֵי אֲנָשִׁים עִם קְבוּרַת רָחֵל** — "This is what Samuel was saying: **'When you leave me today — in the boundary of Benjamin, in Zelzah — you will encounter two men at Rachel's Tomb.'"**[106]

NOTES

101. Since Scripture mentions her burial immediately after recounting her death, within the same verse. This is in keeping with the Talmud's teaching (*Moed Katan* 22a) that it is proper to bury the dead as soon as possible after death (*Matnos Kehunah*). Alternatively, it is in keeping with the Talmud's teaching (*Moed Katan* 27a) that a woman's bier should not be set down for the purpose of eulogizing her. While there is a dispute as to whether this ruling applies to all women, it definitely applies to a woman who died in childbirth (ibid. 27b-28a). [See *Eitz Yosef* and *Radal.*]

102. This was one of the prophetic signs Samuel gave Saul to verify his pronouncement that God had chosen Saul to be king (see *Ralbag* to v. 1 there). From a simple reading of the verse it appears that the encounter was to take place near Rachel's Tomb, at Zelzah in Benjamin.

103. As the verse in *Samuel* states explicitly.

104. I am embarrassed by my inability to answer the heretic's challenge; please come to my aid! (*Matnos Kehunah, Eitz Yosef*). The phrase, אֱסוֹף חֶרְפָּתִי, is a stylistic adaptation from *Isaiah* 4:1 (*Rashash*); see also above, 30:23.

105. That is, the verse is written out of sequence, and the phrase *near Rachel's Tomb* connects to *when you leave me today* (i.e., we are now situated near Rachel's Tomb, and it is from here that you will take leave of me), while *you will encounter two men* connects with *at the border of Benjamin, in Zelzah.* The meaning then is that Saul will depart from Samuel *near Rachel's Tomb* and then he will encounter these two men when he arrives at Zelzah in the territory of Benjamin.

106. According to this answer too the verse is out of sequence. However, this interpretation connects *when you leave me today* with the final clause, בִּגְבוּל בִּנְיָמִן בְּצֶלְצַח, *at the border of Benjamin, in Zelzah.* The verse then has the opposite connotation, that Saul will depart from Samuel at Zelzah in Benjamin and he will then encounter the two men *near Rachel's Tomb* (*Yefeh To'ar, Radal*).

אָמַר לָהֶם: לֹא כָךְ דָּרַשׁ רַבִּי יְהוֹשֻׁעַ רַבְּכֶם, אֶלָּא עוֹבֵד אֱלֹהִים עַד יוֹם מוֹתוֹ, יִשְׂבַּע לֶחֶם מִלַּחְמוֹ שֶׁל עוֹלָם הַבָּא, (שם) ״וּמְרַדֵּף רֵיקִים יִשְׂבַּע רֵישׁ״, אֵלּוּ °עוֹבְדֵי כוֹכָבִים° שֶׁמְּרַדְּפִים אַחֲרֵי הָרֵיק, אַחַר עֲבוֹדָה זָרָה שֶׁלָּהֶם, אָמַר לָהֶם: מַהוּ דֵּין דִּכְתִיב ״וַיְהִי בְהַקְשֹׁתָהּ בְּלִדְתָּהּ״, *אָמְרוּ לוֹ: כָּךְ מְמַסְמְסִין נַפְשָׁהּ שֶׁל חַיָּה, וְאוֹמְרִים לָהּ בִּשְׁעַת הַלֵּידָה: אַל תִּירְאִי כִּי בֵּן זָכָר יָלַדְתְּ, אָמַר לָהֶם: לֹא כָךְ דָּרַשׁ רַבִּי יְהוֹשֻׁעַ רַבְּכֶם, אֶלָּא כָּל שֵׁבֶט וְשֵׁבֶט נוֹלְדָה תְּאוֹמָתוֹ עִמּוֹ, ״כְּהַהִיא דְּאָמַר אַבָּא חַלְפוֹי בֶּן קוּרְיָה: תְּאוֹמָה יְתֵירָה נוֹלְדָה עִם בִּנְיָמִין:

ט [לה, יח] ״וַיְהִי בְּצֵאת נַפְשָׁהּ ... וַתִּקְרָא שְׁמוֹ בֶּן אוֹנִי״, בַּר צַעֲרִי בִּלְשׁוֹן אֲרַמִּי, [שם] ״וְאָבִיו קָרָא לוֹ בִנְיָמִין״, בִּלְשׁוֹן הַקּוֹדֶשׁ. [לה, יט] ״וַתָּמָת רָחֵל וַתִּקָּבֵר״, סָמוּךְ לַמִּיתָה קְבוּרָה. [שם] ״בְּדֶרֶךְ אֶפְרָתָה הִיא בֵּית לָחֶם״, רַבִּי יַנַּאי וְרַבִּי יוֹנָתָן הֲווֹ יָתְבִין, אֲתָא הַהוּא מִינָא שְׁאָלִינְהוּ: מַאי דִּכְתִיב (שמואל-א י, ב) טו״בְּלֶכְתְּךָ הַיּוֹם מֵעִמָּדִי וְגוֹ׳ ״ וְהָלֹא צֶלְצַח בִּגְבוּל בִּנְיָמִין, וּקְבוּרַת רָחֵל בִּגְבוּל יְהוּדָה, דִּכְתִיב ״וַתִּקָּבֵר בְּדֶרֶךְ אֶפְרָתָה״ וּכְתִיב (מיכה ה, א) ״בֵּית לֶחֶם אֶפְרָתָה״, אָמַר רַבִּי יַנַּאי °: אֱסוֹף חֶרְפָּתִי, אֲמַר לֵיהּ: הָכֵי אָמַר: בְּלֶכְתְּךָ הַיּוֹם מֵעִמָּדִי עִם קְבוּרַת רָחֵל וּמָצָאתָ שְׁנֵי אֲנָשִׁים בִּגְבוּל בִּנְיָמִין בְּצֶלְצַח, וְאִית דְּאָמְרִי: בְּלֶכְתְּךָ הַיּוֹם מֵעִמָּדִי בִּגְבוּל בִּנְיָמִין בְּצֶלְצַח וּמָצָאתָ שְׁנֵי אֲנָשִׁים עִם קְבוּרַת רָחֵל,

עץ יוסף

עובד אלהים כו׳. מפרש עובד רלונו לומר עובד אלהים, ואדמתו פירושו עד מותו. וענינו שלא יחמיץ אלא יהיה קיים תמיד בעבודתו, זה יזכה לעולם הבא זכות מרובה. ומרדף רקים הם הסרים מאחרי ה׳, ישבעו ריש (יפה תואר): **כך ממסמסין.** מסמס הוא הפך מקשה, כמו המות שנתמסמס (חולין מה, ב), וכלומר משדלין אותה בדברים רכים ואומרים לה אל תיראי, שלא תמות כי בן זכר ילדת שהוא סימן חיים ושלום: **בההיא כו׳.** כלומר ומקרא יתיישב כההיא דאמר אבא חלפוי תאומה יתירה כו׳, ולפיכך כתיב כי גם לרבוי וניחמה בזה: (ט) [י] **בר צערי.** בן אוני ולערי באשר בא המות לרגלו. ולפיכך כדי לבטל ממנו הסימן רע לפיכך אביו קראו בן ימין לקושרו טוב במדרגת החסד והימין: **סמוך למיתה קבורה.** והכי נמי אמרינן בסוף פרק אלו מגלחין (מועד קטן כז, ב כח, א) דבעיה סמוך למיתה קבורה מפני הכבוד. ואיכא למאן דאמר התם דהוא הדין אפילו בשאר נשים: **בלכתך היום וגו׳.** מלאת שני אנשים עם קבורת רחל בגבול בנימן בצלצח: **וכתיב בית לחם.** סיפיה דקרא לעיר להיות באלפי יהודה. משמע מיניה דבית לחם מיהודה: **אסוף חרפתי.** שאיני יודע להשיבו: **בלכתך היום כו׳.** כלומר עכשיו שאתה מדבר עמי הם בקבורת רחל וכשתפגע בהם תמצאם בצלצח בגבול בנימן. וזה לשון אגדת שמואל פרשה י״ד אמר ליה הכי אמר ליה למחר הן באין מקבורת רחל את הולך והן באין ואת מוצא אותן בגבול בנימן בצלצח (מתנות כהונה): **ואית דאמרי בלכתך כו׳.** פירוש עכשיו בעת הדיבור היו בגבול בנימין, ובעת המציאה היו בקבורת רחל (מתנות כהונה): **והאי דוקא.**

פירוש מהרז״ו

(וכמו שכתוב איוב לו, יא) כאלו כתיב עובד אלהים, ואם כן מה שאמר אדמתו בהכרח לדרוש על פי נוטריקון וגימטריא חלוף אותיות עד מותו, ומה שאמר מלחמו של עולם הבא כמו שמבואר במשנה (אבות פ״ג מט״ז) והכל מתוקן לסעודה וכמו שנאמר (משלי ט, ה) לכו לחמו בלחמי: **ויהי בהקשותה.** וסיפיה דקרא אל תיראי כי גם זה לך בן, ודורש רבי יהושע שתיבת גם באה לרבות התאומה שנולדה עמו, ואם כן יקשה שהרי כל השבטים נולדו עם תאומותיהם וכמו שמבואר פרקי דרבי אליעזר (פרק לו ול״ט) שבנותיו של יעקב נשי בניו היו, וכן הובא לקמן (פד, כא) דעת רבי יהודה, ובהכרח לדרוש על תאומה יתירה: (ט) **בר צערי בלשון ארמי.** מלשון לא אכלתי באוני (דברים כו, יד), ותרגם אונקלוס באבלי וכאן תרגם בר דוי, ודעת המדרש שאוני על הצער הוא לשון ארמי ולפי זה קראתו בלשון צער ובארמית, ויעקב תקן בן ימין ובלשון הקודש: **רבי ינאי ורבי יונתן.** במדרש שמואל (פרשה יד) פסוק זה באופן אחר, ועיין ילקוט שמואל (רמז קט) פסוק זה בשם תוספתא באופן אחר: **בלכתך היום מעמדי.** וסיפיה דקרא ומצאת שני אנשים עם קבורת רחל בגבול בנימין בצלצח, והוקשה לו שקבורת רחל בדרך אפרת בבית לחם בגבול יהודה כמו שנאמר (שמואל א׳ יז, יב) ודוד בן איש אפרתי הזה מבית לחם יהודה (ובית לחם לזבולן יהושע יט, טו לא נקראת אפרתה), ואיך אמר בגבול בנימין, ודורש על פי מדה ל״א שעבר לארץ בנימין עד הגבול של צוף שסמוך לגבול בנימין:

חידושי הרד״ל

אלא תאומה יתירה נולדה עם בנימין. וכההוא דאמר אבא חלפוי בר קוריי כל שבט ושבט נולדה תאומתו. כן לריך לומר:

[ט] בר צערי בלשון ארמי וכו׳ בלשון הקדש. עיין רמב״ן, ונראה מפני שמלת און בלשון הקדש יתפרש גם כן לשון כח כמו ראשית אוני, לכן מפרש שקראה לו בלשון ארמי שבלשון זה אינו משמש רק לשון לער. והא דבנימין בלשון הקדש דקאמר. אפשר בא להוליא מפירוש רשב״ם שפירש לשון ימים כמו יומין בלשון ארמי, ולכן אמר שהוא לשון הקדש ופירוש ימין ממש: **סמוך למיתה.** שאין משהין מטת נשים ובפרט של יולדת, כדאמרינן שלהי מועד קטן (כז, א), וכן מבואר אח״כ להרמב״ן ריש פרשת ויחי: **בלכתך היום מעמדי מעם קבורת רחל.** במדרש שמואל (פרשה יד) הגירסא הן באין מקבורת רחל, אתה הולך והן באין ומולאין אותך בגבול בנימין בצלצח, וכן הוא בתוספתא (סוטה פי״א ה״ג), אבל כאן דמסיים וכך אתה למד שבגבול בנימין היה כו׳, משמע שגירסת הספר דייקית ולא כמתנות כהונה שרולה להטעים בלשון הבראשית רבה כדברי מדרש שמואל הנזכר לעיל:

חידושי הרש״ש

[ט] אסוף חרפתי. הוא לישנא דקרא אסוף חרפתינו (ישעיה ד, א): **בלכתך היום מעמדי עם קבורת רחל כו׳.** לכאורה הכי נמי דהכוונה שהיה שמואל ושאול עתה עם קבורת רחל. וכן לאית דאמרי היו בגבול בנימין, ולזה אתי שפיר מה שאמר המדרש והאי דוקא כו׳. אבל זה דוחק דמה לו לשמואל לומר אנה המה עומדים עתה כי הלא גם שאול יודע זה כמוהו, וכן לא משמע כן במקומות שאליין בסמוך ע״ש. וכן נראה דטעות סופר הוא לקמן ולריך לומר והא׳ דווקא, ורלה לומר דפירוש הראשון דוקא. והראיה טובה כיון שעתה היו בגבול בנימין ושאול ובית אביו ישבו ג״כ בארץ בנימין, אם כן מה לו לילך לביתו דרך קבורת רחל שהיא בארץ יהודה. וראיה לדברי דבתוספתא

מסורת המדרש

יד. בבא בתרא דף קכ״ג: טו. תוספתא סוטה פרק י״א. מדרש שמואל פרשה י״ד. ילקוט שמואל רמז ק״ט:

אם למקרא

בְּלֶכְתְּךָ הַיּוֹם מֵעִמָּדִי וּמָצָאתָ שְׁנֵי אֲנָשִׁים עִם קְבֻרַת רָחֵל בִּגְבוּל בִּנְיָמִן בְּצֶלְצַח וְאָמְרוּ אֵלֶיךָ נִמְצְאוּ הָאֲתֹנוֹת אֲשֶׁר הָלַכְתָּ לְבַקֵּשׁ וְהִנֵּה נָטַשׁ אָבִיךָ אֶת דִּבְרֵי הָאֲתֹנוֹת וְדָאַג לָכֶם לֵאמֹר מָה אֶעֱשֶׂה לִבְנִי: (שמואל א י:ב)

וְאַתָּה בֵּית לֶחֶם אֶפְרָתָה צָעִיר לִהְיוֹת בְּאַלְפֵי יְהוּדָה מִמְּךָ לִי יֵצֵא לִהְיוֹת מוֹשֵׁל בְּיִשְׂרָאֵל וּמוֹצָאֹתָיו מִקֶּדֶם מִימֵי עוֹלָם: (מיכה ה:א)

ידי משה

[ח] ומרדף רקים ישבע ריש. כן לריך לגרוס והוא סיפא דקרא של עובד אדמתו, ריש הוא עניות:

אמרי יושר

[ט] ואביו קרא לו בנימין בלשון הקדש. פירש הרמב״ן (וישלח לה יח) לשון כח ואון וגבורה ועשה אביו פירושו לשבח כמלת אוני: **בכור יעקב ראובן.** והלא נתנה בכורתו ליוסף לזה אמר בכור לתשובה. **בכור לנבואה** הושע שהוא תחלה לתרי עשר:

שינוי נוסחאות

(ט) אמר רבי ינאי. צ״ל ״אמר רבי ינאי לר׳ יונתן״, כן הגיהו אות אמת ומתנות כהונה, וכן הוא במדרש שמואל:

רש״י

ממסמסין. משדלין אותה בדברי תנחומין: **אל תיראו כי גם זה לך בן.** כדי להשיב נפשה: **כל שבט ושבט נולדה תאומתו עמו.** כי גם זה ריבוי להודיע שתיומתו נולדה עמו: (ט) **קרא לו בנימין בלשון הקודש.** בלשון המקרא, אבל בן אוני לשון ארמית. אבל רבינו סעדיה פירש בן זעף, כמו תהי ידך על איש ימינך (תהלים פ, יח), מוזעף לך:

מתנות כהונה

רבה (ד, ט) בפסוק מלא כף נחת: **עד יום מותו.** אדמתו דרש עד מותו: **וממסמסין.** לשון כענוע ומשמוש כלומר משדלין אותה בדברים טובים כדי להשיב נפשה: **תאומתו.** גרסינן: **כההיא כו׳.** כלומר ומקרא יתיישב כההיא דאמר אבא כו׳: **שתאומה יתירה נולדה עם בנימין.** ולפיכך כתיב כי גם זה, גם לרבוי אתא: **[ט] בר צערי כו׳.** פירש רש״י בנימין בן זעף, תהי נא ידך על איש ימינך (תהילים פ, יח), מוזעף לך [כ״ה בתרגום שלפני רש״י], ועיין עוד ברמב״ן בפרשה זו: **סמוך למיתה כו׳.** שכל עוד שאינו נקבר לא ינוח כמו שאמרו חז״ל (מועד קטן כב, א) המדחה מטתו הרי זה משובח: **הכי גרסינן אמר רבי ינאי לרבי יונתן אסוף כו׳: חרפתי.** שאנכי לא אדע להשיבו: **הכי אמר בלכתך כו׳.** פירוש כלומר עכשיו שאתה מדבר עמי הם בקבורת רחל, וכשתפגע בהם תמצאם בצלצח בגבול בנימין, וכן פירש רש״י ורד״ק בספר שמואל. וזה לשון מדרש שמואל (פרשה יד) למחר הן באין מקבורת רחל, את הולך והן באין ואת מוצא אותן בגבול בנימין בצלצח: **ואית דאמרי כו׳.** עכשיו בעת הדיבור היו בגבול בנימין, ובעת המציאה

אשד הנחלים

שאינו עוסק ביתר העסקים ואינו עובד לאדמה, עם כל זה הוא מטפל בעסק אחד להוציא פריו, אבל אי לו לאדם שישרת בעסקים רבים וקניינים מדומים לרוב, [כי עסקים הזמנים כל אשר ירבו בזה יתעצמו תשוקתם עוד יותר ויותר], ואין מוציאה פירות מאומה, כי מהו העמל האדמה, לתקן שלימות נפשו. והוא רמז נכון מאוד בפירוש הכתוב, שלכן כתיב אדמתו בכינוי, שעובד אדמת נפשו להוציאה לפועל, הבן זה. ודעת ר׳ יהושע היה ג״כ זה, רק שהוא ביאר יותר בגלוי, שהכוונה בעובד אדמה, שהוא עובד ה׳ ועמל באדמת נפשו לתקנה, ולכן ההיפך הוא ריק שרודף אחרי ההבל והריק, שזהו עובדי כוכבים שלא יועילו ולא יצליחו: **[ט] בן צערי.** שבעדו סבלתי כל הצער הזה: **בלשון הקודש.** לכאורה אין זה דבר והיפוכו. והמתנות כהונה פירש בשם רש״י שבנימין כמו בן זעף, כמו (תהילים פ, יח) תהי ידך על איש ימינך, מוזעף (בו) [לך], ולא ידעתי מה ראיה משם. וגם הימין מורה לעולם על דבר טוב ועקרי. והנראה כי שם און הוא מלשון חוזק ואמיץ, כמו (בראשית מט, ג) כוחי וראשית אוני, ולכן הצער גדול מאוד, שאונה וחוזקה ניטל ממנה בעת שהיא מתה, ואיננה רואה אותו בעיניה, וכן הימין הוא עיקר האומץ, ואם כן שניהם נרדפים בלשון, רק שזה בלשון ארמי וזה בלשון הקודש: **וסמוך למיתה קבורה.** כדי שלא יעבור על בל תלין:

וְהַאי דַּיְקָא — And this version is the more precise one.[107] וְכָךְ אַתָּה לָמֵד שֶׁבִּגְבוּל בִּנְיָמִין הֲווֹ — For you can learn as much from elsewhere in Scripture that [Samuel and Saul] were in the boundary of Benjamin at this time, דִּכְתִיב ״וַיַּעֲבֹר בְּאֶרֶץ יְמִינִי וְלֹא מָצָאוּ הֵמָּה בָּאוּ בְּאֶרֶץ צוּף״ — for it is written, ***And he passed through the land of the Benjamite but they did not find them, they came to the land of Zuph*** (*I Samuel* 9:4-5), וּכְתִיב ״וְהִנֵּה נָא אִישׁ אֱלֹהִים בָּעִיר הַזֹּאת״ — and it is written there, ***Behold now, there is a man of God*** (i.e., Samuel) ***in this city*** ... *let us go there now; perhaps he will tell us [which is] our road upon which we should travel* (ibid., v. 6).[108]

וַיַּצֵּב יַעֲקֹב מַצֵּבָה עַל קְבֻרָתָהּ הִוא מַצֶּבֶת קְבֻרַת רָחֵל עַד הַיּוֹם.

Jacob set up a monument over her grave; it is the monument of Rachel's grave until today (35:20).

§10 וַיַּצֵּב יַעֲקֹב מַצֵּבָה — ***JACOB SET UP A MONUMENT*** *OVER HER GRAVE.*

The Midrash raises a difficulty concerning Jacob's setting a monument for Rachel:

תְּנַן הָתָם — **We have learned in a Mishnah elsewhere:** מוֹתַר הַמֵּתִים כו׳ — **The surplus funds** collected **for** the burial of **the dead** (in general) go for the dead;[109] the surplus funds collected for the burial of a specific dead person go to his heirs, etc. רַבִּי נָתָן אוֹמֵר — **R' Nassan says:** מוֹתַר הַמֵּת יִבְנֶה לוֹ נֶפֶשׁ עַל גַּבֵּי קִבְרוֹ וְכוּ׳ — **The surplus funds** collected **for** the burial of **a** specific **dead person** should be used **for building a monument for him upon his grave** (*Shekalim* 2:5).[110] תָּנֵי רַבִּי שִׁמְעוֹן בֶּן גַּמְלִיאֵל — **R' Shimon ben Gamliel taught** in a Baraisa: אֵין עוֹשִׂין נְפָשׁוֹת לַצַּדִּיקִים — **Monuments need not be made for the righteous;**[111] דִּבְרֵיהֶם הֵם זִכְרוֹנֵיהֶם — **their words are their memorials** (*Yerushalmi* ad loc.).[112]

The Midrash presents an answer for this question:

לָמַדְנוּ שֶׁנִּקְרְאוּ יִשְׂרָאֵל עַל שֵׁם רָחֵל — **We have learned that** the nation of **Israel is called after the name of Rachel,**[113] שֶׁנֶּאֱמַר ״הֲבֵן יַקִּיר לִי אֶפְרַיִם״ — **for it is stated, *Is Ephraim My favorite child*** (*Jeremiah* 31:19).[114]

The Midrash offers an alternative explanation for Jacob placing a monument above Rachel's tomb:[115]

דָּבָר אַחֵר, ״וַתָּמָת רָחֵל וַתִּקָּבֵר בְּדֶרֶךְ אֶפְרָתָה״ — **Another interpretation: *Thus Rachel died, and was buried on the road to Ephrath*** (above, v. 19). מָה רָאָה אָבִינוּ יַעֲקֹב לִקְבּוֹר אֶת רָחֵל בְּדֶרֶךְ אֶפְרָת — **Why did our forefather Jacob see fit to bury Rachel on the road to Ephrath?** אֶלָּא צָפָה יַעֲקֹב אָבִינוּ שֶׁהַגָּלִיּוֹת עֲתִידוֹת לַעֲבוֹר שָׁם — **However,** the explanation for this is that **Jacob foresaw that the** Jewish **exiles were destined to pass there** in the future.[116] לְפִיכָךְ קְבָרָהּ שָׁם כְּדֵי שֶׁתְּהֵא מְבַקֶּשֶׁת עֲלֵיהֶם רַחֲמִים — **Therefore, he buried her there, so that she should beseech** Divine **mercy on their behalf.**[117] הֲדָא הוּא דִכְתִיב — **Thus it is written,**

NOTES

107. I.e., this is the superior answer.

108. The implication of these verses then is that Saul met Samuel in or near the territory of Benjamin (see *Rashash*). Hence, It follows then that they were to part there *in the boundary of Benjamin,* as the second interpretation explained, rather than near Rachel's Tomb, which was in the territory of Judah.

[The *Tosefta* (*Sotah* 11:7) offers a third interpretation of the verse. Samuel was telling Saul that at the time the two men were *near Rachel's Tomb* but that he would encounter them, coming from there, *in the boundary of Benjamin, in Zelzah* (see also commentators on *I Samuel* 10:2). According to *Midrash Shmuel* 14:6 that was in fact the answer that R' Yannai gave. See *Matnos Kehunah;* however, see *Yefeh To'ar* and *Radal*.]

109. The funds should be used for the burial of other dead persons.

110. R' Nassan argues that the funds collected on behalf of the dead person should be used for his benefit, to build a monument to memorialize him. See *Bartenura* ad loc. and *Yefeh To'ar* here.

111. R' Shimon ben Gamliel is excluding surplus funds collected for the burial of a righteous person from the ruling of R' Nassan in the Mishnah.

112. That is, they are remembered for their good deeds (*Yefeh To'ar,* from *Rivash, Responsa* 421) and therefore do not need a monument. In accordance with this principle, then, Jacob should not have built a monument for his righteous wife Rachel.

113. That is, all of Israel are considered her children, although in fact she was the matriarch for only two of the twelve tribes. Since she is deemed the matriarch of all of Israel, a monument for her is appropriate, because it honors the nation as a whole (*Yefeh To'ar;* see also *Eitz Yosef,* citing *Nezer HaKodesh*). Alternatively, the Midrash means that *the monument* of the verse does not refer to any physical stone or structure but to the very fact that all of Israel is called after her name (*Matnos Kehunah*).

114. In this verse, Scripture uses the name of Ephraim, Rachel's grandson, to refer to all of Israel. The Midrash here is citing a passage from above, 71 §2 in very abridged form. The full passage there also cites the verse quoted shortly below, *Rachel weeps for her children* (*Jeremiah* 31:14), where all of the Jewish people are described as Rachel's children. See *Eitz Yosef.* For an alternative understanding of this passage, see Insight Ⓐ.

115. *Yefeh To'ar, Eitz Yosef* (see note 117 below); however, see *Maharzu*.

116. At the time of the destruction of the First Temple, when the Babylonians took Jewish inhabitants of the land into exile, they passed by the site of Rachel's grave.

117. For when the exiles passed the site of Rachel's grave they pleaded for Divine mercy, inspiring Rachel herself to plead on their behalf before God. Accordingly, it was necessary for Jacob to set up the monument, so that the exiles would know the exact location of her grave (*Eitz Yosef,* from *Nezer HaKodesh;* see also *Yefeh To'ar*). See Insight Ⓑ.

INSIGHTS

Ⓐ **Rachel — Mother of All Israel** *Maharzu* argues that the remark about all Israel being called after Rachel is misplaced. He posits that it belongs at the very end of the section, after the Midrash cites the verse, *A voice is heard on high, wailing, bitter weeping, Rachel weeps for her children.* He also deletes the words found below, דָּבָר אַחֵר, *another interpretation.* Accordingly, this section of Midrash is split into two. First, the Midrash utilizes the verse וַיַּצֵּב יַעֲקֹב מַצֵּבָה, *Jacob set up a monument over her grave,* as a springboard to discuss the topic of monuments. The next section then begins with the verse, וַתָּמָת רָחֵל וַתִּקָּבֵר בְּדֶרֶךְ אֶפְרָתָה, *Thus Rachel died, and was buried on the road to Ephrath.* The Midrash goes on to explain that the verse is not to be understood in a restricted sense, that Rachel was weeping specifically for her children, i.e., the tribes of Ephraim, Manasseh, and Benjamin. Instead the verse means that she was weeping for all the exiles who were passing by the road to Ephrath, from all of the tribes, for all of Israel is called by her name. [And as in above, 71 §2, the passage then concludes that it is not only that Israel is called by Rachel's own name but that it is also called by the name of her son Joseph and that of her grandson Ephraim, as the verse states, *Is Ephraim My favorite child*?]

This approach, however, leaves us wondering about the very issue not discussed by the Midrash: Why, indeed, did Jacob build a monument over Rachel's grave if "Monuments need not be made for the righteous"? See Insight Ⓑ below for an answer.

Ⓑ **Monumental Words** One cannot help but wonder why the term נֶפֶשׁ, *nefesh* (lit., *soul*), is used by the cited Mishnah (*Shekalim* 2:5) as a synonym for "monument." What is the connotation of that term with respect to a monument? And why does the Mishnah use it instead of the term מַצֵּבָה, *matzeivah,* used in our verse, or the term צִיּוּן, *tziyun* (lit., *marker*), employed by the verse in *II Kings* 23:17 [and in a Mishnah,

וְהַאי דַּוְקָא, וְכָךְ אַתָּה לָמֵד שֶׁבִּגְבוּל בִּנְיָמִין הֲווֹ, דִּכְתִיב (שמואל-א ט, ד-ה) "וַיַּעֲבֹר בְּאֶרֶץ יְמִינִי וְלֹא מָצָאוּ הֵמָּה בָּאוּ בְּאֶרֶץ צוּף", וּכְתִיב (שם שם ו) "וְהִנֵּה נָא אִישׁ אֱלֹהִים בָּעִיר הַזֹּאת":

י [לה, כ] "וַיַּצֵּב יַעֲקֹב מַצֵּבָה" תְּנַן הָתָם: [טז]מוֹתַר הַמֵּתִים כוּ', רַבִּי נָתָן אוֹמֵר: מוֹתַר הַמֵּת יִבְנֶה לוֹ °בַּיִת עַל גַּבֵּי קִבְרוֹ וְכוּ' (שקלים ב, ח), [יז]תָּנֵי רַבִּי שִׁמְעוֹן בֶּן גַּמְלִיאֵל: אֵין עוֹשִׂין נְפָשׁוֹת לַצַּדִּיקִים, דִּבְרֵיהֶם הֵם זִכְרוֹנֵיהֶם, לָמַדְנוּ שֶׁנִּקְרְאוּ יִשְׂרָאֵל [יח]עַל שֵׁם רָחֵל, שֶׁנֶּאֱמַר (ירמיה לא, יט) "הֲבֵן יַקִּיר לִי אֶפְרַיִם". דָּבָר אַחֵר, [לה, יט] "וַתָּמָת רָחֵל וַתִּקָּבֵר בְּדֶרֶךְ אֶפְרָתָה", מָה רָאָה אָבִינוּ יַעֲקֹב לִקְבּוֹר אֶת רָחֵל בְּדֶרֶךְ אֶפְרָת, אֶלָּא צָפָה יַעֲקֹב אָבִינוּ [יט]שֶׁהַגָּלֻיּוֹת עֲתִידוֹת לַעֲבוֹר שָׁם, לְפִיכָךְ קְבָרָהּ שָׁם כְּדֵי שֶׁתְּהֵא מְבַקֶּשֶׁת עֲלֵיהֶם רַחֲמִים, הָדָא הוּא דִכְתִיב (ירמיה שם יד) "קוֹל בְּרָמָה נִשְׁמָע נְהִי בְּכִי תַמְרוּרִים רָחֵל מְבַכָּה עַל בָּנֶיהָ":

יא [לה, כב] "וַיְהִי בִּשְׁכֹּן יִשְׂרָאֵל" אָמַר רַבִּי יְהוּדָה בַּר סִימוֹן: [כ]קָשָׁה הִיא שַׁלְשֶׁלֶת יוּחֲסִין לִפְנֵי הַקָּדוֹשׁ בָּרוּךְ הוּא שֶׁתֵּעָקֵר מִמְּקוֹמָהּ, הָדָא הוּא דִכְתִיב "וַיְהִי בִּשְׁכֹּן יִשְׂרָאֵל" וּכְתִיב [שם] "וַיִּהְיוּ בְנֵי יַעֲקֹב שְׁנֵים עָשָׂר וְגוֹ'", (שמות ו, יד) "בְּנֵי רְאוּבֵן בְּכֹר יִשְׂרָאֵל", אֱמוֹר מֵעַתָּה [כא]בְּכוֹרַת מָמוֹן נִיטְּלָה מִמֶּנּוּ וְלֹא נִיטְּלָה מִמֶּנּוּ בְּכוֹרַת יוּחֲסִין, דִּכְתִיב (דברי הימים-א ה, א) "*וּבְנֵי רְאוּבֵן בְּכוֹר יִשְׂרָאֵל °", רַבִּי לֵוִי וְרַבִּי סִימוֹן, חַד מִנְּהוֹן אֲמַר: לֹא לִרְאוּבֵן לְהִתְיַחֵס,

רש"י

(יא) קשה לפני הקב"ה לעקור שלשלת יוחסים ממקומה. שאף על פי שחטא ראובן יחסו כשאר שבטים. **הדא הוא דכתיב ויהי בשכון ישראל.** וגו' עד וילך ראובן וישכב, וסמיך ליה **ויהיו בני יעקב שנים עשר: חד מנהון אמר ליוסף מייחסין ואין מייחסין לראובן,**

עץ יוסף

פירוש והאי לישנא בתרא דוקא ועיקר. ויש גרסו והא דוקא פירוש לישנא קמא עיקר, וכן באמת במדרש שמואל לא מייתי רק פירוש הראשון: (י) [יא] **יבנה לו נפש על קברו.** כן צריך לומר (מתנות כהונה). והוא בנין כעין שבונים על הקבר. ובלשון מקרא (מלכים ב' כג, יז ועוד) שמו ציון (ערוך): **אין עושין נפשות.** אין עושים להם מצבה הנקרא נפש שהוא לזכרון המת לפי שהצדיקים אין צריכין להם, שהרי דבריהם ומעשיהם הטובים הם זכרוניהם: **שנקראו ישראל על שם רחל.** ולכן אף דאין עושין מצבה לצדיקים הציב יעקב מצבת אבן על קבורת רחל לפי שהיתה עיקרית הבית ונקראת אבן ישראל שנקראו ישראל על שמה (נזר הקודש): **על שם רחל שנאמר** (ירמיה ל"א). **רחל מבכה על בניה. ולא סוף דבר לשמה אלא לשם בנה שנאמר.** (עמוס ה') **אולי יחנן ה' צבאות שארית יוסף. ולא סוף דבר לשם בנה אלא לשם בן בנה שנאמר.** (ירמיה ל"א) **הבן יקיר לי אפרים.** כן צריך לומר וכן הוא לעיל פרשה ע"א: **דבר אחר ותמת רחל בדרך כו'.** כלומר מה שהקים יעקב מצבת אבן על קברה כדי לידע מקום קבורתה שיבואו שמה בני הגולה לבקש רחמים (נזר הקודש): **לקבור את רחל בדרך.** ולא הכניסה לעיר. ואף על גב דאמרינן לעיל סימן י' סמוך למיתה קבורה, הא לא היה רחוק מן העיר רק כברת ארץ שהוא דרך מועט: **שתהא מבקשת רחמים.** שהצדיקים המתים נשמותיהם יורדות ושומרות הגוף בקבר עד שירגישו בעניני העולם הזה (יפה תואר): (יא) [יב] **קשה היא כו'.** כי מי שראוי למעלה מצד יחוסו לא ידחה ממנה מפני אחר שהגון ממנו. שאף על פי שראובן חטא לא נוטל כבוד בכורתו שראויה לו מיחוסו (יפה תואר): **וכתיב ויהיו בני כו'.** שאף על פי שחטא קצת לא נדחה מיחוס השבטים ועדיין נקרא בכור וכדכתיב בני ראובן בכור ישראל. והא דלא יליף מדכתיב הכא בכור יעקב ראובן, משום דמצינו למימר דמעיקרא הוה בכור, אבל מדכתיב בני ראובן בכור ישראל יליף שפיר (יפה תואר): **בבורת ממון כו'.** להיות יוסף נוטל פי שנים כבכור בנחלת הארץ, אבל לא ניטלה ממנו בכורת יוחסין. והיינו כמאן דאמר בסמוך אין מיחסין ליוסף אלא לראובן: **לא לראובן להתייחס.** רצונו לומר דלאו דוקא בכורת ממון ניטלה ממנו אלא אפילו ליוחסין ניטלה בכורה ממנו:

פירוש מהרז"ו

(י) **למדנו שנקראו כו' עד אפרים.** מאמר זה נלקה בחסר, וחילוף מקום שמקומו בסוף סימן זה וחסר כמו שיבואר בסמוך: **דבר אחר מה ראה.** תיבת דבר אחר צריך עיון, ובילקוט (רמז קלו) ליתא אלא גורס מה ראה כו': **צפה יעקב** לעיל (ע, י) ושם מבואר: **מבכה על בניה.** אין פירושו על בניה ממש, אלא על כל השבטים. וכאן מקום מאמר למדנו שנקראו על שם רחל שנאמר (ירמיה לא, יד) רחל מבכה על בניה, ולא סוף דבר לשמה אלא לשם בנה שנאמר (עמוס ה, טו) אולי יחנן ה' צבאות את שארית יוסף, ולא סוף דבר לשם בנה אלא לשם בן בנה שנאמר (ירמיה לא, יט) הבן יקיר לי אפרים, כן הובא לעיל (עא, ב) וכן הובא במדרש רות (ז, יג) פסוק ויאמרו כל העם אשר בשער ילקוט ירמיה (רמז שטו): (יא) **בני ראובן בכור ישראל.** פסוק בדברי הימים (א' ה, ג) הרי שקראו סתם בכור ישראל כמו שנאמר כאן בני לאה בכור יעקב ראובן, ובאלו יצועי אביו נתנה בכורתו לבני יוסף בן ישראל (שם ה, א), והם ב' כתובים מכחישים, ובא הכתוב הג' והכריע היינו סוף פסוק א' ולא להתיחס לבכורה, פירוש ליוסף לא להתיחס לבכורה, וזה שאמר כאן בכורת ממון נטלה ממנו מראובן ולא בכורת יוחסין: **לא לראובן להתיחס.** שמה שאמר ולא להתיחס לבכורה קאי על ראובן, וצריך עיון איך יפרש פסוק ג' בני ראובן בכור ישראל, ואפשר בדקדוק

מתנות כהונה

היו בקבורת רחל, והאי לישנא בתרא דווקא: **הוו דכתיב.** גרסינן: [י] **תנן התם.** במסכת שקלים (פ"ב מ"ה): **הכי גרסינן יבנה לו נפש על קברו.** נפש פירש הערוך בנין כעין שבונין על הקבר, ובלשון מקרא שמו ציון: **למדנו כו'.** ונראה שזהו המצבה שהציב יעקב על קברה, כלומר זכרון עולם שנקראו ישראל על שמה, והרב אברהם בן אשר מישבו בדרך אחר: **מה ראה כו'.** עיין בפירוש רש"י בחומש: [יא] **קשה היא כו'.** שאף על פי שחטא ראובן כללו ביחוד שאר שבטים וכן פירש רש"י: **הכי גרסינן בני ראובן בכור ישראל וגו'.** ופסוק הוא בדברי הימים (א' ה, ג), וסיפיה דקרא ובחללו יצועי אביו נתנה הבכורה ליוסף, ולא להתייחס לבכורה: **לא לראובן להתייחס בו'.** והאי דכתיב ולא להתייחס חוזר על ראובן, כלומר לענין זה נטלה ממנו הבכורה שלא

אשד הנחלים

[י] דבריהם הן זכרונם. ולכן אחז בלשון נפש, לפי שאין המצבה זכר לנפש מאומה כי אם זכרון החיים ויקרא דחיי, רק דברי תורה וחכמה הן הן הזכרונות האמיתיות, ולא יקשה מרחל, שהיא אשה ואין לה דברים שבהם תזכר: **למדנו.** עיין במתנות כהונה. ועיין בהרב אברהם בן אשר. ולי נראה שזה אמר באגב לראיה שדבריהם הן זכרונם, שלכן נקראו ישראל בשם רחל כמו שנאמר שם רחל מבכה על בניה ואח"כ נאמר הבן גו' המו מעי לו. רק עם כל זה אין זה דברים ממש שעל ידי זה תזכר, ולכן הציב מצבה, וגם בתחלה לא נזכרו על שמה: **קברה שם כדי.** המחקר בזה איך שייך בנפשות עליונות ליאמר שדווקא באותו מקום שהגוף נקבר שמה תשמע. כי זהו אמת כי הגוף שהיה תחילה בית מעונה ויש עודנה קשר קצת בינה ובין נפשה ולעת התחיה ישובו להיות בחוברת, שמה יתכן להיות הנפש שומעת קול בכייתה ע"י גופה

חידושי הרד"ל

[י] דבריהם הם זכרונם דבר אחר ותמת רחל כו' מה ראה אבינו יעקב לקבר כו' על בניו למדנו שנקרא ישראל כו'. כן צריך לומר: **שנקראו ישראל על שם רחל.** מפורש לעיל (עא, ב) תני רבי שמעון בן יוחאי כו', כאן קצרו בהעתק וכתבו רק סוף המאמר לשם בן בנה שנאמר הבן יקיר לי אפרים, וענין המאמר לכאן לפרש בדרך אפרת, פירוש בדרך שילכו ישראל הנקראים על שם אפרים בן בנה:

חידושי הרש"ש

דסוטה (פ"א ה"ג) ובמדרש שמואל (פרשה יד) ליתא רק פירוש הראשון וכן הביאו רש"י והרד"ק (שמואל א' י, ב): **שבגבול בנימין היו דכתיב ויעבור כו'.** כן צריך לומר. ויתכן שארץ צוף נקרא חבל ארץ אשר היתה בה עיר רמה אשר גר בה שמואל ובית אבותיו מעולם, ועל שם ראש בית אבותם צוף כדכתיב בראש הספר (שמואל א' א, א) נקרא כן חבל הארץ ההוא, ורמה היא מערי בנימין (יהושע יח, כה), ומאי דכתיב מהר אפרים אין סתירה כי כן מצינו הר העמלקי בארץ אפרים (שופטים יב, טו). וכן בחלק (סנהדרין קא, ב) אמרו הוא מיכה הוא שבע בן בכרי, ובאחרון כתיב איש ימיני (שמואל ב' כ, א) ובראשון כתיב איש מהר אפרים (שופטים יז, א), וכן כתיב בשמואל שם על שבע בן בכרי גופיה כי איש מהר אפרים שבע בן בכרי שמו. וכן כתיב (שם י, א) תולע בן פואה כו' איש יששכר כו' בהר אפרים, וכן באהוד כתיב בן הימיני (שם, ג, טו) וכתיב שם ויהי בבואו ויתקע בשופר בהר אפרים. ואמר לי בני הרב מתתיהו כי בספר תבואות הארץ שנדפס בירושלים (תר"ה) הוכיח כי הר אפרים אינו הר אחד כי אם הרים גדולים מהלך כמה ימים וכולל כמה ערים, והביא ראיות על זה ובתוכם גם כן הראיות שהבאתי אנכי: **[יא] לא לראובן להתייחס.** עיין

שינוי נוסחאות

(י) **יִבְנֶה לוֹ בַּיִת.** צ"ל "יבנה לו נפש", כ"כ מתנות כהונה, וכ"ה במשניות:

מסורת המדרש

טז. שקלים פרק ה' משנה ה'. סנהדרין דף מ"ח:
יז. ירושלמי שקלים פרק ב' הלכה ז':
יח. לעיל פרשה ע"א. ילקוט ירמיה רמז שט"ו. ילקוט עמוס רמז תקמ"ד:
יט. אגדת בראשית סוף פרק נ"א:
כ. ירושלמי סוכה פרק ה'. שיר השירים רבה פרשה ה' פסוק ה'. ילקוט כאן רמז קל"ו. ילקוט דברי הימים רמז אל"ף ע"ו:
כא. בבא בתרא דף קכ"ג:

אם למקרא

וַיַּעֲבֹר בְּהַר אֶפְרַיִם וַיַּעֲבֹר בְּאֶרֶץ שָׁלִשָׁה וְלֹא מָצָאוּ וַיַּעַבְרוּ בְאֶרֶץ שַׁעֲלִים וָאַיִן וַיַּעֲבֹר בְּאֶרֶץ יְמִינִי וְלֹא מָצָאוּ: הֵמָּה בָּאוּ בְּאֶרֶץ צוּף וְשָׁאוּל אָמַר לְנַעֲרוֹ אֲשֶׁר עִמּוֹ לְכָה וְנָשׁוּבָה פֶּן יֶחְדַּל אָבִי מִן הָאֲתֹנוֹת וְדָאַג לָנוּ: וַיֹּאמֶר לוֹ הִנֵּה נָא אִישׁ אֱלֹהִים בָּעִיר הַזֹּאת וְהָאִישׁ נִכְבָּד כֹּל אֲשֶׁר יְדַבֵּר בּוֹא יָבוֹא עַתָּה נֵלְכָה שָּׁם אוּלַי יַגִּיד לָנוּ אֶת דַּרְכֵּנוּ אֲשֶׁר הָלַכְנוּ עָלֶיהָ:
(שמואל א ט:ד-ו)

הֲבֵן יַקִּיר לִי אֶפְרַיִם אִם יֶלֶד שַׁעֲשֻׁעִים כִּי מִדֵּי דַבְּרִי בּוֹ זָכֹר אֶזְכְּרֶנּוּ עוֹד עַל כֵּן הָמוּ מֵעַי לוֹ רַחֵם אֲרַחֲמֶנּוּ נְאֻם ה':
(ירמיה לא:יט)

כֹּה אָמַר ה' קוֹל בְּרָמָה נִשְׁמָע נְהִי בְּכִי תַמְרוּרִים רָחֵל מְבַכָּה עַל בָּנֶיהָ מֵאֲנָה לְהִנָּחֵם עַל בָּנֶיהָ כִּי אֵינֶנּוּ:
(שם שם יד)

בְּנֵי רְאוּבֵן בְּכוֹר יִשְׂרָאֵל חֲנוֹךְ וּפַלּוּא חֶצְרוֹן וְכַרְמִי:
(דברי הימים א ה:ג)

אֵלֶּה רָאשֵׁי בֵית אֲבֹתָם בְּנֵי רְאוּבֵן בְּכֹר יִשְׂרָאֵל חֲנוֹךְ וּפַלּוּא חֶצְרֹן וְכַרְמִי אֵלֶּה מִשְׁפְּחֹת רְאוּבֵן:
(שמות ו:יד)

וּבְנֵי רְאוּבֵן בְּכוֹר יִשְׂרָאֵל כִּי הוּא הַבְּכוֹר וּבְחַלְּלוֹ יְצוּעֵי אָבִיו נִתְּנָה בְּכֹרָתוֹ לִבְנֵי יוֹסֵף בֶּן יִשְׂרָאֵל וְלֹא לְהִתְיַחֵשׂ לַבְּכֹרָה:
(דברי הימים א ה:א)

ידי משה

[י] **שנקראו ישראל על שם רחל שנאמר הבן יקיר לי אפרים וגו'.** הגיהו לי ציונים, והוציאו זה מדכתיב היא קבורת רחל עד היום הזה דייק שלא היה ציון ממש, אלא שם ישראל הוא ציון. וקל להבין:

"קוֹל בְּרָמָה נִשְׁמָע נְהִי בְּכִי תַמְרוּרִים רָחֵל מְבַכָּה עַל בָּנֶיהָ" — ***A voice is heard on high, wailing, bitter weeping, Rachel weeps for her children;*** *she refuses to be consoled for her children, for they are gone* (*Jeremiah* 31:14).[118]

וַיְהִי בִּשְׁכֹּן יִשְׂרָאֵל בָּאָרֶץ הַהִוא וַיֵּלֶךְ רְאוּבֵן וַיִּשְׁכַּב אֶת בִּלְהָה פִּילֶגֶשׁ אָבִיו וַיִּשְׁמַע יִשְׂרָאֵל וַיִּהְיוּ בְנֵי יַעֲקֹב שְׁנֵים עָשָׂר. בְּנֵי לֵאָה בְּכוֹר יַעֲקֹב רְאוּבֵן וְשִׁמְעוֹן וְלֵוִי וִיהוּדָה וְיִשָּׂשכָר וּזְבוּלֻן.
And it came to pass, while Israel dwelt in that land, that Reuben went and lay with Bilhah, his father's concubine, and Israel heard. The sons of Jacob were twelve. The sons of Leah: Jacob's firstborn, Reuben, Simeon, Levi, Judah, Issachar, and Zebulun (35:22-23).

§11 וַיְהִי בִּשְׁכֹּן יִשְׂרָאֵל — ***AND IT CAME TO PASS, WHILE ISRAEL DWELT*** *IN THAT LAND, THAT REUBEN WENT AND LAY WITH BILHAH . . . THE SONS OF JACOB WERE TWELVE.*

The Midrash discusses the verse's juxtaposition of Reuben's infraction with the count of Jacob's sons:

אָמַר רַבִּי יְהוּדָה בַּר סִימוֹן — **R' Yehudah bar Simone said:** קָשָׁה הִיא שַׁלְשֶׁלֶת יוֹחֲסִין לִפְנֵי הַקָּדוֹשׁ בָּרוּךְ הוּא שֶׁתֵּעָקֵר מִמְּקוֹמָהּ — **It is difficult,** so to speak, **for the Holy One, blessed is He,** to allow **that the chain of pedigree**[119] **should become uprooted from its** original **place.**[120] הָדָא הוּא דִכְתִיב — **Thus it is written,** "וַיְהִי בִּשְׁכֹּן יִשְׂרָאֵל" — ***And it came to pass, while Israel dwelt*** *in that land, that Reuben went and lay with Bilhah, his father's concubine,* וּכְתִיב "וַיִּהְיוּ בְנֵי יַעֲקֹב שְׁנֵים עָשָׂר וְגוֹ'" — **and it is written** immediately thereafter, ***The sons of Jacob were twelve, etc.;***[121] "בְּנֵי רְאוּבֵן בְּכֹר יִשְׂרָאֵל" — and moreover, Scripture states elsewhere, ***The sons of Reuben the firstborn of Israel,*** *etc.* (*Exodus* 6:14).[122] אֱמוֹר מֵעַתָּה בְּכוֹרַת מָמוֹן נִיטְּלָה מִמֶּנּוּ וְלֹא נִיטְּלָה מִמֶּנּוּ בְּכוֹרַת יוֹחֲסִין — You must **now conclude**[123] that it was **the monetary rights of the firstborn** that **were taken away from Reuben, but not the pedigree of the firstborn,**[124] דִּכְתִיב "וּבְנֵי רְאוּבֵן בְּכוֹר יִשְׂרָאֵל "וְגוֹ'" — **as it is written, *The sons of Reuben, the firstborn of Israel;*** *he was the firstborn, but when he defiled his father's bed his birthright was given to the sons of Joseph son of Israel, although not to be pedigreed as the firstborn* (*I Chronicles* 5:1).[125]

NOTES

118. That is, Rachel went up *on high,* before God, to plead for her children who had gone into exile. See *Radak* ad loc.

119. I.e., rights or prestige assigned to an individual by virtue of his birth.

120. I.e., He prefers not to allow one's birthright to be usurped even when that person has shown himself to be unworthy of the prestige assigned to him. Therefore, despite his improper behavior, Reuben is still counted among Jacob's sons, and is moreover still accorded the title of Jacob's firstborn, as the Midrash goes on to show (*Eitz Yosef*).

121. That is, the same verse that recounts Reuben's offense states that Reuben was still counted among Jacob's twelve sons (*Yefeh To'ar*).

122. Indicating that not only was Reuben counted as one of the sons of Jacob, but he still retained the status of *firstborn.* See also *Numbers* 1:20.

[The Midrash cites a Scriptural verse from elsewhere although here in our verse, Scripture also calls Reuben *Jacob's firstborn,* because our verse could mean merely that chronologically he was the first son born to Jacob, but the mention of his status of בְּכוֹר in connection with his descendants indicates that he retained the pedigree permanently (*Eitz Yosef,* from *Yefeh To'ar*).]

123. Based on the *Chronicles* verse to be quoted shortly. [*Os Emes* indeed emends the text so that the *Chronicles* verse is cited *before* אֶלָּא מֵעַתָּה (in place of the *Exodus* verse).]

124. The monetary right of a firstborn son consists of his being entitled to an extra portion of his father's inheritance (*Deuteronomy* 21:17). However, Jacob gave an extra portion to Joseph (below, 48:22) instead of Reuben, and therefore each of Joseph's two sons was given their own tribal portion in the Land of Israel; see ibid., v. 5, and *Bava Basra* 123a. Joseph thus supplanted Reuben as the firstborn as regards monetary matters. However, it is clear from the verse in *Exodus* that in regard to pedigree, Reuben retained the status of firstborn son (*Eitz Yosef*).

125. That is, Joseph was not given the pedigree of firstborn. The verse from *Chronicles* confirms the idea posited above, that Reuben's loss of his birthright was only partial; he lost his right for the inheritance of an additional portion but not his right to the pedigree. See below.

INSIGHTS

Niddah 7:5]? (*Shaarei Simchah* and *Divrei Shaul* on our verse, and *Tziyun LeNefesh Chayah* pp. 21-24 §18-20).

Another point that begs clarification is R' Shimon ben Gamliel's statement that *monuments need not be made for the righteous.* This seems to fly in the face of the age-old custom of building monuments for the righteous, as seen in a verse (*II Kings* 23:17) that records a dialogue between King Josiah and the people of Beth-el: וַיֹּאמֶר מָה הַצִּיּוּן הַלָּז אֲשֶׁר אֲנִי רֹאֶה וַיֹּאמְרוּ אֵלָיו אַנְשֵׁי הָעִיר הַקֶּבֶר אִישׁ הָאֱלֹהִים . . . — *[Josiah] said, "What is this tombstone that I see?" The people of the city said to him, "It is the grave of the man of God . . . "* (*Divrei Shaul;* see *Chida* in *Nachal Kedumim,* on our verse).

One more issue that merits our attention is the language of our verse: *It is the monument of Rachel's "grave."* A monument is built to memorialize the deceased person, not the grave. *It is the monument of Rachel* would seem to have been the more fitting statement.

In light of our Midrash, *Shaarei Simchah* explains that a *matzeivah* (monument) serves one of two purposes. In general, it is built to memorialize the dead person. But in the case of a righteous person such as Rachel, it is built for the benefit of the living, so that they know the location of the grave, in order that they can pray at the gravesite. [The practice of praying at the gravesites of the righteous dates back to Caleb, who prayed at the graves of the Patriarchs (see *Sotah* 34b and *Rashi* on *Numbers* 13:22).] The general term is *matzeivah,* as in our verse. The terms *tziyun* and *nefesh* describe the specific function of the *matzeivah* in question. A *matzeivah* built for the benefit of the dead person, as a memorial for *him,* is referred to as *nefesh* (soul), a term that connotes "life." For through the monument, the dead person lives on in the memory of the living. On the other hand, a *matzeivah* of a righteous person, built for the benefit of the living, is called a *tziyun* (marker), since its function is to mark the grave, so that people know where to pray.

Thus, in the verse in *Kings* cited above, Scripture specifically uses the term *tziyun.* For the verse refers to the grave of a *man of God,* who has no need for a *nefesh.* Nevertheless, a *tziyun* was built for the benefit of the living (*Tziyun LeNefesh Chayah* loc. cit.).

The cited Mishnah, however, discusses the surplus funds collected for the burial of a specific dead person, which can be used only for his benefit — to build a *nefesh,* but not for the benefit of the living — to build a *tziyun.* Of course, a *tziyun* is built for the righteous, but, as R' Shimon ben Gamliel says, a *nefesh* is not, for a *nefesh* is built for the benefit of the dead — so that he live on — and a righteous person lives on through his deeds. And since a righteous person does not need a *nefesh,* the money collected for his burial cannot be used for a monument. As for a *tziyun,* that must be built from other money.

It is now clear why our verse does not say simply *it is the monument of Rachel.* Rachel was not in need of a monument, a *nefesh.* Instead, the verse presents an accurate description of Rachel's monument: *It is the monument of Rachel's "grave."* The monument did not serve as a *nefesh,* but rather as a *tziyun* — as a *marker* — for the exiles to know the location of their righteous ancestor so that they could plead there for Divine mercy, and thereby inspire Rachel herself to plead on their behalf before God (*Shaarei Simchah, Malbim,* and *Chomas Eish* to our verse).

[For further discussion concerning the connotation of *tziyun* versus *nefesh,* see *Tziyun LeNefesh Chayah* (loc. cit.) and *Divrei Shaul* (loc. cit.).]

וְהַאי דַּוְקָא, וְכָךְ אַתָּה לָמֵד שֶׁבִּגְבוּל בִּנְיָמִין הֲוָו, דִּכְתִיב (שמואל-א ט, ד-ה) **"וַיַּעֲבֹר בְּאֶרֶץ יְמִינִי וְלֹא מָצָאוּ הֵמָּה בָּאוּ בְּאֶרֶץ צוּף", וּכְתִיב** (שם שם ו) **"וְהִנֵּה נָא אִישׁ אֱלֹהִים בָּעִיר הַזֹּאת":**

י [לה, כ] **"וַיַּצֵּב יַעֲקֹב מַצֵּבָה" תְּנַן הָתָם:** [טז]**מוּתַר הַמֵּתִים כוּ', רַבִּי נָתָן אוֹמֵר: מוּתַר הַמֵּת יִבְנֶה לוֹ °בַּיִת עַל גַּבֵּי קִבְרוֹ וְכוּ'** (שקלים ב, ח), [יז]**תָּנֵי רַבִּי שִׁמְעוֹן בֶּן גַּמְלִיאֵל: אֵין עוֹשִׂין נְפָשׁוֹת לַצַּדִּיקִים, דִּבְרֵיהֶם הֵם זִכְרוֹנֵיהֶם, לָמַדְנוּ שֶׁנִּקְרְאוּ יִשְׂרָאֵל** [יח]**עַל שֵׁם רָחֵל, שֶׁנֶּאֱמַר** (ירמיה לא, יט) **"הֲבֵן יַקִּיר לִי אֶפְרַיִם". דָּבָר אַחֵר,** [לה, יט] **"וַתָּמָת רָחֵל וַתִּקָּבֵר בְּדֶרֶךְ אֶפְרָתָה", מָה רָאָה אָבִינוּ יַעֲקֹב לִקְבּוֹר אֶת רָחֵל בְּדֶרֶךְ אֶפְרָת, אֶלָּא צָפָה יַעֲקֹב אָבִינוּ** [יט]**שֶׁהַגָּלֻיּוֹת עֲתִידוֹת לַעֲבוֹר שָׁם, לְפִיכָךְ קְבָרָהּ שָׁם כְּדֵי שֶׁתְּהֵא מְבַקֶּשֶׁת עֲלֵיהֶם רַחֲמִים, הָדָא הוּא דִכְתִיב** (ירמיה שם יד) **"קוֹל בְּרָמָה נִשְׁמָע נְהִי בְּכִי תַמְרוּרִים רָחֵל מְבַכָּה עַל בָּנֶיהָ":**

יא [לה, כב] **"וַיְהִי בִּשְׁכֹּן יִשְׂרָאֵל" אָמַר רַבִּי יְהוּדָה בַּר סִימוֹן:** [כ]**קָשָׁה הִיא שַׁלְשֶׁלֶת יוֹחֲסִין לִפְנֵי הַקָּדוֹשׁ בָּרוּךְ הוּא שֶׁתֵּעָקֵר מִמְּקוֹמָהּ, הָדָא הוּא דִכְתִיב "וַיְהִי בִּשְׁכֹּן יִשְׂרָאֵל" וּכְתִיב** [שם] **"וַיִּהְיוּ בְנֵי יַעֲקֹב שְׁנֵים עָשָׂר וְגוֹ'",** (שמות ו, יד) **"בְּנֵי רְאוּבֵן בְּכֹר יִשְׂרָאֵל", אֱמוֹר מֵעַתָּה** [כא]**בְּכוֹרַת מָמוֹן נִיטְּלָה מִמֶּנּוּ וְלֹא נִיטְּלָה מִמֶּנּוּ בְּכוֹרַת יוֹחֲסִין, דִּכְתִיב** (דברי הימים-א ה, א) **"*וּבְנֵי רְאוּבֵן בְּכוֹר יִשְׂרָאֵל °", רַבִּי לֵוִי וְרַבִּי סִימוֹן, חַד מִנְּהוֹן אָמַר: לֹא לִרְאוּבֵן לְהִתְיַחֵס,**

רש"י

(יא) קשה לפני הקב"ה לעקור שלשלת יוחסים ממקומה. שאף על פי שחטא ראובן יחסו כשאר שבטים. **הדא הוא דכתיב ויהי בשכון ישראל.** וגו' עד וילך ראובן וישכב, וסמיך ליה **ויהיו בני יעקב שנים עשר: חד מנהון אמר ליוסף מייחסין ואין מייחסין לראובן,**

עץ יוסף

פירוש והאי לישנא בתרא דוקא ועיקר. ויש גרסו והא דוקא פירוש לישנא קמא עיקר, וכן באמת במדרש שמואל לא מייתי רק פירוש הראשון: (י) [יא] **יבנה לו נפש על קברו.** כן צריך לומר (מתנות כהונה). והוא בנין כעין שבונים על הקבר. ובלשון מקרא (מלכים ב' כג, יז ועוד) שמו ציון (ערוך): **אין עושין נפשות.** אין עושים להם מצבה הנקרא נפש שהוא לזכרון המת לפי שהצדיקים אין צריכין להם, שהרי דבריהם ומעשיהם הטובים הם זכרוניהם: **שנקראו ישראל על שם רחל.** ולכן אף דאין עושין מצבה לצדיקים הציב יעקב מצבת אבן על קבורת רחל לפי שהיתה עיקרית הבית ונקראת אבן ישראל שנקראו ישראל על שמה (נזר הקודש): **על שם רחל שנאמר** (ירמיה ל"א). **רחל מבכה על בניה. ולא סוף דבר לשמה אלא לשם בנה שנאמר.** (עמוס ה') **אולי יחנן ה' צבאות שארית יוסף. ולא סוף דבר לשם בנה אלא לשם בן בנה שנאמר.** (ירמיה ל"א) **הבן יקיר לי אפרים.** כן צריך לומר וכן הוא לעיל פרשה ע"א: **דבר אחר ותמת רחל בדרך כו'.** כלומר מה שהקים יעקב מצבת אבן על קברה כדי לידע מקום קבורתה שיבואו שמה בני הגולה לבקש רחמים (נזר הקודש): **לקבור את רחל בדרך.** ולא הכניסה לעיר. ואף על גב דאמרינן לעיל סימן י' סמוך למיתה קבורה, הא לא היה רחוק מן העיר רק כברת ארץ שהוא דרך מועט: **שתהא מבקשת רחמים.** שהצדיקים המתים נשמותיהם יורדות ושומרות הגוף בקבר עד שירגישו בעניני העולם הזה (יפה תואר): (יא) [יב] **קשה היא כו'.** כי מי שראוי למעלה מצד יחוסו לא ידחה ממנה מפני אחר שהגון ממנו. שאף על פי שראובן חטא לא נוטל כבוד בכורתו שראויה לו מיחוסו (יפה תואר): **וכתיב ויהיו בני כו'.** שאף על פי שחטא קלא לא נדחה מיחוס השבטים ועדיין נקרא בכור וכדכתיב בני ראובן בכור ישראל. והא דלא יליף מדכתיב הכא בכור יעקב ראובן, משום דמצינו למימר דמעיקרא הוה בכור, אבל מדכתיב בני ראובן בכור ישראל יליף שפיר (יפה תואר): **בבורת ממון כו'.** להיות יוסף נוטל פי שנים כבכור בנחלת הארץ, אבל לא ניטלה ממנו בכורת יוחסין. והיינו כמאן דאמר בסמוך אין מיחסין ליוסף אלא לראובן: **לא לראובן להתייחס.** רצונו לומר דלאו דוקא בכורת ממון ניטלה ממנו אלא אפילו ליוחסין ניטלה בכורה ממנו:

פירוש מהרז"ו

(י) **למדנו שנקראו כו' עד אפרים.** מאמר זה נלקה בחסר, וחילוף מקום שמקומו בסוף סימן זה וחסר כמו שיבואר בסמוך: **דבר אחר מה ראה.** תיבת דבר אחר צריך עיון, ובילקוט (רמז קלו) ליתא אלא גורס מה ראה כו': **צפה יעקב** לעיל (ע, י) ושם מבואר: **מבכה על בניה.** אין פירושו על בניה ממש, אלא על כל השבטים. וכאן מקום מאמר למדנו שנקראו על שם רחל שנאמר (ירמיה לא, יד) רחל מבכה על בניה, ולא סוף דבר לשמה אלא לשם בנה שנאמר (עמוס ה, טו) אולי יחנן ה' צבאות את שארית יוסף, ולא סוף דבר לשם בנה אלא לשם בן בנה שנאמר (ירמיה לא, יט) הבן יקיר לי אפרים, כן הובא לעיל (עא, ב) וכן הובא במדרש רות (ז, יג) פסוק ויאמרו כל העם אשר בשער ילקוט ירמיה (רמז שטו): (יא) **בני ראובן בכור ישראל.** פסוק בדברי הימים (א' ה, ג) הרי שקראו סתם בכור ישראל כמו שנאמר כאן בני לאה בכור יעקב ראובן, ובחללו יצועי אביו נתנה בכורתו לבני יוסף בן ישראל (שם ה, א), והם ב' כתובים מכחישים, ובא הכתוב הג' והכריע היינו סוף פסוק א' ולא להתיחס לבכורה, פירוש ליוסף לא להתיחס לבכורה, וזה שאמר כאן בכורת ממון נטלה ממנו מראובן ולא בכורת יוחסין: **לא לראובן להתיחס.** שמה שאמר ולא להתיחס לבכורה קאי על ראובן, וצריך עיון איך יפרש פסוק ג' בני ראובן בכור ישראל, ואפשר בדקדוק

מתנות כהונה

היו בקבורת רחל, והאי לישנא בתרא דווקא: **הוו דכתיב.** גרסינן: [י] **תנן התם.** במסכת שקלים (פ"ב מ"ה): **הכי גרסינן יבנה לו נפש על קברו.** נפש פירש הערוך בנין כעין שבונין על הקבר, ובלשון מקרא שמו ציון: **למדנו כו'.** ונראה שזהו המצבה שהציב יעקב על קברה, כלומר זכרון עולם שנקראו ישראל על שמה, והרב אברהם בן אשר מישבו בדרך אחר: **מה ראה כו'.** עיין בפירוש רש"י בחומש: [יא] **קשה היא כו'.** שאף על פי שחטא ראובן כללו ביחוד שאר שבטים וכן פירש רש"י: **הכי גרסינן בני ראובן בכור ישראל וגו'.** ופסוק הוא בדברי הימים (א' ה, ג), וסיפיה דקרא ובחללו יצועי אביו נתנה הבכורה ליוסף, ולא להתייחס לבכורה: **לא לראובן להתייחס כו'.** והאי דכתיב ולא להתייחס חוזר על ראובן, כלומר לענין זה נטלה ממנו הבכורה שלא

אשד הנחלים

[י] **דבריהם הן זכרונם.** ולכן אחז בלשון נפש, לפי שאין המצבה זכר לנפש מאומה כי אם זכרון החיים ויקרא דחיי, רק דברי תורה וחכמה הן הן הזכרונות האמיתיות, ולא יקשה מרחל, שהיא אשה ואין לה דברים שבהם תזכר: **למדנו.** עיין במתנות כהונה. ועיין בהרב אברהם בן אשר. ולי נראה שזה אמר באגב לראיה שדבריהם הן זכרונם, שלכן נקראו ישראל בשם רחל כמו שנאמר שם רחל מבכה על בניה ואח"כ נאמר הבן גו' המו מעי לו. רק עם כל זה אין זה דברים ממש שעל ידי זה תזכר, ולכן הציב מצבה, וגם בתחלה לא נזכרו על שמה: **קברה שם כדי.** המחקר בזה איך שייך בנפשות עליונות ליאמר שדווקא באותו מקום שהגוף נקבר שמה תשמע. כי זהו אמת כי הגוף שהיה תחילה בית מעונה ויש עודנה קשר קצת בינה ובין נפשה ולעת התחיה ישובו להיות בחוברת, שמה יתכן להיות הנפש שומעת קול בכייתה ע"י גופה

חידושי הרד"ל

[י] **דבריהם הם זכרונם דבר אחר ותמת רחל כו' מה ראה אבינו יעקב לקבר כו' על בניו למדנו שנקרא ישראל כו'.** כן צריך לומר: **שנקראו ישראל על שם רחל.** מפורש לעיל (עא, ב) תני רבי שמעון בן יוחאי כו', כאן קצרו בהעתק וכתבו רק סוף המאמר לשם בן בנה שנאמר הבן יקיר לי אפרים, וענין המאמר לכאן לפרש בדרך אפרת, פירוש בדרך שילכו ישראל הנקראים על שם אפרים בן בנה:

חידושי הרש"ש

דסוטה (פ"א הי"ג) ובמדרש שמואל (פרשה יד) ליתא רק פירוש הראשון וכן הביאו רש"י והרד"ק (שמואל א' י, ב): **שבגבול בנימין היו דכתיב ויעבור כו'.** כן צריך לומר. ויתכן שארץ צוף נקרא חבל ארץ אשר היתה בה עיר רמה אשר גר בה שמואל ובית אבותיו מעולם, ועל שם ראש בית אבותם צוף כדכתיב בראש הספר (שמואל א' א, א) נקרא כן חבל הארץ ההוא, ורמה היא מערי בנימין (יהושע יח, כה), ומאי דכתיב מהר אפרים אין סתירה כי כן מצינו הר העמלקי בארץ אפרים (שופטים יב, טו). וכן בחלק (סנהדרין קח, ב) אמרו הוא מיכה הוא שבע בן בכרי, ובאחרון כתיב איש ימיני (שמואל ב' כ, א) ובראשון כתיב איש מהר אפרים (שופטים יז, א), וכן כתיב בשמואל שם על שבע בן בכרי גופיה כי איש מהר אפרים שבע בן בכרי שמו. וכן כתיב (שם י, א) תולע בן פואה כו' איש יששכר כו' בהר אפרים, וכן באהוד כתיב בן הימיני (שם, ג, טו) וכתיב שם ויהי בבואו ויתקע בשופר בהר אפרים. ואמר לי בני הרב מתתיהו כי בספר תבואות הארץ שנדפס בירושלים (תר"ה) הוכיח כי הר אפרים אינו הר אחד כי אם הרים גדולים מהלך כמה ימים וכולל כמה ערים, והביא ראיות על זה ובתוכם גם כן הראיות שהבאתי אנכי: [יא] **לא לראובן להתייחס.** עיין

שינוי נוסחאות

(י) **יִבְנֶה לוֹ בַּיִת.** צ"ל "יבנה לו נפש", כ"כ מתנות כהונה, וכ"ה במשניות:

מסורת המדרש

טז. שקלים פרק ה' משנה ה'. סנהדרין דף מ"ח:
יז. ירושלמי שקלים פרק ב' הלכה ז':
יח. לעיל פרשה ע"א. ילקוט ירמיה רמז שס"ו. ילקוט עמוס רמז תקמ"ד:
יט. אגדת בראשית סוף פרק נ"א:
כ. ירושלמי סוכה פרק ה'. שיר השירים רבה פרשה ה' פסוק ה'. ילקוט כאן רמז קל"ו. ילקוט דברי הימים רמז אל"ף ע"ו:
כא. בבא בתרא דף קכ"ג:

אם למקרא

וַיַּעֲבֹר בְּהַר אֶפְרַיִם וַיַּעֲבֹר בְּאֶרֶץ שָׁלִשָׁה וְלֹא מָצָאוּ וַיַּעַבְרוּ בְאֶרֶץ שַׁעֲלִים וָאַיִן וַיַּעֲבֹר בְּאֶרֶץ יְמִינִי וְלֹא מָצָאוּ: הֵמָּה בָּאוּ בְּאֶרֶץ צוּף וְשָׁאוּל אָמַר לְנַעֲרוֹ אֲשֶׁר עִמּוֹ לְכָה וְנָשׁוּבָה פֶּן יֶחְדַּל אָבִי מִן הָאֲתֹנוֹת וְדָאַג לָנוּ: וַיֹּאמֶר לוֹ הִנֵּה נָא אִישׁ אֱלֹהִים בָּעִיר הַזֹּאת וְהָאִישׁ נִכְבָּד כֹּל אֲשֶׁר יְדַבֵּר בּוֹא יָבוֹא עַתָּה נֵלְכָה שָּׁם אוּלַי יַגִּיד לָנוּ אֶת דַּרְכֵּנוּ אֲשֶׁר הָלַכְנוּ עָלֶיהָ:
(שמואל א ט:ד-ו)

הֲבֵן יַקִּיר לִי אֶפְרַיִם אִם יֶלֶד שַׁעֲשֻׁעִים כִּי מִדֵּי דַבְּרִי בּוֹ זָכֹר אֶזְכְּרֶנּוּ עוֹד עַל כֵּן הָמוּ מֵעַי לוֹ רַחֵם אֲרַחֲמֶנּוּ נְאֻם ה':
(ירמיה לא:יט)

כֹּה אָמַר ה' קוֹל בְּרָמָה נִשְׁמָע נְהִי בְּכִי תַמְרוּרִים רָחֵל מְבַכָּה עַל בָּנֶיהָ מֵאֲנָה לְהִנָּחֵם עַל בָּנֶיהָ כִּי אֵינֶנּוּ:
(שם שם יד)

בְּנֵי רְאוּבֵן בְּכוֹר יִשְׂרָאֵל חֲנוֹךְ וּפַלּוּא חֶצְרוֹן וְכַרְמִי:
(דברי הימים א ה:ג)

אֵלֶּה רָאשֵׁי בֵית אֲבֹתָם בְּנֵי רְאוּבֵן בְּכֹר יִשְׂרָאֵל חֲנוֹךְ וּפַלּוּא חֶצְרֹן וְכַרְמִי אֵלֶּה מִשְׁפְּחֹת רְאוּבֵן:
(שמות ו:יד)

וּבְנֵי רְאוּבֵן בְּכוֹר יִשְׂרָאֵל כִּי הוּא הַבְּכוֹר וּבְחַלְּלוֹ יְצוּעֵי אָבִיו נִתְּנָה בְּכֹרָתוֹ לִבְנֵי יוֹסֵף בֶּן יִשְׂרָאֵל וְלֹא לְהִתְיַחֵשׂ לַבְּכֹרָה:
(דברי הימים א ה:א)

ידי משה

[י] **שנקראו ישראל על שם רחל שנאמר הבן יקיר לי אפרים וגו'.** הציבו לי ציונים, והוציאו זה מדכתיב היא קבורת רחל עד היום הזה דייק שלא היה ציון ממש, אלא שם ישראל הוא ציון. וקל להבין:

The cited verse in *Chronicles* ends off with וְלֹא לְהִתְיַחֵשׂ לַבְּכֹרָה, which we translated above, "although not to be pedigreed as the firstborn" — which was interpreted to mean that although Joseph replaced Reuben as firstborn regarding monetary rights, he did not supplant him completely. The Midrash now presents a difference of opinion between Sages regarding the interpretation of these words:

רַבִּי לֵוִי וְרַבִּי סִימוֹן – R' Levi and R' Simone discussed this verse. **חַד מִנְּהוֹן אָמַר: לֹא לִרְאוּבֵן לְהִתְיַיחֵס – One of them said:** It means **"it is not *for Reuben* to be pedigreed** as firstborn."[126]

NOTES

126. According to this view, the final clause of the verse reverts to Reuben and should be translated as, *and he* (Reuben) *is not to be pedigreed as the firstborn* (*Matnos Kehunah;* however, see *Rashi*). The verse would then mean that the rights of the firstborn were in fact given *fully* to Joseph (*Matnos Kehunah, Eitz Yosef*).

וְהַאי דַּוְקָא, וְכָךְ אַתָּה לָמֵד שֶׁבִּגְבוּל בִּנְיָמִין הֲווֹ, דִּכְתִיב (שמואל־א ט, ד-ה) "וַיַּעֲבֹר בְּאֶרֶץ יְמִינִי וְלֹא מָצָאוּ הֵמָּה בָּאוּ בְּאֶרֶץ צוּף", וּכְתִיב (שם שם ו) "וְהִנֵּה נָא אִישׁ אֱלֹהִים בָּעִיר הַזֹּאת":

י [לה, כ] "וַיַּצֵּב יַעֲקֹב מַצֵּבָה" תְּנַן הָתָם: [טז]מוֹתַר הַמֵּתִים כוּ', רַבִּי נָתָן אוֹמֵר: מוֹתַר הַמֵּת יִבְנֶה לוֹ °בַּיִת עַל גַּבֵּי קִבְרוֹ וְכוּ' (שקלים ב, ח), [יז]תָּנֵי רַבִּי שִׁמְעוֹן בֶּן גַּמְלִיאֵל: אֵין עוֹשִׂין נְפָשׁוֹת לַצַּדִּיקִים, דִּבְרֵיהֶם הֵם זִכְרוֹנֵיהֶם, לָמַדְנוּ שֶׁנִּקְרְאוּ יִשְׂרָאֵל [יח]עַל שֵׁם רָחֵל, שֶׁנֶּאֱמַר (ירמיה לא, יט) "הֲבֵן יַקִּיר לִי אֶפְרַיִם". דָּבָר אַחֵר, [לה, יט] "וַתָּמָת רָחֵל וַתִּקָּבֵר בְּדֶרֶךְ אֶפְרָתָה", מָה רָאָה אָבִינוּ יַעֲקֹב לִקְבּוֹר אֶת רָחֵל בְּדֶרֶךְ אֶפְרָת, אֶלָּא צָפָה יַעֲקֹב אָבִינוּ [יט]שֶׁהַגָּלֻיּוֹת עֲתִידוֹת לַעֲבוֹר שָׁם, לְפִיכָךְ קְבָרָהּ שָׁם כְּדֵי שֶׁתְּהֵא מְבַקֶּשֶׁת עֲלֵיהֶם רַחֲמִים, הָדָא הוּא דִכְתִיב (ירמיה שם יד) "קוֹל בְּרָמָה נִשְׁמָע נְהִי בְּכִי תַמְרוּרִים רָחֵל מְבַכָּה עַל בָּנֶיהָ":

יא [לה, כב] "וַיְהִי בִּשְׁכֹּן יִשְׂרָאֵל" אָמַר רַבִּי יְהוּדָה בַּר סִימוֹן: [כ]קָשָׁה הִיא שַׁלְשֶׁלֶת יוֹחֲסִין לִפְנֵי הַקָּדוֹשׁ בָּרוּךְ הוּא שֶׁתֵּעָקֵר מִמְּקוֹמָהּ, הָדָא הוּא דִכְתִיב "וַיְהִי בִּשְׁכֹּן יִשְׂרָאֵל" וּכְתִיב [שם] "וַיִּהְיוּ בְנֵי יַעֲקֹב שְׁנֵים עָשָׂר וְגוֹ'", (שמות ו, יד) "בְּנֵי רְאוּבֵן בְּכֹר יִשְׂרָאֵל", אָמוֹר מֵעַתָּה [כא]בְּכוֹרַת מָמוֹן נִיטְּלָה מִמֶּנּוּ וְלֹא נִיטְּלָה מִמֶּנּוּ בְּכוֹרַת יוֹחֲסִין, דִּכְתִיב (דברי הימים־א ה, א) "*וּבְנֵי רְאוּבֵן בְּכוֹר יִשְׂרָאֵל °", רַבִּי לֵוִי וְרַבִּי סִימוֹן, חַד מִנְּהוֹן אֲמַר: לֹא לִרְאוּבֵן לְהִתְיַחֵס,

רש"י

(יא) **קשה לפני הקב"ה לעקור שלשלת יוחסים ממקומה.** שאף על פי שחטא ראובן יתיחסו כשאר שבטים. **הדא הוא דכתיב ויהי בשכון ישראל.** וגו' עד וילך ראובן וישכב, וסמיך ליה **ויהיו בני יעקב שנים עשר: חד מנהון אמר ליוסף מייחסין ואין מייחסין לראובן,**

עץ יוסף

פירוש והאי לישנא בתרא דוקא ועיקר. ויש גרסו והא דוקא פירוש לישנא קמא עיקר, וכן באמת במדרש שמואל לא מייתי רק פירוש הראשון: (י) [יא] **יבנה לו נפש על קברו.** כן צריך לומר (מתנות כהונה). והוא בנין כעין שבונים על הקבר. ובלשון מקרא (מלכים ב' כג, יז ועוד) שמו ציון (ערוך): **אין עושין נפשות.** אין עושים להם מצבה הנקראת נפש שהוא לזכרון המת לפי שהצדיקים אין צריכין להם, שהרי דבריהם ומעשיהם הטובים הם זכרוניהם: **שנקראו ישראל על שם רחל.** ולכן אף דאין עושין מצבה לצדיקים הציב יעקב מצבת אבן על קבורת רחל לפי שהיתה עיקרית הבית ונקראת אבן ישראל שנקראו ישראל על שמה (נזר הקודש): **על שם רחל שנאמר** (ירמיה ל"א). **רחל מבכה על בניה. ולא סוף דבר לשמה אלא לשם בנה שנאמר.** (עמוס ה') **אולי יחנן ה' צבאות שארית יוסף. ולא סוף דבר לשם בנה אלא לשם בן בנה שנאמר.** (ירמיה ל"א) **הבן יקיר לי אפרים.** כן צריך לומר וכן הוא לעיל פרשה ע"א: **דבר אחר ותמת רחל בדרך כו'.** כלומר מה שהקים יעקב מצבת אבן על קברה כדי לידע מקום קבורתה שיבואו שמה בני הגולה לבקש רחמים (נזר הקודש): **לקבור את רחל בדרך.** ולא הכניסה לעיר. ואף על גב דאמרינן לעיל סימן י' סמוך למיתה קבורה, הא לא היה רחוק מן העיר רק כברת ארץ שהוא דרך מועט: **שתהא מבקשת רחמים.** שהצדיקים המתים נשמותיהם יורדות ושומרות הגוף בקבר עד שירגישו בעניני העולם הזה (יפה תואר): (יא) [יב] **קשה היא כו'.** כי מי שראוי למעלה מצד יחוסו לא ידחה ממנה מפני אחר שהגון ממנו. שאף על פי שראובן חטא לא נוטל כבוד בכורתו שראויה לו מיחוסו (יפה תואר): **וכתיב ויהיו בני כו'.** שאף על פי שחטא קצת לא נדחה מיחוס השבטים ועדיין נקרא בכור וכדכתיב בני ראובן בכור ישראל. והא דלא יליף מדכתיב הכא בכור יעקב ראובן, משום דמצינו למימר דמעיקרא הוה בכור, אבל מדכתיב בני ראובן בכור ישראל יליף שפיר (יפה תואר): **בכורת ממון כו'.** להיות יוסף נוטל פי שנים כבכור בנחלת הארץ, אבל לא ניטלה ממנו בכורת יוחסין. והיינו כמאן דאמר בסמוך אין מיחסין ליוסף אלא לראובן: **לא לראובן להתייחס.** רצונו לומר דלאו דוקא בכורת ממון ניטלה ממנו אלא אפילו ליוחסין ניטלה בכורה ממנו:

פירוש מהרז"ו

(י) **למדנו שנקראו כו' עד אפרים.** מאמר זה נלקה בחסר, וחילוף מקום שמקומו בסוף סימן זה וחסר כמו שיבואר בסמוך: **דבר אחר מה ראה.** תיבת דבר אחר צריך עיון, ובילקוט (רמז קלו) ליתא אלא גורס מה ראה כו': **צפה יעקב** לעיל (ע, י) ושם מבואר: **מבכה על בניה.** אין פירושו על בניה ממש, אלא על כל השבטים. וכאן מקום מאמר למדנו שנקראו על שם רחל שנאמר (ירמיה לא, יד) רחל מבכה על בניה, ולא סוף דבר לשמה אלא לשם בנה שנאמר (עמוס ה, טו) אולי יחנן ה' לבאות את שארית יוסף, ולא סוף דבר לשם בנה אלא לשם בן בנה שנאמר (ירמיה לא, יט) הבן יקיר לי אפרים, כן הובא לעיל (עא, ב) וכן הובא במדרש רות (ז, יג) פסוק ויאמרו כל העם אשר בשער ילקוט ירמיה (רמז שטו): (יא) **בני ראובן בכור ישראל.** פסוק בדברי הימים (א' ה, ג) הרי שקראו סתם בכור ישראל כמו שנאמר כאן בני אלה בכור יעקב ראובן, ובחללו יצועי אביו נתנה בכורתו לבני יוסף בן ישראל (שם ה, א), והם ב' כתובים מכחישים, ובא הכתוב הג' והכריע היינו סוף פסוק א' ולא להתיחס לבכורה, פירוש ליוסף לא להתיחס לבכורה, וזה שאמר כאן בכורת ממון נטלה ממנו מראובן ולא בכורת יוחסין: **לא לראובן להתיחס.** שמה שאמר ולא להתיחס לבכורה קאי על ראובן, וצריך עיון איך יפרש פסוק ג' בני ראובן בכור ישראל, ואפשר בדקדוק

מתנות כהונה

היו בקבורת רחל, והאי לישנא בתרא דווקא: **הוו דכתיב.** גרסינן: **[י] תנן התם.** במסכת שקלים (פ"ב מ"ה): **הכי גרסינן יבנה לו נפש על קברו.** נפש פירש הערוך בנין כעין שבונין על הקבר, ובלשון מקרא שמו ציון: **למדנו כו'.** ונראה שזהו המצבה שהציב יעקב על קברה, כלומר זכרון עולם שנקראו ישראל על שמה, והרב אברהם בן אשר מישבו בדרך אחר: **מה ראה כו'.** עיין בפירוש רש"י בחומש: **[יא] קשה היא כו'.** שאף על פי שחטא ראובן כללו ביחוד שאר שבטים וכן פירש רש"י: **הכי גרסינן בני ראובן בכור ישראל וגו'.** ופסוק הוא בדברי הימים (א' ה, ג), וסיפיה דקרא ובחללו יצועי אביו נתנה הבכורה ליוסף, ולא להתייחס לבכורה: **לא לראובן להתייחס כו'.** והאי דכתיב ולא להתייחס חוזר על ראובן, כלומר לענין זה נטלה ממנו הבכורה שלא

אשד הנחלים

[י] דבריהם הן זכרונם. ולכן אחז בלשון נפש, לפי שאין המצבה זכר לנפש מאומה כי אם זכרון החיים ויקרא דחיי, רק דברי תורה וחכמה הן הן הזכרונות האמיתיות, ולא יקשה מרחל, שהיא אשה ואין לה דברים שבהם תזכר: **למדנו.** עיין במתנות כהונה. ועיין בהרב אברהם בן אשר. ולי נראה שזה אמר באגב לראיה שדבריהם הן זכרונם, שלכן נקראו ישראל בשם רחל כמו שנאמר שם רחל מבכה על בניה ואח"כ נאמר הבן גו' המו מעי לו. רק עם כל זה אין זה דברים ממש שעל ידי זה תזכר, ולכן הציב מצבה, וגם בתחלה לא נזכרו על שמה: **קברה שם כדי.** המחקר בזה איך שייך בנפשות עליונות ליאמר שדווקא באותו מקום שהגוף נקבר שמה תשמע. כי זהו אמת כי הגוף שהיה תחילה בית מעונה ויש עודנה קשר קצת בינה ובין נפשה ולעת התחיה ישובו להיות בחוברת, שמה יתכן להיות הנפש שומעת קול בכייתה ע"י גופה

חידושי הרד"ל

[י] **דבריהם הם זכרונם דבר אחר ותמת רחל כו' מה ראה אבינו יעקב לקבר כו' על בניו למדנו שנקרא ישראל כו'.** כן צריך לומר: **שנקראו ישראל על שם רחל.** מפורש לעיל (עא, ב) תני רבי שמעון בן יוחאי כו', כאן קצרו בהעתק וכתבו רק סוף המאמר לשם בן בנה שנאמר הבן יקיר לי אפרים, וענין המאמר לכאן לפרש בדרך אפרת, פירוש בדרך שילכו ישראל הנקראים על שם אפרים בן בנה:

חידושי הרש"ש

דסוטה (פ"א ה"ג) ובמדרש שמואל (פרשה יד) ליתא רק פירוש הראשון וכן הביאו רש"י והרד"ק (שמואל א' י, ב): **שבגבול בנימין היו דכתיב ויעבור כו'.** כן צריך לומר. ויתכן שארץ צוף נקרא חבל ארץ אשר היתה בה עיר רמה אשר גר בה שמואל ובית אבותיו מעולם, ועל שם ראש בית אבותם צוף כדכתיב בראש הספר (שמואל א' א, א) נקרא כן חבל הארץ ההוא, ורמה היא מערי בנימין (יהושע יח, כה), ומאי דכתיב מהר אפרים אין סתירה כי כן מצינו הר העמלקי בארץ אפרים (שופטים יב, טו). וכן בחלק (סנהדרין קא, ב) אמרו הוא מיכה הוא שבע בן בכרי, ובאחרון כתיב איש ימיני (שמואל ב' כ, א) ובראשון כתיב איש מהר אפרים (שופטים יז, א), וכן כתיב בשמואל שם על שבע בן בכרי גופיה כי איש מהר אפרים שבע בן בכרי שמו. וכן כתיב (שם י, א) תולע בן פואה כו' איש יששכר כו' בהר אפרים, וכן באהוד כתיב בן הימיני (שם, ג, טו) וכתיב שם ויהי בבואו ויתקע בשופר בהר אפרים. ואמר לי בני הרב מתתיהו כי בספר תבואות הארץ שנדפס בירושלים (תר"ה) הוכיח כי הר אפרים אינו הר אחד כי אם הרים גדולים מהלך כמה ימים וכולל כמה ערים, והביא ראיות על זה ובתוכם גם כן הראיות שהבאתי אנכי: [יא] **לא לראובן להתייחס.** עיין

שינוי נוסחאות

(י) יִבְנֶה לוֹ בַּיִת. צ"ל "יבנה לו נפש", כ"כ מתנות כהונה, וכ"ה במשניות:

מסורת המדרש

טז. שקלים פרק ה' משנה ה'. סנהדרין דף מ"ח:
יז. ירושלמי שקלים פרק ב' הלכה ז':
יח. לעיל פרשה ע"א. ילקוט ירמיה רמז שט"ו. ילקוט עמוס רמז תקמ"ד:
יט. אגדת בראשית סוף פרק כ"א:
כ. ירושלמי סוכה פרק ה'. שיר השירים רבה פרשה ה' פסוק ה'. ילקוט כאן רמז קל"ו. ילקוט דברי הימים רמז אל"ף ע"ו:
כא. בבא בתרא דף קכ"ג:

אם למקרא

וַיַּעֲבֹר בְּהַר אֶפְרַיִם וַיַּעֲבֹר בְּאֶרֶץ שָׁלִשָׁה וְלֹא מָצָאוּ וַיַּעַבְרוּ בְאֶרֶץ שַׁעֲלִים וָאַיִן וַיַּעֲבֹר בְּאֶרֶץ יְמִינִי וְלֹא מָצָאוּ: הֵמָּה בָּאוּ בְּאֶרֶץ צוּף וְשָׁאוּל אָמַר לְנַעֲרוֹ אֲשֶׁר עִמּוֹ לְכָה וְנָשׁוּבָה פֶּן יֶחְדַּל אָבִי מִן הָאֲתֹנוֹת וְדָאַג לָנוּ: וַיֹּאמֶר לוֹ הִנֵּה נָא אִישׁ אֱלֹהִים בָּעִיר הַזֹּאת וְהָאִישׁ נִכְבָּד כֹּל אֲשֶׁר יְדַבֵּר בּוֹא יָבוֹא עַתָּה נֵלְכָה שָּׁם אוּלַי יַגִּיד לָנוּ אֶת דַּרְכֵּנוּ אֲשֶׁר הָלַכְנוּ עָלֶיהָ:
(שמואל א ט:ד-ו)

הֲבֵן יַקִּיר לִי אֶפְרַיִם אִם יֶלֶד שַׁעֲשֻׁעִים כִּי מִדֵּי דַבְּרִי בּוֹ זָכֹר אֶזְכְּרֶנּוּ עוֹד עַל כֵּן הָמוּ מֵעַי לוֹ רַחֵם אֲרַחֲמֶנּוּ נְאֻם ה':
(ירמיה לא:יט)

כֹּה אָמַר ה' קוֹל בְּרָמָה נִשְׁמָע נְהִי בְּכִי תַמְרוּרִים רָחֵל מְבַכָּה עַל בָּנֶיהָ מֵאֲנָה לְהִנָּחֵם עַל בָּנֶיהָ כִּי אֵינֶנּוּ:
(שם שם יד)

בְּנֵי רְאוּבֵן בְּכוֹר יִשְׂרָאֵל חֲנוֹךְ וּפַלּוּא חֶצְרוֹן וְכַרְמִי:
(דברי הימים א ה:ג)

אֵלֶּה רָאשֵׁי בֵית אֲבֹתָם בְּנֵי רְאוּבֵן בְּכֹר יִשְׂרָאֵל חֲנוֹךְ וּפַלּוּא חֶצְרֹן וְכַרְמִי אֵלֶּה מִשְׁפְּחֹת רְאוּבֵן:
(שמות ו:יד)

וּבְנֵי רְאוּבֵן בְּכוֹר יִשְׂרָאֵל כִּי הוּא הַבְּכוֹר וּבְחַלְּלוֹ יְצוּעֵי אָבִיו נִתְּנָה בְּכֹרָתוֹ לִבְנֵי יוֹסֵף בֶּן יִשְׂרָאֵל וְלֹא לְהִתְיַחֵשׂ לַבְּכֹרָה:
(דברי הימים א ה:א)

ידי משה

[י] **שנקראו ישראל על שם רחל שנאמר הבן יקיר לי אפרים וגו'.** הניבו לי ליונים, והוליאו זה מדכתיב היא קבורת רחל עד היום הזה דייק שלא היה ליון ממש, אלא שם ישראל הוא ליון. וקל להבין:

וְאוּחֲרָנָא אָמַר: אֵין מְיַחֲסִין לְיוֹסֵף אֶלָּא לִרְאוּבֵן — **And the other** sage **said:** It means that **the pedigree** of the firstborn **is not ascribed to Joseph but rather to Reuben.**[127]

Another sage supports the latter opinion:

רַבִּי חַגַּי בְּשֵׁם רַבִּי יִצְחָק אָמַר — **R' Chaggai said in the name of R' Yitzchak:** אֲפִילוּ בִשְׁעַת הַקַּלְקָלָה אֵין מְיַחֲסִין אֶלָּא לִרְאוּבֵן — **Even at the** very **time of the impropriety, the pedigree** of "firstborn" **is ascribed specifically to Reuben.** הָדָא הוּא דִכְתִיב ״וַיְהִי בִּשְׁכֹּן וְגוֹ׳״ — **Thus it is written,** ***And it came to pass, while Israel dwelt*** *in that land, that Reuben went and lay with Bilhah, his father's concubine . . . The sons of Leah: Jacob's firstborn, Reuben etc.*[128]

□ בְּנֵי לֵאָה בְּכוֹר יַעֲקֹב רְאוּבֵן — *THE SONS OF LEAH: JACOB'S FIRSTBORN, REUBEN . . . .*

The Midrash notes that Reuben's status as *firstborn* was multifaceted:

רַבִּי יוּדָן בְּשֵׁם רַבִּי אַחָא — **R' Yudan** said **in the name of R' Acha:** רְאוּבֵן בְּכוֹר לְעִיבּוּר — **Reuben was** ***firstborn,*** i.e., the senior, **regarding conception;**[129] בְּכוֹר לְלֵידָה — ***firstborn,*** i.e., the senior, **regarding birth;** בְּכוֹר לִבְכוֹרָה — ***firstborn*** **regarding the "firstborn" title;**[130] בְּכוֹר לְנַחֲלָה — ***firstborn*** **regarding** matters of **inheritance;**[131] בְּכוֹר לַעֲבוֹדָה — ***firstborn*** **regarding the** Divine **service;**[132] בְּכוֹר לִתְשׁוּבָה — ***firstborn,*** i.e., the senior, **regarding repentance.**[133] רַבִּי עֲזַרְיָה אָמַר: אַף בְּכוֹר לִנְבוּאָה — **R' Azaryah said:** Reuben was **even** ***firstborn,*** i.e., the senior, **regarding prophecy,** שֶׁנֶּאֱמַר ״תְּחִלַּת דִּבֶּר ה׳ בְּהוֹשֵׁעַ״ — **as it is stated,** ***HASHEM spoke first with Hosea*** (*Hosea* 1:2).[134]

וְאָהֳלִיבָמָה יָלְדָה אֶת יְעוּשׁ וְאֶת יַעְלָם וְאֶת קֹרַח אֵלֶּה בְּנֵי עֵשָׂו אֲשֶׁר יֻלְּדוּ לוֹ בְּאֶרֶץ כְּנָעַן.

And Oholibamah bore Jeush, Jalam, and Korah; these are Esau's sons who were born to him in the land of Canaan (36:5).

§12 וְאָהֳלִיבָמָה יָלְדָה וְגוֹ׳ — *AND OHOLIBAMAH BORE, ETC. [JEUSH, JALAM, AND KORAH].*

The Midrash explains Scripture's purpose in going into such detail regarding Esau's genealogy:

הָדָא הוּא דִכְתִיב ״כִּי אֲנִי חָשַׂפְתִּי אֶת עֵשָׂו״ — **Thus it is written,** ***For I have uncovered Esau*** (*Jeremiah* 49:10). רַבִּי סִימוֹן אָמַר: קְלִיפַּת בְּצָלִים — **R' Simone said:** This "uncovering" is like the **peeling of onions.**[135] כָּל כָּךְ לָמָּה — And **why was all this** necessary?[136] ״גִּלֵּיתִי אֶת מִסְתָּרָיו״ בִּשְׁבִיל לְגַלּוֹת אֶת הַמַּמְזֵרִים שֶׁבֵּינֵיהֶם — As the verse just cited continues, ***I have exposed his concealments*** (ibid.) — i.e., **so as to reveal the** ***mamzerim*** **that are among them.**[137] וְכַמָּה מַמְזֵרִים הֶעֱמִיד — **And how many** ***mamzerim*** **did [Esau] produce?** רַב אָמַר: שְׁלֹשָׁה — **Rav said: Three.**[138] רַבִּי לֵוִי אָמַר: אַרְבָּעָה — **R' Levi said: Four.** אָמַר רַבִּי בִּנְיָמִין בְּשֵׁם רַבִּי לֵוִי — For **R' Binyamin said in the name of R' Levi:** קֹרַח דְּהָכָא מַמְזֵר הוּא — The **Korah that is** mentioned **here is a** ***mamzer.***[139]

NOTES

127. That is, the final clause relates to Joseph, just as the Midrash interpreted it above: that the verse is dividing the rights of the firstborn, giving the rights of inheritance to Joseph but the pedigree to Reuben (*Matnos Kehunah, Eitz Yosef*).

128. Not only did Reuben not lose his status as firstborn, but even as Scripture recounts his offense it acknowledges his birthright. In contrast to R' Yehudah bar Simone above, R' Yitzchak takes the description of Reuben in verse 23 as "Jacob's firstborn" as a pedigree, and not merely a comment on the chronology of his birth [see above, note 122] (*Eitz Yosef*).

129. That is, Leah had never conceived prior to conceiving Reuben (*Eitz Yosef,* first explanation). Alternatively, Reuben was conceived before any of his siblings, in contrast to the situation with Esau and Jacob, where although Esau was born first, Jacob had been conceived before him. See above, 63 §8 (*Matnos Kehunah*).

130. I.e., Reuben retained the prestige and title of "firstborn" status, in accordance with the position of R' Yehudah bar Simone above (*Eitz Yosef,* from *Yefeh To'ar*). Alternatively: Each of Jacob's four wives had their own firstborn, but Reuben, Leah's firstborn, was the most senior of all of them (*Rashash, Maharzu;* see *Matnos Kehunah* for another understanding).

131. That is, although Reuben lost his right to a double portion in the land (see previous passage) he himself inherited a double portion of Jacob's personal assets (*Matnos Kehunah, Eitz Yosef*). Alternatively: Of all the tribes, Reuben received his inheritance in the land first, for Moses gave the children of Reuben a portion east of the Jordan before the Israelites entered Canaan proper (see *Numbers* Ch. 32). The tribe of Gad (and half of Manasseh) also received their portion there, but the opening verse there (32:1) mentions Reuben first (*Eitz Yosef;* however, see *Yefeh To'ar*).

132. Prior to the construction of the Tabernacle, it was the firstborn who performed the sacrificial service; see above, 63 §13 (*Eitz Yosef,* from *Yefeh To'ar*). *Maharzu* suggests that Reuben assisted Jacob at the altar in Beth-el (v. 7 above); see also *Matnos Kehunah.*

133. Reuben repented for his misconduct with Bilhah, becoming the first sinner to repent; see below, 84 §19 (*Matnos Kehunah, Eitz Yosef*).

134. Of four contemporaneous prophets — Hosea, Isaiah, Amos, and Micah — Hosea, who was from the tribe of Reuben (see below, 84 §19), was the first to prophesy; see *Pesachim* 87a (*Eitz Yosef*).

135. As one peels away layer after layer of skin until one has revealed the inner core of the onion (*Matnos Kehunah*). That is, Scripture here is relating the lineage of Esau as a means of revealing his essence, as the Midrash will explain (see *Eitz Yosef*).

136. I.e., why was it necessary to list Esau's genealogy in such detail?

137. A *mamzer* is the offspring of an adulterous or incestuous union. A careful study of Esau's genealogy reveals that several of those listed in it were the results of such unions. See below.

138. (i) Anah, listed in vv. 20 and 24 below, was the product of the union of Zibeon with his own mother; see §15 below. Similarly, according to *Tanchuma, Vayeishev* 1, (ii) Oholibamah herself was the child of Zibeon and his daughter-in-law, the wife of Anah. *Tanchuma* also states that (iii) Timna, listed below together with the sons of Lotan (v. 22), was the product of an adulterous union between Eliphaz and Lotan's wife. See *Rashi* on *Chumash* above, on v. 2, and below, on v. 12 (*Eitz Yosef;* see also *Matnos Kehunah*). [Although it follows that Amalek, the son Eliphaz and Timna (below, v. 12), was the result of a union between father and daughter, he is not counted as a *mamzer,* in accordance with the position that considers such a union permissible for idolaters. See *Sanhedrin* 58b (*Ohr HaSeichel;* see also *Ramban* on our verse).] According to this interpretation the Midrash here is counting Anah and Oholibamah as *mamzerim* produced by Esau even though they were not his descendants but rather descendants of Seir the Horite. By marrying Oholibamah, Esau brought their blemished lineage into his family (*Eitz Yosef,* from *Nezer HaKodesh*). For an alternative understanding, see *Yefeh To'ar.*

139. For while our verse lists Korah as a son of Esau, he is listed in v. 16 as one of the chieftains (and hence descendant) of Eliphaz. This indicates that he was the child of an adulterous union between Esau's wife Oholibamah and Esau's son Eliphaz (*Eitz Yosef,* based on *Rashi* to our verse). Rav does not count Korah as a *mamzer* because he is of the opinion that the two verses are referring to two different people named Korah: one the son of Esau and Oholibamah and the other a descendant of Eliphaz. See *Rashi* to *Sotah* 13a s.v. שלשים ושׁשה כתרים (*Eitz Yosef*).

וְאוּחָרָנָא אֲמַר: [כב]אֵין מְיַחֲסִין לְיוֹסֵף אֶלָּא לִרְאוּבֵן, רַבִּי חַגַּי בְּשֵׁם רַבִּי יִצְחָק אָמַר: אֲפִילוּ בִּשְׁעַת הַקַּלְקָלָה אֵין מְיַחֲסִין אֶלָּא לִרְאוּבֵן, הָדָא הוּא דִכְתִיב "וַיְהִי בִּשְׁכֹּן וְגוֹ'". [לה, כג] "בְּנֵי לֵאָה בְּכוֹר יַעֲקֹב רְאוּבֵן", רַבִּי יוּדָן בְּשֵׁם רַבִּי אַחָא: רְאוּבֵן בְּכוֹר לְעִיבּוּר, בְּכוֹר לְלֵידָה, בְּכוֹר לִבְכוֹרָה, בְּכוֹר לְנַחֲלָה, בְּכוֹר לַעֲבוֹדָה, בְּכוֹר לִתְשׁוּבָה, רַבִּי עֲזַרְיָה אָמַר: אַף בְּכוֹר לִנְבוּאָה, שֶׁנֶּאֱמַר (הושע א, ב) "תְּחִלַּת דִּבֶּר ה' בְּהוֹשֵׁעַ":

יב [לו, ה] "וְאָהֳלִיבָמָה יָלְדָה וְגוֹ'", הָדָא הוּא דִכְתִיב °(עובדיה א, ו) "אֵיךְ נֶחְפְּשׂוּ עֵשָׂו"°, רַבִּי סִימוֹן אָמַר: [כג]קְלִיפַּת בְּצָלִים, כָּל כָּךְ לָמָּה, (ירמיה מט, י) "גִּלֵּיתִי אֶת מִסְתָּרָיו" בִּשְׁבִיל לְגַלּוֹת אֶת הַמַּמְזֵרִים שֶׁבֵּינֵיהֶם, וְכַמָּה מַמְזֵרִים הֶעֱמִיד, רַב אָמַר: שְׁלֹשָׁה, רַבִּי לֵוִי אָמַר: אַרְבָּעָה, אָמַר רַבִּי בִּנְיָמִין בְּשֵׁם רַבִּי לֵוִי: קֹרַח דְּהָכָא מַמְזֵר הוּא:

רש"י

והכי כתיב ולו [ולא] להתייחס לבכורה, ולו ליוסף ואין לראובן להתייחס. ואחרינא אמר אין מייחסין ליוסף אלא לראובן: (יב) קליפת בצלים. כאדם שקולף בצלים, כך גליתי אותו:

עץ יוסף

אין מיחסין ליוסף כו'. והכי קאמר קרא נתנה בכורתו ליוסף, ודוקא לממון אבל לא ליוחסין (ועיין בנזר הקודש): **בני לאה בכור יעקב.** וליכא למימר דמעיקרא הוה בכור הוא דקאמר, דאם כן מה לו להזכיר כאן הבכורה: **בכור לעיבור.** שנתעברה לאה מביאה ראשונה והיה טיפה ראשונה שלא ראה יעקב קרי מימיו כדלעיל פרשה ע"ט: **בכור ללידה.** אף שנולדה תאומה עמו הוא נולד ראשון לה: **בכור לבכורה.** כלומר ליוחסין שהוא סתם בכורה כדכתיב ולא להתייחס לבכורה. ואתי כמאן דאמר אין מייחסין ליוסף אלא לראובן (יפה תואר): **בכור לנחלה.** לנחול פי שנים בנכסי יעקב וליטול חלקו בארץ ראשון, שבתחלת הסיפור שם (במדבר ל"ב) הקדים ראובן לגד שנאמר ומקנה רב היה לבני ראובן ולבני גד: **בכור לעבודה.** שעד שלא הוקם המשכן היתה עבודה בבכורות וכדלעיל פרשה ס"ג (יפה תואר): **בכור לתשובה.** שראובן פתח בתשובה כדלקמן פרשה פ"ד: **בכור לנבואה שנאמר תחלת דבר ה' בהושע.** שהיה ראשון לארבע נביאים שהיו בימיו. והושע מראובן היה כדיליף בפסיקתא (יפה תואר): **(יב) [יג] ואהליבמה ילדה וגו' הדא הוא דכתיב** (ירמיה מט, י) **כי אני חשפתי את עשו.** כן צריך לומר (יפה תואר), וכן הוא בילקוט: **קליפת בצלים.** רצונו לומר שפירוש חשפתי את עשו קלפתי הבצל שלו, ורצונו לומר הראיתי יחוסו, וזה כדי לגלות מסתוריו, והיינו הממזרים הנעשים בסתר. ודמה סיפור תולדותם ויחוסם לקליפת הבצל שעל ידי זה יודע טעם שבו (יפה תואר): **שלשה.** אחד ענה מצבעון שבא צבעון על אמו והולידה ענה. והשני אהליבמה מצבעון מדכתיב בה בת ענה בת צבעון שבא צבעון על כלתו אשת ענה וילאת אהליבמה משניהם. והשלישי תמנע מאליפז וכדפירש רש"י בחומש: **ארבעה.** דגם קרח דהכא ממזר

פירוש מהרז"ו

לשון המדרש שראובן עצמו לא יתיחס לבכורה אבל אחרים יחסוהו וצריך עיון: **רבי יודן בשם רבי אחא.** חושב ששה מיני מעלות של בכורה כנגד ו' פעמים שנזכר בכורת ראובן בתורה וזה על פי מדה יו"ד מדבר שהוא שנוי, והם, א' כאן בני לאה בכור יעקב ראובן, ב' (בראשית מו, ח) בכור יעקב ראובן, ג' (שם מט, ג) ראובן בכורי אתה, ד' (שמות ו, יד) בני ראובן בכור ישראל, ה' (במדבר א, כ) כנכתב לעיל שם, ו' (שם כו, ה) כנכתב לעיל. ורבי עזריה חושב עוד דבר אחד כנגד פסוק (מג, לג) וישבו לפניו הבכור כבכורתו, ורבי יודן לא חשיב ליה שלא נזכר כאן ראובן בפירוש ובזה פליגי: **בכור לבכורה.** שלאה בכורה היתה כמו שנאמר (כט, כו) לתת הצעירה לפני הבכירה, וליעקב ארבעה בכורים מארבע אמהות כמו שאיתא לעיל (ע, ז), וראובן בכור לבכורה. ולא יתכן לפרש שהוא הראשון בתורה שנקרא בכור שהרי הכתוב מפורש לעיל (כה, לג) וימכור את בכורתו: **בכור לנחלה.** פירוש שכך היה ראוי לו, אם לא בלבל יצועי אביו: **לעבודה.** היינו בימי יעקב בבית אל תשע שנים כמו שכתבתי לעיל (עח, טז), וראובן עזר ליעקב ולא שבט אחר: **בכור לתשובה.** לקמן (פד, יט) אתה פתחת בתשובה תחלה: **תחלת דבר ה' בהושע.** בבא בתרא (יד, ב), ובסדר עולם (פרק כ) שהתנבא תחלה לד' נביאים שבימיו ישעיה עמוס מיכה והושע בן בארי, ובארי מראובן דברי הימים א' (ה, ו) בארה בנו הוא נשיא לראובני, וספר הושע הראשון בתרי עשר: **(יב) גליתי מסתריו.** עיין במדבר רבה (ט, א): **רב אמר שלשה.** כמו שמבואר בבבא בתרא (קטו, ב) ובתנחומא ריש וישב (סימן א) ולקמן (סימן טו) על ענה, וכן אהליבמה בת ענה בת צבעון (לו, יד):

מתנות כהונה

להתייחס על הבכורה. ואוחרנא אמר שחזר על יוסף, שלזה נתנה לו הבכורה לנחלה ולא להתייחס. ובפירוש רש"י ראיתי דמאן דאמר לא לראובן להתייחס דרש כאלו כתוב ולו להתייחס בוי"ו, פירוש לו ליוסף להתייחס ולא לראובן, אבל בספרים שלנו כתוב ולא באל"ף וכן הוא במסורת: **בכור לעיבור.** שלאה אמו לא נתעברה מקודם לזה, וכן ללידה ולא אירע לו כמו שאירע ליעקב שהיה בכור לעיבור ולא ללידה: **בכור לבכורה.** שלא נכתב בכתוב בכור פלוני עד ראובן, כמה דאת אמר (שמות ו, יד) בכור ישראל ראובן, ומה שכתב (לעיל כז, יט) אנכי עשו בכורך אני בנך בכורך הם דברי עצמו, ולא שהכתוב קוראו בכור: **לנחלה.** ליטול פי שנים בנכסי יעקב וליטול חלק ראשון בארץ: **לעבודה.** להקריב קרבנות, שהעבודה היתה בבכורות עד שחטאו בעגל, ואולי שכל הקרבנות שהקריב יעקב הוא היה מקריב: **לתשובה.** ששב בתשובה על חטא בלהה, כדאמרינן בכמה דוכתין (מדרש תהלים דברים פרק לג) והביאו הילקוט ריש הושע (רמז תקטז) בשם פסיקתא תחלת דבר ה' בהושע, [ו]הושע מראובן היה, ועיין בילקוט ריש הושע: **[יב] איך נחפשו עשו.** פסוק הוא בעובדיה (א, ו) ולפי גירסא זאת גרסינן בתר הכי למה נבעו מצפוניו והוא סיפיה דקרא בעובדיה, וגירסת הילקוט (רמז קלח) הדא הוא דכתיב כי אני חשפתי את עשו ופסוק הוא בירמיה (מט, י) ולפי זה גרס שפיר בתר הכי גליתי את מסתורין, ואתי שפיר טפי הא דקאמר בתר הכי קליפתא בצליא, כקליפת בצליא שנחשף ונגלה קליפה אחר קליפה עד ערמומיותה: **שלשה.** עיין בפירוש רש"י בחומש: **ארבעה.** הוסיף קרח, כדמפרש ואזיל ועיין מזה פרק יש נוחלין (בבא בתרא קיח, ב):

אשד הנחלים

הספירי. ואין להאריך פה בזה: **[יא] אין מייחסין ליוסף.** וא"כ כוונת הכתוב בדברי הימים (א' ה, א) ניתנה הבכורה ליוסף, בכורות ממון אך לא להתייחס. ודעת הראשון דניטל מכל וכל אף מן היחוס: **אפילו בשעת הקלקלה.** ומזה תראה כי יחוס הבכורה נשאר בראובן. והוא ראיה חזקה, כי פה יחסם להורות אף שחטא עם כל זה היו שנים עשר, שראובן נחשב עמהם והוא הבכור: **בכור לעבודה בכור לתשובה.** כאלו אמר אמת שבכורתו שהיה ראשית אונו, ועל ידי זה מטבעו הזריזות והפחיזות, אבל גם המעלה נובע מזה, כי היה כחו ג"כ בזריזות להקדים בתשובה, ולכן היה בכור לעבודה שזה ג"כ ממעלת הזריזים כמו שאמרו (שבת כ, א ושם נסמן) כהנים זריזים הם: **בכור לנבואה שנאמר תחילת.** על מלת תחילת כבר עמדו כל המפרשים, ובארו שפירושו ש(זה)[אלו] היו הדברים מתחילת הנבואה אליו. אבל לפי הדורש כאן כאלו פירושו שהיה הושע נביא בתחילת נערותו וילדותו, יותר מדרך כל הנביאים, שאין בחק הנערים לקבל כח הנבואה, כמו שהצטדק ירמיה ואמר (ירמיה א, ו) אהה ה' אלהים הנה לא ידעתי דבר כי נער אנכי, וזה אות על כח הזריזות והתחזקות הנובע מהבכורה שהיא ראשית און ויתר שאת ויתר עז לקבל הכח העליוני, וא"כ הוא קודם לבכורה, והושע מראובן היה, וא"כ לפי זה פליג על מאמרם (תנא דבי אליהו זוטא פרק ט) שהושע זקן שבכולם היה. או יתכן שהנבואה שאח"כ היא נבואה אחרת לעת זקנותו, וכאן כאלו מספר הכתוב תחילת דיבר ה' בהושע מכבר בילדותו, ועתה לעת זקנותו אמר אליו לך קח לך, וא"כ לא פליגי: **[יב] קליפת בצלים.** שהוא רק קליפה אחר

חידושי הרש"ש

מתנות כהונה בשם פירש"י דדריש כאלו כתיב ולו בוי"ו, וכתב עליו אבל בספרים שלנו כתיב ולא באל"ף. ולפמ"ש ס"פ ס"ו אין מזה סתירה עיין שם: **בכור לבכורה.** עיין מתנות כהונה, ופירושו תמוה דהלא כבר כתיב את צידון בכורו (בראשית י, טו), בכור ישמעאל נביות (שם כה, יג). ואולי יכוון המדרש שלאה אמו היתה גם כן בכורה וכדכתיב (שם כט, כו) לתת את הצעירה לפני הבכירה. וכמו שהעיר האבן עזרא על ותאמר הבכירה (שם יט, לא), וזה רחוק קצת. ואפשר שיכוון דארבע בכורות היו לו ליעקב מארבע נשיו כדלעיל (ע, ז) וראובן היה הבכור ראשון שבהם:

אמרי יושר

[יב] [למה גליתי מסתריו]. טעם סיפור אלופי עשו הלא איננו נחשב בעיני הקדוש ברוך הוא. הרב [הרמב"ם] כתב בחלק שלישי פרק חמישים מהמורה להודיע זכר עמלק אי זה הוא שלא ימותו כולם בפשיעה. וכאן אמרו גליתי מסתריו להודיע הממזרות שבו שהרי קרח נמנה הנה בן עשו ובן לאליפז אלא אליפז בא על אמו. מזה נראה טעם לא תוכל לתת עליך איש נכרי:

מסורת המדרש

כב. סוטה דף ל"א: **כג.** ילקוט ירמיה רמז של"ג. ילקוט דברי הימים רמז אל"ף ע"ג:

אם למקרא

תְּחִלַּת דִּבֶּר ה' בְּהוֹשֵׁעַ וַיֹּאמֶר ה' אֶל הוֹשֵׁעַ לֵךְ קַח לְךָ אֵשֶׁת זְנוּנִים וְיַלְדֵי זְנוּנִים כִּי זָנֹה תִזְנֶה הָאָרֶץ מֵאַחֲרֵי ה': (הושע א:ב)

אֵיךְ נֶחְפְּשׂוּ עֵשָׂו נִבְעוּ מַצְפֻּנָיו: (עובדיה א:ו)

כִּי אֲנִי חָשַׂפְתִּי אֶת עֵשָׂו גִּלֵּיתִי אֶת מִסְתָּרָיו וְנֶחְבָּה לֹא יוּכָל שֻׁדַּד זַרְעוֹ וְאֶחָיו וּשְׁכֵנָיו וְאֵינֶנּוּ: (ירמיה מט:י)

ידי משה

[יא] אפילו בשעת הקלקלה וכו'. דכתיב (בראשית לה, כב) ויהי בשכון וגו' וילך ראובן וישכב וגו' והיה קלקלה, מכל מקום סמוך ליה בכור יעקב ראובן:

שינוי נוסחאות

(יב) הדא הוא דכתיב איך נחפשו עשו. בדפוס ראשון היה כתוב פסוק אחר, "כי אני חשפתי את עשו" (ירמיהו מט, י), וכן הוא בילקוט (וכ"ה בת-א), וכן הסכימו המפרשים (אב"א, מ"כ, יפ"ת, עצ"י) שצריך לומר:

וַיִּקַּח עֵשָׂו אֶת נָשָׁיו וְאֶת בָּנָיו וְאֶת בְּנֹתָיו וְאֶת כָּל נַפְשׁוֹת בֵּיתוֹ וְאֶת מִקְנֵהוּ וְאֶת כָּל בְּהֶמְתּוֹ וְאֵת כָּל קִנְיָנוֹ אֲשֶׁר רָכַשׁ בְּאֶרֶץ כְּנָעַן וַיֵּלֶךְ אֶל אֶרֶץ מִפְּנֵי יַעֲקֹב אָחִיו.

Esau took his wives, his sons, his daughters, and all the members of his household, and his livestock and all his animals, and all the wealth he had acquired in the land of Canaan, and he went to a land because of his brother Jacob (36:6).

§13 **וַיִּקַּח עֵשָׂו אֶת נָשָׁיו** — ***ESAU TOOK HIS WIVES,*** *HIS SONS . . . AND ALL THE MEMBERS OF HIS HOUSEHOLD.*

The Midrash contrasts Esau's behavior with that of Jacob in a similar situation:

אָמַר רַבִּי יוֹחָנָן: "לֵב חָכָם לִימִינוֹ וְלֵב כְּסִיל לִשְׂמֹאלוֹ" — **R' Yochanan said:** ***A wise man's mind [tends] to his right, while a fool's mind [tends] to his left*** (*Ecclesiastes* 10:2). "לֵב חָכָם לִימִינוֹ" זֶה יַעֲקֹב — ***A wise man's mind [tends] to his right*** — **this is** an allusion to **Jacob,** דִּכְתִיב "וַיָּקָם יַעֲקֹב וַיִּשָּׂא אֶת בָּנָיו" — **as is written, *Jacob arose and lifted his children*** (above, 31:17), וְאַחַר כָּךְ "אֶת נָשָׁיו" — **and** only **afterward, *his wives*** (ibid.).[140] "וְלֵב כְּסִיל לִשְׂמֹאלוֹ" זֶה עֵשָׂו — ***While a fool's mind [tends] to his left*** — **this is** an allusion to **Esau,** שֶׁנֶּאֱמַר "וַיִּקַּח עֵשָׂו אֶת נָשָׁיו" — **as it is stated, *Esau took his wives,*** וְאַחַר כָּךְ "אֶת בָּנָיו" — **and afterward, *his sons.***[141]

☐ **וַיֵּלֶךְ אֶל אֶרֶץ מִפְּנֵי יַעֲקֹב אָחִיו** — ***AND HE WENT TO A LAND BECAUSE OF HIS BROTHER JACOB.***

Why did Esau defer to his brother Jacob, leaving him the land of Canaan?[142] The Midrash cites two opinions:

רַבִּי אֱלִיעֶזֶר אָמַר — **R' Eliezer said:** מִפְּנֵי שְׁטַר חוֹב "כִּי גֵר יִהְיֶה זַרְעֲךָ" — It was **because of the "promissory note"** associated with the possession of *Eretz Yisrael: Know with certainty* ***that your offspring shall be aliens*** *in a land not their own — and they will serve them, and they will oppress them — four hundred years* (above, 15:13).[143] רַבִּי יְהוֹשֻׁעַ בֶּן לֵוִי אָמַר — **R' Yehoshua ben Levi said:** מִפְּנֵי הַבּוּשָׁה — It was **out of humiliation** that he left.[144]

וְתִמְנַע הָיְתָה פִילֶגֶשׁ לֶאֱלִיפַז בֶּן עֵשָׂו וַתֵּלֶד לֶאֱלִיפַז אֶת עֲמָלֵק אֵלֶּה בְּנֵי עָדָה אֵשֶׁת עֵשָׂו.

And Timna was a concubine of Eliphaz, son of Esau, and she bore Amalek to Eliphaz; these are the children of Adah, Esau's wife (36:12).

§14 **וְתִמְנַע הָיְתָה פִילֶגֶשׁ לֶאֱלִיפַז בֶּן עֵשָׂו** — ***AND TIMNA WAS A CONCUBINE OF ELIPHAZ, SON OF ESAU,*** *AND SHE BORE AMALEK TO ELIPHAZ.*

This detail in Esau's family tree would seem to lack any importance or relevance.[145] The Midrash indicates otherwise:

תָּנֵי רַבִּי שִׁמְעוֹן בֶּן יוֹחָאי — **R' Shimon ben Yochai taught:** לָמָּה לִי לִדְרוֹשׁ וְלוֹמַר "וְתִמְנַע הָיְתָה פִילֶגֶשׁ לֶאֱלִיפַז" — **What is there for me to expound and say** about, ***And Timna was a concubine of Eliphaz?***[146] לְהוֹדִיעַ שִׁבְחוֹ שֶׁל בֵּיתוֹ שֶׁל אַבְרָהָם אָבִינוּ — It is **to make known the glory of the house of our forefather Abraham,**[147] עַד הֵיכָן הָיוּ הַמַּלְכֻיּוֹת וְשִׁלְטוֹנִים רוֹצִים לְהִדָּבֵק בּוֹ — specifically, **to what** great **extent the** heads of **kingdoms and** the **rulers desired to cleave to him.**[148] וּמֶה הָיָה לוֹטָן — **For who was Lotan?** הוּא הָיָה אֶחָד מִן הַשִּׁלְטוֹנִים שֶׁנֶּאֱמַר "אַלּוּף לוֹטָן" — **He was one of the rulers** of Seir, **as it is stated, *Chief Lotan*** (below, v. 29).[149] וּכְתִיב "וַאֲחוֹת לוֹטָן תִּמְנָע" — **And it is written, *Lotan's sister was Timna*** (ibid., v. 22).[150] "וְתִמְנַע הָיְתָה פִילֶגֶשׁ וְגוֹ'" — Nevertheless, ***and Timna was a concubine of Eliphaz.***[151] אָמְרָה הוֹאִיל וְאֵינִי כְּדַאי לְהִנָּשֵׂא לוֹ לְאִשָּׁה אֶהֱא לוֹ לְשִׁפְחָה — For **she said, "Since I am not fit to be married to him as a wife, I shall become a maidservant**[152] **for him."**

NOTES

140. That is, Jacob assigned proper significance to his sons, caring for them first. See above, 74 §5, and notes there.

141. Due to Esau's licentious interest in his wives, he improperly made them his first concern (*Yefeh To'ar* to above, 74 §5; see also *Matnos Kehunah* here).

142. Although the following verse states, *for their wealth was too abundant for them to dwell together,* one would not have expected Esau, whose temperament was prone to violence, to meekly abandon Canaan, where he had been living, for the sake of his younger brother (*Yefeh To'ar, Eitz Yosef*). [See *Mizrachi* on our verse s.v. מפני יעקב אחיו for an alternative understanding of the focus of this passage.]

143. When God promised Abraham to give the Land of Canaan to his offspring (above, 15:7), He also imposed upon them this "debt" of exile and persecution. Esau fled from the gift of the land because he wanted no part of this "debt" (*Matnos Kehunah* and *Eitz Yosef*).

144. I.e., humiliation at having sold his firstborn birthright (*Eitz Yosef,* based on *Rashi* to our verse). Alternatively, he was humiliated by his blemished lineage; see previous section (*Eitz Yosef,* second explanation).

145. *Ramban* (on the verse) notes that the mention here of Timna is unusual, for Scripture does not give the names of mothers of the other sons of Eliphaz. See *Maharsha* on *Sanhedrin* 99b s.v. שהיה יושב ודורש for a different approach.

146. I.e., what lesson is there to be learnt from the fact that Timna was the concubine of Eliphaz that justifies it being written in Scripture? (*Eitz Yosef*).

147. That is, the esteem in which the House of Abraham was held.

148. I.e., to enter into marriage with his family.

149. He is listed as one of the chiefs of the Horites.

150. Thus Timna would have been a member of the ruling family (see *Eitz Yosef*).

151. Being a lowly concubine rather than a full wife is an incongruous position for someone of noble birth.

152. That is, a concubine; see above, 32:23. Apparently, she had asked Eliphaz to marry her as a wife, but he refused (see *Yefeh To'ar*). For a somewhat different version of this incident, see *Sanhedrin* 99b. See Insight Ⓐ.

INSIGHTS

Ⓐ **World Opinion** *R' Yosef Leib Bloch* (*Shiurei Daas* I, בצלמנו כדמותנו) poses the obvious question. What importance could there possibly be to this piece of information that the Torah should find it necessary to tell it to us? Would we venerate our forefather Abraham any less had Timna not wanted to marry into his descendant's family? Does Abraham, first to proclaim God's existence in the world, beloved by God, Who chose him and his descendants as His chosen people, need the approbation of any human being at all?

Furthermore, even if there is some importance to knowing that the nations respected Abraham and his descendants, this has already been mentioned earlier in the Torah (see above, 14:18-19 and 23:6). What does Timna's great respect for Abraham add to what we already know of Abraham's greatness?

Her prominence as the daughter of a tribal chieftain is also not sufficient reason for mention in the Torah. There was a previous instance of this as well, with one of greater stature. Hagar, whom Abraham married, was the daughter of Pharaoh, who preferred that his daughter be a "handmaiden in [Abraham's] house rather than the mistress of any other household" (above, 45 §1, cited by *Rashi* on 16:1). That Timna, too, echoed this sentiment seems superfluous.

Another question: God is omniscient and omnipotent and surely does not need man's actions or recognition to do as He pleases. Yet, we find that Moses importuned God to spare an undeserving People of Israel so that the nations of the world not say that God redeemed them from Egypt in order to kill them in the Wilderness (*Exodus* 32:12), or that He was incapable of bringing them into the Promised Land

יג [לו, ו] "וַיִּקַּח עֵשָׂו אֶת נָשָׁיו", אָמַר רַבִּי יוֹחָנָן: (קהלת י, ב) "לֵב חָכָם לִימִינוֹ וְלֵב כְּסִיל לִשְׂמֹאלוֹ", [כד]"לֵב חָכָם לִימִינוֹ" זֶה יַעֲקֹב, דִּכְתִיב (לעיל לא, יז) "וַיָּקָם יַעֲקֹב וַיִּשָּׂא אֶת בָּנָיו" וְאַחַר כָּךְ "אֶת נָשָׁיו", "וְלֵב כְּסִיל לִשְׂמֹאלוֹ" זֶה עֵשָׂו, שֶׁנֶּאֱמַר "וַיִּקַּח עֵשָׂו אֶת נָשָׁיו" וְאַחַר כָּךְ "אֶת בָּנָיו". [לו, ו] "וַיֵּלֶךְ אֶל אֶרֶץ מִפְּנֵי יַעֲקֹב אָחִיו", [כה]רַבִּי אֱלִיעֶזֶר אָמַר: מִפְּנֵי שְׁטַר חוֹב (בראשית טו, יג) "כִּי גֵר יִהְיֶה זַרְעֲךָ", רַבִּי יְהוֹשֻׁעַ בֶּן לֵוִי אָמַר: מִפְּנֵי הַבּוּשָׁה:

יד [לו, יב] "וְתִמְנַע הָיְתָה פִילֶגֶשׁ לֶאֱלִיפַז בֶּן עֵשָׂו", תָּנֵי רַבִּי שִׁמְעוֹן בֶּן יוֹחָאי: [כו]לָמָּה לִי לִדְרוֹשׁ וְלוֹמַר "וְתִמְנַע הָיְתָה פִילֶגֶשׁ לֶאֱלִיפַז", לְהוֹדִיעַ *שִׁבְחוֹ שֶׁל בֵּיתוֹ שֶׁל אַבְרָהָם אָבִינוּ, עַד הֵיכָן הָיוּ הַמַּלְכֻיּוֹת וְשִׁלְטוֹנִים רוֹצִים לְהִדָּבֵק בּוֹ, וּמֶה הָיָה לוֹטָן, הוּא הָיָה אֶחָד מִן הַשִּׁלְטוֹנִים, שֶׁנֶּאֱמַר (לקמן פסוק כט) "אַלּוּף לוֹטָן", וּכְתִיב (פסוק כב) "וַאֲחוֹת לוֹטָן תִּמְנָע", "וְתִמְנַע הָיְתָה פִילֶגֶשׁ וְגוֹ' ", אָמְרָה הוֹאִיל וְאֵינִי כְּדַאי לְהִנָּשֵׂא לוֹ לְאִשָּׁה אֱהֵא לוֹ לְשִׁפְחָה, וַהֲרֵי הַדְּבָרִים קַל וָחוֹמֶר, מָה אִם עֵשָׂו הָרָשָׁע, שֶׁלֹּא הָיָה בְּיָדוֹ אֶלָּא מִצְוָה אַחַת עַל יְדֵי שֶׁהָיָה מְכַבֵּד אֶת אָבִיו, הָיוּ מַלְכֻיּוֹת וְשִׁלְטוֹנִים רוֹצִים לְהִדָּבֵק לוֹ, עַל אַחַת כַּמָּה וְכַמָּה שֶׁיִּהְיוּ רוֹצִין לְהִדָּבֵק בְּיַעֲקֹב אָבִינוּ הַצַּדִּיק שֶׁקִּיֵּים אֶת כָּל הַתּוֹרָה כּוּלָּהּ:

טו [לו, כד] "וְאֵלֶּה בְנֵי צִבְעוֹן וְאַיָּה וְגוֹ' ", "וְאֵלֶּה בְנֵי צִבְעוֹן וְאַיָּה וַעֲנָה", מָה רָאָה הַכָּתוּב לִכְתּוֹב [שם] "עֲנָה" [לעיל פסוק כ] "עֲנָה" תְּרֵי זִמְנֵי, תְּרֵי נִינְהוּ, לְעוֹלָם חַד הוּא [כז]אֶלָּא שֶׁבָּא צִבְעוֹן עַל אִמּוֹ וְהוֹלִידָה עֲנָה, וְנַעֲשָׂה °בֶּן עֲנָה °וּבֶן צִבְעוֹן וּבֶן שֵׂעִיר, מִכָּל מָקוֹם חַד הוּא. תָּנֵי: [כח]הָאֵשׁ וְהַכִּלְאַיִם לֹא נִבְרְאוּ בְּשֵׁשֶׁת יְמֵי בְרֵאשִׁית אֲבָל עָלוּ בְּמַחֲשָׁבָה לְהִבָּרְאוֹת, כִּלְאַיִם אֵימָתַי נִבְרְאוּ, בִּימֵי עֲנָה, הָדָא הוּא דִכְתִיב [שם] "הוּא עֲנָה אֲשֶׁר מָצָא אֶת הַיֵּמִם בַּמִּדְבָּר",

רש"י

(יג) **לב חכם לימינו.** ישרו של דבר, דכתיב (לא, יז) וישא את בניו תחלה: (טו) **האש.** וכלאים דבהמה לא נבראו: **המיונוס.** מן חיה:

מתנות כהונה

[יג] **לימינו.** להיישיר לדרך המוסר להקדים הזכרים לנקבות, ועשו היה בהול על הנקבות, ונוטף אשה חסר לב (משלי ו, לב): **שטר חוב.** לומר אין לי חלק בארץ ולא בפירעון החוב כי גר יהיה זרעך, כמו שפירש רש"י בסדר זה: **הבושה.** שמכר את הבכורה: [יד] **להנשא לו.** לעשו לפי שהיה מזרע אברהם נתאוה להדבק בו:

[טו] **תרי נינהו כו'.** פירש הרב אברהם בן אשר בתמיה הלא כתוב הוא ענה עכ"ל. ועיין בפרק יש נוחלין (בבא בתרא קטו, ב) ובפרק מקום שנהגו (פסחים נד, א) דיש לפרש בניחותא ועיין מזה בירושלמי דברכות בפרק אלו דברים (פ"ח ה"ה): **עלו במחשבה להבראות.** בערב שבת ולא נבראו עד מוצאי שבת על ידי אדם

אשד הנחלים

קליפה עד היסוד, כן נחפש חשיפה אחר חשיפה עד המקור, והוא כולו ממזרים: [יג] **לימינו כו' ואח"כ את נשיו כו'.** הימין הוא הדבר העקרי, וגם מפורסם הוא שהיצר טוב מכונה לימין והיצר הרע לשמאל, ולכן מכנה הכתוב שלב חכם רק לדברים של צד הימין העקרי והטוב, ולא לצד התאוות הגופנים שהמה השמאל והטפל המותר: **מפני שטר חוב.** פירש המתנות כהונה כלומר אין לו חלק בארץ ולא בפרעון החוב כי גר יהיה זרעך. ואחז בהמליצה, כאלו שע"י גרותם וגליותם ימשך להם לפרוע אח"כ כמה טובות ישועות ונחמות, והוא מחל זה וזה: **מפני הבושה.** כי ראה את יעקב הולך במהלך השלימות מאוד, ובושה הוא לו להתנהג לפני יעקב ברעתו: [יד] **לו לשפחה.** כי הפלגש היא רק כשפחה רק שהיא מיוחדת ג"כ למשכב, ורצתה לדבק אף בזרעו של עשו שידעה שיצליח, אף כי יעקב: [טו] **תרי נינהו.** בתמיה, אלא חד הוא: **שבא צבעון.** עיין ביש נוחלין: **האש והכלאים לא נבראו כו' במחשבה.** כלומר לא נבראו ממש שיהיה יש נפרד, אבל נבראו בכח התולדות, שאם ימצאו בני אדם אז ימצאו אותה, כי האש בכח האבנים וכן הכלאים: **אימתי נבראו.** כלומר מי נסה זאת שיצא הדבר לפועל:

עץ יוסף

הוא מפני שמנאו הכתוב בבני אהליבמה אשת עשו ועם אלופי אליפז נראה שבן אליפז היה שבא על אשת אביו וכדפירש רש"י בחומש. ומאן דאמר שלשה סבירא ליה שני קרח היו כדפירש רש"י בפרק קמא דסוטה (יג, א) עיין שם. ואף על גב דענה ואהליבמה לא נולדו מעשו וזרעו, מכל מקום קאמר בהו שעשו העמיד ממזרים, כי על ידי שהתחתן בהם העמיד פסול ממזרות במשפחת זרעו (נזר הקודש): (יג) [יד] **לב חכם לימינו כו'.** נתבאר לעיל פרשה ע"ד: **מפני שטר חוב כו'.** המוטל על זרעו של יצחק. אמר אלך לי מכאן אין לי חלק במתנה שנתנה לו הארץ הזאת ולא בפרעון השטר. ואף על גב דבקרא כתיב מפורש כי היה רכושם רב, אך למה הלך עשו דוקא, זה היה מפני השטר חוב. **ורבי יהושע בן לוי** סבירא ליה **מפני הבושה.** שמכר את הבכורה. או מפני בושת זרעו שהיה בו פיסול ממזרות כדלעיל: (יד) [טו] **למה לי לדרוש.** כלומר מאי איכא למדרש ביה דכתביה קרא: **ואחות לוטן תמנע.** וכיון דתמנע היתה אחות מלך ודאי בת מלך היא כפירש רש"י בפרק חלק (סנהדרין לט, ב): (טו) [טז] **מה ראה הכתוב.** פירוש איך נכתב פעם בבני שעיר ופעם בבני צבעון אטו תרי נינהו בתמיה. דהא כתיב הוא ענה משמע הוא ענה האמור למעלה כדאמר בגמרא (פסחים נד, א). ומשני **לעולם חד הוא אלא שבא צבעון כו'.** דהשתא מתרצי קראי כמו שנפרש בסמוך: [יז] **הכלאים הפרד.** שהוא מן הסוס והחמור לא נבראו ממש, אבל נבראו בכח התולדות, האש בכח האבנים והכלאים בכח הסוס והחמור: **אימתי נבראו.** כלומר מי נסה זאת שיצא הדבר לפועל: **אשר מצא את הימים.** דפירוש ימים פרדות כרבנן,

פירוש מהרז"ו

(יג) **לב חכם.** לעיל (עד, ה) ושם נסמן, ועיין פרקי דרבי אליעזר (פרק לח) באורך: **מפני שטר חוב.** לקמן (פד, ב): **מפני הבושה.** לעיל בריש הפרשה: (יד) **תני רבי שמעון בן יוחאי.** סנהדרין (לט, ב) וילקוט האזינו (רמז תתקמח) כי לא דבר ריק, וילקוט תהלים (רמז תשסא): **וכתיב ואחות לוטן תמנע ותמנע היתה פילגש.** וכן הוא בסנהדרין שם והם ב' פסוקים, ובא לדרוש מה שנאמר ותמנע היתה פילגש והרי בפרשה זו עדיין לא נזכרה מי היא, על כן סדר המדרש על פי מדה ל"א ול"ב כאלו כתיב אלוף לוטן, וגם בזה כוונתו לפסוק כ' שם בפרשה ולפסוק כ"ב אלה כו' לוטן וכו' ויהיו בני לוטן וכו' ואחות לוטן תמנע, אלא שהמדרש תפס בקיצור פסוק כ"ט אלוף לוטן שהיה אלוף שר וגדול, ואחות לוטן תמנע, ועל זה אמר בפרשה הקודמת על פי מדה ל"ב ותמנע הזאת אחות האלוף היתה פילגש לאליפז: **לשפחה.** שהפלגשים נקראו שפחות כמו הגר שפחת שרה, וכן נשי יעקב בלהה וזלפה היו פלגשים ונקראו שפחות כל פעם, ואנו דורשים קל וחומר סתום על יעקב שהיו כולם רוצים לדבק בו: (טו) **ואלה בני צבעון** עיין הגירסא הנכונה בב"ב (קטו, א) ובתנחומא ריש וישב (סימן א) ועיין לעיל (סימן יב): **האש והכלאים.** ירושלמי ברכות (פ"ח מ"ה) על המשנה בית שמאי אומרים נר ומזון כו', כל הענין עד סוף הפרשה היא שם, ופירושו שנתן בכח הבריאה ולא נבראו בפועל ממש: **את הימים.** על שתיבה זו זרה דרשה על פי מדת ממעל מלשון יוני, המיונס

חידושי הרד"ל

[יג] **רבי יהושע אמר מפני הבושה.** לקמן ריש פרשת וישב (פד, ב) הגירסא רבי יהושע בן לוי, ובקהלת רבה (ט, כז) הגירסא רבי שמואל בן נחמן ונכון:

זרע אברהם

[יג] **רבי אליעזר אומר מפני השטר חוב כי גר יהיה זרעך וכו'.** נראה דרבי אליעזר יש לו רמז מקרא של מעלה שאמר עשו לקח נשיו מבנות כנען למאי נפקא מינה הודיע התורה זאת הענין. לפי שאיתא הקדמה נפלאה מספר בית אלהים בשם הרמב"ם הענין שהזהיר אברהם שלא יקח יצחק מבנות כנען לפי שנגזר עליו ועל זרעו גירות ארבע מאות שנים והתחילו הארבע מאות שנה משנולד יצחק ואם היו מתחתן בבנות כנען היו כתושבים ולא היה החשבון ארבע מאות שנה מתחילין עד שירדו למצרים שהיה שם שיעבוד גמור. ואם כן זה אמר הכתוב עשו לקח מבנות כנען ולא היה נזהר באזהרת אברהם וקשה למה כך, לזה אמר וילך עשו מפני יעקב מפני השטר חוב שלא רצה לירש ולא יקבל פרעון גם כן השטר חוב ומפני כך לא היה חושש לאזהרת אברהם וסבר מידי הוא טעמא שצוה אברהם שלא ליסא מבנות כנען הוא שיקיים הגירות משעה שנולד יצחק והואיל ולא רצה לירש ולא לפרוע חוב אבינו על כרחך לא היה חושש לאזהרה זו. וקל להבין. ורבי יהושע שאמר מפני הבושה שמכר בכורה הוא גם כן כדברי רבי אליעזר מטעם זה מאחר שמכר הבכורה ולא ביקש לירש ולפרוע החוב:

שינוי נוסחאות

(טו) **ונעשה בן ענה ובן צבעון ובן שעיר.** צ"ל "ונעשה ענה בן צבעון ובן שעיר", כן הגיה יפה תאר:

מסורת המדרש

כד. לעיל פרשה ע"ד. קהלת רבה פרשה י':
כה. לקמן פרשה פ"ד. קהלת רבה סוף פרשה ט':
כו. עיין סנהדרין דף ל"ט. ספרי האזינו פיסקא של"ו. ילקוט האזינו רמז תתקמ"ח:
כז. פסחים דף נ"ד. בבא בתרא דף קט"ו. תנחומא סדר וישב סימן א'. ילקוט כאן רמז ק"מ:
כח. ירושלמי ברכות פרק ח' כל הענין. פסחים דף נ"ד:

אם למקרא

לֵב חָכָם לִימִינוֹ וְלֵב כְּסִיל לִשְׂמֹאלוֹ: (קהלת י:ב)

וַיֹּאמֶר לְאַבְרָם יָדֹעַ תֵּדַע כִּי־גֵר יִהְיֶה זַרְעֲךָ בְּאֶרֶץ לֹא לָהֶם וַעֲבָדוּם וְעִנּוּ אֹתָם אַרְבַּע מֵאוֹת שָׁנָה: (בראשית טו:יג)

וְאֵלֶּה בְנֵי צִבְעוֹן וְאַיָּה וַעֲנָה הוּא עֲנָה אֲשֶׁר מָצָא אֶת־הַיֵּמִם בַּמִּדְבָּר בִּרְעֹתוֹ אֶת־הַחֲמֹרִים לְצִבְעוֹן אָבִיו: (שם לו:כד)

וַיָּקָם יַעֲקֹב וַיִּשָּׂא אֶת בָּנָיו וְאֶת נָשָׁיו עַל הַגְּמַלִּים: (שם לא:יז)

ידי משה

[טו] **והולידה ענה ונעשה ענה בן צבעון ובן שעיר כו'.** אלא שבא צבעון על אמו והולידה ענה ונעשה ענה בן צבעון ובן שעיר כי העולם סברו שהוא בן שעיר, והקשה הרא"ם ודילמא שעיר בא על כלתו אשת צבעון והולידה ענה ונמצא גם כן שהוא בן צבעון ובן שעיר, ותירץ לפי שבלאו זה צריך אתה לומר שקלקל צבעון ובא על כלתו אשת ענה והוליד את אהליבמה כמו שפירש רש"י בחומש (ד"ה בת ענה בת צבעון) עיין שם ותולין הקלקלה במקולקל משנאמר שחטאו שניהם צבעון ושעיר ולא מצינו שחטא שעיר בשום מקום עכ"ל:

The Midrash extrapolates from the example of Timna and Eliphaz:

וַהֲרֵי הַדְּבָרִים קַל וָחוֹמֶר — **See now that** these **matters are** subject to **an a fortiori argument:** מָה אִם עֵשָׂו הָרָשָׁע — **If** in regard to **the wicked Esau** — שֶׁלֹּא הָיָה בְּיָדוֹ אֶלָּא מִצְוָה אַחַת עַל יְדֵי שֶׁהָיָה מְכַבֵּד אֶת אָבִיו — **who had only** the merit of fulfilling **one commandment in his hand, due to his having honored his father**[153] — הָיוּ מַלְכִיּוֹת וְשִׁלְטוֹנִים רוֹצִים לְהִדָּבֵק לוֹ — we find that the heads of **kingdoms and** the **rulers desired to cleave to him,**[154] עַל אַחַת כַּמָּה וְכַמָּה שֶׁיִּהְיוּ רוֹצִין לְהִדָּבֵק בְּיַעֲקֹב אָבִינוּ הַצַּדִּיק — **how much more so would they have desired to cleave to the righteous Jacob, our forefather,** שֶׁקִּיֵּם אֶת כָּל הַתּוֹרָה כּוּלָּהּ — **who fulfilled all of the Torah in its entirety!**[155]

וְאֵלֶּה בְנֵי צִבְעוֹן וְאַיָּה וַעֲנָה הוּא עֲנָה אֲשֶׁר מָצָא אֶת הַיֵּמִם בַּמִּדְבָּר בִּרְעֹתוֹ אֶת הַחֲמֹרִים לְצִבְעוֹן אָבִיו.

These are the sons of Zibeon: Aiah and Anah — the same Anah who discovered the mules in the desert while he was pasturing the donkeys for Zibeon, his father (36:24).

§15 וְאֵלֶּה בְנֵי צִבְעוֹן וְאַיָּה וגו׳ — ***THESE ARE THE SONS OF ZIBEON, ETC.: [AIAH AND ANAH — THE SAME ANAH WHO DISCOVERED THE MULES IN THE DESERT].***

The Midrash elaborates on Anah's parentage:

״וְאֵלֶּה בְנֵי צִבְעוֹן וְאַיָּה וַעֲנָה״, — ***These are the sons of Zibeon: Aiah and Anah.*** מָה רָאָה הַכָּתוּב לִכְתּוֹב ״עֲנָה״ ״עֲנָה״ תְּרֵי זִמְנֵי — **Why did Scripture see fit to write *Anah, Anah,* two times?**[156] תְּרֵי לְעוֹלָם נִינְהוּ — **Were there two** separate people named Anah?[157] חַד הוּא — **In fact, there was only one.**[158] אֶלָּא שֶׁבָּא צִבְעוֹן עַל אִמּוֹ וְהוֹלִידָה עֲנָה — **However, Zibeon cohabited with his mother,** the wife of his father Seir, **and** as a result **she gave birth to Anah,** וְנַעֲשָׂה עֲנָה בֶּן צִבְעוֹן וּבֶן שֵׂעִיר — **and** hence, **Anah was** both **the son of Zibeon and the son of Seir.**[159] מִכָּל מָקוֹם חַד הוּא — **But in any event there was only one** Anah.[160]

The Midrash proceeds to discuss Anah's discovery of the mules. It begins by citing a relevant Baraisa:

תְּנֵי — **It was taught** in a Baraisa: הָאֵשׁ וְהַכִּלְאַיִם לֹא נִבְרְאוּ בְּשֵׁשֶׁת יְמֵי בְרֵאשִׁית — **Fire and hybrid animals**[161] **were** both **not created during the six days of Creation,** אֲבָל עָלוּ בְּמַחֲשָׁבָה לְהִבָּרְאוֹת — **but the idea arose for them to be created.**[162]

The Midrash explains when these items were actually created, focusing first on hybrid animals:

כִּלְאַיִם אֵימָתַי נִבְרְאוּ — **When** then **were hybrid animals created?** בִּימֵי עֲנָה — **In the days of Anah.** הֲדָא הוּא דִכְתִיב ״הוּא עֲנָה אֲשֶׁר מָצָא אֶת הַיֵּמִים בַּמִּדְבָּר״ — **Thus it is written, *the same Anah who discovered the mules*** (יֵמִים) ***in the desert.***

NOTES

153. For Esau was very meticulous in honoring his father Isaac. See above, 65 §16.

154. [That is, even though Esau had fulfilled only one commandment, the kings and rulers viewed him as an heir and successor to his righteous grandfather Abraham and hence worthy of their esteem.]

155. As had Abraham himself; see above, 49 §2 and 64 §4. See also above, 79 §6 in regard to Jacob. Therefore, although Scripture does not record similar instances of kings desiring to cleave to Jacob and his family, it stands to reason that in fact they did have such desires.

156. That is, Anah is first listed in v. 20 above as a son of Seir the Horite and again in our verse as a son of Zibeon (*Eitz Yosef;* however, see *Yefeh To'ar,* second explanation).

157. One the son of Seir himself and one Seir's grandson, the son of his son Zibeon (see *Matnos Kehunah* and *Eitz Yosef*).

158. As is implied by the wording of our verse, הוּא עֲנָה, *the same Anah,* which indicates that all references to Anah in our passage are to one and the same person (*Eitz Yosef,* based on *Pesachim* 54a).

159. Biologically Anah was the son of Zibeon, but, having been borne by Seir's wife, he appeared to be Seir's son and he was raised by Seir together with his other sons (*Ramban* on our verse, cited by *Yefeh To'ar*). For an alternative understanding, see *Yefeh To'ar*; see also *Bava Basra* 115b.

160. Despite Anah being listed both among the sons of Seir and among the sons of Zibeon.

161. Such as the mule, which is a cross between a horse and a donkey (*Eitz Yosef*).

162. Although neither fire nor hybrid species were actually created during the first six days, God implanted within His creation the potential ("idea") for both of them to be produced. He imbued certain substances with the ability to produce fire, and He gave the horse and the donkey the ability to produce a mule (see *Eitz Yosef*). As the Midrash proceeds to explain, it would be man who would actualize this potential (*Matnos Kehunah*).

INSIGHTS

(*Numbers* 14:13-16). In both instances, God accepted Moses' prayer. How are we to understand this prayer? Does God need man to remind Him, as it were, of what is beneficial for Him?

Indeed, the concept of prayer itself requires explanation. How do man's actions and words have the power to change God's will?

The answer to all the above is that it is God's will to relate to Creation in this way. It is His will to bestow His bounteous kindness commensurate with man's level of awareness of His greatness. This is true with regard to a person specifically and the world in general. In so constructing the world, God has granted unusual power to an individual to influence the world and to have an effect on God's bountiful relationship with the world.

When man is good, there is an abundance of God's goodness. When man prays and declares his awareness of God's control of his destiny he can influence that abundance. When man brings himself close to God, he influences the entire world and makes it a place where many receive God's bounty. Man is not an island unto himself. His actions, thoughts, and speech affect the world and all its spiritual realms.

Moses' protest that if the Jews were to perish in the Wilderness it would be seen as a weakness, as it were, of God, was not an argument to "convince" God. It was, rather, a statement of how *Moses* saw God's role in the world and of how supremely important it was to *him* that all the world should recognize all of God's greatness. It was this awareness on the part of *Moses* that was so influential in making that world worthy of God's mercy.

This influence that man has on God's beneficence to the universe is not limited to prayer, supplication, and mitzvah observance. Rather, any thought, emotion, or awareness of God that arises within man will engender a similar knowledge in the entire universe. This was God's design for Creation. It is a power he has conferred upon man.

And it is for this reason that the Torah did not spare any description of Abraham's greatness or of how greatly he was respected in the eyes of all who knew him: Malchizedek, the people of Heth, Abimelech and Phichol, Pharaoh and Timna. That information, and the reverence it engendered for Abraham, servant of God, filled the entire world with such awareness. And that awareness in the world has an effect on the world, and makes it a better place, worthy of Divine goodness and abundance.

יג [לו, ו] "וַיִּקַּח עֵשָׂו אֶת נָשָׁיו", אָמַר רַבִּי יוֹחָנָן: (קהלת י, ב) "לֵב חָכָם לִימִינוֹ וְלֵב כְּסִיל לִשְׂמֹאלוֹ", [כד]"לֵב חָכָם לִימִינוֹ" זֶה יַעֲקֹב, דִּכְתִיב (לעיל לא, יז) "וַיָּקָם יַעֲקֹב וַיִּשָּׂא אֶת בָּנָיו" וְאַחַר כָּךְ "אֶת נָשָׁיו", "וְלֵב כְּסִיל לִשְׂמֹאלוֹ" זֶה עֵשָׂו, שֶׁנֶּאֱמַר "וַיִּקַּח עֵשָׂו אֶת נָשָׁיו" וְאַחַר כָּךְ "אֶת בָּנָיו". [לו, ו] "וַיֵּלֶךְ אֶל אֶרֶץ מִפְּנֵי יַעֲקֹב אָחִיו", [כה]רַבִּי אֱלִיעֶזֶר אָמַר: מִפְּנֵי שְׁטַר חוֹב (בראשית טו, יג) "כִּי גֵר יִהְיֶה זַרְעֲךָ", רַבִּי יְהוֹשֻׁעַ בֶּן לֵוִי אָמַר: מִפְּנֵי הַבּוּשָׁה:

יד [לו, יב] "וְתִמְנַע הָיְתָה פִילֶגֶשׁ לֶאֱלִיפַז בֶּן עֵשָׂו", תָּנֵי רַבִּי שִׁמְעוֹן בֶּן יוֹחָאי: [כו]לָמָּה לִי לִדְרוֹשׁ וְלוֹמַר "וְתִמְנַע הָיְתָה פִּילֶגֶשׁ לֶאֱלִיפַז", לְהוֹדִיעַ *שִׁבְחוֹ שֶׁל בֵּיתוֹ שֶׁל אַבְרָהָם אָבִינוּ, עַד הֵיכָן הָיוּ הַמַּלְכֻיּוֹת וְשִׁלְטוֹנִים רוֹצִים לְהִדָּבֵק בּוֹ, וּמֶה הָיָה לוֹטָן, הוּא הָיָה אֶחָד מִן הַשִּׁלְטוֹנִים, שֶׁנֶּאֱמַר (לקמן פסוק כט) "אַלּוּף לוֹטָן", וּכְתִיב (פסוק כב) "וַאֲחוֹת לוֹטָן תִּמְנָע", "וְתִמְנַע הָיְתָה פִילֶגֶשׁ וְגוֹ'", אָמְרָה הוֹאִיל וְאֵינִי כְּדַאי לְהִנָּשֵׂא לוֹ לְאִשָּׁה אֱהֵא לוֹ לְשִׁפְחָה, וַהֲרֵי הַדְּבָרִים קַל וָחוֹמֶר, מָה אִם עֵשָׂו הָרָשָׁע, שֶׁלֹּא הָיָה בְּיָדוֹ אֶלָּא מִצְוָה אַחַת עַל יְדֵי שֶׁהָיָה מְכַבֵּד אֶת אָבִיו, הָיוּ מַלְכֻיּוֹת וְשִׁלְטוֹנִים רוֹצִים לְהִדָּבֵק לוֹ, עַל אַחַת כַּמָּה וְכַמָּה שֶׁיִּהְיוּ רוֹצִין לְהִדָּבֵק בְּיַעֲקֹב אָבִינוּ הַצַּדִּיק שֶׁקִּיֵּם אֶת כָּל הַתּוֹרָה כּוּלָּהּ:

טו [לו, כד] "וְאֵלֶּה בְנֵי צִבְעוֹן וְאַיָּה וְגוֹ'", "וְאֵלֶּה בְנֵי צִבְעוֹן וְאַיָּה וַעֲנָה", מָה רָאָה הַכָּתוּב לִכְתּוֹב [שם] "עֲנָה" [לעיל פסוק כ] "עֲנָה" תְּרֵי זִמְנֵי, תְּרֵי נִינְהוּ, לְעוֹלָם חַד הוּא [כז]אֶלָּא שֶׁבָּא צִבְעוֹן עַל אִמּוֹ וְהוֹלִידָה עֲנָה, וְנַעֲשָׂה °בֶּן עֲנָה °וּבֶן צִבְעוֹן וּבֶן שֵׂעִיר, מִכָּל מָקוֹם חַד הוּא. תְּנֵי: [כח]הָאֵשׁ וְהַכִּלְאַיִם לֹא נִבְרְאוּ בְּשֵׁשֶׁת יְמֵי בְרֵאשִׁית אֲבָל עָלוּ בְּמַחֲשָׁבָה לְהִבָּרְאוֹת, כִּלְאַיִם אֵימָתַי נִבְרְאוּ, בִּימֵי עֲנָה, הָדָא הוּא דִכְתִיב [שם] "הוּא עֲנָה אֲשֶׁר מָצָא אֶת הַיֵּמִם בַּמִּדְבָּר",

רש"י

(יג) **לב חכם לימינו.** ישרו של דבר, דכתיב (לא, יז) וישא את בניו תחלה: (טו) **האש.** וכלאים דבהמה לא נבראו: **המיונוס.** מן חיה:

מתנות כהונה

[יג] **לימינו.** להיישיר לדרך המוסר להקדים הזכרים לנקבות, ועשו היה בהול על הנקבות, ונואף אשה חסר לב (משלי ו, לב): **שטר חוב.** לומר אין לי חלק בארץ ולא בפירעון החוב כי גר יהיה זרעך, כמו שפירש רש"י בסדר זה: **הבושה.** שמכר את הבכורה: [יד] **להנשא לו.** לעשו לפי שהיה מזרע אברהם נתאוה להדבק בו:

[טו] **תרי נינהו כו'.** פירש הרב אברהם בן אשר בתמיה הלא כתוב הוא ענה עכ"ל. ועיין בפרק יש נוחלין (בבא בתרא קטו, ב) ובפרק מקום שנהגו (פסחים כד, א) דיש לפרש בניחותא ועיין מזה בירושלמי דברכות בפרק אלו דברים (פ"ח ה"ה): **עלו במחשבה להבראות.** בערב שבת ולא נבראו עד מוצאי שבת על ידי אדם

אשד הנחלים

קליפה עד היסוד, כן נחפש חשיפה אחר חשיפה עד המקור, והוא כולו ממזרים: [יג] **לימינו כו' ואח"כ את נשיו כו'.** הימין הוא הדבר העקרי, וגם מפורסם הוא שהיצר טוב מכונה לימין והיצר הרע לשמאל, ולכן מכנה הכתוב שלב חכם רק לדברים של צד הימין העקרי והטוב, ולא לצד התאוות הגופנים שהמה השמאל והטפל המותר: **מפני שטר חוב.** פירש המתנות כהונה כלומר אין לו חלק בארץ ולא בפרעון החוב כי גר יהיה זרעך. ואחז בהמליצה, כאלו שע"י גרותם וגלותם ימשך להם לפרוע אח"כ כמה טובות ישועות ונחמות, והוא מחל זה וזה:

מפני הבושה. כי ראה את יעקב הולך במהלך השלימות מאוד, ובושה הוא לו להתנהג לפני יעקב ברעתו: [יד] **לו לשפחה.** כי הפלגש היא רק כשפחה רק שהיא מיוחדת ג"כ למשכב, ורצתה לדבק אף בזרעו של עשו שידעה שיצליח, אף כי יעקב: [טו] **תרי נינהו.** בתמיה, אלא חד הוא: **שבא צבעון.** עיין ביש נוחלין: **האש והכלאים לא נבראו כו' במחשבה.** כלומר לא נבראו ממש שיהיה יש נפרד, אבל נבראו בכח התולדות, שאם ימצאו בני אדם אז ימצאו אותה, כי האש בכח האבנים וכן הכלאים: **אימתי נבראו.** כלומר מי נסה זאת שיצא הדבר לפועל:

עץ יוסף

הוא מפני שמנאו הכתוב בבני אהליבמה אשת עשו ועם אלופי אליפז נראה שבן אליפז היה שבא על אשת אביו וכדפירש רש"י בחומש. ומאן דאמר שלשה סבירא ליה שני קרח היו כדפירש רש"י בפרק קמא דסוטה (יג, א) עיין שם. ואף על גב דענה ואהליבמה לא נולדו מעשו וזרעו, מכל מקום קאמר בהו שעשו העמיד ממזרים, כי על ידי שהתחתן בהם העמיד פסול ממזרות במשפחת זרעו (נזר הקודש): (יג) [יד] **לב חכם לימינו כו'.** נתבאר לעיל פרשה ע"ד: **מפני שטר חוב כו'.** המוטל על זרעו של יצחק. אמר אלך לי מכאן אין לי חלק במתנה שנתנה לו הארץ הזאת ולא בפרעון השטר. ואף על גב דבקרא כתיב מפורש כי היה רכושם רב, אך למה הלך עשו דוקא, זה היה מפני השטר חוב. **ורבי יהושע בן לוי** סבירא ליה **מפני הבושה.** שמכר את הבכורה. או מפני בושת זרעו שהיה בו פיסול ממזרות כדלעיל: (יד) [טו] **למה לי לדרוש.** כלומר מאי איכא למדרש ביה דכתביה קרא: **ואחות לוטן תמנע.** וכיון דתמנע היתה אחות מלך ודאי בת מלך היא כפירש רש"י בפרק חלק (סנהדרין לט, ב): (טו) [טז] **מה ראה הכתוב.** פירוש איך נכתב פעם בבני שעיר ופעם בבני צבעון אטו תרי ניניהו בתמיה. דהא כתיב הוא ענה משמע הוא ענה האמור למעלה כדאמר בגמרא (פסחים כד, א). ומשני **לעולם חד הוא אלא שבא צבעון כו'.** דהשתא מתרצי קראי כמו שנפרש בסמוך: [יז] **הכלאים הפרד.** שהוא מן הסוס והחמור לא נבראו ממש, אבל נבראו בכח התולדות, האש בכח האבנים והכלאים בכח הסוס והחמור: **אימתי נבראו.** כלומר מי נסה זאת שילא הדבר לפועל: **אשר מצא את הימים.** דפירוש ימים פרדות כרבנן,

פירוש מהרז"ו

(יג) **לב חכם.** לעיל (עד, ה) ושם נסמן, ועיין פרקי דרבי אליעזר (פרק לח) באורך: **מפני שטר חוב.** לקמן (פד, ב): **מפני הבושה.** לעיל ברים הפרשה: (יד) **תני רבי שמעון בן יוחאי.** סנהדרין (לט, ב) וילקוט האזינו (רמז תתקמח) כי לא דבר ריק, וילקוט תהלים (רמז תשסא): **וכתיב ואחות לוטן תמנע ותמנע היתה פילגש.** וכן הוא בסנהדרין שם והם ב' פסוקים, ובא לדרוש מה שנאמר ותמנע היתה פילגש והרי בפרשה זו עדיין לא נזכרה מי היא, על כן סדר המדרש על פי מדה ל"א ול"ב כאלו כתיב אלוף לוטן, וגם בזה כוונתו לפסוק כ' שם בפרשה ולפסוק כ"ב אלה כו' לוטן וכו' ויהיו בני לוטן וכו' ואחות לוטן תמנע, אלא שהמדרש תפס בקיצור פסוק כ"ט אלוף לוטן שהיה אלוף שר וגדול, ואחות לוטן תמנע, ועל זה אמר בפרשה הקודמת על פי מדה ל"ב ותמנע הזאת אחות האלוף היתה פילגש לאליפז: **לשפחה.** שהפלגשים נקראו שפחות כמו הגר שפחת שרה, וכן נשי יעקב בלהה וזלפה היו פלגשים ונקראו שפחות כל פעם, ואנו דורשים קל וחומר סתום על יעקב שהיו כולם רוצים לדבק בו: (טו) **ואלה בני צבעון** עיין הגירסא הנכונה בב"ב (קטו, א) ובתנחומא ריש וישב (סימן א) ועיין לעיל (סימן יב): **האש והכלאים.** ירושלמי ברכות (פ"ח מ"ה) על המשנה בית שמאי אומרים נר ומזון כו', כל הענין עד סוף הפרשה היא משם, ופירושו שנתן בכח הבריאה ולא נבראו בפועל ממש: **את הימים.** על שתיבה זו זרה דרשה על פי מדת ממטל מלשון יוני, המיונס

חידושי הרד"ל

[יג] **רבי יהושע אמר מפני הבושה.** לקמן ריש פרשת וישב (פד, ב) הגירסא רבי יהושע בן לוי, ובקהלת רבה (ט, כז) הגירסא רבי שמואל בן נחמן ונכון:

זרע אברהם

[יג] **רבי אליעזר אומר מפני השטר חוב כי גר יהיה זרעך וכו'.** נראה דרבי אליעזר יש לו רמז מקרא של מעלה שאמר עשו לקח נשיו מבנות כנען למאי נפקא מינה הודיע התורה זאת הענין. לפי שאיתא הקדמה נפלאה מספר בית אלהים בשם הרמב"ם הענין שהזהיר אברהם שלא יקח יצחק מבנות כנען לפי שנגזר עליו ועל זרעו גירות ארבע מאות שנים והתחילו הארבע מאות שנה משנולד יצחק ואם היו מתחתן בבנות כנען היו כתושבים ולא היה החשבון ארבע מאות שנה מתחילין עד שירדו למצרים שהיה שם שיעבוד גמור. ואם כן זה אמר הכתוב עשו לקח מבנות כנען ולא היה נזהר באזהרת אברהם וקשה למה כך, לזה אמר וילך עשו מפני יעקב מפני השטר חוב שלא רצה לירש ולא יקבל פרעון גם כן השטר חוב ומפני כך לא היה חושש לאזהרת אברהם וסבר מידי הוא טעמא שצוה אברהם שלא ליקח מבנות כנען הוא שיקיים הגירות משעה שנולד יצחק והואיל ולא רצה לירש ולא לפרוע חוב אביו על כרחך לא היה חושש לאזהרה זו. וקל להבין. ורבי יהושע שאמר מפני הבושה שמכר בכורה הוא גם כן כדברי רבי אליעזר מטעם זה מאחר שמכר הבכורה ולא ביקש לירש ולפרוע החוב:

שינוי נוסחאות

(טו) **ונעשה בן ענה ובן צבעון ובן שעיר.** צ"ל "ונעשה ענה בן צבעון ובן שעיר", כן הגיה יפה תאר:

מסורת המדרש

כד. לעיל פרשה ע"ד. קהלת רבה פרשה י': **כה.** לקמן פרשה פ"ד. קהלת רבה סוף פרשה ט': **כו.** עיין סנהדרין דף ל"ט. ספרי האזינו פיסקא של"ו. ילקוט האזינו רמז תתקמ"ח: **כז.** פסחים דף כ"ד. בבא בתרא דף קט"ו. תנחומא סדר וישב סימן א'. ילקוט כאן רמז ק"מ: **כח.** ירושלמי ברכות פרק ח' כל הענין. פסחים דף כ"ד:

אם למקרא

לֵב חָכָם לִימִינוֹ וְלֵב כְּסִיל לִשְׂמֹאלוֹ: (קהלת י:ב)

וַיֹּאמֶר לְאַבְרָם יָדֹעַ תֵּדַע כִּי־גֵר יִהְיֶה זַרְעֲךָ בְּאֶרֶץ לֹא לָהֶם וַעֲבָדוּם וְעִנּוּ אֹתָם אַרְבַּע מֵאוֹת שָׁנָה: (בראשית טו:יג)

וְאֵלֶּה בְנֵי צִבְעוֹן וְאַיָּה וַעֲנָה הוּא עֲנָה אֲשֶׁר מָצָא אֶת־הַיֵּמִם בַּמִּדְבָּר בִּרְעֹתוֹ אֶת־הַחֲמֹרִים לְצִבְעוֹן אָבִיו: (שם לו:כד)

וַיָּקָם יַעֲקֹב וַיִּשָּׂא אֶת בָּנָיו וְאֶת נָשָׁיו עַל הַגְּמַלִּים: (שם לא:יז)

ידי משה

[טו] **והולידה ענה ונעשה ענה בן צבעון ובן שעיר כו'.** אלא שבא צבעון על אמו והולידה ענה ונעשה ענה בן צבעון ובן שעיר כי העולם סברו שהוא בן שעיר, והקשה הרא"ם ודילמא שעיר בא על כלתו אשת צבעון והולידה ענה ונמצא גם כן שהוא בן צבעון ובן שעיר, ותירץ לפי שבלאו זה צריך אתה לומר שקלקל צבעון ובא על כלתו אשת ענה והוליד את אהליבמה כמו שפירש רש"י בחומש (ד"ה בת ענה בת צבעון) עיין שם ותולין הקלקלה במקולקל משאמר שחטאו שניהם לצבעון ושעיר ולא מצינו שחטא שעיר בשום מקום עכ"ל:

רַבִּי יְהוּדָה בַּר סִימוֹן אָמַר: הֶמְיוֹנָס — **R' Yehudah bar Simone said:** The word יֵמִם (translated as "mules") refers to ***hemyonas***.[163] רַבָּנָן אָמְרֵי: הַמִּיסוּ, חֶצְיוֹ חֲמוֹר וְחֶצְיוֹ סוּס — The other **Rabbis said:** It refers to **the half-breed, half donkey and half horse.**[164]

The Midrash discusses the different varieties of horse-donkey crossbreeds:

וְאֵלּוּ הֵן הַסִּימָנִין — **And what are the indicators** of a mule's parentage? אָמַר רַבִּי יוֹנָה — **R' Yonah said:** כֹּל שֶׁאָזְנָיו קְטַנּוֹת אִמּוֹ סוּסָה וְאָבִיו חֲמוֹר — **Any** mule **whose ears are small,**[165] **its mother is a horse and its father is a donkey;** גְּדוֹלוֹת אִמּוֹ חֲמוֹרָה וְאָבִיו סוּס — if its ears are **large,**[166] **its mother is a donkey and its father a horse.**[167] רַבִּי מָנָא הֲוָה מְפַקֵּד לְאִלֵּין דְּבֵי נְשִׂיאָה דִּיהוֹן זָבְנִין מִן אִלֵּין דְּאוּדְנֵיהוֹן דַּקִּיקִין — **R' Mana would instruct those** functionaries **of the *Nasi's***[168] **household that they should purchase** only mules **from those whose ears are small,** מִפְּנֵי שֶׁאִמּוֹ סוּסָה וְאָבִיו חֲמוֹר — **because** this characteristic demonstrates **that its mother is a horse and its father is a donkey.**[169]

The Midrash details Anah's discovery of the mule:

מֶה עָשָׂה עֲנָה — **What did Anah do?** הֵבִיא חֲמוֹרָה וְזִיוּוּג לָהּ סוּס זָכָר — **He brought a she-donkey and mated a male horse with it,** וְיָצְאת מִמֶּנּוּ פִּרְדָּה — **and a mule emerged from it.**[170] אָמַר לוֹ הַקָּדוֹשׁ בָּרוּךְ הוּא — **The Holy One, blessed is He,** thereupon **said to [Anah],** אֲנִי לֹא בָרָאתִי דָּבָר שֶׁל הֶיזֵּק וְאַתָּה בָּרָאתָ דָּבָר שֶׁל הֶיזֵּק — **"I did not create something harmful but you did create something harmful.**[171] חַיֶּיךָ שֶׁאֲנִי בּוֹרֵא לְךָ דָּבָר שֶׁל הֶיזֵּק — **By your life,** I swear **that I shall create for you something harmful."** מֶה עָשָׂה — **What did** [God] then **do?** הֵבִיא חֲכִינָא וְזִיוּג לָהּ חַרְדּוֹן — **He brought a female snake and mated a male toad with it,** וְיָצְאת מֵהֶם חֲבַרְבָּר — **and the** venomous ***chavarbar*** (viper) **emerged from them.**[172]

The Midrash concludes by describing the danger posed by these species:

מֵעוֹלָם לֹא אָמַר אָדָם שֶׁנְּשָׁכוֹ כֶּלֶב שׁוֹטֶה וְחָיָה — **Never did a person say that he was bitten by a mad dog and survived** חֲבַרְבָּר וְחָיָה — or that he was bitten by **a viper and survived** פִּרְדָּה לְבָנָה וְחָיָה — or that he was bitten by **a white mule and survived.**[173]

The Midrash now returns to the other item that was not created during the six days of Creation — fire:

הָאֵשׁ — When was **fire** actually created?[174] רַבִּי לֵוִי בְּשֵׁם רַבִּי נְזִירָא — **R' Levi said in the name of R' Nezira:** שְׁלֹשִׁים וְשִׁשָּׁה שָׁעוֹת שִׁמְּשָׁה אוֹתָהּ הָאוֹרָה — **That** supernal **light**[175] **served** to provide light for man **for thirty-six** consecutive **hours:** י״ב שֶׁל עֶרֶב שַׁבָּת — **twelve** hours **of the eve of Sabbath,**[176] וי״ב שֶׁל לֵילֵי שַׁבָּת — **and twelve** hours **of the Sabbath night,**[177] וי״ב שֶׁל שַׁבָּת — **and twelve** hours **of the Sabbath** day. וְכֵיוָן שֶׁשָּׁקְעָה חַמָּה בְּלֵילֵי שַׁבָּת בִּקֵּשׁ הַקָּדוֹשׁ בָּרוּךְ הוּא לִגְנוֹז אֶת הָאוֹרָה — **And when the sun set at** the start of **the Sabbath night, the Holy One, blessed is He,** at first **sought to conceal the light** of creation,[178] וְחָלַק כָּבוֹד לַשַּׁבָּת — **but He gave honor to the Sabbath** and allowed the light to continue. הֲדָא הוּא דִכְתִיב ״וַיְבָרֶךְ אֱלֹהִים אֶת יוֹם הַשְּׁבִיעִי״ — **Thus it is written, *God blessed the seventh day*** (above, 2:3). בַּמֶּה בֵּרְכוֹ — **It what sense did [God] bless it?** בָּאוֹרָה — **With** this supernal **light.** וְכֵיוָן שֶׁשָּׁקְעָה חַמָּה בְּלֵילֵי שַׁבָּת וְהִתְחִילָה אוֹרָה מְשַׁמֶּשֶׁת — **And when the sun set at the** start of **the Sabbath night, and the** supernal **light began** once again **to serve,** הִתְחִילוּ הַכֹּל מְקַלְּסִים לְהַקָּדוֹשׁ בָּרוּךְ הוּא — **all began to praise the Holy One, blessed is He.** הֲדָא הוּא דִכְתִיב ״תַּחַת כָּל הַשָּׁמַיִם יִשְׁרֵהוּ״ — **Thus it is written, *Under all the heavens they sing to Him*** (*Job* 37:3).[179] מִפְּנֵי מָה — **For what** reason did they sing? ״וְאוֹרוֹ עַל כַּנְפוֹת הָאָרֶץ״ — The verse goes on to explain, ***His light is upon the ends of the earth*** (ibid.).[180]

NOTES

163. According to *Mussaf HeAruch, hemyonas* is the Greek word for mule (*hemionos*); see also *Maharzu.* (Since the following opinion also translates הַיֵּמִם as "mule," the two terms apparently refer to two different kinds of mule. See note 167.)

[*Rashi,* however, writes that the *hemyonas* is a type of animal (perhaps the onager, a species of wild ass similar in appearance to the mule that was once prevalent in the Middle East).]

164. That is, the mule. מִיסוּ, or הַמִּיסוּ, is a Greek word meaning "half" (*Eitz Yosef; Maharzu, from Mussaf HeAruch* s.v. המיסו; see also *Rashi* and *Matnos Kehunah* and *Aruch* s.v. מס 2).

[These two interpretations of הַיֵּמִם, an obscure word, are apparently based on its orthographic similarity to הֶמְיוֹנָס or הַמִּיסוּ, respectively. See *Maharzu.* However, see *Chullin* 7b and *Rashi* there s.v. למה נקרא שמם.]

165. Like those of a horse.

166. Like those of a donkey.

167. It is important to identify the parentage of a mule, because the laws of *kilayim* prohibit mating or pairing up mules whose mothers are of different species. See *Chullin* 79a (see also additional indicators listed there).

Meir Nesiv (on *Yerushalmi Berachos* 8:5 §10) suggests that this is in fact the distinction between the two interpretations above. The הֶמְיוֹנָס of R' Yehudah bar Simone refers to the mule whose father is a donkey while the הַמִּיסוּ of the Rabbis refers to one whose father is a horse.

168. The *Nasi* was the head of the Sanhedrin and the leader of the Jewish community of *Eretz Yisrael.*

169. Thus by having only mules with these characteristics one avoids the issues of *kilayim* mentioned above in note 167 (*Pnei Moshe* to *Yerushalmi Berachos* 8:5, cited by *Eitz Yosef*). The same goal would also have been accomplished had they limited their purchases to mules with big ears. Alternatively, R' Mana was specifically recommending mules whose mother's were horses because they are more agile (*Eitz Yosef,* second explanation).

170. Accordingly, when our verse states that Anah *discovered the mules in the desert* it means that he discovered how to breed them. *Yefeh To'ar,* cited by *Eitz Yosef,* notes that this achievement earned fame for Anah and hence the Torah uses it to identify him.

171. I.e., pure horses and donkeys are not dangerous animals, whereas the mule is, for, as the Midrash explains below, the bite of the mule is very harmful (*Eitz Yosef*).

172. This is the *arvad* mentioned in *Chullin* 127a (see *Shitah Mekubetzes* §11 there). *Eitz Yosef* surmises that Anah himself was bitten by this creature. Anah's punishment would then have been an example of God exacting judgment מִדָּה כְּנֶגֶד מִדָּה, *measure for measure* (*Eshed HaNechalim*).

173. According to the parallel text in *Yerushalmi Berachos* 8:5, it is the kick of the mule rather than the bite that is lethal; see *Radal.* Furthermore, the Gemara (*Yoma* 49a) concludes that it is not that the person cannot survive, but rather that the wound inflicted by the mule will never heal.

174. *Maharzu.* See *Rashi* and *Matnos Kehunah* for a somewhat different understanding of the Midrash's question.

175. The light that was created on the first day (above, 1:3), prior to the creation of the sun and the moon on the fourth day (ibid., v. 16). The primordial light was qualitatively different than the normal light of the physical universe. See above, 3 §6 and 11 §3 and *Chagigah* 12a.

176. I.e., the daylight hours of Friday. The Midrash is counting all twelve hours of Friday since the creation of man began in the first hour; see *Pesikta DeRav Kahana* §23 (*Rashi*).

177. "Sabbath night" refers to Friday night throughout this passage.

178. Due to Adam having sinned. Although Adam had sinned in the tenth hour of the day (*Pesikta DeRav Kahana* loc. cit.), God would have allowed the supernal light to finish the day together with the light of the physical sun (*Yefeh To'ar* to above, 11 §2). Regarding this supernal light, see more above, 11 §2 and 12 §6.

179. The Midrash is interpreting יִשְׁרֵהוּ as derived from the root שיר, *song.* See commentaries ad loc. for other interpretations.

180. *His light* alludes to the supernal light of creation, as opposed to the light of the sun (*Yefeh To'ar* to above, 11 §2).

רַבִּי יְהוּדָה בַּר סִימוֹן אָמַר: *הֶמְיוֹנָס, רַבָּנָן אָמְרֵי: הַמִּיסוּ, חֶצְיוֹ חֲמוֹר וְחֶצְיוֹ סוּס, [כט]וְאֵלּוּ הֵן הַסִּימָנִין, אָמַר רַבִּי יוֹנָה: כֹּל שֶׁאָזְנָיו קְטַנּוֹת אִמּוֹ סוּסָה וְאָבִיו חֲמוֹר, גְּדוֹלוֹת אִמּוֹ חֲמוֹרָה וְאָבִיו סוּס, רַבִּי מַנָּא הֲוָה מְפַקֵּד לְאִלֵּין דְּבֵי נְשִׂיאָה דִּיהוֹן זָבְנִין מִן אִלֵּין דְּאוּדְנֵיהוֹן דַּקִּיקִין מִפְּנֵי שֶׁאִמּוֹ סוּסָה וְאָבִיו חֲמוֹר, מֶה עָשָׂה עֲנָה, הֵבִיא חֲמוֹרָה וְזִיוֵּג לָהּ סוּס זָכָר יָצָאת מִמֶּנּוּ פִּרְדָּה, אָמַר לוֹ הַקָּדוֹשׁ בָּרוּךְ הוּא: אֲנִי לֹא בָרָאתִי דָּבָר שֶׁל הֶיזֵּק וְאַתָּה בָּרָאתָ דָּבָר שֶׁל הֶיזֵּק, חַיֶּיךָ שֶׁאֲנִי בּוֹרֵא לְךָ דָּבָר שֶׁל הֶיזֵּק, [ל]מֶה עָשָׂה, הֵבִיא חֲכִינָא וְזִיוֵּג לָהּ חַרְדּוֹן וְיָצָאת מֵהֶם חֲבַרְבָּר, [לא]מֵעוֹלָם לֹא אָמַר אָדָם שֶׁנְּשָׁכוֹ כֶּלֶב שׁוֹטֶה וְחָיָה, חֲבַרְבָּר וְחָיָה, פִּרְדָּה לְבָנָה וְחָיָה. הָאֵשׁ, [לב]רַבִּי לֵוִי בְּשֵׁם רַבִּי נְזִירָא: שְׁלֹשִׁים וְשִׁשָּׁה שָׁעוֹת שִׁמְּשָׁה אוֹתָהּ הָאוֹרָה, י"ב שֶׁל עֶרֶב שַׁבָּת, וי"ב שֶׁל לֵילֵי שַׁבָּת, וי"ב שֶׁל שַׁבָּת, וְכֵיוָן שֶׁשָּׁקְעָה חַמָּה בְּלֵילֵי שַׁבָּת בִּקֵּשׁ הַקָּדוֹשׁ בָּרוּךְ הוּא לִגְנוֹז אֶת הָאוֹרָה וְחָלַק כָּבוֹד לַשַּׁבָּת, הָדָא הוּא דִכְתִיב (לעיל ב, ג) **"וַיְבָרֶךְ אֱלֹהִים אֶת יוֹם הַשְּׁבִיעִי", בַּמֶּה בֵּרְכוֹ, בְּאוֹרָה, [לג]וְכֵיוָן שֶׁשָּׁקְעָה חַמָּה בְּלֵילֵי שַׁבָּת וְהִתְחִילָה אוֹרָה מְשַׁמֶּשֶׁת הִתְחִילוּ הַכֹּל מְקַלְּסִים לְהַקָּדוֹשׁ בָּרוּךְ הוּא, הָדָא הוּא דִכְתִיב** (איוב לז, ג) **"תַּחַת כָּל הַשָּׁמַיִם יִשְׁרֵהוּ", מִפְּנֵי מָה,** (שם) **"וְאוֹרוֹ עַל כַּנְפוֹת הָאָרֶץ", וְכֵיוָן שֶׁשָּׁקְעָה חַמָּה בְּמוֹצָאֵי שַׁבָּת הִתְחִיל הַחֹשֶׁךְ מְמַשְׁמֵשׁ וּבָא, וְנִתְיָירֵא אָדָם הָרִאשׁוֹן, דִּכְתִיב** (תהלים קלט, יא) **"וָאֹמַר אַךְ חֹשֶׁךְ יְשׁוּפֵנִי", מֶה עָשָׂה לוֹ הַקָּדוֹשׁ בָּרוּךְ הוּא, זִימֵּן שְׁנֵי רְעָפִים וְהִקִּישָׁן זֶה לָזֶה וְיָצְאָה הָאוּר וּבֵירַךְ עָלֶיהָ, הָדָא הוּא דִכְתִיב** (שם) **"וְלַיְלָה אוֹר בַּעֲדֵנִי", אָתְיָא כִּדְשְׁמוּאֵל, מִפְּנֵי מָה מְבָרְכִים עַל הַנֵּר בְּמוֹצָאֵי שַׁבָּת, הוֹאִיל וּתְחִלַּת בְּרִיָּיתוֹ, רַב הוּנָא בְּשֵׁם רַבִּי יוֹחָנָן: אַף מוֹצָאֵי יוֹם הַכִּפּוּרִים מְבָרְכִין עָלָיו מִפְּנֵי שֶׁשָּׁבַת הָאוּר כָּל אוֹתוֹ הַיּוֹם:**

חידושי הרד"ל

[טו] **חברבר וחיה שבעטתו פרדה לבנה וחיה.** כן הובא בירושלמי ברכות (פ"ח ה"ה), ובערוך ערך חברבר, וכן צריך לומר:

עץ יוסף

שהמליא שיולידו מין שלא במינו, ואינו כן בשאר הכלאים של בהמות. ונחשב לו בדורו לחכמה ונודע במעשה ההוא ויתארוהו בו (יפה תואר). ונקראו ימים לפי שאימתן מוטלת על הבריות: **המיונס.** מין חיה (רש"י). והמוסיף כתב בלשון יוני פרד: **המיסו.** בלשון לעז מסו חלי. ונראה שהיו קורין כן הפרד לפי שחליו סוס וחליו חמור. והוא מלא אותן שזיוג חמורה כו' וכדלקמן: **ואלו הן הסימנים.** להכיר אם אמו חמורה ואביו סוס או בהיפך: **הוה מפקד.** היה מלוה לאותן הממונים על בית הנשיא שיהיו קונין מאותן שאזניהם קטנות. וכתב הפני משה (כלאים פ"ח ה"ג) שמפני הכלאים אמר ליה כן. גם יש לומר דאותן שאמותיהן סוס טובים וקלים ברגליהן: **דבר של היזק.** כמו שאמר לקמן מעולם לא אמר אדם שנשכו פרדה לבנה וחיה: **חכינא.** נחש: **חרדון.** מין לצ: **חברבר.** מין נחש לפעוני והוא הערוד. ואולי שלא נתרפא ענה ממנו שנשכו: **פרדה לבנה וחיה.** עיין בחולין ז, ב: **רבי לוי בשם רבי נזירא כו'.** לעיל פרשה י"א: **אותה האור.** הוא אור של שבעת הימים: **תחת כל השמים ישרהו.** ואורו על כנפות הארץ. ודריש ישורר למי שאורו על כנפות הארץ: **חשך ישופני.** זה הנחש דכתיב ביה הוא ישופך ראש, הוא רוח הטומאה שכחו בחשך: **הואיל ותחלת ברייתו.** שאין מברכין אלא על דבר חדש ומברכין לה' על שחידשו: **מפני ששבת האור כו'.** והוא כתחילת ברייתה, שאחר העדר מרגישין הטובה ואז שייך לברך עליה:

פירוש מהרז"ו

פרד, והמיסו פירושו חלי, וכן הוא במוסף ערוך: **דאודנייהו דקיקין.** עיין חולין (עט, א) ושם איתא דלהוון דמיין להדדי, ועיקר הכוונה שיקח תמיד מין א' ונתן סימן לקחת מין שאזניהם קטנים: **דבר של היזק.** פירוש מין של היזק: **האש.** דאמר לעיל שלא נבראו אלא עלה במחשבה, ופירושו שנתן בכח הבראים, ואימתי יצא אל הפועל כו' במוצאי שבת, והמאמר בירושלמי (ברכות פ"ח) ולעיל (יא, ב) ושם נסמן ומבואר:

מסורת המדרש

כט. ירושלמי כלאים פרק ח'. חולין דף ע"ט:
ל. חולין דף קכ"ז:
לא. יומא דף פ"ד:
לב. שבת דף קי"ט. לעיל פרשה י"א ופרשה י"ב וש"נ. מדרש תהלים מזמור צ"ב:
לג. פסחים דף נ"ה. עבודת כוכבים דף ח'. פרקי דרבי אליעזר פרק כ' פסיקתא רבתי פסקא כ"ג:

אם למקרא

וַיְבָרֶךְ אֱלֹהִים אֶת יוֹם הַשְּׁבִיעִי וַיְקַדֵּשׁ אֹתוֹ, כִּי בוֹ שָׁבַת מִכָּל מְלַאכְתּוֹ, אֲשֶׁר בָּרָא אֱלֹהִים לַעֲשׂוֹת: (בראשית ב:ג)

תַּחַת כָּל הַשָּׁמַיִם יִשְׁרֵהוּ וְאוֹרוֹ עַל כַּנְפוֹת הָאָרֶץ: (איוב לז:ג)

וָאֹמַר אַךְ חֹשֶׁךְ יְשׁוּפֵנִי וְלַיְלָה אוֹר בַּעֲדֵנִי: (תהלים קלט:יא)

רש"י

המיסו. הוא כמו אחינו המסו את לבבנו (דברים א, כח), פלגון לבבא לשון חלוקה: **חציו סוס וחציו חמור.** הרכיב סוס על גבי חמור וילא מהן פרד: **סימן זה יהיה מסור בידך כל שאזניו דקות.** קטנות. **אמו סוסיא: אין בעיתו מוליין.** מולאות. **תהוון זבנין מן דאודניהון דקיקין וכו': מה עשה ענה הביא חמורה וזווג לה סוס ויצא ממנה פרדה.** והיינו דכתיב (לעיל לו, כד) אשר מצא את הימים, היינו פרדות: **הביא חבינא וזווגה לחרדון.** זה הלב. **ויצא חברבר: מעולם לא אמר אדם וכו'.** ובלבד שהיא פרדה לבנה: **האש.** מניין שלא נברא בששת ימי בראשית: **ל"ו שעות.** משעה שעלה במחשבה להוציא ליצירה לאדם הראשון, דתניא בפסיקתא (פיסקא מו) שעה ראשונה עלה במחשבה, שנייה נתייעץ עם מלאכי השרת:

מתנות כהונה

כדאיתא בפרק מקום שנהגו (שם): **המיונס.** פירש רש"י מין חיה: **המיסי.** לשון חליה וחלוקה כלומר חלי סוס וחמור כדרך אומרם (מעשרות פ"א מ"ב) הרמונים משימסו, ועיין בפרשת שלח (במדבר רבה יז, ג) בפסוק אחינו המסו: **הוה מפקיד כו'.** היה מלוה לאותן הממונים על בית הנשיא שיהו קונין מאותן שאזניהם קטנות, ועיין ריש פרק אותו ואת בנו (חולין עט, א): **הביא חבינא.** גרסינן: **חבינא.** נחש: **חרדון.** פירש רש"י לב: **האש.** מניין שלא נברא בששת ימי בראשית: **שלשים וששה כו'.** עיין לעיל פרשה יא (סימן ב) ופרשה יב (סימן ו): **אך חושך וגו'.** לעיל פרשה יא ויב (שם) הגירסא יותר נכונה ועיין שם:

אשד הנחלים

שאני בורא לך. זהו מדה במדה באותו דבר שהמציא בעולם בו ישפט. ויתכן עוד מפני שבעלי חיים מקבלים הרגל ותרבות מבני אדם, אשר לכן בדור המבול גם הבעלי חיים נזדווגו שלא במינם, וכל זה נובע מצד שראו הבעלי חיים שבני אדם עושין כן ועשו אחריהם, וכן ענה הרגיל כל כך זאת, עד שנולד גם את זה להיזק וק"ל: **אותה האור.** הוא אור של שבעת הימים. וכל הענין עיין בפרשת בראשית בפסוק ויהי אור ותבין. כי בהאור נרמז גם אור הרוחני וההשגה הגדולה שהיה לאדה"ר אז, ולכן חלק כבוד לשבת מבלי ליטול האורה, לאחר השבת ניטל ממנו, וזהו דמות אצלינו כי אחר השבת ניטל הנשמה היתירה מה שניתן בשבת: **ברכו באורה.** כלומר שלא ניטל אז מפני כבוד השבת, וגם היום בתוספת אור הנפש, וזהו ברכה עליונה כלומר שפע מלמעלה: **זימן שני רעפים.** לעיל בסדר בראשית (יא, ב) בארתי שם ציור נכון על צד הכונה השניה ג"כ, על אור הרוחני והשכלי מהו שני רעפים, כי זהו הקשת השכל מבין שני הקדמות היוצאות ממנה התולדה בהכרח, עיי"ש ותבין ביתר ביאור: **מפני ששבת.** ואחר ההעדר מרגישים אז הטובה, ואז שייך לברך עליהם:

וְכֵיוָן שֶׁשָּׁקְעָה חַמָּה בְּמוֹצָאֵי שַׁבָּת הִתְחִיל הַחֹשֶׁךְ מְמַשְׁמֵשׁ וּבָא – **But when the sun set on** the evening **following the Sabbath, darkness slowly began to encroach** upon the world. וְנִתְיָירֵא אָדָם הָרִאשׁוֹן – **And** Adam, **the first man, was frightened,** דִּכְתִיב "וָאֹמַר אַךְ חֹשֶׁךְ יְשׁוּפֵנִי" – **as it is written,** ***And I said, "Surely darkness will shadow me"*** (*Psalms* 139:11).[181] מֶה עָשָׂה לוֹ הַקָּדוֹשׁ בָּרוּךְ הוּא – **What did the Holy One, blessed is He,** then **do for [Adam]?** זִימֵּן שְׁנֵי רְעָפִים – **He made available** to him **two flints,** וְהִקִּישָׁן זֶה לָזֶה וְיָצְאָה הָאוּר – **and [Adam] struck them against each other and fire emerged,** וּבֵירַךְ עָלֶיהָ – **and [Adam] recited a blessing**[182] **over it.** הֲדָא הוּא דִכְתִיב "וְלַיְלָה אוֹר בַּעֲדֵנִי" – **Thus it is written** at the end of the verse cited above, ***but the night became light about me.***

The Midrash notes a halachic ramification of this episode:

אָתְיָא כִּדְשְׁמוּאֵל – **[This account] accords with** the explanation given by **Shmuel,** who said: מִפְּנֵי מָה מְבָרְכִים עַל הַנֵּר בְּמוֹצָאֵי שַׁבָּת – **Why do we recite a blessing over a candle at the conclusion of the Sabbath?** הוֹאִיל וּתְחִלַּת בְּרִיָּיתוֹ – **Because** that is the time of **its initial creation.**[183] רַב הוּנָא בְּשֵׁם רַבִּי יוֹחָנָן – **R' Huna** said **in the name of R' Yochanan:** אַף מוֹצָאֵי יוֹם הַכִּפּוּרִים מְבָרְכִין עָלָיו – **At the conclusion of Yom Kippur, as well, a blessing is recited over [a candle],**[184] but for a different reason: מִפְּנֵי שֶׁשָּׁבַת הָאוּר כָּל אוֹתוֹ הַיּוֹם – **because fire had been inactive for that entire day.**[185]

NOTES

181. This Psalm is attributed to Adam; see above, 8 §1 (ibid.). The Midrash above (11 §2) explains that the snake would attack him in the darkness, with the word יְשׁוּפֵנִי alluding to the snake regarding whom Scripture states, וְאַתָּה תְּשׁוּפֶנּוּ עָקֵב, *and you will bite his heel* (above, 3:16).

182. The blessing of בּוֹרֵא מְאוֹרֵי הָאֵשׁ, "Blessed are You . . . Who creates the illuminations of the fire" (*Yerushalmi Berachos* 8:5).

183. *Pesachim* 53b. I.e., fire originally came into existence at the conclusion of the first Sabbath, as the Midrash explained above, and consequently it is the appropriate time to bless God for its creation. See *Eitz Yosef.*

184. Although the conclusion of Yom Kippur does not correspond to the time of fire's initial creation.

185. That is, the active use of fire had been prohibited on the holy day and only then, at its conclusion, does it become permissible once again (see *Rashi* to *Pesachim* 53b). *Eitz Yosef* suggests that in a sense it is as if the flame had been created anew and hence the blessing appropriate for its initial creation is appropriate then also. [However, in contrast to R' Yochanan, Shmuel limits the reciting of the blessing specifically to the conclusion of the Sabbath; see *Pesachim* 53b-54a.]

חידושי הרד"ל

[טו] **חברבר וחיה שבעטתו פרדה לבנה וחיה.** כן הובא בירושלמי ברכות (פ"ח ה"ה), ובערוך ערך חברבר, וכן צריך לומר:

עץ יוסף

שהמציא שיולידו מין שלא במינו, ואינו כן בשאר הכלאים של בהמות. ונחשב לו בדורו לחכמה ונודע במעשה ההוא ויתארוהו בו (יפה תואר). ונקראו ימים לפי שאימתן מוטלת על הבריות: **המיונס.** מין חיה (רש"י). והמוסיף כתב בלשון יוני פרד: **המיסו.** בלשון לעז מסו חלי. ונראה שהיו קורין כן הפרד לפי שחליו סוס וחליו חמור. והוא מלא אותן שזיוג חמורה כו' וכדלקמן: **ואלו הן הסימנים.** להכיר אם אמו חמורה ואביו סוס או בהיפך: **הוה מפקד.** היה מצוה לאותן הממונים על בית הנשיא שיהיו קונין מאותן שאזניהם קטנות. וכתב הפני משה (כלאים פ"ח ה"ג) שמפני הכלאים אמר ליה כן. גם יש לומר דאותן שאמותיהן סוס טובים וקלים ברגליהן: **דבר של היזק.** כמו שאמר לקמן מעולם לא אמר אדם שנשכו פרדה לבנה וחיה: **חבינא.** נחש: **חרדון.** מין לב: **חברבר.** מין נחש לפעוני והוא הערוד. ואולי שלא נתרפא ענה ממנו שנשכו: **פרדה לבנה וחיה.** עיין בחולין ז, ב: **רבי לוי בשם רבי נזירא כו'.** לעיל פרשה י"א: **אותה האור.** הוא אור של שבעת הימים: **תחת כל השמים ישרהו.** ואורו על כנפות הארץ. ודריש ישוררו למי שאורו על כנפות הארץ: **חשך ישופני.** זה הנחש דכתיב ביה הוא ישופך ראש, הוא רוח הטומאה שכחו בחשך: **הואיל ותחלת ברייתו.** שאין מברכין אלא על דבר חדש ומברכין לה' על שחידשו: **מפני ששבת האור בו'.** והוא כתחילת ברייתה, שאחר העדר מרגישין הטובה ואז שייך לברך עליה:

פירוש מהרז"ו

פרד, והמיסו פירושו חלי, וכן הוא במוסף ערוך: **דאודנייהו דקיקין.** עיין חולין (עט, א) ושם איתא דלהוון דמיין להדדי, ועיקר הכוונה שיקח תמיד מין א' ונתן סימן לקחת מין שאזניהם קטנים: **דבר של היזק.** פירוש מין של היזק: **האש.** דאמר לעיל שלא נבראו אלא עלה במחשבה, ופירושו שנתן בכח הברואים, ואימתי יצא אל הפועל כו' במוצאי שבת, והמאמר בירושלמי (ברכות פ"ח) ולעיל (יא, ב) ושם נסמן ומבואר:

רַבִּי יְהוּדָה בַּר סִימוֹן אָמַר: *הֶמְיוֹנָס, רַבָּנָן אָמְרִי: הַמִּיסוֹ, חֶצְיוֹ חֲמוֹר וְחֶצְיוֹ סוּס, [כט]וְאֵלּוּ הֵן הַסִּימָנִין, אָמַר רַבִּי יוֹנָה: כֹּל שֶׁאָזְנָיו קְטַנּוֹת אִמּוֹ סוּסָה וְאָבִיו חֲמוֹר, גְּדוֹלוֹת אִמּוֹ חֲמוֹרָה וְאָבִיו סוּס, רַבִּי מַנָּא הֲוָה מְפַקֵּד לְאִלֵּין דְּבֵי נְשִׂיאָה דִּיהוֹן זָבְנִין מִן אִלֵּין דְּאוּדְנֵיהוֹן דַּקִּיקִין מִפְּנֵי שֶׁאִמּוֹ סוּסָה וְאָבִיו חֲמוֹר, מֶה עָשָׂה עֲנָה, הֵבִיא חֲמוֹרָה וְזִיוֵּג לָהּ סוּס זָכָר יָצָאת מִמֶּנּוּ פִּרְדָּה, אָמַר לוֹ הַקָּדוֹשׁ בָּרוּךְ הוּא: אֲנִי לֹא בָרָאתִי דָּבָר שֶׁל הֶיזֵּק וְאַתָּה בָּרָאתָ דָּבָר שֶׁל הֶיזֵּק, חַיֶּיךָ שֶׁאֲנִי בּוֹרֵא לְךָ דָּבָר שֶׁל הֶיזֵּק, [ל]מֶה עָשָׂה, הֵבִיא חֲכִינָא וְזִיוֵּג לָהּ חַרְדּוֹן וְיָצָאת מֵהֶם חֲבַרְבָּר, [לא]מֵעוֹלָם לֹא אָמַר אָדָם שֶׁנְּשָׁכוֹ כֶּלֶב שׁוֹטֶה וְחָיָה, חֲבַרְבָּר וְחָיָה, פִּרְדָּה לְבָנָה וְחָיָה. הָאֵשׁ, [לב]רַבִּי לֵוִי בְּשֵׁם רַבִּי נְזִירָא: שְׁלֹשִׁים וְשִׁשָּׁה שָׁעוֹת שִׁמְּשָׁה אוֹתָהּ הָאוֹרָה, י"ב שֶׁל עֶרֶב שַׁבָּת, וי"ב שֶׁל לֵילֵי שַׁבָּת, וי"ב שֶׁל שַׁבָּת, וְכֵיוָן שֶׁשָּׁקְעָה חַמָּה בְּלֵילֵי שַׁבָּת בִּקֵּשׁ הַקָּדוֹשׁ בָּרוּךְ הוּא לִגְנוֹז אֶת הָאוֹרָה וְחָלַק כָּבוֹד לַשַּׁבָּת, הָדָא הוּא דִכְתִיב (לעיל ב, ג) "וַיְבָרֶךְ אֱלֹהִים אֶת יוֹם הַשְּׁבִיעִי", בַּמֶּה בֵּרְכוֹ, בְּאוֹרָה, [לג]וְכֵיוָן שֶׁשָּׁקְעָה חַמָּה בְּלֵילֵי שַׁבָּת וְהִתְחִילָה אוֹרָה מְשַׁמֶּשֶׁת הִתְחִילוּ הַכֹּל מְקַלְּסִים לְהַקָּדוֹשׁ בָּרוּךְ הוּא, הָדָא הוּא דִכְתִיב (איוב לז, ג) "תַּחַת כָּל הַשָּׁמַיִם יִשְׁרֵהוּ", מִפְּנֵי מָה, (שם) "וְאוֹרוֹ עַל כַּנְפוֹת הָאָרֶץ", וְכֵיוָן שֶׁשָּׁקְעָה חַמָּה בְּמוֹצָאֵי שַׁבָּת הִתְחִיל הַחֹשֶׁךְ מְמַשְׁמֵשׁ וּבָא, וְנִתְיָירֵא אָדָם הָרִאשׁוֹן, דִּכְתִיב (תהלים קלט, יא) "וָאֹמַר אַךְ חֹשֶׁךְ יְשׁוּפֵנִי", מֶה עָשָׂה לוֹ הַקָּדוֹשׁ בָּרוּךְ הוּא, זִימֵּן שְׁנֵי רְעָפִים וְהִקִּישָׁן זֶה לָזֶה וְיָצְאָה הָאוּר וּבֵירַךְ עָלֶיהָ, הָדָא הוּא דִכְתִיב (שם) "וְלַיְלָה אוֹר בַּעֲדֵנִי", אַתְיָא כִּדְשְׁמוּאֵל, מִפְּנֵי מָה מְבָרְכִים עַל הַנֵּר בְּמוֹצָאֵי שַׁבָּת, הוֹאִיל וּתְחִלַּת בְּרִיָּיתוֹ, רַב הוּנָא בְּשֵׁם רַבִּי יוֹחָנָן: אַף מוֹצָאֵי יוֹם הַכִּפּוּרִים מְבָרְכִין עָלָיו מִפְּנֵי שֶׁשָּׁבַת הָאוּר כָּל אוֹתוֹ הַיּוֹם:

מסורת המדרש

כט. ירושלמי כלאים פרק ח'. חולין דף ע"ט:
ל. חולין דף קכ"ז:
לא. יומא דף פ"ד:
לב. שבת דף קי"ט. לעיל פרשה י"א ופרשה י"ב וש"נ. מדרש תהלים מזמור נ"ב:
לג. פסחים דף נ"ה. עבודת כוכבים דף ח'. פרקי דרבי אליעזר פרק כ' פסיקתא רבתי פסקא כ"ג:

אם למקרא

וַיְבָרֶךְ אֱלֹהִים אֶת יוֹם הַשְּׁבִיעִי וַיְקַדֵּשׁ אֹתוֹ, כִּי בוֹ שָׁבַת מִכָּל מְלַאכְתּוֹ, אֲשֶׁר בָּרָא אֱלֹהִים לַעֲשׂוֹת: (בראשית ב:ג)

תַּחַת כָּל הַשָּׁמַיִם יִשְׁרֵהוּ וְאוֹרוֹ עַל כַּנְפוֹת הָאָרֶץ: (איוב לז:ג)

וָאֹמַר אַךְ חֹשֶׁךְ יְשׁוּפֵנִי וְלַיְלָה אוֹר בַּעֲדֵנִי: (תהלים קלט:יא)

רש"י

המיסו. הוא כמו אחינו המסו את לבבנו (דברים א, כח), פלגון לבנא לשון חלוקה: **חציו סוס וחציו חמור.** הרכיב סוס על גבי חמור וילא מהן פרד: **סימן זה יהיה מסור בידך כל שאזניו דקות.** קטנות. **אמו סוסיא: אין בעיתו מוליין.** מולאות. **תהוון זבנין מן דאודניהון דקיקין וכו': מה עשה ענה הביא חמורה וזווג לה סוס ויצא ממנה פרדה.** והיינו דכתיב (לעיל לו, כד) אשר מלא את הימים, היינו פרדות: **הביא חבינא וזווגה לחרדון.** זה הלב. **ויצא חברבר: מעולם לא אמר אדם וכו'.** ובלבד שהיא פרדה לבנה: **האש.** מניין שלא נברא בששת ימי בראשית: **ל"ו שעות.** משעה שעלה במחשבה להוציא ליצירה לאדם הראשון, דתניא בפסיקתא (פיסקא מו) שעה ראשונה עלה במחשבה, שנייה נתייעץ עם מלאכי השרת:

מתנות כהונה

כדאיתא בפרק מקום שנהגו (שם): **המיונס.** פירש רש"י מין חיה: **המיסי.** לשון חליה וחלוקה כלומר חלי סוס וחמור כדרך אומרס (מעשרות פ"א מ"ב) הרמונים משימסו, ועיין בפרשת שלח (במדבר רבה יז, ג) בפסוק אחינו המסו: **הוה מפקיד בו'.** היה מצוה לאותן הממונים על בית הנשיא שיהו קונין מאותן שאזניהם קטנות, ועיין ריש פרק אותו ואת בנו (חולין עט, א): **הביא חבינא.** גרסינן: **חבינא.** נחש: **חרדון.** פירש רש"י לב: **האש.** מניין שלא נברא בששת ימי בראשית: **שלשים וששה בו'.** עיין לעיל פרשה יא (סימן ב) ופרשה יב (סימן ו): **אך חושך וגו'.** לעיל פרשה יא ויב (שם) הגירסא יותר נכונה ועיין שם:

אשד הנחלים

שאני בורא לך. זהו מדה במדה באותו דבר שהמציא בעולם בו ישפט. ויתכן עוד מפני שבעלי חיים מקבלים הרגל ותרבות מבני אדם, אשר לכן בדור המבול גם הבעלי חיים נזדווגו שלא במינם, וכל זה נובע מצד שראו הבעלי חיים שבני אדם עושין כן ועשו אחריהם, וכן ענה הרגיל כל כך זאת, עד שנולד גם את זה להזיק וק"ל: **אותה האור.** הוא אור של שבעת הימים. וכל הענין עיין בפרשת בראשית בפסוק ויהי אור ותבין. כי בהאור נרמז גם אור הרוחני וההשגה הגדולה שהיה לאדה"ר אז, ולכן חלק כבוד לשבת מבלי ליטול האורה, לאחר השבת ניטל ממנו, וזהו דמות אצלינו כי אחר השבת ניטל הנשמה היתירה מה שניתן בשבת: **ברכו באורה.** כלומר שלא ניטל אז מפני כבוד השבת, וגם היום בתוספת אור הנפש, וזהו ברכה עליונה כלומר שפע מלמעלה: **זימן שני רעפים.** לעיל בסדר בראשית (יא, ב) בארתי שם ציור נכון על צד הכונה השניה ג"כ, על אור הרוחני והשכלי מהו שני רעפים, כי זהו הקשת השכל מבין שני הקדמות היוצאות ממנה התולדה בהכרח, עיי"ש ותבין ביתר ביאור: **מפני ששבת.** ואחר ההעדר מרגישים אז הטובה, ואז שייך לברך עליהם:

Chapter 83

וְאֵלֶּה הַמְּלָכִים אֲשֶׁר מָלְכוּ בְּאֶרֶץ אֱדוֹם לִפְנֵי מְלָךְ מֶלֶךְ לִבְנֵי יִשְׂרָאֵל

Now these are the kings who reigned in the land of Edom before a king reigned over the Children of Israel (36:31).

§1 וְאֵלֶּה הַמְּלָכִים אֲשֶׁר מָלְכוּ וגו׳ — ***NOW THESE ARE THE KINGS WHO REIGNED, ETC.***

The Midrash makes an observation regarding the Edomite kings listed in this passage:

רַבִּי יִצְחָק פָּתַח — **R' Yitzchak opened** his discourse on this passage by citing the following verse regarding the city of Tyre: ״אַלוֹנִים מִבָּשָׁן עָשׂוּ מִשּׁוֹטָיִךְ״ — *Cedar from Lebanon they took, to make a mast upon you.* ***Of oaks from Bashan they made your oars*** (*Ezekiel* 27:5-6).[1] אָמַר רַבִּי יִצְחָק: נִמְשְׁלוּ אוּמּוֹת הָעוֹלָם כִּסְפִינָה — **R' Yitzchak said: The nations of the world are likened to a ship:** מַה סְפִינָה זוֹ עוֹשִׂים לָהּ תּוֹרֶן מִמָּקוֹם אֶחָד וְהוֹגְנִין מִמָּקוֹם אַחֵר — **Just as** with **a ship, its mast is constructed with** wood **from one place** (Lebanon), **and its oars** are constructed with wood **from another place** (Bashan),[2] כָּךְ אוּמּוֹת הָעוֹלָם — so too, **the nations of the world** would appoint their kings from different locations, ״שַׂמְלָה מִמַּשְׂרֵקָה״ וְ״שָׁאוּל מֵרְחוֹבוֹת הַנָּהָר״ — as our passage states regarding the Edomite kings, ***Samlah of Masrekah*** (36:36) and ***Saul of Rehoboth-nahar*** (v. 37).[3]

□ וְאֵלֶּה הַמְּלָכִים — ***NOW THESE ARE THE KINGS*** *WHO REIGNED IN THE LAND OF EDOM BEFORE A KING REIGNED OVER THE CHILDREN OF ISRAEL.*

The verse states that Edom appointed eight Edomite kings before Israel appointed the first Jewish king. The Midrash cites a verse in *Proverbs* to teach that ultimately this was not to Edom's benefit:

״נַחֲלָה מְבֹהֶלֶת בָּרִאשׁוֹנָה״ — Scripture states, ***If an inheritance is seized hastily in the beginning*** *its end will not be blessed* (*Proverbs* 20:21);[4] ״וְאֵלֶּה הַמְּלָכִים״ — this alludes to the Edomite kings, as it states in our verse, ***Now these are the kings*** *who reigned in the land of Edom before a king reigned over the Children of Israel.* ״וְאַחֲרִיתָהּ לֹא תְבֹרָךְ״ — The conclusion of the *Proverbs* verse, ***its end will not be blessed,*** will be realized in the future, ״וְעָלוּ מוֹשִׁיעִים בְּהַר צִיּוֹן וגו׳״ — as Scripture states regarding the ultimate fate of the Edomite kingdom, ***And saviors will ascend Mount Zion*** *to judge the mountain of Esau, and the kingdom will be HASHEM's* (*Obadiah* 1:21).[5]

NOTES

1. This passage in *Ezekiel* compares the city of Tyre — an Edomite city founded originally by the Philistines (*Rashi* to *Pesachim* 42b with *Hagahos Yaavetz*) – to a magnificent ship.

2. The ship's mast, which must be constructed from one long piece of wood, was produced from cedar trees found in Lebanon. The ship's oars, which need to be very strong, were made from oak from Bashan (*Eitz Yosef,* citing *Yefeh To'ar*; see *Rashi*). The passage in *Ezekiel* also lists other components of a ship that had to be imported from foreign lands. Possibly, the Midrash focuses only on the mast and oars since they are the main devices by which a ship is navigated. They are thus a fitting analogy for a king who leads his people (*Yefeh To'ar*).

3. According to our Midrash, *all* of the Edomite kings listed in our passage came from foreign lands. Possibly, the Midrash mentions Samlah and Saul in particular since we are certain that their cities of origin, Masrekah and Rehoboth-nahar, respectively, were not Edomite territory. There is no clear evidence, however, whether or not the cities of the other kings were part of Edom (*Yefeh To'ar*). But see *Ramban*, cited in Insight Ⓐ.

Our Midrash teaches that Scripture enumerates the Edomite kings for the purpose of denigrating Edom, illustrating their dependency on foreign rulers. The fact that they appointed kings who originated from outside their region demonstrates that the Edomites themselves were unfit to rule their country and thus had to seek rulers from outside their country. By contrast, the Jewish nation is self-sufficient and is able to develop its own leaders (see *Shemos Rabbah* 37 §1; *Chullin* 56b; see also Insight Ⓑ to note 5 below).

Since the Midrash seeks to denigrate Edom, it would seem that this weakness is limited to Edom (see *Nezer HaKodesh*). Nonetheless, the Midrash's use of the term "nations of the world" implies that it was a universal practice for a country to appoint a foreigner as its ruler (see *Yefeh To'ar*). See Insight Ⓐ.

4. This verse teaches that the benefits of an inheritance or anything else of value that comes suddenly and without toil will be short-lived. The very fact that it came in such a manner indicates that it is only temporary and not enduring. Only that which is acquired through effort and over time will endure (*Yefeh To'ar*).

5. In the days of the Messiah, Israel will return to its land and its Temple Mount. It will judge Edom for its offenses, and the entire world will know that the *kingdom will be Hashem's*. The Midrash seeks to explain how Esau's descendants merited the establishment of a monarchy before the descendants of Jacob, when it was Jacob who received his father's blessings. The Midrash explains that it was to Edom's detriment that it established its monarchy before Israel appointed a king, for the very fact that the Edomite kings ruled so many years before Israel indicates that its authority will not endure. In the times of the Messiah, Edom will be punished, while the kingdom of Israel will be eternal (*Eitz Yosef,* from *Yefeh To'ar*). See Insight Ⓑ.

INSIGHTS

Ⓐ **The Kings of Edom** *Rambam* (*Moreh Nevuchim* 3:50), in line with our Midrash that Edom was ruled by foreign-born monarchs, adds that the Torah recorded this list of Edomite kings to serve as a reminder to Israel that they adhere to the mitzvah of choosing only an Israelite as their monarch (see *Deuteronomy* 17:15). I.e., we should take warning from the descendants of Esau, whose kings were all foreigners, for never has a foreigner reigned over a nation without exercising a more or less tyrannical rule.

Ramban (to verse), however, argues that the Edomite kings recorded here were in fact all descendants of Esau, who prevailed over Seir's children and ruled over them in their land. He asserts that the cities mentioned in these verses were all part of the Edomite kingdom. He proves from *Isaiah* 34:6 that Bozrah (v. 33) was a city of Edom (but see §2 below) and from *Obadiah* 1:9 that the land of the Temanites (v. 34) is part of Edom. According to *Ramban*, Scripture lists the Edomite kings as proof that Isaac's blessing to Esau — *by the sword you shall live* — was fulfilled. *Ramban's* view seems to be inconsistent with our Midrash. *Bamidbar Rabbah* (14 §10) is of the opinion that three of the Edomite kings were descendants of Esau, whereas the others were not.

Ⓑ **An Inheritance Seized Hastily** The *Proverbs* verse cited by the Midrash actually identifies a defining characteristic of Esau, which he passed on to his descendants, as illustrated by our Midrash. Esau sought instant, but ephemeral, pleasure and was unconcerned about the future. When Esau was hungry and saw Jacob cooking something red — even though he did not know exactly *what* Jacob was cooking, only that its color was red (above, 25:30; see *Ramban, Daas Torah* ad loc.) — he readily sold his birthright, with its promise for the future. The same may be said about Esau's offspring: *To Esau I gave Mount Seir to inherit, and Jacob and his sons went down to Egypt* (*Joshua* 24:4). Esau's descendants chose to establish their own kingship and live in tranquility in their land without thinking of the future, while Jacob accepted the burden of exile, dwelling in Egypt for 210 years and then in the Wilderness for an additional 40 years. The Jewish people focused on the future, earning the right to be God's nation and to receive His Torah. Therefore, in the end of days, Jacob will endure while Esau will be annihilated (based on *R' Avigdor Miller, The Beginning,* to verse).

R' Avigdor Miller (ibid.) adds that there is another lesson contained here. One should not think that Esau was more advanced than was

פרשה פג

א [לו, לא] **"וְאֵלֶּה הַמְּלָכִים אֲשֶׁר מָלְכוּ וְגוֹ' ", רַבִּי יִצְחָק פָּתַח:** (יחזקאל כז, ו) **"אַלּוֹנִים מִבָּשָׁן עָשׂוּ מְשׁוֹטָיִךְ", אָמַר רַבִּי יִצְחָק: אנִמְשְׁלוּ °עוֹבְדֵי כוֹכָבִים° כִּסְפִינָה, מַה סְפִינָה זוֹ עוֹשִׂים לָהּ תּוֹרֶן מִמָּקוֹם אֶחָד וְהוֹגְנִין מִמָּקוֹם אַחֵר, כָּךְ °עוֹבְדֵי כוֹכָבִים°, "שַׂמְלָה מִמַּשְׂרֵקָה" וְ"שָׁאוּל מֵרְחוֹבוֹת הַנָּהָר".** [לו, לא] **"וְאֵלֶּה הַמְּלָכִים",** (משלי כ, כא) **ב"נַחֲלָה מְבֹהֶלֶת בָּרִאשׁוֹנָה", "וְאֵלֶּה הַמְּלָכִים",** (משלי שם שם) **"וְאַחֲרִיתָהּ לֹא תְבֹרָךְ",** (עובדיה א, כא) **"וְעָלוּ מוֹשִׁיעִים בְּהַר צִיּוֹן וְגוֹ' ":**

ב ° אָמַר רַבִּי אֵייבוּ: קוֹדֶם שֶׁלֹּא עָמַד מֶלֶךְ בְּיִשְׂרָאֵל, ° "נִצָּב מֶלֶךְ" (מלכים-א כב, מח) **בֶּאֱדוֹם.** [לו, לא] **"וְאֵלֶּה הַמְּלָכִים", רַבִּי יוֹסֵי בַּר חֲנִינָא: בְּשָׁעָה שֶׁזֶּה מַעֲמִיד מְלָכִים זֶה מַעֲמִיד שׁוֹפְטִים, וּבְשָׁעָה שֶׁזֶּה מַעֲמִיד אַלּוּפִים זֶה מַעֲמִיד נְשִׂיאִים, רַבִּי יְהוֹשֻׁעַ בֶּן לֵוִי אָמַר: זֶה הֶעֱמִיד שְׁמוֹנָה וְזֶה הֶעֱמִיד שְׁמוֹנָה, זֶה הֶעֱמִיד ח': בֶּלַע, יוֹבָב, חֻשָׁם, הֲדַד, שַׂמְלָה, שָׁאוּל, בַּעַל חָנָן, הֲדַר, וְזֶה הֶעֱמִיד ח': שָׁאוּל, וְאִישׁ בּוֹשֶׁת, דָּוִד, שְׁלֹמֹה, רְחַבְעָם, אֲבִיָּה, אָסָא, יְהוֹשָׁפָט, בָּא נְבוּכַדְנֶצַּר וְעִרְבֵּב אֵלּוּ בְּאֵלּוּ וּבִטֵּל שֶׁל אֵלּוּ וְשֶׁל אֵלּוּ** (ישעיה יד, יז) **"שָׂם תֵּבֵל כַּמִּדְבָּר וְעָרָיו הָרָס", בָּא אֱוִיל וְנָתַן גְּדוּלָּה לִיהוֹיָכִין, בָּא אֲחַשְׁוֵרוֹשׁ וְנָתַן גְּדוּלָּה לְהָמָן:**

עץ יוסף

(א) פתח אלונים כו'. דימה את צור לאניה שהתורן ממקום אחד וההוגנין דהיינו המשוטות ממקום אחר, שכן אמר שם ארז מלבנון לקחו לעשות תורן עליך, אלונים מבשן עשו משוטיך. וכן בארץ אדום הוצרכו להעמיד מלכים מזולתם שלא נמצאו בהם הגונים לדבר (יפה תואר): **תורן ממקום כו'.** לפי שצריך להיות גבוה וארוך יבואום מהלבנון, והמשוטות צריכין שיהיו חזקים יביאום מבשן: **שמלה ממשרקה כו'.** שארצות אלו אינם מארצות החורי, כי לא מצינו אותן נזכרות בגבולי שעיר החורי (יפה תואר): **נחלה מבוהלת כו'.** דקשיא ליה איך זכה עשו למלכות קודם יעקב והיא ברכת יעקב. ועל זה אמר נחלה מבוהלת בראשונה כשבאה בבהלה ובמהירות אחריתו לא תבורך: **בהר ציון. (ב) ואלה המלכים וגו' אמר רבי איבו קודם שלא עמד מלך בישראל אבל משעמד מלך בישראל נציב מלך.** כן צריך לומר (מתנות כהונה וזר הקודש). כלומר משעמד מלך בישראל לא היה באדום מלך אלא נציב מלך, דהיינו שר המולב בהנהגת המדינה הוא היה במקום המלך ולא מלך ממש: **בשעה שזה מעמיד.** כלומר מימות משה היה אדום מעמיד מלכים וישראל שופטים שהיא מדרגה פחותה ממלכים, אבל משהוקם מלך בישראל בימי שאול מאז נהפך השיטה שנתבטל מלכות מהם: **שזה מעמיד אלופים.** שבא נבוכדנצר ובטל של אלו ואלו, שמאז לשניהם לא היה מלכות, אבל מכל מקום לא היו שוים בגדולה שהיו אלופים מעשו ונשיאים מישראל שהיא מדרגה פחותה מאלופים, אבל מכל מקום לא נתבטל גדולת ישראל לגמרי: **יהושפט.** ובימי יורם בנו כתיב (מלכים ב' ח, כ) פשע אדום מתחת יד יהודה וימליכו עליהם מלך: **ונתן גדולה להמן.** שהיה נין עמלק:

פירוש מהרז"ו

(א) אלונים מבשן. וענין הפרשה שחושב שם כל עניני ספינה תורן גם משוט כו', ולא הזכיר העיקר היא הספינה וזה שאמר שנמשלו לספינה, ועיין שמות רבה (לז, א), ושני המאמרים מלמדים זה על זה, ומה שחסר כאן מילא כאן: **(ב) קודם שלא כו'.** צריך עיון מאי קא משמע לן הלא מפורש בקרא לפני כו', ונראה לי באמת שבא לדרוש פסוק שבסוף מלכים (א' כב, מז) שהכוונה קודם מלוכת שאול וכמו שכתב רש"י בחומש כאן, ועיין מלכים (ב' ח, כ), ועיין שיר השירים רבה (א, לט) פסוק אל תראוני ראיה לזה: **נשיאים.** עיין שמות רבה (טו, ד): **בא אויל כו'.** כמו שנאמר בסוף ירמיה (נב, לב) ויתן את כסאו וגו', בא אחשורוש ונשא את המן שבא מעמלק ואחר כך חזר והשפילו ונשא למרדכי, והמדרש קיצר במה שידוע מהמקראות, ומכאן ואילך נסתמה הנבואה כי אסתר סוף נביאים:

רש"י

(א) עושין לה תורן ממקום אחר. ומשוטות ממקום אחר. רימו"ש: **הוגנין.** אותו ברזל שקורין אנק"ר, כמו עיגונין. ארז מלבנון לקחו לעשות תורן עליך. **אלונים מבשן עשו משוטיך,** קרשך עשו שן בת אשורים (יחזקאל כז, ה-ו) כמו תדהר ותאשור (ישעיה מא, יט), כך זה ממקום זה וזה ממקום זה, **שמלה ממשרקה ושאול מרחובות הנהר: נחלה מבוהלת בראשונה וגו'.** המלכים שקדמו בבהלה קודם מלכות ישראל. **אחריתם לא תבורך:** הר שעיר שירשו תחלה באלופות [שם ידונו]: **(ב) בא נבוכדנצר וביטל של אלו ושל אלו.** ובברייתא דרבי יוסי דמ"ט מדות (סימן כד) מפרש חזון עובדיה כה אמר ה' (עובדיה א, א) אימת בימי יהושפט, ומלך אין באדום (מלכים א, כב, מח) במקום שעיר, ובמקום אחר נצב מלך בשעיר הגדולה. ובסדר עולם דר' יוסי (פרק כ) מפורש משנפלו אדומיים בימי יהושפט שוב לא העמידו מלך במקום עד היום וכו':

מתנות כהונה

[א] הוגנין. פירש רש"י אותו ברזל שקורין אנק"ר כמו אוגנין בפרק המוכר את הספינה (ב"ב עג, א) וקודם זה כתיב (יחזקאל כז, ה) ארז מלבנון לקחו לעשות תורן עליך, הרי התורן מלבנון והמשוט מבשן, כך אומות העולם הם ממקום זה ובוררים להם מלך ממקום אחר: **[ב] הכי גרסינן שלא עמד מלך בישראל אבל משמלך מלך בישראל נצב וגו'.** ונתבאר היטב בפירוש רש"י בחומש ובדברי הימים (א' א, מג): **וערבב כו'.** בילקוט (רמז קמ) לא גרס ליה: **אויל.** אויל מרודך: **[ג] הכי גרסינן**

אשד הנחלים

[א] והוגנין ממקום אחר כו'. הכוונה בזה להיות כי לא היה מתייחס עמהם בענינם עד שיהיו בערך ההשתוות הנכונה ביחוס ותמונה אחת, כי אם רחוקים היו זה מזה כרחוק עיר מעיר ומדינה ממדינה: **נחלה.** שהם זכו בראשונה להתנחל בארץ שעיר, אבל בזמן האחרון שאז התכלית העליון הניכסף לישרי לב, שזהו להכיר כי רק ה' הוא המשגיח בעולם אז לא תבורך, כי לא יחשבו עמהם. כי עיקר הטובה באה ע"י הצירוף והזיקוק והעמל, כמו שהנחלה הבאה ע"י עמל היא משתמרת, והנחלה מבוהלת יצא בחיש ובמהר ונשאר ערום מכל: **[ב] שופטים.** והם אנשים חכמים יושבים על מדין: **וזה העמיד כו' שאול.** וכלומר ראה נא ההבדל בין אלו לאלו, אף שבכמות היו שוים אבל ראה כמה נפרדו באיכות ובמעלה: **וערבב אלו באלו.** כלומר שאצלו היה הכל שוים כי מכולם נטל המלוכה, כי כן נגזר אז שגם מישראל ינטל נזר המלוכה כמו משאר העמים, ואח"כ החל הצלחה מעטה לישראל כי אויל מרודך נשא ראש יהויכין, ואחשורוש השפיל. ולהורות בא כמה גדלה ההצלחה האלקית לצרף את ישראל עת אחר עת, עד אחרית הזמן שאז ישתלמו:

שינוי נוסחאות

(ב) **אמר רבי אייבו.** עץ יוסף הגיה (בשם נזה"ק) שצריך להקדים למאמר של ר' אייבו "ואלה המלכים וגו' ", וכן הוא בת-א (בסוגריים):
קודם שלא עמד מלך בישראל נצב מלך באדום. מתנות כהונה הגיה שלפני "נצב מלך באדום" צריך להוסיף "אבל משמלך מלך בישראל:

חידושי הרד"ל

[א] ממקום אחר כו'. עיין שמות רבה (לז, א), ועיין דברים (ז, טו). ועיין חולין (נו, ב) עיין שם:
[ב] וערבב אלו ואלו. כן צריך לומר, וכן הובא בילקוט (רמז קמ):

חידושי הרש"ש

[א] שמלה ממשרקה כו'. עיין במדבר רבה (יד, א) בקרבן נשיא, ועיין גם כן שמות רבה (לז, א):
[ב] {אמר רבי איבו קודם שלא עמד מלך בישראל נצב מלך באדום. עיין גירסת המתנות כהונה והוא לשון הכתוב (מלכים א' כב, מח) ומלך אין באדום נצב מלך ועיין שם בפירש"י ורד"ק, ובפירש"י בפירוש התורה כאן שכתוב דבימי שאול כתיב הוא טעות סופר דכל הקרא הנזכר כתיב בימי יהושפט:}

אמרי יושר

[א] אלונים מבשן. עיין דברי הרב פרק חמישים חלק שלישי כי ניערו אותם אלו המלכים הזרים:
[ב] עד שלא עמד מלך מישראל עמד מלך באדום. וכן אמר בסוף מלכים (א כב מח) ומלך אין באדום נצב מלך, כי הם כמאזנים כשזה עולה זה יורד אבל אחר שמלכו מישראל אין מלך באדום. ורמז שהתועלת בסיפור מלכי אדום הכוונה היא לתועלתנו כי כנגדם נמליך מלכים, וזהו ומלך אין באדום כשנצב מלך בישראל: **וזה העמיד ח'. שאול איש בשת עד אסא יהושפט.** אף על פי שהיו ירבעם ואחרים לא מנה כאן רק משך הזמן שהיה מלכות בישראל והאחרים נבלעים ונכללים באלו ואז בימי יהושפט נאמר ומלך אין באדום נצב מלך אבל מיד פשע מלך מואב (מלכים ב ג ז) ונתסבבו במלך אדום. וטעם הענין בזרה כי היא הראשונים שהעמידה מלך נכרי לאדום. וכתב בעל הטורים מונה כאן (בראשית לו לט) י"א אלופים שכנגדן נאמרו י"א שופטים מיהושע עד שמואל:

מסורת המדרש

א. ילקוט כאן רמז ק"מ. ילקוט יחזקאל רמז שס"ז. ילקוט ד"ה רמז אלף ע"ג:
ב. ילקוט משלי רמז תתקנ"ט. ילקוט דברי הימים רמז אלף ע"ד כל הענין:

אם למקרא

אַלּוֹנִים מִבָּשָׁן עָשׂוּ מְשׁוֹטָיִךְ קַרְשֵׁךְ עָשׂוּ שֵׁן בַּת אֲשֻׁרִים מֵאִיֵּי כִּתִּיִּים: (יחזקאל כז:ו)
נַחֲלָה מְבֹהֶלֶת בָּרִאשֹׁנָה וְאַחֲרִיתָהּ לֹא תְבֹרָךְ: (משלי כ:כא)
וְעָלוּ מוֹשִׁעִים בְּהַר צִיּוֹן לִשְׁפֹּט אֶת הַר עֵשָׂו וְהָיְתָה לַה' הַמְּלוּכָה: (עובדיה א:כא)
וּמֶלֶךְ אֵין בֶּאֱדוֹם נִצָּב מֶלֶךְ: (מלכים א כב:מח)
שָׂם תֵּבֵל כַּמִּדְבָּר וְעָרָיו הָרָס אֲסִירָיו לֹא פָתַח בָּיְתָה: (ישעיה יד:יז)

ידי משה

[א] נחלה מבוהלת בראשונה וגו'. פירוש המלכים שקדמו בבהלה קודם מלכי ישראל אחריתם לא תברך:
[ב] אמר רבי איבו כו' עד בא אחשורוש ונתן גדולה להמן. כל כוונתם רוצים לומר שיעקב ועשו אי אפשר שמלכו בפעם אחת, אלא ולאום מלאום וגו' על דרך אמלאה החרבה (יחזקאל כו, ב). אמר עוד (לקמן אות ד) מלך אחד נתבקש לאדום פירוש רבי אמי אמר מאחר שמלך היום לוטיינום ונראה לי בחלום שהוא מגדיאל נמצא שלא יהיה לאדום עד ביאת משיח אלא מלך אחד שנקרא עירם. ועל זה מביא לראיה דברי רבי חנינא וכו' אמר רבי לוי מעשה וכו' פירוש שמביא ראייה לדברי רבי חנינא שנראה אליהו בחלום להשלטון שלא יבזבז האוצרות כי הם מוכנים למלך משיח. וקל להבין:

§2 וְאֵלֶּה הַמְּלָכִים וְגוֹ׳ — *NOW THESE ARE THE KINGS, ETC. [WHO REIGNED IN THE LAND OF EDOM BEFORE A KING REIGNED OVER THE CHILDREN OF ISRAEL.]*

The Midrash interprets the phrase *before a king reigned over the Children of Israel*:

אָמַר רַבִּי אֵייבוּ: קוֹדֶם שֶׁלֹּא עָמַד מֶלֶךְ בְּיִשְׂרָאֵל — R' Eivu said: The verse emphasizes that Edom was ruled by kings ***before* there arose a king in Israel,** אֲבָל מִשֶּׁמָּלַךְ מֶלֶךְ בְּיִשְׂרָאֵל "נִצָּב מֶלֶךְ" בֶּאֱדוֹם — i.e., **but once there arose a king in Israel,** Edom ceased to be ruled by kings. For it states regarding the reign of Jehoshaphat, ***a commissioner [from Judah] ruled*** in Edom (*I Kings* 22:48).[6]

□ וְאֵלֶּה הַמְּלָכִים — *NOW THESE ARE THE KINGS.*

That Esau was ruled by kings before a king reigned over Israel, while the Edomite monarchy was abolished when the Israelite monarchy was established, is an illustration of the prophecy (above, 25:20), *and one regime shall become strong from the other regime*, which means that Jacob and Esau would not attain greatness at the same time.[7] The Midrash elaborates on this concept:

רַבִּי יוֹסֵי בַּר חֲנִינָא: בְּשָׁעָה שֶׁזֶּה מַעֲמִיד מְלָכִים זֶה מַעֲמִיד שׁוֹפְטִים — R' Yose bar Chanina said: **While this one** (Edom) **appointed kings, that one** (Israel) **appointed judges;**[8] וּבְשָׁעָה שֶׁזֶּה מַעֲמִיד אַלּוּפִים זֶה מַעֲמִיד נְשִׂיאִים — **and while this one** (Edom) **appointed chiefs, that one** (Israel) **appointed princes.**[9] רַבִּי יְהוֹשֻׁעַ בֶּן לֵוִי אָמַר — **R' Yehoshua ben Levi said:** זֶה הֶעֱמִיד שְׁמוֹנָה וְזֶה הֶעֱמִיד שְׁמוֹנָה — **This one** (Edom) **produced eight** kings in one era, **and that one** (Israel) **produced eight** kings in a different era. זֶה הֶעֱמִיד ח׳ — **This one** (Edom) **produced eight** kings:

NOTES

6. That is, the verse describes the state of affairs that existed from the days of Saul, Israel's first king, through the reign of Jehoshaphat: During this period, there was no king in Edom; rather, they were ruled by a Jewish commissioner. We find that Saul waged war over Edom, instilling fear in Edom (see *I Samuel* 14:47). Similarly, David had conquered Edom and imposed his rule over them. He appointed authorities, maintaining total control over Edom (see *II Samuel* 8:14). The verse cited by the Midrash, which reads in full, *There was [still] no king in Edom; a commissioner [from Judah] ruled,* teaches that this state of affairs continued through the reign of Jehoshaphat. During the days of Jehoshaphat's successor, Jehoram (*II Kings* 8:20), however, Edom rebelled and appointed its own king (*Eitz Yosef; Nezer KaKodesh*; see below, note 10).

7. See *Nezer HaKodesh*, from *Megillah* 6a.

8. From the days of Moses until Saul ascended the throne, Edom was ruled by kings, as stated in our passage, during which time Israel was ruled by judges (see *Judges* 3:9ff), who possessed less power than did kings (*Eitz Yosef*). As stated above, when the Israelite monarchy was established in the days of Saul, the Edomite monarchy was abolished (*Eitz Yosef*). [According to *Yefeh To'ar*, the era of "Judges" did not begin until after Joshua's death, when the "judge" Othniel son of Kenaz governed Israel (*Yefeh To'ar*).] See Insight Ⓐ.

9. These chieftains and princes ruled after Nebuchadnezzar had abolished both the Israelite and Edomite kingships, as the Midrash will teach shortly. During this period, Edom was ruled by chieftains and the Jews by princes, such as Gedaliah, Nehemiah, the Exilarch in Babylon, and the *Nasi* in *Eretz Yisrael*, with the Edomite chieftains possessing greater authority than did the Jewish princes. In contrast with the Jewish judges, who were appointed by the Jews themselves, these princes could rule only with the permission of the Babylonian authorities. Nevertheless, with their appointment the Jews were able to maintain some semblance of their former prominence (*Eitz Yosef; Nezer HaKodesh*). The Midrash thus illustrates that Edom and Israel were never equals at the same time.

According to *Yefeh To'ar*, this line of the Midrash refers to the era of Moses and Joshua, when each tribe of Israel was led by its own prince (see *Numbers* 1:5-16), during which time Edom was ruled by chiefs (*Yefeh To'ar*). According to this interpretation, these chieftains ruled *before* the Edomite kings. Hence, our Midrash must be referring to the fourteen chiefs mentioned before the Edomite kings, in verses 36:14-19 above (see there). The Midrash comes to teach that one should not think that since Esau was blessed with kings and chiefs he enjoyed greater prosperity than did Jacob. The Midrash asserts that this was not the case, for even when Esau is blessed with power, Israel possesses greater prominence, for, contrary to the preceding explanation of *Eitz Yosef*, *Yefeh To'ar* maintains that the Israelite princes were greater than were the Edomite chiefs. Similarly, the Israelite judges were more prominent than the Edomite kings who reigned in the same era.

INSIGHTS

Israel. Nor can it be said that Israel was unable to establish its monarchy because they had been exiled in Egypt for so many years. For even after they entered the Land of Israel, they did not appoint a king for 400 years. The nations of the world all had kings because they *needed* a king to maintain law and order and to lead them in battle against their enemies. Moreover, there were many people in the world hungry for power, who seized authority over their fellow citizens or foreign lands. The Jewish nation, however, did not need a king [for such purposes]: when the people asked the prophet Samuel (*I Samuel* 8:5) to give them a king "so that they could be like all the surrounding nations," he responded with disappointment and anger (ibid. 10:17-19; 12:12). Although we are commanded to appoint a king, his role is to lead them, inspire them, and serve as an example of selfless and wholehearted service of God. Instead they wanted a king merely to imitate their neighbors who aspire only for glory, wealth, and conquest. For the Jewish people, however, seeking authority is regarded as a wicked ambition. Joseph's brothers accused him of seeking authority over them (*shall you reign over us*; below, 37:8), while Gideon refused the kingship when it was proffered to him, replying instead, *HASHEM shall rule over you* (*Judges* 8:23). Thus in the days of old, Israel did not need a king nor did any Jew wish to seize power.

Ⓐ **The Edomite Monarchy** There are two views regarding the precise period under discussion in the current passage. According to one view, the passage is prophetic, giving the names of the eight Edomite kings who were destined to reign well after the writing of the Torah, up to the time when Israel appointed Saul as its first king. According to another opinion, the eight Edomite kings reigned up to the time of Moses, in which case the passage is a historical rendering of events that transpired before the Torah was given. Our Midrash apparently adopts the former view, for it states that Edom was ruled by kings while, until the establishment of the Israelite monarchy, Israel was ruled by judges. Following this view, *Tiferes Tzion* posits that the first Edomite king ascended the throne in the times of Moses, while the Jews were in the wilderness. For after the miracle of the parting of the Sea of Reeds, Edom was still ruled by chiefs, as it states (*Exodus* 15:15), *Then the **chieftains** of Edom were confounded.* Only when the Jewish people neared Edomite territory, at the end of their sojourn in the Wilderness, does it state (*Numbers* 20:14), *Moses sent emissaries from Kadesh to the **king** of Edom.*

Many early commentators, however, are of the opinion that the eight Edomite kings reigned before the time of Moses, when the Torah was written. This is because it is difficult to understand why the Torah would pick these seemingly insignificant events to foretell, and why it chose to chronicle only these eight kings and eleven chiefs. Rather, asserts *Ibn Ezra*, the statement *before a king reigned over the Children of Israel* refers to Moses, who, as the savior and leader of the nation, had the status of a king. Alternatively, the phrase *before a king reigned over the Children of Israel* does not mean "right up to the time" that a king reigned in Israel, but "long" before a king reigned in Israel, and that all the kings reigned before Moses' time (*Ramban*). According to these commentators, when the verse in *Deuteronomy* refers to the king of Edom, it might be referring only to a chieftain. *Nezer HaKodesh* initially explains our Midrash in accordance with the view that the passage is prophetic, but because of various difficulties, including those just mentioned, he retracts this approach, going to great lengths to reconcile the Midrash with the view of *Ibn Ezra* and *Ramban*; see there.

פרשה פג

א [לו, לא] **"וְאֵלֶּה הַמְּלָכִים אֲשֶׁר מָלְכוּ וְגוֹ'", רַבִּי יִצְחָק פָּתַח:** (יחזקאל כז, ו) **"אַלּוֹנִים מִבָּשָׁן עָשׂוּ מִשּׁוֹטָיִךְ", אָמַר רַבִּי יִצְחָק: [א]נִמְשְׁלוּ °עוֹבְדֵי כוֹכָבִים° בִּסְפִינָה, מַה סְפִינָה זוֹ עוֹשִׂים לָהּ תּוֹרֶן מִמָּקוֹם אֶחָד וְהוֹגְנִין מִמָּקוֹם אַחֵר, כָּךְ °עוֹבְדֵי כוֹכָבִים°, "שַׂמְלָה מִמַּשְׂרֵקָה" וְ"שָׁאוּל מֵרְחוֹבוֹת הַנָּהָר".** [לו, לא] **"וְאֵלֶּה הַמְּלָכִים",** (משלי כ, כא) **[ב]"נַחֲלָה מְבֹהֶלֶת בָּרִאשׁוֹנָה", "וְאֵלֶּה הַמְּלָכִים",** (משלי שם שם) **"וְאַחֲרִיתָהּ לֹא תְבֹרָךְ",** (עובדיה א, כא) **"וְעָלוּ מוֹשִׁיעִים בְּהַר צִיּוֹן וְגוֹ'":**

ב **° אָמַר רַבִּי אֵייבוּ: קוֹדֶם שֶׁלֹּא עָמַד מֶלֶךְ בְּיִשְׂרָאֵל, ° "נִצָּב מֶלֶךְ"** (מלכים-א כב, מח) **בֶּאֱדוֹם.** [לו, לא] **"וְאֵלֶּה הַמְּלָכִים", רַבִּי יוֹסֵי בַּר חֲנִינָא: בְּשָׁעָה שֶׁזֶּה מַעֲמִיד מְלָכִים זֶה מַעֲמִיד שׁוֹפְטִים, וּבְשָׁעָה שֶׁזֶּה מַעֲמִיד אַלּוּפִים זֶה מַעֲמִיד נְשִׂיאִים, רַבִּי יְהוֹשֻׁעַ בֶּן לֵוִי אָמַר: זֶה הֶעֱמִיד שְׁמוֹנָה וְזֶה הֶעֱמִיד שְׁמוֹנָה, זֶה הֶעֱמִיד ח': בֶּלַע, יוֹבָב, חֻשָׁם, הֲדַד, שַׂמְלָה, שָׁאוּל, בַּעַל חָנָן, הֲדַר, וְזֶה הֶעֱמִיד ח': שָׁאוּל, וְאִישׁ בּוֹשֶׁת, דָּוִד, שְׁלֹמֹה, רְחַבְעָם, אֲבִיָּה, אָסָא, יְהוֹשָׁפָט, בָּא נְבוּכַדְנֶצַּר וְעִרְבֵּב אֵלּוּ בְּאֵלּוּ וּבִטֵּל שֶׁל אֵלּוּ וְשֶׁל אֵלּוּ** (ישעיה יד, יז) **"שָׂם תֵּבֵל כַּמִּדְבָּר וְעָרָיו הָרָס", בָּא אֱוִיל וְנָתַן גְּדוּלָּה לִיהוֹיָכִין, בָּא אֲחַשְׁוֵרוֹשׁ וְנָתַן גְּדוּלָּה לְהָמָן:**

עץ יוסף

(א) **פתח אלונים כו'.** דימה את צור לאניה שהתורן ממקום אחד והוגנין דהיינו המשוטות ממקום אחר, שכן אמר שם ארז מלבנון לקחו לעשות תורן עליך, אלונים מבשן עשו משוטיך. וכן בארץ אדום הוצרכו להעמיד מלכים מזולתם שלא נמצאו בהם הגונים לדבר (יפה תואר): **תורן ממקום כו'.** לפי שצריך להיות גבוה וארוך יביאום מהלבנון, והמשוטות צריכין שיהיו חזקים יביאום מבשן: **שמלה ממשרקה כו'.** שארצות אלו אינם מארצות החורי, כי לא מצינו אותן נזכרות בגבולי שעיר החורי (יפה תואר): **נחלה מבוהלת כו'.** דקשיא ליה איך זכה עשו למלכות קודם יעקב והיה ברכת יעקב. ועל זה אמר נחלה מבוהלת בראשונה כשבאה בבהלה ובמהירות אחריתו לא תבורך: **בהר ציון.** (ב) **ואלה המלכים וגו' אמר רבי איבו קודם שלא עמד מלך בישראל אבל משעמד מלך בישראל נציב מלך.** כן צריך לומר (מתנות כהונה וכזר הקודש). כלומר משעמד מלך בישראל לא היה באדום מלך אלא נציב מלך, דהיינו שר המולך בהנהגת המדינה הוא היה במקום המלך ולא מלך ממש: **בשעה שזה מעמיד.** כלומר מימות משה היה אדום מעמיד מלכים וישראל שופטים שהיא מדרגה פחותה ממלכים, אבל משהוקם מלך בישראל בימי שאול מאז נהפך השיטה שנתבטל מלכות מהם: **שזה מעמיד אלופים.** שבא נבוכדנצר ובטל של אלו ואלו, שמאז לשניהם לא היה מלכות, אבל מכל מקום לא היו שוים בגדולה שהיו אלופים מעשו ונשיאים מישראל שהיא מדרגה פחותה מאלופים, אבל מכל מקום לא נתבטל גדולת ישראל לגמרי: **יהושפט.** ובימי יורם בנו כתיב (מלכים ב' ח, כ) פשע אדום מתחת יד יהודה וימליכו עליהם מלך: **ונתן גדולה להמן.** שהיה נין עמלק:

פירוש מהרז"ו

(א) **אלונים מבשן.** ועניין הפרשה שחושב שם כל עניני ספינה תורן נס משוט כו', ולא הזכיר העיקר היא הספינה וזה שאמר שנמשלו לספינה, ועיין שמות רבה (לז, א), ושני המאמרים מלמדים זה על זה, ומה שחסר כאן מילא כאן: (ב) **קודם שלא כו'.** צריך עיון מאי קא משמע לן הלא מפורש בקרא לפני כו', ונראה לי באמת שבא לדרוש פסוק שבסוף מלכים (א' כב, מז) שהכוונה קודם מלוכת שאול וכמו שכתב רש"י בחומש כאן, ועיין מלכים (ב' ח, כ), ועיין שיר השירים רבה (א, לט) פסוק אל תראוני ראיה לזה: **נשיאים.** עיין שמות רבה (טו, ד): **בא אויל כו'.** כמו שנאמר בסוף ירמיה (נב, לב) ויתן את כסאו וגו', בא אחשורוש ונשא את המן שבא מעמלק ואחר כך חזר והשפילו ונשא למרדכי, והמדרש קיצר במה שידוע מהמקראות, ומכאן ואילך נסתמה הנבואה כי אסתר סוף נביאים:

רש"י

(א) **עושין לה תורן ממקום אחר. ומשוטות ממקום אחר.** רימו"ש: **הוגנין.** אותו ברזל שקורין אנק"ר, כמו עיגונין. ארז מלבנון לקחו לעשות תורן עליך. **אלונים מבשן עשו משוטיך,** קרשך עשו שן בת אשורים (יחזקאל כז, ה-ו) כמו תדהר ותאשור (ישעיה מא, יט), כך זה ממקום זה וזה ממקום זה, **שמלה ממשרקה ושאול מרחובות הנהר: נחלה מבוהלת בראשונה וגו'.** המלכים שקדמו בבהלה קודם מלכות ישראל. **אחריתם לא תבורך:** הר שעיר שירשו תחלה באדומות [שם ידועו]: (ב) **בא נבוכדנצר וביטל של אלו ושל אלו.** ובברייתא דרבי יוסי דמ"ט מדות (סימן כד) מפרש חזון עובדיה כה אמר ה' (עובדיה א, א) אימת בימי יהושפט, ומלך אין באדום (מלכים א, כב, מח) במקום שעיר, ובמקום אחר נצב מלך בשעיר הגדולה. ובסדר עולם דר' יוסי (פרק כ) מפורש משנפלו אדומיים בימי יהושפט שוב לא העמידו מלך במקום עד היום וכו':

מתנות כהונה

[א] **הוגנין.** פירש רש"י אותו ברזל שקורין אנק"ר כמו אוגנין בפרק המוכר את הספינה (ב"ב עג, א) וקודם זה כתיב (יחזקאל כז, ה) ארז מלבנון לקחו לעשות תורן עליך, הרי התורן מלבנון והמשוט מבשן, כך אומות העולם הם ממקום זה ובוררים להם מלך ממקום אחר: [ב] **הכי גרסינן שלא עמד מלך בישראל אבל משמלך מלך בישראל נצב וגו'.** ונתבאר היטב בפירוש רש"י בחומש ובדברי הימים (א' א, מג): **וערבב כו'.** בילקוט (רמז קמ) לא גרס ליה: **אויל.** אויל מרודך: [ג] **הכי גרסינן**

אשד הנחלים

[א] **והוגנין ממקום אחר כו'.** הכוונה בזה להיות כי לא היה מתייחס עמהם בענינם עד שיהיו בערך ההשתוות הנכונה ביחוס ותמונה אחת, כי אם רחוקים היו זה מזה כרחוק עיר מעיר ומדינה ממדינה: **נחלה.** שהם זכו בראשונה להתנחל בארץ שעיר, אבל בזמן האחרון שאז התכלית העליון הניכסף לישרי לב, שזהו להכיר כי רק ה' הוא המשגיח בעולם אז לא תבורך, כי לא יחשבו עמהם. כי עיקר הטובה באה ע"י הצירוף והזיקוק והעמל, כמו שהנחלה הבאה ע"י עמל היא משתמרת, והנחלה מבוהלת יצא בחיש ובמהר ונשאר ערום מכל: [ב] **שופטים.** והם אנשים חכמים יושבים על מדין: **וזה העמיד כו' שאול.** וכלומר ראה נא ההבדל בין אלו לאלו, אף שבכמות היו שוים אבל ראה כמה נפרדו באיכות ובמעלה: **וערבב אלו באלו.** כלומר שאצלו היה הכל שוים כי מכולם נטל המלוכה, כי כן נגזר אז שגם מישראל ינטל נזר המלוכה כמו משאר העמים, ואח"כ החל הצלחה מעטה לישראל כי אויל מרודך נשא ראש יהויכין, ואחשורוש השפיל. ולהורות בא כמה גדלה ההצלחה האלקית לצרף את ישראל עת אחר עת, עד אחרית הזמן שאז ישתלמו:

שינוי נוסחאות

(ב) **אמר רבי איבו.** עץ יוסף הגיה (בשם נזה"ק) שצריך להקדים למאמר של ר' אייבו "ואלה המלכים וגו' ", וכן הוא בת-א (בסוגריים): **קודם שלא עמד מלך בישראל נצב מלך באדום.** מתנות כהונה הגיה שלפני "נצב מלך באדום" צריך להוסיף "אבל משמלך מלך בישראל:

חידושי הרד"ל

[א] **ממקום אחר כו'.** עיין שמות רבה (לז, א), ועיין דברים (ז, טו). ועיין חולין (נו, ב) עיין שם:
[ב] **וערבב אלו ואלו.** כן צריך לומר, וכן הובא בילקוט (רמז קמ):

חידושי הרש"ש

[א] **שמלה ממשרקה כו'.** עיין במדבר רבה (יד, א) בקרבן נשיא, ועיין גם כן שמות רבה (לז, א):
[ב] {**אמר רבי אייבו קודם שלא עמד מלך בישראל נצב מלך באדום.** עיין גירסת המתנות כהונה והוא לשון הכתוב (מלכים א' כב, מח) ומלך אין באדום נצב מלך ועיין שם בפירש"י ורד"ק, ובפירש"י בפירוש התורה כאן שכתוב דבימי שאול כתיב הוא טעות סופר דכל הקרא הנזכר כתיב בימי יהושפט:}

אמרי יושר

[א] **אלונים מבשן.** עיין דברי הרב פרק חמישים חלק שלישי כי ניערו אותם אלו המלכים הזרים:
[ב] **עד שלא עמד מלך מישראל עמד מלך באדום.** וכן אמר בסוף מלכים (א כב מח) ומלך אין באדום נצב מלך, כי הם כמאזנים כשזה עולה זה יורד אבל אחר שמלכו מישראל אין מלך באדום. ורמז שהתועלת בסיפור מלכי אדום הכוונה היא לתועלתנו כי כנגדם נמליך מלכים, וזהו ומלך אין באדום כשנצב מלך בישראל: **וזה העמיד ח'. שאול איש בשת עד אסא יהושפט.** אף על פי שהיו ירבעם ואחרים לא מנה כאן רק משך הזמן שהיה מלכות בישראל והאחרים נבלעים ונכללים באלו ואז בימי יהושפט נאמר ומלך אין באדום נצב מלך אבל מיד פשע מלך מואב (מלכים ב ג ז) ונתסבבו במלך אדום. וטעם הענין בזרה כי היא הראשונים שהעמידה מלך נכרי לאדום. וכתב בעל הטורים מונה כאן (בראשית לו לט) י"א אלופים שכנגדן נאמרו י"א שופטים מיהושע עד שמואל:

מסורת המדרש

א. ילקוט כאן רמז ק"מ. ילקוט יחזקאל רמז שס"ז. ילקוט ד"ה רמז אלף ע"ג:
ב. ילקוט משלי רמז תתקנ"ט. ילקוט דברי הימים רמז אלף ע"ד כל הענין:

אם למקרא

אַלּוֹנִים מִבָּשָׁן עָשׂוּ מִשּׁוֹטָיִךְ קַרְשֵׁךְ עָשׂוּ שֵׁן בַּת אֲשֻׁרִים מֵאִיֵּי כִּתִּיִּם: (יחזקאל כז:ו)
נַחֲלָה מְבֹהֶלֶת בָּרִאשֹׁנָה וְאַחֲרִיתָהּ לֹא תְבֹרָךְ: (משלי כ:כא)
וְעָלוּ מוֹשִׁעִים בְּהַר צִיּוֹן לִשְׁפֹּט אֶת הַר עֵשָׂו וְהָיְתָה לַה' הַמְּלוּכָה: (עובדיה א:כא)
וּמֶלֶךְ אֵין בֶּאֱדוֹם נִצָּב מֶלֶךְ: (מלכים א כב:מח)
שָׂם תֵּבֵל כַּמִּדְבָּר וְעָרָיו הָרָס אֲסִירָיו לֹא פָתַח בָּיְתָה: (ישעיה יד:יז)

ידי משה

[א] **נחלה מבוהלת בראשונה וגו'.** פירוש המלכים שקדמו בבהלה קודם מלכי ישראל אחריתם לא תברך:
[ב] **אמר רבי איבו כו' עד בא אחשורוש ונתן גדולה להמן.** כל כוונתם רוצים לומר שיעקב ועשו אי אפשר שמלכו בפעם אחת, אלא ולאום מלאום וגו' על דרך אמלאה החרבה (יחזקאל כו, ב). אמר עוד (לקמן אות ד) מלך אחד נתבקש לאדום פירוש רבי אמי אמר מאחר שמלך היום לוטייכום ונראה לי בחלום שהוא מגדיאל נמצא שלא יהיה לאדום עד ביאת משיח אלא מלך אחד שנקרא עירם. ועל זה מביא לראיה דברי רבי חנינא וכו' אמר רבי לוי מעשה וכו' פירוש שמביא ראייה לדברי רבי חנינא שנראה אליהו בחלום להשלטון שלא יבזבז האוצרות כי הם מוכנים למלך משיח. וקל להבין:

בֶּלַע יוֹבָב חֻשָׁם הֲדַד שַׂמְלָה שָׁאוּל בַּעַל חָנָן הֲדַר – **Bela, Jobab, Husham, Hadad, Samlah, Saul, Baal-hanan,** and **Hadar**, before Israel established its monarchy, as stated in our passage (vs. 31-39). וְזֶה הֶעֱמִיד ח׳ – And, correspondingly, **that one** (Israel) **produced eight** kings, during whose reign Edom was subjugated by Israel, as follows: שָׁאוּל, וְאִישׁ בּוֹשֶׁת, דָּוִד, שְׁלֹמֹה, רְחַבְעָם, אֲבִיָּה, אָסָא, יְהוֹשָׁפָט – **Saul,** and his son **Ish-bosheth, David, Solomon, Rehoboam, Abijah, Asa,** and **Jehoshaphat.**[10] בָּא נְבוּכַדְנֶצַּר וְעִרְבֵּב אֵלּוּ בְּאֵלּוּ – Subsequently, **Nebuchadnezzar came and intermingled** the citizens of **these and those**, i.e., both nations, וּבִטֵּל שֶׁל אֵלּוּ וְשֶׁל אֵלּוּ – **and dissolved** the kingship of **these and those**, i.e., both nations. ״שָׂם תֵּבֵל כַּמִּדְבָּר וְעָרָיו הָרָס״ – For it states regarding Nebuchadnezzar, ***Who made the world like a wilderness and tore down its cities*** (*Isaiah* 14:17).[11] בָּא אֱוִיל וְנָתַן גְּדוּלָּה לִיהוֹיָכִין – **Evil**-merodach **came** after Nebuchadnezzar **and bestowed greatness upon Jehoiakin;**[12] בָּא אֲחַשְׁוֵרוֹשׁ וְנָתַן גְּדוּלָּה לְהָמָן – and **Ahasuerus** subsequently **came and bestowed greatness upon Haman.**[13]

NOTES

10. However, in the days of Jehoshaphat's son and successor, Jehoram, *Edom rebelled against the rule of Judah, and they appointed a king over themselves* (*II Kings* 8:20) (*Eitz Yosef*). Although there were kings of both Israel and Edom after this time, the Israelite kings were considerably weaker and the Edomites were clearly the stronger of the two (*Be'er BaSadeh* to verse 31). Thus we see that these two kingdoms were never equal. When one was ascendant, the other was diminished.

Another lesson contained in the Midrash is that Jacob and Esau (at different times) merited an equal share of greatness, for each one appointed eight kings. Furthermore, the eleven chiefs mentioned in vs. 40-43 correspond to the eleven judges of Israel from the death of Joshua until the anointing of Saul (*Baal HaTurim*). This is alluded to in the verse *two nations are in your womb*. The expression "two nations" implies that they were equal in greatness (see *Gur Aryeh* to 25:23 above). Alternatively, it is alluded to in the verse, *I will proceed alongside you* (33:12 above; *Baal HaTurim*).

11. King Nebuchadnezzar of Babylonia conquered the populated world, including Israel and Edom, destroying cities – as recorded in the *Isaiah* verse cited here – exiling their inhabitants and settling them in other lands. Furthermore, he abolished the monarchies of both Edom and Israel. In Israel's case, Nebuchadnezzar first captured King Jehoiakin of Judah, imprisoning him in Babylonia, and replaced him with Zedekiah, Jehoiakin's uncle. Nebuchadnezzar subsequently removed Zedekiah, torturing and imprisoning him, and replaced him with a Jewish governor, Gedaliah [see *II Kings* Chs. 24-25] (see *Eitz Yosef; Yefeh To'ar* s.v. בא נ״נ).

12. Evil-merodach was Nebuchadnezzar's son and successor. One of his first acts after ascending the throne was to release Jehoiakin, whom he treated with great honor, more so than any of the other vanquished kings under Babylonian dominion (see *II Kings* 25:27-30).

13. I.e., years after Evil-merodach bestowed honor upon Jehoiakin, Ahasuerus elevated Haman, a descendant of Esau's grandson Amalek, making him second to the king, with authority over all of his ministers. He was thus equal to Jehoiakin, who was treated with more respect than all the other vanquished kings subservient to Evil-merodach. *Yefeh To'ar* wonders why the Midrash did not mention Mordechai, who succeeded Haman after he was hanged. *Yefeh To'ar* suggests that he did not inherit all of Haman's authority and thus cannot be considered the equivalent of a king. From *Maharzu*, however, it seems that, although not explicitly mentioned here, Mordechai's succession of Haman actually illustrates the idea the Midrash wishes to impart. I.e., the fact that Ahasuerus took Haman's power and gave it to Mordechai demonstrates that Israel and Esau cannot both hold power at the same time.

פרשה פג

א [לו, לא] "**וְאֵלֶּה הַמְּלָכִים אֲשֶׁר מָלְכוּ וְגוֹ'** ", **רַבִּי יִצְחָק פָּתַח:** (יחזקאל כז, ו) "**אַלּוֹנִים מִבָּשָׁן עָשׂוּ מִשּׁוֹטָיִךְ**", **אָמַר רַבִּי יִצְחָק:** א**נִמְשְׁלוּ °עוֹבְדֵי כוֹכָבִים° כִּסְפִינָה, מַה סְּפִינָה זוֹ עוֹשִׂים לָהּ תּוֹרֶן מִמָּקוֹם אֶחָד וְהוֹגְנִין מִמָּקוֹם אַחֵר, כָּךְ °עוֹבְדֵי כוֹכָבִים°, "שַׂמְלָה מִמַּשְׂרֵקָה" וְ"שָׁאוּל מֵרְחוֹבוֹת הַנָּהָר".** [לו, לא] "**וְאֵלֶּה הַמְּלָכִים**", (משלי כ, כא) ב"**נַחֲלָה מְבֹהֶלֶת בָּרִאשׁוֹנָה**", "**וְאֵלֶּה הַמְּלָכִים**", (משלי שם שם) "**וְאַחֲרִיתָהּ לֹא תְבֹרָךְ**", (עובדיה א, כא) "**וְעָלוּ מוֹשִׁיעִים בְּהַר צִיּוֹן וְגוֹ'** ":

ב ° **אָמַר רַבִּי אֵיבוֹ: קוֹדֶם שֶׁלֹּא עָמַד מֶלֶךְ בְּיִשְׂרָאֵל,** ° "**נִצָּב מֶלֶךְ**" (מלכים-א כב, מח) **בֶּאֱדוֹם.** [לו, לא] "**וְאֵלֶּה הַמְּלָכִים**", **רַבִּי יוֹסֵי בַּר חֲנִינָא: בְּשָׁעָה שֶׁזֶּה מַעֲמִיד מְלָכִים זֶה מַעֲמִיד שׁוֹפְטִים, וּבְשָׁעָה שֶׁזֶּה מַעֲמִיד אַלּוּפִים זֶה מַעֲמִיד נְשִׂיאִים, רַבִּי יְהוֹשֻׁעַ בֶּן לֵוִי אָמַר: זֶה הֶעֱמִיד שְׁמוֹנָה וְזֶה הֶעֱמִיד שְׁמוֹנָה, זֶה הֶעֱמִיד ח': בֶּלַע, יוֹבָב, חֻשָׁם, הֲדַד, שַׂמְלָה, שָׁאוּל, בַּעַל חָנָן, הֲדַר, וְזֶה הֶעֱמִיד ח': שָׁאוּל, וְאִישׁ בֹּשֶׁת, דָּוִד, שְׁלֹמֹה, רְחַבְעָם, אֲבִיָּה, אָסָא, יְהוֹשָׁפָט, בָּא נְבוּכַדְנֶצַּר וְעִרְבֵּב אֵלּוּ בְּאֵלּוּ וּבִטֵּל שֶׁל אֵלּוּ וְשֶׁל אֵלּוּ** (ישעיה יד, יז) "**שָׂם תֵּבֵל כַּמִּדְבָּר וְעָרָיו הָרָס**", **בָּא אֱוִיל וְנָתַן גְּדוּלָּה לִיהוֹיָכִין, בָּא אֲחַשְׁוֵרוֹשׁ וְנָתַן גְּדוּלָּה לְהָמָן:**

עץ יוסף

(א) **פתח אלונים כו'.** דימה את צור לאניה שהתורן ממקום אחד וההוגנין דהיינו המשוטות ממקום אחר, שכן אמר שם ארז מלבנון לקחו לעשות תורן עליך, אלונים מבשן עשו משוטיך. וכן בארץ אדום הוצרכו להעמיד מלכים מזולתם שלא נמצאו בהם הגונים לדבר (יפה תואר): **תורן ממקום כו'.** לפי שצריך להיות גבוה וארוך יביאום מהלבנון, והמשוטות צריכין שיהיו חזקים יביאום מבשן: **שמלה ממשרקה כו'.** שארצות אלו אינם מארצות החורי, כי לא מצינו אותן נזכרות בגבולי שעיר החורי (יפה תואר): **נחלה מבוהלת כו'.** דקשיא ליה איך זכה עשו למלכות קודם יעקב ואיה ברכת יעקב. ועל זה אמר נחלה מבוהלת בראשונה כשבאה בבהלה ובמהירות אחריתו לא תבורך: **בהר ציון.** (ב) **ואלה המלכים וגו' אמר רבי איבו קודם שלא עמד מלך בישראל אבל משעמד מלך בישראל נציב מלך.** כן צריך לומר (מתנות כהונה וכזר הקודש). כלומר משעמד מלך בישראל לא היה באדום מלך אלא נציב מלך, דהיינו שר המולך בהנהגת המדינה הוא היה במקום המלך ולא מלך ממש: **בשעה שזה מעמיד.** כלומר מימות משה היה אדום מעמיד מלכים וישראל שופטים שהיא מדרגה פחותה ממלכים, אבל משהוקם מלך בישראל בימי שאול מאז נהפך השיטה שנתבטל מלכות מהם: **שזה מעמיד אלופים.** שבא נבוכדנצר ובטל של אלו ואלו, שמאז לשניהם לא היה מלכות, אבל מכל מקום לא היו שוים בגדולה שהיו אלופים מעשו ונשיאים מישראל שהיא מדרגה פחותה מאלופים, אבל מכל מקום לא נתבטל גדולת ישראל לגמרי: **יהושפט.** ובימי יורם בנו כתיב (מלכים ב' ח, כ) פשע אדום מתחת יד יהודה וימליכו עליהם מלך: **ונתן גדולה להמן.** שהיה נין עמלק:

פירוש מהרז"ו

(א) **אלונים מבשן.** ועניין הפרשה שחושב שם כל עניני ספינה תורן גם משוט כו', ולא הזכיר העיקר היא הספינה וזה שאמר שנמשלו לספינה, ועיין שמות רבה (לז, א), ושני המאמרים מלמדים זה על זה, ומה שחסר כאן מילא כאן: (ב) **קודם שלא כו'.** צריך עיון מאי קא משמע לן הלא מפורש בקרא לפני כו', ונראה לי באמת שבא לדרוש פסוק שבסוף מלכים (א' כב, מז) שהכוונה קודם מלוכת שאול וכמו שכתב רש"י בחומש כאן, ועיין מלכים (ב' ח, כ), ועיין שיר השירים רבה (א, לט) פסוק אל תראוני ראיה לזה: **נשיאים.** עיין שמות רבה (טו, ד): **בא אויל כו'.** כמו שנאמר בסוף ירמיה (נב, לב) ויתן את כסאו וגו', בא אחשורוש ונשא את המן שבא מעמלק ואחר כך חזר והשפילו ונשא למרדכי, והמדרש קיצר במה שידוע מהמקראות, ומכאן ואילך נסתמה הנבואה כי אסתר סוף נביאים:

רש"י

(א) **עושין לה תורן ממקום אחר. ומשוטות ממקום אחר.** רימו"ש: **הוגנין.** אותו ברזל שקורין אנק"ר, כמו עיגונין. ארז מלבנון לקחו לעשות תורן עליך. **אלונים מבשן עשו משוטיך,** קרשך עשו שן בת אשורים (יחזקאל כז, ה־ו) כמו תדהר ותאשור (ישעיה מא, יט), כך זה ממקום זה וזה ממקום זה, **שמלה ממשרקה ושאול מרחובות הנהר: נחלה מבוהלת בראשונה וגו'.** המלכים שקדמו בבהלה קודם מלכות ישראל. **אחריתם לא תבורך:** הר שעיר שירשו תחלה באלופות [שם ידונו]: (ב) **בא נבוכדנצר וביטל של אלו ושל אלו.** ובברייתא דרבי יוסי דמ"ט מדות (סימן כד) מפרש חזון עובדיה כה אמר ה' (עובדיה א, א) אימת בימי יהושפט, ומלך אין באדום (מלכים א, כב, מח) במקום שעיר, ובמקום אחר נצב מלך בעיר הגדולה. ובסדר עולם דר' יוסי (פרק כ) מפורש משנפלו אדומיים בימי יהושפט שוב לא העמידו מלך במקום עד היום וכו':

מתנות כהונה

[א] **הוגנין.** פירש רש"י אותו ברזל שקורין אנק"ר כמו אוגנין בפרק המוכר את הספינה (ב"ב עג, א) וקודם זה כתיב (יחזקאל כז, ה) ארז מלבנון לקחו לעשות תורן עליך, הרי התורן מלבנון והמשוט מבשן, כך אומות העולם הם ממקום זה ובוררים להם מלך ממקום אחר: [ב] **הכי גרסינן שלא עמד מלך בישראל אבל משמלך מלך בישראל נצב וגו'.** ונתבאר היטב בפירוש רש"י בחומש ובדברי הימים (א' א, מג): **וערבב כו'.** בילקוט (רמז קמ) לא גרס ליה: **אויל.** אויל מרודך: [ג] **הכי גרסינן**

אשד הנחלים

[א] **והוגנין ממקום אחר כו'.** הכוונה בזה להיות כי לא היה מתייחס עמהם בענינם עד שיהיו בערך ההשתוות הנכונה ביחוס ותמונה אחת, כי אם רחוקים היו זה מזה כרחוק עיר מעיר ומדינה ממדינה: **נחלה.** שהם זכו בראשונה להתנחל בארץ שעיר, אבל בזמן האחרון שאז התכלית העליון הניכסף לישרי לב, שזהו להכיר כי רק ה' הוא המשגיח בעולם אז לא תבורך, כי לא יחשבו עמהם. כי עיקר הטובה באה ע"י הצירוף והזיקוק והעמל, כמו שהנחלה הבאה ע"י עמל היא משתמרת, והנחלה מבוהלת יצא בחיש ובמהר ונשאר ערום מכל: [ב] **שופטים.** והם אנשים חכמים יושבים על מדין: **וזה העמיד כו' שאול.** וכלומר ראה נא ההבדל בין אלו לאלו, אף שבכמות היו שוים אבל ראה כמה נפרדו באיכות ובמעלה: **וערבב אלו באלו.** כלומר שאצלו היה הכל שוים כי מכולם נטל המלוכה, כי כן נגזר אז שגם מישראל ינטל נזר המלוכה כמו משאר העמים, ואח"כ החל הצלחה מעטה לישראל כי אויל מרודך נשא ראש יהויכין, ואחשורוש השפיל. ולהורות בא כמה גדלה ההצלחה האלקית לצרף את ישראל עת אחר עת, עד אחרית הזמן שאז ישתלמו:

חידושי הרד"ל

[א] **ממקום אחר כו'.** עיין שמות רבה (לז, א), ועיין דברים (ז, טו). ועיין חולין (נו, ב) עיין שם:

[ב] **וערבב אלו ואלו.** כן צריך לומר, וכן הובא בילקוט (רמז קמ):

חידושי הרש"ש

[א] **שמלה ממשרקה כו'.** עיין במדבר רבה (יד, א) בקרבן נשיא, ועיין גם כן שמות רבה (לז, א):

[ב] {**אמר רבי איבו קודם שלא עמד מלך בישראל נצב מלך באדום.** עיין גירסת המתנות כהונה והוא לשון הכתוב (מלכים א' כב, מח) ומלך אין באדום נצב מלך ועיין שם בפירש"י ורד"ק, ובפירש"י בפירוש התורה כאן שכתוב דבימי שאול כתיב הוא טעות סופר דכל הקרא הנזכר כתיב בימי יהושפט:}

אמרי יושר

[א] **אלונים מבשן.** עיין דברי הרב פרק חמשים חלק שלישי כי ניערו אותם אלו המלכים הזרים:

[ב] **עד שלא עמד מלך מישראל עמד מלך באדום.** וכן אמר בסוף מלכים (א כב מח) ומלך אין באדום נצב מלך, כי הם כמאזנים כשזה עולה זה יורד אבל אחר שמלכו מישראל אין מלך באדום. ורמז שהתועלת בסיפור מלכי אדום הכוונה היא לתועלתנו כי כנגדם נמליך מלכים, וזהו ומלך אין באדום כשנצב מלך בישראל: **וזה העמיד ח'. שאול איש בשת עד אסא יהושפט.** אף על פי שהיו ירבעם ואחרים לא מנה כאן רק משך הזמן שהיה מלכות בישראל והאחרים נבלעים ונכללים באלו ואז בימי יהושפט נאמר ומלך אין באדום נצב מלך אבל מיד פשע מלך מואב (מלכים ב ג ז) ונתסבבו במלך אדום. וטעם הענין בצרה כי היא הראשונים שהעמידה מלך נכרי לאדום. וכתב בעל הטורים מונה כאן (בראשית לו לט) י"א אלופים שכנגדן נאמרו י"א שופטים מיהושע עד שמואל:

מסורת המדרש

א. ילקוט כאן רמז ק"מ. ילקוט יחזקאל רמז שס"ז. ילקוט ד"ה רמז אלף ע"ג:

ב. ילקוט משלי רמז תתקנ"ט. ילקוט דברי הימים רמז אלף ע"ד כל הענין:

אם למקרא

אַלּוֹנִים מִבָּשָׁן עָשׂוּ מִשּׁוֹטָיִךְ קַרְשֵׁךְ עָשׂוּ שֵׁן בַּת אֲשֻׁרִים מֵאִיֵּי כִּתִּיִּים: (יחזקאל כז:ו)

נַחֲלָה מְבֹהֶלֶת בָּרִאשֹׁנָה וְאַחֲרִיתָהּ לֹא תְבֹרָךְ: (משלי כ:כא)

וְעָלוּ מוֹשִׁעִים בְּהַר צִיּוֹן לִשְׁפֹּט אֶת הַר עֵשָׂו וְהָיְתָה לַה' הַמְּלוּכָה: (עובדיה א:כא)

וּמֶלֶךְ אֵין בֶּאֱדוֹם נִצָּב מֶלֶךְ: (מלכים א כב:מח)

שָׂם תֵּבֵל כַּמִּדְבָּר וְעָרָיו הָרָס אֲסִירָיו לֹא פָתַח בָּיְתָה: (ישעיה יד:יז)

ידי משה

[א] **נחלה מבוהלת בראשונה וגו'.** פירוש המלכים שקדמו בבהלה קודם מלכי ישראל אחריתם לא תברך:

[ב] **אמר רבי איבו כו' עד בא אחשורוש ונתן גדולה להמן.** כל כוונתם רוצים לומר שיעקב ועשו אי אפשר שמלכו בפעם אחת, אלא ולאום מלאום וגו' על דרך אמלאה החרבה (יחזקאל כו, ב). אמר עוד (לקמן אות ד) מלך אחד נתבקש לאדום פירוש רבי אמי אמר מאחר שמלך היום לוטייכום ונראה לי בחלום שהוא מגדיאל נמצא שלא יהיה לאדום עד ביאת משיח אלא מלך אחד שנקרא עירם. ועל זה מביא לראיה דברי רבי חנינא וכו' אמר רבי לוי מעשה וכו' פירוש שמביא ראייה לדברי רבי חנינא שנראה אליהו בחלום להשלטון שלא יבזבז האוצרות כי הם מוכנים למלך משיח. וקל להבין:

שינוי נוסחאות

(ב) **אמר רבי אייבו.** עץ יוסף הגיה (בשם נזה"ק) שצריך להקדים למאמר של ר' אייבו "ואלה המלכים וגו' ", וכן הוא בת-א (בסוגריים): **קודם שלא עמד מלך בישראל נצב מלך באדום.** מתנות כהונה הגיה שלפני "נצב מלך באדום" צריך להוסיף "אבל משמלך מלך בישראל:

וַיִּמְלֹךְ בֶּאֱדוֹם בֶּלַע בֶּן בְּעוֹר וְשֵׁם עִירוֹ דִּנְהָבָה. וַיָּמָת בָּלַע וַיִּמְלֹךְ תַּחְתָּיו יוֹבָב בֶּן זֶרַח מִבָּצְרָה.

Bela, son of Beor, reigned in Edom, and the name of his city was Dinhabah. And Bela died, and Jobab son of Zerah, from Bozrah, reigned after him (36:32-33).

§3 **וַיָּמָת בָּלַע** — *AND BELA DIED, AND JOBAB SON OF ZERAH, FROM BOZRAH, REIGNED AFTER HIM.*

The Midrash uses a parable to explain the significance of the fact that Jobab, Bela's successor, was a native of Bozrah:

אָמַר רַבִּי אַבָּהוּ: לְבֶן מְלָכִים שֶׁהָיָה לוֹ דִּין עִם אֶחָד וְכָלוּ מְזוֹנוֹתָיו — R' Abahu said: This may be understood by means of a parable. It may be compared **to a prince who was involved in a dispute with a certain person, and [this person's] food** subsequently **became depleted,** effectively preventing him from continuing his dispute with the prince. **בָּא אֶחָד וְסִיפֵּק לוֹ מְזוֹנוֹת** — But then **someone came along and provided him with food,** enabling him to continue the dispute. **אָמַר הַמֶּלֶךְ: אֵין לִי עֵסֶק אֶלָּא עִם זֶה שֶׁסִּיפֵּק לוֹ מְזוֹנוֹת** — Whereupon **the king said, "I will now deal only with this one, who provided [the prince's antagonist] with food."**[14] **כָּךְ אָמַר הַקָּדוֹשׁ בָּרוּךְ הוּא — So too, the Holy One, blessed is He, said, כְּבָר הָיְתָה מַלְכוּת עֲקוּרָה מֵאֱדוֹם — "The monarchy had already been uprooted in Edom** after the death of Bela, Edom's initial king. **וּבָאת בָּצְרָה וְסִיפְּקָה לָהֶם מְלָכִים — But then Bozrah came and provided them with kings. לְפִיכָךְ אֵין לִי עֵסֶק אֶלָּא עִם בָּצְרָה — Therefore, My dealings will** now **be conducted only with Bozrah," שֶׁנֶּאֱמַר "כִּי זֶבַח לַה' בְּבָצְרָה וְגוֹ'" — as it says,** ***for HASHEM is making a sacrifice at Bozrah*** (*Isaiah* 34:6).[15] **אָמַר רַבִּי בֶּרֶכְיָה: אַף עַל פִּי כֵן "טֶבַח גָּדוֹל בְּאֶרֶץ אֱדוֹם" — R' Berechyah said: Nevertheless,** Edom itself will not be spared retribution, as the verse continues, ***and a great slaughter in the land of Edom.***[16]

וַיָּמָת יוֹבָב וַיִּמְלֹךְ תַּחְתָּיו חֻשָׁם מֵאֶרֶץ הַתֵּימָנִי. וַיָּמָת חֻשָׁם וַיִּמְלֹךְ תַּחְתָּיו הֲדַד בֶּן בְּדַד הַמַּכֶּה אֶת מִדְיָן בִּשְׂדֵה מוֹאָב וְשֵׁם עִירוֹ עֲוִית. וַיָּמָת הֲדָד וַיִּמְלֹךְ תַּחְתָּיו שַׂמְלָה מִמַּשְׂרֵקָה. וַיָּמָת שַׂמְלָה וַיִּמְלֹךְ תַּחְתָּיו שָׁאוּל מֵרְחֹבוֹת הַנָּהָר. וַיָּמָת שָׁאוּל וַיִּמְלֹךְ תַּחְתָּיו בַּעַל חָנָן בֶּן עַכְבּוֹר. וַיָּמָת בַּעַל חָנָן בֶּן עַכְבּוֹר וַיִּמְלֹךְ תַּחְתָּיו הֲדַר וְשֵׁם עִירוֹ פָּעוּ וְשֵׁם אִשְׁתּוֹ מְהֵיטַבְאֵל בַּת מַטְרֵד בַּת מֵי זָהָב.

And Jobab died and Husham, of the land of the Temanites, reigned after him. And Husham died, and Hadad son of Bedad, who defeated the Midianites in the field of Moab, reigned after him, and the name of his city was Avith. And Hadad died, and Samlah of Masrekah reigned after him. And Samlah died, and Saul of Rehoboth-nahar reigned after him. And Saul died, and Baal-hanan, son of Achbor, reigned after him. Baal-hanan, son of Achbor, died, and Hadar reigned after him; the name of the city was Pau, and his wife's name was Mehetabel, daughter of Matred, daughter of Me-zahab (36:34-39).

§4 **וַיָּמָת בַּעַל חָנָן וְגוֹ'** — *BAAL-HANAN... DIED, ETC. [AND HADAR REIGNED AFTER HIM; ... AND HIS WIFE'S NAME WAS MEHETABEL, DAUGHTER OF MATRED, DAUGHTER OF ME-ZAHAB].*

The Midrash expounds the name of Hadar's wife and the names of her parents:[17]

רַבִּי לֵוִי וְרַבִּי סִימוֹן — R' Levi and R' Simone disagree concerning the interpretation of these names. **רַבִּי לֵוִי אָמַר: מְטִיבֵי אֱלוֹהוֹת הָיוּ — R' Levi said: [The Edomites] would beautify themselves [before] their gods. "מְהֵיטַבְאֵל", שֶׁהָיוּ מְטִיבִין עַצְמָן לַעֲבוֹדָה זָרָה** — This is derived from the name **Mehetabel,** which signifies that **they would adorn themselves (*meitiv*)** [מֵטִיב] in honor of their **idols (*el*)** [אֵל].[18] **"בַּת מַטְרֵד", שֶׁהָיוּ מַעֲמִידִין טוּרִיּוֹת לַעֲבוֹדָה זָרָה** — The name ***daughter of Matred*** alludes that **they would erect** grandiose **towers (*turios*)** [טוּרִיּוֹת] **for** purposes of **idolatry.**

R' Simone's interpretation:

רַבִּי סִימוֹן אָמַר: מְטִיבֵי נָשִׁים הָיוּ — R' Simone said: [The Edomites] would beautify their **women.**[19] **"מְהֵיטַבְאֵל", שֶׁהָיוּ מְטִיבִין אוֹתָהּ לְבַעְלָהּ** — This is derived from name **Mehetabel,** which signifies that **they would beautify (*meitiv*)** [מֵטִיב] a bride **for her husband,**

NOTES

14. The king did not want to have to actually kill him and had been hoping that he would perish on his own, when he ran out of food. The antagonist's benefactor thus foiled the king's plans, provoking his ire (*Tiferes Tzion*).

15. [Providing a nation with a king is compared to providing someone with sustenance since a country cannot survive without a leader (*Yefeh To'ar*).] The Edomite kingship was never stable enough to sustain a monarchy for two consecutive generations (see *Avodah Zarah* 10a; *Ramban* to verse). Hence, after Bela's death, there was no one capable of assuming the throne and Edom's fate as an independent power was doomed. But then Bozrah provided Edom with Jobab, who restored Edom to its former glory. Since Bozrah revived the Edomite kingdom, it is considered to have provided all of Edom's subsequent kings, even though only one king actually originated from Bozrah. God's "anger," therefore, was now mainly reserved for the city of Bozrah, as the above verse indicates (*Eitz Yosef*; see also *Rashi* to 36:33 s.v. יובב).

Bozrah is deserving of retribution for saving the Edomite kingdom because they prevented Israel from ascending, for as was revealed to Rebecca, Edom and Israel cannot both be ascendant at the same time (*Nezer HaKodesh*).

This Midrash, which presumes that Bozrah was located outside the Edomite territory, in Moab, follows the Midrash above (§1) that Edom's rulers were all foreign-born. Although *all* the Edomite kings were foreigners, the Midrash singles out Botzrah. *Yefeh To'ar* suggests that this is because when it comes time for retribution, the other nations that provided kings to Edom will no longer exist. Bozrah, however, which belongs to Moab, will remain in Moabite hands (see there).

It should be noted that according to *Bamidbar Rabbah* 14 §10, Bozrah was in fact an Edomite city. This is the view taken by *Ramban* (see Insight Ⓐ to note 3 above) in line with his view that this entire passage was written in order to relate that Isaac's blessing, *On your sword you shall live*, led to an Edomite victory over the Horites. Perforce, Jobab could not have been a foreigner who ruled over the Edomites, as our Midrash understands.

16. That is, although God's anger was directed mainly at Bozrah, nevertheless Edom will not escape retribution (*Yefeh To'ar, Eitz Yosef*).

17. The basis for these expositions is that Scripture does not list the names of any of the other Edomite queens. Moreover, the verse provides two names for her parents. [Either Scripture gives the names of both her parents (see *Ibn Ezra*) or both names refer to her father, with one or both being descriptive (see below).] Perforce they were recorded for purposes of exposition (*Eitz Yosef*, citing *Yefeh To'ar; Maharzu*). According to the simple explanation, his wife's name is mentioned to teach that Hadar was given the crown because of his wife, for she came from a family of stature and wealth [as her parents' names imply – see below] (*Baal HaTurim*).

18. The Midrash interprets the name מְהֵיטַבְאֵל as a contraction of the words מֵטִיב, "to enhance, or, beautify," and אֵל, "god," i.e., they would beautify themselves for the sake of their idols (*Yefeh To'ar, Eitz Yosef*; see *Matnos Kehunah*). The Midrash thus highlights their strong devotion and attachment to idolatry (see *Tiferes Tzion*).

Scripture alluded to this behavior (or the behavior alluded to according to R' Simone's interpretation) in his wife's name because she was the one who influenced him to act in this abhorrent manner. The king, in turn served as an example for his subjects, who adopted his lifestyle, as implied by the Midrash's use of the plural (*Nezer HaKodesh*). *Rabbeinu Bachya* (to verse), however, implies that the reason the Midrash uses the plural form is that (though alluded to in the name of Hadar's wife) all of the Edomite rulers behaved in this manner.

19. This exposition is derived from the word מֵטִיב, "to enhance, or, beautify," contained in the name מְהֵיטַבְאֵל and the word בַּת, *daughter*, the next word in the verse, i.e., they would beautify their daughters before their weddings (*Eitz Yosef*).

ג [לו, לג] "וַיָּמָת בָּלַע", אָמַר רַבִּי אַבָּהוּ: ^ג^לְבֶן מְלָכִים שֶׁהָיָה לוֹ דִּין עִם אֶחָד וְכָלוּ מְזוֹנוֹתָיו, בָּא אֶחָד וְסִיפֵּק לוֹ מְזוֹנוֹת, אָמַר הַמֶּלֶךְ: אֵין לִי עֵסֶק אֶלָּא עִם זֶה שֶׁסִּיפֵּק לוֹ מְזוֹנוֹת, כָּךְ אָמַר הַקָּדוֹשׁ בָּרוּךְ הוּא: כְּבָר הָיְתָה מַלְכוּת עֲקוּרָה מֵאֱדוֹם וּבָאת בָּצְרָה וְסִיפְּקָה לָהֶם מְלָכִים, לְפִיכָךְ אֵין לִי עֵסֶק אֶלָּא עִם בָּצְרָה, שֶׁנֶּאֱמַר (שם לד, ו) "כִּי זֶבַח לַה' בְּבָצְרָה וְגוֹ'", אָמַר רַבִּי בֶּרֶכְיָה: אַף עַל פִּי כֵן (שם) "טֶבַח גָּדוֹל בְּאֶרֶץ אֱדוֹם":

ד [לו, לט] "וַיָּמָת בַּעַל חָנָן וְגוֹ'", רַבִּי לֵוִי וְרַבִּי סִימוֹן, רַבִּי לֵוִי אָמַר: מֵטִיבֵי אֱלוֹהוֹת הָיוּ, "מְהֵטַבְאֵל", שֶׁהָיוּ מֵטִיבִין עַצְמָן לַעֲבוֹדָה זָרָה, "בַּת מַטְרֵד", שֶׁהָיוּ מַעֲמִידִין טוֹרִיּוֹת לַעֲבוֹדָה זָרָה, רַבִּי סִימוֹן אָמַר: מֵטִיבֵי נָשִׁים הָיוּ, "מְהֵטַבְאֵל", שֶׁהָיוּ מֵטִיבִין אוֹתָהּ לְבַעֲלָהּ וְאַחַר כָּךְ טוֹרְדִין אוֹתָהּ מִבַּעְלָהּ, "בַּת מֵי זָהָב", טְרוּדִים הָיוּ בִּמְזוֹנוֹתָם, מִן דַּעֲתִירִין ° מַהוּ דַהֲבָא מַהוּ כַּסְפָּא, [לו, מג] "אַלּוּף מַגְדִּיאֵל אַלּוּף עִירָם", יוֹם שֶׁמָּלַךְ לוּטְיָינוּס נִרְאָה לְרַבִּי אַמִּי בַּחֲלוֹם: הַיּוֹם מָלַךְ מַגְדִּיאֵל, אָמַר: עוֹד מֶלֶךְ אֶחָד נִתְבַּקֵּשׁ לֶאֱדוֹם. [שם] "אַלּוּף עִירָם", אָמַר רַבִּי חֲנִינָא צִיפּוֹרָאָה: לָמָּה נִקְרָא עִירָם, שֶׁהוּא עָתִיד לַעֲרוֹם תִּסְוָורִיּוֹת לְמֶלֶךְ הַמָּשִׁיחַ, אָמַר רַבִּי לֵוִי: מַעֲשֶׂה בְּשִׁלְטוֹן אֶחָד בְּרוֹמִי שֶׁהָיָה מְבַזְבֵּז תִּסְוָורִיּוֹת שֶׁל אָבִיו, נִרְאָה לוֹ אֵלִיָּהוּ בַּחֲלוֹם, אָמַר לוֹ: אֲבוֹתֶיךָ מְצַמְּתִין וְאַתְּ מְבַזְבֵּז, וְלֹא זָז עַד שֶׁמִּלְאָן:

עץ יוסף

(ג) [ב] **ויִמת בלע אמר רבי אבהו.** כן לריך לומר (מתנות כהונה). ורלונו לומר וימת בלע וימלוך תחתיו יובב בן זרח מבלרה: **מלכות עקורה מעשו.** שאין להם מלך בן מלך כדאיתא בפרק קמא דעבודה זרה (י, א). ולכן אילולא שבלרה העמידה להם מלך היתה מלכותם עקורה (יפה תואר): **אלא עם בצרה.** והכוונה שעיקר כעסו על בלרה, ומכל מקום אדום לא ימלט, וזה שאמר רבי ברכיה אף על פי כן וטבח כו': (ד) [ג] **רבי לוי ורבי סימון.** משום דכתיב בו שם אשתו ושם אבותיה, לכן הולרכו לומר דאתא לדרשא (יפה תואר): **מטיבי אלהות כו'.** הכל פירוש אחד דהטבה הרמוזה בכאן הוא בענין אלוהות שהיו מטיבין עלמן לעבודת כוכבים ומזלות: **טוריות.** פלטרין כמו טירות (רש"י): **מטיבי נשים היו.** ונדרש מהיטבאל עם בת שאחריו, כאילו אמר מטיבים אל הבת: **מטיבין אותה כו'.** מקשטים אותה להכניסה לחופה, ואחר כך חוטפים אותה ממנו וכל זה לעיל פרשה כ"ו: **טורדין אותה.** והיינו בת מטרד: **טרודים היו במזונותם כו'.** כלומר בתחלה היה יגע את עלמו בטרדות ובאריכות, ואחר שהעשיר היה מתפאר ואמר מה כסף מה זהב (רש"י ומתנות כהונה): **מלך מגדיאל.** כלומר שהוא מזרע מגדיאל האלוף העשירי. ואף על פי שעוד מלכו אחריו כמה מלכים, כולם היו מזרע מגדיאל. וככלות שבט המלכות מזרע מגדיאל ילמח אחריו קרן מלכות במשפחות עירם שהוא האחרון והוא עתיד לערום תסווריות למלך המשיח. והוא מלשון ערמת חטים, פירוש שימלא אולרות למלך המשיח כְּעֲרֵמָה: **תסווריות.** אולרות: **נראה לו אליהו.** משום שהם מוכנים למלך המשיח: **מצמתין.** קבלו ולמלמו האולרות: **עד שמלאן.** פירש רש"י בעלילות בא על בני אדם ומלאן בשוחדות שהיו משחדין אותו:

פירוש מהרז"ו

(ג) עיין ירמיה (מט כב מח, כד) ועיין במדבר רבה (יד, ד): **עקורה.** עיין יפה תואר שפירש על פי גמרא דפרק קמא דעבודת כוכבים (י, א). ונראה לי לפרש מלת עקורה מלשון חז"ל פרק ב דמועד קטן (יב, א) הלכות מועד כו' לומר שהן עקורות כו' ופירש רש"י כאשה עקרה כו' עיין שם. מהרי"ב: (ד) **וימת בעל חנן.** וסיפיה דקרא ושם אשתו כו', והוקשה לו מה שאמר אללו שם אשתו ויחוסה ולא אצל כולם, על כן דורש על פי מדה כ' אם אינו ענין, מדה כ"ו וממשל. ומה שאמר מטיבים פירוש מקשטים וכמו שאמרו לעיל (כג, ב וכו, ה) ודורש על פי מדת נוטריקון: **טרודים במזונותם.** בתחלה שהיו עניים היו מבקשים אוכל לנפשם ואחר כך כשנתעשרו היו מבקשים כסף וזהב: **היום כו'.** עיין פרקי דרבי אליעזר (פרק לח) באריכות מענין זה: **לערום כו'.** מלשון ערימה שפירש קבוץ ואסיפה, וכמו שכתב לעיל (עח, יב) מנחה ישיבו: **מעשה כו'.** עיין לעיל (סז, ו) והכוונה שם כמו כאן שזה טעם מילוי האולרות:

אמרי יושר

[ד] **מי זהב.** אומרין מאן הוא דהבא כמו מי זהב, שמרוב עשרם היה להם זהב כחול: **היום מלך מגדיאל.** נראה כי מלכיות אדום יהיו דוגמא לאלו, וזהו אלה אלופי אדום למושבותם להלאה כנגדם יהיו:

שינוי נוסחאות

(ד) **מן דעתירין.** בספרים הישנים (לפני מתנות כהונה) היה כתוב "מן דעתהון", והגיה אות אמת וגם מתנות כהונה שצ"ל "מן דעתרין אמרין", וכ"ה בילקוט ובת-א:

מסורת המדרש

ג. ילקוט ישעיה רמז ד"ש:

אם למקרא

חֶרֶב לַה' מָלְאָה דָם הֻדַּשְּׁנָה מֵחֵלֶב מִדַּם כָּרִים וְעַתּוּדִים מֵחֵלֶב כִּלְיוֹת אֵילִים כִּי זֶבַח לַה' בְּבָצְרָה וְטֶבַח גָּדוֹל בְּאֶרֶץ אֱדוֹם: (ישעיה לד:ו)

ידי משה

[ד] **טרודים הם במזונותיהם.** זה בילקוט (רמז קמ) ליתא וראיתי עוד גירסא טרודים הם בעתיהם ולא יכלתי להולמו פירושו. ורש"י גורס בתחלה טרודים היו להרויח טירותם ולא גרס במזונתם, וגם מביא רש"י גירסת הירושלמי וזה לשונו משהיו מטיבין אותה לבעלה היו טורדין אותה מבעלה בזנות, ובתרגום ירושלמי איתא מתורגם בת מטרד גברא טרודא דהוה לעולם כמטרידא כל ימי חייו, ולא ידעתי פירושו של רש"י והתרגום וגם גירסת המדרש מזונות מאי בעי הכא, ולי נראה לגרום דקאי הכל על זנות ובמקום במזונתם לריך לומר בזנותם, והכי פירושו שהיו טרודין יותר אחר זנותם מן דעתרין פירוש מן עשירות יותר היו רודפין אחר זנות מן כסף וזהב, שהיו אומרים מה נחשב כסף וזהב נגד תאוות זנות ככ"ל. או יכול להיות טרודים היו במזונתם מן דעתירן פירוש מן העושר גדול שהיה להם מקדם ובשביל הזנות אבד העושר ההוא ולא היה להם אפילו מזונות עד שהיו אומרים למי כסף וזהב על דרך בעד אשה זונה עד ככר לחם (משלי ו, כו). ככ"ל:

רש"י

(ג) **ובאת בצרה וסיפק לה מלכים.** יובב בן זרח מבלרה: **טביחה גדולה בארץ אדום. לפום תורא.** שור גדול דכתיב (לעיל כז, א) עשו בנו הגדול אף הקב"ה גדול [עיין לעיל סה, יא]: (ד) **מהיטבאל מטיבי אלהות היו.** מתקני, כמו מטיבי נשים מקשטין לנשים: **שהוי מעמידין טיראות.** פלטרין: **משהיו מטיבין אותה לבעלה, אח"כ היו טורדין אותה מבעלה.** בזנות. ובתרגום ירושלמי מתרגם בת מטרד (לו, לט) גברא טרודא דהוה לעולם כמטרידא כל ימי חייו: **דבר אחר בת מטרד.** בתחלה טרודין היו לעסוק להרויח מזונותם: **בת מי זהב.** אחר כך משהעשירו לא היו חוששים לכסף וזהב, מי זהב כלומר מהו זהב: **עוד מלך אחד נתבקש לאדום.** עדיין עתיד להעמיד מלכים: **לערום תסווריות.** לגלות אולרות: **בלווטין.** ממונה עשיר: **אבותיך.** מקבלין ממון ואתה מבזבז: **ולא זז עד שמלאן.** העליל על בני אדם ומלאן כסף וזהב משוחדות:

מתנות כהונה

וימת בלע אמר רבי אבהו כו': שהיה לו דין עם אחד. גרסינן: **כלו מזונותיו.** לאותו שהיה מדיין עם בן מלך: **ובאת בצרה כו'.** פירש רש"י דכתיב (לו, לג) וימלוך תחתיו יובב בן זרח מבלרה: [ד] **מטיבי כו'.** מתקנין היטב אלוהות: **טוריות.** פירש רש"י היכלות ופלטריות, ודרש מטרד לשון טוריות: **ואח"ב טורדין כו'.** מהיטבאל דרש נוטריקון משהטיבו אותה לבעלה, אַל, כלומר לא שהתה אללו: **טורדין אותה.** פרש"י בזנות: **הכי גרסינן במזונותם מן דעתירין אמרין מהו דהבא.** פירש רש"י בתחלה היו טרודים ואך להעשיר, ומשהעשירו אמרו מהו זהב מהו כסף: **עוד מלך אחד.** אלוף עירם אחר מגדיאל: **לערום.** לשון עֲרֵמָה כלומר ילברו לבורים למנחה לו, ורש"י גרס לערות, ופירש בו לגלות אולרות, מלשון ערות יסוד עד לואר (חבקוק ג, יג) [נוסחא אחרינא וארוה כל עוברי דרך (תהלים פ, יג)]: **תיסווריות.** אולרות: **מצמתין.** קבלו ולמלמו האולרות: **עד שמלאן.** פירש"י בעלילות בא על בני אדם ומלאן בשוחדות שהיו משחדין אותו:

אשד הנחלים

[ג] **וכלו מזונות.** של אותו האחר שהיה מדיין עם בן המלך: **אלא עם זה.** אחר שהוא היה הגורם שע"י יצטער בני: [ד] **מהו דהבא.** עיין במתנות כהונה בשם רש"י: **מלך מגדיאל.** כי שלשלת היה חוזר חלילה מאלה האלופים כנודע בחכמות התולדות, וראה בחלום כי זה לעומת מגדיאל, וא"כ עוד אחד יהיה לעומת האחרון, ואח"כ יכלה זכותו: **אבותיך מצמתין.** מסתמא לא בזבז על דרך מצוה וצדקה, רק בזבז להתענג, ולכן נתגלה לו אליהו להזהירו שלא יבזבז כי הכל מוכן לעתיד:

וְאַחַר כָּךְ טוֹרְדִין אוֹתָהּ מִבַּעְלָהּ — **but afterward they would drive her away** (*tordin*) [טוֹרְדִין] **from her husband.**[20]

❒ **בַּת מֵי זָהָב** — *AND HIS WIFE'S NAME WAS MEHETABEL, DAUGHTER OF MATRED,* ***DAUGHTER OF ME-ZAHAB.***

The Midrash expounds the names Matred and Me-Zahab:

טְרוּדִים הָיוּ בִּמְזוֹנוֹתָם — Initially, **they toiled hard (*tarud*)** [טָרוּד] **for their food,** i.e., they were extremely poor, **מִן דַּעֲתִירִין אָמְרִין: "מַהוּ דַהֲבָא מַהוּ כַּסְפָּא"** — but **once they became wealthy, they would say, "What is gold** (*zahav*) [זָהָב] worth? **What is silver** worth?" I.e., they were so wealthy that gold and silver were worthless in their eyes.[21]

> וְאֵלֶּה שְׁמוֹת אַלּוּפֵי עֵשָׂו לְמִשְׁפְּחֹתָם לִמְקֹמֹתָם בִּשְׁמֹתָם אַלּוּף תִּמְנָע אַלּוּף עַלְוָה אַלּוּף יְתֵת. אַלּוּף אָהֳלִיבָמָה אַלּוּף אֵלָה אַלּוּף פִּינֹן. אַלּוּף קְנַז אַלּוּף תֵּימָן אַלּוּף מִבְצָר. אַלּוּף מַגְדִּיאֵל אַלּוּף עִירָם אֵלֶּה אַלּוּפֵי אֱדוֹם לְמֹשְׁבֹתָם בְּאֶרֶץ אֲחֻזָּתָם הוּא עֵשָׂו אֲבִי אֱדוֹם.
>
> *Now these are the names of the chiefs of Esau, by their families, by their regions, by their names: the chief of Timna; the chief of Alvah; the chief of Jetheth; the chief of Oholibamah; the chief of Elah; the chief of Pinon; the chief of Kenaz; the chief of Teman; the chief of Mibzar; the chief of Magdiel and the chief of Iram; these are the chiefs of Edom by their settlements, in the land of their possession — he is Esau, father of Edom* (36:40-43).

❒ **אַלּוּף מַגְדִּיאֵל אַלּוּף עִירָם** — *THE CHIEF OF MAGDIEL AND THE CHIEF OF IRAM.*

The Midrash understands that the verse alludes to two future rulers descendant from Edom:

יוֹם שֶׁמָּלַךְ לוּטְיָינוּס נִרְאָה לְרַבִּי אַמִּי בַּחֲלוֹם: הַיּוֹם מָלַךְ מַגְדִּיאֵל — **On the day that Lutianus became emperor** of Rome, **R' Ami saw in a dream: "Today** a descendant of **Magdiel became king** over Rome."[22] **אָמַר: עוֹד מֶלֶךְ אֶחָד נִתְבַּקֵּשׁ לֶאֱדוֹם** — Then **[R' Ami] said: "There is still one more king needed for Edom**, viz., Iram, before the advent of the Messiah."[23]

❒ **אַלּוּף עִירָם** — *THE CHIEF OF IRAM.*

The Midrash explains what the name Iram alludes to:

אָמַר רַבִּי חֲנִינָא צִיפּוֹרָאָה: לָמָּה נִקְרָא עִירָם — **R' Chanina of Tzippori asked: Why was [this chief] called "Iram"? שֶׁהוּא עָתִיד לַעֲרוֹם תְּסָוְורִיּוֹת לְמֶלֶךְ הַמָּשִׁיחַ** — **Because he is destined to pile up** (*la'arom*) **treasures as** a tribute to **the King Messiah.**[24]

A related incident:

אָמַר רַבִּי לֵוִי: מַעֲשֶׂה בְּשִׁלְטוֹן אֶחָד בְּרוֹמִי שֶׁהָיָה מְבַזְבֵּז תְּסָוְורִיּוֹת שֶׁל אָבִיו — **R' Levi said: There was once an incident with a particular ruler in Rome, who would squander his father's treasures. נִרְאָה לוֹ אֵלִיָּהוּ בַּחֲלוֹם** — Subsequently, **Elijah appeared to him in a dream, אָמַר לוֹ: אֲבוֹתֶיךָ מְצַמְּתִין וְאַתְּ מְבַזְבֵּז** — and **[Elijah] said to [this ruler], "Your ancestors amassed** treasures **and you** go **squander** them?!"[25] **וְלֹא זָז עַד שֶׁמִּלְאָן** — The Midrash concludes: **[The ruler] did not move until he refilled them.**[26]

NOTES

20. The king would cohabit with a bride on her wedding day before her husband (*Eitz Yosef*; see Midrash above, 26 §5). Alternatively, this refers to Edomite society in general; the Edomites were lascivious and had no compunction about committing adultery (see *Rashi; Matnos Kehunah*).

21. *Eitz Yosef* (see also *Rashi* to v. 39 s.v. בת). This demonstrates their great wealth, as well as their haughty attitude (see *Targum Yonasan*). [In this they emulated their forebear Esau, who boasted to Jacob (above, 33:9), *I have plenty*, and have no need for your gift.] *Rabbeinu Bachya* (to verse) implies that the Midrash uses the plural because it is describing all of the Edomite kings. [Alternatively, it describes the family of the king's wife (see *Baal HaTurim*).] According to *Nezer HaKodesh* above, it may be suggested that the Midrash uses the plural to describe society as a whole, and not just Hadar's father-in-law: originally they were extremely poor, but they worked until they became so wealthy that gold and silver held no value to them. Elsewhere (e.g., *Targum Yonason; Rashi*), however, this exposition is recorded in the singular, thus describing Hadar's father-in-law. [Either בַּת מַטְרֵד was his given name and מֵי זָהָב was a descriptive one, or they were both descriptive names.]

According to *Maharzu*, the Midrash here teaches that even after they accumulated great wealth, they still yearned for more gold and silver. I.e., they were never satisfied, but always sought more wealth, as it states, *A lover of money will never be satisfied with money (Nezer HaKodesh;* see *Yedei Moshe*). Indeed, someone who covets money can never have enough, so he can never be truly rich. As the Sages observed (see *Koheles Rabbah* 1 §13): "One who has one hundred wants two hundred, and one who has two hundred wants four hundred."

22. Magdiel, which can be seen as a contraction meaning "God made it great" or "He will exalt himself over all powerful ones," is understood as a reference to Rome (which in Hebrew also means exalted or high), which our tradition teaches evolved from Esau. Our Midrash is consistent with the Midrash above, §1-2, that the passage is prophetic, listing the kings and chiefs who will rule after the Torah was recorded; see next note.

23. Magdiel was the tenth of the eleven chiefs enumerated in verses 36:40-43. Thus, R' Ami interpreted his dream to mean that only one more line of rulers (descending from the chief of Iram) remains for Edom after the reign of Lutianus, who was a descendant of Magdiel, before the Messiah will come (*Eitz Yosef*; see *Rashi* to 36:43 s.v. מגדיאל).

The Midrash does not mean literally that only one more king will rule before the arrival of the Messiah, for many more emperors ascended the throne after Lutianus' demise. Rather, the Midrash means there will be one more royal *family* before the Messiah. Like Lutianus, the rulers who followed him were all descendants of Magdiel. The final series of Roman kings will issue forth from the family of Iram, the final chief; see Midrash directly below (*Eitz Yosef*; see *Rashi*; see also *Yefeh To'ar* at length). See Insight Ⓐ.

24. That is, in the future, the final Roman king, a descendant of Iram, will give all the treasures that he amassed to the Messiah (*Eitz Yosef*).

Some explain that this refers to the gift that Jacob gave Esau to appease him [as well as all such gifts or bribes that the Jews throughout history gave to the nations of the world to avert calamity and any taxes they had to pay] and any offspring, byproducts, or profits accumulated from the animals [and similar gifts], which will be returned to Israel, as taught above, 78 §12. According to our Midrash, these will all be returned by a descendant of Iram (see *Maharzu*, based on 78:12 above; *Tiferes Tzion; Nechmad LeMareh* to 78:12).

25. Elijah did not wish for him to squander the treasures, for this would diminish the tribute designated for the Messiah (*Yefeh To'ar, Eitz Yosef*). [And, according to the preceding note, these treasures rightfully belonged to the Jewish people.]

26. *Rashi* suggests that he reacquired the treasures by fabricating accusations against some of his subjects, who gave him gifts to mollify him.

INSIGHTS

Ⓐ **The Roots of Rome** It should be pointed out that *Rashi* (to verse) explains that Magdiel refers to Rome itself (and is not the name of its chief), i.e., the verse means *the chief [who ruled over] Magdiel*, which is identified as Rome. *Ramban* — consistent with his view that all the kings listed by Scripture ruled before the Giving of the Torah — asserts that all eleven chiefs mentioned in our passage are referring to rulers that ruled over Edom before the Giving of the Torah. He thus maintains that Magdiel does not actually refer to Rome, but to a chief who ruled before the Torah was given. Nevertheless, the fact that the tenth chief was called Magdiel, which means "he will exalt himself over all the mighty ones" (see *Daniel* 11:36), foreshadowed a future event as well: The Book of *Daniel* (Ch. 7) foresees four kingdoms — Babylonia, Persia/Media, Greece, and a fourth kingdom, identified by the Sages as Edom, or Rome. Our passage alludes that there would be ten Edomite kings in the fourth kingdom, who would rule over the land of Edom. The fact that the tenth chief was called Magdiel foreshadowed that the tenth king of Edom, in a much later period, would ruler over Rome, from where their kingdom would spread out over the entire world.

אמרי יושר

[ד] מי זהב. אומרין מאן הוא דהבא כמו מי זהב, שמרוב עשרם היה להם זהב כחול: **היום מלך מגדיאל.** נראה כי מלכיות אדום יהיו דוגמא לאלו, וזהו אלה אלופי אדום למושבותם להלאה כנגדם יהיו:

שינוי נוסחאות

(ד) **מן דעתירין.** בספרים הישנים (לפני מתנות כהונה) היה כתוב "מן דעתהון", והגיה אות אמת וגם מתנות כהונה שצ"ל "מן דעתרין אמרין", וכ"ה בילקוט ובת-א:

ג [לו, לג] "**וַיָּמָת בָּלַע**", **אָמַר רַבִּי אַבָּהוּ:** [ג] **לְבֶן מְלָכִים שֶׁהָיָה לוֹ דִּין עִם אֶחָד וְכָלוּ מְזוֹנוֹתָיו, בָּא אֶחָד וְסִיפֵּק לוֹ מְזוֹנוֹת, אָמַר הַמֶּלֶךְ: אֵין לִי עֵסֶק אֶלָּא עִם זֶה שֶׁסִּיפֵּק לוֹ מְזוֹנוֹת, כָּךְ אָמַר הַקָּדוֹשׁ בָּרוּךְ הוּא: כְּבָר הָיְתָה מַלְכוּת עֲקוּרָה מֵאֱדוֹם וּבָאת בָּצְרָה וְסִיפְּקָה לָהֶם מְלָכִים, לְפִיכָךְ אֵין לִי עֵסֶק אֶלָּא עִם בָּצְרָה, שֶׁנֶּאֱמַר** (שם לד, ו) "**כִּי זֶבַח לַה' בְּבָצְרָה וְגוֹ'** ", **אָמַר רַבִּי בֶּרֶכְיָה: אַף עַל פִּי כֵן** (שם) "**טֶבַח גָּדוֹל בְּאֶרֶץ אֱדוֹם**":

ד [לו, לט] "**וַיָּמָת בַּעַל חָנָן וְגוֹ'** ", **רַבִּי לֵוִי וְרַבִּי סִימוֹן, רַבִּי לֵוִי אָמַר: מֵטִיבֵי אֱלוֹהוֹת הָיוּ, "מְהֵיטַבְאֵל", שֶׁהָיוּ מֵטִיבִין עַצְמָן לַעֲבוֹדָה זָרָה, "בַּת מַטְרֵד", שֶׁהָיוּ מַעֲמִידִין טוֹרִיּוֹת לַעֲבוֹדָה זָרָה, רַבִּי סִימוֹן אָמַר: מֵטִיבֵי נָשִׁים הָיוּ, "מְהֵיטַבְאֵל", שֶׁהָיוּ מֵטִיבִין אוֹתָהּ לְבַעֲלָהּ וְאַחַר כָּךְ טוֹרְדִין אוֹתָהּ מִבַּעְלָהּ, "בַּת מֵי זָהָב", טְרוּדִים הָיוּ בִּמְזוֹנוֹתָם, מִן דַּעֲתִירִין ° מַהוּ דַּהֲבָא מַהוּ כַּסְפָּא,** [לו, מג] **"אַלּוּף מַגְדִּיאֵל אַלּוּף עִירָם", יוֹם שֶׁמָּלַךְ לוּטְיָינוּס נִרְאָה לְרַבִּי אַמִּי בַּחֲלוֹם: הַיּוֹם מָלַךְ מַגְדִּיאֵל, אָמַר: עוֹד מֶלֶךְ אֶחָד נִתְבַּקֵּשׁ לֶאֱדוֹם.** [שם] **"אַלּוּף עִירָם", אָמַר רַבִּי חֲנִינָא צִיפּוֹרָאָה: לָמָּה נִקְרָא עִירָם, שֶׁהוּא עָתִיד לַעֲרוֹם תְּסָוורִיּוֹת לְמֶלֶךְ הַמָּשִׁיחַ, אָמַר רַבִּי לֵוִי: מַעֲשֶׂה בְּשִׁלְטוֹן אֶחָד בְּרוֹמִי שֶׁהָיָה מְבַזְבֵּז תְּסָוורִיּוֹת שֶׁל אָבִיו, נִרְאָה לוֹ אֵלִיָּהוּ בַּחֲלוֹם, אָמַר לוֹ: אֲבוֹתֶיךָ מְצַמְּתִין וְאַתְּ מְבַזְבֵּז, וְלֹא זָז עַד שֶׁמִּלְּאָן:**

עץ יוסף

(ג) [ב] **ויומת בלע אמר רבי אבהו.** כן לריך לומר (מתנות כהונה). ורלונו לומר וימת בלע וימלוך תחתיו יובב בן זרח מבלרה: **מלכות עקורה מעשו.** שאין להם מלך בן מלך כדאיתא בפרק קמא דעבודה זרה (י, א). ולכן אילולא שבלרה העמידה להם מלך היתה מלכותם עקורה (יפה תואר): **אלא עם בצרה.** והכוונה שעיקר כעסו על בלרה, ומכל מקום אדום לא ימלט, וזה שאמר רבי ברכיה אף על פי כן וטבח כו': (ד) [ג] **רבי לוי ורבי סימון.** משום דכתיב בו שם אשתו ושם אבותיה, לכן הולרכו לומר דאתא לדרשא (יפה תואר): **מטיבי אלהות כו'.** הכל פירוש אחד דהטבה הרמוזה בכאן הוא בענין אלוהות שהיו מטיבין עלמן לעבודת כוכבים ומזלות: **טוריות.** פלטרין כמו טירות (רש"י): **מטיבי נשים היו.** ונדרש מהיטבאל עם בת שאחריו, כאילו אמר מטיבים אל הבת: **מטיבין אותה כו'.** מקשטים אותה להכניסה לחופה, ואחר כך חוטפים אותה ממנו וכל זה לעיל פרשה כ"ו: **טורדין אותה.** והיינו בת מטרד: **טרודים היו במזונותם כו'.** כלומר בתחלה היה יגע את עלמו בטרדות ובחרילות, ואחר שהעשיר היה מתפאר ואמר מה כסף מה זהב (רש"י ומתנות כהונה): **מלך מגדיאל.** כלומר שהוא מזרע מגדיאל האלוף העשירי. ואף על פי שעוד מלכו אחריו כמה מלכים, כולם היו מזרע מגדיאל. וככלות שבט המלכות מזרע מגדיאל ילמח אחריו קרן מלכות במשפחות עירם שהוא האחרון והוא עתיד לערום תסווריות למלך המשיח. והוא מלשון ערמת חטים, פירוש שימלא אולרות למלך המשיח כְּעֲרֵמָה: **תסווריות.** אולרות: **נראה לו אליהו.** משום שהם מוכנים למלך המשיח: **מצמתין.** קבלו ולמלמו האולרות: **עד שמלאן.** פירש רש"י בעלילות בא על בני אדם ומלאן בשוחדות שהיו משחדין אותו:

פירוש מהרז"ו

(ג) עיין ירמיה (מט כב מח, כד) ועיין במדבר רבה (יד, ז): **עקורה.** עיין יפה תואר שפירש על פי גמרא דפרק קמא דעבודת כוכבים (י, א). ונראה לי לפרש מלת עקורה מלשון חז"ל פרק ב דמועד קטן (יב, א) הלכות מועד כו' לומר שהן עקורות כו' ופירש רש"י כאשה עקרה כו' עיין שם. מהרי"ב: (ד) **וימת בעל חנן.** וסיפיה דקרא ושם אשתו כו', והוקשה לו מה שאמר אצלו שם אשתו ויחוסה ולא אצל כולם, על כן דורש על פי מדה כ' אם אינו ענין, מדה כ"ו וממשל. ומה שאמר מטיבים פירוש מקשטים וכמו שאמרו לעיל (כג, ב וכו, ה) ודורש על פי מדת נוטריקון: **טרודים במזונותם.** בתחלה שהיו עניים היו מבקשים אוכל לנפשם ואחר כך כשנתעשרו היו מבקשים כסף וזהב: **היום כו'.** עיין פרקי דרבי אליעזר (פרק לח) באריכות מענין זה: **לערום כו'.** מלשון ערימה שפירש קבוץ ואסיפה, וכמו שכתב לעיל (עח, יב) מנחה ישיבו: **מעשה כו'.** עיין לעיל (סז, ו) והכוונה שם כמו כאן שזה טעם מילוי האולרות:

רש"י

(ג) **ובאת בצרה וסיפק לה מלכים.** יובב בן זרח מבלרה: **טביחה גדולה בארץ אדום. לפום תורא.** שור גדול דכתיב (לעיל כז, א) עשו בנו הגדול אף הקב"ה גדול [עיין לעיל סה, יא]: (ד) **מהיטבאל מטיבי אלהות היו.** מתקני, כמו מטיבי נשים מקשטין לנשים: **שהוי מעמידין טיראות.** פלטרין: **משהיו מטיבין אותה לבעלה, אח"כ היו טורדין אותה מבעלה.** בזנות. ובתרגום ירושלמי מתרגם בת מטרד (לו, לט) גברא טרודא דהוה לטולם כמטרידא כל ימי חייו: **דבר אחר בת מטרד.** בתחלה טרודין היו לעסוק להרויח מזונותם: **בת מי זהב.** אחר כך משהעשירו לא היו חוששים לכסף וזהב, מי זהב כלומר מהו זהב: **עוד מלך אחד נתבקש לאדום.** עדיין עתיד להעמיד מלכים: **לערום תסווריות.** לגלות אולרות: **בלווטין.** ממונה עשיר: **אבותיך.** מקבלין ממון ואתה מבזבז: **ולא זז עד שמלאן.** העליל על בני אדם ומלאן כסף וזהב משוחדות:

מתנות כהונה

ויומת בלע אמר רבי אבהו כו': שהיה לו דין עם אחד. גרסינן: **כלו מזונותיו.** לאותו שהיה מדיין עם בן מלך: **ובאת בצרה כו'.** פירש רש"י דכתיב (לו, לג) וימלוך תחתיו יובב בן זרח מבלרה: [ד] **מטיבי כו'.** מתקנין היטב אלוהות: **טוריות.** פירש רש"י היכלות ופלטריות, ודרש מטרד לשון טוריות: **ואח"כ טורדין כו'.** מהיטבאל דרש נוטריקון משהטיבו אותה לבעלה, טַל, כלומר לא שהתה אצלו: **טורדין אותה.** פרש"י בזנות: **הכי גרסינן במזונותם מן דעתירין אמרין מהו דהבא.** פירש רש"י בתחלה היו טרודים ואחר להעשיר, ומשהעשירו אמרו מהו זהב מהו כסף: **עוד מלך אחד.** אלוף עירם אחר מגדיאל: **לערום.** לשון עַרֵמָה כלומר יצברו צבורים למנחה לו, ורש"י גרס לערות, ופירש בו לגלות אולרות, מלשון ערות יסוד עד צואר (חבקוק ג, יג) [נוסחא אחרינא וארוה כל עוברי דרך (תהלים פ, יג)]: **תיסווריות.** אולרות: **מצמתין.** קבלו ולמלמו האולרות: **עד שמלאן.** פירש"י בעלילות בא על בני אדם ומלאן בשוחדות שהיו משחדין אותו:

אשד הנחלים

[ג] **וכלו מזונות.** של אותו האחר שהיה מדיין עם בן המלך: **אלא עם זה.** אחר שהוא היה הגורם שע"י יצטער בני: [ד] **מהו דהבא.** עיין במתנות כהונה בשם רש"י: **מלך מגדיאל.** כי שלשלת היה חוזר חלילה מאלה האלופים כנודע בחכמות התולדות, וראה בחלום כי זה לעומת מגדיאל, וא"כ עוד אחד יהיה לעומת האחרון, ואח"כ יכלה זכותו: **אבותיך מצמתין.** מסתמא לא בזבז על דרך מצוה וצדקה, רק בזבז להתענג, ולכן נתגלה לו אליהו להזהירו שלא יבזבז כי הכל מוכן לעתיד:

מסורת המדרש

ג. ילקוט ישעיה רמז ד"ש:

אם למקרא

חֶרֶב לַה' מָלְאָה דָם הֻדַּשְּׁנָה מֵחֵלֶב מִדַּם כָּרִים וְעַתּוּדִים מֵחֵלֶב כִּלְיוֹת אֵילִים כִּי זֶבַח לַה' בְּבָצְרָה וְטֶבַח גָּדוֹל בְּאֶרֶץ אֱדוֹם:
(ישעיה לד:ו)

ידי משה

[ד] **טרודים הם במזונותיהם.** זה בילקוט (רמז קמ) ליתא וראיתי עוד גירסא טרודים הם בעתיהם ולא יכלתי להולמו פירושו. ורש"י גורס בתחלה טרודים היו להרווית טירותם ולא גרס במזונתם, וגם מביא רש"י גירסת הירושלמי וזה לשונו משהיו מטיבין אותה לבעלה היו טורדין אותה מבעלה בזנות, ובתרגום ירושלמי איתא מתורגם בת מטרד גברא טרודא דהוה לטולם כמטרידא כל ימי חייו, ולא ידעתי פירושו של רש"י והתרגום וגם גירסת המדרש מזונות מאי בעי הכא, ולי נראה לגרום דקאי הכל על זנות ובמקום במזונתם לריך לומר בזנותם, והכי פירושו שהיו טרודין יותר אחר זנותם מן דעתרין פירוש מן עשירות יותר היו רודפין אחר זנות מן כסף וזהב, שהיו אומרים מה נחשב כסף וזהב נגד תאוות זנות כנ"ל. או יכול להיות טרודים היו במזונתם מן דעתירן פירוש מן העושר גדול שהיה להם מקדם ובשביל הזנות אבד העושר ההוא ולא היה להם אפילו מזונות עד שהיו אומרים למי כסף וזהב על דרך בעד אשה זונה עד ככר לחם (משלי ו, כו). כנ"ל:

§5 The Midrash, by way of a parable, comes to explain why Edom merited a long line of kings before Israel appointed its first king:

הַתֶּבֶן וְהַקַּשׁ וְהַמּוֹץ מִדַּיְּינִים זֶה עִם זֶה — This may be compared to **straw, stubble, and chaff** of a wheat stalk that **were debating with one another** over which one was more significant. זֶה אוֹמֵר: בִּשְׁבִילִי נִזְרְעָה הַשָּׂדֶה — **This one claimed, "For my sake was the field sown,"** וְזֶה אוֹמֵר: בִּשְׁבִילִי נִזְרְעָה הַשָּׂדֶה — **and that one claimed, "For my sake was the field sown."**[27] אָמְרוּ הַחִטִּים: הַמְתִּינוּ עַד שֶׁתָּבוֹאוּ הַגּוֹרֶן וְאָנוּ יוֹדְעִין בִּשְׁבִיל מָה נִזְרְעָה הַשָּׂדֶה — **The wheat** then **said** to them, **"Wait until you come to the threshing floor, and** then **we will know for whose sake the field was sown."** בָּאוּ לַגּוֹרֶן וְיָצָא בַּעַל הַבַּיִת לְזוֹרוֹתָהּ — When **they came to the threshing floor, the owner came to winnow the crop,** הָלַךְ לוֹ הַמּוֹץ בָּרוּחַ — **throwing the chaff to the wind.** נָטַל אֶת הַתֶּבֶן וְהִשְׁלִיכוֹ עַל הָאָרֶץ — Then, **he took the straw and threw it on the ground,** וְנָטַל אֶת הַקַּשׁ וּשְׂרָפוֹ — **and he took the stubble and burned it.** נָטַל אֶת הַחִטִּים וְעָשָׂה אוֹתָן כְּרִי — **He** then **took the wheat kernels** that he winnowed **and formed them into a pile,** וְכָל מִי שֶׁרוֹאֶה אוֹתָן מְנַשְּׁקָן — **and whoever saw [the wheat] kissed it,** recognizing its superiority over the other commodities; הֵיךְ מַה דְּאַתְּ אָמַר "נַשְּׁקוּ בַר פֶּן יֶאֱנַף" — **as it is stated, *"Kiss grain," lest He grow wrathful*** (*Psalms* 2:12).[28]

The conclusion of the parable:

כָּךְ אוּמּוֹת הָעוֹלָם — **Similarly, the** various **nations of the world** argue with one another: הַלָּלוּ אוֹמְרִים: אָנוּ עִיקָּר וּבִשְׁבִילֵנוּ נִבְרָא הָעוֹלָם — **These [nations] say, "We are paramount, and for our sake the world was created";** וְהַלָּלוּ אוֹמְרִים: בִּשְׁבִילֵנוּ נִבְרָא הָעוֹלָם — while **these** [**nations**] **say,** "We are paramount, and **for our sake the world was created."** אָמְרוּ לָהֶם יִשְׂרָאֵל: הַמְתִּינוּ עַד שֶׁיַּגִּיעַ הַיּוֹם וְאָנוּ יוֹדְעִים בִּשְׁבִיל מִי נִבְרָא הָעוֹלָם — So **the nation of Israel tells** all **[the nations], "Wait until the Day** of Judgment **arrives** in the times of the Messiah, **and then we will** all **know for whose sake the world was created."**[29] הֲדָא הוּא דִכְתִיב "כִּי הִנֵּה הַיּוֹם בָּא בֹּעֵר כַּתַּנּוּר" — **Thus it is written, *For behold, the day is coming, burning like an oven,*** *when all the wicked people and all the evildoers will be like stubble; and that coming day will burn them up, says HASHEM, Master of Legions* (*Malachi* 3:19).[30] וַעֲלֵיהֶם הוּא אוֹמֵר "תִּזְרֵם וְרוּחַ תִּשָּׂאֵם וּסְעָרָה תָּפִיץ אוֹתָם" — **Regarding them it** also **states,** *And you will make the hills like chaff.* ***You will winnow them and the wind will carry them off, a storm will scatter them*** (*Isaiah* 41:15-16).[31] אֲבָל יִשְׂרָאֵל "וְאַתָּה תָּגִיל בַּה' בִּקְדוֹשׁ יִשְׂרָאֵל תִּתְהַלָּל" — **But [regarding] Israel,** the verse concludes, ***but you will rejoice in HASHEM; in the Holy One of Israel you will glory!***[32]

NOTES

27. Each one claimed that it was the primary product of the stalk. None of them even entertained the idea that the wheat kernel might be the main product, for each of them grows taller and taller before the tiny wheat grain even appears.

28. [According to the Midrash's exposition of this verse, the word בַּר is translated as *grain* (as in the verse below, 41:35). According to its simple meaning, the verse is to be rendered, *Yearn for purity, lest He grow wrathful.*] In the end it is clear to all that the tiny wheat kernel is the primary product; the straw and stubble that grow tall serve to protect the tiny kernel when it eventually develops.

29. Like the byproducts of grain, which pay no heed to the wheat kernel since they grow tall before the tiny kernel even develops, the nations of the world pay no heed to Israel since they prosper and grow while the Jewish nation remains small. The nation of Israel, however, declares to the other nations, "When the Messiah arrives, and the wicked nations are destroyed, it will be plainly evident that we are the chosen ones of God." This corresponds to the wheat of the foregoing parable, which exclaimed, "Wait until the harvest comes to the threshing floor, and we will then know for whose sake the field was sown." See Insight Ⓐ.

30. The word "day" in this verse is either a reference to the day of final judgment, which is compared to a burning fire (see *Radak*), or a metaphoric reference to the sun. At a future time, God will remove the sun from its covering and thereby the wicked – who are compared to straw and stubble – will be punished and the righteous (mentioned in the following verse) will be healed.

31. The verse speaks metaphorically of the punishment that will befall Israel's enemies, likening them to "chaff" that is separated from the grain by threshing the grain and winnowing it, when the chaff is thrown to the wind (see *Yefeh To'ar*). See Insight Ⓑ.

32. See Insight Ⓒ.

INSIGHTS

Ⓐ **To Protect the Wheat** The Midrash teaches this parable here in order to explain why Edom flourished, while Jacob was subject to exile in Egypt for many years (and to explain the juxtaposition of this passage with the following one, in which the chain of events leading to the Egyptian exile begins): Just as straw and stubble grow tall first, giving the impression that they are the main part of the grain, but, in actuality, serve to protect the tiny kernel that develops last, so too Esau and the other nations prosper and wax, giving the false impression that they are superior, but in truth their growth prepares the way for tiny Israel's future emergence. The enemies of the Jews will all be punished and it will then be evident to all that God created the world for the Jews, so that they may serve Him; the nations keep the world populated for Israel's sake. Moreover, the nations of the world must become great and dominate over Israel because only in exile can Israel become purified, thus readying themselves for the time when all will realize, *in the Holy One of Israel you will glory* (see *Eitz Yosef; Yefeh To'ar; Tiferes Tzion*).

Ⓑ **Straw, Stubble, and Chaff** *Yefeh To'ar* (based on *Moreh Nevuchim* 3:25) suggests that the three byproducts of wheat mentioned by the Midrash represent three different categories of people: (1) Those who act properly by observing God's commandments; in the case of non-Jews that means that they observe all of the seven Noahide laws, as stated in the Torah, out of the belief that God commanded them to do so. Certainly, those who come to the aid of the Jews are included in this category. They all earn a share in the World to Come. Such people may thus be likened to straw, which, while not nearly as useful as the wheat grain itself, is used for animal feed, giving animals strength to help man. (2) Others, while keeping these laws, do not believe they were Divinely ordained. Rather, they keep them out of a sense of civic duty, because they believe it is morally correct to do so. Such people have no share in the World to Come. While, for the most part, they act correctly, they toil for naught, for only one who believes in God and keeps the Noahide laws because they are recorded in the Torah earns eternal reward. They are thus compared to stubble, which may be used for kindling, though it has no intrinsic value. (3) These are the wicked, who have no moral code. Their actions are all in vain. The Midrash likens such individuals to chaff, which is worthless and is cast to the wind (see *Yefeh To'ar* further; see *Moreh Nevuchim* 3:25).

The Midrash's comparison of Israel to the wheat in the parable is especially apt, for the Sages interpret the expression בְּרֵאשִׁית [literally, *in the beginning*] with which the Torah introduces creation to mean: Because of the Torah, which is called *"the beginning* of His way*"* (*Proverbs* 8:22); and because of Israel, who is called *"the beginning* of His *produce"* (*Jeremiah* 2:3). That is, for the sake of Israel, who is destined to inherit the Torah, God created heaven and earth (*Rashi*). It should be pointed out that Man – the main being for which God created the world — was created last. Likewise, Israel, whose role it became to be God's servants when Adam sinned, were the last nation to be formed (see *Gur Aryeh* to *Genesis* 1:1 s.v. בשביל ישראל והתורה).

Ⓒ **The Purpose of This World** The nations of the world bicker over which one of them is the focus of the world, while the nation of Israel says: Wait until the Day of Judgment and you will see for whom the world was created. But the question arises: Which world are they speaking of? There are two worlds: this world and the World to Come. Those two worlds were divided between Jacob and Esau: Esau took this

(ה) [ד] התבן והקש כו׳. בא לתת טעם מה שהגליח אדום למלוכה קודם יעקב, כי הוא בדמיון התבן והקש אשר ילמחו בתחילה ויעלו מעלה מעלה עד שיראה לכאורה כי הם עיקר הזרע, ולפי האמת עיקר הפרי בא באחרונה: **לזורותה.** כמו דאת אמר הנה הוא זורה הגורן:

(ה) התבן והקש. דורש סמוכין שאחר זה כתיב וישב יעקב, ועיין פסיקתא רבתי (ז, ד) שיר השירים רבה (ז, ז) סוף פסוק שררך בטנך: **כי הנה.** עיין לעיל (עח, ה) על פסוק ויזרח לו השמש:

ה יהַתֶּבֶן וְהַקַּשׁ וְהַמּוֹץ °מְרִיבִים (מְדַיְּינִים) זֶה עִם זֶה, זֶה אוֹמֵר: בִּשְׁבִילִי נִזְרְעָה הַשָּׂדֶה, וְזֶה אוֹמֵר: בִּשְׁבִילִי נִזְרְעָה הַשָּׂדֶה, אָמְרוּ הַחִטִּים: הַמְתִּינוּ עַד °שֶׁתָּבֹא הַגּוֹרֶן וְאָנוּ יוֹדְעִין בִּשְׁבִיל מָה נִזְרְעָה הַשָּׂדֶה, בָּאוּ לַגּוֹרֶן וְיָצָא בַּעַל הַבַּיִת לִזְרוֹתָהּ, הָלַךְ לוֹ הַמּוֹץ בָּרוּחַ, נָטַל אֶת הַתֶּבֶן וְהִשְׁלִיכוֹ עַל הָאָרֶץ וְנָטַל אֶת הַקַּשׁ וּשְׂרָפוֹ, נָטַל אֶת הַחִטִּים וְעָשָׂה אוֹתָן כְּרִי וְכָל מִי שֶׁרוֹאֶה אוֹתָן מְנַשְּׁקָן, הֵיךְ מַה דְּאַתְּ אָמַר (תהלים ב, יב) "נַשְּׁקוּ בַר פֶּן יֶאֱנַף", כָּךְ °אוּמּוֹת הָעוֹלָם°, הַלָּלוּ אוֹמְרִים: אָנוּ עִיקָּר וּבִשְׁבִילֵנוּ נִבְרָא הָעוֹלָם, וְהַלָּלוּ אוֹמְרִים: בִּשְׁבִילֵנוּ נִבְרָא הָעוֹלָם, אָמְרוּ לָהֶם יִשְׂרָאֵל: הַמְתִּינוּ עַד שֶׁיַּגִּיעַ הַיּוֹם וְאָנוּ יוֹדְעִים בִּשְׁבִיל מִי נִבְרָא הָעוֹלָם, הָדָא הוּא דִכְתִיב (מלאכי ג, יט) "כִּי הִנֵּה הַיּוֹם בָּא בֹּעֵר כַּתַּנּוּר", וַעֲלֵיהֶם הוּא אוֹמֵר (ישעיה מא, טז) "תִּזְרֵם וְרוּחַ תִּשָּׂאֵם וּסְעָרָה תָּפִיץ אוֹתָם", אֲבָל יִשְׂרָאֵל (שם) "וְאַתָּה תָּגִיל בַּה' בִּקְדוֹשׁ יִשְׂרָאֵל תִּתְהַלָּל":

מתנות כהונה

[ה] **לזורותה.** כמה דאת אמר (רות ג, ב) הנה הוא זורה הגורן:

אשד הנחלים

[ה] **התבן והקש כו׳.** והוא מליצה נפלאה בסוף סדרא, להורות כי התכלית ניכר רק מסוף, וראשית הדברים המה רק הכנות ושמירות לסוף הדברים. וכמה מן המליצות הנכונות נוכל להוציא מזה המשל, אך אין זה מקומו כי אם בדרכי הדרשות ולכן יעזבו נא הנה ויבואר אי"ה במקום אחר:

שינוי נוסחאות

(ה) **התבן והקש והמוץ מריבים (מדיינים).** בכל הנוסחאות של מדרש היה כתוב רק "מדיינים", אבל בילקוט איתא "מריבים", ובוילנא תר"ג התחילו לכתוב את שתי הנוסחאות, והכניסו "מדיינים" (שהוא עיקר הגירסא המקורי) בסוגריים, וכן עשו הבאים אחריהם. **עד שתבא הגורן.** בכל ספרים הישנים היה כתוב "שתבואו" (וקאי על התבן והקש), אבל בד' יעסניץ איתא "שתבא" (וקאי על הגורן, בל' נקבה), וכן כתבו גם בוילנא תר"ג ובווארשא:

אמרי יושר

[ה] **החיטים והתבן מדיינים.** זהו אלה אלופי עשו למושבותם יישוב ואחוזה עיקרית עושים. יעקב גר בארץ מגורי אביו אבל אלה תולדות יעקב יוסף כי [בית] יעקב אש ובית יוסף להבה כדלקמן (פרשה פד ה) ומזה נלמוד כי הדבר העיקרו מתאחר גידולו כחטה, אבל החיצוני מתראה מיד כקליפת הפרי, וכן אדום מלכו מיד, אבל ישראל התחלות קשות סימן יפה (ילקוט איוב רמז תתקד) וכן עשו נולד תחלה:

מסורת המדרש

ד. שיר השירים רבה פרשה ז׳ פסוק ג׳. מדרש תהלים מזמור ב׳. אגדת בראשית פרק כ"ג. ילקוט דברי הימים רמז אלף ע"ה:

אם למקרא

נַשְּׁקוּ בַר פֶּן יֶאֱנַף וְתֹאבְדוּ דֶרֶךְ כִּי יִבְעַר כִּמְעַט אַפּוֹ אַשְׁרֵי כָּל חוֹסֵי בוֹ:
(תהלים ב:יב)

כִּי הִנֵּה הַיּוֹם בָּא בֹּעֵר כַּתַּנּוּר וְהָיוּ כָל זֵדִים וְכָל עֹשֵׂה רִשְׁעָה קַשׁ וְלִהַט אֹתָם הַיּוֹם הַבָּא אָמַר ה' צְבָאוֹת אֲשֶׁר לֹא יַעֲזֹב לָהֶם שֹׁרֶשׁ וְעָנָף:
(מלאכי ג:יט)

תִּזְרֵם וְרוּחַ תִּשָּׂאֵם וּסְעָרָה תָּפִיץ אוֹתָם וְאַתָּה תָּגִיל בַּה' בִּקְדוֹשׁ יִשְׂרָאֵל תִּתְהַלָּל:
(ישעיה מא:טז)

INSIGHTS

world and Jacob took the World to Come (*Tanna DeVei Eliyahu Zuta,* Ch. 19). About which world, then, are they fighting?

Shem MiShmuel suggests that the fight is about this world. The descendants of Esau claim that it was created for them, and the descendants of Ishmael claim it was created for them. The truth, though, is that this world was created to enable one to gain a portion in the World to Come. If this is the genuine purpose of this world, then even this world was created for the nation of Israel, who are the rightful heirs of the World to Come.

The analogy to the straw, the stubble, and the chaff is precise: When a stalk of wheat grows, the parts of it that become straw, stubble, and chaff are the relatively large external structures protecting the wheat and allowing it to grow. They are the parts that one sees on the outside. The nations of the world have an "outside" perspective of this world. They see it as a place to amass all the material enjoyments it has to offer. Their argument revolves around which external structure and which set of enjoyments is most important. But like the wheat inside the straw and the stubble, the main part of this world is on the inside. It is the exercise of one's freedom of choice to pick virtue over vice and selflessness over selfishness.

The principle that this world's value lies in its being a stepping-stone to the World to Come brings to mind a comment of the *Brisker Rav, R' Yitzchak Zev Soloveitchik.* The Gemara at the beginning of *Avodah Zarah* (2a-b) teaches:

The Holy One, blessed is He, will bring a Torah scroll, place it in His lap and declare, "Whoever involved himself with [the Torah] shall come and take its reward." Immediately, the idol worshipers [of all the nations] will gather... The Roman Empire will enter before Him first ... The Holy One, blessed is He, will say to [the Romans], "With what did you involve yourselves?" They will respond before Him, "Master of the Universe, we established many marketplaces, constructed many bathhouses, and amassed much silver and gold. And all these we did only for the sake of the Jews, that they should be able to engage in Torah study." The Holy One, blessed is He, will tell them, "Fools of the world! Whatever you have done has been for your own sake: You have established markets to quarter harlots in them; bathhouses to luxuriate yourselves in them; and as to the gold and silver that you have gathered, it is in fact Mine, as it says: Mine is the silver and the gold, says Hashem, Master of Legions ... you are not deserving of any reward." Upon hearing this, [the Romans] will leave in despair immediately ...

The Persian Empire will enter afterward ... The Holy One, blessed is He, will say to them, "With what did you involve yourselves?" They will respond before Him, "Master of the Universe, we have constructed many bridges, conquered many cities, and waged many defensive wars. And all these we did only for the sake of the Jews, that they should be able to engage in Torah study." The Holy One, blessed is He, will tell them, "Whatever you have done has been for your own sake: You constructed bridges to collect taxes from those who traversed them, you conquered cities in order to press [their inhabitants and livestock] into the service of the king. And as to the wars that you waged, I, in fact, am the One who waged them, as it says: Hashem is the Master of war ... you are not deserving of any reward." [The Persians] will leave from before Him in despair immediately ...

And the same will transpire with each and every nation. Each will argue that they should merit reward because of their temporal achievements from which Israel also derived benefit, and their claims will be denied.

The Brisker Rav expresses astonishment at the claims of the Romans and the Persians. How dare they speak such blatant lies to Hashem, Who is aware of all their deeds and thoughts?! How dare they say that they established marketplaces and bathhouses and bridges and so on solely to assist the Jews in Torah study! At that point in history, the nations of the world will recognize their Creator and the truth in general and such lies will be unthinkable!

The Brisker Rav explains that the nations of the world will not be lying. Indeed, God will refer to them as "fools" and not "liars" because they will be correct in asserting that their accomplishments were for the sake of the Jews. God often prompts the nations to create things from which the Jews benefit, to better enable the Jews to fulfill their Divine mission. *Rambam* writes, in the introduction to his *Commentary on the Mishnah,* that a man of opulent wealth may decide to build a grand palace, equal to those of royalty, and a huge basilica will be erected. What will be its [true] role? The entire palace will lie in readiness for a saintly man who will one day pass by and require the shade of one of its walls. The life of that saintly man will thus have been preserved and the palace will have served its purpose.

However, they would be fools to expect reward for their actions, since their actions were not motivated by such purposes, and indeed they had no intention of benefiting the saintly individuals who uphold the Torah (*Chidushei Maran Riz HaLevi al HaTorah,* introduction to *Genesis*).

It is one's intent that is paramount. To go through life using the straw and the stubble to promote the development of the kernel is indeed the way to amass all that this world truly has to offer. It is, after all, the purpose for which this world was created. And in the end, only the kernel will endure.

(ה) [ד] התבן והקש כו'. בא לתת טעם מה שהגליא אדום למלוכה קודם יעקב, כי הוא בדמיון התבן והקש אשר יצמחו בתחילה ויעלו מעלה מעלה עד שיראה לכאורה כי הם עיקר הזרע, ולפי האמת עיקר הפרי בא באחרונה: **לזרותה.** כמו דאת אמר הנה הוא זורה הגורן:

(ה) התבן והקש. דורש סמוכין שאחר זה כתיב וישב יעקב, ועיין פסיקתא רבתי (ז, ד) שיר השירים רבה (ז, ז) סוף פסוק שררך בטנך: **כי הנה.** עיין לעיל (עח, ה) על פסוק ויזרח לו השמש:

ה **הַתֶּבֶן וְהַקַּשׁ וְהַמּוֹץ °מְרִיבִים (מְדַיְּינִים) זֶה עִם זֶה, זֶה אוֹמֵר: בִּשְׁבִילִי נִזְרְעָה הַשָּׂדֶה, וְזֶה אוֹמֵר: בִּשְׁבִילִי נִזְרְעָה הַשָּׂדֶה, אָמְרוּ הַחִטִּים: הַמְתִּינוּ עַד °שֶׁתָּבֹא הַגּוֹרֶן וְאָנוּ יוֹדְעִין בִּשְׁבִיל מָה נִזְרְעָה הַשָּׂדֶה, בָּאוּ לַגּוֹרֶן וְיָצָא בַּעַל הַבַּיִת לְזָרוֹתָהּ, הָלַךְ לוֹ הַמּוֹץ בָּרוּחַ, נָטַל אֶת הַתֶּבֶן וְהִשְׁלִיכוֹ עַל הָאָרֶץ וְנָטַל אֶת הַקַּשׁ וּשְׂרָפוֹ, נָטַל אֶת הַחִטִּים וְעָשָׂה אוֹתָן כְּרִי וְכָל מִי שֶׁרוֹאֶה אוֹתָן מְנַשְּׁקָן, הֵיךְ מַה דְּאַתְּ אָמַר** (תהלים ב, יב) **"נַשְּׁקוּ בַר פֶּן יֶאֱנַף", כָּךְ °אוּמּוֹת הָעוֹלָם°, הַלָּלוּ אוֹמְרִים: אָנוּ עִיקָּר וּבִשְׁבִילֵנוּ נִבְרָא הָעוֹלָם, וְהַלָּלוּ אוֹמְרִים: בִּשְׁבִילֵנוּ נִבְרָא הָעוֹלָם, אָמְרוּ לָהֶם יִשְׂרָאֵל: הַמְתִּינוּ עַד שֶׁיַּגִּיעַ הַיּוֹם וְאָנוּ יוֹדְעִים בִּשְׁבִיל מִי נִבְרָא הָעוֹלָם, הָדָא הוּא דִכְתִיב** (מלאכי ג, יט) **"כִּי הִנֵּה הַיּוֹם בָּא בֹּעֵר כַּתַּנּוּר", וַעֲלֵיהֶם הוּא אוֹמֵר** (ישעיה מא, טז) **"תִּזְרֵם וְרוּחַ תִּשָּׂאֵם וּסְעָרָה תָּפִיץ אוֹתָם", אֲבָל יִשְׂרָאֵל** (שם) **"וְאַתָּה תָּגִיל בַּה' בִּקְדוֹשׁ יִשְׂרָאֵל תִּתְהַלָּל":**

מתנות כהונה

[ה] **לזרותה.** כמה דאת אמר (רות ג, ב) הנה הוא זורה הגורן:

אשד הנחלים

[ה] התבן והקש כו'. והוא מליצה נפלאה בסוף סדרא, להורות כי התכלית ניכר רק מסוף, וראשית הדברים המה רק הכנות ושמירות לסוף הדברים. וכמה מן המליצות הנכונות נוכל להוציא מזה המשל, אך אין זה מקומו כי אם בדרכי הדרשות ולכן יעזבו נא הנה ויבואר אי"ה במקום אחר:

שינוי נוסחאות

(ה) **התבן והקש והמוץ מריבים (מדיינים).** בכל הנוסחאות של מדרש היה כתוב רק "מדיינים", אבל בילקוט איתא "מריבים", ובוילנא תר"ג התחילו לכתוב את שתי הנוסחאות, והכניסו "מדיינים" (שהוא עיקר הגירסא המקורי) בסוגריים, וכן עשו הבאים אחריהם. **עד שתבא הגורן.** בכל ספרים הישנים היה כתוב "שתבואו" (וקאי על התבן והקש), אבל בד' יעסניץ איתא "שתבא" (וקאי על הגורן, בל' נקבה), וכן כתבו גם בוילנא תר"ג ובוארשא:

אמרי יושר

[ה] החיטים והתבן מדיינים. זהו אלה אלופי עשו למושבותם יישוב ואחוזה עיקרית עושים. יעקב גר בארץ מגורי אביו אבל אלה תולדות יעקב יוסף כי [בית] יעקב אש ובית יוסף להבה כדלקמן (פרשה פד ה) ומזה נלמוד כי הדבר העיקרו מתאחר גידולו כחטה, אבל החיצוני מתראה מיד כקליפת הפרי, וכן אדום מלכו מיד, אבל ישראל התחלות קשות סימן יפה (ילקוט איוב רמז תתקד) וכן עשו נולד תחלה:

מסורת המדרש

ד. שיר השירים רבה פרשה ז' פסוק ג'. מדרש תהלים מזמור ב'. אגדת בראשית פרק כ"ג. ילקוט דברי הימים רמז אלף ע"ה:

אם למקרא

נַשְּׁקוּ בַר פֶּן יֶאֱנַף וְתֹאבְדוּ דֶרֶךְ כִּי יִבְעַר כִּמְעַט אַפּוֹ אַשְׁרֵי כָּל חוֹסֵי בוֹ:
(תהלים ב:יב)

כִּי הִנֵּה הַיּוֹם בָּא בֹּעֵר כַּתַּנּוּר וְהָיוּ כָל זֵדִים וְכָל עֹשֵׂה רִשְׁעָה קַשׁ וְלִהַט אֹתָם הַיּוֹם הַבָּא אָמַר ה' צְבָאוֹת אֲשֶׁר לֹא יַעֲזֹב לָהֶם שֹׁרֶשׁ וְעָנָף:
(מלאכי ג:יט)

תִּזְרֵם וְרוּחַ תִּשָּׂאֵם וּסְעָרָה תָּפִיץ אוֹתָם וְאַתָּה תָּגִיל בַּה' בִּקְדוֹשׁ יִשְׂרָאֵל תִּתְהַלָּל:
(ישעיה מא:טז)

BIBLIOGRAPHY

Abarbanel — (1437-1508) Philosopher, statesman, leader of Spanish Jewry at the time of the Expulsion in 1492. Wrote massive commentary on nearly the entire *Tanach.*

Aderes — by R' Eliyahu David Rabinowitz-Teomim (Jerusalem, 5765).

Aderes Eliyahu — Commentary on the Pentateuch by the ***Vilna Gaon,*** R' Eliyahu ben Shlomo Zalman (1720-1797).

Afikei Yehudah — by R' Yehudah Eidel, a disciple of the ***Vilna Gaon*** (Chemyshevs, 5632).

Afikei Yam — Commentary on Talmudic *Aggados* by R' Yitzchak Isaac Chaver (Jerusalem, 5754).

Ahavas Yehonasan — Commentary on the weekly *Haftaros* by R' Yehonasan Eybeschutz of Prague, Metz, and Altona, one of the leading rabbis of the 18th century.

Akeidas Yitzchak — Profound philosophical-homiletical commentary on the Pentateuch by R' Yitzchak Arama (1420-1494), one of the leading rabbis of 15th-century Spain.

Alshich — R' Moshe Alshich dayan and preacher in Safed during its golden age. Wrote popular commentary on the *Tanach* called ***Toras Moshe.***

Anaf Yosef — by R' Chanoch Zundel ben Yosef (first printed 5627).

Aruch — Talmudic dictionary, by R' Nassan ben Yechiel (10th century).

Atarah LaMelech — by R' Avraham Pam.

Avnei Nezer — Title of the responsa collection of R' Avraham Borenstein of Sochachov (1839-1910), a foremost Chassidic Rebbe and Torah scholar of the 19th century; frequently cited in ***Shem MiShmuel,*** the discourses of his son.

R' Avraham ben HaRambam — (1186-1237) Successor to his illustrious father as Naggid, or official leader, and Chief Rabbi of Egyptian Jewry. Wrote commentary on the Pentateuch in Arabic of which only the sections on *Genesis* and *Exodus* have survived.

Baal Halachos Gedolos — One of the earliest codes of Jewish law, composed by R' Shimon Kayyara, who is believed to have lived in Babylonia in the 9th century and to have studied under the *Geonim* of Sura.

Baal HaTurim — Commentary on the Pentateuch by R' Yaakov the son of the ***Rosh*** (c.1275-c.1340). The commentary is composed of two parts: (a) a brief one based on *gematria* and Masoretic interpretations (known as *Baal HaTurim*); (b) an extensive exegetical commentary, known as *Peirush HaTur HaAroch.*

Bechor Shor — Commentary on the Pentateuch by the Tosafist R' Yosef Bechor Shor (1140-1190), disciple of ***Rabbeinu Tam.***

Be'er BaSadeh — A supercommentary on ***Rashi's*** Pentateuch commentary and the supercommentary of ***Mizrachi,*** by R' Meir Binyamin Menachem Danon, Chief Rabbi of Sarejevo, Bosnia in the early 19th century.

Be'er BaSadeh — by R' Alexander Sender Freidenberg (Warsaw, 5636).

Be'er HaGolah — a work composed by the ***Maharal*** of Prague (1526-1609) to explain certain *Aggados.*

Be'er Mayim Chaim — Supercommentary on ***Rashi's*** commentary on the Pentateuch by R' Chaim ben Betzalel (1515-1588), Chief Rabbi of Worms, older brother of ***Maharal.***

Be'er Mayim Chaim — Commentary on the Torah by the Chassidic master R' Chaim of Czernowitz (1760-1818).

Be'er Moshe — Chassidic commentary on the Pentateuch by R' Moshe Yechiel HaLevi Epstein of Ozharov (1890-1971).

Be'er Yitzchak — Supercommentary on ***Rashi's*** commentary on the Pentateuch by R' Yitzchak Yaakov Horowitz of Yaroslav (died 1864).

Be'er Yosef — by R' Yosef Tzvi Salant (Jerusalem, 5732).

Beis Ephraim — by R' Naftali Sofer (Pressburg, 5632).

Beis HaLevi — Title of many of the works of R' Yosef Dov Halevi Soloveitchik (1820-1892), Rosh Yeshivah in Volozhin and afterward Rabbi of Slutzk and Brisk, including a commentary on the Pentateuch and a commentary on the Passover Haggadah.

Beis HaShoeivah (Ir al Tilah) — by R' Shmuel Greenfield (Jerusalem, 5752).

Beis Yosef — Commentary by R' Yosef Caro (1488-1575) on the law code *Arba'ah Turim.* He was also the author of the ***Shulchan Aruch*** and *Kesef Mishneh,* a classic commentary on ***Rambam's*** code.

Ben Yehoyada — Commentary on the Aggadic portions of the Talmud by the author of *Ben Ish Chai,* R' Yosef Chaim of Baghdad.

Bertinoro, R' Ovadiah of — (c.1440-1516) Leading rabbi in Italy and Jerusalem; author of the most popular commentary on the Mishnah, commonly referred to as "the Rav"or "the Bartinura"; author of ***Amar Nekeh,*** a supercommentary on ***Rashi's*** Pentateuch commentary.

Beur Maharif — by R' Yechezkel Feivel from Vilna.

Bircas Mordechai — by R' Baruch Mordechai Ezrachi (Jerusalem, 5764).

Birkei Yosef — Halachic work on Shulchan Aruch by R' Chaim Yosef David Azulai, known as the *Chida* (died 1806).

Bris Avraham — commentary on ***Yalkut Shimoni*** by R' Avraham Gedaliah, printed in HaMaor edition of Yalkut Shimoni (Jerusalem 5762; originally printed in Leghorn [Livorno], 5410-5415.)

Chafetz Chaim — Title of one of the works of R' Yisrael Meir HaKohen of Radin (1838-1933), author of basic works in *halachah, hashkafah,* and *mussar,* famous for his saintly qualities, acknowledged as a foremost leader of Jewry.

R' Chananel — (died c.1055) Rosh Yeshivah and Rabbi of the Jewish community of Kairouan, North Africa; author of famous Talmud commentary and commentary on the Pentateuch which is quoted by ***Ramban, R' Bachya,*** and others.

Chasam Sofer — Title of many of the works of R' Moshe Sofer (1762-1839), Rabbi of Pressburg and acknowledged leader of Hungarian Jewry, who led the battle against Reform. See also below, ***Toras Moshe.***

Chayei HaMussar — published by Yeshivas Beis Yosef (Ostrovtza, 5696).

Chazon Ish — Title of the works of R' Avraham Yeshaya Karelitz (1878-1953), Lithuanian scholar who spent his last twenty years in Bnei Brak. He held no official position, but was acknowledged as a foremost leader of Jewry. His works cover all aspects of Talmud and Halachah.

Chidushei HaRadal — Commentary on the Midrash by R' David Luria.

Chidushei HaRim — Title of the works of R' Yitzchak Meir of Ger [or Gur] (1799-1866), founder of Ger Chassidus.

Chizkuni — Commentary on the Pentateuch by R' Chizkiyah Chizkuni, who lived in the 13th century, probably in France.

Chochmah U'Mussar — by R' Simchah Zissel Ziv, Alter of Kelm (New York, 5717).

Chochmah VaDaas — by R' Moshe Shternbuch (Jerusalem, 5764).

Chochmas HaMatzpun — teachings of R' Yisrael Salanter (Moshe Avgi, editor) (Bnei Brak, 5759).

Chovos HaLevavos — by Rabbeinu Bachya ibn Paquda (11th century).

Daas Chochmah U'Mussar — by R' Yerucham Levovitz (New York, 5727-5732).

Daas Sofer — by R' Akiva Sofer (reprinted Jerusalem, 5723).

Daas Tevunos — Work of religious philosophy in the form of a dialogue between the soul and the intellect, by R' Moshe Chaim Luzzatto (1707-1746), Kabbalist, poet, and author of, among other works, ***Mesillas Yesharim.***

Daas Torah — by R' Yerucham Levovitz (Jerusalem, 5761).

Daas Yoel — by Rabbi Yoel Kluft. Haifa, 5751.

Daas Zekeinim — Collection of comments on the Pentateuch by the Tosafists of the 12th and 13th centuries.

Darash Moshe — by R' Moshe Feinstein (New York, 1988).

Derachim shel Eish, *Midrash Chachamim* — by R' Yitzchak Rokowski (Jerusalem, 5764).

Derashos HaRan — A collection of discourses by R' Nissim of Gerona, Spain (c.1290-c.1375). A classic exposition of the fundamentals of Judaism.

Divrei HaRav — teachings of R' Yosef Shlomo Kahaneman.

Divrei Shaul — by R' Yosef Shaul Nathanson (Lemberg, 5638).

Derech Hashem — basic text of Jewish philosophy by R' Moshe Chaim Luzzatto (died 1746).

Divrei David — Supercommentary on ***Rashi's*** commentary on the Pentateuch by R' David ben Samuel HaLevi (1586-1667), known as the ***Taz*** after his classic commentary on the ***Shulchan Aruch,*** *Turei Zahav.*

Dubno Maggid — R' Yaakov Krantz (1741-1804), the most famous of the Eastern European *maggidim,* or preachers. Best known for his parables, his discourses were collected and published in *Ohel Yaakov* and other works.

Eglei Tal — by R' Avraham Bornstein of Sochachov known by the name of his responsa, ***Avnei Nezer.***

Emes LeYaakov — by R' Yaakov Kamenetsky (New York / Cleveland 5751; reprinted 5761, 5767).

Eshed HaNechalim — by R' Avraham Shik (first printed 5603).

Eitz Yosef — by R' Chanoch Zundel ben Yosef (first printed 5627).

Gur Aryeh — Supercommentary on ***Rashi's*** Pentateuch commentary by the ***Maharal*** of Prague (1526-1609).

Haamek Davar — Commentary on the Pentateuch by R' Naftali Zvi Yehudah Berlin (1817-1893), Rosh Yeshivah of the famous yeshivah of Volozhin in Russia; popularly known as the Netziv.

Hadar Zekeinim — A work on the Pentateuch containing commentaries by the 11th- and 12th-century Tosafists and the ***Rosh,*** R' Asher ben Yechiel (c.1250-1327).

HaDe'ah VeHaDibbur — by R' Zalman Sorotzkin (Warsaw, 5697).

HaDerash V'halyun — by R' Aharon Levin (Bilgoraj, 5688).

HaKesav VeHaKabbalah — Comprehensive commentary on the Pentateuch by R' Yaakov Tzvi Mecklenburg (1785-1865), Chief Rabbi of Koenigsberg in Germany. It demonstrates how the Oral Tradition inheres in the written text of the Pentateuch.

HaRav MiBrisk — biography of the Brisker Rav, ***R' Yitzchak Zev Soloveichik,*** by Rabbi Shimon Yosef Miller (Jerusalem 5763).

Hegyonos El Ami — by R' Moshe Avigdor Amiel (Antwerp, 5696).

Hirsch, R' Samson Raphael — (1808-1888) Rabbi in Frankfurt-am-Main; great leader of modern German-Jewish Orthodoxy and battler against Reform; author of many works, including a six-volume commentary on the Pentateuch.

Ibn Caspi, R' Yosef — (1280-1340) Controversial philosopher; Bible commentator; grammarian. Among his many works is *Mishneh Kesef,* a commentary on the Pentateuch.

Ibn Ezra, R' Avraham — (1089-c.1164) Bible commentator; *paytan.* Composed classic commentary on entire *Tanach,* famous for its grammatical and linguistic analysis.

Iggeres Teiman — ***Rambam's*** famous letter to the Jews of Yemen urging them to remain steadfast in their faith in the face of false messianism and Moslem religious persecution. An exposition of many fundamental aspects of *hashkafah.*

Igros Moshe — by R' Moshe Feinstein.

Imrei Emes — Chassidic discourses on the Pentateuch by R' Avraham Mordechai Alter, the third Gerrer Rebbe (1865-1948).

Kaftor VaFerach — Famous work on the history, geography, and halachos of Eretz Yisrael, by R' Eshtori HaFarchi (c.1282-c.1357), a disciple of the ***Rosh.***

Kavanos HaTorah — Introductory essay to the Pentateuch by R' Ovadiah Sforno, discussing such matters as the purpose of the narratives in the Torah, certain commandments, and the Tabernacle.

Kedushas Levi — Chassidic discourses of R' Levi Yitzchak of Berditchev (1740-1809) on the Torah, Festivals, Talmud, Midrash, and *Pirkei Avos.*

Kehilas Mordechai — by R' Mordechai Yallin (Piotrkow, 5693; reprinted Jerusalem 5757).

Ksav Sofer — Title of the responsa collection and of the Pentateuch commentary of R' Avraham Shmuel Binyamin Sofer of Pressburg (1815-1879), son and successor of the ***Chasam Sofer.***

Kisvei HaMaggid MeDubno — by R' Eliezer Steinman (Tel Aviv, 5712).

Kli Yakar — Popular commentary on the Pentateuch by R' Shlomo Ephraim Lunshitz (c.1550-1619), Rosh Yeshivah in Lemberg and Rabbi of Prague, one of the leading Polish rabbis of the early-17th century.

Kluger, R' Shlomo — (1785-1869) Rabbi of Brody in Galicia.

Kol Bo — Anonymous halachic compendium (late-13th — early-14th cent.).

Kol Eliyahu — by the ***Vilna Gaon*** (Chanoch Henoch Erzohn, editor) (Piotrkow, 5665).

Kotzk, R' Menachem Mendel of — (1787-1859) One of the leading Chassidic Rebbes in the mid-19th century; his pithy comments are published in *Emes V'Emunah,* in *Ohel Torah,* and in the numerous works of his disciples.

Kuzari — Basic work of Jewish religious philosophy in the form of a dialogue; by R' Yehudah Halevi (c.1080-c.1145), the most famous of the medieval Jewish liturgical poets in Spain.

Lechem Mishneh — Supercommentary on ***Rambam's*** *Yad HaChazakah* by R' Avraham de Boton (Venice, 1609).

Lekach Tov — Contemporary anthology of *mussar* and *hashkafah* writings arranged according to the Pentateuchal weekly readings, by R' Yaakov Yisrael Beifus.

Lev Eliyahu — by R' Elya Lapian (Jerusalem, 5731; reprinted 5765).

Lev Shalom — by R' Shalom Schwadron (Jerusalem, 5759).

Likkutei Yehudah — by R' Yehudah Aryeh Leib Alter (Jerusalem, 5721).

Maayan Beis Hasho'evah — by R' Shimon Schwab (Brooklyn, 5754).

Magen Avraham — Basic commentary on ***Shulchan Aruch*** *Orach Chaim,* by R' Avraham Gombiner (1634-1682) of Kalisch, Poland.

Maharal — Acronym for *R' Yehudah Loewe* ben Bezalel (1526-1609), one of the seminal figures in Jewish thought in the last five centuries. Chief Rabbi in Moravia, Posen, and Prague. Author of numerous works in all fields of Torah.

Maharam — Acronym for *Moreinu HaRav Meir* ben Gedaliah of Lublin, Poland (1558-1616), Rabbi and Rosh Yeshivah in a number of leading communities in Poland; author of a commentary on the Talmud; responsa; and *Torah Ohr*, sermons based on the Torah.

Maharil Diskin — Acronym of *Moreinu HaRav Yehoshua Leib Diskin* (1818-1898), one of the leading Torah scholars of the 19th century, Rabbi in several Lithuanian communities, especially Brisk; subsequently settled in Jerusalem. Among his works is a commentary on the Pentateuch.

Maharit — Acronym for *Moreinu HaRav Yosef Trani* (1568-1639), Rosh Yeshivah and Chief Rabbi of Constantinople; the leading Sephardic Halachist of the early-17th century. His responsa collection, *She'elos U'Teshuvos Maharit,* is considered a classic.

Maharsha — Acronym for *Moreinu HaRav Shlomo Eidel's* of Ostroh, Poland (1555-1632), Rosh Yeshivah and Rabbi in a number of the leading communities of Poland. Author of monumental commentaries on the halachic and aggadic sections of the Babylonian Talmud.

Maharshal — Acronym for *Moreinu HaRav Shlomo Luria* (1510-1573), one of the leading Rabbis of Poland in the 16th century; author of numerous works on Talmud and Halachah, as well as a supercommentary on ***Rashi's*** Pentateuch commentary.

Maharzu — Acronym for *Moreinu HaRav Zeev Wolf* Einhorn of Vilna (died 1862).

Malbim —Acronym for *Meir Leibush ben Yechiel Michel* (1809-1879), Rabbi in Germany, Romania, and Russia, leading Torah scholar and one of the preeminent Bible commentators of modern times. Demonstrated how the Oral Tradition is implicit in the Biblical text.

Mareh HaPanim — commentary on Talmud Yerushalmi, by R' Moshe Margolios.

Masas Moshe — by R' Moshe Chevroni (Jerusalem, 5736).

Maskil L'David — Supercommentary on ***Rashi's*** Pentateuch commentary by R' David Pardo (1710-1792), Rabbi in Sarajevo and Jerusalem, author of many important works; one of the leading Sephardic Torah scholars of the 18th century.

Matnos Kehunah — Commentary on the *Midrash Rabbah* by R' Yissachar Ber HaKohen (c.1520-1590), a student of the ***Rama.***

Me'am Loez — Monumental Ladino commentary on the entire *Tanach* begun by R' Yaakov Culi of Constantinople (1689-1732), a disciple of the *Mishneh LaMelech*. The most popular Torah work ever published in Ladino, it has won great popularity in its Hebrew and English translations as well.

Meshech Chochmah — Commentary on the Pentateuch by R' Meir Simcha HaKohen of Dvinsk (1843-1926), a foremost Torah scholar of his time and author of the classic *Ohr Same'ach* on the ***Rambam's*** *Mishneh Torah.*

Mesillas Yesharim — Basic *mussar* text, by R' Moshe Chaim Luzzatto (died 1746).

Michtav MeEliyahu — Collected writings and discourses of R' Eliyahu Eliezer Dessler (1891-1954) of London and Bnei Brak, one of the outstanding personalities and thinkers of the Mussar movement.

Midrash HaNe'elam — Kabbalistic Midrash, part of the ***Zohar.***

Midrash Lekach Tov — Midrashic work on the Pentateuch and the Five *Megillos* compiled by R' Toviah (ben Eliezer) HaGadol (1036-1108) of Greece and Bulgaria. This work is also known as ***Pesikta Zutrasa.***

Midrash Tanchuma — See below, ***Tanchuma.***

Midrash Tehillim — Ancient Midrash on the Psalms, also known as *Midrash Shocher Tov.*

Mili DeAvos — by R' Shmuel Yeshayah Yoffe (Lakewood 5770).

Minchas Asher — R' Asher Zelig Weiss (Jerusalem 5770).

Mishnas DeRabbi Eliezer — by R' Eliezer from Pinitchov (first printed 5465).

Mishnas R' Aharon — by R' Aharon Kotler.

Mizrachi — Basic supercommentary on ***Rashi's*** Pentateuch commentary by R' Eliyahu Mizrachi (1450-1525) of Constantinople, Chief Rabbi of the Turkish Empire.

Moshav Zekeinim — Collection of comments on the Pentateuch by the Tosafists of the 12th and 13th centuries.

R' Moshe HaDarshan — Eleventh-century compiler of Midrashic anthology known as *Yesod R' Moshe HaDarshan,* cited by ***Rashi*** and other Rishonim.

Nachalas David — by R' David Tebele (Vilna 5642).

Nachal Kedumim — Commentary on *Chumash* by R' Chaim Yosef David Azulai, known as the *Chida* (Warsaw 5649).

Nechmad LeMareh — by R' Shlomo Shalem (first printed 5537).

Nefesh HaChaim — Basic work of religious philosophy by ***R' Chaim of Volozhin*** (1749-1821), primary disciple of the ***Vilna Gaon;*** founder of the famous yeshivah of Volozhin.

Ne'os Deshe — Collection of comments on the Pentateuch by R' Avraham Bornstein of Sochachov (Tel Aviv, 5734); see above, ***Avnei Nezer.***

Nesivos Shalom — R' Shalom Noah Berezovsky (Slonimer Rebbe).

Netziv — See above, ***Haamek Davar.***

Noam Elimelech — Collection of Chassidic discourses on the Pentateuch by R' Elimelech of Lizhensk (1717-1787).

Nezer HaKodesh — by R' Yechiel Michel ben Uzziel (Jessnitz, 1719). Major commentary on *Bereishis Rabbah.*

Ohel Yaakov — See ***Dubno Maggid.***

Ohel Yehoshua — by R' Aharon Heller; Rav in Lithuania, late 19th century (Vilna, 5642; reprinted Jerusalem, 5754).

Ohr Gedalyahu — by R' Gedalyah Schorr.

Ohr HaChaim — Commentary on the Pentateuch by the famous Kabbalist and Talmudic scholar R' Chaim ben Attar (1696-1743), Rabbi and Rosh Yeshivah in Livorno, Italy, and subsequently in Jerusalem.

Ohr HaChaim — R' Yosef Mordechai Rabinowitz (Vilna, 5633).

Ohr HaSeichel — by R' Avrohom ben Asher, often quoted as אב"א (first printed in 5327).

Ohr HaTzafun — by R' Nassan Tzvi Finkel (1849-1927), spiritual head of the Slabodka Yeshivah; one of the giants of the Lithuanian Mussar movement (Jerusalem, 5719).

Ohr Yechezkel — by R' Yechezkel Levenstein (Bnei Brak, 5736).

Os Emes — by R' Meir ben Shmuel Benvenisti (first printed in 5325). References and emendation on Midrash.

Otzar Chaim — by R' Chaim Yaakov Zuckerman (Tel Aviv 5726).

Otzros HaMussar — by R' Moshe Tzuriel (Jerusalem, 5763).

Otzros HaTorah — by R' Moshe Tzuriel (Bnei Brak, 5765).

Otzros R' Yitzchak Isaac Chaver (Jerusalem, 5750).

Oznaim LaTorah — Commentary on the Pentateuch by R' Zalman Sorotzkin (1881-1966), one of the leading Rabbis in Lithuania (popularly known as "the Lutzker Rav") and subsequently in Israel. Has been published in English as *Insights in the Torah.*

Pachad Yitzchak — The collected discourses of R' Yitzchak Hutner (1907-1980), Rosh Yeshivah of Mesivta R' Chaim Berlin in New York, and a foremost thinker and leader of Jewry. His works are based in great measure on those of the ***Maharal.***

Panim Yafos – Commentary on the Pentateuch by R' Pinchas Horowitz (1730-1805), one of the leading Torah scholars of the 18th century, Rabbi in Frankfurt-am-Main, author of the classic works *Haflaah* and *Hamakneh* on the Talmud.

Parashas Derachim – by R' Yehudah Rosanes, author of *Mishneh LaMelech* (Venice, 5502; Jerusalem 5752).

Pardes Yosef – by R' Yosef Pozanowski (Piotrkow 5690-5699).

Peirush HaTefillos VehaBerachos – by R' Yehudah ben Yakar (a teacher of ***Ramban***), 12th-13th century.

Peninei Daas – by R' Elya Meir Bloch (Wickliffe, 5754).

Peninim MiShulchan Gavoah – collection on *Chumash*, by R' Dov Eliach (Jerusalem 5752).

Pesikta DeRav Kahana – Ancient Midrashic collection on certain portions of the Pentateuch as well as on the *Haftaros* of the festivals and special Sabbaths, by R' Kahana, probably the Amora R' Kahana, the disciple of Rav (second century).

Pesikta Rabbasi – Midrashic collection of homilies compiled in the Geonic era on parts of the weekly Torah reading, certain *Haftaros,* and certain special Sabbaths.

Pesikta Zutrasa – Midrashic work on the Pentateuch and the Five *Megillos* compiled by R' Toviah (ben Eliezer) HaGadol (1036-1108) of Greece and Bulgaria. This work is also known as ***Midrash Lekach Tov.***

Pirkei DeRabbi Eliezer – Midrash composed by the school of the Tanna R' Eliezer ben Hyrcanus (c. 100). An important commentary on this Midrash was composed by R' David Luria (1798-1855), one of the leading Torah scholars in Russia in the early 19th century.

Pischei Teshuvah – Digest of responsa arranged according to the order of the ***Shulchan Aruch*** (excluding *Orach Chaim*), forming a kind of commentary to that law-code, by R' Avraham Tzvi Hirsch Eisenstadt (1813-1868), Rabbi of Utian, Lithuania.

Pnei Menachem – by R' Pinchas Menachem Alter (Jerusalem, 5738).

Pri Megadim – Monumental supercommentary on the ***Shulchan Aruch*** commentaries ***Magen Avraham, Turei Zahav,*** and *Sifsei Cohen,* by R' Yoseph Teomim (1727-1792), *dayan* in Lemberg and Rabbi in Frankurt an der Oder.

Rabbeinu Bachya – (1263-1340) Student of the ***Rashba***, author of a commentary on the Pentateuch containing four modes of interpretation: plain meaning of the text, and Midrashic, philosophical, and Kabbalistic exegeses.

Rabbeinu Tam – (1100-1171) Grandson of ***Rashi,*** and one of the foremost Tosafists.

Radak – Acronym for *R' David Kimchi* (1160-1235) of Provence, leading Bible commentator and grammarian. Of his famous commentary on *Tanach,* only the sections to Genesis, the Prophets, Psalms, Proverbs, and Chronicles have survived.

Radvaz – Acronym for *R' David ben Zimra* (c.1480-1573), Chief Rabbi of Egypt, one of the leading rabbis of the 16th century; his responsa collection is considered a classic.

Ralbag – Acronym for *R' Levi ben Gershon* [Gersonides] (1288-1344) of Provence. According to some, he was a grandson of ***Ramban.*** Composed rationalistic commentary on the Scriptures which explains the text, and then sums up the philosophical ideas and moral lessons contained in each section.

Rambam – Acronym for *R' Moshe ben Maimon* ["Maimonides"] (1135-1204), one of the leading Torah scholars of the Middle Ages. His three major works are: *Commentary to the Mishnah* in Arabic; *Mishneh Torah,* a comprehensive code of Jewish law; and *Moreh Nevuchim* ("Guide for the Perplexed"), a major work of Jewish philosophy.

Ramban – Acronym for *R' Moshe ben Nachman* ["Nachmanides"] (1194-1270) of Gerona, Spain, one of the leading Torah scholars of the Middle Ages; successfuly defended Judaism at the dramatic debate in Barcelona in 1263; author of numerous basic works in all aspects of Torah, including a classic commentary on the Pentateuch.

Ran – Acronym for *R' Nissim* of Gerona, Spain (c.1290-c.1375), famous for his Talmudic commentary.

Rashash – Acronym for *R' Shmuel Strashun* of Vilna (1794-1872). His annnotations and glosses on nearly every tractate of the Mishnah, Talmud, and *Midrash Rabbah* are printed in the Romm (Vilna) editions of the Talmud and the *Midrash Rabbah.*

Rashba – Acronym for *R' Shlomo Ibn Aderes* (1235-1310), the leading rabbi in Spain in the late-13th century. Famous for his many classic works in all branches of Torah learning, including thousands of responsa dealing with all aspects of Bible, Aggadah, Talmud, and Halachah.

Rashbam – Acronym for *R' Shmuel ben Meir* (c.1085-1174), grandson of ***Rashi*** and brother of ***Rabbeinu Tam,*** leading Tosafist and Talmud commentator, author of a literalist commentary on the Pentateuch.

Rashi – Acronym for *R' Shlomo Yitzchaki* (1040-1105), considered *the* commentator par excellence. Rashi's commentary on the Pentateuch as well as his commentary on the Talmud are considered absolutely basic to the understanding of the text to this very day.

Raavad – Acronym for *R' Avraham ben David* of Posquieres, Provence (c.1120-c.1197), one of the leading Torah scholars of the 12th century, famous for his critical notes on the *Mishneh Torah* of the Rambam, as well as many other works on Talmud and Halachah.

Rama – Acronym for R' Moshe Isserles, author of Darchei Moshe on the *Tur Shulchan Aruch* and glosses on ***Shulchan Aruch.*** Reflects Ashkenazic practice.

R' Menachem Recanati – (late-13th – early-14th cent.) Italian Kabbalist who composed a mystical commentary on the Pentateuch.

Reishis Chochmah – by R' Eliyahu de Vidas, student of R' Moshe Cordevero (Constantine 5496).

Resisei Laylah – Collection of essays by R' Tzaddok HaKohen (1823-1900).

Ritva – Acronym for *R' Yom Tov Ben Avraham* al-Asevilli (1248-1330), Rabbi in Saragossa, Spain, one of the leading Rabbis in Spain in his day; famous for his classic novellae on the Talmud.

Rokeach – Guide to ethics and halachah, by R' Elazar Rokeach of Worms (c.1160-c.1238), a leading scholar and mystic of the medieval *Chachmei Ashkenaz* (German Pietists); author of many works, including a commentary on the Pentateuch.

Rosh – Acronym for *R' Asher ben Yechiel* (c.1250-1327), disciple of Maharam Rottenberg. He fled to Spain from Germany and became Rabbi of Toledo and one of the leading authorities of his era; author of a classic halachic commentary on the Talmud, as well as other works, including a commentary on the Pentateuch; see above, *Hadar Zekeinim.*

R' Saadiah Gaon – (882-942) Head of the famous yeshivah of Pumbedisa, zealous opponent of Karaism; author of many works in all areas of Torah learning, including the philosophical work, *Emunos V'Dei'os*, as well as an Arabic translation of the Pentateuch.

Sahm Derech – by R' Simcha Zissel Broide (Jerusalem, 5759; reprinted 5761 and 5767).

Sechel Tov — Compilation of Midrashim, arranged on each verse of the Pentateuch and the Five *Megillos,* interspersed with halachic notes and original comments, by R' Menachem ben Shlomo of Italy (12th century).

Seder Olam — Ancient chronological work quoted by the Gemara, attributed to the Tanna R' Yose ben Chalafta.

Sefer Chassidim — Classic miscellaneous work of Mussar, Halachah, customs, Bible commentary, and Kabbalah, by R' Yehudah HaChassid of Germany (c.1150-1217).

Sefer HaChinuch — The classic work on the 613 commandments, their rationale and their regulations, by an anonymous author in 13th-century Spain.

Sefer HaMitzvos — Listing and explanation of the 613 commandments, with a seminal preface explaining the principles of how to classify which Biblical precepts are to be included in the list, by ***Rambam***, see above.

Sefer HaPardes — Halachic compendium, from the school of ***Rashi***; includes certain of his legal decisions.

Sefer HaZikaron — Supercommentary on Rashi's Pentateuch commentary by R' Avrahaham Bakrat, who lived at the time of the Expulsion from Spain of 1492.

Sfas Emes — Discourses on the Pentateuch and other subjects, by R' Yehudah Leib Alter (1847-1905), the second Gerrer Rebbe and leader of Polish Jewry.

Sforno — Classic commentary on the Pentateuch by R' Ovadiah Sforno of Rome and Bologna, Italy (1470-1550).

Shaarei Aharon — A contemporary encyclopedic commentary on the Pentateuch by R' Aharon Yeshaya Rotter of Bnei Brak.

Shaarei HaAvodah — by Rabbeinu Yonah of Gerona.

Shaarei Simchah — by R' Simchah Bunim Sofer, author of Shevet Sofer (Vienna, 1923).

Shabbos U'Moed — by R' Yitzchak Kosovsky, Rav in Johannesburg (Jerusalem 5706-08).

Shalmei Simchah — by *R' Shlomo Asulin*, contemporary commentary on *Chumash.* Printed 5755.

Shelah — Acronym for *Shnei Luchos HaBris* ("The two Tablets of the Covenant"), by R' Yeshayah Hurwitz (1560-1630), Rabbi in Poland, Frankfurt, Prague, and Jerusalem, one of the leading Torah scholars of the early-17th century. It includes fundamental tenets of Judaism, basic instruction in Kabbalah, and a commentary on the Pentateuch.

Shem MiShmuel — Chassidic discourses on the Pentateuch and other subjects, by R' Shmuel Bornstein of Sochachov (1856-1920), son of the ***Avnei Nezer*** (Jerusalem, 5752).

Shevus Yaakov — Responsa of R' Yaakov Reicher (Offenbach, 5479).

Shibbolei HaLekket — Halachic compendium, by R' Tzidkiyah HaRofei of Rome (c.1230-c.1300).

Shiur Komah — Kabbalistic work by R' Moshe Cordevero (died 1570).

Shiurei Daas — by R' Yosef Yehudah Leib Bloch (New York, 5709 [vol. 1]; Tel Aviv, 5713 [vol. 2]; Tel Aviv, 5716 [vol. 3]).

Shorashim — Alphabetical encyclopedia of the roots of all words found in the Bible. A seminal work by the famous grammarian R' Yonah Ibn Janach (c.990-c.1055) of Cordoba and Saragossa. Written in Arabic, it became available in Hebrew only in the last century.

Shulchan Aruch — Code of Jewish Law. Written by ***R' Yosef Caro*** (Venice, 1565). Reflects Sephardic practice (see ***Rama***).

Siach Yitzchak — by R' Yitzchak Isaac Chaver (Kaidan, 5699).

Sichos Mussar — by R' Chaim Shmuelevitz (Jerusalem 5740; reprinted 5762).

Sifsei Chachamim — Popular supercommentary on Rashi's Pentateuch commentary, by R' Shabsai Bass (1641-1718).

Sifsei Chaim — by R' Chaim Friedlander (Bnei Brak, 5757).

R' Simchah Zissel Ziv of Kelm — "The Alter of Kelm" (1824-1898). One of the foremost disciples of R' Yisrael Salanter; founder and head of the famous Mussar yeshivah, the Talmud Torah of Kelm, Lithuania. His discourses were published as ***Daas Chochmah U'Mussar***.

Soloveitchik, R' Chaim — (1853-1918) "Reb Chaim Brisker"; Rosh Yeshivah in Volozhin and subsequently Rabbi of Brisk. Equally renowned for his genius in Torah learning and his saintly qualities, he was one of the most seminal Torah scholars of his day.

Soloveitchik, R' Yitzchak Zev — (1886-1959). Successor of his father as Rabbi of Brisk, he was also a teacher of the foremost Lithuanian Torah scholars, a practice he continued when he settled in Jerusalem in 1940; major leader of world Jewry.

Taama Dikra — by R' Chaim Kanievsky (Bnei Brak, 5768).

Talelei Oros — by R' Yissachar Dov Rubin (Bnei Brak, 5753).

Tanchuma — Aggadic Midrash on the Pentateuch, attributed to the school of the Amora R' Tanchuma bar Abba of Eretz Yisrael (late-4th century).

Tanna D'Bei Eliyahu — A Midrashic work comprised of two parts: the larger, earlier ***Tanna D'Bei Eliyahu Rabbah*** and the smaller, later ***Tanna D'Bei Eliyahu Zuta.***

Targum Yonasan — Aramaic paraphrase of the Pentateuch, attributed by some to Yonasan ben Uziel, the disciple of Hillel. Others maintain that this is a misreading of the acronym ת״י, which is meant to signify ***Targum Yerushalmi,*** meaning that it was composed in Eretz Yisrael; they ascribe a later date to its composition.

Taz — Acronym for *Turei Zahav* ("Rows of Gold"), a basic commentary on the ***Shulchan Aruch*** by R' Dovid ben Shmuel HaLevi (1586-1667), one of the foremost Rabbinical authorities in 17th-century Poland.

Tiferes Shimshon — by R' Shimshon Pincus.

Tiferes Tzion — by R' Yitzchak Zev Yadler. Comprehensive commentary on *Midrash Rabbah* (Israel, 1959).

Tiferes Yisrael — Comprehensive commentary on the Mishnah, by R' Yisrael Lipschutz (1782-1860), Rabbi in a number of Jewish communities in Germany.

Tiferes Yonasan — by R' Yonasan Eybeschutz; see above, *Ahavas Yehonasan.*

Torah Sheleimah — Monumental multi-volume encyclopedia of all Talmudic and Midrashic sources on the Pentateuch, with explanations, scholarly notes and essays by R' Menachem Kasher (1895-1983), noted Israeli Torah scholar. He published thirty-eight volumes, up to *Parashas Beha'aloscha* before his death. *Torah Sheleimah* is currently being completed by his disciples.

Torah Temimah — by R' Baruch HaLevi Epstein (Vilna, 5664; reprinted Tel Aviv, 5729).

Toras Gavriel — by R' Gavriel Zev Margulies (Jerusalem, 5670).

Toras HaMinchah — by R' Yaakov Sakali, a disciple of ***Rashba*** (Jerusalem, 5760).

Toras Moshe — commentary on the Pentateuch by R' Moshe ***Alshich.***

Toras Moshe — commentary on the Pentateuch by R' Moshe Sofer, known as the ***Chasam Sofer.***

Tosefes Berachah — by R' Baruch HaLevi Epstein (author of ***Torah Temimah***).

Tur — Code of Jewish law composed by R' Yaakov, the son of the ***Rosh*** (c.1275-c.1340). The *Arba'ah Turim* (which is its full title) is composed of four parts: *Tur Orach Chaim, Tur Yoreh Deah, Tur Even HaEzer,* and *Tur Choshen Mishpat.*

Tuv Daas — by R' Zalman Rothberg (Bnei Brak, 5761).

R' Tzaddok HaKohen — (1823-1900) Chassidic sage and thinker; prolific author in many aspects of Torah; one of the leading Torah scholars of the 19th century. Largest of his many works is *Pri Tzaddik,* a collection of his discourses on the Pentateuch.

Tziyun LeNefesh Chayah — by R' Yosef HaKohen Schwartz, prewar Rav in Grosswarden, Romania (reprinted Brooklyn, 5751).

Tzror HaMor — Homiletic commentary on the Pentateuch by R' Avraham Saba (c.1440-c.1508). Fear of the Inquisition forced him to bury the book in Portugal; he subsequently rewrote it from memory when he escaped to Morocco.

Vilna Gaon — R' Eliyahu ben Shlomo Zalman (1720-1797), also known as R' Eliyahu HaChassid (R' Eliyahu the Saintly). Considered the greatest Torah scholar in many centuries; acknowledged leader of non-Chassidic Jewry of Eastern Europe.

Volozhin, R' Chaim of — (1749-1821) Leading disciple of the ***Vilna Gaon*** and founder of the famous yeshivah of Volozhin. Acknowledged leader of non-Chassidic Jewry of Russia and Lithuania, see above, ***Nefesh HaChaim.***

R' Elchanan Wasserman — renowned Rosh Yeshiva of Baranovitz and close disciple of the ***Chafetz Chaim;*** killed by the Nazis in 1941.

Wolbe, R' Shlomo — Leading contemporary Israeli Mussar personality, author of *Shiurei Chumash*, as well as *Alei Shur* (2 volumes) and other *hashkafah* works.

Yad Yosef — R' Yosef Tzarfati (Amsterdam 5460).

Yalkut — See below, ***Yalkut Shimoni.***

Yalkut Shimoni — The best-known and most comprehensive Midrashic anthology, covering the entire *Tanach;* attributed to R' Shimon HaDarshan of Frankfurt (13th century).

Yedei Moshe — by R' Yaakov Moshe ben Avrohom Helin (first printed 5452).

Yefeh To'ar — Classic massive commentary on the *Midrash Rabbah,* by R' Shmuel Yafeh Ashkenazi (1525-1595) of Constantinople. The sections on *Bamidbar Rabbah* and *Devarim Rabbah* remain unpublished.

R' Yehudah HaLevi — See above, ***Kuzari.***

Zera Avraham — by R' Avraham ben Yaakov Moshe Helin (first printed 5485).

Zohar — The basic work of Kabbalah, compiled by R' Shimon ben Yochai and his disciples in the form of a commentary on the Pentateuch and the *Megillos.* Hidden for centuries, it was first published in the late-13th century by R' Moshe de Leon (c.1250-1305), in Spain.

Zohar Chadash — Kabbalistic Midrash, part of the ***Zohar.***

SCRIPTURAL INDEX

Scriptural Index

the MIDRASH
מדרש רבה